CAMBIO POLÍTICO Y CONSOLIDACIÓN DEL ESTADO DE DERECHO

1958-1998

TRATADO DE DERECHO CONSTITUCIONAL - TOMO III

Colección Tratado de Derecho Constitucional

I. *Historia constitucional de Venezuela*, Caracas 2013, 1096 páginas.

II. *Orígenes del constitucionalismo moderno en Hispanoamérica*, Caracas 2014, 980 páginas

III. *Cambio político y consolidación del Estado de derecho (1958-1998),* Caracas 2015, 1162 páginas

IV. *Instituciones del Estado democrático de derecho. Constitución de 1961*, Caracas 2015, 1180 páginas

V. *Derechos y garantías constitucionales en la Constitución de 1961 (La Justicia Constitucional),* Caracas 2015, 1022 páginas

VI. *Asamblea Constituyente y Proceso Constituyente (1999)*, Caracas 2013, 1198 páginas

VII. *La Constitución de 1999: El Estado Democrático y Social de Derecho*, Caracas 2014, 1190 páginas

VIII. *Golpe de Estado Constituyente, Estado Constitucional y Democracia,* Caracas 2015, 1018 páginas

IX. *Concentración y centralización del poder y régimen autoritario,* Caracas 2015, 1198 páginas

X. *Derechos y garantías constitucionales y la acción de amparo,* Caracas 2017, 1196 páginas.

XI. *El derecho y la acción de amparo en el derecho constitucional comparado,* Caracas 2017, 1150 páginas.

XII. *La justicia constitucional y Jurisdicción Constitucional,* Caracas 2017, 1198 páginas.

XIII. *Práctica y distorsión de la justicia constitucional,* Caracas 2017, 954 páginas.

XIV. *El juez legislador y la patología de la justicia constitucional,* Caracas 2017, 1060 páginas.

XV. *El desmantelamiento de la democracia y el Estado Totalitario,* Caracas 2017, 1050 páginas.

XVI. *La Destrucción del Estado de derecho, la ruina de la democracia y la dictadura judicial,* Caracas 2017, 1146 páginas

Allan R. Brewer–Carías

Profesor de la Universidad Central de Venezuela (desde 1963)
Simón Bolívar Professor, University of Cambridge (1985–1986)
Professeur Associé, Université de Paris II (1989–1990)
Adjunct Professor of Law, Columbia Law School, New York (2006–2008)

CAMBIO POLÍTICO Y CONSOLIDACIÓN DEL ESTADO DE DERECHO 1958-1998

COLECCIÓN

TRATADO DE DERECHO CONSTITUCIONAL

TOMO III

Fundación de Derecho Público
Editorial Jurídica Venezolana
Caracas, 2015

http://www.allanbrewercarias.com
Email: allan@brewercarias.com

Hecho el Depósito de Ley
ISBN: 978-980-365-277-7
Depósito Legal: lf54020153401

Editado por: Editorial Jurídica Venezolana
Avda. Francisco Solano López, Torre Oasis, P.B., Local 4, Sabana Grande,
Apartado 17.598 – Caracas, 1015, Venezuela
Teléfono 762.25.53, 762.38.42. Fax. 763.5239
http://www.editorialjuridicavenezolana.com.ve
Email fejv@cantv.net

Impreso por: Lightning Source, an INGRAM Content company
para Editorial Jurídica Venezolana International Inc.
Panamá, República de Panamá.
Email: editorialjuridicainternational@gmail.com

Diagramación, composición y montaje
por: Francis Gil, en letra Times New Roman, 10,5
Interlineado 11, Mancha 19 x 12.5 cm., libro: 24.4 x 17 cm.

CONTENIDO GENERAL

TOMO III

PRESENTACIÓN

Este Tomo III de la Colección *Tratado de Derecho Constitucional*, se refiere al proceso de cambio político y de consolidación del Estado democrático y social de derecho en Venezuela, desarrollado entre 1858 y 1998; y está conformado por el texto de cinco libros que fueron publicados entre 1975 y 1988, en los cuales quedaron expresadas las reflexiones que fui haciendo y escribiendo sucesivamente a partir de 1972, después de haber tenido mi primer contacto con la política y con el funcionamiento del Estado, primero, como Consultor Jurídico del Consejo Supremo Electoral entre 1965 y 1969, y luego, como Presidente de la Comisión de Administración Pública de la Presidencia de la República, entre 1969 y 1972.

La Primera Parte, es el texto del libro *Cambio Político y Reforma del Estado. Contribución al estudio del Estado democrático y Social de Derecho*, que redacté durante mi estadía en Cambridge, Inglaterra, entre 1972 y 1974, donde estuve como *Visiting Fellow* en el Centro de Estudios latinoamericanos de la Universidad de Cambridge, como Fellow del Clare Hall College y miembro del *Trinity College*. El libro fue editado por la Editorial Tecnos de Madrid en 1975, y fue premiado con el Premio de la Academia de Ciencias Políticas y Sociales de Caracas de ese mismo año.

La Segunda Parte, es el texto del libro *Política, Estado y Administración Pública* que con prólogo de Rafael Caldera, editó la Editorial del Ateneo de Caracas en edición conjunta con la Editorial Jurídica Venezolana, Caracas 1979.

La Tercera Parte, es el texto del libro *Estado. Crisis y Reforma*, que con prólogo de Arturo Uslar Pietri, editó la Academia de Ciencias Políticas y Sociales, Caracas 1982.

La Cuarta Parte, es el texto del libro *El Estado Incomprendido. Reflexiones sobre el sistema político y su reforma*, editado por la editorial Vadel Hermanos Editores, Caracas 1988.

La Quinta Parte, es el texto del libro *Problemas del Estado de Partidos*, editado por la Editorial Jurídica Venezolana, Caracas 1988.

Y la Sexta Parte, recoge cuatro ensayos más recientes con algunas reflexiones globales sobre el proceso de consolidación del Estado de derecho en Venezuela durante dicho período 1958-1998.

Para esta edición del Tomo III de la Colección *Tratado de Derecho Constitucional*, se ha conservado el texto exacto de las ediciones originales de los libros que aquí se recogen, y que reflejaron las reflexiones del momento en que fueron publicados.

New York, enero de 2015

PRIMERA PARTE

CAMBIO POLÍTICO Y REFORMA DEL ESTADO EN VENEZUELA. CONTRIBUCIÓN AL ESTUDIO DEL ESTADO DEMOCRÁTICO Y SOCIAL DE DERECHO

(1975)

Esta Primera Parte del Tomo III *de la Colección Tratado de Derecho Constitucional* es el texto del libro *Cambio Político y Reforma del Estado en Venezuela. Contribución al estudio del Estado democrático y social de derecho,* publicado por Editorial Tecnos, Madrid, 1975, y que fue el resultado del trabajo de investigación que llevé a cabo durante el tiempo que estuve como *Visiting Fellow* en la Universidad de Cambridge, Inglaterra entre 1972 y 1974, trabajando en el Trinity *College*. El libro, como tantos otros míos, se lo dediqué a *Beatriz*.

El libro estuvo precedido de la siguiente Presentación:

América Latina, ciertamente, no es un continente uniforme. Las enormes diferencias que existen en nuestros países, a pesar de la comunidad geográfica relativa y de la comunidad en origen, lengua e historia, hacen hoy cada vez más difícil realizar en forma comprensiva cualquier tratamiento de los problemas actuales de nuestros países. De allí tantas generalizaciones y superficialidades en que se cae cuando a ciertos aspectos del desarrollo latinoamericano se les quiere dar un tratamiento global.

Pero entre los países del continente, en todo caso, Venezuela ha tenido siempre sus rasgos diferenciadores, los cuales han provocado la ausencia de estudios en relación a sus instituciones y desarrollo, o su tratamiento separado. Desde el punto de vista político, por ejemplo, el hecho de que el país haya estado sometido durante tanto tiempo a la conducción fáctica, revestida muchas veces del formalismo necesario, de caudillos y dictadores, provocó que el interés teórico por el país, dejando a salvo el positivismo de comienzos de siglo, haya sido relativamente reciente. En realidad, es en la década de los sesenta cuando se comienza a escribir sobre las instituciones y el cambio político venezolano.

Desde el punto de vista económico, la naturaleza de país productor de petróleo ha colocado a Venezuela, desde la década de los veinte, en una situación excepcional y distinta no sólo respecto de todos los países latinoamericanos, sino del resto del mundo subdesarrollado. Esta especificidad ha conducido en muchos casos a la exclusión de Venezuela como objeto de estudio y de análisis por los economistas que se han ocupado de América Latina. Muy poco, por tanto, se conoce del país fuera de sus fronteras,

salvo que «ha tenido muchas dictaduras», «tiene mucho petróleo» y, como síntesis, «influencia en el modo de vida proveniente del Norte».

Y sin embargo, en la mitad de la década de los años setenta, Venezuela es indudablemente el país de América Latina con mayores posibilidades de desarrollo económico, social y político. El hecho de que en 1974 el país haya vivido continuamente durante más de quince años bajo un régimen democrático, puede que para otros países no sea nada excepcional, Para nosotros, sin embargo, se trata de la primera vez en nuestra historia política que hemos vivido tanto tiempo disfrutando de las libertades democráticas. Durante dicho lapso, sin duda, el país ha sufrido una asombrosa transformación. Sin embargo, a pesar de dicho progreso, en el campo del desarrollo social, aún están por alcanzarse muchas metas esenciales. Desde el punto de vista del crecimiento económico no sólo ha sido Venezuela el país con mayor índice de crecimiento en América Latina en las últimas décadas, sino que hacia el futuro el país está colocado en una situación realmente excepcional e increíble derivada del aumento de los precios de exportación del petróleo. El ingreso adicional por la vía fiscal que tendrá el Estado venezolano a partir de 1974, deberían permitir al país disponer de todo el financiamiento necesario para su desarrollo, sin tener que hipotecarse a los inversionistas extranjeros o a las agencias financieras internacionales, como usualmente sucede con la mayoría de los países en desarrollo.

En 1974, por tanto, Venezuela cuenta con todas las condiciones soñadas por los países subdesarrollados para poder iniciar un verdadero despegue, democracia y libertades públicas, financiamiento propio y recursos humanos dispuestos a enrumbar al país.

Pero por la especificidad de Venezuela derivada del ingreso petrolero, quiérase o no, el Estado es y será el actor y agente fundamental de nuestro desarrollo. Es el primer financista, el primer empleador, el primer inversionista, es decir, a sus instituciones corresponde y corresponderá asumir el desarrollo y la conducción de la sociedad venezolana hacia niveles superiores de progreso.

El problema, sin embargo, es que el Estado en Venezuela no está preparado para asumir ese papel, sus instituciones están desfasadas, pues fueron concebidas para otras tareas y finalidades, Se hace necesario, por ello, edificar un nuevo Estado de Derecho, que sea social y democrático, y no puramente liberal. Este estudio, en este sentido, no sólo tiene por objeto destacar el cambio político operado en Venezuela en los últimos lustros, sino estudiar las instituciones políticas, administrativas jurídicas del Estado y la sociedad, como agentes u obstáculos al desarrollo. Si se quiere, he querido enfocar el desarrollo no bajo los ángulos tradicionales —económicos o sociales—, sino bajo el ángulo institucional, pues el desarrollo económico y social que nuestros países reclaman, en definitiva, no se podrá lograr sin un paralelo proceso de desarrollo institucional (desarrollo político, desarrollo administrativo y desarrollo jurídico). Por ello, no podría catalogarse a este trabajo dentro del marco de los estudios jurídicos —a pesar de mi especialización original— ni dentro de los marcos estrechos de alguna disciplina particular. El tema, vinculado a la problemática del desarrollo, requería un enfoque multidisciplinario, y el empeño por lograrlo me ha guiado permanentemente en su elaboración. En esta forma, las aproximaciones históricas, políticas, administrativas y jurídicas se integran v complementan partiendo, por supuesto, del estudio de una determinada realidad económica y social, y de los problemas que la misma tiene que afrontar como consecuencia del proceso de desarrollo que quieren asumir nuestras sociedades. No puedo dejar de mencionar, en este sentido, que si mi intención original fue elaborar un estudio sobre los obstáculos institucionales al desarrollo en América Latina, pronto me di cuenta de la imposibilidad de ello. De allí que haya tomado como punto de referencia permanente y concreto al sistema institucional venezolano, como estudio de caso, si se quiere, para el análisis de la problemática latinoamericana.

Por supuesto que no sólo la elaboración de este libro ha sido el producto de innumerables dudas y controversias, aún no completamente desaparecidas o superadas, sino que no dudo en señalar que los planteamientos y conclusiones que en él formulo tienen carácter provisional. El tema de la reforma del Estado y, por ende, del papel y funciones del Estado contemporáneo en América Latina, está todavía por elaborarse e imaginarse, y este estudio no es más que una contribución a dicha problemática. Por otra parte, estoy consciente de que innumerables problemas y aspectos del enfoque institucional no pudieron ser tratados o lo fueron en forma incompleta. Sin embargo, había que poner un límite convencional a la extensión del trabajo que, a pesar de dichas insuficiencias, ya llegaba a los límites de lo editable. He procurado, sin embargo, al menos, dejar planteados los problemas, para futuras investigaciones propias o extrañas.

Por otra parte, este estudio, indudablemente que sigue una línea de pensamiento expuesta aisladamente a lo largo de mis actividades docentes y de investigación de los últimos años, tanto en el campo académico como en el sector público. Muchas inquietudes, producto de esas experiencias, han servido de motivación a las ideas y planteamientos de este estudio, y quizá entre ellas debo destacar el invalorable aporte del ejercicio de la docencia en el campo del Derecho administrativo durante la última década, en la Facultad de Derecho de la Universidad Central de Venezuela. Pero vinculado también a la labor universitaria, es indudable que mi trabajo en el Instituto de Derecho Público de la misma Facultad, fue uno de los que más me permitió salir de los esquemas formales de la dogmática del Derecho administrativo, para analizar los problemas concretos de la vida del Estado y las vinculaciones entre el Derecho y el desarrollo. Por otra parte, la asesoría que en diversas y diferentes oportunidades tuve el privilegio de prestar entre 1963 y 1969, en diversos niveles del sector público, me permitieron entrar en contacto directo con la realidad administrativa —la Administración Pública de verdad, la actuante benefactora y abusiva, a veces— que la sola docencia e investigación académica no me hubieran permitido conocer, Por ello la recomendación que siempre he hecho a mis asistentes en el Instituto de Derecho Público: la necesidad imprescindible de salir de la Universidad, sin abandonarla, para conocer de cerca los problemas de la Administración.

Otras experiencias me permitieron entrar en contacto con la realidad política nacional, y entre ellas, debo destacar la invalorable oportunidad que tuve de asesorar al Consejo Supremo Electoral, durante todo el proceso electoral de 1968. El conocimiento que adquirí de la política y sus sistemas —sistema electoral y sistema de partidos— y de los políticos, ha sido, indudablemente, uno de los elementos fundamentales que me han permitido elaborar este trabajo. Por último, en el campo de las ciencias administrativas, el privilegio que tuve de presidir la Comisión de Administración Pública de la Presidencia de la República, durante el período 1969-1972, fue indudablemente la oportunidad para conocer internamente casi todos los aspectos de la Administración Pública venezolana, con sus virtudes, defectos y vicios.

En todo caso, la ocasión única para poder escribir este estudio la tuve entre 1972 y 1974 cuando, por invitación del Clare Hall y del Trinity College, tuve oportunidad de trabajar en la Universidad de Cambridge, vinculado a su Facultad de Derecho y al Centro de Estudios Latinoamericanos. Ciertamente que sin la generosa hospitalidad del Trinity College, del cual fui miembro por dos años académicos y donde pude efectuar todas mis investigaciones, este libro no hubiera podido ser escrito. Mi agradecimiento, por tanto, al Master y a los Fellows del College, y particularmente, a mi buen amigo J. A. Jolowicz, profesor de Derecho Comparado de la Universidad, por haber hecho posible toda esa hospitalidad.

Pero toda investigación de alguna envergadura requiere de financiamiento, y el de este estudio lo recibí de la Oficina Central de Coordinación y Planificación de la Presidencia de la República, sin cuyo soporte financiero tampoco hubiera podido realizarlo. Mi agradecimiento, por tanto, a dicha Institución y particularmente a sus directores, Luis E. Oberto, Antonio Casas González y Gumersindo Rodríguez. Por otra parte, los dos períodos académicos durante los cuales tuve que separarme de mis actividades en la Universidad Central de Venezuela, a través de un año sabático extendido, hicieron posible mi traslado a Inglaterra. Por ello, debo también consignar mi expresión de agradecimiento a los miembros del Consejo Universitario y del Consejo de la Facultad de Derecho, quienes hicieron posible el que dispusiera del tiempo necesario durante dicho lapso, para trabajar en este libro.

A pesar de haber permanecido ausente de Venezuela durante dos años, cuatro viajes cortos en dicho período me permitieron continuar al día en la marcha del proceso político. En todo caso, la información del acontecer nacional pude seguirla al día a través de los servicios informativos de la Oficina Central de Información, a cuya Dirección de Publicaciones le debe la existencia buena parte de este trabajo. La colaboración espontánea recibida de muchos amigos en la distancia, mediante el envío de libros y documentación fue, por otra parte, invalorable y, en particular, la de Pedro Grases, Pedro Pablo Azpurua, Carlos A. Sánchez Romero, Alejandro Carrillo Castro, José María Jácome, Cecilia Sosa de Mendoza, Luis Alejandro Tamayo y Nelly Cardozo.

Muchos colegas y amigos, por supuesto, se han visto mezclados en una forma u otra en mis inquietudes y preocupaciones, y en el proyecto de este libro, y particularmente tuve la oportunidad de discutir algunas de las ideas centrales del mismo con Oswaldo Padrón Amaré, José Gabaldón y Luis Castro, quienes por muchos años han estado vinculados a mis inquietudes intelectuales. Otros amigos me formularon apreciaciones aisladas o soportaron mis insistencias sobre el tema, y entre ellos, particularmente, Alberto Baumeister, a quien además debo agradecerle toda su colaboración en el manejo de mis asuntos personales en Caracas. La amistad de otros, particularmente por haber estado de este lado del Atlántico, llegó al apreciado extremo de haber leído parte del manuscrito. En particular, leyeron el primer manuscrito de la primera parte, José Ramón Parada Vázquez, Francisco Aguerrevere, Arnoldo Gabaldón y Luis Castro, quienes me formularon preciosas observaciones y comentarios. En particular, mucho le agradezco a Arnoldo I. Gabaldón la detallada lectura que hizo de esa parte del manuscrito y las discusiones que tuvimos en Oxford, durante su permanencia en esa ciudad; a Luis Castro, el haber escuchado y soportado en Cambridge tantos planteamientos, y el haberme animado a continuar el trabajo en el momento oportuno; y a Ramón Parada Vázquez, el estímulo que significó para la continuación del trabajo, las observaciones que me formuló en Madrid. Sebastián Martin-Retortillo B. y Cecilia Sosa de Mendoza tuvieron el trabajo de leer la versión final del libro, y a ellos agradezco especialmente sus observaciones finales.

Demás está señalar que la preparación de este estudio implicó un trabajo mecanográfico de enormes proporciones. Las artífices de la parte fundamental del mismo fueron mis secretarias por varios años, señorita Maura Rubio y señora América de González, quienes desde Caracas realizaron la transcripción original del manuscrito, así como buena parte de la copia final. En particular, debo reconocer una vez más la eficiencia de la señorita Rubio, quien asumió la coordinación del trabajo mecanográfico en Caracas: sin su colaboración, difícilmente este libro hubiera podido ser concluido en la oportunidad prevista. Este trabajo a control remoto, me demostró que los servicios de correo internacionales son mejores de lo que generalmente se piensa. En Cambridge, tuvieron a su cargo la transcripción de muchos borradores y parte de la versión final, las señoras Carmen del Toro Majó y Yolanda de Iríbar, y las señoritas Ana Feldman. María José Godoy y Haydée Ibarra. A todas ellas mi profundo agradecimiento. Por último, debo agradecer a la Comisión de Administración Pública y particularmente a Marcelo Castro, toda la colaboración recibida, particularmente en la reproducción de buena parte de la versión final.

Pero entre todos los agradecimientos por las colaboraciones directas e indirectas que he recibido en la preparación de este estudio, como siempre para mí hay uno muy especial y que a medida que los años pasan lo formulo aún con mayor gusto: es el agradecimiento a Beatriz, mi esposa. De nuevo, ella ha sabido querer y soportar este trabajo y sus consecuencias —y por ella, Allan, Michelle y Eric— e indudablemente, sin todo su apoyo, aliento y amor, no hubiera sido posible la realización de este estudio durante nuestra estadía en esta acogedora ciudad. A ella va dedicado este libro, la mejor manera, para mí, de reconocer y admirar su inteligencia y capacidad de comprensión.

Trinity College,
Cambridge, marzo 1974

INTRODUCCIÓN

CAPÍTULO 1. LA CUESTIÓN INSTITUCIONAL EN EL PROCESO DE DESARROLLO LATINOAMERICANO

Es indudable que la problemática del desarrollo de América Latina no puede ya analizarse bajo el solo enfoque económico que caracterizó a muchos de los estudios efectuados sobre la misma en las décadas pasadas. Transcurridos ya algunos años de la década de los setenta, puede decirse que las aproximaciones puramente economicistas al proceso de desarrollo comienzan a ser una curiosidad[1] y quizás uno de los factores que más ha contribuido al abandono de los antiguos y estrechos enfoques ha sido la consideración de la cuestión social, sobre todo en la década pasada[2]. Sin embargo, es necesario convenir que si bien la problemática del desarrollo no se agota en el solo análisis económico tampoco concluye con el agregado de lo social. Algo más y de importancia estratégica fundamental está exigiendo el estudio de los especialistas en este campo, y ello es la cuestión institucional, es decir, el estudio del Estado mismo[3] y, por tanto, de los mecanismos o instrumentos institucionales que pueden o no hacer posible y viable el desarrollo económico y social, o que pueden o no provocar las condiciones para que este se alcance.

En el análisis de parte importante de la problemática institucional del desarrollo, particularmente a partir de la década pasada, han proliferado los estudios sobre el desarrollo político (*political development*), término que si bien abarca aspectos sustanciales de la cuestión institucional, se torna confuso por sus variados significados[4]. Por ello, a los efectos de este estudio, hemos preferido seguir la terminología ma-

---

1 Esta apreciación, la cual compartimos, la hace J. P. Nettl, "The Study of Political Development", en Colin. Leys (ed.), *Politics and Change in Developing Countries. Cambridge*, 1963, p. 32. Para una crítica del enfoque puramente económico de la problemática de los países subdesarrollados, que ignora los aspectos institucionales, *V.* Gunnar Myrdal, *The Challenge of World Poverty. A World Anti-Poverty Programme in Outline*, 1970, pp. 27 y ss.

2 En especial, puede decirse que en América Latina, la década de los sesenta se caracterizó por la irrupción de los análisis sociales en la problemática del desarrollo. En particular, por ejemplo, deben destacarse los trabajos de la UNESCO y la CEPAL como particularmente característicos: *V.* UNESCO, *Aspectos Sociales del Desarrollo Económico en América Latina*, 2 vols., 1962; CEPAL, *El Desarrollo Social en América Latina en la Postguerra*, Buenos Aires, 1963.

3 En este sentido, por ejemplo, Ralph Miliband advierte como una paradoja notable el que a pesar de la enorme inflación de los poderes y de las actividades del Estado, el mismo Estado, como sujeto del estudio político, hace mucho tiempo que ha dejado de estar en boga. *V. El Estado en la sociedad capitalista*, México, 1971, p. 3. La preocupación por el estudio de los problemas del Estado en América Latina, ha comenzado a resurgir recientemente, bajo la perspectiva de su papel en el proceso de desarrollo: *V.* Fernando Henrique Cardozo, *Estado y Sociedad en América Latina*, Buenos Aires, 1972, especialmente pp. 237 y ss.

4 *V.* por todos, Lucian W. Pye, The Concept of Political Development, en *Annals of The American Academy of Political and Social Science*, marzo, 1965, 358, p. 1 a 13, publicado también en Jason Finkle and Richard Gabk (ed.), *Political Development and Social Change*, N. Y., 1967, pp. 43 y ss.; y C. H. Dodd, *Political Development*, London, 1972. *V.* además, el más reciente de los estudios generales sobre desarrollo político por un autor latinoamericano: Helio Jaguaribe, *Political Development: A general theory and a Latin American case study*, N. Y., 1973, en especial pp. 195 y ss.

yormente empleada en América Latina y que identifica, bajo el análisis de la *cuestión institucional* dentro de la problemática del desarrollo, el papel que corresponde jugar a las instituciones políticas, administrativas y jurídicas, y, por tanto, al Estado como instrumentos o como obstáculos de aquél[5].

En efecto, partiendo del supuesto de que el proceso de desarrollo es un proceso integral[6], el mismo, además de sus aspectos económicos y sociales, tiene unos aspectos institucionales que están requiriendo de un tratamiento completo, y ello, sobre todo, porque los logros de los objetivos planteados en los primeros, muchas veces no han sido posibles en la forma deseada, entre otros factores, por la ausencia de adecuadas instituciones políticas, administrativas y jurídicas. La importancia de la cuestión institucional, en este sentido, no sólo surge como evidente para los estudiosos de la problemática del desarrollo latinoamericano, quienes necesariamente encontrarán en ella una de las piezas esenciales que faltaban para dotar de viabilidad a las transformaciones económicas y sociales propuestas en el área, sino también para los políticos y administradores de nuestros países, quienes han sufrido y sufren con mayor fuerza las fallas u obstáculos institucionales que parecen interponerse a todo intento de cambio o transformación[7].

---

5 Por ejemplo, *V.* las referencias al cambio en la estructura institucional en América Latina en C. Veliz (ed.), *The Politics of Conformity in Latin America*, Oxford, 1967, p. 3. *V.* además T. Dos Santos, "The Crisis of Development Theory and the Problem of Dependence in Latin América", en Henry Bernstein (ed.), *Underdevelopment and Development. The Third World Today*, 1973, pp. 60 y ss. publicado también en H. Jaguaribe y otros, La dependencia político-económica de América Latina, México, 1971, pp. 147 y ss. En este sentido, en otras partes nos hemos referido aisladamente a los problemas institucionales del desarrollo latinoamericano, al plantear aspectos particulares de la transformación de la administración pública o de las instituciones políticas para el desarrollo, o de las relaciones entre derecho y desarrollo. *V.* Allan R. Brewer-Carías, *Una Revolución para el Desarrollo*, Caracas, 1970; *Derecho y Desarrollo*, Caracas, 1971; y "Obstáculos políticos al desarrollo en Venezuela", en *Revista de la Escuela Superior de las Fuerzas Armadas de Cooperación*, núm. 1, Caracas, 1973, pp. 103 y ss. Asimismo, por ejemplo Luciano Tomassini, al referirse a esa misma problemática, también ha hablado de los "aspectos institucionales del desarrollo latinoamericano", *V.* "Aspectos institucionales del Desarrollo Latinoamericano", en *Revista Latinoamericana de Ciencia Política*, Santiago de Chile, pp. 497 a 526. En relación a estos mismos problemas, Marcos Kaplan habla del "sistema político-institucional"; *V. Formación del Estado Nacional en América Latina*, Santiago de Chile, 1970, cap. 1. Asimismo Gunnar Myrdal, al estudiar la problemática del Estado en los países en desarrollo se refiere a la estructura institucional como uno de los enemigos del desarrollo. *V. Beyond the Welfare State. Economic Planning in the Welfare State and its International Implications* London, 1960, p. 95 y *The Challenge of World Poverty*, *cit.*, pp. 36 y 40.

6 Según la expresión en H. Jaguaribe, *Economic and Political Development*, Harvard, 1968, p. 4, se trata de un proceso total o global.

7 Es interesante destacar, por ejemplo, el planteamiento, cada vez más frecuente en los programas electorales de los partidos políticos en Venezuela, de toda la problemática relacionada con la transformación del Estado y con la reforma administrativa. *Cfr.* C. A. Pérez, *Acción de Gobierno*, Caracas, 1973 (parte III: "La Transformación del Estado"), pp. 8 y ss.; L. Fernández, *Mirando hacia el futuro. Un programa de gobierno nacionalista para la conquista del futuro ya*, —tabloide—, Caracas, 1973 (parte "Desarrollo Político"): y las opiniones de los candidato a la Presidencia de la República en 1973, en *El Nacional*, Caracas, 2 de diciembre de 1973, p. D-l. Es de destacar asimismo, la especial referencia hecha respecto de la cuestión institucional y la reforma administrativa en los programas electorales de los candidatos a la Presidencia de la República en 1968. *Cfr.* R. Caldera, *Programa de Gobierno 1969-1974*, OCI 1971, pp. 247 y ss.; y las referencias respecto a los demás candidatos en Tomás Polanco, *Reforma Administrativa en Venezuela (Puntos de coincidencia)*, Caracas, 1968. En sentido paralelo, uno de los grandes estadistas franceses, Pierre Mendes France, ante la crisis institucional de su país, indicaba claramente: "Yo desafío a cualquier hombre político, a cualquier partido, a emprender mañana una auténtica democratización de

La importancia de la cuestión institucional radica entonces, hasta cierto punto, en que las instituciones políticas, administrativas y jurídicas no son otra cosa que los instrumentos para la consecución de los fines de nuestras sociedades. El desarrollo económico y social, por tanto, como fin del Estado en nuestros países y como fin en general de nuestras sociedades, no podrá ser alcanzado sin un paralelo proceso de desarrollo institucional, que genere los mecanismos e instrumentos necesarios para facilitar aquel. Hoy por hoy, al contrario, las instituciones políticas, administrativas y jurídicas existentes, en lugar de ser los instrumentos del desarrollo económico y social, constituyen uno de los principales obstáculos al mismo. Por tanto, como lo ha señalado Claudio Veliz, si la estructura institucional tradicional de América Latina no es transformada fundamentalmente, el continente no será capaz de desarrollarse al nivel satisfactorio deseado[8].

En efecto, el desarrollo económico y social como proceso, necesariamente implica la realización de acciones tendientes a convertir en realidad, dentro de una sociedad dada, una serie de requisitos y necesidades de bienestar popular: para este proceso de conversión de exigencias y expectativas en acciones prácticas viables y racionales, el aparato institucional de dicha sociedad es esencial. De ahí la importancia, insistimos, del factor institucional: constituye la condición estratégica necesaria e indispensable para el desarrollo económico y social.

En este sentido, muchos de los fracasos en el nivel de progreso o satisfacción de las necesidades sociales de los países latinoamericanos y la agudización consecuente de los conflictos socio-económicos, radica en que paralelamente a las propuestas y planes de desarrollo económico y de desarrollo social que se han venido formulando en las últimas dos décadas, no se han definido los instrumentos políticos, administrativos y jurídicos necesarios e indispensables para la ejecución de aquéllos. Estos instrumentos realmente son las máquinas del cambio[9], sin las cuales, éste no será posible ni adecuadamente satisfactorio. Por ello, dentro de la comparación que frecuentemente se hace entre las sociedades desarrolladas, capitalistas o socialistas, y las sociedades subdesarrolladas, algunos han situado la distinción entre ellas, en el número, tamaño y efectividad de sus organizaciones[10], es decir, en la capacidad de las instituciones políticas, administrativas y jurídicas de una sociedad de provocar, conducir y regular los cambios y transformaciones que el desarrollo económico y

---

la enseñanza, o modificar la distribución de la renta en provecho de las clases desfavorecidas, a asegurar el control por el Estado de ciertas posiciones dominantes de la economía, a asegurar, en lo sucesivo, el respeto de las libertades fundamentales y de los derechos del hombre, a hacerse obedecer por un ejército que esté identificado con la nación..., si los *Problemas institucionales* no han tenido previamente una solución correcta o, lo que es igual, si previamente no se han elegido las palancas que para ello convendría emplear". *V. La República Moderna*, Madrid, P. 5.

8 *V.* C. Veliz, "Introduction", en C. Veliz (ed.), *Obstacles to Change in Latin America*, Oxford, 1965, p. 1. En este sentido, coincidimos con I. Wallerstein en que históricamente la única unidad de medida, socialmente con sentido, de las transformaciones sociales y económicas en el mundo moderno, son los Estados-Naciones. Es un Estado el que se transforma... y sólo cuando las entidades nacionales son realmente fuertes y relativamente autónomas puede encontrarse un relativamente alto grado de bienestar económico para todos los estratos de la población. *V.* "The State and Social Transformation: Will and Possibility", en H. Bernstein (ed.), *op. cit.*, p. 277.

9 La expresión es de G. Lodge, *Engines of Change*, N. Y., 1970, p. 145.

10 *Cfr.* S. Huntington, *Political Order in Changing Societies*, Yale, 1968, p. 31.

social implica[11]. Dentro de este mismo orden de ideas, de igual manera, otros han basado la distinción, identificando la estructura institucional de los países desarrollados como la propia de un Estado fuerte, en contraposición a la de los países subdesarrollados, propia de un Estado blando (*Soft State*)[12], incapaz de poder gobernar.

Ahora bien, puede decirse que entre los estudiosos del proceso de desarrollo latinoamericano, comienza a haber consenso en la apreciación de que gran parte del fracaso de los esfuerzos de desarrollo, se debe a la falta de medios institucionales (políticos, administrativos y jurídicos) adecuados para ello[13], y de que dicho proceso debe realizarse paralelamente a la creación o transformación de las instituciones, de manera que el propio proceso de cambio provocado por el desarrollo económico y social se vaya "institucionalizando", como garantía y posibilidad de que podrá efectivamente consolidarse[14].

11 Inclusive, W. W. Rostow, en su difundida y ya superada concepción de las etapas del crecimiento, consideraba que en los países en vías de desarrollo como los latinoamericanos, el *take-off* no surgía de la sola existencia de factores económicos, sino de la rápida aparición de una armazón política, social e institucional capaz de aprovechar el impulso hacia la expansión que producen los factores económicos requeridos para esa etapa del desarrollo. *V.* W. W. Rostow, "The Take-off into Self- Sustained Growth", en *The Economic Journal*, vol. LXVI, marzo, 1956, publicado además en J. Finkle and R. Gable (ed.), *op. cit.*, p. 143. Por tanto, de acuerdo a este autor, el solo crecimiento a una rata económica superior al 5 por 100 del Producto Nacional y el desarrollo de uno o más de los sectores industriales sustanciales, no producían el *take-off* sin que surgiera el tercer requisito o precondición de orden institucional. Por ello, es fácil advertir cómo Venezuela, a pesar de cumplir con los dos requisitos de carácter económico, en las décadas de los cincuenta y de los sesenta, no estaba realmente —según la concepción de Rostow— en la etapa de despegue en su desarrollo, por faltarle el tercer requisito, básicamente de carácter institucional o instrumental capaz de movilizar el ahorro nacional, tal como el mismo autor en su trabajo de 1956 lo advertía, *loc. cit.*, p. 150. No creemos en todo caso que la etapa del *take-off* en Venezuela se sitúe en la década de los cincuenta, como lo sugiere M. F. Hassan, pues el elemento institucional que, como lo señala este autor, se estaba desarrollando en esa época "aunque lentamente", no ha sido capaz de estructurarse adecuadamente en los años subsiguientes. *V.* M. F. Hassan, *Crecimiento económico y problemas de empleo en Venezuela*, Caracas, 1973, pp. 4 y 5. El factor institucional sería el elemento dentro de nuestro esquema de desarrollo, de acuerdo con las etapas de Rostow, que nos impediría entrar definitivamente en la etapa del *take-off.*

12 Gunnar Myrdal, en su libro *cit.*, *The Challenge of World Poverty*, pp. 211 y ss. dedica un capítulo entero (cap. 7) al análisis del *Soft State* como característica de los países subdesarrollados, donde analiza algunos aspectos de las instituciones políticas, jurídicas y administrativas del mismo.

13 En este sentido, por ejemplo, Celso Furtado al referirse al caso del Brasil afirma enfáticamente que la comunidad brasileña no ha tenido éxito en la creación de un sistema institucional que pueda permitir la transformación de sus aspiraciones básicas en proyectos operacionales positivos y viables. *V.* "Political Obstacles to Economic Growth in Brazil", en C. Veliz (ed.), *Obstacles to Change in Latin America, cit.*, p. 161. Por su parte, O. Sunkel, al analizar el caso de Chile, destaca la incapacidad de las instituciones políticas chilenas para enfrentar con éxito los principales problemas económicos del país y constata que el mismo ha fracasado en el desarrollo del tipo de estructuras políticas que le permitan la determinación de claros objetivos y la implementación de las políticas que conduzcan a su realización. *V.* "Change and Frustration in Chile", en C. Veliz (ed.), *Obstacles to Change in Latin America, cit.*, p. 127. Indudablemente que la apreciación de Sunkel ha quedado confirmada una vez más con el golpe militar de septiembre de 1973 y la caída del gobierno del Presidente Allende, contra quien conspiró principalmente la estructura institucional de ese país.

14 *V.* S. N. Eisenstad, "Institutionalization and Change", *American Sociological Revue*. vol. XXIX, 1964, p. 235. En este sentido, S. Huntington entiende por institucionalización política, "el desarrollo de organizaciones y procedimientos políticos que no son simplemente expresión de los intereses de un particular grupo social", *op. cit.*, p. 20.

Ahora bien, estando la cuestión institucional de por medio, la labor de creación o transformación de instituciones que se plantea, exige una apreciación de mucho mayor plazo que el que se requiere para la formulación de los planes de desarrollo económico y social[15] y si bien éstos han de estar acompañados de medidas de carácter institucional, la modificación o la creación de instituciones que ellos exijan no deberá realizarse pensando en la sola vigencia de uno y ni siquiera de varios planes. En esta forma, este proceso de desarrollo institucional que requieren los países latinoamericanos, paralelamente a las medidas de desarrollo económico y social que se han ido adoptando y que serán más numerosas en el futuro[16] indudablemente que coadyuvarán a eliminar la aparente inestabilidad que ha caracterizado su devenir histórico, particularmente ante el factor militar[17]. De lo contrario, mientras este proceso de desarrollo o cambio institucional no se acometa decididamente, es muy probable que los militares o los caudillos carismáticos, lamentablemente, seguirán jugando el papel determinante en América Latina. De ahí el reto del desarrollo institucional.

Sin embargo, admitiendo la necesidad del desarrollo o cambio institucional para el desarrollo económico y social, es decir, la necesaria creación o modificación de instituciones que realmente permitan y contribuyan a la realización de éste en los países latinoamericanos, debe tenerse en cuenta de que esas instituciones como instrumentos, maquinarias o herramientas indispensables para el cambio, no son instrumentos neutros, no comprometidos, de valor absoluto para cualquier sociedad. Las instituciones tienen, al contrario, un alto porcentaje de compromiso con un determinado proceso de cambio o de desarrollo, es decir, deben adecuarse a unos determinados objetivos, en nuestro caso, de las sociedades latinoamericanas en un momento dado.

Pero plantearse la problemática del cambio o desarrollo institucional como exigencia del proceso de desarrollo latinoamericano, indudablemente que implica superar las concepciones simplistas que la dogmática marxista ha difundido durante

---

15 La creación de instituciones o la modificación de las existentes en un momento histórico determinado, con el objeto de que puedan asegurar un desarrollo integral sostenido y progresivo, no puede efectuarse pensando *ab initio* que tendrán un determinado límite de vigencia; de allí lo difícil del proceso de institucionalización. Las instituciones deben crearse como si fueran para siempre, sin signos personalistas y sin límite de futuro, aun cuando se está consciente de que las mismas, por tener que ser movilizadas por hombres, sufrirán modificaciones y transformaciones.

16 Debido a la estrecha vinculación que debe haber entre desarrollo económico y social y el desarrollo institucional, la cuestión de saber si éste es causa de aquél o en realidad su efecto, no es más que un ejercicio teórico, pues ambos procesos, en cualquier etapa histórica de cualquier país, han sido y deben ser interdependientes. *Cfr.* Gunnar Myrdal, *The Challenge of World Poverty*, *cit.*, p. 46; H. Jaguaribe, *Economic and Political Development*, *cit.*, p. 4; Joseph La Palombara, "Valúes and Ideologies in the Administrative evolution of Western Constitutional Systems", en Ralph Braibanit, *Political and Administrative Development*, 1969, p. 167. En realidad, debe admitirse que en un estadio determinado del proceso de desarrollo económico y social dé un país dado, por ejemplo, en América Latina, el desarrollo institucional es a la vez causa y efecto del mismo. Es causa, pues aquél no podrá continuar y realizarse en la forma deseada sin las medidas de carácter institucional, y es efecto porque realmente es sólo cuando una determinada sociedad ha alcanzado ciertos niveles de desarrollo económico y social, cuando surge la imperiosa necesidad del cambio institucional.

17 *Cfr.* G. Germani y K. Silvert. "Military Intervention in Latin America" *Archive Européen de Sociologie*, II, 1961, p. 81, *cit.*, por Robert E. Dowse, "The Military and Political Development", en Colin Leys (ed.), *op. cit.*, p. 215.

años en nuestros países y que consideran al Estado como un mero reflejo de una estructura económica y social, y, por tanto, dentro de la lucha de clases, como un instrumento de las clases dominantes para oprimir o explotar a las clases dominadas. De acuerdo con este dogma, la superestructura jurídico-política siempre sería el resultado de una determinada estructura económica, por lo que en la lucha frente a la sociedad capitalista, uno de los objetivos de esa postura es la destrucción del Estado, a quien se considera instrumento de opresión. En este sentido, y de acuerdo a esta ortodoxia, los cambios que se pretenda introducir en la superestructura, es decir, en las instituciones, de nada servirían por sí solos y serían imposibles sin cambios radicales en las estructuras económicas y sociales; o si se quiere, los cambios que pudieran realizarse en la superestructura jurídico-política, sólo se producirían como reflejo de los cambios en la estructura económica y en la correlación de la lucha de clases. Frente a esta concepción mecanicista, en el mismo campo de la teoría marxista se ha ido adoptando un análisis menos dogmático, en virtud del foso histórico que separa las realidades y situaciones de los países europeos del siglo pasado, de las sociedades contemporáneas —tanto desarrolladas como subdesarrolladas— y que al analizar las instituciones políticas, administrativas y jurídicas del Estado en las sociedades actuales, evidencia con razón que las mismas gozan de una autonomía específica frente a la estructura económica, aun cuando ésta siga teniendo el papel determinante[18]. El fenómeno de actuación y función del Estado, en este sentido, se considera que es mucho más complejo en las sociedades contemporáneas para explicarlo mediante una simple determinación economicista la cual, quizá, pudo ser más clara en los sistemas políticos europeos del siglo pasado. En América Latina, en esta forma, y aun admitiendo a pesar de la autonomía relativa de la superestructura, que el Estado está y ha estado condicionado en su función por una determinada relación de producción o por una determinada estructura económica capitalista, sin embargo, parece hoy indudable que el Estado no está controlado por una clase económica dominante que supuestamente lo utilizaría como instrumento de explotación[19]. Por supuesto que con ello no queremos decir que en el Estado, en Venezuela, por ejemplo, las clases económicas dominantes no hayan ejercido su poder: a pesar del funcionamiento de los sistemas democráticos —muy distintos hoy de los de la democracia burguesa del siglo pasado—, el Estado no ha logrado todavía configurarse realmente como la institucionalización de la voluntad e intereses generales, y por tanto, no termina de actuar teniendo como objetivo prioritario el bienestar de las mayorías nacionales populares y marginales. El Estado y particularmente sus instituciones jurídico-político-administrativas, se encuentran en nuestras sociedades en una permanente y lamentable contradicción: entre un a veces ser instrumento de las clases económicas dominantes a pesar de algunos elementos formales que lo revisten de carácter popular, y un a veces ser instrumento de las clases populares, a pesar

---

18 V. por todos Nicos Poulantzas, *Poder Político y clases sociales en el Estado capitalista*. México, 1972, pp. 15 y ss., 241 y ss. y 331 y ss. *Cfr.*, lo planteado en Venezuela por el programa de gobierno presentado por el Movimiento al Socialismo (MAS) en las elecciones de 1973: *Hacia una Victoria del Socialismo*. Caracas, 1973, p. 21 y ss.

19 En este sentido, Marcos Kaplan señala que "rara vez o nunca puede existir una identificación absoluta e incondicional entre el Estado y una clase, ni subordinación mecánica e instrumental del uno hacia la otra, y todo Estado debe responder también siempre en cierta medida a necesidades e intereses generales de la sociedad". *V.* "Estado, dependencia externa y desarrollo en América Latina", en *Estudios Internacionales*, número 2. Santiago de Chile, 1968, p. 189. *Cfr.* Fernando Henrique Cardozo, *op. cit.*, pp. 239 y 240.

de algunos elementos de forma que lo configuran como un Estado burgués. Y, precísamele, partiendo de la autonomía de la instancia política[20], en la superación de esta contradicción es que está el reto del desarrollo institucional que queremos plantear en este estudio, de manera que mediante la transformación de las instituciones políticas, administrativas y jurídicas para ponerlas al servicio de los intereses de la mayoría de la nación, constituida básicamente por las clases no dominantes, populares y marginales, puedan, a su vez, servir de instrumentos de cambio de las estructuras económicas y sociales.

En este sentido, estamos convencidos de que América Latina está necesitando urgentemente la construcción de un modelo político propio de desarrollo basado en nuestras propias realidades socio-económicas y en nuestra propia experiencia política de los últimos años, la cual es ya muy rica y aleccionadora[21]. Para ello, en todo caso, será necesario despojarse de los modelos dogmáticos que se nos han querido imponer durante tantos años y, al contrario, deberán adoptarse posiciones más realistas y pragmáticas de manera que se pueda hacer la verdadera opción por el desarrollo frente al estancamiento[22]. La experiencia ya nos demuestra que la alternativa no está en la lucha armada como se nos ha querido señalar[23], y tal como los fracasos recientes evidencian[24], siendo, por otra parte, irrepetible la vía cubana[25]. La ausencia de democracia y de objetivos fundamentales de desarrollo social, deben contribuir a descartar la sola vía del crecimiento económico autoritario (desarrollismo) que algu-

---

20 El libro de Fernando Henrique Cardozo, *Estado y Sociedad en América Latina*, por ejemplo, según su autor, se orienta "a demostrar que el proceso político posee cierta autonomía frente al condicionamiento estructural", *op. cit.*, p. 7.

21 Es interesante destacar lo señalado por C. Veliz, "La principal tarea en América Latina en el presente padece ser la construcción de un modelo teórico basado en la experiencia de las últimas décadas, que pueda usarse efectivamente para comprender, interpretar y dirigir el proceso de cambio económico y social", *op. cit.*, página 8. *V.*, por ejemplo, las referencias a la elaboración de un "modelo autónomo de desarrollo e integración de la América Latina", en H. Jaguaribe, "Dependencia y "Autonomía en América Latina", *Cuadernos de la Sociedad Venezolana de Planificación*, números 70-71, diciembre, 1969, publicado también en H. Jaguaribe y otros, La dependencia político-económica de América Latina, *cit.*, p. 3. *V.* sobre las diversas experiencias y orientaciones político-ideológicas de América Latina, Abelardo Villegas, *Reformismo y Revolución en el pensamiento latinoamericano,* México, 1972.

22 No deberá temerse, en este sentido y cuando sea necesario, a optar por soluciones democrático-reformistas, con tal que *realmente lo sean*. El camino del reformismo, sin embargo, no es fácil. "En tres aspectos, sus problemas son más difíciles que los de los revolucionarios. Primero, necesita pelear una guerra de dos frentes contra los conservadores y los revolucionarios... El objetivo del revolucionario es polarizar la política y, como consecuencia, trata de simplificar, dramatizar y amalgamar los postulados políticos en una simple y claramente cortada dicotomía entre las fuerzas del "progreso" y las de la "reacción"... El revolucionario promueve rigidez en la política, el reformador fluidez y adaptabilidad. El revolucionario debe ser capaz de dicotomizar las fuerzas sociales, el reformador tiene que manipularlas... Un revolucionario con éxito no necesita ser un excelente político; un reformador con éxito siempre lo es", S. Huntington, *op. cit.*, p. 345. Para una crítica del reformismo en América Latina en la alternativa "reformismo o revolución", *v.* Abelardo Villegas, *op. cit.*, pp. 338 y ss.

23 *V.* André Gunder Frank, *Capitalism and underdevelopment in Latin America*, 1969, p. 346.

24 *V.* Richard Gott, *Rural Guerrillas in Latin America*, 1973, pp. 153 y ss.

25 Sobre la especificidad de la revolución cubana particularmente en relación a las circunstancias internacionales que la rodearon. *Cfr.* Celso Furtado, *Economic Development of Latin America. A survey from colonial times to the Cuban revolution*. Cambridge, 1970, p. 239; H. Jaguaribe, *Political Development*, *cit.*, p. 489.

nos países intentan[26]. Por otra parte, aun en aquellos casos en los cuales se ha realizado un esfuerzo nacionalista considerable en el campo del desarrollo económico y social, pero por la vía militarista, la ausencia de democracia política hace que dicha vía también deba descartarse[27]. La vía chilena de cambio socialista, económico y social, por la vía democrática intentada en los inicios de la década de los setenta[28], quizá hubiera podido haber dado mejores lecciones, si tan sólo hubiera sido realmente reformista[29], contando con un mayor consenso político, y no se hubiera sacrificado el todo por algunas posiciones dogmáticas incompatibles con nuestras realidades[30]. Por otra parte, el fracaso de la experiencia chilena no puede llevar a rechazar la vía democrática como fórmula política válida para el cambio económico y social; así como tampoco puede conducir a ello, la pretendida tesis de la incompatibilidad de la democracia con el desarrollo económico-social, que algunas experiencias autoritarias han querido difundir[31]. La democracia, al contrario, es la verdadera vía válida hacia el cambio, y lo que está planteado todavía es su verdadera realización en nuestros países.

En Venezuela, en todo caso, a pesar de la especificidad del país en cuanto a su mayor crecimiento económico relativo, y al papel que ocupa el Estado en su realidad económica y social, las experiencias y lecciones de América Latina deben servirnos para evaluar mejor nuestras necesidades y posibilidades de desarrollo y cambio socio-económico dentro de un régimen democrático, así como para determinar las instituciones políticas, administrativas y jurídicas que necesitamos o que debemos transformar para impulsarlos.

---

26 En relación al modelo del Brasil v. los trabajos publicados en Alfred Stepar (ed.), *Authoritarian Brazil. Origins, Policies and Future*. Yale Univ. Press, 1973, y en Celso Furtado y otros, *Brazil, hoy*. México, 1968.

27 En relación a la situación peruana v., por ejemplo, Aníbal Quijano, *Nationalism and Capitalism in Peru: A Study in neo-imperialism*. N. Y., 1971; José Matos Mar y otros, *Perú, hoy*. México, 1971.

28 Sobre el ensayo chileno, entre la multitud de trabajos que se han publicado en los últimos años, *v*. Kenneth Medhurst (ed.), *Allende's Chile*. London, 1972.

29 *Cfr*. H. Jaguaribe, *Political Development*, *cit*., pp. 503 y ss.

30 De dicha experiencia, tanto la izquierda latinoamericana como los partidos reformistas de centro, deben aprender la lección de que por la vía democrática, no sólo es necesaria la búsqueda y elaboración de un consenso político para los cambios sociales y económicos a realizar, sino que es indispensable ser más políticos que dogmáticos y, por tanto, admitir muchas veces el momentáneo sacrificio mutuo de posiciones ideológicas para mantener y lograr las reformas y cambios posibles. Ciertamente que aparte de las lecciones de la experiencia chilena para América Latina, es evidente que más se hubiera ganado en el país del sur, si se hubiera consolidado un gobierno reformista con consenso político, que hubiera concluido su período, luego de la realización de cambios económicos y sociales nacionalistas e irreversibles, antes que el retroceso sangriento en la reforma social y económica impuesto por los militares a partir de septiembre de 1973. La satisfacción intelectual e ideológica de algunos dirigentes de partidos que apoyaron al Gobierno del desaparecido presidente Allende, de no haber cedido en sus posiciones dogmáticas, no pasa de constituir una victoria pírrica a la vez que dañina para toda América Latina. *Cfr*. J. Biehl del Río y Gonzalo Fernández R., "The Political Pre-requisites for a Chilean way", en Kenneth Medhurst (ed.), *op. cit.*, pp. 63 y ss. Asimismo, H. Zemelman and Patricio León, "Political Opposition to the Government of Allende", *ídem*, p. 93.

31 En este sentido, es de destacar los esfuerzos realizados recientemente por Fernando Henrique Cardozo, sobre todo frente a la experiencia brasileña, por reivindicar la compatibilidad entre el crecimiento económico y la participación popular en los procesos políticos a través de la democracia política y la libertad, *op. cit.*, pp. 34 y ss. y 246 y ss. *Cfr*. Elías Díaz, *Estado de Derecho y Sociedad Democrática*. Madrid, 1966.

El problema del cambio institucional como exigencia del proceso de desarrollo, ha sido motivo de preocupación permanente entre nosotros[32] hasta el punto de que uno de los compromisos políticos básicos tanto del Presidente C. A. Pérez como del ex Presidente Caldera en 1974, era la transformación o reforma del Estado[33]. Sin

32 En la década de los sesenta, por ejemplo, la preocupación por la problemática del cambio institucional mereció una serie de comentarios políticos de prensa (por ejemplo, en 1966 y 1968, R. Escobar Salom hizo planteamientos relativos al cambio institucional, p. e., "Los ciudadanos al Poder", *El Nacional*, Caracas, 16 mayo de 1968, p. A-4; seguidos de comentarios de A. Tarre Murzi, "Cambio Institucional y cambio histórico", *El Nacional*, Caracas, 16 de noviembre de 1966. Por otra parte, en 1968, en un Foro realizado por Gilberto Alcalá, planteábamos el problema de la transformación. del Estado: V. A. R. Brewer-Carías, "Las consecuencias del desarrollo no pueden ser sino las de una Revolución de Independencia", en *El Nacional*, Caracas, 26 de agosto de 1968, p. C-l; y ello fue objeto particular de nuestro estudio *Una Revolución para el Desarrollo*. Caracas, 1971, que recogía la conferencia que pronunciamos en el Palacio de las Academias de Caracas, el 29 de mayo de 1968 sobre "Las transformaciones de la Administración Pública para el desarrollo", publicado con ese mismo título en la *Revista de Administración Pública*, número 58, Madrid, 1969, pp. 387 a 420; y en la *Revista de la Facultad de Derecho, UCV*, número 41, Caracas, 1968, pp. 19 a 64. *V.*, además, el prólogo a nuestro libro, Allan R. Brewer-Carías, *El control de las actividades económicas del Estado Venezolano*, CGR, Caracas, 1969, pp. 1 a 33. Recientemente (1973), dentro de las mismas preocupaciones expuestas en los trabajos señalados, Arturo Uslar Pietri, al retirarse da la Cámara del Senado, hizo un dramático e interesante llamado respecto de los problemas institucionales del desarrollo, v. "Un alerta a la democracia", publicado en *El Nacional*. Caracas, 31 de agosto de 1973, p. D-l y reproducido en *Control Fiscal y Tecnificación Administrativa*, CGR, número 70, Caracas, 1973, pp. 15 a 31.

33 El compromiso político del Presidente C. A. Pérez por realizar una reforma del Estado en Venezuela fue claramente expuesto en diversas oportunidades durante la campaña electoral de 1973. En particular, en el programa de gobierno que sometió al electorado dedicó íntegramente el capítulo II al planteamiento de "La transformación del Estado" como uno de los compromisos de su Gobierno (1974-1979). *V.* C. A. Pérez, *Acción de Gobierno, cit.*, pp. 8 a 15. Por otra parte, en el discurso de toma de posesión de la Presidencia de la República, el 12 de marzo de 1974, el Presidente C. A. Pérez señaló expresamente el criterio de que "Venezuela no podrá satisfacer las exigencias mínimas del desafío que tiene por delante sin una *Reforma del Estado* y de la Administración. Puede decirse, sin exageración, que la estructura del Estado es unas veces incipiente y otras distorsionada, o abiertamente anacrónica o inservible. Los niveles de eficiencia en la Administración Pública son francamente inaceptables. El Estado está a mucha distancia del ciudadano, el cual no puede acudir a los servicios públicos o a los funcionarios administrativos a obtener de ellos la respuesta o la satisfacción oportuna de sus demandas... *La Reforma Orgánica del Estado* es parte de una política de modernización con efectos sobre todo el sistema político, económico y social". *V.* en *El Universal*. Caracas, 13 de marzo de 1974, pp. 1-11. Por su parte, el Presidente Caldera, como líder del principal partido de oposición durante el período 1974-1979 también expresó su compromiso de llevar a la Cámara del Senado, como Senador Vitalicio, "un criterio que *pueda cooperar a la reforma del Estado que es inaplazable*, convertir en leyes los grandes postulados de la Constitución y tratar, pues, de modernizar, de acuerdo con la Carta Fundamental, la vida de la República". *V.* Rueda de prensa del 13 de diciembre de 1973, en *El Nacional*. Caracas, 14 de diciembre de 1973, p. D-l. Pero el consenso sobre la necesidad v el empeño de realizar una Reforma del Estado no sólo se expresó en 1973 y 1974, tanto por el ex Presidente Caldera como por el Presidente C. A. Pérez, sino que fue motivo de consideración en otros niveles políticos. La más importante manifestación pública en este sentido la hizo el Presidente de la Cámara de Diputados, Gonzalo Ramírez Cubillán, en el discurso de toma de posesión de la Presidencia de la misma, el 2 de marzo de 1974, cuyo contenido giró en torno al tema de la Reforma del Estado, de la Administración Pública y del Congreso (*v.* en *El Universal*, Caracas, 3 de marzo de 1974, pp. 1-11): lo cual ratificó en otras oportunidades (*v.*, p. e., en *El Universal*, Caracas, 10 de marzo de 1974, pp. 1-11). Por otra parte, el jefe de la fracción parlamentaria del principal partido de oposición, Eduardo Fernández, en el acto de participación al Presidente de la República de la instalación de la Cámara de Diputados, también insistió en la labor principal que correspondería al nuevo Congreso: "*acometer la Reforma del Estado* y comenzar a dictar aquellas leyes complementarias de la Constitución Nacional, cuyo atraso ya va para catorce años". *V.* en *El Universal*. Caracas, 3 de marzo de 1974, pp. 2-26.

embargo, ello es cierto, aún no se ha dado a la cuestión institucional del desarrollo en el país, el tratamiento comprensivo y sistemático que requiere[34] y que teniendo en cuenta los diversos aspectos económicos y sociales del desarrollo, estudie los obstáculos políticos, administrativos y jurídicos para el cumplimiento de sus exigencias. En este sentido, con este estudio, aspiramos a hacer una contribución a dicho análisis, o si se quiere, una contribución al tema de la reforma y transformación del Estado para la configuración del *Estado democrático y social* de Derecho en Venezuela, de manera que a través del fortalecimiento y transformación de sus instituciones políticas, administrativas y jurídicas, pueda ser un efectivo instrumento de desarrollo, y mediante la consolidación de su autonomía relativa, pueda, además, escapar a las presiones interesadas de los grupos económicos dominantes, actuando, al contrario, en beneficio de las mayorías nacionales[35].

Dentro de esta orientación, estudiaremos separadamente la problemática y las transformaciones que está planteado realizar en las instituciones políticas (Segunda parte: Capítulos 6 a 11), en las instituciones administrativas (Tercera parte: Capítulos 12 a 18), y en las instituciones jurídicas (Cuarta parte: Capítulos 19 a 22) de nuestro país, para convertirlas en instrumentos de cambio y desarrollo. Antes, sin embargo (Primera parte), analizaremos brevemente, algunos aspectos de la problemática del desarrollo latinoamericano (Capítulo 2), el pape) que corresponde jugar al Estado en dicho proceso (Capítulo 3), y los elementos que en la teoría política han contribuido a la institucionalización de un Estado democrático y social de Derecho (Capítulos 4 y 5) como el que es necesario consolidar en nuestros países.

SECCIÓN PRIMERA: EL ESTADO Y EL PROCESO DE DESARROLLO

CAPÍTULO 2. ALGUNOS ASPECTOS DE LA PROBLEMÁTICA DEL DESARROLLO LATINOAMERICANO

América Latina, indudablemente, es en la actualidad una de las regiones del mundo en la cual a pesar de los múltiples obstáculos existentes, se está experimentando uno de los más vertiginosos procesos de crecimiento en el orden económico y de modificación en la estructura social. Para no comparar la situación actual de la región con la que tenía a comienzos de siglo, basta constatar y meditar sobre las consecuencias de lo que significa que entre 1950 y los inicios de 1970, su población se ha doblado, estimándose que en el futuro, se doblará cada veinticinco años[36]. No es exagerado afirmar, por tanto, que la América Latina de los años setenta está muy lejos de ser la de los años cincuenta, y está mucho más distante, distinta y extraña de

34 En este sentido consideramos, tal como lo afirmaba Georges Mer en 1934, que "el verdadero Estado Moderno todavía está por imaginarse y crearse". *V. La Réforme de l'Etat en Action*. París, 1934, p. 17.

35 Por eso, mucho más que un Estado "eficaz" lo que está planteado es la estructuración de un Estado "efectivo". En el primero, el problema de los fines y del papel del Estado en el proceso de desarrollo, no es lo determinante; en el segundo, sí lo es, siendo los aspectos de "eficacia" o racionalidad administrativa de carácter secundario. Una apreciación sobre el "Estado eficaz" en un enfoque completamente distinto al que se plantea en este estudio puede verse en Pedro R. Tinoco, *El Estado Eficaz*. Caracas, 1973

36 *Cfr*. R. Prebisch, "The System and the Social Structure of Latin America", en I. C. Horowitz, Josué de Castro and J. Gerassi (ed.), *Latin American Radicalism*. London, 1969, p. 23.

la de comienzos del siglo XX. En veinte años, los países latinoamericanos y en particular aquellos como Venezuela que han experimentado una transformación más violenta, son otros países, imposible de ser analizados como lo fueron o pretendieron ser en la primera mitad de este siglo[37].

---

37 Basta comparar las cifras relativas a la transformación de Venezuela entre 1968 y 1972 para darse cuenta, de cuál es la naturaleza del cambio que se está experimentando en el país y que, por tanto, se ha experimentado en las últimas décadas: en dólares per cápita, el ingreso por habitante en 1972 fue de $ 1.236, cifra 28% más alta que la correspondiente al año 1968 ($ 965 por habitante); entre 1968 y 1972 el costo de la vida creció, sin embargo, en sólo 10%, lo que significa un promedio anual de 2,4% (en el mismo período, el aumento del costo de la vida en Estados Unidos e Italia fue del 20 %; en Inglaterra, del 30%; en Brasil, fue de 200%, y en Chile, del 544%); el gasto público total del Gobierno central pasó de 40.840 millones de bolívares en el período 1964-1968, a 60.773 millones de bolívares en el período 1969-73, lo que representa un aumento del 48,8 %; la proporción del gasto público del Gobierno central que se destina a los servicios sociales (educación, sanidad, previsión y protección social, suministro de agua y otros servicios sanitarios, vivienda y urbanismo, recreación y esparcimiento y relaciones obrero-patronales) pasó de 39,2 % en el período 1964-1968, a 44,4 % en el período 1969-1973; en 1973 el presupuesto del Ministerio de Educación representaba el 20,9 % del presupuesto nacional, en tanto que en 1968 representaba el 15,5 % y en volumen, en 1973 (2.520 millones de bolívares) representaba más del doble del de 1968 (1.234 millones de bolívares); de marzo de 1969 a junio de 1973 la liquidez monetaria en poder del público pasó de 9.734 a 17.628 millones de bolívares, lo que significó un incremento del 81%; en el mismo período, los depósitos en la banca comercial aumentaron 6.467 millones de bolívares, al pasar de 8.015 a 14.482 millones de bolívares, lo que representó un incremento de 80,7%; las reservas internacionales de Venezuela alcanzaron en junio , de 1973 la cifra récord de 1.729 millones de dólares, más del doble de las reservas internacionales existentes en marzo de 1969, siendo el aumento experimentado en el período 1969-1973 más de diez veces el aumento experimentado en el período 1964-1968; el signo monetario venezolano durante el mismo período demostró una solidez extraordinaria habiendo sido revaluado el bolívar en 1972 de 4,50 a 4,40 bolívares por dólar (2,2 %) y en 1973, de 4,40 a 4,30 bolívares por dólar (2,3 %); de marzo de 1969 a junio de 1973 el Sistema Nacional de Ahorro y Préstamo concedió préstamos por un monto que es más de dos veces y media el monto concedido desde su fundación en 1962 hasta marzo de 1969, habiendo pasado los ahorros desde marzo de 1969 hasta junio de 1973 de 341 a 1.560 millones de bolívares; entre marzo de 1969 y junio de 1973 se cuadruplicó el monto correspondiente a las cédulas hipotecarias en circulación al pasar de 986 a 3.829 millones de bolívares; el saldo activo de la balanza de pagos en 1968 alcanzó, 54 millones de dólares y pasó en 1972 a 267 millones de dólares, y en el período 1968-1972 la relación de términos de intercambio mejoró en 22,2 % debido a que los precios de exportación crecieron más que los precios de importación (44 % petróleo y derivados; 25 % hierro); en particular, el valor de exportación del barril de petróleo a los efectos impositivos pasó de 1,87 dólares en 1968 a 7,24 en octubre de 1973 y a 14,08 dólares en 1974, y el país recibía, en 1973, el mayor ingreso de su historia por barril exportado, habiendo pasado la participación fiscal en la utilidad bruta del 68 % en 1968, al 87 % en 1972; en 1972, por tanto, Venezuela recibió por su petróleo 2.920 millones de bolívares más que en 1968, a pesar de haber producido 125,4 millones de barriles menos; a precios constantes, la contribución del petróleo a la formación del producto territorial bruto bajó de 17,7 %, en 1968, a 13 %, en 1972, lo que significó una disminución de 26 % en la dependencia del petróleo; en 1968, la Corporación Venezolana del Petróleo produjo un pro-medio de 16.900 barriles de petróleo diarios, cifra quintuplicada en 1973 con una producción superior a 100.000 barriles diarios; la empresa petrolera estatal invirtió 592 millones de bolívares desde el inicio de sus operaciones en 1961 hasta 1968, comparado con la cifra de 841 millones de bolívares invertidos en el período 1969-1973; de 1968 a 1972, el volumen de producción del hierro creció en 19%, el valor de la producción en 28 % y el valor de las exportaciones en 25 %: la capacidad de producción de acero de la empresa estatal CVG Siderúrgica del Orinoco, aumentó en medio millón de toneladas anuales al pasar de 750.000 toneladas en 1968 a 1.250.000 toneladas en 1972; la producción de aluminio en 1972 fue más del doble de la producción de 1969 y en 1973 se cuadruplicó la capacidad de producción que existía en 1968; desde su fundación, el Instituto Venezolano de Petroquímica, en 1956, hasta 1968, la inversión en la industria petroquímica fue de 577 millones de bolívares, mientras que de 1969 a 1972 fue de 1.350 millones de bolívares; desde marzo de 1969 a septiembre de 1973 se han incorporado al servicio telefónico 134.000 nuevos suscriptores, en 1968 existían seis poblaciones con discado directo nacional, y al terminar 1973 existían 100; entre 1969 y 1972 se duplicó el número de pasajeros transportados por la venezolana Internacional de

Ciertamente que la situación de cambio del mundo actual no es una manifestación propia de los países latinoamericanos, ni en general, de los países subdesarrollados. El cambio, como característica de la historia contemporánea, se evidencia hoy como un anhelo, una aspiración o una angustia en todos los países del mundo.

En todo caso, especialmente después de la Segunda Guerra Mundial, una serie sucesiva de transformaciones y reformas se vienen operando en las sociedades contemporáneas, las cuales han tenido reflejos peculiares en el campo institucional. De ahí que se hable con tanta insistencia de la reforma agraria, de la reforma de la empresa y de los mecanismos de producción, de la reforma de la educación, y hasta de la reforma administrativa.

Todas esas reformas, todas esas transformaciones deseadas en las instituciones de las sociedades actuales, tienen, evidentemente, su origen en la necesidad de adaptarlas a los cambios operados en las realidades socioeconómicas de los últimos años. Puede decirse que estas transformaciones son de tal naturaleza, que jamás se habían operado en la historia de la Humanidad en un lapso tan corto. La revolución francesa y la revolución industrial, en efecto, requirieron de muchos años para su consolidación y para hacer sentir sus efectos. La revolución tecnológica y la explosión urbana de nuestros días, en cambio, ha sido tan rápida, que hacen perder las perspectivas mismas de lo que será el mundo en los próximos treinta años.

Sin embargo, en la actualidad, y a pesar de todos esos violentos cambios de la realidad socio-económica, la mayoría de los países siguen manipulándola a través de instituciones, sistemas y mecanismos decimonónicos. Piénsese sólo por vía de ejemplo, en el Municipio y en la autonomía municipal, instituciones que, por inservibles frente a la revolución urbana de nuestros días, es preciso arrinconarlas, y todos los defensores que aún tiene, y que no se dan cuenta que, quizá, los desaciertos y fracasos de la gestión de los intereses locales en la actualidad, sólo tienen su origen en la defensa a ultranza de un pretendido municipalismo ya caduco[38].

Aviación (VIASA) y la carga transportadora se incrementó en un 50%; en el año escolar 1972-1973 la matrícula en educación preescolar y primaria fue 21 % más alta que en el año escolar 1968-1969, en el mismo período la matrícula en educación media fue 57 % más alta, y la matrícula en educación superior fue más del doble; en 1968, uno de cada cinco venezolanos estaba estudiando, en cambio en 1973, uno de cada cuatro venezolanos estaba estudiando; de 1968-69 a 1972-73 se duplicó el número de institutos de educación media y se triplicó el número de institutos de educación superior; en 1968 existían tres especialidades para bachillerato y, en cambio, en 1973 existían 35; la población analfabeta, según los censos, descendió de 48,8 % en 1951,% en 1961, a 22.9% en 1971; de marzo de 1969 a junio de 1973 se firmaron 5.703 contratos colectivos que amparan a más de 721.000 trabajadores; la remuneración total a empleados y obreros del país (incluyendo todos los sectores) pasó de 16.792 millones de bolívares en 1968 a 22.784 en 1972, es decir, un aumento del 15,7%, y si se toma en cuenta que en el mismo período la ocupación aumentó en 35,7%, el aumento de sueldos y salarios por trabajos resulta de 20 % con respecto a 1968 (con un aumento en el mismo período de sólo el 10 % en el costo de la vida); el censo de 1971 reveló que para esa fecha el número de personas ocupadas era de 2.824.361 y la fuerza de trabajo de 3.010.148, lo que significa una tasa de desempleo de 6,2 %; el total de asegurados cotizantes del Seguro Social obligatorio pasó de 684.000 en 1968 a 920.000 en 1972 lo que representa un incremento de 35% y la proporción del total de asegurados cotizantes del Seguro Obligatorio en relación a la población activa total pasó de 23% en 1968 a 30% en 1972. Los datos y cifras han sido tomados de la publicación de CORDIPLAN, Notas para la evaluación de la Obra de Gobierno 1969-1973, Caracas, 1973, 91 pp.

38 *Cfr.* Fernando Albi, *La Crisis del Municipalismo*. Madrid, 1966, pp. 209 y ss. Allan R. Brewer-Carías: *Una Revolución para el Desarrollo*. Caracas, 1970, pp. 10 y ss.

Todas esas contradicciones entre la realidad social y económica y las estructuras e instituciones políticas y sociales, se han reflejado con especiales características en la función del Estado. En la actualidad, en todos los países del mundo, inclusive los más capitalistas, el Estado puede considerarse como un Estado intervencionista, en diversos grados de intervención, por supuesto. En este sentido es necesario señalar que ya han pasado los días en que era necesario razonar y justificar la actitud intervencionista del Estado. La intervención estatal es una realidad y, en efecto, en la actualidad, pocos campos o sectores de nuestra vida económica y social escapan de una injerencia del Estado, o al menos de la presencia del Estado. En otras palabras, tal como recientemente se ha afirmado, pocas actividades humanas se realizan fuera de la "sombra" del Estado[39]. Pero lo característico de esta realidad es que es irreversible, por lo que de nada valen —salvo para sembrar confusión— los últimos argumentos que todavía se dan en defensa de un liberalismo tradicional, que no existe, como sistema, en ninguna parte del mundo. Sin embargo, ante esa realidad del Estado intervencionista, en los hechos, ésta pretende seguir gestionando o conformando la realidad económica o la realidad social con los esquemas del Estado liberal-burgués, es decir, sustancialmente, con los esquemas del Estado abstencionista, aun cuando en algunos casos, con ciertas correcciones.

Pero esas contradicciones entre las instituciones y las realidades socioeconómicas que dan origen a la necesidad de una transformación de la función del Estado aun en los sistemas más capitalistas, surgen más patentes y dramáticas en los países subdesarrollados. Todos los efectos de la explosión urbana o de la revolución tecnológica de nuestros días colocan a los países del Tercer Mundo en una situación aún más angustiosa. Para darse cuenta de ello, quizá baste comparar nuestra situación con la de los países europeos. Estos temen con cierta base[40] que se ahonde cada vez más en perjuicio de su futuro desarrollo, el abismo o foso que ya los separa del avance tecnológico y organizativo de los países que en pocos años formarán parte de la llamada sociedad post-industrial y que estará materialmente en manos de las computadoras o de los ordenadores. Ante esa actitud, realmente que la angustia es total respecto al destino de los países latinoamericanos frente a esos que formarán la sociedad post-industrial, cuando sólo es ahora, pero con muchos altibajos y muy tímidamente, que nos estamos acercando a la etapa de la sociedad industrial. Ese abismo o brecha, amenaza ahondarse en tal forma que no será posible nunca eliminarlo. De ahí el reto del desarrollo, pues este desarrollo nacional y regional es la única vía que nos queda, no para eliminar esas diferencias ya imposibles de borrar, sino para disminuirlas en beneficio de nuestros pueblos.

Ciertamente, que es un lugar común hablar de este reto del desarrollo, pero, a pesar de ello, podemos constatar que nuestros países, en general, no han tomado conciencia realmente de lo que significa, de los sacrificios que implica y lo que es peor, colectivamente, como países, estamos haciendo muy poco para resolver definitivamente nuestra situación frente al mismo[41].

---

39 V. Ralph Miliband, *The State in capitalist society*, London, 1969, p. 3. La edición en español, *El Estado en la sociedad capitalista*, México, 1971, p. 3.

40 *V.*, por ejemplo, todo el argumento de J. J. Serban-Schreiber, *El Desafío Americano*, Barcelona, 1968.

41 Este reto planteado por el subdesarrollo, es necesario, para que sea asumido, que verdaderamente se convierta en un reto de cada uno de nuestros países. No se trata, por tanto, en cada una de las naciones

Venezuela, por su parte, en este sentido tiene características que deben destacarse por su valor comparativo. Puede decirse que hay un consenso general en considerar que Venezuela tiene unos inmensos recursos que podrían haber contribuido a solucionar sus problemas económico-sociales; pero también hay consenso en tomo a que hemos despilfarrado impunemente estos recursos, si los comparamos con los que tienen los otros países de América Latina, en base a las posibilidades con que contamos por gracia de nuestra situación geográfica, y de los dones de la Naturaleza[42]. Frente a esta situación, frente a ese reto, frente a ese despilfarrar recursos, sin embargo, no hemos tomado colectivamente conciencia del problema y como país, nos agotamos en localismos políticos y pequeños problemas, teniendo del país, sus componentes humanos, generalmente visiones parceladas. La parcela llega hasta donde llegan los intereses de cada quien y colectivamente no hemos tomado todavía visión de conjunto de lo que el país implica, y lo que es peor, no hacemos nada para romper y colmar definitivamente esa brecha que cada vez se abre más entre la sociedad y las organizaciones, entre la sociedad y el Estado[43]. Paralelamente a esta situación,

---

latinoamericanas, de un reto de un grupo, ni de un partido, ni de un gobierno, sino un reto de cada uno de nuestros países que nos va a obligar a decidirnos a independizarnos de nuevo por nuestra incorporación a un proceso de desarrollo, hoy, en el último tercio del siglo XX, o simplemente a decidirnos a continuar aumentando nuestra dependencia de otras naciones más desarrolladas. *Cfr.* A. R. Brewer-Carías, *El Proceso de Reforma Administrativa en Venezuela*, Caracas, 1970, p. 11. Esta situación, por supuesto, tiene sus excepciones y un ejemplo de ello ha sido el esfuerzo de Cuba, a su maicera, de cambiar la situación de dependencia aun con los riesgos de tener otro gran acreedor en el mundo estratificado de la actualidad. *V.* la apreciación sobre Cuba como país políticamente independiente, aun cuando económicamente dependiente del comercio internacional en T. Dos Santos, "The Crisis of Development Theory and the Problem of Dependence in Latin America", en Henry Bernstein (ed.), *Under development ana Development. The Third World Today*, 1973, p. 78, nota 15. *V.* además las apreciaciones del Presidente de Libia, M. Kadalphi sobre la dependencia de Cuba de la URSS y los debates al respecto en la Conferencia de Argelia de los países no alineados de septiembre de 1973, *Le Monde*, 11 de septiembre de 1973.

42 Venezuela en 1973 era el cuarto país productor y el segundo país exportador de petróleo del mundo y su producción representaba en 1969 el 8,8% de la producción mundial, porcentaje que sólo superaban USA (23,9 %) y URSS (15,4 %). *Cfr.* Denis Banchard, *Le Jeu Mondial des pétroliers,* París. 1970, p. 133. En el campo del mineral de hierro, la producción venezolana equivalía en 1971 al 2,6 % de la producción mundial, y la exportación, al 7,1% de la exportación mundial. *Cfr.* Orinoco Mining Co. *El Hierro. Factor de Desarrollo Económico* v *Social,* Caracas, 1973, pp. 36 y 37. Para una población de 10.721.000 en 1971, de las cuales las tres cuartas partes era urbana y una cuarta parte rural, el Producto Territorial Bruto en 1970 fue de 56.215 millones de bolívares, habiendo crecido en 1972 un 4,4 % lo que, a pesar del crecimiento demográfico del 3,4 % anual, produjo que en 1972 el ingreso *per cápita* fuera equivalente a 1.256 dólares por persona, lo cual está en los niveles más altos de América Latina. *Cfr.* ANTONIO CASAS GONZÁLEZ, *Venezuela, el Hombre como objetivo fundamental del Desarrollo,* Caracas, 1973, pp. 11 y ss., y CORDIPLAN, *IV Plan de la Nación* 1970-1974, Caracas, 1971. p. 23. Esta situación ha llevado inclusive a apreciaciones como la de Lodge, en el sentido de señalar que con el tipo de ingreso que existe en el país, el Gobierno venezolano ha podido haber "comprado el cambio revolucionario" sin violencia real de ninguna clase. *V.* G. Lodge., *Engines of Change,* N. Y., 1970, p. 160. En efecto, Venezuela en el período de 1945 a 1960 registró la más elevada tasa de crecimiento del PTB real en toda América Latina y una de las más elevadas del mundo. En el período de 1960 a 1967, pese a la recesión que prevaleció durante la primera mitad del mismo, la tasa de crecimiento de Venezuela estaba todavía entre las más altas de América del Sur. *Cfr.* N.F Hassan, *Crecimiento Económico y Problemas de empleo en Venezuela,* Caracas, 1973, p. 11.

43 Hoy por hoy, vivimos en un país donde el Estado es un tercero en discordia frente a la sociedad, quedando el papel de una parte de ésta materialmente reducido a impedir que el Estado actúe, porque lo considera otra entidad distinta y extraña en la realidad global de la nación. En esto, mucha razón tiene el Club Jean Moulin de Francia, cuando se plantea que hoy. lo que es necesario hacer, es que el ciudadano, o en términos generales, la sociedad, reconquiste al Estado, vuelva a asumir la conducción de la sociedad

la brecha que también existe y que se interpone entre los países altamente industrializados, dueños absolutos, hasta ahora, de las posibilidades de progreso en base a una tecnología moderna, y nuestros países subdesarrollados, se sigue abriendo y ahondando paulatinamente en proporciones inimaginables, debido a esa contracción del devenir histórico que se ha hecho patente durante las últimas décadas, sobre todo en América Latina[44]. Por ello, es evidente que, ante el abismo que se sigue abriendo entre el desarrollo y el subdesarrollo, nuestros países tienen como alternativa, o dejar que la brecha siga ampliándose y definitivamente resignarse a depender totalmente de otras naciones altamente desarrolladas, o —y ahí está el problema y el reto del desarrollo—, decidirse a realizar un gran esfuerzo, un tremendo esfuerzo similar, inclusive, al esfuerzo que se realizó hace ciento cincuenta años con las revoluciones de independencia, y realizar otra revolución de independencia que no es otra que esta revolución del desarrollo o revolución para el desarrollo, que nos están reclamando nuestras naciones[45].

Pero evidentemente, el hablar de desarrollo en los países latinoamericanos, nos plantea la necesidad de determinar qué debemos entender por desarrollo, y quizá una cosa es cierta en este campo: el desarrollo no puede, en general, definirse en abstracto, no puede definirse genéricamente, sino sólo por comparación. Se trata, por tanto, de una meta, con variantes, que surge por módulos relativos de comparación con las sociedades industriales o desarrolladas de la actualidad[46]. Desarrollo, en este sentido, no es un fin en sí mismo, sino un medio de satisfacer aspiraciones humanas, por lo que en nuestros países, es un medio para la transformación económica y social, y no otra cosa precisa la Constitución de Venezuela de 1961 en su Preámbulo, al indicar que se ha dictado entre otros propósitos, con el de promover el bienestar general y la seguridad social; lograr una participación equitativa de todos en el disfrute de la riqueza, según los principios de la justicia social, y fomentar el desarrollo de la economía al servicio del hombre. Por ello, el mismo texto constitucional establece la obligación para el Estado de promover el desarrollo económico y la diversificación

---

misma y cese esta dicotomía sin sentido que separa al cuerpo organizado que dirige la sociedad, de la sociedad misma. *V.* Club Jean Moulin, *L'Etat et le Citoyen,* París, 1961. pp. 227 y ss.

44 A finales de los sesenta se celebraron en Venezuela, por ejemplo, los cuarenta años de la aviación comercial, es decir, cuarenta años desde que una empresa extranjera comenzó a repartir correspondencia en el país, hecho que ocurrió sólo diez años después que por primera vez lo sobrevolaran varios aviones residuales de la Primera Guerra Mundial. Han transcurrido entonces cincuenta años en la historia de la aviación venezolana, y nuestra generación ha sido testigo de ese increíble progreso; progreso que, por otra parte, se ha operado a pesar de nuestro país; y si hemos disfrutado de él. quizás ha sido por esa especial situación que tenemos de puerta de la América Latina, que nos ha permitido dejar pasar por sobre nosotros ese progreso. Pero si son cincuenta años los testigos de un asombroso avance en un área como la aviación comercial, son sólo quince en otras áreas como el de las computadoras o de los ordenadores, que inclusive han permitido a la aviación pasar a la astronáutica; y esto para no referirnos a los medios de comunicación, donde quizás está la clave de la revolución tecnológica actual y que, en lo que significa de progreso, depasa todo posible desarrollo de la imaginación. Es interesante destacar por ejemplo el cada vez más corto intervalo que ha existido entre los últimos grandes descubrimientos y la aplicación de la invención: la fotografía, 112 años (1727 a 1839); el motor eléctrico. 65 años (1821-1886); el teléfono, 56 años (1820-1876); la radio, 35 años (1867-1902): el rádar, 15 años (1925-1940); la televisión, 12 años (1922-1934); la bomba atómica, 6 años (1939-1945); el transistor, 3 años (1948-1951); la batería solar, 2 años (1953-1955); *V.* UNESCO. Edgar Faure (ed.), *Learning to be,* París, 1972, p. 88.

45 *Cfr.* A. R. Brewer-Carías, *El Proceso de Reforma Administrativa en Venezuela. cit.*, pp. 13 y 14.

46 *Cfr.* A. R. Brewer-Carías. *Una Revolución para el Desarrollo, cit.*, p. 13.

de la producción con el fin de crear nuevas fuentes de riqueza, aumentar el nivel de ingresos de la población y fortalecer la soberanía económica del país[47]. Vemos en dichas declaraciones, muy comunes en las recientes constituciones latinoamericanas, el reconocimiento claro de nuestro atraso y la definición de ciertas metas a lograr y que constituyen el desarrollo. En este sentido, los objetivos del desarrollo pueden determinarse cualitativa y cuantitativamente, y tradicionalmente han sido estudiados y analizados una serie de índices para definir sus condiciones o características[48]. Sin embargo, entre ellos, creemos necesario insistir en algunos de dichos índices que califican a los países latinoamericanos como países subdesarrollados que hasta ahora no han participado realmente en la revolución industrial. En efecto, en líneas generales, esa situación puede caracterizarse por un aspecto económico, por un aspecto social y por un aspecto institucional[49]. Bajo el aspecto económico[50] se caracteriza, en primer lugar, porque en general tenemos una gran proporción de la población dedicada a las actividades primarias, es decir, agrícolas y de extracción minera, pero con la peculiaridad de que la producción nacional en esos campos se traduce o en una producción de subsistencia o en una producción de exportación. Ello implica, asimismo, una situación de escasa industrialización, y algunas veces, una hipertrofia del sector terciario o de servicios, en relación a los otros[51]. En segundo lugar, se caracteriza por la dependencia económica y tecnológica de nuestros países frente al capital extranjero[52] con todas sus consecuencias inclusive de orden político, lo que

---

47 Artículo 95.

48 En este sentido Oswaldo Sunkel las resume, al señalar que implican: la maximización de la rata de crecimiento de la economía; el mejoramiento de la distribución del ingreso: el aumento de las oportunidades de empleo: y el logro y mantenimiento de un grado razonable de estabilidad financiera. *V.* "The Structural Background of Development Problems in Latín America", en Chales T. Nisbet, *Latin America. Prohlems in Economic Development*, 1969, p. 4, Por su parte. H. Jaguaribe al distinguir el desarrollo del solo crecimiento económico, señala que aquél conlleva un sentido de mejoramiento cualitativo de la economía a través de una mejor división social del trabajo, el uso de una tecnología perfeccionada y la mejor utilización de los recursos naturales y de capital. *V. Economic and Political Development,* Harvard. 1968, p. 5. En otro sentido, por ejemplo. J. T. Spengler, al señalar algunas de las características del mundo subdesarrollado, destaca que en éste, el ingreso *per capita* y la disponibilidad y formación de capital son muy bajos; existe predominantemente una tecnología inferior: hay ausencia de empresas; los recursos naturales asequibles están mal explotados; la natalidad es relativamente alta; y la edad de la población es desfavorable para la productividad y la educación de los jóvenes. *V.* "Economic Development: Political precondition and Political consequences", en J. Finkle and R. Gable (ed.). *Political Development and Social Change,* N. Y., 1967, p. 162. *V.* además los índices señalados por Gino Germani, "Stages of Modernization in Latin America", en S. A. Halper and J. R. Sterling (ed.), *Latin America. The Dynamics of Social Change,* London, 1972, pp. 3 y 4. En general, sobre la discusión en torno a qué es un país subdesarrollado y qué se entiende por desarrollo económico *v.* Armando Córdova y Héctor SilVA Michelena, *Aspectos Teóricos del Subdesarrollo,* Caracas, 1967, pp. 11 y ss.

49 *Cfr.* A. R. Brewer-Carías, *Una Revolución para el Desarrollo*, *cit.*, p. 14.

50 *V.* por ejemplo L. J. *Lebret. Dinámica concreta del desarrollo,* Barcelona, 1966, pp. 54 y ss., y J. Chi-Yi-Chen, *Desarrollo* y *Planificación,* Caracas, 1964, p. 11 y ss.

51 En 1970, la distribución relativa de la ocupación por sectores en Venezuela era la siguiente: Agricultura 28,5 %; Hidrocarburos 0.8%; Minería 0,6%; Manufacturero 15,8 %; Construcción 6,2%; Energía 1,4%; Transporte y Comunicaciones 5,6%; Comercio y Finanzas, 16,6 %; Servicios 24,5%; Total 100. *V.* CORDIPLAN, *IV Plan de la Nación. 1970-1974, cit.*, p. 200.

52 Del total de Inversiones norteamericanas en América Latina para 1969, equivalente a 11.665 millones de dólares, el 23% estaba localizado en Venezuela (2.668 millones de dólares), *v.* Departamento de Comercio de EE. UU., *Compendio Estadístico* de EE. UU. y *Survey of Carrent Business,* septiembre, 1970, *cit.*, por F. *Brito Figueroa, Venezuela Contemporánea. ¿País Colonial?* Caracas, 1972, p. 33.

ha conducido a Francois Perroux a calificar a estos países subdesarrollados simplemente como "naciones aparentes" o que ha conducido con frecuencia a que se les dé el calificativo de "países sucursales"[53]. El tercer aspecto económico radica en la condición de desempleo o subempleo cada vez más generalizado, debido a la explosión demográfica no acompañada por una adecuada expansión económica[54].

Por otra parte, los aspectos sociales, o más bien socio-económicos de nuestro subdesarrollo son, en primer lugar, la enorme desigualdad de ingreso por habitante y, por tanto, del nivel de vida de los mismos, que es bajo. De ahí que sea absolutamente exacta la apreciación generalizada de que un país es más pobre cuanto mayor es la diferencia entre ricos y pobres[55]

En segundo lugar, el crecimiento demográfico desmesurado[56], la subalimentación de una parte importante de la población y la difusión de las enfermedades en masa[57]. En tercer lugar, se caracteriza por el bajo nivel de instrucción[58] y por la au-

---

53 *V.* François Perroux, *L'Economie du XXème Siècle,* París, 1961; y *Oswaldo Sunkel,* "Política Nacional de Desarrollo y Dependencia Extranjera" (primera parte) en *Comercio Exterior,* Tomo XVIII. número 3, México, marzo 1968, p. 232. El título de la obra citada de Federico Brito Figueroa sobre historia contemporánea de Venezuela, es aún más sugestivo: *Venezuela Contemporánea. ¿País Colonial?*

54 Si bien las cifras del Censo de 1971 revelaron que el número de personas ocupadas era de 2.824.361 y la fuerza de trabajo era de 3.110.148, lo que significa una tasa de desempleo de 6,2% (*v.* CORDIPLAN, *Notas para la evaluación de la Obra de Gobierno, 1969-1973, cit.,* p. 8 y *IV Plan de la Nación 1970-1974, cit.,* p. 199), las estimaciones de subempleo, básicamente de la población activa no agrícola, realizadas en 1970 en la Primera Convención de Empleo, establecían que el 20 % de la misma percibía salarios inferiores a Bs. 64,00 por semana, por lo que la tasa de desempleo y subempleo para 1971 se podía establecer en la cifra alarmante del 26,2 %. *Cfr.* Carlos Acedo Mendoza, *América Latina, Marginalidad* v *Subdesarrollo.* Caracas, 1973, p. 102.

55 La distribución del ingreso en Venezuela es realmente impresionante: sólo el 3,67 % de las familias recibe un ingreso de más de Bs 3.000 al mes; el 22,64 % recibe un ingreso mensual entre Bs 1.000 a Bs 3.000 (10,13% de Bs 1.500 a 3.000 y 12% de Bs 1.000 a 1.500); y el 73,67 % de las familias recibe un ingreso mensual inferior a Bs 1.000 (29.37% entre Bs 500 a 1.000; 17,13% entre Bs 300 a 500; y 27,17% menos de Bs 300), lo que las coloca en una situación de marginalidad o de gran insatisfacción económica. *Cfr.* Carlos Acedo Mendoza, *Venezuela, Ruta y Destino,* Caracas, 1971, p. 194.

56 La población estimada de Venezuela para 1973 era de 11.519.583 habitantes, de los cuales 8.317.139 eran menores de 30 años, es decir, el 78% aproximadamente (*cfr.* Rafael Caldera, *Venezuela en 1972, IV Mensaje al Congreso Nacional,* Caracas, marzo, 1973, Información Estadística, cuadro número 11). A ello hay que agregar que el 56% tenía menos de 20 años y que la edad promedio era de 21 años *(El Nacional,* 5 de diciembre de 1973, p. C-4). Del total de la población calculada para 1971, es decir, 10.721.522 habitantes, se estimaba que la población urbana ascendía a 8,089.493 habitantes, es decir, más de las tres cuartas partes (*cfr.* Rafael Caldera, *IV Mensaje al Congreso Nacional, cit.,* cuadro número 5). En todo caso, en 1972 el aumento demográfico de Venezuela se situaba en 3,4 % anual (*cfr.* Antonio Casas González, *Venezuela, El Hombre Como Objetivo Fundamental del Desarrollo, cit.,* p. 13).

57 En Caracas, por ejemplo, el Consejo Venezolano del Niño estimaba que en 1973 habían 280.396 niños abandonados (*cfr.* Pablo Liendo Coll, "Infancia Abandonada", *El Nacional,* 14-5-73, p, A-4), cifra en términos absolutos superior al 10% de la población total del Área Metropolitana (estimada en 1971 en 2.183.935 habitantes, *cfr.* Rafael Caldera, *IV Mensaje al Congreso Nacional, cit.,* cuadro número 7), lo cual teniendo en cuenta que el porcentaje de la población venezolana menor de quince años es el 45% *(cfr.* Carlos Acedo Mendoza, *Venezuela, Ruta* y *Destino, cit.,* p. 122), equivale a decir que más del 20% de los menores de Caracas estaban en situación de abandono.

58 A pesar de todos los esfuerzos realizados durante los últimos años, el déficit absoluto de la matrícula en la educación primaria (7-14 años) era en 1971 del 16,7% *(cfr.* Carlos Acedo Mendoza, *América Latina, Marginalidad* v *Subdesarrollo, cit.,* p. 96).

sencia o insuficiencia de cuadros científicos y técnicos, lo que aumenta la dependencia tecnológica[59]

A estos aspectos económicos y sociales es necesario agregar los aspectos institucionales caracterizados por la ausencia o deficiencia de instituciones jurídicas, políticas y administrativas capaces de lograr los nuevos objetivos que tienen planteado nuestros países, a los cuales nos referimos en este estudio.

Ahora bien, dentro del ámbito latinoamericano, el caso de Venezuela, por su particular potencialidad económica, es verdaderamente dramático y lleno de contrastes. Es indudablemente el país de América Latina que más ha crecido económicamente en las últimas décadas[60] sin embargo, es el país de mayor dependencia económica[61].

---

59 El promedio de inversión total en actividades científicas y tecnológicas en América Latina en 1969 era equivalente al 0,2 % del Producto Nacional Bruto, lo que en términos absolutos equivale a señalar que el esfuerzo *per capita* realizado por América Latina en ciencia y tecnología era entre 12 y 134 veces inferior al que realizan los países desarrollados (EE. UU. 3,1%, Francia 1,5%, Holanda 1,5%). Por otra parte, en América Latina, en el mismo año de 1969, Venezuela y Argentina, a pesar de tener los mayores ingresos *per capita,* destinaban a ciencia y tecnología una proporción de su Producto Nacional Bruto (0,1% y 0,2%, respectivamente) similar a otros de menor ingreso (0,4 % en Colombia; 0,2 % en Bolivia y 0,1% en Ecuador). *V.* Amílcar O. Herrera, *Ciencia y Política en América Latina,* México. 1971, pp. 26 y 27.

60 Los índices económicos y sociales muestran las siguientes características del país: En cuanto a la población, Venezuela sigue la característica general de América Latina: de 1950 a 1973 ha doblado su población (4.962 a 11.519 millones de habitantes), aun cuando debe destacarse que en 1972 tuvo una rata de crecimiento de la población (3,4) superada sólo por la de El Salvador (3,8). Para 1973, sin embargo, la densidad de población del país era de 12 habitantes por kilómetro cuadrado. El índice de nacimientos entre 1965 a 1969 fue el más alto de Suramérica, y sólo en Latinoamérica superado por Centroamérica. La composición de la población coloca a Venezuela, sin embargo, en una posición excepcional al tener, ya en 1961 uno de los menores porcentajes de población amerindia (1,5 %) lo que en comparación con otros países como Bolivia (63%), Perú (46.7%) o Guatemala (53%), significa la inexistencia de una serie de problemas sociales, derivada de la homogeneidad y coherencia racial de la población. En este sentido, es de destacar que la proporción de población mixta (mestiza y mulata) supera en Venezuela al 70%, contra un 8% de población negra y un 1,5% de población india. Por otra parte, la estructura de la población en Venezuela también tiene características peculiares en América Latina la población rural cambia de un 71,1% en 1936 a 24 % en 1972 y correlativamente, la población urbana de 28,9% a 76%. Esto significa que en 1968 Venezuela tenía una de las menores poblaciones rurales del continente, sólo superada por Argentina, Chile y Uruguay. En cuanto a la población urbana total, en 1961, con un 67% era sólo superada por Uruguay (80,8%) y Chile (68,2%); y en cuanto a la población urbana de la capital, debe destacarse que Caracas ha pasado de una población equivalente al 13 % de la total del país en 1950 a una proporción en 1970 del 21,2 %. Sin embargo, en esta última fecha la macrocefalia urbana de la metrópolis no llega todavía a la situación por ejemplo de Montevideo (49 %), Buenos Aires (34,5%), Santiago de Chile (28,4 %) o La Habana (23,5 %). En cuanto a la evolución de la alfabetización en Venezuela, la población alfabeta varió de 1950 a 1972 de un 51,2 % a un 76,2 %. Por su parte, la población escolar y estudiantil se dobla en diez años: de 1.044.100 alumnos en 1958 a 2.079.100 en 1968, llegando en 1971 a 2.597.600 alumnos. Venezuela tuvo, por otra parte, en el período 1968-1969. una de las más altas ratas de crecimiento económico de América Latina (PTB 4,1); sin embargo, el crecimiento anual del mismo, si se analiza el período 1950-1969 ha venido decreciendo (1951-1953: 9,3 %; 1954-1956: 8,6 %; 1957-1959: 8,2 %; 1960-1962: 3,7 %; 1963-1965: 5,2 %; 1966-1968: 4,5 %). En todo caso, la alta rata de crecimiento ha estado acompañada de un aumento del nivel de desempleo (*v.* sobre esto, por ejemplo, M. F. HASSAN. "High Growth, Unemployment and Planning in Venezuela", en *Economic development and cultural change,* Chicago, vol. 15, número 4, julio 1967, pp. 452 y ss.; John C. Beger, "High Growth, Unemployment and Planning in Venezuela: Some observations", en *Economic development and cultural change,* Chicago, vol. 18, número 2, julio 1970, pp. 267 y ss.; y M. F. HASSAN. "High Growth, Unemployment and Planning in Venezuela: a Reply", en *Economic Development and Cultural Change,* Chicago, Vol. 18, número 2, julio 1970, pp. 274 y ss. *V.* además M. F. Hassan, *Crecimiento económico y problemas de empleo en Venezuela, cit.,* p. 7 y capítulo 4), situado en el 9 % en 1970. Los datos oficiales

La situación excepcional de Venezuela indudablemente derivada de la explotación petrolera, iniciada hace escasamente medio siglo, hace que el petróleo, además de sus beneficios, haya tenido efectos perjudiciales. En efecto, la explotación petrolera iniciada en los años veinte, si bien significó un aumento considerable de la disposición de divisas para la importación de alimentos y productos manufacturados, realmente no cambió el esquema de economía de exportación que Venezuela siempre ha tenido. Sin embargo, los problemas derivados de la exportación de productos primarios y que afectan considerablemente a aquellos países en vías de desarrollo en los cuales dichos productos son de carácter agrícola (café o algodón, p. e.), quizá no se han presentado en Venezuela en la misma forma, pues la demanda petrolera ha ido en aumento por la crisis energética mundial, y el producto ha sido estable, lo cual le ha permitido a la economía venezolana mejores condiciones para su desarrollo[62]. Pero la propia explotación petrolera, aun cuando ha provocado, ciertamente, un relevante crecimiento económico, ha conducido a que dicho crecimiento haya sido dependiente, pues la inversión básica no le pertenece al país[63]. Venezuela era, en 1974, el país de América Latina donde se localizaba la mayor inversión proveniente de Norteamérica, la cual, dentro del conjunto de las inversiones extranjeras en el país, equivalía a casi las tres cuartas partes del total de ellas[64]. Las inversiones ex-

---

identifican este porcentaje en 1972, en el 6.3 %. Los datos han sido tomados de CORDIPLAN, *IV Plan de la Nación* (1970-1974), Caracas. 1970; del *Economic Bulletin for Latin America.* Vol. XVI, número 1. first half, 1971; y de A. Casas González, *Venezuela. El Hombre como objetivo fundamental del Desarrollo, cit.*

61 En efecto, durante el período 1959-1963, Venezuela fue el país de América Latina, económicamente más dependiente de un solo producto de exportación, con un 91,9 % en relación al petróleo, superando la situación de Colombia con el café (71,7%), y de Bolivia con el estaño (61,4%). Por las paradojas de nuestro crecimiento económico, y ateniéndonos al petróleo, Venezuela en 1973, era uno de los países de América Latina con menor participación estatal en las actividades de producción de crudo o refinación de petróleo. En 1969, por ejemplo, siendo Venezuela el cuarto mayor productor y el segundo mayor exportador de petróleo del mundo, el Estado participaba en la producción en un 0,9 % y en la refinación en un 1,4% en tanto que la participación de los siguientes países era respectivamente: Argentina; 71,9% y 58.9 %; Bolivia: 28,0 % y 100 %; Brasil: 100 % y 98,3 Colombia: 18,5% y 55,3%; Cuba: 100% y 100%; Chile 100 % y 100 México: 100 % y 100 %; y Perú: 24.8% y 64,5 %. Con esa dependencia de Venezuela del petróleo como principal producto de exportación, y realizándose ésta por vía marítima, sólo ha sido a partir de 1973 cuando se ha iniciado la formación de una flota petrolera nacional. En todo caso, el Estado en Venezuela tiene el más bajo porcentaje de participación en el transporte marítimo de su comercio internacional en relación con los demás países latinoamericanos. En este sentido, es de destacar además, que la participación del Estado en Venezuela, en la flota es sólo del 14,7 % en relación, por ejemplo, al 82.5% en México; 60,4% en Argentina y 68.9% en Brasil. *V.* las referencias estadísticas en *Economic Bulletin for Latin America.* Vol., XVI, número 1. *cit.* Debe destacarse en todo caso que de acuerdo a la Ley de Protección y Desarrollo de la Marina Mercante Nacional de 24 de julio de 1973, se reserva para ser transportada en buques mercantes nacionales, el 50% de la carga general tanto de importación como de exportación y de un porcentaje creciente, hasta llegar a un máximo de 50 %, de las exportaciones de petróleo y hierro.

62 *Cfr.* M.F. Hassan, *op. cit.*, p. 6.

63 Sobre el modelo dependiente de desarrollo en Venezuela y otros países de América Latina, *v.* Armando Córdoba, *Inversiones Extranjeras y Subdesarrollo. El Modelo Primario exportador imperialista,* Caracas. 1973, particularmente pp. 220 v ss.

64 La inversión norteamericana en Venezuela se situaba en 1969, en el 23 % comparado con México y Brasil (14%) y con Argentina (11%). *V.* Departamento de Comercio de los EE. UU., *Compendio Estadístico de EE. UU.* y *Survey of Current Business,* sept., 1970, *cit.,* por F. Brito Figueroa, *Venezuela Contemporánea. ¿País Colonial?, cit.*, p. 33. Esta inversión norteamericana, en 1968. equivalía al 71,4 % de la total inversión extranjera en el país. *V.* Banco Central de Venezuela, *Informe Económico* corres-

tranjeras, por otra parte, se concentraron básicamente en la industria petrolera, y sólo recientemente se comenzaron a reorientar hacia la industria manufacturera[65]. En todo caso, se ha tratado de inversiones que se han caracterizado por la obtención de un desorbitado beneficio, cuyos efectos no han quedado sino por añadidura, en el país, pues paralelamente al aumento de las utilidades se ha efectuado un proceso creciente de descapitalización y desinversión[66]. De acuerdo a este esquema, entonces, el problema económico actual de Venezuela, a diferencia del de otros países latinoamericanos, realmente no es iniciar un crecimiento económico, sino mantener ese crecimiento a una tasa elevada[67], pero logrando, paralelamente, por una parte, la disminución de la dependencia económica mediante la obtención de una mayor participación en los beneficios, en la diversificación y en la operación de la industria petrolera y, por la otra, la reducción de la dependencia de la exportación de un solo producto, mediante la diversificación de la producción y el control y venezolanización de las inversiones extranjeras; todo ello (desarrollo económico) para la realización del desarrollo social y la ordenación del territorio.

En cuanto a la mayor participación en los beneficios de la industria petrolera, y después de finalizar la dictadura de Gómez, las últimas décadas han sido testigos de la realización de esfuerzos crecientes en tal sentido. En efecto, es necesario tener en cuenta que siendo el petróleo y el subsuelo propiedad del Estado y la explotación de hidrocarburos realizada básicamente a través de concesiones, los beneficios de la industria fundamentalmente han revertido al país a través de tres renglones de gastos: en primer lugar, los gastos destinados a cubrir los costos corrientes, tales como compras de materiales y pago de sueldos y salarios; en segundo lugar, los gastos

pondiente al año 1969, Caracas, 1970, Anexo Estadístico, Cuadro A-X-19, pp. 202 y ss., *cit.*, por F. Brito Figueroa. *op. cit.*, p. 30.

65 De un total de 11,776 millones de bolívares en 1960, el 77.9% estaba destinado al petróleo, y en 1968 dicho porcentaje he redujo al 53,1%. En el mismo período, la inversión extranjera en la industria manufacturera aumentó porcentualmente de un 9,1% al 22,5 % y en el comercio, de un 3,6 % a un 10,5 % *v.* Banco Central de Venezuela, *Informe Económico* correspondiente al año 1969, Anexo Estadístico A-205, *cit.*, por F. Brito Figueroa, *op. cit.*, p. 32.

66 En cuanto a los beneficios de las inversiones extranjeras en materia petrolera, se estima que las utilidades pasaron de 1.257 millones de bolívares en 1960 (14 % de tasa de beneficio), a 2.950 millones de bolívares en 1968 (46 % de tasa de beneficio), conforme a las cifras del Banco Central que cita F. Brito Figueroa, *op. cit.*, p. 37. Por su parte M. F. HASSAN, en el mismo período y citando fuentes del Ministerio de Minas e Hidrocarburos, establece una evolución de los beneficios netos de la industria petrolera de 1.282 millones de bolívares en 1960 (12,1 % de recuperación del capital invertido), a 2.653 millones de bolívares en 1968 (35,9 % de recuperación del capital invertido). *V.* M. F. Hassan, *op. cit.*, p. 16. Se trata, como señala F. Brito Figueroa, de utilidades que no solamente no incrementaron el capital nacional sino que emigraron para contribuir a financiar inversiones monopolíticas en otras áreas del mundo, especialmente en los países atrasados, dependientes y semicoloniales, *op. cit.*, p. 37. Por otra parte es de destacar que en el campo de las inversiones petroleras, la relación inversión-utilidades es inversamente proporcional. En tanto esas inversiones netas descienden de 468 millones de bolívares en el año 1960 a 318 millones de bolívares en el año 1968, las utilidades ascienden de 1.298 millones de bolívares a 2.950 millones de bolívares, y la tasa de beneficio, como se dijo, del 14% al 46% en el mismo período. *V. ídem*, p. 35.

67 La verdadera tasa de crecimiento de Venezuela en el período de la postguerra ha sido de las más elevadas del mundo. Su PTB por cabeza es más de seis veces el de Asia y África y cerca de tres veces el de la América Latina. *Cfr.* M. F. Hassan, *op. cit.*, p. 7.

destinados a cubrir los impuestos a la industria y, en tercer lugar, los gastos destinados a nuevas inversiones y al pago de las concesiones[68].

Entre estos renglones, es evidente que el segundo ha constituido la fuente más importante a través de las cuales ha fluido el dinero a la economía nacional, y en este campo puede observarse una creciente participación del Estado en los beneficios de la industria, lo cual ha convertido a Venezuela en la nación pionera en esta lucha entre los países exportadores de petróleo[69]. En efecto, a partir de la aprobación de la Ley de Hidrocarburos de 1943[70] se inicia un proceso de ampliación de los poderes del Gobierno en relación a la industria, que antes eran casi inexistentes. En 1945, la Junta Revolucionaria de Gobierno que presidía Rómulo Betancourt, mediante el Decreto número 112 del 31 de diciembre, estableció un impuesto extraordinario v adicional para gravar el exceso de utilidades de las empresas petroleras y en 1946 la Asamblea Nacional Constituyente elevó el impuesto complementario previsto en la Ley de Impuesto sobre la Renta de 1942. A pesar de que la tesis del Gobierno en este campo era que "en ningún caso las empresas petroleras llegaran a recibir una participación en las ganancias anuales, superior a las entradas que percibiera el Estado", en realidad, la denominada fórmula del 50/50 en la distribución de los beneficios de la industria entre el Gobierno y las empresas petroleras, sólo fue posteriormente establecida en forma expresa en la modificación de la Ley de Impuesto sobre la Renta aprobada por el Congreso en 1948, doce días antes del golpe militar que derrocó al presidente Gallegos[71].

Ahora bien, precisamente en este año 1948, se produce un importante cambio en la situación de la demanda energética mundial, pues los EE. UU., en relación a sus requerimientos energéticos, pasó a convertirse en país importador de petróleo y, por tanto, pasó a depender progresivamente de fuentes energéticas de otros países[72]. Se comprende, por tanto, la política norteamericana evidenciada en esa misma época por controlar y asegurar las fuentes productoras de petróleo para cubrir las exigencias de su consumo interno, lo cual resulta claro de la política seguida en el Medio Oriente y en Venezuela. Cualquier manifestación nacionalista de estos países que pudiera comprometer los suministros de petróleo, fue entonces extinguida, y basta señalar como ejemplo, para darse cuenta de ello, el bloqueo a los intentos naciona-

68 *Cfr.* M. F. Hassan, *op. cit.*, pp. 15 y ss. Por supuesto que el renglón que más ha contribuido al crecimiento económico de Venezuela ha sido el segundo. *Cfr.* Armando Córdova y Héctor Silva Michelena, *op. cit.*, p. 140.

69 No hay que olvidar que Venezuela fue la promotora de la Organización de Países exportadores de Petróleo (OPEP) en 1960. *Cfr.* Eduardo Acosta Hermoso, *Análisis Histórico de la OPEP,* Mérida. 1969; Mustafa el Sayed. *L'Organisation des pays exportateurs de pétrole,* París, 1967; y Luis Vallenilla, *Auge, Declinación v Porvenir del Petróleo Venezolano,* Caracas, 1973.

70 *V.* Las referencias a las vicisitudes de dicha Ley en Isaías Medina Angarita. *Cuatro Años de Democracia,* Caracas, 1963, pp. 77 y ss., y Luis Vallenilla, *op. cit.* pp. 150 y ss.

71 *V.* Las referencias en R. Betancourt, *Venezuela, Política y Petróleo. México,* 1956-, pp. 243 y 246; y en Luis Vallenilla, *op. cit.*, pp. 166 y ss, y 205 y ss. Es de destacar que esta medida que elevó la participación del Estado en los beneficios de la industria petrolera al 50 *%,* ha sido considerada como el inicio de la larga lucha, aún no concluida, de países productores y exportadores de petróleo en el mundo, y que posteriormente en la década de los cincuenta comenzó a ser imitada por los países árabes. *Cfr.* Jean-Jacques Berreby. "Les Conflicts Pétroliers Contemporains", *Revue Française de Science Politique.* Vol. XXII, número 6, 1972, pp. 1.193 y ss. Denis Bauchard, *op. cit.*, p. 63.

72 *Cfr.* Taki Rifai, "La Crise Pétrolière (1970-1971)", *Rente Française de Science Politique,* Vol. XXII, número 6, 1972, pp. 1.214, 1.216 y 1.220.

listas de Mossadegh de Irán[73] y la complacencia norteamericana respecto al golpe militar de 1948 en Venezuela. La benevolencia de la dictadura militar de Pérez Jiménez, no sólo estaba asegurada, sino que se manifestó generosamente en 1956 y 1957 con el otorgamiento de nuevas concesiones a las empresas petroleras, en una extensión considerable en relación a todas las existentes para ese momento[74].

Ahora bien, en el proceso de obtención de una mayor participación en los beneficios de la industria petrolera iniciada entre 1943 y 1948 e interrumpida por diez años (1948-1958), una nueva Reforma de la Ley de Impuestos sobre la Renta, decretada en 1958 por la Junta de Gobierno en el poder a la caída de la dictadura de Pérez Jiménez, elevó la participación del Gobierno al 60% aproximadamente de los beneficios de la industria petrolera y de la industria del hierro[75]. Posteriormente, en 1970, el Presidente Rafael Caldera, al promulgar una nueva reforma de la Ley de Impuesto sobre la Renta que eliminó los antiguos impuestos a la industria, se estableció un impuesto único del 60% sobre los beneficios de las empresas petroleras y mineras lo cual elevó la participación total del Estado en 1972 has a alrededor del 87% de los beneficios de las empresas petroleras[76]. Paralelamente a estas medidas impositivas,

73 *Cfr.* Jean-Jacques Berreby, *loc. cit.*, p. 1.194. Es de destacar a modo de ejemplo que en 1973, el Presidente Nixon se refirió claramente a lo sucedido en 1951 en Irán y a la actitud norteamericana, al amenazar nuevamente a los países árabes, y particularmente a Libia y a Arabia Saudita, en relación a cualquier decisión que pudiera comprometer el suministro de petróleo a EE. UU.: "Oil without a market —dijo Nixon— as Mr. Mossadegh learned many, many years ago, doesn't do a country much good. The inevitable result (de las presiones árabes) is that they will lose their market, and other sources will be developed". *V.* el texto en *Times* (European Edition), 17 septiembre 1973, p. 18.

74 M. K. Hassan, *op. cit.*, p. 23, señala que la extensión de estas concesiones fue casi igual a la otorgada con anterioridad, lo cual evidentemente no es exacto *Cfr.* Luis Vallenilla, *op. cit.*, p. 219

75 *V.* La Ley de Impuesto sobre la Renta dictada por Decreto-Ley de 19 de diciembre de 1958. *G. O.* Extraordinario N° 577 de la misma fecha, *V.* las referencias a dicha reforma en Luis Vallenilla, *op. cit.*, pp. 257 y ss.

76 *V.* La Reforma parcial de la Ley de Impuesto sobre la Renta de 18 de diciembre de 1970. *G.O.* número 1.448, Extraordinario. El artículo 58 de la Ley quedó redactado así: "El enriquecimiento global neto anual de toda persona o comunidad, determinado de acuerdo con las normas establecidas en el Título III de la presente Ley (empresas mineras o de hidrocarburos) se gravará con una tasa del sesenta por ciento (60 %). En cuanto al porcentaje fiscal de participación en los beneficios de la industria, *cfr.* Rafael Caldera. *Habla el Presidente.* Vol. IV. Caracas, 1973, pp. 564 y 569. Antonio Casas González, *op. cit.*, p. 16, establece este beneficio en el 89%. *Cfr.* CORDIPLAN, *Notas para la evaluación de la Obra de Gobierno (1969- 1973), cit.*, p. 16. Por su parte, M. F. Hassan, *op. cit.*, p. 24, establece este porcentaje en el 75%. El siguiente cuadro del Ministerio de Minas e Hidrocarburos (*v. Petróleo y otros datos estadísticos, 1972,* Caracas, 1973, p. 152) muestra en *millones de bolívares,* la participación fiscal en los beneficios de la industria petrolera, así como los beneficios obtenidos por las empresas:

	1962	1966	1968	1969	1970	1972
Ingreso total	7.703	10.419	11.119	10.906	11.384	13.566
Utilidad neta (deducidos impuestos)	1.694	2.638	2.653	2.264	1.739	1.266
Utilidad neta como porcentaje del ingreso total	21,9%	24,0%	23,8%	20,7%	16,2%	9,3%
Participación Fiscal	3.225	4.836	5.513	5.526	6.200	8.411
Participación Fiscal en relación a la Utilidad neta	66/34	66/34	68/32	71/29	78,22	87,13

En 1972, el porcentaje de beneficio neto deducidos los impuestos de las empresas petroleras, llegó al 14,4 % y el ingreso fiscal (impuestos) como porcentaje de dicho beneficio alcanzó el 89%, tal como lo

el Estado adoptó en la misma reforma de la Ley de Impuesto sobre la Renta de 1970, medidas de enorme importancia tendientes a contrarrestar, a los efectos fiscales, el deterioro de los precios de exportación del petróleo[77], provocado por la política de EE. UU., sobre sus propios precios de producción, lo que, en definitiva, incidía sobre la determinación en Venezuela, de la base imponible y sobre el ingreso fiscal por concepto petrolero[78]. En esta forma, desde 1971 el Ejecutivo Nacional fija unilateralmente los valores de exportación del petróleo, por lo que las empresas petroleras deben pagar un impuesto adicional sobre la diferencia entre los ingresos por venias de exportación por ellas declaradas a efectos fiscales. y los valores fijados por el Ejecutivo Nacional[79].

Las medidas adoptadas en los últimos años, sin embargo, no se han reducido a la obtención de una mayor participación en los beneficios de la industria petrolera, sino a lograr una mayor participación en la industria. En este sentido, la política conservacionista del petróleo que condujo al no otorgamiento de nuevas concesiones durante el Gobierno del Partido Acción Democrática en los años 1945-1948[80] y aun cuando como se dijo, se suspendió durante el gobierno de Pérez Jiménez, se continuó a partir de 1958. Como complemento de esta política, en 1960 se creó la Corporación Venezolana del Petróleo como empresa estatal[81], la cual puede decirse que es

señala A. Casas González, *op. cit.*, p. 16. En todo caso, es de destacar que el promedio mundial de beneficio neto en la industria petrolera se ubica desde 1949 por debajo del 15% y en los comienzos de la década de los setenta entre el 10 y el 12% *(cfr.* Denis Bauchard, *op. cit.*, p. 40), por lo que sólo es en los primeros años de esta década que en Venezuela, los beneficios de la industria petrolera se están acercando al promedio mundial. *V.* en relación a la rentabilidad de capital extranjero invertido en Venezuela en relación con el promedio mundial y latinoamericano, J. A. Mayobre, *Las Inversiones Extranjeras en Venezuela,* Caracas, 1971, p. 34.

77 Conforme al artículo 41 de la Ley de impuesto sobre la Renta de 18 de diciembre de 1970: "El Ejecutivo Nacional fijará por períodos sucesivos hasta de tres años cada tino, ¡os valores de los artículos o mercancías exportados en el puerto venezolano de embarque. Cuando el monto resultante de la aplicación de los valores fijados por el Ejecutivo Nacional exceda de los ingresos por ventas de exportación declarados por el contribuyente, se efectuará un pago complementario de impuesto sobre la diferencia", *V.* en *Gaceta Oficial,* número, 1.448, Extraordinario de 18 de diciembre de 1970. *V.* los comentarios de Luis Vallenilla, *op. cit.*, pp. 502 y ss.

78 *Cfr.* Taki Rifai, *loc. cit.*, pp. 1.216 y ss. En este sentido C. Julien señala que entre 1965 y 1970, el precio del barril del petróleo importado por EE. UU. de Venezuela disminuía de 2,47 a 2,30 dólares. *V. L'Empire Americain,* París, 1962, p. 6. Es de destacar, por ello, que en la reforma a la Ley de impuesto sobre la Renta de 1966 se iniciaron los esfuerzos por la determinación justa de los precios de exportación del petróleo a los efectos fiscales, pero mediante la figura de los "convenios de precios" celebrados entre el Gobierno y las empresas petroleras, posteriormente abandonada. *V.* el artículo 41 de la Ley en *Gaceta Oficial,* número 1.069, Extraordinario de diciembre de 1966.

79 En base a la facultad atribuida al Ejecutivo Nacional, los Ministerios de Minas e Hidrocarburos y de Hacienda establecen los valores de exportación de los crudos y de los derivados de Hidrocarburos. *Cfr.* el Informe anexo a Rafael, Caldera, *IV Mensaje del Presidente al Congreso, cit.*, p, 183. En esta forma, por ejemplo, en enero de 1973 se estableció un valor promedio de exportación del petróleo de 3,14 dólares por barril, y en julio de 1973 se elevó a 3,75 dólares por barril *(cfr.* la información en *El Nacional,* Caracas, 28 de julio de 1973). Posteriormente, en noviembre de 1973, luego de la crisis producida por la cuarta guerra en el Medio Oriente, se elevó el valor promedio de exportación a 7,24 dólares por barril, y en noviembre del mismo año se elevó a 7,74 dólares por barril. Para enero de 1974 dicho valor promedio se estableció en 14,08 dólares por barril *(cfr. El Nacional,* Caracas, 29 de diciembre de 1973).

80 *V.* R. Betancourt, *op. cit.*, pp. 253 y ss.

81 *V.* el Decreto-Ley número 260 de la Corporación Venezolana del Petróleo de 19 de abril de 1960 en *Gaceta Oficial* N° 26.234 de abril de 1960. *V.* las referencias a la denominada "Era de Pérez Alfonso", en Luis Vallenilla, *op. cit.*, pp. 255 y ss.

sólo a partir de la reforma de la Ley de Hidrocarburos de 1967[82] que regula la figura de los contratos de servicios como sustitutiva de las concesiones, que inicia una participación operativa en las actividades de exploración y explotación de hidrocarburos[83].

Por otra parte, es de destacar que las concesiones de explotación de hidrocarburos otorgados con anterioridad a la Ley de 1943, conforme a sus disposiciones debían comenzar a revertir al Estado, sin compensación, en 1983, pues la duración de las mismas se fijó en cuarenta años a partir de dicha fecha[84]. Para garantizar que dicha reversión se produciría en forma tal que se asegure al Estado la posibilidad de la continuación de la explotación, en 1971 se dictó la Ley sobre bienes afectos a reversión en las concesiones de hidrocarburos[85] la cual aumentó el control del Estado sobre las operaciones de todos los bienes de las empresas afectos a las concesiones.

Debe señalarse, además, que las medidas nacionalistas en el campo de los hidrocarburos y sus derivados, tendientes a lograr una mayor participación directa del Estado en las actividades petroleras y sus derivadas, también se manifestaron en la década de los sesenta, con la creación del Instituto Venezolano de Petroquímica[86], cuyas actividades comienzan a desarrollarse promisoriamente en los primeros años de la década de los setenta[87]. En todo caso, es de destacar que estas medidas adquirieron importancia considerable en el Gobierno del Presidente Rafael Caldera, al aprobarse, en 1972, la Ley que reserva al Estado la industria del gas natural[88] y en 1973, la Ley que reserva al Estado la explotación del mercado interno de los productos derivados del petróleo[89] que permitirán a la Corporación Venezolana del Petróleo la explotación monopolística del gas natural y la comercialización, también monopolística, de la gasolina y demás derivados del petróleo[90].

Ahora bien, tanto el aumento del Estado en la participación de los beneficios de la industria petrolera como en la operación, de determinados aspectos de la misma, ha convertido al Estado, por gracia de nuestra riqueza petrolera, en el principal agen-

---

82 *V.* las referencias a dicha Ley en Luis Vallenilla, *op. cit.*, pp. 332 y ss.

83 En 1973 el promedio diario de producción de petróleo de la CVP (100.000 barriles diarios) quintuplicaba el correspondiente a 1968. *Cfr.* CORDIPLAN, *Notas para la evaluación de la Obra de Gobierno* (1969-1973), *cit.*, p. 19. En 1972, las utilidades netas de dicha empresa fueron de 56 millones de bolívares, y en 1973 se estimaban en 80 millones de bolívares. *Cfr. El Nacional,* Caracas, 8 de septiembre de 1973, p. C-4.

84 *V.* Art. 29 de la Ley de Hidrocarburos de 1943. *Cfr.* los comentarios de Luis Vallenilla, *op. cit.*, p. 156.

85 La Ley fue aprobada el 30 de julio de 1971. *V. Gaceta Oficial,* N° 29.577 de) 6 de agosto de 1971.

86 El IVP fue creado por Decreto-Ley número 367 de 29 de junio de 1956, *v.* en *Gaceta Oficial* N° 25.091 de 30 de junio de 1956.

87 Desde la fundación del IVP hasta 1968 la inversión en la industria petroquímica fue de 577 millones de bolívares, mientras que de 1969 a 1972 fue de 1.350 millones de bolívares. *Cfr.* CORDIPLAN, *Notas para la evaluación de la Obra de Gobierno* (1969-1973), *cit.*, p. 28.

88 *V.* La Ley en *Gaceta Oficial,* número 29.594 de 26 de agosto de 1971.

89 *V.* La Ley en *Gaceta Oficial,* número 1.591, Extraordinario de 22 de junio de 1973

90 La participación de las ventas de la CVP en el mercado interno de hidrocarburos había pasado del 19 % en 1968 a 35 % en 1973. *Cfr.* CORDIPLAN, *Notas para la evaluación de la Obra de Gobierno* (1969-1973), *cit.*, p. 20.

te del desarrollo económico y social[91]. Sin embargo, el Estado, testigo casi mudo y beneficiario del asombroso crecimiento económico experimentado por el país desde 1936, a lo largo de las últimas décadas no ha logrado conducir al país, como podía haberlo hecho, hacia niveles de desarrollo económico que hubieran disminuido la dependencia de nuestra economía exportadora del petróleo, mediante la diversificación de la producción; y, por otra parte, no controló ni orientó la participación de la inversión extranjera en el proceso de sustitución de importaciones que se desarrolló particularmente, en la década de los sesenta. A las industrias básicas, en las cuales puede racionalmente fundamentarse una diversificación de la producción para la exportación (p. e. petroquímica, siderúrgica), si bien se inició su desarrollo en la década de los sesenta, no se le dio todo el impulso que se requería y, al contrario, muy tardíamente se armó todo un sistema proteccionista oficial para desarrollar una industria ensambladora artificial de capital mayoritariamente extranjero, que en lugar de disminuir la dependencia económica, la aumentó. En efecto, la política de sustitución de importaciones y de industrialización que se desarrolló en Venezuela en la década de los sesenta, mediante una protección excesiva frente a la competencia exterior, desarrolló dentro de un mercado cerrado una serie de industrias tradicionales (alimentos, textiles, vestuario, muebles, bebidas, calzado, etc.) que si bien produjeron bienes que dejaron de importarse, no significaron en modo alguno disminución del valor de las importaciones, las cuales, al contrario, se duplicaron en diez años[92]. Por otra parte, la industrialización efectuada, básicamente tampoco perteneció al país, debido a la penetración incontrolada del capital extranjero, lo que convirtió a las "industrias nacionales" en realidad, en prolongación de las empresas extranjeras, particularmente de las norteamericanas, con la consecuente transferencia de capitales al exterior[93]. En el campo económico, por tanto, el reto que tiene planteado Venezuela, además de asumir y nacionalizar el negocio petrolero, está en el desarrollo de una industria con capacidad competitiva en el mercado internacional y particularmente en el área latinoamericana[94], en el desarrollo de la industrialización en el campo de bienes intermedios cuya importación aún es muy elevada, y en la venezolanización progresiva de la industria, estableciéndose además los correctivos necesarios para que un mayor porcentaje de sus beneficios se reinviertan en el país. Por otra parte, es necesario recordar que el mismo modelo de crecimiento petrolero venezolano y el impulso reciente a la sustitución de importaciones e industrializa-

91 Debe señalarse, por ejemplo, que desde 1947 el ingreso público derivado de los beneficios de la industria petrolera, es superior al 50 % del total del mismo. En 1970, por ejemplo, de los 10.252 millones de bolívares que configuraron el ingreso total del Estado, 5,708 millones de bolívares provinieron del petróleo, lo que equivale a un 56,68 %. *Cfr.* En M.F. Hassan, *op. cit.*, p. 18.

92 El total de las importaciones aumentó entre 1960 y 1969 de 3.554 millones de bolívares a 6.749 millones de bolívares correspondiendo la mitad de las mismas a productos provenientes de los EE. UU. *V.* Banco Central de Venezuela, *Informe Económico* correspondiente al año 1969, Anexo Estadístico, Cuadro A-X-19, *cit.*, por F. Brito Figueroa, *op. cit.*, p. 61.

93 Esto ha llevado a F. Brito Figueroa a hablar de que lo que se ha realizado ha sido una falsa industrialización, o una industrialización dependiente para la importación dependiente. *V.* F. Brito Figueroa, *op. cit.*, p. 55.

94 Particularmente en el Grupo Andino de integración económica subregional establecido por el Acuerdo de Cartagena de 1968, y al cual Venezuela se adhirió en 1973. *V. IV Mensaje del Presidente Caldera al Congreso, cit.*, pp. 4 y ss. *V.* además la Ley aprobatoria del Acuerdo de Cartagena y de las decisiones más importantes de la Comisión del Acuerdo en *Gaceta Oficial,* número 1.620, Extraordinario de 1° de noviembre de 1973.

ción, han conducido a un abandono completo de las actividades agrícolas y ganaderas, a pesar de los progresos comparativos que pueden apreciarse en algunos rubros[95]. Lo cierto, en todo caso, es que Venezuela continúa importando rubros importantes y se prepara para hacerlo en otros[96]. Además, hay que recordar que por el mismo abandono del campo y a pesar de la industrialización realizada, contrasta con el crecimiento económico el aumento de desempleo que ha sido siempre creciente en los últimos años, así como los inadmisibles niveles del ingreso en una sociedad con un crecimiento económico tan abundante[97]. Además, la migración rural a las ciudades ha provocado un creciente proceso de marginalización urbana o de ruralización de las ciudades, con todas sus consecuencias sociales, provocando que las zonas de miseria en el Área Metropolitana de Caracas correspondan a un tercio de la población de la misma[98].

Realmente, Venezuela no ha sabido aprovechar al máximo los beneficios que se han derivado de los recursos petroleros, y si aún nuestro crecimiento económico no ha logrado transformarse en desarrollo económico, menos aún se han logrado las metas y exigencias del desarrollo social. A pesar, por tanto, de las excepcionales condiciones de Venezuela, estamos en la misma angustiosa situación económica y social de muchos otros países latinoamericanos, que se agudiza y empeora cada vez más. Por ello el problema del desarrollo en nuestros países no puede plantearse como un posible medio entre muchos para superar la etapa de deficiente industrialización y de desnivel en los ingresos en que se encuentran la mayoría de ellos. El desarrollo, como instrumento revolucionario para eliminar la pobreza y elevar el nivel de vida de la población, no puede dejar de realizarse. Sin embargo, frente a esta necesidad, surge una pregunta ineludible: ¿Cómo lograr ese desarrollo?[99].

En los países occidentales hoy adelantados o desarrollados, el proceso de desarrollo se llevó a cabo durante un largo o larguísimo período fundamentalmente conducido por empresarios individuales. La actuación del Estado en dichos países tuvo un ámbito restringido, limitándose sus medidas, a veces, a proporcionar solamente facilidades o transporte, pues las decisiones que se adoptaron sólo fueron en base a

---

95 *Cfr.* CORDIPLAN, *Notas para la evaluación de la Obra de Gobierno* (1969-1973), *cit.*, pp. 21 y ss.

96 *Cfr.* José Antonio Mayobre, "El Reto Económico", Edición Aniversario de *El Nacional*, 3 de agosto de 1973, pp. IIII-22.

97 *V.* Notas números 19 y 20 de este capítulo. Según M. F. Hassan, el desempleo aumentó del 6 % en 1950 al 15 % en 1962, descendió al 11% en 1964 y alcanzó un 9 % en 1970, *op. cit.*, p. 89. Las cifras de que se dispone en este campo no son uniformes. Por ejemplo, el Director General de Estadística y Censos Nacionales en agosto de 1973 señalaba que en 1961 la población económicamente activa era de 2.351.291 personas y el 13,3 % de esa población se encontraba desempleada, en cambio, en 1971, la población activa alcanzó la cifra de 3.010.148 personas de las cuales el 6,2% estaba desempleada, *V. El Nacional,* Caracas, 16 de agosto de 1973, p. C-16.

98 Las zonas de marginalidad urbana se han expandido geográfica y demográficamente. Por ejemplo en 1958, en el Área Metropolitana de Caracas, la zona de miseria urbana estaba representada por 49.746 viviendas habitadas por 263,746 personas; y en 1970, la misma zona estaba formada por 130.000 viviendas habitadas por 730.000 personas, lo cual representaba el 33 % de la población total del Área Metropolitana. *V.* Federico Brito Figueroa, *op. cit.,* p. 94. En una información de prensa elaborada sobre la base de la Encuesta sobre el Estudio Real de la Vivienda en Venezuela, se señaló que en 1973 la población del Área Metropolitana de Caracas era de 2.615.484 habitantes, correspondiendo un 44,9 % a población marginal. *V. El Nacional,* Caracas, 10 de agosto de 1973, p. D-8.

99 *Cfr.* Allan R. Brewer-Carías, *Una Revolución para el Desarrollo*, *cit.*, p. 15.

ideas vagas acerca del progreso general, con frecuencia sin mayor confianza en su éxito. Por ello, en general, el proceso no tuvo^ ni siguió un ritmo regular, sino que se interrumpió por trastornos y crisis. En muchos aspectos el proceso se hizo a costa de bastante energía desperdiciada, por lo que dicho proceso de desarrollo se ha calificado, por Jan Tinbergen, como un proceso de prueba y error[100]. Sin embargo, el proceso de desarrollo al cual necesariamente deben incorporarse los países latinoamericanos no puede, en ningún caso, ser un proceso lento, por lo que la conocida secuencia de Rostow, por lenta, nos es inaplicable[101]. Al contrario, si la alternativa de los mismos es sólo el desarrollo, es decir, prosperar, pero "prosperar en un mundo en el que aumentan la miseria y el hambre" y "en el que ruge cada día más la rebelión"[102], ese objetivo sólo puede lograrse a corto plazo. Ahora bien, frente a la exigencia revolucionaria del desarrollo, es necesario tener en cuenta que podría argumentarse que en los países hoy altamente industrializados no se produjo ninguna revolución para lograr los grados de progreso y bienestar que hoy tiene y que, al contrario, estos grados de progreso se lograron a través de una larguísima evolución, realizada sobre la base de un liberalismo económico casi absoluto. Es evidente que esta evolución pudo ser válida en el siglo pasado. Sin embargo, actualmente, y si nos planteamos los problemas de los países en vías de desarrollo, el argumento liberal y esa lenta evolución están totalmente fuera de lugar, y ello porque los países en vías de desarrollo tienen unas características peculiares, que, situándonos en este último tercio del siglo xx, hacen materialmente inútil la comparación entre aquel proceso que vivieron las naciones hoy altamente industrializadas y la situación de nuestros países. La comparación que pueda hacerse en ese sentido, en lugar de aclarar el panorama y resolver los problemas, puede más bien obscurecerlos y confundir su solución. Basta recordar, por ejemplo, que las condiciones del despegue del proceso de desarrollo en estos países se ha considerado con razón, como una de las páginas más tristes de la reciente historia social de la Humanidad. La revolución industrial, origen de este proceso, se realizó sobre condiciones de injusticia social, pocas veces alcanzadas. Nadie duda, por tanto, que el mundo industrial moderno de la actualidad se construyó sobre una injusta explotación de un proletario sin protección[103].

Cuán diferente es, sin embargo, la etapa de despegue que se nos presenta a los países latinoamericanos, en la cual, no sólo es imposible, sino que tampoco es deseable partir de una situación social como la que caracterizó al despegue en estos otros países hoy altamente industrializados. Al contrario, si la alternativa es que América Latina se incorpore decididamente a un proceso de desarrollo, eso lo debe hacer en condiciones de protección y garantías sociales (justicia social) mejores a las

---

100 *V.* J. Tinbergen, *La Planeación del Desarrollo,* México, 1966, p. 7.

101 En base a la forma como se realizó el proceso de desarrollo en los países industrializados es que W. W. Rostow precisó su secuencia del desarrollo económico, en tres fases: un largo período, de casi un siglo, en el que tienen lugar las condiciones previas a lo que él llamó el *take-off,* es decir, el despegue; en segundo lugar, el "despegue" mismo que se produce en dos o tres décadas; y por último, un prolongado período final, en el que el desarrollo es normal y realmente automático. *V.* W. W. Rostow, "The Take-Off into Self-Sustained Growth", en *Economic Journal,* LXVI, 1956, pp. 25 a 48, publicado además en J. Finkle and R. Gable (ed.), *Political Development and Social Change,* N. Y., 1971, pp. 143 y ss.

102 *V.* Josué de Castro, "Un Plan para el Tercer Mundo", en *Cuadernos de la Sociedad Venezolana de Planificación,* número 44, Caracas, agosto 1967, p. 1.

103 *Cfr.* Allan R. Brewer-Carías, *El Proceso de Reforma Administrativa en Venezuela, cit.,* pp. 14 y 15.

que hoy existen; muchas de las cuales están ahora alcanzándose en otros países más desarrollados que los nuestros.

Por otra parte, paralelamente a esta situación, actualmente somos testigos de lo que se ha denominado la revolución de las expectativas crecientes, caracterizada porque se exigen cada vez más actividades y realizaciones concretas del Estado, lo cual ha provocado la necesidad de que éste intervenga en sectores que cada vez se amplían más. Ello ha caracterizado ese cambio del Estado abstencionista del siglo pasado, por un Estado intervencionista que caracteriza al Estado moderno en la actualidad. Bajo otro ángulo, el cambio se ha operado de un Estado liberal-burgués de Derecho, como el que surgió de la Revolución Francesa, por un Estado social de Derecho, como el que caracteriza la estructura estatal de nuestros días. Lejos están, por tanto, frente a esta situación, las posibilidades reales de un liberalismo tradicional para poder guiar un proceso de desarrollo en este último tercio del siglo xx, sobre todo en una época en que la Humanidad está sometida a unos tan profundos cambios económicos y sociales, como quizá nunca se habían producido en un lapso tan corto. Es evidente entonces la imposibilidad de que frente a este devenir histórico cada vez más apremiante, el proceso de desarrollo al cual deben incorporarse los países latinoamericanos pueda ser un proceso sometido a esa larga evolución y, por tanto, pueda ser un proceso lento. Al contrario, es necesario e imprescindible que el proceso sea rápido, que sea lo más rápido posible, y que se realice al menor costo posible y con los resultados más efectivos posibles; sobre todo si se tiene en cuenta que las sociedades de nuestros países, en muchos grados y aspectos, están cada vez más conscientes de sus situaciones de marginalidad, debido a ese enorme progreso de los medios de comunicación social.

Ahora bien, para que pueda ser a corto plazo un proceso de desarrollo, es necesario, evidentemente, que ese proceso se promueva y se dirija. No puede, por tanto, ser un proceso espontáneo[104]; no puede ser un proceso natural llevado por las solas fuerzas del mercado, sino que necesariamente tiene que ser un proceso provocado, un proceso dirigido, en definitiva, un proceso planificado, y es evidente que el Estado, la representación organizada de la sociedad, es el único ente con capacidad, con poder y con posibilidades para provocar, para dirigir y para planificar ese desarrollo acelerado. He aquí quizá otras de las resaltantes características del proceso de desarrollo en nuestros países en América Latina: precisamente, el papel preponderante del Estado en la promoción, fomento, dirección y planificación de ese desarrollo.

---

104 *Cfr.* Gunnar Myrdal, *Beyond the Welfare State,* London, 1961, p. 88. Helio Jaguaribe destaca en este sentido que sólo en casos raros de carácter estadístico e históricamente irrepetibles como el caso de Gran Bretaña y algunas de sus colonias, el desarrollo se realizó en una forma completamente espontánea. El desarrollo de Francia y Alemania antes de la Primera Guerra Mundial se realizó al contrario dentro del esquema de intervención del Estado, calificado como "Bismarckismo", *v. op. cit.,* p. 12. Es claro, entonces, que en todos los países en vías de desarrollo se ha tomado clara conciencia de que en ellos no se repetirá el modelo histórico basado en el libre juego de las fuerzas del mercado que permitió a las naciones hoy industrializadas, en su oportunidad, avanzar lentamente por el camino del desarrollo y bienestar. Por ello, se ha buscado la solución de los problemas a través de un intervencionismo estatal, que lamentablemente hasta ahora ha sido, con frecuencia, esporádico, tímido, débil e inorgánico. Sin embargo, esa muchas veces cara experiencia, ha creado conciencia de la necesidad ineludible de tomar esas decisiones políticas en forma coherente y simultánea, es decir, a través de un plan, *Cfr.* Sergio Molina y Eduardo Boeninger, "Necesidad y Contenido de la Planificación", en *Mensaje,* número 123, Santiago de Chile, octubre 1963, p. 601.

En la actualidad, entonces, están indisolublemente unidos el desarrollo y la planificación, y en el campo económico, el desarrollo económico y la planificación económica[105]. Pero al hablar de planificación y desarrollo es necesario tener en cuenta, ante todo, que el desarrollo conlleva grandes repercusiones respecto de la situación estructural existente, pues necesariamente implica una transformación de las estructuras económicas, sociales y culturales[106]. En esta forma el desarrollo no puede identificarse con el solo crecimiento económico; es decir, con el progreso de las estructuras económicas y muchísimo menos, con el solo desenvolvimiento de las estructuras económicas privadas. En este sentido desarrollo no es desarrollismo, es decir, crecimiento económico basado sólo en la iniciativa privada, pues ello en ningún caso provocará el desarrollo social, esencial en la concepción global del desarrollo[107]. Al contrario, como se ha señalado, profundas transformaciones y cambios es necesario realizar en las estructuras económicas y sociales, que bien podrían calificarse como las de una revolución, sobre todo si se tienen particularmente en cuenta las características de las realidades actuales de América Latina[108]. Por ello, en este estudio partimos, como premisa fundamental, de la constatación de que en nuestros países no puede pretenderse lograr el desarrollo a través de las estructuras tradicionales, pues en realidad éstas actualmente funcionan como freno. Como consecuencia, o nuestros países encaran definitivamente esas transformaciones o simplemente, a largo plazo, se extinguen como tales. En esta forma es clara la alternativa

---

105 Por supuesto que no es éste el lugar para plantearnos las discusiones de orden filosófico y político que han surgido en relación a la compatibilidad de la planificación y de la libertad humana. Ello, por lo demás, sería completamente inútil y bizantino. Actualmente, la discusión no estriba ya en la necesidad o no de la planificación, sino en su alcance y formar; pues como lo señala La Palombara, resulta inconcebible cualquier cambio importante sin una intervención activa del Estado. *V* "Introducción", en J. La Palombara (ed.), *Burocracia y Desarrollo Político*. Buenos Aires, 1970, p. 16.

106 V. Allan R. Brewer-Carías, *Una Revolución para el Desarrollo, cit.*, 18, *v. Derecho y Desarrollo*, Caracas, 1971, p. 12. En efecto, si bien, como señala O. Sunkel, es cierto que hay acuerdo general en cuanto a la necesidad del desarrollo, muchos olvidan que éste, en América Latina, definitivamente implica un cambio estructural y este tipo de cambio es perjudicial para muchos intereses poderosos, es decir, las políticas cuyo objetivo sea realizar estas transformaciones fundamentales afectarán intereses privados y exigirán, por tanto, nuevas formas de comportamiento compatibles con el desarrollo acelerado. Este, en todo caso, no se realizará con la sola planificación económica, sino que requerirá de una completa nueva filosofía sobre las funciones del Estado, v una cabal reorganización de los medios y objetivos de la acción del Estado. *V.* O. Sunkel, "Change and Frustation in Chile", en Claudio Véliz (ed.), *Obstacles to Change in Latin America*, Oxford, 1965, pp. 143 y 144. De ahí la importancia del factor institucional en el proceso de desarrollo.

107 *Cfr.* Allan R. Brewer-Carías, *Derecho y Desarrollo, cit.*, p. 12.

108 Tal como lo ha señalado R. Vekíermans: en primer lugar una realidad demográfica que se traduce sobre todo en América Latina, en que los pobres son y serán cada día más numerosos que los privilegiados, pero no ya en las proporciones del pasado más o menos inmediato, sino en proporciones que sólo una inteligencia y una imaginación enteramente volcadas hacia el futuro serán capaces de concebir. Se trata de una realidad demográfica que dará origen a una nueva faz de América Latina: la faz del pueblo, pobre y abrumadoramente mayoritario. En segundo lugar, una realidad científico-tecnológica, que ha conducido a que el futuro del mundo en los próximos treinta años sea materialmente impredecible desde el punto de vista de las comunicaciones y del imperio de los ordenadores; y en tercer lugar, una realidad estratificada, por el creciente desnivel y desigualdad entre países desarrollados y países subdesarrollados, y en éstos, entre las clases dominantes y las clases inferiores; desigualdades sobre las cuales van tomando conciencia todos los medios sociales, a través de los cada día más avanzados mecanismos de difusión y comunicación. *V.* "La Reforma Social o la Reforma de las Reformas", en *Mensaje*, número 123, *cit.*, p. 506.

futura en los próximos años: o desarrollo o mayor subdesarrollo, sin posiciones intermedias.

Ahora bien, en América Latina, la más importante estructura a transformar, es la estructura social, para lograr la participación real y efectiva del pueblo en la vida social, económica y política, como protagonista del cambio y del desarrollo. La reforma social implica entonces, directamente, esa tan repetida consigna de las instituciones formales de nuestros países, de la elevación del nivel de vida de la población y la clave de su realización está en la redistribución de la riqueza y en la eliminación de la disparidad actual del ingreso, lo cual no es posible si se deja al sistema económico actuar por su cuenta[109]. En efecto, hasta ahora, y quizá en ello esté la ausencia de una verdadera clase media en América Latina, los verdaderos beneficios del crecimiento económico fundamentalmente han recaído al vértice de la pirámide de la distribución del ingreso: los ricos se enriquecen más y los pobres se empobrecen más, según la repetida apreciación. Los sectores medios[110] no han adquirido conciencia de clase capaz de provocar las transformaciones que, por ejemplo, la clase media produjo en Gran Bretaña[111] sino que, generalmente, tienen consistencia transicional hacia los sectores dominantes económicamente, ahondando el abismo que separa a éstos respecto a las clases margínales. Por ello, dentro de las reformas sociales de primera importancia y que, por ejemplo, tocan aspectos de seguridad social y educación, está la búsqueda de promoción y consolidación de una amplia clase media capaz de provocar los cambios exigidos por el desarrollo, en sustitución de los sectores medios tradicionales cuyo único objetivo ha sido convertirse en terratenientes o asimilarse a la aristocracia económica, en lugar de haber realizado las reformas exigidas por el desarrollo[112].

El sistema social actual, por otra parte, no está dirigido a la incorporación de los marginados a la vida económica y social de los diversos países, sino que al contrario, en muchas ocasiones parecería contribuir a hacerlos más marginales: piénsese, por ejemplo, en algunas de las diversas reformas "sociales" que se han realizado en muchos países latinoamericanos y que han estado dirigidos a consolidar burocracias oficiales y sindicales, o grupos y gremios privilegiados dentro del contexto social. Allí están los sistemas paralelos y diferentes de seguridad social —todos creados en perjuicio del verdadero sistema de seguridad social que tendría que proteger a las clases marginales— destinados a proteger a minorías burocráticas o gremiales; las reformas tributarias que no afectan a los que deberían ser, por poderosos económicamente, realmente contribuyentes, y las alzas crecientes de salarios dentro de mi-

---

109 Es claro que cuando nos referimos a la redistribución de la riqueza y la reordenación del ingreso no sólo aludimos a los estratos sociales, sino a las áreas geográficas o regiones de cada uno de nuestros países. De ahí la política de regionalización del desarrollo.

110 Según la expresión de J. Johnson, *Political Change in Latín America, The Emergence of the Middle Sectors,* Stanford Univ. Press., 1969.

111 En relación a esto, Claudio Veliz ha señalado que los miembros de la burguesía británica fueron conscientes de su forma única de hacer las cosas y fueron orgullosos de ello. Lejos de querer imitar las maneras y moral de la aristocracia tradicional, impusieron con éxito las suyas a la nación en su conjunto. *V.* "Introduction", en C. Veliz (ed.), *op. cit.,* pp. 6 y 7.

112 En este sentido, con razón, se ha considerado a la clase media en América Latina como un "grupo de presión", *V.* Luis Ratonoff, "The New Urban Group: The Middle Class", en Seymour Martin Linset and Aldo Solari, *Elites in Latin America,* Oxford, 1970, p. 69.

norías sindicalizadas. Todas esas reformas no han tocado el fondo de la cuestión social, es decir, la incorporación de los marginados al proceso político, económico y social, sino a minorías empleadas, pues hay que tener en cuenta que la población marginal de América Latina —subempleada o desempleada— que no se beneficia de exenciones tributarias, ni de salarios sindicalizados, ni de sistemas de protección social paralelos, ni de viviendas, pues no tienen empleo real, configura un alto porcentaje de la población activa actual y ello sin hacer referencia al hecho de que más del 50% de la población en general en nuestros países, es menor de edad.

En particular, por supuesto, al hablar de la reforma social quizá la pieza fundamental de ella es la reforma educacional, pues una de las características de nuestro subdesarrollo es que un grandísimo porcentaje de nuestra población no tiene acceso ni siquiera a la enseñanza primaria y fundamental. La educación, en la comparación entre países desarrollados y subdesarrollados, se convierte entonces no sólo en el primer factor del desarrollo, sino también de expansión económica, pero con la característica de que, como lo ha destacado el Informe Faure, por primera vez en la historia tanto en los países desarrollados como subdesarrollados, ahora la educación debe estar comprometida para preparar al hombre para un tipo de sociedad que todavía no existe[113]. De ahí que no sea exagerado afirmar que la base primordial de la adquisición de un alto nivel de vida, radica en el nivel educacional de la población, y este nivel educacional en forma masiva sólo puede lograrse a través de la reforma del sistema de la educación, para eliminar el analfabetismo, el ausentismo escolar y la enseñanza muchas veces clasista, y, al contrario, preparar al hombre para la democracia, el desarrollo y el cambio[114].

Por otra parte, dentro del mismo campo de la estructura social, debe ampliarse la acción del Estado para la protección y cuidado de diversos sectores de la población que lo necesitan y particularmente de los menores que carecen, permanente y temporalmente, del cuidado de padres y guardianes. El Estado debe entonces asumir la educación, inclusive familiar de los cada vez más numerosos niños y menores que viven —si es que puede llamarse vida— en nuestros barrios. Frente al panorama de los menores de los miserables suburbios de las grandes ciudades, es una falacia imperdonable hablar del derecho y deber a la educación y de la libertad de escoger la educación de los hijos. Allí ni hay derecho ni hay libertad, lo que hay es miseria e indigencia.

Frente a la cuestión social en América Latina, la cual se agrava progresivamente por el aumento de población, la desnutrición, el analfabetismo y la marginación de la educación, el bajo ingreso, la vivienda insalubre o inexistente o el desempleo o subempleo, surge más que evidente la necesidad de que el Estado asuma el papel activo que le corresponde para conducir y provocar el desarrollo social. La sola expansión espontánea y puramente privada de la economía o de la caridad social, lo que producirá será la agudización de las contradicciones e injusticias del mundo social actual, sobre todo si se tiene en cuenta lo creciente de las expectativas de las áreas marginales por los medios de comunicación que incitan al consumo, no sólo de lo que no se tiene, sino de lo que no se puede alcanzar en su situación marginal.

---

113 UNESCO, Edgar Faure (ed.), *Learning to be (The World of Education today and tomorrow), cit.*, p. 13.

114 *Cfr.* Allan R. Brewer-Carías, *Una Revolución para el Desarrollo, cit.*, p. 21.

Por otra parte, las estructuras económicas requieren asimismo de grandes y audaces transformaciones, para incorporar nuestros países al desarrollo. Entre ellas, por ejemplo, y por lo clásico, debe destacarse la propiedad, tal como ahora existe. A pesar de todas las transformaciones que ha sufrido por la incorporación a su esencia de la función social que debe cumplir y por los efectos de la reforma agraria y el desarrollo urbano, varias reformas se imponen en este campo, pues ni el sistema capitalista liberal clásico, ni el neocapitalismo son adecuados para provocar el desarrollo real en los países subdesarrollados. La propiedad agraria, por ejemplo, requiere de muchas transformaciones como consecuencia de la reforma agraria, pues la distribución en la tenencia de la tierra sigue siendo de una gran desigualdad en relación a la explotación agrícola, además de realizarse ésta, todavía, en general, por ocupantes o arrendatarios que no tienen la propiedad de la tierra[115]. En este mismo aspecto basta recordar que la mayor parte de las áreas rurales latinoamericanas, donde se concentra buena parte de la población del continente, viven todavía al margen de la vida ciudadana, imperando en ellas un paternalismo y un caudillismo local, íntimamente ligados al latifundismo inculto y ocioso. El desarrollo económico de nuestros países, ello es evidente, no debe situarse sólo en la industrialización, sino en la actividad agrícola hecha más productiva, a través de la reforma agraria[116], aun cuando este concepto, de los más polémicos en América Latina y en Venezuela en los últimos años, muchas veces haya sido desfigurado, para recubrir, con las mismas palabras, realidades inocuas sin ningún significado de cambio real, y que al contrario, mediante él y a costa de los recursos públicos, se hayan enriquecido antiguos latifundistas.

La propiedad urbana, por su parte, y en base al enorme proceso de urbanización que ha venido sufriendo y sufrirá en el futuro América Latina, también requiere de una transformación radical. En la actualidad, la propiedad urbana es un simple medio de especulación y la ocupación irracional de áreas suburbanas por las clases marginales, una necesidad para sobrevivir. El valor de la tierra urbana requiere de una regulación cada vez mayor, para garantizar realmente usos adecuados, existencia y disponibilidad de áreas de expansión urbana y la realización del proceso de renovación urbana que requieren nuestras ciudades.

En el campo de la empresa en general, una real participación de los trabajadores en el resultado de su esfuerzo, exigirá indudablemente la incorporación dentro de nuestro esquema económico, de los difundidos criterios de propiedad social, participación en la gestión y empresa cooperativa. En el campo industrial y de la realización de actividades extractivas, la reafirmación de la participación cada vez más creciente del Estado, garantizará la utilización de los resultados económicos de di-

115 La propiedad de la tierra productiva en Venezuela, a pesar de los progresos realizados en el campo de la reforma agraria desde 1960, sigue concentrada, pues en 1956, el 1,7 % de los propietarios poseían el 74,5 % de la tierra, y el 66,9 % de aquéllos poseía en cambio sólo el 2,2 % de la tierra (*cfr.* "Reforma Agraria y desarrollo en Iberoamérica", *Revista de Estudios Agro-Sociales,* número 53, extraordinario, Madrid, 1965, p. 50). Esa situación, si bien ha sufrido modificaciones, aún no ha sido transformada radicalmente.

116 Por ejemplo, Jacques Chanchol, destaca que el desarrollo de América Latina en el futuro, sólo podrá alcanzarle por el logro combinado de la reforma agraria, la industrialización y la integración económica regional, lo que constituye la concepción política de un nuevo nacionalismo continental. *V.* "Land Tenure and development in Latin America", en C. Veliz (ed.), *op. cit.,* p. 81.

chas actividades en beneficio de nuestros países. En este sentido, por ejemplo, la participación progresiva y decidida del Estado en una industria como la petrolera en Venezuela, participación que no debe ser sólo consecuencia de una política impositiva, sino de la asunción por el Estado de actividades de exploración, explotación, refinación y transporte, debe ser una de las características fundamentales de la reforma de las estructuras económicas. En este sentido el proceso de nacionalización de las materias básicas de exportación de los países latinoamericanos no debe detenerse, sino, al contrario, ser cada vez más progresivo.

Por otra parte, la incorporación al desarrollo exige la formación de capéales y la canalización racional y nacionalista de los mismos. En este sentido, las medidas generales en América Latina de participación del capital nacional en actividades tales como bancarias y de seguros, deben marcar la orientación en el futuro. En particular, la regulación de las inversiones extranjeras y su participación en el proceso de nuestros países es quizá uno de los aspectos de mayor significación en la reforma de las estructuras económicas y en ello, la participación del Estado es de primordial importancia. Por una parte, el Estado debe estar en capacidad de poder canalizar las inversiones nacionales y extranjeras dentro de las áreas productivas o regionales más convenientes al país y exigir la adecuada transferencia de tecnología para asegurar la participación del país en los beneficios de la actividad productiva[117]; y por la otra, debe estar en capacidad de acumular capital rápidamente a través del sistema fiscal y del crédito público para disminuir la proporción extranjera del capital requerido para el proceso económico, a la vez que mantener la más alta rata posible de crecimiento. Además, el Estado debe deliberadamente intervenir en el fomento del ahorro personal y societario a través de la socialización o colectivización de la formación de capitales[118].

Por otra parte, dentro de la reforma de la estructura económica se destaca la necesidad de atenuar la dependencia y la dominación extranjera, originadas entre otros factores, por la explotación de materias primas, la degradación de los términos de intercambio, y la poca capacidad de compra derivada de la necesaria importación de productos elaborados, y aun de bienes de consumo. De ahí la política de industrialización a través de la sustitución de importaciones ya ensayada en América Latina, Sin embargo, la manipulación de dicha política por ejemplo, en Venezuela, a través de un esquema proteccionista no planificado, no sólo no ha contribuido a reducir cuantitativamente las importaciones[119] sino que por haberse realizado el proceso a

---

117 Es de destacar, en este sentido, la importancia de la Decisión número 24 de la Comisión del Acuerdo de Cartagena que establece el Régimen Común de Tratamiento a los Capitales Extranjeros y sobre Marcas, Patentes, Licencias y Regalías. *V.* en *Gaceta Oficial,* número 1.620. Extraordinario de 1 de noviembre de 1973, p. 24. *V.* sobre dicha Decisión, O. Padrón Amaré. *Régimen del Capital Extranjero y la Tecnología en el Pacto Andino,* Caracas, 1973. En todo caso, es conveniente insistir, como lo destaca V. Urquidi, que la actitud frente a la inversión extranjera en nuestros países debe ser realista y pragmática: quiérase o no, en el futuro, el desarrollo latinoamericano exigirá el flujo de capital foráneo a la región y su utilización deberá realizarse mediante la elaboración y aplicación de una política que garantice la intervención y control del Estado y el beneficio razonable que aquél espera. *V.* V. Urquidi, "Some Implications of foreign investment for Latin America", en Claudio Veliz (ed.). *op. cit.,* pp. 113 y 114.

118 Un ejemplo de ello es la Ley del Mercado de Capitales dictada en Venezuela el 30 de abril de 1973.

119 Tal como se dijo, en realidad antes de sustituirse las importaciones considerando el valor total de las mismas, lo que se ha realizado en nuestros países es una modificación en la composición de ellas: ya no se importan bienes de consumo, pero sí productos intermedios, necesarios ahora debido al tímido proce-

costos tan elevados, derivados del alto proteccionismo arancelario, no es posible ahora exportar lo que se produce, y en todo caso, el límite de crecimiento está en la dimensión del mercado, que es estrecho e insuficiente en nuestros países. La dependencia económica entonces continúa y posiblemente continuará creciendo, mientras nuestros límites de expansión estén en las fronteras nacionales. De ahí el camino de la integración económica como fundamento de nuevos moldes para el desarrollo, y que se basa en la formación de un mercado que haga posible la producción en gran escala y la especialización económica, actualmente segmentada por compartimientos estancos. Sin embargo, ciertamente, el proceso de integración económica, si no se sabe dirigir, puede contribuir aún más a la "sucursalización" acelerada de la región, a través de la formación de empresas multinacionales extralatinoamericanas, en lugar de contribuir al logro de nuestra real independencia exterior[120]. En todo caso el proceso de integración económica latinoamericana, particularmente el proceso subregional de los países andinos, traerá y está trayendo consecuencias y modificaciones en las estructuras económicas tradicionales de producción. Entre otras cosas, la integración económica producirá por ejemplo la contracción de una serie de actividades económicas en diversos países, al mismo tiempo que la expansión en otros, por la especialización económica que originará la economía de escala. Pero no sólo producirá reformas en las estructuras productivas, sino que la integración económica desde el punto de vista político y jurídico, traerá a América Latina transformaciones aún no evaluadas en su totalidad y que incidirán no sólo sobre el mismo concepto de soberanía y Estados nacionales, sino sobre el propio régimen de los extranjeros. Sin embargo un verdadero y completo proceso de integración en América Latina, no parece ser viable sin pensar paralelamente en una reforma de nuestros sistemas constitucionales, que ciertamente, no tienen vocación integracionista[121].

En todo caso, si la estrategia de industrialización en América Latina debe ser cambiada, concomitantemente a esa transformación, debe cambiarse la política de comercio exterior[122]; y en este cambio, el papel del Estado es indispensable a nivel del comercio exterior, latinoamericano e internacional, tanto como garantía para la

---

so de industrialización, que se utilizan para producir aquellos bienes de consumo. Sobre esto, *v.* en Venezuela, Braulio Jattar Dotti, *La integración Latinoamericana en el presente,* Caracas, 1966, pp. 42 y ss.; Leopoldo Díaz Bruzual, "Introducción a la Realidad Económica", en *Venezuela 68, La Realidad Nacional,* Caracas, 1968, p. 144.

120 En este sentido deben destacarse los esfuerzos realizados en el Grupo Andino de integración subregional (Acuerdo de Cartagena) por lograr una "subregionalización" de las empresas multinacionales. En dicho proceso de integración estas sólo son las empresas con domicilio en la subregión; de capital subregional mayoritario reflejado en la dirección de la empresa, aportado por inversionistas nacionales de al menos dos países miembros y en el cual no puede haber una participación de inversión extranjera mayor al 40 % del capital; y que tienen un interés subregional, es decir, que participan en programas sectoriales de desarrollo industrial y en proyectos de infraestructura, en programas de racionalización de la producción de industrias existentes o en programas conjuntos de desarrollo agropecuario. *V.* artículos 8 y 10 de la Decisión, número 46 de diciembre de 1971 de la Comisión del Acuerdo de Cartagena sobre el Régimen Uniforme de las empresas multinacionales, *v.* en *Gaceta Oficial,* número 1.620, Extraordinario de 1° de noviembre de 1973.

121 *V.* Allan R. Brewer-Carías, *Los Problemas Constitucionales de la Integración Económica latinoamericana,* Caracas, 1968.

122 Es de destacar, en este sentido, el reciente esfuerzo indicado en Venezuela mediante la Ley de Incentivos a la Exportación y la Ley que crea el Fondo de Financiamiento de las Exportaciones, de 28 de septiembre de 1973.

producción de un real cambio en la estructura económica y en la promoción de exportaciones, como para la resolución de las serias contradicciones causadas en este contexto por el progreso científico y tecnológico[123].

Todo este panorama de problemas y cambios estructurales resultantes del proceso de desarrollo latinoamericano, pone en evidencia la tarea que el Estado debe asumir en nuestros países, sobre lo que consideramos indispensable insistir.

CAPÍTULO 3. EL PAPEL DEL ESTADO EN EL PROCESO DE DESARROLLO

Del análisis anterior, de algunos aspectos de la situación actual del proceso de desarrollo latinoamericano y de algunos de los cambios que el mismo exigirá en las estructuras económicas y sociales, surge con absoluta evidencia algo que anteriormente destacamos: es absolutamente inimaginable la incorporación de nuestros países a un proceso autónomo e independiente de desarrollo y la realización consecuente, en ellos, de la serie de cambios y transformaciones que se exigen en las estructuras tradicionales, sin una neta, oportuna y enérgica intervención del Estado. En otras palabras, así como es inimaginable el proceso de desarrollo sin un cambio ordenado de las estructuras —y de ahí la planificación, para asegurar el menor costo y lapso posible en esa empresa—, es evidente que también es inimaginable el desarrollo sin la participación activa del Estado, como actor y agente en el proceso, y no como espectador. En efecto, un cambio de estructuras afecta directamente a quienes usufructúan de las injusticias del subdesarrollo, por lo que es cierto que utilizarán y utilizan todos los medios a su alcance para rechazarlas o para hacerlas inoperantes. De ahí que sea necesario el fortalecimiento y la intervención del Estado a fin de que mediante el poder público, las reformas y transformaciones lleguen a hacerse realidad.

Ello, sin embargo, no será tarea fácil, pues en América Latina, a lo largo de todo el proceso de formación y consolidación de los Estados nacionales, lo normal es que quienes han detentado el poder económico han controlado también el poder político. Las instituciones políticas liberales, por otra parte, fueron estructuradas para facilitar y permitir esa participación, y en ese sentido fueron y han sido efectivas. En todo caso, e históricamente ello es irrefutable, el Estado en América Latina, y particularmente en Venezuela, ha sido utilizado como instrumento de las clases económicas dominantes. En Venezuela, no hay duda de que éstas lo utilizaron instrumentalmente durante todo el siglo pasado y la mayor parte del presente, y sólo ahora, en los últimos recientes años, es cuando comienza a dar ciertos síntomas de autonomía, los cuales precisamente, son los que se hace necesario desarrollar institucionalmente para convertirlo en instrumento de desarrollo al servicio de las mayorías nacionales.

En efecto, parece fuera de toda discusión la apreciación de que buena parte de la intervención del Estado que normalmente se ha realizado en América Latina en las últimas décadas, en general, no ha sido realmente para el cambio, sino para preservar el *statu quo*, y si algún tipo de acciones estatales pueden identificarse como de tipo social, inclusive con algunos sacrificios para las clases económicas dominantes, ello se permitió precisamente porque a pesar de ello, no ponían en peligro su control

123 *V.* R. Prebisch, *Change and Development; Latin America great task*, N. Y., 1971, pp. 201 y 233.

sobre el poder político[124]. Sin embargo, esto no significa que en las décadas pasadas no se hayan realizado esfuerzos en materia de desarrollo. En efecto, nuestros países han intentado llevar adelante, desde hace algunos años, una política de desarrollo, pero en muchos casos dicha política, no sólo ha carecido de objetivos bien establecidos, sino que se ha iniciado por fuerza e influencia de presiones mundiales extrañas a ellos, y por la posesión de una serie de recursos básicos y estratégicos[125]. Por ello, puede decirse que hay consenso en América Latina, en relación a considerar que los progresos económicos y sociales en las últimas décadas en la región, no han sido el resultado de la formulación consciente de una política de desarrollo que haya sido seguida por los diversos países[126], sino más bien consecuencia de un accidente histórico[127] o de circunstancias externas[128] a la región, como consecuencia fundamental de la crisis mundial. Por supuesto que en dicho proceso la burguesía empresarial y el proteccionismo del Estado —fundamentalmente esto último—, jugaron un papel fundamental. Ello se evidencia, inclusive en los países como Venezuela que se incorporaron al proceso de industrialización a partir de la década de los cincuenta, y que ni siquiera supieron extraer las consecuencias y conocer las experiencias del proceso en los demás países. En todo caso, el proceso de industrialización y sustitución de importaciones tuvo el apoyo decidido de los empresarios porque allí vieron una fuente excepcional de ganancias protegidas y aseguradas por la acción estatal, y de las burocracias oficiales, porque vieron en el proceso no sólo la solución mágica de los problemas económicos y sociales, sino en algunos lamentables casos, un medio para favorecer a sus sostenedores y para mantener clientelas políticas. El proceso, sin embargo, no podrá continuar jugando el mismo dinámico papel que tuvo en las décadas pasadas desde el punto de vista económico, salvo que se produzcan esenciales cambios estructurales y se redefina el papel del sector público en el proceso de desarrollo.

Ahora bien, la intervención del Estado, necesaria e indispensable para el proceso de desarrollo a la que queremos hacer referencia, es aquella esencial en nuestros países para provocar, dirigir, orientar y planificar los cambios en las estructuras económicas y sociales exigidos por dicho proceso, para lo cual el Estado ha comen-

---

124 En esta forma, la injerencia del Estado en el proceso económico ha sido admitida porque se ha orientado a mantener el estado actual de cosas, pero no para cambiarlo, *Cfr.* Raúl Prebisch, *Change and Development, Latin America great task,* N.Y., 1971, p. 213. Por otra parte, con razón se ha señalado que muchas de las reformas "sociales" que se ha permitido al listado realizar, se han llevado a cabo sin llegar nunca a amenazar el poder político de las clases económicas dominantes. *V.* Nicos Poulantzas, *Poder político y clases sociales en el Estado capitalista,* México, 1972, p. 245.

125 En todo caso, el desarrollo de esa política ha sido la intención de algunos dirigentes latinoamericanos y la preocupación constante de algunas oficinas técnicas que operan en la zona, como la CEPAL. Esa intención y preocupación han tenido sus reflejos, los cuales han contribuido en parte a la realización de las transformaciones operadas en nuestras naciones en los últimos años. La política de industrialización a través de la sustitución de importaciones ya señaladas, es el más claro ejemplo de ello.

126 Por ejemplo véase C. Furtado, "Political Obstacles to economic Growth in Brazil", en Claudio Veliz (ed.), *Obstacles to Change in Latin America,* Oxford, 1965, p. 145.

127 La expresión es de Claudio Veliz "Introduction" a C. Veliz (ed.), *op. cit.,* p. 5.

128 La expresión la utilizan Aníbal Pinto, "Political Aspects of Economic Development in Latin America", en Claudio Veliz (ed,), *op. cit.,* pp. 10 y 12; Jacques Chonchol, Land tenure and development in Latin América", en Claudio Veliz (ed.) *op. cit.,* pp. 78 y 79; O. Sunkel, "Change and Frustration in Chile", en Claudio Veliz (ed.), *op. cit.,* pp. 129 y 130.

zado a dar signos de autonomía en relación a las clases económicas dominantes. En la consolidación de dicha autonomía y en la conversión del Estado en instrumento de desarrollo social para la mayoría de la población es que ahora todos los esfuerzos deben dirigirse En este sentido, la problemática del Estado entonces, debe enfocarse a la luz de nuevos criterios adecuados a la realidad actual latinoamericana frente al desarrollo nacional: el Estado en este sentido debe convertirse en el agente de las reformas sociales, económicas y políticas exigidas por el desarrollo. Su función debe ser entonces, absolutamente activa, a través de la planificación, pero con un profundo respeto a la dignidad humana. Desarrollo, cambio de estructuras, Estado y planificación son entonces los cuatro elementos fundamentales en el planteamiento político de América Latina[129]. Pero para que el Estado actúe como agente principal del desarrollo —no como un agente secundario o de menor cuantía—, debe comenzarse por dotársele de instituciones que le permitan actuar como tal; y sólo así, podrá formular las políticas de desarrollo de manera que la planificación sea factible. Sólo a través de su fortalecimiento, las reformas que el desarrollo implica podrán ser ejecutadas. La trasformación o cambio de estructuras que el desarrollo conlleva por tanto, abarca también las instituciones políticas y administrativas, ya que con las actuales, no podrá aquél impulsarse definitivamente.

Ahora bien, este fenómeno, particularmente claro en Venezuela, de los inicios de autonomización del Estado, cuya intervención comienza a dejar de ser de sólo proteccionismo y fomento a la iniciativa privada, y a estar orientada hacia el cambio económico y social, es lo que ha provocado el resurgimiento de las viejas consignas liberales de "libre empresa", "libre competencia" y "empresa privada" que antes no se oían. La intervención del Estado mediante la creación de incipientes y protegidas actividades industriales que se produjo en los inicios de la industrialización, nunca fue discutida, pues fundamentalmente benefició a los grupos empresariales; en cambio, la intervención del Estado tendiente a provocar un desarrollo social y económico de la colectividad, y no solamente de los grupos empresariales, es decir, a poner en vigencia una real democracia social y económica, por supuesto ha producido la reacción de éstos.

Ahora bien, en relación al papel del Estado durante el período del proceso de industrialización, debe también destacarse[130] que la realización y desenvolvimiento de una verdadera política de desarrollo económico, con objetivos claramente establecidos, en muchos casos no fue posible debido a su manipulación mediante instrumentos e instituciones políticas, administrativas y jurídicas que pertenecen casi completamente al siglo pasado, cuando la economía de nuestros países giraba en torno a la "hacienda" como unidad básica, inclusive socio-política. Sin entrar a considerar si

129 *Cfr.* Allan R. Brewer-Carías, *Una Revolución para el Desarrollo,* Caracas, 1970, p, 25. Esta ha sido, por otra parte, la opinión generalizada en América Latina en la década de los sesenta, y para darse cuenta de ello, basta citar a R. Prebisch: "Si se quiere transformar fundamentalmente la estructura económica y social, la planificación es indispensable... Todo esto implica y requiere una clara intervención del Estado... El Estado tiene que intervenir". *V.* "Planificación y Democracia", en *Mensaje,* número 115, Santiago de Chile, 1968, pp. 683, 685 y 689. En todo caso, es interesante destacar cómo del análisis comparativo de los indicadores políticos y sociales del mundo, B. M. Russett y otros autores llegan a la conclusión de que "una economía moderna no puede operar sin una sustancial actividad económica del Estado". *V.* Bruce M. Russett y otros, *World Handbook of Foliiical and Social lndicators,* Yale, 1965, p. 308 y 309.

130 *Cfr.* Allan R. Brewer-Carías, *Una Revolución para el Desarrollo, cit.,* pp. 26 y ss.

esos instrumentos, en lugar de contribuir al desenvolvimiento armónico político-económico de nuestros países a partir del siglo pasado, no hicieron otra cosa que arraigar fuertemente la estructura feudal en América Latina, lo que sí resulta ahora como notorio es que no son apropiados para permitir la realización de los imperativos del desarrollo y de la tecnología moderna[131]. En Venezuela, a finales de la década de los sesenta, la conducción del país a través de esas instituciones políticas, administrativas y jurídicas, ha producido un resultado evidente: el descrédito de esos mecanismos e instituciones como consecuencia de una ausencia de decisión política y de mando; es decir, como consecuencia de una vida política vegetativa -existencia del Estado y nada más-, sin precisión clara de políticas económicas y sociales, es decir, de una política de desarrollo nacional; o lo que es peor -como en el caso del reto del desarrollo-, si alguna vez se definió o se pretendió definir y planificar políticas, esas nunca fueron realizadas por ausencia de mecanismos reales y efectivos de decisión. En este sentido, puede decirse que una de las características resaltantes del Estado venezolano en los últimos años ha sido precisamente esa: la ausencia de decisiones políticas, y por tanto, de mando; y como ha dicho Philip Selznick "si falta el mando cuando es necesario, la institución comienza a ir a la deriva, expuesta a las presiones que encuentra en su camino o influida por tendencias oportunistas de poco aliento"[132].

Ahora bien, esa ausencia de decisión política tiene su origen, ciertamente, en diversos factores que se entrecruzan y complementan y que surgen de la contradicción de las realidades actuales con las instituciones superadas, que por complicadas y muchas veces inútiles, no sólo carecen de funcionalidad, sino que estorban. Esta apreciación, por otra parte, tiene validez universal, por ejemplo, frente a la estructura de la administración, aun cuando surge con mayor evidencia en los países subdesarrollados[133]. Por ello, al pretenderse conducir un Estado contemporáneo subdesarrollado, donde se exigen, como señalamos, decisiones políticas ágiles, definidas y muchas veces audaces, mediante mecanismos institucionales que no se corresponden con la realidad económica y social, se produce entonces esa ausencia de decisión. La estructura del Estado y de la administración así como el sistema jurídico, entonces, son tan apropiados para los problemas del liberalismo o para la época de la escritura a mano y de los cálculos a tinta, que cuando se pretende tomar una decisión, el pro-

131 Lamentablemente, gran parte de los dirigentes latinoamericanos fueron formados en esos esquemas y mediante esas instituciones, ya superadas por las nuevas problemáticas de nuestros países, y ello ha contribuido aún más radicalmente a las fallas políticas actuales. Si nuestra generación ha podido apreciar por sí sola el cambio de orden económico y social que se ha producido en nuestros países en los últimos quince años, y ha comprendido que los problemas sociales de hoy no pueden ser resueltos ni suficiente ni adecuadamente ni siquiera con los instrumentos e instituciones de la década del cincuenta, resulta verdaderamente incomprensible que muchos de esos dirigentes todavía sigan pretendiendo dirigirlos con métodos, mecanismos e instituciones decimonónicos, que fueron los que ellos conocieron y a través de los cuales se formaron, y en algunos casos, por fuerza de aspectos políticos internos, añoraron. *Cfr.* Allan R. Brewer-Carías, *Una Revolución para el Desarrollo, cit.*, p. 26.

132 *V.* Philip Selznick, *El mando en la administración (Una interpretación sociológica)*, Madrid, 1962, p. 38.

133 Basta recordar aquí las palabras de Edouard Bonnefous, Ministro de la Reforma Administrativa en la IV República Francesa cuando constataba que "en la era del átomo, los servicios públicos han mantenido las grandes líneas de la organización napoleónica y utilizan aún procedimientos de los tiempos de la diligencia", y concluía afirmando que con esa estructura, realmente "es un milagro que la administración continúe asegurando la marcha de los servicios públicos", *La Reforma Administrativa.* Madrid, 1960, p. 12.

ceso de su formación está tan diluido y es tan complicado, que al final del mismo, no resulta decisión alguna, y es que, en esa forma, no puede haberla.

Pero la crisis institucional de Estado en estos países, además de producir como consecuencia una ausencia de decisión política y de mando, produce a la vez una enorme debilidad del poder público frente a las inevitables y muchas veces necesarias presiones de los grupos de intereses de la comunidad, particularmente de los grupos económicos. Ciertamente que esas presiones son muchas veces un efectivo mecanismo de control colectivo frente a posibles abusos del Estado. Sin embargo, se tornan nocivas cuando surgen indiscriminadamente ante cualquier actuación estatal, que, por ellas, en definitiva se detiene[134]. En este sentido puede decirse que una política de desarrollo económico, con todas las reformas estructurales que implica, cuenta y contará con innumerables enemigos que la analizarán, no bajo el ángulo del beneficio colectivo que puede aportar a la comunidad, sino bajo el ángulo del beneficio que puede o no aportarle a sus intereses particulares[135]. Frente a la inacción del Estado ante presiones de los grupos económicos muchas veces hay que llegar a la conclusión de que o hay una ausencia de preparación o imaginación en los cuadros administrativos, o las instituciones políticas son tan débiles que no resisten la más mínima presión, cuando al contrario, deben estar preparadas para resistir presiones que siempre surgirán cuando se busca un interés colectivo, lo cual por esencia implica el sacrificio de intereses privados. En este sentido, entonces, no puede seguirse admitiendo una administración que lo único que hace, materialmente, es no hacer nada, por no quererle hacer nada a nadie; un sistema jurídico que sólo protege y regula a grupos dominantes de carácter económico y que ignora a los sectores medios y marginales los cuales, quiérase o no, son los mayoritarios: y un sistema polí-

134 *Cfr.* Allan R. Brewer-Carías, *Una Revolución para el Desarrollo, cit.*, pp. 27 y 28.

135 Baste citar aquí un solo ejemplo, relativo a la integración económica latinoamericana entendida ésta como factor de desarrollo. Sobre ella, Bela Balassa, uno de los teóricos de la integración económica, ha señalado con precisión que "en países con costos de producción relativamente altos —es el caso de Venezuela—, los usuarios verán con agrado la integración, pensando en el efecto de reducción de precios; en cambio —y es lo que ha sucedido en nuestro país— lo objetarán los productores que operan con altos costos". Concluye Balassa su apreciación al señalar que la experiencia sugiere que los intereses de los productores tienen mayor influencia sobre las decisiones gubernamentales; de aquí que esas presiones probablemente tengan un efecto negativo en la integración" (*v. Teoría de la Integración Económica*, México, 1957, p. 16). Esto tuvo su más reciente aplicación práctica, en la actuación venezolana frente al Acuerdo de integración subregional del Grupo Andino, durante los últimos años de la década de los sesenta y comienzos de la de los setenta, hasta que al fin Venezuela se adhirió al mismo en 1973 (el Consenso de Lima mediante el cual concluyeron las negociaciones para la adhesión de Venezuela al Grupo Andino se suscribió el 13 de febrero de 1973. *V.* la Ley aprobatoria del Pacto Andino en *Gaceta Oficial*, número 1.620, Extraordinario de 1 de diciembre de 1973). Pero lo más grave en esa actuación, ciertamente no fue el que las presiones de los sectores económicos (*v.* la colección de documentos y las intervenciones del *Foro Nacional sobre Venezuela* y *la Integración Latinoamericana*, Caracas, 9 al 14 de agosto de 1971, Caracas, 1972, y la investigación de Andrés Stambouli, "La actuación de FEDECAMARAS y la CTV ante el ingreso de Venezuela al Pacto Andino", en *Politeia*, número 2, Instituto de Estudios Políticos, UCV, Caracas, 1973, pp. 325 y siguientes) influyeran en la no adhesión inicial de Venezuela al Acuerdo de Cartagena, sino que aparentemente pusieron en evidencia el hecho de que la administración no había estudiado y tabulado todas las consecuencias que el referido Acuerdo traía para nuestra economía, que artificial y todo era la economía del país. Y sin haber estudiado esas repercusiones, se aprestaba originalmente a firmal el referido Acuerdo en 1968. Fue sólo después de creado el Instituto de Comercio Exterior en 1970 (*v.* Ley del Instituto de Comercio Exterior en *Gaceta Oficial*, número 29.294 de 17 de agosto de 1972) cuando conocidas y estudiadas las repercusiones de la adhesión de Venezuela al Acuerdo, ésta se produjo en 1973.

tico que permite, por sus deficiencias, el enquistamiento de los grupos de presión en los cuerpos representativos, y en el cual no sólo no hay real participación y representación, sino que no se llega a aplicar, por el secular tutelaje militar tan característico de América Latina. En otras palabras, no puede seguir funcionando adecuadamente en América Latina un aparato institucional que en definitiva ni garantiza la democracia política, ni mucho menos la democracia social y económica, si se quiere alcanzar rápidamente niveles importantes de desarrollo económico y social en forma constante. Por ello, la importancia de la cuestión institucional en la problemática del desarrollo latinoamericano.

Sin embargo, la labor de pensar o crear instituciones tendientes a consolidar y fortalecer la autonomía y el papel del Estado en un proceso de desarrollo en América Latina, y particularmente en Venezuela, plantea indudablemente, la necesidad de buscar la identificación de un esquema político-institucional para ese desarrollo autónomo, nacional y latinoamericano, no tutelado ni dependiente. Para la precisión de esa opción, quizá tendrían que tenerse presente al menos tres premisas fundamentales: en primer lugar, que con las instituciones tradicionales actualmente existentes en América Latina, no se podrá avanzar decididamente en ese proceso de desarrollo, a menos que sufran una fundamental transformación; en segundo lugar, que las fórmulas o modelos político-institucionales adecuados para un proceso de desarrollo en los países latinoamericanos deben elaborarse para cada país, de acuerdo a su particular realidad, por lo que deben descartarse las fórmulas o vías universales o regionales, particularmente cuando se considera a un país como Venezuela, con una situación única y excepcional en el continente; y en tercer lugar, que para precisar un esquema político-institucional de desarrollo autónomo en cualquiera de nuestros países, aparte de las consideraciones específicas de espacio y tiempo, no pueden adoptarse ni importarse los modelos que surgen de la experiencia histórica de otros países hoy altamente industrializados[136]. Esto implica, particularmente, que en nuestros países, para el enfoque que es necesario hacer del papel del Estado en el proceso de desarrollo, deben superarse, por anticuadas y engañosas, las perspectivas tradicionales y dogmáticas sobre la institución estatal que por largos años se nos han querido imponer a los latinoamericanos. Es decir, en nuestro criterio, debe superarse la concepción marxista determinista, que entiende al Estado, en sociedades de formación capitalista como las latinoamericanas, como un simple instrumento, directa o indirectamente de las clases económicas dominantes, sin posibilidad de autonomizarse de las mismas; así como también deben superarse las concepciones liberales que conciben al Estado como un ente abstencionista y cuya única intervención se justifica cuando se realiza en beneficio de las clases económicas dominantes[137]. En

---

136 Sobre estas premisas puede decirse que en general hay consenso entre los estudiosos del desarrollo latinoamericano. Es el sentido, por ejemplo, de los trabajos en el libro editado por Claudio Veliz (ed.), *Obstacles to Change in Latin America, cit.*, tal como el mismo Veliz lo destaca al introducir los diferentes ensayos, p. 1. En particular *v.* los trabajos de A. Pinto, "Political Aspects of Economic Development in Latin America", y O. Sunkel, "Change and Frustration in Chile" en pp. 20, 21 y 134.

137 *Cfr.*, por ejemplo, Helio Jaguaribe, "Dependencia y Autonomía en América Latina", en *Cuadernos de la Sociedad Venezolana de Planificación*, número 70-71. Caracas, diciembre 1969, p. 4 (este trabajo fue publicado también en H. Jaguaribe y otros, *La dependencia político-económica de América Latina*. México, 1971, pp. 1 y ss.); Ismael Bustos. "El Estado y las reformas revolucionarias", en Mensaje, número 123, Santiago de Chile, octubre 1963, p. 619; Oswaldo Sunkel, "Política Nacional de Desarrollo

efecto, puede decirse que la ciencia política latinoamericana en los inicios del último tercio del siglo XX ya ha superado la dicotomía tradicional proveniente de Europa o Norteamérica entre el marxismo oficializado y dogmático y las corrientes neoliberales, como únicas fórmulas para determinar las alternativas válidas para el desarrollo[138] y que, superada la polarización a que ha sido sometida durante las últimas décadas, desde los últimos años de la década de los sesenta, se han venido sentando las bases para la determinación de una vía político-institucional de desarrollo, no sólo autónoma en cuanto a que es latinoamericana y con características propias en cada país, sino particularmente democrática, pragmática y realista en cuanto que es derivada del análisis de nuestra realidad económica y social, de nuestra situación de dependencia[139], y de los retos que se nos plantean para las décadas futuras[140]. En esta alternativa autónoma de desarrollo se destaca, ciertamente, el papel fundamental del Estado y de las instituciones políticas, administrativas y jurídicas en el proceso de desarrollo y la incapacidad de las instituciones tradicionales para acometerlo; o en otras palabras, el papel esencialmente estratégico de la acción estatal en el futuro desarrollo de América Latina.

Ahora bien, partiendo de esta premisa, analizada por otra parte a todo lo largo de las páginas anteriores, en nuestro criterio, una conclusión podría obtenerse de inmediato: América Latina no será capaz de avanzar decididamente en el proceso de desarrollo económico y social que tiene planteado y por tanto, de transformación de sus estructuras económicas y sociales, mediante un modelo político-institucional de crecimiento económico puramente capitalista, o neoliberal. El desarrollo y las transformaciones estructurales que es indispensable realizar en el futuro, no serán posibles en nuestros países, tal como anteriormente se ha insistido, si la conducción del proceso de desarrollo se deja sólo en manos de la economía privada, pues el solo crecimiento económico espontáneo, de carácter privado y sin participación activa del Estado, como agente, no garantiza el desarrollo económico y social y la consecuente redistribución de la riqueza. Sin embargo, y ello también es cierto, el rechazo de un esquema político institucional para el desarrollo en América Latina, no debe surgir de posiciones predeterminadas en forma dogmática, sino del análisis pragmático y realista de nuestras distintas sociedades[141], teniendo en cuenta las particulares condiciones de cada una de ellas en un momento determinado. Por ello, y en vista de

---

y Dependencia Externa" (segunda parte), en Comercio Exterior, tomo XVIII, número 4, México, abril 1968, p. 333: y Claudio Veliz, "Introduction" en Claudio Veliz (ed.), *op. cit.*, p. 8.

138 *V.*, por ejemplo, el análisis en tal sentido de Marcos Kaplan, *La Ciencia Política Latinoamericana en la Encrucijada,* Santiago de Chile, 1970, pp. 26 y ss.

139 *Cfr.*, por ejemplo. T. Dos Santos, "The Crisis of Development Theory and the Problem of Dependence in Latin America", en Henry Bernstein (ed.), *Underdevelopment and development. The Third World Today,* 1973, pp. 72 y ss.; Fernando Henrique Cardoso, *Estado y Sociedad en América Latina.* Buenos Aires, 1972, pp. 133 y ss.

140 Por ejemplo, es de destacar los esfuerzos, por la elaboración de un "modelo autónomo de desarrollo e integración de América Latina", desarrollados por Helio Jaguaribe. *V.* "Dependencia y Autonomía en América Latina", *loc. cit.*, pp. 4 y ss. y en sus libros *Political and Economic Development,* Harvard, 1968, y *Political Development.* N. Y., 1973.

141 Los modelos para el desarrollo, como bien lo ha indicado H. Jaguaribe, no son buenos o malos en sí mismos: ellos son simplemente, más o menos adecuados para promover el desarrollo nacional de una determinada sociedad en un tiempo particular, en vista de las condiciones estructurales de esa sociedad en dicho tiempo. *V.* Helio Jaguaribe, *Political and Economic Development, cit.*, p. 91.

las características actuales del proceso de desarrollo latinoamericano y de sus exigencias futuras, una fórmula puramente capitalista neo-liberal o "desarrollista", la cual se basa en la capacidad de la iniciativa privada —con la reforma de algunas estructuras arcaicas y deficientes— para desarrollar los ingentes recursos naturales que existen en nuestros países[142], siguiendo los pasos que siguieron en su desarrollo los países occidentales hoy altamente industrializados —experiencia que hoy es irrepetible—, y que provocaría consecuencial y automáticamente un desarrollo social, es inaplicable. Y ello no sólo porque las posibilidades del proceso de industrialización a través de la sustitución de importaciones —base hoy de buena parte de la iniciativa privada en América Latina— están agotándose, al disminuirse el ritmo de crecimiento inicial, sino porque esa fórmula es incapaz de disminuir la dependencia —al contrario la aumenta— de la región, imposibilitando además la integración a la vida económica, social y política, de las cada vez mayores masas marginales. En otras palabras, un régimen de real democracia económica y social no podrá ser garantizado en nuestros países, mediante una fórmula neo-liberal de crecimiento, tal como en la actualidad no está realmente garantizado. En efecto, la agudización de las contradicciones entre las expectativas crecientes de las masas marginadas y las posibilidades de una fórmula puramente capitalista neo-liberal, provocarán una creciente insatisfacción de las necesidades elementales de la sociedad, que podrán conducir como tantas veces ha sucedido en América Latina, a la irrupción de autocracias militares de corte fascista. El desarrollo autónomo que América Latina tiene planteado, al contrario, por exigir una mayor participación de las masas marginales en la vida económica, social y política, requiere de un esquema político-institucional que admita y garantice realmente la democracia económica, social y política y que, por tanto, garantice también esa participación. En este campo sin embargo, si bien y hasta cierto punto, pueden formularse generalizaciones sobre ciertas situaciones y alternativas para América Latina, es necesario tener en cuenta, ante todo, que cada país tiene sus propias condiciones nacionales económicas y sociales, en un espacio y tiempo determinado, y son esas condiciones las que pueden orientar en la búsqueda y opción de una fórmula de desarrollo determinado, por lo que bajo todo punto de vista sería errado importar o trasplantar experiencias políticas de Europa a América Latina, así como también pretender el trasplante de experiencias de unos países latinoamericanos a otros, o aplicar a un país específico, una opción seguida por otro país en un momento histórico determinado[143].

En esta forma, y si bien la fórmula capitalista liberal fue la aplicada en América Latina durante el siglo pasado y la primera mitad del actual, consideramos que ese modelo no podrá seguir aplicándose en el futuro —inclusive cuando se realiza por la fuerza militar de corte fascista— so riesgo de ir contra el devenir histórico c ignorar que el mundo avanza cada vez más científica y tecnológicamente, en forma también

142 *V.* la apreciación crítica sobre esta alternativa en Carlos Acedo Mendoza, *América Latina, Marginalidad y Desarrollo,* Caracas, 1972, pp. 23 y ss.

143 En este sentido consideramos que la experiencia del Brasil actual, no sólo es inaplicable a los demás países latinoamericanos en vista de las premisas anteriores, sino que su repetición no es deseable. Asimismo, y ésta es quizá una de las características de los procesos políticos de América Latina, no sólo la experiencia revolucionaria de Cuba es irrepetible, sino que las mismas experiencias políticas de Chile (1970-1973) o Perú son también intrasplantables. *Cfr.* Helio Jaguaribe, *Political Development, cit.,* pp. 459 y ss.; Fernando Henrique Cardoso, *op. cit.,* pp. 57 y ss.

cada vez más estratificada. El rechazo de una fórmula capitalista neo-liberal, como posibilidad de un desarrollo autónomo e integrado de América Latina en este último tercio del siglo XX, y el reconocimiento, guste o no guste, del papel del Estado como agente y factor estratégico del desarrollo, exige la búsqueda de un esquema distinto basado en la creciente autonomía e intervención del Estado y en la delimitación consecuencial del papel de la iniciativa privada, o si se quiere, de la apropiación privada de los medios de producción, de acuerdo a la situación de cada país.

En la búsqueda de este esquema, por supuesto, se plantea en primer lugar la formulación de un modelo socialista revolucionario de desarrollo, que implica la estatización y socialización total de los medios de producción y la maximización del papel del Estado en el orden económico y social, tal como ha sucedido en Cuba, y en cierta forma, como se ensayó parcialmente en Chile durante la experiencia del Gobierno de Unidad Popular del Presidente Allende hasta 1973. Ahora bien, en el primer caso de la experiencia cubana, la única fórmula político-institucional de carácter socialista revolucionaria que se ha consolidado en América Latina, la situación latinoamericana ha enseñado que no es trasplantable con independencia de la consideración del momento histórico, la situación del país y la correlación de las grandes potencias mundiales. Por ello, la revolución armada como fórmula de llegar a la vía cubana, no sólo fracasó en toda América Latina, como la izquierda ahora lo reconoce[144] sino que consideramos una insensatez el que pueda proponerse como modelo universal para el desarrollo autónomo de nuestros países o como única estrategia válida para el mismo[145]. Ante todo es conveniente tener en cuenta que una fórmula de esta naturaleza, indudablemente que requiere de una situación o de condiciones pre-revolucionarias que surgen entre otros factores, por un alto grado de frustración económica, social y política derivada de una relativamente alta insatisfacción de necesidades económicas y sociales o de participación política, ocurrida después de un período relativamente prolongado de desarrollo económico y social[146]. No sólo

144 *V.* las referencias documentales al caso venezolano en Richard Gott, *Rural Guerrillas in Latinoamerica,* 1973, pp. 213 y ss.

145 No consideramos correcta entonces la afirmación de A. Gunder Frank de que la única y verdadera estrategia del desarrollo en América Latina es la revolución armada para la construcción del socialismo, y ello porque no sólo ambos elementos no van necesaria e indisolublemente unidos —a pesar del fracaso de la experiencia chilena en 1973—, sino porque la posibilidad misma de esa estrategia está condicionada por la particular situación de cada país. *V.* André Gunder Frank, *Lum- penburguesía: Lumpendesarrollo,* México, 1971, p. 154. Un interesante recuento del fracaso de los movimientos guerrilleros en América Latina y particularmente en Venezuela puede verse en Richard Gorr, *op. cit.*, pp. 153 y ss.

146 En este sentido es interesante destacar el cuadro de J. C. Davies, sobre las condiciones revolucionarias producidas cuando surge un intolerable "gap" entre lo que el pueblo quiere (necesidades) y lo que obtiene o espera obtener (satisfacción), en su trabajo, "Toward a Theory of Revolution", *American Sociological Review,* February, 1962, Vol. 27, número 1, p. 5. Dicho cuadro es el siguiente:

los movimientos guerrilleros de la década de los sesenta fracasaron en crear esas condiciones pre-revolucionarias, sino que la sola situación de marginalidad de una alta proporción de la población en los países de América Latina no conduce automáticamente a una insurrección popular revolucionaria y al establecimiento de un modelo de socialismo revolucionario, sino que se hace indispensable que en un momento histórico determinado, la satisfacción de las necesidades y expectativas crecientes de la colectividad, provocada entre otros factores por los medios de comunicación dirigidos a un consumo inalcanzable, no se pueda realizar en los mismos niveles relativamente normales que existían con anterioridad a ese momento histórico; y es precisamente ese estado relativamente alto de frustración en la satisfacción de necesidades económicas y sociales o en la participación política, cuya expectativa se tendría en forma creciente, el que podría contribuir a la configuración de una situación prerevolucionaria[147]. En todo caso, las revoluciones no se improvisan, ni se

---

V., por otra parte, en igual sentido Robert E. Dowse, "The Military and Political Development", en C. Leys (ed.), *Politics and Change in developing countries,* Cambridge, 1963, pp. 218 y 219.

147 Al analizar la situación de marginalidad creciente de América Latina, sobre todo en las áreas urbanas, quizá habría que estar consciente de que estando compuesta por migrantes rurales, en su mayoría de primera generación marginal, pues las áreas urbanas marginales se han formado en proporciones alarmantes en los últimos veinte años, esa primera generación marginal, en términos relativos, no ha tenido una situación de frustración como la anotada, porque, en todo caso —y esto es lo trágico de la marginalidad urbana en América Latina— su situación en los barrios o fabelas es relativamente mejor y en ningún caso peor a la que tenían en las áreas rurales. La posibilidad de gozar, así sea marginalmente, de los beneficios urbanos y citadinos, es en muchos casos suficiente para sofocar todo llamado a la insurrección, debido al efecto de comparación. En los casos de áreas marginales de primera generación, como son la mayoría de los barrios de Caracas, por ejemplo, y por ello, la votación en elecciones populares ha sido paradójicamente más conservadora que en otras áreas urbanas, cuando teóricamente podría esperarse en dichas zonas una votación al menos progresista (*v.*, por ejemplo, las referencias similares respecto de las elecciones chilenas de 1964 y peruanas de 1963, en S. Huntington, *Political order in changing societies.* Yale, 1968, pp. 279 a 281). Los "fenómenos" electorales en las elecciones venezolanas desde 1958 hasta 1968, evidenciados sobre todo en la votación urbana (*v.* lo señalado en los capítulos 8 y 9), en este sentido, confirman la ausencia de la brecha de frustración entre las expectativas y la satisfacción de necesidades que requiere una situación revolucionaria. Pero si bien esto es cierto cuando se analiza la marginalidad —económica, social y política— de primera generación, ello es absolutamente distinto en las áreas marginales de segunda generación, que ahora están comenzando a tomar conciencia de su situación: el hombre nacido o levantado en la miseria marginal urbana, que no conoció la situación de olvido y relegación rural que tuvieron sus predecesores, no tiene punto de comparación entre la marginalidad rural y la urbana. Al contrario, en la marginalidad urbana de segunda generación, la comparación será entre los

importan ni se trasplantan, y el fracaso y la frustración política producida por la ilusión de derramar la revolución cubana en América Latina mediante la difusión de las guerrillas, es una experiencia muy reciente para poder ser olvidada[148]. En esta forma, consideramos que la opción por un modelo de desarrollo socialista revolucionario, no puede ser una opción dogmática, como no lo puede ser la opción por ninguna fórmula de desarrollo: debe al contrario, partir de una realidad determinada económica y social de un país en un momento histórico concreto. Por ello, la aplicación de una fórmula de esta naturaleza en un momento histórico inadecuado, antes de contribuir al desarrollo nacional y autónomo de un país, lo que puede provocar es una mayor frustración en todos los niveles, que abra paso a soluciones militares de corte fascista[149] con el consiguiente retroceso y pérdida de las transformaciones sociales y económicas pretendidas.

Ahora bien, en los inicios de la década de los setenta, puede señalarse que en general —y aquí reconocemos una vez más la dificultad de formular generalizaciones respecto de América Latina— y en particular en Venezuela, las condiciones econó-

---

beneficios del consumo y civilización urbanos inalcanzables y la situación de miseria de las barriadas, y en esta situación, a producirse en las próximas décadas, si no se adoptan medidas audaces de carácter social, las condiciones de frustración derivadas de la brecha entre las expectativas y la satisfacción, provocarán situaciones indudablemente de carácter prerrevolucionario (*v.* por ejemplo, la apreciación coincidente de Talton Ray, *The Politics of the Barrios of Venezuela* Berkeley, 1969, pp. 168, 174, 175 y 177).

148 En este sentido, la experiencia revolucionaria de Cuba, tal como allí sucedió, también es irrepetible en el resto de América Latina, sobre todo por la condición *sine qua non* de la revolución cubana de la no intervención de los Estados Unidos. En todo caso, si en el futuro se producen en nuestros países condiciones prerrevolucionarias, éstas serán distintas.

149 Cualquier fórmula político-institucional de desarrollo no capitalista, evidentemente que plantea la necesaria reforma de las estructuras económicas, entre otros aspectos, mediante la estatización o socialización en mayor o menor grado, de los medios de producción, de manera que el producto social se transfiera y redistribuya a la colectividad. Esto, por supuesto, exige la delimitación del postulado de la propiedad pública o social de los medios de producción y la delimitación del ámbito de la participación en ellos, del Estado, de las colectividades organizadas y de la iniciativa privada. En este sentido, por ejemplo, está por analizarse si en Chile, después de la evolución del sistema político, económico y social del país en la década de los sesenta, estaban dadas las condiciones de frustración entre las expectativas crecientes de la colectividad y las satisfacciones proporcionadas a las necesidades económicas y sociales y a la participación política, capaces de contribuir a la adopción realista y pragmática —no idealista— de una fórmula de socialización extrema e indiscriminada de los medios de producción como el que realizó o permitió el Gobierno de Unidad Popular hasta 1973. Aparentemente, la vía ligeramente más "reformista" que se le impidió llevar adelante al Presidente Allende, y la polarización forzada de las fuerzas políticas, hacen dudar de la oportunidad histórica de la fórmula escogida, sobre todo, si se tiene en cuenta que las instituciones democráticas representativas que le servían de canal a la experiencia pacífica de transición al socialismo del Gobierno de la Unidad Popular, precisamente no eran las más adecuadas, por su sistema electoral minoritario y su necesario producto: un gobierno de minorías. En todo caso, no está fuera de toda duda que la frustración frente a la posible inoportunidad histórica de la fórmula admitida, no haya contribuido a la descomposición económica, social y política que condujo al absurdo golpe militar del 11 de septiembre de 1973, y con él, la experimentación, por primera vez en la reciente historia política de Chile, de soluciones militares de corte tradicional tan conocidas en los otros países latinoamericanos. En el primer semestre de 1973, en todo caso, el Presidente Allende no sólo no pudo lograr, dentro de las fuerzas políticas que lo apoyaban, un viraje hacia el reformismo, que a la larga hubiera sido más efectivo, sino que perdió toda posibilidad de lograr un consenso político nacional en relación a su Gobierno. El apoyo que logró en los militares, no sólo se resquebrajó al aparecer los primeros brotes golpistas en esos meses, sino que después de llamar tardíamente a ocupar posiciones ministeriales a los jefes de las Fuerzas Armadas, agudizó la polarización y politización de éstas, que llevaron a dichas Fuerzas a irrumpir con un Gobierno fascista en el cuadro institucional de ese país.

micas y sociales para la opción de un modelo socialista revolucionario no estaban dadas[150], lo cual no implica que no puedan darse en cualquiera de los países latinoamericanos en un futuro próximo. En todo caso, la opción por la fórmula socialista revolucionaria violenta debe tenerse como una solución extrema para una situación extrema[151] y esa situación extrema, en general, no está dada todavía en la mayoría de los países latinoamericanos y, en particular, en Venezuela.

En esta forma, y dentro de las fórmulas no puramente socialistas o capitalistas para un desarrollo autónomo e independiente de América Latina, partiendo de una apreciación general de nuestros países en los inicios de la década de los setenta, y de la condición única de Venezuela dentro de ellos, estimamos que los intentos para la formulación de un esquema político-institucional viable y pragmático para nuestro desarrollo, podrían estar basados en la consideración de varios aspectos: las exigencias del proceso de desarrollo económico y social en cuanto al necesario cambio de estructuras que conlleva; la socialización y estatización de los esenciales y principales medios de producción de manera que se garantice la transferencia de su producto al beneficio social, sin que ello implique la total extinción de la participación de la iniciativa privada en el proceso de desarrollo; la participación creciente de las áreas marginales rurales y urbanas en los procesos políticos, económicos y sociales; la intervención activa y primordial del Estado como agente y actor de ese proceso, con un alto grado de autonomía; el establecimiento de mecanismos institucionales jurídico-político-administrativos que consoliden y fortalezcan esa autonomía del sector público, de manera que actúe en beneficio de las mayorías nacionales; y particularmente, el establecimiento de un sistema político basado en la democracia participativa, que garantice la democracia económica y la democracia social. Un esquema basado en estas consideraciones, podría dar origen a la configuración de un *Estado democrático y social de Derecho*[152] que, como tal, no sea un instrumento de las

---

150 En otras palabras, tal como lo señala H. Jaguaribe, la condición de subdesarrollo de la mayoría de los países latinoamericanos, en general, no es tal que permita identificar una clase dominante que no sólo mantenga a un país en una situación de estancamiento o regresión y de explotación de las masas, sino que ejerza el control mediante procesos feudales o semifeudales, y que no dé pie para la acción de la inteligencia de clase media en la burocracia o las fuerzas armadas; situaciones propias de la opción del modelo de "socialismo desarrollista" como lo califica. *V. Political and Economic Development, cit.*, p. 60.

151 *Cfr.* Helio Jaguaribe, *Political and Economic Development, cit.*, pp. 60 y 61.

152 Sobre la noción de Estado Democrático y social de Derecho, *v.* Abendroth, Der demokratische und social Rechtsstaat als politischer Auftrag, en León Cortinas Peláez (director), *Perspectivas del Derecho Público en la Segunda Mitad del Siglo XX, Homenaje a Enrique Sayagués Laso,* I. F. A. L., Madrid, 1969, tomo I, pp. 803 a 846; y en relación a América Latina en León Cortiñas Peláez, "Las Ciencias Administrativas en América Latina", *Archivo de Derecho Público y Ciencias de la Administración.* Vol. 2, 1970-1971 (Instituto de Derecho Público, UCV). Caracas, 1972, pp. 20 y ss., particularmente 24 y ss., y "Estado Democrático y Administración Prestacional", en *Revista de Administración Pública,* número 67. Madrid, 1972, pp. 95 y ss. Con el fundamental agregado del carácter *democrático,* la fórmula del Estado democrático y social de Derecho tendría muchas de las características del *Welfare State* (Estado de Bienestar) o Estado Social de Derecho *(cfr.* Elías Díaz, *Estado de Derecho y Sociedad Democrática,* Madrid, 1966, p. 80), que lo distinguirían del denominado Estado de Servicios Sociales de la pre-guerra, que buscaba "mejorar" socialmente sólo a ciertos sectores de la sociedad, y del Estado Socialista que conduce a un cambio total en las estructuras económicas y sociales basado en un igualitarismo absoluto y utópico. En el caso del Estado de Bienestar, según la noción de Asa Briggs, éste "deliberadamente usa los poderes públicos para modificar el juego de las fuerzas del mercado, con el objeto, *primero,* de garantizar a todos un mínimo de ingreso independientemente del valor de mercado de su trabajo o propie-

clases económicas dominantes, sino al contrario, de las mayorías nacionales y por tanto, de un real desarrollo económico y social, autónomo y no dependiente, para la consolidación de la democracia social, económica y política. Por supuesto, que una fórmula político-institucional como la propuesta de un Estado democrático y social de Derecho, provocará la reacción de la ortodoxia marxista y de los sectores económicos dominantes en América Latina. La argumentación marxista frente a una fórmula político-institucional de esta naturaleza, calificándola de reformista, se fundamentaría en considerar que la autonomía relativa del Estado capitalista no le permitiría en ningún caso independizarse de la instrumentalización de que ha sido objeto por parte de las clases económicas dominantes, sino que más bien siempre la presupone[153] y la argumentación neo-liberal, al contrario, vería en una fórmula de Estado democrático y social de Derecho el mayor atentado al capitalismo[154].

---

dad; *segundo,* de reducir los márgenes de inseguridad, otorgando a todos la posibilidad de afrontar ciertas "contingencias sociales" que provocarían, de lo contrario, crisis familiares o individuales (p. e. enfermedad, ancianidad o desempleo); y *tercero,* de asegurar a todos los individuos, sin distinción de *status* o clase, la disponibilidad de los mejores *standards* en relación a los servicios sociales. *V.* Asa Briggs, "Welfare State in Historical Perspective", en S. P. Aiyar (ed.), *Perspectives on the Welfare State,* Bombay. 1966, pp. 10. y ss. En definitiva, el *Estado de Bienestar* se consideró como un Estado "positivo" en el sentido de que asumía el papel activo de promoción y protección social mediante las modificaciones de las reglas del mercado; como un Estado Democrático, capaz de promover el cambio social a través de instituciones democráticas; y como un Estado que operaba en un contexto de economía mixta. *Cfr.* A. R. Desal, The Myth of the Welfare State", en S. P. Aiyar (ed.), *op. cit.,* p. 158. En cierta forma, debe señalarse también que en el esquema de un Estado *Democrático y Social* de Derecho podrían estructurarse síntomas de capitalismo de Estado, que implica, según H. Jaguaribe, "la superación de la crisis social mediante la transferencia al Estado de la iniciativa y control de la empresa privada y el aumento considerable de la capacidad de consumo de todos los grupos sociales e individuos. Se distingue del socialismo por el hecho de que no se produce la abolición legal de la propiedad privada de los medios de producción y no se elimina la economía de mercado. Se distingue del neo-Bismarckismo en que el Estado no se confina a sí mismo a programar el desarrollo y a regular esquemas de participación mediante arbitramento, sino que también se convierte, a través de la imposición, en la principal fuente de ahorro e inversión, asumiendo la responsabilidad, a través de su burocracia tecnocrática, de las iniciativas". *V. Economic and Political Development, cit.,* pp. 45 y 46. Además, en su *Political Development, cit.,* pp. 290 a 297. *V.* sobre el Capitalismo de Estado dentro del marco de una investigación sobre el Estado en América Latina en M. Kaplan, Estado, dependencia externa y desarrollo en América Latina, *Estudios Internacionales,* número 2, 1968, Santiago de Chile, p. 211.

153 En este sentido, por ejemplo, N. Poulantzas señala, al comentar "la autonomía relativa del tipo capitalista de Estado" en relación a la denominada "teoría de la revolución desde arriba" que una fórmula como la indicada, supuestamente se "caracterizaría por una no-correspondencia específica de la superestructura jurídico-política del Estado y de lo económico, en el sentido de que la superestructura jurídico-política —nacionalizaciones, planificación, etc.—, estaría en cierto modo más avanzada que lo económico y presentaría ya los rasgos de un Estado socialista. Por esta característica fundamental, se asistiría a una autonomización particular del Estado actual respecto de lo económico. Esta se reflejaría en una autonomización particular del aparato de Estado respecto a la burguesía monopolista; desempeñando la categoría tecnoburocrática actual, análogamente, el papel de la burocracia bismarckiana". Estas concepciones las califica Poulantzas de "radicalmente erradas" (dentro de la ortodoxia marxista, por supuesto), señalando que "no se trata sino de la repetición de una forma típica de revisionismo, la del "socialismo de Estado", que aparece invariablemente siempre que el Estado capitalista emprende intervenciones en masa, a fin de adaptar y de ajustar el sistema ante la socialización de las fuerzas productivas: "lassalismo", Bismarck; Proudhon y el "cesarismo social". L. Bonaparte; "capitalismo social", Nuevo Trato (New Deal) roosveltiano; "welfare state", capitalismo de Estado bajo el imperialismo", *op. cit.,* pp. 354 y 355.

154 Es interesante destacar lo planteado en Venezuela hace algo más de trece años por Arturo Uslar Pietri: "No es aventurado pensar que en los próximos cinco años la suma de dinero que va a recibir el Estado venezolano, por distintos conceptos, se acercará a los treinta mil millones de bolívares. Una gran parte de esa riqueza, en el pasado, se ha invertido en crear un capitalismo de Estado, que, seguramente, es el más

En todo caso, y dejando a un lado posiciones teóricas, en nuestro criterio y ante la alternativa incierta de la toma violenta del poder para la instauración del socialismo mediante la ruptura de Estado y el establecimiento de la dictadura del proletariado, considerando la particular posición del Estado en Venezuela, así como los cambios que es indispensable introducir en las estructuras económicas y sociales para el desarrollo, estimamos que una vía realista y pragmática, a la vez que democrática, para la conducción de esos cambios y del desarrollo, estaría en el fortalecimiento de la posición del Estado para que se haga electiva su autonomización de las clases económicas dominantes, y actúe al servicio de la mayoría del país. Por supuesto, la configuración de un Estado democrático y social de Derecho exige modificar las reglas de juego político-institucional, tal como tendremos ocasión de analizar a lo largo de este estudio.

En todo caso, a la base de un esquema político-institucional de desarrollo latinoamericano como el del Estado democrático y social de Derecho está el papel que corresponde jugar al Estado en el proceso de desarrollo y su mayor o menor participación en la propiedad de los medios de producción. La proporción de esta participación dentro de un sistema de economía mixta como el que produce ese modelo, por supuesto, trae consecuencias y modalidades distintas, con un mayor énfasis en aspectos de capitalismo de Estado o socialistas, según el grado de esa participación, la cual, en todo caso, tampoco puede ser determinada *a priori* en forma dogmática.

En efecto, elemento básico a dilucidar en un esquema de *Estado democrático y social de Derecho* está en que la intervención del Estado en la vida económica y social de un país en vías de desarrollo como cualquiera de los latinoamericanos, no tiene carácter subsidiario ni se realiza de contrabando, mediante la supuesta invasión por el sector público de actividades cuyo ejercicio no le está encomendado. En efecto, si para el planteamiento de cualquier solución institucional al proceso de desarrollo económico y social en América Latina, hemos partido del papel fundamental que corresponde al Estado en dicho proceso como agente estratégico, ello debe conducir al rechazo definitivo de la vieja tesis liberal del carácter subsidiario y supletorio de la intervención del Estado en la vida económica, en relación a la iniciativa privada. Ciertamente, en un modelo capitalista o neoliberal de desarrollo, la tesis de la intervención subsidiaria del Estado es uno de sus soportes, así como en un modelo socialista revolucionario, la tesis de la marginalidad o inexistencia de la iniciativa privada también es uno de sus principales soportes. En cambio, y esto es necesario destacarlo adecuadamente, en un esquema de Estado democrático y social de Derecho, de economía mixta, el problema a resolver no está en plantearse la subsidiariedad de la acción del Estado o la marginalidad de la iniciativa privada, sino, en base a criterios

---

extenso y poderoso del mundo, del lado acá de la Cortina de Hierro. Ese capitalismo de Estado tiene consecuencias graves. Si sigue creciendo ilimitadamente, Venezuela va a llegar a ser un país, no ya dependiente del petróleo, sino dependiente del Estado, y ese capitalismo monstruoso de Estado, llegará fatalmente a convertirse, como en el pasado se convirtió, en una terrible máquina de tiranizar. Nosotros tenemos que hacer todo esfuerzo para que en el porvenir inmediato, una gran parte de esa riqueza que va a pasar por las manos del Estado, no vaya a engrosar, fortificar y extender el capitalismo de Estado en Venezuela, con todas las fatales consecuencias que en el terreno político ha de implicar fatalmente este hecho, sino que vaya, pura y simplemente a fortificar esa clase media y a crear verdaderamente un capitalismo dentro de Venezuela, que apenas en nuestros días está dando sus primeros vagidos y que ha de ser forzosamente, una fuerza estabilizador, liberal y democrática en el futuro inmediato del país". *V.* Arturo Uslar Pietri, *Materiales para la construcción de Venezuela,* Caracas, 1959, p. 83.

pragmáticos orientados a lograr un proceso de desarrollo integral —económico, social e institucional—, y consecuencialmente de real democracia económica, social y política; determinar las áreas en las cuales los sectores públicos y privados pueden contribuir mejor a dicho logro. En este esquema, ni el sector público es subsidiario o supletorio de la iniciativa privada, ni ésta debe desaparecer completamente, pues ambos sectores han de participar en el logro de las metas del proceso de desarrollo, y de la democracia económica y social, y el ámbito de dicha participación dependerá de las condiciones de espacio y tiempo, es decir, de la situación particular de cada país y de su estructura económica y social en un momento determinado. La esencia socialista del esquema está, en todo caso, en que los beneficios económicos deben estar orientados hacia el desarrollo social, y la redistribución del ingreso, y no sólo al enriquecimiento de las clases económicas poderosas. Por su parte, la esencia democrática —y más adelante señalaremos el porqué de la vigencia de este postulado, partiendo de la premisa de que nunca ha habido verdadera democracia en América Latina— garantizará que la participación de los sectores públicos y privados en el proceso económico no responderá a los solos criterios de una minoría burocrática o de una aristocracia económica que pueda estar de turno en el ejercicio del poder, sino al real sentir y necesidad del país, es decir, a un auténtico régimen de democracia no sólo política, sino esencialmente económica y social.

El esquema democrático y social del Estado de Derecho, resumiendo, se distingue del modelo capitalista neo-liberal, en que no califica la acción del Estado como subsidiaria de la iniciativa privada, con todas las consecuencias de economía de mercado que esta concepción implica; y se distingue de un modelo socialista revolucionario, en que no implica la abolición total de la iniciativa privada ni la transferencia de todos los medios de producción al Estado. En la concepción de este esquema, al contrario, y superando los criterios dogmáticos que acompañan frecuentemente a las dos posturas anteriores, la participación activa del Estado con papel preponderante en el proceso de desarrollo, y la participación de la iniciativa privada en tanto esté orientada hacia ese objetivo, alternan en un sistema de economía mixta. En este esquema, en todo caso, la participación e intervención del Estado en el proceso de desarrollo y en la conformación del orden económico y social tiene por supuesto una importancia decisiva, así como las actividades de control que le corresponde ejercer para reducir, orientar y canalizar la iniciativa privada en la consecución de los fines de desarrollo[155]. La participación del Estado en esta fórmula, por tanto, no se encierra en el solo ejercicio de una actividad planificadora y reguladora como la que ha caracterizado a muchos países latinoamericanos; sino que va más allá, al asumir un

155 En este sentido, por supuesto, un esquema de desarrollo basado en la fórmula político-institucional del Estado democrático y Social de Derecho se distingue claramente de las fórmulas fascistas que a menudo se muestran como un ejemplo del "dominio de la sociedad por parte del Estado". Tal como R. MILIBAND ha señalado: "Esto es perfectamente cierto. Pero la fórmula (fascista), puesto que *carece de contenido social,* es engañosa por dos conceptos: en primer lugar, no nos permite advertir en qué grado el Estado fascista actuó de manera enormemente ventajosa para las clases poseedoras y patronales; en segundo lugar porque no toma en cuenta que "el Estado" siguió siendo dirigido, en gran parte, por personas pertenecientes a las élites tradicionales, administrativa, militar y judicial", *El Estado en la sociedad capitalista,* México, 1971, p. 90. El alto contenido social del esquema propuesto de *Estado democrático y social,* y la búsqueda de su autonomía respecto de las clases económicas dominantes mediante la consolidación de una efectiva democracia económica, social y política, lo distingue de las fórmulas fascistas que ahora con el régimen militar chileno instalado desde septiembre de 1973, se pretende introducir en América Latina.

papel activo en el desarrollo económico y social mediante la inversión directa, convirtiéndose en todo caso, en la principal fuente de ahorro e inversión, principalmente a través de adecuadas políticas impositivas; y todo ello para conducir la inversión hacia fines y objetivos de desarrollo económico, social y físico y de ordenación territorial, en proporciones mayores en relación a los gastos corrientes de administración general y de defensa. En este sentido, en un país como Venezuela, la intervención del Estado en el futuro debe tender a ser cada vez mayor en el campo de las actividades industriales básicas, y en particular, en las extractivas y sus derivados, en las cuales reposa real y efectivamente, casi toda la potencialidad y posibilidad económica del país, como por ejemplo las actividades relacionadas con los hidrocarburos, petroquímica, hierro, siderúrgica y energía; o en las actividades tendientes a asegurar a todos, adecuados y generales servicios sociales y urbanos, como por ejemplo, los servicios de salud, de comercialización y transporte. En un país como Venezuela por tanto, una política de nacionalización o estatización, como dogma, de todas las actividades privadas, realmente no tendría sentido alguno, y lo que podría producir, es el descalabro total de las estructuras económicas existentes, sin ningún beneficio social consecuencial[156]. En este país, los problemas que el Estado tiene que resolver en relación a la asunción de la industria petrolera y a la petroquímica, al hierro y la siderúrgica, a la energía, a los transportes y a comercialización de bienes, por ejemplo, y los ingentes recursos que necesita para intervenir, controlar y asumir estos pilares del sistema económico del país, son suficientes como para que no sea sino una aventura dogmática sin sentido, toda política que se base en una nacionalización indiscriminada de todos los medios de producción y que pretenda convertir al Estado en único banquero, financista o asegurador o en productor de bienes elementales de consumo, ensamblador de productos semielaborados, talabartero, hilandero o editor. Estas actividades económicas deben controlarse y asegurarse que contribuyan al desarrollo del país pero para ello el Estado no tiene que apropiárselas y asumirlas; para ello están las medidas reguladoras y de control, las medidas impositivas y la progresiva participación de los trabajadores en los beneficios y dirección de las empresas. En todo caso, y esto es lo que interesa destacar, no caben en América Latina generalizaciones en torno a las áreas que al Estado corresponde ejercer como exigencias del desarrollo, sino que la determinación de las mismas y el papel de la iniciativa privada debe determinarse sin dogmatismos, con vista de las exigencias del proceso de desarrollo económico, social y físico y de ordenación territorial de cada país, en un tiempo determinado.

En el caso de Venezuela, por ejemplo, pueden establecerse algunos criterios de orientación para la vigencia de un esquema político-institucional de desarrollo como el señalado, y que hemos calificado de Estado democrático y social de Derecho, teniendo en cuenta las exigencias del desarrollo económico y social del país. Para ello, a inicios de la década de los setenta, —y este mecanismo teórico es valedero para realizar el planteamiento en cualquiera de los países latinoamericanos—, podría realizarse un enfoque macroeconómico, social e institucional basado en el criterio sistemático o de sistema de la sociedad venezolana: todos los componentes de ésta, en base a determinados —cualitativa y cuantitativamente— recursos humanos, ma-

---

156 El ejemplo de la política generalizada de nacionalización y ocupación de todo tipo de empresas que se siguió en el Gobierno de Unidad Popular en Chile entre 1970 y 1973, no parece ser un ejemplo a seguir en América Latina desde el ángulo puramente económico.

teriales, financieros y de información (inputs), tiene unos objetivos concretos de desarrollo económico, de desarrollo social y de desarrollo físico y ordenación territorial que alcanzar en un tiempo dado (outputs) —y que deben estar plasmados en un plan y en unas políticas—, por la acción conjunta y mixta de los sectores públicos y privados, a través de la integración de sus instituciones —jurídicas, políticas y administrativas—, en un sistema (ver cuadro)[157]

Ahora bien, precisados determinados objetivos de desarrollo y cuantificados los recursos disponibles —y sobre estos aspectos en el campo económico y social está inundada la literatura latinoamericana—, el problema a dilucidar y determinar es si los mecanismos o medios procesadores de una sociedad en un tiempo determinado, están en capacidad de producir los bienes y servicios necesarios, con los recursos e informaciones disponibles, y en un período establecido, alcanzar los objetivos del desarrollo económico y social. En un sistema de cualquiera de nuestras sociedades, los mecanismos o medios procesadores serían las instituciones jurídicas, políticas y administrativas que configuran el sector público y las instituciones privadas o particulares que configuran el sector privado, quienes tendrían la responsabilidad de alcanzar los objetivos de desarrollo en el lapso querido y mediante la utilización adecuada y racional de los recursos disponibles; y la proporción de la participación de los sectores público y privado dependerá de los objetivos de desarrollo perseguidos y del tiempo y recursos disponibles. Pero, en todo caso, la pregunta esencial tiende a determinar si realmente las instituciones de una sociedad dada en América Latina están en capacidad de alcanzar los objetivos de desarrollo deseados, o al contrario, si esas instituciones en general, no constituyen más bien obstáculos o frenos al desarrollo en lugar de ser las palancas del mismo. En la respuesta a este planteamiento está la médula de la cuestión institucional del proceso de desarrollo, cuyo análisis es el objeto de este estudio.

En efecto, para ello habría que preguntarse, en el caso de Venezuela, por ejemplo, si puede pensarse realmente en la consecución de los objetivos de seguridad y orden público, con una multiplicidad incoherente de servicios de policía a nivel nacional, estatal y municipal, aún no integrados ni coordinados, y la proliferación paralela de servicios privados de vigilancia que están configurando cuerpos de policía paralelos; si en el campo del sector financiero, por ejemplo, puede pensarse realmente en el mantenimiento futuro de un ritmo creciente de la inversión pública, con el sistema impositivo actualmente existente, y el deficiente sistema fiscal de recaudación; si en el campo del desarrollo industrial, puede realmente pensarse en el fortalecimiento de un sector público industrial básico, sin la integración administrativa de las industrias del Estado de manera que respondan a una sola política; o si puede pensarse seriamente en una ágil política de financiamiento y promoción a la industria, sin una integración y coordinación de los variados Bancos e instituciones públicas de financiamiento industrial o sin la aplicación efectiva de la legislación que permita orientar y controlar las inversiones nacionales y extranjeras; si en el campo del desarrollo futuro de los hidrocarburos y en base a las medidas de carácter nacio-

157 Para un análisis extenso de este criterio y del cuadro de la página siguiente, *v.* CAP. *Informe sobre la Reforma de la Administración Pública Nacional,* Caracas, 1972, 2 volúmenes.

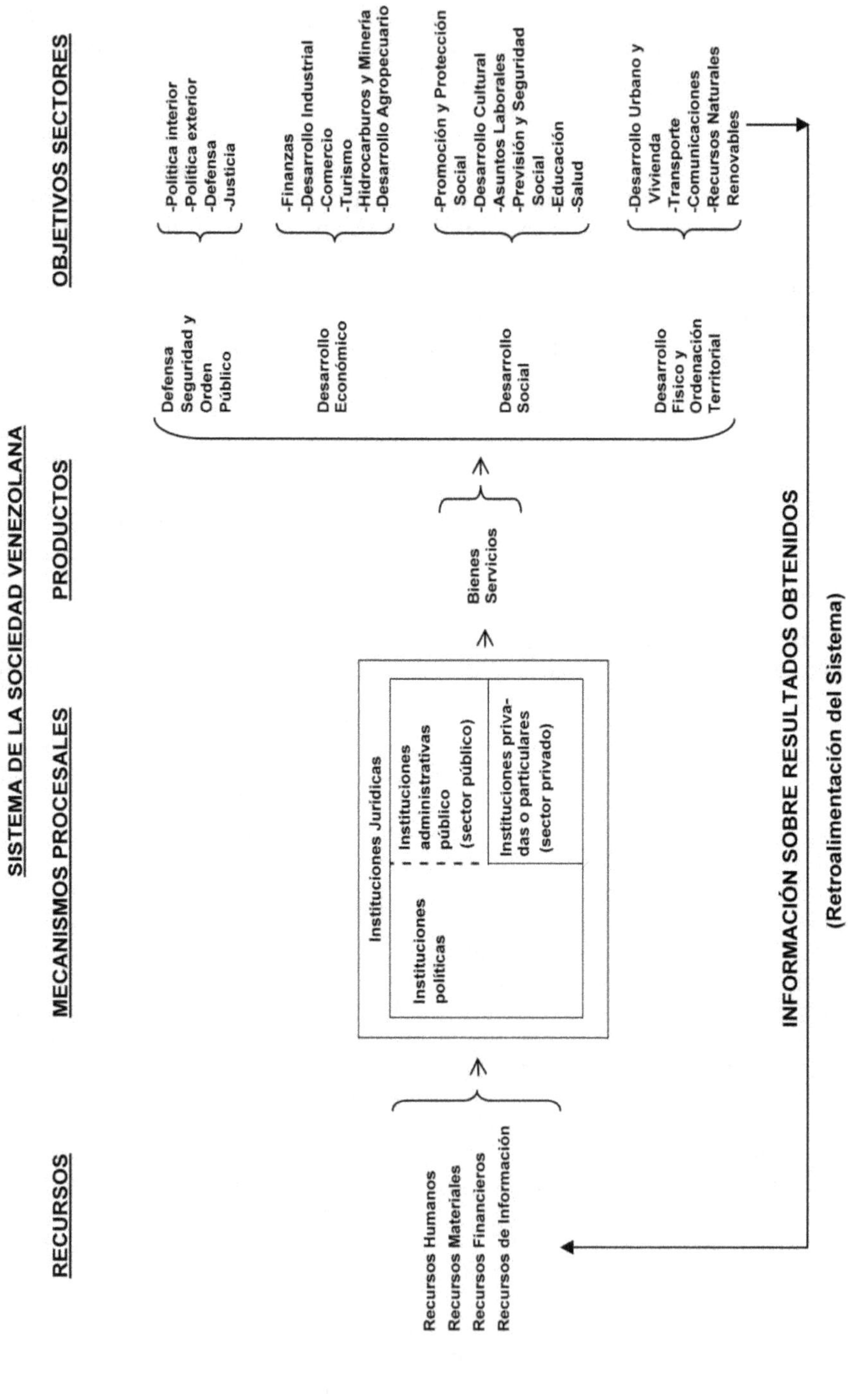
SISTEMA DE LA SOCIEDAD VENEZOLANA
RECURSOS
MECANISMOS PROCESALES
PRODUCTOS
OBJETIVOS SECTORES
Recursos Humanos
Recursos Materiales
Recursos Financieros
Recursos de Información
Instituciones Jurídicas
Instituciones políticas
Instituciones administrativas público (sector público)
Instituciones priva-das o particulares (sector privado)
Bienes
Servicios
Defensa Seguridad y Orden Público
Desarrollo Económico
Desarrollo Social
Desarrollo Físico y Ordenación Territorial
-Política interior
-Política exterior
-Defensa
-Justicia
-Finanzas
-Desarrollo Industrial
-Comercio
-Turismo
-Hidrocarburos y Minería
-Desarrollo Agropecuario
-Promoción y Protección Social
-Desarrollo Cultural
-Asuntos Laborales
-Previsión y Seguridad Social
-Educación
-Salud
-Desarrollo Urbano y Vivienda
-Transporte
-Comunicaciones
-Recursos Naturales Renovables
INFORMACIÓN SOBRE RESULTADOS OBTENIDOS
(Retroalimentación del Sistema)

nalista que se han tomado a inicios de la década de los setenta, puede pensarse en la efectiva asunción por parte del Estado de la industria petrolera cuando se produzca la nacionalización o la reversión de las concesiones en o antes de 1983, sin que exista una política audaz e imaginativa de formación de los recursos humanos necesarios o de investigación petrolera; si en el campo del desarrollo agropecuario, puede pensarse en que los objetivos de la reforma agraria realmente podrán alcanzarse cuando los componentes básicos de una política en el sector, es decir, la dotación de tierras, la asistencia técnica y crediticia y la comercialización, se desarrollan incoherentemente y sin coordinación por diversas instituciones autónomas públicas; si en el campo de la promoción y protección social, puede realmente pensarse en que los objetivos del desarrollo social podrán alcanzarse sin la existencia de una política, una legislación y unos organismos coherentes actuantes en el sector; si en el campo del sector salud puede realmente esperarse el mejoramiento de los servicios asistenciales sin el establecimiento de un Servicio Nacional de Salud y la reformulación del sistema nacional de seguridad social; si en el campo del desarrollo urbano, puede con seriedad esperarse un equilibrado y controlado crecimiento futuro de las ciudades y la realización de una política de renovación urbana, sin una legislación relativa al sector y cuando los Concejos Municipales, como unidades políticas locales, son los primeros entes que indirectamente fomentan la especulación con el valor del suelo urbano; si en el campo del sector transporte, por ejemplo, puede pensarse con seriedad, en el establecimiento de un sistema rápido subterráneo de transporte de personas en la capital Caracas, sin que se adopten medidas institucionales para unificar el transporte urbano superficial y para integrar administrativamente las autoridades locales que actúan en el área metropolitana, o sin que se delimiten las interferentes competencias en materia de policía del tránsito entre el Poder Nacional y el Poder Local; si en fin, por ejemplo, puede pensarse realmente en la posibilidad de un control de la contaminación ambiental y de los recursos naturales renovables sin una adecuada legislación. Estas son algunas, muy pocas, de las interrogantes institucionales que se plantean frente al desarrollo en Venezuela, y que son aplicables perfectamente a cualquiera de los países latinoamericanos. El proceso de desarrollo en nuestros países, carece en realidad de instituciones adecuadas, es decir, de instrumentos, y sin ellos no podrá alcanzarse. Al contrario, muchas de las instituciones políticas, administrativas y jurídicas, por haber sido creadas y establecidas para otras realidades y para otras épocas históricas, frente a las exigencias del desarrollo en el momento actual, no son otra cosa que un obstáculo o freno al mismo; y en muchos casos, uno de los principales obstáculos o problemas de dicho proceso.

En términos generales, puede decirse entonces que las instituciones que las sociedades latinoamericanas tienen actualmente, no están preparadas para servir de instrumentos para el proceso de desarrollo[158] y mucho menos, para que el Estado pueda actuar como actor en dicho proceso. Muchas de dichas instituciones o la ausencia de otras, de claro sentido liberal y por tanto, propias del Estado liberal-burgués de Derecho, son adecuadas ciertamente para un Estado abstencionista; sin embargo, para el Estado intervencionista que nuestras sociedades reclaman, es decir,

---

158 *V.* por ejemplo la expresión de Raul Prebisch cuando afirma que en los países latinoamericanos el Estado no está organizado para llevar adelante una política nacional de desarrollo. *V.* R. PREBISCH, "The System and the Social Structure of Latin America", en I. C. Horowicz, J. de Castro y G. Gerassi (ed.), *Latin American Radicalism,* London, 1969, p. 45.

para el *Estado democrático y social* de Derecho que el futuro exige, las referidas instituciones no son sino un obstáculo al desarrollo[159]. Importa por tanto, analizar brevemente el sentido histórico de esta contradicción entre un Estado que pretende ser un Estado democrático y social de derecho y las instituciones de que dispone, propias del Estado liberal-burgués de Derecho, las cuales configuran obstáculos al proceso de desarrollo en el cual le corresponde actuar.

CAPÍTULO 4. LOS OBSTÁCULOS INSTITUCIONALES Y LA CONFIGURACIÓN DEL ESTADO MODERNO

Planteada como opción en el proceso de desarrollo latinoamericano, y en particular, en Venezuela, la configuración de un Estado Democrático y Social de Derecho, conformador de la vida económica y social, necesariamente se nos plantea la exigencia de dilucidar si el Estado en América Latina, está preparado para asumir el papel que le corresponde en el proceso de desarrollo, y si tiene las instituciones adecuadas para ello. Frente a este planteamiento estimamos que puede señalarse, definitivamente, que el Estado no tiene en Venezuela los instrumentos ni las instituciones necesarias y adecuadas para incorporar al país hacia ese proceso de desarrollo acelerado que tenemos planteado[160]. Y es precisamente la tesis que surge de esta afirmación lo que queremos desarrollar en este estudio.

En efecto, se trata de un Estado con unos fines formales de carácter inclusive constitucional, pero que no tiene los instrumentos para lograrlos. Estos instrumentos son sus instituciones jurídicas, políticas y administrativas, las cuales fueron construidas durante el siglo pasado; básicamente, son las instituciones del Estado Liberal tradicional, el denominado Estado Liberal-Burgués de Derecho, que surgió después de la Revolución Francesa, que tenía por finalidad lo contrario del actual: no intervenir en la vida económica y social, y cuyo único objetivo era garantizar los derechos individuales, particularmente los de la burguesía, y mantener el orden público cuando éste era perturbado, dejando simplemente hacer y pasar. Ahora bien, esas instituciones decimonónicas se pretende ahora aplicarlas a un Estado que pretende ser, no ya ni siquiera reflejo del Estado Liberal tradicional, abstencionista, sino más que un Estado Benefactor, un Estado Democrático y Social de Derecho, definitivamente intervencionista.

Puede decirse, en efecto, que el signo contemporáneo de la estructura estatal en el mundo actual es el de un Estado conformador de la vida social, al cual sucesivamente se le van exigiendo mayores realizaciones; y ese Estado, con esas exigencias crecientes que se le formulan, pretende gerenciarlas y satisfacerlas con estructuras e instituciones que fueron conformadas para otro tipo de Estado, de sociedad y de realidad. Esto es precisamente lo que plantea esta monstruosa contradicción e in-

---

159 Es de señalar, tal como lo destaca LODGE, que esta crisis institucional, antes que consecuencia del subdesarrollo es consecuencia del mismo proceso de desarrollo: no es la pobreza, sino el rápido mejoramiento de los *standard* de vida, no las enfermedades, sino la extensión de modernos servicios de salud, y no el analfabetismo, sino la expansión de la educación y los medios de comunicación de masas, los que provocan la inestabilidad institucional y la decadencia de las instituciones políticas. *V,* G. Lodge, *Engines of Change,* N. Y., 1970, pp. 145 y 146.

160 *Cfr.* Allan-R. Brewer-Carías, "Obstáculos políticos al desarrollo en Venezuela", *Revista de la Escueta Superior de las Fuerzas Armadas de Cooperación*, número 1, Caracas, 1973, p. 106.

compatibilidad[161] entre unos objetivos de desarrollo propios de las sociedades contemporáneas y unas instituciones que no están preparadas para que el Estado y la sociedad que dirige, puedan alcanzar esos objetivos de desarrollo.

Esta situación actual de las instituciones que rigen nuestras sociedades y de su incapacidad para servir de instrumentos en el proceso de desarrollo, es lo que ha llevado a la conclusión, contrariamente a lo que generalmente se piensa, de que América Latina ha sufrido de demasiada estabilidad, sobre todo, de carácter institucional. En efecto, está ya generalmente admitido en los estudios sobre el desarrollo latinoamericano que la tan señalada "inestabilidad"[162] del sistema político de nuestros países es más bien reflejo de una excesiva estabilidad institucional, pues en nuestras sociedades no se ha producido en ese campo ninguna gran transformación[163], siendo éste nuestro principal problema contemporáneo[164]; y esta inestabilidad se manifiesta, en que el sistema institucional es incapaz de instituir o propugnar el cambio no sólo de sus propias estructuras, sino del orden económico y social que lo rodea[165]; y si bien un proceso de transformación se viene operando en el orden económico y social, ello no ha sido consecuencia de una acción institucional predeterminada, sino, como se dijo, de condiciones externas a nuestros países.

En este sentido, paradójica e irónicamente, las "revoluciones" tan características de lo que América Latina es para los países altamente industrializados, no han sido tales, es decir, no han provocado ningún cambio sustancial —dejando a un lado 1a revolución mexicana (1918), y parcialmente la de Bolivia (1952), en sus tiempos, y la de Cuba (1958)—, sino que al contrario, han sido una forma normal de rotación del poder ejecutivo, hasta el punto de que como indica K. Silvert, las "revoluciones" latinoamericanas en realidad son un signo de estabilidad en el sentido de que los acontecimientos se han producido tal como siempre han acontecido[166]. El militarismo tradicional en América Latina —y aquí hay que hacer la parcial excepción respecto al Perú desde finales de la década de los sesenta— entonces, no ha tenido nunca por efecto el cambio revolucionario de ninguna de nuestras sociedades[167], sino que al contrario, los "golpes de estado" han sido la garantía de la estabilidad de las instituciones. Paradójicamente, por ello, en la historia política pueden constatarse mayores cambios producidos en el orden institucional por vía de elecciones pacíficas, en países considerados políticamente "estables" como Inglaterra, que los producidos en países considerados políticamente "inestables" como consecuencia de golpes de Estado[168]. En América Latina por tanto, hay que concluir en que la aparente

161 La expresión la utiliza H. Jaguaribe en relación al Brasil, en "The Dynamics of Brazilian Nationalism", en Claudio Veliz (ed.), *Obstacles to Change in Latin America.* Oxford, 1965, p. 185.

162 Por ejemplo, Martín C. Needler, habla de "permanente inestabilidad" en *Political Development in Latin America: Instability, Violence and Change,* N. Y., 1968. pp. 157 y ss.

163 *Cfr.* O. Sunkel, "Change and Frustration in Chile", en Claudio Veliz (ed.), *op. cit.,* pp. 116, 117 y 119.

164 Así lo califica C. Veliz en la Introducción a Claudio Veliz (ed.), *op. cit.,* p. 1.

165 *Cfr.* G. Lodge, *Engines of Change,* N. Y., 1970, p. 59.

166 *V.* Karman H. Silvert, *The Conflict Society,* New Orleans, 1961, p. 20, *cit.,* por Charles W. Anderson, "The Latin American Political Systems", in Robert D. Tomasek (ed.), *Latin American Politics,* N. Y., 1970, p. 5.

167 *Cfr.* Ch. Anderson, *loc. cit.,* pp. 15 y 16.

168 *Cfr.* Fredrik B. Pike, "Sources of Revolution: Their impact on freedom and reform in Latin America", en F. B. Pike (ed.). *Freedom and Reform in Latin America,* 1959, p. 29. En este mismo sentido es necesario

"inestabilidad" política ha sido consecuencia de las acciones tomadas por las clases económicas dominantes para impedir la realización de cambios en el orden económico y social; y los militares en general, han actuado como los mantenedores por excelencia de las reglas del juego en cuanto a la estabilidad o inmutabilidad de las instituciones[169]. Ahora bien, esta excesiva estabilidad característica de América Latina, ha provocado que el Estado en nuestros países, o en otras palabras, las instituciones políticas, jurídicas y administrativas, sean unos obstáculos evidentes al proceso de desarrollo[170]. El Estado, entonces, en lugar de actúa" como agente de cambio, por su configuración institucional, ha actuado como el principal ente mantenedor y garantizador del *statu quo*; y por su parte, algunos partidos políticos, originalmente de izquierda, por la misma configuración institucional del Estado, se han convertido en su principal soporte. Se trata, en realidad, de un círculo vicioso: muchos intentos de partidos populistas en América Latina, al pretender realizar un cambio sin tocar la estructura institucional, fracasaron y dichos partidos tuvieron que incorporarse al sistema que combatían; mediante esta incorporación v la deformación de sus principios originales, cuando de nuevo han tenido oportunidad de tomar o de llegar al poder, su única política ha podido ser la de "permanecer en el poder" realizando desde allí pocas transformaciones, y al contrario dando concesiones a los grupos económicos y militares conservadores[171] como única fórmula de sobrevivir. Por su parte, muchos planes de desarrollo en realidad, no se han dictado para producir cambios o transformaciones en la realidad económica, social o institucional, es decir, como dice Lodge, no han sido "planes para el cambio", sino unos mecanismos de ajuste con el objeto de mantener las existentes estructuras económicas y sociales[172]. En definitiva, por tanto, puede decirse en general que en América Latina las instituciones políticas, administrativas y jurídicas no están constituidas para el cambio ni el Estado mismo es un instrumento para el cambio social y económico, siendo su acción en muchos casos, ambivalente y contradictoria[173]. Ello plantea la evidente

---

tener presente que los cambios operados en Venezuela en relación al mayor control de la industria petrolera al que se hizo mención en el capítulo 2, y que en nuestro criterio, no tienen parangón en toda nuestra historia político-económica, se han producido a través de gobiernos democráticos desde 1969. *Cfr.* Allan R. Brewer-Carías, 1973: *Venezuela's Political Problems and Prospects* (mimeo.), Cambridge, noviembre 1973. p. 2.

169 En esta apreciación, como se dijo, debe hacerse la excepción respecto al militarismo en el Perú en 1968 y al contrario debe tenerse como ejemplo generalmente aceptado, el de los golpes militares en Venezuela en la década de los cuarenta: el golpe de 1945, al llevar al poder a un partido político que tenía mayoría popular, de orientación populista de izquierda, y que pretendía cambiar las "reglas del juego" institucional y estructural, fue sucedido por el de 1948, provocado por los mismos militares que condujeron el anterior, y que actuó como mecanismo restablecedor de la "estabilidad" que se pretendía quebrantar desde el poder. Por ello, ha sido destacado como característica de los partidos políticos latinoamericanos de izquierda de las décadas anteriores, el que hayan variado desde la posición agresiva y populista, que originalmente tuvieron, a una posición moderada en un lapso de veinte o treinta años. *V.* A. Pinto, "Political Aspects of Economic Development in Latin America", en Claudio Veliz (ed.), *op. cit.,* pp. 26 y 27 y O. Sunkei., *loc. cit..* p. 131.

170 *Cfr.* G. Lodge, *op. cit.,* p. 68 y O, Sunkel, *loc. cit.,* p. 136.

171 *Cfr.* Martin Needler, "Political change as development and as reform", en M. C. Needler (ed), *Political Systems of Latin America,* N. Y., 1970, p. 583.

172 *V.* G. Lodge, *op. cit.,* p. 73.

173 La expresión es de Ch. Anderson, *Politics and Economic Change in Latin America.* N.Y., 1967, pp. 43 y 367.

crisis o contradicción institucional actual: unas sociedades que buscan desesperadamente el desarrollo —lo cual implica cambio de estructuras—, pero que no disponen de unas instituciones adecuadas para ello.

Planteada, en todo caso, la necesidad de un cambio institucional, el problema realmente está en la posibilidad de realizarlo en la situación actual latinoamericana. Este es el reto de América Latina y no creemos que su realización sea una alternativa irreal[174], pues de lo contrario, caeríamos en un determinismo inadmisible para el futuro latinoamericano. Frente al cambio institucional necesario en nuestros países, quizá uno de los elementos que falta es la creación de una clara conciencia sobre su importancia y de las vías para llevarlo a cabo, como estrategia para el desarrollo.

En todo caso, es conveniente señalar que la cuestión institucional del desarrollo actual latinoamericano, tiene unas evidentes raíces históricas ligadas a la evolución del Estado Moderno que es conveniente precisar, a los efectos de plantear el sentido real de lo que en nuestros países debe ser un Estado Democrático y Social de Derecho en contraposición al Estado Liberal-Burgués de Derecho tradicional, o al Estado de Bienestar en los países altamente desarrollados de Occidente, y cuál debe ser el contenido real de sus instituciones.

En efecto, en la actualidad, puede decirse que el sistema político-institucional de nuestras sociedades latinoamericanas surge de la interrelación de una serie de instituciones (políticas, administrativas y jurídicas), estructuras (Cámaras Legislativas, Poder Ejecutivo y Administración Pública y Tribunales); funciones (legislativas, de gobierno, administrativas y judiciales); y sistemas (político-electorales y de partidos, administrativos y judiciales), cuyo verdadero sentido debe provenir del fin o de los objetivos de dichas sociedades. Dicho sistema formalmente considerado, basado en los principios básicos de la legalidad (o jurídicos) y de la separación de poderes, fue establecido para determinados fines de una sociedad preindustrial en un momento determinado inmediatamente posterior a la Revolución Francesa. El contenido de dicho sistema tenía realidad y sentido en vista de los fines de la sociedad liberal de hace casi dos siglos; sin embargo, frente a unos fines completamente distintos de las sociedades latinoamericanas a fines del siglo XX, el problema a plantearse está en determinar si el contenido de dicho sistema todavía continúa teniendo validez, y en qué forma deben disponerse sus componentes para que se ajusten a las necesidades y objetivos actuales.

En otras palabras, el problema está en precisar hasta qué punto los componentes de las instituciones políticas, administrativas y jurídicas y, en particular, los sistemas políticos electorales y político de partidos, de gobierno, administrativos y judiciales existentes en una sociedad determinada, garantizan la consecución de los fines y objetivos de esa sociedad en un momento histórico determinado; o más aún, constatados una serie de cambios en las realidades económicas y sociales y por tanto en los fines de la sociedad y el Estado, determinar hasta qué punto el contenido de las instituciones ha cambiado o al contrario, su inmutabilidad relativa impide alcanzar aquéllos.

174 *V.* A. Pinto, *loc. cit.*, p. 20.

SISTEMA POLÍTICO-INSTITUCIONAL

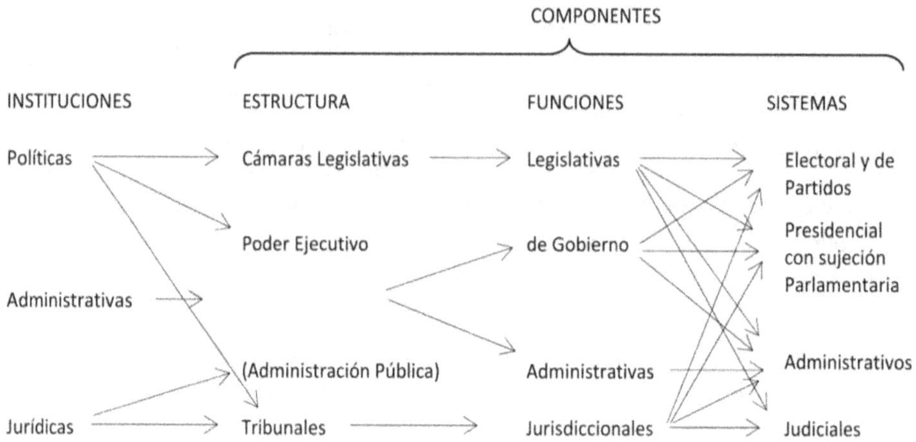

Esta es la esencia, si se quiere, de la cuestión institucional, y para su análisis, vale la pena determinar el origen del esquema institucional vigente en América Latina y por tanto la evolución que ha tenido el Estado Moderno, y en particular, la fórmula del Estado Liberal-Burgués de Derecho y su correctivo, el Estado de Bienestar; y cuáles son las exigencias del Estado Democrático y Social de Derecho.

En efecto, en la historia del Derecho político se considera como Estado Moderno a la forma de organización política que surge en Europa después del Renacimiento, luego de la transformación del régimen feudal[175]. En su configuración inicial bajo la forma de Estado Absoluto, coincidieron no sólo la formulación de diversas teorías políticas[176] puestas a disposición de los príncipes y soberanos (como consejos), sino diversas circunstancias sociales y económicas que lo hicieron posible.

En efecto, si bien el Estado Moderno se produce con la disolución del régimen feudal, ésta fue posible por la transformación de un sistema económico fundamentalmente agrícola en una economía basada en el comercio y el artesanado; por el resurgimiento de los centros urbanos como centros de intercambio económico (renacimiento comercial) y de renacimiento del espíritu científico y humanístico-, por el inicio de un proceso centralizador, origen de las Monarquías europeas continentales;

175 En este sentido es como Alexander Passerin d'Entrèves utiliza la expresión "Modern State", en *The Notion of the State. An Introduction to Political Theory,* Oxford, 1967, pp. 103 y 201. *Cfr.* F. Garrido Falla, *Tratado de Derecho Administrativo,* Vol. I, Madrid, 1970, p. 69

176 Para una selección de los textos políticos que están en la base de la formulación del Estado Moderno, *v.* Juan Carlos Rey (ed.), *Las Formas de Gobierno* en *la Historia del Pensamiento Político (De la Antigüedad a la aparición del Estado Liberal de Derecho),* Caracas, 1965, pp. 135 y ss., y David Tomson (ed.), *Political Ideas,* London, 1972.

y por el debilitamiento del poder temporal de la Iglesia y del Papado, como consecuencia de la Reforma[177].

A la base de este proceso, las teorías políticas comenzaron a darle forma a lo que posteriormente serían las Monarquías Absolutas. En *El Príncipe*, Maquiavelo[178] propugna el proceso de concentración del poder político en el Soberano como unidad superior a la atomización territorial del poder, propia del feudalismo, lo cual posiblemente se facilitaba en Italia por la ausencia de poderosos intereses feudales que se pudieran oponer a ella, pues el feudalismo no tuvo allí mayor arraigo[179]; dando origen a la difusión de la idea de la "razón de Estado" —aun cuando dicha frase no aparece en ninguna parte de su libro— como base de una moral propia del Estado, distinta y diferente de la moral de los hombres, la cual podía romperse en interés del mismo[180]. Con la concentración del poder en el Soberano, ha dicho G. H. Sabine, se produce el nacimiento del Estado Moderno[181] y su consolidación se origina cuando éste tiene su principio o razón de su actuación en la fórmula amoral —maquiavélica— de la razón de Estado, la cual, desde entonces, no ha cesado de tener opositores[182]. A la concentración del poder, con su propia moral, se agrega la concepción de la soberanía absoluta y perpetua del Monarca, como "el más alto, absoluto y perpetuo poder sobre los ciudadanos de una República"[183], según la conocida expresión de J. Bodino.

Todo este proceso de conformación de una teoría política de la Monarquía Absoluta, puede decirse que concluye en 1651 con Th. Hobbes cuyo Estado —el *Leviathan*— "es el Estado Moderno"[184]. Sobre él, el mismo Hobbes señala, al utilizar una expresión bíblica del libro de *Job*, que "no hay poder sobre la tierra que pueda compararsele, pues fue creado para no tener temor de nadie. Mira debajo de sí cuánto

177 Es de observar que desaparecido el comercio y la economía dineraria en la Edad Media, la economía era "natural", basada en el trabajo de la tierra, sin existencia de mayor tráfico de bienes en virtud de la multitud de aduanas privadas. Por otra parte, la actividad comercial estaba proscrita por la doctrina cristiana. *Cfr.* S Frondizi, *El Estado Moderno,* Buenos Aires, 1960, p. 23.

178 Hemos consultado las siguientes ediciones: Niccolo Macchiavelli, *Il Principe* (ed. Vittorio de Capraris), Bari, 1961, y *The Prince* (ed. George Bull), London, 1970. En general *v* Friederich Meinecke, *Machiavellism. The Doctrine of Raison d'Etat and its place in Modern History,* London, 1957.

179 *V.* Las apreciaciones sobre esto en Frederik M. Watkings, "State. The concept", en *International Enciclopedia of the Social Sciences,* Vol. 15, 1968, p. 151. *V.* también, Ernst Cassirer, *The Myth of the State,* Oxford, 1946, p. 122.

180 *V.* A. Passerin d'Entrèves, *op. cit.,* p. 44.

181 *V.* La Introducción de G. H. Sabine y Walter J. Shepard al libro de H. Krabbe, *The Modern Idea of the State,* London, 1922, pp. XVIII y XIX.

182 El primero que reacciona contra la idea de la razón de Estado es Botero, quien en su libro con el mismo título publicado en 1589, trató de restaurar la ética y la conciencia en su correcto lugar en la ciencia de la política, como participante que era en el movimiento de la contrarreforma, *V.* Giovanni Botero, *The Reason of State.* London, 1956, con una Introducción de D. P. Waley, p. 9. Asimismo, *v.* Giovanni Botero, *La Razón de Estado y otros escritos.* Caracas, 1962, con un Estudio Preliminar de M, García Pelayo, especialmente, pp. 35 y ss.

183 Hemos consultado el facsímil de la Primera edición en inglés, I. Bodin, *The Six Books of a Commonwealth.* London, 1606, edit, por Kenneth Douglas Mc. Rae, Cambridge (Mass), 1962, Libro Primero, capítulo VIII, De la Soberanía, p. 84.

184 Es la expresión de A. Passerin d'Entrèves, *op. cit.,* p. 11.

hay de grande; como quien es el rey de todos los demás soberbios animales"[185]. Sin embargo, el *Leviathan* no es un monstruo como resulta de las palabras de Dios al reprimir a Job[186], sino que es la personificación unitaria de una multitud de hombres[187] quien recibe su autoridad por la gracia de Dios[188]. Este es el legado del cristianismo a la consolidación del poder del Soberano absoluto y a su legitimación[189]. En esta forma, Estado Moderno, en su primera fase, durante los siglos XVII y XVIII fue el Estado Absoluto y se identificó con las Monarquías Absolutas, en las cuales todo el poder estaba concentrado en una sola persona: el Rey; quien lo ejercía en forma ilimitada. De ahí el calificativo de Estado Policía[190] también dado al Estado Absoluto. En esta forma, la soberanía le pertenecía al Monarca a título personal, por lo que el poder lo ejercía en forma incontrolada, en virtud de su procedencia divina[191]. Un solo deber tenía el Monarca, y era asegurar el orden público y la felicidad de los súbditos en interés del Estado, para lo cual no sólo existía el recurso a la "razón del Estado", sino el ejercicio de las atribuciones propias y plenas del absolutismo, en cuyo ejercicio el Monarca era irresponsable[192]. En todo caso, los súbditos no tenían derechos frente al Monarca y sólo el deber de obediencia.

Pero el Estado Absoluto, así configurado políticamente, tenía su base económica que le dio vigencia y lo mantuvo: El Mercantilismo. Así como políticamente la Monarquía es contraria al régimen feudal, el Mercantilismo, como política económica, es contraria al sistema económico medieval; y tan interrelacionada está la política

---

185 *V* al final del capítulo XXVIII, Segunda Parte en Thomas Hobbes. *Leviathan* (ed. John Plamenatz). London, 1962, p. 284. La cita bíblica la tomó Hobbes del Libro de *Job* de la Biblia, párrafo 41, versículos 24 y 25.

186 La palabra "*Leviathan*" aparece en varias partes del Libro de *Job* y, particularmente en los versículos 20 del párrafo 40, y 4 del párrafo 41.

187 El problema de Hobbes fue construir la sociedad política de una colección de individuos, y ello lo resolvió reduciendo la multitud a una sola persona artificial —el Estado—. *V.* M. M. Goldsmith. *Hobbes' Science of Politics,* N. Y., 1966, p. 138. Por ello, el mismo Hobbes señala expresamente: *"A multitude of men, are made* one *person, when they are by one man, or one person, represented: so that it be done with the consent of every one of that multitude in particular. For it is the* unity *of the representer, not the* unity *of the represented that maketh the person one. And it is the representer that beare the person, and but* one *person: and unity, cannot otherwise be understood in multitude". V.* Thomas Hobbes. *op. cit.,* capítulo XVI, p. 171. En esta forma, estando "el poder común" en un soberano, éste puede reducir los "intereses" de todos, "por pluralidad en voces, en un solo interés"; *ídem,* capítulo XVII. p. 176.

188 *V.* F. C. Hood. *The Divine Politics of Thomas Hobbes. An interpretation of Leviathan,* Oxford, 1964, pp. 139 y ss.

189 *V.* A. Passerin d'Entrèves, *op. cit.,* pp. 189 y ss.

190 *V.* Fernando Garrido Falla, *op. cit.,* Vol, I. pp. 69 y ss.

191 El poder del soberano no tenía freno y su interés, era la ley suprema. La única limitación del poder era la fuerza. *V.* A. Passerin d'Entrèves, *op. cit.,* p. 202.

192 La irresponsabilidad del Monarca fue un principio básico de las Monarquías Absolutas y que se ha expresado de acuerdo con la frase "The Crown can do no wrong" o "Le Roi ne peut mal faire". En Inglaterra, la posibilidad de exigir responsabilidad de la Corona ante los Tribunales (ordinarios), sólo existe desde la "Crown Proceeding Act" de 1947. *Cfr.* J. A. Jolowicz, *International Encyclopedia of Comparative Law,* Vol. XI (Torts). capítulo 13 (Procedural Questions), 13-41; H. W. R. WADE, *Administrative Law,* Oxford, 1971, p. 17. En Francia, el principio condujo a que en la Revolución Francesa se ratificara la incompetencia absoluta de los jueces ordinarios de conocer cualquier conflicto en el cual interviniera una autoridad pública, de acuerdo a la ley 16-24 de agosto de 1790, lo que posteriormente daría origen a la jurisdicción administrativa. *V.* J. Rivero, *Droit Administratif,* París, 1973, p. 129:

económica con el régimen político[193] que tanto el Absolutismo como el Mercantilismo se desarrollan y mueren entre los siglos XV y XVIII; es decir, configuran el sistema político-económico que se desarrolló entre la Edad Media y la época del liberalismo, entre el Renacimiento y la Revolución Francesa, entre el surgimiento del Estado Policía y el nacimiento del Estado de Derecho.

El Mercantilismo en efecto, debe considerarse como la doctrina y práctica desarrollada por el Estado Absoluto en relación a la naturaleza y adecuada regulación de las relaciones económicas internacionales. Configuró, en este sentido, una política económica que tuvo al Estado "como sujeto y objeto"[194] al poner gran énfasis en la importancia de mantener un exceso en las exportaciones de bienes y servicios sobre las importaciones, como único medio a través del cual los países que no tuviesen minas de oro y plata podían obtener un continuo flujo neto de metales preciosos, lo cual se estimaba esencial para la riqueza de las naciones[195] En este sentido, el Mercantilismo se configuró como un sistema económico estatista, en el cual la intervención del Estado en la vida económica era muy acentuada, pues la riqueza de las naciones se configuraba como la base del poder estatal[196]. La regulación estatal de las actividades económicas conforme a este sistema económico, tan acentuada, sólo fue posible por el poder del Estado Absoluto. De ahí que estén tan indisolublemente vinculados el Absolutismo con el Mercantilismo, y si el primero se ha visto como el resultado de un proceso de concentración del poder en el Monarca, el segundo sirvió como agente unificador frente a la desintegración feudal[197] al propugnar la eliminación de las barreras locales a la circulación de bienes y al comercio, lo cual se facilitó por la absorción de las ciudades-estado por los nuevos estados-naciones[198]. Como economía de carácter estatal, basada en el enriquecimiento de las naciones mediante la acumulación de riquezas, el Monarca dirige y regula todos los esfuerzos para lograr esa finalidad. De ahí tanto el control que se ejerce sobre la riqueza mobiliaria y el atesoramiento de oro y plata, como la expansión colonial político-marítima, tan característica de la época, como fórmula para la obtención de metales preciosos.

En esta forma, la actividad industrial y comercial pasó a ser la base de la política económica, abandonándose materialmente el interés estatal en relación a las actividades agrícolas; y aquélla no sólo tuvo sus repercusiones en la economía interna, sino en el comercio internacional. En efecto, estando a la base del sistema el logro de una "balanza comercial" favorable para los Estados, éstos debieron desarrollar una política de promoción de exportaciones v restricciones a las importaciones o

193 De ahí que R. M. Mac Iver haya señalado que el sistema económico es inseparable del sistema político. Para funcionar deben hacerlo juntos. En este sentido, ambos constituyen un solo sistema. *V. Leviathan and the people,* London, 1939, p. 103.

194 *V.* Eli F. Heckscher, *Mercantilism,* London, 1955, Vol. I, p. 20.

195 *V.* Jacob Viner, "Mercantilist Thought (Economic thought)", *International Enciclopedia of the Social Sciences,* 1968, Vol. 4, pp. 435 y 436. El Mercantilismo se ha considerado en todo caso como el origen del Capitalismo, *Cfr.* Nicos Poulantzas, *Poder Político y Clases Sociales en el Estado Capitalista,* México, 1972, p. 203.

196 *V.* Eli F. Heckscher., *op. cit.,* Vol. I, p. 25.

197 Eli F. Heckscher, materialmente dedica todo el primer volumen de su obra al estudio del Mercantilismo como agente unificador del sistema político-económico del Estado Absoluto, *op. cit.,* Vol. I, pp. 25 y ss.

198 *V.* Jacob Viner, *loc. cit.,* p. 439.

adoptar medidas que operaran indirectamente en esta dirección[199]. En esta forma, el Estado asumió la organización v control de la industria y el comercio. En el campo industrial estableció subsidios a las industrias de exportación y a las industrias competitivas a las importaciones, y asumió directamente la operación de factorías de producción de bienes para la exportación o sustitutivas de importaciones: concedió monopolios y privilegios a empresas particulares para la producción y venta de determinados productos para operar en el comercio internacional o para administrar colonias de ultramar: y en fin, asumió directamente la operación de compañías dedicadas a actuar en el comercio exterior[200]. La economía mercantilista, en este sentido, ha sido calificada como una economía proteccionista[201].

En el campo comercial interno, la política económica mercantilista provocó el establecimiento de un sistema monetario basado en la circulación de los metales preciosos, cuyo mercado de cambios estaba controlado. Por supuesto toda esta política proteccionista favoreció la creación de los vastos mercados privilegiados y protegidos de las áreas coloniales, lo cual originó con frecuencia no sólo conflictos internacionales, sino la hegemonía bélica de unos países sobre otros por el afán del exclusivismo marítimo y colonial para lograr el atesoramiento de riquezas. El Mercantilismo, en definitiva, se configuró como la economía del Estado Absoluto, basada en la unificación, control y generalización del comercio, con una razón propia: la acumulación de metales preciosos como base para la riqueza de las naciones. La idea de la autonomía del Estado respecto de la instancia económica y de la "razón de Estado" tuvo aquí su más concreta aplicación[202].

En el devenir histórico del Estado Moderno, frente al Estado Absoluto y al Mercantilismo, surge el Estado de Derecho y el Liberalismo; y un hecho histórico marca la transición de uno a otro sistema político-económico: la Revolución Francesa, Sin embargo, el cambio también se produce luego de una preparación teórica de algunas décadas.

En efecto, en la teoría política, la posterior caída de la Monarquía Absoluta y la transformación del Estado Absoluto en Estado de Derecho, tiene su antecedente remoto en los escritos de J. Locke. Este, en su obra *Two Treatises of Government*[203], se configura como el primer ideólogo de la reacción contra el absolutismo, al propugnar la limitación del poder político ilimitado del Monarca. Para ello, parte de la consideración del estado natural del hombre y del contrato original de la sociedad, origen del Estado. Para Locke, la razón que lleva a los hombres a realizar el contrato social es la preservación de sus vidas, libertades y posesiones, los tres bienes básicos

---

199 El ideal mercantilista implícito —dice Viner— era "cero importación y exportaciones sólo a cambio de metales preciosos", *loc. cit.,* p. 436. En este sentido, para favorecer la entrada de metales preciosos a la Nación e impedir su salida, era necesario por todos los medios procurar la reducción de las importaciones y el aumento de las exportaciones.

200 *V.* J. Viner, *loc. cit.,* p. 440. De ahí, por otra parte, la creación de las compañías coloniales tan difundidas en las colonias españolas de América del Sur.

201 *V.* Eli E. Heckscher, *op. cit.,* Vol. II, pp. 53 y ss., y en especial pp. 112 y ss.

202 *V.* F. Heckscher, *op. cit,* Vol. II, pp. 285 y ss., N. Poulantzas, *op. cit.,* p. 205.

203 Hemos consultado la edición preparada por P. Laslett: John Locke, *Two Treatises of Government* (ed. Peter Laslett), Cambridge, 1967.

que califica en general como "propiedad"[204] y es esta "propiedad" lo que confiere la personalidad política a los hombres[205]. Este contrato social, que cambia el estado natural del hombre, no podría dar lugar a la estructuración de un gobierno que colocara a los hombres en situación peor a la que tenían en aquél, por lo que el gobierno absoluto no podía considerarse legítimo ni como un gobierno civil. Si el Estado surge para proteger los derechos "naturales" que no desaparecen con el contrato social, la desaparición fáctica de éstos por la actuación de un Estado Absoluto justificarían la resistencia al poder abusivo[206].

Ahora bien, dentro de las medidas destinadas a racionalizar y limitar el poder, Locke formula una distribución de las funciones del Estado alguna de las cuales califica de "poderes". En efecto, en el parágrafo 131 de sus *Dos Tratados*, Locke afirma lo siguiente: *"and so whoever has the legislative or supream power of any Common-wealth, is bound to govern by establish'd* standing Laws, *promulgated and known to the people and no by Extemporary Decrees; by* indifferent *and upright* Judges, *who are to decide Controversies by those Laws; and to employ the force of the Community at home,* only in the Execution or such Laws, *or abroad to prevent or redress Foreign Injuries, and secure the Community from Inroads and Invasions"*[207]. Es decir, distingue cuatro funciones del Estado: la de legislar, la de juzgar, la de emplear la fuerza en el orden interno en ejecución de las leyes y la de emplear la fuerza en el orden externo en defensa de la comunidad. A la primera de dichas funciones, la de hacer las leyes, la califica de poder legislativo, "al cual los demás poderes están y deben estar subordinados"[208]; a la tercera de dichas funciones, la califica de poder ejecutivo, comprendiendo la ejecución de las leyes municipales de la sociedad dentro de ella misma y por encima de sus partes[209]; y a la cuarta de las funciones señaladas la califica de *poder federativo*, que comprende "el poder de la guerra y de la paz, las ligas y alianzas de las transacciones (acuerdos) con todas las personas o comunidades fuera del Estado" [210]. De las funciones que distingue en

---

204 *Cfr.* A. Passerin d'Entrèves, *op. cit.*, p. 204; *v.* P. Laslett, "Introduction", John Locke, *op. cit.*, p. 104. En este sentido, Locke, señala lo siguiente: *"for liberty is to be free from restraint and violence form others which cannot be, where there is no Law; But freedom is not, as we are told, a liberty for every man to do what he wish: But a liberty to dispose, and order, as he wishes his person, action, possessions, and his whole Property", op. cit.*, parágrafo 57, p. 324.

205 *V.* Peter Laslett, "Introduction", John Locke, *op. cit.*, pp. 101 y 102.

206 El derecho a la revuelta, aun cuando no formulado con precisión, surge del contexto de la tesis de Locke, *V.* John Locke, *op. cit.*, pp. 211 y ss. Por supuesto, la resistencia abierta contra el Príncipe, no estaba admitida en la filosofía medieval, pues si éste derivaba su autoridad directamente de Dios, toda resistencia se convertía en una revuelta contra el interés de Dios y por tanto, en pecado mortal. Sólo a partir de Santo Tomás, se admitió la desobediencia al tirano como un acto legítimo. *V.* Ernst Cassirer, *op. cit.*, pp. 104 y 105. La formulación política del principio sin embargo, no se realiza sino como reacción a la Monarquía Absoluta.

207 *V.* John Locke, *op. cit.*, p. 371 (subrayados en el original).

208 *V.* párrafos 134, 149 y 150 de John Locke, *op, cit.*, pp. 384 y 385. *V.* los comentarios de P. Laslett, en la Introducción, p. 117.

209 Por leyes municipales debe aquí entenderse el derecho interno, en contraposición al derecho internacional. *Cfr.* E. García de Enterría, *Revolución francesa y Administración Contemporánea,* Madrid, 1972, p. 25, nota número 32.

210 John Locke, *op. cit.*, p. 383. Sobre el calificativo de Federativo a este poder, el mismo Locke señala que le da ese nombre, *"if any one pleases. So the thing be understood, I am indifferent as to the Name"*, p. 383.

todo Estado soberano, a la única que no califica de "poder" es a la función de juzgar, la cual como señala Laslett, "no era un poder separado pues era un atributo general del Estado"[211]. Dentro de un esfuerzo para racionalizar las funciones del Estado, la novedad de la tesis de Locke estaba en la distinción entre la facultad de legislar y la de utilizar la fuerza en ejecución de las leyes, no siendo necesario individualizar el poder de juzgar, el cual, más aún en Inglaterra, era una función tradicional del Estado[212]. En todo caso, es importante destacar que Locke se limita a racionalizar y sistematizar las funciones de todo Estado Soberano, pero realmente no formula una "teoría" de la división del poder, y menos aún de su separación. Es más, de la obra de Locke no se deduce ninguna tesis que propugnara que el poder del Estado tenía que estar en manos distintas con el objeto de preservar la libertad o garantizar los derechos individuales, pudiendo sus partes coincidir[213]. Quizá entonces, el aporte fundamental de Locke a la división del poder haya sido su criterio de que el poder ejecutivo y el poder federativo necesariamente debían estar en las mismas manos[214], así como su criterio de la supremacía del Poder Legislativo sobre los otros, hasta el punto de que, tanto la función ejecutiva como la de juzgar, debían realizarse en ejecución y de acuerdo a las leyes adoptadas y publicadas debidamente[215]

En realidad, la teoría de la división del poder que tanta influencia ha tenido en el constitucionalismo moderno sobre todo por su conversión de "división del poder" en "separación de los poderes"[216] en la Revolución Francesa y en la Constitución Norteamericana, tuvo su formulación fundamental en la obra de Montesquieu. La libertad política según Montesquieu existe sólo en, aquellos Estados donde el Poder del Estado no reside, con todas sus funciones, en la misma persona o en el mismo cuerpo de magistrados[217]. Por ello, en su *De L'Esprit des Lois* insiste en que "*c'est une experience éternelle que tout homme qui a du pouvoir est porté à en abuser; il va jusqu'à ce qui'l trouve del limites... Pour qu'on ne puisse abuser du pouvoir il faut que, par la disposition des choses, le pouvoir arrête le pouvoir*"[218]. Del estudio comparado que realiza sobre el objeto de los diversos Estados de la época[219], Mon-

211 *V.* P. Laslett, "Introduction", John Locke,. *op. cit.*, p. 118.

212 No creemos que pueda admitirse, como parece hacerlo E. García de Enterría que la función de juzgar, en la tesis de Locke, estaba inmersa en el Poder Legislativo. *V.* E. García de Enterría, *op. cit.*, p. 27. Parecería que la interpretación que formula resulta de lo incompleto de la cita de la parte del parágrafo 131 que hace de la obra de Locke, a que hemos hecho referencia. *V.* nota 48 de este capítulo 4.

213 *V.* Peter Laslett, "Introduction", John Locke, *op. cit.*, pp. 117 y 118. Sin embargo, como el mismo Laslett lo señala, Locke admitía que los poderes podían "balancearse" si se los situaba en distintas manos ("*ballancing the Power of Government, by placing several parts of its in different hands"),* pp. 107 y 356.

214 *V.* Peter Laslett, "Introduction", Jhon Locke, *op. cit.*, p. 118.

215 Es de destacar que la Supremacía del Poder Legislativo en Locke es consecuencia de la Supremacía del Parlamento sobre el Monarca lograda después de la "Gloriosa Revolución" de 1689.

216 Debe destacarse que ni Locke ni Montesquieu hablaron de "separación de poderes" sino de distribución o "división del Poder". El poder del Monarca absoluto era uno y único, y el desiderátum para limitarlo era dividirlo, pero no separarlo. *V.* sobre esto Ch. Einsenmann, "L'Esprit des Lois et la séparation des pouvoirs", *Mélange Carré de Malberg,* París, 1933, pp. 163 y ss. *Cfr.* E. García de Enterría, *op. cit.*, p. 52, A. Passerin d'Entrèves, *op. cit.*, p. 119.

217 *V.* A. Passerin d'Entréves, *op. cit.*, p. 120.

218 Montesquieu, *De l'Esprit des Lois* (ed. G. Truc), París, 1949, Vol. I, Libro XI, capítulo IV, pp. 162 y 163.

219 Montesquieu, *op. cit.*, Vol. I, Libro XI, capítulo V, p. 163.

tesquieu llega a la conclusión de que Inglaterra es el único Estado que tenía por objeto directo la libertad política, por lo que en el famoso capítulo VI del Libro XI de su libro, se propone estudiar la "Constitución de Inglaterra", y de ese estudio deduce su teoría de la división del poder en tres clases: *"la puissance legislative, la puissance exécutrice des choses qui dépendent du droit des gens, et la puissance exécutrice de celles qui dépendent du droit civil. Para la première, le prince ou le magistrat fait des lois pour un temps ou pour toujours. Par la seconde, il fait la paix ou la guerre, envoie ou reçoit des ambassades, établit la sûreté, previent les invasions. Par la troisième, il punit les crimes, ou juge les differends des particuliers. On appellera cette dernière la puissance de juger et l'autre simplement la puissance exécutrice de l'Etat"*[220]. En realidad, antes que una división del poder, Montesquieu define, siguiendo a Locke, diversas funciones o potestades (puissance) del Estado: la potestad de hacer las leyes, la potestad de juzgar y la potestad ejecutora, englobando en esta última, las que Locke calificó de poder ejecutivo y federativo[221].

Ahora bien, lo novedoso de la división del poder en Montesquieu, y lo que lo distingue de la concepción de Locke es, por una parte, la proposición de que para garantizar la libertad las tres potestades no deben estar en las mismas manos, y por la otra, que las mismas, en la división del poder, están en plano de igualdad; de lo contrario, el poder no podría frenar el poder. En efecto, en el mismo capítulo VI del Libro XI de *Del Espíritu de las Leyes*, Montesquieu precisa su concepción: *"Lorsque dans la même personne ou dans la même corps de magistrature, la puissance législative est réunie à la puissance exécutrice, il n'y a point de liberté... Il n'y a point encore de liberté si la puissance de juger n'est pas separée de la puissance législative et de l'exécutrice... Tout serait perdu si le même homme, ou le même corps des principaux, ou des nobles, ou du peuple, exerçaient ces trois pouvoirs: celui de faire des lois, celui d'excuter les résolutions publiques, et celui de juger les aimes ou les differends des particuliers"*[222]... Como consecuencia, y sacrificando la libertad [223], *"les princes qui ont voulu se rendre despotiques ont-ils toujours commencé par réunir en leur personne toutes les magistratures"*[224].

220 *V.* Montesquieu, *op. cit.*, Vol. I, pp. 163 y 164.

221 La comparación entre la concepción de Locke y la de Montesquieu sería la siguiente:

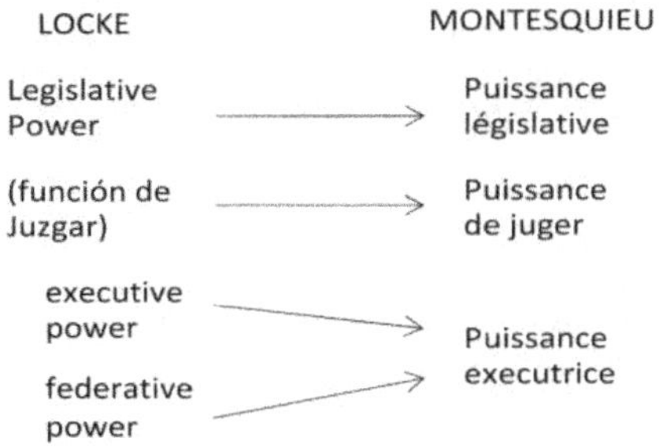

222 Montesquieu, *op. cit.*, Vol. I, p. 164.

223 La concepción de libertad en Montesquieu, también tiene la misma orientación que en Locke; *"Il est vrai que dans les démocraties le peuple paraît faire ce qui'il veut; mais la liberté politique ne consiste point a faire ce que l'on veut. Dans un Etat c'est-à-dire, dans une société où il y a des lois, la liberté ne peut*

Por otra parte, como se dijo, en la concepción de Montesquieu no hay proposición alguna que otorgue superioridad de una de las potestades públicas sobre la otra. Ciertamente que al definir la potestad legislativa como la "voluntad general del Estado" y la potestad ejecutora como la "ejecución de esa voluntad general" [225] podría deducirse que la segunda debe sujetarse en su ejecución, a lo dispuesto en la primera, pero no en el sentido de subordinación [226] política. Al contrario, tan iguales concebía las tres potestades que así podían frenarse unas a otras como única forma de cooperación en beneficio del mantenimiento de la libertad política. De ahí que concluya que *"ces trois puissances devraint former un repros ou une inaction. Mais comme, par le mouvement nécessaire des choses, elles sont contraintes d'aller, elles seron forcées d'aller de concert"* [227]. Es claro, en todo caso, que al igual que Locke, la concepción de Montesquieu es una concepción formulada para el absolutismo. Ambos son teóricos del absolutismo; por ello, la división del poder del soberano es más una doctrina legal que un postulado político. Como ha dicho A. Passerin d'Entrèves, la teoría no responde a la pregunta sobre *quién* ha de tener la soberanía, sino *cómo* debe organizarse el poder para lograrse ciertos objetivos[228].

Ahora bien, además de los aportes de Locke y de Montesquieu, en la teoría política que va a permitir la reacción, en la práctica, contra el Estado Absoluto, tiene un puesto de gran importancia la concepción de Rousseau sobre la ley, lo cual va a provocar, posteriormente, el sometimiento del Estado a la ley que él mismo produce, es decir, va a originar el principio de la legalidad y la consolidación del mismo Estado de Derecho.

En efecto, y tal como el mismo Rousseau lo plantea, el pacto o contrato social es la solución dada al problema de encontrar una forma de asociación *"qui défende et protège de toute la force commune la personne et les biens de chaque associé, et par laquelle chacun, s'unissant à tous, n'obéisse pourtant qu'à lui-même et reste aussi libre qu'auparavant"* [229]; en esa forma se realiza "el paso del estado natural al estado civil" [230]. Pero como el mismo Rousseau lo señala, *"par le pacte social nous avons donné l'existence et la vie au corps politique; il s'agit maintenant de lui donner le*

---

consister qu'a pouvoir faire ce que l'on doit vouloir, et à n'être point contraint de faire ce que l'on ne doit pas vouloir". Montesquieu, *op. cit.*, Vol. I, libro XI, capítulo 111, p. 162.

224 *V.* Montesquieu, *op. cit.*, Vol. I. p. 165. En esta forma la Declaración Universal de los Derechos del Hombre y del Ciudadano de 1789, consagró expresamente en su artículo XVI, que cualquier sociedad en la cual las libertades no estuvieran debidamente garantizadas y no estuviese determinada la separación de los poderes, no hay constitución. *V.* el texto en G. de Ruggiero, *The History of the European Liberalism,* Boston, 1967, p. 68.

225 *V.* Mostesquieu, *op. cit.*, Vol. I, p. 166.

226 Por ello, H. K. Girvetz ha señalado que mal pudo Montesquieu tomar como modelo de su teoría la Constitución de Inglaterra, y definir la igualdad de las potestades del Estado, cuando en ese país estaba asegurada desde la Gloriosa Revolución, la supremacía del Parlamento. *V.* Harry K. Girvetz, *From Wealth to Welfare. The Evolution of Liberalism,* Stanford, 1950, p. 94.

227 *V.* Montesquieu, *op. cit.*, Vol. I, p. 172.

228 *V.* A. Passerin d'Entkèves, *op. cit.*, p. 121.

229 V. Jean-Jacques Rousseau, *Du Contrat Social* (ed. Ronald Grimsley), Oxford, 1972, libro I, capítulo IV, p. 114.

230 *V.* J. J. Rousseau, *op. cit.*, libro I, capítulo VIII, p. 119.

mouvement et la volonté par la législation" [231]. Las leyes en esta forma, y he aquí la novedad de su planteamiento, como forma de manifestación del Soberano, son las que dan movimiento y voluntad al Estado, producto del pacto social, en tanto en cuanto se trata de "actos de la voluntad general que estatuyen sobre una materia general". Rousseau entonces no sólo construye la teoría de la ley como "actos de la voluntad general" a cuyas disposiciones deben someterse todas las actuaciones del propio Estado y de los particulares, sino que establece el principio de la generalidad de la ley, lo cual permitirá la posterior reacción contra los privilegios[232]. Por otra parte, en el campo de las funciones estatales, éstas se reducen, en la concepción de Rousseau, a dos: hacer las leyes y ejecutarlas, a las que califica, siguiendo la terminología de Montesquieu, de potestad legislativa y potestad ejecutiva (*puissance*) [233]. No se trata aquí tampoco de una doctrina de la separación de poderes, sino conforme a la orientación de Locke y de Montesquieu, de una doctrina de la división del poder, que es uno solo: El del Soberano que resulta del pacto social o de la integración de la voluntad general [234]. Según Rousseau, las dos funciones del poder: la expresión de la voluntad general mediante leyes y la ejecución de éstas, no es bueno que estén en las mismas manos, por lo que siguiendo la orientación de Montesquieu propugna su ejercicio por órganos distintos [235], aun cuando contrariamente a la tesis de éste, insiste en la necesaria subordinación que ha de tener quien ejecuta la ley en relación a quien la hace [236] con lo cual en la orientación de Locke, se asegurará la supremacía del Legislador y de la ley. Esta supremacía, piedra angular del Derecho Público, permitirá la erección del Principio de la Legalidad y la configuración del Estado de Derecho [237].

Puede decirse en términos generales, que los escritos de Locke, Montesquieu y Rousseau, conforman todo el arsenal teórico político para la reacción contra el Estado Absoluto y su sustitución por el Estado de Derecho, como garantía de la libertad. Esa reacción, se va a producir, en efecto, en la Revolución Francesa, en base a la exaltación del individualismo y la libertad. En efecto, las teorías políticas analizadas parten del análisis de la situación natural del hombre y de la realización del pacto o contrato social que erige al Soberano, como mecanismo para la protección de la libertad. He aquí la base para la posterior exaltación del individualismo y la consa-

---

231 *V.* J. J. Rousseau, *op. cit.,* libro II, capítulo V, p. 134.

232 *V.* J.J. Rousseau, *op. cit.,* libro II, capítulo V, p. 136. La definición tan conocida de las leyes como "expresión de la voluntad general", corresponde al texto del artículo VI de la Declaración Universal de los Derechos del Hombre y del Ciudadano de 1789, V. en G. de Ruggiero, *op. cit.,* p. 67.

233 *"Quand je marche vers un object il faut premièrement que j'y veuille aller, en second lieu, que mes pieds m'y portent... Le corps politique a les mêmes mobiles: on y distingue de même la force et la volonté; celle-ci sous le nom de puissance législative, l'autre sous le nom de puissance exécutive", v.* J. J. Rousseau, *op. cit.,* libro III, capítulo I, p. 153.

234 *Cfr.* la Introducción de R. Grimsley, J. J. Rousseau, *op. cit.,* p. 35.

235 *"Il n'est pas bon que celui que fait les lois les execute",* J. J. Rousseau, *op. cit.,* libro III, capítulo IV, p. 163. *Cfr.* Robert Derathé, "Les Rapports de l'Exécutif et du Législatif chez J. J. Rousseau", en *Annales de Philosophie Politique,* Volumen 5, "Rousseau et la Philosophie Politique", Paris, 165, p. 156.

236 Robert Derathé, *loc. cit.,* p. 157 y ss.

237 La concepción de Rousseau en este campo también coincide con la de Montesquieu. Rousseau, en efecto, señala que *"J'appelle donc Republique tout Etat regi par des lois", op. cit.,* libro III, capítulo VI. Montesquieu, por su parte, también establece como base de la existencia del Estado el que haya leyes: "*Dans une Etat, c'est-a-dire, dans une société oú il y a des lois,.", op. cit.,* libro XI, capítulo III, p. 162.

gración política de los derechos no ya del solo ciudadano de un Estado, sino del hombre, con la consecuente construcción de liberalismo político y económico. Por otra parte, el poder del Estado, producto del pacto social, debe ser dividido y racionalizado, para impedir que el Soberano abuse de él; por ello se formula la sistematización de las funciones del Estado y la división del poder, lo que dará pie para la adopción de una fórmula distinta y más radical: la "separación de los poderes". El poder del Soberano se actualiza mediante la emanación de leyes, las cuales no sólo se consideran indispensables para la existencia del propio Estado, sino como garantía de la libertad civil y política, teniendo la función legislativa una situación de superioridad frente a las otras funciones de ejecución. Por último, a la ley, como acto de la voluntad general, deben someterse todas las actuaciones tanto del Soberano como de los particulares, lo cual configurará el Principio de la Legalidad. A la base del Estado de Derecho y del Liberalismo están, por tanto, las nociones teóricas de libertad, separación de poderes, supremacía de la ley y principio de la legalidad. Pero no bastan teorías políticas para hacer una revolución: Ellas habrían de estar acompañadas por unas realidades económicas y sociales que permitieron, a través de la Revolución Francesa, actualizar las teorías políticas.

En efecto, así como en el campo político la concepción del estado natural del hombre y de la libertad fue configurando la base del liberalismo político como reacción frente al absolutismo, en el cual no existían derechos de los individuos; asimismo, en el campo económico, la reacción contra el Mercantilismo —soporte del absolutismo— se va a iniciar con una concepción económica que también va a partir de las leyes naturales para su construcción. En efecto, la política mercantilista, corno se dijo, se puede caracterizar como un sistema netamente comercial, en el cual la agricultura —base a su vez de la economía feudal a la cual había desplazado— constituía una actividad económica marginal y sin importancia. Hacia mitades del siglo XVIII en países como Francia, y como consecuencia de la política mercantilista, la agricultura no sólo no había sido promovida o protegida, sino que pobre y mal llevada había sido objeto de sucesivos gravámenes. La importancia del comercio interno y externo y la concesión de privilegios en relación a dichas actividades, provocó un considerable retraso en las actividades agrícolas, las cuales se consideraban, sin embargo, como la principal industria del país[238]. Ante esta realidad, durante un breve período de tiempo (1760-1770), se desarrolló una política económica basada en los escritos de François Quesnay y en las aplicaciones prácticas que pudo ejecutar Turgot en el Gobierno, que al contrario del Mercantilismo, minimizaba la importancia del comercio exterior, y en su lugar, ponía énfasis en la importancia de la economía agrícola y en la eliminación de los privilegios otorgados por el Estado, propios del mercantilismo. Abogaba en esta forma, porque la actividad económica y política estuviese gobernada por las leyes implantadas en la naturaleza por la Providencia[239]. La Fisiocracia, en esta forma, sostenía que de todas las actividades económicas sólo la producción agrícola podía considerarse realmente como producción, pues era la única que dejaba un producto neto, en tanto que las otras actividades consistían sólo en transformaciones de riqueza existente [240]; en otras palabras,

238 *V.* Joseph J. Spengler, "Physiocratic Thought", *International Encyclopedia of the Social Science,* 1968, Vol. IV, p. 443.

239 *V.* Joseph J. Spengler, *loc. cit.,* p. 443.

240 *V.* André Pieitri , *Pensée Economique et Theories Contemporaines,* Paris, 1966, p. 61.

que sólo la clase productiva que cultivaba la tierra producía un producto neto, en tanto que las otras clases (artesanos o comerciantes) sólo recobraban sus gastos. En esta forma, la Fisiocracia planteaba que la expansión de la economía y la población de un país, dependía de la expansión de la inversión en la agricultura y de los gastos de la clase productiva, y de la expansión resultante del producto neto[241]. En todo caso debe tenerse en cuenta que la Fisiocracia, como política económica, sólo pudo ser aplicada muy parcial y aisladamente entre 1760 y 1770, y sólo en Francia. Sin embargo, su importancia teórica fue fundamental, pues si bien no planteaba que el Estado no debía intervenir nunca en el campo económico —como después planteó el liberalismo— [242], sí fue la primera reacción contra la economía estatista del Mercantilismo, que llevaría a la formulación de la doctrina del liberalismo económico.

Correspondió a Adam Smith (1723-1790), iniciar la formulación de la teoría del liberalismo económico la cual partía del principio del funcionamiento armonioso de la economía conducida por los solos intereses privados, por lo que la intervención del Estado en la economía —propia del Mercantilismo— debía ser reducida, lo cual llevaría más adelante a la propugnación liberal de su eliminación. Smith en este sentido, partía del supuesto de que "la riqueza de las naciones" está menos en la tierra que en el trabajo del hombre, y el resultado de éste es la constitución del capital cuyo fin es hacer del trabajo una actividad todavía más productiva. Por otra parte, si el interés privado es quien mueve al hombre al trabajo y al ahorro, la garantía de que a pesar de ello existirá armonía frente a los riesgos de contraposición de intereses, está en la organización espontánea de la vida económica por la libre concurrencia de ellos, dentro de un mercado con libre juego de los precios "[243]. En esta forma, al Estado correspondía mantener las reglas del libre juego del mercado, el cual no debía distorsionarse con privilegios o monopolios tan característicos del Mercantilismo. Las funciones del Estado, por tanto, son reducidas por Smith a las siguientes: en primer lugar, la protección del grupo social frente a la violencia exterior; en segundo lugar, la protección de los miembros individuales de la sociedad de las injurias u opresiones de sus conciudadanos; y en tercer lugar, "la creación y mantenimiento de ciertas obras públicas y ciertas instituciones públicas, cuyo mantenimiento y erección nunca podrían ser del interés de los particulares porque el beneficio que podían dar nunca podría compensar los gastos de un individuo o de un grupo de personas" [244]. De aquí el principio de la subsidiariedad de la acción del Estado en relación a la actuación económica de los particulares, tan característico del liberalismo económico.

La doctrina liberal en la época prerrevolucionaría, tanto la de carácter político (libertades públicas) como la de carácter económico, fue el ingrediente necesario para la configuración de un movimiento social que motorizaría la Revolución Francesa.

---

241 *V.* Joseph J. Spengler, *loc. cit.*, p. 444.

242 *V.* H. Scott Gordon, "Laissez-Faire", *International Encyclopedia of the Social Science,* 1968, Vol. 8, p. 546.

243 *V.* Andre Piettre, *op. cit.*, p. 65.

244 *V.* Adam Smith, *The Wealth of Nations*, libro V, capítulo I, *cit.* por Harry K. Girvetz, *op. cit.*, pp. 413 y ss. y por E, Roll, *A History of Economic Thought*, London, 1954, p. 147. Hemos consultado la edición de A. Smith, *The Wealth of Nations* (ed. Andrew Skinner), London, 1970.

Conforme al esquema de la Monarquía Absoluta y al Mercantilismo, el poder político estaba en manos del Monarca y la nobleza, y del clero, donde se alojaban muchos beneficiarios de los privilegios y monopolios derivados del intervencionismo estatal mercantilista. Pero el Mercantilismo era una política económica basada en el comercio y la industria, por lo que había provocado la formación de una gran clase social de banqueros, comerciantes y artesanos, que no participaba del poder político. Por ello, a la búsqueda del poder político por esta clase, que era la burguesía, y a la eliminación de los privilegios, es que se dirigieron todos los esfuerzos revolucionarios en Francia. La primera forma de su actuación y luego de su triunfo, fue a través de la formación del denominado Tercer Estado en los Estados Generales. El mismo Sièyes decía, al compararlo con los otros dos estados (la nobleza y el clero) que el Tercer Estado o Estado Llano era la Nación completa[245]. Y esto era cierto, tal como lo observa De Ruggiero, no en el sentido de que no existía otra clase social distinta a la burguesía, sino en el sentido de que la forma burguesa de actividad económica, sentimientos legalistas y organización política eran válidas para todas las clases sociales, ofreciéndoles a todas oportunidades de acción [246]. La burguesía, en esta forma, buscaba al decir de Siéyes, "la modesta intención de tener en los Estados Generales una influencia igual a la de los privilegiados" (nobleza y clero)[247], pero la realidad del poder económico y de los sentimientos sociales contra los privilegios de la Monarquía Absoluta, condujeron a que la burguesía obtuviera el poder mediante la Revolución Francesa, con respaldo popular[248]. La Revolución Francesa, en esta forma, ni más ni menos fue una Revolución de la Burguesía, por la burguesía y para la burguesía[249]; y no por ello dejó de ser una verdadera revolución. Situado el movimiento en su momento histórico, lejos de significar una actitud reaccionaria o conservadora frente a las estructuras sociales existentes, como lo apunta A. Passerin d'Entrèves, fue un instrumento de progreso, e inclusive de subversión de estas estructuras, de los privilegios y de las discriminaciones que ellas conllevaban[250]. A la base de la revolución estaba el clamor porque toda persona tuviese igualdad en el goce de sus derechos; de ahí la importancia de la Declaración de los Derechos del Hombre y del Ciudadano de 1789, calificada como la "expresión ide-

245 *Qu est-ce que le Tiers?* Se pregunta Sièyes en el propio título y en el capítulo I de su obra; y la respuesta que daba era *"TOUT', "une nation complette"', V.* Emmanuel Sièyes, Qu'est-ce que le tiers Etat (ed. Roberto Zappetti), Geneve, 1970, pp. 121 y ss.

246 *V.* Guido de Ruggiero, *op. cit.*, p. 425.

247 *V.* Emmanuel Siéyes, *op. cit.*, p. 135.

248 El pueblo —los no privilegiados—, por supuesto que respaldó al Tercer Estado, es decir a la burguesía, pues no tenía otra alternativa en el sentido de que no podía apoyar ni a la nobleza ni al clero, quienes representaban los privilegios. *Cfr.* G. de Ruggiero, *op, cit.*, p. 74.

249 Fue llevada a cabo por elementos burgueses que interpretaron las pasiones del pueblo con sus criterios de clase", tal como lo señala G. de Ruggiero, *op. cit.*, pp. 75 a 77. La fórmula célebre de A. Lincoln, *"That government of the people, by the people for the people shall not perish from the earth"*, no sólo es posterior, sino que todavía está por tener vigencia plena en el mundo contemporáneo.

250 *V.* A. Passerin d'Entreves, *op. cit.*, pp. 205 y 206. El mismo A. de Tocqueville la califica, bajo esta perspectiva, como una revolución social y política. *V.* Alexis de Tocqueville, *L'Ancien Régime* (ed. G. W. Headlam), Oxford, 1965, pp. 28 y ss.

ológica del triunfo de la burguesía" [251] cuyo artículo final iría a definir y fijar a la propiedad como "un derecho inviolable y sagrado" [252].

En general, la Revolución Francesa fue, por tanto, una revolución política, social y económica, sobre la cual se va a construir el Estado de Derecho y el liberalismo. Desde el punto de vista político, al significar el fin del Estado Absoluto, la organización política que se va a construir va a tener poderes limitados. No sólo porque el Estado se va a encontrar separado en sus poderes, para realizar el adecuado balance y contrapeso entre ellos, sino porque el poder legislativo y a través de él, la ley, va a tener la supremacía. Frente al poder personal y arbitrario existente con anterioridad, el gobierno por y en virtud de las leyes va a prevalecer[253] y de ahí la sumisión del Estado al Derecho y al Principio de la legalidad. Pero la realidad social y económica dentro de este Estado de Derecho va a darle su matiz inicial al Estado Liberal-Burgués de Derecho. En efecto, al ser un movimiento social motorizado por la burguesía, ésta se reserva el derecho —y el privilegio— de estar representada en las Asambleas a quienes corresponde producir las leyes, y de ejercer el derecho del sufragio. El sufragio universal, cuya justificación estaba, en la tesis de Rousseau al propugnar el igualitarismo, no sólo no fue acogido en los años posteriores a la Revolución sino que el mismo Rousseau fue criticado[254]. La función de elegir y ser electo se reservó, al contrario, a los propietarios y a la burguesía, y en Francia sólo fue en 1875 que se estableció el sufragio popular[255], Este esquema del Estado Liberal-Burgués de Derecho y de sufragio limitado fue el que las Constituciones de las recién nacidas Repúblicas Latinoamericanas acogieron después de 1811 y hasta bien entrado el siglo XX.

Las leyes que regularon y limitaron al Estado, fueron entonces leves formuladas por la burguesía, o como las ha calificado García de Enterría, "leyes de libertad", es decir, "leyes cuyo objeto es hacer posible el libre desenvolvimiento de los miembros del grupo social"[256]. Leyes, en cierta forma, anti-privilegios, pero leyes que pronto adquirieron toda su significación social al asegurar los principios del liberalismo económico y declarar los derechos universales, no sólo del ciudadano de un Estado en particular, sino del hombre, como derechos naturales[257]. Conforme a este estatu-

251 La expresión es de José Luis Aranguren, *Etica y Política,* Madrid, 1963, pp. 293 y 297, *cit.,* por Elías Díaz, *Estado de Derecho y Sociedad Democrática,* Madrid, 1966, p. 80.

252 En el artículo XVII se consagra el carácter inviolable y sagrado de la propiedad, procediendo su extinción en los casos de necesidad pública legalmente determinados, mediando indemnización. *V.* el texto en G. de Ruggiero, *op. cit.,* p. 68.

253 *V.* E. García de Enterría, *op. cit.,* p. 10.

254 *V.* A. Passerin d'Entrèves, *op. cit.,* p. 215.

255 *Cfr.* Harry K. Girvetz, *op. cit.,* pp. 98 y 99.

256 *V.* E. García de Enterría, *op. cit.,* pp. 16 y ss. "Todo el fin del Estado se concreta, pues, al Derecho y en un Derecho cuyo objeto se reduce a asegurar la coexistencia de las libertades de los súbditos", p. 19. "El Derecho es, para esta vasta construcción política, pura y simplemente garantía de la libertad", p, 20. "El Estado debe limitarse a dictar leyes generales con ese contenido característico de garantía y límite externo de la libertad", p. 21. "El Estado ofrece, pues, un marco puramente formal dentro del cual la sociedad vive de su propio dinamismo espontáneo por la propia concurrencia indefinida de las libertades de sus miembros", p. 22.

257 El artículo IV de la Declaración de los Derechos del Hombre y del Ciudadano de 1789 establece en este sentido que "*la liberté consiste, a pouvoir faire tout ce qui ne nuit pas à autre; ainsi l'exercise des droits naturels de chaque homme n'a de bornes que celle qui assurent aux membres de la société la jouissance*

to, en realidad, los propietarios y burgueses quedaron real y efectivamente protegidos en sus derechos frente a cualquier intento de regresión al Antiguo Régimen; pero los no propietarios y el pueblo quedaron insuficientemente protegidos, o si se quiere, no eran objeto de protección. La ley, como se dijo, en definitiva es expresión de la clase burguesa y la representación que se establece en los cuerpos políticos está destinada electoralmente sólo a la burguesía. No se trata de un sistema político, el de la Revolución Francesa, manejado por el pueblo y para el pueblo sino, como se dijo, por la burguesía y para la burguesía. Sin embargo, los principios de legalidad, libertad e igualdad (fraternidad), de supresión de los privilegios y de la nobleza y de integración de la Iglesia a la nación, como conquistas irreversibles frente al absolutismo, hacen olvidar muchas veces la verdadera realidad social que estuvo en la base de la Revolución Francesa y en el nacimiento del Estado de Derecho.

CAPÍTULO 5. HACIA LA CONFIGURACIÓN DEL ESTADO DEMOCRÁTICO Y SOCIAL DE DERECHO

De las ruinas del Estado Absoluto y en virtud de la Revolución Francesa, surge entonces el Estado de Derecho[258] como fórmula política que aún prevalece en el mundo contemporáneo. Sus características fundamentales se desarrollaron paralelamente al constitucionalismo, es decir, a la necesidad de dotar a los Estados de un texto fundamental, que limitara el poder de los gobernantes y los sometiera al cumplimiento de su texto y de las leyes; que consagrara expresamente las libertades y derechos; que estableciera la separación de los poderes del Estado; y que previera la elección de los representantes. Este esquema se consideró y se considera en la actualidad como la garantía frente a la tiranía[259]. Pero no sólo las formas políticas configuran la realidad de las Constituciones, sino que ellas no pueden comprenderse completamente sin el análisis interrelacionado de las realidades económicas y sociales. Visio desde este ángulo el Estado de Derecho que nace con la Revolución Francesa, es un Estado Liberal-Burgués de Derecho, y, por tanto, completamente distinto al Estado de Derecho que después se desarrolló y que existe en la actualidad en el mundo contemporáneo.

En efecto, en la base del Estado de Derecho en su primaria configuración está, como doctrina económica, el liberalismo económico que durante todo el siglo XIX va a constituirse más que como un sistema económico, como un dogma: *Laissez-faire*,

---

de ces mêmes droits. Les bornes ne peuvent être détermines que par la loi". V. en G. R.uggiero, *op. cit.*, p. 68.

258 En la terminología francesa *"Etat de Droit";* en la terminología alemana *"Rechtstaat"; y* en la terminología inglesa *"Legal State" (cfr.* la traducción inglesa por G. H. Sabine y Walter J. Shepard del libro de H. Krabbe, *The Modern Idea of the State,* London, 1922, pp. 1, 8 y 33) o Estado sometido a la *"rule of Law".* Según G. de Ruggiero, la traducción inglesa de *"Rechtstaat"* es *"The State according to rights"* que quizá, refleja más el sentido de la noción referida al Estado Liberal Tradicional. *V.* Guido de Ruggiero, *The Historv of European Liberalism,* Boston, 1967, pp. 253 y 366.

259 En los inicios del constitucionalismo norteamericano, Madison señalaba que *"The accumulation of all powers, legislative, executive, and judiciary, in the same hands, whether of one, a few, or many, and whether hereditary, self-appointed or elective, may justly be pronounced the very definition of Tyranny" (The Federalist, número* 47). *Cit.* por Harry K. Girvetz, *From wealth to welfare. The Evolution of Liberalism,* Stanford, 1950, p. 94.

laissez-paser, le monde va de lui même [260]. Esta fórmula va a ser no ya la consagración de la libertad positiva de los particulares, sino de la libertad negativa en relación a la actuación del Estado, es decir, de límites impuestos y establecidos en relación a las actuaciones del Estado[261]. Esta concepción adquiere su más alta expresión en relación a las libertades económicas que implicaron el dogma de la no intervención del Estado, salvo para proteger las mismas libertades económicas. Como reacción frente al Mercantilismo, el liberalismo económico se configura como un sistema económico *no estatista*, que exige al Estado "dejar hacer y dejar pasar": en el campo de la producción, por ejemplo, el dejar hacer implicó la abolición de los monopolios y corporaciones restrictivas a la libertad de trabajo y de industria; en el campo del comercio, por ejemplo, el dejar pasar, exigió el establecimiento de la libre circulación de bienes y servicios, la supresión de los impuestos internos y al consumo, la libertad de comercio, de la banca y del financiamiento y la abolición de los privilegios comerciales, inclusive de las compañías coloniales. El Estado no debía actuar en la vida económica, que se desenvolvería por sí misma, y sólo debía limitarse a mantener las condiciones necesarias para ese desenvolvimiento: es decir, el orden público y la libre concurrencia. El Estado no sólo era un Estado Abstencionista, sino un Estado Gendarme[262]; sus funciones se limitaban a preservar el orden público (tranquilidad y seguridad pública); a garantizar la libertad de contratos y la protección de la libertad de concurrencia; y a promover los cambios económicos. Esas "intervenciones" sólo eran para proteger las libertades y en particular la libertad económica. Se cumplía así la tesis de Smith[263]. En cierto sentido entonces, no puede decirse que el Estado liberal del siglo pasado no interviniera en la vida económica; al contrario, intervenía y con frecuencia, pero para mantener un esquema de libre concurrencia y competencia que el dogma liberal exigía. El Estado, aquí también, cumplía un papel esencial en relación a la vida económica[264]. En todo caso, el dog-

---

260 El origen de la expresión parece estar en lo que un comerciante francés respondió a Colbert, ante la pregunta de éste en relación a qué quería aquél que el Estado hiciera para asistirlo: *"Laissez-nous faire"*. *V.* H. Scott Gordon, "Laissez-faire". *International Encyclopedia of the Social Science.* 1968, Vol. 8, p. 546.

261 *V.* A. Passerin d'Entreves, *The Notion of the State. An Introduction to Political Theory*, Oxford, 1967, pp. 206 y 207. Las expresiones del Marqués d'Argenson (1751) *"Pour governer mieux, il faut government moins"* y de Bentham *"Government Be quiet"*, reflejan claramente este Estado negativo, *cit.*, por J. M. Keynes, *The end of Laissez-faire*, London, 1926, pp. 19 y 21.

262 El Estado era abstencionista en el sentido de que no debía "interferir" en la vida económica y su intervención debía ser sólo como el gendarme que restablece el orden natural de las cosas y facilita su desenvolvimiento. El concepto de Estado gendarme por tanto, es enteramente distinto al del Estado Policía, característico del absolutismo. *Cfr.* F. Garrido Falla, *Tratado de Derecho Administrativo,* Vol. I, Madrid, 1970, p. 75, nota número 27. La expresión equivalente del Estado gendarme de la época del *laissez-faire,* es todavía más expresiva en inglés: *"The night watchman state"*. *Cfr.* Asa Briggs, "The Welfare State in Historical Perspective", en *Archive Européen de Sociologie,* número 11, 1961, p. 222; y en S.P. Aiyar (ed.), *Perspectives on the Welfare State,* Bombay, 1966, p. 4.

263 *V.* Harry K. Girvetz, *op. cit.,* pp. 68 y ss. La tesis de A. Smith, sobre el Estado negativo y su posición antimercantilista la destaca A. Skinner, en la Introducción a A. SMITH, *The Wealth of Nations,* London, 1970, Vol. I, pp. 77 y 78.

264 MORTON FRIED, en este sentido, puntualiza que todavía circula un mito del siglo xix que ha extendido la fantasía de que puede existir un Estado que no tiene ningún papel que jugar en relación a la economía. Dicho Estado no ha existido hasta ahora, y hay amplía base teórica para pensar que es imposible que exista. El llamado gobierno del *laissez-faire* no tuvo ninguna duda en aplicar toda su fuerza a las perturbaciones del mercado para mantener el *status.* El uso de sus poderes para mantener un orden social es-

ma liberal le da el calificativo de Estado Liberal de Derecho a la forma política que surge con la Revolución Francesa.

Pero además de ser un Estado liberal, era también un Estado burgués, en el sentido de que, como hemos señalado, representaba los intereses de la burguesía, los cuales si bien se consolidan con la. Revolución Francesa, se apropian completamente del Estado en 1830, con el establecimiento de la denominada Monarquía Burguesa, a través de la cual, como señala De Ruggiero, al fin la burguesía tuvo un gobierno propio[265]. De ahí el calificativo de Estado-Liberal-Burgués de Derecho a la primera forma de Estado de Derecho desarrollada en Europa continental, al calor de la Revolución Francesa, y cuyos esquemas y sistemas importaron las Repúblicas latinoamericanas a partir de 1811 y que se consolida a partir de 1830, después de finalizadas las guerras de independencia.

Ahora bien, el esquema Liberal-Burgués del Estado, tal como lo hemos delineado, si bien se construyó en las décadas que siguieron a la Revolución Francesa, muy pronto dejó de ser una realidad política[266] aun cuando su formulación formal continuó y se propagó fundamentalmente hacia América Latina. Los efectos del liberalismo económico y en particular, los de la revolución industrial [267], pronto se hicieron sentir y las presiones y revueltas sociales no sólo tuvieron repercusiones importantes de tipo revolucionario, como los movimientos de París en 1848, sino que provocaron la formación de todo el ideario socialista y marxista que condujo, durante la segunda mitad del siglo XIX, a la transformación de aquel Estado Liberal-Burgués de Derecho hacia un Estado de Servicios Sociales, y en las primeras décadas de este siglo, a la conformación de nuevos tipos de Estado: el Estado de Bienestar (*Welfare State*) en los países occidentales altamente industrializados y el Estado Socialista, con un esquema propio de legalidad socialista.

En efecto, diversos correctivos se fueron formulando al Estado Liberal-Burgués de Derecho, o Estado liberal tradicional, con motivo de la irrupción de la cuestión social y del posterior reconocimiento de los derechos sociales, así como con motivo del establecimiento del sufragio universal en las democracias occidentales; todo lo cual, progresivamente, produjo su transformación después de la Segunda Guerra

---

pecífico es uno de los aspectos primarios del Estado. *V.* "State. The Institiltion", en *International Encyclopedia of the Social Science,* 1968. Vol. 15, p. 147. En este sentido, Marcos Kaplan señala, al analizar la actividad del Estado Liberal clásico que "el mismo crea y mantiene las estructuras de una economía de mercado. Hace respetar la propiedad individual y la libertad contractual. Favorece a ciertos grupos y a un sistema de distribución desigual de la riqueza y del poder, en detrimento de grupos y estratos subordinados o dominados. Prohíbe las coaliciones de trabajadores. Utiliza el pago de impuestos directos como criterio para el ejercicio de los derechos políticos". *V.* "Estado, dependencia externa y desarrollo en América Latina", en *Estudios Internacionales,* Santiago de Chile, número 2, 1968, p. 197. *Cfr.* Nicos Poulantzas, *Poder Político y Clases Sociales en el Estado Capitalista,* México, 1972, pp. 58 y ss.

265 *V.* G. de Ruggiero, *op. cit.,* p. 177. A pesar de la restauración de la Monarquía a la caída del Imperio a comienzos del siglo xix, la verdadera clase gobernante siguió siendo la burguesía, *cit.,* p. 158.

266 Maurice Bruce, en este sentido, ha señalado que "el perfecto Estado *laissez-faire* de hecho nunca existió". *V. The Coming of the Welfare State,* London, 1968, p. 13. Por su parte Gerhard Colm, también ha señalado que *"Laissez-faire,* hay que estar seguro, nunca llegó a tener realidad política". *V.* "Is economic planning compatible with democracy?", en Max Ascoli and Fritz Lehmann (ed.), *Political an Economic Democracy,* N.Y., 1937, p. 23.

267 *V.* sobre ésta Jean-Pierre Rioux, *La Revolution industrielle 1780-1880,* París, 1971. Así como la Revolución Francesa es obra de la burguesía, la revolución industrial también lo es, pp. 206 y ss.

Mundial en un estado benefactor de Derecho[268]. Los correctivos, en este sentido, no sólo se introdujeron en su sistema político-jurídico, sino en su contenido económico y social.

En el campo estrictamente jurídico, si bien la esencia del Estado de Derecho desde su nacimiento y frente al Estado Absoluto, ha sido la sumisión del Estado y de su Administración a la legalidad, la garantía de tal sumisión no ha sido siempre definitiva. En sus inicios, la separación de los poderes en Francia planteó en tal forma la no ingerencia de un poder en otro, que el poder judicial no pudo ser la garantía de los particulares para la sumisión de la Administración a la legalidad[269]. La evolución de la jurisdicción administrativa en Francia, como jurisdicción separada del orden judicial, correspondió entonces a la separación extrema de los poderes: si se trataba de juzgar a la Administración o a los administradores, fue necesario construir a través de un largo proceso, una jurisdicción propia, distinta y separada del Poder Judicial. En todo caso, la evolución durante todo el siglo pasado y el presente ha mostrado una creciente tendencia de sumisión del Estado a la legalidad y de la previsión de controles jurisdiccionales para ello, sea mediante jurisdicciones separadas del Poder Judicial, sea mediante la utilización de los órganos del Poder Judicial[270]; sumisión y control que ha provocado entre otros efectos, el propio nacimiento del Derecho Administrativo como rama autónoma de las ciencias jurídicas, fundamentalmente a partir de finales del siglo pasado. En todo caso, la lucha por la sumisión de la Administración Pública a la legalidad, conquista irreversible del Estado de Derecho, está todavía por materializarse completamente en América Latina. Bajo la influencia del Derecho francés, casi todos los países latinoamericanos han admitido, recientemente en este siglo, el control de la Administración a través de jurisdicciones contencioso-administrativas, generalmente integradas al Poder Judicial y, en general, la sumisión de todos los actos del Estado, además, al control de la constitucionalidad, desconocido en Francia y en la mayoría de los países europeos. En este sentido, quizá una de las características de los países latinoamericanos es la existencia de alguna forma de control de la constitucionalidad de las leyes y demás actos del poder público, llegándose a la consagración absoluta de la acción popular, como en el caso de Venezuela, o del recurso de amparo, como en el caso de México,

Otro de los correctivos a la fórmula original del Estado de Derecho se ha producido en la reformulación del principio de la separación de los poderes, y la vuelta a su concepción inicial de división del poder. En efecto, hemos señalado que a pesar de que el sistema inicial formulado por Montesquieu, de peso y contrapeso de las potestades del Estado, exigía como necesario que los mismos andarán de concierto,

---

268 En la formula inglesa esta forma equivaldría al *"Welfare State"*; y en la formula alemana al *"Wohlfaurststaat"*. *V.* Elias Díaz, *Estado de Derecho* y *Sociedad democrática*, Madrid, 1966. pp. 65 y ss.

269 La Ley de 16-24 de agosto de 1970 estableció expresamente que *"Les fonctions judiciaires sont et demeureront toujours séparées des fonctions administratives. Les juges no pourront pas, à peine de forfaiture troubler de quelque manière que ce soit les opérations des corps administratifs, ni citer devant eux des administrateurs pour raison de leur fonctions"*. La Ley del 16 Fructidor del año III, ratificó posteriormente que *"Défenses itératives sont faîtes aux tribunaux de connaître des actes d'administration, de quelque espèce* au'ils *soient, sous peines de droit"*. *V.* Jean Rivero, *Droit Administratif*, Paris, 1973, p. 129.

270 *V.* las referencias comparativas a los diversos sistemas de justicia administrativa en Jesús Gonzalez Pérez, *Derecho Procesal Administrativo*, Tomo primero, Madrid, 1964, pp. 191 y ss.

el esquema adoptado por la Revolución Francesa, no admitía la idea de la colaboración entre ellos. Esto quizá podía justificarse por la preocupación de limitar el poder y el temor de la vuelta al Antiguo Régimen, al absolutismo; pero en la actualidad, frente a las exigencias crecientes que plantea la Sociedad al Estado en cuanto a su intervención conformadora de la vida económica y social, es evidente que un esquema de conflicto permanente de poderes no es adecuado para la toma de decisiones que las sociedades contemporáneas exigen. De ahí las tendencias progresivas de establecer una mayor cooperación entre los poderes del Estado[271]. Por otra parte, frente a la primacía tradicional del Parlamento que la Constitución inglesa reconoció desde el siglo XVII y que la Revolución Francesa plasmó al establecer la superioridad de la Ley, también han surgido correctivos y tendencias que conllevan a la consagración en el mundo contemporáneo, de la primacía del Ejecutivo[272]. En éste, la búsqueda de un ejecutivo fuerte, planificador y conformador de la vida económica y social, condicionante de la Administración Pública contemporánea, es quizá otra de las características del Estado de Derecho actual; pero no de un ejecutivo incontrolado, por supuesto, sino aun cuando con mayor libertad de acción, con mayor control debido a su sumisión a la legalidad. De ahí todas las formas de legislación delegada que conoce el derecho actual y la ampliación de la potestad reglamentaria frente a una reducción del ámbito de la ley, como la que resultó de la Constitución francesa en 1958.

También en el campo estrictamente político, importantes correctivos se introdujeron a la fórmula original del Estado de Derecho, que cambiaron progresivamente la base de la representación popular. En el esquema vigente a comienzos del siglo pasado, y que perduró en muchos países hasta bien avanzado el presente siglo, la elección de los gobernantes no se realizó, como se dijo, mediante sufragio universal, sino a través de un sufragio restringido en el cual sólo eran electores los propietarios, terratenientes o los contribuyentes —esquema que recogen las Constituciones Latinoamericanas durante la primera mitad del siglo XIX—. La introducción, al contrario, del sufragio universal, directo y secreto desde la segunda mitad del siglo pasado, ha originado el proceso de igualitarismo que propugnaba Rousseau, contra el que reaccionaron los revolucionarios franceses.

En el ángulo administrativo, también surgen desde el inicio de la implantación del Estado de Derecho, algunos correctivos a la fórmula liberal que minimizaba la actuación del Estado y que teóricamente habría conducido a la reducción del aparato administrativo del Estado. En efecto, tal como lo observa E. García de Enterría, la fórmula liberal-burguesa del abstencionalismo estatal, no podía alojar en la estructura del Estado de Derecho, "a una Administración como la que el Estado Absoluto había erigido en su postrera fase y como la que hoy estamos habituados a cono-

---

271 Es de destacar que la Constitución de Venezuela de 1961 expresamente establece que "Cada una de las ramas del Poder Público tiene sus funciones propias; pero los órganos a los que incumbe su ejercicio colaborarán entre sí en la realización de los fines del Estado" (art. 118).

272 *V., por ejemplo,* P. M. Gaudemet, *Le Pouvoir Executive dans les Pays Occidentaux*, Paris, 1968, p. 110. Asimismo, véase W. J. Garshof van der Meersch, *La Primauté de l'Executif* (Rapport général au VII Congrès International de droit comparé, avec la collaboration de Luc-A. Sommerhausen, Bruxelles, 1966 (policopiado), 157 pp.

cer"[273]. La concepción liberal del Estado, como guardián de la libertad de los administrados, no podía teóricamente haber dado lugar a una Administración que actuaba por sí sola y a un derecho administrativo que no tenía por objeto la libertad de los individuos, sino la regulación mediante normas exorbitantes del derecho común, de la Administración del Estado. Sin embargo, la poderosa administración centralizada que legó el antiguo régimen a la Revolución[274] " no iba a ser desmantelada, sino que, al contrario, fue fortalecida —y la fuerza imperial evidentemente que jugó en ello el papel fundamental—, siendo el precio de esta "disidencia" con la ortodoxia revolucionaria, el sometimiento a la actuación de esa Administración al Derecho. Como lo dice E. García de Enterría, "el Derecho Administrativo, en conclusión, se nos aparece como el precio de una disidencia. Como el arbitrio con que la Revolución contrarresta el apartamiento sustancial que de su doctrina efectuaron los mismos poderes revolucionarios"[275]. Pero en todo caso, un derecho a cuyo sometimiento por la Administración Pública, no podía ser controlado por otro poder distinto al propio Poder Ejecutivo; de ahí la propia jurisdicción administrativa que se inicia con la creación del Consejo de Estado en Francia, por Napoleón. Esto provocó, indudablemente, el aún mayor fortalecimiento del aparato administrativo del Estado, cuya también autonomía y separación frente al Poder Legislativo, va a originar la posibilidad de que el ejecutivo cree su propio derecho objetivo mediante los reglamentos[276]. Esta administración poderosa y centralizada va a ser en todo caso, el instrumento de la Revolución para la implementación de sus postulados: la eliminación de los privilegios y prerrogativas en manos de particulares mediante su transferencia al Estado, única forma de garantizar la igualdad propugnada por los postulados constitucionales[277].

Ahora bien, esta Administración poderosa y centralizada que se fortalece con la Revolución Francesa, si bien en sus inicios, como garantía de la igualdad y la libertad económica y bajo el dogma del liberalismo, va a prescindir de toda interferencia en la vida económica, tan pronto comienza a cambiar el basamento económico y social del Estado Liberal-Burgués de Derecho, será el instrumento ya establecido, para que el Estado inicie su proceso de intervención en la vida económica y social al declinar el *laissez-faire*. Antes de ello, sin embargo, y dentro de la pura ortodoxia liberal, al corresponder al Estado la tarea de establecer las condiciones necesarias para el ejercicio óptimo de la libertad económica y mantener la situación de competencia, así como el promover actividades, en forma subsidiaria, cuando su realización por los particulares no fuera rentable, el instrumento para ello va a ser esa Administración. Surgen así en Europa las Administraciones de "fomento" cuya función

---

273 *V.* E. García de Enterría, *Revolución Francesa y Administración Contemporánea*, Madrid, 1972, p. 31. "La idea de la Administración, como su accesoria, la del Derecho Administrativo, quedan así al margen de la concepción política que va a actuar la Revolución", *op. cit.*, p. 34.

274 *V.* Alexis de Tocqueville, *L'Ancien Régime* (ed. G. W Headlam), Oxford, 1965, p. 41, donde afirma que la centralización administrativa es realmente una institución del Antiguo Régimen —la sola parte de su constitución que sobrevivió— y no la obra de la Revolución o del Imperio como se apreciaba en su época.

275 *V.* E. García de Enterría, *op. cit.*, p. 40.

276 En este sentido, E. García de Enterría señala que "La autonomía del Ejecutivo lleva, pues, a la idea de un poder reglamentario general inherente al mismo, idea rigurosamente contraria al principio de la división de los poderes", *op. cit.*, p. 55.

277 *V.* las referencias a Tocqueville, quien describe este proceso, y los interesantes comentarios y conclusiones de E. García de Enterría, *op. cit.*, pp. 56 y ss.

particular, va a ser "la transformación positiva de las condiciones tácticas y morales que hacen posible la vida en sociedad, persiguiendo el bienestar o la felicidad terrena" (sanidad, educación, caminos, industrias, canales, colonización, comunicaciones)[278], y que darán origen en España a un Ministerio de Fomento, cuyo nombre e institución se extienden por todos los países latinoamericanos[279]. Pero quizá el elemento de mayor importancia en la transformación sucesiva del aparato administrativo del Estado, y la configuración posterior del Derecho Administrativo, se produce en el campo económico y social.

En efecto, puede decirse que el principio de la libertad concebida negativamente frente al Estado, y que lo configura como un Estado no interventor (Estado Abstencionista), base del Estado Liberal, y que en el campo económico es reflejo del dogma del *laissez-faire*, va a cambiar radicalmente a partir del momento en que se comienzan a admitir los derechos sociales, como derechos de la persona humana, superándose el monopolio de las libertades que ejercían los derechos económicos y políticos. Con razón se ha dicho, por tanto, que la quiebra del liberalismo clásico se inicia al consagrarse en los sistemas jurídicos de los Estados Occidentales, los derechos sociales: la promoción de estos requería y requiere, en el campo económico, no la abstención sino la intervención del Estado[280]. Un sistema económico basado en la consagración de la propiedad privada y su santidad, y en los beneficios de la absoluta libertad en la vida económica, evidentemente que no pudo conciliarse con el nacimiento de los derechos sociales, para cuya promoción y protección, precisamente, había que comenzar por cuestionar la propia propiedad y la libertad económica, y moldearlas conforme a los nuevos principios de interés social o de justicia social, en cuyo nombre aquellos derechos podían, inclusive, ser extinguidos. De ahí las instituciones ya tan clásicas, de la expropiación por causa de utilidad social o de los servicios públicos. En todo caso, la irrupción de la cuestión social en todo el panorama del liberalismo económico, ha planteado el conflicto entre individualismo y socialismo, y en el camino entre esos dos extremos, se encuentran la mayoría de las sociedades contemporáneas. El mismo dogma de la subsidiariedad del Estado en el campo de las actividades económicas ya no es hoy la piedra angular de su actuación, y el remedio frente a la desigualdad provocada por el liberalismo económico, o si se quiere, por el sistema económico que basa toda actividad en este campo en la propiedad privada de los medios de producción (capitalismo); ha sido la total o progresiva apropiación de dichos medios por el Estado, como mecanismo para redistribuir la riqueza y superar la injusticia social. Así como la igualdad propugnada por la Revolución Francesa, como lo señalaba Tocqueville, provocó la transferencia de los privilegios y prerrogativas contra los cuales se luchaba, al Estado, para, mediante esta concentración fuera de las manos de particulares, asegurar la igualdad de todos[281]; asimismo, en el mundo contemporáneo está planteada la concentración de las actividades económicas en manos del Estado o su estrecha regulación y control por éste, como mecanismo para asegurar la justicia social y la redistribución de la rique-

---

278 *V.* E. García de Enterría, *op. cit.*, p. 88.

279 En Venezuela, el Ministerio de f omento creado en 1863, aún existía en 1974.

280 *V.* A. Passerin d'Entrèves, *op. cit.*, p. 207.

281 *V.* las referencias a Tocqueville en E. García de. Enterría, *op. cit.*, pp. 62 y ss.

za [282]. De un capitalismo liberal, si se quiere, se ha ido marchando hacia un capitalismo de Estado, cuyas formas más completas en la actualidad, son las de los países socialistas en los cuales, a pesar del dogma marxista, el Estado no ha sido eliminado, ni lo será [283]

Pero aun antes de la intervención activa del Estado en la economía por la apropiación progresiva de éste de los medios de producción, sobre todo después de la Segunda Guerra Mundial, la presión de las injusticias sociales derivadas de la revolución industrial, comenzaron a cambiar la faz de aquel Estado neutral de comienzos del siglo XIX. El Estado, durante todo el siglo pasado comenzó a configurarse como un Estado de servicios y particularmente de servicios sociales[284], lo cual condujo a la posterior formación del Estado de Bienestar (*Welfare State*), particularmente en Inglaterra. En este país, a partir del mismo momento de la aprobación de la Ley de los Pobres en 1834, como consecuencia de la situación de pobreza urbana derivada del desarrollo industrial bajo el dogma liberal, se inicia un largo proceso en el cual la administración social va a jugar un papel de primera importancia; proceso que se consolida en 1948 con el establecimiento del *National Health Service*[285]. El *Welfare State* en este sentido, fue la respuesta práctica de Inglaterra a los problemas prácticos provocados por el desarrollo industrial y el advenimiento de la sociedad de masas[286]; y como respuesta pragmática al fin, no fue consecuencia de un proceso planificado, sino la consecuencia de un largo proceso de acumulación de remedios sociales a problemas específicos que alcanzó tal magnitud, que transformó la concepción total de la responsabilidad gubernamental[287]. Pero antes de la consolidación del Estado de Bienestar en la postguerra, a la cual hay que hacer coincidir el proceso de nacionalizaciones de sectores claves de la economía llevados a cabo particularmente en Francia e Inglaterra[288], la intervención estatal en la vida económica y social todavía se

---

282 En este sentido, W. A. Robson ha señalado que no sólo debe haber una libertad frente al Estado, sino también una libertad que se logra a través del Estado en la forma de oportunidades de propio desenvolvimiento dado a todos los individuos. *V.* William A. Robson, *The Welfare State* (L. T. Hobhouse, Memorial Trust Lectures, N° 26), London, 1957, p. 12, recopilado en 1962 en *Hobhouse Memorial Lectures,* 1951-1960, London, 1962, pp. 26-12.

283 *Cfr.* Gunnar Myrdal, *Beyond the Welfare Slate,* London 1961, p. 5.

284 *Cfr.* K, Mannheim, *Freedom, Power and Democratic Planning,* London, 1968, p. 112.

285 *V.* Maurice Bruce (ed.). *The Rise of the Welfare State. English Social Policy 1601-1971,* London, 1973, pp. 1; 7 y ss.; y 50 y ss. y Richard M. Titmuss, *Essays on "The Welfare State",* London, 1969, pp. 136 y ss.

286 *V.* Maurice Bruce, *The Coming of the Welfare State, cit.,* p. 30. *V.* además, D. L. Hobman, *The Welfare State,* 1953. Entre las características del *Welfare State* en Inglaterra están las siguientes medidas de carácter social: garantía de ingreso mínimo (salarios, seguro social, asistencia); protección social (seguro social); especial protección a los niños (salario familiar, asistencia); servicios de salud y de educación; y servicios de bienestar (vivienda, abastos, nutrición, etc.).

287 *V.* Maurice Bruce, *The Coming of the Welfare State, cit.,* p. 13. *Cfr.* Gunnar Myrdal, *op. cit., p. 45.* William A. Robson, señala que la concepción del Welfare State conlleva una radical transformación de la sociedad liberal-capitalista del siglo xtx en relación al ámbito de las políticas del Estado y al carácter de su acción. *V.* A. Robson, *op. cit.*, p. 3.

288 *V.* en general William A. Robson, *Nationalized Industry and Public Ownership*, London, 1960; *Industria Nacionalizada y Propiedad Pública* (ed. española), Madrid, 1964; y la obra colectiva *Les Nationalisations en France et a l'etranger*, París, 1958. *Cfr.* los comentarios sobre los diversos gobiernos reformistas europeos en R. Miliband, *El Estado en la Sociedad Capitalista*, México, 1971, pp. 94 y ss.

consideraba como subsidiaria a la actividad de los particulares. El mismo Keynes, a cuyas concepciones se atribuye la formación de la economía de bienestar[289], en su famoso panfleto *"The End of Laissez-faire"*, en realidad no planteaba el fin del liberalismo, sino como dice Roll, la sola modificación de la "Agenda" del Estado[290] al retomar mucho de la política Mercantilista sepultada por el liberalismo[291]. En dicha publicación Keynes señalaba que *"The most important Agenda of the State relate not to those activities which private individuals are already fulfilling, but to those functions which fall outside the sphere of the individual, to those decisions which are made by no one if the State does not make them. The important thing for government is not to do things which individuals are doing already, and to do them a little better or a little worse; but to do those things which at present are not done at all"* [292]. Pero a pesar de la tesis de la subsidiariedad que todavía se evidencia de esta posición original de Keynes, el fin de *laissez-faire*, evidentemente que estaba llegando definitivamente; y ello lo van a confirmar los acontecimientos de la postguerra y las nacionalizaciones.

En la actualidad, por tanto, después del reconocimiento progresivo y el otorgamiento formal de la primacía de los derechos sociales de los ciudadanos, el Estado se ha ido configurando progresivamente en el ente conformador de la realidad económica y social, y de allí la denominación de Estado Benefactor de Derecho, en sustitución de la de Estado Liberal-Burgués de Derecho de comienzos del siglo xix. Ambos tienen la forma jurídica de Estado de Derecho (sumisión a la ley), pero el derecho en ellos juega un papel esencialmente diferente: en el segundo, el derecho establece sólo libertades y garantiza su ejercicio; el primero, limita esas libertades tradicionales, para garantizar el bienestar y la justicia social, y el supremo responsable de ello, no son los particulares en el libre juego del mercado y de la economía, sino el Estado, con todos sus poderes. Ciertamente, el Estado contemporáneo se ha ido convirtiendo en un nuevo *Leviathan*[293] con un nuevo Mercantilismo como política económica[294], en el cual la riqueza de las naciones no es ya la acumulación de metales preciosos, sino el bienestar social de los hombres; por tanto, con una nueva

---

289 *Cfr.* R. Srinivasan, "The Welfare State in Britain and in USA", en S. O. Aiyar (ed,), *Perspectives on the Welfare State*, *cit.*, p. 91; *v.*, en general, M. J. Farrel (ed.), *Readings in Welfare Economics*, London, 1973.

290 *V.* Eric Roll, *A History of Economic Thought*, London, 1954, p. 482.

291 *V.* las referencias a la posición de J. M. Keynes y el Mercantilismo, en Eli F. Heckscher, *Mercantilism*, London, 1955, Vol. II, pp. 340 y ss.

292 *V.* John M. Keynes, *op. cit.*, pp. 46 y 47.

293 Así lo expresa R. M. Mac Iver, *Leviathan and the people*, London, 1939, p. 5.

294 La apreciación surge de la influencia de la política mercantilista en la doctrina de J. M. Keynes. *Cfr.* Eli F. Heckscher, *op. cit.*, Vol. II, pp. 340 y ss.

razón de Estado: el desarrollo económico y social de la sociedad[295]; y con una nueva técnica: la planificación[296].

Pero este nuevo *Leviathan* exige, por supuesto, para que no se convierta en un Estado totalitario o fascista, que la democracia como régimen político, que surgió con el liberalismo, también se transforme. No se trata de que con el fin del *laissez-faire* se produce el fin de la democracia, como todavía hay quien pueda pensar por la peligrosa identificación que interesadamente se hizo de la democracia con la idea de liberalismo[297], sino que al contrario, el fin del *laissez-faire*, es la pieza esencial que faltaba para hacer posible una real democracia económica y social, sin perderse la democracia política; y precisamente es el Estado la única entidad capaz de garantizar y hacer posible esa democracia económica y social, mediante su operación por los mismos beneficiarios de ésta, a través de la democracia política.

En efecto, a pesar de la identificación que con frecuencia se ha formulado entre democracia y liberalismo, lo cierto es que aquélla no surgió con éste, pues como hemos visto, las modalidades de su ejercicio político en la elección de representantes, se efectuó inicialmente mediante mecanismos de sufragio restringido. Sólo fue entonces a partir de la segunda mitad del siglo pasado, paralelamente a los primeros movimientos sociales, cuando se inicia el proceso de "democratización" de la democracia política, al permitirse el acceso a los procesos electorales de todos los ciudadanos sin distingos de carácter económico. Sin embargo, la experiencia de las últimas décadas ha demostrado lo insuficiente de dicha democratización, así como cuán largo todavía es el camino que queda por recorrer, sobre todo por la corrupción de muchas democracias contemporáneas por el surgimiento de los grupos de intereses particulares, como parte importante de la filosofía liberal[298]. Por otra parte, los sistemas políticos establecidos para operar el sufragio universal, en muchos casos también han conspirado contra la propia democracia. Esto ha sucedido en América Latina, por ejemplo, con los sistemas electorales minoritarios que todos nuestros países han utilizado, con la sola excepción de México, y que han conducido en la realidad a situaciones alejadas de la democracia, por la imposibilidad de que de su aplicación, surjan gobiernos mayoritarios, y al contrario, han surgido gobiernos minoritarios originados por la atomización progresiva del poder político, produciéndose el consecuencial descrédito de las propias instituciones democráticas. En este sentido, en la búsqueda de una efectiva democratización de los procesos políticos y electorales, a

295 Tal como S. P. Aiyar lo indica, se trata de la utilización de la maquinaria del Estado para el mantenimiento del pleno empleo, la provisión de servicios médicos y sociales y la redistribución de la riqueza a través de políticas fiscales y de otro orden en la búsqueda de un mayor igualitarismo. *V.* S. P. Aiyar, Introducción en el libro que editó, *Perspectives on the Welfare State, cit.*, pp. XV y XVI.

296 Es cierto, como lo señala Lowi, que los gobiernos liberales no pueden planificar. La planificación requiere del uso de la autoridad y de la Ley. *V.* Theodore J. Lowi, *The end of Liberalism. Ideology, Policy, and the crisis of Public Authority.* N.Y. 1969, p. 101.

297 Debido a la frecuente confusión entre liberalismo y democracia (democracia liberal), el problema de si con el fin del *laissez-faire* se produce también el fin de la democracia, no ha cesado de preocupar. *Cfr.* Gerhard Colm, "Is Economic Planning Compatible with Democracy?", *loc. cit.*, pp. 34 y ss, R. M. Mac Iver, *op. cit.*, p. 166.

298 *V.* sobre esto Theodore J. Lowi, *op. cit.*, pp. 287 y ss. *Cfr.*, además los interesantes análisis del papel que han jugado en el Estado de Bienestar los grupos económicos dominantes, en R. Miliband, *op. cit.*, pp. 50 y ss.

través de efectivos mecanismos mayoritarios de real participación popular, está uno de los instrumentos para la futura consolidación en América Latina del Estado de Bienestar como un efectivo Estado Democrático y Social de Derecho, es decir, está la clave de que el nuevo *Leviathan* tendrá siempre su "razón de Estado" en el logro del bienestar y de la justicia social. Pero no basta con la democratización de los procesos políticos, sino que también se exige, a través de ellos, la democratización de los derechos económicos y sociales, y la democratización del mismo derecho.

En efecto, si bien en América Latina es clara la evolución constitucional que consagra los derechos sociales y limita los derechos económicos por razones de interés social, es claro también que los beneficios de ese proceso todavía no han llegado realmente a toda la población, y al contrario, la explosión demográfica y el proceso de urbanización y marginalización, muestran un avance relativamente pequeño en el proceso educativo, en el control de las enfermedades, en la asistencia y protección social, y en la reducción relativa del desempleo. Al Estado formalmente estructurado como Estado Benefactor o Estado Social, es necesario convertirlo efectivamente en el instrumento para la democratización de la economía, de manera que los beneficios de ella, se distribuyan a toda la población, fundamentalmente en servicios sociales. Este es el reto que tienen planteados los países en vías de desarrollo del mundo actual, y en particular, los países latinoamericanos; y este reto, es el que le da un sentido y significado completamente distinto a las técnicas económicas y administrativas que pueden utilizarse para asumirlo, como por ejemplo, la planificación, cuando se compara su aplicación en los países altamente industrializados o en los países en vías de desarrollo; en aquéllos es una técnica aplicada con posterioridad al desarrollo, logrado en situaciones de injusticia social y sin democracia, tal como se caracterizó el proceso durante el siglo pasado, en dichos países; al contrario, en los países subdesarrollados, la planificación es previa al desarrollo, y como técnica, busca crear las condiciones para hacerlo viable[299].

Pero no sólo se exige un proceso de democratización política, económica y social para que el Estado Democrático y Social de Derecho adquiera real significación, sino que inclusive, el mismo derecho al cual ha de someterse el Estado, ha sido objeto de un proceso de democratización y debe serlo con mayor fuerza en el futuro. El Derecho Administrativo en esta forma, adquiere por tanto una nueva perspectiva: se trata de una rama del derecho público cuyo objeto es la regulación de la organización, funcionamiento y actividad de un Estado cuyo papel está muy lejos de corresponder a una abstención, y al contrario, es esencialmente interventor y conformador de la vida económica y social. El contenido del Derecho Administrativo, por tanto, varía totalmente ante esta perspectiva, y adquiere en este sentido su verdadera caracterización: es un instrumento de la acción política del Estado, pero un instrumento que regula y limita su actuación, al proteger y garantizar los derechos de los particulares especialmente los de orden social[300]. Estos, como consecuencia de la protección, tienen la posibilidad de controlar la sumisión al derecho de las actuaciones de la Administración, en lo que está la esencia jurídica del Estado de Derecho. Pero

299 *Cfr.* Gunnar Myrdal, *op. cit.*, pp. 88 y ss.

300 En este sentido, como lo señala Gladden, si el futuro de la Administración Pública depende del futuro del Estado, ello también puede aplicarse al Derecho Administrativo. *V.* E. N. Gladden, *A History of Public Administration*, Vol. II. London, 1972, p. 392.

inclusive, en este campo estrictamente jurídico, está planteada la necesidad de que se produzca un proceso de democratización del propio derecho o del ejercicio de los controles jurisdiccionales de la acción del Estado, pues en la realidad y sobre todo en los países latinoamericanos, muchos los ignoran, muy pocos los ejercen, y en los pocos casos en que se producen, la efectividad de los mismos es relativa, debido a la lentitud de los procesos. Los recursos jurisdiccionales por otra parte, a pesar de su relativa efectividad, todavía siguen siendo ejercidos por minorías generalmente de carácter económico. Por ello, frente al reto de la consolidación de un Estado Democrático y Social de Derecho, en el esquema formal del Estado de Bienestar de Derecho debe incorporarse un proceso de democratización del control judicial de la Administración, de manera que la sumisión de ella a la legalidad sea efectiva y pueda exigirse su responsabilidad por todas las actuaciones que lesionen ilegítimamente los derechos económicos y sociales.

Paradójicamente, entonces, la búsqueda de nuevas formas institucionales capaces de llevar a los países latinoamericanos hacia un rápido proceso de desarrollo económico, con todas sus implicaciones, consiste, sin más en la búsqueda de una efectiva democracia jurídica, política, económica y social. Esta democracia, actualmente, existe —cierto—, pero como fórmula —democracia formal—, y ella se ha identificado como mecanismo de protección a la democracia occidental. Sin embargo, no pasa, tanto en los países latinoamericanos como en muchos países altamente desarrollados, de ser una fórmula que todavía exige la búsqueda de un contenido[301]. La determinación de este contenido —democracia participativa— desde todos los puntos de vista planteados —económico, político, jurídico y social—, y la configuración del Estado como un Estado Democrático y Social de Derecho, es ciertamente, el reto que hoy tienen nuestros países en el proceso de transformación institucional que deben sufrir; de lo contrario sólo podremos seguir hablando en el futuro de la ilusión de la democracia[302] pero no de su real existencia o posibilidad.

Ahora bien, frente a las exigencias del proceso de desarrollo latinoamericano tal como se han señalado anteriormente, no sólo surge como evidente la incongruencia de las instituciones actuales del Estado venezolano con las que requiere un Estado Democrático y Social de Derecho, sino que dicha incongruencia también se manifiesta frente al papel del Estado Benefactor de Derecho que pretende existir en la actualidad.

---

301 *Cfr.* R. Miliband, *op. cit.*, pp. 256 y ss.; Elías Díaz, *op. cit.*, pp. 89 y ss.

302 La expresión es de J. A. Silva Michelena, *The Illusion of Democracy in Dependent Nations.* Cambridge (Mass.), 1971, Por supuesto que en el mundo occidental altamente desarrollado, algunas veces el enfoque en relación a la democracia y su papel, es distinto. Por ejemplo, John Plamenatz, al criticar a los que hablan de la ilusión de la democracia cuando no sirve para maximizar la satisfacción de necesidades o la consecución de fines, argumenta que no debe haber un concepto utilitario de la democracia. Defiende la democracia, como un sistema formal en el cual los gobernantes son políticamente responsables ante los ciudadanos. *V.* J. Plamenatz, *Democracy and Illusion. An examination of certain aspects of modern democratic theory,* London, 1973, pp. 181 y ss.

EVOLUCIÓN DEL ESTADO DE DERECHO

	Estado Liberal Burgués de Derecho	*Estado Social de Derecho (Welfare State)*	*Estado Democrático Social de Derecho*
Aspecto Jurídico	—Sometimiento del Estado a la legalidad burguesa.	—Sometimiento del Estado a la legalidad social.	—Democratización del Derecho (Democracia jurídica).
Aspecto Político	—Preeminencia del Parlamento. —Restricción del sufragio a la burguesía —Automatización del poder.	—Primacía del Ejecutivo —Ampliación y universalización del sufragio	—Democratización política (Democracia política) —Participación popular —Concentración del poder
Aspecto Social	—Garantías de los derechos de la burguesía.	—Consagración de los derechos sociales.	—Democratización de los derechos sociales (Democracia social)
Aspecto Económico	—Abstencionismo del Estado —Liberalismo económico	—Intervencionismo del Estado (Estado conformador de la vida económica y social). —Economía de Bienestar.	—Democratización de la economía (Democracia económica). —Capitalismo de Estado Socialismo

En efecto, puede decirse en general que las instituciones políticas, administrativas y jurídicas actualmente existentes en los países latinoamericanos, no sólo no se corresponden con las exigencias del proceso de desarrollo, sino que muchas veces lo frenan. Dichas instituciones en general, son incongruentes con las exigencias de un Estado intervencionista Democrático y Social de Derecho, y es precisamente esa incongruencia la que caracteriza el aspecto institucional del desarrollo latinoamericano: unas sociedades en el umbral del desarrollo con unas instituciones que no le facilitan la entrada al mismo[303].

Para que el proceso de desarrollo sea entonces viable en América Latina, nuestros países tienen que hacer un tremendo esfuerzo de transformación ele sus instituciones para convertirlas en agentes de cambio y a través de ella, permitir al Estado jugar su papel de agente estratégico del desarrollo; v dicha transformación debe realizarse simultáneamente, en los tres órdenes (político, administrativo y jurídico) teniendo en cuenta sus interrelaciones; de lo contrario no sólo no producirá los efectos queridos, sino que muy posiblemente originará frustración[304].

303 *Cfr.* la referencia al caso institucional latinoamericano en R. Miliband, *op. cit.*, p. 260.

304 En este sentido, como observa L. Pye, las solas leyes no pueden producir el cambio ni siquiera cuando las transformaciones del sistema jurídico están acompañadas de la modernización de las instituciones administrativas: es necesario cambiar asimismo las instituciones políticas de manera de convertirlas re-

Ahora bien, al querer examinar la cuestión institucional del desarrollo latinoamericano en base a lo expuesto en los capítulos anteriores sobre las exigencias del proceso de desarrollo y la necesaria estructuración del Estado Democrático y Social de Derecho, en los capítulos sucesivos que conforman las tres partes restantes de este estudio, analizaremos las situaciones y transformaciones requeridas en las instituciones políticas (Segunda Parte), administrativas (Tercera Parte) y jurídicas (Cuarta Parte), para su conversión en efectivos instrumentos de cambio y desarrollo, o si se quiere, para cambiar su condición de obstáculos al desarrollo y las modalidades de su transformación. El análisis, si bien teniendo en cuenta en lo posible el ámbito latinoamericano, lo haremos partiendo del estudio de las instituciones venezolanas.

SECCIÓN SEGUNDA: EL CAMBIO EN LAS INSTITUCIONES POLÍTICAS

CAPÍTULO 6. EL ESTADO VENEZOLANO EN EL SIGLO XIX: EL CAUDILLISMO REGIONAL-FEDERALISTA

Anteriormente hemos destacado la importancia que tiene la cuestión institucional en el estudio del proceso de desarrollo en América Latina, he insistido en el papel estratégico que juegan las instituciones políticas, administrativas y jurídicas de un país determinado en el logro de los objetivos de la sociedad. En este sentido, hemos señalado además, que los logros que puedan alcanzarse por los países latinoamericanos ante el reto que plantea su incorporación a un proceso de desarrollo acelerado en este último tercio del siglo XX, dependerán de la existencia o establecimiento en los mismos, de un sistema institucional adecuado a dichos objetivos. Con instituciones políticas, administrativas y jurídicas adecuadas y orientadas deliberadamente a la conducción de una sociedad hacia un proceso de desarrollo, los objetivos que éste implica podrán ser alcanzados al contrario, con un aparato institucional inadecuado o insuficiente, los objetivos de desarrollo muy difícilmente podrán ser alcanzados. Las instituciones políticas, administrativas y jurídicas de un país, por tanto, frente a las exigencias del desarrollo, pueden jugar el principal papel de agentes o instrumentos para su satisfacción, o al contrario, pueden constituir los obstáculos fundamentales para lograr los objetivos que aquel proceso implica.

Ahora bien, este doble carácter que puede tener el sistema institucional de un país frente al proceso de desarrollo, quizá resulta con mayor claridad del estudio de sus instituciones políticas y del papel que efectivamente juegan en el logro de los objetivos de la sociedad, lo que ha traído como consecuencia, que se haya hablado sobre las condiciones, bases o pre requisitos políticos para el desarrollo[305].

Formalmente, puede decirse que el objetivo fundamental del Estado en los países latinoamericanos es el logro de niveles de desarrollo económico y social en el ámbito nacional y regional que les permitan sobrevivir y participar en la revolución tec-

---

almente en las vías de expresión de las necesidades populares. *V.* Lucian Pye, "Law as a source of both instability and rigidity", en Lucian W. Pye, *Aspects of Political Development,* 1966, p. 125.

305 *V.,* por ejemplo, S. M. Lipset, *Political Man,* 1960, especialmente el capítulo II; H. V. Wiseman, *Political Systems, Some Sociological Approaches.* London, 1966, especialmente el capítulo 6; Robert T. Holl and John E. Turner, *The Political basis of economic development. An exploration in comparative Political Analysis,* N. Y., 1966.

nológica y postindustrial, y dicho objetivo inclusive ha sido plasmado claramente en las Constituciones de nuestros países. Si se quiere, las últimas décadas han marcado un claro proceso de "constitucionalización del desarrollo" como objetivo de las sociedades latinoamericanas, y del papel del Estado y sus instituciones, como instrumentos para su logro[306]. Ciertamente que la realización concreta de los objetivos de desarrollo económico y social que la Constitución establece, corresponden a las instituciones administrativas (administración del desarrollo) conforme a determinadas instituciones jurídicas (regulación del desarrollo); sin embargo, el establecimiento de una Administración Pública que, como instrumento, esté destinada en su actividad al logro de los objetivos del proceso de desarrollo y el establecimiento de leyes adecuadas a los postulados constitucionales, es responsabilidad de las instituciones políticas. De ahí la importancia que tiene, frente a la concreción real y efectiva de los constitucionalizados objetivos de desarrollo, el estudio de las instituciones políticas y la determinación del papel que las mismas juegan en la consecución de aquellos. Dicho análisis deberá conducirnos a la determinación del real carácter de agentes y obstáculos al proceso de desarrollo que las instituciones políticas tienen en los países latinoamericanos y, en particular Venezuela, y la determinación de las transformaciones que deben sufrir, para hacer posible la estructuración de un Estado Democrático y Social de Derecho que los textos constitucionales buscan consagrar. Antes, sin embargo, será indispensable realizar una rápida visión de la conformación histórica de las instituciones políticas actuales de Venezuela, para luego de fijar los contornos de su situación actual, plantear el sentido de las transformaciones que requieren.

La conformación histórico-política de América Latina se ha realizado a través de un largo período de más de siglo y medio; período que separa en la actualidad, a nuestros países, de la ruptura política con España y durante el cual una accidentada vida política, económica y social nos ha caracterizado. Por tanto, los países latinoamericanos y en particular Venezuela, a pesar de que puedan considerarse dentro del

---

306 El caso de la Constitución venezolana de 1961 es quizá uno de los ejemplos característicos de este proceso, al destacar entre los diversos principios programáticos establecidos en su *Preámbulo* y que motivan el mismo texto constitucional, los de "...Proteger y enaltecer el trabajo, amparar la dignidad humana, promover el bienestar general y la seguridad social; lograr la participación equitativa de todos en el disfrute de la riqueza, según los principios de la justicia social, y fomentar el desarrollo de la economía al servicio del hombre; mantener la igualdad social y jurídica, sin discriminaciones derivadas de razas, sexo, credo o condición social... [y] ... sustentar el orden democrático como único e irrenunciable medio de asegurar los derechos y la dignidad de los ciudadanos..." Con base en dichos principios, el mismo texto constitucional establece expresamente en 23 artículos una larga gama de derechos sociales, responsabilizando al Estado por el efectivo logro de los mismos por los habitantes del país, y consagra en el campo de los derechos económicos disposiciones de la siguiente naturaleza: "El régimen económico de la República se fundamentará en principios de justicia social que aseguren a todos una existencia digna y provechosa para la colectividad. El Estado promoverá el desarrollo económico y la diversificación de la producción, con el fin de crear nuevas fuentes de riqueza, aumentar el nivel de ingresos de la población y fortalecer la soberanía económica del país" (artículo 95); "El Estado podrá reservarse determinadas industrias, explotaciones o servicios de interés público por razones de conveniencia nacional y propenderá a la creación y desarrollo de una industria básica pesada bajo su control" (artículo 97): "El Estado protegerá la iniciativa privada sin perjuicio de la facultad de dictar medidas para planificar, racionalizar y fomentar la producción, y regular la circulación, distribución y consumo de la riqueza, a fin de impulsar el desarrollo económico del país" (artículo 98), y "Se garantiza el derecho de propiedad. En virtud de su función social la propiedad estará sometida a las contribuciones, restricciones y obligaciones que establezca la Ley con fines de utilidad pública o de interés general" (artículo 99).

grupo de los países subdesarrollados o en vías de desarrollo del mundo actual, no pueden ser clasificados dentro de la misma categoría de las naciones nuevas de Asia o África, cuyo proceso de construcción nacional e institucional, consecuencia de la reciente descolonización, se ha comenzado a producir en las últimas décadas. La independencia de los países latinoamericanos de la metrópoli española se selló en forma definitiva a principios del siglo XIX y las primeras Constituciones políticas latinoamericanas datan de 1811, es decir, de muy pocos años después de la independencia de Norteamérica de la metrópoli inglesa.

En esta forma, la historia política de Venezuela[307] como nación independiente, así como en general, la historia política de toda América Latina, puede decirse que comienza el 19 de abril de 1810 cuando el Cabildo o Ayuntamiento de Caracas, al transformarse en una "Suprema Junta Conservadora de los Derechos de Fernando VII en las Provincias de Venezuela" desconociendo la autoridad de la Regencia española y reconociendo la autoridad del Rey, asume automáticamente el gobierno de la Provincia[308]. Lo que aparentemente constituyó en sus inicios una reacción local, de una de las colonias de España, contra las acciones napoleónicas en la metrópoli española, pronto constituyó realmente la primera manifestación de independencia de España en las provincias coloniales americanas, lo cual días después (27 de abril) se comunicaría a todos los Ayuntamientos de América invitándolos "a la grande obra de la confederación americana-española"[309].

El movimiento revolucionario iniciado en Caracas en 1810, indudablemente que siguió los mismos moldes de la Revolución Francesa y tuvo además la inspiración de la Revolución Norteamericana. En esta forma, así como la Revolución Francesa fue una revolución de la burguesía, asimismo, la revolución de independencia en Venezuela y en el resto de la América Latina, fue una revolución de la nobleza u oligarquía criolla, la cual al igual que el Tercer Estado en Francia, constituía la única fuerza activa nacional[310]. Inicialmente entonces, la revolución de independencia en Venezuela fue el instrumento de la aristocracia colonial, es decir, de los blancos o mantuanos para reaccionar contra la autoridad española y asumir el gobierno de las tierras que habían sido descubiertas, conquistadas, colonizadas y cultivadas por sus

307 Una vez más aquí, el caso de Venezuela es resaltante y contradictorio: fue el primer país latinoamericano en proclamar su independencia política en 1810 y sus líderes políticos y militares lo fueron también de gran parte de la América Latina, correspondiendo a Simón Bolívar, por ejemplo, el título de Libertador no sólo de su tierra natal, Venezuela, sino de Colombia, Ecuador, Perú y Bolivia, y, sin embargo, ha sido quizá uno de los países latinoamericanos más dependientes económicamente de la política norteamericana por ser un país monoproductor y monoexportador de petróleo; fue el primer país de América Latina en proclamar la democracia como base de su régimen político en 1811, pero ha sido el país que menos ha disfrutado de la democracia en toda su historia política hasta 1958; fue el primer país de América Latina en tener Constitución Política en 1811, pero ha sido el país de América Latina que más Constituciones ha tenido en toda su historia política, siendo la de 1961, actualmente vigente, dejando a salvo la de 1830, la que más años de duración ha tenido.

308 *V.* El acta del Ayuntamiento de Caracas del 19 de abril de 1810, en José Gil fortoul, *Historia Constitucional de Venezuela*, tomo I, *Obras completas*, Vol. I. Caracas, 1953, pp. 204 y ss.; asimismo en Pablo Ruggieri Parra, *Historia Política y Constitucional de Venezuela*, tomo I, Caracas, 1949, pp. 75 y ss.

309 *V.* José Gil Fortoul, *op. cit.*, tomo I, p. 209.

310 *Cfr.* José Gil Fortoul, *op. cit.*, tomo I, p. 200; Pablo Ruggieri Parra, *op. cit.*, tomo I, p. 31.

antepasados[311]; no se trató por tanto, inicialmente, como revolución política, de una revolución popular, pues los pardos a pesar de constituir la mayoría de la población, apenas comenzaban a ser admitidos en los niveles civiles y sociales, como consecuencia de la Cédula de "Gracias al Sacar" en vigencia a partir de 1795 y que con toda la protesta de los blancos, les permitía a aquéllos adquirir, mediante el pago de una cantidad de dinero, los derechos reservados hasta entonces a los blancos notables[312].

Por ello, teniendo en cuenta la situación social preindependentista, indudablemente que puede calificarse como un hecho "insólito", como lo hace Gil Fortoul, el que en el Ayuntamiento de Caracas transformado en "Junta Suprema", se le hubiera dado representación no sólo a estratos sociales extraños al Cabildo como los representantes del clero y los denominados del pueblo, sino a un representante de los pardos[313].

Ahora bien, el reconocimiento inicial de la autoridad del Rey fue transformándose progresivamente en una voluntad decidida de dar una nueva forma política y autónoma a las Provincias de Venezuela. Para ello, la "Junta Suprema" convocó a elecciones de un "Cuerpo Conservador de los Derechos de Fernando VII", el cual pronto habría de funcionar como Congreso Constituyente. En estas elecciones, las primeras de nuestra historia política, en la cual participaron siete de las nueve provincias que configuraban la Capitanía General de Venezuela[314], siguiendo la orientación filosófica del igualitarismo de la Revolución Francesa, se consagró el sufragio

---

311 En este sentido, por ejemplo, L. Vallenilla Lanz es categórico al considerar que "en todo el proceso justificativo de la Revolución (de independencia) no debe verse sino la pugna de los nobles contra las autoridades españolas, la lucha de los propietarios territoriales contra el monopolio comercial, la brega por la dominación absoluta entablada de mucho tiempo atrás por aquella clase social poderosa y absorbente, que con razón se creía dueña exclusiva de esta tierra descubierta conquistada, colonizada y cultivada por sus antepasados. En todas estas causas se fundaba no sólo el predominio y la influencia de que gozaba la nobleza criolla, sino el legítimo derecho al gobierno propio, sin la necesidad de apelar a principios exóticos tan en pugna con sus exclusivísimos y prejuicios de casta". *V.* Laureano Vallenilla Lanz, *Cesarismo Democrático, Estudios sobre las bases sociológicas de la Constitución efectiva de Venezuela.* Caracas, 1952, pp. 54 y 55.

312 *Cfr.* Federico Brito Figueroa, *Historia Económica y Social de Venezuela. Una estructura para su estudio*, tomo I, Caracas, 1966, p. 167; y L. Vallenilla Lanz, *op. cit.*, pp. 31 y ss. En este sentido debe destacarse que en la situación social pre-independentista, había claras manifestaciones de lucha de clase entre los blancos o mantuanos que constituían el 20 % de la población y los pardos y negros (61%), que luego van a aflorar en la rebelión de 1814. *Cfr.* F. Brito Figueroa, *op. cit.*, tomo I, pp. 160 y 173; y Ramón Díaz Sánchez, *Evolución social de Venezuela* (hasta 1960), en M. Picón Salas y otros, "Venezuela independiente 1810-1960, Caracas, 1962, p. 193.

313 *V.* José Gil Fortoul, *op. cit.*, tomo I, pp. 203, 208 y 254. Es de tener en cuenta, como señala A. Grisanti, que: "El Cabildo estaba representado por las Oligarquías provincianas, extremadamente celosas de sus prerrogativas políticas, administrativas y sociales, y que detentaban el Poder por el predominio de contadas familias nobles o ennoblecidas, acaparadoras de los cargos edilicios..." *V.* Angel Grisanti, prólogo a *Toma de Razón, 1810 a 1812.* Caracas, 1955. El cambio de actitud del Cabildo Caraqueño, por tanto, indudablemente que se debe a la influencia que sus miembros ilustrados recibían del igualitarismo de la Revolución Francesa: *Cfr.* L. Vallenilla Lanz, *Cesarismo Democrático, cit.*, p. 36. Este autor insiste en relación a esto de la manera siguiente: "Es en nombre de la Enciclopedia, en nombre de la filosofía racionalista, en nombre del optimismo humanitario de Condorcet y de Rousseau como los revolucionarios de 1810 y los constituyentes de 1811, surgidos en su totalidad de las altas clases sociales, decretan la igualdad política y civil de todos los hombres libres", *op. cit.*, p. 75.

314 Participaron las provincias de Caracas, Barinas, Cumaná, Barcelona, Mérida, Trujillo y Margarita. *Cfr.* José Gil Fortoul, *op. cit.*, tomo I, p. 22.3.

universal para todos los hombres libres[315]. En esta forma configuraron las únicas elecciones relativamente universales que se desarrollaron en Venezuela durante todo el siglo XIX y en el presente siglo, hasta 1946, pues ya en la primera Constitución de Venezuela de 1811, el sufragio se restringe por razones económicas, reservándose por tanto a la nobleza criolla o a la alta burguesía asimilada. La elección fue indirecta y en dos grados, y los diputados electos en segundo grado formaron la "Junta General de Diputación de las Provincias de Venezuela"[316], la cual declinó sus poderes en un Congreso Nacional en el cual se constituyeron los representantes. El Congreso, soberano conforme a la más pura ortodoxia revolucionaria de fines del siglo XVIII, eligió un Ejecutivo formado por tres de sus miembros, quienes se turnaban semanalmente en el ejercicio de sus funciones, y pronto consolidó el carácter separatista del movimiento creando autoridades judiciales, nombrando comisiones para redactar los códigos legislativos básicos y proclamando derechos del pueblo[317]. El 5 de julio de 1811 el Congreso aprobó la declaración de independencia, pasando a denominarse la nueva nación, como Confederación Americana de Venezuela[318]. En los meses siguientes a esa fecha, el Congreso, bajo la inspiración de la Constitución norteamericana y de la Declaración francesa de los Derechos del Hombre[319], redactó la primera Constitución de Venezuela y de todos los países latinoamericanos, la cual se aprobó el 21 de diciembre de 1811[320].

Esta primera Constitución de Venezuela, mediante la cual nació la Primera República, aun cuando no tuvo una vigencia real superior a un año debido a las guerras de independencia, indudablemente que va a condicionar la evolución de las instituciones políticas y constitucionales venezolanas hasta nuestros días. En efecto, ante todo debe señalarse que en la base de este texto, como se dijo, está la ortodoxia revolucionaria francesa condicionada por el control del poder político por la burguesía, el igualitarismo civil, la supremacía de la Ley, la separación de los poderes, y la noción de soberanía; y la influencia de la Constitución norteamericana con la idea federal.

---

315 El reglamento general de elecciones de 10 de junio de 1810 reconoció el derecho del sufragio con las siguientes excepciones: "las mujeres, los menores de veinticinco años, a menos que estuviesen casados y velados, los dementes, los sordomudos, los que tuviesen una causa criminal abierta, los fallidos, los deudores a caudales públicos, los extranjeros, los transeúntes, los vagos públicos y notorios, los que hubiesen sufrido pena corporal aflictiva o infamatoria y todos los que tuviesen casa abierta o poblada, esto es, que viviesen en la de otro vecino particular a su salario y expensas o en actual servicio suyo a menos que según la opinión común del vecindario fuesen propietarios, por lo menos, de dos mil pesos en bienes, muebles o raíces libres." *V.* en José Gil Fortoul, *op. cit.*, tomo I, p. 223.

316 *V.* José Gil Fortoul, *op. cit.*, tomo I, p. 224.

317 *V.* Luis Marinas Otero, *Las Constituciones de Venezuela,* Madrid, 1965. páginas 5 y 6.

318 *V.* el Acta de la Declaración de Independencia del 5 de julio de 1811 en P. Ruggieri Parra, *op. cit.*, apéndice tomo I, pp. 79 y ss. Asimismo en Francisco González Guinán, *Historia Contemporánea de Venezuela,* Caracas, 1954, tomo I, pp. 26 y ss.

319 *Cfr.* José Gil Fortoul, *op. cit.*, tomo I, pp. 254 y 267.

320 *V.* el texto de la Constitución de 1811 en P. Ruggieri Parra, *op. cit.*, tomo I, pp. 86 y ss. y los comentarios a la misma de J. Gil Fortoul, *op. cit.*, tomo I, pp. 257 y ss. El texto puede verse en *La Constitución Federal de Venezuela de 1811* y *documentos afines* (Est. Preliminar por C. Parra Pérez), Caracas, 1959, pp. 151 y ss., y en Luis Mariñas Otero, *op. cit.*, pp. 125 y ss., al cual nos referiremos en las notas siguientes.

En esta forma, la Constitución de 1811, apartándose sustancialmente del igualitarismo político que reinó durante el primer año de independencia del país, va a restringir el sufragio al consagrar requisitos de orden económico para poder participar en las elecciones[321] reservándose entonces el control político del naciente Estado a la aristocracia criolla y a la naciente burguesía parda. Esta restricción al sufragio, por otra parte, sólo va a eliminarse parcialmente a partir de 1857 bien entrada ya la crisis social que provocara la guerra federal. En esta forma, la Constitución de 1811 evidentemente que afianzó el poder de la oligarquía criolla, el cual sólo va a ser quebrantado a los pocos años con la rebelión popular de 1814 y posteriormente, en las guerras federales. A pesar de ello, los constituyentes del año 1811 consagraron expresamente el igualitarismo civil que va a caracterizar a Venezuela hasta nuestros días y que provocará sucesivas revoluciones sociales, al establecer la igualdad[322] como uno de los "derechos del hombre en sociedad" [323], derivados del "pacto social"[324]. En particular, esta igualación social conllevaba la eliminación de los títulos[325] y la restitución de todos los derechos "naturales y civiles" a los pardos [326], y

321 En este sentido, contrariamente al universalismo que caracterizó la elección de los constituyentes de 1811, éstos en el texto de la Constitución de ese año, consagraron el derecho de sufragio a "todo hombre libre" pero restringiéndolo a "si a esta calidad añade la de ser ciudadano venezolano, residente en la Parroquia o Pueblo donde sufraga; si fuere mayor de veintiún años, siendo soltero, o menor siendo casado, y velado, y si poseyere un caudal libre del valor de 600 pesos en las capitales de provincias siendo soltero y de 400 siendo casado, aunque pertenezcan a la mujer, o de 400 en las demás poblaciones en el primer caso y 200 en el segundo; o si tuviere grado u aprobación pública en una ciencia o arte liberal o mecánica; o si fuere propietario o arrendador de tierras para sementeras o ganado con tal que sus productos sean los asignados para los respectivos casos de soltero o casado" (artículo 20). *V.* en Luis Mariñas Otero, *op. cit.*, pp. 131 y 132. *Cfr.* R. Díaz Sánchez, *loe. cit.*, p. 197 y C. Parra Pérez, Est. Preliminar a *La Constitución Federal de Venezuela de 1811..., cit.*, p. 32. Es de destacar, por otra parte, que las restricciones al sufragio también se establecieron en el sufragio pasivo, pues para ser representante se requería gozar de "una propiedad de cualquier clase" (art. 15) y para ser senador, gozar de "una propiedad de 6.000 pesos" (art. 49), *loe. cit.*, pp. 130 y 135. *Cfr.* J. Gil Fortoul, *op. cit.*, tomo I, p. 259.

322 La igualdad consiste en que la Ley sea una misma para todos los ciudadanos, sea que castigue o que proteja. Ella no reconoce distinción de nacimiento ni herencia de poderes", artículo 154, *loc. cit.*, p. 150.

323 Los derechos del hombre en sociedad, de acuerdo al texto constitucional eran, la libertad, la igualdad, la propiedad y la seguridad (artículo 151 y ss., *loc. cit.*, p. 151), lo cual formó "el cimiento revolucionario burgués sobre el cual se asentarán en el futuro los cánones constitucionales de Venezuela". *V.* R. Díaz Sánchez, *loe. cit.*, p. 198.

324 "Después de constituidos los hombres en sociedad han renunciado a aquella libertad ilimitada y licenciosa a que fácilmente los conducían sus pasiones, propia sólo del estado salvaje. El establecimiento de la sociedad presupone la renuncia de esos derechos funestos, la adquisición de otros más dulces y pacíficos, y la sujeción a ciertos deberes mutuos". "El pacto social asegura a cada individuo el goce y posesión de sus bienes, sin lesión del derecho que los demás tengan a los suyos". Artículos 141 y 142, *loc. cit.*, p. 149. La influencia de Rousseau no podía ser más clara en el texto constitucional de 1811.

325 "Quedan extinguidos todos los títulos concedidos por el anterior gobierno y ni el Congreso, ni las Legislaciones Provinciales podrán conceder otro alguno de nobleza, honores o distinciones hereditarias..." Artículo 204, *loe. cit.*, p. 157. Por Otra parte, la Constitución de 1811 expresamente señalaba que: "Nadie tendrá en la Confederación de Venezuela otro título ni tratamiento público que el de *ciudadano,* única denominación de todos los hombres libres que componen la Nación..." (Artículo 226. *loc. cit.*, p. 160), expresión que ha perdurado en toda nuestra historia constitucional y que se consagra en la vigente Constitución de 1961, cuyo artículo 61 dispone: "No se dará otro tratamiento oficial sino el de ciudadano y usted, salvo las fórmulas diplomáticas. No se reconocerán títulos nobiliarios ni distinciones hereditarias".

326 "Del mismo modo, quedan revocadas y anuladas en todas sus partes las leyes antiguas que imponían degradación civil a una parte de la población libre de Venezuela conocida hasta ahora bajo la denomina-

con ello, el elemento que va a permitir a éstos incorporarse a las luchas contra la oligarquía criolla. Por otra parte, y a pesar de que el texto constitucional declara abolido el comercio de esclavos[327], la esclavitud como tal no fue abolida y se mantuvo hasta 1854, a pesar de las exigencias del Libertador en 1819[328].

En el orden jurídico-político, la Constitución de 1811 no sólo consagraba expresamente la división del Poder Supremo en tres: Legislativo, Ejecutivo y Judicial, conforme a la más pura fórmula revolucionaria francesa[329] sino que se consagraba la supremacía de la Ley como "la expresión libre de la voluntad general", conforme al texto de la Declaración de 1789[330], y la soberanía, que residiendo en los habitantes del país, se ejercía por los representantes[331]. Todo este mecanismo de separación de poderes y de hegemonía del Poder Legislativo, configurará en los primeros años de la vida republicana de Venezuela, todo un sistema de contrapeso de poderes para evitar la formación de un poder fuerte, que no sólo originará la caída de la Primera República[332] sino que, condicionando la vida republicana en las décadas posteriores,

---

ción de *Pardos;* éstos quedan en posesión de su estimación natural y civil y restituidos a los imprescindibles derechos que les corresponden como a los demás ciudadanos". Artículo 203, *loc. cit.*, p. 157.

327 "El comercio inicuo de negros prohibido por decreto de la Junta Suprema de Caracas en 14 de agosto de 1810, queda solemne y constitucionalmente abolido en todo el territorio de la Unión, sin que puedan de modo alguno introducirse esclavos de ninguna especie por vía de especulación mercantil". Artículo 202, *loc. cit.*, p. 157.

328 *Cfr.* C. Parra Pérez, Est. Preliminar, *loc. cit.*, p. 32. En su Discurso de Angostura del 1819, S. Bolívar imploraba al Congreso "la confirmación de la libertad absoluta de los esclavos, como imploraría por mí vida y la vida de la República" considerando a la esclavitud, como "la hija de las tinieblas". *V.* el Discurso de Angostura en J. Gil Fortoui., *op. cit.*, Apéndice, tomo II, pp. 491 y 512.

329 En el *Preliminar* de la Constitución se señala expresamente que: "El ejercicio de esta autoridad confiada a la Confederación no podrá jamás hallarse reunido en sus diversas funciones. El Poder Supremo debe estar dividido en Legislativo, Ejecutivo y Judicial, y confiado a distintos Cuerpos independientes entre sí, y en sus respectivas facultades..." Además, el artículo 189 insistía en que "los tres Departamentos esenciales del Gobierno, a saber: el Legislativo, el Ejecutivo y el Judicial, es preciso que se conserven tan separados e independientes el uno del otro cuanto lo exija la naturaleza de un gobierno libre o que es conveniente con la cadena de conexión que liga toda fábrica de la Constitución en un modo indisoluble de Amistad y Unión", *loc. cit.*, pp. 127, 128 y 155.

330 "La Ley es la expresión libre de la voluntad general o de la mayoría de los ciudadanos, indicada por el órgano de sus representantes legalmente constituidos. Ella se funda sobre la justicia y la utilidad común, y ha de proteger la libertad pública e individualidad contra toda opresión o violencia". "Los actos ejercidos contra cualquier persona fuera de los casos y contra las formas que la Ley determina son inicuos, y si por ellos se usurpa la autoridad constitucional o la libertad del pueblo serán tiránicos". Artículos 149 y 150. *loc. cit.*, p. 150.

331 "Una sociedad de hombres reunidos bajo unas mismas Leyes, costumbres y Gobiernos forma una soberanía". "La soberanía de un país, o supremo poder de reglar o dirigir equitativamente los intereses de la comunidad reside, pues, esencial y originalmente, en la masa general de sus habitantes y se ejercita por medio de apoderados o representantes de éstos, nombrados y establecidos conforme a la Constitución", "Ningún individuo, ninguna familia, ninguna porción o reunión de ciudadanos, ninguna corporación particular, ningún pueblo, ciudad o partido puede atribuirse la soberanía de la sociedad, que es imprescriptible, inalienable e indivisible en su esencia y origen, ni persona alguna podrá ejercer cualquiera función pública del Gobierno, si no lo ha obtenido por la Constitución". Artículos 143, 144 y 145, *loc. cit.*, pp. 149 y 150.

332 El "obstruccionismo suicida" (Mijares) de "la maldita Cámara de Caracas" (Espejo) ante las exigencias de Francisco de Miranda, se tiene como una de las causas de la caída de la Primera República. *Cfr. C.* Parra Pérez, *Historia de la Frimera República de Venezuela,* Caracas, 1959, tomo II, pp. 473 y ss.; Augusto Mijares, "La Evolución Política de Venezuela" (1810-1960), en M. Picón Salas y otros, *Venezuela*

por ejemplo, permitirá la reacción del Congreso de Colombia contra el Libertador en 1827 al suspenderle sus facultades extraordinarias[333]; provocará la renuncia del primer Presidente civil de Venezuela, Dr. José María Vargas[334], y llevará al Presidente Monagas a reaccionar contra el Congreso en 1848, en lo que se ha llamado "el día del fusilamiento del Congreso"[335]. Contra esta debilidad del Poder Ejecutivo constitucionalmente consagrada, el cual además era tripartito[336], el primero que va a reaccionar va a ser el Libertador al estimar que el Gobierno constituido conforme al texto de 1811, no se identificaba "al carácter de las circunstancias, de los tiempos y de los hombres que lo rodean" [337]. Por ello, en su Discurso de Angostura en 1819, va a reaccionar violentamente contra la fórmula de gobierno prevista en el texto de 1811, en particular contra la primacía del Congreso[338] y el carácter tripartito del Ejecutivo[339], y propondrá al Congreso la adopción de una fórmula de gobierno con un Ejecutivo fuerte[340] lo cual, sin embargo, no fue acogido por la Constitución de

Independiente, cit., p. 31. De ahí el calificativo de la "Patria Boba" que se le da a la Primera República. *Cfr.* R. Díaz Sánchez, *loc. cit.*, pp. 199 y ss.

333 *Cfr.* Augusto Mijares, *loc. cit.*, pp. 56 y 65.

334 *Cfr.* J. Gil Fortoul, *op. cit.*, tomo 11, pp. 220 y ss.; Augusto Mijares, *loc. cit.*, p. 90.

335 *V.* los comentarios sobre los sucesos de 24 de enero de 1848 en J. Gil Fortoul, *op. cit.*, tomo II, pp. 291 y ss.

336 El Poder Ejecutivo Constitucional de la Confederación residirá en la Ciudad Federal depositado en tres individuos elegidos popularmente..." Artículo 72, *loc. cit.*, p. 139.

337 Esto lo señalaba en el Manifiesto de Cartagena de 1812. *V.* en J. Gil Fortoul, *op. cit.*, tomo I, pp. 329 y 330. Además, en su Discurso de Angostura, al criticar la adopción de las instituciones norteamericanas por los constituyentes de 1811, indicaba "¿No sería muy difícil aplicar a España el Código de libertad política, civil y religiosa de Inglaterra? Pues aún es más difícil adaptar en Venezuela las Leyes de Norteamérica. ¿No dice el *Espíritu de las Leyes* que éstas deben ser propias para el pueblo que se hacen? ¿Que es una gran casualidad que las de una nación puedan convenir a otra? ¿Que las leyes deben ser relativas a lo físico del país, al clima, a la calidad del terreno, a su situación, a su extensión, al género de vida de los pueblos? ¿Referirse al grado de libertad que la Constitución puede sufrir, a la religión de los habitantes, a sus inclinaciones, a sus riquezas, a su número, a su comercio, a sus costumbres, a sus modales? ¡He aquí el Código que debíamos consultar, y no el de Washington!" *V.* en J. Gil Fortoul, *op. cit.*, tomo II, apéndice, p. 495.

338 Decía en su Discurso de Angostura lo siguiente: Aquí el Congreso ha ligado las manos y hasta la cabeza a los magistrados. Este cuerpo deliberante ha asumido una parte de las funciones ejecutivas, contra la máxima de Montesquieu, que dice que un cuerpo representativo no debe tomar ninguna resolución activa: debe hacer leyes, y ver si se ejecutan las que hace. Nada es tan contrario a la armonía de los poderes, como su mezcla. Nada es tan peligroso con respecto al pueblo, como la debilidad del Ejecutivo; y si en un reino (Inglaterra) se ha juzgado necesario concederle tantas facultades, en una república son éstas infinitamente más indispensables" *V.* en J. Gil Fortoul, *op. cit.*, tomo II, apéndice, pp. 504 y 505.

339 En su Discurso de Angostura, señalaba además "La Constitución Venezolana, sin embargo, de haber tomado sus bases de la más perfecta, si se atiende a la corrección de los principios y a los efectos benéficos de su administración, difirió esencialmente de la Americana en un punto cardinal y sin duda el más importante. El Congreso de Venezuela, como el Americano, participa de algunas de las atribuciones del Poder Ejecutivo. Nosotros además, subdividimos este Poder, haciéndolo sometido a un cuerpo colectivo sujeto por consiguiente a los inconvenientes de hacer periódica la existencia del gobierno, de suspenderla y disolverla siempre que se separan sus miembros. Nuestro Triunvirato carece, por decirlo así, de unidad, de continuación y de responsabilidad individua); está privado de acción momentánea, de vida continua, de uniformidad real, de responsabilidad inmediata; y un gobierno que no posee cuanto constituye su moralidad, debe llamarse nulo". *V.* en J. Gil Fortoul, *op. cit.*, tomo II, apéndice, pp. 495 y 496.

340 En su Discurso de Angostura al comparar la situación política de Inglaterra, el Libertador señalaba "Por exorbitante que parezca la Autoridad del Poder Ejecutivo de Inglaterra, quizás no es excesiva en la República de Venezuela... Fijemos nuestra atención sobre esta diferencia, y hallaremos que el equilibrio de los poderes debe distribuirse de dos modos. En las repúblicas el Ejecutivo debe ser el más fuerte, por que

1819, ni por las Constituciones posteriores, salvo las que se hicieron a la medida de los caudillos y dictadores.

Pero el texto de la Constitución de 1811, además de las influencias del liberalismo político de la Revolución Francesa, recibió la directa influencia de la Constitución norteamericana en la configuración del Estado como un Estado Federal, fomentada dicha recepción, por la situación de autonomía local que tenían los Cabildos y Ayuntamientos de las Provincias que luego conformaron Venezuela[341]. A partir de ese momento, el fantasma de la idea federal va a acompañar toda nuestra historia política y condicionar nuestras instituciones desde su mismo nacimiento. En efecto, de acuerdo al texto de la "Constitución Federal para los Estados de Venezuela" de 1811, como se llamó, las Provincias de Margarita, Cumaná, Barinas, Barcelona, Mérida, Trujillo y Caracas formularon un "Pacto Federativo", partiendo del supuesto de que cada Provincia era soberana, por lo que toda autoridad no delegada a la auto-

todo conspira contra él, en tanto que en las monarquías el más fuerte debe ser el Legislativo, porque todo conspira en favor del Monarca..." "Sí no se ponen al alcance del Ejecutivo todos los medios que una justa atribución le señala, cae inevitablemente en la nulidad o en su propio abuso, quiero decir, en la muerte del gobierno, cuyos herederos son la anarquía, la usurpación y la tiranía,.." "Que se fortifique, pues, todo el sistema de gobierno, y que el equilibrio se establezca de modo que no se pierda, y de modo que no sea su propia delicadeza una causa de decadencia. Por lo mismo que ninguna forma de gobierno es tan débil como la democracia, su estructura debe ser de la mayor solidez, y sus instituciones consultarse para la estabilidad. Si no es así, contemos con una sociedad díscola, tumultuaria y anárquica, y no con un establecimiento social donde tengan su imperio la felicidad, la paz y la justicia"... "Separando con límites bien señalados la jurisdicción ejecutiva de la jurisdicción legislativa, no me he propuesto dividir, sino enlazar con los vínculos de la armonía que nace de la independencia, estas potestades supremas, cuyo choque prolongado jamás ha dejado de aterrar a uno de los contendientes. Cuando deseo atribuir al Ejecutivo una suma de facultades superiores a la que antes gozaba, no he deseado autorizar a un déspota para que tiranice la República, sino impedir que el despotismo deliberante sea la causa inmediata de un círculo de vicisitudes despóticas en que alternativamente la anarquía sea reemplazada por la oligarquía y por la monocracia". *V.* en J. Gil Fortoul, *op. cit.*, tomo II, apéndice, pp. 504, 505, 506 y 510. Todas estas ideas las tiene en cuenta Bolívar, cuando formula su proyecto de Constitución para Bolivia en 1826, al resumir en su Discurso a los Legisladores el papel del Presidente de la República así: "viene a ser en nuestra Constitución como el Sol que, firme en su centro, da vida al universo". V. en José Gil Fortoul, *op. cit.,* tomo II, apéndices, p. 593.

341 En relación a la imitación de la idea federal de los Estados Unidos por los Constituyentes de 1811, E. Wolf la califica de "imitación artificial", *Tratado de Derecho Constitucional Venezolano,* Caracas, 1945, tomo I, p. 58 y P. Ruggieri Parra, de "traslado" de las instituciones norteamericanas, *op. cit.*, tomo I, p. 44. Debe destacarse, en todo caso, que si bien hubo, indudablemente, influencia de la Constitución Norteamericana en la configuración federal de la Constitución de 1811, como lo reconoció el propio Libertador (*v.* notas números 34 y 36 de este capítulo 6), la adopción de la forma federal fue básicamente una consecuencia de la autonomía local de los Cabildos o Ayuntamientos coloniales, según el esquema heredado de España y arraigado en Latinoamérica en el momento de la independencia. Había, según lo señala Vallenilla Lanz, una tendencia "hacia la disgregación anárquica, bautizada desde 1810 con el nombre de Federación o Confederación", *v.* L. Vallenilla Lanz, *Disgregación e Integración. Ensayo sobre la formación de la Nacionalidad Venezolana,* Caracas, 1953, p. LIII. La Federación, de acuerdo a este autor fue en América Latina "la expresión más evidente de la herencia española y de la descentralización a que estaban habituados estos pueblos", *ídem,* p. LIV; por tanto, "el movimiento disgregativo, que en 1810 tuvo el mismo carácter de Federación de Ciudades, se transformó por circunstancias particulares, en Federación Caudillesca hasta el reconocimiento de la autoridad del Libertador", *ibídem,* p. LXX. En relación a la influencia de la Constitución de Cádiz en la obra de nuestros primeros constituyentes, *v.* J. M. Casal Montbrun (ed.), *La Constitución de 1961 y la Evolución Constitucional de Venezuela,* tomo II, Forma de Estado, Caracas, 1972, Vol. I, pp. 23 y ss. *V.* además los comentarios de Humberto J. La Roche, *El Federalismo en Venezuela* (separata), Maracaibo, 1973, pp. 557 y ss.

ridad general, quedaba conservada por aquéllas[342]. Con la Federación de 1811 a cuya fórmula se opusieron en el mismo momento de su concepción Bolívar y Miranda[343], se inicia en Venezuela un largo proceso de desarticulación institucional del país, que sólo va a ser controlado por los caudillos que lo gobernaron durante el siglo pasado y eliminado en el primer tercio de este siglo, con el fin de la Federación caudillista. En efecto, el establecimiento de la fórmula federal de 1811 tuvo indudablemente su causa profunda en el temor de nuestros primeros republicanos, siguiendo la ortodoxia liberal, por el establecimiento de una autoridad fuerte y central[344], y más aún, el temor de los representantes de las diversas Provincias de Venezuela en relación a la hegemonía natural de Caracas, lo que provocó inclusive que la "Ciudad Federal" que se establecía en la Constitución, se ubicara en la ciudad de Valencia[345]. El caudillismo político-regional venezolano, que tanta influencia tuvo en toda nuestra historia, encontró entonces consagración formal en el primer texto constitucional, que garantizaba el poder de la aristocracia regional sobre sus regiones frenando la hegemonía de la capital tradicional. En vano serán los esfuerzos del Libertador para erradicar la idea federal de nuestras instituciones políticas, expuestos fundamentalmente en el Manifiesto de Cartagena y en el Discurso de Angostura[346]: sus ideas originales y su esfuerzo por desarrollar instituciones políticas propias en Venezuela y América Latina, como vías de transición entre la sociedad colonial y la República

342 *V.* el Preliminar de la Constitución de 1811, *loc. cit.*, p. 128.

343 *Cfr.* José Gil Fortoul, *op. cit.*, tomo I, p. 255.

344 Tal como se señaló, la reacción contra la Monarquía absoluta que condicionó todo el movimiento revolucionario en Francia, y que originó la búsqueda política del debilitamiento del poder (p.e., el sistema de frenos y contrapesos), se reflejó en EE. UU. en la fórmula federal, que importaron luego las Provincias latinoamericanas.

345 *V.* Artículo 72 de la Constitución de 1811. *Cfr.* J. Gil Fortoul, *op. cit.*, p. 257.

346 Entre las causas que debilitaron al gobierno de la Primera República y que provocaron su caída en 1812, Bolívar señaló en su Manifiesto de Cartagena a "su forma federativa", agregando que "el sistema federal bien que sea el más perfecto y más capaz de proporcionar la felicidad humana en sociedad, es, no obstante el más opuesto a los intereses de nuestros nacientes Estados". *V.* las referencias en J. Gil Fortoul, *op. cit.*, tomo I, p. 328. *Cfr.* P. Ruggieri Parra, *op. cit.*, tomo I, p. 51. En su Discurso de Angostura aún es más duro el Libertador al criticar la fórmula federal venezolana: "Cuanto más admiro la excelencia de la Constitución Federal de Venezuela, tanto más me persuado de la imposibilidad de su aplicación en nuestro Estado". Al sistema federal lo califica como "débil y complicado" para el cual "no estamos preparados". Pero la parte de más interés de su Discurso en relación a esta materia, es aquella en la cual desenmascara la realidad de la fórmula federal: el "empeño de aquellos provinciales..." ante el cual "cedieron nuestros legisladores". Fue la presión del regionalismo y caudillismo local lo que originó el pacto federal y el comienzo del fin de la República. Bolívar dice: "El primer Congreso en su constitución federal más consultó el espíritu de las provincias, que la idea sólida de formar una República indivisible y central. Aquí cedieron nuestros Legisladores al empeño inconsiderado de aquellos provinciales seducidos por el deslumbrante brillo de la felicidad del pueblo americano, pensando que las bendiciones de que goza son debidas exclusivamente a la forma de gobierno, y no al carácter y costumbres de los ciudadanos". Por último, insistía en lo siguiente: "Ya disfruta el pueblo de Venezuela de los derechos que legítima y fácilmente puede gozar; moderemos ahora el ímpetu de las pretensiones excesivas que quizás le suscitaría la forma de un gobierno incompetente para él: abandonemos las formas federales que no nos convienen, abandonemos el triunvirato del Poder Ejecutivo, y concentrándolo en un Presidente, confiémosle la autoridad suficiente para que logre mantenerse luchando contra los inconvenientes anexos a nuestra reciente situación, al estado de guerra que sufrimos, y a la especie de los enemigos externos y domésticos contra quienes tenemos largo tiempo que combatir. Que el Poder Legislativo se desprenda de las atribuciones que corresponden al Ejecutivo". *V.* el texto en J. Gil Fortoul, *op. cit.*, tomo II, pp. 494, 495, 496, 506 y 507.

independiente, lamentablemente no van a ser seguidas, y en la segunda Constitución de Venezuela, de 1819 y en las siguientes, aun cuando momentáneamente el calificativo federal desaparece, se va a seguir, bajo una forma centralista, el mismo esquema político de fondo de autonomía regional y localista, y por tanto, de fomento a la autoridad de los caudillos militares[347].

Ahora bien, si bien es cierto que la Constitución de 1811, como se dijo, tuvo un lapso real de duración de un año por la caída de la Primera República en manos de los españoles, el regionalismo caudillista perduró aún estando la República en guerra. En los años posteriores a 1812, deshechas las instituciones republicanas, sólo la autoridad de Bolívar es capaz de dar coherencia a las actividades de los caudillos militares regionales, quienes inclusive en alguna oportunidad, al tratar de desconocer la autoridad del Libertador y de reinstaurar formalmente la República Federal, como sucedió con el denominado Congreso de Cariaco de 1817, debieron ser reprimidos con la pena capital[348]. De manera que si bien la autoridad nacional no se regía por la Constitución de 1811, pues de hecho la guerra la había puesto en manos de Bolívar, la autoridad regional-local, al contrario, era muy celosa, no del texto de la Constitución del año 11, sino del espíritu regionalista y por ende, caudillista-local de su contenido[349].

Por otra parte, otro elemento que perduró del espíritu de la Constitución de 1811 fue el evidente igualitarismo que estableció en relación a los diversos estratos sociales de la República. Este espíritu igualitarista, no sólo fue lo que permitió a los españoles fomentar la sublevación de los negros esclavos de Barlovento el año 1812[350], sino que abrió el camino para la rebelión popular de 1814 comandada por J. T. Boves, a la sazón bajo las filas realistas[351]. En efecto, quizá una de las características fundamentales de las guerras de independencia en Venezuela, es que éstas no sólo fueron guerras civiles entre los criollos patrióticos y los españoles colonialistas, sino que realmente llegaron a configurarse como auténticas guerras sociales y económicas[352] con agudas y profundas características de "lucha social de amos contra escla-

347 Es de observar que Bolívar, previendo la separación definitiva de Venezuela de la Gran Colombia y la designación de Páez como el Primer Presidente de la República, según éste lo narra, le aconsejó a Páez "una y mil veces que al verificar la separación me opusiera con todo mi influjo a la adopción del sistema federal, que en su opinión era sinónimo de desorden y disolución, recomendándome mucho la constitución boliviana. Encargábame también que al verificarse la separación partiéramos la deuda, la tierra y el ejército; que entonces él vendría a establecerse en Venezuela; pero que si se adoptaba el sistema federal, *no se quedaría ni de mirón"*. J. A. Páez, *Autobiografía,* tomo I, New York, 1870, p. 375. Sobre el carácter centralista de la Constitución de 1819 en cuanto a la eliminación del órgano deliberante de las Provincias, *v.* J. M. Casal Montbrun (ed.), *op. cit.,* Vol. I. p. 34.

348 *Cfr.* Augusto Mijares, *loc. cit.*, pp. 49, 55 y 56.

349 El origen del caudillismo, como forma de mando, lo sitúa Mijares en los años 1813 a 1819 y en la base del mismo, la idea federal estampada en la Constitución de 1811. *V.* A. Mijares, *loc. cit.,* pp. 34 y 36.

350 *Cfr.* Francisco Javier Yanes, *Relación Documentada de los Principales Sucesos Ocurridos en Venezuela desde que se declaró Estado Independiente hasta el año de 1821,* Caracas, 1943, tomo I, p. 51.

351 Para una relación detallada de esta rebelión, *v.* Juan Uslar Pietri, *Historia de la Rebelión Popular de 1814. Contribución al estudio de la Historia de Venezuela,* París, 1954.

352 *V.* L. Vallenilla Lanz, *Cesarismo..., cit.,* p. 200. Este autor señala que la revolución que nos emancipó de España, emancipó al mismo tiempo las clases populares de la sumisión a que estaban sometidas bajo el antiguo régimen...; en Venezuela la guerra revolvió hasta el fondo de nuestras más bajas clases populares; y sobre las mismas y la desaparición de las aristocracias municipales, surgió el igualitarismo". *V.* en *Disgregación..., cit.,* pp. LXXV y LXXVI.

vos, terratenientes contra la población rural enfeudada, y de lucha étnica definida por las pugnas igualmente violentas de negros, mulatos y zambos contra blancos"[353]. La independencia en Venezuela, que originalmente se concibió por la aristocracia y nobleza criolla, como una revolución política, inmediatamente después de la caída de la Primera República, desencadenó una guerra que, aparte de sus aspectos políticos de lucha entre independentistas y realistas, provocó una verdadera revolución social[354]. En el centro de la rebelión popular estuvo J. T. Boves, el cual, si bien luchando del lado realista, movilizó socialmente las clases desposeídas, los esclavos y los pardos, contra los ricos, los amos y los blancos o mantuanos[355], produciéndose en todos los rincones del país una aniquilación física de éstos[356] El origen del mestizaje venezolano había comenzado, y con él, una diferente estructura social que coloca al país en condiciones excepcionales comparadas con la de otros países latinoamericanos[357]. Pero la quiebra de la autoridad social de la aristocracia criolla, provocada por estas guerras, afianzó indudablemente el poder de los caudillos regionales y militares quienes se convertirían por muchos años en "la única fuerza de conservación social" [358]. Se comprende por tanto, la lucha del Libertador contra la fórmula federal de gobierno, la cual, en 1819, afianzaría el poder de los caudillos regionales, conspirando contra la coherencia institucional de la República.

---

353 *V.* F. Brito Figueroa, *op. cit.,* tomo I, pp. 269 y 270. R. Díaz Sánchez, califica a la guerra de independencia como de "*sesgo clasista*", *loc. cit.,* p. 195.

354 En este sentido, L. Vallenilla Lanz señala acertadamente al comparar la situación de las guerras de independencia en Venezuela con las de otros países latinoamericanos, lo siguiente: "Cuando en otros países de Hispano América la revolución de Independencia se redujo casi a un cambio de autoridades y el Gobierno supremo pasó sin hondas modificaciones de las manos de los agentes de España a las de la aristocracia criolla habituada a la supremacía social, municipal y económica, constituyéndose en oligarquías que aún perduran como en Chile y Colombia, en Venezuela los primeros movimientos revolucionarios comienzan también encabezados por las clases elevadas; pero al cabo de catorce años de cruentísima lucha y por causas étnicas y mesológicas que particularizan nuestra evolución, diferenciándola de la de casi todos los otros pueblos del Continente, se observa con absoluta claridad, que una verdadera revolución social se había realizado en el organismo de la antigua Capitanía General", *Cesarismo..., cit.,* p. 200.

355 Por ello Boves fue calificado por Juan Vicente González, como "el primer caudillo de la democracia venezolana". *V.* J. V. González, *Biografía de José Félix Ribas,* Madrid, 1917, p. 139; calificativo que J. Uslar Pietri, estima como acertado, en *op. cit.,* p. 89. F. Brito Figueroa, califica a Boves, como un "verdadero caudillo popular", *op. cit.,* tomo I, p. 196. Un magnífico cuadro no sólo psicológico sino social de la época en que vivió Boves, puede apreciarse en F. Herrera Luque, *Boves, El Urogallo,* Caracas, 1972.

356 La guerra y la rebelión de 1814 condujeron a una "destrucción sistemática de la raza blanca" (*v.* J. Uslar Pietri, *op. cit.,* p. 104), lo que llevó a Morillo, el general español que fue enviado a Venezuela a imponer el orden inclusive en las filas realistas, a escribir en 1815, muerto Boves, que "la mortandad y la desolación que una guerra tan cruel ha ocasionado, va disminuyendo de un modo conocido la raza de los blancos, y casi no se ven sino gentes de color, enemigos de aquéllos, quienes ya han intentado acabar con todos", llegando a calificar la guerra de independencia, como "una guerra de negros contra blancos", v. las citas en J. Uslar Pietri, *op. cit.,* p. 200. *Cfr.* en F. Brito Figueroa, *op. cit.,* tomo I, p. 271.

357 Venezuela, en este sentido, es uno de los países con mayor porcentaje de población mixta (mestiza y mulata), que supera el 70 %, contra un 8 % de población negra y un 1,5 % de amerindios.

358 *V.* L. Vallenilla Lanz, *Cesarismo..., cit.,* p. 119. De esta apreciación es que este autor desarrolla su concepción del "Gendarme Necesario", la cual si bien pudo tener base de sustentación aplicada a la situación político-social de los primeros años de la República, la utilizó para justificar la Dictadura de J. V. Gómez.

En efecto, la Constitución de 1819 que sucede a la de 1811, y aun cuando tuvo la influencia de las ideas de Bolívar expresadas en el Congreso de Angostura, no se ciñe completamente a las mismas[359]. La pertinaz oposición del Libertador a la concepción federal y al imperio del caudillismo local y regional, provocaron que el texto constitucional de 1819 organizara una República "unitaria y centralista"[360], la cual, sin embargo, no tuvo mayor vigencia, pues la guerra continuó. Dos años después se dictó la Ley Fundamental de la Unión de los Pueblos de Colombia y la Constitución de 1821, no ya de Venezuela, sino de la República de Colombia, por el Congreso general de los pueblos de Nueva Granada (Colombia y Ecuador) y de Venezuela, reunido en Cúcuta[361]. Esta Constitución, siguiendo la orientación centralista de la anterior, dividió la República en Departamentos y Provincias[362], pero descartó los principios del Ejecutivo fuerte que propugnaba Bolívar, debilitando aún más su posición en relación a la que consagraba el texto de 1819[363]. La ausencia de Bolívar del ejercicio de la Presidencia de esta vasta República de Colombia, por encontrarse comandando los ejércitos en el Sur, y el desarrollado carácter localista y regional de las autoridades de los Departamentos creados en la nueva República, particularmente los de Venezuela[364], provocaron el desconocimiento paulatino de la Unidad de la Gran Colombia y de la autoridad del Gobierno de Bogotá, donde se había situado desde 1821 la capital provisional. El caudillismo militar y regional que tanto se desarrolló con motivo de las guerras de independencia, y la anarquía personalista que implicó, indudablemente provocaron la destrucción de la Gran Colombia, y varios hechos pueden destacarse en este proceso. En primer lugar el Gobierno de Bogotá, ejercido por el Vicepresidente Soublette en ausencia de Bolívar, no tuvo nunca poder real sobre los jefes militares en guerra de Venezuela, y particularmente,

---

359 *Cfr.* P. Ruggieri Parra, *op. cit.*, tomo I, p. 53.

360 "La República de Venezuela es una e indivisible" título II, sección primera, artículo 1 de la Constitución de 1819, en Luís Marinas Otero, *op. cit.*, p. 182; constituyendo las diez Provincias (Barcelona. Barinas, Caracas, Coro, Cumaná, Guayana, Maracaibo, Margarita, Mérida y Trujillo) divisiones territoriales de la República *(ídem,* artículo 2), bajo la autoridad de un gobernador sujeto inmediatamente al Presidente de la República. Título IX, sección primera, artículo 10, *loc. cit.*, p. 182. Para un análisis de la labor del Congreso de Angostura, *v.* José Rodríguez Iturbe (ed.), *Actas del Congreso de Angostura,* Caracas, 1969.

361 Ya en diciembre de 1819, meses después de haberse aprobado la Constitución de ese año, el Congreso de Venezuela había aprobado la Ley Fundamental de la República de Colombia, la cual condujo a la reunión de las provincias de la Nueva Granada y Venezuela en una sola nación, regulada por la Constitución de 1821. *V.* el texto de ésta en Luis Mariñas Otero, *op. cit.*, pp. 195 y ss.

362 *V.* Artículo 6 de la Ley Fundamental y artículo 150 de la Constitución, *loc. cit.*, pp. 196 y 216. En 1821 a Venezuela se le señalaron tres Departamentos: Orinoco, formado por las Provincias de Guayana, Cumaná, Barcelona y Margarita; el Departamento de Venezuela, con las Provincias de Caracas y Barinas; y el Zulia, con las de Coro, Trujillo, Mérida y Maracaibo. En 1824 se creó un nuevo Departamento en Venezuela, el de Apure, y en 1826, se creó el de Maturín. *Cfr.* los datos Augusto Mijares, *loe. cit.*, p. 67.

363 *Cfr.* P. Ruggieri Parra, *op. cit.*, tomo I, pp. 58, 62 y 64; José Gil Fortoul, *op. cit.*, tomo I, p. 622.

364 El historiador R. M. Baralt resume así los sentimientos en Venezuela, respecto de la Constitución de Cúcuta de 1821: "No fue recibida en Venezuela la Constitución de Cúcuta ni incondicionalmente ni con grandes muestras de alegría. Destruida la soberanía del país, dividido éste en departamentos minados de leyes propias y colocado el centro del gobierno en la distante Bogotá, no podían los venezolanos vivir contentos bajo aquel pacto de unión, por más que la guerra lo hiciese necesario", *cit.*, por Augusto Mijares, *loc. cit.*, p. 69.

sobre el General Páez[365]. En segundo lugar, la reacción localista de la Municipalidad de Caracas contra el régimen constitucional de 1821, que inclusive condujo a que dicha Municipalidad se negase a jurar fidelidad completa al texto constitucional[366], institucionalizó la tendencia separatista de los venezolanos de la Gran Colombia[367]. En tercer lugar, los conflictos entre las autoridades civiles y las militares en Venezuela, que condujeron en 1826 a la separación temporal de Páez de la Comandancia General de las tropas, y que posteriormente, en los sucesos denominados de *La Cosiata*, condujeron a que se reconociera su jefatura militar en contra de las decisiones del Gobierno de Bogotá[368]; y por último, después de 1826, el inicio del predominio absoluto del General Páez en Venezuela, con la anuencia del Libertador para evitar una nueva guerra civil, y su renuncia a hacerse "jefe de facciones" de carácter caudillesco[369].

Por otra parte, debe destacarse que los caudillos militares y regionales venezolanos, se habían constituido en los herederos directos del poder económico de la aristocracia criolla aniquilada, y en los años posteriores a 1830, en los principales aliados de ésta. Tal como lo destaca Vallenilla Lanz, "el latifundio colonial pasó sin modificación alguna a las manos de Páez, Monagas y otros caudillos, quienes habiendo entrado a la guerra sin bienes algunos de fortuna, eran a poco de constituida Venezuela, los más ricos propietarios del país"[370]. A ello contribuyeron los Tribunales de Secuestros y las leyes de Reparto de los bienes confiscados en las guerras de independencia a los extranjeros y a los criollos, por ambos bandos (realistas y patriotas) entre 1817 y 1824, y que repartidos entre los guerreros fueron paulatinamente adquiridos a precios irrisorios por los caudillos militares[371]. En esta forma, "el latifundio colonial se integró como elemento fundamental de la estructura económica de la República en la forma de posesión de la tierra (monopolio individual o familiar, monocultivo, técnicas rudimentarias) y en las relaciones de producción basadas en la esclavitud y en la servidumbre de la población rural, jurídicamente li-

365 El mismo Vicepresidente reconocía que no tenía ningún poder sobre los jefes militares venezolanos (Páez y Marino) y que sólo Bolívar podía controlarlos *V.* la carta dirigida por Soublette al Libertador en noviembre de 1821 en las Memorias de O'leary, tomo VIII, p. 26, *cit.*, por Augusto Mijares, *loc. cit.*, p. 70.

366 *Cfr.* Augusto Mijares, *loc. cit.*, p. 68; José A. Páez, *op. cit.*, tomo I, p. 292.

367 *Cfr.* José Antonio Páez, *op. cit.*, tomo I, pp. 292 y ss., en particular, p. 371; José Gil Fortoul, *op. cit.*, tomo I, pp. 470 y ss. y 585.

368 *Cfr.* Augusto Mijares, *loe. cit.*, pp. 75 y ss.; José Gil Fortoul, *op. cit.*, tomo I, pp. 587 y ss. El mismo General Páez consideró la época de los años posteriores al año 1826, como dolorosa y "la más funesta" de su vida. *V.* J. A. PÁEZ, *op. cit.*, tomo I, pp. 286 y 292 y ss. *V.* los documentos relativos a los sucesos del año 1826 en pp. 313 a 363.

369 *Cfr.* José Gil Fortoul, *op. cit.*, tomo I, p. 616. Bolívar escribía, en efecto, "Más vale estar con él que conmigo, porque yo tengo enemigos y Páez goza de opinión popular". "La República se va a dividir en partidos; en cualquier parte que me halle me buscarán por caudillo del que se levante allí; y ni mi dignidad ni mi puesto me permiten hacerme jefe de facciones". *V.* las citas en Augusto Mijares *loe. cit.*, pp. 78 y 80. *Cfr.* J. A. Páez, *op. cit.*, tomo I, p. 375.

370 *V.* L. Vallenilla Lanz. *Cesarismo..., cit.*, p. 107. *Cfr.* John Duncan Powell, *Political mobilization of the Venezuela Peasant,* Cambridge (Mass), 1971, p. 16. En 1840 el diario *El Venezolano,* decía que Páez, quien era Presidente en ese momento era "el más rico propietario del país, el de más pingües y seguras rentas". *cit.*, por F. González Guinan, *op. cit.*, tomo III, p. 156.

371 *Cfr.* L. Vallenilla Lanz, *Cesarismo..., cit.*, pp. 104 y ss. F. Brito Figueroa, *op. cit.*, tomo I, pp. 192 y ss., P. Ruggieri Parra, *op. cit.*, tomo I, p. 48; J. Gil Fortoul, *op. cit.*, tomo II, p. 187.

bre"[372]. Por ello, los caudillos militares y regionales, de origen popular, posteriormente como propietarios y terratenientes, se convirtieron paulatinamente en conservadores, y de la alianza entre la oligarquía local y aquéllos, no sólo se producirá la separación definitiva de Venezuela de la Gran Colombia[373], sino que se constituirá la República de Venezuela, autónoma, con un Gobierno netamente oligárquico y conservador[374].

En efecto, el predominio de Páez en Venezuela a partir de 1826, y separado de hecho el país de la Gran Colombia bajo la autoridad de un Gobierno fáctico dirigido por aquél desde 1829, condujeron inexorablemente a que en 1830 el Congreso de Valencia aprobara la constitución formal de la República de Venezuela, mediante la Constitución de ese año[375]

Las discusiones que precedieron a la Constitución de 1830 también estuvieron signadas por la ya secular discusión sobre la estructura federal o centralista del nuevo Estado venezolano, habiéndose optado en definitiva por una fórmula "centro federal o mixta", como la denominó el Congreso aplicándola al Gobierno que se formaba[376], según la cual, el Estado era unitario, pero las provincias gozaban de amplia autonomía e inclusive contaban con una asamblea o Diputación. Estas intervenían en la designación de los gobernadores de provincia los cuales aun cuando dependían del Poder Ejecutivo, significaban el "equilibrio" entre centralismo y federación que los constituyentes buscaron[377]. El sistema electoral que estableció, por otra parte, reservaba a la oligarquía económica el control de todas las asambleas y autoridades, siguiendo la orientación de los textos constitucionales anteriores, lo cual confirmaba el carácter oligárquico del Gobierno[378].

El texto de 1830 ha sido el que más años de vigencia ha tenido en el país (veintisiete años), lo cual bajo la autoridad directa o indirecta de los caudillos militares (Páez y Monagas) representantes ahora de la oligarquía, contribuyó a un notable auge de las actividades económicas, por supuesto, bajo el signo del más puro liberalismo económico que exportaban los teóricos europeos. Baste recordar, por ejemplo, la famosa Ley de 10 de abril de 1834 que legalizaba la usura estableciendo una supuesta libertad de contratos, para comprender la preponderancia de los capitalistas

---

372 *V.* F. Brito Figueroa, *op. cit.*, tomo I, p. 220.

373 *Cfr.* J. Gil Fortoul, *op. cit.*, tomo I, pp. 612 y 614.

374 De ahí el calificativo de "Oligarquía Conservadora" que J. Gil Fortoul da al gobierno de Venezuela después de 1830. *V.* Gil Fortoul, *op. cit.*, tomo II, pp. 7 y ss. y 186.

375 *V.* Los comentarios de Páez sobre las causas que movieron a Venezuela a separarse de la Unión Colombiana, en *op. cit.*, tomo II, pp. 1 y ss. Debe señalarse, que la elección de Diputados que formaron el Congreso de Valencia se hizo en base a un Decreto expedido por el General Páez, que estableció el sufragio restringido por razones económicas. Cfr. F. González Guinán, *op. cit.*, tomo II, p. 11.

376 V. en J. Gil Fortoul, *op. cit.*, tomo II, pp. 19 y 20. *Cfr.* P. Ruggieri Parra, *op. cit.*, tomo II, p. 17.

377 Artículos 156 y ss. de la Constitución de 1830 y particularmente los artículos 164; y 170 en Luis Mariñas Otero, *op. cit.*, pp. 246 y ss. *V.*, los comentarios sobre esta Constitución en J. Gil Fortoul, *op. cit.*, tomo II, pp. 17 y ss.; F. González Guinán, *op. cit.*, tomo II, pp. 135 y ss. y P. Ruggieri Parra, *op. cit.*, tomo II, pp. 17 y ss.

378 *Cfr.* las apreciaciones de L. Vallenilla Lanz, *Cesarismo...*, *cit.*, p. 193 y de P. Ruggieri Parra, *op. cit.*, tomo II, p. 17. "Bueno o malo este régimen —dice Gil Fortoul, al referirse a la oligarquía conservadora (1830-1848)—, su existencia dependía por necesidad de la limitación del sufragio a la clase rica o ilustrada". *V.*, *op. cit.*, tomo II, p. 311.

usurarios en la sociedad e instituciones políticas de la época, y las reacciones que contra la misma surgieron inclusive de parte de "conservadores" como Fermín Toro[379]

Páez gobernó al país como Presidente en un primer período, entre 1831 y 1835, y en el momento de elegirse su sucesor, afianzada la oligarquía económica, salió electo Presidente el Dr. José María Vargas, candidato de ésta[380]. Los conflictos entre partidos militaristas y civiles y particularmente los originados por la denominada "Revolución de las Reformas", si bien afianzaron el poder personal de Páez, originaron conflictos entre el Presidente Vargas y el Congreso que obligaron al primero a renunciar al año de iniciar su Gobierno, terminando el período constitucional en 1839, con Gobiernos ejercidos por los vicepresidentes[381]. En 1838 Páez fue electo de nuevo Presidente, y en 1843 asumió la Presidencia el General Soublette hasta 1847, también electo con el apoyo de las oligarquías económicas[382]

En esta época, la influencia de las doctrinas sociales europeas, la libertad irrestricta de la prensa y el deseo de llevar "hombres nuevos" a la política y al gobierno, provocaron el surgimiento de una corriente política que se llamó a sí misma como "liberal" y que calificó al gobierno y a la oligarquía, como conservadora, iniciándose entonces la polarización de la vida política venezolana entre liberales y conservadores. En todo caso, la bandera liberal asumió la lucha social que se había iniciado desde las guerras de la independencia, y por tanto contó rápidamente con gran apoyo popular[383], promovido demagógicamente por agitadores políticos de la talla de An-

379 El texto de la Ley de 10 de abril de 1834 fue el siguiente: "Artículo 1. Puede pactarse libremente que para hacer efectivo el pago de cualquier acreencia se rematen los bienes del deudor por la cantidad que se ofrezca por ellos el día y hora señalados para la subasta. Artículo 2. En todos los demás contratos, así como el interés que en ellos se estipule, cualquiera que sea, también se ejecutará estrictamente la voluntad de los contratantes. Artículo 3. Para el remate de que habla el artículo 1 se observarán las formalidades prescritas por las leyes del procedimiento ejecutivo.

380 Artículo 4. En los remates que se celebren en virtud de lo dispuesto en el artículo 1 de esta ley, cesa el privilegio de retracto, y ninguna corporación ni persona podrá reclamar lesión ni restricción *in integrum*. Artículo 5. El acreedor o acreedores pueden ser licitadores en la subasta. Artículo 6. El rematador, por el acto del remate y posesión subsecuente, se hace dueño de la propiedad rematada. Artículo 7. Se derogan todas las demás leyes que se opongan a las disposiciones de la presente. *Cfr.* al texto en J. Gil Fortoul, *op. cit.,* tomo II, p. 68; y F. Brito Figueroa, *op. cit.,* tomo I, pp. 238 y 239. *V.* Fermín Toro, *Reflexiones sobre la Ley de 10 de abril de 1834,* Caracas, 1941.

381 Gil Fortoul, refiere que de los candidatos a la Presidencia en 1834 (Mariño, Soublette, Urbaneja, Salom y Gómez), Vargas era quien "juntaba los votos" de los propietarios y agricultores, del comercio, y "de cuantos en suma querían ya substraer la República de toda tutela personal... para sobreponer definitivamente el Poder Civil a las agitaciones armadas". *V.* J. Gil Fortoul, *op. cit.,* tomo II, p. 189. *Cfr.* C. Parra Pérez, *Marino y las Guerras Civiles,* tomo I (La Revolución de las Reformas), Madrid, 1958, quien señala a Vargas como candidato de "los oligarcas", p. 206.

382 *Cfr.* J. Gil, Fortoul, *op. cit,* tomo II, pp. 185 a 225. Augusto Mijares, *loc. cit.,* p. 90. Los incidentes entre Vargas y el Congreso puede decirse, que se iniciaron el mismo año 1835, *cfr.* F. González Guinán, *op. cit.,* tomo II, p. 345.

383 "Si los liberales merecen su nombre —dice Gil Fortoul—, es porque, cuando sus adversarios tendían, por timidez o por sistema, a mantener el *statu quo* constitucional, y a esperar al progreso de la iniciativa privada, ellos instintivamente querían avanzar, aunque a menudo sin saber cómo; presentían que la escuela liberal clásica de no intervención del Gobierno, cuyos verdaderos representantes fueron los conservadores (en política abundan los epítetos absurdos), presentían que esta escuela había de modificar, precisamente con la intervención del Gobierno, para acelerar la evolución de un pueblo nuevo e inculto; comprendían, por último, que existiendo en lodo organismo social tendencias progresistas y tendencias reaccionarias, los gobiernos benéficos son los que saben descubrir aquéllas y encauzarlas, paralizando las otras", *op. cit.,* tomo II, p. 318. *Cfr.* F. González Guinán, *op. cit..* tomo III, pp. 147 y ss. *V.* la magnífica

tonio Leocadio Guzmán. Esta corriente de pensamiento político, en todo caso, contrastaba con la más ortodoxa actitud liberal clásica del Gobierno y sus gobernantes, particularmente de Soublette[384]. Puede decirse que llegó a conmocionar socialmente la Venezuela del año 1846 y Guzmán, quien a pesar del sistema electoral oligárquico[385] aspiraba a la elección presidencial, indirectamente promovió, sin embargo, revueltas políticas y sociales como reacción a las acciones del Gobierno contra las Municipalidades y la prensa, por las cuales se le condenó a muerte[386]. Entretanto, José Tadeo Monagas era elegido Presidente en 1846, con el apoyo de Páez y Soublette y de los conservadores, pero tan pronto se posesionó de la Presidencia conmutó la pena de muerte de Guzmán, quien al poco tiempo sería su ministro y luego su vicepresidente (1849-1853), y formó Gobierno con los liberales, pasando los conservadores y el Congreso que lo había elegido, a la oposición[387]. Esta promovió una acusación política contra el Presidente Monagas, y como secuela de su discusión, se produjo una reacción popular contra el Congreso, provocada por el Partido Liberal, organismo en el cual se situaba la representación del régimen conservador. Como resultado de los acontecimientos del 24 de enero de 1846, el Congreso perdió sus prerrogativas y abandonó su actitud oposicionista[388]; parte de los conservadores,

---

colección publicada por la Presidencia de la República, *El Pensamiento Político Venezolano del siglo XIX*. Caracas, 11 tomos, L. Vallenilla Lanz, al criticar la afirmación de que el movimiento liberal haya sido obra exclusiva de Antonio Leocadio Guzmán. señala expresamente que "la aparición del Partido Liberal no es otra cosa que la continuación de la lucha social empeñada desde la Independencia, la manifestación principalmente, de ese gran desequilibrio entre las razas pobladoras de nuestros territorios, cuya íntima fusión no se ha verificado sino por los medios violentos de las revoluciones, porque no de otro modo han podido romperse las vallas que los poderosos prejuicios de clase han opuesto a la evolución igualitaria", *cit.*, por J. Gil Fortoul, *op. cit.*, tomo II, p. 232, nota al pie de página. *Cfr.* L. Vallenilla Lanz, *Disgregación..., cit.*, pp. XLV y ss.

384 Gil Fortoul califica a Soublette como "discípulo efectivamente de la escuela liberal inglesa de *non intervention...»*, «convencido de que los pueblos no necesitan para su desarrollo normal la vigilancia continua, y menos la tutela del Gobierno". *V.* José Gil Fortoul, *op. cit.*, tomo II, pp. 245 y 257. *Cfr.* Augusto Mijares, *loc. cit.*, p. 96; F. González Guinán, *op. cit.*, tomo III, p. 374. Se comprende por qué tenía entonces el apoyo político de la oligarquía económica.

385 *V.* Sobre la situación política del año 1846, F. González Guinán, *op. cit.*, tomo IV, pp. 77 y ss. "El sistema electoral vigente favorecía a los conservadores y liberales moderados. Recuérdese que la Constitución no acordaba el derecho de sufragio sino a los propietarios, rentistas y empleados (sistema que el mismo Guzmán aceptaba sin reservas); por consiguiente, quien de hecho determinaba la mayoría, como en todo régimen oligárquico, era la clase social más rica o instruida, y esta clase desconfiaba, en general, de los guzmancistas, a quienes se les atribuían propósitos no menos radicales que la inmediata emancipación de los esclavos, sin compensación a sus dueños, y aun el reparto autoritario de tierras". *V.* J. Gil Fortoul, *op. cit.*, tomo II, p. 267.

386 Señala Gil Fortoul, que a Guzmán se le juzgó como promotor de una revolución social y política a cuyo fin excitaba las pasiones populares con promesas atentatorias de las leyes existentes, cuales el reparto de la tierra y la libertad de los esclavos. *V.* J. Gil Fortoul, *op. cit.*, torno II, p. 279. *V.* las referencias a las acciones del gobierno contra las Municipalidades y la Prensa en F. González Guinán, *op. cit.*, tomo IV, pp. 146 y ss., y los comentarios sobre el juicio a Guzmán, *ídem.* pp. 216 y ss.

387 *Cfr.* F. González Guinán, *op. cit.*, tomo IV, pp. 205 y ss., 210, 302, 310 y ss., 343 y ss., 356, 361 y ss. y tomo V, p. 22.

388 Con este acontecimiento, denominado el "día del fusilamiento del Congreso" *(cfr.* Augusto Mijares, *loc. cit.*, p. 105), se produce según Gil Fortoul, el fin de la oligarquía conservadora y el inicio de la oligarquía liberal, *op. cit.*, tomo II. p. 309 y tomo III, pp. 9 y ss. *V.* los comentarios sobre los acontecimientos del 24 de enero en J. A. Páez, *op. cit.*, tomo II, p. 451; C. Parra Pérez, *Marino..., cit.*, Vol. III (el 24 de enero), Madrid, 1960, pp. 23 y ss., F. González Guinán. *op. cit.*, tomo IV, pp. 411 y ss.

bajo la dirección militar de Páez, se lanzaron a la guerra civil, pero pronto habían de ser vencidos; y Páez, luego de varios años encarcelado, fue expulsado del país en 1850.

Bajo la orientación liberal, el Congreso sometido al Presidente Monagas y al Vicepresidente Guzmán, aprobó algunas leyes de importancia como las de modificación, en 1848, de la Ley de libertad de los contratos de 1834, estableciendo al contrario y en base al principio de igualdad, limitaciones al cobro de intereses contractuales y a la autonomía de la voluntad; y la de abolición de la pena de muerte en 1849[389]. En 1850 se verificaron nuevas elecciones y contra las pretensiones presidenciales del Vicepresidente Guzmán y del Partido Liberal, el Presidente Monagas impuso la candidatura de su hermano José Gregorio Monagas, quien inició su período en 1851. La reacción del Partido Liberal y de parte del Conservador no se hizo esperar y contra lo que se comenzó a denominar la dinastía de los Monagas, se desataron movimientos armados en 1853 y 1854, sin ningún éxito. Guzmán, en todo caso, se había alejado de la República en una misión diplomática en el Perú[390].

En el orden social y económico el Gobierno de J. G. Monagas no realizó mayores cambios, y sólo se recuerda su labor, por la aprobación en 1854 de la Ley de abolición de la esclavitud, promovida por los propios propietarios[391] y como medida para promover la reelección de José T. Monagas, al concluir el período presidencial de su hermano. En 1855, en efecto, L T. Monagas reasume la Presidencia de la República, consolidándose la autocracia como forma de gobierno, lo que lleva inclusive, a que en el año siguiente, en 1856, se haya aprobado por el Congreso un Decreto sobre reformas de la Constitución que eludía los procedimientos propios de la Constitución rígida que establecía el texto de 1830[392].

Institucionalmente, los acontecimientos de los años 1856 y siguientes y particularmente la Constitución de 1857, la cual no tuvo sino un año escaso de duración, van a ser de enorme importancia para el desarrollo histórico-político de la República, por varios hechos: Ante todo, con la reforma constitucional promovida por Monagas en 1857 para reelegirse antes de finalizar su período[393], se inicia la larga histo-

---

389 *Cfr.* J. Gil Fortoul, *op. cit.*, tomo III, pp. 26 y 38; F. González Guinán. *op. cit.*, tomo IV, pp. 480 y ss.

390 *Cfr.* J. Gil Fortoul, *op. cit.*, tomo III, pp. 42 y ss., F. González Guinán *op. cit.*, tomo V, pp. 136 y ss., 295 y ss. y 369 y ss.

391 En 1845 ya se había presentado un proyecto de Ley al Congreso para contratar un empréstito en el extranjero para emancipar completamente a los esclavos, indemnizando a sus dueños, el cual no se aprobó por la situación electoral de 1846. *Cfr.* José Gil Fortoul, *op. cit.*, tomo II, p. 311. F. Brito Figueroa señala en este sentido que los terratenientes auspiciaron la ley, cuando sintieron que el mantenimiento de los esclavos les significaba una carga muy onerosa a la situación de la agricultura en la época, lo que se confirma por el hecho de que recibieron una indemnización por la emancipación, y no perdieron de hecho los servicios del esclavo libre, pero sin las cargas que la esclavitud imponía. *V.* F. Brito Figueroa, *op. cit.*, tomo I, pp. 249 y ss. *Cfr.* las disposiciones sobre la obligación impuesta al Estado de indemnizar a los antiguos dueños de esclavos y el modo de hacerlo, así como el impuesto especial creado con ese objeto, en P. Ruggieri Parra *op. cit.*, tomo II, p. 38; F. Brito Figueroa, *op. cit.*, tomo I, p. 251; J. Gil Fortoul. *op. cit.*, tomo 111, pp. 51 y 52; F. González Guinán, *op. cit.*, tomo V, p. 354.

392 *Cfr.* Luis Marinas Otero, *op. cit.*, p. 38; J. Gil Fortoul, *op. cit.*, tomo III, p. 76; F. González Guinán, *op. cit.*, tomo VI, pp. 34 y 44.

393 La reforma constitucional de 1857 establecía en el artículo 10 de las Disposiciones Transitorias que "el Congreso en Cámaras reunidas y por las dos terceras partes de sus miembros presentes, procederá a nombrar por esta vez el Presidente y Vicepresidente de la República para el primer período constitucio-

ria de reformas constitucionales circunstanciales que caracteriza nuestra evolución constitucional desde 1857 hasta la fecha[394]. Como la elección del Presidente se atribuía en la reforma citada al Congreso, con anterioridad, en 1856 y mediante la reforma de la Ley de división territorial de la República, se aumentaron a veinte las provincias que 1a Constitución de 1830 fijaba en once, decisión que la Constitución Federal de 1864 ratificaría posteriormente[395]. Con esta medida quedaron cesantes los Gobernadores interinos y se eligieron nuevos congresantes, todos afectos al régimen de Monagas[396]. En esta forma se inició también una larga historia de modificaciones político-territoriales de la República, al antojo de gobernantes, que caracterizó las divisiones territoriales sobre todo a partir de 1881 y que perduró durante todo el resto del siglo pasado, y buena parte del presente. Por otra parte, la reforma Constitucional de 1857 reaccionó contra los poderes de las Provincias que el compromiso centro-federal de la Constitución de 1830 les había dado; y ello de do:-, maneras: por una parte, eliminando la competencia de las Diputaciones Provinciales para intervenir en la elección de los Gobernadores lo que en 1857 se atribuye sólo a la competencia del Presidente de la República[397] y en segundo lugar, mediante el establecimiento de un nuevo poder, el "Poder Municipal", al cual se le concedió autonomía[398], y al cual teóricamente se le trasladarían las competencias de las Diputaciones Provinciales que en el texto de 1857 desaparecen[399]. En esta forma, se estructura el Poder Municipal autónomo, pero inofensivo hacia el poder central, lo cual va a perdurar hasta nuestros días, y se elimina completamente el elemento federal que hasta la fecha existía, lo cual originará, ante el conflicto centralismo-federación, la guerra federal. En efecto, la reforma constitucional de 1857 se ha visto como una reacción del poder central contra el federalismo caudillista regional[400] y por tanto, como una reacción contra los caudillos locales, que dominaban la vida política del país, desintegrada en feudos provinciales. Monagas mismo era un caudillo regional que había dominado siempre en el Oriente del país, y su reacción contra su mismo

---

nal. Entre tanto, los actuales continuarán en sus destinos hasta que sean reemplazados por los que se nombren". *V.* en Ulises Picón Rivas, *Índice Constitucional de Venezuela,* Caracas, 1944, p. 343. *Cfr.* los comentarios sobre la reforma en F. González Guinán, *op. cit.,* tomo VI, pp. 63, 78 y 82.

394 La Constitución de 1961, la segunda de mayor vigencia en nuestra historia constitucional fue enmendada en 1973. también por razones circunstanciales electorales.

395 a Ley se dictó el 28 de abril de 1856. *Cfr.* F. González Guinán, *op. cit.,* tomo VI, p. 37.

396 *Cfr.* José Gil Fortoul, *op. cit.,* tomo III, p. 78; F. González Guinán, *op. cit.,* tomo VI, p. 43 y ss.

397 Artículo 88 de la Constitución de 1857 en U. Picón Rivas, *op. cit.,* p. 88.

398 Artículos 85 a 87 de la Constitución de 1857, *loc. cit.,* p. 338.

399 En el mensaje del Presidente Monagas, dirigido al Congreso el 21 de enero de 1857 sobre la reforma constitucional, señaló lo siguiente: "La actual constitución de la República (1830), estableciendo un sistema complicado de gobierno que participa del régimen centralista al mismo tiempo que del régimen federal, fió a las Diputaciones Provinciales toda la parte legislativa del poder municipal y a los gobernadores la parte ejecutiva de ese mismo poder... Pero lo peor de esta equivocada combinación consiste en que, aun cuando hubiera sido verdaderamente independiente el poder municipal, la Constitución lo centraliza también en las Diputaciones y gobernadores contra su peculiar naturaleza, dejando sin acción propia a las ciudades y parroquias a quienes debía beneficiar inmediatamente... Se estableció de este modo un poder, que se ha creído federal, con los elementos del poder municipal, a expensas de los pueblos que no han gozado del beneficio de ninguno." *Cfr.* en J. Gil Fortoul, *op. cit.,* tomo III, pp. 79 y 80.

400 Gil Fortoul, califica a este período de nuestra historia constitucional como la "Reacción centralista", *op. cit.,* tomo III, pp. 75 y ss.

poder real, provocaría evidentemente su caída, en la cual se aliaron conservadores y liberales. Estos, en efecto, en el mismo momento en que se produce la reforma constitucional y la reelección de Monagas, estaban preparando los mecanismos para hacer efectiva una reacción contra el personalismo y la autocracia de Monagas, y como jefe de la misma, denominada la Revolución de marzo, se designó al General Julián Castro[401], Gobernador de Carabobo, y uno de los caudillos regionales del centro. En pocos días, y por primera vez en la historia política del país, una "revolución" había triunfado[402], y con este triunfo se inicia en nuestra historia una larga y sucesiva lista de "revoluciones" triunfantes contra los gobiernos, hasta 1958.

En todo caso, la alianza conservadora-liberal en torno a Castro, va a durar muy poco, y como causa del conflicto están las medidas a adoptarse contra el Presidente depuesto Monagas, con motivo de las cuales, por primera vez en nuestra historia política, se manifestó agudamente la intervención de las potencias imperialistas europeas, y en particular, de Inglaterra y Francia, cuyas representaciones le habían dado asilo. Un "protocolo" firmado con las legaciones europeas que habían dado asilo a Monagas, por un ministro liberal sin consentimiento de los ministros conservadores, provoca la renuncia del primero, y la consecuente alianza del Partido Liberal con las potencias extranjeras contra el Gobierno de Castro[403], cuyas Armadas habían bloqueado el Puerto de la Guaira para garantizar la salida de Monagas del país. Entre tanto, al organizarse el Gobierno de J. Castro en Caracas, se convocaron elecciones para constituir una Convención Nacional que debía instalarse en Valencia en julio de 1858, habiéndose realizado las elecciones por sufragio universal y directo[404] por primera vez en la República desde las elecciones efectuadas para constituir el Congreso de 1811, al eliminarse las restricciones de carácter económico que se establecieron desde la propia Constitución de 1811. La conformación de la Convención fue, sin embargo, fundamentalmente conservadora y sus discusiones estuvieron signadas de nuevo por la forma federal o centralista del Estado[405].

La Constitución de 1858, en todo caso, adoptó un esquema federal, aun cuando sin utilizar el nombre de "federación"[406], estableciendo además del Poder Nacional,

---

401 *Cfr.* F. Brito Figueroa, *op. cit.,* tomo I, p. 318; J. Gil Fortoul, *op. cit.,* tomo III, pp. 88 y 93; Augusto Mijares, *loc. cit.*, p. 111; F. González Guinán, *op. cit.*, tomo VI, pp. 89, 98, 123 y 131 y ss.

402 En los seis años que siguen al plan de Monagas en 1857, al contrario de lo sucedido con los intentos revolucionarios de los años anteriores, triunfa la revolución de marzo contra Monagas (1858); los batallones de Casas derrocan a Castro (1858), los de Echezuría a Gual y proclaman la dictadura con Páez (1861); y, finalmente, la Federación derroca al gobierno dictatorial de Páez en 1863; y como dice J. Gil Fortoul, "seguirán triunfando otras revoluciones", *op. cit.,* tomo III, p. 90.

403 *Cfr.* J. Gil Fortoul, op. *cit.*, tomo III, pp. 105 y 107; F. González Guinán, *op. cit.*, tomo VI, pp. 165 y ss.

404 *V.* el texto del Decreto en J. Gil Fortoul, *op. cit.,* tomo III, p. 114. *Cfr.* Augusto Mijares, *loc. cit.,* p. 112; F. González Guinán, *op. cit.,* tomo VI, p. 181.

405 *Cfr.* J. Gil Fortoul, *op. cit.,* tomo III, pp. 114, 118 y 120; Augusto Mijares, *loc. cit.,* p. 113; F. González Guinán, *op. cit.,* tomo VI, pp. 183, 238 y ss., y 287 y ss.

406 Este hecho llevará a Antonio Leocadio Guzmán a declarar cínicamente en 1867 lo siguiente: "No sé de dónde han sacado que el pueblo de Venezuela le tenga amor a la Federación, cuando no sabe lo que esta palabra significa: esa idea salió de mí y de otros que nos dijimos: supuesto que toda revolución necesita una bandera, ya que la Convención de Valencia no quiso bautizar la Constitución con el nombre de federal, invoquemos nosotros esa idea; porque si los contrarios hubieran dicho Federación nosotros hubiéramos dicho Centralismo". *Cfr.* en J. Gil Fortoul, *op. cit.,* tomo III, pp. 136 y 137; Augusto Mijares, *loc. cit.,* pp. 113 y 114; Ramón Díaz Sánchez, *loc. cit.*. pp. 249 y 250. Vallenilla Lanz califica de "oportunis-

un "Poder Municipal", no sólo a nivel de Cantones, sino a nivel de provincias[407], previéndose la existencia en éstas de gobernadores, como agentes del Poder Nacional, pero elegidos por votación universal, directa y secreta[408]. La Constitución de 1858, a pesar de la composición conservadora de la Convención de Valencia, tuvo una marcada tendencia liberal, pues no sólo consagró constitucionalmente por primera vez en Venezuela el voto universal, directo y secreto[409], sino que se ampliaron considerablemente, en base a los principios liberales, los derechos individuales[410]. Sin embargo, las trabas al poder central perduraron, debilitándosele no sólo frente a las Provincias, sino en su misma conformación[411].

Pero antes de aprobarse la Constitución de 1858, los preparativos e inicio de la guerra que se convertiría en la guerra federal ya estaban consumados[412] y a la cabeza de la reacción contra el Gobierno estaba Antonio Leocadio Guzmán y el general J. C. Falcón, cuyo partido, el Liberal, se oponía al del Gobierno que se denominó Partido Constitucional[413]. La bandera de la Federación enarbolada por el Partido Liberal, dará lugar a la "guerra larga", de carácter social, que se inició a comienzos del año 1859 al pronunciarse la ciudad de Coro por la Federación, con el general Zamora a la cabeza de los revolucionarios. Esta guerra federal, como guerra civil, evidentemente que produjo profundas consecuencias en nuestra historia político-social, que deben destacarse: por una parte, desde el punto de vista político, condujo al triunfo del regionalismo y caudillismos locales frente al poder central, siendo la federación, la forma política reafirmadora del poder de los caudillos regionales y de la desintegración político-feudal de la República[414]. Por otra parte, y desde el punto de vista

---

ta" y "falsa" las expresiones de Guzmán pues "no sólo en Venezuela, sino en casi toda la América Española, se habló de federación y de confederación mucho antes de hablarse abiertamente de independencia...", *Disgregación..., cit.,* p. 56.

407 "El poder Municipal se ejercerá por una Legislatura y un Gobernador en las Provincias; por un Consejo y un Jefe Municipal en los Cantones, y por los demás funcionarios y corporaciones que establezca la Legislatura provincial". Artículo 122. Constitución de 1858, en Luis Mariñas Otero, *op. cit.,* p. 295.

408 Artículos 135 y 137, Constitución de 1858, *loc. cit.,* p. 297.

409 "Son ciudadanos y, por lo tanto, tienen el derecho de elegir para el ejercicio de los poderes públicos; 1. Todos los venezolanos mayores de 21 años; 2. Los que sin tener esa edad, sean o hayan sido casados". (Art. 11.) "Los derechos de ciudadanos se suspenden: 1. Por enajenación mental; 2. Por condenación a pena corporal en virtud de sentencia ejecutoriada mientras se cumple dicha pena; 3. Por interdicción judicial." (Art. 12). *V.* Constitución de 1858, *loc. cit.,* p. 280.

410 *Cfr.* José Gil Fortoul, *op. cit.,* tomo III, p. 125, y Augusto Mistares, *loc. cit.,* p. 113.

411 *Cfr.* J. Gil Fortoul, *op. cit.,* tomo III, pp. 126 y 127.

412 *V.* José S. Rodríguez, *Contribución al Estudio de la Guerra Federal en Venezuela.* tomo I, Caracas, 1960, pp. 202 y ss. *Cfr.* F. González Guinán, *op. cit.,* tomo VI, pp. 187, 192 y 301 y ss.

413 El Partido Constitucional del Gobierno, se denominó por sus adversarios como Godo, Oligarca, Conservador, Central, Centralista y Colorado; y el partido de la revolución, se denominó Liberal, Federalista o Federal ("feberal"), y Amarillo. Los colores, en virtud de las banderas de combate. *Cfr.* J. Gil Fortoul, *op. cit.,* p. 135. Sobre la denominación de los partidos históricos, *v.* R. A. Rondón Márquez, *Guzmán Blanco, El Autócrata Civilizador o Parábola de los Partidos Políticos Tradicionales en la Historia de Venezuela,* Caracas, 1944, tomo II, pp. 377 y ss.

414 De acuerdo a la expresión de L. Vallenilla Lanz, el régimen federal que se consagró formalmente en 1864, fue la sanción constitucional del feudalismo caudillesco o federación caudillesca, *Disgregación..., cit.,* p. LXX. *Cfr.* la cita también en E. Wolff, *op. cit.,* tomo I, p. 88.; J. M. Hernández Ron, lo califica como "federalismo de componenda". *V.* su prólogo al tomo II de Pablo Ruggieri Parra, *op. cit.,* p. 10. Por otra parte, Ramón J. Velásquez la califica de "alianza de intereses feudales" y confirma así la relación

social, a pesar de sus promotores, la guerra federal desencadenó en el país una segunda revolución social, continuación de la que se había producido en las guerras de independencia, pero todavía más anárquica que aquélla[415], pues provocó la desaparición física de gran parte de la oligarquía, es decir, de las clases privilegiadas y los blancos, a manos de los resentimientos populares, conduciendo: a una igualación social, afianzada posteriormente en el mestizaje[416].

---

entre la federación y el latifundismo-feudal en Venezuela: "Cada uno de los Estados de la alianza federal es en realidad un gran feudo, subdividido o repartido en verdaderas encomiendas políticas entre los tenientes o aliados de los grandes señores provinciales, quienes de esta manera garantizan al que está en Caracas la seguridad de la paz o de los contingentes humanos necesarios para hacer la guerra." "El poder de Guzmán Blanco, primero y más tarde de Joaquín Crespo no se basa en la existencia de un poderoso ejército nacional, de unas finanzas ordenadas o de un verdadero aparato administrativo, sino en el cumplimiento de un pacto que une, para el disfrute del poder, a los señores terratenientes y guerreros esparcidos en las vastas, poco desarrolladas y bastante aisladas, provincias que forman la República. Es una alianza entre iguales, dentro de la cual cada señor goza de sus privilegios y domina sobre una realidad semi-bárbara cuya permanencia defiende, evitando toda posibilidad de cambio o reforma", *v.* R. J. Velásquez, *La Caída del Liberalismo manilo, Tiempo y Drama de Antonio Paredes,* Caracas, 1973, pp. VII y VIII. Augusto Mijares, señala que cuando se practicó la federación "fue en forma anárquica, para convertir cada región de la República en feudo de los caudillos triunfantes", *loc. cit.,* p. 125. J. Núcete Sardi, señala que la Federación "desfeudalizó, aun cuando creó nuevos caudillismos político-militares"... "Hubo una federación de caudillos", en "El Manuscrito de un Coronel Federal" (Prólogo), en Emilio Navarro, *La Revolución Federal 1859 a 1868,* Caracas, 1963, pp. X y XI... En otro lugar, el mismo Vallenilla Lanz insiste en que "lo que nuestros teóricos del federalismo consideraban ingenuamente como una novedad, no tendía a otro resultado sino al de cubrir con un ropaje republicano las formas disgregativas y rudimentarias de la colonia, dándole el nombre pomposo de Estados o Entidades Federales o las ciudades-Cabildos o Distritos Capitulares, que eran entonces lo que casi son todavía (1829): pequeñas ciudades con extensas y desiertas jurisdicciones territoriales", en *Dizgregación..., cit.,* p. LVII. Domingo Alberto Rangel, también señala dentro de la misma orientación que el sistema federal, como el feudal, reposará en "un tácito pacto de vasallaje"... "El Presidente de la República actuará como un "primus inter pares" de la numerosa familia de caudillos que se apropian de las distintas regiones del país", en *Los Andinos en el Poder,* Caracas, 1964, p. 71.

415 J. Gil Fortoul, al calificarla de revolución social señala que "el término de Federación se transforma radicalmente en el cerebro de la gente inculta, hasta perder su significación puramente política de autonomía local, para convertirse en bandera de todo género de reivindicaciones democráticas y en tendencia a una definitiva igualación de todas las clases sociales", *op. cit.,* tomo III, p. 137. L. Vallenilla Lanz al referirse a las masas populares que soportaron la federación, señala la siguiente: "Las masas populares que habían sido realistas con Boves y patriotas con Páez durante la guerra de Independencia, fueron después liberales con Guzmán y Zamora en el 46 y federales con el mismo Zamora, con Falcón y con Sotillo en el 59", *Cesarismo..., cit.,* p. 194.

416 En esta "revolución social más amplia y profunda que la misma revolución, antes política que social, de la Independencia"... "desaparece la oligarquía, se resuelven definitivamente todas las castas y se realiza, de hecho, la igualdad democrática", *ídem,* p. 53. *V.* además *ibídem,* pp. 161 y ss. Agrega Gil Fortoul lo siguiente: "Durante los cuatro o cinco años que siguieron al de la emancipación, no se nota ningún cambio social ni político debido a la influencia de los nuevos ciudadanos (esclavos libres). Muchos continúan viviendo como peones y colonos en las haciendas do sus antiguos señores: otros se dispersan por ciudades y campos; todos van a confundirse poco a poco con la masa de mestizos que forman la mayoría de la población venezolana. En la vida pública no empiezan a intervenir algunos sino por consecuencia de las guerras federales"..., *op. cit.,* p. 132. Por su parte, L. Vallenilla Lanz, señala claramente que "nuestras contiendas civiles posteriores a la Independencia, no han sido como las de otros países de Hispano América, choques de dos oligarquías que se disputan el predominio político. Verdaderas revoluciones sociales, éstas han sido como las etapas de esta evolución que al cabo de un siglo ha dado por resultado el triunfo del igualitarismo". *Cesarismo..., cit.,* p. 201. F. Brito Figueroa, también considera a las guerras federales, como una guerra social, *op. cit.,* tomo I, pp. 289, 295 y 317 y ss.

Sin embargo, es de destacar que las guerras federales, a pesar de su carácter social, y de la rebelión que provocaron en las poblaciones rurales contra los dueños de la riqueza territorial, no transformaron la estructura latifundista, pues la propiedad de la tierra pasó de los caudillos militares conservadores a los caudillos militares federales[417]. De ahí que en la segunda mitad del siglo XIX se afiance el latifundismo en Venezuela, como base de la estructura social y económica del país, hasta el advenimiento de la explotación petrolera, defraudándose las bases revolucionarias de carácter social de la guerra federal.

Las consecuencias de la guerra federal, en todo caso, no han cesado de ser fuente de opiniones divergentes[418], y quizá lo que en su momento revelaron fue la gran debilidad de las instituciones de la República que condujeron a la anarquía. No hay que olvidar que el Presidente Castro fue depuesto en 1859 y que el Presidente Tovar, elegido ese mismo año, renuncia en 1861 y ese año se dejan de respetar las formas legales en relación al ejercicio del poder[419]: Páez, quien había regresado de su exilio, asume de hecho el poder y se declara la Dictadura, pero ello no impidió que en 1863 los ejércitos federales hubieran dominado el país. El Convenio de Coche de mayo de 1863 firmado por los representantes de Páez (Pedro José Rojas) y del general Falcón (Antonio Guzmán Blanco)[420], puso fin a la dictadura y a las guerras federales, y la Asamblea, reunida ese año en La Victoria conforme a lo previsto en el Convenio nombró Presidente provisional de la República al general J. C. Falcón y Vicepresidente a Antonio Guzmán Blanco, habiendo salido Páez al exilio. La labor de reconstrucción del poder político se inició de inmediato y Falcón dictó varios Decretos que establecieron las bases para la reconstitución de la República bajo la forma federal, el establecimiento de la vigencia de las leyes civiles y penales dictadas antes de 1858, derogando así el primer Código Civil de la República dictado el año anterior de 1863, y las garantías constitucionales entre las cuales se consagró el sufragio sin otra restricción que la minoridad[421]. Se practicaron elecciones y la Asamblea Consti-

---

417 *V.* F. Brito Figueroa, *op. cit.*, tomo II, p. 295. R. Díaz Sánchez, considera que con las guerras federales, "todo el esquema social queda modificado. Ya no habrá más castas en Venezuela. Subsistirán ciertamente, las clases, pero definidas 110 conforme al patrón estamental de otros tiempos sino por la posición económica", *loc. cit.*, p. 253.

418 *V.* Las apreciaciones de A. Mijares, *loc. cit.*, pp. 122 y ss.; Pauto Ruggiebt Parra, por ejemplo, sostiene que el sentimiento igualitario no se debió ni a la guerra ni a la Constitución Federal, sino al resultado de un proceso que data de los orígenes de la nacionalidad, A su juicio, "la guerra federal fue una calamidad nacional sin resultado alguno favorable para el país", *op. cit.*, tomo II, p. 63, *V.* las diversas opiniones citadas por F. Brito Figueroa, *op. cit.*, tomo I, pp. 327 y ss.

419 La fecha del 29 de agosto de 1861 —dice Gil Fortoul— marca la agonía del régimen establecido desde 1830. Hasta entonces, todos los partidos, inclusive el partido reaccionario de Monagas, habían procurado justificar sus propósitos, y aun sus errores, con preceptos de leyes vigentes o con nuevos actos legislativos. En cambio, la dictadura se implanta a mano violenta, *op. cit.*, tomo III, p. 191. *Cfr.* F. González Guinán, *op. cit.*, tomo VII, pp. 337 y ss.

420 *V.* El texto del Convenio de Coche y su antecedente en José S. Rodríguez, *op. cit.*, tomo II, pp. 336 y ss.; J. Regino Pachano, *Biografía del Mariscal Juan C. Falcón,* Caracas, 1960, pp. 178 y 179; F. González Guinán, *op. cit.*, tomo VIII, pp. 123 y ss.; y J. Gil Fortoul, *op. cit.*, tomo III, pp. 214 y ss.

421 *V.* en relación al Código Civil de 1863 y su derogatoria: F. González Guinán, *op. cit.*, tomo VIII, pp. 92 y 162. *V.* el texto del Decreto de Garantías del 16 de agosto de 1863, en P. Ruggieri Parra, *op. cit.*, tomo II, pp. 54 y ss.; J. Gabaldón Márquez (ed.), *Documentos Políticos y Actos Ejecutivos y Legislativos de la Revolución Federal,* Caracas, 1959, pp. 163 y ss.; J. Regino Pachano, *op. cit.*, pp. 185 y ss., y F. González Guinán, *op. cit.*, tomo VIII, pp. 168 y ss.

tuyente instalada en diciembre de 1863, ratificó al general Falcón como Presidente de la República y aprobó la Constitución de 1864[422] por la cual se estableció formalmente la forma Federal del Estado Venezolano[423].

Con la Constitución de 1864 se inicia, por tanto, una nueva etapa en la conformación constitucional del Estado en Venezuela, pues desintegra la República[424] en entidades federales-feudales autónomas[425] con Gobierno propio elegido por sufragio directo y secreto[426] confinándose el Poder Nacional a un Distrito Federal, como territorio neutro[427]. La vida política nacional en las décadas posteriores y hasta comienzos del siglo XX, so va a centrar en la existencia de esta alianza de caudillos regionales formalizada por la Constitución federal y que será la garantía de supervivencia de las autoridades nacionales (federales); alianza y situación que concluirá a comienzos del siglo XX, al iniciarse la integración política del país mediante la fuerza y creación de un Ejército Nacional bajo las órdenes de Gómez, que le permitirá después gobernar dictatorialmente hasta 1935[428]. La lucha de las guerras federales, que según Alvarado fue más por la democracia que por la federación, que era "asunto de forma"[429], sin embargo, consolidó el sistema federal y los poderes de los caudillos regionales, en perjuicio de la democracia. Por otra parte si bien se ratificó en el texto de la Constitución de 1864 el voto popular, universal y secreto, que ya había

422 *V.* el texto de la Constitución de 1864, en Luis Mariñas Otero, *op. cit.*, pp. 303 y ss. En relación a esta Constitución, dice Ruggieri Parra que con ella "no se hubiera podido gobernar el país, ni siquiera en días de paz. Sus violaciones son coetáneas a su sanción y no se la obedeció ni en la forma, ni en el fondo, en los diez años que estuvo vigente", *op. cit.*, tomo II, p. 62. El sistema federal, según Gil Fortoul, fue "violado infinitas veces por el Partido Federal", *op. cit.*, tomo III, p. 36... *V.* los comentarios a la Constitución, en F. González Guinán, *op. cit.*, tomo VIII, pp. 267 y ss.

423 De acuerdo con el artículo 1° de la Constitución "Las provincias de Apure, Aragua, Barcelona, Barinas, Barquisimeto, Carabobo, Caracas, Cojedes, Coro, Cumaná, Guárico, Guayana, Maracaibo, Maturín, Mérida, Margarita, Portuguesa, Táchira, Trujillo y Yaracuy, se declaran Estados independientes y se unen para formar una nación libre y soberana, con el nombre de Estados Unidos de Venezuela", siendo los límites de cada Estado (art. 2.°) los establecidos en la Ley del 28 de abril de 1856 dictada, en el último Gobierno de Monagas para lograr su reelección, *loc. cit.*, p. 303. La denominación de la República va a perdurar hasta que la Constitución de 1953 la cambie por el de República de Venezuela.

424 "Los Estados que forman la Unión Venezolana reconocen recíprocamente sus autonomías, se declaran iguales en entidad política y conservan en toda su plenitud la soberanía no delegada expresamente en esta Constitución." Artículo 12, *loc. cit.*, p. 304. Hasta tal punto se opera la desintegración formal, que desaparece la norma constitucional que los textos anteriores consagraban y según la cual la República debía organizarse mediante un gobierno "republicano, popular, representativo, responsable y alternativo" (p. e., art. 6°, Constitución de 1830, *loc. cit.*, p. 224), y al contrario, ahora son los Estados de la Unión quienes deben organizarse "conforme a los principios de Gobierno Popular. Electivo, Federal Representativo, Alternativo y Responsable", art. 23, 1, Constitución de 1864, *loc. cit.*, p. 305.

425 Hasta tal punto que, por ejemplo, el Gobierno Nacional, no podía "situar en un Estado fuerza ni jefes militares con mando, aunque sea del mismo Estado, ni de otro, sin el permiso del Gobierno del Estado en que se deba situar la fuerza", artículo 100 de la Constitución de 1864, *loc. cit.*, p. 319.

426 Artículo 13, 22, *loc. cit.*, p. 306.

427 Artículos 13, 3; 43, 2; 72, 20; y 84, *loc. cit.*, pp. 305, 311, 315 y 317. *V.* en general A. R. Brewer-Carías, *El Régimen de Gobierno Municipal en el Distrito Federal Venezolano,* Caracas, 1965; A. R. Brewer-Carías, "Caracas", en D. ROWAT, *The Government in the Federal Capitals,* Toronto, 1973, pp. 113 y ss.

428 *Cfr.* Ramón J. Velásquez, *op. cit.*, pp. XIII y ss.

429 *V.* Lisandro Alvarado, *Historia de la Revolución Federal, cit.*, por R. Díaz Sánchez, *loc. cit.*, p. 254.

consagrado el texto de 1858[430], el ejercicio del mismo se hizo nugatorio pues entre el 80 y el 90 por 100 de la población era analfabeta y la ley exigía saber leer y escribir para el ejercicio del sufragio, por lo que la participación en el proceso político quedó limitada a una minoría privilegiada, identificada con la nueva oligarquía de la riqueza comercial y terrateniente[431]. Las aspiraciones populares, en todo caso, quedaron defraudadas, y las mismas ofertas y recompensas a las tropas federales no se cumplieron por el Gobierno de Falcón[432]. Las reacciones de los mismos liberales y federales a escala regional no se hicieron esperar[433], y desde 1864 estalla de nuevo la guerra civil, comandando el propio Presidente Falcón las fuerzas gubernamentales, ocupando sucesivamente Guzmán Blanco la Presidencia interina[434], que alterna con las funciones de negociador de sucesivos empréstitos en el exterior[435].

El Gobierno de Falcón en todo caso, cae en desprestigio y en 1868 la llamada Revolución Azul encabezada por el viejo José Tadeo Monagas tomó el poder[436]; éste se hace elegir Presidente, pero mucre a finales de dicho año, y el Congreso designa a su hijo José Ruperto Monagas para que cumpliera el período constitucional. Los conservadores lograron que se excluyera a los liberales del poder, repitiéndose así el esquema de 1858[437]. Los liberales se unieron de nuevo y se lanzaron en una nueva revolución armada contra el ahora gobierno oligarca de Monagas, la cual triunfó en abril de 1870 teniendo al frente a A. Guzmán Blanco[438].

Se inicia entonces con la Revolución de abril, el predominio en la vida política venezolana de A. Guzmán Blanco, que va a durar dieciocho años (1870-1888). Con el respaldo liberal, Guzmán Blanco inició la reconstrucción de la República gravemente quebrantada como resultado de las guerras federales, caracterizándose los

---

430 El artículo 14, 11 de la Constitución de 1864 garantizaba a los venezolanos "la libertad de sufragio para las elecciones populares, sin más restricciones que la menor edad de dieciocho años", *loc cit.*, p. 307, *V.* notas 101 y 107 de este capítulo 6.

431 *Cfr.* F. Brito Figueroa, *op. cit.*, tomo I, p. 332 y Augusto Mijares, *loc. cit.*, p. 123. Con razón, por tanto, Gil Fortoul señala en relación a la burla de las promesas sociales de las guerras federales, que "los evangelistas del régimen federativo tan convencidos como sus adversarios de la necesidad o conveniencia o ventaja —para ellos— de una oligarquía territorial o militar o intelectual, hiciesen después en el Gobierno cuanto les fue posible por retroceder la Federación a su esencia de teoría política, bautizando con ella la Constitución para no contradecir el programa de su partido, pero despojándolo del concepto de igualación de clases que durante los años de lucha armada predominó en el pueblo", *op. cit.*, tomo III, pp. 136 y 137.

432 Es interesante destacar las referencias a este aspecto que hace un testigo de las guerras federales y crítico del Gobierno de Falcón, Emilio Navarro *op. cit.*, pp. 151 y 155.

433 José S. Rodríguez *op. cit.*, tomo II. pp. 344 y ss.; J. Regino Pachano *op. cit.*, pp. 195 y ss.; L. Level de. Goda, *Historia Contemporánea de Venezuela Política y Militar* (1858-1886), tomo I, Barcelona, 1893, pp. XVIII y ss.

434 *Cfr.* F. González Guinán, *op. cit.*, tomo VIII, pp. 318 y ss.; J. R. Pachano, *op. cit.*, p. 195.

435 Sobre el empréstito de la Federación y sus críticas. *V.* R. A. Rondón Márquez, *Guzmán Blanco..., op. cit.*, tomo II, pp. 135 y ss.; y 146 y ss.

436 *Cfr.* Manuel Briceño, *Los Ilustres o la Estafa de los Guzmanes,* Caracas, p. 97; F. González Guinán, *op. cit.*, tomo IX, pp. 9, 37, 123 y ss., y 1318; L. Level de Goda, *op. cit.*, tomo I, p. XIX. El nombre "azul" de la revolución se deriva de la bandera de guerra.

437 *Cfr.* L. Level de. Goda, *op. cit.*, tomo I, p. XX; Augusto Mijares, *loc. cit.*, p. 125; T. González Guinán, *op. cit.*, tomo IX, pp. 172 y 212.

438 *Cfr.* F. González Guinán, *op. cit.*, tomo IX, pp. 233, 245 y 328 y ss.

años de su gobierno por el signo del liberalismo y secularismo. En efecto, a los dos meses de estar en el poder y aún antes de que el Congreso de Valencia lo nombrara Presidente provisional[439] dictó el célebre Decreto sobre Instrucción Pública, gratuita y obligatoria de 27 de junio de 1870, cumpliendo así la exigencia que la Constitución de 1864 ya contenía[440]. Por otra parte, durante los primeros años de su gobierno se agudizaron los conflictos con la Iglesia católica, llegando a expulsar órdenes y a disolver los conventos y seminarios[441]. Estos conflictos tuvieron gran influencia en la redacción de la legislación civil (ratificada en el Código Civil de 1873) que estableció el matrimonio civil y el Registro Civil en sustitución de las instituciones eclesiásticas y parroquiales[442]; y en el carácter generalmente laicista y positivista de los estudios superiores[443]. Guzmán Blanco fue elegido Presidente en 1873, recibiendo su Mensaje, en el Congreso, su padre Antonio Leocadio Guzmán quien ocupaba la presidencia de este organismo[444] y gobernó hasta 1877 en un primer período que se ha denominado el septenio. Le sucede en la Presidencia el General Francisco Linares Alcántara, elegido por el Congreso bajo la influencia de Guzmán Blanco[445], lo cual se hacía evidente por la exigencia que la Constitución dictada en 1874 hacía del voto público[446]. Con esta exigencia del voto público se cambió radicalmente el sentido igualitario que la Constitución federal de 1864 establecía, y se abrió clara y burdamente la posibilidad de la influencia directa del gobernante en la elección de su sucesor. Linares Alcántara a pesar de haber sido elegido por la presión de Guzmán Blanco, se separó de su tutelaje y antes del vencimiento de su período,

439 *Cfr.* Augusto Mijares, *loc. cit.*, p. 126; F. González Guinán, *op. cit.*, tomo IX, p. 352.

440 *Cfr.* R. Díaz Sánchez, *loc. cit.*, pp. 258 y 262. *V.* además, R. Díaz Sánchez, *Guzmán, Elipse de una ambición de poder* (tercera ed.), Caracas, p. 555. La Constitución de 1864 establecía en su artículo 14, 12 como garantía de los venezolanos. "La libertad de la enseñanza que será protegida en toda su extensión. El Poder Público queda obligado a establecer gratuitamente la educación primaria y de artes y oficios", *loc. cit.*, p. 307.

441 *Cfr.* R. A. Rondón Márquez, *op. cit.*, tomo II, pp. 154 y ss.; Ramón Díaz Sánchez, *loc. cit.*, pp. 259 y 260; F. González Guinán, *op. cit.*, tomo X, pp. 251 y ss. Estos acontecimientos disminuyeron la influencia que tenía la Iglesia en relación al poder temporal, produciendo que en los años sucesivos esta no haya tenido en Venezuela, la influencia que tuvo y todavía tiene en otros países latinoamericanos. *Cfr.* José Rodríguez Iturbe, Iglesia y Estado en Venezuela, Caracas, 1968.

442 Previamente al Código Civil se había dictado una Ley sobre el Matrimonio Civil y un Decreto sobre el Registro Civil. *Cfr.* Ramón Díaz Sánchez, *loc. cit.*, p. 260 F. Gonzálfz Guinán, *op. cit.*, tomo X, pp. 126 y ss.; R. A. Rondón Márquez, *op. cit.*, tomo II, pp. 153 y ss.

443 *Cfr.* Ramón Díaz Sánchez, *loc. cit.*, pp. 263 y ss.

444 *Cfr.* F. González Guinán, *op. cit.*, tomo X, p. 145.

445 *Cfr.* Augusto Mijares, *loc, cit.*, p. 126; F. González Guinán, *op. cit.*, tomo XI, pp. 224 y ss.

446 El artículo 63 de la Constitución de 1874 estableció que "la elección de presidente se hará por los ciudadanos de todos los Estados en votación directa y pública, de manera que cada Estado tenga un voto, que será el de la mayoría relativa de sus electores", correspondiendo al Congreso realizar el escrutinio y declarar la elección (arts, 64 y 65). Además, en el artículo 13,23 se exigía que en las elecciones populares el sufragio debía ser "directo, público, escrito y firmado por el sufragante... a presencia de la Junta que presida la votación", *v.*, en Luis Mariñas Otero, *op. cit.*, pp. 328 y 336.

reducido por el texto de 1874 a dos años[447], lo sorprendió la muerte sin haber podido reformar la Constitución para ampliarlo a cuatro años[448].

Una nueva revolución de orientación guzmancista depuso al Encargado de la Presidencia a la muerte de Linares, y llamó de nuevo a Guzmán Blanco, quien se encontraba en París, a quien un Congreso de plenipotenciarios de nuevo eligió, en 1879, Presidente provisional. Desde 1880 a 1882 gobernó como Presidente y en 1881 hizo modificar la Constitución a la cual se denominó la Constitución Suiza[449] por la creación, en ella, de un Consejo Federal compuesto por miembros de las Cámaras Legislativas[450], a quien se le atribuía la facultad de nombrar el Presidente de la República[451] Guzmán Blanco fue elegido para un segundo período (1882-1884) en la Presidencia y al fin del mismo, habiendo completado cinco nuevos años en ejercicio directo del poder[452], hizo elegir al general Joaquín Crespo como Presidente. Retorna a Francia y al término de la Presidencia de Joaquín Crespo, éste prepara de nuevo la *Aclamación* para Guzmán Blanco, quien reasume la Presidencia en 1886[453]. Al año siguiente regresa a Europa y al final del período que concluye un Encargado, hace elegir a J. P. Rojas Paúl como Presidente para el período 1888-1890[454].

Durante todo el período de predominio de Guzmán Blanco, sin embargo, no quedaron eliminadas las insurrecciones caudillistas regionales[455] lo cual confirma la apreciación de que el poder central se ejercía y duraba en virtud del pacto tácito de respeto a las reparticiones feudales que configuraban la República[456]. Por otra parte, y si bien durante esos años la República progresó notablemente en el campo intelectual y de las obras públicas[457], en el campo de la corrupción política alcanzó también

---

447 *Cfr.* Augusto Mijares, *loc. cit.*, p. 127; R. J. Velásquez, *op. cit.*, p. 19, El artículo 69 de la Constitución de 1874 establecía el lapso de dos años; en cambio el texto de 1864 establecía un período constitucional del Presidente de cuatro años (artículo 68); *loc. cit.*, pp. 49, 314 y 337.

448 *Cfr.* Augusto Mijares, *loc. cit.*, p. 127; F. González Guinán, *op. cit.*, tomo XI, p. 426.

449 *Cfr.* Augusto Mijares, *loc. cit.*, p. 1.2.7; R. J. Velásquez, *op. cit.*, pp. 29 y ss.

450 El Consejo Federal se componía "de un Senador y de un Diputado por cada una de las Entidades políticas, y de un Diputado por el Distrito Federal, que se elegirán por el Congreso cada dos años..." Artículo 61, de la Constitución de 1881, en Luis Mariñas Otero, *loc. cit.*, p. 359. Debe destacarse además que en otra de las innovaciones de la Constitución de 1881, los Estados Federales quedaron reducidos a nueve grandes entidades políticas, entre ellas una con el nombre de Guzmán Blanco, artículo 1°, *loc. cit.*, p. 348.

451 "El Consejo Federal elige de sus miembros el Presidente de los Estados Unidos de Venezuela..." (art. 62), quien, duraba dos años en sus funciones (art. 63), *loc. cit.*, p. 359.

452 Se denominó este segundo período, como el quinquenio. *Cfr.* Augusto Mijares, *loc., cit.*, p. 126., R. Díaz Sánchez, *loc. cit.*, p. 258; F. González Guinán, *op. cit.*, tomo XIII, p. 7.

453 *Cfr.* Augusto Mijares, *loc. cit.*, pp. 127 y 129; R. Díaz Sánchez, *loc. cit.*, p. 258; F. González Guinán, *op. cit.*, tomo XIII, pp. 85 y ss.: 99, 269 y 495.

454 El Dr. Rojas Paúl fue el primer civil que ocupó la Presidencia en más de cincuenta años. El anterior había sido el Dr. Vargas. *Cfr.* Luis Mariñas Otero, *loc. cit.*, p. 52; Augusto Mijares, *loc. cit.*, p. 127; F. González Guinán, *op. cit.*, tomo XIII, p. 498, tomo XIV, pp. 101 y 113 y ss.

455 *Cfr.*, p. e., F. González Guinán, *op. cit.*, tomos X y XI; Augusto Mijares, *loc, cit.*, pp. 127 y ss.

456 *Cfr.* Ramón J. Velásquez, *op. cit.*, p. VIII. D. A. Rangel, en este sentido, señala que el sistema desde 1860 reposaba "en el equilibrio inestable que proporcionaba un caudillo nacional..." al régimen de los "hombres de presa instaurado por la Revolución Federal", *op. cit.*, pp. 71 y ss.

457 *Cfr.* Augusto Mijares, *loc. cit.*, pp. 141 y ss.

niveles notables[458]. En el orden económico y social, a pesar de sus orígenes "federales", el Gobierno de Guzmán Blanco fue aristocratizante y signado por el liberalismo económico en su apogeo en Europa[459], con lo cual, a pesar de la interrupción de las guerras federales, la República siguió básicamente la orientación del segundo tercio del mismo siglo, pero con una diferencia sustancial: el poder económico se había desplazado hacia el latifundio[460].

En 1890, el Consejo Federal eligió para un nuevo período (1890-1892.) al candidato de Rojas Paúl, Raimundo Andueza Palacio, quien a través de la reforma constitucional de 1891, al modificarse las normas relativas a la reforma de la Constitución[461] pretendió ampliar su período constitucional. Como reacción contra las pretensiones de Andueza, una nueva guerra civil provocó el triunfo de la Revolución Legalista dirigida por el general Joaquín Crespo quien, en 1892, asumió el Poder haciéndose elegir Presidente provisional en 1893 por una Asamblea Constituyente[462]. Una nueva reforma constitucional produjo el texto de 1893 con el cual se modificó de nuevo la división político-territorial de la República eliminando el nombre de Guzmán Blanco de ella[463]; se eliminó el Consejo Federal que se había establecido en la Constitución de 1881[464]; y se elevó el período constitucional del Presidente a cuatro años[465]. El general Crespo fue electo Presidente para el período 1894-1898, y al final de su período murió en combate frente a una rebelión del general José Ma-

458 Guzmán Blanco sólo se hizo rodear de una orgía de lisonjas a su persona y de aduladores *(cfr.* Augusto Mijares, *loc. cit.,* p. 133), que dio origen a la célebre denominación de la Adoración Perpetua para ese grupo o Corte *(cfr.,* p.e., Pedro Emilio Coll "La Adoración Perpetua", en *Antología de Costumbristas Venezolanos del siglo* XIX, Caracas, 1964 Biblioteca Popular Venezolana, número 951, pp. 366 y ss.), sino que el enriquecimiento ilícito se proclamó y hasta se prentendió defender públicamente. *Cfr.* Augusto Mijares, *loc. cit.,* pp. 134 y ss.; R. A. Rondón Márquez, *op. cit.,* tomo II, pp. 104 y ss.

459 *Cfr.* R. Díaz Sánchez, *loc. cit.,* p. 256.

460 En este sentido, señala con acierto D. A. Rangel que "la burguesía mercantil fue desplazada del poder en 1864. El triunfo de la Revolución Federal significará la irrupción del latifundio, reencauchado de caudillos, sobre el escenario nacional Los intereses del agro empiezan a predominar sobre los del comercio capitalino. La desintegración del Estado nacional que entroniza la guerra federal no es más si la juzgamos en su justa perspectiva, que la hegemonía de la gran propiedad feudal, regionalisla y desparramada, sobre el orden integrador y centralista del comercio. Cuando Guzmán Blanco amenaza destruir a los conservadores "hasta como núcleo social", evidentemente se dirige a los comerciantes hostiles a su gobierno. No puede haberle formulado tal ultimátum histórico a los latifundistas que ya lo eran sus propios conmilitones, los caudillos del Partido Liberal", *op. cit.,* p. 91.

461 En el artículo 118 se estableció que la Constitución podía reformarse cuando lo acordaren las dos terceras partes de los miembros de la Legislatura Nacional, sometiéndola posteriormente a la aprobación de la Legislatura de los Estados, v. en Luis Mariñas Otero, *op. cit.,* pp. 53 y 391. Con esta reforma se hacía mucho más flexible la Constitución, al eliminarse la iniciativa exclusiva que tenían las Legislaturas Estatales para las reformas (art. 118 de la Constitución de 1881), *loc. cit.,* p. 367.

462 *Cfr.* Augusto Mijares, *loc. cit.,* p. 143; R. A. Rondón Márquez, *op. cit.,* tomo II, pp. 316 y 320 y ss. *V.,* además, R. A. Rondón Márquez, *Crespo y la Revolución legalista.* Caracas, 1973.

463 Artículo 1° de la Constitución de 1893, en Luis Mariñas Otero. *op. cit.,* pp. 54 y 395. *Cfr.* Ramón J. Velásquez, *op. cit.,* p. 88.

464 Los artículos 79 y siguientes de la Constitución de 1893, sin embargo, establecieron un Consejo de Gobierno con facultades y composición distintas; v. en Luis Mariñas Otero, *op. cit.,* pp. 411 y ss.

465 Art. 71, *loc. cit.,* p. 409.

nuel Hernández[466]. Su sucesor, elegido por su influencia, general Ignacio Andrade, sólo gobernó pocos meses de su período (1898-1902), pues al ejercer la atribución de designar Presidentes provisionales de las Secciones aún no organizadas como Estados de la Federación[467], provocó el levantamiento en armas del general Cipriano Castro en el Táchira, quien a la cabeza de la Revolución denominada Liberal Restauradora, tomó a Caracas en 1899[468]. Una vez más, la acción del poder central contra su suporte caudillista-regional, iba a provocar la caída del Gobierno.

CAPÍTULO 7. EL SIGLO XX: LA INTEGRACIÓN POLÍTICA Y LAS BASES PARA LA CONFIGURACIÓN DEL ESTADO DEMOCRÁTICO Y SOCIAL DE DERECHO

El fin del siglo XIX y los comienzos del siglo actual tuvieron una importancia decisiva en la historia política venezolana, pues materialmente, con la entrada del general C. Castro en Caracas, al frente de la Revolución Liberal Restauradora, se va a iniciar un giro completo en el panorama institucional y político del país, que conducirá a la conclusión del predominio nacional de los caudillos regionales del Centro[469]; a la eliminación del propio caudillismo regional y con él, de los partidos políticos tradicionales (Liberal y Conservador) y de la forma federal del Estado[470]; a la extinción de las guerras civiles que sólo el caudillismo regional podía provocar[471], y a la integración política nacional mediante el establecimiento de un Ejército Nacio-

---

466 *V.* los comentarios sobre el "Mocho" Hernández y la muerte de Crespo, en R. I. Velásquez, *op. cit.,* p, 179; R. A. Rondón Márquez, *Guzmán Blanco..., cit.,* tomo II, pp. 323 y ss. Asimismo R. A. Rondón Márquez, *Crespo.... cit*., pp. 183 y ss.

467 La Constitución de 1893, en cierta forma, regresa a la conformación federal de la República prevista en la Constitución de 1864. Como la Constitución de 1881 había creado nueve grandes Estados de los veinte anteriores, pasando muchos de éstos a formar secciones de ellos, la Constitución de 1893 había previsto la reconstitución de dichas secciones en Estados (art. 4°). El Congreso por acuerdo del 22 de abril de 1899 autorizó al Presidente Andrade para nombrar los Presidentes Provisionales de las secciones. *Cfr.* Luis Mariñas Otero, *op. cit.,* p. 59; Ramón J. Velásquez, *op. cit.,* pp. 184 y ss., R. A. Rondón Márquez, *Guzmán Blanco..., cit.,* tomo II, p. 328.

468 *Cfr.* Ramón J. Velásquez, *op. cit.,* pp. 206 y ss., y 242 y ss.; D. A. Rangel, *op. cit.,* pp. 69 y ss.; Augusto Mijares, *loc. cit.,* p. 114; R. A. Rondón Márquez, *Guzmán Blanco..., etc.,* tomo II, pp. 328 y ss.; José Rafael Pocaterra, *Memorias de un Venezolano de la Decadencia.* Caracas, 1937, tomo I, pp. 19 y ss.

469 Hasta entonces los caudillos regionales del centro habían sido eje del Gobierno central; Bolívar, Páez, Monagas, Castro, Guzmán Blanco, Crespo. A partir de 1899 el predominio en el poder central se desplazará hacia los caudillos andinos. *Cfr.* R. Díaz Sánchez, "Evolución Social de Venezuela (hasta 1960)", en M. Picón Salas y otros, *Venezuela Independiente 1810-1960.* Caracas, 1962, p. 279.

470 La eliminación de los últimos vestigios de la federación se consuma constitucionalmente a partir de la Constitución de 1925. *Cfr.* sobre la extinción del federalismo caudillista a comienzos de este siglo: D. A. Rangel, *Los Andinos al Poder,* Caracas, 1964, p, 74; R. Díaz Sánchez, *loc. cit.,* p. 288. Sin embargo, el inicio del fin de los caudillos regionales se produce con el triunfo de Castro y Gómez en las guerras civiles de 1901 a 1903. *Cfr.* R. J. Velásquez, *La caída del Liberalismo Amarillo. Tiempo y Drama de Antonio Paredes,* Caracas, 1973, pp. 265 y ss.

471 La guerra de la Revolución Libertadora en 1901 será la última de las guerras civiles venezolanas. *Cfr.* Luis Mariñas Otero, *Las Constituciones de Venezuela.* Madrid, 1965, p. 59; R. A. Rondón Márquez, *Guzmán Blanco, El Autócrata Civilizador o Parábola de los Partidos Políticos Tradicionales en la Historia de Venezuela.* Caracas. 1944, tomo II, pp. 361 y ss.

nal como soporte del poder central[472]. En esta tarea, la dictadura de Juan Vicente Gómez desde 1908 a 1935, sin duda, fue decisiva.

Durante el Gobierno de Castro, que se inicia, como se indicó, en 1899, algunos hechos de gran importancia se van a producir. En primer lugar, en los primeros años de este siglo y del Gobierno de Castro, los resultados de una política de empréstitos desarrollada a todo lo largo del siglo XIX, van a evidenciarse: el país había sido progresivamente hipotecado y los prestamistas lo reclamaban[473]. La reacción de éstos se concretizó, a escala internacional, con la reclamación armada de las deudas y el bloqueo de los puestos venezolanos por Inglaterra, Alemania e Italia, táctica normal de las manifestaciones imperialistas de esa época. Castro no sucumbió ante las amenazas y apeló a la precaria fuerza interna y a la represión contra los extranjeros[474] como forma de contrarrestar las acciones de la "planta insolente del extranjero"[475]. Por otra parte, otra fuerza imperialista que reclamaba exclusividad en relación a la intervención en América Latina, los Estados Unidos, invocarían de nuevo la Doctrina Monroe, y reaccionaría contra las pretensiones europeas, con lo cual el conflicto entró en la etapa de negociaciones[476]. Como resultado de esta situación, las pretensiones de Estados Unidos quedaron claras y reconocidas en relación a América Latina; y respecto de Venezuela, cobraron en especie la mediación en el conflicto, pues se iniciaba el proceso que conduciría a la explotación incontrolada de las riquezas del subsuelo por los monopolios norteamericanos[477]. La mediación norteamericana, por otra parte, no se había realizado por simpatía al Gobierno de Castro, contra el cual ya habían reaccionado al intervenir el capital norteamericano en la denominada Revolución Libertadora que el general Matos comandó contra el Gobierno en 1901, aglutinando los descontentos de les caudillos centrales contra la intromisión de Los

---

472 En este sentido R. J. Velásquez señala que la base de sustentación del régimen liberal desde 1870 lo constituyó el binomio Partido-Ejército que desapareció a partir de 1903. "Hasta los días del Gobierno del general Ignacio Andrade (1898), el llamado ejército nacional que se aloja en los cuarteles, mal atendido y peor dotado no tuvo ninguna significación como factor de poder nacional. La verdadera fuerza para la defensa del gobierno estaba constituida por los ejércitos particulares que los jefes locales reclutaban en los momentos de peligro..." A partir de Castro, y la organización de un Ejército Nacional, se reemplazará "el binomio Partido-Ejército de los liberales amarillos por un trípode, Jefe-Ejército-Administración que perdurará como forma de organización del poder hasta octubre de 1945", *op. cit.,* pp. XI y XII. *Cfr.* D. H. Levine, *Conflict and Politicai Change in Venezuela,* Princeton, 1973, p, 22; D. E. Blank, *Politics in Venezuela,* Boston, 1973, p. 15.

473 *Cfr.* D.A. Rangel, *op. cit.,* pp. 92; R. J. Velásquez, *op. cit.,* pp. 124 y ss.

474 *Cfr.* D.A. Rangel, *op. cit.,* p. 143.

475 La célebre Proclama de Castro de 9 de diciembre de 1902 comenzaba así; "Venezolanos! La planta insolente del extranjero ha profanado el sagrado suelo de la patria! Un hecho insólito en la historia de las naciones cultas, sin precedentes, sin posible justificación, hecho bárbaro, porque atenta contra los más rudimentarios principios del Derecho de Gentes; hecho innoble, porque es fruto del contubernio inmoral y cobarde de la fuerza y la alevosía, es el hecho que acaban de realizar en la rada de La Guaira, hace pocos momentos las escuadras alemana e inglesa..."; fotocopiado en *El Nacional.* Caracas, 9 de diciembre de 1972.

476 *Cfr.* Augusto Mijares, "La Evolución Política de Venezuela (1810-1960)", en M. Picón Salas y otros, *op. cit.*, p. 147; R. J. Velásquez, *op. cit.,* pp. 309 y ss. *V.* en general Luis M. Drago, *La República Argentina y el caso de Venezuela*, Buenos Aires, 1903.

477 *V.* D. A. Rangel, *op. cit.,* pp. 146 y ss.

Andes en los negocios del poder[478]. Los triunfos de Castro contra la intervención extranjera, aliada en el campo nacional con los caudillos centrales, sin embargo no fueron capitalizados en la institucionalización interna[479] y sólo será necesario que Castro se aleje del país en 1908 para que el Vicepresidente, general J. V. Gómez, tome el poder para no dejarlo hasta su muerte en 1935, y ejercerlo bajo el signo del terror y la tortura.

Pero dentro de los hechos de importancia que se suscitaron durante el gobierno de Castro, en segundo lugar deben destacarse los triunfos militares del vicepresidente Gómez entre 1901 y 1903, en los cuales vence a todos los caudillos regionales, y que contribuirán a formar el Ejército Nacional con el cual posteriormente gobernará al país[480]. Por último, debe indicarse que durante el período de gobierno de Castro, éste hizo reformar dos veces la Constitución: en 1901, cuyo texto aumentó los poderes del Presidente de la República, eliminando el Consejo de Gobierno que el texto anterior (1893) establecía, y aumentando a seis años el período constitucional[481]; y en 1904, mediante cuya reforma, Castro hizo extender su período constitucional, que finalizaba en 1908, hasta 1911[482].

En realidad, como se dijo, "la evolución dentro de la misma causa"[483] ya estaba fomentada y J. V. Gómez se consolida en el poder desde 1908. Durante su período dictatorial, la Constitución se reformará siete veces[484] y se amoldara sucesivamente a les intereses y conveniencias del dictador. Con la reforma de 1909, se establece la elección del Presidente por el Congreso, lo cual va a permanecer en vigencia hasta 1946[485], se fija su período en cuatro años contados a partir de 1910 y se otorgan amplísimos poderes al Presidente Provisional, con lo cual se formaliza la dictadura[486]. En 1914, se dicta un Estatuto Constitucional Provisorio que crea por primera vez a nivel constitucional el cargo de Comandante en Jefe del Ejército Nacional, del

478 La participación en la Revolución Libertadora de la empresa explotadora del asfalto en Venezuela, la *N. Y. and Bermúdez Co.*, está fuera de toda duda, lo que provocó que el mismo Castro decretara la intervención estatal de dicha empresa. *Cfr.* R. Betancourt, *Venezuela, Política y Petróleo,* México, 1956, pp. 14 y ss.; D. A. Rangel, *op. cit.*, pp. 119 y ss. y 148 y ss.; R. Díaz Sánchez, *loc. cit.*, p. 303. *V.* el libro de V. O. E. Thorber, *Origen del capital norteamericano en Venezuela. La Época del Asfalto (1884-1907), cit.*, por E. Díaz Sánchez, *loc. cit.*, p. 302; *Cfr.* R. A. Rondón Márquez, *op. cit.*, tomo II, pp. 352 y ss. R. J. Velásquez cita además como soportes de esta Revolución, al cable francés, la empresa naviera norteamericana Orinoco, y el grupo alemán del Gran Ferrocarril de Venezuela, *op. cit.*, p. XII.

479 *Cfr.* D. A. Rangel, *op. cit.*, p. 51.

480 *Cfr.* R. J. Velásquez, *op. cit.*, p. XIII; D. A. Rangel, *op. cit.*, pp. 153 y ss. A los caudillos que no vencen se los "archiva" posteriormente en el Consejo de Gobierno que creó la Constitución de 1909, *Cfr.* R. A. Rondón Márquez, *op. cit.*, tomo II, p. 372; J. R. Pocaterra, *Memorias de un Venezolano de la Decadencia,* Caracas, 1937, tomo I, pp. 174 y ss. *V.* los artículos 88 y ss. de la Constitución de 1909, en Luis Mariñas Otero, *op. cit.*, p. 502.

481 Artículos 70 y 72 de la Constitución de 1901. La elección del Presidente se atribuyó por este texto a los Concejos Municipales, artículo 82, y el Presidente no podía ser reelegido, artículo 73; v. en Luis Marinas Otero, *loc. cit.*, pp. 438 y 439.

482 Artículo 146 de la Constitución de 1901, y artículo 132 de la Constitución de 1904, en Luis Mariñas Otero, *op. cit.*, pp. 451 y 478.

483 *Cfr.* Ramón J. Velásquez, *op. cit.*, p. XIII; R. A. Rondón Márquez, *op. cit.*, tomo II, pp. 366 y ss.

484 En 1909, 1914, 1922, 1925, 1928, 1929 y 1931.

485 Artículo 75 de la Constitución de 1909, en Luis Mariñas Otero, *op. cit.*, p. 498.

486 Artículos 150 y 156, *loc. cit.*, p. 511.

cual no se separará Gómez hasta su muerte[487] y que le permitirá gobernar al país aun sin ejercer la Presidencia de la República[488]; y se dicta luego la Constitución de 1914 que ampliará el período constitucional a siete años y que eliminará la prohibición de reelección del Presidente de la República[489], lo que le permitió ser electo para un segundo período (1915-1922).

En 1922 se reforma nuevamente la Constitución, estableciéndose dos Vicepresidencias que ocuparán su hermano y su hijo[490]. En 1925, con la nueva reforma Constitucional se permite al Presidente de la República ausentarse de la capital de la República sin dejar encargado de la Presidencia[491]; se consagra la posibilidad de que el Presidente de la República nombre los Presidentes de Estado; se prohíbe a los Estados tener fuerzas armadas propias, con lo que se extinguen formalmente los últimos vestigios del sistema federal[492]; y se elimina la necesidad de aprobación legislativa de las concesiones de explotación de hidrocarburos, que los textos anteriores exigían[493], con lo cual se pone en evidencia la presión de las empresas petroleras y la complacencia del régimen. En 1928, se eliminaron los Vicepresidentes establecidos en el texto de 1922[494], y se consagra expresamente en el texto constitucional la prohibición de "la propaganda del comunismo" como reacción evidente a los movimientos estudiantiles de febrero de ese año[495]. En 1929, se restablece el cargo de Comandante en Jefe del Ejército como organismo autónomo, en virtud de que Gómez había manifestado no ser candidato a reelección al fin de su tercer período constitucional (1922- 1929)[496]; y en 1931, al renunciar el Presidente Juan Bautista Pérez, se reforma de nuevo la Constitución para regularizar la elección de Gómez nuevamente e integrar de nuevo el poder civil al militar[497].

---

487 Artículo 43 del Estatuto Constitucional Provisorio de 1914, en Luis Mariñas Otero, *op. cit.*, p. 526. Sobre la importancia de este cargo de la Dictadura de Gómez. *V.* su propio criterio en su mensaje al Congreso en 1929, en Jorge Luciani, *La Dictadura Perpetua de Gómez* y *sus Adversarios.* Caracas, 1936, pp. 59 y 60.; R. Betancourt, *op. cit.*, p. 71.

488 Durante la Dictadura de Gómez ejercieron la Presidencia hombres de su confianza como V. Márquez Bustillos y J. B. Pérez.

489 Artículo 84 de la Constitución de 1909, y artículo 128 de la Constitución de 1914, *loc. cit.*, pp. 501 y 604.

490 Ocuparon las vicepresidencias Juan Crisóstomo Gómez, hermano del dictador, y José Vicente López, su hijo. El primero fue asesinado en 1923 y el segundo abandonó Venezuela antes de terminar su período, y falleció en Suiza en 1930.

491 Artículo 79, 6 de la Constitución de 1922, *op. cit.*, p. 594.

492 Artículos 15,8 y 17,2 de la Constitución de 1925, en Luis Mariñas Otero, *loe. cit.*, pp. 613 y 615.

493 El texto de la Constitución de 1922 otorgaba al Congreso la facultad de "aprobar o negar... los títulos y concesiones de minas y las enajenaciones de tierras baldías..." (art. 58, 10, a); en cambio, en la Constitución de 1925 se consagra el principio contrario; "No están sujetos a la aprobación del Congreso las concesiones mineras ni los títulos de tierras baldías..." (art. 78,6); *loc. cit.*, pp. 591 y 627.

494 *V. nota 22 de este capítulo 7.*

495 Artículo 32,6 de la Constitución de 1928, en Luis Mariñas Otero, *op. cit.*, p. 655. La única fuente de oposición política al Gobierno de Gómez estuvo concentrada en los grupos estudiantiles. *Cfr.* D. H. Levine, *op. cit.*, p. 22.

496 Artículos 128 y 129 de la Constitución de 1929, en Luis Mariñas Otero, *op. cit.*, p. 712. Para el período Constitucional 1929-1936 se eligió Presidente a Juan Bautista Pérez, quien renunció en 1931.

497 Artículo 128 de la Constitución de 1931, en Luis Mariñas Otero, *op. cit.*, pp. 82 y 748.

Pero aparte de las vicisitudes constitucionales que caracterizan la Dictadura de Gómez, quizá el aspecto de mayor importancia que se desarrolla a su amparo y en su sombra, es la dominación progresiva de las empresas y consorcios extranjeros de la explotación petrolera en momentos en que la penetración imperialista en Latinoamérica adquirió proporciones desmesuradas. La Dictadura de Gómez, en este sentido, ha sido calificada como "una dictadura petrolera"[498] pues al amparo de un régimen corrupto política y administrativamente hablando, las empresas norteamericanas y del grupo, anglo-holandés[499] tomaron posesión y se repartieron a su antojo el suelo y subsuelo nacional, para lo cual tuvieron la colaboración de muchos burócratas y amigos del Dictador quienes enriquecidos por su intermediación, pasaron a formar buena parte de la oligarquía económica del país[500]. Esta política de entrega al extranjero de la riqueza petrolera venezolana[501], en esta forma no sólo sentó las bases de la dependencia económica del país en las décadas posteriores[502], sino que produjo otras repercusiones internas en relación a la economía agrícola; no sólo se produce la concentración de la propiedad rural por motivos petroleros, convirtiéndose los latifundios caudillescos y militares del siglo XIX en propiedades de los allegados al dictador y de las empresas petroleras y sus intermediarios[503], sino que se produce el

---

498 *V.* F. Brito Figueroa, *Venezuela siglo XX.* La Habana, 1967, pp. 31 y 33, 40 y 197. *Cfr.* también en F. Brito Figueroa, *Historia Económica y Social de Venezuela. Una estructura para su estudio.* Caracas, 1966, tomo II, pp. 359 y ss.

499 No hay que olvidar, en este sentido, que después de la caída del Dictador Porfirio Díaz en México, en 1911, los capitales norteamericanos invertidos en una industria petrolera que la Constitución mexicana comenzaba a mexicanizar en 1917, vuelan hacia Venezuela, pues allí encuentran el dictador complaciente que habían perdido en México. *Cfr.* Rómulo Betancourt, *op. cit.,* pp. 37 y ss. En esta forma, la complacencia de la dictadura de Gómez con los intereses norteamericanos, trajo como consecuencia que no se hiciera sentir en Venezuela, las manifestaciones intervencionistas de carácter militar de la "política del dólar" de las primeras décadas de este siglo, que. sin embargo, se produjeron en México, Guatemala, Honduras, Costa Rica, Panamá, Colombia, Cuba, Santo Domingo y Puerto Rico, cuando en alguna forma estuvo en peligro el capital privado norteamericano invertido. *V.* un interesante recuento de todas estas intervenciones en Claude Julien, *L'Empire Amerìcaìn.* París, 1972, primera parte, pp. 65 y ss.

500 La influencia y penetración de las empresas fue de tal naturaleza, que no sólo se hacen a su medida las leyes de hidrocarburos de principios de los años veinte *(cfr.* Rómulo Betancourt, *op. cit.,* pp. 46 y ss.), sino que hacen otorgar legalmente el poder expropiatorio a las empresas concesionarias (*v.* las referencias al sentido de este absurdo jurídico en A. R. Brewer-Carías, *Comentarios al Proyecto de Reforma de la Ley de Exportación por Causa de Utilidad Pública* v *Social.* Caracas, 1971): e inclusive influyen en la Reforma Constitucional de 1925 para excluir de la aprobación del Congreso el otorgamiento de concesiones de hidrocarburos *Cfr.* las referencias a la colaboración de la oligarquía económica y de los amigos del dictador en la labor de las empresas petroleras, en F. Brito Figueroa, *Historia ... cit.,* tomo ii, pp. 367 y ss.; D. A. Rangel, *op, cit.,* pp. 222 y ss.: Eduardo Arcila Farías, "Evolución de la Economía en Venezuela", en Mariano Picón Salas y otros, *op. cit.,* p. 383.

501 A lo que debe agregarse la entrega de la explotación del hierro durante otra dictadura, la de Pérez Jiménez, en la década de los cincuenta.

502 Si se medita sobre la dependencia frágil de nuestra economía hasta años recientes, no sólo de la política de otro país, sino de los consorcios petroleros y del hierro norteamericanos, es evidente que se puede llegar a la conclusión de que nuestro desarrollo económico de las últimas décadas, no sólo es un desarrollo ficticio, sino un desarrollo ajeno, prestado a un altísimo interés y por unos prestamistas inescrupulosos aliados a ciertas capas de oligarquía financiera criolla, quienes nunca han pensado en los intereses nacionales, y el deterioro y dependencia que esta situación ha significado para el país, sino en sus propios intereses cortoplacistas de enriquecimiento personal, y para quienes el reparto, entrega y dependencia de nuestra economía es signo de progreso.

503 *Cfr.* F. Brito Figueroa, *Venezuela siglo XX, cit.,* pp. 40 y ss.; John Duncan Powell, *Political mobilizacion of the Venezuela Peasant.* Cambridge (Mass), 1971, pp. 21 y ss. y 45.

empobrecimiento progresivo del campo por el abandono de la explotación agrícola[504].

Muerto Gómez en 1935, a partir del año 1936 se produce indudablemente el surgimiento de una nueva Venezuela, no sólo desde el punto de vista político, sino también desde el punto de vista social y económico en virtud de los efectos de la explotación petrolera. En efecto, no sólo resurge paulatinamente el ejercicio de los derechos políticos y las libertades públicas, inexistentes cuando Gómez[505], sino que se reinicia la marcha del país en el campo demográfico, social y cultural, paralizada durante más de un cuarto de siglo[506]. Gómez, ciertamente, fue el "Gendarme Necesario", según la tesis de Vallenilla Lanz[507], es decir, integró políticamente a un país disgregado en feudos caudillistas regionales[508] y por ello concluyó el sistema federal en Venezuela; pero, paralelamente, paralizó al país por treinta años, precisamente en la época en que se hubiera podido construir la etapa del despegue en el desarrollo económico de Venezuela, utilizando adecuadamente la riqueza petrolera. Por ello, la Venezuela que despertó en 1936 Era una Venezuela atrasada, ignorante de lo que sucedía en el mundo, y abiertamente saqueada per los inversionistas extranjeros. El cambio operado desde 1936 por ello, fue ciertamente revolucionario[509].

A la muerte de Gómez asumió el poder su Ministro de Guerra, general Eleazar López Contreras, y a los pocos meses se dictó la Constitución de 1936. Tanto el Gobierno de López Contreras como la Constitución de 1936, indudablemente que

504 Venezuela, a principios del siglo XX y durante el siglo XIX había basado su economía de exportación en el café. A partir de 1926 abandona materialmente esa posición y el petróleo pasa a ocupar el primer lugar como producto de exportación por sobre el café, quedando éste en tercer lugar, una vez que se inició la explotación del hierro en la década de los cincuenta. Cierto es que la característica del país exportador de materias primas no ha cambiado desde el siglo pasado en Venezuela; sin embargo, el cambio ha sido radical si se piensa que ahora dependemos de un producto que se gasta y no se renueva, lo cual, como ha dicho Uslar Pietri "si no se transforma la economía venezolana como consecuencia de los beneficios del petróleo, las consecuencias que se producirán serán catastróficas" (*v. De una a otra Venezuela.* Caracas, 1944); y si se tiene en cuenta que ahora dependemos más de los consorcios extranjeros, quienes se benefician desproporcionalmente de la explotación petrolera, sin que esos beneficios reingresen al país que los produce. Sobre la posición de Gómez en relación a la producción de café v. D. A. Rangel, *op. cit.*, páginas 265 v ss., y sobre la decadencia agrícola en general. *ídem,* pp. 283 y ss.

505 *Cfr.* D. A. Rangel, *op. cit.*, pp. 294 y ss.

506 La apreciación de la parálisis en los campos del desarrollo industrial, de la educación, de la salubridad, puede verse en R. J. Velásquez, *op. cit.*, pp. XX y ss., quien califica con razón a Venezuela en esa época como una "nación secuestrada", p. XX; y en D. A. Rangel, *op. cit.*, pp. 278 y ss.

507 *V.* L. Vallenilla Lanz. *Cesarismo Democrático, Estudios sobre las bases sociológicas de la Constitución efectiva de Venezuela.* Caracas, 1952. pp. 119 y ss.

508 *Cfr.* D. H. Levine, *op. cit.*, pp. 14. 15 y 19. *V.* Laureano Vallenilla Lanz, *Disgregación e integración, ensayo sobre la formación de la nacionalidad venezolana,* Caracas, 1953, p. LIII. Al comentar los extremos a que llegó la represión y el terror durante la dictadura de Gómez, R. Díaz Sánchez señala que éste fue el precio que Venezuela pagó por la extirpación del primitivo feudalismo de las regiones, fuente perenne de guerras internas y fábrica de caudillos rapaces e incultos. *Cfr.* R. Díaz Sánchez, *loc. cit.*, p. 288. Por otra parte debe destacarse que a la eliminación del caudillismo regional contribuyó la concentración de la riqueza latifundista en las manos de Gómez y sus allegados. *Cfr.* F. Brito Figueroa, *Historia..., cit.*, tomo II, pp. 482 y ss.

509 *Cfr.* Augusto Mijares, *loc. cit.*, pp. 154 y ss.

conformaron un régimen de transición de la dictadura a la democracia[510], el cual ni fue continuación de la sombra y dictadura de Gómez ni lo cambió radicalmente; sentó las bases de este cambio, y ello es suficiente históricamente para comprender su papel.

En efecto, por la Constitución de 1936, elaborada por el mismo Congreso que existía antes de la muerte de Gómez, se reconocen por primera vez en un texto constitucional los derechos de carácter social, los cuales van a dar origen a la primera Ley del Trabajo promulgada meses después, y se limita el derecho de propiedad[511]. En el ámbito político, se regularon y reconocieron los derechos políticos, los cuales comenzaron a ejercerse, aun cuando el texto constitucional ratificaba la consideración de las "doctrinas comunistas y anarquistas" como "contrarias a la independencia, a la forma política y a la paz social de la Nación", lo cual no será eliminado sino en 1945[512]. El sistema de sufragio, asimismo, permaneció inmodificado en cuanto al carácter indirecto, pues la elección del Presidente se continuaba realizando por el Congreso, el cual eligió a López Contreras para un periodo de cinco años (1936-1941), prohibiéndose la reelección[513]. El régimen de López Contreras, a pesar de sus restricciones, fue testigo del nacimiento de los movimientos obreros y de masas, así como de los movimientos políticos, antecedentes de los actuales partidos políticos, en cuya formación los antiguos estudiantes del año 1928 jugarían un gran papel[514].

En 1941, el Congreso elige como Presidente al candidato de López Contreras, el general Medina Angarita, cuyo gobierno abre el camino de una burguesía liberal reformadora[515], que promulga en 1942 dos instrumentos legales de grandísima importancia, además de sentar las bases legislativas de casi todo nuestro sistema jurídico actual: la Ley de Hidrocarburos, que uniformiza el régimen de las concesiones, previendo la reversión, y que consolida las posibilidades para un control del Estado en la industria; y la Ley de Impuesto sobre la Renta, base del sistema tributario venezolano. Al final del gobierno del Presidente Medina, durante el cual se inició una política de intervencionismo estatal y de fomento a la producción nacional, se dictó una nueva Constitución, en la cual se incorporaron disposiciones que reflejaban la situación económica de emergencia provocada por la guerra mundial otorgándose amplios poderes al Estado de control de la economía nacional[516]; se ampliaron los poderes del Gobierno Central, aun cuando se conservaba de nombre la forma federal

510 Al morir Gómez, como señala D. A. Rangel, nadie había pensado qué hacer políticamente hablando para transformar el régimen, *op. cit.*, p. 252. *V.* sobre el régimen de transición, E. López Contreras, *Proceso político-social 1928-1936*, Caracas, 1955.

511 Artículos 32,2 y 32,8 de la Constitución de 1936, en Luis Mariñas Otero, *op. cit.*, pp. 763, 765 y 766.

512 *V.* artículo 32,6 en *loc. cit.*, p, 765. D. A. Rangel señala que la desorientación y confusión de los movimientos políticos en 1936 fue tal que se agotaron en pura demagogia y gestos de anarquía, *op. cit.*, p. 252; que sólo recuerdan la demagogia guzmancista liberal de los años posteriores a 1840.

513 Artículos 95, 96 y 132, *loc. cit.*, pp. 779 y 788.

514 *Cfr.* R. A. Rondón Márquez, *op. cit.*, tomo II, p. 374. Sobre la generación de 1928, *v.* D. A. Rangel, *op. cit.*, pp. 233 y ss.; Joaquín Gabaldón Márquez, *Memoria y Cuento de la generación del 28,* Caracas, 1958, y María de Lourdes Acedo de Sucre y Carmen Margarita Nones Mendoza, *La generación venezolana de 1928. Estudio de una élite, política.* Caracas, 1967.

515 *Cfr.* F. Brito Figueroa. *Historia..., cit.*, tomo II, pp. 508 y 629 y ss. Sobre el apoyo del Partido Comunista al Gobierno de Medina. *V.* D. H. Levine, *op. cit.* p. 29.

516 *V.* artículo 32,9 de la Constitución de 1945, en Luis Mariñas Otero, *op. cit.*, p. 804.

del Estado[517]: y se liberalizaron los derechos políticos al eliminarse la prohibición que desde el texto constitucional de 1928 se establecía respecto del comunismo[518].

La Constitución de 1945, sin embargo, no tuvo una vigencia superior a cinco meses, pues el 18 de octubre del mismo año, un golpe militar lleva al poder a una Junta de Gobierno que presidiría Rómulo Betancourt, jefe del principal partido de oposición, Acción Democrática. Aparecería también en la escena política, como actor militar del golpe, el general M. Pérez Jiménez, quien después sería, a su vez, dictador por casi una década (1950-1958). Las consecuencias de esta alianza militar con un partido populista comienzan ahora a evaluarse: en ella algunos sitúan el nacimiento de la democracia en Venezuela[519], y otros sitúan el comienzo del neocolonialismo económico en el país[520]. En todo caso, como proceso que parece era inevitable[521], significó la ruptura de un proceso político de transición, entronizó la demagogia y el sectarismo en el poder, y se derrumbó al poco tiempo, por la incapacidad de sus dirigentes de asumir una revolución[522], dando origen a un régimen militar que gobernaría por diez años hasta 1958. En efecto, la Junta Revolucionaria de Gobierno, presidida por Rómulo Betancourt, al derogar la Constitución de 1945, dictó en marzo de 1946 un Estatuto para la elección de representantes a la Asamblea Nacional Constituyente así como un Decreto de Garantías ciudadanas[523], y mediante la instauración del sufragio directo y realmente universal, con la participación por primera vez de la mujer, se realizaron elecciones para la Asamblea Constituyente, la cual aprobó la Constitución de 1947. Este texto, en la historia constitucional del país, indudablemente que tiene un carácter revolucionario, no sólo en cuanto a técnica y expresión, sino en cuanto al contenido, pues desarrolla ampliamente los derechos sociales, limita los derechos económicos, y establece el derecho al sufragio universal, directo y secreto, con lo cual se inicia la democracia representativa en Venezuela[524]. En cuanto a la forma del Estado, el texto de 1947, que luego servirá de modelo al de 1961, establece una correlación y balance entre los Poderes Nacionales (Legislativo, Ejecutivo y Judicial) en forma tradicional[525] y conserva, a pesar del centralismo inmanente en su texto, vestigios del régimen federal[526]. Conforme a la

517 Artículos 15 y 78, *loc. cit.*, pp. 795 y ss. y 813 y ss.

518 *Cfr.* D. H. Levine, *op. cit.*, p. 27, y D. E. Blank, *op. cit.*, p. 19, quienes califican a Medina como el iniciador del proceso de liberalización política y de libertad de organización en Venezuela.

519 *Cfr.* D. A. Rangel, *op. cit.*, p. 327; Robert J. Alexander, *The Venezuelan Democratic Revolution. A profile of the Regime of Rómulo Betancourt.* New Jersey, 1964, y D. F. Blank, *op. cit.*, p. 20.

520 F. Brito Figueroa, por ejemplo, señala que las actividades ele una burguesía industrial nacional, auspiciadora de una política de intervención del Estado en la economía con sentido nacionalista, que actuó entre 1940 y 1945, por el golpe militar de 1945, cambió radicalmente bajo la orientación del nuevo Gobierno, transformado después en una dictadura neoliberal. *V.* F. Brito Figueroa, *Historia..., cit.*, tomo II, p. 631; *cfr.* D. A. Rangel, *op. cit.*, p. 324.

521 *V.* D. A. Rangel, *op. cit.*, p. 317.

522 *Cfr.* D. A. Rangel, *op. cit.*, pp. 318 y ss.

523 *V.* el Decreto número 217 de 15 de marzo de 1946, en Luis Mariñas Otero, *op. cit.*, pp. 833 y ss.

524 *V.* artículos 44, 47 y ss.; 65 y ss. y 79 y ss. de la Constitución de 1947, Luis Mariñas Otero, *op. cit.*, pp. 845 y ss.

525 *V.* artículos 84 y ss. y 137 y ss., *loc. cit.*, pp. 852, y ss. y 860 y ss.

526 En la disposición transitoria 7.a se remitía a la realización de un plebiscito, Ja decisión sobre la elección de los gobernadores de Estado por voto universal, directo o secreto, o sólo su designación por el Ejecuti-

nueva Constitución se realizaron elecciones en 1947, resultando electo Presidente el escritor Rómulo Gallegos, candidato del partido en el poder, por una mayoría abrumadora de votos.

En todo caso, muy poco pudo realizar en el poder el partido Acción Democrática, que no fuera, en materia económica y petrolera, la consolidación de las medidas adoptadas en el gobierno de Medina, y el establecimiento de la fórmula del 50/50 en la participación fiscal en los beneficios de la industria petrolera, pues a los pocos meses de la elección de Gallegos, los mismos militares que habían dado el golpe en 1945, desplazaron del poder a Acción Democrática en noviembre de 1948. La Junta Militar de Gobierno derogó la Constitución de 1947 y puso en vigencia la de 1945 que los militares mismos impidieron aplicar, la cual estuvo en vigor hasta 1953. Durante esos años, se sucedieron persecuciones políticas inusitadas contra lodos los partidos políticos, especialmente Acción Democrática, se asesinó al Presidente de la Junta, comandante Carlos Delgado Chalbaud, y se consolidó en el poder el después general Pérez Jiménez, quien asumió la Presidencia "Constitucional" en 1953, después de realizar unas elecciones fraudulentas (1952) y hacerse dictar una Constitución a la medida. El texto Constitucional de 1953 tuvo como modelo el de 1945, pero resultó mucho más conservador política, social y económicamente, y mucho más centralista[527].

La dictadura de Pérez Jiménez, una de las más sangrientas y desnacionalizadoras de las que ha conocido el país, concluyó en 1958 cuando un movimiento militar, con respaldo popular, asumió el poder. Una Junta de Gobierno presidida por civiles y con el franco apoyo de les grupos económicos y de todos los partidos políticos promovió elecciones en 1958, resultando electo Rómulo Betancourt como Presidente de la República para el período 1959-1964, bajo cuyo gobierno, una Asamblea Constituyente sancionó la Constitución de 1961, hoy en vigencia. El modelo de este texto fue el de 1947, pero resultando con múltiples mejoras[528]. Desde 1958, en todo caso, el país ha vivido bajo un régimen político-democrático-representativo, habiéndose sucedido en la Presidencia, por primera vez en la historia política del país, varios presidentes por la vía del sufragio universal, directo y secreto: R. Betancourt (1959-1964), R. Leoni (1964-1969), R. Caldera (1969-1974) y C. A. Pérez (1974-1979)[529].

Ahora bien, la conformación del Estado en Venezuela, es el resultado de una lenta evolución que marca la transformación del mismo, de un Estado Liberal-Burgués hacia un Estado democrático y social de Derecho. En efecto, tal como se aprecia de lo expuesto anteriormente, en el momento en que se produjo la independencia de Venezuela, el nuevo Estado importó como modelo para su configuración, el recién

---

vo Nacional, *loc. cit.*, p. 889. Esta falta de visión política en superar la vieja consigna federal, es reconocida por los propios miembros del Gobierno en esa época. *Cfr.* Rómulo Betancourt, *op. cit.*, pp. 218 y 219.

527 La Federación, en la Constitución de 1953, sólo es un recuerdo histórico, pues inclusive dicho texto elimina definitivamente la denominación del Estado, como Estados Unidos de Venezuela, y lo sustituye por el de República de Venezuela. *V.* el texto en Luis Mariñas Otero, *op. cit.*, pp. 899 y ss.

528 En particular, sobre la Constitución de 1961, *v. La Constitución de 1961 y la evolución Constitucional de Venezuela,* Ediciones del Congreso de la República, Caracas, 1972-1973, 2 tomos (4 volúmenes).

529 Ello ha llevado a que en 1973 se haya estimado a la democracia venezolana, como una de las pocas efectivas y competitivas de América Latina. *V.* Daniel H. Levine, *op. cit.*, p. 3; y D. E. Blank, *op. cit.*, p. 5. *V.* El análisis sobre la política petrolera durante los gobiernos democráticos desde 1958 en el capítulo 2.

nacido y revolucionario (para su época), Estado Liberal-Burgués de Derecho. Como tal, durante la primera etapa de su conformación, que podemos situar entre 1830 y 1848, el Estado en Venezuela, en el ámbito económico y social era un Estado típicamente *abstencionista* y ortodoxamente liberal, que no sólo no intervenía en la vida económica y social, sino que consideraba que la mayor libertad otorgada a los particulares y garantizada por el Estado, aseguraría su bienestar. El más claro exponente de esta actitud de *laissez-faire* del Estado en esa época fue la aprobación de la Ley del 10 de abril de 1834 sobre la libertad contratos, mediante la cual se legalizó la usura al no limitarse los intereses que podían ser estipulados en los préstamos de cantidades de dinero[530], con lo cual se respaldaba desde el Estado la naciente economía mercantil y comercial[531]. La actividad económica fundamental de la República era en todo caso, la agricultura, por lo que el Estado la favorecía directamente al exonerarla de impuestos, particularmente los de exportación, que constituían la fuente principal de rentas públicas[532]. Por otra parte, en el último orden promotor, al aumentar las transacciones mercantiles, el Estado auspició y autorizó la fundación de un Banco Nacional en 1841, en cuyo capital participó minoritariamente[533], y con el objeto de establecer la infraestructura que permitiera la circulación de bienes, en 1843 se inicia la política de construcción de caminos[534]. A partir de 1848 y hasta 1863, se abre una segunda etapa del Estado Liberal-Burgués, pues del abstencionismo absoluto pasó al liberalismo *regulador* de ciertas actividades económicas[535], lo

530 Esta Ley, que rige hasta 1948, provocó una lucha de mucha importancia, entre dos escuelas enemigas, tal como lo reseña Gil Fortoul: "La una, que al declararse partidaria del principio según el cual la voluntad de las partes es soberana en los contratos, sostenía y predicaba el concepto clásico del liberalismo, y la otra, que aconsejaba la intervención previa del legislador, para evitar los abusos de la misma libertad o proteger los errores individuales contra las falsas previsiones de los propios individuos". En lo que *aparece un* contraste sugestivo; pues los oligarcas llamados conservadores o godos defienden aquí, con el "dejar-hacer", la antigua (entonces actual) y errónea concepción del liberalismo, a la vez que los oligarcas llamados liberales luchan por la no menos errónea (y entonces conservadora) concepción del "Estado-providencia". Y para que el contraste fuera más evidente, a los breves años de sancionada la Ley, se alzó contra ella, en un folleto que tuvo inmensa resonancia, la voz más elocuente del Partido Conservador: la de Fermín Toro, *v. Historia Constitucional de Venezuela.* Obras Completas. Caracas, 1953, tomo II, pp. 68 y 69.

531 A la Ley del 10 de abril de 1834 debe agregarse la Ley de 5 de mayo de 1841 que dejaba los bienes del deudor a la merced de los acreedores, asegurándole el beneficio de espera sólo si todos los acreedores se lo otorgaban. *Cfr.* J. Gil Fortoul, op. *cit.,* tomo II, p. 70; F. González Guinán, *Historia Contemporánea de Venezuela,* Caracas, 1954, tomo III, p. 196. La situación anterior, según una Ley de 1838 y la Legislación española, es que se podía dar el beneficio de espera al deudor, cuando la mayoría de los acreedores se lo acordare. A partir de 1849. sin embargo, el beneficio de espera se convierte en un beneficio legal no renunciable, *cfr* J. Gtl Fortoul, *op. cit.,* tomo II, p. 70.

532 *Cfr.* J. Gil Fortoul, *op. cit.,* tomo II, pp. 74 y ss.

533 El Estado suscribió una quinta parte del capital social, los particulares fundadores al menos la mitad, y el resto del capital fue destinado a ser suscrito por las provincias. *Cfr. J.* Gil Fortoul, *op. cit.,* tomo II, p. 80; la participación del Estado en dicho Banco fue muy criticada, pues se consideraba que se habían distraído fondos públicos para auxiliar una institución bancaria que había podido ser establecida con sólo capitales privados, *ídem,* p. 251.

534 *Ibidem,* pp. 84 y 258 y ss.

535 En este sentido Gil Fortoul, señala que "la oligarquía liberal sigue un método distinto del que empleó su antecesora. Cuando los conservadores aspiraban a que la voluntad del individuo fuese soberana en los contratos, y el progreso resultase de la evolución social espontánea, independiente de la acción del Estado (confundiéndose en esto los conservadores venezolanos con los liberales clásicos de otros países), 'la

cual se manifiesta, por ejemplo, en 1848, con la reforma de la Ley sobre libertad de contratos de 1834, con la cual se estableció un límite legal y convencional a los intereses y al valor de remate de los bienes del deudor; y en 1849, con la reforma de la Ley de 1841 estableciéndose el beneficio de espera para el remate de los bienes del deudor, como beneficio legal[536].

En el período que se abre en 1863 con motivo de la instauración del gobierno federal, y que va a perdurar hasta 1935, el Estado Liberal-Burgués abstencionista y regulador de las actividades económicas y sociales de las décadas anteriores va a convertirse en un Estado liberal de *fomento* consolidando sus funciones de promoción de la vida económica y social. La primera medida que originará esta nueva etapa va a ser la creación en 1863 de un nuevo Ministerio, el Ministerio de Fomento[537], siguiendo la misma denominación y funciones de su homólogo creado en España en 1832[538]. A partir de este momento, no sólo el Estado Liberal-Burgués va a regular la vida Económica, sino que la va a fomentar y promover, lo cual se refleja particularmente en las acciones de promoción y fomento de los servicios públicos, en particular el telégrafo y los ferrocarriles a partir de 1863[539]; en la promoción y fomento de Bancos comerciales a partir de 1865 con la creación del Banco de Londres y Venezuela, vinculado a la construcción del Ferrocarril Central de Venezuela[540], y en el fomento y promoción de la construcción de caminos y carreteras[541]. Este último aspecto de la construcción y de las obras públicas, es quizá uno de los que más caracterizó la administración liberal de fomento durante los años del gobierno de Guzmán Blanco a partir de 1870, y que a la vez lo distinguió como un gobierno constructor, muchos de cuyos vestigios todavía existen en Venezuela[542]. En el campo social, por otra parte, la característica central de este Estado Liberal de fomento resultó de la promulgación en 1870 del Decreto de instrucción primaria

---

Oligarquía Liberal, en cambio, creyó necesaria la intervención del Estado para acelerar el progreso y remediar males sociales, aunque así limitase o censurase la libertad individual", *op. cit.*, tomo II, p. 27.

536 *Cfr.* J. Gil Fortoul, *op. cit.*, pp. 26 y 32 y ss.; González Guinán, *op. cit.*, tomo IV, p. 483 y tomo V, p. 43.

537 *Cfr.* F. González Guinán, *op. cit.*, tomo VIII, p. 145, R. A. Rondón Márquez, *op. cit.*, tomo I, pp. 171 y ss.

538 *Cfr.* Laureano López Rodó, *La Administración Pública y las Transformaciones Socioeconómicas,* Madrid, 1963, p. 48.

539 *Cfr.* en relación a los telégrafos y a los ferrocarriles las referencias que hace F. González Guinán, *op. cit.*, tomo VIII, pp. 186 y ss., 203, 233, 239, 246 y ss., 342 y ss., 346, 376, 394, 422 y 436.

540 *Cfr.* F. González Guinán, *op. cit.*, tomo VIII, pp. 342 y ss, y 351 y ss. Debe señalarse, por su importancia, que en 1870 se constituyó, por Decreto de 9 de diciembre la denominada "Compañía de Crédito", en función de las necesidades del Gobierno en relación a las Obras Públicas. Esta empresa, administrada por las principales casas comerciales de Caracas, tenía por objeto proporcionarle al Gobierno anticipos sobre las rentas públicas y facilitarle todas las operaciones fiscales. En 1876, dicha empresa se transforma en el Banco de Caracas. *Cfr.* Eduardo Arcila Farías, *loc. cit.*, p. 393; F. González Guinán, *cp. cit.*, tomo XI, pp. 70 y ss.

541 Es de destacar por ejemplo, la constitución de las denominadas Juntas de Fomento, para la construcción de carreteras. *Cfr.* F. González Guinán, *op. cit.*, tomo VIII, pp. 419 y ss.

542 Es interesante señalar cómo en la Historia de F. González Guinán, particularmente los tomos X y siguientes relativos a *los* gobiernos de Guzmán Blanco, el elemento constante en los sucesivos capítulos, lo constituye la construcción de obras. *V. op. cit.*, tomos X y XI, particularmente. Por ello, la creación de un Ministerio de Obras Públicas resultó indispensable para asumir toda aquella labor, lo cual se produjo en la época Guzmancista, en 1874; *cfr.* R. A. Rondón Márquez, *op. cit..* tomo I, pp. 188 y ss.

obligatoria y gratuita, dándosele a partir de ese momento un extraordinario impulso a la educación[543].

Este Estado Liberal de fomento va a configurarse a través de las últimas décadas del siglo pasado y las primeras del presente hasta 1936, cuando comienza a transformarse en un Estado prestador de *servicios públicos y sociales*, tal como lo consolida la Constitución de 1936[544] En efecto, a partir de 1936 el Estado comienza a asumir directamente la prestación de servicios públicos que generalmente, con anterioridad, se explotaban por empresas privadas concesionarias, generalmente de capital extranjero. Así, por ejemplo, en 1936 se organiza el Ministerio de Comunicaciones para la prestación del servicio público de telecomunicaciones; en 1937 se crea una empresa estatal para la prestación del servicio público de transporte aéreo, la Línea Aeropostal Venezolana; y en 1940 se crea el Instituto Venezolano de los Segures Sociales[545], con lo cual se consolida el carácter de prestador de servicios sociales del Estado. A partir de 1958, al establecerse el Sistema Nacional de Coordinación y Planificación y crearse la Oficina Central de Coordinación y Panificación (CORDIPLAN)[546], el Estado, de prestador de servicios públicos pasa a ser un Estado *planificador* con una intervención más directa y progresiva en la vida económica y social, que lo convierte también en un Estado *empresario*. En esta forma, desde 1959 no sólo se inicia la formulación de planes quinquenales de desarrollo económico y social, sino que el Estado define una más clara asunción de actividades económicas, creándose un poderoso sector público empresarial, que llevará al Estado a asumir, por ejemplo, empresas siderúrgicas, petroquímicas, mineras, hidroeléctricas y de distribución de electricidad.

La evolución del Estado de Derecho en Venezuela, por tanto, durante toda nuestra historia independiente, puede resumirse al destacarse las diversas funciones y fines que ha ido asumiendo: funciones de policía y orden interior, propios del Estado liberal abstencionista; funciones de regulación de la vida económica y social, propias del Estado liberal regulador; funciones de fomento y promoción, propias del Estado liberal de fomento; funciones de prestador de servicios públicos y sociales, propias de la transición del Estado liberal al Estado Benefactor; y funciones planificadoras interventoras de la vida económica y social, y empresariales propias del que hemos denominado Estado Democrático y Social de Derecho.

Ahora bien, en la actualidad, las instituciones políticas y constitucionales que conforman el Estado Venezolano, si bien surgen del texto Constitucional de 1961 indudablemente que tienen sus antecedentes en los innumerables textos anteriores y en las vicisitudes de nuestra vida política[547]. La historia constitucional de Venezuela,

---

543 *Cfr.* F. González Guinán, *op. cit.*, tomo IX, pp. 352 y ss. 377 y ss.

544 Tal como se analizará más adelante, a partir de 1936, no sólo se crean los Ministerios de Comunicaciones, Sanidad y Asistencia Social, Agricultura y Cría, Trabajo y Minas e Hidrocarburos, sino que el Estado asume directamente la prestación de algunos servicios públicos, actividades comerciales y servicios sociales, creando empresas públicas o instituciones autónomas.

545 *V.* la Ley del Seguro Social Obligatorio de 1940.

546 *V.* Decreto número 492 de 30 de diciembre de 1958 en *Gaceta Oficial*, número 25.850 de 30 de diciembre de 1958.

547 Tal como resulta de las páginas anteriores, en toda su historia constitucional como país independiente a partir de 1811, Venezuela ha tenido 25 Constituciones (1811, 1819, 1821, 1830, 1857, 1858, 1864, 1874, 1881, 1891, 1893, 1901, 1904, 1909, 1914, 1922, 1925, 1928, 1929, 1931, 1936, 1945, 1947, 1953 y

sobre todo hasta 1936, puede decirse que es, realmente, una historia de mentiras constitucionales[548] por las discrepancias que siempre han habido entre la forma y la realidad, entre la democracia teórica y su ausencia práctica, entre cómo las instituciones políticas se describen y cómo en la realidad han funcionado: y para darse cuenta de ello, basta considerar la trayectoria y sentido del régimen político que las constituciones han establecido para el país.

En efecto, el régimen democrático, como régimen político-formal venezolano, comienza expresamente a establecerse en las Constituciones, desde el texto fundamental de 1830, cuyo artículo 6 estableció que "El Gobierno de Venezuela es y será siempre republicano popular, representativo, responsable y alternativo"; conservándose absolutamente en todos los textos constitucionales que ha tenido la República[549] hasta el vigente de 1961, el cual establece (artículo 3°) que "El Gobierno de la

---

1961) siendo la de 1961, la vigente actualmente. En esta forma y dejando aparte la Constitución de 11830, primera de la Venezuela separada de Colombia que tuvo una vigencia de veintisiete años, la actual de 1961 ha sido la de mayor duración en toda nuestra historia constitucional. Ello, por otra parte, coloca a Venezuela en el primer lugar de los países latinoamericanos en cuanto al número de Constituciones que ha tenido en su historia independiente (*v.* un recuento numérico de las Constituciones latinoamericanas en J. Lloyd Mechan. "Latin American Constitutions: Nominal and Real", *Journal of Politics,* Vol. 25, número 2, mayo, 1959, pp. 258 a 275, publicado también en Petras G. Snow, *Governmient and Politics in Latin America,* 1967, p. 144; asimismo v. Jacques Lambert, *Amerique Latine, Structures Sociales et institutions politiques.* París, 1963, p. 300); lugar, por supuesto, no muy honorífico en materia de "mortalidad constitucional" según la expresión de Alexander T. Edelman, *Latín American Government and politics. The Dynamics of a Revolutionary Society.* Illinois, 1965, p. 371. El solo número de los textos constitucionales venezolanos demuestra que realmente, éstos no sólo han sido puras formas inaplicadas, sino que hasta 1936 fueron hechos a la medida de los intereses personalistas de los caudillos de turno en el poder. Las Constituciones se reformaban más fácilmente que un texto municipal y la sola voluntad de un gobernante de continuar en el poder, el interés circunstancial de reforzar las facultades del Presidente o del comandante en Jefe de las Fuerzas Armadas, o el deseo de ausentarse indefinidamente de la capital de ' la República, era suficiente para la reforma constitucional, en aquellos casos en que ésta no era el producto del arribo, generalmente por la fuerza, de un nuevo caudillo a la Presidencia de la República. El afán reformista circunstancial puede decirse que está tan arraigado en nuestro sistema político, que a comienzos de 1973 el Congreso aprobó una Enmienda constitucional al texto de 1961, con el único objeto de impedir que el ex-dictador Pérez Jiménez se pudiera presentar como candidato presidencial en las elecciones de 1973. En este caso, un fantasma electoral ha provocado la reforma o enmienda del texto de 1961; y en su justificación los grupos y fracciones políticos esgrimieron argumentos que denominaron de "moral política": ¿pero qué diferencia puede realmente haber entre las reformas constitucionales del siglo pasado y de las primeras décadas del presente, tendientes a permitir la reelección de un gobernante, con la enmienda recientemente aprobada tendiente a impedir que un exgobernante pueda ser reelecto? La Constitución de 1961, ciertamente, requiere de reformas sustanciales, como tendremos ocasión de ver, pero no del tipo de la Enmienda de 1973. El texto de esta Enmienda número 1, sancionada el 8 de mayo de 1973, es el siguiente: "No podrán ser elegidos presidentes de la República, senador o diputado al Congreso, ni magistrado de la Corte Suprema de Justicia, quienes hayan sido condenados mediante sentencia definitivamente firme, dictada por Tribunales Ordinarios, a pena de presidio o prisión superior a tres años, por delitos cometidos en el desempeño de funciones públicas o con ocasión de éstas..." La Enmienda (*v. Gaceta Oficial,* número 1585, extraordinaria de 11 de mayo de 1973, fue aprobada con el voto de las fracciones parlamentarias encabezadas por los partidos AD y COPEI. La fracción de URD salvó su voto. Los partidos MEP, PCV, FDP y FND se abstuvieron en la votación; y la CCN no asistió a la sesión en la cual se aprobó. Sobre estos partidos políticos *v.* el capítulo 9.

548 *Cfr.* Ernesto Wolf, *Tratado de Derecho Constitucional Venezolano.* Caracas, 1945, tomo I, p. 60.

549 En los textos constitucionales vigentes desde 1909, en el apogeo del sistema federal, la declaración se formula respecto del régimen político de los Estados federados y no respecto al régimen de la República. En los textos de 1811 y 1819 se evidencia dicha orientación, y el texto de 1821 aclara expresamente (artículo 1) que el Gobierno "será ahora y siempre popular representativo".

República de Venezuela es y será siempre democrático, representativo, responsable y alternativo". De acuerdo a esta trayectoria constitucional, puede decirse que formalmente nuestro régimen político siempre ha sido la democracia, y un régimen democrático calificado expresamente: popular, responsable, alternativo, representativo. Sin embargo, si se analiza nuestra historia política, tal como brevemente se ha hecho, se evidencia que Venezuela ha sido uno de los países latinoamericanos que menos democracia ha tenido en toda su historia, en la cual hasta 1958 la alternabilidad ha sido inexistente materialmente, y la responsabilidad, popularidad y representatividad, relativa y mediatizada[550].

El constitucionalismo formal de nuestro régimen político, por tanto, ha sido tradicional, como lo ha sido la inexistencia de la verdadera democracia. Sin embargo, en la historia política de Venezuela, el año de 1958 y la Constitución de 1961 marcan un hecho de excepcional importancia; no sólo la Constitución lleva un lapso considerable de vigencia, si la comparamos a las Constituciones anteriores, sino que el régimen democrático consagrado en la misma ha comenzado a tener vigencia. Pero aparte de las fórmulas constitucionales ¿puede decirse que Venezuela vive realmente bajo un régimen democrático? En otras palabras, ¿puede considerarse el régimen político venezolano como el régimen propio de un Estado Democrático y Social de Derecho, en el sentido que ha quedado anotado? Para responder a estas preguntas es necesario realizar un breve análisis de las características fundamentales del régimen político venezolano consagrado en la Constitución.

En efecto, el régimen político venezolano actual es en términos generales el de las llamadas democracias liberales occidentales[551] y que se caracterizan por la identificación en sus instituciones, de tres elementos fundamentales. En primer lugar, por el hecho de que exista una representación popular basada en las elecciones libres, que permite a los ciudadanos, mediante el sufragio universal, directo y secreto, designar tanto al Presidente de la República como a los miembros de las Cámaras Legislativas Nacionales, de las Asambleas Legislativas estatales y de los Concejos Municipales. Esta primera característica de la representación popular, es bueno recordarlo, está constitucionalmente prevista en Venezuela desde 1811, aun cuando haya sido sólo recientemente que el sufragio se haya establecido en forma universal y directa, tal como se verá más adelante, al examinar detenidamente el sistema electoral venezolano. En segundo lugar, el hecho de que la Constitución consagre la

550 Desde 1830 hasta 1936, como se dijo, los caudillos, tan tradicionales en América Latina, dominaron la vida política venezolana (Páez 1830-1846; los Monagas, 1846-1858; J. Castro, 1858-1861; Páez, 1861-1863; Falcón, 1863-1868; los Monagas, 1868-1870; Guzmán Blanco, 1870-1888; J. Crespo, 1889-1898; C. Castro. 1899-1908; J. V. Gómez, 1908-1935); y los cinco años de las guerras federales (1858-1863) destruyeron buena parte de los recursos del país. Desde 1936 hasta 1958, y dejando aparte los regímenes de transición de democracia restringida de López Contreras (1936-1941) y de Medina (1941-1945), sólo tuvimos dos años de democracia representativa (1946-1948). El período democrático que se inicia sn 1958, marca en este sentido una etapa de excepcional importancia en nuestra historia política. Baste recordar por ejemplo, que por primera vez en nuestra historia republicana, un presidente electo por sufragio universal entregó el poder a otro presidente electo en 1964 (R. Betancourt a Raúl Leoni) y que también por primera vez en nuestra historia en 1969 se produjo una similar alternabilidad en la presidencia pero con la característica de que el nuevo presidente pertenecía a un partido de la oposición (Raúl Leoni de AD a Rafael Caldera de COPEI). En 1974 una nueva alternabilidad democrática se produje (R. Caldera a C. Pérez de AD).

551 Según la terminología de Maurice Duverger, *Institutions Politiques et Droit Constitutionnel,* Vol. I. París, 1971, pp. 97 y ss.

separación de poderes, principio mucho más antiguo que el de la representación popular, ubica también a nuestro régimen dentro de las llamadas democracias liberales. Este principio, tal como se dijo anteriormente, que divide el Poder para debilitarlo y enfrenta los diversos poderes estatales para que se limiten entre sí, se consagra en Venezuela desde la primera Constitución de 1811 conforme a la más ortodoxa influencia de la Revolución Francesa. Pero además de la representación popular y de la separación de poderes, el tercer elemento que caracteriza a las democracias liberales occidentales, y que se establece en Venezuela, es el de la jerarquía de las normas, concretizado en el principio de la legalidad, que exige que el Estado actúe conforme al Derecho. Por ello, el llamado Estado de Derecho.

Ahora bien, todos estos tres elementos del régimen político venezolano, de democracia liberal occidental, buscan un solo objetivo similar en todos los países del mismo régimen: impedir que el poder público sea demasiado fuerte, con el objeto de preservar la libertad del individuo que es la esencia de la democracia liberal occidental; impedir que haya un poder absoluto igual al que se eliminó con la Revolución Francesa, para garantizar las libertades individuales. Por supuesto que este régimen, tal como fue concebido a partir de la Revolución Francesa, en todos los países donde fue establecido, con sus características peculiares, conllevó al establecimiento de unas instituciones políticas débiles; es decir, lo que perseguía era el que no hubiera instituciones políticas fuertes. La consecuencia, por tanto, ha sido que las instituciones políticas que surgen del mismo, al ser instituciones políticas débiles, otorgan a los ciudadanos las mayores ventajas, comparativamente con los regímenes totalitarios donde hay un aniquilamiento de la libertad. Pero, evidentemente, con este régimen se corre el grave riesgo que se ha corrido siempre en toda democracia liberal, de que la debilidad del poder público haga que éste sea más vulnerable frente a la presión de los grupos de intereses; fundamentalmente, de les grupos de intereses económicos, los cuales, es cierto, definitivamente no están estructurados en forma democrática[552].

Ahora bien, con todos estos componentes de las democracias liberales occidentales que informan nuestro régimen político, habría que preguntarse sobre ¿cuál es realmente la posibilidad que tiene el Estado venezolano de tener un papel decisivo en el proceso de desarrollo, que implica ante todo que sea el motor de los cambios de las estructuras económicas y sociales tradicionales? En otras palabras, con los elementos formales que la Constitución consagra sobre democracia política, ¿hasta qué punto puede garantizarse la democracia económica y social que el desarrollo exige? La democracia consagrada en Venezuela, ciertamente, es una democracia

552 Basta observar la forma de estructuración de cualquier grupo de interés —económicos, de medios de comunicación e inclusive sindical— para darse cuenta de que no tienen una estructura democrática y sin embargo, son los primeros que presionan, y fuertemente, los regímenes democráticos, consecuencia del debilitamiento del Poder. Esta situación, por otra parte, no es nada nueva. Ello ha llevado a un autor tan conocido en el campo de las ciencias políticas como Maurice Duverger a calificar a las democracias liberales occidentales como "plutodemocracias", donde la base del Poder está ciertamente en la elección, pero también, y fundamentalmente, en el dinero que presiona al Estado y que hace, en definitiva, que en muchos casos el pueblo y las clases populares tengan efectivamente limitado el ejercicio de sus libertades, por la imposibilidad material de ejercerlo. *Cfr.* M. Duverger, *op. cit.*. tomo I, p. 98. Sobre esto T. E. Carrillo Batalla ha señalado con acierto que mal puede tener contenido una libertad que no es practicada por quienes no tienen los medios y accesos para poderla ejercer y disfrutar a plenitud. *V. Historia Crítica del concepto de Democracia.* Caracas, 1972, tomo II, p. 76.

incompleta y ello porque por una parte, no garantiza necesariamente el logro de la democracia social y económica, ínsita en el concepto de desarrollo, y por la otra, desde el punto de vista político, porque tampoco garantiza una real participación del pueblo en los procesos políticos en beneficio de las mayorías.

En efecto, si se analizan los tres elementos definidores de la democracia política venezolana, se evidencia que el elemento de representatividad, por la configuración de nuestro sistema electoral y de partidos, no se realiza completamente; ha sido general el abismo entre gobernantes (representantes) y gobernados (representados), y los partidos políticos y el sistema electoral, como veremos, no lo han llenado, y quizá la inadecuación del mecanismo de representatividad a las exigencias actuales está en que hemos tratado de aplicar en el siglo XX, sin cambiarlos básicamente, los principios establecidos en el siglo XVIII. La democracia que surge de la Revolución Francesa como se dijo, es una democracia de minorías, es decir, en cuyo ejercicio sólo participaba la burguesía, y por tanto un régimen ajustado a un tipo de sociedad muy distinto[553]. La inadecuación de la democracia al proceso de desarrollo que algunas veces se señala, debe entonces situarse en un contexto histórico. La democracia del siglo XIX aplicada a los procesos de desarrollo económico y social de la actualidad, por supuesto que da origen a un proceso de desarrollo lento[554]; pero esta apreciación no puede considerarse como absoluta si se tiene en cuenta que aquella democracia fue concebida para otros fines económicos, sociales y políticos. La democracia destinada a hacer participar a todos en los procesos políticos y en los beneficios económicos y sociales, en este sentido, quizá todavía este por ensayarse y por ello estimamos que mal puede hablarse del fracaso de la democracia para servir de instrumento de desarrollo.

En efecto, cuando surge la inquietud de las fallas de la democracia en les países latinoamericanos y en Venezuela en particular, debemos inquirir siempre sobre cuál democracia se está hablando. Si se trata de la democracia de los siglos XVIII y XIX, su fracaso es evidente, pero por inadecuación histórica. En este sentido entonces, quizá lo que ha hecho falta en América Latina y en Venezuela en el siglo XX, ha sido el ensayar un verdadero régimen democrático (de democracia económica, social y

553 Tal como lo señala Gino Germaní, "se trata de sociedades *más pequeñas,* en que los derechos, aunque en teoría ejercidos por los ciudadanos, estaban en la práctica restringidos a una minoría entre ellos. El mero hecho demográfico del extraordinario crecimiento de la población nos coloca en una situación radicalmente distinta. Además, estas masas ya no están excluidas del ejercicio del poder político o por lo menos ya no quieren estarlo y de algún modo hay que contar con ellas para gobernar"..., "están dadas las condiciones para que la democracia de minorías del reciente pasado se transforme en una democracia en que realmente todos participen". *V.* Gimo Germaní, *Política y Sociedad en una época de transición.* Buenos Aires, 1966, p. 235. Es interesante destacar la apreciación de E. Wolf en relación a las instituciones constitucionales venezolanas: "Debemos guardarnos de considerar como verdadera democracia —dice— las pseudo —elecciones y los pseudo— Congresos de América Latina; pero sería un error decir que la raza y el clima hacen imposible una evolución democrática. La América Latina probablemente nunca tendrá la democracia liberal que tuvo Inglaterra en el siglo pasado; este sistema presupone una numerosa clase media que no existe. La democracia liberal tiende a desaparecer en todas partes a favor de un Estado cuyo primer deber es la intervención económica en favor de la masa pobre del pueblo", *op. cit.,* tomo I, p- 17.

554 En este sentido, es que entendemos lo que Riggs afirma categóricamente al indicar que el precio de la democracia puede ser un desarrollo lento en la esfera económica; *cit.* por Joseph La Palombara en el libro J. La Palombara (ed.), *Burocracia y Desarrollo Político.* Buenos Aires, 1970, p. 34.

política)[555]. Por ello no compartimos la tesis de que la democracia, en sí misma, haya demostrado su incapacidad de servir de instrumento político del desarrollo, pues lo que hemos tenido en América Latina es la imitación de segunda mano de una democracia parlamentaria perteneciente a otras épocas, a otros países y establecida para otros problemas[556]. En este sentido, es frecuente la opinión en Venezuela, inclusive expresada de buena fe, de que después del experimento democrático de los últimos años y de los fracasos que hemos tenido en impulsar definitivamente el país hacia objetivos de desarrollo económico y social, la culpa de dichos fracasos es atribuida a la democracia. Aquí de nuevo, surge la pregunta ¿a cuál democracia? Si dichas opiniones se refieren al esquema representativo que nuestra Constitución consagra y que se desarrolla legal y políticamente a través de nuestros sistemas electorales y de partidos, evidentemente que tienen razón, pero ello no debe confundirse con el régimen democrático, considerado en sí mismo. Las fallas están en los mecanismos o sistemas políticos que hemos adoptado para operar el régimen democrático y no en la democracia en sí misma, la cual, como consecuencia de las inadecuaciones de dichos sistemas, no hemos llegado a ensayar realmente, o no hemos llegado a legitimar[557] y, quizá, la demostración de ello está en la permanente búsqueda por cristalizar un real régimen democrático que se observa en toda la historia política latinoamericana, lo que, inclusive, ha llegado a considerarse como uno de los valores culturales estables de América Latina[558]: cada vez que ha habido un golpe militar en nuestros países, con algunas recientes excepciones, el régimen militar después de varios ensayos ha desembocado en la búsqueda del régimen democrático[559], pero

---

555 En este sentido coincidimos con la apreciación de que América Latina, para su desarrollo, ha ensayado todos los regímenes políticos, pero nunca ha ensayado el régimen democrático. Víctor Alba concluye: "Todo ha sido ensayado: dictaduras eficientes y dictaduras corrompidas; el militarismo de animales uniformados y el militarismo de hombres inteligentes; liberalismo anticlerical y explotador; conservatismo clerical y paternalista; falsas revoluciones y auténticas revoluciones. Todas han fallado (excepto auténticas revoluciones en pocos países). Las masas continúan sumergidas, el poder continúa en manos de la oligarquía latifundista, el nivel de vida de las masas decae mientras mejora la existencia de minorías. Ninguno de los sistemas que han sido probados ha sido capaz de traer el progreso a América Latina. Lo único que no ha sido probado es la democracia, la real democracia, la democracia que es a la vez política, social y económica, que es el gobierno del, por y para el pueblo". *V.* Víctor Alba, *Alliance Without Allies,* N. Y., 1965, p. 125.

556 Con esto coincide A. Pinto al señalar que está generalmente aceptado en América Latina que la imitación de segundo rango de los sistemas democráticos y parlamentarios son inadecuados para tratar con los problemas que requieren inmediata solución. *V.* A. Pinto, "Political Aspects of Economic Development in Latin America", en Claudio Veliz (ed.), *Obstacles to change en Latin America,* Oxford, 1965, pp. 31 y 32. A lo sumo, como dice V. Alba, hemos probado (y no siempre ni en todas partes) una imitación de la democracia representativa, pero nunca hemos experimentado la democracia, *op. cit.,* p. 125.

557 *Cfr.* Ch. Anderson, "The Latín American *Political System", en Robert* D. Tomasek (ed.), *Latin American Politics,* 1970, p. 29 y en *Politics and Economic Change in Latin America,* Princeton, 1967, p. 108.

558 *V.* Ch. Anderson, *op. cit.,* p. 379. En este sentido, Jacques Lambert destaca la paradoja de la vida política latinoamericana de que pocos pueblos como los nuestros han mantenido tan gran fidelidad al ideal de la democracia política, pero pocos pueblos han conocido tan frecuentemente la dictadura. *V.* J. Lambert, *op. cit.,* p. 165.

559 Ferdinand A. Hermens, en este sentido destaca el ciclo democracia-dictadura-democracia, tan característico de América Latina, en "Constitutionalism Freedom and Reform in Latin America", en F. B. Pike (ed.), *Freedom and Reform in Latin America,* 1959, p. 115.

con inadecuados sistemas o mecanismos, que no han llevado a una real democracia participativa[560].

Las fallas en el primero de los elementos de la democracia liberal, es decir, las fallas de la representación popular tal como se ha regulado en América Latina, y en particular en Venezuela, deben situarse en lo inoperante de la misma para lograr una real participación de las mayorías en los proceses políticos[561], la cual se limita al momento en que, como señala Furtado, "los votos se cambian por promesas electorales"[562], las cuales, después, por la ausencia de participación, los gobiernos formalmente democráticos no son capaces de satisfacer[563]. En definitiva, por tanto, el reto que tiene planteado la democracia en Venezuela y en general, en América Latina, es el de la construcción de una democracia participativa en lugar de la democracia formal que hoy existe en muchos de nuestros países; pero teniendo en cuenta que si la democracia se opera imperfectamente en nuestros países, no es por el carácter "latinoamericano" de nuestros pueblos[564], sino porque no hemos sabido darle un contenido participativo, y es este aspecto de la participación política el que distingue la todavía no lograda democracia latinoamericana de la de otros países[565]. Nuestras democracias, en efecto, no sólo no han sido capaces de asegurar la participación de las mayorías en los procesos políticos y de allí nuestro subdesarrollo político[566], sino que de representativas, por tanto, tienen sólo la forma: han sido no sólo no representativas, sino "subrepresentativas"[567].

Pero si bien la ausencia de participación, derivada de la importación de una forma democrática sin imprimírsele contenido adecuado, provoca las fallas de les regímenes democráticos latinoamericanos en asumir el proceso de desarrollo, fallas que se evidencian en les sistemas políticos electorales, y de partidos, que analizaremos

---

560 Parecería, en este sentido, que América Latina *no quiere* aprender de su propia historia, es preciso por tanto, recordar las expresiones de Santayana y Marx, resumidas por V. Alba: "Esos que no aprenden de la historia están condenados a repetirla (Santayana), y cuando la historia se repite, lo que fue una tragedia la primera vez será una comedia la segunda (Marx)", *op cit.,* p. 226; y las tragedias provocadas por los fracasos de los sistemas políticos electorales y de partidos en América Latina, que han conducido al aniquilamiento de la democracia, han sido comedias en nuestros países, en las cuales los participantes han seguido siendo las minorías quienes las representan para ellos mismos, continuando las mayorías cada vez más desamparadas, de nuestros países, al margen de la función.

561 *Cfr.* O. Sunkel, "Change and Frustation in Chile", en Claudio Veliz (ed.), *op. cit.,* p. 126; George C. Lodge, *Engines of Change*, N. Y., 1970, p. 61.

562 Celso Furtado, "Political obstados to economic growth in Brazil", en Claudio Veliz (ed.), *op. cit.,* p. 157.

563 *V.* en relación al dilema que se plantea entre las expectativas electorales y las realizaciones gubernamentales por la ausencia de relaciones entre el Gobierno y la comunidad, Helio Jaguaribe, *Economic and Political Development,* Harvard, 1965, p. 55. Inclusive podría destacarse cómo la ausencia de participación efectiva de las masas en los procesos políticos ha provocado que el expediente de las manifestaciones públicas sea tan utilizado en las democracias formales latinoamericanas: en ausencia de mecanismos de participación, la manifestación pública es uno de los medios sustitutivos, pero imperfectos, de participación en los procesos políticos. *Cfr.* Ch. Anderson, *loc. cit.,* p. 17.

564 *Cfr.* A. Pinto, *loc. cit.,* p. 32.

565 *Cfr.* en este sentido, la opinión de S. Huntington cuando afirma que los sistemas políticos pueden distinguirse por el nivel de institucionalización y de participación política, en *Political Order in Changing Societies,* New Haven, 1968, p. 78.

566 Así lo caracteriza H. Jaguaribe, *Economic and Political Development, cit.,* pp. 53 y 54.

567 La expresión es de Charles Anderson, *op. cit.,* p. 368.

más adelante, también en el segundo de los elementos de la democracia liberal occidental, el de la separación de poderes, pueden detectarse fallos sustanciales. En efecto, hemos señalado que aparte de la forma representativa, las democracias liberales occidentales, y entre ellas las latinoamericanas, también incorporaron dentro de su estructura constitucional, el principio de la separación de poderes. Dejando aparte la separación (independencia y autonomía) del Poder Judicial de los otros dos clásicos poderes del Estado, garantía de la sumisión de éste a la Ley, el problema de la separación de poderes ha sido tradicional en la determinación del ámbito, del freno o contrapeso a establecerse entre el Poder Ejecutivo y el Poder Legislativo. El mecanismo de dividir el poder para debilitarlo, a la base de la concepción recogida por la Revolución Francesa, tenía su justificación como medio para impedir la vuelta al Antiguo Régimen absolutista, y como mecanismo para garantizar las libertades públicas. El Estado era un Estado Abstencionista, y como tal, su papel en la vida económica y social era limitado. El gobierno, en los sistemas políticos del siglo pasado, tenía por objeto garantizar el libre ejercicio de las libertades públicas, y principalmente de la libertad económica, y de allí que para ello lo adecuado eran estructuras políticas débiles. Al contrario, más de un siglo después, tal como se destacó, en presencia de un Estado Intervencionista, Democrático y Social de Derecho, que tiene necesariamente que gobernar, por sus funciones de conformación de la vida económica y social, el problema a determinar es su capacidad institucional para ello, en virtud de la forma como opera la separación de poderes. No se trata, por supuesto, de que se considere que las funciones legislativas y ejecutivas deban estar refundidas en un sólo órgano estatal; sino que el problema está en determinar hasta qué punto el freno y contrapeso de los Poderes Legislativo y Ejecutivo puede ocasionar la inmovilidad del Estado e impedir que éste cumpla con los cometidos que ahora tiene encomendados. La separación de poderes, particularmente en los campos legislativo y ejecutivo, tal como se ha concebido en América Latina ha originado, en nuestro criterio, el inmovilismo del Estado y le ha impedido a éste cumplir sus cometidos, sobre todo por la ausencia de representatividad en las Asambleas denominadas representativas, El problema respecto de la separación de poderes en América Latina en la actualidad, no es por tanto el de si es o no garantía de las libertades públicas, sino el de si con ella el Estado puede o no gobernar. En este sentido, parecería que la propia estructura del Estado estaría concebida para conspirar contra la posibilidad de que pueda gobernar en beneficio de las mayorías por la obstinada oposición de minorías enquistadas en el Parlamento, y de la conformación de gobiernos de minorías. Si la democracia es el gobierno para las mayorías, ¿por qué en base a la aplicación de un principio concebido para otros tiempos y realidades sociopolíticas, se impide al Estado gobernar democráticamente? Insistimos, no se trata de eliminar el Parlamento y de que éste no legisle ni controle la Administración; todo lo contrario, se trata de que el Poder Ejecutivo logre efectivo respaldo mayoritario, y que el Parlamento, en efecto, legisle para las mayorías y no para minorías circunstanciales, y controle al Poder Ejecutivo; pero una cosa es control y otra cosa es inmovilizar el elemento activo de la maquinaria estatal.

La separación de poderes, que en el ámbito nacional lleva a configurar la estructura del Estado en un Poder Legislativo, un Poder Ejecutivo y un Poder Judicial, cuando lo que se tiene planteado es una política de desarrollo económico y social, que exige decisiones rápidas y audaces, muchas de ellas con visión de largo plazo, deben ser revisadas y amoldadas las exigencias de un Estado Democrático y Social de Derecho. Lo que se exige, por tanto, es la configuración del principio de la separación de poderes, como una pieza esencial que coadyuve a la consecución de los fines del Estado, y no como tantas veces ha sucedido en América Latina, al inmovilismo estatal, es decir, exige la configuración de unas instituciones políticas adecuadas al proceso de desarrollo, y por tanto que permitan al Estado gobernar, democráticamente, pero gobernar[568]. La estructura del Estado en Venezuela, por tanto, y en particular, los mecanismos de configuración del sistema presidencial con sujeción parlamentaria que hoy existe, deben también ser revisadas y modificadas, de manera que permitan al Estado realizar sus objetivos de desarrollo económico y social, tal como se analizará.

Además del principio de la representación popular y de la separación de poderes, el tercer elemento característico de las democracias representativas es el de la jerarquía de las normas, que implica la supremacía de la Constitución que consagra los derechos y garantías de los ciudadanos, y la sumisión del Estado al Derecho. La consecuencia de este principio, es decir, el principio de la legalidad, es la necesidad de adecuadas garantías jurisdiccionales puestas a disposición de los particulares, con el objeto de que éstos puedan ejercer el control de las actividades estatales y proteger sus derechos y garantías, y la existencia de un Poder Judicial efectivamente independiente y autónomo. Este tercer principio también ha sido consagrado tradicionalmente en América Latina y en Venezuela, hasta el punto de que desde 1811 la influencia de la Declaración de los Derechos del Hombre y del Ciudadano y de la Constitución norteamericana, se hace sentir en todas nuestras Constituciones. Asimismo, los sistemas latinoamericanos formalmente consagrados del control de la constitucionalidad de los actos del Estado, van mucho más allá de los sistemas europeos, como tendremos oportunidad de ver más adelante. En todo caso, quizá lo que está por analizarse es la real efectividad de la consagración formal de dicho control, y el acceso real de las mayorías al ejercicio de las garantías jurisdiccionales. El mismo planteamiento debe realizarse, respecto del control jurisdiccional de la legalidad de la actuación de la Administración Pública como jurisdicción contencioso-administrativa, generalmente integrada también en los cuadros del Poder Judicial, como sucede en Venezuela.

---

568 Con razón Huntington ha señalado que la más importante distinción política entre los países, concierne no a su forma de gobierno, sino a su "grado" de gobierno *(op. cit.,* p. 1), es decir, a su capacidad de convertir en realidad las aspiraciones populares crecientes. Los regímenes políticos latinoamericanos en este sentido, se distinguen de los europeos, en que muchos de éstos aseguran la formación de un Gobierno fuerte, con respaldo mayoritario, que garantice a sus países un Gobierno que gobierne; en cambio en Latinoamérica parecería que las estructuras constitucionales buscan el establecimiento de Gobiernos que no gobiernen, y de mecanismos de reparación de poderes, no para la construcción de Gobiernos fuertes y estables, pero controlados, sino para la conspiración contra los Gobiernos. En este sentido, Huntington observa con razón, que Estados Unidos, Gran Bretaña y *la* Unión Soviética tienen diferentes formas de gobierno, pero en los tres sistemas, el Gobierno gobierna *(op. cit.,* p. 1). En cambio en América Latina, en muchos casos, simplemente los Gobiernos no gobiernan. No se trata de una defensa a la dictadura, la cual no sería democrática; lo que está planteado en América Latina es el cese de la configuración constitucional de mecanismos institucionales que conspiren contra el Estado y contra las mayorías y la democracia, en nombre de un pretendido principio de separación de poderes que, realmente lo que configura es una lucha entre poderes, cuyo resultado es el aniquilamiento de la forma democrática de los regímenes, tal *como* tantas veces ha sucedido. En nombre de la separación de poderes entonces, se configuran estructuras constitucionales que impiden al propio Estado cumplir sus funciones, y como observa Huntington, tan inmoral es que un Gobierno no cumpla su cometido, como un juez corrompido, un soldado cobarde o un maestro ignorante *(op. cit.,* pp. 25 a 29).

El problema, por tanto, no está en rechazar la democracia como régimen político, sino en adecuar su funcionamiento a las exigencias del desarrollo, a través de la configuración de efectivos sistemas políticos (electorales y de partido) y de gobierno. At análisis de éstos, dentro de la perspectiva de las exigencias del Estado Democrático y Social de Derecho es que dedicaremos los próximos capítulos.

CAPÍTULO 8. EL SISTEMA POLÍTICO ELECTORAL: LA REPRESENTACIÓN PROPORCIONAL ABSOLUTA

El sistema político venezolano, establecido para actualizar la representación popular como el elemento esencial de nuestro régimen democrático, ha estado configurado por un determinado sistema electoral que condiciona a un también determinado sistema de partidos políticos. Se impone, por tanto, el estudio separado de ambos sistemas, por lo cual analizaremos, en primer lugar, el sistema electoral de representación proporcional, característico por lo demás de toda América Latina, así como sus consecuencias.

En efecto, la garantía democrática de la representación popular, según la cual, residiendo la soberanía en el pueblo éste debe ejercerla mediante el sufragio, por los órganos del Poder Público[569], implica en Venezuela que la elección del Presidente de la República, de los Diputados y Senadores al Congreso Nacional, de los Diputados a las Asambleas Legislativas de los Estados Federados, y de los miembros de los Concejos Municipales, se produzca mediante sufragio universal, directo y secreto[570]. Responde este sistema político a la idea relativamente moderna, de que los gobernados puedan elegir o escoger a los gobernantes, producto, como se ha dicho, de la Revolución Francesa. De ahí la importancia fundamental que este acontecimiento ha tenido en la evolución política de la humanidad, pues es sólo con posterioridad a ella que, aun cuando en forma relativa en su origen, el pueblo ha adquirido capacidad política y, por tanto, la posibilidad de intervenir, a través de una representación, en el manejo y control de los asuntos públicos. Con anterioridad, por tanto, los gobernantes no se escogían, sino que formaban parte del orden natural o divino. No se les escogía; simplemente se imponían a los gobernados, quienes no tenían posibilidad alguna de impugnarlos o cuestionarlos. Además, el carácter divino o sagrado de los mismos, los hacía mucho más inaccesibles y por tanto eliminaba toda idea de escogencia. El pueblo no era soberano, sólo era soberano el Monarca, y por la gracia de Dios.

La elección de los gobernantes, como sistema político, sólo surge entonces cuando la soberanía pasa al pueblo; y desde el momento en que se considera que es el pueblo quien decide, la elección, como forma de designación de los gobernantes, comienza a extenderse[571] En la actualidad, la soberanía del pueblo, y por tanto la

569 El artículo 4° de la Constitución venezolana de 1961 establece lo siguiente: "La soberanía reside en el pueblo, quien la ejerce, mediante el sufragio, por los órganos del Poder Público".

570 Artículos 19, 29, 148, 151 y 183 de la Constitución de 1961.

571 Por ello se ha dicho que la idea de escoger o elegir los gobernantes se desarrolla paralelamente a la teoría de la soberanía del pueblo; y el sufragio se universaliza a medida que esta última se extiende. En este sentido debe recordarse, que la noción de la soberanía que surge de la Revolución Francesa, como "soberanía nacional" no pertenecía al pueblo, sino a ciertos representantes de la nación. *V.* Maurice Duverger, *Institutions politiques et Droit Constitutionnel* Vol. I, París, 1971, pp. 101 y 102.

elección de los gobernantes, al menos en las democracias occidentales, se considera como la forma natural y legítima del régimen político. La elección ha entrado ya, por tanto, en las costumbres de la civilización moderna, y ha adquirido tanta importancia, que frecuentemente surge la tendencia a confundir la democracia con la sola elección, es decir, el régimen político (democrático), con un sistema político (electoral), o al menos, a definir aquél por éste. En Occidente, se considera "democrático" al país en el cual los gobernantes son escogidos por elección, y la elección en sí misma adquiere entonces tanta importancia, que de sólo ser un elemento o mecanismo del régimen democrático, va a considerarse que éste sólo se agota en ella. En esta forma, con frecuencia se ha falseado el verdadero contenido de la democracia, que ciertamente no se agota en la elección, y de ahí que con tanta frecuencia se hable de democracia participativa en contraposición a la democracia formal o simplemente representativa[572]. En la idea roussoniana de la democracia, por ejemplo, para no retroceder a la democracia citadina antigua, no existía relación directa entre democracia y elección; y en la democracia antigua, por otra parte, era la idea de la participación directa la que dominaba. Por supuesto, la imposibilidad de reunir al pueblo todo en grandes asambleas, así fueran de carácter local, para dirigir los asuntos públicos, hizo surgir la teoría de la representación nacional[573]. Por ello, en los dos últimos siglos, con el desarrollo de la teoría de la representación a través de la elección, se va a identificar ésta con la democracia, e inclusive, la lucha por la conquista del sufragio universal se va a confundir totalmente con la lucha por la democracia.

En todo caso, estimamos que actualmente está claro, sobre todo en América Latina, que democracia y elección son dos cosas distintas. La primera, como régimen político, implica el gobierno no sólo por el pueblo, sino para el pueblo; la segunda, como sistema político, es uno de los mecanismos de concreción del régimen político; y de allí la tendencia por transformar la democracia formal en nuestros días, que se agota en la elección, en una democracia económica y social a la vez que política, que garantice la real participación del pueblo en los beneficios económicos y sociales de la nación y en su gestión.

En el caso de Venezuela, el país, desde la primera Constitución de 1811, conoce de un sistema electoral, aun cuando la democracia no haya sido persistente y más bien casi inexistente. Y si hoy, como se dijo, el sistema electoral está caracterizado por la existencia del sufragio universal, directo y secreto y que otorga representación proporcional a las minorías, ello es fruto de una larga evolución que va de un sufragio limitado o restringido a un sufragio universal; de un sufragio indirecto a un sufragio directo; de un sufragio a veces público a un sufragio secreto; y de un sufragio mayoritario a un sufragio de representación proporcional de las minorías. En estos cuatro puntos puede situarse la evolución del sistema electoral venezolano, los cuales analizaremos separadamente.

El primero de los aspectos que marca la evolución señalada, es el que va de un sufragio originalmente limitado a un sufragio universal como el actualmente en

572 *V.* por ejemplo, las referencias que se hacen a la democracia participativa en Tomic, Castillo Velasco y otros, *Pensamiento Comunitario,* Caracas, 1973, pp. 45 y ss.; 57 y ss.; 67 y ss.; y 97 y ss.

573 *V.,* por ejemplo, John Stuart Mill, "Of the Proper Functions of Representative Bodies", en Harry Eckstein and David E. Apter, *Comparative Politics,* N.Y., 1963, pp. 104 y ss.

vigor, es decir, que no está limitado por condiciones económicas o de fortuna o por aspectos particulares de la capacidad o situación física del elector[574]. La universalidad del sufragio, que no admite restricciones por razones de sexo, fortuna o condición social, sin embargo, es sólo una realidad constitucional desde 1946. En efecto, a pesar de que la elección para los miembros del Congreso que en 1811 aprobó la primera Constitución Republicana de Venezuela se realizó mediante sufragio universal, excluidos sólo los esclavos, el propio texto constitucional de 1811 establece restricciones particularmente de carácter económico en el ejercicio del sufragio, el cual se reserva a los varones[575]. Sólo es a partir de la Constitución de 1857 cuando se eliminan los requisitos económicos para tener la condición de elector[576] y sólo es en el Estatuto Electoral de 1946 cuando se consagra expresamente el voto femenino[577]. Debe destacarse que para tener la condición de ciudadano, y por tanto de elector, las Constituciones de 1819 a 1857[578] exigían saber leer y escribir, lo cual limitaba el sufragio respecto a los analfabetos. Esta condición se eliminó en la Constitución de 1858[579], llegando la Constitución de 1864 a limitar el sufragio sólo a los menores de dieciocho años[580], como consecuencia, ciertamente, del igualitarismo derivado de nuestras Guerras Federales. A esta sola restricción, la Constitución de 1893 agregará también, como restricción, la interdicción declarada por sentencia ejecutoriada de los Tribunales competentes[581]. Esta situación permanece regulada en igual forma en el texto Constitucional de 1901[582], siendo la Constitución de 1904 la que por primera vez en la evolución constitucional venezolana remite *a la ley* la posibilidad de establecer restricciones al sufragio, cambiando la reserva constitucional existente hasta ese momento[583]. Esta situación se mantiene hasta el texto Constitucional de 1925, el cual vuelve a establecer reserva constitucional en las limitaciones al ejercicio del sufragio, otorgando la calidad de electores a los venezolanos

---

574 De acuerdo con la Constitución de 1961, "son electores, todos los venezolanos que hayan cumplido dieciocho (18) años de edad y no estén sujetos a interdicción civil ni a inhabilitación política" (art. 11). La Ley Orgánica del Sufragio de 3 de septiembre de 1973 (*v.* en *Gaceta Oficial* número 1.609, extraordinario de dicha fecha) aclara (art. 7°) que la interdicción civil debe derivar de sentencia definitivamente firme y la inhabilitación política de condena penal que la conlleve, como pena accesoria. Dicha Ley agrega (art. 7.°), que "los miembros de las fuerzas armadas no ejercerán el sufragio mientras permanezcan en servicio militar activo", lo cual parecería destinado a garantizar el carácter de "institución apolítica, obediente y no deliberante" que las Fuerzas Armadas Nacionales tienen de acuerdo al artículo 132 de la Constitución.

575 *V.* artículos 26 a 30 de la Constitución de 1811, en Luis Mariñas Otero, *Las Constituciones de Venezuela.* Madrid, 1965, pp. 131 y 132. Todas las citas y referencias a los textos constitucionales anteriores a 1961 se harán en las notas sucesivas indicando la página respectiva de esta obra. Dichos textos pueden verse también en Ulises Picón Rivas, *Indice Constitucional de Venezuela.* Caracas, 1944.

576 *V.* artículo 12 de la Constitución de 1857, *loc. cit.*, p. 258.

577 Lo cual es acogido en la Constitución de 1947, *loc. cit.*, p. 851.

578 *V.* Constitución de 1819, artículo 4°; Constitución de 1821, artículo 15; Constitución de 1830, artículo 14; y Constitución de 1857, artículo 12; *loc. cit.*, pp. 166, 200, 225 y 258.

579 *V.* Constitución de 1858, artículo 11, *loc. cit.*, p. 280.

580 *V.* artículo 16, ordinal 11 de las Constituciones de 1864, 1874, 1881 y 1891, *loc. cit.*, pp. 307, 329, 352 y 377.

581 *V.* artículo 14, ordinal 11 de la Constitución de 1893, *loc. cit.*, p. 400.

582 *V.* artículo 17, ordinal 11 de la Constitución de 1901, *loc. cit.*, p. 429.

583 *V.* artículos 10 y 17 y ordinal 11 de la Constitución de 1904, *loc. cit.*, páginas 458 y 460

mayores de veintiún años que no estén sujetos a interdicción ni a condena penal que envuelva la inhabilitación política, lo cual se mantendrá hasta la Constitución de 1931[584]. La Constitución de 1936, restringe aún más el derecho al sufragio[585], siendo de observar que, paradójicamente, la Constitución que se dicta a la caída del dictador Gómez, y que abre la transición hacia el régimen democrático, estableció de nuevo la limitación al sufragio para los analfabetos, lo que había sido eliminado desde la Constitución de 1858, y consagra expresamente la exclusión del voto femenino, lo cual no estaba establecido expresamente en los textos constitucionales anteriores[586]. Por otra parte, la edad electoral que en 1864 había sido reducida a dieciocho años, en la Constitución de 1936, siguiendo la línea de las constituciones posteriores a 1925, se eleva a veintiún años. Con posterioridad a la Constitución de 1947, la universalización del sufragio se produce en Venezuela en los términos que se señaló anteriormente, permitiéndose, inclusive, la participación de los extranjeros en las elecciones municipales, siempre que tengan más de diez años en calidad de residentes en el país, con uno de residencia en el Distrito de que se trate[587].

El segundo elemento de la evolución del sufragio en Venezuela lo marca la transición del sufragio indirecto al sufragio directo, es decir, de un sistema electoral en el cual los electores no escogen directamente los gobernantes, sino a través de unos delegados que serán electores en segundo grado, a un sistema en el cual los electores escogen inmediata y directamente los gobernantes. En este aspecto, la evolución venezolana no es constante, y para su análisis debe distinguirse la elección para Presidente de la República de la elección para las Asambleas de representantes.

En las elecciones presidenciales, desde la Constitución de 1830[588] hasta la Constitución de 1858, el sistema electoral fue indirecto y la elección del Presidente de la República se realizó por Colegios electorales o Asambleas electorales, electos a su vez por sufragio restringido[589]; y desde la Constitución de 1858 hasta la de 1874, la elección se realizó en forma directa por los electores, en sufragio fundamentalmente universal[590]. En la Constitución de 1881 se estableció de nuevo la elección indirecta del Presidente de la República, la cual se realizó por un Consejo Federal designado por el Congreso[591] regulación que permaneció en la Constitución de 1891[592]. La

---

584 *V.* artículo 32, ordinal 12 de las Constituciones de 1925, 1928, 1929 y 1931, *loc. cit.*, pp. 619, 655, 691 y 727.

585 Lo atribuyó a "los venezolanos varones, mayores de veintiún años, que sepan leer y escribir y que no estén sujetos a interdicción ni a condena penal que envuelva la inhabilitación política", artículo 32, ordinal 14 de la Constitución de 1936, *loc. cit.*, p. 767.

586 Es de destacar que la no exclusión del voto femenino en los textos constitucionales posteriores a 1858, si bien no condujo a su admisión, al menos dio origen a que se discutiera su posibilidad. La Constitución de 1936, al contrario, lo excluyó expresamente.

587 *V.* artículo 11 de la Constitución de 1961 y artículo 8 de la Ley Orgánica del Sufragio de 1973.

588 En las Constituciones de 1811, artículo 76; de 1819, artículo 1°, título VII, sección segunda; de 1821, artículo 34, la elección también se reguló en forma indirecta, aun cuando nunca tuvieron oportunidad de ser realizadas, *loc. cit.*, pp. 140, 177 y 202.

589 *V.* Constitución de 1830, artículo 105; Constitución de 1857, artículo 59, *loe. cit.*, pp. 238 y 266.

590 *V.* Constitución de 1858, artículo 81; Constitución de 1864, artículo 63, y Constitución de 1874, artículo 63, *loc. cit.*, pp. 289, 313 y 336.

591 *V.* Constitución de 1881, artículos 61 y ss., *loc. cit.*, p. 359.

592 *V.* Constitución de 1891, artículos 61 y ss., *loc. cit.*, p. 383.

Constitución de 1893 vuelve a establecer el sistema electoral directo y secreto[593], lo cual se eliminará de nuevo en la Constitución de 1901, al establecer un sistema electoral indirecto para Presidente de la República con participación de los Concejos Municipales[594]. A partir de ese texto constitucional y hasta la Constitución de 1936, el sistema electoral para Presidente continuará siendo indirecto, efectuándose la elección por el Congreso[595] o por un Cuerpo Electoral designado por éste[596]. La Constitución de 1947 vuelve a establecer la elección del Presidente de la República en forma directa y secreta y, como se vio, mediante sufragio universal, lo cual permanecerá en la Constitución de 1953[597], estableciendo la Constitución vigente de 1961, que la elección del Presidente de la República se hará por votación universal, directa y secreta[598], disposición que ha regido las últimas elecciones de 1958, 1963, 1968 y 1973.

En cuanto a las elecciones para las Asambleas representativas, puede decirse que la elección de Senadores al Congreso Nacional, en toda nuestra evolución constitucional, con excepción de las Constituciones de 1947 y la actual de 1961[599] siempre fue indirecta, realizándose la elección, generalmente, por las Asambleas Legislativas de los Estados Federados[600] por el Congreso constituyente[601], o por los Colegios Electorales provinciales[602]. Actualmente, sin embargo, para formar el Senado se eligen por votación universal, directa y secreta dos Senadores por cada Estado federado y dos por el Distrito Federal[603]. En cuanto a la elección de Diputados al Congreso Nacional, la elección indirecta no ha sido una norma tan absoluta como en el supuesto de los Senadores. En efecto, desde la Constitución de 1811 hasta la Constitución de 1830[604] la elección de Diputados al Congreso Nacional se realizó mediante el sistema indirecto. A partir de la Constitución de 1857 hasta la vigente de 1961,

---

593 *V.* Constitución de 1893, artículo 63, *loc. cit.*, p. 407.

594 *V.* Constitución de 1901, artículo 82, *loc. cit.*, p. 439.

595 *V.* Constitución de 1901, artículo 75; Constitución de 1914, artículo 74; Constitución de 1922, artículo 74; Constitución de 1925, artículo 96; Constitución de 1928, artículo 96; Constitución de 1929, artículo 96; Constitución de 1931, artículo 96; Constitución de 1936, artículo 96, *loc. cit.*, pp. 498, 551, 593, 630, 667, 702, 738 y 779.

596 *V.* Constitución de 1904, artículo 70, *loc. cit.*, p. 467.

597 *V.* Constitución de 1947, artículo 192 y Constitución de 1953, artículo 104, *loc. cit.*, pp. 873 y 918.

598 *V.* Constitución de 1961, artículos 113 y 183.

599 *V.* Constitución de 1947, artículo 154, *loc. cit.*, p. 865, y Constitución de 1961, artículo 148.

600 *V.* Constitución de 1811, artículo 48; Constitución de 1821, artículo 93; Constitución de 1857, artículo 25; Constitución de 1858, artículo 49; Constitución de 1864, artículo 25; Constitución de 1874, artículo 25; Constitución de 1881, artículo 25; Constitución de 1891, artículo 25; Constitución de 1893, artículo 26; Constitución de 1901, artículo 36; Constitución de 1904, artículo 35; Constitución de 1909, artículo 40; Constitución de 1914, artículo 39; Constitución de 1922, artículo 39; Constitución de 1925, artículo 60; Constitución de 1928, artículo 60; Constitución de 1929, artículo 60; Constitución de 1931, artículo 60; Constitución de 1936, artículo 59; Constitución de 1953, artículo 70; *loc. cit.*, pp. 134, 210, 260, 284, 309, 331, 355, 379, 403, 432, 463, 493, 549, 588, 624, 660, 696, 732, 772 y 912.

601 *V.* Constitución de 1819, artículo 3°, sección III, título VI, *loc. cit.*, p. 174.

602 *V.* Constitución de 1830, artículo 36, *loc. cit.*, p. 228.

603 *V.* Constitución de 1961, artículos 113 y 148.

604 *V.* Constitución de 1811, artículo 14; Constitución de 1819, artículo 1, sección II, título VI; Constitución de 1821, artículo 84 y Constitución de 1830, artículos 36 y 50, *loc. cit.*, pp. 130, 173, 209, 228 y 230.

puede decirse que la elección de Diputados al Congreso ha sido siempre una elección directa[605], con la sola excepción de la Constitución de 1936, que estableció una elección indirecta, por las Municipalidades de cada Estado federado, de los Diputados al Congreso Nacional[606]. Debe también destacarse lo paradójico que resulta esta limitación al ejercicio directo del sufragio, en el régimen de transición, de la dictadura de Gómez al régimen democrático posterior. En la actualidad, en todo caso, la elección de Diputados al Congreso Nacional se realiza también por votación universal, directa y secreta con representación proporcional de las minorías, en el número que determina la Ley Orgánica del Sufragio según la base de población requerida, que la Constitución prohíbe que exceda para un Diputado, del 1 por 100 de la población total del país[607].

El tercer elemento de la evolución del sistema electoral venezolano está marcado por la transición del sufragio público al sufragio secreto que existe en la actualidad. En efecto, en las primeras Constituciones de la República de 1811 y 1830, el sistema de voto público fue exigido[608], y es aquí también, que la Constitución de 1857 establece el gran cambio al prever la garantía del sufragio secreto, lo cual perdura hasta 1874[609]. La Constitución de ese año vuelve a establecer el sufragio público[610], lo cual será cambiado de nuevo por la Constitución de 1893 al exigir, como todas las posteriores[611], el sufragio secreto, con la sola excepción de la Constitución de 1936, que no estableció nada al respecto. La Constitución vigente de 1961, con carácter general, establece que "la legislación electoral asegurará la libertad y el secreto del voto"[612] lo cual se aplica a todas las elecciones, tanto para representantes nacionales como estatales y municipales.

---

605 *V.* Constitución de 1857, artículo 21; Constitución de 1858, artículo 58; Constitución de 1864, artículo 20; Constitución de 1874, artículo 20; Constitución de 1881, artículo 20; Constitución de 1891, artículo 20; Constitución de 1893, artículo 22; Constitución de 1901, artículo 32; Constitución de 1904, artículo 31; Constitución de 1909, artículo 56; Constitución de 1914, artículo 35; Constitución de 1922, artículo 35; Constitución de 1925, artículo 56; Constitución de 1928, artículo 56; Constitución de 1929, artículo 56; Constitución de 1931, artículo 56; Constitución de 1947, artículo 151; Constitución de 1953, artículo 69; Constitución de 1961, artículo 151, *loc. cit.*, pp. 259, 285, 308, 330, 354, 378, 402, 431, 462, 492, 545, 587, 623, 660, 696, 732, 864, 912 y 956.

606 *V.* Constitución de 1936, artículo 55, *loc. cit.*, p. 771.

607 *V.* Constitución de 1961, artículo 151. La Ley Orgánica del Sufragio de 1973 estableció la base de población para elegir un diputado en el 0,55% de la población del país (artículo 3°).

608 *V.* Constitución de 1811, artículos 39 y 76; Constitución de 1819, artículo 6; Constitución de 1821, artículo 24; Constitución de 1830, artículo 26, *loc. cit.*, pp. 133, 140, 168, 201 y 227.

609 *V.* Constitución de 1857, artículo 59; Constitución de 1858, artículos 58 y 81 y Constitución de 1864, artículo 63, *loc. cit.*, pp. 267, 285, 289 y 313.

610 *V.* Constitución de 1874, artículo 13, ordinal 23; Constitución de 1881, artículo 13, ordinal 22; Constitución de 1891, artículo 13, ordinal 22, *loc. cit.*, páginas 328, 350 y 375.

611 *V.* Constitución de 1893, artículo 13, ordinal 24; Constitución de 1901, artículo 6°, ordinal 21; Constitución de 1904, artículo 7°, ordinal 19; Constitución de 1909, artículo 12, ordinal 19; Constitución de 1914, artículo 19, ordinal 20; Constitución de 1922, artículo 19, ordinal 20; Constitución de 1925, artículo 17, ordinal 1°; Constitución de 1928, artículo 17, ordinal 1°; Constitución de 1929, artículo 17, ordinal 1°; Constitución de 1931, artículo 17, ordinal 1°; Constitución de 1947, artículos 151, 154 y 192, y Constitución de 1953, artículos 69 y 104, *loc. cit.*, pp. 398, 425, 456, 486, 540, 582, 614, 651, 687, 723, 864, 865, 873, 912 y 918.

612 *V.* Constitución de 1961, artículo 113.

El cuarto elemento que caracteriza la evolución constitucional venezolana del sistema electoral, es el que marca la transición de un sistema electoral mayoritario a uno minoritario. Paradójicamente, los tres elementos evolutivos anteriores configuran un proceso de "democratización" del sufragio al hacerlo' ahora universal, directo y secreto; sin embargo, el cuarto elemento sigue una dirección inversa: dificultar la formación de gobiernos capaces de representar las mayorías nacionales. En efecto, la transición de un sistema electoral mayoritario a uno minoritario debe analizarse distinguiendo las elecciones para Presidente de la República de aquellas destinadas a elegir los miembros de las Asambleas representativas.

En la elección de Presidente de la República, la evolución ha marcado una transición de un sistema electoral de mayoría calificada a un sistema de mayoría relativa. En efecto, las Constituciones de 1811 a 1857 exigieron una mayoría de las dos terceras partes de la votación para la elección presidencial[613] previendo la Constitución de 1857, por ejemplo, el recurso a una segunda votación entre los dos candidatos que hubieren logrado mayor número de votos, cuando ninguno hubiere obtenido la mayoría calificada[614]. La exigencia de la obtención de las dos terceras partes de la votación para la elección de Presidente fue modificada por la Constitución de 1858, la cual exigió la mayoría absoluta, exigencia que permaneció en el texto constitucional hasta la Constitución de 1922[615]. Las constituciones posteriores de la dictadura Gomecista no consagraron proporción determinada para la elección presidencial, la cual era regida en todo caso por los deseos del dictador: y, paradójicamente, la Constitución de transición de 1936, siguió el ejemplo de las constituciones que la precedieron, al no establecer porcentaje alguno para la elección presidencial[616]. A partir de la Constitución de 1947 basta la actual, se consagra expresamente la elección directa del Presidente de la República, por mayoría relativa de votos[617], es decir, es electo el candidato que obtenga el mayor número de votos.

En el campo de la elección de representantes, la evolución se caracteriza por la transición del sistema de escrutinio mayoritario al sistema de representación proporcional. En efecto, el sistema de escrutinio mayoritario para la elección de Senadores y Diputados fue el único conocido en Venezuela hasta el año 1945[618], cuando el Estatuto Electoral dictado por la Junta Revolucionaria de Gobierno en ese año, para la elección de los miembros de la Asamblea Constituyente, previo por primera vez

613 *V.* Constitución de 1819, artículo 7°; Constitución de 1830, artículo 105; y Constitución de 1857, artículo 59; *loc. cit.*, pp. 177, 238 y 267. No se hace referencia a la Constitución de 1811 porque se trata de la única, en nuestra evolución constitucional, que consagraba un ejecutivo colegiado de tres miembros.

614 *V.* Constitución de 1857, artículo 59; *loc. cit.*, p. 267.

615 *V.* Constitución de 1858, artículo 83; Constitución de 1864, artículo 65; Constitución de 1874, artículo 65; Constitución de 1893, artículo 65; Constitución de 1901, artículo 82; Constitución de 1904, artículo 72; Constitución de 1909, artículo 77; Constitución de 1914, artículo 76; y Constitución de 1922, artículo 76; *loc. cit.*, pp. 289, 314, 336, 408, 439, 468, 498, 552 y 594. No se hace referencia a las Constituciones de 1881 y 1891, pues éstas establecieron la elección del Presidente por un Consejo Federal. Es de destacar que entre 1858 y 1881 la elección presidencial fue directa.

616 Las leyes electorales de la época, sin embargo, mantuvieron la fórmula de la mayoría absoluta que se había establecido constitucionalmente hasta 1922.

617 *V.* Constitución de 1947, artículo 192 y Constitución de 1953, artículo 104; *loc. cit.*, pp. 873 y 918; y Constitución de 1961, artículo 183.

618 *V.* en este sentido la opinión de E. Wolf, *Tratado de Derecho Constitucional Venezolano*, tomo I, p. 209.

en nuestra historia constitucional el sistema electoral de representación proporcional. Este sistema, posteriormente, consagrado en la Constitución de 1947[619], es el vigente en la actualidad[620]. Debe destacarse que quizá fue consagrado en 1947 y posiblemente tuvo razón de ser en los primeros años de 1960, dada las situaciones, en ambas fechas, de transición hacia el régimen democrático, con el objeto de que ningún partido dominara en forma absoluta las Cámaras Legislativas. Las sucesivas dictaduras de principios del siglo hasta 1936 y de la década de los cincuenta parecen haber producido esta reacción contra el absolutismo.

Como resultado de esta evolución, en la actualidad, el sistema electoral venezolano es universal, directo, secreto y de escrutinio minoritario, con la exigencia de sólo una mayoría relativa (simple mayoría) para elegir Presidente de la República, y de la aplicación del principio de la representación proporcional de las minorías para la elección de los miembros de las Cámaras Legislativas, mediante listas bloqueadas, en 23 circunscripciones electorales (equivalentes a los 20 Estados, los dos Territorios Federales y el Distrito Federal), con población variable, pero muy densa en algunos[621]. Esta situación venezolana, en todo caso, no es extraña, si se analizan los sistemas electorales de los demás países latinoamericanos que conocen de elecciones[622].

---

619 *V.* Constitución de 1947, artículo 83, *loc. cit.*, p. 852.

620 En diversos artículos, la Constitución vigente consagra expresamente el sistema de la representación proporcional de las minorías: artículo 19, para la elección de diputados a las Asambleas Legislativas; artículo 148, para la elección de senadores; y artículo 151, para la elección de diputados al Congreso. Además el artículo 313, de carácter general, agrega que "La legislación electoral asegurará la libertad y el secreto del voto y consagrará el derecho de representación proporcional de las minorías".

621 Para las elecciones de 1973, la población electoral estuvo dividida así:

Estado Anzoátegui	213.661	4,58 %
Estado Apure	29.282	1,35 %
Estado Aragua	19.268	5,10 %
Estado Barinas	89.325	1,91 %
Estado Bolívar	169.570	3,36 %
Estado Carabobo	294.441	6,31 %
Estado Cojedes	41.881	0,89 %
Estado Falcón	177.814	3,81 %
Estado Guárico	131.306	2.81 %
Estado Lara	297.869	6,38 %
Estado Mérida	145,680	3,12 %
Estado Miranda	402.449	8,63 %
Estado Monagas	130.952	2,37 %
Estado Nueva Esparta	57.558	1,10 %
Estado Portuguesa	134.844	2,80 %
Estado Sucre	197.838	4,24 %
Estado Táchira	177.230	3,80 %
Estado Trujillo	163.532	3,50 %
Estado Yaracuy	97.208	2,08 %
Estado Zulia	544.092	11,67 %
Distrito Federal	863.179	18,51 %

Ahora bien, estudiados comparativamente los resultados de los procesos electorales de 1946 y 1947 y desde 1958 hasta 1973, se puede constatar que el sistema electoral minoritario en Venezuela ha producido diversos e importantes efectos. Con la momentánea excepción de los resultados electorales de 1973, debido a la pronunciada polarización que distorsionó, como es natural, la lógica del sistema electoral, puede decirse que entre 1946 a 1973, la aplicación del principio de la representación proporcional en el ejercicio del gobierno y en la integración de las Cámaras Legislativas, condujo a que los gobiernos electos, a medida que el sistema se aplicó, fueran electos con cada vez menos respaldo popular, y que la integración a las Asambleas representativas diera lugar a una progresiva atomización de las fuerzas políticas en ellas representadas.

En efecto, si se compara el número de votos y los porcentajes en la votación que han obtenido los sucesivos Presidentes de Venezuela, resulta que en cinco elecciones (1947-1968) se produjo un descenso de un 74,47 por ciento en 1947 a 29,13 por ciento en 1968. En 1973, la polarización política en la votación modificó la línea porcentual lógica decreciente, habiendo obtenido el candidato triunfador el 48,77 por ciento de la votación. Los votos y porcentajes obtenidos en el período 1947-1973, fueron los siguientes:

Territorio Amazonas	10.029	0,21 %
Territorio Delta Amacuro	19.463	0,41 %
TOTAL	4.661.252	100 %

Fuente: Consejo Supremo Electoral, 1973, tomado de *El Nacional*, Caracas, 3 de diciembre de 1973, p. D-8

622 En general, para la elección de Presidente de la República sólo se exige la simple mayoría y, excepcionalmente, algunos países como Argentina y Guatemala exigen mayoría absoluta, o como Costa Rica, que exige el 70 % de los votos válidos. Para la elección de los miembros de las Asambleas representativas, puede decirse que con la sola excepción importante de México, la elección se realiza por el sistema de representación proporcional de las minorías como regla general en América Latina. Es sólo en la reforma constitucional de 1963 que en México el sistema mayoritario absoluto tradicional comenzó a adquirir carácter relativamente mixto, lo cual se ha reforzado por la reforma constitucional de 1972, al admitirse los denominados "diputados de partidos" en representación de los partidos minoritarios. *V.* los textos en el *Diario Oficial de la Federación* de 22 de junio de 1963 y de 14 de febrero de 1972. *Cfr.*, en general, Maruja Delfino de Palacios, *Las Constituciones Americanas y la forma de elección Presidencial.* Cuadernos del Instituto de Estudios Políticos, número 15. Caracas, 1968, pp. 15 y ss.; y Ronald H. McDonald, *Party Systems and Elections in Latin America.* Chicago, 1971.

VOTACIÓN PARA PRESIDENTE DE LA REPÚBLICA[623]

(Años: 1947-1973)

(Números de votos y porcentaje en relación al total de votos válidos emitidos)

Presidente [624]	Año	Nº de votos	%
Rómulo Gallegos	1947	871.752	74,47
Rómulo Betancourt	1958	1.284.092	49,18
Raúl Leoni	1963	957.699	32,80
Rafael Caldera	1968	1.075.375	29,13
Carlos Andrés Pérez	1973	2.122.427	48,77

Esta situación puede reflejarse gráficamente de la manera siguiente:

VARIACIÓN PORCENTUAL DE LOS VOTOS EN LAS ELECCIONES PRESIDENCIALES, 19478-1973

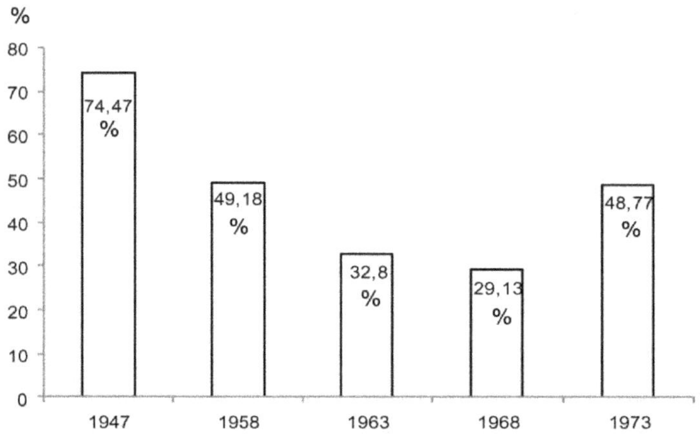

Ahora bien, en cuanto al número de candidatos presidenciales participantes en el proceso electoral, al contrario, se evidenció un aumento considerable al pasarse de tres candidatos presidenciales y cinco partidos participantes en 1947; tres candidatos y ocho partidos en 1958; siete candidatos y once partidos en 1963; seis candidatos y dieciséis partidos en 1968; a doce candidatos presidenciales y veinte partidos políticos nacionales en 1973. Esta variación puede apreciarse gráficamente en la siguiente forma:

623 Los datos han sido tomados de Boris Bunimov Parra, *Introducción a la Sociología Electoral Venezolana.* Caracas, 1968; C. S. E. *Memoria y Cuenta.* Caracas, 1969; y *El Nacional,* Caracas, 21 de diciembre de 1973, p. A-l.

624 Los Presidentes Rómulo Gallegos, Rómulo Betancourt, Raúl Leoni y Carlos Andrés Pérez fueron candidatos del Partido Acción Democrática (AD). El Presidente Rafael Caldera, fue candidato del Partido Social Cristiano (COPEI).

NÚMERO DE CANDIDATOS Y PARTIDOS POLÍTICOS EN LAS ELECCIONES PRESIDENCIALES, 1947-1973

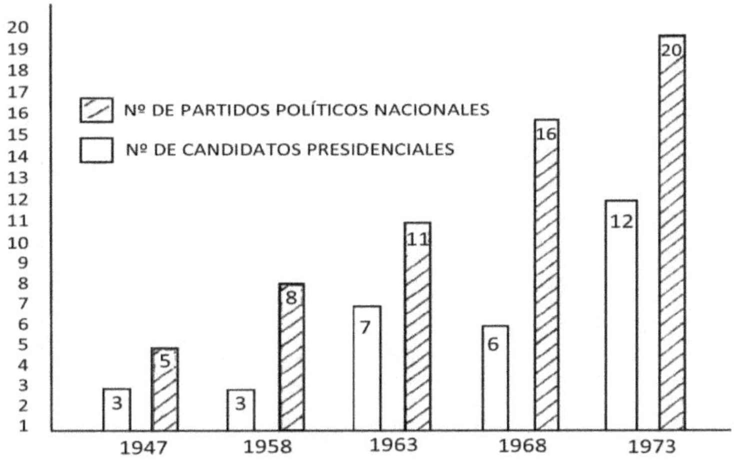

Por otra parte, la diferencia porcentual de votos entre el candidato electo como Presidente de la República y el que obtuvo la segunda mayor votación se ha ido reduciendo progresivamente, y así, del 52 por ciento del total de la votación en 1947, pasó a sólo el 0,89 por ciento del total de la votación en 1968, y al 12,03 por ciento en 1973, pues en todo caso era imposible que pudiera bajar más. Este descenso puede apreciarse gráficamente, en la forma siguiente:

DIFERENCIA PORCENTUAL DE LA VOTACIÓN OBTENIDA POR LOS DOS PRINCIPALES CANDIDATOS EN LAS ELECCIONES PRESIDENCIALES, 1947-1973

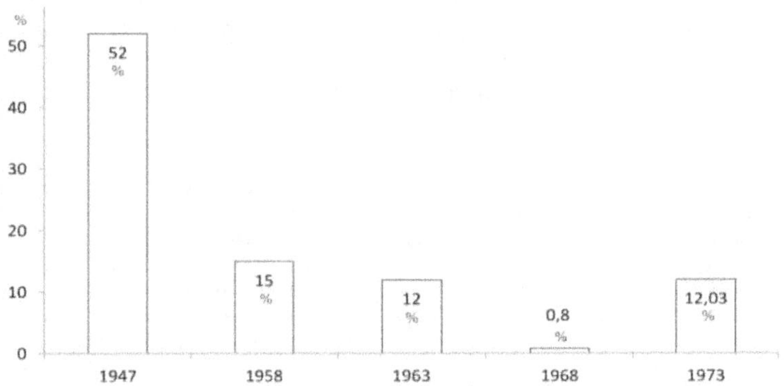

Por otra parte, es conveniente señalar que en términos generales, el porcentaje de votos obtenidos por los dos primeros partidos en las elecciones presidenciales demuestra, salvo en el caso de polarización electoral como en 1973, un progresivo descenso, tal como se aprecia del siguiente gráfico:

VARIACIÓN PORCENTUAL DE LA VOTACIÓN OBTENIDA POR LOS DOS PRINCIPALES CANDIDATOS EN LAS ELECCIONES PRESIDENCIALES, 1947-1973

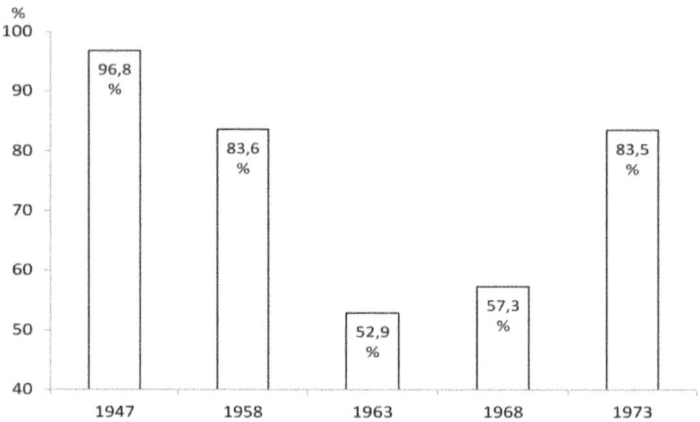

Estas cifras demuestran, por lo que a la elección presidencial se refiere, y particularmente en las oportunidades en que la lógica del sistema minoritario ha funcionado, es decir, hasta la elección de 1968[625], una pérdida progresiva de respaldo popular al candidato electo y una difusión también progresiva de la votación entre los diversos candidatos. El sistema minoritario de elección presidencial (o de mayoría relativa o simple mayoría), en realidad, implica la elección de un Presidente con menos respaldo minoritario en lugar de con respaldo mayoritario. En esta forma, la oposición política al Presidente electo es automáticamente posible hasta un porcentaje igual a la diferencia de su votación y el total de votos, por lo que en el período 1968-1974, teóricamente la oposición popular al Presidente de la República pudo haber sido del 70 por ciento de la población del país[626]. Por supuesto que ésta es una cifra teórica, pues la aplicación de las reglas del juego adoptadas en nuestro sistema de partidos, tal como se verán más adelante, atenúan este volumen porcentual de oposición posible. En todo caso, el sistema de mayoría relativa para la elección del Presi-

625 Como se dijo, la polarización política de la votación en 1973, entre los candidatos de los Partidos Acción Democrática (AD) y (COPHI), distorsionó momentáneamente la lógica de funcionamiento del sistema electoral minoritario, tal como también se distorsionó en las elecciones chilenas en marzo de 1973, realizadas también bajo un sistema minoritario *de* representación proporcional, por la misma razón de polarización. Debe destacarse además, que la polarización política no sólo puede distorsionar la lógica minoritaria de los sistemas de representación proporcional, sino que también puede operar en sentido contrario con los sistemas electorales mayoritarios, produciéndose la distorsión en sentido contrario, tal como sucedió en las elecciones francesas de marzo de 1973. En todos estos casos, una polarización política entre gobierno y oposición, distorsiona momentáneamente la lógica de funcionamiento de cualquier sistema electoral, salvo que el fenómeno de polarización perdure, lo cual depende de la dinámica política concreta.

626 En base a esto, con razón ha señalado T. E. Carrillo Batalla que el "error" del artículo 18'2 de la Constitución debe corregirse y establecerse la elección presidencial por mayoría absoluta. "De lo contrario, seguiremos viendo el contrasentido de un gobierno proclamado democrático por la Constitución, pero elevado a la cumbre del mando no por el voto mayoritario de la voluntad general como dijera Rousseau, sino con los sufragios de una pequeña fracción del pueblo." *V. Historia crítica del concepto de la Democracia,* tomo I. Caracas, 1973, p. 83.

dente de la República conlleva un debilitamiento *ab inicio* de la posición del gobierno y del Presidente, sobre todo si a la elección presidencial minoritaria (simple mayoría) se acompaña una integración atomizada proporcional en el Congreso. Este ha sido el caso de Venezuela en la década de los sesenta. En todo caso, la elección presidencial por mayoría relativa no tendría tantas consecuencias inconvenientes, si la integración del Congreso se realizara por un sistema mayoritario. Lamentablemente, todavía el mito del presidencialismo latinoamericano está presente entre nosotros y se cree solucionar toda la contradicción de nuestras instituciones políticas, estableciendo un sistema de mayoría absoluta para la elección presidencial, pero sin cambiar el sistema de representación proporcional de las minorías para la elección de las Cámaras Legislativas. Esta fue la situación de Chile, que originó tantas contradicciones entre el Presidente electo por mayoría absoluta, quien sólo tenía un respaldo bastante minoritario en el Congreso[627]. Sobre estas contradicciones, sin embargo, insistiremos más adelante.

En cuanto a la elección de las Asambleas representativas, y en particular de las Cámaras Legislativas nacionales, la aplicación en Venezuela del sistema electoral minoritario de representación proporcional de las minorías ha producido consecuencias todavía más dramáticas. En efecto, por contraposición a los sistemas electorales mayoritarios, que en circunscripciones electorales de tamaño variable producen la elección de los representantes que hayan obtenido el mayor número de votos, sin consideración relativa al número de votos obtenidos por los demás candidatos; el sistema de representación proporcional de las minorías también en forma variable según los mecanismos que se adopten, tiende a asignar representación a todos los grupos políticos que participen en una elección en circunscripciones electorales generalmente grandes. Diversos mecanismos se pueden adoptar para operar la representación proporcional[628] y, entre ellos, en Venezuela se ha adoptado el llamado sistema d'Hondt —denominado así en honor de su creador en Bélgica—, con listas bloqueadas, el cual, en cierta forma, es el que permite la mayor proporcionalidad en los resultados de una elección, debido a su aplicación inmediata; proporcionalidad que se perfecciona, aún más, mediante una segunda operación postelectoral que conlleva la asignación de los llamados "Senadores y Diputados adicionales[629].

En efecto, conforme a la Ley Orgánica del Sufragio de 1973, la representación proporcional en las elecciones de Senadores y Diputados al Congreso, de Diputados

627 *Cfr*. Joan E. Garcés, "Chile, 1971: A Revolutionary Government within a Welfare State", en Kennhth Medhurst, *Allende's Chile,* London, 1972, p. 45; y J. Biehl del Río y Gonzalo Fernández R., "The Political pre-requisites for a chilean way", *ídem,* p. 54. Esta es, por otra parte, la reforma "original" como la califica la Exposición de Motivos de la Ley sobre el Régimen Nacional Electoral que rigió las elecciones argentinas de marzo de 1973 y la siguiente, y asimismo, ésta fue la reforma que propuso en Venezuela el Partido Social Cristiano (COPEI) a mitades de 1972 para ser aplicada en las elecciones de 1973.

628 Para un cuadro sobre los diversos sistemas electorales, v. *Parliaments and Electoral Systems. A World Handbook,* Institute of Electoral Research. London, 1962.

629 A los cuales, en cierta forma, se asemejan los denominados "diputados de partido", recientemente introducidos por el sistema mexicano, para atenuar su carácter mayoritario absoluto.

ELECCIONES PARA PRESIDENTE DE LA REPÚBLICA
(Años: 1947-1973)
(Número de votos por candidatos y porcentajes en relación al total de votos válidos)

Candidatos	1947	1958	1963	1968	1973
Rómulo Gallegos	871.752 (74,47 %)				
Rafael Caldera	262.204 (22,40 %)				
Gustavo Machado	36.514 (3,12 %)				
Rómulo Betancourt		1.284.092 (49,18 %)			
Wolfang Larrazábal		885.167 (34,59 %)			
Rafael Caldera		396.293 (16,19 %)			
Raúl Leoni			957.574 (32,80 %)		
Rafael Caldera			589.177 (20,18 %)		
Jóvito Villalba			551.266 (18,87 %)		
A. Uslar Pietri			469.366 (16,08 %)		
Wolfang Larrazábal			275.325 (9,43 %)		
Raúl Ramos Giménez,			66.880 (2,28 %)		
Germán Borregales			9.292 (0,31 %)		
Rafael Caldera				1.075.375 (29,13 %)	
Gonzalo Barrios				1.050.806 (28,24 %)	
M. A. Burelli Rivas				826.758 (22,22 %)	
Luis Beltrán Prieto				719.461 (19,34 %)	
Alejandro Hernández				27.336 (0,73 %)	
Germán Borregales				12.587 (0,34 %)	
Carlos Andrés Pérez					2.122.427 (48,77 %)
Lorenzo Fernández					1.598.929 (36,79 %)
J. A. Paz Galarraga					221.864 (5,09 %)
José Vicente Rangel					183.5113 (4,21 %)
Jóvito Villalba					132.829 (3,05 %)
M. A. Burelli Rivas					33.181 (0,76 %)
Pedro Tinoco, h.					25.736 (0,59 %)
M. García Villasmil					11.567 (0,26 %)
Germán Borregales					9.396 (0,21 %)
P. Segnini La Cruz					5.185 (0,14 %)
R. Verde Rojas					4.169 (0,09 %)
Alberto Solano					1.651 (0,03 %)

Fuente: Boris Bunimov Parra, *Introducción a la Sociología Electoral Venezolana*, Caracas, 1968; C.S.E. *Memoria y Cuenta*, Caracas, 1969; C.S.E. Informaciones en *El Nacional*, Caracas, 21 de diciembre de 1973, p. A-1.

ELECCIÓN DE DIPUTADOS POR PARTIDOS POLÍTICOS *

(Años 1946-1973)

AÑO	1946		1947			1958			1963			1968			1973		
Total	160**	(100 %)	110	(11)	(100 %)	133	(6)	(100 %)	179	(11)	(100 %)	214	(17)	(100%)	200	(17)	(100 %)
AD ***	137	(85,6 %)	83		(75,4 %)	73		(54,9 %)	66		(36,8 %)	66		(30,8 %)	102		(51 %)
COPEI	19	(11,8 %)	19	(4)	(17,2 %)	19	(4)	(14,2 %)	39		(21,7 %)	59		(27,5 %)	64		(32 %)
URD	2	(1,2 %)	5	(4)	(4,5 %)	34		(25,5 %)	29	(2)	(16,2 %)	18	(1)	(8,4 %)	5	(2)	(2,5 %)
PCV (UPA)	2	(1,2 %)		(3)	(2,7 %)	7	(2)	(5,2 %)	–			5	(3)	(2,3 %)		(2)	(1 %)
FDP									16	(1)	(8,9 %)	10	(2)	(4,6 %)			
AD.OP (PRIN)									5	(4)	(2,7 %)		(4)	(1,8 %)	–		
IPFN (FND)									22	(2)	(12,8 %)	4	(3)	(1,8 %)	–		
MENI										(1)	(0,5 %)	–		–	–		
PSV										(1)	(0,5 %)		(1)	(0,4 %)	–		
MEP												25	(1)	(11,5 %)	8	(4)	(4 %)
CCN												21	(1)	(9,8 %)	7	(3)	3.5 %)
MAN													(1)	(0,4 %)	–		
MAS															9	(3)	(4,5 %)
MIR																(1)	(0,5 %)
PNI																(1)	(0,5 %)
OPINA																(1)	(0,5 %)

* Entre paréntesis se indican los Diputados electos en forma "Adicional", indirecta, por la aplicación del cociente electoral nacional

** Las cifras de 1946 corresponden a la Asamblea Constituyente

*** La identificación de los partidos políticos se hace más adelante, en los capítulos 10 y 11.

Fuente: Boris Bunimov Parra, *Introducción a la Sociología Electoral Venezolana*, Caracas, 1968; Consejo Supremo Electoral, *Memoria y Cuenta*, Caracas, año, 1969; *El Nacional*, 14 y 15 de diciembre de 1973 y 8 de febrero de 1974.

ELECCIÓN DE SENADORES POR PARTIDOS POLÍTICOS *

(Años 1947 – 1973)

	1947	1958	1963	1968	1973
TOTAL	46 (4)	51 (9)	47 (5) *	52 (10)	47 (5)**
AD ***	38	32	22	19	28
COPEI	6 (2)	6 (3)	8	16	13
URD	(1)	11 (4)	7 (1)	3 (2)	1
PCV (UPA)	(1)	(2)	_	(1)	_
IPFN (FND)			5 (2)	(1)	_
FDP			4 (1)	(2)	_
AD.OP (PRIN)			(1)	(1)	_
MEP				5	(2)
CCN				4 (3)	(1)
MAS					(2)

* Entre paréntesis se indican los Senadores electos en forma "Adicional", indirecta, por la aplicación del cociente electoral nacional.

** A esta cifra deben agregarse los senadores vitalicios (ex - Presidentes Constitucionales), de acuerdo al artículo 145 de la Constitución.

*** La identificación de los partidos políticos se hace más adelante, en los capítulos 10 y 11.

Fuente: Boris Bunimov Parra, *Introducción a la Sociología Electoral Venezolana,* Caracas, 1968; Consejo Supremo Electoral, *Memoria y Cuenta,* Caracas, año, 1969; *El Nacional,* 14 de diciembre de 1973, p. C-15.

a las Asambleas Legislativas de los Estados y de miembros de los Concejos Municipales, opera mediante la adjudicación de las posiciones "por cociente"[630]. Este sistema de representación proporcional de las minorías, conforme al mecanismo ideado por d'Hondt y aplicado por primera vez a finales del siglo XIX en Europa continental, particularmente en Bélgica, es el que ha regido en Venezuela desde 1945[631]. La

---

630 Para la adjudicación por cociente se procederá —establece la ley— de la siguiente manera: "Se anotará el total de votos válidos por cada lista y cada uno de los totales se dividirá entre uno, dos, tres, cuatro y así sucesivamente hasta obtener por cada una de ellas un número de cocientes igual al de los candidatos por elegir en la circunscripción. Se anotarán los cocientes así obtenidos por cada lista en columnas separadas y en orden decreciente, encabezadas por el total de votos de cada uno, o sea, el cociente de la división por uno. Se formará luego una columna final, colocando en ella en primer término el más elevado de entre todos los cocientes en las diversas listas y, a continuación, en orden decreciente, los que le siguen en magnitud, cualquiera que sea la lista a que pertenezcan, hasta que hubiere en la columna tantos cocientes como candidatos deban ser elegidos. Al lado de cada cociente se indicará la lista que corresponde, quedando así determinado el número de puestos obtenidos por cada lista. Cuando resultaren iguales dos o más cocientes en concurrencia por el último puesto por proveer, se dará preferencia a aquella de las listas que haya obtenido el mayor número de votos y, en caso, de empate, decidirá la suerte" (artículo 13 de la Ley Orgánica del Sufragio, de 3 de septiembre de 1973).

631 Para comprender en la práctica la forma de operar de este sistema de adjudicación por cocientes, indicaremos como ejemplo, la forma cómo se operó la adjudicación de los puestos de diputados en la circunscripción electoral del Distrito Federal en las elecciones de 1963, donde se eligieron 29' diputados. En primer lugar, hay que determinar el total de votos válidos obtenidos por cada partido:

Independientes Pro Frente Nacional (IPFN)	150.059
Fuerza Democrática Popular (FDP)	103.091
Acción Democrática en el Gobierno (AD-Gobierno)	63.673
Unión Republicana Democrática (URD)	55.396
Partido Social Cristiano COPEI (COPEI)	54.675
Acción Democrática en la Oposición (AD-Oposición)	19.442

En segundo lugar, se divide el total de votos válidos obtenido por cada partido 'entre 1, 2, 3, 4 y así sucesivamente":

IPFN: 150.059, dividido entre 1: 150.059: dividido entre 2: 75.029: dividido entre 3: 50.019: dividido entre 4: 37.515, etc. FDP: 103.091, dividido entre 1: 103.091; dividido entre 2: 51.545; dividido entre 3: 34.363; dividido entre 4: 25.772; dividido entre 5: 20.618: dividido entre 6: 17.181; dividido entre 7: 14.727: dividido entre 8: 12.886. etc. AD-Gobierno: 63.673, dividido entre 1: 63.673; dividido entre 2: 31.836; dividido entre 3: 21.224; dividido entre 4: 15.918; dividido entre 5: 12.734, etc. URD: 55.396, dividido entre 1: 55.396; dividido entre 2: 27.698: dividido entre 3: 18.465; dividido entre 4: 13.849; dividido entre 5: 11.079, etc. COPEI: 54.575, dividido entre 1: 54.575; dividido entre 2: 27.287; dividido entre 3: 18.191; dividido entre 4: 13.643, etc. AD-Oposición: 19.442, dividido entre 1: 19.442; dividido entre 2: 9.721, etc.

Hecho esto, se elabora la columna final colocando en orden decreciente todos los cocientes obtenidos en un número igual a los diputados a elegir (29):

Número	*Cocientes Mayores*	*Partido*
1	150.059	I. P. F. N.
2	103.091	F. D. P.
3	75.029	I. P. F. N.
4	63.673	AD-Gob.
5	55.396	U. R. D.
6	54.575	COPEI
7	51.545	F. D. P.

aplicación del sistema en el año 1946, cuando se estaba materialmente iniciando el juego democrático en Venezuela, no produjo los resultados que se observan en las elecciones de la década de los sesenta, pues los efectos negativos del mismo en cuanto al debilitamiento del poder, sólo se logran cuando se aplica en sucesivas elecciones y en circunscripciones en las cuales, por su densidad de población, se eligen al menos más de cinco representantes. El ejemplo venezolano en este campo también es dramático, si se comparan los resultados electorales desde 1945 a 1973 a nivel de la Cámara de Diputados del Congreso y particularmente entre 1958 y 1968. En efecto, el Partido Acción Democrática, en 1946, en una Asamblea Constituyente de 160 miembros, obtuvo 137 representantes; el mismo partido, después de haber sufrido tres serias divisiones alentadas en nuestro criterio, por el mismo sistema electoral venezolano, en las elecciones de 1968, para una Cámara de Diputados compuesta por 214 miembros, sólo obtuvo 66 representantes; en otras palabras, en 1947, el partido de gobierno (AD) obtuvo una representación de 83 Diputados en una Cámara de 110 miembros, es decir, el 75,4 por 100; en tanto que en 1968, el

---

8	50.019	I. P. F. N.
9	37.514	I. P. F. N.
10	34.363	F. D. P.
11	31.836	AD-Gob.
12	30.011	I. P. F. N.
13	27.698	U. R. D.
14	27.287	COPEI
15	25.772	F.D.P.
16	25.009	I.P.F.N.
17	21.437	I.P.F.N.
18	21.224	AD-Gob.
19	20.618	F.D.P.
20	19.442	AD-Op.
21	18.757	I.P.F.N.
22	18.465	U.R.D.
23	18.191	COPEI
24	17.181	F.D.P.
25	16.673	I.P.F.N.
26	15.918	AD-Gob.
27	15.005	I.P.F.N.
28	14.727	F.D.P.
29	13.849	U.R.D.

En esta forma, el total de diputados electos por cada partido de los 29 a elegir fue el siguiente:

I. P. F. N	10
F. D. P	7
AD-Gob.	4
U. R. D	4
COPEI	3
AD-Op.	1

partido de gobierno (COPEI) obtuvo una representación teórica de 59 Diputados en una Cámara de 214 miembros, es decir, sólo el 27,5 por 100[632].

Este es realmente el resultado real e incontestable de la aplicación sucesiva del principio de la representación proporcional de las minorías conforme al sistema d'Hondt, en circunscripciones electorales de amplia densidad demográfica, mediante listas bloqueadas, en las cuales se eligen un número considerable de representantes y siempre que no se produzca un fenómeno de polarización política como el observado en las elecciones de 1973. En esta oportunidad, el porcentaje de representación en la Cámara de Diputados del partido de gobierno, aumentó considerablemente al concentrarse la votación, materialmente, en dos partidos: Acción Democrática y COPEI. La polarización político-electoral de 1973, no sólo elevó al 51 por 100 el porcentaje de respaldo en la Cámara de Diputados del Partido de Gobierno (AD), sino que también elevó el porcentaje de respaldo en la misma Cámara del principal partido de oposición (COPEI) al 32 por 100.

En todo caso, una representación gráfica del resultado electoral entre 1946 y 1973, en lo que se refiere al respaldo de los diversos partidos políticos en la Cámara de Diputados, resultaría como sigue:

EVOLUCIÓN PORCENTUAL DEL RESPALDO POLÍTICO EN LA CÁMARA DE DIPUTADOS[633] DE LOS PRINCIPALES PARTIDOS: 1946-1974

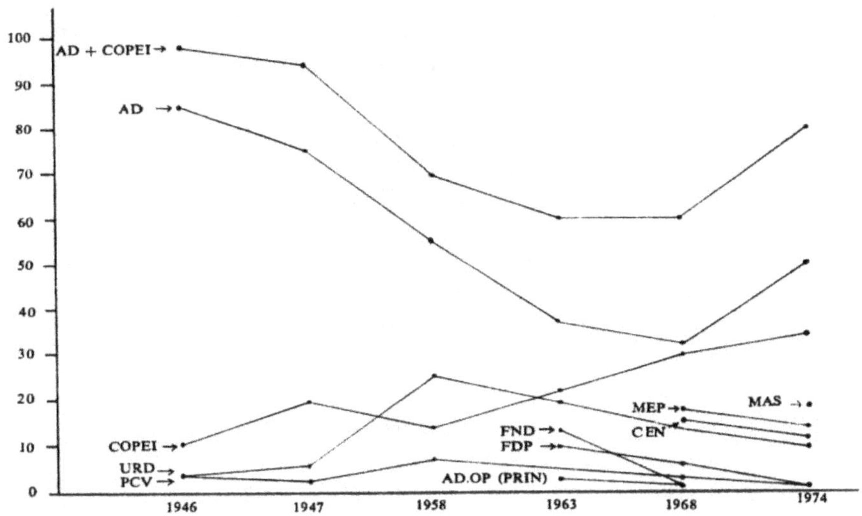

632 Calificamos esta representación como "teórica", pues de los 59 diputados que el partido COPEI eligió en sus listas en las elecciones de 1968, 10 eran del grupo conocido como Movimiento Desarrollista, que dirigía el ex-Ministro de Hacienda Pedro Tinoco, hijo, de orientación conservadora, de derecha; seis, del grupo conocido como FIP, que dirigió el editor Miguel Angel Capriles, posteriormente disuelto; dos eran del grupo conocido como MDI, en 1973 vinculado a los grupos perezjimenistas; y uno era del grupo conocido como "Partido Liberal", que desapareció. Ello en realidad trajo como consecuencia que a finales de su período constitucional, el Presidente Caldera sólo pudo contar con un *seguro* respaldo parlamentario de alrededor de 40 diputados, es decir, de sólo el 18,6% de la Cámara de Diputados.

633 El porcentaje que se indica en 1946 es el correspondiente a la composición de la Asamblea Constituyente.

Pero la proporcionalidad y el minoritarismo del sistema venezolano no se quedan en la elección directa de los representantes, sino que también se evidencia en la adjudicación de los denominados Senadores y Diputados adicionales, a nivel nacional, atribuidos mediante la aplicación del Cociente Electoral Nacional[634], y mediante el

634 Conforme al artículo 14 de la Ley de 1973, "el cociente electoral nacional de diputados se determina dividiendo el total de votos válidos consignados en toda la República por el número fijo de representantes que deberán integrar la Cámara de Diputados, de acuerdo con la base de población establecida en la presente Ley; en cuanto al cociente electoral nacional de senadores, se dividirá el número de votos válidos entre el número fijo de senadores a elegir, conforme a lo dispuesto por la Constitución Nacional". Ahora bien, conforme al artículo 3° de la Ley "la base de población para elegir un diputado será igual al 0,55 % de la población total del país. En cada circunscripción se elegirá el número de diputados que resulte de dividir el número de sus habitantes entre la base de población. Si hecha la división anterior resultare un residuo superior a la mitad de la base de población, se elegirá un diputado más. El Estado cuya población no alcanzare a elegir dos (2) diputados elegirá este número en todo caso. En cada Territorio Federal se elegirá un diputado. También se elegirán diputados adicionales con base en el principio de la representación proporcional de las minorías; pero en ningún caso se atribuirán a un partido político nacional más de cuatro (4) diputados adicionales". Por otra parte, conforme al artículo 148 de la Constitución, "para formar el Senado se elegirán por votación universal y directa dos senadores por cada Estado y dos por el Distrito Federal". De acuerdo a estas normas, en las elecciones de 1973, por ejemplo, el número de senadores fijos a elegir era de 42, *y* habiendo sido estimada la población del país en 1)1.772.922 habitantes, conforme a la regla legal antes indicada, la base de población (0,55 %) fue de 64.751 habitantes, y el número de diputados a elegir fue entonces el siguiente:

	Censo 71	*Diputados*	*Residuo*
VENEZUELA	11.772.922	174	
Distrito Federal	2.381.423	36 + 1	50.387
Estado Anzoátegui	557.971	8 + 1	39.963
Estado Apure	177.267	2 + 1	47.765
Estado Aragua	482.122	7	30.465
Estado Barinas	219.409	3	25.156
Estado Bolívar	464.889	7	11.632
Estado Carabobo	572.972	8 + 1	54.964
Estado Cojedes	104.116	2	
Estado Falcón	443.451	6 + 1	54.945
Estado Guárico	369.864	5 + 1	46.109
Estado Lara	668.142	10	20.632
Estado Mérida	364.716	5 + 1	40.961
Estado Miranda	805.464	12	28.452
Estado Monagas	346.992	5	23.237
Estado Nueva Esparta	127.470	2	
Estado Portuguesa	324.148	5	393
Estado Sucre	532.193	8	14.185
Estado Táchira	584.241	9	1.482
Estado Trujillo	406.813	6	18.307
Estado Yaracuy	241.982	3 + 1	47.129
Estado Zulia	1.547.632	23 + 1	58.359
T. F. Amazonas	13.331	1	

cual las menores minorías también logran representación. Las bondades de la aplicación del Cociente Electoral Nacional y la adjudicación postelectoral[635] de Senadores y Diputados a quienes no hayan obtenido en forma directa un número más o menos

---

T. F. Delta Amacuro	34.714	1
Total general de diputados elegidos (fijos)		174+9=183

Los anteriores datos fueron tomados de informaciones suministradas por el C. S. E. *V. El Nacional.* Caracas, 18 de agosto de 1973, p. D-l. Ahora bien, conforme a la Ley, "para la adjudicación de diputados adicionales se dividirá el número total de votos válidos obtenidos por cada partido político nacional por el cociente electoral nacional correspondiente. Si la diferencia entre este resultado y el número de puestos obtenidos por el respectivo partido en toda la República es de cuatro o más, tres o dos, se le adjudicarán cuatro (nunca más de cuatro), tres o dos puestos de diputados adicionales. Si esa diferencia es igual a uno se le adjudicará un solo puesto. Tales puestos —concluye la Ley— se le atribuirán a las listas presentadas por el respectivo partido político nacional en las circunscripciones donde, no habiendo obtenido representación o habiendo obtenido menos puestos, hubiere alcanzado mayor número de votos" (artículo 15). 'Tara la adjudicación de senadores adicionales se dividirá el número total de votos obtenidos por cada partido político nacional por el cociente electoral correspondiente. Si la diferencia entre este resultado y el número de puestos obtenidos por el respectivo partido en toda la República es de dos o más, se adjudicarán dos puestos de senadores adicionales. Si esa diferencia es igual a uno, se le adjudicará un solo puesto. Tales puestos se atribuirán a las listas presentadas por el respectivo partido político en los Estados o en el Distrito Federal cuando, sin haber obtenido representación, tenga mayor votación" (artículo 16).

La operación para la adjudicación de diputados adicionales en 1963, por ejemplo, fue la siguiente:

Partido	*Total votos válidos*	*Cociente Nacional*	*División T.V.V. C. Nac.*	*Diputados Fijos obtenidos*	*Diferenc.*	*Diputados adicionales*	*Circunscrip.*
AD-Gob.	936.124	17.036	54,9	66			
COPEI	595.697	17.036	34,9	39			
URD	497.454	17.036	29,2	27	2,2	2	Barinas-Yaracuy
FND	381.600	17.036	22,4	20	2,4	2	Bolívar-Trujillo
FDP	274.096	17.036	16,09	15	1,09	1	Lara
AD-Op.	93.494	17.036	5,48	1	4,48	4	Anzoátegui-Miranda Yaracuy-Zulia
MENI	18.510	17.036	1,09	0	1,09	1	Distrito Federal
PSV	24.670	17.036	1,45	0	1,45	1	Distrito Federal

635 Conforme al artículo 18 de la Ley la adjudicación se realiza dentro de los dos meses siguientes a la votación.

proporcional, son evidentes, conforme al objetivo del sistema electoral minoritario: mediante dicho mecanismo, se le ha dado representación a las minorías[636].

En todo caso, y centrando la discusión en relación al sistema electoral venezolano, la introducción de la representación proporcional en la elección directa ha cambiado el aspecto de las elecciones en Venezuela, tal como en 1945 ya lo sugería E. Wolff[637]. Con anterioridad a 1945, la elección mayoritaria tradicional, dado que en nuestro país no existía realmente un régimen democrático, no era más que una pura y vana formalidad[638], empleada por la larga lista de caudillos y dictadores como fórmula para imponer su voluntad al país. La reacción contra el absolutismo, que no era producto de un sistema electoral determinado, y el rechazo a la dictadura mediante la apertura de un régimen democrático, produjo, sin embargo, los tradicionales juicios de valor sobre la "justicia" de los sistemas electorales, adoptándose el de la representación proporcional como el más "justo" y rechazándose el sistema mayoritario que, según Duguit, "conduce a la opresión de una parte de la nación por la otra, so pretexto de contener esta última unos cuantos votos más que la primera"[639]. Los juicios de valor -"más o menos justos"- de los sistemas electorales, si bien son tradicionales entre nuestros autores de Derecho Constitucional al insistir en la justicia de los sistemas de representación proporcional de las minorías[640], estimamos que hoy están realmente superados[641]. En nuestro criterio, lo que debe privar al establecerse un sistema electoral, es la consideración de que en una realidad política determinada contribuyan o no a la formación de un consenso político y, en cierta forma, que puedan o no dar como resultado gobiernos que gobiernen. Si el objetivo a lograr es que surjan instituciones políticas cada vez más débiles que provoquen disenso político' y con las que no se pueda gobernar, el sistema de representación proporcional en países como Venezuela, es el más adecuado; si, al contrario, lo que se busca es el establecimiento de gobiernos que puedan realmente gobernar y que representen a las mayorías nacionales, un sistema menos proporcional es el más adecuado, sobre todo si sus efectos sobre las minorías pueden atenuarse dándole representación a

636 Sin embargo, la figura de la adjudicación de representantes "adicionales" después de efectuada la votación, no es exclusiva de los sistemas minoritarios. También existe en algunos sistemas mayoritarios para atenuar sus injusticias. Tal es el supuesto de México: frente a un tradicional sistema mayoritario de elección de representantes, en las reformas constitucionales de 1963 y 1972 se han admitido algunos elementos de representación minoritaria mediante los denominados "diputados de partido", por contraposición a los "diputados de mayoría" de acuerdo a la propia expresión de la Constitución (artículo 54). De acuerdo a ella, todo partido político nacional, al obtener el 1,5 % de la votación total en el país en la elección respectiva, tiene derecho a que se le acrediten, de sus candidatos, a cinco diputados, y a uno más, hasta 25 como máximo, por cada medio por ciento más de los votos emitidos. Esta tendencia a otorgar representación a las minorías, lo cual no implica, por supuesto, proporcionalidad, ha sido reafirmada por el Presidente Echeverría quien en octubre de 1972 presentó a la Cámara de Diputados una iniciativa de Ley Federal Electoral, en tal sentido.

637 *V.* E. Wolff, *Tratado de Derecho Constitucional Venezolano,* tomo I, *cit.*. p. 234.

638 La expresión es de E. Wolff, *ídem.*

639 *Cit.* por E. Wolff, *op. cit.*, p. 225.

640 *V.* E. Wolff, *op. cit.*, p. 226; Ambrosio Oropeza, *La Nueva Constitución Venezolana, 1961.* Caracas, 1969, p. 325.

641 Para un análisis general sobre la justicia de los sistemas electorales con especial análisis de la representación proporcional, v. F. Hermens, *Democracy or Anarchy? A study of Proportional Representation,* 1941; E. Lakeman and J. D. Lambert, *Voting in Democracies: a study of Majority and Proportional Electoral Systems.* London, 1959.

éstas. Una cosa es la representación proporcional *de las minorías* y otra cosa es la *representación proporcional* en un sistema que produce, materialmente, que todos los grupos políticos sean minoritarios. En otras palabras, una cosa es la representación proporcional "de las minorías", cuando, sin embargo, hay algunos grupos políticos "mayoritarios", y otra cosa es que sólo surjan gobiernos de minorías.

En Venezuela, la aplicación de un sistema electoral de representación proporcional absoluta nos condujo hasta 1973, de la representación de las minorías a gobiernos de minorías, tal como se evidencia de las cifras electorales analizadas. La polarización de la votación evidenciada en las elecciones de 1973, en todo caso, no cambia sino momentáneamente los efectos del sistema.

CAPÍTULO 9. LOS EFECTOS DEL SISTEMA ELECTORAL MINORITARIO: EL DEBILITAMIENTO DEL PODER

La aplicación en Venezuela de un sistema electoral minoritario, a partir de 1946, y, sobre todo, en la década de los sesenta, condujo progresivamente, de la aplicación del principio constitucional de la representación proporcional de las minorías, a la configuración de gobiernos de minorías. Se impone, por tanto, un análisis de los efectos del sistema electoral minoritario, para lo cual no hay que partir de la consideración de los sistemas electorales como si fueran un fin en sí mismos. Al contrario, deben estudiarse en tanto en cuanto constituyen un medio para la obtención de un resultado: la formación de gobiernos con posibilidad de gobernar. Sólo así podrá evidenciarse el papel que juegan en la conformación de las instituciones políticas. De lo contrario, si el análisis se agotara en su estudio, como un fin en sí mismo, se distorsionaría completamente el sistema político.

En este sentido, el tratamiento a cualquier sistema electoral no puede quedar sólo en la búsqueda de la "representatividad pura" de todas las opiniones políticas que puedan surgir en un país, pues ello podría conducir a una atomización infinita de la representatividad[642]. Esta, sin que se tenga en cuenta su contribución a dotar al gobierno de posibilidades de gobernar, contradice la base de la democracia: el gobierno de todos, por todos y para todos. Por tanto, el análisis que se haga de las ventajas o desventajas de los sistemas electorales debe tener como orientación la determinación de su contribución real a la formación de gobiernos que, siendo democráticos, puedan gobernar; y dicho análisis debe ser esencialmente realista y pragmático, limitado por el espacio y el tiempo.

No es posible, en este sentido, defender una fórmula electoral de carácter universal y con validez en cualquier época: así como los pueblos varían en sus condiciones económicas y sociales, así sus instituciones políticas deben variar. Y el sistema electoral válido en un país, no sólo puede no ser válido en otro, sino que, en un mismo

642 En este sentido, por ejemplo, las críticas que pueden formularse a la representación proporcional como sistema electoral a nivel de elecciones nacionales, no son valederas si se aplica a elecciones corporativas o institucionales (no políticas). En una universidad, por ejemplo, la integración de un Consejo Universitario o de un Consejo de Facultad debe ser lo más representativo posible, con proporcionalidad absoluta si se quiere, en virtud de la naturaleza del "gobierno" universitario o de lo reducido de la elección. En el ámbito de las elecciones nacionales, el mismo principio puede ser el primer conspirador contra el régimen democrático y contra el mismo régimen de partidos políticos.

país, el sistema electoral de una época puede no ser válido en otra. El análisis de su validez o no, en todo caso, debe estar guiado por su capacidad de generar gobiernos democráticos con respaldo mayoritario, es decir, que puedan ejercer realmente sus funciones con carácter estable[643]. En este sentido, la importancia del estudio de un sistema electoral es tan evidente y decisivo que puede decirse que el conocimiento real de las instituciones políticas de un país no es posible sin aquél[644]. Dicho estudio, en este sentido, no sólo ha dejado de ser materia propia de los análisis académicos más o menos teóricos, sino que ahora constituye una herramienta clave para evaluar las posibilidades de formación de un genuino gobierno democrático[645].

Para dicho análisis, en todo caso, y esto tiene especial valor en Venezuela, debe partirse de la consideración de que, lograda la estabilización de los mecanismos electorales a partir de 1958, con ello sólo no se ha logrado la democracia, y que, al contrario, transcurridos tres lustros de dicho ejercicio electoral, el momento es oportuno para evaluar su bondad en la actualidad y para el futuro. En este sentido, no queremos centrar la discusión en torno a si la introducción del sistema electoral de representación proporcional de las minorías fue justo en 1945 y en 1958. Admitimos que quizá en esas fechas —la primera al marcar el inicio del sistema representativo en Venezuela, y la segunda, al configurar el reinicio del mismo, luego de la dictadura de Pérez Jiménez de la década de los cincuenta—, la adopción de la representación proporcional pudo ser el elemento fundamental que contribuyera a la creación de un sistema de partidos políticos, inexistente antes de 1945, destruido al nacer, en 1948, y revivido, luego de la interrupción dictatorial, a partir de 1958. El problema, ahora, no es determinar la bondad de dicho sistema en 1945, o en los primeros años de la década de los sesenta, sino precisar con crudeza cuáles han sido sus efectos posteriores y cuál su posibilidad de sobrevivencia futura como instrumento soporte de la democracia venezolana, o, en definitiva, cuáles son las posibilidades reales de la supervivencia de ésta, sin que se transforme el sistema electoral.

En efecto, teniendo en cuenta los resultados electorales que se evidencian de las cifras y cuadros presentados en el Capítulo anterior, correspondientes a las elecciones desde 1946 a 1973, puede indicarse, en primer lugar, que el calificativo de democracia "formal", tan generalizado en nuestro país para identificar nuestro régimen político, no es del todo inexacto. En efecto, en Venezuela, a pesar del alto porcentaje de votación que ha existido siempre[646], la participación efectiva del electorado en las

---

643 En este sentido, Auguste Soulier, al analizar el sistema electoral de representación proporcional adoptado por la Constitución de Weimar ha señalado que los constituyentes estuvieron más preocupados por "la justicia en materia electoral" que por "la eficacia gubernamental", y de ahí el fracaso de dicho sistema en la Alemania pre-nazista. *V.* "Le mode de Scrutin sous la Republique de Weimar", en M. Duverger y otros, *L'influence des Systèmes Électoraux sur la vie politique,* Cahiers de la Fondation National des Science Politique, N° 16. París, 1950, p. 86.

644 *V.* en este sentido la afirmación de E. Lakeman and J. D. Lambert, *Voting in Democracies: A Study of Majority and Proportional Electoral Systems.* London, 1959, quienes quieren demostrar en su libro cómo las formas de gobierno son influenciadas por los métodos electorales (p. 20), aún cuando insisten en que, por supuesto, no son las únicas causas determinantes (p. 231). *V.* además Douglas W. Rae, *The political consequences of Electoral Laws.* Yale U. P. 1968.

645 *Cfr.* E. Lakeman and J. D. Lambert, *op. cit.,* pp. 24 y 231.

646 La abstención electoral en Venezuela en los últimos años ha sido realmente ínfima: 6,5% en 1958; 7,73% en 1963; 3,29% en 1968; y 7,33 % en 1973, calculados en relación al número de inscritos en el Registro Electoral (2.913.081 en 1958; 3.367.787 en 1963; 4.134.928 en 1968; y 4.661.252 en 1973).

asambleas representativas ha sido teórica y formal. He aquí un sistema formalmente democrático y proporcionalmente representativo, pero poco participativo, y esencialmente minoritario; lo cual, en general, también sucede en la mayoría de los países latinoamericanos[647], por los bajísimos porcentajes de votación[648]; y en aquéllos como Venezuela, en los cuales hay amplia votación electoral, por la ausencia de efectiva participación de las mayorías nacionales en las decisiones políticas, y la consecuente manipulación de las elecciones por grupos minoritarios. Los representantes electos en un sistema como el venezolano, esencialmente minoritario —mayoría simple para la elección presidencial y representación proporcional para la elección de representantes—, a pesar de la polarización político-electoral de 1973, en definitiva no han representado al pueblo, sino a los más variados grupos de intereses, produciéndose un abismo entre gobernantes y gobernados que los partidos políticos, por fraccionados, no sólo no han logrado colmar, sino que ayudan a ahondar[649].

En efecto, la apertura del sistema democrático a partir de 1958, por sí sola, no permite afirmar que en Venezuela exista real participación política, aun cuando a partir de esa fecha se haya producido "un gran incremento en el grado"[650] de la misma, evidenciada, por otra parte, por la libertad política y de expresión. Sin embargo, la ausencia de mecanismos permanentes o de medios y organizaciones para la participación, y la ineficiencia del sistema electoral para servir como uno de los primeros, permite apreciar en los últimos años, una evidente ausencia de participación política racional y consistente[651]. La democracia, por tanto, al no ser el gobierno del pueblo y para el pueblo, pues éste no tiene medios suficientes de llevar sus aspiraciones al gobierno para que éste las satisfaga, de democracia sólo tiene el

---

Por otra parte» el porcentaje de inscritos en el Registro Electoral en relación a la población electoral estimada (3.335.460 en 1958; 3.980.100 en 1963; 4.240.000 en 1968; y 5.103.748 en 1973) también ha sido considerablemente elevado: 87,3 % en 1958, 84,61 % en 1963; 97,52 % en 1968; y 96,33 % en 1973, antes de la depuración del Registro, porcentaje que resultó en 91,33 % después de dicha depuración (es de advertir que en 1973 fue la primera vez que, una vez creado el Registro Electoral Permanente, se realizó el procedimiento de depuración, conforme a los artículos 74 y ss. de la Ley Orgánica del Sufragio). *Cfr.* los datos en C.S.E. *Memoria y Cuenta.* Caracas, 1969, pp. 58 y 72; y *El Nacional.* Caracas, 6 de agosto de 1973, p. D-l; y 3 de diciembre de 1973, p. D-8. En este sentido, Venezuela puede considerarse como una excepción en América Latina. *V.* por ejemplo, las referencias comparativas en Alexander T. Edelmann., *Latín American Government and Politics,* 1965, p. 346; y 1. L. Horowitz, "Electoral Politics. Urbanization and Social development in Latin America", en I. L. Horowitz, J. De Castro and G. Gerassi, *Latin American Radicalism.* London, 1969, pp. 156 y 157.

647 No deja de tener por tanto, cierta validez la afirmación de Fidel Castro relativa a las democracias latinoamericanas: "¿Cómo puede hablarse de elecciones democráticas en las cuales sólo participan minorías?", *cit.,* por G. Lodge, *Engines of Change,* N.Y., 1970, p. 77.

648 Alexander T. Edelmann, *op. cit.,* p. 346, cita los siguientes ejemplos de la población votante: Guatemala 13,9%; Argentina (1958) 44,8%; Brasil (1960) 19%; Chile (19)58) 17%; Ecuador (1960) 14%; y Perú (1963) 12 %.

649 *Cfr.* Allan R. Brewer-Carías, "Obstáculos Políticos al Desarrollo en Venezuela", en *Revista de la Escuela Superior de las Fuerzas Armadas de Cooperación.* número 1. Caracas, 1973, p. 118.

650 La expresión es de Gabriela de Bronfenmajer, "La Evaluación de la Elite sobre el desempeño de roles", en F. Bonilla y José A. Silva Michelena, *Cambio Político en Venezuela. Exploraciones en Análisis y en Síntesis.* Caracas, 1967. p. 314.

651 *Cfr.* José A. Silva Michelena, "Nacionalismo en Venezuela", en F. Bonilla y José A. Silva Michelena, *op. cit.,* p. 137.

nombre y forma electoral, pero no sustancia. Un sistema electoral minoritario como el que se ha aplicado en Venezuela, en este sentido, conspira contra la efectiva participación, pues está formulado para representar minorías atomizadas y no para integrar gobiernos mayoritarios, representativos, realmente participativos y fuertes; lo cual no se desvirtúa por el hecho de que se haya obtenido en 1973 una polarización circunstancial que condujo al aumento impresionante de la votación del partido triunfador. Esta variable excepcional, confirma la lógica del sistema. En efecto, la disminución del respaldo popular en la elección presidencial ya anotada, y la progresiva atomización o minoritarización del Parlamento, en esta forma, no fueron el fruto del azar o de la idiosincrasia latinoamericana o de nuestro desarrollo, sino que fueron consecuencia del "perfeccionamiento" del sistema político provocado por su sucesiva aplicación; y la ausencia de representatividad —y, por tanto, de participación— que ha producido[652], entre otros factores, tiene su fundamento en que, en un sistema minoritario como el venezolano, los electores realmente no "eligen" los representantes. De ahí que el carácter formal de la democracia se confirme por no tratarse de una democracia realmente directa, sino fundamentalmente indirecta o mediatizada[653]. En efecto, en un sistema político como el venezolano, y dejando a salvo la excepción a la regla producida por la polarización de 1973, puede decirse que el elector no ha tenido poder decisor sobre la orientación del Gobierno, pues, en general, y como principio, ningún gobierno fuerte, estable y mayoritario podía surgir directamente de la votación. El voto en Venezuela se ha depositado por un candidato presidencial de un partido, materialmente, sabiéndose de antemano que ningún candidato podía obtener un respaldo mayoritario, o, si se quiere, al menos una mayoría absoluta; y por unas listas de candidatos a las asambleas representativas, sabiéndose también de antemano que el partido que las postulaba no obtendría real y absoluta mayoría en la integración de las mismas[654]. En esta forma, el voto se ha depositado por unos candidatos o un partido que definitivamente, hasta 1973, no sólo no obtuvieron la voluntad mayoritaria del país, sino que solos no podían gobernar. Los pro-

652 La distorsión política y la ausencia de representatividad y participación provocada por el sistema electoral en el ámbito local —donde quizá aquéllas deberían ser mayores—, ha provocado, por ejemplo, una de las consecuencias más patentes en el gobierno municipal del Distrito Sucre del Estado Miranda, bajo cuya jurisdicción está gran parte de la ciudad de Caracas. Los habitantes de los barrios residenciales de dicho Distrito, que han elegido los concejales de la Municipalidad, se sintieron, sobre todo en la década de los sesenta, tan poco representados en el gobierno de la misma, que crearon Asociaciones de Residentes y Propietarios para defenderse de las arbitrariedades de aquellos a quienes eligieron. En estas Asociaciones de Residentes y Propietarios puede cualquier observador político encontrar mecanismos de participación popular, aun cuando las mismas están centradas sólo en la protección de propiedades urbanas de alto valor e integradas por sectores medios. Lo interesante del fenómeno es que la constitución de las mismas, en los últimos años de la década de los sesenta, fue motivada por la necesidad de las colectividades de protegerse contra las acciones del gobierno municipal. Ante esto, nadie puede realmente afirmar que, en el Distrito Sucre del Estado Miranda, los electores se hubieran sentido representados por los miembros del Consejo Municipal del *misino, que ellos* eligieron.

653 *V.* Maurice Duverger, *Institutions Politiques et Droit Constitutionnel,* tomo I. París, 1971, pp. 152 y 153. *Cfr.* Juan Carlos Rey, "El Sistema Venezolano de Partidos Políticos", *Politeia,* número 1, Instituto de Estudios Políticos. Caracas, 1972, pp. 181, 203 y 205.

654 Esto, inclusive fue válido en las elecciones de 1973, pues el resultado de las mismas fue sorpresivo e imprevisto inclusive para el partido triunfador Acción Democrática. *Cfr.* las declaraciones de O. Lepage, secretario general de dicho partido en *El Nacional.* Caracas, 15 de diciembre de 1973, p. D-l. *Cfr.* la apreciación en comparación al sistema bipartidista en E. E. Schattschneider, "The Two Party System", en Andrew J. Milnor (ed.), *Comparative Political Parties.* N.Y., 1969, p. 226.

gramas electorales en general, por tanto, muchas veces, sólo fueron meras fórmulas que todo elector sabía que variarían, según las combinaciones posteriores de alianzas, coaliciones, acuerdos o coincidencias, permanentes o circunstanciales, que permitirían al partido que obtuviera la mayoría relativa, gobernar. En un sistema como el venezolano entonces, todos los partidos, aun los más minoritarios, pueden tener esperanzas de gozar de una fracción del poder, y ninguno, la posibilidad de obtener la mayoría absoluta del mismo, salvo en los casos de polarización política como el de las elecciones de 1973. En otras palabras, en un sistema político como el nuestro, como afirma Hermens, no ha sido necesario tener mayoría de votos para poder obtener la victoria electoral[655]. La elección, por tanto, se ha reducido muchas veces a una forma de medición del relativo poder político de los grupos que compiten, pero no a una forma de determinar el gobierno[656].

Este se ha formado y orientado posteriormente por decisiones de las directivas de los partidos, en las cuales no intervinieron los electores; y la orientación del gobierno, muchas veces, resultó muy lejana de la que podría estar inscrita en el programa del partido triunfador, y, por tanto, menos minoritario. Los electores, como consecuencia, generalmente no eligieron directamente, pues el mecanismo democrático estuvo mediatizado, siendo en definitiva, formal. El abismo entre el ciudadano y el poder se ha ahondado y las decisiones políticas cada vez se han alejado más de las posibilidades de influencia o participación del ciudadano elector. El transcurso de los años y de los ejercicios electorales, por tanto, en lugar de haber aumentado la participación política del ciudadano, la ha disminuido y, sin aquélla, la democracia es teórica y formal[657].

Por otra parte, al analizarse los efectos de los sistemas electorales, deben precisarse, en nuestro criterio, sus características como agente de integración o desintegración política en la sociedad. Para ello partimos de la formulación de J. Ahumada en el sentido de que para lograr realizar los ajustes económicos y sociales fundamentales que tiene planteado el desarrollo del país para los próximos años, "se necesita un alto grado de integración" en nuestra sociedad[658], es decir, es necesario el establecimiento de mecanismos que conduzcan al logro de un consenso en la formulación de las decisiones a adoptar en el futuro. Ahora bien, frente a la exigencia integradora que nos plantea el desarrollo del país, debemos preguntarnos ¿cuál es el efecto del sistema electoral minoritario? En respuesta, en nuestro criterio, podría decirse evidentemente, que el sistema electoral vigente no ha ayudado en absoluto a la integración social y política del país ni a la búsqueda de consenso, sino que por el contrario, ha fomentado la desintegración e impedido el consenso, provocando una toma de decisiones políticas movida por intereses de grupo o por motivos circunstanciales, ajenos a las exigencias reales del desarrollo del país en el largo plazo. No

655 *V.* F. A. Hermens, "The Dynamics of Proportional Representation", en Andrew J. Milnor (ed.), *op. cit.*, p. 221.

656 *V.* Charles W. Anderson, "The Latin American *Political* System", en Robert D. Tomasek (ed.), *Latin American Politics.* N. Y., 1970, p. 13.

657 *V.* la relación que Martin C. Needler establece entre desarrollo político en una era democrática y la expansión de la proporción de participación popular en la política, en *Political Development in Latin America: Instability, Violence, and Evolutionary Change.* N.Y., 1968, p. 159.

658 *V.* Jorge Ahumada, "Hipótesis para el Diagnóstico de una situación de Cambio Social", en Frank Bonilla y José A. Silva Michelena, *op. cit.*, p. 34.

se trata aquí de afirmar que el sistema electoral es la clave para el logro o no de la integración requerida, sino simplemente que un sistema electoral minoritario de representación proporcional en principio, fomenta la desintegración[659] y, por tanto, conspira contra el desarrollo y la propia democracia en los países de América Latina[660].

En efecto, una de las principales causas desintegradoras en las sociedades latinoamericanas, en el campo estrictamente político, se puede ubicar en el sistema electoral minoritario adoptado en casi todos nuestros países. El sistema de representación proporcional, en efecto, es uno de los principales mecanismos originadores del sistema multipartidista característico de nuestras sociedades y, por tanto, uno de los mecanismos que alimentan no sólo el disenso en la disociación del poder, sino el debilitamiento del poder político. En efecto, del análisis que se ha hecho de los resultados electorales en Venezuela desde 1946 hasta 1973 y, particularmente, los de la década de los sesenta, se evidencia una clara tendencia hacia la atomización del poder en las asambleas representativas, con características realmente alarmantes: la multiplicación de partidos políticos y grupos electores y el fraccionamiento y división de los existentes, y la reducción progresiva de apoyo popular a los mismos. Siendo el sistema de partidos venezolano consecuencia directa del sistema electoral, la multiplicación de partidos y las divisiones sucesivas en los grandes partidos no se produjo en los últimos años por azar, sino como resultado de la aplicación constante de aquel sistema. Este condujo lamentablemente a una situación de multiplicidad de grupos y fracciones, partiendo del principio de que cualquier minoría tenía oportunidad y posibilidad de lograr, con relativamente poco esfuerzo, aun cuando algo de financiamiento, parte de la representación buscada. El riesgo a dividir los partidos no fue grande y, al contrario, en muchos casos, quizá fue la oportunidad de los grandes disidentes de lograr la representación en las asambleas políticas que en el seno del partido quizá no obtenían. La consecuencia de esta diversidad y multiplicidad electoral en la representación, fue una composición tan heterogénea de las asambleas

659 *Cfr.* F. Hermens, "Constitutionalism, Freedom and Reform in Latin America", en F.B. Pike (ed.), *Freedom and Reform in Latin America,* 1959, p. 109.

660 En esta forma, la no apreciación de la importancia de la cuestión institucional, y la admisión de las instituciones como hechos o datos inmutables en el investigador social y político, conducen a determinismos que consideramos inaceptables. En este sentido, por ejemplo, J. Ahumada, al constatar las condiciones de disociación de poder de Venezuela, afirma que "la integración sólo puede aumentarse de dos maneras. Una es la de reconcentrar el poder a través de la dictadura de derecha o izquierda. La segunda es crear una coalición en torno a un programa eficiente, es decir, un programa basado en factores menos sujetos a fluctuación brusca como son el crecimiento económico y el alto grado de movilidad social"; y luego concluye que en el caso de que el estudio de los conflictos, actitudes, valores y aspiraciones de los líderes y de las masas indique "que no existe la posibilidad de formar coaliciones alrededor de un programa eficiente... las tendencias desintegradoras de la sociedad venezolana empeorarán y el país puede enfrentarse con intentos frecuentes de reconcentración del poder por medio de la fuerza". *V.* J. Ahumada, *loc. cit.,* pp. 34, 36, 57 y 58. La apreciación de Ahumada parece aceptar como un dato inmodificable la existencia de un sistema político de coaliciones de partidos como el que existió en Venezuela a partir de los primeros años de la década de los sesenta (v. capítulos 10 y 11), sin tomar en cuenta que dicho sistema, entre otros factores, está condicionado por el sistema electoral vigente, y sujeto, por tanto, a las variaciones y cambios que se introduzcan en el sistema electoral. La alternativa entonces estimamos que no es coaliciones o dictadura, sino esas posibilidades o integración mediante un sistema político electoral adecuado. Y aquí podemos identificar una de las características fundamentales de los sistemas electorales: su influencia en los sistemas de partidos políticos y en general en todas las instituciones políticas de un país. *V.,* por ejemplo, M. Duverger y otros, "L'influence des Systèmes électoraux sur la vie politique", *cit.*

representativas que toda posibilidad de integración o consenso resultó casi imposible o muy difícil, entre otros factores, por los precios que debían pagarse por los acuerdos que requerían las decisiones políticas a adoptarse. El debilitamiento progresivo de los partidos políticos, por tanto, acarreó un debilitamiento también progresivo de las estructuras de poder; lo que evidentemente es harto peligroso, sobre todo si se tiene en cuenta que en nuestro sistema constitucional y legal los partidos políticos son los medios por excelencia de participación ciudadana en la orientación de la vida política del país[661].

Ahora bien, el debilitamiento del poder por la atomización de la representación particularmente en el Parlamento, no sólo hizo poderosos a los grupos más minoritarios, sino que los mecanismos de toma de decisiones se fueron reduciendo a una búsqueda de acuerdo con los mismos, quienes conscientemente jugaron "a la minoría"[662]. Los intereses que en definitiva se "negociaron" por tanto, fueron menos los intereses generales y colectivos y más los intereses circunstanciales y a veces personales, de los grupúsculos que tenían que entrar en las negociaciones. La regla de un sistema político como el venezolano hasta 1974, entonces, ha sido la negociación: es el "comercio de caballo"[663] como única posible solución de supervivencia del sistema. La representación proporcional, aplicada tal como se ha producido en Venezuela, llevó a esa amplia política de alianzas, coaliciones, acuerdos, concesiones, coincidencias, tan característica de nuestro régimen democrático de los últimos años, y produjo el que se identificara nuestro sistema de partidos políticos como un sistema de coaliciones[664], tal como tendremos oportunidad de analizar más adelante[665]. En todo caso, para el desarrollo y el mantenimiento de las instituciones del país, el precio a pagar por este sistema ha sido demasiado alto, y en ocasiones se ha traducido en una distribución de cargos burocráticos, con todos los daños que ello produce y ha producido al funcionamiento de la Administración Pública, o, en otras ocasiones, a contraprestaciones más pedestres en contratos públicos o beneficios indirectos de toda índole.

Piénsese, por ejemplo, lo difícil y complicado que ha debido ser la adopción de una decisión política de importancia de una Municipalidad como la del Distrito Federal (Caracas) de Venezuela, cuando en su Concejo Municipal, compuesto por 24 miembros, en las elecciones de 1968, el partido que obtuvo mayor número de representantes, obtuvo siete, mayoría que quedó reducida a cinco miembros, luego de una división. ¿Cómo puede seria y racionalmente pensarse en que una decisión de importancia, por ejemplo, conexa con el servicio público de transporte, que por ello mismo lesiona muchos intereses particulares, pueda tomarse sin que se produzca un

661 Así lo establece el artículo 114 de la Constitución y la Ley de Partidos Políticos, Reuniones Públicas y Manifestaciones de 15 de diciembre de 1964. *V.* en *Gaceta Oficial* número 27.725, de 30 de abril de 1965.

662 *V.* la apreciación de W. W. Person y Federico Gil, sobre el papel de la representación proporcional en la práctica de jugar la mayoría, William W. Person and Federico Gil, *Governments of Latin America*, 1957, p. 342.

663 *Horse-traiding*, según la expresión de F. Hermens, "Constitution, Freedom and Reform in Latin America", *loc. cit.*, p. 109.

664 Como referencia general para una tipología del sistema de partidos venezolanos, *v.* Juan C. Rey Martínez, *loc. cit.*, pp. 175 y ss.

665 *V.* capítulos 10 y 11.

confite de compromisos, contrapartidas, cesiones y transacciones? Esta misma situación en diversas escalas se ha producido con mayor o menor gravedad en todas las asambleas representativas del país, y, por supuesto, condujo a la parálisis de las decisiones políticas a nivel de las mismas[666]. Y la parálisis parlamentaria conduce, indefectiblemente, a gobiernos inestables[667], sobre todo cuando el partido de gobierno no está dispuesto a dar todas las concesiones que se le exigen por los más variados partidos y grupos, a cambio de un apoyo parlamentario para la adopción de determinadas medidas[668].

---

666 El problema, en todo caso, no es nuevo en la historia política: parálisis similar sufrió el Parlamento en la época pre-fascista italiana y en la República española antes de la guerra civil, para sólo citar dos ejemplos europeos, y parálisis similar han sufrido, en su momento, la mayoría de los países latinoamericanos. *Cfr* F. A. Hermens, "Constitution, Freedom and Reform in Latin America", *loc. cit.*, p. 104. Sobre la más reciente y dolorosa experiencia en América Latina, la de Chile, v. los comentarios sobre la parálisis institucional y el bloqueo del Congreso al Gobierno del Presidente Allende en J. Biehl del Río and Gonzalo Fernández R., "The Political Pre-requisites for a Chilean way", en Kenneth Medhurst (ed.), *Allende's Chile.* London, 1972, pp. 60 y ss., y Joan E. Garcés, "Chile, 1971: A Revolutionary Government", *ibídem,* p. 45.

667 *V.* E. Lakeman and J. D. Lambert, *op. cit.,* p. 149.

668 En todo caso, el inmovilismo parlamentario, conduce inexorablemente al establecimiento de una situación conflictiva a nivel del Poder Ejecutivo, tal como la resume C. Furtado para el caso brasileño: Por una parte, el Gobierno, para legitimarse, debe actuar de acuerdo con la Constitución, y por la otra, el Presidente de la República, en la búsqueda de satisfacer las expectativas del voto mayoritario que lo eligió, sentirá la necesidad de perseguir objetivos incompatibles con las limitaciones que de acuerdo al sistema constitucional, el Congreso puede establecer a sus poderes. En esta forma, los dos principios de legitimación gubernamental chocarán entre sí. El requerimiento a actuar conforme a los límites constitucionales y el requerimiento a obedecer el mandato del pueblo, colocan al Presidente en el dilema de tener que renunciar a su programa o buscar una salida no convencional, la cual inclusive ha sucedido a través de la renuncia o el suicidio. *V.* Celso Furtado, "Political Obstacles to Economic Growth in Brasil", en Claudio Veliz (ed.), *Obstacles to Change in Latin America.* Oxford, 1965, p. 156. El caso dramático del Brasil, sobre todo bajo las presidencias de Vargas y Quadros en las décadas de los cuarenta y sesenta, de una oposición recalcitrante del Congreso a las medidas del Ejecutivo *(cfr.* las referencias a los Gobiernos de los presidentes Kubischee, Quadros y Goulart y la oposición del Parlamento en Edwin Lieuwen, *Generáis vs. Presidents. Neo-militarism in Latin America.* London, 1964, pp. 72 y ss.), bien podrían generalizarse al resto de la América Latina sujeta al sistema minoritario. (En una menos grave situación, el Presidente Caldera a finales de su período en 1972 se quejaba señalando que "para quienes nos reclaman el cumplimiento del programa de gobierno debemos recordarles que tenemos el ejercicio del Ejecutivo, pero no tenemos el control del Poder Legislativo ni del Poder Judicial... En muchos (puntos del Programa de Gobierno) hemos tenido iniciativas que no han tenido aprobación en otra rama del Estado". *V.* discurso del Presidente Caldera el 8 de diciembre de 1972 ante el IV Congreso de Profesionales y Técnicos Socialcristianos, cuyos extractos fueron publicados en la prensa de Caracas del 8 de diciembre de 1972. *Cfr.* además lo expresado por el Presidente Caldera al comentar los obstáculos que el Congreso puso a su programa de construcción de viviendas, en *El Nacional.* Caracas, 13 de julio de 1973, p. D-11. En esa misma época, y ante quejas reiteradas del Gobierno respecto del obstruccionismo del Congreso, el Presidente Caldera respondió al presidente de la Cámara de Diputados en la siguiente forma: "Debo reiterarle en esta oportunidad el propósito sincero que a lo largo de mi gestión gubernamental he mantenido, de guardar para con las otras ramas del poder público y especialmente para con el Congreso una actitud de respetuosa deferencia y una voluntad de cooperación armónica. Creo que el Congreso, con todos los defectos y fallas que en las democracias se le señalan, es indispensable para el funcionamiento estable de las libertades políticas y para asegurar la expresión de los diversos criterios que en el pluralismo concurren a la formación de la voluntad nacional. Me he empeñado en defender ante mis compatriotas la institucionalidad democrática y he recordado que dentro de ella el Congreso tiene una significación preeminente. No sería ya capaz por lo tanto de autorizar ni permitir una campaña del Gobierno contra el Congreso, porque estoy consciente de que un enfrentamiento entre ambas ramas del Estado, no sería provechoso para la institucionalidad. Si en algunas circunstancias, voceros de dependencias oficiales y yo

Pero la aplicación sucesiva del sistema minoritario electoral como el vigente en Venezuela, no sólo provocó el debilitamiento del poder en la toma de decisiones, sino que aumentó el disenso en la disociación del poder. En efecto, coincidimos con J. Ahumada en la apreciación de que en contraposición a la situación de disociación del poder con consenso que caracteriza a las sociedades modernas, las sociedades en vías de desarrollo como la venezolana, se caracterizan por tener una situación de disociación sin consenso[669]. Pues bien, esa ausencia de consenso en la estructura del poder en Venezuela, lejos de haberse mejorado mediante las instituciones políticas actuales, se ha agravado, fundamentalmente por la existencia de un sistema de gobierno con tendencia al minoritarismo. Los que han controlado el poder económico, y que en los años de las dictaduras venezolanas hasta Gómez se aliaron con los militares para ejercer el poder político, continuaron recurriendo a dicha alianza, cuando el poder político se diferenció por la vía electoral, a partir de 1945. Por ello, el gobierno de Acción Democrática consolidado electoralmente en 1947, al lesionar los intereses del poder económico, provocó la alianza de éste con los militares en 1948, iniciándose los diez años de dictadura de Pérez Jiménez. En 1958, de nuevo, al distanciarse el poder militar real de la camarilla del Dictador y dada la situación de malestar económico de la época, se produjo otra alianza del poder económico con el poder militar coadyuvados por un gran apoyo popular, y que condujo al derrocamiento del Dictador. Es en la década de los sesenta, institucionalizado y profesionalizado el poder militar[670], cuando el poder económico ha buscado participar en los procesos políticos directamente. De allí los diversos grupos políticos y candidatos

---

mismo hemos recordado que algunas importantes iniciativas del Ejecutivo Nacional; reclamadas por el país, dirigidas a atender urgentes problemas, a solucionar graves necesidades y beneficiar al pueblo, están pendientes de aprobación en las Cámaras Legislativas, es porque justamente la democracia, rectamente entendida y sinceramente practicada, tiene como su mejor espejo y factor a la opinión pública, a cuyo dictado están sometidos todos los órganos del Poder. Informarle y apelar a ella es un recurso válido cuya legitimidad no sería democrático ignorar, todo, naturalmente, dentro de las limitaciones que impone el buen trato social y el recuerdo de que, como lo dice la Constitución, todas las ramas del Poder Público deben cooperar para los fines del Estado. Este Gobierno ha sido objeto de las más duras expresiones surgidas del debate político. Admitirá usted que es un derecho humano el que nos asiste al pensar que muchas de esas críticas incurren en flagrante injusticia. Voceros de ellas han sido y son cada día calificados exponentes de las fuerzas políticas organizadas más importantes de nuestros cuerpos deliberantes y en el propio seno de los mismos se hacen, de palabra y de obra, los más duros ataques a la política gubernamental. Si ante esa situación, el Gobierno ha dado ejemplo reconocido de tolerancia y de serenidad, cabe esperar del Congreso una actitud similar. Pienso que ya próximo a terminar este quinquenio constitucional, cada uno desde nuestra posición continuaremos contribuyendo a que la democracia venezolana viva y se nutra de la libre discusión de las ideas y de las posiciones, dentro del diálogo sincero para bien de todos." *V.* en *El Nacional.* Caracas, 18 de julio de 1973, p. A-l.

669 La disociación del poder existe cuando el ápice del poder político, representado en una estructura piramidal, no es único, sino que existen diversos ápices diferenciados: poder económico; poder político; poder cultural; y poder militar. La estabilidad de un sistema caracterizado por la disociación de poder requiere, entre los que controlan el poder, la existencia de un consenso sobre los problemas y asuntos fundamentales que confronta cualquier sociedad. *V.* J. Ahumada, *loc. cit.* 37.

670 Es interesante destacar lo afirmado por el Ministro venezolano de Defensa, general G. Pardi Dávila, en la víspera de las elecciones de 1973: "nosotros, los militares del presente, estamos convencidos plenamente de que Venezuela tiene que seguir transitando la vida democrática que se ha impuesto el mismo pueblo venezolano..." "Las Fuerzas Armadas cumplirán con su deber, y el pueblo de Venezuela, podrá estar seguro que también cumplirá, para que sea realidad la expresión de la voluntad popular... Respetarán la decisión del bravo pueblo..." *V.* exposición en el Consejo Supremo Electoral el 3 de diciembre de 1973, en *El Nacional.* Caracas, 4 de diciembre de 1973, p. D-l.

independientes que los grupos de presión económica han apoyado y constituido casi abiertamente durante los procesos electorales de 1958 en adelante[671], y las posibles alianzas efectuadas con los partidos políticos más importantes en los procesos electorales de 1968 y 1973[672]. En las elecciones de 1963, y particularmente en las de 1968, sin descartar lo sucedido en 1973, las listas presentadas para Diputados y Senadores al Congreso Nacional por los más importantes partidos políticos nacionales, llevaron al Parlamento a gran número de personas y gerentes vinculados a los grupos visibles de presión empresarial, y a los grupos que controlaban amplios medios de comunicación social; y ello sin hacer referencia a los grupos sindicales que desde 1947 han sido tradicionalmente llevados al Congreso por los diversos partidos[673]. Esto ha producido, fundamentalmente en el caso de los representantes del poder económico, que la presión que como tales ejercen, no han necesitado ejercerla desde fuera de las instituciones políticas, sino que han comenzado a ejercerla desde dentro, con toda legitimidad democrática. Esta presión y acceso directo a las asambleas representativas, por supuesto, se ha visto facilitada por la aplicación del sistema electoral minoritario, que llevó a los debilitados partidos políticos venezolanos a establecer alianzas pre-electorales con los grupos económicos y los medios de comunicación social, con fines electorales de obtención de financiamiento para sus campañas y de apoyo publicitario. De resultas, luego de sucedidas las elecciones, quedó un Parlamento heterogéneo, donde cada quien presionó según los intereses particulares que representaba, sin obedecer línea de partido, y sin atención prioritaria al interés público y colectivo[674].

En todo caso, el sistema político de nuestro país, en los últimos años, condujo progresivamente a un mayor inmovilismo del Estado, cuando precisamente lo que se necesita en un país en vías de desarrollo es todo lo contrario: que el Estado sea agen-

---

671 Integración Republicana (IR) en 1958; Independientes pro Frente Nacional (IPFN) en 1963 en apoyo de la candidatura de Arturo Uslar Pietri; y los apoyos a las candidaturas de M. A. Burelli Rivas como candidato independiente en 1968.

672 En 1968, el apoyo de importantes grupos económicos se inclinó hacia el candidato del Partido COPEI, en tanto que en 1973, la inclinación favoreció al candidato del Partido Acción Democrática. Es de destacar, por ejemplo, la manifestación expresa del presidente de la Federación de Cámaras y Asociaciones de Comercio y Producción (FEDECAMARAS) antes de las elecciones de 1973, al exhortar a los empresarios que ejercieran su influencia "a fin de contribuir a la inclinación del electorado por aquellas corrientes de opinión que han expresado su acuerdo con la permanencia y evolución de una sociedad pluralista, que descansa en los principios de las libertades políticas y económicas, que caracterizan el sistema que ha privado en nuestro país desde los días de la emancipación". *V. El Nacional.* Caracas, 4 de diciembre de 1973, p. D-9.

673 En general, sobre la influencia de los sistemas de representación proporcional en la penetración de los grupos de presión en los partidos políticos. *V.* F. A. Hermens, "The Dynamics of Proportional Representation", en Harry Eckstein and David E. Apter, *Comparative Politics.* N.Y., 1963, pp. 264 y 265.

674 Al Parlamento venezolano del período 1969-1974, por ejemplo, es perfecta mente aplicable la advertencia que en Max Weber *formulaba al Parlamento de la* República de Weimar, integrado conforme al mismo sistema de representación proporcional vigente en Venezuela: "El Parlamento estará sometido a los mandatos imperativos de los grupos de intereses; se convertirá en una asamblea de mediocridades radicalmente impropias para suministrarnos hombres de Estado". *Cit.,* por A. Soulier, *loc. cit.,* p. 91. En otras palabras, utilizando la terminología de Anderson, los partidos políticos han perdido "capacidad de poder" (*power capability*) por su debilitamiento para negociar con los otros "contendedores de poder" *(power contenders)* representados por los grupos de presión, quienes se han enquistado en las propias asambleas representativas; y cuya acción se manifiesta más, precisamente, en situaciones de debilitamiento del poder. *Cfr.* Charles W. Anderson, "The Latin American Political Systems", *loc. cit.,* pp. 13 y 14.

te principal del proceso de cambio y de transformación. Esta situación, por supuesto, ha producido el riesgo de la desaparición, no sólo del sistema político, sino del régimen democrático, tal como éste se ha manipulado por su incapacidad de asumir el desarrollo. En este sentido, el resultado de las elecciones de 1973 configuró la mejor oportunidad para la rehabilitación del Estado como agente y actor en el proceso de desarrollo.

Las experiencias de desaparición y de inestabilidad de las instituciones políticas de otros países que han tenido un sistema político similar al nuestro es necesario tenerlas en cuenta. En efecto, en aquellos países donde se ha aplicado un régimen de representación proporcional de las minorías y de consecuencial multipartidismo como el nuestro, ha habido inevitablemente algún desenlace distinto al de la continuación indefinida del sistema[675]. En efecto, después que se creó el sistema de representación proporcional hacia mitades del siglo XIX, se fue adoptando sucesivamente en la mayoría de las grandes democracias occidentales actuales, y en todas ellas ha producido sus consecuencias. El régimen electoral que surgió de la Constitución de Weimar en Alemania, en las primeras décadas de este siglo, fue el régimen de la representación proporcional, y el mismo condujo, en definitiva, a lo que posteriormente fue el Nazismo, por la absoluta inestabilidad del régimen, el cual produjo la desilusión y frustración de los electores, quienes estaban preparados a buscar cualquier otra solución que pareciera ofrecer la salvación económica y la rehabilitación nacional[676]. La República española en los años treinta se inspiró en el régimen constitucional de la República de Weimar y su sistema político, y su inestabilidad condujo al franquismo[677]. Lo mismo sucedió con la República italiana prefascista, y debe en todo caso recordarse que en el sistema actual de la misma, la atomización parlamentaria ha producido en 1972 la demora de casi un mes para elegir al Presidente de la República, precisamente por el sistema minoritario de gobierno que aún conserva, pareciendo no aprender las lecciones de la historia[678].

No debe olvidarse tampoco, en este mismo sentido, la historia latinoamericana, pues si en Europa los resultados de los sistemas minoritarios de gobierno fueron el nazismo, el fascismo y el franquismo, en América Latina ha sido el militarismo, en sus diversas formas y facetas. En todos los países latinoamericanos en los cuales se ha ensayado el sistema minoritario, tarde o temprano ha habido una irrupción militarista debido, entre otros factores, a los fracasos del sistema político, no sólo de servir de agente para un gobierno estable y fuerte, sino para sobrevivir. Vigente está el recuerdo en la década de los sesenta de la experiencia democrática peruana y del Brasil, y en los inicios de la década de los setenta, de la experiencia del gobierno de la Unidad Popular en Chile efectuadas bajo el sistema minoritario de representación

---

675 *Cfr.* Allan R. Brewer-Carías, *loc. cit.*, pp. 124 y ss.

676 *Cfr.* E. Lakeman and J. D. Lambert, *op. cit.*, p. 186; Harry Eckstein, "Constitutional Enginnering and the Problem of Viable Representative Government", en Harry Eckstein and David E. Apter, *op. cit.*, p. 97.

677 *V.* el análisis del sistema de partidos de la República Española de comienzos de la década de los treinta y su relación con el sistema electoral minoritario: en Juan J. Linz, "The Party System of Spain: Past and Future", en S. M. Lipset and Stein Roklcan (ed.), *Party Systems and Voters Alignments: Cross-National Perspectives.* N.Y., 1967, p. 238.

678 *V.* los comentarios de F. L. Carsten sobre la ascensión del fascismo en Italia, Alemania y España, y la situación de inestabilidad política y atomización del poder existente en esos países en los años veinte y treinta: *The Rise of Fascism.* London, 1970, pp. 55 y 150 y ss., 196 y ss.

proporcional, para citar sólo tres ejemplos característicos de eliminación del régimen democrático, aun cuando con resultados y orientaciones diferentes. En estos tres supuestos, en el apoyo o respaldo minoritario al Poder Ejecutivo, particularmente en el Parlamento, y consecuencialmente, en el obstruccionismo parlamentario provocado por la mayoría, debe situarse el inicio de las crisis políticas que condujeron a la irrupción militarista.

En efecto, el origen de la crisis política que provocó el golpe militar de 1964 contra el gobierno populista de Goulart, indudablemente que puede situarse en la oposición persistente del Congreso contra las políticas de reformas propuestas por el Presidente, que ya habían también provocado la renuncia del Presidente Quadro[679]. Asimismo, el origen de la crisis política que provocó el golpe militar de 1968 contra el gobierno populista de Belaunde Terry, en Perú, también puede situarse en los enfrentamientos del Congreso con el Ejecutivo, que produjeron la inestabilidad del régimen y dieron oportunidad a las Fuerzas Armadas para llevar a cabo cambios que se venían exigiendo desde años atrás, y que el gobierno no era capaz de realizar dentro del marco institucional existente[680]. Por último, y más recientemente, entre los múltiples factores que contribuyeron a la caída y lamentable muerte del Presidente Allende, en Chile en septiembre de 1973, el factor fundamental que provocó la crisis final, fue la abierta conspiración de las instituciones políticas y, particularmente, del Congreso contra el gobierno de la Unidad Popular. Durante todo el Gobierno del Presidente Allende, éste tuvo un respaldo minoritario en el Congreso, producto del sistema electoral de representación proporcional que existía en ese país[681], y los fracasos en el logro del establecimiento de mecanismos de cooperación de parte del principal partido de oposición, el Demócrata Cristiano[682], provocaron una sistemática oposición y obstrucción a las políticas socialistas del gobierno[683]. El golpe de gracia final a la crisis lo dio el propio Congreso al declarar ilegal al gobierno del Presidente Allende, con lo cual se abrió el camino a la irrupción militar fascista[684].

---

679 *Cfr.* C. Furtado, *loc. cit.*, p. 156 y 158; Thomas E. Skidmore, "Politics and Economic Policy Making in Authoritarian Brazil, 1937-71", en Alfred Stepan (ed.), *Authoritarian Brazil.* Yale U. P., 1973, pp. 3 y ss., F. LaMond Tullís, *Politics and Social Change in Third World Countries,* 1973, pp. 121 y ss.

680 *Cfr.* Julio Cotler, "Crisis Política *y* Populismo Militar", en José Matos Mar y otros, *Perú: Hoy.* México, 1971, pp. 119 y ss., Jorge Bravo Bresani, "Dinámica y Estructura del Poder. Reflexiones Preliminares", *ibídem,* pp. 197 y ss.; y François Bourricaud, "Los militares: ¿Por qué *y* para qué?", en *Luís Mercíer Vega (ed.), Fuerzas Armadas, Poder y Cambio.* Caracas, 1971, pp. 101 y ss.

681 *V.* las referencias al sistema d'Hondt de representación proporcional seguido en Chile, en J. Biehl del Río and Gonzalo Fernández, R., *loc. cit.*, p. 54.

682 Sobre las posibilidades del establecimiento de una cooperación entre la Unidad Popular y el Partido Demócrata Cristiano, la radicalización de la polarización política, y la oposición posterior al Gobierno del Presidente Allende. *V.* H. Zemelman and Patricio León, "Political Opposition to the Government of Allende", en Kennet Medhurst (ed.), *op. cit.*, pp. 74 y ss.; "Las Fuerzas Armadas y el Poder Popular en Chile", en *Revista SIC.* Caracas, septiembre-octubre 1973, pp. 358 y 359 (reproducido de la Revista *Mensaje.* Santiago de Chile, agosto 1973); José Gerbasi. "Qué pasó en Chile", *ibídem,* p. 362; Joan Garcés, "Allende, les Militaires et la vie Socialiste au Chili" (II) *Le Monde,* 19 de decembre de 1973, p. 5.

683 *Cfr.* los comentarios sobre el bloqueo total del Congreso respecto de las propuestas del Gobierno en Michel Rocard, "Madrid, Athenes et Santiago", *Le Monde.* París, 22 septembre 1973, p. 6. *V.* además, Joan E. Garcés, *loc. cit.*, en nota número 27, p. 45, y Joan Garcés, *loc. cit.*, en nota número 44, p. 5.

684 *Cfr.* David Holden, "Chile waits for its unknow colon el", *The Sunday Times.* London, August 26, 1973, p. 12.

Pero, inclusive, después que las dictaduras militares han cumplido su ciclo en algunos países, los políticos no aprenden su propia historia o la aprenden parcialmente, y al restablecerse la institucionalidad democrática, fallan en la transformación del sistema electoral. Esto ha sucedido a lo largo de todo el continente suramericano. Una reciente experiencia, sin embargo, se presenta como parcial excepción; se trata del sistema electoral adoptado por los militares para regir el proceso eleccionario de Argentina en marzo de 1973, que dio el triunfo al Frente Justicialista de Liberación y al candidato peronista Cámpora. Dicho sistema, adoptado por Ley de 3 de octubre de 1972, tal como lo indicó la correspondiente Exposición de Motivos, buscó establecer "una solución original en la medida que pueda erigirse en idónea para consolidar el nuevo perfil de la democracia argentina"; y dicha "solución original", sin embargo, motivada por el deseo de impedir "la atomización en la integración del Congreso" y de "procurar al partido gobernante un apoyo Legislativo que le permita ejercer el poder con coherencia y eficacia", fue, sin embargo, la menos original, y la que menos puede ayudar en el largo plazo a conseguir los objetivos queridos: "la representación proporcional, adoptando para este momento argentino el sistema d'Hondt, que armoniza mejor con la letra y el espíritu del artículo 37 de la Constitución"[685].

En efecto, la adopción de un sistema minoritario quizá pudo ser útil políticamente en los procesos eleccionarios de 1973, los primeros que se realizan con la participación abierta de los peronistas desde la caída de Perón en 1955, después de tantos intentos fallidos de elecciones ideadas precisamente para impedir la llegada al poder de los peronistas. El triunfo mayoritario del Frente Justicialista de Liberación del

685 Es interesante destacar el texto de la Exposición de Motivos, para evidenciar aún más la contradicción que dicha Ley lleva ínsita: "Las normas que se dicten para la representación popular tienen que observar inexcusablemente el requisito del pluralismo partidario, sin el cual la democracia no puede ser siquiera imaginada. Desde esta perspectiva se erige en idea vertebral, dentro de un margen dé amplia relatividad, procurar al partido gobernante un apoyo legislativo que le permita ejercer el poder con coherencia y eficacia. Mas también es de esencia que no llegue a límites que le otorguen una posición excluyente y dominante que torne ilusoria la función de control y la presencia activa de las minorías. Al hablar de minorías afirmamos dos nociones igualmente importantes que completan un concepto único y el propósito definido de las Fuerzas Armadas. Por una parte, la atomización en la integración del Congreso implica una perspectiva cierta de desarticulación anárquica incompatible con la perentoria vigencia de un Gobierno de vigoroso impulso transformador, capaz de asumir y llevar a buen término una empresa de progreso y cambio, que corte el cinturón frenador del *statu quo* y de un pasado sin logros satisfactorios para una sociedad anhelante y urgida. Por la otra, tal como se marcara con especial énfasis en la nota de elevación de la Ley Orgánica de los Partidos Políticos (número 19.102), la recomposición política debe canalizarse por conducto de pocas, fuertes y orgánicas corrientes de opinión. La dilatación de la participación política, cimiento del edificio republicano, no ha de perder ese rumbo hacia el cual tienden todas y cada una de las disposiciones legales que van conformando las innovaciones institucionales. Al cabo de las precedentes reflexiones queda nítida la preocupación de no auspiciar ninguno de los anteriores sistemas ensayados que se correspondieron seguramente con sucesivas y distintas realidades de la sociedad argentina, asimismo diferentes a la muy propia y particular de nuestros días. Buscamos por eso una solución original en la medida que pueda erigirse en idónea para consolidar el nuevo perfil de la democracia argentina." De acuerdo con dicha solución se busca, conforme el mismo texto expresa "que nadie se excluya ni sea excluido. Que el Gobierno pueda gobernar, ejercer realmente su autoridad pero también que las minorías coparticipen en la responsabilidad del control e intervengan efectivamente en la formación de la opinión pública» así como en la discusión de los grandes problemas del ser nacional". *V. Diario Oficial* de la República Argentina, numero 22-520, del 5 de octubre de 1972. *V.* asimismo, J. E. *Ravignani, La Representación proporcional en la actualidad y su adopción en la República Argentina.* Buenos Aires, 1960.

Presidente Cámpora en marzo de 1973, y el triunfo asimismo mayoritario de J. D. Perón como Presidente, en septiembre de 1973, demostró que a pesar de las minorías del país, las mayorías argentinas seguían siendo peronistas; pero la forma más fácil de conspirar contra esas mayorías, ahora en el gobierno, y contra el régimen democrático, es incorporando al sistema político un germen que a medida que se aplique al sistema electoral, puede provocar la podredumbre de aquél, y, eventualmente, su derrumbe, tal como ha sucedido en el resto de los países latinoamericanos[686]. Sin embargo, la modalidad argentina del sistema de representación proporcional d'Hondt, tiene una serie de correctivos que, por ejemplo, lo distingue del venezolano. En efecto, tal como la citada Exposición de Motivos lo indica, "La variante elegida es ventajosa, ya que asegura *a pocas corrientes políticas la representación*, computando el requisito de un mínimo de sufragios para que los partidos puedan obtenerla. De tal suerte, los que no tengan lo menos el ocho por ciento (8 %) de los votos no entran en la distribución de cargos, a pesar de que el porcentaje exceda la cifra repartidora; si bien se determina que aquellos partidos que logren los 135.000 votos —base de la población a los fines de la fijación del número de diputados— tendrán, sin embargo, igualmente derecho a representación"[687]. Esta limitación, indudablemente, si no es cambiada, servirá de elemento moderador de los efectos negativos de la representación proporcional, y evitará la atomización[688].

Debe destacarse, por otra parte, que la fórmula argentina aplicada en las elecciones de 1973 combina la representación proporcional en el Congreso (con la limitación porcentual señalada), con la elección presidencial por mayoría absoluta (más de la mitad de los votos válidos emitidos, lo cual también en el largo plazo, a pesar de los beneficios inmediatos podría agudizar la contradicción incorporada al sistema: elección en el futuro del Presidente por mayoría absoluta, pero con respaldo partidario parlamentario cada vez menor. Una solución similar fue propuesta y no aceptada en Venezuela, a mitades del año 1972, por el Partido Socialcristiano COPEI, entonces en el poder[689]. Ahora bien, si algún símil puede hacerse de la solución argentina

---

686 Es de destacar que en las elecciones de septiembre de 1973, el Presidente Perón obtuvo el 61,85% de la votación, contra el 23,34% obtenido por la Unión Cívica Radical, y el 12,11% obtenido por la Alianza Popular Federalista. *V. Le Monde*. París, 26 septiembre 1973, p. 5. Lo que la Exposición de Motivos de la Ley Electoral buscaba era un Gobierno fuerte, coherente y con amplio respaldo parlamentario, y si bien se logró en las primeras elecciones de 1973 (marzo y septiembre), puede no durar indefinidamente si sigue vigente, en el futuro, el mismo sistema electoral, sobre todo porque ahora comienza la tarea de dar coherencia política a un movimiento que el tiempo, la persecución y la ausencia de su líder ha cambiado radicalmente, tal como comenzaron a demostrarlo las reacciones contra la izquierda adoptadas por el Gobierno de Perón después del golpe militar chileno.

687 *V. Diario Oficial* de la República Argentina, número 22.520 de 5 de octubre de 1972.

688 Es interesante destacar, aplicado este porcentaje del 8% como mínimo para obtener representación en un sistema de representación proporcional (d'Hondt) como el venezolano, que en las elecciones para el Congreso de 1968, sólo los Partidos AD (25,55%), COPEI (24,03%), MEP (12,94%), CCN (10,94%) y URD (9,25 %), hubieran obtenido representación directa en lugar de los ocho (8) partidos que la obtuvieron. Aplicado a las elecciones de 1973, sólo los partidos AD (48,32 %) y COPEI (30,28 %) habrían obtenido representación directa en lugar de los seis (6) partidos que la obtuvieron.

689 En efecto, dicho partido propuso una enmienda del artículo 183 de la Constitución "relacionado con la mayoría relativa para la elección del Presidente de la República, a fin de que se exija la mayoría absoluta (más del 50 % de los votos) y la correspondiente segunda vuelta electoral en caso de que ninguno de los candidatos obtenga esa mayoría absoluta en la primera votación" (*v. El Nacional*. Caracas, 24 de julio de 1972). Ahora bien, en la situación del sistema político venezolano en el año 1972, parecía extraño que se propusiera una enmienda constitucional sólo para elegir al Presidente con mayoría absoluta, cuando el

en 1973, y de las propuestas de reforma del sistema venezolano formuladas por el partido COPEI en 1972, es con el sistema que existía en Chile. En este país, la elección presidencial se realizaba mediante mayoría absoluta, correspondiendo la segunda vuelta a una elección indirecta por el Congreso[690], y así logró el Presidente Allende la victoria en 1970, aun cuando la Unión Popular sólo obtuvo el 36 % de la votación del país. ¿Por qué, entonces, en las elecciones parlamentarias de marzo de 1973, la Unión Popular obtuvo una votación del 45 por 100 de los votos, lo cual, en lugar de significar una disminución en la proporción anterior, significó un considerable aumento, contra la lógica interna del sistema de representación proporcional? La respuesta a esta pregunta está en que no sólo se mantuvo el sistema de coaliciones de partidos, tan tradicional en Chile, sino que se produjo una radical y absoluta polarización de votos —a favor del gobierno o contra el gobierno—, único supuesto en el cual los sistemas electorales —cualquiera que sea su fórmula— pierden su lógica operativa. En efecto, cuando la polarización política es tan radical como la que existió en Chile, Francia y Venezuela en 1973, de apoyo u oposición al gobierno, con o sin claras posiciones ideológicas de izquierda o derecha, la polarización distorsiona el sistema, y en ese sentido es interesante destacar la coincidencia —con

---

problema de dicho sistema minoritario, en ese momento era que el Presidente *no* contaba con un respaldo adecuado y mayoritario en las Cámaras representativas. En efecto, en condiciones normales y ausencia de. polarización, absolutamente nada se lograría en Venezuela con una enmienda incompleta y a la larga inútil como la propuesta, si no se soluciona paralelamente el sistema minoritario de representación proporcional. ¿Qué podría hacer de distinto un Presidente electo con mayoría absoluta si su respaldo en el Congreso no sobrepasa el 30 % de los votos parlamentarios como sucedió en 1968? En los últimos meses de 1972 y en el año electoral de 1973, se insistió a todos los niveles sobre los problemas planteados al Presidente Caldera con el respaldo minoritario en el Congreso y la necesidad de superarlos para el período constitucional que se iniciaba en 1974. La campaña electoral del partido COPEI, inclusive, tuvo entre sus plataformas fundamentales, la búsqueda de "mayoría en el Congreso", y ello fue lo que precisamente logró el partido AD en 1973. Pero, evidentemente, con el sistema político de representación proporcional como el venezolano, y si no hubiera habido polarización, no hubiera sido posible lograr mayoría en el Congreso, cuando lo que provoca en realidad es todo lo contrario, lograr cada vez más minorías atomizadas. Lo alarmante de las proposiciones de reforma estuvo en que se identificó la clave del problema político venezolano frente a las elecciones de 1973, en la obtención de mayoría en el Congreso por el partido triunfador en las elecciones presidenciales, pero para lograrla no se formularon reformas destinadas ni siquiera a atenuar el sistema minoritario, sino que se propuso una solución contradictoria: la elección presidencial por mayoría absoluta, la cual con un respaldo minoritario en el Congreso, en caso de no haber habido polarización, no hubiera pasado de ser una reforma inútil. El símil con el sistema francés que las recomendaciones de enmienda referían, no era tampoco del todo correcta: la clave de la reforma francesa en 1958 además del establecimiento de la elección presidencial por mayoría absoluta, fue la consolidación de un sistema mayoritario en las elecciones parlamentarias, como superación a la crisis de la "República de Partidos" que imperaba antes de 1958. En este sentido, por ejemplo, J. G Andueza coincide al señalar que una enmienda constitucional que estableciera la elección presidencial por mayoría absoluta "en vez de resolver el problema lo que hace es eludirlo. (El hecho de que el Presidente de la República sea electo por mayoría absoluta no resuelve el problema del respaldo político que el Presidente necesita del Congreso para poder ejecutar su programa de gobierno. Antes que una reforma de la Constitución» lo que se requiere es una reforma de nuestro sistema electoral, que es la causa de la existencia de más de treinta partidos y grupos electorales... Nada se gana con que el Presidente de la República resulte electo por unanimidad de los sufragios si no tiene en el Congreso un partido que lo respalde", en "El Presidente de la República" en *Homenaje al profesor López Rodó,* Vol. III. Madrid, 1972, p. 167.

690 *V.* para un estudio comparativo Maruja Delfino de Palacios, *Las Constituciones Americanas. La forma de elección presidencial.* Cuadernos del Instituto de Estudios Políticos número 15. Caracas, 1968, particularmente pp. 9 y ss.

tres direcciones distintas— entre los resultados de las elecciones de marzo de 1973 de Chile y Francia, y de diciembre de Venezuela.

En Francia, a pesar del sistema mayoritario de elección uninominal en dos vueltas para la Asamblea Nacional, la elección de 1973 dio 261 representantes para la mayoría gubernamental en relación a los 360 que tenía, y dio 176 representantes para la Unión de la Izquierda en relación a los 84 que tenían los partidos de la coalición. La polarización redujo a los Reformadores, quienes en la segunda vuelta obtuvieron sólo 31 representantes[691]. La polarización, aun cuando redujo considerablemente la mayoría gubernamental, sin embargo no dio toda la representación necesaria a la izquierda para controlar la Asamblea[692]. La votación de la izquierda en la segunda vuelta fue del 46,8 % de los votos (60 % en la primera vuelta) contra el 46% de votos de la mayoría gubernamental, lo cual probó que, en definitiva, más del 50 % votó en contra de la mayoría gubernamental. En Chile, la Unidad Popular de izquierda, también contra la lógica del sistema electoral, en este caso minoritario, aumentó su porcentaje de respaldo electoral del 34 % al 45 % en las elecciones de 1973, y su posición momentáneamente se consolidó, a pesar del 55 % de votación en contra del gobierno, que la polarización política produjo. En ambos casos, la izquierda obtuvo alrededor del 45% de la votación, pero con la gran diferencia de que en Chile estaba en ejercicio del gobierno y en Francia no; y esa proporción se produjo en sistemas electorales distintos[693]. En todo caso, la razón de la distorsión de los efectos lógicos de los sistemas electorales, estuvo en la polarización política.

En Venezuela, en las elecciones de diciembre de 1973, la polarización política imprevista, donde no se identificó una pugna ideológica —derecha e izquierda— de los dos partidos AD y COPEI, que obtuvieron la casi totalidad de la votación (83,5%) y que en realidad tenían una posición coincidente de centro[694], produjo una completa distorsión del sistema electoral minoritario y, afortunadamente, la progresión atomizante y minoritaria que tenía y que había llegado en la década de los sesenta a límites inadmisibles, fue superada. Sin embargo, si bien hemos señalado que la polarización político-electoral es un factor que altera la lógica de funcionamiento de un sistema electoral, y particularmente de los sistemas electorales minoritarios, debe tenerse en cuenta que los fenómenos polarizadores, a menos que sean artifi-

---

691 *V.* las referencias a las elecciones francesas de 1973 en *Les Forces Politiques et les élections de mars 1973* (un dossier du Monde). Paris, mars 1973.

692 Este resultado, como afirmaba sarcásticamente *The Times*, "prueba una vez más el viejo axioma de que Francia permanece básicamente como un país conservador. Su corazón puede estar en la izquierda, pero su billetera está exactamente en la derecha. Ella quiere reformas —siempre teniendo en cuenta que no cuesten mucho— pero no revoluciones. El problema es que a través de su reciente historia, los partidos en el poder han fallado con frecuencia en percibir a tiempo las necesidades de reforma", March 13, 1973, p. 1.

693 En todo caso, y ahora refiriéndonos al caso chileno, el hecho de que las elecciones de marzo de 1973 hubieran significado un triunfo para el Gobierno por el aumento de su votación, ello no eliminó la situación de crisis en que se encontraba la vida política chilena, tan dependiente de coaliciones de partidos, muchas circunstanciales, y del poder de los grupos minoritarios; lo que produjo posteriormente el golpe militar de septiembre del mismo año.

694 La polarización fue sorprendente, inclusive para los dirigentes del partido triunfador, Acción Democrática, quienes consideraron que el triunfo de AD tuvo "características imprevistas", v. lo indicado por Octavio Lepage, secretario general de Acción Democrática, *El Nacional.* Caracas, 15 de diciembre de 1973, p. D-l.

cialmente regulados[695], no son necesariamente permanentes[696], pues no pertenecen a la operatividad intrínseca del propio sistema electoral. La polarización político-electoral es un acontecimiento circunstancial, condicionado por la dinámica política de un momento político concreto, en un país y en un tiempo determinado, y, al contrario, no es un fenómeno permanente y puede variar según la dinámica política de cada país, dependiendo las alternativas que se presenten al electorado en un momento determinado, y en algunos casos, del planteamiento del debate en la aceptación o rechazo del gobierno de turno, a través del o de los candidatos que lo representen. En este sentido, como se analizará, la inesperada polarización política —al menos en los niveles que resultaron— que se produjo en Venezuela en las elecciones de 1973, significaron un rechazo popular a las soluciones políticas externas —socialismo, o perezjimenismo-desarrollismo—, un rechazo popular al candidato del gobierno, y un respaldo masivo al partido Acción Democrática, a lo que indudablemente influyó la costosa y alienante propaganda y publicidad a que se sometió al país por ambos partidos.

En todo caso, por los efectos momentáneos de la polarización, y por la demostración electoral de que, así como en 1973 la mayoría del pueblo argentino era peronista, en ese mismo año, en Venezuela, la mayoría del pueblo era acción democratista, no debe olvidarse que la situación de crisis institucional que existió latente en el país[697], mitigada por la bonanza económica, no se ha eliminado completamente. Si momentáneamente se logró la estructuración de un gobierno con una sólida mayoría parlamentaria, ello no debe hacernos olvidar todas las reformas que nuestro sistema institucional-democrático requiere, y que se planteaban como necesarias antes de las elecciones de 1973.

Ahora bien, crisis similares han existido en casi todos los países latinoamericanos, al haber adoptado el sistema minoritario de representación proporcional. Sin embargo, en el panorama de América Latina, ¿por qué México presenta una situación excepcional? Realmente, no es por azar o coincidencia que México sea en América Latina el país que ha tenido relativamente mayor grado de éxito al enfrentar y resolver sus crisis[698]: ello ha sido consecuencia de que es el único país latinoamericano que ha logrado tener una estabilidad política relativamente prolongada,

---

695 Como pudo ser, por ejemplo, el bipartidismo artificial que el Frente Nacional de los partidos Conservador y Liberal creó en Colombia a partir de 1958.

696 En este sentido, por ejemplo, el Presidente del Consejo Supremo Electoral en Venezuela, en 1973, señalaba que la eliminación de muchos partidos con motivo de las elecciones de ese año era "transitoria". "En la práctica —dijo— si no se modifica la Ley de Partidos, en el sentido de elevar el porcentaje necesario para constituir un partido —actualmente la ley exige el 0,5% de la población electoral— volverán a proliferar las mismas organizaciones, en las que sus máximos dirigentes postulan candidatos presidenciales, con el único fin de obtener un curul en el Congreso." *V. El Universal*. Caracas, 15 de diciembre de 1973, p. 1-10.

697 Que llevó inclusive al candidato C. A. Pérez antes de ser elegido Presidente a señalar que "La democracia es indudable que ha sufrido en nuestro país, y en muchos países, un grave deterioro en la mente del pueblo, presentándose como un régimen poco eficaz para dirimir las controversias sociales, asegurar la paz y asentar las bases mínimas de un desarrollo armónico". *V. El Nacional*, 23 de octubre de 1972.

698 *Cfr*. Robert E. Scott "Political Parties and Policy-Making in Latin America", en J. La Palombara and M. Weiner (ed.), *Political Parties and Political Development. Princeton*, 1966, p. 352.

debido al sistema electoral mayoritario consolidado[699], que ha producido un sistema de partido político único dominante, cuyos problemas, sin embargo, en el orden competitivo, no surgen en relación con otros partidos, sino dentro del mismo Partido Revolucionario Institucional (PRI), en las relaciones entre los heterogéneos grupos que conviven dentro de su organización. La situación mexicana, de "ausencia del sistema de partidos", según la apreciación de Pablo González Casanova[700], si bien debe ser objeto de reformas y ajustes en el sentido iniciado en 1963 y 1972 para permitir la participación de otros partidos políticos, en las últimas décadas ha permitido un nivel de consolidación política de México que está muy por encima de los demás países latinoamericanos, y ello, entre otros factores, por no haber tenido el efecto distorsionador en el largo plazo de un sistema minoritario de representación proporcional.

En todo caso, debe quedar claro que las críticas que puedan formularse a un sistema electoral como el de representación proporcional, así como las ventajas que puedan detectarse en otro, no son ni pueden ser universales ni inmutables. Ya hemos insistido en la imposibilidad de identificar un sistema electoral de validez universal en cualquier tiempo, y esto se confirma por las bondades que el sistema de representación proporcional ha tenido en varios países de configuración socio-política radicalmente distinta a la gran mayoría de los latinoamericanos.

En efecto, muchos de los que no aceptan las críticas formuladas contra los efectos inestabilizadores de la aplicación sucesiva del sistema electoral minoritario de representación proporcional, alegan que, al contrario, en países como Bélgica o Suiza no sólo ha traído como consecuencia una mayor armonía política, sino que ha incrementado los sentimientos de unidad nacional[701]. Sin embargo, el razonamiento así formulado y los ejemplos generalmente esgrimidos, no son suficientes para desvirtuar los efectos inestabilizadores del sistema electoral minoritario, y ello, porque la representación proporcional, como sistema político electoral, puede, efectivamente, conducir a la integración política en aquellos países altamente desintegrados socio-políticamente; y al contrario, conduce a la desintegración política en los países, como los latinoamericanos, generalmente integrados socio-políticamente. En efecto, en países con alta diferenciación y heterogeneidad étnica, incluso de orden religioso y lingüístico[702], como es el caso de Bélgica y Suiza, la representación proporcional, evidentemente que ha sido la fórmula electoral para la integración nacional; al contrario, las pocas experiencias del empleo de un sistema mayoritario en alguno de esos países, produjeron serísimos resultados en la división de los países, por la ausencia de representación otorgada a los diversos grupos étnicos que los integraban. Por tanto, países como Bélgica y Suiza, ciertamente que han llegado a estar más unidos como consecuencia de la adopción del sistema de representación proporcional. Lo mismo puede y debe argumentarse respecto a Irlanda del Norte,

---

699 *V.* Roland H. McDonald, "Electoral System, Party Representation and Political Change in Latin America", en *Western Political Quarterly*. Vol. XX, número 3, septiembre 1967, p. 695.

700 *V.* Pablo González Casanova, *La Democracia en México,* 1971, p. 25.

701 *Cfr.*, por ejemplo, E. Lakeman y J. D. Lambert, *op. cit.*, pp. 158, 174, 177 y 198; M. Delfino de Palacios, "Sistema de Partidos y Sistema Político: Descripción Tipológica", *Politeia,* número 2, Instituto de Estudios Políticos. Caracas, 1973, p. 107.

702 *V.* E. Lakeman and Lambert, *op. cit.,* pp. 168, 172 y 199.

país que a pesar de formar parte de la Gran Bretaña, muestra uno de los síntomas de desunión nacional más dramáticos del mundo moderno, en este caso de base religiosa. De aquí que una de las fórmulas políticas para lograr integrar al país, se piense o no en su futura independencia del Reino Unido, es la que, en términos electorales, establezca la representación proporcional y le permita, por tanto, a la minoría católica, participar en los procesos políticos, los cuales, hasta 1973, habían sido campo exclusivo de la mayoría protestante[703]. Pero, evidentemente, la situación de división étnica, lingüística o religiosa que puede encontrarse en algunos países europeos, en los cuales el sistema de representación proporcional es el sistema de representación ideal para asegurar la unidad nacional, no existe en los países latinoamericanos; y la inestabilidad y multiplicidad de partidos que en éstos ha producido, es, por el contrario, similar a la originada en otros países europeos integrados socio-políticamente[704].

En todo caso, insistimos, el sistema electoral minoritario ha producido en América Latina una serie de consecuencias, con caracteres graves en aquellos países que presentan una mayor homogeneidad étnico-social, como Chile y Venezuela[705], que exigen particular atención y reforma[706].

En efecto, quizá la primera consecuencia de un sistema electoral de representación proporcional de las minorías, particularmente el de la fórmula d'Hondt, aplicado en condiciones normales y en ausencia de polarización, es el condicionamiento y la degradación del sistema de partidos como consecuencia de la multiplicidad que produce, de la desideologización de los partidos, y de la pérdida del carácter democrático interno de los mismos[707]. En efecto, la facilidad en la obtención de representación en las asambleas representativas por los diversos grupos y partidos que produce un sistema electoral minoritario, conduce no sólo a la atomización de la opinión y de las opciones políticas, muchas veces artificial, sino a una dispersión del esfuerzo y división —también muchas veces artificial— en el seno de las asambleas representativas, donde, por la naturaleza de su composición, la acción y presión de los grupos de intereses es progresiva. Ello trae como consecuencia que mediante la aplicación sucesiva de ese sistema minoritario, y en ausencia de una polarización política como la producida en Venezuela en 1973, sea muy difícil la formación de un gobierno fuerte con respaldo mayoritario del país y del Congreso, es decir, de un gobierno que pueda gobernar —fin fundamental de todo sistema electoral—; produ-

---

703 Ello se ha adoptado en 1973 en las disposiciones constitucionales aprobadas por el Parlamento en marzo de dicho año, que llevaron a la elección de una Asamblea de Irlanda del Norte (como Provincia) y de la constitución de un Ejecutivo colegiado, integrados por representación proporcional. *V.* el *Documento Blanco (White Paper)* sobre las proposiciones constitucionales para Irlanda del Norte publicado en The Times, March 21, 1973, pp. 4 y 5. *Cfr. Royal Commission on the Constitution 1969-1973*, Vol. I, Report. London, 1973, pp. 397 y ss.

704 Como en Francia, Alemania, España e Italia.

705 *Cfr.* la apreciación en relación a Chile y Venezuela en Helio Jaguaribe, *Political Development: a General Theory and a Latin American Case study*. N.Y., 1973, pp. 503 y 504.

706 En relación al caso de Chile antes de septiembre de 1973. *Cfr.* la apreciación de A. T. Edelmann, Latin American Government and Politics (The Dynamics of a Revolutionary Society). Illinois, 1965, p. 350. En general, v. la opinión de F. Hermens, "The Dynamics of Proportional Representation", en Andrew J. Milnor (ed.), *Comparative Political Parties*. N.Y., 1969, pp. 220 y 223.

707 *Cfr.* F. A. Hermens, "The Dynamics of Proportional Representation" (Reprinted from F. A. Hermens, "Democracy or Anarchy?", 1938, pp. 15 a 74), en Harry Eckstein and David E. Apter, *op. cit.*, pp. 254 y ss.

ciéndose en cambio, en general, una representación real de todas las opiniones imaginables, pero un gobierno débil y con reducido apoyo popular, como sucedió en Venezuela en 1968. En efecto, conforme a un sistema minoritario de representación proporcional, cualquier minoría tiene oportunidad y posibilidad de lograr con relativo poco esfuerzo y el financiamiento necesario, la representación buscada, lo que contribuye a la aparición de grupos, grupúsculos, fraccionalismos y divisiones de partidos, como sucedió en Venezuela después de 1958. En este sentido, las cifras electorales en cuanto a la participación partidaria en Venezuela, confirman esta apreciación, pues en el período 1946-1973, el número de partidos políticos que han participado en las elecciones ha aumentado de 5 a 34, tal como se aprecia en el cuadro siguiente:

PARTICIPACIÓN PARTIDARIA EN LAS ELECCIONES[708]

(Años: 1946-1973)

	1946	1947	1958	1963	1968	1973
Total	16	9	8	12	32	34
Partidos nacionales..........	5	6	8	11	16	20
Partidos y grupos electores Regionales.................	11	3	—	1	16	14

En 1973, por tanto, participaron 34 partidos y grupos políticos en las elecciones, de los cuales, 20 eran partidos políticos nacionales. La polarización lograda en la votación entre los partidos Acción Democrática y COPEI, quienes obtuvieron entre ellos el 83,5 % de los votos válidos, trajo como consecuencia que de los 20 partidos nacionales que participaron en las elecciones, 11 quedaran virtualmente extinguidos como partidos, sin perjuicio de que pudieran obtener representación, en virtud de haber obtenido menos del 1% del total de votos válidos[709]. En todo caso, el fenómeno observado hasta 1973 de la multiplicidad y división de los partidos no se produjo por azar, o por el individualismo o la idiosincrasia latinoamericana o venezolana[710], sino como una consecuencia directa e irremediable, lamentablemente, del sistema electoral vigente[711].

---

708 Los datos han sido tomados de Boris Bunimov Parra, *Introducción a la Sociología Electoral Venezolana*. Caracas, 1968; C.S.E., Memoria y Cuenta, 1969, y *El Nacional*, Caracas, 15 de diciembre de 1973, p. D-l.

709 *V.* artículo 23 de la Ley de Partidos Políticos, Manifestaciones Públicas y Reuniones que exige a los partidos que hayan obtenido menos del 1% de los votos emitidos en las elecciones nacionales, la renovación de la nómina de inscritos en el mismo porcentaje exigido (0,5 % de los electores inscritos en doce circunscripciones) para su constitución. *V.* en *Gaceta Oficial* número 27.725, de 30 de abril de 1965.

710 En este sentido no compartimos la apreciación de Jean Blondel en el sentido de que, al contrario, la razón para la concentración en dos partidos a nivel nacional está mucho más relacionada con las características culturales, siendo interesante de notar que los países anglosajones y de la comunidad británica de naciones tengan la tendencia a ser regidos por un sistema bipartidista. *V. Comparing Political Systems*. London, 1972, p. 106. No creemos que sea una "característica cultural anglosajona" el que las antiguas colonias británicas hayan seguido el sistema bipartidista, sino que, en realidad, ha sido el único que han conocido y que se les impuso por la metrópoli.

711 *V.* las apreciaciones del Presidente del Consejo Supremo Electoral de Venezuela, en 1973, donde observa que la polarización política de las elecciones de ese año sólo han producido la desaparición transitoria y momentánea de muchos partidos políticos.

Por otra parte, la representación proporcional provoca en el largo plazo un debilitamiento interno del rol de los partidos políticos y de su estructura interna, debido al papel que el sistema minoritario permite jugar a los grupos de intereses y de presión. En efecto, no sólo puede indicarse como característica de las elecciones venezolanas entre 1958 y 1973 el hecho de que fueran apareciendo sucesivamente grupos políticos como representantes de intereses particularmente económicos[712], sino todavía más evidente, el hecho de que los grupos económicos hayan ido minando la representación de los partidos, al forzar a éstos a presentar candidatos de aquéllos en sus listas, como medio de los partidos, no sólo para buscar apoyo electoral, sino apoyo financiero[713]. La imposición de la candidatura de los representantes de los grupos de intereses y de presión económica por sobre los del propio partido, ha falseado muchas veces los mecanismos de democracia interna de los partidos, quienes ni siquiera han elegido los candidatos directamente, sino que éstos les han sido impuestos muchas veces por las directivas respectivas[714].

Pero, además, para tantos otros partidos y grupúsculos realmente minoritarios, la representación proporcional de las minorías ha sido la única esperanza para obtener representación. Si bien atribuir representación a las minorías es realmente justo, lo que no tiene sentida es la conversión del sistema en íntegramente minoritario. En este caso, el sistema de representación proporcional, tiende a agotarse en sí mismo, en el otorgamiento de representación parlamentaria en forma indefinida, sacrificando el objetivo del sistema electoral: la formación de una mayoría gubernamental que permita al Gobierno gobernar y al Estado asumir el papel activo en el proceso de desarrollo que se exige en nuestras sociedades. Los gobiernos, al contrario, han agotado sus posibilidades en la negociación de votos, apoyos y coaliciones, muchas veces a precios tan elevados que significan el sacrificio del programa que les valió la elección. Las asambleas representativas electas por el sistema de minorías, por otra parte, han terminado por no representar al pueblo elector, y sólo a los partidos o grupos políticos y a los grupos de presión, existiendo en general una ignorancia en relación a los candidatos elegidos, lo cual se agrava por el sistema de listas bloqueadas utilizado en Venezuela[715].

---

712 Tal es el caso, por ejemplo, en las elecciones de 1973, del Movimiento Desarrollista que candidateó a la Presidencia a Pedro Tinoco, h., y que, a pesar de sus esfuerzos, no logró convertirse en el representante político de los grupos económicos del país.

713 Como simple ejemplo, es interesante destacar que en 1968 el Partido COPEI llevó a la Cámara de Diputados a quien había sido presidente del grupo de presión económica más poderoso de Venezuela (FEDECAMARAS), y que el Partido URD llevó asimismo a la Cámara de Diputados, a quien debía asumir esa Presidencia posteriormente.

714 *Cfr.* F. A. Hermens, "The Dynamics of Proportional Representation", en Harry Eckstein y David E. Apter, *op. cit.*, pp. 261 y ss.

715 En efecto, es muy usual que se pregunte por qué no se cambia el mecanismo de elecciones mediante listas cerradas o bloqueadas como el que hemos tenido en Venezuela hasta 1974, por una elección uninominal; es decir, que se pueda elegir a una persona individualmente, y no que resulte que el voto que quiere depositarse por una persona, en realidad está destinado a elegir ocho o veinte candidatos a quienes posiblemente no se quiera elegir. El problema aquí también es simple: el sistema de representación proporcional como el nuestro, no puede funcionar sin el sistema de listas bloqueadas, de manera que para cambiar el sistema de listas habría que cambiar de raíz nuestro sistema político, que es lo que está planteado. Actualmente, por tanto, no hay posibilidad de elección uninominal mientras nos rija el mismo sistema vigente, que sigue la fórmula D'Hondt. *Cfr.* Allan R. Brewer-Carías, *loc. cit.*, p. 121.

Pero además de dichos efectos, un sistema electoral minoritario como el aplicado en Venezuela entre 1958 y 1973 produce que los partidos políticos, en general, vayan perdiendo o lesionando su basamento ideológico. Por ejemplo, en las elecciones de 1968 y 1973 se pudo constatar que, en general, la lucha partidista electoral no tuvo gran o ningún contenido o basamento ideológico; y la propaganda electoral, particularmente en el proceso electoral de 1973, en realidad se convirtió pura y simplemente en publicidad electoral, en la cual la "venta" de los candidatos sustituyó la confrontación de ideas[716]. En todo caso, y debido al número de partidos que participaron en las elecciones de 1968 y 1973, nadie puede seriamente sostener que existían en esas fechas dieciséis o veinte alternativas y soluciones distintas al desarrollo de Venezuela. Como consecuencia de todo ello, algunos partidos políticos se han transformado de partidos con base ideológica, en partidos electoreros de opinión o en partidos, pura y simplemente, y como consecuencia, circunstanciales y transitorios, cuyo objetivo fundamental ha sido lograr la representación en las asambleas, que le facilita el sistema electoral, lograr su enquistamiento en ellas, y a través de ello, el enquistamiento de los grupos de presión y de intereses[717].

Ahora bien, planteados los efectos negativos del sistema electoral de representación proporcional de las minorías en vigencia en Venezuela desde 1946[718], en cuanto a la forma de elección, el debilitamiento del poder, la desintegración política y la exposición de las instituciones políticas a la presión de los más variados intereses, es evidente que se exige una reforma del mismo, a pesar de los resultados de las elecciones de 1973 y de la polarización política en ellas evidenciada. En efecto, el resultado de las elecciones de 1973 ha sido la constitución de un gobierno con respaldo mayoritario del electorado y con respaldo mayoritario en el Congreso, es decir, de un gobierno con todas las condiciones para poder gobernar. Este debe ser el resultado por excelencia a obtener de un sistema electoral, pero en 1973 se obtuvo no porque el sistema electoral en su lógica de funcionamiento facilitara la obtención de esa mayoría, sino debido a la circunstancia concreta y no necesariamente permanente,

716 *Cfr.* las opiniones de Miguel Acosta Saignes, Abel Sánchez Peláez, Orlando Albornoz, Boris Bunimov Parra y Fernando Valarino, en "Esta publicidad electoral, ¿neurotizante, frívola y culto a la personalidad?" *El Nacional* Caracas, 3 de diciembre de 1973, p. C-l.

717 *Cfr.* Allan R. Brewer-Carías, *loc. cit.*, p. 122. En este sentido debe además señalarse que un sistema minoritario como el que se ha aplicado en Venezuela desde 1958, indirectamente va produciendo un complejo de minorías en las organizaciones políticas, algunas veces con razón y muchas, sin ella. Por ello la insistencia de la defensa del sistema electoral minoritario por minorías que han sufrido ese complejo en muchos países, tal como ha sucedido con algunos partidos comunistas y de la democracia cristiana (*cfr.* F. A. Hermens, "Constitutionalism, Freedom and Reform in Latin America", loc. cit. y pp. 109 y 110), y con el Partido Liberal británico (*cfr.* The Times, september 20, 1973), complejo que ha quedado desmentido con la votación, por ejemplo, del Partido Comunista en Francia y en Chile o de los Partidos Demócrata-Cristianos en Alemania, Chile y Venezuela, y del Partido Liberal en Gran Bretaña en febrero de 1974.

718 Boris Bunimov Parra, en su libro Introducción a la Sociología Electoral Venezolana, Caracas, 1968, formula a manera de conclusión las siguientes observaciones sobre los procesos celebrados en Venezuela entre 1946 y 1963. Hay un continuo aumento del número de candidaturas; el porcentaje de la votación válida que logra el partido triunfador disminuye regularmente, y el porcentaje de la votación válida que obtienen conjuntamente los dos partidos que logran, en cada caso, mayor número de sufragios, disminuye regularmente, p. 337 y 338. Estas tendencias, que coinciden con las analizadas en el texto, se acentuaron en las elecciones de 1968, y si bien la primera se agudizó (número de candidaturas) en 1973, la polarización política evidenciada en torno a los partidos acción democrática y copei, produjo que las otras dos tendencias hayan mostrado una momentánea regresión.

de la polarización de votos. Se impone, por tanto, una reforma del sistema electoral para hacer que la formación de gobiernos con respaldo mayoritario, imprevista en 1973, se convierta en permanente, y por tanto, que permita no sólo el gobierno por las mayorías nacionales, cualesquiera que sean sus orientaciones, sino la posibilidad misma de la formación de mayorías políticas. No se trata de copiar instituciones o sistemas políticos de otros países, como el puramente mayoritario francés posterior a 1958 o como el británico, sino en base a nuestra propia experiencia democrática, construir nuestras propias instituciones y sistemas de acuerdo con los objetivos que el Estado tiene planteados en relación al proceso de desarrollo. Conforme a ello, estimamos que la atenuación de los efectos negativos del sistema de representación proporcional de las minorías que ha estado en aplicación en Venezuela, se impone como requisito para la tura y permanente supervivencia del régimen democrático; pero debe quedar claro que las propuestas de reforma en ese sentido no deben tener pura y simplemente, por objeto establecer un sistema artificial bipartidista[719]. Estimamos conveniente, al contrario, el sistema multipartidista, pero por supuesto, no ilimitado; y su reducción a niveles más o menos aceptables no puede imponerse por un convenio entre dos partidos. Por otra parte, consideramos conveniente y necesaria la representación de las minorías, pero no al nivel de que se formen gobiernos de minorías. Los gobiernos deben constituirse con mayorías y con respaldo mayoritario en el Congreso, sin que por ello las minorías, en tanto que minorías, no deban obtener representación minoritaria. Se trata, en definitiva, de institucionalizar lo inesperado y sorpresivo del resultado de las elecciones de 1973: la constitución de un gobierno mayoritario, con respaldo mayoritario en las Cámaras Legislativas y la representación de las minorías en cuanto a tales, independientemente de cuál partido político concreto triunfe en las elecciones. Se trata de evitar, en definitiva, que en el futuro puedan constituirse gobiernos de minorías, y que las minorías pretendan gobernar; y consecuencialmente, de permitir y alentar la constitución de varios partidos que puedan disputarse la mayoría.

Pero para una reforma del sistema electoral que pretenda atenuar los efectos negativos del sistema de representación proporcional de las minorías como el que ha estado en aplicación en Venezuela desde 1946 hasta 1973, debe precisarse en primer lugar, qué ha de entenderse por la exigencia constitucional venezolana de que la elección de diputados al Congreso o a las Asambleas Legislativas se realice "con representación proporcional de las minorías" o que en general la legislación electoral "consagrará el derecho de representación proporcional de las minorías"[720]. Dos alternativas surgen al interpretar estos textos: o se trata de condenar a todos los partidos políticos a ser minorías, tal como ha sido la situación hasta 1973, en la que realmente podía hablarse de la existencia de partidos menos minoritarios y no de partidos mayoritarios conforme a los resultados electorales producidos hasta 1968, o al contrario, se trata de asegurar que las "minorías", que no pueden ser todas las organizaciones políticas, tengan una representación proporcional a su votación. Para llegar a la primera alternativa, evidentemente que hay que confundir la exigencia de que el sistema electoral que se establezca por vía legislativa consagre el derecho de

719 Como fue el caso colombiano a partir de 1958. *V.* algunas referencias respecto del sistema colombiano en R. McDonald, "Electoral System, Party Representation and Political Change in Latin America", *loc. cit.*, p. 700, y R. McDonald, *Party Systems and Elections in Latin America*. Chicago, 1971, pp. 178 y ss.

720 Artículos 19, 113 y 151 de la Constitución.

las minorías a estar representadas proporcionalmente, con un sistema, pura y simple de "representación proporcional". Estimamos, al contrario, que la distinción es clara: una cosa es "representación proporcional de las minorías", como lo exige la Constitución, y otra es un sistema electoral de "representación proporcional" como el que ha consagrado la Ley Orgánica del Sufragio. El primero exige proporcionalidad en la representación de las minorías, pero no excluye o dificulta la constitución de mayorías; el segundo, aplica la representación proporcional no sólo a las "minorías", sino a todos los partidos y organizaciones, dificultando la formación de mayorías. Esta distinción, que podría calificarse de sutil, tiene importancia trascendental, pues sin necesidad de enmendar la Constitución, podría establecerse un sistema mixto, de elección mayoritaria, que beneficiaría a las mayorías, y de "representación proporcional de las minorías", que también beneficiaría a las minorías. En esta forma, una proporción de los puestos en las asambleas representativas se elegirían mediante un escrutinio mayoritario, y otra proporción mediante representación proporcional a los votos obtenidos[721]. En Venezuela, por ejemplo, se daría perfectamente satisfacción a la representación proporcional de las minorías, en tanto que minorías, que exige la Constitución, mediante la sola aplicación del mecanismo de adjudicación de diputados y senadores "adicionales", tal como anteriormente se explicó, los cuales sólo corresponden a los grupos o partidos que no han obtenido representación directa en determinadas circunscripciones o han obtenido menos representación[722]. Para ello lo que es indispensable tener en cuenta, en todo caso, es que la exigencia constitucional venezolana, lo que plantea es que se dé representación proporcional a las "minorías", y no el establecimiento de un sistema electoral que dé representación proporcional a todos los grupos o partidos en forma absoluta, como el que se ha aplicado desde 1946.

Pero aun manteniendo el sistema electoral de representación proporcional absoluta que se aplicó entre 1946 y 1973, que combina la representación proporcional directa, con los representantes adicionales asignados por la aplicación del cociente electoral nacional, los efectos negativos de este sistema evidentemente que podrían atenuarse.

---

721 Un sistema mixto ha estado en aplicación en la Alemania de la postguerra, adoptado a partir de 1946, después de haber sufrido las consecuencias de la experiencia pre-nazi de representación proporcional que la Constitución de Weimar propugnó. (El sistema consiste en elegir cierta fracción de los miembros del Parlamento exactamente como en las elecciones generales británicas, es decir, mediante un escrutinio mayoritario y candidatos uninominales en circunscripciones electorales reducidas, corrigiendo cualquier ausencia de representación de partidos, agregando miembros de listas separadas, de manera de llevar el total de representación de cada partido, tan cerca como sea posible a la proporcionalidad. *V.* E. Lakeman and J. D. Lambert, *op. cit.*, p. 96. Otros mecanismos pueden establecerse dentro de esta línea, mixta o semi mayoritaria. Por ejemplo, T. E. Smith, al estudiar los sistemas electorales en países subdesarrollados, llega a la conclusión de que la forma más sencilla de dar a las minorías organizadas posibilidad de representación, sin adoptar la fórmula de representación proporcional, es el sistema del "voto singular no transferible", el cual, concluye, es de utilización fácil inclusive con el voto analfabeto. *V.* T. E. Smith, *Elections in Developing Countries (A Study of Electoral Procedures used in Tropical Africa, South-East Asia, and the British Caribbean)*. London, 1960, p. 116. El sistema del voto singular no transferible se encuadra en la clasificación general de los sistemas electorales (mayoritarios o de representación proporcional), dentro de los mayoritarios, en relación a circunscripciones en las cuales se elige a más de un miembro. *V.* Institute of Electoral Research, *Parliaments and Electoral Systems*. London, 1962, p. 6.

722 El sistema electoral mexicano, en esta forma, aun no siendo un sistema electoral de representación proporcional, sino, al contrario, mayoritario, al permitir la asignación de los "diputados de partido", ha consagrado el derecho a la representación de las minorías.

Una primera fórmula para atenuar dichos efectos podría ser la sola reducción del ámbito de las circunscripciones electorales densamente pobladas, que implican en algunos casos la elección con un solo voto de hasta 37 representantes. Tal es el supuesto de circunscripciones electorales densamente pobladas, como la del Distrito Federal, en la cual en 1968 y 1973 se eligieron 37 Diputados[723], es decir, en la cual los diversos partidos políticos debieron postular listas de 74 candidatos (37 principales y 34 suplentes)[724]. Pues bien, teniendo en cuenta la apreciación de que para que opere completamente el sistema de representación proporcional se exigen circunscripciones en las cuales al menos se elijan cinco representante[725], las 23 circunscripciones electorales venezolanas que han coincidido con la División Político-Territorial de la República (20 Estados, dos Territorios Federales y un Distrito Federal), podrían configurarse en forma distinta, agrupando divisiones territoriales menores (Municipios o Parroquias o Distritos) hasta llegar a un límite máximo de representantes a elegir, según la población electoral que abarquen, que podría ser de cinco o seis diputados. En este sentido, debe destacarse que el Consejo Supremo Electoral, a proposición nuestra, y recogiendo toda la experiencia que el proceso electoral de 1968 aportó, en el Proyecto de Ley Orgánica del Sufragio que sometió a la consideración de la Cámara de Diputados[726], propuso la eliminación de las Circunscripciones Electorales que abarcaban las entidades federales, y proponía el establecimiento de Circunscripciones Electorales *ad hoc* (distritos electorales), que no podrían tener un ámbito de población superior a 320.000 habitantes, estableciendo además la base de población para elegir diputados en 80.000 habitantes. Esas Circunscripciones, conforme a ese límite, podrían estar integradas por los Distritos, Municipios o Parroquias, o por las agrupaciones de Distritos, Municipios o Parroquias que determinara el Consejo Supremo Electoral. En esta forma, de acuerdo con ese proyecto, por cada Circunscripción Electoral que determinase el Consejo Supremo Electoral, para las elecciones de Diputados no podrían elegirse más de cuatro Diputados. Así, el Proyecto perseguía "la neutralización de los aspectos negativos que el principio de la representación proporcional origina en Circunscripciones Electorales densamente pobladas, en las cuales, como sucede con la Ley vigente, deben elegirse un número considerable de Diputados. La reducción de la población de las Circunscripciones

---

723 En las elecciones de 1968, los 197 diputados fijos (excluidos los adicionales) que se eligieron, según la base de población vigente en las mismas, se distribuyeron así: por el Distrito Federal 37; por los Estados: Anzoátegui 10, Apure 3, Aragua 8, Barinas 4, Bolívar 7, Carabobo 10, Cojedes 2, Falcón 8, Guárico 6, Lara 12, Mérida 6, Miranda 13, Monagas 6, Nueva Esparta 2, Portuguesa 5, Sucre 10, Táchira 10, Trujillo 7, Yaracuy 4 y Zulia 25; y por los Territorios Federales: Amazonas 1 y Delta Amacuro 1. *V.* C. S. E. *Memoria y Cuenta, 1969, cit.,* p. 129. En las elecciones de 1973 se eligieron 183 diputados, distribuidos por circunscripciones en la forma antes señalada.

724 En Venezuela, la elección de los suplentes para todos los representantes a senadores, diputados y miembros de los Concejos Municipales, se efectúa en la misma oportunidad de las elecciones generales y por un número suficiente (el doble de los principales obtenidos) de manera que materialmente es difícil que se pueda producir una vacante absoluta de la representación. *V.* lo indicado en los artículos 100, ordinal 2 y 145 de la Ley Orgánica del Sufragio de 3 de septiembre de 1973, en *Gaceta Oficial* número 1.609 extraordinario, de 6 de septiembre de 1973. Sin embargo, la Ley prevé (artículo 145) la posibilidad de que se realicen elecciones parciales para proveer las vacantes correspondientes en caso de que se agoten "por falta absoluta" los principales y suplentes.

725 *V.*, por ejemplo, F. A. Hermens, "The Dynamics of Proportional Representations", en A. J. (Milnor (ed.), *op. cit.,* pp. 219 y 220.

726 *V.* la Exposición de Motivos al Proyecto en C. S. E., *Memoria y Cuenta* 1969, pp. 73 y ss.

Electorales para la elección de Diputados, entonces, tenía por objeto la reducción, en cuanto a la atomización de las fuerzas políticas, que en la actualidad, de acuerdo a la Ley vigente, es progresiva"[727]. Dicho proyecto, sin embargo, en esta parte, no fue acogido por la Cámara y, por supuesto, los Diputados que más se opusieron a la fórmula pertenecían a los grupos más minoritarios y con complejo de tales[728]. En todo caso, debe advertirse que toda fórmula que implique la determinación *ad hoc* para una elección de Circunscripciones o Distritos Electorales, conlleva un peligro en la distribución de votos y su efectividad electoral, que podría favorecer a determinados partidos políticos, y a la vez, perjudicar a otros, como sucede con frecuencia en algunos sistemas electorales mayoritarios[729]. En el caso venezolano, sin embargo, correspondiendo la dirección y conducción absoluta y exclusiva de los procesos electorales al Consejo Supremo Electoral, organismo que actúa con autonomía del Poder Ejecutivo y de los otros poderes del Estado y cuyos miembros los designa el Congreso, siendo la mayoría representantes de los cinco principales partidos políticos[730], la manipulación ilegítima en el establecimiento de las Circunscripciones o Distritos Electorales, en caso de adoptarse las mismas en un futuro, es difícil que pueda realizarse, pues son los partidos los que en definitiva dirigen el proceso electoral.

En todo caso, de adoptarse cualquier mecanismo de reducción del número de representantes a elegir en las correspondientes Circunscripciones Electorales, ello produciría, evidentemente, el efecto de depuración en la escogencia de los candidatos que deben integrar las respectivas listas de los variados partidos políticos, así como la búsqueda, por los mismos, de una mayor representatividad efectiva de dichos candidatos en relación a los electores[731].

---

727 *V. ibídem*, pp. 74 y 75.

728 *V.*, por ejemplo, las discusiones sobre el proyecto en el *Diario de Debates de la Cámara de Diputados de la República de Venezuela,* número 62, mes VIII, del de agosto de 1970, particularmente, pp. 1.777 y ss.

729 Con razón Lakeman y Lambert señalan que en algunos sistemas mayoritarios, el resultado de las elecciones realizadas conforme a ellos, depende no sólo de la forma cómo el pueblo vota, sino de la forma cómo sus votos se distribuyen en las circunscripciones o, en otras palabras, de la forma cómo las circunscripciones se distribuyen en el país, *op. cit.*, p. 71. Conocidas son en este sentido, las tradicionales apreciaciones que sobre las elecciones francesas posteriores a 1958 se formulan, y sobre los efectos distorsionadores de la distribución de las circunscripciones: en 1958 el Partido Comunista, con 3.870.184 votos sólo obtuvo 10 puestos en la Asamblea Nacional; en cambio, el Partido U.D.R. gaullista, con 3.589.382 votos obtuvo 196 representantes (*v.* los comentarios en *Les Forces Politiques et les éléctions de mars 1973* [un dossier du Monde]. París, mars 1973), y ello, fundamentalmente, debido a la forma de distribución en el territorio del país, de las circunscripciones electorales.

730 De los nueve miembros del Consejo Supremo Electoral, cinco son designados mediante postulación que hacen los partidos políticos nacionales. Además, los partidos nacionales que hayan obtenido por lo menos una votación del 3% podrán designar un representante ante dicho organismo, con derecho a voz. *V.* el artículo 39 de la Ley Orgánica del Sufragio.

731 Debe indicarse además que en Venezuela, el voto ha sido simultáneo para los representantes al Congreso Nacional (senadores y diputados), a las Asambleas Legislativas (diputados) y a los Concejos Municipales (concejales), lo que ha producido que con un solo voto, en las elecciones de 1973 se indicó preferencia, mediante listas bloqueadas, en una circunscripción como la del Estado Miranda, para 2 senadores, 12 *diputados*, 22 *diputados* a la Asamblea Legislativa y 7 concejales, de acuerdo al Distrito respectivo, más sus respectivos suplentes.

ELECCIÓN DE REPRESENTANTES 1968 - 1973

AÑO	Senadores		Diputados	
	1968	1973	1968	1973
TOTAL	52 (10)*	47 (5)	214 (17)	200 (17)
AD	19	28	66	102
COPEI	16	13	59	64
URD	3 (2)	1	18 (1)	5 (2)
UPA-PCV...........	(1)		5 (3)	(2)
FND	(1)		4 (3)	
FDP.....................	(2)		10 (2)	
PRIN....................	(1)		(4)	
MEP..................	5	(2)	25 (1)	8 (4)
CCN..................	4 (3)	(1)	21 (1)	7 (3)
PSV..................			(1)	
MAN..................			(1)	
MAS..................		(2)		9 (3)
MIR....................				(1)
PNI....................				(1)
OPINA...............				(1)

* Entre paréntesis se indican los representantes adicionales electos indirectamente por la aplicación del cociente electoral nacional.

Fuente: CSE. *Memoria y Cuenta,* Caracas 1969; *El Nacional,* 14 y 15 de diciembre de 1973; *El Universal,* Caracas, 8 de febrero de 1974.

Por otra parte, la reducción del número de candidatos a postularse y elegirse en las diversas Circunscripciones, al reducir el número de posibilidades en la elección, reduce considerablemente la dispersión en la representación. En el caso venezolano, comparando situaciones extremas, se puede observar el efecto de reducción de los candidatos electos en las diversas Circunscripciones, si se analizan, por ejemplo, los resultados de las elecciones de Senadores y Diputados en 1968 y 1973, por partidos políticos, y si se tiene en cuenta sólo los representantes electos en forma fija, sin considerar los Diputados y Senadores adicionales.

Conforme al cuadro que antecede, se observa que en la Cámara del Senado, por ejemplo, en 1968, la elección directa evidenció dos partidos menos minoritarios que los demás: de 42 Senadores, AD obtuvo 19 y COPEI 16, lo que entre los dos equivale a una mayoría del 83,33%; porcentaje que se redujo al 67,3% luego de la aplicación del cociente electoral nacional, que agregó diez Senadores Adicionales al número electo directamente. En el caso de la Cámara de Diputados, también en 1968 la situación era menos mayoritaria: de los 197 Diputados electos directamente, AD obtuvo 66 y COPEI 59, lo cual equivalía entre los dos a una mayoría del 63,4 %; porcentaje que se redujo al 58,4% luego de la aplicación del cociente electoral nacional, que agregó 17 Diputados Adicionales al número electo directamente. En la sola elección de Diputados en 1968, la atomización se evidencia cuando se observan los resultados de la elección en Circunscripciones Electorales con alto número de Diputados electos, en relación con aquellas que eligen pocas. Por ejemplo, en todas las Circunscripciones Electorales en las cuales se eligieron menos de ocho y más de seis Diputados, la proporción fue de dos tercios de representantes de los dos partidos menos minoritarios, contra un tercio de representantes de los otros partidos. En cambio, en Circunscripciones densamente pobladas, como la del Distrito Federal, la proporción se invirtió completamente: un tercio para los partidos menos minoritarios y dos tercios para los otros. La situación resultante de las elecciones de 1973, por la polarización política de la votación, fue completamente distinta, en el sentido de que fue menos atomizada.

Ahora bien, y repetimos, sin caer en fórmulas artificiales bipartidistas, la corrección de la atomización partidaria y de representantes que se observó en las elecciones venezolanas hasta 1968 puede atenuarse aplicando otros criterios definidores de "minorías" a los efectos de la concurrencia al reparto de cargos. Así como la Ley Orgánica del Sufragio establece un porcentaje del 3% de los votos válidos para que un partido minoritario pueda designar representante ante el Consejo Supremo Electoral[732], y la Ley de Partidos Políticos, Reuniones Públicas y Manifestaciones establece una proporción también del 3% en relación a los votos emitidos para que grupos de electores puedan estructurarse como partidos políticos sin presentar la nómina exigida[733], asimismo la Ley Orgánica del Sufragio podría establecer un porcentaje mínimo de votos para que un partido político pueda considerarse como "minoritario" a los efectos de concurrir a la repartición de cargos[734]. De acuerdo a una fórmula de este tipo, de determinación de un mínimo de votación para que un partido político pueda concurrir en el reparto de cargos, es decir, para que pueda ser considerado como "minoría" a los efectos de la representación, los efectos negativos atomizadores de la representación proporcional evidenciados en Venezuela hasta 1968 se verían notablemente reducidos. En efecto, si se hubiera utilizado el criterio porcentual del solo 3% en relación a los votos válidos nacionales, que para otros fines utiliza la legislación venezolana[735] se hubiera concluido que en 1968, para la adjudicación de Senadores y Diputados Adicionales, hubieran quedado excluidos tres de los seis partidos que obtuvieron Senadores Adicionales y cinco de los nueve que obtuvieron Diputados Adicionales. En cuanto a la elección directa de Diputados al Congreso Nacional, aplicado al porcentaje indicado del 3% de los votos válidos a cada Circunscripción Electoral, hubiera resultado, por ejemplo en 1968, en aquellas Circuns-

---

732 *V.* artículo 39 de la Ley Orgánica del Sufragio.

733 *V.* artículo 23 de la Ley de Partidos Políticos, Reuniones Públicas y Manifestaciones de 15 de diciembre de 1964.

734 Este es el supuesto previsto en la Ley del Sistema Electoral Nacional de Argentina de 1972, ya comentada, al indicar que no participarán en la distribución de cargos, "las listas que no obtuvieren como mínimo el ocho por ciento (8%) del total de sufragios válidos emitidos en el distrito o que no lograren en éste por lo menos 135.000 votos" que es la base de población para la elección de diputados. *V.* artículo (14, letra e. de la Ley número 19.862 del Sistema Electoral Nacional de 3 de octubre de 1972, *Diario Oficial* número 22.520, de 5 de octubre de 1972. *V.* los comentarios que hemos formulado sobre dicha ley en notas números 47 y 48 de este capítulo 9. Un supuesto similar de definición porcentual de las minorías, se observa también en la Constitución Mexicana, cuando condiciona el derecho a la adjudicación de "diputados de Partido" (adicionales), a la obtención por un partido nacional del "uno por ciento de la votación total en el país en la elección respectiva". *V.* artículo 54, numeral 1 de la Constitución Política de los Estados Unidos Mexicanos (reforma de 1972), *Diario Oficial* de 14 de febrero de 1972.

735 De los votos válidos emitidos para las elecciones de representantes (3.678.084), el 3% equivale a 110.102, y sólo seis de los dieciséis partidos políticos nacionales obtuvieron más de dicha cantidad en 1968. *V.* C. S. E. *Memoria y Cuenta,* 1969, cuadro entre pp. 123 y 124.

cripciones que más Diputados eligieron que de los 11 partidos políticos que, por ejemplo, obtuvieron representación en el Distrito Federal, sólo siete hubieran concurrido; de los nueve que obtuvieron representación en el Estado Miranda, sólo seis hubieran concurrido; y de los nueve que obtuvieron representación en el Estado Zulia, sólo siete hubieran concurrido[736]. Si a las cifras electorales de 1968 se aplica, por ejemplo, un porcentaje mayor al 3% y se calculan los efectos resultantes de la aplicación de un porcentaje igual al exigido por la reciente Ley Argentina del 8 % de los votos válidos, hubiera resultado menor la atomización y, por ejemplo, en la repartición de los puestos de Diputados al Distrito Federal sólo hubieran concurrido cuatro partidos políticos en forma directa en lugar de los ocho que concurrieron. En todo caso, debe partirse del supuesto de que toda limitación a la atomización, consecuencia de una definición porcentual de las "minorías" para concurrir a la repartición de cargos en las Circunscripciones Electorales, produciría una limitación a la dispersión y fraccionalismo en las fuerzas políticas, así como a una reagrupación y fortalecimiento de las mismas. Las minorías, en todo caso, seguirían teniendo representación proporcional a través de las vías indirectas señaladas de Senadores y Diputados adicionales, las cuales eventualmente podrían no someterse a la limitación porcentual indicada.

Otro elemento de reforma del sistema electoral que también redundaría en mayor beneficio en la escogencia y elección de representantes en el Senado, la Cámara de Diputados, las Asambleas Legislativas Estadales y los Concejos Municipales, podría ser el de la separación de dicha elección en relación a la elección presidencial. En efecto, en Venezuela, con la sola excepción de las elecciones de 1946 y 1948, la primera exclusivamente para integrar la Asamblea Constituyente y la segunda exclusivamente para elegir los miembros de los Concejos Municipales, todas las otras elecciones han hecho coincidentes la elección del Presidente de la República con la elección de los Senadores y Diputados al Congreso Nacional, Diputados a las Asambleas Legislativas y Concejales. Esto particularmente, ha sido así en las elecciones realizadas con posterioridad a 1958 hasta la fecha. Parcialmente, se habían alegado razones de carácter legal para defender esta coincidencia, las cuales podían ser discutidas y, en efecto, lo fueron[737]. En todo caso, dichas razones ya fueron superadas en la reforma de 1970, que dio origen a la vigente Ley Orgánica del Sufragio. En dicha Ley se estableció que las elecciones se celebrarían simultáneamente, salvo que el Consejo Supremo Electoral acordara que se celebraran separadamente con el voto aprobatorio de la mayoría absoluta de sus miembros[738], en cuyo caso deberían efectuarse en primer término las de Presidente de la República. En esta forma se dejó la decisión de efectuar separadamente las elecciones al Consejo Supremo Electoral, decisión que lamentablemente no se adoptó para las elecciones de 1973, manteniéndose la simultaneidad que ha caracterizado a las anteriores.

---

736 *V. los* cálculos según *Memoria y Cuenta* del Consejo Supremo Electoral. Caracas, 1969, cuadro entre pp. 123 y 124 y p. 129.

737 *V.* C. S. E. *Doctrina Administrativa,* Caracas, 1969.

738 En la reforma de 1970, se había exigido una mayoría de las tres cuartas partes de los miembros del Consejo Supremo Electoral para tomar dicha decisión (v. artículo 91 en *Gaceta Oficial* número 1.435 extraordinario de 17 de septiembre de 1970); pero en la reforma de enero de 1973, se redujo la mayoría calificada a una mayoría absoluta (v. artículo 5° de la Ley de Reforma Parcial de la Ley Orgánica del Sufragio de 21 de diciembre de 1972, en *Gaceta Oficial* número 1.564 extraordinario de 18 de enero de 1973, en relación al citado artículo 91 de la Ley), lo que permaneció en las otras reformas de 1973.

DIPUTADOS ELECTOS AL CONGRESO NACIONAL 1968
(Cociente Nacional 18.670)

Circunscripciones Electorales	AD	COPEI	MEP	CCN	URD	FDP	UPA	PRIN	FND	MAN	PSV	Total fijos	Total adicionales	Total
Distrito Federal......	7	6	4	11	3	3	2	(1)	1	(1)	(1)	37	(3)	40
Anzoátegui	4	2	2	—	2	—	—	(1)	—	—	—	10	(1)	11
Apure	2	1	—	—	—	—	—	—	—	—	3	—	3	3
Aragua....................	2	2	1	1	1	1	—	—	(1)	—	—	8	(1)	9
Barinas	2	2	—	1	—		—	—	—	—	—	4	—	4
Bolívar	3	1	2	1	—	(1)	—	—	—	—	—	7	(1)	8
Carabobo..............	3	3	1	—	1	1	—	—	—	—	—	10	—	10
Cojedes..................	1	1	—	—	—	—	—	—	—	—	—	2	—	2
Falcón....................	3	3	1	—	1	—	—	—	—	—	—	8	—	8
Guárico..................	3	1	1	—	1	—	—	—	—	—	—	6	—	6
Lara	5	6	1	(1)	(1)	—	(1)	—	—	—	—	12	(3)	15
Mérida....................	2	4	—	—	—	—	—	—	—	—	—	6	—	6
Miranda..................	4	4	1	2	1	1	(1)	(1)	(1)	—	—	13	(3)	15
Monagas................	4	1	1	—	—	—	—	—	—	—	—	6	—	6
Nueva Esparta	—	—	1	—	1	—	—	—	—	—	—	2	—	2
Portuguesa	2	2	—	—	1	—	—	—	—	—	—	5	—	5
Sucre	5	1	2	—	2	(1)	—	—	—	—	—	10	(1)	11
Táchira..................	3	6	—	1	—	—	—	—	—	—	—	10	—	10
Trujillo	2	4	(1)	—	(1)	—	—	—	—	—	—	7	(1)	8
Yaracuy..................	2	2	—	—	—	—	—	—	—	—	—	4	—	4
Zulia.......................	5	7	6	3	2	2	(1)	(1)	(1)	—	—	25	(3)	28
T.F. Amazonas	1	—	—	—	—	—	—	—	—	—	—	1	—	1
T.F. Delta Amacuro1	—	—	—	—	—	—	—	—	—	—	1	—	1	
Venezuela..............	66	59	25	21	18	10	5	4	4	1	1	197	(17)*	214

*Entre paréntesis se indican los diputados "adicionales" electos indirectamente mediante la aplicación del cociente electoral nacional.
Fuente: CSE. *Memoria y Cuenta,* 1969, pág. 129.

DIPUTADOS ELECTOS AL CONGRESO NACIONAL de 1973
(Cociente Nacional: 23.992)

Circunscripciones Electorales	AD	COPEI	URD	MEP	CCN	MAS	PCV	MIR	PNI	OPINA	Total fijos	Total adicio-nales	Total
Distrito Federal	16	13	(1)*	(1)	3	5	(1)	(1)	(1)	(1)	37	(6)	43
Anzoátegui	6	2	(1)	1	—	—	—	—	—	—	9	(1)	10
Apure	2	1	—	—	—	—	—	—	—	—	3	—	3
Aragua	4	3	—	—	(1)	(1)	—	—	—	—	7	(2)	9
Barinas	2	1	—	—	—	—	—	—	—	—	3	—	3
Bolívar	5	2	—	—	—	—	—	—	—	—	7	—	7
Carabobo	5	4	—	(1)	(1)	(1)	(1)	—	—	—	9	(4)	13
Cojedes	2	—	—	—	—	—	—	—	—	—	2	—	2
Falcón	4	2	1	—	—	—	—	—	—	—	7	—	7
Guárico	4	2	—	—	—	—	—	—	—	—	6	—	6
Lara	5	4	—	(1)	—	1	—	—	—	—	10	(1)	11
Mérida	3	3	—	—	—	—	—	—	—	—	6	—	6
Miranda	7	5	—	—	(1)	(1)	—	—	—	—	12	(2)	14
Monagas	4	1	—	—	—	—	—	—	—	—	5	—	5
Nueva Esparta	1	—	1	—	—	—	—	—	—	—	2	—	2
Portuguesa	3	2	—	—	—	—	—	—	—	—	5	—	5
Sucre	5	2	1	(1)	—	—	—	—	—	—	8	(1)	9
Táchira	5	3	—	—	1	—	—	—	—	—	9	—	9
Trujillo	4	2	—	—	—	—	—	—	—	—	6	—	6
Yaracuy	3	1	—	—	—	—	—	—	—	—	4	—	4
Zulia	10	11	—	3	—	—	—	—	—	—	24	—	24
T.F. Amazonas	1	—	—	—	—	—	—	—	—	—	1	—	1
T.F. Delta Amacuro	1	—	—	—	—	—	—	—	—	—	1	—	1
Venezuela	102	64	5	8	7	9	2	1	1	1	183	17	200

Esta circunstancia, en nuestro criterio, ha redundado en perjuicio de la designación de representantes, pues la atención del elector y de la elección ha recaído, como es natural, fundamentalmente en la elección presidencial, configurándose la elección de representantes como un apéndice de aquélla. Ello ha provocado la desatención de los partidos en la escogencia de los integrantes de las listas de representantes, quienes, en general, no son los mejores, y la ignorancia o poca importancia prestada por los electores en los nombres contenidos en las referidas listas, cuyo contenido- sólo viene a ser consultado mucho después de efectuada la elección [739].

Ahora bien, los resultados imprevistos, producto de la polarización política, de las elecciones de 1973, han abierto unas excelentes oportunidades para la modificación del sistema electoral, que antes no existían. En efecto, la alternativa de reforma del sistema electoral, mediante la atenuación de los efectos negativos de la representación proporcional que se ha comentado, única salida en el largo plazo para eliminar la latente crisis de las instituciones políticas venezolanas, puede decirse que hasta 1973 tenía en Venezuela escasas posibilidades, por la atomización de la opinión política y la disminución de la fuerza política porcentual de los diversos grupos menos minoritarios, que ocasionó la aplicación constante de la representación proporcional, y la ausencia de una polarización política como la que se planteó en 1973[740]. Sin embargo, la sólida mayoría parlamentaria lograda en 1973 abre posibilidades excepcionales de reforma del sistema electoral venezolano, que, atenuando los efectos negativos de la representación proporcional, asegure en el futuro, inclusive en ausencia de circunstancias polarizadoras, la constitución de gobiernos mayoritarios con sólido respaldo parlamentario y con posibilidades de gobernar, sin eliminar la representación de las minorías que la Constitución exige. En manos de las instituciones políticas está ahora, en definitiva, la decisión respecto a la futura su-

739 En este sentido, Alfredo Coronil Hartmann, en un artículo sobre "La Representación Popular", señalaba que "los cuerpos deliberantes no están integrados por los representantes del pueblo, sino por los representantes del reflejo de la emoción popular por un determinado candidato presidencial o partido político. Todos sabemos, que tanto en Caracas —indudablemente más politizada— como en la provincia, nos venimos a enterar de quiénes son los diputados y senadores que hemos elegido cuando ya está constituido el Congreso, Nacional, y que aún dos o tres años después de iniciado el Período Constitucional, el pueblo reconoce a sus "representantes" porque les ve el Escudo Nacional en la solapa o manejando un carro con la placa del Congreso de la República". *V. El Nacional.* Caracas, 8 de febrero de 1973, p. A-4.

740 Tal como F. A. Hermens ha señalado "cuando los verdaderos efectos de este sistema vienen a ser evidentes podría ser imposible abolirlo mediante un proceso institucional regular; los vastos intereses en los respectivos cuerpos parlamentarios podrían ser lo suficientemente fuertes para impedir tal acción". *V.* F. A. Hermens. "Constitutionalism, Freedom and Reform in Latin America", *loc. cit.,* pp. 107 y 108. He aquí el peligro de la aplicación sucesiva del sistema de la representación proporcional, afortunadamente superado por la polarización política de 1973; su efecto sobre la atomización política y el multipartidismo puede producir que los partidos se encuentren en una situación tal de debilidad porcentual, dada la ausencia de partidos mayoritarios y existencia de sólo algunos menos minoritarios, que al momento de adoptarse una decisión que frene la atomización y que afectaría a los más minoritarios, todos reaccionen en defensa de sus particulares intereses circunstanciales de sobrevivencia, dejando a un lado los intereses de la República en el largo plazo. ¿No fue acaso ésta la reacción de los diferentes partidos políticos (menos o más minoritarios) en la consideración de la reforma electoral propuesta por el Consejo Supremo Electoral en 1970, al rechazar las propuestas que perseguían atenuar los efectos negativos de la representación proporcional? Y si en 1970 fue rechazada la eliminación del elemento suicida de las instituciones democráticas venezolanas, ¿qué posibilidades reales hubiera habido en el futuro, con mayor atomización, y en ausencia de la polarización de 1973, para producir la reforma por medios regulares? Realmente muy pocas.

pervivencia del régimen democrático en el largo plazo, o la permanencia de sus elementos distorsionadores[741].

CAPÍTULO 10. EL MULTIPARTIDISMO Y LA CONFORMACIÓN DE GOBIERNOS MINORITARIOS: DE LA IZQUIERDA AL CENTRO

Al igual que el sistema electoral, el sistema venezolano de partidos políticos también comienza realmente a conformarse a partir de 1945, y en este caso, indudablemente, con el condicionamiento del tipo de escrutinio utilizado por aquél: la representación proporcional, en su aplicación a través del tiempo[742]. En esta forma, y

---

741 Puede decirse que la posición preelectoral de todos los partidos políticos en 1973, coincidía en la necesaria e indispensable reforma del sistema electoral venezolano. Basta señalar, en este sentido, el criterio del candidato del Partido Acción Democrática (AD), Carlos Andrés Pérez, quien resultó electo Presidente de la República, expresado el 19 de noviembre de 1973 en la forma siguiente: "El actual sistema electoral es total y absolutamente inadecuado a nuestras realidades culturales y a nuestras exigencias políticas. Más allá de la pregunta concreta que se me hace, el sistema electoral requiere transformación radical, profunda. Fue conveniente y sano cuando se instauró para un pueblo que había vivido aislado del ejercicio directo de la democracia, con una mayoría determinante de analfabetos. La primera reforma debe ser para establecer la confrontación ante el electorado de personalidades y de ideas, claramente definidas, no diluidas en el color de una tarjeta electoral." "Ningún ciudadano cuando vota sabe a los concejales que va a elegir por su Distrito, a pesar de que van a tener tan directa influencia sobre la vida de su propio hogar. En segundo término, el sistema del sufragio debe ir separando los procesos electorales para que pueda ser más unívoca la expresión del electorado nacional. En tercer lugar, las normas que establezcan las condiciones para constituir partidos políticos o para que los ciudadanos sin filiación política postulen candidatos en los procesos electorales deben ser más severas, más exigentes, para evitar la proliferación de partidos que nada significan, ni nada tienen que hacer dentro de la controversia ideológica y tampoco representan a ningún sector determinante de la vida nacional." "En cuanto a si el presidente debe ser escogido por mayoría absoluta o relativa, creo que no hay ningún sistema electoral perfecto. El sistema de mayoría absoluta establecido en algunos países de Europa y de América Latina es bueno, pero no le quita validez al de la mayoría relativa. En Venezuela no se ha discutido en ningún momento si el Presidente de la República tiene o no todas sus facultades por los votos que obtuvo, como no se discutió ni se discute en los regímenes donde el presidente es electo por un cuerpo o Colegio Electoral. El sistema depende del consenso que establezcan los pueblos. En Venezuela el problema lo crea la pluralidad en el Congreso, en el Poder Legislativo, que puede provocar distorsiones e inestabilidad en la vida política de un país." "En el Presidente de la República se realiza la unidad de la Nación cualesquiera que haya sido el número de los votantes que lo hayan elevado a la, Primera Magistratura; el Congreso es su antítesis, es la pluralidad, la diversidad. Para gobernar con eficiencia en *Venezuela se requiere mayoría* en el *Congreso." V. en El Nacional.* Caracas, 19 de noviembre de 1973, p. D-l.

742 Por supuesto que la afirmación hecha de que el sistema electoral venezolano de representación proporcional ha condicionado nuestro sistema multipartidista, toca aspectos muy controvertidos en la teoría política sobre los sistemas de partidos. Según la tesis de M. Duverger, difundida desde 1945, el sistema de partidos políticos está condicionado por el sistema electoral (v. Maurice Duverger (ed.), *L'influence des Systèmes électoraux sur la vie politique,* Cahiers de la Fondation National des Sciences Politiques, numero 16. París, 1950; *Institutions Politiques et Droit Constitutionnel,* tomo I. París, 1971, p. 160. *V.* además, la bibliografía que cita en la nota número 250) y, en particular, el sistema electoral de representación proporcional tiende al multipartidismo (*v.* Maurice Duverger, *Les Partis Politiques.* París, 1973, pp. 269 y ss.). Esta tesis ha tenido grandes defensores y entre ellos, por la crítica a la representación proporcional, deben destacarse los diversos trabajos de Ferdinand A. Hermens, *Democracy or Anarchy? A Study of Proportional Representation,* 1941; *The Representative Republic,* 1958; "The Dynamics of Proportional Representation" en Andrew J. Milnor (ed.), *Comparative Political Parties.* N. Y., 1969, y en Harrv Eckstein and David E. Apter, *Comparative Politics.* N.Y., 1963, pp. 254 y ss. Por otra parte deben destacarse algunos trabajos específicos destinados a determinar la influencia de los sistemas electorales en las instituciones políticas y, particularmente, los de E. Lakeman and J. D. Lambert, *Voting in Demo-*

sin caer en apreciaciones deterministas sobre la influencia de los sistemas electorales sobre los sistemas de partidos políticos, consideramos que no puede llegarse a comprender realmente un sistema de partidos y el porqué de su configuración, sin el análisis pormenorizado del sistema electoral en cuyo marco funciona[743]. De ahí que se hayan dedicado los dos capítulos anteriores al análisis del sistema electoral venezolano y sus efectos antes de entrar a considerar algunos aspectos del sistema de partidos.

Ahora bien, si consideramos que el sistema de partidos venezolano comienza a estructurarse realmente como tal con posterioridad a 1945, no hay duda de que sus antecedentes remotos hay que situarlos en los movimientos estudiantiles de 1928 y sus antecedentes próximos, en las organizaciones políticas que comienzan a surgir entre 1936 y 1945, durante los períodos de transición de la dictadura a la democracia, que se abren con posterioridad a la muerte de Gómez en 1935.

En efecto, el esquema tan tradicional en América Latina de partidos liberales y conservadores, que también se desarrolló en Venezuela durante la segunda mitad del siglo pasado[744] fue totalmente eliminado de la faz política de Venezuela, al concluir el predominio de la política regional, federalista y caudillista, mediante la acción integradora de la dictadura de J. V. Gómez. El único reducto político y de protesta que existió durante el primer tercio de este siglo se concentró materialmente en los movimientos estudiantiles, quienes sobre todo en la década de los veinte hasta la muerte de Gómez, tuvieron el monopolio de la acción política opositora. La reacción política de la dictadura no sólo fue feroz en cuanto a la represión desatada, particularmente contra los participantes en los movimientos estudiantiles de 1928, sino que provocó una reforma constitucional que iba a legalizar la represión político-ideológica hasta 1945: la reforma constitucional de 1929, entre otros objetivos, tuvo

---

cracies: A Study of Majority and Proportional Electoral Systems. London, 1959, y de Douglas W. Rae, *The Political Consequences of Electoral Laws.* Yale U. P., 1967. Por supuesto que la tesis de la influencia de los sistemas electorales sobre los sistemas de partidos no es compartida generalmente (para un análisis general sobre las diversas tipologías de los partidos políticos, v. M. Delfino de PALACIOS, "Sistema de Partidos y Sistema Político: Descripción Tipológica", en *Politeia,* número 2, Instituto de Estudios Políticos. Caracas, 1973, pp. 91 y ss.), y se llega inclusive a estudiar el sistema de partidos políticos como una realidad sociopolítica sin que se preste atención alguna a uno de los factores que lo condicionan, el sistema electoral. De ahí, por ejemplo, la apreciación de Ronald H. McDonald sobre la poca atención que se ha prestado a los sistemas electorales y de representación política en América Latina, *Party Systems and Elections in Latin America.* Chicago, 1971, p. 18.

743 En Venezuela, por ejemplo, algunos de los pocos estudios que se han efectuado sobre el sistema de partidos, ignoran por completo la influencia del sistema electoral. *V.* Juan C. Rey, "El sistema de Partidos Venezolanos", *Politeia* número 1, Instituto de Estudios Políticos. Caracas, 1972, pp. 185 y ss. En este sentido, consideramos incompletas las apreciaciones que frecuentemente se realizan sobre la existencia de un sistema de partidos o sobre la conveniencia de que un sistema de partidos se cambie por otra, sin referencia al sistema electoral, como si el sistema de partidos fuera una simple creación política preexistente a aquél. *V.,* por ejemplo, Donald V. Smiley, "The Two Party System and One-Party Dominance in Liberal Democratic State", en Andrew J. Milnor (ed.), *op. cit.,* pp. 54 y 59 y ss.; Sigmund Neumann, "Toward a Comparative Study of Political Parties", *idem,* pp. 35 y ss.

744 *V.* las referencias históricas en E. Wolf, *Tratado de Derecho Constitucional Venezolano*, tomo I. Caracas, 1945, pp. 237 y ss.; Aníbal Pinto, con razón, considera este esquema como un reflejo de la importación masiva de instituciones políticas europeas creadas para satisfacer intereses, relaciones y objetivos completamente antipáticos a los problemas básicos del desarrollo, "Political Aspect of Economic Development", en Claudio Veliz (ed.), *Obstacles to change in Latin America.* Oxford, 1969, pp. 20 y 21.

el de "prohibir la propaganda del comunismo"[745], lo cual permaneció, ampliada, no sólo en la Constitución de 1936[746], sino que condicionó la vida de las nacientes organizaciones políticas hasta 1945[747].

En efecto, con la muerte de Gómez puede decirse que cesó el monopolio político de los grupos estudiantiles[748], y la liberalización política parcialmente iniciada por el Gobierno de E. López Contreras y consolidada por el Gobierno de I. Medina Angarita, dio lugar a la constitución entre 1936 y 1945 de 17 partidos políticos, la mayoría de los cuales tuvieron como fundadores y participantes a los miembros de la Federación Venezolana de Estudiantes (FVE), entidad a quien había correspondido motorizar los movimientos estudiantiles de 1928. La "generación del 28", por tanto, asumió la lucha política y el monopolio de los partidos en 1936, y de la larga lucha entre los gobiernos de transición y los partidos generalmente de izquierda[749] sólo llegaron a traspasar los acontecimientos del año 1945 los partidos Acción Democrática (AD), que asumió el poder, y el Partido Comunista de Venezuela (PCV), pues el Partido Unión Republicana Democrática se constituyó en 1946 como oposición de la izquierda democrática al Partido AD[750]. Los líderes de estos partidos indudablemente fueron factores fundamentales hasta la década de los setenta, en la consolidación

745 Así se dispuso en el artículo 32, Ordenanza 6.a de la Constitución de 1929 como limitación a la libertad de pensamiento: "Queda también prohibida la propaganda del comunismo". *V.* en Luis Mariñas Otero, *Las Constituciones de Venezuela.* Madrid, 1965, p. 655. Bajo la vigencia de la Constitución de 1931, la cual contenía una norma similar, se dictó meses antes de la promulgación de la Constitución de 1936, la Ley para garantizar el orden público y el ejercicio de los derechos individuales, cuyo artículo 33 establecía lo siguiente: "El que públicamente, de palabra, por escrito o por impresos, por medio de la radiodifusión, dibujos, carteles, mítines u otros medios de publicidad, o haciendo uso de algún servicio público, haga propaganda a favor de la abolición de la propiedad privada, lucha de clases, incitación de los obreros contra los patronos, extinción de la familia, desconocimiento de la ley, dictadura del proletariado; así como las demás doctrinas o métodos que abarquen el ideal comunista, anarquista o terrorista, serán penados con prisión de uno a tres años. Si como consecuencia de la propaganda llegaren a verificarse hechos delictuosos o desórdenes públicos, la pena será de dos a seis años." Esta ley, denominada "Ley Lara" en virtud de haber sido su redactor el ministro del Interior de la época, Alejandro Lara, estuvo vigente hasta 1945.

746 El famoso inciso 6° del artículo 32 de la Constitución de 1936 estableció lo siguiente: "Se consideran contrarias a la independencia, a la forma política y a la paz social de la nación, las doctrinas comunistas y anarquistas, y los que las proclamen, propaguen o practiquen serán considerados como traidores a la Patria y castigados conforme a las leyes."

747 La reforma constitucional de 1945, realizada al final del Gobierno de Medina, eliminó la prohibición constitucional que tenía la izquierda para actuar políticamente en Venezuela. *V.* Luis Mariñas Otero, *op. cit.*, p. 803.

748 *Cfr.* D. H. Levine, *Conflict and Political Change in Venezuela*. Princeton, 1973, p. 14.

749 *V.* las referencias a las más importantes decisiones de la Corte Federal en relación a la legalización e ilegalización de los partidos políticos, en E. Wolf, *op. cit.*, tomo I, pp. 247 y ss.

750 No es nuestra intención estudiar aquí los intentos y vicisitudes de la constitución de partidos políticos antes de 1945, así como los antecedentes remotos de los actuales partidos políticos venezolanos, sino más bien, concentrarnos en el estudio del sistema de partidos que se desarrolla con posterioridad a 1946 y en particular, después de 1958. Para un estudio de los antecedentes de los principales partidos políticos venezolanos, *v.* Manuel Vicente Magallanes, *Partidos Políticos Venezolanos. Caracas, 1960;* Rafael Gallegos Ortiz, *La Historia Política de Venezuela de Cipriano Castro a Pérez Jiménez*. Caracas, 1960; y el reciente trabajo de Manuel Vicente Magallanes, ampliación y reedición del citado, *Los Partidos Políticos en la Evolución Histórica Venezolana*, Caracas, 1973.

del régimen democrático[751]. En 1936, al separarse de la FVE otro núcleo estudiantil, se constituyó la Unión Nacional de Estudiantes (UNE), opositora a la línea política de la izquierda originada por aquélla, dando lugar posteriormente a la constitución del Partido Acción Electoral (AE), que después de 1945 se convertiría en el Comité Político Electoral Independiente (COPEI), cuyos líderes también fueron factores fundamentales en la consolidación del régimen democrático en Venezuela[752].

El año 1945 marca sin embargo el punto de partida institucional del régimen democrático-representativo en Venezuela, con la reforma constitucional de 1945 que eliminó las limitaciones político-ideológicas que habían obstruido los intentos de actuación político-partidista desde 1936[753], y con la promulgación del Decreto núm. 217 del 15 de marzo de 1946 de la Junta Revolucionaria de Gobierno que sucedió al Presidente Medina en el poder, mediante el cual se establecieron las libertades públicas y garantías políticas que han condicionado buena parte de la evolución democrática posterior[754]. La misma Junta Revolucionaria de Gobierno, en la misma fecha, dictó un Estatuto Electoral para la elección de una Asamblea Constituyente en 1946, estableciendo por primera vez el sufragio universal directo y secreto y un mecanismo de escrutinio de representación proporcional. Con las elecciones realizadas en 1946 puede decirse se inicia en Venezuela la configuración del sistema electoral y del sistema de partidos[755].

Para la formación de la Asamblea Constituyente de 1946 se celebraron elecciones el 27 de octubre de dicho año, es decir, un año después del golpe militar que con participación activa del Partido Acción Democrática había derrocado al Presidente

---

751 Entre ellos deben mencionarse a los fundadores de los partidos Comunista de Venezuela (PCV), Organización Venezolana (ORVE), Partido Republicano Progresista (PRP), Partido Democrático Nacional (PDN) y Partido Democrático de Venezuela (PDV): Gustavo Machado, Rómulo Betancourt, Raúl Leoni, Gonzalo Barrios, Luis B. Prieto Figueroa, Jóvito Villalba, Augusto Malavé Villalba, Ernesto Silva Tellería, Rodolfo Quineto, José Rafael Gabaldón, Mariano Picón Salas, etc.

752 Entre los fundadores de la UNE y del Partido Acción Electoral se destacan: Rafael Caldera, Lorenzo Fernández, Miguel Angel Landáez, Víctor Giménez Landinez, etc., etc. Sobre la UNE *v. Por los legítimos Ideales del Estudiante Venezolano, UNE: Gestación de una Idea Revolucionaria* (Est. Introd.), por Naudy Suárez. Caracas, 1973.

753 La Constitución de 5 de mayo de 1945, sin embargo, sólo tuvo una vigencia de seis meses, pues el 18 de octubre de ese año, la Junta Revolucionaria de Gobierno la derogó. *Cfr.* Luis Mariñas Otero, *op. cit.*, p. 888.

754 Este Decreto estableció entre otros derechos: "1º) el derecho de sufragio para todos los venezolanos mayores de dieciocho años, con las solas excepciones establecidas en el Estatuto Electoral y, en consecuencia, pueden formar parte de los partidos o asociaciones políticas y tienen derecho sin distinción de sexo, al ejercicio de cargos públicos, salvo que por disposiciones especiales se reclamen condiciones o cualidades particulares." *V.* en Luís Mariñas Otero, *op. cit.*, p. 834.

755 En relación a los diversos partidos políticos venezolanos, *V.* John D. Martz, *Acción Democrática: Evolution of a modern political party of Venezuela.* Princeton, 1966; Robert J. Alexander, *The Venezuelan Democratic revolution.* N. J., 1964; J.P. Bernard y otros, *Tableau des Parties Politiques en Amerique du Sud,* Cahiers de la Fondation Nationale des Sciences Politiques, número 171. París, 1969, pp. 365 a 402 (trabajo de Leslie F. Manigat), libro editado en inglés, Jean-Pierre Bernard y otros, *Guide to the Political Parties of South America,* 1973, pp. 517 y ss.; Ronald H. McDonald, *op. cit.,* pp. 37 a 55; Boris Bunimov Parra, *Introducción a la Sociología Electoral Venezolana.* Caracas, 1968; David J. Myers, *Democratic Campaigning in Venezuela, Caldera's Victory.* Caracas, 1973; J. C. Rey, *loc. cit.,* pp. 175 a 230; J. E. Rivera Oviedo, *Historia e Ideología de los Demócratas Cristianos en Venezuela.* Caracas, 1969; y S. A. Bonomo, *Sociología Electoral en Venezuela. Un estudio sobre Caracas.* Buenos Aires, 1973, pp. 21 y ss., y David E. Blank, *Politics in Venezuela,* Boston, 1973, pp. 125 y ss.

Medina, meses antes de concluir su mandato. La Junta Revolucionaria de Gobierno creada desde el 18 de octubre de 1945 estaba integrada por cuatro militantes del Partido Acción Democrática, un independiente vinculado a dicho partido y dos militares[756], y a pesar de su carácter cívico-militar y del soporte que tenía de la oficialidad joven, indudablemente que encarnó un Gobierno exclusivista acción-democratista. Era el Partido Acción Democrática quien estaba en el Poder, y controlaba políticamente al país; y dicho poder fue utilizado[757]. Como partido político, tenía una posición de izquierda democrática[758] y una sólida y poderosa organización en todo el territorio nacional, que hasta cierto punto sirvió de modelo posteriormente para la formación de otros partidos políticos a escala nacional. La posición del Partido AD en el poder era entonces imbatible, configurándose la oposición al régimen, en forma algo simbólica, a la izquierda, y concentrándose la oposición de derecha en el Partido COPEI.

En efecto, a la extrema izquierda respecto del Partido AD, estaba como partido de oposición el Partido Comunista de Venezuela (PCV), el cual podía considerarse como el partido más viejo de los que participaron en las elecciones[759]. También en la izquierda se constituyó en 1946 el Partido Unión Republicana Democrática (URD), con el apoyo de la mayoría de los políticos que habían participado y apoyado al Gobierno de Medina[760]. La mayoría de los partidos políticos actuantes en 1946 estaba constituida, por tanto, por partidos de izquierda que habían tenido su origen en la escuela política de la Federación Venezolana de Estudiantes (FVE).

Ahora bien, los grupos estudiantiles, separados de la FVE, y que habían constituido la Unión Nacional de Estudiantes (UNE), constituyeron en 1946 el Partido Comité Político Electoral Independiente (COPEI) con una orientación ideológica

756 Los miembros de la Junta fueron: Rómulo Betancourt, quien la presidía, Mayor Carlos Delgado Chalbaud, doctor Raúl Leoni, capitán Mario Ricardo Vargas, doctor Gonzalo Barrios, doctor Luis B. Prieto Figueroa y doctor Edmundo Fernández.

757 El Partido Acción Democrática fue creado el 13 de septiembre de 1941, y tuvo sus antecedentes inmediatos en los partidos Organización Venezolana (ORVE) fundada en 1936, posteriormente integrado en el Partido Democrático Nacional (PDN) formado por una coalición de los partidos de izquierda opositores al régimen de López Contreras. Este partido, sin embargo, fue declarado ilegal por el Gobierno y disuelto, por lo que los líderes del antiguo ORVE adoptaron una posición menos radical y obtuvieron el reconocimiento gubernamental en 1941, como Partido Acción Democrática.

758 El Partido Acción Democrática se ha ubicado a sí mismo dentro de la corriente conocida en Europa como "socialdemócrata" y en los análisis comparativos sobre los partidos políticos latinoamericanos, se lo ubica dentro del esquema denominado "populismo" o "aprismo" que caracterizó a muchos movimientos políticos de los años treinta y cuarenta y, particularmente, los que dirigieron V. R. Haya de la Torre, en Perú; Getulio Vargas, en Brasil; J. D. Perón, en Argentina y R. Betancourt, en Venezuela.

759 El Partido Comunista de Venezuela fue creado en 1931 bajo la iniciativa de Gustavo Machado. Declarado, por supuesto ilegal, los comunistas, constituyeron el Partido Republicano Progresista (PRP), y posteriormente participaron en los partidos ORVE y PDN, que originaron a Acción Democrática. Después de 1938 se inicia la separación entre los comunistas y los líderes que constituirán posteriormente AD, y constituyeron los partidos Acción Municipal y Unión Popular Venezolana (UPV), los cuales tuvieron reconocimiento legal bajo el Gobierno de Medina.

760 El Partido URD, constituido por Jóvito Villalba, se configuró como un partido de izquierda democrática, pero con no muy definida orientación ideológica. Ha sido considerado siempre como un partido puesto al servicio de su líder, Jóvito Villalba, uno de los principales promotores y organizadores de los movimientos estudiantiles de 1928, y todavía en 1973, candidato presidencial. La característica de ambigüedad e imprecisión de la alternativa de izquierda no marxista propugnada por URD, va a acompañar a ese partido a todo lo largo de su historia.

demócrata cristiana, consolidada sólo, realmente, en la década de los sesenta. En todo caso, en las elecciones de 1946, el Partido COPEI se configuró como un partido a la derecha respecto de Acción Democrática, obteniendo el apoyo total de los grupos conservadores de la Iglesia, de los grupos económicos venezolanos, y de los colaboradores del Gobierno de López Contreras. Fue, por tanto, el partido de la derecha venezolana, condición que en los procesos electorales posteriores a 1958, va a tratar de quitarse, lográndolo parcialmente en los procesos electorales de 1968 y 1973.

Pero además de los partidos situados a la izquierda (PCV, URD y AD) y del Partido COPEI ubicado en la derecha, y dejando a un lado los partidos y grupos regionales[761], participó también en las elecciones de 1946 el Partido Socialista (PS), fundado a finales de 1945 y de muy poca importancia y significación política[762]. En la época, sin embargo, podía ubicársele también en una posición de izquierda democrática[763].

---

761 Además de los cinco partidos políticos nacionales señalados (PCV, URD, AD, COPEI y PSV), participaron en las elecciones diversos partidos y grupos regionales de la más variada orientación, unos vinculados a los partidos nacionales (Unión Federal Republicana —UFR— en Mérida y el Comité Electoral Falconiano —CEF— en Falcón, vinculados a COPEI; y el Partido Liberal del Táchira —PLT—, la Organización Democrática Electoral —ODE— en Mérida, la Organización Democrática Independiente —ODI— en los Territorios Federales, el Frente Popular Independiente —FPI— en Portuguesa y la Unión Barinesa Independiente —UBI—, vinculados a URD); y otros, sin vinculación con ellos (en el Distrito Federal, el Sector Independiente Venezolano —SIV— y el Partido Social Cristiano —PSC—; en el Estado Bolívar, el Partido Liberal Progresista —PLP—; y en el Estado Trujillo, el Comité Electoral Autónomo —CEA—). *Cfr.* Boris Bunimov Parra, *op. cit.*, p. 52.

762 El Partido Socialista Venezolano (PSV) fundado en 1945 fue dirigido por J. T. Rojas Contreras, y su posición inicial ha variado totalmente hasta una posición de derecha en 1968 (PSD) y en 1973, habiéndose extinguido con posterioridad a las elecciones de ese último año.

763 En el análisis de la evolución de los partidos políticos venezolanos, se observará que a pesar de todas las críticas que se le han formulado, hemos utilizado y utilizaremos la división del espectro político entre izquierda y derecha (extrema izquierda, izquierda democrática, centro-izquierda, centro-derecha y derecha), por considerarla no sólo actual sino útil e indispensable para clarificar el panorama político venezolano. *Cfr.* A.R. Brewer-Carías, "Las consecuencias del desarrollo no pueden ser sino las de una revolución de independencia" (Foro realizado por Gilberto Alcalá), *El Nacional.* Caracas, 26 de agosto de 1968, p. C-l; y Boris Bunimov Parra, *loc. cit.*, p. 202. En efecto, no sólo se trata de "una realidad que va más allá de lo semántico" (v. Ignacio Luis Arcaya, "De la Izquierda a la Derecha", *El Nacional,* 8 de mayo de 1966, p. A-4), a pesar de que A. Uslar Pietri la considere "que poco corresponde a las realidades y exigencias de nuestro tiempo" o que es propio de un "lenguaje artificial y engañoso" (*v.* "'Izquierda, Derecha y Desarrollo", *El Nacional,* 2 de mayo de 1966, p. A-4), sino que la distinción ha sido ampliamente justificada por la teoría política. En relación a Venezuela, el análisis del espectro político izquierda y derecha (Authoritarian Left, Democratic-left, Christian Democracy, Democratic Right) ha sido utilizado por David Myers, *op. cit.*, p. 66. Particularmente, por ejemplo, M. Duverger la ha aclarado en la forma siguiente: "Reducido a su mayor simplicidad, a su elemento fundamental, el combate político opone a quienes están más o menos satisfechos con el orden social existente, que quieren conservarlo, a quienes este orden no conviene, que quieren cambiarlo. Los primeros constituyen la "'Derecha" los segundos la "Izquierda", en el sentido más general de estos términos, voluntariamente despojados de todo contexto histórico preciso... La Derecha y la Izquierda están así definidos por sus objetivos: conservar el orden existente o reemplazarlo (*v.* M. Duverger, *Les Partis Politiques.* París, 1951). "Para nosotros, la Derecha se caracteriza por su adhesión a la propiedad privada de los medios de producción, a la libre empresa, en una palabra, al capitalismo Cierto es, puede admitir la planificación, la seguridad social, las nacionalizaciones: pero en la medida indispensable, tratando siempre de restringir su campo de acción. Al contrario, la Izquierda piensa que la producción debe ser organizada en el interés general y no para el provecho personal de los empresarios; esto» puede conducir a mantener la empresa privada y el capitalismo en ciertos sectores, porque son más eficaces, sin ser peligrosos; pero se desconfía de ellos y se

Las elecciones de 1946, conforme a la señalada participación partidista, significaron un absoluto y definitivo triunfo para los sectores de izquierda, quienes obtuvieron un porcentaje de votación igual al 86,45 % en relación al porcentaje obtenido por la derecha (13,22 %), lo cual permitió un control absoluto de la Asamblea Nacional Constituyente por aquélla.

ELECCIONES ASAMBLEA CONSTITUYENTE[764]

(Año 1946)

	Partidos	N° de votos	%		N° de representantes	
Total		1.402.011	100		160	
Izquierda	PCV	50.387	3,62		2	
	AD	1.099.601	78,43	86,56	137	141
	PS	2.078	0,14		—	
	URD	59.827	9,26		2	
Derecha	COPEI...............................	185.347	13,22		19	

En todo caso, Acción Democrática obtuvo un porcentaje de votos equivalente a 78,43 %, lo que le dio 137 representantes en la Asamblea Nacional Constituyente, y su control por mayoría absoluta, consolidándose como un partido de masas. La orientación populista y de izquierda democrática de dicho partido orientó el debate en la Asamblea y contribuyó a la promulgación del texto constitucional de 1947, antecedente del de 1961, realmente revolucionario para su época.

Con Acción Democrática en el poder, el período 1945-1948 indudablemente que se configura como el inicio de un radical cambio en la vida política del país, no sólo en sus estructuras económicas, sino sociales. Las medidas populistas y muchas veces demagógicas, le valieron al gobierno un respaldo popular masivo, lo cual pudo confirmarse en las elecciones presidenciales de 1947. En efecto, el 14 de diciembre de 1947 se celebraron elecciones para designar Presidente de la República y los integrantes de la Cámara del Senado y de Diputados del Congreso Nacional, los miembros de las Asambleas Legislativas y los de los Concejos Municipales del Distrito Federal y los Territorios Federales, conforme a la Constitución recién promulgada el

tiende a desarrollar más bien el sector público y la planificación. Digamos que, para un hombre de derecha, la libre empresa es legítima por naturaleza y la organización colectiva no se justifica sino por su necesidad absoluta y debe ser reducida al mínimo. Al contrario, para un hombre de izquierda, la organización colectiva es legítima y la libre empresa no se justifica sino por su necesidad práctica. Recordemos que en nuestra época, la actitud hacia el liberalismo económico y hacia el socialismo es el principal criterio de distinción entre la Izquierda y la Derecha. Es de Derecha quien prefiere una economía basada en la propiedad privada de los medios de producción, en la libre empresa, en la búsqueda esencial del provecho, en la limitación del papel económico y social del Estado, en una palabra, en el capitalismo. Es de Izquierda, quien prefiere una economía basada en el predominio del interés general, en la organización colectiva, en la planificación, en el socialismo, en el sentido más amplio del término" *(v.* M. Duverger, *Sociologie Politique.* París, 1966; p. 288). Ambas citas en Boris Bunimov Parra, *op. cit.*, pp. 202 y 203.

764 Las cifras han sido tomadas de la obra citada de Boris Bunimov Parra. De dicha obra también hemos obtenido las cifras correspondientes a los procesos hasta 1963.

5 de julio de 1947. Fueron las primeras elecciones en las cuales se realizó en Venezuela la elección de Presidente de la República por sufragio universal, directo y secreto[765]. La elección presidencial se hizo por mayoría relativa y la elección de los representantes mediante el principio de la representación proporcional por aplicación del sistema d'Hondt, modalidades aún vigentes en las elecciones de 1973. Sin embargo, había un principio de escrutinio mayoritario establecido para la elección de todos los Senadores y de Diputados cuando se tratara de elegir, en una circunscripción determinada, menos de tres principales, en cuyo caso se proclamaban electos los de la lista que hubieran obtenido la mayoría relativa[766].

Las elecciones de 1947, en términos generales siguieron la misma orientación ideológica de las elecciones de 1946, en cuanto a participantes, porcentajes y tendencias ideológicas. En efecto, el Partido Acción Democrática, en el poder, postuló como candidato presidencial al escritor Rómulo Gallegos, quien recibió un respaldo popular considerable (74,47 %), que si bien significó una disminución respecto al respaldo popular otorgado al gobierno en las elecciones de 1946 (78,43 %), le fue más que suficiente a AD para controlar las Cámaras Legislativas, con un porcentaje del 70,83 % de los votos totalizados para la elección de representantes. La posición de izquierda democrática había sido ratificada por el Gobierno de AD, fundamentalmente por el conjunto de disposiciones nacionalistas y de reforma social que se habían comenzado a dictar[767].

En el espectro político, aparecen en la extrema izquierda respecto de AD el Partido Revolucionario del Proletariado (PRP) y el Partido Comunista de Venezuela (PCV), ambos partidos producto de la división del Partido Comunista. Estas elecciones marcaron, en esta forma, el inicio en la historia política venezolana, del proceso de división de las izquierdas que tan característico ha sido en los últimos años[768]. Los Partidos URD y PCV permanecieron más o menos invariables, aun cuando ambos disminuyeron el porcentaje de votación obtenido en las elecciones de 1946. El Partido URD, por ejemplo, disminuyó del 9,26% (1946) al 4,51%, a lo que, indudablemente, contribuyó el alejamiento del mismo de todos los grupos más conservadores que apoyaron el Gobierno de Medina. La permanencia en la Nación de una mayoría política a la izquierda y en el poder, y las alternativas manifestadas en los debates de la Asamblea Nacional Constituyente, evidentemente que consolidaron la posición de derecha del Partido COPEI, quien además apareció como el defensor del catolicismo en los conflictos que se plantearon respecto a la educación pública o

765 La elección de los miembros de los Concejos Municipales en los Estados de la República se efectuaron en mayo de 1948.

766 El artículo 99 del Estatuto Electoral de 19 de septiembre de 1947, dictado por la Asamblea Nacional Constituyente, si bien siguió la orientación del Estatuto dictado por la Junta Revolucionaria de Gobierno en 1946, estableció la variación de escrutinio *mayoritario* en las elecciones de representantes, cuando el número de principales a elegir, fuera menos de tres: "cuando se trate de elegir menos de tres principales o suplentes, se proclamarán electos los candidatos que hayan obtenido la mayoría relativa". *V.* en Boris Bunimov Parra, *op. cit.*, p. 68.

767 Es de destacar además, como característico de la posición de izquierda del Gobierno de AD el creciente proceso de intervención estatal en la vida económica y social impulsado por el Gobierno, fomentado, por otra parte, por la situación de emergencia y escasez que los primeros años de la postguerra habían dejado.

768 La denominación y color electoral que utilizaron ambos partidos comunistas en 1948 fue la de "comunistas negros" y "comunistas rojos", siendo los primeros los del PRP.

privada[769]. La derecha venezolana, en todo caso, no encontró otro medio de expresión política que el Partido COPEI, por lo que éste aumentó considerablemente el porcentaje de votación en relación a las elecciones de 1946, pasando de un 13,22 % a un 22,40% en la elección presidencial con el candidato Rafael Caldera. Dicho porcentaje, sin embargo, se vio disminuido a un 20,28% en los votos para la elección de representantes, con lo cual se confirma que muchos de los votantes por URD para dichas elecciones votaron por el candidato presidencial de COPEI.

El denominado "trienio adeco" 1945-1948, indudablemente que sentó las bases del sistema político venezolano, particularmente con el inicio de la configuración del sistema electoral de representación proporcional y el sistema multipartidista. Lamentablemente dicho sistema no pudo aplicarse continuamente, lo suficiente, como para poderse haber apreciado sus efectos atomizadores.

ELECCIONES 1947

Partidos		N.º de votos Elección Presidencial	%		N.º de votos Elección Parlamentaria	%		N.º de diputados	
Total		1.170.543	100		1.183.764	100		110	
	PRP	–			7.068	0,59			
	PCV	36.587	3,12	77,59	43,190	3,64		3	
Izquierda	AD	871.752	74,47		838.526	70,83	79,67	83	91
	URD	–			51.427	4,51		5	
	PS	–			1.207	0,10			
Derecha	COPEI	262.204	22,40		200.695	20,28		19	

De las elecciones realizadas en el transcurso de un sólo año (octubre de 1946 a diciembre de 1947), sin embargo, pueden evidenciarse los siguientes elementos: el inicio de la división de los partidos políticos, particularmente en la izquierda; la disminución progresiva de la votación del partido dominante (AD); el aumento de la votación del segundo partido en importancia (COPEI); y la concentración de la mayoría del electorado en posiciones de izquierda, aun cuando con una ligera disminución, con un paralelo aumento de la votación en la derecha. En todo caso, si bien COPEI sirvió a la derecha venezolana como canal electoral, por su posición ideológica, se trataba realmente de un partido de centro. En esta forma, por tanto, políticamente todo el espectro político estaba en la izquierda o en el centro, y la derecha

769 *Cfr.* D. H. Levine, *op. cit.*, pp. 62 y ss. La posición conservadora de la Iglesia en esa época y la toma de posición anti-izquierda del Partido COPEI, lo identificó como un partido clerical, habiéndose convertido el proceso electoral de 1948, en ciertas regiones particularmente conservadoras del país (Los Andes), en una lucha pseudo-religiosa.

quedó fuera, organizacionalmente, de toda participación política[770]. Fue además excluida del gobierno, quedando por tanto la Iglesia, los sectores económicos tradicionales, los inversionistas extranjeros y los militares, fuera de participación directa en los procesos políticos. La posición exclusivista de AD, inclusive frente a los diversos partidos políticos de izquierda y de centro[771], demostró que a pesar de la mayoría electoral obtenida, no bastaba la sola legitimación popular-electoral para el ejercicio del poder[772], por lo que los otros grupos que en la época tenían poder económico (inversionistas extranjeros y particularmente las empresas petroleras), militar y religioso[773] se ocuparon de conspirar y promover la caída del nuevo Presidente Rómulo Gallegos, meses después de haber tomado posesión de su cargo.

La persecución política desatada contra los partidos políticos después del golpe militar contra Gallegos en noviembre de 1948, y la larga dictadura que originó dicho movimiento, soportada por los militares y bajo la dirección del general M. Pérez Jiménez aliado con la derecha económica, evidentemente que influyeron en la situación interna de los partidos políticos venezolanos, y cambiaron radicalmente el panorama político de los años democráticos de la década de los cuarenta. En efecto, en 1958, y una vez que la institución militar y los sectores económicos, siguiendo el descontento popular y la conspiración activa y unitaria de todos los partidos políticos, la mayoría en la clandestinidad, le quitaron su apoyo a la Dictadura de Pérez Jiménez[774], el régimen policial que imperó desde 1948 se derrumbó estrepitosamente en 1958 luego que sus actores principales abandonaron el país. La conducción política de la República fue asumida el 23 de enero de 1958 por las Fuerzas Armadas Nacionales, quienes constituyeron una Junta de Gobierno Cívico-Militar, con los más destacados representantes de los grupos económicos más importantes del

770 *Cfr.* D. H. Levine, *op. cit.*, p. 31.

771 A pesar de la inicial colaboración con el Gobierno de Rafael Caldera de COPEI, como Procurador General de la Nación.

772 El presidente de la Junta Revolucionaria de Gobierno señalaba el 1 de enero de 1946 que "dos pilares graníticos le suministran sustentación al Gobierno Revolucionario de Venezuela: la lealtad del Ejército; y el apoyo del pueblo que desde la calle se le está prestando tan espontánea como fervorosamente". *V. Alocuciones Presidenciales de Año Nuevo (1901-1971)*, Ediciones de la Presidencia de la República. Caracas, 1971, p. 116. Por supuesto que al perder el apoyo y lealtad del Ejército, el Gobierno del Presidente Gallegos se derrumbó.

773 *Cfr.* D. H. Levine, *OP. CIT.*, pp. 40 y 41; Jorge Ahumada, "Hipótesis para el Diagnóstico de una situación de cambio social." *El caso de Venezuela*, en Frank Bonilla y José A. Silva Michelena, *Cambio Político en Venezuela. Exploraciones en Análisis y Síntesis*. CARACAS, 1962, P. 45. Este autor señala en este sentido que: "El presidente elegido con la participación de la masa y voto directo estuvo en el poder sólo nueve meses. Fue derrocado por una nueva alianza del Ejército con los poseedores del poder económico. Dadas las circunstancias, este acontecimiento no es sorprendente. Acción Democrática había tomado medidas para consolidar su poder electoral, pero no había logrado que el sistema electoral se estableciera como el camino aceptado para alcanzar el poder. El Ejército seguía siendo el árbitro entre los poseedores del poder económico y los nuevos líderes políticos. El sector económico no aceptó las reformas económicas y sociales promulgadas por Acción Democrática y algunos oficiales del Ejército hallaron irresistibles las gratificaciones que podían esperar de un Gobierno por cuyas manos circulaba más del 20 por 100 del ingreso nacional", pp. 45 y 46. El propio Presidente Betancourt lo confirmaba en 1947: Recursos económicos cuantiosos constituyen en la actualidad el acervo fiscal de la República", *V. Alocuciones Presidenciales...*, *cit.*, p. 125.

774 *Cfr.* Jorge Ahumada, *loc. cit.*, p. 46.

país[775]. Frente a un gobierno provisional en manos de la derecha económica y de los militares, la exigencia de realizar elecciones democráticas fue un clamor de todos los partidos políticos que habían contribuido eficazmente a la promoción del descontento contra Pérez Jiménez, por lo que las mismas se realizaron meses después, el 7 de diciembre de 1958[776], regidas por la Ley Electoral dictada en mayo de ese año por la Junta de Gobierno. Esta Ley, siguiendo la misma orientación de los estatutos de 1946 y 1947, exigía una mayoría relativa para la elección presidencial, y establecía el escrutinio minoritario de representación proporcional para la elección de todos los representantes, apartándose así del ingrediente de escrutinio mayoritario aplicado en 1947 y volviendo al esquema inicial del Estatuto de 1946[777].

En la realización de estas elecciones de 1958, en sus resultados, así como en la conformación del gobierno y del sistema político de la década de los sesenta, indudablemente que tuvo una influencia decisiva el espíritu de unidad y colaboración que había caracterizado la lucha clandestina contra el régimen de Pérez Jiménez. Resultado de ello fue el compromiso suscrito antes de las elecciones entre los tres principales partidos políticos, AD, COPEI y URD, denominado el "Pacto de Punto Fijo"[778], con lo cual no sólo se reconocieron y establecieron unas "reglas de juego" político-partidistas, sino que se contribuyó al establecimiento de un mínimo de entendimiento que garantizara el funcionamiento del régimen democrático a establecerse[779], cuya estabilidad era evidentemente precaria[780]. Los partidos democráticos habían aprendido que el enemigo de la democracia había que ubicarlo en el sector militar y en los grupos de presión económica, y que la lucha fundamental por la supervivencia del régimen democrático no estaba entre ellos. Por ello convinieron en

---

775 La Junta Militar de Gobierno presidida por el Contralmirante Wolfgang Larrazábal, se formó originalmente con cinco militares, pero horas después se transformó en una Junta de Gobierno presidida por Larrazábal e integrada por cinco miembros, de los cuales dos civiles (Eugenio Mendoza y Blas Lamberti), miembros de uno de los grupos económicos más poderosos del país. El 19 de mayo quedó definitivamente integrada la Junta presidida por el Contralmirante Larrazábal e integrada por Edgar Sanabria y Arturo Sosa (hijo), como civiles, y los Coroneles Carlos Luis Araque y Pedro José Quevedo como militares. Posteriormente, el Contralmirante Larrazábal renunció en noviembre de 1958 a su condición de miembro de la Junta con el objeto de participar en el proceso electoral como candidato presidencial y lo reemplazó en la presidencia el doctor Edgar Sanabria, entrando a formar parte de la misma el capitán de navío Miguel J. Rodríguez Olivares.

776 Entre 1947 y 1958, se realizaron tres procesos electorales que deben mencionarse: en primer lugar, las elecciones municipales celebradas el 9 de mayo de 1948 bajo el Gobierno del Presidente Gallegos, que por su carácter local no se han comentado en el texto, aun cuando sus resultados fueron muy similares a los de las elecciones de 1947; en segundo lugar, las elecciones realizadas el 30 de noviembre de 1952, que confrontaron la candidatura de Jóvito Villalba apoyada por todos los partidos políticos democráticos, y la candidatura de Pérez Jiménez, promovida, controlada y, en definitiva, impuesta fraudulentamente por el Gobierno; y en tercer lugar, las elecciones plebiscitarias del 15 de diciembre de 1957 para decidir la continuación o no en el poder del general Pérez Jiménez, realizadas bajo la más completa represión policial, y cuyos resultados por inauténticos, provocaron los últimos esfuerzos para derrocar al dictador, lo que ocurrió al mes siguiente de su ratificación plebiscitaria.

777 *Cfr.* Boris Bunimov Parra, *op. cit.*, pp. 82 y 83.

778 *V.* las referencias sobre el contenido del Pacto de Punto Fijo, en J. C. Rey, *loc. cit.*, p. 214.

779 En relación al Pacto de Punto Fijo, Juan Carlos Rey lo califica como "uno de los más notables ejemplos que cabe encontrar en sistema político alguno, de formalización e institucionalización de unas comunes reglas de juego, al propio tiempo que muestra la lucidez de la élite de los partidos políticos venezolanos", *v.* J. C. Rey, *loc. cit.*, p. 214.

780 *Cfr.* David J. Myers, *op. cit.*, p. 47.

poner de lado el sectarismo que caracterizó la lucha partidista entre 1945 y 1948, y particularmente AD comprendió que el exclusivismo en el juego político no era la mejor vía para la conducción del gobierno[781]: el Pacto de Punto Fijo fue entonces un convenio entre partidos para sentar las bases conducentes a la consolidación del régimen democrático.

La posición de izquierda democrática que caracterizó a AD en los años cuarenta, atemperada por los años de persecución y exilio sufridos durante la dictadura de Pérez Jiménez, apareció en el panorama electoral de 1958 mucho menos radical[782], pero aún dentro de la izquierda democrática. Hay que tener en cuenta que si bien el movimiento militar que puso fin a la dictadura de Pérez Jiménez en 1958 tuvo un gran apoyo popular debido a la movilización realizada por la denominada Junta Patriótica, formada en la clandestinidad por miembros de los diversos partidos políticos, inclusive el Comunista, fue sólo el compromiso de los sectores económicos y materialmente la toma del poder por éstos, lo que provocó el golpe militar. Ante esta situación, y con las enseñanzas que produjo en AD su anterior experiencia de gobierno, las posiciones radicales anteriores se atenuaron [783], y el proceso electoral se efectuó bajo un clima de unidad, teniendo Acción Democrática como su candidato presidencial al ex Presidente de la Junta Revolucionaria de Gobierno de 1945, Rómulo Betancourt.

También dentro de la izquierda democrática puede ubicarse la candidatura del Contralmirante Wolfgang Larrazábal, apoyada por un partido constituido *ad hoc,* el Movimiento Electoral Nacional Independiente (MENI), entre cuyos dirigentes había antiguos militantes del Partido Comunista; el Partido Comunista de Venezuela (PCV) y el Partido Unión Republicana Democrática (URD).

En una posición de centro concurrieron a las elecciones el Partido Socialista (PS) y el Partido Socialista de los Trabajadores (PST), producto de una división del primero. El PS sólo postuló candidatos a los cuerpos deliberantes, y el PST apoyó la candidatura presidencial del Partido COPEI.

Por último, en una posición de centro-derecha y derecha concurrieron a las elecciones el Partido COPEI y el grupo político de independientes identificado con el nombre de Integración Republicana (IR), ambos apoyando la candidatura de Rafael Caldera. Ante este panorama electoral, los sectores de derecha y los grupos económicos de presión, de nuevo encontraron en COPEI el partido a apoyar. Dicho parti-

---

781 Es de observar que a pesar del triunfo electoral mayoritario del Partido AD en las elecciones de 1973, la tesis de prometer un Gobierno de consenso nacional y no de carácter monopartidista fue expuesta insistentemente por el Presidente C. A. Pérez al ser electo. *V.* por ejemplo, *El Nacional,* 12 de diciembre de 1973. *Cfr.* asimismo, C. A. Pérez, *Acción de Gobierno.* Caracas, 1973, p. 6, donde señaló que "nuestro Gobierno no será monopartidista ni sectario". Las lecciones del trienio 1945-1948 ciertamente que fueron demasiado duras, por lo que su no asimilación para el gobierno iniciado en 1974 podría ser peligroso. *V.* capítulo 11.

782 Este cambio de orientación y los términos "razonables" de la actitud de AD frente a los militares y *a* las empresas petroleras en 1958 en relación a la *de* 1945-1948, es destacada entre otros, por G. Lodge, *Engines of Change,* N.Y., 1970, p. 79; Ch. W. Anderson, *Politics and Economic Change in Latin America.* Princeton, 1967, p. 103; y Ch. W. Anderson, *"The* Latin *American Political System",* en Robert D. Tomasek (ed.), *Latin American Politics,* 1970, p. 14.

783 Sobre las contradicciones entre las posiciones de izquierda de los grupos en la clandestinidad de AD y las posiciones moderadas de los dirigentes en el exilio, *v.* Américo Martín, "Pasado y Presente", en *Cuadernos de Ruedo Ibérico,* números 22 y 24. París, 1969, pp. 73 y ss.

do, si bien durante el período de la dictadura había sido el único en no haber sido ilegalizado, comenzó en esa época a consolidar su ideología demócrata-cristiana o social-cristiana que lo caracterizó posteriormente; consolidación ayudada por el retiro de sus filas de los elementos más conservadores que lo habían integrado en los años cuarenta, provenientes del gomecismo y lopecismo, y que dieron su apoyo al régimen dictatorial de Pérez Jiménez. En todo caso, en 1958, con la denominación de "Partido Social-Cristiano COPEI" seguía siendo el único partido político establecido en el cual podía confiar la derecha. Ello no impidió, sin embargo, que en las elecciones de 1958 se haya producido la organización, por primera vez en Venezuela, de un partido de derecha fuertemente apoyado por los grupos económicos, el Partido Integración Republicana, el cual desapareció después de las elecciones, contando con la participación de muchos antiguos soportes del Gobierno de Medina.

El resultado de las elecciones de 1958, al igual que en las elecciones de 1946 y 1947, dio teóricamente un triunfo abrumador a las izquierdas, quienes puede decirse que obtuvieron el 83,94 % de la votación, contra un 15,95 % de votación, básicamente de derecha.

ELECCIONES 1958

	Partidos	N.º de votos Elección Presidencial	%		N.º de votos Elección Parlamentaria	%		N.º de diputados	
	PCV	84.451	3,23		160.791	6,23		7	
	AD	1.284.092	49,18		1.275.973	49,45		73	114
	URD	800.716	30,66	84,20	690.357	26,75		34	
Izquierda	MENI	18.312	0,70		14.908	0,75	83,79		
	PST	11.405	0,43		15.476	0,59		5	
	PS	–	–		10.983	0,42			
	IR	15.564	0,59	15,86	19.424	0,75	15,95	19	
Derecha	COPEI	396.293	15,17		329.305	15,20			
	TOTALES	2.610.833			2.580.217				133

Sin embargo, el gobierno que se inició en 1959 bajo la presidencia de R. Betancourt, candidato de Acción Democrática, muy lejos estuvo de haber tenido una orientación de izquierda[784]. Fue realmente un gobierno de centro, como el que caracterizó a todos los gobiernos posteriores, habiendo sido confinada la izquierda, hasta su ilegalización.

784 *Cfr.* José Agustín Silva Michelena, "El Siglo XX", en *Cuadernos de Ruedo Ibérico,* números 22 y 24. París, 1969, pp. 94 y ss.

En efecto, el Partido Acción Democrática en el poder, si bien habían ganado un apoyo popular del 49% de la votación, lo que le dio la mayoría absoluta de votos en la Cámara de Diputados (73 de 133), en la formación del gobierno 1959-1964, conforme a los acuerdos del Pacto de Punto Fijo de 1958, configuró un gobierno de coalición con los otros dos partidos políticos más importantes: COPEI y URD. Este solo hecho, atenuó la posición de izquierda de AD y provocó el viraje hacia la derecha de dicho partido, hasta la posición de centro en la cual permaneció posteriormente[785]. La coalición de gobierno (AD, COPEI, URD), en esta forma, puede decirse que se inició en 1959 con el control casi absoluto de la Cámara de Diputados (94 %); una mayoría suficiente para haber podido transformar radicalmente al país. Pero el problema del nuevo gobierno no era reformar las estructuras económicas y sociales que lo requerían, sino sobrevivir y permanecer, consolidando el régimen democrático. Por supuesto que esta posición, frente a la constante presión de los sectores económicos, desesperó a los sectores de izquierda de los Partidos AD y URD. La tendencia hacia la derecha, en este sentido, era inevitable, si se quería mantener el régimen democrático, a lo cual contribuyeron los siguientes factores: la reacción de los elementos de extrema izquierda contra el gobierno que apenas podía mantenerse frente al ataque directo de algunos sectores económicos; la recesión económica de inicios de los años sesenta que sumió en una crisis fiscal aguda al país; los intentos de golpes militares que se produjeron con evidente tendencia conservadora y reaccionaria; y la exclusión del Partido Comunista de Venezuela del Gobierno, y antes, del Pacto de Punto Fijo. Este acuerdo, indudablemente, había configurado las reglas de juego de un nuevo sistema político, en el cual la base democrática sólo permitía el juego político a los partidos de la izquierda democrática, del centro y del centroderecha[786]. Los partidos de la extrema izquierda y los grupos de la extrema derecha quedaban fuera del juego, y a la vez, sólo los partidos políticos que querían y podían "jugar" tenían el monopolio del sistema[787]. Este, en definitiva, legitimó a los partidos políticos democráticos como las únicas vías para el establecimiento de consensos políticos, siendo el primero y principal de ellos, la consolidación y defensa del sistema democrático[788].

La reacción contra la posición centrista del gobierno, desde sus inicios, se hizo sentir dentro del propio partido dominante, Acción Democrática. Sus cuadros juveniles formados en la época de la dictadura muy cerca del Partido Comunista, y las influencias de la Revolución Cubana, provocaron en 1960 la agudización del conflicto interno y la expulsión de las filas del partido de una considerable parte de su

785 *Cfr.* Jorge Ahumada, *LOC. CIT.*, pp. 46 y 47.

786 En este sentido, el Presidente Betancourt al tomar posesión de su cargo el 13 de febrero de 1959, señaló que "la filosofía política comunista no se compagina con la estructura democrática del Estado venezolano". *V.* en R. Betancourt, *Tres años de Gobierno Democrático.* Caracas, 1962, Vol. I, p. 16. *Cfr.* en Richard Gott, *Rural Guerrillas in Latin America,* 1973, p. 165, y J. C. Rey, *loc. cit.,* p. 215; y en David H. Levine, *op. cit.*, p. 48.

787 J. C. Rey, en este sentido, señala que desde 1945 "con la excepción de los diez años de intervalo dictatorial, los partidos políticos se convirtieron en el principal —y en la práctica, a veces, en el exclusivo— medio de acceso de la sociedad a la política, *loc. cit.*, p. 203.

788 *Cfr.* D. H. Levine, *op. cit.*, p. 36; J. C. Rey, *loc. cit.*, p. 215.

juventud. Se formó así el Movimiento de la Izquierda Revolucionaria (MIR)[789], ubicado desde entonces en la extrema izquierda, y a cuyo cargo estuvo, a partir de 1962, el papel activo de la lucha guerrillera en la cual participó, además, el Partido Comunista de Venezuela (PCV)[790]. La formación del MIR dio lugar a la primera gran división del Partido AD, a la cual seguirían otras dos dando origen, sucesivamente, a grupos políticos hacia la izquierda del mismo[791].

Por otra parte, el Partido Unión Republicana Democrática (URD) que también formaba parte de la coalición gubernamental, frente a la posición internacional de Venezuela respecto de las sanciones de la OEA contra Cuba, abandonó la coalición de gobierno en 1960[792], adoptando una posición ambigua, de apoyo político a las posiciones de extrema izquierda. La coalición de gobierno a partir de 1960 y durante el resto del período del Presidente Betancourt continuó con los Partidos AD y COPEI, pero la mayoría parlamentaria del gobierno en algo más de un año de gestión se había reducido de un 94% a un 56%. La reacción del gobierno contra las guerrillas rurales y urbanas, y la violencia y represión desatadas, por supuesto que empujaron aún más al gobierno hacia la derecha para el mantenimiento del sistema democrático naciente.

En 1962[793] una nueva división del Partido AD se produce con motivo de la reacción interna de los grupos más progresistas que controlaban buena parte de la maquinaria del partido. Ello producirá la formación, por el denominado "grupo ARS" de una maquinaria política que con el nombre de AD-Oposición (Acción Democrática en la oposición) participará en las elecciones de 1963, y cuyos miembros, a pesar del fracaso electoral, formaron posteriormente el Partido Revolucionario de Integración Nacionalista (PRIN), con clara tendencia de izquierda. El pase a la oposición de los parlamentarios de AD del "Grupo ARS" significó la pérdida de 20 Diputados por Acción Democrática Gobierno, por lo que la mayoría parlamentaria del gobierno de coalición AD-COPEI quedó reducida al 41 %, habiendo perdido el Presidente Betancourt el control de la Cámara de Diputados[794].

---

789 Inicialmente se denominó Acción Democrática de Izquierda. En general, sobre el MIR, v. Moisés Moleiro, *El MIR de Venezuela.* La Habana, 1967. *Cfr.* D. H. Levine, *op. cit.*, P. 48; Américo Martín, *loc. cit.*, PP. 74 y ss.

790 Sobre la lucha guerrillera en Venezuela y la participación del MIR y del PCV en la misma. *V.* Richard Gott, *op. cit.*, pp. 176 y ss.

791 *Cfr.* José Rivas, *Las Tres Divisiones de Acción Democrática.* Caracas, 1968.

792 En noviembre de 1961, Venezuela rompió relaciones diplomáticas con Cuba.

793 En 1962 puede decirse que los movimientos guerrilleros entran en plena acción, con la participación del MIR y el apoyo, a finales de dicho año, del PCV. *Cfr.* Richard Gott, *op. cit.*, pp. 195 y ss.

794 *Cfr.* David J. Myers, *op. cit.*, pp. 55 y ss.; J. C. Rey, *loc. cit.*, pp. 218 y 219; Boris Bunimov Parra, *op. cit.*, pp. 102 y 103.

GOBIERNO 1959-1964
Cámara de Diputados

	1959	1960	1962
TOTAL.............	133	133	133
Gobierno.........................	126 (94 %)	75 (56 %)	55 (41 %)
AD.........................	73	56	36
URD.......................	34	—	—
COPEI....................	19	19	19
Oposición.......................	7 (6 %)	58 (44 %)	78 (59 %)
PCV	7	7	7
MIR	—	17	17
URD	—	34	34
AD-Op. (ARS)	—	—	20

En esta forma, el gobierno 1959-1964 se fue progresivamente debilitando política y económicamente, pasando su respaldo en la Cámara de Diputados de un 94 % de votos a un 41% de los Diputados. Al final del período, la posición de centro-derecha del gobierno, ayudada por la radicalización de la izquierda[795] era evidente, y la debilidad parlamentaria institucionalizó por varios años el sistema de coaliciones de partidos[796]. En todo caso debe señalarse que en 1963, la violencia y represión política llegó a tal extremo que el gobierno decidió, la "inhabilitación" del Partido Comunista y del MIR[797] con lo cual se los excluía formalmente de toda participación en el proceso electoral de ese año.

Ahora bien, debido a las dos sucesivas divisiones del Partido AD durante los primeros años de la década de los sesenta, y a la creciente mayoría lograda por la oposición en el Congreso, el panorama electoral en 1963 era realmente confuso. La segunda de las divisiones de AD había dado lugar, al final del gobierno del Presidente Betancourt, a que los dos grupos opositores, AD en el gobierno y AD en la oposición, se arrogaran el control y titularidad del partido. Por ello, en las elecciones de 1963, se presentaron las candidaturas de Raúl Leoni (AD-gobierno) y Raúl Ra-

795 La izquierda parecía creer, según observa Richard Gott, que la "Revolution seemed just round the córner", *op. cit.*, p. 205.

796 *Cfr.* J. C. Rey, *loc. cit.*, pp. 217 y ss.

797 El acuerdo fue adoptado en mayo de 1962, y posteriormente en 1963 fue ratificada por una decisión de la Corte Suprema de Justicia en Sala Político-Administrativa mediante la cual se "inhabilitó" al Partido Comunista de Venezuela y al Movimiento de Izquierda Revolucionaria de 3 de octubre de 1963. *Cfr.* Boris Bunimov Parra, *op. cit.*, p. 104; y A. R. Brewer-Carías, "Algunas notas sobre el régimen jurídico-administrativo de los partidos políticos en el Derecho Venezolano, en *Revista de Derecho Español y Americano,* número 8, abril-junio de 1965. Madrid (separata), p. 18. *V.* la publicación de la Secretaría de la Presidencia de la República, *Gobierno y Nación defienden en Venezuela el régimen democrático. Actos contra el terrorismo comunista.* Caracas, 1964.

mos Giménez (AD-oposición), sometiéndose al veredicto electoral el control del partido[798]. Esta última división, en todo caso, debido a la posición radical de izquierda asumida por los líderes del grupo ARS, acentuó el viraje hacia la derecha del partido de gobierno, a una posición de centro.

El Partido COPEI, a pesar de su colaboración estrecha con el gobierno de R. Betancourt —colaboración que materialmente impidió el derrocamiento del mismo—, en las elecciones de 1963 comenzó a definir más claramente su posición de partido demócrata-cristiano, lo que lo llevó a auto-calificarse como de centro-izquierda, y presentar nuevamente la candidatura de Rafael Caldera.

En todo caso, la derecha económica que tradicionalmente había apoyado a COPEI, sin abandonar totalmente esta actitud, continuó el proceso de participación activa en la vida política iniciada en 1958 con el Partido Integración Republicana, esta vez mediante la constitución del grupo de electores Independientes Pro Frente Nacional (IPFN), en apoyo de la candidatura presidencial de Arturo Uslar Pietri[799]. Si la posición de COPEI en estas elecciones podía ser ubicada en el centro, la del grupo IPFN, que posteriormente se convertiría en el Partido Frente Nacional Democrático (FND), evidentemente que sustituyó la antigua posición de COPEI en la derecha del espectro político.

El Partido URD, en el panorama electoral, había seguido la línea de radicalización hacia la izquierda definida desde 1960, luego de su retiro de la coalición gubernamental. La candidatura de su líder Jóvito Villalba recibió además el apoyo del Partido MENI. El MIR y el PCV, representaban la extrema izquierda, sin embargo, como se dijo, debido a su participación en la lucha guerrillera y en los movimientos militares insurreccionales de 1962[800], habían sido ilegalizados, por lo cual no participaron en las elecciones. Sin embargo, en la izquierda democrática, además del Partido URD, participó el Partido Fuerza Democrática Popular (FDP), formado por algunos ex-acción democratistas, disidentes del MIR, en apoyo de la candidatura de Wolfgang Larrazábal. La izquierda, en las elecciones de 1963 tuvo, por tanto, como alternativas reales de voto, a los candidatos de los partidos URD-MENI y FDP.

---

798 Los dos grupos dentro de AD se denominaron inicialmente Acción Democrática-Vieja Guardia y Acción Democrática-ARS, y las denominaciones AD-gobierno y AD-oposición le fueron atribuidas por el Consejo Supremo (Electoral. Por otra parte, no se permitió a ninguno de los dos grupos la utilización del color "blanco" como color electoral tradicional de AD.

799 Debido a la influencia de los grupos económicos, observa J. Ahumada, "el país por primera vez vio esfuerzos para organizar un movimiento político derechista". Sin embargo, estas actitudes no eran compartidas por todos los líderes económicos, ni siquiera por una mayoría de los poseedores del poder económico, *loc. cit.*, p. 47.

800 En mayo de 1962 se produjo la revuelta de un grupo de oficiales con el apoyo de tropas (marinos) en la Base Naval de Carúpano, movimiento conocido como el "Campanazo", y en junio del mismo año, otro movimiento insurreccional de la marina se produjo en Puerto Cabello, que recibió el nombre del "Porteñazo". *Cfr.* Richard Gott, *op. cit.*, pp. 187 y ss.

ELECCIONES 1963

	Partidos	N.º de votos Elección Presidencial	%		N.º de votos Elección Parlamentaria	%		N.º de Diputados	
Izquierda	FDP	275.325	9,43	28,58	274.096	9,58	31,74	16	52
	URD	510.975	17,50		497.454	17,38		29	
	AD-OP	66.880	2,28		93.494	3,27		5	
	PSV	24.128	0,82		24.670	0,86		1	
	MENI	16.163	0,55		18.510	0,65		1	
Centro	AD-Gob.	957.574	32,80	52,98	936.124	32,71	53,53	66	105
	COPEI	589.177	20,18		595.697	20,82		39	
Derecha	IPFN	469.363	16,08	16,39	381.600	13,33	33,88	22	22
	MAN	9.292	0,31		15.749	0,55			
	TOTALES	2.918.877	–		2.861.726			171	

Por otra parte, en dichas elecciones participaron además diversos partidos minoritarios[801], y entre ellos el Partido Socialista Venezolano (PSV) de posición ambigua de centro, apoyando la candidatura de Jóvito Villalba; y el Partido Movimiento de Acción Nacional (MAN) de clara orientación de derecha, apoyando la candidatura presidencial de Germán Borregales.

El resultado de las elecciones de 1963, en las cuales por primera vez comenzó a ser utilizada la televisión, evidenció por primera vez los efectos negativos de la aplicación sucesiva del sistema electoral de representación proporcional, al impedir que cualquiera de los partidos que participaron en las mismas, obtuviera una mayoría respetable, con lo cual se consolidó, por tanto, el sistema de coaliciones de partido que caracterizó el sistema venezolano en la década de los sesenta[802]. En efecto, el Partido Acción Democrática obtuvo el 32,80 % de los votos en la elección presidencial y el Partido COPEI, el 20,18 %. Entre los dos, consolidaron una posición de centro en el espectro político que obtuvo el respaldo del 53 % del electorado[803]. Por

801 En las elecciones de 1963, además de las agrupaciones indicadas en el texto, participaron los siguientes partidos: Partido Auténtico Nacional (PAN), Cruzada Electoral Popular Agrupación Social (CEPAS) y el Comité Electoral del Pueblo (CEP) que actuó en el Estado Carabobo. *Cfr.* Boris Bunimov Parra, *op. cit.*, p. 105.

802 *Cfr.* J. C. Rey. *loc. cit.*, p. 219.

803 Boris Bunimov Parra ubica al Partido Acción Democrática en 1963 en una posición de "izquierda constitucionalista" similar a la que hemos calificado como izquierda democrática, *op. cit.*, p. 223. Sin embargo, dada la clara tendencia hacia el centro (centro-izquierda, si se quiere) del Partido AD, después de sus divisiones hacia la izquierda extrema (MIR) o hacia la izquierda democrática (FDP, PRIN y MEP en 1968), y por sus actuaciones de gobierno en la década de los sesenta, difícilmente podía ubicarse dicho

primera vez, por un proceso de convergencia de AD, de la izquierda hacia el centro, producto de sus divisiones internas, y de COPEI, de la derecha hacia el centro, producto de la precisión ideológica de su doctrina, así como de la presencia política de partidos y grupos electorales de derecha, se conformó en el electorado venezolano una clara tendencia hacia las posiciones de centro que se acrecentaría en los años subsiguientes.

La izquierda democrática, por su parte, logró consolidar un porcentaje equivalente al 28,58 % en las elecciones presidenciales, con un ligero aumento en las elecciones parlamentarias (31,74%); esta diferencia se observó en sentido contrario en la votación de derecha, particularmente la del grupo IPFN, que de un porcentaje de votos del 16,08 % en la elección presidencial, descendió al 13,33 % en la elección parlamentaria. Al contrario, la votación de centro (AD y COPEI) permaneció en los mismos porcentajes para las elecciones presidenciales (52,98 %) y parlamentarias (53,53 %). En todo caso, el triunfo electoral correspondió al candidato del Partido AD-gobiemo, Raúl Leoni, conservando dicho partido la denominación de Acción Democrática, lo que provocó la transformación del Partido AD-oposición en el Partido Revolucionario de Integración Nacionalista (PRIN).

Al iniciarse el gobierno del Presidente R. Leoni en 1964, las exigencias del Partido COPEI para la continuación de la coalición gubernamental no fueron aceptadas por AD, por lo cual este partido formó una coalición gubernamental denominada de la "amplia base", con el Partido Frente Nacional Democrático (FND) formado con posterioridad a las elecciones por los organizadores del grupo IPFN, y con el Partido URD, que a comienzos de 1964 había expulsado los grupos del partido vinculados a la extrema izquierda. En esta forma, la coalición de gobierno en 1964 logró una mayoría en la Cámara de Diputados de 65 % de los votos, en relación a la oposición que alcanzaba a un 35 %. Debe aclararse además que el Partido COPEI, si bien en la oposición, definió una política parlamentaria de colaboración con el gobierno en asuntos de importancia nacional, que le permitió al gobierno la aprobación parlamentaria de muchas decisiones de importancia[804].

En todo caso, la coalición gubernamental inicialmente establecida entre los partidos AD, URD y FND, quedó reducida en 1966 a AD y URD con motivo del retiro del gobierno del Partido FND, fundamentalmente, por divergencias con los otros partidos gubernamentales, evidenciadas, entre otros aspectos, en la conflictiva reforma tributaria propuesta al Congreso por el gobierno, contra la cual reaccionaron violentamente los grupos de presión económica y, particularmente, las empresas

---

partido en la izquierda. En 1968, David J. Myers, también colocaba a AD en la izquierda democrática, *op. cit.*, p. 66.

804 Esta política denominada de "Autonomía de Acción" (AA) permitió a COPEI, sin desarrollar una política obstruccionista, fortalecerse en la oposición. Sobre esta política *Cfr.*, J. C. Rey, *loc. cit.*, p. 220. Rafael Caldera la definió así en 1964: "No vamos a pasar a la oposición, y mucho menos a una oposición irrazonada o estridente. Estamos dispuestos a conversar sobre un entendimiento parlamentario. Estamos dispuestos a ofrecerle al Presidente desinteresadamente nuestro apoyo, nuestro respaldo, nuestra colaboración en los asuntos que sean de gran importancia para el país... Estamos dispuestos a mantener nuestra plena autonomía y nuestra plena responsabilidad para aprobar lo que convenga al país y para oponernos a lo que creamos contrario". *V.* en Revista *Documentos,* número 16. Caracas, 1964, p. 457, *cit.,* por J. C. Rey, *loc. cit.,* p. 220.

petroleras[805]. Con motivo de la salida del FND del gobierno[806], la mayoría parlamentaria de la coalición se redujo del 65% al 53% en el control de los votos de la Cámara de Diputados.

En 1967, una nueva división del Partido Acción Democrática producida en la víspera de las elecciones de 1968 con motivo de la escogencia del candidato presidencial del partido, lesionó gravemente la mayoría parlamentaria del gobierno, la cual se redujo a un 37%, habiendo perdido AD de nuevo, al final de su segundo período de gobierno, la mayoría parlamentaria que las coaliciones le habían asegurado al inicio de los mismos.

GOBIERNO 1964-1968
(Cámara de Diputados)

	1964	1966	1968
Total	179	179	179
Gobierno	117 (65 %)	95 (53 %)	68 (37 %)
AD	66	66	39
URD	29	29	29
FND	22	—	—
Oposición	62 (35 %)	89 (47 %)	111 (63 %)
COPEI	39	39	39
FDP	16	16	16
PRIN	5	5	5
PSV	1	1	1
MENI	1	1	1
FND	—	22	22
MEP	—	—	27

La disputa interna del Partido Acción Democrática, a pesar de que parecía favorecer la posición de la precandidatura de Luis B. Prieto Figueroa, Presidente del Partido, formal y estatutariamente dio la razón a la precandidatura de Gonzalo Barrios, Secretario General del partido, y así fue decidido por el Consejo Supremo

805 Como reacción contra la Reforma Tributaria se organizó el denominado "Movimiento de la Clase Media" financiado por diversos grupos económicos y que coordinó Guillermo Morón, posteriormente coordinador del Movimiento Desarrollista, grupo de electores de derecha que participó en las elecciones de 1973. Sobre las presiones de los grupos económicos contra la Reforma Tributaria de 1966. *V.* Ricardo Combellas, "La Actuación de FEDECAMARAS y de la CTV ante la Reforma Tributaria de 1966" (Estudio de Casos, 2), en *Politeia,* número 2, Instituto de Estudios Políticos. Caracas, 1973, pp. 301 y ss.

806 Las razones que llevaron al Partido FND a su retiro de la coalición gubernamental en marzo de 1966 se expusieron por el doctor Arturo Uslar Pietri, en un documento al cual se le dio amplia difusión. *V. El Nacional.* Caracas, 19 de marzo de 1966, p. D-l.

Electoral[807]. De ello resultó el control del Partido AD por los seguidores de la candidatura de Gonzalo Barrios para las elecciones de 1968, y la formación de un nuevo partido político, el Movimiento Electoral del Pueblo (MEP), por los seguidores de la candidatura de Luis B. Prieto Figueroa situado, en el espectro político, a la izquierda de AD.

En efecto, después de dos períodos presidenciales en manos de Acción Democrática y durante los cuales la violencia política había alcanzado niveles alarmantes no sólo por la lucha guerrillera y la represión del gobierno, sino por las sucesivas crisis parlamentarias y divisiones del partido de gobierno, la lucha electoral se centró básicamente en la búsqueda de un "cambio" propugnado por todos los partidos de oposición[808] o, al contrario, la continuación de la situación política, económica y social que había caracterizado los períodos anteriores. Sin embargo, las reales perspectivas de cambio o transformación política, económica y social que el proceso electoral abría para el país, eran ciertamente reducidas, debido a las características minoritarias de nuestro sistema político, en ese momento particularmente agudas, que lo habían alejado progresivamente del pueblo y contribuido, paralelamente, a dar mayor importancia y relevancia a los grupos de presión de toda índole, los cuales tenían no sólo una actuación externa a las instituciones políticas, sino desde dentro de ellas. Los planteamientos electorales de cambio, en todo caso, adquirieron en la situación pre-electoral una mayor relevancia.

Dentro de estos planteamientos, indudable que fue un elemento diferenciador el Programa de Gobierno sometido al electorado por el candidato presidencial del Partido COPEI, en el cual se planteaban, con mezcla de realismo e idealismo, posiciones de clara ubicación de centro-izquierda, y en algunos casos, de carácter socialista[809]. En todo caso, el análisis frío del Programa de Gobierno de COPEI —no cum-

---

807 *Cfr.* David J. Myers, *op. cit.*, pp. 79 y 80. Nos correspondió a nosotros redactar la resolución del Consejo Supremo Electoral en 1967, al tener que decidir respecto de quién debía considerarse estatutariamente como representante del Partido AD ante dicho organismo. *V.* CSE, *Doctrina Administrativa,* tomo II, Caracas, 1969, pp. 117 y siguientes.

808 El planteamiento del "cambio" si bien trató de ser monopolizado por el Partido Social Cristiano COPEI, constituyó la base de todos los programas y propagandas de la oposición. El Partido COPEI lo indicaba expresamente: "Hace ya muchos meses el Partido Social Cristiano COPEI lanzó al país su consigna de *Cambio.* Hoy esa palabra entusiasma multitudes y todos los movimientos políticos tratan de apropiársela. Lo acomodan a sus intereses y objetivos, sin importarles ese profundo y puro sentido que ella implica y que ha provocado esa respuesta popular irrefrenable. Nosotros queremos precisarla. No porque el pueblo no la haya entendido —fue él precisamente quien nos instó a que la lanzáramos—, sino porque se pretende manipularla en forma tal que pierda su verdadero significado" (*v.* R. Caldera, *Programa de Gobierno de COPEI, 1969-1974.* Caracas, 1968 —tabloide—, p. 4, parte I, 3). Por ejemplo, el Partido MEP elaboró todo su programa en base al planteamiento del Cambio y basta para darse cuenta de ello, leer los títulos de las siete partes del mismo: I. Cambio en la política internacional; II. Política para el cambio en las relaciones internacionales; III. Política para el cambio económico; IV. Política para el cambio social; V. Política para el cambio con la juventud; VI. Política para el cambio de la estructura financiera; y VII. Política para el cambio institucional (*v. Programa de Gobierno,* doctor Luís Prieto F., suplemento publicitario MEP (tabloide). Caracas, 11 de agosto de 1968, p. 4). Asimismo, por ejemplo, es de destacar que la consigna del Partido Revolucionario de Integración Nacionalista (PRIN) fue básicamente la de "Cambio para Avanzar". *V.* además los comentarios de Ramón Escobar Salom, en "¿Cuál es el Cambio?" *El Nacional.* Caracas, 25 de abril de 1968, p. A-4.

809 COPEI, sin embargo, pareció temerle en todo momento al calificativo de socialista que en algunos aspectos requería su Programa, con lo cual corrió el grave riesgo de que prosperaran las críticas que contra el mismo se formularon desde los grupos económicos, y que lo calificaban como fascista debido al al-

plido cabalmente en sus aspectos medulares posteriormente—[810], en el momento electoral colocaba a dicho partido y a su candidato evidentemente, en una posición de centro-izquierda que parcialmente el gobierno trató de mantener en el período 1969-1974, sin lograrlo totalmente debido a la minoría en el Congreso con que contó.

Frente al Partido COPEI, el Partido AD, recientemente lesionado en su posición interna y en su basamento ideológico por la última división hacia la izquierda producida por la creación del MEP, aun cuando todavía en una posición de centro, aparecía por primera vez en su historia, indudablemente a la derecha de COPEI[811]. AD, como reacción frente a la "inseguridad" que originarían las propuestas de cambio de

---

to grado de intervencionismo estatal que contenía. "Las exigencias propias de nuestro subdesarrollo —decía el Programa de COPEI— hacen necesario que el Estado asuma la dirección del proceso de desarrollo, que es imperioso, y canalice u oriente toda la actividad nacional hacia esa meta" (parte VI, B, 1, 3); y al referirse a la Planificación decía: "Un Plan cuya aplicación sea vinculante para el sector público a todos sus niveles y no simplemente indicativo para el sector privado, utilizando todos los mecanismos de estímulo con que cuenta el Estado para lograr la ejecución del Plan en este sector, sin que ello lo convierta en un Plan totalitario" (parte VI, B, 2, 1, 2, 1, 2, 2, b), *cit.,* p. 48. Las críticas al Programa de COPEI en 1968, las resumía Arturo Uslar Pietri al destacar "la grave extensión de las transformaciones que se propone introducir en la vida venezolana": "Debe merecer atención seria que un partido importante pretenda alterar todos los fundamentos y sistemas sobre los cuales ha sido concebida la vida democrática de Venezuela en la Constitución, en las leyes y en la concepción general de la mayoría de sus dirigentes políticos. La mayoría de los partidos democráticos coinciden en concebir a Venezuela como una sociedad abierta y pluralista, con limitada intervención del Estado y con libertad de disidencia, que a través de la acción gubernamental se propone alcanzar eficazmente determinados objetivos de desarrollo, de progreso colectivo y de justicia social." "El Programa de COPEI se aparta radicalmente de este esquema y propósito. A la sociedad pluralista y abierta opone un propósito reiterado de crear una colectividad cerrada, regimentada, sometida en toda su amplitud a la dirección del Estado y destinada a crear un tipo humano uniformado en hábitos, ideales y aspiraciones." "El mundo contemporáneo parece tender a libertarse de la regimentación y el indebido predominio estatal. Aun en el seno de los países de partido único y dictadura socialista», comienza a brotar con fuerza incontenible la tendencia hacia la liberalización y el pluralismo. Tan sólo China y los países de su órbita parecen aferrarse a una forma de rígida estatización que hace de la sociedad una simple máquina para realizar los fines del Gobierno." 'Trente a ese panorama de pluralismo y sociedad representativa abierta presenta COPEI la alternativa de la más completa regimentación que ningún Partido hasta hoy se haya atrevido a proponerle a Venezuela." "En efecto, en su Programa el Estado lo es todo, lo compendia todo, lo dirige todo y representa todo. No hay actividad ni sector social que no le estén sometidos y colocados bajo su directa intervención. Desde la actividad económica colocada en un pie de planificación no sólo indicativa sino obligatoria, hasta el sindicalismo dirigido y representado por el Estado, hasta la familia, convertida en un organismo de la administración, hasta el deporte y la juventud." Lo dicen textualmente: "el ámbito de la participación y el control no debe reducirse al marco estrecho de lo político, sino que debe extenderse al ámbito de lo económico y de lo cultural". Y señala como fin supremo "la reducción de la pluralidad de cuerpos, fines e intereses a una unidad fundamental". Y concluía Uslar Pietri sus críticas, advirtiendo que "Semejante alternativa de estatización, regimentación y uniformización de la sociedad, no puede ser tomada a la ligera. Merece por lo menos que se reflexione y se medite sobre las consecuencias y las implicaciones de tamaño mecanismo nacional de sujeción del hombre y de endiosamiento del Estado." *V.* "El Programa de COPEI", *El Nacional.* Caracas, 8 de septiembre de 1968, p. A-4. En todo caso, es de advertir que sobre todo desde el punto de vista social donde, según Uslar Pietri, aparecía "más claro el propósito de predominio del Estado y regimentación de la sociedad" el Programa de COPEI, lamentablemente no pudo ser ejecutado. *Cfr.* sobre las críticas de "fascista" en relación al Programa de Gobierno de COPEI, en David J. Myers, *op. cit.,* p. 144.

810 *V.* CORDIPLAN, *Notas para la evaluación del Programa de Gobierno,* 1969-1974, Caracas, 1973, en el cual básicamente se encuentran referencias cuantitativas y de inversión en el campo del crecimiento económico.

811 *Cfr.* David J. Myers, *op. cit.,* p. 126.

todos los partidos de la oposición, incluyendo a COPEI, estableció como base de su programa la proclamación de "cinco años de confianza"; mensaje dirigido indudablemente a los sectores económicos, y que en el momento electoral no se sabía exactamente si se trataba de los cinco años anteriores del gobierno del Presidente Leoni, o de los cinco años que comprenderían el nuevo período constitucional, pero semejantes a los anteriores. Frente a un programa electoral como el de COPEI que proponía la intervención del Estado en todos los campos económicos y sociales, como agente del proceso de desarrollo y no como testigo mudo e inactivo del mismo, el programa del Partido AD insurgía contra esa intervención y tomaba la bandera de la ingerencia mínima del Estado en la vida económica y social, concretada a través de la búsqueda de los "cinco años de confianza", en una campaña destinada, realmente, a atraer a aquellos que en nuestro sistema político podían "demostrar" desconfianza : los grupos de presión económica, pues el pueblo, por ausencia de mecanismos de participación, no tenía formas de mostrar confianza o desconfianza[812].

En esta forma, insistimos, el Partido AD que tradicionalmente había estado a la izquierda de COPEI, por una lucha propagandística y publicitaria sin precedentes a través de todos los medios de comunicación social y sólo superada en el proceso electoral de 1973[813], y como consecuencia de la reciente división hacia la izquierda que dio origen al MEP, pasaba a ocupar la derecha —centro-derecha— de COPEI que aparecía como un partido de centro-izquierda, pero debatiéndose en las contradicciones que producía un programa de tendencia izquierdista y unas alianzas electorales de derecha, con grupos representativos de sectores económicos y con sectores poderosos de la prensa de mayor circulación en el país[814].

---

812 En su programa de gobierno, Gonzalo Barrios, candidato presidencial de AD, calificaba sus propuestas como las "cláusulas de un *contrato nacional de progreso*, por cuanto se basan en la idea del diálogo, la cooperación y el acuerdo entre el Poder Público y todos los sectores sociales de la Nación. Esta concepción de la vida no se propone como fin la exaltación del Estado con el aumento desmesurado de sus facultades de intervención. No es admisible que la eficacia de éste se logre en perjuicio de la independencia intelectual, espiritual y física de los ciudadanos... En síntesis, el Estado tiene que asumir hoy en Venezuela múltiples responsabilidades por lo que atañe a la suerte de todos los connacionales. Pero la diversidad de intervenciones que esa situación determina, tiene que aceptarse en mi concepto como un recargo de las obligaciones del gobernante y no como una extensión de sus poderes de manera que el régimen democrático se muestre eficiente sin deterioro de las libertades y garantías del individuo". *V.* G. Barrios, *Contrato Nacional del Progreso* (Enunciación de Metas e Instrumentos relativos a las ideas expuestas por el doctor Gonzalo Barrios, candidato presidencial del Partido Acción Democrática, en su discurso-programa dado a conocer en el cine Metropolitano de Caracas el día 4 de abril de 1968), tabloide, Caracas, 1968, p. 3.

813 Ronald H. MacDonald señala que un estimado de 22 millones de dólares se gastaron en la campaña electoral de los cuatro principales candidatos presidenciales, lo cual trajo el costo de la campaña para una nación de 10 millones de habitantes sorpresivamente cerca del costo de la campaña presidencial en los Estados Unidos. *V. Party Systems and Elections in Latin America, cit.*, p. 54. Esto, indudablemente, evidenció en ambos procesos electorales un claro apoyo financiero de los grupos económicos del país. *Cfr.* las apreciaciones de David MYERS sobre el financiamiento de la campaña electoral de 1968, *op. cit.*, pp. 102 y ss.

814 El Partido COPEI, no sólo estableció una alianza pre-electoral con sectores económicos particularmente vinculados a FEDECAMARAS, que produjo la elección como diputados al denominado "grupo desarrollista" dirigido por Pedro R. Tinoco h., ex-asesor de FEDECAMARAS, presidente del Banco Mercantil y Agrícola (Chase Manhatan Bank) para la época y posterior ministro de Hacienda en el Gobierno de COPEI, y al presidente de FEDECAMARAS en los últimos años del Gobierno del Presidente Leoni, posteriormente designado presidente del Banco Central de Venezuela en el Gobierno de COPEI; sino que también estableció una alianza pre-electoral con la denominada "Cadena Capriles" integrada por los

Además de los Partidos AD y COPEI, participó en las elecciones de 1968 el Partido Movimiento Electoral del Pueblo (MEP) que pretendía, aunque sin decirlo originalmente, aglutinar electoralmente a los sectores de izquierda. Dicho partido, como se dijo, surgió en 1968, de la última y más importante, numéricamente, división de AD, y se llevó consigo a los últimos representantes de la posición tradicional de izquierda, de dicho partido, de los años cuarenta, y que no estuvieron conformes, aunque no tan radicalmente como los que formaron el MIR o el PRIN, con el proceso de concesión a los sectores económicos que caracterizó a los gobiernos de Betancourt y Leoni. En todo caso, la ausencia de radicalización del MEP, la cual en todo caso no podía producirse por la colaboración de sus líderes hasta el último momento preelectoral con el gobierno de AD, motivó que el "fenómeno" que electoralmente se quiso hacer formar en torno a su candidato —siguiendo la catalogación de "fenómenos" electorales que se le había dado a la votación obtenida por W. Larrazábal en 1958 y A. Uslar Pietri en 1963—, no constituyera tal fenómeno y mucho menos en relación a los votos de la izquierda, la cual desconfiaba del MEP por su actuación en los "cinco años de confianza" del gobierno del Presidente Leoni. En el candidato del MEP, quien recibió además el apoyo electoral del Partido Revolucionario de Integración Nacionalista (PRIN), fundado después de la división de AD en 1963 —ambos partidos situados a la izquierda de COPEI y AD—, se congregaron tantas contradicciones internas, que fue incapaz de aglutinar a la izquierda, y que si recibió el apoyo —siempre indefinido— del Partido Unión para Avanzar (UPA) formado por el Partido Comunista[815], ello quizás fue por exclusión y a pesar de los dirigentes del UPA. En todo caso, en el proceso electoral de 1968, mayoritariamente, se produjo en la mentalidad de los dirigentes de partido y en la de los votantes, un proceso de escogencia por exclusión, y de tendencia a la economía del voto, lo que por sí sólo demuestra las fallas del sistema de partidos originadas en la falta de una real definición de políticas. El proceso de polarización política por las posiciones de centro puede decirse que se inicia entonces en 1968, y se consolida posteriormente en las elecciones de 1973.

El cuarto bloque electoral de 1968 se configuró en torno a un candidato independiente, M. A. Burelli Rivas, quien supo aprovechar la maquinaria electoral del de-

---

diarios y revistas de mayor circulación en el país (Ultimas Noticias, Elite, El Mundo, etc.), que llevó a la Cámara de Diputados al denominado Grupo "FIP", dirigido por M. A. Capriles, director de la "Cadena". *Cfr.* David Myers, *op. cit.*, pp. 106 y ss. y 117 y ss. La alianza electoral con sectores económicos y de la prensa, sin embargo, no fue una táctica electoral utilizada exclusivamente por COPEI: el Partido AD recibió también grandes aportes financieros del sector privado (*cfr.* David J. Myers, *op. cit.*, pp. 103 y ss. y 162 y ss.) y el apoyo abierto de parte de la prensa, particularmente de los diarios *La República* y *La Verdad.* Por su parte, algunos diarios respondieron contra el pacto COPEI-Capriles, negándole al Partido COPEI la inclusión en sus páginas de propaganda política y minimizando o ignorando las informaciones político-electorales que se referían a dicho partido, tal como sucedió con los diarios *El Nacional y Panorama. Cfr.* David J. Myers, *op. cit.*, p. 118.

815 Puede decirse que entre los antecedentes importantes de la política de pacificación del país y de participación de los sectores de izquierda en la vida política nacional desarrollada por el Gobierno del Presidente Caldera después de 1969, está la decisión del Consejo Supremo Electoral, avalada por el Gobierno, de registrar como partido político al Partido Unión para Avanzar (UPA), que en nombre del Partido Comunista —entonces inhabilitado— participó en el proceso electoral de 1968. Posteriormente en 1969, al suspender el Presidente Caldera la inhabilitación del Partido Comunista de Venezuela, el UPA cambió de denominación por el de PCV. *V.* El Decreto número 17 de 26 de marzo de 1969 en *El Nacional.* Caracas, 27 de marzo de 1969, p. A-l.

nominado "Frente de la Victoria" compuesto por los Partidos URD, FDP y FND, pero a quien la misma increíble combinación de partidos, que abarcaba posiciones de izquierda y derecha, lo perjudicó electoralmente[816]. Esta combinación de partidos, en todo caso, no representó ni pudo representar nada ideológicamente. Podría pensarse en su imposibilidad de situarlo a la izquierda o a la derecha —esquema que el propio candidato presidencial rechazó desde el primer momento— y sólo defendió una pretendida "unidad", que tanto ha servido para la componenda. En todo caso, la ambigüedad de la posición de URD y del FDP en el Frente, y la posición de derecha del FND y del candidato; evidentemente que situaban a este Frente en 1968 en la derecha electoral, aun cuando la votación del FDP y de URD pudiera haberse situado, si hubieran tenido candidato propio, en la izquierda o en el centro.

De todo este panorama electoral, dada la imprecisión real y contradicción interna del bloque de partidos que entornó a los candidatos del MEP y del "Frente de la Victoria", la votación desde el primer momento se previó polarizada entre los "cinco años de confianza" de AD y el "cambio" de COPEI, con posiciones conservadoras en el primer caso y progresistas en el segundo. A esa polarización contribuyeron los otros dos bloques electorales al querer convertirse, cada uno de ellos con sus medios, en uno de los polos de la votación. Pero planteada en estos términos la polarización entre los dos partidos principales de centro, COPEI y AD, y estando, en base al Programa de Gobierno del primero, el COPEI a la izquierda de AD, en el momento de la postulación de los candidatos a los cuerpos deliberantes se evidenció la naturaleza de los pactos electorales que COPEI venía preparando de antemano y que en definitiva contribuyeron a darle el triunfo en las elecciones. Los pactos del Partido COPEI en las elecciones de 1968 pusieron en evidencia el hecho de que por primera vez en la historia electoral venezolana un partido celebró acuerdos de carácter definitivo, abiertos y sin esconderlos —como posiblemente fueron muchos de los que se han podido haber celebrado en procesos electorales anteriores—, con algunos de los grupos de presión menos progresistas y más poderosos del momento: un grupo de periódicos y revistas de gran circulación, y grupos económicos de importancia, que posteriormente dieron origen a los grupos parlamentarios denominados FIP y "desarrollistas", habiéndose convertido, el último, en un importante grupo de electores de derecha, que participó posteriormente en las elecciones de 1973. En nuestro criterio, éste fue, sin lugar a dudas, uno de los hechos más contradictorios del proceso electoral de 1968: un partido que propuso al electorado un programa tan progresista, que por su solo contenido debía implicar un enfrentamiento con ciertos medios de comunicación desenfrenados que operaban y operan en el país, y con los sectores económicos acostumbrados durante los años anteriores a controlar y dirigir las decisiones gubernamentales en ese sector; y que comenzaban su actuación electoral

816 Con razón señalaba Guillermo Meneses en 1966 que "la candidatura de otro que no fuera Villalba en URD, Larrazábal en FDP, Caldera en el COPEI, Uslar en el FND, traería —ya ha traído— gravísimas consecuencias"... "cualquier frente lleva consigo el gravísimo inconveniente de inventar una candidatura (así sea prematura) que también esté por encima de los intereses inmediatos de los partidos". *V.* "El Viaje del doctor Paz Galarraga", *El Nacional.* Caracas, 2 de mayo de 196-6, página D-4. Indudablemente que Meneses tenía razón: en 1968 la candidatura de Burelli (Rivas fue "inventada", y en ello tuvo gran actuación Jóvito Villalba (eterno artífice de la "unidad"), lo que se confirma por el absoluto fracaso del candidato "inventado" y del "inventor" en las elecciones presidenciales de 1973: Burelli Rivas obtuvo el 0,76 % de los votos y Villalba el 3,05 % de los mismos. *Cfr.* las cifras en *El Nacional.* Caracas, 21 de diciembre de 1973, p. A-l.

pactando electoralmente con los sectores que pretendían combatir doctrinalmente. En esta forma, al final del procesa electoral, que no fue otra cosa, sustancialmente, que una desmedida demostración de fuerza propagandística y publicitaria; y planteada desde el inicio la polarización entre AD y COPEI, resultó que esos dos partidos, el primero por haber perdido sus sectores de izquierda que le quedaban y propugnar aquellos intemporales "años de confianza", y el segundo por haber negociado sus posiciones ideológicas de "cambio", indudablemente que se habían situado en el centro del espectro político electoral. El proceso de ideologización tan característico de los partidos demócrata-cristianos de América Latina, parece entonces que se detuvo momentáneamente en 1968 en el caso de COPEI.

Por otra parte, es de destacar que a pesar de la polarización electoral entre AD y COPEI y de la constitución de las alianzas electorales en torno a los candidatos presidenciales del MEP-PRIN-UPA y de URD-FDP-FND, en las elecciones de 1968 participaron un número considerable de partidos políticos nacionales y regionales, entre los cuales deben destacarse, el Partido Socialista Democrático (PSD) que postuló la candidatura de Alejandro Hernández, y que a pesar de su nombre, se ubicó en una posición evidentemente de derecha como la de candidato: y el Partido Movimiento de Acción Nacional (MAN) quien postuló a Germán Borregales, también en la derecha del espectro político. Además, participó en el proceso electoral en la derecha política, sin postular candidato presidencial, la Cruzada Cívica Nacionalista (CCN), auspiciada por antiguos colaboradores del ex-Dictador Pérez Jiménez y quien inclusive lo postuló como Senador por el Distrito Federal siendo posteriormente anulada la elección por la Corte Suprema de Justicia[817] .

Aparte de los partidos señalados, también participaron en el proceso electoral, los siguientes partidos: en apoyo a la candidatura de Rafael Caldera de COPEI, el Movimiento Demócrata Independiente (MDI) surgido como consecuencia de una división del Partido URD, y el denominado Partido Liberal (PL) de efímera existencia; en apoyo a la candidatura de Gonzalo Barrios de AD, la Alianza Popular Independiente (API), la Acción Independiente Revolucionaria (AIR), la Organización Popular Independiente Revolucionaria (OPIR) y los Profesionales Independientes del Volante (PRIVO); en apoyo a la candidatura de Luis B. Prieto Figueroa, el Partido Opinión Nacional (OPINA); y en apoyo de la candidatura de Miguel A. Burelli Rivas, el Movimiento Electoral Nacional Independiente (MENI) constituido originalmente en 1959 para lanzar la candidatura de Wolfgang Larrazábal[818].

---

817 La postulación de la candidatura del ex-dictador Pérez Jiménez como senador por el Distrito Federal fue aceptada por la Junta Principal Electoral respectiva, previa consulta al Consejo Supremo Electoral, y posteriormente fue anulada la decisión por la Corte Suprema de Justicia. *V. C.* S. E., *Doctrina administrativa,* tomo II, *cit.*, pp. 62 y ss.

818 Además de los partidos políticos y grupos nacionales señalados, se registraron en el Estado Miranda el Movimiento Pro-Candidatura Obrera (MPCO), y en el Distrito Federal la Alianza Liberal Venezolana (ALVE), ambos con fallida vocación de partidos nacionales. Como grupo de electores nacionales se constituyeron, además del denominado PRIVO señalado en el texto, el Comité Electoral Independiente (CEI) y la Asociación Nacional de Independientes Prieto Presidente. En el campo regional, por otra parte, participaron en las elecciones los siguientes 13 grupos de electores: Unión Progresista del Pueblo (UPP) en el Distrito Federal y Estado Miranda; Electores Venezolanos Independientes (EVI) en el Distrito Federal; Acción Municipal (AM) en el Distrito Federal y Estado Miranda; Frente Independiente Regional (FIR) en el Distrito Federal y Estado Miranda; Fuerza Electoral Independiente (FBI) en el Estado Miranda; Movimiento Libertador (ML) en los Estados Áragua, Lara, Carabobo» Guárico, Miranda,

Ahora bien, el resultado del proceso electoral evidenció en primer lugar, la concentración del cincuenta por ciento de la votación (49,58 %) en los dos principales partidos de centro (AD y COPEI) y si bien se pudo observar un inicio de polarización entre esas dos fuerzas políticas, la misma no tuvo ni mucho menos las características que tuvo en las elecciones de 1973. Además, en una posición de centro también puede ubicarse la votación de dos de los partidos que formaron el Frente de la Victoria (URD y FDP) por lo que la votación de centro superó en total el 64 % de los votos. Por su parte, la votación de izquierda quedó reducida en 1968 al UPA, en la extrema izquierda, y al MEP y al PRIN en la izquierda democrática, con una votación que sobrepasó ligeramente el 18% de la votación; y la derecha por su parte, básicamente representada por el CCN y el FND obtuvo el 15 % de la votación.

ELECCIONES 1968

Partidos		N.° de votos Elección Presidencial	N.° de votos Elección Parlamentaria	%		N.° de Diputados	
	TOTAL	3.999.617	3.678.084	100		214	
Izquierda	UPA	—	103.591	282	18,17	5	34
	MEP	645.532	475.909	12,94		25	
	PRIN	68.417	88.509	2,14		4	
Centro	COPEI	1.067.211	883.814	24,03	64,13	59	153
	AD	1.021.725	939.759	25,55		66	
	URD	439.642	340.195	9,25		18	
	FDP	240.337	194.931	5,30		10	
Derecha	FND	132.030	96.027	2,61	15,02	4	27
	PSD	27.336	29.920	0,81		1	
	CCN	—	402.341	10,94		21	
	MAN	12.587	24.407	0,66		1	

En las elecciones de 1968 resultó electo el candidato presidencial del Partido Social Cristiano COPEI, Rafael Caldera, por un margen muy estrecho de votos (0,08%) en relación al candidato del Partido AD, a lo que contribuyó fundamentalmente la división de este partido en la víspera de las elecciones y la consecuente participación del Movimiento Electoral del Pueblo en las mismas. El Presidente Caldera, debido a la conformación de las fuerzas políticas como resultado de las elecciones de 1968, sólo contaba inicialmente con un respaldo minoritario en el Congreso (27 %), lo cual hizo temer, indudablemente, por la estabilidad del régimen

Distrito Federal y Yaracuy; Movimiento de los Barrios (MB) en el Distrito Federal; Fuerza Revolucionaria Femenina (FTRF) en el Distrito Federal; Organización Venezolana Nacionalista Independiente (OVNI) en el Distrito Federal y en los Estados Aragua, Carabobo y Portuguesa; Carabobo Primero en el Estado Carabobo; Izquierda Cristiana en el Estado Carabobo; Movimiento Municipal (MM) en el Estado Táchira; y Unión Democrática Independiente (UDI) en el Estado Anzoátegui.

democrático[819]. Las posibilidades de formación de una mayoría parlamentaria permanente eran realmente confusas y remotas, y ante ello tenía dos alternativas: o establecer una coalición de centro con Acción Democrática, o establecer la coalición con los diversos grupos de izquierda, centro y derecha que integraban el espectro político. La primera alternativa fue descartada por el propio Presidente al inicio de su período constitucional, al expresar lo difícil que podía resultar para el país entender una coalición gubernamental con AD, al haber sido electo Presidente "dentro de un movimiento nacional de aspiración al cambio", lo cual resultaba incompatible con el gobierno de una "coalición política muy respetable, pero que ya tenía diez años en el poder y había el deseo de modificar la estructura nacional"[820]. La segunda alternativa, por la atomización e incompatibilidad de las otras fuerzas políticas, era imposible, y ello quedó demostrado en el acuerdo que el Partido COPEI logró con la oposición, excluida Acción Democrática, para la elección de las directivas de las Cámaras Legislativas en su instalación en 1969, así como para la designación del Fiscal General de la República y del Contralor General de la República. En este acuerdo, evidentemente, que la mayor influencia la tuvieron los partidos CCN y MEP, quienes controlaban el 21% de la Cámara de Diputados. El Presidente Caldera, entonces, descartada toda posibilidad de lograr alianzas parlamentarias permanentes, y ante lo costoso en concesiones que resultaba una política de coincidencias con la variada oposición, excluida Acción Democrática, optó por establecer la política de coincidencias parlamentarias con este partido, debido a su responsabilidad como principal fuerza de oposición[821], y, en definitiva, desarrollar un gobierno con minoría en el Congreso. En todo caso, la formación variada y negociada de mayorías parlamentarias para la toma de decisiones políticas fue un proceso político complicado, lo cual se evidenció a todo lo largo del Gobierno del Presidente Caldera[822].

819 El propio Presidente Caldera señaló en la víspera de las elecciones de 1973 que "había razones para temer por la democracia venezolana cuando yo fui electo con una minoría en la Cámaras, con una situación sumamente confusa en cuanto a la participación de cada fuerza política en los órganos deliberantes". *V.* Rueda de Prensa del 6 de diciembre de 1973, en *El Nacional*, 7 de diciembre de 1973, p. D-2.

820 El Presidente Caldera en tal sentido señaló: "la unión del Partido Acción Democrática y del Social Cristiano COPEI, haría mayoría absoluta en ambas Cámaras. ¿Pudiera realizarse tal unión? ¿Pudiera realmente establecerse una coalición de gobierno? El Partido Acción Democrática, por otra parte, tiene como objetivos inmediatos la reorganización de sus cuadros y la lucha por la conquista del Poder que legítimamente puede hacerla dentro de las leyes y de los cauces que establecen la Constitución y las propias instituciones. Esto es incompatible probablemente, y es lo que ellos han manifestado, con la participación en mi gobierno". *V. Habla el presidente,* Vol. I. Caracas, 1970, p. 334.

821 El Presidente del Congreso, J. A. Pérez Díaz, del Partido COPEI explicaba las coincidencias AD-COFEI en la forma siguiente: "Después de la experiencia de un año de dificultades que llegaron a motivar serias inquietudes en la comunidad nacional, Acción Democrática y COPEI, con actitud responsable que Venezuela reconoce y la historia juzgará, sentaron las bases del acuerdo...", que permitirá "evitar las crisis parlamentarias que... proyectaron la imagen de un Congreso paralizado en el período anterior. Un claro sentido de responsabilidad ciudadana nos conduce a la afirmación de que el Congreso requiere un trabajo armónico, homogéneo, coherente, y que las fuerzas de mayor cuantificación son las más directamente llamadas a conducirlo por un camino de rendimiento eficaz y planificado, en razón de la cuantía popular de su representatividad". *V.* en Revista *Documentos,* número 40, Instituto de Estudios Políticos UCV. Caracas, 1970, p. 384, *cit., por* J. C. Rey, *loc. cit.,* pp. 227 y 228.

822 El propio Presidente Caldera señaló respecto de su gobierno minoritario que "hay un consenso general en que, hasta cierto punto, ha sido casi milagroso el que sin mayoría en el Congreso se haya podido desarrollar una obra de gobierno como la que se ha cumplido en estos cinco años, y se haya podido mantener la firmeza del Gobierno Constitucional". *V.* la Rueda de Prensa del 13 de diciembre de 1973, *El Nacional.* Caracas, 14 de diciembre de 1973, p. D-1.

Ellas, por otra parte, no sólo se lograron con AD, caracterizándose el período 1969-1974 básicamente como un "sistema duocéntrico de coaliciones de partidos"[823], sino que también se lograron esporádicamente con los otros partidos de la oposición. En todo caso, las coincidencias implicaron concesiones y, entre ellas, la más importante, fue el abandono forzado del Partido COPEI y del gobierno a insistir en la ejecución de muchos aspectos del Programa de Gobierno.

Por otra parte, es de tener en cuenta que si bien COPEI eligió de sus listas 59 Diputados en las elecciones de 1968, que le permitían teóricamente un control del 27,6% de la Cámara, entre los parlamentarios electos había 19 Diputados pertenecientes a grupos políticos distintos de COPEI y que en el curso del período constitucional se independizaron de la línea de dicho partido. En efecto, el Grupo del MDI, al final del período y para las elecciones de 1973, aparecía vinculado a los sectores perezjimenistas; el representante del Partido Liberal, G. Olavarría, después de haber sido designado Embajador en Londres, renunció y se enemistó con el gobierno con motivo de la firma del Protocolo de Puerto España relativo al diferendo de fronteras entre Venezuela y Guyana; el grupo "desarrollista", luego de que su promotor, Pedro Tinoco, h., dejó el Gabinete del Presidente Caldera en 1972 —del cual formó parte desde 1969 como Ministro de Hacienda—, actuó independientemente, y en las elecciones de 1973, en abierto apoyo de la candidatura del ex-Ministro, con una vocación perezjimenista declarada públicamente; y el grupo FIP, integrado por personas ligadas al editor M. A. Capriles, se independizó del Partido COPEI a raíz del juicio militar seguido contra el mismo en 1971, y a su temporal exilio consecuente. En esta forma, el Gobierno del Presidente Caldera contaba, en realidad, con el apoyo seguro en el Parlamento de sólo el 18% de los votos de la Cámara de Diputados, lo cual, como se dijo, desde el mismo inicio del período constitucional, al elegirse las directivas de las Cámaras Legislativas, provocó la formación de las más variadas y circunstanciales alianzas, acuerdos y coincidencias parlamentarias, para apoyar, en cada caso, alguna proposición del gobierno, cuyo "programa", por supuesto, en lo sustancial que lo caracterizaba, no pudo ser ejecutado[824].

---

823 Tal como lo califica J. C. Rey, *loc. cit.*, p. 228.

824 Esto sucedió, por ejemplo, con los aspectos sociales que escandalizaban en 1968, a Arturo Uslar Pietri: "Donde aparece más claro el propósito de predominio del Estado y regimentación de la sociedad es en la parte dedicada al orden social. Allí se anuncia la creación de grandes organismos estatales que tomarán en sus manos la dirección y la representación de la familia, de la juventud y hasta del pueblo. Hay un Consejo Nacional de la Familia y de la Juventud que sería "el legítimo representante a nivel nacional —verdadero cuerpo intermedio— de la familia y de la juventud venezolana". Luego hay el Voluntariado Social Juvenil. "El Voluntariado Social Juvenil formará parte del gran movimiento de Voluntariado Social que incorporará a toda la población consciente de la misión histórica de una nueva sociedad solidaria. Ella está coordinada con el Voluntariado Social Femenino y con el Servicio Nacional." "Un Organismo para la Promoción Popular, incorporado directamente a la Presidencia de la República, como instrumento del Ejecutivo, con funcionarios, equipos itinerantes de promotores, para ejercer una dirección y representación de lo popular, que supere el actual estado de democracia meramente electoral." "El concepto de la Defensa Nacional deja a un lado a las Fuerzas Armadas, para convertirse "en el arma de toda la Nación" y comprender desde aspectos ideológicos y psicológicos "hasta la posibilidad de conquistar nuevos objetivos que sean indispensables para la seguridad interna y para el logro del desarrollo integral." "Y, por último, se anuncia el Servicio Nacional, que será obligatorio para todos los jóvenes venezolanos entre los dieciocho y veintiún años y que reemplaza y sobrepasa al Servicio Militar para convertirse en una especie de noviciado obligatorio, en tareas militares y civiles para lograr integrar y uniformar a los venezolanos por la disciplina y el trabajo en común, con un propósito total de "formación y de educación de masas" para una mayor integración entre los estratos (sociales) ahora separados y en oca-

GOBIERNO 1969-1974
(Cámara de Diputados)

	1969	1973 (inicios)	1973 (período electoral)
Total	214	214	214
Gobierno	59 (27,6 %)	63 (29,4 %)	60 (28,0 %)
COPEI	40	40	40
(FIP)	6	6	6
(MDI)	2	—	—
(Desarrollistas)	10	10	—
(PL)	1	—	—
MPJ	—	7	7
FDP	—	—	7
Oposición	155 (72,4 %)	151 (70,6 %)	154 (72,0 %)
AD	66	66	66
URD	18	18	18
MEP	25	25	25
FDP	10	10	—
FND	4	4	2
PRN	4	4	4
CCN	21	14	14
PSD	1	1	1
UPA-PCV	5	5	5
MAN	1	1	1
(Desarrollistas)	—	—	10
Otros	—	3	8

La minoría parlamentaria del gobierna durante todo el período constitucional, en todo caso, fue variable, y si bien al final de dicho período no era posible determinar con precisión cuál era la exacta posición del gobierno, puede señalarse que al iniciarse el año 1973 su posición había mejorado ligeramente por la identificación que el grupo Movimiento Popular Justicialista (MPJ), formado por disidentes del Partido CCN, ele orientación "perezjimenista democrática", como su promotor lo señalaba había hecho con la política del gobierno. Posteriormente, la alineación del candidato "desarrollista" en las elecciones de 1973 con los grupos perezjimenistas, así como la necesaria oposición electoral al gobierno, puede decirse que provocaron la pérdida del apoyo seguro que el Partido COPEI tenía del grupo "desarrollista", lo cual, sin embargo, quedó parcialmente compensado con el apoyo que le brindaron los parlamentarios del FDP, como consecuencia del pacto electoral que dicho partido hizo con COPEI[825]. Los votos del FIP puede decirse que básicamente siguieron alienados con el gobierno, a pesar del alejamiento del grupo con motivo del juicio seguido al Senador Capriles.

siones hasta antagónicos." *V.* "El programa de COPEI", *El Nacional.* Caracas, 8 de septiembre de 1968, p. A-4.

825 *Cfr.* Guillermo Pantín, "¿Por los pactos electorales? Ha variado la correlación de fuerzas en diputados", en El Nacional, 5 de junio de (1973, p. D-l.

En todo caso, durante el período del Gobierno del Presidente Caldera, debido a la atomización parlamentaria, los grupos de presión económica, sindicales y de prensa, encontraron su más depurada forma de ejercer sus influencias, no sólo desde fuera de las instituciones políticas, sino desde dentro, pues a cambio de apoyo electoral —financiero o publicitario— los diversos partidos políticos postularon para la elección en las Cámaras Legislativas a representantes de los diversos grupos de presión. En efecto, y a cambio de financiamiento electoral[826], en las elecciones de 1968 fueron llevados a la Cámara de Diputados por los diversos partidos políticos un total de 17 "dirigentes empresariales"[827], por lo que a pesar de la orientación política de cada partido y de la atomización del Congreso, al menos el 8 % de los votos de la Cámara estuvo más o menos bajo las presiones directas de los grupos económicos[828]. Esta situación, por supuesto, también tuvo sus repercusiones en el gobierno, quien por el respaldo minoritario en el Congreso no pudo adoptar las medidas estatistas y socialistas que el Programa de Gobierno establecía[829]. Los grupos sindicales también contaron en 1968 con una nutrida representación directa en la Cámara de Diputados, lo cual, indudablemente, contribuyó a la consolidación de la denominada "paz laboral" [830]. Por último, debe también señalarse que los dueños y directores de algunos de los más importantes diarios y revistas del país también fueron llevados a las Cámaras Legislativas en las elecciones de 1968[831], con lo cual, la prensa comenzó a ejercer un tipo de presión protegida por la inmunidad parlamentaria, antes no conocida en el país.

En todo caso, con un Parlamento de tan heterogénea composición, sumada a la atomización política extrema de los partidos, ya comentada, el proceso de decisiones de interés nacional se hizo sumamente difícil; y la presión de los grupos de intereses siempre se hizo valer en contra de todo intento de adopción de una política general de centro-izquierda, como la que había prometido el Programa de Gobierno del Pre-

---

826 *Cfr.* J. C. Rey, *loc. cit.*, p. 208.

827 *Cfr.* la información en José Gerbasi, "Confidencialmente", *El Nacional*. Caracas, 16 de diciembre de 1973, p. D-4.

828 Es de destacar, como se dijo anteriormente, que el Presidente de FEDECAMARAS en los últimos años de Gobierno del Presidente Leoni fue llevado al Congreso como diputado en las listas del Partido COPEI en las elecciones de 1968, y posteriormente fue designado presidente del Banco Central de Venezuela, organismo del sector público de primerísima importancia en la conducción de la política crediticia y monetaria del país. Por otra parte, el Presidente de la misma organización empresarial durante los años centrales del gobierno del Presidente Caldera, también era diputado electo en 1968 en las listas del Partido URD.

829 Es de destacar que el ministro de Hacienda del Gobierno del Presidente Caldera hasta 1972 fue PEDRO R. Tinoco h., creador de la doctrina básica de FEDECAMARAS en la década de los sesenta y Presidente del Banco Mercantil y Agrícola (Chase Manhattan Bank) hasta el momento de su designación como ministro. Su posición quedó clara en 1973 cuando propugnó la creación de un partido conservador de derecha.

830 Es de destacar, por ejemplo, que en los cinco años de Gobierno del Presidente Caldera se firmaron más de 6.000 nuevos contratos colectivos. *Cfr.* Antonio López Agosta, *Este Gobierno*. Caracas, 1973, p. 14.

831 Por ejemplo, no sólo el director de la Cadena Capriles fue electo senador, sino que el director del diario *El Mundo* fue electo diputado, ambos en las listas del partido COPEI. En la misma forma, el director del diario *El Nacional*, fue electo senador en las listas del Partido FND y uno de los co-dueños de dicho periódico también fue electo senador por el MEP.

sidente Caldera, sobre todo en el campo interno[832]. En efecto, si se analizan las grandes realizaciones del Gobierno del Presidente Caldera, puede evidenciarse que,

---

832 Sin embargo, debe destacarse que el Presidente Caldera mantuvo siempre una firme posición de rechazo a las presiones de FEDECAMARAS, lo que le llevó a afirmar en su último año de gobierno lo siguiente: "Yo le reconozco y le ratifico a FEDECAMARAS su derecho a opinar, lo que no le puedo reconocer es su derecho a gobernar, porque el Gobierno es función que corresponde a otros órganos." *V.* el discurso del Presidente Caldera al inaugurar la XXIX Asamblea de FEDECAMARAS el 7 de mayo de 1973, *El Nacional.* Caracas, 8 de mayo de 1973, p. D-l. Sin embargo, FEDECAMARAS pretendió gobernar y presionar sin límites al Gobierno, sobre todo después de las elecciones de 1973. En efecto, como respuesta a los anuncios nacionalistas de medidas gubernamentales efectuados por el Presidente Caldera, referidos básicamente a la venezolanización de algunos sectores de la economía que permanecía en manos mayoritariamente extranjeras (industria láctea, industria eléctrica y canales de televisión) mediante convenios o, en su defecto, mediante expropiación, y a la promulgación del Reglamento de la Ley de Trabajo que derogaba el discriminatorio Reglamento de Trabajo en la Agricultura y en la Cría, de 1945 (v. Alocución de Año Nuevo del Presidente Caldera en *El Nacional.* Caracas 2 de enero de 1974, páginas D-1 y D-2), a pesar del respaldo a dichas medidas expresado por sectores políticos, sindicales y hasta empresariales *Cfr.* la posición de Pro-Venezuela en *El Nacional.* Caracas, 4 de enero de 1974, p. D-5), FEDECAMARAS respondió que "el clima de confianza que privaba en la Nación ante las promisorias perspectivas, se encuentra en cierta manera empañado con serias inquietudes que han surgido en relación a los *extemporáneos* anuncios presidenciales", los cuales consideró eran "extemporáneos por cuanto a dos meses vista tomará posesión el Gobierno electo y existirá una composición radicalmente distinta en las Cámaras Legislativas..." FEDECAMARAS estimaba además, "que aun cuando el Gobierno tiene la *potestad teórica* de adoptar resoluciones y promulgar decretos, debería en la práctica mantener una natural prudencia frente a medidas de gran trascendencia", y le criticaba al Gobierno haber tomado las medidas sin haber "consultado o advertido" a los sectores interesados, lo cual no fue cierto, por lo que debe entenderse que la crítica de la ausencia de consulta o advertencia se refería a que el Gobierno no lo hizo con la propia organización FEDECAMARAS. *V.* las declaraciones del Presidente de FEDECAMARAS en *El Nacional.* Caracas, 8 de enero de 1973, p. D-3.) A las recriminaciones de FEDECAMARAS el Presidente respondió en su Rueda de Prensa semanal del 10 de enero de 1973, explicando las consultas que se habían hecho y los apoyos políticos que las medidas tenían, y en particular, al comentar las críticas formuladas a la protección dada a los trabajadores rurales por el nuevo Reglamento de la Ley del Trabajo, señaló que "es doloroso que en este momento se pueda decir que el progreso de Venezuela dependa de que los trabajadores del campo sigan como siervos al margen de toda protección, al margen de la legislación laboral. Son argumentos parecidos a los que se dieron cuando se abolió la esclavitud, en los cuales se decía que cómo iba a sostenerse la economía si los esclavos eran la base de la economía..." y agregaba que le dolía "que en un país tan avanzado como Venezuela en el momento más alto de prosperidad de su historia, haya voceros de organismos que representan el empresariado nacional, que dicen que el país se hunde si a estos parias, que son los trabajadores campesinos, se les da la mínima protección que garantiza la Ley del Trabajo promulgada en 1936" (*v.* en *El Nacional.* Caracas, 11 de enero de 1974, p. D-l). A la Rueda de Prensa del Presidente Caldera, el Presidente de FEDECAMARAS contestó en forma insólita e irrespetuosa acusando al Gobierno de haber dedicado esfuerzos "a dividir y politizar los gremios rurales empresariales", y señalando que: "Es deplorable la permanente actitud ofensiva que asume el señor Presidente de la República cada vez que le toca responder a las argumentaciones del sector privado. Es larga la lista de calificativos peyorativos que ha venido aplicando cuando decide contestar los planteamientos que, en ejercicio de un derecho constitucional, formula el sector privado empresarial, cuya genuina y legítima representación la ostenta FEDECAMARAS. Se nos ha calificado de acartonados, pulperos de San Felipe .de los años veinte —ofendiendo de paso a los fallecidos comerciantes de esa ciudad—, acaparadores, especuladores y sujetos equiparables a los criminales que secuestran aviones. Por último, en la mencionada Rueda de Prensa se equipara a los agricultores con negreros esclavistas, intentando con ello desacreditarlos y exponerlos al desprecio y odio público." "Si los empresarios rurales fueran realmente los culpables de la condición de paria del asalariado agrícola, mayor culpabilidad recaería sobre el propio Presidente saliente, quien, durante los cinco años de su mandato, mantuvo esta situación que, como ha quedado demostrado, pudo haber revertido de un plumazo cuando lo consideró más conveniente a sus intereses políticos. Esta decisión de última hora permite suponer que la extensión de la Ley del Trabajo al campo no fue decretada antes, porque ella podría crear mayores problemas de abastecimiento al Gobierno, con su natural reflejo negativo en la campaña del candidato oficial. Hoy se toma la decisión y se dejan como herencia al país, todo los desajustes que ella implica. Como al

dejando a un lado las relativas a la continuación de una política de crecimiento económico —el cual fue realmente impresionante entre 1969 y 1974—, así como las relativas a inversiones en infraestructura, industrias básicas pesadas del Estado, educación y vivienda[833], realmente, configuran una política general de centro-izquierda sólo aquéllas que se realizaron con consenso nacional, logrado a pesar de la ausencia de mecanismos e instituciones políticas adecuadas, a base de la tesis del nacionalismo democrático[834], y que fundamentalmente tocaron, casi siempre, aspectos de política internacional o lesionaron exclusivamente intereses económicos extranjeros. En tal sentido, como propias de un gobierno reformista de centro-izquierda, deben destacarse todas las decisiones adoptadas en relación a la industria petrolera controlada por las empresas extranjeras[835], y particularmente las siguientes: el establecimiento de una tarifa única del 60% para gravar mediante el impuesto sobre la renta los enriquecimientos de las empresas mineras o de hidrocarburos, lo que elevó la participación fiscal en la utilidad bruta de la industria petrolera al 89 % en 1972[836]; la facultad otorgada al Ejecutivo Nacional para fijar unilateralmente los

---

señor Presidente parecen complacerle las comparaciones, se me ocurre que el caso actual es asimilable al de un administrador con un contrato de servicios de cinco años de duración, renovable a voluntad del propietario, y quien al saber que su contrato no ha sido renovado, procede a destruir o hacer desaparecer los comprobantes de contabilidad y causa una serie de perjuicios a los bienes encomendados a su custodia, con el objeto de perjudicar al propietario y hacer más difícil la gestión del administrador entrante. Por lo expuesto califiqué la medida adoptada como extemporánea. Debo agregar ahora que es, además, política y efectista. No son valederos los juicios morales del señor Presidente saliente, cuando juzga y condena a los empresarios rurles por insensibilidad social. En relación con los males que padecen los sectores de menores recursos, una verdadera responsabilidad histórica recae sobre un Gobierno que ha gastado fabulosas sumas de dinero en una abrumadora propaganda electoral para sus obras, en tanto que la mayor parte de nuestros hospitales carecen de las medicinas y recursos más elementales. Finalmente, resulta contrario a la práctica democrática civilizada el estilo de respuesta oficial que ha impuesto el señor Presidente de la República, y que ha sido soportado por todos los sectores del país, durante los cinco años de su mandato. Este estilo no se compadece con la estatura intelectual del Presidente saliente y ha sido tolerado, bajo protesta, por muchos grupos calificados del país por respeto a la alta investidura que le fuera otorgada por la soberanía popular y en razón de sus méritos académicos. En este orden de ideas, resulta irritante e inexplicable, por ejemplo, que el señor Presidente critique a ciudadanos que en legítimo uso de sus bienes, adquiridos durante largos años de trabajo, dispongan de medios de transporte para sus actividades productivas, cual si ello fuere un delito. Pecado sería distraer los fondos públicos para viajes de funcionarios al exterior en compañía de familiares y amigos, o, en ruidosas campañas electorales, o en francachelas en honor de hijos o nietos de altos dignatarios de la Administración Pública" (*v.* en *El Nacional.* Caracas, 13 de enero de 1974, p. D-2). La reacción en los medios políticos y sindicales contra las declaraciones del Presidente de FEDECAMARAS, por supuesto, no se hicieron esperar y se llegó a pedir, con razón, su enjuiciamiento por irrespeto al Presidente de la República (*v. El Nacional.* Caracas, 14 de enero de 1974, p. D-l, y 15 de enero de 1974, p. C-10).

833 Para ello *v.* CORDIPLAN, *Notas para la evaluación de la obra de Gobierno (1969-1973).* Caracas, 1973, p. 91.

834 En este sentido, puede decirse que el nacionalismo desarrollado por el Gobierno del Presidente Caldera fue la fuerza integradora políticamente para la adopción de decisiones de primera importancia nacional, con consenso. En este orden de ideas, J. A. Silva Michelena, señala que "el nacionalismo puede ser una poderosa fuerza integradora que provee una base común para el funcionamiento armonioso del Estado Moderno, porque disminuye tanto el conflicto como la necesidad de imponer controles correctivos. En suma, puede decirse que es un punto clave en el proceso de modernización política", "Nacionalismo en Venezuela", en F. Bonilla y J. A. Silva Michelena, *op. cit.* p. 118.

835 *V.* sobre la "era del nacionalismo petrolero" desde 1970 a 1973, los comentarios de Luis Vallenilla, *Auge, Declinación y Porvenir del petróleo venezolano*. Caracas, 1973, pp. 451 y ss.

836 *V.* la Ley de Impuesto sobre la Renta de 17 de diciembre de 1970 (artículo 58). *Cfr.* CORDIPLAN, *Notas para la evaluación de la obra de Gobierno* (1969- 1973), *cit.*, pp. 15 y 16.

precios de exportación del petróleo venezolano a los efectos fiscales, lo que provocó un aumento desde $ 1,87 por barril en 1968, a $ 14,08 por barril en diciembre de 1973[837]; la firma en 1971 de los primeros contratos de servicio entre el Estado, a través de la Corporación Venezolana del Petróleo, y empresas petroleras extranjeras, iniciándose con ello una nueva etapa en las relaciones jurídicas y económicas en la industria petrolera[838]; la promulgación en 1971 de la Ley sobre Bienes Afectos a Reversión en las Concesiones de Hidrocarburos, en la cual se establecen los mecanismos tendientes a garantizar que al vencimiento de las concesiones petroleras a partir de 1983, al pasar los bienes al Estado sin indemnización alguna, ésta podrá continuar operando eficientemente las concesiones después de su vencimiento[839]; el establecimiento de controles de producción para mantener en explotación las concesiones por parte de las empresas petroleras[840]; la reserva al Estado, mediante ley de 1971, de la industria de gas natural[841]; y la reserva al Estado, mediante ley de 1973, de la explotación del mercado interno de los productos derivados de los hidrocarburos[842]. Esta política petrolera nacionalista, que además implicó un desarrollo impresionante de la Corporación Venezolana del Petróleo (CVP) y del Instituto Venezolano de Petroquímica (IVP) y el fomento de las investigaciones en el campo petrolero[843], por supuesto que contó con un consenso nacional unánime particularmente en el Congreso —donde muchas de las leyes señaladas tuvieron su iniciativa— por lo que la presión de los intereses de las empresas petroleras, otrora tan poderosos, pudieron ser frenados, a lo que ayudó, indudablemente, la política general de la OPEP, en la cual Venezuela participó activamente[844].

Por otra parte, también estuvieron guiadas por el criterio de nacionalismo y pueden identificarse como políticas propias del centro-izquierda las medidas adoptadas

837 *Cfr.* CORDIPLAN, *Notas para..., cit.*, p. 16; *The Times*. London, december 29, 1973, p. 15.

838 *Cfr.* CORDIPLAN, *Notas para..., cit.*, p. 16.

839 *Cfr.* CORDIPLAN, *Notas para..., cit.*, p. 17.

840 *V.* los Decretos números 832 de 18 de diciembre de 1971 y 1.008 de 14 de junio de 1972. *Cfr.* CORDIPLAN, *Notas para..., cit.*, pp. 17 y 18.

841 *V.* la Ley de 26 de agosto de 1971. *Cfr.* CORDIPLAN, *Notas para..., cit.*, pp. 18 y 19.

842 *V.* Ley de 21 de junio de 1973. *Cfr.* CORDIPLAN, *Notas para..., cit.*, p. 18.

843 Por Ley de 25 de enero de 1973 se promulgó la Ley de creación del Fondo destinado a la investigación en materia de hidrocarburos y formación de personal técnico para la industria petrolera. *Cfr.* CORDIPLAN, *Notas para...*, p. 18. En relación a las inversiones y desarrollo de la CVP y del IVP. *V. ídem.*, pp. 19 y ss. y 28 y ss.

844 En particular, la posición del Gobierno frente a las empresas petroleras quedó resumida por el Presidente Caldera en los siguientes términos: "Si los Estados Unidos no tuvieron la inteligencia para abrirnos el trato hemisférico que le pedimos durante tanto tiempo, hoy no nos preocupa tanto esto, porque la competencia suicida de los precios bajos ya no es la norma en las relaciones entre los países exportadores de petróleo. Ya no se puede ocultar el hecho de que tenemos una materia muy preciosa, que vale mucho, cuya necesidad aumenta todos los días a un ritmo impresionante en todos los países de la tierra: es que no podemos entender, y por eso tenemos que atribuirlo a maniobras falaces, el hecho de que durante los diez años anteriores hubiera bajado el precio del petróleo en nuestros mercados de consumo. ¿Por qué bajó? ¿Acaso se estaba consumiendo menos? ¿Acaso el petróleo tenía menor significación? ¿O fue acaso porque se nos hizo víctima de maniobras injustas de parte de quienes sentían a su alcance el manejo de las llaves en el mundo entero para abrir aquí, para cerrar allá y para lograr de esa manera doblegar a los pueblos en cuyos países estaban los yacimientos del petróleo? *V.* el Discurso del Presidente Caldera en la inauguración de la XXIX Asamblea de FEDECAMARAS el 7 de mayo de 1973, *El Nacional*. Caracas, 8 de mayo de 1973, p. D-l.

en el campo económico internacional: la denuncia, en 1972, del Tratado de Reciprocidad Comercial con los Estados Unidos, que se encontraba vigente desde el año 1939, con modificaciones hechas en 1952[845]; y la adhesión de Venezuela al Acuerdo de Cartagena de integración económica subregional de los países del área andina (Pacto Andino) en 1973[846]. Esta última decisión puede decirse que fue, realmente, la que más repercusiones podía tener en los sectores económicos privados internos —aparte del impacto sobre las inversiones extranjeras— y, por ello, la tenaz oposición de FEDECAMARAS al ingreso de Venezuela a dicho Acuerdo[847]. Dentro de las medidas nacionalistas relativas al comercio internacional y que afectan intereses foráneos, deben también destacarse la aprobación de las decisiones de la Comisión del Acuerdo de Cartagena, como consecuencia de la adhesión al Pacto Andino, sobre inversiones extranjeras y empresas multinacionales[848]; y la promulgación de la Ley de Protección a la Marina Mercante Nacional, que reserva, para ser transportada en barcos venezolanos, el 50 % de la carga general de exportación y de importación de nuestro país, y en un porcentaje creciente, hasta llegar al 50 %, de nuestras exportaciones de petróleo y hierro[849]. Aparte de estas medidas nacionalistas, en el campo económico interno, la estructura de los grupos económicos privados no fue básicamente afectada, siendo quizá solamente la excepción, las medidas adoptadas para redefinir la industria automotriz básicamente de propiedad extranjera, y las medidas de venezolanización de la industria láctea, de la industria eléctrica y de los canales de televisión anunciadas a comienzos de 1974[850].

En términos generales, entonces, puede decirse que a pesar de todas las dificultades institucionales, el sistema político venezolano entre 1958 y 1973 funcionó efectivamente[851] en el sentido de que a pesar de la atomización política producida por el sistema electoral y el multipartidismo, las reglas de juego político, que reservaron a los partidos políticos el monopolio de la legitimación del poder, de la solución de conflictos y del establecimiento de consensos políticos[852], se han aplicado y han sobrevivido. Sin embargo, el sistema político provocó progresivamente la confor-

---

845 *Cfr.* CORDIPLAN, *Notas para..., cit.,* p. 13.

846 *Cfr.* CORDIPLAN, *Notas para..., cit.,* p. 13.

847 *V.* en general sobre la oposición de FEDECAMARAS al ingreso de Venezuela al Pacto Andino, Andrés Stambouli,, La actuación de FEDECAMARAS y la CTV ante el ingreso de Venezuela al Pacto Andino, en *Politeia*, número 2, Instituto de Estudios Políticos. Caracas, 1973, pp. 325 y ss. *V.* asimismo, lo expresado por el Presidente Caldera ante la XXIX Asamblea Anual de FEDECAMARAS el 7 de mayo de 1973, en donde particularmente expresó lo siguiente: "La incorporación de Venezuela al Pacto Andino ha sido el más trascendente dentro de los hechos ocurridos en el presente año, [...]. Todos estamos convencidos de que no podíamos quedarnos confinados a una economía de aislamiento que cada vez podría hacerse más frágil. Todos estamos convencidos de que teníamos que encontrar un horizonte más amplio, una posibilidad más efectiva, [...]" "El Pacto Andino abre a todos los venezolanos una nueva época en el cuadro de nuestras relaciones económicas, y no solamente económicas, porque se han señalado ya sus proyecciones en el campo cultural, en el campo social y aun en el campo de la política internacional.." *V.* en *El Nacional.* Caracas, 8 de mayo de 1973, p, D-l.

848 *V. Gaceta Oficial* número 1.620. Extraordinario del 1 de noviembre de 1973.

849 Ley de 24 de julio de 1973. *Cfr.* CORDIPLAN, *Notas para..., cit.,* p. 14.

850 *Cfr.* CORDIPLAN, *Notas para..., cit.,* p. 26.

851 *Cfr.* J. C. Rey, *loc. cit.,* p. 226; D. H. Levine, *op. cit.,* p. 258.

852 *Cfr.* D. H. Levine, *op. cit.,* pp. 8 y 240 y ss.

mación de gobiernos minoritarios, al tener el gobierno un control cada vez menor de los votos en la Cámara de Diputados:

PORCENTAJE DE VOTOS EN LA CÁMARA DE DIPUTADOS CONTROLADOS POR EL GOBIERNO, 1959-1974

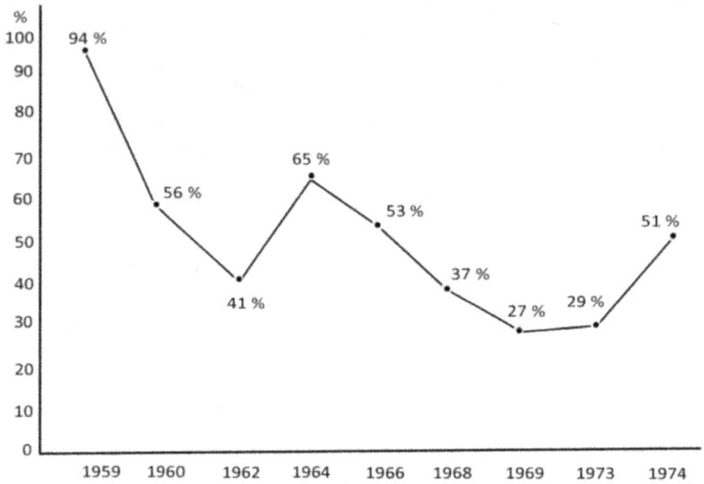

De la misma manera, el sistema político produjo, a la inversa, un aumento progresivo del poder de la oposición frente al gobierno en el control de la Cámara de Diputados:

PORCENTAJE DE VOTOS EN LA CÁMARA DE DIPUTADOS CONTROLADOS POR LA OPOSICIÓN 1959-1974

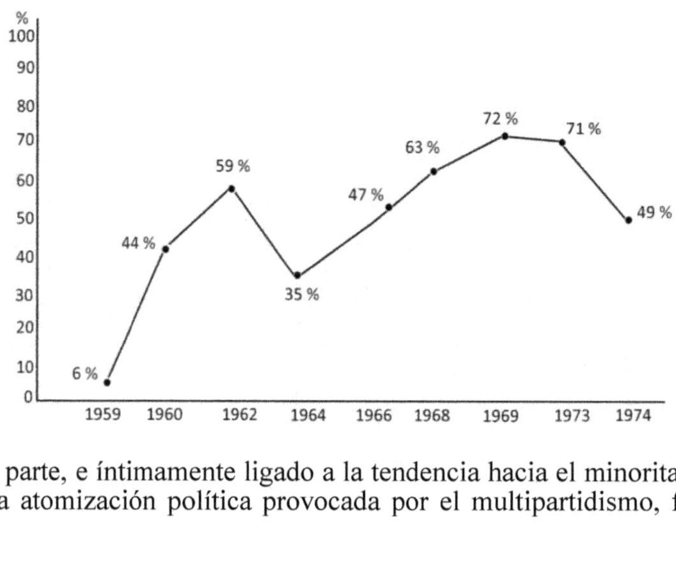

Por otra parte, e íntimamente ligado a la tendencia hacia el minoritarismo gubernamental, la atomización política provocada por el multipartidismo, fue asimismo creciente, no sólo en cuanto al número de partidos participantes en los procesos electorales, sino en cuanto al número de partidos políticos que lograron representación en las Cámaras Legislativas, tal como se aprecia del cuadro siguiente:

NÚMERO DE PARTIDOS POLÍTICOS CON REPRESENTACIÓN EN LAS CÁMARAS LEGISLATIVAS, 1958-1973

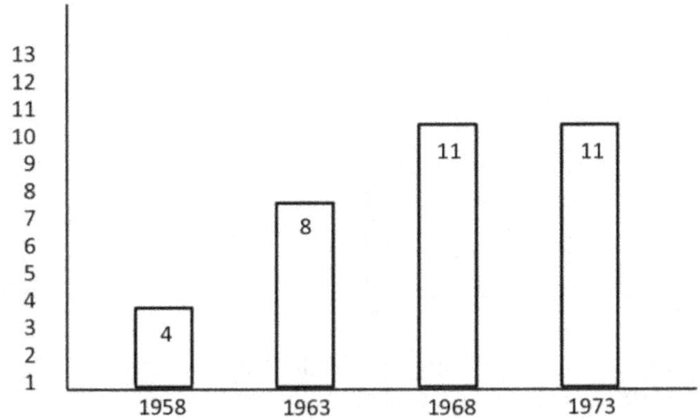

En todo caso, el funcionamiento del sistema político asegurado por la élite política venezolana, ha tenido un costo considerable en la renuncia de muchos programas de reforma y transformación en el campo socio-económico impuestos por la búsqueda de estabilidad y sobrevivencia del régimen democrático[853]. De ahí que si se analiza el espectro político venezolano entre 1946 y 1974, se observa una reducción progresiva de la izquierda y la derecha, y un aumento también progresivo de las posiciones de centro, que se consolidan definitivamente en las elecciones de 1973, tal como se verá más adelante[854].

En efecto, porcentualmente consideradas, las posiciones de izquierda pasaron de controlar el 86,45% en la Asamblea Constituyente de 1946 hasta obtener un respaldo parlamentario de 18,17% en 1968, reducido aún más al 12,35% en 1973. Las posiciones de derecha, por su parte, pasaron de un respaldo parlamentario del 14,65% en 1946, al 15,02% en 1968, porcentaje reducido en 1973 al 7,02%. Al contrario, las posiciones de centro que se inician electoralmente en 1963, aun cuando políticamente a partir de 1960, pasaron de controlar el 52,98 % de los votos en la Cámara de Diputados en 1963, a un 64,13% en 1968; porcentaje que se amplió todavía más en 1973, hasta llegar a un 85,5%

853 *Cfr*. D. H. Levine, *op. cit.*, p. 258.

854 En este sentido, D. H. Levine, señala con razón, que políticamente, los líderes de AD en la década de los sesenta, definieron sus objetivos centrales, menos en términos de revolución social que en el logro de la estabilidad y continuidad institucional, *op. cit.*, pp. 237, 224 y 242 y ss. Por otra parte, al definir la premisa central de su libro (*Conflict and Political Change in Venezuela),* Levine señala lo siguiente. "*A major premise of this book has been the central role of prudent leadership in making the system work. In closing, let meturn to this theme. The Venezuelan system works. Its construction has entailed clear cost, in the abandonment or shelving of possible more radical programs for change, but in the eyes of political elites, the achievement of institutional, and thereby of the opportunity to work for more change in the future, was a price worth paying. The system seems well founded and solid, but like any artifact, it is fragile, and its continued survival requieres constant care and attention*", *op. cit.*, p. 258.

RELACIÓN PORCENTUAL IZQUIERDA-CENTRO-DERECHA EN LAS ELECCIONES PARLAMENTARIAS, 1946-1973

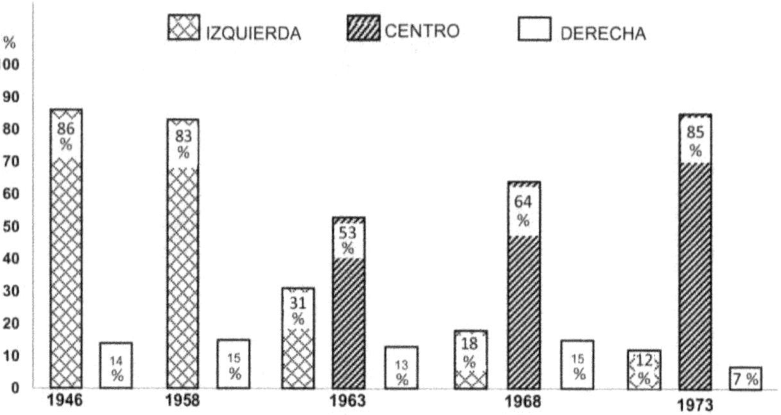

En este mismo sentido, el control individual de los dos principales partidos de centro (AD y COPEI) en la Cámara de Diputados ha aumentado desde 1963 hasta 1968 de un 58,5 % hasta un 83 %.

EVOLUCIÓN DE LAS POSICIONES DE CENTRO EN LA CÁMARA DE DIPUTADOS, 1963-1973

(Partidos AD y COPEI)

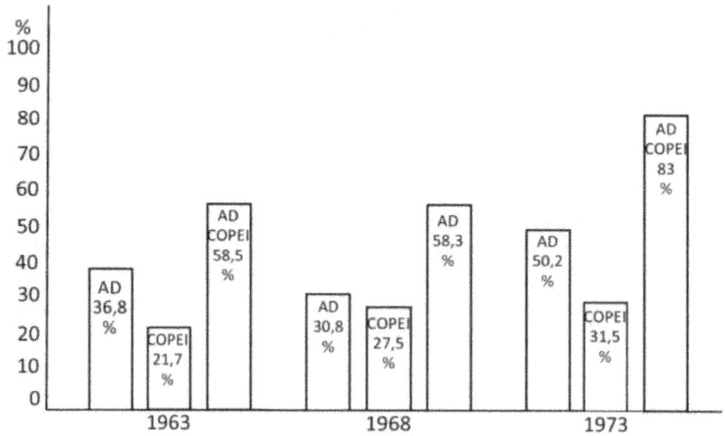

El sistema político venezolano, en conclusión, produjo entre 1958 y 1973, aún sobre la base del multipartidismo, de la atomización provocada por la representación proporcional, y de la tendencia que provocó en la conformación de gobiernos minoritarios, la consolidación del régimen democrático y la continuidad institucional requerida; pero ello, evidentemente, se hizo a costa de la renuncia de las tradicionales posiciones de izquierda democrática del Partido AD, lo cual le provocó serias divisiones y contribuyó a la aliena-nación de la extrema izquierda. Todo ello provocó la consolidación, dentro del espectro político, de una posición de centro, actualizada por el Gobierno del Presidente Caldera entre 1969 y 1974, y respaldada mayoritariamente por el país en el proceso electoral de 1973. Los resultados de estas elecciones, ciertamente, sorprendieron a lodos los observadores y líderes políticos, y en ellas el electorado dio una gran lección y orientación a las élites políticas, al clarificar con extremada precisión las opciones políticas para el desarrollo de Venezuela, dentro de la vía democrática.

CAPÍTULO 11. LA POLARIZACIÓN POLÍTICA POR EL REFORMISMO Y LA DEMOCRACIA Y EL FUTURO DEL SISTEMA DE PARTIDOS

Las previsiones y perspectivas políticas de Venezuela durante el proceso electoral de 1973, ciertamente que fueron radicalmente distintas a las realidades políticas que se conformaron con posterioridad a las elecciones y como consecuencia de ellas. El resultado electoral, contra todos los pronósticos, sorprendió inclusive a sus mismos beneficiarios y evidenció una clara manifestación de voluntad popular por una opción política reformista-democrática de desarrollo para el país. Se impone, por tanto, antes de analizar las consecuencias del cambio político provocado por las elecciones de 1973, tratar de precisar la situación preelectoral en los últimos años de gobierno del Presidente Caldera, la cual era ciertamente confusa, pero en mayor grado que en los procesos electorales anteriores, debido al número de candidatos presidenciales y de partidos políticos concurrentes en el proceso electoral.

Ante todo debe señalarse un elemento fundamental que caracterizó la situación política preelectoral, y que fue la selección de los candidatos presidenciales de los dos principales partidos políticos, AD y COPEI, desde los primeros meses de 1972[855]. Como consecuencia de ello puede decirse que el proceso electoral para las elecciones de 1973 irrumpió en la opinión pública y en los medios de comunicación social dos años antes de la fecha de las elecciones, dando lugar, no sólo a una anticipación inusitada de la cuestión electoral, sino al desarrollo de una larga y costosísima campaña publicitaria electoral que se inició con la promoción de los diversos precandidatos por los medios de comunicación social. En algunos de los partidos políticos, y particularmente en el COPEI, la selección del candidato presidencial se convirtió en un acto público, en el cual se logró interesar a toda la opinión pública, inclusive extraña o adversa a dicho partido.

Por otra parte, el proceso de selección de los candidatos presidenciales de los Partidos AD y COPEI marcó un interesante proceso de lucha interna entre los diversos grupos que se disputaban los controles de dichas agrupaciones, y que concluyó, en forma relativamente similar en ambas, mediante la selección de los candidatos materialmente impuestos por las respectivas maquinarias organizativas internas[856], controladas por las corrientes más conservadoras de ambas agrupaciones: Lorenzo

855 La selección de Lorenzo Fernández como candidato presidencial de COPEI se verificó en marzo de 1972 *(cfr. El Nacional.* Caracas, 19 de marzo de 1972, p. A-l) y la selección de C. A. Pérez como candidato presidencial de AD se verificó en agosto del mismo año de 1972 *(cfr. El Nacional.* Caracas, 20 de agosto de 1972, pp. A-l y D-1).

856 *Cfr.* Domingo Alberto Rangel, *Los Mercaderes del Voto.* Valencia, 1973, p. 38.

Fernández, por COPEI, y Carlos Andrés Pérez, por Acción Democrática, ambos exministros en el Gabinete de Rómulo Betancourt en los primeros años de la década de los sesenta. En esta forma, a pesar de haberse planteado abiertamente ante la opinión pública la selección de los candidatos presidenciales, en ambos casos, por la imagen que tenían para el momento de la selección —no la posteriormente creada o perfilada—, la selección se produjo, no por su capacidad de arrastre de votos en relación a la Nación, sino por la capacidad de los grupos que dominaban las maquinarias organizativas internas de los partidos en controlar los votos de los delegados de los mismos. Este proceso, inclusive, dio lugar en el seno del Partido COPEI a acusaciones de corrupción electoral[857], que provocaron debates políticos en el Parlamento tendentes a la aprobación de un voto de censura contra uno de los Ministros del Ejecutivo Nacional, a quien se acusaba de haber utilizado las ventajas de su organización para lograr la elección del candidato presidencial de COPEI[858]. En esta forma puede decirse que el Partido COPEI inició su campaña electoral con acusaciones internas de corrupción política, e inició así el camino que lo conduciría a la derrota electoral, a lo que indudablemente contribuyó la utilización durante la larga y costosísima campaña electoral, de dichas acusaciones por los diversos partidos de oposición[859].

857 En un documento hecho público por la prensa del país, atribuido a dos altos dirigentes del Partido COPEI, se resumen las acusaciones de los dirigentes de dicho partido que sostenían la candidatura de L. Herrera Campins, contra los que sostenían la candidatura de Lorenzo Fernández, y donde las referencias al tráfico de influencias fueron constantes: "En efecto, son por lo menos deprimentes para la recta intención socialcristiana los comentarios que se han producido, entre picarescos y vergonzantes, alrededor de ofrecimiento de favores o ayudas como argumentos para conquistar votos, o las promesas interesadas de ascensos o nominaciones en el escalafón de la administración pública, mientras una soterrada pero persistente campaña, identificaba a una determinada precandidatura como la favorita del Gobierno. Oportunamente denunciamos, antes de la Convención y ante los entes competentes, la inconveniencia de que determinados funcionarios del Ministerio de Obras Públicas o del Ministerio de Relaciones Interiores interviniesen, como lo hicieron, en el proceso, y hasta llamamos la atención acerca de la conveniencia de que no se confundieran las funciones y los campos de acción gubernativos y partidistas. Menguados resultados obtuvo nuestra denuncia. No sólo funcionarios de escaso o mediano nivel de diversos despachos o dependencias oficiales se dedicaron a las tareas partidistas en favor de determinada precandidatura con abandono casi total de sus responsabilidades públicas, sino que igual cosa hicieron funcionarios de muy alta jerarquía administrativa, con el agravante de que contaron en todo caso con la aquiescente benevolencia de sus respectivos jefes. En el MOP se llegó a la expresa provisión de cargos con el objeto de que sus titulares se dedicaran al trabajo proselitista interno dentro de las filas del partido." *V.* Carta atribuida a Dagoberto González y César Perdomo Girón en *El Nacional.* Caracas, 18 de abril de 1972, p. D-l.

858 Esta acusación, tal como resulta del documento citado en la nota anterior, al partir presumiblemente del seno del propio Partido COPEI, fue utilizado por los partidos de oposición para aprobar la moción de censura contra el Ministerio de Obras Públicas.

859 La temática del "Hombre del Maletín" fue una constante opositora de los partidos políticos contra COPEI, y que también fue expuesta por primera vez en el documento citado por la prensa, en la forma siguiente: "Entre las cosas más lamentables ocurridas durante la campaña electoral interna, mención especial requiere la aparición por primera vez en nuestras luchas partidistas, de un fantasma que se cierne sobre las reservas morales de nuestro partido y al que adversarios políticos se han referido reiteradamente en forma pública, llegando a simbolizarlo en la figura tragicómica de "el hombre del maletín". Esta triste aportación a la tipología de la antihistoria política nacional no estuvo reducida a una sola persona, sino que contra lo que muchos pudieron pensar en forma simplista, fueron numerosos los individuos que estuvieron dedicados a tan deplorable práctica electorera. En todo caso, creemos que lo importante es dejar consignada nuestra protesta, no tanto contra las personas que actuaron de esa manera, como contra la figura misma de la actividad, contra la actividad misma, capaz de echar sombras por sí sola sobre el proceso entero". *V.* en *El Nacional.* Caracas, 18 de abril de 1972, p. D-l.

En todo caso, con candidatos con poca imagen inicial ante el público, toda la campaña electoral de los Partidos Acción Democrática y COPEI estuvo dirigida a la creación de dicha imagen, no en sentido ideológico, pues la opinión no logró nunca identificar mayores o sustanciales diferencias ideológicas entre ellos, sino en sentido personal e individual. El COPEI centró su campaña publicitaria en la presentación de su candidato como un buen padre de familia, amante de la paz; en cambio, AD desarrolló su campaña electoral mostrando a su candidato como un hombre enérgico, capaz de tomar las decisiones que el país reclamaba[860]. Ambas campañas tenían antecedentes en las actuaciones de ambos candidatos como Ministros de Relaciones Interiores: Carlos Andrés Pérez, como Ministro durante el gobierno del Presidente Betancourt, había sido el artífice de la represión política del gobierno contra las guerrillas y de la inhabilitación de los partidos de extrema izquierda; Lorenzo Fernández, como Ministro del gobierno del Presidente Caldera, había sido el artífice de la política de pacificación del país, que condujo a la rehabilitación del Partido Comunista de Venezuela y del MIR, y a la eliminación de las guerrillas. A la creación de dichas imágenes políticas, por tanto, estuvo dirigida toda la campaña electoral de los dos principales partidos políticos, caracterizada, en términos generales, por la ausencia de debates ideológicos y por un costo publicitario de magnitudes increíbles y sin precedentes[861].

En efecto, el compromiso abierto y descarado de los medios de comunicación de masas con algún candidato presidencial, que caracterizó el proceso electoral de 1968 y que abarcó en esa época a grandes sectores de la prensa —unos a favor abiertamente del candidato del Partido COPEI y otros, también abiertamente, en contra del mismo—, no se produjo, ciertamente, en el proceso electoral de 1973, en el cual se incorporó en magnitudes asombrosas de tiempo, el poderoso medio de la televisión, básicamente dominado por el sector privado con mayoritaria inversión extranjera [862]. La compra de tiempo en la televisión y de espacio en la prensa, fue entonces la norma en el proceso publicitario preparatorio de las elecciones de 1973, a lo cual se sumó la campaña indirecta financiada por el Gobierno, en la cual se destacaban sus realizaciones, y el apoyo financiero de los grupos empresariales a los principales partidos políticos, alentado por la propia FEDECAMARAS[863]. La propaganda elec-

---

860 Por ejemplo, las consignas "Lorenzo, un Presidente Amigo" y "Democracia con Alegría" que orientaron las campañas publicitarias de COPEI frente a la consigna "Democracia con Energía" que caracterizó la campaña publicitaria de AD. *Cfr.* los comentarios sobre el sentido de estas campañas en Hugh Thomas, "The Man who walks: Venezuela", 1974, *The Times.* London, Saturday March 2, 1974 (Saturday Review), p. 9.

861 *Cfr.* Bernard Cassen, "Venezuela: Un déluge de bolivars pour le noveau président", *Le Monde Diplomatique,* numéro 240, mars, 1974, p. 20.

862 De los cuatro canales de televisión que funcionaban en Venezuela —número de por sí exagerado si se piensa en lo reducida de la población del país—, uno era oficial, controlado por la Oficina Central de Información de la Presidencia de la República, y los otros tres eran propiedad del sector privado con capital mayoritariamente extranjero. De ahí la política de venezolanización de las empresas de televisión iniciada por el Presidente Caldera. *Cfr.* lo expresado por él en la alocución de Fin de Año en *El Nacional.* Caracas, 2 de enero de 1974, p. D-1.

863 En una declaración pública del directorio de FEDECAMARAS publicada el 4 de diciembre de 1973, esta organización incitaba a los empresarios a influir, con "la influencia que les otorga su calidad de dirigentes en el manejo de los recursos productivos", en el proceso electoral, en la forma siguiente: "en cumplimiento del deber estatutario que señala la defensa del sistema de economía descentralizada, al cual pretenden sustituir fuerzas debidamente identificadas, por un sistema que tiene como meta la erradi-

toral en el proceso de 1973 fue, en todo caso, excesiva, convirtiendo al proceso electoral en una competencia publicitaria en la cual sólo podían participar los partidos con grandes recursos financieros[864] y, entre ellos, los dos principales partidos: AD y COPEI; y su exceso, indudablemente, produjo reacciones adversas contra algunos candidatos, contribuyendo además a la polarización electoral entre los dos partidos que más la utilizaron.

Pero a pesar del exceso de la propaganda electoral, el debate político para las elecciones de 1973, como se dijo, no tuvo contenido ideológico, salvo incidentalmente, por las campañas publicitarias semianónimas, anticomunistas, y los planteamientos radicales del Partido Movimiento al Socialismo (MAS) contra los grupos empresariales. En todo caso, los programas electorales sólo aparecieron ante la opinión pública un mes antes de las elecciones, y en torno a ellos no se produjeron mayores debates como los que originó el programa de gobierno de COPEI en el proceso electoral de 1968.

En el proceso electoral, la posición de centro de los Partidos AD y COPEI, sin embargo, puede decirse que siguió la misma tendencia perfilada en el proceso electoral de 1968: Acción Democrática acentuó preelectoralmente su posición de centro-derecha y el Partido COPEI precisó también preelectoralmente su posición de centro-izquierda. En efecto, en cierto modo puede decirse que el Partido AD depurado en 1968 con motivo de su última división y de la creación del Movimiento Electoral del Pueblo (MEP), de todos los reductos de izquierda que tenía, había aprendido la lección que COPEI le había dado en el proceso electoral de 1968, *y* buscó y obtuvo, al igual que el mismo COPEI, el apoyo de grupos económicos privados poderosos que le permitieran financiar la costosa campaña electoral[865]. El programa de gobier-

---

cación del sector privado de la vida nacional, el Directorio Ejecutivo quiere destacar la trascendencia que, en este sentido, ha adquirido el actual proceso electoral y alertar a los empresarios para una categórica toma de posiciones, como individualidades y en el seno de los núcleos sociales sobre los cuales *ejercen la legítima influencia que les otorga su calidad de dirigentes en el manejo de los recursos productivos* y en las actuaciones institucionales en favor de la comunidad, *a fin de contribuir a la inclinación* del electorado por aquellas corrientes de opinión que han expresado su acuerdo con la permanencia y evolución de una sociedad pluralista, que descansa en los principios de las libertades políticas y económicas que caracterizan el sistema que ha privado en nuestro país desde los días de la emancipación" (subrayados nuestros). *V.* en *El Nacional.* Caracas, 4 de diciembre de 1973, p. D-9.

864 Luis Beltrán Prieto, en este sentido, destacó que en la propaganda electoral "se calcula que los partidos del *status* gastaron cerca de mil millones de bolívares (dos veces y media el costo de la propaganda presidencial en los Estados Unidos)...", "'Elecciones y Alienación", *El Nacional.* Caracas, 18 de diciembre de 1973, p. A-4. *Cfr.* en relación a la propaganda electoral en 1973 las opiniones de Miguel Acosta Saignes, Boris Bunimov Parra, Abel Sánchez Peláez, Fernando Valarino y Orlando Albornoz, en el Foro realizado por Julio Barroeta Lara, "Esta Publicidad Electoral ¿Neurotizante, frívola y culto a la personalidad?", en *El Nacional.* Caracas, 3 de diciembre de 1973, p. C-l.

865 Sobre el apoyo financiero y de los empresarios en las campañas electorales venezolanas, por supuesto, no hay ninguna duda, aun cuando no se disponen de cifras. Por ejemplo, los propios empresarios lo han reconocido públicamente, a través de un documento de la Asociación Pro Venezuela: "...la colaboración empresarial a este proceso electoral no puede quedar reducida solamente al *consuetudinario aporte económico que,* como especie de fondo de reservas políticas, hacen los empresarios durante la justa comicial". *V.* '"La Política y los Empresarios", en *El Nacional.* Caracas, 20 de enero de 1973, p. C-6. Por otra parte, y en lo que concierne a Acción Democrática, en nuestra opinión quedó clara la preferencia electoral por dicho partido manifestada por el Presidente de FEDECAMARAS en su ataque al Presidente de la República de enero de 1974, al identificarse plenamente con todas las críticas electorales que, con razón o no, AD le hizo al Gobierno y al Partido COPEI. *V.* las declaraciones del Presidente de FEDECAMARAS en *El Nacional*, Caracas, 13 de enero de 1974, p. D-2. En la reacción del Partido COPEI

no del Presidente C. A. Pérez aparecía, sin embargo, como un programa reformista, y con cierto contenido de "socialismo democrático", como él mismo calificó la doctrina del partido[866], que evidenciaba las mismas contradicciones que el Partido COPEI tuvo en el proceso electoral de 1968, entre unas alianzas prefectorales derechistas y un programa de tendencias de izquierda. Sin embargo, Acción Democrática, políticamente, supo no enajenar sus posiciones parlamentarias, y si algún apoyo recibió de empresarios y grupos económicos, ello no se hizo a cambio de postulaciones para Diputados y Senadores, al menos en las proporciones en que el Partido COPEI lo hizo en 1968[867]. En todo caso, programáticamente, la plataforma electoral de Acción Democrática en 1973 permitía evidenciar una posición reformista de centro que, de seguirse poselectoralmente, podría transformar, indudablemente, al país[868].

---

contra las declaraciones del Presidente de FEDECAMARAS, en este sentido, se expresó lo siguiente: "El señor Paúl Delfino recoge en sus declaraciones todo el conjunto de imputaciones que a lo largo de la campaña electoral vinieron haciéndole al Presidente Caldera sus enemigos políticos. Estos sin embargo, lo hicieron antes de que se efectuasen las elecciones. El señor Paúl Delfino, que hasta el 9 de diciembre usó siempre el lenguaje de respeto al Gobierno, tuvo la "prudencia" de esperar el resultado electoral para empezar a insultar a quien resignará el poder dentro de unas semanas. Otras hubieran sido sus expresiones de haber ganado COPEI las elecciones. De todas maneras esto sería lo menos importante, pues al fin y al cabo sólo sirve como un elemento para catalogar adecuadamente al señor Paúl Delfino. Lo importante es que el contexto de sus declaraciones coloca a *FEDECAMARAS como un factor integrado a la polémica interpartidista,* lo cual, ni conviene a FEDECAMARAS ni puede expresar el parecer de los empresarios que tienen sentido de la función que les corresponde en la vida nacional". *V.* en *El Nacional.* Caracas, 15 de enero de 1974, p. C-10.

866 *V.* C. A. Pérez, "20 preguntas al nuevo presidente", Revista *Elite.* Caracas, 21 de diciembre de 1973, en donde expresó "debemos estar claros sobre lo que se entiende por socialismo, pues no hay un solo tipo de concepción y de prácticas Socialistas. Hay un socialismo democrático, al que se adscribe doctrinariamente AD... Si concebimos como socialismo una formulación dirigida, dentro de la libertad, a fomentar las vías para lograr una distribución más justa de los ingresos, la riqueza y el poder de decisión económica y política, yo participo de esos anhelos y objetivos de superación social", p. 21.

867 En este sentido José Gerbasi observaba que "de los 17 dirigentes empresariales que fueron electos para diputados en 1968, este año (1973) sólo habrá tres congresantes de este sector", en "Confidencialmente", *El Nacional.* Caracas, 16 de diciembre de 1973, p. D-4.

868 En la presentación de su *Acción de Gobierno* (Caracas, 1973), el Presidente A. Pérez dejó claramente expuesta la posición centrista de su programa: "Con los ajustes y transformaciones que ya se hacen imperiosos, el *Estado seguirá teniendo en Venezuela una responsabilidad central,* en todos los campos del quehacer nacional. *Pero ello no disminuye* en modo alguno la magnitud de las tareas que corresponden a los particulares, *quienes seguirán siendo los principales creadores de riquezas y de empleo.* Ambos sectores, el público y el privado, deben dar sostenido ejemplo de eficiencia en la Administración e inversión de los recursos colectivos... *Es* mi propósito firme que, durante el quinquenio en que me corresponderá regir los destinos de la República, se conjuguen la empresa inaplazable *del desarrollo económico con la lucha contra la pobreza.* El avance del país implica que el producto territorial bruto se incremente en forma sostenida y acelerada. Sin embargo, en la búsqueda de ese crecimiento no puede soslayarse la *contradicción aberrante e intolerable* entre el aparente alto ingreso per cápita de los venezolanos y la realidad inocultable de que una gran parte de nuestros compatriotas viven agobiados por la extrema pobreza. La calidad de la vida de todos los venezolanos tiene que ser lo que oriente nuestras preocupaciones. Mediante los instrumentos de la acción tributaria, el pleno empleo, el impulso agresivo y renovador de la agricultura, la vitalización nacional de la pequeña y mediana industria, y los programas de mejoramiento social deberá cambiarse, y *se cambiará bajo mi gobierno, esa estructura piramidal de la sociedad venezolana,* en la cual la cúspide la ocupan unos pocos ricos demasiado ricos mientras en su amplia base centenares de miles de familias muy pobres perciben apenas ingresos para una precaria subsistencia", pp. 4 y 5 (subrayados nuestros, excepto por lo que se refiere a la frase '*Hucha contra la pobreza").* De este texto introductorio se evidencia un criterio político-económico de sociedad de economía mixta, en el

El Partido COPEI, por su parte, después de haber respaldado al Presidente Caldera durante cinco años, por una parte no podía desligarse de su solidaridad con la obra de gobierno cumplida, y particularmente con los aspectos nacionalistas de la misma; y, por la otra, tendió a reforzar, al menos programáticamente, la posición de centro-izquierda que ya había comenzado a definir a raíz del proceso electoral de 1968. Ello no impidió, sin embargo, que no recibiera apoyos de sectores económicas poderosos, aun cuando la constante confrontación entre el Gobierno del Presidente Caldera y Fedecámaras, había alejado definitivamente a este antiguo aliado electoral. Los apoyos recibidos, en todo caso, no llegaron por supuesto a pactos preelectorales como los que se establecieron con sectores económicos y de la prensa en 1968[869] y, por tanto, no implicaron esta vez la enajenación de posiciones parlamentarias. Ello contribuyó, indudablemente, a que el candidato de dicho partido, L. Fernández, se pudiera identificar plenamente con la labor de gobierno del Presidente Caldera[870], lo cual, por razones de psicología electoral, jugó en su contra; y pudiera precisar pragmáticamente una posición de centro-izquierda en la cual el énfasis fundamental estaba en el "desarrollo social" y la consideración del "desarrollo económico como la base de sustentación del desarrollo social"[871]. Durante la última fase de la campaña electoral del Partido COPEI, y en base a la orientación programática de centro referida, y a pesar de sus imprecisiones[872], se trató de definir una orientación de tendencia hacia la izquierda, ayudada por ciertas acciones del gobierno[873] y que pu-

---

cual, el énfasis en el papel del sector privado que seguirá "siendo los principales creadores de riquezas y de empleo", evidencia la ubicación de centro. Esta, por supuesto, podría y debería cambiar hacia el centro izquierda, por la afirmación también hecha de la "responsabilidad central en todos los campos del quehacer nacional" que seguirá teniendo el Estado, y el énfasis en los programas de desarrollo social. *Cfr.* las declaraciones de C. A. Pérez en *El Nacional.* Caracas, 19 de noviembre de 1973, p. D-l.

869 Es de destacar que la propia antigua aliada electoral de 1968, la "Cadena Capriles" que controla diarios y revistas, destacó "la falta de apoyo de la Cadena Capriles" como uno de los "factores decisivos para la estrepitosa caída de COPEI". *V.* "¿Por qué perdió Lorenzo?", Revista *Elite.* Caracas, 21 de diciembre de 1973, pp. 13 y ss.

870 En la presentación de su Programa de Gobierno el 91 de noviembre de 1973, Lorenzo Fernández señaló enfáticamente "soy solidario del Gobierno actual", y "mi acción de gobierno estará dirigida a profundizar, afirmar y proyectar esta obra dentro de las bases ideológicas y filosóficas y los objetivos de transformación contenidos en el Programa de Gobierno presentado en 1968". *V.* en *El Nacional.* Caracas, 10 de noviembre de 1973, p. D-l y en L. FERNÁNDEZ, *Con Lorenzo a la Conquista del Futuro Ya.* Caracas, 1973 —tabloide—, p. 3.

871 *Idem,* pp. 3 y 7. Conforme a ello se expresaba que "el empresario tiene que producir más y mejor, pero tiene que dar más para beneficio de la comunidad"; se prometía "la capacitación y apoyo de los trabajadores para la creación y manejo de sus propias empresas" que conduciría, indudablemente, a la "autogestión", *ibídem,* pp. 3 y 8; se consideraba a "la industria pesada" (sector público) como "el verdadero fundamento de un desarrollo autónomo", p. 8; y se definían como criterios para otorgar incentivos tendientes a fomentar la participación del sector privado en e! desarrollo como "condición indispensable para lograr el desarrollo integral"; la "localización de la empresa en zonas de menor desarrollo relativo o en otras áreas de interés para el país" y la "participación de los trabajadores, en la propiedad, dirección y administración de la empresa", *ibídem,* p. 10. *Cfr.* las declaraciones de L. Fernández en *El Nacional.* Caracas, 18 de noviembre de 1973, p. D-1.

872 Contrasta, en este sentido, las imprecisiones y generalidades del Programa Electoral de L. Fernández en 1968, con, el contenido doctrinal y preciso del Programa del Presidente Caldera en 1968. Asimismo, contrasta las generalidades e imprecisiones del Programa del candidato de AD en 1968, Gonzalo Barrios con el texto mucho más preciso y depurado de la Acción de Gobierno del Presidente C. A. Pérez en 1973.

873 Por ejemplo, las relaciones diplomáticas de acercamiento a Cuba promovidas por el Presidente Caldera.

diera contribuir a polarizar la elección concentrando la derecha en AD y la izquierda en COPEL Esta actitud, quizá por la falta de claridad de un partido tradicionalmente aliado a sectores de derecha, indudablemente que perjudicó las posibilidades del candidato L. Fernández[874], sobre todo, además, por la existencia de varios partidos de izquierda que se reclamaban los votos de esos sectores, dando el lamentable y secular espectáculo de una izquierda dividida: la llamada "Nueva Fuerza", compuesta por los Partidos MEP y el PCV, el Partido Movimiento al Socialismo (MAS) surgido de una división del PCV; y el Movimiento de Izquierda Revolucionaria (MIR) que había sido rehabilitado en 1973 por el Presidente Caldera.

En efecto, puede decirse que a raíz del triunfo del Presidente Allende en Chile en 1970, la idea de la "Unidad Popular" —como antes las consignas guerrilleras— comenzaron a ser importadas en varios países de América Latina, habiendo fracasado el esquema en todos aquellos en que se pretendió copiarlo[875]. El caso de Venezuela es un claro ejemplo de dicho fracaso y de que las experiencias políticas latinoamericanas, como tales, son irrepetibles. En efecto, en Venezuela, durante todo el año 1971 se llevó a cabo un proceso de acercamiento entre los Partido MEP, URD y PCV con el objeto de establecer una "Tercera Fuerza", básicamente de orientación de izquierda y con pretensiones de unificarla, que pudiera enfrentarse a los Partidos AD y COPEI en el proceso electoral de 1973. Después de largas negociaciones, los tres partidos seleccionaron un único candidato presidencial, J. A. Paz Galarraga, quien había sido postulado por el Partido MEP, y quien durante toda la historia del Partido AD había tenido posiciones muy destacadas vinculadas con los diferentes grupos fraccionalistas que progresivamente se fueron separando de dicho partido; y adoptaron unas bases mínimas para la elaboración de un programa socialista de gobierno[876]. La orientación general de la Tercera Fuerza, transformada después en Nueva Fuerza, era de izquierda democrática, y el programa de gobierno presentado al electorado definía toda una política socialista muy parecida a la del gobierno de Unidad Popular de Chile a principios de la década de los setenta[877]. Pero pocos me-

874 En este sentido por ejemplo, se realizaron campañas de prensa y televisión en las cuales se requería del candidato del Partido COPEI, una clara definición de su posición hacia la izquierda, lo cual nunca fue realizado. Esta falta de definición, ciertamente perjudicó la posición preelectoral de L. Fernández, aun cuando es cierto que no podrían establecerse los posibles beneficios de una definición hacia la derecha o hacia la izquierda. *V.* por ejemplo, la interpelación de una tal "Sociedad Venezolana de Defensa de la Tradición, Familia y Propiedad" al candidato de COPEI, en la cual le inquirían públicamente sobre "qué combinaciones existen entre el candidato socialcristiano y los propagandistas de éste afiliados al Partido Comunista y al MAS", y en la cual se afirmaba que "el silencio equivaldría a una confesión", *v. El Nacional.* Caracas, 5 de diciembre de 1973, p. D-5.

875 Fue el caso por ejemplo, de Uruguay y Argentina con el fracaso de la política "frentista" auspiciado por algunos partidos de izquierda a comienzos de la década de los setenta.

876 El acuerdo para constituir la Nueva Fuerza (Frente Nacionalista Popular) se realizó entre los partidos MEP, URD y PCV en enero de 1971 y la selección del candidato presidencial se efectuó en un Congreso Nacional Extraordinario celebrado el 29 de julio de 1972. *Cfr.* las fechas en *El Nacional.* Caracas, 3 de diciembre de 1972, p. D-l.

877 En dicho programa se proponían "profundas transformaciones de estructuras, y no simples cambios superficiales de tipo reformista liberal, que son los únicos cambios que pueden ofrecer las fuerzas políticas del *status* o sistema establecido", y entre las cuales, toda un programa de nacionalizaciones de la banca y los grandes servicios, tendientes a constituir "un sistema económico en el cual coexistirán tres áreas fundamentales en lo que a propiedad se refiere: área estatal, área mixta y área privada. Formarán el área estatal las industrias y servicios básicos o sea, los que constituyen factores vitales o puntos estratégicos de la economía nacional y la vida colectiva. En esta área se establecerá la propiedad pública o esta-

ses después de la selección del candidato presidencial de la Nueva Fuerza, el Partido URD, conforme a lo previsible y siguiendo su tradicional orientación y actitud de ambigüedad política, se separó del Frente Popular Nacionalista[878] y postuló, en abril de 1973, como candidato presidencial propio, a su tradicional líder Jóvito Villalba[879]. En esta forma, la experiencia fallida al nacer, de crear un movimiento similar a la Unidad Popular de Chile, fracasó desde el inicio, y no sólo por la separación del partido URD, sino porque su misma composición era de dudosa identificación. En primer lugar, la posición de izquierda democrática de URD nunca había sido clara en la vida política nacional y la ambigüedad de este partido quedó clara en la campaña electoral de Jóvito Villalba en 1973, en la cual, cuando más, puede situársele en una posición de centro[880].

Con la exclusión voluntaria de URD de la Nueva Fuerza, esta organización quedó con el apoyo de los Partidos PCV y MEP. El Partido Comunista Venezolano estaba en plena crisis frente a las realidades del país, debatiéndose entre unos dogmatismos políticos superados y los efectos de una participación activa en la democracia representativa y el juego parlamentario. La mayoría de sus cuadros dirigentes y juveniles se habían separado del partido y habían constituido el Movimiento al Socialismo (MAS), partido que pasó a ocupar la antigua posición radical de izquierda que otrora tuvo el PCV, pero mucho más renovada, actual y despojada de algunos dogmatismos marxistas tradicionales[881]. El tercer componente de la Nueva Fuerza, el MEP, ya había sufrido una división, al expulsar de sus cuadros algunos de los tradicionales líderes sindicales que fundaron en 1972 el Congreso del Trabajo (CT)[882] —organización que en las elecciones de 1973 apoyó al candidato presidencial de AD—; y su misma posición de izquierda socialista era de difícil clarificación, por las mismas razones que existieron en 1968, y particularmente por la participación durante una década de sus dirigentes en los gobiernos de Acción Democrática. Por otra parte, indudablemente, la posición política del MEP, y, consecuencialmente, de la Nueva Fuerza, se vio agravada por las acusaciones de corruptela política en que

---

tal por medio de la nacionalización, con pago de indemnizaciones a los particulares afectados. En el área de ciertas grandes industrias y servicios, no absolutamente básicos, pero sí de importancia para el bienestar de la colectividad nacional o de las comunidades locales, se establecerán formas de propiedad mixta entre el sector público y el sector privado. Por último, las empresas medianas y pequeñas continuarán en manos de particulares, generalmente bajo la forma capitalista de propiedad, aunque también se atenderá la constitución voluntaria de cooperativas. Con tal sistema de delimitación de tres áreas, la propiedad privada sobre los medios de producción es mantenida y protegida en la gran mayoría de los casos". *V.* Nueva Fuerza, *Independencia Nacional y Gobierno Popular* (Bases para la elaboración del Programa de Gobierno, Frente Nacionalista Popular). Caracas, 1973 —tabloide—, p. 2. *Cfr.* las declaraciones de J. A. Paz Galarraga en *El Nacional*. Caracas, 20 de noviembre de 1973. p. D-l.

878 *V.* el Acuerdo del Partido URD por el cual se separó de la Nueva Fuerza y le quitó su apoyo electoral a J. A. Paz Galarraga, en *El Nacional*. Caracas, 3 de diciembre de 1972, pp. A-1 y D-l.

879 A partir de enero de 1973, Jóvito Villalba aparecía ya como candidato del Partido URD. *Cfr.* Hello Castellón, "12 meses de Política en Venezuela", Revista *Elite*. Caracas, 28 de diciembre de 1973, pp. 30 y 33.

880 *Cfr.* los "13 puntos fundamentales del Programa de Jóvito", en *El Nacional*. Caracas, 4 de diciembre de 1973, p. D-21; y las declaraciones de J. Villalba ("30 preguntas a un candidato presidencial"), *El Nacional*. Caracas, 21 de noviembre de 1973, p. D-1.

881 *V.* por ejemplo MAS, *Hacia una victoria del Socialismo*. Caracas, 1973.

882 *V.* las informaciones en *El Nacional*. Caracas, 12 de abril de 1972 y de 28 de abril de 1972,

dirigentes de dicho partido se vieron envueltos con motivo de la adquisición, luego abandonada, de máquinas y sistemas electrónicos para la realización de las elecciones[883].

La Nueva Fuerza, o Frente Nacionalista Popular, realmente, muy poco tenía que hacer en el proceso electoral de 1973: los sectores de izquierda, divididos, desconfiaban con razón de los dirigentes del MEP y de la posición del PCV, y muchos se inclinaron hacia el MAS y hacia otros partidos de centro, particularmente AD y COPEI. En particular, el Movimiento al Socialismo (MAS), al postular como candidato propio al parlamentario J. V. Rangel[884], se configuró como un auténtico partido de orientación socialista con criterios modernos, adaptados a la realidad latinoamericana[885]; y entre los partidos de izquierda fue, indudablemente, el que capitalizó ma-

---

883 *V.* las acusaciones contra dirigentes del MEP de haber participado en el cobro de "comisiones" con motivo de la adquisición de dichas máquinas por el Consejo Supremo Electoral, en *El Nacional.* Caracas, 3, 5 y 12 de abril de 1973, p, D-1. La Nación posteriormente rescindió el contrato de adquisición de dichas máquinas al haberse comprobado el pago de comisiones. *Cfr. El Nacional.* Caracas, 8 de junio de 1973, pp. A-1 y D-14.

884 *V. El Nacional.* Caracas, 27 de mayo de 1972, pp. A-l y D-l.

885 *V.* MAS, *Hacia una Victoria del Socialismo.* Caracas, 1973. Frente a lo que calificó la "vía reformista-desarrollista que ha sido practicada desde hace veinte años" en Venezuela, el programa del MAS proponía una "vía socialista" (p. 11) y realizaba un completo análisis de la realidad venezolana, su situación y de las soluciones que proponía para cambiarla. Sin lugar a dudas, este Programa fue de los más elaborados —junto con el del Partido AD— que se presentaron a la opinión pública en el proceso electoral de 1973. Dicho Programa, en efecto, recogió la distinción tradicional de las clases sociales: explotados y explotadores, e hizo referencia a tres: la burguesía, las capas medias y las clases explotadas (pp. 17 y ss.), señalando que "el poder político en Venezuela es la expresión política organizada, el instrumento mediante el cual realizan su explotación las clases explotadoras de la sociedad. Su más alta y primordial concreción, el Estado Venezolano, constituye una gran maquinaria destinada en lo esencial a promover, organizar, preservar, defender el orden social capitalista dependiente..." (p. 21). Por ello, se afirmaba "el primer paso para la transformación de la sociedad injusta en la cual vivimos es destruir el poder político así ejercido por esa burguesía, materializado en el Estado Venezolano" (p. 213). Se reconocía, sin embargo que en su actuación el Estado "no se comporta como un mero reflejo fotográfico, directo e inmediato, de la base social que lo sustenta" por lo que goza de "una autonomía relativa" (p. 25), operada a través de la "democracia representativa" (pp. 28 y ss.). Pero, por supuesto, en dicho Programa no se cayó en la falacia de proponer la destrucción inmediata del Estado, sino "la supresión del Estado servidor de los millonarios y la construcción de un nuevo Estado, un Estado socialista que se organice y funcione: *a)* como un ente depositario de la propiedad social surgida de la eliminación de la propiedad capitalista; *b)* como núcleo principal de la planificación a escala nacional, indispensable para utilizar y desarrollar plena y armoniosamente las fuerzas productivas de la sociedad y en general todas las energías creadoras de la misma; c) como centro coordinador de una actividad social múltiple (económica, técnica, política, educacional, cultural en general, prestadora de servicios) que ha de estar orientada, primero a echar las bases y luego, a desarrollar la edificación de la nueva sociedad; *d)* como instrumento fundamental de defensa y consolidación del nuevo orden social, el cual será sometido a las asechanzas de quienes en el país habrán perdido sus privilegios, en complicidad con el imperialismo cuya dominación sobre nuestra patria habrá sido destruida" (pp. 104 y 1015). Se propuso en definitiva, la sustitución de la democracia representativa" por la "democracia socialista" (p. 105) y se definió "la concepción del Estado como instrumento de las masas en la construcción de la sociedad socialista" (p. 106). Sin embargo, se concluía toda la concepción planteando una "extinción del Estado" a través de un "largo proceso cuya duración es impredecible" y el traslado del "poder directo en manos del pueblo" (p. 110) lo cual no pasa de ser una utopía. En todo caso, en dicho documento se proponían "medidas para la transición hacia la Venezuela socialista" (pp. 118 y ss.), que implicaban la reorganización del poder público nacional mediante una serie de reformas constitucionales, administrativas, regionales y legales (pp. 137 y ss). *Cfr.* los comentarios formulados en torno a la autonomía relativa de la instancia política y el reto del desarrollo institucional en el capítulo 1. *V.* además las declaraciones de J. V. Rangel ("30 preguntas a un candidato presidencial"), *El Nacional.* Caracas, 22 de noviembre de 1973, p. D-l.

yor votación en las elecciones de 1973. Por otra parte, en la izquierda más radical, el Partido Movimiento de Izquierda Revolucionaria (MIR), creado en los primeros años de la década de los sesenta, actor principal en la lucha guerrillera en dicha época, inhabilitado durante muchos años, había sido rehabilitado por el Presidente Caldera en 1973[886] y participó en el proceso electoral en apoyo de la candidatura de J. V. Rangel, lanzada por el MAS, con programa propio, aun cuando no de carácter conceptual ni de "transición al socialismo"[887].

En esta forma, el panorama del centro y de la izquierda en el proceso electoral de 1973 estaba conformado básicamente por los siguientes partidos políticos: a la izquierda, el MEP, el PCV, el MAS y el MIR; y en el centro, AD, COPEI y URD. Otros partidos políticos que habían participado en procesos electorales anteriores, se plegaron a las candidaturas presidenciales de AD y COPEI, generalmente después de una apertura de negociaciones básicamente burocráticas en relación a los dos partidos principales de centro, que deben mencionarse. Esto sucedió particularmente con el Partido FDP y el grupo Congreso del Trabajo (CT) que se habían separado del MEP.

En efecto, en cuanto al Partido FDP, en los meses finales del primer semestre de 1973 entabló negociaciones simultáneas con los Partidos AD y COPEI para apoyar al candidato presidencial de cualquiera de dichos partidos, a cambio de apoyo financiero-electoral, de promesas de participación burocrática en el gobierno y de inclusión de miembros de dicho partido en las listas electorales de aquéllos; negociaciones que evidentemente carecían de planteamientos ideológicos de cualquier clase. El resultado final de las negociaciones simultáneas con AD y COPEI resultó en un rechazo por parte de AD de las pretensiones del FDP[888], y en un consecuencial pacto

---

886 *V.* Decreto número 1.256 de 28 de marzo de 1973.

887 *V.* MIR, *Programa para la lucha, hoy.* Caracas, agosto 1973, en el cual se señaló que "la liquidación del capitalismo dependiente como sistema y la construcción del socialismo sólo podrán ser obra de la lucha revolucionaria de la clase obrera y de todos los oprimidos; vale decir de la agudización de la lucha de clases y no del concierto evolutivo y gradual de la sociedad. No hay un solo caso en la historia en que el socialismo haya vencido por vía evolutiva y Venezuela, un país sólidamente dominado por la burguesía imperialista y sus aliados nativos, no puede ser la excepción" (p. 4); pero al participar en las elecciones, "en lugar de proponer un programa socialista a través de las elecciones", el MIR optó por establecer en su Programa "aquellas medidas de política que retarán la dominación reaccionaria y cambiarán el contexto dentro del cual se escenifica la lucha global de clases" (p 4). Se declaró expresamente por otra parte que dicho Programa "no es un Programa 'Socialista' propiamente dicho, ni de 'transición' al socialismo, lo que supondría una consagración de la vía evolutiva para alcanzarlos. Es sólo un conjunto de medidas que debilitan al poder económico y cambian la correlación de fuerzas a favor de la revolución, depositando en las masas la responsabilidad de construir el socialismo y la transición con sus propias manos, a la manera plebeya y revolucionaria" (p. 5). Se evidencia, de estos párrafos, el abismo conceptual y táctico que separaba al MIR del MAS.

888 En el documento hecho público por el Partido AD, explicando las razones de la ruptura de negociaciones con el FDP, se señala que este partido solicitaba, a cambio del apoyo electoral que ofrecía, entre otras peticiones, las siguientes: "a) si nuestro partido tiene menos de cien mil votos, llevaría al Gobierno un ministro, dos gobernadores de Estado, dos embajadores, cinco cónsules, dos presidentes de Institutos Autónomos y otros cargos menores asignados de mutuo acuerdo"; "6) si nuestro partido obtiene más de cien mil votos, pero menos de doscientos mil, llevaría al Gobierno dos ministros, tres gobernadores de Estado, cuatro embajadores, ocho cónsules, cuatro presidentes de Institutos Autónomos, y otros cargos subalternos asignados de común acuerdo"; "c) si el otro partido tiene más de doscientos mil votos, llevaría al Gobierno tres ministros, cinco gobernadores de Estado, ocho embajadores, doce cónsules, seis presidentes de Institutos Autónomos y otros cargos menores asignados de mutuo acuerdo". *V.* en *El Nacional.* Caracas, 26 de mayo de 1973, p. D-l.

preelectoral entre el FDP y COPEI, que implicó la formación de listas de candidatos integradas a los cuerpos deliberantes, el financiamiento de parte de la campaña electoral de aquel partido y la inclusión en el programa de gobierno del candidato L. Fernández de algunas propuestas del FDP[889]. Además del FDP, debe señalarse que también apoyó la candidatura del Partido COPEI el grupo de electores Independientes Progresistas (IP), formado por independientes; y el Partido Movimiento Popular Justicialista (MPJ), formado por disidentes del Partido perezjimenista Cruzada Cívica Nacionalista (CCN)[890].

En cuanto a los apoyos que recibió el candidato del Partido AD, se destacan básicamente los que recibió a cambio de una "cuota" parlamentaria del grupo político Congreso del Trabajo (CT), formado por dirigentes sindicales separados del MEP y antiguos miembros de AD; grupo que también había negociado el apoyo electoral con el Partido COPEI[891]. Por otra parte, y aun cuando en el proceso electoral de 1968 el Partido Revolucionario Nacionalista (PRN), que sucedió al Partido Revolucionario de Integración Nacionalista (PRIN) fundado después de la división de Acción Democrática de 1963 entre AD-Oposición y AD-Gobierno, había tenido una posición ideológica de izquierda, para las elecciones de 1973, como única posibilidad de supervivencia política, como era previsible, en febrero de 1973 suscribió un pacto con AD para apoyar el candidato presidencial de este partido, lo cual le valió posteriormente la elección de sus pocos dirigentes[892]. En esta forma, con excepción del MIR, que mantuvo la misma posición de izquierda extrema que tuvo en su origen, puede decirse que las elecciones de 1973 fueron testigos de un acercamiento a AD de todos los otros partidos formados de divisiones de dicho partido: alianzas prefectorales con el PRN y el Congreso del Trabajo; negociaciones fallidas prefectorales con el Partido FDP; y votos masivos de los antiguos votantes por el MEP en 1968, trasladados a AD en 1973, tal como se verá más adelante. En esta forma, en las elecciones de 1973 la táctica desarrollada por AD tuvo éxito, en cuanto a la polarización, en tomo al candidato C. A. Pérez, de los antiguos votos acción democratistas[893].

Del panorama anterior, resulta claro que siguiendo la tendencia de los tres lustros anteriores, la posición partidista de izquierda se redujo aún más en 1973, producién-

---

889 *V.* las informaciones en *El Nacional.* Caracas, 27 de mayo de 1973, p. D-l. y la comunicación de COPEI aceptando el planteamiento del FDP, *ídem*, p. D-3. El Partido COPEI aceptó entonces la propuesta del FDP de inclusión de candidatos de dicho partido en "las listas del partido del candidato presidencial a todos los niveles y en las proporciones prudenciales" lo cual le significó al FDP la obtención de una serie de cargos en el Congreso muy por encima de lo que hubiera obtenido conforme a la proporción de votos que obtuvo. Por otra parte, en el Programa de Gobierno de L. Fernández se incluyó la propuesta de creación de un denominado "Instituto de los Barrios" a propuesta del FDP. *V.* L. Fernández, *Con Lorenzo a la Conquista del Futuro Ya, cit.*, p. 5.

890 Asimismo, el candidato L. Fernández recibió el apoyo del Movimiento Alirista, formado por los seguidores del desaparecido dirigente de URD, Alirio Ugarte Pelayo.

891 *V.* las informaciones en *El Nacional.* Caracas, 9 de mayo de 1972, p. C-11.

892 Debe señalarse además que esta alianza significó la extinción del PRN, confirmada posteriormente por uno de sus dirigentes al recomendar que los militantes de dicho partido se inscribieran en Acción Democrática. *V.* las declaraciones de M. García Mackle en *El Nacional.* Caracas, 18 de diciembre de 1973, p. D-2.

893 En este sentido, adquirió realmente vigencia la conocida expresión atribuida a Rómulo Betancourt. "Adeco es adeco hasta que se muera".

dose una consolidación mucho mayor en las posiciones de centro. Pero las elecciones de 1973 también fueron testigos de otro fenómeno político sin precedentes en Venezuela, producido por la proliferación de los partidos políticos que se ubicaron en la derecha. En efecto, de los veinte partidos políticos nacionales que participaron en las elecciones, nueve estuvieron ubicados en la derecha del espectro político, y entre ellos destacan principalmente los partidos políticos constituidos por inspiración del denominado perezjimenismo.

En efecto, con motivo del relativamente elevado porcentaje de votación que el Partido Cruzada Cívica Nacionalista (CCN) obtuvo en las elecciones de 1968, particularmente en Caracas el perezjimenismo, movimiento de derecha constituido en torno al ex-dictador Marcos Pérez Jiménez, se convirtió en uno de los mitos políticos más temidos[894], a la vez que codiciados en el panorama político venezolano, y que sólo fue desenmascarado por el resultado electoral de 1973. Sin embargo, en el panorama preelectoral, el perezjimenismo fue una constante electoral que provocó el surgimiento de una serie de partidos políticos, la alianza de otros y la búsqueda de los votos desconocidos por muchos. En efecto, en primer lugar, es de destacar que en el curso del período constitucional 1969-1974, el Partido Cruzada Cívica Nacionalista (CCN) que había aglutinado a casi todos los perezjimenistas en 1968, no sólo sufrió múltiples divisiones internas, sino que dejó de ser el partido representante del pensamiento perezjimenista, ya que al fin del proceso electoral de 1973 se identificaron como representantes de Pérez Jiménez, además de la CCN, el Partido Nacional Integracionista (PNI), fundado por antiguos colaboradores del Gobierno del dictador, el Partido Frente Unido Nacionalista (FUN), fundado oportunistamente en medio de la euforia electoral, y el Movimiento Demócrata Independiente (MDI), que si bien en 1968 había apoyado la candidatura presidencial del Presidente Caldera, en 1973, se había declarado abiertamente como de tendencia perezjimenista. Ante la imposibilidad de que pudiera postularse a Pérez Jiménez como candidato presidencial debido a lo establecido en la Enmienda Constitucional núm. 1, ya comentada; ante la indecisión del ex-dictador —a quien sus "representantes" en Caracas consultaban regularmente en su exilio en Madrid— de decidirse a apoyar algún candidato presidencial[895]; y ante la imposibilidad de que todos los heterogéneos grupos que se decían perezjimenistas, se pusieran de acuerdo en torno a un solo candidato presidencial, los diferentes grupos y partidos postularon sus propios candidatos: la Cruzada Cívica Nacionalista (CCN) postuló como candidato presidencial a Pablo Salas Castillo, quien a los cuatro meses renunció a la candidatura[896]; el Frente Unido Nacionalista (FUN) presentó la candidatura de Alejandro Gómez Silva, quien renunció a la misma la víspera de las elecciones[897]; el Movimiento Demócrata Independiente

894 Que provocó inclusive la aprobación de una Enmienda Constitucional, la número 1, al texto fundamental de 1961, tendiente a evitar que el ex-dictador pudiera ser candidato a la presidencia.

895 *V.* el mensaje de Marcos Pérez Jiménez a la Nación en julio de 1973 en el cual renunciaba a "señalar" un candidato presidencial "para que reciba el grueso del voto antisistema". *V.* en *El Nacional.* Caracas, 6 de julio de 1973, pp. C-10 y C-11.

896 *V. El Nacional.* Caracas, 31 de julio de 1973, donde el candidato señaló que su candidatura era "subsidiaria de la de Marcos Pérez Jiménez y quedaría firme en el supuesto de que la Corte Suprema de Justicia decidiera en contra de la solicitud introducida tendiente a lograr la postulación del ex-dictador. Sobre la renuncia de la candidatura de Salas Castillo, *v. El Nacional.* Caracas, 27 de noviembre de 1973, p. D-l.

897 Postulado en julio de 1973, renunció a las once y veinticinco p. m. del día antes de las elecciones del 9 de diciembre de 1973. *V. El Nacional.* Caracas, 10 de diciembre de 1973, p. D-5.

(MDI) postuló la candidatura de Raimundo Verde Rojas[898]; y el Partido Nacional Integracionista (PNI) suscribió un pacto electoral con el movimiento de electores Movimiento Desarrollista (MD) que apoyaba al ex-Ministro de Hacienda del Presidente Caldera, Pedro Tinoco h., lanzando la candidatura de este último[899]. De esta multitud de partidos y candidatos "perezjimenistas", indudablemente que el que tenía mayores posibilidades en haber podido aglutinar parte del voto de protesta que se canalizó en 1968 a través del Partido CCN, era el candidato Pedro R. Tinoco h., y la alianza PNI con el Movimiento Desarrollista. Sin embargo, Pérez Jiménez, en un evidente error táctico, recomendó públicamente al final del proceso electoral no votar por ninguno de los candidatos presidenciales que se identificaron con él, y votar solamente por la elección de los cuerpos deliberantes a través de las listas del Partido Cruzada Cívica Nacionalista[900]. En todo caso, lo interesante de destacar respecto de la candidatura de Pedro Tinoco h., es no sólo la orientación de derecha del Movimiento Desarrollista (MD) que lo apoyó, sino la declaración pública hecha por primera vez en Venezuela de la voluntad de formar un partido "conservador" de la integración del Partido PNI y el Movimiento Desarrollista[901].

Pero el mito perezjimenista no sólo provocó el nacimiento de los varios partidos políticos señalados, sino la codicia por atraer los supuestos votos perezjimenistas de varios de los candidatos presidenciales. En este esfuerzo se destacaron el candidato de URD, Jóvito Villalba[902] y los promotores del candidato de COPEI, Lorenzo Fernández[903].

Dejando a un lado los grupos perezjimenistas, también en la derecha se presentaron las candidaturas presidenciales de M. A. Burelli Rivas, por el Partido Opinión Nacional (OPINA)[904]; de Pedro Segnini La Cruz, por el Partido Frente Nacional

898 *V. El Nacional.* Caracas, 27 de julio de 1973, p. D-17, donde manifestó su respaldo al general Pérez Jiménez.

899 *V.* el texto del acuerdo en *El Nacional.* Caracas, 18 de julio de 1973, p. C-12, y las declaraciones de Pedro R. Tinoco "30 preguntas a un candidato presidencial", en *El Nacional.* Caracas, 23 de noviembre de 1973, p. D-l.

900 Ello provocó' la renuncia de la candidatura presidencial de P. Salas Castillo postulado por la CCN, y asimismo provocó la reacción del Partido PNI contra la actitud de Pérez Jiménez, a la cual calificó, con razón como "políticamente equivocada" (v. *El Nacional.* Caracas, 30) de noviembre de 1973).

901 *V. El Nacional.* Caracas, 30 de noviembre de 1973.

902 *V.* por ejemplo el llamado público contenido en la propaganda electoral en la cual se señalaba que "los perezjimenistas que tienen la orden de no darle el voto ni a COPEI ni a AD, votarán por Jóvito", en *El Nacional.* Caracas, 6 de diciembre de 1973, p. C-10.

903 *V.* por ejemplo las referencias al "País Unido" como consecuencia del apoyo a la candidatura de L. Fernández por Humberto Fernández Morán antiguo Ministro de Pérez Jiménez, y por el Senador Luis Damiani, fundador del Partido CCN, en "COPEI dice", *El Nacional,* Caracas, 2, de diciembre de 1973, p. D-5. *V.* asimismo los remitidos publicados por el "Movimiento 2 de diciembre" *(El Nacional.* Caracas, 6 de diciembre de 1973, p. D-20); y el Bloque Perezjimenista de Miranda, integrado por dirigentes y militantes del Partido Nacional Integracionista (PNI) y Nuevo Ideal Nacional" *(El Nacional.* Caracas, 5 de diciembre de 1973, p. B-16), apoyando la candidatura de L. Fernández; así como las declaraciones de J. J. Cortez Torres, fundador de Cruzada Cívica Nacionalista (CCN), apoyando al candidato de COPEI *(El Universal.* Caracas, 11 de noviembre de 1973, pp. 1-30).

904 Contó además con el apoyo del grupo Alianza de Electores Independientes (AEI). *V.* las declaraciones de M. A. Burelli Rivas "30 preguntas a un candidato presidencial", en *El Nacional,* Caracas, 25 de noviembre de 1973, p. D-l.

Democrático (FND)[905]; de Martín García Villasmil por el Partido Socialista Democrático (PSD)[906]; de Germán Borregales, por el Partido Movimiento de Acción Nacional (MAN); y de Alberto Solano por el Partido Fuerza Emancipadora (FE). En total, en el proceso electoral de 1973, participaron 20 partidos nacionales, un movimiento de electores de carácter nacional, siete partidos políticos regionales y ocho grupos de electores regionales [907], para elegir al Presidente de la República y a un total de 1.423 miembros de los diferentes cuerpos deliberantes del país[908]. El proceso electoral, en este sentido, contó con el mayor número de candidatos presidenciales —13 en total— que registra la historia política del país y con la participación del mayor número de partidos políticos; pero a pesar de ello, no se caracterizó precisamente por haber dado lugar a debates ideológicos, aún cuando, como se ha señalado, cuatro corrientes fundamentales podían distinguirse: extrema izquierda (MIR), izquierda democrática (MAS, PCV, MEP), centro (URD, COPEI, AD, FDP, PRN, MPJ), y derecha (OPINA, FND, MDI, MD, PNI, CCN, PSV, FUN, MAN y FE)[909]. En todo caso, la ausencia de un debate ideológico, provocó una utilización masiva de los medios de comunicación social, más para publicidad electoral que para propaganda, particularmente de la televisión, de tales extremos en cuanto a pugnacidad política, que provocó la limitación, por las mismas empresas televisoras, en la emisión de propaganda electoral y la reglamentación posterior del uso de la prensa, radio y televisión por los partidos políticos, por el Consejo Supremo Electoral[910].

---

905 *V.* las declaraciones de P. Segnini La Cruz "30 preguntas a un candidato presidencial", en *El Nacional.* Caracas, 24 de noviembre de 1973, p. D-l.

906 *V.* las declaraciones de M. García Villasmil "30 preguntas a un candidato presidencial", en *El Nacional.* Caracas, 26 de noviembre de 1973, p. D-l. Este candidato contó además con el apoyo del grupo de electores Acción Nacional Progresista (ANP).

907 Entre estos últimos se destacan Alianza Revolucionaria Patriótica (ARPA), Alianza Cívica Nacionalista (AL CINA), Frente Independiente Popular (FIP), Movimiento Independiente Apureño (MIA), Democracia Popular (DP), Fuerza Espiritual Venezolana Orientadora (FEVO), Movimiento Familiar (MF), Movimiento Pro Desarrollo de la Comunidad, Bloque Independiente Nacionalista (BIN), Unión del Pueblo Venezolano, Agrupación Electoral Independiente (AEI), Agrupación Revolucionaria Vencedora Independiente (ARVI), Unión Revolucionaria Independiente (URI), *Cfr.* en las informaciones de Leopoldo Linares, *El Universal.* Caracas, 8 de diciembre de 1973, pp. 1-20; y de Guillermo Pantín, *El Nacional.* Caracas, 9 de diciembre de 1973, p. D-l.

908 Ciento ochenta y tres diputados al Congreso Nacional (directos), 42 senadores (directos), 274 diputados a las Asambleas Legislativas de los Estados, y 1.284 miembros de los 1811 Concejos Municipales. *Cfr.* las informaciones en Leopoldo Linares. "La Elección de Mañana", en *El Universal.* Caracas, 8 de diciembre de 1973, p. 1-20; y Luis Rojas Vázquez, "Las Tarjetas Pequeñas Elegirán", en *El Nacional.* Caracas, 3 de diciembre de 1973, p. D-8.

909 El historiador F. Brito Figueroa, por ejemplo, distinguía en el proceso electoral de 1973 las siguientes corrientes ideológicas: marxismo ortodoxo, marxismo reformista, nacionalismo revolucionario, socialismo cristiano, ideología desarrollista y derecha. *V.* en JOSÉ HERNÁN BRICEÑO, "Ideologías Políticas en Juego". *El Nacional* Caracas, 10 de septiembre de 1973, p. D-l.

910 *V.* las informaciones de la Cámara Venezolana de la Televisión en *El Nacional.* Caracas, 4 de noviembre de 1973, p. A-l y el Acuerdo del Consejo Supremo Electoral de 19 de diciembre de 1973, en *El Nacional.* Caracas, 24 de noviembre de 1973, p. A-8. La limitación acordada por el Consejo Supremo Electoral incidía también en la publicidad que el sector público venía haciendo con fines electorales: "Los organismos oficiales, los institutos autónomos y las empresas del Estado, durante la vigencia de este Acuerdo, se limitarán en su publicidad a informar sobre su gestión administrativa, sin incluir lemas o consignas que pudieran considerarse como propaganda electoral directa o indirecta", dice el número 8 del Acuerdo.

Ahora bien, frente a esta confusa y dispersa situación preelectoral, condicionada por la proliferación de partidos y candidatos y por la masiva propaganda, las perspectivas poselectorales que podían vislumbrarse necesariamente tenían que tener en cuenta los siguientes factores o premisas[911]: En primer lugar, de acuerdo con la dinámica de la aplicación del principio de la representación proporcional de las minorías que regía el sistema electoral desde 1958, tal como se analiza detalladamente en capítulos anteriores, era perfectamente lógico prever preelectoralmente que ninguno de los candidatos presidenciales, en condiciones normales, obtendría más del 28 %, aproximadamente, de la votación. Los porcentajes obtenidos por los candidatos presidenciales triunfadores en elecciones anteriores habían descendido, entre 1947 y 1968, del 78 % en 1947, al 49 % en 1958; al 32 % en 1963 y al 29 % en 1968; y, al contrario, el número de partidos políticos nacionales que intervenían en las elecciones presidenciales había aumentado, en el mismo lapso, de seis en 1947, a ocho en 1958, a 11 en 1963, a 16 en 1968 y a 20 en 1973. Podía considerarse, entonces, conforme a la lógica de funcionamiento del sistema electoral, que en condiciones normales ningún partido político nacional obtendría una votación que superara el 28 % aproximado del total de votos[912], tal como los principales partidos políticos, en las encuestas que realizaron y publicaron, lo preveían[913], y algunos analistas electorales lo indicaban[914]. Por supuesto que estas previsiones sólo podían hacerse previendo condiciones normales en el proceso electoral, que no distorsionaran la lógica de su funcionamiento, pues los elementos distorsionadores no podían ser previstos y, entre ellos, la asombrosa polarización de votos. En efecto, hemos ya analizado cómo el fenómeno de polarización de votos es uno de los elementos distorsionadores de la dinámica de funcionamiento, tanto en sistemas electorales mayoritarios como minoritarios, y en Venezuela, en la situación pre-electoral de 1973, si bien algunos observadores comenzaban a apreciar el fenómeno polarizador de votos entre AD y COPEI, y en cierta forma, entre los votos progobierno y antigobierno[915],

---

911 Sobre este análisis. *V.* Allan-R. Brewer-Carías, 1973, *Venezuela's Political Problems and Prospects* (mimeografiado), charla dada en el Seminario sobre Problemas Latinoamericanos del Centro de Estudios Latinoamericanos de la Universidad de Cambridge, 29 de noviembre de 1973, pp. 23 y ss.

912 Sostuvimos esta apreciación en diversas oportunidades. *V.* A.R. Brewer-Carías, "Obstáculos Políticos al Desarrollo en Venezuela", en *Revista de la Escuela Superior de las Fuerzas Armadas de Cooperación*, número 1. Caracas, 1973, p. 119; y "Administración Pública para el siglo XXI", *El Nacional* (Edición Aniversario). Caracas, 3 de agosto de 1973, p. IIII-8.

913 *V.* por ejemplo los datos que publicó el Partido COPEI de una encuesta electoral atribuida a "Datos" que preveía un 29% a COPEI y un 25% a AD, y los datos de la encuesta publicada por AD atribuida a "Gaither International", en la cual se asignaba a AD un 32% ya COPEI un 27%. *Cfr.* en Hello Castellón "12 meses de Política en Venezuela", Revista *Elite*. Caracas, 28 de diciembre de 1973, p. 34. En una publicación de Rafael Ontiveros, por otra parte, se atribuía a COPEI un 33,2% y a AD un 27,4%. *V. El Nacional*. Caracas, 5 de diciembre de 1973, p. B-7.

914 *V.* por ejemplo el análisis respecto de la votación probable en el área metropolitana de Caracas para 1973 en S. A. Bonomo, *Sociología Electoral Venezolana. Un Estudio sobre Caracas*. Buenos Aires, 1973, pp. 184 y ss.

915 *V.* por ejemplo, D. A. RANGEL, "Elecciones: un duelo a dos", *El Universal* Caracas, noviembre de 1973, pp. 1-5, en el cual expresaba claramente lo siguiente: "la polarización del drama electoral entre el COPEI y Acción Democrática, demuestra algunas circunstancias que son elementales para quien vea la política con un prisma dialéctico. En estas elecciones hay dos contendedores por el Poder. La proliferación de candidaturas y de partidos que como almácigo en tiempos de lluvia han aparecido en el país no es sino un modesto telón de fondo que en teatro siempre fue necesario para darle solemnidad a las piezas de suspenso. Ningún otro candidato, como no sean los de AD y COPEI, ha creado un problema o una situa-

como se ha dicho, los propios partidos beneficiarios del voto polarizado no estaban tan seguros respecto al mismo. Quizá el Partido COPEI captó el fenómeno polarizador y el peligro que ello significaba para un posible triunfe de su candidatura presidencial, y supuestamente realizó esfuerzos por desarrollar otras candidaturas presidenciales, particularmente independientes, de manera que se pudiera atenuar la polarización[916]. En todo caso, y dejando a un lado el fenómeno polarizador, en condiciones normales, la situación preelectoral permitía adoptar como premisa de análisis el hecho de que ninguno de los partidos políticos obtendría una votación sustancialmente mayoritaria[917].

En segundo lugar, también como premisa del análisis político preelectoral y como consecuencia de la anterior, podía admitirse que la diferencia de votos que obtendrían los dos partidos políticos con reales posibilidades de ganar las elecciones, AD y COPEI, tampoco sería sustancial. Esta diferencia, reducida al 0,8% de la votación en 1968, después de una reducción progresiva entre 1947 y 1968[918], parecía, en la situación preelectoral, no superar el 4 ó 5%, en lo cual coincidían todas las previsiones[919], por lo que podía razonablemente preverse que entre los dos partidos, en ese momento, menos minoritarios o principales, AD y COPEI, totalizarían entre un 50 y un 60% de la votación, y, por tanto, de soporte parlamentario[920].

En tercer lugar, también como premisa preelectoral, podía aceptarse como definitiva la consideración de que el próximo gobierno que actuara a partir de 1974, con vistas a subsistir políticamente, requeriría de un soporte mayoritario en las Cámaras Legislativas. Había acuerdo, en este sentido, de que ningún otro gobierno podía funcionar adecuadamente y eventualmente permanecer estable en la misma forma como había funcionado el Gobierno del Presidente Caldera, con respaldo minoritario

---

ción de la cual tengan que hablar, forzosamente, los ciudadanos de Venezuela. Aunque los aspirantes que han postulado AD y COPEI no sean precisamente titanes del pensamiento, el hecho de representar a las únicas maquinarias con posibilidades de conquistar el Poder que existen en el campo de la democracia gobernante inviste a sus triviales palabras de un peso incontestable. Estamos asistiendo a unas elecciones con dos partidos que tienen por meta el Poder y otros más que participan en el experimento para agenciarse alguna migaja parlamentaria. Adecos y copeyanos están dándose el lujo de comparecer a la lucha con una escolta de partidos menores que como los tramoyistas en el teatro han de conformarse con los papeles de ocasión". En sentido coincidente, *v.* el "llamamiento para la constitución de un Frente Socialista Revolucionario", en *El Nacional* Caracas, 28 de marzo de 1972, en el cual se señalaba que "los resultados de esta situación están a la vista: las campañas electorales de AD y COPEI polarizan la lucha electoral en tanto que las campañas de los otros partidos ocupan un lugar subalterno", p. D-10.

916 Es de destacar, por ejemplo, las acusaciones del candidato presidencial M. A. Burelli Rivas contra el Gobierno y el Partido COPEI, en relación a los ofrecimientos que dijo se le hicieron para ayudar a financiar su candidatura en perjuicio de otros candidatos. *V. El Nacional* Caracas, 8 de septiembre de 1973, pp. D-l y D-10.

917 En nuestro análisis de noviembre de 1973 expresábamos que el "único factor que podría distorsionar la lógica de funcionamiento (indicada) de nuestro sistema electoral, sería la existencia de una real polarización de votos", lo cual no era claramente previsible. *V.* A.R. BREWER-CARÍAS, 1973, *Venezuela's Political Problema and Prospecta cit.*, p. 23.

918 Cincuenta y dos por ciento en 1947, 15 por 100 en 1958, 12 por 100 en 1963 y 0,8 por 100 en 1968.

919 En las encuestas que hicieron públicas los diversos partidos se indicaba una diferencia del 5 % a favor de AD y del 4% a favor de COPEI. *Cfr.* los cálculos realizados en relación a Caracas por S. A. Bonomo, *op. cit.*, pp. 184 y ss.

920 Entre 1958 y 1968, la situación entre los dos principales candidatos en las elecciones había resultado en una totalización del 52,9 % de votos en 1963 y de un 57,3% en 1968.

en el Parlamento. Hasta cierto punto, en el apoyo mayoritario del Congreso se situaba la estabilidad y el futuro de las instituciones democráticas a partir de 1974. Ahora bien, este apoyo parlamentario para el nuevo Gobierno, podía asegurarse de dos formas: con la obtención por el partido triunfador en las elecciones de una mayoría absoluta, o mediante el establecimiento de una coalición permanente de gobierno. Hacia el primer objetivo, ciertamente, se dirigieron las campañas electorales de AD y COPEI, en las cuales requerían del electorado el apoyo necesario para la obtención de una mayoría en el Congreso[921], partiendo del supuesto de que el nuevo Gobierno no podría gobernar con respaldo minoritario en el Parlamento, como había sucedido con el Gobierno del Presidente Caldera. Pero la situación preelectoral, en base a las dos premisas de análisis antes formuladas, en condiciones normales, permitía apreciar que ninguno de los dos partidos realmente contendedores, AD y COPEI, obtendrían electoralmente la mayoría parlamentaria deseada, lo cual suponía que el partido triunfador debía obtener una votación cercana al 50% de los votos, tal como posteriormente sucedió. Por ello, podía perfectamente preverse la necesidad indispensable de que para la supervivencia del nuevo Gobierno y la obtención de mayoría en el Congreso, se requeriría de una coalición parlamentaria, que el sistema de coaliciones de partidos auspiciaba, tal como había sucedido bajo los gobiernos de Acción Democrática entre 1959 y 1969. Con ello también se planteaba un rechazo tácito al tipo de gobierno monopartidista y minoritario, basado en acuerdos o "coincidencias" esporádicas y circunstanciales, que había caracterizado al Gobierno del Presidente Caldera. De ahí que previendo la necesidad previsible de establecer una coalición parlamentaria para gobernar, el candidato de Acción Democrática hubiera insistido durante toda su campaña electoral en la promesa de realizar un Gobierno de consenso nacional y de no realizar una gestión política monopartidista[922].

En cuarto lugar, y partiendo de las premisas anteriores, podía también razonablemente preverse que de establecerse una coalición parlamentaria, cualquiera que fuera el partido triunfador, AD o COPEI, ésta no podía establecerse entre esos dos partidos políticos, no sólo por la agria pugna electoral en que los dos estuvieron empeñados mutuamente[923], sino por la misma lógica política: las mismas razones que tuvo el Presidente Caldera para no establecer un pacto parlamentario-gubernamental permanente con AD en 1968 quedaban vigentes a partir de 1974 en caso de un triunfo de COPEI, y se podían aplicar a la actitud que tomaría AD en caso de un triunfo electoral.

Ahora bien, partiendo de estas cuatro premisas de análisis preelectoral que en condiciones normales y sin prever lo imprevisible podían hacerse, ciertamente que las perspectivas y prospectos de estabilidad política en Venezuela podían considerarse como sombrías y difíciles, de haber triunfado, en esas condiciones, cualquiera de los dos partidos políticos. En efecto, si conforme a las premisas señaladas hubiera obtenido el triunfo el Partido Social Cristiano (COPEI), es evidente que las posibili-

921 Esta fue la base de la consigna electoral del Partido COPEI "Lorenzo, mayoría en el Congreso" y una constante en la propaganda del Partido AD.

922 *V.* C.A. Pérez, *Acción de Gobierno, cit.*, p. 6

923 Lo que llevó, como se dijo, a la Cámara Venezolana de Radiofusión a limitar *motu proprio* la transmisión de propaganda electoral "que en su forma o en su fondo pueda resultar lesiva u ofensiva para la dignidad de las instituciones partidarias o de las personalidades políticas". *V. El Nacional,* Caracas, 4 de noviembre de 1973, p. A-1.

dades de formar un Gobierno estable con mayoría parlamentaria hubieran sido difíciles: descartada la posibilidad de una coalición con el partido AD, quedaba la posibilidad, o de una coalición con los diversos partidos de derecha (perezjimenistas y desarrollistas), o con los diversos partidos de centro e izquierda restantes. En virtud de la posición de centro-izquierda que había asumido el Partido COPEI en el proceso electoral, y de las acciones en tal sentido que habían sido adoptadas por el Gobierno, que evidenciaban una política preelectoral de acercamiento hacia la izquierda, ello rechazaba toda posibilidad de coalición con los partidos de derecha, algunos de los cuales se habían autocalificado de conservadores. En situaciones normales, la votación de la izquierda (MEP, PCV y MAS) podía calcularse preelectoralmente en forma razonable en una cifra alrededor del 15 y 20%, por lo que de haber ganado las elecciones el Partido COPEI, hubiera sido ciertamente muy probable la formación de un Gobierno y coalición parlamentaria de centro-izquierda, siguiendo la orientación de otros partidos socialcristianos[924]. Ello, sin embargo, no hubiera sido tarea fácil debido a la división permanente de las izquierdas y la dificultad que hubiera existido para los diversos partidos ubicados en este extremo del espectro político, de haber llegado a un acuerdo. En todo caso, si la apertura hacia la izquierda hubiera sido el camino lógico a seguir por COPEI, de haber ganado las elecciones, por supuesto que esto hubiera significado el empuje del partido AD hacia la derecha, lo cual hubiera resultado lógico debido a los apoyos recibidos de los grupos económicos y a las posiciones de centro-derecha adoptadas preelectoralmente. En este caso, además, se hubieran concretado los ofrecimientos por los grupos de derecha de formar un partido conservador con los diversos grupos perezjimenistas, los cuales tenían también preelectoralmente, debido al comentado mito, posibilidades de obtener una votación de alguna significación. En todo caso, la formación de un Gobierno de centro-izquierda, con la participación de los partidos de izquierda, hubiera automáticamente puesto a conspirar a la derecha y no hubiera sido inverosímil, a pesar de la madurez y sensibilidad social de las Fuerzas Armadas Venezolanas, la promoción de algunos intentos conspirativos derecho-militaristas. Por tanto, es indudable que un triunfo del Partido COPEI conforme a las premisas preelectorales que en condiciones normales podían adoptarse para el análisis político, hubiera podido significar un peligro para la estabilidad del régimen democrático.

Pero, de haber ganado AD en las condiciones señaladas, el peligro para la estabilidad de las instituciones democráticas hubiera sido aún mayor. En efecto, descartada la posibilidad de una coalición parlamentaria con COPEI, y en virtud de la posición de centro-derecha que dicho partido adoptó durante el proceso electoral, las posibilidades de establecimiento de una coalición política que permitiera gobernar con mayoría parlamentaria, hubieran sido mucho más remotas. En efecto, una coalición parlamentaria hubiera sido muy difícil a establecerse con los partidos de izquierda, cuyos dirigentes, en virtud del camino de la lucha armada que habían adoptado a comienzos de la década de los sesenta, habían sufrido más directamente la represión política del Gobierno en el cual había sido Ministro del Interior el Presidente C. A. Pérez. Por otra parte, una coalición con los partidos de derecha tampoco hubiera podido razonablemente establecerse, particularmente en virtud del papel preponderante que el Partido Acción Democrática tuvo, en el Gobierno y en la opo-

---

924 Se hubiera producido, como en Italia, una "apertura a la izquierda".

sición, contra Pérez Jiménez y los perezjimenistas. De haber ganado AD las elecciones de 1973, en condiciones normales y conforme a las premisas mencionadas, hubiera tenido que intentar un Gobierno con respaldo minoritario en las Cámaras Legislativas, enfrentar una agria oposición y lograr un soporte importante de los grupos económicos. En este caso, se hubiera producido un proceso conspirativo de las propias instituciones políticas del Estado contra el Gobierno minoritario, como fue el caso de Chile contra el Presidente Allende desde otra perspectiva, y aquí también los militares hubieran tenido que pasar otra prueba de fuego. Ciertamente, entonces, conforme a esas premisas y a esas perspectivas, las elecciones de 1973 eran la última oportunidad de la democracia para sobrevivir, tal como el Presidente C. A. Pérez lo reiteró durante su campaña electoral[925] , y el electorado supo captar los peligros envueltos en la situación descrita. De ahí la asombrosa polarización de votos formada en torno a los candidatos de los Partidos AD y COPEI[926] .

---

925 Por ejemplo, en octubre de 1973 el Presidente C. A. Pérez señaló: "Si en los próximos cinco años de Gobierno no somos capaces de dar una medida diferente a la capacidad del sistema democrático, podremos estar seguros que se abrirán caminos diferentes cuyas consecuencias ahora son impredecibles." *V.* en *El Nacional*. Caracas, 23 de octubre de 1972. En este mismo sentido, el Senador (Ramón J. Velásquez al apoyar la candidatura presidencial de C. A. Pérez, expresaba lo siguiente: "Como uno de los temas centrales de su campaña, Carlos Andrés Pérez, candidato presidencial de Acción Democrática, ha repetido una y muchas veces que el próximo período constitucional constituye la última oportunidad que el pueblo brinda al sistema de la democracia representativa. Estoy de acuerdo con esta afirmación pues es indudable que la etapa que se inicia en marzo de 1974, puede calificarse desde ahora como la más difícil en la vida institucional del país, amenazada por los problemas que crecen y por los intereses extranjeros y nativos que permanentemente conspiran contra la soberanía nacional y contra las medidas que buscan liquidar las formas anacrónicas de nuestra organización social." *V.* en *El Nacional*. Caracas, 8 de septiembre de 1973, p. D-2. *Cfr.* además su opinión en *El Nacional*. Caracas, 4 de noviembre de 1973, p. C-l.

926 En un interesante artículo publicado en noviembre de 1973, Pedro Berroeta planteaba lo siguiente: "En las elecciones del 9 de diciembre los venezolanos vamos a elegir o al primer presidente de una nueva Venezuela, o al último presidente de una nueva Venezuela, o al último presidente de un sistema que no funciona". "Lo que esta en juego, pues -y debemos asumir con clara responsabilidad la gravedad del planteamiento- no es la sustitución de un presidente por otro, sea o no del mismo partido, dentro de la continuidad de un esquema de acción. No. Está en juego otra cosa: si Venezuela puede hacer frente a su complejo futuro dentro el régimen de holgada libertad cívica en el cual vivimos desde 1958, o si se requiere el sacrificio doloroso de esa libertad para dar paso a un sistema más eficiente, o que prometa ser más eficiente." "Esta disyuntiva, a la cual hubiera sido preferible no llegar jamás, es inevitable. A pesar de esa gran amortiguadora de problemas que es la riqueza petrolera, se ha alcanzado el punto crítico de ruptura de los mecanismos y engranajes que han hecho funcionar hasta ahora a nuestra sociedad. Lo sentimos todos y poco a poco va cristalizando en el subconsciente colectivo de la opinión pública, hasta alcanzar ya a las expresiones verbales de la mayoría de los candidatos a la presidencia. Por ello es que cada venezolano debe meditar muy bien los resultados del compromiso que asume al depositar su voto". "Parte de ese compromiso está, creo yo, en no dividir el voto. Sea cual fuere el candidato de nuestra elección, ese candidato y el grupo que lo apoya, deben recibir las dos tarjetas. Muchos creen que al separar su voto y dar a alguien la tarjeta grande y a sus opositores la pequeña, logran una dirección equilibrada de la nación. No es cierto: es como si pusieran en marcha un automóvil con el freno metido. Las responsabilidades del nuevo Gobierno deben ser totales porque a él corresponderá a dar un nuevo impulso a la democracia representativa, o enterrarla. Y sólo si se le dan las más amplias posibilidades de acción podrá asumir esas responsabilidades y cumplir los objetivos que todos deseamos". "El próximo presidente debe tener un sólido respaldo en el Congreso desde el momento mismo de su elección, porque está equivocado si cree que logrará la mayoría necesaria negociando alianzas con otros partidos. No que sea imposible pactar sino que ese pacto, como lo sabemos por desolada experiencia, irá en desmedro de la acción ejecutiva. Toda negociación de poder a poder implica un compromiso, y todo compromiso se paga, es decir, lo paga el pueblo venezolano." "Pocas veces en nuestra historia, pienso, elecciones como las que vienen han revestido tanta importancia para el destino de nuestro país y me atrevo a pedir a los demás venezolanos que tomemos conciencia de que el 9 de diciembre se inicia una hora que no me atrevo a

En efecto, el resultado electoral del proceso de 1973 produjo, en primer lugar, la concentración del 83,5 % de la votación presidencial en los dos principales partidos de centro, AD y COPEI. La polarización de la votación entre estos dos partidos significó en todo caso una opción política electoral asumida claramente por el electorado: la opción por un gobierno reformista democrático, la cual se consolidó por el resto de la votación de centro (URD y FDP) hasta alcanzar el 88 % del electorado en las elecciones presidenciales y el 79% en las parlamentarias. La votación de la izquierda disminuyó en 1973 en relación con la obtenida en 1968, aún cuando con la participación de un número mayor de partidos políticos: en la extrema izquierda, el MIR y en la izquierda democrática el MAS, el PCV y el MEP, alcanzando un total equivalente al 12,45% de la votación. La derecha, por su parte, estuvo integrada por una multitud de partidos que giraron básicamente en torno a los supuestos votos perezjimenistas, habiendo obtenido un 6,88 % de los votos, aproximadamente, porcentaje en el cual el partido CCN obtuvo la mayor proporción (4,30%).

Ahora bien, comparando los resultados electorales de 1968 con los de 1973, resulta que a nivel de candidatos presidenciales, el Presidente Caldera (COPEI) obtuvo en 1968 el 29,13% de los votos, con una diferencia respecto del candidato presidencial de AD (28,24%) de 0,8%; en tanto que en 1973, el Presidente C. A. Pérez (AD) obtuvo el 48,77% de los votos, con una diferencia respecto del candidato presidencial de COPEI (36,79%) del 12,03%. En todo caso, ambos partidos aumentaron considerablemente su votación, muy por encima del solo porcentaje de crecimiento vegetativo de la población (11%): COPEI pasó de 1.083.712 votos para la presidencia en 1968 a 1.598.989 votos en 1973; y AD pasó en el mismo lapso de 1.050.806 votos para la presidencia en 1968, a 2.122.427 en 1973, es decir un aumento del 50% en COPEI y del 100% en AD."

Ahora bien, habiendo sido el crecimiento vegetativo de la población electoral de un 11 %, aproximadamente, de los votos[927] , es indudable que el fenómeno de la polarización produjo un cruzado trasvase de votos de muchos partidos que obtuvieron una votación destacada en 1968 hacia los Partidos AD y COPEI y hacia los partidos políticos, como el MAS y el PNI, que participaron por primera vez en las elecciones de 1973. En vista de la imposibilidad de establecer hacia qué partidos se canalizaron los votos juveniles que se manifestaron por primera vez en 1973[928], y teniendo en cuenta además, que el 60% del electorado en 1973 era menor de veinticinco años y el 80 % menor de treinta años[929], podría realizarse un ensayo de análi-

---

llamar "estelar", como diría Zweig, porque puede ser crepuscular. En toda, América está en crisis la libertad: aprovechemos la oportunidad que aún tenemos para salvarla en nuestro país." *V.* "¿El Ultimo Presidente?" en *El Nacional*, Caracas, 9 de diciembre de 1973, p. C-l.

927 A nivel de votos válidos para los cuerpos representativos (tarjetas pequeñas), en 1968 hubo 3.678.084 votos; y en 1973, 4.136.630 votos, lo que da una diferencia de 458.546 votos, es decir, un 11 % aproximadamente (*Cfr.* las cifras en CSE, Memoria y Cuenta 1969. Caracas, 1969, p. 119; y las informaciones suministradas por el CSE, en El Nacional. Caracas, 14 y 15 de diciembre de 1973).

928 Que conformaron casi todos los 458.546 nuevos votantes de 1973 para los cuerpos representativos.

929 En este sentido Rodolfo Quintero constataba que un sesenta por ciento de los electores (60%) está formado por jóvenes con edades comprendidas entre los 18 y 25 años. O sea que el 9 de diciembre la juventud nacional podía depositar en las urnas electorales más de dos millones y medio (2.500.000) de votos válidos, y con ellos pacíficamente sepultar el sistema". *V.* "Los Jóvenes y el Sistema", *El Nacional*. Caracas, 26 de diciembre de 1973, p. A-4. Sobre este mismo tema *V.* Senta Essenfeld de Breuer, "Juventud y Elecciones", *El Nacional,* Caracas, 31 de diciembre de 1973, p. A-4.

sis del transvase de votos efectuado entre 1968 y 1973 partiendo del supuesto de que algunos partidos "ganaron" votos y otros "perdieron" entre los dos procesos electorales.

ELECCIONES DE 1973

	Partidos	Nº de votos Elección Presidencial	Nº de votos Elección Parlamentaria	%		Nº de Diputados	
	Total	4.351.444	4.136.630			200	
	MIR	22.522	42.102 1,01	1,01		1	
Izquierda	MAS	150.947	216.473	5,23	12,45	9	20
	PCV	28.403	49.453	1,19		2	
	MEP	180.199	207.785	5,02		8	
	URD	126.401	132.780	3,20		5	
	COPEI	1.453-418	1.252.761	30,28		64	
Centro	FDP	32.863	51.347	1,24	79,62	-	171
	AD	1.998.674	1.833.730	44,32		102	
	IP	19.263	25.928	0,62		-	
	OPINA	31.733	30.531	0,73		1	
	FND	5.845	10.713	0,25		-	
	PNI	23.324	29.226	0,70		1	
Derecha	CCN	-	178.089	4,30	6,88	7	9
	PSV	11.193	11.462	0,27		-	
	FUN	-	14.604	0,35		-	
	MAN	8.665	11.746	0,28		-	

En esta forma, y como se puede apreciar gráficamente del cuadro anexo[930], los partidos que en 1973 "recibieron" votos como consecuencia de la polarización, fueron básicamente AD y COPEI. Además también recibieron votos provenientes de partidos existentes en 1968, los partidos políticos que participaron por primera vez en las elecciones de 1973: MAS, MIR y PNI. En particular, puede considerarse que el MAS fue, junto con AD y COPEI, el gran receptor de votos provenientes de todos los partidos que en 1968 estuvieron en la izquierda y de algunos de centro, como el FDP y URD. Puede decirse, por otra parte, que de los votos que recibió AD en el "transvase", la mayoría provino de la antigua votación del MEP, URD y el FDP; y de los votos que COPEI recibió en 1973 por sobre su votación de 1968, fundamen-

930 En el cuadro anexo relativo a un "ensayo de interpretación del transvase electoral 1968-1973", la columna de 1968 aparece con un 100% igual que la de 1973, pues para efectuar la comparación, presumimos la distribución de los nuevos votantes (crecimiento vegetativo) en la misma proporción que los votos recibidos por los partidos políticos de 1968. En esta forma, hemos efectuado la "conversión" de los votos de 1968 en valor de votos de 1973 (agregados porcentualmente el crecimiento vegetativo), resultando que la distribución entre los partidos de estos votos "convertidos" (o si se quiere, de estos votos de 1968 con "valor" de 1973), queda exactamente igual. De lo contrario la comparación aproximada que queremos efectuar resultaría sumamente laboriosa y difícil, dentro de la inexactitud que supone la suposición.

talmente puede estimarse que provinieron básicamente de la CCN y del FND. Al contrario, comparando los resultados electorales de 1968 con los de 1973, puede considerarse que los grandes "dadores" de votos fueron el MEP, URD, FDP, el UPA y el PRIN. Los votos del MEP de 1968 puede estimarse que se distribuyeron en 1973, entre su propia votación y el caudal de AD y el MAS; los votos de URD sufrieron una distribución similar, agregando al COPEI como "receptor", y en igual situación presumiblemente se distribuyeron los votos de URD.

ENSAYO DE INTERPRETACIÓN DEL "TRANSVASE" ELECTORAL 1963-1973*
(ELECCIONES PARLAMENTARIAS)

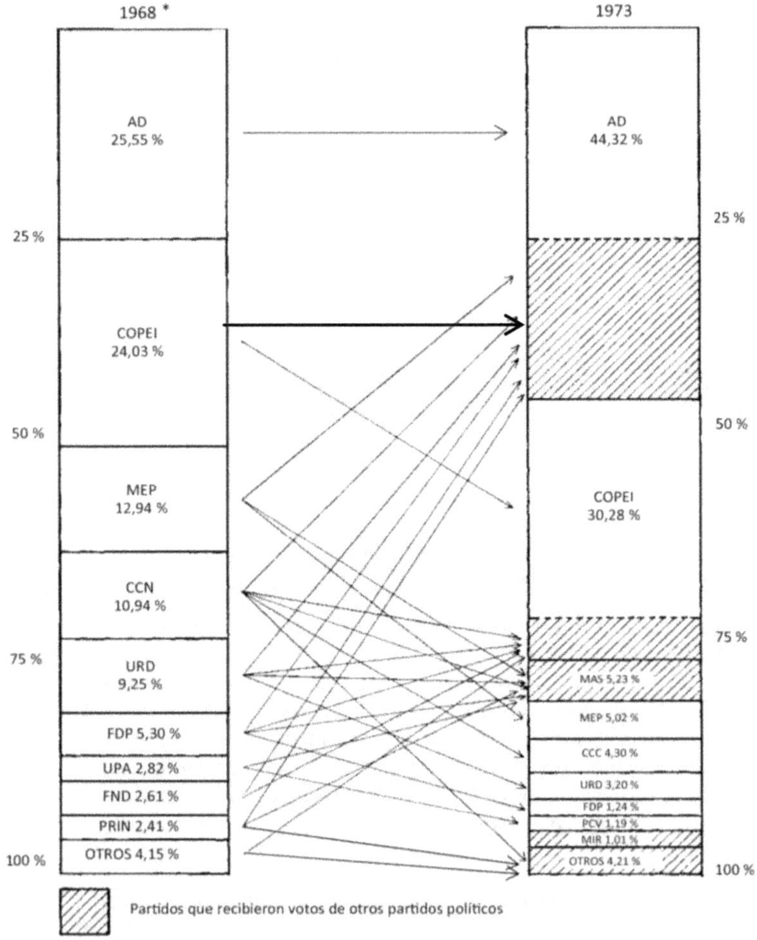

* *V. la* explicación dada en la nota número 92 de este capítulo 11, p. 307

Por otra parte, debe señalarse que en el proceso electoral de 1973, también hubo todo un movimiento de opinión que propugnaba la abstención electoral y el voto nulo como voto "anti-sistema"; actitud que si bien contó con el apoyo de algunos sectores de izquierda, otros la criticaron[931]. Lo cierto, en todo caso, fue que si bien la abstención electoral aumentó entre 1968 y 1973, los votos nulos disminuyeron[932].

El resultado de las elecciones de 1973, en todo caso, como se dijo, no sólo significó el triunfo electoral al candidato del Partido AD, Carlos Andrés Pérez, sino además le aseguró a este partido el control, por mayoría absoluta, del Senado, de la Cámara de Diputados, de la mayoría de las Asambleas Legislativas de los Estados y de casi todos los Concejos Municipales de la República[933]. La mayoría sustancial de la votación lograda por C. A. Pérez correspondió, por supuesto, a los votos emitidos a través de las listas de Acción Democrática, en las cuales salieron electos los máximos dirigentes de los partidos y grupos políticos que le dieron apoyo electoral[934]. En el caso de la votación de COPEI, en 1973, este partido se configuró como la segunda fuerza política nacional, y la primera de oposición[935], y asimismo, a través de sus listas electorales salieron electos dirigentes de los partidos que le habían dado apoyo electoral. Respecto de estas alianzas del Partido PRN con AD y del Partido FDP con COPEI, el resultado electoral mostró lo poco que aportaron a los partidos AD y COPEI y, en cambio, lo mucho que obtuvieron, llegando a proporciones inconcebibles en el caso del pacto COPEI-FDP[936].

Ahora bien, hemos señalado que como resultado del proceso electoral de 1973, puede decirse que se completó el proceso de consolidación de las posiciones de centro, que se evidenció durante la década de los años sesenta, en el espectro político del país. A pesar de las deficiencias del sistema electoral y del sistema de partidos, y por sobre ellos[937], el electorado dejó claramente expuesta en 1973 su opción

---

931 *V.* por ejemplo, Jesús Paz Galarraga, "La Izquierda, la Abstención y el OSE", en El Nacional. Caracas, 8 de febrero de 1973, p. A-4.

932 La abstención electoral en 1968 fue de 5,59% y en 1973 de 7,57%; en cambio, los votos nulos bajaron de un 5,34% en 1968 a un 3,99% en 11973. *V.* las informaciones de Luis Rojas Vásquez, en *El Nacional*. Caracas, 17 de diciembre de 1973, p. D-l. Ciertamente, que entre las causas de la disminución del porcentaje de votos nulos está la modalidad adoptada de "Boleta Única" de votación, la cual evitó muchos errores en el acto de depositar el voto. *Cfr.* las informaciones de Luis Rojas Vásquez, en *El Nacional*. Caracas, 18 de diciembre de 1973, p. D-l.

933 De los 42 senadores fijos, AD obtuvo 28 y de los 183 diputados fijos, AD obtuvo 102.

934 Es de señalar que en las listas de AD salió electo senador el dirigente del Congreso del Trabajo, José González Navarro (Nueva Esparta), y salieron electos como senador y diputados, respectivamente, los máximos dirigentes del Partido PRN, José Manzo González (Monagas) y Miguel García Makle. En el primer caso, como el Congreso del Trabajo no postuló listas de candidatos separadas, no puede establecerse el caudal de votos que aportó; sin embargo, en el segundo caso aparece como evidente una ganancia inusitada del PNI (un senador y un diputado) en relación a los votos que obtuvo dicho partido a través de sus propias listas: 3.490 votos a escala nacional en tarjetas pequeñas, es decir, el 0,08 por 100 del total de votos válidos.

935 De los 412 senadores fijos, COPEI obtuvo 13 y de los 183 diputados fijos, COPEI obtuvo 64.

936 En el caso del pacto preelectoral del FDP con COPEI, las elecciones también demostraron –como en el caso del pacto AD-PRN– lo desacertado de la alianza –en cuanto a votos y beneficios obtenido se refiere para los principales partidos políticos: con una votación de 11.142 votos a escala nacional, es decir, el 1,24 por 100 del total, el Partido FDP obtuvo siete (7) diputados a través de las listas de COPEI. En este caso, es evidente el desproporcionado beneficio del FDP: 7 diputados (¡casi el 3 por 100 de los votos en la Cámara de Diputados con solo 1,24 por 100 de la votación¡); y la falta de perspectiva política de COPEI.

937 En este sentido, por ejemplo, el candidato presidencial en 1973, M.A. Burelli Rivas, señalaba al concluir las elecciones que "electorado corrigió la laguna constitucional que permite ser Presidente de la República a quien saque la mayoría relativa de las votaciones" y que "los resultados barrieron con una serie de

por soluciones político-democráticas de centro, a través de partidos policlasistas [938]. Es decir, en el espectro político venezolano, las soluciones de centro defendidas principalmente por los Partidos AD y COPEI, encontraron el respaldo mayoritario del electorado, con alrededor del 80 % del total de la votación. Con ello se evidenció, por una parte, un apoyo e impulso vigoroso hacia el futuro del régimen democrático, y por la otra la opción clara por soluciones políticas reformistas, que se habían venido clarificando en los últimos años. Esta polarización por el centro y el reformismo democrático[939] significó, indudablemente, una reacción electoral contra las soluciones autoritaristas de derecha representadas por el perezjimenismo-desarrollismo, y contra las soluciones de la extrema izquierda increíblemente dividida. Las causas de esta polarización en el centro, ciertamente que son muchas, pero entre ellas vale la pena destacar las siguientes: en primer lugar, la abrumadora propaganda electoral desplegada por AD y COPEI, partidos que hasta cierto punto monopolizaron los medios de comunicación social; en segundo lugar, los errores tácticos del denominado perezjimenismo, cuyos dirigentes, fuera del país, pensaron que obtendrían un mayor respaldo electoral participando en las elecciones a través de varios partidos políticos y con varios candidatos; en tercer lugar, la absurda e irracional división de los partidos de izquierda, habiendo llegado el dogmatismo de algunos a colocarlos en líneas de pensamiento del siglo pasado; y en cuarto lugar, la reacción ciudadana contra la multiplicidad de partidos políticos y candidatos electorales sin ninguna oportunidad real de obtener el triunfo. Pero si bien estos factores explican la polarización política por los Partidos AD y COPEI, inesperada en las proporciones resultantes, ello no explica el porqué COPEI perdió el poder. Para contestar esta pregunta, en realidad, habría que determinar por qué COPEI ganó el poder en las elecciones de 1968.

Tal como hemos señalado, en 1968, después de diez años de gobierno de Acción Democrática, COPEI obtuvo el triunfo electoral llevando a la Presidencia de la Re-

---

partidos. Es decir, lo que no hizo la ley, lo que no hicieron los partidos, reformando la ley, poniendo más exigencias en la aceptación de partidos en el proceso electoral, lo hizo el electorado… Es muy interesante este correctivo que puso el electorado a la debilidad de los partidos, que no han querido dar instituciones políticas, fuertes, firmes y serias". *V.* en *El Nacional,* Caracas 13 de diciembre de 1973, p. D-17, *Cfr.*, Rafael Clemente Arraiz "Un pueblo consciente y un Gobierno… *El Nacional,* Caracas, 20 de diciembre de 1973, p. A-4 y R. Escobar Salom, *El Nacional,* Caracas 12 de diciembre de 1973, p. D-12

938 En Venezuela, sólo los partidos policlasistas han tenido oportunidad política, *Cfr.* D. H. Levine, Conflict and Political Change in Venezuela, Princeton, 1973, p. 8.

939 Demetrio Boersner la califica de "triunfo conservador" dentro de un contexto latinoamericano, en "El Triunfo Conservador", *El Nacional.* Caracas, 28 de diciembre de 1973, p. A-4. En sentido contrario se ha calificado el resultado electoral de 1973 como de "estabilización del sistema". Por ejemplo, Ramón Escobar Salom ha señalado que "el fortalecimiento del status, se refleja en la estabilización definitiva de las instituciones democráticas para lo que hay que buscar la ampliación de ese mismo status. En ese status deben estar representadas y garantizadas las izquierdas...", *El Nacional.* Caracas, 12 de diciembre de 1973, p. D-12. En sentido coincidente, Arturo Uslar Pietri ha señalado, que entre las enseñanzas del proceso electoral de 1973, "se afirma la inclinación mayoritaria del electorado venezolano por la posición de centro en el espectro político. Los dos partidos, con frecuencia señalados irónicamente como representantes del sistema, totalizan más del 80 por 100 de los sufragios en una elección que sólo registró un mínimo porcentaje de abstenciones. Esto significa que la inmensa mayoría venezolana cree en la democracia representativa y le confirma de manera arrolladora su confianza. No es nueva esta tendencia. En los tres procesos anteriores celebrados en 1958, 1963 y 1968, la votación sumada de las opciones de centro osciló entre 64 y 88 por 100 del total. Es una tendencia demasiado constante y poderosa para ser ignorada". *V.* "Este Pueblo", *El Nacional.* Caracas, 13 de diciembre de 1973, p.A-4.

pública a R. Caldera, por un margen de sólo 33.110 votos, en relación al candidato de AD, es decir, por sólo el 0,08% del total de votos, y particularmente por haberse enfrentado a un partido cansado del poder y que venía de sufrir una de sus más voluminosas divisiones. En la votación de Acción Democrática arrastrada por el MEP en 1968, estuvo la clave del triunfo de COPEI, y no en la liquidación de AD como partido popular, como en la época se pensó. Por otra parte, la otra causa del triunfo del Presidente Caldera estuvo en que el voto urbano del centro, y particularmente de Caracas, se canalizó mayoritariamente a través del llamado perezjimenismo, que si bien concurrió a las elecciones para cuerpos deliberantes, no participó en la elección presidencial, y dichos votos fueron básicamente depositados en favor de la única alternativa de poder real por la cual podían optar, la de COPEI. En esta forma, esos factores, unidos al propio ascenso de la democracia cristiana como alternativa de poder en América Latina, y a la novedosa propaganda electoral, provocaron el precario triunfo de COPEI.

Ahora bien, ante esta situación, el poder no estaba asegurado por el solo hecho de realizarse un buen gobierno por el Presidente Caldera, sino que el Partido COPEI tenía que luchar en 1973 contra un partido que sin perder su posición de centro, comenzaba a utilizar en el proceso electoral de ese año muchas de las tácticas y estrategias electorales empleadas por COPEI en 1968. Los cuadros de COPEI permanecieron en el gobierno, y la estrategia electoral se desarrolló con demasiada confianza en la retención del poder, como si el triunfo de 1968 hubiera sido para siempre; en cambio, AD se fortalecía en la oposición y encontraba que los sectores económicos, antiguos aliados de COPEI, ahora manifestaban simpatía por la energía en la democracia. Por otra parte, el Gobierno tomó demasiado partido con el candidato L. Fernández, y éste se solidarizó demasiado con aquél. Se pretendió, en cierta forma, y con criterio errado, plantear el proceso electoral de 1973 como un respaldo o rechazo a la gestión de gobierno del Presidente Caldera, cuando no se trataba en realidad de un plebiscito al Gobierno, sino de su sustitución por otro[940]. En todo caso, la estrategia definida por AD de reagrupación de los dispersos votos de antiguos acción-democratistas, dio resultado y los votos que en 1968 se fueron básicamente por el MEP volvieron a Acción Democrática en 1973. En estas condiciones, la mayor parte de los votos polarizados hacia los partidos más importantes, AD y COPEI, se inclinaron favorablemente hacia el primero, dándole un margen de votación sobre el segundo de más del 12 % del total de la votación. Es de advertir además, que si bien en los procesos electorales anteriores hubo "fenómenos electorales", particularmente con los votos urbanos y en especial de Caracas, en 1973 los

940 El propio Presidente Caldera en la víspera de las elecciones dejaba entrever esta estrategia electoral al afirmar. "El pueblo tiene en sus manos la decisión de su destino. Es el pueblo el que va a decidir cómo quiere que se le gobierne. Es el modo de gobernar el país el que está en manos de la ciudadanía..." y agregaba: "En ella habrá vencedores pero no habrá vencidos, porque dentro de la democracia todos tienen un papel que cumplir y porque dentro del sistema de representación proporcional que impera en Venezuela, cada uno va a obtener una cuota de responsabilidad según el número de votos que sea capaz de atraer por voluntad libre del pueblo." *V.* Rueda de Prensa del 6 de diciembre de 1973, *El Nacional*. Caracas, 7 de diciembre de 1973, p. D-l. Una semana después, el Presidente Caldera reconocía lo siguiente: "en mi fuero interno, cuando pronuncié esa frase (que "habría vencedores pero no vencidos"), pensaba que los resultados serían distintos de los que efectivamente fueron". Rueda de Prensa de 13 de diciembre de 1973, *El Nacional*. Caracas, 14 de diciembre de 1973, p. D-l.

Partidos AD y COPEI supieron penetrar por primera vez estas áreas y capitalizaron el voto que anteriormente fue antipartido.[941]

Ahora bien, este resultado electoral de 1973, dejando aparte los efectos polarizadores producidos y el cambio de un sistema multipartidista amplio, por uno de partido dominante, como se verá más adelante, trajo una serie de consecuencias en la vida política venezolana que deben destacarse. En primer lugar, la liquidación del mito perezjimenista y la pérdida de esperanzas de cualquier grupo político de tener algún resultado electoral respetable mediante la asunción de posiciones conservadoras y de derecha. Nunca en la historia política del país ningún grupo político ha tenido éxito ni cabida en el sistema ubicándose en la derecha, y si bien por primera vez algunos partidos se autocalificaron de derecha o conservadores, como lo hicieron el PNI y el Movimiento Desarrollista, ello no pasó de ser una ilusión, burlada por el mismo Pérez Jiménez[942] . En segundo lugar, la superación en la vida política venezolana de las candidaturas presidenciales independientes tan "inventadas" en los últimos procesos electorales, con grupos o partidos políticos creados ad hoc. Con el fracaso definitivo de la candidatura de M. Burelli Rivas y de M. García Villasmil no podrá pensarse en el futuro en la construcción artificial de candidatos presidenciales. En tercer lugar, el rechazo definitivo de soluciones de izquierda dogmática tradicional con el descalabro del PCV y del MIR, y el ascenso de una corriente socialista marxista moderna, dentro del sistema democrático, con el surgimiento del Movimiento al Socialismo (MAS), a pesar de la división de las izquierdas[943] . Dentro de este panorama, parecía evidente entonces que las opciones que el espectro político venezolano planteaba para el futuro se reconcentraban hacia el centro y la izquierda[944]. En el centro, las alternativas estaban orientadas por la vía reformista: la social-democracia de AD y la democracia cristiana de COPEI. Los otros partidos de centro

941 *Cfr.* Boris Bunimov Parra, "Las Fluctuaciones Electorales en la ciudad de Caracas", en UCV, *Estudio de Caracas*, Vol. VIII (Gobierno y Política), tomo I, Caracas, 1972, pp. 719 y ss. D.H. Levine manifestaba, con razón sus dudas sobre el futuro de la capacidad del sistema político venezolano, si los Partidos AD y COPEI no lograban penetrar el voto urbano, particularmente el de Caracas, *op. cit.*, p. 256. En las elecciones de 1973, contra todas las previsiones (*Cfr.* S. A. Bonomo, *Sociología Electoral en Venezuela. Un Estudio sobre Caracas, cit.*, p. 183), p. 183), los Partidos AD y COPEI capitalizaron el 85,77 por 100 de los votos en el Distrito Federal (46,05 por 100, AD y 39,72 por 100, COPEI), correspondiendo el tercer lugar al MAS con un 9,03 por 100. *Cfr.* Las informaciones en *El Nacional*, Caracas, 15 de diciembre de 1973, p. D-21.

942 Todos los observadores de la historia política venezolana coinciden en apreciar que: ""En Venezuela se considera como una deshonra llamarse conservador." *V.* Laureano Vallenilla Lanz, *Cesarismo Democrático*. Caracas, 1952, p. 195. J. A. Silva Michelena, en este sentido, ha señalado también que: "En Venezuela ningún partido político respetable se considera asimismo como conservador. Cuando más declaran que son centro-derecha." *V.* "Nacionalismo en Venezuela", en F. Bonilla y J. A. Silva Michelena, *Cambio Político en Venezuela. Exploraciones en Análisis y Síntesis*, Caracas, 1967, p. 124, *Cfr.* Ramón J. Velásquez, El Nacional. Caracas, 4 de noviembre de 1973, p. C-l.

943 Con razón ha señalado R. Escobar Salom que en "Venezuela el porvenir de la izquierda está dentro de la democracia, dentro del ambiente del status democrático. Es allí donde tiene que luchar, discutir, esclarecer", en "La Izquierda en el Status", *El Nacional*. Caracas, 21 de diciembre de 1973, p. A-4.

944 *Cfr.* La apreciación de R. Escobar Salom, quien ha sostenido reiteradamente que en Venezuela hay lugar solo para "tres grandes familia: la social-democracia, la democracia cristiana y la izquierda". *V. El Nacional* (entrevista de Guillermo Pantín) Caracas, 19 de junio de 1972, p. D-2: "Carlos Ándres Pérez, una voluntad y una esperanza", *El Nacional*, Caracas, 15 de diciembre de 1973, p. A-4; *El Nacional* (entrevista de J. Lossada Rondon), Caracas, 16 de diciembre de 1972, p. C-1; y *El Nacional* (entrevista de Guillermo Pantín), Caracas 12 de diciembre de 1973, p. D-12-

no tenían otra alternativa que acoplarse a estas opciones. En la izquierda, la alternativa estaba en un movimiento socialista, no dogmático, dentro del sistema democrático y partiendo de la difícil tarea de integrar la izquierda[945]. En todo caso, dentro de los efectos inmediatos que tuvo el resultado electoral de 1973 estuvo la concentración y reducción de las opciones electorales[946], lo cual debía ser institucionalizado por la reforma del sistema electoral y de partidos. Pero aun antes de una institucionalización de este tipo, en relación a la atomización política y el pluripartidismo existente antes de las elecciones de 1973, éstas provocaron un efecto inmediato: la extinción de todos aquellos partidos políticos que obtuvieron menos del 1% de los votos, lo cual trajo como consecuencia la supervivencia, después de 1973, de sólo nueve partidos[947], y con ello, el establecimiento de alternativas más serias y definidas en el espectro político venezolano.

Pero, por supuesto, el efecto de mayor relevancia que produjo el triunfo electoral de AD, y paradójicamente el más peligroso, fue la obtención por dicho partido de un control, con mayoría absoluta, de los votos en las Cámaras Legislativas, lo cual, en un sistema de gobierno presidencial con sujeción parlamentaria como el venezolano , le daba a dicho partido la posibilidad cierta y efectiva de gobernar —y solo— y de transformar las estructuras políticas, económicas y sociales que el país tanto requería. Ello no sólo constituía la gran oportunidad que partido alguno había tenido en Venezuela, sino una gran responsabilidad[948], que la oposición prometía exigir[949]. Al

---

945 Sobre la discusión de la integración o unificación de la izquierda, una vez concluido el proceso electoral, *v.* las posiciones antagónicas del MAS, PCV y MEP en las declaraciones del Secretario general del MAS, Pompeyo Márquez; del Secretario general de la Nueva Fuerza, J. Herrera Oropeza; y del dirigente del PCV, Radamés Larrazábal, en *El Nacional.* Caracas, 17 de diciembre de 1973, p. D-16; 19 de diciembre de 1973, p. D-2; y 29 de diciembre de 1973, p. D-5, respectivamente. *V.* además, la propuesta del candidato presidencial del MEP, Jesús Ángel Paz Galarraga, en "El Camino a Seguir", *El Nacional.* Caracas, 3 de enero de 1974, p. A-4.

946 *Cfr.* Arturo Uslar Pietri, "Este Pueblo", *El Nacional.* Caracas, 13 de diciembre de 1973, p. A-4.

947 Los Partidos que conforme al artículo 26 de la Ley de Partidos Políticos, Reuniones Públicas y Manifestaciones no deberán renovar su nómina de miembros íntegramente (lo que equivale a un registro de nueva nómina), y por tanto, que sobrevivieron, fueron, siguiendo los porcentajes electorales obtenidos en las elecciones parlamentarias, los siguientes: en la izquierda: MAS (5,23 por 100), MEP (5,02 por 100), PCV (1,19 por 100) y MIR (1,01 por 100); en el centro: AD (44,32 por 100), COPEI (30, 28 por 100), URD (3,20 por 100) y FDP (1,24 por 100); y en la derecha: CCN (4,30 por 100). *Cfr.* Las cifras en El Nacional, Caracas, 14 de diciembre de 1973, p. D-20, y 15 de diciembre de 1973, p. D-1. Si se hubiera aplicado la propuesta de AD de aumentar el porcentaje del 1 por 100 previsto en la Ley a 2,5 por 100, solo hubieran sobrevivido los partidos MAS, MEP, AD, COPEI, URD y CCN. *Cfr.* La información de El Nacional, Caracas, 18 de agosto de 1973, p. D-1.

948 Esto lo señalaban los mismos líderes del Partido AD: "Nos damos cuenta que este mandato que nos ha dado el pueblo para gobernar sin ningún tipo de cortapisas u obstáculos, implica para nosotros una gran responsabilidad" decía el Secretario general del Partido AD al conocerse los resultados electorales, v. El Universal. Caracas, 15 de diciembre de 1973, pp. 1-22. El Presidente Caldera, por otra parte, al destacar la "gran responsabilidad" que tenía el Partido AD, contrastando la mayoría que éste había obtenido con la minoría que a él lo había elegido, decía: "lo que hagan o no, va a estar totalmente sobre sus hombros, desde luego que el concurso del ejercicio del Poder Ejecutivo y de la rama legislativa los colocan ante una situación que, históricamente, es delicada". *V.* Rueda de Prensa del)13 de diciembre de 1973, *El Nacional.* Caracas, 14 de diciembre de 1973, p. D-1. *Cfr.* en igual sentido las diversas opiniones políticas en *El Nacional.* Caracas, 13 de diciembre de 1973, p. D-13.

949 El Partido COPEI, en efecto, en el documento oficial emitido por su Directorio al concluir las elecciones expresaba que: "Esta circunstancia (mayoría parlamentaria), por sí sola compromete más al presidente electo y a su partido a dar total y estricto cumplimiento a los compromisos contraídos durante la campa-

iniciar su gobierno, el Presidente C. A. Pérez tenía la gran posibilidad de hacer realidad toda la plataforma reformista propia de la social-democracia, lo cual, por supuesto, implicaba la realización de una serie de reformas sociales y económicas que lesionarían a los grupos económicos tradicionales del país. En la realización de estas reformas estaba el gran reto[950] del Presidente C. A. Pérez y del Partido Acción Democrática, cuya asunción muchos sectores de izquierda dudaban[951].

La tarea que el Gobierno de Acción Democrática tenía por delante a partir de 1974, a pesar de la mayoría parlamentaria y de los enormes recursos de que se disponía, además de que era compleja y difícil[952], era ciertamente una tarea peligrosa.

ña. El cumplimiento de las promesas electorales se facilita más cuanto que hoy la nación goza de un pleno estado de derecho, con estabilidad en las instituciones y ejercicio cabal de sus libertades; de una prosperidad económica inigual, con ingresos fiscales cada vez más crecientes gracias a la política de nacionalismo democrático; y con una paz social derivada del reconocimiento y defensa de los derechos y reivindicaciones de la clase trabajadora." *V. El Nacional.* Caracas, 20 de diciembre de 1973, p. D-l. Esto lo ratificaron además dirigentes de COPEI como L. Herrera Campins: "Debemos prepararnos —decía— para reclamar del nuevo gobierno cada una de las promesas que el candidato presidencial hizo a todos los sectores del país. Debemos llevar la ofensiva en el orden de la transformación de nuestro ordenamiento político-jurídico y de nuestra realidad económico-social." *V.* en *El Nacional.* Caracas, 18 de diciembre de 1973, p. D-l.

950 Simón Alberto Consalvi, en este sentido, era optimista: "La experiencia venezolana abre perspectivas ciertas y la profundización de reformas sociales afianzará el modo de vida escogido en nuestro país... El reto más grande planteado a los venezolanos a partir de 1974, es el de demostrar hasta dónde el régimen democrático puede ser efectivamente popular." *V.* "América Latina, la alternativa democrática", El Nacional. Caracas, 16 de diciembre de 1973, p. A-6. Por su parte, Alfredo Tarre Murzi advertía que "el futuro será grave y sombrío si nuestra democracia no se decide a romper las estructuras anacrónicas de la economía venezolana y el sistema político no garantiza cabalmente la liquidación de la marginalidad de los densos sectores populares que no disfrutan de la riqueza del país", *v.* "Las elecciones del 9 de diciembre", *Revista Semana.* Caracas, 13-19 de diciembre de 1973, p. 14.

951 El candidato presidencial del MEP, J. Paz Galarraga, antiguo Secretario general de AD, en este sentido observaba que: "Seguramente AD, que en lo teórico tiene la segunda gran ocasión de su vida para cambiar al país, al contar con mayoría parlamentaria, no resistirá en la práctica las tremendas presiones de quienes gastaron tantos millones de bolívares en su favor; y ello ha de suceder pese al deseo de individualidades de ese partido y de muchos cuadros medios y de base. A su debido tiempo se presentarán importantes contradicciones, en cuyo caso privará el criterio derechizante de los de mayor influencia en esa organización. Algo similar ocurrió en el pasado. Es cierto que las épocas son diferentes, pero existen leyes de la dinámica social que se cumplen en forma inexorable, no obstante la voluntad de los hombres. Esta aseveración no es la repetición de un simple cartabón dogmático; es una realidad comprobada en escala universal. Basta citar el hecho, por lo demás público y notorio, de que grupos económicos de la alta burguesía nacional y del capital monopolista foráneo, que hace años eran enemigos jurados de AD, hoy son simpatizantes fervorosos. ¿Quiénes han cambiado? Lo más grave para el partido victorioso es que no podrá aducir que el Parlamento boicoteó sus planes, ni tampoco señalar la escasez de recursos fiscales, debido a los fabulosos ingresos derivados del petróleo. Continuará el desempleo, el alto costo de la vida, la inseguridad personal, el gran déficit de viviendas y el no acceso de todos los venezolanos a la salud y a la educación. Para solucionar estos dramáticos problemas se requiere un cambio a fondo de la actual estructura económica de la sociedad, y AD no está en condiciones de hacerlo, aun cuando algunos de sus dirigentes piensen que sí pueden." *V.* "Millón y Medio de Votos Prestados", *El Nacional.* Caracas, 20 de diciembre de 1973, p. A-4 *Cfr.* Demetrio Boersner, "El Triunfo Conservador", *El Nacional.* Caracas, 28 de diciembre de 1973, p. A-4.

952 El Presidente C. A. Pérez estaba consciente de "la inmensa suma de dificultades que voy a tener que enfrentar durante el ejercicio de mi mandato" y entre ellas destacaba como "la mayor dificultad" la administración de la abundancia económica, que "ha sido un factor perturbador para que en el país se desarrolle un sentido cabal de la solidaridad social" y "un factor corruptor de nuestro país". *V.* Discurso ante la Asociación Venezolana de Ejecutivos, *El Universal.* Caracas, 19 de enero de 1974, p. 2-1.

La asunción del Gobierno con un poder político y económico *ab initio* de tal significación, podía producir el renacimiento del sectarismo y exclusivismo en el ejercicio del mismo, que en situaciones similares había producido la caída de Acción Democrática por el golpe militar de noviembre de 1948[953]. La lección de aquella experiencia, ciertamente que había sido aprendida, y de allí que a pesar de la mayoría parlamentaria obtenida por R. Betancourt en 1958, se recurriera a un sistema de gobierno de coaliciones de partido —Pacto de Punto Fijo—, que se prolongó hasta 1968 —Pacto de la Ancha Base—[954]. Por ello, además, frente al gobierno monopartidista —a pesar del sistema de "coincidencias" parlamentarias— del Presidente Caldera, el candidato de Acción Democrática antes y después de la elección, insistió en que su Gobierno no sería monopartidista ni exclusivista, sino de consenso nacional[955]. Esta, indudablemente, sería una de las mayores dificultades del Presidente y en ella estaban sus mayores peligros[956], pues implicaba enfrentarse con lo que se denominó el "Poder Adeco"[957].

En todo caso, es evidente que los resultados de las elecciones de 1973 han tenido repercusiones aun cuando sean temporales, en el sistema de partidos venezolano. Este, si bien no ha dejado de ser un sistema multipartidista, en 1973 ha pasado de ser un sistema multipartidista amplio, de coaliciones de partidos[958] en el cual no había

953 *V.* además las motivaciones del Golpe Militar del 24 de noviembre de 1948, en *Documentos oficiales relativos al Movimiento Militar del 24 de noviembre de 1948*, Caracas 1949, pp. 19, 20, 30 y 42.

954 *Cfr.* D. H. Levine, *op. cit.*, p. 259.

955 *Cfr.*, por ejemplo, lo expresado por el Presidente C. A. Pérez en sus conferencias de prensa del 11 y 12 de diciembre de 1973 en *El Nacional.* Caracas, 12 y 13 de diciembre de 1973, pp. D-l y D-7, respectivamente. Asimismo, en su discurso en el acto de su proclamación como Presidente electo por el CSE expresó claramente: "La colectividad política de la cual formo parte ha obtenido una amplia y segura mayoría, suficiente para respaldar la acción del Gobierno. Pero esta victoria que tanto nos complace no será título para el exclusivismo en el ejercicio del Poder, ni será base para que se nos forme una visión sectaria, angosta el incompleta del país. En el momento en que se me proclama como Presidente electo de la República ratifico plena y cabalmente mi compromiso de que haré un Gobierno de consenso y sustentado por el mayor número posible de áreas concertadas y de que mi Gobierno no ahorrará ningún esfuerzo para hacer crecer la mayor superficie posible de coincidencias, ya sea en el orden de la vida política o en el área de las actividades sociales y económicas" (subrayados nuestros). *V.* en *El Nacional.* Caracas, 22 de diciembre de 1973, p. D-l.

956 *V.* Eloy Anzola, "Alerta... Sr. Presidente electo", *El Nacional.* Caracas, 20 de diciembre de 1973, p. A-4. Quizá las primeras muestras del exclusivismo Acción Democratista se evidenciaron en la pugna para la instalación del Concejo Municipal del Distrito Sucre del Estado Miranda —uno de los dos que integran el Área Metropolitana de Caracas— en enero de 1974, aun antes de la toma de posesión del Presidente C. A. Pérez que llevó al Partido COPEI a denunciar los hechos como manifestación de "una peligrosa tendencia hacia actitudes hegemónicas y sectarias" por parte de AD, v. El Universal. Caracas, 19 de enero de 1974, pp. 1-10. *Cfr.* lo expresado por Ramón J. Velásquez (entrevista de José Hernán Briceño), *El Nacional.* Caracas, 4 de noviembre de 1973, donde señalaba que "en Venezuela es muy peligroso el ensayo de Gobierno de un solo Partido en el poder, más aun cuando crece, con los recursos fiscales, la fuerza del Ejecutivo, que sigue siendo la única fuerza de la vida pública venezolana", p. C-l.

957 *V.* Eloy Anzola, "Alerta..., señor Presidente electo", en El Nacional, Caracas, 20 de diciembre de 1973, p. A-4, donde expresaba que El Poder no está en las manos de usted..." "El país, a partir de marzo es el gran prisionero de Acción Democrática" y "Usted, por nuestra Constitución, es un preso más. El país soportará muy mal, pero muy mal, la dictadura de un partido único", por lo que concluía alertándolo en el sentido de que además de las difíciles funciones de gobierno "tendrá que enfrentarse con el Poder Adeco".

958 *V.* Juan Carlos Rey, "El Sistema de Partidos Venezolano", *Revista Politeia*, número 1, Instituto de Estudios Políticos. Caracas, 1972, p. 219. *Cfr.* Péter Ranis, "A Two-Dimensional Typology of Latin American Political Parties", en Robert Tomaseck (ed.), *Latin American Politics.* N.Y., 1970, p. 227.

un partido dominante, a constituirse —por fuerza de la polarización electoral— en un sistema multipartidista con partido dominante[959]. Lo invariable en el sistema político venezolano ha sido el carácter multipartidista del sistema de partidos, influido por el sistema electoral de representación proporcional; pero el mismo no ha permanecido idéntico desde 1946. Al contrario, en las elecciones de 1946, 1947 y 1958 fue un sistema de partido dominante, pues Acción Democrática obtuvo en todas ellas un porcentaje superior al 40% de los votos en la Cámara de Diputados; se transformó en un sistema multipartidista abierto en 1963 y en 1968, oportunidades en las cuales ningún partido alcanzó la proporción indicada, y volvió a convertirse en 1973 en un sistema de partido dominante con el triunfo de Acción Democrática. Sin embargo, en 1973, el carácter multipartidista no se atenuó, sino que más bien se acentuó, pues si bien AD controlaba la mayoría absoluta en las Cámaras Legislativas, obtuvieron representación once partidos políticos, el mayor número que registra la historia parlamentaria del país[960]. Las elecciones de 1973, por tanto, no eliminaron, en absoluto, el multipartidismo, ni provocaron el nacimiento de un sistema bipartidista en Venezuela; sólo temporalmente, por efectos de la polarización política, disminuyó la importancia cualitativa de los partidos minoritarios. Si el sistema electoral no se cambia, de nuevo se producirá el ciclo, y el sistema de partido dominante de 1973 se abrirá en un sistema multipartidista amplio[961].

Esta situación, que produce la participación ilimitada [962] de partidos y grupos de electores en los procesos electorales, es, como se dijo, consecuencia directa de la legislación electoral y de partidos, aun cuando por supuesto no expresamente prevista en ellas. Ya hemos analizado el sistema electoral venezolano de representación proporcional y hemos formulado la apreciación de que el mismo influye directamente en la conformación de nuestro sistema de partidos. Este, por tanto, no puede ser modificado sin una modificación de aquél, y no puede ser realmente estudiado y comprendido sin una comprensión de aquél. Nuestro sistema multipartidista, por tanto, no es consecuencia de la herencia hispánica de los latinoamericanos que, según algunos, conspira contra los gobiernos democráticos representativos que se

---

959 Antes de 1973 el sistema de partidos venezolano, según la clasificación de R. H. MacDonald, no era un sistema multipartidista de partido dominante (Multi-Party Dominant), sino abierto (Multi-Party Loose System), pues ningún partido individualmente recibía más del 40' % de la representación en las Cámaras Legislativas. V. R. H. MacDonald, *Party Systems and Elections in Latin America*. Chicago, 1971, pp. 17 y 33 y ss.

960 En efecto, como ya se vio, en 1973, al igual que en 1968, once partidos políticos obtuvieron representación en las Cámaras Legislativas; en cambio, en 1963 obtuvieron representación, ocho (8) partidos, y en 1958, sólo cuatro (4) partidos.

961 Coincidimos, por tanto, con la apreciación formulada por Luis A. Pietri, presidente del Consejo Supremo Electoral de Venezuela, al finalizar el proceso electoral de 1973, en el sentido de considerar que la eliminación de partidos por el resultado electoral "es transitoria" por lo que de no modificarse la legislación "volverán a constituirse mediante la obtención de un reducido número de miembro:" *V.* en *El Universal*. Caracas, 15 de diciembre de 1973, pp. 1-10.

962 Es de destacar, por ejemplo, que para la constitución de un partido político, la Ley de Partidos Políticos, Reuniones Públicas y Manifestaciones exige la presentación de una nómina equivalente al 0,5 de la población electoral en 12 circunscripciones electorales (artículo 10, 1), por lo que, por ejemplo, en la circunscripción electoral del Territorio Federal Amazonas, sólo se requerían 42 firmas para constituir el partido en esa dependencia. *Cfr.* las informaciones dadas por Luis A Pietri, *El Nacional*. Caracas, 28 de noviembre de 1973, p. D-l.

intenten establecer en nuestros países[963]; ni la división de nuestros partidos es consecuencia de un supuesto individualismo latinoamericano[964]. El sistema multipartidista, influido por el sistema electoral minoritario, más bien produce la inestabilidad de los regímenes democráticos y fomenta el individualismo en las actitudes políticas. Por otra parte, en el mismo sentido, la apreciación del "fraccionalismo" como una característica del sistema de partidos latinoamericano[965] tampoco puede considerarse aisladamente del sistema electoral de representación proporcional que ha existido en toda la América Latina[966]. Multipartidismo, individualismo, fraccionalismo, atomización política, son resultantes de un sistema electoral de representación proporcional que los fomenta[967] , y los efectos atenuadores que puede producir en

---

963 *V.*, por ejemplo, Charles C. Cumberland, "Political Implications of Cultural Heterogeneity", en F. B. Pike (ed.), *Freedom and Reform in Latin America*, 1959, p. 70.

964 *Idem*, p. 68.

965 *Cfr.* Ronald H. Mcdonald, *op. cit.*, p. 12; Leslie F. Mantgot y otros, *Tableau des Parties Politiques en Amerique du Sud*, Cahiers de la Fondation National des Sciences Politiques. París, 1969, p. 18.

966 Es conveniente señalar que la tesis de la influencia directa del sistema electoral sobre el multipartidismo y el fraccionamiento de los partidos, tal como lo hemos advertido , ha sido cuestionada. Por ejemplo, E. Lakeman y J. D. Lambert han indicado que "el número de partidos en un país tiene poca relación con su sistema de votación" por lo que sería más correcto decir, no que la representación proporcional crea partidos, sino que cuando esos partidos han surgido por otras causas (la representación proporcional) les asegura su reflejo en el Parlamento (*v. Voting in Democracies*: *A study of majority and proportional electoral system*. London, 1959, pp. 149 y 150. *Cfr.* John G. Grumm, "Theories of Electoral Systems", en Andrew J. Milnor (ed.), *Comparative Political Parties*. N. Y., 1969, p. 250). En realidad este argumento está contradicho en su misma formulación: si un sistema electoral dado asegura representación en el Parlamento a todos los partidos o grupos que participen en las elecciones, la tendencia será a la creación de tales grupos y partidos o a la división de los existentes; al contrario, en el otro extremo, si un sistema electoral restringe la representación en el Parlamento a los partidos o grupos que tengan una determinada mayoría, la tendencia será la contraria, es decir, a la cohesión y concentración de las fuerzas políticas. El problema, por tanto, del aumento o división de los partidos está directamente relacionado y es consecuencia de la posibilidad o imposibilidad de que todos obtengan representación en el Parlamento, y esto sólo lo determina el sistema electoral aplicable. No puede sostenerse, por tanto, la apreciación de Lakeman y Lambert en el sentido de que "la representación proporcional no fomenta la formación de partidos, sino sólo refleja en el Parlamento las tendencias hacia la fusión o división que puedan existir en un país en el momento de la elección" *op. cit.*, p. 150). Insistimos, este argumento es sofista, pues precisamente si el Parlamento puede llegar a reflejar esas tendencias —y ello sólo puede ser consecuencia de un sistema electoral—, las mismas se producirán a nivel de creación o fusión de grupos o partidos. En Francia, por ejemplo, la única alternativa de la izquierda para lograr representación en la Asamblea es la tendencia hacia la concentración electoral: para competir con un candidato de la mayoría, los partidos de la izquierda, como señala Thorburn, tienen la alternativa de "unirse detrás de un candidato o perder las elecciones" (*v.* Hugh G. Thorburn. "The Realignment of Political Forces in France", en Andrew J. Milnor (ed.), *op. cit.*, p. 2512). En efecto, como lo precisa Hermens, "en un sistema electoral mayoritario, el número de candidatos que tienen oportunidad de ganar es restringido. Todos los grupos políticos están conscientes del hecho de que hay un solo camino para triunfar, y es el tener una mayoría absoluta sobre los demás partidos. Sólo un partido que tenga la esperanza de lograrla puede correr el riesgo de luchar sólo en la batalla electoral. Los otros partidos están conscientes de que peleando exclusivamente bajo sus solas banderas, corren el riesgo de traspasarle los puestos en los cuerpos representativos al oponente. Aparte de ello, los votantes con puntos de vista similares estarán preparados para combinarse en apoyo de un mismo candidato" (*v.* F. A. Hermens, "The Dynamics of Proportional Representation", en Andrew J. Milnor (ed.), *op. cit.*, p. 220).

967 En un sistema electoral mayoritario, en consecuencia, la tendencia hacia la restricción de partidos es evidente, y su demostración es matemática y concluyente *Cfr.* E. E. Schaffschmeider, "The Two-Party System", en Andrew J. Milnor (ed.), *op. cit.*, p. 227, y Donald V. Smiley, "The Two-Party System and One-Party Dominance in the Liberal Democratic State", *ídem*, p. 59); al contrario, en un sistema electoral de representación proporcional o minoritario, la tendencia hacia el multipartidismo también es evi-

esos elementos un fenómeno de polarización electoral son temporales y transitorios, pues los fenómenos polarizadores por sí solos, sin la modificación de la legislación, no son permanentes.

En el caso venezolano, ya hemos analizado los efectos atomizadores del sistema de representación proporcional evidenciados en las sucesivas elecciones habidas desde 1946 hasta 1968 y hemos constatado cómo, a pesar de la polarización electoral de 1973, en esas elecciones obtuvieron representación en el Congreso el mayor número de partidos políticos que jamás la hayan obtenido. Por ello, en el ámbito del sistema de partidos, la consecuencia producida por aquél es la multiplicidad y la división de los partidos.

En efecto, ¿si no hubiera sido por la posibilidad que el sistema electoral otorga de obtener representación parlamentaria, se hubieran creado tantos micropartidos en Venezuela en los últimos años, o se hubieran producido tantas divisiones en los partidos políticos tradicionales? Evidentemente que no. La sucesiva creación de partidos por individualidades políticas a lo largo de nuestra historia electoral hasta 1973 sólo fue posible por la facilidad de su formación y por la factibilidad de lograr la elección en las Asambleas representativas[968].

Por otra parte, el personalismo, que también se señala como característica de los partidos políticos latinoamericanos[969], y que en general no escapa a ningún sistema de partidos en los cuales siempre la influencia de un hombre es decisiva[970], en Venezuela, por la posibilidad de obtener fácil representación electoral, ha originado los

dente (*Cfr.* Maurice Duverger, Les Partís Politiques. París, /1973, p. 271; Douglas W. Rae, *The Political Consequences of Electoral Laws.* New Haven, 19711, p. 144).

968 En cuanto a lo primero, como se dijo, la Ley de Partidos Políticos, Reuniones Públicas y Manifestaciones de 15 de diciembre de 1964 exige como requisito fundamental para que se otorgue la inscripción de un partido político nacional por el Consejo Supremo Electoral, la presentación de una nómina de integrantes del partido en número no inferior al 0,5 % de la población inscrita en el Registro Electoral Permanente de por lo menos 12 circunscripciones electorales, lo que llevó a afirmar al Presidente R. Caldera, al inicio del proceso electoral de 1973, que "en Venezuela hay más libertad que en cualquier otro país del mundo, para constituir un partido político; que las facilidades que se dan son enormes, de manera que, cualquiera que tenga interés en arrastrar voluntades de sus compatriotas de la vida política del país tiene las más amplias facilidades". *V.* Rueda de Prensa número 163, *El Nacional.* Caracas, 29 de septiembre de 1972, p. EM. *V.*, un análisis detallado de dicha Ley en Allan-R. Brewer-Carías, "Algunas notas sobre el Régimen Jurídico-Administrativo de los Partidos Políticos en el Derecho Venezolano", en *Revista de Derecho Español y Americano*, número 8. Madrid, 1965. En Venezuela, como en la mayoría de los países latinoamericanos, algunas veces ha estado vigente la apreciación que L. Terán Gómez hacía respecto a Bolivia: "En estos tiempos nada es más simple que fundar un partido político. Para formar un partido político sólo se necesitan tres personas y un objeto: un presidente, un vicepresidente y un secretario y un sello de goma. El partido puede andar inclusive sin el vicepresidente y el secretario. Ha habido casos en los cuales la existencia de sólo el sello de goma ha sido suficiente"; Luis Terán Gómez, *Los Partidos Políticos y Su Acción Democrática.* La Paz, 1942, páginas 50 y 51, *cit.*, por W. W. Pierson and F. Gil, *Governments of Latin America.* McGraw-Hill, 1957, p. 318.

969 *V.* R. H. McDonald, *op. cit.*, p. 10; George I. Blanksten, "Political Groups in Latin America", en John H. Kautsky (ed.), *Political Change in Underveloped Countries: Nationalism and Communism*, 1967, p. 147; Leslie F. Manigot, en *Tableau des Partís Politiques en Amerique du Sud*, *cit.*, p. 17, y Federico Gil, *Instituciones y Desarrollo de América Latina.* Buenos Aires, 1966, p. 106.

970 *V.* las referencias de M. Duverger, *op. cit.*, pp. 161 y ss. a la "Tendencia Autocrática" de la dirigencia de los partidos políticos. *V.* además, por ejemplo, el reciente estudio de J. C. Colliard, *Les Républicains Indépendantes*, Valéry Giscard d'Estaing. París, 1971.

hombres-partido, que con mayor o menor densidad han poblado el Congreso, las Asambleas Legislativas y los Concejos Municipales en los últimos años.

Pero aparte de la facilidad de constitución de partidos, el sistema venezolano se caracteriza también por una tendencia evidente hacia la división de los partidos, también bajo la influencia del sistema electoral minoritario que facilita la obtención de representación en las Asambleas. En efecto, por ejemplo, las sucesivas divisiones sufridas por el Partido AD desde 1960 no fueron producto del individualismo latino[971], y a pesar de que las mismas se efectuaron en base a alegaciones ideológicas, ellas fueron posible porque afectaban sustancialmente la elección de los fraccionalistas a las Asambleas representativas. Dejando a salvo la división que originó el MIR, partido que no participó directamente en los procesos electorales anteriores a 1973, en los otros casos, las divisiones quizá no se hubieran producido de existir un sistema electoral mayoritario que hubiera condenado a los grupos fraccionalistas a la inexistencia, por la dificultad de obtener representación actuando separadamente.[972] En un sistema de esa naturaleza, la lucha de los grupos fraccionalistas se hubiera tenido que concentrar dentro del partido, y ¿quién podría negar que a la vuelta de los ocho años que separan la división del MIR y de la del MEP de Acción Democrática, la orientación del partido AD no hubiera podido ser similar a la que tuvo en 1945, de haber permanecido todos los grupos que se separaron, luchando, dentro del Partido? En todo caso, cierto es que de haber sido eso así, la situación de AD no sería la de un partido de centro como el que en 1973 compitió en el proceso electoral. Tan fomentado está el fraccionalismo partidista por el sistema electoral y la posibilidad de los grupos separados de obtener representación aisladamente, que en aquellos casos en que, por la dinámica electoral, aquella facilidad de obtener representación en las Asambleas ha estado amenazada, los micropartidos o los hombres-partido han regresado al seno del partido matriz: fue el caso en las elecciones de 1973 de la alianza y posterior integración del PRN en Acción Democrática, y de la alianza con este mismo Partido, del grupo sindical Congreso del Trabajo, el cual si bien separado del MEP, estaba compuesto por antiguos acción-democratistas. Fue el caso también del partido FDP, que al fallar su intento de pactar electoralmente con AD, hizo una alianza electoral con COPEI, obteniendo una desproporcionada ganancia poselectoral. En todo caso, es de observar que estas alianzas circunstanciales de última hora no sumaron votos, porcentualmente hablando, al partido receptor, ni remotamente similares a los votos que obtuvieron en elecciones anteriores. Fueron alianzas de sobrevivencia política que tuvieron como cómplices a los dos partidos principales AD y COPEI.

Ahora bien, la multiplicidad de partidos políticos, como característica del sistema político venezolano, en nuestro criterio, no sólo ha afectado la esencial función de los partidos en todo régimen democrático, sino que ha conspirado contra los propios partidos y contra aquél.

---

971 Como parece indicar Leslie F. Manigot, *loc.cit.*, p. 18.

972 Debe destacarse, además, que en la misma línea de los efectos fraccionalistas en los partidos, que produce el sistema electoral, están las sucesivas divisiones de los partidos y grupos que se autocalificaron de perezjimenistas: en las elecciones de 1968, básicamente sólo el Partido CCN participó bajo la bandera del ex-dictador; sin embargo, antes de las elecciones de 1973 se habían registrado seis (6) partidos de orientación perezjimenista.

En efecto, una de las características del sistema político venezolano con posterioridad a 1958 ha sido la monopolización del juego y la vida política por los partidos[973], es decir, los partidos se han consolidado como los instrumentos de organización de la ciudadanía y a la vez de conversión de las exigencias populares en políticas específicas de gobierno[974]. En otras palabras, los partidos políticos en Venezuela se han configurado como los instrumentos exclusivos para la formación del Gobierno, por lo que no se agotan en sí mismos. Por ello, cuando el sistema electoral y de partidos no contribuye a la formación de gobiernos con reales posibilidades de gobernar, como sucedió en los procesos electorales de la década de los sesenta, sino que se agota en dar representatividad dispersa, atomizada e incoherente a las más variadas fracciones y opiniones, el sistema de partidos se encuentra en la incapacidad de cumplir su función esencial de convertir los deseos y expectativas de una masa electoral en alternativas viables de gobierno.

El sistema de partidos, en esta forma configurado, no sólo no contribuyó a resolver la crisis que está planteada en nuestro país por el rápido cambio a que ha estado sometido, sino que evidentemente contribuyó a agravarla[975].

Pero el sistema de partidos, tal como ha funcionado en Venezuela, no sólo ha conspirado en definitiva contra la democracia, al no lograr realizarla plenamente, sino que ha conspirado contra los propios partidos, pues éstos, hasta 1973 fueron debilitándose, perdiendo real representatividad y desideologizándose paulatinamente. En efecto, si se analizan los resultados electorales desde 1946, tal como lo hemos hecho anteriormente , con la sola excepción del Partido Socialcristiano COPEI, surge con evidencia el debilitamiento de los partidos, no sólo en su caudal electoral e influencia en el Parlamento, sino como factores de poder. Para señalar el ejemplo quizá más representativo hasta 1973, basta destacar que el Partido AD, en 1947, ciertamente que en cuanto a poder real, no fue ni la sombra del que participó en el proceso electoral de 1968: de un caudal de votos del 74,4% en las elecciones presidenciales de 1947 bajó al 29,1% en 1968; y de un porcentaje de control de la Cámara de Diputados del 87% en 1946 bajó al 30 % en 1968. La polarización política del proceso electoral de 1973 elevó sustancialmente estos porcentajes: 48 % en la votación y control del 51 % de los Diputados; pero por supuesto, nunca a los niveles del "trienio Adeco" 1945-1948.

Esta situación, inclusive en la campaña electoral de 1973, mostró una falta evidente de representatividad en los partidos políticos, quienes cada vez con más esfuerzos, dirigieron sus propagandas electorales hacia los independientes, básicamente desprovista de contenido programático, pues lo que estuvo en juego en la mayoría de ellos no fue un programa o una ideología —la cual, o se ocultó, o se tuvo como un elemento secundario—, sino la personalidad de los candidatos. Este fenómeno, que comenzó a hacerse patente en las elecciones de 1968, sobre todo en la propa-

973 *Cfr.* D.H. Levine, *op.cit.*, p. 8.

974 *Cfr.* S. P. Huntington, *Political Order in Changing Societies*. New Haven, 1968, p. 911, y Andrew J. Milnor (ed.), *op. cit.* (Introduction), p. 2.

975 *Cfr.* Robert E. Scott, "Political Parties and Policy-Making in Latin America", en J. La Palombara y M. Winder, *Political Parties and Political Development*. Princeton, 1966, p. 339. En este sentido, Helio Jaguaribe ha señalado que los partidos políticos así configurados no sólo fracasan en representar las distintas capas de la opinión, sino que actúan como instrumentos para distorsionar y violar esa opinión. *V. Economic and Political Development*. Harvard, 1968, p. 54.

ganda de los partidos ubicados en el centro, no se dio completamente por la controversia de última hora que surgió en torno al Programa de Gobierno presentado por COPEI, el cual dio origen a debates de contenido ideológico, los cuales, en nuestra opinión, contribuyeron a inclinar la balanza electoral a su favor. En todo caso, en las elecciones de 1973, y dejando a salvo los partidos ubicados en la izquierda, particularmente el MAS y los de la denominada Nueva Fuerza, los partidos ubicados en el centro y en la derecha no hicieron mayores planteamientos ideológicos, y mucho menos de carácter más o menos radicales como aquellos contenidos en el Programa de Gobierno que COPEI presentó al electorado en 1968. El debate electoral fue más bien entre partidos de personas que entre partidos de programas[976] y la campaña electoral, como se dijo, alcanzó niveles nunca vistos antes en Venezuela en cuanto a la utilización masiva de los medios de comunicación y al costo de las mismas[977].

Por otra parte, este debilitamiento progresivo de los partidos políticos hasta 1973 ha producido a lo largo de la experiencia electoral y democrática desde 1946 un proceso de desideologización partidista, que en términos generales ha provocado un tránsito de la mayoría de los partidos hacia la derecha. En efecto, del análisis que se efectuó de los partidos políticos en los procesos electorales y del resumen que surge del cuadro anexo, se evidencia la existencia de un nutrido sector de izquierda en 1946 en contraste con el nutrido sector de centro de 1973; así como la existencia de un solo partido de derecha en 1946, en contraste con los varios partidos situados en esta orientación en 1973. La división de los partidos, por otra parte, se operó siempre con movimientos hacia la izquierda, los cuales, como ha observado L. Manigot respecto a América Latina, se han producido en una forma bastante original, pues "es la izquierda de una época la que se convierte en la derecha de otra"[978]. En efecto, puede decirse que en general los movimientos hacia la izquierda se produjeron mediante divisiones de los partidos tradicionales, los cuales han variado su posición con una evolución desde la izquierda hacia la derecha. Por ello, lo nutrido de la posición de centro consolidada en las elecciones de 1973, así como el crecimiento evidente del número de partidos de derecha.

En todo caso, esta indefinición o transición de posiciones ideológicas que, en general, con la sola excepción del partido de la democracia-cristiana COPEI, se observa como característica del sistema de partidos en Venezuela, está acompañada de un acentuado personalismo, lo que ha provocado que entre muchos partidos exista una diferencia sólo de nombres y de dirigentes[979] y que los mismos, por falta de representatividad, no logren llenar el abismo que existe entre las instituciones políticas y el pueblo.

---

976 *Cfr.* Sigmund Newman, "Howard a Comparative Study of Political Partys", en Andrew J. Milnor (ed.), *op. cit.*, p. 34.

977 *V.* los comentarios de Jesús Sanoja Hernández, "Las Elecciones, campañas donde las armas disparan a la conciencia", *Revista Summa*, número 68. Caracas, marzo-abril 1973, pp. 12 y ss., y de D. A. Rangel, Los Mercaderes del Voto, *cit.*, página 68. En base al costo de las campañas electorales y al acceso casi exclusivo que los partidos AD y COPEI tuvieron a los medios de financiamiento de las mismas, a través de los medios de comunicación, es que D. A. Rangel centró su apreciación sobre el "bipartidismo" AD-COPEI que, estimaba, se perfilaba en Venezuela, *ídem*, p. 69.

978 *V.* Leslie F. Mantgot, *loc. cit.*, p. 18.

979 *Cfr.* Federico Gil., *op.cit.*, pp. 106 y 107.

TRANSICIÓN IZQUIERDA-CENTRO-DERECHA DE LOS PARTIDOS POLÍTICOS VENEZOLANOS 1946-1973

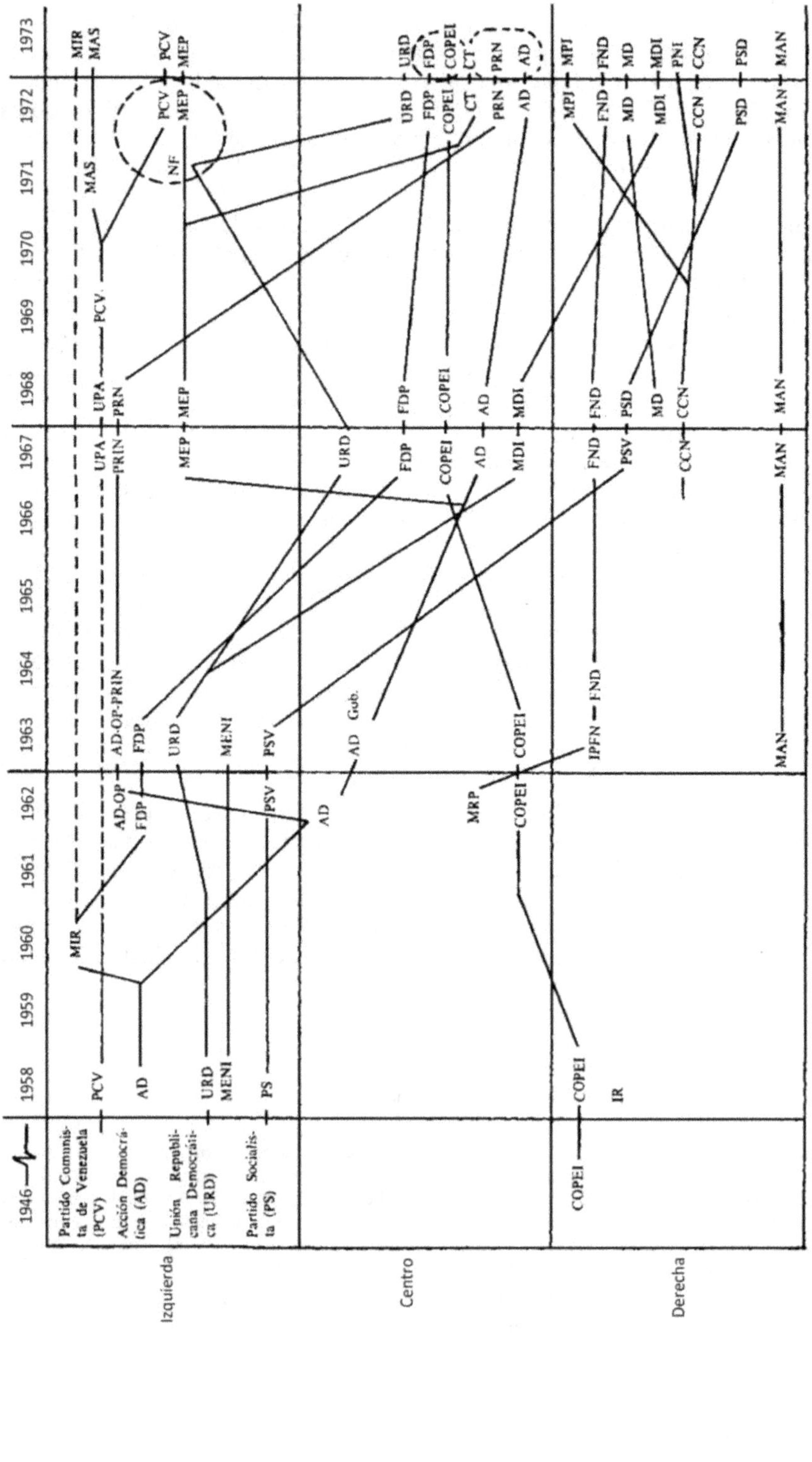

Si los partidos políticos deben ser, en una democracia, los elementos mediadores entre las aspiraciones, deseos y opiniones del pueblo y los órganos de gobierno, en Venezuela muchas veces no lo han sido, y en lugar de mediadores han sido realmente mediatizadores de las expectativas populares[980]. De ahí el calificativo no sólo de formal de nuestra democracia, sino de mediatizada: los partidos han escogido los candidatos a integrar las listas destinadas a la elección de representantes; listas que en un sistema de representación proporcional como el nuestro no sólo no han podido ser cambiadas, dejando poco margen de elección al elector, sino que la mayoría de las veces han sido ignoradas por éste en su composición. Como resultado de la elección, han aparecido representantes en las Asambleas que realmente no han representado al pueblo, y cuando más, han representado a un grupo de presión o de interés. De ahí la orientación general de las campañas para la elección de los cuerpos representativos que han tenido un énfasis definido en relación al partido, con poca referencia respecto a los candidatos. Estos se han convertido en añadiduras o partes accesorias de los partidos, quienes han conformado lo principal en las elecciones y en la conducción de las Asambleas representativas. Por supuesto, en una situación de esta naturaleza la debilidad de los partidos y la falta real de respaldo popular de los mismos han facilitado el papel de los grupos de presión y de los movimientos políticos no vinculados o independientes a los partidos.

Este panorama, sin embargo, ha sido transitoriamente afectado por los resultados polarizadores de las elecciones de 1973, lo cual no debe hacer olvidar las situaciones de crisis precedentes. El sistema electoral y el sistema de partidos debe ser transformado para asegurar en el futuro su supervivencia y la supervivencia de la democracia[981]. En ello estuvieron conformes todos los candidatos presidenciales que concurrieron a las elecciones de 1973, y particularmente el Presidente C. A. Pérez[982]. La reforma del sistema electoral y del sistema de partidos es, por tanto, una tarea de realización inaplazable en el proceso de reforma o transformación del Estado, de mañera que produzcan no sólo reales medios de representatividad y participación política para el pueblo, sino adecuados mecanismos de formación de gobiernos fuertes, estables y democráticos, que puedan resistir las presiones y no se vean sometidos a los vaivenes de los grupos de presión e intereses, muchos de los cuales, ciertamente, no tienen ni vocación ni conformación democrática.

CAPÍTULO 12. EL SISTEMA PRESIDENCIAL CON SUJECIÓN PARLAMENTARIA COMO FORMA DE GOBIERNO

Dentro de un régimen democrático, no basta para que las instituciones políticas puedan adecuadamente asumir la conducción del Estado, que éstas se conformen a través del sistema político, integrado por el sistema electoral y por el sistema de

980 *Cfr*. J.C. Rey, *loc. cit.*, pp. 181, 203 y 205.

981 Los regímenes sin partidos, tal como lo ha señalado con razón M. Duverger, "son necesariamente conservadores, y la supresión de los partidos sería, para la derecha, un medio admirable de paralizar la izquierda", *op. cit.*, p. 466.

982 *Cfr*. las opiniones de todos los candidatos presidenciales sobre el sistema electoral y de partidos en Luis Buitrago Segura, "Sinopsis de 30 preguntas a nueve candidatos presidenciales", *El Nacional*. Caracas, 2 de diciembre de 1973, p. D-l.

partidos, sino que es necesario que dicho sistema se acople a una determinada forma de gobierno. Dentro de la clasificación general de las formas de gobierno que distingue el sistema presidencial del sistema parlamentario, tradicionalmente todos los países de América Latina han adoptado el primero, o al menos una forma de gobierno de "preponderancia presidencial"[983], por lo que es frecuente el calificativo de "presidencialista" dado a los mismos. Venezuela tampoco escapa ni de esta tradición ni de este calificativo, y los gobiernos, una vez conformados por el sistema electoral y de partidos, actúan mediante un sistema presidencial, pero con sujeción parlamentaria.

En efecto, la fórmula presidencial consagrada en la Constitución de los Estados Unidos de Norteamérica de 1787, evidentemente que influyó en forma directa sobre todas las Constituciones latinoamericanas, y entre ellas sobre las venezolanas[984], y en su configuración inicial, el pensamiento político del Libertador fue decisivo, hasta el punto de imprimirle una característica peculiar desconocida en el sistema norteamericano: el Poder Ejecutivo en Venezuela se compone del Presidente y sus Ministros, y aquél no puede actuar válidamente en general, sino por medio de éstos, quienes deben refrendar sus actos, siendo también responsables políticamente ante el Congreso[985].

Ahora bien, el régimen presidencial en el sistema venezolano puede ser caracterizado por una serie de elementos que deben precisarse en nuestro régimen constitucional. En efecto, en primer lugar, es claro que ni el Presidente de la República ni los Ministros proceden, en su titularidad, en forma alguna, del Congreso. Estos funcionarios son totalmente independientes tanto en su designación como en sus funciones propias, de las Cámaras Legislativas: el Presidente de la República es electo por sufragio universal, directo y secreto[986] en un acto que si bien ha sido tradicionalmente coincidente y simultáneo a la elección de Senadores y Diputados, podrían y deberían realizarse en forma separada.[987] Los Ministros del Ejecutivo Nacional, por otra parte, son designados por el Presidente de la República[988] sin intervención alguna del Congreso, y si alguno de ellos hubiese sido previamente electo Senador o Diputado, no pierde su investidura al aceptar el cargo de Ministro aun cuando, por supuesto, debe separarse de la respectiva Cámara, pudiendo reincorporarse al cesar en aquellas funciones.[989] La situación es distinta en los sistemas parlamentarios, en los cuales los Ministros, y en general el Gabinete, por regla general provienen del Parlamento, hasta el punto de que para gobernar requieren de la confianza de éste. En el sistema presidencial venezolano, si bien el Presidente de la República y los

---

983 *V.* por todos, Jacques Lambert, Amerique Latine; *Structures Sociales et Institutions Politiques*, París, 1963, pp. 376 y ss., Federico Gil, *Instituciones y Desarrollo Político de América Latina.* Buenos Aires, 1966, pp. 74 y ss.

984 *Cfr.* José Guillermo Andueza, "El Presidente de la República", *Estudios en Homenaje al profesor López Rodó*, Vol. III. Madrid, 1972, p. 161.

985 *Cfr.* Ernesto Wolf, *Tratado de Derecho Constitucional.* Caracas, 1945, tomo I, p. 26.

986 Artículo 183 de la Constitución.

987 Esta posibilidad anteriormente dudosa y cuestionada, es ahora factible en virtud de lo dispuesto en la Ley Orgánica del Sufragio de 1973.

988 Artículo 190, 2° de la Constitución

989 Artículo 141 de la Constitución

Ministros no requieren de la confianza del Parlamento para gobernar debido a la separación orgánica de los poderes, la Cámara de Diputados puede dar un voto de censura a los Ministros, lo cual implica su remoción por el Presidente de la República.[990] Esta injerencia del Congreso en el Gobierno, evidentemente que configura un elemento de parlamentarismo en la forma presidencial de gobierno venezolana, aun cuando no esté prevista la contrapartida de protección que los sistemas parlamentarios consagran cuando el Gobierno pierde la confianza del Parlamento y que da lugar a la posibilidad de disolución de éste por aquél, apelando a la búsqueda de la confianza popular mediante nuevas elecciones generales. La sola injerencia que el Presidente de la República puede tener respecto al funcionamiento del Congreso, es la posibilidad que tiene de convocarlo a sesiones extraordinarias[991] .

Por otra parte, es de destacar que si bien los Ministros no son por esencia miembros del Parlamento, en el sistema presidencial venezolano ellos tienen derecho de palabra, sin restricción, en las Cámaras y en sus Comisiones, estando obligados a concurrir a ellas, cuando sean llamados a informar o a contestar las interpelaciones que se les hagan, además de tener la obligación de presentar anualmente al Congreso una Memoria razonada y suficiente de su gestión en el año anterior y de sus planes para el siguiente[992]. En esto puede verse también otro elemento propio de los sistemas parlamentarios, lo que aparta el sistema venezolano del norteamericano, en el cual los Secretarios del Poder Ejecutivo no tienen acceso a las sesiones del Congreso. Además, debe destacarse que el propio Presidente de la República puede dirigir al Congreso, personalmente o por uno de sus Ministros, informes o mensajes especiales[993], además del Mensaje Anual que debe presentar sobre los aspectos políticos y administrativos de su gestión durante el año inmediatamente anterior, en el cual debe exponer, además, los lineamientos del plan de desarrollo económico y social de la Nación[994].

Por otra parte, en el sistema presidencial venezolano, el Ejecutivo Nacional, es decir, el Presidente de la República y los Ministros tienen iniciativa legislativa[995], aun cuando el Congreso puede rechazar los proyectos de ley que presenten. En todo caso, los Ministros tienen derecho de palabra en la discusión de las leyes[996]. Debe indicarse además que la iniciativa parlamentaria de las leyes no es ilimitada, como correspondería a un sistema presidencial típico, sino que tienen restricciones: el proyecto de Ley de Presupuesto sólo puede ser presentado al Congreso para que se inicie su discusión en la Cámara de Diputados[997] por el Ejecutivo Nacional, pudiendo las Cámaras solamente alterar las partidas presupuestarias, pero sin poder autori-

990 Artículo 153 2° de la Constitución.

991 Artículo 190, 9° de la Constitución.

992 Artículos 197 y 199 de la Constitución.

993 Artículos 190 y 20 de la Constitución.

994 Artículo 191 de la Constitución.

995 Artículo 165, 2° de la Constitución.

996 Artículo 170 de la Constitución.

997 Artículos 153, 1° de la Constitución.

zar gastos que excedan el monto de las estimaciones de ingresos del respectivo proyecto de Ley de Presupuesto presentado por el Poder Ejecutivo[998].

Las injerencias de uno y otro Poder en su funcionamiento, por tanto, son frecuentes en el sistema presidencial venezolano. Por ejemplo, la nominación de funcionarios por parte del Presidente de la República no es ilimitada, pues en algunos nombramientos como el del Procurador General de la República o el de los Jefes de Misiones Diplomáticas permanentes deben realizarse previa autorización del Senado o de la Comisión Delegada[999]. Algunos actos del Poder Ejecutivo requieren también de la intervención del Congreso para que tengan validez: la aprobación del Congreso es necesaria para la celebración de contratos de interés nacional y para el otorgamiento de concesiones de hidrocarburos;[1000] y la autorización previa de las Cámaras en sesión conjunta o de la Comisión Delegada es necesaria para que el Presidente de la República pueda decretar créditos adicionales al Presupuesto[1001]. Asimismo, la autorización previa del Senado es necesaria para que el Ejecutivo pueda enajenar bienes inmuebles del dominio privado de la Nación[1002]; para el empleo de misiones militares venezolanas en el exterior o extranjeras en el país, a solicitud del propio Ejecutivo Nacional[1003] y para que el Presidente de la República pueda salir del territorio nacional[1004].

Por otra parte, en materia legislativa, las leyes, para que tengan validez, no sólo tienen que ser promulgadas por el Presidente de la República, una vez que han sido sancionadas por las Cámaras Legislativas, sino que puedan ser vetadas por aquél con la consecuente devolución al Congreso para su reconsideración[1005]. El Congreso, por su parte, ejerce el control de la Administración Pública Nacional[1006], y las Cámaras y sus Comisiones pueden realizar las investigaciones que juzguen convenientes, estando obligados los funcionarios de la administración pública y de los institutos autónomos, a comparecer ante ellas y a suministrarles las informaciones y documentos que requieran para el cumplimiento de sus funciones[1007].

Por último, debe destacarse que en el sistema presidencial venezolano, todos los actos del Presidente de la República, salvo los de nombramiento y remoción de los Ministros y los que cumpla como comandante en Jefe de las Fuerzas Armadas Nacionales en ejercicio de la Suprema autoridad jerárquica de ellas, deben estar refren-

---

998 Artículo 228 de la Constitución de 1961. Aún en Venezuela no se ha planteado la cuestión constitucional de la iniciativa presupuestaria del Parlamento, es decir, de si éste puede incluir partidas presupuestarias para gastos distintas a las previstas en el proyecto de Ley presentado por el Ejecutivo, o si su misión se reduce a disminuir o aumentar las partidas previstas en el Proyecto. De la redacción del artículo 228 de la Constitución, parece que la intención del constituyente, en cuanto al papel del Congreso en esta materia, es la última de las indicadas, no teniendo las Cámaras realmente iniciativa presupuestaria alguna.

999 Artículos 190, 16° y 150, 7° de la Constitución

1000 Artículo 126 de la Constitución

1001 Artículos 190, 14° de la Constitución

1002 Artículo 150, 2° de la Constitución

1003 Artículo 150, 4° de la Constitución

1004 Artículo 150, 6° y artículo 189 de la Constitución

1005 Artículo 173 de la Constitución

1006 Artículo 139 de la Constitución

1007 Artículo 160 de la Constitución

dados para su validez por el Ministro o los Ministros respectivos[1008], siendo éstos constitucionalmente responsables de sus actos, aun en el caso de que obren por orden expresa del Presidente[1009], al igual que el propio Presidente es responsable constitucionalmente de sus actos[1010]. Este, inclusive, puede ser enjuiciado, previa declaratoria de la Corte Suprema de Justicia y autorización del Senado, en cuyo caso quedaría suspendido en el ejercicio de sus funciones.[1011]

Ahora bien, del rápido bosquejo anterior de las bases constitucionales de la forma de gobierno venezolana se deduce que la misma se ubica dentro de las formas presidenciales, pero con una gran sujeción parlamentaria. Esta forma, resultado de una larga evolución constitucional que se ha acentuado sólo en los textos posteriores a 1947, sin embargo, es sólo a partir de 1958 y en particular después de la promulgación de la Constitución de 1961, que ha sido real y auténticamente ensayada. En este sentido, cualquier análisis de la forma de gobierno de Venezuela que se refiera a cualquier período de nuestra historia hasta 1958, no pasa de ser un análisis histórico y por supuesto muy alejado de la realidad actual. En este sentido, por ejemplo, el enfoque de Lambert, al aplicar a América Latina su criterio de régimen "predominantemente presidencial"[1012] no tiene total vigencia en Venezuela, pues como hemos dicho, nuestro sistema es presidencial con sujeción parlamentaria.

En efecto, en Venezuela los poderes del Presidente de la República no son ilimitados en su contenido, sino que además de existir una reserva legislativa amplísima del Congreso, en el ejercicio de sus propias atribuciones, tal como se ha señalado, el Presidente se ve sometido a innumerables autorizaciones o aprobaciones legislativas. Por otra parte, en Venezuela el Presidente no puede imponer a las Cámaras la sanción de las leyes que él desee, característica ésta del régimen de preponderancia presidencial[1013], sino al contrario, en los últimos años el Congreso ha rechazado con frecuencia leyes propuestas por el Poder Ejecutivo; y ha aprobado leyes no queridas por éste, inclusive, a pesar del veto del Presidente de la República[1014]. En un sistema como el venezolano actual, por tanto, no puede hablarse ni de preponderancia presidencial, ni de "presidencialismo" de acuerdo a la terminología latinoamericana tradicional, en el cual el Poder Legislativo es generalmente maleable a las orientaciones del Ejecutivo y raramente muestra una independencia efectiva[1015]. Al contrario, los últimos años han mostrado cómo buena parte de la legislación petrolera reciente, en particular la Ley sobre Bienes Afectos a Reversión en las Concesiones de Hidrocarburos de 1971 ha sido no sólo una iniciativa del Congreso, sino que fue discutida y aprobada sin criterio oficial definido de parte del Ejecutivo. Por tanto, la opinión

---

1008 Artículo 190, ordinal 2° y 3° y parte final de la Constitución

1009 Artículo 196 de la Constitución

1010 Artículo 192 de la Constitución

1011 Artículo 150, 8° de la Constitución

1012 *V.* Jacques Lambert, *op. cit.*, p. 253 y ss.; 320 y ss., y 359 y ss., y Federico Gil, *op. cit.*, p. 74. En sentido contrario, *v.* Pierre Gilnodes. "Venezuela: Trois Ans de Démocratie chretiene". *Notes et Etudes Documentaires* (La Documentation Francaise), números 3.935-3.936, 25 de octubre de 1972, pp. 13 y 14.

1013 *Cfr.* Jacques Lambert, *op. cit.*, p. 318

1014 Es de recordar el procedimiento de veto y la acción ante la Corte promovida por el Presidente de la República para impedir la sanción de la Ley Orgánica del Poder Judicial en 1970.

1015 Tal como lo sostiene Federico Gil, *op.cit.*, pp. 74 y 75

generalizada de que en los sistemas latinoamericanos los poderes del Presidente de la República no son limitados en cuanto a su extensión sino en cuanto al tiempo de duración de sus funciones[1016], no es en absoluto aplicable al sistema venezolano actual, así como a varios otros de los sistemas de gobierno de América Latina.

En este campo, como en muchos otros, estimamos que las generalizaciones frecuentemente expresadas sobre las instituciones políticas latinoamericanas, no sólo son peligrosas sino muchas veces erradas. En efecto, en cuanto al denominado sistema de preponderancia presidencial que se atribuye en general a América Latina, en realidad el mismo no es otra cosa que el resultado de la larga historia dictatorial y caudillista de nuestros países. Señalar, sin embargo, que el sistema venezolano de forma presidencial de gobierno es "presidencialista" o de "preponderancia presidencial" sin sujeción parlamentaria, por el hecho de que durante toda nuestra historia política anterior a 1958, con la sola excepción del período 1945-1948, el país estuvo sometido a dictaduras o autocracias es no sólo distorsionar la realidad actual, al desconocérsela, sino atribuir a situaciones, muchas veces de jacto carácter institucional permanente. Ciertamente que los sistemas de gobierno de las largas dictaduras y autocracias que tuvo Venezuela durante el siglo pasado y la primera mitad del presente eran de régimen presidencialista o de preponderancia presidencial; pero ello no ha sido así porque estuviese establecido en Constitución alguna, sino por la autoridad del dictador, del autócrata o del caudillo. Al contrario, establecido en Venezuela el régimen representativo a partir de 1958, ha quedado evidenciado cuán teórico es el calificativo de presidencialismo latinoamericano tan aplicado al país, y cuán alejada está la preponderancia presidencial sobre el Congreso. La realidad de quince años de ejercicio democrático en Venezuela hasta 1974, ha demostrado realmente otra cosa: que sin el respaldo o apoyo del Congreso es muy difícil gobernar. El sistema presidencial de gobierno, conforme al modelo norteamericano, ha adquirido ahora en Venezuela su real expresión: es un sistema de conflicto de poderes y no de cooperación de los poderes como puede serlo el sistema parlamentario. La deformación del régimen "presidencial" en el "presidencialista", atribuido a América Latina conforme a la experiencia venezolana, no era más que una deformación fáctica por la existencia de tantos dictadores y caudillos en ejercicio del gobierno en nuestra historia política, y en absoluto de carácter institucional.

En efecto, el sistema parlamentario, tal como se señaló, es un sistema de cooperación de los poderes en el ejercicio del gobierno en el sentido de que el gobierno emana del Parlamento, y para realizar su labor debe contar con la confianza del Parlamento. El sistema presidencial, al contrario, es de independencia y de conflicto de poderes, en el cual el sistema de freno y contrapeso entre los poderes adquiere toda su efectividad, ya que ambos poderes, el legislativo y el ejecutivo, reciben su mandato directamente del pueblo por la vía electoral. Pero en uno y otro sistema de gobierno, ¿cómo se asegura realmente la estabilidad de este último, es decir, cómo se logra la confianza del Parlamento, en el primer caso, y el respaldo del Congreso, en el segundo caso? En este campo, el papel del sistema electoral también es decisivo: si los sistemas de gobierno parlamentario o presidencial están acompañados de un sistema electoral mayoritario —es el caso de los sistemas británico y norteamerica-

---

1016 *V.*, por ejemplo J. Y. Calvez, *Aspects Politiques et Socieaux des pays en voie de developpement*. París, 1971, p. 69; Jacques Lambert, *op. cit.*, p. 22.

no— la estabilidad política está más asegurada que si estuvieran acompañados de un sistema electoral minoritario o de representación proporcional. La comparación de sistemas parlamentarios estables e inestables lo confirma: el sistema francés de la IV República posterior a la Liberación fue un sistema parlamentario inestable, pues el Gobierno no tenía asegurada una mayoría en la Asamblea, producto de la ausencia de un sistema electoral mayoritario; al contrario, el sistema parlamentario británico ha estado acompañado siempre de un sistema electoral mayoritario, lo que le permite al Gobierno tener un respaldo mayoritario del Parlamento y gozar de la confianza del mismo, hasta el punto de que si la misma se pierde, las elecciones generales que sucedan a la disolución del Parlamento vuelven a asegurar la mayoría del nuevo Gobierno.

Asimismo, la comparación de los sistemas presidenciales estables e inestables también confirma la influencia política del sistema electoral: el sistema presidencial norteamericano y el francés de la V República son sistemas políticos estables porque el sistema electoral asegura al Presidente de la República una mayoría en el Congreso o la Asamblea Nacional, que le permite conducir la vida política del país y reduce los conflictos entre los poderes; al contrario, los sistemas presidenciales latinoamericanos —cuando los mismos se han aplicado efectivamente en régimen representativo y no en dictaduras—, generalmente han sido sistemas políticos inestables, porque no han estado acompañados de un sistema electoral mayoritario, sino al contrario, de representación proporcional, que no sólo no asegura, en general, al Presidente de la República, un respaldo mayoritario en el Congreso, sino que aumenta la posibilidad de los conflictos de poderes. La excepción fundamental a esta generalización sobre América Latina la ha constituido el sistema presidencial mexicano, precisamente porque conforme al modelo norteamericano, dicho sistema presidencial se ha acompañado de un sistema electoral mayoritario que asegura un respaldo parlamentario adecuado al Presidente de la República.

Ahora bien, en un sistema presidencial como el establecido en la Constitución de 1961 en Venezuela, y que como se ha señalado, está acompañado de un sistema electoral minoritario que no asegura necesariamente mayoría de respaldo al Presidente de la República, no sólo los conflictos entre los poderes se acentúan, sino que el sistema de coaliciones de partidos se hace indispensable para poder gobernar. Tal fue la situación existente en la vida política venezolana en la década de los sesenta y hasta 1974.

A pesar del tantas veces comentado carácter ejecutivista o presidencialista del sistema presidencial venezolano, lo cierto es que sin un respaldo mayoritario del Congreso, el Presidente de la República no puede gobernar adecuadamente o su ejercicio se torna sumamente difícil[1017] por la necesidad de lograr mayorías mediante coaliciones o acuerdos parlamentarios de carácter temporal o permanente. El sistema, realmente, es un sistema presidencial de sujeción parlamentaria y el mismo se ha ensayado hasta la saciedad en América Latina, habiendo fracasado en la gran mayoría de los casos. Por su parte, los Presidentes y sus Gobiernos, en la mayoría de los casos, se han visto imposibilitados de llevar adelante la ejecución de los progra-

1017 *Cfr.* J. C. Rey, "El Sistema de Partidos Venezolanos", *Politeia*, número 1, Instituto de Estudios Políticos. Caracas, 1972, p. 225.

mas sometidos al electorado, tal como ha sucedido en Chile[1018], y se han debatido, como lo advierte Furtado respecto al Brasil, en una lucha permanente entre los líderes del Ejecutivo, sometidos a las presiones de las masas por sus promesas electorales, y el Congreso, que se convierte en el centro de poder de las clases dirigentes tradicionales[1019]. De esta lucha permanente, la historia política latinoamericana muestra como resultado la intermitente y cíclica irrupción militarista con sus impredecibles resultados: régimen militar del tipo clásico, como los de Brasil después de 1964 y de Argentina hasta 1973; régimen militar de corte fascista, como el de Chile a partir de 1973; o régimen militar de tipo nacionalista —nasserista—, como el del Perú después de 1968, donde los militares han hecho mucho más, en materia de reformas sociales y económicas, que lo que el régimen representativo presidencial-parlamentario que lo precedió, con sus partidos, pudieron haber soñado realizar[1020].

El reto en América Latina, y en Venezuela en particular, está entonces en la superación institucional de las fallas y debilidades del sistema presidencial de sujeción parlamentaria, el cual por los efectos del sistema electoral de representación proporcional no sólo ha demostrado su incapacidad para resolver adecuadamente las exigencias del desarrollo, sino que ha permitido la permeabilidad de las asambleas representativas a los grupos de intereses y de presión de toda índole.[1021] El caso de Venezuela hasta 1974, en este sentido, fue evidente; y si con motivo de la polarización político-electoral ocurrida en 1973, el Gobierno que se inició en 1974 tenía una sólida mayoría parlamentaria, ello se logró no por la reforma institucional que el sistema político requería, sino como un correctivo que el mismo electorado impuso a las debilidades del sistema.

En base a lo anterior, estimamos que se impone la superación de los conflictos permanentes entre el Congreso y el Presidente de la República, y en este sentido, la institucionalización del logro de una mayoría parlamentaria para el Gobierno como la que se produjo circunstancialmente en 1973, pues aquellos conflictos, aparentemente, a lo que conducen es a impedir que el Gobierno actúe[1022]. Frente a las exi-

1018 *V.* las referencias al caso chileno en F. Hermens, "Constitutionalism, Freedom and Reform in Latin America", en F. B. Pike (ed.), *Freedom and Reform in Latin America*, 1959, p. 107. Más recientemente, *v.* H. Zemelman and Patricio León, "Political Opposition to the Government of Allende" y H. E. Bicheno, "Anti-Parlamentary Themes in Chilean History: 1920-1970", en Kenneth Medhurst (ed.), *Allende's Chile*. London, 1973, pp. 73 y ss. y 97 y ss., respectivamente.

1019 *V.* C. Furtado, "'Political Obstacles to Economic Growth in Brazil", en Claudio Veliz (ed.), *Obstacles to Change in Latin America*. Oxford, 1965, p. 158.

1020 Por ello dicen Petras y La Porte, respecto del Perú, que muy poco o nada se oye en el pueblo concerniente a la ausencia de elecciones, Congreso o actividad de partidos y casi nadie, salvo los viejos políticos profesionales, están interesados en restaurar las instituciones políticas "representativas". *V.* J. E. Petras and R. La Porte, *Cultivating Revolution*. N. Y., 1971, p. 280.

1021 Tal como J. Lambert lo ha indicado "en países en los cuales las exigencias del desarrollo implican la adopción de decisiones que están llamadas a transformar la estructura social y a lesionar intereses y creencias de una parte importante de la población, se puede dudar que sea posible a un Gobierno de conducir una política eficaz, si la separación de poderes debiera ser respetada y si el Congreso tuviera la plena libertad de rechazar al Presidente la legislación que éste desea o de imponerle otra", *op. cit.*, p. 20.

1022 J. G. Andueza, al respecto y citando a J. Story señala que "la lucha contra la pobreza exige mucha energía. La dispersión del Poder o su debilitamiento puede originar un estancamiento peligroso. Un Poder Ejecutivo débil —dice Story— lleva consigo una administración débil, y una administración débil es una mala administración; luego, un Gobierno mal administrado, por bueno que parezca en teoría es siempre en la práctica un mal Gobierno", *loc. cit.*, p. 162.

gencias del desarrollo, es claro que un cuerpo deliberante conformado por diversos y algunas veces anárquicos grupos minoritarios, ni con la mayor y mejor buena voluntad puede actuar, y un Poder Ejecutivo que tiene en su frente un ente de esa naturaleza, con las manos atadas, se aburre de la inacción[1023].

En Venezuela, por tanto, los efectos negativos e inmovilizadores del sistema presidencial de sujeción parlamentaria deben ser superados, como única condición en el campo de las instituciones políticas, para que el país pueda realmente incorporarse al proceso de desarrollo, en una vía realmente democrática; y si bien pudiera pensarse que con motivo de las elecciones de 1973 dichos efectos han sido superados, como hemos ya señalado, ni la polarización política es un fenómeno necesariamente permanente ni puede decirse que después de 1973 ha surgido en Venezuela un sistema bipartidista. Lo que no hizo el Legislador, insistimos, lo suplió en forma momentánea el electorado, y toca por consiguiente a las instituciones políticas, autoreformarse e institucionalizar para el futuro el aseguramiento de que los gobiernos tendrán mayoría en el Congreso, es decir, podrán gobernar.

La superación institucional de los efectos negativos e inmovilizadores del sistema presidencial con sujeción parlamentaria originados por la conformación del gobierno mediante un sistema electoral minoritario (representación proporcional) y de un sistema multipartidista, en esta forma puede conducirse por dos vías distintas. Por una parte, mediante la transformación del sistema electoral de representación proporcional, y por tanto de carácter minoritario actualmente existente, que no asegura necesariamente al Gobierno un respaldo mayoritario en las Cámaras Legislativas, sobre lo cual ya hemos insistido en capítulos anteriores. Si bien hasta 1973 el sistema de coaliciones de partidos puede decirse que funcionó en Venezuela[1024], ello es cierto en cuanto a que se mantuvo y sobrevivió, pero no en cuanto a que dio los resultados que los gobiernos habían querido ni en cuanto a que sirvió para que se adoptaran las audaces decisiones que estaba requiriendo el proceso de desarrollo en Venezuela. Ciertamente, que dicho sistema de coaliciones de partidos, producto del sistema electoral minoritario, configuró el establecimiento de unas reglas de juego por los partidos políticos más importantes; pero de la mesa de juego, en términos generales, quedó excluida la mayoría de la población del país: la mayoría marginal y pobre[1025]. En todo caso, la transformación del sistema electoral en un sistema mayoritario en el cual se atenúen los efectos negativos de la representación proporcional, acompañado de las reformas necesarias para lograr una efectiva participación política, sobre todo en el ámbito regional y municipal , aseguraría no sólo la formación permanente de gobiernos de mayorías, sino un respaldo mayoritario en el Congreso al Poder Ejecutivo, para poder llevar adelante una política de desarrollo económico y social. Un sistema presidencial, en esta forma, por la mayoría parlamentaria que

1023 *V.* Allan-R. Brewer-Carías, *Una Revolución para el Desarrollo*. Caracas, 1970, p. 31.

1024 *Cfr.* D. H. Levine, *Conflict and Political Change in Venezuela*. Princeton, 1973, pp. 223 y 259; J. C. Rey, *loc. cit.*, pp. 225 y 229.

1025 Si bien la mesa de juego estaba llena de jugadores (partidos políticos, grupos de presión) para utilizar la expresión de Lodge, casi el 80% del pueblo no tenía puesto donde sentarse y su acceso al juego no sólo era difícil, sino muchas veces imposible. *V.* G. Lodge, *Engines of Change*. N.Y., 1970, pp. 77 y 78. Por supuesto que a partir de 1974, con un Gobierno con mayoría en el Congreso, el reto está en lograr que la gran mayoría del país pueda sentarse en la mesa de juego, y en que las reformas sociales y económicas urgentes que el país necesita, puedan realizarse.

respaldaría al Presidente, como fue el que se originó en las elecciones de 1973, no se caracterizaría por originar un conflicto entre los poderes del Estado, sino que provocaría una colaboración efectiva entre ellos, adquiriendo en esa forma, plena vigencia el mandato constitucional venezolano: "cada una de las ramas del Poder Público tiene sus funciones propias; pero los órganos a los que incumbe su ejercicio colaborarán entre sí en la realización de los fines del Estado".[1026] Esta colaboración, insistimos, sólo será posible en forma estable y permanente cuando el sistema político venezolano disponga de formas de colaboración entre sus instituciones, y al contrario, será sumamente difícil o de conformación circunstancial —como en las elecciones de 1973—, con instituciones políticas, que en lugar de buscar la indispensable colaboración entre sí, para la consecución de los fines de desarrollo de la sociedad venezolana, parecerían conformadas para estar en una posición de conflicto casi permanente. Por tanto, una de las fórmulas para atenuar dichos conflictos en el sistema presidencial de sujeción parlamentaria, es asegurándole al Presidente de la República una mayoría en el Parlamento, lo cual sólo puede lograrse mediante un sistema electoral mayoritario o de efectos minoritarios atenuados y, al contrario, de muy difícil logro con un sistema de representación proporcional absoluto[1027] .

Pero los inconvenientes derivados de un sistema presidencial con sujeción parlamentaria, y que pueden conducir al inmovilismo del Poder Ejecutivo, también pueden ser superados, ampliando el ámbito de competencias del Poder Ejecutivo por la limitación de las competencias reguladoras del Parlamento, y la adopción, por dicha institución, de leyes de bases, enmarcadoras o contentivas de principios generales, y la ampliación consecuente de las potestades reglamentarias o de legislación delegada del Ejecutivo [1028].

En este sentido puede decirse que en los últimos años ha constituido una tendencia universal, el refuerzo de facultades al Poder Ejecutivo en los países del mundo desarrollado[1029] , por supuesto, con su contrapartida de controles jurisdiccionales y de sumisión a la legalidad[1030]; y dicha tendencia aparece como cada vez más necesaria cuando las sociedades tienen por delante el complejo camino de su incorporación a un proceso de desarrollo, por el tipo de medidas, muchas veces ágiles y audaces, que el Estado debe asumir para satisfacer las expectativas de los pueblos[1031]. Frente

---

1026 Artículo 118.

1027 En este sentido, J. G. Andueza ha observado que en Venezuela la Constitución no ha previsto mecanismos que solventen "los conflictos que pueden suscitarse entre el Ejecutivo Nacional y el Congreso en la determinación de la política nacional. Ante la negativa del Congreso a aprobar la legislación necesaria para poner en marcha el programa de gobierno, o ante la rebeldía del Congreso a respaldar al Ejecutivo Nacional, el Presidente de la República carece de poderes. Tal vez la facultad de disolver las Cámaras en estos casos podría ser un remedio útil", *loc. cit.*, p. 164.

1028 Recuérdese que la superación de la inestabilidad política institucionalizada de la IV República Francesa, no solo fue posible por el establecimiento de una forma presidencial de gobierno con un sistema electoral mayoritario en 1958, sino mediantes la ampliación del poder reglamentario del Presidente de la República y la delimitación de la reserva legal de la Asamblea Nacional.

1029 *Cfr.* en particular, Paul M. Gaudemet, *Le Pouvoir Executif dans les Pays Occidentaux,* París, 1968, p. 110.

1030 *Cfr.* Guy Braibant, Nicole Questiau, Celine Weiner, Le Contróle de Administration et la Protection des Citoyens (Etude Comparative). París, 1973.

1031 En 1968, al sugerir una serie de propuestas en relación a la Reforma del Estado, señalábamos lo siguiente: "La reestructuración de estos niveles superiores de la administración, pretende fundamentalmente, la

a esta tendencia, es evidente que los países en vías de desarrollo quizá son los que más requieren de este refuerzo de los poderes del Ejecutivo, claro está, dentro de un régimen democrático, precisamente para que la democracia sea efectiva. Frente a esta situación, aquellas reacciones contra los gobiernos dictatoriales que llevaron a muchos de nuestros Constituyentes a limitar cada vez más los poderes del Ejecutivo y a ampliar los del Poder Legislativo, si bien tuvieron una justificación histórica, en el momento actual no pueden defenderse, sobre todo por la creciente intervención del Estado en la vida económica y social. Los controles a las actividades ampliadas del Ejecutivo, por supuesto que deben reforzarse, particularmente el control jurisdiccional por el Poder Judicial y el control político por el Parlamento, pero lo que no puede admitirse es la tendencia observada del Poder Legislativo a sustituirse en el Ejecutivo y asumir funciones que no le corresponden o que cercenan aquéllas que incumben al Gobierno. Es decir, que en lugar de seguir la tendencia universal de ampliar y reforzar los poderes del Ejecutivo, el sistema político venezolano parece partir del supuesto de que el Parlamento, por esencia, debe desconfiar del Poder Ejecutivo, y sucesivamente le ha ido invadiendo competencias. Ante esto, lo que definitivamente hay que tener en cuenta es que el Parlamento no puede ni debe gobernar en el mundo contemporáneo, tal como se evidencia de otras experiencias democráticas. Pretender seguir la orientación contraria y vivir ilusamente en una especie de República parlamentaria, no es más que un sueño del cual el despertar sólo puede ser brusco.

En efecto, en Venezuela, lamentablemente, en los últimos años, además de la existencia de un sistema presidencial con sujeción parlamentaria y de un sistema electoral minoritario, la invasión de competencias ejecutivas por parte del Congreso ha venido siendo progresiva, sobre todo en cuanto al manejo de la administración pública, campo por esencia de la exclusiva competencia del Poder Ejecutivo. En efecto, por ejemplo, la Constitución asigna al Presidente de la República el carácter de Jefe del Ejecutivo Nacional[1032], y como tal, a él corresponde ejercer la dirección de la administración pública. Todo lo concerniente al funcionamiento de ella —no así su legislación que corresponde al Congreso— evidentemente que es de la exclusiva competencia del Poder Ejecutivo bajo la autoridad y dirección del Presidente, y por supuesto, en ello se incluye todo lo relativo a la administración de personal al servicio del Estado[1033]. Para auxiliar al Presidente en todo lo relativo a la adminis-

reafirmación de la primacía del Ejecutivo frente a las otras instituciones políticas, mediante la atribución de poderes y mecanismos que aquél requiere para ejercer eficazmente su tarea en el Gobierne y administración modernamente concebidas. Tiende asimismo dicha reestructuración a precisar los mecanismos de control del Parlamento. En todo caso, la reafirmación del fortalecimiento del Ejecutivo, en esta forma, es condición indispensable para llevar adelante una política de desarrollo, que requiere decisiones firmes, ágiles, definidas, y muchas veces audaces". *V.* Una Revolución para el desarrollo, *cit.*, p. 36.

1032 Artículo 181.

1033 En efecto, dejando a un lado los funcionarios públicos de elección popular, todos los demás funcionarios públicos del Poder Ejecutivo, son designados por el Presidente de la República (artículo 190, Ord. 2°), sin intervención del Poder Legislativo, salvo las excepciones especialmente previstas en la Constitución cuando exige la intervención de alguna de las Cámaras Legislativas (Procurador General de la República y jefes de Misiones Diplomáticas: artículos 150, 7; 190, 6; y 201) o en los casos de organismos con autonomía funcional (Fiscalía General de la República, Contraloría General de la República, Consejo Supremo Electoral, Institutos Autónomos: artículos 113, 218, 2:30 y 236). Fuera de estos supuestos, no puede- el Congreso intervenir en forma alguna en el nombramiento de funcionarios públicos.

tración del personal al servicio del Estado, la Ley de Carrera Administrativa de 1970 ha previsto la creación de una Oficina Central de Personal, como una de las Oficinas de la Presidencia de la República. Dadas las funciones y el carácter de la misma, parecería evidente que el nombramiento de los funcionarios que han de actuar en la Dirección de esta Oficina Central de Personal, correspondería al Presidente; sin embargo, la Ley de Carrera Administrativa establece el contrasentido institucional, de que uno de los miembros del directorio de la Oficina es "elegido por las Cámaras Legislativas Nacionales en sesión conjunta"[1034] en forma directa; norma evidentemente inconstitucional, por usurpación de funciones por el Poder Legislativo de las que corresponden al Poder Ejecutivo[1035]. Esta tendencia, peligrosamente consagrada en el texto legal relativo a la Carrera Administrativa, ya había sido observada a nivel local, y en particular en los casos en que el Concejo Municipal del Distrito Federal se ha atribuido a sí mismo, mediante Ordenanzas, competencias ejecutivas que corresponden al órgano ejecutivo local, el Gobernador del Distrito Federal; tendencia que ha provocado la intervención del Poder Judicial con motivo de algunas acciones de nulidad de actos legislativos locales, declarando nulas usurpaciones similares[1036].

Pero no sólo en materia de funcionarios públicos la acción del Congreso ha sido en perjuicio y usurpando funciones ejecutivas, sino que más general e importante, en materia de organización de la administración pública, el Congreso ha ido reduciendo progresivamente la competencia del Poder Ejecutivo. En efecto, de acuerdo a la competencia legislativa del Congreso, la organización de la administración pública es una actividad de regulación compartida entre el Poder Legislativo y el Poder Ejecutivo. La Constitución exige que la Ley establezca el número y organización de los Ministerios[1037], y que por tanto, delimite la competencia reglamentaria del Poder Ejecutivo. En esta forma, el Estatuto Orgánico de Ministerios de 1950 determinó sólo el número y competencia de los Ministerios, atribuyendo a la potestad reglamentaria del Ejecutivo todo lo relativo a la organización interna de los mismos, y fue en virtud de ello que se dictaron los viejos reglamentos de la Ley de Ministerios así como el reciente Reglamento del Estatuto Orgánico de Ministerios de 1971[1038]. Este último Reglamento, sin embargo, fue desconocido por el Congreso en 1971 y 1972, así como también los Decretos relativos a la organización interna del Ministerio de Obras Públicas y del Ministerio de Minas e Hidrocarburos dictados en 1971 y 1972[1039]. El Congreso insistió en que todo lo relativo a la organización interna de los Ministerios era de la competencia legislativa, desconociendo la competencia ejecutiva; hasta el punto de que después de dictada, en 1971, la Ley sobre los bienes afectos a reversión en las concesiones de hidrocarburos, el Congreso desconoció el Decreto Ejecutivo de 1971 que creaba, como órgano administrativo para cumplir dicha

1034 Artículo 8.

1035 *V.* nuestra opinión a dicha norma cuando la Ley todavía era Proyecto en Allan R. Brewer Carías, *El Estatuto del Funcionario Público en la Ley de Carrera Administrativa,* CAP, Caracas 1971, p. 182.

1036 *V.* un recuento de esta tendencia en Allan R. Brewer-Carías, *El Régimen de Gobierno Municipal en el Distrito Federal Venezolano,* Caracas, 1968.

1037 Artículo 193 de la Constitución de 1961.

1038 *V.* el texto en CAP, Informe sobre la Reforma de la Administración Pública Nacional, Caracas, 1972, Vol. I, pp. 585 y ss. y los comentarios en pp. 567 y ss.

1039 *Idem.*, pp. 599 y ss. 530 y ss.

Ley, a la Dirección de Coordinación, Inspección y Control de los Bienes Afectos a Reversión del Ministerio de Minas e Hidrocarburos, y dictó, con el mismo texto de dicho Decreto, una "Ley de creación de la Dirección de Coordinación, Inspección y Control de los Bienes Afectos a Reversión". En esta forma, el Congreso desconoció toda competencia del Poder Ejecutivo en materia de organización interna de los Ministerios, hasta el punto de que de acuerdo con el criterio seguido en la sanción de la última ley señalada, la creación de cualquier oficina, dirección o unidad administrativa en cualquier Ministerio, cualquiera que sea su magnitud y funciones, debía ser objeto de una Ley. Ello por supuesto, no sólo es absurdo, sino imposible de cumplir.

En esta forma aparece como evidente la tendencia en el sistema político venezolano, no de una ampliación de los poderes del Poder Ejecutivo con su contrapartida de controles políticos y jurisdiccionales, tal como es la tendencia universal, sino todo lo contrario, la limitación progresiva de dichos poderes y la tendencia del Congreso, no a controlar al Ejecutivo, sino a coadministrar, contra todo sentido común, y por supuesto contra lo establecido en el propio texto constitucional. El sistema presidencial entonces, no sólo no contaba antes de 1973 con un respaldo mayoritario en las Cámaras, sino que además la sujeción parlamentaria era progresiva e incoherente, pues eran tantas las tendencias de la oposición por la atomización de las fuerzas políticas en el Parlamento, que muchas de las limitaciones al Ejecutivo fueron producto de exigencias de grupos inframinoritarios, como contrapartida a los votos dados para determinados asuntos.

Esta debilidad institucional del Poder Ejecutivo en Venezuela, por la sujeción parlamentaria, tal como hemos señalado, estuvo agravada por la ausencia de un respaldo mayoritario en las Cámaras Legislativas; situación que —corregida momentáneamente en 1973- aparece clara de los cuadros de distribución de fuerzas en la Cámara de Diputados entre el Gobierno y la oposición, durante el período 1959-1973, y que se resumen en el que sigue:

RESPALDO DEL GOBIERNO EN LA CÁMARA DE DIPUTADOS
(Años: 1959-1973)

	1959	1960	1962	1964	1966	1968	1969	1972	1973	1974
Gobierno:	94%	56%	41%	65%	53%	37%	28%	29%	28%	51%
Oposición:	6%	44%	59%	35%	47%	63%	72%	71%	72%	49%

En 1959, la coalición gubernamental de partidos tenía el 94% de los votos de la Cámara de Diputados, porcentaje que con las divisiones de Acción Democrática y la separación de la coalición de Gobierno del Partido URD, se redujo al 41% al final del período constitucional. En el período iniciado en 1964, la coalición gubernamental de partidos tenía un porcentaje considerablemente menor a la de la coalición que inició el período anterior 1958-1963, es decir, del 65% de los votos de la Cámara de Diputados; porcentaje que se redujo al 37% al final del período, después de la separación del FND de la coalición de gobierno y de una nueva división de AD. En 1969 al iniciar el período constitucional 1969-1973, el Gobierno tenía el respaldo del Partido COPEI y de algunos grupos con los cuales tuvo alianza electoral (29 %), y quienes hacia finales del período constitucional en 1973 habían roto sus ligaduras con el Gobierno, participando en las elecciones de 1973, la mayoría de ellos, con grupos no vinculados a COPEI.

Por ello, el porcentaje propio de respaldo que el Gobierno tenía en 1973 era sólo de un 18 % de la Cámara de Diputados. Se puede comprender los esfuerzos de compromisos, pactos y coincidencias que el partido COPEI tuvo que desplegar durante el período constitucional 1969-1973 para poder mantener el Gobierno[1040] lo que se vio agravado, por la inexistencia en Venezuela de medios de participación política que pudieran permitir al Gobierno en un momento dado, apelar al voto popular o al respaldo del país, mediante un referéndum en relación a una determinada decisión política. Al contrario, con el sistema minoritario vigente, el pueblo, una vez realizadas las elecciones cada cinco años, materialmente no ha contado[1041], realizando los partidos minoritarios y grupos de presión el juego político, muchas veces a espaldas o contra los intereses del pueblo.

Por otra parte, así como el sistema electoral impidió —en ausencia de polarización— la formación de una mayoría parlamentaria que respaldara al Gobierno e hiciera funcionar el sistema presidencial, también impidió la formación de un bloque de oposición coherente y que presentara ante la opinión una alternativa seria de Gobierno. Por ello, a pesar del alto porcentaje en la Cámara de Diputados hasta 1973, en el sentido de miembros de partidos que no participaban en el Gobierno, dicha oposición estuvo muy lejos de ser una oposición seria y coherente, y en ningún caso llegó a configurarse como una alternativa de Gobierno. Al contrario, estuvo configurada por multitud de grupos y partidos inframinoritarios, así como por algunos partidos menos minoritarios, pero que no llegaron a ejercer un liderazgo real frente a los variados grupos y fracciones. Además, la posición de muchos de los grupos interesados en la oposición fue esencialmente maleable, y la alineación en la votación de la Cámara puso normalmente de manifiesto, una variabilidad sorprendente, producto de la ausencia de planteamientos ideológicos en los debates y de la práctica permanente de la negociación y el compromiso como forma de gestión parlamentaria.[1042]

1040 En este sentido, el propio Presidente Caldera reconocía en 1973 los peligros para el sistema democrático que implicó este respaldo minoritario. En base a ello, la tesis de "mayoría en el Congreso" que toda la campaña electoral del partido COPEI para las elecciones de 1973. Por ejemplo, al comentar el pacto COPEI-FDP en la pagina: "COPEI dice" (El Nacional, del 3 de junio de 1973, p. D-5), se lee lo siguiente "Este apoyo del FDP a Lorenzo Fernández tiene además otra consecuencia que debemos destacar: el darle al próximo Presidente de la República una mayoría parlamentaria holgada –de la que ha carecido el Presidente Caldera-, que permita al Gobierno poner en marcha sus planes de progreso económico y social sin tener que padecer el obstruccionismo que como arma repudiable de Oposición colocan ciertos partidos en el poder Legislativo. Lorenzo Fernández tendrá en el Congreso una mayoría suficiente que refleje los intereses y los programas de la nación". El mensaje evidentemente que fue recogido por el electorado y la polarización político-electoral, dio al candidato del del Partido AD, la mayoría en el Congreso.

1041 En este sentido H. Jaguaribe sostiene en relación al Brasil, que los electores como regla general, no han sentido real participación en los partidos, y fuera de las elecciones, las relaciones entre electores y partidos prácticamente han cesado de existir. *V.* H. Jaguaribe, "Political Strategies of National Development in Brazü", en I. L. Horowicz, J. de Castro and J. Gerassi (ed.), *Latin American Radicalism*. London, 1969, p. 421. *V.* D. A. Rangel, *Los Mercaderes del Voto*. Valencia, 1973, pp. 56 y ss.

1042 A pesar de todas esas fallas, sin embargo, el Congreso siguió siendo una de las instituciones más defendidas en el ámbito político tanto por los partidos del Gobierno como por los de la oposición. La razón estriba, tal como lo observa D. A. Rangel, en que el Congreso es la garantía para todos los partidos del sostenimiento de sus burocracias, a través del reparto de los cargos administrativos en el Congreso, pues

SECCIÓN TERCERA: LA TRANSFORMACIÓN DE LAS INSTITUCIONES ADMINISTRATIVAS

CAPITULO 13. LOS FINES DEL ESTADO EN EL ORDENAMIENTO CONSTITUCIONAL

Así como todo proceso de desarrollo exige la configuración de instituciones políticas que den origen a gobiernos que puedan gobernar, asimismo los gobiernos requieren de instrumentos administrativos que les permitan hacer realidad las políticas de desarrollo. En efecto, de los capítulos anteriores puede sacarse como conclusión que la incorporación de nuestros países al proceso de desarrollo, que implica, como se ha dicho, que el Estado asuma un papel decisivo en la conducción del mismo, requiere de la construcción de instituciones políticas adecuadas a dicho papel, y que por tanto le permitan al gobierno no sólo ser realmente el reflejo de las aspiraciones mayoritarias del país, sino ejecutar las políticas de desarrollo en beneficio de las mayorías nacionales. Para ello, no sólo es necesario que el sistema electoral permita, en forma permanente y no circunstancial, la formación de gobiernos de mayorías y que el sistema de partidos permita efectivamente la formación democrática de las corrientes de opinión que dirijan la política nacional, sino que el propio gobierno, una vez conformado, pueda efectivamente dirigir al país mediante una adecuada relación entre los poderes del Estado.

Pero, evidentemente, la existencia de instituciones políticas acordes con las exigencias del país, de su desarrollo y capaz de colmar las aspiraciones de las mayorías de la sociedad no es suficiente para garantizar la marcha hacia el desarrollo. El Gobierno, para ejecutar sus políticas, requiere de instrumentos, y entre ellos con carácter primordial, se encuentra la Administración Pública.

Pero, ciertamente, parecería un contrasentido hablar de la necesidad de la Administración Pública como instrumento de desarrollo, cuando generalmente la visión que se tiene de ella, es una visión confusa, entre una burocracia floja e incapaz, unos procedimientos engorrosos y complicados que sólo algunos iluminados conocen, y unas instancias prepotentes y arrogantes que minimizan al ciudadano. La administración pública como conjunto, aparece ante la opinión pública, por tanto, como un mal del cual sin embargo, no se tiene la seguridad de que sea necesario. ¿No es común y normal oír y leer las críticas simplistas sobre la inutilidad de la administración pública, y la necesidad de eliminar o reducir la burocracia y su politización? No hay que olvidar que hasta hace pocos años y aun todavía, el empleo administrativo era considerado entre nosotros como un empleo vil, destinado a los incapaces de conseguir trabajo fuera del ámbito del presupuesto nacional o a los que viven de su vinculación partidista. Por otra parte, tampoco hay que olvidar que la estructura administrativa, como instrumento y al fin y al cabo de resguardo de los intereses

---

ningún partido podría operar en Venezuela, si sus dirigentes o activistas no fueran pagados por el Tesoro Nacional a través de los sueldos y dietas a senadores y diputados, *op. cit.*, pp. 56 y ss.

generales, al afectar, en múltiples oportunidades, intereses particulares económicos o de la otra naturaleza, ha sido blanco de muchas veces injustas críticas.

Pero en todo caso, lo que aparece como cierto de la percepción común que el ciudadano tiene de la administración, es que no es absolutamente necesaria. ¿Cuántas veces la comparación con la eficiencia de la empresa privada no conlleva una actitud de rechazo de la administración pública? Y sin embargo, la realidad es totalmente otra: no sólo la administración pública es necesaria para manejar un país en vías de desarrollo como el nuestro, sino que es indispensable para que podamos incorporarnos a dicho proceso. El problema en todo caso, está en determinar cuál administración pública es la que sirve y cuál es la que no sirve, no a los intereses particulares de cada quien, algunas veces claros y otras obscuros, sino a los intereses colectivos de las mayorías, que en definitiva constituyen el país, a pesar de muchos.

Hoy por hoy no se discute ya, sino por algunos raros neoliberales, el papel primordial del Estado en el proceso de desarrollo. No se discutió en los países hoy altamente industrializados, en su época, ni se discute ahora. Por ello, sólo para sembrar confusión es que todavía puede hablarse de una supuesta filosofía o actitud de "libre empresa" frente y contra el intervencionismo del Estado. La "libre empresa" pura, como extremo, no existe en ninguna parte del mundo, y mal puede, como algunos empresarios han aducido como una gran novedad, implantarse o denunciarse como lesionada en Venezuela. Si el mundo contemporáneo, desarrollado o no desarrollado, en el ámbito occidental vive hoy todavía bajo el signo del Estado de Bienestar (Welfare State), es evidente que dicho esquema, muy lejos del libre- empresarismo hoy proclamado, debe ser aun más acentuado en el futuro, y con mayor énfasis, en los países en vías de desarrollo. En éstos, como ya hemos señalado anteriormente, no podrá darse de nuevo el esquema histórico de un proceso de desarrollo espontáneo, llevado a cabo por empresarios privados, como fue el caso de muchos de los actuales países altamente industrializados de occidente, en los cuales el Estado se contentaba con la actitud pasiva del guardián del orden público y de los intereses y derechos particulares. Ese esquema quedó en la historia. Hoy, en los países en vías de desarrollo, el papel del Estado es esencial y determinante: con su participación puede haber desarrollo; sin ella, éste es imposible; y por supuesto, desarrollo, aquí, no es desarrollismo como este término se ha empleado, malformado, con fines electoreros en los últimos tiempos en Venezuela, es decir, desarrollo no es sólo crecimiento económico, primordialmente en sus estructuras privadas, sino que al contrario, desarrollo es cambio y no sólo en las estructuras económicas, sino particularmente en las sociales. Este cambio y transformación que el desarrollo conlleva e implica, tal como lo hemos insistido, sólo puede lograrse en nuestros países, cuando la organización política de la sociedad, el Estado, es el ente activo y actor principal en el proceso.

Pero ¿qué necesita el Estado para asumir el reto del desarrollo? Ante todo, instrumentos que ayuden al movimiento en la historia. Sin palancas, o con palancas deficientes —es un principio de física— el movimiento es imposible o es muy lento. Esos instrumentos o palancas son las instituciones políticas, jurídicas y administrativas de la sociedad. El problema instrumental del desarrollo, de carácter esencialmente estratégico, no se agota por tanto en la sola búsqueda de las estructuras y sistemas administrativos adecuados —la administración pública no es sólo el único instrumento— sino que son también palancas esenciales del desarrollo como se ha dicho, las instituciones políticas y las instituciones jurídicas [1043].

Pero concentrándonos ahora al análisis de la problemática administrativa, estimamos que no hay duda en afirmar que la administración pública es el instrumento activo por excelencia con que cuenta el Estado y a través de él, la sociedad, para formular y ejecutar sus políticas de desarrollo. Administración y política, por tanto, están esencialmente unidas, y los criterios desideologizadores y tecnocráticos que pretenden ver a la administración pública como una entidad neutra políticamente, hoy por hoy no tienen aplicación. Pretender que una administración pública no siga los lineamientos políticos del gobierno de turno, esencialmente es la negación del Estado y del actuar administrativo: lo que evidentemente hay que lograr, no es despolitizar la Administración, sino lograr que los gobiernos sean realmente representativos de las mayorías nacionales, y eliminar el sistema de gobiernos de minorías a que nos ha condenado en Venezuela, hasta 1974, el sistema electoral minoritario.

Pero siendo la administración pública el instrumento por excelencia de una política de desarrollo, la pregunta clave a formularse, se refiere a la capacidad de ella para servir como tal. En Venezuela, con nuestra situación actual, el problema del desarrollo no ha sido como en otros países, un problema de recursos sino un problema de incapacidad administrativa para administrar esos recursos; y cuando hablamos de administrar los recursos no se trata simplemente de "administrar" en sentido de eficacia (máximo rendimiento o productividad en la utilización de los recursos) sino fundamentalmente de efectividad; donde el fin u objetivo para el cual se aplican los recursos cuenta en primer lugar. Por ejemplo, al analizar la inversión pública en infraestructura militar y en obras públicas civiles de los años de la dictadura de Pérez Jiménez y de los gobiernos democráticos posteriores a 1958, podríamos quizás concluir que su aplicación ha sido eficaz[1044], pero evidentemente que no

1043 En este sentido, Arturo Uslar Pietri ha señalado con razón que "sin temor a exagerar se puede afirmar que Venezuela ha sido y será lo que su administración le permita". Esta afirmación sin embargo, para apreciarla en todo su valor debe ampliarse al ámbito institucional: Venezuela es hoy lo que sus instituciones políticas, jurídicas y administrativas le han permitido ser, y será en los años venideros, lo que las instituciones que construyamos le permitan ser. *V.* la referencia en Allan-R Brewer-Carías, "Administración Pública para el Siglo XXI", *El Nacional* (Edición Aniversario). Caracas, 3 de agosto de 1973, p. II-II-6.

1044 Para no referirnos ahora al despilfarro, que ha sido enorme, y al enriquecimiento ilícito lamentablemente no inexistente. La corrupción administrativa es una de las piezas esenciales del calificativo de "Estado blando" (Soft State) que Myrdal le da a los Estados en los países subdesarrollados. *V.* Gunnar Myrdal, *The Challenge of World Poverty. A World Anti-Poverty Programme in Outline*, 1970, pp. 229 y ss. Es de destacar, por ejemplo, que en 1974, hasta la Iglesia, en una toma de posición política sobre la situación económica y social del país, señalaba que "el aumento de la riqueza del Estado agudiza la tentación del peculado en sus diversas formas: sustracción de los dineros públicos, cobro de comisiones —muy en boga desde hace tiempo—, acaparamiento de empleos por una misma persona, desatención de los servicios establecidos en beneficio de la comunidad, deterioro voluntario de los bienes públicos o descuido en su conservación". *V.* Declaración del Episcopado Venezolano sobre la Situación Social del país, en *El Universal*. Caracas, 18 de enero de 1974, p. 1-11. Con razón, en todo caso, el ex-Ministro de Sanidad, Arnoldo Gabaldón, señala que "el precio que debemos pagar por la democracia no debe ser la tolerancia de incursiones dolorosas por el tesoro público... Nuestra democracia habrá de fomentar la honestidad administrativa o perecerá. No existe otra alternativa", Mensaje al Nuevo Presidente", *El Nacional*. Caracas, 19 de diciembre de 1973, p. A-4.

ha sido efectiva, en cuanto a que esa actividad ha distraído recursos que eran necesarios e indispensables en otras áreas sociales[1045].

Pero plantearse la incapacidad administrativa para administrar recursos cuantiosos exige ante todo, una aclaratoria teleológica fundamental: no se trata de "administrar" pura y simplemente, sino de administrar para algo, para alcanzar unos objetivos. Administración en este sentido no es un concepto universal y absoluto, cuyo contenido vale por igual para la administración pública y la administración (privada) comercial, como algunos teóricos de esta última, con regularidad cíclica quieren hacer ver. La diferencia fundamental entre ellas que incide en su esencia, está en los objetivos. En el campo público, esos objetivos están en el proceso de desarrollo y la guía fundamental de la actividad ha de ser la "política de desarrollo" que se defina. ¡Pero qué grave situación al constatar que la incapacidad administrativa nos ha llevado inclusive a la imposibilidad o absoluta dificultad de definir dicha política! La maquinaria administrativa se ha movido, entonces, porque ha habido demasiados recursos —energía— para moverla, pero no porque sus partes estén engrasadas y ajustadas, ni porque se sepa bien qué se quiere lograr con el movimiento. Por ello, sin temor a exagerar puede afirmarse que ni el desarrollo industrial que se quiere, ni el desarrollo social que se requiere, ni la protección del medio ambiente que se necesita, para citar sólo algunos ejemplos, podrán lograrse, si no construimos unos instrumentos administrativos capaces de permitir a la sociedad venezolana alcanzar los objetivos deseados o planificados. Estos no se han logrado hasta ahora, no porque no hayan sido queridos, sino básicamente porque no se han podido, Venezuela es hoy, repetimos, lo que su administración pública le ha permitido ser, y será definitivamente, lo que la administración pública le permita[1046]. Pero, entonces ¿cuál es la realidad actual de la administración pública en Venezuela, donde los medios administrativos no responden a los objetivos del desarrollo? La respuesta a esta pregunta la intentaremos dar en los capítulos siguientes, estudiando sucesivamente la problemática administrativa en la organización y estructuras de la administración pública nacional, central o descentralizada, y en la administración regional y municipal, y la situación de los sistemas destinados a la formulación y ejecución de las políticas de desarrollo, para luego precisar el sentido de una reforma administrativa para el desarrollo. Antes, sin embargo, intentaremos definir los fines del Estado en Venezuela, pues consideramos que toda apreciación relativa a la situación de la administración pública en un momento dado de la historia de un país, y a su adecuación o no a los objetivos de desarrollo económico y social que tiene planteado, evidentemente que exige en primer Jugar, un esfuerzo de identificación de esos objetivos de desarrollo los cuales, desde el ángulo institucional, configurarán los fines del Estado.

En efecto, la pregunta relativa a cuál desarrollo es el que se persigue, es indispensable contestarla previamente para determinar cuál Estado es necesario y cuál administración pública es indispensable estructurar. Hemos definido anteriormente en términos generales, una opción por un modelo de desarrollo a través de la estruc-

---

1045 Una correcta administración en estos campos, fundamentalmente tendría que exigir la proscripción de la política de construcciones faraónicas que ha caracterizado las obras públicas y que ha provocado inclusive que se hable de la "industria" de la construcción hasta como actividad económica exportable, tal como fue el criterio expresado por el Ministro de Obras Públicas, en 1973

1046 Sobre lo anterior, *v.* Allan R. Brewer-Carías, "Administración Pública para el Siglo XXI", *loc.cit.* pp. III-6 y ss.

turación de un Estado Democrático y Social de Derecho. La administración pública que debe servirle de instrumento a ese Estado dependerá de la precisión de sus fines en un tiempo y espacio determinado —Venezuela, último tercio del siglo XX—, lo que intentaremos identificar en las líneas que siguen.

En efecto, ante todo es necesario tener en cuenta que los Estados latinoamericanos contemporáneos son el resultado de una larga evolución, por lo que, en los mismos, sus fines han ido surgiendo a medida que se han sucedido diversas etapas del Estado Moderno: por ejemplo, funciones de policía y orden interior, propias del Estado Absoluto y del Estado Liberal-abstencionista; funciones de regulación y de fomento propias del Estado Liberal-Burgués de Derecho; funciones de prestación de servicios públicos propias de la transición del Estado Liberal al Estado Social de Derecho ; y funciones de promoción social, planificadores, empresariales e interventoras de la vida económica y social, propias de lo que debe ser un Estado Democrático y Social de Derecho, que se configura como el principal receptor y distribuidor de la riqueza. Conforme a ello por tanto, el Estado contemporáneo en Venezuela se presenta como un Estado regulador, de fomento, prestador de servicios públicos y sociales, planificador y empresario, que indudablemente lo configuran como un Estado Democrático y Social de Derecho.

Ahora bien, partiendo de este supuesto, así como de las exigencias del proceso de desarrollo en el último tercio del siglo XX, pueden identificarse cuatro fines fundamentales del Estado, en los cuales se pueden integrar la totalidad de sus actividades: en primer lugar, los fines de política general y orden público; en segundo lugar, los fines de desarrollo económico; en tercer lugar, los fines de desarrollo social; y en cuarto lugar, los fines de desarrollo físico y ordenación territorial[1047]. De esta sola enumeración general se evidencia cuál es la magnitud del papel del Estado, cuyo ámbito intentaremos precisar a continuación, partiendo del análisis de la normativa constitucional que lo ordena.

En efecto, el primer grupo de fines del Estado Democrático y Social de Derecho, está relacionado con los fines tradicionales del Estado, identificados con la política y administración general: los fines de política, orden público, defensa y seguridad pública. Sin embargo, al contrario de lo que pudo ser la regla en el Estado Absoluto, estos fines no son maximizados y su consecución buscada con prescindencia de la garantía de los derechos individuales, sino que el criterio democrático y de respeto a la dignidad humana, ha cambiado totalmente la esencia de los mismos. Asimismo, a diferencia de lo que pudo ser la regla en el Estado Liberal-Burgués, estos fines no son los únicos o fundamentales fines de un Estado Abstencionista y pasivo respecto de la realidad económica y social, sino que al contrario, ahora mayor importancia han adquirido los otros fines del Estado, base de la configuración sucesiva del Estado Social de Derecho y del Estado Democrático y Social de Derecho .

En todo caso, y a pesar de que no se trate de los fines esenciales en un Estado Democrático y Social de Derecho, los fines de política general y orden público siguen siendo fundamentales para la configuración formal de la estructura estatal y la supervivencia de su aparato institucional dentro del marco del Derecho. En este sentido, cuatro sectores fundamentales de actividad pública están identificados con

---

1047 *Cfr.* CAP. *Informe sobre la Reforma de la Administración Pública Nacional*, Caracas, 1972, Vol. I, pp. 250 y ss

estos fines: el sector de política interior, el sector de política exterior, el sector de defensa y el sector justicia. En efecto, y ello identifica el sector de política interior, el Estado no sólo requiere la realización de actividades y acciones que garanticen y le permitan su normal funcionamiento político como instrumento de la sociedad, así como el establecimiento de regulaciones adecuadas que hagan posibles las relaciones entre sus poderes; sino de la previsión de medios y garantías que definan las situaciones jurídico-políticas de los ciudadanos y les permitan su defensa conforme al derecho, todo ello dentro de un ordenamiento que tienda a garantizar su funcionamiento democrático. En esta forma, este sector de política interior, abarca todas aquellas actividades y medios del Estado tendientes a la organización de la República conforme al ordenamiento constitucional, como un Estado Federal[1048]; y al mantenimiento del Gobierno como democrático, representativo, responsable y alternativo[1049]. Asimismo, abarca las acciones de organización de la República, en el ámbito nacional, de acuerdo al principio de la división y colaboración entre los Poderes Ejecutivo, Legislativo y Judicial[1050]; en el ámbito Estadal, conforme a la autonomía que los Estados tienen reconocida en la Constitución[1051]; y en el ámbito local, mediante la estructuración de Municipios[1052]. Por otra parte, el sector de política interior, abarca todas las actividades tendientes a la determinación de la situación jurídico-política de los habitantes del país; y en particular, actividades como las tendientes a garantizar el ejercicio de los derechos políticos[1053] y civiles de los venezolanos, mediante el reconocimiento y regulación de su nacionalidad[1054] y de su situación civil (registro civil); y a determinar la situación de los extranjeros y garantizar el ejercicio de sus derechos[1055]. Por último, el sector política interior abarca todas las actividades del Estado tendientes al resguardo de la seguridad del mismo y al mantenimiento del orden público en todo el territorio nacional[1056] con el debido respeto y garantía de los derechos individuales [1057], lo cual conlleva medidas por ejemplo, de identificación de todos los habitantes del país[1058]; de establecimiento de una policía nacional coordinada con las policías estadales y municipales[1059]; e inclusive, de

1048 Artículos 2, 5, 6 y 9 y ss. de la Constitución de 1961; particularmente, artículos 11 y 12. Los artículos citados en las notas que siguen corresponden al texto constitucional de 1961.

1049 Artículos 3 y 4.

1050 Artículos 117 y 118. En esta forma, se ubican en este sector, actividades tales como la tramitación de la convocatoria del Congreso a sesiones extraordinarias (relaciones entre el Poder Legislativo y el Poder Ejecutivo) (articulo 190,9); la tramitación ante la Corte Suprema de Justicia de las colisiones que ocurran entre los ordenamientos jurídicos de los Estados, Municipios y la Republica y de las controversias que puedan surgir entre esta y los Estados o Municipios (ordenación federal de la Republica) (artículos 215,5 y 215,8); y las relaciones de la Republica con los Estados federados y con los Municipios (artículos 136,6; 190,17 y 190,18).

1051 Artículos 9 y ss., y 16 y ss.

1052 Artículos 25 y ss.

1053 Artículos 110 y ss.

1054 Artículos 35 y ss.

1055 Artículos 45 y 136.4.

1056 Artículos 43, 136,2 y 136,5

1057 Artículos 58 y ss.

1058 Artículo 136,5

1059 Artículos 17,5, 30 y 134.

declaratoria del estado de emergencia y la suspensión o restricción de garantías constitucionales[1060].

Dentro del mismo campo de los fines de política general y orden público además del sector de política interior, puede identificarse el sector de política exterior, donde se ubican todas las actividades concernientes a la actuación internacional de la República[1061] y en particular, las tendientes a formular las relaciones exteriores de la República y al establecimiento de relaciones diplomáticas y consulares con otros Estados u organismos internacionales[1062]. Ello conlleva, por supuesto, medidas tales como la celebración y ratificación de tratados, convenios o acuerdos internacionales[1063], la determinación y designación de las misiones diplomáticas en el exterior[1064], la adopción de las medidas necesarias en caso de emergencia internacional[1065], y la demarcación y delimitación de las fronteras[1066].

Además de los sectores de política interior y exterior, dentro de los fines de política general y orden público, también puede identificarse el sector defensa. En efecto, se encuadran dentro de este sector todas las actividades tendientes al mantenimiento de la soberanía nacional[1067] de manera que la República sea siempre e irrevocablemente, como lo especifica la Constitución, libre e independiente de toda dominación o protección de potencia extranjera[1068]. Por ello, en el sector defensa se pueden identificar las medidas necesarias para la defensa de la República, la integridad del territorio y de su soberanía, en caso de emergencia internacional[1069] ; la organización y el régimen de las Fuerzas Armadas Nacionales[1070] bajo la suprema autoridad jerárquica del Presidente de la República como su Comandante en Jefe[1071], y su funcionamiento, al servicio de la República y en ningún caso al de una persona o parcialidad política, como institución apolítica, obediente y no deliberante, organizada por el Estado para asegurar la defensa nacional, la estabilidad de las instituciones democráticas y el respeto a la Constitución y las leyes, cuyo acatamiento debe estar siempre por encima de cualquier otra obligación[1072]. En esta forma, al sector defensa corresponden todas las actividades vinculadas a la defensa terrestre, aérea, naval y de cooperación; a la participación ciudadana en su contingente[1073] mediante el servicio militar obligatorio[1074]; a la fabricación, comercio, posesión y uso de las

1060 Artículos 190,6 y 240 y ss.

1061 Artículo 136,1

1062 Artículo 190,5

1063 Artículo 128, 129 y 190,5

1064 Artículo 190,6

1065 Artículo 190,7 y 240 y ss

1066 Artículo 7 y 8

1067 Artículo 7

1068 Artículo 1

1069 Artículo 190,7

1070 Artículo 136,11

1071 Artículo 190,3

1072 Artículo 132

1073 Artículo 190,4

1074 Artículo 53

armas de guerra[1075] y a la cooperación de las Fuerzas Armadas Nacionales en el mantenimiento de la seguridad y orden público en el territorio nacional.

Por último, dentro de los fines de política general y orden público además de los sectores de política interior, política exterior y defensa, se puede identificar el sector justicia que como elemento de contrapeso y de garantía del Estado de Derecho, abarca todas aquellas actividades que permiten a los ciudadanos el amparo y control jurisdiccional de sus derechos e intereses sea frente al propio Estado o ante otros particulares[1076]. Se encuadran en este sector, todas las actividades del Estado relacionadas con el Poder Judicial[1077], así como la legislación y seguridad jurídica, la prevención y represión del delito y las relaciones con los cultos establecidos en el país. En efecto, dentro de este sector se ubican en primer lugar, todas las actividades tendientes a una correcta administración de justicia y al establecimiento de tribunales[1078] de manera que los jueces puedan realizar sus funciones en forma autónoma e independiente de los demás órganos del Poder Público[1079]. Por otra parte, el sector abarca las actividades relacionadas con la legislación[1080] y la seguridad jurídica, en especial la relativa al tráfico de bienes, mediante el establecimiento de un sistema de registros[1081]. Dentro del marco de la seguridad jurídica, se integran además dentro del sector justicia, todas las actividades del Ministerio Público, a quien corresponde velar por la exacta observancia de la Constitución y las leyes[1082], por el respeto de los derechos y garantías constitucionales y por la celeridad y buena marcha de la administración de justicia; y ejercer la acción penal en los casos en que no sea necesaria instancia de parte[1083]. Por otra parte, las actividades del Estado tendientes a la prevención y represión del delito, con la debida protección y garantía de la libertad y seguridad personales[1084], también se ubican en el sector justicia, así como todas aquellas actividades relacionadas con la concesión de indultos o los decretos de amnistías[1085]. Por último, también se integran dentro de este sector, las actividades del Estado tendientes a ejercer la suprema inspección de los cultos de manera que no sean contrarios al orden público y a las buenas costumbres, y su ejercicio no pueda invocarse para eludir el cumplimiento de las leyes o para impedir a otro el ejercicio de sus derechos[1086] , como regulación de uno de los derechos individuales.

El segundo grupo de fines que pueden identificarse en el Estado Democrático y Social de Derecho, son los de desarrollo económico, común en la mayoría de los países latinoamericanos. En efecto, en Venezuela, la Constitución establece como

1075 Artículo 133

1076 Artículo 46, 47, 49, 50 y 133

1077 Artículos 49, 68 y 69

1078 Artículos 136,23 y 204

1079 Artículos 205, 210, 211 y 217

1080 Artículo 136,24

1081 Artículo 136,24

1082 Artículo 218 y ss.

1083 Artículo 220

1084 Artículo 60

1085 Artículos 139 y 190,21

1086 Artículos 65 y 130

fin fundamental del Estado en el orden económico, el promover "el desarrollo económico y la diversificación de la producción, con el fin de crear nuevas fuentes de riqueza, aumentar el nivel de ingresos de la población y fortalecer la soberanía económica del país" de manera que el régimen económico de la República se fundamente "en principios de justicia social que aseguren a todos una existencia digna y provechosa para la colectividad"[1087]. De esta declaración constitucional surge claramente la base para calificar al Estado de Venezuela, como un Estado Democrático y Social de Derecho, definitivamente intervencionista y conformador del orden económico. Muy lejos por tanto está el Estado contemporáneo en nuestro país, del Estado Liberal tradicional que se limitaba a mantener el orden público y a asegurar el respeto de los derechos y garantías individuales, sin tomar injerencia ni parte en el orden económico, o del Estado Liberal de fomento o prestador de servicios públicos. Sin embargo, el carácter de agente del proceso de desarrollo que la Constitución asigna al Estado, con todas las facultades que le atribuye "para dictar medidas para planificar, racionalizar y fomentar la producción, y para regular la circulación, distribución y consumo de la riqueza, a fin de impulsar el desarrollo económico del país[1088], no son de tal naturaleza que impliquen la apropiación por el Estado de todos los medios de producción. Ello no es necesario y al contrario, la Constitución declara que "el Estado protegerá la iniciativa privada"[1089], sin perjuicio de que pueda "reservarse determinadas industrias, explotaciones o servicios de interés público por razones de conveniencia nacional" y que deba propender "a la creación y desarrollo de una industria básica pesada bajo su control" o que pueda expropiar, promover o dirigir las industrias que estime convenientes[1090]. En esta forma, si bien se garantiza constitucionalmente la libertad económica, al declararse que "todos pueden dedicarse libremente a la actividad lucrativa de su preferencia"[1091], ella no está, en absoluto, exenta de limitaciones reguladoras, aparte de las limitaciones que se deriven de la intervención activa del Estado antes indicadas. En efecto, la libertad económica, conforme a la Constitución, está sometida a las limitaciones previstas en la Constitución y las leyes "por razones de seguridad, de sanidad u otras de interés social". Por ello, la misma Constitución prevé que "la Ley dictará normas para impedir la usura, la indebida elevación de los precios, y en general, las maniobras abusivas encaminadas a obstruir o restringir la libertad económica"[1092] y prohíbe los monopolios[1093]. En esta forma, la base constitucional de los fines de desarrollo económico del Estado en Venezuela, como Estado Democrático y Social de Derecho, permite identificar una serie de actividades públicas, agrupables en los siguientes sectores : sector finanzas, sector de desarrollo industrial, sector comercio, sector turismo, sector hidrocarburos y minería y sector de desarrollo agropecuario. En efecto, el sector finanzas comprende la formulación de la política económica y financiera del país y la intervención del Estado en los asuntos monetarios, crediticios y financieros. En

1087 Artículo 95

1088 Artículo 98

1089 Artículo 98

1090 Artículo 97 y 101

1091 Artículo 96

1092 Artículo 96

1093 Artículo 97.

esta forma, se ubican en este sector, todas las actividades del Estado de intervención y control de las actividades crediticias, bancarias y monetarias[1094] , las medidas tendientes a regular la participación de los capitales extranjeros en el desarrollo económico nacional[1095] y en general, que adopte en el ámbito económico y financiero cuando así lo requiera el interés público[1096]. El sector de desarrollo industrial por su parte, comprende todas las actividades ya señaladas que el Estado tiene en el campo de la producción y, en particular, sus acciones tendientes a la regulación de las actividades de carácter industrial, con la debida protección del consumidor[1097] y a la normación de la participación de capitales extranjeros[1098]; a la promoción y fomento de las actividades industriales[1099]; a la protección de las actividades industriales, en particular, en relación a las invenciones, denominaciones, marcas y lemas;[1100] al financiamiento y auxilio crediticio de las actividades industriales;[1101] y a la producción industrial por parte del Estado y de sus empresas[1102]. Además de los sectores de finanzas y de desarrollo industrial, los fines de desarrollo económico abarcan el sector comercio en el cual se ubican todas las actividades del Estado en relación a la regulación, promoción, protección y control del comercio interior y exterior. En particular, las medidas tendientes a regular la circulación, distribución y consumo de bienes[1103], lo que abarca el régimen de pesas y medidas[1104], y de marcas y lemas[1105]; a impedir la indebida elevación de los precios, la usura y las maniobras abusivas encaminadas a obstruir o restringir la libertad económica[1106]; y a regular el comercio exterior, en particular, mediante el régimen de aduanas[1107]. Asimismo, en el ámbito del sector comercio se integra el programa de integración económica dentro de la Asociación Latinoamericana de Libre Comercio (ALALC) y del Grupo Subregional Andino de integración económica (Acuerdo de Cartagena), en virtud de la exigencia constitucional de que "la República favorecerá la integración económica latinoamericana" para lo cual debe procurar "coordinar recursos y esfuerzos para fomentar el desarrollo económico y aumentar el bienestar y seguridad comunes"[1108]. En el mismo ámbito de los fines de desarrollo económico, el sector turismo comprende todas

1094 Artículo 30, 136,7 y 136,24

1095 Artículo 107

1096 Artículo 190,8

1097 Artículos 96 y 109

1098 Artículo 107

1099 Artículo 95 y 98

1100 Artículo 100

1101 Artículo 95 y 98

1102 Artículo 97

1103 Artículos 30 y 98

1104 Artículo 136,12

1105 Artículo 100

1106 Artículo 96

1107 Artículo 136,9

1108 Artículo 108

las actividades del Estado en relación con el desarrollo, coordinación y control de la actividad turística[1109].

Ahora bien, en virtud de la importancia que para Venezuela tienen las actividades de extracción y producción minera y petrolera, dentro de los fines de desarrollo económico, ocupa un lugar de primera importancia el sector de hidrocarburos y minería, que comprende todas las actividades del Estado tendientes al desarrollo y control de los recursos naturales no renovables y de las industrias minera y petrolera. En particular, integran este sector, las actividades del Estado tendientes a establecer el régimen y a administrar las minas e hidrocarburos, salinas y ostrales de perlas del país[1110]; a autorizar concesiones para la explotación de actividades conexas con dichos recursos las cuales no pueden ser otorgadas ni por tiempo indefinido[1111] ni con carácter de exclusividad[1112]; y las cuales implican, por imperativo constitucional, que las tierras adquiridas con destino a la exploración o explotación de las mismas, pasen en plena propiedad a la Nación, sin indemnización alguna, al extinguirse por cualquier causa[1113]. Por último, dentro de los fines de desarrollo económico del Estado en Venezuela, se identifican las actividades públicas integradas en el sector de desarrollo agropecuario, y que comprende todas aquellas acciones que tienen por objeto la regulación, financiamiento, dotación de tierras, asistencia técnica y mercadeo agropecuario[1114]. En particular las medidas tendientes a la conservación y fomento de la producción agrícola, ganadera, pesquera y forestal[1115]; a la eliminación del régimen latifundista, que se considera contrario al interés social, lo que exige la adopción de medidas conducentes a su eliminación y el establecimiento de normas encaminadas a dotar de tierra a los campesinos y trabajadores rurales que carezcan de ella, así como a proveerles de los medios necesarios para hacerla producir[1116]; y a la comercialización de los productos agrícolas[1117].

El tercer grupo de fines del Estado en Venezuela, está configurado por aquéllos tendientes al desarrollo social, y que hacen del Estado un ente conformador y no sólo regulador del orden social. En efecto, no sólo la Constitución insiste en su Preámbulo que la misma se dicta para "proteger y enaltecer el trabajo, amparar la dignidad humana, promover el bienestar general y la seguridad social; lograr la participación equitativa de todos en el disfrute de la riqueza, según los principios de la justicia social, y fomentar el desarrollo de la economía al servicio del hombre", sino que al regular los derechos económicos y establecer los fines del Estado en este ámbito, postula que "el régimen económico de la República se fundamentará en principios de justicia social que aseguren a todos una existencia digna y provechosa para la colectividad", debiendo las medidas de desarrollo económico que se adopten,

1109 Artículos 30 y 136,24

1110 Artículo 136,10

1111 Artículo 136,10

1112 Artículo 97

1113 Artículo 103

1114 Artículo 136,24

1115 Artículo 136,18

1116 Artículo 105

1117 Artículos 96 y 98

buscar entre otros objetivos, el aumento del nivel de ingresos de la población[1118]. Y es precisamente este énfasis en lo social y en la redistribución de la riqueza, lo que hace que constitucionalmente nuestro Estado sea un Estado Democrático y Social de Derecho en el cual no sólo debe ser una realidad la democracia política, sino la económica y social. Las actividades públicas tendientes a la consecución de estos fines, pueden identificarse en los siguientes sectores: sector de promoción y protección social; sector de desarrollo cultural; sector de asuntos laborales; sector de previsión y seguridad social; sector educación; y sector salud.

En el sector de protección y promoción social se encuadran todas las actividades de promoción popular y de desarrollo de la comunidad, así como las de protección y bienestar social que corresponden al Estado, y que en ningún caso, excluyen las obligaciones que en virtud de la solidaridad social, incumben a los particulares según su capacidad[1119]. En particular, se encuadran en este sector, las actividades de bienestar social[1120] las cuales entre otras funciones, exigen al Estado proteger las asociaciones, corporaciones, sociedades y comunidades que tengan por objeto el mejor cumplimiento dé los fines de la persona humana y de la convivencia social[1121]; las actividades de asistencia social destinada a quienes carezcan de medios económicos y no estén en condiciones de procurárselos, mientras sean incorporados al sistema de seguridad social[1122]; las actividades de promoción social y desarrollo de la comunidad, por lo que el Estado debe fomentar la organización de cooperativas y demás instituciones destinadas a mejorar la economía popular[1123] y, en particular, propender a mejorar las condiciones de vida de la población campesina[1124]; las actividades de protección de la familia como célula fundamental de la sociedad[1125] y de la maternidad, sea cual fuere el estado civil de la madre[1126]; las actividades de protección y promoción del niño y de los menores, de manera que la infancia y la juventud estén al abrigo del abandono, la explotación y el abuso[1127]; y las actividades de protección de las comunidades indígenas[1128]. El sector desarrollo cultural comprende todas las actividades tendientes al fomento de la cultura en sus diversas manifestaciones y a la protección y conservación de las obras, objetos y monumentos que forman el patrimonio histórico y artístico del país[1129]. El sector de asuntos laborales comprende las actividades tendientes a hacer efectivo el deber de trabajar que tiene toda persona apta para realizarlo, así como a dar vigencia al derecho al trabajo y a la libertad de trabajo que consagra la Constitución[1130], y, en particular, aquéllas

---

1118 Artículo 95

1119 Artículo 57

1120 Artículo 57

1121 Artículo 72

1122 Artículo 30, 57 y 94

1123 Artículo 72

1124 Artículo 77

1125 Artículo 73

1126 Artículos 74 y 93

1127 Artículos 75 y 93

1128 Artículo 77

1129 Artículos 30 y 83

1130 Artículos 54 y 84

tendientes a procurar el pleno empleo, es decir, que toda persona apta pueda obtener colocación que le proporcione una subsistencia digna y decorosa[1131]. Además, se encuadran dentro del sector de asuntos laborales todas las actividades del Estado tendientes a proteger al trabajo y a mejorar las condiciones materiales, morales e intelectuales de los trabajadores[1132], mediante la limitación de la duración máxima de la jornada de trabajo y su progresiva disminución[1133], el disfrute del descanso semanal remunerado y de vacaciones pagadas[1134], la mejor utilización del tiempo libre[1135], la estabilidad en el trabajo[1136], la obtención de un salario justo[1137] y la recompensa de su antigüedad en el servicio, y amparo en caso de cesantía[1138]; así como las actividades tendientes a favorecer el desarrollo de las relaciones colectivas de trabajo[1139], y de las asociaciones sindicales[1140] y a regular el ejercicio del derecho de huelga[1141].

Por otra parte, también dentro de los fines de desarrollo social, se puede identificar el sector de seguridad y previsión social que comprende todas las actividades conducentes a desarrollar en forma progresiva un sistema de seguridad social tendiente a proteger a todos los habitantes de la República contra infortunios del trabajo, enfermedad, invalidez, vejez, muerte, desempleo y cualquiera otros riesgos que puedan ser objeto de previsión social, así como contra las cargas derivadas de la vida familiar[1142]. Asimismo, dentro de los fines de desarrollo social, tienen particularísima importancia las actividades del Estado comprendidas en el sector educación, tendientes a hacer efectivo el derecho a la educación y el deber de educarse[1143], las cuales tampoco excluyen las que en virtud de la solidaridad social incumbe a los particulares según su capacidad, y cuyo cumplimiento puede establecerse legislativamente[1144]. En todo caso, dentro del sector educación se encuadran todas las actividades públicas tendientes a la creación y sostenimiento de escuelas, instituciones y servicios suficientemente dotados para asegurar el acceso de todos a la educación y a la cultura, sin más limitaciones que las derivadas de la vocación y de las aptitudes, debiendo ser gratuita la educación impartida en los institutos oficiales en todos sus ciclos[1145]; a la regulación de las personas a cuyo cargo puede estar la educación[1146];

1131 Artículo 84

1132 Artículo 85

1133 Artículo 86

1134 Artículo 86

1135 Artículo 86

1136 Artículo 88

1137 Artículo 87

1138 Artículo 88

1139 Artículo 90

1140 Artículo 91

1141 Artículo 92

1142 Artículo 94

1143 Artículos 55, 78 y 136, 16

1144 Artículo 57

1145 Artículos 78 y 136,16

1146 Artículo 81

y a la regulación de la posibilidad de toda persona natural o jurídica de dedicarse libremente a las ciencias o a las artes y, previa demostración de su capacidad, fundar cátedras y establecimientos educativos bajo la suprema inspección y vigilancia del Estado[1147]. Esto implica que la educación, aun cuando gratuita, cuando es impartida por el Estado, no es un monopolio de éste, por lo que se garantiza la libertad de enseñanza, teniendo el Estado la obligación de estimular y proteger la educación privada que se imparta conforme a los principios contenidos en la Constitución y las leyes[1148], es decir, conforme a los fines del Estado, por lo que está proscrita toda enseñanza clasista. En este sentido, la educación, como fin del Estado en Venezuela, tiene como objetivo el pleno desarrollo de la personalidad, la formación de ciudadanos aptos para la vida y para el ejercicio de la democracia, el fomento de la cultura y el desarrollo del espíritu de solidaridad humana[1149], por lo que se incluyen dentro del sector educación todas las actividades del Estado tendientes a organizar y orientar el sistema educativo hacia dichas finalidades[1150]. Por último, dentro de los fines de desarrollo social del Estado en Venezuela, se incluyen todas las actividades que se encuadran dentro del sector salud, es decir, todas las actividades públicas tendientes a hacer efectivo el derecho de todos a la protección de la salud[1151] y, en particular, las acciones del Estado destinadas a velar por el mantenimiento de la salud pública y proveer los medios de prevención y asistencia a quienes carezcan de ellos[1152]; así como las actividades públicas tendientes a la coordinación de los servicios destinados a la defensa de la salud pública, los cuales pueden ser nacionalizados de acuerdo con el interés colectivo[1153].

Pero, aparte de los fines de política general y orden público, de desarrollo económico y de desarrollo social, el Estado en Venezuela tiene importantes fines de desarrollo físico y ordenación territorial, sin cuya consecución los otros fines del Estado no podrían alcanzarse adecuadamente. En efecto, los fines de desarrollo físico y ordenación territorial orientan las actividades del Estado al establecimiento de una adecuada infraestructura física y ambiental que permita y facilite los objetivos de desarrollo económico y social, y al equipamiento y ordenación del territorio, de manera que los beneficios del desarrollo se extiendan a todas las regiones del país. En este sentido, es posible distinguir los siguientes sectores de actividad pública dentro de estos fines del Estado: el sector desarrollo urbano y vivienda, el sector transporte, el sector comunicaciones y el sector de recursos naturales renovables. El *sector desarrollo urbano y vivienda* comprende todas las actividades del Estado que se adopten como consecuencia del proceso de urbanización a que ha estado sometido el país en las últimas décadas y, en particular, aquéllas relativas al desarrollo y ordenación territorial y urbana[1154], al régimen y uso del suelo, y a la coordinación y

1147 Artículo 79

1148 Artículo 79

1149 Artículo 80

1150 Artículo 80

1151 Artículo 30 y 76

1152 Artículo 76

1153 Artículo 136,17

1154 Artículo 30

unificación de normas y procedimientos para obras de urbanismo[1155]. Asimismo, se identifican con este sector las actividades de construcción y fomento de viviendas populares[1156] y de regulación de alquileres de inmuebles urbanos[1157]. En el *sector transporte*, se encuadran todas las actividades del Estado de regulación, prestación, control y construcción de los medios y de los servicios de transporte terrestre, marítimo y aéreo[1158]; y las relativas a la circulación terrestre (tránsito), a la construcción de obras públicas viales[1159] y a la apertura y conservación de vías de comunicación (vialidad)[1160]. El *sector comunicaciones* integra, por otra parte, a las actividades de regulación prestación y control de los servicios de telecomunicaciones y correos[1161], y en especial las actividades de regulación y control de los medios de comunicación social, particularmente la radiodifusión y la televisión; y la regulación, prestación y control de los servicios de teléfonos, telégrafos y correos. Por último, dentro de los fines de desarrollo físico y ordenación territorial, puede distinguirse también el sector de recursos naturales renovables, en el cual se integran todas las acciones del Estado tendientes a garantizar el desarrollo, protección, conservación y racional aprovechamiento de los recursos naturales renovables, de manera que la explotación de los mismos esté dirigida primordialmente al beneficio colectivo de los venezolanos, y que abarcan los recursos hidráulicos, forestales y los suelos[1162]. Se encuadran también en este sector, en general, todas las acciones estatales tendientes a proteger el medio ambiente.

Ahora bien, una visión de los fines del Estado contemporáneo en Venezuela realizada en la sola perspectiva constitucional, como la que hemos hecho anteriormente, quedaría incompleta si no especificamos también las previsiones del texto fundamental destinadas a proveer al Estado de los recursos necesarios para la consecución de sus fines, así como aquellas destinadas a regular los mecanismos del Estado para la formulación de las políticas de desarrollo. En efecto, en cuanto a los recursos utilizados para la consecución de sus fines, el Estado opera básicamente con recursos financieros, humanos y materiales. A los efectos de la obtención de los recursos financieros, la Constitución establece las normas básicas del sistema tributario[1163], el cual debe procurar la justa distribución de las cargas según la capacidad económica de los contribuyentes atendiendo al principio de la progresividad, la protección de la economía nacional y la elevación del nivel de vida del pueblo[1164]. En esta forma, la Constitución regula la obtención de recursos financieros ordinarios mediante un sistema impositivo en tres niveles (nacional, estatal y municipal)[1165], regulando par-

1155 Artículo 136,14

1156 Artículos 136,15 y 136,19

1157 Artículo 96

1158 Artículos 104 y 136,20

1159 Artículos 30 y 136,15

1160 Artículos 30 y 136,21

1161 Artículo 136,22

1162 Artículos 106, 136,10 y 136,18

1163 *V.* Allan R. Brewer-Carías, "La Hacienda Pública Venezolana. Bases Constitucionales para su estudio", en *Revista del Ministerio de Justicia,* número 49, Caracas, 1964, pp. 64 a 124

1164 Artículo 223

1165 Artículos 18, 29,3, 31,34, 136,8, 299 y 233

ticularmente su legalidad[1166] y su carácter patrimonial[1167]. Se prevé, además, expresamente, la posibilidad para el Estado de la obtención de recursos financieros extraordinarios, mediante la utilización del crédito público[1168]. La utilización de los recursos financieros del Estado para el cumplimiento de sus fines se ordena mediante el sistema presupuestario[1169], a través del Presupuesto, como autorización anual del Congreso de los gastos del Estado[1170], o a través de autorizaciones particulares materializadas mediante los Créditos Adicionales al Presupuesto[1171].

En relación a los *recursos humanos* utilizados por el Estado para accionar sus órganos, la Constitución distingue tres categorías básicas de funcionarios a su servicio: funcionarios designados por elección popular, funcionarios designados con intervención del Poder Legislativo y funcionarios designados por las diversas autoridades ejecutivas y administrativas. En cuanto a la primera categoría, son funcionarios del Estado electos por votación popular, en la rama Ejecutiva, el Presidente de la República[1172]; en la rama legislativa, los Senadores y Diputados al Congreso Nacional y los Diputados a las Asambleas Legislativas de los Estados[1173] ; y, en el ámbito municipal, los miembros de los Concejos Municipales[1174] . Por otra parte, la Constitución exige la intervención del Poder Legislativo en la designación de otros funcionarios: las Cámaras Legislativas, en sesión conjunta, eligen los Magistrados de la Corte Suprema de Justicia[1175] , al Fiscal General de la República[1176] y al Contralor General de la República[1177]; el Senado autoriza el nombramiento por el Presidente de la República del Procurador General de la República[1178] y de los jefes de misiones diplomáticas permanentes[1179]; y el Poder Legislativo debe intervenir en la designación de los miembros del Consejo de la Judicatura[1180]. Aparte de estos supuestos, la Constitución no exige ni regula otro supuesto en el que el Poder Legislativo deba intervenir para la designación de un funcionario público y, al contrario, atribuye al Presidente de la República la facultad de "nombrar y remover, de conformidad con la Ley, los funcionarios y empleados nacionales cuya designación no esté atribuida a otra autoridad [1181]. Los funcionarios públicos, en todo caso, están al

---

1166 Artículos 224 y 226

1167 Artículo 235

1168 Artículo 17,4, 190,13 y 231

1169 Artículo 227

1170 Artículo 228 y 229

1171 Artículos 190,14 y 227

1172 Artículos 182 y ss. La elección de los gobernadores, aun cuando permitida por la Constitución, no ha sido regulada legalmente. Artículo 22

1173 Artículos 19, 148 y ss y 151 y ss

1174 Artículos 25 y 29

1175 Artículo 214

1176 Artículo 219

1177 Artículo 238

1178 Artículos 150,7 190,16 y 201

1179 Artículos 150,7 y 190,16

1180 Artículo 217

1181 Artículos 190,2, 190,18, 190,19 y 193 y ss. La disposición evidentemente que s muy rígida, pues implica que salvo las excepciones constitucionales, todos los funcionarios públicos nacionales son nombrados

servicio del Estado, y no de parcialidad política alguna, y gozan de los derechos y obligaciones derivados de la carrera administrativa[1182].

En cuanto a los *recursos materiales* del Estado para el cumplimiento de sus fines, la Constitución prevé su dominio y soberanía sobre los bienes del subsuelo situados en el territorio nacional[1183] y sobre el mar territorial, la zona marítima contigua y la plataforma continental[1184], y le reserva su explotación, pudiendo ésta realizarse por particulares, solamente mediante concesiones no exclusivas y temporales[1185]. Regula, además, los bienes inmuebles del dominio privado del Estado, denominados tierras baldías[1186] cuando pertenecen a la República, y ejidos cuando pertenecen a los municipios[1187]; y establece disposiciones para la construcción de obras[1188], y para la adquisición de bienes y servicios por vía contractual[1189], de expropiación forzosa[1190], o de reversión[1191]; o para la afectación de obras y servicios de interés público al servicio del público[1192].

Ahora bien, la determinación en el texto Constitucional de una serie de fines del Estado, identificados con el proceso de desarrollo económico y social, y la precisión de los recursos necesarios para la consecución de esos fines, alcanza coherencia con la previsión, en su mismo texto, de una serie de mecanismos tendientes a la formulación de políticas de desarrollo, la administración de los recursos del Estado y el control de la actividad de la Administración Pública. En efecto, la aplicación de los recursos a la consecución de fines, exige, en primer lugar, la definición de políticas coherentes que guíen el proceso administrativo; de ahí el sistema de planificación como técnica político-administrativa de ordenación de las actividades del Estado[1193],

---

por el Presidente de la República o por delegación. Quedaría sin embargo, excluido de la intervención del Presidente, por interpretación del texto constitucional, los funcionarios públicos dependientes de los Poderes Legislativo y Judicial, en base al principio de la división de los Poderes (artículos 158, ord. 3,4,5, y 6; 204;205 y 217) y de aquellos organismos que gozan de autonomía o independencia *funcional* en el ejercicio de sus funciones; la Fiscalía General de la República (artículos 218 y ss); la Contraloría General de la República (artículo 236); el Consejo Supremo Electoral (artículo 113) y los Institutos Autónomos (artículo 230). En consecuencia, cualquier otra restricción de orden legal de la atribución constitucional del Presidente de la República para designar los funcionarios públicos nacionales es inconstitucional, como por ejemplo, la designación de uno de los miembros del Directorio de la Oficina Central de Personal que se atribuye directamente al Congreso. *V.* Ley de Carrera Administrativa, artículo 8 y los comentarios al respecto en Allan R. Brewer-Carías, *El Estatuto del Funcionario Público en la Ley de Carrera Administrativa.* Caracas 1971, p. 182.

1182 Artículos 122 y 123

1183 Artículos 103 y 136,10

1184 Artículo 7

1185 Artículos 97, 103,126 y 136,10

1186 Artículo 136,10

1187 Artículo 31,1 y 32

1188 Artículo 136,15

1189 Artículos 124, 126, 127 y 190,15

1190 Artículos 101 y 102

1191 Artículo 103

1192 Artículo 104

1193 Artículos 98 y 191

para cuya formulación se exige un adecuado sistema de información estadística[1194]. La *administración de los recursos* del Estado para la consecución de sus fines, conforme a técnicas ordenadoras de planificación y *presupuesto*, se atribuye en esta forma a la administración pública, organizada bajo la dirección del Presidente de la República y sus órganos inmediatos, los Ministros[1195], en forma centralizada en Ministerios y otros servicios[1196] o en forma descentralizada, en institutos autónomos o empresas del Estado[1197]. Las actividades administrativas, en todo caso, no sólo acarrean responsabilidad para quienes las ejecutan[1198], sino que están sometidas a un control jurisdiccional de la legalidad[1199], al control fiscal de la Contraloría General de la República[1200] y al control del Congreso[1201].

Al análisis de la adecuación o inadecuación a los fines del Estado, de los instrumentos administrativos existentes a nivel nacional, regional o local, así como del sentido de un proceso de reforma administrativa, es que dedicaremos los capítulos siguientes:

CAPÍTULO 14. LA ADMINISTRACIÓN CENTRAL Y SU INADECUACIÓN INSTRUMENTAL A LOS FINES DEL ESTADO

De la rápida identificación anterior de los fines del Estado en Venezuela, en el último tercio del siglo XX, se evidencia que formal y constitucionalmente estamos en presencia de un Estado Democrático y Social de Derecho. Sin embargo, ante ellos, evidentemente que se hace indispensable preguntarse sobre la real posibilidad de su consecución por la sociedad venezolana; o, en otras palabras, sobre la capacidad institucional del Estado para alcanzarlos. La respuesta es obvia: el Estado en Venezuela no tiene ni las instituciones políticas, ni las administrativas, ni las jurídicas que le permitan alcanzar adecuadamente sus fines formales, y a través de ellos, el desarrollo. Sobre la incapacidad de las instituciones políticas para un proceso de desarrollo acelerado, ya se ha insistido en capítulos anteriores y sobre la insuficiencia de las instituciones jurídicas para alcanzar los fines constitucionales del Estado, ya insistiremos más adelante. Ahora interesa concentrarnos al estudio de las instituciones administrativas y su adecuación o no a los fines del Estado y, por ende, a las exigencias del desarrollo. En otras palabras, debemos preguntarnos sobre la capacidad administrativa del Estado en Venezuela para alcanzar los fines que le ha impuesto constitucionalmente la sociedad.

Ante todo, es necesario señalar que la administración pública, tal como ella está estructurada en la actualidad, es el resultado de un largo proceso de crecimiento desordenado a medida que las realidades económicas y sociales fueron planteando

---

1194 Artículo 136,13

1195 Artículos 190,8, 190,12 y 193 y ss

1196 Artículos 190,11 y 193

1197 Artículo 230

1198 Artículos 47, 12, 150,8 196 y 220,5

1199 Artículos 46, 119, 204 y ss, 206 y 215

1200 Artículos 234 y ss

1201 Artículos 126, 139, 153,2, 160, 230 y 236

modificaciones a los fines del Estado. Si nos concentramos a las estructuras de la administración central y, particularmente, la estructura ministerial que ha sido el pilar de la actuación del Estado en toda la historia administrativa de Venezuela hasta 1958, cuando comienzan a surgir las Oficinas Presidenciales[1202], la evolución de la misma marca claramente la transición de un Estado Liberal clásico y abstencionista, con fines de policía y administración general hasta 1863; pasando por un Estado Liberal que se comienza a preocupar por "fomentar" diversas actividades de la vida del país hasta 1936, hacia un Estado Social de Derecho que comienza a intervenir en la vida económica y social, conformándola desde esa fecha hasta nuestros días.

En el primer período hasta 1863; entre los hechos resaltantes de la evolución ministerial pueden destacarse los siguientes: en la Constitución de 1819, aparecen en el texto constitucional seis secretarías con la posibilidad de que se agruparan dos o más de ellas en una: Relaciones Exteriores, Interior, Justicia, Hacienda, Marina y Guerra[1203]; secretarías que en realidad correspondían a las funciones esenciales y clásicas necesarias para la existencia de todo Estado y, en particular, del Estado Liberal-Burgués de Derecho que se crea a partir de 1811 a imagen y semejanza de los recién creados con posterioridad a la Revolución Francesa. Estas Secretarías se reducen a cinco, al no incluirse la Secretaría de Justicia, en la enumeración del texto constitucional de 1821[1204]; y llegan a tres en la Constitución de 1830, al preverse las Secretarías de Interior y Justicia; de Hacienda; y de Guerra y Marina[1205]. Esta Constitución de 1830 es el último de los textos constitucionales venezolanos que incluyó la enumeración de las secretarías o despachos ministeriales, pues en la Constitución de 1857, si bien se exigían cuatro secretarías, no se les indicó competencias específicas, cuya determinación se dejó a la ley[1206]. Por ello, por Ley de 25 de mayo de 1857 se establecieron las cuatro secretarías siguientes: Interior y Justicia; Relaciones Exteriores e Instrucción Pública; Hacienda; y Guerra y Marina[1207]. A partir del texto constitucional de 1858 se adopta la fórmula que, con variantes menores, existe en la actualidad: el número y competencia de las secretarías se deja a regulación legal[1208]. En 1862, en virtud de la Guerra Federal, el General Páez, entonces Presidente de la República, dispuso por Decreto la integración de las cuatro Secretarías de Despacho señaladas en una Secretaría General, a la cual posteriormente dividió en cuatro Departamentos con idénticas denominaciones[1209] El año de 1863, con motivo de la instauración de la Federación en Venezuela y aún antes de dictarse la Constitución Federal de 1864, se produce el hecho más significativo de la evolución de la estructura ministerial durante todo el siglo pasado, con la creación, por Decreto de 25 de

1202 La Oficina Central de Coordinación y Planificación (CORDIPLAN) y la Comisión de Administración Pública fueron creadas en 1958

1203 Artículos 1, sección sexta, del título VII de la Constitución de 1819, en Luis Mariñas Otero, *Las Constituciones de Venezuela,* Madrid, 1965, p. 180. En las notas sucesivas, todas las citas relativas a los textos constitucionales anteriores al de 1961 se referirán a esta obra.

1204 Artículo 136 de la Constitución de 1821, *loc. cit.*, pp. 214 y 215

1205 Artículo 134 de la Constitución de 1830, *loc. cit.*, p. 243

1206 Artículo 65 de la Constitución de 1857, *loc. cit.*, p. 267

1207 *V.* en *Recopilación de Leyes y Decretos de Venezuela*, Caracas, tomo III, p. 575

1208 Artículo 100 de la Constitución de 1858, *loc. cit.*, p. 292

1209 *V.* Decretos de 1 y 9 de enero de 1862. *V. en Leyes y Decretos... cit.,* tomo IV, pp. 124 y 142.

julio de 1863, del Ministerio de Fomento[1210], elevándose entonces a cinco los Ministerios, a los cuales se les cambió el anterior nombre de Secretarías: Interior y Justicia; Fomento, Relaciones Exteriores; Hacienda y Guerra y Marina.

La evolución de dicha estructura ministerial hasta 1936 se puede resumir así: el Ministerio del Interior y de Justicia, aún cuando a partir de 1874 cambia su denominación por la de Ministerio de Relaciones Interiores[1211], permanece básicamente con sus mismas competencias. Lo mismo puede decirse de los Ministerios de Relaciones Exteriores y de Guerra y Marina. En cuanto al Ministerio de Hacienda, el hecho fundamental de su evolución lo constituye la creación separada de un Ministerio de Crédito Público en 1864, el cual se refunde con aquél en 1892, para restablecerse de nuevo en 1898 y refundirse definitivamente en el Ministerio de Hacienda en 1899[1212]. En todo caso, el paso fundamental que se produce en la estructura ministerial se origina evidentemente con la creación en 1863 del primero de los ministerios con competencia no tradicional, el Ministerio de Fomento, cuyo nombre sólo se cambia momentáneamente en 1898 por el de Ministerio de Agricultura, Industria y Comercio[1213], del cual surgieron sucesivamente los siguientes otros Ministerios: en 1874 el Ministerio de Obras Públicas[1214]; en 1881 el Ministerio de Instrucción Pública[1215]; en 1891 y en 1898, el Ministerio de Correos y Teléfonos, con una duración muy efímera[1216]; y en 1931 el Ministerio de Salubridad y Agricultura y Cría[1217].

En esta forma, para el momento de la muerte del dictador Gómez, en 1935, existían los siguientes ocho despachos ministeriales: Ministerios de Relaciones Interiores, de Obras Públicas, de Fomento, de Salubridad y Agricultura y Cría, de Instrucción Pública, de Relaciones Exteriores, de Hacienda y de Guerra y Marina[1218].

En 1936 se produce una nueva etapa en la evolución del Estado y la sociedad venezolana, que ya hemos referido, y se abre paso definitivamente a las bases de configuración del Estado Social de Derecho, que comienza no sólo a fomentar las actividades económicas y sociales, sino a conformar la realidad económica y social. Ello se traduce en la evolución ministerial posterior a 1936. En efecto, ese mismo año, el Gobierno de transición crea el Ministerio de Comunicaciones con competencias que antes correspondían al Ministerio de Fomento: el Ministerio de Salubridad y Asistencia Social se divide en dos: el Ministerio de Sanidad y Asistencia Social y el Ministerio de Agricultura que posteriormente, ese mismo año, adquiere el nombre de Ministerio de Agricultura y Cría; y se le cambia el nombre al Ministerio de Ins-

---

1210 *V.* en *Galería del Ministerio de Fomento*, tomo I (Documentos para la Historia del Ministerio de Fomento). Caracas, 1963, p. 15 y en *Leyes y Decretos..., cit.*, tomo IV, p. 264

1211 *V.* Ley de 6 de junio de 1874, en *Leyes y Decretos... cit.*, tomo VII, p. 195

1212 *V.* Decretos de 30 de mayo de 1864 y 7 de octubre de 1892; Ley de 9 de marzo de 1898 y decreto de 23 de octubre de 1899 relativos a la organización ministerial, en Recopilación de *Leyes y Decretos..., cit.*, tomo IV, p. 358; tomo XVI, p. 190; tomo XXI, p. 26; y tomo XXII, p. 622, respectivamente.

1213 *V.* Ley de 9 de marzo de 1898, en *Leyes y Decretos..., cit.*, tomo XXI, p. 26

1214 *V.* Ley de 6 de junio de 1874, en *Leyes y Decretos..., cit.*, tomo VII, p. 195

1215 *V.* Ley de 24 de mayo de 1881, en *Leyes y Decretos..., cit.*, tomo IX, p. 254

1216 *V.* Ley de 27 de junio de 1891, y de 9 de marzo de 1898, en *Leyes y Decretos..., cit.*, tomo XV, p. 325 y tomo XXI, p. 26, respectivamente.

1217 *V.* Ley de 28 de mayo de 1931, en *Leyes y Decretos..., cit.*, tomo LIV, p. 139

1218 *V.* Ley de 21 de julio de 1933, en *Leyes y Decretos..., cit.*, tomo LVI

trucción Pública, por Ministerio de Educación[1219]. En 1937, se crea el Ministerio de Trabajo y Comunicaciones con la asignación, al antiguo Ministerio de Comunicaciones, de las competencias que tenía la Oficina Nacional del Trabajo adscrita al Ministerio de Relaciones Interiores[1220]; y dicho Ministerio, en 1945 es dividido en dos: el Ministerio del Trabajo y el Ministerio de Comunicaciones[1221]. En 1950 el Estatuto de Ministerios creó el Ministerio de Justicia, con las competencias que en ese sector tenía el Ministerio de Relaciones Interiores, y el Ministerio de Minas e Hidrocarburos, con competencias asignadas hasta ese momento al Ministerio de Fomento, y le cambió el nombre al Ministerio de Guerra y Marina por el de Defensa[1222]. De acuerdo con este texto legal, en 1974 la estructura ministerial de Venezuela comprendía entonces los siguientes trece ministerios: Relaciones Interiores, Relaciones Exteriores, Obras Públicas, Trabajo, Comunicaciones, Fomento, Minas e Hidrocarburos, Sanidad y Asistencia Social, Agricultura y Cría, Educación, Justicia, Hacienda y Defensa.

Ahora bien, a más de veinte años de dictado el Estatuto Orgánico de Ministerios, y definidos los fines del Estado en la Constitución de 1961, ¿cuál era a comienzos de la década de los setenta la situación de la administración pública en relación al cumplimiento de los mismos? Una premisa para dicho análisis aparece en todo caso clara: la estructura ministerial de Venezuela no fue configurada para los fines del Estado que se desgajan en la Constitución de 1961 ya analizados, y mucho menos para un Estado Democrático y Social de Derecho como el que formalmente ésta regula, para asumir el reto del desarrollo en el último tercio del siglo XX. Al contrario, dicha estructura, a través de un proceso de desgajamiento y agregación, si acaso responde a las exigencias de la Venezuela de 1936, de 1950 o de 1961; y la distancia que nos separa administrativamente hablando de esas fechas, se puede apreciar de sólo comparar el monto del presupuesto nacional en 1936, de alrededor de 160 millones de bolívares, o el de 1961 de alrededor de 7.000 millones de bolívares; en relación con el presupuesto para 1974 de más de 16.000 millones de bolívares[1223].

1219 *V.* Ley de 25 de febrero de 1936, en *Leyes y Decretos..., cit.,* tomo LXI, Vol. 1, p. 76.

1220 *V.* Decreto de 12 de marzo de 1937, en *Leyes y Decretos..., cit.,* tomo LX, p. 184.

1221 *V.* Decretos numero 4 de 21 de octubre y número 21 de 30 de octubre de 1945, en *Gaceta Oficial*, número 21.841 de 23 de octubre de 1945 y 21.847 de 30 de octubre de 1945, respectivamente.

1222 *V.* el Estatuto Orgánico de Ministerios de 30 de diciembre de 195, en *Gaceta Oficial* numero 23.418 de la misma fecha.

1223 Esta distancia se puede apreciar, por otra parte, si sólo se comparan algunos indicadores, fundamentalmente de crecimiento económico, que separan a la Venezuela de 1961 y la de 1972; el producto territorial bruto pasó de Bs. 35.145 millones en 1962 a Bs. 61.584 millones en 1972; la población en 5.034 millones en 1950 a 10,721 en 1971; el total de ocupación paso de 1.599.00 personas en 1950 a 3.093.000 en 1972; las reservas del Tesoro pasaron de Bs. 119 millones en 1950 a Bs. 471,6 millones en 1972; los depósitos en la Banco Comercial pasaron de Bs. 3.992 millones en 1961 a Bs. 13.923 millones en 1972; la liquidez monetaria del poder público pasó de Bs. 5.237 millones en 1961 a Bs. 16.862 millones en 1972; el valor de las importaciones paso de Bs. 3.580,2 en 1961 a Bs. 9.398,8 en 1972; el valor de la producción agrícola paso de Bs. 2.833,8 millones en 1961 a Bs. 4.739,7 millones en 1972; la participación fiscal en la industria petrolera paso de Bs. 2.828 millones en 1961 a Bs. 8.433 millones en 1972; el valor de la producción industrial paso de Bs. 12.916 millones en 1961 a Bs. 27.968 millones en 1972. *V. Venezuela en 1972, IV. Mensaje del presidente de la República, Dr. Rafael Caldera, al Congreso Nacional.* Caracas, 1973, segunda parte, información estadística, pp. 59 y ss.

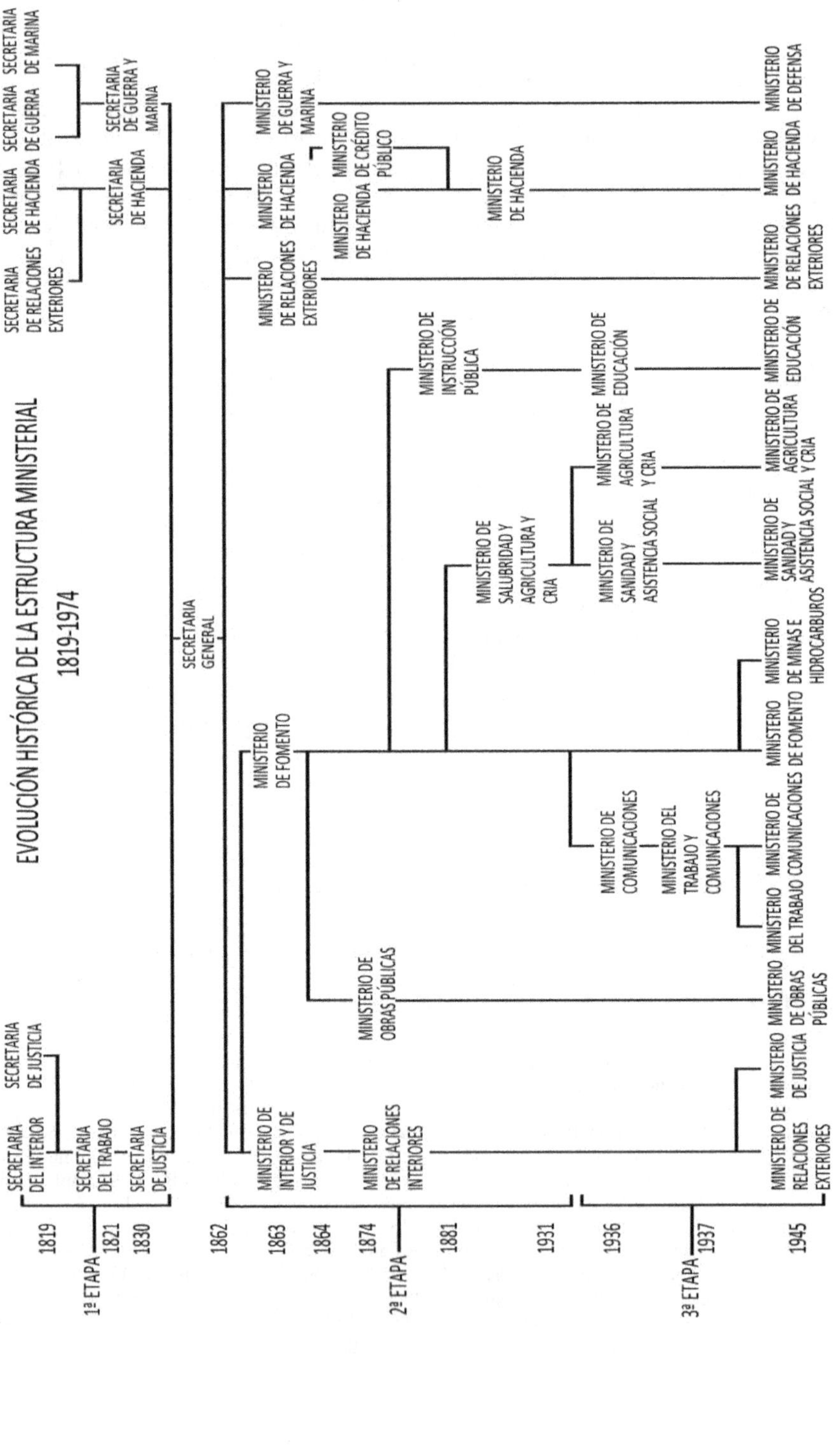
EVOLUCIÓN HISTÓRICA DE LA ESTRUCTURA MINISTERIAL
1819-1974
1ª ETAPA
2ª ETAPA
3ª ETAPA
1819
1821
1830
1862
1863
1864
1874
1881
1931
1936
1937
1945
SECRETARIA DEL INTERIOR
SECRETARIA DE JUSTICIA
SECRETARIA DE RELACIONES EXTERIORES
SECRETARIA DE HACIENDA
SECRETARIA DE GUERRA
SECRETARIA DE MARINA
SECRETARIA DEL TRABAJO
SECRETARIA DE JUSTICIA
SECRETARIA DE HACIENDA
SECRETARIA DE GUERRA Y MARINA
SECRETARIA GENERAL
MINISTERIO DE INTERIOR Y DE JUSTICIA
MINISTERIO DE FOMENTO
MINISTERIO DE RELACIONES EXTERIORES
MINISTERIO DE HACIENDA
MINISTERIO DE GUERRA Y MARINA
MINISTERIO DE RELACIONES INTERIORES
MINISTERIO DE OBRAS PÚBLICAS
MINISTERIO DE INSTRUCCIÓN PÚBLICA
MINISTERIO DE HACIENDA
MINISTERIO DE CRÉDITO PÚBLICO
MINISTERIO DE SALUBRIDAD Y AGRICULTURA Y CRIA
MINISTERIO DE HACIENDA
MINISTERIO DE COMUNICACIONES
MINISTERIO DE SANIDAD Y ASISTENCIA SOCIAL
MINISTERIO DE AGRICULTURA Y CRIA
MINISTERIO DE EDUCACIÓN
MINISTERIO DEL TRABAJO Y COMUNICACIONES
MINISTERIO DE RELACIONES EXTERIORES
MINISTERIO DE JUSTICIA
MINISTERIO DE OBRAS PÚBLICAS
MINISTERIO DEL TRABAJO
MINISTERIO DE COMUNICACIONES
MINISTERIO DE FOMENTO
MINISTERIO DE MINAS E HIDROCARBUROS
MINISTERIO DE SANIDAD Y ASISTENCIA SOCIAL
MINISTERIO DE AGRICULTURA Y CRIA
MINISTERIO DE EDUCACIÓN
MINISTERIO DE RELACIONES EXTERIORES
MINISTERIO DE HACIENDA
MINISTERIO DE DEFENSA

Los fines y las exigencias del Estado puede decirse que desde 1936 hasta 1974 han cambiado radicalmente, y sin embargo las estructuras administrativas ministeriales, en términos generales, han permanecido casi invariables.

Ello, por supuesto, provocó la existencia de una evidente contradicción e incongruencia entre fines del Estado y medios administrativos para lograrlos; contradicción que se evidencia del análisis de la organización administrativa existente en la primera mitad de la década de los setenta y su adecuación o no a los fines del Estado, según cada sector de actividad pública. Esta contradicción, por otra parte, existía en particular en los sectores de desarrollo económico, de desarrollo social y de desarrollo físico y ordenación territorial, en los cuales la evolución de las instituciones públicas y de los fines del Estado ha sido más patente en las últimas décadas. En los sectores de política y administración general, por responder a los fines tradicionales del Estado, la contradicción era menor, y en esta forma los Ministerios de Relaciones Interiores, de Relaciones Exteriores, de Defensa y de Justicia, se identificaban básicamente como las estructuras ministeriales a cuyo cargo estaba la conducción de las actividades públicas de los sectores de política interior, política exterior, defensa y justicia. Algunas observaciones generales sobre los mismos, sin embargo, pueden formularse.

En efecto, estando el Ministerio de Relaciones Interiores a cargo del sector relaciones políticas interiores, y dentro de él de los programas de seguridad pública, en el mismo tenía que estar ubicada, administrativamente hablando, la coordinación de las actividades de policía general del Estado, es decir, de policía del orden público general. En efecto, de acuerdo con la Constitución Nacional, es competencia del Poder Nacional (Federal) los servicios de policía nacional[1224]; es competencia de los Estados, la organización de la policía urbana y rural, determinando las ramas de este servicio atribuidas a la competencia municipal[1225] ; y es de la competencia de los Municipios el gobierno y la administración de cuanto tenga relación con la policía municipal[1226]; pudiendo los Estados y Municipios organizar sus fuerzas de policía sólo de acuerdo con la Ley[1227]. Ahora bien, esta Ley nacional reguladora de la policía general, que la Constitución exige, en la primera mitad de 1974 no se había dictado, por lo que las competencias estadal y municipal seguían regidas por los ordenamientos estadales o municipales, sin que el poder nacional tuviera posibilidad alguna de coordinar la organización de los servicios de policía general. En el ámbito nacional sólo existían a nivel del Ministerio de Relaciones Interiores, unidades con competencia en algunos aspectos de policía de seguridad, en particular en lo relativo a identificación y extranjería, y en materia de policía de seguridad del Estado (servicios de inteligencia y prevención) con funciones de policía administrativa preventiva. Aparte de estas unidades, en el Ministerio de Comunicaciones existía una unidad con competencia en materia de policía administrativa de tránsito (Cuerpo de Vigilantes de Tránsito) en abierto conflicto con las competencias municipales en materia

---

1224 Artículo 136.

1225 Artículo 17,5 de la Constitución.

1226 Artículo 30 de la Constitución.

1227 Artículo 134 de la Constitución.

de circulación[1228]; del Ministerio de Justicia dependía la Policía Judicial, esencialmente distinta y separada —como debe ser— de la administrativa; y del Ministerio de la Defensa dependían las Fuerzas Armadas de Cooperación, como una de las cuatro fuerzas (además del Ejército, Aviación y de Marina), con funciones de cooperación a la administración civil en materia de policía general preventiva del orden público, de policía administrativa especial en el campo de la policía de fronteras, de la policía aduanera, de la policía de licores, de la policía de caza y pesca, de policía vial, de policía penitenciaria; e inclusive de policía judicial[1229]. Como se puede apreciar de esta situación, en Venezuela no estaba debidamente organizada una policía nacional, y la única institución que más se asemejaba a ella, sin serlo, era una de las cuatro fuerzas de las Fuerzas Armadas Nacionales: las Fuerzas Armadas de Cooperación (FAC), integrada dentro de la jerarquía militar. Esta deficiencia, inclusive en una de las competencias tradicionales del Estado como son las de policía, ponía de manifiesto la fragilidad e impotencia de la administración central para asumir institucionalmente sus funciones rectoras de la vida nacional.

En el mismo campo de las funciones de policía que debe ejercer el Ministerio de Relaciones Interiores hemos señalado que estaban a su cargo los servicios de identificación y extranjería. Sin embargo, y en relación a los primeros, el ordenamiento administrativo del mismo adolecía de una deficiencia fundamental: la inexistencia en Venezuela de un sistema de Registro Civil de carácter nacional, lo cual dificultaba enormemente las actividades de identificación. En efecto, el registro civil en Venezuela sólo estaba regulado en el Código Civil, como una función esencialmente de carácter local al atribuirse el estado civil de las personas (nacimientos, matrimonios y defunciones) a la primera autoridad civil de la parroquia o municipio[1230], tal como lo hicieron los Códigos Civiles del siglo pasado; y no había desde el punto de vista administrativo e institucional, un verdadero seguimiento de la situación jurídica y administrativa de la persona que permitiera integrar los registros del estado civil, que se archivaban en las Oficinas de Registro Público[1231], con los servicios de identificación, los cuales, sólo recientemente, por ejemplo, se habían integrado a la formación del registro electoral[1232]; pero entre éste y el registro civil la relación era sólo indirecta[1233]. La falta de integración del registro civil (nacimientos, defunciones y matrimonios) a los servicios de identificación desde el punto de vista administrativo, provocaba innumerables fallas y deficiencias en estos últimos, cuyos archivos se formaban a instancia de los interesados y no en forma automática.

En el mismo campo de los fines de policía, defensa y seguridad pública, las actividades del Estado tendientes a la consolidación de registros y sistemas que garantizaran la seguridad jurídica y el tráfico de bienes, propias del sector justicia, no esta-

1228 *V.* artículo 30 de la Constitución. *V.* además, Allan R. Brewer-Carías, *Aspectos Institucionales del Tránsito y Transporte en el Área Metropolitana de Caracas,* Caracas, 1972.

1229 *V.* por ejemplo, el Decreto número 429 de 1 de agosto de 1952, mediante el cual se atribuye a la FAC las funciones de Política Federal, en *Gaceta Oficial* numero 23982, de 26 de julio de 1952.

1230 Artículos 445 y ss. del Código Civil.

1231 Artículo 500 del Código Civil.

1232 *V.* Ley Orgánica de Identificación, en *Gaceta Oficial* número 29594, de 26 de agosto de 1971.

1233 *V.* Artículo 76 de la Ley Orgánica del Sufragio, en *Gaceta Oficial* numero 1609, extraordinario, de 6 de septiembre de 1973.

ban debidamente institucionalizadas en el Ministerio de Justicia. En efecto, el sistema de Registro Público existente, que operaba a través de Registradores Principales y Subalternos[1234], estaba concebido más como un medio de recaudación de ingresos fiscales que como una institución de seguridad pública, tal como estuvo concebido en España a finales del siglo XVIII y como se introdujo en Venezuela a mitades del siglo pasado[1235]. El Registro Público, por tanto, no garantizaba el adecuado tráfico jurídico y de bienes[1236], y los sucedáneos a dichas deficiencias creados en el Ministerio de Justicia a través de las Notarías, no reguladas por ley sino por un reglamento bastante deficiente[1237], en lugar de asegurar la seguridad jurídica en el tráfico de bienes y en los negocios jurídicos, lo que provocaron fue la creación de figuras jurídicas notariales que no se ajustaban a los medios de prueba regulados en el Código Civil y en el Código de Procedimiento Civil, sirviendo en muchos casos como documentos con ropaje de legalidad, construidos para el fraude[1238]. No existía por tanto en Venezuela, administrativamente hablando, un cuerpo normativo e institucional, que garantizara la seguridad jurídica en los negocios (Notariado) o el tráfico de bienes (Registro Inmobiliario e Hipotecario), pues los mecanismos en vigor (Registro Público y Notarías Públicas) no sólo fueron concebidos para otras finalidades y otras épocas, sino que lo fueron con grandes deficiencias.

Pero esta contradicción entre los fines del Estado y los medios administrativos disponibles, evidentemente que era mucho más angustiosa y patente en aquellos fines no tradicionales, y cuyo origen responde a exigencias económicas y sociales recientes.

En efecto, en el campo de los fines de desarrollo económico y, en particular, en el sector finanzas, las actividades del Estado de regulación, vigilancia y control de las actividades financieras, crediticias y bancarias, no encontraban a comienzos de la década de los setenta, encuadre institucional en el Ministerio de Hacienda, por lo que no tenían la coherencia necesaria para que pudieran responder a una política económico-financiera que difícilmente, por la dispersión del sector, podía formularse. En efecto, en el sector, si bien el Ministerio de Hacienda a través de la Superintendencia de Bancos[1239], de la Superintendencia de Entidades de Ahorro y Préstamo[1240], y de la Comisión Nacional de Valores[1241], realizaba importantes funciones de vigilancia y control sobre las actividades bancarias y financieras y sobre la formación de capitales y el fomento del ahorro; la intervención y control del Estado en

---

1234 *V.* Ley de Registro Público de 26 de agosto de 1943, en *Gaceta Oficial* numero extraordinario, de 4 de septiembre de 1943.

1235 *V.* Exposición de Motivos del Proyecto de Ley de Registro Inmobiliario, en *Revista del Ministerio de Justicia*, número 35, Caracas, 1965.

1236 *Idem.*

1237 *V.* en Reglamento de Notarías dictado por Decreto número 430, en *Gaceta Oficial* numero 25.169, de 2 octubre de 1956.

1238 Por ejemplo, el mal llamado documento "reconocido" a nivel notarial, *idem.*

1239 *V.* la Ley General de Bancos y otras instituciones de Crédito de 30 de diciembre de 1970, en *Gaceta Oficial* número 1454. Extraordinario de 30 de diciembre de 1970.

1240 *V.* Ley del Sistema Nacional de Ahorro y Préstamo, de 7 de septiembre de 1966, en *Gaceta Oficial* número 1045 de 20 de septiembre de 1966.

1241 *V.* Ley de Mercado de Capitales, en *Gaceta Oficial* número 1566. Extraordinario de 31 de enero de 1973.

el campo monetario y crediticio en general, escapaba de su competencia directa y se ejercía por un establecimiento público de economía mixta (con participación del capital privado) no sometido a su tutela: el Banco Central de Venezuela[1242]. Por otra parte, la Superintendencia de Seguros[1243], pieza esencial para la vigilancia y control de las actividades de seguro, dependía de otro Ministerio distinto: el Ministerio de Fomento, al igual que la Superintendencia de Cooperativas[1244], cuyas actividades se integraban, sin embargo, en el sector finanzas.

Por otra parte, el Ministerio de Hacienda no tenía ningún medio administrativo ni legal para coordinar toda la actividad financiera y crediticia del sector público, y que se realizaba autónoma e incoherentemente en cada sector; tal como sucedía con los programas públicos de financiamiento industrial, comercial, de desarrollo agropecuario, de desarrollo social, de educación y de vivienda. Esta dispersión administrativa del sector finanzas, le impedía al Ministerio de Hacienda, quien debería actuar como eje del sector, ejercer adecuadamente la conducción y coordinación de las actividades administrativas que se integraban al mismo, careciendo el Estado consecuencialmente, de una política financiera y crediticia pública coherente[1245].

Por otra parte, dentro de los mismos fines de desarrollo económico, el sector de desarrollo industrial, que tenía que integrar las actividades del Estado en el campo de la producción, donde está la base de nuestro futuro económico, seguía operando a comienzos de 1974 con los patrones de la Venezuela pre-industrial. En efecto, la incongruencia administrativa de este sector, comenzaba por la inexistencia de un Ministerio responsable del mismo. El Ministerio de Fomento, cuyas actividades se asemejaban más a las del sector, era un Ministerio de existencia residual: tenía a su cargo las actividades que quedaron después de que se le desgajaron otras que dieron origen, sucesivamente, en una centuria, a los Ministerios de Obras Públicas, Comunicaciones, Trabajo, Sanidad, Educación, Agricultura y Cría y Minas e Hidrocarburos. El residuo; como todo residuo, era incoherente y ello producía no sólo que no existiera una verdadera política de desarrollo industrial, concluida como estaba la etapa de sustitución de importaciones que tantas distorsiones ha producido a nuestra incipiente economía no petrolera, sino que las actividades públicas que se cumplían en el campo no respondían a lineamientos generales preestablecidos[1246]. En efecto, dentro de las actividades públicas que integraban el sector de desarrollo industrial, podían distinguirse las de programación, promoción, protección, financiamiento, control y producción industrial, y que sobrepasaban, en mucho, el solo "fomento"

1242 *V.* Ley del Banco Central de Venezuela, de 5 de diciembre de 1960, en *Gaceta Oficial* número 659, de 18 de enero de 1961.

1243 *V.* Ley de Empresas de Seguro y Reaseguros, de 2 de julio de 1965, en *Gaceta Oficial* número 979. Extraordinario de 26 de julio de 1965.

1244 *V.* Ley General de Asociaciones de Cooperativas de 11 de julio de 1966, en *Gaceta Oficial* número 1036. Extraordinario de 11 de agosto de 1966.

1245 El Banco Industrial de Venezuela, la Corporación Venezolana de Fomento y CONAFIN, estaban adscritas al Ministerio de Fomento; el Banco de Desarrollo Agropecuario y el Banco Agrícola y Pecuario estaban adscritos al Ministerio de Agricultura y Cría, la FUNDACOMUN, estaba vinculada al Ministerio de Relaciones Interiores; el Banco Obrero al Ministerio de Obras Pública; y las Corporaciones de Desarrollo Regional tenían adscripciones variadas.

1246 *Cfr.* Allan R. Brewer-Carías, "Administración Pública para el Siglo XXI", *El Nacional* (Edición Aniversario), Caracas 3 de agosto de 1973, p. III-7

industrial del siglo pasado. En efecto, una política de desarrollo industrial que produjera una adecuada programación del sector de acuerdo con el Plan de la Nación, exigía antes que nada la coordinación del desarrollo industrial o manufacturero, con la producción agrícola, pecuaria, minera y de hidrocarburos y sus derivados ; coordinación que el Ministerio de Fomento, tal como estaba configurado en 1974, era incapaz de realizar.

Pero los problemas del sector no sólo surgían de la ausencia de políticas y programas generales, sino de las áreas de actuación concreta que el mismo exigía. En el campo de la promoción industrial, por ejemplo, el Estado en Venezuela carecía de instrumentos elementales que le permitieran canalizar la inversión a áreas de producción o a regiones que la planificación nacional exigía, o en otras palabras, y salvo por lo que se refería al otorgamiento del crédito oficial, el Estado no disponía del instrumental jurídico y administrativo adecuado para estimular el desarrollo industrial por áreas o regiones. Hasta 1974, el territorio venezolano fue tierra de nadie en materia de inversiones extranjeras, las cuales se ubicaron en las áreas y regiones más convenientes al inversionista, disponiendo el Estado de sólo mecanismo de control indirecto de otorgamiento o no de licencias de importación de partes o equipos necesarios para el desarrollo de la industria en concreto, o de exoneración de impuestos de importación. Fue necesaria la adhesión de Venezuela al Acuerdo Subregional de Integración Andina (Acuerdo de Cartagena) que implicó la vigencia, a partir del 1° de enero de 1974, del "Régimen común de tratamiento a los capitales extranjeros y sobre marcas, patentes, licencias y regalías del Acuerdo de Cartagena" (Decisión núm. 24), para que un cuerpo normativo relativo a la regulación y control de las inversiones extranjeras como el exigido por la Constitución[1247] se pudiera aplicar en el país. Por otra parte, íntimamente vinculados a la promoción industrial estaban los programas de desarrollo tecnológico industrial que no encontraban encuadramiento en el Ministerio de Fomento.

En el campo de la protección industrial, por lo que se refiere a la protección del consumidor, fundamentalmente a través del control de calidad y la normalización industrial, la normativa y el aparato institucional aún no había alcanzado el grado de desarrollo y prioridad requerido; y en lo que se refiere a la protección del productor, fue sólo al final del Gobierno del Presidente Caldera cuando se adquirió conciencia de que la protección industrial no podía ser concedida de por vida sin la evaluación de la contribución efectiva que la industria en concreto había dado a la economía nacional. En todo caso, la estructura del Ministerio de Fomento en 1974, no estaba adecuada a desarrollar, con agilidad, las actividades esenciales de programación, promoción y protección industriales señaladas. En el campo del financiamiento y de la producción industrial, sin embargo, la situación era más grave, pues no existía posibilidad de realizar una adecuada coordinación en dichas áreas. En efecto, el financiamiento público a la industria se realizaba en Venezuela fundamentalmente a través de instituciones autónomas independientes, del Ministerio de Fomento y entre sí: el Banco Industrial de Venezuela (BIV), la Corporación Venezolana de Fomento (CVF) y la Comisión Nacional de Financiamiento a la Pequeña y Mediana Industria (CONAFIN); las cuales realizaban sus actividades crediticias y de financiamiento

1247 Artículo 107 de la Constitución. *V. la Ley Aprobatoria del Acuerdo de Cartagena y el texto de la decisión número 24, en Gaceta Oficial* número 1620, extraordinario, de 1 de noviembre de 1973

sin coordinación alguna, y sin una orientación o programación general que le impidiera, por ejemplo, al BIV, conceder créditos para la construcción de viviendas; no teniendo el Ministerio de Fomento, en relación a dichas instituciones, efectivos mecanismos de control de tutela y de formulación de directrices generales de acción.

Por último, en el campo del sector desarrollo industrial, también se destacaba la incoherencia administrativa de la producción industrial del Estado. En efecto, el proceso de inversión y producción directa del Estado en el campo industrial y salvo por lo que se refería a la C.A. de Administración y Fomento Eléctrico (CADAFE) en el campo de la distribución de electricidad, adscrita a la Corporación Venezolana de Fomento ; se había llevado a cabo fundamentalmente por entidades autónomas que no guardaban ninguna relación con el Ministerio teóricamente del sector: en primer lugar, por la Corporación Venezolana de Guayana (CVG), poderoso instituto autónomo que ha recibido el mayor aporte financiero del Estado y de crédito público que haya recibido institución similar en Venezuela, y que desarrolló las siguientes importantes empresas de producción industrial: en el campo siderúrgico, CVG Siderúrgica del Orinoco C. A. (SIDOR); en el campo de la producción de energía hidroeléctrica: CVG Electricidad del Caroní CA. (EDELCA); y en el campo minero, Aluminio del Caroní S.A. (ALCASA) integrada con capital mixto. Pero la CVG estuvo adscrita, desde su fundación, a la Presidencia de la República y nunca al Ministerio que debería actuar como eje del sector desarrollo industrial. En segundo lugar, por las empresas petroquímicas, centralizadas en el Instituto Venezolano de Petroquímica (IVP), adscrito formalmente al Ministerio de Minas e Hidrocarburos; y en tercer lugar, por la Corporación Venezolana del Petróleo (CVP), a la cual sólo a comienzos de 1974 se proyectaba prepararla como el instrumento nacional que pudiera asumir la conducción de la industria petrolera, al producirse la nacionalización de la misma, o la reversión de las concesiones de hidrocarburos en 1983. En todo caso, todas esas industrias del Estado, que formaban el complejo de industrias básicas sobre el cual se debían construir las bases del mundo industrial moderno del futuro en Venezuela, no estaban integradas ni coordinadas con política alguna de la administración central.

En el sector comercio, que abarca actividades del Estado que también persiguen fines de desarrollo económico, el instrumental administrativo e institucional tampoco se había integrado adecuadamente. Por ejemplo, todas las actividades de control y regulación de precios de artículos de primera necesidad, mecanismo esencial de protección al consumidor particularmente importante después de un proceso de industrialización y sustitución de importaciones como el realizado en la década de los sesenta, y que estaban a cargo del Ministerio de Fomento, dejando a salvo las regulaciones que al respecto establecía la Ley de Mercadeo Agrícola[1248], carecían para su realización adecuada, de instrumentos legales: la regulación de precios se efectuaba en la Venezuela de mediados de 1974 apelando a un Decreto de 1944 dictado con motivo de la situación de emergencia y escasez producida por la guerra mundial, en base a la suspensión de las garantías constitucionales consagradas en la Constitución de 1936[1249]. Por otra parte, en cuanto al comercio exterior, el cual adquiere cada vez

1248 *V.* la Ley de Mercadeo Agrícola, en *Gaceta Oficial* número 29298. Extraordinario de 21 de agosto de 1970.

1249 Decreto número 176, de 15 de agosto de 1944 que creo la Comisión Nacional de Abastecimiento, hoy desaparecido.

mayor importancia en virtud del cambio del énfasis del crecimiento hacia adentro por el crecimiento hacia afuera, y por tanto, de promoción de las exportaciones e integración económica, si bien recibió un impulso fundamental a raíz de la creación, en 1970, del Instituto de Comercio Exterior, adscrito al Ministerio de Relaciones Exteriores[1250], no había logrado su adecuado engranaje con las actividades públicas en el campo del desarrollo industrial y de aduanas, no teniendo, en todo caso, el Ministerio de Fomento, sino una muy relativa ingerencia en las acciones de dicho Instituto, las cuales eran básicamente asesoras y de poco contenido ejecutivo. Por otra parte, a cargo del Ministerio de Fomento también estaba el sector turismo el cual ha recibido los beneficios de una reciente legislación en 1973[1251]. Hasta ese año, las actividades de turismo se compartían entre una unidad ministerial de existencia formal en los años anteriores a 1973, y una compañía anónima, CONAHOTU, que realizaba las operaciones fundamentales del Estado en el campo. En 1973 se creó una Corporación Nacional de Turismo, como instituto autónomo, que tiene a su cargo la realización de las actividades básicas en el sector.

Aparte de los sectores de finanzas, desarrollo industrial, y comercio interior y exterior, en el campo de los fines de desarrollo económico, se destaca por su importancia particularmente en Venezuela, el sector minería e hidrocarburos. Las actividades tradicionales en este sector se habían concentrado a la regulación y control de la industria minera y petrolera, y el Ministerio de Minas e Hidrocarburos básicamente había funcionado como tal, habiéndosele agregado a sus funciones, recientemente, las de coordinación, inspección y control de los bienes afectos a reversión de las empresas petroleras en virtud de la Ley sobre Bienes Afectos a Reversión en las concesiones de hidrocarburos de 1971. Las importantísimas y vitales actividades de producción y comercialización en el sector, en todo caso, no habían encontrado encuadramiento adecuado en la estructura del Ministerio, por lo cual se crearon sucesivamente, institutos autónomos, que cumplían sus funciones con total autonomía del Ministerio, tal como sucedía con el Instituto Venezolano de Petroquímica, de quien dependían todas las empresas de producción petroquímica del país, y con la Corporación Venezolana del Petróleo, a la cual, además de sus lamentablemente incipientes actividades en el campo de la producción petrolera, se le atribuyó en 1973 el monopolio de la comercialización de los productos derivados de hidrocarburos mediante la Ley que reserva al Estado el mercado interno de hidrocarburos y sus derivados; y en 1972, la producción de gas natural mediante la Ley que reserva al Estado la industria del gas natural[1252]. En todo caso, la dispersión administrativa entre el Ministerio de Minas e Hidrocarburos y las cada vez más poderosas e importantes instituciones autónomas que adscritas al mismo, operaban, produjeron una falta de coordinación que ha afectado a ciertas áreas de primerísima importancia, que solo recientemente han comenzado a encontrar el respaldo de una acción decidida del Estado, como es, por ejemplo, la investigación petrolera y la formación de los recursos humanos que muy pronto deberán asumir la dirección de una industria actualmente en manos extranjeras. En efecto, fue sólo en 1974 cuando ha comenza-

---

1250 *V.* la Ley del Instituto de Comercio Exterior, en *Gaceta Oficial* numero 29.294, de 17 de agosto de 1970.

1251 *V.* Ley de Turismo, en *Gaceta Oficial* número 1591. Extraordinario de 22 de junio de 1973.

1252 *Idem.*

do a funcionar, adscrito al Ministerio de Minas e Hidrocarburos, el Fondo de Investigaciones del Petróleo[1253].

Por último, en el campo de los fines de desarrollo económico se destacan las actividades públicas que conforman el sector de desarrollo agropecuario y que conllevan acciones de regulación, control, promoción y extensión; reforma agraria, dotación y creación de infraestructura; financiamiento; y mercadeo agropecuario. La actividad fundamental en el sector estaba encomendada básicamente al Ministerio de Agricultura y Cría, pero el mismo no sólo era incapaz de programar las actividades del sector, sino que se encontraba en la imposibilidad de coordinarlo. En efecto, el Ministerio de Agricultura y Cría realizaba en 1974, básicamente funciones de regulación y control de la actividad agrícola y pecuaria del país, y parcialmente, actividades de investigación y extensión agrícola (asistencia técnica) compartidas por numerosos institutos de investigación que operaban autónomamente, en el campo. Las actividades de promoción del desarrollo agropecuario, puede decirse que no encontraban un encuadramiento coherente dentro del Ministerio. Las actividades de dotación de tierras a los campesinos y la consecuente lucha contra el latifundio en cumplimiento de la normativa constitucional y de las disposiciones de la Ley de Reforma Agraria, y el establecimiento de la infraestructura física del sector agrícola, con excepción de las obras de riego que estaban a cargo del Ministerio de Obras Públicas, correspondían al Instituto Agrario Nacional (IAN), que realizaba sus funciones con entera autonomía del Ministerio. En el campo de las actividades de financiamiento del sector, el crédito agropecuario y campesino estaba encomendado a dos instituciones totalmente autónomas entre sí y del Ministerio: el Banco de Desarrollo Agropecuario y el Banco Agrícola y Pecuario (BAP); y en el campo de las actividades de comercialización y mercadeo de la producción agrícola y pecuaria las actividades básicas se realizaban por la Corporación de Mercadeo Agrícola, también con total autonomía frente al Ministerio y las demás instituciones que integraban el sector. Con una estructura administrativa como la descrita en el sector, ¿cómo podía reclamarse realmente que se definiera una política agrícola y ganadera? El Ministerio de Agricultura y Cría, el más débil, paradójicamente, entre todos los organismos del sector, materialmente reducía su acción a tratar de coordinar lo incoordinable: un IAN que dotaba de tierras, mediante un gasto público que enriqueció a muchos antiguos latifundistas; pero que dotaba de tierras sin saber si el instituto de crédito campesino —BAP— podía asistir a los nuevos propietarios; y sin saber si los que lograban producir, podían comercializar sus productos, pues no había integración de programas con la empresa almacenadora —ADAGRO— o el ente comercializador —Corporación de Mercadeo Agrícola— ¿Cuántas veces cosechas enteras se perdieron por la inexistencia de medios para comercializar el producto? En todo caso, éste es un solo aspecto del deterioro administrativo del sector: en 1974 estaba a la orden del día el clamor por la definición de una política agrícola y ganadera ; y Venezuela, que podría tener allí su verdadera primera industria nacional, seguía, por ejemplo, importando carne legal o ilegalmente[1254]. El reconocimiento de la total desintegración e incoherencia administrativa del sector se reconoció por el Estado al recibir uno de

1253 *V.* Ley que crea el Fondo de Investigaciones del Petróleo, en *Gaceta Oficial* número 30.017 de 26 de enero de 1973.

1254 *V.* Allan R. Brewer-Carías, "Administración Pública para el Siglo XXI" *loc. cit.*, p. III-7.

los más grandes préstamos que ha otorgado el Banco Interamericano de Desarrollo en los últimos años, para el denominado Programa Integral de Desarrollo Agrícola (PRIDA), cuya administración —con razón— se sacó de los organismos del sector y se encomendó a un Comité Coordinador de todos ellos, para cuya operación se dictó una reglamentación especial[1255].

En el campo de los sectores que integran los fines de desarrollo social, la incoherencia administrativa era todavía mayor que la existente en los campos anteriores, quizás porque los fines sociales clásicos del Estado habían variado. En efecto, no sólo educación y salud agotan dichos fines, sino que cada vez adquieren mayor importancia los asuntos laborales, el desarrollo cultural, la seguridad y previsión social y la promoción y protección social. En efecto, el sector de promoción y protección social, en la cual se debían integrar las actividades del Estado en relación a la promoción popular y desarrollo de la comunidad y al bienestar, asistencia y protección social, hasta 1974 no sólo no estaba dirigido ni coordinado por ninguna de las estructuras ministeriales, sino que no había sido objeto de definición de políticas ni de planificación, a pesar de que es quizás el sector más importante en el campo social, debido a la creciente marginalidad urbana que ha surgido en Venezuela. Las actividades que. se cumplían en el sector mostraban por tanto, una absoluta falta de coherencia administrativa, y en su realización, participaban sin mayores resultados, una amplia gama de organismos públicos. Por ejemplo, en materia de promoción popular y desarrollo de la comunidad, realizaban programas conexos, el Ministerio de Sanidad y Asistencia Social, el Banco Obrero, la Oficina Central de Coordinación y Planificación de la Presidencia de la República y la Fundación para el Desarrollo de la Comunidad y Fomento Municipal (FUNDACOMUN), sin que entre ellos existiera una efectiva coordinación ni programación. Además, en el campo de la promoción de cooperativas, las competencias se atribuían al Ministerio de Fomento; y en el campo de promoción del deporte y recreación popular, el Instituto Nacional de Deportes, adscrito al Ministerio de Educación y el Instituto de Capacitación y Recreación de los Trabajadores (INCRET), adscrito al Ministerio del Trabajo, realizaban funciones sin coordinación alguna. La desintegración del sector, en este sentido, no podría ser más absoluta. Situación similar se observaba en cuanto a la protección de los ancianos e inválidos, a cargo de un instituto autónomo: el Patronato Nacional de Ancianos e Inválidos; y a la promoción juvenil, tan necesaria en un país con más de la mitad de su población menor de 18 años[1256]. En este último campo, sólo actuaba realmente un instituto autónomo: Consejo Venezolano del Niño, que no había recibido el adecuado soporte y apoyo oficial y que en algunas épocas funcionaba más como organismo reformador o de reclusión que de promoción social. En este campo, por tanto, hasta 1974 muy poco o nada hizo el Estado en favor de los niños que por cientos de miles se debatían entre la miseria, la ausencia de padres y de escuelas, las drogas y el hampa en los barrios de los centros urbanos[1257]. Parece que el país no se

---

1255 *V.* Reglamento de operación del PRIDA, en *Gaceta Oficial* número 29.500 de 5 de mayo de 1971.

1256 Debe recordarse que de 11519 millones de habitantes en 1973, se estimaba que 5.966.974 tenían menos de dieciocho años. *V. Venezuela en 1972, IV Mensaje del Presidente de la República Dr. Rafael Caldera, al Congreso Nacional, cit.,* cuadro número 11 de la Información Estadística (anexo).

1257 El Consejo Venezolano del Niño estimaba en 1973 (*v. El Nacional,* Caracas, 14 de mayo de 1973) que en Caracas existían 280.396 niños abandonados, lo que equivale a más del 10% de la población total de Caracas, calculada en 1971 en 2.183.935 habitantes, y a mas de 1/6 de la población menor de catorce

daba cuenta de que se estaba preparando una legión de desadaptados sociales que amenazarían en pocos años las posibilidades reales de progreso, pues ni siquiera serían capaces de conducir una revolución. En este campo, es evidente que en las labores de beneficencia o las caritativas que tanto se han desarrollado en el sector privado, no estaba la clave de la solución del problema, sino al contrario, en una vigorosa acción del Estado, consecuencia de una redistribución del gasto público hacia los sectores sociales. Por último, en el sector de promoción y protección social, las actividades del Estado en relación al bienestar y a la asistencia social, a cargo fundamentalmente del Ministerio de Sanidad y Asistencia Social y de los Municipios[1258] tampoco fueron objeto de la debida atención por parte del Estado.

En el campo de los fines de desarrollo social se destacan también las actividades de desarrollo y fomento cultural, las cuales tampoco eran realizadas a través de una estructura administrativa coherente, pues si bien el Instituto Nacional de Cultura y Bellas Artes, adscrito al Ministerio de Educación, era el organismo con responsabilidad principal en el mismo, las actividades de protección y fomento del patrimonio histórico y artístico de la Nación no habían sido objeto de interés en el sector público, y la orientación popular de la cultura era casi inexistente. De ahí, por ejemplo, la ausencia de colaboración de la televisión privada en la promoción cultural.

El sector de asuntos laborales, estaba a cargo fundamentalmente del Ministerio del Trabajo, quien sin embargo, no tenía competencias directas en el sector de previsión y seguridad social. En efecto, las actividades estatales fundamentales en este campo, se realizaban a través del Instituto Venezolano de los Seguros Sociales (IVSS) adscrito formalmente a dicho Ministerio, pero con una estructura organizativa que le daban una cada vez mayor lejanía a las posibilidades de orientación del mismo. Por otra parte, dicho Instituto, minado en los últimos años por las presiones de una burocracia sindical y de un gremio médico que se ha enriquecido a expensas de la gran capa de la población que realmente necesita sus servicios, lamentablemente se ocupó más de la prestación de los servicios de atención médica, sin ninguna conexión y amplia autonomía respecto del Ministerio de Sanidad y Asistencia Social, con el descuido y sacrificio de los objetivos de seguridad social. Contrariamente a la extensión y uniformización de estos servicios, de acuerdo a las exigencias constitucionales[1259], el Estado más bien fomentó el parcelamiento de la previsión social, al crear o auspiciar la creación de innumerables institutos de previsión social a nivel de comunidades profesionales o gremios determinados[1260], habiendo sido materialmente imposible, por la dispersión administrativa, la definición de una política de seguridad y previsión social de carácter nacional y ello, con el resultado de que mayor protección y seguridad social reciben las capas de mayores ingresos, y

años. En 1972, el Presidente Caldera nombro un Ministro de Estado para la Juventud, la Ciencia y la Cultura, quien presento en 1973 y en 1974 al Presidente, el resultado de sus investigaciones. *V.* Decreto numero 934, en *Gaceta Oficial* numero 29.779 de 13 de abril de 1972.

1258 Artículo 30 de la Constitución.

1259 Artículo 94 de la Constitución.

1260 En el campo oficial, por ejemplo el Instituto de Previsión Social para los empleados del Ministerio de Educación (IPASME), la Caja de Previsión Social de los Empleados del Ministerio de Comunicaciones (CAPRENCO) y el Instituto de Previsión Social de las Fuerzas Armadas (IPSFA); lista la cual hay que agregar los Institutos de Previsión Social de los Colegios de Abogados, de Médicos, de Odontólogos, de Periodistas, etc. Además de los de los Profesores Universitarios.

menor, las de menores ingresos[1261]. El mismo problema se planteaba respecto de otros sectores de desarrollo social y, en particular, respecto del sector salud. En efecto, el Ministerio de Sanidad y Asistencia Social, que debía tener a su cargo las actividades fundamentales en el campo, en realidad no las tenía, y estaban reducidas sus funciones a la regulación y control de las actividades que tienen relación con la salud, las acciones de saneamiento ambiental de carácter sanitario y algunas actividades de atención médica. En este último campo, en 1974, otros ochenta y cuatro organismos prestaban servicios de atención médica, y entre ellos, el más importante, el IVSS, no regulado ni controlado por el Ministerio, lo cual implicaba que en Venezuela no existiera un Servicio Nacional de Salud, a pesar de los esfuerzos por crearlo realizados en el solo campo de la programación a partir de 1972[1262].

Por, último, en el campo de los sectores que integran los fines de desarrollo social del Estado, se incluye el sector educación cuyas actividades han estado a cargo fundamentalmente del Ministerio de Educación y de las Universidades oficiales. Sin embargo, tanto la regulación legal de las actividades educativas como la misma estructura administrativa del sector, destinada a atender las necesidades de una Venezuela de hace veinte a treinta años, a pesar de los esfuerzos por reformarla que se hicieron en los años posteriores a 1970, no respondían en absoluto a las exigencias sociales que planteaba la educación[1263]. Por otra parte, debe destacarse que a nivel de formulación de una política de educación superior y media diversificada, fue solo recientemente, después de la reforma de la Ley de Universidades de 1971[1264], que se pudo incorporar realmente a estas últimas en tareas de proyecciones nacionales, que exceden el ámbito de sus respectivas autonomías. En todo caso, es de destacar que quizás fue éste el sector que mayor atención ha recibido por parte del Estado, tendiente a adaptar su sistema, a las exigencias actuales y futuras del país[1265].

Por último, además de los fines de política y administración general, de desarrollo económico y de desarrollo social, el Estado tiene planteados diversos fines de desarrollo físico y ordenación territorial realizados a través de diversos sectores íntimamente vinculados a las exigencias del equipamiento y la infraestructura del país, tales como los sectores de desarrollo urbano y vivienda, de comunicaciones, de transporte y de recursos naturales renovables. En estos sectores a la dispersión administrativa propia de algunos de ellos, se agregaba la distorsión administrativa provocada por la acción del Ministerio de Obras Públicas, el cual ejercía competen-

---

1261 La Legislación parecía dirigirse entonces al 30% de la población, con un descuido regular del 70% de la misma, quien realmente si necesita de esos servicios ¿De que nos valía, en este campo, proclamar que Venezuela tenía en 1973 el más alto ingreso per cápita de América Latina, situado en 1.280 dólares – cifra igual a la de España e Italia-, si no éramos capaces ni siquiera de extender la seguridad social a la mayoría de la población, como medida elemental de redistribución de la riqueza?.

1262 En 1972 el Presidente de la República encomendó al Ministerio de Sanidad la realización de los estudios tendientes a la creación del Servicio Nacional de Salud. *V.* Decreto numero 690 de 1 de septiembre de 1971.

1263 Basta señalar por ejemplo, que desde 1961 a 1973, la matrícula escolar pasó de 1.536.400 niños a casi 3.000.000 de niños, por lo que razón tenía el Ministro de Educación al plantear en 1973, que sin la reforma administrativa del Sector, rechazada sistemáticamente por el Congreso, las fallas, defectos y desajustes continuarían en el Ministerio. *V.* en *El Nacional,* Caracas 22 de marzo de 1973, p. C-4.

1264 *V.* La Ley de Universidades, en *Gaceta Oficial* número 1429, extraordinario, de 8 de septiembre de 1970

1265 *V.* Héctor Hernández Carabaño, *Aportes a la Reforma Educativa,* Caracas 1970; Enrique Pérez Olivares, *Mas aportes a la Reforma Educativa,* Caracas 1972.

cias dispersas en los cuatro. En efecto, en relación al sector de desarrollo urbano y vivienda, puede decirse que en general, el Estado carecía de los instrumentos legales necesarios e indispensables para llevar adelante una política de ordenación territorial, y para controlar y regular el crecimiento urbanístico desordenado del país, realizándose algunas competencias incoherentes exclusivamente a nivel municipal[1266]. En el ámbito nacional, dejando aparte algunas labores de planeamiento urbano no compulsivo a cargo del Ministerio de Obras Públicas, desde el punto de vista administrativo, ejercían competencias diversas, el Ministerio de Fomento, en el campo de la regulación de alquileres de viviendas; el Instituto Nacional de Obras Sanitarias, en el campo del abastecimiento del agua; y el Banco Obrero, en el campo de construcción de viviendas, ambos Institutos adscritos al MOP. En este sentido, es claro que el problema urbanístico y de la vivienda, sobre todo en las áreas urbanas, no era solucionable con sólo construir edificios paralelamente a la desatención de los problemas sociales de la marginalización urbana y de la migración campesina. No es realmente construyendo costosas viviendas, inaccesibles dado el nivel de ingreso real de la población marginal urbana, como el problema del desarrollo y ordenación urbanística podrán atacarse; así como tampoco con los criterios simplemente de un Ministerio "constructor", como el de Obras Públicas, que tanta influencia ha tenido en el sector. El problema del desarrollo urbano exige mucho más que la construcción de viviendas y dotación de servicios, y su solución depende de innumerables factores sociales y económicos, situados fundamentalmente fuera del ámbito urbano. En todo caso, el caos urbanístico que viven nuestras ciudades principales, realmente no tenía solución con los instrumentos administrativos existentes, y al contrario, tendía a agravarse y quizás los cómplices y primeros culpables del empeoramiento de la situación eran los Concejos Municipales y sus entes administrativos[1267].

Con fines de desarrollo físico y ordenación territorial, el Estado realiza también una serie de actividades que se integran dentro del sector transporte, que fundamentalmente se realizaban por el Ministerio de Comunicaciones con la también ingerencia del Ministerio de Obras Públicas. En efecto, en el campo del transporte terrestre, el Ministerio de Obras Públicas tenía a su cargo la planificación y construcción de la infraestructura vial; la regulación y control del tránsito se realizaba por el Ministerio de Comunicaciones; la prestación de algunos servicios, como el incipiente de ferrocarriles, por un Instituto Autónomo de Administración de los Ferrocarriles del Estado ; y la regulación de las tarifas de los servicios de transporte, por el Ministerio de Fomento[1268]. La dispersión administrativa, en esta forma, no podía ser mayor y el mismo esquema se apreciaba en el área del transporte aéreo. ,En este último campo, la planificación y construcción de aeropuertos estaba a cargo del Ministerio de Obras Públicas; la operación de los mismos en manos del Ministerio de Comunicaciones o de institutos autónomos, como el Aeropuerto Internacional de Maiquetía; la regulación y control de la navegación aérea, en el Ministerio de Comunicaciones; y la prestación de los servicios a cargo de entidades autónomas como la Línea Aeropostal Venezolana (LAV) y la empresa VIASA. En el ámbito del transporte maríti-

---

1266 Artículo 30 de la Constitución.

1267 *V. El Informe de la Comisión para la Redacción del Proyecto de Ley del Ministerio de la Vivienda y el Proceso de ley de Ordenación Territorial y Urbana,* Caracas, 1972.

1268 *V.* CONAVIAL, *Diagnóstico del Sector Transporte,* Caracas 1970.

mo, la construcción de puertos y canales de navegación se realizaba por el Ministerio de Obras Públicas y por el Instituto Nacional de Canalizaciones, adscrito al Ministerio de Minas e Hidrocarburos; la operación y administración de los puertos por el Ministerio de Hacienda; la regulación y control de la navegación y transporte marítimo por el Ministerio de Comunicaciones; y la prestación de algunos servicios de transporte marítimo y fluvial por la C.A. Venezolana de Navegación (CAVN), pero Venezuela basando su economía en la exportación de petróleo por vía marítima, no poseía una flota petrolera[1269]. Esta absoluta dispersión del sector transporte, llevó a la inexistencia de un plan del sector y a la absoluta falta de coordinación de las actividades que se realizaban en el mismo.

Además de los sectores de desarrollo urbano y vivienda y de transporte, con fines de desarrollo físico y ordenación territorial, el Estado realiza una serie de actividades en el campo de las comunicaciones, que también estaban a cargo, básicamente, del Ministerio de Comunicaciones en las áreas de correo y telégrafos, y de la Compañía Anónima Nacional Teléfonos de Venezuela (CANTV), la cual realizaba sus funciones con una gran autonomía llegando a definir un Plan Nacional de Telecomunicaciones sin injerencia alguna del Ministerio[1270].

El último de los sectores que integran los fines de desarrollo físico y ordenación territorial, el sector de recursos naturales renovables, encuadra las actividades estatales de regulación y control del aprovechamiento de los recursos forestales, de aguas y suelos, y la protección de los mismos, además tal control de polución del medio ambiente. Dichas actividades, sin embargo, en 1974 tampoco se realizaban mediante un instrumental administrativo coherente e integrado, sino que también se encontraban dispersas entre diversos Ministerios. En efecto, si bien el Ministerio de Agricultura y Cría era el organismo con competencia fundamental en la regulación y control de los recursos forestales e hidráulicos y su racional aprovechamiento, en realidad apenas si llegaba a enterarse de lo que sucedía en el país en materia de destrucción de los recursos forestales, y muchas veces, los culpables de la situación eran los organismos administrativos: ¿cuántas veces el Banco Obrero solicitó permiso al MAC para talar árboles en sus desarrollos de viviendas? ¿Cuántas veces el MOP o CADAFE solicitaron concesiones al MAC para aprovechar para riego o energía hidroeléctrica los recursos hidráulicos del país? ¡Ninguna! Y si los propios entes públicos no cumplían la ley ni consultaban a los organismos competentes en cada caso[1271], ¿cómo podía el propio Estado exigir que los particulares cumplieran sus disposiciones administrativas? En la administración del sector recursos naturales renovables hemos dado, lamentablemente, el más claro ejemplo de violaciones administrativas que van, no sólo mermando la aparente abundancia de los recursos hidráulicos y quemando los forestales, sino contaminando cada vez más el medio ambiente, sin que nada pudiera hacerse porque no había nadie encargado de hacerlo[1272]. A ello hay que agregar la dispersión de competencias: además del Ministerio

1269 En 1973 se dictó, sin embargo la Ley de Protección y Desarrollo de la Marina Mercante, *v.* en *Gaceta Oficial* numero 30161, de 25 de julio de 1973.

1270 Elaborado en la década de los sesenta.

1271 *V.* COPLANARH, *Plan Nacional de Aprovechamiento de los Recursos Hidráulicos*, 2 tomos, Caracas, 1972.

1272 *Cfr.* Allan R. Brewer-Carías, "Administración Pública para el Siglo XXI", *loc. cit.*, pp. III-7.

de Agricultura y Cría, el Ministerio de Obras Públicas tiene sus propias competencias en la construcción de obras de riego; el Ministerio de Minas e Hidrocarburos en cuanto al aprovechamiento de recursos hidráulicos para navegación; y algunos institutos autónomos, como el recién creado de Parques Nacionales, en la regulación y control de los recursos forestales[1273].

La anterior situación, muestra, a grandes rasgos, una caótica situación administrativa, originada por un crecimiento desordenado y no planificado de la administración pública a medida que nuevas necesidades y exigencias se plantearon al Estado, y la cual, al originarse innumerables problemas sociales, ha provocado que la misma se denuncie, aun cuando menos por sus causas y más por sus consecuencias. Se critica con frecuencia el caos urbanístico, la contaminación atmosférica, la ausencia de una política ganadera o industrial, la desatención médica o la expansión epidemiológica —todas consecuencias—; pero en general, no se atacan los problemas en su causa, es decir, no se plantea normalmente —muchas veces porque no se sabe— que la mayoría de esos problemas han surgido por la ausencia o deficiencia de los instrumentos administrativos de los cuales dispone el Estado para atacarlos; deficiencia de la cual, ciertamente, el país se perjudica, pero sin olvidar que también muchos se benefician, por lo que harán todo lo posible por evitar que se corrija.

En todo .caso, del análisis que hemos realizado anteriormente de los fines del Estado venezolano y de la organización administrativa de que dispone en el orden nacional y central para cumplirlos, surgen una serie de fallas administrativas originadas por una dispersión, superposición y duplicidad de funciones que maximizan la actividad de coordinación, cuando al contrario, si existiera una adecuada correlación entre fines y sectores y la organización administrativa disponible, las actividades de coordinación serían de segunda importancia y no agotarían todo el actuar administrativo[1274]. Lamentablemente, por otra parte, los esfuerzos por reformar y mejorar la estructura ministerial, que en el aspecto de al planificación recibieron un decidido impulso del Poder Ejecutivo en los primeros años de la década de los setenta, hasta 1973 se vieron detenidos en el Congreso, mediante el rechazo de todas las propuestas de reforma formuladas en relación a la estructura interna de los ministerios[1275], tal como se analizará más adelante.

CAPÍTULO 15. LA INCONGRUENCIA DE LA ADMINISTRACIÓN DESCENTRALIZADA Y LAS FALLAS DE LOS MECANISMOS PARA LA DEFINICIÓN Y EJECUCIÓN DE POLÍTICAS DE DESARROLLO (PLANIFICACIÓN Y PRESUPUESTO)

Paralelamente al desarrollo y posterior estancamiento de la estructura ministerial, que configura la Administración Central del Estado venezolano, y a cuyo análisis se

1273 *V.* Ley del Instituto Nacional de Parques, en *Gaceta Oficial* número 30.223 de 5 de octubre de 1973.

1274 Tal como ha sucedido en los últimos años con la Oficina Central de Coordinación y Planifiación (CORDIPLAN) que se ha consumido en la "coordinación" descuidando la definición de políticas y la planificación. V. capítulo 15.

1275 *V.* las propuestas de reforma estructural micro-administrativas en los Ministerios contenidas en el *Informe sobre la Reforma de la Administración Pública Nacional,* Caracas 1972, tomo I, pp. 463 y ss.

ha dedicado el Capítulo anterior, Venezuela tampoco ha escapado del fenómeno universal de crecimiento, generalmente inorgánico, de la administración descentralizada, es decir, de los establecimientos públicos, particularmente, de los institutos autónomos y de las empresas del Estado. Este fenómeno, hasta cierto punto, puede considerarse como una característica de la transición del Estado Liberal tradicional abstencionista al Estado Social de Derecho, pues éste, ante la incapacidad de su estructura tradicional ministerial para asumir los nuevos cometidos que las exigencias económicas y sociales le fueron planteando, optó por establecer una estructura administrativa paralela a la administración central: la administración descentralizada.

Esta realidad incontestable e importantísima de la administración descentralizada, cuyo desbordante crecimiento en Venezuela se ha producido en menos de cincuenta años, por supuesto que ha provocado la ruptura de los moldes y esquemas tradicionales de la administración pública y del derecho administrativo. En efecto, la estructura ministerial, tan importante durante más de un siglo en Venezuela, comenzó a declinar a partir de la década de los años cincuenta, cuando se produce un verdadero florecimiento de la administración descentralizada, lo cual se acentuó en la década de los sesenta.

Por otra parte, la forma organizativa que se adoptó en cada caso en la administración descentralizada, fue tan variada, que en la actualidad, lejos de existir una o dos fórmulas para su operación, existe Un museo viviente de tipos diferentes de establecimientos públicos, institutos autónomos y empresas del Estado, que concurren con los Ministerios y muchas veces contra ellos, en la realización de los fines del Estado. Las formas de la actividad administrativa de acuerdo a los criterios comúnmente empleados en el Derecho Administrativo, con el crecimiento de aquéllos, también han pasado de las actividades tradicionales de policía, fomento y servicio público, hacia las de gestión económica, en las cuales el Estado asume la realización directa de actividades industriales o comerciales, con carácter de exclusividad o en concurrencia con los particulares[1276].

Ahora bien, en Venezuela, el crecimiento de la administración descentralizada[1277] mediante la creación de entes jurídicos separados de la estructura ministerial tradicional para la realización de los nuevos cometidos que el Estado ha ido asumiendo a todo lo largo de este siglo, se inició en 1928 con la creación del Banco Obrero (BO) y del Banco Agrícola y Pecuario (BAP); el primero como entidad financiera y de construcción y administración de viviendas; y el segundo como entidad financiera y de fomento de la agricultura, la cría y la pesquería con funciones posteriores en el campo de la comercialización de productos agrícolas. Estos fueron los dos institutos autónomos creados en la década de los años veinte. En la década de los treinta, y particularmente, con posterioridad a la muerte de Gómez en 1935, el Gobierno de transición iniciado en 1936 dio un gran impulso a la creación de entidades descentralizadas, iniciándose así una política de intervención estadal en la vida económica y social, lo cual como se dijo, marca el inicio de la transformación

1276 *Cfr.* Sobre esto Allan R. Brewer-Carías, *Las Empresas Públicas en el Derecho Comparado,* Caracas 1968, pp. 23 y ss, y en la nota introductiva a Allan R. Brewer-Carías, *El Régimen Jurídico-Administrativo de la Nacionalidad y Ciudadanía Venezolana,* Caracas 1965, p. 8.

1277 *V.* CAP., *Informe sobre la Reforma de la Administración Pública Nacional,* Caracas 1972, Vol. I, pp. 300 y ss.

del Estado Liberal tradicional en el Estado Social de Derecho de las últimas décadas. En efecto, en 1937 se creo la Línea Aeropostal Venezolana (LAV), como instituto autónomo, cuya función inicial fue el desarrollo del transporte aéreo en el interior del país. Ese mismo año se creó el Banco Industrial de Venezuela (BIV), cuya forma híbrida de establecimiento público de capital mixto con posibilidad de participación de capital privado, muestra la forma tímida como el Estado comenzó a intervenir en campos puramente económicos, como el que le correspondía a dicha institución bancaria. Dentro de la misma orientación, en 1938, se creó el Banco Central de Venezuela, también como establecimiento público de capital mixto, en el cual participa el capital privado, cuyas funciones esenciales han sido realizar todo el control y regulación de los aspectos monetarios y crediticios del país. En el mismo año 1938 se crearon dos instituciones fundamentales en el campo social: el Instituto Nacional de Higiene y el Consejo Venezolano del Niño (CVN). En 1940 se crea el Instituto Venezolano del Seguro Social (IVSS), aún cuando su funcionamiento comienza en 1944; y en 1943 se crea el Instituto Nacional de Obras Sanitarias (INOS), el cual absorbió, en 1958, el Instituto Autónomo de Abastecimiento de Agua para Margarita y Coche, creado ese mismo año. En 1943 se creó el Instituto Autónomo de la Ciudad Universitaria, que tuvo a su cargo la construcción dé la sede de la Universidad Central de Venezuela, corporación pública autónoma que posteriormente absorbió sus funciones en 1958.

Después del golpe de estado que llevó al Partido Acción Democrática (AD) al poder, se produjo el inicio de otro repentino incremento de la administración descentralizada, debido a la vocación decididamente intervencionista del Gobierno en el campo económico y social. En esta forma, en 1946 se crearon seis institutos autónomos: el Instituto Autónomo Administración Ferrocarriles del Estado, creado para asumir la administración de los ferrocarriles expropiados a las empresas inglesas y alemanas; el Patronato Nacional de Comedores Escolares, posteriormente absorbido por el Instituto Nacional de Nutrición; la Corporación Venezolana de Fomento, para estimular financieramente al desarrollo económico del país; el Instituto Pro-Alimentación Popular y el Consejo Nacional de Universidades, posteriormente extinguidos como institutos autónomos. En 1947 se constituyó también como empresa del Estado el Centro Simón Bolívar C.A., (CSB), que ha actuado como agencia de renovación urbana en el centro de Caracas; y se creó el Instituto Autónomo Diques y Astilleros Nacionales (IADAN).

Con posterioridad a la caída del régimen democrático en 1948 y durante el período de la dictadura de Pérez Jiménez hasta 1958, se produjo un florecimiento inusitado de la administración descentralizada, creándose en dicha década 17 organismos, como consecuencia del auge del petróleo y la demanda de nuevos servicios derivada del incremento de la población. En efecto, en 1948 se creó el Consejo de Bienestar Rural bajo la forma de asociación civil auspiciada por el Estado. En 1949 se creó el Instituto Nacional de Deportes, se transformó el Instituto Técnico de Inmigración y Colonización en el Instituto Agrario Nacional y se constituyó el Banco de Fomento Comercial de Venezuela, como filial de la Corporación Venezolana de Fomento, Ese mismo año, las acciones sociales del Estado fueron reforzadas con la creación del Instituto de Previsión Social de las Fuerzas Armadas Nacionales (IPSFAN), del Instituto de Previsión y Asistencia Social para el personal del Ministerio de Educación (IPASME); del Patronato Nacional de Ancianos e Inválidos; y del Instituto Nacional de Nutrición que posteriormente, en 1968, absorbió al Patronato Nacional de Comedores Escolares. Bajo la forma de sociedad anónima, se constituyeron, en 1950, la empresa Minas de Carbón de Lobatera, y en 1951 el Banco de Fomento Regional de los Andes. En 1952 se creó el Instituto Nacional de Canalizaciones, destinado fundamentalmente a permitir la navegación en el río Orinoco y el Lago de Maracaibo. La Caja de Trabajo Penitenciario fue creada en 1953 para fomentar el trabajo en las cárceles y prisiones, y en ese mismo año se creó el Círculo de las Fuerzas Armadas. Como sociedad mercantil se constituyó la Transportadora Marítima Venezolana en 1953. El año siguiente se creó el Instituto Venezolano de Neurología e Investigaciones Cerebrales, el cual se transformó, en 1959, en el Instituto Venezolano de Investigaciones Científicas (IVIC). Asimismo, ese año se creó el Instituto para la Capacitación y Recreación de los Trabajadores (INCRET), y el Estado adquirió la totalidad de las acciones de la Compañía Nacional Teléfonos de Venezuela (CANTV), antes de capital mixto con participación de capital inglés. En 1955 se constituyó la Corporación Nacional de Hoteles y Turismo (CONAHOTU) y la Compañía Anónima Venezolana de Navegación (CAVN), ambas como compañías anónimas de capital público, habiéndose transformado parte de la primera, en 1973, en un instituto autónomo: la Corporación Nacional de Turismo. En 1956 se crearon dos nuevos institutos autónomos: el Hospital Universitario de Caracas y el Instituto Venezolano de Petroquímica; y una compañía anónima: el Banco de Fomento Regional del Estado Zulia.

Con motivo de la caída del Gobierno de Pérez Jiménez en 1958, el Gobierno provisional durante ese año y el siguiente, le dio un impulso decisivo al crecimiento de la administración descentralizada. En efecto, en 1958 se creó el Instituto Nacional de Hipódromos, el Instituto de Oficiales de las Fuerzas Armadas en Situación de Disponibilidad y Retiro, y la Universidad de Oriente. En ese mismo año se formó la Compañía Anónima de Administración y Fomento Eléctrico (CADAFE), la cual, al año siguiente, absorbió todas las empresas que en el campo de la distribución de energía eléctrica había constituido la Corporación Venezolana de Fomento. Esta Corporación, por otra parte, en 1959, constituyó la empresa Centrales Azucareras C. A., a la cual se transfirieron diversas centrales de producción de azúcar. En ese mismo año se creó, como patrimonio autónomo, el Fondo Nacional del Café y Cacao y, como institutos autónomos, el Instituto Nacional de Cooperación Educativa (INCE) y el Consejo Nacional de Investigaciones Agrícolas.

En la década de los sesenta, y a todo lo largo de la actuación de los gobiernos democráticos, el florecimiento de la administración descentralizada no ha sido menos importante. En efecto, en 1960 se crearon el Instituto Nacional de Cultura y Bellas Artes (INCIBA), la Corporación Venezolana del Petróleo (CVP), la Compañía Anónima Venezolana Internacional de Aviación, S. A. (VIASA), con participación del capital privado, y la Corporación Venezolana de Guayana (CVG). En 1961 se creó el Fondo Nacional de Investigaciones Agropecuarias y la Administración del Parque del Este, habiendo sido éstos los últimos institutos creados durante este período, conforme a las previsiones de la Constitución de 1953[1278].

1278 El artículo 108, a, 3ª. De los Constitución de 1953 atribuyó al presidente de la República en Consejo de Ministros, la creación de "nuevos servicios Públicos, autónomos o dependientes de la administración nacional, y suprimir o modificar los que existan".

En efecto, al promulgarse la Constitución de 1961, se produjo una evidente disminución del crecimiento de la administración descentralizada, pues al contrario de la previsto en la Constitución de 1953, conforme a ella, el Poder Ejecutivo no puede crear por sí solo institutos autónomos, sino que éstos requieren, para su constitución, de una ley[1279]. Esta disposición limitativa, sin embargo, no redujo la política de descentralización que a nivel ejecutivo se venía desarrollando, y la misma se ejecutó a través de canales irregulares o distintos a los exigidos por la Constitución. En esta forma se recurrió a diversas figuras distintas del instituto autónoma para la descentralización, evitando la intervención del Parlamento: se apeló de nuevo a la figura del patrimonio autónomo, no prevista en la legislación venezolana[1280] al constituirse la Comisión Nacional de la Pequeña y Mediana Industria; se recurrió a la forma jurídica de la fundación del derecho privada para constituir, en 1961, la Fundación Instituto Venezolano de Productividad (INPRO) y la Fundación para el desarrollo de la Comunidad y Fomento Municipal (FUNDACOMUN); en 1964, la Fundación para el Desarrollo de la Región Centro Occidental (FUDECO); en 1966, la Fundación para la Capacitación e Investigación Aplicada a la Reforma Agraria (CIARA); y en 1969, la Fundación Fondo de Solidaridad Social (FUNDASOCIAL); se adoptó la forma jurídica de la asociación civil, también de derecho privado, para la constitución del Fondo de Desarrollo Algodonero, en 1962, del Fondo de Desarrollo del Ajonjolí en 1964, y del Fondo de Desarrollo Frutícola en 1966; y se constituyeron bajo la forma de sociedades mercantiles, en 1962, la empresa Almacenes y Depósitos Agropecuarios C. A. (ADAGRO), como filial del Banco Agrícola y Pecuario; en 1964, las empresas CVG Siderúrgica del Orinoco (SIDOR) y CVG Electrificación del Caroní C. A. (EDELCA) como filiales de la Corporación Venezolana de Guayana; en 1965, el Banco de Fomento Regional de Coro, S. A.; en 1967, el Banco de Fomento Regional de Guayana C. A., la empresa Venezolana del Nitrógeno, S.A. (NITROVEN) y la Empresa Nacional de Salinas (ENSAL), ambas como filiales del Instituto Venezolano de Petroquímica. Asimismo, en 1967, se constituyeron por el Ejecutivo Nacional, sin intervención parlamentaria, como universidades experimentales, la Universidad Simón Bolívar y la Universidad de la Región Centro Occidental.

La utilización de la forma jurídica del instituto autónomo, después de promulgada la Constitución de 1961, se reinició en 1967, con la creación de la Corporación de los Andes y con la constitución formal del Banco de los Trabajadores, en 1966, con una forma jurídica híbrida, de sociedad anónima creada por ley. Ese mismo año de 1966 se creó el Banco Nacional de Ahorro y Préstamo; en 1967, el Banco de Desarrollo Agropecuario; en 1968, el Consejo Nacional de Investigaciones Científicas y Tecnológicas (CONICIT); en 1970, la Corporación de Mercadeo Agrícola, el Instituto de Comercio Exterior (ICE) y la Corporación de Desarrollo de la Región Nor-Oriental (CORPORIENTE); en 1971, el Instituto Autónomo Aeropuerto Internacional de Maiquetía y la Corporación dé Desarrollo de la Región Centro-Occidental (CORPOOCCIDENTE); y en 1973 la Corporación Nacional de Turismo y el Instituto Nacional de Parques; todas como institutos autónomos, es decir, mediante ley del Congreso.

1279 El artículo 230 de la Constitución de 1961 establece que "sólo por ley y en conformidad con la Ley Orgánica respectiva, podrán crearse institutos autónomos".

1280 *Cfr.* CAP, *Informe sobre la Reforma de la Administración Pública Nacional, cit.,* Vol. I, pp. 360 y ss.

Es evidente que la creación en menos de 40 años (1936 a 1973) de más de 80 entidades descentralizadas, muchas de las cuales han sido desgajadas de la administración central ministerial, sin que dicho proceso haya obedecido a algún plan previo o se haya realizado con base a criterios preestablecidos, no sólo ha producido una desintegración del conjunto de la administración pública, originando innumerables problemas de coordinación y control, sino que ha afectado la autoridad y poder ministerial, tan importante dentro de la estructura formal del Poder Ejecutivo[1281].

Ahora bien, el crecimiento desbordante de la administración descentralizada en Venezuela, y la importancia material y financiera, en aumento, de la misma, han venido planteando innumerables problemas de orden jurídico, administrativo y político, que es necesario destacar para percibir el impacto que las instituciones que la componen han tenido en el contexto de la administración pública venezolana. En primer lugar, es necesario destacar que la actividad administrativa realizada por vía descentralizada ha producido en medio siglo una transformación total respecto de las formas jurídicas utilizadas por el Estado para su acción. No sólo la noción de establecimiento público[1282] o personas jurídicas de carácter público[1283] se adoptan en nuestro ordenamiento jurídico, .corno entes estatales distintos de las personas públicas territoriales tradicionales (República, Estados y Municipios), fundamentalmente a través de la figura de los institutos autónomos[1284], sino que el Estado convierte en práctica común la utilización, para la realización de sus fines, de formas típicas del derecho privado, como las fundaciones, las sociedades mercantiles y las asociaciones civiles. Por otra parte, la misma figura de los establecimientos públicos, después de la evolución citada, no se identifica con los institutos autónomos, sino que aquélla es el género de las personas jurídicas de derecho público y éstos son una de sus especies : los establecimientos públicos institucionales[1285]. Además de ellos pueden ubicarse con ciarais distinciones, sobre todo en cuanto a la atenuación o eliminación del control de tutela de parte de la administración central, los establecimientos públicos de economía mixta, en los cuales la persona jurídica, aun siendo pública, admite la participación en su capital de los particulares, como es el caso del Banco Central de Venezuela[1286]; y los establecimientos públicos corporativos, en los cua-

1281 Para darse cuenta de ello, basta apreciar no sólo las áreas de actividad dentro de los diversos sectores que dichas entidades realizan, tal como se ha visto y se aprecia de la sola denominación de las diversas instituciones, sino la importancia económica y financiera que los mismos tienen en el sector público en su conjunto. En efecto, la participación de la administración descentralizada dentro del sector publico venezolano, se estima en el orden del 50 por 100, con tendencia creciente, lo cual representa cerca del 15 por 100 del Producto Territorial Bruto. En particular, durante el periodo 1965-1969, la administración descentralizada movilizó recursos por 30.971,1 millones de bolívares, equivalentes a 46,8 por 100 de los del sector público consolidado. En el IV Plan de la Nación (1970-1974) se previó que la importancia de la administración descentralizada se elevaría a un 53,4 por 100, lo cual resulta más si se considera que e 61,5 por 100 de los gastos de capital del sector público son realizados a través de la administración descentralizada, *v.* CAP, *Informe sobre la Reforma de la Administración Pública Nacional, cit.*, pp. 318 y ss.

1282 Artículo 538 del Código Civil.

1283 Artículo 124 de la Constitución.

1284 Artículo 230 de la Constitución y Título IV de la Ley Orgánica de la Hacienda Pública Nacional.

1285 *V.* CAP, *Informe sobre la Reforma de la Administración Pública Nacional, cit.*, Vol. I, pp. 307 y ss.

1286 Sobre la naturaleza jurídica del Banco Central de Venezuela, *v.* especialmente, CAP, *Informe sobre la Reforma de la Administración Pública Nacional, cit.*, Vol. I, pp. 611 y ss.

les, una determinada comunidad o "corporación" se constituye en la esencia de la existencia de la persona pública, como es el caso de las Universidades Nacionales Autónomas. Esta variedad de formas jurídicas[1287], no sólo ha producido una variedad de regímenes jurídicos a aplicar en cada caso, sino un innumerable catálogo de controles que, de aplicarse todos, se correría el riesgo de paralizar la actividad de la administración descentralizada[1288]. En esta forma, un reciente esfuerzo por racionalizar los controles que se deben ejercer sobre los distintos entes descentralizados fue la publicación del Reglamento de Coordinación, Administración y Control de la administración descentralizada en 1970[1289].

Por otra parte, desde el punto de vista administrativo, este crecimiento inorgánico de los entes descentralizados ha provocado una falta de integración de los referidos organismos en los adecuados sectores de actividad pública antes señalados y una gran ausencia de coordinación de sus actividades con las de la administración central. En efecto, si se observa la sola adscripción de los entes descentralizados a los despachos ministeriales actuales, puede apreciarse que en muchos casos existe una adscripción inadecuada a un Ministerio, que en ningún caso podría ser el que podría estar encargado de dirigir el sector. Esto sucedió, por ejemplo, con el Instituto de Comercio Exterior, el cual, a pesar de desarrollar sus actividades en el sector comercio, estaba adscrito al Ministerio de Relaciones Exteriores; o con el Instituto Nacional de Canalizaciones, el cual, a pesar de realizar sus actividades en el sector transporte, estaba adscrito al Ministerio de Minas e Hidrocarburos. En todo caso, la falta de institucionalización y definición precisa de los sectores en el ámbito ministerial, tal como se ha visto, ha provocado en varios casos que la adscripción se haga a cualquiera de los Ministerios interesados, y así sucedió con los diversos institutos autónomos adscritos al Ministerio de Obras Públicas; o a ninguno de ellos, adscribiéndose al ente, en algunos casos, a la Presidencia de la República, como sucedió con alguna de las Corporaciones de Desarrollo Regional, como la Corporación Venezolana de Guayana. Esto ha provocado, entre otras circunstancias, el recargo inadecuado en las labores del Presidente de la República, por lo que se ha optado por adscribir de hecho algunas de dichas instituciones a la Oficina Central de Coordinación y Planificación de la Presidencia de la República, produciéndose en ella, entonces, una mezcla de actividades consultivas y ejecutivas muchas veces inconvenientes para las labores de planificación.

Por otra parte, la creación sistemática de instituciones autónomas durante las últimas décadas, para atender nuevas necesidades colectivas o nuevos cometidos del Estado a medida que éste aumentaba su proceso intervencionista, ha provocado el que muchas actividades esenciales de la administración hayan escapado, de hecho, al control ministerial, es decir, al control de los órganos directos del Presidente[1290]. En efecto, el proceso descentralizador funcional de los últimos años ha provocado que los entes descentralizados hayan asumido la realización de determinados pro-

1287 *V.* una enumeración de las mismas y los entes que encuadran en cada categoría en CAP, *Informe sobre la Reforma de la Administración Pública Nacional, cit.*, Volumen I, pp. 296 y ss.; y 306 y ss.

1288 *V.* por ejemplo, A.R. Brewer Carías, *El Control de las Actividades Económicas del Estado en el Derecho Venezolano,* Caracas 1969, p. 70.

1289 Decreto numero 280 de 8 de abril de 1970, en *Gaceta Oficial* número 29.190 de 14 de abril de 1970.

1290 Tal como se exige en el artículo 193 de la Constitución.

gramas de manera integral, desde la fijación de las políticas y objetivos y la planificación de la actividad, hasta la ejecución de las actividades administrativas necesarias para su realización. Esto ha originado que en relación a las actividades que se le han encomendado por ley, algunos institutos autónomos las hayan realizado como si fueran un Ministerio, pero sin la orientación debida del Consejo de Ministros, al cual sus directivos no tienen normal acceso, y sin el riesgo de ser objeto de un voto de censura parlamentaria, reservado a los Ministros. Esta independencia y autonomía ha provocado que en muchas ocasiones algunos institutos autónomos, no sólo tengan muchos más recursos financieros o presupuéstanos que los que puede tener un Ministerio, sino una mucho mayor importancia, inclusive política. Por ejemplo, ¿quién duda de la mayor importancia política que el Instituto Agrario Nacional ha tenido en relación al Ministerio de Agricultura y Cría, o la mayor importancia administrativa que ha tenido la Compañía Anónima Nacional Teléfonos de Venezuela (CANTV) en relación al Ministerio de Comunicaciones? En relación a esta última, es conveniente recordar que inclusive en las labores de planificación que por su naturaleza deberían estar en el Ministerio que actúe como eje del sector, la CANTV, en la década de los sesenta, definió el Plan Nacional de Telecomunicaciones, en cuya formulación ninguna intervención del Ministerio de Comunicaciones fue llevada a cabo. Este aspecto tiene, por ejemplo, gravísimas consecuencias en relación a la planificación sectorial: ésta, que debería realizarse con la participación de todos los organismos que operan en un sector, muchas veces se realiza, no sólo sin la participación de algunos de los entes autónomos interesados en el sector, sino, muchas veces, por la desintegración administrativa del sector, sin la participación del Ministerio principalmente interesado, asumiendo la Oficina Central las funciones de planificación sectorial. Esto ha sucedido durante toda la década de los sesenta, por ejemplo, en el campo del sector agrícola, donde el plan era ignorado por los organismos del sector; siendo la crisis del sector agrícola patentizada en los primeros años de la década de los setenta, la primera manifestación de la ausencia de coordinación no sólo con otros sectores de actividad pública, sino también intrasectorial.

Pero, ciertamente, el problema administrativo no sólo ha surgido por la ausencia de participación de los entes descentralizados en la planificación sectorial, sino por la ejecución de las actividades dentro del sector, en forma parcelada. Tal como se ha señalado en otro lugar, "la situación que se plantea con respecto al sector agrícola puede ilustrar las consecuencias de esta ausencia de integración. En efecto, en materia de reforma agraria se ha establecido una división de programas de la siguiente forma: corresponde al Ministerio de Agricultura y Cría la asistencia técnica para el desarrollo agrícola, mientras que es él Instituto Agrario Nacional quien tiene a su cargo la dotación de tierras para la reforma agraria. Por su parte, corresponde al Banco Agrícola y Pecuario el otorgamiento de los créditos a los beneficiarios de dotaciones, y a la Corporación de Mercadeo Agrícola lo atinente a la comercialización de los productos. Este es un ejemplo típico de un programa que se cumple mediante la acción de diversos órganos públicos. Ahora bien, ocurre que las metas del plan en materia de reforma agraria se fijan en función del número de familias a las que puede dotar de tierras el Instituto Agrario Nacional, el cual es un ente descentralizado que ha venido disponiendo de considerables recursos. En esta forma, esta fijación de metas se ha hecho, en muchos casos, sin una consideración suficiente de las posibilidades de los demás órganos del sector, para prestar asistencia técnica o para otorgar créditos o asegurar la comercialización de los productos, todo lo cual impide alcanzar los objetivos del plan sectorial"[1291].

Toda esta situación de desintegración sectorial de los entes descentralizados que operan en un sector, entre sí y con el Ministerio principalmente interesado en el mismo, ha provocado una duplicidad y superposición de actividades, consecuencia de la autonomía, algunas veces confundida, desde el punto de vista administrativo, con la autarquía, que ha llevado a los diversos organismos, aisladamente, a procurarse todos los elementos necesarios para la ejecución de sus actividades, sin tener una visión sectorial de las mismas. Esto ha sido particularmente evidente en la procura de elementos de infraestructura administrativa, como las que integran, por ejemplo, las actividades de información e informática.

Una reformulación del esquema, papel y ámbito de la administración descentralizada, en vista de su situación actual, es indudablemente uno de los requerimientos esenciales para que la administración pública venezolana pueda, en los próximos años, asumir un papel cada vez más activo en el proceso de desarrollo. Para ello, el concepto de sistema para la integración sectorial de los entes descentralizados, como se verá más adelante, en nuestro criterio, juega un papel esencial. Sin embargo, y quizá ésta es una de las apreciaciones fundamentales que surge del análisis de la organización de la administración pública nacional, la reestructuración de la administración descentralizada no podrá hacerse sin una reformulación sectorial de la administración central o ministerial; y viceversa, ésta no tendría mayor efectividad sin aquélla. Pero la reorganización de la administración nacional (central y descentralizada) para adecuarla al cumplimiento de los fines del Estado contemporáneo, tampoco tendría toda su efectividad si el funcionamiento de la misma no se replantea, o lo que es lo mismo, si no se identifican, definen y formulan coherentemente los instrumentos administrativos que necesita la organización para que realmente opere.

En efecto, planteados los fines del Estado vinculados al proceso de desarrollo económico y social, e identificada la estructura institucional de la Administración Pública (central o descentralizada) como instrumento del Estado para la consecución de aquellos fines, resulta indispensable ahora analizar los diversos sistemas o mecanismos de que aquél dispone para la formulación ,y ejecución de las políticas de desarrollo.

El primero de dichos sistemas es el de planificación, el cual, como mecanismo administrativo de formulación de políticas de desarrollo y de ordenación y racionalización de las actividades del Estado para la consecución de sus fines, se establece en Venezuela como una atribución constitucional del Estado. En efecto, la Constitución de 1961 exige a éste la protección de la iniciativa privada "sin perjuicio de la facultad de dictar medidas para planificar, racionalizar y fomentar la producción, y regular la circulación, distribución y consumo de la riqueza, a fin de impulsar el desarrollo económico del país"[1292]. Además, la propia Constitución establece expresamente que "el Estado podrá reservarse determinadas industrias, explotaciones o servicios de interés público por razones de conveniencia nacional, y propenderá a la creación

1291 *V.* CAP, *Informe sobre la Reforma de la Administración Pública Nacional, cit.*, Vol. I, p. 346.

1292 Artículo 98. El antecedente de esta norma es el artículo 73 de la Constitución de 1947.

y desarrollo de una industria básica pesada bajo su control"[1293]. En esta forma, puede decirse que el régimen económico de Venezuela, ni es enteramente el propio de la economía liberal de mercado, ni es enteramente el propio de los regímenes de economía planificada. Constitucional y realmente, se trata de un régimen de economía mixta con una fuerte tendencia hacia un sistema de capitalismo de Estado, en el cual los medios de producción pueden ser apropiados por los particulares, cuya iniciativa protegerá el Estado, pero en el ámbito y modalidades que resulten de su actuación, y por el propio Estado, sin que resulte del ordenamiento constitucional ninguna orientación relativa a un pretendido carácter subsidiario del sector público en la apropiación de dichos medios de producción o en su intervención activa en la vida económica. En un régimen de economía mixta como el de Venezuela, y por sus condiciones particulares de desarrollo, resulta indispensable por tanto, la aplicación de las técnicas de planificación, como precondición del proceso de desarrollo acelerado que necesita[1294].

Ahora bien, a pesar de que el proceso de intervención del Estado en la vida económica y social se inicia en Venezuela a partir de los años treinta, y de que la Constitución de 1947 hubiera atribuido al Estado facultades planificadoras[1295], es sólo a partir de 1958 que se regulan los poderes del Estado en el campo de la planificación del desarrollo económico, social y territorial mediante un Decreto-Ley dictado por la Junta de Gobierno que creó la Oficina Central de Coordinación y Planificación (CORDIPLAN) de la Presidencia de la República[1296]. Este Decreto-Ley, aún no ejecutado integralmente, constituyó, ciertamente, un marco adecuado para el inicio de la planificación en Venezuela; sin embargo, transcurridos más de quince años del inicio del funcionamiento de CORDIPLAN, cabe preguntarse sobre la realidad y efectos del sistema de planificación en Venezuela.

En efecto, la planificación, además de constituir un instrumento administrativo de ordenación y racionalización de recursos para alcanzar determinados objetivos en un período de tiempo dado, debe considerarse, ante todo y con mayor razón en los países en vías de desarrollo, como el instrumento por excelencia para la formulación de las políticas de desarrollo, es decir, para la precisión de los fines de la sociedad y del Estado en objetivos concretos a alcanzar, a través de determinadas estrategias y mediante la racional utilización de los recursos de la Nación. El Plan, como consecuencia, debe ser ante todo un programa político o si se quiere, un programa de Gobierno[1297], de manera que no puede ni debe reducirse a constituir el resultado de un ejercicio técnico-económico-administrativo aislado. El Plan requiere, ante todo,

---

1293 Artículo 97.

1294 Sobre la planificación como precondición del proceso de desarrollo en los países subdesarrollados. *V.* Gunner Myrdal, *Beyond The Welfare State,* London 1960, p. 89; y desde un punto crítico, *v,* Marcos Kaplan, *Aspectos políticos de la Planificación en América Latina,* Caracas 1971.

1295 Artículos 73 y 69 *v.* en Luis Mariñas Otero, *Las Constituciones de Venezuela,* Madrid, 1965, pp. 849 y 850.

1296 *V.* Decreto Ley número 492 de 30 de diciembre de 1958, en CORDIPLAN, *La Planificación en Venezuela. Normas legales y reglamentación,* Caracas 1973.

1297 *Cfr.* Gunnar Myrdal, *Asian Drama An Inquiry into The Poverty of Nations,* London 1968, Vol. III, Apendice 2, p. 1889, donde insiste en que "el Plan de desarrollo es, en esencia un programa político" o "un programa de las políticas públicas del Gobierno nacional" hasta el punto de que sostiene que "el plan no puede tener existencias, excepto como programa político".

decisiones políticas permanentes que le den vida y realidad. Considerado en esta forma, el Plan y la planificación constituyen el instrumento técnico por excelencia que le debe permitir al Estado formular las políticas de desarrollo que lo deben preceder e integrar, y lograr que su ejecución sea llevada a cabo, en la forma más racional, de acuerdo a los recursos disponibles y el lapso previsto para su ejecución[1298].

En Venezuela, sin embargo, a pesar de ser el país de América Latina donde primero se inició el movimiento planificador a finales de la década de los cincuenta y donde mayores adelantos se ha hecho en la aplicación y desarrollo de la técnica planificadora[1299], el Plan aún no ha llegado a constituirse en el texto definidor e integrador de las políticas de desarrollo[1300] del Estado. En efecto, si se analizan los cuatro Planes de la Nación que se han elaborado entre 1960 y 1974, se evidencia que si bien no hay mayor diferencia entre ellos en cuanto a la identificación de los objetivos generales de desarrollo[1301], la precisión de las políticas y estrategias a seguir para la consecución de los mismos es imprecisa y muy general. En efecto, en el II Plan de la Nación 1963-1966, se definieron tres principales estrategias: sustitución de importaciones, siembra del petróleo y reforma impositiva[1302], y el IV Plan de la Nación parece[1303] cambiar la primera de las estrategias al insistirán una opción por el crecimiento "hacia afuera" al definir los siguientes principios rectores del mismo: más producción, más exportaciones, más empleo, mayor autonomía externa y promoción del pueblo para el desarrollo[1304].

En todo caso, las definiciones principistas señaladas no llegan a convertirse realmente en políticas de gobierno, y lo cierto es que después de tres lustros de planificación, a comienzos de 1974, aún estaban pendientes de respuesta por el sector público las preguntas o las exigencias por la formulación de una política industrial, de una política agrícola o de una política minera[1305]. En otros campos, la política no

1298 La elaboración del Plan es, en si misma como lo observa Myrdal, "una parte del proceso político de un país", *ídem* p. 1889.

1299 En Venezuela, desde 1958 hasta 1974 se han elaborado cuatro Planes de la Nación: I Plan, 1960-1964; II Plan 1963-1966; III Plan 1965-1968, y IV Plan, 1970-1974.

1300 *V.* Allan R. Brewer-Carías, "Administración Pública para el Siglo XXI", *El Nacional,* Caracas 3 de agosto de 1973 (Edif. Aniversario), pp. III-7.

1301 Conforme a la orientación de la Constitución de 1961 y los fines que precisa, en general puede decirse que los objetivos perseguidos por los cuatro planes han sido la diversificación de la economía, mayor nivel de empleo y mejor distribución del ingreso. *Cfr.* Chi-Yi Chen y Ramón Martin Mateo, *Aspectos Administrativos de la Planificación. El Sistema Venezolano,* Caracas 1973, pp. 158 a 160.

1302 *V.* II Plan de la Nación 1963-1966, pp. III a IX y 3 a 55, *cit.*, por CHI-Yi Chen y Ramón Martín Mateo, *op. cit.,* p. 158.

1303 *V.* Chi-Yi Chen y Ramón Martin Mateo, *op. cit.,* p. 159.

1304 Coincidimos con Chi-Yi Chen y Ramón Martin Mateo en que si bien el IV Plan es mas conciso, mas sintético y tiene mejor presentación y estilo de redacción, es mas impreciso en cuanto a las opciones estratégicas, ídem *V.*, además CORDIPLAN, IV Plan de la Nación 1970-1974, Caracas 1970, p. 11.

1305 *Cfr.* Allan R. Brewer-Carías, "Administración Pública para el Siglo XXI", *loc. cit.,* pp. III-7. En este sentido, por ejemplo, Antonio Casas González, Jefe de CORDIPLAN, en 1972 señalaba: "Se pretende sostener una rápida expansión industrial a base de los mercados ampliados, pero me atrevería a asegurar que ningún país latinoamericano tiene diseñada una estrategia de desarrollo donde la variable integración sea fundamental. Se continua dentro de los marcos del proceso de sustitución de importaciones, se continua tratando de exportar excedentes se continua con el establecimiento de las mismas empresas extranjeras en cada país, para los cuales bastarían pocas plantas para toda América Latina". *V. Industrialización e Integración,* Caracas, 1972, p. 9.

fue definida y ni siquiera esbozada, y si alguna se puede identificar es a *posteriori*. Tal es el caso de la política petrolera, la más importante del país, pues es fácil advertir cómo a comienzos de la década de los setenta y del período de vigencia del propio IV Plan de la Nación, el país no conocía realmente hacia dónde se dirigía el sector público en el campo, y si bien en 1974 podía identificarse a posteriori una política petrolera tendiente a lograr una decisiva y quizá total participación y control del Estado en dicha industrias las medidas adoptadas en este campo, aparentemente no fueron el resultado de una política predeterminada en el Plan, hasta el punto de que muchas de ellas se originaron en propuestas de la oposición y no del Gobierno[1306]. En definitiva, el Plan no ha logrado aún ser en Venezuela el documento definidor de la política del Gobierno y, por tanto, del Estado y del país en la búsqueda dé su desarrollo.

Ahora bien, hacer del Plan una actividad identificada con el proceso político, y de la planificación el instrumento para la formulación y ordenada ejecución de las políticas de desarrollo que en aquél se definan, exige importantes reformas en esta técnica. En primer lugar, un plan que sea un programa político no puede limitarse sólo a definir políticas y opciones de desarrollo a mediano plazo. Aquellas, al contrario, han de definirse en el largo plazo y sólo así es que la estrategia de mediano plazo tendría sentido. Por ello, las políticas y opciones de desarrollo necesariamente tienen que formularse para un plazo mucho mayor que el de la vigencia de un Plan. ¿De qué sirve, por ejemplo, que se haya definido una estrategia en el campo petrolero para un período de cinco años de 1970 a 1974, como lo hizo el IV Plan de la Nación, si no se definió *a priori* una política orientadora a más largo plazo, que necesariamente debía tener en cuenta el inicio de la reversión de las concesiones de hidrocarburos a partir de 1983? La falla del Plan en este ejemplo fue suplida por la Oposición al proponer al Congreso la aprobación del proyecto de Ley sobre bienes afectos a reversión en las concesiones de hidrocarburos, aprobada luego por unanimidad en 1970. El Plan, por tanto, debe mirar mucho más allá de su período de duración, y en el futuro, definir políticas en los problemas que configuran los retos económicos y sociales que tiene planteado el país, por ejemplo: política de mayor participación en los beneficios y en la operación de la industria petrolera; política de reformulación del desarrollo agropecuario y del desarrollo industrial para la exportación y para lograr un mayor control, restricción y beneficio para el país de la participación de capitales extranjeros en el mismo; política de desarrollo de la industria pesada siderúrgica, energética, petroquímica y mecánica; política de redistribución del ingreso y de la riqueza a través de un Servicio Nacional de Salud, de la reforma educativa, de la promoción, protección y seguridad social, y de la reforma tributaria; política de redistribución del ingreso a escala regional, con una mayor participación de las regiones en las tareas del desarrollo nacional; política de desarrollo urbano y

---

1306 Debe destacarse que en este campo, el IV Plan de la Nación definió una serie de estrategias tan generales, que cualquier medida encaja en ellas: a) realización de todos los esfuerzos necesarios para evitar que continúe el deterioro de los precios del petróleo; b) ampliación, diversificación y consolidación de los mercados del petróleo venezolano; c) fortalecimiento de la Corporación Venezolana del Petróleo; d) desarrollo de un vasto programa de explotación y recuperación capaz de incrementar en forma importante nuestras reservas petroleras; y e) promisión de la capacitación acelerada de personal técnico en todos los aspectos de la industria, con especial énfasis en administración, económica petrolera, política petrolera internacional, instrucción e investigación de nuestras aplicaciones o sistemas de producción . *V. IV Plan de la Nación cit.*, p. 253.

ordenación del territorio; política de control y racional aprovechamiento de los recursos naturales renovables, particularmente del agua; y política de transformación de la administración pública para la ejecución del Plan.

Por otra parte, y conformando las políticas señaladas, el Plan debe precisar una opción fundamental que ordene y regularice la participación del sector público y del sector privado en las tareas del desarrollo nacional, de manera que se identifiquen las áreas estatales, sociales, mixtas y privadas de las actividades económicas[1307].

Pero, por supuesto, para que el Plan se convierta en el instrumento definidor de políticas del país, para que sea realmente un "Plan de la Nación", ésta debe estar comprometida con él; es decir, el Plan debe ser el resultado de un consenso político y debe obedecer a una política nacional para las mayorías y no para las minorías. Esto exige plantearse la necesidad de que las instituciones políticas y, particularmente, el Congreso, representen a las mayorías nacionales y no a minorías atomizadas, lo cual ya hemos analizado. Sin embargo, lo que ahora queremos destacar, es la imprescindible necesidad de que el Plan sea aprobado por el Congreso, de manera que la política del Gobierno, que debe ser la política del país, tenga el respaldo de la representación popular. Toda política coherente de desarrollo, necesariamente, debe exigir la participación y compromiso de las instituciones políticas en la adopción de sus grandes opciones y estrategias. Sin embargo, en Venezuela, el Plan no sólo nunca ha sido objeto de aprobación por el Congreso, sino que éste ni siquiera lo ha discutido o analizado. El Plan lo formula la Oficina Central de Coordinación y Planificación (CORDIPLAN) y hasta 1970 ni siquiera se presentaba al Congreso. En 1971, con ocasión de su Segundo Mensaje al Congreso, el Presidente Caldera consignó ante las Cámaras Legislativas el IV Plan de la Nación (1970-1974), considerando que el mismo "contribuiría, indudablemente, a facilitar al Congreso la consideración de las proposiciones que le sean hechas por el Ejecutivo y podrá servirle de orientación en las decisiones que vaya a adoptar"[1308]. Puede decirse que éste ha sido el único intento de llevar a la discusión política las opciones fundamentales del Plan; intento que fracasó, pues el Congreso no sólo no discutió el Plan, sino que simplemente lo ignoró. Lo recibió como recibe normalmente el Mensaje Anual del Presidente : sin hacerse solidario de su contenido.

En esta forma, el Plan en Venezuela no ha formado parte del ordenamiento jurídico y, por tanto, su obligatoriedad es absolutamente inexistente. En efecto, el Plan no sólo no es objeto de aprobación legal en sus grandes opciones y estrategias, sino que ni siquiera es objeto de una aprobación y adopción formal —administrativa por

---

1307 En este sentido, por ejemplo, J.A. Mayobre, ha señalado que "por mas que nuestros máximos dirigentes políticos han definido en distintas oportunidades áreas precisas de la actividad económica privativas del Estado y de los particulares, no se ha logrado aun una firma voluntad capaz de asegurar la permanencia y perfeccionamiento de esas fórmulas y su aplicación consecuente en los asuntos cotidianos. El temor a los cambios de opinión a los criterios personales de los administradores públicos y a las diferencias y posibilidades de variadas interpretaciones en los cuerpos legislativos, son motivo de inhibición o de desconfianza, que frenan o matan en muchos casos iniciativas que serian de inmenso provecho para el país. En la medida en que tales nubes se disipen, en que los gobiernos fijen metas precisas, delimiten responsabilidades y garanticen la seguridad de los hombres de empresa, y en que estos conozcan hasta donde pueden alcanzar sus aspiraciones, se habrá avanzado en el camino de crear la confianza y la tranquilidad que requiere la tarea que tenemos ante nosotros". *V.* en "El Reto Económico" en *El Nacional* (Edic. Aniversario), Caracas 3 de agosto de 1973, pp. III-23.

1308 *V. II Mensaje del Presidente Caldera al Congreso,* Caracas, 11 de marzo de 1971.

el propio Poder Ejecutivo, de manera de hacerlo obligatorio para el sector público. El Plan no se aprueba por Decreto del Presidente de la República en Consejo de Ministros, y su único valor radica en un compromiso político-administrativo del Presidente ante el Congreso, en aquellos casos en que se le presenta el Plan, como sucedió con el IV Plan. El Plan de la Nación en Venezuela, por tanto, no sólo no ha obligado, en absoluto, a los particulares, sino que tampoco han obligado jurídicamente al sector público ni a las Cámaras Legislativas, e indudablemente, un Plan que no obliga ni al sector privado ni al sector público ni a a las instituciones políticas del Estado, es decir, que no obliga a nadie, no es un Plan, sino a lo sumo un buen documento de ejercicio económico para llenar estantes de biblioteca que nadie consulta[1309]. Se hace indispensable en el futuro, por tanto, que el Plan de la Nación se apruebe formalmente por ley, de manera que sus políticas y opciones condicionen la actuación de todas las instituciones del Estado durante su período de vigencia; es decir, de manera que las leyes que el propio Congreso apruebe estén enmarcadas dentro de las opciones del Plan, y que las actuaciones de la Administración Pública lo respeten. Una aprobación legislativa del Plan respondería, ciertamente, al espíritu de la Constitución de 1961[1310], pues al estar facultado el Estado para adoptar medidas para planificar el desarrollo económico y social del país[1311], indudablemente que una ley aprobatoria del Plan sería una de esas materias que por su naturaleza corresponderían al Poder Nacional[1312]. En todo caso, por supuesto, de aprobarse el Plan por el Congreso mediante una Ley, no podrían seguirse las normas ordinarias de la actividad legislativa y de la formación de las leyes: no podría pretenderse que el Congreso discuta, modifique y apruebe todos y cada uno de los programas y proyectos contenidos en el Plan, sino que, en realidad, el objeto de discusión y aprobación tendría que ser las políticas, opciones y grandes estrategias contenidas en el Plan, conjuntamente con la definición de prioridades en la asignación y distribución de los recursos, sin entrar en los detalles del Plan[1313]. Pero en todo caso, si no se recurre a

---

1309 Algunas veces el Plan llega a ser, como lo ha señalado Leys, "un ejercicio de relaciones públicas para los extranjeros". *V.* Colin Leys "The Analysis of Planning", en Colin Leys (ed), *Politics and Change in Developing Countries, Cambridge,* 1969, p. 247. En Venezuela sin embargo a comienzos de la década de los setenta, podía identificarse un solo ejemplo de planificación adoptada jurídicamente como política nacional y que conlleva la obligatoriedad de su cumplimiento por parte del sector público; el Plan Nacional de Aprovechamiento de los Recursos Hidráulicos elaborado por la Comisión de dicha Plan (*v.* COPLANARH, *Plan Nacional de Aprovechamiento de los Recursos Hidráulicos*, dos tomos, Caracas 1972), convertido en "el documento rector de la política hidráulica nacional" por el Reglamento sobre Coordinación del Aprovechamiento de los Recursos Hidráulicos dictada por Decreto numero 1127 del 15 de noviembre de 1972 (*Gaceta Oficial* numero 29.959, de 17 de noviembre de 1972). El artículo 2° de dicho Reglamento establece claramente la obligatoriedad del Plan para el sector público en la forma siguiente: "El aprovechamiento de los recursos hidráulicos que utilicen los Ministerios, institutos autónomos, empresas del estado y demás organismos públicos se regirá por el Plan Nacional de Aprovechamiento de los recursos Hidráulicos y por el presente reglamento". La intención inicial de COPLANARH fue someter a la consideración del Congresos la aprobación de dicho Plan por Ley, para hacerlo obligatorio también para los particulares. V el Proyecto de dicha Ley y los comentarios sobre los aspectos jurídicos de la planificación en el sector de recursos hidráulicos, en Pedro Pablo Azpúrua Q. y Cecilia Sosa de Mendoza, Venezuela, *Bases de una Política Hidráulica,* Caracas, agosto de 1972, pp. 49 y 55 y 73 y 33.

1310 *Cfr.* Chi-Yi Chen y Ramón Martin Mateo, *op. cit.*, p 142.

1311 Artículos 95 y 98.

1312 Artículos 136,25 y 139.

1313 En el *Informe sobre la Reforma de la Administración Publica Nacional, cit.* se señaló en este sentido, que "uno de los objetivos fundamentales que persigue la Reforma del Sistema de Planificación es la inla fórmula de aprobación legislativa del Plan, al menos una aprobación del mismo por Decreto que implique la adopción de las políticas que habrán de guiar obligatoria y necesariamente al sector público, se hace imprescindible en el futuro, siguiendo en esta forma la orientación definida en 1972 en relación al Plan Nacional de Aprovechamiento de los Recursos Hidráulicos, pues, de lo contrario, la situación actual de la no obligatoriedad del Plan para la Administración Pública[1314] continuaría.

Ahora bien, la problemática que gira en torno a la obligatoriedad jurídica del Plan para las instituciones del Estado es de enorme importancia al analizarse las relaciones entre el sistema de planificación y el sistema de presupuesto. En efecto, dentro de un proceso general ordenador de las actividades del Estado, el Presupuesto es, ciertamente, el mecanismo financiero de ejecución anual del Plan de mediano plazo. Así, como éste, debe responder a unas políticas y estrategias de largo plazo que lo deben condicionar; en la misma forma; los créditos y gastos autorizados en el presupuesto anual han de constituir una ejecución anual de los programas del Plan. Esta esencial vinculación entre el Plan y el Presupuesto constituye indudablemente la pieza básica para la real vigencia de un sistema de planificación: si el presupuesto anual ignora el Plan o no responde a sus programas, la planificación, de nuevo, no pasa de ser un ejercicio económico. Ahora bien, de aprobarse el Plan mediante una Ley, es evidente que las Cámaras Legislativas, al discutir y sancionar anualmente la Ley de Presupuesto, necesariamente tendrían que seguir las orientaciones y programas del Plan: éste es el efecto fundamental de la obligatoriedad jurídica del Plan cuando se aprueba mediante ley, pues no sólo obligaría jurídicamente al Congreso a autorizar los créditos y gastos públicos conforme aquél, sino que obligaría a la propia administración pública a ejecutar las leyes de presupuesto y realizar los gastos públicos también acorde con el Plan. Sin embargo, la realidad jurídico-administrativa de Venezuela y de la mayoría de los países latinoamericanos, muestra otra situación radicalmente diferente[1315]: el Ejecutivo no siempre elabora el Proyecto de Ley de Presupuesto en concordancia con el Plan, y el Congreso generalmente no considera el Plan cuando aprueba anualmente dicha Ley[1316]. La configuración de la Ley de Presupuesto anual entonces, y a pesar de los esfuerzos por establecer el Presupuesto-Programa en América Latina, no ha respondido ni a la planificación sectorial ni a la planificación regional.

---

corporación del Congreso a la discusión del Plan, mediante la participación de representantes designados por las Cámaras Legislativas en el proceso de formulación de las alternativas y a través de la discusión y aprobación parlamentaria de las grandes opciones del Plan". Vol. II, p. 55.

1314 *Cfr.* CAP *Informe sobre la Reforma de la Administración Pública nacional, cit.*, Vol. II, p. 56.

1315 Tal como lo ha indicado el Informe sobre la *Reforma de la Administración Pública Nacional* (1972) "actualmente la administración no está jurídicamente obligada a ejecutar el Plan. En efecto, en la actualidad, en primer lugar, el Ejecutivo no está obligado a incluir en el proyecto de Ley de Presupuesto las solicitudes de créditos para ejecutar el Plan; en segundo lugar, aun cuando se incluyan esas solicitudes, las Cámaras Legislativas no están obligadas a aprobarlas; y en tercer lugar, aun cuando fuesen incluidos y aprobados esos créditos, la administración no está jurídicamente obligada a utilizarlos, porque el presupuesto es un acto jurídico de autorización y no un mandato de ejecución". Vol. II, p. 56.

1316 Por ello no puede fundamentarse el pretendido carácter vinculante para el sector público del Plan, en el hecho de que se lo traduzca anualmente en cifras presupuestarias, tal como Antonio Casas González lo sugiere al señalar: "El Plan es vinculante' para el sector público e indicativo para el sector privado. No tiene fuerza de Ley, pero su traducción anual a cifras presupuestarias constituye una Ley que se sanciona cada año." *V. La Planificación en Venezuela. Un ensayo de Planificación Integral*. Caracas, 1972, pp. 10 y 11.

Ahora bien, no siendo realmente el Plan un instrumento de obligatorio cumplimiento por parte del Estado, jurídicamente hablando —pues siempre hay un compromiso político difícilmente exigible en todo caso—, es indudable que en relación al sector privado es menos que indicativo. En efecto, puede decirse que realmente en lo que toca al sector privado, el Plan establece pautas de acción de los organismos del Estado en sus relaciones con aquél sector. En efecto, por la particular potencialidad del Estado dentro de la economía venezolana, éste debería disponer de una serie de instrumentos que le deberían permitir canalizar las actividades privadas hacia las metas, sectores y regiones previstos en el Plan. Por ejemplo, el Estado, en base a su potestad y competencia tributarias, ha declarado en las leyes impositivas la exención de impuestos a determinadas actividades industriales, o la posibilidad de que sus resultados sean exonerados de aquéllos, cuando se estimen que ellas tienen importancia para el desarrollo nacional o para el desarrollo regional[1317]. Estas facultades que, indudablemente, pueden configurarse como efectivos mecanismos para la canalización regional de inversiones y para una racional localización industrial, sin embargo, no han sido utilizadas con fines de desarrollo regional, a pesar de que en el IV Plan de la Nación 1970-1974 se establecía, como una de las estrategias fundamentales del Plan, la política de regionalización. Al contrario, durante la vigencia de los tres primeros Planes en la década de los sesenta, habiéndose situado el énfasis estratégico de ellos en la sustitución de importaciones, las medidas fiscales de exoneración de ciertos impuestos a la importación y exportación, y la elevada protección aduanera por el aumento de los impuestos a la importación de determinados productos para proteger la industrialización, se utilizaron comúnmente. Sin embargo, la ausencia de adecuadas políticas y objetivos en los planes, provocó la utilización indiscriminada de dichas protecciones aduaneras, con el consecuente establecimiento de una industria en gran parte artificial, poco competitiva, de grandes costos por la insuficiencia del mercado y, en muchos casos, de propiedad extranjera. En estos casos, los medios fiscales de que disponía el Estado fueron utilizados para el objetivo general: sustitución de importaciones mediante la industrialización; pero fueron utilizados en forma indiscriminada, pues no se definieron en el Plan las políticas respectivas, cuáles importaciones debían sustituirse y cuáles no; y cuáles industrias debían protegerse y cuáles no, según el resultado económico que produjeran al país, y según el mercado existente y previsto en los esquemas de integración latinoamericana que se iniciaban en la misma época. En todo caso, y también dentro del marco tributario, todavía están por utilizarse, como mecanismos de ejecución del Plan en relación al sector privado, el aumento de los gravámenes fiscales en relación a las actividades económicas cuyo desarrollo no interesa o no convenga al país, porque, por ejemplo, utilizan recursos financieros o divisas que deban canalizarse hacia otros fines; o que no convenga económica, social o urbanísticamente a determinada región del país; o en relación a la producción o al consumo de bienes o servicios suntuarios. El Estado, en este sentido, cuenta con innumerables mecanismos para orientar el sector privado hacia las metas del Plan cuya aplicación debería ser objeto del propio Plan. Basta señalar, por ejemplo, que si bien se deduce de los Planes de la Nación en

1317 El artículo 3° de la Ley de Impuesto sobre la Renta establece en este sentido, la posibilidad de que el Ejecutivo Nacional exonere del impuesto la totalidad o parte de los enriquecimientos provenientes de ramas de nuevas industrias que se consideren de particular importancia para el desarrollo nacional, así como de los enriquecimientos industriales que se establezcan en determinadas regiones del país.

la década de los sesenta una estrategia de crecimiento "hacia adentro" mediante el proceso de industrialización y sustitución de importaciones, las medidas protectoras del Estado se establecieron indiscriminadamente, no se controló la penetración del capital extranjero ni la utilización por empresas extranjeras del crédito oficial, ni se aplicaron criterios efectivos de localización industrial a los efectos de la regionalización [1318]. Basta pensar, por ejemplo, en la situación creada y estimulada por el Estado en el campo del ensamblaje de automóviles, que en un lapso de diez años hizo establecer más de diez plantas ensambladoras, para un numerosísimo grupo de modelos, y un reducidísimo mercado de vehículos:

> las medidas adoptadas por el gobierno a partir de 1970 en relación al control de precios de los vehículos y a la reducción de modelos, son el más claro ejemplo de la ausencia de planificación en el proceso de protección de la industria automotriz efectuado en la década de los sesenta. Queda, en todo caso, por lograr la eliminación de algunas de las plantas ensambladoras y la determinación de un número de modelos reducido, a precios regulados, pues no tiene sentido canalizar el ahorro de los consumidores a la adquisición de lujosos automóviles, en un país en que por la deficiencia de los medios de transporte colectivos, el automóvil es un artículo de primera necesidad cuyo encarecimiento progresivo indudablemente que ha sido un factor esencial en el encarecimiento de la vida[1319].

Ahora bien, la ausencia de obligatoriedad del Plan, en todo caso, no sólo se plantea en relación al sector público nacional y á los particulares, sino que también surge en relación a las entidades político-territoriales-administrativas locales y regionales, es decir, frente a las Municipalidades y a los Estados federados. Conforme a la Constitución, dichas entidades son entidades político-territoriales autónomas[1320], y, por tanto, no sujetas a las previsiones dictadas por el Poder Nacional en materia de planificación. Ello implica, que sin la participación política de los Estados y Municipalidades en las labores de formulación del Plan, no puede hablarse de la obligatoriedad del mismo en relación a las actividades de dichas entidades. Dos posibilidades concretas establece la Constitución, de limitación a la autonomía de los Estados y Municipalidades como consecuencia de las actividades nacionales de planificación, y esas son las que puedan resultar de una Ley que el Congreso puede dictar y que hasta 1974 no lo había hecho, "para coordinar la inversión del situado con planes administrativos desarrollados por el Poder Nacional"[1321], y de una Ley, que

1318 En este sentido, con razón observa Myrdal, que la ausencia de previsión de estas medidas en los Planes de Desarrollo y la consecuencial discrecionalidad administrativa en su aplicación, no sólo provocan que en lugar de afectar a los poderosos económicamente, los beneficie, sino que da origen a corrupción administrativa. *V.* Gunnar Myrdal, *The Challenge of World Poverty. A World Anti Poverty Programme in Outline,* 1970, pp. 228, 243 y 244.

1319 En el ámbito latinoamericano, al referirse a la industria automotriz, Antonio Casas González señalaba en 1972 como jefe de CORDIPLAN, que "se estima que en América Latina operan hoy día alrededor de cincuenta plantas de ensamblaje para producir cerca de 900.000 unidades, cuando las series de producción mínimas eficientes son del orden de las 100.000 unidades. En consecuencia, este hecho repercute considerablemente en los costos de la fabricación local de las partes y sobre los precios finales a los consumidores". *V. Industrialización e Integración, cit.*, p. 9. Lo dramático de la situación Venezolana puede apreciarse al tener en cuenta que la producción anual es de cerca de 90.000 unidades.

1320 Artículo 16, 25 y 29.

1321 Artículo 229. El "situado" es la partida presupuestaria que anualmente se incluye en la Ley de Presupuesto, y que se distribuye entre los Estados, el Distrito Federal y los Territorios Federales, y cuyo monto representa el 15 por 100 del total de ingresos ordinarios estimados en el respectivo presupuesto.

tampoco se ha dictado, que establezca "la coordinación y unificación de normas y procedimientos técnicos para obras de urbanismo"[1322].

La Constitución, por tanto, prevé mecanismos importantes para lograr que el Plan nacional de desarrollo económico y social sea cumplido por los Estados y Municipalidades, pero esos mecanismos han sido ignorados por el Poder Nacional. Pero, además, debe señalarse que la participación de los veinte Estados, de los Territorios Federales, del Distrito Federal y de las Municipalidades existentes en los 178 Distritos de la República[1323], no podría realizarse racionalmente sin el establecimiento de un nivel intermedio entre el Poder nacional y los Poderes locales, de coordinación y ejecución de las actividades del sector público. De ahí el proceso de regionalización iniciado a partir de 1969, que ha llevado en 1972 al establecimiento de los Comités Regionales de Gobierno, con lo cual se ha iniciado la búsqueda de la participación en el proceso de planificación y coordinación del desarrollo de los Gobernadores de los Estados, tal como se analizará en el capítulo siguiente[1324].

Pero la planificación como sistema esencial para la ordenación de las actividades del Estado tampoco ha contado en su desarrollo con la completa y decidida participación del propio sector público y de las instituciones administrativas[1325]. En efecto, el Plan debería ser la concreción en programas y proyectos a mediano plazo de las políticas adoptadas por el Gobierno, elaborados coordinadamente por los diversos sectores y regiones y compatibilizados entre sí y en relación a las políticas definidas por la Oficina Central de Coordinación y Planificación. Un esquema de funcionamiento del sistema de planificación con la participación de los sectores y regiones[1326] podría expresarse así:

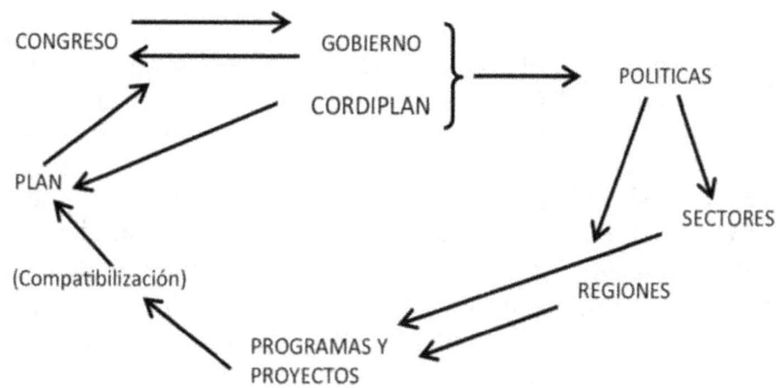

1322 Artículo 136,14.

1323 En diciembre de 19713 había 178 Distritos en los Estados, 2 Departamentos en el Distrito Federal, 4 Departamentos en el Territorio Federal Amazonas y 3 Departamentos en el Territorio Federal Delta Amacuro.

1324 *V.* capítulo 16.

1325 De ahí el calificativo de actividad "marginal" que M. Rachadell asigna a la planificación de Venezuela. V. el Prólogo al libro de Chi-Yi Chen y Ramón Martín Mateo, *op. cit.*, pp. 7 a 13 y 15.

1326 En lo que R. Prebisch denomina creación del Plan "desde abajo". *V.* "The System and the Social Structure of Latin America", en I. L. Horowicz, Josué de Castro y J. Gebrassi (ed.), *Latin American Radicalism.* London, 1969, p. 41.

Sin embargo, hasta el IV Plan de la Nación, 1970-1974, puede decirse que no sólo no existió, previo al Plan ni en su contenido, un proceso de formulación y elaboración de políticas que pudieran guiar a los sectores y regiones en la elaboración de los respectivos programas y proyectos, sino que aquéllos no intervinieron realmente en la elaboración de los mismos. El Plan, durante quince año-s de planificación en Venezuela, se elaboró por la Oficina Central de Coordinación y Planificación, sin la menor referencia regional, ya que el proceso de regionalización se inicia después de la vigencia del IV Plan y como consecuencia de éste, y con muy poca efectiva participación sectorial en la elaboración de los programas y proyectos, proceso que se realizó casi exclusivamente por la Oficina Central de Coordinación y Planificación. El funcionamiento real del sistema, en contraste con el esquema anterior, podría expresarse así:

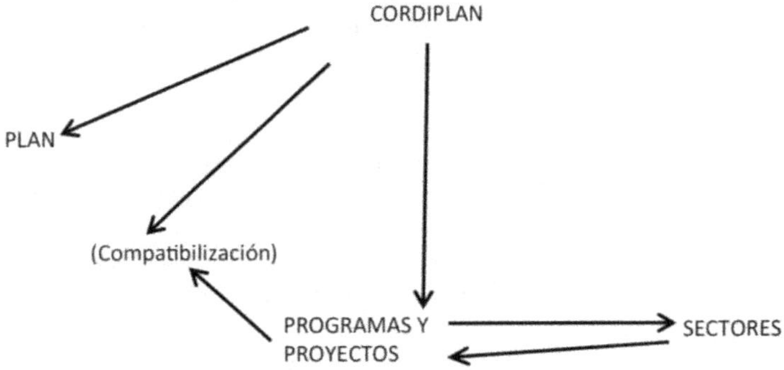

En esta forma, los cuatro Planes de la Nación adoptados entre 1960 y 1970 fueron en realidad "Planes de CORDIPLAN" elaborados y adoptados por dicho organismo, y, por tanto, no sólo no fueron "Planes del Gobierno" al no tomar posición formal respecto de ellos el Presidente de la República y el Consejo de Ministros, sino que tampoco fueron "Planes de la Nación" al no estar comprometidas las instituciones políticas y el sector privado a su ejecución, y ni siquiera llegaron a ser "Planes del Sector Público", pues éste estuvo marginado de su elaboración[1327].

En el sistema de planificación en Venezuela se hace indispensable por tanto el inicio de un proceso de "desconcentración" de la planificación, para hacer participar en el proceso y comprometerlos en su ejecución, tanto a los diversos sectores como a las diversas regiones, es decir, a las diversas instituciones administrativas que operan en los sectores de actividad pública y en las regiones del país. Para iniciar este proceso de desconcentración de la planificación, algunos pasos previos se han comenzado a adoptar en el campo regional: no sólo se definieron las ocho regiones

1327 Basta señalar, por ejemplo, que en el sector de desarrollo industrial hasta 1974, no existió una unidad de planificación sectorial en el Ministerio de Fomento, para el desarrollo industrial, por lo que los programas de desarrollo del sector contenidos en los Planes de la Nación no fueron, por ello, realmente elaborados por el sector. Al contrarío, fueron básicamente elaborados por CORDIPLAN, con informaciones provenientes de los orgasmos del sector, ciertamente, pero al margen del sector. Una situación similar se evidenció en el sector de desarrollo agropecuario donde, a pesar de que en el Ministerio de Agricultura y Cría sí existía una Oficina de Planificación, los programas y proyectos contenidos en el IV Plan de la Nación, fueron conocidos por dicha Oficina al publicarse el Plan.

administrativas en el país a partir de 1969, estableciéndose las Oficinas Regionales de Coordinación y Planificación, integradas al Sistema Nacional de Planificación; sino que durante los años posteriores se ha divulgado la "escala regional" como término ya común en los cálculos y estudios económicos y sociales. En 1972, por otra parte, se crearon los Comités Regionales de Gobierno en cada una de las regiones, integrados por los Gobernadores de Estado, entre cuyas funciones está el vigilar por la ejecución del Plan en la región, lo cual será un paso decisivo en el proceso de desconcentración de la planificación hacia las regiones.

Pero estos pasos que en el ámbito regional prometen contribuir adecuadamente a la desconcentración de la planificación hacia las regiones, y a la participación de los organismos que en ellas operan en el proceso de elaboración y ejecución de los planes, no se han logrado dar en el ámbito sectorial y, por tanto, a nivel nacional. En efecto, siendo la estructura regional un nivel nuevo en la compleja estructura del Estado, ha sido más fácil, relativamente, integrar los diversos organismos locales y nacionales desconcentrados en las tareas regionales: la novedad de la estructura ha facilitado el proceso, sobre todo porque a través de él aún no se han afectado las instituciones políticas locales (estadales y municipales), las cuales, al contrario, han encontrado en la escala regional una forma efectiva de proyectarse más allá de sus estrechas jurisdicciones. Los problemas serios de la regionalización comenzarán a surgir a medida que se consoliden los pasos regionales y se comiencen a afectar los arraigados poderes políticos localistas que alimentan gran parte del funcionamiento del sistema de partidos.

En todo caso, al contrario de lo sucedido hasta ahora en el ámbito regional, como se dijo, en el nivel nacional y, particularmente, en el orden sectorial, el proceso de desconcentración de la planificación no ha podido llevarse a cabo y, como consecuencia, la participación efectiva de los organismos que operan en los diversos sectores en las tareas planificadoras, ha sido muy deficiente. Para estos organismos, como se ha dicho, la planificación ha sido una actividad marginal, y el Plan, un documento elaborado fuera del sector, con el cual no se han sentido comprometidos. Pero es claro que si los organismos de cada sector no han participado efectivamente en el proceso de planificación, ello no ha sido culpa, ni de la ausencia de prisión legal sobre las unidades sectoriales de planificación, que existe desde 1958[1328], ni de la tendencia concentradora de CORDIPLAN; sino, fundamentalmente, de la deficiencia estructural de la Administración Pública.

En efecto, a unas instituciones administrativas que en su estructura y organización no responden, en absoluto, como se ha visto, a una concepción sectorial, no puede racionalmente exigírseles la participación efectiva en un proceso de planificación sectorial. Si no existe en la administración pública un órgano responsable administrativamente de cada sector, pues en los mismos actúan, paralelamente y con variados poderes, Ministerios, Institutos Autónomos y empresas del Estado, ¿cómo puede con esperanza de resultado positivo, exigírsele a esos mismos organismos, que se coordinen e integren voluntariamente para planificar? Aquí, en nuestro crite-

1328 El Decreto-Ley número 492 del 30 de diciembre de 1958 mediante el cual se creó a CORDIPLAN, prevé no solamente Oficinas Sectoriales de planificación, sino que distingue las Oficinas Sectoriales básicas de cada Ministerio (arts. 20 y 21), de las Oficinas subalternas a nivel de Direcciones de los Ministerios, en su caso, y de los entes descentralizados (Institutos Autónomos) (art. 21 a.). *V.* en *Gaceta Oficial*, número 25.850, de 30 de diciembre de 1958, y en CORDIPLAN, *La Planificación en Venezuela*, *cit*., pp. 11 y ss.

rio, estamos en una situación materialmente insalvable por la vía de la coordinación voluntaria: o se reforma la estructura administrativa para integrar los sectores de actividad pública, responsabilizando a un Ministro del Gobierno de cada sector y, por tanto, de la conducción de la planificación sectorial dentro del sistema nacional, o, al contrario, nos olvidamos de la planificación y continuará el caos no evidenciado totalmente dado que no se le ha presentado al país situación alguna grave de crisis económica, debido a la dependencia petrolera. Si no hubiera sido por el petróleo y los incalculables beneficios financieros que ha regalado al país, las deficiencias administrativas hubieran sumido en una parálisis completa la maquinaria estatal; y una actitud de despreocupación por la transformación de las estructuras y sistemas administrativos como la que en la situación de abundancia se ha evidenciado, en un momento de escasez de recursos hubiera conducido a la cárcel a nuestros políticos y administradores. Pero los recursos excesivos han escondido la irresponsabilidad administrativa, y por mala y deficiente que haya sido la administración pública, y por corrupta que haya estado la maquinaria administrativa, ese exceso de recursos, a pesar de que muchos se botan y despilfarran, ha dado resultados relativos, sobre todo en el orden material y de la construcción de obras públicas.

En todo caso, lo cierto es que a pesar de las previsiones legales y de los pasos iniciados por la Oficina Central de Coordinación y Planificación para lograr la participación sectorial en las tareas de la planificación[1329], sin una transformación radical de la estructura de la administración pública central y descentralizada[1330], la planificación seguirá siendo una actividad marginal para los diversos organismos del sector público; CORDIPLAN tendrá que seguir asumiendo la elaboración del Plan, concentradamente, sacrificando su labor debida a la formulación de las políticas y a la compatibilización del Plan; y la planificación seguirá siendo un ejercicio económico que todos admiran, pero a quien nadie le hace caso. El propio IV Plan de la Nación 1970-1974, en este sentido, tuvo un realismo sorprendente al reconocer expresamente que sin una reforma administrativa su ejecución era imposible[1331]; lo que dicho en otras palabras, equivale a señalar que con una administración pública tal como existe en la actualidad, no sólo es imposible ejecutar el Plan sino elaborar planes ejecuta-

1329 Uno de ellos fue la promoción de la constitución de los Comités de Trabajo del Consejo de Ministros, por dicho Consejo entre 1969 y 1970: Comité de Integración y Comercio Internacional (COICICOM); Comité de Desarrollo Industrial (CODICOM); Comité de Obras y Servicios Públicos (COISCOM); Comité de Asuntos Sociales (CODASCOM); Comité de Desarrollo Agrícola y "Reforma Agraria (CODACOM); Comité de Transporte (COTRACÜM); y Comité de Reforma Administrativa (CORACOM). V. en el libro CORDIPLAN, La Planificación en Venezuela, pp. 27 y ss.

1330 En este sentido, por ejemplo, J. R. Galbraith es terminante: "Es inútil imaginarse que un buen plan de desarrollo puede elaborarse o ejecutarse sin un buen gobierno para ello... la primera tarea aquí no es conseguir capital o técnicos, sino de construir órganos competentes en la administración pública." *V. Economic Development in Perspective*. Cambridge, Mass, 1962, p. 18, cit., por Ch. ANDERSON. *Politics and Economic Change in Latin America*, 1967, p. 139.

1331 "Las nuevas y difíciles tareas y funciones que se asignan al Estado Venezolano en este IV Plan de. la Nación, *sólo podrán ser asumidas y ejecutadas exitosamente si paralelamente se procede a realizar una profunda transformación de la anticuada estructura administrativa*, de los deficientes sistemas administrativos y de los complicados procedimientos actualmente existentes, para ajustarlos y adaptarlos a las nuevas realidades; y si además, se procede agresivamente a estructurar un estatuto de la función pública y un eficiente sistema de administración de personal, que garanticen un mejoramiento del factor humano de la administración, con sus efectos sobre la eficacia y rendimiento que las tareas de desarrollo exigen." *V.* IV *Plan de la Nación*, 1970-1974, *cit.* 155.

bles. Y ésta es quizá la enseñanza que el sector público no ha querido aprender de su propia experiencia: que los planes no se ejecutan por las deficiencias de las instituciones (estructuras y sistemas) administrativas; y que estas deficiencias conducen a su vez a la elaboración de planes no ejecutables. Este círculo vicioso podría expresarse así:

De este círculo vicioso, en nuestro criterio, sólo podría salirse mediante una transformación de la administración pública en función del desarrollo; es decir, mediante la estructuración de una administración pública comprometida con el desarrollo y su planificación, y que, por tanto, pueda ejecutar los planes y elaborar planes (ejecutables) para el desarrollo económico y social del país[1332]. En esta forma, el círculo vicioso antes expresado se transformaría en el siguiente:

En definitiva, para poder sobrevivir, la planificación exige que la administración pública se amolde a ella; de lo contrario, mientras se siga planificando con y para una administración pública deficiente y tradicional, no pasaremos de tener una caricatura de planificación[1333].

1332 *Cfr.*, por ejemplo, Fred W. Riggs, "Los Burócratas y el desarrollo político: una concepción paradójica", en J. La Palombara (ed.), *Burocracia y Desarrollo Político*. Buenos Aires, p. 113; H. Jaguaribe, *Economic and Political Development*, Harvard, 1968, p. 14; R. Prebisch, loc. cit., p. 45.

1333 En este sentido, en otro lugar hemos señalado que "es la planificación del desarrollo, la que exige mayores reajustes en las estructuras administrativas, pues éstas deben amoldarse al Plan, es decir, es el Plan de Desarrollo el que debe determinar la estructura administrativa adecuada para su ejecución, y no viceversa". V. Allan-R. Brewer-Carías, Una Revolución para el desarrollo. Caracas, 1970, p. 33.

Pero si bien es cierto que en un país como Venezuela la importancia del sector público para el desarrollo, trae como consecuencia el que con frecuencia se piense que la planificación se reduce a la ordenación y racionalización de las actividades de dicho sector, ello no debe en ningún caso conducir a considerar que el sector privado, particularmente el no-petrolero, no tenga un papel esencial en el proceso de desarrollo económico y social del país. Al contrario, lo tiene y de gran importancia, por lo que para garantizar la ejecución de los planes por el mismo, debería hacérsele participar en el proceso de planificación. En este campo, sin embargo, pocos progresos efectivos se han logrado, y si bien algunos textos legales prevén la constitución de cuerpos consultivos con participación del sector privado[1334], en este campo no se ha pasado de las buenas intenciones[1335]. El sector privado, en general, no participa en las tareas de elaboración del Plan a pesar de los primeros pasos que se han dado en este campo[1336] y su participación en la ejecución de los planes es inducida y canalizada por las acciones de fomento y ordenación del Estado. Para el sector privado, en general, el Plan no ha sido "su Plan", es decir, no ha sido el Plan "de la Nación", sino el Plan del Estado, al cual se le obliga a cumplir en ciertas áreas, mediante medidas indirectas, particularmente de financiamiento. La planificación democrática; participativa o concertada, en todo caso, todavía es una idea que no ha encontrado materialización por parte del sector público ni interés por parte del sector privado, quien sabe tener otras vías distintas al Plan para presionar y lograr decisiones públicas al margen del Plan, e incluso que se apartan del mismo. En esto consiste la debilidad del Estado en los países en vías de desarrollo.

Pero centrando de nuevo el análisis en los mecanismos para la formulación y ejecución de políticas de desarrollo dentro del sector público, uno de los aspectos que más resalta al constatar la inadecuación de la actividad dé la administración pública a los Programas y Proyectos contenidos en el Plan de desarrollo, se sitúa en las relaciones entre el Plan y el Presupuesto, o si se quiere, entre el sistema de planificación y el sistema de presupuesto. En efecto, dentro de un proceso de racionalización y ordenación de las actividades del Estado, las políticas deberían definir las actuaciones del sector público en el largo plazo, el Plan debería ordenar esas actividades en el mediano plazo, y el Presupuesto debería considerarse como la expresión financiera de las actividades públicas en el corto plazo. El Presupuesto, entonces, debería ser la traducción anual en cifras del Plan o, en otras palabras, el instrumento administrativo por excelencia para la ejecución anual del Plan[1337]; sin embargo, tal como se señaló, de la práctica administrativa y presupuestaria resulta no sólo que el Presupuesto no siempre refleja anualmente las metas y programas del Plan, por la ausencia de la obligatoriedad jurídica de éste para la propia administración y para el Con-

1334 Cfr. CAP, Informe sobre la Reforma de la Administración Pública Nacional, cit., Vol. II, pp. 59 y ss.

1335 V, Chi-Yi Chen y Ramón Martín Mateo, op. cit., p. 120.

1336 Para iniciar la búsqueda de participación del sector privado en las tareas de planificación, en 1971 se crearon las siguientes Comisiones en las cuales se dio participación a la Federación de Cámaras y Asociaciones de Comercio y Producción (FEDECAMARAS), al Consejo Venezolano de Industriales Metalúrgicos o a la Cámara Venezolana de la Industria Eléctrica Privada: Comisión para la implementación del Plan Manufacturero; Comisión de Estudio sobre el Plan Siderúrgico Nacional, Comisión de Estudio sobre el Plan Petroquímico Nacional; y Comisión para la elaboración de un Plan Nacional de Electrificación. V. CORDIPLAN, La Planificación en Venezuela, cit., pp. 87 y ss.

1337 Tal como lo sugiere A. Casas González, *La Planificación en Venezuela, cit.,* pp. 10 y 11

greso, sino que la técnica presupuestaria aún no está formulada para dar cabal ejecución de los Planes.

En efecto, antes del inicio de la utilización de las técnicas planificadoras, el solo medio administrativo con que contaba el Estado para ordenar y racionalizar los gastos e inversiones del sector público, era el Presupuesto. Este instrumento, por su perspectiva anual y esencialmente de corto plazo, sin embargo no era suficiente ni adecuado para la orientación de un país hacia objetivos de desarrollo económico y social. La visión de largo y mediano plazo debía suministrarla la planificación, y de allí el inicio de los esfuerzos planificadores. Sin embargo, en lugar de que el sistema presupuestario (corto plazo) se amoldara al sistema de planificación adoptado (mediano plazo), aquél, por muchos años, siguió operando autónomamente, ignorando olímpicamente las funciones y exigencias planificadoras. Mientras las Oficinas de Planificación hacían esfuerzos enormes para ordenar y racionalizar las actividades públicas en sectores, programas y proyectos, el sistema presupuestario continuaba formulando anualmente el esquema financiero del sector público, ignorando los sectores y programas, y teniendo como punto de referencia, exclusivamente, los diversos y múltiples organismos administrativos existentes en una anualidad determinada. Nuevamente, la estructura administrativa deformada y deformante, condicionaba y hacía que se le amoldara un sistema de racionalización de recursos como el presupuestario. La evidente contradicción que comenzó a surgir entre los Planes de desarrollo económico y social y los presupuestos anuales, elaborados cada uno aislada y autónomamente, provocó la preocupación surgida en el seno de la CEPAL y difundida por toda América Latina, de amoldar el presupuesto al Plan, a través del denominado Presupuesto-Programa[1338].

En Venezuela, al mismo tiempo en que se comenzó a preparar el Primer Plan de la Nación a partir de 1958, se inició la preocupación por reorientar el sistema de Presupuesto hacia los objetivos de la planificación. De allí que a partir de 1962 la técnica del Presupuesto-Programa se haya adoptado en una primera fase, al publicarse, como anexo a la Ley de Presupuesto, un Presupuesto por Programas y actividades, lo cual, si bien significó un paso importantísimo de avance en cuanto a la técnica presupuestaria, no logró introducir modificaciones efectivas en relación a la concepción del Presupuesto. Una década después, en la Ley de Presupuesto de 1971, un segundo paso de mejoramiento de la técnica presupuestaria enfocada hacia la utilización del Presupuesto-Programa se produce, al incorporarse a la misma Ley anual de Presupuesto el Presupuesto-Programa, y eliminarse la dualidad que existía hasta esa fecha entre una Ley de Presupuesto concebida en forma tradicional y un anexo contentivo del Presupuesto-Programa. Puede decirse entonces que a partir de 1971 se rompe definitivamente con la presentación tradicional del Presupuesto anual, al asignarse todos los recursos previstos en éste, por programas, subprogramas y actividades[1339]. Pero si bien la "técnica" de formulación del Presupuesto por Programas puede decirse que ha sido adoptada definitivamente en Venezuela, lo cual permitirá

1338 *V.*, por ejemplo, Gonzalo Martner, *Planificación y Presupuesto por Programas*, México, 1968; CEPAL, *Las Reformas Presupuestarias para la Planificación en América Latina*, 1967

1339 *V.* las amplias referencias a la Reforma del Sistema de presupuesto en Venezuela, por uno de sus artífices, J. V. Rodríguez Aznar, *Elementos de Economía Presupuestaria* (con un apéndice sobre la Reforma del Sistema Presupuestario Venezolano. Ideas para una Estrategia). Caracas, 1973. Asimismo, *v.* CAP, *Informe sobre la Reforma de la Administración Pública Nacional*, *cit.*, Vol. II, pp. 71 y ss.

el establecimiento de un control de metas, también puede decirse que, lamentablemente, no ha cambiado la concepción del sistema presupuestario, el cual, a pesar de los programas, sigue alejado del Plan y aferrado a la estructura administrativa tradicional.

En efecto, al iniciarse la formulación de los Programas como anexo a la Ley de Presupuesto en 1962, para la apertura de los programas no se siguió la orientación sectorial del sistema de planificación, sino que se efectuó con una total identificación con la estructura administrativa existente: se cambió la técnica aplicada al presupuesto, pero su concepción, subordinada a las divisiones administrativas en Ministerios, Direcciones y Divisiones, continuó inalterada. Lamentablemente, lo mismo ha sucedido después de la reforma presupuestaria de 1971, donde la concepción del Presupuesto ha continuado aferrada a la estructura institucional, pues los "programas" se formulan, no con criterio sectorial, sino con criterio estrictamente institucional. En definitiva, con la formulación del Presupuesto-Programa a partir de 1971, se utilizó la técnica del Presupuesto-Programa, pero dicha técnica no se orientó realmente hacia la ejecución del Plan ni hacia la integración del sistema de presupuesto con el sistema de planificación, pues los programas siguieron sin coincidir con los programas del Plan, y éste no encontró su forma de ejecución anual en el Presupuesto[1340]. De ahí que una de las reformas propuestas después de la efectuada en 1971, haya sido la formulación sectorial de la Ley de Presupuesto en base a la misma concepción sectorial del Plan[1341].

Ahora bien, ha sido precisamente la concepción institucional del Presupuesto, a pesar del Presupuesto-Programa, uno de los elementos que más ha conspirado contra la planificación y, por tanto, contra la ejecución de los planes. En efecto, al formularse el Presupuesto subordinado a la estructura administrativa se asignan recursos a "programas" que se identifican con unidades administrativas existentes y que no coinciden o no responden a las orientaciones del Plan, y se menguan "programas" a los cuales el Plan asigna primera prioridad. Cumplir el Plan en Venezuela implicaría, por ejemplo, la reasignación a otros programas, fundamentalmente sociales, de gran parte de los recursos que, por ejemplo, se orientan por la fuerza del Ministerio de Obras Públicas, hacia tantas obras públicas espectaculares[1342], cuya construcción

1340 De ahí que se haya señalado que "si bien la técnica del Presupuesto por pro-gramas relaciona estrechamente los presupuestos con los planes e insiste en los aspectos sectoriales de los mismos, hasta el presente la formulación de los programas presupuestarios se ha orientado fundamentalmente hacia los niveles institucionales, estableciéndose programas a los organismos más que a los sectores", CAP, *Informe sobre la Reforma de la Administración Pública Nacional, cit.*, Vol. II, p. 101. Sobre la reforma de la administración pública para hacer realmente efectiva la reforma presupuestaria y la introducción del Presupuesto Programa, v. José Vicente Rodríguez Aznar, *op. cit.*, pp. 724, y ss.

1341 *V.* CAP, *Informe Sobre la Reforma de la Administración Pública Nacional, cit.*y Vol. II, pp. 100 y ss.

1342 "Y cualquiera puede imaginarse —decíamos en otro lugar— lo que es luchar contra un Ministerio que normalmente maneja un quinto del Presupuesto, imponiendo políticas a los demás Ministerios. ¿Por qué, por ejemplo la existencia de las llamadas "bellas durmientes" en una célebre campaña de El Nacional, para referirse a las obras públicas de vialidad y edificios (hospitales y liceos, por ejemplo) que no se habían puesto en funcionamiento después de años de construidos? Simplemente, porque el Ministerio constructor construía por su cuenta, sin contar con que un hospital requiere de instalaciones médicas —no previstas en el mismo presupuesto— con que un liceo necesita alumnos que posiblemente en la región donde se construyó no existían." V. Allan. Brewer-Carías, "Administración Pública para el Siglo XXI", loc. cit., pp. III-7. En este mismo sentido, el testimonio de un exministro de Hacienda en Venezuela es elocuente: "en términos reales el Ministerio de Obras Públicas —MOP— es el órgano de presión más

ha llegado inclusive a caracterizar a Venezuela como país "nuevo rico" en el mundo, desde los años cincuenta. Sin embargo, ante la necesaria reforma del sistema de Presupuesto, también se está frente a un círculo vicioso, cuyo elemento clave es la administración pública defectuosa y tradicional no estructurada para el desarrollo ni para la ejecución de planes, y que puede expresarse así:

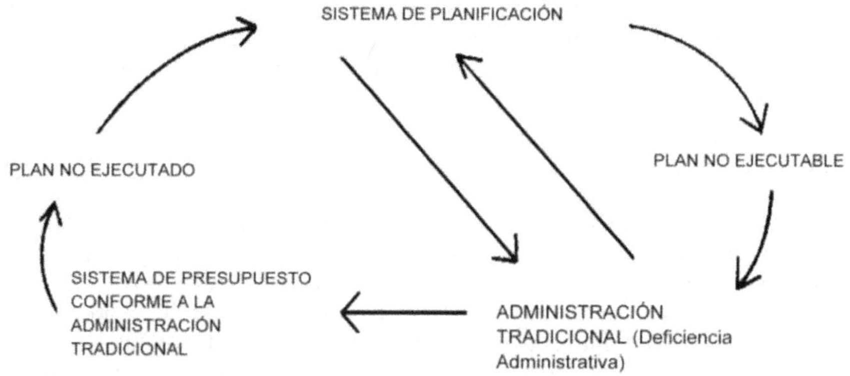

En todo caso, debe tenerse presente que el Presupuesto, aparte de su necesaria formulación sectorial en el futuro, requerirá también de una formulación institucional, y hasta tanto las instituciones administrativas mismas no se reformulen, aquél seguirá subordinado a la estructura administrativa tradicional, y así continuará siendo un elemento conspirativo contra la planificación.

Pero las fallas y deficiencias de los sistemas administrativos para la formulación y ejecución de las políticas de desarrollo no se agotan en los sistemas de planificación y presupuesto, si bien éstos son los más importantes, sino que inciden en otros sistemas instrumentales para el funcionamiento de la administración pública.

En efecto, los sistemas de planificación y presupuesto requieren, para poder instrumentarse, de información adecuada. Pero en la actualidad ésta es casi inexistente o muy deficiente[1343]; el sistema estadístico no responde a las exigencias de la planificación y los indicadores económicos que se definen en el país difieren según que provengan del Banco Central de Venezuela o de la Oficina Central de Coordinación y Planificación[1344]. En la Administración Central, por otra parte, puede decirse que

poderoso del gobierno. Del MOP se puede decir, sin temor a exagerar, que es un Estado dentro del Estado. Un Estado con fines propios que logra imponer a su antojo y que ordinariamente sobrepone a los de la planificación nacional". *V.* Pedro R. Tinoco, *El Estado eficaz*. Caracas, 1973, p. 59.

1343 *Cfr.* CH. Anderson, *op.cit.*, p. 135

1344 En este sentido, es elocuente lo señalado por el Jefe de CORDIPLAN en 1972: "Como en toda planificación, es en la metodología donde se aprecia más de cerca las dificultades y las limitaciones. Entre ellas, cabría mencionar en primer lugar las estadísticas, siempre insuficientes, siempre incompletas. Pocas series históricas que alcancen a los diez años sin interrupciones, cifras erráticas que desconciertan las proyecciones, ausencia de adecuadas correlaciones suficientemente actualizadas, para fundamentar las hipótesis y las ecuaciones de cálculo, evidencias matemáticas de la poca confiabilidad de las fuentes estadísticas y, en general, todos los escollos que son ya lugar común en la planificación global y sectorial en todos los países, particularmente los de nuestro continente, han venido apareciendo también en la metodología venezolana." "Mención especial merece el caso de las cuentas nacionales. En Venezuela hay dos

no existe un sistema de contabilidad pública. Sólo la Contraloría General de la República, a los solos efectos del control fiscal, lleva una contabilidad nacional; pero el Ejecutivo Nacional está en la imposibilidad de saber por su propia cuenta cuál es su estado contable en un momento determinado, es decir, aun cuando parezca "inverosímil", el Ejecutivo Nacional en Venezuela no ha llevado una contabilidad moderna destinada a conocer los costos reales de sus actividades[1345]. Y sin una contabilidad gubernamental, realmente no se puede poner en vigencia efectivamente la ejecución de los presupuestos-programa, que requieren la vinculación del gasto a la meta programática, y una correcta estimación de los recursos que han de asignarse a cada programa[1346].

Otros sistemas, como el del personal al servicio del Estado, también deben destacarse. En Venezuela, la administración del personal público es sólo a comienzos de la década de los sesenta cuando comienza a racionalizarse, y a pesar de los progresos alcanzados en la década pasada, hay que tener en cuenta que fue sólo en septiembre de 1970 cuando se promulgó la Ley de Carrera Administrativa, después de haber estado diez años depositada, sin haber sufrido mayor discusión, en las Cámaras Legislativas. Lo que ha podido haber sucedido hace más de diez años, es decir, la aprobación de la Ley de Carrera Administrativa, se pospuso irracionalmente y, por ello, aún habrán de transcurrir al menos diez años más para comenzar a percibir realmente sus efectos modernizadores sobre el sistema de administración de personal[1347].

Ahora bien, en éste y en los capítulos precedentes, hemos hecho referencia a algunas fallas y deficiencias que presenta la organización y funcionamiento de la administración pública en el ámbito nacional. Dichas fallas y deficiencias, y las exigencias para su transformación, se presentan indudablemente con características peculiares y situaciones aún más dramáticas, que es necesario también analizar, en el ámbito local.

---

organismos que las calculan por separado, el Banco Central de Venezuela y CORDIPLAN. A pesar de los numerosos puntos de coincidencia, siempre ha habido discrepancias por diversas razones, tales como la adopción de diferente base para la determinación de índices cronológicos de proyección. Constantemente se trabaja en el perfeccionamiento del método y recientemente, con el advenimiento de nuevas pautas metodológicas de las Naciones Unidas, se está concentrando el esfuerzo en la unificación de los sistemas". *V.*, Antonio Casas González, *La Planificación en Venezuela, cit.*, pp. 11 y 12 *Cfr.* CAP, *Informe sobre la Reforma de la Administración Pública Nacional, cit.*, Vol. II, pp. 111 y ss.

1345 La expresión es de Pedro R. Tinoco H., *op. cit.*, p. 21. El ex-Ministro de Hacienda agrega que "la única contabilidad general que lleva se limita a la anotación, en forma elemental, de los diversos ingresos y egresos de caja. La contabilidad general es llevada, ciertamente, por la Contraloría General de la República; pero solamente con el propósito de controlar la legalidad del gasto, es decir, de verificar la correcta imputación del gasto a la partida respectiva, según su objeto, y con el propósito de que no se excedan los límites establecidos en el presupuesto a cada categoría de gasto". *Idem*, p. 21. *Cfr.* CAP, *Informe sobre la Reforma de la Administración Pública Nacional, cit.*, Vol. II, pp. 141 y ss.

1346 *Cfr.* Allan R. Brewer-Carías, "Administración Pública para el Siglo XXI", *loc.cit., pp.* IIII-7

1347 *Cfr.* Allan-R. Brewer-Carías, *El Estatuto del Funcionario Público en la Ley de Carrera Administrativa*, Caracas, 1971, p. 58.

CAPÍTULO 16. LA BÚSQUEDA DE UN GOBIERNO Y ADMINISTRACIÓN REGIONAL Y URBANO FRENTE AL FEDERALISMO Y MUNICIPALISMO DECADENTE: LA PARTICIPACIÓN POPULAR Y LA DESCENTRALIZACIÓN TERRITORIAL

Una de las características fundamentales del Estado Venezolano desde el punto de vista institucional es el de la excesiva centralización. Es decir, la excesiva concentración del poder político, administrativo y jurídico en la Administración Nacional, el cual no es compartido por los "Estados" de nuestra Federación ni por las Municipalidades que existen en los Distritos en que aquéllos están divididos. Sin embargo, esta situación de excesiva centralización, que hoy aparece como evidente en el campo político y administrativo y que ahonda el abismo que existe entre el ciudadano y los gobernantes, no siempre ha sido igual; es más, como hemos señalado, puede decirse que es un producto del presente siglo.

En efecto, al declararse la independencia de los países latinoamericanos de España a comienzos del siglo XIX, puede decirse que el sistema administrativo de las nacientes Repúblicas del Nuevo Mundo era completamente descentralizado: las Provincias que formaban la Capitanía General de Venezuela tenían el poder local, y el más claro ejemplo de ello lo configuró la Declaración de Independencia del 19 de abril de 1810 por el Cabildo de Caracas y la invitación que formuló a los demás Cabildos o Ayuntamientos de América Latina para la formación de aquella gran confederación americano-española soñada por los notables locales. Por otra parte, fueron siete las Provincias de la Capitanía General de Venezuela las que constituyeron la República Federal del año 11[1348], y fue el poder local-federal que ese texto consagró[1349] el que marcó el inicio de un sistema de gobierno descentralizado en Venezuela, en el cual, a pesar de las propuestas del Libertador, el poder quedó alojado en las Provincias-Ciudades, siendo el gobierno central una entelequia. A esta debilidad del poder central, el propio Libertador atribuyó la caída de la Primera República en 1812.

Las guerras de independencia que se extienden hasta 1824, si bien hicieron inaplicables, formalmente, los textos constitucionales de 1811, 1819 y 1821, consolidan los poderes de los caudillos militares, regionales y locales bajo cuyas tropas se habían ganado y perdido batallas. La Provincia-Ciudad- Estado que había quedado como legado de la época colonial, se consolidaría con el agregado militar fáctico, qué no sólo permitió desconocer Constituciones, como sucedió respecto al texto de

---

1348 La "Constitución Federal para los Estados de Venezuela" del año 1811, se formuló en base a un "pacto Federal" entre los "representantes de Margarita, de Mérida, de Cumaná, de Barinas, de Barcelona, de Trujillo y de Caracas en Congreso General", y quedó abierta a la adhesión de las "provincias de Coro, Maracaibo y Guayana". V. Preámbulo y artículo 128, en Luis Mariñas Otero, *Las Constituciones de Venezuela*. Madrid, 1965, pp. 126 y 143. En las citas sucesivas, todas las referencias a los textos constitucionales se harán en relación a esta obra.

1349 En esta forma puede decirse con Humberto La Roche que "el federalismo venezolano fue una consecuencia de la tradición histórica..., fue un sistema que no olvidó la autonomía de las provincias para consustanciarla con la nueva forma del Estado Venezolano", en *El Federalismo en Venezuela* (separata). Maracaibo, 1973, p. 563.

1821 por la Municipalidad de Caracas y el poder militar de Páez[1350], sino que inclusive llegó a poner en duda y discusión la autoridad del Libertador[1351].

En la Constitución de 1819, si bien su tendencia teórica, por las presiones del Libertador fue por el establecimiento de un sólido poder central[1352], la división de la República en Provincias[1353] a cargo de "un Gobernador sujeto inmediatamente al Presidente de la República" y el establecimiento de "municipalidades" en los Departamentos (divisiones de las Provincias) con atribuciones propias, inclusive de proponer el nombramiento del Gobernador de la Provincia, que correspondía a los "miembros municipales" electos por votación[1354], indudablemente que contribuyó a consolidar el Poder regional local de los caudillos militares, quienes sustituyeron a la aristocracia criolla colonial en el control de los organismos locales[1355]. La Constitución de 1821, al unir los "territorios de Colombia (Nueva Granada) y Venezuela en la República de Colombia", formalmente centralizó aún más el Gobierno del nuevo Estado, el cual se dividió en Departamentos pero con "una administración subalterna dependiente del gobierno nacional"[1356]; sin embargo, la situación de guerra que todavía continuaba, el poder de los caudillos militares regionales y los poderes de las autoridades civiles municipales, desde el primer momento conspiraron contra este texto y su pretendida centralización, hasta que lograron, por sobre los deseos del Libertador e inclusive expulsándolo de Venezuela, la separación de ésta de la República de la Gran Colombia y la formación en 1830 de la República de Venezuela.

Tal como se ha dicho, la elaboración del texto constitucional de 1830 que no configuró ni una república "centralista" ni "federal", sino un pacto "centro-federal", estuvo nuevamente signada por las discusiones en torno a centralismo o federación, y para transacción del conflicto, sus redactores indudablemente se inspiraron en el

---

1350 Posteriormente, el movimiento de *La Cosiata* consolidaría el poder de Páez y provocaría la separación de Venezuela de la Gran Colombia.

1351 Tal como sucedió en el denominado Congreso de Cariaco, que provocó el fusilamiento de Piar.

1352 De allí la declaración del artículo 1° (Título II), de la Constitución de 1819: "La República de Venezuela es una e indivisible", *loc. cit.,* p. 166.

1353 Las provincias en que se dividía el territorio de la República en la Constitución de 1819 fueron básicamente las mismas referidas en la Constitución de 1811: Barcelona, Barinas, Caracas, Coro, Cumaná, Guayana, Maracaibo, Margarita, Mérida y Trujillo, *V.* artículo 2°, Título I, Sección primera, *loc. cit.*, p. 166.

1354 Artículos 1.°, 2.° y 4.° de la Sección segunda del Título IX de la Constitución de 1819, *loc. cit.*, p. 183.

1355 En la época colonial inmediatamente anterior a la Independencia, la aristocracia criolla, como clase privilegiada, "había monopolizado el derecho a los cargos concejiles" (*v.* Jesús González Cabrera, Caracas y su Régimen Municipal. Caracas, 1961, p. 62, *cit.*, por Julio Castro Guevara, *Esquema de la evolución municipal en Venezuela.* Caracas, 1968, p. 57), y ello le permitió asumir el poder local, al declararse la independencia. Sin embargo, la lucha social que condenó a los blancos y mantuanos durante las guerras de independencia, provocó la toma de posición en los cuerpos municipales por los del "partido" del caudillo regional-militar correspondiente. Tal como señala L. Vallenilla Lanz, "Durante algunos años más lucharán los Cabildos por sus antiguas prerrogativas, pretenderán asumir como antaño la representación de los intereses comunes y aun los generales del país, pero sucumbirán al fin ahogados bajo el poder avasallador del caudillismo que surgía por evolución regresiva del seno de la revolución, no quedando sino como supervivencias de un organismo social hondamente transformado...", *Disgregación e integración.* Caracas, p. 100, *cit.*, por J. Castro Guevara, *op. cit.*, p. 61.

1356 Artículo 6.° de la Ley Fundamental de la Unión de los Pueblos de Colombia, de 1821, *loc. cit.*, p. 196. 6.

texto de la Constitución de Cádiz de 1812[1357]: se dividió el país en Provincias[1358], en las cuales funcionaba una Diputación Provincial compuesta por Diputados electos, y cuyo "régimen superior político" estaba a cargo de "un Gobernador dependiente del Poder Ejecutivo" nombrado a proposición de las Diputaciones[1359]. Las Provincias se dividieron en cantones y parroquias, y en cada cantón la Ley atribuyó la autoridad gubernativa y económica a los "jefes políticos" designados por el Gobernador, quienes presidían los "Concejos Municipales", integrados a su vez por alcaldes y concejales designados por las Diputaciones Provinciales[1360]. En esta forma, el pacto centro-federal disminuyó la autonomía municipal que el texto constitucional de 1819 consagró en beneficio de las Diputaciones Provinciales, donde se alojó el poder de los caudillos regionales para, inclusive, discutir el poder central[1361]. La transacción centro-federal del texto de 1830, sin embargo, no satisfizo ni a los que propugnaban un gobierno centralista ni a los que buscaban la consolidación de un sistema completamente federal, y en la llamada Revolución de las Reformas contra el Presidente Vargas los federalistas insistían en lo inoperante de la organización Provincial y propugnaban la transformación de las Provincias en Estados y de las Diputaciones Provinciales en Legislaturas[1362]. Los años de la República durante la vigencia de la Constitución de 1830, en todo caso, continuaron bajo el conflicto de los poderes regionales-caudillistas-militares contra El recién creado poder civil-nacional[1363]. El conflicto, en definitiva, llevó a la reforma constitucional de 1857, en la cual, con la pretensión de resolver las tensiones centralistas y federalistas[1364], se optó por elimi-

1357 *Cfr*. J. M. Casal Montbrun (Estudio Preliminar), *La Constitución de 1961 y la Evolución Constitucional de Venezuela*, Tomo II, Vol. I. Caracas, 1972, pp. 23 y 32. Sobre las implicaciones de la Constitución de Cádiz en el Régimen local español. *V*. S. Martín-Retortillo y E. Argullol, "Aproximación histórica al tema de la descentralización 1812-1931", en S. Martín-Retortillo y otros, *Descentralización administrativa y Organización Política*. Madrid, 1973, Tomo I, pp. 43 y ss.

1358 Las provincias que adoptaron la Constitución de 1830 fueron las siguientes: Cumaná, Barcelona, Margarita, Caracas, Carabobo, Coro, Mérida, Barinas, Apure y Guayana. La Ley sobre el Régimen y Organización de las provincias, decretada conforme al artículo 5° de dicho texto (*loc. cit*., p. 224), estableció, sin embargo, división del territorio nacional en 13 provincias (*cfr*. la referencia en J. M. Casal Montbrun, *op. cit*., Tomo II, Vol. I, p. 123).

1359 Artículos 156, 161,4° y 170 de la Constitución de 1830, *loc. cit*., pp. 246, 247 y 249.

1360 Julio Castro Guevara, *op.cit.*, p. 68.

1361 En la Memoria de la Secretaría de Interior y Justicia de 1832 se denunció, en efecto, cómo las Diputaciones de Caracas y Mérida traspasaron los límites establecidos por la Constitución en "escandalosa infracción" arrogándose funciones atribuidas al Poder Legislativo Nacional. *V*. las referencias en J. M. Casal Montbrun, *op. cit.*, Tomo II, Vol. I, anexo 13 del Estudio Preliminar, p. 117.

1362 *V*. el Manifiesto de la Revolución de las Reformas de 1835, en J. M. Casal Montbrun, *op. cit*., Tomo II, Vol. I, pp. 47 y 123. En dicho documento sé calificaba a la. Constitución de 1830 como "inadecuada a nuestras circunstancias y adversa a los deseos manifestados por el pueblo, inventándose un sistema mixto y contradictorio desconocido hasta entonces y que solo pudo tener por objeto halagar las ideas y miras del Ejecutivo reinante", *ídem*, p. 123.

1363 Por ejemplo, es de destacar el rechazo del Presidente José Gregorio Monagas al Proyecto de Ley sobre Organización del Régimen Interior de la República en 1853, que buscaba reforzar el poder de las Diputaciones Provinciales, alegando que se afectaba "el principio centro-federal" y "se limitaban las facultades del Poder Ejecutivo". *V*. las referencias en J. M. Casal Montbrun, *op. cit*., Tomo II, Vol. I, pp. 48 y 124 y ss.

1364 En su Mensaje al Congreso en 1857 el Presidente J. T. Monagas planteaba la necesaria reforma de las instituciones políticas y, por ende, de la Constitución, alegando que el texto de (1830 establecía "un sistema complicado de Gobierno, que participaba del régimen central al mismo tiempo que del régimen fenar las Diputaciones Provinciales y erigir en su lugar un "Poder Municipal"[1365]. En esta forma, en las Provincias, el "régimen político" quedó a "cargo de un Gobernador dependiente y de libre nombramiento del Poder Ejecutivo" y en los Cantones (divisiones de las Provincias) el Poder Municipal se ejercía "por los Concejos Municipales" a quienes correspondía el "Gobierno de los cantones y parroquias en lo económico y administrativo", compuestos por funcionarios electos[1366]. La lucha del poder central contra las apetencias regionales- federales-caudillistas se pretendió resolver a favor del poder central, asfixiando el poder de las Provincias y creando el Poder Municipal[1367]; en definitiva, sesgando la aspiración a un federalismo progresivo que los constituyentes de 1830 buscaron, lo cual explica, entre otros factores, la precaria vigencia de la Constitución de 1857[1368].

La Constitución de 1858, en esta forma, significó una vuelta al espíritu del texto de 1830: adoptó de nuevo una forma mixta, tratando de conjugar los intereses del gobierno central con los regionales, pero controlando el ahora "Poder Municipal"[1369]. En dicho texto se integró todo el sistema de gobierno regional (provincias, cantones y parroquias) en un Poder Municipal que se ejercía "por una Legislatura y un Gobernador en la Provincia; por un Concejo y un Jefe Municipal en los Cantones, y por los demás funcionarios y corporaciones que establezca la legislatura provincial"[1370]. Los Gobernadores, sin embargo, eran electos por votación universal, directa y secreta, aun cuando actuaban "como agentes del Poder Nacional"[1371]. Con el texto de 1858, aun cuando también se buscaba establecer una transacción con la fórmula mixta[1372], indudablemente que los poderes locales salieron fortalecidos tanto a nivel de las Legislaturas Provinciales como de los Concejos Cantonales: el

---

deral fió a las Diputaciones provinciales toda la parte Legislativa del poder municipal y a los gobernadores la parte ejecutiva de ese mismo poder; pero hizo a las Diputaciones además de responsables de sus actos, dependientes del Congreso General, y a los gobernadores dependientes del Poder Ejecutivo... Tan extraña combinación produjo, desde el principio, el desorden que acompaña siempre a la confusión de los derechos y deberes... prevaleciendo el elemento centralizados en pugna siempre con el elemento llamado federal, que surgía de cuando en cuando... Pero lo peor de esta equivocada combinación consiste en que, aun cuando hubiera sido verdaderamente independiente el poder municipal, la Constitución lo centraliza también en las Diputaciones y gobernadores contra su peculiar naturaleza... Se estableció de este modo un poder, que se ha creído federal, con los elementos del poder municipal, a expensas de los pueblos, que no han gozado del beneficio de ninguno y sólo han sufrido el atraso y los perjuicios que eran consiguientes a semejante desorden". V. en J. M. Casal Montbrun, *op. cit.*, Tomo II, Vol. I, pp. 130 y 131.

1365 "El poder Público se divide para su administración en Legislativo, Ejecutivo, Judicial y Municipal. Cada uno de estos poderes ejercerá las atribuciones que le señalan la Constitución y las leyes, sin excederse de sus límites", artículo 6°, Constitución de 1857, *loc. cit.*, p. 258.

1366 Artículos 85, 86 y 88 de la Constitución de 1857, loc. cit., pp. 270 y 271

1367 Sobre el significado de la creación del Poder Municipal en 1857. *V.* Julio Castro Guevara, *op. cit.*, pp. 71 y ss. Las facultades autonómicas del Municipio se ampliaron en la Ley sobre Poder Municipal del mismo año de 1857, *ídem* pp. 72 y ss.

1368 *V.* J. M. Casal Montbrun, *op. cit.*, Tomo II, Vol. I, p. 50.

1369 *Cfr.*, *ídem*, p. 51. En el texto de 1858, "el Poder Público se divide en Nacional y Municipal", y el Nacional "se divide en Legislativo, Ejecutivo y Judicial", *loc. cit.*, p. 280

1370 Artículo 122, *loc. cit.*, p. 295

1371 Artículos 11, 135 y 137, *loc. cit.*, pp. 280 y 297.

1372 Producto, según la acertada opinión de J. M. Casal Montbrun, de "Una oligarquía que juega al federalismo para evitarlo", *op. cit.*, Tomo II, Vol. I, p. 51.

caudillismo regional federalista había llegado a su apogeo de poder político y sólo faltaban las guerras federales para que se consagrara formalmente la Federación en Venezuela.

En efecto, la Constitución de los Estados Unidos de Venezuela de 1864 "reunió" 20 Provincias que se declaraban "independientes" y "reconocían recíprocamente sus autonomías"[1373], con lo cual quedaba consolidado el pacto regional-caudillista-federalista que daba soporte al Estado Nacional y al Poder Central, y que se manifestó particularmente en la organización de las fuerzas armadas. Estas estaban formadas por "la milicia ciudadana que organicen los Estados", compuesta "con individuos voluntarios, con un contingente proporcionado que dará cada Estado, llamando al servicio a los ciudadanos que deban prestarlo conforme a sus leyes", no pudiendo en ningún caso el Gobierno nacional "situar en un Estado fuerza ni Jefes militares con mando, aunque sean del mismo Estado, ni de otro, sin el permiso del Gobierno del Estado en que se deba situar la fuerza"[1374]. La ausencia de un Ejército Nacional y la consolidación de las milicias regionales irregulares bajo el comando de los Caudillos regionales daba, a través de este pacto de señores regionales-feudales, soporte al poder nacional; y sólo será a comienzos de este siglo cuando mediante la formación de un Ejército Nacional, Gómez integrará por la fuerza de las armas a la República. El federalismo, desde el punto de vista administrativo, tal como tanto se ha dicho, fue ciertamente una ficción y una farsa[1375] que no impidió al Poder Nacional intervenir en la administración de los Estados; pero desde el punto de vista político-militar, muy lejos estuvo de ser irreal; al contrario, fue la base de sustentación de una República disgregada y dividida en feudos regionales.

En la organización política de 1864, en todo caso, el constituyente ignoró al Poder Municipal, quedando en poder de los Estados el establecimiento de "las reglas fundamentales de su régimen y gobierno interior"[1376]. Fue sólo en el texto constitucional de 1893 cuando por primera vez, dentro del sistema federal, se consagró "la autonomía del Municipio y su independencia del poder político del Estado en todo lo concerniente a su régimen económico y administrativo"[1377]; independencia que se estableció posteriormente, también expresamente, respecto del Poder Federal[1378]. A partir de 1904, en todo caso, constitucionalmente se estableció la autonomía munici-

---

1373 Esta expresión la consagraron todos los textos constitucionales hasta 1961, cuando la Constitución vigente la cambió: "Los Estados son autónomos e iguales como entidades políticas", artículo 16. Los Estados que formaron la República Federal de 1864 fueron los siguientes: Apure, Aragua, Barcelona, Barinas, Barquisimeto, Carabobo, Caracas, Cojedes, Coro, Cumaná, Guárico, Guayana, Maracaibo, Maturín, Mérida, Margarita, Portuguesa, Táchira, Trujillo y Yaracuy.

1374 Artículos 94 y 100 de la Constitución de 1864, *loc. cit.*, p. 319.

1375 *Cfr.* además, J. M. Casal Montbrun, op. cit., tomo II, Vol. I, pp. 56 y ss.; y Humberto J. La Roche, op. cit., p. 573. De allí que se haya hablado de las '-Repúblicas Federales centralizadas" respecto de las latinoamericanas: V. William S. Strokes, "The Centraliced Federal Republics of Latin América", en Peter G. Snow, *Government and Politics in Latin America*. N. Y., 1967, pp. 158 y ss.

1376 Artículo 13;2 de las Constituciones de 1881 Y 1891, *loc. cit.*, pp. 349 y 374.

1377 Artículo 13,2 de la Constitución de 1893; artículo 13,3 de la Constitución de 19011; artículo 73 de la Constitución de 1904; artículo 12,3 de la Constitución de 1909; artículo 19,4 de las Constituciones de 1914, 1922; Y artículo 14 de las Constituciones de 1925, 1928, 1929, 1931, 1936 y 1945, *loc. cit.*, pp. 397, 424, 455, 484, 539, 581, 612, 648, 684, 720, 757 y 795, respectivamente.

1378 Artículo 14 de la Constitución de 1936, *loc. cit.*, p. 757.

pal, no de los Municipios, sino de los Distritos en que se dividían los Estados "cuyas Municipalidades" eran entonces las autónomas, situación que se mantuvo hasta la Constitución de 1953[1379].

En cuanto a la organización federal, si bien desde el punto de vista político-regional tuvo vigencia mientras los caudillos regionales dominaron el país, como consecuencia de la integración política que el dictador J. V. Gómez realizó dictatorialmente del país, aquélla perdió toda vigencia. Administrativamente, durante el siglo XIX había sido una entelequia formal que encubría una Administración centralizada, y al perder su único objetivo —pacto de descentralización político-regional-caudillista—, a partir de las primeras décadas del siglo XX, no ha tenido real vigencia, siendo el ropaje formal de un Estado centralizado administrativa y políticamente hablando. En este sentido estimamos importante insistir en torno a los aspectos políticos y administrativos de la Federación, pues las apreciaciones tan generalizadas relativas a su carácter ficticio deben aplicarse sólo a la concepción de Federación como fórmula de descentralización administrativa. Ciertamente, la Federación no significó descentralización, sino que su contenido se violó desde el inicio: los caudillos de turno en el poder desarrollaron una política administrativa de carácter meramente centralista; pero ello, indudablemente, a cambio de la descentralización político-militar. En este último aspecto todo lo contrario de una ficción, la federación fue una realidad, con enorme arraigo histórico, ligada al caudillismo y al latifundismo regional. Desaparecidos éstos por la concentración del poder militar y del latifundio en tomo a Gómez, la Federación entonces pasó a ser un mero recuerdo histórico de las luchas civiles del siglo XIX; y ello lo reconoce la propia Constitución de 1961, al disponer que "La República de Venezuela es un estado federal, en los términos consagrados por esta Constitución", lo que equivale a decir muy poco[1380], como se verá más adelante.

En el orden político venezolano, sin embargo, el año 1936 tuvo una enorme importancia, tal como ya hemos tenido oportunidad de señalar, lo cual también se aplica a la evolución, posterior a esa fecha, de la forma del Estado venezolano. En efecto, el Estado que emerge de la dictadura de J. V. Gómez, indudablemente que no fue ni la sombra del que había sido fácil presa del Dictador: no sólo aparecía ahora integrado políticamente, sino que, debido a los recursos fiscales provenientes del petróleo, aparecía como una entidad de un enorme poder económico. Por otra parte, la política administrativa de la dictadura, siguiendo la orientación de los gobiernos de la segunda mitad del siglo XIX, había sido progresivamente centralista, de manera que en las sucesivas reformas constitucionales, se le fueron quitando o limitando poderes a los entes locales: los Estados y Municipalidades. A pesar de la forma "fe-

1379 Artículo 7,3 de la Constitución de 1904, *loc. cit.*, p. 455. Artículo 109 de la Constitución de 1953, *loc. cit.*, p. 855. En la Constitución de 1961 se consagró la autonomía de los "Municipios", pudiendo éstos ser "agrupados en Distritos". Artículos 25 y 28. Mediante la Disposición Transitoria Primera de la Constitución, mientras no se dictara la Ley Orgánica del Poder Municipal, se mantenía en vigencia el régimen anterior a 1961 (el de la Constitución de 1953), por lo que hasta 1974 la autonomía Municipal existía a nivel de "Municipalidades" en los Distritos y no a nivel de los Municipios, que eran meras divisiones administrativas de aquéllos.

1380 Artículo 2°. *V.* la Exposición de Motivos de la Constitución sobre el significado de la expresión de este artículo sobre la federación, en Revista de la Facultad de Derecho, número 21. Caracas, 1961, p. 375 y los debates de la Comisión Redactora del Proyecto de Constitución en *La Constitución de 1961 y la Evolución Constitucional de Venezuela*, tomo I, Vols. I y II. Caracas, 1971

deral", el Estado de 1936 era un Estado completamente centralizado, y si bien la justicia permanecía en cierta forma en poder de los Estados, la Constitución de 1945 dio el golpe de gracia a la descentralización, al nacionalizarse las actividades judiciales[1381]. Había, sin embargo, competencias propias de los Estados, de las Municipalidades y del Poder Nacional (Federal), correspondiendo a los Estados toda competencia "no delegada expresamente al Poder Central"[1382], con lo que se consagraba una especie de poder residual tácito a favor de los Estados. En 1953, sin embargo, el proceso centralizador, de nuevo bajo otra dictadura militar, llevó a norma constitucional el principio contrario: correspondía al Poder Nacional "toda materia que la presente Constitución no atribuya a los otros Poderes"[1383], con lo que se reducía la competencia de los Estados, con carácter restrictivo y se ampliaba la competencia del Poder Nacional con las atribuciones residuales. Esta situación, ciertamente, se invirtió nuevamente en la Constitución de 1961, la cual, si bien atribuyó a los Estados "todo lo que no corresponda, de conformidad con esta Constitución, a la competencia nacional o municipal"[1384], consagró expresamente el principio de los "poderes implícitos" a favor del Poder Nacional, al precisar que corresponde a éste "toda otra materia- que la presente Constitución atribuya al Poder Nacional o que le corresponda *por su índole o naturaleza*"[1385].

Ahora bien, conforme al régimen de la Constitución de 1961, ¿cuál es la situación real de la forma federal del Estado en Venezuela a comienzos de la década de los setenta?, o si se quiere, ¿cuál es el alcance y realidad de las autonomías locales —estatales y municipales— frente al poder central? Dos aspectos están envueltos en las respuestas a estas preguntas: el estudio de la organización "federal" de la República en "Estados", y la realidad de la "autonomía municipal", lo cual intentaremos hacer separadamente.

Cualquier análisis somero de la normativa Constitucional en lo que se refiere a la diferenciación del "Poder Público" en "Poder Nacional" y "Poder de los Estados" o "Poder Estadal"[1386], evidentemente que conduce a la apreciación de que la organización "estadal" está minimizada, en cuanto a atribuciones y facultades, en relación a las que se asignan al Poder Nacional. En efecto, dentro de las potestades asignadas a los Estados[1387], a los que se considera "autónomos e iguales como entidades políti-

1381 Mediante el artículo 15,7, los Estados convinieron por primera vez, en "reservar al poder Federal..." "todo lo relativo a la Administración de Justicia y al Ministerio Público en el territorio Nacional", loe. cit., p. 796. Sobre la importancia de esta "nacionalización de la Justicia" en el esquema federal venezolano. *V.* Humberto J. La Roche, *op. cit.*, pp. 578 y ss.

1382 Esta norma consagrada en la Constitución de 1864 (art. 12) se mantuvo en todos los textos constitucionales posteriores hasta 1953.

1383 Artículo 60,29, *loc. cit.*, p. 911.

1384 Artículo 17,7.

1385 Artículo 136,25. V. en relación a lo novedoso de esta disposición en Humberto J. La Roche, *op. cit.*, p. 591. Una aplicación del criterio contenido en esta norma puede encontrarse en nuestro libro, Allan-R. Brewer-Carías, *Aspectos Institucionales del Transporte y Tránsito en el Área Metropolitana de Caracas*. Caracas, 1971, pp. 72 y ss., y 82.

1386 *V.* artículos 17 y 118, por ejemplo.

1387 Los Estados son 20: Anzoátegui, Apure, Aragua, Barinas, Bolívar, Carabobo, Cojedes, Falcón, Guárico, Lara, Mérida, Miranda, Monagas, Nueva Esparta, Portuguesa, Sucre, Táchira, Trujillo, Yaracuy y Zulia.

cas”[1388], están: la organización de sus poderes públicos[1389]; la organización de sus Municipios y demás entidades locales[1390]; la administración de sus bienes, la inversión del situado constitucional y demás ingresos que le correspondan[1391], y la utilización del crédito público[1392]; la organización de la policía urbana y rural y la determinación de las ramas de este servicio atribuidas a la competencia municipal[1393]; y las materias que el Poder Nacional “descentralice” a favor de los Estados[1394]. Sin embargo, todas éstas potestades están sujetas a limitaciones e intervenciones del Poder Nacional, y su ámbito, en cierta forma, no sólo está sujeto a lo que la Constitución regula, sino a lo que el Congreso (Poder Nacional) establezca: la organización de los Municipios por leyes estadales, por ejemplo, ha de someterse a “las normas que para desarrollar los principios constitucionales establezcan las leyes orgánicas nacionales”[1395]; la administración de los bienes a inversión de los ingresos que obtengan los Estados provenientes de las asignaciones que el Poder Nacional les debe dar constitucionalmente (situado), puede limitarse por la Ley nacional que coordine dicha inversión “con planes administrativos desarrollados por el Poder Nacional”[1396]; la inversión de todos sus ingresos puede ser sometida al control de la Contraloría General de la República[1397] y por Ley nacional puede, inclusive, determinarse los “límites a los emolumentos que devenguen los funcionarios y empleados” de los Estados[1398]; la utilización del crédito público por los Estados depende de lo que la Ley nacional establezca[1399]; la organización de la policía urbana y rural sólo puede hacerse de acuerdo con lo que una Ley nacional establezca[1400]; y, por último, el ámbito de la “descentralización” de competencias nacionales a los Estados, depende íntegramente de lo que el Poder Nacional determine[1401]. Por otra parte, y particularmente en materia de ingresos propios, la Constitución establece una larga lista de limitaciones a las potestades tributarias de los Estados, que materialmente

1388 Artículo 16.

1389 Lo que conlleva la regulación de las relaciones entre el Poder Legislativo Estatal (atribuido a las Asambleas Legislativas) y el Poder Ejecutivo Estadal (atribuido a los Gobernadores), conforme a las orientaciones de la Constitución (separación y colaboración de poderes, p. e.), *v.* artículo 17,1 de la Constitución.

1390 Lo que implica que los Estados establecen la división político-territorial que estimen convenientes conforme a la normativa de la Constitución y a lo que se establezca en las Leyes Nacionales (art. 17,2 de la Constitución). En esta forma, es a los Estados a quienes corresponde establecer el número de Municipios en su territorio y pueden también agrupar varios Municipios en un Distrito (art. 28 de la Constitución).

1391 Ello, con sujeción a lo establecido en los artículos 229 y 235 de la Constitución (art. 17,3 de la Constitución).

1392 Con las limitaciones y requisitos que establezcan las Leyes Nacionales, artículo 17,4 de la Constitución.

1393 Artículo 17,5 de la Constitución.

1394 Artículo 17,5 y 137 de la Constitución.

1395 Artículo 26 de la Constitución.

1396 Artículo 229 de la Constitución.

1397 Artículo 235 de la Constitución.

1398 Artículo 229 de la Constitución.

1399 Artículo 17,4 de la Constitución.

1400 Artículo 134 de la Constitución.

1401 Artículo 17,6 y 137 de la Constitución.

las reducen a la inexistencia[1402]. Ciertamente que las Asambleas Legislativas tienen competencia para "legislar sobre las materias de la competencia estadal", y que el "gobierno y administración de cada Estado corresponde a un Gobernador"[1403]; sin embargo, esta autonomía "normativa", "fiscal" y "administrativa" se hace nugatoria e inoperante, por la material ausencia de materia sobre la cual "legislar"[1404] o administrar, lo que hace, por otra parte, inefectiva la competencia residual de los Estados. En esta forma, conforme al texto constitucional, la "autonomía" de los Estados, es una autonomía dependiente del Poder Nacional: existe y tiene ámbito e importancia, en tanto en cuanto el Poder Nacional lo determine. A principios de la década de los setenta, en todo caso, el Poder Nacional no había determinado ámbito efectivo a dicha autonomía, y por la normativa que existía, los Estados quedaban reducidos a unas entelequias políticas, sin competencias administrativas de interés, que sólo servían para alimentar clientelas político-partidistas. Con razón, por tanto, se ha dicho que las Asambleas Legislativas son entes políticos de debates y no órganos promotores del desarrollo[1405], lo que podría aplicarse a toda la estructura de los Estados federados[1406]. De ahí que se haya insistido en la necesidad de eliminar las Asambleas Legislativas y reordenar la división territorial de la "Federación"[1407]. En todo caso, y sin entrar por ahora a considerar la racionalidad o irracionalidad de la división político-territorial de la República en veinte Estados, y la posibilidad o imposibilidad de realizar un proceso de "descentralización" hacia esas entidades, lo que analizaremos más adelante, lo que sí resulta claro del análisis de la normativa constitucional es que la Federación en Venezuela ha encubierto a un Estado centralizado, con un ropaje político del cual no se han beneficiado los pueblos del interior del país, pues no han tenido real participación en el manejo de los asuntos regionales, y sólo han obtenido ganancias los partidos políticos,' quienes han encontrado en los cargos de Diputados de las Asambleas Legislativas y en las burocracias estadales, la forma de colmar las apetencias políticas de sus partidarios y adversarios. Se impone, por tanto, una reforma del régimen federal, que no sólo reordene territo-

---

1402 Artículo 18 de la Constitución. *V.* los comentarios al respecto de H.J. La Roche, *op.cit.*, pp. 600 y ss

1403 Artículo 20,1 y 21 de la Constitución.

1404 De la lectura del artículo 136 de la Constitución que atribuye competencias al Poder Nacional, se aprecia el material "monopolio" legislativo que la Constitución atribuye al Poder Nacional, *V.* los comentarios de H. J. La Roche, *op. cit.*, pp. 599.

1405 *V.* J. M. Casal Montbrun, *op. cit.*, tomo II, Vol. I, p. 79.

1406 Por ello, con razón se ha dicho que "la Organización regional en Venezuela se ha mantenido vegetando sobre un mismo esquema: apariencias federativas vertebradas a una presión cada vez más centralista. La tradición formalista, revelada como incapaz de amenazar las inmensas prerrogativas del poder central, ha sido mantenida casi sin maquillaje por nuestros constituyentes. La organización regional, despojada de vitales funciones de creación, subordinada económicamente al poder nacional, comprometida políticamente con partidos cuyas directrices nacionales les atan y mediatizan; no ha podido ser fiel reflejo de inquietudes zonales sino más bien instrumento para acallarlas o resolverlas a medias, en beneficio de los intereses que dirigen desde el centro los destinos del país". *V.* J. M. Casal Montbrun, *op. cit.*, tomo II, Vol. I, p. 79. *Cfr.* Humberto J. La Roche, *op. cit.*, pp. 647 y ss.

1407 *V.*, por ejemplo, las opiniones de Ramón Escobar Salom en las discusiones del Proyecto de Constitución, en J. M. Casal Montbrun, op. cit., tomo II, Vol. I, pp. 165 y ss. En 1968 señalábamos, al analizar el significado de un proceso de regionalización que conllevaba "una revisión total de la división político-territorial y materialmente la eliminación de los Estados, como últimos resabios de una federación que siempre fue centralista y que como tal, nunca existió". V. Allan R. Brewer Carías, *Una Revolución para el Desarrollo*, Caracas, 1970, p. 47.

rialmente la República con criterios racionales y regionales, sino "que conlleve un proceso de descentralización del Poder Nacional, y de efectiva participación de las comunidades en las decisiones políticas y administrativas, sobre lo cual insistiremos más adelante. Antes, sin embargo, se hace imprescindible determinar la realidad de la "autonomía municipal" que la Constitución consagra y, por tanto, la operatividad o no del régimen local en Venezuela.

En efecto, conforme a la Constitución, "los Municipios constituyen la unidad política primaria y autónoma dentro de la organización nacional" y como tales, "son personas jurídicas"[1408]. En esta forma, el Municipio es, ante todo, una división territorial de la República o, más precisamente, de los Estados federados[1409], a cuyas autoridades corresponde "el gobierno y administración de los intereses peculiares de la entidad"[1410] con entera autonomía. En esta forma, de acuerdo con la Constitución, la autonomía municipal comprende una autonomía política, en cuanto que los Municipios eligen sus propias autoridades[1411]; una autonomía normativa y administrativa, en cuanto a que ellos tienen "la libre gestión de las materias de su competencia"[1412]; una autonomía fiscal y tributaria, en cuanto a que pueden crear, recaudar e invertir sus propios ingresos[1413]; y sus actos no pueden ser impugnados ante ningún órgano del Poder estadal o nacional, y sólo ante los órganos jurisdiccionales, conforme a la Constitución y las Leyes[1414]. Sin embargo, esta autonomía municipal, está sometida también a una multiplicidad de limitaciones[1415] que hacen dudar, realmente, de su existencia.

En efecto, las limitaciones a la autonomía municipal, comienzan por establecerse en la Constitución, respecto de la propia "existencia" de los Municipios como entidades político-territoriales. Estos, si bien son las unidades políticas primarias dentro de la organización nacional, como lo señala la Constitución, ello no implica que tengan existencia previa y por sobre dicho texto fundamental[1416], sino que su existencia depende de lo que dicho texto establezca, lo que es lo mismo que decir, que la existencia de los Municipios depende, no sólo de lo que los Estados Federados dispongan, sino de lo que dispongan con arreglo a las Leyes Nacionales. En esta forma, la propia Constitución ha dispuesto que los Estados organicen "sus Municipios" y

1408 Artículo 25 de la Constitución.

1409 Artículo 17,2 de la Constitución.

1410 Artículo 30 de la Constitución.

1411 Artículo 29,1 de la Constitución.

1412 Artículo 29,2 de la Constitución.

1413 Artículo 29,3 de la Constitución.

1414 Artículo 29, 206 y 215,4 de la Constitución.

1415 V. al respecto, Antonio Moles Caubet, "Los Límites de la Autonomía Municipal", en *Revista de la Facultad de Derecho*, número 26. Caracas, 1963, pp. 12 y ss.; Allan-R. Brewer-Carías, *El Régimen de Gobierno Municipal en el Distrito Federal Venezolano*. Caracas, 1968, pp. 4 y ss.

1416 Ello lo ha dejado claramente establecido la Corte Suprema de Justicia desde hace varios años. En efecto, en sentencia de 2 de diciembre de 1937, la antigua Corte Federal y de Casación señaló que: "Aunque desde el punto de vista sociológico puede afirmarse que la autonomía municipal; es emanación del pueblo, anterior a los preceptos constitucionales de cualquier país es lo cierto que en el derecho positivo venezolano, se la considera como emanada exclusivamente de la Constitución, pues es ésta la que distribuye el Poder Público entre el Poder Federal, el Poder de los Estados y el Municipal..." *V.* en *Memoria de 1938*, p. 359.

"su división político territorial"[1417], y que en todo caso, "la organización de los Municipios y demás entidades locales se regirá por esta Constitución, por las normas que para desarrollar los principios constitucionales establezcan las leyes orgánicas nacionales y por las disposiciones legales que en conformidad con ellas dicten los Estados"[1418]. De manera que conforme a esas Leyes, el número de Municipios de la República y su organización, puede variar. Por otra parte, la Constitución expresamente se apartó del establecimiento de un régimen uniforme para dicha organización y, al contrario, previo que "la ley podrá establecer diferentes regímenes para la organización, gobierno y administración de los Municipios atendiendo á las condiciones de población, desarrollo económico, situación geográfica y otros factores de importancia", aún cuando "en todo caso la organización municipal será democrática y responderá a la naturaleza propia del gobierno local"[1419]. Por otra parte, también previo la Constitución que "los Municipios podrán ser agrupados en Distritos"[1420], con lo que se atribuye a los Poderes a cuyo cargo está su organización (Poder Nacional y Estadal), una aún más amplia competencia para determinar la existencia, inexistencia y agrupación de las "entidades primarias".

Pero dejando aparte las limitaciones a la autonomía municipal, derivadas de los poderes de organización que se atribuyen al Congreso y a las Asambleas Legislativas, en el propio ejercicio de sus atribuciones propias, la autonomía municipal se encuentra limitada. En efecto, en cuanto a la libre elección de sus autoridades, si bien ello corresponde al Municipio, es al Poder Nacional a quien corresponde determinar "quiénes" son las autoridades a elegir: un alcalde, un Concejo Municipal[1421], u otra corporación municipal; y la forma de dicha elección[1422]. Por otra parte, se ha señalado que la autonomía municipal conlleva "la creación, recaudación e inversión de sus ingresos"; sin embargo, esta autonomía normativa, administrativa y fiscal también está sometida a amplias limitaciones. En primer lugar, los Municipios tienen determinados, taxativamente, los ingresos que pueden tener[1423]; y están sujetos a diversas prohibiciones en materia impositiva[1424]. En segundo lugar, la utilización del crédito público sólo pueden hacerla con las limitaciones y requisitos que establezca la Ley[1425]. En tercer lugar, si bien por Ley se puede determinar "la participación que corresponda a las entidades municipales en el situado" constitucional, dicha Ley puede limitar la administración de esos ingresos "para coordinar la inver-

---

1417 Artículo 17,2 de la Constitución.

1418 Artículo 26 de la Constitución.

1419 Artículo 27 de la Constitución.

1420 Artículo 28 de la Constitución.

1421 En ninguna parte del texto Constitucional se utiliza la expresión "Concejo Municipal", ni se especifica que éstos sean las autoridades a que se refiere el artículo 29,1 de la Constitución.

1422 La legislación electoral corresponde al Poder Nacional, y en ella puede determinarse otra forma de elección que no sea la "representación proporcional" utilizada en los últimos años para la elección de los miembros de los Concejos Municipales. En la Legislación Nacional, en este sentido, podría establecerse una elección uninominal para los miembros de las Corporaciones municipales y para los Alcaldes o Gerentes Municipales. *V.* Allan R. Brewer-Carías, "Obstáculos Políticos al desarrollo en Venezuela", *Revista de la Escuela Superior de las Fuerzas Armadas de Cooperación*, número 1. Caracas, 1973, p. 127.

1423 Artículo 31 de la Constitución.

1424 Artículo 18 y 34 de la Constitución.

1425 Artículo 33 de la Constitución.

sión del situado con planes administrativos desarrollados por el Poder Nacional"[1426]. En cuarto lugar, por Ley nacional, pueden fijarse "los emolumentos que devenguen los funcionarios y empleados de las entidades municipales"[1427]. Y en quinto lugar, a pesar de la "inalienabilidad e imprescriptibilidad de los ejidos", la Ley nacional puede determinar la enajenación de las referidas tierras municipales con fines de Reforma Agraria[1428]. De estas limitaciones resulta, por tanto, que la autonomía normativa, administrativa y fiscal no es absoluta[1429].

Pero la autonomía municipal comprende, además, según se ha visto, "la libre gestión en las materias de su competencia"[1430], es decir, "los intereses peculiares de la entidad, en particular, cuanto tenga relación ... con las materias propias de la vida local, tales como urbanismo, abastos, circulación, cultura, salubridad, asistencia social, institutos populares de crédito, turismo y policía municipal"[1431]. Sin embargo, a pesar de la enumeración de las materias propias de la vida local, la sola ejemplificación que la Constitución hace, convierte en completamente relativa la autonomía normativa y administrativa del Municipio sobre ellas. En efecto, en cuanto al "urbanismo", el Poder Nacional puede establecer, coordinar y unificar normas y procedimientos técnicos para obras de urbanismo[1432], estando, por otra parte, fuera de toda duda, la competencia del mismo en materia de desarrollo urbano, como una de las materias que ha escapado del solo ámbito local, y que por su índole y naturaleza requieren de una normativa nacional[1433]. En cuanto a los "abastos", el Poder Nacional tiene competencia para dictar medidas destinadas a "racionalizar" la producción y regular "la circulación, distribución y consumo" de bienes[1434]. En cuanto a la "circulación", el Poder Nacional tiene diversas competencias en materia de tránsito y transporte"[1435], además de ser una materia que le corresponde por su índole y naturaleza[1436], que le permiten regular nacionalmente aspectos de la circulación[1437]. En cuanto a la "cultura" la Constitución atribuye al Poder Nacional, la obligación de fomentar "la cultura en sus diversas manifestaciones"[1438]. En cuanto a la "salubridad" y la "asistencia social", al Poder Nacional corresponde "la dirección técnica, el establecimiento de normas administrativas y la coordinación de los servicios desti-

---

1426 Artículo 229 de la Constitución.

1427 Artículo 229 de la Constitución.

1428 Artículo 32 de la Constitución.

1429 *Cfr*. Allan R. Brewer-Carias, *El Régimen de Gobierno Municipal en el Distrito Federal..., cit.*, pp. 8 y 9.

1430 Artículo 29,2 de la Constitución.

1431 Artículo 30 de la Constitución.

1432 Artículo 136,14 de la Constitución.

1433 *V.* sobre esto, Allan-R. Brewer-Carías, "El Área Metropolitana de Caracas y la Cooperación Intermunicipal en materia de Urbanismo", en *Revista de la Facultad de Derecho*, UCV, número 35. Caracas, 1967, pp. 49 y ss. V. además, Luis Torrealba Narváez, Aspectos Jurídicos del Urbanismo en Venezuela. Caracas, 1970, pp. 45 y ss.

1434 Artículo 98 de la Constitución.

1435 Artículo 136, ordinales 5,20 y 21 de la Constitución.

1436 Artículo 136,25 de la Constitución.

1437 *V.* sobre esto, Allan-R. Brewer-Carías, *Aspectos Institucionales del Transporte y Tránsito en el Área Metropolitana de Caracas, cit.*, pp. 71 y ss.

1438 *V.* artículo 83 de la Constitución.

nados a la defensa de la salud pública"[1439], además de tener la obligación de velar "por el mantenimiento de la salud pública" y proveer "los medios de prevención y asistencia a quienes carezcan de ellos"[1440]. En materia de "institutos populares de crédito", al Poder Nacional corresponde dictar la legislación en materia de "bancos y demás instituciones de crédito"[1441], además de las facultades para regular la circulación de la riqueza[1442]. En materia de "turismo", al Poder Nacional también corresponde dictar la legislación "de turismo"[1443]. Por último, en materia de "policía municipal", no sólo los Estados tienen competencia para determinar las ramas de la policía urbana y rural atribuidas a la competencia municipal[1444], sino que tanto los-Estados como los Municipios "sólo podrán organizar sus fuerzas de policía de acuerdo con la Ley Nacional"[1445], que puede limitarlas, para coordinarlas con la "policía nacional"[1446].

En esta forma, en todas las materias propias de la vida local que la Constitución ha señalado como de la competencia de las Municipalidades, el propio texto fundamental ha establecido competencias concurrentes del Poder Nacional e inclusive de los Estados, que han producido que el ejercicio de las competencias municipales se encuentre triplemente limitado, frente a los poderes residuales de los Estados, a los poderes implícitos del Poder Nacional, y a los poderes concurrentes. A estas limitaciones debe agregarse la tendencia centralista del Poder Central ya comentada, y la complejidad de los problemas del desarrollo económico y social, en particular los del desarrollo urbanístico, que han hecho intervenir con más razón a los poderes nacionales. En todo caso, la institución municipal ha quedado relegada a un localismo que la hace inoperante, administrativa y económicamente hablando, con exiguos recursos financieros, y que la han convertido, al igual que las entidades estadales-federales, en fuente de satisfacción de clientelas partidistas mediante los tradicionales repartos burocráticos. De todo esto, ha resultado que la participación del pueblo en la entidad política primaria de la organización nacional ha estado ausente. Las entidades políticas regionales y locales —Estados y Municipios— en todo caso, han quedado, en las últimas décadas, al margen del proceso de desarrollo, aún cuando han sobrevivido formalmente, a pesar del proceso de transformación económica y social que ha vivido la República. Como instrumentos de desarrollo, no cumplen cometido alguno racional e importante[1447] y han quedado, para sobrevivir, aferradas

---

1439 Artículo 136,17 de la Constitución.

1440 Artículo 76 de la Constitución.

1441 Artículo 136,24 de la Constitución.

1442 Artículo 98 de la Constitución.

1443 Artículo 17,6 de la Constitución.

1444 Artículo 17,6 de la Constitución.

1445 Artículo 134 de la Constitución.

1446 Artículo 136,5 de la Constitución.

1447 *Cfr.;* J. M. Casal Montbrun, *op. cit.*, tomo II, Vol. I, p. 79; Humberto J. La Roche, *op. cit.*, pp. 647 y ss.; Allan-R. Brewer-Carías, *Problemas institucionales del área Metropolitana de Caracas y del desarrollo regional y urbano.* Caracas, 1971, pp. 29 y ss.

a un federalismo y a un municipalismo decadentes[1448], competidas a ello por el proceso centralizador del Estado.

El reto planteado en el ámbito de las instituciones regionales y locales, en todo caso, está en hacerlas partícipes de los procesos de decisiones concernientes al desarrollo del país, y corresponsabilizarlas del mismo, a la vez que lograr, mediante ellas, la efectiva democracia política, a través de la participación del pueblo en los procesos políticos. Para ello, la enorme tarea que tiene planteado el Estado venezolano para su reforma, aparte de las múltiples que tiene a nivel nacional, consiste en realizar un amplio proceso de descentralización administrativa y organizar una efectiva participación popular a nivel local[1449]. Ello será la garantía de estabilidad institucional, tanto desde el punto de vista administrativo como político.

En efecto, las tareas del desarrollo económico y social, en una sociedad compleja como la venezolana, ya no pueden atenderse como la administración de una "hacienda" particular, tal como el dictador Gómez trataba al país en las primeras décadas de este siglo. Frente a la disgregación feudal- regional-caudillista que la Federación del siglo pasado consolidó, el procesó de centralización administrativa

---

1448 En relación a los Estados, en otro lugar hemos señalado que "la situación actual de las estructuras políticas y administrativas locales a nivel estadal, es la de compartimientos estancos, que actúan de espaldas totalmente a la realidad nacional, al proceso de desarrollo y a la participación de las regiones en el proceso de desarrollo nacional. En general, se trata de instituciones que casi para lo que sirven es para mantener una especie de clientela política para los diversos partidos políticos dentro de nuestra democracia formal, y que por tanto, no son instituciones que por sí mismas puedan contribuir adecuadamente al proceso de desarrollo nacional. Por otra parte, el carácter de compartimientos estancos, la ausencia de recursos propios, la dependencia de parte del situado constitucional que provee la República, el excesivo localismo originado por la supervivencia de la clientela política a la cual están sometidos; hacen que estos organismos, aun cuando autónomos, tengan una autonomía que no les sirva de mucho. Es decir, estamos en presencia de una autonomía que, tal como está concebida y tal como funciona, es una autonomía hasta cierto punto inútil; una autonomía que no tiene dentro del contexto del desarrollo un adecuado papel que jugar". *V.* Allan-R. Brewer-Carías, *Problemas Institucionales del Área Metropolitana de Caracas y del Desarrollo Regional y Urbano, cit.* p. 29". "Por otra parte, estos compartimientos estancos han dado origen a administraciones ligadas y ceñidas a un ámbito territorial específico, con escasos recursos para poder acometer acciones de desarrollo importantes, con un excesivo localismo que hace casi imposible el lograr una coordinación regional. En la actualidad, hay muy poca colaboración entre los diversos Estados que conforman una región. Esto se deriva fundamentalmente de esa autonomía, muchas veces inútil, que sólo sirve a intereses que posiblemente no están ligados a las exigencias del desarrollo, sino a intereses circunstanciales generados por los vaivenes políticos del país. En todo caso, estos problemas de la "autonomía inútil", no sólo surgen a nivel de los Estados, sino quizá fundamentalmente a nivel de los Municipios. Esta autonomía inútil, sobre todo por la forma como está estructurada, es quizá uno de los objetivos a superar dentro de un nuevo planteamiento que se exige formular en torno al papel de los Estados y de los Municipios en un proceso de desarrollo." *V.* Allan-R. Brewer- Carías, *El Proceso de Regionalización y la Reforma Administrativa en los Estados y Municipalidades.* Mérida, 1971, pp. 9 y 10.

1449 "Personalmente —señala S. Martín-Retortillo— entiendo que la descentralización es en nuestros días la alternativa más válida y consistente para afrontar el tema de la crisis del Estado. También, para llevar a cabo una democratización sustantiva y no .puramente formal de las propias estructuras políticas y administrativas... hoy, con un signo totalmente distinto a como anteriormente se presentaron, el Estado para su efectiva gestión, y el ciudadano para su mayor participación, exijan y requieran el abandono de los esquemas centralizadores, para situarse en un sistema efectivamente pluralista, tanto desde el punto de vista corporativo como desde el territorial... La descentralización, como base de una efectiva participación ciudadana en el Gobierno de la cosa pública... La descentralización como técnica de incorporación ciudadana; pero no de una incorporación por simple representación, sino de una auténtica incorporación por participación." *V.* en Sebastián Martín-Retortillo y otros. *Descentralización Administrativa y Organización Política, cit.*, tomo I (Introducción), pp. XXXIV, XXXVII LIX y LXII.

iniciado con la misma Federación y concluido con Gómez, indudablemente que fue necesario. Fue la única forma de integración política del país. Sin embargó, los cambios sociales, políticos y económicos que se han producido a partir de 1936, exigen replantearse completamente la forma centralizada de administración y gobierno, que ha excluido a las entidades locales de todo papel en el proceso de desarrollo, y que ha impedido el surgimiento de mecanismos de participación política del pueblo en los procesos de toma de decisiones. Pero plantearse la tarea de descentralizar el Estado en Venezuela, tomando como punto de referencia las entidades político-territoriales tradicionales —Estados y Municipios—, también sería una insensatez, pues por su composición, ubicación en el territorio nacional y dimensión, no podrían ser niveles adecuados para hacer efectivo el proceso de descentralización que le está planteado al Estado.

Se impone, por tanto, la búsqueda de un nivel óptimo a escala regional que sirva como punto de referencia adecuado para la descentralización de las competencias del Poder Nacional hacia las regiones, y que permita la participación en el proceso de desarrollo económico-social, de los entes locales tradicionales —Estados y Municipios—. El desiderátum y el reto planteado está entonces en la estructuración de un Gobierno y Administración Regional, con características de nueva entidad territorial, en la cual se conjuguen la descentralización política y la descentralización administrativa. Esta inmensa y compleja tarea tiene, sin embargo, elementos constitucionales que la pueden facilitar.

En primer lugar, debe señalarse que en Venezuela, la búsqueda de este Gobierno y Administración Regional no implica introducir el concepto de descentralización político-territorial en un Estado que tradicionalmente hubiera sido unitario[1450]. Al contrario, Venezuela tiene una tradición de Estado Federal que, con todas sus fallas, se remonta al mismo momento de su nacimiento como república independiente, por lo que con altibajos y conflictos, ha tenido siempre un principio de descentralización política: en los Estados, las Asambleas Legislativas se eligen por votación popular[1451], los Gobernadores de Estado también podrían serlo[1452], y los miembros de los

1450 Sobre los obstáculos a la Regionalización en un Estado Unitario, v. Luis Cosculluela, "La Región", en S. Martín-Retortillo y otros, *op. cit.*, tomo m, pp. 316 y ss.

1451 Los miembros de las Asambleas Legislativas (diputados) son elegidos por votación directa con representación proporcional de las minorías (art. 19 de la Constitución), conforme a la escala siguiente (art. 4.° de la Ley Orgánica del Sufragio, de 1973): para Estados que tengan hasta:

		300.000	habitantes	11	diputados
De	300.001 a	500.000	"	13	"
De	500.000 a	700.000	"	15	"
De	700.001 a	900.000	"	17	"
De	900.001 a	1.100.000	"	19	"
De	1.000.001 a	1.3000.000	"	21	"
De	1.300.001	en adelante	"	23	"

1452 "La Ley —dice el artículo 22 de la Constitución— podrá establecer la forma de elección y remoción de los gobernadores, de acuerdo con los principios..." de Gobierno "democrático, representativo, responsable y alternativo" (art. 3° de la Constitución). Esta Ley, sin embargo, no se ha dictado, por lo que el nombramiento y remoción de los gobernadores se hace libremente por el Presidente de la República (artículo 22).

Concejos Municipales, asimismo, se designan por votación popular[1453]. No se trata por tanto al hacer el planteamiento de la descentralización, de "crear" la descentralización política; ella ha estado latente y se ha practicado en nuestro régimen constitucional, aun cuando con evidentes inefectividades.

En segundo lugar, la propia Constitución establece el principio de la descentralización administrativa de los poderes del Poder Nacional hacia las entidades político-territoriales descentralizadas. En este sentido, expresamente señala que "El Congreso, por el voto de las dos terceras partes de los miembros de cada Cámara, podrá atribuir a los Estados o a los Municipios determinadas materias de la competencia nacional, a fin de promover la descentralización administrativa"[1454]. Asimismo se prevé que "La Ley podrá atribuir a los Municipios competencia exclusiva en determinadas materias, así como imponerles un mínimo obligatorio de servicios"[1455]. El principio distributivo de competencias nacionales para descentralizarlas hacia las entidades territoriales está, por tanto, dentro del espíritu y contenido del texto constitucional[1456], lo que se facilita, por otra parte, con la posibilidad de no centralizar las actividades en el campo de los poderes concurrentes, dejando mayor ámbito de acción a los entes político-territoriales.

Pero si bien la descentralización administrativa es una tarea imprescindible que está planteada al Estado Venezolano[1457], es evidente que ella no puede realizarse hacia, las instituciones locales político-territoriales —Estados y Municipalidades— tal como están configurados en la actualidad[1458]. La reforma de los Estados y Municipalidades es, por tanto, presupuesto esencial para la regionalización y la descentralización administrativa[1459], y la creación de una Administración Regional.

Ahora bien, hablar de la búsqueda de una Administración y Gobierno Regional en Venezuela exige ante todo clarificar el sentido de una reforma como la que ella conlleva, y diferenciarla del "proceso de regionalización administrativa" que se inició en 1969, el cual no es más que una de las etapas de la formación de aquélla.

1453 La elección de los miembros de los Concejos Municipales (art. 27 de la Constitución) se realiza por votación universal, directa y secreta en número de siete por cada Concejo Municipal (art. 5.° y 185 de la Ley Orgánica del Sufragio y Disposición Transitoria primera de la Constitución), conforme al principio de representación proporcional, hasta tanto no se cambie el sistema por la Ley Orgánica del Poder Municipal.

1454 Artículo 137 de la Constitución.

1455 Artículo 30 de la Constitución.

1456 Debe señalarse que, al contrario, también se prevé el principio de la centralización al disponerse en una materia en la cual hay poderes concurrentes, como en el campo de los servicios destinados a la defensa de la salud pública, que: "La Ley podrá establecer la nacionalización de estos servicios públicos de acuerdo con el interés colectivo" (art. 136,17 de la Constitución).

1457 *Cfr.* Por ejemplo las apreciaciones coincidentes sobre la descentralización administrativa del Estado de Venezuela, en Humberto J. La Roche, *op. cit.*, p. 549.

1458 *Cfr.* Sebastian Martin-Retortillo y otros, "Introducción", *op.cit.,* tomo I, p. XLIV.

1459 *Cfr.* Allan-R. Brewer-Carías, *El Proceso de Regionalización y la Reforma Administrativa en los Estados y Municipalidades, cit.*, pp. 12 y ss.; y 37 y ss. En este sentido, al referirse a las Asambleas Legislativas de los Estados, J. M. Casal Montbrun destaca la reforma de las mismas como "un urgente reclamo del desarrollo", *op. cit.*, tomo II, Vol. I, p. 81. *Cfr.* además, lo señalado desde 1968, en Allan-R. Brewer-Carías, *Una Revolución para el desarrollo, cit.*, pp. 47 y ss.

En efecto, dentro de un proceso de regionalización político-administrativa, por la estructuración de un Gobierno y Administración Regional, como instancia política y administrativa inmediatamente a continuación de la Administración Central dentro de la distribución especial del territorio, entendemos la creación de unas nuevas entidades político-administrativas, las Regiones, que conjuguen los postulados esenciales de la descentralización: el ser entidades recipiendarias de poderes descentralizados de la Administración Central y el tener su fuente de poder en la elección popular. Si se nos permite hacer la comparación: un esquema de descentralización político-administrativa a nivel de Región significaría establecer un efectivo esquema federal, pero con una base territorial distinta: no a nivel de los 20 Estados existentes en la actualidad, sino a nivel de ámbitos territoriales más amplios, que podrían ser los de las ocho Regiones Administrativas creadas desde 1969[1460], quizá con el agregado de una más[1461]. En esta forma, el esquema a lograr en la Reforma regional en Venezuela estaría en la estructuración de una efectiva federación —como mecanismo de descentralización político- administrativo— a nivel de ocho o nueve entidades territoriales: las Regiones, con efectivos poderes regionales distribuidos entre un Gobernador de Región —electo o designado por el Presidente de la República— y una Asamblea Regional electa por votación popular. Un proceso de descentralización administrativa hacia las regiones de parte del Poder Nacional tendría sentido solamente si ello se hace a nivel de Región, donde se conjugarían los objetivos de la planificación y de la ordenación del territorio, y seria una insensatez realizarlo a nivel de los 20-Estados y las 187 Municipalidades que en 1974 existían; sobre todo porque como se ha dicho reiteradamente, la división político-territorial a nivel de Estados —regiones históricas, si se quiere— no responde en general a los criterios que el desarrollo económico, social y urbanístico exigen en la ordenación del territorio[1462].

1460 El Decreto número 72 de 11 de junio de 1969 sobre Regiones Administrativas (*Gaceta Oficial* número 28.944, de 12 de junio de 1969) creó ocho regiones administrativas en el país: 1) La *Región Capital*, integrada por el Área Metropolitana de Caracas, las demás áreas del Distrito Federal y del Estado de Miranda y las Dependencias Federales; 2) *La Región Central*, integrada por los Estados Aragua, Carabobo, Cojedes y Guárico; 3) *La Región Centro-Occidental*, integrada por los Estados Falcón, Lara, Yaracuy y parte del Estado Portuguesa; 4) *La Región Zuliana*, integrada por el Estado Zulia; 5) *La Región de los Andes*, integrada por los Estados Barinas, Mérida, Táchira y Trujillo, parte del Estado Portuguesa y parte del Estado Apure; 6) *La Región Sur*, integrada por parte del Estado Apure, parte del Estado Bolívar y del Territorio Federal Amazonas; 7) *La Región Nor-Oriental*, integrada por los Estados Anzoátegui, Monagas, Nueva Esparta y Sucre; y 8) *La Región de Guayana*, integrada por parte del Estado Bolívar y el Territorio Federal Delta Amacuro. En 1972, por Decreto número 929 de 5 de abril de 1972 (*Gaceta Oficial* número 29.783, del 18 de abril de 1972), se adaptaron los ámbitos espaciales de las Regiones, habiendo quedado la *Región Centro-Occidental*, integrada por los territorios de los Estados Falcón, Lara, Portuguesa y Yaracuy; y la *Región de los Andes*, integrada por los Estados Barinas, Mérida, Táchira, Trujillo y parte del Estado Apure. *V.* sobre todo el proceso de regionalización que implicaron dichos Decretos, CAP, *Informe sobre la Reforma de la Administración Pública Nacional*. Caracas, 1972, tomo I, pp. 386 y ss. (La Reforma de la Administración Regional).

1461 A las ocho Regiones señaladas en la nota anterior se podría agregar la *Región de los Llanos*, con parte de los Estados Apure, Barinas, Cojedes y Guárico y, por tanto con parte de la Regiones Central, Los Andes y Sur. *Cfr.* Allan-R. Brewer- Carías, *Una Revolución para el Desarrollo, cit.*, p. 47.

1462 *Idem.*, p. 47. *Cfr.* Arístides Calvani, *Instauración de las Estructuras Políticas más favorables para el desarrollo del país*, Documentos Cidal (Multigrafiado). Caracas, 1967, pp. 31 y 32, Allan-R. Brewer-Carías *El Proceso de Regionalización y la Reforma Administrativa en los Estados y Municipalidades, cit.*, pp. 9 y ss. Pedro Pablo Azpurua, Ciudades y Regiones de Venezuela. Caracas, 1973.

Ahora bien, una reforma regional —político-territorial— como la planteada, modificaría las bases mismas de la estructura Estatal en Venezuela, pues afectaría, indudablemente, la existencia y situación de los Estados que conforman la "federación" venezolana. En efecto, el establecimiento de Regiones político-territoriales como las referidas, podría realizarse a través de alguna de las siguientes alternativas: en primer lugar, mediante una Reforma Constitucional que definiera dichas Regiones como los "Estados" de la federación, lo que conllevaría la extinción de los 20 Estados tradicionales y su sustitución por ocho o nueve Estados; en segundo lugar, mediante la constitución de esos ocho o nueve Estados a través de convenios entre los 20 Estados existentes, lo que implicaría la fusión de muchos o la cesión de territorios[1463] sin necesidad de reforma constitucional; y en tercer lugar, mediante una reforma constitucional que estableciera las Regiones político- territoriales, como un nivel de descentralización territorial intermedio entre el Poder Nacional y los actuales Estados —con los ajustes de límites necesarios— y que convirtiera a éstos en instancias de descentralización y desconcentración de las Regiones, para evitar en cierta forma la sustitución de una centralización nacional por una "centralización regional". En dichos casos, sin embargo, la estructura federal de la República y la actual división político-territorial tendrían que ser modificadas, con el objeto de hacer de las Regiones las unidades, adecuadas para la planificación económica, y social y la ordenación del territorio, y para un racional ámbito espacial para la descentralización de atribuciones del Poder Nacional, así como las unidades territoriales básicas para el ejercicio de la democracia regional. Lo que en todo caso debe tenerse claro es que una regionalización territorial como la expresada no podría funcionar con un mero traslado de las actuales estructuras federales, particularmente, la Asambleas Legislativas hacia las Regiones. No se trata de cambiarles sólo el nombre para transformarlas, en número mucho más reducido, en Asambleas Regionales, sino de modificar y reformar radicalmente su papel, su composición, sus funciones y su capacidad de representatividad[1464].

Ahora bien, una reforma territorial como la planteada modifica en sus bases mismas la entera estructura del Estado en Venezuela, por lo que la multiplicidad de ajustes que ella implica tienen que irse obteniendo mediante un proceso de aproximaciones sucesivas. Esos ajustes no sólo deben realizarse a nivel nacional, para hacer viable la descentralización hacia la Región, sino a nivel local para hacer viable la participación de los Estados y Municipalidades en la vida política, económica y social de la Región.

1463 Tal como lo autoriza expresamente la Constitución. En efecto, el artículo 10 del texto fundamental establece que: "Los Estados podrán fusionarse, modificar sus actuales límites y acordarse compensaciones o cesiones de territorio mediante convenios aprobados por sus Asambleas Legislativas y ratificados por el Senado. Las modificaciones de límites, compensaciones o cesiones de territorio entre el Distrito Federal o los Territorios, o Dependencias Federales y los Estados podrán realizarse por convenios ante el Ejecutivo Nacional y los respectivos Estados, ratificados por las correspondientes Asambleas Legislativas y por el Senado."

1464 Unas interesantes proposiciones de modificación de las Asambleas Legislativas en cuanto a su composición, organización, funcionamiento, competencia y fines han sido formuladas por J. M. Casal Montbrun, *op. cit.*, tomo II, Vol. I, pp. 85 y ss. Compartimos la mayoría de los criterios que motivan dichas reformas, pero partiendo del supuesto de que se transformara a las mismas en "órganos deliberantes regionales" como las califica dicho autor, es decir, a nivel de Regiones y no a nivel de los Estados Federales actuales.

La regionalización, por tanto, es un proceso largo, lento y complicado —quizá el más complicado de toda la reforma del Estado— que exige la adopción de sucesivas decisiones tendientes a la búsqueda del objetivo planteado: la estructuración de un Gobierno y Administración Regional a nivel de ocho o nueve Regiones, como entidades político-territoriales. En este sentido, dirigidos hacia ese objetivo, aun cuando no siempre en forma muy clara[1465], en los años posteriores a 1969 se realizaron una serie de esfuerzos que deben destacarse y que configuran la política de regionalización que caracterizó los años de gobierno de principios de la década de los setenta.

En efecto, frente a una Administración y un Estado centralizados a nivel nacional, la primera decisión a adoptar para la búsqueda de una Administración Regional era la definición misma de las Regiones, de acuerdo a los criterios que facilitaran la planificación y la ejecución de políticas de desarrollo económico-social y urbano, de manera que esos nuevos ámbitos definitorios de territorio fueran a su vez niveles óptimos de coordinación e integración de autoridades nacionales y locales[1466]. Este proceso definitorio de las Regiones, válidas tanto para la planificación como para la ejecución de políticas de desarrollo, se cumplió en Venezuela entre 1969 y 1972, y con esa definición puede decirse que se inició el camino hacia la estructuración de una Administración y Gobierno Regional a través de pasos interconectados en el ámbito nacional.

En efecto, la primera motivación, y a la vez consecuencia, que se tuvo para iniciar el proceso de regionalización, fue la necesidad de establecer "regiones económicas" que se integraran dentro del sistema nacional de planificación, como ámbitos para la regionalización del plan y la planificación del desarrollo nacional. Como consecuencia de ello, a partir de 1969 se crearon a nivel de cada una de las ocho Regiones definidas, Oficinas de Coordinación y Planificación de la Región (CORDIPLAN), dependientes de la Oficina Central de Coordinación y Planificación (CORDIPLAN) con funciones planificadoras, promotoras y asesoras. Como resultado de esta "regionalización económica" se ha venido consolidando un sistema nacional de planificación regional[1467], en el cual, aun cuando todavía incompleto, algunas regiones comienzan a participar efectivamente.

El proceso de regionalización económica no implicó solamente el inicio de unos esfuerzos para establecer la planificación regional, sino que implicó también todo un proceso de descentralización funcional de carácter económico, de enorme importan-

---

1465 De ahí nuestra insistencia sobre la falta de definición de objetivos claros del proceso de regionalización a partir de 1969, *v.* Allan R. Brewer-Carías, *Problemas Institucionales del Área Metropolitana de Caracas y del Desarrollo Regional Urbano, cit.*, p. 33.

1466 En otro lugar hemos insistido en que el proceso de regionalización no sólo abarca a las autoridades nacionales, sino a las locales: "no sólo se está pensando en el campo de la planificación del desarrollo, en la ordenación de las actividades nacionales, sino que se tiene el convencimiento de que también es necesaria la ordenación de las actividades estatales y municipales, dentro de un proceso de desarrollo regional; es decir, que en cada región ésta debe ser el eje central o el motor central del desarrollo", V. Alla R. Brewer-Carías, *Problemas Institucionales del Área Metropolitana de Caracas y del Desarrollo Regional y Urbano, cit.*, p. 32.

1467 Aun cuando todavía en embrión. *Cfr*. Chi-Yi Chen y Ramón Martín Mateo, *Aspectos Administrativos de la Planificación. El Sistema Venezolano*. Caracas, 1973, páginas 109 y ss. Por ejemplo, es de destacar los Planes de Desarrollo Regional adoptados a nivel de la Región Centro-Occidental y a nivel de la Región Zuliana, en 1972.

cia[1468]. En efecto, el planteamiento al Poder Nacional de la problemática del desarrollo regional puede decirse que tuvo su primera manifestación práctica a comienzos de la década de los sesenta, con la creación de la primera Corporación de Desarrollo Regional, es decir, del primer instituto autónomo nacional con ámbito de acción en una región determinada, como entidad descentralizada (funcionalmente) del Poder Nacional, con funciones de inversión, mandamiento y promoción del desarrollo regional. En 1960, en efecto, se creó la Corporación de Desarrollo de Guayana (CVG), habiéndose completado en cierta forma el proceso de descentralización funcional a nivel de las Regiones a comienzos de la década de los setenta: en 1964 se creó la Corporación de los Andes (CORPOANDES) y en el mismo año se creó el Consejo Zuliano de Planificación, cuya experiencia daría lugar a la creación, en 1969, de la Corporación de Desarrollo de la Región Zuliana (CORPOZULIA); en el mismo año de 1964 se creó la Fundación para el Desarrollo de la Región Centro-Occidental (FUDECO), que daría origen en 1971 a la creación de la Corporación de Desarrollo de la Región Centro-Occidental (CORPOCCIDENTE); en 1966 se creó la Comisión para el Desarrollo de la Región Nor-Oriental (NOR-ORIENTE) qué daría lugar en 1970 a la creación de la Corporación de Desarrollo de la Región Nor-Oriental (CORPORIENTE); y en 1969 se creó la Comisión para el Desarrollo del Sur (CODESUR), aun cuando no como entidad descentralizada funcionalmente[1469]. En todo caso, el proceso de descentralización económica funcional ha dado origen a que en cinco de las ocho regiones del país[1470] existan institutos autónomos —Corporaciones de Desarrollo Regional— creados por el Poder Nacional, con funciones promotoras, inversoras y financiadoras y en ciertos casos coordinadoras y planificadoras del desarrollo regional[1471]. Todo este proceso de "regionalización económica" indudablemente que, aparte de haber reforzado los mecanismos de planificación regional, ha tenido un amplio impacto en la distribución regional de la inversión y la desconcentración y localización industrial, en el cual las Corporaciones de Desarrollo Regional han jugado un papel esencial. Queda claro, en todo caso, que esta regionalización económica es un paso más en la búsqueda de un Gobierno y Administración Regional, y por supuesto, no lo constituye.

Pero el proceso de regionalización no sólo dio origen a un proceso de regionalización económica antes comentado, sino a un importante proceso de "regionaliza-

1468 Distinguimos, claro está, la descentralización territorial que implica la creación de personas públicas territoriales, de la descentralización funcional, que implica la creación de personas públicas no territoriales o institucionales (institutos autónomos), las cuales pueden no tener un ámbito de acción circunscrito a un determinado territorio.

1469 *V.* las referencias a los actos de creación de dichas entidades en CORDIPLAN, La planificación en Venezuela. Normas Legales y Reglamentarias. Caracas, 1973, páginas 190 y ss. y CAP, Informe sobre la Reforma de la Administración Pública Nacional, cit., Vol. I, pp. 392 y ss.

1470 Exceptuadas la Región Central, la Región Capital y la Región del Sur.

1471 Es de destacar que un proceso de regionalización económica a través de una descentralización funcional —no territorial— es el que consolidó la Ley francesa del 5 de julio de 1972, .en vigencia a partir del 1 de octubre de 1973, al crear en cada una de las regiones francesas un "establecimiento público" con el nombre de "región". Muy diferente entonces esta ley al Proyecto de Ley de Reforma Regional presentado por De Gaulle a referéndum y que no fue aprobado, en el cual se definía a las regiones como entidades territoriales, junto con los Departamentos y Municipios. *Cfr.* en Antonio Risco Salanova, "Regionalismo y Planificación: la experiencia francesa", en S. Martín-Retortillo y otros, *op. cit.*, tomo III, pp. 67 y ss. y 75 y ss.

ción administrativa" de manera que estableciéndose áreas uniformes de acción del Poder Nacional en el territorio del país se facilitara el paso ulterior hacia la estructuración de un Gobierno y Administración Regional. Este proceso de "regionalización administrativa" no sólo implicó la uniformización de las áreas regionales de acción de las entidades nacionales, sino el inicio de un amplio proceso de desconcentración administrativa hacia las regiones y de coordinación regional. Estos tres aspectos merecen un comentario separado.

En efecto, el primer aspecto identificado en la fase de "regionalización administrativa" del proceso que se inició a partir de 1969, fue la urgente necesidad de uniformizar los ámbitos de acciones espaciales de los Ministerios e Institutos Autónomos nacionales en el interior del país, lo que, en 1974 aún estaba por realizarse completamente. En efecto, a comienzos de la década de los setenta, se había constatado que la Administración nacional, excesivamente centralizada, derramaba sus acciones hacia el interior del país en forma anárquica, de manera que la mayoría de los 18 Ministerios y de los 82 Institutos Autónomos —con mayor o menor gravedad e importancia—, tenían sus propias zonas, áreas o "regiones" de acción, las cuales no coincidían unas con otras; llegándose inclusive a casos en que en un mismo Ministerio las diferentes unidades administrativas tenían una diferente y desigual zonificación. De ahí que a partir de 1969 se hubiera insistido primordialmente en que las "regiones administrativas" debían en todo caso constituir el ámbito regional de acción de los organismos nacionales, en forma uniforme[1472], y se les otorgaba a los diferentes Ministerios y entidades descentralizadas un plazo, renovado en 1972, para el proceso de adaptación[1473].

Pero, por supuesto, no bastaba para enfocar adecuadamente el proceso de "regionalización administrativa" el que se propendiera a la unificación de la acción administrativa nacional a nivel regional, a lo que se limitaba el Decreto de regionalización de 1969, sino que se realizara paralelamente un amplio proceso de delegación de atribuciones de los órganos nacionales hacia sus unidades regionales[1474]; es decir,

---

1472 De ahí que el artículo 1° del Decreto núm. 72 de 1969 señalara que "A los fines de ordenación de las actividades que el Ejecutivo Nacional desarrolla en todo el país, se divide el territorio nacional en Regiones Administrativas que agrupan total o parcialmente una o más entidades federales". Este era el criterio central de nuestra propuesta en 1968: "Un sistema de planificación conlleva necesariamente la idea de la regionalización a los efectos de lograr un desarrollo nacional más o menos equilibrado. Se hace imprescindible uniformar entonces las estructuras regionales de la Administración Central, creando zonas similares en los diversos campos, y adaptando la división político-territorial de la República, para crear siete u ocho zonas o regiones en el país". V. Allan-R. Brewer-Carías, *Una Revolución para el Desarrollo, cit.*, p. 47. Sobre el estado de este proceso de uniformización de la acción regional de la Administración Central para 1972, *V.* CAP, *Informe sobre la Reforma de la Administración Pública Nacional, cit.*, tomo I, pp. 400 y ss.

1473 En 1972 el lapso que tenían los Ministerios e Institutos autónomos para "definir el ámbito de acción administrativa conforme a las regiones administrativas" y adaptar completamente las diversas zonas y administraciones regionales de ellos dependientes a las mismas, se venció el 1 de enero de 1973, arts. 26 y 32 del Reglamento de Regionalización Administrativa, Decreto núm. 929 de 5 de abril de 1972.

1474 En 1971 señalábamos en torno a esto, que "en todo caso, una vez que se adopten integralmente, si no se definen claramente criterios de desconcentración, no se va a lograr sino muy poco, administrativamente hablando ... al Decreto le faltaba el basamento administrativo, es decir, la necesidad de estructurar una administración regional a ese nivel o más bien, de ir hacia la estructuración de una administración regional que requería dos elementos centrales. Por una parte el que no sólo hubiese una acción uniforme del Poder Nacional en el mismo ámbito regional, sino que se produjese una amplia desconcentración administrativa del poder de decisión; es decir, que se, promoviera que la decisión de los asuntos regionales,

la regionalización administrativa implicaba un proceso de desconcentración administrativa hacia los ámbitos regionales[1475]. Este proceso de desconcentración administrativa, complicado y difícil, implicaba a su vez dos actividades de planificación administrativa distintas: la creación de Direcciones o Delegaciones regionales de las autoridades nacionales a nivel de cada región; y la delegación de atribuciones (desconcentración) a los nuevos niveles regionales de la administración nacional; y procurando que dichas acciones se realizaran con criterio sectorial, de manera que no se reprodujera a nivel regional la incoordinación sectorial que existía a nivel nacional. Las deficiencias del Decreto de 1969 fueron suplidas por el Decreto de 1972 sobre Regionalización Administrativa, que previo expresamente la existencia de las Direcciones o Delegaciones Regionales de los organismos nacionales [1476], y la necesidad de que los Ministros delegaran atribuciones en los funcionarios que tuvieren a su cargo las Direcciones o dependencias regionales, en relación a los asuntos que concernieran a la Región[1477]. Esto, por supuesto, presentaba a la vez dos dificultades que debían ser superadas: en primer lugar, la resistencia burocrática a la desconcentración[1478] y la determinación de las "sedes" de las Direcciones o Delegaciones Regionales, lo que exigía una coordinación y planificación administrativa cuidadosa para evitar reacciones locales o regionalistas que fueran a entorpecer el proceso[1479]. Pero la desconcentración administrativa como parte de la regionalización planteaba y plantea una tercera dificultad de enorme importancia, y era que en el proceso de desconcentración, la Administración nacional debía tender a una coordinación secto-

---

aun cuando realizados por el Poder Nacional, se tomaran progresivamente a nivel de región y no a nivel central. En ello está la clave para eliminar o atenuar el excesivo centralismo del Estado Venezolano, donde todo se decide a nivel central (*cfr.* lo indicado en el parágrafo 17 de la Institución Presidencial RA-1, de 13 de mayo de 1970, mediante la cual se establecieron los lineamientos generales de la Reforma Administrativa en la Administración Pública Nacional, en *Gaceta Oficial*, número 1.399 extraordinario de 13 de mayo de 1970). Pero para ello no sólo bastaba con indicar que la acción nacional debía tener un ámbito uniforme en ocho regiones, partiendo del supuesto de que las ocho regiones están bien definidas —lo que algunas veces ha sido cuestionado—, sino que es indispensable que hubiera un amplísimo poder de delegación para que la decisión sobre los asuntos regionales se vayan adoptando a nivel de región". V. Allan-R. Brewer-Carías, *Problemas Institucionales del Área Metropolitana de Caracas y del Desarrollo Regional Urbano, cit.*, pp. 33 y 34.

1475 Para ello, al menos a nivel de Ministerios se contaba con las disposiciones, aun cuando limitadas, del Decreto núm. 140 del 17 de septiembre de 1969, mediante el cual se dictó el Reglamento de Delegación de Firma de los Ministerios del Ejecutivo Nacional. *V.* en *Gaceta Oficial*, núm. 29.025 del 18 de septiembre de 1969.

1476 En el art. 27 del Decreto de 1972 se señaló que "los diversos organismos de la administración pública nacional y descentralizada que lleven a cabo actividades en las regiones a través de administraciones regionales, deberán establecer a nivel de cada región una Delegación o Dirección Regional, para la programación y coordinación de la ejecución de dichas actividades, en tanto no sea contrario a la naturaleza del servicio prestado". *V.* en CORDIPLAN, La planificación en Venezuela, *cit.*, p. 143.

1477 Art. 28 *Idem.*

1478 En este sentido, en 1971 advertíamos que "la delegación del Poder Nacional hacia la región, va a ser uno de los aspectos más complicados del proceso. No es fácil que un Ministro o que un Presidente de un Instituto Autónomo en el ámbito nacional, se desprenda del poder de decidir qué va a realizar su organismo, por ejemplo, en la región de Los Andes. Se trata de fuentes de poder y estas difícilmente se delegan". *V.* Allan R. Brewer-Carías, *Aspectos Institucionales del Área Metropolitana de Caracas y del Desarrollo Regional y Urbano, cit.*, p. 35.

1479 En este sentido el Decreto de 1972 exigía la opinión de CORDIPLAN para el establecimiento de Delegaciones, la escogencia de las sedes y su traslado. Arts. 27 y 29, loe. cit., pp. 143 y 144.

rial, de manera que se realizara una "desconcentración sectorial" o con criterio sectorial[1480], lo que exigía, por supuesto, realizar un esfuerzo paralelo de reforma administrativa a nivel central. Esta, en definitiva, era la única forma de lograr la efectiva "coordinación regional", que requería la desconcentración.

En efecto, un proceso de desconcentración administrativa del Poder Nacional hacia ámbitos regionales planteaba obligadamente la formulación de esquemas de coordinación, de manera que la acción nacional en la región pudiera efectivamente resultar en beneficio del desarrollo de las mismas. Por ello, el Decreto de 1969 previo el establecimiento de un "Comité Regional de Coordinación a nivel de cada región" integrado por los Gobernadores y Jefes de los servicios dependientes de la Administración Pública Nacional y de los Institutos Autónomos y Empresas del Estado que actúen en la regional" y por el Director del ORCOPLAN respectivo[1481]. Por supuesto, el carácter de asamblea multitudinaria y dispar —se mezclaban autoridades políticas como los Gobernadores de Estados con funcionarios de diverso rango— hizo inoperantes estos entes como mecanismos de coordinación[1482]. Ello motivó que en el Reglamento sobre Regionalización Administrativa de 1972 se elimi-

1480 En este sentido, en 1971 señalábamos que era preciso definir cuál acción nacional debe responder al mismo ámbito de cada región. ¿Significa esto que en cada región nosotros tenemos que reflejar el desorden administrativo nacional y pretender que los 82 entes descentralizados y los 13 Ministerios deban crear oficinas a nivel de cada una de las ocho regiones? Evidentemente que no. Por ello, no sólo basta señalar que son necesarias ocho regiones y que la Administración nacional se refleje uniformemente en esas ocho Regiones, sino que es necesario comenzar por poner orden a nivel nacional, para saber qué es lo que se va a llevar a nivel regional. Nosotros somos testigos de que un proceso de regionalización donde no se establezcan con claridad los postulados fundamentales del mismo, puede provocar un simple aumento irracional de la burocracia, porque no se ganaría nada con nombrar sendos representantes de los 82 entes descentralizados nacionales a nivel regional, si no se comienza por poner orden en el ámbito nacional. Por ejemplo, nada ganaríamos con que en cada región haya un representante del Ministerio de Agricultura y Cría, un representante del Instituto Agrario Nacional, un representante del Banco de Desarrollo Agropecuario, un representante del Banco Agrícola y Pecuario y un representante de la Corporación de Mercadeo Agrícola, es decir, de cada uno de los cinco organismos nacionales que tienen que ver con el sector del desarrollo agropecuario, si esos cinco organismos van a actuar aislada e independientemente unos de otros, como sucede, lamentablemente, a nivel nacional. Por tanto, se hace necesario comenzar por plantearse una serie de criterios de sectorialización, para que estos criterios de sectorialización sean los que orientan el proceso de desconcentración nacional a nivel regional, de manera que se lleve a la región, por ejemplo, un representante del sector agrícola nacional y por tanto, un representante que tenga la coordinación de todas las agencias de los diversos organismos nacionales que participan en el sector. Paradójicamente, para realizar el proceso de desconcentración nacional hacia lo regional, es necesario comenzar por un proceso de concentración a nivel nacional, es decir, establecer determinados sectores de actividad pública, e insistir en el esfuerzo de concentración de funciones a nivel nacional, para poder adecuadamente desconcentrar de lo nacional a lo regional. En todo caso, se exige también la realización de un amplio proceso de delegación de atribuciones, lograr la sectorialización y, por tanto, establecer a nivel de cada región un representante sectorial." *V.* Allan-R. Brewer-Carías, *El Proceso de Regionalización y la Reforma Administrativa en los Estados y Municipalidades, cit.*, pp. 15 y 16.

1481 Art. 10. Además, el Decreto de 1969 creaba un "Consejo Regional de Desarrollo de carácter consultivo, integrado por las siguientes instituciones de la región: a) los miembros del Comité Regional de Coordinación; b) los Presidentes de los Concejos Municipales; c) los Presidentes de la Asambleas Legislativas; d) tres representantes de los sectores culturales, en especial de las Universidades; e) tres representantes de los colegios profesionales; f) cinco representantes del sector laboral urbano y campesino, y g) cinco representantes de los sectores de la producción, comercio y servicios" (art. 12). Por supuesto, el carácter multitudinario de estos Consejos los hizo completamente inoperantes. *V.* CAP, *Informe sobre la Reforma de la Administración Pública Nacional, cit.*, tomo I, pp. 437 y ss.

1482 *Idem.*

naran dichas asambleas y se instituyeran, más racionalmente, "Comités Sectoriales Regionales de Coordinación (COSERGOS), integrados por los Delegados o Directores Regionales de los Ministerios, de los Institutos Autónomos y de las Empresas del Estado" responsables de las Delegaciones o Direcciones regionales y que conformaban el sector respectivo y actuaban en la región[1483]. En esta forma, la necesidad de la coordinación se conjugó con el criterio sectorial que debía acompañar a la desconcentración.

Ahora bien, respecto del proceso de regionalización administrativa iniciado en 1969, debe señalarse que el mismo se caracterizó por ser, en una primera etapa, hasta 1972, un proceso exclusivamente de carácter nacional: regionalización económica y administrativa de organismos nacionales exclusivamente. En el mismo se ignoró casi por completo la existencia real de las entidades político-territoriales tradicionales —Estados y Municipios— y, por tanto, se desperdició un incalculable potencial político para fundamentar y reforzar el proceso. Aun cuando en los Consejos y Comités regionales que el Decreto de 1969 preveía, se incluían los Gobernadores de Estado, los Presidentes de las Asambleas Legislativas y los Presidentes de los Concejos Municipales, ello, sin embargo, no implicaba participación efectiva de estas autoridades en los asuntos regionales.

En tal sentido, consideramos —y ésta fue una de las críticas fundamentales que formulamos en sus inicios al esquema puramente nacional de la regionalización administrativa y económica— que un efectivo proceso que tendiera hacia una efectiva regionalización, no podía realizarse al margen de las entidades locales tradicionales, sino al contrario, con la cada vez más efectiva participación de las autoridades de los Estados y Municipalidades, de manera de tornar la regionalización, de un mero asunto nacional en "el asunto" de los entes locales. Nuestro planteamiento fue siempre de que el proceso de regionalización no sólo implicaba, un "proceso de desconcentración nacional hacia la región", sino también "un proceso de concentración participativa de los Estados y Municipalidades hacia la Región[1484]. Los entes territoriales tenían que participar en el proceso, y particularmente los Estados englobados en las Regiones, de manera que los Gobernadores tuvieran la responsabilidad fundamental en la conducción del proceso y se aprovechara la potencialidad política de sus funciones[1485]. Este criterio condujo a la reforma del Decreto de 1969 y en el Reglamento de Regionalización Administrativa se configuró un embrión para la

---

1483 Art. 17, *loc. cit.*, p. 139. En el Decreto de 1972 se conservó, sin embargo, la figura del Consejo Regional de Desarrollo con una composición similar, aun cuando más reducida (art. 15).

1484 *Cfr*. Allan-R. Brewer-Carías, *El Proceso de Regionalización y la Reforma Administrativa en los Estados y Municipalidades, cit.*, pp. 17 y ss. y 38 y ss.; y *Problemas Institucionales del Área Metropolitana de Caracas y del Desarrollo Regional Urbano, cit.;* CAP, *Informe sobre la Reforma de la Administración Pública Nacional, cit.*, tomo I, pp. 422 y ss.

1485 Los Gobernadores, en relación al Poder Nacional, habían quedado relegados a una posición de "gestores" ante Ministros y Presidentes de Institutos Autónomos, para la realización de obras por el Poder Nacional en sus Estados, que era necesario superar. Sobre ello, podría aplicarse lo que el Club Jean Moulin señalaba respecto de los alcaldes municipales: "su magistratura consiste toda en gestionar. No se le pide a un alcalde que sepa administrar su Municipio, sino que sea hábil en entrometerse cerca de las autoridades más o menos ocultas que disponen de los subsidios o de las prioridades; que almuerce de vez en cuando con un Ministro, que importune a los jefes de gabinete y que asedie las oficinas... Ya lo hemos dicho, el alcalde y el concejo municipal administran muy poco: interceden...", *cit.*, por S. Martín-Retortillo, *"Introducción"*, en S. Martín-Retortillo y otros, *op. cit*,, tomo I, p. XLIII.

creación de una Administración y Gobierno Regional, al atribuirse las funciones primordiales de la regionalización administrativa y económica, a un *Comité Regional de Gobierno*[1486], integrado por los Gobernadores de las entidades federales que forman parte de cada región[1487], por el Presidente de la Corporación de Desarrollo Regional correspondiente y por el Director de la Oficina Regional de Coordinación y Planificación[1488]. Este Comité Regional de Gobierno, presidido por uno de los Gobernadores de Estado que integran la región[1489] tenía a su cargo la conducción del proceso de regionalización, al atribuírsele funciones tales como coordinar la ejecución de la política nacional de desarrollo y de ordenación territorial, conforme a lo establecido en el Plan de la Nación; controlar la ejecución de éste en la parte relativa a la región; coordinar los programas de desarrollo y las actividades de los que realicen el Gobierno Nacional y los Concejos Municipales de la región; vigilar la ejecución de los programas de desarrollo a cargo de la Administración Pública estatal conforme al Plan de la Nación y de los planes regionales que se establezcan; y coordinar entre sí los programas de desarrollo y las actividades de los servicios dependientes de la Administración Pública Nacional realizados en la Región.[1490]

Con la creación del Comité Regional de Gobierno, no sólo se encomendó a funcionarios nacionales de nivel regional la conducción del proceso, como en el caso de los Presidentes de las Corporaciones de Desarrollo Regional o los Directores de los ORCOPLANES, sino que se le ha dado participación directa y activa en la dirección del proceso de regionalización económica y. administrativa a las máximas autoridades de los Estados, o si se quiere, dé las entidades político-territoriales federales que conforman la región. Esto, ciertamente, es un embrión importante para la orientación del proceso hacia una regionalización política, la cual se complementa por el establecimiento, a nivel de cada región, de los Consejos Regionales de Desarrollo ton representación de los órganos electivos locales: los Presidentes de las Asambleas Legislativas y representantes de los Concejos Municipales[1491]. Esta representación, por supuesto, sigue siendo indirecta, y no podría dar origen a que se hable de una representación popular regional.

Las reformas al proceso de regionalización efectuadas en 1972, en todo caso, pusieron de manifiesto una política nacional de regionalización mucho más definida: se adoptó la regionalización como una tarea prioritaria en el marco de la Administración Central, y se adoptó la decisión de desconcentrarla ; se precisaron los marcos para la desconcentración administrativa utilizando criterios sectoriales; se hicieron coincidir los esfuerzos de regionalización económica —planificación y descentralización funcional— con la política de descentralización administrativa; y se inició un proceso de incorporación de los Gobernadores de Estado en el proceso de regionali-

1486 Artículo 3°, *loc. cit.*, p. 135.

1487 En su carácter de agentes del Ejecutivo Nacional. *Idem.*

1488 Quien actúa como secretario ejecutivo del Comité, *ibídem.*

1489 Anualmente, conforme al orden alfabético de las entidades que forman la Región, artículo 4°, *ibídem*

1490 Artículo 8°, *ibídem*

1491 La composición difiere relativamente de la que tenía el Consejo Regional de Desarrollo en el Decreto de 1969.

zación[1492]. Sin embargo, en cuanto a la participación de los entes locales —Estados y Municipios— en el proceso, a través de una sola regulación reglamentaria no podía llevarse más allá de las previsiones del Reglamento de Regionalización Administrativa de 1972. Este estableció la orientación, y toca entonces a las entidades locales, a través de los mecanismos constitucionales, iniciar el proceso de concentración participativa hacia la región, y en cierta forma al Poder Nacional forzar indirectamente dicha concentración.

En efecto, para la participación efectiva de los Estados y Municipalidades en el proceso de regionalización es necesario, ante todo, la realización de un tremendo esfuerzo entre las entidades locales para superar la situación de compartimientos estancos en que se encuentran; esfuerzo particularmente político que debe conducir a la celebración de Convenios entre Estados para la conducción uniforme y coordinada de los asuntos regionales, y de Mancomunidades entre las Municipalidades[1493]. En el caso particular de los Convenios entre Estados, que éstos podrían celebrar en virtud de su autonomía[1494], estimamos que ellos serían la pieza esencial para realmente envolver y comprometer a las entidades político-territoriales federales en el proceso de regionalización; y ello, porque no sólo dichos Convenios tendrían que ser aprobados por las Asambleas Legislativas de los Estados de cada región[1495], sino que dichos Convenios obligarían a las autoridades políticas de los Estados a asumir la regionalización como asunto propio[1496].

Por otra parte, es de recordar que debido a las deficiencias constitucionales de la estructuración federal, los Estados, entre sus múltiples problemas, dependen asombrosamente desde el punto de vista de sus ingresos, de los aportes presupuestarios del Poder Nacional[1497], por lo que a través de la Ley de inversión del Situado Constitucional prevista en la Constitución y no dictada aún a mitades de 1974, se podrían

---

1492 Es de destacar, por ejemplo, que en el Reglamento de Regionalización Administrativa, se hace un especial énfasis en vincular las Convenciones de Gobernadores que el Presidente de la República convoca al menos una vez al año "para la mejor coordinación de los planes Y labores de la administración pública" (artículo 190,19 de la Constitución), al proceso de regionalización al establecerse, como uno de los fines de las mismas, "la evaluación de los planes, programas y proyectos regionales y estadales y de su coordinación con los planes Y presupuestos nacionales" (artículo 9°, loc. cit., p. 137).

1493 Artículo 28 de la Constitución

1494 Artículo 16 y 17 de la Constitución

1495 Siguiendo la orientación de lo previsto en el artículo 10 de la Constitución

1496 La figura de los Convenios o Asociaciones entre Estados podría asemejarse a las denominadas "Mancomunidades interprovinciales" del derecho español (*v.* Enrique Argullol Murgadas, "Mancomunidades interprovinciales", en S. Martín-Retortillo y otros, *op. cit.*, tomo III, pp. 425 y ss.), y al igual que las Mancomunidades Municipales previstas en la Constitución (artículo 28), implicarían una asociación de Estados para el cumplimiento de algunos de los fines que les están atribuidos, creando, a tal efecto, una nueva entidad con personalidad jurídica. Una experiencia latinoamericana interesante de convenio entre Estados de una Federación, es la que resulta del establecimiento de la Superintendencia para el Desarrollo del Nordeste (SUDENE) en el Brasil, para la administración de las inversiones nacionales para el desarrollo de la región. *Cfr.* Allan-R. Brewer-Carías, *El Proceso de Regionalización y la Reforma Administrativa en los Estados y Municipalidades, cit.*, pp. 19 y ss.

1497 El situado constitucional (15% del Presupuesto Nacional) que se distribuye anualmente a los Estados (artículo 229 de la Constitución), excluyendo el Distrito Federal, representaba, anualmente, el equivalente a un 98,8 % de los presupuestos estadales, y en ciertos Estados, como Mérida y Barinas, el situado representaba el 99,9 % de los presupuestos respectivos. *V.* CAP *Informe sobre la Reforma de la Administración Pública Nacional, cit.*, Vol. I, p. 425.

dictar normas "para coordinar la inversión del situado con planes administrativos desarrollados por el Poder Nacional"[1498] que exigieran, como forma de coordinación, la celebración de convenios entre los Estados de cada región.

Debe señalarse además que la constitución de Convenios entre Estados también podría ser provocada por el Poder Nacional en aquellos casos de la prestación de servicios de competencias concurrentes, como los de salud y educación. En efecto, el solo hecho de la existencia de atribuciones concurrentes ha obligado desde años atrás al establecimiento de formas jurídicas de cooperación entre el Poder Nacional y cada Estado. Así nacieron, por ejemplo, en el sector Salud, los denominados Servicios Cooperativos de Salud, organizados mediante convenios entre el Ministerio de Sanidad y Asistencia Social a nivel nacional, los ejecutivos estadales y en algunos casos las Municipalidades[1499]. Ahora bien, frente al proceso de regionalización resulta evidente la necesidad de la conversión de los convenios bilaterales —Ejecutivo Nacional y cada Estado— en "convenios regionales", que abarquen a todos los Estados de la región, de manera de establecer en el mismo sector Salud, por ejemplo, un Servicio Regional Cooperativo de Salud[1500].

Ahora bien, una "regionalización" de las Administraciones Estadales exige y plantea, como supuesto fundamental, la realización de una reforma administrativa: a nivel de los Estados, de manera que aquéllas se transformen con criterio regional hacia la búsqueda de un Gobierno y Administración Regional[1501]. En efecto, el mismo criterio debe tenerse presente tanto en la reforma de las estructuras como de los Sistemas Administrativos estadales. Las estructuras administrativas de estas entidades han ido creciendo progresivamente, como consecuencia de la asunción también progresiva de diversas actividades por las mismas. Con tal motivo, se han creado unidades, oficinas, direcciones, e inclusive instituciones autónomas, lo que ha producido una proliferación de despachos, con los consiguientes problemas de duplicación de funciones. A nivel estadal ha sucedido lo mismo que a nivel nacional, y es que cuando ha surgido una nueva necesidad se ha creado un organismo, una oficina, un instituto, pero no se ha solucionado la situación que había anteriormente. Esto ha producido una gran dispersión y duplicidad de funciones administrativas, y ello sin hablar de la dispersión de recursos humanos y económicos y, por tanto, de la poca productividad y rendimiento de los mismos.

El problema de la reforma de las estructuras de los Estados debe entonces comenzar por afrontarse mediante un proceso de redefinición de las funciones de los

---

1498 Artículo 229 de la Constitución.

1499 *Cfr.*, CAP, *Informe sobre la Reforma de la Administración Pública Nacional, cit.*, Vol. I, pp. 426 y ss.

1500 En 1971 señalábamos que "en esta forma se estructuraría un orden intermedio, de manera que haya un delegado regional del Poder Nacional en materia de salud, pero también una concentración participativa de los Estados en la gestión de sus servicios regionales de salud. En esta forma, en materia de salud, estos servicios cooperativos de salud que están a nivel de cada Estado, se sustituirían por unos servicios regionales de salud en los cuales haya una intervención común de parte del Poder Nacional y de cada Estado, en cada Región. El mismo problema habría que plantearse en materia educativa y en cualquier otra materia en que haya una participación en la inversión del Poder Nacional y del Poder Estadal". *V.* Allan-R. Bírewer-Carías, *El Proceso de Regionalización y la Reforma Administrativa en los Estados y Municipalidades, cit.*, p. 19.

1501 *V.* los lineamientos generales para una reforma administrativa en los Estados con criterio regional en *ídem*, pp. 46 y ss.

mismos, con criterio regional, de manera que se asegure un tratamiento adecuado a problemas que afectan a toda una región, como por ejemplo los del desarrollo urbano. Una redefinición de las funciones de los Estados, teniendo en cuenta los efectos de la regionalización, indudablemente que contribuiría a precisar cuáles son las funciones que deben descentralizarse a nivel regional o a nivel local, y cuáles son las que pueden trasladarse a nivel nacional y en qué forma se establecerá la coordinación entre los diversos niveles. En definitiva, estimamos que toda la problemática de la reforma administrativa no puede agotarse a nivel de los Estados, en las Administraciones estadales aisladas unas de otras, sino con miras a la consolidación de un Gobierno y Administración Regional[1502].

Pero las proyecciones de la regionalización, no sólo afectan la estructura institucional de los Estados, sino también la de las Municipalidades; en ellas también se requiere un proceso de concentración participativa hacia la región y de reforma administrativa con criterio regional. En este campo, algunas experiencias y precedentes también pueden servir de elemento guía en el proceso. En efecto, la figura de la asociación de municipalidades, realizada a nivel nacional en la Asociación Venezolana de Cooperación Inter- municipal (AVECI) y a nivel de Estados particulares, podría extenderse hacia la constitución de asociaciones de Municipalidades a nivel de cada una de las ocho regiones del país, de manera que en esa forma tengan acceso y oportunidad de participar en el proceso de toma de decisiones de la respectiva región[1503].

Pero aparte de una participación en decisiones regionales, es evidente que los Municipios, como unidades políticas primarias y autónomas en la división del territorio, están llamados a participar activamente en la ejecución de los planes de desarrollo económico, social y urbano, y a hacer realidad la democracia política, asegurando una adecuada participación popular en las decisiones locales. Para ello, dos tipos esenciales de reformas deben realizarse en relación a los mismos: unas de carácter administrativo-territorial y otras de carácter político-territorial.

En efecto, desde el punto administrativo-territorial, los Municipios deben ser efectivamente "la unidad primaria y autónoma de la organización nacional"[1504], para lo cual han de ser ajustados a niveles territoriales adecuados —según sean Municipios urbanos o rurales— de manera que puedan constituirse, efectivamente, en niveles racionales de administración autónoma o de descentralización nacional o regional. Ante esta premisa parece evidente el señalamiento de que así como la división político-territorial de los Estados no responde a ningún criterio racional —excepto el histórico—, asimismo las divisiones de los Estados en Distritos y éstos en Municipios tampoco responden a ningún criterio racional, sino que también ha sido el re-

---

1502 Por supuesto que los mismos criterios han de guiar todo intento de reforma en los sistemas y en la burocracia estatal. *Cfr*. Allan-R. Brewer-Carías, *El Proceso de Regionalización y la Reforma Administrativa en los Estados y Municipalidades, cit*., pp. 49 y ss.

1503 En este sentido es interesante destacar que en Leyes Nacionales se ha forzado, en cierta forma, la celebración de convenios intermunicipales, al exigirse, por ejemplo, en la Leyes de las Corporaciones de Desarrollo de la Región Zuliana y de la Región nor-oriental, que una representante de los Concejos Municipales de dichas Regiones forme parte del Directorio de las Corporaciones. En esta forma, los diversos Concejos Municipales se han visto obligados a establecer un acurdo para la elección de dichos representantes.

1504 Artículo 25 de la Constitución.

sultado de un proceso histórico localista, muchas veces movido por conveniencias político-partidistas. En esta forma, la división territorial en Distritos y Municipios que existía en 1974 no podía constituir un adecuado marco para un efectivo régimen local político-administrativo[1505]. Se impone, para ello, una reforma territorial comprensiva de los ámbitos espaciales de los Distritos y Municipios, con una adecuada agrupación de estos últimos en Distritos, para hacer de estas instituciones elementos esenciales de la vida local, a cargo no sólo de las tareas propias de ella, sino con un papel preponderante a jugar en el proceso de desarrollo y control urbanístico. La Constitución, para esta tarea de reordenación municipal, prevé los medios necesarios: en primer lugar, a través de una Ley Nacional Orgánica del Poder Municipal, que establezca los diferentes regímenes para la organización y administración de los Municipios, atendiendo a las condiciones de población, desarrollo económico y situación geográfica[1506]; y en segundo lugar, a través de las Leyes estadales de organización de los Municipios de cada Estado, en las cuales se debería establecer la adecuada división político-territorial de los mismos, para convertirlos en instrumentos locales de desarrollo económico, social y urbano, y piezas esenciales en una política nacional de ordenación del territorio. Mediante estas Leyes, por otra parte, así como mediante la futura Ley de coordinación de la inversión del situado constitucional, en la parte que corresponde a los Municipios, podrían establecerse, indudablemente, mecanismos indirectos y eventualmente forzosos de mancomunidad municipal.

Pero la figura de la Mancomunidad voluntaria entre Municipios, como mecanismo destinado a la planificación, prestación o realización mancomunada de actividades públicas, comunes a varias Municipalidades, también fue prevista en la Constitución[1507]; y esta figura, indudablemente, es un adecuado medio para dotar a un ámbito municipal concreto de una dimensión territorial que permita atender racionalmente determinados servicios —como los de planificación urbanística, transporte colectivo, recolección de aguas negras, distribución de aguas blancas—, que por razones del crecimiento y desarrollo urbano sobrepasan los estrechos y limitados ámbitos jurisdiccionales de una determinada Municipalidad. Aun cuando en la Ley Orgánica del Poder Municipal deberá darse un tratamiento específico a estos acuerdos de Mancomunidad, es indudable que algunos precedentes pueden orientar las acciones de cooperación intermunicipales futuras, y entre ésos debe destacarse el Convenio de Mancomunidad en materia de Planificación Urbanística suscrito en 1972 entre la Municipalidad del Distrito Federal y la del Distrito Sucre del Estado Miranda[1508], que creó la Comisión Metropolitana de Urbanismo y la Oficina Metro-

1505 En 1974 existían 187 Distritos y 711 Municipios. La autoridad municipal, sin embargo, es decir, los Concejos Municipales existían a nivel de Distritos y no de Municipios en virtud de lo dispuesto en la Disposición Transitoria Primera de la Constitución y en ausencia de la Ley Orgánica del Poder Municipal.

1506 Artículo 27. A mitades de 1974 dicha ley no había sido dictada.

1507 Artículo 28.

1508 El Convenio fue suscrito el 27 de enero de 1972 y en virtud del mismo, ambas Municipalidades aprobaron una Ordenanza de Ordenación Urbanística del Área Metropolitana de Caracas. Sobre los antecedentes de estos actos *v.* Allan-R. Brewer-Carías, "¿El Área Metropolitana de Caracas y la cooperación intermunicipal en materia de Urbanismo", en *Revista de la Facultad de Derecho*, UCV, número 35. Caracas, 1967, pp. 49 y ss.; y Luis Torrealba Narváez, *Aspectos Jurídicos del Urbanismo en Venezuela, cit.*, pp. 237 y ss.

politana de Planeamiento Urbano, a cuyo cargo está la realización mancomunada, en toda el Área Metropolitana de Caracas, de las labores de planeamiento urbano. Sin embargo, tal como hemos visto anteriormente, la mayoría de las competencias municipales que la Constitución enumera son competencias concurrentes entre el Poder Nacional y el Poder Municipal, por lo que los mecanismos de cooperación y mancomunidad, en la mayoría de los casos, implicarían una participación del Poder Nacional en los acuerdos intermunicipales[1509]. Así se resolvió, por ejemplo, en el Convenio para constituir la Policía Metropolitana en Caracas, suscrito entre la República y las Municipalidades del Distrito Federal y del Distrito Sucre del Estado Miranda, y el mismo Estado Miranda[1510], y así se propuso en la ordenación del tránsito y transporte en el Área Metropolitana de Caracas[1511].

Pero las reformas que es necesario introducir a nivel municipal no sólo son aquellas de carácter administrativo-territorial como las indicadas, sino que también deben abarcar las de carácter político-territorial de manera de convertir la institución municipal en el centro del proceso de "democratización de la democracia política", es decir, en la base de la participación popular. Esta, si se quiere, debe ser la esencia del régimen local y de su reforma: hacer de la democracia local, es decir, del gobierno por el pueblo, una realidad[1512]. Para ello, diversas reformas habrían de realizarse en Venezuela. En primer lugar, desde el punto de vista electoral, vincular a los gobernados con los gobernantes locales exigiría cambiar el sistema de representación proporcional que ha regido las elecciones de los miembros de los Concejos Municipales hasta el proceso electoral de 1973, por un sistema de elección uninominal, por circunscripciones electorales reducidas, de manera que los candidatos se tengan que vincular, necesariamente, a la comunidad local que los elige para administrar los asuntos locales[1513]. Asimismo, y también en el ámbito electoral, habrían de establecerse las elecciones para los miembros de los Concejos Municipales, separadas de las elecciones nacionales o estadales para los demás cuerpos representativos[1514]. Pero además de las reformas electorales, desde el punto de vista político, la mayor participación popular en el Gobierno local implicaría que éste sea tal, es decir, que tenga sobre qué gobernar, por lo que será necesaria la descentralización hacia los niveles municipales, una vez reordenados éstos administrativamente. Por último, a las medidas electorales y políticas, reformas esenciales de carácter social tendientes a hacer efectiva la organización popular para la participación, deberán ser realizadas

---

1509 En esta forma, en el Convenio citado en la nota anterior y las Ordenanzas aprobadas, se previo la representación del Poder Nacional en la Comisión Metropolitana de Urbanismo.

1510 Convenio suscrito el 21 de diciembre de 1969.

1511 *V.* los diversos pasos y propuestas tomadas en este campo, en Allan-R. Brewer-Carías, *Aspectos Institucionales del Transporte y Tránsito en el Área Metropolitana, cit.*, pp. 99 y ss.

1512 La idea de "*making local self-government a reality*" guió todo el reciente proceso de Reforma del Régimen Local en Inglaterra. *Cfr. Royal Commission on Local Government in England 1966-1969, Redcliffe-Maud (Chairman), Report presented to Parliament,* june, 1969, tomo I (Cmnd 4040); *Local Government in England. Government Proposals for Reorganisation. (White Paper*), Presented to Parliament by the Secretary of State for the Environment by Command of Her Majesty, february, 1971 (Cmnd. 4584).

1513 *Cfr.* Allan R. Brewer-Carías, *Obstáculos Políticos al Desarrollo en Venezuela, loc. cit.*, p. 127.

1514 *Cfr.* Carlos Andrés Pérez, *Acción de Gobierno*. Caracas, 1973, p. 11.

a escala nacional, a través de los programas de "desarrollo de la comunidad" o "promoción popular" que en los últimos años han ido esbozándose[1515].

Ahora bien, dentro de las reformas institucionales que es indispensable adoptar para lograr una efectiva descentralización en la toma de decisiones unida a una creciente participación política, todo ello dentro de un marco racional de desarrollo; , en el ámbito local merecen una especial atención las reformas institucionales que deben adoptarse en el gobierno y administración urbanas, y en especial el de las áreas metropolitanas.

Ante todo debe señalarse que los problemas del desarrollo urbano no son problemas exclusivos de carácter local, sino que forman parte de todo un proceso nacional y regional: en el campo nacional se vinculan e integran a toda la política de ordenación territorial; y en el campo regional deben dar lugar a una "regionalización urbanística", además de las regionalizaciones económica y administrativa antes mencionadas. En este campo del desarrollo urbanístico, es quizá uno en los que se hace más patente el carácter de competencias múltiples y concurrentes de autoridades nacionales y locales, que es necesario tener en cuenta para la adopción de las correctas soluciones[1516]. En efecto, la complejidad de la planificación urbanística hace imposible que un sola organismo pueda llevar a cabo toda la acción planificadora, por lo que se plantea, como necesidad particular, la indispensable coordinación de las acciones administrativas en el campo urbano, en particular, las desarrolladas por las autoridades locales (municipales, estadales) y por las nacionales. Se trata, por tanto también, de un proceso de ordenación de acciones locales y nacionales hacia un objetivo concreto: el desarrollo urbano.

Ahora bien, teniendo en cuenta esa interconexión de competencias en el campo del desarrollo urbano, queremos insistir particularmente en los problemas de Gobierno y administración en los grandes centros urbanos, es decir, en las áreas metropolitanas[1517]. El problema se plantea, particularmente desde el punto de vista políti-

---

1515 *Cfr.* CENDBS-UCV, Rosario Scarpati y Esther Gamus, *Problemática del Desarrollo de la Comunidad en Venezuela.* Caracas, 1969; Carlos Acedo Mendoza. *Desarrollo Comunal y Participación Popular.* Caracas, 1971; Rudolf Rezsohary, "Las Instituciones Políticas y la Participación popular", en TOMIC y otros, *Pensamiento Comunitario.* Caracas, 1973, pp. 67 y ss.; y Roberto Papini, "La Democracia de Participación, *ídem*, pp. 81 y ss.

1516 "Por ello, siendo, esta materia también un problema de competencias múltiples, la necesidad de una administración urbana y, por tanto, la necesidad de una gran coordinación a nivel urbano, surge como indispensable. Inclusive, esto se señala expresamente en el proyecto de Ley de Ordenación Territorial y Urbana, preparado en 1971 por una Comisión Especial que ha operado en la Oficina del Ministro de Estado para la Vivienda, el cual pone en evidencia, frente al problema del desarrollo urbano y a la necesidad de un ordenamiento territorial, por supuesto, lo indispensable de la coordinación de competencias. Concretamente la Exposición de Motivos del Proyecto indica "la necesidad de coordinar la acción del Gobierno en base a planes que definen la política oficial en materia de desarrollo urbanístico aplicable a determinada región o ciudad, plantea un problema de orden administrativo que debe ser legalmente resuelto, y que se refiere principalmente a la competencia y delimitación de responsabilidades entre los diferentes organismos públicos". *V.* en Allan-R. Brewer-Carías, *Problemas Institucionales del Área Metropolitana de Caracas y del Desarrollo Regional y Urbano, cit.*, pp. 40 y 41.

1517 Sobre las Áreas Metropolitanas *v.* Problemas de las Áreas Metropolitanas. Instituto de Estudios de Administración Local. Madrid, 1969, que recoge las Ponencias presentadas al Congreso sobre Problemas de las Áreas Metropolitanas. Toronto, 1967. *V.*; además, Tomás-Ramón Fernández, "Áreas Metropolitanas y Descentralización", en S. Martín-Retortillo y otros, *op. cit.*, tomo III, pp. 633 y ss., y León Cortinas Peláez, "Una Reflexión Político-Administrativa sobre las Áreas Metropolitanas en América Latina", en

co-administrativo, cuando una gran concentración urbana se extiende sobre diversas jurisdicciones municipales, como es el caso de Caracas[1518]. Aquí, la organización local quedó en retraso frente a la expansión urbana, planteándose entonces innumerables problemas derivados de la necesaria integración de servicios y el tratamiento integral y uniforme de los problemas urbanos, frente al fraccionamiento territorial autónomo de la ciudad[1519]. Dentro de las múltiples soluciones que muestra el derecho y la administración comparados, la de mayor aceptación y que conjuga los requisitos de concentración administrativa urbana, y gobierno local, se ha destacado la fórmula del gobierno a dos niveles[1520], que implica la creación de una nueva autoridad local-territorial a nivel metropolitano, a través de una especie de "federación" entre las autoridades municipales preexistentes, y que, por ello, no implica la extinción de las mismas[1521]; y que conlleva una redistribución de competencias entre el nuevo nivel metropolitano y el antiguo nivel local. El Gobierno y Administración Metropolitanos, por supuesto, no extinguen la participación política en la elección de las autoridades metropolitanas, sino que daría lugar a una nueva forma de democracia metropolitana[1522].

En el caso de Caracas, a pesar de la especificidad de sus problemas derivados de integrar, en su jurisdicción, a un Distrito Federal[1523], la vía de solución a los problemas institucionales del área Metropolitana la establece la propia Constitución al prever que "una Ley especial podrá coordinar las distintas jurisdicciones existentes

---

Archivo de Derecho Público y Ciencias de la Administración, Instituto de Derecho Público, Vol. I, 1968-1969. Caracas, 1971, pp. 159 y siguientes.

1518 El problema, por supuesto, es universal. En Venezuela, además de Caracas, el problema se plantearía en ciudades como Acarigua-Araure y Puerto La Cruz- Barcelona.

1519 Sobre los problemas del Área Metropolitana de Caracas desde el punto de vista institucional, *v.* Allan R. Brewer-Carías, *Problemas Institucionales del Área Metropolitana de Caracas y del Desarrollo Regional y Urbano, cit.*, pp. 1 y ss.; *Aspectos Institucionales del Transporte y Tránsito en el Área Metropolitana de Caracas, cit.*, pp. 7 y ss.; "El Área Metropolitana de Caracas y la Cooperación Intermunicipal en materia de Urbanismo", *loc. cit.*, pp. 49 y ss.; y "La Integración del Área Metropolitana de Caracas y la Coordinación de los Servicios de Transporte Urbano", *Revista Taller, Facultad de Arquitectura y Urbanismo*, UCV, número 20. Caracas, 1966, pp. 23 y ss.

1520 "En el Primer Congreso de Cooperación Intermunicipal celebrado en Caracas, en 1967, se recomendó especialmente que debía preverse en el Proyecto de Ley Orgánica del Poder Municipal la posibilidad de constitución de Distritos Metropolitanos en las diversas Áreas Metropolitanas de la República, en las que tengan jurisdicción diversas municipalidades, con un Gobierno municipal de dos niveles y cuya constitución no quede a la sola iniciativa de las Municipalidades a integrarse, sino también de los cuerpos deliberantes del Poder Estadal y del Poder Nacional". La solución del Gobierno metropolitano a dos niveles, por ejemplo, se adoptó en la reforma del régimen local en Inglaterra.

1521 Esta fórmula se consideró el prototipo deseable en el Congreso sobre Problemas de las Áreas Metropolitanas que se realizó en 1967 en Toronto (*v.* la referencia en nota 186 de este capítulo). El primer caso de gobierno metropolitano federativo fue el de Tokio, que se realizó en el año 1943 y federó a 37 gobiernos locales que tenía la ciudad, creándose una nueva autoridad metropolitana federativa de las unidades locales que no desaparecieron, sino que permanecieron. Luego siguió el caso de Toronto, en 1953, y en esta ciudad, que tenía 13 municipalidades, éstas se redujeron a siete y se hizo la federación de las siete, creándose un nuevo gobierno metropolitano. Luego ha habido los ejemplos de Miami, en 1957; de Winnipeg, en 1959; de la Región de París, a partir de 1961, y del Gran Londres, en 1963.

1522 *Cfr.* León Cortinas Peláez, *loc. cit.*, pp. 166 y ss.

1523 Sobre ello v. Allan-R. Brewer-Carías, *El régimen de gobierno municipal en el Distrito Federal Venezolano cit.*, pp. 131 y ss. Y "Caracas", en Donald C. Rowan (ed.), *The Government Of Federal Capitals*, Toronto, 1973, p. 13 y siguientes.

dentro del Área Metropolitana de Caracas, sin menoscabo de la autonomía municipal[1524]. Esta Ley, en el sentido señalado, sin extinguir las Municipalidades existentes, podría establecer un nuevo nivel político-territorial de carácter metropolitano para el Gobierno de la ciudad, estableciendo una precisa distribución de competencias entre el nuevo nivel y el nivel local, que asegure la atención adecuada a todos los problemas urbanos que ahora no pueden ser satisfactoriamente resueltos[1525].

Tal como puede apreciarse de todo el panorama y de la problemática esbozada en las páginas anteriores, el reto por el establecimiento de un Gobierno y. Administración Regional y Urbana, es ciertamente uno de los que mayores exigencias plantea frente a un federalismo y a un municipalismo decadentes, que no sólo no sirven como niveles viables de descentralización territorial, sino que tampoco son canales adecuados para una efectiva participación política y democracia local. En el establecimiento de ambos elementos —descentralización y participación— es que, en todo caso, estará la clave para la efectiva Administración y Gobierno Regional, Metropolitano y Urbano que el futuro reclama al país.

CAPÍTULO 17. ESTRATEGIA Y TÁCTICAS PARA UNA REFORMA ADMINISTRATIVA: LA EXPERIENCIA VENEZOLANA

Teniendo en cuenta la situación de la Administración Pública venezolana, tanto en el ámbito nacional como en el regional y local, tal y como resulta de los análisis efectuados en los capítulos anteriores, frente a los retos que plantean al-' país las exigencias del proceso de desarrollo en el último tercio del siglo XX, indudablemente que debe tenerse como inaceptable una alternativa institucional que pretendiera conducir el desarrollo dejando la Administración Pública más o menos en las mismas condiciones. Al contrario, la necesidad de una radical transformación de la Administración Pública, en todos sus niveles, se nos plantea como evidente, para que el Estado pueda asumir con efectividad las innumerables tareas que los problemas demográficos, económicos, sociales y urbanos le exigen y exigirán en el futuro.

La necesidad de una reforma administrativa aparece entonces como uno de los imperativos que debe asumir el sector público en el corto plazo, para lo cual cuenta al menos con tres lustros de experiencias continuas en el campo de la investigación y planificación de reformas.

En efecto, el inicio de los esfuerzos por realizar en Venezuela una reforma de la Administración Pública Nacional puede situarse en el año 1958 con la creación de la

1524 Artículo 11.

1525 Tal es el caso, a título de ejemplo, de los servicios de transporte Urbano *V.* Allan R. Brewer-Carías, *Aspectos Institucionales del Transporte y Tránsito en el Área Metropolitana de Caracas, cit.*, donde se ha propuesto, en ausencia de la ley especial señalada, la creación de una Administración Metropolitana de Transporte, mediante una Ley especial, pp. 99 y ss. Sobre las deficiencias institucionales en el tratamiento de las áreas marginales urbanas *v.* Omar Hernández, *La Planificación Urbana y el Desarrollo Urbano no controlado*. Caracas, 1972, pp. 22 y ss., y en general, respecto al desarrollo urbano, *v.* Raúl Oscar Basaldúa, 'Marco Institucional para la instrumentación de Políticas de Desarrollo Urbano en América La-tina", en *Revista de la Sociedad Interamericana de Planificación*, Vol. V, número 20, diciembre, 1971, pp. 48 y ss.

Comisión de Administración Pública (CAP)[1526] como oficina permanente adscrita a la Presidencia de la República, a cuyo cargo ha estado la orientación y conducción de todos los programas y proyectos de reforma administrativa desarrollados en los últimos años. Hasta ese año, que marca el inicio del actual régimen democrático que vive el país, no se había programado ni realizado proceso alguno que pudiera ser calificado como de Reforma Administrativa. Las largas dictaduras que había tenido el país durante todo el siglo pasado y la primera mitad de este siglo, no permitían ciertamente el planteamiento de una autocrítica administrativa que pudiera provocar un esfuerzo consciente y sistemático de reforma, y si bien en los pocos años del ensayo democrático de la década de los cuarenta (1945-1948) en los cuales ejerció el poder el Partido Acción Democrática (AD) la idea de la reforma administrativa comenzó a florecer[1527], ello no pasó de ser una intención que no encontró realización en el país, aun cuando provocó resultados en el exterior[1528]. Sin embargo, el hecho de que antes de 1958 no se hubiera realizado ninguna transformación sistemática de la Administración Pública Venezolana, no implica por supuesto que no haya sufrido cambios; al contrario, quizá uno de los cambios más profundos en su organización se produjo precisamente en los años posteriores a 1930, con motivo del impacto que sobre el sector público y la situación económica y social del país produjo la explotación petrolera. En efecto, en 1930, después de 120 años de completa independencia del país[1529], la organización de la Administración Central estaba básicamente configurada en siete Ministerios (Relaciones Interiores, Obras Públicas, Fomento, Instrucción Pública, Relaciones Exteriores, Hacienda y Guerra y Marina); habiéndose creado, en el período que va de 1930 a 1950, seis nuevos despachos ministeriales: Salubridad y Agricultura (1931) desdoblado en dos en 1936; Trabajo y Comunicaciones (1937) desdoblado en dos en 1945; Justicia (1950); y Minas c Hidrocarburos (1950). El solo nombre de estas organizaciones evidencia la asunción progresiva por el Estado de nuevas actividades y funciones que comienzan a configurar una Venezuela petrolera en contraste con la Venezuela rural de comienzos de este siglo[1530].

1526 La Comisión fue creada por Decreto número 287 de 27 de junio de 1958 (*v.* en *Gaceta Oficial* número 25.694, de 27 de junio de 1958, y en la publicación de la GAP, *La Reforma de la Administración Pública por toda la Administración Pública*. Caracas, 1970, p. 35), para "estudiar la organización, los métodos y procedimientos de nuestra Administración Pública y las condiciones del funcionario público, con miras a proponer la reforma de la Administración Pública del país' y se le atribuyó el carácter de entidad "asesora del Poder Ejecutivo".

1527 *V.* las apreciaciones de quien fue Presidente de la Junta Militar de Gobierno durante el período 1945-1947, Rómulo Betancourt, en su libro *Venezuela, Política y Petróleo*. México, 1956, pp. 446 y ss.

1528 Es de destacar, por ejemplo, que los primeros directores de la Escuela Superior Centro Americana de Administración Pública (ESAP) posteriormente transformada en el Instituto Centroamericano de Administración Pública (IOAP), fueron venezolanos exiliados al caer el Gobierno de Acción Democrática en 1948 debido a un golpe militar. *V.*, en particular, E. Tejera París, *Administración Pública. Teoría de la Estructura Administrativa para el Desarrollo*. Caracas, 1968.

1529 La Independencia en Venezuela de España se produce en 1810; y en 1811, el país cuenta con su primera Constitución. En 1830 se produce la separación de Venezuela de la Gran Colombia, pero esta fecha no puede confundirse con la independencia como lo hacen Charles Lewis Taylor y Michael C. Hudson, en *World Handbook of Political and Social Indicators*, segunda edición. New Haven 1972, p. 27. *V.* lo señalado en el capítulo 6.

1530 Basta pensar, por ejemplo, que entre 1930 y 1973 el presupuesto de ingresos y gastos públicos ha aumentado 100 veces, pues de alrededor de 150 millones de bolívares en 1930, pasó a más de 16.000 millones de bolívares en 1974.

Pero el fenómeno de crecimiento desmesurado y asistemático de la Administración Pública no sólo afectó a la Administración Central, que si bien después de 1950 no se ha manifestado en nuevos Ministerios sí ha producido la creación de oficinas presidenciales[1531], sino también a la administración descentralizada, la cual ha crecido vertiginosamente en los últimos cuarenta años, reflejo también de la sucesiva intervención del Estado en la vida económica y social. Baste señalar para darse cuenta de esta situación, que en 1930 la Administración Nacional contaba con dos institutos autónomos[1532] que operaban en el campo del sector financiero; en cambio en 1974, en la Administración Nacional operan en todos los sectores de actividad pública, 85 entes descentralizados con diversas formas jurídicas de derecho público o de derecho privado[1533].

Ahora bien, en 1958, una misión de asistencia técnica de las Naciones Unidas encabezada por Herbert Emmerich[1534] quien posteriormente fuera Presidente del Instituto Internacional de Ciencias Administrativas, planteó al Gobierno provisional la urgente necesidad de mejorar la Administración Pública como condición para la realización de muchos programas de desarrollo económico y social, identificando incluso las principales necesidades de la Administración de la siguiente manera: "La mejora de la organización gubernamental, definiéndose más claramente las funciones, la simplificación y el aceleramiento de los procedimientos y trámites; un sistema de controles fiscales y de sistematización de datos económicos que dé mejor base a las decisiones y al control de materias políticas generales; y sobre todo, la mejora radical del sistema de servicio civil y del adiestramiento del personal público"[1535]. La misión de las Naciones Unidas propuso la creación de una "Comisión Nacional de Administración Pública, de carácter temporal"[1536], que posteriormente debía dar origen a un "Instituto Nacional de Administración Pública[1537]. El Gobierno provisorio, al mes siguiente de la presentación del Informe señalado, creó la Comisión de Administración Pública, a la cual no se le fijó lapso de actuación[1538]. La

---

1531 En 1958 se crearon la Oficina Central de Coordinación y Planificación (CORDIPLAN) y la Comisión de Administración Pública (CAP); y en 1970 se adscribió a la Presidencia la Oficina Central de Información y la Oficina Central de Personal.

1532 Figura equivalente a los *établissements publics* de la Administración francesa, *V.* A.R. Brewer-Carias, *Les Entreprises Publiques en Droit Comparé*. París, 1968, p. 44.

1533 *V.*, además, el capítulo sobre la Reforma de la Administración Descentralizada en CAP. *Informe sobre la Reforma de la Administración Pública Nacional*. Caracas, 1972, Vol. I, pp. 295 y ss.

1534 Herbert Emmerich produjo un pequeño informe denominado "Informe sobre un estudio preliminar acerca de posibilidades de mejoras en la Administración Pública de Venezuela" (5 de mayo de 1958). *V.* en CAP., *La Reforma de toda la Administración Pública por toda la Administración Pública, cit.*, pp. 21 y ss.

1535 *Idem*, p. 24.

1536 *Ibídem*, p. 25.

1537 *Ibídem*, p. 28.

1538 Este organismo estuvo presidido durante sus primeros meses de existencia por Carlos Lander Márquez, experto en administración en el sector privado, y posteriormente, después de que el Presidente Rómulo Betancourt del partido Acción Democrática inició su período de Gobierno (1959-1964), estuvo presidido por Benito Raúl Losada, posteriormente Ministro de Hacienda y Presidente del Banco Central de Venezuela, y por Alberto López Gallegos, prominente miembro del Partido Acción Democrática. Durante el período del presidente Raúl Leoni (1964-1969) del mismo partido, la Comisión estuvo presidida por Héctor Atilio Pujol, experto en Administración de Personal y profesor de la materia en la Universidad Central de Venezuela y por Freddy Arreaza Leáñez, experto en Administración Financiera, profesor de

labor de la Comisión de Administración Pública en el período 1958-1973, puede describirse en tres etapas, correspondiendo la primera y la segunda, al período que concluye en 1969 y la tercera al período que inicia en ese año. La intención de este capítulo es insistir en la experiencia venezolana durante el período 1969-1973, por lo que las referencias a los períodos comprendidos entre 1958-1969 se hacen exclusivamente a título de antecedentes, para comprender mejor la situación existente en 1969.

En efecto, una de las recomendaciones fundamentales del Informe señalado de la misión de las Naciones Unidas de 1958, fue la contratación de "firmas de Consultores en materia administrativa y contable" como una forma de "obtener rápidamente personal adecuado, libre de las diarias responsabilidades de Gobierno, para que realice la masa de trabajo de investigación, de análisis y de sistematización que habrá de hacerse"[1539]. En esta forma, puede decirse que la primera etapa del trabajo de la Comisión hasta 1961 estuvo caracterizada por la utilización de firmas consultoras extranjeras norteamericanas[1540], las cuales con la ayuda de personal venezolano, aparte de una serie de documentos con recomendaciones concretas fundamentalmente referidas a mejoras a introducir en el Ministerio de Hacienda, produjeron cuatro informes básicos[1541], las cuales salvo en lo que se refiere a la administración de personal, realmente no contenían propuestas concretas y realizables de reforma, sino más bien materiales para el estudio de una reforma administrativa[1542]. La segunda etapa del trabajo de la CAP entre 1961 y 1969 se caracterizó por la concentración del trabajo de la misma en un área particular de reforma, la de la administración del personal al servicio del Estado, y la implementación de los elementos fundamentales para la adecuada ejecución del Reglamento de Administración de Personal para los

la materia en la Universidad Central de Venezuela, y posteriormente, vice-rector Administrativo de la Universidad Simón Bolívar. Durante el período del Presidente Rafael Caldera (1969-1974) del Partido Social Cristiano COFEI, y hasta ,1972 le correspondió al autor de este estudio ejercer ' la Presidencia de la CAP. período en el cual se elaboró el Plan General de Reforma Administrativa que el TV Plan de la Nación (1970-1974) anunciaba, y a partir de agosto de 1972 y durante el resto del período del Presidente Caldera, la Presidencia de la CAP la ejerció Manuel (Rachadell, profesor de Derecho Administrativo en la Universidad Central de Venezuela, y uno de nuestros colaboradores inmediatos en la CAP.

1539 *Loc. cit*. pp. 30-31. Al contrario, no aparece claro del Informe Emmerich que éste haya enfatizado sobre la necesidad de que la reforma administrativa fuera un esfuerzo fundamentalmente venezolano, como lo indica Roderick T. Groves, "Administrative Reform and the Politics of Reform: The Case of Venezuela", *Public Administration Review*, Vol. XXVII, número 5, diciembre, 1967, p. 437.

1540 Principalmente la Public Administration Service (pas) de Chicago, la *J. L. Jacobs and Company de Chicago y la Griffenhagen and Associates de New York.*

1541 Estos estudios son PAS, *Organización Administrativa del Gobierno Nacional de la República de Venezuela, Informe de Investigación* (multigrafiado), marzo, 1960, 202 pp., PAS, *Relaciones nacionales, estatales y municipales en el gobierno de la República de Venezuela.* Informe de investigación (multigrafiado), diciembre, de 1959.

1542 A estos estudios es que aparentemente se refería el Presidente Betancourt en su Tercer Mensaje al Congreso el 11 de marzo de 1961 cuando afirmaba que "los estudios básicos para la reforma administrativa han finalizado; el proceso de ésta se ha iniciado y en el futuro inmediato se comenzarán a sentir sus beneficios, ya que la etapa de investigación y análisis ha concluido y se tiene un diagnóstico de nuestra Administración Pública". *V.* en Rómulo Betancourt, *La Revolución Democrática en Venezuela*. Caracas, 1968, tomo I, p. 560.

servidores del Gobierno Nacional dictado en 1960 por el Presidente Betancourt[1543]. El repliegue de las labores de reforma hacia el área de personal, en nuestro criterio tuvo su origen en la falta de planificación de la misma, pues los documentos de las empresas consultoras elaborados en la primera etapa, no constituían un plan, lo cual trajo como consecuencia, la pérdida de apoyo político de los Gobiernos de Betancourt y de Leoni en relación al proceso. En efecto, si bien el Presidente Betancourt al iniciar su Gobierno en 1959 estaba consciente de la necesidad de la Reforma Administrativa[1544] y de los problemas y deficiencias de la Administración Pública[1545], ya en 1962 el apoyo político que se evidenciaba de sus precedentes manifestaciones públicas, casi desaparece y al contrario señalaba que no estaba satisfecho con la obra "realizada en esta, materia hasta 1962[1546]. A partir de esa fecha, en los documentos oficiales de su Gobierno no aparecen más menciones al problema de la Reforma Administrativa. Ciertamente que la situación política del Gobierno en los inicios de la década de los sesenta exigía una mayor atención a los esfuerzos por mantener el régimen democrático frente a los intentos de grupos dé militares de derecha de tomar el poder y a la insurgencia guerrillera, lo cual le quitó prioridad a todo programa de Reforma Administrativa[1547], pero lo que también aparece como cierto es que un programa con pleno apoyo político inicial en un Gobierno con mayoritario respaldo de las Cámaras Legislativas, no pudo ser ejecutado y no siguió siendo respaldado por el Jefe del Estado. Este cambio de actitud, en nuestro criterio no debe atribuirse sólo a la situación política del país, sino que hay que referirlo por una parte, a la pérdida del apoyo legislativo del Gobierno[1548] y por otra, a la falta de la elaboración

1543 *V.* Decreto número 344 de 14 de noviembre de 1960, en *Gaceta Oficial*, número 26.406 de 14 de noviembre de 1960. V. además en el libro CAP, *Lineamientos Generales de la Reforma Administrativa*. Caracas, 1970, pp. 63 y ss.

1544 En su discurso ante la II Convención de Gobernadores de 13 de agosto de 1959 afirmaba que los resultados de las gestiones de Gobierno "no serán óptimos o siquiera lo suficientemente buenos..." "si no logramos crear una eficaz maquinaria administrativa estatal. La de Venezuela no lo es". *V.* en Rómulo Betancourt, *La Revolución Democrática en Venezuela, cit.*, Vol. I, p. 115.

1545 En su Tercer Mensaje al Congreso el 11 de marzo de 1961, afirmaba lo siguiente: "Se puede decir en apretada síntesis, que la deficiencia fundamental en nuestra Administración Pública proviene de su crecimiento desordenado, lo cual ha ocasionado el que la distribución de funciones entre los diversos organismos del Estado sea incorrecta y por ello existen duplicaciones que dificultan la buena marcha y la coherencia de muchos programas; que los sistemas de trabajo acarrean lentitud en los procedimientos, con los correspondientes perjuicios tanto para la Administración Pública como para quienes tienen que tratar con ella; que la responsabilidad por las decisiones, sean éstas importantes o rutinarias, está concentrada en los altos niveles administrativos, lo cual entraba aún más su acción y congestiona en tal forma el trabajo de los ejecutivos que los incapacita para poder afrontar la consideración a fondo de los grandes problemas". *V.* en R. Betancourt, *La Revolución Democrática en Venezuela, cit.*, Vol. I, p. 561.

1546 En efecto en su Cuarto Mensaje al Congreso el 12 de marzo de 1962 señalaba que "se ha repetido hasta la saciedad —si bien ciertamente no con los resultados deseados— que se requiere una reforma a fondo de la Administración Pública. Efectivamente, debo admitir que no estoy satisfecho con la obra realizada en esta materia hasta la fecha". *V.* R. Betancourt, *La Revolución Democrática en Venezuela, cit.*, Vol. II, p. 413.

1547 Cfr. Roderick T. Groves, "Administrative reform and political development", *Development and Change*, Vol. II, 1970-71, número 2, p. 46, y del mismo autor, "Administrative Reform and the politics of Reform". *The case of Venezuela, loc. cit.*, p. 438. Asimismo en el estudio general de Groves sobre la experiencia venezolana entre 1959 y 1963: Roderick T. Groves, *La Reforma Administrativa en Venezuela, 1958-1963* (multigrafiado). Caracas, 1966, 209 pp. *V.* lo señalado en el capítulo 9.

1548 La coalición de partidos que participaba en el Gobierno de R. Betancourt contaba, por ejemplo, en 1959, con el respaldo del 94 % de los votos de la Cámara de Diputados; porcentaje que se redujo al 56 % en

real de un plan de reforma ejecutable[1549]. En todo caso, los esfuerzos de reforma durante esos años, o estaban localizados en la sola área de personal o tenían por objeto medidas de estricto carácter micro-administrativo. Con posterioridad a 1962 y hasta 1969, el programa de reforma administrativa perdió todo apoyo gubernamental, tal como lo ha destacado el propio Director Ejecutivo de la CAP durante el período 1963-1967[1550], y el trabajo de la Comisión, como se ha dicho, se concentró básicamente en prestar asesoría esporádica a los diversos organismos públicos en el campo micro-administrativo y en desarrollar el sistema de administración de personal, aun cuando sin respaldo legislativo, pues si bien el proyecto de Ley de Carrera Administrativa elaborado fue presentado al Congreso en 1959, el órgano legislativo, durante todo ese período, a pesar de las discusiones que le dio al proyecto, principalmente en 1965, no respaldó nunca la iniciativa gubernamental[1551]. El panorama de la Reforma Administrativa en 1968, era entonces bastante desalentador, habiéndose reducido el papel de la Comisión de Administración Pública considerablemente pasando a ser un organismo de control de la administración de personal, y de asesor-

---

1960 con motivo de la separación de uno de los partidos que formaban la coalición gubernamental, de ésta, y una primera división del partido AD; y que quedó en el 44 % en 1962 luego de una segunda división del partido AD (*v.* lo señalado en el capítulo 9). A esto hay que agregar que aun en los momentos en que la coalición de partidos tuvo apoyo en las Cámaras su falta de interés político en la reforma, particularmente en lo que se refiere al área de personal y a la aprobación de la Ley de Carrera Administrativa, produjo que ésta no fuera ni siquiera discutida. Cfr. Roderick T. Groves, "Administrative Reform and The Politics of Reform: The Case of Venezuela", *loc. cit.*, p. 443.

1549 Por ejemplo, si se estudia la Ley de Medidas Económicas de Urgencia aprobada el 29 de junio de 1961 se evidencia que la misma autorizó al Presidente de la República para que en Consejo de Ministros dictara las medidas necesarias tendientes a la reorganización de los Institutos Autónomos, Empresas del Estado y de las Compañías en que la Nación o los Institutos Autónomos poseyeran la mitad o más del Capital Social, a los fines de lograr economías en los gastos públicos y una mayor eficiencia en los servicios; así como las medidas necesarias para reorganizar aquellos servicios públicos nacionales diferentes a los mencionados que así lo requirieran, a fin de lograr economías en los gastos y una mayor coordinación y eficiencia en sus funciones (*v.* las referencias en CORDIPLAN, IV Plan de la Nación 1970-1974. Caracas, 1971, p. 179); sin embargo, a pesar de una autorización o habilitación legislativa de esa naturaleza y magnitud, por primera vez aprobada por el Congreso de acuerdo a sus facultades constitucionales (artículo 190, ord. 8.°), el Ejecutivo no dictó los Decretos fundamentales que podían haber configurado una reforma administrativa. Alguna razón había para que un Presidente que había apoyado el proceso de Reforma Administrativa entusiásticamente, teniendo una autorización legislativa excepcional en sus manos, no haya procedido a emitir los Decretos necesarios, y esa razón, en nuestro criterio, está en que no se tenía elaborado un plan o programa integral de Reforma Administrativa. Esto se confirma por el hecho de que a pesar de la autorización legislativa dada al Presidente, éste no recibió de los organismos técnicos y particularmente de la CAP, proyecto fundamental alguno de reforma, salvo el Proyecto de Ley de Carrera Administrativa, enteramente elaborado por expertos extranjeros. En este sentido, Roderick T. Groves, en su trabajo, "Administrative Reform and the Politics of Reform: The Case of Venezuela", *loc. cit.*, p. 439, atribuye a O. Glenn Stahl, funcionario de la Comisión de Servicio Civil norteamericana la responsabilidad fundamental en la elaboración de dicho proyecto. *Cfr.* asimismo A.R. Brewer-Carías, *El Estatuto del Funcionario Público en la Ley de Carrera Administrativa*. Caracas, 1971, p. 174.

1550 *V.* H. A. Pujol, *Administración para la Democracia*. Caracas, 1970, donde señala que no hubo "real voluntad o intención de los gobernantes de hacer la reforma", p. 32, y que "la reforma ha dado pocos resultados porque la palabra y el compromiso (del Gobierno Nacional) no siempre han sido acompañados de la decisión de hacer", p. 43.

1551 La correlación del apoyo parlamentario del Gobierno durante el período 1964-1968 también fue variable, pues si bien se inició con un 65 % de los votos de la Cámara de Diputados debido a una coalición gubernamental de partidos, esa proporción se redujo al 53 % en 1966 con la salida de uno de los partidos de la coalición, y quedó en un 37 % en 1968 con motivo de una tercera división de AD.

ía en aspectos específicos micro-administrativos de mejoramiento de las instituciones públicas[1552].

En 1969, por tanto, se hacía indispensable dotar al proceso de reforma administrativa de una nueva estrategia, para cuya definición, sin embargo, prescindimos de formulaciones preconcebidas[1553]. En efecto, la estrategia se definió sobre la marcha a medida que los elementos tácticos que ayudaron a la formación de la opinión y a la obtención de las decisiones políticas, se iban poniendo en práctica [1554]. En esta for-

---

1552 De ahí que una de las labores iniciales que nos correspondió realizar a partir del 1 de agosto de 1969 fuera el diagnosticar la situación anterior del proceso de reforma, para establecer una estrategia adecuada hacia el futuro. En este sentido, en octubre de 1969, al instalar el Consejo de Reforma Administrativa del Ministerio de Hacienda, que presidía el propio ministro, destacábamos los siguientes aspectos, fruto de la autocrítica a que sometimos al organismo de reforma en los dos primeros meses de nuestra gestión: "Puede decirse que una de las fallas fundamentales en los procesos de Reforma Administrativa que se han adelantado en toda América Latina, ha sido precisamente la ausencia de definición de una estrategia, con indicación de acciones y condiciones que debían cumplirse para lograr las metas fijadas en cada caso. La Reforma Administrativa se ha considerado siempre como necesaria, es más, se ha deseado siempre llevarla a cabo. En general, ha habido consenso unánime sobre la urgencia que existe de realizar un ataque total a la ineficiencia que existe en el aparato administrativo. Se ha reconocido que una buena administración es una condición indispensable para el desarrollo económico. En ciertas ocasiones inclusive, el movimiento de reforma ha contado con varios elementos que parecían asegurar su éxito: apoyo del Gobierno, recursos financieros, personal adiestrado, asistencia técnica extranjera, interés en general de la opinión pública. Y si hacemos un poco de memoria, ¿no era ese el panorama que existía en los momentos en que Herbert Emmerich. de las Naciones Unidas, formulaba sus propuestas al Gobierno Nacional, en el año 1958; propuestas que dieron origen a la Comisión de Administración Pública? Sin embargo, luego de un inicio provisor, ese dinamismo originario fue disminuyendo hasta materialmente desaparecer. Las causas del fracaso son muchas, y entre ellas quizá, fundamentalmente, la ausencia de una estrategia a largo plazo, bien definida y ajustada a las necesidades y realidades políticas y sociales de nuestro país. Todo ello contribuyó a que el interés por la Reforma no sólo disminuyera, sino que inclusive la idea misma de la Reforma se convirtiera en una noción odiosa, de ahí nuestra preocupación inicial, de intentar dotar al proceso de Reforma Administrativa, de una estrategia". *V.* A.R. Brewer-Carías. *Estrategia de la Reforma Administrativa, en CAP, La Reforma de toda la Administración Pública por toda la Administración Pública, cit.*, pp. 9 y 10.

1553 Coinciden con nuestra actitud de no tener ab initio una concepción precisa, rígida y prefijada, las apreciaciones de Henry S. Kariel, "Goals for Administrative .«Reform in Developing States: An Gpen-Ended Design", en Ralph Braibanti, *Political and Administrative Development*, 1969, p. 162; y de R. P. de Guzman, "Administrative Reform in the Philippines", *Philippine Journal of Public Administrationy* 1968, pp. 411-412, *cit.,* por Yves Chapel, *Strategies et Tactiques de la Modernization de V'Administraron Publique dans les pavs en developpement*, USA. Bruselles, 1972, p. 64. En este sentido, YEHEZKEL DROR insiste en que no existen estrategias óptimas y universales de reforma administrativa en "Strategies for Administration Reform", *Development and Change*, Vol. II, 1970-11971, número 2, p. 20.

1554 En este proceso de formación de la estrategia debe también destacarse la ausencia de toda injerencia de asesores o expertos extranjeros o de la labor de empresas consultoras. Siempre pensamos que la ayuda de éstos podría ser útil en la elaboración de proyectos específicos de reforma y al efecto si bien nos opusimos siempre a la contratación de "consultores" durante el tiempo que dirigimos el proceso de reforma administrativa en Venezuela, ello no impidió que programáramos la obtención de la asistencia técnica de la División de Administración Pública de las Naciones Unidas y de la Organización de Estados Americanos. Sin embargo, siempre nos opusimos a la influencia externa en la definición de la estrategia de reforma, pues pensamos que al estar íntimamente vinculada al proceso de desarrollo nacional, dicha estrategia debía responder a la situación y exigencias del país y debía ser elaborada, como lo fue, entre 1969 y 1972, por nacionales, teniendo en cuenta la realidad del país. Nuestra actitud, en este sentido, coincide con el criterio de Fred W. Riggs, Administrative Reforms as a Problem of Dynamic Balancing, National Institute of Administration and Development, Round Table on Administrative Reform and Development, Beyrouth, 11-18 april, 1970, pp. 36-40, *cit.*, por Yves Chapel, *op. cit.*, p. 92, V. además, A. F. Leemans, "Administrative Reform: an overview", *Development and Change*, Vol. II, 19704971, número 2, p. 9. El

ma, tres ideas centrales fueron configurándose a medida que tomábamos contacto y conocimiento de la realidad administrativa del país y esas tres ideas guiaron los elementos estratégicos hasta inclusive, dar origen en algunos casos a la formación de criterios de opinión sobre la reforma: en primer lugar, la idea de que la Administración Pública debe ser el instrumento por excelencia del proceso de desarrollo económico y social (Administración para el Desarrollo) y de que la Reforma Administrativa se justifica en tanto en cuanto sirva a los objetivos del desarrollo; en segundo lugar, la idea de que la Reforma Administrativa debe ser un proceso planificado (Reforma Administrativa Planificada) hasta el punto de que los términos reforma administrativa y planificación administrativa se hicieron equivalentes; y en tercer lugar, la idea de que la reforma de la Administración Pública la debe realizar toda la Administración Pública y no un solo órgano político-administrativo, recogiéndose así el criterio de participación en el proceso de reforma.

El primer elemento de la estrategia, es decir, el de "la Reforma Administrativa para el Desarrollo Económico y Social", que tanta influencia tuvo en el trabajo de la CAP entre los años 1969.-1972, si bien se definió con precisión durante dicho período, ya desde 1968 había sido públicamente esbozado[1555]. Mediante él, se buscó vincular estrechamente el programa de reforma administrativa con el proceso de desarrollo económico y social[1556], convirtiéndose en el elemento fundamental caracteri-

---

criterio de la búsqueda de un modelo latinoamericano de Administración Pública que siempre guió el trabajo de la CAP puede verse en el trabajo de Manuel Rachadell, uno de nuestros colaboradores inmediatos en la CAP hasta 1972 y quien nos sucedió en la Presidencia del organismo: "Un Modelo Latinoamericano de Administración para el Desarrollo", en *Revista Internacional de Ciencias Administrativas*. Bruselas, 1972, pp. 240 y ss.

1555 En efecto, en 1968, es decir, año y medio antes de que asumiéramos la dirección del proceso de Reforma Administrativa, tuvimos oportunidad de expresarlo públicamente al exponer en una conferencia dictada en el Palacio de las Academias de Caracas, nuestros criterios sobre "la transformación de la Administración Pública para el Desarrollo". *V*. A.R. Brewer-Carías, "Las Transformaciones de la Administración Pública para el desarrollo", *Revista de la Facultad de Derecho de la Universidad Central de Venezuela*. Caracas, 1968, número 41, pp. 19 a 64. Este trabajo fue publicado en separata por la CAP bajo el título: *Una Revolución para el Desarrollo*. Caracas, 1970/ 56 pp., y fue reproducido con el título: "Las Transformaciones de la Administración Pública para el Desarrollo: El Caso de Venezuela", en *Revista de Administración Pública*, número 58. Madrid, 1969, pp. 387 a 420. Asimismo, algunas de sus partes centrales conformaron el prólogo del libro de A.R. Brewer-Carías, *El Control de las Actividades Económicas del Estado de Venezuela*, C. G. R. Caracas, 11970, pp. 1 a 33. El trabajo señalado aparece además como apéndice número 1 de la Primera Parte del *Informe sobre la Reforma de la Administración Pública Nacional*, CAP, *cit*., Vol. I, pp. 35 y ss. Algunas de las ideas centrales en dicha Conferencia fueron posteriormente recogidas por los redactores del programa de Gobierno que el Presidente Caldera presentó al electorado en 1968 (*v*. la parte IV, B del *Programa de Gobierno de Rafael Caldera*, Presidente de Venezuela, 1969- 1974, en la segunda edición, OCI. Caracas, 1971, pp. 247 a 262 y en el apéndice número 2 de la Primera Parte del *Informe sobre la Reforma de la Administración Publica Nacional, cit.*, Vol. I, pp. 73 y ss.), y tuvimos oportunidad de expresarlas ya en ejercicio, de. la Presidencia de la Comisión de Administración Pública, en septiembre de 1969 al instalar el Consejo de Reforma Administrativa de la Oficina de Coordinación y Planificación. V. A.R. Brewer-Carías, "La Reforma Administrativa y la Planificación del Desarrollo Económico y Social", en CAP, *La Reforma de toda la Administración Pública por toda la Administración Pública, cit*., pp. 41 y ss.

1556 En esta forma, el criterio de vincular el proceso de Reforma Administrativa al proceso de desarrollo, como nota esencial de la estrategia definida, tuvimos oportunidad de exponerlo en el Primer Seminario Regional de Reforma Administrativa realizado en San José de Costa Rica, en julio de 1970, en el cual participamos por amable invitación del Instituto Centroamericano de Administración Pública (ICAP), y en dicha oportunidad señalamos que "la administración pública es un instrumento de la acción política del Estado, por lo que no debe ser más que un criterio instrumental al que debemos tener presente cuan-

zador del esfuerzo venezolano[1557] habiendo sido posteriormente acogido, por supuesto, como criterio oficial del Gobierno en el IV Plan de la Nación 1970-1974[1558]. El propio Presidente Caldera en la Instrucción Presidencial RA-1 mediante la cual se

---

do analizamos el proceso administrativo. Administración y política, por tanto, no están desligados. Siempre he pensado que esa dicotomía que muchas veces se pretende establecer entre la política y la administración debe ser superada, si entendemos que política es el conjunto de normas o guías de la acción del Estado. La Administración tiene que estar ligada a la política, y ello en virtud de que, en definitiva, no es más que el instrumento de realización de las políticas definidas por el Estado (*v.* en este sentido las apreciaciones coincidentes de Laureano López Rodó, *La Administración Pública y las Transformaciones Socioeconómicas*. Madrid 1963, p. 80). Este factor instrumental, la Administración Pública, frente al proceso de desarrollo, plantea la necesidad de repensar la estructura administrativa y proponer, en su caso, las medidas tendientes a adaptar esas estructuras a las exigencias de ese desarrollo. En este sentido debemos señalar que dentro del proceso mismo de desarrollo, se considera como un factor estratégico, la estructuración de un instrumento administrativo capaz de asumirlo y dirigirlo. Por eso la importancia de la Reforma Administrativa: no es una importancia en sí misma, sino una importancia en cuanto vamos a estructurar un instrumento para promover un proceso de desarrollo acelerado. Lo importante, por tanto, es el desarrollo; y sólo consecuencialmente, la creación de los instrumentos necesarios para promoverlo y realizarlo. El proceso que nos toca dirigir, y esto lo he señalado desde el primer momento que asumimos la Presidencia de la Comisión de Administración Pública, no busca una reforma administrativa para mejorar una administración pública tradicional (*v.* los comentarios en relación a la contraposición entre "administración tradicional" y administración "del desarrollo", en Yves Chael, *op. cit.*, p. 14) No se trata, por tanto, de mejorar una Administración Pública estructurada durante el siglo pasado y que quedará con la misma base que tuvo en su origen. La reforma administrativa, por tanto, no es un proceso que se agota en sí mismo *v.* las apreciaciones coincidentes de G. Caiden, en "Administrative Reform", *International Review of Administrative Sciences*. Bruxelles, 1968, pp. 347 y ss., *cit.*, por Yves Capel, *op. cit.*, p. 17. Asimismo las apreciaciones de A. F. Leemans, Administrative Reform: an overview, *loc. cit.*, p. 16), o como dice el documento presentado por el ICAP para este seminario... "la reforma por la reforma misma no se justifica" (ICAP, *Alternativas para el Desarrollo de una Estrategia de la Reforma Administrativa*, San José, Costa Rica, 1970). Se trata, por tanto, de presentarle al proceso de reforma un objetivo que es el desarrollo y por tanto realizar una Reforma Administrativa para el desarrollo. Se trata de transformar la Administración Pública tendiente a dotar al proceso de desarrollo de un instrumento adecuado, y no simplemente de mejorar una Administración Pública tradicional, mantenedora del statu quo. Todo lo contrario, insistimos, buscamos estructurar una Administración Pública capaz de poder provocar los cambios y modificaciones que el mismo proceso de desarrollo exige e implica". *V.* A.R. Brewer-Carías, "La Orientación General del proceso de Reforma Administrativa en Venezuela", en el libro CAP, *La Reforma Administrativa en Venezuela* (1969-1971). Caracas, 1971, pp. 10 y 11. Dicho trabajo fue publicado además en ICAP, *Reforma Administrativa (documentos de un Seminario)*, San José, Costa Rica, 1971, con el título "La Reforma Administrativa en Venezuela a partir de 1969", pp. 74 a 90.

1557 *V.* A.R. Brewer-Carías, "La Reforma Administrativa en Venezuela", Bulle- tin de FInstituí International d'Administration Publique (Revue d'Administration Publique), número .111. París, 1969, pp. 41 a 57; y A.R. Brewer-Carías, "Reforma Administrativa y Desarrollo Económico y Social en Venezuela", *Revista Internacional de Ciencias Administrativas*. Vol. XXXVI, número 1. Bruselas, 1970, pp. 34 y ss. Este último trabajo fue publicado con algunas ampliaciones por la CAP, con el mismo título en los *Cuadernos para la Reforma Administrativa*, número 2. Caracas, 1970, 30 pp., y por la Escuela Nacional de Hacienda. Caracas, 1970, 50 pp. Fue recogido posteriormente en el Archivo de Derecho Público y Ciencias de la Administración (directores A.R. Brewer-Carías y León Cortinas Peláez), Instituto de Derecho Público, Vol. I, 1968-1969. Caracas, 1971, pp. 35 y ss. *V.* A.R. Brewer-Carías, *El Proceso de Reforma Administrativa en Venezuela*, OCI. Caracas, 1970, pp., y con el mismo título el trabajo publicado en *Estudios en Homenaje a Laureano López Rodó*. Madrid, 1972, tomo I, pp. 199 a 240.

1558 *V.* CORDIPLAN, *IV Plan de la Nación (1970-1974), cit.*, pp. 153 a 155. Es de destacar que, en contraste, la vinculación entre reforma administrativa y el proceso de desarrollo no se ha logrado en otros países en vías de desarrollo como los africanos, en los cuales las tentativas para lograrlo han fracasado. *V.* Abebayo Adedeji, *La Reforme Administrative en Afrique: Mise au point d'une strategie*, Document ESA/FA/I/10, Seminario interregional de las NN. UU. sobre grandes reformas administrativas en los países en vías de desarrollo, 1971, *cit.*, por Yves Chapel, *op. cit.*, pp. 147 y ss.

establecen los lineamientos generales de la Reforma Administrativa en la Administración Pública Nacional de 13 de mayo de 1970, expresaba el criterio de que "La Reforma Administrativa no está destinada simplemente a lograr una mayor eficacia de una Administración Pública tradicional, sino destinada a dejar a un lado estructuras arcaicas, incapaces de marchar a tono con la transformación del país y la mentalidad de sus habitantes", por lo que su objetivo no es otro que "transformar la Administración Pública Nacional para adaptarla a las necesidades del proceso de desarrollo económico y social"[1559]; con lo que reafirmaba lo expuesto en su Programa de Gobierno y en su discurso de toma de posesión de la Presidencia en marzo de 1969[1560].

En todo caso, como consecuencia de la vinculación de la reforma administrativa con el proceso de desarrollo, surgió clara la necesidad de una estrecha vinculación entre las actividades relativas a la reforma y el sistema de planificación económica y social. Esta exigencia de la estrategia definida, ya se había evidenciado desde los inicios del período constitucional del Presidente Caldera cuando por Decreto núm. 28 del 9 de abril de 1969[1561] —una de las primeras decisiones del Presidente, si se excluyen los Decretos previos de nombramiento de Ministros y otros altos funcionarios—, se adscribió la Comisión de Administración Pública a la Oficina Central de Coordinación y Planificación (CORDIPLAN). Con esta decisión, se eliminó el aislamiento a que había sido sometida la CAP en la década de los sesenta al haber perdido su labor, apoyo gubernamental y al haber perdido el contacto directo con el Presidente de la República y el Consejo de Ministros. La adscripción a CORDIPLAN en 1969, al contrario, sirvió de mecanismo para que el órgano de reforma reobtuviera dichos contactos a través del Jefe de CORDIPLAN. Pero la vinculación de la Reforma Administrativa al sistema de planificación no sólo fue de carácter orgánico o estructural, sino de un evidente contenido sustancial: por primera vez en los planes de la Nación, el IV Plan de la Nación 1970-1974 contiene un capítulo especial relativo a la Reforma Administrativa, en el cual se esbozan los criterios que guiaron las acciones de planificación administrativa entre 1970 y 1972[1562], siguiéndose así la orientación general que se ha venido observando en América Latina[1563].

1559 *V.* la Instrucción Presidencial RA-1, en *Gaceta Oficial* número 1.399, extraordinario, de 13 de mayo de 1970. Publicada en CAP, *Lineamientos generales de la Reforma Administrativa, cit.,* pp. 31 y ss., y en el *Informe sobre la Reforma de la Administración Pública Nacional, cit*., Vol. I, pp. 123 y ss.

1560 *V.* la referencia en el libro CAP, *Lineamientos Generales De La Reforma Administrativa, Cit*., p. 22.

1561 *V.* En *Gaceta Oficial* número 28.893, de 11 de abril de 1969. *V.* Asimismo en el libro CAP, la Reforma de toda la Administración Pública, *cit*., pp. 49 y 50; y en el apéndice número 4 de la Primera Parte del *Informe sobre la Reforma de la Administración Pública Nacional, cit*., vol. I, p. 107.

1562 *V.* capítulo VI sobre Reforma Administrativa, del *IV Plan de la Nación (1970- 1974), cit*., pp. 1511 a 180. *V.* también dicho capítulo en el apéndice número 8 de la Primera Parte del *Informe sobre la Reforma de la Administración Pública Nacional, cit*., Vol. I, pp. 157 y ss.

1563 *V.* en general los documentos del Seminario sobre *Aspectos Administrativos De La Ejecución de Planes de Desarrollo*. Santiago de Chile, 19 a 27 de febrero de 1968, en ONU, *Aspectos Administrativos de la Planificación, Documentos de un Seminario*. New York, 1968, especialmente pp. 182 y 203 y ss. V. Albert Waterson, "Quel doít étre le role de l'Administration Publique", *Finances Et Developpement,* 1967, *cit.*, por Yves Chapel, *Op. Cit*., p. 116. En particular, por ejemplo, *v*. el *Primer Plan Nacional De Desarrollo* (PND), 1972-1974, de Brasil; el *Plan Integral de Transformación y Desarrollo 1973-1977* de Ecuador; *El Plan Nacional De Desarrollo Económico y Social 1965-1969* de Honduras, el *Plan Nacional de Desarrollo Económico y Social, 1965-1974*, del Uruguay; el *Plan Nacional para el Desarrollo Económico y Social de El Salvador, 1965-1969*. Esta, al contrario, no ha sido la orientación de otros paí-

Conforme a este primer elemento de la estrategia, es evidente que optábamos desde el primer momento por un enfoque global de la Reforma Administrativa, a cuyo proceso se le determinaban objetivos generales ligados al proceso de desarrollo[1564]. Reforma Administrativa en esta forma, dejó de ser para la Comisión de Administración Pública desde 1969, un simple proceso de racionalización o productividad administrativa[1565], y al contrario tuvo un objetivo preciso: transformar la Administración Pública para convertirla en agente del proceso de desarrollo, lo que exigía replantearse la validez y efectividad de la totalidad de las estructuras y sistemas administrativos[1566].

Pero este primer elemento de la estrategia definida nos condujo inexorablemente a un segundo elemento: la reforma administrativa, no podía seguir siendo un proceso consistente en medidas aisladas y esporádicas, sino que tenía que obedecer a un plan general que respondiera a las exigencias de la planificación del desarrollo económico y social. En otras palabras, la reforma administrativa tenía que ser un proceso planificado. Este elemento estratégico de la necesidad de elaborar un plan de reforma administrativa fue asimismo, resultado de una evolución cuyo primer esbozo aparece en el Decreto núm. 103 del 23 de julio de 1969, reglamentario de la Comisión de Administración Pública, que encargó a dicho organismo el "proponer al

---

ses en vías de desarrollo como África. *V.* A. Adedeji, *loc. cit.*, p. 147. Es de destacar por otra parte que es tal la vinculación del plan de reforma administrativa con el plan de desarrollo económico y social que el propio *IV Plan de la Nación, 1970-1974,* estableció expresamente que "las nuevas y difíciles tareas que se asignan al Estado venezolano en este *IV Plan de la Nación*, sólo podrán ser asumidas y ejecutadas exitosamente, si paralelamente se procede a realizar una profunda transformación de la anticuada estructura administrativa, de los deficientes sistemas administrativos y de los complicados procedimientos actualmente existentes, para ajustarlos y adaptarlos a las nuevas realidades; y si además se procede agresivamente a estructurar un estatuto de la función pública y un eficiente sistema de administración de personal, que garantice un mejoramiento del factor humano de la Administración, con sus efectos sobre la eficacia y rendimiento que las tareas del desarrollo exigen". *V. IV Plan de la Nación, 1970-1974, cit.* p. 155. Este criterio recogido por el Plan, por otra parte, respondía al propio criterio del Presidente Caldera al expresar: "En medio de las circunstancias que la vida tenga reservada a Venezuela, la única manera de que el Estado pueda cumplir a cabalidad con sus obligaciones, estará en realizar, en una forma plena, este proceso de Reforma Administrativa". *V.* su discurso de 31 de mayo de 1971, en el libro CAP, *La Reforma Administrativa en Venezuela, 1969-1971, cit.*, p. 80. En este sentido coincidente estaba planteada la problemática de la reforma administrativa en el Programa de Gobierno del Presidente C. A. Pérez, *Acción de Gobierno*. Caracas, 1973, pp. 29, 61, 68 y 77.

1564 *V.* los comentarios coincidentes con este enfoque global de la estrategia de la reforma administrativa en Yéhezkel Droor, "Strategies for Administrative Reform", *loc. cit.*, p. 22 y ss., y en W. Jiménez Castro, *Strategies de la Reforme administrative en Amerique Latine*, Document ESA/FA/I/8, Seminario Interregional de las Naciones Unidas sobre grandes Reformas Administrativas, 1971, *cit.*, por Yves Chapel, *op. cit.*, p. 173.

1565 En este sentido, en 1970 señalábamos que "en nuestros países subdesarrollados, deben superarse los esquemas clásicos de reforma administrativa basados en el simple mejoramiento de la administración pública o en la sola racionalización de la administración pública, sin objetivos distintos". *V.* A.R. Brewer-Carías, *Reforma Administrativa y Desarrollo Económico y Social*. CAP, 1970, p. 11.

1566 En este sentido, por ejemplo, A. F. Leemans señala que el enfoque macro-administrativo es con frecuencia necesario en las organizaciones gubernamentales de los países en desarrollo, pues toda la maquinaria administrativa es anticuada, desordenada y mal coordinada necesitando una completa y total revisión. *V.* A. F. Leemans, "Administrative Reform: an overview", *loc. cit.*, p. 13. La estrategia adoptada responde en cierta forma a las preguntas que Y. Dror se formula, "*Adminitrative reform for what*?; "*efficiency or efectiveness in doing what*?" *V.* Y. Dror, "Strategies for Administrative Reform", *loc. cit.*, p. 22.

Ejecutivo Nacional el plan de reforma administrativa"[1567]. Como consecuencia de este criterio de la necesidad de planificar la reforma administrativa[1568], con un criterio global en virtud de la estrecha interrelación que existe entre todos los elementos que conforman la Administración Pública, dentro de las primeras acciones que desarrollamos en la Comisión fue la preparación de un esquema general que, con la denominación "Áreas del Plan de Trabajo de la Comisión de Administración Pública para la programación de la Reforma Administrativa 1970-1974"[1569], fue posteriormente desarrollado en el Capítulo VI del IV Plan de la Nación 1970-1974[1570] así como en el Informe Preliminar sobre la Reforma Administrativa presentado al Consejo de Ministros en enero de 1971[1571]. Este Informe Preliminar, posteriormente dio

---

1567 *V.* artículo 2.° en *Gaceta Oficial* número 28.982, de 30 de julio de 1969, y en el libro CAP, *La Reforma de toda la Administración Pública por toda la Administración Pública, cit*, pp. 59 y ss. Asimismo fue publicado como apéndice número 5 en el *Informe sobre la Reforma de la Administración Pública Nacional, cit.*, Vol. I, pp. 109 y ss. Posteriormente, en octubre de 1969, en oportunidad de instalar el Consejo dé Reforma Administrativa de CORDIPLAN, tuvimos ocasión de ahondar sobre sus implicaciones al indicar que "no podemos seguir pensando en una Reforma Administrativa en base a reformas y medidas aisladas e incoherentes, sin responder a una visión de conjunto, lo que venía caracterizando en los últimos años, el proceso de Reforma Administrativa en Venezuela". *V.* A.R. Brewer-Carías, "La Reforma Administrativa y la planificación del desarrollo económico y social", en CAP, *La Reforma de la Administración Pública por toda la Administración Pública, cit.*, p. 45.

1568 *V.* los criterios coincidentes en A. Robles Morales, "Planificación de la Reforma Administrativa integral", en ICAP, *Reforma Administrativa, Documentos de un Seminario, cit.*, pp. 119 a 128; L. Grosenick y F. C. Mosher, *Reforme Administrative: Buts, Strategies, Instruments, Techniques*, Document ESA/FA/Meeting 1/15, Séminaire interregional sur les grandes réformes administratives dans les pays en voie du développement, ONU, Falmer, Brighton, UK, 25 oct-2 nov. 1971, pp. 4 a 14; Chi-Yuen Wu, Public Administration in the 1970's, *International Review of Administrative Sciences*, 1971, pp. 168 y 169; A. F. Leemans, "Administrative Reform: An overview", *loc. cit.*, pp. 11-15, *cit.*, por Yves Chapel, *op. cit.*, pp. 24, 37 y 71. De ahí el término ahora tan difundido de planificación administrativa, término que la OEPAÜL ha definido como "un proceso permanente por medio del cual se establecen objetivos administrativos a alcanzar en un período determinado por medio de políticas, planes y el empleo eficiente de los recursos administrativos existentes, para conseguir un cambio de un nivel administrativo existente a otros mejores". *V.* CEPAL, "La Planificación Administrativa para el desarrollo económico y social en América Latina", en el libro ONU, *Aspectos Administrativos de la Planificación; Documentos de un Seminario, cit.*, p. 181.

1569 Publicado en el libro CAP, *La Reforma de la Administración Pública por toda la Administración Pública, cit.,* p. 87. Dicho esquema, por otra parte, tuvimos oportunidad de exponerlo por primera vez, en la Primera Reunión de Programación de Asistencia Técnica Internacional realizada con los representantes de diversos organismos internacionales, celebrada en CORDIPLAN en noviembre de 1969. *Cfr. Informe sobre la Reforma de la Administración Pública Nacional, cit.*, Vol. I, p. XXXIV. Debe señalarse además, que el esquema lo discutimos con el profesor Saúl M. Katz, de la Escuela Graduada para Asuntos Públicos e Internacionales de la Universidad de Pittsburgh, quien posteriormente dirigió el proyecto "Paraguas" de Asistencia Técnica de las Naciones Unidas en la CAP entre 1970-1971 y con el profesor Moisés Lichtmajer, director del Centro Interamericano de Capacitación en Administración Pública, Sede Norte, que funciona en la Escuela Nacional de Administración Pública de la CAP, habiendo sido de enorme utilidad para la formulación definitiva del esquema, la conformidad de ambos, en líneas generales, con las ideas que les expuse. Una explicación del esquema señalado puede verse en A.R. Brewer-Carías, *Reforma Administrativa y Desarrollo Económico y Social en Venezuela, cit.*, pp. 23 y ss., y con el mismo título en *Archivo de Derecho Público y Ciencias de la Administración*, Vol. I, 1968-1969, *cit.*, pp. 56 y ss.

1570 *V.* particularmente con el titulo "Sinopsis de la Reforma Administrativa", en *IV PLAN de la Nación 1970-1974,* p. 180.

1571 Los denominados "Cuadernos Verdes", publicados de enero a abril de 1971, en cinco volúmenes por la Comisión de Administración Pública.

origen al *Informe sobre la Reforma de la Administración Pública Nacional*[1572] presentado al Presidente de la República en junio de 1972, y que contiene y configura el Plan de Reforma Administrativa, a cuya preparación se había comprometido la CAP con el Presidente de la República, conforme a las normas de su Decreto Reglamentario núm. 103 de julio de 1969, ya citado[1573].

Pero aparte de la vinculación del proceso de Reforma Administrativa con el proceso de desarrollo económico y social y su planificación, y de la consideración de aquél como un proceso planificado (Planificación administrativa), un tercer elemento configuró la estrategia de reforma adoptada, y éste fue el criterio de que la reforma administrativa no podía ser un concepto impuesto desde fuera de la Administración Pública, sino que debía ser un proceso en cuya planificación y ejecución participara toda la Administración Pública. De ahí el criterio que desde el primer momento tratamos de generalizar de que "la Reforma de toda la Administración Pública, sólo podía hacerse por toda la Administración Pública"[1574], criterio que dio origen a la preparación y posterior aprobación del Decreto núm. 141 del 17 de septiembre de 1969[1575], por el cual se instrumentaron los mecanismos de Reforma Administrativa al constituirse, en todas las dependencias y organismos públicos, diversos órganos de programación, ejecución y control de la Reforma Administrativa, en estrecha coordinación con la Comisión de Administración Pública[1576]. Dicho Decreto estuvo motivado por el convencimiento de que la Reforma Administrativa es un

---

1572 Publicado en dos volúmenes, CAP, Caracas, 1972, 645 y 621 pp., respectivamente.

1573 En este sentido, en octubre de 1969, al instalar el Consejo de Reforma Administrativa del Ministerio de Hacienda, ya exponía que "la primera labor de conjunto de la Comisión de Administración Pública, será la formulación de este Plan de Desarrollo Administrativo o Plan General de Reforma Administrativa (*v.* A.R. Brewer-Carías, "Estrategias de la Reforma Administrativa en Venezuela", *loc. cit.*, p. 13). La planificación de la Reforma Administrativa en Venezuela entre 1969 y 1972 y que dio lugar al Informe citado, estaba esbozada en esta forma, desde el mismo momento en que se reorganizó la CAP, en julio de 1969.

1574 Esta frase, que inclusive fue adoptada como título de una de las publicaciones de CAP, *La Reforma de toda la Administración Pública por toda la Administración Pública, cit.* Caracas, 1970, 83 pp., es de Louis F. Marianii, *Les Chemins de la Reforme Administrative*. París, 1958.

1575 *V.* En *Gaceta Oficial* número 29.025, de 18 de septiembre de 1968 y en el libro de la CAP, la *Reforma de toda la Administración Pública por toda la Administración Pública, cit.*, pp. 77 y ss.

1576 Dicho Decreto —debemos señalarlo ahora— fue preparado como reacción a un proyecto de Resolución que el Ministro de Hacienda sometió en agosto de 1969 al Consejo de Ministros, regulando un Consejo de Reforma Administrativa en dicho Ministerio. En efecto, después de haberse dictado el Decreto número 103 de 23 de julio de 1969 reglamentario de la Comisión de Administración Pública (*v.* en *Gaceta Oficial* número 28.982, de 30 de julio de 1969 y en el libro de la GAP, *La Reforma de toda la Administración Pública por toda la Administración Pública, cit.*, pp. 59 y ss.), y que le atribuía a este organismo la orientación, dirección y conducción del proceso de reforma administrativa, no podía admitirse que en forma aislada, en uno de los trece Ministerios de la Administración Nacional, se constituyeran mecanismos de reforma administrativa', independientes de la Comisión. Por ello, a través del Jefe de la Oficina Central de Coordinación y Planificación nos opusimos a la discusión del Proyecto del Ministerio de Hacienda en Consejo de Ministros, posición que discutimos con Luis Ugueto Arismendi, director general del Ministerio, quien era miembro del Directorio de la CAP, y con el funcionario que había redactado el proyecto en el Ministerio de Hacienda, Marcos Vinicio Sánchez, director, posteriormente, de la Oficina Coordinadora de la Reforma Administrativa del Ministerio (OCRA) y de la Escuela Nacional de Hacienda, y uno de los funcionarios de dicho Ministerio más entusiastas en las actividades de Reforma. Como alternativa sometimos a la consideración de dicho organismo un proyecto que extendía la idea concebida en el Proyecto del Ministerio dé Hacienda, a todos los Ministerios e Institutos Autónomos que conformaban la Administración Nacional.

proceso en el cual deben intervenir, en forma activa y con un papel preponderante, los diversos organismos públicos en los cuales se va a efectuar[1577]; y de que era necesario disipar la falsa idea de que la Comisión de Administración Pública era la única que podría encarar la reforma[1578]. Por ello se crearon Comités y Consejos de Reforma Administrativa en todos los organismos, desconcentrándose así las actividades de reforma[1579]; y el resultado fue la configuración de un "sistema de reforma administrativa", tal como lo señala W. Jiménez Castro, integrado por un órgano central de carácter normativo y por unidades sectoriales de ejecución[1580].

1577 *Cfr.* la Exposición de Motivos en el libro de la CAP, *La Reforma de toda la Administración Pública por toda la Administración Pública, cit.*, pp. 70 y 71.

1578 En esta forma, al instalar el primero de los Consejos de Reforma Administrativa, precisamente el del Ministerio de Hacienda, en octubre de 1969, razonábamos la motivación del Decreto al explicar que "en este aspecto, como en otros muchos, no supimos apreciar en su justo valor, la experiencia acumulada por otros países latinoamericanos. Con nuestra Comisión de Administración Pública sucedió entonces, pero con veinte años de retraso, algo similar a lo que acaeció por ejemplo con el Departamento Administrativo del Servicio Público del Brasil, organismo creado en 1937 y que quiso imponer, desde afuera, una reforma, con carácter imperativo, Reforma que procedía de una élite que pretendía tener la exclusividad de los conocimientos técnicos imprescindibles para esa tarea (*v.* las referencias a la experiencia del Brasil en CEPAL, "La Planificación Administrativa para el Desarrollo Económico y Social en América Latina", en ONU, *Aspectos Administrativos de la Planificación. Documentos de un Seminario, cit.*, pp. 188 y ss.; Kleber Nascimento, "Réflexions sur une Stratégie de la Réforme Administrative: l'expérience fédérale bresilienne, *Bulletin de Instituí International de Administration Publique,* avril-juin 1970, pp. 78 a 80, *cit.*, por Ivés Chapel, *op. cit.*, p. 68; y Hahn-Been Lee, "Bureaucratic models and adminstrative reform", *Development and Change,* Vol. II, 1970-1971, número 2, p. 61). Tanto en el Departamento Administrativo del Servicio Público del Brasil, como en la Comisión de Administración Pública, no se operó el necesario proceso de filtración de las nuevas ideas reformistas y de cambio de la Administración hacia los diversos niveles gubernamentales y precisamente, por esto, no lograron su objetivo" (*v.* A.R. Brewer-Carías, "Estrategia de la Reforma Administrativa", *loc. cit.* p. 11). Por ello, estimamos que con la idea de que "la responsabilidad de la Reforma debe ser compartida, por la Comisión de Administración Pública, con todos los organismos administrativos" como lo exigía el Decreto número 141 señalado, "la Comisión de Administración Pública de órgano que pretendía imponer una reforma desde afuera, ha pasado a ser un órgano normativo, orientador, coordinador y evaluador de las reformas que los *Consejos de Reforma Administrativa* harán e iniciarán en todos los Ministerios e Institutos Autónomos (*ídem*, p. 11).

1579 Conforme se explica en la Exposición de Motivos del señalado Decreto número 141 de septiembre de 1971, "los Consejos de Reforma Administrativa están concebidos como organismos centrales a nivel de cada Ministerio e Instituto Autónomo, destinados a elaborar los programas de Reforma Administrativa en el organismo respectivo conforme a los lineamientos que proponga la Comisión de Administración Pública al Ejecutivo Nacional". Esos Consejos de Reforma Administrativa están presididos en cada Ministerio, por el Ministro, e integrados por todos los Directores del organismo, y su justificación "está en la necesidad de *comprometer* en el proceso de reforma, a todos los directores de los organismos correspondientes...". "Así como la Comisión de Administración Pública no puede ella sola realizar la Reforma de la Administración Pública, sin *comprometerse* en dicho proceso a todos los organismos públicos; asimismo, el Ministro o el Director General, a través de adecuados mecanismos y con el asesoramiento de la CAP, deben *comprometer* en el proceso de Reforma a todo el tren directivo del organismo... Como secretaría permanente del Consejo de Reforma Administrativa, el Decreto prevé la integración en cada organismo, de unas Oficinas Coordinadoras de la Reforma Administrativa (OCRA), dependientes del Ministro o del Director General", que actúan en estrecha coordinación con la Comisión de Administración Pública, en la elaboración técnica de los proyectos y propuestas de reforma en cada entidad. *V.* la Exposición de Motivos del Decreto número 141 de 17 de septiembre de 1969, en el libro CAP, *La Reforma de toda la Administración Pública por toda la Administración Pública, cit.*, pp. 71 y 72.

1580 *V.* Wilburg Jimenez Castro, "Stratégies de la réforme administrative en Amérique Latine", *cit.*, en Yves Chapel, *op. cit.*, pp. 167 y 171.

Conforme a estas disposiciones, el tercer elemento de la estrategia para la Reforma Administrativa adoptada en Venezuela a partir de 1969, tenía por objeto lograr la *participación* de todos los niveles administrativos en el proceso mediante la configuración de un sistema, y a través de esa vía, comprometer a todos los funcionarios directivos en el mismo[1581]. Sin embargo, esta estrategia de participación podía significar la realización de esfuerzos de reforma en todo el ámbito de la Administración Pública Nacional por los diversos organismos públicos en forma incoherente y desordenada. Por ello, y con el objeto de darle la debida uniformidad al proceso, de manera que su planificación respondiera a los mismos criterios, desde el primer momento planteamos la necesidad de que el Ejecutivo Nacional dictara unos "lineamientos generales de la reforma administrativa"[1582], lo que no era otra cosa que la definición de una política de reforma administrativa por el Presidente de la República[1583]. La definición y adopción de dicha política se efectuó por el Presidente Caldera mediante la Instrucción RA-1 del 13 de mayo de 1970 la cual estableció "los lineamientos generales de la Reforma Administrativa en la Administración Pública Nacional"[1584] que, como orden emanada del propio Presidente, le comprometía a él y al Consejo de Ministros en su realización.

1581 Sobre la necesidad de establecer una adecuada participación de todos los organismos públicos en el proceso de reforma administrativa, en lugar de los métodos autoritarios de imposición de las reformas, v. Leigh Grosenick y Frederick C. Mosher, *Reforme Administrative. Buts, Strategies, Instruments, Techniques, loc. cit.*, p. 27; K. N. Butani, "Implementing Administrative Innovations and Reforms", *The Indian Journal of Public Administration*, july-september 1966, pp. 612-618, *cit.*, por Yves Chapel, *op. cit.*, p. 40; Michel Crozier, "Pour une Théorie sociologique de l'action administrative", en *Traité de Science Administrative*. París, 1966, pp. 772 a 774, *cit.*, por Yves Chapel, *op. cit.*, p. 43. En contra, véase Allan Cohén, 'The Human Dimensions of Administrative Reform; towards more differentiated Strategies for Change", *Development and Change*. Vol. II, 1970-1974, número 2, p. 77.

1582 El mismo Decreto número 141 de septiembre de 1969 ya señalado, atribuyó a los Consejos de Reforma Administrativa que funcionan en cada organismo, la facultad de "elaborar los programas de reforma administrativa, conforme a los lineamientos que determine el Ejecutivo Nacional a proposición de la Comisión de Administración Pública". (Art. 3°, ordinal 1° del Decreto número 141 de 17 de septiembre de 1969) por lo que la estrategia de participación que él definía, exigía la formulación de lineamientos generales de reforma.

1583 En octubre del mismo año 1969 al comentar la forma en que participarían todos los organismos públicos en las labores de planificación de la reforma, señalamos que "en la formulación de este Plan se seguirá un doble proceso de acción en forma paralela: por una parte, la labor de diagnóstico y propuestas de modificación y de modernización macro-administrativa que respecto a estructuras y sistemas propondrá la Comisión de Administración Pública y, por otra parte, la labor similar en cuanto a estructuras y sistemas de carácter micro-administrativo, a nivel de Ministerios y a nivel de Institutos Autónomos, que realizarán las Oficinas Coordinadoras de la Reforma-Administrativas y los Consejos de Reformas Administrativas. La acción de estos últimos, guiada por estos lineamientos generales de la Reforma Administrativa que, con carácter previo, adoptará el Consejo de Ministros a proposición de la propia comisión de Administración Pública. De la confluencia de estas dos acciones o labores se formulará el Plan General de Reforma Administrativa, que se integrará al Plan de la Nación elaborado por la Oficina Central de Coordinación y Planificación" (*v.* A.R. Brewer-Carías, "Estrategia de la Reforma Administrativa en Venezuela", *loc. cit.*, p. 13), lo que sucedió, en efecto, al incorporarse al *IV Plan de la Nación 1970-1974* el capítulo VI sobre Reforma Administrativa, y al elaborarse y someterse a consideración del Presidente de la República, el *Informe sobre la Reforma de la Administración Pública Nacional en 1972* (*v.* notas números 37 y 47 de este capítulo ,17).

1584 *V.* en *Gaceta Oficial* N° 1.399, extraordinario de 13 de mayo de 1970. La Instrucción fue publicada además, en el libro de la CAP *Lineamientos generales de la Reforma Administrativa, cit.*, pp. 31 y ss; en el Archivo de Derecho Público y Ciencias de la Administración, Vol. II, 1970-1971. Caracas, 1972, pp. 485 a 518; en *Informe sobre la Reforma de la Administración Pública Nacional, cit.*, Vol. I, apéndice

Pero la formulación de un política gubernamental de reforma administrativa y la precisión de la estrategia a seguir en su ejecución, exigieron la identificación de una serie de tácticas destinadas a la obtención de las decisiones políticas correspondientes. En efecto, en su discurso de toma de posesión de la Presidencia de la República, en marzo de 1969, el Presidente Caldera anunció al país su propósito de iniciar la reforma administrativa en Venezuela, para "dejar a un lado estructuras arcaicas, incapaces de marchar a tono con la transformación del país y la mentalidad de sus habitantes"[1585] siguiendo en esta forma la orientación que había planteado el electorado en 1968, en su Programa de Gobierno. Puede decirse entonces que, indudablemente, el Presidente Caldera tenía decidido darle un impulso importante al proceso de transformación de la Administración Pública, lo cual confirma en marzo de 1969, en su Mensaje al Congreso luego de su primer año de Gobierno, cuando afirmaba que "la reforma administrativa marcha con paso firme. Es un hecho reconocido el de que las estructuras de la Administración Pública no responden a las circunstancias del tiempo que vivimos. Mecanismos arcaicos restan eficacia a la acción del Estado y de los entes públicos"[1586].

Conforme a esta disposición de ánimo presidencial de apoyo al programa de reforma administrativa, puede decirse que en el primer año del período constitucional del Presidente Caldera, la labor de la Comisión de Administración Pública se caracterizó por la definición de la estrategia a seguir en el proceso de reforma, tal como se ha señalado anteriormente, y por la búsqueda de consolidación de la voluntad política evidenciada por el Presidente de llevar a cabo la reforma[1587]. En esta fase preparatoria de la experiencia de reforma administrativa en Venezuela posterior a 1969, diversos elementos tácticos fue necesario poner en práctica para mantener un interés permanente de los altos niveles del Ejecutivo Nacional en el proceso.

---

número 7 de la primera parte, p. 123 a 155. En todo caso, la elaboración de un documento que estableciera la política gubernamental de reforma administrativa la iniciamos en noviembre de 1969, al someter a discusión un primer borrador entre los funcionarios de la Comisión de Administración Pública. Es de destacar, que al concluir la lectura de dicho primer borrador el profesor J. R. Whitaker-Penteado del Centre International de Perfectionnement Professionnel et Téchnique de la OTT, en Torino, quien en el momento se desempeñaba como asesor de la OTT, en Caracas, nos indicó que lo que necesitábamos en Venezuela en materia administrativa era una 'Revolución Administrativa". Esa frase, que compartimos, obligó a repensar el primer borrador de la Instrucción y elaborar uno que muy poco conservó de aquél. Las discusiones en torno a ese documento y la falta de sugerencias de algunos funcionarios de la Comisión produjo el que precipitáramos la primera reorganización global de la Comisión en noviembre de 1969. Posteriormente, en enero de 1970, sometimos al Presidente de la República la primera versión del texto de lo que posteriormente sería la Instrucción Presidencial RA-1 de 13 de mayo de 1970. Este documento, como pieza que uniformizó el proceso de reforma administrativa dentro de su estrategia participativa, configuró ni más ni menos que la formulación de la política gubernamental en la materia.

1585 *V.* la referencia en CAP, *Lineamientos generales de la Reforma Administrativa, cit.*, p. 22.

1586 *V. Venezuela en 1969. Primer Mensaje del Presidente Caldera al Congreso,* 11 de marzo de 1969, p. XXXV.

1587 Tal como G. Martínez Cabañas lo indica, es indudable que en general los Jefes de Estado no se deciden fácilmente a iniciar un proceso de reforma administrativa. *V.* en G. Martínez Cabañas, *Bases para una reforma administrativa, doc. cit.*, por Yves Chapel, *op. cit.*, p. 172. El mismo Presidente Caldera expresó en 1971 que "atreverse a emprender en ese mar proceloso de la Reforma Administrativa ha exigido una gran decisión". *V.* en su prólogo al libro A.R. Brewer-Carías, *El Estatuto del Funcionario Público en la Ley de Carrera Administrativa*. Caracas, 1971, p. XI.

En efecto, tal como se señaló, uno de los primeros pasos dados por el Presidente Caldera en relación a la reforma administrativa fue la adscripción del órgano existente para realizar las labores en dicho campo, la Comisión de Administración Pública, a la Oficina Central de Coordinación y Planificación, la cual, en su momento, pudo afectar el proceso de reforma que se quería iniciar[1588]. En efecto, considerábamos como uno de los elementos tácticos esenciales en el proceso de reforma administrativa, no sólo la existencia de una unidad administrativa especializada con experiencia en el campo[1589], sino de una unidad con posibilidad de tener acceso a los altos niveles de decisión del Gobierno y con una relativamente amplia autonomía de acción. La adscripción de la CAP a CORDIPLAN tenía el riesgo de minimizar el organismo, lo cual podía ser acelerado por el desprestigio que el mismo había sufrido en los años anteriores[1590]. Por ello, diversos elementos tácticos fue necesario plantear[1591] de manera de asegurar a la Comisión de Administración Pública la posición relevante que después tuvo. Entre estos elementos, estuvo la aprobación del Decreto núm. 103 de 23 de julio de 1969 mediante el cual se dictó el Reglamento de la Comisión[1592]. Uno de los puntos resaltantes de dicho Reglamento fue la regula-

---

1588 Esta decisión, promovida por el Jefe de CORDIPLAN, en menos de treinta días después de instalado el Gobierno y sin que en ese momento existiera criterio alguno sobre cómo se iba a reiniciar esa actividad, ante el peligro de que la CAP fuera absorbida como una unidad más dentro de la Organización de CORDIPLAN, nos hizo temer que el proceso de reforma administrativa se fuera realmente a realizar. Por ello, en una carta que en abril de 1969 dirigimos al doctor Arístides Calvani, Ministro de Relaciones Exteriores, y quien había tenido a su cargo la coordinación del Programa de Gobierno del Presidente Caldera en 1968, le señalamos nuestro temor de que esa decisión pudiera ser "el principio del fin de la Reforma Administrativa".

1589 *V.* K. N. Butani, "Implementing Administrative Tnnovations and Reforms", *The Indian Journal of Public Administration*, 1966, p. 612-618, *cit.*, por Y. Chapel, *op. cit.*, p. 40.

1590 Ello aunado a la posición de debilidad política que su director tenía al inicio del Gobierno del Presidente Caldera, pues había sido nombrado por el Gobierno anterior, desde 1967, y había manifestado su deseo de renunciar al cargo.

1591 En virtud de esta situación, al proponérsenos el cargo de Director-Ejecutivo de la CAP, entre las condiciones que exigimos al Jefe de CORDIPLAN para aceptarlo, había dos de relevancia en cuanto a los elementos tácticos: por una parte, el que se asegurara al director de la CAP acceso al Presidente de la República y al Consejo de Ministros, y se le garantizara a la Comisión total autonomía de acción en la preparación de la estrategia de reforma; y por la otra, el que se aprobara previamente un Decreto reglamentario de la Comisión de Administración Pública, en el cual por primera vez se regularan sus atribuciones, ya que desde el Decreto de creación de la CAP en 1958, ésta había funcionado sin que se determinara qué podía hacer y en qué forma. Estas condiciones fueron adecuadamente satisfechas, pues si bien no se le aseguró al presidente de la CAP la asistencia al Consejo de Ministros, lo cual no era indispensable en la fase de planificación de la reforma, el acceso a los altos niveles de decisión política se aseguró por otras vías: ausencia de potestad de "veto" por parte del Jefe de CORDIPLAN respecto de las propuestas formuladas por la CAP para ser presentadas al Presidente de la República o al Consejo de Ministros; acceso y contacto directo del presidente de la CAP con los ministros del Ejecutivo Nacional: y autonomía en la realización de sus actividades. El propio Presidente Caldera, al referirse al equipo que trabajaba en la Comisión, puntualizó que "se le ha garantizado la más amplia libertad posible dentro de las responsabilidades inherentes a su alta ubicación en la jerarquía político-administrativa". V. Prólogo del Presidente Caldera al libro A.R. Brewer-Carías, *El Estatuto del Funcionario Público en la Ley de Carrera Administrativa, cit.*, p XV. A la misma idea se refirió en su discurso en la graduación del Curso Superior de Post-Grado en Administración Pública en la ENAP, el 31 de mayo de 1971. V. en el libro CAP, *La Reforma Administrativa en Venezuela, 1969-1971, cit.*, p. 78.

1592 Decreto número 103 en *Gaceta Oficial* N° 28.982, de 30 de julio de 1969. V. asimismo, con su Exposición de Motivos, en el libro de la CAP, La Reforma de la Administración Pública por toda la Administración Pública, *cit.*, p. 55 y ss. Recordamos haber comentado el primer borrador de este Decreto con

ción por primera vez, del Directorio que debía tener la CAP y que si bien fue nombrado en los primeros meses de su existencia en 1958[1593] luego fue disuelto, quedando la dirección del organismo solamente en manos de un Director Ejecutivo hasta 1969.

De acuerdo al reglamento de 1969, al contrario, la CAP contó con un Directorio en el cual participaron de pleno derecho, el Director General de CORDIPLAN y el Director General del Ministerio de Hacienda, presidido por un Presidente que asumió las funciones del antiguo Director Ejecutivo de la Comisión[1594]. La vinculación de la Oficina Central de Coordinación y Planificación y del Ministerio de Hacienda en el Directorio de la CAP, a través de los funcionarios de segunda mayor jerarquía de dichas organizaciones, fue, asimismo, otro elemento táctico utilizado en la búsqueda de un equilibrio político-administrativo que garantizara la autonomía de la CAP. El Directorio nombrado, tuvo por objetivo el definir la estrategia a seguir en el proceso de reforma, y una vez hecho esto, el trabajo de la CAP pudo continuar su marcha bajo la sola dirección de un Presidente, disminuyéndose considerablemente la frecuencia de las reuniones del Directorio[1595].

Por otra parte, puede decirse que el Reglamento de la CAP dictado en julio de 1969 venía a constituir la primera decisión política del Presidente de la República, en relación al proceso de reforma mediante un acto jurídico —Decreto— en el cual le delimitó a la Comisión sus atribuciones inmediatas. Conforme al mismo Reglamento, la CAP venía a configurarse propiamente como un organismo de planifica-

---

Henri Roson, en aquel momento encargado del Departamento de América Latina en el Instituto Internacional de Administración Pública (París). *V.* la referencia en el Informe sobre la reforma de la administración pública nacional, *cit.*, Vol. I, P. XXXV. Con la aprobación de este Reglamento, otra de las condiciones tácticas sugeridas (*v.* nota numero 68 de este capítulo), también se cumplió, y sólo fue el 1 de agosto de 1969, después de aprobarse el 23 de julio el Decreto Reglamentario de la Comisión y que seguía el texto del Proyecto que habíamos presentado al Jefe de CORDIPLAN, que aceptamos el nombramiento, considerando que este texto aseguraba la debida autonomía y el adecuado nivel político al organismo de reforma.

1593 *V.* Roderick T. Groves, "Administrative Reform and the Politics of reform: The Case of Venezuela", *loc. cit.*, p. 347.

1594 El Directorio de la Comisión se designó por Decreto número 170 de 16 de octubre de 1969, integrado en la siguiente forma: Allan R. Brewer-Carías, presidente; Enrique Pérez Olivares (posteriormente designado ministro de Educación); Alfredo Rodríguez Delfino, Luis Ugueto Arismendi (hasta octubre de 1970) y Carlos Emmanuelli Llamozas (desde octubre de 1970), ambos como directores generales del Ministerio de Hacienda; Antonio López Acosta, como director general de CORDIPLAN; y Antonio Ugueto y Sergio León Morales en representación, respectivamente, del Ministerio de Hacienda y del Jefe de CORDIPLAN. Debe además tenerse en cuenta que en 1969, en el Ministerio de Hacienda se venían realizando una serie de proyectos de reforma administrativa auspiciados por el Ministro Pedro Tinoco h. (*cfr.* Pedro Tinoco h., *El Estado Eficaz*. Caracas, 1973), que debían aprovecharse para el programa general, comprometiéndose al Ministerio en su realización: para ello, la mejor manera de lograrlo era comprometer al director general del Ministerio en la definición de la política nacional de reforma administrativa. Por otra parte, la presencia en el Directorio de la CAP de un funcionario de la más alta jerarquía del Ministerio de Hacienda servía para realizar un contra balance frente a cualquier intento de CORDIPLAN, que. afortunadamente no se presentó, de absorber a la CAP y eliminarle su autonomía.

1595 Las reuniones del Directorio de la CAP a partir de octubre de 1969 se efectuaron una vez a la semana durante casi un año. Una vez que se aprobó el programa de trabajo de la Comisión a fines del año 1969, las reuniones del Directorio fueron más de naturaleza informativa, y cumplían su doble objetivo de obtener el aporte de sus miembros en relación a los programas de la CAP, e informarles acerca de las actividades de la misma. Este último objetivo tuvo gran importancia por la participación en sus reuniones de los altos funcionarios señalados, tanto del Ministerio de Hacienda como de CORDIPLAN.

ción de la reforma, y por tanto, de carácter asesor, y su contenido refleja indudablemente una decisión política firme de planificar la reforma administrativa, partiendo de la premisa de que toda decisión de ejecución o implementación de reforma administrativa, debía ser posterior a la planificación de la misma.

Esta distinción es importante establecerla pues debe quedar claro que todos los elementos tácticos desarrollados por la CAP durante los años 1969 y 1970 tenían por objeto consolidar la única decisión política que racionalmente podía adoptarse en ese momento: la decisión política de planificar la reforma, de por sí difícil de obtener, pues no es infrecuente la preferencia de los gobernantes en las acciones de corto plazo o efectistas, antes que en las de largo plazo —como la elaboración de un plan de reforma administrativa—, cuyos efectos casi nunca pueden apreciarse durante el período de gobierno en la cual se adoptan[1596]. Este factor debe destacarse, pues hay que reconocer la posición del Presidente Caldera, quien siempre consideró que, como consecuencia de la planificación de la Reforma Administrativa que ordenó y que su Gobierno realizó, los resultados no serían apreciados en el período de su Gobierno, y al contrario, consideró que el Plan sería uno de los mejores legados de su Gobierno a los siguientes[1597]. Esta actitud asumida por el Jefe del Estado fue la mejor garantía para la realización del trabajo de la CAP durante el período 1969-1973 en el campo de la planificación de la reforma y de la implementación de una serie de propuestas.

1596 De ahí la poca prioridad que se le da, en general, a los programas de reforma administrativa, según la apreciación de A. F. Leemans, "Administrative Reform: An overview", *loc. cit.*, p. 7.

1597 Esta posición la mantuvo el Presidente Caldera en diversas ocasiones. En efecto, el 13 de mayo de 1970, al firmar la Instrucción Presidencial RA-1 por la cual estableció los lineamientos generales de la Reforma Administrativa, concluía señalando que hacía votos porque la Reforma Administrativa fuera "la mejor herencia que desde el punto de vista de la gestión de las actividades del Estado, podamos legar a los próximos Gobiernos de Venezuela" (*v.* en el libro de la CAP, *Lineamientos generales de la Reforma Administrativa cit.*, p. 18). Por otra parte, en su Rueda de Prensa, numero 87, de 11 de febrero de 1971, el presidente señaló lo siguiente: "quiero señalar que el propósito anunciado en el momento de iniciarse el período constitucional de acometer. la empresa de la Reforma Administrativa se mantiene firmemente en marcha. Sabemos que con ello realizamos un trabajo cuyos beneficios no los ha de palpar este Gobierno. Es para los Gobiernos ulteriores para quienes trabajamos en esta materia; pero lo consideramos un deber inaplazable" (*v.* en R. Caldera, *Habla el Presidente*, Vol. II. Caracas, 1971, pp. 546 a 547). Posteriormente, en su Segundo Mensaje al Congreso el 11 de marzo de 1971, expresó que: "En éste, como en otros asuntos, la acción del Gobierno no se orienta a obtener mejoras tangibles para un período constitucional, sino a ofrecer al Estado y a quienes puedan ser sus personeros en los períodos siguientes, una instrumentación más idónea para que su esfuerzo resulte positivo, en beneficio de los altos fines que deben guiarlo en todo instante" (*v. en Venezuela en 1970, Segundo Mensaje al Congreso*, 11 de marzo de 1971, p. XX). En su Tercer Mensaje al Congreso, el 9 de marzo de 1972, ahondaba sobre la misma idea al expresar: 'En cuanto al funcionamiento de la Administración Pública, tema de abundantes consideraciones en el campo de la opinión, si algún esfuerzo ha sido hecho con vistas al futuro, en forma científicamente planeada y con el convencimiento de que sus resultados sólo podrán sentirse de lleno en los venideros años, ha sido el de la Reforma Administrativa" (*v.* en *Venezuela en 1971, Tercer Mensaje del Presidente al Congreso*, 9 de marzo de 1972, p. XXII). Asimismo, en el Prólogo que el Presidente Caldera escribió al libro A.R. Brewer-Carías, *El Estatuto del Funcionario Público en la Ley de Carrera Administrativa, cit.*, ratificaba su criterio al afirmar: "Sus resultados (de la Reforma Administrativa) no podrán apreciarse de inmediato sino en medida muy pequeña, pero su proyección abarcará positivamente más de una generación" (p. XI). "La Reforma Administrativa no es una acción de este o aquel Gobierno, sino un gran compromiso nacional" (p. XV). *Cfr.*, además, lo señalado por el Presidente Caldera en su Rueda de Prensa del 20 de septiembre de 1973 (sección de preguntas y respuestas), Oficina de Prensa de Miraflores (multigrafiado), p. 14.

Por tanto, insistimos, los primeros elementos tácticos utilizados por la CAP se orientaron hacia la consolidación, en sucesivas decisiones ejecutivas, de esta voluntad planificadora. Para ello, el Presidente de la República auspició la formación de un equipo de técnicos en la CAP, respecto de los cuales pueden aplicarse los requerimientos que E. Pizani indica deben tener los reformadores, al señalar que la reforma "debe ser confiada a hombres que tengan la suficiente experiencia como para no hacerse vanas ilusiones, pero que sin embargo no tengan demasiada, pues una muy larga experiencia administrativa da el sentido de lo que es posible o imposible, pero no da el sentido de lo que es necesario"[1598]. Lo cierto es que no nos hicimos ilusiones, y desde el primer momento, aprovechando las decisiones políticas del Presidente, nos comprometimos a elaborar un Plan General de Reforma Administrativa que pudiera no sólo servir para la implementación de la misma, sino para guiar el futuro crecimiento de la Administración Pública[1599]. Todos los esfuerzos de la CAP estuvieron por tanto dirigidos a elaborar este Plan para lo cual se hacía necesario desarrollar una amplísima campaña de opinión dentro y fuera de la Administración Pública, con el objeto de interesar a todos los niveles administrativos y al público en la problemática administrativa. En esta forma, y con motivo de la estrategia de participación que se había definido por el Decreto núm. 141 de 17 de septiembre de 1969 y a la cual se ha hecho referencia anteriormente, la oportunidad brindada por la instalación formal de todos los Consejos de Reforma en cada uno de los Ministerios y en la gran mayoría de los Institutos Autónomos, fue ciertamente invalorable, pues nos permitió, en cada caso, explicar formalmente a todos los altos niveles directivos de cada organismo, en su sede, los objetivos y aspectos generales del proceso de reforma administrativa[1600]. Esta difusión masiva de las ideas reformistas que buscaba aminorar la resistencia burocrática natural al cambio administrativo[1601]; y el entusiasmo que comenzaba a surgir en las Oficinas Coordinadoras de la Reforma Administrativa recién formándose[1602], hasta cierto punto produjo la necesidad de que se

---

1598 *V.* E. Pisani, "La réforme administrative", en Productivité frangaise, número 10, octubre de 1952, pp. 5 y 6, *cit.*, por Yves Chapel, *op. cit.*, p. 58.

1599 *V.* la comunicación del 12 de junio de 1972 que dirigimos al Presidente de la República mediante la cual le presentábamos el Plan de Reforma Administrativa, en CAP, *Informe sobre la Reforma de la Administración Pública Nacional, cit.*, Vol. I, pp. XVII.

1600 Esta actividad de instalación de los Consejos de Reforma se cumplió fundamentalmente en los últimos meses del año 1969 y en los primeros meses de 1970; y aun cuando el funcionamiento posterior de los Consejos de Reforma Administrativa fue ciertamente irregular, dependiendo de la importancia que la reforma interna de los Ministerios tuvo para cada organismo, debe señalarse que su principal aporte fue el de servir de elemento táctico para difundir las ideas reformistas y comprometer, así fuera formalmente, a los ministros y directores de los organismos, en su realización. Es de destacar, por ejemplo, la labor del Consejo de Reforma Administrativa de los Ministerios de Sanidad y Asistencia Social, Hacienda, Obras Públicas y Educación. *V.* sobre la constitución de dichos organismos en los diversos Ministerios e Institutos Autónomos en la Reforma Administrativa en 1969 (parte número 6 del Informe Anexo al *Primer Mensaje del Presidente Caldera al Congreso* el 11 de marzo de 1970, pp. 65 a 74), publicado en el libro CAP, *La Reforma Administrativa en Venezuela,* 1969-1871, *cit.*, p. 42.

1601 *V.* sobre esto, los comentarios de A. F. Leemans, "Administrative Reform: an overview", *loc. cit.,* pp. 9 y 14.

1602 El funcionamiento posterior de estas unidades, incorporadas a las oficinas de Planificación y Presupuesto de los Ministerios, también fue irregular. Sin embargo también debemos destacar particularmente las actividades desarrolladas por las mismas en los institutos autónomos y empresas del Estado de mayor importancia, y en los Ministerios de Relaciones Exteriores, Comunicaciones, Hacienda, Educación, Obras Públicas, Sanidad y Asistencia Social y Agricultura y Cría.

dictaran por el Presidente de la República los lineamientos generales de la Reforma Administrativa de manera de dotar de la coherencia necesaria al proceso, lo cual se hizo mediante la señalada Instrucción u orden del Presidente en mayo de 1970[1603]. La importancia de dicho acto[1604], fue fundamental desde el punto de vista táctico pues significó un evidente fortalecimiento de la decisión política del Presidente Caldera, quien ratificó todo su respaldo a la CAP[1605].

Ahora bien, en dicha orden presidencial se destacaron claramente dos enfoques a llevar a cabo paralelamente en la planificación de la reforma administrativa: el enfoque macro-administrativo y el enfoque micro-administrativo. "En el primer enfoque —dice dicho documento— corresponderá a la Comisión de Administración Pública, como órgano asesor del Presidente de la República, realizar un macro-análisis y un diagnóstico de la Administración Pública venezolana a escala nacional, y en particular de sus estructuras, sistemas y procedimientos administrativos, conforme al programa que se establecerá en el IV Plan de la Nación 1970-1974[1606]. Como resultado de esa labor, en el curso del año 1971, la Comisión de Administración Pública deberá presentar a la consideración del Presidente de la República en Consejo de Ministros, un Plan General de Reforma Administrativa, para su aprobación y posterior ejecución[1607]. En el enfoque micro-administrativo de Reforma Administrativa, corresponderá a los respectivos Consejos de Reforma Administrativa y Oficinas Coordinadoras de la Reforma Administrativa, en estrecha cooperación y con el asesoramiento de la Comisión de Administración Pública, la realización de un micro-análisis y diagnóstico de las estructuras, sistemas y procedimientos existentes en el respectivo organismo, con vistas a la formulación de diversas propuestas de reforma

1603 *V.* La Instrucción RA-1 de 13 de mayo de 1970, *cit.*

1604 Sobre la importancia de este documento, en la oportunidad de su emisión por el Presidente de la República, señalamos lo siguiente: "Por una parte, es la primera vez que en las últimas décadas un Presidente de la República utiliza la fórmula de la Instrucción para dirigir una orden ejecutiva que tiene por destinatarios a su propia administración y a los funcionarios que la componen. Este hecho, por tanto, marca el inicio de una nueva etapa en la forma de las comunicaciones del Presidente de la República con los diversos niveles de la Administración Pública que, estoy seguro, dará sus resultados positivos en forma inmediata (la técnica de la Instrucción fue luego utilizada por el Presidente de la República en diversas oportunidades). Pero lo novedoso de la Instrucción no se queda en su forma, sino también en su contenido. Es también la primera vez que en Venezuela un Presidente de la República asume claramente el problema de la Reforma Administrativa y ordena la realización del proceso definiéndole sus grandes líneas. Y este hecho, permítaseme que insista en ello, también tiene relevancia especial, si observamos cualquier proceso de Reforma Administrativa en las experiencias que nos muestra la Administración Pública comparada. No conocemos ningún precedente en el cual un Jefe de Estado haya dictado un acto de esta naturaleza en materia de Reforma Administrativa, englobando en el mismo todos los aspectos estructurales, funcionales y funcionariales de la Administración Pública." *V.* en CAP, *Lineamientos generales de la Reforma Administrativa, cit.*, p. 23 y 24.

1605 *V.* el Discurso del Presiente en el momento de la firma de dicho documento en el libro CAP, *Lineamientos generales de la Reforma Administrativa, cit.*, p. 18.

1606 Dicho programa, como se ha indicado, fue establecido en un capítulo especial en el IV Plan de la Nación 1970-1974.

1607 A comienzos de 1971, conforme a la referida Instrucción, se presentó a la consideración del Ejecutivo Nacional el *Informe Preliminar de la Reforma Administrativa* en cinco volúmenes y el cual, después de revisado y discutido, dio origen al *Informe sobre la Reforma de la Administración Pública Nacional*, presentado en junio de 1972 y que contiene el Plan de Reforma de la Administración Pública.

estructural y funcional, y a su ejecución durante el presente y los próximos años"[1608].

En el campo macro-administrativo, cuya programación se ordenaba realizar bajo tres ángulos: la reforma estructural (organización), la reforma funcional (sistemas instrumentales), y la reforma de la función pública (administración del personal público), entre 1970 y 1972 se realizó al diagnóstico de la administración pública nacional[1609] y se elaboró el plan de las dos primeras (reforma estructural y funcional), que está contenido en el *Informe sobre la Reforma de la Administración Pública Nacional*, ya señalado, presentado al Presidente de la República en junio de 1972. Dicho Plan no abarcó la reforma de la función pública, pues en este campo, el único que había sido exhaustivamente trabajado en la Comisión en la década de los sesenta, se pasó de la programación a la ejecución en septiembre de 1970 al aprobarse por el Congreso la Ley de Carrera Administrativa[1610].

En efecto, tal como se indicó anteriormente, en 1959 la comisión de Administración Pública redactó un Proyecto de Ley de Carrera Administrativa presentado al Congreso en 1960[1611], el cual, aún cuando discutido en 1965, no fue nunca aprobado por las Cámaras Legislativas. En 1970, en virtud de la minoría Parlamentaria que tenía el partido COPEI que respaldaba al Presidente Caldera, los partidos de oposición decidieron reiniciar la discusión del proyecto de 1959 revisado en 1965. Con tal motivo, y aun cuando el Ejecutivo Nacional oficialmente no tomó posición al respecto[1612], la Comisión de Asuntos Sociales de la Cámara de Diputados solicitó la opinión de la Comisión de Administración Pública en relación al proyecto referido. En tal virtud, en abril de 1970 tuvimos oportunidad de intervenir en la referida Comisión de la Cámara de Diputados, criticando radicalmente el Proyecto de ley que comenzaba a discutirse, el cual, por haber sido elaborado en 1959, ignoraba todos los adelantos que en el campo de la administración de personal se habían hecho en el país en la década de los sesenta, además de que era incompleto a la luz

1608 *V.* párrafo 2° de la Instrucción Presidencial en el libro CAP, *Lineamientos generales de la Reforma Administrativa, cit.*, p. 32.

1609 La realización de las actividades iniciales para el diagnóstico estuvieron a cargo del Centro de Investigaciones Administrativas para el Desarrollo (CIAPED) de LA CAP, que dirigía Ligia Valladares de Salcedo, Y sobre el mismo puede consultarse el documento CAP, *Metodología del Diagnóstico de la Administración Pública Nacional.* Caracas, 1970.

1610 *V.* en *Gaceta Oficial*, extraordinario número 1.428, de 4 de septiembre del año 1970. *V.* también en el anexo número 1 del libro A.R. Brewer-Carías, *El Estatuto del Funcionario Público en la Ley de Carrera Administrativa, cit.*, pp. 121 y ss. *V.* además A.R. Brewer-Carias, "Le Statut des Functionnaires Venezueliens", en *Annuaire International de la Function Publique*, 1971-1972. París, pp. 393 a 404.

1611 V. los comentarios sobre dicho proyecto, en Roderick T. Groves, "Administrative-Reform and the Politics of Reform: The case of Venezuela", *loc. cit.*, p. 439 y siguientes.

1612 El Presidente Caldera en su discurso en el acto de graduación del Curso Superior de Post-Grado en Administración Pública (1973), el 26 de junio de 1973, en este sentido señaló: "Quizá, la circunstancia no necesariamente infeliz de que el Gobierno que presido no hubiera contado con una mayoría determinante en las Cámaras Legislativas, ayudó a que se aprobara la Ley de Carrera Administrativa que desde hace tanto años reposaba bajo la consideración de los parlamentarios. No es fácil que un Gobierno, sea cual fuere su signo o su nombre, haga el gesto magnánimo de desprenderse de las facultades que antes tenía para nombrar y remover a discreción a los funcionarios públicos, a través de una Ley de Carrera Administrativa" (texto multigrafiado).

de las exigencias de la Constitución de 1961[1613]. Con motivo de dichas críticas, la CAP presentó a la Comisión referida de la Cámara de Diputados un nuevo proyecto de "Ley sobre Funcionarios Públicos", con una completa nueva concepción y sistematización, el cual fue acogido como documento de discusión y fue aprobado por el Congreso, con varias modificaciones, en septiembre de 1970[1614]. La Ley de Carrera Administrativa aprobada, creó la Oficina Central de Personal, la cual absorbió la unidad que con el mismo nombre funcionaba en la Comisión de Administración Pública[1615], y a quien con posterioridad han correspondido las labores de implementación y ejecución de la Ley, como Oficina de nivel presidencial[1616].

En el campo micro-administrativo, en un trabajo coordinado realizado entre las Oficinas Coordinadoras de la Reforma Administrativa y la CAP, durante el año 1970 se elaboraron propuestas de reforma interna en diversos Ministerios, las cuales se incorporaron al proyecto de Ley de Presupuesto para 1971, y posteriormente en 1971, al Proyecto de Ley de Presupuesto para 1972, no habiendo recibido, en general, aprobación por el Congreso.

En esta forma, y dejando aparte los aspectos de administración de personal que entraron en su fase de ejecución en 1970, puede decirse que la etapa de programación de la Reforma Administrativa estaba virtualmente concluida a comienzos de

---

1613 Pueden verse las críticas al proyecto en la comunicación que dirigí como presidente de la CAP el 16 de abril de 1970 a la Comisión de Asuntos Sociales de la Cámara de Diputados, en el anexo número 3 del libro de A.R. Brewer-Carías, *El Estatuto del Funcionario Público en la Ley de Carrera Administrativa, cit.*, pp. 173 y siguientes.

1614 *V.* A.R. Brewer-Carías, *El Estatuto del Funcionario Público en la Ley de Carrera Administrativa, cit.*, p. 192 (nota al pie de página). La táctica utilizada en este caso fue la presentación de un nuevo proyecto a la Comisión de Asuntos Sociales por la CAP, como documento de trabajo y no como criterio oficial del Poder Ejecutivo, lo cual facilitó su adopción como documento de discusión por los partidos de oposición (*v.* nota numero 90 de este capítulo 17).

1615 La Oficina Central de Personal fue creada en 1961 en la CAP, y en 1970 su nombre fue cambiado por la Oficina Asesora de la Función Pública, habiendo sido dirigida ese año por Nelson Socorro, uno de mis colaboradores inmediatos en la CAP hasta 1972.

1616 Particularmente, ha correspondido a la OCP la preparación de los reglamentos de la Ley de Carrera Administrativa: Reglamento del Directorio de la Oficina Central de Personal dictado por Decreto N° 537, de 10 de febrero de 1971 (*Gaceta Oficial* N° 29.438, de 11 de febrero de 1971); Reglamento sobre las atribuciones del Director Ejecutivo de la Oficina Central de Personal dictado por Decreto N° 5318, de 10 de febrero de 1971 (*Gaceta Oficial* número 29.438, de 11 de febrero de 1971); Reglamento de Vacaciones de Funcionarios Públicos Nacionales dictado por Decreto N° 571 de 31 de marzo de 1971 (*Gaceta Oficial* N° 29.477, de 1 de abril de 1971); Reglamento sobre la bonificación de Fin de Año de los Funcionarios Públicos Nacionales dictado por Decreto N° 577 de 14 de abril de 1971 (*Gaceta Oficial* N° 29.488, de 20 de abril de 1971); Reglamento sobre los Sindicatos de Funcionarios Públicos dictado por Decreto N° 585, de 28 de abril de 1971 (*Gaceta Oficial* N° 29.497, de 30 de abril de 1971); Reglamento sobre las Juntas de Avenimiento dictado por Decreto N° 622, de 9 de junio de 1971 (*Gaceta Oficial* N° 29.540, de 21 de junio de 1971) (estos Reglamentos pueden verse en el anexo número 2 del libro A.R. Brewer-Carías, *El Estatuto del Funcionario Público en la Ley de Carrera Administrativa, cit.* p. 151 y ss.); Reglamento relativo al régimen de Permiso Especial a los funcionarios de la Administración Pública Nacional que ocupen cargos de libre nombramiento y remoción y de representación popular y al pago de indemnizaciones por causa de renuncias dictado por Decreto N° 1.252, de 21 de marzo de 1973; Reglamento de Administración de Personal para los empleados civiles del Ministerio de la Defensa y sus dependencias, dictado por Decreto N° 1.253, de 21 de marzo de 1972; Reglamentos parciales sobre los sistemas de clasificación de cargos y de remuneraciones dictados por Decreto N° 1.276, de 17 de abril de 1973 (*Gaceta Oficial* N° 1.580, Extraordinario, de 24 de abril de 1973) y Decreto N° 1.310, de 14 de junio de 1973.

1971 en el ángulo estructural, tanto en el campo micro-administrativo como en el campo macro-administrativo, con la incorporación al Proyecto de Ley de Presupuesto para 1971 de las reformas internas de los Ministerios[1617] y con la presentación al Ejecutivo del *Informe Preliminar sobre la Reforma Administrativa*[1618]. Es por ello que en su Tercer Mensaje al Congreso, el 9 de marzo de 1972, el Presidente Caldera señalaba que "ha llegado el momento en que los programas de Reforma Administrativa entren plenamente en vigor: tengo el firme optimismo de ver logrados los mejores entendimientos entre? las ramas legislativas y ejecutivas para que la Reforma Administrativa avance, se conviertan en normas vigentes las recomendaciones ya estudiadas y la Administración pueda corresponder mejor a la inversión que supone y a los requerimientos que entraña dentro de la vida del país"[1619]. Sin embargo, a pesar del optimismo del Presidente de que surgieran los mejores entendimientos entre el Congreso y el Poder Ejecutivo en materia de Reforma Administrativa, lamentablemente, el Congreso mostró durante todo el período del Presidente de la República una constante oposición a todo intento desmejoramiento de la Administración Pública[1620], oposición que no se pudo superar por el respaldo minoritario que el Partido COPEI podía darle al Ejecutivo en este campo. La ejecución e implementación de la Reforma Administrativa sólo pudo ser llevada adelante cuando las medidas adoptadas no requerían intervención legislativa y podían llevarse a cabo con la

---

1617 En el Informe Anexo del Segundo Mensaje del Presidente Caldera al Congreso el 11 de marzo de 1971, se reseña que en el Proyecto de Ley de Presupuesto del año 1971, se propusieron con nueva estructura orgánica los presupuestos de los Ministerios de Hacienda, de Fomento, de Relaciones Exteriores, de Sanidad y Asistencia Social, de Obras Públicas y de Educación, habiendo sido aprobado por las Cámaras Legislativas solamente la reforma propuesta para el Ministerio de Hacienda, *V.* en *Venezuela en 1970. Segundo Mensaje del presidente Caldera al Congreso,* 11 de marzo de 1971, pp. 85 a 92. *V.* también en el libro CAP, *La Reforma Administrativa en Venezuela* 1969-1971, *cit.*, p. 69

1618 Con motivo de la elaboración de este Informe, el Presidente de la República creó para su discusión a finales de 1970 el Comité de Reforma Administrativa del Consejo de Ministros, el cual como Comité de Trabajo del Gabinete, compuesto por varios Ministros, el Procurador General de la República y el Presidente de la CAP, aseguró una comunicación más directa entre este último funcionario y el Consejo de Ministros. *V.* el libro CORDIPLAN, *La Planificación en Venezuela. Normas Legales y Reglamentarias.* Caracas, 1973, p. 28

1619 *V. Venezuela en 1971, Tercer Mensaje del Presidente al Congreso*, Caracas, 9 de marzo de 1972, p. XXII. La necesidad de una colaboración del Congreso en la ejecución de los programas de Reforma Administrativa, ya la había planteado el mismo Presidente Caldera en su Segundo Mensaje al Congreso, en marzo de 1971 al indicar que "es indispensable un acuerdo entre las ramas del Poder Público para que la Reforma Administrativa se haga con la celeridad necesaria y obtenga resultados óptimos" (*v.* Venezuela en 1970. Segundo Mensaje del Presidente al Congreso, 11 de marzo de 1971, p. XX); idea en la cual va a insistir en diversas ocasiones (*v.*, por ejemplo, R. Caldera, *Habla el Presidente*. Vol. II. Caracas, 1971, pp. 33, 48, 359 y 546. *V.*, asimismo su discurso en la graduación del Curso Superior de Post-Grado en Administración Pública en la ENAP, el 31 de mayo de 1971, en el libro CAP, *La Reforma Administrativa en Venezuela*, 1969-1971, *cit.*, p. 78).

1620 Es conveniente observar que esta oposición del Congreso, es decir, el permanente rechazo de los partidos políticos de oposición en el Parlamento a los intentos de reforma administrativa, no tuvo motivación de fondo alguna, pues todos los principales partidos políticos en los programas de gobierno que con fines electorales publicaron en 1968, reclamaban la necesidad de la reforma administrativa. V. el resumen de las coincidencias de los diversos partidos en Tomás Polanco, *Reforma Administrativa en Venezuela, Puntos de coincidencia*, Caracas, 1968, publicado también como anexo número 3 de la Primera Parte del Informe sobre la Reforma de la Administración Pública Nacional, *cit.*, Vol. I, pp. 93 y ss. Debe destacarse, por ejemplo, que la oposición del Congreso a la Reforma Administrativa inclusive se manifestó en la reducción de las partidas presupuestarías de la CAP efectuada en la Ley de Presupuesto de 1972. *V.* Ministerio de Hacienda, *Resumen de la Ley de Presupuesto de 1973*. Caracas, 1973, p. 50.

sola decisión ejecutiva, y aun en estos casos, algunas no pudieron realizarse efectivamente por la deliberada improbación de los créditos solicitados en los Proyectos de Ley de Presupuesto.

En efecto, en el campo macro-administrativo, y dejando a salvo la aprobación de la Ley de Carrera Administrativa en 1970, la cual, como se dijo, no fue iniciativa del Poder Ejecutivo, sino del propio Congreso, los proyectos de reforma administrativa en el campo estructural propuestos por el Ejecutivo Nacional al Congreso fueron rechazados sin argumentación alguna. Tal fue, por ejemplo, el caso de la propuesta de creación del Ministerio de Vivienda y Desarrollo Urbano, como organismo central del sector de desarrollo urbano y vivienda conforme al Plan de Reforma Administrativa[1621], que provocó la presentación de un Proyecto de Ley al Congreso[1622], que éste ni siquiera llegó a discutir[1623]. La oposición del Congreso y la inexistencia de reales posibilidades políticas de que el Poder Legislativo cooperara con el Ejecutivo en la reforma y mejoramiento de la Administración Pública, todo ello aunado a la proximidad del proceso electoral que aun cuando se realizaría en 1973, a nivel de campañas electorales comenzó desde principios de 1972, hicieron imposible que a nivel del propio Poder Ejecutivo lograran aprobarse definitivamente todas las propuestas de reforma macro-administrativas[1624], y mucho menos que fueran presentadas al Congreso. La única excepción la constituyó el Proyecto de creación del Ministerio de Vivienda y Desarrollo Urbanístico, cuya ley, como se dijo, no llegó a discutir el Congreso[1625]. Aparte de este proyecto, el Ejecutivo Nacional tomó diver-

---

1621 *V.* el criterio de la CAP en relación a la institucionalización de este sector en el apéndice número 5 de la Segunda Parte del *Informe sobre la Reforma de la Administración Pública Nacional, cit.*, Vol. I, p. 579 y ss.

1622 El Proyecto de Ley Orgánica del Ministerio de Vivienda y Desarrollo Urbanístico puede verse en *Informe sobre la Reforma de la Administración Pública Nacional, cit.,* Vol. I, apéndice numero 2 de la segunda parte, pp. 644 y ss.

1623 En mayo de 1970, el Presidente de la República designó Ministro de Estado para la Vivienda al ingeniero Alfredo Rodríguez Amengual, con el objeto de preparar todos los estudios relativos a la creación de dicho Ministerio. El ministro de Estado renunció en 1971, al no encontrar sus propuestas apoyo alguno en las Cámaras Legislativas, tal como el propio Presidente de la República lo confirmó. F. la Rueda de Prensa del Presidente Caldera, de 7 de septiembre de 1973, en *El Nacional,* Caracas, 8 de septiembre de 1973, p. D-2.

1624 Por ejemplo, al conocerse en la opinión pública los aspectos fundamentales de la propuesta de reforma macro-estructural de los Ministerios que la CAP había preparado, el Presidente Caldera dejó claramente establecido: "El proceso de reforma administrativa tiene un punto de partida en una voluntad y en un propósito. Confiamos firmemente en un equipo de técnicos, aunque debo manifestar que los conceptos de los técnicos en la Comisión de Administración Pública, que se han publicado, representan un valor en sí, un esfuerzo, una gran aportación desde el punto de vista científico y práctico, pero no constituyen todavía un proyecto firme de gobierno. Son ideas que estamos estudiando y analizando, y toda información al respecto podría provocar una interpretación falsa, si se considera como una decisión ya tomada. Además, sabemos que respecto al cambio estructural de los Ministerios y otras dependencias de la Administración, aun cuando la iniciativa está en nuestras manos, la decisión final corresponde al Poder Legislativo." *V.* en R. Caldera, *Habla el Presidente*, Vol. II. Caracas, 1971, p. 546.

1625 En julio de 1973 el Presidente Caldera expresaba que "en el Congreso están, desde hace ya no recuerdo cuánto tiempo proyectos de leyes como el de la creación del Ministerio de la Vivienda, el de Ordenación Territorial y Urbana y el de Desarrollo Urbanístico, que no han sido debatidos. Yo pienso que cuando el Gobierno manda al Congreso un Proyecto de Ley malo, éste lo rechaza, pero que cuando lo va dejando, pareciera que no tiene argumentos para negarlo, sino que no tiene voluntad para acogerlo". *V.* Rueda de Prensa número 196 del 12 de julio de 1973 en *El Nacional.* Caracas, 13 de julio de 1973, p. D-11.

sas medidas de macro-reforma de enorme importancia en el campo del mejoramiento administrativo y ciertamente de carácter irreversible[1626], las cuales no requerían, para su ejecución, de intervención legislativa. En este sentido, y en cuanto al funcionamiento de la Administración Pública, debe destacarse el Reglamento de Delegación de Firma de los Ministros del Ejecutivo Nacional dictado en 1969[1627], mediante el cual se permitió el inicio de un proceso de desconcentración administrativa en los Despachos Ministeriales para descargar la acumulación de actividades a nivel de los Ministros. Asimismo, en cuanto al funcionamiento de la Administración descentralizada, en mayo de 1970 se dictó el Reglamento sobre Coordinación, Administración y Control de los Institutos Autónomos de la Administración Pública Nacional[1628] mediante el cual se dictaron normas tendientes a poner cierto orden administrativo en la administración descentralizada, "cuya anarquía se ha hecho proverbial en la Administración Pública Venezolana"[1629]. Pero quizá la más importante realización del Gobierno del Presidente Caldera en el campo de la Reforma Administrativa fue el inicio de la política de regionalización de la Administración Pública y de la planificación del desarrollo, que tuvo su origen en 1969, al dividirse el país en ocho regiones administrativas y económicas[1630], y su consolidación definitiva al establecerse el embrión de un gobierno y administración regional en 1972[1631]; proceso con el cual se inició la desconcentración de la Administración Nacional hacia las regiones y la búsqueda de la participación de las entidades político-territoriales tradicionales —Estados federados y municipios— en la tarea del desarrollo nacional[1632].

En el campo de los sistemas administrativos, también con un enfoque macro-administrativo, diversas decisiones fueron adoptadas por el Ejecutivo Nacional sin que requirieran de intervención legislativa y, entre ellas, en el campo del sistema de planificación, la creación en 1970, en todos los organismos públicos, de las Oficinas

---

1626 *V.* en este sentido lo expresado por el Presidente Caldera en su discurso en el Acto de Graduación del Curso Superior de Post-Grado en Administración Pública, el 26 de junio de 1973 (texto multigrafiado).

1627 *V.* Decreto número 140, de 17 de septiembre de 1969, en *Gaceta Oficial* N° 29.025, de 18 de septiembre de 1969, publicado también en *Informe sobre la Reforma de la Administración Pública Nacional, cit.*, Vol. I, pp. 545 y ss.

1628 Decreto N° 280, de 8 de abril de 1970, en *Gaceta Oficial* N° 29.190, de 114 de abril de 1970, reformado parcialmente por Decreto N° 559 de 3 de marzo de 1971, en *Gaceta Oficial* N° 29.454, de 4 de marzo de 1971. Ambos publicados como apéndice número 3 de la Segunda Parte del *Informe sobre la Reforma de la Administración Pública Nacional, cit.*, Vol. I, pp. 549 y ss.

1629 *V.* R. Caldera, *Habla el Presidente*, Vol. II. Caracas, 11971, p. 346. *V.* asimismo el capítulo sobre la *Reforma de la Administración Descentralizada en el Informe sobre la Reforma de la Administración Pública Nacional, cit.*, Vol. I, pp. 295 a 386

1630 *V.* el Decreto N° 72, de 11 de junio de 1969, sobre Regionalización Administrativa en *Gaceta Oficial* N° 28.944, de 12 de junio de 1969. Publicado en el *Informe sobre la Reforma de la Administración Pública Nacional, cit.*, Vol. I, pp. 5137 y ss.

1631 *V.* el Decreto de Regionalización Administrativa número 929, de 5 de abril de 11972, en *Gaceta Oficial* N° 29.783, de 18 de abril de 1972, publicado en *Informe sobre la Reforma de la Administración Pública Nacional, cit.*, Vol. I, páginas 629 y ss.

1632 *V.* el capítulo sobre la Reforma de la Administración Regional en Informe sobre la Reforma de la Administración Pública Nacional, *cit.*, Vol. I, pp. 386 a 461. *V.* asimismo, Norma Izquierdo Corser, "Aspectos Administrativos de la Regionalización en Venezuela", en *Revista Internacional de Ciencias Administrativas*. Bruselas, 1972, pp. 319 y ss.; A.R. Brewer-Carías, El Proceso de Regionalización y la Reforma Administrativa de los Estados y Municipalidad. Mérida, 1971; *Cfr.* Yi Chen y Ramón Martín Mateo, Aspectos Administrativos de la Planificación. *El Sistema Venezolano*. Caracas, 1973.

Sectoriales Básicas de Coordinación, Planificación y Presupuesto[1633] el establecimiento y desarrollo del sistema de planificación regional[1634], la participación de los Institutos Autónomos en la planificación sectorial, el establecimiento de mecanismos destinados a la evaluación de proyectos, y la coordinación de la cooperación técnica[1635]. En el campo del sistema de presupuesto, en la Ley de Presupuesto de 1971, se realizó una de las más importantes reformas que en el campo de los sistemas pudo implementarse en Venezuela en el Período de Gobierno del Presidente Caldera, y que consistió en la incorporación del presupuesto-programa a la propia Ley de Presupuesto, superándose la situación que existía desde 1961, en que el presupuesto-programa, como anexo a la Ley de Presupuesto, no formaba parte de ella[1636]; reforma que abrió la vía para la programación presupuestaria sectorial[1637] y el control de metas en la Administración Pública. En el campo del sistema estadístico, el inicio de las labores para la integración de las estadísticas nacionales puede situarse en la creación del Comité de Enlace para Asuntos Estadísticos establecido en 1971 y la posterior creación en 1973 del Consejo Nacional de Estadísticas[1638], de cuya labor dependerá en el futuro la reforma del sistema. En el campo del sistema de contabilidad se inició su estructuración con la creación en 1973 de la Dirección Nacional de Contabilidad en el Ministerio de Hacienda[1639], y en el campo del sistema de información, especial énfasis se puso principalmente en los años posteriores a 1971, en el mejoramiento de los servicios de información al público, lo cual motivó una importante decisión del Consejo de Ministros al respecto[1640].

1633 *V.* Resolución del Consejo de Ministros de julio de 1970, en *Informe sobre la Reforma de la Administración Pública Nacional, cit.*, Vol. II, pp. 235 y ss.

1634 *V.* además, CORDIPLAN, *Sistema Nacional de Planificación Regional.* Caracas, 1972

1635 *V.* Las referencias en *Venezuela en 1972. Cuarto mensaje del Presidente Caldera al Congreso*, 12 de marzo de 1973, p. 117. *V.*, además, Manuel Rachadell y Nelson Socorro, *Aspectos Administrativos de la Planificación.* Caracas, 1971, 92 páginas, y el prólogo de Manuel Rachadell al libro de Chi-Yi Chen y Ramón Martín Mateo, *Aspectos Administrativos de la Planificación. El Sistema Venezolano*, *cit.*, pp. 7 a 15.

1636 *V.*, además, el capítulo sobre la Reforma del Sistema de Presupuesto en *Informe sobre la Reforma de la Administración Pública Nacional, cit.*, vol. II, pp. 65 a 107. *V.*, además, los trabajos de José Vicente Rodríguez Aznar, uno de los artífices de dicha reforma: *Reseña Sobre la Reforma Presupuestaria en Venezuela.* Caracas, 1971; Algunas sugerencias adicionales para la *Reforma de la Administración Presupuestaria en Venezuela.* Caracas, 1971, y su libro elementos de economía presupuestaria (*con un apéndice sobre la reforma del Sistema Presupuestario Venezolano*). Caracas, 1973. *V.*, asimismo, Pedro Tinoco h., *El Estado Eficaz.* Caracas, 1973.

1637 *V.* José Vicente Rodríguez Aznar, "La Programación de Presupuestos Sectoriales, un Nuevo Método Presupuestario en la Administración Pública", en *Revista Internacional de Ciencias Administrativas. Bruselas,* 1972, pp. 277 y ss.

1638 *V.* en *Gaceta Oficial* Nº 29.559, de 15 de julio de 1971. Publicado también en el apéndice número 3 de la Tercera Parte del *Informe sobre la Reforma de la Administración Pública Nacional, cit.*, Vol. II, pp. 271 y ss. *V.* el capítulo sobre la Reforma del Sistema Estadístico en el mismo volumen, pp. 109 a 135. El Consejo Nacional de Estadística fue creado por Decreto Nº 1.261, de 4 de abril de 1973. *V.* en *Gaceta Oficial* Nº 30.077, de 10 de abril de 1973.

1639 *V.* Decreto de 5 de diciembre de 1973 por el cual se creó la Dirección Nacional de Contabilidad en el Ministerio de Hacienda, *El Nacional*, 6 de diciembre de 1973, p. D-8.

1640 *V.* el capítulo sobre la Reforma del Sistema de Comunicación Pública, en *Informe sobre la Reforma de la Administración Pública Nacional, cit.*, Vol. II, páginas 171 a 181 y el apéndice número 5 de la Tercera Parte del Informe, en páginas 281 y ss. *V.* Resolución del Consejo de Ministros de 8 de diciembre de 1971, en apéndice número 6. de la Tercera Parte del *Informe sobre la Reforma de la Administración*

Por último, particular importancia revisten las decisiones adoptadas por el Ejecutivo Nacional mediante las cuales se convirtió a la CAP en el organismo de control respecto a la justificación económica del procesamiento automático de datos y al arrendamiento de equipos con ese destino en el sector público, que se iniciaron a partir de 1969[1641]; y las adoptadas en 1972 al aprobar el Consejo de Ministros el contrato-tipo contentivo de las cláusulas generales para el arrendamiento de equipos de procesamiento automático de datos, con lo cual se eliminó el contrato de adhesión que las empresas arrendadoras y manufactureras de los mismos venían presentando al sector público y suscribiendo al Estado[1642].

En el campo micro-administrativo y fundamentalmente en relación a la reforma estructural interna de los Ministerios, tal como se señaló, pará finales de 1970, las diversas Oficinas Coordinadoras de la Reforma Administrativa de los Ministerios con el asesoramiento de la Comisión de Administración Pública, tenían programadas las reformas internas de diversos Despachos Ministeriales, 16 cual condujo a que en el Proyecto de Ley de Presupuesto para 1971, seis de los trece Ministerios, se presentaran a las Cámaras Legislativas con una nueva organización interna[1643], siguiéndose en esta forma la vía tradicional para las modificaciones internas de los Ministerios que había sido empleada por más de dos décadas[1644]. El Congreso, sin embargo, al aprobar la Ley de Presupuesto para 1971, rechazó las propuestas de reforma de cinco de los Ministerios presentados[1645] y aprobó solamente la Reforma interna del Ministerio de Hacienda[1646]. Ahora bien, en virtud de que la competencia para la organización interna de los Ministerios, de acuerdo con el ordenamiento jurídico venezolano, corresponde al Poder Ejecutivo, sin intervención del Congreso y por cuanto algunas opiniones manifestadas en el Congreso habían indicado que las reformas propuestas no estaban respaldadas por Decreto reglamentario del Presidente, éste, en Consejo de Ministros, dictó en febrero de 1971 el Reglamento del Estatuto

---

Pública Nacional, cit., Vol. II, pp. 291 y ss. *V.* en relación a 1972, las referencias en el Informe Anexo al libro Venezuela en 1972, *Cuarto Mensaje del Presidente Caldera al Congreso, cit.*, p. 117.

1641 *V.* el capítulo sobre la Reforma del Sistema de Informática en *Informe sobre la Reforma de la Administración Pública Nacional, cit.* Vol. II, pp. 197 a 232, y el apéndice número 7 de la Tercera Parte del Informe, en pp. 295 y ss.

1642 *V.* las cláusulas de Condiciones Generales Mínimas (contrato-tipo) para los contratos de arrendamiento de equipos de procesamiento de datos aprobado por el Consejo de Ministros el 11 de abril de 1972, en *Informe sobre la Reforma de la Administración Pública Nacional, cit.*, Vol. II, pp. 313 a 339.

1643 *V.* Parte 6 del Informe Anexo al *Mensaje del Presidente Caldera al Congreso*, 11 de marzo de 1971, pp. 85 a 92, publicado en el libro CAP, *La Reforma Administrativa en Venezuela, 1969-1971, cit.*, p. 69.

1644 La estructura ministerial en Venezuela está regulada en el Estatuto Orgánico de Ministerios de 1950, el cual se limita a determinar el número de los Ministerios (13) y sus competencias, dejando la organización interna de los mismos al Reglamento. Con posterioridad a 1950 no llegó nunca a dictarse Reglamento alguno (hasta 1971), por lo que formalmente regía el Reglamento de la vieja Ley de Ministerios, de 1940. Las modificaciones a la estructura interna de los Ministerios, sin embargo, no se hicieron entre 1950 y 1971 por vía reglamentaria, sino a través de la aprobación de los gastos en la Ley de Presupuestos, cuyo Proyecto incorporaba dichas modificaciones. En esta forma, la estructura interna que los Ministerios tenían en 1970 no se asemejaba en forma alguna a la prevista formalmente en el Reglamento de 1940. V. *Informe sobre la Reforma de la Administración Pública Nacional, cit.* Vol. (L, pp. 479 y ss. .

1645 Ministerios de Fomento, Relaciones Exteriores, Sanidad y Asistencia Social, Obras Públicas y Educación.

1646 V. *Memoria y Cuenta del Ministerio de Hacienda*, 1969. Caracas, 1970, paginas 1 a, 40, y CAP, *Informe Sobre la Reforma de la Administración Pública Nacional, cit.* Vol. I, pp. 500 y ss.

Orgánico de Ministerios, con lo cual se establecían las normas generales para la organización interna de los Ministerios[1647]. Conforme a dicha reglamentación, la estructura interna de cada Ministerio debía ser objeto de un Decreto Orgánico, para así establecer la distinción necesaria entre la normativa general contenida en el Reglamento, y la organización particular que en forma flexible cada Ministerio debía tener. Conforme a ello, en febrero de 1971, se dictó el Reglamento Orgánico del Ministerio de Obras Públicas, con lo cual se dotó de una estructura a dicha institución[1648] y para el Presupuesto de 1972 se incorporó al Proyecto de Ley de Presupuesto la nueva organización con las solicitudes de gastos necesarios. El Congreso, a pesar de que las atribuciones relativas a la organización interna de los Ministerios eran de carácter ejecutivo, rechazó la forma de presentación de la solicitud de los créditos en la Ley de Presupuesto, y los aprobó conforme a la organización existente anteriormente. En esta forma, el Ministerio de Obras Públicas, el más importante financieramente de todos los despachos ministeriales, por voluntad del Congreso, a partir de 1971, tuvo en el Presupuesto una autorización de gastos para su funcionamiento, que simplemente no coincidía con su nueva organización, la cual, por falta de asignación de recursos, no pudo ser completamente implementada. Este ejemplo muestra cuán pertinaz fue la oposición del Congreso a todo intento de reforma administrativa, y no sólo en las modificaciones en las cuales el Parlamento debía intervenir, sino en los casos en que las reformas podían realizarse por la sola vía ejecutiva. En el proyecto de Ley de Presupuesto para 1972, aun cuando estaban preparadas las propuestas de reforma interna en todos los despachos ministeriales[1649], sólo fue presentada nuevamente la del Ministerio de Obras Públicas ya señalado, que fue rechazada, y la del Ministerio de Educación, que también fue rechazada. En vista de esta actitud de oposición pertinaz del Congreso, el Ejecutivo Nacional, después de 1972, no siguió insistiendo en la misma forma en las Reformas micro-estructurales de carácter ministerial. En un solo caso el Ejecutivo Nacional, en uso de sus atribuciones, procedió a adoptar una decisión de reforma interna ministerial y, en ese caso, también fue cuestionada por el Congreso. En efecto, la Ley sobre Bienes Afectos a Reversión en las Concesiones de Hidrocarburos de agosto 1971, al establecer una serie de obligaciones al Ejecutivo Nacional, provocó que éste creara en el Ministerio de Minas e Hidrocarburos una Dirección de Coordinación, Inspección y Control de Bienes Afectos a Reversión[1650]. En virtud de ello, el Ejecutivo Nacional solicitó al Congreso, en octubre de 1971, un crédito adicional al Presupuesto para el funcionamiento de dicha unidad administrativa, lo cual fue rechazado a pesar de haber sido creada en virtud de una ley del propio Parlamento; e igualmente fue rechazada la autorización de gastos para el funcionamiento de dicha Dirección al aprobarse la

---

1647 *V.* Decreto Nº 539 de 10 de febrero de 1971, en *Gaceta Oficial* Nº 29.438, de 11 de febrero de 1971, publicado en *Informe Sobre la Reforma de la Administración Pública Nacional, cit.* Vol. I, pp. 585 y ss.

1648 *V.* Decreto Nº 540, de 10 de febrero de 1971, en *Gaceta Oficial* Nº 29.438, de 11 de febrero de 1971, publicado en *Informe sobre la Reforma de la Administración Pública Nacional, cit.* Vol. I, pp. 599 y ss.

1649 *V.* el Informe anexo a Venezuela en 1971, Tercer Mensaje del Presidente Caldera al Congreso, 9 de marzo de 1972, p. 92. V. todas las propuestas de reforma interna de los Ministerios en *Informe sobre la Reforma de la Administración Pública Nacional, cit.* Vol. 1, pp. 496 y ss.

1650 *V.* el Decreto Nº 746, de 29 de septiembre de 1971, en *Gaceta Oficial* Nº 29.625, de 1 de octubre de 1971, publicado en *Informe sobre la Reforma de la Administración Pública Nacional, cit.* Vol. I, pp. 607 y ss.

Ley de Presupuestos para 1972. Ambos rechazos se pronunciaron. en base al absurdo argumento de que el Ejecutivo Nacional no tenía competencia para crear una Dirección en cualquiera de los Ministerios[1651], y hasta tal punto llegó la oposición del Congreso, que en el año 1972 el Congreso aprobó especialmente una Ley que crea la Dirección de Coordinación, Inspección y Control de los Bienes Afectos a Reversión, con idéntico contenido que el Decreto señalado; y luego de aprobada dicha Ley, fue que dotó a la referida unidad administrativa de los recursos presupuestarios necesarios para su funcionamiento[1652].

Ciertamente, que todo proceso de reforma administrativa es un proceso complicado, lento y difícil, tal como el Presidente Caldera lo expresó en diversas oportunidades[1653], y tal como estuvimos conscientes[1654]; pero, evidentemente que es imposible llevarla a cabo en países de régimen democrático representativo, sin la colaboración del Congreso[1655], tal como sucedió en Venezuela en el período constitucional 1969-1974. Ello no quiere decir, por supuesto, que la reforma administrativa no pueda realizarse en países de régimen democrático. Al contrario, ahí está el caso de la reforma administrativa realizada en Colombia en 1963 y 1968, la cual, sin embargo, puedo realizarse por el apoyo parlamentario que se aseguró al gobierno en virtud del sistema de compromiso bipartidista, ahora en vías de desaparición[1656]. Por otra parte, no hay que olvidar que, en general, los regímenes autoritarios en América Latina han dado muy poca importancia a la reforma administrativa, en cuya realización no han tenido particular interés[1657].

En el caso de Venezuela, hasta 1973 y en ausencia de colaboración parlamentaria, quedó elaborado el Plan de Reforma Administrativa en espera de implementación legislativa y quedaron, asimismo, los aspectos parciales cuya ejecución se inició en forma irreversible, por la sola vía ejecutiva. De todo ello, lo cierto fue que no sólo el espíritu de la necesidad del cambio administrativo envolvió a todos los nive-

---

1651 *V.* la posición del diputado A. Márquez en contra de esta posición del Congreso en *Informe sobre la Reforma de la Administración Pública Nacional, cit.*, Vol. I, página 530, nota 302.

1652 *V.* los comentarios del Presidente Caldera en su Rueda de Prensa de 10 de agosto de 1972. y la posición del Ejecutivo Nacional en relación a dicha Ley en R. Caldera, Habla el Presidente, Vol. IV. Caracas, 1973, p. 266. *V.* los comentarios sobre este conflicto entre el Congreso y el Ejecutivo en L. Vallenilla, *Auge, Declinación y Porvenir del Petróleo Venezolano*. Caracas, 1973, pp. 491 y 492.

1653 *V.*, por ejemplo, R. Caldera, *Habla el Presidente*, Vol. II. Caracas, 1971, pp. 48, 275 y 546. *V.* en particular, además, el discurso del Presidente en el acto de Graduación del Curso Superior de Post-Grado en Administración Pública (1973), el 26 de junio de 1973 (texto multigrafiado).

1654 *V.*, por ejemplo, A.R. Brewer-Carías, "El Proceso de Reforma Administrativa en Venezuela", en *Estudios en Homenaje al profesor López Rodó, cit.*, p. 119; A.R. Brewer-Carías, "Reforma Administrativa y Desarrollo Económico y Social", en *Revista Internacional de Ciencias Administrativas, cit.*, p. 13.

1655 Ya en mayo de 1970 lo señalábamos expresamente: "No sólo requeriremos, como hasta ahora lo hemos tenido, un gran apoyo de los altos niveles del Ejecutivo Nacional, en esta voluntad de reformar, de poner al día, de modernizar la Administración Pública, sino que en un futuro próximo, requeriremos evidentemente de un gran apoyo del Parlamento, cuyo funcionamiento también está en la actualidad cuestionado." *V.* A.R. Brewer-Carías, "El Proceso de Reforma Administrativa en Venezuela", OCL *cit.*, p. 39.

1656 *V. La Reforma Administrativa de 1968*. Bogotá, 1970.

1657 *V.* en este sentido el análisis de Roderick T. Groves, "Administrative Reform and Political Development, *loc. cit.*, pp. 41 y ss. *Cfr.* A. R. Brewer-Carías, *Administrative Reform: Latin American Cade Study*, documento preparado para el Seminario sobre "Public Personnel Policies and Administrative Reform", Institut of Development Studies, University of Sussex (12-7-1973).

les de la Administración Pública, sino que en el futuro "ninguna decisión importante sobre la reforma administrativa podrá ser adoptada en los próximos años sin consultar los trabajos adelantados" por -la Comisión de Administración Pública entre 1969 y 1972[1658]. La experiencia planificadora venezolana, por otra parte, no sólo tuvo sus repercusiones en otros países latinoamericanos[1659], sino que fue el elemento catalizador para la constitución del Centro Latinoamericano de Administración para el Desarrollo (CLAD)[1660], respecto de cuyo funcionamiento se solicitó el apoyo financiero del PNUD de las Naciones Unidas[1661]; y para el establecimiento de la Asociación Latinoamericana de Administración Pública, la cual nos correspondió organizar[1662].

Pero la repercusión de mayor importancia del proceso de planificación de la reforma administrativa entre 1969 y 1972 fue la toma de posición de los diversos candidatos Presidenciales en el proceso electoral de 1973 sobre la necesidad de reformar la Administración Pública[1663], y, particularmente, la incorporación en forma exhaustiva, en su programa de Gobierno, de la temática de la Reforma Administrativa, por el Presidente C. A. Pérez[1664]. En efecto, en la *Acción de Gobierno* presentada al electorado en 1973, éste no sólo definió una serie de proyectos de reformas administrativas, cuyo análisis detallado se hará en la segunda parte del capítulo siguiente, sino que precisó el significado y ámbito de la reforma administrativa dentro del proceso de transformación del Estado en Venezuela. En dicho documento, en este sentido, se indicó lo siguiente:

> "La eficacia, autoridad y prestigio de las funciones públicas, exigen un replanteamiento de la organización y funcionamiento de la Administración Central y de los Institutos Autónomos. El deterioro de la actividad de gobierno es causa de grandes despilfarros, entrabamiento e injusticias irritantes y facilita la corrupción. En tal virtud se concebirá la reforma de la Administración Pública como una acción articulada que permita la ejecución de los planes de desarrollo, elimine la dispersión de esfuerzos y recursos, dinamice el servicio público, racionalice el proceso de decisiones del Estado y dignifique sus funciones. Por otra parte, en razón de que el factor humano es el elemento esencial de esta organización, se dará atención especial a todo lo concerniente al personal, institu-

---

1658 *V.* el discurso de Manuel Rachadell, presidente de la CAP a partir de agosto de 1972, en el acto de graduación del Curso Superior de Post-Grado en Administración Pública 1973, el 24 de junio de 1973 (texto policopiado).

1659 *V.* en particular, las referencias que hace W. Jiménez Castro, *Estrategias de la Reforma Administrativa en América Latina,* documento presentado al Seminario Interregional sobre Reformas Administrativas en gran escala, Falmer, Brighton (R. U.), 1971.

1660 *V.* el Proyecto de Centro Regional Latinoamericano de Administración para el Desarrollo en *Revista Internacional de Ciencias Administrativas.* Bruselas, 1972, pp. 234 y s.

1661 *V.* UNDP, *Latin American Centre for Development Administration*, Project número RLA/72/281/A/01/01, 1972.

1662 *V.* CAP, *La Reforma Administrativa en Venezuela, 1969-1971, cit.*, pp. 149 y siguientes y los folletos publicados por la Asociación *Nace la ALAP*. México, 1972 *y Estatutos*. Caracas, 1972.

1663 *Cfr.* las coincidencias de los principales candidatos presidenciales en las elecciones de 1973 sobre la reforma administrativa en Luis Buitrago Segura, "Sinopsis de 30 preguntas a nueve candidatos presidenciales", en *El Nacional*. Caracas, 2 de diciembre de 1973, p. D-1.

1664 *V.* C. A. PÉREZ, *Acción de Gobierno*. Caracas, 1973, pp. 7 y ss.

yendo reglamentaciones que den verdadera vigencia y dignidad a la carrera pública. Las acciones más importantes previstas en esta esfera son las siguientes:

1. La formulación de programas de trabajo en todos los niveles de la Administración. Servirá de base a la implantación del principio de la gerencia pública, que concibe la unidad administrativa como una empresa social.
2. El régimen dé los institutos autónomos será totalmente revisado. Se impulsará la legislación que unifique los aspectos funcionales comunes; se aplicarán criterios de coste, controles financieros efectivos y se eliminarán duplicaciones operativas y aun aquellos Institutos cuya inoperancia se haga evidente en esta evaluación.
3. Las empresas del Estado responderán por su gestión sobre la base de rendimiento, para lo cual se fijarán tasas de rentabilidad adecuadas. El costo incurrido por tales empresas en cumplimiento de las funciones de beneficio social que se les encomienden será compensado. Se exigirá la normalización de situaciones irregulares puestas en evidencia por el Congreso Nacional y por la Contraloría General de la República, cuyas recomendaciones han sido ignoradas. Los directorios respectivos se integrarán sobre la base de criterios técnicos y administrativos.
4. La gestión administrativa de todos los entes públicos, descentralizados o no, será evaluada sistemáticamente a nivel presidencial. Tal evaluación irá más allá del desempeño y la eficiencia, ya que se procederá a acentuar la vigilancia y se promoverán las reformas legales que conduzcan a reprimir severamente los delitos contra la cosa pública.
5. Se dignificará a los servidores del Estado mediante la reglamentación y sistematización de la Ley de Carrera Administrativa, y a través de una política de continua capacitación y mejoramiento en servicio; se dictarán normas que mejoren sus relaciones con los ciudadanos en lo concerniente a la atención debida a éstos con rapidez y sin discriminaciones.

   Se pondrá marcado énfasis en la creación y fortalecimiento de una conciencia de servicio en los funcionarios públicos. Estos son, primordialmente, servidores de la colectividad y, como tales, su primer deber es atender al ciudadano, con prontitud, eficacia y cortesía. Una acción de este género, unida a las necesarias reformas técnicas, debe reflejarse en un mejoramiento de los deteriorados servicios públicos, en especial del transporte colectivo, telégrafos, teléfonos, correos y otros, los cuales serán objeto de una reorganización a fondo con el fin de que la prestación de esos servicios se corresponda con sus elevados costos.
6. El desarrollo del derecho contencioso-administrativo, para regular las relaciones del Estado con los ciudadanos protegiendo adecuadamente a éstos y haciendo "efectiva la responsabilidad administrativa de los funcionarios, será una reforma institucional prioritaria que servirá, con las medidas anteriores, para garantizar una administración pública correcta y eficaz"[1665].

1665 *V.* C.A. Pérez, *Acción de Gobierno, cit.* pp. 14 y 15.

Una motivación como la transcrita, que coincide con los lineamientos generales seguidos en el proceso de planificación de la reforma administrativa (1968-1972), sirvió, en la referida *Acción de Gobierno*, para la formulación de una serie de proyectos de reformas administrativas a ser ejecutados en el período 1974-1979, tanto en el ámbito estructural a escala nacional (sectores) y a nivel regional (regionalización), como en el ámbito de los sistemas, particularmente los de planificación y presupuesto.[1666]

En esta forma, indudablemente, que el proceso de ejecución de la reforma administrativa en Venezuela tenía a comienzos del período constitucional del Presidente C. A. Pérez, todos los elementos necesarios para su realización definitiva: planificación previa; definición de áreas y sectores prioritarios; compromiso y decisión política del Presidente de la República de ejecutarla; recursos fiscales abundantes; y respaldo mayoritario del Gobierno en el Congreso resultante de las elecciones de 1973. No ejecutar la reforma administrativa en estas condiciones era perder una oportunidad única para hacer la revolución administrativa que tanto necesita el Estado en Venezuela, como parte de su transformación institucional[1667].

CAPÍTULO 18. ALGUNOS CRITERIOS PARA LA TRANSFORMACIÓN DE LA ADMINISTRACIÓN PÚBLICA COMO INSTRUMENTO DE DESARROLLO: LAS PROPUESTAS DE 1972 Y LOS PROYECTOS DE 1974

Como resultado de la labor de planificación de la reforma administrativa en Venezuela, en 1972 la Comisión de Administración Pública entregó al Presidente de la República un Plan de Reforma Administrativa contenido en el *Informe sobre la Reforma de la Administración Pública Nacional*[1668] el cual se elaboró teniendo como fundamento una serie de criterios[1669] que, puede decirse, ya están admitidos en forma general en todas las experiencias de reforma administrativa de América Latina desarrolladas en los últimos años, particularmente las de México y Perú, así como en la doctrina latinoamericana, que más ha contribuido a la formación de una concepción de la Administración Pública y su reforma adaptada a nuestros países[1670].

1666 *Idem*, pp. 7, 11, 28 y ss.

1667 En su discurso de toma de posesión de la Presidencia de la República, el 12 de marzo de 1974, el Presidente C. A. Pérez ratificaba su decisión y voluntad de ejecutar la Reforma Administrativa: "Emprenderé igualmente —decía—, una acción seria y perseverante de *Reforma Administrativa Integral*, la cual comprenderá los aspectos estructurales, funcionales, de selección y remuneración de personal y de control gerencial." *V.* en *El Universal*. Caracas, 13 de marzo de 1974, páginas 1-111. Debe destacarse, además, la coincidencia de criterios en el campo de la necesidad de emprender la *Reforma del Estado* y de la Administración Pública, entre el Gobierno y la oposición en marzo de 1974.

1668 Caracas, 1972, 2 volúmenes, 645 y 621 pp. respectivamente

1669 *V.* A.R. Brewer-Carías, "Las Propuestas de Reforma de la Administración Pública Venezolana (1972)", en *Revista Internacional de Ciencias Administrativas*. Bruselas, 1972, pp. 252 y ss. *Cfr.* M. Rachadell, "Criterios para la Reforma Administrativa", en CAP, *La Reforma Administrativa en Venezuela* (Ponentes M. Rachadell y G. Quintero (multigrafiado). Caracas, noviembre 1973.

1670 *V.*, por ejemplo, Alejandro Carrillo Castro, *La Reforma Administrativa en México*. México, 1973; Instituto Nacional de Planificación, *Modelo de la Administración Pública Peruana*. Lima, abril 1972. Wilburg Jiménez Castro, *La Administración Pública para el Desarrollo Integral*. México, 1971; Juan I.

Dichos criterios fueron, por una parte, el criterio de sistema para la formulación de todas las propuestas de reformas estructurales y funcionales y, por la otra, el criterio de la regionalización de todas las actividades públicas.

En cuanto al criterio de sistema, se ha entendido por tal el conjunto armónico y coherente de normas, órganos y procesos destinados a permitir que las instituciones públicas puedan lograr eficientemente sus fines institucionales, mediante la utilización adecuada de sus insumos[1671]. Aplicado dicho criterio a los diversos fines del Estado, identificados en los "sectores de actividad pública", se evidencia que las diversas instituciones que integran la administración pública no están integradas coherente y ordenadamente de manera de alcanzar, con la mayor eficacia, los fines públicos perseguidos. Por ello, identificados los sectores de actividad pública para alcanzar los fines de cada uno de ellos, se propuso la integración de todos los organismos que concurren a realizar actividades en el mismo, en un sistema —en este caso, un sistema sectorial— compuesto por un Ministerio —como órgano central del sistema— que gobierne el sector respectivo, y las diversas instituciones —órganos ministeriales, institutos autónomos, empresas del Estado, etcétera—, que como ejecutoras de las actividades públicas del sector, lo administren[1672].

Asimismo, aplicado el criterio del sistema a las diversas funciones instrumentales que la administración debe cumplir para alcanzar eficientemente cualesquiera de las metas sectoriales que tiene impuestas —funciones instrumentales asesoras o auxiliares identificadas a través de la planificación, el presupuesto, la estadística, la contabilidad gubernamental, las compras y suministros gubernamentales, la comunicación pública, la informática, etc.—, también se propuso la integración de todos los organismos que concurren a realizar actividades en las mismas, en un sistema —en este caso, un sistema instrumental o funcional— compuesto por un órgano central ubicado en un Ministerio de la Presidencia de la República como regla general, y excepcionalmente en el Ministerio de Hacienda, y por las diversas entidades ubicadas en los distintos organismos públicos que realizan actividades en los diversos sectores. En este sentido, tanto las propuestas de reforma de las estructuras administrativas como de reforma del funcionamiento de la administración pública, estuvieron permanentemente guiadas por el objetivo de establecer adecuados sistemas sectoriales y sistemas funcionales o instrumentales[1673].

Ahora bien, el criterio de sistema como eje de las propuestas de reforma contenidas en el Informe, adquiere particular importancia en relación a la sectorialización de las actividades públicas y la propuesta de integración de los sistemas sectoriales.

Jiménez Nieto, *Política y Administración*. Madrid, 1970; J. M. Jácome, *La Planificación Administrativa*. Santo Domingo, República Dominicana, 1968.

1671 *V. Informe sobre la Reforma de la Administración Pública Nacional*. Caracas, 1972, Vol. I, p. XV y Vol. II, pp. 3 y ss. Sobre la utilización del criterio de sistema en Latinoamérica. V. Wilburg Jiménez Castro, "Sistemas Prioritarios para la Administración del desarrollo", en ONU, *Aspectos Administrativos de la Planificación. Documentos de un Seminario*. Nueva York, 1968, pp. 222 y ss.; Juan I. Jiménez Nieto, *Política y Administración, cit.*, pp. 31 y ss.; Alejandro Carrillo Castro, *La Reforma Administrativa en México, cit.*, pp. 20 y ss.; Luis Enrique Aray, *Análisis de Sistemas y Administración Pública*. Caracas, 1972 y 1973.

1672 *V. Informe sobre la Reforma de la Administración Pública Nacional, cit.,* Vol. I, segunda parte, La Reforma Funcional, pp. 3 y ss

1673 *Idem,* Vol. II, tercera parte, La Reforma Funcional, pp., 3 y ss

En efecto, en cuanto al criterio de la sectorialización, éste surgió del estudio de los fines del Estado de acuerdo al enfoque e interpretación que se hizo del papel del Estado como conformador del orden económico y social. En este sentido se identificaron cuatro funciones básicas del Estado venezolano en los inicios de este último tercio del siglo XX, que lo configuran como un Estado Democrático y Social de Derecho, de economía mixta: en, primer lugar, las funciones de política, defensa y seguridad pública, clásicas en el Estado Moderno; en segundo lugar, las funciones de desarrollo económico, más propias de la transición del Estado Demo-liberal al Estado Social de Derecho; en tercer lugar, las funciones de desarrollo social, como características de esa creciente responsabilidad conformadora del orden social del Estado latinoamericano; y en cuarto lugar, las funciones de desarrollo físico y ordenación territorial, consecuencia hasta cierto punto del esfuerzo de integración nacional tan característico de nuestro estado de desarrollo. Cada una de esas cuatro funciones estatales básicas configuran los siguientes grupos de actividades públicas coherentes, denominadas "sectores de actividad pública":

En primer lugar, las funciones de política, defensa y seguridad pública, compuestas por los siguientes sectores: 1) relaciones políticas interiores; 2) relaciones políticas exteriores; 3) defensa; 4) justicia.

En segundo lugar, las funciones de desarrollo económico, compuestas por los siguientes sectores: 5) finanzas; 6) desarrollo industrial; 7) comercio; 8) turismo; 9) hidrocarburos y minería; 10) desarrollo agropecuario.

En tercer lugar, las funciones de desarrollo social, compuestas por los siguientes sectores: 11) promoción y protección social; 12) desarrollo cultural; 13) asuntos laborales; 14) previsión y seguridad social; 15) educación; 16) salud.

En cuarto lugar, las funciones de desarrollo físico y ordenación territorial, compuestas por los siguientes sectores 17) desarrollo urbano y vivienda; 18) transporte; 19) comunicaciones; y 20) recursos naturales renovables[1674].

De acuerdo a la referida definición de veinte sectores como fines del Estado o "actividades públicas coherentes", todas las propuestas de reforma estructural y de reforma funcional contenidas en el Informe, estuvieron condicionadas por lo misino: en el ámbito estructural, por la integración y organización nacional de las diversas instituciones que concurren en las actividades sectoriales respectivas, como sistemas sectoriales; y en el ámbito funcional, por la sectorialización de los sistemas de planificación, presupuesto, estadística, contabilidad, etc., y por tanto, por su progresiva desconcentración en muchos casos.

Aparte del criterio de sistema, el segundo criterio que guió los trabajos de programación de la reforma administrativa a cargo de la Comisión de Administración Pública entre 1969 y 1973, fue el de la regionalización, es decir, el de la progresiva desconcentración ordenada de las actividades públicas nacionales -tradicionalmente centralistas- hacia las ocho regiones administrativas en las cuales se dividió el país, como niveles óptimos de programación y de ejecución coordinada de las actividades públicas nacionales, estadales y municipales; y con el objetivo de lograr, mediante dicho proceso, una participación cada vez mayor de los Estados y Municipalidades

---

1674 *Ibídem*, Vol. I, pp. 250 y ss.

en el proceso de desarrollo nacional, a través del desarrollo regional[1675]. El criterio de la regionalización, en esta forma también fue una pieza esencial de la reforma funcional, al exigir la regionalización también progresiva de los sistemas instrumentales o funcionales y, entre ellos, principalmente, el de planificación.

Conforme a los criterios señalados, el de sistema, con su aspecto de sectorialización, y el de la regionalización, en el Informe se formularon las bases para un Plan de Reforma Administrativa en tres aspectos fundamentales: la reforma de las estructuras administrativas (Reforma Estructural) la reforma del funcionamiento de la administración pública (Reforma Funcional), y la reforma del régimen jurídico de la administración pública.

La Reforma Estructural, tal como se definió en la Instrucción Presidencial RA-1, de 13 de mayo de 1970, mediante la cual se establecieron los lineamientos generales 'de la Reforma Administrativa en la Administración Pública Nacional "debe acometer el estudio y posterior adaptación de la estructura organizativa de los diversos organismos públicos, a los programas y funciones que le han sido asignados en el proceso de desarrollo económico y social; revisión y. adaptación que debe hacerse con visión sectorial"[1676]. Conforme a ello, y de acuerdo a los criterios fundamentales anteriormente señalados, se procedió a efectuar un diagnóstico de la estructura de la administración pública nacional, y su confrontación con la definición sectorial de las actividades públicas indicada, dio origen a la formulación de una serie de propuestas de reforma de los organismos de la Presidencia, de los Ministerios y de la administración regional.

En cuanto a los organismos de la Presidencia de la República, se planteó su integración básicamente en dos Ministerios de la Presidencia cuya creación se propuso: el Ministerio de la Secretaría General de la Presidencia del cual dependerían la Oficina Central de Personal y la Oficina Central de Información, como órganos centrales de los sistemas de administración de personal y de comunicación pública; y el Ministerio de Coordinación y Planificación de la Presidencia de la República, del cual dependerían la Oficina Central de Planificación, la Oficina Central de Presupuesto, la Oficina Central de Estadística, la Oficina Central de Informática, y la Escuela Nacional de Administración Pública, como órganos centrales de los sistemas de planificación y reforma administrativa, de presupuesto, de estadística, de informática y de formación y perfeccionamiento de funcionarios públicos[1677]. En cuanto al funcionamiento del Consejo de Ministros, se propuso la creación de cuatro Comisiones Permanentes del Consejo de Ministros de acuerdo a los cuatro grupos de sectores de actividad pública definidos, presididas también por el Presidente de la República, las cuales, con los mismos poderes de decisión del Consejo de Ministros, permitieran a éste el cumplimiento adecuado de los fines derivados de su naturaleza de órgano orientador dé la política nacional[1678].

La reforma de los Ministerios, tal como se propuso en el Informe, respondió a dos criterios fundamentales: por una parte, el fortalecimiento de la estructura minis-

---

1675 *Ibídem,* Vol. I, pp. 386 y ss.

1676 *Ibídem,* Vol. I, apéndice número 7, primera parte, p. 127.

1677 *Ibídem,* Vol. I, pp. 217 y ss.

1678 *Ibídem,* Vol. I, pp. 233 y ss.

terial, fundamentalmente para hacer de los Ministerios los órganos centrales de los sistemas sectoriales —fortalecimiento que se evidencia sobre todo frente a la administración descentralizada—; y por la otra, la sectorialización de las actividades públicas en base a los veinte sectores anteriormente definidos[1679].

Conforme a estos dos criterios, en el Informe se propuso la estructuración de catorce Ministerios, cada uno como responsable en calidad de órgano central, de uno o varios sistemas sectoriales: 1) el Ministerio de Relaciones Interiores, a cargo del sector relaciones políticas interiores; 2) el Ministerio de Relaciones Exteriores, a cargo del sector relaciones políticas exteriores; 3) el Ministerio de Defensa, a cargo del sector defensa; 4) el Ministerio de Justicia, a cargo del sector justicia; 5) el Ministerio de Hacienda, a cargo del sector finanzas y como órgano central de los sistemas de finanzas públicas, en particular, del de contabilidad pública y del de compras y suministros gubernamentales; 6) el Ministerio de Industria y Comercio, a cargo de los sectores desarrollo industrial, comercio (interior y exterior) y turismo; 7) El Ministerio de Minas e Hidrocarburos, a cargo del sector minería e hidrocarburos; 8) el Ministerio de Desarrollo Agropecuario y Recursos Naturales, a cargo de los sectores desarrollo agropecuario y recursos naturales renovables; 9) el Ministerio de Desarrollo Social, a cargo del sector promoción y protección social; 10) el Ministerio del Trabajo y Seguridad Social, a cargo de los sectores de asuntos laborales y seguridad y previsión social; 11) el Ministerio de Educación, a cargo del sector educación; 12) el Ministerio de Sanidad, a cargo del sector salud; 13) el Ministerio de Vivienda y Urbanismo, a cargo del sector desarrollo urbano y vivienda; y 14) el Ministerio de Obras Públicas, Transporte y Comunicaciones, a cargo de los sectores transporte y comunicaciones[1680].

Por otra parte, y mientras se adoptaban las medidas de reforma macro-administrativas previstas en el Informe, tal como se señaló, se propusieron y adoptaron en el campo micro-administrativo en los Ministerios, diversas propuestas de reformas internas, de acuerdo con la orientación definida en el Reglamento del Estatuto Orgánico de Ministerios dictado el 10 de febrero de 1971. En este campo micro-administrativo, los criterios que guiaron dichas proposiciones fueron el de la reconcentración de funciones, dispersas por el desordenado crecimiento interno de los Ministerios actuales; el de la delegación de atribuciones; y el de la redefinición de los niveles de acción administrativa; de las cuales, muchas ya han sido adoptadas[1681].

En cuanto a la reforma de la administración descentralizada, en el Informe se hizo un exhaustivo estudio de los Institutos Autónomos y demás establecimientos públicos y de las empresas del Estado, destacándose no sólo su situación actual, su desarrollo, sus diversas formas jurídicas y su importancia funcional y económica; sino, fundamentalmente, la deformación que ha sufrido la administración descentralizada y sus consecuencias. Entre estas últimas se destacaron las consecuencias administrativas derivadas de la inadecuada distribución de los programas entre los Ministerios y los entes descentralizados; de la adscripción incorrecta de algunos entes descentralizados; de la duplicidad y superposición de funciones entre ellos; y

1679 *Ibídem,* Vol. I, pp. 244 y ss.

1680 *Ibídem,* Vol. I, pp. 269 y ss. *V.* el anexo al capítulo 18, p. 522 y ss.

1681 *V. Informe sobre la Reforma de la Administración Pública Nacional, cit.,* Vol. I, pp. 471 y ss.

de la desintegración de la administración descentralizada en el sistema de planificación[1682]. En base al análisis efectuado y aparte de las medidas de reforma adelantadas desde la promulgación a inicios de 1970, del Reglamento sobre Coordinación, Administración y Control de los Institutos Autónomos, se consagraron en el Informe una serie de propuestas de reforma guiadas por los siguientes criterios: la introducción de las formas jurídicas más apropiadas para las diversas entidades, destacándose la incorporación de la figura del patrimonio autónomo; la sectorialización de la actividad de la administración descentralizada, promoviéndose la adecuada adscripción y sujeción programática de los entes respectivos al Ministerio eje del sector correspondiente; el fortalecimiento de la administración central (ministerial) en relación a los entes descentralizados; y el establecimiento de los medios de control más convenientes sobre los mismos[1683].

Tal como se ha señalado, la reforma estructural no sólo incide sobre la administración central en base al criterio de sistema, sino que también abarca la administración regional o desconcentrada. Por ello, en el Informe se realizó un completo análisis del proceso de regionalización administrativa, lo que además de haber orientado la reforma del Decreto núm. 72, de 11 de junio de 1969, mediante el reciente Reglamento de Regionalización Administrativa, dictado por Decreto núm. 929, de 5 de abril de 1972, permitirá el desarrollo sucesiva de este proceso con adecuados criterios[1684]. Tal como ya se ha indicado, el proceso de regionalización administrativa se ha venido desarrollando con vistas a lograr una adecuada desconcentración del poder de decisión de las autoridades nacionales hacia las regiones, a la vez que una conveniente participación de las entidades político-territoriales locales en la toma de decisiones regionales. De ahí el Comité Regional de Gobierno que el reciente Reglamento de Regionalización Administrativa ha previsto con la participación activa de los Gobernadores de cada región como entidad embrionaria de una futura administración y gobierno regional.

La Comisión de Administración Pública estuvo consciente de que la reforma de la administración pública nacional no se agota con la sola reforma de las estructuras administrativas, sino que aquélla incide igualmente sobre el funcionamiento de la administración, de manera de lograr racionalizar y perfeccionar los sistemas, procedimientos y métodos administrativos, adaptándolos a las nuevas técnicas; todo ello con el objeto de obtener un adecuado funcionamiento de los diversos organismos, que permita, con mayor eficacia, el logro de los cometidos sectoriales, así como también un mayor rendimiento y productividad del gasto público[1685].

En base a dicha orientación, en el Informe se hizo un detenido análisis del funcionamiento de los diversos sistemas funcionales o instrumentales de nuestra administración pública, y se formularon una serie de propuestas de reforma de los sistemas de planificación, de presupuesto, de estadísticas, de contabilidad gubernamental, de comunicación pública, de compras y suministros y de informática. En el Informe no se incluyeron las propuestas de reforma del sistema de administración de personal, pues como se dijo, la labor de la Comisión de Administración Pública en

1682 *Idem,* Vol. I, pp. 295 y ss.

1683 *V. Informe sobre la Reforma de la Administración Pública Nacional, cit.* Vol. I, pp. 349 y ss.

1684 *V.* el *Informe sobre la Reforma de la Administración Pública Nacional, cit.* Vol. I, pp. 386 y ss.

1685 *Idem,* Vol. II, pp. 8 y ss.

dicho campo, desarrollada en la década de los años sesenta, concluyó con la elaboración en 1970 del Proyecto de Ley de Carrera Administrativa, cuya posterior aprobación dio lugar a la separación de la Oficina Central de Personal como entidad aparte de la Comisión.

El criterio fundamental que guió las propuestas de reforma de los diversos sistemas, fue el del establecimiento de un órgano central de cada uno, generalmente situado en los Ministerios de la Presidencia de la República y, excepcionalmente, en el Ministerio de Hacienda, y una serie de unidades institucionales o sectoriales integradas a cada sistema. Esta, en definitiva, es la consecuencia más importante de la utilización del criterio de sistema en el análisis del funcionamiento de la administración pública[1686].

En cuanto al sistema de planificación, cuyo establecimiento se inició en nuestro país con la creación de la Oficina Central de Coordinación y Planificación en 1958, en el Informe se hizo un completo análisis de su situación, y se formularon una serie de proposiciones para su reforma y perfeccionamiento en base a la experiencia de los años anteriores. Dichas propuestas se refirieron fundamentalmente a la necesidad de sectorializar y regionalizar la planificación, dando una mayor participación en las tareas de elaboración y control del Plan a los órganos centrales de los sistemas sectoriales y demás unidades de cada sector, y a las autoridades regionales, en proceso de formación[1687]. Por otra parte, la reforma del sistema de planificación que se propuso, planteaba necesariamente una vinculación de mayor grado con el sistema de presupuesto, de estadística y de reforma administrativa[1688]. De ahí, la propuesta de estructurar un Ministerio de Coordinación y Planificación de la Presidencia de la República, del cual dependieran las Oficinas Centrales de Planificación, de Presupuesto, de Estadísticas y de Informática, y la Escuela Nacional de Administración Pública[1689] y la decisión adoptada de que en cada Ministerio funcionara una Oficina Ministerial de Planificación y Presupuesto, a cargo, además, de las funciones de estadística y de reforma administrativa[1690]. Por último y, en cuanto a la elaboración del Plan, en el Informe se sugirieron una serie de mecanismos y fórmulas para comprometer en las tareas de planificación, no sólo a las diversas administraciones nacionales y regionales de cada sector, sino principalmente a los órganos políticos representativos de los diversos niveles del país[1691].

Paralelamente a la reforma del sistema de planificación, en el Informe se realizó un completo análisis de la reforma del sistema presupuestario desde 1961 hasta 1972, y, particularmente, en lo que se refiere a la implantación del presupuesto por programas[1692]. Por ello se hizo especial referencia a la reforma del sistema presupuestario efectuada en 1971, cuando se eliminó la dualidad presupuestaria existente hasta esa fecha entre un presupuesto tradicional, en la Ley y un presupuesto por

1686 *V. Informe sobre la Reforma de la Administración Pública Nacional, cit.,* Vol. II, pp. 10 y ss

1687 *Idem,* Vol. II, pp. 30 y ss.

1688 *Ibídem,* Vol. II, pp. 41 y ss.

1689 *V. Informe sobre la Reforma de la Administración Pública Nacional, cit.,* Vol. I, pp. 226 y ss.

1690 *Idem,* Vol.II, pp. 235 y ss.

1691 *Ibidem,* Vol. II, pp. 49 y ss.

1692 *V. Informe sobre la Reforma de la Administración Pública Nacional, cit.,* Vol. II, pp. 71 y ss.

programas en sus anexos. En todo caso, entre las propuestas de reforma que se formularon, se destacan las contenidas en el Proyecto de Ley Orgánica de Presupuesto, tendientes, fundamentalmente, a hacer del presupuesto-programa un medio de ejecución anual del Plan de la Nación, de carácter quinquenal, consolidándose dicha vinculación con la ubicación de la Oficina Central de Presupuesto en el Ministerio de Coordinación y Planificación dé la Presidencia de la República, mediante el traslado a la Presidencia de la Dirección Nacional de Presupuesto actualmente dependiente del Ministerio de Hacienda; y a sectorializar el Presupuesto, conforme a los sectores de actividad pública definidos. Asimismo, deben destacarse las normas de dicho proyecto que buscan superar la rígida anualidad presupuestaria, sobre todo en materia de remuneración de funcionarios públicos[1693].

En el Informe se planteó también la reforma del sistema estadístico, con el objeto de adecuarlo a las necesidades de la planificación del desarrollo. En efecto, el diagnóstico que se efectuó de la función estadística puso en evidencia la necesidad de estructurarla como un sistema, con un órgano central, que como Oficina Central de Estadísticas dependiera del Ministerio de Coordinación y Planificación de la Presidencia de la República, trasladando a la Presidencia, por tanto, la actual Dirección General de Estadísticas y Censos Nacionales del Ministerio de Fomento[1694]. Las propuestas de reforma del sistema estadístico contenidas en el Informe, se orientaron, además, por la necesidad de sectorializar y regionalizar las estadísticas mediante la creación de oficinas sectoriales y regionales integradas dentro del sistema. En todo caso, como medida inmediata para la reforma del sistema estadístico, se propuso la creación de un Consejo Nacional de Estadísticas, constituido posteriormente en 1973, continuador de la labor que embrionariamente realizaba el Comité de enlace para Asuntos Estadísticos, creado en julio de 1971 por la Oficina Central de Coordinación y Planificación, el cual estaría vinculado a la Dirección General de Estadísticas y Censos Nacionales del Ministerio de Fomento[1695].

La reforma del sistema de contabilidad pública fue también objeto de análisis en el Informe. En efecto, del diagnóstico que se efectuó se puso en evidencia que la contabilidad pública en Venezuela no se llevaba como sistema por el Ejecutivo Nacional, pues la centralización y auditoría del sistema contable se atribuía por la Ley Orgánica de la Hacienda Pública Nacional a la Contraloría General de la República, a los efectos del control fiscal[1696]. Las nuevas técnicas de planificación y presupuesto-programa y la importancia que ha adquirido la contabilidad moderna como instrumento de administración y toma de decisiones, determinaba, al contrario, sin perjuicio de las atribuciones de la Contraloría, la conveniencia y necesidad de que el órgano central del sistema fuera una unidad que dependiera del Poder Ejecutivo. Por ello, en el Informe se propuso la creación de una Dirección Nacional de Contabilidad en el Ministerio de Hacienda, establecida posteriormente en 1973, que como órgano central del sistema, asumiera las funciones normativas y contraloras del

1693 *V. Informe sobre la Reforma de la Administración Pública Nacional, cit.*, Vol. II, pp. 98 y ss. y 249 y ss.

1694 *Idem*, Vol. II, pp. 109 y ss.

1695 *Ibídem*, Vol. II, pp. 130 y ss.

1696 *V. Informe sobre la Reforma de la Administración Pública Nacional, cit.*, Vol. II, pp. 137 y ss.

mismo, y de centralización de toda la información contable proveniente de los organismos de la administración pública nacional[1697].

En cuanto a la reforma del sistema de comunicación pública, el Informe, siguiendo los lineamientos dados por el Presidente de la República sobre las relaciones entre la administración pública y el público en general, no sólo contenía un diagnóstico de su situación, sino que desarrolló una serie de propuestas de reforma, tendientes a establecer un sistema de informaciones descendentes y ascendentes, que permitiera a la administración tener un conocimiento adecuado de las relaciones de los ciudadanos frente a los servicios que les presta, y a los particulares, un conocimiento exacto de lo que el sector público les ofrece[1698]. La Oficina Central de Información, en esta forma, como dependencia del Ministerio de la Secretaría General de la Presidencia de la República, asumiría el papel de órgano central del sistema de comunicación pública descendente (Comunicación al público) y ascendente, además de asumir la dirección de todos los medios de comunicación del Estado[1699].

El Informe abarcó también los aspectos relativos a la reforma del sistema de compras y suministros gubernamentales, en relación al cual la Comisión de Administración Pública desarrolló una labor importante, sobre todo en el campo microadministrativo, en la década de los sesenta. Sin embargo, en este campo, puede decirse que aún no se ha podido integrar dentro de un sistema a la administración de los recursos materiales destinados a la adquisición de bienes y materias necesarios para la ejecución de los planes y programas administrativos[1700]. Por ello, en el Informe se propuso la creación de una Dirección de Racionalización y Control del Gasto Público en el Ministerio de Hacienda que asumiera las funciones de órgano central del sistema de compras y suministros gubernamentales; y como medida inmediata para implementar las reformas, se propuso la creación de un Consejo Nacional de Compras y Suministros, vinculado a la Dirección General de Finanzas Públicas del Ministerio de Hacienda[1701].

En cuanto a la reforma del sistema de Informática, en el Informe se analizó la situación del proceso de automatización de la información y del procesamiento de datos en el sector público, y se reseñaron las medidas de reforma que se implementaron desde 1965 con la creación del Comité Consultivo de Computación de la Comisión de Administración Pública[1702]. En el Informe se destacó en especial la importancia de la decisión recientemente adoptada en Consejo de Ministros, que estableció para toda la administración las cláusulas de condiciones generales mínimas (contrato-tipo) para los contratos de arrendamiento de equipos de procesamiento automático de datos; medida que fue posteriormente recomendada a todos los gobiernos latinoamericanos por la II Conferencia de Autoridades Gubernamentales de Informática, celebrada en México en abril de 1972[1703]. Como base para la reforma del

1697 *Idem,* Vol.II, pp.- 160 y ss.

1698 *Ibídem,* Vol. II, pp. 176 y ss.

1699 *V. Informe sobre la Reforma de la Administración Pública Nacional, cit.*, Vol. I, pp. 2233 y ss.

1700 *Idem,* Vol. II, pp. 183 y ss.

1701 *Ibídem,* Vol. I, pp. 121 y ss.

1702 *Ibídem,* Vol. II, pp. 197 y ss.

1703 *V. Informe sobre la Reforma de la Administración Pública Nacional, cit.,* Vol. II, pp. 313 y ss.

sistema de Informática, en el Informe se propuso la creación de la Oficina Central de Informática en el Ministerio de Coordinación y Planificación de la Presidencia de la República, que asumiera ampliadas, las competencias del actual Comité Consultivo de Computación, no sólo como órgano central del sistema, sino como autoridad gubernamental en materia de informática[1704].

Por último, es de destacar en relación a las propuestas de reforma de todos los sistemas instrumentales y funcionales, la importancia que dentro de los mismos tienen tanto las dependencias sectoriales o institucionales como las regionales que los integran. Por ello, algunas medidas se adelantaron y entre ellas la señalada creación en todos los Ministerios de una Oficina Ministerial de Planificación y Presupuesto que funciona como organismo sectorial o institucional, según los casos, de los sistemas de planificación, de presupuesto, de estadística y de reforma administrativa. Las oficinas de personal, las oficinas de información y relaciones públicas, las direcciones de administración y los centros de procesamiento de datos de los diversos organismos públicos, por su parte y respectivamente, habría de estructurarse como organismos sectoriales o institucionales, en su caso, de los sistemas de administración de personal, de comunicación pública, de contabilidad pública, de compras y suministros y de informática[1705].

Pero la reforma de la administración pública, en sus aspectos estructurales y funcionales tal como se ha resumido anteriormente y como se desarrolló en forma exhaustiva en el Informe, para poder ser implementada adecuada y totalmente, requería de un basamento legal, todavía en 1974, inexistente. En efecto, el ordenamiento jurídico de la administración venezolana requería urgentemente de una reforma y de una reformulación de manera que no sólo le permitiera a aquélla cumplir cabalmente con sus cometidos, sino que también garantizara a los particulares la invulnerabilidad o el restablecimiento de sus situaciones jurídicas frente a la administración. Por ello, aparte de todas las reformas de carácter estructural y funcional, se propusieron diversas medidas tendientes a lograr la reforma del régimen jurídico de la administración pública nacional[1706], contenidas en los textos comentados de los proyectos de Ley Orgánica de la Administración Pública Nacional, de Ley Orgánica de las Entidades Descentralizadas, de Ley de Procedimientos Administrativos, de Ley Orgánica de la Jurisdicción Contencioso-Administrativa y de Ley de la Jurisdicción Constitucional[1707].

En efecto, desde el punto de vista orgánico, y en relación a la administración central, el Estatuto Orgánico de Ministerios de 1950 requería de una urgente reforma no sólo para que pudiera, mediante la Ley Orgánica de la Administración Pública Nacional, integrarse adecuadamente a la estructura ministerial en forma sectorial, sino para que también pudieran regularse los organismos de la Presidencia de la República, muchos de los cuales carecían todavía en 1974 de una normativa que los rigiera completamente. En este sentido, el proyecto de Ley Orgánica de la Administración Pública Nacional comentado y publicado en el Informe, regulaba no sólo la

---

1704 *Idem,* Vol. I, p. 230 y Vol. II, pp. 224 y ss.

1705 *V. Informe sobre la Reforma de la Administración Pública Nacional, cit.,* Vol. II, pp. 10 y ss.

1706 *V.* A. Quintana Matos, "La reforme du régime juridique de Administration publique national", en *Revista Internacional de Ciencias Administrativas*. Bruselas, 1972, pp. 262 y ss.

1707 *V. Informe sobre la Reforma de la Administración Pública Nacional, cit.,* Vol. II, pp. 343 y ss.

estructura y funciones de la Presidencia de la República, de sus organismos y de los Ministerios, sino también el régimen de la actividad administrativa en cuanto a la competencia, la descentralización administrativa, la desconcentración regional y los archivos de la administración pública, así como el régimen de la responsabilidad de la administración pública nacional[1708].

Por otra parte, el proyecto de Ley Orgánica de las Entidades Descentralizadas tenía por objeto regular el funcionamiento y control de los institutos autónomos, empresas del Estado y patrimonios autónomos, los cuales aún en 1974 no habían sido objeto de regulación legal coherente en nuestro ordenamiento jurídico. En particular debe destacarse la normativa relativa a los patrimonios autónomos, institución que se buscaba introducir por primera vez en nuestro ordenamiento y las normas relativas a la regularización de los diversos controles que debían ejercerse sobre los entes descentralizados[1709].

El régimen de los procedimientos administrativos se previo en el proyecto de Ley de Procedimientos Administrativos que también se comentó y publicó en el Informe, estimándose que su promulgación constituiría uno de los pasos de mayor importancia en la labor de integración del ordenamiento jurídico de la República[1710]. Con una regulación de este tipo se buscaba normar, con carácter general, no sólo el régimen de los actos administrativos, de su formación y de su revisión, sino particularmente los medios de impugnación administrativa de los mismos, en especial los recursos administrativos, como garantías administrativas de revisión de dichos actos[1711].

En el Informe se comentaron y publicaron, además, dos proyectos de cuerpos legales reguladores de garantías jurisdiccionales a favor de los particulares frente a la actividad de la administración pública, de singular importancia: el proyecto de Ley Orgánica de la Jurisdicción Contencioso-Administrativa y el proyecto de Ley de la Jurisdicción Constitucional; ambas también de urgente promulgación en nuestro país.

El primero tenía por objeto desarrollar legalmente el contenido del artículo 206 de la Constitución que atribuye a la jurisdicción contencioso-administrativa la facultad de declarar la nulidad de los actos administrativos generales o individuales contrarios a derecho, incluso por desviación de poder y la competencia para condenar a la administración al pago de sumas de dinero derivadas de su responsabilidad y para restablecer las situaciones jurídicas subjetivas lesionadas por la actividad administrativa. Este proyecto de Ley, de ser aprobado, vendría a llenar un gran vacío existente en nuestro ordenamiento jurídico, pues la materia en la actualidad está escasamente regulada en la Ley Orgánica de la Corte Federal, aún vigente, habiendo sido

1708 *Idem,* Vol. II, pp. 439 y ss.

1709 *Ibídem,* Vol. II, pp. 485 y ss.

1710 *Ibídem,* Vol. II, pp. 505 y ss.

1711 *V.* A. Moles Caubet, "Las Vicisitudes del procedimiento administrativo venezolano", en *Revista Internacional de Ciencias Administrativas*. Bruselas, 1972, pp. 270 y ss.

objeto al contrario de una muy rica doctrina jurisprudencial que debe ahora recogerse y regularse por vía legislativa[1712].

En cuanto al proyecto de Ley de la Jurisdicción Constitucional, al igual que el anterior, también de ser aprobado, vendría a llenar un vacío legal, al regir los medios y mecanismos de impugnación ante la Corte Suprema de Justicia de los actos legislativos de los cuerpos representativos nacionales, estadales y municipales, de los reglamentos ejecutivos y de los actos de gobiernos nacionales. El proyecto de ley también estuvo inspirado en la rica tradición jurisprudencial establecida por la Corte Suprema de Justicia en las últimas décadas, en materia de control de la constitucionalidad de las leyes y demás actos legislativos[1713].

Ahora bien, la formulación de un programa de reformas administrativas como el contenido en el Informe de 1972, no sólo se hizo sin rigidez, sino que se efectuó con clara conciencia de que su ejecución no debía realizarse necesariamente en forma simultánea en todos los campos. Tal como lo hemos expresado en diversas oportunidades, las actividades de reforma administrativa constituyen un proceso sistemático y permanente que no concluye con ninguna de sus etapas, sino que, por el contrario, cada una de ellas provoca nuevas necesidades de cambio administrativo que deben ser atendidas y resueltas. Por ello, a pesar de lo importante que fue el proceso de planificación de la reforma administrativa en Venezuela entre 1969 y 1972, y la implementación parcial de muchas de sus propuestas, ello lo que ha provocado en realidad han sido nuevos proyectos, ideas y necesidades de reforma que deben ser cumplidas, desarrolladas y satisfechas en el futuro, como parte de un trabajo permanente[1714].

En efecto, tal como se señaló, el Plan de Reforma Administrativa formulado en 1972, se hizo teniendo como base una serie de criterios fundamentales adaptados a las más modernas técnicas de organización administrativa. La aplicación de dichos criterios en un caso y tiempo concretos, condujo a la formulación de una serie de propuestas concretas de reforma, las cuales, ciertamente, podían y debían variar con el transcurso del tiempo, y como consecuencia de la reformulación de las prioridades políticas del gobierno. Por ello, por ejemplo, la definición de nuevas prioridades políticas por un nuevo gobierno como el que se inició en 1974, indudablemente que ha conducido a la formulación de proyectos concretos de reforma administrativa, lo cual, sin embargo, no implica la invalidez de los planteamientos y estudios realizados con anterioridad. Al contrario, como se verá, los proyectos de reforma administrativa del Gobierno del Presidente C. A. Pérez en 1974 coincidieron básicamente con los criterios de reforma estudiados y elaborados en el proceso de planificación de la reforma administrativa cumplido hasta 1972. Ello, indudablemente, puso en evidencia un aspecto sustancial de la continuidad del sector público por sobre los cambios de gobierno, que, como manifestación de madurez política, comienzan a destacarse en la democracia venezolana. No hubiera tenido sentido alguno, en todo

---

1712 *V. Informe sobre la Reforma de la Administración Pública Nacional, cit.*, Vol. II, pp. 525 y ss. Sobre la jurisprudencia de la Corte Suprema sobre la materia. *V.* A. R. Brewer-Carías, *Las Instituciones Fundamentales del Derecho Administrativo y la Jurisprudencia Venezolana*. Caracas, 1964.

1713 *V. Informe sobre la Reforma... cit.*, Vol. II, pp. 547 y ss.

1714 *V.* nuestra comunicación de 12 de marzo de 1972 al Presidente de la República presentándole el *Informe sobre la Reforma de la Administración Pública Nacional, cit.*, Vol. I, pp. XXIX y XXX.

caso, la pérdida del esfuerzo humano, de tiempo y de inversión empleado en la planificación de la reforma administrativa entre 1969 y 1972, como consecuencia del cambio de gobierno de 1974, no sólo porque la labor de la Comisión de Administración Pública, entre 1969 y 1973, no tuvo sentido partidista[1715], sino porque el trabajo que se realizó, como lo destacó repetidamente el Presidente Caldera, se hizo para beneficio de los gobiernos sucesivos.

Por otra parte, debe señalarse que si bien hemos defendido reiteradamente el criterio de que la planificación de la reforma administrativa debe ser global e integral, ello no implica, por supuesto, que la ejecución de la misma debe ser también integral y simultánea. Al contrario, consideramos que la ejecución de proyectos de reforma administrativa depende de la coyuntura política y de las prioridades del gobierno que las emprenda, por lo que la ejecución parcial, prioritaria y progresiva puede y debe realizarse. Pero si bien ello es .cierto, sin embargo es indispensable tener en cuenta que toda ejecución parcial de una reforma administrativa debe responder a propuestas y formulaciones generales planificadas. Es decir, consideramos que cualquier intento de ejecución de una reforma parcial —creación de uno o varios Ministerios, por ejemplo— tiene tantas repercusiones sobre el resto de la estructura administrativa que sería insensato, y en cierta forma una vuelta a prácticas usuales en la Administración Pública de las décadas anteriores a 1940, el realizar las reformas sin tener en cuenta y saber exactamente la magnitud de dichas repercusiones, así como las nuevas y distintas necesidades de reforma que la medida concreta pueda provocar. Esto fue, por ejemplo, lo que en 1970 nos hizo oponernos al proyecto de creación de un Ministerio de Vivienda por el Gobierno del Presidente Caldera[1716], pues argu-

---

1715 El esfuerzo por despojar de sentido partidista toda la actividad de planificación dé la reforma administrativa realizada entre 1969 y 1972 durante el Gobierno del Presidente Caldera, fue una constante en el trabajo de la Comisión de Administración Pública, lo cual inclusive se evidenció en las actividades de administración de personal que tuvo a su cargo hasta finales de 1970, las cuales posteriormente, al aprobarse la Ley de Carrera Administrativa, pasaron a ser competencia de la Oficina Central de Personal.

1716 En enero de 1971, concluidas las actividades de la Comisión Redactora del Proyecto de Ley, de creación del Ministerio de Vivienda y Urbanismo del cual formamos parte, nos dirigimos al Jefe de la Oficina Central de Coordinación y Planificación (CORDIPLAN) para hacerle llegar algunas precisiones en torno a nuestra posición en relación a la propuesta de creación de dicho Ministerio. Dichas precisiones fueron las siguientes:

"I. *Antecedentes: la reforma micro-administrativa del Ministerio de Obras Públicas.*

Ante todo quiero recordarle la posición que en relación a la materia tuve en febrero de 1970, cuando en la Oficina Central de Coordinación y Planificación tuvimos oportunidad de discutir sobre la institucionalización del sector vivienda. En dicha oportunidad, ya casi un año, insistía en la conveniencia de reforzar las estructuras administrativas existentes para atacar el problema de la vivienda y como paso previo a la estructuración de un Ministerio de la Vivienda; y, en particular, en reforzar las estructuras del Ministerio de Obras Públicas; en relación a cuya reforma interna (micro-administrativa) la Comisión de Administración Pública había propuesto, entre otras, la integración de una Dirección General de Vivienda y Desarrollo Urbano. Esta idea tuvo acogida tanto de usted como del Presidente de la República, con quien nos entrevistamos para discutir el asunto, el día 20 de febrero de 1970. En dicha oportunidad manifesté mi opinión sobre la inconveniencia de ir en ese momento hacia la creación de un Ministerio de la Vivienda, ya que no sólo no se tenía un diagnóstico administrativo aproximado de todos los sectores de actividad pública y particularmente del sector vivienda, sino que tampoco parecía haber un Plan de Vivienda elaborado.

La idea acogida de reforzar la Dirección General de Vivienda y Desarrollo Urbano del Ministerio de Obras Públicas, a la cual debían adscribirse todos los organismos que integran el sector, como paso previo para una macro-reforma del sector, se la comunique personalmente el día 31 de marzo de 1970 al Ministro de Obras Públicas, al discutir la reforma micro-administrativa de su Ministerio.

Posteriormente, el ciudadano Presidente de la República, en mayo de 1970, designó al actual Ministro de Estado para la Vivienda, decisión a través de la cual se evidenció su decisión política de comenzar a institucionalizar el sector vivienda; decisión ratificada por los Ministros de Obras Públicas y de Estado para la Vivienda al designar, por disposición del Presidente de la República y por Resolución conjunta de 4 de septiembre de 1970, una Comisión ad-honorem con el encargo de preparar un Proyecto de Ley de creación del Ministerio de ,la Vivienda. Aun cuando el presidente de la Comisión de Administración Pública no formaba parte originalmente de dicha Comisión, la misma fue ampliada por otra Resolución conjunta de 14 de octubre de 1970, para incorporarlo a la misma.

A pesar de mi opinión de principios del año 1970 contraria a la creación, para ese momento, de un Ministerio de la Vivienda, he variado mi criterio, en virtud de los estudios realizados con posterioridad, principalmente, de los actos presidenciales y ministeriales señalados, los cuales deben ser apreciados como una decisión política de gran importancia para la reforma administrativa. De ahí mi activa participación en los trabajos de la Comisión redactora del Proyecto de Ley, no sólo desde el punto de vista jurídico, sino desde el punto de vista sustantivo principalmente en torno a las competencias del futuro Ministerio.

II. *Las bases para una reforma macro-administrativa: el caso de la creación del Ministerio de Vivienda y Urbanismo.*

Ahora bien, mis dudas de principios de 1970 sobre la creación del Ministerio de la Vivienda, no tenían sólo por base consideraciones en torno al sector vivienda, sino fundamentalmente referidas al proceso de reforma administrativa. En aquel entonces estimaba y en la actualidad sigo opinando que todo proyecto de crear, fusionar o eliminar Ministerios en la Administración Pública venezolana debe responder a las líneas generales de un Plan de Reforma Administrativa que adopte el Ejecutivo Nacional, como resultado de un diagnóstico y análisis de toda la Administración Pública Nacional. Ello, sin embargo, no significa que supedite el proyecto de crear el Ministerio de Vivienda y Urbanismo a la adopción de esas líneas generales de un Plan de Reforma, pues ante todo estoy consciente de la urgente necesidad que existe de ordenar el sector desarrollo urbano y vivienda. Por eso, en base a los análisis efectuados hasta ahora por la Comisión de Administración Pública de la realidad administrativa del país, apoyo la propuesta de que se institucionalice el sector desarrollo urbano y vivienda, pero haciendo la advertencia de que en mi opinión necesariamente el Ejecutivo Nacional, debe adoptar criterios definidos de reforma administrativa, en relación con otros sectores y Ministerios afectados por la reforma y, en particular, en relación al Ministerio de Obras Públicas.

En efecto, es bien sabido que la reforma propuesta en el sector vivienda y urbanismo afecta considerablemente al Ministerio de Obras Públicas, ya que este Ministerio participa en la actualidad en tres sectores básicos de actividad pública: el sector desarrollo urbano y vivienda; el sector recursos naturales (recursos hidráulicos); y el sector transporte (vialidad). La decisión de sacar del Ministerio de Obras Públicas los programas y actividades correspondientes al sector desarrollo urbano y vivienda, en nuestro criterio, necesariamente y con carácter urgente, requerirán del Ejecutivo Nacional la adopción de criterios definidos sobre los otros sectores de actividad pública en los que participa el Ministerio de Obras Públicas y sobre el mismo Ministerio de Obras Públicas. En este sentido, deberá adoptarse una línea de acción futura definida en relación a la institucionalización del sector transporte y, por ejemplo, en relación a la transformación del Ministerio de Obras Públicas en un Ministerio de Transportes con la adscripción al mismo de todos los programas de vialidad que actualmente desempeña el Ministerio de Obras Públicas y con todos los programas del sector transporte que actualmente desempeña el Ministerio de Comunicaciones. Esta decisión, necesariamente implicaría otras decisiones importantes: la posible independencia del sector telecomunicaciones del sector transporte, y, por tanto, su institucionalización aparte, o al contrario su organización conjunta con el Ministerio de Transportes, que podría ser un Ministerio de Transportes y Comunicaciones.

Además, la definición administrativa de sectores como los de transportes y comunicaciones, y su eventual integración en el Ministerio de Obras Públicas como Ministerio de Transportes o Ministerio de Transporte y Comunicaciones, necesariamente exigiría también la adopción de criterios definidos por el Ejecutivo Nacional en relación a los programas de recursos hidráulicos que actualmente desarrolla el Ministerio de Obras Públicas. En relación a estos programas debe decidirse si habrán de integrarse con los otros programas del sector de recursos naturales, o si por el contrario, lo que no. parece como aconsejable, deben permanecer separados del resto del sector de recursos naturales. En todo caso, no parece adecuado que un Ministerio de Transportes, realice a la vez actividades en el sector de recursos hidráulicos. Además, es de advertir que cualquier criterio que se adopte en torno a estructurar el sector recursos naturales, necesariamente exigiría una decisión también en relación a si dicho sector debe ser organizado administrativamente en forma separada del sector de desarrollo agropecuario o no, es decir, si debe irse hacia un Ministerio de Recursos Naturales integrado con competencias del sector que actualmente desarrolla el Ministerio de Obras Públicas (aguas) y el Ministerio de Desarrollo Agropecuario, con competencias que actualmente desarrolla el Ministerio de Agricultura y Cría, o si por el contrario, debe tenderse hacia un Ministerio de Recursos Naturales y Desarrollo Agropecuario.

III. *Alternativas para la definición de criterios de reforma administrativa en los sectores afectados por la creación del Ministerio de Vivienda y Urbanismo.*

En todo caso, lo que he querido llevar a su ánimo, y a través suyo, al ánimo del ciudadano Presidente de la República y del Consejo de Ministros, es mi preocupación de que la decisión de crear el Ministerio de la Vivienda y Urbanismo, se pueda tomar sin que se tengan criterios definidos en otros campos propios de la reforma administrativa, y que necesariamente serán afectados por dicha decisión. Esta preocupación también la he hecho del conocimiento de la Comisión redactora del Proyecto de Ley de creación del Ministerio de la Vivienda, y he querido dejar constancia resumida de ella, en el Informe final que dicha Comisión ha presentado al Ministerio de Estado para la Vivienda.

A título ilustrativo, y para concluir, quiero esquematizarle algunas alternativas que han venido guiando los trabajos en la Comisión de Administración Pública en relación a las consecuencias de la institucionalización del sector desarrollo urbano y vivienda, en un Ministerio de Vivienda y Urbanismo.

Primera alternativa:

a. Institucionalizar el sector desarrollo urbano y vivienda en un Ministerio de Vivienda y Urbanismo como el que se ha propuesto;

b. Institucionalizar el sector transporte en un Ministerio de Transportes, con las competencias en materia de vialidad y transporte del Ministerio de Obras Públicas, y en materia de transporte del Ministerio de Comunicaciones;

c. Institucionalizar, el sector comunicaciones en un Ministerio de Comunicaciones, con las competencias en la materia del actual Ministerio de Comunicaciones;

d. Institucionalizar el sector recursos naturales (renovables) en un Ministerio de Recursos Naturales, con las competencias en materia de recursos hidráulicos, del Ministerio de Obras Públicas y en materia de recursos naturales renovables del Ministerio de Agricultura y Cría; y

e. Institucionalizar el sector desarrollo agropecuario en un Ministerio de Desarrollo Agropecuario, con las otras competencias del Ministerio de Agricultura y Cría.

Segunda alternativa:

a. Institucionalizar el sector desarrollo urbano y vivienda en un Ministerio de Vivienda y Urbanismo, tal como se ha propuesto;

b. Institucionalizar los sectores transporte y comunicaciones en un Ministerio de Transporte y Comunicaciones, con las competencias indicadas en los puntos b. y c. de la primera alternativa; y

c. Institucionalizar los sectores recursos naturales y desarrollo agropecuario en un Ministerio de Desarrollo Agropecuario y Recursos Naturales, con las competencias indicadas en los puntos d. y e. de la primera alternativa.

En resumen, los Ministerios directamente afectados por la creación del Ministerio de Vivienda y Urbanismo (aparte de los actuales Ministerios de Fomento y Sanidad y Asistencia Social), serían el Ministerio de Obras Públicas, el Ministerio de Comunicaciones y el Ministerio de Agricultura y Cría; por lo que conforme a las alternativas señaladas, la creación del Ministerio de Vivienda y Urbanismo, de tres Ministerios existentes actualmente podría dar lugar, en la primera alternativa a cinco Ministerios (Ministerio de Vivienda y Urbanismo; Ministerio de Transportes; Ministerio de Comunicaciones; Ministerio de Recursos Naturales; y Ministerio de Desarrollo Agropecuario); y en la segunda alternativa, a tres Ministerios (Ministerio de Vivienda y Urbanismo; Ministerio de Transportes y Comunicaciones; y Ministerio de Desarrollo Agropecuario y Recursos Naturales).

mentábamos que para ese momento el Gobierno no tenía adoptados criterios centrales que le permitieran conocer exactamente las repercusiones que dicha medida podía provocar en el resto de la Administración Pública.

Posteriormente, y una vez que definimos en la Comisión de Administración Pública los criterios de reforma y fueron adoptados para la formulación de un plan de reforma administrativa[1717], expresamos nuestra conformidad con el proyecto de creación de dicho Ministerio de Vivienda y Desarrollo Urbanístico, que encuadraba dentro de las propuestas globales proyectadas por la Comisión[1718].

Ahora bien, planificada como ha sido la reforma administrativa, estimamos que en el futuro, con las variaciones y modificaciones resultantes de las prioridades políticas del gobierno, importantes esfuerzos políticos deben realizarse para su ejecución, es decir, para la transformación de la Administración Pública como elemento estratégico del proceso de desarrollo económico y social. La coyuntura política a partir de 1974, para ello, ciertamente que podría considerarse como especialmente favorable, particularmente porque todas las fuerzas políticas participantes en el proceso electoral de 1973 manifestaron su conformidad con transformar la Administración Pública[1719]. Adicionalmente, el Gobierno del Presidente C. A. Pérez tenía, al iniciarse, una mayoría parlamentaria de carácter sustancial, por lo cual no tenía los inconvenientes en materia de reformas administrativas que tuvo en el Congreso el Presidente Caldera. Por último, y quizá lo más importante, la reforma administrativa fue uno de los aspectos centrales del Programa de Gobierno del Presidente C. A. Pérez[1720], en el cual prometió concebir la reforma de la Administración Pública

---

IV. *Conclusión*.

Por último quiero manifestarle mi apoyo personal por la creación del Ministerio de Vivienda y Urbanismo, ya que considero dicho acto como un paso decisivo en el proceso de reforma administrativa. Sin embargo, quiero asimismo, ratificarle mi opinión de que dicho paso debe darse previa la adopción de criterios definidos de reforma en otros sectores, tal como a título ilustrativo, se señala en las alternativas antes expuestas. En este sentido, si se decide la institucionalización del sector transporte, paralelamente a la adopción de la decisión de crear el Ministerio de Vivienda y Urbanismo, deben tomarse las medidas necesarias para comenzar a concentrar en el Ministerio de Obras Públicas los organismos y actividades del sector transporte." *V.* oficio Nº 22 de 11 de enero de 1971 del presidente de la Comisión de Administración Pública al Jefe de CORDIPLAN, en Informe sobre la Reforma de la Administración Pública Nacional, *cit.*, Vol. I, pp. 579 a 584.

1717 *Cfr.* CAP. *Informe Preliminar sobre la Reforma Administrativa en Venezuela* (Cuadernos Verdes). Caracas, 1971, segunda parte, Vol. II.

1718 *V.* el Proyecto de Ley Orgánica de creación del Ministerio de Vivienda y Desarrollo Urbanístico, en *Informe sobre la Reforma de la Administración Pública Nacional, cit.*, Vol. I, pp. 644 y ss., así como los comentarios en pp. 290 y ss.

1719 *Cfr.* por ejemplo la opinión de todos los principales candidatos presidenciales en la encuesta realizada por El Nacional, en torno a la necesidad de la reforma administrativa, en Venezuela, en Luis Buitrago Segura, sinopsis de 30 preguntas a 9 candidatos presidenciales, El Nacional. Caracas, 2 de diciembre de 1973, p. D-l.

1720 *V.* Carlos Andrés Pérez, Acción de Gobierno. Caracas, 1973, pp. 7 y ss. y su discurso de Toma de Posesión de la Presidencia de la República el 12 de marzo de 1974 en *El Universal*. Caracas, 13 de marzo de 1974, pp. 1-11. En este sentido, contrastan las escuetas referencias a la reforma administrativa del programa de Gobierno del candidato de Acción Democrática en 1968, doctor Gonzalo Barrios (*v.* Gonzalo Barrios, *Contrato Nacional de Progreso* —tabloide—. Caracas, 1968), con las referencias abundantes y constantes a la reforma administrativa contenidas en la "Acción de Gobierno" del candidato del mismo partido Carlos Andrés Pérez, electo en el proceso electoral de 1973. Asimismo, y particularmente, contrastan las abundantes referencias a la reforma administrativa contenidas en el Programa de Gobierno del

"como una acción articulada que permita la ejecución de los planes de desarrollo, elimine la dispersión de esfuerzos y recursos, dinamice el servicio público, racionalice el proceso de decisiones de Estado y dignifique sus funciones"[1721]. Conforme a esta orientación, el referido Programa de Gobierno contenía una serie de propuestas de reforma administrativas que analizaremos a continuación, sistematizándolas conforme a los criterios de sectorialización, regionalización y sistema anteriormente expuestos y confrontándolas con las contenidas en el Plan de 1972[1722].

En efecto, en el campo de los fines de política, orden público y defensa, la Acción de Gobierno del Presidente Pérez contenía proyectos de reforma en los sectores de política exterior y de Justicia. En el campo del sector de política exterior, la política internacional definida en la Acción de Gobierno, tal como en ella se expresa, "requiere modificaciones sustanciales en nuestras estructuras administrativas y en el proceso mismo de formulación de políticas. Con ese fin, el Ministerio de Relaciones Exteriores será reorganizado para que pueda atender eficientemente a la creciente presencia de Venezuela en los asuntos internacionales y se creará una Comisión Asesora de Relaciones Exteriores, integrada por personas calificadas de los sectores representativos del país, que contribuya a la definición de políticas que disfruten de amplio consenso nacional"[1723]. Ahora bien, en cuanto concierne a las estructuras administrativas del Ministerio de Relaciones Exteriores, la orientación de la reforma propuesta, si bien no se explicaba, bien podría seguir los lineamientos de las propuestas de 1972, que buscaban definir claramente dos programas fundamentales en dicho Ministerio: las relaciones políticas internacionales por una parte y la administración de la actividad internacional de la República por la otra[1724].

En el campo del *sector justicia*, tres aspectos fundamentales se destacaban en los proyectos de reforma de 1974: la creación de una Comisión Nacional de Reforma Legislativa; la modernización de la legislación relativa al Poder Judicial, y la trans-

---

candidato del Partido Social Cristiano COPEI; Rafael Caldera, electo en el proceso electoral de 1968 (*v.* Rafael Caldera, *Programa de Gobierno, 1969-1974.* Caracas, 1968 —tabloide—, pp. 48 y ss.) con las muy escuetas referencias a la reforma administrativa contenidas en el programa de Gobierno presentado al electorado en 1973 por el candidato del mismo Partido COPEI, doctor Lorenzo Fernández (*v.* Lorenzo Fernández, *Con Lorenzo a la conquista del futuro ya. Caracas, 1973* —tabloide—, también publicado en igual forma —tabloide—, con el título: *Mirando hacia el futuro. Un programa de Gobierno nacionalista para la conquista del futuro ya.* Caracas, 1973).

1721 *V.* C. A. Pérez, *Acción de Gobierno, cit., p. 14. Cfr.* esta orientación, con la similar adoptada en la planificación de la reforma administrativa a partir de 1969 en capítulo 17 y la primera parte del capítulo 18. En su discurso de Toma de Posesión de la Presidencia de la República en marzo de 1974, el Presidente C. A. Pérez se comprometió con el proceso de reforma de la siguiente manera: "Emprenderé igualmente, una acción seria y perseverante de Reforma Administrativa Integral, la cual comprenderá los aspectos estructurales, funcionales, de selección y remuneración de personal y de control gerencial". *V.*, en *El Universal*, 13 de marzo de 1974, pp. 1-11.

1722 Las propuestas de reforma administrativa contenidas en la Acción de Gobierno del Presidente Carlos Andrés Pérez las identificaremos en el texto como "los proyectos de 1974" en contraste con "las propuestas de 1972" que identifican a las Contenidas en el *Informe sobre la Reforma de la Administración Pública Nacional*, al cual se han hecho extensas referencias anteriormente. El criterio sectorial puede consultarse, en la primera parte de este capítulo 18, y particularmente, en el capítulo 13 referido a los fines del Estado.

1723 *V.* Carlos Andrés Pérez, *Acción de Gobierno, cit.*, p. 77.

1724 *V. Informe sobre la Reforma de la Administración Pública Nacional, cit.*, Vol. I, pp. 276 y ss.

formación del régimen penitenciario[1725]. Estos aspectos, indudablemente que también requerían una reforma administrativa en el sector justicia, la cual también podría seguir la orientación de las propuestas de 1972 que estructuraban el Ministerio de Justicia en base a la definición de tres programas básicos del sector: el programa de legislación y seguridad jurídica que comprendía las actividades de reforma legislativa y administración de los registros y notarías[1726] y que podría servir de administración permanente a la Comisión Nacional de Reforma Legislativa; el programa de relaciones con el Poder Judicial y los Cultos[1727], y el programa de Defensa Social que abarcaba las actividades de administración penitenciaria y política judicial[1728].

Por otra parte, en el campo de los fines de desarrollo económico, la *Acción de Gobierno* del Presidente C. A. Pérez contenía propuestas de reformas en el sector de desarrollo industrial, en el sector de hidrocarburos y minería y en el *sector de desarrollo agropecuario*. En el campo del *sector de desarrollo industrial* tal como se expresaba en la Acción de Gobierno, "señalados los objetivos y calificadas sus implicaciones, resulta claro que el Nuevo Desarrollo Industrial descrito no podrá prosperar sino dentro del marco institucional que favorezca y no obstaculice su desenvolvimiento. En este sentido, los organismos del Estado actualmente responsables del fomento industrial sobresalen por su creciente incompetencia. A tal efecto, el Nuevo Desarrollo Industrial, a la vez que reorganizará estos organismos, eliminará requisitos innecesarios, simplificará procedimientos, perseguirá enérgicamente el tráfico de influencias y desarrollará en el personal la competencia y moralidad indispensables para que el servicio sea pronto, oportuno, eficiente y correcto"[1729]. En las propuestas de 1972, la reorganización institucional del sector de desarrollo industrial conllevaba la creación de un Ministerio de Industria o de Industria y Comercio que tuviera a su cargo los programas de planificación, promoción, protección, financiamiento y producción industrial del Estado[1730]; esquema que podría aplicarse a los proyectos de 1974[1731]. En efecto, en éstos se hacen referencia a las mismas actividades fundamentales del sector: la planificación industrial que va implícita en la "definición, precisa de la política económica del Estado"[1732]; las actividades de promoción y fomento industrial[1733] vinculadas al desarrollo tecnológico con fines industriales que conllevaban al proyecto de creación de un Banco Nacional de Tecnolog-

1725 *V.* Carlos Andrés Pérez, *Acción de Gobierno, cit*., pp. 9 y 10.

1726 *V.* Informe sobre la Reforma de la Administración Pública Nacional, *cit.,* Vol. I, p. 273.

1727 *Idem*, Vol. I, p. 273.

1728 *Ibídem*, Vol. I, pp. 272 y ss.

1729 *V.* Carlos Andrés Pérez, *Acción de Gobierno, cit.,* p. 29.

1730 *V.* Informe sobre la Reforma de la Administración Pública Nacional, *cit.,* Vol. I, pp. 276 y ss.

1731 Debe destacarse además, que en el Programa presentado al electorado en 1973 por el candidato del Partido Social Cristiano COPEI, se prometía la creación de un Ministerio de Desarrollo Económico (*v.* Lorenzo Fernández, *Con Lorenzo a la conquista del futuro ya, cit.*, pp. 8 y 11), pero sin indicación alguna de sus posibles competencias. Presumiblemente, sin embargo, dicha propuesta se refería particularmente al sector de desarrollo industrial, ya que un solo Ministerio para todos los sectores del campo de desarrollo económico (finanzas, desarrollo industrial, comercio, turismo, hidrocarburos y minería y desarrollo agropecuario) sería irracional.

1732 *V.* Carlos Andrés Pérez, *Acción de Gobierno, cit*., p. 16.

1733 *Idem*, pp. 26 y ss.

ía[1734]; las actividades de financiamiento industrial que conllevaban la promesa de una total reorganización de la Corporación Venezolana de Fomento, el Banco Industrial y las Corporaciones Regionales[1735] y la transformación de la Comisión de Financiamiento de la Pequeña y Mediana Industria en un Instituto o Corporación autónoma para el Financiamiento de la Mediana y Pequeña Industria[1736]; y las actividades de producción industrial relativas a la administración de las industrias básicas del Estado[1737], que conllevaban a la promesa de "crear al más alto nivel un organismo que centralice eficazmente el conjunto de las industrias básicas para que sea factible la coordinación del desarrollo y pueda controlarse la ejecución de los proyectos y la operación rentable de las empresas"[1738]. En una orientación similar a los proyectos de 1974, en las propuestas de 1972 se pretendía integrar las actividades del sector desarrollo industrial en un Ministerio de Industria y Comercio con competencia para la planificación sectorial industrial y estructurado en diversas unidades organizativas a cargo de los programas siguientes: Promoción Industrial y Desarrollo Tecnológico[1739]; Financiamiento industrial, con actividades de coordinación y control sobre los entes autónomos de financiamiento industrial integrados en una organización (Banco de Desarrollo Venezolano) tipo holding[1740], y Producción Industrial con funciones de control y coordinación sobre las diversas industrias del Estado integradas en un holding de producción industrial del Estado[1741].

En el *sector de Hidrocarburos y Minería*, la *Acción de Gobierno* del Presidente C. A. Pérez centraba la administración de la industria petrolera en la Corporación Venezolana del Petróleo, organismo que debería "regir la industria petrolera nacional", para lo cual se prometía fortalecerla[1742]. No se indicaba, sin embargo, el tipo de reestructuración administrativa que requería la CVP para asumir esa enorme tarea, sobre todo si se procedía a una nacionalización de la industria petrolera antes de producirse la reversión a partir de 1983[1743]. Pensando en el papel de las industrias estatales del sector hidrocarburos y minería en los años venideros, en las propuestas de reforma de 1972 se proponía la integración de un holding petrolero, de la industria del gas y de la industria petroquímica[1744], controlado por una unidad del Ministerio de Minas e Hidrocarburos a cargo del programa de Economía y Producción

1734 *Ibídem*, pp. 30 y 72.

1735 *Ibídem*, p. 31.

1736 *Ibídem*, pp. 28 y 311. El Programa de Gobierno del candidato presidencial del Partido COPEI, en 1973, prometía también dotar de personería jurídica a la Comisión de Financiamiento a la Pequeña y Mediana Industria (CONAFIN). *V.* Lorenzo Fernández, *Con Lorenzo a la conquista del futuro ya, cit.*, p. 8.

1737 *V.* Carlos Andrés Pérez, *Acción de Gobierno, cit.*, pp. 29 y 30.

1738 *Ibídem*, p. 30. El Programa de Gobierno del candidato de COPEI, en 1973, hacía referencia al control estatal de las industrias básicas. *V.* Lorenzo Fernández, *Con Lorenzo a la conquista del futuro ya, cit.*, p. 8.

1739 *V. Informe sobre la Reforma de la Administración Pública Nacional, cit.*, Vol. I, pp. 276 y 277.

1740 *Idem*, Vol. I, pp. 277 y 375.

1741 *Ibídem*, Vol. I, pp. 278, 376 y 377.

1742 *V.* Carlos Andrés Pérez, *Acción de Gobierno, cit.*, pp. 24 y 25.

1743 *Idem*, p. 24.

1744 *V. Informe sobre la Reforma de la Administración Pública Nacional, cit.*, Vol. I, pp. 378 y ss.

Petrolera[1745]; esquema basado, en todo caso, en el fortalecimiento de la Corporación Venezolana del Petróleo, que bien podría servir a los efectos de las reformas a realizarse[1746].

Por último, y en el campo de los fines de desarrollo económico del Estado, particular atención prestaba la Acción de Gobierno del Presidente C. A. Pérez al sector de desarrollo agropecuario. En particular se prometía "introducir la reforma institucional necesaria de los organismos existentes en el sector público agrícola a fin de articular su acción y definir terminantemente las responsabilidades de cada uno de ellos. El paso más importante que se dará con ese fin será la transformación del Ministerio de Agricultura y Cría en el Ministerio de Recursos Renovables, con estructuras modernas y eficaces con un radio de acción más amplio"[1747]. En este mismo sentido, en las propuestas de 1972 se formuló el proyecto de transformar el Ministerio de Agricultura y Cría en un Ministerio de Desarrollo Agropecuario y Recursos Naturales Renovables[1748], con competencia en los aspectos de planificación, investigación, extensión, dotación de tierras e infraestructura, financiamiento y mercadeo agropecuario, realizada a través de diversos entes autónomos, controlados y coordinados por el Ministerio, y competencias además en el campo de los recursos naturales renovables en todos sus aspectos. Debe destacarse además que en los proyectos de 1974 se proponía la creación de un Instituto Nacional de Pesca[1749] para asumir el programa de fomento pesquero[1750].

En el campo de los fines de desarrollo social, la Acción de Gobierno del Presidenta C. A. Pérez contenía importantes propuestas de reforma en los sectores de protección y promoción social, desarrollo cultural, seguridad y previsión social, educación y salud. En efecto, en el sector de Protección y promoción social, indudablemente uno de los que más requieren de una reforma administrativa integral, la Acción de Gobierno contenía una serie de proyectos de reforma especificados en relación a las diversas actividades que componen dicho sector: protección y promoción del niño y la juventud mediante la promesa de "La creación del verdadero Ministerio de la Juventud planteado por Acción Democrática originalmente en 1968. Concebido como un organismo de estudio y de atención integral a la problemática juvenil, orientará y coordinará la acción oficial y la acción privada en este campo de

1745 *Idem*, Vol. I, pp. 280 y ss.

1746 Es de destacar además, que en el sector de minería, el Informe de 1972 proponía la creación de una Corporación Venezolana de Minería para asumir la producción minera estatal (Vol. I, p. 378); propuesta que fue acogida por el Programa de Gobierno del candidato del Partido COPEI, L. Fernández (*V. Con Lorenzo a la conquista del futuro ya, cit.*, p. 9).

1747 *V.* Carlos Andrés Pérez, *Acción de Gobierno, cit., p. 33.* La Reforma señalada se proponía, al constatar que "existe total anarquía y desorganización en los organismos públicos responsables por la conducción del sector", *ídem*, p. 31.

1748 *V. Informe sobre la Reforma de la Administración Pública Nacional, cit.*, Vol. I, p. 281.

1749 *V.* Carlos Andrés Pérez, *Acción de Gobierno, cit.*, p. 38.

1750 En el *Informe sobre la Reforma de la Administración Pública Nacional, cit.*, Vol. I, p. 284, esta actividad se atribuía a una de las Direcciones Generales del Ministerio de Desarrollo Agropecuario y Recursos Naturales Renovables.

tal alto interés"[1751]; bienestar y asistencia social mediante el fortalecimiento de la Dirección de Bienestar Social y la reorganización del Instituto Nacional de Nutrición[1752]; y promoción social, particularmente en las áreas marginales urbanas mediante la reorganización de FUNDACOMUN, quien "se, pondrá al frente de la urgente tarea de rescatar del abandono y la miseria a las poblaciones marginales del país, mediante una política y planes que utilicen los métodos modernos de participación y cooperación de la comunidad"[1753] Ahora bien, las reformas proyectadas en la Acción de Gobierno en relación a las actividades del sector promoción y protección social, no terminan de integrarlo, particularmente si se tiene en cuenta que las mismas, como en dicho documento se afirman, forman parte de una política social más amplia[1754]. Partiendo de esta apreciación, en las propuestas de 1972 se proponía la integración de todas las actividades de protección y promoción social en un Ministerio de Desarrollo Social[1755], al cual le correspondía además de la planificación sectorial correspondiente los programas de protección social (menores, ancianos, bienestar y asistencia social, etc.), y las actividades de desarrollo de la comunidad y promoción popular, integradas en un programa de Promoción y Protección Social[1756]. A dicho Ministerio se atribuía además competencia en materia de deportes, como parte de la protección y promoción social, particularmente de la juventud[1757], y en el sector de desarrollo cultural, a través de programas de Cultura Popular, que integraran todas las actividades relacionadas con la cultura, en una política de promoción social[1758]. En los proyectos de 1974, y en relación con el sector de desarrollo cultural, la Acción de Gobierno prometía "multiplicar y perfeccionar los instrumentos institucionales nacionales y regionales que promuevan el desarrollo y la difusión de la cultura"; la "creación del Consejo Nacional de la Cultura" para trazar las líneas directrices de la política cultural, y la "reorganización y reorientación del INCIBA para que pueda realizar dicha política actuando como centro democrático de estímulo y difusión de los valores culturales y artísticos en escala nacional"[1759].

1751 *V.* Carlos Andrés Pérez, *Acción de Gobierno, cit.,* p. 54. *Cfr.* su discurso de Toma de Posesión de la Presidencia de la República el 12 de marzo de 1974, en *El Universal*. Caracas, 13 de marzo de 1974, pp. 1-11.

1752 *Idem*, p. 67.

1753 *Ibídem*, p. 20. Esta tarea, en el Programa de Gobierno presentado al electorado por el candidato de COPEI, Lorenzo Fernández, se encomendaba a un "Instituto de los Barrios". *V.* L. Fernández, *Con Lorenzo a la conquista del futuro ya, cit.* p. 5.

1754 *V.* Carlos Andrés Pérez, *Acción de Gobierno, cit., p. 54.* No parecía razonable, en este sentido, entonces, la creación de un Ministerio para la realización de uno solo de los programas del sector de promoción y protección social, como el comentado Ministerio de la Juventud, aislando los otros programas sociales del sector. *Cfr. la opinión de* Pedro Berroeta, "Min-Juventud", *El Nacional*, 10 de enero de 1974, p. C-l.

1755 *V. Informe sobre la Reforma de la Administración Pública Nacional, cit.,* Vol. I, pp. 284 y ss. En el Programa de Gobierno sometido al electorado en 1973 por el candidato del partido COPEI, se propugnaba la creación de un Ministerio de Desarrollo Social, respecto del cual, sin embargo, no se daban precisiones. *V.* Lorenzo Fernández, *Con Lorenzo a la conquista del futuro ya, cit.*, pp. 3 y 11.

1756 *V. Informe sobre la Reforma de la Administración Pública Nacional*, Vol. I, pp. 284 y 285.

1757 *Idem*, p. 285.

1758 *Ibídem*, p. 296.

1759 *V.* Carlos Andrés Pérez, *Acción de Gobierno*, cit., pp. 51, 52 y 53. En el Programa de Gobierno sometido al electorado en 1973, por el candidato del partido COPEI, se prometía, en este campo, la reorganización del INCIBA. V. Lorenzo Fernández, *Con Lorenzo a la conquista del futuro ya, cit.*, p. 7. Debe indicarse

En el campo del sector educación, "la revolución educacional" que prometía la Acción de Gobierno del Presidente C. A. Pérez, entre otros objetivos implicaba la reforma de "las estructuras legales y administrativas que sirven de base y de instrumento al sistema educativo"[1760], y el establecimiento en el campo de la educación superior, de "sistemas organizativos y estructurales dinámicos, flexibles y eficientes"[1761]. En sentido similar, en las propuestas de 1972 se proyectaba la reforma del Ministerio de Educación para la realización de tres programas específicos: el programa de docencia, en todas sus facetas, y el programa de educación superior, y el programa de investigación científica y tecnológica, integrado al sistema (planificación) científico y tecnológico[1762].

Por último, en el campo de los sectores de desarrollo social, uno de los proyectos más importantes que contenía la Acción de Gobierno del Presidente C. A. Pérez, era la reforma del sector salud y la integración del sector de seguridad y previsión Social, mediante la reorganización del Ministerio de Sanidad y Asistencia Social y del Instituto Venezolano de los Seguros Sociales[1763] y la creación "de un Servicio Nacional de Salud y Bienestar Social en el cual se reunirán los servicios de atención médica del Ministerio de Sanidad y Asistencia. Social, del Instituto Venezolano de los Seguros Sociales y demás organismos públicos dispensadores de atención a la salud"[1764]. Esta reforma sustancial, que convertiría al Ministerio de Sanidad en el único organismo público prestador de servicios de atención médica (Servicio Nacional de Salud), además de tener sus actividades de medicina preventiva, y que convertiría al Instituto Venezolano de los Seguros Sociales en un organismo exclusivamente de administración de la seguridad social (Caja de Seguridad Social) sin prestar directamente servicios de atención médica, estaba ya incluida en las propuestas de 1972[1765] y ha sido también respaldada por otros partidos políticos distintos a Acción Democrática[1766]. En efecto, en las propuestas de 1972, el Ministerio de Sanidad se estructuraba para el cumplimiento de dos grupos de programas fundamenta-

también que en el campo del sector de Asuntos Laborales, en el referido programa del candidato de COPEI se proponía la creación de un Servicio Nacional de Empleo, *ibídem*, pp. 3 y 4.

1760 *V.* Carlos Andrés Pérez, *Acción de Gobierno, cit.*, p. 43. Una promesa similar contenía el Programa de Gobierno presentado al electorado en 1973, por el candidato del Partido COPEI. V. Lorenzo Fernández, *Con Lorenzo a la conquista del futuro ya, cit.*, p. 5.

1761 *V.* Carlos Andrés Pérez, *Acción de Gobierno, cit.*, pp. 43 y 47

1762 *V. Informe sobre la Reforma de la Administración Pública Nacional, cit.,* Vol. I, pp. 288 y ss.

1763 *V.* Carlos Andrés Pérez, Acción de Gobierno, *cit.*, pp. 61 y 62.

1764 *Idem*, p. 61. *Cfr.* el discurso de toma de posesión de la Presidencia de la República, en *El Universal.* Caracas, 13 de marzo de 1974, pp. 1-11.

1765 *V. Informe sobre la Reforma de la Administración Pública Nacional, cit.*, Vol. I, pp. 289 y ss.

1766 Por ejemplo, en el Programa de Gobierno presentado al electorado por el Partido Social Cristiano COPEI, en 1973, se indicaba lo siguiente: "Para poner al alcance de todos la medicina, se requiere una reorganización institucional de los servicios de atención médica que presta el Estado. La reorganización se hará de manera tal que la asistencia médica esté centrada alrededor del paciente. El Estado venezolano, a través de numerosos servicios, atiende las necesidades del país en materia de salud de la colectividad sin que los resultados correspondan a la magnitud de los esfuerzos humanos y económicos que se realizan. Con miras a corregir esta situación, para garantizar la atención a las necesidades de salud de la gran mayoría de la población venezolana y lograr el uso eficiente de los recursos del Estado, me comprometo a crear el Servicio Nacional de Salud". *V.* Lorenzo Fernández, *Con Lorenzo a la conquista del futuro ya, cit.*, p. 4.

les: los programas de atención médica que se integrarían en el Servicio Nacional de Salud y los programas de medicina preventiva y saneamiento ambiental[1767]. En esta forma, todos los servicios de atención médica que prestaba el Instituto Venezolano de los Seguros Sociales se integrarían en el Servicio Nacional de Salud en el Ministerio de Sanidad, y el IVSS, adscrito al Ministerio del Trabajo y de la Seguridad Social, quedaría exclusivamente como un ente administrador del seguro social[1768]. Sin embargo, esta reforma administrativa en el sector salud y en el sector de seguridad y previsión social, ciertamente es de las más difíciles y problemáticas de realizar, pues la misma, al estar dirigida a beneficiar a la gran mayoría de la población del país, y no a beneficiar a los grupos más poderosos y burocratizados del gremio médico, contará con la oposición de éstos, tradicionalmente influyente[1769]. El peligro de toda acción progresiva para la realización de estas reformas[1770], si bien es indispensable, es que la lentitud que a veces acompaña a la progresividad puede ser el principal enemigo para la realización de la reforma. En todo caso, la Acción de Gobierno del Presidente C. A. Pérez prometía la implantación del Servicio Nacional de Salud durante el período constitucional 1974-1979[1771].

Además de las reformas administrativas propuestas respecto de los sectores de política y seguridad pública, de desarrollo económico y de desarrollo social, la Acción de Gobierno del Presidente C. A. Pérez también proyectaba reformas administrativas en el grupo de sectores de desarrollo físico y ordenación territorial, y particularmente en los sectores de desarrollo urbano y vivienda y de recursos naturales renovables. Las reformas en el sector de recursos naturales renovables están estrechamente vinculadas a la creación del Ministerio de Recursos Renovables, anteriormente comentada, que la Acción de Gobierno del Presidente C. A. Pérez prometía. En el campo del sector de desarrollo urbano y vivienda, en los proyectos de 1974 se reconocía que "la dispersión administrativa, con la consiguiente duplicación de esfuerzos y desperdicio de recursos es uno de los factores que más ha contribuido en Venezuela al crecimiento desordenado de nuestras ciudades, a la proliferación de viviendas insalubres y a acentuar el déficit habitacional del país[1772], por lo que la Acción de Gobierno durante el período 1974-1979 se proponía formular una nueva concepción de urbanismo y vivienda basada en el "planteamiento y acción ejecutiva para el desarrollo equilibrado de núcleos urbanos en el ámbito regional"; dotar "a la administración de capacidad gerencial para el logro de un desarrollo integral de la ciudad"; complementar "la gestión de las Municipalidades mediante la acción del gobierno central"; y en definitiva, transformar "las instituciones actuales a fin de lograr una política uniforme en materia de vivienda, adecuándose fórmulas para la adquisición de tierras con fines urbanos destinadas a viviendas, servicios, áreas recreacionales y ubicación de trabajo"[1773]; en definitiva, una reordenación institucional

1767 *V. Informe sobre la Reforma de la Administración Pública Nacional, cit.*, Vol. I, pp. 289 y ss.

1768 *Idem*, Vol. I, p. 382.

1769 *Cfr.* los comentarios de Carlos Delgado Duarte, "El Servicio Nacional de Salud: Cascabel para tigres", en *El Nacional*, 27 de agosto de 1973, p. C-l.

1770 *V.* Carlos Andrés Pérez, Acción de Gobierno, *cit.*, p. 61.

1771 *Idem*.

1772 *V.* Carlos Andrés Pérez, Acción de Gobierno, *cit.*, p. 68.

1773 *Idem*, p. 69.

integral de los diversos organismos del sector desarrollo urbano y vivienda. Ahora bien, coincidiendo con esos mismos criterios, en las propuestas de 1972 se proponía la creación de un Ministerio de Desarrollo Urbano y Vivienda, siguiendo la política definida por el Presidente Caldera[1774], que integraría los dispersos organismos administrativos que actuaban en el sector[1775], y que bien podría servir de esquema para la reordenación y reforma administrativa prometida en el sector por los proyectos de 1974[1776].

En el campo de los fines de desarrollo físico y ordenación territorial, y particularmente en los sectores de transporte y comunicaciones, en la Acción de Gobierno de C. A. Pérez había una referencia escueta a la necesidad de su reforma y reorganización. En particular se prometía el "mejoramiento de los deteriorados servicios públicos, en especial del transporte colectivo, telégrafos, teléfonos, correos y otros, los cuales serán objeto de una reorganización a fondo con el fin de que la prestación de esos servicios se corresponda con sus elevados costos"[1777]. En las propuestas de 1972, estos servicios se integraban en una estructura ministerial poderosa de servicios que implicaba la creación de un Ministerio de Obras Públicas, Transporte y Comunicaciones mediante la reforma de los Ministerios de Obras Públicas y Comunicaciones y la creación de los Ministerios de Vivienda y Desarrollo Urbanístico y de Agricultura y Recursos Naturales Renovables[1778].

Pero aparte de las propuestas de reforma administrativa formuladas por la Acción de Gobierno del Presidente C. A. Pérez en el ámbito de la Administración Nacional, y que abarcaban tanto a la administración central (Ministerios) como a la administración descentralizada (Institutos Autónomos)[1779], la misma Acción de Gobierno, proyectaba reforzar y ahondar el proceso de regionalización administrativa, siguiendo la política de regionalización administrativa iniciada en 1969 por el Gobierno del Presidente Caldera, así como los criterios contenidos en el Informe de 1972[1780]. En

1774 Tal como se indicó anteriormente, en 1971 el Gobierno presentó al Congreso un Proyecto de Ley para la creación del Ministerio de Desarrollo y Vivienda, que no fue ni siquiera discutido en el Congreso.

1775 *V. Informe sobre la Reforma de la Administración Pública Nacional, cit.*, Vol. I, pp. 290 y ss.

1776 Es de destacar que en el Programa de Gobierno sometido al electorado en 1973 por el candidato del Partido COPEI, se indicaba como requerimiento esencial para la realización de la política de vivienda, concebida no "como una actividad de construcción sino como un elemento básico para el desarrollo social y económico", el que se efectuará con una serie de "cambios institucionales y legales", y entre ellos, la creación del Ministerio de Vivienda y Urbanismo. *V.* Lorenzo Fernández, *Con Lorenzo a la conquista del futuro ya, cit.*, p. 5.

1777 *V.* Carlos Andrés Pérez, *Acción de Gobierno, cit.*, p. 15. Debe señalarse que en el Programa de Gobierno presentado al electorado en 1973 por el candidato del Partido COPEI, también se prometían reformas administrativas, en el sector comunicaciones, donde se proyectaba integrar los servicios de correos y telégrafos en un organismo descentralizado, asignar a la CANTV el desarrollo técnico y mantenimiento de los medios de transmisión de la radio y la televisión estatales y de comunicaciones telegráficas, y realizar la reforma administrativa en el Ministerio de Comunicaciones. *V.* Lorenzo Fernández, *Con Lorenzo a la conquista del futuro ya, cit.*, p. 9.

1778 *V.* Informe sobre la Reforma de la Administración Pública Nacional, *cit.*, Vol. I, pp. 291 y ss.

1779 *V.* Carlos Andrés Pérez, *Acción de Gobierno, cit.*, p. 14.

1780 *V.* el Decreto N° 72 de 11 de junio de 1969 sobre Regionalización Administrativa en el *Informe sobre la Reforma de la Administración Pública Nacional, cit.*, Vol. I, pp. 5:37 y ss., y 629 y ss., así como los comentarios al proceso de regionalización en pp. 386 y ss. Es de destacar además, que el Programa de Gobierno presentado al electorado en 1973 por el candidato del Partido COPEI, insistía en la profundiza-

efecto, en los proyectos de 1974 se insistía en los mismos criterios de las propuestas de 1972: consolidación del reordenamiento de la geografía nacional en el esquema regional adoptado desde 1969[1781]; desconcentración de las actividades de la administración pública nacional en las regiones, de manera que se sitúen "oficinas nacionales en las distintas regiones del país, logrando con esto no sólo una efectiva descentralización de actividades, sino, igualmente, vitalizar el recurso humano y la capacidad creativa regional por los indudables aportes de Ministerios, Institutos Autónomos y Empresas del Estado"[1782]; reformulación del papel de las Corporaciones Regionales de Desarrollo[1783]; consolidación de los mecanismos de coordinación a nivel regional entre los diferentes entes nacionales desconcentrados, las Corporaciones Regionales y los entes locales[1784]; participación de los entes locales en la toma de decisiones regionales[1785], para lo cual la Reforma Municipal proyectada tenía enorme importancia[1786], y desarrollo de un proceso de planificación regional[1787].

Los proyectos de reformas administrativas de 1974, en todo caso, no se limitaron a enfocar aspectos estructurales, sino que también se formularon, respecto a aspectos funcionales de la Administración Pública, y particularmente respecto de los sistemas de planificación, presupuesto, financiero, de control y de información. En efecto, y por lo que se refiere a los sistemas de planificación y presupuesto, en la Acción de Gobierno del Presidente C. A. Pérez, se formularon importantes consideraciones sobre su situación, tendientes a ejecutar una reforma administrativa sustancial respecto de los mismos. En efecto, en los proyectos de 1974 se insistía en el "divorcio irracional entre el Plan de la Nación y los presupuestos anuales", por lo cual se prometía "elaborar los presupuestos anuales según las directrices y metas del Plan de la Nación, lo cual se hará efectivo mediante leyes-programas y otros instrumentos que permitan la coordinación en esta materia entre el Ejecutivo y el Congreso Nacional" y "desarrollar la técnica de los presupuestos por programas a los fines de un desempeño eficiente de los organismos públicos y establecer los controles sobre su ejecución"[1788]. La reforma proyectada en la *Acción de Gobierno* del Presidente C. A. Pérez en materia de planificación y presupuesto, en este sentido, respondía a todos los criterios y motivaciones expuestas en el Informe de 1972, en el cual se proponía, para hacer realmente efectiva la indispensable vinculación que debe existir entre el Plan y los presupuestos anuales, el traslado del órgano central del sistema de Presu-

---

ción del proceso de regionalización y en la descentralización de la toma de decisiones. *V.* Lorenzo Fernández, *Con Lorenzo a la conquista del futuro ya, cit.*, pp. 4, 7, 10 y 11.

1781 *V.* Carlos Andrés Pérez, *Acción de Gobierno*, pp. 7 y 8.

1782 *Idem.*, p. 8; *cfr. Informe sobre la Reforma de la Administración Pública Nacional, cit.*, Vol. I, pp. 386 y ss.

1783 *V.* Carlos Andrés Pérez, *Acción de Gobierno, cit.*, p. 7; *cfr. Informe sobre la Reforma de la Administración Pública Nacional, cit.*, Vol. I, pp. 446 y ss.

1784 *V.* Carlos Andrés Pérez, *Acción de Gobierno*, cit., pp. 7 y 11; *cfr. Informe sobre la Reforma de la Administración Pública Nacional, cit.*, Vol. I, pp. 410 y siguientes.

1785 *V.* Carlos Andrés Pérez, *Acción de Gobierno, cit.*, p. 8; cfr. *Informe sobre la Reforma de la Administración Pública Nacional, cit.*, Vol. I, pp. 417 y ss., y 422.

1786 *V.* Carlos Andrés Pérez, *Acción de Gobierno, cit.*, p. 9 y 111.

1787 *Idem.*, pp. 8 y 11. *Cfr. Informe sobre la Reforma de la Administración Pública Nacional, cit.*, Vol. I, pp. 430 y ss.

1788 *V.* Carlos Andrés Pérez, *Acción de Gobierno, cit.*, pp. 11, 14, 16 y 17.

puesto a la Presidencia de la República para integrar junto con el órgano central del sistema de Planificación, un Ministerio de Coordinación y Planificación de la Presidencia de la República[1789], y la participación del Congreso en el proceso de adopción del Plan[1790]. Por otra parte, al igual que la Acción de Gobierno del Presidente C. A. Pérez, ya en la Instrucción Presidencial sobre los Lineamientos Generales de la Reforma Administrativa del Presidente Caldera de 1970, se insistía en la necesidad de hacer de la técnica de la programación un aspecto centrar y normal del funcionamiento de la Administración Pública[1791], tanto a escala nacional como regional[1792], lo cual, por su parte, fue una motivación central de las propuestas de 1972[1793].

Íntimamente relacionado a la reforma del sistema de Planificación, en los proyectos de 1974 se hizo referencia al establecimiento de un sistema científico y tecnológico que permita establecer "un alto grado de coordinación entre los planes y actividades de los distintos organismos que orientan, realizan, promueven y financian investigaciones"[1794], el cual en las propuestas de 1972 se vinculaba al sistema de planificación y al órgano central del mismo[1795].

El *sistema financiero* también fue objeto de análisis en la *Acción de Gobierno* del Presidente C. A. Pérez, en el cual se hizo referencia particular al control del gasto público, al prometerse "eliminar el cada vez más alarmante despilfarro en la administración pública. Este despilfarro no viene tan sólo de múltiples e ineficientes estructuras y de engorrosos procedimientos, sino de una proliferación burocrática sin justificación y de gastos superfluos crecientes en viáticos, viajes, publicidad, boato y muchos otros renglones, los que serán severamente revisados para dedicar los recursos ahorrados a fines productivos en lo económico y en lo social"[1796]. En sentido coincidente, en las propuestas de 1972 se insistía en este mismo aspecto del sistema financiero, y se proponía la creación de una Dirección General de Contabilidad y Control del Gasto Público, dependiente del Ministerio de Hacienda, para cumplir dichas funciones además de actuar como órgano central del sistema de Contabilidad Gubernamental[1797].

En el campo de los sistemas funcionales de la Administración, el sistema de comunicación pública también fue objeto de comentario especial en los proyectos de 1974. En particular se señaló que "se pondrá marcado énfasis en la creación y fortalecimiento de una coincidencia de servicio en los funcionarios públicos. Estos son, primordialmente, servidores de la colectividad y, como tales, su primer deber es

---

1789 *V. Informe sobre la Reforma de la Administración Pública Nacional, cit.*, Volumen I, pp. 226 y ss.; y Vol. II, pp. 31 y ss.; y pp. 99 y ss.

1790 *Idem.*, Vol. II, pp. 53 y ss.

1791 *V. Ibídem*, Vol. I, p. 135; y C. A. Pérez, *Acción de Gobierno, cit.*, p. 14.

1792 *V. Informe sobre la Reforma de la Administración Pública Nacional, cit.*, Volumen I, p. 430 y ss.; Carlos Andrés Pérez, *Acción de Gobierno, cit.*, p. 11.

1793 *V. Informe sobre la Reforma de la Administración Pública Nacional, cit.*, Volumen II, pp. 30 y ss.

1794 *V.* Carlos Andrés Pérez, *Acción de Gobierno, cit.*, pp. 43 y 72.

1795 *V. Informe sobre la Reforma de la Administración Pública Nacional, cit.*, Volumen I, p. 228.

1796 *V.* Carlos Andrés Pérez, *Acción de Gobierno, cit.*, pp. 13 y 12.

1797 *V. Informe sobre la Reforma de la Administración Pública Nacional, cit.*, Volumen I, p. 274.

atender al ciudadano con prontitud, eficacia y cortesía"[1798]. En sentido similar en las propuestas de 1972 se dio un tratamiento integral a la problemática del sistema de Información o Comunicación Pública, no sólo ascendente, sino descendente, y se insistió particularmente en lo concerniente al mejoramiento de la atención e información al público en los diversos servicios administrativos[1799].

Por último, y también en el campo de los sistemas funcionales, en la Acción de Gobierno del Presidente C. A. Pérez se hizo referencia al *sistema de Control, y en particular, se prometió la reestructuración "mediante una Ley, (de) la Oficina adscrita a la Presidencia de la República para recibir denuncias de la ciudadanía sobre fallas y dolos en la Administración Pública"*[1800].

Aparte de las reformas administrativas en el campo de las estructuras y sistemas administrativos (Reforma Estructural y Reforma Funcional), los proyectos de 1974 también planteaban reformas jurídicas de la administración pública. En efecto, se señalaba en general que "el Poder Ejecutivo tendrá que agilizar su función administradora, para lo cual habrá que recurrir a las necesarias Enmiendas Constitucionales, a la revisión de algunas leyes y a la promulgación de otras previstas en la Constitución que no se han elaborado"[1801], y en particular se prometía "el desarrollo del derecho contencioso-administrativo, para regular las relaciones del Estado con los ciudadanos protegiendo adecuadamente a éstos y haciendo efectiva la responsabilidad administrativa, de los funcionarios", (la cual) "será una reforma institucional prioritaria que servirá, con las medidas anteriores, para garantizar una administración pública correcta y eficaz"[1802]. En este mismo orden de ideas, en las propuestas de 1972 se elaboraron toda una serie de proyectos legislativos, y entre ellos particularmente los proyectos de Ley Orgánica de la Administración Pública Nacional, Ley Orgánica de la Administración Descentralizada, Ley de Procedimientos Administrativos, Ley de la Jurisdicción Contencioso-Administrativa y Ley de la Jurisdicción Constitucional[1803], que bien podrían servir de base para las reformas proyectadas. Dichos proyectos de 1972, elaborados en base a proyectos y trabajos anteriores, configurarían, de ser aprobados, un adecuado régimen jurídico de la Administración Pública y de sus relaciones con los particulares.

Ahora bien, de todos los proyectos de reformas administrativas contenidos en la Acción de Gobierno del Presidente C. A. Pérez, quizá el elemento de mayor importancia que debe destacarse, es el reconocimiento, en el mismo texto de dicho programa de gobierno, de que la ejecución de las políticas y actividades en él compren-

---

1798 *V.* Carlos Andrés Pérez, *Acción de Gobierno, cit.*, p. 15. En el programa de gobierno presentado por el candidato del Partida COPEI al electorado, en el año 1973, se insistía en que "es necesario igualmente hacer un gran esfuerzo para inculcar en la mente de todos los venezolanos que una buena atención al público no es una concesión graciosa de un funcionario, sino un deber íntimamente relacionado con el respeto a la dignidad de la persona humana". *V.* Lorenzo Fernández, *Con Lorenzo a la conquista del futuro ya, cit.*, p. 9.

1799 *V. Informe sobre la Reforma de la Administración Pública Nacional, cit.*, Volumen II, pp. 171 y ss.

1800 *V.* Carlos Andrés Pérez, *Acción de Gobierno, cit.*, p. 7. *Cfr. Informe sobre la Reforma de la Administración Pública Nacional, cit.*, Vol. I, p. 219.

1801 *V.* Carlos Andrés Pérez, *Acción de Gobierno, cit.*, p. 9.

1802 *Idem.*, p. 15. *Cfr.* el Discurso de toma de posesión de la Presidencia de la República del Presidente C. A. Pérez, en *El Universal*. Caracas, 13 de marzo de 1974, pp. 1-11.

1803 *V. Informe sobre la Reforma de la Administración Pública Nacional, cit.*, Vol. II, pp. 343 y ss.

didas, no podrían llevarse a cabo en la forma prevista con las estructuras administrativas existentes, y por tanto el reconocimiento implícito de que sin una reforma administrativa radical, la Acción de Gobierno no podía ser ejecutada completamente[1804]. Un reconocimiento similar, con razón, debe recordarse que estaba contenido en el IV Plan de la Nación 1970-1974[1805], de acuerdo a los criterios expuestos de considerar la transformación de la administración pública como un factor estratégico del desarrollo económico y social[1806]. A comienzos del período constitucional del Presidente C. A. Pérez, lo anterior hacía pensar, con optimismo, en que la reforma administrativa en Venezuela sería ejecutada, contando, como tenía el Gobierno, con todos los elementos y condiciones necesarios para ello. La labor de planificación de la reforma administrativa se había realizado, y a ello se dedicaron tres años (1969-1972) de investigaciones. Con la visión global y de conjunto que esos trabajos suministraron, la labor de adaptación y adecuación de los criterios generales definidos a las prioridades proyectadas por el nuevo gobierno, podía considerarse como una tarea relativamente rápida. El momento de la ejecución de' la reforma administrativa, por tanto había indudablemente llegado, y con ello los verdaderos momentos de dificultades, oposiciones, reacciones y protestas —en suma, de contrarreforma administrativa— también habían llegado.

En efecto, hemos señalado que la reforma administrativa es un proceso difícil y complicado cuya ejecución encuentra innumerables dificultades y reacciones de los

---

1804 Esto se indica expresamente, por ejemplo, en el marco de las reformas propuestas en los sectores de Desarrollo Industrial, Salud, Relaciones Políticas Exteriores y Desarrollo Urbano y Vivienda. En efecto, en el sector de Desarrollo Industrial, se indica expresamente que "resulta claro que el nuevo Desarrollo Industrial descrito *no podrá prosperar* sino dentro del marco institucional que favorezca y no obstaculice su desenvolvimiento. En este sentido, los organismos del Estado *actualmente* responsables del fomento industrial sobresalen por su creciente incompetencia. A tal efecto, el nuevo Desarrollo Industrial a la vez *que reorganizará* estos organismos, eliminará requisitos innecesarios, simplificará procedimientos...". *V.* Carlos Andrés Pérez, *Acción de Gobierno, cit.*, p. 29. En el campo del sector salud, también se señalaba expresamente que "la *situación actual de diversidad y dispersión de las instituciones* que atienden los problemas de la salud, de *duplicación y falta de integración de sus servicios*, reflejada en mayores costos y más bajos rendimientos, así como la concepción moderna de una atención integral de los problemas de salud, en lo preventivo y curativo, y en seguridad y bienestar social, *conducen a la necesidad indeclinable de integrar* todas las funciones actualmente existentes en un *Servicio Nacional de Salud* y Bienestar Social en el cual se reunirán los servicios de atención médica del Ministerio de Sanidad y Asistencia Social, del Instituto Venezolano de los Seguros Sociales y demás organismos públicos dispensadores de atención a la salud". *Idem.*, p. 61. En el campo del sector de desarrollo urbano y vivienda también se expresaban criterios similares: "La dispersión administrativa con la consiguiente *duplicación* de esfuerzos y desperdicio de recursos *es uno de los factores que más ha contribuido* en Venezuela al crecimiento desordenado de nuestras ciudades, a la proliferación de viviendas insalubres y a acentuar el déficit habitacional del país." *Ibídem.*, p. 68. Por último, en el sector de política exterior también se supeditaba el cumplimento de los programas a la realización de la reforma administrativa: "El desarrollo de toda la política internacional que se pondrá en práctica *requiere modificaciones sustanciales en nuestras estructuras administrativas* y en el proceso mismo de formulación de políticas. *Con ese fin, el Ministerio de Relaciones Exteriores será reorganizado* para que pueda atender eficientemente a la creciente presencia de Venezuela en los asuntos internacionales...". *Ibídem.*, p. 77. El mismo criterio fue ratificado por el Presidente C. A. Pérez en su Discurso de toma de posesión de la Presidencia de la República en los siguientes términos: "*Venezuela no podrá satisfacer las exigencias mínimas de desafío que tiene por delante sin una Reforma del Estado y de la Administración.*" *V.* en *El Universal*. Caracas, 13 de marzo de 1974, pp. 1-11.

1805 *V.* la referencia en la nota N° 38 del capítulo 17.

1806 *V.* los comentarios al respecto en el capítulo 17.

diversos grupos que, por motivos diversos, están interesados en el deficiente servicio público, tanto en el seno de la propia administración como fuera de la misma. En primer lugar, por ejemplo, toda reforma administrativa implica, en mayor o menor grado, un enfrentamiento del Estado con los gremios o sindicatos de funcionarios públicos, quienes buscarán sacar el mayor provecho y el menor perjuicio de las mismas, y en caso de no lograrlo, lucharán por el mantenimiento del statu quo. La historia de los intentos de transformaciones administrativas, está llena de experiencias que responsabilizan a algunos gremios de funcionarios, ante la debilidad del gobierno, del fracaso de los mismo[1807]; y el futuro mostrará todo el poder y oposición de gremios de funcionarios profesionales contra la reforma radical de ciertos servicios públicos[1808]. Por otra parte, muchas reformas administrativas encontrarán la oposición de sectores externos a la propia administración, que se benefician directamente de las deficiencias de los servicios, y que lucharán por todos los medios para evitar que se produzcan[1809].

Por tanto, la superación de los obstáculos políticos a la ejecución de la reforma administrativa por el apoyo mayoritario que el gobierno obtuvo en las Cámaras Legislativas en 1973, en realidad lo que produjo fue la apertura automática de otros frentes de oposición y reacción en el propio campo administrativo y en el sector privado, para cuya superación, toda una nueva estrategia y tácticas políticas debían desarrollarse, y que debían incidir en la propia reforma del órgano encargado de conducir la ejecución de la reforma administrativa[1810].

1807 Muchas reformas administrativas en el sector comunicaciones no se han podido realizar por la oposición constante de los gremios de funcionarios. Como ejemplos, basta recordar la oposición de los gremios ante intentos de reforma de los servicios de telégrafos en los inicios del Gobierno del Presidente Caldera y la decisión de adscribir el servicio Telegráfico internacional a la Línea Aeropostal Venezolana (LAV) —empresa pública de transporte aéreo— por la posición asumida por el gremio de empleados de la antigua concesionaria de cables internacionales, también adoptada por el Gobierno del Presidente Caldera.

1808 Será por ejemplo, el caso de los médicos contra el establecimiento del Servicio Nacional de Salud. Apoyarán la reforma del sector salud, siempre que no varíe la situación de privilegio del grupo médico que presta servicios en los diversos organismos públicos dispensadores de atención médica.

1809 Es indudable, por ejemplo, que contra todo intento de reformar radicalmente el servicio de correos, lo cual exigiría el cumplimiento de la "exclusividad del Estado" en la prestación del mismo, tal como la Ley de Correos lo dispone (art. 1°), lucharán las empresas privadas de distribución de correspondencia que en los últimos años han crecido a la sombra de las deficiencias de aquel servicio. Asimismo contra la integración de las policías en una Policía Nacional y la prestación eficiente de servicios de seguridad, que exige la exclusividad del Estado, reaccionarán todas las empresas ilegales de "policías privadas" o "serenos" que en los últimos quince años se han desarrollado también a la sombra del descrédito y mal funcionamiento de las policías municipales. También, contra la prestación eficiente de los servicios de transporte urbano en una gran ciudad como Caracas, y que exige la unificación de los mismos en una sola empresa (pública o mixta), reaccionarán violentamente las múltiples empresas privadas de transporte colectivo que operan en la ciudad. Por último, y también como ejemplo, es indudable que la superación de las deficiencias de aquellos servicios públicos como la administración del tránsito terrestre (licencias, matriculación de vehículos, etc.), contará con la oposición de los gremios de "gestores" que operan en sentido paralelo para "suplir" las deficiencias de los servicios, en muchos casos, con la anuencia de muchos pequeños funcionarios. *V.* en este sentido, Freddy Vázquez Bucarito y Sálvano Briceño Matute, *La Contrereforme Administrative au Venezuela (mimeografiado). Seminaire de* A.R. Brewer-Carías, *Institut Internationale d'Administration Publique.* París (1972-1973).

1810 En este sentido es de señalar, que la *planificación* de la reforma administrativa, si bien requiere del apoyo constante, del Presidente de la República, no es una actividad que en definitiva comprometa políticamente al Gobierno. Por ello la planificación de la reforma pudo hacerse entre 1969 y 1972 por la Comisión de Administración Pública, como organismo adscrito a CORDIPLAN, cuyo presidente tenía el

APÉNDICE AL CAPÍTULO 18:

PERSPECTIVAS DE LA REFORMA ADMINISTRATIVA 1974-1979

I. LA POLÍTICA DE REFORMA ADMINISTRATIVA EN LA ACCIÓN DE GOBIERNO (1974-1979)

Sin lugar a dudas, puede decirse que la política de reforma administrativa (pp. 14 y ss.) dentro de los objetivos de Transformación del Estado (pp. 8 y ss.), constituye uno de los aspectos centrales de la Acción de Gobierno propuesta por el Presidente C. A. Pérez en 1973. Hasta tal punto ello es así, que en muchos aspectos, expresamente, se supedita la realización de metas y transformaciones sectoriales en el campo económico y social, a una transformación previa de las instituciones administrativas a cuyo cargo están las actividades de los sectores: así se señala expresamente en el campo del sector de desarrollo industrial (p. 29), en el campo del sector salud (p. 61), en el campo del sector desarrollo urbano y vivienda (p. 68) y en el campo del sector de política exterior (p. 77). Se sigue así la misma orientación, en cuanto al carácter estratégico de la reforma de la Administración Pública, de lo expuesto en el IV Plan de la Nación, 1970-1974.

II. LA REFORMA DE LAS ESTRUCTURAS MINISTERIALES

A) PRESUPUESTOS DE UNA REFORMA

El aspecto central a tener presente en la reforma de la Administración Pública, cuando ella abarca aspectos macro-administrativos es que cualquier decisión que conlleve la creación, fusión o extinción de un Ministerio o de un instituto autónomo,

---

rango de director general. Sin embargo, la ejecución de la reforma administrativa, en nuestro criterio, no se podría realizar adecuadamente por el mismo organismo, pues la situación de compromiso político del Gobierno es definitiva. Por ello, la ejecución de una reforma administrativa tendría que estar a cargo de un ministro —no de un Ministerio—, sea del ministro del sector para una reforma aislada, sea de un Ministro de Estado para la Reforma Administrativa, cuando se trata de un programa intersectorial como el contenido en la Acción de Gobierno del Presidente Carlos Andrés Pérez. En definitiva, la ejecución de un programa de reformas administrativas, como lo muestra las experiencias de administración comparada (por ejemplo, Francia e Italia a inicios de los años setenta), tiene que estar a cargo, necesariamente, de un miembro del Gabinete Ejecutivo, que pueda discutir y disentir con los ministros ante el Presidente de la República. En este sentido, en otro lugar hemos señalado que "el objetivo fundamental de una reforma administrativa incide sobre los servicios y métodos de los ministerios e institutos autónomos y, por tanto, sobre los poderes de decisión de los ministros y directores de esas entidades, quienes son los únicos que pueden dar las órdenes necesarias para que sus servicios realicen la reforma; sólo ellos pueden vencer las dudas y exigir la ejecución de sus órdenes. De ahí que sea indispensable colocar al frente de la reforma a un funcionario con rango de ministro, aunque esa sola jerarquía no es suficiente para poder implementar la reforma... El problema (de la ejecución de reformas administrativas) —aquí también— no es solo y simplemente de estudios e informes, sino de autoridad, y sólo él (el Presidente de la República) puede ejercerla sobre sus ministros. Para ello, debe contar con un organismo especializado, el de la reforma administrativa, a cargo de un alto funcionario con la misma categoría que los otros ministros y con la misma posibilidad de defender sus propuestas en el Consejo de Ministros". *V.* Allan-R. Brewer-Carías, "Las Transformaciones de la Administración Pública para el Desarrollo", en *Revista de la Facultad de Derecho*. U. C. V., N° 41. Caracas, 1968, p. 40.

necesariamente tiene repercusiones en otros sectores de actividad pública distintos de aquél a cargo, básicamente, de la unidad administrativa afectada directamente. Por ello, medidas como las señaladas no deben tomarse aisladamente, sino que para ello al menos deben tenerse claras todas las repercusiones que comportan en otros sectores y en otras instituciones, así como las necesidades de reforma que provocarán en diferentes sectores. Esta "reacción en cadena" que va implícita en todo acto de reforma, debe preverse y eventualmente seguirse; lo que no puede es ignorarse y lo que no debe es dejarse de un lado. Los estudios y programas elaborados durante los últimos años por la Comisión de Administración Pública, en tal sentido, suministran un marco conceptual que permite tener una visión general, macro-administrativa, de la problemática de la Administración Pública venezolana en la década de los setenta; y dichos estudios e informes no deben dejar de utilizarse, sin que ello signifique que se tengan que seguir al pie de la letra las diversas propuestas de reforma formuladas con anterioridad.

B) LA REFORMA EN EL GRUPO DE SECTORES DE POLÍTICA Y ADMINISTRACIÓN GENERAL

1. *Sector de Política Exterior*

La necesidad de la reforma del *Ministerio de Relaciones Exteriores* (p. 77), no sólo abarca aspectos de organización interna para la formulación de la política internacional de la República (p. e., creación de la Comisión Asesora de Relaciones Exteriores), sino que debe abarcar aspectos externos al sector de gran importancia y, en particular, los relativos a establecer o consolidar las relaciones entre este sector y el sector comercio, particularmente en lo que se refiere al Comercio Exterior. En otras palabras, debe definirse con precisión si el Instituto de Comercio Exterior, debe quedar adscrito al MRE o al Ministerio que tenga a su cargo el sector comercio (un Ministerio de Comercio o de Industria y Comercio, p. e.). En todo caso, ello depende de la política que se defina en relación a las exportaciones y a las industrias de exportación. Sin embargo, el hecho de que el ICE tenga relación con la política económica internacional no implica que necesariamente deba estar adscrito al MRE, pues las actividades mineras y de hidrocarburos tienen mayor vinculación con la política económica internacional, y no por ello se integran al MRE. Estimamos que deben establecerse en dicho Ministerio Oficinas de enlace con el sector comercio y el sector hidrocarburos (en el área de Comercio Exterior), pero dichas actividades deben dar origen a administraciones separadas.

2. *Sector de Política Interior*

No se definen expresamente en la Acción de Gobierno, políticas de reforma administrativa en este sector, pero indudablemente que el Ministerio de Relaciones Interiores requiere de urgentes reformas internas, y de quizá una que afecta campos macro-administrativos, con motivo de la creación de la Policía Nacional que prevé la Constitución (art. 136), en coordinación con las policías estadales y municipales. La Policía Nacional, en este sentido, podría atribuirse a la Guardia Nacional (FAC) conforme a las motivaciones que dieron origen a la creación de esta Fuerza, y de acuerdo a las experiencias que muestra la administración comparada.

3. *Sector Defensa*

Con motivo de la creación de una Policía Nacional, como policía administrativa general y especial, serían necesarias reformas en el Ministerio de la Defensa para ajustar la asignación a las Fuerzas Armadas de Cooperación, como se ha señalado anteriormente, de funciones de la administración civil (policía).

4. *Sector Justicia*

La Acción Administrativa prevé en el Ministerio de Justicia reformas tendientes (pp. 9 y 10) a crear una Comisión Nacional de Reforma Legislativa, lo que implicaría definir claramente un programa de legislación y seguridad jurídica registral y notarial; la modernización de la legislación relativa al Poder Judicial, lo que implicaría redefinir los programas de Justicia y Cultos; y la transformación del régimen penitenciario, lo que implicaría la definición de un programa de defensa social en el cual se integrarían además las actividades de prevención del delito y Policía Judicial.

C) LA REFORMA EN EL GRUPO DE SECTORES DE DESARROLLO ECONÓMICO

5. *Sector de Desarrollo Industrial*

La Acción de Gobierno supedita, materialmente, la realización de la Nueva Política Industrial (pp. 25 y ss.) a la ejecución de transformaciones institucionales y administrativas en los organismos del sector (p. 29). En consecuencia, ante todo, parecería indispensable transformar el Ministerio de Fomento en un Ministerio de Industrias, en el cual se integrarían las actividades sectoriales de planificación del desarrollo industrial; las actividades de promoción y fomento industrial, vinculadas además al desarrollo tecnológico con fines industriales, por lo que le estaría adscrito el proyectado Blanco Nacional de Tecnología (pp. 30 y 72); las actividades de financiamiento industrial que exigirían una reorganización de la CVF, BTV y CONAFIN (pp. 28 y 3(1), y su integración en una organización tipo Holding, adscrita también al Ministerio de Industrias (de dicho "holding" dependerían los programas nacionales de financiamiento a la industria —BTV, CONAFIN y parte de la CVF— y los programas regionales de financiamiento y promoción industrial —parte de la CVG en la Región de Guayana, CORPOZULIA en la Región Zuliana, CORPOANDES en la Región de los Andes, CORPOCCIDENTE en la Región Centro-Occidental, CORPORIENTE en la Región Nor-Oriental, y parte de la CVF en las Regiones Central y Capital—. Esta organización tipo "holding" garantizaría la coherencia y racionalidad necesaria a la política de financiamiento industrial); las actividades de producción industrial o de administración de las industrias básicas del Estado (pp. 29 y 30), que podrían también integrarse en una organización tipo "holding" (p. 30), en la cual, participarían parte de la CVG (excluyendo lo relativo a la promoción del desarrollo estrictamente regional) y sus empresas industriales (SIDOR y EDELCA) o sus participaciones en ellas (ALCASA); las industrias dependientes de la CVF (Centrales Azucareros); y, eventualmente, las industrias petroquímicas (IVP) y de sal (ENSAL), a su vez con una organización piramidal.

6. *Sector Finanzas*

La reforma del Ministerio de Fomento y su conversión en un Ministerio de Industrias, implicaría la necesidad de integrar el sector finanzas en un Ministerio de Finanzas en sustitución del Ministerio de Hacienda, integrando en el mismo todos los programas de control e intervención financiera y crediticia: Superintendencias de Seguros y Cooperativas, actualmente adscritas al Ministerio de Fomento; Superintendencia de Bancos; Superintendencia de Entidades de Ahorro y Préstamo y Comisión Nacional de Valores, actualmente adscritas al Ministerio de Hacienda. La redefinición del sistema presupuestario y sus relaciones con el de planificación (pp. 11 y ss.), conducirían a crear una Oficina Central de Presupuesto a nivel de la Presidencia de la República, por lo que en el Ministerio de Finanzas habría que reorganizar las actividades del sistema financiero, y particularmente las relativas a los ingresos públicos (rentas) para asegurar la ejecución de la política fiscal (pp. 12 y ss.) y las relativas al control y racionalización del gasto público (p. 13), lo que daría origen, por ejemplo, al establecimiento de un sistema de contabilidad pública a nivel del Ejecutivo Nacional y de mecanismos adecuados para la administración del patrimonio nacional (bienes nacionales).

7. *Sector Comercio*

La reforma en el sector de Política Exterior, como se dijo, exigiría una redefinición del sector Comercio (exterior e interior) que, por otra parte, tiene una importancia creciente. En efecto, en el campo del sub-sector comercio exterior, la importancia del mismo deriva del nuevo modelo de crecimiento hacia fuera, de la consecuente política de promoción de exportaciones y fomento de las industrias de exportación, y de la participación de Venezuela en los procesos de integración económica latinoamericana y del Grupo Andino. En el campo del sub-sector de comercio interior, la importancia deriva de las crecientes actividades de protección al consumidor, control de precios y lucha contra la inflación. Se podría pensar entonces, en integrar todos estos programas en un Ministerio de Comercio al cual se transferirían los programas correspondientes del actual Ministerio de Fomento y del ICE, tal como lo ejemplifica la administración comparada, o integrarlos, junto con los programas del sector de desarrollo industrial, en un Ministerio de Industria y Comercio. Esta opción, en todo caso, estaría basada en motivaciones políticas de prioridad e importancia de ambos sectores y del impulso que quiera darse a ellos.

8. *Sector Turismo*

La reciente creación de la Corporación Nacional de Turismo, paralelo a la integración de las actividades del sector comercio en un Ministerio de Comercio, o la alternativa de un Ministerio de Industria y Comercio, exigiría la adscripción al correspondiente, de la referida Corporación. La importancia del sector turismo, en todo caso, actualmente no parecería tal como para dar lugar a la creación de un Ministerio especializado.

9. *Sector de Hidrocarburos y Minería*

En vista de la decisión vislumbrada de que la CVP rija en el futuro la industria petrolera (pp. 24 y 25), se exige la integración de las actividades industriales del Estado en estos sectores, en organizaciones tipo holding, dependientes del *Ministerio de Minas e Hidrocarburos*. En esta forma, la CVP se constituiría en la entidad matriz de un "holding" petrolero y de gas —lo que se permite por su propia Ley de creación— que integre las industrias de explotación petrolera, las industrias de explotación de gas, las actividades de distribución de los derivados del petróleo y la administración de la flota petrolera, cada una como empresa separada. Asimismo, en el supuesto de que se adelantase la reversión (p. 24), las diversas empresas nacionalizadas, integradas al "holding" señalado, también conservarían su individualidad. En el campo de la industria minera, las diversas empresas del Estado se integrarían también a un "holding" dirigido por la Corporación Venezolana de Minería, en proyecto. Por último, y en el área de las industrias petroquímicas, también en una organización tipo "holding", deberían incorporarse al "holding" de industrias básicas del Estado, al cual se ha hecho referencia anteriormente, adscrito al Ministerio de Industrias o, en su defecto, tal como sucede en la actualidad, permanecer adscrito al Ministerio de Minas e Hidrocarburos. En todo caso, la importancia de las actividades en las industrias petroleras o mineras exigirán la reforma del Ministerio de Minas e Hidrocarburos, de manera que pueda realmente gobernar, coordinar y controlar las actividades del sector, para lo cual la adscripción de los entes descentralizados al mismo deberá ser efectiva.

10. *Sector Desarrollo Agropecuario*

Para ejecutar la política de Reconstrucción de la Agricultura (p. 311 y ss.), uno de los pilares principales de la Acción de Gobierno, se impone la reforma institucional del sector (pp. 31 y 33). Para ello, el Ministerio de Agricultura y Cría podría transformarse en un a cargo únicamente del sector desarrollo agropecuario, o en un Ministerio de Desarrollo Agropecuario y Recursos Naturales, si se decide que debe tener a su cargo los sectores de desarrollo agropecuario y de recursos naturales renovables, como parece sugerir la Acción de Gobierno (p. 33).

En todo caso, y concretando el comentario al sector desarrollo agropecuario, el Ministerio respectivo tendría que tener a su cargo las labores de planificación del sector; las actividades de investigación y extensión agrícola y pecuaria (actualmente a cargo del MAC); las actividades de dotación de tierras e infraestructura, a través del IAN; las actividades del financiamiento agropecuario, a través de una organización tipo "holding" que integraría al BAP y al BDA; y las actividades de comercialización y mercadeo agropecuario realizadas a través de la Corporación de Mercadeo Agrícola y de empresas como ADAGRO.

D) LA REFORMA EN EL GRUPO DE SECTORES DE DESARROLLO SOCIAL

11. *Sector de Promoción y Protección Social*

En el campo del sector de Promoción y Protección Social, que abarca los programas de protección social (menores, ancianos, etc.); bienestar y asistencia social (ayudas, nutrición, etc.); y promoción social (desarrollo de la comunidad, etc.), la Acción de Gobierno propone una serie de reformas, las cuales sin embargo, no integran totalmente el sector: promoción y protección del niño y la juventud, mediante el proyecto de crear un Ministerio de la Juventud (p. 54); bienestar y asistencia social, mediante el fortalecimiento de la Dirección de Bienestar Social y reorganización del Instituto Nacional de Nutrición (pág. 67); y promoción social, particularmente en las áreas marginales urbanas, mediante la reorganización de FUNDACOMUN (p. 20). Ahora bien, partiendo de la necesidad de estructurar una política social amplia tal como se plantea en la Acción de Gobierno (p. 54), parecería más adecuado dar coherencia a todo este sector, ya que todos sus programas están íntimamente vinculados y unidos, (no es posible concebir una política de la juventud aislada de los otros programas de desarrollo social) y crear un Ministerio de la Juventud "ampliado", es decir, un *Ministerio de la Juventud y del Desarrollo Social* que integre todos los programas del sector señalados, y al cual se adscribirían el Instituto Nacional de Nutrición, el Patronato Nacional de Ancianos e Inválidos, el CVN, el IND, FUNDACOMUN y todos los demás entes descentralizados que actúan en el sector.

12. *Sector de Desarrollo Cultural*

El sector de Desarrollo Cultural, también fue objeto de análisis institucional en la Acción de Gobierno (pp. 51 a 53), y una reorganización del INCIBA debería conducir a su configuración como el organismo rector de la política de cultura popular. En este sentido, su adscripción al señalado Ministerio de la Juventud y del Desarrollo Social, parecería evidente.

13. *Sector de Asuntos Laborales y*

14. *Sector de Seguridad y Previsión Social*

La reforma proyectada en la Acción de Gobierno respecto del sector salud (pp. 61 y ss.), que se analizará más adelante, implicará necesariamente la reestructuración institucional de los organismos del sector Asuntos Laborales y del sector de Seguridad y Previsión Social, de manera de transformar el Ministerio de Trabajo en un Ministerio del Trabajo y de la Seguridad Social, es decir, en el órgano ministerial de adscripción del IVSS, transformado en una caja de Seguridad Social, y no como un organismo prestador de servicios médicos (p. 61), y de los demás entes autónomos de Previsión Social, integrados todos en un sistema de Seguridad y Previsión Social.

15. *Sector Educación*

Otro de los Sectores centrales de la política definida en la Acción de Gobierno es el sector Educación (la Reforma Educacional, p. 41 y ss.), respecto del cual se prevén reformas legales y administrativas de importancia (p. 43). De acuerdo a ello, el Ministerio de Educación requeriría de una reestructuración global, en base a tres programas principales: el programa de docencia, en todas sus facetas, niveles y ciclos; el programa de educación superior y universitaria; y el programa de investigaciones científicas y tecnológicas (IVIC), este último vinculado estrechamente al sistema científico y tecnológico (planificación), y a los programas de desarrollo tecnológicos aplicados a la industria a los que se hizo referencia.

16. *Sector Salud*

En el campo del sector salud, el Ministerio de Sanidad convertido en un Ministerio de Salud, se integraría básicamente con dos programas: el programa de atención médica integrado en el Servicio Nacional de Salud, y el programa de saneamiento ambiental. La integración de los diversos programas de atención médica en un Servicio Nacional de Salud (pp. 61 y 62) implicaría, indudablemente, una reforma radical tanto del Ministerio de Sanidad y Asistencia Social como del 1VSS (página 61), quedando este último, como una caja de Seguridad Social, adscrito al Ministerio del Trabajo y de la Seguridad Social. Por otra parte, y aun cuando en la Acción de Gobierno se habla de un Servicio Nacional de Salud y Bienestar Social (SNSBS) (p. 61), consideramos que los programas de bienestar social que no formarían parte de las actividades de atención médica, deberían integrarse al sector de promoción y protección social, ya comentado, a cargo de un Ministerio de la Juventud y del Desarrollo Social, quedando el Ministerio-de Salud, básicamente, para los programas de atención médica y saneamiento ambiental. De lo contrario, el volumen y magnitud de los problemas conexos con la integración y unificación de los programas de atención médica, producirían —en caso de estar integrados— el riesgo de minimizar los programas de bienestar social.

E) LA REFORMA EN EL GRUPO DE SECTORES DE DESARROLLO FÍSICO Y ORDENACIÓN TERRITORIAL

17. *Sector de Recursos Naturales Renovables*

La reforma administrativa en el sector de Recursos Naturales Renovables está íntimamente relacionada con el proyecto de la Acción de Gobierno, de establecer un Ministerio de Recursos Naturales (p. 33) a cargo, tanto del sector de Desarrollo Agropecuario como del sector de Recursos Naturales Renovables. Sin embargo, los agudos problemas existentes en el sector de Desarrollo Agropecuario, así como los crecientes problemas derivados del aprovechamiento de los recursos hidráulicos, forestales y suelos, PLANTEAN la disyuntiva —cuya decisión también es de importancia o prioridad política-sectorial— de crear un Ministerio de Recursos Naturales separado, a cargo del sector de Recursos Naturales Renovables, o integrado junto con el sector de Desarrollo Agropecuario, al Ministerio de Desarrollo Agropecuario y Recursos Naturales. Parecería, en todo caso, que por los problemas del sector de Desarrollo Agropecuario (la Reconstrucción de la Agricultura, pp. 21 y ss.), y los avances logrados en la definición de políticas de aprovechamiento racional de los recursos naturales renovables, particularmente de los hidráulicos (COPLANARH), sería más aconsejable la creación de dos Ministerios separados. En este caso, el proyectado Instituto Nacional de Pesca (p. 38) quedaría adscrito al Ministerio de Recursos Naturales, junto con el recién creado Instituto Nacional de Parques y el Instituto de Riego, previsto en la Ley de Reforma Agraria. En todo caso, un Ministerio de Recursos Naturales como el señalado, se formaría con parte del MOP (Dirección General de Recursos Hidráulicos) y parte del MAC.

18. *Sector de Desarrollo Urbano y Vivienda*

En la Acción de Gobierno se prevé expresamente la reforma institucional del sector desarrollo urbano y vivienda (pp. 68 y ss.), lo cual llevaría a la creación de un *Ministerio de Vivienda y Desarrollo Urbano*, conforme al proyecto ya elaborado que se integraría con parte del actual MOP (Dirección General de Desarrollo Urbano), y al cual estarían adscritos los institutos autónomos que operan en el sector: el DO, el INOS, los programas de vivienda de FUNDACOMUN y el Banco Nacional de Ahorro y Préstamo.

19. *Sector transporte y*

20. *Sector comunicaciones*

Por último, en la Acción de Gobierno se hace una referencia a la reforma de los servicios de transporte y comunicaciones (Correos, Teléfonos y Telégrafos) (página 15), lo que, junto a la reformulación de los programas del actual MOP (dos de cuyas direcciones pasarían, como se ha visto, al Ministerio de Recursos Naturales y al

Ministerio de Vivienda y Desarrollo Urbano), daría lugar antes que nada, a la integración administrativa de los mismos. El sector transporte en la actualidad está disperso en el MOP (Dirección General de Vialidad y CONAVIAL) y el Ministerio de Comunicaciones (Marina Mercante, Aviación Civil y Tránsito Terrestre), y su integración en un Ministerio del Transporte es un imperativo del progreso de los medios de transporte, siguiendo los esquemas que muestra, por otra parte, la administración comparada. A este Ministerio de Transportes, quedarían adscritos los diversos entes que prestan servicios en el sector (LAV, VIASA, Instituto del Aeropuerto de Maiquetía, CAVN) y, por ejemplo, la proyectada Administración (autónoma) del Transporte del Área Metropolitana de Caracas.

La integración del sector transporte, exigiría asimismo la integración administrativa del sector Comunicaciones. Sin embargo, en virtud de que la administración de este sector se realiza básicamente a través de administración descentralizada (CANTV) o se proyecta realizar por esta vía (Empresa de Correos y de Telecomunicaciones), quizá no se justificaría la creación de un Ministerio de Comunicaciones separado, por lo que los sectores transporte y comunicaciones se integrarían en un Ministerio de Transporte y Comunicaciones con parte de lo que es actualmente el MOP y del Ministerio de Comunicaciones.

F. RESUMEN Y RECAPITULACIÓN PARA UNA REFORMA MINISTERIAL

Un esquema de reforma macro-administrativa a nivel ministerial como la esbozada, siguiendo las orientaciones generales de la Acción de Gobierno (1974-1979), podría dar lugar a una Administración Ministerial con los siguientes Despachos:

1. Ministerio de Relaciones Interiores (sector de relaciones políticas interiores).
2. Ministerio de Relaciones Exteriores (sector de relaciones políticas exteriores).
3. Ministerio de Defensa (sector defensa).
4. Ministerio de Justicia (sector justicia).
5. (Ministerio de Industria (sector de desarrollo industrial).
6. Ministerio de Comercio (sectores de comercio —interior y exterior— y turismo).
7. Ministerio de Finanzas (sector finanzas y sistema financiero).
8. Ministerio de Minas e Hidrocarburos (sector de minas e hidrocarburos).
9. Ministerio de Desarrollo Agropecuario (sector de desarrollo agropecuario).
10. Ministerio de la Juventud y del Desarrollo Social (sector de promoción y protección social y sector de desarrollo cultural).
11. Ministerio del Trabajo y de la Seguridad Social (sectores de asuntos laborales y de seguridad y previsión social).
12. Ministerio de Educación (sector de educación).
13. Ministerio de Salud (sector salud).
14. Ministerio de Recursos Naturales (sector de recursos naturales renovables).
15. Ministerio de Desarrollo Urbano y Vivienda (sector de desarrollo urbano y vivienda).

16. Ministerio de los Transportes (sector transporte).

17. Ministerio de Comunicaciones (sector comunicaciones).

Esta fórmula de 17 Ministerios, podría reducirse a 14 Ministerios, integrándose los números 5 y 6 en un Ministerio de Industria y Comercio; los números 9 y 14 en un Ministerio de Desarrollo Agropecuario y Recursos Naturales, y los números 16 y 17 en un Ministerio de Transportes y Comunicaciones. En esta forma, el número de Ministerios podría no variar sustancialmente respecto de los actuales. Sin embargo, el número de los Ministerios definitivamente no es lo importante; lo esencial es la reforma de la administración ministerial con criterio sectorial.

En todo caso, el esquema esbozado afectaría la estructura ministerial actual, particularmente, en los siguientes Ministerios: Ministerio de Relaciones Exteriores, Ministerio de Justicia, Ministerio de Fomento, Ministerio de Hacienda, Ministerio de Agricultura y Cría, Ministerio de Trabajo, Ministerio de Sanidad y Asistencia Social, Ministerio de Obras Públicas y Ministerio de Comunicaciones.

En el esquema de 17 Ministerios, en efecto, el Ministerio de Relaciones Exteriores pasaría parte de sus competencias al futuro Ministerio de Comercio (o al de Industria y Comercio); el Ministerio de Justicia pasaría parte de sus competencias al futuro Ministerio de la Juventud y del Desarrollo Social; el Ministerio de Fomento actual pasaría parte de sus competencias a la Presidencia de la República (estadísticas, al Ministerio de Finanzas (superintendencias), al Ministerio de los Transportes (tarifas), al Ministerio de Industrias y al Ministerio de Comercio (o al de Industria y Comercio) y por tanto desaparecería como tal; el Ministerio de Hacienda pasaría parte de sus competencias a la Presidencia de la República (presupuesto) y se reestructuraría con nuevos programas del sector finanzas y del sistema financiero en un Ministerio de Finanzas; el Ministerio de Agricultura y Cría también desaparecería como tal, y con parte de sus actuales competencias se estructuraría el Ministerio de Desarrollo Agropecuario y el Ministerio de Recursos Naturales; el Ministerio de Trabajo asumiría además los programas del sector de seguridad y previsión social y se transformaría en un Ministerio del Trabajo y de la Seguridad Social; el Ministerio de Sanidad y Asistencia Social pasaría parte de sus competencias al futuro Ministerio de la Juventud y del Desarrollo Social y se reestructuraría completamente en un Ministerio de Salud; el Ministerio de Obras Públicas desaparecería como tal, y con sus competencias se estructuraría el futuro Ministerio de Desarrollo Urbano y Vivienda, el futuro Ministerio de los Transportes y el Ministerio de Recursos Naturales; y el Ministerio de Comunicaciones pasaría parte de sus competencias al Ministerio de los Transportes.

III. LA REFORMA DE LAS ESTRUCTURAS DE LA ADMINISTRACION DESCENTRALIZADA (INSTITUTOS AUTÓNOMOS)

La reforma de la administración descentralizada que se prevé en la Acción de Gobierno (p. 14), en ningún caso puede realizarse aisladamente, sino que la misma está vinculada a la reforma ministerial. No pueden, racionalmente, reformarse los institutos autónomos sin una reforma previa de los Ministerios; y ésta, necesariamente, implica la reforma de aquéllos. No hay que olvidar que el crecimiento de la administración descentralizada en las últimas décadas se ha realizado en perjuicio de competencias y poderes de los Ministerios. En todo caso, no sólo se impone una redefinición sectorial de las tareas y funciones de los diversos entes descentralizados, sino básicamente, una adscripción ministerial adecuada, algunas de cuyas modalidades se han señalado (parte II), y una integración de muchos de ellos en organizaciones tipo "holding".

IV. LA REFORMA DE LOS ORGANISMOS DE LA PRESIDENCIA DE LA REPUBLICA

La reforma propuesta en la Acción de Gobierno en el campo de los sistemas de planificación y presupuesto (pp. 11 y ss.), no sólo exigirá reformar y reforzar las funciones de CORDIPLAN, sino crear a nivel presidencial una Oficina Central de Presupuesto y urna Oficina Central de Estadísticas. Por ello, estas tres Oficinas, más la Comisión de Administración Pública (integrada a CORDIPLAN o como una Oficina Central de Reforma Administrativa, una vez ejecutada ésta), podrían integrarse en un nuevo Ministerio, el Ministerio de Coordinación y Planificación de la Presidencia de la República. En la misma forma, la reforma que está exigiendo la Secretaría General de la Presidencia, tanto por su importancia y por el papel, como la adscripción a la misma de la Oficina Central de Información y la Oficina Central de Personal, podrían dar lugar a la creación de otro Ministerio de la Presidencia, el Ministerio de la Secretaría General de la Presidencia de la República.

En relación con la reestructuración de los organismos de la Presidencia, por ejemplo, el sistema científico y tecnológico (dirigido por el CONICIT) (pp. 43 y 72) se adscribiría al Ministerio de Coordinación y Planificación de la Presidencia, al igual que el' sistema de formación de funcionarios públicos (cuyo embrión sería la actual ENAP) a cargo de un Instituto de Investigación y Formación en Administración Pública. Por su parte, al Ministerio de la Secretaría General de la Presidencia de la República, se adscribiría el sistema de control administrativo (denuncias, etc.).

V. LA REFORMA REGIONAL

En la Acción de Gobierno se hicieron especiales referencias a los aspectos de la regionalización administrativa (pp. 7 y 8), lo que significaría la profundización de la política de regionalización definida en los años anteriores. Ello requeriría una audaz política de desconcentración administrativa (p. 8), la reforma de las Corporaciones de desarrollo regional y la consolidación del sistema de planificación regional (páginas 7 y 8), y el inicio de un proceso de descentralización hacia las administraciones regionales y locales, lo que exigirá una reforma de la Administración municipal (pp. 9 y 1(1). En todo caso, es de destacar que la consolidación de la reforma regional y la desconcentración de la Administración Nacional hacia las regiones, de manera que las decisiones sobre asuntos regionales se tomen a nivel de región, sólo podrá llevarse a cabo una vez realizada la reforma de la Administración Central (Ministerial) y descentralizada (Institutos Autónomos). De lo contrario, se correría el riesgo de reproducir a nivel regional, la ausencia de coordinación que se observa a nivel central, particularmente a nivel sectorial. Por eso hemos dicho en más de una oportunidad que la desconcentración regional implica previamente un proceso de "concentración" sectorial a nivel nacional.

VI. ELEMENTOS PARA UNA ESTRATEGIA

Una reforma como la planteada y sugerida por la Acción de Gobierno, tanto a nivel de la Administración Nacional Central (Organismos de la Presidencia de la República y Ministerios) como descentralizada (Institutos Autónomos), así como a nivel de la Administración Regional (Corporaciones de Desarrollo Regional), implica necesariamente, la reforma de una multitud de leyes. Pero ello no implica, por supuesto, que se esté en presencia de una reforma legislativa solamente. El problema es un problema político y administrativo y la legislación es la forma de su solución y no su esencia. En todo caso, someterse a los procedimientos ordinarios de formación de las leyes en el Congreso, para reformar o dictar todas las leyes que un proceso como el esbozado requiere, no sólo haría el proceso sumamente lento, sino que se correría el riesgo de que el mismo no tuviera la uniformidad requerida debido a la aprobación aislada de cada ley o reforma legal en el Congreso. Por ello, siguiendo las experiencias de la Administración comparada, así como el precedente y la orientación definida en la Ley de Medidas Económicas de Urgencia, del 29 de junio de 1961, mediante una Ley Especial dictada de acuerdo a las previsiones de la Constitución (art. 190, ord. 8°), se podría autorizar al Presidente de la República en Consejo de Ministros, para mediante Decretos dictados en virtud de la habilitación legislativa, realizar y ejecutar la reforma administrativa mediante la reforma de todas las leyes de organización que sea necesario, conforme a las orientaciones y bases que en la Ley Especial se establezcan. En esta forma, no sólo habría mayor celeridad en la ejecución de las reformas, sino la debida garantía de que ellas se realizarían conforme a un Plan General, cuyas bases y orientaciones serían las que se definirían en la Ley Especial. Esta, por otra parte, fue la solución sugerida en el IV Plan de la Nación 1970- 1974 (p. 179), por lo que sería de prever la material ausencia de oposición en el Congreso para la aprobación de la Ley Especial.

Pero la ejecución de una reforma administrativa, por el trabajo que implicaría su definitivo diseño y futura implementación, requeriría de un organismo con capacidad técnica que la elabore. Por ello, antes que eliminar la Comisión de Administración Pública (CAP) o integrada al Ministerio de Hacienda o a CORDIPLAN, como ha sido sugerido —lo que significaría el principio del fin de los intentos de ejecución de una reforma administrativa—, lo que habría que hacer es, realmente, reforzarla con suficientes recursos humanos y financieros y garantizarle la suficiente autonomía, de manera que se le permita un rápido diseño e implementación de los proyectos de reforma. Para ello, no sólo cuenta con un eficiente cuerpo de funcionarios, y un magnífico Programa de asesoramiento de las Naciones Unidas y de la OEA, sino fundamentalmente con una experiencia de más de quince años, y particularmente con los estudios que culminaron con la elaboración del Informe sobre la Reforma de la Administración Pública Nacional (Caracas, 1972, 2 vols.). Los criterios generales que guiaron la elaboración del referido Informe, podrían ser perfectamente acogidos, por no encontrarse en contradicción, en lo sustancial, con los criterios expuestos en materia de reforma administrativa en la Acción de Gobierno. Y ello, por otra parte, no podría ser de otro modo, debido al progreso de las ciencias administrativas en el mundo contemporáneo. Perder los trabajos realizados entre 1969 y 1972, al contrario, no sólo sería insensato, sino que volver a diseñar un esquema de reforma macro- administrativo, de nuevo, tomaría al menos otros tres años, y cuando se concluya ya sería muy tarde para ejecutarlo. En todo caso, y en relación con la Comisión de Administración Pública, si bien hemos sugerido en otro lugar su integración al sistema de planificación y a CORDIPLAN, ello sólo debería tener lugar, una vez que la reforma administrativa se ejecute (lo que requerirá varios años), y no, evidentemente, antes de ejecutarla, pues de lo contrario se le quitaría al proceso de reforma su órgano motor.

Pero además, la ejecución de la reforma administrativa, tal como se promete en la Acción de Gobierno (1974-1979), debe tenerse muy en cuenta que no es, en absoluto, una labor meramente técnica. Al contrario, básicamente se trata de una labor esencialmente política, que requiere decisiones y ejecución políticas (recuérdese, por ejemplo, que el Presidente De Gaulle renunció en 1969, cuando no se acogió su principal proyecto de reforma administrativa: la reforma regional). Por ello, la Comisión de Administración Pública (CAP) no podría tener en el futuro, el mismo nivel que ha tenido en los últimos años, al menos en la etapa de ejecución de la reforma —el nivel actual es y fue suficiente para la etapa de planificar la reforma—. Al contrario, para la ejecución de la reforma, será indispensable que la decisión y conducción de dicho proceso la asuma el Presidente de la República a través de sus Ministros. Sólo el Presidente de la República y sus Ministros pueden ejecutar una reforma administrativa.

En esta forma, dos vías podría tomar el presidente para ejecutar la reforma: En primer lugar, encargar a varios de sus ministros del diseño e implantación de la reforma por sectores, sin nombrar a un ministro sin cartera para la coordinación del proceso, con lo que se correría el riesgo de realizar un proceso parcial, lesionando la falta de uniformidad que requerirían los programas, que como se ha visto, todos están interconexos. En segundo lugar, al responsabilizar a los ministros de la ejecución de la reforma administrativa en sus respectivos sectores, nombrar además un *Ministro de Estado para la Reforma Administrativa*, que tendría para sus funciones de diseño definitivo de los programas de reforma, como órgano de apoyo, a la Comisión de Administración Pública, y a quien se encargaría de dirigir, coordinar y asegurar la ejecución de la reforma, como órgano del Presidente de la República.

Los enemigos de la reforma administrativa (de dentro o de fuera de la Administración Pública) son muchos, y la única forma de contrarrestar y detener el paralelo proceso de contra-reforma administrativa que se generará necesariamente, será a través de decisiones políticas, en las cuales el Presidente de la República y el Consejo de Ministros tendrán la primera responsabilidad. Por ello, a través de un ministro —sea en cada sector o además con la ayuda de un ministro para la Reforma Administrativa (cuyo nombramiento sería temporal, mientras se ejecuta la reforma)—, y sólo a través de los ministros es que una reforma administrativa se podrá ejecutar tal como lo enseña la Administración comparada. La planificación de la reforma puede hacerse por cualquier organismo técnico sin nivel político; en cambio, la ejecución de la reforma exigirá de la autoridad de los ministros. ¡Que no se pretenda entonces ejecutar la reforma con organismos de planificación de la reforma! Al contrario, para ejecutar una reforma administrativa se exige colocar al frente de la misma a uno o varios ministros, como órganos del presidente, que como tales puedan sentarse en el .Consejo de .Ministros y discutir y defender las propuestas ante los otros ministros. Se insiste, la ejecución de la reforma administrativa —no así la planificación de la misma— es una tarea esencialmente política, y como tal es que debe asumirse. De lo contrario, se estará en presencia de cambios de relativa importancia en estructuras administrativas, pero no de lo que se anuncia como "reforma administrativa" en la Acción de Gobierno 1974-1979.

Por otra parte, debe tenerse presente que uno de los elementos de contrarreforma de particular importancia es el que surge de la reacción frente al cambio de la propia organización administrativa y sus funcionarios. Por ello también la Administración comparada enseña que la ejecución de una reforma administrativa de importancia, sólo puede realizarse con éxito, al inicio de la administración de un nuevo Gobierno. La dificultad de ello está en que generalmente el nuevo Gobierno tiene que dedicar varios años a programar la reforma, y una vez que tiene listo el Plan, ya es demasiado tarde para ejecutarlo. En este sentido, existiendo suficientes estudios previos que no son incompatibles con las orientaciones establecidas en la Acción de Gobierno, el nuevo Gobierno tendría que asumir como tarea primordial de los primeros meses de su gestión, el diseño definitivo de los proyectos de reforma, de manera que de ser posible, la nueva estructura ministerial —al menos— comience a regir a partir del 1 de enero de 1975. Los ministros nombrados a partir de marzo de 1974 tendrían una responsabilidad adicional a la administración y gobierno de su Despacho Ministerial y esa sería la implementación de la reforma. Así, hasta cierto punto, los ministros sabrían que una reorganización ministerial se produciría a los nueve meses de ser nombrados, lo que contribuiría a evitar que las estructuras administrativas se rigidizasen y los convertiría en los entusiastas de la reforma. Recuérdese que si bien los ministros son la pieza esencial para la ejecución de una reforma administrativa, también pueden ser el principal obstáculo para ello. Sobre esto la administración comparada sólo tiene ejemplos.

En todo caso, debe tenerse en cuenta que no hay que tener temor por las críticas que puedan, surgir momentáneamente —producto del movimiento de contrareforma— por la creación de nuevos Ministerios, el aumento de su número o la designación de un ministro sin cartera para la reforma administrativa. Lo que hay que tener claro, al contrario, es que los Gobiernos que pasan a la historia son los que dejan nuevas instituciones (respecto de los hombres, como dijo Keynes, a la larga todos estaremos muertos), y por eso recordamos a la primera administración del Gobierno federal (que creó el Ministerio de Fomento en 1864), a la administración de Guzmán Blanco (que creó al Ministerio de Obras Públicas en 1874), a la administración del ministro R. Cárdenas (que reformó el régimen hacendístico en 1918), y a las administraciones de los años posteriores a 1936 hasta la década de los cuarenta (por la creación del Ministerio del Trabajo, del Ministerio de Comunicaciones o de la nacionalización de la Justicia, por ejemplo). En la década de los setenta, en todo caso, el Gobierno que pasará a la historia, será aquel que cambie la faz de Venezuela desde el punto de vista institucional, pues, insistimos, las Instituciones son las que quedan. Hoy todavía pretendemos administrar este país petrolero, con las instituciones que nos dieron los Gobiernos federal (1864), constructores de obras (1874) o de transición hacia el Estado Social y Democrático (posteriores a 1936); el reto planteado, por tanto, en la década de los setenta, está en darle al país, no sólo una Administración adaptada a esta época, sino una Administración que sea capaz de garantizar la administración del futuro desarrollo y del aprovechamiento máximo de los beneficios de la industria petrolera. La única forma de administrar la abundancia con criterios de escasez, como lo ha prometido el Presidente de la República, sin embargo, es con una Nueva Administración, preparada y construida para ese objetivo, y ello será imposible con una Administración hecha, por retazos, para el despilfarro.

El reto planteado, por tanto, no puede ser más evidente y dramático, y la única alternativa que debe haber ante él, es asumirlo, pero no con criterios de pasado, sino con criterios de futuro.

SECCIÓN CUARTA: EL DERECHO Y LOS CAMBIOS POLÍTICOS, ECONÓMICOS Y SOCIALES

CAPÍTULO 19. UN RÉGIMEN CLÁSICO. EL SISTEMA JURÍDICO VENEZOLANO

El derecho no es, definitivamente, un cuerpo de reglas de organización social que existen independientemente de los hombres, y que tienen un pretendido carácter imputable. Al contrario, el derecho no es más que un cuerpo de reglas de convivencia adoptadas por aquéllos y que pueden ser cambiadas por ellos. Sin embargo, ello es cierto, hay sociedades que han desarrollado más que otras la capacidad de cambiar sus leyes o la capacidad de utilizarlas como agentes de cambio.

En efecto, frente a las transformaciones que las realidades económicas y sociales han sufrido en el curso del presente siglo, es evidente que en algunos países el derecho no ha logrado adaptarse a las exigencias de los mismos, y frente a los futuros cambios que el proceso de desarrollo exige en sus estructuras económicas y sociales también resulta como evidente la inadecuación del derecho para provocarlos. El subdesarrollo, indudablemente, además de traer como consecuencia un subdesarrollo político y administrativo, origina un subdesarrollo jurídico.

En países en vías de desarrollo como los latinoamericanos, se plantea por tanto, además de todas las reformas que deben introducirse en las instituciones políticas y administrativas, la urgente necesidad de transformar el sistema jurídico, no sólo para adaptarlo a los cambios ocurridos, sino para convertirlo también en un instrumento de cambio.

En efecto, hace muchos años que quedó en la historia de la sociología jurídica la tesis que veía en el derecho un mero resultado de comportamientos sociales, y que por tanto, apreciaba como inconcebible el que la ley pudiera provocar cambios en las sociedades, es decir, que se anticipara a las transformaciones[1811]. Por otra parte, puede decirse que también quedó en la historia jurídica la tesis marxista que concebía la ley o el orden jurídico como una mera superestructura —con las instituciones políticas y administrativas—, consecuencia de las estructuras económicas y sociales —propiedad de los medios de producción, lucha de clases—, y que admitía como imposible los cambios sociales a través de los cambios legislativos[1812]. Al contrario, insistimos, no sólo el derecho se adapta permanentemente a los cambios sociales y

1811 Savigni, por ejemplo, al oponerse a las codificaciones napoleónicas, consideraba que el derecho "existía" y no se "hacía". *V.* los comentarios de W. Friedmann. *Law in a changing society,* 1972, p. 19.

1812 *Cfr.* Yehezkel Dror, "Law and social change", en Vilhelm Aubert (ed.), *Sociology of Law*, 1972, p. 92. Hoy en día los autores soviéticos reconocen la posibilidad de utilizar la ley para provocar cambios sociales e influenciar su curso. *Cfr.* Kechekyan, "Social Progress and Law", en *Transactions of the third world Congreso of Sociology*, 1956, Vol. 6, *cit.*, por Y. Dror, *loc. cit.*, p. 92.

económicos[1813], sino que cada vez más está siendo utilizado como un efectivo instrumento para provocarlos[1814].

Frente al reto que plantea a las sociedades latinoamericanas el proceso de desarrollo y las transformaciones estructurales que conlleva, resulta por tanto indispensable no sólo preguntarse sobre el papel que al derecho corresponde jugar, como expresión de la organización de la sociedad materializada por el Estado, sino tratar de determinar cuál es su actual situación frente a las transformaciones que se han ido operando en las últimas décadas.

Frente al papel que corresponde jugar al Estado en su configuración como Estado Democrático y Social de Derecho, indudablemente que debemos preguntarnos sobre el papel que ha jugado y debe jugar el sistema jurídico: ¿Ha sido el derecho y el sistema jurídico del país capaz no ya de provocar los cambios y las transformaciones de las estructuras, sino de siquiera amoldarse a las transformaciones que ha sufrido la realidad económica y social en Venezuela?.

Realmente, el sistema jurídico en Venezuela no ha sido capaz de amoldarse a ellas, y sigue, al contrario, aferrado a muchas de las concepciones decimonónicas que se importaron cuando comenzó a ser establecido. Por eso, la impresión que generalmente se tiene del derecho y del sistema jurídico como una estructura estática, incapaz de amoldarse a las realidades y, por tanto, como, una estructura incapaz de provocar su transfiguración.

En efecto, el sistema jurídico venezolano comenzó a estructurarse como consecuencia de la consolidación del Estado Liberal de Derecho que, después de la Independencia, nuestra sociedad importó de las experiencias europeas. La base del mismo era la propia de una sociedad liberal y de un Estado abstencionista, y de allí que muchas veces se convierta en un freno al desarrollo y que no esté preparado para impulsarlo ni para provocar los cambios que implica. En efecto, el Estado de Derecho que surge de la Revolución Francesa, tal como se dijo, como Estado Liberal-Burgués de Derecho; era liberal porque tuvo su base sobre los principios del liberalismo político y del liberalismo económico, es decir, se trataba de un Estado fundamentado sobre un principio esencial: el respeto absoluto de unos derechos individuales, y particularmente de la libertad económica. El papel del Estado Liberal-Burgués de Derecho en esta forma, tenía por único objeto el proteger los derechos de los particulares, como derechos absolutos e ilimitados, y para ello, básicamente, no intervenía en la vida económica y social, sino para proteger esos derechos y libertades. Sin embarga, los cambios ocurridos en las sociedades contemporáneas nos sitúan hoy frente a un Estado Social de Derecho, muy lejos del Estado abstencionista del siglo pasado, cuyo centro de gravedad ha dejado de ser el solo respeto de los derechos individuales, tomando cuerpo, cada vez con mayor intensidad, las limitaciones a dichos derechos por razones de interés social; convertido hoy en un agente y actor del proceso de cambio económico-social. El Estado se ha transformado entonces de un mero espectador frente a la realidad económica y social, frente al dejar

---

1813 El libro más completo que refleja los cambios y transformaciones en el derecho de las sociedades contemporáneas sigue siendo el de W. Friedmann, *op. cit.*, 580 páginas.

1814 *V.* por ejemplo, Yehezkel Dror, "Law as a Tool of Directed Social Change: A Framework for Policymaking" (fotocopiado). January, 1970 (Prepared for publication in The American Behavioral Scientist. Spring, 1970).

hacer y dejar pasar, en un provocador de las transformaciones que esas realidades han de sufrir.

En todo caso, y si bien el papel del Estado ha variado en el curso de los últimos cincuenta años, y se ha prestado particular atención a las transformaciones que deben realizarse en las estructuras económicas y sociales, es indudablemente poca la importancia que se ha atribuido a las instituciones jurídicas y su papel. Los juristas, en este sentido, han quedado ausentes de la problemática del desarrollo, y lo jurídico ha quedado al margen como un obstáculo estático e incómodo[1815]. El problema a plantearse, sin embargo, es el de la posibilidad o capacidad de poder llevar un proceso de desarrollo y cambio, sin la intervención del derecho; ante lo cual resulta evidente que las transformaciones estructurales que deben realizarse no podrán tener lugar adecuadamente si no están debidamente regidas y reguladas mediante un sistema legislativo. Por ello, por ejemplo, los fracasos parciales de muchos procesos de desarrollo e inclusive de planificación en América Latina de la última década, han estado precisamente en que no se ha atendido adecuadamente la necesaria transformación del sistema jurídico-político, en paralelo a los intentos planificadores de la realidad económica y social. Se han definido planes y elaborado proyectos que han fracasado y que no hemos logrado ejecutar, precisamente porque paralelamente, no hemos dotado al Estado de los instrumentos jurídicos, de los cuerpos normativos y de las leyes, capaces de darle los medios para actuar como agente de transformación.

Dentro de un estudio de los aspectos institucionales del desarrollo, resulta entonces necesario e indispensable, hacer un análisis del sistema jurídico para poder precisar no sólo el alcance de su adaptabilidad a las transformaciones socioeconómicas sufridas por nuestras sociedades, sino los cambios que deben introducirse en el mismo para provocar y conducir dichas transformaciones. Al pretender hacer esto respecto de las instituciones jurídicas venezolanas, debemos previamente, sin embargo, trazar en grandes líneas las bases del sistema jurídico del país.

En los capítulos anteriores, al analizarse las instituciones políticas y las instituciones administrativas ante las exigencias del proceso de desarrollo, hemos hecho referencia a gran parte de las bases del derecho público venezolano (constitucional y administrativo); por ello, y sin perjuicio de insistir previamente en los rasgos resaltantes de nuestro sistema constitucional y administrativo, insistiremos particularmente sobre las bases que constituyen nuestro sistema de derecho privado[1816].

1815 *Cfr.* Carlos Mouchet, "Derecho, Desarrollo y Planificación", en El Derecho (Universidad Católica Argentina), tomo 44, N° 3.048, 25 de octubre de 1972, p. 5; Allan-R. Brewer-Carías, *Derecho y Desarrollo*. Caracas, 1971, p. 20.

1816 *V.* Allan-R. Brewer-Carías, "Venezuela", *International Encyclopedia of Comparative Law*, Vol. I. Hamburg, 1974. Una bibliografía sumaria sobre el sistema jurídico venezolano, puede resumirse como sigue:

1. *Bibliografías y colecciones (no oficiales) de Legislación y Jurisprudencia*: Arismendi, Alfredo, *Contribución a la bibliografía del Derecho Constitucional y su Historia*. Caracas, 1972; Blonval López, A., *Bibliografía Jurídica y Fiscal Venezolana*. Caracas, 1967, 2 volúmenes; *Boletín de la Biblioteca de los Tribunales del Distrito Federal* (Fundación Rojas Astudillo). Caracas, N° 5 (1955) y siguientes: (Bibliografía jurídica de Derecho Civil, Penal, Procesal, Administrativo, Minero, Internacional Público, del Trabajo, de Financiero, Mercantil, Internacional Privado, etc.); *Gaceta Legal,* Ramírez y Garay. Caracas, desde 1959; *Indicé de Legislación Vigente*, 3 volúmenes. Caracas, 1969-1971; Jurisprudencia, Ramírez y Garay. Caracas, desde 1951; Kummerow,

Gert, *Introducción Bibliográfica a la Historia del Derecho y a la Etnología Jurídica (F-18, Venezuela), Centre de Histoire el d'Etnologie Juridiques.* Bruselas, 1967.

2. *Derecho Constitucional y Administrativo*: Agudo Freites, Raúl, *Esquema del Régimen Federal en Venezuela.* Caracas, 1957; Brewer-Carías, Allan-R., *El Régimen Jurídico-Administrativo de la Nacionalidad.* Caracas, 1965; Brewer-Carías, Allan-R., *Las Instituciones Fundamentales del Derecho Administrativo y la Jurisprudencia Venezolana.* Caracas, 1964; Brewer-Carías, Allan-R., *El Régimen de Gobierno Municipal en el Distrito Federal Venezolano.* Caracas, 1968; Brewer- Carías, Allan-R., *La Expropiación por causa de utilidad pública o interés social.* Caracas, 19166; *Constitución de 1961 (La) y la Evolución Constitucional de Venezuela*, Ediciones del Congreso de la República. Caracas, 1971-1972, tomo I (2 volúmenes) Actas de la Comisión Redactor a del Proyecto; tomo II (2 volúmenes). *Forma de Estado. El Órgano Deliberante Regional* (por J. M. Casal Montbnun); Lares Martínez, Eloy, *Manual de Derecho Administrativo.* Caracas, 1963; Parra Aranguren, Gonzalo, *La Nacionalidad Venezolana Originaria.* Caracas, 1964, 2 volúmenes; Polanco A., Tomás, *Derecho Administrativo Especial.* Caracas, 1959; Polanco A., Tomás, "La Administración Pública", en *Anales de la Facultad de Derecho.* Caracas, 19512; Rodríguez Iturbe, José, *Iglesia y Estado en Venezuela.* Caracas, 1968; Ruggieri Parra, Pablo, *Elementos de Derecho Constitucional.* Caracas, 1957; Tovar Tamayo, Orlando, *Derecho Parlamentario.* Caracas, 1973; Wolf, Ernesto, *Derecho Constitucional Venezolano*, 2 volúmenes. Caracas, 1945.

3. *Historia del Derecho*: Bello Lozano, Humberto, *Historia de las Fuentes e Instituciones Jurídicas Venezolanas.* Caracas, 1966; Gil Fortoul, José, *Historia Constitucional de Venezuela*, 2 volúmenes. Caracas, 1953; Rangel Lamus, Amenodoro, Prólogo, *Código Civil en 1873* (Edición litográfica), Ediciones del Congreso de la República. Caracas, 1973; Ruggieri Parra, Pablo, *Historia Política y Constitucional de Venezuela*, 2 volúmenes. Caracas, 1949; Ruggieri Parra, Pablo, *Derecho Constitucional, Estudio Histórico-Jurídico.* Caracas, 1953; Zuloaga, Nicomedes, "Datos Históricos sobre la Codificación en Venezuela", *Revista del Ministerio de Justicia.* Caracas, año VIH, 1959, Nº 29.

4. *Derecho Privado*: Aguilar Gorrondona, José Luis, *Derecho Civil I, Personas.* Caracas, 1967; Aguilar Gorrondona, José Luis, *Derecho Civil IV, Contratos y Garantías.* Caracas, 1963, 3 volúmenes; Cristóbal Montes, Angel, *Estudios de Derecho Civil.* Caracas, 1970; Alfonso Guzmán, R., *Estudio Analítico de la Ley del Trabajo Venezolano*, 2 volúmenes. Caracas, 1967; Instituto de Derecho Privado, *Código Civil Venezolano Anotado y Concordado con artículos legislativos, doctrina y Jurisprudencia*, 3 volúmenes (artículos 1 a 65). Caracas, 1968-1970; Kummerow, Gert, *Manual de Bienes y Derechos Reales.* Caracas, 1972; Lazo, Oscar, *Código Civil de la República de Venezuela.* Caracas, 1962; Maduro Luyando, Eloy, *Curso de Obligaciones, Derecho Civil III.* Caracas, 1967; Sanojo, Luis, *Instituciones de Derecho Civil Venezolano.* Madrid, 1953, 4 volúmenes; Torres Rivero, Arturo Luis, *Derecho de Familia.* Caracas, 1967, 2 volúmenes.

5. *Derecho Comercial*: Arcaya, Mariano. *Código de Comercio.* Caracas, 1967, 3 volúmenes; Goldschmidt, Roberto, *Curso de Derecho Mercantil.* Caracas, 1964; Goldschmidt, Roberto, La *Letra de Cambio y el Cheque en la Legislación Venezolana.* Caracas, 1963; Goldschmidt, Roberto, *La Reforma Parcial del Código de Comercio de 1955.* Caracas, 1955; Mármol, Hugo, *El Seguro de Vida.* Caracas, 1965; Mármol, Hugo, *Fundamentos del Seguro Terrestre.* Caracas, 1973; Pineda León, Pedro, *Principios de Derecho Mercantil.* Mérida, 1952.

6. *Dirección del Estado en la Economía:* Brewer-Carías, Allan R., *El Control de las Actividades económicas del Estado en el Derecho Venezolano.* Caracas, 1969; Chen-Chi Yi y Martín Mateo, Ramón, *Aspectos Administrativos de la Planificación. El Sistema Venezolano.* Caracas, 1973; CORDIPLAN, *La Planificación en Venezuela. Normas Legales y Reglamentarias.* Caracas, 1973.

7. *Propiedad Industrial y Derecho de Autor*: Goldschmidt, Roberto, *La Reforma del Derecho de Autor en Venezuela.* Caracas, 1958; Hung Vaillant, Francisco, *Algunos Aspectos de la Protección del Derecho de Autor en Venezuela.* Caracas, 1965; Hung Vaillant, Francisco, *Estudio sobre Derecho de Autor.* Caracas, 1968; Rondón de Sanso, Hildegard, *Manual Teórico-Práctico de Propiedad Industrial.* Caracas, 1966; Rondón de Sanso, Hildegard, *Patentes y Signos distintivos. Doctrina Administrativa y Jurisprudencia contencioso-administrativa.* Caracas, 1968; Sansó, Benito y Rondón de Sansó, Hildegard, *Estudios de Derecho Industrial.* Caracas, 1965; Uzcátegui Urdaneta, Mariano, *Invención y Patente dé Invención en el Derecho Venezolano.* Caracas, 1965.

8. *Derecho Procesal*: Arcaya, Mariano, *Código de Procedimiento Civil.* Caracas, 6 volúmenes; Bello Lozano, Humberto, *Derecho Procesal Civil.* Caracas, 1968, 2 Volúmenes; Bello Lozano, Humberto,

En efecto, Venezuela está configurada constitucionalmente como una República que "es para siempre e irrevocablemente libre e independiente de toda dominación o protección de potencia extranjera"[1817], según la expresión consagrada en los textos constitucionales desde que se produjo la independencia de España a comienzos del siglo XIX. Además, la República es un Estado Federal, pero en una forma peculiar, resultado de la transformación del Estado dividido en entidades territoriales autónomas según los moldes de la federación establecida desde 1811 y consolidada en 1864, y que funcionó políticamente hasta comienzos de este siglo; en el Estado de la actualidad, con creciente tendencia centralizadora. En todo caso, siendo Venezuela una Federación "en los términos consagrados en la Constitución"[1818], el territorio nacional se divide para los fines de su organización política en veinte Estados[1819], un Distrito Federal[1820], donde está situada la capital, Caracas[1821], los Territorios Federales[1822], y las Dependencias Federales constituidas por diversas islas en el Mar Caribe[1823].

De acuerdo a las previsiones de la Constitución, los Estados Federados son autónomos e iguales como entidades políticas[1824], aun cuando están obligados a mantener la integridad de la Nación y a cumplir y a hacer cumplir la Constitución Nacional y las leyes de la República. La configuración federal, sin embargo, confiere poderes propios a las diversas entidades territoriales (República, Estados Federados y Municipios) y toda interferencia o usurpación de funciones entre ellas es inconstitucional[1825].

Aun cuando Venezuela es una Federación, sólo existe una y única nacionalidad venezolana. Se trata, por tanto, de una materia regulada por la Constitución, no existiendo nacionalidades en los Estados Federados. La fuente normativa de la nacionalidad es la propia Constitución, y la Ley de Naturalización[1826]. Los extranjeros tienen los mismos derechos civiles que los venezolanos, con las limitaciones legales y

---

Pruebas. Caracas, 1966; Borjas, Arminio, *Comentarios al Código de Procedimiento Civil Venezolano*. Caracas, 1973, 6 volúmenes; Cuenca, Humberto, *Curso de Casación Civil*. Caracas, 1965; 2 volúmenes; Cuenca, Humberto, *Derecho Procesal Civil*. Caracas, 1965; Rengel-Romberg, Arístides, *Manual de Derecho Procesal Civil Venezolano*. Caracas, 1968.

9. *Derecho Internacional Privado*: Herrera Mendoza, Lorenzo, *Derecho Internacional Privado y Temas Conexos*. Caracas, 1960; Sánchez-Covisa, Joaquín, *La eficacia de las Sentencias Extranjeras de Divorcio*. Caracas, 1956; Sanso, Benito, *Estudio de Derecho Internacional Privado y de Derecho Comparado entre Italia y Venezuela*. Caracas, 1964.

1817 Artículo 1° de la Constitución.

1818 Artículo 2° de la Constitución.

1819 *V*. artículo 9° de la Constitución.

1820 Regida por Ley Orgánica del 27 de julio de 1937.

1821 Artículos 11 y 12 de la Constitución.

1822 Los Territorios Federales Amazonas y Delta Amacuro se rigen por la Ley Orgánica de los Territorios Federales de 19 de septiembre de 1948.

1823 Regidas por la Ley Orgánica de las Dependencias Federales de 18 de julio de 1937.

1824 Artículo 16.

1825 Artículo 118 de la Constitución.

1826 Ley de 21 de julio de 1955.

carecen de derechos políticos[1827], estando regulada su actividad por la Ley de Extranjeros y por la Ley sobre actividades de los Extranjeros en Venezuela[1828].

La adquisición de la nacionalidad está sometida a reglas distintas, según se trate de, la nacionalidad originaria o de la nacionalidad derivada. En la adquisición de la primera (por nacimiento), tienen aplicación los clásicos elementos del *jus soli* y del *jus sanguinis*. Las características del *jus soli* tienen vigencia absoluta en Venezuela, pues, sin excepción, son venezolanos por nacimiento los nacidos en el territorio de la República[1829] extendiéndose, inclusive, la noción de éste, a todos aquellos territorios que correspondían a la antigua Capitanía General de Venezuela antes de la transformación política iniciada en 1811, aun cuando estén bajo la jurisdicción de otro Estado, siempre que la modificación del territorio no haya sido resultado de tratados válidamente celebrados por la República[1830]. En cuanto a la aplicación del *jus sanguinis*, deben distinguirse dos supuestos: en primer lugar, son venezolanos por nacimiento, automáticamente, los nacidos en territorio extranjero hijos de ambos padres venezolanos por nacimiento[1831]. Si uno sólo de los padres reúne esa condición, la nacionalidad originaria no surge automáticamente, sino que se obtiene cuando la persona interesada establece su residencia en el territorio de la República o declara su voluntad de acogerse a la nacionalidad venezolana[1832]. En segundo lugar, cuando sólo alguno o ambos padres son venezolanos por naturalización (nacionalidad derivada), el interesado nacido en el extranjero, para adquirir la nacionalidad venezolana originaria, antes de cumplir los dieciocho años de edad, debe establecer su residencia en el territorio de la República y antes de cumplir los veinticinco años de edad, debe declarar su voluntad de acogerse a la nacionalidad venezolana[1833].

La adquisición de la nacionalidad venezolana derivada (por naturalización), se realiza por la obtención de la Carta de Naturaleza[1834], la cual es de otorgamiento discrecional de parte del Estado. En cuanto a ello, gozan de facilidades especiales para obtenerla, los extranjeros que tengan por nacimiento la nacionalidad de España o de algún Estado latinoamericano[1835].

La Constitución prevé además una forma especial de adquisición de la nacionalidad venezolana derivada, de otorgamiento obligatorio por el Estado, para la extranjera que casare con venezolano y para los extranjeros menores de edad hijos de venezolanos por naturalización o adoptados por venezolanos, bastando para la obtención la sola manifestación de voluntad del interesado y el cumplimiento de algunos requisitos de orden espacial y temporal[1836].

1827 Artículo 45 de la Constitución.

1828 Leyes de 31 de julio de 1937 y 29 de junio de 1942, respectivamente.

1829 Artículo 35,1 de la Constitución.

1830 Artículo 7° de la Constitución.

1831 Artículo 35,2 de la Constitución.

1832 Artículo 35,3 de la Constitución.

1833 Artículo 35,4 de la Constitución.

1834 Artículo 36 de la Constitución.

1835 Artículo 36 y Disposición Transitoria Tercera de la Constitución.

1836 Artículo 37.

La nacionalidad venezolana se pierde por opción o adquisición voluntaria de otra nacionalidad o por anulación de la naturalización mediante sentencia judicial o por revocación administrativa[1837]. La venezolana que casare con extranjero conserva su nacionalidad, a menos que declare su voluntad contraria y adquiera, según la ley nacional del marido, la nacionalidad de éste [1838].

La división político territorial básica de la República, como Estado Federal, tal como se señaló, es en Estados Federados. Estos a su vez se dividen en Distritos y éstos en Municipios. En 1974 existían 187 Distritos y 711 Municipios, siendo competencia de los Estados la creación, supresión y organización de éstos[1839]. En el orden administrativo se consideran como personas públicas territoriales a la República, a los Estados y a las Municipalidades, existiendo estas últimas a nivel de los Distritos y no de los Municipios. La Constitución regula las Municipalidades como las unidades políticas, primarias y autónomas dentro de la organización nacional[1840], las cuales se administran conforme a los principios del autogobierno local, permitiéndose la constitución de mancomunidades por servicios, lo cual se ha realizado en materia de planificación urbanística en el Área Metropolitana de Caracas[1841].

De acuerdo a la configuración federal del Estado, la Constitución distingue órganos propios del Poder Nacional (Federal), del Poder de los Estados y del Poder Municipal. En el ámbito nacional, las funciones del Estado se distribuyen entre un Poder Legislativo Nacional, un Poder Ejecutivo Nacional y el Poder Judicial, atribuidos respectivamente al Congreso, al Presidente de la República y demás órganos ejecutivos y a la Corte Suprema de Justicia y demás tribunales de Justicia[1842]. Se prevé por tanto una distribución de funciones con rasgos de separación de poderes, aun cuando la Constitución expresamente exige la colaboración entre ellos en la realización de los fines del Estado[1843].

Además de dichos órganos, y dotados de cierta autonomía funcional, en el ámbito nacional actúa la Procuraduría General de la República que tiene a su cargo la representación judicial y extrajudicial de la República[1844], y el Consejo Supremo Electoral, que tiene a su cargo la conducción de los procesos electorales[1845]. El control fiscal sobre la Administración pública se ejerce por un órgano auxiliar del Congreso, la Contraloría General de la República[1846], y él Ministerio Público, por otro órgano con autonomía funcional: la Fiscalía General de la República[1847]. La Admi-

1837 Artículo 39 de la Constitución y Disposición Transitoria Tercera.

1838 Artículo 38 de la Constitución.

1839 Artículo 17,2 de la Constitución.

1840 Artículo 25 de la Constitución.

1841 Artículo 28 de la Constitución.

1842 Títulos V, VI y VII de la Constitución.

1843 Artículo 118.

1844 Artículos 200 y ss. de la Constitución; regida por la Ley Orgánica de la Procuraduría General de la República del 20 de diciembre de 1965.

1845 Artículo 113 de la Constitución; regido por la Ley Orgánica del Sufragio de 6 de septiembre de 1973.

1846 Artículo 234 de la Constitución; regida por la Ley Orgánica de la Hacienda Pública Nacional de 17 de marzo de 1961.

1847 Artículos 218 y ss.; regida por la Ley Orgánica del Ministerio Público de 16 de septiembre de 1970.

nistración Pública Nacional está integrada por los órganos que ejercen el Poder Ejecutivo, y se compone de órganos centralizados o descentralizados. En el ámbito de la Administración Central, los Ministerios[1848] son los órganos principales de ejecución en los sectores de actividad pública, correspondiendo a diversas Oficinas Presidenciales, la operación de los principales sistemas administrativos y entre ellos el de Planificación.

El Presidente de la República, elegido cada cinco años por votación universal, directa y secreta mediante un escrutinio de mayoría relativa[1849], es a la vez el Jefe del Estado y del Poder Ejecutivo Nacional (gobierno)[1850]. En tal sentido es la suprema autoridad en el gobierno y administración del Estado, y ejerce sus atribuciones en Consejo de Ministros o por órgano de los Ministros a quienes nombra y remueve[1851]. Entre sus principales atribuciones están: dirigir las relaciones internacionales de la República y celebrar y ratificar los tratados, convenios o acuerdos internacionales; declarar el estado de emergencia; adoptar las medidas necesarias para la defensa de la República, la integridad del territorio y de su soberanía en caso de emergencia internacional; convocar al Congreso a sesiones extraordinarias; reglamentar las leyes; administrar la Hacienda Pública Nacional; negociar los empréstitos nacionales; celebrar contratos de interés nacional; nombrar y remover funcionarios públicos, y conceder indultos[1852]. En todo caso, en el ejercicio de sus atribuciones el Presidente de la República está sujeto a la Constitución y a las leyes, por lo que su actividad es de rango sublegal[1853]. Excepcionalmente, sin embargo, puede dictar Decretos con valor de ley o con igual rango que ella, en casos específicos" de medidas extraordinarias en materias económicas y financieras y previamente habilitado por ley especial[1854] o de suspensión o restricción de garantías y libertades constitucionales[1855].

Los Ministros son los órganos directos del Presidente de la República en el gobierno y administración del Estado. Son responsables de sus actos, aun cuando obren por orden expresa del Presidente de la República, y deben presentar al Congreso anualmente una Memoria razonada sobre la gestión de sus Despachos[1856]. Los Ministros tienen derecho de palabra en las Cámaras legislativas y en sus Comisiones[1857] y están obligados a concurrir a ellas cuando sean llamados a informar o a contestar las interpelaciones que se les hagan[1858]. Además están sujetos al voto de censura de la Cámara de Diputados, en cuyo caso, y por voto calificado, ésta puede decidir la remoción del Ministro[1859].

1848 Artículos 193 y ss. de la Constitución, regidos por el Estatuto Orgánico de Ministerios de 1950.

1849 Artículo 183 de la Constitución.

1850 Artículo 181 de la Constitución.

1851 Artículos 190,2 y 193 de la Constitución.

1852 Artículo 190 de la Constitución.

1853 Artículo 190,1 de la Constitución.

1854 Artículo 190,8 de la Constitución.

1855 Artículos 190,6 y 241 de la Constitución.

1856 Artículo 193 de la Constitución.

1857 Artículos 196 y 197 de la Constitución.

1858 Artículo 199 de la Constitución.

1859 Artículo 153,3 de la Constitución.

El Poder Legislativo Nacional se ejerce por el Congreso, integrado por dos Cámaras: el Senado y la Cámara de Diputados[1860]. Los miembros de ambas Cámaras también son elegidos cada cinco años en la misma oportunidad de la elección presidencial, por votación universal, directa y secreta, mediante escrutinio de representación proporcional y listas bloqueadas[1861]. Fundamentalmente, corresponde al Congreso legislar sobre las materias de la competencia nacional y regular el funcionamiento de las distintas ramas del Poder Nacional, así como ejercer el control sobre la Administración pública[1862]. Cada una de las Cámaras Legislativas tiene además sus funciones privativas, correspondiendo por ejemplo al Senado autorizar al Ejecutivo Nacional la realización de diversos actos administrativos y a la Cámara de Diputados iniciar la discusión de la Ley de Presupuestos[1863].

Las autoridades de los Estados Federados también se distribuyen según las funciones que realizan: el Poder Ejecutivo del Estado es ejercido por un Gobernador designado por el Presidente de la República, y quien actúa con el doble carácter de Jefe del Ejecutivo del Estado y de agente del Ejecutivo Nacional en el mismo[1864]. La elección popular de los Gobernadores está autorizada constitucionalmente pero no ha sido regulada por el Congreso[1865]. El Poder Legislativo del Estado es ejercido por una Asamblea Legislativa cuyos miembros son elegidos cada cinco años, por votación universal, directa y secreta y mediante escrutinio de representación proporcional por listas bloqueadas[1866]. No existe un Poder Judicial propio de los Estados, pues la justicia fue nacionalizada a partir de 1945, correspondiendo su administración sólo al Poder Nacional.

En el ámbito municipal, salvo en el Distrito Federal, el gobierno, administración y legislación de los intereses locales es ejercido por un Concejo Municipal en el ámbito de cada Distrito de la República, cuyos miembros, en número de siete, se eligen cada cinco años por votación universal, directa y secreta y mediante escrutinio de representación proporcional por listas bloqueadas. En el Distrito Federal, cuya municipalidad goza de autonomía, el gobierno y administración local corresponde a un Gobernador designado por el Presidente de la República y la legislación local a un Concejo Municipal, cuyos miembros son electos en la misma forma señalada por votación popular.

La Constitución venezolana es de las constituciones denominadas rígidas, y por tanto constituye el texto supremo del Estado, al cual están subordinados todos los actos de los poderes públicos y las actuaciones de los particulares. La vigencia entonces del principio de la supremacía constitucional y del principio de la legalidad, bases del Estado de Derecho, se garantiza por el establecimiento de amplios mecanismos de control jurisdiccional de la constitucionalidad de las leyes y demás actos estatales.

1860 Artículo 138 de la Constitución.

1861 Artículos 113, 148 y 151 de la Constitución.

1862 Artículos 139 y 160 de la Constitución.

1863 Artículos 150 y 153 de la Constitución.

1864 Artículo 21 de la Constitución.

1865 Artículo 22 de la Constitución.

1866 Artículo 19 de la Constitución.

El control de constitucionalidad de las leyes, se ejerce por dos métodos. Por una parte, mediante el control difuso que faculta a todo juez, cualquiera que sea su categoría, para declarar inaplicable una ley en un caso concreto, con efectos ínter partes[1867]. Por otra parte, la Constitución regula además el control concentrado de la constitucionalidad atribuyendo a la Corte Suprema de Justicia competencia para declarar la nulidad de las leyes, con efectos *erga omnes* y *ex nunc*[1868]. Este último, que se ejerce mediante una acción popular sin requerimientos particulares sobre cualidad o tiempo, puede ejercerse también en relación a las leyes de los Estados, Ordenanzas Municipales, reglamentos del Presidente de la República y los actos de gobierno que éste puede dictar[1869].

A pesar de la constitución del Estado venezolano como una Federación, el ejercicio de la administración de justicia está reservado al Poder Nacional, quien lo ejerce por la Corte Suprema de Justicia y por los demás tribunales de la República. La Corte Suprema de Justicia, integrada por 15 Magistrados nombrados por el Congreso[1870], ejerce sus competencias de control de la constitucionalidad en Corte Plena, y las demás a través de sus tres Salas: Político-Administrativa, de Casación Civil, Mercantil y del Trabajo, y de Casación Penal, conforme a las regulaciones de la Ley Orgánica de la Corte Federal y de la Ley Orgánica de la Corte de Casación[1871].

Fundamentalmente, corresponde a la Sala Político-Administrativa, entre otras atribuciones, el ejercicio de la jurisdicción contencioso-administrativa[1872]; y a las dos Salas de Casación, el conocimiento de los recursos de casación como control de derecho de algunas sentencias. Puede decirse entonces, que el control de la legalidad lo ejerce la Corte Suprema de Justicia en todos los niveles: constitucionalidad de las leyes, legalidad de los actos administrativos y legalidad de las sentencias.

En cuanto a los Tribunales de la República, están regulados por la Ley Orgánica del Poder Judicial[1873] y están divididos, por la competencia, en diversas jurisdicciones especiales: Tribunales Civiles, Tribunales Mercantiles, Tribunales Penales, Tribunales del Trabajo, Tribunales de Menores, Tribunales de Hacienda y Tribunales Militares. Los tribunales competentes en cada una de estas jurisdicciones especiales están dispuestos en orden jerárquico según la cuantía o la importancia de los procesos, en Juzgados de Municipio o Parroquia, de Distrito o Departamento, de Primera Instancia y en Cortes Superiores. En general, contra las sentencias de los Tribunales se admite el recurso de apelación ante el superior, no pudiendo un proceso tener más de dos instancias. Sólo respecto de las sentencias dictadas en segunda instancia por las Cortes Superiores es que se admite recurso de casación ante las Salas de la Corte Suprema de Justicia conforme al Código de Procedimiento Civil y al Código de Enjuiciamiento Criminal[1874].

1867 Artículo 7 del Código de Procedimiento Civil de 4 de julio de 1916.

1868 Artículo 215 de la Constitución.

1869 Artículos 215,3 y 215,4 de la Constitución.

1870 Artículo 214 de la Constitución.

1871 Leyes de 2 de agosto de 1953 y de 18 de noviembre de 1959, respectivamente.

1872 Artículo 206 de la Constitución.

1873 Ley de 17 de febrero de 1970.

1874 Código de 21 de enero de 1962.

El nombramiento de los jueces está atribuido al Consejo de la Judicatura, organismo con cierta autonomía funcional a quien corresponde ejercer el control de la administración de justicia[1875], cuyos miembros se designan por el Congreso y el Poder Ejecutivo, conforme a la Ley Orgánica del Poder Judicial. Sin embargo, los jueces, en el ejercicio de sus funciones, son autónomos e independientes de los demás órganos de Poder Público[1876].

La vigencia del Estado de Derecho en cuanto implica el sometimiento de la Administración Pública a la legalidad está garantizada por la consagración de la jurisdicción contencioso-administrativa, no como una jurisdicción distinta y separada de la jurisdicción ordinaria, sino integrada en el Poder Judicial. Esta jurisdicción que se ejerce por la Sala Político-Administrativa de la Corte Suprema de Justicia y algunos Tribunales especializados como el Tribunal de Apelaciones del Impuesto sobre la Renta y el Tribunal de la Carrera Administrativa[1877] tiene competencia para "anular los actos administrativos generales o individuales contrarios a derecho, incluso por desviación de poder; condenar al pago de sumas de dinero y a la reparación de daños y perjuicios originados en responsabilidad de la administración, y disponer lo necesario para el restablecimiento de las situaciones jurídicas subjetivas lesionadas por la actividad administrativa"[1878]. En 1974 aun no se había dictada una ley reguladora de esta jurisdicción, por lo que los principios y normas que la conforman han ido siendo formulados por la Corte Suprema de Justicia, mediante la frecuente utilización, en sus decisiones, de los principios generales del derecho administrativo. En virtud de la ausencia de dicha regulación, y salvo lo previsto en leyes especiales, los procedimientos judiciales contencioso-administrativos se desarrollan en una sola instancia ante la Corte Suprema.

El Ministerio Público está bajo la dirección y responsabilidad de la Fiscalía General de la República, y tiene por objeto velar por la exacta observancia de la Constitución y de las leyes[1879]. Este organismo, cuyo director lo designan las Cámaras Legislativas[1880], tiene a su cargo, particularmente las siguientes atribuciones: velar por el respeto de los derechos y garantías constitucionales; velar por la celeridad y buena marcha de la administración de justicia y porque en los Tribunales de la República se apliquen correctamente las leyes en los procesos penales y en los que estén interesados el orden público y las buenas costumbres; ejercer la acción penal en los casos en que para intentarla o proseguirla no fuere necesario instancia de parte, sin perjuicio de que el Tribunal proceda de oficio cuando lo determine la Ley; velar por el correcto cumplimiento de las leyes y la garantía de los derechos humanos en las cárceles y demás establecimientos de reclusión; e intentar las acciones a que hubiere lugar para hacer efectiva la responsabilidad civil, penal, administrativa o disciplinaria en que hubieren incurrido los funcionarios públicos con motivo del

---

1875 Artículo 217 de la Constitución.

1876 Artículo 205 de la Constitución.

1877 Regulados por la Ley de Impuesto sobre la Renta de 18 de diciembre de 1970 y por la Ley de Carrera Administrativa de 4 de septiembre de 1970.

1878 Artículo 206 de la Constitución.

1879 Artículo 218 de la Constitución.

1880 Artículo 219 de la Constitución.

ejercicio de sus funciones[1881]. Estas amplias atribuciones desarrolladas por la Ley Orgánica del Ministerio Público,[1882] configuran a este organismo además de en el Ministerio Público, en un ente con atribuciones similares a los de los *ombudsman* europeos.

En relación a las fuentes del sistema jurídico venezolano, no hay duda en considerar a la Constitución de 23 de enero de 1961, que es la número 25 que ha tenido la República desde 1811, en la fuente suprema del Derecho. Se trata de un texto de 252 artículos, al cual se le ha decretado una Enmienda núm. 1 el 11 de mayo de 1973. Su contenido es muy rico, respondiendo a las exigencias de un país en vías de desarrollo como Venezuela, y es un ejemplo del proceso de constitucionalización del derecho administrativo, característica de esta rama del derecho en el mundo contemporáneo. Especial referencia debe hacerse en este sentido, a la detallada regulación de los derechos económicos y sociales que el texto constitucional consagra[1883], y que configuran al Estado Venezolano como un Estado Democrático y Social de Derecho.

La Legislación en el ámbito nacional, está formada por leyes orgánicas y leyes ordinarias, ocupando las primeras una jerarquía intermedia entre éstas y la Constitución[1884]. Las leyes emanan del Congreso conforme al procedimiento constitucional para la formación de las leyes[1885], y se denominan Códigos las leyes que reúnen sistemáticamente las normas relativas a determinada materia. Aparte de los códigos fundamentales[1886], la mayoría de la legislación no está codificada[1887].

Conforme a la configuración federal del Estado, en Venezuela existen tres órdenes de normas legales: las nacionales, las de los Estados y las municipales, dictadas en los respectivos ámbitos de competencias de las diversas entidades. Constitucionalmente, corresponde a la competencia de los Estados Federados todo aquello no atribuido al Poder Nacional o a las Municipalidades [1888]; sin embargo, la tendencia centralizadora en las últimas décadas ha sido tan pronunciada, que muy poco queda como competencia autónoma de los Estados, y al contrario, todas las leyes ordinarias y códigos son dictados por el Congreso de la República, a quien la Constitución

1881 Artículo 220 de la Constitución.

1882 Ley de 16 de septiembre de 1970.

1883 Artículos 72 a 109.

1884 Artículo 163 de la Constitución.

1885 Artículos 162 y ss.

1886 Los principales Códigos que forman la Legislación Básica del país son: el Código Civil (13 de agosto de 1942), el Código de Comercio (26 de julio de 1955), el Código Penal (27 de junio de 1964), el Código de Enjuiciamiento Criminal (27 de enero de 1962), el Código de Procedimiento Civil (4 de julio de 1916), y el Código de Justicia Militar (27 de septiembre de 1945).

1887 Las Leyes de mayor importancia, aparte de las citadas en otras partes de este capítulo son: la Ley del Trabajo (20 de julio de 1966); La Ley de Seguro Social (20 de julio de 1966); la Ley de Educación (4 de agosto de 1955); la Ley de Universidades; la Ley sobre Vagos y Maleantes (16 de agosto de 1956); las Leyes de Correos (12 de diciembre de 1958), Ferrocarriles (7 de agosto de 1957) y Telecomunicaciones (1 de agosto de 1940); la Ley de Archivos Nacionales (13 de julio de 1945); la Ley de Sanidad Nacional (7 de julio de 1942); la Ley de Estupefactivos (9 de agosto de 1934); la Ley de Partidos Políticos, Reuniones Públicas y Manifestaciones (15 de diciembre de 1964); la Ley de Tierras Baldías y Ejidos (9 de agosto de 1936); y las Leyes reguladoras del ejercicio de las profesiones liberales: Abogados, Medicina, Farmacia, Odontología, Ingeniería, Contaduría, Bioanálisis, Periodismo.

1888 Artículo 17, 7.

ha reservado la legislación sobre una serie de materias específicas, así como sobre aquellas "que por su índole o naturaleza le correspondan"[1889].

En Venezuela rige el principio del derecho escrito; por ello la costumbre se considera sólo como fuente auxiliar o subsidiaria de derecho, en ausencia de ley expresa, fundamentalmente en materia de usos mercantiles. En ningún caso se admite como fuente, la costumbre *contra legem*. La Jurisprudencia no tiene el carácter de fuente del Derecho, y en ausencia de ley escrita, el. Código Civil considera a la analogía y a los principios generales del derecho como fuentes formales del derecho[1890]. En base a estos últimos, fundamentalmente en materia administrativa, la Corte Suprema de Justicia ha ido construyendo la teoría del derecho administrativo, en ausencia de legislación especial sobre procedimientos administrativos generales y sobre contencioso- administrativo.

Las leyes nacionales se publican en la *Gaceta Oficial de la República de Venezuela* conforme lo exige la Ley dé Publicaciones Oficiales[1891], la cual se edita desde 1872; las leyes de los Estados, en las Gacetas Oficiales de dichas entidades, y las Ordenanzas Municipales, en las respectivas Gacetas Municipales[1892].

El proceso de codificación del derecho privado en Venezuela puede decirse que se inicia tardíamente, motivado por las guerras de independencia y las guerras internas que se sucedieron en el país durante todo el siglo pasado. Por ello, a pesar de la declaración de independencia de España a partir de 1810, las normas fundamentales sobre el Derecho Privado que rigieron a la República hasta 1863, fueron, conforme a la Ley de 13 de Mayo de 1825 del Congreso de Colombia, las dictadas por el Gobierno español hasta 1808 y que estaban en observancia en el territorio de la Gran Colombia; las Leyes de la Recopilación de Indias, las de la Nueva Recopilación de Castillas y las Leyes de las Siete Partidas.

El 28 de octubre de 1862 se dictó el primer Código Civil, que estuvo inspirado fundamentalmente en el Código Civil de Chile de 1857, obra del venezolano Andrés Bello. Este Código, sin embargo, tuvo una corta vigencia por efecto de las guerras civiles o federales, que ocurrieron en el país en esos años. En 1867 se sancionó en-

1889 Artículo 136,25.

1890 Artículo 4.

1891 Ley de 22 de julio de 1941. Por ello, las fechas de Leyes citadas en este capítulo se refieren a la fecha de publicación, oportunidad en que se consideran promulgadas y entran en vigencia (artículo 171 de la Constitución).

1892 Las más importantes colecciones oficiales legislativas son: la colección "*Leyes y Decretos Reglamentarios de los Estatutos Unidos de Venezuela*, Caracas, 1942-1944, que recoge, en 18 tomos, todos los textos legales dictados desde 1811 hasta la fecha de publicación; la *Recopilación de Leyes y Decretos de Venezuela*, publicada en 1874 y en 1964, y que contiene en 76 tomos, la Legislación dictada desde 1830 a 1954; la *Compilación Legislativa de Venezuela*, que contiene (Vol. I a III) la Legislación vigente hasta 1949 y a partir del tomo IV (1950-1951), Anuarios de Legislación hasta el Vol. VIII (1960-1961), y los *Tratados Públicos y Acuerdos Internacionales de Venezuela*, publicado en 9 volúmenes entre 1924 y 1956. Algunas decisiones de la Corte Suprema de Justicia se publican en la *Gaceta Oficial de la República*, y todas se publicaron en las *Memorias* de la Corte Federal y de Casación a partir de 1876 hasta 1949, y en la *Gaceta Forense*, Primera etapa (1949- 1953) y Segunda etapa a partir de 1953 hasta la fecha. Las decisiones de los Tribunales normalmente no se publican sino en los respectivos expedientes de los Tribunales. Resúmenes de las más importantes se recopilan y publican por el Ministerio de Justicia, Instituto de Codificación y Jurisprudencia, en los volúmenes de *"Jurisprudencia de los Tribunales de la República"*, a partir de 1950.

tonces un nuevo Código Civil, esta vez inspirado en el Código Civil español vigente en ese año, el cual rigió hasta 1873. En este año se promulgó un nuevo Código Civil, cuyo modelo fue en esta oportunidad el Código italiano, y que marca un paso singular en la evolución legislativa venezolana, pues conforme al régimen político liberal de la época, se estableció la completa secularización del matrimonio y del Registro Civil y se reguló, particularmente, el régimen de las sucesiones. El Código sufrió otra serie de reformas entre las cuales deben destacarse las de 1881 y 1922. Por último, el Código Civil de 13 de agosto de 1942, aun vigente, marca una etapa fundamental en la evolución legislativa venezolana, pues incorpora a la misma las modernas teorías que, sobre todo en el campo social, requerían aplicación en virtud del desarrollo del país. Dicho Código, en este sentido, introdujo innovaciones muy importantes en materia de matrimonio, filiación, patria potestad, propiedad y sucesiones. En materia de obligaciones también introdujo importantes reformas, inspiradas en su mayoría, en el Proyecto Franco-Italiano de las Obligaciones. Las disposiciones del Código Civil en todo caso, han venido siendo modificadas o ampliadas en su aplicación a ciertas áreas de interés social: tal es el caso por ejemplo, de los arrendamientos urbanos, regulados por la Ley de Regulación de Alquileres y de los arrendamientos rurales, regulados por la Ley de Reforma Agraria, que han limitado considerablemente la autonomía de la voluntad[1893].

En el campo mercantil, el primer Código de Comercio data del 15 de febrero de 1862, el cual fue reemplazado por el del 29 de agosto del mismo año. Posteriormente, el 20 de febrero de 1873 se dictó un nuevo Código de Comercio que tuvo por modelo básicamente al Código francés, aun cuando pueden notarse otras influencias, como las del Código de Comercio español de 1829, del Código italiano de 1865 y de algunas leyes alemanas e inglesas. El Código de 1873 se sustituye por el dictado el 8 de abril de 1904, el cual también se orienta por distintas fuentes de inspiración; francesas, especialmente en materia de derecho marítimo y de quiebra; alemanas, en lo relativo al derecho de retención; españolas y latinoamericanas, particularmente chilenas, en lo que respecta al transporte, seguros y pagaré. En materia de actos de comercio, sociedades mercantiles, cheque y atraso, ese Código tiene una influencia decisiva del Código italiano de 1882. En 1919 se produce una reforma del Código de 1904 que modifica sustancialmente el derecho cambiarlo, acogiéndose las propuestas del Proyecto de La Haya de 1912, y que recibe nuevas influencias del Código italiano de 1882. Con posterioridad, el Código fue sometido a algunas reformas parciales en 1938, 1942 y 1945, siendo la más importante la última de 1955.

Tratándose de un sistema de derecho escrito, la principal fuente directa del sistema de Derecho Civil es el Código de 1942 y las leyes especiales que se han dictado para complementarlo en algunos aspectos particulares. Básicamente, y en contraste con el papel preponderante del Estado en la economía en virtud de las radicales transformaciones que ha sufrido el país desde 1936, la regulación del derecho privado continúa siendo en general de contenido liberal, donde la autonomía de la voluntad y los derechos de la persona, entre éstos el de propiedad, tiene la primera importancia. En la actualidad, el Derecho Civil venezolano abarca las siguientes instituciones: las personas; la familia, tanto en sus relaciones personales como patrimoniales; y el patrimonio, o sea, el conjunto de relaciones jurídicas activas (dere-

---

1893 Leyes de 1 de agosto de 1960 y 5 de noviembre de 1960, respectivamente.

chos) y pasivas (deberes) apreciables en dinero, que corresponden a un sujeto, y que puede descomponerse en derecho-s reales, derechos de crédito o personales o de las obligaciones, y la sucesión hereditaria.

En cuanto a las personas se considera tales a todo ente susceptible de ser titular de derechos y obligaciones jurídicos, y puede tratarse de personas naturales o personas morales. El Código Civil reconoce dentro de las personas morales, además de las personas públicas territoriales (República, Estados Federados y Municipalidades), a los establecimientos públicos o personas morales de carácter público.

La capacidad es la aptitud de una persona para ser titular de derechos y obligaciones jurídicos, y se distingue la capacidad de obrar, como la aptitud para realizar con eficacia jurídica un determinado acto, lo que ocurre en general, con la mayoridad, a los 21 años.

La intervención del Estado en relación a la determinación de la identidad de las personas y por tanto, de su capacidad, ha llevado al establecimiento de la identificación obligatoria desde 1941[1894].

En cuanto a la familia, el Derecho Civil venezolano la regula como sistema patriarcal y monogámico. La Constitución, por su parte, la considera como la célula fundamental del Estado, y por tanto, éste debe velar por su mejoramiento tanto moral como económico[1895]. El Código Civil en esta forma, regula particularmente el parentesco, el matrimonio, la filiación, la adopción, la patria potestad, la educación y los alimentos, la tutela y la emancipación, la interdicción y la inhabilitación, y el registro civil. Estas normas han sido complementadas o modificadas por una legislación especial de protección de la institución familiar compuesta por la Ley de Protección Familiar, la Ley del delito de violación de los derechos alimentarios del menor y la Ley de Adopción[1896].

En cuanto al régimen matrimonial, éste es monogámico. En él se presume la existencia de comunidad de bienes, salvo convención en contrario derivada de las capitulaciones matrimoniales, correspondiendo al marido la administración de la comunidad conyugal. Los menores pueden contraer matrimonio con el consentimiento paterno siempre que tengan, el hombre más de 14 años y la mujer más de 12. La mujer mayor de 18 años, no necesita dicho consentimiento. El matrimonio válido puede disolverse por divorcio, mediante causas únicas y taxativas[1897].

La obligación de indemnizar y de pagar daños y perjuicios surge de las diversas fuentes de las obligaciones: contratos, gestión de negocios, pago de lo indebido, enriquecimiento sin causa, hecho ilícito y la ley. En cuanto a los hechos ilícitos, el Código Civil establece expresamente la obligación de reparar el daño causado a otro, cuando se ha producido con intención, por negligencia o por imprudencia, o excediendo, en el ejercicio de su derecho, los límites fijados por la buena fe o por el objeto en vista del cual le ha sido conferido ese derecho[1898]. El régimen del Código

1894 *V.* Ley Orgánica de Identificación de 26 de agosto de 1971.

1895 Artículo 73.

1896 Leyes de 22 de diciembre de 1961, de 20 de agosto de 1959 y de 20 de julio de 1972.

1897 Artículo 185 del Código Civil.

1898 Artículo 1.185 del Código Civil.

Civil ha sido completado en algunas leyes especiales como la Ley del Tránsito Terrestre y la Ley de Aviación Civil[1899].

La Constitución garantiza el derecho de propiedad[1900], concebido en el Código Civil como el derecho de usar, gozar y disponer de una cosa de manera exclusiva, con las obligaciones y restricciones establecidas en la Ley[1901]. Sin embargo, la propiedad no es un derecho irrestricto conforme a la filosofía del liberalismo tradicional, sino que tiene una función social que cumplir[1902], por lo que queda limitada por las contribuciones, restricciones y obligaciones que establezca la Ley por causa de utilidad pública o de interés social. En este sentido no sólo se consagra en la Constitución la potestad expropiatoria del Estado por causa de utilidad pública o de interés social, mediando sentencia firme y pago de justa indemnización[1903], sino que además se han establecido una serie sucesiva de limitaciones a la propiedad, fundamentalmente por razones de interés social[1904].

Dentro de las maneras de adquirir y transmitir la propiedad y demás derechos, el Código Civil regula las sucesiones, las cuales pueden ser testamentarias o intestadas. Por vía de testamento, el causante goza de la libertad de disposición de sus bienes, dejando a salvo la parte denominada "legítima", que constituye la cuota parte de la herencia que se debe en plena propiedad a los descendientes, a los ascendientes y al cónyuge sobreviviente que no esté separado legalmente de bienes[1905]. Dicha legítima, en el caso de los descendientes, ascendientes y cónyuge es igual a la mitad de sus derechos en la sucesión intestada.

En cuanto a las sucesiones intestadas, el Código Civil regula la capacidad de suceder, la representación y él orden de suceder, en el cual se incluyen tanto los descendientes legítimos como los naturales, aun cuando con derechos diversos. Las sucesiones están gravadas en una proporción que ha ido en aumento[1906].

En relación a las instituciones del Derecho Mercantil, éste rige las obligaciones y derechos de los comerciantes en sus obligaciones mercantiles, y los actos de comer-

---

1899 Leyes de 26 de junio de 1962 y de 9 de junio de 1955.

1900 Artículo 99.

1901 Artículo 545.

1902 Artículo 99 de la Constitución.

1903 Artículo 101 de la Constitución y Ley de expropiación por causa de utilidad pública o social de 6 de noviembre de 1947.

1904 Ley de Propiedad Horizontal (14 de octubre de 1955; Ley de Venta de Parcelas (9 de diciembre de 1960); Ley de Ventas con reserva de dominio (7 de enero de 1959); Ley Forestal, de Suelos y Aguas (26 de enero de 1966); Ley de Protección y Conservación de Antigüedades y obras artísticas de la Nación (16 de agosto de 1945). En particular, por ejemplo, la Constitución declara al régimen latifundista contrario al interés social (artículo 105), por lo que la Ley de Reforma Agraria (5 de noviembre de 1960) ha dispuesto lo conducente a su eliminación. En cuanto a la transmisión de la propiedad, una serie sucesiva de registros han ido exigiéndose, según el tipo de bienes: Registro inmobiliario (Ley de Registro Público, 16 de mayo de 1961); Registro de la Propiedad Industrial (Ley de 14 de octubre de 1955); Registro del Derecho de Autor (Ley de 3 de enero de 1963); Registro de la Marina Mercante (Ley de Navegación de 9 de agosto de 1944); Registro de Aeronaves (Ley de Aviación Civil, 9 de junio de 1955); y Registro de Vehículos (Ley de Tránsito Terrestre de 26 de junio de 1962).

1905 Artículo 883 del Código Civil.

1906 Ley de Impuesto sobre Sucesiones, Donaciones y demás ramos conexos de 30 de diciembre de 1966.

cio, aun cuando sean ejecutados por no comerciantes[1907]. Las fuentes del Derecho Mercantil están compuestas, en primer lugar, por el Código de Comercio[1908] y las Leyes mercantiles especiales; en segundo lugar, por 1.a costumbre mercantil especial o general de la República o de las localidades, que sean practicadas por largo tiempo; y en tercer lugar, por la analogía en el orden siguiente: normas del propio Código de Comercio, normas de leyes mercantiles especiales y normas del Código Civil.

Diversas leyes especiales se han ido dictando en los últimos años, con motivo de la intervención del Estado en la vida económica, y particularmente deben destacarse en el campo mercantil, la Ley General de Bancos y otros institutos de crédito, la Ley de Empresas de Seguros y Reaseguros, la Ley sobre Fideicomisos, la Ley de Bancos Hipotecarios Urbanos, la Ley sobre Propaganda Comercial, y la Ley de Almacenes Generales de Depósito[1909].

El Derecho Mercantil distingue dos grupos de actos de comercio: los actos objetivos y los actos subjetivos de comercio. Se consideran actos objetivos de comercio[1910] en sentido absoluto, aquellos cuyo carácter mercantil es independiente del sujeto que los realiza o del fin al que están dirigidos o de la forma particular de su ejercicio o de la relación a que estén subordinados. Tal es el caso, por ejemplo, de la letra de cambio, los actos de derecho marítimo y las operaciones de bolsa. Se distinguen, además, algunos actos objetivos de comercio, pero en sentido relativo. Estos son de tres clases: los actos que son mercantiles en razón del intento especulativo del sujeto que los realiza, tales como la compra, permuta, arrendamiento de bienes muebles con ánimo de revenderlos, permutarlos o subarrendarlos en la misma forma o en otra distinta; los actos cuya comerciabilidad resulta de la forma particular de su ejercicio, tales como los de las empresas editoras, tipográficas o de librerías; y los actos que son mercantiles en razón de otro acto principal, como por ejemplo, el mandato comercial y la comisión[1911].

Por otra parte, los actos subjetivos de comercio son cualesquiera otros contratos y obligaciones de los comerciantes, si no resulta lo contrario del acto mismo y si tales contratos y obligaciones no son de carácter esencialmente civil[1912].

En la legislación mercantil venezolana, se consideran como comerciantes los que teniendo capacidad para contratar, hacen del comercio su profesión habitual[1913]; considerándose por supuesto, a las sociedades o compañías mercantiles, como comerciantes.

El concepto de sociedad está determinado en el artículo 1.649 del Código Civil y requiere que dos o más personas convengan en contribuir, cada una con la propiedad o el uso de las cosas o con su propia industria, a la realización de un fin económico

1907 Artículo 1° del Código de Comercio.

1908 De fecha 26 de julio de 1955.

1909 Leyes de 30 de diciembre de 1970; 9 de julio de 1965; 7 de agosto de 1956; 20 de julio de 1958; 6 de septiembre de 1944; y 7 de noviembre de 1936.

1910 Artículo 2 del Código de Comercio.

1911 Artículo 2,4 del Código de Comercio.

1912 Artículo 3 del Código de Comercio.

1913 Artículo 10 del Código de Comercio.

común. En este sentido, se entiende por sociedades mercantiles o de comercio, aquellas que tienen por objeto uno o más actos de comercio[1914], las cuales pueden tener cuatro formas: sociedades de responsabilidad limitada, sociedades anónimas, sociedades en comandita y sociedades en nombre colectivo. Dentro de las sociedades anónimas deben destacarse las denominadas Empresas Multinacionales en el contexto del Acuerdo Subregional de integración económica del Área Andina[1915] del cual es miembro Venezuela, y que sólo son aquellas empresas domiciliadas y constituidas en alguno de los países de la subregión; de capital subregional mayoritario reflejado en la dirección de la empresa aportado por inversionistas nacionales de al menos dos países miembros, y en el cual no puede haber una participación de inversión extranjera mayor al 40 por 100; y que tienen interés subregional[1916].

Por último, debe señalarse que el régimen de las sociedades comerciales ha sido afectado por las regulaciones relativas al mercado de capitales[1917].

La legislación venezolana en materia de letra de cambio, fundamentalmente, sigue al Proyecto de La Haya de 1912. En esta forma, se estima que todo lo concerniente a la letra de cambio, como se dijo, constituye acto de comercio, aun cuando sea realizada entre no comerciantes[1918]. En relación al derecho sobre el cheque, debe señalarse que el Código de Comercio contiene muy pocas disposiciones sobre el mismo. En todo caso, se lo considera como una orden de pago, y guarda algunas afinidades con la letra de cambio.

Las normas reguladoras de la quiebra están contenidas en el propio Código de Comercio, aun cuando algunas leyes especiales regulan los efectos de la quiebra de ciertas empresas mercantiles, como los bancos y las empresas de seguro.

Como parte de la libertad de comercio, en principio, en Venezuela existe la libertad de importación y exportación. Sin embargo, el ejercicio de la misma no sólo está regulada por el Código de Comercio, sino que está limitada y sometida a una serie de requisitos administrativos y fiscales establecidos, estos últimos, en la Ley de Aduanas[1919].

Por otra parte, debe destacarse que Venezuela forma parte de la Asociación Latinoamericana de Libre Comercio (ALALC) establecida por el Tratado de Montevideo de 18 de febrero de 1960, que contiene un programa de liberación del intercambio en la zona. Asimismo, dentro del marco de la ALALC, Venezuela también forma parte del Acuerdo subregional de integración económica del Grupo Andino, antes señalado, que no sólo tiene por objeto acelerar, entre los países participantes, la liberación del intercambio entre ellos, sino establecer una unión aduanera y por tanto, un Arancel Externo Común que estará completamente en vigor antes del 31 de diciembre de 1980. El desarrollo de este proceso de integración económica induda-

---

1914 Artículo 200 del Código de Comercio.

1915 El Acuerdo de Cartagena y las Decisiones más importantes de la Comisión entraron en vigencia el 1 de enero de 1974 según Ley de 1 de noviembre de 1973.

1916 *V.* Decisión Nº 46 de la Comisión del Acuerdo de Cartagena sobre el Régimen Uniforme de las empresas multinacionales, en *Gaceta Oficial* Nº 1.620, extraordinario de 1 de noviembre de 1973.

1917 *V.* la Ley del Mercado de Capitales de 31 de enero de 1973.

1918 Artículo 2,13 del Código de Comercio.

1919 Ley de 19 de septiembre de 1972.

blemente que ha influenciado en los últimos años la regulación del comercio exterior, y lo influenciará en el futuro.

En todo caso, planteada la diversificación de las exportaciones para disminuir la dependencia de las mismas del petróleo, la promoción de aquéllas está siendo desarrollada intensamente por el Instituto de Comercio Exterior[1920], organismo a quien se ha responsabilizado de la conducción de la política de comercio exterior.

Constitucionalmente, tal como se ha señalado, el Estado Venezolano tiene como obligación y fin, promover e impulsar el desarrollo económico del país y por ello, está facultado para adoptar medidas y decisiones para diversificar la producción, con el fin de crear nuevas fuentes de riqueza, aumentar el nivel de ingresos de la población y fortalecer la soberanía económica del país[1921]. Para ello, la Constitución le otorga facultades expresas al Estado para dictar medidas tendientes a planificar, racionalizar y fomentar la producción, y regular la circulación, distribución y consumo de la riqueza[1922]

En base a ello, y como consecuencia del papel preponderante que el Estado tiene en la economía en virtud de los beneficios de la explotación petrolera, desde 1958 se ha iniciado en el país el desarrollo de un proceso de planificación mediante la creación de la Oficina Central de Coordinación y Planificación (CORDIPLAN), quien ha tenido a su cargo la preparación de los cuatro Planes de la Nación seguidos hasta 1974. Estos, sin embargo, no son aprobados por Ley y el Congreso no interviene directamente en su elaboración: el Presidente de la República solamente expone ante las Cámaras Legislativas los lineamientos del plan[1923], adoptados por el Consejo de Ministros. La planificación, por tanto, y en virtud de la ausencia de imperatividad legal, es solamente de carácter indicativo.

Entre las regulaciones más recientes en el campo de la producción y del comercio debe destacarse la regulación de las inversiones extranjeras en vigencia en Venezuela conforme a la Decisión núm. 24 de la Comisión del Acuerdo de Cartagena de integración subregional, que establece el Régimen común de Tratamiento de los Capitales Extranjeros y que limita y regula la participación de éstos en la economía nacional. Este tipo de regulación tiene una importancia primordial en Venezuela pues debido a la explotación petrolera, es el país de América Latina con mayor porcentaje de inversión extranjera en sus actividades económicas[1924].

La regulación administrativa general de las actividades industriales y comerciales corresponde al Ministerio de Fomento, a quien se atribuyen competencias para regular los precios del comercio de bienes y controlar su distribución[1925].

El Estado, además, ha regulado el mercado de capitales[1926], y en virtud del cambio producido en el modelo de desarrollo para la exportación, se han dictado diversas medidas para fomentarla[1927].

1920 Ley de 17 de agosto de 1970.

1921 Artículo 95.

1922 Artículo 98.

1923 Artículo 191 de la Constitución.

1924 *V.* el texto de la Decisión 24, en *Gaceta Oficial, cit.*, en nota Nº 122 de este capítulo 19.

1925 *V.* Ley de Mercadeo Agrícola de 21 de agosto de 1970 y Ley contra el acaparamiento y la especulación de 7 de agosto de 1947.

Por otra parte, y tal como se ha señalado, debido a la importancia de las actividades derivadas de la explotación petrolera y minera para el país, el Estado progresivamente ha ido estableciendo mecanismos de control de la industria y de participación directa de la misma. La Ley de Hidrocarburos dictada en 1943, actualmente en vigencia, con modificaciones posteriores[1928], establece como duración de la mayoría de las concesiones de explotación de hidrocarburos otorgadas con anterioridad a esa fecha, cuarenta años, por lo que a partir de 1983 se producirá la reversión automática al Estado de todos los bienes de las empresas petroleras afectados a la industria. Para asegurar la existencia de esos bienes y la continuidad de la industria, se ha dictado la Ley sobre bienes afectos a reversión en las concesiones de hidrocarburos[1929] que atribuye al Estado estrictas funciones de control y vigilancia. Por otra parte, la intervención activa del Estado en la industria petrolera y sus derivados se ha producido mediante la creación de la Corporación Venezolana del Petróleo (CVP) como establecimiento público[1930], la reserva al Estado de la Industria de Gas Natural[1931] y la nacionalización del mercado interno de hidrocarburos y sus derivados[1932]. Por último, debe destacarse, dentro de este esquema de intervención en la principal industria del país, que la Ley de Impuesto sobre la Renta[1933] faculta al Estado para determinar los precios de referencia de venta del petróleo a los efectos fiscales, con lo que se contrarresta el deterioro de los precios y sus efectos negativos en relación al ingreso petrolero.

Por último debe señalarse que de acuerdo a la Constitución, el Estado tiene bajo su control la industria básica pesada del país[1934]; por ello, la inversión pública directa en industrias de importancia tales como la petroquímica, la siderurgia y la hidroeléctrica, cuyas empresas son de propiedad íntegra pública[1935].

En el campo de los derechos inmateriales, tanto el derecho de autor como la llamada propiedad industrial han sido objeto de regulación en Venezuela. En efecto, en cuanto al Derecho de Autor, la ley[1936], sigue las más modernas orientaciones en la materia que presenta el Derecho Comparado, permitiendo inclusive la adhesión a la Convención de Berna. Venezuela, sin embargo, sólo se ha adherido en el campo internacional a la Convención Universal sobre el Derecho de Autor de Ginebra de 1952.

1926 *V.* Ley del Mercado de Capitales de 31 de enero de 1973.

1927 Ley de Incentivos a la Exportación de 28 de septiembre de 1973 y Ley del Fondo de Financiamiento a las Exportaciones de 28 de septiembre de 1973.

1928 *V.* Ley de 8 de agosto de 1967.

1929 *V.* Ley de 30 de julio de 1971.

1930 Decreto-Ley de 22 de abril de 1960.

1931 Ley de 26 de agosto de 1971.

1932 Ley de 22 de junio de 1973.

1933 Ley de 18 de diciembre de 1970.

1934 Artículo 97.

1935 *V.* Decreto-Ley del Instituto Venezolano de Petroquímica de 30 de junio de 1956; Decreto-Ley de la Corporación Venezolana de Guayana de 29 de diciembre de 1960.

1936 *V.* Ley sobre el Derecho de Autor, de 3 de enero de 1963.

Los principios fundamentales que rigen la regulación del derecho de autor son el de la protección de la obra por el solo hecho de la creación, independientemente de la propiedad del objeto material que contenga la obra, independientemente de la divulgación o publicación de la misma e independientemente del registro de la creación. Este registro del derecho de autor, por tanto, tiene efectos meramente declarativos.

La ley distingue en el derecho de autor, los elementos patrimoniales, es decir, el derecho de explotación de la obra, sea mediante representación o reproducción; de los derechos de orden moral. Entre estos últimos se destacan, el derecho a la paternidad de la obra, el derecho a la divulgación de la obra, el derecho a la inmutabilidad de la misma, el derecho de acceso al objeto material que contiene la obra, y el derecho de arrepentimiento respecto a la divulgación o publicación de la obra (revocación de la cesión).

En todo caso, siguiendo un principio constitucional[1937] la protección que otorga la ley al derecho de autor es de carácter temporal, y en general abarca la vida del autor y cincuenta años más, salvo algunos casos particulares.

Los derechos de los inventores, descubridores o introductores sobre las creaciones, inventos o descubrimientos relacionados con la industria; y los derechos de los productores, fabricantes y comerciantes sobre las marcas, lemas y denominaciones comerciales que utilicen para distinguir de los similares los resultados de su trabajo o actividad, se encuentran protegidos por la Ley de Propiedad Industrial[1938].

Los derechos de los inventores e introductores de inventos al país, están protegidos a través de las Patentes de Invención. La ley en este sentido, distingue cuatro tipos de patentes: patente de invención; patente de mejora de invento; patente de modelo o dibujo industrial; y patente de introducción de invento, mejora de invento o dibujo o modelo industrial. En particular debe señalarse que a través de la Patente de Introducción, la ley consagra el derecho de prioridad para obtener el registro en Venezuela para los titulares de una Patente Extranjera, por un lapso de doce meses. En relación a las demás patentes, la protección es por tiempo limitado.

Los derechos de los productores, fabricantes y comerciantes sobre los signos distintivos (marcas de fábrica, lemas comerciales y denominaciones comerciales) tienen protección mediante la obtención de los Certificados de Registro. Dichos certificados, cuya obtención está sometida a una seria y detallada lista de condiciones de patentabilidad, tiene también una duración limitada, generalmente de 15 años, y puede ser renovada por períodos sucesivos.

La obtención de las Patentes y de los Certificados de Registro se realiza, mediante el registro de los derechos, en el Registro de la Propiedad Industrial que depende del Ministerio de Fomento. Este registro también tiene efectos meramente declarativos.

Por último debe señalarse que la ya señalada Decisión núm. 24 de la Comisión del Acuerdo de Cartagena de integración económica del Grupo Andino del cual es parte Venezuela, ha establecido normas particulares sobre Marcas, Patentes, Licen-

---

1937 Artículo 100.

1938 Ley de 14 de octubre de 1955.

cias y Regalías como parte del Régimen común de tratamiento de los capitales extranjeros en los diversos países miembros.

En el campo del derecho procesal, el Código de Procedimiento Civil de 1916 precisa expresamente las fuentes del derecho, aplicable no sólo en los procesos civiles, sino en los mercantiles. El orden de preferencia de dichas fuentes es el siguiente: en primer lugar y en virtud de la primacía constitucional, está la Constitución[1939], en cuyo texto, además, se consagran las garantías jurisdiccionales básicas. Entre estas garantías constitucionales, deben destacarse en primer lugar, el derecho de todos los ciudadanos a utilizar los órganos de la administración de justicia para la defensa de sus derechos e intereses, en los términos establecidos en la Ley[1940]. Asimismo, deben destacarse otros principios y garantías de relevancia para el proceso: la igualdad de los ciudadanos ante la ley; la garantía de no ser obligado a prestar juramento ni constreñido a rendir declaración contra sí mismo[1941]; la prohibición de la posibilidad de ser privado de la libertad por obligaciones cuyo incumplimiento no haya sido definido por la ley como delito o falta[1942]; el derecho de presentar o dirigir peticiones ante cualquier entidad o funcionario público en los asuntos de su competencia[1943]; y el derecho inviolable a la defensa, en todo estado, y grado del proceso[1944]. Asimismo debe señalarse que a pesar del principio de la irretroactividad de la ley, en relación a las leyes de procedimiento, la Constitución exige su aplicación desde el momento mismo de entrar en vigencia, aun en los procesos que se hallaren en curso[1945].

En segundo lugar en el orden jerárquico de las fuentes del derecho procesal civil, se ubican los tratados y convenios internacionales, los cuales son de preferente aplicación frente a los Códigos y demás leyes nacionales "en los casos de aplicación de derecho internacional privado"[1946]. En tercer lugar, se ubica el Código de Procedimiento Civil mismo, las normas de naturaleza adjetiva que puedan encontrarse en otros Códigos y en especial, en el Código de Comercio, las leyes de organización judicial y las leyes administrativas[1947]; y en último lugar en el orden jerárquico de las fuentes, en caso de laguna o imprevisión de la ley, se puede recurrir a la analogía y a los principios generales del derecho procesal[1948].

El principio básico del procedimiento es su *carácter acusatorio*, en el sentido de que las partes dominan su curso. En este sentido, se deduce el *principio de contradicción o bilateralidad*, que implica una oposición de intereses que da origen a los juicios civiles y mercantiles. Se manifiesta este principio por el hecho de que los

1939 Artículo 7 del Código de Procedimiento Civil.

1940 Artículo 68.

1941 Artículo 60,4.

1942 Artículo 69.

1943 Artículo 67.

1944 Artículo 68.

1945 Artículos 44 de la Constitución, y 6 del Código de Procedimiento Civil.

1946 Artículo 8 del Código de Procedimiento Civil.

1947 Artículos 4 y 5 del Código de Procedimiento Civil.

1948 Artículo 4 del Código Civil.

procesos se inician por la interposición de la demanda, siempre escrita[1949]. El proceso, por tanto y durante todo el curso de la causa, es *escrito*, siendo las actuaciones puramente verbales de carácter excepcional, hasta el punto de que se exige la presentación de conclusiones: escritas de los informes verbales[1950].

Por otra parte, al tratarse de juicios escritos, rige el *principio de la inmediación*, es decir, que el juez se encuentra en contacto directo con las circunstancias y hechos del proceso y conoce de ellos, sólo a través de las exposiciones realizadas por las partes, los testigos y demás pruebas que se aporten en el juicio y que consten en las actas procesales. En virtud de ello, el *principio de la economía procesal* también debe guiar la actuación de los jueces, de manera que en la realización del proceso se obtenga una economía de tiempo, esfuerzo y dinero.

Ahora bien, siendo la actuación de las partes el eje del proceso, el principio de la *igualdad procesal* es la garantía de la justicia en la contraposición de intereses[1951]. Una de las formas de garantizar la igualdad de las partes es a través de la publicidad del proceso, de ahí el *principio de la publicidad* que exige que todas "las audiencias sean públicas"[1952]. Se exceptúan, sin embargo, aquellos casos en que lo determine el Tribunal por motivo de decencia pública, según la naturaleza de la causa.

Como consecuencia asimismo del carácter acusatorio del procedimiento, rige el *principio de la verdad procesal* que exige al juez sentenciar conforme a lo alegado y probado en las actas procesales, sin poder sacar elementos de convicción fuera de éstas, ni suplir excepciones o argumentos de hechos no alegados ni probados[1953]. Por otra parte, y por cuanto el proceso sólo se moviliza en virtud del impulso que le dan las partes, rige el *principio dispositivo* según el cual "en materia civil el Juez no puede proceder sino a instancia de parte"[1954]. Sin embargo, es de destacar que el mismo Código permite a los jueces actuar de oficio cuando la ley los autorice, o cuando en resguardo del orden público o de las buenas costumbres, sea necesario dictar cualquier providencia legal, aunque no la soliciten las partes.

Por último, debe destacarse como uno de los principios más característicos del procedimiento venezolano, *el principio de que "las partes están a derecho"*, y que implica que una vez que se ha efectuado la citación para la contestación de la demanda, "no habrá necesidad de practicarla de nuevo para ningún otro acto del juicio, ni lo que se mande verificar suspenderá el procedimiento, a menos que resulte contrario a alguna disposición especial de la Ley"[1955]. Este principio, típico del derecho venezolano, funciona cabalmente en virtud de que las actuaciones procesales deben quedar asentadas en el Libro Diario del Tribunal, día por día, al cual tienen libre acceso las partes y los interesados.

Aparte del procedimiento ordinario y de ejecución se regulan en el Código de Procedimiento Civil una serie de procedimientos especiales para el conocimiento de

1949 Artículo 236 del Código de Procedimiento Civil.

1950 Artículo 405 *ídem*.

1951 Artículo 21 *ibídem*.

1952 Artículo 19 *ibídem*.

1953 Artículo 12 *ibídem*.

1954 Artículo 11 *ibídem*.

1955 Artículo 134 *ibídem*.

diversas materias, en particular sobre el estado de las personas, sucesiones, interdictos, etc.

En cuanto al recurso al arbitramento, el Código de Procedimiento Civil establece expresamente que las controversias pueden comprometerse en uno o más árbitros en número impar, antes o después de ventilarse el juicio, con tal de que no se trate de cuestiones sobre el estado de las personas, divorcios o separación de los cónyuges, ni sobre las demás materias en las cuales no se admite la transacción[1956].

En relación al derecho penal, debe señalarse que si bien la Constitución establece una extensa regulación relativa a la garantía del derecho a la libertad y seguridad personales, el sistema legal básico está regulado en el Código Penal de 1964 inspirado en el Código italiano de 1879, y en el Código de Enjuiciamiento Criminal de 1962. Algunos principios básicos, siguiendo la normativa constitucional, pueden destacarse. Por una parte, la exigencia de que para poder ser condenado a sufrir alguna pena, es necesario que ella esté establecida en una ley preexistente[1957]; y la garantía de que nadie podrá ser juzgado sino por sus jueces naturales y no por tribunales *ad hoc*[1958]. La Constitución establece además la garantía de que nadie podrá ser preso o detenido, a menos que sea sorprendido *in fraganti*, sino en virtud de orden escrita del funcionario autorizado para decretar la detención, en los casos y con las formalidades previstos por la ley[1959]. Estos funcionarios, son las autoridades de policía que tengan el carácter de auxiliares de la Administración de Justicia[1960]; y la detención administrativa no podrá extenderse, en ningún caso, a más de ocho días, oportunidad en la cual deben remitirse las actuaciones a los órganos jurisdiccionales, a los fines de la prosecución de las diligencias sumariales. En todo caso, también, el Tribunal instructor debe decidir, acerca de la detención, dentro del término de 96 horas, o en casos graves o complejos, de ocho días[1961].

Por otra, parte, se prevé expresamente el derecho de todo indiciado a tener acceso a los recaudos sumariales y a todos los medios de defensa que prevea la ley, tan pronto como se ejecute el correspondiente auto de detención[1962]. En todo caso, la defensa es un derecho inviolable en todo estado y grado del proceso[1963].

Por otra parte, además del principio de que nadie podrá ser condenado a sufrir pena que no esté establecida en ley preexistente[1964], el propio texto constitucional insiste en que nadie podrá ser privado de su libertad por obligaciones cuyo incumplimiento no haya sido definido por la ley como delito o falta[1965]. La Constitución, además prevé que nadie podrá ser obligado a prestar juramento ni constreñido a rendir declaración o a reconocer culpabilidad en causa penal contra sí mismo, ni

---

1956 Artículo 502.

1957 Artículo. 69 de la Constitución.

1958 Artículo. 69 de la Constitución.

1959 Artículo 60,1 de la Constitución.

1960 Disposición Transitoria Sexta de la Constitución.

1961 *Idem*.

1962 Artículo 60,1 de la Constitución.

1963 Artículo 68 de la Constitución.

1964 Artículo 69 de la Constitución.

1965 Artículo 60,2.

contra su cónyuge o la persona con quien haga vida marital, ni contra sus parientes dentro del cuarto grado de consanguinidad o segundo de afinidad[1966]. Asimismo, la garantía de que nadie podrá ser incomunicado ni sometido a tortura o a otros procedimientos que causen sufrimiento físico o moral, está prevista expresamente[1967]; por lo que se considera punible todo atropello físico o moral inferido a persona sometida a restricciones de su libertad[1968].

Por otra parte, también se establece expresamente el principio de que nadie podrá ser condenado en causa penal sin antes haber sido notificado personalmente de los cargos y oído en la forma que indique la ley[1969], pudiendo sólo los reos de delitos contra la cosa pública ser juzgados en ausencia[1970].

No sólo la Constitución prohíbe la pena de muerte[1971], sino que también se prohíben las penas perpetuas o infamantes. Por tanto, las penas restrictivas a la libertad no pueden exceder de treinta años[1972], y no se podrá establecer pena de extrañamiento del territorio nacional contra venezolanos, salvo como conmutación de otra pena y a solicitud del mismo reo[1973]. En todo caso, una vez cumplida la pena impuesta o una vez dictada orden de excarcelación por la autoridad competente, nadie puede permanecer detenido[1974].

Por otra parte, la Constitución también establece la garantía de que nadie podrá ser sometido a juicio por los mismos hechos en virtud de los cuales hubiese sido juzgado anteriormente[1975], y por último, también se prevé la posibilidad de aplicación de medidas de interés social sobre sujetos en estado de peligrosidad que estén orientados a la readaptación del sujeto para fines de convivencia social[1976].

Para completar esta rápida visión del sistema jurídico venezolano debe señalarse, por último, y en cuanto al derecho internacional privado, que el propio Código Civil determina sus fuentes, conforme al siguiente orden: los Tratados Públicos o Acuerdos internacionales de Venezuela con la Nación respectiva, en cuanto al punto en cuestión; en defecto de tales tratados, lo dispuesto sobre la materia en los Códigos y leyes de la República o lo que se desprenda de la mente de la legislación patria; la analogía, y por último, los principios generales del derecho internacional privado aceptados generalmente[1977].

1966 Artículo 60,4.

1967 Artículo 60,3.

1968 *Idem.*

1969 Artículo 60,5.

1970 *Idem.*

1971 Artículo 58.

1972 Artículo 60,7.

1973 Artículo 64. *V.* la Ley sobre extrañamiento por conmutación de penas.

1974 Sea la Autoridad Judicial, o mediante indulto del Presidente de la República (artículo 190,21) o amnistías decretadas por el Congreso (artículo 139).

1975 Artículo 60,8.

1976 Artículo 60,10 de la Constitución.

1977 Artículo 8.

Entre las fuentes del Derecho Internacional Privado debe destacarse además, por su importancia, el Código Bustamante de Derecho Internacional Privado, suscrito por Venezuela.

En relación al Estatuto personal, las leyes venezolanas relativas al estado y capacidad de las personas obligan a los venezolanos aunque residan o tengan su domicilio en país extranjero[1978]. En cuanto a la condición de los extranjeros en Venezuela, éstos gozan de los mismos derechos civiles que los venezolanos, con las excepciones establecidas en la Constitución y en las leyes[1979]. Sin embargo, esto no impide la aplicación de las leyes extranjeras relativas al estado y capacidad de las personas en los casos autorizados por el derecho internacional privado[1980]. En relación a los extranjeros, por otra parte, se adopta también a la nacionalidad, como factor de conexión.

En relación al *Estatuto Real*, el Código Civil establece que los bienes muebles o inmuebles situados en Venezuela se rigen por las leyes venezolanas, aunque sobre ellos tengan o pretendan derechos personas extranjeras[1981]. El estatuto real abarca entonces no sólo a los bienes muebles sino también a los inmuebles.

En relación a las formalidades extrínsecas de los *actos jurídicos*, el Código Civil establece que la forma y solemnidades de aquellos que se otorguen en el extranjero, aun los esenciales a su existencia, para que surtan efectos en Venezuela, se rigen por las leyes del lugar donde se hacen[1982]. Sin embargo, si la ley venezolana exige un instrumento público o privado para su prueba, tal requisito debe cumplirse. En todo caso, cuando el acto se otorgue ante el funcionario competente de la República en el extranjero, y en particular; ante los cónsules, deberá someterse a la ley venezolana. En definitiva, esta regulación es la propia del principio *locus regit actum*.

En relación al procedimiento relativo al derecho internacional privado debe destacarse que conforme a lo previsto en el Código de Procedimiento Civil," las sentencias dictadas por autoridades extranjeras no tienen ningún efecto en el país ni para producir cosa juzgada ni para ser ejecutadas, salvo en los casos en que la Corte Suprema de Justicia declare expresamente la ejecutoria[1983]. Sin embargo, no toda sentencia extranjera puede ser objeto de una declaración de ejecutoria en el país, sino sólo aquellas dictadas en países en los cuales se conceda ejecución a las sentencias firmes pronunciadas por Tribunales de Venezuela sin que se realice una previa revisión de fondo[1984]. Rige por tanto el principio de la reciprocidad, al cual se acompaña la exigencia de una serie de requisitos para la declaratoria de ejecutoria[1985].

Ahora bien, de la anterior revisión que se ha hecho de algunas bases del sistema jurídico venezolano puede sacarse como conclusión general, y salvo algunas regulaciones esporádicas y especiales como resultado de la creciente intervención del Es-

1978 Artículo 9 del Código Civil.

1979 Artículo 45 de la Constitución.

1980 Artículo 26 del Código Civil.

1981 Artículo 10.

1982 Artículo 11.

1983 Artículo 746.

1984 Artículo 747.

1985 Artículo 748.

tado en la economía, que el mismo responde a principios clásicos estructurados básicamente durante el siglo pasado, y mejorados parcialmente en la primera mitad de este siglo. El sistema jurídico del país, en esta forma no sólo no responde a las exigencias que el proceso de desarrollo plantea a nuestra sociedad, sino que básicamente no está configurado como un instrumento de progreso. Al contrario, los aspectos fundamentales de la normativa jurídica se han cubierto, básicamente, con la regulación de los mismos principios que la doctrina privatista y civilista construyó durante el siglo pasado y la primera parte del presente, ignorándose en el sistema jurídico los múltiples aspectos que agobian económica, social y urbanísticamente a nuestras sociedades.

En efecto, estando el Estado configurado en la normativa constitucional como un Estado Democrático y Social de Derecho, interventor en la vida económica y social, agente y promotor del desarrollo económico y social; sin embargo, dicho Estado no encuentra un adecuado instrumental jurídico para el cumplimiento de sus fines[1986]. Al contrario, el sistema jurídico se limita a regular las relaciones básicas entre particulares con criterios liberales tradicionales, encontrándose el Estado en múltiples aspectos con las manos atadas, imposibilitado de cumplir sus funciones. El proceso de desarrollo plantea al sistema jurídico, por tanto, una serie sucesiva de reformas de manera de hacer realidad la estructuración del Estado Democrático y Social de Derecho, no sólo en cuanto a su estructura y régimen jurídico, sino en cuanto a los instrumentos de que debe disponer para atender los problemas y cambios que provoca el desarrollo (capítulo 20).

Pero, paradójicamente, a pesar de la regulación de tipo liberal clásico del sistema jurídico venezolano, los particulares no se encuentran debidamente protegidos por sus disposiciones. En efecto, no sólo los ciudadanos se encuentran muchas veces desamparados frente a la creciente intervención del Estado y sometidos a los abusos de los funcionarios públicos, no existiendo adecuados mecanismos para controlar al Estado en su actuación, sino que tampoco encuentran protección en el sistema jurídico contra los abusos que las libertades mismas pueden provocar. Es claro, en este sentido, que si se pretende consolidar un Estado Democrático y Social de Derecho, ampliamente intervencionista en la vida económica y social, paralelamente deben establecerse adecuados medios y mecanismos de control de la actuación pública y protegerse las libertades garantizadas por la Constitución. La reforma del régimen jurídico, por tanto, debe incidir paralelamente —y sólo paralelamente— en el reforzamiento de los poderes del Estado y en el control dé su actuación garantizando las libertades públicas. En esta forma el equilibrio entre los dos clásicos polos del Derecho Administrativo —Estado y ciudadano— debe tender a mantenerse.

Pero en el mundo actual, no sólo las libertades y derechos individuales deben garantizarse y protegerse frente al Estado, siguiendo los criterios tradicionales del liberalismo del siglo pasado, sino que su ejercicio debe también protegerse contra los abusos que otros particulares puedan cometer en el ejercicio de esas mismas libertades. En esta forma, la situación del ciudadano como consumidor o como receptor de informaciones —lector, radioescucha o televidente— están exigiendo una

1986 *Cfr*. Allan R. Brewer-Carías, "Nunca se lograrán transformar las estructuras para el desarrollo mientras no exista un Sistema Jurídico que las regule", en *El Nacional*. Caracas, 17 de julio de 1971 (entrevista de Gilberto Alcalá), p. B-12.

protección cada vez mayor contra los abusos del poder económico o contra los abusos de la prensa o de los diversos medios de comunicación (capítulo 21).

Por último, como mecanismo institucional para resolver los conflictos entre los particulares o entre éstos y el Estado o la sociedad, el sistema jurídico regula los medios o vías judiciales y tribunalicias. Sin embargo, la organización y regulación de los tribunales en Venezuela, no sólo responde a los principios procedimentales del siglo pasado —el Código de Procedimiento Civil, por ejemplo es de 1916—, sino que no ha sido ajustado a la problemática y rapidez de la vida moderna. De ello resulta que la administración de justicia en muchos casos es excesivamente costosa y lenta para que la mayoría de los particulares pueda utilizarla; los conflictos entre los particulares y la sociedad encuentran, en general, sólo vías de solución punitivas y poco rehabilitadoras; y los conflictos entre los particulares y el Estado aún carecen de medios legales adecuados de solución (capítulo 22).

En los capítulos sucesivos, de acuerdo a lo señalado, se analizarán entonces sucesivamente las exigencias del proceso de desarrollo frente al sistema jurídico —poderes del Estado y protección de los ciudadanos— y la situación de los diversos medios jurídicos para la resolución de conflictos; así como las vías para la reforma del sistema jurídico frente a los cambios políticos, económicos y sociales.

CAPÍTULO 20. HACIA LA ESTRUCTURACIÓN DE UN RÉGIMEN JURÍDICO PARA UN ESTADO DEMOCRÁTICO Y SOCIAL DE DERECHO

Al analizar la evolución de las instituciones políticas venezolanas y los fines del Estado contemporáneo de acuerdo a la normativa constitucional[1987] hemos establecido que formalmente el Estado, en Venezuela, está configurado como un Estado Democrático y Social de Derecho, estando planteada su consolidación. El Estado, en esta forma, aparece configurado constitucionalmente, como un Estado conformador de la vida económica y social, interventor y agente del proceso de desarrollo. Para el cumplimiento de sus funciones, sin embargo, hemos evidenciado la deficiencia o ausencia de adecuadas instituciones políticas y administrativas, las cuales, muchas veces se convierten en obstáculos al desarrollo. Con las instituciones jurídicas, el planteamiento que puede hacerse es similar: muchas de ellas no sólo han sido configuradas mucho antes de la consagración constitucional del Estado contemporáneo, y por tanto no están adecuadas a sus funciones, sino que tampoco han sido reformadas o transformadas para permitir el Estado el complimiento de sus fines sociales y económicos. Por tanto, la mayoría de ellas difícilmente pueden considerarse como instrumentos de cambio[1988].

Ante todo, de un análisis somero de la Constitución en Venezuela, resulta claro que el texto fundamental no ha sido desarrollado legislativamente en forma adecua-

1987 *V.*, capítulos 2 y ss. y 13.

1988 *V.* H. Barbé Pérez, "Adecuación de la Administración conformadora del orden económico y social a las exigencias del Estado de Derecho", en la *Revista de Derecho, Jurisprudencia y Administración*, tomo 65, N° 1. Montevideo, pp. 1 y ss. Para un planteamiento general y completo sobre este mismo problema ante los cambios socialistas que intentó llevar adelante el Gobierno de Unidad Popular en Chile a comienzos de la década de los setenta, *v.*, Revolución y Legalidad: Problemas del Estado y el Derecho en Chile, *Cuadernos de la Realidad Nacional*, N° 15 (especial), U.C.C. Santiago de Chile, diciembre de 1972, que contiene 18 trabajos de autores de reconocida actuación académica.

da, quedando muchas de sus disposiciones como declaraciones formales por falta de leyes que las actualicen. Un programa legislativo para el futuro y para el desarrollo surge entonces de la sola revisión del texto constitucional en aquellas disposiciones relativas al Estado y su actuación.

En efecto, y en primer lugar, la Administración del Estado en Venezuela carece de un cuerpo normativo comprensivo y adaptado, tanto a las orientaciones constitucionales, como a las exigencias de la Administración Pública contemporánea. La Administración Pública Venezolana puede decirse entonces que carece de un Régimen Jurídico adecuado que regule no sólo la Administración Central, sino la Administración descentralizada en el campo nacional, y en el campo local, la Administración regional y municipal.

En el ámbito nacional, dos cuerpos normativos complementarios están siendo requeridos con urgencia, y ellos son la Ley Orgánica de la Administración Pública, destinada a regular la Administración Central, y la Ley Orgánica de Entidades descentralizadas, llamada a regular los institutos autónomos y empresas del Estado.

En efecto, y por lo que concierne a la Administración Central del Estado, a pesar del crecimiento explosivo de las instituciones que la componen, la regulación jurídica existente, además de dispersa, ha quedado estática. En 1974 aún regía el Estatuto Orgánico de Ministerios de 1950[1989], cuyo Reglamento de 1940 fue sólo en 1971 cuando fue reformado[1990].

Ahora bien, no sólo la organización de la Administración Pública Nacional no ha sido objeto de una regulación sistemática, conforme al Estatuto de 1950, sino que^ en ese sentido, dicho texto siguió la misma orientación de todas las leyes relativas a los Ministerios dictadas a partir de 1874 cuando se dictó la primera ley de Ministerios, hasta 1891. Todos esos textos, incluyendo el de 1950, se limitaron a señalar el número de los Ministerios e indicar que estarán divididos en Direcciones, remitiendo al Reglamento para todo lo relativo a la estructura y competencias de cada Despacho, así como a los deberes y atribuciones de los funcionarios y empleados. Con anterioridad a la ley de 1874, las diversas leyes que organizaron las Secretarías de Estado se extendían parcialmente a la organización interna de las mismas[1991]. Con posterioridad a la ley de Ministerios de 1874, ésta fue reformada en 1881, y la única diferencia que existe entre ambas es la norma relativa a la creación del Ministerio de Instrucción Pública. En 1891, se reforma de nuevo la ley, y se introduce una modificación de importancia, al eliminarse la remisión al Reglamento respecto de la organización interna de los Ministerios, determinándose en ella el número y la competencia específica de las Direcciones que los integran. En esta ley, por otra parte, aparecen mencionados los reglamentos internos de cada Ministerio, con lo cual se consagró una competencia reglamentaria de segundo grado, ya tradicional en mate-

1989 *V.* Estatuto Orgánico de Ministerios de 30 de diciembre de 1950.

1990 *V.* el Reglamento del Estatuto Orgánico de Ministerios dictado por Decreto N° 539, de 10 de febrero de 1971, en *Gaceta Oficial* N° 29.438, del 11 de febrero de 1971, y el documento que le sirvió de Exposición de Motivos en CAP, *Informe sobre la Reforma de la Administración Pública Nacional*, Vol. I. Caracas, 1972, pp. 567 y ss.

1991 *V.* las Leyes de 2 de marzo de 1836; 12 de mayo de 1840; 10 de mayo de 1841; 24 de marzo de 1851; 25 de mayo de 1857; y 6 de julio de 1860, en *Leyes y Decretos Reglamentarios de los Estados Unidos de Venezuela*, tomo XIV.

ria de organización administrativa en nuestro país. El mismo sistema se continúa en las leyes de 1894, 1893 y 1913 —dictadas con motivo de la modificación numérica de los Ministerios—. En 1915 una nueva reforma legal, a pesar de especificar en el texto el número de las Direcciones internas de los Ministerios, facultó al Ejecutivo Nacional para crear nuevas Direcciones en los mismos, tal vez para evitar la acelerada sucesión de reformas legislativas con motivo de la creación o supresión de unidades internas de los despachos ministeriales. En 1920 la nueva ley de Ministerios vuelve al principio original de la ley de 1874 de repartir la competencia en materia, de organización administrativa entre la ley y el Reglamento, conservando además los reglamentos internos de cada Ministerio; en esta forma, dicha ley se limitó a determinar el número y competencia de los Ministerios y el número y competencia de sus reparticiones internas se atribuyeron al Reglamento. Este principio distributivo de la competencia organizacional es prácticamente el que recogió el Estatuto de 1950, y por tanto el que repitieron las leyes de 1922, 1926, 1928, 1929, 1933, 1936 y 1939[1992]. Sin embargo, cada una de dichas leyes fue sucedida de su respectivo reglamento, de manera de que la organización real de la Administración se ajustara a las exigencias legales. Lamentablemente, sin embargo, el Estatuto Orgánico de Ministerios no fue acompañado de su respectivo reglamento, por lo que entre 1941 y 1971, la época precisamente de mayor importancia y crecimiento de la Administración Pública Nacional, la expansión desorbitada de ésta no fue objeto de texto reglamentario alguno. Sólo fue en 1971 cuando mediante el citado Reglamento del Estatuto Orgánico de Ministerios se comenzó el proceso de racionalización y sistematización de la organización interna de los mismos, y en cierta forma, de "legalización" de las múltiples direcciones y unidades administrativas que habían sido creadas irregularmente mediante las autorizaciones anuales de créditos en la ley de Presupuesto[1993].

1992 *Cfr.* las referencias en CAP, *Informe sobre la Reforma de la Administración Pública Nacional, cit.*, Vol. II, pp. 345 y ss.

1993 Esto se observó fundamentalmente, en la década de los sesenta. Por ejemplo, si se analizan las Leyes de Presupuesto entre 1961 y 1969, se puede observar lo siguiente: En el Ministerio del Trabajo, mediante el Presupuesto de 1966 se creó la Dirección de Empleo y mediante el Presupuesto de 1967 se creó la Dirección de Estadísticas Laborales. En el Ministerio de Educación, mediante el Presupuesto de 1962 se creó la Dirección General. En cuanto al Ministerio de Relaciones Interiores mediante el Presupuesto de 1963 se refundieron la Dirección de Identificación y la Dirección de Extranjería en una Dirección Nacional de Identificación y Extranjería; y mediante el Presupuesto de 1968 la Imprenta Nacional salió del Ministerio de Relaciones Interiores y se integró a la Oficina Central de Información. En el Ministerio de Relaciones Exteriores, mediante el Presupuesto de 1962, desapareció la Dirección de Protocoló, la cual reapareció en el Presupuesto de 1967; la Dirección de Organismos Internacionales y la Dirección de Información Exterior, desaparecieron mediante el Presupuesto de 1966; en el mismo Ministerio, mediante el Presupuesto de 1968 se crearon la Dirección de Comercio Exterior y la Dirección Especial para las cuestiones de límites con Guayana, y mediante el Presupuesto de 1969 se creó la Dirección de Integración Económica. En el Ministerio de Minas e Hidrocarburos, mediante el Presupuesto de 1962, desapareció la Dirección de Economía y se crearon la Oficina de Economía Petrolera y la Oficina de Economía Minera. En el Ministerio de Sanidad y Asistencia Social, mediante el Presupuesto de 1965, se creó la Dirección General, la Oficina de Planificación Sectorial, la Oficina de Salud Pública Internacional y la Dirección de Servicios Regionales. En el Ministerio de Agricultura y Cría, mediante el Presupuesto de 1962 se creó la Dirección de Ingeniería Agrícola, la cual mediante el Presupuesto de 1963 se transformó en Oficina Asesora y reapareció como Dirección en el Presupuesto de 1969; mediante el Presupuesto de 1967 se creó la Oficina de Planificación Sectorial, y mediante el Presupuesto de 1968 se crearon la Oficina de Sistemas de Riego, la Oficina de Administración de Centros de Recría y la Oficina dé Sanidad Animal. En el Ministerio de Justicia, mediante el Presupuesto de 1963, se creó la Dirección General;

En todo caso, en 1974 no sólo la estructura interna de los Ministerios permanecía al margen de la Ley y el Reglamento, pues el dictado en 1971 no había podido ser totalmente ejecutado, sino que el mismo Estatuto Orgánico de Ministerios era insuficiente para regular una Administración Pública que había superado el mismo esquema ministerial, y que estaba compuesta por otra serie de organizaciones paralelas, muchas de ellas de nivel ministerial[1994]. La regulación sistemática y orgánica de la Administración Central era y es, por tanto, una exigencia imperativa para el funcionamiento adecuado de la Administración Pública.

Ahora bien, un cuerpo normativo sistemático de la Administración Central en Venezuela —ley Orgánica de la Administración Pública Nacional—, que debería dictarse de acuerdo a las exigencias constitucionales[1995], debería abarcar regulaciones generales tanto, sobre la propia noción de la Administración Pública y su personalidad jurídica como sobre su organización básica —Presidencia de la República y Ministerios—, las normas jurídicas reglamentadoras de su actividad y la responsabilidad que acarrea el ejercicio de la función administrativa[1996].

En efecto, y frente a los innumerables problemas que surgen de la delimitación de la función administrativa frente a las funciones legislativas y judiciales que tanto han preocupado a la doctrina administrativa desde principios de siglo, en una ley Orgánica de la Administración Pública Nacional debería precisarse el concepto de Administración Pública en sentido material —el ejercicio de la función administrativa— y en sentido orgánico —complejo orgánico integrado en el Poder Ejecutivo—, aún no precisados en nuestra legislación. Por otra parte, principios tales como el de la organización jerárquica y el de la existencia —a pesar de la multiplicidad de órganos— de una sola y única personalidad jurídica, también requieren de una consagración legal. Particularmente, se impone, siguiendo la orientación constitucional, el abandono definitivo de las superadas concepciones que veían en el "Fisco" una persona jurídica distinta, y que todavía la Ley Orgánica de la Hacienda Pública parecería consagrar[1997]. Por último, dentro de los principios de organización, resulta indispensable la regulación clara y diferenciada de la noción de descentralización funcional, frente a la Administración Central, lo cual tendría que ser complementado con una Ley Orgánica de entidades descentralizadas, tal como se indicará más adelante.

---

mediante el Presupuesto de 1965 se creó la Dirección de Cultos; y por el Presupuesto de 1968 se eliminó la Comisión Indigenista y se creó la Oficina Central de Asuntos Indígenas. En el Ministerio de Obras Públicas, mediante el Presupuesto de 1962, se eliminó la Dirección de Puertos y Aeropuertos y la Dirección de Carreteras y se creó la Dirección de Vialidad; y mediante el Presupuesto de 1965 se eliminó la Dirección de Administración y se crearon la Dirección de Finanzas y la Dirección de Bienes y Servicios. *Cfr.* CAP, *Informe sobre la Reforma de la Administración Pública Nacional, cit.*, Vol. II, p. 347.

1994 Tal es el caso, por ejemplo, de las Oficinas Centrales de la Presidencia de la República, particularmente de la Oficina Central de Coordinación y Planificación (CORDIPLAN), creada en 1958.

1995 Artículos 181; 202,3; 202,4 y 193.

1996 Diversos proyectos se han elaborado para materializar una Ley Orgánica de la Administración Pública, el último de los cuales se preparó en 1972, del cual fue componente el autor. Este proyecto (*v.* en CAP, *Informe sobre la Reforma de la Administración Pública Nacional, cit.*, Vol. II, pp. 439 y ss.), tuvo como antecedente / el elaborado por el autor en 1965, para el Ministerio de Justicia, reelaborado en 1967 por la Consultoría Jurídica de dicho Ministerio.

1997 *V.* Ley Orgánica de la Hacienda Pública Nacional que denomina "Fisco" a ésta (artículo 1).

Por otra parte, una Ley Orgánica de la Administración Pública Nacional tendría que recoger principios fundamentales que contribuirían a la formulación de adecuados principios organizativos y que distinguirían los sectores de actividad pública —que permiten la integración de políticas y acciones homogéneas para el logro de los fines del Estado— de los sistemas funcionales —medios e instrumentos para la consecución de los fines públicos—, de manera que se haga realmente de los Ministerios, fortalecidos, las unidades centrales de los sistemas sectoriales a los cuales deben adscribirse los entes descentralizados respectivos del sector y se ubiquen las unidades centrales de los sistemas funcionales o instrumentales —Planificación, Presupuesto, etc.— y que son comunes a los diferentes sectores —y Ministerios—, generalmente a nivel de la Presidencia de la República.

Una de las principales fallas de la ordenación jurídica de la Administración Pública conforme al Estatuto Orgánico de Ministerios de 1951 es que ha dejado a un lado la organización y funcionamiento de la Presidencia de la República, a quien corresponde constitucionalmente tanto la jefatura del Gobierno como de la Administración[1998]. Por ello, en una Ley Orgánica de la Administración Pública Nacional tendría que regularse el funcionamiento del Consejo de Ministros y preverse la creación de las Comisiones Permanentes del mismo, de manera que actúen como gabinetes reducidos pero con el mismo poder de decisión que aquél, descargando a los niveles superiores de la Administración del cúmulo de actividades que en ellos se han ido concentrando[1999]. Asimismo, tendrían que institucionalizarse las diversas oficinas centrales de la Presidencia que han ido creándose en los últimos años[2000] y establecerse las que el desarrollo de los sistemas instrumentales de los últimos años exige[2001]. En todo caso, este cúmulo de organismos y funciones a nivel de la Presidencia de la República, exige urgentemente —tanto por su importancia como por su naturaleza— la creación de los Ministerios de la Presidencia, como organizaciones directamente vinculadas al Presidente de la República.

Pero a pesar de la proliferación de Oficinas Presidenciales y su necesaria regularización, es indudable que la actividad central y fundamental de la Administración del Estado corresponde ejercerla a través de los Ministerios. Por ello, una Ley Orgánica de la Administración Pública Nacional tendría que dedicar buena parte a la organización de sus competencias. Pero ello, por supuesto, no podría seguirse haciendo conforme a los criterios de las leyes de Ministerios dictadas entre 1874 y 1950, sino que debería utilizarse el criterio sectorial de manera que corresponda a los Ministerios, realmente la conducción de los asuntos del Estado a través del gobierno de los sectores de actividad pública. Ya se ha señalado cómo el crecimiento incontrolado de la administración descentralizada, ha conllevado paralelamente —en términos de poder administrativo— un debilitamiento progresivo de la institución ministerial. Se impone, por tanto, la reivindicación de los Ministerios, como unida-

1998 Artículo 181.

1999 *Cfr*. Allan-R. Brewer-Carías, *Una Revolución para el desarrollo*. Caracas, 1971, pp. 40 y ss.

2000 Después de 1958 se han creado la Oficina Central de Coordinación y Planificación, la Oficina Central de Información, la Oficina Central de Personal y la Comisión de Administración Pública.

2001 Por ejemplo, la Oficina Central de Presupuesto, la Oficina Central de Estadísticas y la de Informática y documentación.

des centrales de cada sistema sectorial, a los cuales han de estar adscritos —para su control y orientación— los diversos entes descentralizados.

El número de los Ministerios en todo caso, no puede ser rígido, pues el establecimiento de los mismos dependerá de la importancia que tengan los sectores o de la prioridad política que el gobierno les atribuya. Conforme a un esquema sectorial como el que hemos adoptado[2002] pueden establecerse, por ejemplo, 20 Ministerios —uno por cada sector— o cuatro —uno por cada grupo de sectores—. La primera alternativa, sin embargo, no parecería viable, por la importancia relativa de algunos sectores, y la segunda, tampoco parece aconsejable debido a la amplitud que tendrían. Un número intermedio, en este sentido, tendría aceptabilidad administrativa. En todo caso, ante la reorganización ministerial, lo importante ni es el nombre ni el número de Ministerios —dentro de límites razonables—, sino que se respete el esquema sectorial que se formule, de manera que las actividades públicas que integran un sector, tengan el tratamiento político y administrativo uniforme y coherente —coordinado— que requieren y que el "problema" de la coordinación, que parece dominar la cotidianeidad administrativa, aparezca como primera prioridad a nivel intersectorial, y no como en la actualidad sucede —por la dispersión organizativa de cada sector— intrasectorial. Esta se aseguraría en un esquema como el propuesto, por la integración de todos los organismos públicos que actúan en cada sector bajo la orientación de un solo Ministro, y por el contrario, en la actualidad se dificulta enormemente, porque en general, varios Ministros tienen competencia sobre cada sector[2003].

En todo caso, además de la determinación del número y regulación de las competencias de cada Ministerio, una Ley Orgánica de la Administración Pública Nacional debería regular los principios básicos de la organización y funcionamiento de los Ministerios, tanto en lo referente a la administración activa como a la administración consultiva.

Hemos dicho que una Ley Orgánica como la especificada debería regular el conjunto de la Administración Pública Nacional, y no sólo la estructura ministerial, tal como lo han hecho los textos hasta el de 1950. Por ello, el establecimiento y desarrollo de la normativa básica relativa a la actividad administrativa debería ser objeto de atención prioritaria, pues en la actualidad no se encuentran debidamente regulados, y entre ellos habría que regimentar cuidadosamente las normas relativas a la competencia y la jerarquía administrativas, con todas sus implicaciones; a la creación de órganos administrativos ; al funcionamiento de los órganos colegiados; a la delegación de atribuciones; a la descentralización funcional de competencias administrativas; a la desconcentración de las mismas hacia las regiones del país; y a los archivos y documentación de la Administración Pública. La mayoría de estos aspectos no se encuentran regulados en la actualidad, en norma alguna, y otros, como el relativo a los Archivos de la Administración, han sido objeto de disposiciones incompletas.

En todo caso, el ejercicio de la función administrativa en relación a los particulares puede producir daños a éstos en sus bienes o derechos, por lo que una regulación

2002 *Cfr*. Allan Brewer-Carías, *Una Revolución para el desarrollo, cit*., p. 42.

2003 *V*. CAP, *Informe sobre la Reforma de la Administración Pública Nacional, cit.*, Vol. I, pp. 268 y ss.

de la Administración Pública quedaría incompleta si no regulara la responsabilidad administrativa en desarrollo de los principios constitucionales[200427], de manera que los particulares puedan reclamar indemnización contra la Administración o los funcionarios públicos cuando el daño haya sido causado por autoridades legítimas en ejercicio de sus funciones.

Hemos señalado cómo en los últimos cincuenta años el crecimiento de la Administración Pública Venezolana se ha caracterizado por la creación paulatina e incontrolada de una serie de institutos autónomos, empresas del Estado y diversos otros organismos, que han ido asumiendo nuevos cometidos estatales o tareas que antes se ejercían por la administración central. Por ello, el establecimiento de un adecuado Régimen Jurídico de la Administración Nacional no podría limitarse a la estructura ministerial tradicional, sino que quizá, con mayor urgencia, debería incidir sobre la administración descentralizada. Esta, en 1974 no había sido objeto de una regulación integral[2005], por lo que la actividad de los diversos entes descentralizados se regía por cada una de sus leyes de creación. Por otra parte, tal como se señaló, la Administración Pública, particularmente durante la década de los sesenta, recurrió a diversas fórmulas irregulares para el establecimiento de instituciones descentralizadas —Fundaciones, asociaciones civiles—, así como en algunos casos a formas ilegales —patrimonios autónomos— que se hace indispensable sistematizar y, en su caso, institucionalizar. De allí que también resulte inaplazable una Ley Orgánica de Entidades Descentralizadas, que regule no sólo la figura. de los Institutos Autónomos, sino la de los Patrimonios Autónomos y las de las Empresas del Estado[2006]: los primeros como entes descentralizados, dotados de personalidad jurídica y patrimonio propio, los segundos como servicios administrativos integrados en la jerarquía de un Ministerio, carentes de personalidad jurídica pero dotados de autonomía de gestión, financiera y presupuestaria, y la tercera como sociedades con forma mercantil en las cuales la República, directamente o por intermedio de algún instituto autónomo o de otra empresa bajo su control, tenga una participación decisiva[2007]. Una ley de esta naturaleza, entonces, regularía uniformemente el régimen hoy disperso de los institutos autónomos, en cuanto a su actuación administrativa —decisiones, contratos, personal y financiero—, presupuesto, y contabilidad.

Por otra parte, dicha ley debería regularizar la existencia legal de los denominados patrimonios autónomos, cuya utilización se ha efectuado sin autorización legal[2008] como una adecuada forma de descentralización funcional, sin necesidad de acudir a conferir personalidad jurídica al ente y que permite el establecimiento de un más estrecho control por el Ministerio al cual estén integrados. En este mismo sentido, la regulación general y uniforme, del régimen de las Empresas del Estado en una

2004 Artículos 45 y 206.

2005 Tal como lo exigía el artículo 230 de la Constitución.

2006 Diversos proyectos para una Ley de esta naturaleza han sido elaborados, y el último, de 1972, del cual fuimos coautor, se preparó teniendo como base el "Proyecto de Ley Orgánica de Institutos Autónomos y Empresas del Estado" que el autor preparó para el Ministerio de Hacienda. Como antecedente de este Proyecto, puede citarse el "Anteproyecto de Ley Orgánica de Instituciones Autónomas", elaborada por el doctor Antonio Moles Caubet. *V.* en CAP, *Informe sobre la Reforma de la Administración Pública Nacional, cit.*, Vol. II, pp. 485 y ss.

2007 *Cfr.* Allan R. Brewer-Carías, *Una Revolución para el desarrollo, cit.*, pp. 44 y ss.

2008 *V.* CAP, Informe sobre la Reforma dé la Administración Pública Nacional, *cit.*, Vol. I, pp. 360 y ss.

Ley Orgánica como la señalada vendría a colmar una laguna importante de nuestro ordenamiento legislativo y evitaría la proliferación, de disposiciones administrativas adoptadas sobre las mismas[2009].

Pero quizá las piezas esenciales de una Ley Orgánica de Entidades Descentralizadas sería la regulación uniforme y efectiva de los mecanismos de control de la Administración Central sobre aquéllas. En efecto, debido al crecimiento explosivo y no planificado de los entes descentralizados, los mecanismos de control que las diversas leyes han establecido han sido tan dispersos y confusos que difícilmente son efectivos[2010]. Por ello, la regulación orgánica de los entes descentralizados no sólo debería precisar las modalidades y alcance del control parlamentario directamente o a través de la Contraloría General de la República[2011], sino regularizar las diversas formas de controles administrativos —autorizaciones y aprobaciones—, particularmente los de tutela, que debe ejercer el Ministro respectivo al cual aquéllos estén adscritos. Por último, la Ley Orgánica de Entidades Descentralizadas debería también precisar los medios de control de los grupos de interés de la comunidad, particularmente de los usuarios y consumidores, en relación a las Empresas del Estado e institutos autónomos prestadores de servicios públicos o productores de bienes, y no sólo de los trabajadores, como sucede actualmente[2012].

Las necesidades de ordenación jurídica, en todo caso, y por lo que se refiere al funcionamiento de la Administración del Estado en Venezuela, no sólo se refieren a los aspectos organizativos —estructura orgánica de la Administración central y de la Administración descentralizada—, sino que también abarcan el procedimiento administrativo. En efecto, la Administración Pública venezolana carece en la actualidad de una regulación general y uniforme relativa al procedimiento administrativo, es decir, relativa al régimen jurídico de los actos administrativos, que, junto con la potestad reglamentaria, constituye la manifestación fundamental de la actividad administrativa para el cumplimiento de sus fines. Las normas sobre los procedimientos administrativos existentes hasta 1974 tenían una ubicación dispersa y desordenada en la multitud de leyes administrativas especiales que se han dictado en las últimas décadas, además de un contenido completamente insuficiente y deficiente para la ordenación procedimental de la actuación de la Administración Pública. La promulgación de una ley de Procedimientos Administrativos aparece así como uno de los aspectos de mayor importancia en la labor de integración del ordenamiento jurídico de la República, por cuanto con leyes de esta naturaleza culmina el proceso de reducción del actuar administrativo a esquemas jurídicos de validez general, presupuesto necesario para la efectiva vigencia del Estado de Derecho[2013]. En efecto,

---

2009 Algunas veces inclusive de carácter temporal, en las Leyes anuales de Presupuesto.

2010 *Cfr*. Allan R. Brewer-Carías, *El Control de las Actividades Económicas del Estado en el Derecho Venezolano.* CGR, 1969, pp. 73 y ss.

2011 Artículos 230 y 236 de la Constitución. *V.* Allan-R. Brewer-Carías, "El control fiscal externo sobre las empresas públicas", en *Boletín de la Biblioteca de los Tribunales del Distrito Federal*, N° 17. Caracas, 1967-1968, pp. 7 y ss.

2012 *Cfr*. Allan-R. Brewer-Carías, *El Control de las Actividades Económicas del Estado en el Derecho Venezolano, cit*., pp. 153 y ss., y "La Ley sobre representación de los trabajadores en los Institutos, Organismos de Desarrollo Económico y Empresas del Estado", en *Revista de la Facultad de Derecho*, UCAB, Caracas, N° 4, 1966-1967, pp. 199 y ss.

2013 *V.* CAP, *Informe sobre la Reforma de la Administración Pública Nacional, cit*., Vol. II, p. 391.

mediante una ley de esta naturaleza[2014], no sólo se regularía jurídicamente la forma de la actuación administrativa, ya que los fines estarían especificados en las leyes especiales sectoriales, sino que se permitiría a los particulares poder controlar jurídicamente dicha actuación en el seno de la propia administración, además de las vías jurisdiccionales a posteriori. En la actualidad, al contrario, no sólo el acceso a los medios jurisdiccionales de control es difícil y lento, sino que los particulares en muchos aspectos se encuentran desasistidos frente a la Administración, y ello por varias razones. En primer lugar, y a pesar del reconocimiento constitucional del "derecho de representar o dirigir peticiones ante cualquier entidad o funcionario público, sobre los asuntos que sean de la competencia de éstos y a obtener oportuna respuesta"[2015], la ausencia de una regulación general relativa a los recursos administrativos y, por ejemplo, a los efectos del silencio administrativo —la ausencia de respuesta en lapsos razonables— hacen totalmente nugatorio dicho derecho, estando el particular a merced de la bondad de los funcionarios públicos. En segundo lugar, a pesar de la consagración también constitucional del derecho, a "la defensa"[2016], el principio que de él resulta en el ámbito administrativo, el derecho a ser oído (*audi alteram parti*) también se hace nugatorio por falta de regulación del procedimiento administrativo, dictándose frecuentemente decisiones que afectan a particulares, sin que éstos estuviesen ni siquiera enterados de la existencia del procedimiento en su contra. En tercer lugar, a pesar de que de los dos principios anteriores pueda derivarse el de la publicidad de la actuación administrativa[2017], al menos frente a los particulares afectados, la ausencia de regulación del procedimiento administrativo en Venezuela o su regulación deficiente, también lo hacen inoperante. En efecto, en general, los "expedientes administrativos" que se forman en la administración son secretos, y los particulares no tienen conocimiento, de su contenido ni libre acceso a ellos; las notificaciones de las decisiones que afectan los derechos o intereses de los particulares no están regularizadas, y muchas veces se dan por efectuadas mediante su publicación en la *Gaceta Oficial* de la República; y la consulta y uso de los Archivos de la Administración está totalmente limitada, quedando al arbitrio del Ministro respectivo la autorización de la consulta de los archivos por los particulares e inclusive de las actuaciones que los Tribunales pretendan realizar en los archivos —copias, exhibición de documentos o inspecciones oculares—[2018].

Frente a estas deficiencias resulta indispensable e imperativo la regulación del Procedimiento Administrativo mediante una ley que gire básicamente sobre los siguientes principios y derechos: el derecho de los particulares a recurrir contra los actos administrativos ante la propia Administración; el derecho de éstos a conocer el

---

2014 Diversos proyectos de Ley de Procedimientos Administrativos han sido elaborados desde 1961, y entre ellos, el último de 1972 (*v.* CAP, *Informe sobre la Reforma de la Administración Pública Nacional*, *cit.*, Vol. II, pp. 505 y ss.). Este proyecto, del cual fuimos coautor, tuvo como antecedentes, el Proyecto de Ley de Procedimientos Administrativos elaborado en la CAP, en 1961-1-962 y el Proyecto de Ley de Procedimientos Administrativos elaborado en 1965 para el Ministerio de Justicia, por S. Martín Retortillo, F. Rubio Llorente y el autor.

2015 Artículo 67.

2016 Artículo 68.

2017 *V.* Antonio Moles Caubet, "Vicisitudes del Procedimiento Administrativo Venezolano", en *Revista Internacional de Ciencias Administrativas*. Bruselas, 1972, pp. 274 y ss.

2018 Artículos 31 y ss. del Estatuto Orgánico de Ministerios.

desarrollo y contenido de las actuaciones administrativas que les conciernen; el derecho a ser oído antes de la adopción de los actos administrativos que puedan afectar sus derechos e intereses; el principio de la motivación de las decisiones, sobre todo cuando se trate del ejercicio de la potestad discrecional; el principio de la estabilidad de las decisiones administrativas, de manera que la revocabilidad de éstas, cuando afecten derechos o intereses de los particulares, proceda en virtud de texto expreso; y el derecho de los particulares a obtener oportuna respuesta a sus recursos, de manera que la renuncia a decidir por la administración no se constituya en arbitrio para evitar los recursos jurisdiccionales que pueda intentar el administrado[2019]. Ahora bien, en base a estos principios, una ley de Procedimientos Administrativos debería regular los principios fundamentales relativos a la forma de ejercicio de la actividad administrativa, tanto en la Administración Central como —supletoriamente— en la Administración descentralizada; a la adopción de los actos administrativos, su sumisión a la legalidad y su nulidad o anulabilidad; a los interesados, sus derechos y situaciones jurídicas frente a la Administración, y a los límites al ejercicio del poder discrecional. En particular, respecto al régimen de las actuaciones administrativas, una ley de esta naturaleza debería contener regulaciones tendientes a normalizarlas y racionalizarlas, a determinar los términos y plazos para las mismas; a regularizar la recepción de documentos y peticiones, y a prever las posibles inhibiciones o recusaciones de funcionarios para conocer o decidir sobre determinados asuntos en los cuales puedan tener interés. El procedimiento administrativo en dicha ley también debería ser objeto de especial atención, mediante normas que distingan el procedimiento ordinario, a seguirse en aquellos casos en que el acto administrativo final pudiere causar lesión a derechos o intereses legítimos de un particular, del procedimiento sumario, en caso distinto. En el primero, por su propia naturaleza, deberían establecerse normas y regulaciones sobre la iniciación del procedimiento, la sustanciación del expediente y la terminación de aquél. En todo caso, como parte del procedimiento administrativo, una ley de esta naturaleza debería contener disposiciones sobre la notificación y publicación de los actos administrativos, y sobre la ejecutividad y ejecutoriedad de los mismos; aspectos estos últimos que en la actualidad no están adecuadamente regulados, quedando por tanto la ejecución forzosa de los actos administrativos sin posibilidad de realización.

La Ley, por último, debería también regular extensivamente, acogiendo los diversos principios jurisprudenciales[2020], las posibilidades de revisión de oficio de los actos administrativos por la Administración Pública y los recursos administrativos —jerárquico, de reconsideración y de revisión— que pueden ser interpuestos por los particulares contra los actos administrativos.

En todo caso, del panorama que se evidencia con lo señalado anteriormente, sobre las necesidades y actual ausencia de un adecuado régimen jurídico de la Administración Central, de las Entidades descentralizadas y de los procedimientos administrativos, no sólo resulta la insuficiente posibilidad —por falta de organización y normas— que el Estado tiene de realizar cualquiera de sus cometidos, sino la inde-

---

2019 CAP, *Informe sobre la Reforma de la Administración Pública Nacional, cit.*, Vol. II, p. 393.

2020 *V.* Allan R. Brewer-Carías. Las Instituciones Fundamentales del Derecho Administrativo y la Jurisprudencia Venezolana. Caracas, 1964, capítulo IV.

fensión en que se encuentran los particulares frente a una administración complicada, dispersa y muchas veces secreta o clandestina.

Situaciones similares pueden evidenciarse en otros aspectos específicos del procedimiento administrativo como en los relativos a la contratación administrativa y a la exigencia de una regulación especial para las licitaciones; y en todo caso, en cuanto al ejercicio de las potestades públicas, y en especial, por ejemplo, al ejercicio de las potestades tributaria, expropiatoria, reglamentaria, organizativa y sancionadora. En efecto, en cuanto a la primera y dejando ¡a salvo algunas regulaciones relativamente recientes como las relativas al impuesto sobre la renta, la administración de la Hacienda Pública y los principios generales de tributación están establecidos en la Ley Orgánica de la Hacienda Pública Nacional. Sin embargo, el solo hecho de tener en cuenta que dicha ley no ha sido modificada —salvo en lo que se refiere a la creación de la Contraloría General de la República en 1938— sino en cuestiones de detalle, desde 1918[2021], es suficiente para darse cuenta de lo incompleto de su regulación: con una ley para la Administración de una Venezuela agrícola, prepetrolera, se pretende seguir administrando la Hacienda Pública Nacional, infinitamente más grande y compleja, producto del ingreso petrolero. Las incongruencias son, en este sentido, tan notables, que en 1974, la Administración Pública Nacional carecía de un sistema de contabilidad pública, pues el único previsto en aquella ley se lleva a los efectos del control fiscal, por la Contraloría General de la República, y no a los efectos de la racional toma de decisiones por el Poder Ejecutivo. Una situación similar de insuficiencia de la normativa legal respecto a la Hacienda Pública, existe en lo relativo al patrimonio del Estado. Con las disposiciones de la Ley Orgánica de la Hacienda Pública Nacional puede decirse que la Administración ignora realmente su situación patrimonial, por ejemplo en relación a sus bienes inmuebles —edificaciones y tierras baldías—, siendo su administración insuficiente. Una Ley del Patrimonio del Estado es, por tanto, una necesidad esencial en la ordenación jurídica de la actividad administrativa.

Pero el ejercicio de otras potestades públicas de enorme importancia para el cumplimiento de los fines públicos como la potestad expropiatoria, también se encuentra insuficientemente regulada, necesitando la Ley de 1948 una urgente reforma. En efecto, la expropiación ha sido consagrada en el texto constitucional como una institución de derecho público mediante la cual el Estado tiene la posibilidad de apoderarse de ciertos bienes de propiedad particular para fines de utilidad pública o interés social[2022], y ha sido regulada por la ley de expropiación por causa de utilidad pública o interés social de 1947[2023]. El régimen legal relativo a esta institución, sin embargo, no sólo regula una potestad pública y el ejercicio por parte del Estado de la misma, sino que además, y en vista de que el ejercicio de esta potestad incide sobre un derecho garantizado constitucionalmente[2024], la legislación sobre la expropiación

2021 *Cfr*. CAP, *Informe sobre la Reforma de la Administración Pública Nacional. cit*., Vol. II, p. 348.

2022 Artículo 101.

2023 La Ley es del 4 de noviembre de 1947, reformada por Decreto-Ley Nº 184 del 25 de abril de 1958. *V*. Allan-R. Brewer-Carías, *La Expropiación por causa de utilidad pública o interés social (Jurisprudencia-Doctrina Administrativa-Legislación)*. Caracas, 1966; y *Comentarios sobre el Proyecto de Reforma Parcial de la Ley de Expropiación por causa de Utilidad Pública o Social*, SOTAVE. Caracas, 1972, cuyo texto seguiremos en algunas partes.

2024 Artículo 99.

exige que este poder sea ejercido correctamente por el Estado, de manera que no menoscabe totalmente los derechos de los particulares. Estos dos supuestos, por una parte, la potestad pública y el ejercicio de un poder del Estado, y por la otra, la garantía de los derechos de los particulares, son los dos ejes sobre los cuales debe girar toda la legislación de materia de expropiación por causa de utilidad pública o interés social.

En efecto, en primer lugar debe señalarse, en cuanto a la potestad pública o a la regulación del ejercicio de la misma por parte del Estado, que la Ley de Expropiación consagra la posibilidad para el Estado de apoderarse de determinados bienes de los particulares, para determinados fines, en forma coactiva o forzosa, cuando exista alguna resistencia de parte de los particulares en virtud de los diversos intereses que surgen con motivo de la realización de obras de utilidad pública o actividades de interés social que el Estado pretenda ejecutar. Esa expropiación o ese apoderamiento forzoso de los bienes por parte del Estado procede, tal como expresamente la jurisprudencia venezolana lo ha calificado, "por las buenas o por las malas"[2025]. Por ello, decretada la expropiación, es decir, ejercida la potestad expropiatoria por parte del Estado, los particulares no pueden discutir la expropiación misma, los particulares no pueden discutir si realmente el Estado necesita o no aquellos bienes. Lo único que pueden discutir y exigir es la garantía a ser debidamente compensados por la lesión que se produzca a sus derechos, y la discusión no puede incidir sobre el ejercicio mismo de la potestad expropiatoria, la cual, una vez que se ejerce, es irreversible. Lo único que puede discutirse en el juicio expropiatorio, por tanto, no es la procedencia o no de la expropiación, sino el monto de la compensación que por el derecho lesionado debe pagar el Estado al particular[2026].

Por otra parte, la regulación en una ley de una potestad pública de tal importancia, que permite al Estado lesionar uno de los derechos que la propia Constitución consagra, ha implicado generalmente que el Legislador, en las legislaciones sobre expropiación, haga intervenir para el correcto ejercicio de esta potestad por parte del Estado, a todos los poderes públicos. En efecto; en materia expropiatoria no sólo interviene el Poder Ejecutivo cuando decreta la expropiación de una obra, sino que fundamentalmente la ley exige la intervención previa del Poder Legislativo y posterior del Poder Judicial. La garantía del derecho de propiedad y la lesión producida a este derecho, hace que el Legislador exija que todas las instituciones y Poderes del Estado intervengan en el procedimiento. En primer lugar, el Poder Legislativo al .declarar la, utilidad pública o el interés social de la actividad que conlleva la expropiación, declaratoria que se reserva generalmente al legislador hasta el punto de que el Poder Ejecutivo no puede juzgar cuándo hay utilidad pública o interés social en una actividad pública, sino que ésta sólo puede ser declarada por ley[2027]. En segundo lugar, la intervención del Poder Ejecutivo, pues se exige que para que se ejecute la expropiación es necesario un acto de la autoridad ejecutiva, que determine cuáles bienes van a ser expropiados para alcanzar los fines de utilidad pública o interés

2025 *V.* sentencia de la Corte Federal y de Casación en Sala Federal de 14 de marzo de 1952, en *Gaceta Forense*, Nº 10, pp. 133 y 134.

2026 Artículos 101 de la Constitución, 547 del Código Civil y 3 de la Ley de Expropiación por causa de utilidad pública o social.

2027 Artículos 3 y 10 y ss. de la Ley de Expropiación por causa de utilidad pública o social.

social que la ley establece[2028]. En tercer lugar, la intervención del Poder Judicial, lo que configura la garantía judicial necesaria, debido a la lesión del derecho del particular. En este sentido, cuando no hay posibilidad de llegar a un arreglo o convenio amigable con el particular, la autoridad administrativa no puede apoderarse simplemente de sus bienes, sino que necesariamente tiene que acudir a la vía judicial y solicitar por ante el Juez competente de Primera Instancia en lo Civil, la expropiación o traslado forzoso de la propiedad de determinados bienes del particular al Estado[2029].

Estos serían los aspectos resaltantes del primero de los elementos de una legislación sobre expropiación, el que regula el ejercicio de una potestad pública, en la cual intervienen todos los poderes del Estado y que implica que el ejercicio de esa potestad deba hacerse conforme a las normas que establece la Ley.

El segundo elemento de la expropiación, además de la potestad pública de expropiar, está constituido por la garantía del derecho de los particulares. En efecto, el hecho de que se otorguen al Estado determinadas potestades y el ejercicio dé determinados poderes exorbitantes al derecho común que rige las relaciones entre particulares, no implica que éstos queden desasistidos frente al Estado. Al contrario, el legislador establece una serie de mecanismos para que el derecho del particular esté debidamente garantizado frente al ejercicio de esa potestad pública.

Ahora bien, esta garantía del derecho de los particulares que la legislación de expropiación establece, podemos clasificarla en tres grandes grupos: por una parte, una garantía jurídica; por otra parte, una garantía patrimonial; y en tercer lugar, una garantía de devolución. Las tres garantías están íntimamente conexas con la institución de expropiación.

En primer lugar, la garantía jurídica. El poder de expropiación, como ejercicio de una potestad pública, está circunscrito a una serie de normas legales. No es, por tanto, una vía de hecho. No se trata del apoderado fáctico de determinados bienes por parte del Estado, sino que se trata del apoderamiento de ciertos bienes particulares, pero conforme a una serie de normas de carácter jurídico que son el primer elemento de la garantía consagrada para los particulares. El despojo que se hace del bien particular, por tanto, no es un despojo ilegal, sino un despojo perfectamente legítimo dados los fines que tiene el Estado en un momento determinado y que, por tratarse de un despojo legítimo, debe cumplirse de acuerdo a una serie de normas legales[2030].

En virtud de ello, al particular se le consagran, como protección de esa garantía, en primer lugar, la posibilidad de oponerse a esta expropiación[2031]. En este sentido, la principal causa de oposición a la expropiación es el alegato de que se haya producido una violación de ley, precisamente por la existencia de esta garantía jurídica. La otra causa de oposición se refiere, en particular, a la expropiación parcial, pero no incide ya directamente sobre la expropiación en sí misma. Por esto, la confirmación de esta garantía jurídica está en la oposición a la expropiación por violación de ley.

2028 Artículos 3 y 4 *ídem.*

2029 Artículos 3 y 19 y ss. *ibídem.*

2030 Artículo 1 *ibídem.*

2031 Artículo 26 *ibídem.*

Pero además debe destacarse que se otorgan al particular una serie de mecanismos para hacer efectiva esa garantía, hasta el punto de que se le dan posibilidades de ejercer acciones posesorias o petitorias en relación al despojo ilegítimo o ilegal que se haya hecho de sus bienes, declarándose además en la ley, como responsables, a los funcionarios y a los jueces que hayan intervenido en algún procedimiento expropiatorio en el cual no se hayan cumplido las normas legales. En esta forma se hace responsable no sólo al Estado, sino directamente a sus funcionarios[2032].

La segunda garantía, además de la garantía jurídica, es la garantía patrimonial. En efecto, si bien se otorga al Estado la posibilidad de apoderarse de determinados bienes particulares, esto no significa que los derechos del particular claudican totalmente ante el Estado, sino que en el lugar de su derecho de propiedad, que desaparece, surge un nuevo derecho, el derecho a ser indemnizado y, por tanto, a recibir una justa compensación. En torno a ello, la jurisprudencia en Venezuela reiteradamente ha considerado que este derecho sustitutivo debe ser, como su nombre lo indica, una justa compensación o indemnización, que no signifique ni enriquecimiento ni empobrecimiento para el expropiado, es decir, una indemnización que sustituya el derecho que ha sido lesionado por el ejercicio de la potestad expropiatoria[2033]. La expropiación viene a ser entonces un mecanismo de conversión de derechos, del derecho patrimonial de carácter real por un derecho de crédito sobre una cantidad determinada de dinero, compensatoria de la situación anteriormente existente.

Pero las legislaciones de expropiación no sólo consagran estas dos garantías: la jurídica y la patrimonial, sino que también consagran una tercera garantía que es consustancial a la finalidad que origina la expropiación y que es la llamada garantía de devolución.

En efecto, si la expropiación procede por causa de utilidad pública o de interés social, la legislación de expropiación, y ésta es la tendencia general en el derecho comparado, establece que cuando el bien que se expropia y del cual se despoja a un particular, no se destina por el Estado al fin de utilidad pública o de interés social que originó la expropiación, surge un derecho del particular a quien se le quitó su bien, de pedirle al Estado la devolución del bien que no ha sido utilizado para los autorizados fines de utilidad pública o de interés social.

En Venezuela, la legislación de expropiación tradicionalmente ha regulado, por una parte, la potestad expropiatoria y el ejercicio de ella por parte del Estado; y por la otra, las dos primeras garantías señaladas, la jurídica y la patrimonial: establece una serie de normas a las cuales debe ajustarse el ejercicio de la propiedad expropiatoria y establece las normas que buscan lograr la justa compensación o indemnización, es decir, la garantía patrimonial para el particular; pero la legislación de expropiación en Venezuela no ha recogido este tercer elemento que configura la garantía de devolución, pues no consagra un derecho preferente del particular a readquirir su bien cuando no ha sido destinado al fin para el cual el Estado ejecutó la expropiación, salvo cuando el Estado decida voluntariamente enajenarlo, en cuyo caso, el particular sólo tendría un derecho a readquirir prioritariamente la propiedad de ese

2032 Artículos 4 y 55 *ibídem*.

2033 *V*. Sentencias de la Corte Federal y de Casación en Sala Federal de 12 de julio de 1943 y de 4 de mayo de 1948, en *Memoria*, 1944, tomo I, p. 22, y en *Compilación legislativa de Venezuela*, 1948-1949, Anuario 1948, pp. 771 y 772.

bien en las nuevas condiciones de enajenación que existan en el momento en que ésta se produzca[2034].

Pero si bien la ley vigente consagra normas específicas sobre el ejercicio de la propiedad expropiatoria y sobre sólo dos elementos de la garantía de los particulares, es evidente que nuestra legislación actual no regula satisfactoriamente todos estos elementos, por lo cual se pueden detectar una serie de fallas en la ley vigente.

La primera de estas fallas podría situarse en el ámbito de aplicación de la Ley. En efecto, la Ley sólo regula una institución específica de apoderamiento forzoso de bienes por parte del Estado, que es la que denominamos expropiación en el sentido estricto, pero hay otra serie de figuras que surgen de la legislación nacional y que, persiguiendo fines de utilidad pública y de interés social, en muchos casos también permiten al Estado apoderarse de determinados bienes en forma forzosa. Son las figuras concretamente de la requisición, el comiso y eventualmente, en virtud de algunas normas, la confiscación: esta última prohibida por nuestra Constitución, aun cuando permitida sólo en los casos en que se produzca el enriquecimiento al amparo de la usurpación del poder[2035]. Las otras dos figuras, la requisición que tiene una similitud muy grande con la expropiación y el comiso que, aun cuando no es motivado por causas de utilidad pública y de interés social, si es motivado por razones de orden público, implican también el apoderamiento de bienes por parte del Estado.

En esta forma, no existe en Venezuela una regulación general que incida y regule estas otras formas de apoderamiento de bienes por parte del Estado, por lo cual estimamos que sería conveniente regularlas. De ellas, la requisición es la única que tiene alguna regulación más o menos general, pero sólo a los efectos de las requisiciones militares[2036] y no a los efectos de requisiciones civiles, que están muy difundidas en otros sistemas, especialmente en el ámbito del acaparamiento y la especulación. En este ámbito, puede decirse que en Venezuela no existe la requisición civil, y sólo el comiso de bienes, sin indemnización[2037]. Por ello, podría regularse, en una Ley de Expropiación, todo el ámbito de otras figuras distintas a la propia expropiación, y concretamente la requisición y el comiso.

La segunda falla que podría detectarse en nuestra legislación sobre expropiación, resulta de los bienes expropiables. En efecto, es clara la Constitución al determinar que la expropiación versa sobre cualquier clase de bienes[2038], no sólo bienes inmuebles, sino bienes muebles e inclusive bienes inmateriales. Esto lo confirma la legislación especial, particularmente en materia de derecho de autor, siendo posible por tanto para el Estado, expropiar, en un momento determinado, el derecho de autor de una persona sobre su creación intelectual[2039]. Sin embargo, la Ley de Expropiación es una ley que, si bien en su artículo primero permite la expropiación de cualquier clase de bienes, su sustancia y su regulación fundamental, se refiere sólo a la expropiación de inmuebles, lo que dificulta en muchos casos la aplicación de sus normas a

---

2034 Artículo 46 de la Ley de Expropiación por causa de utilidad pública o social.

2035 Artículos 102 y 250.

2036 *V.* artículos 450 y ss. de la Ley Orgánica de las Fuerzas Armadas de 21 de noviembre de 1958.

2037 *V.* Ley contra el Acaparamiento y la Especulación de 7 de agosto de 1947.

2038 Artículo 101.

2039 *V.* artículo 1 de la Ley sobre el Derecho de Autor de 12 de diciembre de 1962.

otros casos de expropiación de bienes muebles y por supuesto, mucho más difícil a los supuestos de expropiación de bienes incorporales como el derecho de autor. Por ello, frente a una reforma de la Ley de Expropiación podría pensarse también en regular algunos aspectos de la expropiación de otros bienes distintos a los bienes inmuebles.

Un tercer aspecto que podría significar fallas en la actual legislación de expropiación, se refiere a la legitimación activa en la misma, es decir, a quién expropia. Nuestra Ley otorga el ejercicio de esta potestad de carácter público, al Estado y sus entes territoriales e institucionales (la República, los Estados Federales, los Municipios y los Institutos Autónomos); pero además autoriza a expropiar a particulares, concesionarios de obras o de hidrocarburos, e inclusive en genérico, la Ley habla de que puede expropiar cualquier empresa o compañía autorizada debidamente por el Ejecutivo Nacional[2040].

Esto plantea una situación totalmente irregular, y es la de que el ejercicio de una potestad de carácter público, como la potestad expropiatoria, pueda corresponder a particulares, lo que origina situaciones de desigualdad y de posible lesión indebida de intereses de particulares expropiados. En nuestro criterio, debería eliminarse totalmente de la legislación de expropiación la posibilidad de que ella sea ejercida por entidades de carácter privado, reservarse el ejercicio de la potestad expropiatoria a quien sólo tiene esta potestad pública, esto es, al Estado y sus entes territoriales y no territoriales, y crearse en su lugar la figura que en otros sistemas se conoce con el nombre de beneficiario: en la expropiación, que podrían ser perfectamente los concesionarios de obras, de servicio y de hidrocarburos.

En Venezuela, inclusive, podría decirse que existe la figura del beneficiario de la expropiación en el campo agrario. En efecto, en la expropiación agraria no es el campesino beneficiario de la dotación quien expropia, sino que la expropiación la hace el Instituto Agrario Nacional, pero- la hace con el fin de dotar de tierra a los campesinos que la trabajan[2041]. En este sentido no sería lógico pensar que debería ser el campesino quien directamente fuera a expropiar. Sin embargo, una figura similar, tan absurda como ésta, es la que se plantea cuando se permite, en otras condiciones, que un concesionario o una empresa privada cualquiera, sea autorizada a ejercer la potestad expropiatoria directamente, sin que medie en el ejercicio de la misma ninguna autoridad pública territorial o no territorial. En nuestro criterio, en una reforma a la Ley de Expropiación, debería eliminarse esta posibilidad de que entidades privadas ejerzan una potestad de carácter público, como la potestad expropiatoria.

El cuarto elemento en el cual se podría detectar alguna falla en la legislación vigente, se refiere al arreglo amigable que puede gestionar la Administración expropiante con los particulares expropiados, lo cual está regulado en una forma muy imprecisa, habiendo dado origen a innumerables conflictos judiciales, muchos de los cuales han sido resueltos por la jurisprudencia. En esta forma, en una reforma a la Ley de Expropiación, habría que establecer claramente lo que ha sido una jurisprudencia tradicional de la Corte Suprema de Justicia, de que no se permita el arreglo

---

2040 Artículo 9.

2041 *V.* artículo 27 de la Ley de Reforma Agraria, de 5 de marzo de 1960.

amigable en relación a la fijación del precio libremente por el expropiado y por el expropiante, sino exigir que, en todo caso, el precio se fije mediante peritos[2042].

Por otra parte, la Ley consagra el arreglo amigable en una forma muy general, lo que habría que aclararse en el sentido de que se permitiera excluir la solicitud de arreglo amigable en casos urgentes o de expropiación urgente, que impliquen generalmente ocupación previa.

Por otra parte, la Ley habla de que el arreglo amigable debe gestionarse con los propietarios, pero no hace ninguna mención a los otros interesados en un procedimiento expropiatorio y que pueden también tener derechos sobre la indemnización que pueda pagar el Estado. En esta forma, la Ley no regula la situación del arrendatario, del poseedor o de cualquier otro que eventualmente se encuentre afectado por la expropiación y que también podrían ser parte de este arreglo amigable. En una reforma de la Ley de Expropiación, debería ampliarse este ámbito de acción del arreglo amigable y referirse no sólo a los particulares propietarios, sino a las otras personas interesadas en el bien expropiado.

El quinto aspecto en el cual podría detectarse alguna falla de la legislación vigente se refiere al Decreto de Expropiación o Decreto de Ejecución de la obra. Este Decreto, ante todo, individualiza el bien a expropiarse y constituye el ejercicio concreto de la potestad pública regulada en la Ley. El legislador regula el ejercicio de la misma por el Estado, y es el acto concreto del Decreto de Expropiación o Decreto de Ejecución, el que determina la actividad específica a realizar e individualiza los bienes que quedan afectados a la realización de la actividad o a la construcción de la obra. Por eso, el Decreto de Expropiación está íntimamente unido al Decreto de Ejecución de la obra, por lo que indistintamente se habla de uno o de otro, pues generalmente la declaratoria de construcción concreta de una obra o de realización de una actividad específica obliga a individualizar y afecta a determinados bienes. Sin embargo, tal como hoy está regulado el Decreto de Expropiación o Decreto de Ejecución, se plantean algunos problemas que pueden derivar en situaciones de injusticia para los particulares cuando el referido decreto no llega nunca a ejecutarse o ello se produce sólo después de muchos años. Esto plantea situaciones que valdría la pena tener en cuenta en una reforma a la Ley de Expropiación, sobre todo a los efectos de que también se consagrara algún mecanismo mediante el cual se pudieran evitar estas situaciones o garantizar el derecho de los particulares contra las consecuencias de un prolongado Decreto de Ejecución no ejecutado.

Estas consecuencias inciden sobre todo en el campo urbano, por la imposibilidad de realizar determinados tipos de construcciones u obras. Por ejemplo, cuando el Decreto de Ejecución está incorporado a un plan de desarrollo urbano, esto implica, materialmente, la afectación de ciertas zonas a determinadas obras y, por tanto, la imposibilidad de la autoridad municipal de otorgar permisos para realizar construcciones en esas zonas. Cuando esta situación se prolonga por diez o quince años, evidentemente que la congelación fáctica en cuanto al uso de los inmuebles para construcciones, produce algunos perjuicios que valdría la pena determinar; pero nunca acudiendo a una supuesta vigencia temporal o caducidad del Decreto de Ejecución al transcurrir determinado número de años. Una solución de esta naturaleza

---

2042 *V.* Sentencia de la Corte Federal y de Casación en Sala Federal, de 14 de marzo de 1952, en *Gaceta Forense*, N° 10, pp. 131 y 132.

produciría otra consecuencia todavía más grave que la anteriormente señalada, y es el alza desmesurada del valor del suelo, y una consecuencial, la especulación con los terrenos urbanos, lo que agravaría cada vez más el problema del desarrollo urbano en nuestras ciudades. En este sentido, vale la pena insistir en que al problema urbano en Venezuela se le ha querido buscar solución sólo a. través de planes y políticas de viviendas, cuando realmente estas actividades no son la solución al mismo. El problema, realmente, está en otros aspectos, y, entre ellos, la regulación del suelo, no sólo en cuanto a su uso, sino en cuanto al valor y precio del mismo, como elemento determinante de la expansión de una determinada ciudad o de la realización de determinadas obras urbanas.

En este sentido, debe destacarse que en la Ordenanza de la Mancomunidad en materia de planificación urbanística para el Área Metropolitana de Caracas de 1972 se establece expresamente que en aquellos casos en que la construcción de una obra contemplada en un plan de desarrollo urbano, estuviese prevista para un lapso mayor de cinco años, la respectiva autoridad municipal puede autorizar las construcciones de determinados tipos de obras, de manera que pueda evitarse un poco el congelamiento excesivo de la propiedad en cuanto a su uso, y permitir la realización de determinados tipos de construcción que pudieran, por supuesto, eventualmente, ser fácilmente removidas. Una solución similar podría adoptarse en una reforma de la Ley de Expropiación.

El sexto aspecto sobre el cual podrían formularse algunas críticas a la Ley de Expropiación vigente, es el relativo a la ocupación previa, el cual incide tanto sobre la garantía de los particulares como sobre el ejercicio de la potestad expropiatoria. La Ley actual no es clara, y plantea muchos inconvenientes para la realización efectiva de esta ocupación previa.

En efecto, en primer lugar, en cuanto al avalúo previo y a la consignación de un precio determinado para que se pueda autorizar la ocupación previa, no sólo la disposición de la Ley[2043] es inconveniente, sino que en la misma constitución de la Comisión de Avalúo, prevista en realidad para el problema de la valoración de la plusvalía y la determinación de la contribución de mejoras[2044], el ente expropiante no tiene una intervención decisiva para la determinación de los precios y la valoración del inmueble a los efectos de dicha ocupación. Al analizar este aspecto, quizá habría que preguntarse sobre cuál es el objetivo de la expropiación e insistir en lo que anteriormente señalamos: se trata de un mecanismo de apoderamiento por parte del Estado, de bienes que pertenecen a ciertos particulares, sin que pueda haber oposición a la expropiación considerada en sí misma, salvo cuando haya violación de Ley como parte de la garantía jurídica. De resto, la expropiación en sí misma no puede ser discutida, pues el particular no le puede discutir al Estado que una obra sea o no de utilidad pública, o que una obra deba o no construirse. En vista de ello, es decir, de que la expropiación, una vez decretada, salvo los casos de ilegalidad, procede a todo evento, la ocupación previa no viene a ser, en realidad, sino el anticipo de esa expropiación forzosa. Por eso, en nuestro criterio, habría que agilizar el procedimiento de ocupación previa para la realización de determinadas actividades de interés general y utilidad pública, que permiten al ente expropiante valorar unila-

2043 Artículos 47 y ss.

2044 Artículo 16.

teralmente la propiedad y consignar el precio ante el Tribunal, dejando abiertas, por supuesto, todas las garantías de inspecciones oculares y de valoraciones para que durante el juicio se discuta el precio que, por otra parte, es la base de discusión del juicio expropiatorio.

Por otra parte, en este mismo sentido, debería eliminarse la necesidad de gestionar el arreglo amigable en los casos de expropiaciones urgentes que impliquen ocupación previa, y permitirse la consignación del precio resultante del avalúo provisional, parcial o totalmente, según los casos, en títulos valores y no sólo en efectivo; inclusive, con el objeto de que la cantidad se consigne previamente en la proporción de títulos de la deuda pública y efectivo que en definitiva va a resultar según la aplicación de las normas específicas de cada caso.

El séptimo campo en el cual podrían formularse críticas a la legislación actual y que valdría la pena tener en cuenta en una reforma, es el relativo al justiprecio[2045]. En primer lugar, en relación a la oportunidad del justiprecio. En efecto, en la legislación sobre expropiación general, la oportunidad del justiprecio está desvinculada de la sentencia, pues en realidad se trata de un acto complementario de la decisión del Tribunal[2046]. No sucede lo mismo en materia agraria, donde el justiprecio forma parte integrante de la decisión judicial, de manera que el Juez no sólo declara la necesidad de adquirir determinados bienes, sino que establece además el monto de la indemnización a pagar[2047]. En nuestro criterio, esta misma solución debería acogerse en la expropiación general y hacer que la autoridad judicial interviniese más en el proceso de valoración y adoptar un criterio definitivo sobre el precio a pagar en la expropiación, no como acto complementario del fallo, sino como parte integrante del fallo mismo.

En relación al mismo problema del justiprecio, estimamos que debería pensarse en la eliminación de la legislación actual, de la figura del avenimiento, de manera que en toda la legislación de expropiación, el precio sea determinado siempre con la intervención de los peritos conforme a las normas legales que tienden a garantizar el precio justo. Al contrario, el avenimiento que admite hoy nuestra legislación, quizá es la negación de ese principio, acogido, por otra parte, por la jurisprudencia[2048].

Otras observaciones a la regulación actual del peritaje en la expropiación pueden formularse en relación a los elementos del justiprecio, y, en especial, estimamos que debe reforzarse el valor fiscal como elemento determinante del peritaje[2049]. En efecto, es evidente que lo que el particular declara a los efectos tributarios y fiscales, debe ser uno de los elementos determinantes a los efectos de la fijación del valor del bien cuando va a ser adquirido por el Estado: lo que se declara para los efectos tributarios no puede ser distinto a lo que se pretende traspasar en arreglo amigable o forzosamente al Estado.

Otro aspecto que valdría la pena aclarar y reforzar definitivamente en una reforma a la Ley de Expropiación podría ser el relativo a la contribución de mejoras;

2045 Artículos 33 y ss.

2046 Artículo 32.

2047 Artículo 36 de la Ley de Reforma Agraria.

2048 Artículo 32.

2049 Artículo 35.

importantísimo instrumento para poder llevar adelante una adecuada reforma urbana. En Venezuela podría decirse que en los programas de renovación urbana, las normas de la Ley relativas a la contribución de mejoras no tienen ninguna aplicación, quizá debido a las mismas fallas que la propia Ley contiene[2050]. En efecto, el hecho de que se prevea la necesidad de realizar dos tasaciones, una previa a la construcción de las obras que originan la expropiación, y otra posterior, para luego determinar el mayor valor que adquieren los bienes colindantes con la obra que se realiza por cuenta del Estado, impide que la contribución de mejoras se haya aplicado efectivamente en nuestro país.

En este aspecto, el problema quizá esté en que la Ley de Expropiación no es el lugar adecuado para regular la contribución de mejoras, ya que ella no sólo debe estar ligada a la construcción de obras con motivo de la expropiación que parece ser la única intención de la Ley, sino quizás, la contribución de mejoras debería ser objeto de una regulación especial referida a todo tipo de valoración de bienes de particulares, derivados no sólo de la construcción de una obra pública, sino inclusive, por ejemplo, en materia urbana, de un cambio de zonificación, que tiene efectos similares.

El último aspecto al cual queremos referirnos sobre las fallas de la actual legislación, se refiere, tal como ya señalamos, a que la misma no establece una regulación completa relativa al derecho o a la garantía de devolución del bien, es decir, de la llamada retrocesión en la expropiación. En Venezuela, lo único que la Ley consagra es el establecimiento de un derecho preferente del particular á readquirir un bien cuando, expropiado por el Estado, éste no lo utiliza y decide volverlo a enajenar a los particulares[2051]. En estos casos surge un derecho de preferencia del antiguo propietario para readquirirlo, pero la Ley no establece nada respecto de aquellos supuestos en que el Estado expropie con determinado fin un bien, y no destine el bien al fin que originó la expropiación, sino a otros fines, que pueden ser de utilidad pública o no.

Esta es otra de las fallas de la Legislación actual que debería corregirse en una reforma de la Ley.

En todo caso, con este análisis somero de las fallas de la legislación sobre la expropiación en Venezuela, hemos querido destacar, a título de ejemplo, la deficiencia de la legislación en la regulación de una de las potestades del Estado, la potestad expropiatoria. Pero, por supuesto, estas deficiencias se extienden a otras potestades públicas...

En efecto, y en cuanto a la potestad reglamentaria, conforme a la más clásica distribución de los poderes, nuestro sistema jurídico establece, en el campo de la potestad normativa del Estado, un amplísimo campo reservado a la ley —reserva legal— y un consecuencial campo reducido a la potestad reglamentaria del Presidente de la República. Este tiene competencia, en principio, para “reglamentar, total o parcialmente, las leyes, sin alterar su espíritu, propósito y razón”, por lo que, constitucionalmente, está sólo prevista una competencia reglamentaria de “ejecución” de las leyes, es decir, de rango sublegal. Ello no ha impedido, por supuesto, que el Presi-

2050 Artículos 15 y 16.

2051 Artículo 46.

dente de la República haya utilizado la potestad reglamentaria en aquellos casos en que tratándose de alguna competencia del poder nacional, la Constitución no haya establecido expresamente la reserva legal. En estos casos, la competencia reglamentaria del Presidente de la República puede decirse que es ilimitada con sujeción a la Constitución, hasta tanto el legislador no establezca una normativa de rango legal.

En resumen, entonces, la potestad normativa del Estado está distribuida en nuestro sistema jurídico, en la siguiente forma: materias sobre las cuales sólo el legislador puede regular, lo que constituiría la reserva legal[2052]; y materias no reservadas a la competencia del Poder Legislativo, respecto de las cuales tanto el Congreso como el Poder Ejecutivo pueden regular, estando en todo caso la competencia del Ejecutivo sometida a lo que eventualmente determine el Congreso. En todo caso, no existen en el ordenamiento jurídico venezolano materias reservadas a la potestad reglamentaria del Ejecutivo ni limitación alguna a los poderes normativos del Congreso, tal y como se ha introducido en Francia en la Constitución de 1958[2053]. En esta forma, además de la potestad reglamentaria meramente ejecutiva, la potestad reglamentaria autónoma la tiene el Presidente de la República en aquellos casos de materias no reservadas al legislador, y hasta tanto éste no dicte normas de rango legislativo.

Pero tratándose de aspectos de una potestad normativa del Estado, el ejercicio de la potestad reglamentaria del Presidente de la República ha estado limitada por la forma de concreción constitucional del principio de la separación de poderes. El Poder Legislativo ha tendido, en general, a dictar leyes "reglamentarias" con excesivo nivel de detalle, reduciendo consecuencialmente el papel reglamentario del Ejecutivo. No conoce aún nuestro sistema jurídico, la modalidad de "Leyes de Bases" que establezcan el marco general de la normativa a establecer, dejando al Poder Ejecutivo amplia posibilidad reglamentaria, con lo que se facilitaría, indudablemente, la actualización y modificación de las regulaciones específicas. El desarrollo en Venezuela de una modalidad, de este tipo, indudablemente que serviría para agilizar los lentos procesos de creación de normas envueltos en la tramitación legislativa. Dentro de este mismo orden de ideas, la delegación legislativa del Congreso al Presidente de la República, prevista expresamente en casos excepcionales[2054], y que le permite a éste dictar decretos con rango legal[2055], podría ser extendida, dentro de una Enmienda Constitucional, a otros campos que no sean los solos "económicos o financieros", aun cuando, indudablemente, dicho enunciado es tan general, que podría dar lugar a amplias delegaciones. En todo caso, parece evidente que ciertas reformas

2052 Por ejemplo, el establecimiento de contribuciones e impuestos (artículo 224); el establecimiento de delitos o faltas que acarreen privación de la libertad personal (artículo 60,2); la creación de Institutos Autónomos (artículo 230) o de Ministerios (artículo 193); la atribución a una determinada actividad del carácter de servicio público (artículo 190,11); y en general, la limitación de los derechos y garantías constitucionales (artículo 43).

2053 *V.* Eduardo García de Enterría, *Legislación Delegada, Potestad Reglamentaria y Control Judicial.* Madrid, 1970, pp. 68 y ss.

2054 El Presidente de la República está facultado por la Constitución para "dictar medidas extraordinarias en materia económica y financiera cuando así lo requiera el interés público y haya sido autorizado para ello por Ley especial" artículo 190,8.

2055 Esta facultad fue utilizada en 1961 mediante la Ley de Medidas Económicas de Urgencia que .llevó al Presidente de la República a dictar Decretos-Leyes modificatorios entre otras, de la Ley de Impuesto sobre la Renta y de la Ley de Impuesto sobre Sucesiones y Donaciones (Ley de 29 de junio de 1960).

o transformaciones institucionales, por ejemplo, en el campo de la organización Ministerial y de Institutos Autónomos, en todos aquellos casos en que se pretendan realizar extinciones o fusiones de los existentes o creación de nuevos Ministerios o Institutos Autónomos, y que implicarían la reforma coordinada y concatenada de una multitud de leyes, no podrían llevarse a cabo sin una adecuada delegación legislativa, tal como ya se ha sugerido[2056].

Íntimamente relacionada con la potestad reglamentaria, pueden también destacarse deficiencias en la interpretación de la potestad organizativa del Estado, y en las competencias respectivas del Congreso y el Poder Ejecutivo. En efecto, la potestad de organizar la administración del Estado no aparece establecida en la Constitución, como exclusiva del Poder Legislativo, sino que indudablemente se establece una competencia compartida que la Ley, por otra parte, precisa. En efecto, la Constitución reserva a la competencia del Congreso, tal como se ha señalado, la determinación, mediante una Ley Orgánica, del "número y organización de los Ministerios y su respectiva competencia, así como también la organización y funcionamiento del Consejo de Ministros"[2057]; la creación de Institutos Autónomos[2058] y la organización de los Municipios[2059]. En el campo de Administración Central, por tanto, la atribución constitucional podría dar lugar a poderes de organización "ilimitados" respecto de los Ministerios, por lo que la Ley Orgánica podría determinar hasta en sus más mínimos detalles la organización interna de los Ministerios. La inconveniencia de estos extremos es más que evidente, por la rigidez que produciría en las estructuras ministeriales, por lo que el legislador de 1950, en el Estatuto Orgánico de Ministerios, con buen juicio, distribuyó las competencias organizativas, atribuyendo al Reglamento la organización interna de los Ministerios, limitándose a determinar el número y competencias de los despachos Ministeriales[2060]. El Poder Ejecutivo, sin embargo, durante dos décadas, no utilizó la potestad organizativa reglamentaria que le correspondía, habiendo quedado en vigencia formal el Reglamento de 1941, y cuando quiso ejercerla en 1971, al dictar el Reglamento del Estatuto Orgánico de Ministerios[2061], surgieron en el seno del Congreso dudas sobre la legalidad de dicho

---

2056 En el campo de la reforma administrativa, se ha previsto la necesidad de una delegación legislativa, en virtud de dicha facultad constitucional, de manera que el Congreso establezca en la "Ley especial" las grandes líneas de la reforma, y el Poder Ejecutivo dicte los diversos Decretos-Leyes para su implementación. *V.* CORDIPLAN, *IV Plan de la Nación, 1970-1974,* p. 179 y CAP, *Informe sobre la Reforma de la Administración Pública Nacional, cit., y* Vol. II, pp. 564 y ss.

2057 Artículo 193.

2058 Artículo 230.

2059 Artículo 26.

2060 *V.* por ejemplo, artículo 11 y 37 del Estatuto Orgánico de Ministerios. Como se dijo, la modalidad de regular en la Ley la estructura interna detallada de los Ministerios se siguió en las Leyes de Ministerios desde la de 1891 hasta la de 1915, pero por inconveniente, se abandonó a partir de la Ley de 1920 estableciéndose, en las sucesivas, la repartición de competencias entre el Congreso y el Poder Ejecutivo: el primero, en la determinación del N° y competencia de los Ministerios (y por supuesto en la creación o supresión de ellos); y el segundo, en la organización interna de los Ministerios. *V.* CAP, *Informe sobre la Reforma de la Administración Pública Nacional, cit.*, Vol. II, pp. 346 y ss.

2061 *V.* Decreto N° 539 de 10 de febrero de 1971, en *Gaceta Oficial* N° 29.438, de 11 de febrero de 1971.

texto[2062]. Se argumentó, en efecto, que constitucionalmente, "la creación y dotación de nuevos servicios públicos o la modificación o supresión de los existentes" tal como lo dice la Constitución, era una competencia del Congreso[2063]; y que la creación o supresión o modificación de una unidad organizativa interna de cualquier Ministerio (Dirección, División, Sección, etc.) constituía la creación, supresión o modificación de un "servicio público", por lo que no podía el Poder Ejecutivo reorganizar internamente las estructuras ministeriales. Esta argumentación, por supuesto, no tenía ni pudo tener ninguna fundamentación jurídica seria, salvo algunos confundidos criterios respecto a la interpretación de la noción de "servicio público"; pero por las motivaciones políticas que la produjeron, sirvieron a los grupos políticos de la oposición en el Congreso, para bloquear los intentos de reorganización ministerial interna[2064]. Hasta tal punto se llegó en la posición obstruccionista, que se desconoció la creación, por Decreto del Presidente, de una Dirección de Coordinación, Administración y Control de bienes afectos a reversión en el Ministerio de Minas e Hidrocarburos, en cumplimiento de las obligaciones que al Poder Ejecutivo imponía la Ley de Bienes afectos a reversión en las Concesiones .de Hidrocarburos de 1970[2065]; y se recurrió a aprobar una ley para crear la referida Dirección, cuyo texto fue idéntico al del Decreto[2066]. De este conflicto de poderes, surgido en torno al ámbito de competencia de cada uno (Congreso y Presidente de la República) en el ejercicio de la Potestad Organizativa de la Administración, resulta evidente la necesidad de establecer una adecuada regulación legal, que disipe las dudas, y que defina una amplia competencia organizativa del Poder Ejecutivo, de manera que la adaptación de la estructura organizativa interna de los Ministerios se pueda ir produciendo paulatinamente —y no por medios irregulares, como los ya señalados de carácter presupuestario—, de manera que el Estado pueda asumir con efectividad sus funciones.

Por último, dentro de las deficiencias que el sistema jurídico venezolano tiene en la regulación de las potestades del Estado, debe hacerse una somera referencia a la potestad sancionadora. Esta, no sólo no ha sido objeto de un tratamiento constitucional expreso, sino que tampoco ha sido regulada adecuadamente en la legislación. Ello no significa, por supuesto, que la Administración Pública no esté facultada para sancionar a los particulares con multa, comiso o arresto con motivo de transgresiones administrativas; al contrario, multitud de leyes administrativas consagran la más variada gama de "delitos" y faltas administrativas, algunos inclusive inconstitucionales[2067] y de sanciones a aplicar en cada caso. Sin embargo, evidentemente que la

2062 *V.* los argumentos sobre la legalidad del reglamento y los criterios de la Comisión de Administración Pública, de la Procuraduría General de la República y de la Contraloría General de la República en CAP, *Informe sobre la Reforma de la Administración Pública Nacional, cit.*, Vol. I, pp. 481 y ss. y 567 y ss.

2063 Artículos 179,5 y 190,11; que sólo podía ser ejercida por el Poder Ejecutivo, en receso de las Cámaras Legislativas, previa autorización de la Comisión delegada, y en caso de urgencia comprobada.

2064 *V.* los proyectos de reorganización interna de todos los Ministerios formulados entre 1970 y 1972 en CAP, *Informe sobre la Reforma de la Administración Pública Nacional, cit.*, Vol. I, pp. 492 y ss.

2065 El Decreto N° 746 se dictó el 29 de septiembre de 1971 (*V.*, *Gaceta Oficial*, N° 29.625 del 1 de octubre de 1971), en ejecución de la Ley citada del 6 de agosto de 1971.

2066 *V.* las críticas a dicha Ley, formuladas por los mismos parlamentarios en CAP, *Informe sobre la Reforma de la Administración Pública Nacional, cit.*, Vol. I, pp. 529 y ss.

2067 *V.* por ejemplo el completo recuento de todas las tipificaciones de transgresiones administrativas y de las sanciones correspondientes en Tulio Chiossone, *Sanciones en Derecho Administrativo.* Caracas, 1973,

ausencia de normas generales que regulen los límites de la potestad sancionadora[2068] frente a la garantía constitucional de la libertad personal y de la propiedad, hace más dificultoso el ejercicio de la misma por parte del Estado, exponiendo a los particulares a las arbitrariedades de los funcionarios públicos.

De lo analizado anteriormente surge entonces con evidencia la urgente necesidad que tiene el Estado en Venezuela por que se le establezca un adecuado régimen jurídico para su organización y funcionamiento, y por que se regule el ejercicio de sus potestades (tributaria, expropiatoria, reglamentaria, organizativa y sancionadora, por ejemplo), de manera que el mismo cuente con un sistema jurídico que a la vez que le permita realizar sus funciones dentro del marco del derecho, garantice a los particulares las posibilidades de control para toda actuación fuera de dicho marco. Sólo así, la realidad de un Estado Democrático y Social de Derecho será posible.

En todo caso, es de destacar que si bien hemos analizado en las páginas anteriores algunos aspectos de las exigencias jurídicas que plantea la consolidación de un Estado Democrático y Social en Venezuela referido al ámbito nacional, por supuesto ello no excluye que dichas exigencias no se planteen a nivel regional y local. Al contrario, quizá a estos niveles las necesidades de adaptación del derecho a los cambios y su configuración como un instrumento para el desarrollo, es mucho más imperiosa, teniendo en cuenta, tal como lo hemos señalado, las exigencias de la descentralización territorial y de la participación política a nivel local. Los lineamientos generales para una transformación del derecho con vistas a superar los decadentes esquemas federales y municipales y estructurar un eficiente régimen regional y local que permita al Estado desarrollar sus actividades a todo lo ancho de la superficie territorial de la República y, paralelamente, a los ciudadanos, participar efectivamente en el gobierno regional y local, haciendo realidad la democracia participativa, han sido señalados anteriormente[2069]. Corresponde ahora estudiar con algún detenimiento las exigencias de un derecho para el desarrollo y de las protecciones que requieren los ciudadanos frente al poder público y al poder privado.

CAPÍTULO 21. UN DERECHO PARA EL DESARROLLO Y LA PROTECCIÓN DE LOS PARTICULARES FRENTE A LOS PODERES PÚBLICO Y PRIVADO

Al analizar las características generales del sistema jurídico venezolano, y al constatar su configuración clásica, hemos señalado su inadecuación general a los cambios operados en nuestra sociedad en las últimas décadas. Se impone, por tanto, no sólo su adaptación a las exigencias de la configuración de un Estado Democrático y Social de Derecho sino a las exigencias mismas del proceso de desarrollo, con

---

donde además, sostiene la tesis de que el derecho sancionador administrativo, por supuesto, no es parte del derecho penal, pp. 41.

2068 Las normas relativas al arresto como sanción administrativa no han sido establecidas en la Legislación Nacional, rigiéndose, básicamente, por las normas locales sobre policía municipal. El comiso, por otra parte, tal como se señaló al comentar las deficiencias de la legislación sobre expropiación, tampoco ha sido objeto de una regulación uniforme y general. En materia de multas, básicamente, tienen sólo carácter general, las normas previstas en la legislación hacendística

2069 *Idem*.

vistas a estructurar un derecho para el desarrollo, con una nueva visión: un derecho comprometido con el proceso de desarrollo[2070].

Pero, por supuesto, plantearse la necesidad de estructurar un derecho para el desarrollo[2071] exige que intentemos determinar, paralelamente, por una parte, el papel del derecho y su situación frente a los diversos problemas del desarrollo económico y social que enfrentan nuestras sociedades, aspectos íntimamente relacionados con los nuevos cometidos del Estado de Derecho; y por la otra, la situación de los particulares y la protección de sus derechos, no sólo frente al creciente poder intervencionista del Estado, sino también frente al "poder privado", es decir, el de otros particulares e intereses privados que controlan el poder económico o los medios de comunicación. Tal como hemos señalado, la respuesta del derecho a la problemática del desarrollo tiene dos caras que es necesario analizar, y que están configuradas por los dos polos entre los cuales tradicionalmente se ha debatido el derecho administrativo: el poder del Estado y la protección de los particulares frente al poder público[2072], a lo que hay que agregar la protección de los particulares, por ejemplo, como consumidores o receptores de información.

2070 En otro lugar hemos señalado, que "las repercusiones de un proceso de transformación de estructuras económicas, políticas y sociales sobre el derecho hacen que por supuesto tengamos que plantearnos la necesidad de una nueva visión del derecho, es decir, de una nueva concepción del derecho: de un derecho dinámico, no de un derecho estático; de un derecho para el desarrollo, capaz de ser agente del mismo y no, si acaso, consecuencia del desarrollo. El derecho, en este sentido, creo que debe ser, antes que un derecho formal y tecnicista, un derecho comprometido con ese proceso de desarrollo y con los problemas concretos que tiene planteado un país como Venezuela dentro de dicho proceso. Por eso, a nivel de la enseñanza jurídica, lo importante realmente no es enseñar cómo se cobra una letra de cambio, o cómo se realiza o no un divorcio, sino por ejemplo cómo hay que regular el desarrollo urbano en una ciudad, cómo hay que canalizar adecuadamente la inversión en el país o acelerar o no un proceso de industrialización, o cómo hay que permitir o no la realización de actividades económicas y sociales en forma ordenada, a través de un proceso de planificación. Lamentablemente, en la actualidad, lo importante no es lo que se enseña, pues se enseña lo que no es importante y no se aplica. Esta nueva visión del derecho, es decir, ese derecho para el desarrollo, exigirá de nuestras Facultades de Derecho un acentuado proceso de renovación —y aquí es donde adquiere verdadero sentido el proceso de renovación—, radical y revolucionario, en relación a la forma en que tradicionalmente pensamos los juristas y los abogados; un proceso de renovación para hacer del derecho y de los egresados de las Facultades, agentes del desarrollo y del proceso de cambio; personas, en definitiva, que puedan tener conciencia de cuál es el papel del derecho como agente de ese proceso de transformación, y no personas que sigan pensando en que el derecho, para lo único que sirve, es para establecer trabas a cualquier intento de cambio. Es precisamente esa visión de que el derecho para lo único que es útil es para crear problemas y trabas a cualquier intento de transformación, uno de los aspectos que es necesario cambiar en nuestras Facultades de Derecho a través del replanteo de sus programas...". "En todo caso, estimo que precisamente es esta vinculación indispensable entre derecho y desarrollo, uno de los elementos que debe hacernos pensar más a los juristas en que también tenemos un papel imponderante que jugar en el proceso de desarrollo, para lo cual debemos comenzar por despojarnos de ese halo tecnicista, neutro, practicista y formal que generalmente tenemos. Para ello, debemos convencernos de que sin una actividad jurídica importante, difícilmente podremos alcanzar niveles acelerados de desarrollo, y de que es necesario convertir a la superestructura jurídica en el motor del proceso de desarrollo y no en su freno, que es precisamente lo que tenemos ahora que superar." *V.* Allan-R. Brewer-Carías, *Derecho y Desarrollo*. Caracas, 1971, pp. 53 y ss.

2071 *Cfr.* Carlos Mouchet, "Derecho, Desarrollo y Planificación, en *El Derecho*, U.C.A., tomo 44, Nº 3.048. Buenos Aires, 25 de octubre de 1972, pp. 1 y ss.

2072 *Cfr.*, p. e., J. M. Boquera Oliver, *Derecho Administrativo y Socialización*. Madrid, 1965; F. Garrido Falla, *Las Transformaciones del Régimen Administrativo*, Madrid, 1954; Luis Legaz y Lacambra, *Socialización, Administración, Desarrollo*. Madrid, 1971.

En efecto, enfocando el análisis ahora hacia los nuevos cometidos del Estado, según los fines que se han estudiado y, en particular, aquéllos íntimamente vinculados al papel que le corresponde tener al Estado democrático y social de Derecho como agente y promotor del proceso de desarrollo, resulta evidente la absoluta insuficiencia del derecho para permitirle a aquél el cumplimiento de dichos fines. Frente a los problemas de la planificación, del desarrollo industrial, del desarrollo urbano, del transporte o de la protección de los recursos naturales renovables, por ejemplo, para citar sólo algunos aspectos del desarrollo económico, el Derecho no sólo no se ha adaptado a los cambios, sino que no sirve ahora como agente de los mismos, y, en muchos casos, al contrario, configura un claro obstáculo para la realización de las transformaciones estructurales que el desarrollo implica y exige.

En efecto, hemos señalado que la característica fundamental del proceso de transformación de la estructura económica del Estado de Derecho ha sido la progresiva intervención del mismo en la vida económica y social, lo que ha producido el cambio de un Estado Abstencionista Liberal-Burgués de Derecho, a un Estado Intervencionista Democrático y Social de Derecho, es decir, de un Estado inactivo y pasivo, a un Estado activo, con un papel definido de conformación y de configuración de la realidad económica y social. Podrían indicarse múltiples aspectos de este proceso de transformación de la realidad económica y su incidencia sobre el derecho, pero ahora nos referiremos particularmente, en relación a Venezuela, a sólo algunos aspectos fundamentales, consecuencia de esta intervención del Estado en la economía en forma progresiva. Por una parte, la intervención desordenada del Estado en la economía y los intentos de un derecho para la planificación y de un derecho de la planificación; en segundo lugar, la intervención del Estado en un proceso particular de nuestros países, el proceso de industrialización, y cuáles han sido las respuestas del derecho al mismo; en tercer lugar, la transformación en el campo económico del desarrollo agropecuario y del aprovechamiento de los recursos naturales renovables y las respuestas del derecho a ese proceso de cambio; en cuarto lugar, el proceso de transformación y explosión urbana y las insuficiencias del derecho para regular un adecuado crecimiento de nuestras ciudades; y, por último, el impacto que los transportes han tenido en el mundo contemporáneo, y la inexistencia de normas que lo regulen en Venezuela[2073].

En primer lugar, la intervención del Estado y la planificación. En efecto, una de las características de este proceso de transformación de un Estado abstencionista a un Estado intervencionista, ha sido que, tradicionalmente, sobre todo en las primeras décadas de este siglo, la intervención del Estado en la vida económica fue una intervención desordenada; desordenada por tímida, pues todavía prevalecían con gran arraigo las doctrinas liberales. Por eso, las intervenciones del Estado en la economía comenzaron al principio por ser simples estímulos a las actividades privadas, y es sólo recientemente cuando el Estado ha asumido directamente un papel activo en la vida económica e inclusive, el carácter de Estado Empresario. Por ello, no se trata ya solamente de una intervención reguladora, manifestada en el dictar leyes normativas de las actividades económicas de los particulares, y ni siquiera una intervención de estímulo, es decir, de fomento de la vida económica, sino de una intervención activa y dinámica que presenta al Estado como el agente directo del proceso económico.

2073 *V.* Allan R. Brewer-Carías, *Derecho y Desarrollo*, *cit.*, pp. 26 y ss.

Por ello, es conveniente señalar que es a finales del siglo pasado cuando surge ese segundo tipo de intervención, a través de los estímulos, y es en esa época cuando surgieron los llamados Ministerios de Fomento. Estas entidades y las actividades de fomento del Estado, tuvieron un momento histórico de apogeo cuando el Estado pasó de regular simplemente la vida de los particulares a estimular las actividades de los mismos. Por ello, en la actualidad, no tiene mayor sentido que todavía sigan existiendo "Ministerios de Fomento", como si se tratara de un sector de actividad separado, como lo fue durante el siglo pasado. Es más, puede decirse que ya casi no existen en casi ningún país, sobre todo en los latinoamericanos, en virtud de un definido proceso para transformarlos en Ministerios de Desarrollo Industrial y de Comercio, como consecuencia, inclusive, del reciente estadio de la intervención del Estado, como intervención activa y dinámica, que ha dado origen al Estado como empresario directo en el proceso económico.

Ahora bien, esta progresiva intervención del Estado a través de todas estas fases, sobre todo en las últimas décadas a través de esta intervención activa, se realizó en forma desordenada. Para comprender esto es necesario tener en cuenta que los primeros intentos de planificación en América Latina sólo fueron planteados abiertamente a finales de la década de los 50, pues en los primeros años de la misma, hablar de planificación implicaba ser condenado y estigmatizado, pues ésta sólo había sido desarrollada en los países socialistas. A partir de las labores de la CEPAL, y fundamentalmente a fines de la década del 50, hablar de planificación llegó a ser normal para referirse a un proceso de ordenación de las actividades económicas y sociales dentro de las funciones de los estados latinoamericanos.

Pero ese proceso de planificación que, insistimos, no es más que un proceso de ordenación de las actividades de una sociedad y, en particular, del Estado, para lograr metas precisas en un número determinado de años y con unos recursos previamente evaluados, todavía no ha obtenido el necesario respaldo del sistema jurídico para poderse desarrollar adecuadamente, y para que el Estado pueda contar con los medios suficientes para hacer de ese proceso de ordenación de las actividades económicas, un proceso efectivo. En Venezuela, por ejemplo, aparte del Decreto-Ley creador de CORDIPLAN, el cual estableció una muy importante base del Sistema Nacional de Planificación, no se ha dictado aún una legislación coherente sobre planificación, por lo que, tal como se indicó, el Estado no tiene los medios jurídicos para poder imponer el cumplimiento de los planes, ni siquiera para el sector público. Por ello, hablar de un sistema de planificación que sea puramente indicativo para todas las actividades económicas, es negar la propia planificación ; y hablar de una planificación, como se habla en Venezuela, imperativa sólo para el sector público, es decir, para el Estado mismo, e indicativa para los particulares, pero cuando el Estado ni siquiera tiene los medios para hacerla cumplir por sus propios organismos, es poner la duda sobre la efectividad del sistema de planificación, y esto es lo que en la práctica está planteado en la actualidad en el país.

El derecho en esta materia ha permanecido con su base liberal, y el sistema jurídico se resiste a que pueda haber una acción de ordenación de la actividad económica. Por ello, se impone que el proceso de transformación que ha sufrido la realidad económica y que se refleja en la acción planificadora del Estado, esté debidamente respaldada por el sistema jurídico, de manera que se pueda dotar al Estado de los elementos suficientes para poder hacer cumplir y ejecutar los planes, y para que los mismos no queden como letra muerta, porque no sólo no se cumplen por los particulares, sino que tampoco se cumplen por el Estado mismo y por sus propios organismos. En esta materia hay que tener en cuenta, que también la selva y el caos existen dentro de las estructuras administrativas, hasta el punto de que las instituciones autónomas, aun cuando formalmente ligadas a la .Administración Central, son las primeras que no han cumplido las metas que los planes de desarrollo han establecido; y ha sido precisamente esta ausencia de respaldo jurídico, esta imposibilidad del derecho de convertirse en agente planificador, una de las causas que ha provocado el fracaso de muchos intentos planificadores en América Latina[2074]

Pero este proceso de transformación de la estructura económica no sólo se refiere a la acción ordenadora o planificadora del Estado en la vida económica, sino que incide sobre un aspecto característico del proceso de desarrollo en América Latina: el proceso de industrialización. En efecto, desde los últimos años de la década del 50 se ha venido hablando en Venezuela del proceso de industrialización y de sustitución de importaciones. Este proceso, en realidad, se inició por la década de los 30 en otros países latinoamericanos, y concluyó su parte importante para el inicio de los años 50 en países como Argentina, Brasil e inclusive Colombia. Venezuela lo inició casi de último, a finales de dicha década, y, lamentablemente, en el mismo, ni siquiera miramos lo que sucedió al otro lado de nuestras fronteras y no supimos aprovechar la experiencia de ese proceso en su aplicación en otros países de América Latina.

Pero, en todo caso, no sólo no aprovechamos la experiencia económica de otros países latinoamericanos, sino que ése proceso de industrialización y sustitución de importaciones, en Venezuela careció del respaldo jurídico adecuado para que fuera un proceso ordenado. Aquí también, el desorden ha sido una de las características del proceso, no sólo desde el punto de vista de la economía interna del país, sino también desde el punto de vista externo; el proceso de industrialización fue, en este sentido, un proceso de prueba y error; un proceso desorientado. En efecto, a casi dos décadas después de iniciado, nos encontramos con que si bien hemos desarrollado una serie de actividades industriales en el país, muchas de ellas no pasan de ser actividades artificiales, construidas según la presión, más o menos fuerte y progresiva, de los intereses económicos privados, sin que el Estado contara con un instrumento jurídico que le permitiera canalizar las inversiones destinadas al proceso industrial, hacia las áreas que el desarrollo de la sociedad venezolana le interesaban. Por otra parte, y en el campo de las inversiones extranjeras, sólo ha sido en 1973, con motivo de la adhesión de Venezuela al esquema de integración. subregional del Grupo Andino, que ha entrado en vigencia la Decisión número 24 relativa al Régimen Común de Tratamiento a los Capitales Extranjeros y sobre Marcas, Patentes, Licencias y Regalías[2075], con lo cual, indirectamente, se ha venido a dar cumplimiento a una exigencia constitucional[2076]. En todo caso, este instrumento permitirá al Estado disponer de los elementos suficientes para indicar en qué áreas debe invertirse, canalizar dichas inversiones hacia las áreas que a la sociedad venezolana interesan y determinar las actividades económicas proscritas para las mismas.

2074 *V.* Allan R. Brewer-Carías, *Derecho y Desarrollo*, *cit.*, p. 29.

2075 *V.* en *Gaceta Oficial* N° 1.620, extraordinario de 1 de noviembre de 1973.

2076 Artículo 107.

Pero el proceso de industrialización desarrollado desordenadamente, no sólo ha tenido repercusiones internas, sino que ha tenido sus efectos negativos en el campo externo. De sobra son conocidas las vicisitudes de la posición de Venezuela, en la década de los sesenta, frente al proceso de integración económica La tino-Americana, y que se han resuelto favorablemente en 1973 con la adhesión del país al Grupo Andino[2077], y que se originaron en la existencia de un proceso industrial altamente protegido, confinado a un mercado estrecho y reducido, y que no hubiera podido resistir el impacto de la competencia, salvo a través de una progresiva disminución de la protección arancelaria.

Pero no sólo ha existido esta ausencia de respaldo jurídico para que el Estado pudiera canalizar las inversiones nacionales y extranjeras en un proceso de industrialización, sino que si analizamos la regulación jurídica existente en el campo industrial, nos encontramos con que lo único que existe, desde el punto de vista jurídico, es un cuerpo normativo de protección a las actividades industriales privadas, básicamente de origen liberal, esto es, la legislación sobre marcas de fábrica y patentes de invención[2078]. Esta es, materialmente, la única normativa que existe en el campo industrial, de sólo protección a los derechos particulares de los inventores, productores o comerciantes, pero no de protección al consumidor, el cual ha sido el gran ausente del proceso de industrialización; y el Estado no ha sido capaz de protegerlo, porque ha carecido totalmente de los medios jurídicos para ello, sobre todo frente al onerosísimo proceso de industrialización que hemos sufrido. Se impone, por tanto, la adopción de una legislación coherente relativa al desarrollo industrial, que hasta cierto punto integre y complemente las disposiciones que en los últimos años se han ido adoptando sobre inversiones extranjeras, estímulos a las industrias de exportación, y mercado de capitales[2079]; y que haga que el sistema jurídico se amolde a las exigencias del desarrollo económico. En este sentido, por ejemplo, el derecho habrá de precisar y regular todo el proceso de "venezolanización" de las actividades económicas iniciado en la década de los sesenta con las actividades bancarias, crediticias y de seguros[2080], y que el esquema del Pacto Andino exige extender hacia las actividades de servicias públicos[2081], empresas de transporte interno, publicó dad y

2077 El Acuerdo de Cartagena puede verse en la *Gaceta Oficial* N° 1.620, extraordinario de 1 de noviembre de 1973.

2078 *V.* Ley de Propiedad Industrial de 14 de octubre de 1955.

2079 *V.* en particular, la Ley de incentivos a las exportaciones de 28 de septiembre de 1973 y la Ley del Mercado de Capitales de 31 de enero de 1973.

2080 *V.* Ley General de Bancos y otras instituciones de Crédito de 30 de diciembre de 1970 y Ley de Empresas de Seguro y Reaseguros de 9 de julio de 1965.

2081 Tales como "agua potable, alcantarillado, energía eléctrica y alumbrado, aseos y servicios sanitarios, teléfonos, correos y telecomunicaciones" (art. 41 de la Decisión N° 24 sobre Régimen común de Tratamiento a los capitales extranjeros..., *loc. cit.*). De estos servicios, en Venezuela, a comienzos de 1974 sólo en los de energía eléctrica había participación de inversionistas extranjeros, y el proceso hacia su venezolanización se había iniciado. *V.* la información del Presidente R. Caldera en su alocución de fin de año, el 1 de enero de 1974, en *El Nacional.* Caracas, 2 de enero de 1974, p. D-l.

demás medios de comunicación social[2082] y empresas dedicadas a la comercialización de productos de cualquier especie[2083].

Pero dentro del proceso de cambio de las estructuras económicas, no sólo deben destacarse los aspectos de la planificación y de la industrialización, y de la necesidad de un derecho de la planificación y de un nuevo derecho industrial, sino que también es conveniente destacar, porque aquí sí ha habido un mayor progreso, el aspecto del cambio en la estructura agraria y la acción del Estado en materia de Reforma Agraria.

En efecto, es quizá éste, a pesar de todas las críticas que se le han, formulado al proceso, uno de los pocos campos en los cuales ha habido un progreso jurídico, pues desde el año 1960 cuenta Venezuela con una Ley de Reforma Agraria[2084] que, inclusive, responde a los mismos principios recogidos después por la Constitución de 1961; principios que comienzan por declarar al latifundio como contrario al interés social y que precisamente por ser contrario al interés social, la Ley de Reforma Agraria tiende a su extinción a través de un proceso peculiar de gravámenes progresivos sobre las tierras incultas y ociosas, y de un proceso expropiatorio, para garantizar otro derecho que la Constitución consagra, que es el derecho a la dotación de tierras por parte de quien la trabaja[2085].

Sin embargo, el progreso que en el campo jurídico se ha logrado en el proceso de desarrollo agrícola, en el cual, sin embargo, aún no se ha dado enteramente aplicación a la Ley, y en el cual existen múltiples problemas derivados de ausencias de adecuadas políticas y deficiente organización administrativa; contrasta con las deficientes regulaciones en el campo del aprovechamiento de los recursos naturales renovables y, particularmente, de los recursos hidráulicos.

En efecto, a pesar de ser el agua un recurso que en la panorámica mundial ha venido adquiriendo cada vez más importancia, evidenciada en las nuevas legislaciones sobre el recurso y las nuevas técnicas planificadoras y de administración de su aprovechamiento; en el caso de Venezuela, básicamente, sólo se cuenta con una legislación del siglo pasado, que no sólo ignora los problemas de contaminación de las aguas que el mundo contemporáneo plantea, sino que todavía regula al agua como un objeto de propiedad privada. El régimen legal de las aguas que heredaron nuestros países de España, y que continuó en vigencia en dicho país, tenía como fundamento esencial la consideración del recurso como bien del dominio público, respecto del cual los particulares sólo podían adquirir un derecho de uso, pero no el dominio, que permanecía en manos del Estado[2086]. Esta regulación inicial, sin embargo, debido a la penetración de las ideas liberales y al consecuencial auge del derecho civil, fue lamentablemente cambiada, y tanto en los primeros Códigos Civiles como en las Leyes Especiales de Bosques y Aguas que se dictaron, se comenzó a permitir la

2082 Tales como "radioemisoras comerciales, estaciones de televisión, periódicos, revistas" (*v.* art. 43 de la Decisión Nº 24, *cit.).* El Presidente Caldera en 1974 anunció también el proceso de venezolanización de las televisoras comerciales, dispuesto, por otra parte, por Decreto de enero de 1974.

2083 Artículo 43 de la Decisión Nº 24, *cit.*

2084 *V.* Ley de Reforma Agraria de 5 de noviembre de 1960.

2085 Artículo 105.

2086 *Cfr.* Francisco Meaño, *Régimen* legal de las aguas en Venezuela. Madrid, 1957, p. 10.

propiedad privada de ciertas aguas[2087]; situación que aún perdura en la actualidad. La evolución del régimen legal de las aguas en Venezuela, en todo caso, muestra una faz dispersa e incoherente, de manera que la situación actual de ese régimen puede considerarse como uno de los mayores inconvenientes que en la actualidad tiene planteado el racional aprovechamiento de las aguas, y, por tanto, su adecuada administración y planificación[2088]. Por ello, en el Decreto sobre Coordinación del Aprovechamiento de los Recursos Hidráulicos de 1972[2089], se previó expresamente la necesidad de elaborar un régimen jurídico coherente y actual de las aguas, para hacer posible la planificación de su aprovechamiento.

Ese régimen jurídico nuevo, que el racional aprovechamiento de las aguas plantea, debe basarse en los siguientes presupuestos: en primer lugar, en el reconocimiento legal de la unidad del ciclo hidrológico, de manera que el régimen legal sea único y uniforme para todas las aguas, sin distinción entre aguas subterráneas o superficiales, por ejemplo. En segundo lugar, en la declaratoria de todas las aguas como del dominio público, de manera que no se admitan diversos tipos de dominio que conduzcan a la división jurídica de aguas públicas y aguas privadas. Todas las aguas, al contrario, deben ser públicas y los particulares sólo pueden ejercer, respecto de ellas, usos comunes. Los usos especiales o exclusivos sólo pueden tener lugar previa concesión, otorgada por el Estado, que ha de convertirse en el único título de los usos exclusivos o especiales. La tercera base del régimen, por tanto, ha de referirse a la uniformidad del régimen del aprovechamiento de las aguas, a través de la figura de la concesión. En cuarto lugar, y también dentro de la regulación del aprovechamiento, debe establecerse un sistema de prioridades en el cual el aprovechamiento con fines urbanos estará en primer lugar, y respecto del cual la pieza fundamental para su efectividad será la planificación efectiva de los aprovechamientos. En quinto lugar, integrada a la planificación de los aprovechamientos, habrá de establecerse una unidad en la Administración de las Aguas, de manera que, fundamentalmente a nivel del sector público, donde se realizan los mayores aprovechamientos, se garantice la utilización racional del recurso. En sexto lugar, deberá establecerse un adecuado régimen de protección de las aguas, que prohíba la descarga de contaminantes que, directa o indirectamente puedan degradar la calidad del agua; y que particularmente imponga el tratamiento obligatorio de los vertidos por parte de los usuarios. Hoy por hoy, la única regulación que existe en el campo se refiere a las contaminaciones de las aguas por el petróleo. Por último y en séptimo lugar, deberá establecerse un régimen que permita la adecuada protección contra las aguas y la regule como un tipo de aprovechamiento, previéndose, además, la contribución de los beneficiarios a cubrir los costos de las obras de protección[2090]. En definitiva, el

2087 *V.* COPLANARH-INSTITUTO DE DERECHO PUBLICO (UCV), Bases *para un Estudio sobre el Régimen legal de las aguas en Venezuela.* Caracas, 1969, primera parte, Evolución Histórica (Publicación N° 11).

2088 *V.* COPLANARH, *Plan Nacional de Aprovechamiento de los Recursos Hidráulicos.* Caracas, 1972, Vol. II, pp. 357 y ss.

2089 Decreto N° 1.127 de 15 de noviembre de 1972. *V.* los comentarios sobre su significación, en el capítulo 15. V. sobre la motivación de ese Decreto, P. P. Azpúrua y Cecilia Sosa de Mendoza, *Venezuela. Bases de una política hidráulica.* Caracas, 1972, pp. 49 y ss.

2090 *V.* COPLANARH, Criterios básicos para plantear una Ley de Amas. 1973 (mimeografiado), y A.-R. Brewer-Carías, Bases fundamentales para la elaboración de una Ley de Aguas (mimeografiado). COPLANARH, 1973.

régimen legal de las aguas debe ser objeto de una completa reestructuración que sustituya a las dispersas y deficientes regulaciones actuales. Ello, por supuesto, ha de abarcar diversos aspectos conexos y, por ejemplo, la precisión de las playas como bienes del dominio público. En el primer Código Civil de 1862 se estableció que "las costas con relación al mar o a los grandes ríos o lagos, pertenecen a la Nación"[2091]; sin embargo, a partir del Código Civil de 1873 se eliminó la consideración de las costas como bienes del dominio público, lo que ha planteado innumerables problemas de dominio y jurisdicción de la policía marítima respecto de las playas[2092].

El proceso de cambio que han venido sufriendo nuestras realidades económicas y sociales, sin embargo, si en algún aspecto ha tenido repercusiones de primerísima importancia, ha sido en el campo urbano. En el derecho, particularmente, los impactos de la explosión urbana y del proceso de urbanización tan característico de América Latina, con sus consecuenciales efectos, en la marginalización, han sido realmente dramáticos, pues puede decirse que las instituciones jurídicas han sido, indudablemente, las grandes ausentes de dichos procesos, que se han realizado a su margen y por sobre lo que en ellas se estatuye.

En efecto, este proceso de urbanización, tan característico de la situación de subdesarrollo latinoamericano, que ha producido una enorme concentración de población y riqueza en las grandes ciudades, paralelo a un empobrecimiento progresivo del campo, ha originado, tanto un fenómeno de crecimiento urbano desproporcionado y desordenado, como la concentración en las áreas urbanas de una gran masa de población, de emigrados del campo, que, sin embargo, no encuentran incorporación en los procesos productivos por las deficiencias del proceso de industrialización. De allí, la población marginal de ciudades como Caracas, que algunos estiman en casi la mitad de su población[2093], conformada por marginados políticos, sociales y económicos: marginados políticos, porque realmente no encuentran posibilidad de participación en el manejo de los asuntos locales; marginados sociales, porque la ciudad, la gran ciudad, con sus riquezas suntuarias, muestra, con toda la crudeza del caso, los enormes desniveles de ingreso, riqueza y consumo, a lo que contribuyen los medios de comunicación; y marginados económicos, porque a pesar de que la migración rural hacia las zonas urbanas ha tenido motivaciones económicas, la estructura industrial de Venezuela, de escasa industrialización, y enorme dependencia del petróleo, no ha permitido la absorción de esa enorme masa semi rural que puebla los contornos de las grandes ciudades. Del proceso de urbanización que Venezuela ha vivido, en sus dos aspectos, crecimiento urbano desmedido y marginalidad, el derecho ha estado completamente ausente. En el primer aspecto, tal como se lo ha calificado, el desarrollo urbano en Venezuela es el "Reino de la Arbitrariedad"[2094]; y en el

2091 Artículo 24 del Código Civil de 1862. V. la referencia en M. A. Palma La Bastida, "Acerca del centenario del Código Civil", *El Universal*. Caracas, 1 de febrero de 1974, pp. 1-4.

2092 La Corte Suprema de Justicia ha admitido en este sentido, que las playas, en la extensión que baña la más alta y la más baja marea, se consideran como bienes del dominio público.

2093 En informaciones de José Hernán Briceño, basadas en el Estudio Real de la Vivienda en Venezuela realizado por el BNAP, se estimaba que el 44,9 por 100 de la población de Caracas vivía en áreas marginales; es decir, 1.107.002 personas. *V. El Nacional*. Caracas, 10 de agosto de 1973, p. D-8.

2094 Conforme a la expresión de Antonio Moles Caubet, Prólogo al libro de Luis Torrealba Narváez, *Aspectos Jurídicos del Urbanismo en Venezuela*. Caracas, 1970, p. XV.

segundo aspecto, la marginalidad no sólo ha dado lugar a su propio derecho, separado y distinto del formalmente vigente[2095], sino que ha dado origen a espacios urbanos donde reina la a juridicidad [2096].

En efecto, en el campo de los problemas del desarrollo urbano, indudablemente que el Estado y la sociedad han carecido total y absolutamente de un basamento y respaldo jurídico que hubiera permitido su evolución ordenada. El desarrollo urbano ha sido, realmente, una explosión urbana sin orden ni concierto, que ha sumido en una situación de caos la ordenación de las ciudades; y, entre otros factores, ese crecimiento desordenado de nuestras ciudades, con sus consecuencias marginales, ha tenido su origen en dos factores: por una parte, en la ausencia de una organización administrativa a escala nacional, con sus participaciones regionales y municipales, destinadas a guiar el proceso de desarrollo urbano a través de planes de ordenación territorial y urbanística; y, por otra parte, en la ausencia de una legislación adecuada que hubiera permitido ejecutar dichos planes y hacer participar en sus objetivos y metas a todos los organismos públicos y privados que en cualquier forma participan en el proceso de urbanización[2097]. En este campo, por ejemplo, la norma fundamental y casi única que existe en el campo del sistema jurídico, es un solo artículo del Código Civil[2098], y a nivel nacional, a pesar de todos los esfuerzos, no se ha logrado dictar una legislación sobre desarrollo y planificación urbana[2099]. A nivel local, ciertamente, existen variadas regulaciones de zonificaciones urbanas y de construcciones, pero normas de desarrollo urbano, muy pocas[2100]. Particularmente, por ejemplo,

---

2095 *V.* Kenneth L. Karst; Murray L. Schwartz and Andrey J. Schwartz, *The Evolution of Law in the Barrios of Caracas*. Los Angeles, 1973.

2096 En este sentido, por ejemplo, Arturo Uslar Pietri señalaba recientemente respecto de las áreas marginales: "Espacio, sin orden, sin ley, sin higiene, en un hacinamiento inorgánico y destructivo, en perpetua situación de autodefensa y agresión, atenazados de necesidades, abandonados a los instintos, privados en muchos casos de una formación familiar, abandonados de padre, entregados a los muy limitados recursos y posibilidades de una mujer sola y pobre, cargada de hijos, en una especie de matriarcado anacrónico, centenares de millares de venezolanos se encuentran segregado de los más elementales bienes de una sociedad urbana." *V.* "O Ranchos o Desarrollo. La ingente necesidad de incorporar a los marginados", *El Nacional*. Caracas, 7 de enero de 1974, p. C-l.

2097 *V.* Allan R. Brewer-Carías, Prólogo del libro de Omer Lares, *Legislación Urbanística Comparada*. Caracas, 1972, pp. 7 y ss.

2098 El artículo 700. Sobre ello, Antonio Moles Caubet, señala lo siguiente: "Carente de verdaderas reglas legales, la administración del urbanismo se configura como el Reino de la Arbitrariedad. El artículo 700 del Código Civil que le sirve de base, desde luego inadecuada —¡basta leerlo!—, no está previsto para soportar todo el peso de las distintas Ordenanzas sobre urbanismo, cuyos preceptos traspasan evidentemente los límites que por su propia índole les corresponde. Así, los desesperantes congelamientos, las abusivas desmembraciones y, en fin, los diversos actos dispositivos de la propiedad —a veces técnicamente desacertados—", *loc. cit.*, p. XV.

2099 Para un recuento de todos los proyectos elaborados en Venezuela, *v*. Luis Torrealba Narváez, *op. cit.*, pp. 191 y ss.; *y* Omer Lares, *op. cit.*, pp. 182 y ss.

2100 La única excepción quizá, la constituye la ordenanza sobre Ordenación Urbana del Area Metropolitana de Caracas y su Zona de Influencia, aprobada en 1973 por las Municipalidades del Distrito Federal y del Distrito Sucre del Estado Miranda en cumplimiento del Proyecto de Mancomunidad Urbanística del Area Metropolitana de Caracas suscrita entre ellas en 1972. Sobre los antecedentes de dichos documentos, v. Allan-R. Brewer-Carías, "El Área Metropolitana de Caracas y la cooperación intermunicipal en materia de Urbanismo", *Revista de la Facultad de Derecho*, N° 35. Caracas, 1967, pp. 49 y ss.; Luis Torrealba Narváez, *op. cit.*, pp. 237 y ss.

la legislación nacional y local venezolana muestra una ausencia absoluta de normas relativas al valor del suelo urbano.

En efecto, contrasta con la preocupación legislativa que ha surgido en los últimos veinte años en América Latina respecto a la tierra rural y a la eliminación del latifundio —de allí las leyes de Reforma Agraria—, la ausencia de un régimen jurídico de los suelos urbanos y, por tanto, la ausencia de Leyes sobre Reforma Urbana[2101]. En este campo, el Estado no sólo no tiene medios jurídicos para evitar la especulación y para detener los aumentos desmesurados del valor del suelo en las zonas urbanas —ni siquiera medios jurídicos tributarios, por ejemplo—, sino que muchas veces las normas existentes hacen que las propias acciones del Estado contribuyan a esa especulación. Piénsese nada más en los poderes de las Municipalidades para cambiar las zonificaciones urbanas, y cómo ese solo elemento de modificación o establecimiento de zonificación, es quizá el primer factor que contribuye a la especulación del suelo urbano y que, indirectamente, impide una adecuada renovación urbana y un adecuado desarrollo de las ciudades. En este campo, no sólo el derecho está atrasado en cuanto a que no prevé mecanismos para que el Estado lleve adelante un proceso de ordenación urbana, sino que el sistema jurídico es el primer fomentador para que sea difícil realizar adecuadamente un proceso de urbanización, al permitir ciertos actos de los Poderes Públicos que contribuyen al antidesarrollo urbano[2102]. En este orden de ideas, también pueden identificarse otra serie de fallas jurídicas que contribuyen al encarecimiento de los inmuebles urbanos, como, por ejemplo, la inexistencia de normas precisas que regulen" la plusvalía de los mismos. Puede considerarse como contrario a un adecuado proceso de urbanización, el que se realicen obras y servicios de carácter urbano, por el propio Estado y a toda su costa, sin que los particulares, cuyos inmuebles urbanos se benefician de esos servicios y obras, contribuyan en forma alguna a la realización de las mismas o a su pago. Ello produce indirectamente una elevación gratuita y a costa de la comunidad, del valor de las propiedades particulares. En esta materia no existe una adecuada regulación de la contribución de mejoras por plusvalía, pues la que establece la Ley de Expropiación, tal como se indicó, no está, lo suficientemente bien consagrada como para permitir su aplicabilidad.

Pero, tal como hemos dicho, el problema urbano no se agota en la regulación y ordenación del desarrollo urbano, mediante medios jurídicos y administrativos y su planificación, sino que exige una acción inmediata del Estado en el campo de la marginalidad urbana. En este campo, el problema no es sólo un problema de vivien-

---

2101 La situación, por lo demás, es característica de toda América Latina. *Cfr.* Oscar Raúl Basaldúa, "Marco Institucional para la instrumentación de Políticas de desarrollo urbano en la Argentina", en *Revista de la Sociedad Interamericana de Planificación,* Vol. V, N° 20, diciembre 1971, pp. 49 y ss. Un interesante intento en este campo se hizo en Colombia a finales de la década de los sesenta y comienzos de los setenta, con la presentación al *Congreso de un Proyecto de Ley de Reforma Urbana por el Ministro de Desarrollo,* I. Valencia Jaramillo, el cual, sin embargo, no fue aprobado.

2102 *Cfr.* Allan-R. Brewer-Carías, *Derecho y Desarrollo, cit.,* pp. 36 y ss. En este sentido es de destacar que en el Area Metropolitana de Caracas, los propietarios y residentes de las "Urbanizaciones" han constituido Asociaciones de Propietarios y residentes, fundamentalmente, para protegerse de la acción de las Municipalidades. Lo absurdo de esta situación es que antes que servir de mecanismos de participación Ciudadana de los particulares en el manejo de los asuntos locales, se trata de mecanismos de protección contra las arbitrariedades de las Municipalidades.

das como algunas aproximaciones han querido hacer ver[2103], sino de tratamiento de las áreas marginales, con nuevos criterio y como realidades demasiado evidentes. Los criterios legales de la propiedad, así sea de carácter municipal, y el carácter "ilegal" de las ocupaciones marginales urbanas, no son suficientes para el tratamiento de áreas, que hasta cierta forma han comenzado a constituir una "característica" identificadora de las grandes ciudades latinoamericanas. Se impone, en este sentido, quizá y como primera medida, una legitimación de los desarrollos marginales[2104] y el tratamiento socio-urbano, de los mismos, con un nuevo derecho más adaptado al derecho "real" que en ellos comienza a desarrollarse[2105].

Íntimamente vinculado a los problemas del desarrollo urbano, la problemática de la ordenación territorial está también exigiendo un urgente respaldo del orden jurídico. En efecto, los problemas del desarrollo, ordenación y planificación urbanística no se agotan ni se pueden agotar en el ámbito estrictamente urbano, sino que abarcan aspectos que van mucho más allá de dicho ámbito, incidiendo en ámbitos regionales, donde la planificación urbanística se integra a la planificación económica[2106]. En esta materia, no sólo la planificación general —económica y social— carece, como se ha visto, de un adecuado respaldo legislativo como para que se constituya en el medio ordenador de las actividades económicas y sociales, sino que las medidas fundamentales de una ordenación territorial también se encuentran desasistidas jurídicamente. Entre ellas, por ejemplo, es de destacar lo concerniente a la localización de las actividades productivas. En Venezuela, durante los últimos años se ha producido una excesiva concentración de las actividades industriales en la región central, particularmente las de origen privado, y el Estado ha carecido de mecanismos jurídicos que le permitan actuar en el interior del país. El Estado ha carecido, como también se ha señalado, de poderes de localización industrial, y las inversiones que han comenzado a ser efectivamente "regionalizadas" han sido casi exclusivamente las inversiones públicas.

Íntimamente vinculada a la ordenación territorial y urbana, está la realización de todo un completo proceso de regionalización, con características de descentralización territorial y no sólo de desconcentración administrativa, que está exigiendo un respaldo del ordenamiento jurídico, tal como se ha señalado[2107]. Ello también exigirá el reordenamiento legal de los entes locales —Municipios— y su conversión en efectivos medios de participación y democracia política. En definitiva, entonces, una Ley de Planificación Urbanística deberá ser también una Ley de Ordenación Territorial[2108], y tendrá que estar acompañada necesariamente de una Ley Orgánica del Poder Municipal y de la Ley de Coordinación de la inversión del Situado Constitu-

---

2103 Para la crítica al enfoque de la marginalidad como un problema de vivienda, *v.*, p. e., Omar Hernández, *La Planificación Urbana y el Desarrollo Urbano no controlado*. Caracas, 1972, pp. 23 y ss.

2104 *Idem*, pp. 75 y ss.

2105 *V.* Kenneth L. Karst; Murray L. Schwartz and Andrey J. Schwartz, *op, cit.*, pp. 3 y 53.

2106 *Cfr.* Sebastián Martín-Retortillo B. y Javier Salas Hernández, "El Nuevo Regionalismo y la llamada Regionalización de la Planificación Económica", en S. Martín-Retortillo y otros, *Descentralización Administrativa y Organización Política*. Madrid, 1973, tomo III, pp. 271 y ss.

2107 *Idem.*

2108 Por eso, uno de los Proyectos elaborados en 1971 por las Comisiones que funcionaron en la Oficina del Ministro de Estado para la Vivienda, fue el *Proyecto de Ley de Ordenación Territorial y Urbana*. *V.* las referencias en Omar Lares, *op. cit.*, p. 183.

cional, que no existían en 1974,. y en cuanto al Área Metropolitana de Caracas, de la Ley de Coordinación de las jurisdicciones que actúan en la misma[2109].

Por otra parte, y también íntimamente vinculados a los problemas del desarrollo urbano, de la ordenación del territorio y del régimen local (municipal), están los que plantean ciertos servicios, como los de transporte urbano. En este campo, íntimamente vinculado a la problemática del tránsito y circulación, la ausencia de un adecuado régimen jurídico, y como consecuencia, administrativo, hacen de dicho servicio uno de los más deficientes y problemáticos, particularmente en el Area Metropolitana de Caracas. Tal como se ha señalado, a los problemas que resultan de la delimitación de competencias entre el Poder Nacional y el Poder Municipal en la materia, se unen, o los de la existencia de una muy deficiente y antigua regulación[2110] o los de la ausencia de ella; y lo insólito de la situación, particularmente en Caracas, es que si se construye un sistema de transporte rápido subterráneo sin modificar o establecer el régimen jurídico adecuado, en lugar de solucionarse los transportes urbanos se agravarán[2111]. En efecto, el transporte urbano está tan íntimamente unido a las soluciones de la vialidad y circulación, que cualquier solución aislada que se le pretenda dar puede más bien agravar la presentación del servicio[2112].

En el caso del Área Metropolitana de Caracas, la situación es realmente dramática en lo que concierne al servicio de transporte y a la ausencia de normas que lo hagan efectivo. En primer lugar, la prestación básica del servicio se hace por sistema de concesiones de líneas, otorgadas por la Municipalidad, a 42 empresas privadas que operan el sistema de autobuses[2113], en concurrencia con dos empresas públicas: el Instituto Municipal de Transporte Colectivo (IMTC) y la Empresa Municipal de Transporte, S. A. (EMTSA). La ausencia de coordinación, la competencia desmedida, la deficiencia y obsolencia de las unidades de transporte, la relativa saturación de las rutas productivas y el abandono de aquellas que no son rentables, caracterizan el sistema de transporte por autobuses en el Área Metropolitana.

2109 *Cfr*. Allan-R. Brewer-Carías, *Derecho y Desarrollo*, *cit*., pp. 45 y ss., y *El Régimen de Gobierno Municipal en el Distrito Federal Venezolano*. Caracas, 1968, pp. 135 y ss.

2110 *V*. Allan-R. Brewer-Carías, *Estudio sobre la delimitación de competencias entre el Poder Nacional y el Poder Municipal en materia de tránsito y transporte terrestre*. Caracas, 1965; y *Aspectos Institucionales del Transporte y Tránsito en el Área Metropolitana de Caracas*. Caracas, 1971, pp. 25 y ss.; y Magdalena Salomón de Padrón, "Servicio Público de Transporte Urbano de Personas en el Distrito Federal", Estudio de Caracas, Vol. VIII (Gobierno y Política), tomo I, UCV. Caracas, 1972, pp. 219 y ss. *V*. además, la sentencia de la Corte Suprema de Justicia de 6 de mayo de 1970, mediante la cual se declaró nulo por inconstitucionalidad, el artículo 57 de la Ley de Tránsito Terrestre. En 1974 estaba aún vigente la Ordenanza sobre Tránsito Urbano del Distrito Federal de 30 de abril de 1942.

2111 *V*. Allan-R. Brewer-Carías, *Aspectos Institucionales del Transporte y Tránsito en el Área Metropolitana de Caracas, cit*., pp. 99 y ss.

2112 *Cfr*. por ejemplo, *Traffic in Towns: A Study of the Long Term Problems of Traffic in Urban Area* (Informe Buchanan). London, 1963, N°s 36 y ss.; y 51 y ss. En este sentido, Antonio Moles Caubet ha señalado con razón, que "la instalación de un ferrocarril metropolitano en Caracas, haría disminuir sin duda alguna el tráfico de superficie pero puede ser a la vez un factor que agrave la anarquía dominante. De aquí la inaplazable necesidad de un nuevo régimen del transporte metropolitano". *V*. Prólogo al libro de Allan-R. Brewer-Carías, *Aspectos Institucionales del Transporte y Tránsito en el Área Metropolitana de Caracas, cit*., p. XIX.

2113 A finales de 1973 existían 42 empresas que operaban un total de 1.400 autobuses. *Cfr*. la información en *El Nacional*. Caracas, 27 de diciembre de 1973, p. D-l 2.

En segundo lugar, y también en concurrencia con las empresas de autobuses, los últimos quince años han sido testigos del desarrollo y desmedido crecimiento de un sistema de transporte colectivo paralelo, mediante automóviles, que no sólo compiten con aquéllas, sino que saturan las vías de comunicación urbana. Desde el solo punto de vista de la ocupación de superficie de las vías de comunicación, el servicio —de autobuses y de "carros por puestos"— no puede, realmente, ser más inconveniente para el sistema de tránsito[2114]. Por otra parte, y si existe —mal que bien— un sistema de concesiones administrativas y regulación de tarifas para las empresas de autobuses, el sistema de transporte por "carros por puesto" está totalmente fuera de control, y sus tarifas, sustancialmente más altas que las de los autobuses, se determinan unilateralmente por los propietarios de las empresas de dichos "carros por puesto"[2115]. En esta forma, parece evidente que cualquier solución sería al problema del transporte de personas en el Área Metropolitana de Caracas, necesariamente exigirá —como ha sucedido en todas las grandes ciudades que han solucionado el problema— la estructuración de una empresa única para la prestación total del servicio, básicamente mediante autobuses, y la eliminación progresiva y consecuencial del sistema paralelo de los "carros por puesto". La solución de la empresa única, sea enteramente pública o de capital mixto—con participación accionaria de los propietarios de las diversas empresas privadas que en la actualidad operan— ha sido planteada desde 1965[2116], y en 1974 —nueve años después—, constituía una de las soluciones que el Gobernador del Distrito Federal planteaba públicamente[2117], como reacción a la decisión de las empresas de autobuses de aumentar, por sobre las decisiones municipales, y contra ella, unilateralmente, las tarifas del transporte[2118]. En

2114 A comienzos de 1974 se estimaba que existían 300.000 vehículos en el Área Metropolitana de Caracas, de los cuales 80.000 eran automóviles de alquiler (taxis) y "por puestos", y algo más de 3.000 autobuses y autobusetes. Estos vehículos colocados uno detrás de otro, formarían una cola de más de 2.400 kilómetros, y sólo los automóviles de alquiler (taxis) y "por puesto", formarían una cola de 400 kilómetros. *V.* la información de Roque Leal, *El Universal,* Caracas, 14 de febrero de 1974, pp. 1-21.

2115 El propio Presidente del Concejo Municipal del Distrito Federal señalaba en agosto de (19-73 que "los usuarios de los "carros por puesto" seguirán padeciendo las consecuencias de tener que pagar una tarifa diferente cada vez que los chóferes quieran aumentar los pasajes o fraccionar las rutas". *V.* en *El Nacional,* Caracas, 15 de agosto de 1973, p. D-20.

2116 En agosto de 1965 el autor planteó esta solución a la Municipalidad de Caracas con motivo de la creación de la Empresa Municipal de Transporte, S. A. *V. Aspectos Institucionales del Transporte y Tránsito en el Área Metropolitana de Caracas, cit.*, pp. 105 y 106.

2117 *V.* la propuesta del Gobernador del Distrito Federal de constituir una Empresa Única de Transporte Metropolitano, de carácter mixto con los propietarios de las empresas privadas que operaban en el Área, o de carácter enteramente público, mediante la expropiación de aquéllas, en *El Universal.* Caracas, 9 de febrero de 1974, pp. 2-24 y 14 de febrero de 1974, pp. 1-17.

2118 La Cámara Nacional del Transporte en febrero de 1974 decidió, entre otros aspectos, aumentar unilateralmente las tarifas de transporte "aun corriendo todos los riesgos que puedan surgir, bien se manifiesten éstos a través de la quema de autobuses o la expropiación u ocupación de las unidades". *V.* en *El Universal.* Caracas, 8 de febrero de 1974, pp. 1-10. Ante ello, no sólo el Gobernador había amenazado con utilizar los poderes expropiatorios de la Municipalidad (*v. El Universal.* Caracas, 17 de enero de 1974, pp. 2-26), sino que el Presidente de la República había declarado expresamente que no se autorizarían ni permitirían aumentos en la tarifa: "... las municipalidades, que se distribuyen jurisdicción en el área metropolitana, también han fijado la misma posición. De manera que no se va a permitir, y como se trata de un servicio público que no se puede interrumpir, pues tomaremos todas las medidas que sean necesarias para que los autobuses sigan funcionando y sigan en sus rutas al mismo precio actual". *V. El Universal.* Caracas, 8 de febrero de 1974, pp. 1-10.

todo caso, lo que habrá de tenerse realmente en cuenta es que, en el Área Metropolitana de Caracas, la construcción del sistema subterráneo de transporte no solucionará los problemas del transporte colectivo, si no se integra previamente en una sola empresa, el transporte superficial; y que esta integración no será efectiva si no se elimina el sistema paralelo de "carros por puesto"[2119]. Además, resultará indispensable la prestación uniforme e integrada del servicio en toda el Área Metropolitana, por lo que habrá de establecerse, necesariamente, un sistema de cooperación intermunicipal entre la Municipalidad del Distrito Federal y la Municipalidad del Distrito Sucre del Estado Miranda, tal como ha sido sugerido desde 1966[2120]. Pero en un servicio de esta naturaleza —particularmente si se integra al servicio superficial el servicio de transporte subterráneo—, los aportes financieros necesarios, así como las naturalezas de las regulaciones, que hacen que escapen y superen el mero ámbito local, provocarán una indispensable participación de las Autoridades Nacionales, tanto en la regulación como en la operación del servicio. De allí la propuesta de constituir una Autoridad o Administración Metropolitana del Transporte en Caracas, con participación —descentralizada— del Poder Nacional y participación —mancomunada— de las Municipalidades del Área Metropolitana[2121]. Para ello, indudablemente que una Ley de coordinación del Transporte, Tránsito y Circulación en el Área Metropolitana de Caracas resultará indispensable[2122].

El servicio público de transporte, en todo caso, ciertamente, no es sino una muestra de la ausencia de adecuadas normas jurídicas que resuelvan los problemas del crecimiento urbano y del desarrollo económico y social. En otra serie de servicios, la situación es igualmente dramática. Tal es el caso de los servicios de distribución de energía eléctrica, respecto de los cuales existe una ausencia total de regulación y control en relación a su prestación[2123].

En efecto, en el campo de los servicios de distribución de energía eléctrica, cuyo carácter de servicio público esencial ya nadie puede osar poner en duda, las únicas regulaciones existentes a nivel nacional están contenidas en la Ley de servidumbre de Conductores Eléctricos de 1928[2124] e incidentalmente, en la Ley Forestal, de

---

2119 Como se dijo, para 1974 se estimaba que cerca del 30 por 100 del total de vehículos del Área Metropolitana de Caracas estaba constituido por automóviles de alquiler y "carros por puesto".

2120 *V.* Allan-R. Brewer-Carías, "La integración del Área Metropolitana de Caracas y la Coordinación de los servicios de Transporte Urbano", en *Revista Taller*, Facultad de Arquitectura, N° 20, Caracas, 1966.

2121 *V. ídem*, v., asimismo, la propuesta en Allan-R. Brewer-Carías, *Aspectos Institucionales del Tránsito y Transporte en el Área Metropolitana de Caracas, cit.*, p. 107 y ss.; y en Antonio J. Parra García, *La Problemática del Transporte de Pasajeros en Caracas y la creación de una Autoridad Metropolitana del Transporte* (mimeografiada). Tesis de grado en la Escuela Nacional de Administración Pública. Caracas, mayo de 1970.

2122 *V.* el Proyecto de dicha Ley, elaborado en 1971, en Allan-R. Brewer-Carías. *Aspectos Institucionales del Tránsito y Transporte en el Área Metropolitana de Caracas, cit.*, pp. 129 y ss.

2123 En este sentido, se ha dicho que Venezuela tiene el "dudoso honor de carecer de toda forma de control estatal sobre la prestación del servicio eléctrico". *V.* Manuel Rachadell, "El Servicio Público de Electricidad en el Distrito Federal", en *Estudio de Caracas*, Vol. VIII (Gobierno y Administración), tomo I, UCV. Caracas, 1972, p. 335.

2124 Se trata de una ley dictada el 19 de julio de 1928, que establece y regula las limitaciones a la propiedad privada con motivo de la distribución de energía eléctrica.

Suelos y Aguas, en relación a los aprovechamientos hidroeléctricos[2125]. La situación que se ha producido frente a esta ausencia legislativa ha dado lugar, por una parte, a abusos del poder económico de las empresas privadas de electricidad ante las Municipalidades donde se presta el servicio, inclusive, sin concesión alguna[2126]; y por la otra, a la regulación y fijación unilateral, por las mismas, de las condiciones del servicio. En este campo, por tanto, la urgencia de una Ley Nacional de Servicios Eléctricos resulta más que evidente[2127].

Ante el panorama —muy parcialmente descrito— de la ausencia de regulación jurídica o de la defectuosa regulación en muchas áreas claves del desarrollo económico y social, es evidente que puede concluirse[2128] que la configuración del sistema jurídico venezolano no sólo es la propia de un régimen clásico, no teniendo el carácter de agente de cambio[2129], sino que, como se ha visto, ni siquiera se ha adaptado a las transformaciones socioeconómicas que nuestras sociedades han sufrido. El problema, sin embargo, no sólo se plantea en las relaciones económicas y sociales internas, sino, por supuesto, en las relaciones internacionales. Frente al fenómeno de la integración económica, por ejemplo, puede decirse que se está comenzando a operar una verdadera urgencia de revolución en los sistemas jurídicos[2130], que obligará a los diversos países a adaptar su legislación al nuevo derecho comunitario que ha ido apareciendo, y a sus nuevas formas de producción. En este sentido, el derecho constitucional latinoamericano aún sufre los condicionamientos de la noción de soberanía que, en la formación de los Estados Nacionales, fue tan celosa de no permitir injerencia alguna de poderes extraños a los Estados, en la regulación de las cuestiones en las cuales era soberano. Los procesos de integración económica, y particularmente en América Latina, el del Grupo Andino de integración subregional, exigirán indudablemente un proceso de adaptación de gran importancia en los sistemas

2125 La Ley de 1965 exige la obtención de una concesión para el aprovechamiento y utilización de las aguas con fines de producción de energía hidroeléctrica, artículo 91,5.

2126 El único supuesto en que una Municipalidad trató de ejercer sus competencias frente a la empresa de electricidad privada que operaba en su Jurisdicción, fue la del Distrito Plaza del Estado Miranda en 1968; y si bien judicialmente obtuvo el reconocimiento de sus derechos, la "inconsecuencia" de algunos miembros del Concejo Municipal, produjo la renuncia posterior a todos los triunfos judiciales mediante "transacción".

2127 En 1964 el Ministerio de Justicia (Consultoría Jurídica) planteó la necesidad urgente de una Ley Nacional de Servicios Eléctricos (v. Doctrina Administrativa, Dictámenes de la Consultoría Jurídica, 1964, p. 45); y desde 1965 se han elaborado varios Proyectos de Ley (*v.* análisis de dichos Proyectos en Manuel Rachadell, *loc. cit.*, pp. 349 y ss.), el último de los cuales se elaboró a partir de 1969 en la Compañía Anónima de Administración y Fomento Eléctrico (CADAFE).

2128 Aquí hay que traer la expresión de Lon L. Fuller, "The health and sickness of a legal system", en *Anatomy of the Law*, 1971, pp. 13 y ss.

2129 *V.* p. e., Yehezel Dror, "Law and Social Change", en Wilhelm Aubert (ed.), *Sociology of Law*, 1972, pp. 90 y ss.

2130 *Cfr.* Manuel A. Vieira, "El derecho internacional privado frente al proceso de integración latinoamericano", en *Derecho de la Integración, Revista Jurídica Latinoamericana*, INTAL, N° 12, Buenos Aires, marzo, 1973, pp. 57 y ss.

jurídicos nacionales, indudablemente no preparados para la integración[2131], como condición para la supervivencia de aquéllos[2132].

Hemos dicho, sin embargo, que la problemática planteada por la necesidad de estructurar un derecho para el desarrollo económico y social, y superar el carácter de "al margen de desarrollo" de nuestro sistema jurídico, no agota la problemática que los cambios políticos, económicos y sociales han planteado a nuestros sistemas jurídicos; sino que también resulta indispensable analizar la otra cara de la moneda, la capacidad o no del sistema jurídico de servir de instrumento de protección de los derechos y garantías individuales. En efecto, el Estado de Derecho, en su esencia y desde el punto de vista jurídico, surgió no sólo al someterse el Estado a las Leyes, sino particularmente, a un tipo especial de Leyes: las llamadas leyes de libertad, es decir, leyes cuyo objeto era hacer posible el libre desenvolvimiento de los miembros del grupo social[2133]. Allí estaba la esencia del liberalismo político-jurídico, en que el derecho se convertía pura y simplemente en garantía de la libertad. Ciertamente que, por supuesto, el contenido del ordenamiento jurídico en el mundo contemporáneo, a pesar de que el esquema estatal siga siendo el del Estado de Derecho, no es la sola protección de los derechos y garantías individuales; por ello, hemos señalado, el Estado, de un Estado Liberal-Burgués de Derecho se ha transformado en un Estado Democrático y Social de Derecho. Sin embargo, ello no implica que los derechos y garantías del individuo no encuentren protección; lo que sucede es que no son el único objeto de regulación del ordenamiento jurídico, tal como se ha podido apreciar.

En efecto, en el sistema jurídico venezolano, la Constitución garantiza a todos "el derecho al libre desenvolvimiento de su personalidad, sin más limitaciones que las que derivan del derecho de los demás y del orden público y social" [213483]; disposición que sustituye el enunciado tradicional de que todos pueden hacer lo que no perjudique a otro y nadie está obligado a hacer lo que la Ley no ordene ni impedido de ejecutar lo que ella no prohíba[2135], y que introduce a la vez en el ordenamiento constitucional, la noción de orden público como criterio limitante de los derechos y garantías constitucionales, y por tanto la noción de policía administrativa. En esta forma, la consagración de derechos y garantías constitucionales, si bien no es restrictiva[2136], tampoco es ilimitada; no se trata, en ningún caso, de derechos y garantías absolutos, sino sometidos a una serie de limitaciones constitucionales y legales; inspiradas por "el derecho de los demás", es decir, el interés general y la justicia

---

2131 *V.* p. e., Allan-R. Brewer-Carías, *Los Problemas Constitucionales de la Integración Económica Latinoamericana.* Caracas, 1968, pp. 129 y ss.

2132 *V.* entre otras, las conclusiones de la Mesa Redonda sobre la Problemática Jurídica e Institucional del Acuerdo Subregional Andino, en *Revista de la Facultad de Derecho*, UCV, N° 47. Caracas, 1970, pp. 117 y ss.

2133 *V.* Eduardo García de Enterría, *Revolución Francesa y Administración Contemporánea.* Madrid, 1972, pp. 16 y ss.

2134 Artículo 43.

2135 Tal como se afirma en la Exposición de Motivos de la Constitución de 1961 (título III, cap. 1).

2136 La enunciación del los derechos y garantías contenidas en la Constitución, tal como lo establece el artículo 50 de la misma, "no debe entenderse como negación de otros que, siendo inherentes a la persona humana, no figuran expresamente en ella. La falta de Ley reglamentaria de estos derechos no menoscaba el ejercicio de los mismos".

social, y el "orden público y social". La protección jurisdiccional de los derechos y garantías, sin embargo, es completa, al menos en el texto constitucional: son nulos —de nulidad absoluta— todos los actos del Poder Público que violen o menoscaben los derechos garantizados por la Constitución y los funcionarios y empleados públicos que los ordenen y ejecuten incurren en responsabilidad penal, civil y administrativa, según los casos[2137]; y los "Tribunales ampararán a todo habitante de la República en el goce y ejercicio de los derechos y garantías que la Constitución establece"[2138]. Pero si bien la efectividad de esta protección jurisdiccional, que da origen al recurso de inconstitucionalidad, al recurso de amparo y a los recursos contencioso-administrativos (de ilegalidad) será objeto de análisis más adelante, por ahora queremos limitarnos al análisis de la efectividad de la garantía constitucional de los derechos y libertades, es decir, a las posibilidades del goce y disfrute de los mismos, y a la real protección que en dichos goce y disfrute tienen los particulares frente al abuso del poder público o al abuso del, poder privado, particularmente de tipo económico. Para ello, trataremos de realizar un rápido análisis, garantía por garantía y derecho por derecho, según los enunciados constitucionales: derechos individuales, derechos sociales, derechos económicos y derechos políticos.

En el campo de los derechos individuales, el primero que consagra la Constitución es el "derecho a la vida", que es inviolable, por lo que "ninguna Ley podrá establecer la pena de muerte ni autoridad alguna aplicarla"[2139]. Ciertamente que el régimen democrático en Venezuela a partir de los inicios de la década de los sesenta, ha sido la mayor garantía para la inviolabilidad del derecho a la vida, lo que sin embargo no ha significado, en más de una oportunidad, la comisión de abusos por parte de los cuerpos de policía de seguridad del Estado, que han atentado contra la vida de personas, particularmente por motivos políticos. A ello ha contribuido, indudablemente, la ausencia de un cuerpo normativo que regule las funciones de policía administrativa, y establezca adecuadamente las responsabilidades de los funcionarios de policía.

La Constitución consagra además el derecho de toda persona "a ser protegida contra los perjuicios a su honor, reputación o vida privada"[2140]; sin embargo, aparte de las protecciones punitivas respecto de los delitos de difamación e injuria que establece el Código Penal, y de las acciones por responsabilidad civil que autoriza el Código Civil, el derecho al nombre, a la privacidad, a la propia imagen, como derechos de la personalidad no encuentran efectiva protección en el ordenamiento jurídico venezolano, siendo al contrario objeto de abusos permanentes por los medios de comunicación social, en base a otro derecho constitucional, el derecho a la libre expresión del pensamiento, tal como se indicará más adelante[2141].

El tercero de los derechos individuales que prevé la Constitución es el derecho a "la libertad y seguridad personales", que también es inviolable, y que da origen a la previsión de una serie de garantías contra el poder público, y entre ellas la determi-

2137 Artículo 46 de la Constitución.

2138 Artículo 49 de la Constitución.

2139 Artículo 58.

2140 Artículo 59.

2141 *V.* por ejemplo, el *Proyecto de Ley sobre el nombre y la protección de la personalidad*, Ministerio de Justicia. Caracas, 1960.

nación legal de los delitos o faltas que pueden dar motivo a la privación de la libertad, y la previsión, también en la Ley, de los casos en que una persona puede ser presa o detenida; la prohibición de la incomunicación, la tortura o de los procedimientos que causen sufrimiento físico o moral; la garantía de que nadie podrá ser obligado a prestar juramento ni constreñido a rendir declaración o a reconocer culpabilidad en causa penal contra sí mismo o sus familiares; la garantía de ser notificado personalmente de los cargos y ser oído antes de la condena penal; la prohibición de condenas a penas perpetuas y la limitación a treinta años de la pena restrictiva a la libertad personal; y la prohibición del reclutamiento forzoso para el servicio militar[2142]. Sin embargo, este derecho a la libertad y seguridad personales se encuentra regulado en Venezuela a través de un sistema clásico, basado en un Código Penal inspirado en el Código Italiano de 1879, y concebido bajo la idea de que la pena es sólo un castigo, al margen de las modernas concepciones del derecho penal basadas en la noción de defensa social y rehabilitación del delincuente[2143]. Por otra parte, por lo que se refiere al procedimiento penal, las consecuencias de la aplicación de un Código de Enjuiciamiento Criminal anticuado no pueden ser más monstruosas y degradantes y contrarias a la intención del constituyente, debido a lo lento del procedimiento y a las deficiencias del sistema carcelario.

El cuarto derecho individual que prevé la Constitución es el que garantiza a todos la ausencia de discriminaciones fundadas en "la raza, el sexo, el credo o la condición social"[2144], con lo cual se reafirma el principio jurídico de la igualdad. Multitud de Leyes, sin embargo, continúan estableciendo discriminaciones fundadas en el sexo, algunas de las cuales ya han sido impugnadas[2145]. La prohibición de la discriminación se complementa también con la prohibición de que los documentos de identificación para los actos de la vida civil contengan mención alguna que califique la filiación[2146], con lo que se ha venido a remediar una fuente de discriminación de gran importancia en un país, donde cerca del 50 por % de los niños que nacen son naturales.

En quinto lugar, se establece como derecho individual la inviolabilidad del hogar doméstico, y las condiciones para su allanamiento y para las visitas sanitarias[2147]. Las mismas deficiencias anotadas respecto de las regulaciones de las actividades de

2142 Artículo 60.

2143 Sobre el Código Penal Venezolano, Ornar Arenas Cándelo ha señalado que el mismo "se nos presenta hoy como un abigarrado mosaico de piezas modulares heterogéneas e inorgánicas, muchas veces incongruentes y otras tantas inconsistentes y oscuras, todo lo cual es fruto de inconsultas y sucesivas reformas introducidas con gran alarde de falta de técnica legislativa, lo que ha determinado que la primitiva y singular unidad estructural orgánica del modelo original se haya perdido totalmente en perjuicio de la eficacia operativa de este fundamental instrumento legal". *V.* en el Foro realizado por Julio Barroeta Lara, "Nuestras Leyes Penales", en *El Nacional*. Caracas, 25 de septiembre de 1972, p. C-l.

2144 Artículo 61.

2145 El artículo 970 del Código de Comercio establecía, en este sentido, la prohibición para la mujer de ser síndico de la quiebra, lo cual fue declarado nulo por la Corte Suprema de Justicia. *Cfr.* Allan-R. Brewer-Carías, *Curso de Derecho Administrativo*, tomo I (mimeografiado). Caracas, 1968 (tercera edición), p. 48.

2146 Artículo 61.

2147 Artículo 62.

policía de seguridad del Estado, hacen indudablemente nugatoria en muchos supuestos, esta regulación, debido a la utilización de la fuerza y las vías de hecho.

En sexto lugar, se consagra constitucionalmente la inviolabilidad de la correspondencia en todas sus formas, con la sola excepción de la ocupación judicial[2148]; y en séptimo lugar, la libertad de tránsito en todo territorio de la República[2149]. Particularmente, se consagra la libertad de cambio de domicilio o residencia, de ausentarse con o sin bienes de la República y regresar a ella, con las solas limitaciones que la Ley establezca. En este sentido, la Constitución de 1961 eliminó las limitaciones que existían con anterioridad para el ingreso de los venezolanos a la República, y garantizó el mismo, sin necesidad de autorización alguna. Por último, como colorario de ello, expresamente se establece que ningún acto del Poder Público podrá establecer la pena de extrañamiento del territorio nacional contra venezolanos, salvo como conmutación de otra pena y a solicitud del reo, lo cual ha sido regulado por Ley especial[2150].

Por otra parte, como derecho' individual se consagra el derecho de profesar la fe religiosa y ejercitar el culto, pública o privadamente, siempre que no sea contrario al orden público o a las buenas costumbres, con lo cual se recoge la mejor tradición sobre libertad de cultos[2151]. La regulación de la suprema inspección del Ejecutivo Nacional sobre los Cultos, sin embargo, no ha sido objeto de Ley alguna, salvo la de Patronato Eclesiástico de los años de la Independencia, mandada aplicar a comienzos de siglo a todos los cultos, y derogada respecto al culto católico en 1963 por la Ley Aprobatoria del Modus-Vivendi entre la Iglesia y el Estado, que sustituyó el régimen de Patronato[2152].

El noveno derecho individual que consagra la Constitución es el derecho de todos "de expresar su pensamiento de viva voz o por escrito y de hacer uso para ello de cualquier medio de difusión, sin que pueda establecerse censura previa"[2153]. Este derecho, ciertamente que está sometido a algunas limitaciones constitucionales[2154]; sin embargo, por la ausencia de regulaciones legales, su ejercicio, lejos de garantizar el derecho a la información, ha dado lugar a abusos por parte de las empresas de información y a la ausencia de protección de los ciudadanos frente a la prensa, radio, cine y televisión. Es este campo uno en los que surge la necesidad de una regulación legal que proteja a los ciudadanos contra el poder privado[2155].

En efecto, la ausencia de regulación legal en Venezuela respecto a la prensa, la radio y la televisión, salvo por lo que se refiere a los permisos administrativos para

---

2148 Artículo 63.

2149 Artículo 63. *V.* la Ley sobre conmutación de penas por extrañamiento, en *Gaceta Oficial* N° 27.619, de 15 de diciembre de 1964.

2150 *Idem.*

2151 Artículo 65.

2152 *V.* José Rodríguez Iturbe, *Iglesia y Estado en Venezuela*. Caracas, 1968.

2153 Artículo 66.

2154 No se permite el anonimato. Tampoco se permitirá la propaganda de guerra, la que ofenda la moral pública ni la que tenga por objeto provocar la desobediencia de las leyes, sin que por esto pueda coartarse el análisis o la crítica de los preceptos legales. Artículo 66.

2155 *Cfr.* Harry Street, *Freedom, the Individual and the Law,* 1972, pp. 251 y siguientes.

operar, han hecho no sólo casi inexistente el derecho de toda persona a ser informada verazmente, y no intencionadamente, sino que han colocado a los particulares en una situación de indefensión frente a los abusos de los medios de comunicación, particularmente ante otros derechos, como los derechos de la personalidad[2156]. En tal sentido, parece urgente la necesidad en Venezuela de una Ley de Prensa, Radio y Televisión que regule las condiciones para la veracidad de la información (noticias falsas), limite la información por razones de seguridad del Estado, de orden público, de orden judicial y de orden personal; prevea las adecuadas garantías de los particulares frente a los abusos de la información, tales como el derecho de rectificación y el derecho de réplica o respuesta, así como las medidas admisibles de policía administrativa[2157]; y concilie, en definitiva, el derecho de informar con el derecho a la información, de manera que aquél no continúe siendo un medio para la alienación[2158].

Otros derechos individuales consagra también expresamente la Constitución, y entre ellos el derecho de petición ante cualquier entidad o funcionario y a obtener oportuna respuesta[2159]. Sin embargo, mientras no se regule legalmente el procedimiento administrativo y se establezcan las normas básicas relativas al ejercicio de los recursos administrativos y a los efectos del silencio de la Administración, la efectiva garantía del derecho de petición quedará todavía en suspenso. Por otra parte, también se consagra como derecho individual en la Constitución, el derecho a utilizar los órganos de la administración de justicia para la defensa de los derechos e intereses, dentro de las condiciones que establezcan las Leyes, siendo además la defensa un derecho inviolable en todo estado y grado del proceso[2160]. Sin embargo, a pesar de la exigencia de la Constitución de que la Ley deberá fijar "normas que aseguren el ejercicio de este, derecho a quienes no dispongan de medios suficientes"[2161], las diferencias de orden económico siguen siendo una de las grandes limitaciones al efectivo y libre acceso a los medios de protección jurisdiccional, pues salvo la superada figura de la declaración de pobreza que prevé el Código de Procedimiento Civil[2162], la Ley no garantiza el ejercicio pleno de este derecho, el cual queda reservado, de hecho, a una minoría privilegiada económicamente. Por otra parte, y en el mismo orden judicial, la Constitución garantiza el que nadie podrá ser juzgado sino por sus jueces naturales, por lo que no podrán constituirse tribunales ad hoc para el castigo de determinadas personas; y el que nadie podrá sufrir pena que no esté establecida por Ley preexistente, recogiéndose un clásico principio de derecho penal[2163].

2156 *V.* Allan-R. Brewer-Carías, "Las limitaciones a la libertad de información en el Derecho comparado (Prensa, Radio, Cine y Televisión), en *Revista de la Facultad de Derecho*, UCV, N° 47. Caracas, 1970, pp. 9 y ss.

2157 *Idem*, pp. 27 y ss.

2158 *Ibídem*, pp. 46 y 47.

2159 Artículo 67.

2160 Artículo 68.

2161 Artículo 68.

2162 Artículo 28 y siguientes.

2163 Artículo 69.

Por último, y también cómo derechos individuales, la Constitución garantiza el "derecho de asociarse con fines lícitos, en conformidad con la ley" y el derecho de todos de "reunirse pública o privadamente, sin permiso previo, con fines lícitos y sin armas"[2164]; derechos que bajo el régimen democrático han sido efectivamente garantizados[2165]. En todo caso, la previsión constitucional, por la ausencia de regulaciones legales adecuadas, resulta claramente incompleta pues algunos derechos aún no encuentran real y efectiva protección, tal como sucede con el derecho a la información; el derecho a no ser detenido por autoridades policiales por más de ocho días sin intervención de los Tribunales[2166]; o el derecho a la privacidad de las conversaciones, inclusive telefónicas, y a que ellas no sean interceptadas o grabadas sin consentimiento.

El segundo grupo de derechos que la Constitución regula y garantiza son los derechos sociales, y en relación a éstos pueden distinguirse dos tipos de derechos: por una parte, aquellos expresa y directamente formulados por la Constitución; y por la otra, aquellos que se deducen como contrapartida a las obligaciones que la Constitución establece para el Estado, y que por tanto, su efectividad depende de la regulación legal que se dicte en cumplimiento de dichas obligaciones. No se trata, por tanto, de derechos exigibles por su sola previsión indirecta en la Constitución, sino que requieren de una consagración o actualización legal para su exigibilidad ante el Estado. Por eso, realmente, podría hablarse respecto a ellos, como "expectativos de derechos". En el primer caso, están, sin embargo, el derecho a la protección de la salud, el derecho a la educación, el derecho al trabajo y el derecho a la huelga.

En primer lugar, el derecho a la protección de la salud, que conlleva una obligación constitucional a las autoridades de velar "por el mantenimiento de la salud pública" y de proveer "los medios de prevención y asistencia a quienes carezcan de ellos"[2167]. A nivel legislativo, el régimen para garantizar este derecho está establecido en una antigua Ley de Sanidad de 1942, y en varias leyes dispersas, todas dictadas en la década de los años treinta[2168], siendo la única excepción, el Reglamento General de Alimentos dictado por vía ejecutiva[2169]. A ello hay que unir la dispersión administrativa del sector salud, con el resultado de que el derecho a la protección de la salud no está debidamente garantizado. En efecto, no sólo no existe a nivel del sector público un Servicio Nacional de Salud, sino que a nivel de los servicios privados de atención médica, éstos, por su elevado costo, resultan materialmente inaccesibles. Los particulares, entonces, se debaten entre unos servicios públicos dispersos y deficientes y unos servicios privados de costos inalcanzables, y comandando ambos, un poderoso gremio médico, que como grupo de presión, se enfrentará a todo intento de crear servicios médicos accesibles por igual, sin distinciones de fortuna. El derecho a la protección de la salud, por ello, para ser debidamente garanti-

---

2164 Artículos 70 y 71.

2165 *V.*, por ejemplo, la Ley sobre Partidos Políticos, Reuniones y Manifestaciones Públicas de 15 de diciembre de 1964.

2166 *V.* Disposición Transitoria Sexta de la Constitución.

2167 Artículo 76.

2168 *V.*, por ejemplo, la Ley de Protección contra la fiebre amarilla, la Ley de Defensa contra el Paludismo, la Ley de Vacunación, la Ley de Estupefactivos y la Ley de Defensa contra las Enfermedades Venéreas.

2169 *V.* los comentarios en Allan-R. Brewer-Carías, *Curso de Derecho Administrativo, cit.* tomo I, pp. 87 y ss.

zado, exigirá una firme acción del Estado que proteja a los particulares del poder de parte del gremio médico que sólo ve en los servicios privados de atención médica una manifestación del libre ejercicio de las actividades lucrativas, y no una profesión que en sí misma es un servicio público y social. Por otra parte, se hará indispensable en un futuro próximo, actualizar la previsión constitucional relativa a la posibilidad de que la Ley imponga, a quienes aspiren a ejercer la profesión de médico, el deber de prestar servicios en las instituciones del Servicio Nacional de Salud, por un lapso que podría ser de dos años y en el interior de la República[2170], como medio para evitar la excesiva concentración de médicos en la Capital de la República y en las demás áreas urbanas.

El segundo derecho social directamente establecido en la Constitución, es el derecho a la educación, el cual, a la vez, se configura como una obligación[2171]. Este derecho, también conlleva correlativamente, la obligación para el Estado de crear y sostener "escuelas, instituciones y servicios suficientemente dotados para asegurar el acceso a la educación y a la cultura, sin más limitaciones que las derivadas de la vocación y de las aptitudes de manera de garantizar a todos una educación gratuita en todos sus ciclos, en los Institutos Oficiales"[2172]. Puede decirse que el sistema venezolano de la educación es de carácter mixto, ya que la Constitución exige al Estado el estimular y proteger la educación privada[2173]; por lo que los conflictos tradicionales a partir de 1945, entre la educación oficial y la privada, particularmente Católica, están superados en lo que concierne a su legitimidad[2174]. Sin embargo, a pesar de la gratuidad de la educación oficial y de los progresos realizados en los últimos años a nivel de inversión pública, lejos está todavía de ser garantizado el derecho a la educación, y la población venezolana, en muchos casos, se debate entre la ausencia de escuelas, particularmente en las áreas marginales, y lo costoso de la educación privada; y en todo caso, de los libros y materiales escolares. Una regulación de estos últimos, para garantizar la efectiva gratuidad de la enseñanza, será indispensable, aja vez que una regulación de las tarifas de la educación privada, a la cual habría que subvencionar en muchos casos, de manera que se elimine el carácter clasista de la misma. En todo caso, debe dictarse una nueva Ley de Educación que sustituya a la vieja e inadaptada Ley de 1955, aún vigente en 1974[2175].

Además de los derechos a la protección de la salud y a la educación, el tercer derecho directamente establecido en la Constitución es el derecho al trabajo, el cual también, en este caso, se configura como un deber para toda persona apta para prestarlo[2176]. En tal sentido, el Estado debe procurar que toda persona apta pueda obtener colocación que le proporcione una subsistencia digna y decorosa[2177], quedando el

2170 Artículo 57.

2171 Artículos 55, 78 y ss.

2172 Artículo 78.

2173 Artículo 79.

2174 Un interesante análisis de estos conflictos, desde el punto de vista político, puede verse en Daniel H. Levine, *Conflict and Political Change in Venezuela.* Princeton U. P. 1973, pp. 62 y ss.

2175 Una nueva Ley Orgánica de Educación había sido prometida en el Programa del Gobierno 1974-1979. *V.* Carlos Andrés Pérez, *Acción de Gobierno*. Caracas, 1973, pp. 43 y ss.

2176 Artículos 54, 84 y ss.

2177 Artículo 84.

trabajo sometido a protección especial por parte del Estado[2178]. Indudablemente que el pleno empleo es todavía una de las metas a lograr en el desarrollo económico de nuestros países, donde la escasa industrialización aún no permite la creación del número de empleos requeridos para la población activa, por lo que el derecho al trabajo aún es uno de los derechos que están por garantizarse materialmente. Ello sin embargo, no ha impedido el que, desde 1936, se haya dictado una legislación laboral, siendo la Ley de Trabajo, aún en la década de los setenta, un instrumento legal de gran contenido social. Hasta cierto punto, puede decirse que, inclusive, todos los principios contenidos en la Constitución de 1961 sobre la protección del trabajo[2179], fueron inspirados en la legislación laboral de 1936; y la exigencia constitucional de que el Estado debía propender a mejorar las condiciones de vida de la población campesina[2180], ha sido cubierta recientemente, mediante el nuevo Reglamento de la Ley del Trabajo de 1974[2181], que equipara los trabajadores rurales a los trabajadores urbanos, eliminando una odiosa discriminación que perduró durante cerca de 40 años. Debe indicarse además, que íntimamente vinculado al derecho al trabajo, la Constitución regula, también directamente, el derecho a la huelga dentro de las condiciones que fije la Ley, aun cuando en los servicios públicos el mismo sólo podrá ejercerse en los casos en que la propia Ley determine[2182]; lo cual hasta 1974, no se había legislado[2183].

Hemos señalado sin embargo, que aparte de los cuatro derechos sociales directamente previstos en la Constitución, este texto establece y regula otra serie de derechos en forma indirecta o mejor dicho, expectativas de derecho, al establecer obligaciones al Estado y definir sus fines[2184]. En este sentido puede decirse que son derechos de carácter social, en primer lugar, el derecho de las asociaciones, corporaciones, sociedades y comunidades que tengan por objeto el mejor cumplimiento de los fines de la persona humana y de la convivencia social, a ser objeto de protección por parte del Estado[2185], el cual además, está obligado a fomentar la organización de cooperativas y demás instituciones destinadas a mejorar la economía popular[2186]. En segundo lugar, también es un derecho social, el derecho de la familia a obtener protección del Estado, como célula fundamental de la sociedad; para lo cual aquél tiene la obligación de velar por el mejoramiento de su situación moral y económica[2187].

2178 Artículo 85.

2179 Artículos 85 a 93.

2180 Artículo 77.

2181 Dictado por Decreto Nº 1.563, de 31 de diciembre de 1973 (*Gaceta Oficial* Nº 1.631, extraordinario de la misma fecha), que entró en vigencia el 1 de febrero de 1974 (art. 869). *V.* lo indicada en nota Nº 99 del capítulo 10.

2182 Artículo 92.

2183 *V.* Allan-R. Brewer-Carías, "El Derecho de huelga en el concepto de libertad en el Estado moderno", en *Revista de la Facultad de Derecho*, UCV, Nº 21. Caracas, 1961, pp. 2511 y ss.

2184 *V*Cfr. sobre estos derechos, como expectativas de derecho, que no implican directamente una responsabilidad de la Administración, en H. Barbé Pérez, "Adecuación de la Administración Conformadora del orden económico y social a las exigencias del Estado de Derecho", en *Revista de Derecho, Jurisprudencia y Administración*, tomo 65, Nº 1. Montevideo, p. 9.

2185 Artículo 72.

2186 *Idem*.

2187 Artículo 73.

En este sentido, el matrimonio también debe ser objeto de protección[2188], y la familia tiene, además, derecho a que el Estado provea lo conducente a facilitarle la adquisición de vivienda cómoda e higiénica[2189]. En igual sentido, la maternidad también debe ser objeto de protección especial, sea cual fuere el estado civil de la madre, y todo niño, sin discriminación alguna, tiene derecho a protección integral, desde su concepción hasta su completo desarrollo[2190]. Todo niño, además, tiene derecho a conocer a sus padres; sea cual fuere su filiación, por lo que la Ley debe proveer lo conducente a tal fin[2191], y por ello se ha dictado la Ley de Protección Familiar[2192]. Además, la juventud tiene derecho a ser protegida contra el abandono, la explotación o el abuso, y básicamente, las obligaciones del Estado en este campo están determinadas en el Estatuto de Menores[2193]. Constitucionalmente, por tanto, los derechos sociales de la población marginal, están debidamente garantizados, pero la insuficiencia legislativa de las normas existentes, y la dispersión administrativa del sector de protección y promoción social, indudablemente que hacen nugatorios el cuerpo de derechos tan completamente previstos por el texto constitucional.

Debe destacarse además, que en el orden social, salvo por lo que se refiere a las Leyes de Protección Familiar, de Adopción y del delito de violación de los derechos alimentarios del menor[2194], la legislación está totalmente alejada de la realidad. Por ejemplo, en el orden civil, las discriminaciones respecto al hijo natural y la ausencia de protección completa respecto a la concubina, a pesar de las normas constitucionales que prohíben todo tipo de discriminación, todavía están vigentes en un Código Civil que si bien fue revolucionario en este campo en 1942, actualmente está desadaptado. No es posible, en este sentido, por ejemplo seguir regulando civilmente, preponderadamente los derechos de los hijos legítimos, cuando lo normal en Venezuela es que los hijos sean naturales, siendo la excepción los hijos legítimos. Por ello, tampoco tiene sentido basar toda la legislación civil en la patria potestad del padre, cuando la realidad social muestra un esquema claro de preponderancia matriarcal en la conducción de los asuntos familiares[2195]. La Legislación social en Venezuela, en este sentido, requiere no sólo de una urgente adaptación a la realidad de nuestros fenómenos colectivos actuales, para lo cual es indispensable que el ordenamiento jurídico que se dicte responda a una concepción sociológica acorde con aquéllos; sino que es indispensable que esa legislación se establezca con visión de futuro, para dar curso a la nueva sociedad que en menos de una generación existirá en Venezuela.

2188 *Idem*. Particularmente se prevé en la Constitución que la ley debe favorecer la organización del patrimonio familiar inembargable.

2189 Artículo 73.

2190 Artículo 74.

2191 Artículo 75.

2192 Ley dictada el 22 de diciembre de 1961.

2193 Artículo 75 del Estatuto de Menores de 30 de diciembre de 1949.

2194 Dichas leyes, respectivamente, fueron dictadas el 22 de diciembre de 1961; el 20 de julio de 1972 y el 20 de agosto de 1959.

2195 *V*. José F. Iribarren, "Legislación y realidad social", en *El Universal*. Caracas, 15 de febrero de 1974, pp. 1-4.

Además de los derechos sociales indirectos señalados, íntimamente vinculados al derecho a la educación, la Constitución regula el derecho de toda persona natural o jurídica para dedicarse libremente a las ciencias o a las artes, y previa demostración de su capacidad, para fundar cátedras y establecimientos educativos bajo la suprema inspección y vigilancia del Estado[2196], lo que confirma el carácter mixto del sistema educativo venezolano.

Por último, y también dentro de los derechos sociales, todos los habitantes de la República tienen derecho a la seguridad social, cuyo sistema, el Estado debe desarrollar progresivamente, de manera que tengan protección contra infortunios del trabajo, enfermedad, invalidez, vejez, muerte, desempleo y cualesquiera otros riesgos que puedan ser objeto de previsión social, así como contra las cargas derivadas de la vida familiar[2197]. En este mismo orden de ideas, la ausencia de materialización del derecho a la seguridad social, da origen al derecho a la asistencia social a quienes carezcan de medios económicos y no estén en condiciones de procurárselos[2198]. La materialización de estos derechos a la seguridad social y a la asistencia social, sin embargo, y en especial debido a las deficiencias administrativas, está lejos todavía de producir su ejercicio efectivo.

La Constitución, además de los derechos individuales y de los derechos sociales, destina también un capítulo especial a la regulación de los derechos de carácter económico, y particularmente, del derecho a la libertad económica y del derecho de propiedad, definiendo además todas las características del régimen económico mixto de la República, con una creciente participación activa del Estado en la conducción del proceso de desarrollo.

En efecto, de acuerdo con la Constitución, todos tienen el derecho de dedicarse libremente á las actividades lucrativas de su preferencia, sin más limitaciones que las previstas en el propio texto constitucional y las que establezcan las leyes por razones de seguridad, de sanidad y otras de interés social[2199]. El margen de limitaciones a la libertad económica, por tanto, es sumamente amplio, por lo que no hay duda en considerar que la libertad económica ilimitada, base del liberalismo, en Venezuela quedó en la historia; y particularmente, por las limitaciones derivadas de las posibilidades de intervención del Estado para planificar, racionalizar y fomentar la producción, y regular la circulación, distribución y consumo de la riqueza, con el fin de impulsar el desarrollo económico del país[2200], es decir, para crear nuevas fuentes de riqueza, aumentar el nivel de vida de la población y fortalecer la soberanía nacional[2201], todo ello dentro de los principios de justicia social que aseguren a todos una existencia digna y provechosa para la colectividad[2202]. Dado el carácter mixto del sistema económico de Venezuela, sin embargo, las necesidades de protección de la libertad económica frente al poder público, y aun cuando todavía impor-

2196 Artículo 79.

2197 Artículo 94. En tal sentido se orienta la Ley del Seguro Social Obligatorio de 11 de junio de 1966.

2198 Artículo 94.

2199 Artículo 95.

2200 Artículo 98

2201 Artículo 95.

2202 *Idem*.

tantes, han abierto el paso a otro tipo de protecciones a la propia libertad económica, pero en este caso, frente al abuso del propio poder privado desarrollado a su amparo. El problema lo prevé la propia Constitución al exigir que "la Ley dictará normas para impedir la usura, la indebida elevación de los precios y, en general, las maniobras abusivas encaminadas a obstruir o restringir la libertad económica"[2203]. Estas protecciones, indudablemente que tienen una importancia fundamental en el mundo moderno, de manera que la libertad económica y la propia Ley no se conviertan en un arma utilizada contra el pueblo y particularmente, contra los débiles económicos[2204], particularmente por el poder económico privado.

Tres tipos de protección a la libertad económica prevé entonces la Constitución. En primer lugar, la protección contra la usura, y por tanto, la necesidad de que el Estado intervenga en la limitación de la libertad contractual, para proteger a los débiles económicos. En tal sentido, por ejemplo, y después de haberse superado las aberrantes situaciones que produjo el liberalismo imperante durante el siglo pasado, desde 1946 está vigente un Decreto-Ley contra la usura que limita el tipo máximo de interés a estipularse en los contratos de préstamo de dinero, al 1 por 100 mensual (12 por 100 anual), considerándose como usura todo porcentaje superior a dicho límite, sometida, como delito, a penas de privación de la libertad[2205].

El segundo tipo de limitaciones a los abusos de la libertad económica, se refiere al poder del Estado de impedir la indebida elevación de los precios, es decir, de regular los precios de los bienes destinados al consumo[2206]. Frente a un proceso de industrialización altamente protegido a través de un mecanismo de sustitución de importaciones, indudablemente que la protección al consumidor se convierte en una exigencia ineludible por parte del Estado, frente a los productores y comerciantes. Sin embargo, en Venezuela, una de las situaciones increíbles derivadas de la ausencia de normativa jurídica adecuada para conducir el proceso de industrialización, a que se ha hecho referencia, es la ausencia de un cuerpo de normas que le permita al Estado regular adecuadamente los precios de los artículos de primera necesidad. En 1974, por ejemplo, los mecanismos de protección del consumidor frente al alza de precios derivados del oneroso proceso de industrialización o de las tendencias inflacionarias mundiales, estaban establecidos en el Decreto núm. 176 dictado el 15 de Agosto de 1944, en la situación de emergencia de suministros provocada por la guerra mundial, en virtud de una suspensión de garantías constitucionales de la Constitución de 1936, vigente en aquella época. Este Decreto, en efecto, treinta años después, era el instrumento con que contaba el Estado para regular los precios de los artículos de primera necesidad, y para utilizarlo, durante todo ese lapso, materialmente fue necesario mantener suspendida la garantía constitucional de la libertad económica[2207]. Desde el punto de vista jurídico-económico, la sociedad venezolana

2203 Artículo 96.

2204 Tal como lo sugiere el título de la obra editada por Robert Lefcourt (ed.), *Law Against the People*. N. Y., 1971.

2205 Decreto-Ley de 9 de abril de 1946 de Represión contra la Usura.

2206 Artículo 96 y 98.

2207 Es de destacar que el mismo día en que se promulgó la Constitución, el 23 de enero de 1961, el Presidente de la República dictó un Decreto de suspensión de la garantía constitucional de la libertad económica, aún vigente en 1974.

vivió entonces por un lapso de treinta años, en un permanente estado de emergencia económica, pues sólo mediante esa emergencia y la suspensión del derecho a la libertad económica, por ausencia de legislación adecuada, fue que el Estado pudo regular los precios de los artículos de primera necesidad y proteger al consumidor[2208]. Sólo en el campo de los productos agrícolas, en virtud de las disposiciones de la Ley de Mercadeo Agropecuario, se han previsto legislativamente poderes para la regulación de los precios de los mismos.

El consumidor, por tanto, puede decirse, que es el gran ausente de las regulaciones y protecciones de nuestro régimen jurídico, siendo al contrario, objeto de protección indirecta e inorgánicamente prevista en algunos casos particulares. En efecto, el productor y el comerciante, muy poca o ninguna responsabilidad efectiva tienen frente a los perjuicios y daños que puedan causarle a los consumidores los bienes producidos o vendidos[2209], salvo las vías de responsabilidad civil previstas en el Código Civil; y las regulaciones concernientes a las pesas y medidas, marcas y denominaciones comerciales y propaganda comercial[2210] son manifiestamente insuficientes. En particular, en el campo de la publicidad, la situación del consumidor no puede estar más desasistida, existiendo sólo, indirectamente, algunas limitaciones de protección por motivos sanitarios[2211]. En términos generales puede decirse entonces, que las regulaciones de protección al consumidor o son insuficientes o son muy anticuadas, salvo por lo que se refiere a las regulaciones y control sobre los bancos y otros institutos de crédito[2212]; sobre las empresas de seguros[2213]; sobre las ventas con reserva de dominio[2214]; sobre las ventas de parcelas[2215]; y sobre las ventas en propiedad horizontal[2216]. Una regulación general, en este campo, que es necesario destacar, aún cuando dictada en 1946, es la Ley contra el Acaparamiento y la Especulación que otorga poderes sancionadores a la Administración para evitar el acaparamiento de bienes por productores y comerciantes, e inclusive autoriza el comiso de

2208 *Cfr*. Allan-R. Brewer-Carías, *Derecho y Desarrollo, cit*., pp. 32 y 33.

2209 *V*., en general, Gordon Borrie and Anbrey L. Diamond, *The Consumer, Society and the Law,* 1973.

2210 La Ley de Pesas y Medidas es de 15 de diciembre de 1964; la Ley de Propiedad Industrial, de 1955; y la Ley sobre Propaganda Comercial, de 6 de septiembre de 1944.

2211 Tal como por ejemplo, el Reglamento General de Alimentos lo prevé respecto de la propaganda en la venta de alimentos y bebidas. *V*., en general, F. Hung Vailant, "La Regulación de la actividad publicitaria", Caracas, 1972.

2212 *V*. la Ley General de Bancos y otros Institutos de Créditos, de 30 de diciembre de 1970.

2213 Ley de Empresas de Seguro y Reaseguro de 9 de julio de 1965. Por lo general, las Superintendencias de Seguros y Bancos, como dependencias del Ministerio de Fomento y del Ministerio de Hacienda, respectivamente, tienen a su cargo el control "de las actividades bancarias y aseguradoras y la protección del consumidor, mediante la aprobación previa de la mayoría de las formas y modelos de contratos y pólizas.

2214 La protección de los consumidores en las operaciones de venta de bienes muebles con reserva de dominio, se estableció desde 1955 con la Ley de Ventas con reserva de dominio de 7 de enero de 1959.

2215 Para evitar los abusos originados en la venta de inmuebles urbanos con motivo del proceso de urbanización en 1960, se dictó la Ley de Venta de Parcelas de 9 de diciembre de 1960.

2216 El auge de la modalidad de venta de inmuebles urbanos en propiedad horizontal provocó la promulgación de la Ley de Propiedad Horizontal de 14 de octubre de 1955, cuyos dispositivos se han complementado en relación a la venta de edificios viejos en la misma modalidad, por Decreto de 15 de septiembre de 1968.

los productos sin indemnización[2217]. Además, la libertad contractual en materia de arrendamientos de inmuebles urbanos ha sido también regulada e intervenida desde la década de los cuarenta, de manera que, modificándose las normas del Código Civil, la autonomía de la voluntad, en lo que se refiere a la fijación del canon de los arrendamientos, está limitada. Conforme a la Ley de Regulación de Alquileres de 1.° de agosto de 1960[2218], corresponde a la Administración la determinación unilateral de los cánones de arrendamiento de todos los inmuebles urbanos; facultad que ha sido extendida a los inmuebles rurales mediante la Ley de Reforma Agraria, en cuyo caso, corresponde la determinación al Instituto Agrario Nacional[2219].

Por último, dentro de las limitaciones que la Constitución prevé como protección a la libertad económica, por una parte exige que la Ley dicte normas destinadas a impedir "las maniobras abusivas encaminadas a obstruir o restringir la libertad económica"[2220] y por la otra, prohíbe directamente los monopolios[2221]. Lamentablemente, hasta 1974, en Venezuela no se había dictado ninguna Ley contra los monopolios o las prácticas restrictivas a la competencia, y el hecho de que determinadas industrias tuvieran la exclusividad táctica de la producción de determinados bienes, con las consecuentes maniobras relativas a los precios, no pudo ser realmente evitado por el Estado; sea que se tratase de una sola industria que operaba en monopolio o de un grupo de industrias que controlaban el mercado mediante acuerdos o convenios.

Además de la consagración del derecho a la libertad económica y sus limitaciones y protecciones, la Constitución garantiza también el derecho de propiedad, pero de ninguna manera como un derecho absoluto, sino esencialmente relativo, como el que más: "En virtud de su función social, la propiedad estará sometida a las contribuciones, restricciones y obligaciones que establezca la Ley con fines de utilidad pública o interés general"[2222]. La propiedad, por tanto, ha sido regulada en la Constitución, en tanto que objeto de limitación, y como tal, se prevé expresamente la expropiación por causa de utilidad pública o interés social[2223]; se prohíbe la confiscación salvo algún caso especial[2224]; se prevé la reversión de los bienes afectos a la exploración o explotación de las concesiones mineras y de hidrocarburos, los cuales al extinguirse por cualquier causa las concesiones, pasarán en plena propiedad a la

---

2217 La Ley contra el Acaparamiento y la Especulación de 7 de agosto de 1947 todavía, en 1973, se utilizaba por la Administración. V. las referencias a ello en la Rueda de Prensa del Presidente Caldera de 28 de junio de 1973, *en Boletín de Prensa* N° 1.660, Oficina de Prensa de la Presidencia de la República, pp. 2 y ss.

2218 *V.* Allan-R. Brewer-Carías, "Estudio sobre la Ley de Regulación de Alquileres de 1 de agosto de 1960", en *Revista del Colegio de Abogados del Distrito Federal*, N° 113. Caracas, 1960 pp. 217 y ss.

2219 La Ley de Reforma Agraria de 5 de noviembre de 1960 limitó, asimismo, la autonomía contractual en el campo de los arrendamientos rurales.

2220 Artículo 96.

2221 Artículo 97. Medidas que, tal como lo señala la Exposición de Motivos de la Constitución, tienden a "impedir todas aquellas manifestaciones de predominio que en el campo económico suelen ejercerse en detrimento de la efectiva libertad del menos fuerte".

2222 Artículo 99.

2223 Artículo 101.

2224 Artículos 102 y 250.

Nación[2225], se afectan al servicio del público los ferrocarriles, carreteras, oleoductos y demás vías de comunicación y de transporte construidos por empresas de explotación de recursos naturales[2226]; se declara contrario al interés social el régimen latifundista[2227], y se prevén limitaciones al aprovechamiento de los recursos naturales[2228]. Todas estas limitaciones previstas por la Constitución han dado lugar a la promulgación de una serie de textos legales, de manera de hacer efectivas algunas de ellas, como por ejemplo: la Ley de expropiación por causa de utilidad pública o social, la Ley sobre bienes afectos a reversión en las concesiones de hidrocarburos, la Ley de Reforma Agraria y la Ley Forestal, de Suelos y Aguas[2229].

Aparte de los dos derechos de carácter económico que expresa y directamente prevé la Constitución, puede asimismo identificarse un tercer derecho indirectamente consagrado —tratándose también, en este caso, de una expectativa de derecho—, pero no por ello ausente de protección: el derecho de los campesinos y trabajadores rurales a ser dotados de tierras, cuando carezcan de ellas, para lo cual la Ley debe disponer lo conducente[2230]. En realidad, se trata de una obligación impuesta al Estado de dictar la Ley que conduzca a la eliminación del latifundio y a la consecuente dotación de tierra, lo que se produjo al promulgarse la Ley de Reforma Agraria de 1960. Dicho derecho indirecto de los campesinos y trabajadores rurales, sin embargo, lejos está aún de haber sido garantizado cabalmente, a pesar de todos los progresos realizados en el campo.

Por último, y también en el orden de los derechos consagrados en la Constitución se prevén los derechos políticos, reservados a los ciudadanos: el derecho activo y pasivo al sufragio[2231]; el derecho a ejercer funciones públicas[2232]; el derecho a asociarse en partidos políticos[2233]; el derecho de manifestar pacíficamente y sin armas[2234]; y el derecho de asilo político[2235]. Los referidos derechos, particularmente los del ejercicio del sufragio y de asociarse en partidos políticos han sido analizados detenidamente en capítulos anteriores, donde se ha insistido en la efectividad de su ejercicio[2236].

Ahora bien, en las páginas anteriores hemos hecho referencia a la consagración de los derechos y garantías constitucionales, y a la regulación, limitación y protec-

---

2225 Artículo 103.

2226 Artículo 104.

2227 Artículo 105.

2228 Artículo 106.

2229 Dichas leyes fueron publicadas, respectivamente, el 25 de abril de 1958; el 30 de julio de 1971; el 5 de noviembre de 1960 y el 26 de enero de 1966.

2230 Artículo 105 de la Constitución.

2231 Artículos 110, 111, 112 y 113, regulado en la Ley Orgánica del Sufragio de 6 de septiembre de 1973.

2232 Artículo 112, regulado en la Ley de Carrera Administrativa de 4 de septiembre de 1970.

2233 Artículo 114. Regulado en la Ley de Partidos Políticos, Reuniones y Manifestaciones Públicas de 15 de diciembre de 1964.

2234 Artículo 115.

2235 Artículo 116.

2236 Para un análisis estrictamente jurídico de estos derechos. V. Allan-R. Brewer-Carías, *El Régimen Jurídico-Administrativo de la Nacionalidad y Ciudadanía Venezolanas*. Caracas, 1965; y *El Estatuto del Funcionario Público en la Ley de Carrera Administrativa*. Caracas, 1971.

ción frente al poder privado que ha sido prevista en el propio texto, constitucional, o en la legislación. Sin embargo, ciertamente que dentro del esquema de la efectiva garantía de esos derechos, resultan también indispensables las regulaciones tendientes a protegerlos frente a las acciones del Estado y de la Administración. En este campo, aparte de la serie de medios de protección jurisdiccional que se han ido estableciendo —consecuencia de la fórmula del Estado de Derecho— y que analizaremos en el capítulo siguiente[2237], el ordenamiento jurídico ha ido perfilando diversos mecanismos parlamentarios o administrativos de control, de manera de mantener incólumes los derechos y garantías constitucionales frente a la propia administración[2238].

En efecto, ante todo es necesario señalar que el Congreso, como representante de la voluntad popular, en el sistema constitucional de la separación de poderes, tiene el control de la Administración Pública Central[2239] y descentralizada[2240]; y en tal virtud, todos los funcionarios de la administración y de los institutos autónomos están obligados a comparecer ante las Cámaras legislativas y a suministrarles las informaciones y documentos que requieran para el cumplimiento de sus funciones[2241]. En esta forma, puede decirse que dentro de los límites Constitucionales y legales, los poderes de control parlamentario directo de la Administración por el Congreso, son suficientemente amplios; y a ello habría que agregar el control político, evidenciado en la posibilidad que tiene la Cámara de Diputados de dar un voto de censura a los Ministros[2242].

Pero el Congreso además, tiene una serie de medios de control indirectos sobre la Administración Pública, y particularmente, en el campo del control, vigilancia y fiscalización de los ingresos, gastos y bienes nacionales, que realiza a través de la Contraloría General de la República, en su carácter de "Órgano auxiliar del Congreso", el cual, sin" embargo, goza de autonomía funcional en el ejercicio de sus atribuciones[2243]. La efectividad del control de la Contraloría General de la República, sin embargo, particularmente en relación a las entidades descentralizadas o a los funcionarios públicos[2244], está todavía por lograrse, en virtud de que en 1974, aún no se había dictado la Ley Orgánica de la Contraloría General de la República, estando reguladas las funciones de dicho organismo por las mismas normas de la Ley Orgánica de la Hacienda Pública Nacional, concebidas conforme a los mismos moldes de las que dieron origen a dicho organismo en la década de los treinta.

2237 *V.* capítulo 22.

2238 Para una reciente visión de la problemática en los países desarrollados, *v.* Guy Braibant; Nicole Questiau et Céline Wiener, *Le Contrôle de l'Administration et la Protection des citoyens (Étude Comparative)*, Paris, 1973.

2239 Artículo 139 de la Constitución.

2240 Artículo 230 de la Constitución.

2241 Artículo 160 de la Constitución.

2242 Artículo 153,2 de la Constitución.

2243 Artículos 234, 235 y 236 de la Constitución.

2244 *V.* Allan-R. Brewer-Carías, *El Control de las Actividades Económicas del Estado en el Derecho Venezolano.* Caracas, 1969, pp. 111 y ss., y 123 y ss.; y "Aspectos de la Actividad controladora sobre los funcionarios públicos y sus consecuencias", en *Revista del Colegio de Abogados del Distrito Federal*, Nº 129. Caracas, 1965, pp. 9 y ss.

Aun cuando nuestro sistema constitucional no regula expresamente la figura del delegado parlamentario para la protección de los ciudadanos conforme al modelo del Ombudsman adoptado ya en varios países[2245], es indudable que por la amplitud de sus funciones —"velar por el respeto de los derechos y garantías constitucionales"—[2246]. Conforme al artículo 220 de la Constitución, además de las competencias para "velar por el respeto de los derechos y garantías constitucionales" tiene las siguientes: "velar por la celeridad y buena marcha de la administración de justicia y porque en los Tribunales de la República se apliquen rectamente las leyes en los procesos penales y en los que estén interesados el orden público y las buenas costumbres"; "ejercer la acción penal en los casos en que para intentarla o proseguirla, el Fiscal General de la República como director del Ministerio Público designado por el Congreso[2247] podría indudablemente, asimilarse a aquel "delegado parlamentario". Sin embargo, a pesar de la amplitud de las competencias del Fiscal General en la República[2248], éste ha actuado más como Ministerio Público *strictu senso* que como *Ombudsman* y no ha logrado configurarse como un efectivo guardián de la constitucionalidad y protector de los derechos y garantías constitucionales. Estas deficiencias han provocado la creación de otros organismos y entre ellos, del Comisionado del Presidente de la República para Denuncias, Quejas y Reclamos[2249]. Este funcionario, integrado dentro de la propia Administración Pública a nivel de la Presidencia y designado por el propio Presidente, tiene competencias para conocer y tramitar "las denuncias, quejas y reclamos que los ciudadanos formulen al Ejecutivo Nacional, sobre el mal funcionamiento de los servicios públicos, la incorrecta administración de los fondos públicos, el tráfico de influencias y en general, sobre cualquier irregularidad administrativa"[2250]. Las diferencias con la institución del Ombudsman, sin embargo, son evidentes: por una parte su integración dentro de la Administración Pública y su ausencia de vinculación con la representación popular —el Congreso; y por otra parte, sus funciones limitadas a la búsqueda de eficiencia y moralidad en el funcionamiento de la Administración, sin directa vinculación, con los derechos y garantías constitucionales. Por ello pensamos que difícilmente puede hablarse de este funcionario como un "Ombudsman Presidencial"[2251], aun cuando indudable-

---

2245 *V.* en general, Donald C. Rowan (ed.), *The Ombudsman. Citizen's Defender.* London, 1965.

2246 Artículo 220,1 de la Constitución.

2247 Artículos 218 y 219 de la Constitución.

2248 Conforme al artículo 220 de la Constitución, además de las competencias para "velar por el respeto de los derechos y garantías constitucionales" tiene las siguientes: "velar por la celeridad y buena marcha de la administración de justicia y porque en los Tribunales de la República se apliquen rectamente las leyes en los procesos penales y en los que estén interesados el orden público y las buenas costumbres"; "ejercer la acción penal en los casos en que para intentarla o proseguirla no fuere necesaria instancia de parte, sin perjuicio de que el Tribunal proceda de oficio cuando lo determine la Ley"; "velar por el correcto cumplimiento de las leyes y la garantía de los derechos humanos en las cárceles y demás establecimientos de reclusión"; "intentar las acciones a que hubiere lugar para hacer efectiva la responsabilidad civil, penal, administrativa o disciplinaria en que hubieren incurrido los funcionarios públicos con motivo del ejercicio de sus funciones".

2249 Creado por (Decreto Nº 95 del 16 de julio de 1969, publicado en *Gaceta Oficial* Nº 28.9712, del 17 de julio de 1969.

2250 Artículo 1, *ídem*.

2251 *V.* Guillermo Quintero, "La Experiencia venezolana del Ombudsman Presidencial", en *Revista Internacional de Ciencias Administrativas*. Bruselas, 1972, pp. 312 y ss.

mente que puede comparársele con aquella institución[2252]. En todo caso, la función del Comisionado Presidencial, indudablemente que desde el punto de vista administrativo podría ser de enorme utilidad, para lo cual habría que dotárselo de nuevos poderes, inclusive algunos de carácter decisorio, y no sólo de mera tramitación. Ello aunado a la asunción por el Fiscal General de la República de sus funciones de contralor de los derechos y garantías constitucionales, indudablemente que contribuirían a garantizar y proteger, extrajudicialmente, dichos derechos frente al Estado y a su Administración.

Pero indudablemente que la protección por excelencia de estos derechos está en la vía jurisdiccional, por lo que el capítulo siguiente se destinará al análisis de su efectividad en el sistema venezolano.

CAPÍTULO 22. LA ADMINISTRACIÓN DE JUSTICIA Y EL CONTROL JURISDICCIONAL DE LA ACTIVIDAD DEL ESTADO: EL CONTENCIOSO-ADMINISTRATIVO

El medio por excelencia de protección de los derechos o intereses individuales, indudablemente que está en el ejercicio de las acciones y recursos jurisdiccionales, es decir, en la utilización de las vías que presenta el Poder Judicial, el cual se ejerce, en Venezuela, por la Corte Suprema de Justicia y por los demás tribunales determinados en la Ley[2253]. La efectividad de dichos medios, tanto para la protección y garantía de los derechos de los particulares frente a otros particulares o frente al Estado, dependerá, sin embargo, del funcionamiento adecuado de la Administración de Justicia. Aquí también, indudablemente, al subdesarrollo político, administrativo y jurídico o legal que caracteriza al Estado "suave"[2254] de los países latinoamericanos, hay que agregar un subdesarrollo judicial, que hace limitativo el acceso a los medios judiciales de protección o que los hace inefectivos.

En efecto, ante todo debe destacarse que la Constitución garantiza a los jueces no sólo autonomía y sujeción sólo a las leyes, sino independencia de los otros poderes públicos, es decir, del Congreso y del Poder Ejecutivo[2255]. Sin embargo, la efectiva garantía de esa autonomía e independencia está en la existencia de una carrera judicial adecuadamente estructurada, que asegure no sólo esa independencia y la estabilidad de los jueces[2256], sino su idoneidad[2257]. La carrera judicial, sin embargo, aún no existe en Venezuela[2258]; y si bien en la reforma de la Ley Orgánica del Poder Judi-

---

2252 *V*. G. Braibant; N. Questiau et C. Wiener, *op. cit*., p. 297.

2253 Artículo 204 de la Constitución.

2254 Según la señalada expresión de Gunnar Myrdal, *cit*..

2255 Artículo 205 de la Constitución. Es de destacar, por ejemplo, que la propia Constitución aclara que el ejercicio de la facultad de investigación que corresponde al Congreso en ejercicio de sus poderes de control sobre la Administración Pública, "no afecta las atribuciones que corresponden al Poder Judicial" (art. 161); estando además todas las autoridades de la República obligadas a prestar a los jueces "la colaboración que éstos requieran para el mejor cumplimiento de sus funciones" (art. 209).

2256 De manera que los jueces sólo puedan ser removidos o suspendidos en el ejercicio de sus funciones en los casos previstos por la Ley (art. 208).

2257 Artículo 207.

2258 Desde 1965 se redactó un proyecto de ley de la Carrera Judicial en el Ministerio de Justicia, y a mitades de 1974 aún no se había dictado.

cial de 1970[2259] se creó el Consejo de la Judicatura con el objeto de asegurar la independencia, eficacia, disciplina y decoro de los Tribunales y garantizar a los jueces los beneficios de la carrera judicial[2260], ello no ha sido suficiente, pues a pesar de los elementos de estabilidad que prevé[2261], no establece realmente una carrera judicial.

Por otra parte, la administración de justicia en Venezuela está caracterizada por el signo de la lentitud, producto de una organización tribunalicia anticuada, y de un procedimiento judicial realmente arcaico[2262], lo cual s' produce consecuencias desastrosas en el procedimiento civil y comercial, en el procedimiento penal son denigrantes y atentatorias contra la seguridad y libertad personales. La administración de justicia, por ello, está reservada a quienes puedan esperar años para la resolución de las cuestiones civiles o comerciales, y por tanto, para quienes puedan afrontar los costos derivados de la lentitud de los procesos. Por eso, no es exagerado afirmar que el acceso a los medios judiciales de protección de los derechos está limitado por razones económicas, quedando generalmente el débil económico, al margen de los beneficios de la protección[2263].

A una deficiente administración de justicia, debe agregarse además, la regulación también deficiente de la seguridad jurídica en el tráfico de bienes y derechos, por la material inexistencia, tanto de un adecuado sistema de registro inmobiliario, ya que el sistema de registro público existente en Venezuela no garantiza la protección registral[2264], como de un efectivo sistema de notariado[2265]; la indefensión de los particulares frente a los abusos del Poder económico privado en manos de otros particulares; y la ausencia de regulaciones adecuadas del procedimiento administrativo de manera que el poder discrecional de la Administración esté sometido a efectivos límites[2266].

Esto último nos lleva, directamente, al análisis particular, de los diversos medios jurídicos puestos a disposición de los particulares para la protección y defensa de sus derechos e intereses frente a las actividades del Estado, configurados en torno a tres tipos de recursos: el recurso de amparo, el recurso de inconstitucionalidad y el recurso de ilegalidad (contencioso-administrativo).

2259 Ley de 17 de febrero de 1970.

2260 Artículo 217 de la Constitución.

2261 *Idem.*

2262 Tal como se dijo, el Código de Procedimiento Civil es de 1916.

2263 Y ello, a pesar de la modalidad de la declaratoria de pobreza que el Código de Procedimiento Civil establece (arts. 28 y ss).

2264 Tal como se señala en la exposición de motivos de la Ley de Registro Inmobiliario, *Revista del Ministerio de Justicia,* Nº 35. Caracas, 1965.

2265 Lo inadecuado del sistema notarial en Venezuela está en que por lo general, el notario no produce documentos públicos, siendo el documento autenticado ante un notario, un documento privado. *Cfr.* Allan-R. Brewer-Carías, "Consideraciones acerca de la distribución entre documento público o auténtico, documento privado reconocido y autenticado y documento registrado", en *Revista del Ministerio de Justicia,* Nº 411. Caracas, 1962, pp. 187 y ss.; y en *Revista de la Facultad de Derecho,* UCV, Nº 23. Caracas, 1962, pp. 347 y ss.

2266 *V.* Allan-R. Brewer-Carías, "Los límites al Poder Discrecional de las Autoridades Administrativas", en *Revista de la Facultad de Derecho,* UCAB, Nº 2. Caracas, 1966, pp. 6 y ss.

En efecto, tal como hemos señalado, la Constitución, al establecer los derechos individuales, sociales, económicos y políticos, garantiza que el goce y ejercicio de los mismos será amparado por los Tribunales[2267]. Con ello la Constitución de 1961 dio entrada en el ordenamiento jurídico venezolano al recurso de amparo, no sólo respecto a la libertad personal como lo había previsto la Constitución de 1947, sino respecto de todos los derechos y garantías "que la Constitución establece"[2268]. La previsión constitucional, sin embargo, supedita el ejercicio del recurso de amparo a lo que la Ley establezca[2269], por lo que "a fin de no dejar en suspenso su eficacia hasta la promulgación de la ley respectiva, se consagra-en las Disposiciones Transitorias, el derecho de *habeas corpus*, reglamentándolo de manera provisional"[2270]. En esta forma, la Disposición Transitoria Quinta reguló el "amparo a la libertad personal, hasta que se dicte la ley especial"; norma aún vigente en 1974 por la ausencia de la prometida —constitucionalmente— ley reglamentaria del recurso. El resultado de esta situación ha sido, evidentemente, que con la sola excepción de la libertad personal protegida mediante la transitoria regulación del *habeas corpus*, los demás derechos y garantías constitucionales han carecido de protección mediante el recurso de amparo, por lo que la falta del legislador aquí ha sido también insólita: por la ausencia de legislación, un precioso medio de control judicial de las arbitrariedades de la Administración, ha resultado inexistente.

Las precisas disposiciones de la Constitución, sin embargo, no fueron obstáculo para que algunos Jueces de Instancia, por sobre sus limitaciones, hacia finales de la década de los sesenta, comenzaran a admitir recursos de amparo para proteger otras libertades o garantías distintas de la libertad individual[2271]. El problema interpretativo, sin embargo, pronto habría de ser resuelto por la Corte Suprema de Justicia quien por sentencia del 14 de diciembre de 1970 sostuvo, en relación a la Disposición Transitoria Quinta, que "la protección de cualquier otro derecho —establecido

---

2267 Artículo 49.

2268 *V.* artículo 32 de la Constitución de 1947, en Luis Mariñas Otero, *Las Constituciones de Venezuela.* Madrid, 1965, p. 843; y artículo 49 de la Constitución de 1961. *V.* la enumeración y análisis de los mismos en el capítulo 21 y lo relativo al ámbito del recurso de amparo en este capítulo 22.

2269 Artículo 49.

2270 Así se expresa la Exposición de Motivos del Proyecto de Constitución, título III, capítulo 1.

2271 Por sentencia del Juez Séptimo de Primera Instancia en lo Penal de 13 de septiembre de 1968, confirmada por fallo de la Corte Superior Segunda en lo Penal del Distrito Federal de 4 de octubre de 1968, se otorgó amparo a un ciudadano contra un acto administrativo que ordenó la detención de su automóvil, en virtud de que el mismo no había sido importado regularmente al país. Asimismo, con fecha 14 de abril de 1969, un juez de Primera Instancia en lo Civil acordó recurso de amparo, confirmado por decisión de la Corte Superior Segunda en lo Civil y Mercantil del Distrito Federal de 14 de julio de 1969, contra el acto de la Policía Técnica Judicial que detuvo a un particular y se le obligó a reconocerse como padre de un menor y a pagar una pensión alimenticia. Estas referencias tomadas de la publicación periódica *Síntesis Jurídica* (Escritorio Santana Mujica), eran saludadas por ese órgano informativo en la forma siguiente: "Como un paso formativo del lento avance de nuestro país hacia un eficiente estado de derecho, ha de apuntarse las iniciales sentencias, derivadas de jueces penales y civiles, donde se derrota la tesis restrictiva, que se sostuvo inicialmente, de que el amparo no era aplicable en el país, pese a su consagración en la Constitución, porque carecía de reglamentación. Ahora se sostiene que cualquier juez es competente para conocer y decidir el amparo, que el fallo dictado no tiene consulta, que la ausencia de procedimiento no impide la procedencia del amparo, porque la misma Constitución dice "la falta de ley reglamentaria de estos derechos no menoscaba el ejercicio de los mismos" (art. 50 CN), y se otorga ante cualquier acto público o privado, que desconozca, disminuya o menoscabe las garantías constitucionales."

o no en la Constitución— queda excluido del campo de aplicación de esa norma, por ser evidente la intención del constituyente de limitar su alcance al caso expresamente previsto por ella", calificando las decisiones adoptadas por Jueces de Instancia en lo Penal amparando otros derechos distintos a la libertad personal, como adoptadas con "extralimitación de atribuciones"[2272]. De esto se evidencia, en todo caso, la urgente necesidad de que se promulgue la ley de amparo de manera de hacer efectivos los derechos constitucionales.

En el caso de actos administrativos arbitrarios, violatorios de los derechos individuales, sin embargo, el hecho de que se haya negado la procedencia del recurso de amparo contra sus efectos, no deja desasistidos a los particulares afectados, quienes pueden utilizar la vía jurisdiccional del control de la legalidad de dichos actos para ante la Corte Suprema de Justicia, a través del recurso contencioso administrativo[2273]. Al contrario, aquéllos sí quedan desasistidos en los supuestos dé violaciones de los derechos y garantías constitucionales cometidas por vías de hecho, es decir, mediante actos materiales en los cuales la actuación arbitraria de la Administración no está respaldada ele un acto administrativo. Hasta tanto no se dicte la Ley de Amparo, por tanto, los particulares no tendrán realmente el libre ejercicio de los derechos y garantías que consagra la Constitución, y seguirán a merced de las arbitrariedades de los funcionarios[2274].

Pero aún en el supuesto de la extensión del recurso de amparo a las otras garantías y derechos constitucionales, indudablemente que se planteará el problema de la delimitación de su ámbito de aplicación. En efecto, hemos distinguida dos tipos de derechos consagrados por la Constitución: en primer lugar, los derechos consagrados directamente por el texto constitucional, y aquéllos consagrados indirectamente, más como obligaciones del Estado que como derechos expresos, por lo que realmente se trata de expectativas de derechos[2275]. En relación a los primeros, aquéllos consagrados directamente por la Constitución, el amparo podría resultar de la sola pre-

2272 Sentencia de la Sala Político-Administrativa publicada en *Gaceta Oficial* N° 29.434, del 6 de febrero de 1971. El contenido de esta sentencia fue ratificada posteriormente por decisión de la misma Sala del 26 de abril de 1971, publicada en *Gaceta Oficial* N° 1.478, extraordinaria, del 16 de julio de 1971.

2273 La Corte Suprema de Justicia, en este sentido, ha señalado frente a un acto administrativo de expulsión de un extranjero del país, respecto del cual se solicitó amparo, que "calificado como ha sido de acto administrativo la medida de expulsión en referencia, es obvio que el interesado puede recurrir ante la Corte, si considera que el acto es nulo por inconstitucionalidad o ilegalidad"; por lo que decidió que el juez de Primera Instancia en lo Penal que otorgó el amparo "carecía de jurisdicción para conocer y decidir sobre el mismo, ya que su competencia se limita a conocer del recurso de *habeas corpus*". *V.* Sentencia de la Sala Político-Administrativa de (2)6 de abril de 1971, loc. cit.; asimismo, en *Repertorio Forense*, N° 1.747 de 112 de agosto de 1971, p. 5. Estos criterios fueron ratificados por la misma Sala mediante Acuerdo de 24 de abril de 1972. *V.* en *Gaceta Oficial* N° 29.788, de 25 de abril de 1972.

2274 Ello sin perjuicio, por supuesto, de que puedan exigir responsabilidad civil, penal o administrativa, según los casos, a dichos funcionarios por las vías judiciales ordinarias (art. 46).

2275 Los derechos directamente consagrados en la Constitución son los siguientes: todos los derechos individuales; en el campo de los derechos sociales, el derecho a la protección de la salud, el derecho a la educación, el derecho al trabajo y el derecho a la huelga; en el campo de los derechos económicos, el derecho al libre ejercicio de las actividades lucrativas y el derecho de propiedad; y todos los derecho políticos. Los otros derechos referidos en dicho capítulo, y que la Constitución consagra indirectamente, particularmente, los derechos de protección social o seguridad social, por ejemplo, tal como hemos señalado, son realmente expectativas de derechos que para poder ser exigibles tienen que ser actualizados previamente por el Legislador, quien determina su ámbito.

visión constitucional, sin necesidad de ley alguna que los actualizase. Dichos derechos son exigibles ante la administración, directamente, en virtud del texto constitucional, y el incumplimiento de las obligaciones derivadas de los mismos por la Administración podría dar lugar, inclusive, a la exigencia de responsabilidad. Estos derechos serían el ámbito propio del recurso de amparo, pues esos derechos directamente establecidos en el texto constitucional, serían los amparables.

El segundo tipo de derechos previstos en el texto constitucional, hemos visto que en realidad surgen por vía indirecta, al consagrar el texto fundamental obligaciones al Estado en determinados campos. Se trata, realmente, de expectativas de derechos, que requieren de actualización legal para poder ser exigibles frente al Estado. Estas expectativas de derechos, por tanto, no se incluirían dentro del ámbito del recurso de amparo, y su exigibilidad y protección estaría establecida en la ley que los actualice y determine.

Aparte del Recurso de Amparo vigente parcialmente, el ordenamiento jurídico venezolano consagra otras dos vías de control jurisdiccional de las actuaciones del Estado, en este caso, exclusivamente reservadas a actos jurídicos; se trata del Recurso de Inconstitucionalidad y del Recurso de Ilegalidad o contencioso-administrativo.

En efecto, en virtud de la supremacía constitucional, base del Estado de Derecho en Venezuela, nuestro sistema jurídico contempla un amplísimo control de la constitucionalidad de las leyes y demás actos de los cuerpos legislativos, así como de los actos de gobierno y Reglamentos del Presidente de la República[2276], por vía directa de acción popular, además del llamado control difuso que corresponde a todos los Jueces, conforme a lo dispuesto en el Código de Procedimiento Civil[2277]. Este Recurso de Inconstitucionalidad, aun cuando se intenta mediante una acción popular, que no requiere de legitimación activa especial —basta el simple interés[2278]—, sin embargo, no procede contra los actos administrativos individuales, cuya impugnación sólo puede ser objeto del Recurso contencioso-administrativo de anulación[2279]. Mediante el Recurso de Inconstitucionalidad, los particulares pueden entonces encontrar protección a sus derechos frente a las leyes, los actos de las Cámaras Legislativas, los actos de gobierno del Presidente de la República —suspensión de garantías constitucionales, por ejemplo— y los Reglamentos del Presidente de la República. En todo caso, este Recurso está insuficientemente regulado, por lo que aún quedan grandes dudas en ciertas áreas relativas al mismo, como, por ejemplo, sobre los efectos de las sentencias declaratorias de inconstitucionalidad, que el legislador debe resolver. De allí la urgente necesidad de una Ley de la Jurisdicción Constitucional, a la cual ya se ha hecho referencia.

El tercer medio jurídico de protección de los derechos y garantías constitucionales, así como de los intereses legítimos de los particulares ante las actuaciones ilegales de la Administración Pública, está configurado por los recursos, contencioso-

---

2276 Artículo 215 de la Constitución.

2277 Artículo 7 del CPC.

2278 *V.* Sentencia de la Corte Suprema de Justicia en Sala Político-Administrativa de 18 de febrero de 1971, en Repertorio Forense, Nº 1.596. Caracas, 11 de marzo de 1971, p. 3.

2279 *V.* Sentencia de la Corte Suprema de Justicia en Sala Político-Administrativa de 15 de marzo de 1962, *cit.*, en Allan-R. Brewer-Carías, *Las Instituciones Fundamentales del Derecho Administrativo y la Jurisprudencia Venezolana*. Caracas, 1964, p. 397.

administrativos, que por su importancia y la necesidad de urgente regulación, requieren de un análisis más detenido. En este campo, en efecto, la labor del Juez —la Corte Suprema de Justicia— ha suplido la ausencia de legislación, y su jurisprudencia ha sentado todas las bases del procedimiento contencioso-administrativo en el país[2280].

En Venezuela, es indudable que en la base del procedimiento contencioso- administrativo se encuentra el principio de la legalidad, es decir, aquel axioma jurídico según el cual toda actuación de la Administración Pública debe cumplirse con arreglo a la Ley, lo que, por otra parte, es de la esencia del Estado de Derecho; el procedimiento contencioso-administrativo es, en esta forma, una de las garantías del principio de la legalidad.

En efecto, los particulares pueden controlar la legalidad y la oportunidad de los actos administrativos mediante el ejercicio de los recursos administrativos, es decir, del recurso jerárquico, del recurso de reconsideración y del recurso de revisión. Estos tres tipos de recursos administrativos permiten a los particulares controlar la legalidad de los actos dentro de la propia Administración, además de que les permite exigir un control y revisión de la oportunidad de los actos cuestionados. Es decir, en el ámbito administrativo puede decirse que, además de la garantía de la legalidad, existe la garantía del control de la oportunidad o inoportunidad de una actuación administrativa.

Pero fuera del seno de la propia Administración, el principio de la legalidad tiene su respuesta en la garantía jurisdiccional frente a los actos y las actuaciones administrativas, la cual se configura en la Jurisdicción Contencioso-Administrativa, es decir, en el conjunto de órganos jurisdiccionales encargados de controlar el cumplimiento del principio de la legalidad por la Administración, por sus actos y actividad administrativa y por las relaciones jurídicas administrativas, en las cuales aquélla intervenga[2281].

La norma fundamental que consagra esta jurisdicción en Venezuela está contenida en el artículo 206 de la Constitución de 1961, cuyo texto es el siguiente: "La Jurisdicción Contencioso-Administrativa corresponde a la Corte Suprema de Justicia y a los demás Tribunales que determine la Ley". Los órganos de la Jurisdicción Contencioso-Administrativa son competentes para anular los actos administrativos generales o individuales contrarios a derecho, incluso por desviación de poder; condenar al pago de sumas de dinero y a la reparación de daños y perjuicios originados en responsabilidad de la Administración, y disponer lo necesario para el restablecimiento de las situaciones jurídicas subjetivas lesionadas por la actividad administrativa". En base a esta norma constitucional, cuya importancia es evidente como manifestación del proceso de constitucionalización del derecho administrativo, puede construirse una teoría del Contencioso-Administrativo venezolano.

2280 *V.* Allan-R. Brewer-Carías, *Las Instituciones Fundamentales..., cit.*, en el cual construimos la teoría del derecho administrativo venezolano partiendo de la jurisprudencia de la Corte Suprema. Para un estudio in extenso de la Jurisdicción Contencioso-Administrativa. *V.* pp. 293 a 461. *V.*, además, Allan R. Brewer-Carías, "Aspects généraux de la procedure contentieux-administrative au Venezuela", *Etudes et Documents, Conseil d'Etat*, París, 1973, pp. 339 a 363.

2281 *Cfr.* Allan-R. Brewer-Carías, *Las Instituciones..., cit.*, p. 295 y ss.

En efecto, de acuerdo a la Constitución[2282], la Jurisdicción Contencioso-Administrativa en Venezuela está integrada al Poder Judicial, por lo que los Tribunales que tienen competencia en esta materia, lo que tienen en realidad es una competencia especial. En Venezuela, por tanto, el derecho administrativo no se construye en base a los criterios de distinción entre jurisdicción judicial y jurisdicción administrativa tan extendido en el derecho administrativo francés. Por ello, sin lugar a dudas, puede decirse que la evolución y la concepción de la jurisdicción contencioso-administrativa en Venezuela es distinta de lo que surge en Francia. En efecto, en Venezuela hay una tradición bastante larga de una competencia especializada de determinados Tribunales para conocer de litigios en los cuales interviene la Administración, pero integrados en el Poder Judicial. Por ejemplo, en materia de anulación de actos administrativos, es la Constitución de 1925 la que por primera vez consagra la posibilidad de que la antigua Corte Federal y de Casación declarase la nulidad de ciertos actos del Poder Ejecutivo, particularmente de los Decretos y Reglamentos del Presidente de la República y de los actos ejecutados con "extralimitación de facultades"[2283]. Este principio, establecido en 1925, tiene una evolución bastante rápida, pues la Constitución de 1931 lo amplía a todos los actos administrativos, agregando incluso como motivo de impugnación la "ilegalidad o abuso de poder"[2284].

Pero la competencia atribuida a la Corte Suprema de Justicia en materia administrativa no se inicia en el año 1925, sino que realmente se remonta a la Constitución del año 1830, la cual atribuyó a la Corte competencia para conocer de controversias que resultaren de contratos o negociaciones en los cuales interviniera el Ejecutivo Nacional[2285]. Esta competencia se amplió en 1864 y se estableció la distinción entre "juicios civiles cuando sea demandada la República" y "contratos o negociaciones que celebrare el Presidente de la Unión", lo que permite ver una aplicación de la célebre "teoría del fisco"[2286].

En el año 1925 la Constitución también se refirió en forma ampliada a las competencias de la Corte para conocer las cuestiones de nulidad, caducidad, resolución, alcance, interpretación y cumplimiento de los contratos celebrados por el Ejecutivo Nacional[2287]; y en el texto de 1961 se aclaró definitivamente el panorama, al ampliarse la competencia de la Corte en materia de responsabilidad de la Administración en general, lo cual abarca no sólo la extra-contractual, sino también la contractual[2288].

Se puede decir, por tanto, que en Venezuela la Jurisdicción Contencioso- Administrativa surge en materia de contencioso de anulación a partir de 1925, y en materia de plena jurisdicción, en el ámbito contractual, a partir de 1830, como un fuero judicial especial para la Administración Pública. El proceso de su configuración, en

---

2282 Artículo 206.

2283 Artículos 119,12 y 42 de la Constitución de 1925.

2284 Artículo 120,12 de la Constitución de 1931, *ídem*, p. 746.

2285 Artículo 147,5 de la Constitución de 1930, *ibídem*, p. 245.

2286 Artículo 89, ord. 6 y ord. 10 de la Constitución de 1864, *ibídem*, p. 318.

2287 Artículo 120,13 de la Constitución de 1925, *ibídem*, p. 637 y 638.

2288 Artículo 47 y 206.

todo caso, culmina en 1961, y del texto constitucional pueden distinguirse algunas características fundamentales de la misma. En efecto, en primer lugar, como se ha señalado, no se trata de una jurisdicción administrativa en contraposición a la jurisdicción ordinaria civil o mercantil, sino de una competencia especializada dentro de un único Poder Judicial, que corresponde a ciertos tribunales, a la cual están sometidas ciertas personas públicas y que juzga determinados actos de éstas, o relaciones jurídicas de derecho administrativo; y esa jurisdicción especial, con competencia específica, se le atribuye a la Corte Suprema de Justicia como principio general y en ausencia de una legislación general, y mediante diversas leyes especiales a determinados Tribunales, como el Tribunal del Impuesto sobre la Renta y el Tribunal de la Carrera Administrativa[2289]. En segundo lugar, la Jurisdicción Contencioso-Administrativa tiene por objeto controlar a la Administración Pública, y en este sentido la noción de "Administración Pública" en el texto constitucional responde, tanto a un criterio material como a un criterio orgánico[2290]. En tercer lugar, otra de las características de la Jurisdicción Contencioso-Administrativa en Venezuela, resulta del hecho de que la misma tiene por objeto ejercer el control sobre la actividad de la Administración Pública. Hay que precisar, sin embargo, que de acuerdo con la legislación y jurisprudencia actual, no toda la actividad desarrollada por las personas públicas cae bajo el ámbito de la Jurisdicción Contencioso- Administrativa. En muchos casos, se realizan actuaciones por los entes públicos que no están sujetas al derecho administrativo y que están sometidas a la jurisdicción ordinaria, como, por ejemplo, los litigios respecto de un instituto autónomo por la emisión de unas letras de cambio, que serían de la competencia de los Tribunales Mercantiles. De acuerdo con estas características, puede decirse que la Jurisdicción" Contencioso-Administrativa en Venezuela es competente para conocer, como jurisdicción especial, de los actos, hechos y relaciones jurídicas sometidos al derecho administrativo, y para controlar, en especial, la legitimidad y la legalidad de la actuación de la Administración Pública[2291].

2289 Al margen debemos señalar que otros Tribunales, como el Tribunal de Apelaciones de Inquilinato, por el carácter híbrido de sus competencias no conocen realmente de competencias propias del contencioso-administrativo. *Cfr.* Allan-R. Brewer-Carías, "Estudio sobre la Ley de Regulación de Alquileres de 1 de agosto de 1960", en *Revista del Colegio de Abogados del Distrito Federal.* Caracas, 1960, número 113, pp. 217 y ss.

2290 Conforme al criterio material, cuando la Constitución se refiere a la "responsabilidad de la Administración" en realidad se refiere a las consecuencias de una actividad pública, en ejercicio de la función administrativa, poniendo mayor énfasis en la actuación que en la organización. En base al criterio orgánico por "Administración" ha de entenderse, por el contrario, fundamentalmente las personas públicas que actúan en ejercicio de una potestad pública. En este sentido, pueden distinguirse dos tipos de personas públicas: las personas públicas territoriales (la República, los Estados Federados y las Municipalidades); y las personas públicas no territoriales, o establecimientos públicos, es decir, aquellas personas públicas creadas por el Estado para descentralizar determinadas actividades, las cuales pueden ser de tres categorías fundamentales: los establecimientos públicos institucionales o institutos autónomos; los establecimientos públicos corporativos, como las Universidades Nacionales o los Colegios Profesionales; y los establecimientos públicos asociativos, como el Banco Central de Venezuela. Quedan excluidas, por supuesto, de la categoría de establecimientos públicos las personas de Derecho Privado creadas por el Estado para la realización de actividades fundamentalmente en el campo económico, es decir, las empresas del Estado establecidas como sociedades mercantiles con capital público o mixto, según las reglas del Derecho Privado comercial.

2291 *V.* Allan-R. Brewer-Carías, *Las Instituciones..., cit.*, pp. 311 y ss.

Ahora bien, este control puede ser de la legitimidad o de la legalidad de la actuación administrativa. Mediante el control de la legalidad de los actos administrativos, los órganos de la Jurisdicción Contencioso-Administrativa pueden anular los actos administrativos, generales o individuales contrarios a derecho, incluso por desviación de poder. Mediante el control de la legitimidad de la actuación administrativa, los Tribunales contencioso-administrativos deben vigilar que la actuación administrativa no se realice sin título determinado, es decir, sin poder legítimo fundado en la Ley. El conocimiento de estas últimas cuestiones da origen a la competencia de *plena jurisdicción*, la cual permite no sólo anular actos administrativos, sino declarar a la Administración responsable por daños y perjuicios, restablecer situaciones jurídicas subjetivas lesionadas por la Administración, o condenar al pago de sumas de dinero a la Administración Pública.

Definidas las características de esta jurisdicción, interesa precisar cuál es la competencia de la misma, es decir, determinar la materia que esta jurisdicción está obligada a conocer, y precisar los poderes del Juez en el conocimiento de esa materia a la cual está obligado a conocer, teniendo en cuenta que en Venezuela, la competencia de la Jurisdicción Contencioso-Administrativa es de orden público[2292].

En cuanto a la delimitación de la competencia de esta Jurisdicción, en Venezuela está establecida exclusivamente por la materia, es decir, por la naturaleza de los litigios en que interviene la Administración Pública y, por supuesto, para determinar esa naturaleza, deben tenerse particularmente en cuenta las tres nociones que indica el artículo 206 de la Constitución: actos administrativos, Administración y actividad administrativa. Empleando estos tres elementos, se puede decir entonces que la competencia de la Jurisdicción Contencioso-Administrativa abarca el conocimiento de los litigios en que la Administración sea parte, originados ya sea en sus actos administrativos o en su actividad administrativa.

Esta noción tiene una serie de límites que deben precisarse. Por una parte implica, como es obvio, la exclusión de la competencia de la Jurisdicción Contencioso-Administrativa de las actividades de otros entes jurídicos extraños al Estado venezolano y a la Administración Pública venezolana[2293]. En segundo lugar; también implica la exclusión de toda competencia de esta jurisdicción en relación a la actividad del Estado venezolano ejercida en función legislativa, en función jurisdiccional y en función de gobierno. Esto no implica, por supuesto, que ciertos actos de las Cámaras

---

2292 Por tanto, la misma no puede renunciarse ni relajarse por convenios particulares. Artículo 6 del Código Civil.

2293 Litigios entre particulares, por ejemplo, no pueden ser objeto de la Jurisdicción Contencioso-Administrativa, por lo que un conflicto entre partes privadas no puede ser llevado nunca ante esa Jurisdicción. Tampoco lo puede ser un litigio en el cual interviene un Estado extranjero y un particular. En definitiva, para que intervenga la Jurisdicción Contencioso-Administrativa es necesario que en el conflicto incida una actividad administrativa del Estado venezolano, es decir, en la cual intervenga el Estado venezolano. Este solo elemento es el que nos ha llevado a pensar que la mayoría de los litigios de los cuales conoce el Tribunal de Apelaciones de Inquilinato no son contencioso-administrativo porque la esencia de los mismos es, en realidad, un conflicto entre particulares: en la reclamación de un reintegro por pago indebido de alquileres es un inquilino quien reclama a un arrendador, por lo que materialmente el conflicto por el mayor o menor canon de arrendamiento pagado entre el inquilino y arrendador es un conflicto entre partes, donde la Administración muy poco hace, y si en algo hay una intervención administrativa por razones de interés social, esa actuación se limita a la determinación de un elemento del contrato de arrendamiento: el precio; pero el litigio que surge es realmente un litigio entre particulares..

Legislativas, cuando éstas actúan en función administrativa, no sean recurribles ante la Jurisdicción Contencioso-Administrativa. Un acto de policía interna de las Cámaras o un acto de éstas relativo a la carrera administrativa de sus funcionarios permanentes, son actos administrativos recurribles ante la Jurisdicción Contencioso-Administrativa, a pesar de que emanen de un órgano legislativo, el cual, en este caso, actúa en ejercicio de una función administrativa. Por ello, al señalar que quedan excluidos los actos de los órganos legislativos, en realidad nos referimos a los actos cumplidos en ejercicio de la función legislativa; pero los actos que se cumplen por dichos órganos legislativos, en ejercicio de la función administrativa, sí son actos susceptibles de ser recurridos ante la Jurisdicción Contencioso-Administrativa. Este mismo razonamiento se aplica respecto de los actos del Poder Judicial[2294]. En cuanto a la actividad de gobierno, es decir, aquellas actividades del Poder Ejecutivo cumplidas en ejecución directa de la Constitución, tal como se ha señalado, quedan también excluidas de la Jurisdicción Contencioso-Administrativa, pues caen bajo el ámbito de la jurisdicción constitucional. Quedan excluidas además del ámbito de esta jurisdicción, las actividades de la Administración sometidas al derecho privado, en todos aquellos casos en los cuales no exista expresamente un fuero para la Administración. De ahí lo indicado por la jurisprudencia de la Corte Suprema de Justicia en relación a su competencia contencioso-administrativa en los casos en los cuales exista una "pretensión sometida al derecho administrativo"[2295].

Pero al hablar de la competencia de la Jurisdicción Contencioso-Administrativa, además de determinar su ámbito, debemos precisar cuáles son los poderes que el Juez puede ejercer en relación a las materias de las cuales puede conocer. En efecto, en primer lugar, el Juez contencioso-administrativo puede declarar la nulidad de los actos administrativos por ilegalidad o, en general, por contrariedad al derecho. Ello está establecido no sólo en la Constitución, sino también en la Ley Orgánica de la Corte Federal, único texto legal donde se regula con carácter general la competencia de esta Jurisdicción[2296]. Conforme a estas normas, la Corte Suprema de Justicia tiene competencia para conocer de "la nulidad de actos administrativos, generales o individuales, contrarios a derecho, incluso por desviación de poder". Esto es lo que da origen a un tipo de competencia, que es la *competencia de anulación* y, por tanto, a un tipo de recurso para que se produzca el ejercicio de esta competencia por la Corte, o sea, el recurso contencioso-administrativo de anulación. Aparte de estas cuestiones de anulación que se pueden suscitar ante la Jurisdicción Contencioso-Administrativa, deben destacarse todas las otras cuestiones en las cuales no se plantea, exclusivamente, la nulidad de actos administrativos. En efecto, la Constitución también atribuye competencia a la Corte Suprema de Justicia para restablecer las situaciones jurídicas subjetivas lesionadas por la actividad administrativa. Ello da origen a la *competencia de plena jurisdicción*, en la cual los Tribunales contencioso-administrativos no encuentran limitada su actuación a declarar o no la nulidad de un acto administrativo por motivos de ilegalidad, sino que por el contrario; tienen una competencia ampliada y plena para adoptar, dentro de los límites generales de la misma, cualquier decisión jurídicamente útil que se solicite, no sólo referida a actos

2294 *V.* Allan R. Brewer-Carías, *Las Instituciones..., cit.*, pp. 108 y ss.

2295 *Idem.*

2296 Artículos 206 y 215 de la Constitución y artículo 7, ord. 9 de la Ley Orgánica de la Corte Federal.

administrativos, sino referida, en sentido amplio, a toda la actividad de la Administración. Por supuesto que puede haber un acto de por medio en la decisión que se solicita al Juez; pero también puede haber cualquier otro hecho o relación jurídica. La Constitución, en ese sentido, señala algunos supuestos de la competencia de plena jurisdicción cuando insiste en su artículo 206 sobre "la condena al pago de sumas de dinero, la reparación de daños y perjuicios originados por responsabilidad de la Administración, o el restablecimiento de situaciones jurídicas subjetivas lesionadas por la actividad administrativa". De acuerdo a esta norma, es indudable que estamos ante una competencia plena, lo suficientemente amplia como para admitir cualquier tipo de pedimento frente a la Administración de parte de un particular lesionado —por supuesto, en un derecho subjetivo—, inclusive, la anulación de actos administrativos[2297]. En este último caso, sin embargo, podrían plantearse problemas en la determinación de los efectos de la anulación, lo cual no está resuelto legislativamente, como casi ningún aspecto del contencioso-administrativo. Dada la naturaleza de la contención que se establece en el recurso de plena jurisdicción, que es realmente una contención entre una parte y el Estado por el restablecimiento de una situación jurídica subjetiva lesionada, su decisión tiene efectos inter- partes. Por ello podría surgir la pregunta de si la decisión que el Juez tome anulando un acto en el caso de un recurso de plena jurisdicción, es una decisión que tiene sólo efectos ínter-partes; o, al contrario, efectos *erga omnes*, como serían los de la anulación dictada por vía del recurso contencioso-administrativo de anulación[2298].

Pero, además de los poderes de anulación y de plena jurisdicción, un tercer tipo de competencia puede ser ejercida por la Jurisdicción Contencioso-Administrativa, a través de las competencias de interpretación. El problema de la existencia de éstas no se había planteado ni siquiera en la doctrina sino hasta hace algunos años[2299], cuando se estudió un recurso contencioso-administrativo de interpretación en materia contractual, fundamentado en la Ley Orgánica de la Corte Federal, cuyas normas atribuyen a la Corte Suprema de Justicia competencia para conocer, en juicio contencioso, de todas las cuestiones por nulidad, resolución, *alcance, interpretación* etc., en relación a los contratos suscritos por la Administración Pública Nacional[2300]. Por otra parte, en 1970 la Ley de Carrera Administrativa consagró expresamente un recurso de interpretación ante el Tribunal de la Carrera Administrativa acerca de las dudas que surjan en cuanto a la aplicación e interpretación de dicha Ley y su Re-

---

2297 En este sentido, debe indicarse que si bien hay una distinción entre el recurso de anulación, por una parte, y el recurso de plena jurisdicción, por la otra, ello no implica que en el recurso de plena jurisdicción no se pueda pedir la nulidad de un acto, cuando un particular intenta un recurso contra la Administración Pública, exigiendo, por ejemplo, una indemnización por determinada cantidad de dinero, por resolución unilateral de un contrato, en la cual plantea la nulidad del acto administrativo que le negó el pago de esa cantidad, o del acto administrativo que ordenó la resolución del contrato sin que se acordara la indemnización.

2298 Nos hemos inclinado por la primera solución dada la naturaleza del recurso, *v.* Allan R. Brewer-Carías, *Las Instituciones..., cit.*, p. 437.

2299 *V.* Allan-R. Brewer-Carías y E. Pérez Olivares, "El Recurso Contencioso-Administrativo de Interpretación en el Sistema Jurídico Venezolano", en *Revista de la Facultad de Derecho*, UCV, N° 32. Caracas, 1965, pp. 103 y ss.

2300 Artículo 7, 28.

glamento, aclarándose que el ejercicio de dicho recurso no puede ser motivo para la paralización de ninguna medida que las autoridades competentes puedan ordenar[2301].

Ahora bien, el principio que se deduce de todo lo anteriormente señalado, de reservar a los Tribunales contencioso-administrativos competencia para declarar la nulidad de los actos administrativos, generales o individuales, y para conocer de los recursos de plena jurisdicción y de interpretación, tiene en Venezuela algunas excepciones, sobre todo en materia de anulación de actos administrativos. En efecto, en dos supuestos, Tribunales que no pertenecen a la Jurisdicción Contencioso-Administrativa tiene competencia, hasta cierto punto, para declarar la nulidad de ciertos actos administrativos: se trata de algunos supuestos en los procedimientos de amparo y de expropiación, ambos relacionados con la protección de las garantías constitucionales de la libertad personal y de la propiedad.

En primer lugar, en el procedimiento de amparo a la libertad personal —*habeas corpus*[2302]— el Juez Penal tiene competencia para anular actos administrativos restrictivos a la libertad personal al ordenar, por ejemplo, la excarcelación de una persona. Implícitamente, la orden de excarcelación implica indudablemente la anulación del acto por el cual se ordenó el encarcelamiento. En este supuesto se trata de un Tribunal Penal declarando la nulidad de un acto administrativo *indirectamente*. Pero debe quedar claro, tal como se ha indicado, que esta excepción sólo puede darse en el procedimiento de amparo a la libertad personal, es decir, de *habeas corpus*, regulado expresamente en las Disposiciones Transitorias de la Constitución de 1961.

Aparte de la excepción referida al amparo de la libertad personal, otro supuesto que también podría verse como una excepción al principio de la exclusiva competencia de anulación de actos administrativos de la Jurisdicción Contencioso-Administrativa, está previsto en el procedimiento de expropiación el cual prevé como una de las causas de oposición a la expropiación la violación de Ley[2303]. En esos casos, cuando se alega ante un Juez Civil con competencia en materia de expropiación la violación de ley, el Juez, al decidir esa oposición, en realidad decide sobre la ilegalidad de la actuación administrativa, y, por tanto, sobre la nulidad de un acto administrativo.

Por último, y en relación a la competencia, en general debe señalarse que ante la Jurisdicción Contencioso-Administrativa pueden plantearse los problemas generales de la competencia, es decir, la acumulación de acciones y las cuestiones prejuiciales. En este último caso, nuestro criterio es que la prejuicialidad civil en el procedimiento contencioso-administrativo, por ejemplo, no suspende el procedimiento, sino que es la misma Corte Suprema de Justicia quien debe conocer de la misma. En cuanto a la prejuicialidad administrativa en el proceso civil, al contrario, estimamos que el. procedimiento civil debe suspenderse y remitirse la cuestión a la Corte Suprema de Justicia para su decisión. En este supuesto, inclusive, podría decirse que la prejuicialidad, materialmente, es un recurso contencioso-administrativo de interpretación que

---

2301 Artículo 64.

2302 *V.* Disposición Transitoria Quinta de la Constitución.

2303 Artículo 26 de la Ley de Expropiación del 4 de noviembre de 1947, reformada por Decreto-Ley Nº 184 de 25 de abril de 1955.

debe ser resuelto en la vía contencioso-administrativa para que luego pueda continuar el proceso civil[2304].

Por otra parte, en relación con la competencia de la Jurisdicción Contencioso-Administrativa, debe señalarse que también pueden plantearse conflictos de competencia en materia de contencioso-administrativo entre, por ejemplo, tribunales de la jurisdicción ordinaria y de la Jurisdicción Contencioso-Administrativa, o entre éstas y la Corte Suprema de Justicia. En estos casos, es la misma Corte Suprema de Justicia, en Sala Político-Administrativa o en Corte Plena, quien debe decidir los conflictos[2305].

Pero si bien las características fundamentales de la Jurisdicción Contencioso-Administrativa, así como el ámbito de su competencia, pueden deducirse de los textos constitucionales y de las escasas regulaciones legislativas, en lo que se refiere al procedimiento de esta jurisdicción, indudablemente, se notan aún más los efectos de la ausencia de una ley reguladora de la misma[2306], habiendo sido establecidos los principios básicos del mismo por la jurisprudencia de la Corte Suprema de Justicia, supliendo la laguna de la Ley.

Siguiendo, entonces, las interpretaciones jurisprudenciales, pueden establecerse algunas características fundamentales de este procedimiento contencioso- administrativo. En efecto, en primer lugar, se trata de un procedimiento de carácter contencioso, en el cual siempre hay un actor "demandante" en el caso del recurso de plena jurisdicción, y "recurrente" en el supuesto del recurso de anulación. En este último, consideramos que no debe hablarse propiamente de demandante, pues en el mismo, realmente, no se demanda a la Administración, sino que lo que se demanda es la nulidad de un acto, y quien demanda la nulidad del acto puede inclusive ser la propia Administración. En efecto, un acto administrativo impugnado, puede ser defendido o no por la Administración, según su conveniencia; inclusive el acto puede ser impugnado por el Procurador General de la República, resultando como defensor del mismo el particular que se beneficie del mismo[2307]. En todo caso, el carácter contencioso se materializa en el hecho de que en el procedimiento siempre hay un "emplazamiento", aun cuando no una "citación". En efecto, intentado el recurso, se notifica al Procurador General de la República y se emplaza a los interesados para que tengan oportunidad de decir lo que les convenga en defensa de sus intereses en el recurso[2308]. Eso da oportunidad, por tanto, a que el acto recurrido sea defendido, inclusive

2304 *V.* Allan R. Brewer-Carías, *Las Instituciones..., cit.*, pp. 331 y ss.

2305 Artículo 215,9 de la Constitución.

2306 Tal como se indicó, en 1971 se ha preparado por la Comisión de Administración Pública un Proyecto de Ley de la Jurisdicción Contencioso-Administrativa, el cual se ha incorporado junto con los Proyectos de Ley Orgánica de la Administración Pública Nacional, de Ley Orgánica de Entidades Descentralizadas, de Ley de Procedimientos Administrativos y de Ley de la Jurisdicción Constitucional, como parte de la "Reforma del Régimen Jurídico de la Administración", al *Informe sobre la Reforma de la Administración Pública Nacional* que dicha Comisión presentó al Ejecutivo Nacional. Caracas, 1972, Vol. II, pp. 4391 y ss.

2307 *V.* Allan R. Brewer-Carías, *Las Instituciones... cit.,* pp. 340 y ss. En este caso, queda claro que no podría hablarse de demandante ni demandado, pues ni el Procurador sería demandante ni el particular que defiende el acto podría ser el demandado. En el contencioso de anulación, por tanto, habría que hablar de recurrente y defensor del acto.

2308 Artículo 25 de la Ley Orgánica de la Corte Federal.

por particulares, que puedan beneficiarse de dicho acto. En el procedimiento, además, confirma el carácter contencioso de las pretensiones, el lapso de pruebas que se abre[2309].

La segunda característica del procedimiento contencioso administrativo es el carácter inquisitorio del mismo. A diferencia del procedimiento civil, normalmente de carácter acusatorio, pues la iniciativa del procedimiento está en las partes, en el caso del procedimiento contencioso-administrativo, la iniciativa, además de estar en las partes, está en el propio Juez, quien interviene en la dirección del procedimiento y en la promoción de pruebas. En efecto, el Juez dirige el procedimiento al solicitar el expediente a la Administración cuando se intenta un recurso de anulación de un acto administrativo, sin necesidad de que el particular lo exija. El Juez, además, notifica al Procurador General de la República sin que el particular solicite dicha notificación. El propio Juez es quien debe, inclusive, emplazar a los interesados, y quien fija el plazo para que comparezcan, de acuerdo al tipo de recurso[2310]. O sea, en el procedimiento contencioso-administrativo, el Juez tiene un amplio poder de dirección del mismo, que ejerce de oficio, sin que haya instancia de parte. Pero, quizá, el aspecto fundamental de este carácter inquisitorio del procedimiento, está en la posibilidad del Juez de intervenir en las pruebas, es decir, de promoverlas y evacuarlas, cuando lo considere conveniente, aún cuando las partes no la pidan[2311].

Pero, aparte del carácter contencioso y del carácter inquisitorio, hay un tercer elemento del procedimiento contencioso-administrativo, y es el carácter no suspensivo del procedimiento[2312], por lo que rige el principio contrario, es decir, el de la ejecutoriedad de los actos administrativos, cuyos efectos no se suspenden cuando se intenta contra los mismos cualquier tipo de recurso, pudiendo, a pesar de ello, ser ejecutados por la Administración[2313].

Esta característica del procedimiento contencioso-administrativo es muy importante por sus consecuencias, y fundamentalmente en relación al *pedimento previo* que se le puede formular al Juez de suspender los efectos del acto administrativo cuando su ejecución pueda causar gravámenes irreparables. Esta competencia de los Tribunales contencioso-administrativos de decidir la suspensión de los efectos del acto administrativo impugnado por vía de previo pronunciamiento, aun cuando sin consagración legal expresa alguna, ha sido ejercida en varias oportunidades por la Corte Suprema de Justicia[2314].

En el procedimiento contencioso-administrativo, también con carácter general, pueden distinguirse tres requisitos procesales: la legitimación; el agotamiento de la vía administrativa; y la necesidad de que exista un lapso para interponer el recurso;

2309 *Ídem.*

2310 Artículo 25 de la Ley Orgánica de la Corte Federal.

2311 Artículo 28, *ídem.*

2312 *V.* Allan R. Brewer-Carías, "Los efectos no suspensivos del recurso Contencioso-Administrativo y sus excepciones", en *Revista de la Facultad de Derecho*, UCV, N°s 37-38. Caracas, 1968, pp. 293 y ss.

2313 *V.* Allan-R. Brewer-Carías, "Aspectos de la Ejecutividad y Ejecutoriedad de los Actos Administrativos Fiscales y la aplicación del Principio "Solve et repete", en *Revista Control Fiscal y Tecnificación Administrativa*, N° 33. Caracas, 1965, pp. 67 y ss.

2314 *V.*, por ejemplo, la sentencia de la Corte Suprema comentada en el estudio, *cit.*

los cuales, hasta cierto punto, operan como condiciones de admisibilidad de los recursos.

En cuanto a la legitimación como requisito procesal, ésta varía según el tipo de recurso y el tipo de objeto de algunos de ellos. En el caso de un recurso de anulación, si el acto que se impugna es un acto administrativo general, por ejemplo, un reglamento, la legitimación activa exigida es la de un simple interés, o sea, el interés de cualquier ciudadano por la legalidad de la actuación administrativa.

Si, al contrario, se trata de un acto administrativo individual, la legitimación activa exigida es la de un interés legítimo, personal o directo; o sea, que el interés en la legalidad sea calificado y especialmente protegido por el legislador, por ser el recurrente, por ejemplo, la persona destinataria del acto, o por estar colocado en una especial situación de hecho frente a dicho acto administrativo[2315].

En cuanto a la legitimación pasiva en el recurso contencioso de anulación, ésta corresponde a los interesados a quienes se emplaza y quienes pueden tener un interés legítimo, personal y directo en el mantenimiento del acto. En principio, este interés en defender el acto impugnado puede asumirlo el Procurador General de la República, aun cuando no necesariamente tiene que hacerlo. En efecto, como se ha dicho, el dictamen del representante judicial del Estado puede admitir pura y simplemente la anulabilidad del acto administrativo, y al contrario, su defensa puede ser llevada por un particular con interés en él, sosteniendo su legalidad.

En el supuesto del recurso de plena jurisdicción, la legitimación varía, pues, el problema a resolver en el mismo no es el de una situación jurídica objetiva lesionada, sino que gira en torno a una situación jurídica subjetiva. Por tanto, el actor, en el procedimiento, tiene que ser titular de una situación jurídica subjetiva lesionada por la actividad administrativa. No basta, por tanto, el interés legítimo, ni mucho menos un simple interés, para intentar un recurso de plena jurisdicción que pretenda, por ejemplo, la condena al pago de sumas de dinero por los daños y perjuicios causados por la Administración por responsabilidad extracontractual y contractual; o un recurso que persiga el restablecimiento de situaciones jurídicas subjetivas lesionadas por la actividad administrativa. En todos estos casos, la legitimación activa tiene que estar fundamentada en un derecho subjetivo o una situación jurídica subjetiva específica[2316].

2315 *V.*, por ejemplo, la sentencia de la Corte Suprema de Justicia en Sala Político- Administrativa de 18 de febrero de 1971, en *Repertorio Forense,* N° 1.596. Caracas, 11 de marzo de 19711, p. 3.

2316 *V.* Allan-R. Brewer-Carías, *Las Instituciones..., cit.*, pp. 351 y ss. En los supuestos del recurso de plena jurisdicción, la legitimación pasiva sí corresponde propiamente a un "demandado", pues en estos recursos sí puede hablarse propiamente de una demanda "contra" el Estado, o contra una persona pública, la cual, como tal, debe "citarse", semejándose el procedimiento, por tanto, al procedimiento ordinario civil, aun cuando con las excepciones que corresponden a las entidades públicas nacionales demandadas en forma de "prerrogativas procesales". Estas prerrogativas implican que aun cuando no haya contestación expresa a la demanda por el Estado, se entiende por contestada la demanda; que la entidad pública demandada no puede ser condenada en costas procesales; que no puede exigirse caución a la entidad demandada para la práctica de cualquier medida preventiva o ejecutiva en el procedimiento; que es necesario notificar al Procurador General de la República para cualquier actuación procesal, no rigiendo el principio de que "las partes están a derecho" propio del procedimiento civil ordinario, en cuanto concierne a la entidad pública nacional demandada. Esas prerrogativas procesales están establecidas en la Ley Orgánica de la Hacienda Pública Nacional y en la Ley Orgánica de la Procuraduría General de la República.

El segundo requisito procesal del procedimiento contencioso-administrativo, es la necesidad de que se agote la vía administrativa previamente a su iniciación, lo cual se exige, aun cuando con características distintas, tanto en los recursos de anulación como de plena jurisdicción.

En el supuesto del recurso de anulación es necesario que el acto administrativo impugnado cause estado, es decir, que el acto sea la última palabra de la Administración Pública, por emanar del superior jerárquico de la Administración, o de un inferior, cuando no existe recurso jerárquico a intentar contra su acto[2317]. En estos casos se habla de acto que causa estado, cuando no hay otra instancia administrativa que pueda revisarlo[2318]. Por ello, la forma normal para agotar la vía administrativa es el ejercicio del recurso jerárquico[2319].

En el recurso contencioso-administrativo de plena jurisdicción también se plantea el agotamiento de la vía administrativa, pero no a través de algún recurso jerárquico, sino mediante el cumplimiento del procedimiento administrativo previo a las demandas contra la República establecido en la Ley Orgánica de la Procuraduría General de la República[2320]. La necesidad de cumplir este procedimiento, por ejemplo, en acciones por daños y perjuicios o para lograr la condena al pago de sumas de dinero o el restablecimiento de situaciones jurídicas subjetivas lesionadas por la administración, sin embargo no incide en la duración del lapso normal de prescripción que la acción pueda tener desde el punto de vista del derecho común. En nuestro criterio, dicho lapso rige plenamente, de manera que para iniciar la reclamación administrativa previa ante la Administración, el particular puede dejar pasar, por ejemplo, los diez años de prescripción normal, y antes de los diez años agotar el procedimiento administrativo previo y acudir a la vía judicial contencioso- administrativa. En todo caso, parecería lógico que si bien la reclamación administrativa previa puede iniciarse en cualquier momento durante el lapso de prescripción, una vez que concluye dicho procedimiento, sólo pueda acudirse a la jurisdicción contencioso-administrativa durante el lapso de seis meses previsto en general como lapso de caducidad para el recurso de anulación[2321].

Lo anterior conduce a plantear el tercer requisito procesal del procedimiento contencioso-administrativo, esto es, que los recursos se intenten en lapso útil. En el supuesto del recurso de anulación, el lapso para intentar el recurso es dé seis meses, contados a partir del momento en que el acto impugnado comienza a surtir efec-

2317 *V.*, por ejemplo, sentencia de la antigua Corte Federal de 5 de agosto de 1958, *cit.*, en Allan-R. Brewer-Carías, *Las Instituciones...*, *cit.*, p. 361.

2318 *V.* Allan-R. Brewer-Carías, "Las condiciones de Recurribilidad de los Actos Administrativos en la vía contencioso-administrativa en el sistema venezolano", en León Cortiñas Peláez (ed.) *Perspectivas del Derecho Público en la Segunda mitad del siglo XX.* Madrid, 1969. Vol. V, pp. 745 y ss.

2319 En Venezuela, el recurso jerárquico no está regulado con carácter general en vía legal, pues tampoco existe una legislación orgánica sobre procedimientos administrativos. Por ello, por ejemplo, en la actualidad, el lapso para intentar un recurso jerárquico varía según la legislación especial que lo prevea. En todo caso, la jurisprudencia de la Corte Suprema de Justicia ha admitido como lapso normal del recurso jerárquico, el de un recurso de apelación ordinario, el cual según la legislación procesal civil ordinaria es de cinco (5) días. *V.* Allan-R. Brewer-Carías, *Las Instituciones...*, *cit.*, pp. 251 y ss.

2320 Artículo 35 y ss.

2321 *V.* Allan R. Brewer-Carías, *Las Instituciones ... cit.*, pp. 363 y ss.

to[2322]. Si se trata de un acto administrativo individual que se^ notifica al interesado, es a partir de la notificación cuando comienza a surtir efecto. Si se trata de un acto individual o general que se publica, ello se produce a partir de la publicación.

En todo caso, vencido ese lapso sin que se intente el recurso contra el acto administrativo, éste queda firme. Con esto pueden precisarse dos condiciones de recurribilidad de los actos administrativos mediante el recurso de anulación: por una parte, que el acto cause estado, es decir, que agote la vía administrativa; y por la otra, que el acto no sea firme, es decir, que todavía pueda ser impugnado por no haber caducado los lapsos para intentar el recurso[2323].

Además de las características generales del procedimiento contencioso- administrativo y sus requisitos procesales, hay algunos aspectos particulares del mismo respecto de cada uno de los recursos, que interesa destacar. En efecto, en relación al recurso contencioso-administrativo de anulación, la norma fundamental que regula su procedimiento está contenida en el Artículo 25 de la Ley Orgánica de la Corte Federal, del cual se deduce que el mismo está muy mal regulado legalmente. Por ello, sus principios fundamentales se han construido por la jurisprudencia de la Corte, aplicando principios generales del derecho administrativo, y supletoriamente, en los casos en que son admisibles, las normas de Código de Procesamiento Civil[2324]. En efecto, en cuanto a la iniciación del procedimiento, si bien en algunos casos la Corte Suprema de Justicia en sus sentencias[2325], se refiere al "libelo de demanda", debe admitirse que, en realidad, el recurso se inicia con un "escrito de recurso", en el cual, en primer lugar, deben exponerse las razones de la ilegalidad en que se fundamenta el recurso. Esto ha llevado a la Corte Suprema, en muchos casos, a conocer solamente de los motivos de ilegalidad enunciados en el escrito del recurso, y ha exigido que en el escrito se expresen violaciones legales concretas, y no de tipo general o en forma genérica[2326]. Sin embargo, en el procedimiento, tal como actualmente está regulado, no queda clara la posibilidad o no de que durante el proceso se puedan denunciar otras normas violadas por el acto impugnado, aun cuando no existe ninguna norma que lo impida.

La jurisprudencia ha exigido también que en el escrito se identifique claramente el acto administrativo que se impugna, habiéndose exigido en alguna decisión que al escrito se acompañe copia del acto, aun cuando esto no es una exigencia de tipo legal[2327]. En nuestro criterio, realmente sólo basta la identificación precisa del acto, pues muchas veces el recurrente se encuentra en la imposibilidad de presentar el original o copia del acto administrativo recurrido.

2322 Artículo 7,9 de la Ley Orgánica de la Corte Federal. A pesar de la contradicción que existe entre el lapso establecido en el artículo 25 y el previsto en el artículo 7,9, la Corte ha optado por aplicar el de mayor duración.

2323 *V.* Allan R. Brewer-Carías, "Las condiciones de recurribilidad...", *loc. cit.,* pp. 760 y ss.

2324 Artículo 26 de la Ley Orgánica de la Corte Federal.

2325 *V.* p. e., la sentencia de la Sala Política-Administrativa de 2 de junio de 1964, en *Gaceta Oficial* N° 27.474, de 25 de junio de 1964.

2326 *V.*, p. e., sentencia de la antigua Corte Federal de 9 de abril de 1959, *cit.*:, en Allan R. Brewer-Carías, *Las Instituciones... cit.*, p. 371.

2327 *V.*, p. e., sentencia de la Corte Suprema de Justicia en Sala Político-Administrativa, de 19 de diciembre de 1961, *cit.*, en Allan R. Brewer-Carías, *Las Instituciones..., cit.,* p. 371.

Por otra parte, tratándose de una acción que exige una determinada legitimación activa, se ha exigido también la indicación precisa de todos los datos y la presentación de todos los documentos que acrediten la representación o la legitimación, aplicándose aquí los principios generales del proceso. Al escrito del recurso debe también acompañarse constancia o indicación del agotamiento de la vía administrativa, la fecha de notificación o de publicación del acto —según el caso— y la constancia de haber satisfecho lo exigido por el acto, en aquellos supuestos en que rija la aplicación del principio *salve et repete*, mediante la presentación de la planilla de liquidación pagada, o la fianza respectiva, en su caso[2328].

Presentado un determinado escrito de recurso, el primer acto que se realiza en el procedimiento es la solicitud del expediente administrativo a la autoridad cuyo acto se impugna, por el Juez correspondiente; así como la notificación del recurso intentado al Procurador General de la República, de acuerdo a la Ley Orgánica de la Procuraduría General de la República[2329].

En el momento de cumplirse estos dos actos del procedimiento, es decir, la solicitud de la remisión del expediente y la notificación al Procurador, debería en realidad producirse una decisión formal del Tribunal, sobre la admisibilidad o no del recurso. Actualmente, sin embargo, no hay una decisión expresa en este sentido, sino más bien tácita. En efecto, desde el momento en que el Juez ordena la notificación al Procurador General de la República y solicita el expediente administrativo a la autoridad administrativa correspondiente, tácitamente puede decirse que está admitiendo el recurso. Sin embargo, no se produce en general, formalmente, la decisión de inadmisibilidad, consecuencia del incumplimiento de requisitos procesales o condiciones de admisibilidad del recurso. En efecto, si del mismo escrito del recurso se evidencia que no existe legitimación activa adecuada o que el lapso de caducidad está vencido, o que no se ha agotado la vía administrativa, en este momento, al recibir materialmente el escrito de recurso, debería decidirse la inadmisibilidad. En todo, con el acto tácito de admisibilidad, al ordenarse la notificación al Procurador, y solicitarse la remisión del expediente administrativo, se produce otro acto del Juez, mediante el cual se emplaza a los particulares para que comparezcan ante el Tribunal a hacer valer sus derechos e intereses, sea como defensores de la legalidad del acto que se impugna, sea como coadyuvantes en la anulación del acto[2330].

En el procedimiento del recurso de anulación, en realidad no existe un acto de contestación efectiva del recurso. El emplazamiento se hace a los particulares para que concurran, dentro de un lapso que fija el Juez, a alegar lo que estimen conforme a sus intereses particulares, en relación a la legalidad del acto. Luego de este lapso, en el procedimiento transcurre un lapso probatorio de cinco audiencias para promover pruebas y diez para evacuadlas, de acuerdo a lo que establece la Ley Orgánica de la Corte Federal, pudiendo la Corte en este caso, con carácter inquisitorio, promover y evacuar las pruebas[2331].

2328 *V.* Allan R. Brewer-Carías, *Las Instituciones..., cit.*, p. 372.

2329 Artículo 25 de la Ley Orgánica de la Corte Federal y artículo 39 de la Ley Orgánica de la Procuraduría General de la República.

2330 Artículo 2:5 de la Ley Orgánica de la Corte Federal.

2331 *Ídem.*

La Ley establece además un lapso máximo de relación de la causa de cuarenta y cinco días, y , luego un acto de informes, según lo cual un procedimiento contencioso de anulación no debería durar más de dos meses. Al contrario, y como consecuencia de la lentitud general de la Administración de Justicia, señalada, el procedimiento contencioso-administrativo también dura años. En fin, de acuerdo a la Ley Orgánica de la Corte Federal, la sentencia que se dicte debe publicarse en la Gaceta Oficial de la República[2332].

Precisamente por la duración, de hecho tan prolongada, del procedimiento contencioso de anulación, es que adquiere importancia la facultad que la Corte Suprema ha precisado sobre la declaratoria previa de la posible suspensión de los efectos del acto administrativo impugnado. Si los recursos se decidieran en pocos meses, posiblemente la necesidad de algunos casos de suspensión de los efectos del acto no fuera necesaria; pero la larga duración de los procesos ante la Corte Suprema exigen evidentemente la existencia de la posibilidad de un pronunciamiento previo de esta naturaleza, para evitar que se produzcan en ciertos casos mayores perjuicios o gravámenes a los particulares, posteriormente irreparables[2333].

En el supuesto del recurso contencioso-administrativo de plena jurisdicción, la situación es distinta a la anteriormente descrita respecto del de anulación, y el procedimiento se regula básicamente por las normas del procedimiento ordinario establecidas en el Código de Procedimiento Civil, salvo las excepciones que, por vía legal, están establecidas en relación a la actuación de la Administración. En este análisis nos limitaremos por tanto a precisar el alcance de esas excepciones.

En efecto, en cuanto a la citación, cuando se trata de un recurso contra la República, ésta se realiza en la persona del Procurador General de la República[2334]. La no comparecencia del Procurador a la contestación de la demanda, se estima como un acto de contradicción tácita de la misma, invirtiéndose por tanto el principio del Código de Procedimiento Civil, según el cual, la no comparecencia al acto de contestación de la demanda equivale a una confesión[2335].

En materia de medidas preventivas también se establece otra excepción a los principios generales del proceso. En efecto, de acuerdo a la Ley Orgánica de la Hacienda Pública Nacional, y a la Ley Orgánica de la Procuraduría General de la República, hay limitaciones a la posibilidad de que un Juez dicte una medida de embargo, de secuestro, de hipoteca o de cualquier otra naturaleza preventiva o definitiva, sobre bienes, rentas, derechos y acciones pertenecientes a la Nación. El principio, de acuerdo a la última de las leyes citadas, se extiende a los bienes de las entidades públicas distintas de la República, y a bienes pertenecientes a particulares cuando estén afectados a un uso, destino o servicio público. En estos casos, de acuerdo a la Ley, debe notificarse a la Nación para que adopte las medidas conducentes a asegurar la continuidad del servicio público[2336].

2332 Lo cual, sin embargo, no se ha cumplido siempre.

2333 *V.* las referencias en nota Nº 70 de este capítulo 22.

2334 El artículo 39 de la Ley Orgánica de la Procuraduría General de la República establece la forma como debe realizarse dicha citación, así como la oportunidad en que comienza a surtir efectos.

2335 Artículo 276 del Código de Procedimiento Civil y artículo 6 de la Ley Orgánica de la Hacienda Pública Nacional.

2336 Artículo 46 de la Ley Orgánica de la Procuraduría General de la República.

En materia de condena en costas procesales, en los procedimientos en los cuales intervenga la Nación, en ningún caso ella podrá ser condenada en costas, tal como lo establecen las dos leyes orgánicas citadas[2337].

En cuanto al procedimiento de ejecución de la sentencia también prevé la Ley Orgánica de la Hacienda Pública Nacional una situación especial de la Nación, al declarar que los bienes del Estado son inembargables[2338]. Además en este sentido rige el propio Código de Procedimiento Civil, el cual contiene un capítulo especial destinado a las "demandas en que tengan interés las rentas públicas", el cual se aplica, en particular, en los procedimientos del recurso de plena jurisdicción cuando sea parte no sólo la Nación, sino cualquier otra entidad pública de carácter territorial (Estados o Municipios). De acuerdo a dichas normas, en los supuestos de medidas de ejecución, éstas no pueden dictarse sobre bienes del Estado, y en tales casos el Juez debe suspender la ejecución y notificar al ente público para que éste resuelva la forma como ha de cumplir la condena, en el caso de que se trate de condena al pago de sumas de dinero. Esta regulación del Código de Procedimiento Civil[2339], que data de 1916, indudablemente que puede originar situaciones injustas para el particular demandante, pues la forma y, modalidad del pago de sumas dé dinero queda entera y exclusivamente en manos de la Administración.

Ahora bien, los medios jurídicos, puestos a la disposición de los particulares y de las pretensiones de los administrados, para obtener una satisfacción de las mismas, por medio de un pronunciamiento jurisdiccional de los órganos Especiales de la Jurisdicción Contencioso-Administrativa, son los denominados recursos contenciosos-administrativos. Como tales medios jurídicos, conviene precisar la distinción, por una parte, entre los recursos administrativos y a los recursos contencioso-administrativos; y, por la otra, respecto de otros medios jurisdiccionales de impugnación.

En el primer caso, esa distinción surge, ante todo, por la autoridad que decide. El recurso administrativo lo decide una autoridad administrativa dentro de la jerarquía de la Administración Pública, en tanto que el recurso contencioso-administrativo lo decide una autoridad jurisdiccional. En segundo lugar, puede establecerse la distinción en base a los motivos de los recursos. El recurso administrativo puede ser interpuesto por cualquier tipo de motivo, pues en realidad se trata de una "apelación" administrativa y, como tal, basta manifestar la inconformidad del administrado con el acto que impugna, pudiendo alegar en dicha apelación, por ejemplo, que el acto es ilegal, o que es inconveniente o inoportuno, o simplemente que no le satisface adecuadamente su pretensión administrativa. Por tanto, cualquier motivo útil jurídicamente hablando, puede ser alegado por el administrado en el recurso administrativo. En cambio, en el recurso contencioso-administrativo, el motivo está limitado al alegato de contrariedad al derecho, por lo que sólo motivos de ilegalidad pueden ser invocados en la Jurisdicción Contencioso-Administrativa[2340].

2337 Artículo 8 de la Ley Orgánica de la Hacienda Pública Nacional.

2338 Artículo 16 de la Ley Orgánica de la Hacienda Pública Nacional.

2339 Artículos 681 y 22.

2340 Artículo 206 de la Constitución.

En tercer lugar, la distinción surge del análisis de los poderes del Juez y del ente administrativo decisor. En el recurso administrativo, el superior jerárquico, por ejemplo, tiene todos los poderes para decidir e inclusive decidir más de lo pedido; hay posibilidad, por tanto, de *ultra petita* en la decisión[2341]. En cambio, en el recurso contencioso-administrativo no hay posibilidad sino de que se decida lo que se pida y lo que se alega. Por ello, la jurisprudencia insiste en la necesidad de que en la demanda se especifiquen las razones de ilegalidad en que se funda el recurso, debiendo ceñirse el Juez a lo pedido por el recurrente[2342]. Por último, la distinción entre los recursos administrativos y los contencioso-administrativos surge de la naturaleza de la decisión correspondiente. Tratándose de una autoridad administrativa quien decide el recurso administrativo, el acto decisor es evidentemente un acto administrativo. En cambio, en el recurso contencioso-administrativo, el acto decisor es un acto de naturaleza jurisdiccional.

Pero aparte de la distinción anterior, entre los propios recursos de anulación y plena jurisdicción, también pueden establecerse una serie de distinciones que es conveniente retener. En efecto-, en cuanto a la regulación, del procedimiento, si bien tienen en común la ausencia de una regulación global del mismo, sin embargo se distinguen porque en el caso del recurso contencioso-administrativo de anulación se aplica con preferencia la Ley Orgánica de la Corte Federal, y supletoriamente el Código de Procedimiento Civil; en tanto que en el recurso contencioso de plena jurisdicción el principio es el contrario: de acuerdo a lo decidido por la Corte Suprema, se aplica con preferencia el Código de Procedimiento Civil, salvo las normas especiales de la Ley Orgánica de la Corte Federal, de la Ley Orgánica de la Hacienda Pública Nacional, de la Ley Orgánica de la Procuraduría General de la República aplicables a los procedimientos de las demandas contra la República o contra los demás entes públicos. Las otras diferencias, ya analizadas, surgen de los requisitos procesales de ambos recursos.

Pero existen otras distinciones entre ambos recursos, las cuales es interesante indicar. En primer lugar, en relación al objeto del recurso: en el de anulación el objeto del recurso es, como lo indica su nombre, la anulación total o parcial de un acto administrativo. En cambio, en el recurso de plena jurisdicción el objeto de la acción es mucho más amplio: puede ser, por ejemplo, la condena al pago de sumas de dinero por daños y perjuicios, originados por responsabilidad contractual o extracontractual, o la condena al restablecimiento de situaciones jurídicas subjetivas. En cuanto a los poderes del Juez también hay una distinción muy característica entre ambos recursos. En efecto, en el recurso de anulación el Juez tiene facultad para declarar la nulidad o no del acto, pero no tiene facultad para reformarlo, no pudiendo sustituirse o decidir por la Administración. El Juez, en efecto, puede anular un acto, lo que consecuencialmente tiene que producir el que la Administración dicte otro acto o que reforme el que había dictado, pero el Juez no puede reformar, por sí mismo, directamente el acto. En el recurso de plena jurisdicción, en cambio, por estar envuelta una situación jurídica subjetiva, el Juez puede decidir la condena de la Admi-

---

2341 *V.* Allan R. Brewer-Carías, *Las Instituciones..., cit.*, pp. 239 y ss. En este caso, inclusive se admite que la decisión del superior jerárquico pueda perjudicar al recurrente, es decir, se admite la *reformatio impejus*.

2342 *V.* p. e., la sentencia de la Sala Político-Administrativa de 2 de junio de 1964, en *Gaceta Oficial* N° 27.474, de 25 de junio de 1964.

nistración y hasta cierto punto, obligarla a tomar una decisión más directamente, cuando se trata, por ejemplo, del restablecimiento de una situación jurídica subjetiva lesionada por la actividad administrativa. En esos casos, el Juez, cuando decide restablecer la situación jurídica y coloca por ejemplo a un funcionario en ejercicio del cargo del cual había sido destituido ilegalmente, tiene un poder de decisión evidentemente más amplio que la sola decisión de declarar o no la nulidad de un acto.

También contribuyen a precisar la distinción, los diferentes efectos de la decisión que en cada caso adopte el Juez. En el recurso contencioso de anulación, la decisión tiene efectos *erga omnes*, es decir, de validez general; en cambio, en el recurso de plena jurisdicción, al tratarse de una demanda de un administrado contra la Nación, en principio la decisión tiene efecto inter-partes. Por último, la naturaleza de la situación jurídica en que se fundamenta el recurso también es distinta en ambos. El recurso contencioso de anulación busca el restablecimiento de la Legalidad, por eso se le califica como recurso de ilegalidad e inclusive, como recurso objetivo. En cambio, el restablecimiento de la situación jurídica que se busca en el recurso de plena jurisdicción se refiere a una situación jurídica subjetiva, y por eso también se le califica como recurso subjetivo.

Precisadas estas distinciones, conviene ahora establecer algunas de las características peculiares de cada recurso. En este sentido, el recurso contencioso-administrativo de anulación ha sido definido como un medio de impugnación jurisdiccional de los actos administrativos por razones de ilegalidad[2343]. Se trata, en efecto, de un medio de impugnación jurisdiccional, que se ejerce ante órganos jurisdiccionales especiales contencioso-administrativos y que por tanto tiene carácter de orden público. Esto implica no sólo que el recurso no puede ser relajado por convenios entre particulares, al igual que cualquier tipo de recurso jurisdiccional[2344], sino que se puede ejercer sin necesidad de que upa ley expresa lo consagre. Es más, el principio del carácter de orden público de este recurso ha sido interpretado por la jurisprudencia de la Corte Suprema de Justicia de tal forma, que se ha establecido que. en aquellos supuestos en que alguna ley disponga que "contra un acto administrativo no habrá recurso alguno", ello no puede abarcar al recurso contencioso-administrativo de anulación, sino que esa expresión que se consagra en algunas leyes especiales se refiere exclusivamente a los recursos administrativos[2345].

Pero además de ser un medio de impugnación jurisdiccional, el recurso de anulación está dirigido exclusivamente a impugnar actos administrativos unilaterales, sean de carácter general o sean de carácter individual. Por tanto, del recurso no sólo están excluidos otros actos distintos a los administrativos y, en particular, los jurisdiccionales, legislativos o de gobierno, sino también los actos administrativos de carácter bilateral y contractual. En este último caso, el contrato administrativo puede ser sólo objeto de un recurso contencioso de plena jurisdicción, aun en el supuesto de que se solicite la anulación de un contrato, pues está de por medio una situación jurídica subjetiva, propia del procedimiento contencioso de plena jurisdicción. Pero además de tratarse de un medio de impugnación jurisdiccional dirigido contra actos

2343 *V.* Allan R. Brewer-Carías, *Las Instituciones ..., cit.*, p. 390.

2344 Artículo 6 del Código Civil.

2345 *V.*, p. e., sentencia de la antigua Corte Federal de 20 de septiembre de 1960, *cit.*:, en Allan R. Brewer-Carías, *Las Instituciones ... cit.*, p. 392.

administrativos unilaterales, el recurso de anulación sólo puede intentarse por razones de ilegalidad quedando excluidas las razones de mérito.

Ahora bien, aun caracterizado en esa forma, el recurso de anulación debe ser cuidadosamente diferenciado de otros medios de impugnación jurisdiccional que establece nuestro ordenamiento jurídico respecto de otro tipo de actos, y particularmente del recurso de casación y del recurso por inconstitucionalidad.

En efecto, el recurso de casación también es un medio de impugnación jurisdiccional, pero de sentencias, es decir, de actos jurisdiccionales, y como tal, tiene similitud con el contencioso-administrativo de anulación en cuanto a que también es un medio de control de la legalidad de los actos del Estado. Sin embargo, si bien el recurso de casación es un típico medio de control de la legalidad de ciertas sentencias que son recurribles ante las Salas de Casación de la Corte Suprema de Justicia[2346], en cambio, el recurso de anulación es un medio de control de legalidad de los actos administrativos. Ambos recursos requieren además, el agotamiento de la vía precedente: en el recurso contencioso de anulación la vía a agotarse es la vía administrativa, en tanto que en el recurso de Casación, la vía a agotarse es la vía jurisdiccional ordinaria, pues no toda sentencia judicial es recurrible en Casación. En cuanto a la legitimación activa de dichos recursos también pueden establecerse ciertas distinciones. En el de Casación, para que haya legitimación, es necesario haber sido parte en el proceso previo, en tanto que en el recurso de anulación, si bien se requiere ser titular de un interés legítimo, el recurrente no necesariamente tiene que haber actuado en el proceso previo, en tanto que en el recurso de anulación, si bien se requiere ser titular de un interés legítimo, el recurrente no necesariamente tiene que haber actuado en el procedimiento de agotamiento previo de la vía administrativa. Por último, debe señalarse que si bien es cierto que ambos recursos son medios de control de la legalidad de actos del Estado, hay una mayor amplitud de control en el recurso contencioso-administrativo de anulación, en el cual se procede por contrariedad al derecho; en cambio, el recurso de Casación sólo procede por motivos limitados[2347].

Otro medio de impugnación jurisdiccional que también debe ser distinguido del recurso contencioso-administrativo de anulación, y respecto del cual hay usualmente mucha confusión, es el recurso por inconstitucionalidad, el cual también es un medio de impugnación jurisdiccional de actos del Estado. Se distingue del contencioso de anulación, tal como se ha indicado, en que éste sólo procede contra actos administrativos generales o individuales, en tanto que el recurso de inconstitucionalidad, de acuerdo a nuestra Constitución, procede contra actos legislativos, o sea leyes nacionales, estadales o actos de las Cámaras Legislativas nacionales y de las Asambleas Legislativas de los Estados; contra actos de carácter legal de orden municipal, o sea, ordenanzas municipales ; contra Reglamentos del Ejecutivo Nacional, o sea, reglamentos dictados por el Presidente de la República, sea en ejecución de una ley, o dictados en forma autónoma; y contra los actos de gobierno, es decir, aquellos actos

2346 Artículo 215,10 de la Constitución y 418 y ss. del Código de Procedimiento Civil. *V.* Allan R. Brewer-Carías, "El Proceso de impugnación en el recurso de Casación", en *Revista Rayas* (Órgano divulgativo de los estudiantes de la Universidad Católica Andrés Bello), N° 7 y 8, 1962, pp. 36 y ss.

2347 Artículos 419 y 420 del Código de Procedimiento Civil.

dictados por el Poder Ejecutivo en función de Gobierno[2348]. Sin embargo, tal como hemos dicho, el recurso por inconstitucionalidad no procede contra actos administrativos individuales, y es esto quizá el punto esencial a retener en esta problemática, pues aquéllos, aun cuando se aleguen motivos de inconstitucionalidad —contrariedad al derecho— sólo pueden impugnarse por la vía del recurso contencioso de anulación[2349]. Este principio es dé suma importancia, debido a las siguientes distinciones: En el recurso contencioso-administrativo de anulación, se ha visto, se requiere una legitimación activa que corresponde al menos a la del titular de un interés legítimo, personal y directo. En cambio, en el recurso de inconstitucionalidad no se exige tal legitimación, sino que basta con un simple interés para que pueda intentarse[2350]. Por otra parte, en el recurso de inconstitucionalidad, como acción popular que es, no hay lapsos de impugnación específicos, por lo que el recurso puede intentarse en cualquier momento; en cambio que en el recurso de anulación se prevé un lapso preciso de seis meses contados a partir del momento en que se inician los efectos del acto. Pero además, también hay una distinción entre los dos recursos en cuanto al procedimiento. En general, el procedimiento del recurso contencioso de anulación se desarrolla ante la Sala Político-Administrativa de la Corte Suprema de Justicia, en tanto que el procedimiento del recurso de inconstitucionalidad se desarrolla ante la Corte en pleno[2351]. Por ello, no tendría mayor sentido el que para la impugnación de un acto administrativo individual se movilizase a todos los Magistrados de la Corte Suprema de Justicia, en cualquier lapso, sin ninguna limitación. Al contrario, el acto administrativo individual, por tener efectos individuales, es decir, dirigidos a una o varias personas, debe ser impugnado por sólo los interesados dentro de un específico lapso de caducidad; lo contrario sería establecer la ausencia de toda seguridad jurídica en la actuación de la Administración.

Ahora bien, el hecho de que no proceda un recurso de inconstitucionalidad contra el acto administrativo individual, no implica, como se dijo, que en el recurso contencioso de anulación no puedan alegarse motivos de in- constitucionalidad. Sin embargo, ello es cierto, no podría intentarse el recurso contencioso-administrativo, en base a sólo motivos de inconstitucionalidad, salvo que impliquen violación directa de una norma constitucional. Un acto administrativo individual que establezca, por ejemplo, una discriminación por razón de la raza, el credo o la condición social, es un acto administrativo que viola directamente el artículo 61 de la Constitución y, por tanto, a pesar de que no viole directamente ninguna ley, es un motivo susceptible de acarrear la nulidad del acto impugnado. Sin embargo, cuando se trata de una violación indirecta de la Constitución la que afecta al acto, no es posible alegar por sí solo los motivos de inconstitucionalidad, sino que es necesario alegar motivos de violación de ley[2352].

2348 Artículo 215 de la Constitución.

2349 *V.*, p. e., sentencia de la Corte Suprema de Justicia en Sala Político-Administrativa de 15 de marzo de 1962, *cit.*, en Allan-R. Brewer-Carías, *Las Instituciones..., cit.* pp. 396 y 397.

2350 *V.*, por ejemplo, la sentencia de la Corte Suprema de Justicia en Sala Político-Administrativa de 18 de febrero de 1971, en *Repertorio Forense*, N° 1.596 del 11 de marzo de 1971.

2351 Artículo 216 de la Constitución.

2352 *V.*, p. e., sentencia del 23 de febrero de 1953 de la antigua Corte Federal, *cit.*, en Allan-R. Brewer-Carías, *Las Instituciones..., cit.*, p. 406.

Ahora bien, precisadas la noción del recurso contencioso-administrativo de anulación y su distinción con los recursos de Casación y de inconstitucionalidad, debemos precisar algunos aspectos del objeto de dicho recurso: el acto administrativo. Respecto de él, tres condiciones de admisibilidad ha precisado la jurisprudencia: es necesario que se trate de un acto administrativo definitivo —no de trámite—; que cause estado, es decir, que ponga fin a la vía administrativa, y que no sea un acto firme, respecto del cual los lapsos de impugnación no hayan caducado[2353]. Además, debe tratarse de un acto administrativo que al menos lesione un interés legítimo del recurrente.

En cuanto a los motivos del recurso contencioso de anulación, tal como se ha indicado, estos sólo pueden ser motivos de ilegalidad en sentido amplio, es decir, de contrariedad al derecho[2354]. En este sentido, es conveniente precisar que no puede intentarse el recurso en base a motivos de mérito, es decir, de conveniencia y oportunidad del acto, tal como la jurisprudencia lo ha establecido[2355]. En cuanto a los motivos de inconstitucionalidad que pueden alegarse, pueden también indicarse algunas precisiones. Por una parte, puede alegarse violación directa de la Constitución, tal como se ha indicado. Puede también alegarse la usurpación de autoridad, en base al artículo 119 de la Constitución el cual establece que "toda autoridad usurpada es ineficaz", refiriéndose al supuesto en el cual una persona ejerce una función sin estar investida de la autoridad para ello[2356]. La inconstitucionalidad también puede alegarse en el supuesto de la usurpación de funciones, la cual se refiere a la interferencia, que es de orden constitucional, entre los diversos órganos que tienen a su cargo las diversas funciones del Estado. Esto sucede, por ejemplo, cuando un órgano legislativo interfiere en las funciones de un órgano administrativo; o un órgano judicial en las de un órgano administrativo; o cuando un órgano administrativo asume una función judicial o legislativa. La usurpación de funciones se refiere, por tanto, a una incompetencia de orden constitucional, porque es la Constitución la que establece la distinción entre las funciones o poderes del Estado[2357]. La usurpación de atribuciones, al contrario, no es un motivo de inconstitucionalidad, pues la atribución es realmente una determinación que la *Ley* hace sobre la competencia de

2353 *V.* Allan-R. Brewer-Carías, "Las condiciones de recurribilidad...", *loc. cit.*, pp. 752 y ss.

2354 Artículo 206 de la Constitución.

2355 *V.*, p. e., sentencia de la Corte Suprema de Justicia en Sala Político-Administrativa de 12 de diciembre de 1963, en *Gaceta Oficial* N° 27.344, de 15 de enero de 1964.

2356 En estos casos, es cierto, puede surgir la figura del funcionario de hecho, en el cual se considera que a pesar de la usurpación de autoridad por circunstancias excepcionales, la Administración podría reconocer o admitir la validez del acto. En este sentido, podría señalarse que la Constitución venezolana, da pie para admitir la figura del funcionario de hecho, en el supuesto previsto en su artículo 250, cuando establece lo siguiente: "Esta Constitución no perderá su vigencia si deja observarse por acto de fuerza o fuere derogada por cualquier otro medio distinto del que ella misma dispone. En tal eventualidad, todo ciudadano, investido o no de autoridad, tendrá el deber de colaborar en el restablecimiento de su efectiva vigencia." Esta norma implica, materialmente, la consagración de algún supuesto de la figura del funcionario de hecho, al permitir que una persona aun cuando no esté investida de autoridad, pueda asumir funciones conexas con la labor de colaborar en el restablecimiento de la Constitución cuando ha sido violada.

2357 *V.* Allan R. Brewer-Carías, "Consideraciones sobre la ilegalidad de los Actos Administrativos en el Derecho Venezolano", en *Revista de Administración Pública*, N° 43. Madrid, 1964, pp. 427 y ss.

los órganos administrativos. La Constitución, en realidad, lo único que hace es definir las funciones del Estado.

Por otra parte, debe señalarse que hay múltiples supuestos de ilegalidad propiamente dicha, que dan origen al recurso contencioso de anulación. Tales son, por ejemplo, la incompetencia, es decir, extralimitación de atribuciones; el llamado abuso o exceso de poder que ha sido también bastante trabajado por la jurisprudencia de la Corte Suprema y que se refiere a los casos en que ha habido errónea apreciación de los supuestos de hecho de la actividad administrativa, o en que ha habido una tergiversación de dichos supuestos[2358]; la desviación de poder, que la Constitución señala expresamente, relativa a la utilización de las atribuciones otorgadas a un órgano administrativo para cumplir otros fines distintos a los previstos en la asignación legal de atribuciones[2359]; los vicios de forma, que surgen en los casos de violación de un principio del procedimiento constitutivo del acto administrativo, y en general cualquier otra ilegalidad o violación directa de una norma jurídica, legal o reglamentaria por la autoridad administrativa.

El recurso contencioso-administrativo de anulación concluye con una determinada decisión cuyas características peculiares deben también precisarse. En primer lugar, el contenido de la decisión, tal como se ha señalado, sólo puede ser de declaratoria o no de nulidad del acto atacado, es decir, el restablecimiento de la legalidad objetiva lesionada. Por tanto, mediante un recurso de anulación no puede solicitarse el restablecimiento de situaciones jurídicas subjetivas lesionadas.

Ahora bien, esa decisión puede tener tres contenidos distintos: la inadmisibilidad del recurso; la improcedencia del mismo, o la declaración de nulidad del acto en forma parcial o total. La inadmisibilidad se produce en aquellos supuestos en que no se cumplen los requisitos procesales que se han visto, es decir, cuando no hay una adecuada legitimación activa, cuando el acto sea firme porque se hubiere vencido el lapso para impugnarlo, o cuando no se ha agotado la vía administrativa. Esta decisión, sin embargo, tal como se señaló, por ausencia de regulación legal del procedimiento, no se adopta al iniciarse el mismo, como debería ser, sino en la decisión de fondo, lo que indudablemente contribuye a la saturación de los procesos. En todo caso, cuando se declara inadmisible un recurso, esta decisión trae como consecuencia que el acto subsista sin problemas de legalidad, aun cuando por supuesto, quede vigente siempre la posibilidad de oponer la excepción de ilegalidad, como medio de impugnación, respecto de los actos firmes. Esta, sin embargo, tiene que intentarse, como toda excepción, en un proceso distinto.

La decisión del recurso puede ser también de declaratoria de la improcedencia del mismo. En efecto, si el recurso es admisible porque se han cumplido todas las condiciones de admisibilidad, la decisión puede ser una decisión dé improcedencia de la anulación solicitada, porque el acto no tenga los vicios señalados o porque éstos no hayan sido probados. La decisión de la improcedencia, en todo caso, tiene efectos ínter-partes, es decir, efectos relativos, lo que implica que la misma persona, por los mismos motivos, no puede impugnar nuevamente el acto. El tercer contenido posible de la decisión del recurso es la anulación del acto teniéndose que atener al

---

2358 *V.*, p. e., sentencia de la antigua Corte Federal de 9 de agosto de 1957, *cit.*, en Allan-R. Brewer-Carías, *Las Instituciones... cit.*, p. 67.

2359 Artículo 206 de la Constitución.

Juez, en este caso a lo alegado y probado en el proceso, no pudiendo haber en la misma *ultra petita*. Esta anulación, en caso de que proceda, tiene diversos efectos. En primer lugar, respecto del acto impugnado, la anulación hace desaparecer el acto con sus efectos. Cuando se trata de vicios que acarreen nulidad absoluta, los efectos de la decisión se extienden tanto hacia el pasado como hacia el futuro, aun cuando debe advertirse que los supuestos en que procede la nulidad absoluta, no han sido manejados completamente por la jurisprudencia[2360]. Aparte de esos supuestos, que son excepcionales, lo normal es la anulabilidad del acto, o nulidad relativa, produciéndose los efectos de la anulación solamente hacia el futuro. Por otra parte, respecto de los administrados, los efectos de la anulación son siempre *erga omnes* de carácter absoluto; y respecto de la Administración, ésta está obligada a tomar las medidas necesarias para que la anulación pronunciada sea efectiva. Sin embargo, en general, no existen en la actualidad, en Venezuela, efectivos mecanismos para obligar a la Administración a cumplir lo decidido por el Juez contencioso administrativo.

En cuanto al recurso de plena jurisdicción, se trata también de un medio de control, no ya de la legalidad, aun cuando pueda haber una pretensión de anulación, sino de la legitimidad de la actividad administrativa, y no sólo de actos administrativos, sino también de hechos y de relaciones jurídico-administrativas. Estos recursos de plena jurisdicción han sido definidos como medios jurídicos puestos a la disposición de los particulares para controlar la conformidad de la actividad administrativa con el ordenamiento jurídico y, por tanto, determinar la legitimidad de la actividad de la Administración, a través del análisis de la existencia o no de un título jurídico que le permita a la Administración actuar de una forma concreta[2361].

Este recurso de plena jurisdicción a diferencia del de anulación, sí es propiamente una demanda: se intenta contra la Administración, fundada en una situación subjetiva lesionada por la actividad de la Administración, y con el objeto de que se restablezca esa situación jurídica subjetiva lesionada o se satisfaga un derecho subjetivo en particular. Por ello, en este recurso, no sólo se busca impugnar un acto administrativo, sino que se buscan otras pretensiones más allá de la sola pretensión de anulación.

En cuanto a la legitimación, se ha señalado que en el recurso de plena jurisdicción debe invocarse un derecho subjetivo como fundamento de la pretensión de condena, que es la que generalmente se planea. La situación jurídica subjetiva lesionada puede tener como origen un contrato, un acto de la Administración o una situación jurídica objetiva violada que dé lugar a un derecho subjetivo. En particular, por, ejemplo, en los supuestos de responsabilidad extracontractual de la Administración, o de la violación por ella de alguna ley que, dé origen a una pretensión de indemnización, la decisión que se pide es de condena a la Administración al pago de sumas

2360 En este sentido, por ejemplo, en el Proyecto de Ley de Procedimientos Administrativos de 1972, se prevén los siguientes supuestos de nulidad absoluta: la incompetencia manifiesta, es decir, burda y evidente; los casos en que el objeto del acto constituya en sí mismo un delito; los casos en que haya falta absoluta y total del procedimiento cuando estaba exigido en la Ley; y los casos de violación de la Constitución en forma directa, por incompetencia de orden constitucional (usurpación de funciones), o por violación directa de una norma constitucional como la que prohíbe las discriminaciones fundadas en la raza, sexo, credo o condición social (artículo 61), *v.* CAP, *Informe sobre la Reforma de la Administración Pública Nacional*. Caracas, 1972, Vol. II, p. 507.

2361 *V.* Allan R. Brewer-Carías, *Las Instituciones....cit.*, pp. 411 y ss.

de dinero ; o al restablecimiento de la situación jurídica subjetiva lesionada[2362]. Puede darse el supuesto también de pretensiones de anulación que acompañen a las pretensiones de plena jurisdicción, lo que sucede generalmente en el contencioso contractual y en el contencioso de la responsabilidad. Los supuestos de pretensiones tendientes al restablecimiento de situaciones jurídicas subjetivas lesionadas por la Administración surgen, por ejemplo, en el contencioso funcionarial con motivo de la aplicación de la Ley de Carrera Administrativa y que no se agotan en solas decisiones de anulación. En efecto, en este último caso, las pretensiones ante un acto administrativo de aplicación de la Ley de Carrera Administrativa, impugnado van más allá de las de anulación. En estos casos, la decisión que se pretende no es sólo de anulación o no del acto administrativo, sino en realidad, lo que se persigue son satisfacciones a las situaciones jurídicas subjetivas lesionadas en las cuales se basa el recurso, lo que se produce por la condena al pago de cantidades de dinero, o a través del restablecimiento de las situaciones jurídicas subjetivas lesionadas[2363].

Tal como se indicó, el tercer recurso contencioso-administrativo recientemente introducido en el ordenamiento jurídico venezolano ha sido el recurso contencioso-administrativo de interpretación, el cual conlleva en realidad una pretensión mero declarativa, admitida, por otra parte, en el proceso ordinario en Venezuela[2364]. En nuestro criterio, en todo caso, podrían distinguirse dos tipos de recursos de interpretación. El primero, de carácter indirecto, el cual sería decidido por la Corte, y se plantearía con motivo de una cuestión prejuicial, o de una excepción de ilegalidad. En estos supuestos, la cuestión de interpretación exige que la decisión del órgano de la jurisdicción contencioso-administrativa se produzca antes de la decisión judicial ordinaria, cuyo proceso se paraliza hasta que aquélla se produzca. La pretensión de interpretación puede ser planteada también directamente ante la jurisdicción contencioso-administrativa, y en Venezuela en ausencia de la ley general sobre la materia, habría solamente dos casos en los cuales procedería: por una parte, el supuesto del recurso de interpretación en materia contractual de contratos administrativos, establecido en la Ley Orgánica de la Corte Federal, al cual se hizo referencia, y por la otra, el recurso también señalado, previsto en la Ley de Carrera Administrativa, que permite la posibilidad de acudir ante el Tribunal de la Carrera Administrativa solicitando interpretación en la aplicación de la Ley. Con carácter general, podrían identificarse los siguientes requisitos procesales de este recurso. En primer lugar, se requeriría que exista un conflicto, normal en las acciones mero declarativas; en segundo lugar, se requiere que el litigio exija la interpretación de un contrato o de una norma para que la pretensión pueda ser resuelta; y en tercer lugar se requiere que el contrato o la Ley en el caso particular, sean oscuras y ameriten la interpretación[2365]. En estos recursos no se plantearían otros requisitos procesales tales como el agotamiento de la vía administrativa, pues en realidad no tendrían completa relación con el objeto del recurso.

2362 Artículo 206 de la Constitución.

2363 *V.* artículo 72 de la Ley de Carrera Administrativa.

2364 *V.* Allan-R. Brewer-Carías y Enrique Pérez Olivares, "El Recurso Contencioso-Administrativo de interpretación...", *loc. cit.*, pp. 105 y ss.

2365 *Ídem.*

De todo el anterior panorama esbozado sobre el procedimiento contencioso-administrativo, quizá podrían sacarse dos principales conclusiones: En primer lugar, la importancia que ha tenido en la elaboración del Derecho Administrativo venezolano, la labor de la jurisprudencia de la Corte Suprema de Justicia, sobre todo a partir de la década de los años cincuenta. Puede señalarse, sin ninguna duda, que el contencioso-administrativo en Venezuela, el cual ha comenzado recientemente a ser trabajado por la doctrina, ha sido una construcción jurisprudencial de primerísima importancia, para lo cual la Corte sólo ha tenido un escaso basamento constitucional o legal. Esta primera conclusión, por supuesto plantea otra: la urgente necesidad de una legislación orgánica que recoja, desarrolle y perfeccione toda la doctrina jurisprudencial establecida, en una Ley de la Jurisdicción Contencioso-Administrativa. La capacidad del Poder Judicial venezolano de intervenir y provocar los cambios necesarios en las instituciones jurídico-administrativas está por tanto demostrada; la aprobación de una Ley como la señalada, así como de la multitud de otros textos referidos en este estudio, al contrario, será la prueba de la efectividad de nuestro órgano legislativo de intervenir en dichos cambios.

SEGUNDA PARTE
POLÍTICA, ESTADO Y ADMINISTRACIÓN PÚBLICA

(1979)

Esta Segunda parte del Tomo III de la *Colección Tratado de Derecho Constitucional*, recoge el texto del libro *Política, Estado y Administración Pública*, publicado en una edición conjunta por la Editorial Ateneo de Caracas y la Editorial Jurídica Venezolana en 1979.

El libro estuvo precedido del siguiente Prólogo de Rafael Caldera,

Allan Randolph Brewer-Carías (para sus amigos y para muchos de sus simples ***conocidos "Randy") es uno de los más brillantes especialistas en Derecho Administrativo en la vida científica actual de Venezuela. Con apenas treinta y nueve años de edad, después de hacer una carrera estudiantil extraordinaria, graduado en la Universidad Central de Venezuela en 1962 "summa cum laude", obtuvo el doctorado en Derecho en la misma Universidad dos años más tarde con "la más alta mención honorífica que conceden los reglamentos universitarios". Ha hecho estudios de post-grado en la Universidad de París y en otros institutos del exterior, como el INTAL (Instituto para la Integración de América Latina, Buenos Aires) y ha sido profesor visitante en el Clare Hall (Cambridge), miembro del Trinity College (id.) y miembro de la Facultad de Derecho de la Universidad de Cambridge, Inglaterra, donde se le conoce y se le aprecia en alto grado. Su actividad científica que ejerce actualmente como Profesor asociado y Jefe de la Cátedra de Derecho Administrativo de la Universidad Central de Venezuela y como Director del Instituto de Derecho Público de la misma Universidad, en el cual fuera antes Jefe de la Sección de Derecho Administrativo y Ciencias de Administración, no ha impedido, sino más bien estimulado su papel activo en la vida pública, que le han impuesto mil compromisos, aparte de asistir a numerosos Congresos Internacionales en Europa, en Norte América, en Latinoamérica y en otras regiones del mundo.***

Es un apasionado de la estructuración del nuevo Estado que tiene que realizarse en Venezuela. Se reconoce miembro de la generación de 1958, surgida a la vida nacional precisamente en los momentos en que se iniciaba el nuevo experimento democrático. Acusa una angustiosa percepción de las fallas y defectos del sistema vivido en el país a lo largo de estos veinte años y a veces —quizás— con acentos cercanos a la exageración, expone aquí y allá, ante auditorios calificados, sus ideas acerca de las

metas y procedimientos que deben guiar la renovación de las estructuras, la ordenación de los distintos órganos del poder público y la participación del pueblo hacia lo que llama insistentemente la democratización de la democracia.

La labor cumplida por Randy Brewer al frente de la Comisión de Administración Pública los años 1969 a 1972 ha sido considerada como un verdadero punto de partida para todo el proceso, apenas iniciado, de la reforma de la Administración, uno de los compromisos más fundamentales que el Estado moderno tiene que cumplir en mostró país. Cuando dejó aquel cargo —a solicitud propia y por tener que ir a cumplir compromisos de excepcional valor académico y de gran proyección en la Universidad de Cambridge, en el Reino Unido" dejó una obra completa, recogida fundamentalmente en dos volúmenes que son de obligada consulta para todos los que se preocupan por esta cuestión. Ha sido redactor, ya en condición de ponente o ya de colaborador o asesor, de numerosos proyectos de leyes que tienen como finalidad la misma idea de renovar y de reorientar la Administración Pública. Ha sido Consultor Jurídico permanente o accidental de numerosas entidades públicas; ha colaborado con la Contraloría General y con la Corte Suprema de Justicia, de cuya Sala Político-Administrativa es en la actualidad Magistrado Suplente; ha sido abogado asesor del Consejo Supremo Electoral y de algunas Gobernaciones Estadales, Asambleas Legislativas y Concejos Municipales, etc., etc.

Los trabajos de este joven y ya maduro jurista han sido recogidos en numerosos libros, que representan hoy uno de los aportes más importantes a la bibliografía jurídico-administrativa de Venezuela, circunstancia reconocida a través de distintos y notables galardones que se le han concedido; y sus "Estudios de Derecho Administrativo" van ya por cinco tomos, aparecidos entre 1975 y 1978.

Es un encargo en verdad honroso el que ese joven maestro, profundo tratadista y apasionado servidor de una Venezuela nueva y distinta nos hace al pedimos el prólogo para este nuevo libro que lleva por título "Política, Estado y Administración Pública". Nos une una vieja relación de amistad, fortalecida cuando lo tuvimos de alumno en la cátedra universitaria y de colaborador muy estimado en funciones de Gobierno. Prologar una obra de Randy Brewer es empresa delicada y difícil. No por cuanto haya ningún problema en tributar al autor todos los elogios que merece y los cuales se quedan cortos ante la realidad, sino porque cada página de su producción está llena de conceptos, de afirmaciones profundamente sinceras y con frecuencia notablemente trascendentes, ideas que comprometen la acción y cuyo juicio, siempre positivo en cuanto a la noble intención que las inspira y a la densa meditación que las abona, presenta a veces dificultades de interpretación, problemas de conciliación con nuestra visión de la realidad social y con antecedentes históricos de nuestro país que, por cierto, el autor escudriña con gran sentido de responsabilidad.

Lo primero que habríamos de decir en relación a este nuevo libro es que está integrado por cinco trabajos, constitutivos orgánicamente de una unidad de pensamiento, expresados con total valentía y con plena honestidad intelectual. Predomina en sus páginas el deseo de diseñar, en la forma más clara posible, el concepto del Estado Democrático y Social de Derecho; que no es, por cierto, el Estado social-demócrata que hemos visto en algunos períodos constitucionales, quizás porque a éste lo ha inspirado un cierto pragmatismo político que relega decididamente a un segundo plano la fundación filosófica y la orientación jurídica, las cuales constituyen para Brewer, como para quienes al igual que él nos hemos formado en una firme devoción a la

filosofía jurídica y en una adhesión inquebrantable a las normas del Derecho, la base insustituible de la convivencia social y el marco dentro del cual tiene que ejercerse el poder coactivo del Estado.

No quiere esto decir que la concepción jurídica y social de nuestro amigo y discípulo tenga que aplicarse sobre moldes rutinarios. Por lo contrario, tiene conciencia él de la renovación profunda que en los hechos sociales se realiza en todas partes y concretamente en nuestro país y por ello sustenta la idea de una renovación conceptual que debe plasmarse en la arquitectura de los distintos órganos y ramas del Poder Público. Brewer-Carías dice: "Inútil es, por tanto, en este momento, seguir condicionados en el análisis del Estado por dogmas y criterios prefabricados, de los cuales tenemos que sacudirnos. Se impone un enfoque distinto, menos teórico y estrictamente político, partiendo del análisis de nuestra realidad concreta, tanto política como socioeconómica y cultural. Sólo así podremos tratar de hacer lo que está impuesto a nuestra generación: inventar al Estado futuro; y digo inventar pues no podemos, simplemente, seguir esperando que aparezca y muy difícilmente podemos siquiera predecirlo. Hay que inventarlo insisto, y hasta cierto punto construirlo; pero inventarlo y construirlo sobre bases reales y actuales que la práctica política ha venido moldeando en las últimas décadas".

Existe, pues, como preocupación guiadora en el autor, la necesidad de elaborar un "proyecto político y administrativo", Muchas veces hemos pensado, cuando hablamos del desarrollo del país, de nuestro tránsito de la condición de subdesarrollo hacia la de país desarrollado, que debemos previamente fijamos un modelo económico, que no tiene necesariamente que ser el de los países que a través de la revolución industrial y a través de una serie de injusticias cumplieron su tránsito al capitalismo y se pusieron a la cabeza de la civilización actual. Elaborar un modelo económico que} a la vez que aproveche a plenitud nuestros recursos humanos, nuestros recursos naturales y nuestros recursos financieros, ponga la riqueza creada al servicio efectivo de la felicidad de nuestra gente, es tarea de indispensable cumplimiento. Ahora bien, para la realización de ese modelo económico que debe guiar nuestros esfuerzos, es indispensable un modelo de Estado, un modelo institucional en lo político y administrativo, que espera su cabal formulación y su plena realización para no dar solamente beneficio efectivo para Venezuela, sino posiblemente colaboración muy apreciada para los otros pueblos latinoamericanos.

Es evidente que el autor comparte, sin reserva alguna, la concepción del Estado venezolano del futuro como un Estado de derecho, basado en una democracia pluralista, y acepta las consecuencias que de esta circunstancia se derivan, a saber: principalmente; la existencia del régimen de partidos, que se inspiran en diversas concepciones filosóficas pero deben coincidir en la defensa fundamental de las instituciones, y la representación proporcional, que asegura a cada una de las expresiones de la conciencia nacional una participación efectiva en la organización de nuestra vida política. "Es que este Estado Venezolano —dice— de carácter democrático, con una posición como la reseñada en el ámbito de la economía y de la sociedad, tiene un nuevo papel que asumir, distinto al que podía tener hace cuatro décadas. Sin darnos cuenta, por fuerza de la riqueza petrolera y del consiguiente reforzamiento de la situación del Estado hemos venido sentando las bases de un nuevo tipo de Estado, distinto al Estado liberal-burgués que nos sirvió de modelo, y distinto de los Estados socialistas, al cual en la terminología contemporánea de Occidente, se le comienza a calificar

como Estado democrático y social de derecho, por supuesto, con un nuevo y distinto papel que cumplir.

Ese Estado democrático, pluralista, este Estado democrático y social de derecho abarca para el autor toda la organización de la sociedad política y por ello debe reflejarse en una vida más operante a nivel regional, a nivel de las actuales entidades federales y a nivel de la vida local. Sociedad política que, por supuesto, está indisolublemente ligada a los aspectos sociales y económicos, por lo que sustenta la tesis de que el Estado ha de lograr la democracia política, la democracia económica y la democracia social, lo cual, a mi modo de ver, está expresado en el preámbulo de la Constitución. En el campo económico, señala, el Estado es un Estado regulador, un Estado de control, un Estado de fomento, un Estado empresario, un Estado planificador y, podríamos decir, con los términos usados durante su campaña electoral por el actual Presidente de la República, un Estado Promotor. En cuanto a lo social, el Estado —según Brewer— es ante todo un Estado redistribuidor de la riqueza; luego, un Estado prestador de servicios públicos y, en tercer lugar, un Estado de promoción social. Y en cuanto a lo político específico, es ante todo un Estado democrático; luego, un Estado organizador, pero también, fundamentalmente, un Estado de libertades y un Estado de Derecho: todo ello comprendido dentro del objetivo de crear una democracia fuerte, pues el autor (en lo que estoy totalmente de acuerdo) se muestra convencido de que mientras mayores libertades existan y mayor respeto para la integración pluralista de la sociedad, más necesaria será la disciplina basada en el Derecho y aplicada a través de los procedimientos respetuosos de la dignidad del ciudadano y de la convivencia social. "Por todas partes —afirma— se oyen gritos a favor de una democracia fuerte que sea capaz de imponer disciplina social, de lograr y moldear el consenso y canalizar los conflictos políticos; de rescatar al ciudadano, de revalorizar el trabajo; y que haga que las leyes se cumplan y no se burlen. Para ello se hace indispensable estructurar una democracia con poder, con la cual se pueda gobernar, y que sea capaz de asumir, conformar y transformar la realidad venezolana. Por supuesto, hablar de democracia fuerte, con poder, es hablar de democracia con autoridad, pero no de democracia con energía; ésta, la energía, se encuentra en la naturaleza: es salvaje o natural; un animal o un rayo tienen energía, pero no tienen conciencia del poder y capacidad de decisión". "Se impone, por tanto, estructurar una democracia fuerte, con poder y autoridad, con la cual se pueda gobernar efectivamente. Para ello, deberá consistir no sólo en el gobierno del, por y para el pueblo, sino "con el pueblo", es decir; en una democracia realmente participativa, además de representativa".

Son muchas las preocupaciones que guían al autor de este libro en la búsqueda de esa democracia, verdaderamente libre y auténticamente fuerte, fortaleza basada en el Derecho y en el ejercicio recto y noble de la autoridad. Buscando esos caminos y abriendo cauces a la participación popular, dedica muchas de sus reflexiones y de sus análisis a la entidad federal denominada "Estado", a la crisis del federalismo ("Venezuela es, así, como Estado federal desde el punto político, un país formalmente descentralizado pero realmente centralizado"), lo que lo lleva a explorar caminos para atribuir a las Asambleas Legislativas funciones más propias de su existencia; y dedica muchas de sus consideraciones al Municipio, a esa vida local que ahora intenta reaparecer en Venezuela y que encuentra una realidad distinta, que obliga a una nueva búsqueda de las atribuciones propias del Municipio, las funciones de los órganos municipales y el papel que están llamadas a cumplir las Asociaciones de Vecinos para complementar la falta de representatividad que por motivos de masificación se achaca a las municipalidades.

El autor expresa con ruda sinceridad sus convicciones acerca del sistema electoral acerca de los partidos políticos, acerca del federalismo y del regionalismo, aspectos todos llenos de profundo interés para los estudios del Derecho Público y para los dirigentes de la vida nacional.

He meditado mucho acerca de las críticas que con bastantes razones se hacen a nuestro sistema electoral y a lo que algunos han dado en llamar la partidocracia, así como a la responsabilidad de los partidos políticos en las deficiencias que se observan en Venezuela. La elección uninominal de candidatos, especialmente para los órganos municipales me parece teóricamente deseable, pero confieso que su realización práctica la encuentro llena de problemas. Estoy dentro de aquellos que dudan de la conveniencia y posibilidad práctica de la división» equitativa del electorado en pequeñas circunscripciones para elegir una sola persona. Recuerdo, cuando como estudiante me iniciaba en las lides políticas, las injusticias derivadas del sistema de elección de un Concejal por cada Parroquia, existiendo una diferencia tan grande de naturaleza, territorio y población, entre las diversas parroquias del Distrito Federal; y recuerdo la mención que nuestro profesor de Derecho Constitucional hacía del ventajismo que supuso en la propia democracia inglesa la atribución que la mayoría parlamentaria tenía de hacer la delimitación de las distintas circunscripciones. Soy de aquellos que temen que la dimisión del electorado en pequeños circuitos produzca una mayor presión sobre los electores y sobre los elegidos por parte de las fuerzas organizadas. En Estados Unidos me explicaron la razón de que los Senadores sean, generalmente, más audaces y firmes en la defensa de los intereses populares que los Representantes, por el hecho de que éstos son electos por distritos electorales más pequeños, mientras que aquéllos enfrentan en forma directa a los millones de personas que integran la población de cada Estado. Pienso, sinceramente, que ésta es una materia que podría dar lugar a grandes desengaños, y aunque asumo el argumento, no me siento aludido por el desahogo del autor, para el cual "La falacia que también hemos leído de que la elección uninominal provocaría un mayor control de los elegidos por los grupos de presión económica no es más que una argucia mal concebida". No creo que sea una argucia sino un argumento serio, derivado de la experiencia.

Los partidos políticos en Venezuela han jugado un papel decisivo en la conquista y mantenimiento de las libertades y en la defensa de las instituciones. Es difícil concebir una democracia sin partidos y estoy seguro de que este pensamiento es compartido plenamente por el autor. El constituyente venezolano y los dirigentes políticos que lo han interpretado han evadido el peligro del partido único, rígida maquinaría burocrática de poder para ejercer el control de la autoridad, y más bien han liberalizado, hasta grados mayores a los de cualquier otro Estado, las posibilidades del pluralismo político en su más amplia medida. No creo que sean los partidos políticos los culpables de las fallas de nuestra sociedad; creo, al contrario, que las fallas que ellos mismos han tenido son reflejo de la realidad social dentro de la cual actúan. Es de observar que los partidos venezolanos han tenido interés en incorporar en sus listas de candidatos a personalidades del mundo independiente que, sin fuerza propia y sin maquinaria organizada, difícilmente obtendrían la representación que por su calidad les debe corresponder. Los experimentos que se han hecho con la postulación de candidaturas independientes y la formación de grupos independientes en distintos procesos electo-

rales no han tenido en general resultados felices: cuando han logrado cierto éxito han derivado inevitablemente hacia la formación de agrupaciones partidarias permanentes; otras veces no han logrado despertar adhesión suficiente por parte de los electores.

En cuanto a la actual división político-territorial, dentro del sistema denominado federal (aunque con inocultables características centralistas), el problema es complejo, puesto que en él se entrecruzan las razones geográficas, económicas y políticas con las circunstancias históricas que dejaron una huella verdadera en la vida venezolana. Dice el autor: "los Estados de nuestra federación no responden a las exigencias del proceso de desarrollo actual de Venezuela; su origen es meramente histórico y la efectividad que pudieron tener en la Venezuela caudillista-regional-feudalista, del siglo pasado, hoy es inexistente. Para descentralizar el Estado se impone la institucionalización de los nuevos niveles territoriales que la realidad del país nos va imponiendo y que se configuran en las regiones. Los Andes, el Zulia, Guayana, Oriente, Centro-Occidente, los Llanos, el Centro, el Sur, la Capital, son ámbitos regionales que como nuevos niveles de descentralización política tendrán, en el futuro, que sustituir al solo nivel estadal". De acuerdo, pero distingamos: los veinte Estados, que arrancan de las veinte Provincias de la Ley de División Territorial de 1856, convertidos en "Estados" por la Constitución Federal de 1864, fueron resultado de un proceso que caló muy hondo en el sentimiento de la gente. Los intentos de reagrupación (en 9 Estados, en 13 Estados, en 11 Estados, bajo los gobiernos del General Guzmán Blanco, Crespo o Castro) encontraron grandes resistencias en el ánimo de los distintos pobladores. El General Gómez, que atropelló las instituciones para moldearlas exclusivamente de acuerdo con su omnímoda voluntad, tuvo el cuidado de no reincidir en este propósito de reagrupación. Restituyó los veinte Estados y, salvo pequeñas y artificiales modificaciones de límites que el progreso después hizo inmutables, sostuvo los veinte Estados como un elemento que su experiencia le hizo considerar muy arraigado en la vida de nuestro país. El concepto de región, en el cual trabajamos con tanto entusiasmo durante el período constitucional 1969-1974, y para el cual contamos con la colaboración acertada de hombres como el propio autor de este libro, viene a complementar, a paliar la situación planteada por nuestra división político-territorial. Por eso creo muy apropiada la expresión usada por el autor, al decir que las regiones "como nuevos niveles de descentralización política tendrán, en el futuro que sustituir al solo nivel Estadal"; es decir, que al nivel estadal habrá que complementarlo con el nivel regional. Mucho anduvimos en el proceso de regionalización, aprovechando los estudios que durante el período de mi antecesor el Presidente Leoni había hecho una comisión de científicos franceses. Ellos recomendaron que, en la medida de lo posible, las regiones no alteran los límites de los Estados, para lo cual sólo hubo pocas excepciones, como la incorporación del Distrito Páez del Estado Apure a la Región Andina y alguna otra modificación que posteriormente desapareció. Las regiones fueron concebidas como unidades en las cuales se armonizaban el elemento geográfico, el demográfico y el económico, para lograr un equilibrio efectivo dentro de cada una de las regiones y en la integración regional del país. Puse mucho interés en que no se sustituyera el centralismo de la capital nacional por los centralismos de las metrópolis regionales, por considerar que esto podría crear resistencias y animosidades, como efectivamente se despertaron en algunos casos, lo que explica en algunos lugares la tendencia a desintegrar regiones ya creadas, que podría conducir, de llevarse indefinidamente adelante, a la creación de una región por cada Estado, lo que destruiría totalmente el concepto y programa de la regionalización.

En cuanto a la vida Municipal, la aportación que hace el Profesor Brewer-Carías es excepcionalmente valiosa. Sus ideas merecen análisis y estudio muy profundo, Debo manifestar que estoy de acuerdo con la mayor parte de ellas, aun cuando discrepe, como ya lo expresé, en la significación atribuida a la elección unipersonal, y tal vez en algunas otras cuestiones. De una manera muy singular el Profesor Brewer insiste en que debe disminuirse hasta lo posible el ámbito en lo político, para aumentarlo en lo administrativo. "El Municipio —dice— políticamente debe concebirse como el centro primario de participación política y de ejercicio de la democracia, y administrativamente como la unidad territorial menor para la prestación de servicios y la atención a la comunidad. Por ello, la reforma del régimen local es política y administrativa y sólo así podrá dar origen a un gobierno local participativo con, por y para la comunidad o vecindad"'. "En este sentido, —explica el autor—, el Municipio debería ser el medio por excelencia de participación política; él medio, si se quiere, para la reconquista del Estado por los ciudadanos. El Estado se le ha escapado a los ciudadanos; se les ha ido muy lejos a los ciudadanos y precisamente, la pieza para la reconquista del poder y del Estado por el elector, por los ciudadanos, debería ser el Municipio". "Debería haber un mecanismo para que en cada comunidad, en cada vecindad, en cada barrio, en cada urbanización existan representantes netamente locales, elegidos por las propias comunidades. En la actualidad, esto sucede muy incipiente y parcialmente así, pero sin ninguna institucionalización política y con el solo reconocimiento formal de su existencia por la ley orgánica reciente promulgada".

Me ofrece alguna duda, sin embargo, la posibilidad de la aspiración formulada por el autor en los siguientes términos: "en todo caso el Municipio, hoy, se nos muestra como insuficiente para atender esas materias que la Constitución denomina propias de la vida local, en forma aislada; por eso pienso que, así como desde el punto de vista político la reforma de las estructuras locales debe llevar a una mayor atomización para buscar una mayor participación de los ciudadanos en el poder político; desde el punto de vista administrativo debe buscarse el fenómeno contrario: antes que una mayor descentralización y una atomización, debemos buscar, al contrario, una mayor concentración, una mayor fusión de entidades a los efectos de que éstas puedan atender adecuadamente las funciones que puedan manejarse administrativamente a nivel local"'. En cuanto a la duda, me refiero a que pueda realizarse ese otorgamiento de los servicios, que requieren inevitablemente concurrencia y hasta cierto punto formación de unidades mayores, dentro de lo que él llama "atomización política" que indiscutiblemente repercutiría en el nivel administrativo en forma inconveniente.

Desearía poder disponer de tiempo para hacer un estudio completo del magnífico volumen que ofrece a la bibliografía venezolana nuestro muy estimado y admirado amigo y discípulo Brewer-Carías. Me limitaré a decir solamente que estoy de acuerdo con él en una serie de afirmaciones que son sin duda audaces, pero de indiscutible importancia. Por ejemplo, la de que hay que correr el riesgo de la descentralización y, por otra parte, la de que hay que fortalecer los Estados, darles tareas más específicas e intentar una apertura ante la comunidad de las Asambleas Legislativas. Se ha sostenido, con poderosas razones, la tesis de la inutilidad de las Asambleas Legislativas, cuya función se ha hecho apenas simbólica desde el punto de vista jurídico y cuya importancia práctica ha sido más bien la de dar ubicación e influencia a los represen-

tantes de las diversas corrientes políticas en el seno de cada Estado. Yo me encuentro, no obstante, entre quienes defendieron su mantenimiento al redactarse la Constitución y han continuado creyendo en su necesidad, porque para mí la entidad "Estado" es real y existente y sería en verdad difícil conciliar nuestra idea y nuestra concepción democrática con la desaparición de los órganos representativos del pueblo de las distintas entidades. Sustituir una Asamblea Legislativa por una reunión periódica de las Municipalidades del respectivo Estado puede tener un efecto negativo sobre la concepción de la vida democrática en el seno de cada entidad federal: por ello considero tan loables los esfuerzos que está haciendo en la actualidad el Profesor Brewer-Carías para tratar de ensayar, a través de la buena voluntad de las nuevas mayorías creadas en los Estados del país, la posibilidad de una re-estructuración de la propia Asamblea Legislativa, una ampliación de sus funciones, y una revitalización del poder que le toca cumplir.

Concluyo estas líneas, escritas un tanto de prisa, felicitando sinceramente al Profesor Allan Randolph Brewer-Carías por esta nueva y muy importante contribución a la ciencia jurídica y a la doctrina política, de las que tan necesitada se encuentra Venezuela y tan urgido el futuro de nuestras instituciones democráticas. Observa el mismo Brewer, en la nota preliminar de este volumen, que siempre ha escrito bajo la presión de compromisos contraídos con fecha cierta y que ello ha constituido, digámoslo así, el percutor que ha hecho explotar sus ideas en conferencias y en libros. Pienso que a muchos nos ocurre generalmente esto, sobre todo en países como el nuestro donde la vida es exigencia intensa de todos los días y en los casos de quienes hemos tratado de cultivar la ciencia sin descuidar los deberes contraídos para la acción pública. Esa presión nos lleva a exponer lo que vamos acumulando en lo hondo de nuestra conciencia a través de la observación y del estudio, quizás en una forma imperfecta, sin la tranquilidad de reflexionar acerca de cada frase o de cada idea, pero impulsados por el deseo de corresponder a las exigencias nacionales. En el presente caso, demorar mis reflexiones y alargar este prólogo para profundizar mi estudio sobre el presente libro y sistematizar la exposición de las ideas que la riqueza de su contenido me suscita, sería retardar la aparición de un texto cuya lectura será de gran utilidad y eficacia.

Pongo punto final a estas consideraciones no sin antes confesar la satisfacción con que contribuí con mi voto a la elección del autor como Individuo de Número de la Academia de Ciencias Políticas y Sociales. Es uno de los académicos más jóvenes que ha habido en Venezuela y es quizás el más joven de todos los individuos de número de las academias nacionales en la actualidad. Honra a su generación y constituye motivo de gran esperanza en el futuro el que su juventud vaya pareja con su madurez; el que, como portavoz de la nueva generación surgida a la vida nacional en el año militar de 1958, muestre tanta capacidad para el estudio serio de los problemas nacionales y de las soluciones que habrá que afrontar para ganar definitivamente el destino de Venezuela.

Caracas, 15 de agosto de 1979.

Rafael Caldera.

Además el libro estuvo precedido de la siguiente nota *Preliminar*:

I

La práctica política del gobierno, en Venezuela, está llena de paradojas. Desde hace años, los Programas de Gobierno de los candidatos presidenciales han dado, con razón, una importancia destacada al problema del Estado. Además, todos los partidos políticos, incluyendo los marxistas, han prestado una atención particular a la reforma del Estado, pues se tiene consciencia de que las transformaciones, cambios o realizaciones que políticamente se ofrecen y prometen, no pueden efectuarse si no se cuenta con un instrumental estatal —político, administrativo y jurídico— adecuado a tales objetivos. Hay, sin duda, consenso político sobre la deficiencia de las instituciones estatales y sobre la reforma necesaria que debe realizarse. La opinión política y pública esta conteste en que el Congreso no funciona adecuadamente; en que el Poder Judicial está politizado; en que la Administración Pública es ineficiente e ineficaz; en que las Asambleas Legislativas tienen cada vez menos importancia y las Gobernaciones de Estado cada vez menos poder, y en fin, en que el Municipalismo sufre una tremenda crisis que es imperativo superar. Sin embargo, muy poco se ha hecho, por los gobiernos, en el campo de la reforma del Estado, para superar esas deficiencias.

II

En particular, no debe olvidarse que los Programas de Gobierno de los Presidentes electos en los últimos años, han contenido capítulos fundamentales relativos a las Reforma del Estado. En efecto, en el *Programa de Gobierno* del Presidente Rafael Caldera, para el período 1969-1974, se establecieron las bases programáticas del "Orden Político-Administrativo" (Cap. VI), en las cuales se sentaron los criterios fundamentales que han guiado el proceso de reforma administrativa hasta nuestros días.

Tuve el privilegio de colaborar, hacia la mitad de 1968, en la redacción de parte del Capítulo referido a la Reforma Administrativa del Programa de Gobierno del Presidente Caldera. Muchas de las ideas que me guiaron en esa labor, las había expuesto en una conferencia, muy querida para mí, que dicté el 29 de mayo de 1968, en el Palacio de las Academias, sobre el tema: "Las transformaciones de la Administración Pública para el desarrollo", cuyo texto fue publicado en diversas formas, constituyendo su versión original la publicada en la *Revista de la Facultad de Derecho* de la Universidad Central de Venezuela (N° 41, Caracas 1968, págs. 19 a 64). En esa Conferencia expuse, por primera vez, algunas ideas sobre la reforma del Estado que han guiado mi actividad académica y política, en los últimos años.

En todo caso, con base en esas ideas y en el Programa de Gobierno del Presidente Caldera, me correspondió dirigir los trabajos de la Comisión de Administración Pública de la Presidencia de la República, entre 1969 y 1972, los cuales culminaron con la presentación al Presidente, el 12 de junio de 1972, del *Informe sobre la Reforma de la Administración Pública Nacional* (Caracas, 2 vols. 1972), documento que, sin la menor duda, y dejando de lado falsas modestias, constituye el estudio más importante que se ha realizado en Venezuela sobre nuestra Administración Pública contemporánea.

Durante el gobierno del Presidente Caldera, se sentaron las bases para la reforma administrativa del Estado venezolano, y no se pudieron ejecutar todas las propuestas formuladas, por la tenaz oposición del Congreso, dominado por el partido de oposición de la época. Este luchó, hasta llegar al absurdo, contra las ideas por nosotros propugnadas. El Presidente Caldera, sin embargo, siempre estuvo consciente de que la labor de programación de la reforma administrativa efectuada durante su gobierno, constituía, fundamentalmente, un legado para los futuros gobiernos.

Mi labor en funciones gubernamentales, por supuesto, estaba circunscrita a programar la reforma administrativa y no debía abarcar otros aspectos de la reforma del Estado, de carácter político, que aquella tarea presuponía. Los problemas administrativos, por otra parte, eran lo suficientemente conflictivos, como para adentrarse en otros aspectos que escapaban de nuestra formal competencia. En prensa está mi libro *Estudios sobre la Reforma Administrativa 1969-1975* en el cual recojo todos los estudios realizados sobre tal materia durante ese período.

Sin embargo, la preocupación por los problemas políticos, más amplios, de la reforma del Estado, estuvo latente, y la expuse por primera vez en otra conferencia, muy querida para mí, sobre "Los obstáculos políticos al desarrollo en Venezuela", que dicté en la Asociación Cultural Humboldt, el 18 de enero de 1972 y, posteriormente, el 7 de abril de 1972, en el Primer Curso sobre Defensa Nacional en el Instituto de Altos Estudios de la Defensa Nacional, en una conferencia sobre "El proceso de cambio institucional para el desarrollo en Venezuela". El texto de aquella conferencia dictada en la Asociación Cultural Humboldt, salió publicado en el primer número de la *Revista de la Escuela Superior de las Fuerzas Armadas de Cooperación* (Caracas enero-junio 1973, págs. 103 a 128). Meses antes, en el III Ciclo sobre "La Ciencia en Venezuela" que organizó la Dirección de Cultura de la Universidad de Carabobo, había expresado algunas ideas en la misma línea de pensamiento, en la conferencia que sobre "Derecho y Desarrollo" dicté, en Valencia, el 14 de abril de 1971, publicada luego en el libro *La Ciencia en Venezuela, Tomo 3. Aspectos Sociales* (Valencia 1973, págs. 15 a 42). En todo caso, los planteamientos políticos sobre la Reforma del Estado, que no podían estar contenidos en mis trabajos de programación de la reforma administrativa, los desarrollé en Cambridge, Inglaterra, entre 1972 y 1974, lapso durante el cual redacté mi libro *Cambio Político y Reforma del Estado en Venezuela*, editado en Madrid por Editorial Tecnos (1975, 695 págs.).

III

En el Programa de Gobierno presentado al electorado por el Presidente Carlos Andrés Pérez para ser ejecutado durante el período 1974-1979, intitulado *Acción de Gobierno*, como era previsible, se incorporó un importante Capítulo (III) sobre "La Transformación del Estado", habiendo sido este tema, uno de los que constantemente repitió durante su ejercicio gubernamental. La Reforma Administrativa había sido uno de los programas prometidos por el Presidente Pérez, y del análisis del contenido de su Programa de Gobierno era fácil deducir la similitud de los planteamientos allí formulados, con los contenidos en el Informe sobre la *Reforma de la Administración Pública Nacional*, de 1972, tal como lo demostré en un estudio que sobre "Algunos criterios para la transformación de la Administración Pública 1974-1979" publiqué, en 1974, en la *Revista Control Fiscal* editada por la Contraloría General de la República Nº 73, 1974, págs. 6 a 22), Era previsible pensar en la continuidad, durante el gobierno del Presidente Pérez, de los programas de reforma administrativa que iniciamos en 1969. Sin embargo, no fue así. No sólo el gobierno no realizó mayores esfuerzos en torno a la reforma del Estado, sino que se fijó, como objetivo, la destrucción de todo cuanto se había hecho en materia de reforma administrativa durante el período anterior, hasta llegar a la liquidación de la Comisión de Administración Pública y al desmantelamiento de la Escuela Nacional de Administración Pública. Lo poco que se hizo en materia de reforma administrativa y, en general, de reforma del Estado, fue la ejecución parcial de nuestro programa de reforma macro-estructural de los Ministerios, elaborado entre 1971-1972, mediante la promulgación, en diciembre de 1976, de la Ley Orgánica de la Administración Central, la cual sigue la orientación global del Proyecto de 1972. El fracaso del gobierno del Presidente Carlos Andrés Pérez en ejecutar su tan prometido programa de reforma del Estado, lo analicé detenidamente en el "Prólogo" que escribí al libro de entrevistas de Alfredo Peña sobre *Democracia y Reforma del Estado*, editado por la Editorial Jurídica Venezolana (Caracas 1978).

En todo caso, lo característico de ese gobierno en materia de reforma administrativa, fue, paradójicamente, que en el mismo momento en que se ejecutaba, en concreto, uno de los programas de reforma administrativa elaborados por la Comisión de Administración Pública, se eliminaba dicho organismo, el cual había sido, sin duda, desde 1958, el centro de generación de ideas sobre la Administración Pública Venezolana. Ello me llevó a escribir en el diario *El Nacional*, en su edición del 9 de enero de 1977, (pág. A-4), el siguiente comentario: "No deja de ser un gran contrasentido y absurdo que precisamente al entrar en vigencia la primera gran Ley de Reforma Administrativa ministerial de las últimas décadas, la Ley Orgánica de la Administración Central, el 1º de enero de 1977, haya desaparecido formalmente la Comisión de Administración Pública. Los directivos de la misma durante el actual período de gobierno, ya se habían encargado de irla desmantelando y liquidando cuidadosamente, como quien desmonta un explosivo, cumpliendo, sumisos, las órdenes del Jefe de Cordiplan y de sus dos Directores Generales".

"Por su labor en los períodos constitucionales anteriores, algunos personajes del actual gobierno habían identificado a la Comisión con la inteligencia y la imaginación creadora, y en un gobierno donde abundan los mediocres, esto era peligroso. Por ello había que destruirla. Y lo lograron. Para ello, sin embargo, tuvieron que dedicar dos años de "esfuerzos" destructivos que, quizás, hubieran sido mejor aprovechados en otras tareas más útiles. En definitiva, la ignorancia, la incomprensión, la mezquindad y la pequeñez privaron frente al ingenio" (pág. A-4).

Fui particularmente crítico del funcionamiento del gobierno del Presidente Carlos Andrés Pérez, en especial, respecto a la marcha del Estado y de la Administración Pública, habiendo quedado, dichas críticas, en los más variados medios de comunicación. Sin embargo, las mismas fueron resumidas en una conferencia que tuve a mi cargo en el ciclo denominado "Jornadas sobre la Democracia", al cual me refiero más adelante, sobre el tema "Algunas ideas para un Proyecto de Estado contemporáneo en Venezuela", y que leí, en Caracas, el día 22 de junio de 1978. El texto de esa conferencia forma la Primera Parte de este libro.

En esa misma época se llevaba a cabo la redacción final del *Programa de Gobierno* que el Presidente Luis Herrera Campíns presentaría, posteriormente, al electorado en 1978, para ser ejecutado en el período actual 1979-1984, y en el mismo, se incorporó un importantísimo Capítulo sobre la "Renovación del Estado", en el cual se plantea la tesis del Estado Promotor, y se define un programa de reforma administrativa de gran aliento. Tuve de nuevo el privilegio de colaborar en la redacción de parte de dicho Capítulo, y en el mismo se incorporaron muchas de las ideas expuestas en aquella conferencia.

La reforma del Estado, en el Programa de Gobierno del Presidente Herrera, por supuesto, es una tarea global que incumbe a todos los entes políticos y a todos los niveles de la Administración. Por ello, con razón, se dice allí que la idea del Estado Promotor, antes que una nueva concepción del Estado, es más bien una nueva actitud del gobierno y de los gobernantes frente a la sociedad y los administrados. En cuanto a la reforma administrativa, el programa prometido exige la realización de tareas muy concretas, que implicarán la estructuración de organismos ubicados en el centro de las decisiones presidenciales, para que puedan darle la debida coherencia al actuar de los diversos organismos públicos. Sin embargo, en este aspecto, aún no se han tomado medidas concretas por el gobierno.

IV

Conforme a todos esos antecedentes, el presente libro recoge varios planteamientos sobre los problemas de la Política, el Estado y la Administración Pública de la Venezuela Contemporánea, y que, en mi criterio, son claves para todo esfuerzo futuro que se haga sobre la reforma del Estado y de su Administración. El libro está dividido en cinco partes, en cada una de las cuales se recogen textos de conferencias que he pronunciado en los últimos tres años.

En efecto, en la Primera Parte, con el título "El Estado Contemporáneo en Venezuela" se publica el texto de la conferencia que leí el día 22 de junio de 1978 en las mencionadas "Jornadas sobre la Democracia en Venezuela", realizadas en el Parque Central de Caracas, y que fueron organizadas por el Ateneo de Caracas y la Escuela de Estudios Políticos y Administrativos de la Facultad de Ciencias Jurídicas y Políticas de la Universidad Central de Venezuela, La Conferencia, con el título de "Algunas ideas para un Proyecto de Estado Contemporáneo en Venezuela", pretendía reflejar la realidad del Estado en el momento actual venezolano y las exigencias para su consolidación como un Estado Democrático y Social de Derecho. Hasta cierto punto, ese texto lo considero como el capítulo no escrito de mi mencionado libro *Cambio Político y Reforma del Estado en Venezuela* (Editorial Tecnos, Madrid 1975) y, como señalé, buena parte de su contenido sirvió de orientación para la elaboración de una parte importante del Capítulo sobre "La Renovación del Estado" del Programa de Gobierno del Presidente Luis Herrera para el período 1979-1984, titulado *Mi compromiso con Venezuela*, y que fue presentado al electorado durante la campaña política para las elecciones de 1978.

El texto de la conferencia, se publica ahora con algunas correcciones de forma para eliminar frases circunstanciales de carácter polémico-político; y fue publicado por la Revista *Resumen* en su edición N° 245 del 16 de julio de 1978, con el título "Una democracia víctima de un Estado decrépito" (págs. 20 a 34). Su contenido fue expuesto a mis alumnos de la Escuela de Derecho de la Facultad de Ciencias Jurídicas y Políticas de la Universidad Central de Venezuela, días antes de la Conferencia. Asimismo, su contenido lo expuse y discutí con los Profesores integrantes de la

Cátedra de Derecho Administrativo de la Facultad de Ciencias Económicas de la Universidad de Barcelona, España, en una reunión de Seminario realizada el 13 de junio de 1978, por la amable invitación de mi amigo José Ramón Parada Vázquez, Catedrático de dicha Universidad.

En la Segunda Parte, con el título "Los condicionamientos políticos de la Administración Pública", se publica el texto de la conferencia que leí el día 29 de mayo de 1979 en el Coloquio Internacional sobre "La Administración Pública: Perspectivas del Futuro" organizado por la Escuela Nacional de Administración Pública de la Universidad de Quebec, Canadá, y que se desarrolló en esa ciudad durante la última semana de mayo de 1979. La conferencia tuvo por título "Los condicionamientos políticos de la Administración Pública en los países latinoamericanos" y en ella pretendí mostrar a los especialistas de otras latitudes, las características políticas de nuestras Administraciones Públicas, Por supuesto, todo su contenido es aplicable al caso venezolano, pues fue nuestra realidad la que más tuve presente en su redacción. La conferencia, publicada en la Revista *Resumen* en su edición Nº 294 del 24 de junio de 1979 (pág. 29 a 38), tuvo acogida por los especialistas de América Latina y de los otros países del Tercer Mundo, sobre todo por haber expuesto, con crudeza y a nivel académico, un problema tabú para los estudiosos de nuestras Administraciones: el de la corrupción administrativa. El Coloquio de Quebec, además, fue una ocasión extraordinaria para retomar contacto con el mundo internacional de las Ciencias Administrativas del cual estuve alejado durante buena parte del período de gobierno anterior. Por otra parte, Juan Carlos Rey y Ana María Ruggeri de Rodríguez leyeron el texto de la conferencia y me formularon útiles comentarios, que agradezco.

La Tercera Parte del libro, con el título "La Revitalización del Federalismo" es el texto ampliado de la charla que di el 21 de abril de 1979, en Mérida, en la sede de la Corporación de Los Andes, durante la primera reunión de los Gobernadores de la Región Andina promovida por el Presidente de la Corporación, mi amigo Carlos Chuecos, y que reunió a los mandatarios de los Estados Barinas, Mérida, Táchira y Trujillo. Esa reunión de los Gobernadores tuvo por objeto, entre otros aspectos, estudiar el problema de la reforma administrativa de los Estados, y fue una inapreciable ocasión para exponer las ideas de reforma y revitalización del federalismo venezolano en los cuales vengo trabajando desde principios de 1979, con ocasión de la elaboración del proyecto de Constitución del Estado Aragua solicitado por la Asamblea Legislativa del mismo, que preside mi amigo Edgard Benarroch, y de la elaboración del proyecto de Constitución y Reforma Administrativa del Estado Yaracuy, a solicitud de mi amigo, el Gobernador Juan José Caldera. El tema de la revitalización del federalismo sé que es polémico, particularmente en un país con tanta tradición centralista, en especial si se plantea, como lo hago en el texto que la alternativa actual frente al centralismo, está en reforzar el federalismo, único paso, por otra parte, para hacer realidad el proceso de regionalización a cuya concepción tantos años hemos dedicado.

La Cuarta Parte del libro, con el título "La Reforma del Régimen Local y la nueva Ley Orgánica de Régimen Municipal" recoge el texto actualizado de la conferencia que dicté el día 18 de noviembre de 1976 en la Facultad de Derecho de la Universidad Central de Venezuela, en las "Jornadas Críticas de Derecho" organizadas por la Asociación Cultural de Estudiantes de Derecho, y cuyo título original fue "La Reforma del Régimen Local y el Proyecto de la Ley Orgánica de Régimen Municipal". En esa oportunidad se discutía en el Congreso el Proyecto de Ley Orgánica de Régimen Municipal, y en dicha conferencia fui crítico al Proyecto y a la labor del Congreso en esta materia. Las ideas expuestas en dicha conferencia me sirvieron de base para la redacción del proyecto de comunicación que la Federación de Comunidades Urbanas (FACUR) dirigió posteriormente, al Presidente del Congreso, en mayo de 1977, y en la cual se planteó la necesidad de que al Proyecto de Ley se incorporaran normas de reconocimiento a las Asociaciones de Vecinos y Residentes que, como movimientos sociales urbanos, habían hecho su aparición en los últimos lustros. El texto original de la conferencia fue publicado por la Revista *Resumen* en su edición Nº 161 del 5 de diciembre de 1976 (págs. 20 a 29). La versión que ahora se publica, es un texto actualizado, aun cuando las críticas básicas formuladas al Proyecto de Ley, en 1976, son las mismas que, entre otras, se pueden formular a la Ley comulgada en 1978. Lamentablemente, a pesar de todo el movimiento de opinión que se desarrolló entre 1976 y 1978, los legisladores sólo recogieron pocas observaciones, y entre ellas afortunadamente las relativas a la participación de los vecinos y comunidades en el proceso municipal.

La Quinta Parte del libro recoge el texto de la inferencia que, con el título "La participación política a nivel local" leí el día 16 de febrero de 1979, en la sede del Colegio de Abogados del Estado Zulia, en Maracaibo, en el "Curso sobre Régimen Municipal", organizado por el Centro de Estudios Políticos, Económicos y Sociales (CEPES) de la Universidad del Zulia. En esa conferencia pretendí plasmar algunas ideas sobre el problema de la participación política en el ámbito municipal, y sobre el sentido y las funciones de las Asociaciones de Vecinos que han venido actuando, particularmente, en el Área Metropolitana de Caracas. He estado vinculado al movimiento de vecinos desde hace muchos años: he sido testigo de sus luchas, de su espontaneidad, de su falta de continuidad y de sus desviaciones. Pienso, por ello, que se impone establecer en el futuro inmediato, un Estado organizador de la Sociedad, para promover las asociaciones de vecinos y hacer permanente su actuación, pero sin burocratizarlas. Aquí se publica el texto original de esa conferencia, que apareció en la Revista *Resumen*, en su edición Nº 277 del 25 de febrero de 1979 (págs. 13 a 22). Aun cuando el Reglamento Nº 1 de la Ley Orgánica de Régimen Municipal sobre las Asociaciones de Vecinos se promulgó dos semanas después, el 8 de marzo de 1979, los planteamientos que formulamos continúan vigentes.

Estos, por otra parte, fueron expuestos y discutidos en la conferencia que leí en el Ateneo de Valera el 20 de abril de 1979 sobre "La participación política en la nueva Ley Orgánica de Régimen Municipal"; el 18 de mayo de 1979, en mi exposición de clausura de las "Jomadas sobre el Régimen Municipal" desarrolladas entre abril y mayo de 1979, en el Parque Central, y organizadas por la Editorial Ateneo de Caracas y el Instituto de Derecho Público de la Universidad Central de Venezuela; y el 29 de junio de 1979, en la conferencia que leí en la Facultad de Derecho de la Universidad de Carabobo, en Valencia, organizada por la Promoción de Abogados de 1979.

V

A pesar de que el contenido del presente libro este formado por cinco conferencias leídas en diversas oportunidades y sitios, guarda, sin embargo, su debida unidad e integridad. En esas conferencias he querido plantear los problemas más resaltantes, en mi criterio, relativos a la reforma de las instituciones políticas y administrativas en nuestro país, en sus tres niveles: nacional, estadal y municipal. De allí el título del libro: Política, Estado y Administración Pública. Considero que estos problemas constituyen una pieza fundamental para el futuro desarrollo del país.

En efecto, Venezuela enfrenta hoy, uno de sus más grandes retos históricos: asumir un proceso de desarrollo social, con el basamento económico que se ha venido estableciendo y expandiendo, y que hay que seguir desarrollando en el futuro. Pero tenemos que asumir el proceso de desarrollo social y económico dentro de un esquema democrático, en el cual participe, realmente, el pueblo. Por tanto, al desarrollo económico y social debe agregarse, además, un desarrollo político y administrativo, tendiente a construir las instituciones necesarias para enfrentar la más grande tarea que tiene por delante nuestra generación: superar la marginalidad social y hacer participar en los procesos económicos, sociales y políticos a todo el pueblo, mediante su promoción y organización.

Las instituciones políticas y administrativas venezolanas, para ello, deben ser conscientemente transformadas con vista al futuro. Desde el punto de vista institucional, Venezuela se ha transformado, ciertamente, en las últimas cinco décadas. Las instituciones públicas —políticas, administrativas y jurídicas— y las instituciones privadas de la actualidad, se han conformado en los últimos cincuenta años, y, por tanto, no guardan sino una relación indirecta con las que existían a comienzos de Siglo. Al análisis de esta evolución institucional he dedicado un estudio de reciente publicación: "50 años en la evolución institucional de *Venezuela 1926-1976*", en Ramón J. Velásquez y otros, Venezuela Moderna. Medio Siglo de Historia 1926-1976 (2ª edición, Fundación Eugenio Mendoza, Barcelona 1979, págs. 533 a 761).

Pero si bien es cierto que nuestras instituciones básicas son de reciente data, lo que resulta ahora evidente, frente a los retos y nuevas exigencias impuestas a la sociedad venezolana en este último cuarto del siglo XX, es que ese conjunto institucional no es el adecuado para asumir el futuro; y precisamente, corresponde a nuestra generación, la denominada Generación del 58, asumir la tarea de imaginar las transformaciones futuras y crear las instituciones necesarias para las nuevas tareas. Como generación, tenemos la responsabilidad de definir un nuevo Proyecto Político para la Venezuela del futuro, para lo cual hay que tener en cuenta que la gran mayoría de los venezolanos es muy joven, más joven que nosotros, ya que la edad promedio actual de la población de nuestro país es sólo de 24 años. Nuestra generación ha sido, además, la última que conoció la autocracia, pues nuestros primeros pasos políticos tuvieron lugar al finalizar la dictadura de Pérez Jiménez y al iniciarse, en 1958, el actual período democrático. La gran mayoría de los venezolanos, por tanto, sólo ha conocido a la democracia como sistema político. Pero ha conocido a una democracia poco democrática económica, social y políticamente hablando. Por ello, otra de nuestras grandes tareas, como generación, es democratizar la democracia.

Por tanto, nuestra generación tiene una responsabilidad histórica que asumir, al ser, además, receptora del relevo generacional que está planteado en el país. Como lo ha afirmado recientemente mi amigo Eduardo Fernández, en su Discurso de Orden, en el Congreso, el 5 de julio de 1979, al conmemorarse los 168 años de nuestra Independencia: "Estamos en una coyuntura de cambio; el relevo generacional que presenciamos impone definir con claridad el Proyecto Político y Social de la nueva Venezuela. Una nueva Venezuela supone un nuevo venezolano, rescatado de la masificación con- sumista y degradante y formado para la participación responsable en todos los órdenes de la vida nacional" (Véase en *El Universal*, Caracas, 6 de julio de 1979, pág. 1-13).

Es tarea de toda nuestra generación, contribuir a formular ese Proyecto Político y Social para el país del futuro. La tarea, por supuesto, no es simple, A lo complejo de la vida del país, se une la complejidad de nuestro proceso político actual y del desarrollo científico y tecnológico. Muchas áreas del conocimiento tendrán que estar envueltas en esa tarea. En todo caso, una pieza esencial de dicho Proyecto, por supuesto, es el aspecto institucional. Por ello, las ideas contenidas en este libro, y sobre las cuales he venido trabajando y remachando en los últimos doce años, pueden considerarse como la base de mi aporte personal para la formulación de ese Proyecto que, como generación, nos corresponde históricamente.

VI

Este libro está dedicado a la memoria de mi abuelo materno, Rafael Carias Capó, fallecido recientemente a los noventa y cuatro años. Funcionario público por muchísimos años en diversas posiciones en el Congreso, en la Gobernación del Distrito Federal y en varios Ministerios, formó parte de esa generación, políticamente frustrada por la dictadura de Gómez, ya extinguida. Alternó sus funciones públicas con las armas literarias, como tantos de esa época, y cultivó un especial respeto por la legalidad, así como un extremado culto a la honestidad personal, que sus nietos recibimos. Ningún homenaje mejor a su memoria que este libro, en el cual trato temas que, estoy seguro, veinte o treinta años atrás él hubiera apreciado, por su experiencia administrativa.

En la elaboración y exposición de las ideas contenidas en este libro, por supuesto, muchas personas han estado involucradas, y a ellas quiero agradecer su colaboración.

Ante todo, debo agradecer a quienes tuvieron a su cargo, en su momento, la organización de las conferencias. Está claro que, quizás, si no hubiese existido la presión de una fecha fija antes de la cual tenía, necesariamente, que elaborar los textos para su exposición, estas ideas no hubiesen sido redactadas en esta forma o simplemente, quizás nunca hubiesen sido elaboradas. Siempre he trabajado bajo presión, pues reconozco que, para mí, es realmente difícil sentarse a escribir en medio de la actividad docente y profesional cotidiana, sólo sobre los temas de meditación que uno quisiera. La presión, en el trabajo intelectual, que para algunos es insoportable, para mí, es el mejor estímulo para concretar ideas. Así, por haber logrado comprometerme a dar estas conferencias e, indirectamente, haberme obligado a redactarlas, mi agradecimiento a Miguel Enrique Otero, Alfredo Peña, Claude Monette, François Poulin, Carlos Chuecos y Zoraida Vivas.

Por supuesto, la actividad intelectual intensa, mezclada con las tareas cotidianas, hacen que muchas personas tengan que soportar nuestra propia presión. Por ello, como siempre, debo agradecer a Beatriz su callado soporte y permanente ayuda ya que, siempre, este tipo de trabajos los he redactado en casa, dedicando a ellos largas horas. Ella leyó, además, algunos textos, y me hizo observaciones acertadas, que siempre seguí. Por algo es Preparadora en el Departamento de Ciencias de la Administración, en la Escuela de Estudios Políticos y Administrativos.

En especial, quiero agradecer a Mary Ramos Fernández, mi colaboradora en el Escritorio, la paciencia que siempre tuvo en oír la lectura, en voz alta, de todas estas conferencias, lo que acostumbro hacer cuando redacto previamente una charla. Sus comentarios siempre fueron de aliento, y sus observaciones, acertadas y aceptadas. A su colaboración deben mucho estos textos.

Debo, además, agradecer a mis colaboradores del Instituto de Derecho Público su permanente ayuda, soportando y comprendiendo, espero, los humores del Director. En particular, Amira Esquivel de Infante, del Instituto, e Isabel Kehrhahn de Paúl, Preparadora también, en el Departamento de Ciencias de la Administración, leyeron y corrigieren versiones mecanográficas de algunas de estas charlas, y me hicieron comentarios acertados, que agradezco.

En fin, Aymara Ramos de Andrade, mi secretaria en el Instituto, tuvo a su cargo la transcripción de las diversas versiones de estos textos. Los trabajos debían estar listos, siempre, "para ayer", por lo que agradezco su permanente disposición y espíritu de colaboración.

Por supuesto, la responsabilidad única por lo que aquí se publica es enteramente mía, tal y como siempre lo ha sido por todo cuanto he dicho y escrito.

Caurimare, agosto de 1979.

A.-R.B.-C

SECCIÓN PRIMERA: EL ESTADO CONTEMPORÁNEO EN VENEZUELA

I. INTRODUCCIÓN

En estas "Jornadas sobre la Democracia en Venezuela", me corresponde desarrollar el tema del Estado, el cual, sin la menor duda, ha sido el tema medular de la ciencia política de todos los tiempos.

No es la oportunidad, por supuesto, para estudiar al Estado desde el punto de vista teórico o filosófico. En este momento considero que ello sería un atentado contra las exigencias políticas contemporáneas de la sociedad venezolana, necesitada, y más que eso, urgida, de planteamientos realistas y pragmáticos para la solución de sus problemas actuales y futuros. La literatura moderna está colmada de estudios sobre el Estado, que van desde su magnificación hegeliana, al plantear que todo lo que el hombre es, se lo debe al Estado, hasta la consideración marxista del Estado como un mero y simple instrumento de clase, pasando por la concepción liberal de la consagración de derechos individuales frente al Estado, a quien se consideraba como un ente separado de la Sociedad-

Estas concepciones teóricas han tenido, en algunos casos o han pretendido tener en otros, aplicaciones reales en el Estado liberal-burgués del siglo pasado, y en los Estados fascistas o socialistas del presente siglo. Sin embargo, ni las teorías han sido llevadas a la práctica, tal y como fueron formuladas ni los tipos de Estado de mayor actuación en el mundo moderno, se han amoldado a los esquemas teóricos. El Estado, en los países socialistas, no ha desaparecido, y al contrario, se ha fortalecido bajo la conducción de una nueva clase político-burocrática. Las experiencias fascistas, tan rápido como se construyeron, también fueron demolidas, dejando un saldo desafortunado que se inscribe en las más negras páginas de la historia del mundo contemporáneo. Por otra parte, la mayoría de los países contemporáneos del mundo occidental y del resto de países fuera del ámbito socialista, no se adaptan, en su estructura estatal, a ninguna de los esquemas simplificados, habiendo quedado la fórmula liberal-burguesa, en la historia, tanto del Siglo pasado como de la preguerra, en este Siglo.

Inútil es, por tanto, en este momento, seguir condicionados, en el análisis del Estado, por dogmas y criterios prefabricados, de los cuales tenemos que sacudirnos. Se impone un enfoque distinto, menos teórico y estrictamente político, partiendo del análisis de nuestra realidad concreta, tanto política como socio-económica y cultural. Sólo así, podremos tratar de hacer lo que le está impuesto a nuestra generación: inventar al Estado futuro; y digo inventar, pues no podemos, simplemente, seguir esperando que aparezca, y muy difícilmente podemos siquiera predecirlo. Hay que inventarlo, insisto, y hasta cierto punto, construirlo; pero inventarlo y construirlo sobre bases reales y actuales que la práctica política ha venido moldeando en las últimas décadas.

Mi exposición, a la que he titulado, "Algunas ideas para un proyecto de Estado Contemporáneo en Venezuela", en ese sentido, la voy a dividir en tres partes; en una primera parte, trataré de identificar la serie de condicionamientos que nos impone la realidad venezolana contemporánea para el estudio del Estado; en una segunda parte, y como consecuencia de lo anterior, precisaré el nuevo papel del Estado Democrático y Social de Derecho; y en una tercera parte, detallaré los diversos aspectos o exigencias para la formulación de un Proyecto de Estado contemporáneo en nuestro país.

II. LOS CONDICIONAMIENTOS DE LA REALIDAD VENEZOLANA PARA EL ESTUDIO DEL ESTADO

La realidad venezolana, en efecto, nos muestra una peculiar posición del Estado en relación al sistema económico, al sistema social y al sistema político que origina un nuevo y preeminente papel que debe cumplir, como conformador de dichos sistemas. Esta posición del Estado en el ámbito económico, social y político da origen los tres condicionantes básicos que la realidad nos impone en el estudio del Estado, y que analizaré separadamente. Hecho esto insistiré en el nuevo papel que plantean al Estado.

1. *La posición del Estado en la economía*

En primer lugar, la posición del Estado en la economía.

Podemos decir que ha dejado de ser objeto de disquisiciones teóricas el problema de la intervención y participación del Estado en el proceso económico. Se trata, en efecto, de un hecho que forma parte de los axiomas de nuestro tiempo y que la política no puede ignorar. La situación actual de nuestra economía, en efecto, nos muestra una dimensión inusitada del Estado en cuanto a su participación en la misma. Discutir si el Estado debe seguir siendo el guardián nocturno en el proceso económico o si el mismo puede o no ser propietario de medios de producción, no pasa, ahora, de ser una discusión bizantina. La realidad ha depasado las ideologías y en la actualidad basta, para darse cuenta de ello, tener presentes los siguientes datos dados por el Consejo de Economía Nacional —insospechable de cualquier desviación ideológica— sobre *"La participación del Estado en la Economía Venezolana"* (febrero de 1978): en 1976, luego de la nacionalización de la industria petrolera, el Sector Público representaba un 42.1% del Producto Territorial Bruto de nuestro país (p. 21); y en 1974, según cifras calculadas en 1975, el ingreso fiscal representaba un 40.3% del Ingreso Nacional, por lo que al decir del Consejo, ello revela "que el Estado Venezolano tiene una elevadísima capacidad financiera para influir en la economía nacional en mayor grado que otros países, incluso respecto a países industrializados" (p. 4). En estos, señala dicho Informe, "los ingresos fiscales ordinarios representan entre un 15% y un 40% del Ingreso Nacional; y en las naciones con un bajo nivel de ingreso por persona, los ingresos fiscales no pasan del 14% del Ingreso Nacional" (p. 5). Es fácil constatar la acentuada participación del Estado en la economía nacional, sobre todo si se compara ese porcentaje del 40.3% en la relación Ingreso Fiscal-Ingreso Nacional con el de otros países: Suecia 34.3%; Francia 20.7%; Alemania Occidental 22.8%; Italia 19.2%; Suiza 18,2%; Japón 16% y España 12%.

Un Estado cuyo Ingreso Fiscal y cuyo Producto supera el porcentaje del 40% en relación al Ingreso Nacional y al Producto Territorial Bruto, se nos presenta con una nueva dimensión que representa un condicionante ineludible para su estudio. No estamos en presencia, ante esa realidad, de un sistema económico liberal basado en un Estado negativo, guardián, gendarme, no interventor sino para sostener y promover los capitalistas privados. Tampoco estamos en presencia de un Estado que monopoliza la apropiación de la totalidad de los medios de producción, Es decir, la posición del Estado en nuestra economía no autoriza a indicar que el mismo sea, económicamente hablando, ni un Estado liberal-burgués ni un Estado Socialista, Estamos, al contrario, en presencia de un Estado en un sistema político de economía mixta en el cual interviene, controlando y regulando la economía privada; apropiándose, a veces monopolísticamente, de los medios de producción sin siquiera apelar al clásico principio liberal de la subsidiaridad; y en fin, ordenando todo el proceso económico, tanto del sector público como del sector privado, a través de mecanismos planificadores que no son ya sólo indicativos para el sector privado como la ortodoxia planificadora de occidente lo enseña, sino las más de las veces, aun cuando indirectamente, de carácter imperativo.

Un Estado que, si bien no es el único propietario de los medios de producción, sin embargo es el principal propietario de medios de producción individualmente considerado, y por consiguiente, bajo esa misma consideración, el principal inversionista, el primer financista, y el más importante empleador, exige un análisis bajo enfoques realistas, no dogmáticos, con el objeto de lograr que de esa nueva dimensión, cumpla a cabalidad su nuevo papel en la sociedad.

Y es que no es sólo su posición en la economía lo que condiciona el estudio del Estado contemporáneo en Venezuela, sino también su posición en la Sociedad.

2 *La posición del Estado en la Sociedad*

El Estado en Venezuela, sin la menor duda, es la organización política de la Sociedad, y como tal, el instrumento de la Sociedad para el logro de los objetivos plasmados en el pacto político constitucional: el bien común, la justicia social y el respeto a la dignidad humana. Tal como el propio Preámbulo de la Constitución lo dice expresamente; "proteger y enaltecer el trabajo, amparar la dignidad humana, promover el bienestar general y la seguridad social; lograr la participación equitativa de todos en el disfrute de la riqueza, según los principios de la justicia social, y fomentar el desarrollo de la economía al servicio del hombre".

Para los estudiosos de la historia de las ideas políticas quedaron, por tanto, los postulados liberales que establecían un dualismo entre la Sociedad y el Estado, concebidos como sistemas autónomos, y que pretendían construir el sistema social, frente al Estado, para salvaguardarlo de él. Conforme a esa doctrina, por tanto, el Estado estaba limitado y no tenía responsabilidades sociales: las libertades se establecían frente al Estado, y el bienestar colectivo debía emanar del libre juego de las fuerzas de la Sociedad. De allí la idea decimonónica de Estado de Derecho, como pura forma, construida para limitar el poder estatal, y en la cual jugó tanto papel el principio de la separación de poderes. En la Venezuela actual, al contrario, el Estado se nos presenta como parte e instrumento de la Sociedad, a través del cual se actualizan los derechos individuales, económicos y políticos, y con la responsabilidad de ser el actor y gerente principal del proceso de desarrollo económico y social. Este Estado ya no es sólo un Estado de Derecho formal, sino que lo es, pero con un contenido social imprescindible.

Por otra parte, en la misma historia quedaron también los postulados marxistas clásicos que veían en el Estado el mero y dócil instrumento de la clase dominante para la explotación de la clase dominada y que, por tanto, como tal instrumento de opresión, debía ser eliminado. De acuerdo a esta ortodoxia, los cambios que se pretendiera introducir en la superestructura, es decir, en las instituciones, incluyendo las estatales, de nada servirían por sí solos y serían imposibles sin cambios radicales en las estructuras económico-sociales; o si se quiere, los cambios que pudieran realizarse en la superestructura jurídico-política, sólo se producirían como reflejo de los cambios en la estructura económica y en la correlación de la lucha de clases.

Esta concepción mecanicista y determinista hoy en día es rechazada incluso por los propios marxistas. No sólo es necio y cuando menos, anárquico, plantear en el mundo contemporáneo la eliminación del Estado, sino que el mismo dogma de la dominación clasista del Estado está superado, sobre todo al tenerse en cuenta el foso histórico que separa las realidades y situaciones de los países europeos del siglo pasado, cuyo análisis dio origen al referido dogma, de las sociedades contemporáneas como la venezolana. En efecto, al analizarse nuestro sistema estatal surge con evidencia que el mismo goza de una autonomía específica frente a la estructura económica, aun cuando esta siga teniendo un papel decisivo. El fenómeno de actuación y papel del Estado, en nuestro país, es mucho más complejo, como lo es en todos los países contemporáneos, para poder explicarlo mediante una simple determinación economicista la cual, quizá, pudo ser más clara en los sistemas político-sociales europeos del siglo pasado. En Venezuela, y aun admitiendo, a pesar de la autonomía específica de la instancia política, que el Estado está y ha estado condicionado en su función por una determinada relación de producción capitalista, sin embargo, parece indudable que hoy, dicho Estado no está controlado por una clase económica dominante que supuestamente lo utilizaría como dócil instrumento de explotación. Tal como lo ha señalado un autor latinoamericano: "rara vez o nunca puede existir una identificación absoluta e incondicional entre el Estado y una clase, ni subordinación mecánica e instrumental del uno hacia la otra; y todo Estado debe responder también, siempre, en cierta medida, a necesidades e intereses generales de la Sociedad" (véase Marcos Kaplan, "Estado y Sociedad" en *El Estado en el desarrollo y la integración de América Latina*, Caracas, 1969, p. 34).

En Venezuela, la realidad nos muestra que la relación entre Estado y Sociedad se configura de distinta manera: el Estado es parte de la Sociedad, procede de ella, es su organización, y como tal, es su instrumento político para la consecución de sus fines y, particularmente, del bien común. En tal virtud, el Estado tiene la responsabilidad fundamental de conducir la Sociedad, y los derechos individuales no se conciben como derechos frente al Estado, sino a través del Estado. Este, por otra parte, tiene responsabilidades sociales frente a todos los estratos de la Sociedad bajo el postulado de la justicia social. El Estado conjuga los diversos requerimientos y exigencias de la Sociedad, de sus clases y estratos, y busca satisfacerlos. Es el instrumento de todas las clases y grupos, v si bien es cierto que algunos grupos económicos han tenido un relativo dominio respecto de las acciones y políticas del Estado, no es menos cierto que éste presenta una autonomía específica que tiende a acentuarse, para ponerlo al servicio de los intereses generales y la justicia social. El Estado, en nuestro país, por tanto, está dominado, si, pero pluralísticamente, por los diversos grupos organizados, por lo que hay intereses concurrentes que se expresan democráticamente y a los cuales debe servir.

3. *La posición del Estado en el sistema político*

Como consecuencia de la posición del Estado en la Economía y en la Sociedad, es imprescindible referirnos, también, a otro condicionamiento que la realidad venezolana impone al estudio del Estado, derivado de su posición en el sistema político.

Venezuela está regida, políticamente hablando, por un régimen de democracia pluralista, que se materializa en un sistema electoral dominado por el principio de la representación proporcional, y por un sistema de partidos de carácter múltiple. Nuestro régimen político, por tanto, está construido para hacer participar en él, a través de las elecciones y del funcionamiento de los cuerpos deliberantes y representativos, al mayor número de criterios y opiniones de manera que las voluntades políticas se formen pluralísticamente. En este proceso los partidos políticos tienen, no sólo desde el punto de vista práctico, como resultado del ejercicio democrático de las dos últimas décadas, sino incluso, constitucionalmente, una preeminencia, hasta el punto de que no es equivocado el calificativo de gobierno de partidos o partidocracia que, algunas veces, se ha utilizado para calificar nuestra democracia.

Los partidos son los árbitros y conductores del proceso; es a través de ellos que las voluntades políticas se expresan y se forman; es mediante su acción que se concreta la representación popular. En definitiva, la voluntad del Estado se forma por la acción o combinación de los partidos, los cuales dominan y penetran no sólo las instituciones políticas, sino las instituciones y grupos de intereses de la comunidad. De acuerdo a este régimen, sin duda, en Venezuela puede decirse que los partidos gobiernan; estos tienen el monopolio del poder y son los más importantes voceros políticos de la voluntad popular. Por su actuación, el principio mismo de la separación de poderes se encuentra no sólo mitigado sino en desuso: ¿cómo puede el Poder Legislativo controlar la actuación del Poder Ejecutivo, si el partido de gobierno es rígido y controla o tiene mayoría en el Congreso?

Esta situación del sistema político condiciona el funcionamiento del Estado y de sus estructuras políticas básicas: el Congreso ha entrado en una situación de progresivo descrédito y desconfianza; el Ejecutivo se ha impuesto a los otros poderes, centralizándose y concentrándose aún más; y el Poder Judicial ha sido penetrado por los partidos políticos con la consiguiente desatención de su sagrado deber de administrar a todos, la justicia. Las Asambleas Legislativas son los refugios de los activistas y caciques partidistas locales de mayor ambición inmediatista, que, en la mayoría de los casos, administran y usan al Municipio como un coto político-partidista de manejo de intereses propios o de allegados.

La democracia en Venezuela, como régimen político, se debe, sin duda, a los partidos políticos. Por otra parte, resulta claro que la democracia condiciona el funcionamiento del Estado, pues éste debe, siempre, expresar las voluntades e intereses populares integrados y conjugarlos. Por ello, nuestra democracia es pluralista.

Pero la expresión de esas voluntades e intereses, políticamente hablando, se produce a través de los partidos políticos, pues ellos tienen el monopolio del funcionamiento del sistema. Esto ha provocado una distorsión y mediatización de la democracia, la cual, en más de una ocasión, ha dejado de ser el gobierno por el pueblo y para el pueblo, y se ha convertido en un gobierno, no sólo por los partidos, sino para los partidos, con su consiguiente desfiguración. El Estado democrático, por tanto, frente a los diversos grupos y estratos de la población, se nos presenta como ineficiente, no porque la democracia, como régimen político, no sirva, sino porque el sistema implementado para operarla y manejarla, no ha asegurado su efectiva realización. Y ante la precariedad y mediatización de la democracia política, se levanta el fantasma de la irrealizada democracia social y democracia económica que la posición del Estado en la Economía y la Sociedad le imponen.

Es que este Estado Venezolano, de carácter democrático, con una posición como la reseñada en el ámbito de la Economía y de la Sociedad, tiene un nuevo papel que asumir, distinto al que podía tener hace cuatro décadas. Sin darnos cuenta, por fuerza de la riqueza petrolera y del consiguiente reforzamiento de la situación del Estado, hemos venido sentando las bases de un nuevo tipo de Estado, distinto al Estado liberal-burgués que nos sirvió de modelo, y distinto de los Estados Socialistas, el cual, en la terminología contemporánea de occidente, se lo comienza a calificar como Estado Democrático y Social de Derecho, por supuesto, con un nuevo y distinto papel que cumplir.

Quiero ahora insistir en este nuevo papel del Estado Democrático y Social de Derecho, que resulta de los condicionamientos económicos, sociales y políticos que la realidad venezolana nos plantea para su estudio.

III. EL NUEVO PAPEL DEL ESTADO COMO ESTADO DEMOCRÁTICO Y SOCIAL DE DERECHO

1. *La conformación de la realidad económica, política y social*

La posición del Estado en la Economía, en la Sociedad y en el sistema político, como partes o subsistemas, todos, interrelacionados, interconectados y entrecruzados de un solo sistema o totalidad, sin la menor duda, le plantean nuevas tareas y responsabilidades que lo apartan de los modelos políticos tradicionales. El Estado se nos ha venido configurando, como se dijo, como un Estado Democrático y Social de Derecho, es decir, como un Estado conformador de la realidad económica, social y política, con un papel activo y comprometido en esa conformación. Si la idea democrática debe ser consubstancial al Estado Social de Derecho, y por ello hablamos de Estado Democrático y Social de Derecho, ello es en el sentido de que no sólo debe perfeccionarse la democracia política, para que deje de ser un mero ejercicio quinquenal de elección de los gobernantes y se convierta en el medio de participación y organización de la sociedad, sino de que debe también lograrse la plena realización de la democracia económica y de la democracia social.

Bajo esta idea democrática, por tanto, el Estado, en primer lugar, deberá conformar el sistema político, para hacerlo participativo, organizando al pueblo de manera que el hombre en sociedad supere la categoría de masa; es decir, deberá democratizar la *democracia política*. En segundo lugar, el Estado deberá conformar la Economía, para permitir la participación equitativa de todos en el disfrute de la riqueza, según los principios de la justicia social, y para fomentar el desarrollo de la economía al servicio del hombre, es decir, deberá hacer efectiva la *democracia económica*. Y en tercer lugar, el Estado deberá conformar la Sociedad, con el objeto de que, respetando y amparando la dignidad humana, no sólo satisfaga las necesidades vitales y existenciales de la población, aumentando su nivel de ingreso y asegurando a todos una existencia digna y provechosa para la colectividad, sino que promueva la misma sociedad, a través de la organización del pueblo; es decir, deberá instaurar un sistema de *democracia social.*

Este nuevo papel del Estado, como Estado Democrático y Social de Derecho, en esta búsqueda y perfeccionamiento de la democracia política, económica y social, le plantea una serie de tareas, muchas de las cuales ahora realiza, y que deberán ser clarificadas, reforzadas o asumidas, según los casos. Esas tareas dan origen a varias facetas del Estado en su actuar, tanto en el campo económico, como en el social y político que analizaremos seguidamente.

2. *Las tareas del Estado en el campo económico*

La intervención del Estado en la Economía y el papel que éste ha venido ocupando en el sistema económico le han venido imponiendo una serie de tareas para conformar la realidad económica, cuyo cumplimiento da origen a varias facetas de su actuación.

En primer lugar, el Estado es un *Estado Regulador*, en el sentido de que al mismo corresponde establecer las reglas de juego de la economía privada, de manera de garantizar a todos el ejercicio de la libertad económica. En esta regulación el Estado tiene que tener por norte el respeto de la seguridad jurídica, no pudiendo dichas reglas cambiarse al capricho de los gobernantes. La conducción y regulación de la economía, no puede basarse en un simple proceso de prueba o error, según las incompetencias de los Ministros o funcionarios más influyentes, sino que requiere criterios precisos, prospectivos y justos.

Pero además de Estado regulador, en segundo lugar, el Estado es un *Estado de control* del ejercicio de la libertad económica para proteger a los débiles económicos, evitando la indebida elevación de los precios y las maniobras abusivas tendientes a obstruir el ejercicio de la libertad económica por aquellos. En su faceta contralora de la economía es que el Estado puede garantizar, a todos, el derecho a tener acceso a la actividad económica, aun bajo el solo papel de consumidor o usuario.

En tercer lugar, el Estado es un *Estado de Fomento* en el sentido de que, al protegerse, constitucionalmente, la iniciativa privada, el Estado debe promover, estimular, en definitiva, fomentar el desarrollo de actividades económicas por el sector privado. Sin embargo, no se trata del fomento indiscriminado y desordenado que ha caracterizado, en los últimos años, el derroche administrativo de los entes crediticios del Estado, sino de una técnica de promoción y estímulo que adecúe la actividad privada a los planes de desarrollo económico y social del país.

Por otra parte, el Estado de Fomento tiene que seguir realizando las clásicas actividades de creación de infraestructura física y equipamiento del territorio, pero dentro de una política racional de orientación del gasto público, de manera de establecer las bases para el desarrollo de las actividades económicas, tanto del sector público como del sector privado.

En cuarto lugar, y en virtud de los mismos postulados constitucionales que le permiten, directamente, y sin el imperativo de la subsidiariedad, la intervención activa en la Economía como productor de bienes y servicios, el Estado es un *Estado Empresario*. Como tal, debe desarrollar una actividad industrial, monopolíticamente, en las áreas económicas que se ha reservado por razones de conveniencia nacional, tal como ha sucedido en las industrias petroleras, de explotación del hierro y del gas, militares y nucleares. Debe, además, desarrollar bajo su control la industria básica, tal como lo ha venido haciendo en el campo siderúrgico o petroquímico; y debe asumir empresas, aun en concurrencia con los particulares, en las actividades en que ello sea necesario desde el punto de vista de la política económica de desarrollo. Pero en esta faceta, el Estado también debe definir reglas de juego precisas, con el objeto de asegurar al sector privado un mínimo de estabilidad y seguridad jurídica. El Estado, en Venezuela, tiene suficiente de que ocuparse como empresario con las industrias nacionalizadas, las industrias básicas y otras grandes empresas y corporaciones, para estar interviniendo, activamente, en empresas de toda índole según los caprichos o ideas luminosas de los gobernantes de turno. El Estado, con lo que tiene a nivel de producción de bienes y servicios, no puede seguir convirtiéndose, además, en hotelero, talabartero, artesano o vidriero.

Por último y en quinto lugar, desde el punto de vista económico, el Estado es un *Estado Planificador*, pues a él corresponde la responsabilidad de definir las políticas de desarrollo, elaborar los planes y programas de acción gubernamental, y ejecutarlos a través de los mecanismos presupuestarios o de programación anual. En este campo, la planificación debe ser reevaluada y redefinida. No se trata de realizar un ejercicio teórico o de mera asesoría económica. Se trata de definir, prospectivamente y a largo plazo, lo que la Sociedad quiere de nuestro país, para luego precisar, en un mediano plazo, en un Plan quinquenal, el desarrollo de una acción gubernamental concreta. Para ello, no sólo tiene que desarrollarse una planificación concertada y democrática, que permita a los sectores interesados, tanto del sector público como del sector privado, intervenir en su concepción y desarrollo, sino que debe hacerse participar en las tareas de formulación y adopción de los planes a los órganos legislativos. De nada o de muy poco vale un Plan que adopte el Ejecutivo aisladamente, si el órgano político-legislativo no lo hace suyo, y no lo sigue en las asignaciones presupuestarias que debe autorizar anualmente.

La planificación no es sólo una operación técnica, es un proceso político, y como tal deberá ser reformulado, garantizándose la participación, en el mismo, tanto a las instituciones políticas, como a los grupos de intereses de la comunidad.

Por otra parte, la planificación no solo debe ser económico-social, como hasta el presente, sino también, físico-espacial, de manera que se asegure un proceso racional y equilibrado de ocupación del territorio, guiado por una política de ordenación territorial definida, también, prospectivamente. En esta política nacional de ordenación del territorio tiene que ubicarse la política de desarrollo urbano y de protección del ambiente.

3. *Las tareas del Estado en el campo social*

Pero además de estas tareas del Estado en el campo económico, que nos lo muestran como un Estado Regulador, de Control, de Fomento, Empresario y Planificador; al corresponderle también la conformación de la Sociedad, el Estado tiene además una serie de tareas en el campo social, que dan origen a otras facetas.

En primer lugar, el Estado es, ante todo, un *Estado Redistribuidor* de la riqueza. No siendo el Estado propietario exclusivo de los medios de producción, y garantizando el orden constitucional la posibilidad de acumulación de la riqueza en manos particulares, corresponde al Estado, con el objeto de elevar el nivel de ingresos de la población y asegurar el desarrollo de la economía bajo los principios de la justicia social, actuar como el gran redistribuidor de la riqueza, mediante el establecimiento de un sistema tributario que logre la elevación del nivel de vida del pueblo. Esta tarea de redistribución de la riqueza, aunada a la de distribución de su propio ingreso derivado de su actividad empresarial, requieren una reorientación profunda del gasto público y de la estructura administrativa del Estado, para ponerlos al servicio de esas tareas, ya que en la actualidad tienen una orientación distinta, algunas veces de concentración de la riqueza.

Pero dentro de las tareas del Estado en el campo social, y como parte de la más amplia de servir de agente de redistribución de la riqueza para el logro de la justicia social, el Estado tiene vina tarea directa de carácter asistencial y prestacional, y que lo configura como un *Estado prestador de Servicios Públicos*. Este Estado de servicios públicos, aún no se ha consolidado en Venezuela. Ciertamente, el Estado presta servicios de salud, de educación, de proveedor de viviendas, de transporte colectivo, de teléfonos, de correos, de distribución de agua, etc., pero sin embargo, todas esas actividades prestacionales, o son insuficientes o están deficientemente realizadas. No hay viviendas, y el panorama de las áreas marginales de las grandes y medianas ciudades lo muestra a la vista; enfermarse constituye la mayor tragedia que puede pasarle a una persona; en el correo ya nadie cree; la educación está signada por el fantasma del cupo; el transporte colectivo es el mayor martirio o peligro que pueden correr los usuarios en los actuales momentos; y el agua no llega sino a pocas partes. La tarea prestacional del Estado, vieja en su concepción, es, sin embargo, la que quizás más requiere de revalorización y ejecución. La misma expansión económica, la difusión de niveles de vida superiores a través de los medios de comunicación y los contrastes de la vida citadina ya han creado una clara conciencia en el pueblo de que, al menos, la acción del Estado debe estar orientada a proveer y prestar servicios al ciudadano. Y ya no se contenta al pueblo con promesas: o se prestan, en el futuro, eficientes servicios o el pueblo los va a exigir, por primera vez, colectiva y violentamente. Ya no soporta la burla del Estado rico que ni siquiera es capaz de proveer los mínimos y elementales servicios públicos.

En tercer lugar, también en el campo de lo Social, el Estado tiene la tarea fundamental de ser un *Estado de promoción social*. Aquí es donde el Estado Democrático y Social de Derecho se manifiesta con características específicas. El desarrollo social, tal como también sucede en el campo económico, no puede ser un desarrollo espontáneo. El Estado es el ente responsable, como conformador de la Sociedad, de promoverla, para hacer efectivo el respeto a la dignidad humana, es decir, el libre desenvolvimiento de la personalidad del hombre.

Por ello, la tarea de promoción social, sobre todo ante un creciente fenómeno de marginalidad social, es consustancial al Estado Democrático *y* Social de Derecho: promoción de la familia, de la niñez, de la juventud, del adulto, de la vejez, de manera de lograr, no sólo la participación de todos los estratos de la población en los procesos sociales, sino de lograr el desarrollo de las propias individualidades y capacidades creadoras. La educación y la cultura popular, que no de masas, deberán ser los instrumentos fundamentales de promoción social.

4. *Las tareas del Estado en el campo político*

Pero este nuevo papel del Estado, como Estado Democrático y Social de Derecho, no sólo le impone tareas en el campo económico y social, sino también, en el campo político.

Ante todo, es un *Estado Democrático* y como tal, no sólo ha de configurarse para que sirva a un gobierno para el pueblo, como totalidad, sino para que dicho gobierno sea un gobierno del pueblo y por el pueblo. Para ello, el Estado tiene la responsabilidad de perfeccionar la democracia y hacerla participativa, de manera que no se agote en las elecciones quinquenales, sino que sea de ejercicio permanente. Para el logro de esta democracia participativa, la unidad política, primaria y autónoma que es la Municipal, debe reestructurarse, pues es realmente al nivel local que la democracia puede conjugarse con la participación política y permitirse el acceso del ciudadano al poder.

Por tanto, el Estado tiene, entre sus funciones fundamentales, la de conformar el sistema político, pero para hacerlo más participativo.

Pero la participación política en un marco democrático, o si se quiere, la democracia participativa, requiere de la organización de la población. La participación política no puede ser tampoco espontánea, salvo que se corra el riesgo de la anarquía; tiene que ser desarrollada, promovida y organizada por el Estado. De allí esa particular faceta del Estado en el campo político, de *Estado Organizador*.

En esta misión de organizar la sociedad, el Estado asume la responsabilidad de establecer y promover los canales de participación del pueblo en los procesos políticos y administrativos, tanto locales como regionales y nacionales. El pueblo, como vecino, como usuario, como consumidor, como trabajador, como artesano, como empresario, como profesional, no sólo debe ser oído y consultado, para conjugar los diversos intereses, sino que debe participar en el proceso de formación y toma de decisiones. El Estado, en tal sentido, debe promover por ejemplo, la organización de las Juntas o Comités de vecinos, de usuarios o de consumidores, tal como ha promovido y alentado las organizaciones gremiales, sindicales, profesionales y de industriales y comerciantes.

La participación, en esta forma, tiene que ser una política global de conformación de la sociedad en todos sus niveles y estratos.

Pero además de su faceta como Estado Organizador, desde el punto de vista político, el Estado también es un *Estado de libertades*. Esta noción, por supuesto, no debe ser entendida desde el punto de vista puramente formal, como fue la noción clásica del Estado de Derecho, que concebía las libertades como un límite a la acción estatal y una protección frente a las intervenciones del Estado. Cuando hablamos del Estado de libertades en el mundo contemporáneo, al contrario, se destaca su contenido material de libertades económicas y sociales, además de las políticas e individuales. El Estado Democrático y Social de Derecho, en esta forma, es la vía para la realización de las libertades y no el ente al cual se le oponen las libertades; y su misión es, por sobre todo, y con base en los principios de respeto a la dignidad humana, hacer posibles y efectivas las libertades públicas.

La noción de participación vuelve a surgir aquí, para que la consagración de derechos y libertades no convierta al pueblo en un mero objeto de asistencia estatal.

Pero el Estado, además, es un *Estado de Derecho*, sometido al control de la legalidad. Sin embargo, el orden jurídico en el Estado Democrático y Social también deja de ser una mera forma, para adquirir ese contenido social mencionado, y ya no se lo concibe, sólo como un mero y exclusivo medio para limitar el poder del Estado. El derecho o, si se quiere, el orden jurídico, se configura, más bien, como el instrumento establecido, tanto para permitir al Estado su labor de conformador de la realidad económica y social, como de aseguramiento del goce de las libertades públicas.

Ahora bien, este panorama que resulta de la posición del Estado en la realidad económica, social y política en la Venezuela contemporánea, y que le impone un nuevo papel, como conformador de esas realidades, con tareas específicas y variadas, contrasta, sin duda, con la realidad misma de la estructura y funcionamiento del Estado actual. Este, no ha asumido todas las facetas que le impone y exige su nuevo papel, y muchas de las que ha cumplido, las ha realizado incompleta, ineficaz e incoherentemente. De allí la crisis del Estado, de sus instituciones y del mismo régimen democrático. El Estado, en efecto, no ha logrado adaptar su estructura, sus instituciones y su funcionamiento para la realización de su nuevo papel. Está planteada una reformulación del Estado en Venezuela para que asuma, plenamente, su papel de Estado Democrático y Social de Derecho en la forma señalada.

IV. LAS EXIGENCIAS DE TRANSFORMACIÓN DEL ESTADO VENEZOLANO

Para ello, en mi criterio, surgen una serie de exigencias de transformación, que son para la supervivencia, y que, por tanto, deben realizarse con carácter urgente, al menos en cuatro de los sistemas básicos de nuestra sociedad: el sistema político, el sistema de gobierno, el sistema administrativo y el sistema de control. Quiero referirme, separadamente, a las diversas implicaciones de estas transformaciones.

1. *Las transformaciones del sistema político*

En primer lugar, las transformaciones del sistema político. Sin duda, uno de los resultados más preciados del ejercicio político de los últimos veinte años, es el de la existencia de un régimen político democrático y de libertades. Sin embargo, estamos todos conscientes que no podemos seguir con la democracia actual; que se nos muestra débil, no participativa, mediatizada y con una gran indisciplina social.

A. *La búsqueda de una democracia fuerte*

Hay un sentimiento común de todos los venezolanos: nuestro régimen democrático actual es débil: no satisface las exigencias sociales, es aprovechado por inescrupulosos políticos, permite la desobediencia de las leyes, y fomenta la indisciplina. Por todas partes se oyen gritos a favor de una democracia fuerte, que sea capaz de imponer disciplina social, de lograr y moldear el consenso y canalizar los conflictos políticos; de rescatar al ciudadano; de revalorizar el trabajo; y que haga que las leyes se cumplan y no se burlen. Para ello se hace indispensable estructurar una democracia con poder, con la cual se pueda gobernar, y que sea capaz da asumir, conformar y transformar la realidad venezolana. Por supuesto, hablar de democracia fuerte, con poder, es hablar de democracia con autoridad, pero no de democracia con energía. Esta, la energía, se encuentra en la naturaleza: es salvaje o natural; un animal o un rayo tienen energía, pero no tienen poder ni autoridad. Para esto se exige tener conciencia del poder y capacidad de decisión, para dirigirla hacia fines precisos (véase Amalio Fiallo, "El Poder Social" en *Nueva Política*, N° 26-27, Caracas oct. 77. marzo 78, p. 66).

Se impone, por tanto, estructurar una democracia fuerte, con poder y autoridad, con la cual se pueda gobernar efectivamente. Para ello, deberá consistir no sólo en el gobierno del, por y para el pueblo, sino "con el pueblo", es decir, en una democracia realmente participativa, además de representativa.

B. *La búsqueda de una democracia participativa*

En efecto, la crisis de la democracia actual es una crisis de participación. El Estado y el gobierno están lejos de los individuos y pretenden gobernar sin su concurso. El ciudadano es, hoy, una rara especie en vías de desaparición. Su participación política se reduce a actuar en un proceso electoral cada cinco años, como elector, y a ser utilizado en carnavales preelectorales por los partidos políticos, pues no solo no participa en la formulación de las políticas estatales, sino que tampoco participa, efectivamente, en la distribución de los bienes de la sociedad.

Se impone, por tanto, el rescate del ciudadano, para que asuma el poder, reconquiste al Estado y o ponga a su servicio. En definitiva, constitucionalmente, la soberanía reside en el pueblo y este debe ejercerla. Pero para ello debe dejar de ser masa y convertirse realmente en pueblo. Este es el reto del Estado Democrático y Social de Derecho: organizar al pueblo, y ese es el temor tradicional del populismo y de la social democracia criolla. Le temen al pueblo organizado pues a este no se lo engaña; prefieren manipular y engañar a la masa.

En todo caso, la participación política sólo se logra a través de la organización del pueblo, y ésta sólo puede promoverla el Estado, para no caer en la anarquía social. El sentido de la idea del Estado Democrático y Social, es, entonces, la del Estado organizador de la sociedad para la participación, lo cual debe realizarse en todos los planos sociales, desde abajo hacia arriba, con el establecimiento de cuerpos intermedios entre el Estado y el Ciudadano: en el plano local, a través de la promoción de las asociaciones de vecinos; en el plano laboral, a través de la promoción sindical y de los mecanismos de participación en la gestión empresarial; en el plano de la educación y la juventud, a través de la promoción de los movimientos de jóvenes y de las comunidades educativas; en el plano económico, a través de la promoción de las asociaciones de pequeños y medianos empresarios y productores y su participación en la planificación y formulación de políticas, así como de las juntas de consumidores y usuarios para proteger su libertad económica; en fin, en el plano político, mediante la democratización de los partidos políticos y el rescate del ciudadano, para hacer la democracia más representativa.

C. *La búsqueda de una democracia más representativa*

Y es que la democracia participativa que debe estructurarse no debe dejar de lado el carácter representativo de la misma, y el cual, aun cuando es consustancial con ella, en la actualidad está desdibujado.

En efecto, la democracia representativa en Venezuela, por la práctica política de los últimos veinte años, ha resultado en ser poco representativa. ¿Quién de nosotros, en realidad, se siente representado por un Concejal, un Diputado a una Asamblea Legislativa o el Congreso? Los representantes, en definitiva, han resultado no representar al pueblo, y sólo a los partidos políticos. Hay, por tanto, una democracia representativa de los partidos políticos, hay una democracia de partidos, pero no hay una democracia representativa de las comunidades y de los grupos de la población. Para hacer la democracia más representativa y sin desconocer y, al contrario, reconocer y admitir el papel esencial de los partidos políticos en el funcionamiento del sistema, se hace indispensable modificar el sistema electoral y el sistema de partidos.

El sistema electoral, en efecto, para ser más representativo, debe acercar más al elegido con el elector, entre otros factores, por la reducción de la amplitud territorial de las circunscripciones electorales: se impone la elección de menos representantes en más reducidos distritos electorales, de manera que el elector pueda exigirle a su elegido la responsabilidad política resultante de la elección, hasta llegar a la elección uninominal a nivel local. Para que el Municipio sea la unidad política primaria y autónoma dentro de la organización nacional, y se realice en ese nivel, plenamente, la democracia, debe establecerse la elección uninominal en pequeñas circunscripciones electorales. Sólo así habrá representatividad política de los concejales con las vecindades y comunidades que los elijan.

Las elecciones locales, por otra parte, deberán separarse de las elecciones nacionales, con el objeto de que la democracia local tenga su propia individualidad y no siga siendo una añadidura de una votación nacional por los candidatos presidenciales.

Por otra parte, los procesos electorales deben enseriarse: en un pueblo organizado no podrá seguirse manipulando la opinión pública y la masa, a base de canciones, consignas vacías de contenido y aplicabilidad, y dichos populacheros y folklóricos. La elección es un acto serio, donde se manifiesta una opción política, no un carnaval, ni un concurso, donde el disfraz, la figura o la "imagen" que se vende, tiene más valor que las ideas que se proclamen. ¿Qué representatividad puede haber como resultado de unos comicios donde el elector no hace otra cosa que ser manejado por los partidos políticos, para lograr una representación puramente partidista?

Los partidos políticos, en este orden de ideas, y sólo como consecuencia de una reforma electoral, es que podrían convertirse, realmente, en un cuerpo intermedio para la participación y el logro de la representatividad política. Hoy, solo la minoría milita en partidos políticos, pero estos controlan totalmente el juego político: asumieron el monopolio del poder, y el sistema democrático se ha venido convirtiendo en un mecanismo representativo de los partidos y no del pueblo, produciéndose una excesiva intermediación entre éste y el poder.

Esta excesiva importancia de los partidos políticos ha originado, internamente, y a pesar de ellos, un debilitamiento de la democracia partidista, por el control que ejercen las maquinarias. Estas, no sólo mediatizan las elecciones, al designar los elegidos y controlar las decisiones ulteriores, sino que comienzan a imponerse sobre los propios partidos, desideologizándolos y burocratizándolos. Junto con estos dos fenómenos aparece, en el contexto, la penetración de los grupos económicos, para financiar unas costosísimas campañas publicitarias que condimentan el folklore electoral.

De todo ello resulta un juego democrático, no sólo poco participativo, sino no representativo, que corre el riesgo de destruirse a sí mismo. Dado el monopolio del poder que los partidos tienen, sin duda, sólo ellos pueden, flexibilizándose, transformar la democracia política. De allí su gran responsabilidad en el momento actual.

D. *La consolidación de una democracia económica y social*

Pero la transformación del sistema político no sólo impone la búsqueda de una democracia participativa y más representativa, sino también, la consolidación de una democracia económica y social, que le dé real contenido al sistema.

No basta, por tanto, que el sistema político se fundamente en la consagración de una serie de derechos, garantías y libertades, sino que tiene que estar dirigido a su realización plena y concreta. ¿De qué vale la libertad económica si muy pocos tienen acceso al proceso productivo? ¿De qué vale la libertad de tránsito si no existe un eficiente servicio de transporte público? ¿De qué vale el derecho a la educación y a la salud, si no hay cupo en los institutos educativos o no hay camas en los hospitales? ¿Para qué sirve el derecho de propiedad si muy pocos son propietarios? ¿De qué vale la libertad de expresión del pensamiento, si no hay medios donde expresarlo, por el control, de los mismos, por grupos privados movidos por los solos intereses de los anunciantes? La verdadera esencia del sistema político democrático es que, por sobre todo, debe ser un gobierno para el pueblo, y para ello, debe actualizar y hacer efectivos, además de los derechos políticos, los derechos económicos y sociales.

2. *Las transformaciones del sistema de gobierno*

Pero, sin duda, para consolidar en Venezuela un Estado Democrático y Social de Derecho, no basta con transformar el sistema político, para hacer de la democracia un sistema fuerte, participativo, representativo y de contenido económico y social, sino que resulta indispensable que dicho sistema encuentre su soporte en un sistema de gobierno que asegure el ejercicio efectivo de la autoridad. Es necesario, dijimos, un gobierno que gobierne, y para ello, hay que sincerar, definitivamente, tanto las relaciones entre el Congreso y el Ejecutivo, como sus respectivas competencias.

A. *La búsqueda de un nuevo poder parlamentario*

En efecto, el Congreso en Venezuela, siguiendo la ortodoxia liberal del siglo pasado, fue concebido como un órgano político, de legislación y de control de la Administración Pública, dentro de un balance de poderes que tendía a debilitar el poder del Estado, a través de mutuos frenos y contrapesos. Ese esquema quedó en la historia, y en la actualidad no responde a la realidad.

En efecto, en primer lugar, el Congreso no participa, efectivamente, en la definición de las grandes opciones políticas de desarrollo económico y social del país. Los planes de desarrollo no se someten a su conocimiento y discusión, y a pesar de la sujeción parlamentaria de nuestro sistema presidencial, las votaciones en el Congreso se reducen, en la mayoría de los casos, a una mera formalidad.

En segundo lugar, nuestro Congreso no legisla: la legislación básica de este país en los últimos cuarenta años, ha sido dictada por el Poder Ejecutivo, mediante Decretos Leyes, de facto o de derecho, pero en definitiva, mediante actos ejecutivos con fuerza y valor de ley. Las pocas leyes que aprueba el Congreso son leyes aprobatorias de convenios internacionales, y excepcionalmente sanciona leyes, que han sido proyectadas por el Ejecutivo, y cuyos cuadros, inclusive, redactan los proyectos de informes de las Comisiones parlamentarias respectivas- Las Cámaras Legislativas, por tanto, en realidad, no legislan.

En tercer lugar, las Cámaras tampoco controlan a la Administración. Para ejercer auténticas funciones de control, las Cámaras Legislativas tendrían que tener una composición más representativa de la población y la ciudadanía. El control partidario de las mismas, en realidad, traslada el ejercicio del control a los partidos políticos y dentro de ellos, a sus maquinarias. La consecuencia es evidente: se controla solo en la medida en que interesa a las maquinarias partidistas, interés que es cambiante, por supuesto, conforme cambian las correlaciones políticas.

El Congreso, por tanto, no hace lo que debería hacer, o lo hace mal; y esto plantea su reformulación. Ante todo debe convertírselo en un órgano político, que participe, efectivamente, en la conducción del país. Es dicho órgano el que, en representación del pueblo, debe definir la estrategia de desarrollo y las grandes opciones políticas que plantea. Para ello, debe aprobar los lineamientos de los planes quinquenales conforme a la estrategia que también debe definir. Por otra parte, deben sincerarse sus funciones legislativas: debe, en general, reducirse a sancionar leyes medidas, leyes programas, leyes de orientación, leyes cuadro, de contenido general que orienten y autoricen al Ejecutivo para legislar, conforme a sus prescripciones políticas. Por último, deben reforzarse sus poderes de control sobre el Ejecutivo y la Administración Pública, dotándoselo de mecanismos adecuados para ello, y variándose, mediante las modificaciones del sistema político señaladas, su composición. Solo siendo realmente representativos podrán los miembros del Congreso ejercer sus funciones de control.

B. *La consolidación de un Ejecutivo fortalecido y responsable*

La crisis parlamentaria y las transformaciones que deben introducirse en el Congreso conllevan, necesariamente, una transformación del Ejecutivo, el cual, si bien debe ser fortalecido, implica y plantea la posibilidad de que se exija su responsabilidad y de que sea efectivamente controlado.

Las labores legislativas del Poder Ejecutivo, siguiendo la orientación universal que plantea la primacía del Ejecutivo, deben ser consolidadas. En el futuro, los Decretos-Leyes y la delegación legislativa, deben caracterizar la acción política del Ejecutivo, ya que sólo así se puede asegurar la oportunidad de la regulación, pero siempre que se refuerce, como se dijo, la función político-orientadora del Congreso. El fortalecimiento del Ejecutivo, por otra parte, exige, como también se dijo, la ampliación de los mecanismos de control del Congreso. Aquél no puede fortalecerse si no es controlado y no se le exige responsabilidad. Ambos elementos son consustanciales: sin una transformación del Parlamento, el fortalecimiento del Ejecutivo sería una insensatez, y más bien, conduciría a consolidar al Ejecutivo díscolo e irresponsable que padecimos durante años.

Pero un sistema de gobierno que redefina las funciones del Parlamento y del Ejecutivo, tampoco es viable, aisladamente, como instrumento de un Estado Democrático y Social de Derecho, si no se racionaliza, políticamente hablando, el sistema administrativo. Este es el principal instrumento de gobierno, y un gobierno será bueno o malo, según el sistema administrativo del cual disponga. En el momento actual, está planteada, también, la introducción de transformaciones profundas en el mismo, para no seguir gobernando mal, tal y como se ha hecho en el último lustro.

3. *Las transformaciones del sistema administrativo*

En efecto, nuestro sistema político-administrativo actual se caracteriza por estar excesivamente concentrado en la Presidencia de la República y por estar excesivamente centralizado en el nivel nacional. Se impone por tanto, la búsqueda, tanto de una desconcentración del poder del Presidente como de una descentralización del Poder Nacional.

A. *La búsqueda de una desconcentración del poder presidencial*

En efecto, en los últimos años hemos presenciado la consolidación, en nuestro país, de una presidencia cuasi-imperial, mesiánica, mágica, propia de iluminados, que nos presenta al Presidente como un oráculo: el Presidente todo lo sabe, y sólo él sabe; el Presidente todo lo decide, y sólo él decide. Los Ministros, los Presidentes de entes descentralizados, los gobernadores, aparecen como meros amanuenses, quienes sólo hacen lo que el Presidente les dice, y no hacen nada, sin llevar los asuntos, aun los más elementales, al Presidente. Algún ex-Ministro del gobierno, inclusive, en un insulto sin precedentes a la función ministerial, al aclarar públicamente el carácter de su sumisión total al Presidente, llegó a declarar públicamente que estaba dispuesto a cortar cabezas, si éste se lo pedía.

La concentración de todas las decisiones en el Presidente no sólo obstaculiza el funcionamiento de la Administración por la dilación o ausencia de toma de decisiones; no sólo ha producido una falta de respeto de los niveles inferiores de la Administración en las decisiones del Presidente, al incumplirlas y al no haber seguimiento de la ejecución; sino que ha producido una degradación de la jerarquía ministerial. Los Ministros han perdido responsabilidad sobre los sectores que deberían gobernar pues el Presidente no sólo es quien nombra los directivos de los entes descentralizados, sino quien recibe la mayoría de sus cuentas.

Los Ministros, por tanto, ya no gobiernan, y el Consejo de Ministros es una asamblea de convidados de piedra donde sólo el Presidente discurre.

Una Presidencia como ésta, es incapaz de conducir al país en forma adecuada y de ella, en todo caso, sólo encontramos sus símiles en los nuevos países africanos, donde, al decir de un ex-Ministro del actual gobierno, los Presidentes pretenden tener "las soluciones totales para los problemas de sus países, del tercer mundo y del mundo entero" (Véase R. Escovar Salom, "Discurso en la Cámara de Diputados en el debate sobre el Mensaje Presidencial", en *El Nacional,* Caracas 13 de mayo de 1978, p. D-22).

Se impone, por tanto, la indispensable y urgente tarea de desconcentrar la Presidencia de la República. Para ello, ante todo, debe revalorizarse la función ministerial: los Ministros tienen que volver a gobernar, y en general, salvo en las grandes decisiones nacionales, sólo ellos deben gobernar su sector. Siendo imposible en nuestro país, en la actualidad, separar, constitucionalmente, la jefatura del Estado de la jefatura del gobierno, el Presidente debe tender a asumir plenamente su papel de Jefe del Estado, y hacer que los Ministros gobiernen sus respectivos sectores. Un

Presidente no tiene por qué saber de todo y decidir todo; lo normal es lo contrario, y para gobernar es que están los Ministros, En estos es que debe desconcentrarse el poder de la Presidencia revitalizándose la función ministerial, Sólo un gran poder ministerial podrá poner orden sectorial ante el gran desmembramiento que se ha operado en la Administración Nacional, con la creación de tantos y tantos institutos autónomos y empresas del Estado.

La reforma administrativa, por tanto, debe estar signada por la búsqueda de la desconcentración de la Administración Pública para, por supuesto, ponerla al servicio de los ciudadanos.

B. *La búsqueda de una descentralización del Poder Nacional*

Pero no sólo está planteada, en nuestro país, urgentemente, la desconcentración del poder presidencial, sino también, la descentralización del Poder Nacional.

En efecto, a pesar de la forma federal del Estado venezolano, este se caracteriza, contradictoriamente, por una excesiva centralización del poder político, económico, administrativo y jurídico en los niveles nacionales- La provincia, en Venezuela, no existe, sino como objeto de dádivas de parte de los niveles nacionales. En este sentido, los Estados y Municipios reciben mendrugos pero no participan efectivamente en los asuntos y tareas del desarrollo de! país, al no tener poder político ni administrativo, salvo en asuntos domésticos y localistas. Son, a lo sumo, centros de control y reparto burocrático en beneficio de las maquinarias partidistas, pero muy poco, efectivamente, hacen en beneficio de las colectividades. En esas estructuras, el pueblo no participa; al contrario, las soporta, e inclusive, ha sido frente a ellas que se han venido formando cuerpos intermedios, realmente participativos, como las asociaciones de vecinos y residentes. Su origen próximo está, paradójicamente, en la búsqueda de una protección contra las arbitrariedades de la autoridad municipal.

Se hace imprescindible descentralizar el Estado Venezolano para acercarlo al ciudadano, pero ciertamente, la descentralización, en Venezuela, es difícil efectuarla hacia las actuales divisiones territoriales. Los Estados de nuestra Federación no responden a las exigencias del proceso de desarrollo actual de Venezuela; su origen es meramente histórico, y la efectividad que pudieron tener, en la Venezuela caudillista-regional-feudalista del siglo pasado, hoy es inexistente. Para descentralizar el Estado se impone la institucionalización de los nuevos niveles territoriales que la misma realidad del país nos va mostrando, y que se configuran en las Regiones. Los Andes, el Zulia, Guayana, Oriente, Centro-Occidente, Los Llanos, el Centro, el Sur, la Capital, son ámbitos regionales que, como nuevos niveles de descentralización política tendrán, en el futuro, que sustituir al solo nivel estadal.

Cuando estos niveles regionales como nuevos ámbitos de descentralización política se establezcan, es que podrá pensarse en la elección por vía de sufragio de los nuevos gobernadores de regiones autónomas.

Pero antes de plantearnos la eliminación de los Estados, es necesario crear la conciencia regional, administrativa y políticamente hablando. La regionalización política, por tanto, tiene que estar precedida, en un proceso que necesariamente es de largo plazo, por una regionalización político-administrativa, que fortalezca el federalismo y que permita la participación de los Estados en el proceso de desarrollo nacional, a través de una desconcentración regional del Poder Nacional, en la cual los

Gobernadores readquieran el papel de agentes del Ejecutivo Nacional, que perdieron hace varias décadas. La revitalización de los Gobernadores sólo será posible cuando se los encargue de coordinar, a nivel regional, las tareas del Poder Nacional en las regiones.

En el momento actual, sin duda, es en la regionalización administrativa, paralelamente al reforzamiento del poder de los Estados, donde debe iniciarse el proceso de descentralización territorial del Estado Venezolano.

Pero el problema del centralismo del Estado no sólo plantea el cuestionamiento de las estructuras estadales y la búsqueda de una regionalización, sino la necesaria y urgente reforma del régimen local. El Municipio, hoy, lejos de ser la unidad política primaria y autónoma dentro de la organización nacional, en el sentido de que debería ser el centro de la participación política y de realización de la democracia por el ciudadano, es el centro del abuso de poder local, donde los caciques y caudillos regionales detentan la autoridad.

Se impone, por tanto, la reforma del régimen local para, hasta cierto punto, crear la vida local. Esta sólo existe, con ese nombre, en la Constitución, pero en la realidad no funciona, al no estar establecidos los mecanismos de participación ciudadana, ya mencionados; y al no tener virtualmente el ciudadano-vecino, vinculado a su comunidad, y solidario de su destino.

El Municipio, entonces, políticamente debe concebirse como el centro primario de participación política y de ejercicio de la democracia; y administrativamente, como la unidad territorial menor para la prestación de servicios y la atención a la comunidad. Por ello, la reforma del régimen local es política y administrativa, y sólo así, podrá dar origen a un gobierno local, participativo, con, por y para la comunidad o vecindad.

4. *Las transformaciones del sistema de control*

Pero las exigencias para la configuración de un Estado Democrático y Social de Derecho en Venezuela, tal y como lo hemos descrito, no sólo implican la transformación del sistema político, del sistema de gobierno y del sistema administrativo, sino también, del sistema de control de la actuación de ese Estado.

Un Estado poderoso, fuerte, con el papel de conformador de la realidad política, económica y social del país, no puede ser un Estado incontrolado e irresponsable. Es elemental, en la concepción jurídica del Estado, considerar que a mayores poderes y prerrogativas estatales, es indispensable prever también, mayores controles a su actuación. Un gobierno fuerte, por tanto, requiere, ante todo, de una contrapartida de control, en un Poder Judicial realmente autónomo e independiente, y de la previsión de nuevos controles públicos y populares de la acción del Estado.

A. *La consolidación de un Poder Judicial autónomo e independiente*

El Poder Judicial, en efecto, es la garantía del funcionamiento de un régimen democrático, pero para ello, ese Poder Judicial debe ser independiente del gobierno y autónomo en su decisión, sujeto sólo a la ley. En nuestro país, lamentablemente, hemos sido testigos, durante los últimos años, de los más variados atentados a la independencia de los jueces, por intromisiones e interferencias del Poder Ejecutivo; y de una atenuación de la autonomía del mismo, derivado de una penetración político-partidista en la designación de los jueces, los cuales, en algunos casos, resultan dependientes, en sus decisiones, de actuaciones extrañas a la judicatura.

Se impone, en un Estado Democrático y Social de Derecho, el restablecimiento de la autonomía e independencia de los jueces, mediante el establecimiento de una carrera judicial a la cual se tenga acceso, solo mediante concurso, y que permita estructurar un cuerpo jurídico elitesco protegido, que asegure el ejercicio del control judicial sobre el Gobierno y la Administración.

Pero para que ese control resulte efectivo, además de asegurarse la autonomía e independencia judiciales, debe democratizarse la justicia; es decir, debe abrírsela y asegurar el acceso, a los órganos judiciales, de todas las capas y estratos de la población. El recurso a la justicia, entonces, debe entrar en las costumbres del individuo; éste se convertirá realmente en ciudadano, cuando frente a las arbitrariedades del Gobierno y la Administración, tenga la conciencia y la seguridad de que obtendrá protección judicial. Para ello, habrá que generalizar los controles jurisdiccionales de la Administración, descongestionando los órganos judiciales superiores, y regular, de una vez por todas, el recurso de amparo.

B. *La búsqueda de nuevos controles públicos*

Pero si bien debe democratizarse y generalizarse la justicia, asegurándose la autonomía e independencia judicial, ello no implica que el único mecanismo de control que es necesario regular en el Estado Democrático y Social de Derecho sea el control jurisdiccional. Los derechos individuales y libertades públicas, además de poder ser amparados judicialmente, requieren de una protección vigilante y permanente de parte de contralores públicos autónomos e independientes de los clásicos poderes del Estado. La figura del Contralor Público de las libertades y derechos, encuentra consagración formal, en Venezuela, en la Fiscalía General de la República, organismo que, además de ejercer el Ministerio Público, debe velar por el respeto de los derechos y garantías constitucionales y la exacta observancia de la Constitución y de las leyes por el Estado y sus instituciones. Estas atribuciones, sin embargo, aún no se han desarrollado completamente, por lo que deben ser asumidas plenamente en el futuro. Sólo pueden contrarrestarse los nuevos y más amplios poderes estatales, con también nuevos y más amplios poderes de control a cargo de órganos públicos autónomos e independientes. El Fiscal General de la República es uno de ellos, y sus poderes deben ser reforzados,

C. *La búsqueda de un control efectivo contra la corrupción*

Pero el reforzamiento de los controles públicos y jurisdiccionales respecto de la actuación del Estado, no deben agotar la necesaria transformación del sistema de control que requiere el Estado Democrático y Social de Derecho. Se impone una búsqueda particular para el establecimiento de un efectivo control contra la corrupción administrativa. Es este, sin duda, uno de los aspectos que mejor muestra la debilidad del Estado en Venezuela,

Todos los líderes políticos y de la Sociedad hablan contra la corrupción y prometen luchar contra ella, pero la colectividad y esos mismos líderes saben que ella está presente en todos los niveles, producto de un facilismo sin precedente, de la degradación del trabajo y de un encubrimiento cómplice de las maquinarias de los partidos.

En Venezuela, ahora, lamentablemente, ganarse la vida y hacer fortuna trabajando duramente, parece un signo de cretinismo. Lo que se promueve y nos venden todos los días los medios de comunicación, es la vida fácil, el enriquecimiento súbito, la desvalorización del trabajo. Allí está el caldo de cultivo de la corrupción, que no sólo se manifiesta a nivel del sector público sino del sector privado.

La lucha contra la corrupción debe comenzar por la revalorización del trabajo, y en esto la responsabilidad fundamental la tiene el Estado- No se puede seguir desarrollando una política populista que promueva el ausentismo laboral, protegiendo sus consecuencias lógicas; que asegure el pago de prestaciones sociales a los funcionarios destituidos por corrupción administrativa; o que enaltezca el enriquecimiento fácil.

Por otra parte, en el seno del sector público, severas medidas deben ser desarrolladas contra el enriquecimiento ilícito. En lugar de estar pensando en regular rentas presuntas a efectos fiscales, deben, sí, regularse enriquecimientos presuntos a los efectos del control contra la corrupción. Sólo así, invirtiéndose la carga de la prueba, podrá la sociedad protegerse de estos pillos de cuello blanco, que normalmente no son los altos funcionarios, y que usufructúan la cosa pública, directa o indirectamente, en forma ilícita.

V. CONCLUSIÓN

Estoy consciente de que ésta ha sido una larga exposición la cual, a pesar de mis esfuerzos, no pude reducir. Es más, en mis intentos, de lo que me convencí es de que han quedado muchos planteamientos por formular o por desarrollar. Nuestra tarea política, en el futuro, estoy claro, debe dedicarse a ello. Esa es la tarea, por otra parte, de nuestra generación.

Para asumirla, en todo caso, debemos tener conciencia de una situación crucial: en veinte años, hemos establecido en Venezuela, un régimen democrático y las bases para la cimentación de un Estado Democrático y Social de Derecho; pero esa tarea ha sido parcelada, la sociedad entera no está involucrada en ella, y ese Estado y el régimen democrático, por falta de participación política y de solidaridad y disciplina social, corren el riesgo de asumir el comportamiento de aquel fabuloso animal, al cual se refería Maurice Duverger, el "Catoblépas", tan estúpido, que se comía sus propios miembros sin siquiera darse cuenta. (Véase en *Las dos caras de occidente*, Barcelona 1972, págs. 278 y 279). Nuestro Estado, y la democracia, corren el riesgo de esta autofagia, si no se les transforma y readapta a las necesidades y realidades del mundo contemporáneo. De allí la tremenda responsabilidad que tienen las instituciones, los partidos políticos y todos los grupos e individuos en el momento actual venezolano: la responsabilidad, nada menos que de la supervivencia de la democracia, mediante su transformación.

SECCIÓN SEGUNDA: LOS CONDICIONAMIENTOS POLÍTICOS DE LA ADMINISTRACIÓN PÚBLICA

I. INTRODUCCIÓN

La Administración Pública es, por excelencia, el instrumento de la acción política del Estado, pues los organismos que la integran tienen a su cargo la ejecución *concreta* de los fines de la sociedad.

Por tanto, la Administración Pública debe estudiarse como un instrumento de la política que, como tal, está condicionado por el ambiente político.

En los países latinoamericanos, en la actualidad, los fines de la Sociedad y del Estado se pueden identificar, globalmente, con los fines del desarrollo económico y social, los cuales no se limitan al solo crecimiento o expansión económica, sino que se identifican, también, con la búsqueda de una más equitativa redistribución del ingreso y de la riqueza para lograr el bienestar a través de la elevación del nivel de vida de la población; con la protección del ambiente para la elevación de la calidad de la vida; con la plena utilización y desarrollo de los recursos humanos; y con la mejor utilización de los recursos naturales en beneficio colectivo.

Estos objetivos de desarrollo, no sólo económicos, sino sociales y físicos se tiene conciencia de que sólo pueden ser logrados con la decisiva intervención del Estado. El desarrollo, en esa forma entendido, en nuestros países no puede ser logrado por las solas manifestaciones espontáneas de las fuerzas del mercado o por los solos vaivenes de las "leyes naturales" de la economía y de la sociedad. Se tiene la clara conciencia, ya, frente a los tradicionales condicionantes ideológicos del siglo pasado, de que el Estado y su Administración Pública tienen que ser los conductores del proceso de desarrollo, pues sólo el sector público está en la posición y capacidad para tener la visión e información necesariamente global de la economía y de la Sociedad, indispensable para la toma de decisiones; y también, sólo el Estado tiene el poder necesario para asignar y ordenar los generalmente escasos recursos con el objeto de acelerar el desarrollo, o para orientar los medios económicos, financieros y monetarios con el objeto de volcarlos al logro del bienestar social.

La Administración Pública, por tanto, como instrumento de la acción política del Estado, constituye la piedra angular del proceso de desarrollo económico. Por ello, quienes hemos tenido la oportunidad de conocer y estudiar, tanto teórica como prácticamente en funciones gubernamentales, a la Administración Pública latinoamericana, estamos convencidos de que son, precisamente, nuestras Administraciones Públicas, las que se configuran como el mayor obstáculo al desarrollo. Este convencimiento, lamentablemente, aún no lo tienen quienes se han movido en el terreno puro del activismo político.

En nuestros países, sin duda, la Administración Pública debe verse como uno de los factores realmente determinantes del proceso de desarrollo, por lo que sin su profunda transformación, la vía del desarrollo o permanecerá cerrada o será muy dificultosa o dispendiosa. Por ello, es claro, necesitamos de una Administración Pública efectiva, eficiente y eficaz para la realización de los planes de desarrollo. De allí que también, la Administración Pública en nuestros países no sólo deba adaptarse a los cambios políticos, económicos y sociales que se han sucedido en las últimas décadas, sino que también debe ser un agente de los cambios, los cuales en muchos casos, sólo ella puede provocar. Por ello, necesitamos desarrollar una Administración capaz de administrar el desarrollo. He allí el gran reto de nuestros países.

Pero, ¿cuál es la realidad actual de nuestras Administraciones Públicas?. Por tratarse de un instrumento de acción política, la Administración Pública latinoamericana tiene una serie de características, resultantes del condicionamiento que el ambiente político ejerce sobre ella.

Nos interesa, en esta charla, destacar algunos de los condicionantes políticos que caracterizan a las Administraciones Públicas latinoamericanas, y que les dan una configuración particular en relación a los países del tercer mundo o denominados en vías de desarrollo.

II. LA INDEPENDENCIA POLÍTICA Y LA INTEGRACIÓN SOCIAL DE LOS PAÍSES LATINOAMERICANOS, Y SU REPERCUSIÓN EN LA ADMINISTRACIÓN PÚBLICA

El primer elemento condicionante de la Administración Pública latinoamericana, es uno de carácter histórico-político, derivado de la independencia política de nuestros países.

En efecto, la independencia política de los países latinoamericanos se logró en el primer cuarto del siglo pasado, es decir, nace más de ciento cincuenta años. Durante ese lapso, no sólo se estructuraron y consolidaron instituciones políticas propias, sino que se produjo, en general, un proceso de integración social que abarcó todos los ámbitos de la sociedad. Durante muchos años, sin embargo, en algunos países, oligarquías sociales y económicas han ejercido todo su poder para el mantenimiento del *statu quo* y la conservación de privilegios, generalmente vinculados con la propiedad de la tierra. Sin embargo, estas oligarquías tienden a desaparecer, por fuerza de los cambios políticos que en nuestros países se suceden frecuentemente.

La llamada indigenización de la Administración Pública en los nuevos Estados Africanos y Asiáticos, puede decirse que se produjo en nuestros países latinoamericanos desde el mismo momento de la independencia: las oligarquías criollas asumieron el poder, a partir de 1811, y consolidaron gobiernos conservadores.

Las sucesivas revoluciones sociales que en muchos de nuestros países se verificaron en los últimos cien años, produjeron una integración social que favorece la movilidad de la población basada en el igualitarismo. Con muy contadas excepciones, esta es la situación general de los países latinoamericanos.

Esto ha provocado sus consecuencias en la Administración Pública de los países latinoamericanos:

En primer lugar, esta se formó a partir de la primera mitad del siglo pasado, abandonando las modalidades administrativas españolas, adoptando como modelo las instituciones administrativas de la postrevolución francesa: las orientaciones federalistas de la revolución norteamericana; y las posiciones negativas de la intervención del Estado propias de la revolución industrial. La Administración débil y abstencionista del siglo pasado fue progresivamente transformándose, con motivo de los condicionamientos económicos y sociales, a la par que fue cambiando la concepción liberal que tenía como soporte. Las revoluciones socio-políticas de principios de siglo, la crisis de los años treinta y las grandes transformaciones de la postguerra, tuvieron, en nuestras Administraciones Públicas, tanta influencia como la que se manifestó en las Administraciones Públicas de los Países Europeos y de Norteamérica. La Administración Pública latinoamericana fue cambiando a medida que se produjeron cambios económicos y sociales, y por tanto, la actual es el resultado de un largo y lento proceso de transformación y consolidación, cuyo resultado ha dado origen a instituciones administrativas realmente propias, muy alejadas de las instituciones coloniales, cuyo significado sólo quedó en la historia.

Por otra parte, la integración social que se ha operado en nuestros países a través de siglo y medio de vida independiente, ha provocado una importante coherencia étnica y racial basada en el mestizaje y un igualitarismo arraigado desde las luchas sociales del siglo pasado. Como consecuencia de ello, uno de los signos de muchas sociedades latinoamericanas es la movilidad social, y la inexistencia de estructuras tribales y oligárquicas arraigadas. No se plantean en los países latinoamericanos, por tanto, limitaciones al acceso a la Administración Pública ni a las instituciones políticas, por razones tribales, político- sociales o religiosas. Las viejas oligarquías económicas y sociales progresivamente fueron sustituidas por las nuevas oligarquías políticas contemporáneas: los partidos políticos, quienes sí tienen una gran influencia en la Administración Pública.

III. EL CENTRALISMO POLÍTICO Y LA ADMINISTRACIÓN PÚBLICA LATINOAMERICANA

El segundo elemento de carácter político condicionante de la Administración Pública de los países latinoamericanos es el centralismo que caracteriza sus instituciones políticas desde comienzos del presente siglo.

En efecto, los países latinoamericanos, al lograr su independencia, por la influencia del sistema español, políticamente eran países disgregados. El federalismo, que acompañó la formación de muchos de nuestros Estados Nacionales durante el siglo pasado, respondió a una realidad política: la necesidad de integrar unos países disgregados en Cabildos-Estados o en Provincias aisladas, y por tanto, altamente descentralizados. El caudillismo latinoamericano del siglo pasado, tuvo su ropaje institucional en el federalismo, y perduró hasta que se produjo la integración política de nuestros países.

A comienzos del presente siglo, en general, se produce en casi todos nuestros países, el proceso de centralización política, con la eliminación de los caudillos regionales y locales. El centralismo tuvo causas diversas: en unos casos fue obra de un dictador, en otros, de un partido político mayoritario. Pero, en todo caso, la integración nacional y el desarrollo de los medios de comunicación dieron origen a nuevas formas políticas altamente centralizadas.

En relación a la Administración Pública, esto produjo cuatro consecuencias; en primer lugar, una centralización administrativa; en segundo lugar, una concentración administrativa; en tercer lugar, el debilitamiento de la Administración municipal; y en cuarto lugar, la ausencia de participación de los administrados.

1. *La centralización de la Administración Pública*

Una de las características de la Administración Pública de los países de América Latina, es la excesiva centralización de la autoridad política y de las decisiones administrativas, en los niveles nacionales, incluso, en las repúblicas formalmente federales. Con razón, de éstas se ha dicho que son Repúblicas Federales Centralizadas, en las cuales el poder político, administrativo y jurídico no es compartido por los entes regionales o locales.

Esta centralización administrativa ha implicado que todas las decisiones concernientes a asuntos y problemas estrictamente locales, no se resuelven en la región respectiva, sino a nivel nacional produciéndose un embotellamiento intolerable. Así, hay una subadministración en las regiones y entidades locales, confrontada con una sobreadministración a nivel nacional.

Esta situación ha provocado diversas consecuencias: una confrontación demasiado evidente, en materia de desarrollo, entre los niveles locales o regionales y el nivel nacional; y la carencia de recursos humanos suficientes y eficientes a nivel local o regional, para asumir los programas de desarrollo. Esto provoca un círculo vicioso: no se descentraliza la toma de decisiones sobre asuntos estrictamente regionales, porque no hay suficientes recursos humanos dispuestos en ese nivel; pero no habrá nunca un desarrollo adecuado de recursos humanos a nivel local o regional, si no se descentraliza, efectivamente, el poder de decisión.

En esa forma, progresivamente, las Federaciones latinoamericanas y las otras formas de descentralización político-territorial es fueron vaciadas de contenido, quedando como un ropaje formal de una forma centralizada de Estado. Los niveles regionales estadales-provinciales-departamentales fueron reducidos a la casi inexistencia autonómica, por una pérdida progresiva de competencias, resultando de todo, una asunción de competencias por los niveles nacionales y, en algunos casos, municipales. La Administración Nacional, así, se convirtió en una administración paternalista en relación a las entidades regionales y locales, que progresivamente pasaron a depender de aquella, incluso, financieramente, constituyendo, además, el nivel municipal, un ámbito inadecuado para la descentralización.

Por ello, uno de los retos planteados a las Administraciones Públicas contemporáneas de América Latina, es el de la descentralización, con el objeto de hacer participar, en los procesos políticos y administrativos de nuestros países, a las regiones y comunidades. Tenemos que correr el riesgo de la descentralización, revitalizando los niveles federales autónomos o creando regiones autónomas, y sólo así podremos rehacer, en el interior, nuestros países.

2. *La concentración de ¡a Administración Pública*

Pero además de la centralización, otra de las características del sistema administrativo de los países latinoamericanos, es el de la excesiva concentración administrativa en los niveles superiores del Poder Ejecutivo,

Desde el punto de vista político, en efecto, una de las características del sistema de gobierno de los países latinoamericanos, es el presidencialismo; y el presidencialismo, administrativamente hablando, ha provocado una excesiva concentración de las decisiones político-administrativas en la Presidencia de la República.

El Presidente de la República, en nuestros países, tradicionalmente, sea en los regímenes de facto dictatoriales, al asumir todos los poderes públicos, sea en los regímenes de derecho, al maximizarse el presidencialismo, ha concentrado el poder de decisión en materialmente todos los asuntos del Estado. El Presidente, así, en algunos casos, no sólo es el Jefe del Estado y del Gobierno, sino que en muchos casos es, además, a la vez, el Gobernador de Estado o Provincia, el Prefecto de los Distritos y el Jefe Civil de las poblaciones. El Presidente todo lo decide.

Así, paralela al centralismo a nivel nacional, se ha producido una concentración administrativa en la Presidencia que paraliza y entraba el funcionamiento de la Administración y el proceso de toma de decisiones, relegando, en algunos casos, a los Ministros a posiciones subalternas o secretariales.

En Administraciones que cada vez más se tornan complejas y omnipresentes, es indudable que otro de los retos planteados, es el de la desconcentración administrativa, de manera que los Ministros asuman plenamente el Gobierno de los diversos sectores administrativos, y se traslade, además, el poder de decisión de los asuntos nacionales que conciernen a regiones o ámbitos locales, a las unidades descentralizadas de la Administración Nacional en dichos ámbitos regionales o locales.

Se impone, por tanto, la realización de un amplio proceso de delegación de atribuciones y de desconcentración administrativa, con el objeto de hacer presente a la Administración Pública en todos los sectores y en todos los niveles territoriales.

3. *La debilidad de la Administración Municipal*

La tercera consecuencia administrativa del centralismo político ha sido el debilitamiento progresivo de las instituciones administrativas municipales. El centralismo administrativo y la concentración del poder en el Poder Ejecutivo Nacional han hecho perder al Municipio su rol de unidad política, primaria y autónoma en la organización de las instituciones de nuestros países.

América Latina fue, ciertamente, independizada por la acción de sus Municipios, y durante buena parte del siglo pasado, fue un continente de una intensa vida municipal. Ello, sin embargo, quedó en la historia. No sólo el Municipio perdió autonomía política, sino que progresivamente le fueron arrebatando competencias en materias antaño propias de la vida local, que se nacionalizaron en virtud del proceso de centralización.

Así, las Administraciones Municipales latinoamericanas son en la actualidad, los ejemplos más característicos, de administraciones inservibles, vaciadas de competencia, de carácter ineficiente, y dominadas por partidos políticos o grupos con solas apetencias burocráticas.

La reforma administrativa en América Latina deberá abarcar también, al Municipio, para hacerlo, no sólo una institución administrativamente eficiente, sino el centro de la vida y participación democráticas de nuestros países.

4. *La ausencia de participación de la comunidad en la Administración Pública*

Otra de las consecuencias del centralismo político en relación a la Administración Pública Latinoamericana, ha sido la ausencia de participación efectiva de los administrados en la formulación y ejecución de las tareas administrativas.

Los países latinoamericanos, en este sentido, tradicionalmente se han caracterizado por una ausencia casi absoluta de participación política, lo cual no sólo es cierto en los regímenes autocráticos o dictatoriales, sino en los regímenes democráticos. En estos no ha existido una auténtica democracia participativa, sino, en general, una democracia formal. La Sociedad no ha sido organizada para la participación y el abismo entre el ciudadano y el Estado se ha abierto en forma desmesurada. La prueba de la ausencia de participación política está, en general, en la debilidad del régimen local o municipal.

Pero la ausencia de participación política está acompañada, también, de una ausencia de participación de los administrados en la formulación o ejecución de actividades administrativas. El ciudadano, como usuario, consumidor o simplemente vecino de una comunidad, en general, no es llamado ni consultado acerca de la marcha del servicio público, la comercialización de los bienes o la ordenación de los asuntos vecinales. El ciudadano, en general, no ha sido organizado para la participación; está ausente de la marcha del aparato administrativo; y no participa efectivamente en su gestión. Sólo participan, realmente, como se indicará más adelante, los grupos de presión organizados, económicos o sindicales, sin que ello sea provocado por la propia Administración.

IV. LA DEBILIDAD DE LAS INSTITUCIONES POLÍTICAS Y EL PAPEL DE LA ADMINISTRACION PÚBLICA

El centralismo político, con sus consecuencias, la centralización y concentración administrativas, el debilitamiento del régimen municipal y la ausencia de participación, ha provocado, además, un debilitamiento progresivo de las instituciones políticas del Estado, particularmente del Poder Legislativo y del Poder Judicial, lo cual ha tenido una repercusión evidente en la propia Administración Pública. Esta ha asumido, progresivamente, un mayor rol político; se ha convertido en una institución no sometida a efectivos controles, y a la vez, ha sido penetrada por los grupos de presión.

1. *El rol político de la Administración Pública y el debilitamiento del Parlamento*

El presidencialismo latinoamericano, en efecto, ha facilitado la asunción, por la Administración Pública, de un rol político evidente, derivado del debilitamiento progresivo del papel del Poder Legislativo.

En América Latina, el Congreso como institución política de origen popular, y que tiene a su cargo la orientación política del Estado, ha perdido vigencia progresivamente, sea porque no ha existido, en virtud de las interminables décadas de dictaduras que nuestros países han sufrido, sea porque el presidencialismo lo ha sometido. En todo caso, aun en los regímenes democráticos, el Congreso no ejerce adecuadamente su papel de legislador y por ello, de conductor político, a través de normas jurídicas, de la sociedad; siendo progresivo el proceso de transferencia y de asunción por parte del Poder Ejecutivo, de poderes legislativos. Los Decretos-Leyes y las diversas formas de legislación delegada, constituyen, en la actualidad, la forma normal de regulación de áreas básicas del actuar social, como la económica.

Por otra parte, el presidencialismo y el debilitamiento del Poder Legislativo, han acentuado el papel de la Administración Pública no sólo en la ejecución de los objetivos políticos del Estado, sino en su formulación. La planificación, así, se ha venido configurando como una técnica política asumida por la sola Administración, en la cual no participa el Congreso. Este se ha limitado a intervenir en los solos asuntos presupuestarios y que aun cuando conllevan decisiones políticas, son solamente de corto plazo.

2. *La Administración Pública incontrolada*

El centralismo ejecutivo y el debilitamiento de las instituciones políticas ha provocado otra consecuencia de orden administrativo; la inexistencia o la debilidad de efectivos mecanismos de control sobre la Administración Pública, tanto de parte del Parlamento como de parte del Poder Judicial.

En efecto, dentro de las funciones tradicionales del Parlamento en los regímenes presidenciales, además de las de legislar, están las de control de la Administración Pública. El Congreso debe ser, por definición, el órgano de control político de la actividad de la Administración. Sin embargo, este control, en la gran mayoría de los casos, no existe, por no existir un verdadero Poder Legislativo consecuencia de las autocracias y dictaduras militares o civiles; y en los regímenes democráticos, es muy débil, por la penetración y control absoluto de los partidos políticos en las Cámaras Legislativas. La experiencia de las últimas décadas en el proceso político latinoamericano, nos pone en evidencia que los Congresos no han controlado efectivamente a la Administración Pública- Esta situación ha acentuado la irresponsabilidad de hecho de los Ministros y funcionarios públicos, pues se tiene la seguridad de que las Memorias y Cuentas anuales de la gestión político-administrativa, que deben presentar a las Cámaras Legislativas, no son realmente estudiadas. La experiencia muestra, además, que los mismos informes de las Contralorías Generales del Estado, tampoco son respaldados plenamente por el Parlamento.

De hecho, por tanto, políticamente hablando, la Administración Pública de los países latinoamericanos no tiene efectivos controles.

Pero a la debilidad del Congreso, como institución política, también se añade la debilidad del Poder Judicial para ejercer un efectivo control de la Administración Pública, y ello por varias razones. En primer lugar, los países latinoamericanos no han llegado a estructurar un auténtico y efectivo Poder Judicial autónomo e independiente. Esto es evidente en los regímenes autocráticos y dictatoriales, donde es realmente inconcebible una autonomía e independencia completas y efectivas de las Supremas Cortes de Justicia. En los regímenes democráticos, aun cuando la independencia y autonomía existen, sin embargo, en la práctica, se han minimizado debido, sea a la intervención activa del Poder Ejecutivo en la designación de los jueces, en unos casos; sea en la participación y control absoluto de esa designación por los partidos políticos. En estos casos, la politización del poder judicial es el signo más característico de la ausencia de controles judiciales efectivos en relación al actuar de la Administración Pública.

3. *La penetración de los grupos de presión en la Administración Pública*

La pérdida progresiva de poder político por parte de los Congresos o Parlamentos en América Latina, y el rol político preponderante asumido por la Administración Pública, la han convertido en el foco de interés de los grupos de presión. Ya los grupos de interés no se mueven ante el Parlamento, que no existe o es débil, sino que actúan directamente y sin los condicionamientos políticos del régimen deliberante o de asamblea, ante los diversos niveles de la Administración Pública.

En esta forma, se ha producido una penetración progresiva de las estructuras y organizaciones ejecutivas, por los grupos de interés con más poder político, tales como los grupos económicos y las asociaciones o sindicatos de empleados.

Estos grupos y gremios organizados, difícilmente dejan de obtener las decisiones por las que presionan, estando la Administración, prácticamente inerme frente a su acción. En gran número de casos, los grupos de presión participan activamente en Comisiones de estudio o de formulación de políticas, a través de personas que en muchos casos están mejor preparadas e informadas que los propios funcionarios públicos, logrando, en esa forma, una presión desde dentro de la estructura administrativa, que provoca decisiones administrativas no siempre acordes con el interés colectivo.

4. La *preeminencia de los partidos políticos en el funcionamiento de la Administración Pública*

El debilitamiento de las instituciones políticas en los países latinoamericanos de régimen democrático, ha conducido a una preeminencia de los partidos políticos en relación al funcionamiento de las mismas y de la propia Administración Pública. En otras palabras, el sistema de partidos en los países latinoamericanos, ha tenido y tiene una influencia decisiva, tanto en la estructura como en el funcionamiento de la Administración Pública- En aquellos sistemas de partido único o de partido dominante, puede decirse que normalmente se produce una simbiosis entre el partido y la Administración. El poder político está, así, inter-relacionado con el poder burocrático, y normalmente hay una politización interna de la Administración. No es que haya un control externo del partido sobre la Administración, sino que el partido actúa, internamente, a través de los funcionarios. Estos, normalmente, deben ser militantes del partido, produciéndose, en general, una confusión de roles entre el militante político y el funcionario público. Así, en los diversos períodos de la vida política, indistintamente, el partido puede estar al servicio de la Administración o viceversa. En estos casos, no puede hablarse ni se plantea la neutralidad de la Administración Pública en relación al proceso político.

En los sistemas democráticos multipartidistas, en general, la preeminencia de los partidos políticos en el funcionamiento de la Administración Pública ha conducido al denominado "sistema del botín", según el cual, el partido político triunfante en las elecciones, toma posesión de los diversos cargos y posiciones administrativas, desplazando a los funcionarios del partido perdedor. Esto ha provocado un alto grado de ineficiencia administrativa por la inestabilidad de los cuadros.

En los casos de sistemas multipartidistas, debe destacarse que las coaliciones de partidos han tenido un especial efecto degradante sobre la Administración Pública, en los casos en que un partido solo, no ha logrado la mayoría necesaria para gobernar. Estas coaliciones de partidos han implicado, por lo general, un reparto burocrático de las diversas organizaciones administrativas, con graves consecuencias en el funcionamiento de la Administración Pública, por falta de coherencia, y en la estabilidad de los funcionarios,

Para contrarrestar estos efectos degradantes en el funcionamiento y eficiencia de la Administración, los países latinoamericanos han venido haciendo esfuerzos por desarrollar e implantar estatutos jurídicos de la función pública y sistemas de administración de personal, a los efectos de hacer realidad la estabilidad de los funcionarios a través de un sistema de méritos, y consagrar, además, su neutralidad política. Se han dictado, en tal sentido, diversas leyes, pero no siempre han logrado implantar eficazmente el sistema de méritos.

V. LOS FINES DEL ESTADO Y LA EXPANSIÓN DE LA ADMINISTRACIÓN PÚBLICA

La organización administrativa, sin duda, es la respuesta institucional a los fines del Estado. Por ello, la evolución de la Administración Pública está íntimamente relacionada con la evolución de los fines del Estado y de sus instituciones.

En América Latina, el presente siglo ha sido testigo de la evolución del Estado la cual puede caracterizarse por un proceso creciente de intervención en la vida económica y social. Este intervencionismo estatal deriva de las nuevas finalidades y responsabilidades del Estado en materia económica y en materia social, como agente y promotor del desarrollo.

La asunción progresiva de estos nuevos fines ha dado origen a una expansión de las intervenciones administrativas en relación a los particulares; a una inflación inusitada de la Administración Pública, particularmente, la descentralizada funcionalmente; a una distorsión de las políticas estatales; y a la propagación de las técnicas planificadoras para ordenar la acción administrativa.

1. *La expansión de actividades e intervenciones administrativas y la "permisología"*

Unas de las características de las Administraciones Públicas latinoamericanas, derivadas de la expansión de sus actividades e intervenciones, son los excesivos y desordenados sistemas de control administrativo sobre todo tipo de acciones de los administrados, a través de las figuras de las autorizaciones, licencias y permisos. En general, a medida que surgen regulaciones administrativas de aspectos de la vida económica y social que afecten a los administrados, se han ido estableciendo requisitos de autorizaciones administrativas previas, que no sólo hacen lenta la marcha del aparato administrativo, sino que complican innecesariamente los procedimientos administrativos, contribuyendo a que se generen focos de corrupción en la función pública o grupos de intermediarios o de gestores para agilizar las tareas administrativas.

Estos requisitos de permisos, licencias o autorizaciones, en general han sido formalmente establecidos en leyes y reglamentos, a medida que surgían las intervenciones y necesidades administrativas, y su estudio y comprensión ha venido dando origen a la llamada "permisología", es decir, especie de ciencia de los permisos en el procedimiento administrativo para poder descifrar el actuar de la Administración Pública.

2. *La inflación de la Administración Pública, en particular la descentralizada funcionalmente*

Pero la ampliación progresiva de los fines del Estado, hasta dar origen al Estado Democrático y Social de Derecho del mundo actual latinoamericano, ha provocado una inflación inusitada de la organización administrativa, en especial, de la descentralizada funcionalmente.

En efecto, los últimos treinta años, con motivo de los cambios operados en el papel del Estado como agente y actor en el proceso de desarrollo económico y social, han sido testigos de una expansión del sector público centralizado, traducida en la creación de nuevos Ministerios o modificación de los que existían, y en la creación de Oficinas Presidenciales de la más variada naturaleza. Así, la Administración Central ha ampliado su radio de acción e intervención, mediante nuevas instituciones, respondiendo a los nuevos fines y a las nuevas responsabilidades del Estado social.

Pero si bien este proceso de expansión se produjo en la Administración Central en forma significativa, debe decirse que en la Administración descentralizada, mediante la creación de institutos o entes autónomos y empresas del Estado, el fenómeno, además de rápido, fue de proporciones incalculables. Basta recordar, como ejemplo, que en México, en 1950, existían 50 entes descentralizados en la Administración Nacional, y que en 25 años, en 1975, esa cifra había ascendido a 496, habiéndose creado en el período 1970-1975, la cantidad de 105 entes descentralizados. En Venezuela, desde el punto de vista del gasto público consolidado, la distribución porcentual del gasto entre la Administración Central y la Administración descentralizada se invirtió completamente entre 1960 y 1975: en 1960, el gasto público del gobierno central representaba el 70% del gasto público consolidado, por lo que la Administración Descentralizada representaba el 30% de dicho gasto; y en 1975, dicho porcentaje se invirtió así: el 28% del gasto público consolidado se erogaba por la Administración Central, y el 72% a través de la Administración Descentralizada. Estos dos ejemplos bastan para apreciar la magnitud del crecimiento y expansión de la Administración Descentralizada, en un proceso que parece, sin duda, irreversible.

Esta inflación administrativa ha tenido entre otras, al menos dos repercusiones en la Administración Pública de los países latinoamericanos.

En primer lugar, ha provocado un debilitamiento de los órganos de la Administración Central, particularmente la Ministerial, frente a la magnitud y poder de algunos entes autónomos y empresas del Estado. Piénsese, solamente, en las grandes empresas públicas latinoamericanas: Petrobras, Pemex y Petróleos de Venezuela S. A. Este excesivo poder y autonomía de ciertos entes descentralizados ha venido dificultando la acción de los Ministros como órganos políticamente responsables de un sector de actividad pública.

En segundo lugar, ha dado lugar a un entorpecimiento de la función planificadora de los órganos centrales de planificación y de los Ministros responsables de cada sector, en virtud de la dispersión, variabilidad y debilidad o ausencia de efectivos mecanismos de control en relación a los entes descentralizados que actúan en cada sector. La creación de institutos autónomos y empresas del Estado no obedeció, en ninguna de las Administraciones latinoamericanas, a una programación preconcebida, sino que fueron estableciéndose, sin orden ni concierto, a medida que las exigencias sociales y económicas se planteaban al Estado. Este proceso ha provocado, en general, una falta de coherencia en la Administración Pública que muchos de los países latinoamericanos tratan, ahora, de corregir.

Sin duda, puede afirmarse que el principal problema organizativo de las Administraciones latinoamericanas, está en esta inflación administrativa de entes autónomos y empresas del Estado, la cual ha dado origen a un crecimiento desmesurado de la Administración Descentralizada, en perjuicio, política y administrativamente hablando, de la Administración Central o Ministerial.

3. *La distorsión de las políticas estatales*

El papel del Estado en los países latinoamericanos, como actor, agente y promotor del proceso de desarrollo económico y social, y en consecuencia, las nuevas responsabilidades y fines económicos y sociales que ha asumido, se ha ampliado considerablemente; su campo de acción abarca ahora aspectos de desarrollo económico, de desarrollo social y de desarrollo físico y ordenación territorial.

Sin embargo, en muchos casos, el desarrollismo, como política económica que pone su acento en el logro de un crecimiento económico acelerado, ha hecho distorsionar las políticas estatales, desatendiéndose aquellas de orden social y de protección al ambiente. Las Administraciones latinoamericanas, así, muchas veces han dado más importancia a la creación de empresas en el campo industrial, por ejemplo, que a asegurar una prestación eficiente de los servicios públicos tradicionales y elementales, o a la protección del ambiente y de la calidad de la vida. Hemos querido ser, por ejemplo, grandes productores de acero, pero sin saber transportar correspondencia de modo de asegurar que en 24 horas una carta circule de un extremo a otro de nuestros países; hemos querido establecer industrias de construcciones navales o aeronáuticas, pero sin asegurar a la población el derecho efectivo a la recuperación de la salud, mediante un adecuado servicio nacional de atención médica; hemos querido realizar grandes obras de infraestructura y de desarrollo físico, pero ocupando incontroladamente el territorio con consecuencias degradantes para el ambiente y la calidad de la vida- En fin, hemos querido desarrollar al Estado Empresario y nos hemos olvidado del Estado de Servicios Públicos, siendo este el que sirve directamente al ciudadano. Así, hemos alejado al Estado del ciudadano y se hace necesario, por tanto, volverlo a poner a su servicio.

Sin dejar de lado, por supuesto, las políticas económicas de desarrollo industrial, las Administraciones latinoamericanas deben hacer el más grande esfuerzo por definir prioridades en la ejecución de las políticas públicas, particularmente en relación a los problemas sociales que son, sin duda, los de mayor importancia y urgencia. Para definir estas prioridades y evitar las distorsiones referidas, los países latinoamericanos han venido tratando de desarrollar técnicas planificadoras para ordenar la acción administrativa.

4. *La propagación de las técnicas planificadoras para ordenar la acción administrativa*

En efecto, puede indicarse como otra característica de las Administraciones Públicas latinoamericanas, el desarrollo, en las últimas dos décadas, de la planificación, como técnica para la ordenación de la acción administrativa. La expansión de las actividades del Estado, la inflación de la Administración descentralizada, y la distorsión de las políticas estatales hicieron tomar conciencia a los administradores latinoamericanos de la insuficiencia de la sola función presupuestaria para la ordenación de las actividades administrativas. De allí el desarrollo que, a partir de finales de la década de los años cincuenta, ha tenido la función planificadora y que ha llevado, no sólo al establecimiento de una organización administrativa para la planificación, sino al diseño, aunque sin implantación definitiva, de un sistema administrativo de planificación, con aspectos sectoriales y regionales y con formulaciones de largo, mediano y corto plazo.

Nuestras Administraciones latinoamericanas han sido, sin duda, campeonas en la formulación teórica, e inclusive formal, del sistema de planificación, pero no han sido capaces de implantarlo realmente. Hemos llegado, así, a elaborar muy buenos planes, pero no hemos sabido ejecutarlos, pues paralelamente a la formulación de los Planes de desarrollo económico y social no se han ni formulado ni implementado medidas institucionales jurídico-administrativas, para su adecuada ejecución. Inclusive, en aquellos casos en los cuales se incorporaron a los Planes de desarrollo económico-social, planes de desarrollo administrativo, no se pudieron ejecutar totalmente, por dificultades políticas o de estrategia.

En este sentido, por ejemplo, la existencia de multitud de entes descentralizados en cada sector, sin la debida coordinación e integración institucional intra-sectorial, ha sido uno de los obstáculos administrativos de primer orden, al desarrollo del sistema de planificación.

Así, la planificación en América Latina, en general, no ha pasado de ser un buen ejercicio teórico sin aplicaciones efectivas, pues no se ha tomado conciencia efectiva, de que un sistema de planificación no sólo exige planes bien elaborados, sino un aparato administrativo capaz de asegurar su ejecución.

Por otra parte, desde que se comenzaron a desarrollar los sistemas de planificación, se trató de vincularlos con los sistemas de presupuesto, de manera que el Presupuesto Anual fuese la expresión financiera de corto plazo del Plan de mediano plazo, Largos años de intentos y de reforma se han destinado a tal fin, sin que se haya logrado integrar, totalmente, ambos sistemas administrativos, y muchas veces han sido los propios órganos del sistema presupuestario los que más han conspirado contra la efectiva implantación del sistema de planificación.

En general, debe señalarse, además, que las técnicas planificadoras han tenido un relativo desarrollo en los campos económicos y sociales, y sólo recientemente, es que comienzan a aplicarse al desarrollo físico para ordenar la ocupación del territorio. En este aspecto, los esfuerzos por regionalizar económica y administrativamente algunos de los países latinoamericanos, estableciéndose ámbitos espaciales óptimos distintos a las divisiones político-territoriales tradicionales, para la planificación y ejecución de las políticas estatales, son de muy reciente data.

VI LA CORRUPCIÓN ADMINISTRATIVA

1. *El sistema de corrupción administrativa*

Hemos planteado anteriormente algunos de los condicionamientos políticos de la Administración Pública en los países latinoamericanos, que la configuran como una administración centralizada, no participativa, incontrolada, penetrada por los grupos de presión, dominada por los partidos políticos, disgregada y cuyos objetivos políticos aparecen, con frecuencia, distorsionados. Esa situación, configurada por todos esos aspectos, contribuye a que, además, sea una administración con alto grado de corrupción.

En efecto, el papel que juega el sector público en las economías latinoamericanas, sea como empleador, inversionista o contralor, provoca, por una parte, una dependencia progresiva de los particulares en relación al Estado; y por la otra, una actitud paternalista de este. El empleo público, así, muchas veces es una forma de mitigar el desempleo; los empresarios dependen para sus inversiones, en alto grado, de los créditos suministrados por el Estado; y en general, todas las actividades privadas están sometidas a autorizaciones, permisos y licencias, cuyo otorgamiento, en muchos casos, es discrecional para los funcionarios.

Esta enorme importancia del Estado y la consecuente dependencia de los administrados respecto de decisiones administrativas han traído como consecuencia que la Administración Pública sea el blanco común de la Sociedad para la satisfacción de intereses particulares: si todo depende de la Administración. y si esta lo da casi todo, en general, se busca presionarla para que su decisión se realice en determinados sentidos.

La Sociedad ha corrompido, así, a la Administración Pública, y esta labor se ha visto facilitada por los condicionamientos políticos.

El sistema político, así, puede decirse que ha contribuido al desarrollo de la corrupción administrativa, por lo que, con razón, se ha calificado a los sistemas de los países en desarrollo como una "Kleptocracia". Esta corrupción se ha desarrollado, en particular, por la conjunción de diversos factores, que se exponen a continuación. En todo caso, lo que la caracteriza es que no se manifiesta en hechos aislados, sino que se configura como un "sistema", como una gran organización para el incumplimiento de la ley.

2. *La deficiencia de los controles y la corrupción administrativa*

El primer factor de corrupción administrativa es la ausencia o deficiencia de controles efectivos sobre la actuación de la Administración Pública y de sus funcionarios, lo cual crea las condiciones necesarias para su desarrollo. Esto se manifiesta en varios sentidos: ante todo, en la ausencia o deficiencia de las regulaciones legales sancionatorias, no sólo de conductas inmorales punibles, sino de conductas irresponsables. No hay que olvidar que la corrupción administrativa no se manifiesta, en general, en la apropiación indebida de fondos públicos, sino en el manejo irresponsable de estos que conducen al enriquecimiento sin causa de funcionarios, de intermediarios o comisionistas. Por otra parte, la ausencia de un efectivo control político por parte de la representación popular, identificada en los Parlamentos, y de un control judicial a cargo de jueces efectivamente autónomos e independientes, ha contribuido a la irresponsabilidad de los funcionarios, quienes no encuentran sanciones frente al manejo negligente o doloso de los dineros públicos. La corrupción administrativa se ha desarrollado, así, por la incapacidad del sistema jurídico-político de limitarla y sancionarla.

Esto, además, ha tenido un efecto multiplicador: si no se sancionan las conductas irresponsables o inmorales de ciertos funcionarios, no existe el elemental freno para su repetición por otros funcionarios.

3. *La discrecionalidad, las reglamentaciones excesivas y la corrupción administrativa*

En segundo lugar, otro factor que fomenta la corrupción, es el excesivo poder discrecional dejado en manos de los funcionarios públicos de todos los niveles, paralelamente al establecimiento de más y más reglamentaciones, permisos, autorizaciones y licencias para la actuación de los particulares. Frente a lo complicado del procedimiento administrativo, a la lentitud de la acción de la Administración y al poder discrecional del funcionario, lamentablemente han hecho su aparición, mecanismos tendientes a acelerar la toma de decisiones, a gestionarlas por terceros o a mitigar la discrecionalidad establecida, generalmente, en complicidad por el administrado y el funcionario. La Sociedad, así, ha corrompido al funcionario, y este, a su vez, a aquella. La corrupción administrativa, en esa forma, es un círculo vicioso, que sólo una toma de conciencia y una decisión política vigorosa puede romper.

4. *El centralismo, la ausencia de participación y la corrupción administrativa*

En tercer lugar, también constituyen factores que facilitan la corrupción, el excesivo centralismo y la ausencia de mecanismos de participación. La concentración del poder de toma de decisiones en determinados niveles ejecutivos, aunada a la mencionada discrecionalidad, ha dejado en manos de un solo funcionario o de un grupo reducido de ellos, el poder de decidir. La presión de los grupos de intereses, sobre todo de los económicos, ha tenido mayor efectividad en estos casos, pues no ha habido la limitación que puede implicar la conjunción de voluntades de un órgano colegiado o deliberante. Por otra parte, agregada al centralismo, la ausencia de participación de los administrados y grupos de la sociedad en el proceso de toma de decisiones, ha impedido el surgimiento de mecanismos de control sobre la conducta y acción de los funcionarios por aquellos, facilitando la corrupción.

5. *La inestabilidad de los funcionarios públicos y la corrupción administrativa*

En cuarto lugar, la inestabilidad del funcionario público también provoca condiciones propicias para el desarrollo de la corrupción administrativa. La función pública, en esa forma, por la ausencia de adecuados sistemas de administración de personal, y de estatutos jurídicos que consagren la carrera administrativa y regulen los derechos y deberes de los funcionarios, se ha ejercido, muchas veces, con consciencia de transitoriedad y medio de subsistencia, sin la mística que el servicio público debe generar. El funcionario, consciente de su inestabilidad, en muchos casos ha utilizado el cargo público como un medio para enriquecerse y protegerse económicamente frente a su salida de la Administración, lo cual puede producirse, sea por los cambios políticos, o por la misma deficiencia del sistema de administración del personal público.

6. *Los partidos políticos y la corrupción administrativa*

En los regímenes democráticos, especial referencia debe hacerse respecto del papel de los partidos políticos en relación a la corrupción administrativa- Estos han sido, muchas veces, agentes directos e indirectos de la corrupción.

En efecto, en muchos países se ha generalizado la práctica de las "comisiones para el partido" como consecuencia de la gestión de los asuntos públicos, lo cual ha traído, como efecto, el establecimiento de una especie de contribución al partido que controla el gobierno, con ocasión de contratos de obras públicas o de suministros. Aun cuando esta práctica es tan delictiva como las comisiones pagadas a particulares gestores con perjuicio para la Administración, la práctica política ha tendido a no condenarla por ser un medio de supervivencia económica de los partidos o de financiamiento, por ejemplo, de campañas electorales. Los partidos políticos han actuado, así, como agentes directos de la corrupción administrativa.

Pero en otras ocasiones, los partidos han actuado como agentes indirectos de la corrupción, al no sancionar o hacer que se sancione a los funcionarios deshonestos o que estén incursos en delitos contra la cosa pública. Los partidos, al proteger a los funcionarios irresponsables o deshonestos, han hecho perder credibilidad en el sistema sanciona torio o de control, hasta el punto de que muy pocos creen realmente en los anuncios que se hacen cíclicamente de medidas para combatir la corrupción. Por otra parte, la práctica incontrolada del financiamiento de las campañas políticas de los partidos, mediante la recepción de aportes económicos de empresas y particulares, ha desarrollado el sistema de contraprestación, a quienes han contribuido, mediante el otorgamiento de privilegios, favores o contratos públicos particularmente beneficiosos; todo con la anuencia de los partidos. En esta forma, indirectamente, y como contribución al financiamiento de campañas políticas, los funcionarios gubernamentales, a costa de los dineros públicos, han permitido el enriquecimiento de ciertos grupos de particulares. Esta ha sido otra fuente de corrupción.

VII. APRECIACIÓN FINAL

Nuestro objetivo, en esta conferencia, ha sido destacar los condicionamientos políticos más importantes de la Administración Pública en América Latina.

De lo que hemos expuesto resulta clara la estrecha interrelación que existe entre Administración y Política. La Administración Pública, sin duda, está condicionada por el ambiente político, y a la vez, aquella condiciona la acción política del Estado.

Esto es particularmente evidente en la Administración Pública latinoamericana contemporánea, cuyas características fundamentales surgen, sin duda, de los condicionamientos políticos que tiene y que, como hemos señalado, provienen de la independencia lejana y de la integración social de nuestros países; del centralismo político y del presidencialismo ejecutivo; de la debilidad de las instituciones políticas, en particular del Parlamento y de los órganos judiciales; de la preeminencia de los partidos políticos; de la excesiva intervención reguladora del Estado; y de la corrupción.

Por supuesto, para destacar estos condicionamientos políticos de las Administraciones Públicas latinoamericanas, hemos tenido que hacer generalizaciones, mediante un necesario proceso de abstracción, por lo cual hemos de advertir que las características que resultan no siempre se dan, matemáticamente y con la misma intensidad, en nuestros países.

América Latina no es, ciertamente, un continente uniforme. Cada país tiene sus peculiaridades y cada Estado Nacional también. Por tanto, cada Administración difiere en aspectos específicos y esto debe tomarse en cuenta cuando se hace un esfuerzo por mostrar características comunes, tal como lo hemos querido hacer en esta exposición.

SECCIÓN TERCERA: LA REVITALIZACIÓN DEL FEDERALISMO

I. INTRODUCCIÓN

Una de las características fundamentales del Estado venezolano, desde el punto de vista institucional, es su excesiva centralización; es decir, la excesiva concentración del poder político, administrativo y jurídico en la Administración Nacional y en las instituciones políticas "federales", el cual no es compartido por los Estados de nuestra Federación ni por las Municipalidades que existen en los Distritos en que aquéllos están divididos.

Venezuela es, así, como Estado Federal, desde el punto político, un país formalmente descentralizado, pero realmente centralizado.

En todo caso, los Estados de la Federación, con su división territorial y sus autoridades electas y designadas, son legados de nuestra historia política del siglo pasado. Al producirse la integración política del país bajo la dictadura gomecista, y luego, la integración física y cultural, aquellos Estados dejaron de servir para los fines políticos para los cuales habían sido estructurados, y fueron siendo relegados a entelequias políticas uniformizadas por el peso del centralismo.

Por ello está planteada, ahora, su revitalización, partiendo del supuesto de que esta situación de excesiva centralización que hoy aparece como evidente en el campo político y administrativo y que ahonda el abismo que existe entre el ciudadano y los gobernantes, no siempre ha sido igual; y puede decirse que es un producto del presente siglo.

En todo caso, frente al centralismo se plantea, ahora, la realización de un amplio proceso de descentralización política y administrativa, para efectuar la reconstrucción política que el interior de nuestro país reclama. Pero este proceso no puede hacerse mediante solos esfuerzos de regionalización administrativa, superpuestos a las estructuras federales político-territoriales, o de espaldas a estas. La regionalización, como instrumento de desarrollo, requiere, al contrario, reforzarlas, es decir, requiere revitalizar el federalismo. Al análisis de las implicaciones y exigencias de esta revitalización del federalismo es que está destinada esta caria, la cual dividiré en tres partes: en la primera, trataré de pasar revista al proceso de centralización bajo el esquema federal; en la segunda, analizaré las bases para la descentralización política y el régimen de los Estados Federados; y en la tercera parte, indicaré los aspectos más resaltantes que exige una reorganización de los Poderes Públicos Estadales.

II. EL CENTRALISMO EN VENEZUELA Y LA EVOLUCIÓN DEL FEDERALISMO

1. *La descentralización inicial*

Al declararse la independencia de los países latinoamericanos de España a comienzos del siglo XIX, puede decirse que el sistema administrativo de las nacientes Repúblicas del Nuevo Mundo era completamente descentralizado: las Provincias que formaban la Capitanía General de Venezuela tenían el poder local, y el más claro ejemplo de ello lo configuró la Declaración de Independencia del 19 de abril de 1810 por el Cabildo de Caracas y la invitación que formuló a los demás Cabildos o Ayuntamientos de América Latina para la formación de aquella gran confederación americano-española soñada por los notables locales. Por otra parte, fueron siete las Provincias de la Capitanía General de Venezuela las que constituyeron la República Federal del año 11, y fue el poder local-federal que ese texto consagró el que marcó el inicio de un sistema de gobierno descentralizado en Venezuela, en el cual, a pesar de las propuestas del Libertador Simón Bolívar, el poder quedó alojado en las Provincias-Ciudades, siendo el gobierno central una entelequia. A esta debilidad del poder central, el propio Libertador atribuyó la caída de la Primera República en 1812.

Las guerras de independencia que se extienden hasta 1824, si bien hicieron inaplicables, formalmente, los textos constitucionales de 1811, 1819 y 1821, consolidan los poderes de los caudillos militares, regionales y locales bajo cuyas tropas se habían ganado y perdido batallas. La Provincia-Ciudad-Estado que había quedado como legado de la época colonial, se consolidaría con el agregado militar fáctico, que no sólo permitió desconocer Constituciones, como sucedió respecto al texto de 1821 por la Municipalidad de Caracas y el poder militar de José Antonio Páez, sino que inclusive llegó a poner en duda y discusión la autoridad del Libertador.

En la Constitución de 1819, si bien su tendencia teórica, por las presiones del Libertador, fue por el establecimiento de un sólido poder central, la división de la República en Provincias a cargo de "un Gobernador sujeto inmediatamente al Presidente de la República" y el establecimiento de "municipalidades" en los Departamentos {divisiones de las Provincias) con atribuciones propias, inclusive la de proponer el nombramiento del Gobernador de la Provincia, que correspondía a los "miembros municipales" electos por votación, indudablemente que contribuyó a consolidar el Poder regional-local de los caudillos militares, quienes sustituyeron a la aristocracia criolla colonial en el control de los organismos locales. La Constitución de 1821, al unir los "territorios de Colombia (Nueva Granada) y Venezuela en la República de Colombia" formalmente centralizó aún más el Gobierno del nuevo Estado, el cual se dividió en Departamentos, pero con "una administración subalterna dependiente del gobierno nacional"; sin embargo, la situación de guerra que todavía continuaba, el poder de los caudillos-mili- tares regionales y los poderes de las autoridades civiles-municipales, desde el primer momento conspiraron contra este texto y su pretendida centralización, hasta que lograron, por sobre los deseos del Libertador e inclusive expulsándolo de Venezuela, la separación de ésta de la República de la Gran Colombia y la formación, en 1830, de la República de Venezuela.

2. *El pacto centro-federal de 1830*

La elaboración del texto constitucional de 1830 que no configuró ni una república "centralista" ni "federal", sino un pacto "centro-federal", estuvo signada por las discusiones en torno a centralismo o federación. Para transacción del conflicto, sus redactores indudablemente se inspiraron en el texto de la Constitución de Cádiz de 1812: se dividió el país en Provincias, en las cuales funcionaba una Diputación Provincial compuesta por Diputados electos, y cuyo "régimen superior político" estaba a cargo de "un Gobernador dependiente del Poder Ejecutivo" nombrado a proposición de las Diputaciones. Las Provincias se dividieron en cantones y parroquias, y en cada cantón la Ley atribuyó la autoridad gubernativa y económica a los "jefes políticos" designados por el Gobernador, quienes presidían los "Concejos Municipales", integrados, a su vez, por alcaldes y concejales designados por las Diputaciones Provinciales, En esta forma, el pacto centro-federal disminuyó la autonomía municipal que el texto constitucional de 1819 consagró, en beneficio de las Diputaciones Provinciales, donde se alojó el poder de los caudillos regionales para, inclusive, discutir el poder central. La transacción centro-federal del texto de 1830, sin embargo, no satisfizo ni a los que propugnaban un gobierno centralista ni a los que buscaban la consolidación de un sistema completamente federal, y en la llamada Revolución de las Reformas contra el Presidente José María Vargas los federalistas insistían en lo inoperante de la organización provincial y propugnaban la transformación de las Provincias en Estados y de las Diputaciones Provinciales en Legislaturas. Los años de la República durante la vigencia de la Constitución de 1830, en todo caso, continuaron bajo el conflicto de los poderes regionales-caudillistas-militares contra el recién creado poder civil-nacional. El conflicto, en definitiva, llevó a la reforma constitucional de 1857, en la cual, con la pretensión de resolver las tensiones centralistas y federalistas, se optó por eliminar las Diputaciones Provinciales y erigir en su' lugar un "Poder Municipal". En esta forma, en las Provincias, el "régimen político" quedó a "cargo de un Gobernador dependiente y de libre nombramiento del Poder Ejecutivo", y en los cantones (divisiones de las Provincias) el Poder Municipal se ejercía "por los Concejos Municipales" compuestos por funcionarios electos, a quienes correspondía el "Gobierno de los Cantones y Parroquias en lo económico y administrativo" La lucha del poder central contra las apetencias regionales federales-caudillistas se pretendió resolver a favor del poder central, asfixiando el poder de las Provincias y creando el Poder Municipal, en definitiva, sesgando la aspiración a un federalismo progresivo que los constituyentes de 1830 buscaron, lo cual explica, entre otros factores, la precaria vigencia de la Constitución de 1857.

3. *La Federación a partir de 1858*

La Constitución de 1858 significó una vuelta al espíritu del texto de 1830: adoptó de nuevo una forma mixta, tratando de conjugar los intereses del gobierno central con los regionales, pero controlando el ahora "Poder Municipal". En dicho texto se integró todo el sistema de gobierno regional (provincias, cantones y parroquias) en un Poder Municipal que se ejercía "por una Legislatura y un Gobernador en la Provincia; por un Concejo y un Jefe Municipal en los Cantones, y por los demás funcionarios y corporaciones que establezca la Legislatura provincial". Los Gobernadores, sin embargo, eran electos por votación universal, directa y secreta, aun cuando actuaban "como agentes del Poder Nacional". Con el texto de 1858, aun cuando también se buscaba establecer una transacción con la fórmula mixta, indudablemente que los poderes locales salieron fortalecidos tanto a nivel de las Legislaturas Provinciales como de los Concejos Cantonales: el caudillismo regional federalista había llegado a su apogeo de poder político y sólo faltaban las guerras federales para que se consagrara formalmente la Federación en Venezuela.

En efecto, la Constitución de los Estados Unidos de Venezuela de 1864 "reunió" 20 Provincias que se declaraban "independientes" y "reconocían recíprocamente sus autonomías", con lo cual quedaba consolidado el pacto regional-caudillista-federalista que daba soporte al Estado Nacional y al Poder Central, que se manifestó particularmente en la organización de las fuerzas armadas. Estas estaban formadas por "la milicia ciudadana que organicen los Estados", compuesta "con individuos voluntarios, con un contingente proporcionado que dará cada Estado, llamando al servicio a los ciudadanos que deban prestarlo conforme a sus leyes", no pudiendo, en ningún caso, el Gobierno Nacional "situar en un Estado fuerza ni Jefes militares con mando, aunque sean del mismo Estado, ni de otro, sin el permiso del Gobierno del Estado en que se deba situar la fuerza". La ausencia de un Ejército Nacional y la consolidación de las milicias regionales irregulares bajo el comando de los Caudillos regionales daba, a través de este pacto de señores regionales-feudales, soporte al Poder Nacional; y sólo será a comienzos de este siglo cuando mediante la formación de un Ejército Nacional, Juan Vicente Gómez integrará por la fuerza de las armas a la República. El federalismo, desde el punto de vista administrativo, tal como tanto se ha dicho, fue ciertamente, una ficción y una farsa que no impidió al Poder Nacional intervenir en la administración de los Estados; pero desde el punto de vista político-militar, muy lejos estuvo de ser irreal; al contrario, fue la base de sustentación de una República disgregada y dividida en feudos regionales.

En la organización política de 1864, en todo caso, el constituyente ignoró al Poder Municipal, quedando en poder de los Estados el establecimiento de "las reglas fundamentales de su régimen y gobierno interior". Fue sólo en el texto constitucional de 1893 cuando por primera vez, dentro del sistema federal, se consagró "la autonomía del Municipio y su independencia del poder político del Estado en todo lo concerniente a su régimen económico y administrativo"; independencia que se estableció posteriormente, también expresamente, respecto del Poder Federal. A partir de 1904, en todo caso, constitucionalmente se estableció la autonomía municipal, no de los Municipios, sino de los Distritos en que se dividían los Estados "cuyas Municipalidades" eran entonces las autónomas, situación que se mantuvo hasta la Constitución de 1953.

4. *El centralismo político-administrativo en el siglo XX*

En cuanto a la organización federal, si bien desde el punto de vista político-regional tuvo vigencia mientras los caudillos regionales dominaron el país, como consecuencia de la integración política que el dictador Juan Vicente Gómez realizó autocráticamente del mismo, aquella perdió toda vigencia. Administrativamente, durante el siglo XIX había sido una entelequia formal que encubría una Administración centralizada, y al perder su único objetivo —pacto de descentralización político-regional-caudillista—, a partir de las primeras décadas del siglo XX, no ha tenido real vigencia, siendo el ropaje formal de un Estado centralizado administrativa y políticamente hablando. En este sentido, estimamos importante insistir en torno a los aspectos políticos y administrativos de la Federación, pues las apreciaciones tan generalizadas relativas a su carácter ficticio deben aplicarse sólo a la concepción de la Federación como fórmula de descentralización administrativa. Ciertamente, ¡a Federación no significó descentralización, sino que su contenido se violó desde el inicio: los caudillos de turno en el poder desarrollaron una política administrativa de carácter meramente centralista; pero ello, indudablemente, a cambio de la descentralización político-militar. En este último aspecto, todo lo contrario de una ficción, la federación fue una realidad, con enorme arraigo histórico, ligada al caudillismo y al latifundismo regional. Desaparecidos éstos por la concentración del poder militar y del latifundio en torno a Gómez, la Federación entonces pasó a ser un mero recuerdo histórico de ¡as luchas civiles del siglo XIX; y ello lo reconoce la propia Constitución de 1961, al disponer que "La República de Venezuela es un estado federal, en los términos consagrados por esta Constitución", lo que equivale a decir muy poco, como se verá más adelante.

En el orden político, el año 1936 tuvo gran importancia, lo cual también se aplica a la evolución, posterior a esa fecha, de la forma del Estado venezolano. En efecto, el Estado que emerge de la dictadura de Juan Vicente Gómez, indudablemente que no fue ni la sombra del que había sido fácil presa del Dictador: no sólo aparecía ahora integrado políticamente, sino que, debido a los recursos fiscales provenientes del petróleo, aparecía como una entidad de un enorme poder económico. Por otra parte, la política administrativa de la dictadura, siguiendo la orientación de los gobiernos de la segunda mitad del siglo XIX, había sido progresivamente centralista, de manera que en las sucesivas reformas constitucionales, se les fueron quitando o limitando poderes a los entes locales: los Estados y Municipalidades. A pesar de la forma "federal", el Estado de 1936 era un Estado completamente centralizado, y si bien la justicia permanecía en cierta forma en poder de los Estados, la Constitución de 1945 dio el golpe de gracia a la descentralización, al nacionalizarse las actividades judiciales. Había, sin embargo, competencias propias de los Estados, de las Municipalidades y del Poder Nacional (Federal), correspondiendo a los Estados toda competencia "no delegada expresamente al Poder Central", con lo que se consagraba una especie de poder residual tácito a favor de los Estados. En 1953, sin embargo, el proceso centralizador, de nuevo bajo otra dictadura militar, llevó a norma constitucional el principio contrario: correspondía al Poder Nacional "toda materia que la presente Constitución no atribuya a los otros Poderes", con lo que se reducía la competencia de los Estados, con carácter restrictivo y se ampliaba la competencia del Poder Nacional con las atribuciones residuales. Esta situación, ciertamente, se invirtió nuevamente en la Constitución de 1961, la cual, si bien atribuyó a los Estados "todo lo que no corresponda, de conformidad con esta Constitución, a la competencia nacional o municipal", consagró expresamente el principio de los "poderes implícitos" a favor del Poder Nacional, al precisar que corresponde a éste "toda otra materia que la presente Constitución atribuya al Poder Nacional o que le corresponda *por su índole o naturaleza".*

5. *El Régimen Federal en la Constitución de 1961*

Ahora bien, conforme al régimen de la Constitución de 1961, ¿cuál es la situación real de la forma federal del Estado en Venezuela a finales de la década de los setenta?, o si se quiere ¿cuál es el alcance y realidad de las autonomías locales-estadales frente al poder central?

Cualquier análisis somero de la normativa constitucional en lo que se refiere a la diferenciación del "Poder Público" en "Poder Nacional" y "Poder de los Estados" o "Poder Estadal", evidentemente que conduce a la apreciación de que la organización "estadal" está minimizada, en cuanto a atribuciones y facultades, en relación a las que se asignan al Poder Nacional. En efecto, dentro de las potestades asignadas a los Estados, a los que se considera "autónomos e iguales como entidades políticas", están: la organización de sus poderes públicos; la organización de sus Municipios y demás entidades locales; la administración de sus bienes; la inversión del situado constitucional y demás ingresos que les correspondan; la utilización del crédito público; la organización de la policía urbana y rural y la determinación de las ramas de este servicio atribuidas a la competencia municipal; y las materias que el Poder

Nacional "descentralice" a favor de los Estados. Sin embargo, todas estas potestades están sujetas a limitaciones e intervenciones del Poder Nacional, y su ámbito, en cierta forma, no sólo está sujeto a lo que la Constitución regula, sino a lo que el Congreso (Poder Nacional)) establezca: la organización de los Municipios por leyes estadales, por ejemplo, ha de someterse a "las normas que para desarrollar los principios constitucionales establezcan las leyes orgánicas nacionales"; la administración de los bienes y la inversión de los ingresos que obtengan los Estados provenientes de las asignaciones que el Poder Nacional les debe dar constitucionalmente (situado), están limitadas por la Ley nacional que coordina dicha inversión "con planes administrativos desarrollados por el Poder Nacional"; la inversión de todos sus ingresos puede ser sometida al control de la Contraloría General de la República y por Ley nacional puede, inclusive, determinarse los "límites a los emolumentos que devenguen los funcionarios y empleados" de los Estados; la utilización del crédito público por los Estados depende de lo que la Ley nacional establezca; la organización de la policía urbana y rural sólo puede hacerse de acuerdo con lo que una Ley nacional establezca; y por último, el ámbito de la "descentralización" de competencias nacionales a los Estados, depende íntegramente de lo que el Poder Nacional determine. Por otra parte, y particularmente en materia de ingresos propios, la Constitución establece una larga lista de limitaciones a las potestades tributarias de los Estados, que materialmente las ha reducido, en la práctica, a la inexistencia. Ciertamente que las Asambleas Legislativas tienen competencia para "legislar sobre las materias de la competencia estadal", y que el "gobierno y administración de cada Estado corresponde a un Gobernador"; sin embargo, esta autonomía "normativa", "fiscal" y "administrativa" se ha hecho nugatoria e inoperante, por la material ausencia de materia sobre la cual "legislar" o administrar, lo que hace por otra parte, inefectiva la competencia residual de los Estados. En esta forma, conforme al texto constitucional, la "autonomía" de los Estados es una autonomía dependiente del Poder Nacional: existe y tiene ámbito e importancia, en tanto en cuanto el Poder Nacional lo determine. A finales de la década de los setenta, en todo caso, el Poder Nacional aún no ha determinado ámbito efectivo a dicha autonomía, y por la normativa que existe, los Estados han quedado reducidos a unas entelequias políticas, sin competencias administrativas de interés, que sólo han servido para alimentar clientelas político-partidistas. Con razón, por tanto, se ha dicho que las Asambleas Legislativas son entes políticos de debates y no órganos promotores del desarrollo, lo que podría aplicarse a toda la estructura de los Estados federados. De ahí que se haya insistido en la necesidad de eliminar las Asambleas Legislativas y reordenar la división territorial de la "Federación". En todo caso, y sin entrar por ahora a considerar la racionalidad o irracionalidad de la división político- territorial de la República en veinte Estados, y la posibilidad o imposibilidad de realizar un proceso de "descentralización" hacia esas entidades, lo que sí resulta claro del análisis de la normativa constitucional es que la Federación en Venezuela ha encubierto a un Estado centralizado, con un ropaje político del cual no se han beneficiado los pueblos del interior del país, pues no han tenido real participación en el manejo de los asuntos regionales, y sólo han obtenido ganancias los partidos políticos, quienes han encontrado en los cargos de Diputados de las Asambleas Legislativas y en las burocracias estadales, la forma de colmar las apetencias políticas de sus partidarios y adversarios. Se impone, por tanto, una reforma del régimen federal, que no sólo reordene territorialmente la República con criterios racionales y regionales, sino que conlleve un proceso de descentralización del Poder "Nacional, y de efectiva participación de las comunidades en las decisiones políticas y administrativas.

II. BASES PARA LA DESCENTRALIZACIÓN POLÍTICA Y EL RÉGIMEN DE LOS ESTADOS EN LA FEDERACIÓN VENEZOLANA

1. *La uniformidad del régimen jurídico de los Estados y las exigencias de su reforma*

Una de las características del régimen jurídico- administrativo de los Estados en la Venezuela contemporánea, es la excesiva uniformidad que existe en la organización de los mismos. Muy pocas diferencias o características propias existen en el ordenamiento jurídico de los veinte Estados, y lo contrario, basta estudiar uno solo para saber la organización y régimen de todos los demás.

Esta uniformidad proviene, en primer lugar, de la similitud del texto de las llamadas "Constituciones" de los Estados. Estos textos, los cuales, por supuesto no son verdaderas Constituciones, sino simplemente leyes estadales reguladoras de los Poderes Públicos de los Estados, con modalidades particulares para su modificación o reforma, son, en realidad, leyes de organización de los Poderes Públicos estadales.

Ahora bien, como tales leyes de organización, en general, su contenido ha sido, por una parte, una simple ampliación de los principios de organización estadal que trae la Constitución Nacional de 1961; y por la otra, de muy poco contenido innovador. Han sido, hasta cierto punto, repeticiones de normas nacionales las cuales, en virtud de estar en la Constitución Nacional, no requieren, para su vigencia, de reafirmación en los textos legales, ni nacionales, ni estadales.

En segundo lugar, la uniformidad del régimen jurídico-administrativo de los Estados proviene de la falta de iniciativa de las autoridades estadales, tanto legislativas como ejecutivas. Las Asambleas Legislativas, en general, no han desarrollado una actividad creadora a nivel legislativo, y se han limitado a copiar textos constitucionales de los otros Estados de la República; y los Gobernadores, se han visto reducidos, progresivamente, a actuar como funcionarios político-policiales, o como gestores de dádivas de los órganos nacionales. La iniciativa legislativa que corresponde a los Gobernadores no se ha asumido con imaginación, y los Estados y sus Gobernaciones se han visto reducidos, en su actividad, a funciones públicas localistas y policiales.

La autonomía de los Estados, así, la hemos visto convertirse en una autonomía inútil, sin contenido ni reales posibilidades de acción en relación al desarrollo económico y social del país o de las regiones.

En tal sentido, en 1971 al hablar de los efectos y proyecciones de la Reforma Administrativa en los Estados de la República, señalábamos que la organización estadal de nuestro régimen federal había producido un país dividido en compartimientos, que había "dado origen a administraciones ligadas y ceñidas a un ámbito territorial específico, con escasos recursos para poder acometer acciones de desarrollo importantes, con un excesivo localismo que hace casi imposible el lograr una coordinación regional. En la actualidad, hay muy poca colaboración entre los diversos Estados que conforman una Región. Esto deriva fundamentalmente de esta autonomía, muchas veces inútil, que sólo sirve a intereses que posiblemente no están ligados a las exigencias del desarrollo, sino a intereses circunstanciales generados por los vaivenes políticos del país".

"...Toda esta situación defectuosa en la estructura política y administrativa estadal, derivada de esa división político-territorial existente, trae como consecuencia, en mi criterio, que en términos generales, las estructuras políticas locales estén a espaldas de la realidad; que el proceso de desarrollo del país les sea ausente por constituir los Estados y Municipalidades, lamentablemente, entes aislados no incorporados debidamente al proceso de desarrollo".

"Se exige, por tanto, y creo que es el elemento central en un proceso de reforma administrativa a nivel estadal y municipal, que se establezcan formas de integración entre las acciones de las diferentes administraciones nacionales, estadales y municipales, para que todas participen en el proceso de desarrollo del país. Los Estados no pueden continuar ausentes de ese proceso de desarrollo del país, ni pueden limitar su acción a recibir una determinada parte de su Situado Constitucional y a percibir exiguos ingresos y gastarlos sin conexión alguna con un Plan de Desarrollo Nacional y, consecuencialmente, con uno de desarrollo regional en cuya ejecución participen los Estados y las Municipalidades".

"En muchas oportunidades se ha pensado y se señala frecuentemente como una de las formas para acometer la reforma de las entidades estadales y municipales, que lo que debe buscarse es la eliminación de los Estados y de sus Asambleas Legislativas. Igualmente se habla de lo inútil de los Concejos Municipales. Sin embargo, apreciaciones de este tipo, como condición para un proceso de desarrollo, evidentemente son irreales. Estimo que no debemos partir, para la reforma de las estructuras estadales y municipales y para el diseño de las formas para lograr su integración y participación en el proceso de desarrollo del país, de la eliminación de unas instituciones políticas que tienen un arraigo político y sociológico importante en nuestro país; aparte de que ello implicaría entrar a otros campos de reformas constitucionales. Al contrario, pienso que el camino lógico para superar los inconvenientes de la estructura política y administrativa de los entes estadales y municipales, y, sin embargo, respetar la autonomía que les está concedida y que puede ser útil instrumento para que participen en las acciones estatales, es el camino de la regionalización con vista no sólo a establecer mejoras en las estructuras y sistemas de las administraciones estadales y municipales, sino también, a lograr su efectiva participación en el desarrollo nacional, dentro de un proceso de desarrollo regional" (Allan R. Brewer Carías, *El Proceso de Regionalización y la Reforma Administrativa en los Estados y Municipios,* Mérida 1971, págs. 9 a 11).

El régimen jurídico de los Estados, por tanto, o se transforma radicalmente, para convertir a esta institución en un instrumento del desarrollo nacional, y en el principal instrumento de desarrollo regional y local, o no tendremos más remedio que pensar en su eliminación.

Ese régimen jurídico, hoy uniforme, en el cual se plantean exigencias de reforma, se refiere principalmente, a los siguientes aspectos: a las competencias estadales; a la potestad tributaria estadal; a la Asamblea Legislativa como órgano deliberante regional; a la Administración del Estado; a su organización político-administrativa; y a la Hacienda Pública Estadal.

2. *Las competencias estadales y su reformulación*

Si se analiza detenidamente la Constitución Nacional se observa que ésta, expresamente, atribuye a los Estados, solo competencias *formales* de orden político y administrativo, y salvo por lo que respecta a la organización de la policía urbana y rural, no les asigna competencias sustantivas o materiales de ningún tipo, Al contrario, atribuye a los Municipios competencia en una serie de materias propias de la vida local, y al Poder Nacional otras materias de orden nacional, y se reduce a señalar que corresponde a los Estados "todo lo que no corresponda, de conformidad con esta Constitución, a la competencia nacional o municipal".

Esta competencia residual, aparentemente muy estrecha debido a que la larga enumeración de competencias nacionales y municipales deja muy poco como residuo; sin embargo, no ha sido imaginada ni desarrollada a nivel de los Estados.

Si se analizan las Constituciones de los Estados, se observa, en primer lugar, que ellas no contienen ninguna definición ni enumeración de las competencias de los Estados. Los textos constitucionales estadales, al contrario, se limitan a asignar atribuciones a sus órganos políticos y administrativos (Asamblea Legislativa, Gobernador, etc.) de las cuales podrían, por deducción, identificarse algunas competencias, pero no han intentado delimitar expresamente competencias propias de los Estados, de carácter sustancial o material, en la misma orientación de los artículos 30 y 136 de la Constitución, y como aplicación y desarrollo del ordinal 7°, del artículo 17 del texto fundamental.

En segundo lugar, del análisis de las Constituciones estadales se observa que las competencias materiales que en ellas se asignan a los Estados son muy exiguas. Tal como resulta, por ejemplo, del texto de cualquier Constitución de nuestros Estados, las competencias materiales que se les asignan son sólo las que están relacionadas con la educación y la asistencia social; la apertura de vías de comunicación estadal; y las obras públicas del Estado. La situación, en general, es similar en todos los otros Estados de la República. Estos han sido vaciados de contenido y competencia que se hace necesario replantear para su revalorización.

Ahora bien, para la revitalización de los Estados resulta indispensable que dentro del marco y limitaciones de orden constitucional, los textos orgánicos de los Estados delimiten un conjunto de competencias propias. Sólo así, tiene sentido, realmente, su existencia y funcionamiento.

En tal sentido, si se analiza detenidamente la Constitución Nacional, resulta que existen dos órdenes de competencias materiales de los Estados: unas que les son atribuidas concurrentemente con los poderes Nacional y Municipal; y otras, que al no estar mencionadas en el texto constitucional, ni atribuirse expresamente a alguno de los órganos territoriales en ella previstos, corresponden res i dual mente a los Estados.

A. *Las competencias concurrentes*

El primer grupo de competencias de los Estados es el que resulta de las materias que son atribuidas en forma concurrente a la República, a los Estados y a los Municipios. En efecto, si se analizan en forma concatenada los artículos relativos a los derechos económicos y sociales y los que asignan atribuciones a los Municipios y al Poder Nacional, resulta que hay una serie de competencias que se asignan al "Estado", es decir, al conjunto de instituciones orgánico-territoriales de nuestro país (República, Estados y Municipios), y que corresponden en forma concurrente a los diversos niveles territoriales.

Estas competencias atribuidas por la Constitución al "Estado", por tanto, no son atribuidas a la República ni al Poder Nacional exclusivamente, sino que corresponden a todos los entes públicos-territoriales de nuestra organización federal: a la República, a los Estados Federados y a los Municipios. Cada uno de ellos tiene competencia en estas materias, con las limitaciones que se derivan de las regulaciones de los artículos 30 y 136 de la Constitución, que puedan asignar exclusivamente algunas materias a los niveles municipal y nacional, lo cual excluiría la competencia estadal.

En esta forma, del análisis de las mencionadas normas constitucionales, resulta que son de la competencia de los Estados de nuestra federación por no ser, por su índole o naturaleza de la exclusiva competencia del Poder Nacional, las siguientes:

1. Proteger las asociaciones, corporaciones, sociedades y comunidades que tengan por objeto el mejor cumplimiento de los fines de la persona humana y de la convivencia social, y fomentar la organización de cooperativas y demás instituciones destinadas a mejorar la economía popular.

2. Proteger la familia como célula fundamental de la sociedad y velar por el mejoramiento de su situación moral y económica.

3. Compartir con los padres, de modo subsidiario y atendiendo a las posibilidades de aquéllos, la responsabilidad que les incumbe en la formación de los hijos.

4. Velar por el mantenimiento de la salud pública y proveer los medios de prevención y asistencia a quienes carezcan de ellos con sujeción a la dirección técnica, las normas administrativas y la coordinación de los servicios destinados a la defensa de la salud pública que establezca el Poder Nacional y sin perjuicio de las competencias municipales en el campo de la salubridad y asistencia social.

5. Mejorar las condiciones de vida de la población campesina.

6. Crear y sostener escuelas, instituciones y servicios suficientemente dotados para asegurar el acceso de todos, en forma gratuita, a la educación y a la cultura, conforme a las directivas y bases de la educación nacional establecidas por el Poder Nacional.

7. Estimular y proteger la educación privada que se imparta de acuerdo con los principios contenidos en la Constitución Nacional y en las leyes.

8. Fomentar la cultura en sus diversas manifestaciones y velar por la protección y conservación de las obras, objetos y monumentos de valor histórico o artístico que se encuentren en el Estado y procurar que ellos sirvan al fomento de la educación.

9. Procurar que toda persona apta pueda obtener colocación que le proporcione una subsistencia digna y provechosa.

10. Promover el desarrollo económico y la diversificación de la producción en el Estado, con el fin de crear nuevas fuentes de riqueza y aumentar el nivel de ingresos de la población.

11. Proteger la iniciativa privada, sin perjuicio de la facultad de dictar medidas

para planificar, racionalizar y fomentar la producción en el Estado, a fin de impulsar su desarrollo económico.

12. Atender a la defensa y conservación de los recursos naturales de su territorio, y cuidar que la explotación de los mismos esté dirigida primordialmente al beneficio colectivo de los venezolanos, sin perjuicio de las competencias del Poder Nacional en la conservación, fomento y aprovechamiento de los montes, aguas y otras riquezas naturales.

B. *Las competencias residuales*

El segundo grupo de competencias de los Estados está formado por las competencias residuales, es decir, no atribuidas expresamente ni al Poder Nacional ni a los Municipios por el texto constitucional. Estas, entre otras, son las siguientes:

1. El régimen del comercio y de la industria manufacturera, con sujeción a las regulaciones nacionales destinadas a planificar, racionalizar y fomentar la producción y regular la circulación, distribución y consumo de la riqueza y con las limitaciones previstas en el texto constitucional al asignar competencias al Poder Nacional.

2. La protección, fomento y conservación del ambiente, con sujeción a las regulaciones dictadas en este campo por ser nacionales por su índole o naturaleza.

3. La ordenación del territorio del Estado y la localización industrial en el mismo, conforme a las normas establecidas por el Poder Nacional.

4. La ejecución de obras públicas de interés estadal, conforme a las normas y procedimientos técnicos para obras de ingeniería y urbanismo establecidas por el Poder Nacional.

5. La apertura y conservación de las vías de comunicación estadales, excepto las vías férreas.

6. El fomento de la vivienda rural, con sujeción a los planes nacionales en materia de vivienda popular.

7. La promoción de la participación de los ciudadanos en el proceso de formulación, toma y ejecución de las decisiones estadales.

Una definición de competencias de los Estados como la anteriormente expresada, puede decirse que sería el comienzo de la reformulación y revitalización de los Estados, tan necesaria en la coyuntura política contemporánea.

Por otra parte, debe destacarse que la mayor ampliación de la competencia de los Estados depende de la decisión que adopte el Congreso dentro de una política de descentralización administrativa que cada vez se hace más necesaria. El artículo 137 de la Constitución, así, permite al Congreso atribuir a los Estados determinadas competencias nacionales, a fin de promover la descentralización administrativa, lo cual deberá realizarse en el futuro.

3. *La potestad tributaria estadal*

A. *La reducción de las potestades*

Pero dentro de las competencias propias de los Estados, tienen una particular importancia, las competencias tributarias.

La ausencia de asignación constitucional expresa de potestad tributaria originaria a los Estados, en contraste con la asignación de potestad tributaria al Poder Nacional y a los Municipios, ha conducido a los Estados, en la práctica, a no tener recursos tributarios propios.

En efecto, si se analizan las Constituciones estadales se evidencia que en materia tributaria, las mismas se limitan a repetir el carácter residual de la competencia estadal aplicado a la materia tributaria, pero sin identificar con precisión el ámbito de la potestad tributaria de los Estados. Las Constituciones de varios Estados, por ejemplo, establecen como competencia de la Asamblea Legislativa la de "establecer impuestos de carácter general en cuanto no colidan con la Constitución Nacional y siempre sobre la base de justicia e igualdad tributaria, con el fin de lograr una repartición de impuestos y contribuciones progresivas, proporcional a la capacidad económica del contribuyente, la elevación del nivel de vida y del poder adquisitivo de los consumidores y la protección e incremento de la economía nacional".

Sin embargo, a pesar de la amplitud de esta fórmula, el único impuesto establecido en algún Estado es el que pecha las loterías y rifas, repitiéndose esta situación en varios de los Estados de la República. Por tanto, materialmente no tienen ingresos tributarios, y la casi totalidad de sus ingresos provienen del Situado Constitucional.

B. *El ámbito de los impuestos a la producción y consumo de bienes*

Sin embargo, si se analiza la Constitución Nacional con detenimiento, resulta que la potestad tributaria originaria de los Estados es bastante amplia, a pesar de que no se haya indicado expresamente; y ello surge de la interpretación del ordinal 8°, del artículo 136 y del artículo 18 de la Constitución.

En efecto, conforme al ordinal 8° del artículo 136 de la Constitución, se reserva al Poder Nacional la organización, recaudación y control de las contribuciones que "recaigan *sobre la producción y consumo de bienes que total o parcialmente la ley reserva al Poder Nacional,* tales como las de alcoholes, licores, cigarrillos, fósforos y salinas".

Del análisis de esta norma se deduce lo siguiente:

a. Que no existe una auténtica reserva constitucional al Poder Nacional en materia de impuestos a la producción y al consumo de bienes, sino que la Constitución remite a la ley la determinación de los impuestos de tal naturaleza que se reserven a dicho Poder.

b. En esta forma, sólo los impuestos a la producción y consumo de bienes que la ley nacional haya reservado expresamente al Poder Nacional, le corresponden exclusivamente. Estos son, hasta ahora, los que gravan los cigarrillos, los alcoholes y licores, los fósforos y salinas.

c. Por otra parte, aun en los casos en que la ley nacional reserve al Poder Nacional un impuesto a la producción y al consumo de bienes como los indicados, esa ley puede contener una reserva parcial, por lo que la misma podría atribuir a los Estados la recaudación de parte de dichos impuestos.

d. Todos los otros impuestos a la producción y al consumo de bienes, excluidos los que recaigan sobre los alcoholes, licores, cigarrillos, fósforos y salinas, son de la potestad tributaria de los Estados, tal como lo confirma/en cuanto a los impuestos al consumo de bienes, lo expresado en el artículo 18 de la Constitución.

e. En ejercicio de esa potestad tributaria originaria de los Estados para establecer impuestos a la producción y consumo de bienes, deben sujetarse a las siguientes normas establecidas en el artículo de la Constitución:

1. En cuanto a los impuestos al consumo sólo pueden gravar el consumo de bienes producidos en su territorio o después que entren en circulación dentro de su territorio; y en caso de gravar el consumo de bienes producidos fuera de su territorio, no pueden gravarlos en forma diferente a los producidos en él.

2. En cuanto a los impuestos a la producción, no pueden gravar el ganado en pie ni sus productos o subproductos.

De lo anterior se deduce claramente que los Estados tienen una muy amplia potestad tributaria originaria para gravar la producción y el consumo de bienes que no ha sido utilizada hasta el presente.

C. *Los impuestos a las ventas*

Dentro de estos impuestos a la producción y consumo de bienes están todos aquellos *impuestos a las ventas,* en todas sus modalidades (ventas al por mayor, al detal, de los manufactureros o al valor agregado), los cuales son de la competencia de los Estados, hasta tanto una ley nacional no los reserve al Poder Nacional. No hay que olvidar que los impuestos a las ventas, en los Estados Federales son, en general, de la competencia estadal y no federal, tal como sucede en los Estados Unidos.

En el caso de los impuestos a las ventas, debe considerarse que éstos, con tasas muy bajas, pueden producir ingresos fiscales relativamente cuantiosos al tener una base mucho más amplia (consumo). Sin embargo, estos impuestos a las ventas pueden afectar la capacidad contributiva de las personas de menores recursos y aumentar el costo de la vida. Por ello, en su establecimiento deben tenerse en cuenta los principios contenidos en el artículo 223 de la Constitución, en el sentido de que deben procurar "la justa distribución de las cargas según la capacidad económica del contribuyente, atendiendo al principio de la progres i v ida d, así como la protección de la economía nacional y la elevación del nivel de vida del pueblo". En tal sentido, por ejemplo, un impuesto sobre las ventas al por mayor o sobre las ventas de los manufactureros, que recaería en la producción, podría ser más recomendable.

III. LA REORGANIZACIÓN DE LOS PODERES PÚBLICOS ESTADALES

1. *Las Asambleas Legislativas como órganos deliberantes regionales*

Las Asambleas Legislativas son, sin duda, los organismos de mayor importancia a nivel de los Estados, pues son las depositarías de la voluntad popular, al ser electos sus miembros por sufragio universal directo y secreto de acuerdo a lo establecido en la Constitución.

La organización, funcionamiento y competencias de las Asambleas Legislativas en la actualidad, nos las muestra como instituciones que han reducido su acción a un actuar político-partidista nugatorio, y, con poca participación en los asuntos políticos del país.

A. *La composición de las Asambleas Legislativas*

En efecto, en cuanto a su composición, los miembros de las Asambleas Legislativas son los Diputados electos en virtud de lo previsto en la Constitución Nacional y de la Ley Orgánica del Sufragio. La elección de estos se verifica en un número que varía según la población del Estado, de once Diputados para una población menor de 300.000 habitantes; hasta 23 Diputados, para una población mayor a un millón trescientos mil habitantes.

La elección de estos Diputados a las Asambleas Legislativas se realiza mediante una postulación por listas, por la circunscripción electoral que corresponde al Estado y mediante la aplicación del principio de la representación proporcional de las minorías.

Ahora bien, la composición de las Asambleas resulta poco representativa de las comunidades territoriales, por una parte, porque la elección no se realiza por Distritos, y por otra parte, porque en ellas no tienen representación sino los partidos políticos, no teniendo participación en las deliberaciones del órgano regional, los grupos de intereses de la comunidad agrupados en sociedades intermedias.

Sin plantearse la reforma de la Ley Orgánica del Sufragio, estimamos que la legislación orgánica de los Estados, dentro de una política de participación que deben orientar en el futuro todos los órganos del Estado, debería prever una representa ti vid a d de base corporativa para propiciar la incorporación de sectores que participan en el proceso de desarrollo económico y social del país, tal como lo ha propuesto J. M. Casal Montbrun en su estudio sobre "El Órgano Deliberante Regional".

En esta forma, la legislación de los Estados debería prever la integración de la Asamblea Legislativa, además de con los Diputados electos, con representantes de las organizaciones sindicales de trabajadores del Estado, de los sectores económicos privados que actúen en el Estado, de los Colegios Profesionales con sede en el Estado, de las Universidades e institutos de educación superior del Estado, y de los Municipios del Estado. Estos representantes, al no ser miembros de las Asambleas en los términos del artículo 19 de la Constitución Nacional, no tendrían derecho a voto, pero tendrían derecho a participar en las deliberaciones con derecho a voz, aun cuando su presencia, por supuesto, no sería necesaria para el quórum de la Asamblea.

En todo caso, estos representantes tendrían que ser remunerados por las propias sociedades intermedias que representan y no por el presupuesto de la Asamblea.

En esta forma, la composición de la Asamblea Legislativa adquiriría una Dase de representación corporativa y de participación, que provocaría un cambio de enorme importancia en sus funciones.

B. *Las competencias de las Asambleas Legislativas*

Las Constituciones de los Estados tradicionalmente han regulado una larga lista de competencias de las Asambleas Legislativas, que se pueden reducir a las dos tradicionales de estos órganos deliberantes: legislar sobre las materias de la competencia estadal y controlar la administración del Estado.

En cuanto a la primera, muy pocas leyes han dictado los Estados pues, al haberse reducido las competencias estadales, materialmente no han tenido materias sobre las cuales legislar. Si se analiza la legislación de los Estados, esta se reduce generalmente, a las siguientes leyes: Ley de Régimen Político, reguladora del Poder Ejecutivo del Estado; Ley del Poder Municipal del Estado, con vigencia hasta 1978 cuando se dictó la Ley Orgánica de Régimen Municipal y que implicará una reforma total de las legislaciones estadales; Ley de División Territorial del Estado, en la cual se establecen los límites territoriales y la división político territorial en Distritos y Municipios; Ley o Código de Policía del Estado, con regulaciones vetustas que requieren de una reforma total; Ley de la Hacienda Pública del Estado; Ley de Contratería; Ley de Carrera Administrativa que sustituyó en muchos casos a las Leyes de Juráis mentó y responsabilidad de empleados y a la Ley de Pensiones y Jubilaciones; Ley de Escudo, Sello e Himno del Estado; Ley de Becas; y Ley de Loterías y Rifas, ahora de dudosa constitucionalidad en virtud de lo atribuido al Poder Nacional.

Ahora bien, al redefinirse, clarificarse y ampliarse las competencias del Estado, ello implicará la necesidad del ejercicio de nuevas funciones legislativas por las Asambleas Legislativas.

En cuanto a las funciones de control debe señalarse que en general, han tenido una amplia regulación en las Constituciones estadales, aun cuando no han incidido sobre lo fundamental. El control ha sido siempre un control político posterior, salvo en relación a algunos contratos, y las Asambleas no han participado, realmente, en la conducción de los asuntos públicos.

En cuanto al control administrativo, este se ha reducido a ser un control fiscal, presupuestario e investigativo. Sin embargo, se insiste, las Asambleas Legislativas no han participado en la conducción y orientación del desarrollo económico y social de los Estados.

Por ejemplo, las Asambleas no han tenido participación, como órganos políticos que son, en la definición de las políticas y planes de desarrollo económico y social del Estado. En las leyes estadales se impone, por tanto, hacer participar a las Asambleas en esas políticas y planes, obligándose al Gobernador a formular un plan quinquenal de desarrollo cuyos lineamientos deben ser aprobados por la Asamblea.

Por otra parte, las Asambleas Legislativas deberían tener una mayor participación en el impulso y promoción del desarrollo regional del país, a cuyo efecto deben promover la participación del Estado en las regiones administrativas de las cuales formen parte, así como aprobar los convenios regionales que celebre el Gobernador con otros Estados.

Por otra parte, y en virtud de lo establecido en la Ley Orgánica de Coordinación de la Inversión del Situado Constitucional con los Planes Administrativos Desarrollados por el Poder Nacional de 5 de agosto de 1974, según la cual, el 50% del monto de lo que corresponda a cada Estado por situado debe invertirse coordinadamente con los Planes Nacionales, las Asambleas Legislativas deben aprobar los convenios que a tal efecto el Gobernador celebre con los órganos ejecutivos nacionales.

2. *La Administración del Estado*

Tradicionalmente, la Administración de los Estados ha tenido, en su concepción y regulación por las Constituciones Estadales, una enorme carga político-policial. Al reducirse progresivamente las competencias estadales, el Gobernador se ha venido configurando como un funcionario político, cuyas atribuciones son más políticas y de gobierno que administrativas. De allí que, en todos los Estados, las leyes reguladoras del Poder Ejecutivo y de su Administración se denominen leyes de Régimen Político.

Tres aspectos, al menos, deben destacarse en el régimen administrativo del Estado tal como se regula en la actualidad, y en relación a los cuales se plantean urgentes reformas, y que se refieren a la regulación del régimen jurídico de la Administración del Estado; a las actividades del Gobernador como agente del Ejecutivo Nacional y como Jefe del Ejecutivo Estadal; a las funciones y carácter del Procurador General del Estado; a la organización político-administrativa del Estado y a la Hacienda Pública Estadal.

A. *El régimen jurídico de la Administración del Estado*

Puede decirse que las Constituciones de los Estados no han previsto en sus normas, las regulaciones básicas del régimen jurídico de las Administraciones estadales; se han limitado, en general, a regular la figura del Gobernador y de los otros órganos del Poder Ejecutivo del Estado, pero no han previsto la normativa básica para guiar la acción administrativa conforme al principio de la legalidad.

En tal sentido, estimo que es precisamente en las Constituciones de los Estados, en las cuales deben establecerse las regulaciones básicas sobre los principios de organización del Estado. Así, los principios de jerarquía administrativa, de la competencia y de la descentralización funcional deben ser regulados expresamente, como garantía de legalidad, además de la exigencia del sometimiento de la acción de los órganos administrativos al ordenamiento jurídico y a la jerarquía de las normas. Asimismo, deben preverse las normas básicas que regulen la responsabilidad administrativa del Estado y de sus funcionarios.

En particular, debe preverse expresamente la posibilidad de la descentralización funcional de la Administración del Estado, mediante la creación de Institutos Autónomos y Empresas del Estado, con la debida participación y control de la Asamblea Legislativa que, en general, ninguna Constitución estadal ha contemplado.

Por último, y también en relación a la Administración del Estado, deben adaptarse las normas estadales a algunas regulaciones nacionales que inciden en la Administración estadal, tales como la Ley Orgánica de Régimen Presupuestario y la Ley Orgánica de Crédito Público dictadas en 1976.

B. *El régimen del Gobernador como agente del Ejecutivo Nacional*

Tal como lo precisa la Constitución Nacional, el Gobernador de los Estados tiene el doble carácter de agente del Ejecutivo Nacional en su respectiva jurisdicción y de Jefe del Poder Ejecutivo del Estado.

Ciertamente que sus atribuciones como Agenté del Ejecutivo Nacional deben ser reguladas por el Poder Nacional; sin embargo, estimo que en las Constituciones de los Estados deberían establecerse principios informadores de cuáles podrían ser las actividades, que en tal carácter podrían realizar, sometido su ejercicio, a lo que disponga el Ejecutivo Nacional.

En tal sentido deben establecerse normas programáticas en relación a las funciones del Gobernador como posible funcionario coordinador de la actividad de las unidades administrativas nacionales que actúen desconcentrad a mente en el Estado respectivo, así como sus actividades como agente del proceso de regionalización administrativa de la Administración Nacional. No hay que olvidar que la motivación central de la reforma del Decreto de Regionalización Administrativa de 1972 tuvo por objeto hacer participar a los Gobernadores en el proceso de regionalización y convertirlos en agentes de dicho proceso.

Por último, y también en su carácter de Agente del Ejecutivo Nacional en el Estado, debe preverse la posibilidad de participación del Gobernador en los órganos del sistema nacional de planificación del desarrollo económico y social.

Por supuesto, los actos administrativos del Gobernador del Estado, cuando actúe como Agente del Ejecutivo Nacional, deberán ser considerados como actos administrativos nacionales, y no estadales, a los efectos de su eventual impugnación.

C. *El régimen del Gobernador como jefe del Ejecutivo Estadal*

Las Constituciones estadales, en general, al regular las atribuciones y deberes del Gobernador, lo han hecho partiendo de su 'carácter de Jefe del Ejecutivo del Estado.

Dichas normas, clásicas en el campo administrativo, sin embargo, deben completarse. Por ejemplo, debe exigirse al Gobernador la elaboración de un Plan Quinquenal de desarrollo económico y social conforme a las orientaciones del sistema nacional de planificación, con el objeto de que se arraigue la planificación como una tarea normal de la Administración del Estado.

Por otra parte, debe ampliarse la potestad reglamentaria del Gobernador, de manera que no se la limite a los solos reglamentos ejecutivos, sino que abarque los reglamentos autónomos y de organización.

Por último, y conforme a la política nacional de participación, al Gobernador debe convertírselo en uno de los principales agentes de la participación. Esta competencia, al atribuírseles a los Estados, tal como se ha visto, habrá de ser una de las que el Gobernador tendrá que asumir en el futuro.

D. *El Procurador General del Estado*

Por otra parte, dentro de la Administración del Estado, debe clarificarse el papel y funciones del Procurador General del Estado. Como funcionario que tiene a su cargo la representación judicial o extra- judicial del Estado y la asesoría jurídica a los órganos del mismo, su nombramiento estimamos que no debe corresponder a la Asamblea Legislativa, sino al propio Gobernador, con la autorización de la Asamblea. Debe, así, seguirse la orientación de la Constitución al regular las funciones del Procurador General de la República diferenciadas de las del Fiscal General de la República.

E. *La organización político-administrativa del Estado*

Dentro de las competencias de los Estados, está la de organizar sus poderes públicos, y en particular, su Poder Ejecutivo; sus Municipios y demás entidades locales; y su división político-territorial, en conformidad con la Constitución y las leyes nacionales. En ejercicio de esta competencia, las Asambleas Legislativas han dividido tradicionalmente su territorio, en Distritos y éstos en Municipios.

En cuanto al régimen de los Distritos y Municipios como demarcaciones político-administrativas de la Administración del Estado, las Constituciones estadales han regulado la figura del Prefecto de Distrito y del Prefecto de Municipio, como agentes del Ejecutivo estadal en sus respectivas jurisdicciones. Se hace necesario ahora, con motivo de la promulgación de la Ley Orgánica de Régimen Municipal, regular, establecer una división territorial adicional de los Municipios, en Comunas, a los efectos de la actuación administrativa estadal.

En cuanto al régimen de los Municipios de los Estados, como entidades políticas, todos los Estados deben dictar nuevas leyes o códigos orgánicos del Poder Municipal, para adaptar las regulaciones legales a lo establecido en la Ley Orgánica del Régimen Municipal de 1978, y ampliar sus previsiones, particularmente, en cuanto concierne a la participación política a nivel local.

F. *La Hacienda Pública Estadal*

Por último, el régimen jurídico de los Estados, tradicionalmente ha abarcado la regulación de la Hacienda Pública estadal, conforme a las orientaciones constitucionales.

Las normas estadales, sin embargo, y con vista de las nuevas competencias tributarias que se prevén, deben regular los principios básicos del sistema tributario estadal para su adecuación al sistema nacional. Por otra parte, en vista de las previsiones de las leyes orgánicas nacionales de Régimen Presupuestario y de Crédito Público, las normas hacendísticas estadales deben adaptarse a sus regulaciones.

La institución de la Contraloría General del Estado, por otra parte, debe ser objeto de nuevas regulaciones que tengan en cuenta las nuevas orientaciones que la Ley Orgánica de la Contraloría General de la República de 1975 ha establecido, particularmente en cuanto al control de gestión sobre la acción administrativa.

IV. CONCLUSIÓN

La reforma de los Estados de nuestra Federación, no es tarea fácil. No sólo se requiere transformar casi totalmente una vetusta legislación producida hace muchos años por nuestras Asambleas Legislativas, sino que se impone dotar a los Estados de nuevas competencias sustanciales que le den real sentido a su autonomía. De nada vale una autonomía, cuando ella es inútil.

Los Estados, por otra parte, desde el punto de vista de su gobierno y administración, requieren de una reforma administrativa profunda, la cual, puede decirse, no se ha producido nunca. Los Gobernadores han venido heredando arcaicas estructuras y procedimientos, y los remedios introducidos no han dado los resultados queridos. Estamos, quizás, en el momento adecuado para iniciar estas reformas.

Sólo reforzando y revitalizando las estructuras políticas y administrativas de los Estados es que se podrá, realmente, descentralizar este país. Venezuela, lo hemos dicho en otra oportunidad, tiene que correr el riesgo de la descentralización, para que pueda producirse un efectivo desarrollo por dentro del país. Pero para que descentralicemos políticamente al Estado nacional, tenemos que estructurar las instituciones políticas y administrativas que sirvan de recipiendarias de los efectos descentralizadores, es decir, debemos responder a la pregunta de hacia dónde vamos a descentralizar. Estoy convencido de que son los viejos Estados de nuestra Federación, las instituciones políticas y administrativas que, en el corto y mediano plazo, deben servir de destinatarias de los esfuerzos de descentralización política. Por ello, pienso, hay que reforzarlos. Sólo con estructuras político-territoriales fuertemente descentralizadas, es que paralelamente podemos plantearnos, con éxito, aquel proceso de regionalización, en cuya concepción inicial tanto empeño pusimos diez años atrás, y que, en el largo plazo, podrá dar origen a una nueva división político-territorial del país.

SECCIÓN CUARTA: LA REFORMA DEL RÉGIMEN LOCAL Y LA NUEVA LEY ORGÁNICA DE RÉGIMEN MUNICIPAL

I. INTRODUCCIÓN

Políticamente, sin duda, en 1978 se generó una gran expectativa con motivo de la sanción y promulgación de la Ley Orgánica del Régimen Municipal del 18 de agosto de 1978. El país tenía una gran esperanza por las promesas renovadas de los partidos políticos, como resultado de la crisis que, en el campo local, se observaba en el país y cuyo ejemplo más patente había sido el caso del Concejo Municipal del Distrito Federal del Estado Miranda.

La Ley Orgánica del Régimen Municipal se había anunciado como la gran solución de los problemas del ámbito local en Venezuela; su proyecto había sido presentado al Congreso en la década de los sesenta y sólo había sido, en 1977, cuando su discusión se reactualizó.

Después de analizar la Ley, hemos, sin embargo, llegado a la conclusión de que la misma no es todo lo bueno que podría haber sido para la necesaria reforma del régimen local en Venezuela. Creemos, en términos generales, que la Ley no soluciona nada, que más bien consolida más o menos la situación anteriormente existente y que no conlleva una reforma del régimen local tal como la necesita nuestro país.

Si podemos resumir en pocas palabras la relevancia socio-política de la Ley Orgánica del Régimen Municipal, habría que decir que se caracteriza porque consolida la deformada situación existente al momento de su promulgación. La Ley, salvo algunas normas aisladas, no beneficia a la comunidad, ni beneficia al gobierno local; beneficia más bien a los partidos políticos que normalmente han usufructuado las caducas estructuras locales. La Ley, por tanto, no es un factor de cambio en el ámbito local, sino más bien, en términos generales, es un instrumento de estancamiento de las estructuras locales. Esta, que es mi conclusión, quiero analizarla en dos partes: en primer lugar, quiero referirme, en general, a la necesidad de una reforma del régimen local, y a cuál es el significado del Régimen Local y de su reforma; en otras palabras, tratar de precisar qué debemos exigirle a una reforma del régimen local; y en segundo lugar, me detendré a estudiar algunos de los aspectos centrales de las medidas de reforma que tiene la Ley Orgánica. En la conclusión insistiré en las fallas fundamentales de la misma.

II. LA NECESARIA REFORMA DEL RÉGIMEN LOCAL

Ante todo creo que no es necesario insistir en una situación que parece evidente: la crisis del municipalismo, no sólo en nuestro país, sino en el mundo actual. Muy pocas personas, en efecto, creen en las estructuras locales; y lo que hay es más bien, conciencia de que hay una insuficiencia administrativa en el ámbito local. Pero el problema no sólo es de carácter administrativo, sino que también creo que hay conciencia de la insuficiencia política del ámbito local. ¿A quién representan los Concejos Municipales? ¿Quién se siente representado por los Concejos Municipales? Estas preguntas son, sin duda, una constante en la opinión pública, generada incluso por los propios partidos políticos que operan en la actualidad en el país. Los Municipios, puede decirse, han llegado en Venezuela, a su nivel de incompetencia. Por ello se ha planteado, sin duda, la necesidad de una reforma del régimen local. Pero hablar de una reforma del régimen local, exige plantearnos, en primer lugar, algunas de las siguientes interrogantes: ¿qué son los Municipios?, ¿para qué sirven o pueden servir los Municipios?, ¿son éstos necesarios en el ámbito político y en el ámbito administrativo?, ¿deben eliminarse?, o ¿podemos prescindir de ellos?

1. *El sentido de las estructuras locales*

La Constitución vigente de 1961, con una visión que ha rebasado a los políticos actuales, establece un principio fundamental respecto a los Municipios, que todavía no hemos llegado a interpretar: habla de que los Municipios constituyen la unidad política primaria y autónoma dentro de la organización del país; y por otra parte, atribuye a los Municipios, una serie de competencias dentro de la distribución que hace en el esquema del Estado Federal, que denomina "materias propias de la vida local".

De manera que hay dos problemas planteados en torno a la reforma de las estructuras locales y a la necesidad de estas estructuras locales: por una parte, un problema político: ¿qué debe entenderse por la expresión de que los Municipios son unidades políticas primarias y autónomas en el ámbito de la organización nacional?; y por otra parte, el análisis de estas materias propias de la vida local, que plantea un problema de carácter administrativo.

De manera que hablar de la necesaria reforma del régimen local, y del sentido de las estructuras locales, nos plantea dos aspectos: ¿cuál es el sentido político de una reforma del régimen local? y luego, ¿cuál es el sentido administrativo de esa reforma?

A. *El sentido político*

Para hablar del sentido político quizás tenemos que recordar cuál es el inicio de esta institución que es el Municipio. En efecto, no debemos olvidar, que el Municipio, en el origen de nuestra República, fue "el Gobierno". No había otro gobierno que el gobierno del Cabildo, es decir, que el gobierno local. Basta recordar que quien inició la Independencia de este país fue el Cabildo de Caracas; y este mismo Cabildo fue el que llamó a los otros Cabildos de la Capitanía General y del resto de América Latina a sumarse al proceso independentista.

El Estado que surge en la Constitución de 1811, es un Estado disgregado en autoridades locales, en Ciudades que eran a la vez Estados, y estas Ciudades-Cabildos eran las que gobernaban. Allí residía el Gobierno de esta naciente República, y sin duda, en esa disgregación inicial está una de las causas de la caída de la Primera República, acompañada de la debilidad de las estructuras nacionales.

Pero una vez integrado este país, una vez construido el Estado Nacional, no se puede seguir pensando en el Municipio, como lo que fue. Sin embargo, es todavía lo que se sigue pensando cuando hablamos de Municipio.

Hoy por hoy, ya está superado el criterio de que el Municipio es anterior al Estado; al contrario, el Municipio es parte de la estructura del Estado, y una parte que, precisamente, debería servir de comunicación entre el ciudadano, el elector, y las estructuras estatales. Sin embargo, el Municipio no sirve para ese fin.

Desde el punto de vista político, en efecto, la realidad actual de este país nos muestra que hay un enorme abismo entre los niveles estatales y el elector o los ciudadanos. El Municipio debería ser uno de los medios de comunicación del ciudadano con las estructuras políticas; sin embargo, insisto, no constituye, en la actualidad, ese medio de comunicación del ciudadano hacia los niveles superiores del Estado.

En este sentido, el Municipio debería ser el medio por excelencia de participación política; el medio, si se quiere, para la reconquista del Estado por los ciudadanos. El Estado se les ha escapado a los ciudadanos; se les ha ido muy lejos a los ciudadanos, y precisamente, la pieza para la reconquista del Poder y del Estado por el elector, por los ciudadanos, debería ser el Municipio.

Hoy por hoy pienso que está superado el concepto del gobierno local propio del siglo pasado, que partía de la idea de que el Municipio era la unidad, no sólo autónoma sino autárquica, que tenía competencias, poderes normativos, poderes tributarios, poderes administrativos, poderes políticos propios, sin vinculación al Estado.

Pienso que el concepto actual del gobierno local y del régimen local, debe ser el de la participación política, el del instrumento para el ejercicio de la democracia, el de la vinculación de la comunidad con las estructuras políticas. Precisamente, dentro de esta idea, en el Proyecto que en 1977 sirvió de base para la discusión y sanción de la Ley Orgánica de Régimen Municipal, se había enunciado, en los primeros artículos, la noción de vecindad como base de esa unidad política-primaria del país; y es quizás en esta noción de vecindad, en la idea de comunidad, donde debería estar la clave de una reforma política del régimen local.

Bajo este ángulo de la participación política como elemento para la reforma del régimen local, pienso que para un efectivo gobierno de los intereses locales (locales entendidos como vecinales), deberían existir niveles político-territoriales menores que los actuales Distritos y que los actuales Municipios.

Debería haber un mecanismo para que en cada comunidad, en cada vecindad, en cada barrio, en cada urbanización existan representantes netamente locales, elegidos por las propias comunidades. En la actualidad, esto sucede muy incipiente y parcialmente así, pero sin ninguna institucionalización política y con el sólo reconocimiento formal de su existencia por la Ley Orgánica recientemente promulgada. En las urbanizaciones, por ejemplo, se eligen a las Juntas Directivas de las Asociaciones de residentes y vecinos, y en los barrios de Caracas se eligen o designan, sus propias autoridades distintas a las formalmente constituidas por los Concejos Municipales o Juntas Comunales.

En todos estos casos, la realidad fáctica nos muestra que han comenzado a actuar, como autoridad, organismos que no son "autoridad" formalmente establecida; y cómo, inclusive, se han venido constituyendo en efectivos mecanismos de control y defensa de los intereses de esas comunidades y vecindades. Sin embargo, lo absurdo y lo paradójico es que muchas veces se han convertido en instrumentos de control, pero frente al Poder Municipal, para defenderse de la autoridad municipal; cuando debería ser todo lo contrario, que la autoridad municipal tendría que ser el instrumento de defensa de esos intereses locales o comunales.

De manera que esta idea de la participación política, que creo debe estar en el fondo de la reforma del régimen local, exige todo un esfuerzo de organización política nacional, de organización de las estructuras políticas para la participación, comenzando por ese nivel comunal, local, vecinal- Bajo este ángulo quizás, habría que establecer, más mecanismos locales de participación, con ámbitos territoriales menores a los actuales que están regulados en la Constitución Nacional y que repite la Ley Orgánica; quizás deberíamos llegar a mecanismos de participación todavía más atomizados que las deficientes estructuras locales actuales, dentro de las estructuras políticas del país.

La idea de que el Municipio debería ser la unidad política primaria en la organización política nacional, en definitiva, debería actualizarse a nivel local o municipal, mediante el establecimiento de efectivos mecanismos de participación política. En la actualidad, al contrario, los Concejos Municipales que existen y seguirán existiendo a nivel de Distrito, no son instrumentos de participación política; no representan, efectivamente al elector; no representan, efectivamente al pueblo. Como consecuencia de esta insuficiencia, se han convertido en centros de poder partidista y de reparto de burocracia partidista, y en muchos casos, inclusive, en la fuente de supervivencia de ciertos partidos políticos, que a nivel local y con los presupuestos locales, normalmente pagan sus activistas.

La crisis del régimen local, por lo tanto, políticamente, debería conducir a la necesidad de hacer del Municipio y del régimen local, un instrumento efectivo de participación, para lo cual hoy no sirve. Podría decirse, en este sentido, que el Municipio no sirve para lo que debería servir, es decir como un medio de participación política; y que, en cambio, sirve para lo que no debería servir, es decir, como alimento pura y simplemente, a burocracias de carácter partidista.

B. *El sentido administrativo*

Pero el problema no es sólo político; también hay un problema administrativo envuelto en la reforma del régimen local, es decir, el Municipio tiene también una connotación de carácter administrativo.

En efecto, el Municipio es, desde el punto de vista administrativo, una división político-administrativa del Estado; es una estructura y una unidad administrativa dentro de las estructuras globales del Estado, que debería tener por objeto la atención a los servicios de la comunidad. Pero no de comunidades aisladas, como pudieron ser durante el siglo pasado, con tendencia a la autarquía y a la autosuficiencia, a la autonomía absoluta de carácter normativo, tributario, fiscal, y administrativo; sino de niveles inferiores del Estado para la atención de los asuntos locales. Esto, por supuesto, debería obligarnos a replantear al problema de la determinación de las materias propias de la vida local en nuestro país. ¿Qué es realmente vida local, en un país que dejó se ser rural, pues el 80% de su población es urbana?, ¿cuáles eran esas materias de la vida local durante el siglo pasado, o en los años cuarenta?, ¿cuáles son las materias de la vida local en la Venezuela del año 79?, ¿es realmente este país, el mismo de hace 30 años?, ¿podemos manipular las estructuras locales con los mismos criterios, no ya del siglo pasado, sino de los años cuarenta o cincuenta?, ¿son inmutables estas materias propias de la vida local a las que se refiere la Constitución? No olvidemos, inclusive, que la Constitución se redactó hace 18 años, y algunas materias propias de la vida local que allí se identifican, si las analizamos hoy, no resisten realmente la menor crítica, pues muchas de ellas dejaron de tener tal carácter.

En efecto, la Constitución y la Ley Orgánica enumeran como materias propias de la vida local, entre otras, el Urbanismo. Ahora bien, cómo podemos sostener que el urbanismo sea un problema estrictamente local. El urbanismo dejó de ser un problema local en un país donde, como se dijo, el 80% de su población, es urbana. El urbanismo es, realmente, un problema nacional, un problema de ordenación del territorio; un problema de delimitación, por ejemplo, de grandes ciudades; de dónde deben localizarse los asentamientos urbanos.

Pero la Constitución y la Ley Orgánica, además, hablan de los abastos y de la circulación como problema local. Imaginémonos a los Concejos Municipales emitiendo placas para los vehículos! El problema de la circulación, salvo a nivel de policía, no es un problema local, es un problema nacional. La cultura también se enumera dentro de las materias propias de la vida local, junto con la salubridad; la asistencia social; los Institutos populares de crédito, el turismo y la policía municipal. Muchas de estas materias, sin que realmente pierdan su connotación local, en ciertos aspectos, dejaron, sin embargo, de ser puras materias de estricto orden local.

Debe advertirse, por otra parte, que todas estas materias, de acuerdo al texto constitucional, son de competencias concurrentes, es decir, ninguna de estas materias es exclusivamente local; la propia Constitución atribuye competencias en estos mismos aspectos al Poder Nacional. Sin embargo ha habido una absoluta insuficiencia en la delimitación de las competencias entre los ámbitos nacionales y locales en estas materias. Por eso, pienso que antes que dictar una Ley Orgánica del Régimen Municipal era más necesario dictar la Ley Orgánica de Ordenación Urbanística; la Ley Orgánica de los Transportes; reactualizar la vieja Ley de Sanidad Nacional, etc., es decir, antes que una Ley Orgánica del Régimen Municipal que no ha solucionado los problemas administrativos locales, era y es necesario dictar Leyes Nacionales, que delimiten la competencia entre el ámbito nacional y el ámbito local, en estas llamadas materias propias de la vida local.

En todo caso, el Municipio, hoy, se nos muestra como insuficiente para atender esas materias que la Constitución denomina propias de la vida local, en forma aislada; por eso pienso que, así como desde el punto de vista político, la reforma de las estructuras locales debe llevar a una mayor atomización para buscar una mayor participación de los ciudadanos en el poder político; desde el punto de vista administrativo, debe buscarse el fenómeno contrario: antes que una mayor descentralización y una mayor atomización, debemos buscar, al contrario, una mayor concretación, una mayor fusión de entidades, a los efectos de que estas puedan atender adecuadamente, las funciones que pueden manejarse administrativamente a nivel local. En los Municipios urbanos por ejemplo, además de establecerse estos mecanismos políticos inferiores, tendrá que establecerse una autoridad local única para todo el ámbito urbano. No puede darse el supuesto absurdo de que una ciudad, por ejemplo, como Caracas, esté atendida por 2 autoridades locales que se pelean, y se boicotean entre sí. En los Municipios rurales, en cambio, habrá que establecer mayores ámbitos territoriales, para que puedan tener una entidad suficiente que les permita mantener una administración racional, eficaz y efectiva de los servicios y de las materias que les puedan corresponder.

No podemos olvidar, al hablar de reforma del régimen local en nuestro país, cuál ha sido la orientación universal de la reforma del régimen local en el mundo y particularmente en Europa. Esta orientación está caracterizada por la fusión de Municipios, y como ejemplo, basta citar el caso de Suecia, que de 1.307 municipalidades pasó, en los años sesenta a 280 municipalidades; de Dinamarca, que de 1.388 municipalidades pasó, en 1974, a 274 municipalidades; de Inglaterra, en la reciente reforma del régimen local de hace 4 años, que de 1.175 entidades locales, pasó a 332 entidades locales; y de Holanda, que de 1012 municipalidades pasó a 862 municipalidades. Fenómeno igual se ha presentado en todos os países socialistas donde la tendencia ha sido hacia la fusión de estas entidades locales para poder, des- le un punto de vista administrativo, asegurar que ellas puedan atender las necesidades de esa vida local. En Francia, una reciente Ley de 1971 sobre fusión de entidades locales, es decir, de las comunas, ha iniciado, aún cuando tímidamente, el proceso de fusión de las mismas. No hay que olvidar que en Francia hay 37.000 municipios, por lo que, recientemente, se han producido sólo 1.106 funciones de entidades locales.

En nuestro país, si todavía pretendemos reformar el régimen local, no podemos olvidar cuál ha sido la experiencia y la tendencia general en esta materia de reforma del régimen local, en el ámbito comparado.

2. *Las exigencias de una reforma de las instituciones locales*

Ahora bien, que exigencias plantea en Venezuela la reforma de las estructuras locales desde el punto de vista político y desde el punto de vista administrativo?

En Venezuela, para el año 1979, cuando se realizan por primera vez elecciones municipales separadas, habían 711 Municipios y 191 Distritos, es decir, se eligieron concejales para 191 Distritos, y éstos Distritos estaban divididos en 711 Municipios.

Partiendo de esta realidad, la principal exigencia de la reforma de las estructuras focales debería ser, por una parte, crear más entidades locales como mecanismos de participación política, e inclusive, por ejemplo, darle a las desaparecidas Juntas Comunales, no el carácter que tenían de órganos delegados de los Concejos, que las nombraban y removían directamente, sino de entidades electas directamente por la comunidad. Es decir, desde el punto de vista político, tendríamos que organizar, para la participación, a las entidades locales, con mecanismos electivos de menor nivel; y por otra parte, desde el punto de vista administrativo, tendríamos que crear niveles administrativos superiores, intermedios entre esas estructuras participativas locales y los poderes estadales o nacionales.

Los Municipios, por otra parte, son parte de la administración del Estado, y deben ser en este sentido, mecanismos de administración del desarrollo. Por ello se hace necesario encuadrar, también, a los Municipios, dentro de una política de regionalización del país, lo cual no está presente en la Ley Orgánica del Régimen Municipal. Por otra parte, es necesario crear entidades locales a nivel metropolitano, para las grandes comunidades urbanas, elemento que si puede considerarse como un aporte positivo de la Ley Orgánica de Régimen Municipal. Por otra parte, resulta necesario estructurar a los efectos administrativos, grandes entidades locales de carácter rural. En definitiva, en materia de régimen local, la reforma debe tender, a la vez, a una descentralización política y a una centralización de carácter administrativo.

Pero desde el punto de vista político, hay otro aspecto que plantea la reforma del régimen local, y es el sistema de elección de las autoridades locales, sea cual sea el nivel en el cual se establezcan, es decir, sea que se establezca la elección a nivel de Juntas Comunales o entidades políticas menores, sea que la elección se efectúe tal como ahora está previsto en el mismo nivel de los Concejos Municipales de los Distritos de la República. Es necesario, pienso, reformar el sistema de elección de las autoridades locales que hoy existe y que se ha aplicado en los últimos años, y que está basado en el sistema de representación proporcional, a través de listas cerradas. Mediante este mecanismo, en las recientes elecciones de 1979 se designaron 25 Concejales para el Concejo Municipal del Distrito Federal y desde 7 a 17 Concejales en los diversos Concejos Municipales del país, lo que significó que en dicha oportunidad se eligieron 1.475 funcionarios municipales. Ahora bien, ¿cuál ha sido el resultado de esta elección por el sistema de representación proporcional del nivel local?

Por una parte, en mi criterio, ha alejado a los representantes electos del elector; el sistema electoral los aleja de la comunidad, pues en la elección de los concejales operan y actúan las burocracias partidistas, y la elección se convierte en una elección indirecta, y mediatizada. Los electores, realmente, no eligen a los Concejales; estos los designan directamente las burocracias partidistas, a través de sus mecanismos internos, y muchas veces un puesto de Concejal es el premio al activismo político y no el premio a la representatividad comunal o vecinal.

Ahora bien, para que se logre una efectiva participación política a nivel local, estimo que habría que establecer, en lugar de sistema de representación proporcional de las minorías, un sistema de elección uninominal, mediante el cual se elijan individualmente y uninominalmente a los representantes locales. Esto ya se propuso en un proyecto de Ley Orgánica del Sufragio presentado al Congreso por el Consejo Supremo Electoral en el año 1969, Ley que, por supuesto y lamentablemente, al llegar al Congreso, fue modificado y se eliminó todo vestigio de la búsqueda de una reforma política de este tipo para la elección de los Concejales.

No debemos olvidar que si bien la Constitución establece como un principio fundamental del sistema electoral, el sistema de sufragio de representación proporcional, esto lo hace a nivel de elecciones para autoridades nacionales y estadales, pero no establece, en ninguno de sus artículos, que la elección a nivel local, deba hacerse mediante la aplicación del sistema de representación proporcional. La Constitución, en este aspecto de la elección a nivel local, deja abierta, a la regulación del legislador, el sistema electoral- Por eso pienso que, precisamente, una de las propuestas y reformas políticas de mayor importancia que debería tener una Ley Orgánica de Régimen Municipal, es el cambio del sistema de elección y establecer una elección uninominal de los Concejales, en lugar de esta elección por listas cerradas de representación proporcional, que bloquea toda iniciativa del elector.

Pero también la reforma debería tener un aspecto administrativo que debería implicar el establecimiento de un sistema de administración y gobierno municipal que diferencie, con precisión, las funciones estatales que se cumplen a nivel local. En efecto, a nivel local hay, básicamente, dos funciones: la función legislativa y la función administrativa, ya que no hay función judicial, porque ésta fue nacionalizada hace ya muchos años en nuestro país. El sistema tradicional en Venezuela implicaba una mezcla, en un Concejo Municipal como órgano colegiado local, de funciones legislativas y administrativas; los Concejos Municipales eran y todavía son, a la vez, legisladores y administradores. Inclusive, en una misma sesión de un Concejo Municipal, se discute indistintamente, una ordenanza, se otorga una beca, se aprueba un contrato o se concede un permiso remunerado a un funcionario municipal.

La consecuencia de un organismo que es a la vez legislador y a la vez administrador, es que lamentablemente no todo se resuelve porque sea bueno o malo para la comunidad; sino que, en general, los asuntos se resuelven por mayoría, por los convenios abiertos o cerrados, entre los Concejales, que conllevan a la negociación de votos como mecanismo normal de decisión a nivel local. El voto normalmente se negocia; no se da porque sea realmente conveniente lo que se está votando o porque realmente sea adecuado lo que se está negando, sino porque forma parte de un intercambio de apoyos, aun cuando ello no implique necesariamente que haya soborno. Sucede algo similar a lo que acontece en el mundo internacional: en general, los países votan en las asambleas internacionales teniendo casi siempre una contrapartida que se negocia.

A nivel local, en todo caso, este sistema de administración colegiada ha conducido a que los organismos locales, en muchos casos, se coloquen de espaldas a la comunidad, pues lo que no tiene dividendos políticos, generalmente, ni se trata ni se discute.

El sistema venezolano tradicional de fusión en un sólo órgano local colegiado de funciones legislativas y administrativas, había sido una copia, hasta cierto punto, del sistema francés. De acuerdo a este sistema, en cada Comuna existe una asamblea deliberante, designada por elección popular, que asume la plenitud de todos los poderes locales y municipales; una asamblea que elige de su seno un órgano unipersonal, que es el Presidente Maire, pero que a la vez que Presidente del Concejo, es representante y agente del Poder central, debido al creciente centralismo francés. Nosotros habíamos copiado la figura, salvo este último aspecto: copiamos la figura de la asamblea elegida, la figura de una Asamblea (Concejo) que designa de su seno un representante para que haga las funciones del Presidente, pero conservando el Concejo todos los poderes; y luego, le hemos quitado el que el Presidente de dicho organismo sea un órgano o agente del poder central a nivel local, por la creciente autonomía municipal que hemos tenido.

Ahora bien, pienso que debería realizarse en el futuro un gran esfuerzo para establecer una diferenciación funcional a nivel local, de manera que haya un Concejo Municipal electo, pero exclusivamente de carácter legislativo y deliberante; y a la vez, un organismo administrativo, *también electo*, pero separado del órgano deliberante. En esta forma llegaríamos a la figura del Alcalde, perfectamente admisible, pero electo directamente como autoridad administrativa y de gobierno local, separado del Concejo Municipal, que funcionaría como cuerpo deliberante para resolver los asuntos legislativos de carácter local.

Pienso que la reforma administrativa del ámbito local debería orientarse en este sentido, y no debe olvidarse que ya, en 1968, se propuso esta reforma en nuestro país, en el Primer Congreso Venezolano de Cooperación Intermunicipal. En dicho Congreso se discutió un Proyecto de Ley Orgánica del Poder Municipal que estableció que el Gobierno Municipal, estaría formado por un Concejo Municipal, *como órgano de carácter legislativo, deliberante y de control de la administración municipal*, electo por votación popular, y un órgano ejecutivo, designado o elegido según el ámbito de la población municipal; pero en Municipios que tuviesen más de 100.000 habitantes, debían ser siempre electos. En esta forma, aquél proyecto consagraba la separación de funciones legislativas y administrativas, en manos de autoridades electas por sufragio universal, directo y secreto.

III. LOS LINEAMIENTOS DE LA LEY ORGÁNICA DE RÉGIMEN MUNICIPAL

1. *Aspectos Políticos*

Desde el punto de vista político, la ley comienza por repetir las normas constitucionales relativas a los municipios como unidad política primaria y autónoma (art. 3), pero sin referencia a los criterios "vecinales" que traía el proyecto que se discutió en 1977.

Por otra parte, la Ley se refiere al número y al nivel de las autoridades locales, las cuales deben Existir en todo espacio con más de 12.000 habitantes, que tenga un territorio continuo y tenga un centro poblado de 2.500 habitantes (art. 15). Esta norma, de aplicarse, quizás produciría la reducción de los Municipios tal como hoy existen, pero también podría aumentar las autoridades municipales (Municipalidades) que existen hoy a nivel de Distrito, Como consecuencia se reducirían los 711 Municipios existentes y se aumentarían las 191 autoridades locales a nivel de Distrito actuales. Sin embargo, esta reforma ni satisface el necesario aumento de as autoridades políticas locales para asegurar la participación, ni satisface la necesidad de estructurar autoridades territoriales de cierta magnitud para asegurar una adecuada administración. Más conveniente, desde el punto de vista de la participación y representatividad política, quizás, era el Proyecto de 1977, el cual establecía, como límite mínimo de población para los municipios, 6.000 habitantes.

En materia de elección de los concejales, la Ley aparte de permitir la elección separada de la elección presidencial y de la elección nacional, lo cual constituye un aspecto positivo, no dice nada sobre el sistema electoral, es decir, remite a la determinación si debe ser mediante representación proporcional o uninominal a lo que establezca la Ley Orgánica del Sufragio (art. 30); ésta, a la vez, regulaba la materia transitoriamente, precisamente, mientras se dictaba la Ley Orgánica del Régimen Municipal, exigiendo la aplicabilidad del principio de la representación proporcional. Estimamos que una de las fallas de la Ley, está en que parte de la presunción de que la elección seguirá siendo mediante el sistema de representación proporcional y abandona la idea de la elección uninominal, para nosotros esencial desde el punto de vista de la reforma política local.

Por otra parte, desde el punto de vista político, la Ley otorga a los Concejales una especie de fuero parlamentario, ya que señala que no son responsables por los votos y opiniones que emitan en las deliberaciones (art. 51). Esto es inconstitucional; creo que a nivel de los Diputados y Senadores, como la Constitución lo consagra, se trata de una norma positiva; sin embargo, parece desmedida la tendencia que se observa de llevar este fuero parlamentario nacional al nivel local, sobre todo cuando, como hemos dicho, el Concejo Municipal no sólo es un órgano deliberante y de control, sino administrativo.

Pero una de las fallas fundamentales de la Ley está en su concepción del gobierno local. La Ley se basa, en efecto, en la estructura tradicional: un Concejo Municipal "deliberante, normativo y administrativo" (art. 30), y si bien señala que en algunos casos debe haber, también, un órgano ejecutivo municipal, que se llama el "Administrador Municipal", éste lo designa el propio Concejo. Además, no hay que pasar por alto que en la propia Ley, se atribuyen "funciones administrativas" tanto al Concejo como al tal Administrador Municipal lo que, sin duda, será una fuente permanente de conflictos entre el Administrador Municipal y el Concejo Municipal. Esta indiferenciación de funciones administrativas surge, por otra parte, de varias normas de la Ley. En efecto, conforme al mismo, el Administrador Municipal tiene competencias para suscribir contratos en representación del Municipio, siempre previa aprobación del Concejo; pero el Concejo puede autorizar directamente al Síndico para lo mismo en representación del Municipio.

En esta forma, la Ley admite dos formas de comprometer contractualmente al Municipio: la del Concejo a través del Síndico, y la del Administrador Municipal, con la aprobación, siempre, del Concejo. Por otra parte, este Administrador Municipal, aparece, siempre, como un delegado del Concejo, en una especie de sistema parlamentario de Gobierno local, donde el ejecutivo depende totalmente del órgano deliberante y donde no puede actuar, sin la confianza del órgano deliberante- Este Administrador Municipal, cuyo nombramiento no es revocable, salvo causas expresas de remoción, en lugar de mejorar el problema administrativo actual, puede ser el inicio de graves conflictos administrativos a nivel local.

Por otra parte, la Ley Orgánica consolidó la situación anterior de 7 Concejales para los Concejos Municipales del país; pues si bien establece una diferenciación, según la población de las entidades locales, que va desde 17 Concejales a 7 Concejales para la autoridad local, resulta que pocas poblaciones y comunidades (49) tendrán la población suficiente para tener más de 7 Concejales. En definitiva, no estamos en presencia de una reforma fundamental.

En cuanto a las Juntas Comunales, que podrían ser ese inicio de instrumento de participación política a nivel local, el proyecto de Ley que se discutió en 1977, consolidaba la situación anterior: Juntas Comunales designadas por el Concejo Municipal, que no provenían de la comunidad y, por tanto, mal podían representar los intereses de esa comunidad ante la autoridad local. La Ley aprobada, sin embargo, ni siquiera siguió esta orientación, y eliminó a las Juntas Comunales.

2. *Aspectos Administrativos*

Desde el punto de vista estrictamente administrativo, la Ley trae una serie de normas que creo vale la pena destacar. En general estimo, conforme a lo antes señalado, que la Ley agrava la situación administrativa anterior, porque establece un sistema administrativo básicamente por el propio Concejo Municipal, por el órgano deliberante, consolidando un sistema de "administración por comisión" superado en la Administración Pública contemporánea de hace siglos, pero con una variante, basada en la adopción del llamado Sistema Norteamericano del Gerente Municipal.

Este sistema norteamericano de Administración y Gerente Municipal, consiste en lo siguiente: La entidad local es dirigida, siempre, por una Comisión compuesta de 5 a 9 miembros, según la población de la entidad, que se designan por elección popular. El *manager* es nombrado por la Comisión Municipal, quien puede también removerlo en cualquier momento. Este es el sistema de Administrador Municipal que ahora adopta la Ley, el de la figura del *Manager* Municipal norteamericano, pero con una variante: en los Estados Unidos de Norteamérica, el sistema de Manager, implica que si bien el Gerente es nombrado y puede ser removido por la Comisión Municipal, sin embargo, es presidente de la Comisión Municipal y es el único órgano administrativo de ámbito local, teniendo la Comisión estrictamente competencia de carácter normativo. La Ley Orgánica de Régimen Municipal ha querido importar el Sistema de *Manager* Municipal, pero deformándolo, dándole al Concejo Municipal competencias en materias administrativas, además de las que asigna al Administrador Municipal, lo cual, sin duda, ocasionará mayores conflictos administrativos que los actuales.

Por otra parte, la Ley si bien establece la figura del Administrador Municipal, señala que en poblaciones con menos de 50.000 habitantes no habrá el tal Administrador Municipal (art, 62), pues en esos casos será Administrador el Presidente del Concejo Municipal, con lo cual lo único que se logró fue la consolidación de la situación anterior.

Conforme a la Ley, (arts. 36, ords. 3, 4 y 65, ord. 2) ambos órganos, Concejo Municipal y Administrador pueden nombrar funcionarios públicos con lo que se repetirá el tradicional conflicto existente en el Distrito Federal, donde tanto el Gobernador como el Concejo Municipal nombran funcionarios, y como consecuencia, tanto la Gobernación como el Concejo Municipal tienen sus burocracias y administraciones paralelas. Con el texto de la Ley se están reproduciendo esos conflictos a todos los niveles locales. Ni hablar, en todo caso, del sólo conflicto de intereses que habrá en el Concejo Municipal para el nombramiento del Administrador Municipal (art. 36, ord. 2).

En todo caso, la Ley trae algunas innovaciones de carácter administrativo importantes, las cuales se señalaron al inicio, y son, por una parte, la regulación legal, por primera vez en nuestro país, de la figura de la Mancomunidad (art. 26) que tiende a la integración de Municipios sin que éstos desaparezcan, para la atención común de ciertos servicios; y, por la otra, la figura también muy importante, de los Distritos Metropolitanos (art. 2) que sigue la orientación de las figuras de "federaciones de municipios", que ha caracterizado la reordenación de las grandes áreas metropolitanas del mundo, y que permite un Gobierno local a 2 niveles: un nivel superior que tiene competencias generales para el ámbito territorial mayor, metropolitano, y un nivel local, compuesto por entidades locales para la competencia limitada.

En cuanto al problema de las competencias o materias propias de la vida local, pienso que la Ley no resuelve nada; al contrario repite y desarrolla las regulaciones de carácter constitucional, sin resolver el problema de las competencias concurrentes. Sin embargo, se insiste, la resolución del problema de las competencias concurrentes entre el Poder Nacional y el Poder Local respecto de estas llamadas materias propias de la vida local, en realidad depende no de esta Ley Orgánica del Régimen Municipal, sino de las leyes nacionales que regulen el ordenamiento urbanístico, el transporte, la policía nacional, la cultura, el abastecimiento, etc., etc.; es decir, depende de una regulación nacional, aún no dictada, por lo que la Ley no ha resuelto absolutamente nada, al repetir las competencias constitucionales. Queda a salvo la regulación transitoria de algunas normas relativas al urbanismo y a los cambios de zonificación, las cuales dan, por otra parte, una participación importante a las Juntas de Vecinos.

IV. ALGUNAS CONCLUSIONES

1. *La Ley Orgánica de Régimen Municipal no soluciona la crisis municipal*

La Ley Orgánica de Régimen Municipal sancionada en agosto de 1978 consideramos que no soluciona absolutamente nada, respecto a la crisis municipal; crisis que algunos se empeñan en negar, sólo para justificar una Ley que, en definitiva, será un fraude al país, porque con ella se pretenden solucionar problemas que, no solo no se van a solucionar, sino que se van a consolidar y regular-

En efecto, para juzgar la Ley Orgánica hay que partir del supuesto, en primer lugar, de que los Municipios en la actualidad no sirven para lo que deberían servir, es decir, para ser instrumentos de participación política efectiva a nivel local o si se quiere, para ser instrumento de una efectiva democracia local; y al contrario, sirven para lo que no deberían servir, es decir, para ser fuente de alimentación de burocracias partidistas. Sólo con base a éstos dos elementos, que muy pocos de los habitantes del país podrían negar y más bien reconocen, se justificaría una radical reforma del régimen local.

Pero en general se puede uno preguntar ¿para qué una reforma del régimen local? Contestar esta pregunta exige ante todo plantearse ¿qué es el Municipio?, ¿para qué sirve el Municipio? La Constitución Venezolana de 1961, es suficientemente clara, y creo que se adelantó en mucho a los políticos actuales, al definir al Municipio como la unidad política primaria ele la organización nacional. Con esto la Constitución ha querido identificar la estructura local con la unidad donde puede haber, siendo que estamos en un régimen democrático, una efectiva y real participación política. Sin embargo, el Municipio hoy no sirve como mecanismo de participación política y las Municipalidades que hoy existen a nivel de Distritos, tampoco sirven como mecanismos de participación política. Muy pocos ciudadanos podrían reconocerse representados en ninguno de los Concejos Municipales que existen hoy en el país: allí están representados los partidos políticos, las burocracias y maquinarias políticas de los partidos, pero no puede decirse que ahí está representada la ciudadanía, la vecindad o la comunidad. El problema de la reforma del régimen local, por tanto, debe tender a hacer de los Municipios un efectivo y verdadero instrumento de participación y no a consolidar lo que hoy son: un instrumento de alimentación de burocracias partidistas y de activistas políticos.

Para una reforma de este tipo, sin duda, la Ley Orgánica de Régimen Municipal sancionada en 1978 no sirve, ya que esa Ley lo que hace es consolidar la situación anterior y los vicios tradicionales, y no resuelve ninguno de los problemas políticos que están dentro del ámbito municipal.

2. *La Ley Orgánica no soluciona los problemas administrativos locales*

Hoy por hoy, el sistema administrativo local en la mayoría de los Municipios del país, se fundamenta en una administración por un cuerpo colegiado que es el Concejo Municipal; es decir, se sigue el sistema de "administración por comisión" donde las decisiones se adoptan, no porque sean más o menos convenientes a la comunidad, sino porque sean apoyadas por un número determinado de votos. Este sistema de administración por comisión conspira contra la propia eficiencia de la administración municipal. El Presidente de los Concejos Municipales, en la actualidad, es el administrador de la Municipalidad, por delegación y subordinado al Concejo, y la Ley, en definitiva, no cambia en nada este sistema: se ha introducido fa figura del Administrador Municipal, pero el tal administrador no es más que un delegado del Concejo, subordinado al mismo y que, en definitiva, va a tener pocas posibilidades administrativas. Es más, la Ley consolida la situación actual al confundir y consagrar poderes administrativos en manos del Concejo Municipal y poderes administrativos en manos del Administrador, de manera que la confusión entre funciones administrativas a nivel del órgano colegiado y a nivel del administrador municipal, continúa. Con esto, uno de los problemas fundamentales que debería haber resuelto la Ley Orgánica, y es el deslinde entre las funciones deliberantes y legislativas y de control de la administración municipal a cargo del Concejo Municipal, por una parte, y las funciones administrativas a cargo de un Administrador Municipal, por la otra, no se soluciona, sino que más bien se agrava.

3. *La Ley Orgánica no transforma el sistema de elección de los Concejales. Confrontación entre el sistema actual y la elección uninominal*

Por otra parte, la Ley no establece absolutamente nada en relación al sistema de elección con lo que, en definitiva, acepta como bueno el sistema de elección por listas cerradas y representación proporcional, y rechaza, al contrario, el sistema de elección uninominal.

Ahora bien, no hay duda de que no puede haber efectiva democracia y representatividad local, si no se le permite al elector, al vecino, al que forma parte de una comunidad, de intervenir, real y efectivamente, en la elección de su representante. Por ello, la idea de la elección en forma uninominal y por unidades territoriales más pequeñas, de manera que cada elector pueda escoger adecuadamente a su representante, y cada representante sea efectivamente responsable ante la comunidad o vecindad que lo eligió.

En la actualidad, los representantes, es decir, los elegidos, no son responsables ante nadie, y ni siquiera ante los partidos políticos que los eligen; y mucho menos son responsables ante los electores, porque éstos, en definitiva, no los han realmente designado. Si estuviésemos en presencia de una forma de elección uninominal, nos encontraríamos que cada representante procedería de una determinada unidad territorial, municipio, parroquia, urbanización o comunidad, y que es ante esa comunidad, que debe responder de sus actos, y es esa comunidad, la que puede exigirle a ese representante el cumplimiento de sus funciones. Esta es, sin duda, la forma más efectiva de gobierno local. La Ley Orgánica de Régimen Municipal acoge, al contrario, un sistema arcaico, un sistema anti-representativo a nivel local, como es el sistema de representación proporcional, que provoca en realidad que los únicos beneficiados del mismo, sean los partidos políticos que pueden, mediante la manipulación del mismo, aprovecharse de las estructuras políticas locales. Con dicho sistema no se beneficia a la comunidad, que no se siente ni se ha sentido nunca representada en los Concejos, por las deficiencias del sistema en el gobierno local.

4. *La Ley Orgánica no garantiza una efectiva democracia local y una adecuada participación política*

Por otra parte, la reforma del régimen local debería tender a llevar el proceso democrático al nivel inferior. Hoy por hoy, el ciudadano está ausente del Estado; hay un abismo entre el Estado y el particular, y la única forma de llenar ese abismo es a través del establecimiento de mecanismos de participación política a nivel local. Para ello, es necesario crear autoridades locales a niveles territoriales inferiores inclusive a los actuales municipios. En este sentido, las juntas comunales, las asociaciones de vecinos, las asociaciones de residentes de barrios y de urbanizaciones, deberían ser autoridades locales y deberían ser el núcleo inicial de la administración local y de esa unidad política primaria como la Constitución llama al Municipio. El Proyecto de Ley que se discutió en el Congreso en 1977, ciertamente, preveía la existencia de las Juntas Comunales, pero lo que pretendía era regular la situación anterior: unas Juntas que designaba el Concejo Municipal y que funcionaban teóricamente a nivel de Municipios; sin embargo, no se trataba de efectivos mecanismos de participación local. La Ley, sin embargo, como se dijo, eliminó toda regulación respecto de las tradicionales Juntas Comunales.

Pienso, al contrario, que una reforma política del régimen local para hacer de este régimen un instrumento de participación, debería darles una configuración política distinta a las Juntas Comunales e identificarlas con las Juntas de Vecinos, Juntas de Residentes y Propietarios que, por otra parte, son normalmente elegidas por vías de elección general- Piénsese sólo, por ejemplo, en las Juntas de Vecinos y Residentes de urbanizaciones, que tanta importancia han tenido en los últimos años, y cuyas directivas normalmente son elegidas por voto directo y abierto entre los diversos residentes y vecinos de las urbanizaciones, y que ahora, la Ley Orgánica reconoció formalmente.

Pues a ese nivel de urbanizaciones, de barrios, de vecindades o comunidades es que debería comenzar por establecerse esta participación política que ahora se reduce al mero reconocimiento de las asociaciones de vecinos, pero sin que se les atribuyan las funciones que antes tenían las Juntas comunales.

Por otra parte, y vinculado al problema de la participación política a nivel local, debe hacerse un comentario en relación a una propuesta que se formuló cuando se discutía el proyecto de ley de un pretendido condicionamiento de la investidura de Concejal al hecho de ser miembro de un partido político. Propuesta que, por supuesto, no se acogió en la ley. En relación a esta absurda propuesta que leímos en varias oportunidades y que propugnaba una elección totalmente ligada a los partidos políticos, en el sentido de que si un Concejal electo por un partido dejaba de ser miembro de él, debía también perder su investidura edilicia, debo insistir que ello no sólo sería totalmente antidemocrático —por antirepresentativo— sino que negaría la esencia política del Municipio que radica en la participación.

Precisamente la propuesta contraria es la que ha reclamado la colectividad: que la elección sea uninominal, para despartidizarla. La falacia que también hemos leído de que la elección uninominal provocaría un mayor control de los elegidos por los grupos de presión económica, no es más que una argucia mal concebida. Al contrario, la elección uninominal permite vincular más al elegido con la comunidad que lo elige y a eso, parece que le tienen cierto temor algunos políticos.

En efecto, la verdadera democratización de la elección a nivel local radica en eliminar la elección mediatizada que existe en la actualidad. En efecto, hasta ahora, el elector realmente, no elige a sus representantes. Estos lo eligen las roscas y burocracias partidistas y el elector realiza, en realidad, una elección de segundo grado, al tener que votar por una larga lista en la cual hay de todo: buenos y malos candidatos. La democracia está mediatizada e intervenida. Se requiere democratizar la democracia, es decir, acercar el elegido al elector, permitir que el ciudadano reconquiste el Estado y el poder, y para ello, a nivel local estimamos indispensable que se establezca la elección uninominal por circunscripciones electorales pequeñas.

Por otra parte, para que la participación política a nivel local sea efectiva, se hace necesario estructurar autoridades electas a niveles territoriales menores, no sólo a los actuales Distritos, sino a los Municipios. Es indispensable, en este sentido, que la reforma del régimen local asegure la elección de autoridades locales, a nivel de barrios, urbanizaciones y pequeñas comunidades urbanas. A estos niveles es que deberían estructurarse por ejemplo, las Juntas Comunales, las cuales deben ser elegidas para que sean realmente representativas. En esta forma, por ejemplo, las Juntas Directivas de las Asociaciones de residentes y vecinos de urbanizaciones y barrios deberían convertirse en Juntas Comunales, carácter que de hecho ya han venido adquiriendo.

Es una falacia pretender que las comunidades, mediante sus representantes, tendrán participación en el gobierno local, a través de unos famosos —por lo inútiles— Cabildos abiertos. Estos pueden servir para que los Concejos Municipales se enteren de ciertos problemas, pero no como mecanismos políticos de real participación.

En definitiva la Ley Orgánica de Régimen Municipal, que se había prometido como la gran solución para el problema de la crisis del régimen local, que se niega intencional mente, en general no resuelve nada, es un engaño que se le ha hecho al país; en definitiva, ha sido un gran fraude político al país.

SECCIÓN QUINTA: LA PARTICIPACIÓN POLÍTICA A NIVEL LOCAL

I. INTRODUCCIÓN

La esencia de la democracia, como régimen político, está en el régimen municipal. Si no hay democracia municipal, o ésta está en crisis, puede decirse que, asimismo, no hay democracia como régimen político, o éste se encuentra en crisis.

Y sin duda, la democracia política venezolana se encuentra en crisis entre otros aspectos por la crisis de la democracia local.

Ya hay consenso en estimar que la democracia no es, simplemente, depositar una vez cada cinco años, un voto por largas lista de representantes, cuyo contenido es materialmente desconocido y que los ciudadanos tienen que aceptar forzosamente. Esta práctica ha venido sumiendo a la democracia local en una grave crisis que se manifiesta en dos aspectos fundamentales: crisis de representatividad y crisis de participación. Nuestra democracia local, en efecto, ni es representativa ni es participativa. El sentimiento general de la colectividad, de los grupos sociales y del ciudadano es que los Concejos Municipales no los representan realmente; los concejales, en general, en la mayoría de los casos, representan a los partidos políticos, pero no a la comunidad ni a la vecindad. La comunidad, por tanto, se ha sentido huérfana de representatividad política; y el ciudadano, en general, no cuenta con adecuados medios para participar en la vida política del régimen local.

De acuerdo con la Constitución, sin embargo, el Municipio es la "unidad política primaria y autónoma dentro de la organización nacional" (artículo 25); es decir, tendría que ser el centro primario de la participación política del ciudadano. La situación del régimen local actual en Venezuela, al contrario, nos pone de manifiesto que a la falta de representatividad política de los Concejos Municipales, se une, además, una ausencia total de reales y efectivos mecanismos de participación ciudadana en el régimen político municipal.

Nos corresponde a nosotros en este ciclo de conferencias sobre el régimen municipal en Venezuela, hablar sobre "El Municipio como instrumento de participación política" o más ampliamente, sobre "La participación política a nivel local". Nuestra exposición, para ello, la dividiremos en cuatro partes: en las dos primeras partes, insistiremos en la crisis de la democracia local y las reformas que deberían adoptarse o que se han adoptado para su solución, e insistiremos, en particular, en la crisis de la representatividad política y de la participación política; en una tercera parte, analizaremos los mecanismos para la participación política previstos en la nueva Ley Orgánica de Régimen Municipal; y en una cuarta parte, analizaremos, con más detalles, la figura participativa de las Asociaciones de Vecinos y Residentes, como fenómeno social urbano.

II. LA CRISIS DE LA REPRESENTATIVIDAD POLÍTICA LOCAL

Nuestro régimen municipal actual, puede decirse que se caracteriza por haber sufrido de una progresiva ausencia de representatividad política. Los Concejos Municipales, en efecto, no han representado realmente a las comunidades que los han elegido y sobre las cuales ejercen su autoridad, y a lo sumo, representan a los partidos políticos que postularon a los concejales.

Esta falta de representatividad local y de la comunidad en la autoridad municipal, tiene su causa en diversos elementos.

1. *La excesiva amplitud de los ámbitos territoriales de las autoridades municipales*

En primer lugar, en la excesiva amplitud de los ámbitos territoriales de las autoridades municipales. En efecto, como todos sabemos, y a pesar de las declaraciones constitucionales, el Municipio, como tal unidad política primaria y autónoma dentro de la organización nacional, no ha existido en el país. Han existido Municipalidades a nivel de los Distritos en que se dividen los Estados, y a ese nivel es que ha funcionado y funciona la autoridad municipal por excelencia: el Concejo Municipal; pero a nivel de los Municipios, no ha habido autoridad política electa y, por tanto, no ha habido representatividad político-local.

Esta situación de la existencia de Municipalidades a nivel de los Distritos y de la inexistencia del Municipio como unidad política, en las Constituciones anteriores a la vigente, particularmente en las de 1936, 1945, 1947 y 1953, tenía una consagración formal. Los Distritos eran los que gozaban de autonomía municipal y elegían sus autoridades, siendo los Municipios una mera división administrativa de aquellos.

Esta situación produjo un alejamiento excesivo de la autoridad local electa en relación a los electores y gobernados. El Distrito es un ámbito territorial excesivamente amplio, que fomenta una dilución de la representatividad.

La Constitución de 1961 pretendió corregir esta situación, al declarar la autonomía del Municipio, y no del Distrito, y al exigir la elección de las autoridades locales a nivel del Municipio. Esta reducción del ámbito territorial de la autoridad local electa, sin duda, hubiera podido contribuir a darle a los Concejos Municipales un carácter más representativo de las comunidades y vecindades electoras, derivado de su acercamiento a éstas. Sin embargo, la pereza, el terror y la incompetencia de nuestro Poder Legislativo, dejó en suspenso estas disposiciones de la Constitución de 1961 al no sancionarse durante 17 años, hasta 1978, una Ley Orgánica de Régimen Municipal. Esta inacción del Congreso, prolongó la aplicación de la Disposición Transitoria Primera de la Constitución, la cual mantuvo en vigencia el régimen y organización municipal de la República que existía antes de 1961 hasta tanto se dictase la Ley Orgánica de Régimen Municipal. Esta Ley se promulgó el 18 de agosto de 1978, pero sin embargo, la misma no solucionó este problema de la falta de representatividad, que podía lograrse con el necesario descenso de la autoridad local del nivel del Distrito al de Municipio, sino que por temor a reformar, realmente, en una nueva Disposición Transitoria señaló que para el próximo período Municipal que se inicia este año sólo se elegirán las autoridades de los Concejos Municipales actualmente existentes, los cuales habrán de conservar la totalidad de sus potestades durante dicho período (artículo 165), Es decir, en las elecciones municipales del próximo 3 de junio de 1979 se elegirán, por un período de tres años (artículo 33), de nuevo, Concejos Municipales a nivel de los 191 Distritos existentes, y no a nivel de Municipios. Será sólo en las elecciones municipales de 1984 cuando se elegirán autoridades "municipales" es decir, Concejos Municipales a nivel de Municipios, con lo cual se podría contribuir a aumentar la representatividad de aquellos al acercarlos más a los electores, si se produjese una reducción del ámbito territorial de su elección.

2. *La elección de los concejales por lisias bloqueadas en una sola circunscripción electoral*

Pero la falta de representatividad local en los Concejos Municipales también tiene su origen en la forma de lección de los Concejales. Estos, en número que variará de 7 a 17 según la población del Municipio o del Distrito en las próximas elecciones, se eligen por listas bloqueadas presentadas por los diversos partidos políticos o grupo de electores, y la adjudicación de los puestos se realiza por cuociente, mediante la aplicación del principio de la representación proporcional. Este sistema de elección es el que ha estado vigente durante todo el período democrático desde 1958, y se caracteriza por la elección en bloque de todos los Concejales en una amplia circunscripción electoral.

Esta forma de elección ha alejado, sin duda, al concejal del elector ciudadano y de la comunidad-vecindad. El elector vota por una larga lista, hasta ahora de siete concejales más sus suplentes, es decir, de 21 candidatos, y a partir de junio de este año, hasta de 17 concejales más sus suplentes, es decir, de 51 candidatos en ciertos casos, no representando efectivamente esos candidatos, a las comunidades que los eligen.

La aplicación de este sistema en las elecciones locales ha provocado una distorsión del sufragio directo, pues la selección la realizan realmente los comités directivos de los partidos, negándose al elector toda posibilidad real de selección directa; ha provocado una falta de coincidencia entre la circunscripción electoral formal y el interés electoral de la comunidad; y ha provocado también, que el cuerpo electo sea más una asamblea de representantes de los partidos políticos que de legisladores locales representantes de la comunidad.

Frente a esta forma de elección, hemos planteado repetidamente la necesidad de que se sustituya una elección por listas bloqueadas en amplias circunscripciones electorales, por una elección uninominal en pequeñas circunscripciones electorales, de manera que cada comunidad o vecindad elija sus representantes municipales, y que éstos sean, efectivamente, representantes de esas comunidades que los elijan.

En esta forma, si en un Municipio de menos de 50.000 habitantes deben elegirse siete concejales, el territorio de dicho Municipio podría ser dividido en cinco o seis pequeñas circunscripciones con población uniforme, de manera que en cada una de ellas se elija un concejal, dejando luego uno o dos concejales para adjudicación por cuociente garantizando la representación de las minorías.

Frente a esta propuesta de elección uninominal de los concejales, se ha argumentado que ello sería inconstitucional en virtud de que no garantiza la aplicación absoluta de la representación proporcional de las minorías. Aparte de que ello no es cierto, tal como se dijo, ya que el sistema d'Hondt que se aplica en Venezuela y del cual se apartaría la elección uninominal local, no es el único que asegura la representación proporcional, no hay que olvidar que la Constitución exige expresamente la aplicación del principio de la representación proporcional de las minorías (artículos 19, 113, 148 y 151) en las elecciones de Senadores y Diputados al Congreso y a las Asambleas Legislativas, no indicando nada respecto de la elección de Concejos Municipales, pues ésta no es una institución de orden constitucional. El artículo 113 de la Constitución, al exigir, en general, la aplicación de aquel principio en la legislación electoral, implica que si se eligen los concejales por listas bloqueadas en grandes circunscripciones electorales, por supuesto, se aplique el principio de la representación proporcional de las minorías, pero no implica, en modo alguno, que esa elección de autoridades locales no pueda realizarse uninominalmente como debería ser.

Esta elección uninominal de los Concejales, en todo caso, aumentaría la representatividad de la autoridad local, al permitir, tanto el establecimiento de una relación directa y estrecha entre electores y representantes, como la exigencia de responsabilidad de estos por aquellos. La elección uninominal hace al elegido responsable directo ante la comunidad que lo eligió.

Por otra parte, la elección uninominal obligaría a los partidos políticos a tener más cuidado en seleccionar los candidatos a concejales, pues tendrán que escoger a personajes realmente vinculados con la comunidad.

3. *La elección municipal confundida con las elecciones nacionales*

El tercer factor que ha contribuido a la crisis de representatividad en la democracia local ha sido la tradicional coincidencia de las elecciones nacionales para Presidente de la República y Senadores y Diputados, con la elección municipal.

Esta coincidencia que ha existido en las elecciones hasta el proceso electoral de 1973, ha provocado que la elección municipal no haya tenido entidad e importancia propia, sino que haya sido una añadidura, pura y simplemente, de la elección presidencial. El voto municipal no ha sido nunca un asunto vecinal o comunitario, sino un reflejo de campañas políticas nacionales, lo que ha provocado una despreocupación tanto de los partidos políticos en la selección y postulación de los candidatos a concejales, como de los electores en elegir, realmente, sus representantes locales.

La separación de las elecciones municipales de las nacionales era, sin duda, otra de las reformas exigidas por la opinión pública desde hace varios lustros, para darle entidad propia a la elección local y, al fin, se ha materializado con la reforma de la Ley Orgánica del Sufragio y la promulgación de la Ley Orgánica de Régimen Municipal en 1978. Por primera vez en nuestra vida democrática, las elecciones del 3 de junio de 1979 tendrán por objeto elegir exclusivamente las autoridades municipales, y ello, realmente, significará la introducción de importantes cambios en nuestra práctica democrática y electoral, que deberán ser conducidos por el Concejo Supremo Electoral. Las campañas electorales, por ejemplo, deberán desnacionalizarse y, al contrario, municipalizarse, desarrollándose a nivel local. Al ser la elección exclusivamente de carácter local, las campañas electorales también tendrán que serlo. Esto implicará un cambio de mentalidad, tanto de los partidos políticos como de los electores pues entre otros aspectos, deberá eliminarse o limitarse la utilización de los medios audiovisuales de comunicación de masas, tan utilizados en las últimas elecciones nacionales.

Por otra parte, la representatividad política que podrá mejorarse con la separación de las elecciones municipales de las elecciones nacionales, también podría salir beneficiada de la reducción que se ha re visto de los periodos de las autoridades municipales. La nueva Ley Orgánica de Régimen Municipal, en tal sentido, ha establecido que "en cada período constitucional habrá un primer mandato de tres años de gobierno municipal y metropolitano y un segundo mandato de dos años" (artículo 33), por lo que se deberían efectuar elecciones municipales, no sólo al inicio del período constitucional, sino a mitad del mismo, En esta forma, el elector vecino podría tener un mayor control de la actuación de los concejales y, éstos, deberían contar con el acuerdo de la comunidad para continuar en sus funciones, consultada mediante una elección realizada a mitad del período constitucional. Esto evitaría, además, el entronizamiento de concejales incompetentes durante el largo periodo de cinco años, tal y como ha sucedido hasta ahora. Lamentablemente, en una disposición transitoria, la Ley sometió la vigencia de esta normativa a un voto calificado de los miembros de las Cámaras Legislativas por lo que, hasta tanto ello no se produzca, el mandato de los Concejos Municipales continuará siendo de cinco años.

III. LA CRISIS DE LA PARTICIPACIÓN POLÍTICA LOCAL

Pero la democracia local no solamente se ha caracterizado por la crisis de representación política sino, también, por una crisis de participación política del ciudadano en el poder local. El gobierno local no sólo no ha sido conducido por el pueblo por la falta de representatividad, sino que tampoco ha sido del pueblo por la falta de participación política, y mucho menos ha sido un gobierno hecho con el pueblo, por falta de organización social del mismo para asegurar su participación.

1. *La ausencia o deficiencia de sociedades intermedias*

Una de las exigencias de la participación política, es decir, de la democracia participativa, es la necesaria organización social del pueblo para la estructuración de sociedades intermedias entre el aparato del Estado en sus diversos niveles y el ciudadano, con el objeto de, a través de ellas, asegurar la participación del pueblo en los procesos políticos y administrativos.

La propia Constitución de 1961 ya ha dado la pauta en este campo al indicar que "La Ley regulará la integración, organización y atribuciones de los cuerpos que se juzguen necesarios para oír la opinión de los sectores económicos privados, la población consumidora, las organizaciones sindicales de trabajadores, los colegios de profesionales y las universidades, en los asuntos que interesan a la vida económica" (artículo 109), Además, la propia Constitución es clara al precisar que "las obligaciones que corresponden al Estado en cuanto a la asistencia, educación y bienestar del pueblo no excluyen las que, en virtud de la solidaridad social, incumben a los particulares según su capacidad", pudiendo la ley imponer "el cumplimiento de estas obligaciones en los casos en que fuere necesario" (artículo 57). La participación y la solidaridad social tienen, por tanto, un claro fundamento constitucional.

Pero frente a esto, puede admitirse que el sistema político venezolano se ha caracterizado por la ausencia de sociedades intermedias como instrumentos de participación, y las que existen no han cumplido adecuadamente sus fines participativos.

Los partidos políticos, en efecto, constituyen sociedades intermedias de primer orden, en el campo político, pero en la actualidad, no aseguran adecuadamente la participación ciudadana. La crítica a los partidos políticos, de cuyos fundamentos ahora comienzan ellos a tomar conciencia, debe implicar un proceso de democratización de los mismos, que facilite su apertura, y que impida que las oligarquías partidistas manipulen las maquinarias y se perpetúen en el ejercicio del poder interno de los mismos. Debe implicar, además, la posibilidad de las bases de los partidos de participar efectivamente tanto en la elaboración de los programas y plataformas políticas, como en la selección de los candidatos para las elecciones.

Por otra parte, los partidos políticos tienen como imperativo lograr su apertura, de manera que en ellos puedan participar los sectores independientes de su periferia.

Pero si bien los partidos políticos son sociedades intermedias esenciales para la participación estrictamente política, en el futuro, las diversas formas de organización social del pueblo deben, progresivamente, quedar fuera de la influencia partidista* Las organizaciones gremiales, sindicales, profesionales, estudiantiles, de consumidores, o de vecinos, en esta forma, deberán ser promovidas para representar diversos intereses particulares, respetándoselas por los partidos políticos. Así, debe abandonarse el esquema de partidización de sindicatos, gremios y asociaciones que ha caracterizado la vida democrática venezolana en los últimos años.

Pero además de los partidos políticos, los sindicatos han sido sociedades intermedias que han adquirido carta de naturaleza en el país desde hace cuatro décadas. Sin embargo, el movimiento sindical se ha desnaturalizado y, en muchos casos, o se ha partidizado o burocratizado, o se ha agotado en la acción puramente reivindicativa. No hay, por tanto, una auténtica participación social del trabajador que le reconozca la posibilidad de participar en la toma de decisiones que lo afecten o en la gestión o beneficios de las empresas. La misma Ley de representación de los trabajadores en los organismos de desarrollo económico y empresas del Estado, vigente desde 1966, no sólo reduce la posibilidad de participación al sector público, sino que, en realidad, no asegura una real participación laboral y sólo ha servido como medio de repartos burocráticos.

En todo caso, las mismas fallas del movimiento sindical se han repetido en algunas asociaciones gremiales; y las asociaciones profesionales no han adquirido aún forma participativa.

Por otra parte, en nuestro país, el usuario de los servicios públicos o el consumidor, aún no ha sido organizado, y, a diferencia de lo que sucede en otros países, no existen comunidades intermedias de usuarios y consumidores, que garanticen su participación en la toma de decisiones que los afecten.

En otros campos, algunos intentos por lograr mecanismos de participación, sólo se han desarrollado a medias, tal como ha sucedido en materia educativa. Las llamadas Comunidades Educativas reguladas hace algunos años, se establecieron como mecanismos para lograr la participación en la conducción de las Escuelas, Colegios y Liceos de los padres, alumnos y maestros, además de los directivos de los mismos. Sin embargo, aún no se han desarrollado al máximo sus potencialidades.

Pero de todas estas formas de participación a través de sociedades intermedias que deben organizarse a nivel local, sin duda, una de las de mayor interés e importancia es la de las Asociaciones de Vecinos y Residentes que se han venido estableciendo desde la década pasada.

2. *La ausencia de reconocimiento de las Asociaciones de Vecinos*

En efecto, el sistema político local que se ha desarrollado en nuestro país en los últimos veinte años, ha puesto en evidencia la ausencia de participación política a nivel del ciudadano-vecino. Entre este y el Estado ha existido un abismo que no se ha ni colmado ni reducido sea por los partidos políticos, sea con el ejercicio quinquenal del derecho al sufragio activo. El ciudadano-vecino ha sido progresivamente aplastado por el Estado y la Municipalidad, quedando inerme e impotente. El Estado y la Municipalidad han sido, sí, dadivosos y paternalistas, pero no han desarrollado las potencialidades del individuo ni logrado su participación en la conducción de los asuntos locales y comunitarios. En esa forma, la democracia local se ha convertido en una idea teórica y en una realidad etérea: el vecino no la ve ni la siente, y el ciudadano ni siquiera sabe cómo actúa un Concejo Municipal ni cómo maniobran los representantes edilicios, El ciudadano-vecino, en realidad, lo que ha sentido en las últimas décadas es la ineficiencia de las autoridades municipales y la centralización progresiva hacia niveles nacionales de tareas tradicionalmente consideradas como de carácter local; y además, ha sufrido la acción de los entes locales que se ha manifestado en la degradación del medio urbano a través de un proceso de urbanización guiado sin criterios urbanistas y por solos intereses especulativos.

Frente a esta situación del ciudadano-vecino, a partir de la década de los sesenta, y siguiendo un fenómeno universal, hemos visto aparecer, particularmente en el Área Metropolitana de Caracas, Asociaciones de Vecinos y Residentes que se han constituido como movimientos sociales urbanos para la defensa de intereses vecinales frente a la Administración Municipal.

Estas Asociaciones de Vecinos y Residentes de Comunidades Urbanas han venido sosteniendo una larga lucha por representar a sus comunidades ante las autoridades locales, y para que se las oiga en los procesos de toma de decisiones que han venido afectando la calidad de la vida y el medio ambiente, y que vienen provocando una degradación de aquellas, proveniente de la violencia de la urbanización.

Muchas veces fueron las vías de hecho las utilizadas para que las vecindades y comunidades pudieran ser oídas, y luego, después de una década de surgimiento a través de la lucha cívica, el Congreso de la República acogió parcialmente las proposiciones que le formuló la Federación de Asociaciones de Comunidades Urbanas (FACUR), en mayo de 1977, y se logró que en la Ley Orgánica de Régimen Municipal de 1978 fueran incorporadas normas de reconocimiento de las Asociaciones de Vecinos, como mecanismos de participación de la comunidad en la conducción de los asuntos locales. Al análisis detallado de estas Asociaciones de Vecinos y Residentes, tal como señalé, dedicaré la última parte de mi exposición.

3. *La ausencia de base participativa de las representaciones de las comunidades*

Pero la crisis de participación que ha caracterizado nuestra democracia local, no sólo ha estado motivada por la ausencia o deficiencia de sociedades intermedias adecuadas, y la ausencia del reconocimiento de las Asociaciones de Vecinos y Residentes hasta 1978, sino por la ausencia de base participativa de los mecanismos de representación de las comunidades.

En efecto, nuestro régimen local, al establecer la Municipalidad, como autoridad local, a nivel de Distrito, implicó la creación, a nivel de Municipio, de las llamadas Juntas Comunales que, de acuerdo con las leyes estadales del Poder Municipal, debían ejercer la representación de las comunidades de cada Municipio ante el Concejo Municipal del Distrito respectivo. Estas Juntas Comunales siempre han sido designadas a dedo por el respectivo Concejo Municipal; nunca, por tanto, han sido electas por la comunidad respectiva; y así, no han sido realmente representativas de dichas comunidades. La vecindad o comunidad, no ha tenido real y efectiva participación en la conducción de los asuntos que le conciernen.

Una de las reformas reclamadas al régimen local en Venezuela era precisamente, el establecimiento de la elección directa de las Juntas Comunales que debían existir a nivel de las "Comunas" que, como subdivisión de los Municipios, se establecían en el Proyecto de Ley Orgánica de Régimen Municipal que se discutió en el Congreso en 1977, y la asignación a las Asociaciones de Vecinos que existieran en dichas Comunas, de las funciones de las Juntas Comunales. Inexplicablemente, por esas razones de ineficiencia legislativa por las que algún día habrá de rendir cuenta la Legislatura Nacional que está a punto de concluir, en la Ley Orgánica de Régimen Municipal de 1978, no sólo no se consagró la elección directa de las Juntas Comunales ni la asunción de sus funciones por las Asociaciones de Vecinos que existieran en las Comunas, sino que se eliminó toda referencia a esta subdivisión de los Municipios y a las mismas Juntas Comunales. El Capítulo VI, del Título IV de la Ley, se titula "De la Organización y Funcionamiento de la Junta Comunal", pero en sus artículos (artículos 38 a 42) sólo se hace referencia a las Juntas Municipales de los Municipios Foráneos. La única referencia a las Juntas Comunales que, por lo visto, apareció por inadvertencia de los legisladores, está en el artículo 36 de la Ley el cual, al asignar funciones a los Concejos Municipales, le atribuye la de "Nombrar a los integrantes de las Juntas Comunales dentro de los 15 días siguientes al 30 de abril de cada año" (ordinal 5?)- Salvo esta referencia, la Junta Comunal y las Comunas, por tanto, no existen en la Legislación Nacional de Régimen Municipal, por lo que corresponderá a las Leyes Orgánicas que dicten los Estados de nuestra federación, regularlas como efectivos mecanismos de participación de la Comunidad. En este sentido, las Asambleas Legislativas de los Estados deben, durante el período constitucional que se inicia este año de 1979, dictar al menos tres leyes en relación al régimen local: la Ley Orgánica de los Poderes Públicos del Estado, en sustitución de las mal llamadas "Constituciones" estadales; la Ley Orgánica del Régimen Municipal del Estado, que desarrolle las normas de la Ley Orgánica Nacional; y la Ley de Di- visión Político-Territorial del Estado (artículo 163 de la Ley Nacional). En estas normas estadales deberán establecerse las "Comunas" como subdivisión territorial de los Municipios, y deberá establecerse que las funciones de las Juntas Comunales, si bien no podrán ser electas por vía del sufragio universal directo y secreto por no preverlo así la Ley Orgánica Nacional, deberán ser ejercidas por las Juntas Directivas de las Asociaciones de Vecinos y Residentes que existan en las respectivas Comunas. Estas, por otra parte, como división político-territorial de los Municipios, deberán corresponder a una demarcación espacial real y efectiva de las comunidades urbanas, a nivel de barrios o urbanizaciones, a los efectos de lograr la más completa participación de aquellas en la conducción de los intereses locales.

4. *La ausencia de descentralización*

Por último, la crisis de participación, es una crisis de descentralización, pues no puede haber realmente participación, sin un amplio proceso de descentralización política y administrativa.

Una de las características del Estado en Venezuela es la acentuada centralización que se ha venido consolidando durante el presente siglo en los niveles nacionales. Los Estados, en las reformas constitucionales del presente siglo, fueron progresivamente vaciados de contenido, y a menos que en ellos se realicen reformas profundas que cambien tanto su carácter dependiente como el paternalismo nacional, están condenados a desaparecer. La descentralización administrativa de competencias hacia los Estados que autoriza la Constitución (artículos 137 y 136, ordinales 8 y 10), es un imperativo planteado en la reforma del Estado Venezolano, y el reto más importante que tiene planteado hacia el futuro. Tenemos que correr el riesgo de la descentralización, si queremos realmente hacer un país equilibradamente desarrollado y si queremos detener la macrocefalia del centro. Y sólo descentralizando es que podremos realmente promover la participación a nivel local.

El centralismo también ha afectado los niveles municipales. Las Municipalidades han sido dotadas de competencias formalmente, pero su deficiente estructura, y la complejidad del proceso de desarrollo, ha provocado la asunción nacional, directa o indirecta de muchos servicios y actividades que en principio son materias propias de la vida local. En este campo se impone poner fin a la improvisación centralizante, delimitándose con precisión el ámbito de acción municipal en las competencias concurrentes que establece la Constitución. Solamente clarificándose las competencias municipales en leyes que están por dictarse en materia de urbanismo, de educación, de sanidad, de transporte, etc., es que se podrá lograr, efectivamente una descentralización adecuada a las exigencias de nuestro tiempo, que permita y de sentido a la participación

II LA PARTICIPACIÓN POLÍTICA EN LA NUEVA LEY ORGÁNICA DE RÉGIMEN LOCAL

Nos interesa ahora analizar el ámbito y modalidad de la participación política prevista en la nueva Ley Orgánica de Régimen Local de agosto de 1978, y que viene a desarrollar, con diez y siete años de atraso, las normas de la Constitución de 1961, poniendo fin a un régimen transitorio que se venía haciendo insoportable.

A pesar de todas sus imperfecciones, la nueva Ley Orgánica de Régimen Municipal, contrariamente a los que se establecía en el Proyecto que le dio origen y que se discutió en el Congreso en 1977, establece una serie de mecanismos de participación de la comunidad en la conducción de los asuntos locales. Estos mecanismos de participación pueden clasificarse en tres grupos: los de participación política; los de participación en asuntos vecinales, y los de participación en asuntos de urbanismo.

1. *Los mecanismos de participación política*

En cuanto a las disposiciones sobre participación política, la Ley Orgánica ratifica el principio de la autonomía municipal previsto en la Constitución y que implica la elección, por el propio Municipio de sus autoridades (artículo 4, ordinal 1°), pero agregando que la organización del Municipio "será de carácter democrático y tendrá por finalidad el eficaz gobierno y administración de los intereses peculiares de la entidad" (artículo 3).

Corresponde, por tanto, a la comunidad del Municipio, integrada por los residentes en su jurisdicción, no sólo nacionales sino a los extranjeros con más de 10 años de residencia en el país y con más de un año de residencia en el Municipio (artículo 8 de la L.O.S.), la elección de las autoridades municipales. El vínculo político de la comunidad con la unidad política municipal es, por tanto, la residencia, es decir, el lugar donde se desarrollan habitualmente las actividades normales de la vida humana. Este concepto civil de la residencia adquiere su significado público en el de vecindad como permanencia habitual del individuo en una comunidad.

Pero no basta la simple permanencia habitual en un lugar para que surja la vecindad: es necesario un acto administrativo que la declare, y a falta de otro control, ese acto es el de registro en el Registro Electoral Permanente.

El ser residente de un Municipio en esa condición, no sólo posibilita el ejercicio del derecho a elegir las autoridades municipales, sino también a ser electo concejal (artículo 49) o miembro de una Junta Municipal (artículo 38). En ambos casos se necesita ser residente del respectivo Municipio.

Por otra parte, y también desde el punto de vista de la participación política, la Ley Orgánica atribuye la iniciativa para la creación de un Municipio, su fusión o su incorporación a otro, además de a la Asamblea Legislativa y a los Concejos Municipales interesados, "a los ciudadanos integrantes de la comunidad o comunidades interesadas, en número no menos del 20% de los inscritos en el Registro Electoral Permanente" (artículo 17, ordinal 1°), con lo cual se vincula, de nuevo, la vecindad, con la inscripción en el Registro Electoral Permanente.

Por último, y también como mecanismo de participación política, la nueva Ley Orgánica de Régimen Municipal otorga a los vecinos la iniciativa legislativa en materia de Ordenanzas y la posibilidad de solicitar a los Concejos Municipales la reconsideración de ciertas Ordenanzas.

En efecto, en cuanto a la iniciativa legislativa la Ley Orgánica (artículo 151) atribuye a las Asociaciones de Vecinos, así como a las organizaciones sindicales, gremiales u otras agrupaciones representativas de sectores de la comunidad legalmente constituidas, la posibilidad de presentar a los Concejos Municipales proyectos de Ordenanzas. Esta iniciativa, de acuerdo a la Ley, debe ser respaldada por un número no menor de mil electores, vecinos de la comunidad, debidamente identificados por la autoridad electoral, es decir, teniendo como base el Registro Electoral Permanente. Sin embargo, la Ley autoriza a que también participen en la iniciativa los domiciliados en el Municipio, y no sólo los residenciados.

En cuanto a la posibilidad de solicitar la reconsideración de Ordenanzas, la Ley Orgánica limita el pedimento a aquellas que no sean de carácter tributario, y pueden pedir la reconsideración un grupo de 20.000 electores vecinos de la comunidad, identificados por los organismos electorales conforme al Registro Electoral Permanente (artículos 152, 153 y 151). Si el número total de electores vecinos del respectivo Municipio es inferior a 100.000, basta que la solicitud sea suscrita por el 20% de los mismos.

La solicitud de reconsideración de una Ordenanza, si bien no suspende sus efectos (artículo 155), obliga al Concejo Municipal a decidir en un plazo de 60 días, vencido el cual, sí se suspenden sus efectos (artículos 154 y 155) por un lapso de 60 días durante el cual cualquier vecino de la comunidad podrá solicitar ante la Corte Suprema de Justicia la nulidad de la Ordenanza objetada ante el Concejo. Si esta nulidad no se solicita, cesa la suspensión de los efectos de la Ordenanza objetada.

2. *Los mecanismos de participación en asuntos vecinales*

Además de los mecanismos de participación política propiamente dichos, la Ley Orgánica de Régimen Municipal reguló diversos mecanismos de participación de la comunidad en asuntos vecinales, y de estímulo a la misma.

En efecto, entre las facultades de los Concejos Municipales está la de "estimular la colaboración y solidaridad de los vecinos para la mejor convivencia de la comunidad" {artículo 36, ordinal 25): y entre las obligaciones de dicho organismo está la de "mantener informada a la comunidad de la marcha de las actividades municipales e interesarla en la solución de sus problemas" (artículo 37, ordinal 9º). Por otra parte, al Presidente de los Concejos Municipales corresponde "Llevar las relaciones entre la entidad que representa y los organismos públicos y privados, así como con la ciudadanía en general" (artículos 58, ordinal 5º); y al Síndico Procurador Municipal le corresponde "elevar a conocimiento del Concejo las quejas que reciba por deficiencias en los servicios públicos municipales" (artículo 68, ordinal 6º).

Pero entre las normas de la Ley Orgánica que consagran mecanismos de participación vecinal, está la contenida en su artículo 147 y que consagra la figura de los Cabildos Abiertos. Este artículo, establece, en tal sentido, que cada tres meses por lo menos, los Concejos Municipales deben celebrar una sesión en la cual se deben considerar las materias que los vecinos hayan solicitado ser tratadas públicamente.

En dicha sesión, el público asistente puede formular preguntas y emitir opiniones sobre las materias inscritas en el orden del día. La Ley Orgánica remite al Reglamento Interno de los Concejos la determinación de las formalidades para la convocatoria y funcionamiento de esas sesiones, exigiendo que, en todo caso, la convocatoria debe formularse a las organizaciones gremiales, sociales, culturales, deportivas y de cualquier otra índole de la comunidad. Por supuesto, entre ellas están las Asociaciones de Vecinos a las cuales me referiré más adelante.

Por último, la Ley Orgánica establece también como mecanismo de participación de la comunidad en el manejo de los asuntos vecinales o de cooperación vecinal, la incorporación de personas o representantes de la comunidad en comisiones asesoras, permanentes o especiales del propio Concejo Municipal; en Comisiones o Juntas de carácter administrativo a las cuales se les encomienden gestiones específicas de orden material, cultural, cívico, recreación al o moral o que le asesoren en tales áreas; y en cualesquiera otra forma de organización o colaboración vecinal (artículo 156), La Ley exige que en tales organismos se procure que tengan representación las organizaciones sindicales, gremiales u otras representativas de los sectores de la comunidad legalmente constituidas, incluyendo las Asociaciones de Vecinos, y no sólo ellas.

3. *Los mecanismos de participación en asuntos de urbanismo*

Pero dentro de los mecanismos de participación en los asuntos vecinales, se destacan, sin duda, por su importancia, las vías de participación en los asuntos de urbanismo.

Han sido precisamente los problemas derivados del proceso de urbanización que ha sufrido nuestro país en las últimas décadas, los que, sin duda, han provocado el florecimiento del movimiento de vecinos como movimiento social. Los vecinos organizados en asociaciones surgidas espontáneamente, se enfrentaron a los abusos y desafueros de las autoridades municipales derivados de la manipulación de los cambios de zonificación. La presión de los vecinos siempre se hizo sentir, por tanto, en el campo urbano, y de allí la especial regulación que trae la Ley Orgánica de mecanismos de participación de la comunidad en los cambios de zonificación; regulación de carácter transitoria hasta tanto se dicte la Ley Nacional de ordenación urbanística.

En efecto, la Ley Orgánica de Régimen Municipal (artículo 168), comienzan por prohibir los cambios de zonificación aislados o singulares, precisamente, contra los que han venido luchando más abiertamente las Asociaciones de Vecinos, pues son los de mayores consecuencias degradantes. Esta prohibición general de la Ley, es, sin duda, uno de los mayores triunfos del movimiento de vecinos, desde el punto de vista urbano.

Ahora bien, en cuanto a los cambios de zonificación integral, es decir, que abarquen un área urbana amplia o un determinado sector urbano, la Ley establece como criterio general que ellos no se pueden hacer antes de 10 años de aprobada la zonificación original o la rezonificación posterior. Sin embargo, si dentro de ese lapso, a juicio de la Oficina Municipal de Planificación urbana se justifica el cambio de zonificación este podrá realizarse siempre que la solicitud respectiva esté respaldada por a correspondiente Asociación de Vecinos, si la hubiere, o por la mayoría absoluta de los vecinos del área permisada como unidad urbanística, o de los vecinos residentes en el área que determine la Oficina Municipal de planificación urbana, cuando el sector afectado no naya sido permisado como unidad urbanística.

El mismo artículo 168 de la Ley Orgánica, sin embargo, establece una excepción general a esta exigencia del acuerdo de los vecinos, al señalar que en los cambios de zonificación que se efectúen cuando se requiera adecuar un determinado sector urbano a políticas y programas nacionales o municipales, no se requerirá el respaldo de los vecinos.

En todo caso, la Ley Orgánica, al consagrar la necesidad de la aceptación previa de los vecinos para los cambios regulares de zonificación por sectores, ha revolucionado el manejo del proceso de urbanización por las autoridades municipales- Hasta la promulgación de la ley sólo se habían establecido, a nivel local, normas que requerían tomar en cuenta la opinión de la comunidad afectada por los cambios de zonificación, tal como sucedió en la Ordenanza sobre Urbanismo, Arquitectura y Construcciones en general del Distrito Sucre del Estado Miranda de 1978, pero no había regulaciones similares a la ahora establecidas nacionalmente.

En esta materia debe advertirse, sin embargo, que ha sido tradicional en el ordenamiento urbanístico del país, la exigencia de que los cambios de zonificación sean sometidos a información y consultas públicas durante el proceso de discusión del Acuerdo Municipal respectivo, antes de efectuarse la segunda discusión del mismo. Así se establecía en las Ordenanzas de Zonificación y de Urbanismo del Área Metropolitana de Caracas; y así lo regula ahora, con carácter general la Ley Orgánica de Régimen Municipal al disponer en la misma Disposición Transitoria antes comentada (artículo 168), que una vez aprobado en primera discusión el proyecto de Ordenanza de cambio de zonificación, el Concejo debe determinar el día y hora cuando la Cámara debe oír públicamente a los interesados, previa información al público del nuevo uso propuesto para la zona afectada, Por supuesto, las Asociaciones de Vecinos también pueden participar a este nivel en las cuestiones urbanísticas.

V. LAS ASOCIACIONES DE VECINOS

1. *Características generales*

Ahora bien, no hay duda en poder afirmar que una de las manifestaciones más características de las formas de participación de la comunidad en la conducción de los asuntos locales, está en las denominadas Asociaciones o Juntas de Vecinos o Residentes, y que como movimientos sociales urbanos, han venido haciendo su aparición en las últimas décadas.

No hay que olvidar que en sus orígenes, la institución municipal no era otra cosa que una asociación de vecinos, autónoma políticamente hablando. La progresiva burocratización o institucionalización del Municipio, alejó esta institución local de los vecinos y residentes, quienes dejaron de encontrar en el Municipio una fuente de participación, y más bien lo comenzaron a sentir como un enemigo de sus intereses vecinales. Las Asociaciones de Vecinos o Residentes, vienen así a llenar el vacío de participación dejado por el antiguo Municipio, y al aparecer como un fenómeno espontáneo y como un auténtico movimiento social urbano, han venido a enfrentarse al poder local en la defensa de los intereses vecinales.

El movimiento de vecinos, entonces, es desde su nacimiento, temido por los poderes locales; y ello, por varias razones. Se trata de Asociaciones de derecho privado, y por tanto, no sometidas al control de los Municipios, pero por su actuación, son organismos con acción pública manifiesta, generalmente frente a la autoridad municipal. Esta actuación pública trae, en general, consecuencias políticas de enfrentamientos de la comunidad y los electores con los gobernantes elegidos. Las Asociaciones de Vecinos, por ello, no sólo no son saludadas por las autoridades municipales, sino que, por su mismo poder real, pueden llegar a distorsionar, ellas mismas, su verdadera función.

Políticamente hablando, por tanto, el movimiento de vecinos debe ser cuidadosamente tratado: desde el punto de vista de los poderes públicos, debe impulsarse como cauce de participación política, pero sin ahogárselo en reglamentaciones y sin burocratizárselo; desde el punto de vista del propio movimiento social urbano, deben precisarse sus objetivos de defensa de intereses auténticamente vecinales frente a la autoridad municipal y no convertirse en instrumentos de luchas guiados por la sola emotividad de algunos de sus miembros o conductores.

Nos interesa analizar a las Asociaciones de Vecinos en Venezuela, como fenómeno urbano contemporáneo, a la luz de las disposiciones de la nueva Ley Orgánica de Régimen Municipal. Ello lo haremos tratando de precisar las características de estos movimientos sociales urbanos en tomo a los siguientes elementos precisados por J. M. Berriatúa San Sebastián (véase *Las Asociaciones de Vecinos*, Madrid 1977): agrupan vecinos en un ámbito territorial determinado; tienen una pluralidad de funciones, de carácter vecinal; son autónomos, permanentes y actúan dentro del ordenamiento jurídico; y tienen por objeto la defensa de intereses vecinales frente a la Administración.

2. *El ámbito personal y territorial de las Asociaciones de Vecinos*

El primer elemento a precisar respecto de las Asociaciones de Vecinos es su ámbito personal y territorial. Tal como hemos señalado, estos vienen determinados por la vecindad, es decir, por la vinculación que por la residencia tienen un grupo de personas con un ámbito territorial determinado: barrio o urbanización. Este concepto de vecindad está basado en el concepto jurídico de residencia, es decir, el lugar donde habitualmente una persona desarrolla sus actividades humanas. Por tanto, la vecindad no está ligada a la existencia del derecho de propiedad. Ciertamente, muchas de las Asociaciones de Vecinos que se constituyeron en la década pasada en Venezuela, fueron asociaciones de Propietarios y Residentes, pero realmente la calidad de miembro de la Asociación nunca estuvo vinculada a la propiedad sino a la residencia.

Por otra parte, el carácter de vecino surge independientemente del estado civil de la persona. La vecindad, por tanto, no tiene relación con la familia como categoría sociológica, y la pertenencia a las Asociaciones de Vecinos nunca ha estado vinculada a la familia o al número de familias que pueda existir en un área determinada.

Pero en todo caso, la vecindad, es decir, la comunidad de intereses vecinales que existe entre un grupo de personas, viene referida a un ámbito territorial determinado. Normalmente, las Asociaciones de Vecinos se constituyeron, en el Área Metropolitana de Caracas, en las Urbanizaciones y en ciertos barrios del centro de la ciudad y aún en barrios marginales.

Algunas tienen un ámbito territorial equivalente a una división político-territorial preexistente como la parroquia o el Municipio; pero en general, el ámbito territorial, es la urbanización o el barrio, es decir, un territorio en el cual surge una comunidad de intereses vecinales derivados de una cierta homogeneidad, incluso física o de sus propias peculiaridades, y que da origen a una interrelación humana relativamente importante. Por supuesto, este ámbito territorial varía entre ciudad y ciudad. En las grandes ciudades se identifica con la urbanización o el barrio, pero en los pequeños centros poblados, el pueblo todo puede dar origen a un ámbito territorial definido de vecindad.

Para la promoción de las Asociaciones de Vecinos, por tanto, no pueden ni limitarse artificialmente el número de los asociados, ni de marcarse artificialmente el ámbito territorial en los cuales pueden constituirse. La Ley Orgánica de Régimen Municipal en este sentido, es bastante ambigua.

Por una parte, en cuanto al ámbito personal de las Asociaciones de Vecinos, establece, en su artículo 148, como principio general, que "Los habitantes que integren una comunidad de doscientas (200) familias, por lo menos, podrán constituir una Asociación de Vecinos, la cual tendrá personalidad jurídica". En esta forma, artificialmente fija un número mínimo de población para la Constitución de una Asociación de Vecinos, y a ello se le pueden formular varias observaciones: en primer lugar, que introduce el concepto de familia, extraño al de vecindad, como se ha dicho; en segundo lugar, que el límite poblacional que implican las doscientas familias es totalmente arbitrario, pues la vecindad tiene relación con un ámbito territorial determinado y que en muchos casos da origen a una población inferior; y en tercer lugar, que con dicha norma se establece una odiosa e injustificada limitación al derecho de asociarse con fines lícitos previsto en el Artículo 70 de la Constitución.

Este derecho a asociarse con fines vecinales, por otra parte, se remite, en cuanto a su regulación, a lo que decida el Poder Ejecutivo por vía reglamentaria, El mismo artículo 148 de la Ley establece así, que "El Ejecutivo Nacional, al reglamentar esta ley, determinará las formalidades para constituir dichas Asociaciones, el número mínimo de sus integrantes, su estructura interna la cual en todo caso deberá ser democrática, y los mecanismos de control sobre el funcionamiento de las mismas"; lo cual se ha hecho por el Decreto Nº 3130 de 8 de marzo de 1979 mediante el cual se dictó el Reglamento Parcial Nº 1 de la Ley Orgánica sobre las Asociaciones de Vecinos. Así, un movimiento participativo de tanta importancia como el de los vecinos, corre el riesgo de burocratizarse mediante reglamentaciones que coarten la libertad y espontaneidad de su constitución.

En cuanto al ámbito territorial de las Asociaciones de Vecinos, la ley también tiene regulaciones que pueden ser limitantes. En efecto, conforme al artículo 150 de la Ley Orgánica, "La oficina municipal que tenga a su cargo la planificación urbana determinará el ámbito espacial donde pueden constituirse las Asociaciones de Vecinos". Sin embargo, en un intento de flexibilizar la regulación, el mismo artículo establece que "en aquellas comunidades que por su extensión territorial o por su número de habitantes así lo requieran, la mencionada oficina municipal podrá autorizar la constitución y funcionamiento de más de una asociación, para lo cual señalará en cada caso, la circunscripción donde podrá actuar cada una de ellas".

Esta norma deja demasiado poder discrecional a las oficinas municipales de planeamiento urbano para la existencia de las Asociaciones de Vecinos y con ello se corre el riesgo de romper un movimiento social de primera importancia en el país.

3. *Las funciones de las Asociaciones de Vecinos*

Ahora bien, en cuanto a las funciones de las Asociaciones de Vecinos, como cuerpos intermedios de participación, debe insistirse en que su característica es la de ser movimientos sociales con pluralidad funcional. Es decir, no tienen, en la defensa de los intereses vecinales, una función concreta ni de carácter sectorial. Así se distinguen las funciones múltiples de las Asociaciones de Vecinos, de las funciones concretas de otras sociedades intermedias: asociaciones sindicales, gremiales, profesionales, culturales, deportivas, de usuarios, o de consumidores.

Las funciones múltiples de las Asociaciones de Vecinos giran en torno a un objetivo definido: la defensa del interés vecinal, lo cual puede abarcar múltiples aspectos: defensa de la integridad urbana de su ámbito territorial; solución de los problemas derivados de la renovación urbana; actividad reivindica ti va para el logro de dotaciones de equipamientos urbanos o la prestación de servicios públicos eficientes; la defensa de valores históricos y tradicionales del ámbito territorial; la colaboración con la Administración en la planificación urbana del ámbito vecinal; la representación de los vecinos ante las autoridades municipales; y en fin, la cooperación vecinal en todas sus manifestaciones.

Estas diversas funciones las realizan las Asociaciones de Vecinos como organismos autónomos y, por tanto, no dependientes de cualquier otra organización social superior, y por supuesto, no dependientes de las autoridades municipales. De allí que las regulaciones legales que se establezcan deban garantizar esta autonomía, en lugar de minimizarla.

La autonomía, por otra parte, deriva de la propia forma jurídica que adoptan las Asociaciones de Vecinos. Se trata de personas jurídicas de derecho privado, cuya personalidad jurídica la adquieren como sociedades civiles sin fines de lucro mediante la inscripción de su acta constitutiva y estatutos en la correspondiente oficina subalterna de registro (artículo 149). Esta forma jurídica de derecho privado se acompaña, además, con la característica de que se trata de personas jurídicas no estatales, en el sentido de que no están integradas a la organización general del Estado, aún en el supuesto de que puedan participar en ciertas actividades de gestión de intereses locales. En tal sentido, el Registro de las Asociaciones de Vecinos legalmente constituidas que debe llevar cada Concejo Municipal en su jurisdicción, y en el cual debe asentarse el Acta Constitutiva y Estatutos de la Asociación, el nombre de los miembros de la Junta Directiva y los cambios o reformas de los mismos (artículos 149), debe tenerse como un simple elemento de información a los efectos de promover la participación vecinal.

El carácter de personas jurídicas de derecho privado no estatales de las Asociaciones de Vecinos, resulta, además, del hecho de que son asociaciones de carácter voluntario, donde la afiliación no es obligatoria; de que, en general, no ejercen autoridad; y de que sus directivos son electos por la propia comunidad vecinal sin ingerencia de la Administración Municipal. Las decisiones que adopten, y que puedan producir daños a terceros, por otra parte, comprometen la responsabilidad de la propia asociación y no la de Administración Municipal.

Otra característica de las Asociaciones de Vecinos, es que sus funciones las ejercen en forma permanente y formal. No se trata de la simple reunión de vecinos ante un problema concreto urbano de carácter espontáneo, aun cuando sin duda, así surgieron la mayoría de las Asociaciones de Vecinos constituidas en los últimos tres lustros. Por ello, sin duda, el reto de la permanencia es el más importante de las Asociaciones de Vecinos: es fácil la aglutinación de una voluntad vecinal ante un problema concreto circunstancial; pero no es tan fácil lograr su permanencia, cuando el fenómeno coyuntural desaparece.

En todo caso, la permanencia distingue a las Asociaciones de Vecinos de los Comités de lucha de muchos barrios marginales, de existencia circunstancial.

La permanencia, por otra parte, canaliza la acción de las Asociaciones de Vecinos dentro del ordenamiento jurídico. Su acción debe ser de tipo legal, y esto las diferencia de los movimientos espontáneos de lucha que basan su acción, fundamentalmente, en las vías de hecho, o en la búsqueda de una ruptura con el sistema jurídico político imperante. Las Asociaciones de Vecinos, por tanto, no pueden identificarse ni fundamentarse en las solas manifestaciones callejeras.

Por último, otra de las características de las Asociaciones de Vecinos, es que sus funciones y objetivos de defensa de los intereses vecinales se plantean, siempre, frente a la Administración. Esta es su finalidad específica, por lo que en el movimiento vecinal se encontrará siempre la antinomia interés vecinal interés de la Administración. Esta por una parte, ha sido la razón del surgimiento de las Asociaciones de Vecinos, y por la otra, es la razón del recelo con el cual se las trata por la Administración local.

Esta contraposición de intereses, por supuesto, no impide la cooperación y colaboración de las Asociaciones de Vecinos en la gestión de los intereses locales; más bien la facilita, siempre y cuando aquellas continúen actuando con autonomía. La participación no implica sumisión ni dependencia, sino cooperación mediante la defensa de los propios intereses.

De allí que, aún cuando no sea su función primordial, las Asociaciones de Vecinos podrían ejercer tareas dentro de la organización local, como la de asumir las funciones que puedan atribuirse a las Juntas Comunales. ¿Qué mejor cooperación para la Administración Municipal que una organización de defensa de intereses vecinales asuma, precisamente, la gestión de dichos intereses? Y a la vez ¿Qué mejor garantía para los vecinos, que los intereses estrictamente vecinales estén representados y gestionados por su propia asociación?

Entendemos que es precisamente la contraposición de intereses, la base de una efectiva participación.

VI. CONCLUSIÓN

Hemos querido plantear el problema de la participación a nivel local y de la vigencia de la institución municipal. La actualización de esa participación política es, ciertamente, tarea de todo el país, pero en su orientación, el gobierno tiene la primera responsabilidad.

Dentro de pocas semanas se inicia, afortunadamente, un nuevo gobierno en nuestro país que ha planteado, dentro de sus bases programáticas, el tema de la participación. La democracia participativa, la organización social del pueblo, la revalorización del trabajo, la formación del ciudadano, y la disciplina y solidaridad social son los postulados básicos o principios rectores de ese próximo gobierno, que todos los venezolanos estamos en la obligación de exigirle.

Ese compromiso del nuevo gobierno tenemos que reclamarlo de inmediato, a través de dos vías: por una parte, exigiéndole al Poder Ejecutivo la modificación de la reglamentación de la Ley Orgánica de Régimen Municipal en el punto relativo a la participación de la comunidad y de las Asociaciones de Vecinos. Sin una reglamentación adecuada, las que actualmente existen pueden ser desconocidas, y con una reglamentación deficiente, o aquellas se burocratizan o se desbordan. Por ello lo cuidadoso de esa reglamentación que, sin duda, será la primera prueba de fuego del gobierno en un aspecto que ha sido la base de toda la campaña electoral y del programa político: la participación.

Por otra parte, el compromiso contraído tenemos que exigírselo al gobierno y a los partidos políticos en las próximas elecciones municipales de junio. La institución municipal debe ser, por primera vez, bien tratada por los actores políticos. La continuación de su fracaso o su revalorización y revitalización, dependerá ahora más que nunca, de los partidos políticos*

En todo caso, lo cierto es que si no se le da un vuelco definitivo a la vida local, haciéndola más participativa, la democracia no podrá realizarse plenamente en nuestro país. El problema, por supuesto no es nuevo ni solamente nuestro, Alexis de Tocqueville, en su famoso libro, La Democracia en América, en 1835 decía lo siguiente: "En el Municipio es donde reside la fuerza de los pueblos libres. Las instituciones municipales son, a la libertad, lo que las escuelas primarias vienen a ser a la ciencia; la ponen al alcance del pueblo; le hacen paladear su uso pacífico y lo habitúan a servirse de ella".

Este planteamiento, escrito hace ciento cincuenta años, está todavía por actualizarse en nuestro país, pero en términos dramáticos: o creamos la democracia local participativa, o, simplemente, perderemos la libertad como pueblo y seguiremos esclavizados por el agobiante centralismo que ha caracterizado nuestra evolución política en las últimas décadas.

TERCERA PARTE

ESTADO, CRISIS Y REFORMA

(1982)

Esta Tercera parte del Tomo III de la *Colección Tratado de Derecho Constitucional*, recoge el texto del libro *Estado, Crisis y Reforma*, publicado por la Academia de Ciencias Políticas y Sociales, Caracas 1982.

El libro estuvo precedido del siguiente Prólogo de Arturo Uslar Pietri:

Este libro constituye una contribución seria, aun diría más, fundamental al estudio de una de las cuestiones que más decisivamente afectan y condicionan el funcionamiento adecuado de la democracia venezolana. Su autor, el doctor Allan Randolph Brewer Carias, se ha dedicado desde hace mucho tiempo al estudio de la estructura y el funcionamiento de nuestro Estado, Tanto valdría decir que se ha hecho un experto en laberintos, absurdos y aporías.

Somos ya muchos los que desde hace largos años hemos manifestado públicamente nuestra preocupación por la forma incoherente e irracional en que ha crecido vertiginosamente la administración pública venezolana. En la misma abrupta forma en que los recursos han aumentado se han multiplicado, sin orden ni concierto, los servicios y las dependencias, como una proliferación morbosa e incontrolada sobre la vieja estructura que nos venía desde los orígenes mismos de la República. Aquella estructura simple, obvia, centralizada, casi unipersonal que nos venta de la primera Presidencia del General Páez se mantuvo casi inalterada, salvo en el número de los Ministerios, hasta la muerte del General Gómez. Desde entonces las exigencias de modernización y la perentoria atención a nuevas atribuciones del Gobierno llevaron, por medio de un proceso casi mecánico de segmentación y añadido, a la multiplicación innumerable de las dependencias del Estado sin que se hubiera modificado la estructura básica.

Lentamente al comienzo, y luego con una aceleración vertiginosa, surgieron los institutos autónomos y las empresas del Estado. Hoy se cuentan por centenares, sin pían ni concierto, surgidos al capricho de ocurrencias muchas veces transitorias o de precipitados proyectos. Todos ellos coinciden en algunos rasgos negativos y amenazantes: no están sometidos a control superior, carecen de planes y presupuestos, administran sus propios recursos en la mayor independencia, contraen deudas libremente y siguen un curso propio y caprichoso, sin responsabilidad ante nadie y sin normas

de funcionamiento, sin otra dependencia que una vaga y casi nominal adscripción a la propia Presidencia de la República. Esos entes manejan hoy, de esa manera contraria a todo principio de sana administración, la mayor parte de los recursos del Estado, con resultados que la mayoría de las veces son catastróficos y ruinosos. Muchos de ellos pierden anualmente su capital y hay que reponérselos con el más imprevisivo paternalismo por parte del Gobierno Central, que sólo centraliza en brotes de arbitrariedad y de capricho.

Este estudio, que viene a añadirse a los muchos que hasta hoy ha realizado su autor, es como una síntesis y remate de sus preocupaciones. Parte de lo que él llama con acierto "la deficiente ejecución de la Constitución". La excelente Carta Fundamental que tenemos desde 1961 no ha podido ser aplicada en la plenitud de sus sabios previsiones. Han continuado siendo, a todo lo largo de estos años, meros enunciados programáticos muchas de sus más importantes disposiciones por no haberse establecido oportunamente las leyes y las instituciones complementarias que hubieran podido darle plena efectividad. Esto afecta las más diversas áreas desde la ordenación de la zona metropolitana hasta el funcionamiento de los municipios, desde la regulación de las obras públicas nacionales hasta la de las aguas, desde la regulación del patrimonio del Estado hasta la organización y coordinación de las policías.

Es igualmente incompleta, y se ha quedado paralizada en una etapa que debió ser transitoria, toda la estructura y funcionamiento del sistema político, desde las atribuciones del poder central hasta la separación de los poderes y el sistema electoral por listas de partido que es contrario al principio elemental de la representación de los electores por el elegido.

A todo lo largo de su documentado estudio el autor seña la repetidamente las fallas e impropiedades de nuestras instituciones administrativas. La incoherencia, la descoordinación, la centralización excesiva e ineficaz y la ausencia de un sistema de descentralización armónica y equilibrada que asegure eficacia y responsabilidad.

Yo no puedo menos que manifestar mi complacencia por este valioso esfuerzo que tiene por objeto plantear lo que seguramente es la decisión fundamental para el destino de nuestra democracia. O somos capaces de corregir efectivamente las fallas y deficiencias del actual sistema, reestructurar a fondo y por entero el Estado venezolano para adecuarlo a las necesidades y dimensiones de la vida pública de nuestro tiempo, o nuestra estructura democrática, que tan vigorosa y fecunda se mostró en sus inicios políticos, se verá condenada ineluctablemente a languidecer, a perder significación y a convertirse en un lastre y un obstáculo para el progreso y crecimiento de la vida nacional.

"Os llama el pueblo a Cabildo, señor", le dijo Salias a Emparan en la hora decisiva del 19 de abril. Os llama el pueblo a Cabildo, habrá que decirles hoy a los Poderes Públicos, a los partidos, a los núcleos de opinión, a todas las entidades que integran la colectividad, para replantear a fondo, en un gran esfuerzo creador, la estructura y el funcionamiento de la democracia venezolana.

Arturo Uslar Pietri
Caracas, febrero de 1982

El libro también estuvo precedido de la siguiente nota *Preliminar*, explicativa:

I

Hacia fines de 1979, salió publicado por la Editorial Jurídica Venezolana en coedición con la Editorial Ateneo de Caracas, nuestro libro *Política, Estado y Administración Pública*, Caracas 1979, 246 págs. en el cual se recogieron cinco conferencias que, si bien expuestas en oportunidades y sitios diversos, guardaban una unidad e integridad en relación a la reforma de las instituciones políticas y administrativas en sus tres niveles: nacional, estadal y municipal.

Ese libro, publicado con prólogo de Rafael Caldera, afortunadamente tuvo muy buena acogida, habiéndose agotado la edición. En la Nota Preliminar del mismo, al plantear el reto que tenía y sigue teniendo nuestro país, de asumir un proceso de desarrollo social con el basamento económico que se ha venido estableciendo y expandiendo, y que hay que seguir desarrollando en el futuro, planteaba que correspondía a nuestra generación asumir la tarea de imaginar las transformaciones futuras y crear las instituciones necesarias para las nuevas tareas. "Como generación —decía—, tenemos la responsabilidad de definir un nuevo Proyecto Político para la Venezuela del futuro".

Han transcurrido tres años desde aquella publicación, y en este lapso no he cesado en el proceso de formulación de ideas y de expresión de las mismas. Los frutos comienzan a verse: el tema de la reforma del Estado ya no es uno que solo se discute entre especialistas, sino que ya forma parte del debate político y de las más variadas manifestaciones de la opinión pública. Los venezolanos nos vamos convenciendo de que nuestras instituciones no funcionan, o funcionan mal, y de que las que tenemos estructuradas, si bien han contribuido a consolidar la democracia política, ya no nos sirven para asegurar, en el futuro, la democracia económica y social y la eficiencia del sector público. Por ello, estoy convencido de que el tema será, inclusive, parte importante del debate electoral futuro.

Este libro, que ahora publica la Academia de Ciencias Políticas y Sociales en su Serie Estudios por iniciativa del Presidente de la Corporación, Tomás Enrique Carrillo Batalla, es la continuación de las ideas y preocupaciones sobre el Estado, su crisis y su reforma, que he venido exponiendo desde hace 15 años. No en vano transcurre el tiempo y los años, y en ese devenir, las ideas van madurando. Por ello, los planteamientos nos han conducido, no solo a reflexionar sobre la crisis del Estado, es decir, sobre las instituciones políticas y administrativas del país y sus problemas actuales, sino a formular propuestas específicas para la reforma del Estado, con miras a su consolidación como un Estado democrático y Social de Derecho, cuya base formal está en la Constitución de 1961.

II

Estos planteamientos se formulan ahora, en este libro, en el cual se recogen doce textos de Conferencias que he pronunciado en los últimos tres años y que forman los doce capítulos que lo integran, divididos en tres Partes, precedidos de una Introducción general. Ya el tema exige propuestas específicas, pues de lo contrario, la reforma del Estado corre el riesgo de configurarse como una idea vacía y engañosa. Por ello la tercera parte del libro.

El *Capítulo I,* con el título "La Constitución de 1961 como Pacto Político. Evaluación y Perspectivas" constituye el texto actualizado de la Conferencia que leí en el acto de celebración del XX Aniversario de la Constitución, en el Congreso de la República, el 22 de enero de 1981. La conferencia, con el título de "Los 20 años de la Constitución de 1961: Evaluación y Perspectivas" fue publicada en la *Revista Resumen*, en su edición N° 378 del V de febrero de 1981, págs. 36 a 46. En ella quise evaluar la ejecución legislativa de la Constitución, por el Congreso, y comentar las exigencias de modificaciones constitucionales que una reforma del Estado plantea. Los juicios emitidos hace año y medio continúan vigentes, pues muy poco se ha hecho en este campo, salvo la aprobación de la Enmienda N° 2 a la Constitución la cual, sin embargo, no toca aspectos sustanciales que requieren urgentes reformas.

El *Capítulo II*, con el tíralo "El sistema político y sus problemas actuales" recoge el texto de la primera parte de las conferencias que dicté en los X y XI Cursos Superiores de Seguridad y Defensa organizados por el Instituto de Altos Estudios de la Defensa Nacional, los días 3 de febrero de 1981 y 8 de febrero de 1982 sobre el tema general de "La Estructura Político-administrativa en Venezuela". Tuve el privilegio de haber sido conferencista en el Primer Curso Superior de Seguridad y Defensa el 7 de abril de 1972, en cuya oportunidad me correspondió dictar una polémica conferencia sobre el "El proceso de cambio institucional para el desarrollo en Venezuela" la cual salió publicada, con variantes, en la *Revista de la Escuela Superior de las Fuerzas Armadas de Cooperación*, N° 1, Caracas 1973, pág, 103 a 128. Diez años después de aquella exposición en 1981 y 1982 me ha correspondido, de nuevo, plantear en el Curso Superior ideas polémicas sobre el mismo tema. El texto que se publica ahora, fue recogido por la *Revista de Estudios Políticos* N° 0, Caracas 1981, págs. 41 a 53, y sus ideas centrales las expuse en las conferencias que dicté sobre el tema "Algunos problemas del sistema político administrativo de Venezuela" en la Embajada de Venezuela en París, organizada por la Asociación de Estudiantes Venezolanos en Francia, el 18 de febrero de 1981; en el Rotary Club de Maracaibo, el 7 de julio de 1981; en la Escuela de Relaciones Industriales de la Facultad de Economía de la Universidad de Carabobo, Valencia, el 22 de julio de 1981; en la Facultad de Ciencias Jurídicas y Políticas de la Universidad de Los Andes, Mérida, el 9 de septiembre de 1981; en la Facultad de Derecho de la Universidad Católica del Táchira, San Cristóbal, el 24 de Abril de 1982, y en el Seminario sobre Problemas de la Política Pública Contemporánea, organizado por la Promoción Carlos Guerón de la Escuela de Estudios Internacionales de la Facultad de Ciencias Económicas y Sociales, Caracas, 5 de octubre de 1982.

El *Capítulo III*, con el título "Las instituciones políticas representativas y sus problemas actuales" constituye el texto de la conferencia que dicté sobre el mismo tema, en el Congreso organizado por la Federación de Organizaciones de Jóvenes Laicos, en el Hotel El Conde, Caracas, 12 de Octubre de 1980.

El *Capítulo IV*, con el título "La crisis de la descentralización política y del federalismo" recoge el texto de la conferencia que dicté en el Seminario sobre "El Desarrollo Regional en Venezuela. Pasado, Presente y Futuro", organizado por Corpozulia, en Maracaibo, el día 25 de junio de 1982, con el título "Hacia un nuevo modelo de organización del Estado Venezolano: Del Estado centralista al Estado descentralizado" y que fue publicada parcialmente con el título "La descentralización política" en la *Revista Número*, N° 102 aniversario, Caracas, 30 de mayo de 1982, págs. 42 a 56 y en la Separata N" 1 de la *Revista Metas*, N° 10, Maracaibo, 1982. Este texto, sin embargo, se fue conformando por aproximaciones sucesivas de ideas expuestas en varias oportunidades, y particularmente en las conferencias dictadas en el Foro sobre "El desarrollo integral del Estado Trujillo", organizado por la Fundación Portrujillo, el día 4 de febrero de 1982, en Valera, Estado Trujillo, sobre el tema "Los problemas del centralismo y las exigencias de descentralización en el Estado Venezolano"; en el Foro "Venezuela. Democracia, Desarrollo Económico y Evolución Social" organizado por el Consejo Interamericano de Comercio y Producción, la Asociación Venezolana de Ejecutivos y la Asociación Civil de Desarrollo Institucional, en Caraballeda, el 28 de abril de 1982, sobre el tema "El centralismo del Estado y las exigencias de la descentralización política"; sobre el mismo tema, en el Encuentro Latinoamericano sobre Administración Pública celebrado con ocasión de la Asamblea de la Asociación Latinoamericana de Administración Pública, Bogotá, 14 de mayo de 1982; en el Foro sobre "La reforma del sistema político venezolano", realizado en el Colegio de Abogados del Estado Mérida, el día 17 de junio de 1982 en los actos destinados a conmemorar el Día del Abogado, sobre el tema "La Reforma del sistema político venezolano: El centralismo del Estado y las exigencias de la descentralización política", texto que fue publicado en la *Revista de Estudios Políticos*, N° 1, Caracas, enero-junio 1982; y sobre el tema "Descentralización Política y Participación" en las III Jornadas Internacionales sobre Pensamiento Comunitario, organizadas por el Centro de Investigaciones Jurídicas de la Universidad de Los Andes, el 14 de octubre de 1982. El texto que ahora se publica, por otra parte, forma la médula de la comunicación que sobre el tema dirigí a la Comisión Bicameral de Enmiendas Constitucionales, el 14 de julio de 1982, con motivo de mi incorporación al Senado de la República.

El *Capítulo V*, con el título "Algunos aspectos de la Crisis del Municipalismo" constituye un tema que he expuesto en diversas ocasiones. Su texto se fue conformando con motivo del "Discurso de Orden" leído en la Sesión Solemne del Concejo Municipal del Distrito Urdaneta del Estado Trujillo, el día 19 de abril de 1979; de las "Conclusiones Generales" que formulé en las "Jornadas sobre el Régimen Municipal" organizadas por el Instituto de Derecho Público de la Universidad Central de Venezuela y el Ateneo de Caracas, expuestas el día 18 de mayo de 1979; y del "Discurso de Orden" leído en la sesión solemne del Concejo Municipal del Distrito San Carlos del Estado Cojedes, con motivo de celebrar el 19 de abril de 1810, el día 23 de abril de 1981, con el título "Crisis de la descentralización política: Estados y Municipios", texto este publicado en la *Revista Resumen*, N° 399, de Caracas, 28 de junio de 1981, págs. 27 a 32.

El *Capítulo VI*, con el título "La crisis institucional de Caracas y de la Región Capital" constituye el texto de la comunicación que dirigí, el día 25 de julio de 1982, a la Comisión Bicameral Especial que estudia los proyectos de reformas legislativas que conciernen al Distrito Federal y al Área Metropolitana de Caracas. Su antecedente remoto está en la conferencia que sobre el tema "El Federalismo Venezolano y la posibilidad de establecer el Estado Vargas" dicté en la XLI Conferencia Internacional del Rotary Internacional, Caraballeda, 24 de abril de 1980, y en la exposición que sobre el tema, "Las Soluciones institucionales del Régimen de autonomía política para el Departamento Vargas", formulé en la Cámara de Comercio de La Guaira, el 23 de julio de 1980; y su antecedente inmediato está en la conferencia que sobre el tema "Los problemas institucionales de la Capital" dicté en el Foro

"Caracas Ya" organizado por el Grupo Amistad, el 12 de agosto de 1981, y que fue publicada por la *Revista Resumen*, N° 426, Caracas, 3 de enero de 1982, págs. 199 a 223. Las ideas básicas del texto que se publica inspiraron parte del documento "La Transformación total de la Estructura Jurídica y Administrativa de Caracas" presentado a la opinión pública en agosto de 1982, por el Presidente del Concejo Municipal del Distrito Federal y otros expertos, para su discusión pública.

El *Capítulo VII*, con el título "La Administración Pública y sus problemas actuales" recoge el texto de la segunda parte de las conferencias que dicté en los X y XI Cursos Superiores de Seguridad y Defensa organizados por el Instituto de Altos Estudios de la Defensa Nacional, los días 3 de febrero de 1981 y 8 de febrero de 1982, sobre el tema general "La Estructura Político-Administrativa en Venezuela".

El *Capítulo VIII*, con el título "Burocratización e Ineficiencia de la Administración Pública" constituye el texto de la exposición que hice en las Jornadas Internacionales de Adiestramiento para Funcionarios Públicos, que organizó la Oficina Central de Personal de la Presidencia de la República, el día 28 de junio de 1982, sobre el tema "Burocratización y Desburocratización en la Administración Pública". Me correspondía, en esas Jornadas, tratar el tema de la Reforma Administrativa en Venezuela; sin embargo, por cuanto el proceso venezolano de reforma había sido abandonado, a nivel gubernamental, desde 1976 y ya había publicado mi libro Estudios sobre la Reforma Administrativa, Caracas 1981, en el cual expongo la experiencia venezolana en la materia hasta 1975, opté por tocar el tema bajo el ángulo de la burocratización y la ineficiencia, y sus implicaciones.

El *Capítulo IX*, con el título "Algunos problemas de las relaciones entre los funcionarios públicos y los ciudadanos", constituye el texto de la exposición que hice en la Mesa Redonda sobre "El Funcionario Público, factor de productividad", organizada por la Oficina Central de Personal de la Presidencia de la República en enero de 1981. El texto ha sido actualizado, pues posteriormente se sancionó la Ley Orgánica de Procedimientos Administrativos, a cuyo estudio pormenorizado he destinado mi libro El Derecho Administrativo y la Ley Orgánica de Procedimientos Administrativos, Caracas, 1982, 447 págs.

El *Capítulo X*, con el título "Algunos análisis sobre la Administración Pública para su reforma" recoge, básicamente, el texto de la conferencia que dicté en la Cámara de Comercio de Valencia, el día 4 de septiembre de 1980, en la cual analicé las propuestas sobre la materia, del Programa de Gobierno del Presidente Luis Herrera Campíns, y de la Carta de Maracaibo, formulada en 1980, por la Federación de Cámaras y Asociaciones de Producción. Esas mismas ideas las expuse en la conferencia que sobre el mismo tema dicté en el Primer Seminario Interdisciplinario de Clases Magistrales, Parque Central, el 18 de noviembre de 1980. En cuanto al análisis de lo expuesto sobre el tema en el Manifiesto de Porlamar formulado en 1980, por la Confederación de Trabajadores de Venezuela, se recoge nuestra nota que con el título "El Manifiesto de Porlamar y la Reforma del Estado" fue publicada en la *Revista de Estudios Políticos*, N° 0, Caracas, 1981, págs. 64 a 67.

El *Capítulo XI*, con el título "Hacia el Estado Democrático y Social de Derecho" constituye el texto de la conferencia que dicté en el Seminario sobre el Programa de Gobierno, organizado por el Ministerio de Información y Turismo, el 31 de octubre de 1979, en la cual analicé detalladamente el concepto de "Estado Promotor" y las propuestas de reforma del Estado contenidas en el Programa de Gobierno del Presidente Luis Herrera Campíns, cuyo capítulo correspondiente fue, en parte, inspirado por mi estudio "El Estado Contemporáneo en Venezuela", que constituye la Primera Parte de mi citado libro Política, Estado y Administración Pública, Caracas 1979, págs. 39 a 84.

Por último, el Capitulo XII, con el título "Propuestas para la reforma del Estado" constituye el esquema preparado en septiembre de 1982, para servir de base a la exposición que haré, en el Senado de la República, con motivo del derecho de palabra que he solicitado sobre este tema. He querido conservar su formulación esquemática original, pues en esa forma podría servir para la elaboración de un programa mínimo común de todas las fuerzas políticas, en una tarea, como la de la reforma del Estado, que debe realizarse mediante acuerdo y consenso político.

III

Como puede apreciarse de la sola lectura de la relación anterior sobre el origen de los doce capítulos de este libro, los temas aquí tratados han sido producto de muchas horas de meditación y análisis, y de muchas ideas expuestas y confrontadas ante públicos variados, generalmente, en forma contradictoria.

Las ideas expuestas, por otra parte, como señalé, siguen la misma línea de pensamiento que he venido desarrollando desde hace tres lustros y que se inicia con mi conferencia sobre "Las Transformaciones de la Administración Pública para el desarrollo" dictada en la Academia de Ciencias Políticas y Sociales el 29 de mayo de 1968 y publicada en la *Revista de la Facultad de Derecho, U.C.V.*, N° 41, Caracas, 1968, págs. 19 a 64; sigue con mis trabajos en la Comisión de *Administración* Pública, en particular, los reflejados en el Informe sobre la Reforma de la Administración Pública Nacional, 2 vols., Caracas 1972 y en mi libro *Estudios sobre la Reforma Administrativa*, Caracas, 1980, 670 págs., continúa con mi libro *Cambio Político y Reforma del Estado en Venezuela*, Madrid, 1975, 695 págs.; sigue con mi trabajo "50 años en la Evolución Institucional de Venezuela 1926-1976" publicado en el libro *Venezuela Moderna. Medio Siglo de Historia, 1926-1976*, Fundación Eugenio Mendoza, Barcelona, 1979, págs. 533 a 761; y continúa con mi mencionado libro Política, Estado y Administración Pública, Caracas, 1979, 254 págs.

Sigo convencido de que nuestra generación tiene que proponerle al país un nuevo Proyecto Político para la Venezuela del futuro, porque las instituciones políticas y administrativas actuales, se muestran insuficientes, y esa tarea tenemos que realizarla desde todos los frentes. Por mi parte, desde el ángulo académico, aquí hay un conjunto de ideas y propuestas que pueden servir para ese objetivo, y sobre las cuales puede evidenciarse un gran consenso. Basta hacer referencia al libro de entrevistas de Alfredo Peña, *Democracia y Reforma del Estado*, que edité en 1978 en la colección de Estudios Políticos de la Editorial Jurídica Venezolana. Las 124 entrevistas que dicho libro contiene, con los líderes y personalidades más destacadas del país sobre el tema de la reforma del Estado y la crisis del régimen democrático, muestran sin duda, la necesidad de que estas ideas dejen de ser puramente académicas, y se conviertan en proyectos políticos.

En todo caso, como siempre, mi actividad intelectual ha estado estrechamente vinculada al Instituto de Derecho Público de la Facultad de Ciencias Jurídicas y Políticas de la Universidad Central de Venezuela. Por ello, todas las conferencias y trabajos que conforman los doce capítulos de este libro, los he realizado en mi

carácter de Director del Instituto y en el marco de mis investigaciones en el mismo. En el Instituto quiero agradecer la colaboración de mi secretaria Aymara Ramos, quien junto con mí secretaria del Escritorio Arelis Torres, tuvieron a su cargo la transcripción de las diversas versiones de estos estudios con la rapidez y efectividad requeridas. Asimismo quiero agradecer la colaboración de las auxiliares de investigación Alicia Maura y Sandra Martíno, por su ayuda en la corrección final de las pruebas de imprenta.

Quiero agradecer también el prólogo que Arturo Uslar Pietri ha escrito para este libro. Todavía tienen gran actualidad sus palabras sobre los problemas institucionales del desarrollo expuestas al retirarse del Senado en 1973, publicadas en *El Nacional*, Caracas 31-8-73 y reproducidas en la *Revista Control Fiscal y Tecnificación Administrativa*, N° 70, Caracas, 1973, págs. 15 a 31. Por ello, requerí su prólogo y ha sido un honor para mí que haya accedido a redactarlo, dentro de sus múltiples ocupaciones intelectuales.

Por último, como no escapará al lector, detrás de los textos que forman este libro, hay muchas horas de trabajo en mi casa y fuera de ella. Gracias a Beatriz, como siempre, este libro y las ideas en él contenidas, han sido posibles.

Caurimare, noviembre de 1982

Allan R. Brewer-Carías

INTRODUCCIÓN GENERAL

El Estado, por esencia, es la organización política de la Sociedad, para satisfacer sus necesidades colectivas e individuales, tanto de carácter económico y social, como de seguridad. Por ello, el Estado, por principio, tiene que estar al servicio de la Sociedad, de los grupos organizados que la integran y, en general, de la comunidad y del ciudadano mismo.

Al Gobierno y a las instituciones políticas, en general, les corresponde la conducción y orientación del aparato del Estado. Ellas son las responsables de la marcha del Estado dentro del juego democrático previsto en nuestra Constitución.

Ahora bien, cuando se analiza la realidad política contemporánea de la Venezuela actual, lo primero que debemos plantearnos es el interrogante de si estamos nosotros y si los ciudadanos y la sociedad están, en general, satisfechos del Estado, satisfechos de los logros de su Administración Pública, satisfechos, en definitiva, del gobierno y de los gobiernos que hemos tenido; y creemos, realmente, no equivocamos, cuando afirmamos, que el sentimiento general de la inmensa mayoría de ciudadanos de la Venezuela actual, es que están inconformes con la actuación del Estado y de sus instituciones políticas, de los partidos políticos, de la administración pública y de los gobiernos y del gobierno.

En efecto, los ciudadanos, si bien reciben beneficios de un Estado que, además de centralista, es cada vez más paternalista, ya no soportan más el actual proceso político vacío; la inacción de los cuerpos representativos; la arbitrariedad y la distorsión de las actuaciones de los funcionarios públicos; los privilegios que ciertos gremios van teniendo cada vez más en la sociedad y en las estructuras político administrativas; y las deficiencias de los servicios públicos, es decir, las interminables colas del tránsito y transporte público en nuestras ciudades, las largas esperas en los servicios de atención médica, la ausencia de cloacas y agua potable; las deficiencias en el correo; la dificultad de acceso y de funcionamiento de la educación, etc.

Ciertamente, gozamos de libertades públicas pero, sin embargo, el ejercicio de ellas no es pleno siempre, y en muchos casos es algo menos que precario. Por supuesto la culpa de esta realidad, no es de un gobierno en particular o de este gobierno. Todos los gobiernos que hemos tenido en los últimos 25 años, han sufrido y resentido las consecuencias de esta realidad. La culpa, por tanto, no es del gobierno o de un gobierno, sino realmente, de las estructuras político-administrativas que hemos tenido y del funcionamiento del Estado, con las cuales cualquier gobierno va a seguir siendo incapaz de cumplir las tareas elementales que le exige la Sociedad.

Si un Estado no cumple con su tarea mínima y elemental de prestar adecuados servicios públicos al ciudadano, y de satisfacer sus necesidades colectivas, ¿qué debe haber hecho el gobierno? ¿Qué han debido haber hecho los gobiernos? Pues transformar el funcionamiento y la estructura del Estado.

Por ello, pienso que la tarea fundamental de carácter político que tienen y que deben tener planteados todos los actores de nuestro proceso político, debe ser, precisamente, este de la transformación del Estado, de sus instituciones políticas y de sus instituciones administrativas. Esta es la tarea esencial de carácter político, aún no iniciada ni, por supuesto, cumplida.

Parecería que los conductores de la vida política del país, los partidos políticos, han tenido una actitud ciega frente a la necesaria e indispensable reforma del Estado, sobre lo cual todos los actores políticos deben tomar conciencia. Lamentablemente, sin embargo, sobre esto realmente no se ha tomado conciencia, y por muy buenas que sean y que han sido las promesas electorales; por muy buenas que sean los programas e intenciones del gobierno y que han sido las intenciones de todos los gobiernos; por muy buena que sea la competencia de los Ministros y de todos los Ministros que hemos tenido en las últimas dos décadas; por muy buenos que sean los planes de la Nación y de los que van a seguirse elaborando; por muy buenas que sean las intenciones y los objetivos plasmados en esos planes, pensamos que no será posible lograr las metas ni las promesas políticas, con los mecanismos estatales actuales, es decir, con un mecanismo deficiente, política y administrativamente hablando.

Debemos comenzar por reconocer las tremendas deficiencias estructurales y funcionales del Estado, de las instituciones políticas y la Administración Pública. Con ellas, tal como están, los gobiernos seguirán fracasando. En la actualidad, no se trata de librar de responsabilidades a los partidos de gobierno y a los partidos de oposición; al contrario, se trata de provocar que asuman su responsabilidad, planteando abiertamente la enorme tarea que tienen los conductores de la vida política futura. No debe, por tanto, producir sorpresa nuestra afirmación de que, en general, los ciudadanos están insatisfechos del gobierno y del Estado y que con las actuales estructuras político-administrativas, los gobiernos seguirán fracasando, y Venezuela seguirá despilfarrando los enormes recursos que tiene, sobre todo si se analizan comparativamente con el resto de América Latina.

Tenemos que asumir la dura tarea de iniciar la reforma del Estado, pues una organización política y administrativa inadecuada, ha hecho fracasar y puede seguir haciendo fracasar la gestión de nuestros mejores gobernantes; y ha hecho disipar y a veces, despilfarrar, ingentes sumas de dinero. No podemos seguir, como país, haciendo que se sientan fracasados los Presidentes y sus Ministros cuando han intentado cumplir las promesas electorales; los Senadores y Diputados, tanto al Congreso como a las Asambleas Legislativas, cuando dedican sus mejores esfuerzos, para tratar de satisfacer las expectativas y esperanzas que en ellos pusieron los electores; los Concejales en todo el país, al tratar de administrar, adecuadamente, nuestras comunidades urbanas y rurales, sin lograrlo; y en fin, los funcionarios de todos los niveles del Estado cuando dedican sus mejores horas y esfuerzos, sin esperanza cierta de lograr los objetivos programáticos de sus diversas unidades administrativas.

Pensamos que, por tanto, el problema del Estado, del gobierno y de los gobiernos, no consiste sólo en que los funcionarios públicos sean incompetentes o que no trabajen; o que no tengan voluntad de realizar, políticamente, lo que ha prometido. Tampoco se trata de que los gobiernos no hayan dispuesto de recursos suficientes de carácter financiero para atender los programas de desarrollo.

Pensamos que el problema político-administrativo del país no es ni son los hombres ni la falta de recursos. No son éstos los culpables del fracaso político-administrativo del país, ni los que han fallado; son las estructuras políticas y administrativas las que han fallado. Venezuela, en diez años, ha multiplicado casi por diez su ingreso nacional y su gasto público consolidado. Sin embargo, mientras más hemos gastado, más parece necesario que gastemos, y la satisfacción de necesidades, no ha sido ni diez veces más efectiva y eficiente, ni diez veces mayor. Hemos aumentado los gastos pero, sin duda, no hemos gestionado el interés público con mayor logro o mayor eficiencia. Por tanto, tampoco ha sido la falta de recursos lo que ha provocado las fallas de los gobiernos. Insistimos, son las estructuras políticas y administrativas las que han fallado.

En consecuencia, no se trata, sólo, de cambiar los hombres o de disponer de más recursos financieros. Pensamos que el problema central que tenemos planteado, como lo señalábamos al inicio, es el de la revisión crítica del sistema institucional, político-administrativo del país.

Esto provoca el grave dilema de lograr que haya atención sobre el problema institucional. Lamentablemente, frente a objetivos políticos inmediatos, frente a las promesas electorales, frente a los Planes de la Nación, por ejemplo, el problema de la eficiencia administrativa y del funcionamiento de las instituciones políticas, aparece como un problema instrumental y hasta cierto punto mecánico, al cual se le da poca importancia. Mas nos hemos ocupado de diagnosticar —somos los más grandes diagnosticadores de toda América Latina—; y más nos ocupamos de planificar —tenemos los planes mejor elaborados en toda América Latina—, que de revisar la maquinaria político-administrativa para poder ejecutar esos planes, de la cual no nos hemos ocupado nunca. Sabemos qué pasa y qué debemos hacer, pero nunca hemos podido lograr saber cómo lo vamos a hacer. El problema del "cómo" es, precisamente, el problema institucional, el problema político-administrativo que por mecánico y por instrumental, muchas veces, a nivel político, no se le da el interés que tiene y requiere.

Lamentablemente, a la mayoría de los políticos y de los partidos políticos, les ha tenido sin cuidado la estructura y funcionamiento de las instituciones del país. Insistimos, más preocupados hemos estado por comprender los problemas económicos y sociales, interpretarlos, y definir políticas para resolverlos; que por analizar críticamente el aparato institucional, político y administrativo, que puede servir de instrumento para lograr los objetivos de desarrollo.

Se requiere, por tanto, una gran movilización y consenso nacional para replantearse el problema del funcionamiento de las instituciones políticas y administrativas, las cuales no han permitido, en los 24 años de democracia, desde 1958, el logro de los objetivos de desarrollo que un país como el nuestro, bendecido por sus recursos, tendría que haber logrado.

Ahora bien, en este momento del proceso político venezolano, tenemos que reconocer que la falta de interés por los problemas de las instituciones políticas y administrativas del país, es grave, porque este fracaso sucesivo de los gobiernos democráticos en el logro de los objetivos económicos y sociales está llevando, lamentablemente, a un escepticismo sobre la democracia misma, derivado de las promesas no cumplidas y de los planteamientos políticos no logrados. Por ello, hay que evitar que el sentimiento de frustración que se empieza a observar en todos los niveles, se convierta en una pérdida de fe en la democracia, que también es uno de los riesgos que tenemos por delante. Para ello es necesario, críticamente, enjuiciar el funcionamiento del aparato político-administrativo del país. Revisar el sistema político, revisar el sistema administrativo, reto que, sin duda, tienen que asumir las propias instituciones políticas y administrativas. El problema, en definitiva, es un problema de autocrítica, lo cual no siempre es fácil de lograr, y más difícil aún es que en algunos casos se entienda.

Bajo estas premisas, a continuación queremos hacer algunas reflexiones sobre las instituciones políticas y administrativas del país, su situación actual, sus perspectivas y sus exigencias de reformas, con vistas a la consolidación del Estado Democrático y Social de Derecho que, formalmente, prevé la Constitución, Estas reflexiones las haremos analizando, separadamente, en una primera parte, los aspectos y problemas más relevantes de las instituciones políticas contemporáneas; en una segunda parte, los relativos a las instituciones administrativas contemporáneas de nuestro país; y en una tercera parte, exponiendo las líneas generales de lo que implicaría la reforma de dichas instituciones.

SECCIÓN PRIMERA: REFLEXIONES SOBRE LAS INSTITUCIONES POLÍTICAS

CAPÍTULO PRIMERO: LA CONSTITUCIÓN DE 1961 COMO PACTO POLÍTICO: EVALUACIÓN Y PERSPECTIVAS

I. INTRODUCCIÓN

No creemos que pueda haber duda en afirmar que la mejor de las Constituciones contemporáneas vigentes de América Latina es la de Venezuela, promulgada el 23 de enero de 1961. Esto es cierto, tanto desde el punto de vista formal como de su contenido. La Constitución de 1961 fue, sin duda, y sobre ello mucho han dicho y escrito sus autores, fruto de un consenso entre las diversas fuerzas y actores políticos de comienzos de la década de los sesenta. La Constitución de 1961 fue así, un auténtico pacto político de la sociedad venezolana, elaborado, por supuesto, por una generación que ya tenía más de dos décadas de acción política; y en un momento histórico determinado, en el cual el espíritu de unidad y de concordancia derivado del derrocamiento de la dictadura, materializado en la suscripción del acuerdo interpartidista denominado Pacto de Punto Fijo, facilitaron la elaboración de un texto pluralista que representara las aspiraciones de todos los venezolanos.

Precisamente, por esas características, el texto constitucional debía ser lo suficientemente amplio y flexible —proteico, diríamos—, como para permitir que todas las corrientes ideológicas lo tuvieran como su instrumento político futuro; y lo suficientemente programático y general, como pata permitir su desarrollo de acuerdo a la orientación política de los gobiernos. La Constitución de 1961, así, nunca se concibió como una camisa de fuerza para el proceso político venezolano, sino como un canal lo suficientemente amplio, como para que se pudiera navegar libremente. En sólo dos aspectos la Constitución es realmente rígida e inflexible: en el establecimiento de una democracia pluralista, que permite la participación de todas las fuerzas y corrientes políticas —de allí la consagración constitucional del principio de la representación proporcional—; y en la asignación a los partidos políticos de la tarea de conducir políticamente al país.

Esto, sin duda, en los últimos 21 años se ha logrado con creces: la democracia se consolidó completamente en Venezuela, signada con un pluralismo ideológico auténtico, y los partidos políticos han controlado todos los aspectos de la vida nacional.

La Constitución ha dado algunos de sus frutos políticos fundamentales, creando una situación de estabilidad prolongada como nunca antes se conoció en este siglo. Nuestra democracia, así, desde 1958 hasta 1982, tiene ya un lapso de duración superior al tiempo que transcurrió desde la fecha del Estatuto Provisional Gomecista de 1914 hasta la muerte del dictador; y lo más sorprendente, un lapso superior de tiempo al que transcurrió desde la muerte de Gómez hasta la caída de la dictadura de Pérez Jiménez.

Meditemos, por favor, sobre estos lapsos de nuestra historia contemporánea: desde enero de 1958 hasta enero de 1982 han transcurrido 24 años, lapso de tiempo superior al que transcurrió desde diciembre de 1935 hasta enero de 1958.

Sin embargo, para cualquier estudioso, actor o no, del período político 1936-1958, los acaecimientos e inestabilidad de esa época, provocan una sensación de prolongación histórica interminable, lo cual contrasta con el período transcurrido desde 1958, el cual, visto retrospectivamente, parece que se ha agotado en forma vertiginosa.

La estabilidad democrática que ha consolidado nuestra Constitución, y la ausencia de rupturas del sistema político por voluntad de los partidos políticos, han hecho olvidar, sin embargo, la necesidad de perfeccionar la democracia como ejercicio político. Nuestra democracia, así, imperceptiblemente, se ha convertido en una especie de kleptocracia, donde el robo de los dineros públicos ha comenzado a formar parte de los valores de algunos actores, y donde el encubrimiento de los ladrones políticos ha abarcado todas las gamas del espectro político. Ladrones vinculados a aparatos de mar y aire, y por supuesto, sin tanta sofisticación, a los de tierra, luego de cierto escándalo, circulan libremente por las calles. La democracia, lamentablemente, nos ha acostumbrado a que, en general, en nuestro país no pasa nada después de las denuncias y escándalos verbales. Así, la democracia se ha convertido también, en una parlocracia, que se agota en la discusión, la denuncia y la mentira. Muchos políticos, así, agotan su esfuerzo ciudadano en dar declaraciones y en lanzar acusaciones, las más de las veces falsas, que otros tienen que contestar. Por ello, si se está en el gobierno, la dinámica política conduce a los gobernantes a contestar las acusaciones que se les lanzan o a adelantarse a las mismas, mediante declaraciones; y si se está en la oposición, el éxtasis político surge al formular declaraciones o acusaciones contra el gobierno. Nada constructivo se esconde tras estas polémicas estériles y estas diatribas permanentes; tampoco nada maléfico, simplemente el absurdo auto convencimiento que se está desarrollando una actividad "útil" para la comunidad.

La democracia, así, nos da la sensación de un gran circo, con su carpa, sus payasos, sus animales domesticados, sus equilibristas, trapecistas, malabaristas y domadores, viviendo un mundo fantástico y desvinculado con la realidad, comandado por maestros de ceremonias, a quienes nadie les hace caso. Esta distorsión de la democracia debe ser superada, y estando convencidos de que debe ser mantenida como única forma de gobierno admisible en nuestro país, debemos dedicar los mejores esfuerzos políticos para perfeccionarla.

La Constitución de 1961 da todas las posibilidades para el logro de este perfeccionamiento, las cuales, sin duda, no se han aprovechado políticamente.

¿Qué ha pasado entonces, durante estos últimos veintiún años, con este magnífico texto constitucional? Realmente, nos hemos olvidado de él y de su significado, y si enjuiciamos constitucionalmente este período, tenemos que llegar a la conclusión de que la Constitución no se ha ejecutado completamente, y de que, además, en muchos aspectos ha sido ejecutada en forma inadecuada.

Queremos insistir, en una primera parte de estas notas, en estos dos aspectos del proceso constitucional venezolano contemporáneo, con el objeto de llamar la atención sobre las exigencias de ejecución de la Constitución, y así poder plantear, en una segunda parte, las transformaciones constitucionales que se plantean en el futuro, en relación a la organización del Estado,

II. LA DEFICIENTE EJECUCIÓN DE LA CONSTITUCIÓN

En primer lugar, estimamos que la Constitución ha sido ejecutada deficientemente y ello se ha traducido, tanto en una ejecución incompleta como en una ejecución inadecuada. Queremos hacer algunas apreciaciones sobre estas dos grandes deficiencias en la ejecución constitucional.

1. *La ejecución incompleta de la Constitución*

En primer lugar, la Constitución de 1961 aún no ha sido ejecutada completamente, por lo que gran parte de sus previsiones continúan siendo letra muerta o cuando más, programas a ser ejecutados. La inejecución constitucional, sin duda, es culpa, en primer lugar, del Congreso, quien ejerce la competencia legislativa, y en segundo lugar, de quienes han dominado el Congreso durante estos últimos 21 años: los grandes y pequeños partidos políticos del país. En definitiva, la inejecución constitucional es culpa de las instituciones políticas representativas o que se atribuyen tal representación.

Esta deficiencia en la ejecución constitucional se evidencia de dos aspectos: por una parte, del carácter aún programático de muchas normas constitucionales, que por ello, son inejecutables; y en segundo lugar, de la vigencia aun en la actualidad, de ciertas normas transitorias, cuya transitoriedad ya es casi permanente. Queremos insistir en estos dos aspectos en forma separada.

A. *La permanencia del carácter programático de ciertas normas constitucionales*

Si analizamos la Constitución de 1961, veintiún años después de su vigencia, encontramos, en efecto, que muchas de sus regulaciones continúan siendo normas programáticas que aún no han sido ejecutadas. Dentro de las más importantes lagunas de la ejecución constitucional, se destacan, en efecto, las siguientes:

a. *La ordenación del Área Metropolitana de Caracas*

La Constitución previo, en su artículo 11, la ordenación del Área Metropolitana de Caracas, anticipándose a lo que sería una realidad incontenible: el crecimiento de la capital de la República. Por supuesto, los problemas de Caracas no sólo son de orden legal, pero todos los otros problemas sólo podrán ser atacados y eventualmente solucionados, si se establece una única autoridad para toda el Área Metropolitana, es decir, un gobierno y administración para todo el territorio del Departamento Libertador del Distrito Federal, y del Distrito Sucre y del Distrito Guaicaipuro del Estado Miranda y la previsión además, de un ordenamiento político nuevo de la Región Capital, que comprenda, además del área metropolitana, al litoral central, a las jurisdicciones de Barlovento y a las de los actuales Distritos del Área de los Valles del Tuy y del Valle de Guarenas-Guatire. Sin esa ordenación institucional, nuestra gran ciudad seguirá viendo agravarse su caos de crecimiento. Esta ordenación del Área Metropolitana de Caracas, por supuesto, exigirá la reforma de la Ley Orgánica del Distrito Federal, la cual, si bien es de 1936, sus regulaciones básicas datan del esquema de 1864, y de la Ley Orgánica de Régimen Municipal; y la reformulación del sistema de gobierno local, particularmente en lo que concierne al Litoral Central.

b. *Las obligaciones a los particulares en virtud de la solidaridad social*

En segundo lugar, la Constitución de 1961 consagró en su artículo 57, una de las normas de mayor alcance programático, al establecer que sin perjuicio de las obligaciones que corresponden al Estado en cuanto a asistencia, educación y bienestar del pueblo, la Ley puede establecer obligaciones en estas ateas a los particulares, derivadas de la solidaridad social. Un cuerpo de reformas legislativas en este campo, conscientemente estructuradas, pueden comenzar a superar el esquema paternalista del Estado, y a hacer participar, a quienes tienen capacidad, en la solución de los problemas sociales de nuestro país. Un servicio obligatorio de carácter profesional en la educación y en la salud, así como en el campo técnico, es lo menos que puede establecerse para quienes se benefician de la acción del Estado. Tenemos que movilizar a la población y al país, para que participen en la solución de nuestros problemas, pues aun cuando nos hayamos olvidado, el país es, efectivamente, de todos.

c. *La protección frente a la libertad de información*

En tercer lugar, la Constitución consagra en su artículo 66 la libertad de expresión del pensamiento, sin censura previa, lo cual es una de las garantías fundamentales de nuestra vida democrática. Sin embargo, esa libertad, como todas, tiene una doble cara: su ejercicio pleno por algunos, que son los menos, puede ocasionar y ocasiona, sin duda, perjuicios a otros, que a veces son la mayoría. Todos los derechos constitucionales, conforme al artículo 43, tienen que tener como limitaciones, el derecho de los demás y el orden público y social. Sin embargo, la libertad de información a través de la prensa, radio, cine y televisión, no tiene límites en nuestro país. Se dice lo que se quiere y se perjudica a quien sea, sin que nada pase. No se trata, por supuesto, de limitar o censurar el derecho a informar; de lo que se trata es de responsabilizar a quien informa, de lo que diga. Insistimos, que se informe lo que se quiera, pero que se responsabilice efectivamente a quien informa, de lo que diga, protegiéndose a quien se lesiona por informaciones falsas. La democracia no es completa si no se garantiza el derecho a ser informado y a reclamar contra las informaciones falsas y difamantes. Una normativa de este tipo, podría detener la progresión hacia una dictadura de los medios de comunicación, que amenaza todo nuestro sistema de libertades.

d. *La garantía del acceso a la justicia*

En cuarto lugar, y conforme al Estado de Derecho que regula la Constitución, el artículo 68 garantiza el derecho de todos a utilizar los órganos de la administración de justicia para la defensa de sus derechos e intereses. Sin embargo, esta garantía es sólo de carácter formal y relativa. La justicia en Venezuela tiene que ser democratizada para que realmente, todos, puedan tener acceso a ella: en la actualidad, sólo muy pocos pueden acceder a los Tribunales, pues lo lento y complicado de cualquier procedimiento judicial, cuyas normas datan de principios de siglo, hacen casi imposible sostener cualquier juicio, el cual siempre dura años. No se trata sólo de establecer, como dice la Constitución, el ejercicio del derecho de acceder a la justicia a quienes no dispongan de medios suficientes, sino de prever simplificaciones procesales que permita impartir justicia en forma rápida. No olvidemos que así como hay políticos que entienden la política y el gobierno como el arte de hablar, hay abogados que sólo conciben la profesión, como el arte de la dilación y de la complicación. El Congreso está en la obligación, si no quiere que colapse todo el sistema judicial, de regular los procedimientos, agilizándolos y simplificándolos.

e. *La protección de las comunidades indígenas*

En quinto lugar, conforme se establece en el artículo 77 de la Constitución, el Congreso deberá regular el régimen de excepción que requiera la protección de las comunidades indígenas y su incorporación progresiva a la vida de la Nación. Nuestro país, que tiene una envidiable homogeneidad social comparativamente hablando respecto de toda América Latina, no puede olvidarse de nuestras minorías representadas por estas comunidades, impunemente explotadas y absurdamente reguladas aún, por una Ley de Misiones inspiradas en normas coloniales.

f. *La extensión de la seguridad social*

En sexto lugar, conforme a lo establecido en el artículo 94, el legislador deberá desarrollar en forma progresiva y efectiva un sistema general de seguridad social tendiente a proteger a todos los habitantes de la República contra los infortunios laborales y personales y a garantizar la asistencia social a quienes carezcan de medios económicos, La inejecución constitucional de esta normativa ha provocado un panorama desolador en nuestro país: los gremios, como grupos de presión, han venido minando y apoderándose de estructuras estatales, obteniendo beneficios sociales algunas veces exorbitantes, llevando a la ineficiencia, cuando no a la quiebra, muchas instituciones; y ello, en contraste con la indigencia asistencial en la cual está la mayoría del país, donde enfermarse es la mayor tragedia que pueda ocurrirle a cualquier mortal.

g. *La regulación de la promoción industrial*

En séptimo lugar, los artículos 95 y 98 de la Constitución, dentro del sistema de economía mixta que establece, prevén un papel decisivo del Estado en la promoción del desarrollo económico y la diversificación de la producción, prescribiendo la posibilidad de planificar, racionalizar y fomentar la producción. El Legislador, sin embargo, nada ha hecho en este campo. Desde 1939 ha estado suspendida la garantía económica, la cual fue ratificada por el Congreso en 1961. Así, el órgano legislativo, irresponsablemente compartió sus competencias, abriéndole un campo ilimitado de regulación industrial al Poder Ejecutivo, quien lo ha ejercido mediante Decretos-Leyes, de cuyo contenido ni siquiera está enterado el Congreso. Una Ley de industrias o de promoción industrial, por ello, es la única vía para un restablecimiento posterior de la libertad económica. Las regulaciones ejecutivas de los últimos 21 años en este campo, son de tal magnitud, que hacen imposible en la actualidad, la derogación del decreto de restricción de la libertad económica del 23 de enero de 1961, el cual cumple, al igual que la Constitución, los mismos años de vigencia en la Venezuela democrática.

h. *La regulación de los transportes terrestres*

En un país cuya economía contemporánea se montó sobre una red otrora excepcional de comunicación y transportes terrestres, carece aún de un ordenamiento jurídico que los regule. Una Ley de vialidad y transportes terrestres, conforme a la orientación que establecen los artículos 104 y 136, ordinales 20 y 21, sobre todo cuando estamos proyectando una red ferrocarrilera nacional y sistemas de transporte rápido urbano, resulta indispensable para garantizar un adecuado servicio al público y una protección sensata frente a su uso irracional.

i. *Ha regulación del sistema de policías*

De acuerdo a los artículos 17, ordinal 5°, 134 y 136, ordinal 5°, la competencia estatal en materia de policía está regulada en la Constitución, como una competencia concurrente, en la cual intervienen los niveles nacional, estadal y municipal. El órgano legislativo ha sido incapaz, hasta el presente, de dictar un ordenamiento nacional de regulación y coordinación policial, instrumento esencial, no sólo para asegurar la existencia de un aparato institucional destinado a garantizar la seguridad personal y material de los venezolanos, sino para garantizar también, los derechos individuales, frente a la acción de los cuerpos policiales. La imprecisión y superposición de los organismos policiales de la actualidad está exigiendo esta regulación indispensable para una completa ejecución del texto constitucional.

j. *La regulación de las obras públicas nacionales*

Dentro de las actividades de fomento que corresponden al Estado, sin duda, una de las más importantes y de mayor tradición es la de la construcción de la infraestructura física del país, regulada en el artículo 136, ordinal 15, de la Constitución, Desde la época guzmancista, el Estado se ha caracterizado por ser un Estado constructor. Sin embargo, las obras públicas nacionales carecen de una regulación que modernice su utilización y que asegure su mantenimiento y protección. El viejo Decreto reglamentario de las Obras Públicas Nacionales de 1909, requiere urgentemente de una sustitución por un texto legislativo que ordene y racionalice en beneficio de todos, esta actividad fundamental del Estado.

k. *La regulación del ordenamiento urbano*

Por otra parte, a pesar de que nuestro país contemporáneo se caracteriza por ser un país urbanizado y en continuo proceso de urbanización, las Cámaras Legislativas también han sido incapaces de dictar una regulación sobre el desarrollo urbano que racionalice y ordene las competencias concurrentes que en esta materia tienen los niveles nacional y municipal, conforme a lo establecido en los artículos 136, ordinal 14 y 30 de la Constitución. El desarrollo urbanístico del país requiere urgentemente, de este texto legislativo, que se anticipe al caos urbanístico que está a punto de aniquilar la posible vida racional en las grandes, pequeñas y nuevas ciudades del país. Un país urbano, sin adecuada regulación que ordene su crecimiento urbanístico, es un país desordenado y anárquico que conspirará, citadinamente, contra una estabilidad que no garantiza la alegría de vivir en las ciudades, y que más bien convierte dicha vida, en una pesadilla.

l. *La regulación nacional de las aguas*

Otra de las regulaciones inexistentes y que hacen de nuestra Constitución un texto inejecutado, sin duda, es la regulación de las aguas que orientan los artículos 136, ordinal 10 y 106 de la Constitución. No creemos que sea necesario insistir en la importancia de los recursos hidráulicos, no sólo para el desarrollo del país, sino para la vida humana. Sin embargo, Venezuela aún carece de un cuerpo normativo que regule el racional aprovechamiento de las aguas, así como los poderes de una administración única de las aguas, que aún está por estructurarse. La carencia legislativa en este campo, ponen una vez más sobre los hombros del Congreso, la responsabilidad por los desastres futuros que dicha ausencia legislativa pueda causar a] país.

m. *La regulación del patrimonio del Estado*

Una de las consecuencias de la explotación petrolera y de la enorme riqueza que ha recibido el Estado venezolano durante más de medio siglo, ha sido el olvido de la protección y mantenimiento de su propio patrimonio. El Estado venezolano, ciertamente, no sabe lo que tiene ni en bienes inmuebles ni en obras ni en patrimonio artístico y cultural. Una legislación sobre el patrimonio nacional resulta indispensable para comenzar a poner orden en la Administración de un Estado despilfarrador y descuidado, que no sabe lo que posee. Este aspecto de la Hacienda Pública Nacional que define indirectamente el artículo 234 de la Constitución y que regula insuficientemente el artículo 136, ordinal 10 de dicho texto, también exige del Congreso el cumplimiento de su obligación legislativa.

n. *La regulación de la administración descentralizada*

Por último otra de las áreas que evidencian una inejecución de la Constitución, es la regulación orgánica de los entes descentralizados que integran la Administración Nacional, prevista en el artículo 230 de la Constitución. En la actualidad, más del 70% del gasto público consolidado del país se eroga a través de institutos autónomos y empresas del Estado, y sin embargo, no existe aún un cuerpo normativo que regule lo que hoy es la parte más importante de nuestra Administración Pública. Esta seguirá siendo irracional en algunas gestiones y despilfarradora en otras, mientras el Congreso no dicte este cuerpo normativo de primera importancia para la reforma de nuestra Administración Pública.

B. *La supervivencia de Disposiciones Transitorias*

Pero la inejecución de la normativa constitucional no sólo está en la ausencia de regulaciones legislativas por el Congreso de las normas programáticas que estableció el texto constitucional de 1961, sino por la supervivencia, por esa misma carencia legislativa, de normas transitorias que hacen nugatorias o deficientes, tanto el ejercicio de derechos por los particulares como de poderes por los órganos del Estado. En efecto, aún permanecen vigentes, 21 años después, las disposiciones Transitorias Tercera, Cuarta, Quinta, Sexta y Décima de la Constitución.

a. *La regulación de la nacionalidad*

Las Disposiciones Transitorias Tercera y Cuarta de la Constitución, inciden sobre aspectos sustanciales relativos a la adquisición y pérdida de la nacionalidad venezolana, reguladas en los artículos 36 y 39. Por otra parte, el propio artículo 42 exhorta al Congreso a dictar una ley que regule todos los aspectos relativos a la nacionalidad, los cuales aún no se han regulado, permaneciendo en vigencia, transitoriamente el régimen de 1955. El Congreso tiene la obligación ineludible de dictar este cuerpo normativo, antes de estar pensando en una Enmienda Constitucional relativa a los derechos políticos de los naturalizados. Antes que esto, los venezolanos por naturalización requieren de las garantías imprescindibles respecto de la revocación de la naturalización, que la Disposición Transitoria Cuarta les cercena.

b. *La regulación del amparo y de las limitaciones a la libertad personal*

La Constitución de 1961 estableció acertadamente, como garantía de los habitantes del país, el que los Tribunales los ampararían en el goce y ejercicio de los derechos y garantías que la Constitución establece. Sin embargo, el texto del artículo 49 se redactó en forma programática, al preverse que ese amparo se haría "en conformidad con la ley". Como la Ley de Amparo aún no ha sido dictada, esta garantía es una ilusión que el Congreso está en la obligación de hacer realidad.

La Disposición Transitoria Quinta de la Constitución, que sólo regula el amparo a la libertad personal, deberá integrar esta regulación, así como la prevista en la Disposición Transitoria Sexta sobre detenciones preventivas, en un texto orgánico regulador del amparo de todos los derechos y garantías constitucionales, además del de la libertad personal.

c. *La regulación de los poderes de investigación del Congreso*

Por último, y como un medio jurídico específico destinado a regular y hacer efectivo el poder del Congreso de controlar a la Administración Pública, establecido en el artículo 160 de la Constitución, debe dictarse una ley que sustituya lo establecido en la Disposición Transitoria Décima de la Constitución y regule la efectividad de las medidas de control e investigación de las Cámaras Legislativas.

2. *La ejecución inadecuada de la Constitución*

Pero los defectos en la ejecución de la Constitución en estas dos últimas décadas, no sólo resultan de una inejecución de diversos aspectos del texto constitucional, sino de una ejecución inadecuada del mismo, realizada por las Cámaras Legislativas. En efecto, a la carencia legislativa reseñada anteriormente, se une la emisión de una legislación en ciertos aspectos fundamentales, inadecuada e incompleta. Veamos sólo dos ejemplos.

A. *La inadecuada regulación del Régimen Municipal*

La Constitución de 1961 estableció, en sus artículos 25 a 34, una excelente normativa general sobre el régimen municipal venezolano, que permitía la realización, por vía legislativa, de una reforma sustancial del gobierno local. Entre las ¡novaciones que trajo el texto constitucional y que deben destacarse, está la configuración, por primera vez desde antes de 1925, del Municipio como unidad política, primaria y autónoma, en sustitución del Distrito; la posibilidad del establecimiento de regímenes diferentes de organización, gobierno y administración municipal, atendiendo a las condiciones de población, desarrollo económico y situación geográfica de los entes locales; y la previsión del Municipio como entidad política recipiendaria de competencias nacionales que pueden ser descentralizadas hacia ese nivel.

Estas normas y otros artículos de la Constitución, fueron pospuestos en su vigencia por la Disposición Transitoria Primera de dicho texto. El país esperó así, por años, la ansiada Ley Orgánica de Régimen Municipal de 1978, la cual, sin embargo, no innovó casi nada y dejando a salvo algunos aspectos formales y otros sustanciales como los de participación de la comunidad en la vida política local, lo que hizo fue consolidar el régimen municipal anterior a la vigencia de la Constitución, hizo nugatorias sus innovaciones fundamentales, y materialmente, eliminó la concepción del Municipio como la unidad política, primaria y autónoma dentro de la organización nacional a la cual alude el artículo 25 de la Constitución.

Por otra parte, a esta ejecución inadecuada de la Constitución, se une la inejecución de ciertos textos constitucionales, y entre ellos, el contenido en el artículo 137, pues en 21 años aún no se ha dictado ley alguna que descentralice competencias nacionales hacia los entes locales, habiéndose producido, al contrario, un esfuerzo centralizador inconveniente, como el que sucedió con el servicio de Aseo Urbano en el Área Metropolitana de Caracas. Frente a la ineficiencia estructural local en la prestación del servicio, el Congreso acudió a la vía fácil: centralizar, en lugar de reformar el régimen del Área Metropolitana de Caracas.

B. *La inadecuada regulación de la jurisdicción contencioso- administrativa*

Por otra parte, una de las grandes innovaciones de la Constitución de 1961, fue el establecimiento en su artículo 206, de la normativa básica de la jurisdicción contencioso-administrativa, es decir, de la garantía jurídica para los particulares de defensa frente a las ilegalidades y arbitrariedades del Estado, como resultado del establecimiento del Estado de Derecho. Quince años después de la vigencia de la Constitución, y a pesar de la encomiable labor que desarrolló la Corte Suprema de Justicia en la integración del derecho relativo a lo contencioso-administrativo, el Congreso reguló en forma inadecuada el procedimiento en una ley que no está destinada a ello: la Ley Orgánica de la Corte Suprema de Justicia de 1976. En ella, un poco para suplir la deficiencia legislativa que se veía venir hacia el futuro, se incorporaron normas relativas al procedimiento contencioso-administrativo, con muchos elementos confusos. El Congreso, estimamos, sigue con la obligación de dictar una Ley de la Jurisdicción Contencioso-Administrativa, la cual no sólo corresponde a la Corte Suprema de Justicia, para lo cual tiene ya un buen punto de partida: las normas de la referida Ley Orgánica, que recogieron la larga tradición jurisprudencial de la Corte Suprema.

III. LAS EXIGENCIAS DE MODIFICACIONES CONSTITUCIONALES

Con todo y ser la Constitución de 1961 un excelente texto constitucional, el transcurso de dos décadas desde el momento en el cual entró en vigencia, comienzan a poner de manifiesto diversas exigencias de modificación las cuales, sin necesidad de acudir a la reforma general previstas en su artículo 246, pueden ser objeto de enmiendas, conforme a lo previsto en el artículo 245 del texto.

En nuestro criterio, la gran modificación que requiere el texto constitucional, radica en la organización del Estado Venezolano para descentralizarlo, y a ello queremos dedicar algunos comentarios. Antes, sin embargo, queremos hacer una breve referencia a las enmiendas sancionadas y propuestas hasta 1982, a la Constitución, y su significado.

1. *Las Enmiendas a la Constitución*

A. *La Enmienda Constitucional N° 1 de 1973*

Con fecha 11 de mayo de 1973 se promulgó la Enmienda N° 1 de la Constitución, la cual estableció una causal de inelegibilidad para Presidente de la República, Senador o Diputado al Congreso Nacional y para Magistrado de la Corte Suprema de Justicia, a quienes hubieran sido condenados a pena de presidio o prisión superior a tres años, por delitos cometidos en el desempeño de funciones públicas o con ocasión de éstas. Si bien la norma es saludable desde el punto de vista de la moralidad institucional, la tal Enmienda N° 1 fue motivada por una razón circunstancial electorera: evitar que un sujeto, ex-dictador, condenado por delitos de ese tipo pudiera ser candidato a algún cargo electivo en las elecciones generales de 1973, tal y como aparentemente podía suceder. Las enmiendas constitucionales son, en nuestro criterio, algo muy serio que no pueden ligarse a meras circunstancias y menos a temores de esa naturaleza. Si el supuesto que se quería evitar podía darse, la solución al mal había que buscarlo en otros aspectos del proceso político que debían corregirse, y no en modificar circunstancialmente la Constitución.

B. *El proyecto de Enmienda N° 2 de 1977*

En noviembre de 1977 se presentó al Congreso, por un grupo de parlamentarios, el proyecto de lo que se denominó Enmienda N° 2 de la Constitución. Tres aspectos buscaba enmendar ese proyecto del texto constitucional. El primero, buscaba establecer la equiparación, en cuanto a los derechos políticos, de los venezolanos por naturalización con los venezolanos por nacimiento, con algunas excepciones relativas a altos cargos nacionales. Esta enmienda afectaba los artículos 149, 152, 195, 201, 213, 219 y 237 de la Constitución.

El segundo aspecto del Proyecto de Enmienda buscaba permitir sesionar a las Cámaras Legislativas y sus Comisiones con un número de miembros menor a la mayoría absoluta de los que la componían. Esta Enmienda afectaba el artículo 156 del texto constitucional.

El tercer aspecto del Proyecto de Enmienda buscaba permitir que el Congreso pudiera acordar medidas para garantizar el normal funcionamiento de los Concejos Municipales, conforme a una ley que debía dictarse. Esta Enmienda afectaba el artículo 29 de la Constitución.

Este Proyecto, lamentablemente, también estaba motivado por razones circunstanciales. El primer aspecto, el más debatido y controvertido, y el que provocó que la misma no fuese discutida, tenía claros objetivos electoreros, en víspera de las elecciones generales de 1978, El Proyecto de Enmienda se estimó, por la opinión política, como un instrumento para la atracción del voto de amplísimos sectores de! país, integrados por venezolanos por naturalización, que han contribuido enormemente al desarrollo de nuestra Nación. Sin embargo, cierto es que las ocho restricciones constitucionales que existen respecto de los derechos políticos de los mismos, en relación a ciertos cargos públicos que se reservan a los venezolanos por nacimiento, constituyen una restricción razonable en nuestro ordenamiento constitucional, que no afectan el aporte esencial que aquellos han dado al país. Por ello no parecería ni parece necesario dicha enmienda.

En relación al segundo aspecto del Proyecto de Enmienda, sin duda, buscaba superar los problemas derivados del ausentismo parlamentario, estableciendo un quórum de sesión menor a la mayoría absoluta. Esta enmienda, así sola, realmente era inconveniente: de nuevo, no atacaba el mal en su raíz, que podía ser remediado con regulaciones de disciplina interna, y escogía el camino más fácil, que institucionalizaría el ausentismo.

En cuanto al tercer aspecto del Proyecto de Enmienda, que limitaba la autonomía municipal, de nuevo el Congreso se dejó guiar por circunstancias. Las graves irregularidades de funcionamiento que afectaban al Concejo Municipal del Distrito Sucre del Estado Miranda, y que exigían una reforma profunda del régimen local, se pretendían corregir al establecerse poderes de intervención del Congreso, atentatorias contra la autonomía municipal. El mal, de nuevo, no se atacaba en su sustancia y se escogía el camino más fácil: la intervención centralizante del régimen local.

Afortunadamente el Proyecto de Enmienda ni llegó a discutirse en el Congreso, habiéndose centrado la discusión pública y política, solamente en el primero de los aspectos que contenía.

C. *El Proyecto de Enmienda N° 2 de 1980*

En octubre de 1980 fue aprobado en primera discusión por el Senado, un nuevo Proyecto de Enmienda N° 2, esta vez sin el artículo relativo a los derechos políticos de los venezolanos por naturalización, el cual abarcó varios aspectos.

En primer lugar, estableció de nuevo la posibilidad de que el Congreso acordara en casos graves, medidas para garantizar el normal funcionamiento de los Concejos Municipales, en forma similar al Proyecto de 1977. Sin embargo, la limitación a la autonomía municipal y la Enmienda proyectada al artículo 29 de la Constitución, esta vez era más grave, pues permitía la destitución de concejales y su sustitución por otros, para lo cual una ley debía dictarse. Esta proyectada Enmienda, lo seguimos sosteniendo, era un soberano disparate pues, por una parte, ignoraba que ya el Congreso, en 1978, había aprobado la comentada Ley Orgánica de Régimen Municipal que prevé la pérdida de investidura de concejales en ciertas circunstancias graves, y por otra parte, seguía sin resolver el problema de fondo: la reforma del régimen local, aún no realizada. El Senado, sin embargo, parecía preferir el camino fácil, antes que el arduo de pensar en reformar el Municipio.

El segundo aspecto del Proyecto de Enmienda se refería a la elección de los miembros de los Concejos Municipales, al establecer que para la misma podría adoptarse un sistema electoral especial y distinto del que rige para las elecciones de Senadores, Diputados y miembros de las Asambleas Legislativas. Agregaba el Proyecto, que para las elecciones de los Diputados a las Asambleas Legislativas, también podría acordarse un sistema especial, semejante o diferente del que se disponga para las elecciones de concejales. Hemos sostenido en diversas oportunidades que la elección de los concejales podría realizarse por el sistema uninominal o cualquier otro diferente del de la representación proporcional de las minorías, ya que éste sólo se requiere expresamente en la Constitución, para las elecciones de Senadores y Diputados al Congreso Nacional y Asambleas Legislativas, por lo que para establecer esa elección uninominal de concejales, no es necesario enmendar la Constitución. En este aspecto, la Enmienda proyectada era una enmienda inútil desde el punto de vista formal, aun cuando políticamente tuviera la enorme importancia de constituir una manifestación de voluntad política a favor de la elección uninominal de los concejales. En cuanto al proyecto de Enmienda respecto de la forma de elección de los Diputados a las Asambleas Legislativas, tenía enorme importancia y utilidad, pues era la vía para hacer más representativos esos cuerpos legislativos.

El tercer aspecto del Proyecto de Enmienda abarcaba un aspecto formal del funcionamiento de las Cámaras Legislativas, en el sentido de que las sesiones ordinarias de las Cámaras Legislativas, en el primer año de cada período constitucional, debían comenzar el 23 de enero. Se buscaba así, enmendar el artículo 154 de la Constitución que sitúa dicha fecha el día 2 de marzo. Esta propuesta buscaba acortar el período que transcurre entre la elección presidencial (diciembre) y la toma de posesión del Presidente, dentro de los 10 días siguientes al 2 de marzo del año siguiente (art. 186). Al situarse el inicio de las sesiones ordinarias de la nueva legislatura el 23 de enero, la toma de posesión presidencial se efectuaría dentro de los 10 días siguientes a esa fecha.

El cuarto aspecto del Proyecto de Enmienda repetía la proyectada en 1977, en cuanto a la reducción del quórum para sesionar de las Cámaras Legislativas, para lo cual se exige en la actualidad la mayoría absoluta (art. 156). Damos por repetidas aquí las críticas antes formuladas sobre el ausentismo parlamentario.

El quinto aspecto del Proyecto de Enmienda de 1980 buscaba la creación de una Comisión Legislativa integrada por 23 miembros de ambas Cámaras, a la cual se podía autorizar para discutir y aprobar proyectos de leyes individualmente determinados, los cuales una vez aprobados por dicha Comisión, se debían someter a una sesión conjunta de las Cámaras, para aprobar o rechazar el texto, pudiendo introducirle modificaciones, Este aspecto del Proyecto que buscaba enmendar los artículos 166 a 168 de la Constitución relativos al proceso de formación de las leyes, en realidad, desnaturalizaría el carácter bicameral del parlamento venezolano en la función legislativa, así como el sistema de cuerpos colegiadores que han tenido tradicionalmente las dos Cámaras Legislativas. Se trata, por otra parte, de un remedio contra la lentitud en la discusión de los proyectos de ley, derivado del ausentismo parlamentario y de la falta de tecnificación de las comisiones parlamentarias. De nuevo, es un proyecto que no resolvía el aspecto sustancial del problema, el trabajo parlamentario, y optaba por la vía fácil: dejar en manos de 15 parlamentarios (es decir, las 2/3 partes de 23 que integran la Comisión Legislativa) el trabajo que debería corresponder a los 250 que conforman las Cámaras Legislativas.

De lo anteriormente señalado, queda evidenciado que ni la Enmienda N" 1 ni los proyectos de Enmienda N° 2 de 1977 y de 1980, salvo por lo que se refiere a la forma de elección de los concejales y diputados a las Asambleas Legislativas, incidían en aspectos fundamentales de la Constitución que sí requerirían de modificaciones, y trataban de resolver problemas de funcionamiento de algunas instituciones políticas, mediante aspectos formales o sin incidir sobre las verdaderas causas de los problemas. Con enmiendas que siguen el camino fácil, sin resolver los problemas de fondo, no se le hace ningún bien a la Constitución, sino que más bien se la desnaturaliza como texto fundamental.

D. *La Enmienda Constitucional N° 2 de 1982*

Durante todo el año 1982, después de haber sido aprobado por el Congreso, la Enmienda Constitucional N° 2 se sometió a la ratificación de las Asambleas Legislativas, las cuales en su mayoría lo hicieron, por lo cual seguramente entrará en vigencia en 1983. Esta nueva y última versión de la Enmienda N° 2 siguió la orientación del Proyecto de Enmienda N° 2 de 1980, antes comentado, pero con las siguientes modificaciones.

En primer lugar, la Enmienda de 1982 eliminó la norma que proyectaba permitir la intervención de Municipios por el Congreso, y que se configuraba como un atentado a la autonomía municipal. Las críticas que en su oportunidad se formularon al proyecto, sin duda, surtieron su efecto disuasivo.

En segundo lugar, la Enmienda N° 2 de 1982 contiene una nueva norma y es la contenida en su artículo 2°, según el cual se atribuye al Poder Nacional la regulación, por Ley Orgánica, de los beneficios de jubilación o de pensión, no sólo para los funcionarios o empleados públicos nacionales de la Administración Central o Descentralizada, sino para los empleados de los Estados y Municipios. Aun cuando, sin duda, es una norma centralista, tiene por objeto evitar las deficiencias observadas en las legislaciones estadales y municipales relativas a jubilaciones prematuras y no justificadas.

En tercer lugar, el artículo 7° de la Enmienda de 1982 busca hacer participar al Congreso en el proceso de planificación económica y social, al obligar al Ejecutivo Nacional, en el transcurso del primer año de cada período constitucional, a presentar para su aprobación, por las Cámaras Legislativas en sesión conjunta, las líneas generales del Plan de Desarrollo Económico y Social de la Nación, Esta Enmienda realmente es importante, pues no sólo constitucionaliza la planificación quinquenal, sino que contribuirá a ordenar el proceso económico del sector público, tanto por parte del Congreso como del Ejecutivo, particularmente en la elaboración y ejecución presupuestaria que deberá someterse al plan quinquenal.

2. *La modificación constitucional necesaria: la descentralización política del Estado*

Frente a todas estas proyectadas enmiendas a la Constitución, asombra constatar la ausencia de meditación en el Congreso y en los medios políticos, sobre la organización del Estado Venezolano, transcurridos ya veinte años de la Constitución que le da forma.

En efecto, hemos dicho que la Constitución ha surtido dos de sus efectos fundamentales: ha consolidado el sistema democrático, que debe perfeccionarse, y ha consolidado, también, el sistema de partidos, como instrumentos para la conducción política del país. Pero ¿qué tipo de Estado se ha consolidado en virtud de la Constitución? ¿Cuáles son sus características formales y sus realidades? ¿Cómo se ha desenvuelto la vida político-institucional del país dentro del Estado que se ha consolidado en los últimos años?

Meditar sobre la forma del Estado Venezolano, inevitablemente implica plantearse el principal problema del sistema político-administrativo del país, el centralismo, y la necesidad de su transformación.

A. *La centralización política y administrativa del Estado Venezolano*

a. *La contradicción de la Federación Centralizada*

En efecto, el Estado Venezolano contemporáneo es un Estado centralista y centralizador, consolidado al amparo del texto constitucional de 1961, el cual sin duda, también es una Constitución centralista. Puede decirse, sin duda, que la Constitución de 1961 puso fin a la Federación cuya sentencia de muerte, se pronunció a partir de 1945.

Y por supuesto, al hablar de Federación, debemos aclarar el contenido de este término político-estatal, tan lleno aún de confusiones en muchas esclarecidas mentalidades contemporáneas. Ciertamente que la Federación está íntimamente ligada a nuestra historia, como realidad política: se instauró en la Primera República en 1811; acompañó el nacimiento de la Venezuela separada de la Gran Colombia de 1830 a 1857; en su nombre se libraron las guerras federales y guió la estructuración de la forma de Estado a los vencedores, en 1864; sirvió, durante la segunda mitad del siglo pasado, para consolidar el poder de los caudillos, y durante la primera mitad de este siglo, para liquidarlos. Y cuando se integró el país en todos los órdenes, fue relegada progresivamente. Hablar de Federación, por tanto, provoca la evocación de tantas etapas de nuestra historia, a las cuales ha estado ligada, que exige una elemental aclaratoria de lo que este término significa, sobre todo cuando el propio texto constitucional vigente declara solemnemente en su artículo 2°, que el Estado Venezolano es un Estado Federal.

Federación, en efecto, es una forma de Estado descentralizado, contraria a la del Estado Unitario, y que reconoce la existencia de entidades políticas territoriales, con potestades políticas autónomas, reflejadas, básicamente en la elección de sus autoridades, y en la existencia, en ellas, de potestades públicas diversas: potestades legislativas, tributarias, administrativas y financieras autónomas. Así, un Estado será Federal si está descentralizado político-territorialmente, y será unitario si carece de entidades políticas autónomas en su territorio a niveles superiores a los municipales.

Teniendo en cuenta esto, sin duda, la forma del Estado Venezolano consagrada en la Constitución es absolutamente contradictoria: nuestra Federación es centralizada lo que conduce a la estructuración de un Estado centralizado con membrete federal. Esta contradicción, ha provocado reacciones violentas en los estudiosos de nuestras estructuras políticas: unos, acordándose de las anécdotas históricas, propugnan la eliminación de todo vestigio federal de nuestras instituciones, y que el Estado debe centralizarse totalmente; y otros, al contrario, propugnamos la descentralización política del Estado, como única vía futura, para el logro del desarrollo político del país. Parecería mentira, pero ciento cincuenta años después de la discusión centralismo-federación que signó el nacimiento de la República, el problema sigue planteado, pero por supuesto, con contenido diferente.

Queremos insistir en los efectos de la centralización político-administrativa de las instituciones venezolanas y sus efectos, para plantear una de las transformaciones que, en nuestro criterio, está exigiendo el texto constitucional.

b. *La centralización política*

En efecto, el Estado Venezolano, ante todo, es un Estado centralizado, donde el poder político, jurídico, financiero, tributario, normativo administrativo, básicamente reposa en las instituciones políticas nacionales: el Congreso y el Poder Ejecutivo. El país, fuera de la sede de los poderes nacionales, existe con dificultad. La vida política de nuestras provincias es inocua e inútil: no sirve para nada, salvo para la supervivencia de los líderes políticos locales, los cuales, en general, tienen una sola mira: Caracas. El interior, políticamente, no atrae; al contrario espanta y sólo hombres con espíritu de conquista o en el otro extremo, de conformismo, se aventura a vivir la política interiorana.

El constitucionalismo venezolano de las últimas décadas, por otra parte, ha centralizado al Estado a costa de las regiones: las divisiones político-territoriales, los Estados de nuestra Federación, han sido vaciados de contenido al quitársele sucesivamente, sus competencias. ¿De qué sirve, entonces, una Asamblea Legislativa, si no tiene materia sobre la cual legislar, y de qué sirve un Gobernador, salvo de ser agente del poder central, si no tiene materia propia, estadal, para administrar y gobernar? El Gobernador, por tanto, en general, gobierna materias prestadas por el poder central, que las Asambleas Legislativas no controlan; y éstas legislan sobre aspectos formales, que no tienen nada que ver con el desarrollo económico, social y físico de los Estados.

Por otra parte, a pesar de la competencia residual de los Estados, éstos no tienen recursos tributarios propios. Sus recursos financieros son dados por el Poder Nacional, y como el situado constitucional aumentó, al aumentar los ingresos ordinarios nacionales, el Estado centralista controló aún más la disposición de dichos ingresos estadales, para lo cual dictó una de las leyes más centralizadoras de los últimos años: la Ley de coordinación de la inversión del situado constitucional, con los planes desarrollados por el Poder Nacional, con la cual se ha lesionado la poca autonomía que la Constitución consagra a favor de los Estados.

De resultas de este panorama, los Estados, hasta comienzos de la década de los cuarenta todavía instrumentos de una descentralización tímida del Estado, en los últimos cuarenta y cinco años han pasado a ser demarcaciones sin importancia para el aparato político-nacional, como resultado de la centralización política del Estado.

c. *La centralización administrativa*

Pero a la centralización política se agrega una agobiante centralización administrativa que está conspirando contra el propio Estado, por la ineficacia de su actuación y por la inefectividad de sus acciones. La Administración Pública venezolana sufre hoy del peor mal de las instituciones administrativas del mundo contemporáneo: la centralización.

Un pequeño país rural, con sus pretensiones políticas democráticas, como la Venezuela de hace cuarenta años, todavía podía ser administrada en forma centralizada. Sin embargo, la Venezuela contemporánea, con todas sus complicaciones, sencillamente, es imposible que sea administrada, toda, desde Caracas. Hemos llegado, administrativamente hablando, al absurdo de llegar a centralizar todo en nuestro país: los servicios educativos, los servicios de atención médica, la regulación del tránsito, la planificación urbana, el abastecimiento de poblaciones, para sólo citar algunos ejemplos. Todo se pretende administrar desde Caracas, y ello a lo que ha conducido es, además de a la ineficiencia e inefectividad de la acción nacional, a crear monstruosos aparatos burocráticos que están actuando como el "catoblepas", aquel animal tan estúpido que se comía a sí mismo, y a aniquilar toda posibilidad de desarrollo administrativo en las regiones del país. En la mentalidad simple de los burócratas nacionales, surge entonces la excusa tonta para no descentralizar: como no existe capacidad administrativa en la provincia, no se puede transferir poderes de administración a las regiones. Sin embargo, no captan el círculo vicioso que se ha armado, y que es necesario romper: no hay capacidad administrativa en las regiones, precisamente porque no se descentraliza. Y frente a la centralización administrativa nacional, algunos pretenden que existen mecanismos de descentralización efectivos, cuando se crean las Corporaciones de Desarrollo Regional, no percatándose que, en realidad, estos son instrumentos del Poder Nacional, que conducen a una mayor centralización administrativa, pues en su conducción no participan las administraciones ni los gobiernos estadales. Es más, la experiencia ha demostrado en las regiones en las cuales existen estas corporaciones, que han actuado de espaldas e ignorando a los Gobernadores de los Estados.

En el campo administrativo, por otra parte, debe insistirse en el efecto centralizador de la mencionada Ley de coordinación del situado con planes administrativos desarrollados por el Poder Nacional. En la práctica, lejos de ser una ley que haya conducido a la coordinación, lo que ha provocado es a la imposición, a los Estados, de la voluntad administrativa nacional. Los Estados, en realidad, no participan en la elaboración de los programas a coordinarse, sino que bien es sabido cómo les son impuestos a los Gobernadores y a las Asambleas Legislativas.

Todo este panorama centralizador, política y administrativamente hablando, el cual se ha desarrollado bajo el marco del texto constitucional de 1961, como resultado, ha provocado en estos últimos veintiún años, la asfixia del interior del país. Insistimos, la administración regional no existe, lo que hay son tentáculos nacionales que penetran en los Estados, y la política estadal, si bien existe, no tiene materia ni sustancia sobre la cual actuar y moldear.

Estimamos, por tanto, que estabilizado el Estado Nacional como resultado de la aplicación de la Constitución de 1961 durante las últimas dos décadas, ha llegado el momento de confiar más en el conjunto de regiones y Estados del país, para la atención de sus propios asuntos, transfiriéndoles competencias y poderes, para lo cual debe descentralizarse, política y administrativamente hablando, el Estado venezolano. En esta descentralización necesaria es donde se sitúa el nuevo federalismo que debe desarrollarse en el país, y que se ha venido propugnando en los últimos años.

B. *El Nuevo Federalismo. La descentralización político-administrativa del país*

En efecto, hablar de descentralización política, es hablar de un movimiento contemporáneo que ha tocado a casi todos los Estados del globo. El Estado Nacional, con su centralismo político y su Administración napoleónica que se consolidó en todos los Estados Unitarios durante el siglo pasado, está abriendo paso a un nuevo tipo de Estado descentralizado, que comienza a adoptar los más variados nombres. Ciertamente, la Federación no es precisamente una fórmula nueva de descentralización, pero lo cierto es que si ella existe, así sea en el papel, como en Venezuela, no tiene sentido buscar otras formas de descentralización política autonómica, que comienzan a evidenciarse como nuevas formas de federalismo.

Por ello, insistimos en partir de la fórmula federal para propugnar la descentralización político-administrativa del Estado, para lo cual, la Federación debe revitalizarse.

Esta revitalización, por supuesto, puede comenzar dentro de los limitados marcos de la Constitución vigente, a nivel de los propios Estados, dada la inacción y oposición en ciertos casos, de ciertos niveles nacionales a quienes les aterra perder algo de su órbita de poder, transfiriéndolo a las entidades estadales. Allí está el ejemplo de las reformas constitucionales de los últimos años de los Estados Yaracuy y Aragua, las cuales han iniciado un proceso difícil, pero esperanzador, por reforzar las estructuras estadales, contando con la lamentable oposición abierta o subterránea del poder central.

Pero una efectiva descentralización política administrativa del Estado venezolano, sin duda, requiere de una modificación constitucional que reformule el esquema de nuestra forma de Estado y establezca un Estado descentralizado, tomando como base la Federación.

Esta modificación constitucional debería hacer de los Estados, sea que éstos conserven en el futuro el actual ámbito territorial que tienen o éste sea modificado, auténticas entidades políticas autónomas, para lo cual una Enmienda Constitucional tendría que reformular, íntegramente, el sistema de distribución de competencias que los artículos 17, 30 y 136 de la Constitución actualmente atribuyen a los niveles estadales, municipales y nacionales, respectivamente.

La autonomía política, tributaria, financiera y administrativa de los entes territoriales, en cualquier sistema de descentralización político-territorial, está directamente relacionada con el sistema de distribución de competencias que se establezca. La autonomía será inútil e inocua, como en el caso de Venezuela, si no se tiene materia sobre la cual ejercerla: ¿De qué sirve que los Estados tengan autonomía tributaria, si todas las materias imponibles se las ha reservado la Constitución al Poder Nacional o al ámbito local?; ¿De qué sirve que los Estados tengan una autonomía financiera y administrativa, si el crédito público y la inversión del situado constitucional, depende de lo que disponga, centralizadamente, el Poder Nacional?; en fin, ¿Para qué sirve la autonomía política, si el órgano ejecutivo de los Estados no puede elegirse por la comunidad regional, y si bien los Diputados a las Asambleas Legislativas son electos, éstos, en su actividad no tienen, realmente, nada útil que hacer, por la ausencia de competencias estatales y el corto período de sus sesiones?

Frente a este panorama desolador, la Constitución debe ser urgentemente modificada, y por supuesto, sólo dos vías están abiertas para enmendar la estructura organizativa del Estado: terminar de centralizar el Estado, política y administrativamente, eliminando los ribetes federales del Estado Unitario, haciendo desaparecer las Asambleas Legislativas y los Estados mismos, y previendo simplemente demarcaciones administrativas al Estado central, para su eventual descentralización funcional y desconcentración, Jo que propugnan muchos; o, en la otra vía, establecer un auténtico sistema de descentralización político-administrativa del Estado, aprovechando la estructura federal que nos pertenece por tradición, para construir el Estado por dentro, revitalizando la política v la administración regional, y establecer un nuevo federalismo.

Transcurridos veintiún años de vigencia de la Constitución, ya no es posible soslayar la discusión sobre centralismo o descentralización, pues la mezcla constitucional está conduciendo al inmovilismo y a la ineficiencia total en el interior del país. Una Enmienda Constitucional debe, sin duda, ser discutida, y esa, antes que cualquier otra, es la planteada para descentralizar al Estado. Por ejemplo, si se refuerzan los poderes de las Asambleas Legislativas, como debe ser, la posible intervención de los Concejos Municipales que perseguía el Proyecto de Enmienda N° 2 de 1980, debía corresponder a dichas Asambleas Legislativas, en cada Estado, y no al Congreso Nacional. Este proyecto, afortunadamente abandonado, sin duda, era una de las excelsas muestras del centralismo que ha minado la mentalidad de algunos de nuestros políticos.

IV. CONCLUSIÓN

En definitiva, estimamos que en la descentralización política y administrativa del Estado venezolano, es que está la clave del funcionamiento adecuado de nuestras instituciones en el futuro, para que sirvan de auténticos instrumentos de desarrollo no sólo económico-social, sino político y administrativo.

Esta vía entendemos, es la que reclama el país y la que deben forzar los propios Estados, sacando fuerzas políticas de donde no existen. El camino han comenzado a trazarlo las autoridades legislativas y ejecutivas del Estado Yaracuy y la autoridad legislativa del Estado Aragua y del Estado Zulia a partir de 1979.

Por supuesto, la descentralización, como alternativa de reestructuración del Estado, no constituye una vía fácil. No sólo exige una gran capacidad de decisión política, sino una labor de investigación y estudio, de la más grande envergadura, muy lejos de toda improvisación. Para ello, el Congreso tiene que comenzar por tomar conciencia de la necesidad de investigación y estudio como parte sustancial de sus tareas parlamentarías. Son conocidas las labores de algunas comisiones parlamentarias inglesas o norteamericanas, para sólo citar dos ejemplos. En este campo de la descentralización, basta con hacer referencia a tres monumentales Informes de Comisiones Oficiales inglesas que permitieron grandes reformas institucionales en Gran Bretaña: la reforma del régimen local del gran Londres; la reforma del régimen local inglés, y el informe sobre la descentralización del Estado o reforma de la Constitución, que aún está por ejecutarse. Estas reformas jamás hubieran sido posibles, ni siquiera en su discusión, sin esta labor previa de investigación y análisis.

Para ello, sin embargo, se requiere un cambio de mentalidad política: el Congreso, en lugar de estar perdiendo el tiempo, léase bien, perdiendo el tiempo, en tantos debates e investigaciones tontas e inútiles, debería comenzar a pensar en la estructuración de unos cuerpos técnicos que asuman la labor de estudio de ciertas reformas y proyectos, con lo cual se evitaría, por otra parte, la improvisación legislativa, tan característica de los últimos años.

Sólo así, el Congreso podrá asumir la enorme tarea que le reclama el país de ejecutar adecuada y completamente la Constitución, y de transformar la estructura organizativa del Estado, para acercarlo más al ciudadano, abriendo campo a uno de los perfeccionamientos que exige nuestra democracia; la participación.

CAPÍTULO SEGUNDO: EL SISTEMA POLÍTICO Y SUS PROBLEMAS ACTUALES

El Sistema Político Venezolano, en una forma simplificada, se puede caracterizar por tres elementos, los cuales vale la pena enjuiciar: en primer lugar, por estar establecido sobre un régimen democrático; en segundo lugar, por tener un peculiar sistema de gobierno, que llamaremos el presidencialismo con sujeción parlamentaria; y en tercer lugar, por tener una también peculiar forma de Estado, el de la Federación Centralizada. Estos tres elementos caracterizan nuestro sistema político: el régimen democrático, el sistema de gobierno y la forma de Estado. Queremos analizarlos separadamente para tratar de identificar su realidad y sus problemas actuales.

I. EL RÉGIMEN DEMOCRÁTICO Y LAS DEFICIENCIAS EN LA REPRESENTATIVIDAD Y PARTICIPACIÓN

En primer lugar, el régimen democrático y las deficiencias que éste tiene en la actualidad, particularmente en el campo de la representatividad y de la participación.

Sin duda, uno de los grandes logros del proceso político venezolano en las últimas dos décadas, ha sido la consolidación del régimen democrático. A esa consolidación se han dedicado los mejores esfuerzos en todos los niveles políticos y administrativos del país. Pensamos que la tarea central que se impusieron los que condujeron al Estado a partir del año 1958, fue consolidar este régimen democrático, y ello fue, sin duda, el reflejo de aquella voluntad política y del pacto político que se consolidó a finales de la década de los años cincuenta. Sin embargo, ya tenemos 24 años de democracia, un período lo suficientemente largo y lo suficientemente estable dentro del proceso político venezolano, como para que podamos analizar detenidamente cuál es la realidad de nuestro sistema democrático y cuáles son las exigencias que plantea para su perfeccionamiento.

No debemos olvidar que a veces, esta estabilidad nos hace perder un poco el sentido de los períodos históricos. A nuestra democracia siempre la vemos como si fuera muy reciente, cuando en realidad ya tiene un período lo suficientemente largo como para que podamos enjuiciarla y plantear las exigencias de mejoras que requiere.

1. *La democracia política y sus fallas*

Podríamos, así, preguntarnos, ¿qué democracia tiene Venezuela?, o ¿cuáles son las características de nuestro régimen democrático? Básicamente se trata de una democracia política; pero de una democracia política ultra desarrollada en perjuicio de otros aspectos democráticos, y de una democracia que, por concentrarse al aspecto político, se ha distorsionados en otros aspectos.

En efecto, nuestra democracia es, ante todo, una democracia política que como régimen de gobierno ha permitido la elección de los gobernantes y se concreta, en general, en la elección quinquenal de los representantes del pueblo. En esta hemos tenido una envidiable estabilidad en las últimas dos décadas; sin embargo, ese proceso democrático-político estable no ha tenido la misma estabilidad en el campo social y en el campo económico. Todavía seguimos siendo un país rico extremadamente pobre, por los desniveles en la distribución del ingreso. Ello sólo evidencia que esa democracia se quedó sólo en el proceso político v no llegó ni ha llegado, realmente, a los aspectos sociales y económicos.

Las libertades públicas que derivan de la democracia política, por tanto, a veces son libertades públicas inútiles. ¿De qué sirve la libertad económica si no se la puede ejercer por ausencia de una justa distribución del ingreso? ¿De qué sirve la democracia social y los derechos sociales, si no se tiene acceso ni a los servicios médicos ni a una seguridad social? Nuestra democracia política, por tanto, se ha concretado en un aspecto y se ha olvidado de los otros. Eso sí, del proceso sacan ventajas actores políticos, y hoy estamos viviendo una de las situaciones realmente dramáticas del sistema, evidenciado en el aprovechamiento del sistema democrático por gremios de la más variada índole que se dan el lujo de paralizar la educación, en todos sus niveles, los servicios médicos, los servicios de transporte, etc.

Los gremios perceptiblemente, se están comiendo al Estado y al país, y sus instituciones políticas están permitiendo que los gremios se apoderen de ellas. Hace pocos años fuimos testigos de la paralización de la educación superior por la acción de un gremio que reúne a los empleados administrativos de las Universidades y simple y lamentablemente, no pasó nada. El Estado se comportó como si no estuviese ocurriendo absolutamente nada, y nada menos que estuvo paralizada toda la educación superior del país.

Paradójicamente, por tanto, ante la inflación de la democracia política y del juego entre sus actores, y frente a la ausencia de democracia social y económica, hay sin embargo, unos enormes privilegiados que sí tienen seguridad, que sí tienen estabilidad, y que, en definitiva, sí tienen privilegios frente a la gran mayoría del país, empleados y obreros que no gozan de ningún tipo de seguridad. Por ello, la seguridad social, como un objetivo de la Constitución que debe ser extendido, todavía está por realizarse.

Esta realidad ha conducido a una distorsión lamentablemente de las acciones del Estado. Sí tuviésemos aquí una democracia social ella debería reflejarse, ante todo, en una redistribución del ingreso por el Estado a través de servicios públicos.

Sin embargo, la deficiencia en los servicios públicos en nuestro país, es patente. El Estado ha distorsionado absolutamente sus objetivos y se ha olvidado de servir al público a través de prestaciones sociales elementales. Al contrario, hemos querido un Estado constructor de naves y fundamos una empresa estatal de la industria naval; hemos querido construir aviones, y fundamos una industria aeronáutica estatal y hasta hemos querido, en el sector público, desarrollar la industria nuclear, Pero simplemente, frente a ello, nos olvidamos de asegurar un eficiente transporte colectivo en las ciudades, de asegurar asistencia médica a todos, y de enviar rápidamente y con seguridad una carta de un lugar a otro de! territorio del país e incluso, de nuestras grandes y pequeñas ciudades.

Siempre hemos pensado que un país, para poder construir un avión, administrativamente tiene que, primero, haber logrado llevar una carta de un extremo a otro de una ciudad capital en 24 horas. Si un Estado es incapaz de asegurar el envío de una carta de un lugar a otro de su territorio, pensar que va a producir aviones es realmente una ilusión. Por ello, esta distorsión del Estado Empresario que se viene ocupando de todo, y de tratar de producir todo, nos ha hecho olvidar esos aspectos centrales de la función fundamental del Estado que es el servicio público a la comunidad.

Pero además de estas fallas del sistema democrático, que se ha olvidado de la democracia económica y de la democracia social y se ha concretado en la democracia política, aquél presenta, en este último aspecto, otras fallas. En efecto, la democracia política misma, es una democracia que exige un enorme esfuerzo de perfeccionamiento, ya que, en general, a pesar de estar consolidada como democracia política, es una democracia poco representativa y poco participativa.

En efecto, puede decirse que, en general, en nuestro país, existe el sentimiento, frente a la democracia política, de ser carente de representatividad, Los órganos representativos, es decir, las Cámaras Legislativas, las Asambleas Legislativas y los Concejos Municipales, en general, dan la impresión de que no representan a la colectividad. En general, nadie se siente representado en un Concejo Municipal, en una Asamblea Legislativa de algún Estado o en la propia Cámara de Diputados y en el Senado. El ciudadano común que conoce quiénes son los Diputados a la Asamblea Legislativa de su Estado respectivo, es una excepción, y en general, por ejemplo, si sabe quiénes son los concejales, es por escándalos pero por más nada. Realmente, debemos convenir que no existe real vinculación entre electores y elegidos, existiendo una gran falla en la representatividad de esos órganos "representativos". Por eso hay una gran contradicción, contra la cual se lucha mucho en los medios políticos, entre el país nacional y el país político, la cual parece que cada vez adquiere más vigencia: hay un país político que anda por su lado, con señores en las Asambleas Legislativas, en la Cámara de Diputados, en las Comisiones Parlamentarias y en unos Concejos Municipales que aparentemente no tienen que ver, o están de espaldas hacia el país nacional, el cual tiene otros intereses y otras exigencias. Ambos sectores están absolutamente divorciados y ello va produciendo, además, otra consecuencia: la ausencia o la deficiencia del liderazgo y de la conducción política del país. Por ello aparecen, con frecuencia, líderes donde no deberían estar, por la avidez del país nacional de conductores confiables que le indiquen hacia dónde ir. Recientemente hemos tenido una experiencia, que políticamente debe analizarse: de toda la discusión pública del diferendo con Colombia, surgieron líderes capaces, al margen de la conducción política tradicional, precisamente por la ausencia del liderazgo, y por esa ausencia de comunicación entre el país político y el país nacional.

Ahora bien, dentro de los diversos factores que influyen a esa ausencia de representatividad, está, por supuesto, el mecanismo electoral que hemos utilizado desde siempre para lograr la representatividad y sobre el cual tampoco nos hemos detenido, a nivel de instituciones políticas, a meditar. ¿Qué significa la aplicación del sistema de representación proporcional, como sistema electoral que tiene nuestro país y que ha tenido desde siempre? Siempre he pensado que nuestro sistema de representación proporcional de las minorías, se ha distorsionado en su aplicación, pues, realmente, no hay la tal representación proporcional de minorías. De nuestro sistema electoral, en realidad, sólo parecen resultar representados en las Asambleas representativas, los actores del sistema político: los partidos políticos. Salvo éstos, puede decirse que no hay otros que estén representados y ello se debe a la aplicación del sistema de representación proporcional. Nosotros tenemos un sistema de representación proporcional basado en una elección realizada en enormes circunscripciones electorales, es decir, en las cuales se elige un número considerable de diputados o concejales. Ello ha conducido a que la representación proporcional se haya distorsionado y a que no haya, realmente, conexión real entre el elegido y el elector; más bien, hemos provocado que el elegido se haya alejado del elector.

Al contrario, siempre hemos planteado que para que pueda haber una mayor representatividad, habría que reformar el sistema electoral, no tanto sustituyendo el sistema de la representación proporcional, que debe seguir en principio, sino atenuando sus efectos distorsionantes, mediante la modificación del ámbito espacial de las circunscripciones electorales en las cuales debe aplicarse ese sistema electoral.

Pero a la ausencia o a las fallas en la representatividad de la democracia política, se agrega la ausencia o falla en la participación. Así, tenemos una democracia política poco representativa y también, poco participativa. Nos hemos olvidado en los 25 años de democracia, simplemente, del ciudadano. El ciudadano ha sido el gran relegado del proceso político y administrativo, pues no consigue vías de participación, distintas a la participación especial y estrictamente establecida de los partidos políticos.

La Constitución y los actores políticos de comienzos de la década de los sesenta, sin duda, tuvieron dos objetivos centrales como tarea política inmediata en aquella época: consolidar el régimen de democracia y establecer una democracia que tuviese cierta estabilidad, y asignarle a los partidos políticos, la exclusividad de la conducción del proceso político del país. Creemos que esos dos objetivos en las dos décadas transcurridas se han logrado: ha habido una consolidación del régimen democrático político y ha habido la asunción exclusiva, por los partidos políticos, de la participación, de manera que la democracia sólo es participativa a través de los partidos políticos. Por eso se ha dicho, y no en sentido peyorativo, sino como realidad concreta, que nuestra democracia se ha configurado como una partidocracia, utilizando el término con toda su connotación política, pues ese fue el objetivo en la voluntad política derivada del Pacto de Punto Fijo y de la Constitución de 1961: asignarle a los partidos políticos la conducción del proceso político del país.

Ahora bien, lo que debemos plantearnos ahora es, si sólo debe haber participación a través de los partidos políticos o si es necesario que se establezcan otras vías de participación, además de los partidos políticos. La promesa lanzada inclusive como consigna política, del establecimiento de sociedades intermedias para la participación mediante la organización social del pueblo para la participación, está todavía por ser realizada. Lo cierto es que, al paternalismo del Estado hemos, también, agregado un paternalismo político de los partidos políticos. Estimamos que debemos superar este paternalismo con otros mecanismos de participación que consoliden la democracia participativa, concretada a través de la organización social de la población mediante el establecimiento de sociedades intermedias.

2. *La distorsión de la democracia*

En todo caso, la consolidación y estabilidad de nuestro régimen democrático, ha conducido a que nos hayamos olvidado de criticar, analizar y enjuiciar a la propia democracia. Porque la tenemos y ha entrado ya en nuestras costumbres, a veces no nos detenemos a enjuiciarla, para ubicar sus fallas para su perfeccionamiento. Sin embargo, hemos señalado, al analizar nuestra democracia y su consolidación, que lamentablemente, además de que ésta se nos ha convertido, políticamente, en una partidocracia, sin quererlo, ha sufrido, además, otras dos deformaciones. A veces aparece como una "kleptocracia", que cobija un enorme sistema, vinculado al proceso democrático, que permite que los ladrones del erario público puedan circular libremente por las calles y sean aceptados en el medio político, sin que nada pase. A veces resulta que todo el mundo sabe quiénes son, pero luego no existen. Parecería, así que existe un gran sistema de encubrimiento global donde no hay controles efectivos y donde, en definitiva, todo se agota en denuncias, y en declaraciones, para concluir en nada. Así la kleptocracia, como gran organización para el encubrimiento y el incumplimiento de la ley, se nos convierte, también en otra deformación de la democracia, que es la "parlocracia". La lectura diaria de la prensa evidencia esta deformación, pues es el vehículo para que el ejercicio político se agote en declarar, acusar, a veces difamar, contestar y luego, tampoco pasa nada. Siempre recordamos un diálogo muy característico, desde el punto de vista político, de nuestra parlocracia: un alto representante de las Cámaras Legislativas declaró que el Gobierno estaba politizando las empresas del Estado; un alto funcionario gubernamental contestó que no se estaban politizando las empresas del Estado; y el alto representante del Congreso ripostó que menos mal que no se estaban politizando dichas empresas y allí concluyó todo. Lo lamentable es que se considere que allí hubo, realmente, una actividad política. En realidad, la distorsión de la democracia ha llevado a que se considere como una función política fundamental el dar declaraciones, el acusar, el entorpecer y el contestar declaraciones. Sin embargo, en realidad, lo que estamos haciendo es agotándonos en una parlocracia estéril, que se reduce, como señalamos, en acusar, en responder, en declarar, no sólo entre Gobierno y oposición, sino también entre partidos y entre facciones de dichos partidos,

En todo caso, estimamos que esta es una realidad que hay que tener en cuenta, como distorsiones de la democracia, a los efectos de lograr un perfeccionamiento de ese primer gran pilar del sistema político venezolano que es el régimen democrático.

II. EL SISTEMA DE GOBIERNO: EL PRESIDENCIALISMO Y LA SEPARACIÓN DE PODERES

El segundo elemento que caracteriza al sistema político venezolano, además del régimen democrático, es el sistema de gobierno. Pensamos que, en general, ha habido una gran confusión en la identificación del mismo. Normalmente se leen con frecuencia opiniones que califican dicho sistema como presidencialista, en virtud de que el Presidente, a veces, interviene en todo, y está sometido a pocos controles; y estas opiniones no sólo la emiten políticos locales, sino cuentistas políticos extranjeros que al analizar el sistema de gobierno en los países de América Latina, meten a todos en el mismo globo de presidencialismo, incluyendo a Venezuela.

Sin embargo, el sistema presidencial venezolano, no es tan presidencialista como se lo califica muchas veces, sobre todo cuando se identifica al presidencialismo, no sólo con presidencia fuerte, sino omnipotente, incontrolada o todopoderosa. Realmente, desde el punto de vista institucional, nuestro sistema de gobierno no es así.

En Venezuela, en realidad, existe un presidencialismo débil y así fue establecido, también deliberadamente, en la Constitución de 1961. En efecto, puede decirse que la Constitución de 1961 debilitó las instituciones políticas ejecutivas y debilitó el sistema presidencial. No hay que olvidar que los redactores de la Constitución tuvieron una idea fija cuando trataron el sistema de gobierno y la separación de poderes, y fue el temor a la dictadura, encarnada en el Poder Ejecutivo; y por ello, la Constitución fue redactada para debilitar el Poder Ejecutivo.

1. *El presidencialismo parlamentario*

En esta forma, el sistema presidencial —que no es presidencialista— venezolano, es un sistema que se identifica, realmente, como un sistema presidencial con sujeción parlamentaria. Tenemos, por tanto, una especie de "presidencialismo parlamentario", que interrelaciona estrechamente al Poder Ejecutivo, no sólo con el Poder Legislativo, el Congreso, sino con el Poder Judicial. Este presidencialismo parlamentario o este sistema presidencial con sujeción parlamentaria, plantea así, un sistema de gobierno basado en un sistema de interferencias. Todo el proceso político constitucional de nuestro sistema de gobierno, está armado por la Constitución, mediante un mecanismo de interferencias entre los poderes, más que de colaboración. Por ello, en general, los poderes o han estado o podrían estar en un conflicto permanente, y se plantea, por tanto, un auténtico obstruccionismo como sistema de gobierno.

El Congreso, en muchas oportunidades, se agota en obstruir, simplemente, desatendiendo sus funciones fundamentales: legislar y controlar a la Administración Pública. De resultas tenemos que el Congreso no legisla ni controla y se agota en el intento de coadministrar y de cogobernar. Si uno analiza el proceso de discusión del presupuesto anual, en realidad se encuentra con un ensayo de cogobierno y coadministración. Pero esta distorsión de las funciones del Congreso lleva, a algunos políticos, con frecuencia, a reclamar más poder para el órgano legislativo, e inclusive, a que alguno Laya planteado la necesidad de una Enmienda Constitucional para establecer la figura del Primer Ministro y, por tanto, para que el Congreso gobierne. Creo que pensar en la figura de Primer Ministro en Venezuela, es una de las mayores insensateces y necedades políticas que puedan plantearse en nuestro sistema político, porque habría que cambiarlo todo. Entre otras cosas, habría que cambiar de raíz el sistema electoral. Parece que quien planteó esa posibilidad, no se percató que un sistema de representación proporcional, como sistema electoral, es un error mezclarlo con un sistema parlamentario conducido por un Primer Ministro.

En efecto, para poder tener un sistema parlamentario mezclado con el presidencial habría que establecer un sistema mayoritario de elección, que le dé cierta estabilidad al gobierno, como es el caso de Francia. Igual cosa ha ocurrido en los países monárquicos más estables, como Inglaterra, en los cuales se ha adoptado un sistema mayoritario. Sin embargo, en aquellos países que se les ha ocurrido adoptar un sistema de elección de representación proporcional absoluta, como el nuestro, pero como base para un sistema de gobierno parlamentario, las posibilidades de tener gobierno estable son muy precarias. Ese es el caso de Italia y será, sin duda, en el futuro, el caso de España. Lamentablemente, creemos que la experiencia italiana o la experiencia de la Cuarta República francesa, la veremos reflejada en el proceso político español, el cual si bien ha tenido cierta estabilidad durante el primer lustro de democracia, entrará en un futuro próximo en un proceso de inestabilidad, precisamente, provocado por un sistema institucional inadecuado que no permitirá establecer un gobierno estable.

Por ello, en Venezuela, hablar de Primer Ministro, de sistema parlamentario y de mayor poder del Congreso, en la actualidad, realmente pensamos que es un error.

2. *El papel del Congreso*

El Congreso tiene una función primordial en el sistema que está establecido en la Constitución: no es la de gobernar, sino la de legislar y controlar. Esas son sus dos tareas fundamentales en el proceso venezolano; y no, como algunos pretenden, coadministrar o cogobernar. Sí debe conducir políticamente al país a través de leyes y a través del control, pero no puede ejercer la actividad de gobierno.

Sin embargo, puede decirse que el Congreso no legisla en Venezuela, y tampoco controla, efectivamente, por lo que sus tareas fundamentales no las ejerce. Si uno analiza, por ejemplo, el proceso de regulación jurídica de la economía en Venezuela desde 1939, se percata que tenemos más de 40 años de restricción de la garantía constitucional de la libertad económica, y en consecuencia, que tenemos cuatro décadas de Decretos-Ley, dictados por todos los Presidentes de la República. Es decir, tenemos 40 años de legislación de emergencia en Venezuela. Por ello, cuando algún empresario dice que hay que restablecer la libertad económica del país, sólo podemos concluir que se hacen afirmaciones sin conocimiento: es imposible, en Venezuela, restablecer la libertad económica, antes que el Congreso dicte una serie de leyes que suplan el vacío legislativo que ha habido en 40 años, y que ha sido llenado con Decretos-Ley, por lo que mientras esas leyes no se dicten, no será posible restablecer la libertad económica.

Este solo ejemplo nos pone en evidencia que ha habido una inacción del Congreso en materia de legislación, por lo que puede decirse que el Congreso no legisla. Si uno analiza el balance de la actividad parlamentaria cada año, se encuentra que casi todas las leyes sancionadas son leyes aprobatorias de Tratados y de Acuerdos Internacionales, lo cual no exige ninguna función creadora. El Congreso, realmente, no trabaja en materia legislativa en el país, y son excepcionales las leyes que se dictan. Basta, para percatarse de ello, analizar retrospectivamente el pro ceso legislativo. Y frente a esta inacción legislativa, se ha aprobado el Proyecto de Enmienda Constitucional de 1982 con el objeto de establecer una Comisión Legislativa de las Cámaras de Diputados y Senado compuesta por 25 parlamentarios, la cual, con los dos tercios, o sea 15 representantes, tendría a su cargo hacer el trabajo de los 250 Diputados y Senadores. Podría ser útil dicha Comisión Legislativa, pero al establecerla, debió quizás, reducirse el número de parlamentarios, por ejemplo, a 100 Diputados y 25 Senadores. Lo que no tiene sentido es que con la excusa de que hay que agilizar el proceso de elaboración legislativa, se reduzca la labor legislativa y se vaya a legalizar el ausentismo parlamentario y la ausencia de trabajo en las Comisiones.

Pero además de que el Congreso no legisla o legisla mal, el otro papel del Congreso, que es controlar, también lo hace mal. En efecto, el Congreso tiene poderes formales que no se ejercen: la Constitución tiene una Disposición Transitoria, que exige que se dicte una ley que regule la efectividad de los poderes de investigación del Congreso, de la obligación que tienen los funcionarios y particulares de acudir al Congreso y de las sanciones correspondientes. Después de 21 años, el Congreso ha sido incapaz de dictar esa ley para poder ejercer adecuadamente sus poderes de control, los cuales, en este caso, siguen regulados por una Disposición Transitoria. Por tanto, en materia de control, pueden identificarse una serie de poderes formales que no ejercen, agotándose las investigaciones en discusiones que difícilmente terminan en decisiones concretas.

Por otra parte, lo que el Congreso debería hacer para controlar a la Administración Pública, no lo hace: jamás se ha discutido en las Cámaras Legislativas una Memoria y Cuenta de un Ministro, que debería ser uno de los objetivos centrales del control; y jamás el Congreso ha aprobado un voto de censura luego de un análisis exhaustivo de una Memoria y Cuenta de un Ministro. Por tanto, sin duda, los poderes de control del Congreso, en la práctica, también resultan bastante precarios, lo cual se torna más grave cuando, inclusive, los propios parlamentarios, han dudado de sus propios poderes de control, como tuvimos ocasión de presenciar, en uno de los pocos debates importantes derivados del control político sobre la Administración Pública, que tocó a un ex Presidente de la República, el cual, sin embargo, no concluyó en lo que debía. En todo caso, en el debate de esta investigación, algunos parlamentarios argumentaron que el Congreso no podía apreciar la responsabilidad de los funcionarios públicos, porque ello correspondía a los Tribunales. Ahora bien, ¿qué puede hacer un organismo de control si no puede apreciar responsabilidades? Si fuera así, ¿cómo puede controlar? ¿Cómo se puede controlar la actividad de un funcionario si no se puede apreciar su responsabilidad civil, política y administrativa?

3. *El Poder Judicial*

El otro elemento que complementa el sistema de gobierno, además del régimen presidencial con su sujeción parlamentaria y del papel del Congreso, es el Poder Judicial. Sin duda, es el pilar del sistema político, y para ello debe asegurarse su independencia y autonomía. Estas, en la actualidad, no son completas. Los jueces están sujetos a presiones políticas y gubernamentales. Muestra de ello, por ejemplo, fueron las felicitaciones o condenas que realizó, años atrás, el Poder Ejecutivo directamente, respecto de determinados jueces que habían dictado sentencia en un sentido o en otro y esto se hacía público, mediante telegramas del Presidente de la República.

Por otra parte, lamentablemente comienza a resultar normal que, en procesos con connotaciones políticas, se pida la intervención de altos jefes políticos para que intercedan ante miembros del Poder Judicial. La prensa, públicamente, por ejemplo, dio cuenta hace unos años después del encarcelamiento de un editor, de cómo este llamó a un alto dirigente político en relación a su causa. La interpretación de las partes fue diversa: el editor dijo que llamó al dirigente político, para que intercediera para que no se distorsionara la justicia; el dirigente político entendió que se lo llamaba para que intercediera para distorsionar la justicia y no aceptó la llamada. Sin duda fue esto último lo que ocurrió. Sin embargo, lo grave es que todo esto se dice en la prensa y aquí no pasa nada; siguiendo el Poder Judicial más o menos igual.

En todo caso, la Ley de Carrera Judicial que se dictó hace pocos años y que está por ejecutarse, será un paso muy importante para asegurar la autonomía o independencia de la Judicatura, mediante la estabilidad profesional.

Sin embargo, el gran problema del Sistema Judicial y de la Justicia en Venezuela es su ausencia de carácter democrático. En Venezuela, en efecto, la Justicia no es democrática por lo que uno de los grandes esfuerzos que deben hacerse en el futuro, es el de la democratización de la Justicia. A la Justicia, en Venezuela, no tiene acceso sino una absoluta minoría; y ello como consecuencia, entre otros aspectos, de una lentitud absurda del proceso judicial que resulta muy difícil costear y soportar. Por ello, sólo el que puede costear un largo y lento proceso judicial, puede soportar un procedimiento de varios años, de lo que resulta que, normalmente, el común de las personas no tengan posibilidad alguna de acceder a la justicia y de lograr que se le haga justicia.

III. LA FORMA DEL ESTADO: LA FEDERACIÓN CENTRALISTA

El tercer elemento que debemos comentar en relación al sistema político venezolano, además del régimen democrático y del sistema de gobierno, es la forma del Estado, que es el tercer pilar de nuestra estructura política.

La forma del Estado Venezolano también es una forma contradictoria en sí misma, pues nuestra forma de Estado es la de una Federación, pero una Federación centralizada, lo cual insistimos, es una contradicción determinada. La Federación, en cualquier país del mundo es, por esencia, un sistema de descentralización política, donde el proceso y el poder político, está compartido por un nivel federal o nacional y unos niveles intermedios en el territorio que son los Estados, que forman parte de esa Federación. Nosotros tenemos un sistema contradictorio en sí mismo: somos una Federación, pero una Federación Centralizada, lo cual exige que nos replanteemos la necesidad de sincerar el funcionamiento de esta Federación.

En efecto, la Federación venezolana es centralista y está centralizada a nivel nacional, en primer lugar, porque concentra materialmente todas las competencias públicas en ese nivel, con algunas competencias expresas compartidas en la Constitución con los niveles locales municipales. Esto es el resultado de un proceso histórico que se ha consolidado en los últimos 50 años. No hay que olvidar que ha sido, precisamente, a partir de la muerte de Gómez que las Constituciones, democráticas o no, han venido debilitando el Sistema Federal y centralizando aún más el país. En particular, las Constituciones de 1947, de 1953 y 1961 fueron centralizadoras. Estudiando estos textos nos hemos preguntado si realmente, sus redactores tenían conciencia del objetivo de centralizar el Estado y de vaciar totalmente de competencia a los Estados de nuestra Federación.

En todo caso, la Constitución vigente declara que los Estados son autónomos e iguales, frente a lo cual habría que preguntarse ¿autonomía para qué? Si se analiza el texto constitucional, tenemos que concluir que se trata de una autonomía inútil y vacía, porque, simplemente, no hay materias sobre la cual pueda ejercerse. El Gobernador de nuestros Estados se reduce a ser un agente del poder central nacional, y no tiene a nivel estadal, materia propia sobre la cual administrar ni gobernar. Se trata, en general, de un agente, a veces político policial, y en el mejor de los casos, de un gestor ante los Ministerios para que le realicen una obra pública determinada.

Las Asambleas Legislativas, además de la poca representatividad que también padecen, derivada de una elección absurda de sus diputados por un sistema de representación en todo el Estado y no por ejemplo, por Distrito, están signadas por la inactividad. Estos órganos, en general, se reúnen dos meses al año, y ello es así pues no tienen materia sobre la cual discutir. Analícense cualquier conjunto de leyes de cualquier Estado y resultará que ellas se reducen a una Ley de Régimen Político, a una Ley de Becas, a una Ley de Escudo y de Himno, a una Ley de Licitaciones y otra de Contraloría. De resto no hay ninguna ley importante, pues como se dijo, se ha vaciado de contenido a los Estados, con la anuencia de los propios Estados.

Por tanto, resulta necesario realizar un enorme esfuerzo para rehacer políticamente al país por dentro, el cual no existe desde el punto de vista político. Existen penetraciones nacionales, en los Estados, pero en general, políticamente, sus instituciones no tienen ninguna importancia. Por supuesto, para esta reforma se requiere un movimiento nacional que provoque, también, a que los Estados reclamen sus propios poderes.

En este sentido deben destacarse dos experiencias importantes e interesantes de reforma estadal en los últimos años, llevadas a cabo en el Estado Aragua y en el Estado Yaracuy. En estos Estados, a partir de 1979, se asumió el proceso político de reforma constitucional con el objetivo de establecer una mayor fortaleza del Poder Legislativo, una precisión de competencias que tienen tanto el Gobernador como la Asamblea, y de darle a ésta, inclusive, mayor representatividad. En esta forma, en esas dos Constituciones se han definido un conjunto de competencias que le dan ahora mayores poderes al Gobernador y mayores materias sobre la cual legislar a la Asamblea Legislativa. Además, se ha establecido un sistema de representación corporativa en las Asambleas Legislativas lo cual, realmente, constituye una revolución. En efecto, además de los miembros (diputados) de la Asamblea, estas Constituciones han previsto que haya en ellas, cinco representantes de los intereses organizados del Estado (Gremiales, Universitarios, Económicos, Sindicales, Municipales), que tienen representación directa, de manera que puedan participar en las deliberaciones de la Asamblea.

Estos dos elementos, reforzamiento de competencias y mayor representatividad a través de esta representación corporativa en las Asambleas, configuran, sin duda, reformas de gran importancia en nuestro nivel estadal. Sin embargo, a nivel nacional, el Poder Ejecutivo no se ha interesado en absoluto, por esto, salvo para obstruir el proceso de reforma. Fuimos testigos del absurdo político que acaeció con la sanción de la Constitución del Estado Aragua en 1980. Esta fue objetada por el Gobernador del Estado, actuando por indicación del Ministerio de Relaciones Interiores, a pesar de que el mismo partido de gobierno dominaba la Asamblea. La objeción del Gobernador a la Constitución del Estado obedeció a una sola razón: que la Constitución previo que el Gobernador debía llevar a la Asamblea los programas que debía someter u los efectos de la coordinación nacional del Situado Constitucional. Ahora bien, ¿qué menos puede pedirse a una Asamblea Legislativa, si es que para algo puede servir, que el Gobernador la informe y la entere de las prioridades político-administrativas del Estado, que debe llevar como programas, a la Comisión prevista en la ley nacional de coordinación de la inversión del situado, a los efectos de la mencionada coordinación con planes nacionales?

Sin embargo, se estimó que esa previsión era violatoria de la Ley Orgánica Nacional, y como consecuencia hubo que modificar la Constitución estadal, y aclararle al Ejecutivo Nacional cual era la intención para que pasara la reforma. Salvo esta actitud negativa, no ha habido interés alguno, a nivel nacional, ni del Congreso Nacional, ni del Poder Ejecutivo, respecto de las reformas que se vienen realizando en los Estados de nuestra Federación.

Por otra parte, dentro de este aspecto del Sistema Federal, está, también, la autonomía local del Municipio, al cual la Constitución confiere, formalmente, el carácter de entidad política primaria y autónoma dentro de la organización nacional. Sin embargo, en Venezuela, aún no hemos reformado el Sistema Municipal ni hemos establecido un régimen municipal que siga los principios de la Constitución de 1961. Lamentablemente, la Ley Orgánica de Régimen Municipal de 1978, fue un enorme fraude político al país, El país fue engañado con esa ley, simplemente, porque la ley consolidó el régimen municipal de la Constitución de 1953, es decir, del régimen pre democrático. La ley no reformó el régimen local y, al contrario consolidó la situación existente. Además fue elaborada teniendo como paradigma municipal, a la Municipalidad del Distrito Sucre del Estado Miranda, una de las jurisdicciones de la ciudad capital, la cual ha tenido tradicionalmente problemas graves en su administración. Ahora bien, esa ley, para cualquiera que conozca las pequeñas localidades del país, encontrará que es absolutamente inaplicable a las localidades del interior del país.

Lamentablemente, insistimos, la Ley consolidó el régimen anterior y no lo reformó. El Municipio sigue alejado del ciudadano, pues éste no participa, sino a través de mecanismos de presión, en la vida local. Lo único positivo de la Ley que no tenía el proyecto original y que fue regulado por la presión de las comunidades de vecinos, fue el reconocimiento de las Juntas de Vecinos que ha permitido un elemento participativo indirecto de gran importancia.

IV. CONCLUSIÓN

Como conclusión, debemos señalar que lo que hemos querido, al tratar estos aspectos del sistema político, es llamar la atención y reflexionar sobre la realidad del mismo, el cual, no debe ser tratado a la ligera. Todos estos problemas y todas estas reformas, requieren un profundo análisis y estudio. Las instituciones políticas, así, deben estudiar el régimen democrático y las exigencias de perfeccionamiento de la democracia; el sistema de gobierno y hasta donde debe llegar la sujeción parlamentaria a los efectos de lograr una efectividad de la separación de poderes; y la forma del Estado, es decir, nuestra Federación, a los efectos de determinar si debemos eliminarla o no, o al contrario, debemos de reforzarla y hasta donde. Estos problemas, insisto, requieren de un muy importante estudio político que debería ser llevado básicamente por los órganos político-representativos, particularmente por el Congreso Nacional, lo cual, hasta ahora, no se está haciendo con seriedad.

En este sentido debemos aprender de otras experiencias. Por ejemplo, en Inglaterra se discute desde hace varios años el problema de la descentralización política, el cual, además es un problema mundial: se llaman autonomías en el caso español, se llaman regiones autónomas en el caso italiano y francés, se trata de Comunidades nuevas en el caso belga por ejemplo, o se llama "devolution" en el caso inglés. En efecto, el Parlamento inglés viene estudiando desde hace casi una década el problema de la descentralización política del país y para ello, ha realizado importantísimos estudios que están publicados. Se destaca, entre ellos, el famoso Informe Kilbrandon sobre la reforma de la Constitución que se refiere al problema de la descentralización.

Lo cierto es que tenemos que tomar conciencia que nosotros no podremos nunca reformar efectivamente ninguna de nuestras instituciones políticas, en ninguno de los aspectos señalados, ni en el electoral, municipal o federal, si no los estudiamos concienzudamente en forma previa. Lamentablemente, nuestras instituciones políticas no están acostumbradas a estudiar, y menos, a estudiar el proceso político. Parecería que existe una especie de fobia en nuestros líderes políticos, por el estudio serio de las instituciones políticas y de la Administración Pública. Quizás ello es el legado del marxismo, como metodología política, que ha llevado a que no se tenga el interés sobre los problemas políticos-administrativos, pues se parte del supuesto, ya superado, de que el Estado es un instrumento de dominación que hay que eliminar. Por ello, en el marxismo tradicional, el Estado no era objeto de estudio, porque se suponía que la revolución traería un nuevo Estado y una nueva Administración. Esta concepción, que ha influenciado inclusive, a los no marxistas, afortunadamente empieza a ser superada en la actualidad.

CAPÍTULO TERCERO. LAS INSTITUCIONES POLÍTICAS REPRESENTATIVAS Y SUS PROBLEMAS ACTUALES

I. INTRODUCCIÓN

El objetivo de estas notas es comentar las instituciones políticas contemporáneas del país y sus problemas actuales: analizarlas, criticarlas si es necesario y tratar de evaluarlas, como instrumento de participación y de representatividad política. En este sentido en particular, debemos referirnos a las instituciones políticas nacionales representativas, es decir, a las Cámaras Legislativas; a las Asambleas Legislativas a nivel de los Estados y a los Concejos Municipales. Estos tres niveles son, precisamente, los tres niveles que conforman las instituciones representativas del país dentro del esquema de un sistema federal como el nuestro.

Sin embargo, no hay que perder de vista que la Federación en todos los países en los cuales existe, inclusive en el nuestro cuando se estableció, es un sistema de descentralización política, es decir, de distribuir el poder político en los diversos niveles territoriales del país, a través de mecanismos institucionales, en particular, los Estados y los Municipios. La Federación se opone, así, a los sistemas unitarios de Estado, en los cuales las instituciones políticas representativas, básicamente, están en un solo nivel, el nivel nacional y no en el nivel intermedio, aún cuando se reconozca, en ciertos casos, determinadas autonomías locales.

En esta forma, la Federación, por esencia, es un sistema de descentralización política, y conlleva, también por esencia, la posibilidad de tener órganos representativos electos a niveles territoriales inferiores del nivel nacional. Sin embargo, cualquier análisis de nuestras instituciones políticas nos evidencia una contradicción entre este principio de descentralización política propio del sistema federal, y el excesivo centralismo que padecemos en nuestro país, y que en el mundo contemporáneo viene acentuándose desde hace varias décadas. Nosotros hemos desnaturalizado la Federación y la descentralización política y hemos centralizado al país. Por eso, pensamos, el problema más grave del Estado contemporáneo en Venezuela, es el centralismo y el reto más grave que tienen las generaciones futuras, es el de superar el centralismo y volver hacia la descentralización del país.

Siempre hemos pensado que, políticamente, nuestro país no existe por dentro; que el país, políticamente, es una gran cáscara que tiene un esbozo de representatividad en Caracas, en el Centro, pero que no existe a nivel de la Provincia, porque las instituciones políticas locales y regionales las hemos debilitado progresivamente.

Partiendo de estos supuestos, quisiéramos referirnos a estos tres niveles de instituciones políticas: al nivel nacional, vinculado al Congreso; al nivel estadal, vinculado a las Asambleas Legislativas, y al nivel municipal, vinculado a los Concejos Municipales.

II. EL CONGRESO

El Parlamento, en todos los países del mundo moderno, se configura como el órgano por excelencia de representación política a nivel nacional. Pero no solo es un órgano representativo, siendo la esencia del Parlamento, ser depositario de la representación popular, sino que, además, es un órgano que debe ser el instrumento de una función esencial del Estado: la función de legislar, de dictar normas con carácter obligatorio aplicables a todos los ciudadanos; y, además, un órgano que en las democracias contemporáneas tiene a su cargo la función de control.

Por tanto, tres son las tareas centrales de cualquier Parlamento: ser órgano de representación política, ser órgano legislativo y ser órgano de control de la Administración. Sin embargo, si uno analiza nuestra realidad contemporánea, nos encontramos que el Congreso, realmente, no es representativo, que el Congreso no legisla y que el Congreso tampoco controla adecuadamente la Administración, o sea, que no responde a las exigencias mínimas y elementales de esta institución. Nuestra intención es analizar, separadamente, estos tres elementos: ¿cuál es la realidad de la representatividad del Congreso? ¿Cómo y en qué forma legisla? y ¿cómo y en qué forma controla?

1. *El problema de la representatividad*

En cuanto al problema de la representatividad, podríamos comenzar por preguntar ¿a quién representa el Congreso? Si hacemos un repaso sobre cómo funciona y cómo está integrado podríamos insistir en preguntarnos ¿a quién representan los Diputados?, ¿a quién, realmente, representamos los Senadores? ¿representan a la colectividad? ¿representan a las comunidades? ¿representan a los diversos niveles territoriales del país? Pensamos que, en realidad, definitivamente, el Congreso no representa a las colectividades del interior del país, no representa a las comunidades nacionales, no representa al país. Sin embargo, es un órgano representativo pero, lamentablemente, un órgano representativo sólo de los partidos políticos. Por ello, puede decirse que en el Congreso hay una representación mediatizada. Podría señalarse que los partidos representan, a la vez, a las comunidades y, por tanto, estando representado los partidos en el Congreso, en forma indirecta estarían representadas las comunidades. Sin embargo, aún así habría una mediatización de la representatividad porque esta no es directa ni auténtica.

Esta ausencia de representatividad de parte de nuestra institución parlamentaria, tiene su origen en muchos factores. Hemos pensado siempre que hay un motivo determinante en este problema de la representatividad y ese es el sistema electoral. Sin eliminar el sistema de representación proporcional, tan arraigado en nuestra historia política, pensamos que sí deberían atenuarse los efectos negativos del sistema de representación proporcional, y establecerse sistemas de elección que vincularen más a las comunidades, con los electos en las Cámaras Legislativas. Para esto bastaría con una reforma que consistiría en reducir el ámbito territorial de las circunscripciones electorales. Por tanto, en vez de elegir veinte o treinta Diputados en bloque, en una sola lista, por toda una amplia circunscripción electoral las cuales se identifican, en la actualidad, con la demarcación de los Estados y el Distrito Federal, podría plantearse una reducción de este ámbito y, por ejemplo, elegir el mismo número de Diputados, pero en grupos reducidos por cada Distrito o Parroquia. Así, por ejemplo, en el Distrito Federal, cada Parroquia podría postular sus candidatos en forma directa, lo cual contribuiría a que las listas electorales obligatoriamente se vincularan más a las comunidades. En efecto, cuando se formulan listas por grandes circunscripciones electorales-territoriales, como sucede en la actualidad, hay poco interés de los partidos de ubicar en ellas, realmente, gente representativa de las comunidades, y hay también, poca posibilidad de las comunidades de poder exigir a los partidos, que se ubiquen en estas listas, a personas representativas de la comunidad.

En todo caso, esta ausencia de representatividad ha provocado un desfase entre el país político y el país nacional. Esta distinción odiosa, porque no debería existir en un sistema democrático, lamentablemente hoy la tenemos más vigente que nunca; el país político va por su lado, el país nacional va por el otro extremo, y no hay ninguna correlación entre uno y otro. El país nacional, pensamos, no está representado en el Congreso. Allí, en cambio, sí está representado el país político. Este parecería que actúa de espaldas a la realidad nacional y ello también comienza a sentirse en el Congreso. La Nación, entonces se siente un poco desasistida, sin conducción política. Los partidos políticos, sin embargo, sí tienen sus conductores.

2. *La capacidad de legislar*

Pero además del problema de la representatividad en las instituciones políticas nacionales, en el Congreso se plantea también el problema de su capacidad legislativa. En efecto, una de las funciones esenciales de todo Parlamento es la de legislar, es decir, la de emitir normas de validez general. Ha sido precisamente, por esta función de legislar que en las instituciones políticas contemporáneas se ha hablado de la primacía del Parlamento, por ser, éste, depositario de la representación popular y por ser quien tiene a su cargo manifestar o expresar la voluntad general. Sin embargo, si se analiza el funcionamiento concreto de nuestro Congreso, particularmente en la época democrática actual, resulta que el Parlamento no legisla. El Parlamento ha ocupado una larga parte de su actividad, al debate político que interesa a los partidos, que interesa al país político, pero, a veces, el Congreso se ha olvidado del país nacional, el cual sufre de esta ausencia de legislación actualizada. Pensemos nada más, que todavía está vigente el Código de Procedimiento Civil dictado en el año

1916, en el cual, entre otras cosas, se establece que los términos de distancia para los actos procesales se calcula a razón de treinta kilómetros por día; cálculo que tiene su origen en la distancia en la cual se podía cabalgar un caballo, en un día, sin desgonzarle. Esa es la forma en la cual, en la época del jet y en la época de las comunicaciones, todavía se miden los términos de distancia.

La realidad y este ejemplo muestran que, simplemente, a nadie le preocupa, a nivel del país político, este problema de los lapsos judiciales, que ocasiona, en la actualidad, una parálisis absurda de la justicia. En Venezuela es difícil obtener una decisión judicial y cuesta mucho tener acceso a la justicia, precisamente, porque no hay una legislación adecuada al mundo moderno.

Esta ausencia de legislación producida por el Congreso ha provocado otra gravísima consecuencia en las estructuras políticas del país, y es que el Congreso ha venido perdiendo su primacía, al perder su capacidad de legislación, y progresivamente ha aumentado la "capacidad legislativa del Poder Ejecutivo", lo cual ha dado origen a que se hable en el Derecho Constitucional Comparado, de la llamada primacía del Poder Ejecutivo. No hay que olvidar, en este sentido, que la legislación más importante de los últimos cuarenta años en materia económica, por ejemplo, la ha dictado precisamente, el Poder Ejecutivo. Si se analiza esta legislación en materia económica a partir de 1939, resulta que fácilmente, más del 85% de las Leyes que regulan la economía han sido dictadas por Decretos-Ley, porque frente a una deficiencia de la función legislativa del Congreso, el Poder Ejecutivo, sea en regímenes de facto o en regímenes de derecho, ha usado facultades legislativas derivadas de los llamados Decretos-Leyes, habilitados o dictados en restricción de garantías constitucionales. En esta forma, el Congreso, progresivamente, ha perdido su capacidad de legislar,

Pero ¿cuál es la solución del problema? Quizás, hacer más representativo al Parlamento y lograr que se ocupe de la conducción política del país, a través de la legislación. Sin embargo, en lugar de solucionarse el problema en su raíz, en el proyecto de la famosa Enmienda Constitucional N° 2, se plantea como una gran solución a los problemas institucionales del País, el regularizar esta incapacidad del Congreso de legislar. En efecto, este Proyecto de Enmienda, frente al problema de la ausencia de capacidad legislativa del Congreso, y a veces, de la incompetencia, de la holgazanería y del ausentismo de ciertos parlamentarios, se plantea como remedio crear una Comisión Legislativa, compuesta por veintitrés miembros, a la cual se puede autorizar discutir proyectos de Ley, los cuales, luego, el Congreso, en una sola sesión aprobaría mediante un Acuerdo. Así, se pretende dejar a veintitrés miembros de las Cámaras, que equivalen a un décimo de sus componentes, materialmente la función de legislar, dándosele poder a esta Comisión Legislativa, además, para tomar las decisiones con un tercio de miembros. Así, en definitiva quince parlamentarios legislarían en el futuro. No es ilegítimo preguntarse, frente a esta propuesta, ¿para qué existe el Congreso? ¿Para qué elegimos más de doscientos Diputados y cincuenta Senadores si no son capaces de legislar?

En realidad, parecería que en vez de atacarse el problema de fondo y en su raíz, se busca, simplemente, establecer un remedio y un paliativo a esta incompetencia y ausentismo parlamentario. Pensamos que con esta Enmienda no se solucionará el problema de las deficiencias legislativas sino que quizás se consolidará esa incompetencia y ese ausentismo parlamentario.

Por otra parte, el Congreso carece de un cuerpo permanente de asesores legislativos, de altos niveles de excelencia, que permita asumir, a los legisladores, su responsabilidad de legislar. Por eso, muchas veces, cuando el Congreso legisla, lo hace mal.

3. *Las limitaciones al control*

Pero además de tener que ser representativo, y de tener la función legislativa, el Congreso debe también controlar a la Administración Pública y en esta materia se nos vuelve a plantear el mismo problema. Realmente ¿controla el Congreso a la Administración? Si el Congreso falla en representatividad ¿cómo va a controlar efectivamente a la Administración? Piénsese nada más, que en un Congreso que representa básicamente a los partidos, si hay una coincidencia entre el partido que domina el Congreso y el partido de Gobierno, sensata y racionalmente es difícil que pueda realizarse un efectivo control del Congreso sobre el Gobierno, y sobre la Administración. En este campo, pensamos, está otro de los elementos de crisis del sistema parlamentario venezolano, pues el Congreso tampoco controla adecuadamente al Gobierno. Inclusive, en las pocas oportunidades en las cuales ha querido ejercer sus potestades de control, éstas se han visto coartadas, al dudar o negar los propios parlamentarios, sus propias competencias para apreciar las responsabilidades políticas, administrativas y penales en que podían haber incurrido funcionarios públicos o ex funcionarios públicos. ¿Cómo puede controlarse a la Administración si no se puede apreciar la responsabilidad de quien se controla? Si no pudieran apreciarse estas responsabilidades, el control sería un control inútil e inocuo, que no serviría absolutamente para nada, no valiendo la pena establecer estos mecanismos de control.

Por otra parte, los mecanismos tradicionales de control también son inocuos: el Presupuesto Nacional en realidad, no se estudia, hay solo reacciones políticas frente a determinadas partidas o programas presupuestarios; y las Memorias y Cuentas de los Ministros no son nunca analizadas. Por otra parte, para sus funciones de control, el Congreso no se asesora adecuadamente. Un Congreso con funciones de control, tendría que tener un cuerpo permanente de asesores integrado por funcionarios no electos, que se ocupen del análisis de los problemas nacionales. El Congreso, sin duda, tiene un gran presupuesto y teóricamente paga muchos asesores, pero éstos, en definitiva son activistas políticos, que no cumplen funciones de real asesoría. Al contrario, en cualquier Congreso o Parlamento importante del mundo, se pueden identificar cuerpos de funcionarios permanentes que realizan la labor cotidiana del control, lo cual no sucede en nuestro país.

III. LAS ASAMBLEAS LEGISLATIVAS

Pero además de las instituciones políticas nacionales, particularmente, del Congreso, están también las Asambleas Legislativas en el nivel intermedio de la división político territorial.

Las Asambleas Legislativas de los Estados son, también, por excelencia, órganos representativos de los Estados. Sin embargo, la realidad y la evolución política de Venezuela, nos muestra un deterioro progresivo del papel de las Asambleas Legislativas y de su representatividad. Podríamos decir que la historia moderna de Venezuela, es la historia de una conspiración permanente contra los Estados y contra la descentralización política. Lamentablemente, confundimos la lucha contra el caudillismo personalista, con una lucha contra las instituciones, y además de aniquilar los caudillos se conspiró y se aniquiló las instituciones políticas regionales, particularmente las instituciones de los Estados. Con el centralismo, que ha sido producto de esta lucha y de esta conspiración, vaciamos el país de contenido político institucional, al debilitar a los Estados. Los Estados y sus Asambleas Legislativas han quedado, lamentablemente, como reducto de algunos activistas locales que medran en estos organismos para el desarrollo de sus actividades políticas. Muchas veces estos organismos no encuentran absolutamente nada que hacer, porque se ha vaciado totalmente de competencia y de contenido a las instituciones estadales.

Podríamos preguntarnos ¿qué hace una Asamblea Legislativa? Lamentablemente, en general, hacen muy poco, por no decir, absolutamente nada y ello es así por que ha habido toda una voluntad nacional, durante cincuenta años, por reducir y aniquilar las competencias estadales y acallar estos niveles políticos. Por tanto, otra de las grandes reformas que están planteadas a nuestra realidad política, es la revitalización de los Estados. Y no se trata simplemente de reformas teóricas. Cierto que no podemos caer en la sola teoría, como tampoco podemos caer en el pragmatismo absurdo que lo único que promueve es lo que le conviene al partido y que fuera de lo que le conviene al partido estima que no le conviene al país.

Insistimos en que en Venezuela debemos pensar en grandes reformas y, entre ellas, en las reformas institucionales, como la requerida en las instituciones de los Estados: tenemos que revitalizar las instituciones estadales, tenemos que revitalizar los Estados y para ello, redefinir la descentralización. Pensamos que tenemos que correr el riesgo de la descentralización y adoptar decisiones que no son fáciles. Realmente, es muy difícil para un gobernante, transferir ciertos poderes y competencias hacia niveles inferiores; pero esta dificultad hay que vencerla, rompiendo el argumento clásico de no descentralizar poderes hacia el interior porque no hay recursos humanos adecuados, pues no habrá nunca esos recursos humanos adecuados en el interior del país, desde el punto de vista político, si no descentralizamos y no transferimos poderes. Se trata, aquí, de un círculo vicioso que hay que romper.

Dentro de las materias y campos que deben redefinirse en las reformas de los Estados está, precisamente, el de su competencia. El país ha vivido más de sesenta años de vaciamiento de competencias de los Estados. En efecto, la Federación del siglo pasado, era una federación donde los Estados tenían todos poderes, y los Estados, en lo que se denominaba las Bases de la Unión que era la Constitución, transferían ciertos poderes al nivel nacional y al nivel municipal. Todo esto fue cambiado y ahora las competencias estadales han quedado simplemente como un residuo, después de definir largas listas de competencias nacionales y municipales. En el nivel intermedio de los Estados, estos han quedado, materialmente, sin ninguna competencia, con muchas prohibiciones y vaciados totalmente de poderes. La redefinición de las competencias de los Estados, la identificación de las competencias concurrentes y de las competencias residuales, por tanto, es una de las tareas que está planteada en el futuro del país. Algunos Estados han comenzado a despertar en este sentido, y debe destacarse, como ejemplo, la nueva Constitución y la reforma legal que se inició en 1979 en el Estado Yaracuy, y la reforma constitucional que se inició en 1980 en el Estado Aragua. Así, ha habido dos instituciones estadales que han planteado una redefinición de las competencias estadales, por lo que vienen a ser el embrión de un nuevo federalismo, y de las nuevas estructuras estadales, incluyendo las Asambleas Legislativas.

En la actualidad, por otra parte, tendríamos que preguntarnos sobre la representatividad de las Asambleas Legislativas y si realmente, representan a las comunidades estadales. Pensamos que, en general, en los Estados el problema de la representatividad es todavía más grave que en el nivel nacional. Las Asambleas Legislativas representan casi exclusivamente a los partidos políticos que actúan en cada Estado, y hay muy poca representatividad de las comunidades del Estado. Para remediar esta situación, debe destacarse que un aspecto positivo de la Enmienda Constitucional N° 2 presentada a la consideración de las Asambleas Legislativas en 1982, ha sido la previsión, como posibilidad, de que se pueda modificar el sistema de elección de los miembros de las Asambleas Legislativas. La elección de los Diputados a éstas, en efecto, se realiza en la actualidad, también por grandes circunscripciones electorales (todo el Estado) y mediante una sola lista por todo el Estado. Pensamos que debería también plantearse lo que antes señalábamos, de la reducción de los ámbitos de elección y de las circunscripciones electorales, de manera que pueda haber una relación más directa entre el electo y el elector. La Enmienda Constitucional N° 2 prevé, así, la posibilidad de cambiar el sistema electoral y establecer un sistema electoral especial, que podría llegar, inclusive, a la eliminación de la fórmula de la representación proporcional y al establecimiento, por ejemplo, de un sistema uninominal de elección directa de los Diputados a las Asambleas Legislativas por pequeñas circunscripciones.

Pero aparte del problema de la representatividad, en las Asambleas Legislativas también se plantea el problema de la capacidad de legislación y de control. Las Asambleas, durante las últimas décadas, no han legislado porque simplemente, no han tenido materia sobre la cual legislar. Si hemos vaciado progresivamente a los Estados de competencias para asignarlas al poder nacional o transferirlas al nivel municipal, aquellos se han quedado sin competencias. Las Asambleas Legislativas, simplemente, no han legislado, es decir, no han dictado leyes, porque no han tenido materia sobre la cual ejercer dicha función. La redefinición de las competencias estadales, por tanto, es lo que podrá dar un real contenido a la posibilidad de legislar en los Estados, y por ello es que debe destacarse lo que se ha hecho, en cuanto a formulación de competencias, tanto en el Estado Yaracuy como en el Estado Aragua.

Pero también, las Asambleas Legislativas, como órganos representativos, deben ser órganos de control de las Administraciones estadales. Sin embargo, las Administraciones de los Estados están a cargo de los Gobernadores, y éstos tienen una doble función: además de ser jefes de los Ejecutivos Estadales, los Gobernadores son agentes del Poder Nacional en el Estado. Por tanto, a veces, los intentos de controlar la acción del Gobernador, son interpretados por los órganos centrales como un intento de controlar en forma indirecta al poder central. De allí las a veces reacciones desusadas del Poder Nacional frente a los intentos de las Asambleas Legislativas de controlar la actividad de las Gobernaciones. Recientemente se planteó un caso realmente insólito: la Asamblea Legislativa del Estado Aragua, aprobó en 1980 su nueva Constitución, en la cual se establece la posibilidad de la Asamblea Legislativa de conocer y aprobar los programas que el Gobernador debía presentar a los niveles nacionales para la formulación del Situado coordinado. Con ello se pretendía que la Asamblea Legislativa conociera de los programas y propusiera prioridades, antes de que el Gobernador los llevara a la Comisión Interministerial respectiva, para su coordinación. Frente a esta reforma, es conocido que el Ministerio del Interior ordenó al Gobernador del Estado Aragua impugnar esta iniciativa de la Asamblea Legislativa de querer intervenir, así sea tímidamente, en la orientación del manejo de la mitad del Presupuesto de Ingresos del Estado a través de la indicación de las prioridades que debe tener el Estado, en la administración de esa mitad de su ingreso.

Las Asambleas Legislativas del Estado Yaracuy y del Estado Aragua, por otra parte, establecieron en sus nuevas Constituciones un mecanismo para hacer algo más participativa su integración. Hasta ahora, si ha habido problema de representatividad, también lo ha habido de participación. Por ello, para solucionar esta crisis de participación de los órganos representativos o grupos de intereses de la comunidad en los asuntos políticos regionales, tanto la Constitución del Estado Yaracuy como la del Estado Aragua han establecido un mecanismo de participación directa, en las Asambleas Legislativas, de los grupos organizados de la comunidad. En efecto, además de sus miembros electos se ha previsto que las Asambleas deben tener cinco representantes de grupos de intereses de la comunidad, por ejemplo, los Sindicatos, los grupos económicos, los Colegios Profesionales, las Universidades, que pueden participar en los debates con derecho a voz pero sin voto, En esta forma, se busca que quienes representan grupos organizados de intereses de la comunidad, intervengan directamente en los debates de la Asamblea y, convertirla, por tanto, en un instrumento de participación de la comunidad.

IV. LOS CONCEJOS MUNICIPALES

El tercer nivel de instituciones políticas venezolanas de carácter representativo, está representado por los Concejos Municipales. Estos son las autoridades de los Municipios, los cuales de acuerdo a la Constitución, son las unidades políticas primarias y autónomas dentro de la organización política nacional. Los Concejos Municipales deben ser, por tanto, los órganos representativos, por excelencia, de las comunidades y también, por excelencia, los órganos de participación política.

Sin embargo, también aquí, la realidad nos muestra problemas: Por una parte, desde el punto de vista político, es claro que los Concejos Municipales tampoco representan a las comunidades y que ha habido, tradicionalmente, muy poca participación política efectiva en la Administración Municipal, y por la otra, desde el punto de vista administrativo, resulta que ha habido una incompetencia de los Concejos Municipales para administrar las ciudades y para conducir el desarrollo local. Por ello, desde hace años se viene planteando, en nuestro país, como una de las urgencias institucionales, la necesidad de una reforma radical al régimen local, para hacerlo más representativo y más participativo, y para permitir, realmente, la administración de los niveles locales; para hacerlo, en definitiva, un instrumento de la democracia, ya que sin democracia local, no puede haber democracia. Sin embargo, ante este requerimiento de urgentes reformas locales, el Congreso tampoco le ha respondido al país, y en 1978 dictó una Ley, la Ley Orgánica de Régimen Municipal la cual, lamentablemente, no reformó absolutamente nada. Fue una Ley que, más bien consolidó los defectos que tenía el régimen municipal y, lamentablemente, ha establecido unas regulaciones para un Municipio tipo, que no existe en la gran mayoría en los Municipios del país. Lamentablemente, la Ley Orgánica de Régimen Municipal tuvo como prototipo para regular el Municipio, al Concejo Municipal del Distrito Sucre del Estado Miranda; pensó que el Municipio tipo era el de Petare, con sus problemas y su magnitud, y eso fue lo que quiso regular. Sin embargo, cualquiera que conozca el interior del país puede captar rápidamente, que esa Ley, hecha teniendo en cuenta un Municipio tan complejo como el Municipio de Petare, enclavado en la capital, es absolutamente inaplicable al resto del país. Por eso, estimamos que la Ley ha servido para muy poco, y más bien ha servido para complicar la administración local en los pequeños municipios, que son la mayoría. Por eso, hemos dicho en alguna oportunidad que esta Ley petareñizó la vida municipal, porque pretendió extender hacia el ámbito del interior del país, un esquema municipal y unos correctivos legales y administrativos que realmente no sirven, porque son inaplicables a los problemas locales y municipales del interior del país.

Frente al régimen local actual, pensamos que siguen planteadas las exigencias de reformas fundamentales que se han formulado desde hace algunos años. Por una parte, una reforma que tienda a hacer los Concejos Municipales, más representativos. Sin embargo, para ello, en la elección de los Concejos Municipales se plantea el mismo problema comentado al analizar el problema de la representatividad a nivel nacional y estadal. Aquí se plantea, también, la necesidad de reducir los ámbitos territoriales de elección de los representantes municipales y establecer también, la elección uninominal.

Debe decirse que la Constitución no establece en ninguno de sus artículos, la necesidad de aplicar el sistema de representación proporcional a la elección de las autoridades municipales y ello, entre otras cosas, porque la institución del "Concejo Municipal" no es una institución constitucional. En ningún artículo de la Constitución se habla de que el Concejo Municipal sea la autoridad municipal. Esta es una creación del legislador, el cual bien podía haber establecido una autoridad distinta unipersonal a nivel local, es decir, un Alcalde. Por ello, mal podía la Constitución hablar de representación proporcional. Hemos pensado siempre, por tanto, que la Ley podía establecer un sistema uninominal de elección a nivel de Concejales, para lo cual no es ni era necesaria una reforma constitucional. El argumento de los proyectistas de la Ley Orgánica de Régimen Municipal fue lo contrario, es decir, que había necesidad de una enmienda de la Constitución, por lo que no se incluyó la elección uninominal en la Ley. Recientemente, por ello, en la Enmienda Constitucional N° 2, se establece la posibilidad de esta elección uninominal, al señalarse que para las elecciones de los Concejos Municipales, podrá adoptarse un sistema electoral especial y distinto del que rige para las elecciones de Senadores y Diputados y miembros de las Asambleas Legislativas. En esta forma, se está reconociendo que hay una distinción en la Constitución en el sentido de que ésta no establece la elección por vía de representación proporcional para los Municipios, por lo que puede establecerse un sistema distinto. Pensamos que no era necesaria una enmienda constitucional para establecer esta reforma, la cual podía hacerse por Ley. Sin embargo, hay que destacar que en todo caso, esta previsión es un aporte positivo de la Enmienda Constitucional N° 2.

En todo caso, no sólo es necesario en una reforma política del régimen local que, insistimos, está por hacerse mediante el cambio del sistema electoral y hacer más representativa la elección de Concejales, sino que también es necesario hacer más participativa la autoridad local. Significa un avance, en este sentido, la exigencia de hacer participar, para ciertos asuntos particularmente en materia urbanística, a las Asociaciones de Vecinos. El solo hecho de haber regulado, por primera vez, en una Ley, la forma, constitución y funciones de estas Asociaciones de Vecinos fue, sin duda, un paso de avance el cual se logró, inclusive, a pesar de los proyectistas de la Ley. Debe recordarse que estas normas no estaban en el proyecto original y se incluyeron por la presión del país nacional, de la opinión pública, de las comunidades sobre el Congreso para que se regulara algo sobre estas Asociaciones de Vecinos.

Pero el problema de hacer más participativos los Concejos Municipales, y lograr que representen realmente a la unidad política primaria y autónoma que es el Municipio, está también vinculado al ámbito territorial de los Municipios. ¿Cómo puede hacerse participativo un Concejo Municipal de un Municipio que tenga una gran extensión territorial? Pensemos, nada más, en el Distrito Sucre del Estado Miranda con toda su enorme extensión y población urbana. ¿Cómo puede ser un Concejo Municipal representativo y participativo? ¿Quién puede participar allí?

En el campo de la configuración territorial de los Municipios, lamentablemente, hemos seguido una tradición centralizadora desde hace varias décadas. En efecto, en la Constitución de 1925, se estableció que la autonomía local existía a nivel de Distritos, y no de Municipios. Desde ese momento se le quitó a los Municipios autonomía local, y esta se llevó a nivel superior que es el nivel de Distrito. Allí residía la autonomía local hasta la Constitución de 1961, la cual cambió la situación previendo la autonomía a nivel de Municipios. Sin embargo, sólo ha sido con motivo de la Ley Orgánica de Régimen Municipal de 1978 que podrá darse, a partir de 1984, real autonomía a los Municipios. Sin embargo, todo depende de las reformas que, en el futuro inmediato cada una de las Asambleas Legislativas de los Estados deben hacer para adaptar la estructura municipal a la Ley. Hecho esto, la próxima elección de Concejales (1984) deberá hacerse a nivel de Municipios y no de Distritos.

Sin embargo, lamentablemente, el marco de la Ley para esta reordenación territorial de los Municipios, es centralizador. En efecto, la ley, en lugar de contribuir a distribuir el poder político hacia el interior del país y hacia las diversas comunidades, más bien lo va a concentrar y centralizar, y si bien no todos los Distritos actuales serán Municipios, tampoco y menos aun, todos los Municipios actuales seguirán siendo tales Municipios. En realidad, de la aplicación de la Ley Nacional, resultarán autoridades locales en un número intermedio entre los actuales Distritos y los actuales Municipios. La Ley, en efecto, estableció como población mínima de los Municipios, doce mil habitantes, lo que provocará la eliminación de algunos de los actuales Distritos. Cuando comiencen a dictarse las leyes estadales para aplicar la Ley Nacional, sin duda, podría surgir uno de los mayores conflictos políticos del país de la época actual: por primera vez las comunidades locales reaccionarán abiertamente contra la Ley Nacional y las futuras leyes estadales, pues estas les cercenarán, en algunos casos, la poca autonomía que aquéllas han tenido.

Basta, para darse cuenta del futuro conflicto, un solo ejemplo, el de algunos Distritos del Estado Cojedes, los cuales, a pesar de ser grandes territorialmente hablando, sin embargo, no tienen doce mil habitantes. Frente a esta realidad territorial, ¿qué debió haber hecho la Ley Orgánica del Régimen Municipal? Realmente, en una realidad como esta, que es la realidad del interior del país, la ley debió haber creado más autoridades locales y, con cada una de las poblaciones como cabeza de Municipio, para que ejercieran su autonomía local en su población y en los caseríos circundantes. Sin embargo, con la Ley Nacional se va a lograr lo contrario, pues en vez de descentralizar, se va a centralizar el poder local. Como estos Distritos no tienen doce mil habitantes van a desaparecer no sólo como tales Distritos, sino que tampoco adquirirán la categoría de Municipio.

Por otra parte, desde el punto de vista administrativo, seguimos con unas autoridades locales manejadas por órganos colegiados, es decir, por órganos pluripersonales. No hay que olvidar que la administración colegiada era la regla en el Antiguo Régimen, antes de la Revolución Francesa; ella fue sustituida por la administración napoleónica de carácter unipersonal. Sin embargo, nosotros seguimos empeñados en administrar complejos centros urbanos con órganos puramente colegiados. ¿Cómo puede administrarse, sensatamente, una ciudad como Caracas con veinticinco Concejales? Desde el punto de vista administrativo estimamos que es imposible administrar la ciudad de Caracas con un cuerpo colegiado de tal magnitud. El gran fracaso del manejo de Caracas durante todos estos últimos lustros, entre otros aspectos, tiene su origen en que no hay un gobierno de la ciudad; a lo que hay que agregar, en el Distrito Federal, los conflictos tradicionales entre Gobernador y Concejo Municipal. En este Distrito, cada órgano quiere administrar y, en definitiva, terminan por no administrar a la ciudad.

Desde este punto de vista administrativo, sin embargo, la Ley Orgánica de Régimen Municipal, en vez de reformar la administración local y, por ejemplo, crear la figura del Alcalde electo, con poderes unipersonales en la conducción de la ciudad, lo que hizo fue, consolidar el sistema administrativo colegiado que ha existido siempre en el país, estableciendo diversas limitaciones, controles, prohibiciones y sanciones, cuya vigencia, en Municipios del interior, no es factible. De nuevo hay que recordar el Municipio tipo que el legislador tuvo en mente al dictar la Ley Orgánica de Régimen Municipal: el del Distrito Sucre del Estado Miranda. Para Petare se estableció toda esa complejísima regulación, inaplicable en el interior del país.

Ahora bien, con el Proyecto de Enmienda Constitucional N° 2, de 1980, se había seguido una actitud similar, al establecer la posibilidad de intervención nacional en la autonomía municipal. En efecto, el artículo primero de este Proyecto de Enmienda de 1980 establecía que el Congreso de la República, reunidas las Cámaras en sesión conjunta y por el voto favorable de las dos terceras partes de sus miembros podía, en casos graves, acordar las medidas que considerare necesarias para garantizar el normal funcionamiento de los Concejos Municipales; es decir, consagraba la posibilidad de intervención de los Concejos Municipales. Además, decía, la Ley podía establecer, en ciertos casos, las razones por la cual debía sustituirse a los Concejales, por lo que la intervención que se permitía, conllevaba la posibilidad de sustitución directa de los Concejales y el nombramiento, por el Congreso, directamente, como Concejales a representantes de los mismos partidos de los cuales eran miembros los Concejales sustituidos.

Estimamos que ese Proyecto de Enmienda, en este aspecto era un intento, mal logrado, de remediar un problema, sin tocar el fondo del asunto. En efecto, ¿quién nombra a los Concejales? Son los mismos partidos que en 1980 querían establecer el mecanismo para sustituirlos. Afortunadamente en la Enmienda Constitucional N° 2 de 1982, se eliminó ese artículo. Pensamos que el problema está, realmente, en la falta de representatividad y en fallas en la elección de los Concejales. Por tanto, el remedio no puede ser, simplemente, establecer más mecanismos de control policiales y de intervención que lo que hubieran logrado era lesionar la autonomía local. El problema, entonces, sigue siendo el de que no se quiere enfocar el fondo del asunto, no se quiere reformar ni innovar. Simplemente, se quieren seguir estableciendo remedios y paliativos en base a un supuesto pragmatismo, que lo que están es aniquilando, inclusive, a nivel local, la poca posibilidad de democracia local que hay, es decir, la incipiente autonomía local actual.

En definitiva, pensamos que no tiene sentido querer legislar, desconociendo lo que pasa en el país y pensando que, por principio, todos los Concejales serán corruptos, por lo que deben preverse estos mecanismos de intervención de la autonomía local. Pienso que el objetivo de reforma no puede ser permitir la intervención de los Concejos Municipales y negar la autonomía municipal, sino que lo que debe hacer el Congreso, y para eso es que existe, es corregir las fallas que han dado origen a la corrupción municipal, y entre ellas, la ausencia de representatividad y de participación en los niveles locales, así como la irresponsabilidad.

V. CONCLUSIÓN

En definitiva, estimamos que la gran tarea que tiene planteado la colectividad venezolana es la reforma del Estado. Para lograr ese objetivo los partidos políticos deben tomar conciencia y asumir esa tarea, pero no sólo en base de criterios pragmáticos, sino atacando el fondo de los problemas. Para ello, deben tratar de determinar cuál es la esencia de estas instituciones políticas locales, estadales y nacionales para adaptarlas a las exigencias contemporáneas de la sociedad. En todo caso, para esas reformas se requiere un gran consenso nacional entre los partidos políticos, y así, en lograr ese consenso, es que está el gran reto de los partidos. Tienen que comenzar a ver hacia adelante, siguiendo al país nacional y respondiendo a sus exigencias y no seguir un poco, de espalda al país nacional y olvidando sus exigencias.

CAPÍTULO CUARTO: LA CRISIS DE LA DESCENTRALIZACIÓN POLÍTICA Y DEL FEDERALISMO

I. INTRODUCCIÓN

Cualquier observador de la vida política nacional, así como cualquier lector de periódicos, podría llegar a la conclusión de que uno de los aspectos en los cuales hay una coincidencia de los actores políticos, es el de la necesaria reforma del Estado. El tema no solo ha sido tratado, siempre, en todos los programas políticos electorales de los últimos 15 años, sino que líderes políticos y representantes de los principales grupos de interés y gremios, como Fedecámaras y la C.T.V. coinciden en plantear la necesidad urgente de una reforma del Estado.

Para formular este planteamiento, por supuesto, se parte del convencimiento de que el Estado Venezolano, considerado en todo su universo, desde las entidades nacionales a las municipales, está en crisis, es decir, no está cumpliendo las funciones que se espera de sus instituciones, y las que realiza, no se están ejecutando en la forma como se espera. Lo grave de la crisis institucional sin embargo es que ya se convierte, además, en una angustia institucional, por la pérdida progresiva de fe en la capacidad de las instituciones políticas y administrativas del Estado Contemporáneo de funcionar bien.

Por ello, se dice, hay que reformar al Estado. Pero ¿qué implica esto? Por supuesto, el planteamiento varía según el prisma de cada quien, y en general, en las afirmaciones que se hacen sobre el tema, se confunde la parte con el todo, y se cree que reformando tal o cual institución, aisladamente, se soluciona el problema global. Así, se dice, hay que elegir a los gobernadores, los cuales ahora se designan por el Presidente de la República; hay que elegir uninominalmente a los Concejales, los cuales se eligen ahora por listas bloqueadas en grandes circunscripciones electorales; y hasta se propone, aisladamente, la creación de la figura de un Primer Ministro. Y podríamos seguir dando ejemplos.

Sin embargo, quienes hacen estos planteamientos aislados, quizás no se han percatado que con esas reformas no se soluciona el problema del mal funcionamiento del Estado, si no se ataca el problema de fondo y global: el del centralismo. En efecto, ¿qué ganamos con elegir a los Gobernadores, si éstos no tienen materialmente atribuciones estadales que ejercer? Si los Estados de nuestra Federación fueran entidades con competencias autónomas de importancia, la elección de los gobernadores podría ser un paso de avance en el proceso de descentralización. Pero elegir a los gobernadores en el esquema actual, significaría enquistar guerrilleros desocupados en la estructura política del país, con grave riesgo para el funcionamiento del Estado. El problema no se resuelve con la elección de los Gobernadores: el problema es otro, el del centralismo, y la elección del ejecutivo estadal solo puede verse como una medida más dentro de un esquema descentralizador, y como resultado de la consolidación de un sistema de descentralización política estatal.

Lo mismo puede plantearse respecto a otras de las propuestas aisladas: por ejemplo, la elección uninominal de los Concejales. ¿Qué ganamos con elegirlos en esa forma, si continuamos teniendo el gobierno local excesivamente alejado del ciudadano? Si el Municipio, como entidad política primaria dentro de la organización nacional, existiera en nuestro país con adecuadas y adaptadas competencias autónomas en niveles territoriales donde sea posible el encuentro efectivo entre el elector-vecino y su representante, la elección uninominal sería un paso de avance en el proceso de participación política propio de un esquema descentralizador. Pero elegir pura y simplemente a los Concejales en forma uninominal, en el esquema actual de lejanía del ciudadano y del mal funcionamiento de las Municipalidades, significaría frustrar las aspiraciones de participación y las voluntades electoras. El problema no se resuelve con la elección uninominal: el problema es otro, de nuevo, es el del centralismo que agobia la participación, y la elección uninominal solo puede verse como una medida más dentro del esquema descentralizador que acerque el gobierno local, con acertadas competencias, al ciudadano.

Pero dentro de los ejemplos de planteamientos que se formulan sobre la reforma del Estado, también hemos visto la propuesta de crear la figura de un Primer Ministro, para que auxilie al Presidente de la República en la coordinación, dirección y control de las funciones asignadas, a los diversos órganos operativos. Este planteamiento no sólo es confuso, porque el sistema presidencial venezolano es incompatible con la figura del Primer Ministro, cuya esencia sería el respaldo parlamentario, sino que si lo que se busca es un órgano para auxiliar al Presidente, dentro de nuestro sistema presidencial, en la coordinación, dirección y control de las tareas de los Despachos Ministeriales, ese órgano existe en la Legislación actual, y es el Ministro de la Secretaría de la Presidencia. Sin embargo, no es un órgano con poderes fijos y determinados: depende de lo que el Presidente quiera, y así tiene que ser. Lo contrarío, darle a un Primer Ministro poderes propios directos, significaría desquiciar nuestro presidencialismo y establecerle un guerrillero al Presidente al lado de su Despacho. La propuesta, por tanto, además de confusa está errada, pues no ataca el problema real: la excesiva concentración de tareas en los niveles superiores del Ejecutivo, por el excesivo centralismo político administrativo del Estado venezolano.

En nuestro criterio, por tanto, la reforma del sistema político venezolano tiene necesariamente que atacar el primer problema de nuestra realidad política: el centralismo. Tenemos que ir hacia un nuevo modelo de organización del Estado Venezolano que transforme el Estado Centralista actual por un Estado Descentralizado.

II. EL CENTRALISMO POLÍTICO Y LA FEDERACIÓN

En efecto, una de las características fundamentales del Estado venezolano, desde el punto de vista institucional, es su excesiva centralización; es decir, la excesiva concentración del poder político, administrativo y jurídico en la Administración Nacional y en las instituciones política "federales", poder que no es compartido por los entes territoriales que tenemos: los Estados de nuestra Federación, y las Municipalidades que han existido en los Distritos en que aquellos, tradicionalmente, se han dividido.

Venezuela continúa siendo un Estado Federal y, por tanto, en principio, con instituciones descentralizadas, peto contradictoriamente es un país absolutamente centralizado, donde el federalismo es un mero ribete histórico, pues los Estados de la Federación, con su división político territorial y sus autoridades electas y designadas, solo han quedado como legado de nuestra historia política del siglo pasado. Y ello, porque al producirse la integración política del país bajo la dictadura gomecista, y luego, la integración física y cultural, aquellos Estados dejaron de servir para los fines políticos para los cuales habían sido estructurados —mantener la unión política en un sistema disgregado en unidades regionales caudillistas—, y fueron siendo relegados a entelequias políticas uniformizadas por el peso del centralismo.

En todo caso, si en Venezuela queremos hablar de un nuevo modelo de organización del Estado o de reforma del Sistema Político tenemos necesariamente que enfocar el problema medular de nuestras instituciones, que es el del centralismo político-administrativo; y plantearnos este problema, a la vez, exige que nos formulemos esquemas de descentralización política, y ello, por más que algunos traten ni siquiera de mencionarlo, nos conduce gústenos o no nos guste, a analizar nuestra Federación como forma del Estado.

Por supuesto, se que hablar de Federación, en esta década de los ochenta, a más de alguno le parecerá un retroceso hacia instituciones superadas, y cuyas glorias quedaron en los cambios políticos del siglo pasado. De la Federación, en efecto, casi sólo nos ha quedado la mención que leemos a diario en los documentos oficiales, de los años que han transcurrido desde la Independencia y la Federación. Y si bien nuestra República está dividida en 20 Estados, la verdad es que muy pocos políticos y dirigentes nacionales saben para qué sirven, exactamente, con sus Asambleas Legislativas y sus Gobernadores, sus conflictos y sus problemas internos. Los Estados, en realidad se han venido convirtiendo en un apéndice del gobierno nacional, habiéndose reducido al Gobernador a funciones meramente policiales, configurándose, además, como reducto de activistas locales quienes, en general, medran en sus Asambleas Legislativas.

Nuestra Federación actual, por tanto, es un contrasentido en si misma, habiendo provocado que la autonomía de los Estados se haya convertido en una autonomía inútil, sin contenido ni reales posibilidades de acción en relación al desarrollo económico y social del país o de las regiones.

El régimen jurídico de los Estados, por tanto, o se transforma radicalmente, para convertir a esta institución en un instrumento del desarrollo nacional, y en el principal instrumento de desarrollo regional y local, o no tendremos más remedio que pensar en su eliminación, como más de alguno ha propuesto.

En todo caso, si el Estado Venezolano contemporáneo es un Estado centralista y centralizador, el mismo se ha consolidado por un sistema de partidos políticos también centralizador, que se ha desarrollado en la vida política nacional al amparo del texto constitucional de 1961, el cual, sin duda, también es una constitución centralista. Puede decirse, que la Constitución de 1961 puso fin a la Federación, cuya sentencia de muerte se pronunció a partir de 1945.

Ahora bien, al hablar de Federación, debemos aclarar el contenido de este término político-estadal, tan lleno aún de confusiones en muchas esclarecidas mentalidades contemporáneas. Ciertamente que la Federación está íntimamente ligada a nuestra historia, como realidad política; se instauró en la Primera República de 1811; acompañó el nacimiento de la Venezuela separada de la Gran Colombia de 1830 a 1857; en su nombre se libraron las guerras federales y ella guió en 1864, la estructuración de la forma de Estado por los vencedores; sirvió, durante la segunda mitad del siglo pasado, para consolidar el poder de los caudillos, y durante la primera mitad de este siglo para liquidarlos; y cuando se integró el país en todos los órdenes, fue relegada progresivamente. Hablar de Federación, por tanto, provoca la evocación de tantas etapas de nuestra historia a las cuales ha estado ligada, que exige una elemental aclaratoria de lo que este término significa, sobre todo cuando el propio texto constitucional vigente declara solemnemente en su artículo 2°, que el Estado Venezolano es un Estado Federal.

Federación, en efecto, por definición, es una forma de Estado descentralizado, contraría a la del Estado Unitario, que reconoce la existencia de entidades políticas territoriales con potestades políticas autónomas, reflejadas, básicamente en la elección de sus autoridades, y en la existencia, en ellas, de potestades públicas diversas: potestades legislativas, tributarias, administrativas y financieras autónomas. Así, un Estado será Federal si está descentralizado político-territorialmente, y será unitario si carece de entidades políticas autónomas en su territorio a niveles superiores a los municipales.

Teniendo en cuenta esto, sin duda, la forma del Estado Venezolano consagrada en la Constitución es absolutamente contradictoria: nuestra Federación es centralizada lo que conduce a la estructuración de un Estado centralizado con membrete federal. Esta contradicción, ha provocado reacciones violentas en los estudiosos de nuestras estructuras políticas: unos, acordándose de las anécdotas históricas, propugnan la eliminación de todo vestigio federal de nuestras instituciones, y que el

Estado debe centralizarse totalmente; nosotros, al contrario, propugnamos la descentralización política del Estado, como única vía futura, para el logro del desarrollo político del país. Parecería mentira, pero ciento cincuenta años después de la discusión sobre centralismo-federación que signó el nacimiento de la República, el problema sigue planteado, pero por supuesto, con contenido y urgencias diferentes.

Somos unos convencidos de la necesaria descentralización del Estado Venezolano, como condición para el perfeccionamiento de la democracia y para nuestro adecuado futuro desarrollo político. Pensamos, además, que el momento es el propicio, dada la crisis institucional actual, para insistir sobre el tema. Para ello, quiero destacar aquí y ahora algunos aspectos del problema: en primer lugar, quiero insistir en los efectos de este proceso de centralización político-administrativa; en segundo lugar, precisar los elementos de crisis que este centralismo ha producido en las entidades político territoriales de nuestro sistema político; en tercer lugar, plantear algunas bases para la descentralización del Estado Venezolano; y en cuarto lugar, enjuiciar someramente el proceso de regionalización a la luz de las exigencias de la descentralización política.

III. ALGUNOS EFECTOS DEL CENTRALISMO

El proceso centralizador del Estado Venezolano, puede caracterizarse porque ha provocado una centralización política, una centralización administrativa, una concentración de la Administración Pública, y un debilitamiento de las autoridades locales. Queremos referirnos a estos cuatro aspectos, separadamente.

1. *La centralización política y el debilitamiento de la autonomía estadal*

En el Estado Venezolano, en efecto, el poder político, jurídico, financiero, tributario, normativo y administrativo, se ha centralizado en las instituciones políticas nacionales: el Congreso y el Poder Ejecutivo. El país, fuera de la sede de los poderes nacionales, existe con dificultad. La vida política de nuestras provincias a veces es inocua e inútil: casi no sirve para nada, salvo para la supervivencia de los líderes políticos locales, los cuales, en general, tienen una sola mira: Caracas. El interior, políticamente, no atrae; al contrario espanta y a veces se constata que solo hombres con espíritu de conquista o en el otro extremo, de conformismo, se aventuran a vivir la política interiorana.

El constitucionalismo venezolano de las últimas décadas, por otra parte, ha centralizado al Estado a costa de las regiones: las divisiones político-territoriales, los Estados de nuestra Federación, han sido vaciados de contenido al quitársele sucesivamente, sus competencias. ¿De qué sirve, entonces, una Asamblea Legislativa, si no tiene materia sobre la cual legislar, y de qué sirve un Gobernador, salvo de ser agente del poder central, si no tiene materia propia, estadal, para administrar y gobernar? El gobernador, por tanto, en general, gobierna materias prestadas por el poder central, que las Asambleas Legislativas no controlan; y éstas legislan sobre aspectos formales, que no tienen nada que ver con el desarrollo económico, social y físico de los Estados.

Por otra parte, a pesar de la competencia residual de los Estados, éstos no tienen recursos tributarios propios. Sus recursos financieros son dados por el Poder Nacional, y como el situado constitucional aumento, al aumentar los ingresos ordinarios nacionales, el Estado centralista controló aún más la disposición de dichos ingresos estadales, para lo cual dictó una de las leyes más centralizadoras de los últimos años: la Ley de Coordinación de la Inversión del Situado Constitucional, con los planes desarrollados por el Poder Nacional, con la cual se ha lesionado la poca autonomía que la Constitución consagra a favor de los Estados.

De resultas de este panorama, los Estados hasta comienzos de la década de los cuarenta todavía instrumentos de una descentralización tímida del Estado, en los últimos cuarenta años han pasado a ser demarcaciones sin importancia para el aparato político-nacional, como resultado de la centralización política del Estado.

2. *La centralización administrativa y el debilitamiento de la Administración regional*

Pero a la centralización política se agrega una agobiante centralización administrativa que está conspirando contra el propio Estado, por la ineficiencia de su actuación y por la inefectividad de sus acciones. La Administración Pública Venezolana sufre hoy del peor mal de las instituciones administrativas del mundo contemporáneo: la excesiva centralización de las decisiones administrativas, en los niveles nacionales, lo que ha implicado que todas las decisiones concernientes a asuntos y problemas estrictamente locales, no se resuelven en la región respectiva, sino a nivel nacional, produciéndose un embotellamiento intolerable. Así, hay una sub-administración en las regiones y entidades locales, confrontada con un sobre-administración.

Esta situación ha provocado diversas consecuencias: una confrontación demasiado evidente, en materia de desarrollo, entre los niveles locales o regionales y el nivel nacional; y la carencia de recursos humanos suficientes y eficientes a nivel local o regional, para asumir los programas de desarrollo. Esto provoca un círculo vicioso: no se descentraliza la toma de decisiones sobre asuntos estrictamente regionales o locales, porque no hay suficientes recursos humanos dispuestos en ese nivel; pero no habrá nunca un desarrollo adecuado de recursos humanos a nivel local o regional, si no se descentraliza, efectivamente, el poder de decisión.

Ahora bien, un pequeño país rural, con sus pretensiones políticas democráticas, como la de Venezuela de hace cuarenta años, podía ser administrado en forma centralizada. Sin embargo, la Venezuela Contemporánea, con todas sus complicaciones, sencillamente, es imposible que sea administrada, toda, desde Caracas. Hemos llegado, administrativamente hablando, al absurdo de centralizar todo en nuestro país: los servicios educativos, los servicios de atención médica, la regulación del tránsito, la planificación urbana, el abastecimiento de poblaciones, para solo citar algunos ejemplos. Todo se pretende administrar desde Caracas, y ello lo que ha conducido es, además de la ineficiencia e inefectividad de la acción nacional, a crear monstruosos aparatos burocráticos que se agotan en sí mismos y comienzan a ser un fin en sí mismos, actuando como el "catoblepas", aquél animal mitológico tan estúpido, que se comía sus propios miembros, y así, a aniquilar toda posibilidad de desarrollo administrativo en el interior del país.

Y frente a la centralización administrativa nacional, a veces se cree que existen mecanismos de descentralización efectivos, cuando se desarrolla la política de regionalización administrativa, y se crean las Corporaciones de Desarrollo Regional, no percatándose que, en realidad, estos son instrumentos del Poder Nacional, que conducen, a veces, a una mayor centralización administrativa, pues en su conducción no participan las administraciones ni los gobiernos estadales. Es más, la experiencia ha demostrado que estas Corporaciones, en general han actuado de espaldas e ignorando a los Gobernadores de los Estados.

En el campo administrativo, por otra parte, debe insistirse en el efecto centralizador de la mencionada Ley de Coordinación del Situado Constitucional con planes administrativos desarrollados por el Poder Nacional. En la práctica, lejos de ser una Ley que haya conducido a la coordinación, lo que ha provocado es la imposición, a los Estados, de una voluntad administrativa nacional. Los Estados, en realidad, no participan en la elaboración de los programas a coordinarse, sino que bien es sabido cómo les son impuestos a los Gobernadores y a las Asambleas Legislativas.

Todo este panorama centralizador, política y administrativamente hablando, el cual se ha desarrollado bajo el marco del texto constitucional de 1961, como resultado, ha provocado en estos últimos veinte años, la asfixia del interior del país. Insistimos, la administración regional no existe, lo que hay son tentáculos nacionales que penetran con ¡Deficiencia en los Estados, y la política estadal, si bien existe, no tiene materia ni sustancia sobre la cual actuar y moldear.

La Administración Nacional, así, se ha convertido en una administración paternalista en relación a las entidades regionales y locales, que progresivamente, han pasado a depender de aquella, incluso financieramente, constituyendo, además, el nivel municipal, un ámbito inadecuado para la descentralización, porque ni se configura territorialmente como la unidad primaria para la participación, ni tiene el nivel racional para la correcta administración.

Por ello, uno de los retos planteados a nuestra Administración Pública contemporánea, es el de la descentralización, con el objeto de hacer participar, en los procesos políticos y administrativos de nuestros países, a las regiones y comunidades. Tenemos que revitalizar los niveles federales autónomos, o crear regiones autónomas, y sólo así podremos rehacer, en el interior, a nuestro país; y tenemos que rehacer el Municipio, hoy perdido en la ineficiencia.

3. *La concentración de la Administración Pública*

Pero además de la centralización, otra de las características de nuestro sistema administrativo es el de la excesiva concentración administrativa en los niveles superiores del Poder Ejecutivo.

Desde el punto de vista político, una de las características de nuestro sistema de gobierno, es el presidencialismo; y este, administrativamente hablando, ha provocado una excesiva concentración de las decisiones político-administrativas en la Presidencia de la República.

El Presidente de la República, en nuestro país, tradicionalmente, sea en los regímenes de facto dictatoriales, al asumir todos los poderes públicos, sea en nuestro régimen de derecho, al maximizarse el presidencialismo, ha concentrado el poder de decisión en materialmente todos los asuntos del Estado. El Presidente, así, no solo es el Jefe del Estado y del Gobierno, sino que en muchos casos ha sido, además, y a la vez, Ministro, Presidente de Instituto Autónomo, Gobernador del Estado, Prefecto de Distrito y Jefe Civil de poblaciones. El Presidente muchas veces, todo lo decide.

Así, paralelo al centralismo a nivel nacional, se ha producido una concentración administrativa en la Presidencia que paraliza y entraba el funcionamiento de la Administración y el proceso de toma de decisiones, relegando, en algunos casos, a los Ministros a posiciones subalternas o secretariales.

En una Administración que cada vez más se torna compleja y omnipresente, es indudable que otro de los retos planteados, es el de la desconcentración administrativa, de manera que los Ministros asuman plenamente el Gobierno de los diversos sectores administrativos y se traslade, además, el poder de decisión de los asuntos nacionales que conciernen a regiones o ámbitos locales, a las unidades descentralizadas de la Administración Nacional en dichos ámbitos regionales o locales o mejor a los Gobernadores del Estado, pues para eso es que deben ser agentes del Poder Nacional.

Se impone, por tanto, la realización de un amplio proceso de delegación de atribuciones y de desconcentración administrativa, con el objeto de hacer presente a la Administración Pública, en todos los sectores y en todos los niveles territoriales.

4. *El debilitamiento de la Administración Municipal*

Otra consecuencia administrativa del centralismo político ha sido el debilitamiento progresivo de las instituciones administrativas municipales. El centralismo administrativo y la concentración del poder en el Poder Ejecutivo Nacional, han hecho perder al Municipio su rol de unidad política primaria y autónoma en la organización de las instituciones del país.

Nuestro país fue, ciertamente, independizado por la acción de sus Municipios, y durante buena parte del siglo pasado, tuvo una intensa vida municipal. Ello, sin embargo, quedó en la historia. No sólo el Municipio perdió autonomía política, sino que progresivamente le fueron arrebatando competencias en materias antaño propias de la vida local, que se nacionalizaron en virtud del proceso de centralización.

Así, nuestras Administraciones Municipales son, en la actualidad, los ejemplos más característicos de administraciones inservibles, vaciadas de competencia, de carácter ineficiente, y dominadas por partidos políticos o grupos con solas apetencias burocráticas. Y ello no fue cambiado por la Ley Orgánica de Régimen Municipal. No sólo ésta consolidó la deficiente situación municipal existente en 1978, sino que no tenemos reservas en calificarla como una Ley centralizante, atentatoria, inclusive contra la autonomía municipal en materia de servicios públicos, pues materialmente los nacionaliza todos.

No olvidemos que la Ley Orgánica de Régimen Municipal, luego de enumerar los servicios públicos municipales (art. 7), establece que esos serán ejercidos "por los Municipios en los términos que establezca la legislación nacional" con lo cual está diciendo que sólo en esos términos es que pueden ejercerse aquellas competencias, por lo que si no han sido establecidos, en principio, no podrían ejercerse por los Municipios, y cuando lo sean o hayan sido, solo pueden ejercerse en los términos que se establezcan en esas leyes nacionales. Se trata, por tanto, de una norma evidentemente centralista que hará todavía más difícil el ejercicio de las competencias municipales. Sin duda, esa norma es inconstitucional, pues colide con el artículo 30 del texto fundamental que prescribe que son de la competencia municipal alguna de dichas actividades, las cuales conforme al artículo 29 del mismo texto, son de libre ejercicio por los Municipios, derivado de la autonomía municipal.

Pero además, el mismo artículo 7 de la Ley Orgánica de Régimen Municipal, en cuanto a los servicios públicos municipales, establece otra limitación tan amplia y centralizante, que la hace de dudosa constitucionalidad, al prescribir que en ciertos casos esos servicios que se declaran municipales, dejan de serlo y adquieren carácter nacional, si tienen instalaciones ubicadas en más de un Municipio o si es prestado a más de un Municipio, por un mismo organismo, entidad o empresa, públicos o privados. Esta norma, en efecto, hace que materialmente sea difícil que un servicio público tenga carácter municipal, pues en el mundo contemporáneo resulta difícil encontrar un servicio de carácter estrictamente local, que solo se preste en la entidad territorial correspondiente, sin relación alguna con otro Municipio.

La Ley Orgánica, por tanto, en lugar de haber mejorado el poder local lo ha debilitado aún más y ha centralizado al Estado.

Por ello, la reforma política en nuestro país tiene que abarcar también, al Municipio, para hacerlo, no sólo una institución administrativamente eficiente, sino el centro de la vida y participación democrática de nuestro país, acercándolo al ciudadano.

IV. LA CRISIS INSTITUCIONAL EN LOS ESTADOS DE LA FEDERACIÓN

Pero todos estos efectos del centralismo han provocado una crisis institucional en nuestra forma de Estado. Esta, como hemos dicho, es la federal, pero a la vez es un esquema centralizado donde los Estados de la Federación y sus Municipios no juegan ningún papel. La crisis de la Federación, por tanto, ha provocado una crisis en nuestros Estados que se manifiesta en tres aspectos: crisis de representatividad, crisis de participación y crisis de autonomía.

1. *La crisis de representatividad*

Puede decirse, en general, que nuestro "régimen representativo" actual, se caracteriza por haber sufrido una progresiva ausencia precisamente de representatividad política. Esto afecta a las Cámaras Legislativas nacionales y a los Concejos Municipales y, por supuesto, al órgano representativo regional, las Asambleas Legislativas, no han representado realmente a las comunidades que las han elegido y sobre las cuales ejercen su autoridad, y, a lo sumo, representan a los partidos políticos que han postulado a los diputados.

Esta falta de representatividad de la comunidad por las autoridades estadales electas, tiene su causa en diversos elementos, y principalmente en la excesiva amplitud de los ámbitos territoriales para la elección, por listas bloqueadas de los Diputados a las Asambleas Legislativas. Lo mismo puede decirse respecto de la elección de los Parlamentarios Nacionales y de los actuales Concejales.

Los Diputados a las Asambleas Legislativas, así, en número que varía entre 11 y 23 según la población del Estado, se eligen por listas bloqueadas y únicas para una elección global por toda la circunscripción electoral del Estado respectivo, realizándose la adjudicación de los puestos por cuociente, mediante la aplicación del principio de la representación proporcional. Este sistema de elección es el que ha estado vigente durante todo el período democrático y se caracteriza por la elección, en bloque, de todos los Diputados a las Asambleas Legislativas de los Estados; y de todos los Diputados al Congreso por cada Estado.

Esta forma de elección ha alejado, sin duda, al Diputado del elector ciudadano y de la comunidad. El elector vota por una larga lista de Diputados y sus Suplentes, configurándose, en cada caso, listas de varias decenas de candidatos, que no representan efectivamente, a las comunidades que los eligen.

La aplicación de este sistema en las elecciones estadales, ha provocado una distorsión del sufragio directo, pues la selección para diputados a las Asambleas Legislativas, la realizan, realmente, los comités directivos de los partidos, negándose al elector toda la posibilidad real de selección directa; ha provocado una falta de coincidencia entre la circunscripción electoral formal y el interés electoral de la comunidad; y ha provocado, también, que el cuerpo electo sea más una asamblea de representantes de los partidos políticos que de legisladores locales representantes de la comunidad.

Frente a esta forma de elección, hemos planteado repetidamente la necesidad de que se sustituya esta elección por listas bloqueadas en amplias circunscripciones electorales, por otro sistema de elección que acerque más los elegidos, a los electores, separándolas de las elecciones presidenciales. En este sentido, en 1969, cuando elaboramos el proyecto de Ley Orgánica del Sufragio que el Consejo Supremo Electoral presentó a consideración del Congreso, propusimos la elección de los Diputados a las Asambleas Legislativas, a través de la elección directa de dos diputados en cada uno de los Distritos del Estado, y no como ha sucedido hasta la actualidad, una elección en bloque, de todos los diputados, por todo el Estado. Esta reforma lamentablemente no fue acogida en su oportunidad y, pensamos que ya es hora de replantearla, a cuyo efecto, la Enmienda Constitucional N° 2 establece una pauta política. En todo caso, una elección de Diputados a las Asambleas en esa forma, obligaría a los partidos políticos a tener más cuidado en seleccionar los candidatos, pues tendrán que escoger a personajes realmente vinculados con la comunidad.

2. *La crisis de la participación política*

Pero la democracia estadal no solamente se ha caracterizado por la crisis de representación política, sino, también, por una crisis de participación política del ciudadano en el poder político. El gobierno local no sólo no ha sido conducido por el pueblo, por la falta de representatividad, sino que tampoco ha sido del pueblo por la falta de participación política, y mucho menos ha sido un gobierno hecho con el pueblo, por falta de organización social del mismo para asegurar su participación. Por ello, la primera manifestación de la crisis de participación está en su ausencia, por parte de las sociedades intermedias, en los órganos representativos estadales.

No hay duda de que una de las exigencias de la participación política, es decir, de la democracia participativa, es la necesaria organización social del pueblo para la estructuración de sociedades intermedias entre el aparato del Estado en sus diversos niveles y el ciudadano, con el objeto de, a través de ellas, asegurar la participación de la población en los procesos políticos y administrativos.

La propia Constitución de 1961 ya ha dado la pauta en este campo y puede decirse que tanto la participación como la solidaridad social tienen, un claro fundamento en el texto constitucional.

Pero frente a esto, puede admitirse que el sistema político venezolano se ha caracterizado por la ausencia de participación de sociedades intermedias, excepción hecha de los partidos políticos, en los procesos políticos locales y particularmente en las Asambleas Legislativas y en los Concejos Municipales.

En el campo de los Estados, la ausencia de participación en las Asambleas Legislativas ha sido notoria y sistemática y fue precisamente por ello que una de las reformas fundamentales que se hicieron en los textos constitucionales de los Estados Yaracuy y Aragua, fue el establecimiento de mecanismos de participación directa en las Asambleas de dichos Estados.

En todo caso, tenemos que convenir en que la composición de las Asambleas Legislativas, en general, actualmente resulta poco representativa de las comunidades territoriales, por una parte, por la forma en la que se realiza la elección, y por otra parte, porque en ellas no tienen representación sino los partidos políticos, no teniendo participación en las deliberaciones del órgano regional, los grupos de intereses de la comunidad agrupados en sociedades intermedias.

3. *La crisis de la autonomía*

Pero además de la crisis de la participación y representación política, las entidades políticas territoriales del país sufren una crisis de autonomía. Los Estados, constitucionalmente hablando, son autónomos, pero esa autonomía se ha venido convirtiendo, progresivamente, como hemos dicho, en una autonomía inútil y vacía, pues no hay reales competencias sobre las cuales las Asambleas Legislativas y los Gobernadores puedan ejercerla.

Por eso, esta crisis de autonomía, es básicamente, una crisis de descentralización, por el excesivo centralismo nacional.

Los Estados en las reformas constitucionales del presente siglo, fueron progresivamente vaciados de contenido, y a menos que en ellos se realicen reformas profundas que cambien tanto su carácter dependiente, como el paternalismo nacional, como hemos dicho, están condenados a desaparecer. La descentralización administrativa de competencias hacia los Estados que autoriza la Constitución, es un imperativo planteado en la reforma del Estado Venezolano, y el reto más importante que tiene planteado hacia el futuro, si queremos realmente hacer un país equilibradamente desarrollado y si queremos detener la macrocefalia del centro. Y solo descentralizando es que podremos realmente promover la participación a nivel estadal.

V. EL NUEVO FEDERALISMO: LA DESCENTRALIZACIÓN POLÍTICO-ADMINISTRATIVA PARA PERFECCIONAR LA DEMOCRACIA

Estimamos, por tanto, que estabilizado el Estado Nacional como resultado de la aplicación de la Constitución de 1961 durante las últimas dos décadas, ha llegado el momento de confiar más en el conjunto de regiones y Estados del país, para la atención de sus propios asuntos, transfiriéndoles competencias y poderes, para lo cual debe descentralizarse, política y administrativamente hablando, el Estado Venezolano. En esta descentralización necesaria es donde se sitúa el nuevo Federalismo, que debe desarrollarse en el país, y que hemos venido propugnando en los últimos años.

1. *Un fenómeno universal: La descentralización*

En efecto, hablar de descentralización política es hablar de un movimiento contemporáneo que ha tocado a casi todos los Estados del globo. El Estado Nacional, con su centralismo político y su Administración napoleónica que se consolidó en todos los Estados Unitarios o Federales durante el siglo pasado, está en crisis, y está abriendo paso a un nuevo tipo de Estado descentralizado, que comienza a adoptar los más variados nombres (Estado Regional, Estado de Autonomías o Nuevo Federalismo). Ciertamente, la Federación no es precisamente una fórmula nueva de descentralización, pero lo cierto es que si ella existe, así sea en el papel, como en Venezuela, no tiene sentido buscar otras formas de descentralización política autonómica, que comienzan a evidenciarse como nuevas formas de federalismo o regionalismo. Por ello, insistimos en partir de la fórmula federal para propugnar la descentralización político-administrativa del Estado, para lo cual, la Federación debe revitalizarse.

Esta revitalización, por supuesto, puede comenzar dentro de los limitados marcos de la Constitución vigente, a nivel de los propios Estados, dada la inacción y oposición en ciertos casos, de ciertos niveles nacionales a quienes les aterra perder algo de su órbita de poder, transfiriéndolo a las entidades estadales. Allí está el ejemplo de las reformas constitucionales de los últimos tres años de los Estados Yaracuy y Aragua, los cuales han iniciado un proceso difícil, pero esperanzador, por reforzar las estructuras estadales, contando a veces con la lamentable oposición abierta o subterránea del poder central.

2. *La necesaria Enmienda de la Constitución*

Pero una efectiva descentralización política administrativa del Estado Venezolano, sin duda, requeriría de una modificación constitucional que reformulara el esquema de nuestra forma de Estado y estableciera un verdadero Estado descentralizado, tomando como base la Federación.

Esta modificación constitucional debería hacer de los Estados, sea que éstos conserven en el futuro el actual ámbito territorial que tienen o este sea modificado, auténticas entidades políticas autónomas, para lo cual una verdadera Enmienda Constitucional tendría que reformular, íntegramente el sistema de distribución de competencias que los artículos 17, 30 y 136 de la Constitución actualmente atribuyen a los niveles estadales, municipales y nacionales, respectivamente. Da lástima que se haya invertido esfuerzo político en enmendar la Constitución, como ha sucedido con el Proyecto de Enmienda N° 2, actualmente en estudio por las Asambleas Legislativas, en reformas no sustanciales, sin tocar los puntos medulares de reforma que el Estado Venezolano requiere.

En todo caso, la autonomía política, tributaria, financiera y administrativa de los entes territoriales, en cualquier sistema de descentralización político-territorial, está directamente relacionada con el sistema de distribución de competencias que se establezca. La autonomía será inútil e inocua, como en el caso de Venezuela, si no se tiene materia sobre la cual ejercerla: ¿de qué sirve que los Estados tengan autonomía tributaria, si todas las materias imponibles las ha reservado la Constitución al Poder Nacional o al ámbito local?, ¿de qué sirve que los Estados tengan una autonomía financiera y administrativa, si el crédito público y la inversión del situado constitucional, dependen de lo que disponga, centralizadamente el Poder Nacional?, en fin, ¿para qué sirve la autonomía política, si el órgano ejecutivo de los Estados no puede elegirse por la comunidad regional, y si bien los Diputados a las Asambleas Legislativas son electos, éstos, en su actividad no tienen, realmente, nada útil que hacer, por la ausencia de competencias estatales y el corto período de sus sesiones?

Frente a este panorama desolador, la Constitución debe ser urgentemente modificada, y por supuesto, como hemos dicho, sólo dos vías están abiertas para enmendar la estructura organizativa del Estado: terminar de centralizar el Estado, política y administrativamente, eliminando los ribetes federales del Estado Unitario, haciendo desaparecer las Asambleas Legislativas y los Estados mismos, y previendo simplemente demarcaciones administrativas al Estado central, para su eventual descentralización funcional y desconcentración, lo que propugnan muchos; o, en la otra vía, establecer un auténtico sistema de descentralización político-administrativa territorial del Estado, aprovechando la estructura federal que nos pertenece por tradición, para construir el Estado por dentro, vitalizando la política y la administración regional, y perfeccionando la democracia al acercar el poder político al ciudadano.

Transcurridos veinte años de vigencia de la Constitución, ya no es posible soslayar la discusión sobre centralismo o descentralización, pues la mezcla constitucional está conduciendo al inmovilismo y a la ineficiencia total en el interior del país. Una Enmienda constitucional debe, sin duda, ser discutida, y esa, antes que cualquier otra, es la planteada para descentralizar al Estado, sobre la base de una auténtica representatividad política a nivel de las entidades político-territoriales.

VI. EL PROCESO DE REGIONALIZACIÓN Y LA DESCENTRALIZACIÓN POLÍTICA

Pero descentralización política no es regionalización en los términos en los cuales este proceso se ha desarrollado en Venezuela en los últimos lustros. Ciertamente que existe una forma de descentralización política por regiones, una regionalización política como la del Estado Italiano y Español, en los cuales las Regiones constituyen las instituciones políticas básicas del territorio del Estado.

El proceso de regionalización desarrollado en Venezuela desde la década de los sesenta no ha sido de carácter político, sino básicamente de orden económico y administrativo, y sólo ha concernido al ámbito de la Administración Nacional. Nuestra regionalización, por ello, no ha sido realmente un proceso para la descentralización política, y al contrario, en muchos casos lo que ha provocado es el acentuar el centralismo nacional. No se olvide que con el proceso de regionalización lo que se ha querido es regionalizar a la Administración Nacional, no a la estadal o municipal. Tampoco se olvide que las Corporaciones de Desarrollo Regional son instrumentos de la Administración Nacional; son institutos autónomos nacionales con un determinado ámbito territorial de actividad, por lo cual en muchos casos han contribuido a acentuar el centralismo.

Por otra parte, siendo el proceso de regionalización administrativa un proceso administrativo nacional, con su desarrollo no se fortalecieron las instituciones políticas de los Estados de nuestra Federación, y particularmente, no se fortaleció la participación de los gobernadores en la conducción de aquél. No se olvide que los esfuerzos que se hicieron en 1972, con motivo de la Reforma del Reglamento de Regionalización Administrativa, para hacer participar a los gobernadores en un Consejo de Gobierno Regional —distinto al Consejo Regional de Gobierno que se creó— no sólo no cristalizaron efectivamente, sino que la tímida participación que se les concedió en la coordinación del proceso, tres años después fue eliminada del texto de los reglamentos de regionalización. Agréguese a esto que la Ley de Coordinación de la Inversión del Situado Constitucional con planes desarrollados por el Poder Nacional casi nunca ha sido utilizada con criterio regional, con participación de los gobernadores de una región; que la administración central no se desconcentró efectivamente a nivel regional, por lo que la coordinación regional no ha sido efectiva, y tendremos el cuadro desolador de lo que queda de un proceso en cuya concepción y puesta en marcha se dedicaron tantos esfuerzos e ilusiones, con el objeto de establecer algunas bases para descentralizar a largo plazo al Estado Venezolano.

Frente al abandono de los esfuerzos de regionalización, los cuales sólo han quedado en las Corporaciones de Desarrollo Regional que, insistimos, son instrumentos nacionales y en algunos casos, más centralizante, se impone la reformulación del proceso para que contribuya a la descentralización. Para ello, resulta indispensable el fortalecimiento de las instituciones políticas territoriales de nuestra Federación, los Estados, fortaleciendo el Federalismo; necesitamos además, hacer de los Gobernadores reales agentes del proceso de regionalización y auténticos agentes del Ejecutivo Nacional para la coordinación y conducción de los organismos nacionales que actúen en la región, desconcentrando, realmente al Poder Nacional. En fin, necesitamos hacer de las Corporaciones de Desarrollo Regional, instrumentos de un efectivo desarrollo regional, como se ha logrado con CORPOZULIA, pero como no se ha logrado en otros casos, en los cuales las Corporaciones han sido instrumento de desarrollo nacional o de penetración de las regiones por el Estado Nacional.

Tenemos, por tanto, que reformular el proceso de regionalización administrativa en Venezuela, el cual lamentablemente ha sido abandonado, pero tenemos que hacerlo bajo un nuevo prisma: el de la descentralización política del Estado.

VII. CONCLUSIÓN

Como señalábamos al inicio, somos de los convencidos de que en la descentralización política y administrativa del Estado Venezolano, es que está la clave del funcionamiento adecuado de nuestras instituciones en el futuro, para que sirvan de auténticos instrumentos de desarrollo no solo económico-social, sino político y administrativo.

Esta vía, entendemos, es la que reclama el país y la que debemos forzar sacando fuerzas políticas de donde no existen, pues la descentralización, como alternativa de reestructuración del Estado, no constituye una vía fácil. No sólo exige una gran capacidad de decisión política, sino una labor de investigación y estudio, de la más grande envergadura, muy lejos de toda improvisación. En todo caso la reforma del sistema político venezolano en base a la descentralización política, estamos convencidos que será uno de los temas centrales del debate político en los próximos meses y en la campaña electoral que se avecina.

En todo caso, debe tenerse presente que un proceso descentralizador requiere transformar casi totalmente una vetusta legislación producida hace muchos años por nuestras Asambleas Legislativas, e impone dotar a los Estados de nuevas competencias sustanciales que le den real sentido a su autonomía. Pero esta tarea no se podrá realizar, sin el esfuerzo decidido de los propios Estados, y sin la búsqueda de soluciones por los sectores representativos de los propios Estados. Pero además, por supuesto, sólo se podrá realizar si a nivel nacional, los partidos políticos, el Congreso y el Poder Ejecutivo deciden iniciar esta revolución política, tan necesaria para el perfeccionamiento de la democracia.

Pensamos que solo reforzando y revitalizando las estructuras políticas y administrativas de los Estados es que se podrá, realmente, descentralizar este país. Venezuela, lo hemos dicho en otra oportunidad, tiene que correr el riesgo de la descentralización, para que pueda producirse un efectivo desarrollo por dentro del país. Pero para que descentralicemos políticamente al Estado nacional tenemos que estructurar las instituciones políticas y administrativas que sirvan de recipiendarias de los efectos descentralizadores, es decir, debemos responder a la pregunta de hacia dónde vamos a descentralizar. Estamos convencidos de que son precisamente los viejos Estados de nuestra Federación, las instituciones políticas y administrativas que deben servir de destinatarias de los esfuerzos de descentralización política. Por ello, pensamos, hay que reforzarlos, pues sólo con estructuras político-territoriales fuertemente descentralizadas, es que, paralelamente, insistimos, podemos buscar el perfeccionamiento de nuestra democracia.

CAPÍTULO QUINTO: ALGUNOS ASPECTOS DE LA CRISIS DEL MUNICIPALISMO

I. INTRODUCCIÓN

Durante el siglo pasado, en contraste con la situación contemporánea, nuestros países fueron asiento de una intensa vida municipal. Nuestra independencia la hicieron los Cabildos, siendo su acción, el origen de la formación de una condición política de muy considerables consecuencias históricas en nuestro país,

El 19 de abril de 1810, en efecto, el Cabildo de Caracas asumió un poder político autonómico, que inició la revolución independentista. Y no podía ser otra la institución política colonial que asumiera en ese momento facultades soberanas, pues dentro del contexto histórico político, se trataba de un cuerpo realmente representativo de los diversos estratos sociales libres, que reflejaban legítimamente los derechos populares.

Recordemos que el Cabildo de Caracas de 1810, inicia la revolución de independencia y asume el poder político local, con sus Diputados por el clero, el pueblo y por el gremio de los pardos, con voto libre en las discusiones y con los mismos derechos que los otros miembros, lo cual le dio un carácter representativo inicial.

Pero la revolución de independencia surge, también, de un Cabildo participativo. No hay que olvidar que es el pueblo de Caracas quien rechaza el mando del Capitán General Vicente de Emparan, Presidente del propio Ayuntamiento. Después de reiniciada la sesión del Ayuntamiento del 19 de abril de 1810, provocada, en parte, por la concentración de vecinos en las inmediaciones de las Casas Consistoriales; ante su pregunta dirigida al pueblo amotinado, desde el balcón de la Casa Capitular, de "si quería que él continuase en el ejercicio del Poder", respondió el pueblo, por la voz de los conjurados, "no lo queremos", "por lo cual quedó aquél despojado, en el acto, de la autoridad que investía, e interrumpida y protestada así la dominación de España en Venezuela". De este hecho deja constancia el Acta respectiva así: "notificaron al pueblo su deliberación; y resultando conforme en que el mando supremo quedase depositado en este Ayuntamiento".

Venezuela, como República independiente, tuvo así, su origen, en un Cabildo representativo y participativo, y su estructuración política posterior, puede decirse que fue de naturaleza descentralizada.

Venezuela se construyó en sus inicios, institucionalmente, como un sistema de descentralización política, en el cual el poder político, económico y administrativo era compartido por el nivel nacional (confederado o federal) por el nivel provincial o estadal, y por el nivel comunal o municipal.

Había, por tanto, un sistema de reparto de competencias entre diversas entidades políticas autónomas. Así se configuraron los Estados de nuestra Federación durante el inicio del siglo pasado, y asimismo, la institución municipal.

Pero cuán lejos están los Estados y Municipios de la Venezuela contemporánea, de aquellas instituciones descentralizadas de los inicios de nuestra República. El Municipio de nuestros días, en lugar de presentársenos como aquel cuerpo representativo y participativo de hace siglo y medio, se nos presenta ahora como una institución desprestigiada, agobiada por el centralismo, utilizada por los partidos políticos, y sumida en una grave crisis de representatividad, de participación y de autonomía.

Nuestro gobierno local, en efecto, ni es representativo ni participativo. El sentimiento general de la colectividad, de los grupos sociales y del ciudadano es que los Concejos Municipales no los representan realmente; los concejales, en general, en la mayoría de los casos, representan a los partidos políticos, pero no a la comunidad ni a la vecindad. La comunidad, por tanto, se ha sentido huérfana de representatividad política; y el ciudadano, en general, no cuenta con adecuados medios para participar en la vida política del régimen local.

Queremos en las líneas que siguen insistir en tres aspectos de la crisis de las instituciones municipales de nuestro país: la crisis de la representatividad, la crisis de la participación, y la crisis de la autonomía (competencias).

II. LA CRISIS DE LA REPRESENTATIVIDAD POLÍTICA DE LOS MUNICIPIOS

Nuestro régimen municipal actual puede decirse que se caracteriza por haber surgido una progresiva ausencia de representatividad política. Los Concejos Municipales no han representado realmente a las comunidades que los han elegido y sobre las cuales ejercen su autoridad y, a lo sumo, representan a los partidos políticos que han postulado a los concejales.

Esta falta de representatividad de la comunidad por las autoridades municipales electas, tiene su causa en diversos elementos:

1. *La excesiva amplitud de los ámbitos territoriales*

En primer lugar, en la excesiva amplitud de los ámbitos territoriales de las entidades municipales, En efecto, como todos sabemos, y a pesar de las declaraciones constitucionales, el Municipio, como tal unidad política primaria y autónoma dentro de la organización nacional, aún no existe en el país. Han existido Municipalidades a nivel de los Distritos en que se dividen los Estados, y a ese nivel es que ha funcionado y funciona la autoridad municipal tradicional: el Concejo Municipal; pero a nivel de los Municipios, no ha habido autoridad política electa y, por tanto, no ha habido representatividad político-local.

Esta situación de la existencia de Municipalidades a nivel de los Distritos y de la inexistencia del Municipio como unidad política, en las Constituciones anteriores a la vigente, particularmente en las de 1936, 1945, 1947 y 1953, tenía una consagración formal. Los Distritos eran los que gozaban de autonomía municipal y elegían sus autoridades, siendo los Municipios una mera división administrativa de aquéllos. Esta situación produjo un alejamiento excesivo de la autoridad local electa en relación a los electores y gobernados. El Distrito es un ámbito territorial excesivamente amplio, que fomenta una difusión de la representatividad.

La Constitución de 1961 pretendió corregir esta situación, al declarar la autonomía del Municipio, y no del Distrito, y al exigir la elección de las autoridades locales a nivel del Municipio. Esta reducción del ámbito territorial de la autoridad local electa, sin duda, hubiera podido contribuir a darle a los Concejos Municipales un carácter más representativo de las comunidades y vecindades electoras, derivado de su acercamiento a éstas. Sin embargo, la pereza y la incompetencia de nuestro Poder Legislativo, dejó en suspenso estas disposiciones de la Constitución de 1961 al no sancionarse durante 17 años, hasta 1978, una Ley Orgánica de Régimen Municipal. Esta inacción del Congreso prolongó la aplicación de la Disposición Transitoria Primera de la Constitución, la cual mantuvo en vigencia el régimen y organización municipal de la República que existía antes de 1961 hasta tanto se dictase la Ley Orgánica de Régimen Municipal. Esta Ley se promulgó el 18 de agosto de 1978, pero sin embargo, la misma no solucionó este problema de la falta de representatividad, que podía lograrse con el necesario descenso de la autoridad local del nivel del Distrito o del Municipio, sino que por temor a reformar, realmente, en una nueva Disposición Transitoria señaló que para el actual período Municipal (1979-1984), sólo se elegirían las autoridades de los Concejos Municipales que existían en ese momento, es decir, a nivel de los Distritos de los Estados (art. 165). Así en las elecciones municipales de junio de 1979 se eligieron, por un período de cinco años, de nuevo, Concejos Municipales a nivel de los 191 Distritos que existían, y no a nivel de Municipios. Será sólo en las elecciones municipales de 1984 cuando, para el mandato en principio de tres años correspondientes a la primera mitad del período constitucional 1984-1989, se podrán elegir verdaderas autoridades municipales, es decir, Concejos Municipales a nivel de Municipios, siempre que las Asambleas Legislativas de los Estados, realicen una verdadera reforma de su división político-territorial, lo cual a fines de 1982, no se había hecho.

Este solo hecho podría contribuir a aumentar la representatividad de aquellos al acercarlos más a los electores mediante la reducción del ámbito territorial de su elección. Sin embargo, ello no será así.

En efecto, una de las tareas que las Asambleas legislativas de los Estados tienen por delante, y deberían cumplir en lo que resta del actual período constitucional, es la de la sanción de las nuevas leyes de división político territorial de los Estados. Dictada la Ley Orgánica de Régimen Municipal, la situación actual es la siguiente:

en primer lugar, la división territorial de los Estados ya no será, necesariamente, en Distritos como había sido de acuerdo al régimen constitucional anterior; la división de los Estados ahora es en Municipios, pudiendo éstos, sin embargo, en algunos casos, ser agrupados en Distritos; y en segundo lugar, habiendo establecido la Ley Orgánica de Régimen Municipal que la población mínima para que exista un Municipio es de 12.000 habitantes, resultará por supuesto, que la mayoría de los Municipios actuales perderán ese carácter, y que ni siquiera todos los Distritos actuales pasarán a ser Municipios.

Por ello, la Ley Orgánica de Régimen Municipal, en lugar de reforzar el carácter representativo de los Municipios, en la realidad, los va a alejar más, en el futuro, de las comunidades electoras. Por ello, en lugar de ser una ley para reforzar la autoridad local, es una ley centralista y centralizadora, antítesis de la autonomía política local.

¿Se han percatado, por ejemplo, las autoridades legislativas del Estado Cojedes, que de acuerdo a los datos del último censo nacional de población de 1981, de los catorce Municipios del Estado, muy pocos tenían más de 12.000 habitantes, y que de los 7 Distritos sólo tres tenían más de esa población? Es decir, ¿se han percatado de que no sólo tendrán que eliminar todos los Municipios actuales, sino que sólo tres de sus Distritos adquirirán el carácter de Municipio?

Debe señalarse una vez más que lamentablemente esa ley se dictó sin que se hubiesen realizado previamente estudios de ordenación territorial adecuados, y la realidad es que aun en la actualidad, ningún Estado sabe cómo va a quedar su división político territorial, y lo que es más grave aún, ninguna Asamblea Legislativa ha tomado conciencia de la obligación que tienen de reformar la división político territorial de los Estados.

2. *La elección de los concejales por listas bloqueadas, en amplias circunscripción electoral*

Pero la falta de representatividad de las autoridades locales surge, también de la forma de elección de los Concejales. En efecto, estos, en número que varía entre 7 a 17 según la población del Municipio se eligen por listas bloqueadas y únicas por todo el ámbito territorial de la entidad local, y la adjudicación de los puestos se realiza por cuociente, mediante la aplicación del principio de la representación proporcional. Este sistema de elección es el que ha estado vigente durante todo el período democrático y se caracteriza por la elección en bloque de todos los Concejales en una amplia circunscripción electoral.

Esta forma de elección ha alejado, sin duda al Concejal del elector ciudadano y de la comunidad-vecindad. El elector vota por una larga lista de Concejales más sus suplentes, configurándose, en cada caso, listas de varias decenas de candidatos, no representando efectivamente, a las comunidades que los eligen.

La aplicación de este sistema en las elecciones locales ha provocado una distorsión del sufragio directo, pues la selección para concejales, la realizan, realmente, los comités directivos de los partidos, negándose al elector todo posibilidad real de selección directa; ha provocado una falta de coincidencia entre la circunscripción electoral formal y el interés electoral de la comunidad; y ha provocado, también, que el cuerpo electo sea más una asamblea de representantes de los partidos políticos que de legisladores locales representantes de la comunidad.

Frente a esta forma de elección, hemos planteado repetidamente la necesidad de que se sustituya esta elección por listas bloqueadas en amplias circunscripciones electorales, por otro sistema de elección que acerque más a los elegidos, a los electores. Así desde hace años hemos planteado la elección uninominal de concejales en pequeñas circunscripciones electorales, de manera que cada comunidad o vecindad elija sus representantes municipales, y que éstos sean, efectivamente, representantes de esas comunidades.

En esta forma, si en un Municipio de menos de 50.000 habitantes deben elegirse siete concejales, el territorio de dicho Municipio podría ser dividido en cinco o seis pequeñas circunscripciones con población relativamente uniforme, de manera que en cada una de ellas se elija un concejal, dejando luego uno o dos concejales para adjudicación por cuociente, garantizando la representación de las minorías.

Frente a esta propuesta de elección uninominal de los concejales, se ha argumentado que ello sería inconstitucional en virtud de que no garantiza la aplicación absoluta de la representación proporcional de las minorías, por lo que se ha propuesto, recientemente, en la Enmienda Constitucional N° 2 de 1982, la enmienda al texto fundamental a esos efectos. Pensamos que esta Enmienda no era necesaria, pues aparte de que el sistema d'Hondt que se aplica en Venezuela y del cual se apartaría la elección uninominal local, no es el único que asegura la representación proporcional, no hay que olvidar que la Constitución exige expresamente la aplicación del principio de la representación proporcional de las minoría sólo en las elecciones de Senadores y Diputados al Congreso y a las Asambleas Legislativas (arts. 19, 113, 148 y 151), no indicando nada respecto de la elección de Concejos Municipales, pues ésta no es una institución de orden constitucional. El artículo 113 de la Constitución, al exigir, en general, la aplicación de aquel principio en la legislación electoral, lo que implica es que si se eligen los concejales por listas bloqueadas en grandes circunscripciones electorales, por supuesto, debe aplicarse el principio de la representación proporcional de las minorías, pero no implica, en modo alguno, que esa elección de autoridades locales no pueda realizarse uninominalmente como debería ser.

Esta elección uninominal de los Concejales, en todo caso, aumentaría la representatividad de la autoridad local, al permitir, tanto el establecimiento de una relación directa y estrecha entre electores y representantes, como la exigencia de responsabilidad de éstos por aquéllos. La elección uninominal hace al elegido responsable directo ante la comunidad que lo eligió.

Por otra parte, la elección uninominal obligaría a los partidos políticos a tener más cuidado en seleccionar los candidatos a concejales, pues tendrán que escoger a personajes realmente vinculados con la comunidad.

III. LA CRISIS DE LA PARTICIPACIÓN POLÍTICA EN LOS MUNICIPIOS

Pero la democracia local no solamente se ha caracterizado por la crisis de representación política, sino, también, por una crisis de participación política del ciudadano en el poder político. El gobierno local no sólo no ha sido conducido por el pueblo por la falta de representatividad, sino que tampoco ha sido del pueblo por la falta de participación política, y mucho menos ha sido un gobierno hecho con el pueblo, por falta de organización social del mismo para asegurar su participación.

1. *La ausencia de participación de las sociedades intermedias en los órganos representativos municipales*

La primera manifestación de la crisis de participación está en ausencia, por parte de las sociedades intermedias, en los órganos representativos municipales.

En efecto, una de las exigencias de la participación política, es decir, de la democracia participativa, es la necesaria organización social del pueblo para la estructuración de sociedades intermedias entre el aparato del Estado en sus diversos niveles y el ciudadano, con el objeto de, a través de ellas, asegurar la participación del pueblo en los procesos políticos y administrativos.

La propia Constitución de 1961 ya ha dado la pauta en este campo al indicar que "La Ley regulará la integración, organización y atribuciones de los cuerpos consultivos que se juzguen necesarios para oír la opinión de los sectores económicos privados, la población consumidora, las organizaciones sindicales de trabajadores, los colegios de profesionales y las universidades, en los asuntos que interesan a la vida económica" (art. 109). Además, la propia Constitución es clara al precisar que "las obligaciones que corresponden al Estado en cuanto a la asistencia, educación y bienestar del pueblo no excluyen las que, en virtud de la solidaridad social, incumben a los particulares según su capacidad", pudiendo la ley imponer "el cumplimiento de estas obligaciones en los casos en que fuere necesario" (art. 57). La participación y la solidaridad social tienen, por tanto, un claro fundamento constitucional.

Pero frente a esto, puede admitirse que el sistema político venezolano se ha caracterizado por la ausencia de participación de sociedades intermedias, excepción hecha de los partidos políticos, en los procesos políticos locales y, particularmente, en los Concejos Municipales.

Esta ausencia de participación política tiene, sin duda, una causa directa: la crisis de descentralización política. Es ilusorio pensar en participación, si no hay descentralización, por lo que el centralismo municipal es el primer elemento que conspira contra la participación.

2. *El fenómeno de las Asociaciones de Vecinos en el ámbito Municipal*

En el ámbito municipal, particularmente, el sistema político que se ha desarrollado en nuestro país en los últimos veinte años, ha puesto en evidencia la ausencia de participación política a nivel del ciudadano- vecino. Entre éste y el Estado ha existido un abismo que no se ha ni colmado ni reducido, sea por los partidos políticos, sea con el ejercicio quincenal del derecho al sufragio activo. El ciudadano vecino, sobre todo en las áreas urbanas, ha sido progresivamente aplastado por el Estado y la Municipalidad, quedando inerme e impotente. El Estado y la Municipalidad han sido, sí, dadivosos y paternalistas, pero no han desarrollado las potencialidades del individuo ni logrado su participación en la conducción de los asuntos locales y comunitarios. En esa forma, la democracia local se ha convertido en una idea teórica y en una realidad etérea: el vecino no la ve ni la siente, y el ciudadano ni siquiera sabe cómo actúa un Concejo Municipal ni cómo maniobran los representantes edilicios. El ciudadano-vecino, en realidad, lo que ha sentido en las últimas décadas es la ineficiencia de las autoridades municipales y la centralización progresiva hacia niveles nacionales de tareas tradicionalmente consideradas como de carácter local; y además, ha sufrido la acción de los entes locales que se ha manifestado en la degradación del medio urbano a través de un proceso de urbanización guiado sin criterios urbanistas y por sólo intereses especulativos.

Frente a esta situación del ciudadano-vecino, a partir de la década de los sesenta, y siguiendo un fenómeno universal, hemos visto aparecer, particularmente en el Área Metropolitana de Caracas, Asociaciones de Vecinos y Residentes, constituidos en movimientos sociales urbanos para la defensa de intereses vecinales frente a la Administración Municipal.

Estas Asociaciones de Vecinos y Residentes de Comunidades Urbanas han venido sosteniendo una larga lucha por representar a sus comunidades ante las autoridades locales, y para que se las oiga en los procesos de toma de decisiones que han venido afectando la calidad de la vida y el medio ambiente, y que vienen provocando una degradación de aquéllas, provenientes de la violencia de la urbanización.

Muchas veces fueron las vías de hecho las utilizadas para que las vecindades y comunidades pudieran ser oídas, y luego, después de una década de surgimiento a través de la lucha cívica, el Congreso de la República acogió parcialmente las proposiciones que le formuló la Federación de Asociaciones de Comunidades Urbanas (FACUR), en mayo de 1977, mediante una comunicación cuyo texto tuvimos el privilegio de redactar, y se logró que en la Ley Orgánica de Régimen Municipal de 1978, fueran incorporadas normas de reconocimiento de las Asociaciones de Vecinos, como mecanismos de participación de la comunidad en la conducción de los asuntos locales.

Las Asociaciones de Vecinos, sin embargo, a pesar del reconocimiento legal, aún no participan directamente en el manejo de algunos asuntos locales y todavía existe una tensión creciente entre los representantes municipales y los dirigentes vecinales; y ello, sin duda, por culpa de ambas partes.

Algunos concejales, en efecto, han visto en los representantes vecinales sus rivales, que han adquirido real representatividad frente a la ausencia de tal representatividad de los ediles. Por otra parte, los representantes vecinales, a veces, han abusado de su poder hecho y lo han utilizado para venganzas o ambiciones personalistas, aprovechándose de la buena fe y de la emotividad de los vecinos.

Esta extensión debe ser superada, y para ello, quizás debería hacerse participar directamente a las Asociaciones de Vecinos en parte del poder local, responsabilizándose de ciertas tareas comunales.

En efecto, nuestro régimen local, al establecer la Municipalidad, como autoridad local, a nivel de Distrito, implicó la creación, a nivel de Municipio, de las llamadas Juntas Comunales que, de acuerdo con las leyes estadales del Poder Municipal, debían ejercer la representación de las comunidades de cada Municipio al Concejo Municipal del Distrito respectivo. Estas Juntas Comunales siempre han sido designadas a dedo por el respectivo Concejo Municipal; nunca, por tanto, han sido electas por la comunidad respectiva; y así, no han sido realmente representativas de dichas comunidades. La vecindad o comunidad, no ha tenido real y efectiva participación en la conducción de los asuntos que le conciernen.

Una de las reformas reclamadas al régimen local en Venezuela era, precisamente, el establecimiento de la elección directa de las Juntas Comunales que debían existir a nivel de las "Comunas" o "Parroquias" que, como subdivisión de los Municipios, se establecían en el Proyecto de Ley de Régimen Municipal de 1977, y la asignación a las Asociaciones de Vecinos que existieran en dichas Comunas, de las funciones de las Juntas Comunales. Inexplicablemente, por esas razones de ineficiencia legislativa incomprensible, en la Ley Orgánica de Régimen Municipal de 1978, no sólo no se consagró la elección directa de las Juntas Comunales ni la asunción de sus funciones por las Asociaciones de Vecinos que existieran en las Comunidades, sino que se eliminó toda referencia a esta subdivisión de los Municipios y a las mismas Juntas Comunales, quedando sólo una referencia imprecisa respecto de las Juntas municipales de los Municipios foráneos. La única referencia a las Juntas Comunales que, por lo visto, apareció por inadvertencia de los legisladores, está en el artículo 36 de la Ley el cual, al asignar funciones a los Concejos Municipales, le atribuye la de "Nombrar a los integrantes de las Juntas Comunales dentro de los 15 días siguientes al 30 de abril de cada año" (ord. 15). Salvo esta referencia, la Junta Comunal y las Comunas, por tanto, no existen en la Legislación Nacional de Régimen Municipal, por lo que corresponderá a las Leyes Orgánicas de Municipios que deben dictar los Estados, regularlas como efectivos mecanismos de participación de la comunidad. En este sentido, las Asambleas Legislativas de los Estados deben, durante el actual período constitucional, dictar al menos tres leyes en relación al régimen local; las Constituciones, como ya lo han hecho los Estados Yaracuy y Aragua; la Ley Orgánica de Municipios del Estado, que desarrollen las normas de la Ley Orgánica Nacional; y la Ley de División político-territorial del Estado, a la cual se ha hecho referencia.

En nuestro criterio, en estas normas estadales deberán establecerse las "Comunas" o "Parroquias", como subdivisión territorial de los Municipios, y deberían establecerse que las Juntas Comunales, si bien no podrán ser electas por vía del sufragio universal directo y secreto por no preverlo así la Ley Orgánica Nacional, deberán ser ejercidas por las Juntas Directivas de las Asociaciones de Vecinos y Residentes que existan en las respectivas Comunas. Estas, por otra parte, como división político-territorial de los Municipios, deberán corresponder a una demarcación espacial, real y efectiva de las comunidades urbanas, a nivel de barrios o urbanizaciones, a los efectos de lograr la más completa participación de aquellas en la conducción de los intereses locales.

IV. LA CRISIS DE LA AUTONOMÍA DERIVADA DE LA AUSENCIA DE DESCENTRALIZACIÓN

Pero además de la crisis de participación y representación política, los Municipios del país sufren una crisis de autonomía. Estos, constitucionalmente hablando, son autónomos, pero esa autonomía se ha venido convirtiendo, progresivamente, como hemos dicho, en una autonomía inútil y vacía, pues no hay reales y efectivas competencias sobre las cuales puedan ejercerse.

Las Municipalidades han sido dotadas de competencias formalmente, pero su deficiente estructura, y la complejidad del proceso de desarrollo, ha provocado la asunción nacional, directa o indirecta de muchos servicios y actividades que en principio son materias propias de la vida local. En este campo se impone poner fin a la improvisación centralizante, delimitándose con precisión el ámbito de acción municipal en las competencias concurrentes que establece la Constitución. Solamente, clarificándose las competencias municipales en leyes que están por dictarse en materia de urbanismo, de educación, de sanidad, de transporte, etc., es que se podrá lograr, efectivamente una descentralización adecuada a las exigencias de nuestro tiempo, que permita y dé sentido a la participación.

V. CONCLUSIÓN

Al conmemorar la asunción del poder político local por el Cabildo de Caracas y el inicio de la revolución de independencia de nuestro país, debemos meditar sobre la necesidad de revalorizar las instituciones municipales, como instrumento para lograr una mayor representatividad y participación política. No debemos olvidar que en sus orígenes, la institución municipal no era otra cosa que una asociación de vecinos, autónoma, políticamente hablando. Y la misma República surgió como una confederación de Provincias, que fueron el antecedente de los actuales Estados. La progresiva burocratización o institucionalización de los Estados y Municipios alejó estas instituciones de las comunidades, vecinos y residentes, quienes dejaron de encontrar en esas instancias una fuente de participación, y más bien en algunos casos las comenzaron a sentir como enemigos de sus intereses vecinales. Las Asociaciones de Vecinos o Residentes que ahora regula la Ley, por ejemplo, vienen así a Henar el vacío de participación dejado por el antiguo Municipio, y al aparecer como un fenómeno espontáneo, y como un auténtico movimiento social urbano, han venido a enfrentarse al poder local en la defensa de los intereses vecinales.

En todo caso, el verdadero reto de la reforma del régimen local, para hacerlo más representativo y más participativo, está en las propias instituciones municipales, que deben exigir su revitalización, reformándose a sí mismas. En este sentido debemos tener presente que las instituciones municipales deben ser bien tratadas por los actores políticos, y la continuación de su fracaso o su revaloración, dependerá en definitiva de ellos.

Lo cierto es que si no se le da un vuelco definitivo a la vida política local, haciéndola más participativa, la democracia no podrá realizarse plenamente en nuestro país. Para ello tendremos que superar el agobiante centralismo que ha signado tantos años de nuestra evolución política.

CAPÍTULO SEXTO: LA CRISIS INSTITUCIONAL DE CARACAS Y DE LA REGIÓN CAPITAL

I. INTRODUCCIÓN

Caracas vive una crisis institucional, que todos sentimos permanentemente. Si analizamos el funcionamiento de los órganos políticos y administrativos de la ciudad, podemos evidenciar una tendencia hacia la parálisis institucional de la misma y constatar, además que con el régimen institucional actual, que no es único, ni uniforme, no pueden resolverse los problemas de la ciudad. No dudamos de los mejores esfuerzos que se han hecho de las últimas décadas por resolver los problemas de Caracas, pero lo cierto es que no hemos logrado, institucionalmente solucionarlos.

En la actualidad, resulta evidente que Caracas, la capital, no puede seguir siendo lo que fue en su origen: parte del casco central, situado en el Distrito Federal. Al contrario, estamos en presencia de una gran ciudad, que ha absorbido núcleos urbanos, con una red estable de relaciones. Sin embargo, frente a esa realidad física, geográfica y topográfica, no tenemos un sistema de gobierno y administración para toda esa ciudad. Tenemos, al contrario, un gobierno y una administración, que está defasada con esa realidad, pues no hay un gobierno para toda el área abarcada por la capital, el cual, además, no constituye un gobierno estrictamente local.

La situación, por tanto, es de desfase entre la realidad física actual y la realidad política. En la actualidad tenemos un régimen político-administrativo múltiple de la capital: por una parte, el régimen del Distrito Federal, regido por la Ley Orgánica de 1936 perteneciente a otra Venezuela y a otra Caracas, siendo lo más grave, el hecho de que esa Ley de 1936, no es sino un acomodo del esquema original de 1864, cuando se creó el Distrito Federal, repitiendo exactamente aquel régimen, dividido en dos departamentos, uno de ellos que clama por la autonomía, y con una distribución teórica de funciones entre una autoridad colegiada, el Concejo Municipal, y un Gobernador. La aplicación de este régimen ha dado origen a un sistema muy peculiar, absolutamente distinto al que está en la propia Ley de 1936, y al que fue su origen, constituido ahora, por dos administraciones, pues no sólo el Gobernador administra, sino el Concejo Municipal también actúa como ente administrador, con unidades administrativas propias y con funciones de carácter administrativo, además de las deliberantes y de control.

Por otra parte, también abarca parte de la ciudad, el Distrito Sucre del Estado Miranda, con una amplitud excesiva para cualquier autoridad local. Además, otros Distritos del Estado Miranda empiezan a formar parte de la gran Metrópoli, particularmente el Distrito Guaicaipuro, y los Distrito de los Valles del Tuy y del Valle de Guarenas-Guatire.

Por tanto, el gobierno y administración de la Capital no es único e integral para toda el área, y esto nos plantea el primer signo de la crisis institucional, que se traduce en una crisis de metropolitanización: no tenemos un sistema metropolitano de gobierno y de administración de la ciudad. Hemos establecido algunos paliativos a este desfase institucional, pero no tenemos ese gobierno. Este es el primer signo de la crisis de la capital, insistimos, la crisis de metropolitanización, o en otros términos, una "crisis de centralismo". Por eso, más que una ciudad ingobernable, Caracas, en realidad nunca ha sido gobernada, pues no hemos establecido un gobierno para toda la ciudad y su región de influencia.

Pero el gobierno desfasado que hemos tenido en la Capital, tampoco es realmente representativo ni participativo, por lo que no es auténticamente un gobierno local. Tiene una situación intermedia, ubicado territorialmente en ámbitos muy amplios para ser autoridad local. Pero eso, aquí también se plantea otro elemento de la crisis institucional, la crisis de descentralización política.

Hemos hablado de crisis de centralismo metropolitano y de crisis de descentralización política, y ello podría parecer contradictorio. Sin embargo, ello no es así.

En efecto, en primer lugar, hemos dicho, existe una crisis de centralización metropolitana. Caracas, sin la menor duda, como toda gran ciudad con su área metropolitana, requiere de un gobierno y de una administración para toda el área y no la tiene. Esto, además, no es nada nuevo, y al plantearlo no estamos inventando nada; simplemente aquí debemos seguir la tendencia universal, que ha provocado en todas las grandes ciudades del mundo, establecimiento de gobiernos metropolitanos, que han partido de una reforma institucional de gran envergadura e importancia. Después de haber constatado que son insuficientes los paliativos que hemos venido ensayando, como por ejemplo, el establecimiento de convenios, mancomunidades y acuerdos entre entes locales, necesitamos, para superar la crisis de la metropolitanización, de una nueva estructura institucional para toda el área metropolitana, con un gobierno metropolitano, y una administración metropolitana, así como de una nueva estructura institucional para toda la Región Capital.

Pero hemos dicho además, que también existe en la capital una crisis de descentralización política. La Región Capital, en efecto, alberga a la primera ciudad del país y su más importante conglomerado urbano, que debería ser, por ello, modelo del gobierno y régimen local. Sin embargo, basta vivir en Caracas, para darse cuenta de que no tenemos realmente un auténtico gobierno local. El que existe, está excesivamente alejado del ciudadano quien no participa en el manejo y conducción de los asuntos locales. Así, los gobiernos locales de la capital, participan de la crisis que tienen todas las Municipalidades del país, que se traduce en una crisis de representatividad, pues los Concejos Municipales no representan, realmente, a las comunidades y en una crisis de participación, derivada de que están excesivamente alejados del ciudadano, y no llegan a conformar, realmente un gobierno local vinculado a la comunidad.

En todo caso, esta crisis institucional, exige soluciones y reformas integrales, y éstas deben apuntar en los dos sentidos antes mencionados, aparentemente contradictorios. Por una parte, tenemos que metropolitanizar el gobierno de Caracas y de la Región Capital, para lo cual hay que centralizar determinadas funciones; pero por la otra, tenemos que descentralizar políticamente al gobierno de la Región, de manera que pueda haber participación y representatividad, mediante la creación de muchos pequeños gobiernos locales. Para ello, deben reformular se las competencias, para distinguir los tres niveles, regionalizando y metropolitanizando ciertas de ellas, y localizando otras.

Partiendo de estas premisas, queremos referirnos, en esta exposición, a dos aspectos fundamentales de estos problemas institucionales de Caracas: en primer lugar, queremos insistir en los mencionados signos de la crisis institucional de la capital; y en segundo lugar, plantear cuáles son y dónde están las exigencias de reforma del sistema institucional de la capital; para concluir planteando el problema de la posibilidad o vialidad de esa reforma.

II. LA CRISIS INSTITUCIONAL DE CARACAS Y DE LA REGIÓN CAPITAL

Hemos señalado que la crisis institucional de Caracas plantea dos aspectos concretos: por una parte, una crisis de centralismo regional y metropolitano, y por la otra, una crisis de descentralización política. Esto provoca tres problemas que conspiran contra la eficiencia político-administrativa de Caracas: en primer lugar, la ausencia de un gobierno único de la Región Capital; en segundo lugar, la ausencia de un gobierno integral de la ciudad capital; y en tercer lugar, el centralismo del Estado y la ausencia de descentralización política en el país.

Estudiemos separadamente estos problemas.

1. *La ausencia de un gobierno único de la Región Capital*

Como sucede con las nueve (9) regiones que establece el Decreto sobre Regionalización y Participación de la Comunidad en el Desarrollo Regional, del 14 de enero de 1980, la Región Capital, integrada por el Distrito Federal y el Estado Miranda, carece de un sistema de gobierno único. No podría ser de otro modo en los términos del mencionado Decreto y de sus antecedentes desde 1969, pues como lo señala su artículo 1°, las regiones en las que divide el territorio del país, se establecen a los solos "fines de la planificación y coordinación de las actividades de la Administración Pública Nacional entre sí y con aquellas que realizan los organismos estadales y municipales".

Ciertamente que el artículo 2° del mencionado Decreto establece que "la Región Capital y la coordinación de las actividades de la Administración Pública en el Área Metropolitana de Caracas, podrán ser objeto de regulación especial", sin embargo, ello también es así, a los solos efectos de la coordinación y planificación, y en tal sentido, se había dictado el Decreto N° 473 de 28 de diciembre de 1979, sobre coordinación de las actividades e inversiones de los organismos públicos en materia de prestación de servicios urbanos y construcción de viviendas en el Área Metropolitana de Caracas, atribuyéndose al Gobernador del Distrito Federal, el carácter de Comisionado Especial del Presidente de la República para el Área Metropolitana de Caracas (art. 2°). En los términos de este Decreto y a sus fines de coordinación, el Área Metropolitana de Caracas comprende el territorio integrado por el Distrito Federal y los Distritos Sucre y Guaicaipuro del Estado Miranda (art. 1°).

De lo anterior resulta entonces, que la Región Capital no tienen un sistema de gobierno único: está integrada por dos entidades federales distintas, el Distrito Federal y el Estado Miranda, sometidas a normas y regímenes jurídico-constitucionales diferentes.

El Distrito Federal, está regulado por una Ley Orgánica propia, en la cual debe dejarse a salvo la autonomía municipal, conforme al artículo 12 de la Constitución; y el Estado Miranda participa de la organización política autónoma de todos los Estados de la República regulada en los artículos 16 y siguientes del texto constitucional.

Además, de todas las Regiones del país, la Región Capital es actualmente la única tierra firme en la cual no se ha establecido un sistema único de promoción del desarrollo, pues carece de una Corporación de Desarrollo Regional y el Consejo Regional de Desarrollo no se ha establecido.

Como todas las regiones del país, en todo caso, la Región Capital carece de un sistema de Gobierno y administración único, lo cual produce una grave crisis de centralismo regional: no existen mecanismos políticos ni administrativos que permitan darle un tratamiento único e integral a todo el territorio regional, cuando por su naturaleza e importancia de set la sede de la Capital, debería tener ese régimen político único.

La primera de las crisis institucionales que afecta a Caracas y a su Área Metropolitana, por tanto, es que está situada en una Región de enorme importancia, la cual carece de unidad e integralidad política y administrativa. Su establecimiento futuro, sea dentro de un régimen general de regionalización política del país, o particular, como efecto de la capitalidad, es una exigencia fundamental para el futuro de la ciudad.

2. *La ausencia de un gobierno integral para el Área Metropolitana de Caracas*

Pero no solo no existe un gobierno regional en toda la Región Capital, sino que tampoco el Área Metropolitana de Caracas, tiene un sistema de gobierno y administración metropolitanas.

El Área Metropolitana de Caracas, es decir, la zona urbana del Gran Valle del Ávila, está formada por el Departamento Libertador del Distrito Federal y los Distritos Sucre y Guaicaipuro del Estado Miranda. Toda esa Área, que forma un todo dentro de la Región Capital, también carece de un sistema de gobierno y administración, que permita conducir adecuadamente el desarrollo de la ciudad. Esto provoca la crisis mencionada: una crisis de centralismo metropolitano o de metropolitanización.

Antes que tener un sistema de gobierno y administración metropolitanas, al contrario, Caracas es una ciudad gobernada por poderes locales, que son, en primer lugar disímiles: en segundo lugar, mal estructurados, y en tercer lugar, no uniformes, dando origen a un tratamiento parcelado de los problemas de la ciudad.

A. *Los actuales gobiernos disimiles*

En efecto, en primer lugar, el Área Metropolitana de Caracas está gobernada por instituciones locales disímiles, ya que una parte del área está gobernada por un sistema institucional propio de un Distrito Federal, y la otra parte, está gobernada por el sistema municipal tradicional, que actualmente se ubica en los Distritos de los Estados.

En cuanto al Distrito Federal, éste responde a un esquema peculiar del Federalismo en su concepción original de 1864, que todavía seguimos, con una sola Municipalidad para todo su territorio y una autonomía local atenuada. No todas las autoridades del Distrito, en efecto, son electas para que se configure una auténtica autonomía municipal, sino que el Gobernador, como sabemos, es nombrado por el Ejecutivo Nacional, pero participa de la autonomía municipal del Distrito, junto con un Concejo Municipal electo.

Esta situación de un Gobernador designado por el Presidente de la República, y un solo Concejo Municipal electo, ha dado origen, desde el siglo pasado y particularmente desde el año 1936, a una tendencia muy marcada del Concejo Municipal del Distrito Federal, de querer asimilarse y considerarse, a sí mismo, como un Concejo Municipal más de la República. Por ello, ha actuado no como un Concejo Municipal que comparte la autonomía local con un Gobernador, dentro de un esquema peculiar de Distrito Federal, sino que ha actuado como si fuera un Concejo Municipal similar a todos los otros Concejos Municipales del país, cuando, en realidad, es totalmente distinto.

Esto ha dado origen a la existencia, en el Distrito Federal, de una situación gravísima y que se torna cada vez más compleja, derivada de la existencia de una doble administración. En efecto, hay una que responde a la autoridad ejecutiva, al Gobernador como primera autoridad política y civil, como primera autoridad ejecutiva en lo administrativo y en lo económico. Pero además, y paralelamente a esa Administración a cargo del Gobernador, se ha venido configurando progresivamente y no solo imperceptiblemente, toda una enorme Administración que depende del Concejo Municipal; órgano que ni en su origen ni en la regulación de la Ley Orgánica del

Distrito Federal, es un órgano administrativo, sino un órgano deliberante, de control, y legislativo.

Sin embargo, insistimos, el Concejo se ha convertido en órgano administrativo, dando origen a una realidad contraria al régimen legal y a la tradición del Distrito, y que conspira, definitivamente, contra un adecuado sistema institucional de la capital y del propio Distrito Federal. El Concejo Municipal tiene oficinas administrativas propias, que administran funcionarios nombrados por el propio Concejo, totalmente autónomos de la Administración Municipal a cargo de la autoridad ejecutiva; el Gobernador; dando origen, inclusive, a que el Concejo Municipal, sea el "órgano administrativo" que actúa, en muchos casos, como superior jerárquico, conociendo de recursos administrativos intentados contra actos de autoridades administrativas de la Municipalidad, Así, el control administrativo interno de la Administración Municipal, no se ejerce solo por el Gobernador, sino por el Concejo, convertido en órgano de apelación y administración. Este, sin duda, es el primer signo de la gravísima crisis del Distrito Federal, y por tanto, del Gobierno local de la capital.

Pero la existencia de gobiernos disímiles en la capital, también surge de los gobiernos paralelos de carácter local que existen en las otras áreas que están ubicadas en el Estado Miranda, particularmente, el Distrito Sucre y en el Distrito Guaicaipuro. Estos Distritos, al igual que los de los Valles del Tuy, del Valle Guarenas-Guatire y de Barlovento, están gobernados por Concejos Municipales autónomos dentro del esquema municipal de la República, regulado en la deficiente Ley Orgánica de Régimen Municipal, y que al ejercer su autonomía, rompen totalmente con las posibilidades de metropolitanización de la capital.

B. *Los gobiernos mal estructurados*

Pero además de tener gobiernos disímiles, como signo de la crisis de la metropolitanización, esos gobiernos locales están también mal estructurados, y ello se origina en un elemento central, la colegialidad, sobre el cual debemos meditar, a los efectos de futuras reformas del régimen local.

En Venezuela, en la actualidad, seguimos el esquema de gobiernos locales basados en el sistema del régimen colegiado. Estimamos, de entrada, que con gobiernos locales dirigidos por órganos colegiados, simplemente, es imposible gobernar una gran ciudad, y mucho menos, con varios gobiernos disimile dirigidos por varios órganos colegiados.

Sean quienes sean los que ejerzan los cargos de concejales, mientras tengamos un sistema puro de elección por representación proporcional de minorías en amplísimas circunscripciones electorales y toda la ciudad se maneje por órganos colegiados, el régimen político local permanecerá igual de deficiente en la capital.

Insistimos, no es posible administrar una gran ciudad con órganos colegiados, donde las decisiones se toman por mayoría, derivada de votaciones originadas en negociaciones y concesiones. Lo cierto es que ninguna gran ciudad se administra por órganos colegiados; tienen, sin duda, órganos colegiados, pero de carácter deliberante, legislativo y control, pero no como entes administradores o de gestión. Las grandes ciudades, en efecto, se administran por órganos ejecutivos, Alcaldes, por ejemplo, electos o designados, asistidos por órganos deliberantes para la formulación de políticas.

Pero la situación deficiente de gobierno local colegiado, está agravada en Caracas. En efecto sería grave si tuviéramos un solo gobierno colegiado para toda el área, pero es mucho más grave, si tenemos varios gobiernos colegiados en el área metropolitana. Un sistema de gobierno colegiado pudo ser bueno a mitades del siglo pasado, cuando la ciudad estaba conformada por unas cuantas manzanas del casco central, pero no puede ser adecuado en la situación actual, donde la ciudad es mucho más que el Distrito Federal, territorialmente hablando, y donde existe una colegialidad múltiple por la existencia de varios gobiernos locales diseminados en el área metropolitana.

C. *El sistema no uniforme de gobierno*

Pero la crisis de metropolitanización, no sólo surge de esos gobiernos disímiles; y mal estructurados, sino también de que no hay un gobierno uniforme en la capital. Como se señaló, no solo no existe un gobierno integral para toda la Región Capital, donde Caracas está inmersa, sino que tampoco existe un gobierno para toda el Área Metropolitana. Insistimos, tenemos varios gobiernos con autonomía, pero no hay una auténtica metropolitanización del gobierno de la capital.

No significa esto que no se hayan realizado esfuerzos por plantearse algunos problemas con enfoque metropolitano, pero han sido esfuerzos locales limitados, Por ejemplo, el convenio de la Policía Metropolitana de 1969, y el Convenio de la Mancomunidad Urbanística de 1972, en el cual, se hicieron, en concreto, diversos esfuerzos por lograr la integración del área. Con posterioridad ha habido acciones municipales y nacionales aisladas en relación al área, al darse a determinados servicios un tratamiento administrativo único en el área metropolitana. En 1979, por otra parte, se dictó el Decreto N° 473 de 27-12-79 mediante el cual se definió el Área Metropolitana a los fines de la coordinación de las actividades de los organismos públicos en materia de servicios públicos, atribuyéndose al Gobernador del Distrito Federal el carácter de Comisionado Especial para el Área Metropolitana; y en 1982 se suscribió un convenio de mancomunidad para el Transporte Público de pasajeros.

Pero sin duda, frente al panorama derivado de la crisis de la metropolitanización, que nos muestra una realidad ineficiente, conforme a la cual no podremos obtener los resultados buscados en cuanto al tratamiento global de los problemas de la capital, es decir, frente a la crisis del centralismo metropolitano, surge la necesidad ineludible y que tenemos que enfrentar en el futuro, de estructurar un gobierno y una administración metropolitana, para toda el área de la capital, lo cual, por otra parte, es la tendencia universal, junto con un sistema de gobierno también integral para toda la Región Capital, En este último sentido es que, por ejemplo, se formuló en fecha reciente la propuesta de creación de un Estado Caracas, en todo el área de la Región Capital.

3. *El centralismo del Estado y la crisis de descentralización política*

Además, de la crisis de regionalización y metropolitanización, el otro elemento de la crisis institucional de la capital, es la crisis de descentralización política, la cual, por otra parte, constituye un proceso general que se observa en todo el país.

No sólo hemos visto, en las últimas ocho décadas, un progresivo decaimiento del Federalismo, sino que también hemos visto un progresivo decaimiento del Municipalismo y, paralelamente, una creciente tendencia al centralismo o a la centralización nacional, lo cual ha provocado el vaciamiento de competencias estadales y municipales.

Ahora bien, esta crisis de descentralización, que insistimos, es de todo el país, nos plantea dos aspectos que mencionábamos al inicio: la existencia de poderes locales poco representativo y poco participativos.

En efecto, los Concejos Municipales, no es un secreto, no representan realmente a las comunidades que los han elegido. Hemos pensado en que una de las causas de la ausencia de representatividad, es la forma de elección de los Concejales por listas cerradas, y por ámbitos territoriales excesivamente amplios. Pensemos, por ejemplo, en el caso del Distrito Federal: tenemos un Concejo Municipal de 25 Concejales, electos por representación proporcional en todo el Distrito, de entre listas cerradas y bloqueadas presentadas por los diversos partidos. El resultado de esa elección es que no hay una auténtica representación local. Lo mismo sucede en el Distrito Sucre del Estado Miranda, donde el Concejo Municipal de 13 miembros, electos en un ámbito territorial excesivamente amplio, no representa realmente a las comunidades electoras.

Frente a esta situación, se ha planteado, como solución, el establecimiento de la elección uninominal de los Concejales, y como fórmula intermedia, la elección, por ejemplo, en el Distrito Federal, de dos o tres Concejales por cada Parroquia, de manera que cada ámbito parroquial elija directamente dos o tres representantes, y, así, conformar un Concejo Municipal que sea representativo.

Pero el otro elemento de la crisis de descentralización política de los gobiernos locales en la capital, es la crisis de participación. En efecto, los Concejos Municipales que elegimos están excesivamente alejados de la comunidad, porque el ámbito territorial que abarcan es excesivamente amplio. Pensemos solamente en el Distrito Federal: el hecho de que actualmente exista un solo cuerpo representativo para todo el Distrito Federal nos lleva a la conclusión de que, realmente, las comunidades no participan en el gobierno local. Por ejemplo, casi sería impensable que el Concejo Municipal del Distrito Federal, llegue a ocuparse realmente de la conservación de las calles de las poblaciones del litoral central, situadas al Este de Naiguatá. Pienso que el Concejo tendría, siempre problemas demasiado graves a la vista en el casco central, para poderse ocupar de de aquellos problemas.

Por ello, como consecuencia de esta crisis de participación y representatividad política, se ha formulado la propuesta de crear un Estado Vargas, para el logro de una autonomía para el área del litoral central que siente la ausencia de los programas públicos del Distrito Federal.

La propuesta de la creación de un Estado Vargas se fundamenta, en efecto, en la búsqueda, por las comunidades del Litoral Central, de una autonomía, representación y participación política, que actualmente no tienen en el régimen del Distrito Federal, conducido por un Gobernador y por un solo Concejo Municipal en Caracas; y en el convencimiento de que con este esquema institucional, el Departamento Vargas seguirá olvidado.

Pero hacia ello no solo apunta la propuesta de creación de un Estado Vargas, sino también, otras propuestas formuladas con anterioridad, consistentes en la creación de otro Concejo Municipal para el Departamento Vargas. Por tanto, en realidad, ha habido dos ideas que han surgido de esta crisis de descentralización política en la capital: una, el establecimiento, en el Distrito Federal, de dos Concejos Municipales, uno en el Departamento Libertador, y otro en el Departamento Vargas; y otra, que se separe del Distrito Federal el territorio del Departamento Vargas, y en su lugar, se establezca el Estado Vargas.

III. LA NECESARIA REFORMA INSTITUCIONAL DE CARACAS Y DE LA REGIÓN CAPITAL

Ahora bien, frente a la crisis de centralismo regional y metropolitano que hemos comentado, y de descentralización política, sin duda, se nos plantea como urgente la necesaria reforma institucional de la Región Capital y de Caracas. Esta, para poder ser gobernada eficientemente, como entidad metropolitana y con poderes locales descentralizados, requiere de una profunda reforma institucional que queremos comentar, analizando, en primer lugar, las bases para una reforma de la Región Capital y del Área Metropolitana de Caracas, y en segundo lugar, las exigencias de esas reformas.

1. *Bases para la reforma*

Para plantear las bases de la reforma institucional de Caracas debemos insistir en los tres elementos que hemos formulado: La indispensable estructuración de un gobierno único para toda la Región Capital; la necesaria metropolitanización del Área Metropolitana de Caracas; y la descentralización política del gobierno local de Caracas.

Tal como lo hemos planteado en la propuesta que hemos elaborado conjuntamente con otras personalidades vinculadas a los problemas de la Capital, y que fue expuesta por el Presidente del Concejo Municipal del Distrito Federal, con ocasión de los 415 años de Caracas, en julio de 1982:

"No olvidemos que Caracas, la capital, no solo está formada por el Departamento Libertador del Distrito Federal y por el Distrito Sucre del Estado Miranda, sino que también forma parte de la misma, el Distrito Guaicaipuro del mismo Estado. La vida de la capital, además, está íntimamente vinculada al Litoral Central, es decir, al Departamento Vargas del Distrito Federal, con el cual forma una unidad; a los Distritos de los Valles del Tuy, a los Distritos del Valle Guarenas-Guatire y a los Distritos de Barlovento, en el Estado Miranda. Esas cinco áreas territoriales deben formar una sola unidad político-territorial que equivale a la actual Región Capital, para lo cual debe establecerse un sistema único de gobierno. Llámese Estado Caracas o Miranda, llámese Distrito Federal o tenga cualquier otra denominación, ese territorio de la Región Capital, tiene que estar a cargo de un único gobierno regional, descentralizado, con todos los poderes necesarios para asumir el desarrollo de la Gran Capital".

"Este sistema político-administrativo de toda la Región Capital, estaría compuesto por una autoridad ejecutiva, un Gobernador de la nueva entidad regional, y una Asamblea Legislativa cuyos miembros serían electos por votación popular".

"Este nuevo gobierno regional, además, tendría como fundamento un sistema de competencias que hagan posible la convergencia de un doble proceso político que existe a la base de la reforma propuesta: por una parte, un proceso de integración política de la región con una concentración de competencias propias del manejo de una gran metrópolis, como Caracas; y por la otra, un proceso de descentralización política, para establecer, dentro de esa gran unidad político-territorial de la Región Capital, diversos y escalonados gobiernos locales. Ello requiere de una sabia distribución de competencias, que está a la base de la reforma propuesta".

"Dentro de esa unidad política territorial de la Región Capital, en efecto, habría un sistema de gobierno local a dos niveles: un primer nivel, compuesto por cinco grandes autoridades locales situadas, la primera en el Gran Valle del Ávila; la segunda en el Litoral Central; la tercera en el Valle Guarenas-Guatire; la cuarta en los Valles de Tuy; y la quinta en el área de Barlovento".

"Estas cinco grandes autoridades locales, tendrían competencias específicas para el gobierno y administración de sus áreas territoriales y estarían compuestas por sendas autoridades ejecutivas, unos Alcaldes, con funciones administrativas y de gobierno local, y sendos Concejos Municipales, con funciones netamente deliberantes, legislativas y de control. Tenemos que superar, en nuestra gran ciudad, la administración colegiada de la actualidad, que está conspirando contra la eficiencia administrativa local, y tanto los Alcaldes como los Concejales, en estas cinco grandes áreas territoriales, serían electos por votación popular".

"Pero dentro de cada una de las cinco grandes unidades político- administrativas que conformarían la Región Capital, habría una multiplicidad de autoridades locales menores, como pequeños gobiernos municipales, con competencias específicas para las diversas localidades".

"Tenemos que hacer realidad la democracia participativa, y ello solo es posible, descentralizando el poder y acercando la autoridad municipal a los ciudadanos; y en la Capital tenemos que dar el ejemplo. Solo descentralizando la autoridad local, en un sistema integral e integrado de gobierno regional y metropolitano, es, que las comunidades de la gran ciudad podrán ejercer el gobierno local".

"Estas pequeñas entidades locales estarían a cargo de Juntas Municipales con un número muy reducido de miembros, entre 3 y 7, electos por votación popular, y tendrían ámbitos territoriales de acción relativamente reducidos. Por ejemplo, el área del Litoral Central, es decir, del actual Departamento Vargas, además de su Alcalde y Concejo Municipal antes indicado, tendría muchas autoridades municipales como las indicadas, por ejemplo, en Carayaca, Catia La Mar, Maiquetía, Macuto, Caraballeda, Naiguatá y otros. Así mismo, por ejemplo, en la unidad territorial del Gran Valle del Ávila, además del Alcalde de Caracas y del Concejo Municipal global, habría pequeñas entidades locales no necesariamente iguales a las actuales Parroquias del Departamento Libertador, o a los actuales Municipios del Distrito Sucre, pero con áreas territoriales cónsonas con la identificación de la población a la región que habitan".

"Ya la ciudad capital es otra. Tenemos que convencernos de ello, por lo que el Gobierno que necesita también tiene que ser otro".

"Tenemos, con imaginación, que idear el sistema de gobierno de la nueva Caracas, y esta es una Área de todos los caraqueños, es decir, de todos los que han hecho de nuestra Capital, su ciudad. Lo que es cierto, es que no puede continuar el actual esquema político-municipal de la ciudad, concebido en otras épocas y para otra ciudad".

Veamos, entonces, separadamente, las bases de estas reformas.

A. *La estructuración de un gobierno único para la Región Capital*

La Región Capital, compuesta por los territorios del actual Distrito Federal y Estado Miranda, sin duda, requiere de un tratamiento político- administrativo uniforme e integral. Así ha sucedido con todas las grandes capitales del mundo y sus áreas regionales y basta citar los dos ejemplos más destacados: la reforma del gobierno regional y local del gran Londres y de la Región de París.

La Región Capital ya no puede seguir escapando de esta tendencia universal de tratamiento integral de las áreas regionales de las capitales, y con imaginación, debe ser dotada de un sistema único de gobierno y administración, capaz de conducir y gerenciar toda la Región.

Como se señaló, la Región Capital está compuesta por cinco grandes áreas territoriales, íntimamente vinculadas y ligadas entre sí, que exigen la integralidad de su tratamiento, debido a las interrelaciones que entre ellas existen.

Esas cinco áreas son las siguientes:

1) El Gran Valle del Ávila, es decir, el Área Metropolitana de de Caracas, compuesto por el Departamento Libertador del Distrito Federal, parte de la Parroquia Carayaca del Departamento Vargas del mismo Distrito Federal; y el Distrito Sucre del Estado Miranda, y parte del Distrito Guaicaipuro del mismo Estado Miranda;

2) El Litoral Central, compuesto básicamente por el Departamento Vargas del Distrito Federal;

3) Los Valles del Tuy, compuesto por los Distritos Urdaneta, Lander, Paz Castillo e Independencia del Estado Miranda, y parte del Distrito Guaicaipuro del mismo Estado Miranda;

4) El Valle Guarenas-Guatire, compuesto por los Distritos Zamora y Plaza del Estado Miranda;

5) El Área de Barlovento, compuesta por los Distritos Brión, Acevedo y Páez del Estado Miranda.

Todo ese territorio, compuesto por esas cinco áreas tiene que estar sometido a un solo gobierno y administración regional, que sustituya a los dos gobiernos disímiles actuales: el del Distrito Federal y el del Estado Miranda.

Este gobierno regional dentro de un esquema de descentralización general del país, tendría las competencias regionales básicas para la conducción de la Región: planificación económica y social de la región, ordenamiento territorial de toda la Región, e inversión pública en las obras y actividades de escala regional.

Esta fórmula de un solo gobierno para toda la Región Capital podría lograrse de dos maneras: anexando el Estado Miranda al Distrito Federal, convirtiendo a toda la Región Capital en Distrito Federal; o anexando el Distrito Federal al Estado Miranda, convirtiendo a toda la Región Capital en un solo Estado Miranda o Estado Caracas. En ambos casos se requeriría de una reforma radical, sea del régimen del Distrito Federal, sea del régimen de los Estados dentro del Sistema Federal de nuestro país, pues la nueva entidad de gobierno regional, ni tendría éxito con el actual sistema de gobierno del Distrito Federal, ni con el actual sistema de gobierno y administración de los Estados federados.

Además, eliminar el Distrito Federal, implicaría una Enmienda Constitucional, dado que se trata de una entidad de rango constitucional, regulada en el artículo 12 de la Constitución. En cambio, la fusión del Estado Miranda al Distrito Federal podría realizarse en los términos autorizados por el artículo 10 de la propia Constitución.

Otra fórmula para la estructuración de un gobierno y administración regional, sería también, la suscripción de un acuerdo o convenio entre los gobernadores del Distrito Federal y del Estado Miranda, aprobados por el Senado y la Asamblea Legislativa del Estado Miranda, en el cual se establezcan las bases del mismo. Esta fórmula, sin embargo, sería más débil que la antes planteada.

B. *La metropolitanización del régimen de Caracas: un único gobierno municipal para el Área Metropolitana*

Pero además del gobierno único a nivel regional, el Área Metropolitana de Caracas, es decir, la Zona Urbana del Gran Valle del Ávila, como toda área metropolitana, también requiere de un régimen único, tanto de gobierno (político) como de administración, que comprenda toda el área y que sustituya la fragmentación político administrativa actual. Esto permitiría, ante todo, la prestación más eficiente de los servicios públicos de ámbito metropolitano, por unidades metropolitanas. Esto resulta indispensable para servicios públicos como los de transporte, educación, salubridad, asistencia social y para actividades públicas como la regulación y planificación urbanística, que requieren, además, una coordinación con los servicios que presten las entidades nacionales.

Esto, por otra parte, es la tendencia universal. Por ello, con razón, se ha dicho que el primer y principal problema de nuestro tiempo, es el problema de la metropolitanización. Esta situación la han sufrido y vivido todos los países del mundo, por lo que tuvieron que construir fórmulas metropolitanas para gobernar y administrar las grandes ciudades agobiadas por la fragmentación territorial. En la formulación de soluciones ha habido ciudades precursoras. La primera de ellas fue Tokio, que en 1943 transformó un régimen disperso de 38 gobiernos locales, en un sólo gobierno metropolitano que, sin embargo no eliminó los locales, sino que distribuyó las competencias. Otra muy importante experiencia fue la de Toronto, ciudad en la cual también se estableció un régimen metropolitano, transformando la fragmentación municipal precedente.

Las soluciones han sido diversas, a veces se ha establecido un gobierno global, en otros casos se han conservado los pre-existentes, integrados con un nuevo nivel metropolitano. En todo caso, lo cierto es que en todas las experiencias de grandes ciudades contemporáneas se ha verificado una gran reforma institucional, con mucha imaginación y voluntad política.

También se han efectuado otras soluciones menores y más débiles que sin haber estructurado un gobierno y administración metropolitanas, han acudido a la sola coordinación de servicios, mediante los llamados Distritos especiales metropolitanos, fórmula que, en grandes ciudades, se ha utilizado en Estados Unidos, para la atención de servicios concretos, como el de transporte o de educación. En particular, en esta orientación, como fórmula de uniformidad o metropolitanización de transporte, sustitutiva de la fragmentación geográfica local, desde hace años se ha planteado en Caracas la necesidad de creación de una Autoridad Metropolitana del

Transporte, entre el Poder Nacional y las Municipalidades actuales, sin éxito. Ha sido solo en 1982 cuando se ha establecido un convenio de mancomunidad para atender la organización del servicio.

En otras grandes ciudades, para metropolitanizar las actividades públicas, se ha recurrido a la fórmula de suscribir convenios entre las diversas entidades locales, pero convenios de gran envergadura, aliento y poder político. Por ejemplo, en San Francisco, se constituyó la Asociación de los Gobiernos del Área de la Bahía de San Francisco, que controla y dirige toda el área; en Washington, el Consejo de Gobiernos Metropolitanos de Washington; y en New York, el Consejo Regional Metropolitano que abarca toda la ciudad y que coordina las autoridades locales del área. Lo mismo ha sucedido en Europa en las ciudades de los Valles del Rhin y el Ruhr. En todos estos casos, se trata de convenios de gran importancia entre todas las autoridades locales de una metrópoli, para la metropolitanización de servicios y actividades.

Otras fórmulas se han concretado a la coordinación de entidades a nivel estrictamente local, La experiencia de las mancomunidades ha sido múltiple, y en Caracas debe destacarse el caso de la llamada Mancomunidad Urbanística. Por último, otras fórmulas de metropolitanización han consistido en la asunción por el Poder Nacional de algunos servicios metropolitanos, Esta fórmula es contraria al régimen local, y como ejemplo debe citarse a la Ley que creó el Instituto Metropolitano de Aseo Urbano como instituto autónomo nacional, experiencia que es un ejemplo de centralismo, pues a través de ella, es el poder nacional el que ha asumido las competencias locales.

En todo caso, para formar un gobierno metropolitano como hemos planteado, resulta necesaria la reestructuración completa de los gobiernos locales existentes en un Área Metropolitana. Para ello ha habido dos fórmulas de gobiernos metropolitanos que deben tenerse en cuenta.

En primer lugar, la fórmula del gobierno único, que supone la abolición de todos los poderes locales existentes, en favor de un gobierno único. Se trata de la figura de la anexión, que fue una fórmula muy común durante el siglo pasado en Europa, pero que ya no se utiliza en el mundo contemporáneo. La última gran experiencia de anexión, fue la de Moscú en los años sesenta, viable por la autocracia, pero que no resulta posible en un sistema político democrático. Ciertamente es una fórmula que permitiría la metropolitanización, pero con sacrificio de la descentralización política y de la participación. Por tanto, la anexión no es una fórmula aceptable.

En segundo lugar, se plantea la fórmula del gobierno metropolitano a dos niveles, que combina la metropolitanización con la participación política. Esta experiencia ha sido calificada como el prototipo deseable por la Conferencia de Tareas Metropolitanas que se celebró en Toronto en 1967 y donde se estudiaron todas experiencias de Tareas Metropolitanas del mundo.

Conforme a esta fórmula de gobierno a dos niveles, los gobiernos locales en pequeñas áreas territoriales permanecen, y se crea, además, nuevo gobierno metropolitano, como nuevo escalón a nivel de toda el área metropolitana. Esta es la fórmula concreta que se ha aplicado en Londres, París, Tokio y Toronto. Si se quiere, se trata de una especie de Federación de Municipios en la cual se produce una división de funciones, entre los aspectos que pertenecen a un régimen estrictamente local, para las pequeñas colectividades locales, con competencia en los aspectos esencialmente locales, y luego los que pertenecen al nuevo nivel de gobierno metropolitano, con competencias metropolitanas. Esta fórmula del gobierno a dos niveles, es la que permite conciliar, la metropolitanización con la representatividad y participación política, es decir, con la descentralización política que es la otra base de la reforma, que queremos plantear.

C. *La descentralización política del régimen de Caracas*

En efecto, no solo tenemos que regionalizar el gobierno de la Región Capital y metropolitanizar el gobierno y administración del Área Metropolitana de Caracas, sino que paralelamente tenemos que establecer un sistema de descentralización política en la ciudad. Este segundo aspecto, también exige que formulemos algunas premisas para luego analizar las fórmulas posibles.

En efecto, ante todo se plantea la necesidad de hacer más representativos los poderes o niveles locales o municipales. A medida que ascendamos concentremos como resultado de la regionalización y metropolitanización, tenemos que descender en materia de poder político, local y municipal, si es que queremos que el Municipio sea, conforme lo define el artículo 25 de la Constitución, la unidad política, primaria y autónoma, dentro de la organización nacional. Si realmente debe ser esa unidad política, primaria y autónoma dentro de la organización nacional, tenemos que descender del Municipio para acercarlo a la comunidad, para lo cual habría que plantearse, por supuesto, la reforma radical de la Ley Orgánica de Régimen Municipal. No debe olvidarse que, lamentablemente, esta es una Ley centralista, que no reformó realmente el régimen local, sino que, consolidó el viciado régimen anterior, centralizando aún más el proceso local.

Para concebir una fórmula tendiente a lograr la descentralización política tanto en un Área Metropolitana de Caracas, como en las otras cuatro grandes áreas territoriales que conforman la Región Capital, es necesario conciliar, precisamente, la regionalización y metropolitanización con la descentralización política, mediante la creación de muchas autoridades locales en las áreas, para los asuntos estrictamente locales. Debe desarrollarse, así, un proceso paralelo de centralización regional y metropolitana y de descentralización política local. Para ello resulta necesario delimitar las competencias correspondientes a los tres niveles, de manera de llevar al ámbito regional, las competencias necesariamente regionales; al ámbito metropolitano las competencias necesariamente metropolitanas, como abastecimiento de agua, electricidad, alcantarillado, transporte, planificación urbana, policía; y llevar al nivel local múltiple, constituido muy cerca de las comunidades, las competencias de control administrativo y de mantenimiento.

Imaginémonos, por ejemplo, como una fórmula de reordenación municipal del Área Metropolitana de Caracas, la creación de un gobierno y administración para toda la gran área metropolitana en Caracas, con un Alcalde electo como autoridad ejecutiva y un gran Concejo Municipal Metropolitano, y paralelamente, el establecimiento de múltiples Juntas Municipales en áreas equivalentes o menores a cada Parroquia del Distrito Federal, y a los Municipios del Distrito Sucre, por supuesto, con muy pocos Concejales, tres a siete, por ejemplo, para ocuparse de los asuntos estrictamente locales, y promover así, no solo el auto gobierno sino la participación política.

Por ello, además, sería necesario, llevar aún más hacia abajo, el proceso político local, hacia las vecindades o comunidades, estableciendo Juntas Comunales con atribuciones propias del ámbito comunal. Pero no se trata de establecer las clásicas Juntas Comunales designadas a dedo por los Concejos Municipales, sino de establecer un real elemento participativo a nivel comunal y vecinal, a cargo de las Juntas de Vecinos o Pro mejoras de las urbanizaciones y barrios. Por ello, cuando se discutió la Ley Orgánica de Régimen Municipal, propusimos que las Juntas de Vecinos debían tener el carácter de Juntas Comunales, de manera que fueran reales mecanismos de participación y no solo instrumentos de presión. Lamentablemente, el movimiento vecinal ha sido distorsionado y se lo ha utilizado como instrumento político, manipulado para presionar. No olvidemos que es muy fácil presionar, para que, por ejemplo, un Concejo tome una decisión de la cual solo responde ese Concejo. Al contrario, démosle responsabilidad a las Juntas de Vecinos, pues es claro que solo se puede participar teniendo responsabilidad. Para ello, hemos pensado en que a las Juntas de Vecinos o de Barrios, deben ser invertidas del carácter de Junta Comunal, de manera que las decisiones que tomen sean de su responsabilidad así como de la responsabilidad personal de quien las tome. Con responsabilidad habría participación y no simplemente presión que es lo que estamos viendo en buena parte del movimiento vecinal de la capital.

2. *Las exigencias de la reforma*

Frente a esas bases de reforma antes comentadas, la exigencia fundamental para su realización está en combinar, la regionalización y la metropolitanización de la capital, con la descentralización política y con el régimen de capitalidad, porque Caracas, no sólo es un Área Metropolitana, sino la capital de la República.

A. *La regionalización política de la capital*

Ante todo, la Región Capital debe conformarse como una sola unidad político-administrativa, con autonomía dentro de nuestro régimen federal. Como se dijo, habría dos fórmulas para ello: o hacer de toda la Región Capital un Distrito Federal, con régimen particular; o hacer de la misma un solo Estado, llámese Estado Miranda o Estado Caracas.

En todo caso, esta nueva entidad tendría un sistema de gobierno con un órgano ejecutivo, un Gobernador de la Entidad, y un Órgano Legislativo, cuyos miembros serían electos por votación popular.

a. *La opción por la fórmula del Distrito Federal*

Si se opta por la fórmula del Distrito Federal, para el régimen de toda la Región Capital, habría que fusionar el Estado Miranda al Distrito Federal, ampliándolo, mediante un convenio celebrado entre los Gobernadores de los actuales Distrito Federal y Estado Miranda, aprobados por el Senado y por la Asamblea Legislativa de dicho Estado, conforme se prevé en el artículo 10 de la Constitución. En esta forma, para la organización político-administrativa de este nuevo Distrito Federal, la Ley Orgánica del mismo que prevé la Constitución (art. 12) da toda la libertad necesaria al Legislador Nacional para establecerlo y regularlo, y para establecer un régimen de descentralización política y administrativa de gran aliento.

Esta Ley podría prever que el Gobernador del Distrito Federal siga siendo designado por el Presidente de la República, conforme a la peculiaridad que en los Estados Federales tiene la sede de los Poderes Nacionales, y que la Asamblea Legislativa de todo el Distrito, se elija por votación universal secreta y directa, mediante un sistema combinado de elección de Diputados regionales: un número de ellos por representación proporcional en toda el área, y otro número, por elección uninominal o cuasi-nominal en cada una de las cinco grandes entidades municipales en las cuales ha de dividirse el Distrito Federal (equivalente a la Región Capital).

La Constitución exige que en la Ley Orgánica se deje a salvo la autonomía municipal, y ello se haría en esas cinco grandes áreas territoriales que formarían ese nuevo Distrito Federal: el Área Metropolitana de Caracas en el Gran Valle del Ávila; el Litoral Central; los Valles del Tuy; el Valle Guarenas-Guatire y el área de Barlovento. En cada una de esas cinco áreas, como se verá, se establecería un sistema de gobierno municipal, a dos niveles, con entera autonomía.

b. *La opción por la fórmula de un Estado Miranda o Estado Caracas*

La otra opción para establecer un régimen único, de carácter político- administrativo para toda el área que hoy conforma la Región Capital, sería mediante la estructuración, en ella, de un nuevo Estado dentro de la división político-territorial de la República, llámese Estado Miranda o Estado Caracas, y que tenga el régimen de autonomía de los Estados que prevé la Constitución en sus artículos 16 y siguientes.

Esta fórmula, sin embargo, exigiría, ante todo, de una Enmienda Constitucional, para eliminar el Distrito Federal que es creación del Texto Fundamental (art. 12), y poder configurar la nueva entidad estadal. Pero además, exigiría una transformación radical del régimen general de los Estados de nuestra Federación.

La forma federal del Estado Venezolano ha sufrido de una carga centralista que ha conspirado contra la autonomía de los Estados. Por ello, en la actualidad se nos presentan con una autonomía inútil pues se los ha vaciado de competencias sustanciales. Pensar en la fórmula de un Estado, para organizar la Región Capital, por tanto, implicaría, además, transformar en general, en toda la República, el régimen de los Estados para hacerlos verdaderas entidades políticas descentralizadas; y exigiría, también, que se ponga en marcha un proceso de descentralización de competencias nacionales hacia los mismos, en los términos que autoriza el artículo 137 de la Constitución.

Sólo en esa forma, el Gobernador del nuevo Estado podría ser electo, por votación popular, y la Asamblea Legislativa del mismo, cuyos miembros serían también electos en la forma antes indicada, tendría funciones que ejercer.

c. *El abandono de la fórmula del Estado Vargas*

La ausencia de autonomía de las comunidades del Departamento Vargas del Distrito Federal, ha provocado la búsqueda de una autonomía política para el mismo, y como fórmula se han señalado dos: la creación de un Concejo Municipal en dicho Departamento, o la creación en dicho territorio de un nuevo Estado: el Estado Vargas.

Ambas fórmulas deben descartarse pues la primera, aisladamente considerada, complicaría el panorama institucional del actual Distrito Federal; y la segunda, sería contraria a las exigencias de regionalización apuntadas, que deben conducir, al contrario, hacia la estructuración de un solo gobierno en toda la Región Capital.

En efecto, crear un Concejo Municipal mis, dentro del actual Distrito Federal, complicaría el panorama institucional analizado, por la deficiencia del régimen del Distrito Federal que anotábamos anteriormente, derivadas de los problemas de la autonomía compartida entre el Gobernador y el actual Concejo Municipal. Esa fórmula daría lugar, no a dos administraciones paralelas, como en la actualidad, sino a tres administraciones, agravándose sin duda, el panorama institucional de la capital. En esta forma, la única posibilidad que habría de crear un nuevo Concejo Municipal para el Departamento Vargas y darle autonomía a ese territorio, sería a través de una reforma radical del régimen del Distrito Federal, que es el mismo de hace 100 años. Un nuevo Concejo Municipal para el Litoral Central, tal como se señala más adelante sería posible si se establecen autoridades locales autónomas en las cinco grandes áreas territoriales de la Región Central. El Litoral Central, equivalente a buena parte del Departamento Vargas, sería una de ellas, y allí se establecería un Alcalde, electo, como autoridad ejecutiva, y un Concejo Municipal como órgano deliberante, legislativo y de control. Ello exigiría una reforma total de la Ley Orgánica del Distrito Federal, pues no tendría sentido reformar esa Ley, solo para crear un Concejo Municipal más. El régimen que ella regula, hemos dicho, requiere una transformación radical.

Ahora bien, como alternativa para la autonomía del Departamento Vargas se ha planteado otra idea, y es la creación de un nuevo Estado Vargas, lo cual ha adquirido fuerza política en todas las comunidades del Litoral Central, hasta el punto de constituirse en una idea fuerza respecto de la cual, hay consenso en los partidos políticos y organizaciones representativas de grupos de interés. Esa idea parte, sin duda, de un hecho real: la necesidad que tiene el Departamento Vargas de una participación y representatividad políticas, y por eso, se piensa que la creación de un Estado es la solución para la crisis de descentralización política. Sin embargo, pensamos que un nuevo Estado Vargas, creado en el territorio del actual Departamento Vargas, rompería las exigencias de regionalización a la cual nos referíamos anteriormente. Debe quedar claro que el régimen de Caracas, al estar situado en la Región Capital, exige darle una solución institucional a toda la Región Capital, como la que hemos señalado por lo cual la idea de crear un Estado Vargas, debería quedar totalmente descartada.

Sin embargo, la misma propuesta aislada de crear un Estado Vargas requeriría solucionar otros problemas previamente. En efecto, la idea de un Estado para el Departamento Vargas origina necesariamente, las siguientes preguntas, que deben provocar respuestas serias.

¿Qué Estado vamos a crear como Estado Vargas? ¿Un Estado más, dentro del esquema federal de los Estados actuales de la República, con las deficiencias anotadas, con el vaciamiento de su contenido que se ha producido, sin competencias, con una autonomía inútil como la que tienen en la realidad, y que los ha convertido en reductos de actividades políticas, que muchas veces los propios partidos políticos desconocen?

Pensamos que no vale la pena crear un nuevo Estado Vargas dentro del mismo esquema de los Estados actuales, porque no nos solucionaría el problema de la falta de descentralización política. Antes, sin duda, habría que comenzar por hacer un enorme esfuerzo de revitalización del Federalismo, de reestructuración del ámbito estadal, de definición y de otorgamiento de competencias a los Estados en materia de desarrollo económico, de desarrollo social, y de ordenación del territorio, para que tengan real poder y competencia. Exigiría, además, un enorme esfuerzo de descentralización política nacional hacia los Estados, y aplicar un artículo de la Constitución que está olvidado, y que nunca se ha aplicado, el artículo 137, que permite que el Congreso mediante ley, descentralice competencias hacia los Estados y Municipios. Este es el único artículo del texto fundamental, en el cual se usa el término "descentralización", pero nunca se ha aplicado. Hemos hecho en Venezuela lo contrario: hemos centralizado competencias estadales y municipales.

Por tanto, crear un Estado Vargas, exigiría, replantearse el esquema estadal del país, reformular los poderes y las competencias estadales, y hacer de nuevo, al Gobernador, un real agente del Poder Central, un real Gobernador de lo que suceda en el Estado, y que en definitiva, gobierne el Estado. Pensamos que si no se plantea el problema en esos términos, no sería sensato crear un Estado Vargas dentro del esquema tradicional de los Estados.

Quedaría además pendiente, en todo caso, el planteamiento constitucional relativo a determinar, cómo se crea un nuevo Estado en el régimen de la Constitución de 1961. En efecto, la Constitución vigente parte del supuesto de que existen 20 Estados y no prevé la posibilidad de creación de nuevos Estados, salvo por la vía de la transformación de Territorios Federales en Estados, conforme al artículo 113 del Texto.

La creación de un nuevo Estado implicaría quitarle territorio a alguna entidad territorial: si se trata de Territorios Federales la solución de que puedan convertirse en Estados está prevista en la Constitución; en cambio, si se trata de las otras entidades político-territoriales, los Estados o el Distrito Federal, la forma de crear un nuevo Estado con parte de sus territorios no está regulado en la Constitución. Esta prevé, en efecto, en su artículo 10 la posibilidad de cesiones de territorios entre Estados, y entre un Estado y el Distrito Federal. Con la creación de un Estado Vargas, como el proyectado, no habría cesión territorial, porque el Distrito Federal no cedería territorio a ningún ente territorial preexistente, y no podría ceder territorio a una nueva entidad que se crearía por Ley, Además, no existe en la Constitución ningún artículo que permita al Congreso dictar una Ley, creando un nuevo Estado en un área territorial, que es de otro Estado o del Distrito Federal. Por ello, estimamos que la Constitución no prevé la posibilidad ni la forma de crear en nuestra organización territorial, un nuevo Estado, en parte del territorio de otro Estado, o del Distrito Federal.

Sin embargo, este escollo tendría solución, pues ese sería un auténtico campo de una Enmienda Constitucional, que tendría que reformular completamente el régimen de la Capital.

B. *La metropolitanización de la Capital y la autonomía municipal dentro de la Región Capital*

La segunda exigencia de la reforma planteada, además de la regionalización política de la Capital, está en la metropolitanización de Caracas y en el establecimiento de la autonomía municipal en toda la nueva entidad regional.

En efecto, hemos señalado que todo el territorio que se compone ahora por la Región Capital (Distrito Federal y Estado Miranda) debe dividirse en cinco áreas municipales, con gobierno local autónomo, y una de ellas debe ser el Área Metropolitana de Caracas.

La autoridad municipal en las cinco áreas territoriales de la Región Capital

En efecto, estas cinco áreas serían las siguientes, ya mencionadas: el Litoral Central; el Gran Valle del Ávila; los Valles del Tuy; el Valle Guarenas-Guatire y el área de Barlovento.

En cada una de esas áreas territoriales, debe garantizarse la autonomía municipal, y establecerse un gobierno local a cargo de autoridades ejecutivas y legislativas. Así, en cada una de ellas habría un Alcalde, electo por votación popular, como autoridad ejecutiva; y Concejos Municipales, cuyos miembros también serían electos por votación universal, directa y secreta mediante fórmulas variables en cuanto al número de sus componentes y con la aplicación de sistemas mixtos: un número de Concejales electos por sistema de representación proporcional, por toda el área respectiva: y otro número electo por votación uninominal, por cada una de las divisiones municipales menores que la compongan.

En todo caso, en esas cinco áreas territoriales de la Región Capital, el gobierno y administración de las mismas correspondería a un Alcalde, que sería la autoridad ejecutiva, superándose la administración municipal colegiada tradicional, la cual es inoperante en las grandes áreas urbanas. Por ello, el Concejo Municipal que existiría en cada una de esas cinco áreas territoriales, no sería un órgano administrativo, sino de carácter deliberante, legislativo y de control, mediante un sistema claro de separación de funciones.

En todo caso, como se ha dicho, una de esas cinco áreas territoriales municipales mayores sería el Área Metropolitana de Caracas, compuesta por el Departamento Libertador y parte del Departamento Vargas del Distrito Federal y por el Distrito Sucre y parte del Distrito Guaicaipuro del Estado Miranda. La integración necesaria e indispensable de esta área en una sola entidad municipal, es esencial en el régimen de gobierno y administración de Caracas, bajo el signo de la metropolitanización.

a. *El gobierno único municipal para el Área Metropolitana de Caracas*

En efecto, para la metropolitanización del régimen de Caracas debe crearse, ante todo, una entidad metropolitana, que con la debida autoridad municipal y administrativa gobierne y administre toda el Área Metropolitana y, en particular, de inmediato, todo lo que es, actualmente, el Departamento Libertador del Distrito Federal y parte de su Departamento Vargas, y en el Estado Miranda, su Distrito Sucre, y parte de su Distrito Guaicaipuro.

Esta entidad metropolitana como se dijo, debe ser una autoridad político-territorial municipal descentralizada, con autonomía y poder local. Para ello, tiene que estar formada por autoridades electas ejecutiva y legislativa. Como se dijo, tiene que tener una autoridad ejecutiva unipersonal, un Alcalde, electo por votación popular, para lo cual nuestra democracia ya está lo suficientemente madura. La designación por el poder central del Alcalde de la Capital debe ser desechada, pues ello nos llevaría a la absurda situación actual en breve plazo, de tener dos administraciones metropolitanas.

Pero además del Alcalde electo, la entidad metropolitana debe contar con un órgano colegiado, electo, es decir, con un Concejo Municipal de carácter deliberante, legislativo, y de un control sin funciones administrativas.

En este Concejo Municipal Metropolitano, eventualmente podría haber representantes del Poder Nacional, sin voto, para conciliar la metropolitanización y la descentralización político-territorial, con la capitalidad. No olvidemos que la existencia de la Capital plantea y ha planteado en la historia institucional de todos los países, la necesidad de estructurar un régimen especial para la capital. En algunos casos se ha creado una entidad sin autonomía local, y en la mayoría de las capitales se han estructurado sistemas intermedios, donde la autonomía local se limita con una interferencia del Poder Nacional por el hecho de tener, éste, su sede en la capital. En algunos sistemas federales, por ejemplo, el Distrito Federal, no tenía autonomía local, como era el caso del Distrito de Columbia en los EE.UU., donde la legislación del Distrito la dictaba el Congreso de la Unión, y donde la autoridad ejecutiva y administrativa del Distrito, la ejercía el Presidente de los Estados Unidos. En otros casos se estableció un sistema intermedio, como ha sido tradicionalmente el de Venezuela y el que tenía Río de Janeiro, formado por un Gobernador designado por el Presidente de la República, y un Concejo Municipal electo. Sin embargo, en otros casos, la Autoridad Metropolitana o Regional no tenía autonomía local. Por ejemplo, París tuvo un sistema de múltiples concejos electos a nivel local, pero no en el Gran París, hasta hace unos años cuando por primera vez en cien años se eligió un Alcalde de París, por sufragio universal, y cuya modificación reciente ha originado una polémica política de gran importancia.

Por tanto, una forma de conciliar la metropolitanización y descentralización con la capitalidad en Caracas sería, no el sacrificio de la elección del Alcalde de la ciudad y de los Concejales, sino ubicar, en un Concejo Municipal Metropolitano electo, con competencias muy claramente determinadas, con voz pero sin voto algunos representantes del Poder Nacional.

C. *La descentralización y participación política en la Región Capital y en Caracas*

La democracia participativa, que es una de las exigencias de perfeccionamiento de nuestro régimen democrático, no puede hacerse realidad, sin una descentralización política de manera que se acerque la autoridad local a los ciudadanos. Por ello, la reforma propuesta conlleva a una multiplicación de autoridades locales en áreas territoriales reducidas, con competencias municipales, bien delimitadas.

a. *La multiplicación de autoridades locales menores*

En efecto, además de la regionalización de Caracas, también se plantea, como exigencia de reforma, la descentralización y participación política en la Capital, y en toda la futura entidad política de la Región Capital, lo que conduce a lo mencionado anteriormente: a la multiplicación de las autoridades locales que deberían funcionar en el Área Metropolitana y en las cuatro restantes grandes áreas municipales. Tenemos que crear, así, muchas Juntas Municipales, en todo el territorio de las mencionadas cinco grandes áreas, de manera que cada comunidad tenga su autoridad municipal, colegiada, éstas sí, integradas por un número reducido de miembros, de 3 a 7 personas que se ocupen de los aspectos estrictamente locales, en áreas territoriales pequeñas.

No olvidemos que en Venezuela nunca hemos hecho una reforma del régimen local. Nosotros arrastramos un régimen local del siglo pasado, y en este siglo, nuestros gobiernos no han tenido imaginación en la reforma institucional del régimen local; nunca lo hemos reformado y, lamentablemente, la oportunidad de reforma que pudo significar la sanción de la Ley Orgánica del Régimen Municipal, se perdió, porque ella lo que hizo fue consolidar el régimen anterior. Debemos convencernos de que nuestro país es otro al de hace 30 ó 40 años, que exige que nos planteemos nuevos esquemas de régimen local distintos a los que hemos venido arrastrando: Por ejemplo, ese esquema planteado de la creación de múltiples autoridades locales en comunidades pequeñas dentro de una gran ciudad, para conciliar la metropolitanización con la participación política, es el esquema ensayado en todas las grandes ciudades contemporáneas, que se gobiernan por una autoridad a nivel metropolitano y, paralelamente, por muchas autoridades locales pequeñas.

b. *Los gobiernos locales menores en el Área Metropolitana de Caracas y el Litoral Central*

En esta forma, por ejemplo, en el Área Metropolitana de Caracas, integrada por el Gran Valle del Ávila, además de la Autoridad Municipal Metropolitana: el Alcalde de Caracas y el Concejo Municipal de toda el área, su territorio se dividiría en pequeñas demarcaciones territoriales, con autonomía municipal y competencias para asuntos estrictamente locales.

Así, algunas parroquias actuales del Valle de Caracas, como La Pastora o La Candelaria podrían configurar estas autoridades municipales a cargo de Juntas Municipales electas en forma uninominal en sus respectivos territorios. Otras Parroquias, deberían, a su vez, ser subdivididas en varias entidades municipales menores, como sucedería con la Parroquia Sucre, o El Recreo, por ejemplo cada una con su autoridad local electa.

En el mismo sentido, en el Distrito Sucre del Estado Miranda, algunos de sus actuales Municipios podrían continuar como autoridad local, a cargo de una Junta Comunal electa, pero otros requerirían de una subdivisión en varias de ellas. Piénsese, por ejemplo, en el Distrito Sucre del Estado Miranda. Allí habría que establecer varias demarcaciones territoriales a cargo de autoridades locales distintas: por ejemplo, Las Mercedes y su área de influencia; El Cafetal con todas las Urbanizaciones circundantes; Prados del Este, y las Urbanizaciones circundantes, etc.

En todas esas pequeñas áreas locales, existiría una Junta Municipal electa, y entre ellas y la Autoridad Municipal Metropolitana, tendría que establecerse una sabia distribución de competencias que permita convivir el proceso de metropolitanización con el de la descentralización, dentro de un sistema eficiente de prestación de servicios públicos y de mantenimiento, para mejorar la calidad de la vida.

En el mismo sentido debería operar la reforma en el Litoral Central. Además, de la Autoridad Municipal global para toda el área del Litoral, integrada por un Alcalde y un Concejo Municipal, deberían estructurarse múltiples autoridades locales menores, para los asuntos estrictamente locales o comunales, en las diversas localidades del área: Carayaca, Catia La Mar, Maiquetía, La Guaira, Macuto, Caraballeda, Naiguatá, y otra para el resto oriental de la costa.

IV. LA IMPLEMENTACIÓN DE LA REFORMA

La reforma propuesta, como se puede observar, forma un todo integral, pues busca el reordenamiento institucional de toda la Región Capital, y dentro de ella, de las cinco grandes áreas territoriales que la conforman: el Área Metropolitana de Caracas, el Litoral Central, los Valles del Tuy, el Valle Guarenas-Guatire y el área de Barlovento. El problema de Caracas y su área de influencia, no puede solucionarse efectivamente, con fórmulas de coordinación sino de integración política. Aquellas, en todo caso, no son descartables, pero solo pueden considerarse como provisionales, para el logro del objetivo general: estructurar un único gobierno para la Región Capital y en el caso de Caracas, un único gobierno municipal para su área metropolitana.

Todas las reformas legislativas que se hagan, por tanto, deben tender a viabilizar los objetivos generales y no obstaculizarlos.

Ahora bien, en cuanto a la posibilidad institucional de la reforma de Caracas, debemos constatar, ante todo, lo que prevé, en esta materia la Constitución de 1961. Esta establece, en primer lugar, que Caracas es la Capital de la República (art. 11); en segundo lugar, prevé la existencia de un Distrito Federal, como sede de los Poderes Nacionales (art. 12); y en tercer lugar, prevé que en el Área Metropolitana existen diversas jurisdicciones que pueden ser coordinadas mediante una Ley especial (art. 11). Este sistema, en efecto, era el existente desde el siglo pasado: la mezcla de la capitalidad con el Distrito Federal, con el agregado de la exigencia de una tímida coordinación.

Ahora bien, frente a esta realidad institucional, crear una Región Capital, como entidad político-territorial y establecer una entidad metropolitana, con unas características totalmente distintas a la actual, como las que hemos mencionado, exige reformar el sistema institucional y, Enmendar la Constitución para hacer posible la mencionada conciliación, entre la regionalización y metropolitanización de la capital, con la descentralización política y la capitalidad.

Además de una Enmienda Constitucional, resultaría indispensable modificar sustancialmente al menos, dos leyes: la Ley Orgánica del Distrito Federal y la Ley Orgánica de Régimen Municipal.

Ante esta situación, sin duda, la reforma propuesta puede realizarse teniendo en cuenta dos variables: una de largo plazo y otra de corto plazo.

1. *Las reformas de largo plazo*

Sin duda, pueden considerarse como reformas de largo plazo, las que implican Enmiendas Constitucionales, o las que conllevan a reordenamiento territorial con variación de los límites de las entidades políticas que actúan en la Región Capital: el Distrito Federal y el Estado Miranda.

A. *La creación de la Región Capital como entidad político-territorial*

Hemos señalado que el establecimiento de una sola entidad político-territorial en la Región Capital, con un gobierno único regional, podría realizarse estableciendo un nuevo Distrito Federal en toda la Región o un nuevo Estado Miranda o Caracas, en la misma región.

En efecto la primera posibilidad sería la de estructurar un nuevo Distrito Federal, pues en definitiva, Venezuela es un Estado Federal, y las Federaciones han dado una experiencia muy rica en el mundo contemporáneo, que debemos asimilar. Pero, por supuesto, se trataría de crear un nuevo Distrito Federal totalmente distinto al actual, no sólo en su área territorial, pues abarcaría toda la Región Capital, sino en su organización y sistema político. Del actual, por tanto, solo conservaría el nombre.

Para lograr que tenga un territorio igual a toda la Región Capital, tendría que producirse la cesión de los territorios pertinentes del Estado Miranda al Distrito Federal. Esta cesión prevista en la Constitución expresamente (art. 10) exigiría que la misma tenga aprobación del Senado y de la Asamblea Legislativa del Estado Miranda. Pero además de tener un nuevo territorio, el Distrito Federal propuesto tendría también una nueva organización y sistema político. Por tanto, cuando hablamos de un nuevo Distrito Federal, del actual Distrito Federal solo conservaría el nombre. Esta nueva organización política y administrativa implicaría el establecimiento de un gobierno a tres niveles: un primer nivel regional, a cargo de un Gobernador y una Asamblea Legislativa regional; un segundo nivel, a cargo de cinco autoridades municipales en las cinco áreas en las cuales se divide la Región Capital, cada una con un Alcalde y un Concejo Municipal; y un tercer nivel, compuesto, dentro de cada una de las cinco áreas territoriales mencionadas, por muchos gobiernos locales, con un nuevo esquema y división territorial, en los términos que antes hemos comentado.

Para establecer un nuevo Distrito Federal, como ese, con imaginación, no sería necesaria una Enmienda Constitucional, porque la Constitución dispone que existe un Distrito Federal, y dispone la coordinación de jurisdicciones en el Área Metropolitana, que no necesitan ser las actuales, sino que pueden ser las muchas pequeñas jurisdicciones territoriales que pueden existir dentro del nuevo esquema planteado. Si sería necesaria una cesión territorial, y la reforma de las Leyes Orgánicas del Distrito Federal y de Régimen Municipal.

La otra vía para la reforma institucional de la Región Capital consistiría en la creación de un nuevo Estado: el Estado Caracas o Estado Miranda. Esta fórmula sería más complicada, porque requeriría de una Enmienda Constitucional para eliminar el Distrito Federal, y reformar el sistema estadal para darle al nuevo y a los viejos Estados, una realidad distinta, tal como también lo hemos señalado anteriormente.

Por otra parte, quedarían descartadas en todo caso, las fórmulas incompletas, que más bien complicarían el panorama actual, como la fórmula de la creación de un Estado Vargas en el Departamento Vargas del Distrito Federal.

B. *La creación del Área Metropolitana de Caracas como entidad político-territorial municipal.*

Independientemente de la creación de la Región Capital, como entidad político-territorial, dentro del esquema propuesto, otra reforma de largo plazo, sería la creación del Área Metropolitana de Caracas como nueva entidad político-territorial municipal.

Hemos señalado que el Área Metropolitana de Caracas está formada por parte del territorio del Distrito Federal y parte del territorio del Estado Miranda, a cargo, actualmente de autoridades distintas reguladas por leyes diferentes. Hacer de todo ese territorio una sola entidad, exigiría reformar los límites territoriales del Estado Miranda y del Distrito Federal, mediante cesiones territoriales aprobadas por el Senado y la Asamblea Legislativa del Estado Miranda.

2. *Las reformas de corto plazo*

Con vistas a la reforma global propuesta, pueden efectuarse reformas en el corto plazo para preparar el esquema general de largo plazo.

Esas reformas se harían simultáneamente en los siguientes textos legislativos: la Ley Orgánica del Distrito Federal y la Ley Orgánica de Régimen Municipal, y exigirían la sanción de una nueva ley: la Ley de Coordinación de las jurisdicciones que actúan en el Área Metropolitana de Caracas.

Además, tendrían que reformarse las leyes de Régimen Municipal y de División Territorial del Estado Miranda por su Asamblea Legislativa.

A. *La reforma de la Ley Orgánica del Distrito Federal*

La Ley Orgánica del Distrito Federal debería ser reformada conforme a los siguientes criterios:

1. El establecimiento de una autoridad territorial única para todo el actual Distrito Federal, compuesta por un Gobernador, designado por el Presidente de la República, y una Asamblea Legislativa del Distrito, con funciones estricta y exclusivamente legislativas, deliberantes y de control, compuesta por un número reducido de miembros, electos por votación popular.

La división político-territorial del actual Distrito Federal en dos Municipalidades: una ubicada en el Litoral Central, en casi todo lo que forma parte del Departamento Vargas y otra en el Valle del Ávila, en lo que es el Departamento Libertador, y en parte del Departamento Vargas (parte de la Parroquia Carayaca).

Cada una de esas Municipalidades estaría gobernada por autoridades municipales ejecutivas y legislativas, a cargo, respectivamente, de un Alcalde, electo por votación popular, y un Concejo Municipal, también electo por votación popular mediante un sistema mixto de representación proporcional y uninominal. Los Concejos Municipales no tendrían funciones administrativas.

Cada una de las dos Municipalidades, que conformarían el Distrito Federal, se dividiría a su vez en múltiples autoridades locales menores, a cargo de Juntas Municipales colegiadas, integradas por un número reducido de miembros entre 3 a 7 según la población o territorio electos por votación popular en forma uninominal.

Esta división político-territorial exigiría un estudio de carácter poblacional, físico y cultural, de manera que las áreas territoriales que se establezcan respondan a la realidad actual y futura de crecimiento de las comunidades, así como a la identificación de la población con el área que ocupan.

Para el funcionamiento de este sistema institucional a tres niveles: el nivel superior del Distrito y los dos niveles municipales, debe regularse una sabia distribución de competencias, de manera que cada área territorial tenga sus competencias apropiadas: las áreas territoriales menores en los asuntos estrictamente locales; las dos Municipalidades en los asuntos metropolitanos, y el área general, en las competencias globales del territorio del Distrito.

Dentro de esa distribución de competencias deben merecer especial atención, las competencias tributarias y la distribución de recursos públicos.

B. *La reforma de la Ley Orgánica de Régimen Municipal*

Aparte de las innumerables reformas que requiere la Ley Orgánica de Régimen Municipal, ésta debe ser reformada de manera que permita el establecimiento de un régimen municipal especial y específico para el Estado Miranda, en virtud de encontrarse en su territorio, parte de la Capital de la República.

Esta reforma debería permitir la posibilidad del establecimiento de un gobierno municipal a dos niveles, de manera que puedan integrarse las diversas autoridades municipales en el Estado, coordinables a los efectos del Área Metropolitana de Caracas. No se olvide que la Ley Orgánica es excesivamente uniformizante y no permite su variación mediante las leyes estadales, prohibiendo, además, que se creen autoridades municipales varias en áreas que configuran una continuidad urbana.

En esta forma, al permitirse un régimen específico para el Estado Miranda, se establecería un sistema municipal por la Asamblea Legislativa del Estado que seguiría las líneas de la reforma que hemos señalado, incluyendo la posibilidad de autoridades locales ejecutivas, los Alcaldes, para las divisiones Municipales del primer nivel territorial.

C. *La reforma de las Leyes de División Territorial y de Régimen Municipal del Estado Miranda*

En virtud de la reforma señalada de la Ley Orgánica de Régimen Municipal, la Asamblea Legislativa del Estado Miranda tendría que reformar su Ley de División Territorial y su Ley de Régimen Municipal, conforme a los siguientes criterios:

D. *La división político-territorial del Estado se haría en un sistema municipal de dos niveles*

Un primer nivel, integrado por cuatro áreas territoriales a cargo de autoridades municipales ejecutivas y legislativas, es decir, Alcaldes y Concejos Municipales, electos ambos por votación popular. Los Concejos Municipales no tendrían funciones administrativas. Este primer nivel municipal, se establecería en las siguientes cuatro grandes áreas: la primera, en el territorio del actual Distrito Sucre y parte del Distrito Guaicaipuro, en el Gran Valle del Ávila; la segunda en los Valles del Tuy, en los actuales Distritos Urdaneta, Lander, Paz Castillo, Independencia y parte del Distrito Guaicaipuro; la tercera, en el Valle Guarenas-Guatire, en los Distritos Plaza y Zamora; y la cuarta, en el área de Barlovento, en los Distritos Brión, Acevedo y Páez.

Un segundo nivel municipal, estaría formado por múltiples autoridades locales en áreas territoriales reducidas, dentro de cada una de las cuatro áreas municipales antes mencionadas, a cargo de Juntas Municipales integradas por un número reducido de miembros (3 a 7) electos por votación popular.

2. La Ley de Régimen Municipal del Estado, conforme a lo que establezca la Ley Nacional, debe prever una sabia distribución de competencias entre los dos niveles municipales antes mencionados, de manera que en el nivel menor, queden los asuntos de estricto carácter local o comunal.

Dentro de estas regulaciones, debe preverse también, normas de distribución de competencias tributarias y de los recursos financieros del Estado en las diversas autoridades locales.

E. *La sanción de una Ley de Coordinación de las jurisdicciones existentes en el Área Metropolitana de Caracas*

El Área Metropolitana de Caracas, conforme a lo mencionado anteriormente, estaría formada por lo que actualmente es el Departamento Libertador del Distrito Federal, y los Distritos Sucre y parte de Guaicaipuro del Estado Miranda. De acuerdo a las reformas antes señaladas, en el futuro, esa área territorial, estaría bajo la jurisdicción de dos grandes autoridades locales: la Municipalidad de Caracas (Departamento Libertador del actual Distrito Federal y parte de su Departamento Vargas) a cargo de un Alcalde de Caracas, como autoridad ejecutiva y de un Concejo Municipal, como autoridad legislativa; y la Municipalidad formada en el Estado Miranda, por lo que actualmente es el Distrito Sucre y parte del Distrito Guaicaipuro del Estado, a cargo, también, de un Alcalde, como autoridad ejecutiva y de un Concejo Municipal como autoridad legislativa.

La Ley establecería un sistema de coordinación entre esas dos autoridades municipales con composición institucional similar y que formarían el sistema institucional del Área Metropolitana.

Además, debería establecer la mencionada Ley el sistema de coordinación de estas autoridades municipales con el Poder Nacional.

V. CONCLUSIÓN

Caracas, sin duda, necesita de una urgente reforma institucional para mejorar la calidad de la vida de sus habitantes y poder controlar su crecimiento. Con el régimen institucional que tiene, que data del siglo pasado, seguirá siendo una ciudad ingobernable y seguirá provocando la frustración de todos los que de la mejor buena fe, pretendan gobernarla.

Por ello, es urgente la estructuración de un sistema nuevo de gobierno de la capital que permita atender las tres exigencias políticas contemporáneas de la ciudad; la regionalización política de la Región Capital; la metropolitanización política del Área Metropolitana de Caracas; y la descentralización y participación políticas en los diversos ámbitos municipales.

Sin embargo, por supuesto, una reforma institucional de una gran ciudad, no es fácil. Requiere, no sólo de una claridad de objetivos despojados del inmediatismo político-partidista, sino de una gran voluntad política de llevarla a cabo. En nuestro país, esta voluntad política está ligada al consenso. Una reforma de la envergadura de la propuesta, no puede realizarse sin el consenso de todas las fuerzas políticas de importancia en la vida nacional.

Pero además, una reforma como la esbozada requiere de estudios e investigaciones que rebasan lo jurídico. No se trata, sólo, de hacer leyes o de reformar otras, sino que exige estudios poblacionales, geográficos, ambientales, urbanos y económicos que deben estar a la base y la implementación de la reforma. De resto, corremos el riesgo de caer en la improvisación y, como consecuencia, de complicar aún más el panorama institucional de la capital

SECCIÓN SEGUNDA: **REFLEXIONES SOBRE LAS INSTITUCIONES ADMINISTRATIVAS**

CAPÍTULO SÉPTIMO: LA ADMINISTRACIÓN PÚBLICA Y SUS PROBLEMAS ACTUALES

Hemos hablado anteriormente, del sistema político y de sus problemas actuales; quisiéramos ahora, referirnos a la Administración Pública Venezolana y algunos de sus problemas actuales. En particular, quisiéramos analizar cinco aspectos que creemos que podrían configurar una identificación de problemas fundamentales en la Administración Venezolana. Estos son, en primer lugar, el problema de la centralización nacional; en segundo lugar, la concentración administrativa; en tercer lugar, los problemas de la integración sectorial de la Administración; en cuarto lugar, los problemas de su integración funcional; y en quinto lugar, comentar algunos problemas relativos a la gestión de la Administración. Analizando estos aspectos, estimamos que se pueden identificar los más importantes problemas que tiene la Administración Venezolana en la actualidad.

I. LA CENTRALIZACIÓN ADMINISTRATIVA

El primer problema de nuestra Administración Pública es el de la centralización, no sólo política, como hablábamos anteriormente, sino administrativa, a pesar de la forma federal del Estado. En efecto, no sólo hay una excesiva centralización política a nivel nacional, sino que, esta centralización también se refleja en materia administrativa, pues se ha concentrado en el centro y en la Administración Nacional todo el poder político, todo el poder administrativo y todo el poder jurídico de la Nación.

La centralización administrativa tiene su origen en la distribución peculiar de competencias que trae la Constitución Nacional. Materialmente, el artículo 136 de dicho texto, concentra en manos del Poder

Nacional casi todas las competencias públicas, salvo algunas de carácter municipal y que, en todo caso, no son exclusivas del Municipio, pues todas son concurrentes con el nivel nacional.

La Constitución, en efecto, aparentemente asigna muchas competencias a los Estados, porque le atribuye una competencia residual. En efecto, define las competencias nacionales e identifica las locales y agrega que todo lo que no corresponde al Poder Nacional o al Poder Municipal, corresponde a los Estados. Sin embargo, cuando uno analiza las extensas enumeraciones del artículo 30 y del artículo 136 del texto fundamental, se encuentra que queda muy poco que asignar a los Estados. Por ello, sólo un esfuerzo de imaginación como el que han hecho las Asambleas Legislativas de los Estados Aragua y Yaracuy, puede llevar a identificar, como en efecto se ha hecho, una serie de competencias que pueden ser asumidas a nivel estadal. En todo caso, aún cuando existan algunas competencias locales de orden municipal y aún cuando puedan llegar a identificarse competencias a nivel de los Estados, lo cierto es que ha habido, en la práctica administrativa y legislativa una tendencia creciente a la centralización.

1. *La tendencia centralizadora en la práctica administrativa y legislativa*

Tomemos, por ejemplo, el caso de las Corporaciones de Desarrollo Regional, ¿Qué han significado? Estimamos que contrariamente a lo que parecen, han sido factores para centralizar administrativamente al Estado, es decir, han sido factores de centralismo. No olvidemos que las Corporaciones de Desarrollo Regional son instrumentos del Poder Nacional que actúan en cada región; materialmente se han configurado, en unos casos, como un enclave del Poder Nacional en la Región y en ellas no han participado las autoridades locales. Al contrario, normalmente, las Corporaciones de Desarrollo Regional han actuado al margen de los Gobernadores y de las Asambleas Legislativas, y los grandes esfuerzos que se hicieron para reorientar el proceso de regionalización administrativa entre los años 72 y 74 para hacer participar en el mismo a los Gobernadores y a las Asambleas en el proceso regional, luego se abandonó. En algunos casos, inclusive, ciertas Corporaciones de Desarrollo Regional actuaron como especies de "virreinatos" nacionales, y desarrollaron su actividad más en beneficio del país y no de la región respectiva, quedando los Estados de la misma, relativamente relegados.

Otro ejemplo de la tendencia hacia la centralización administrativa está en la Ley Orgánica de Coordinación de la Inversión del Situado Constitucional con planes que desarrolla el Poder Nacional. La Ley de Inversión del Situado del año 1974, reformada recientemente, es uno de los más claros instrumentos de centralismo que se han dictado en el país. En efecto, si bien tradicionalmente ha habido una dependencia de los Estados respecto del Poder Central derivado del Ingreso Presupuestario, esta dependencia se acentúa ahora por los mecanismos de coordinación previstos en dicha Ley, los cuales en realidad, no son mecanismos de coordinación de la inversión, sino más bien de imposición de la inversión. Los planes, en efecto, normalmente se elaboran a nivel central y se imponen a los Estados, siendo difícil concebir a un Estado discutiendo los programas; y cuando se intentó establecer, como en el caso de la nueva Constitución del Estado Aragua, que la Asamblea Legislativa debía conocer los programas que el Gobernador debía someter a la Comisión respectiva para coordinación a nivel nacional, se opuso el Poder Ejecutivo Nacional a través del Gobernador del Estado, y hubo que aclarar, mediante una reforma del texto constitucional, qué era, realmente lo que se quería. Se admitió, en definitiva, que la Asamblea tenía derecho a ser informada previamente por el Gobernador y aprobar los programas que éste debía llevar a la Comisión de Coordinación. Realmente, es elemental, que la Asamblea tenga la función de definir las prioridades de desarrollo del Estado. De lo contrario, habría que pensar seriamente en su eliminación, para no seguir con el absurdo de una centralización federal, que no es ni una cosa ni otra.

Por otra parte, ha habido también una tendencia centralizadora, en la práctica administrativa, en las relaciones entre el Poder Central y el ámbito local. En efecto, la Constitución asigna a los Municipios diversas competencias enumeradas en el artículo 30; pero todas esas competencias constitucionales asignadas al Municipio, son competencias que, además, se asignan en forma concurrente al Poder Nacional. Así, toda esa larga lista de competencias enumeradas en el artículo 30 de la Constitución: Urbanismo, Policía, Asistencia Social, Turismo, etc., son competencias que se asignan, también, concurrentemente al Poder Central. Por ello, en definitiva dependen de lo que el Poder Nacional establezca. Por ejemplo, si bien la competencia en materia de urbanismo es una competencia municipal, la Ley Orgánica de la Administración Central de 1976 y la Ley de Régimen Municipal han establecido una alta ingerencia nacional en la ordenación urbanística, hasta el punto que se píense, por algunos, que los planes de zonificación de las ciudades, deben ser aprobados por el Ministerio de Desarrollo Urbano. Realmente ello es absurdo. ¿Cómo puede centralizarse en un Ministerio en Caracas, la aprobación de las ordenanzas de zonificación de cualquier ciudad? Esta interpretación podría conducir, sin duda, a la paralización del desarrollo urbano.

En todo caso, se nota una tendencia creciente a la centralización no sólo en la práctica administrativa contemporánea sino también en la legislativa, pues no sólo centraliza la Administración, sino que también centraliza al Congreso, en las leyes que dicta. Por ejemplo, en la Ley Orgánica de Régimen Municipal se estableció una larga lista de competencias municipales, siguiendo la orientación del artículo 30 de la Constitución, pero se agregó que cuando un servicio se preste, a la vez, en más de un Municipio, corresponde a la competencia nacional. Piénsese sólo en el servicio de electricidad o en el servicio de distribución de agua. En el mundo contemporáneo, es muy difícil imaginar una autarquía absoluta a nivel local, sobre todo en esos servicios en los cuales siempre habrá una interconexión. Igual situación ocurre con los servicios de transporte urbano en las tareas Metropolitanas, como Caracas, que abarca tanto al Distrito Federal como al Distrito Sucre. En todos estos casos, los servicios serían de la competencia nacional, y ha sido la propia Ley la que ha dado pie para centralizar absolutamente todos los servicios.

Otras prácticas legislativas también nos han llevado a la centralización. En efecto, en la Constitución puede decirse que, dentro de su propio sistema de descentralización territorial, existe un sólo supuesto en el que se admite la centralización, y es el regulado en el artículo 136, ordinal 16 en relación a los servicios vinculados a la salud de las personas. Este artículo, en realidad, habla de la posibilidad de que una ley "nacionalice" los servicios de salubridad, pero se utiliza la expresión "nacionalizar" en el sentido de transferir el Poder Nacional materias de competencia local. Recientemente se ha utilizado este mecanismo centralizador con los servicios de Aseo Urbano del Área Metropolitana. En esta materia, por las deficiencias del servicio, en vez de resolver el problema a nivel local, lamentablemente se acudió a la vía fácil de centralizar y se creó un Instituto Autónomo para el servicio de aseo urbano en dicha área. De lo anterior resulta claro que en nuestro país ha habido una tendencia centralizadora no sólo plasmada por el esquema constitucional, sino derivada de la práctica legislativa y administrativa. Esta clara tendencia al centralismo ha producido una serie de consecuencias en la Administración Pública Venezolana.

2. *Consecuencias en la Administración Pública: el paternalismo administrativo*

La primera y más destacada consecuencia del centralismo administrativo ha sido un excesivo paternalismo del Estado Nacional, no sólo frente al ciudadano y al particular que no participa sino que sólo recibe, sino frente a los diversos niveles de las estructuras del Estado. En efecto, los Estados y Municipios también, sólo reciben, no participan, ni en el poder político ni en el poder administrativo. Reciben, a lo sumo, mendrugos pero no competencias, poderes o atribuciones.

Esta situación ha conducido a una excesiva dependencia de los Estados y Municipios respecto del Poder Central, tanto desde el punto de vista financiero, como del administrativo, con otra consecuencia: el debilitamiento progresivo de la Administración Estadal y de la Administración Municipal. Estas, a veces, se han convertido en administraciones inútiles por la ausencia de materias sobre las cuales actuar y por la reducción de competencias a materias de carácter político y policial. El mencionado vaciamiento que se ha operado de las competencias de los Estados, como se ha señalado, ha debilitado la Administración Estadal. Lo mismo ha ocurrido con la Administración Municipal.

Esto ha provocado otras consecuencias administrativas, y entre ellas, el alejamiento de la Administración respecto del ciudadano. El ciudadano no sólo no participa, sino que no puede controlar y no tiene acceso a la Administración. Lamentablemente, los niveles intermedios, estadal o municipal, que podrían ser excelentes mecanismos de participación ciudadana en la Administración, al haber sido debilitados progresivamente, se le ha quitado a los ciudadanos la posibilidad de participar.

Pero el centralismo administrativo provoca, además, otras consecuencias. Una de ellas es la vulnerabilidad de la Administración frente a los grupos de presión, la cual es mayor en Administraciones centralizadas. En éstas, en general, hay un sólo blanco al cual atacar y presionar y no varios que puedan estar, inclusive, dispersos territorialmente, Esta centralización, sin duda, facilita la penetración de los grupos de intereses y de presión,

Por otra parte, este centralismo produce, también, otra consecuencia comentada anteriormente: una distorsión de las políticas estadales, pues no siempre se decide, a nivel nacional, lo que es realmente más conveniente para las comunidades del interior del país. No puede el Poder Nacional, desde Caracas, decidir cuales son o han de ser las prioridades de los Estados. Por ello, las decisiones adoptadas a nivel nacional, por ejemplo, en materia de inversión coordinada del situado constitucional sobre lo que es más conveniente o prioritario para los Estados, en nuestro criterio, lleva a que se distorsione la política estadal. Esta distorsión se está sufriendo en áreas como la del desarrollo urbano; ¿cómo puede concebirse que el plan de desarrollo urbano de cualquier ciudad del interior se elabore en Caracas, en las Oficinas del Ministerio de Desarrollo Urbano? En nuestro criterio, esta práctica ha distorsionado la planificación urbanística, la cual en muchos casos se ha reducido a la elaboración de grandes planos muy coloreados, pero inaplicables, pues muchas veces se elaboran sin que ni siquiera se conozca física y social- mente la ciudad que se pretende planificar. No es infrecuente constatar, tanto en materia de desarrollo urbano como de ordenación de territorio, esta práctica de definir en planos áreas determinadas de uso de la tierra sin ni siquiera saber qué es lo que existe en la realidad. Así se han definido áreas industriales, de viviendas y agrícolas, y resulta que confrontados los planos con la realidad, se encuentra que existe una situación distinta a la que se dibuja.

Pero el centralismo administrativo, además, produce otra consecuencia: la corrupción, por el excesivo poder concentrado a nivel de ciertos funcionarios y por la irresponsabilidad de éstos. Si la decisión administrativa depende de un sólo centro de poder, no controlado o mal controlado, será más fácil el desarrollo de prácticas ilícitas.

3. *El reto de la descentralización*

En todo caso, estimamos que la única forma de atender efectivamente un país que se ha tornado cada vez más complejo y cuyos problemas no pueden, simplemente por imposibilidad física, ser atendidos desde Caracas, es descentralizando el Poder Administrativo. Sin embargo, sabemos que no es fácil la descentralización, pues no es fácil desprenderse del poder que se tiene, por más mínimo que sea. Además, se trata de una Área realmente complicada y difícil y a la vez riesgosa. Ciertamente, el camino fácil es el del centralismo, pues se cree que centralizando se soluciona todo; en cambio, el camino más difícil y riesgoso es descentralizar, porque en él se plantea un círculo vicioso: a veces no se descentraliza, porque se estima no hay recursos humanos suficientes a nivel local o a nivel regional para atender los asuntos públicos; pero no habrá nunca allí recursos humanos suficientes, si no se descentraliza el poder administrativo. Este es un círculo que hay que romper en algún momento, corriendo el riesgo calculado de la descentralización, pues si hubiese poder de decisión a nivel estadal o municipal, habría posibilidad de atraer recursos humanos para las labores administrativas. Al contrario, si una entidad local y aún, una dependencia de un ministerio a nivel regional, por ejemplo, no tienen ningún poder de decisión, sino simplemente son canales o correos para el centro, no se encontrará personal y recursos humanos competentes para ir al interior.

En todo caso, la decisión de descentralizar es una decisión que debe tomarse conscientemente. No se puede descentralizar, improvisando; por lo que se requiere un amplio estudio e investigación de la realidad administrativa del país, lo cual no se está haciendo.

Por otra parte, el principio de la descentralización administrativa es un principio constitucional, expresamente previsto y nunca usado. La Constitución, en efecto, establece en el artículo 137 que el Congreso, mediante Ley podrá transferir competencias nacionales a los Estados y Municipios para promover la descentralización administrativa. Este es el único artículo constitucional en el cual se utiliza el término descentralización administrativa. Sin embargo, jamás se ha dictado ley alguna de descentralización y jamás se ha propuesto ley alguna al Congreso para descentralizar. Esto significa que jamás se ha estudiado, realmente, qué puede descentralizarse y qué puede llevarse al Congreso como proyecto; o sea no ha sido objeto de análisis y estudio, entre otros factores porque no hay en nuestro país una capacidad de investigación administrativa instalada ni desarrollada para estudiar estos problemas. La que había y que existía en torno a la Comisión de Administración Pública, fue insensatamente desmantelada entre 1975 y 1976.

II. LA CONCENTRACIÓN ADMINISTRATIVA

Además de la centralización administrativa, el segundo de los problemas de la Administración Pública Contemporánea en Venezuela, vinculado a lo anterior, es el de la concentración administrativa.

1. *La concentración presidencial y ministerial*

En efecto, además de que todo está centralizado a nivel nacional, en la Administración Pública Nacional, puede decirse que también todo está concentrado en los niveles superiores del Poder Ejecutivo. Ha sido tradicional en Venezuela, que nuestro sistema presidencial se haya deformado, no en un presidencialismo como se lo califica erradamente, sino en una concentración presidencial. En efecto, antes que presidencialismo lo que ha habido es concentración presidencial y eso es lo que ha dado un poder excesivo al Presidente de la República. En esta forma, con la centralización a nivel nacional y con la concentración en los niveles superiores del Ejecutivo, el Presidente ha tenido un poder más allá de lo que exige una sana administración. Por otra parte, el país tanto político como nacional, se ha acostumbrado a que el Presidente de la República tiene que saber de todo, opinar sobre todo y decidir todo. Esto ha conducido, incluso, a que los Presidentes no se reúnan con destacados asesores. Lo demuestra la práctica política que, incluso, llevaría a calificar de incompetente al Presidente que se le ocurra tener un Cuerpo de Asesores permanentes. Lamentablemente, por ello, en Venezuela no hay Asesores Presidenciales, que es lo común y lo normal en cualquier país del mundo. Aquí hemos obligado al Presidente a bastarse por sí sólo, y a hacer un esfuerzo realmente insólito. Se han olvidado los Presidentes que la mejor regla de gerencia es que el gerente se rodee de especialistas que sepan más que él en sus respectivas especialidades.

En todo caso, la concentración presidencial ha llevado, también a la concentración ministerial y lo antes expresado respecto del Presidente sucede también a nivel del Ministro. Este, también, parecería que debe saberlo todo y conocer hasta el mínimo detalle de su Despacho. Pero la concentración administrativa se ha producido también en los Gabinetes Sectoriales. En efecto, establecidos en la Ley Orgánica de la Administración Central, como medio para desconcentrar el Consejo de Ministros, ahora se han convertido en centros de concentración administrativa pues los Ministros, ahora, en muchos casos, no deciden los asuntos de su competencia, sino que los llevan al conocimiento del Gabinete Sectorial. Entonces, en lugar de ser, el Gabinete Sectorial, un elemento de desconcentración del Consejo de Ministros, se ha convertido en un factor de concentración.

2. *La práctica administrativa de la concentración: concentración funcional*

La concentración administrativa, además, ha sido alimentada por la práctica administrativa del sistema presidencial, del centralismo y de la ausencia de delegación, y se produce, no sólo en los ámbitos ministeriales y sectoriales tradicionales, sino también en los niveles funcionales. Por ejemplo, en materia de planificación, hemos tenido una tendencia permanente a la concentración administrativa. CORDIPLAN ha querido planificar todo en sus 24 años de existencia. Por ello, los Planes de la Nación han sido más bien, Planes de CORDIPLAN porque han sido planes hechos en CORDIPLAN, con muy poca participación de los organismos interesados. Así, ha sido tradicional que en la elaboración del Plan, intervengan muy poco, salvo para suministrar información, los organismos sectoriales de planificación. Todo el esfuerzo que se hizo en los inicios de los años 70 cuando existía la Comisión de Administración Pública y se hablaba de Reforma administrativa, —ya nos olvidamos de ello—, buscaba reforzar esas oficinas sectoriales de planificación, de manera que los planes sectoriales se hiciesen en los sectores ministeriales. Así se reforzó —

recordamos mucho— por ejemplo, la Oficina de Planificación del Sector Agrícola y del Sector Salud. Lamentablemente, aquel esfuerzo fue aislado; estas oficinas sectoriales de planificación fueron progresivamente minimizadas y se ha concentrado aún más la planificación en CORDIPLAN.

Ahora bien, un plan en el cual no ha participado la Administración Pública, es un plan que está condenado a la inejecución y es el desiderátum de nuestros planes. Estos no son ejecutados, porque la Administración no los siente como suyos, ya que no ha participado, realmente, en su elaboración. Por supuesto, si esta concentración se produce a nivel nacional respecto de los Ministerios, en materia de planificación se produce, también, respecto a los niveles estadales y locales. No tenemos una auténtica planificación regional, porque CORDIPLAN pretende hacer la planificación regional desde Caracas, lo cual es imposible. Aquellos esfuerzos de elaboración de planes regionales que condujeron a principios de la década de los setenta, a la elaboración, en las regiones, por ejemplo, del Plan de la Región Zuliana, o del Plan de la Región de los Andes, no se han seguido desarrollando.

3. *Consecuencias de la concentración administrativa*

Esta concentración administrativa tiene toda una serie de consecuencias: Por una parte, la excesiva lentitud administrativa provocada por el hecho de que todo tiene que llegar al nivel superior para la obtención de una decisión. De allí la gran tragedia del ciudadano común al enfrentar la Administración: la ausencia de decisión. Como resultado de esa complejidad, la ineficiencia consecuencial, y la sombra de la corrupción que aparece cuando se clama por una decisión rápida.

4. *El reto de la delegación y desconcentración*

Frente a la concentración administrativa también se impone, como remedio, una transferencia de poderes y competencias de los niveles superiores hacia los niveles inferiores. Por ello, una gran política de delegación de atribuciones de los niveles superiores a los inferiores y de desconcentración de niveles nacionales hacia los niveles regionales, es, también, el segundo gran reto que tiene planteado la Administración Venezolana. Para ello, también, debe vencerse el mismo círculo vicioso que existe en materia de descentralización. El Ministro generalmente no delega en los Directores porque, piensa, no tienen competencia para ello, pero nunca podrá conseguir un Director competente, mientras éste no tenga poder de decisión. No olvidemos que este círculo vicioso de la concentración ha llegado en ciertas épocas a extremos insólitos. En períodos de extrema concentración presidencial el problema se ha planteado a nivel de Ministros. Si el Presidente lo decide todo, ciertamente no va a encontrar un Ministro competente y si algo encuentra son amanuenses, pero no Ministros. Es relativamente simple: si un Ministro no tiene poder de decisión, difícilmente se encontrará la mejor figura para ocupar ese cargo. Al contrario, mientras más poder de decisión haya a niveles inferiores, más posibilidades habrá de conseguir y de reclutar recursos humanos adecuados, inclusive a nivel de Ministros.

Debemos señalar que nunca hemos creído en la idea de que nuestro país carezca de recursos humanos; siempre hemos disentido de ese criterio, pues pensamos que al contrario, tenemos muchos y buenos recursos humanos, que sin embargo no hemos aprovechado, porque no tenemos un sistema administrativo que lo permita. En todo caso, el problema de la desconcentración no es nada nuevo. En cualquier empresa, en cualquier organización, en cualquier nivel, por más pequeño que sea, de organización, surgirá el problema de la delegación y de la desconcentración, como forma gerencial para el funcionamiento eficiente de la organización.

III. LA AUSENCIA DE INTEGRACIÓN SECTORIAL

Pero a esos dos problemas de la centralización y de la concentración administrativa, se agregan otros relativos a la estructura y funcionamiento de la Administración. En materia de estructura administrativa podría decirse que un tercer problema de la Administración Pública Venezolana contemporánea es el de la ausencia de integración sectorial de la misma. En efecto, la Administración parecería que no responde a los fines que tiene el Estado, y en este campo sólo tenemos dos alternativas: o esos fines no se han definido, o no se ha definido una organización para ejecutarlos. La Administración Pública, por supuesto, como toda organización estatal, fue creciendo y desarrollándose a lo largo de un período de tiempo no planificado. Muchos Ministerios y organismos, tuvieron un surgimiento circunstancial, y fue la administración desorganizada e inorgánica que existía a finales de la década de los años sesenta, lo que nos llevó a plantear la necesidad de reformar la Administración venezolana, estableciendo un esquema sectorial de organización, que permitiera vincular, la organización con los fines que tenía el Estado en ese momento y que sigue teniendo en la actualidad. Se propusieron un conjunto de esquemas de carácter sectorial que luego fueron acogidos, parcialmente, en la Ley Orgánica de la Administración Central del año 1976.

1. *Los problemas de la implementación de la Reforma Sectorial*

La Ley, inspirada en el Plan de Reforma Administrativa de 1972, fue un paso importante en la reforma de la Administración Venezolana. A ella se le han formulado críticas, algunas de las cuales no tienen mayor importancia. Una de ellas se refiere al número de Ministerios. La Ley del año 1976 llevó de 13 a 17 el número de Despachos Ministeriales, y frente a ello se dijo esta Ley lo que hizo fue crear Ministerios. En realidad es una crítica necia. Ciertamente, en lugar de 17 Ministerios podría haber cuatro; depende de cómo los organicemos y para qué sirven. Un Ministerio es un instrumento de ejecución de políticas públicas de carácter sectorial. Por tanto, si se definen sectorialmente las actividades del Estado de acuerdo a sus fines, resulta que se puede crear un Ministerio por cada sector o grupo de sectores. Así, según la importancia de los sectores, el número de Ministerios podría variar, en Venezuela, de cuatro a veinte. El problema, entonces, no es un problema de números, sino de organización.

Sin embargo, en la organización de los Ministerios creados, al entrar en vigencia la Ley en 1977, si hubo problemas, los cuales surgieron por falta de visión administrativa: cuando se aprobó esta Ley en 1976, se tomó una medida paralela, el mismo día, y fue la eliminación del organismo de reforma administrativa, la Comisión de Administración Pública, que podría darle coherencia a la nueva organización ministerial. Lamentablemente, cada uno de los nuevos Ministerios, sobre todo los que surgieron de la partición del antiguo Ministerio de Obras Públicas, se organizaron y estructuraron, por su lado, aisladamente. Esto le dio una incoherencia inicial a la organización, lo cual se ha evidenciado en la actuación de esos Ministerios.

De resultas podemos afirmar que en la actualidad, después de algunos años de aplicación de la Ley, no existen autoridades ejecutivas plenas en ciertos sectores de actividad pública. Este resulta evidente, por ejemplo, en el sector de política industrial, en el sector de desarrollo urbano y lo que es más grave aún, en el campo de la política de ordenación del territorio. Lamentablemente, el Ministerio del Ambiente y de los Recursos Naturales Renovables no logra asumir el papel que la Ley Orgánica le asignó, de ser la autoridad nacional en materia de ordenación territorial.

En efecto, ¿qué implicaría, en la Administración Venezolana, que una organización sea la autoridad en materia de ordenamiento territorial?; pues que toda decisión que implique ocupación del territorio por parte del sector público debía ser aprobada por esa autoridad. Sin embargo el Ministerio de Transporte y Comunicaciones es el que preside el Gabinete Sectorial de Ordenación al Territorio, con lo cual ha quedado rota toda política de Ordenación al Territorio. En efecto, la conducción de la política de ocupación del territorio por la vialidad, significaría una distorsión de esa política, porque se definiría vinculada sólo por el medio de transporte. En todo caso, hemos visto como se inicia la construcción de un ferrocarril o se decide el trazado de una autopista, aisladamente, por el Ministerio de Transporte y Comunicaciones; el Ministerio de Fomento autoriza, también por su lado, la localización de las industrias, y los entes descentralizados hacen otro tanto. De resultas debemos concluir que en la práctica no hay una autoridad de ordenación del territorio. Si esto es así, entonces deberíamos preguntarnos, ¿para qué sirvió la reforma sectorial?

El mismo problema se presenta en otros aspectos: una auténtica autoridad de las aguas no existe; en materia de desarrollo urbano hemos visto los conflictos entre el MINDUR, el Ministerio del Ambiente y de los Recursos Naturales Renovables y el Ministerio de Agricultura y Cría, que ha llevado hasta a dictar unas resoluciones conjuntas, con lo que estamos, de nuevo, en el esquema que se quería evitar, y que se reflejaba en un titular de la prensa de hace algunos años cuando el Presidente de la República anunciaba con gran pompa que había comisionado a cinco Ministros para solucionar el problema del congestionamiento del Puerto de La Guaira. Precisamente, para simplificar este sistema de coordinación perpetua fue que se propuso, en este caso, la creación del Instituto Nacional de Puertos.

2. *Los problemas de la coordinación*

Ahora bien, para superar este sistema administrativo de la coordinación perpetua, fue que se formuló el Plan de Reforma Sectorial de 1972 y que guió a los proyectistas de la Ley de 1976. Sin embargo, en la práctica administrativa, lo que se quería superar y evitar con la integración sectorial, no se ha logrado totalmente. Siguen existiendo problemas de desorganización sectorial y, por tanto, siguen existiendo los problemas de coordinación.

No hay que olvidar que la coordinación es una función inherente a toda organización y a la Administración Pública. Sin embargo, cuando ¡a coordinación se convierte en una Área no sólo muy importante, sino esencial, ello sólo significa que la organización es inadecuada, pues mientras más necesitemos coordinar, menos organizados estamos; mientras más necesitamos comisiones de trabajo, equipos de estudio, consejos, comités y toda esa amplia gama de órganos colegiados, significa que menos organizados estamos, desde el punto de vista sectorial, es decir, que no tenemos, simplemente, una organización adecuada a los fines del Estado.

Por otra parte, mientras más comisiones se establezcan, más irresponsabilidad existirá, pues el sistema de comisiones y grupos de trabajo tiende progresivamente a que se agote el tiempo administrativo, en las reuniones de dichos cuerpos colegiados. Ello conduce, además, a una lentitud insoportable en el funcionamiento de la Administración.

En todo caso, esta ausencia o deficiencia en la integración sectorial que todavía tenemos, se plantea con caracteres más graves, en el campo de la administración descentralizada funcionalmente.

3. *Las deficiencias de la Administración Descentralizada*

En efecto, si un aspecto tiene importancia en la Administración Venezolana a nivel nacional, es el que está conformado por los entes descentralizados, es decir, los Institutos Autónomos y las empresas del Estado. No olvidemos que los Institutos Autónomos y empresas del Estado erogan, en la actualidad, el 75% del gasto público, incluyendo no sólo todo el gasto público nacional, sino también el estadal y municipal. Por tanto, sin duda, la Administración Nacional Descentralizada funcionalmente, es la parte más importante y más dinámica de toda la Administración Venezolana. Paradójicamente, sin embargo, la más desatendida. En Venezuela seguimos pensando en los Ministerios, como la parte administrativa más importante del Estado, como seguramente eran hace cincuenta años. Así, la Contraloría General de la República controla más o menos el 30% de las órdenes de pago de los Ministerios, con lo cual su ámbito de control se reduce al 5 por ciento del gasto público. Sin embargo, respecto de los Institutos Autónomos y Empresas del Estado no hay efectivo control. Parecería que nos hemos olvidado, que en 20 años, la composición de la Administración Pública Venezolana ha variado totalmente. Hace 20 años, el gasto de la administración descentralizada, empresas e Institutos Autónomos, sólo representaba un egreso del 25 o 30% del gasto público consolidado.

En veinte años hemos invertido la proporción, pero no nos hemos ocupado de la regulación y ordenación de la administración descentralizada. Reposa en el Congreso, desde 1974, un Proyecto de Ley de reforma de la Administración Descentralizada, inspirado en el elaborado por la Comisión de Administración Pública en 1972, que no logra ser aprobado y ni siquiera discutido por las Cámaras Legislativas. Por otra parte, debe indicarse que en el momento actual, no hay nadie ocupándose de este problema, ni a nivel del Ejecutivo Nacional ni a nivel del Congreso. Ciertamente, en Cordiplan, en los años recientes se hizo un inventario muy importante, como labor de información, para identificar los entes descentralizados, y se ha logrado establecer un censo de los mismos. Sin embargo, a ello se han reducido los esfuerzos de reforma administrativa en este campo en los últimos años. Lo cierto es que aún no se ha dictado la ley y en la actualidad, en el Ejecutivo, no hay ningún organismo ocupándose con seriedad de este problema. En particular, debe tenerse en cuenta que si existe, como lo hemos dicho, un problema de desintegración sectorial a nivel nacional en la Administración Central, ello también está planteado en la Administración Nacional Descentralizada. La superación de la desintegración sectorial en el campo de los entes descentralizados, se ha buscado, desde 1971, con la figura de los holding sectoriales públicos. Sin embargo, tenemos diez años hablando de holdings, pero aún no se ha logrado establecer ninguno, con excepción del que se estableció, con buen sentido, en el sector petrolero. De resto, por ejemplo, en el sector energía y minas tenemos cinco años hablando del holding eléctrico, y todos los estudios hechos, pero no pasa nada y no se ha adoptado la decisión. En este campo, creo que no hay, en general, discusión: todos los entes estatales del sector eléctrico, deberían estar agrupados en un holding eléctrico. Sin embargo, las pretensiones contrapuestas del Ministerio de Hacienda, del Ministerio de Energía y Minas, y del Ministro Presidente del Fondo de Inversión, impidieron el surgimiento del holding eléctrico. He allí una muestra más de desintegración sectorial. Si la decisión hubiese estado en un Ministro encargado, efectivamente, del sector, dicha Casa Matriz Eléctrica quizás, ya estaría en funcionamiento.

Por otra parte, en la administración descentralizada además de este problema de la no integración sectorial de las empresas, existe otro más grave: la intervención de Ministros no sectoriales en el funcionamiento de las mismas. Es el caso, en la actualidad, del Ministerio de la Secretaría de la Presidencia. Este no es un Ministerio Sectorial, sino de coordinación ejecutiva, y mal podría tener adscritos entes descentralizados. Pero los tiene, particularmente los que conforman las Corporaciones de Desarrollo Regional. Inconvenientemente, el Ministerio de la Secretaría de la Presidencia, por ejemplo, pretende intervenir en el manejo de las empresas dependientes de la Corporación Venezolana de Guayana. Realmente, el manejo y gerencia de esas empresas constituyen un problema que corresponde al sector respectivo o a la propia Corporación de Desarrollo de Guayana pero no al Ministerio de la Secretaría, que no es una organización de integración sectorial ni de política sectorial.

Otro problema administrativo que tienen los entes descentralizados en Venezuela, además de esta penetración de Ministerios no sectoriales en la administración de las empresas del Estado, es el de la interferencia de entes financieros públicos en la gestión de las mismas. En efecto, estimamos que una de las grandes distorsiones que está sufriendo la administración descentralizada contemporánea en Venezuela, es la provocada por la penetración del Fondo de Inversiones de Venezuela en el manejo de las empresas del Estado. En efecto, está penetrando, desde el nivel del mandamiento, en las políticas de los entes sectoriales. Mutatis Mutandi sería como si desde un banco cualquiera, por el hecho de prestar dinero a una empresa, se vaya a decidir cómo y cuánto debe producir esa empresa. Esto es lo que ha comenzado a suceder con la actuación del Fondo de Inversiones de Venezuela y lo que ha sucedido, ya, en México, con la empresa Nacional Financiera. En México, sin embargo, se ha diagnosticado la situación derivada de esta penetración del ente financiero en las políticas de muchas empresas y se está dando marcha atrás a la tendencia, llevando las empresas a sus sectores, para que sea la autoridad correspondiente a éstos, la que defina las políticas sectoriales de las mismas.

IV. LA AUSENCIA DE INTEGRACIÓN ORGÁNICA DE LAS FUNCIONES ADMINISTRATIVAS

El cuarto de los problemas que queríamos comentar sobre la Administración Pública Contemporánea en Venezuela, es el de la ausencia de integración orgánica de las funciones administrativas. Por tanto, la desintegración no sólo se produce en los sectores, como señalábamos anteriormente, sino también en las funciones de la Administración. En efecto, uno de los grandes aportes del Programa de Reforma Administrativa de 1972, fue la identificación de las funciones administrativas separadas de los sectores de actividad pública. En esta forma, todas aquellas funciones administrativas como las de planificación, presupuesto, información, estadística y personal como tareas funcionales comunes a todos los organismos de la Administración se debían organizar separadamente de los sectores de actividad pública. Esta formulación, en nuestro criterio, fue uno de los buenos aportes de aquel programa de reforma administrativa.

Como consecuencia, frente a la idea de integrar, orgánicamente, estas funciones administrativas, separadas de los sectores de los Ministerios, resulta una contradicción absurda, por ejemplo, el que exista un Ministerio de Información y Turismo, como el creado por la Ley de 1976, Por un elemental motivo administrativo, constituye un contrasentido mezclar elementos administrativos que no son mezclables: un sector turismo, de integración administrativa vertical, con un sistema administrativo funcional, que es horizontal y que interesa a toda la Administración, como es la Información. Realmente, entonces, la funcionalidad de este Ministerio, depende del énfasis que en un momento determinado se dé al turismo o a la información o, como pasa ahora, que la información prevalece sobre el turismo. En todo caso, se trata de actividades administrativas que racionalmente no pueden mezclarse. Esto es lo que había sucedido, antes de 1976, con el Ministerio de Hacienda y el sistema de Presupuesto. En efecto, el Ministerio de Hacienda es un Ministerio Sectorial en cuanto a ¡a acción del Estado en el sector finanzas, pero además, tradicionalmente tenía a su cargo, un sistema funcional: el presupuestario. Esta mezcla produjo que el Ministerio de Hacienda se hubiera convertido, a lo largo de la historia de la Hacienda Venezolana, en un Ministerio del Presupuesto, lo cual, además, le daba un peculiar poder e importancia. Sin embargo, los otros aspectos de las finanzas, y de la Hacienda Pública habían sido olvidados. Venezuela, por ejemplo, no conoce los bienes del Estado ni su patrimonio nacional. Lamentablemente, en nuestro país no sabemos cuáles son los bienes nacionales, entre otros aspectos porque, simplemente, la unidad administrativa encargada de los bienes nacionales, es todavía, una unidad ínfima integrada a la Dirección General de los Servicios del Ministerio de Hacienda. En realidad, la Administración no le ha dado importancia al patrimonio del Estado y a veces, el Estado hasta ha expropiado dos veces un mismo bien.

De esta situación surgió la idea de estructurar las Oficinas Centrales de la Presidencia, como entidades centrales de los diversos sistemas funcionales, que debían comandar las unidades funcionales respectivas de los diversos ministerios. Esto, si bien regulado en la Ley Orgánica de la Administración Central, aún no lo hemos logrado establecer. La planificación, por ejemplo, sigue concentrada en la Oficina Central, pero no se han fortalecido las Oficinas Sectoriales de Planificación, ni hemos logrado preparar, realmente, planes sectoriales. El presupuesto, lamentablemente, a pesar de que ya existe la Oficina Central de Presupuesto, sigue dependiente, de hecho, del Ministerio de Hacienda.

Por otra parte, a pesar de las previsiones de la Ley Orgánica de Régimen Presupuestario, no hemos logrado vincular el sistema de planificación con el de presupuesto. La idea de establecer las dos Oficinas Centrales en la Presidencia (Planificación y Presupuesto), conllevaba la de hacer del presupuesto un instrumento de ejecución del Plan. Al no haberse logrado estructurar la Oficina Central de Presupuesto en la Presidencia, no ha podido establecerse esta vinculación entre el Plan y el Presupuesto.

Otros sistemas funcionales están, todavía, por estructurarse, y si bien ya está en funcionamiento la Oficina Central de Estadística o Informática, aun ni siquiera se ha pensado en estructurar un sistema administrativo de documentación. Es frecuente que en nuestra Administración se repitan estudios e investigaciones, simplemente porque se ignora que ya se han realizado con anterioridad.

V. PROBLEMAS DE LA GESTIÓN ADMINISTRATIVA

Por último, dentro de los múltiples problemas de la Administración Contemporánea, están los relativos a la gestión administrativa en dos vertientes: la relación de la actuación administrativa con los particulares y el control de la gestión administrativa.

1. *El secreto administrativo y los particulares*

La práctica, en materia de actuación de la administración frente a los ciudadanos, ha sido de recelo permanente frente a los particulares, quienes salen perjudicados en sus derechos. La Administración sigue siendo una administración secreta, pues aún permanece como principio, el de la reserva de sus actuaciones y de sus archivos. La misma Ley Orgánica de la Administración Central declara, así, que los archivos de Administración son, por su naturaleza, reservados. Ante esto, el particular se encuentra frente al principio del secreto absoluto, no teniendo acceso a los expedientes y no pudiendo defenderse. Por ello, hasta hace poco no estaba asegurado, realmente el derecho a la defensa frente a la Administración, pues no se había garantizado en los procedimientos administrativos, el derecho a la audiencia del interesado, es decir, el derecho a ser oído. Por ello, el particular, en general había sido aplastado y avasallado por el Estado. La Ley Orgánica de Procedimientos Administrativos de 1981, sin duda, será la solución frente a estos problemas. Esta Ley la cual entró en vigencia en enero de 1982, sin duda, mejorará la situación de indigencia e indefensión administrativa absoluta en que se han encontrado los particulares frente a la Administración.

2. *El control de gestión*

Otro problema vinculado a la gestión administrativa, e; el del control de la gestión administrativa. En nuestro país hemos desarrollado controles de todo tipo, menos el control de gestión. Por ello, en general, puede decirse que carecemos de un control del rendimiento del gasto público y del resultado de la gestión administrativa. El control se ha reducido a un mero control fiscal del gasto público, en el sentido de saber si el gasto efectuado corresponde al autorizado, pero no nos hemos interesado en saber si se gastó bien y si se lograron los objetivos programados. En este mismo sentido, en general, no ha habido, en nuestra Administración, estudios sobre costo y rendimiento de los servicios públicos, hasta el punto de que a veces cuesta más la actividad administrativa de tramitación de un pago que la cantidad reclamada. Un estudio serio sobre costo y rendimiento de la actividad administrativa, sin duda, conduciría a simplificar los procedimientos y las tramitaciones. Lamentablemente, no existe ningún organismo administrativo que esté realizando estos estudios e investigaciones.

Por último, en relación a la gestión, quizás el problema más grave, es el problema de la corrupción administrativa derivada del despilfarro y de la mala administración. Lamentablemente en nuestro país no hay sanción a la mala administración. Se persigue al ladrón de los dineros públicos, al menos verbalmente, pero nada le sucede al mal administrador, a quien a veces se premia con otros destinos públicos. Mientras siga existiendo esta irresponsabilidad administrativa que nadie exige ni sanciona, la corrupción seguirá siendo la sombra que cobija muchas actuaciones del Estado. La Ley Orgánica de Salvaguarda del Patrimonio Público sancionada en 1982, en este sentido, puede ser un útil instrumento para luchar contra el despilfarro.

VI. CONCLUSIÓN

Frente a todo este panorama administrativo, como conclusión, podemos hacer la misma reflexión que hacíamos anteriormente: tanto la reforma política como la reforma administrativa, no puede ser producto de la improvisación, y al contrario requieren de mucho estudio e investigación. Las grandes reformas institucionales, en cualquier país del mundo, han estado precedidas de amplios estudios e investigaciones. Para ello, el Estado debe realizar, promover y fomentar esos estudios, y debe crear y fortalecer los organismos públicos destinados a esas tareas. En nuestro país, lamentablemente, desde la eliminación de la Comisión de Administración Pública en 1976, parecería que nada de esto tiene importancia. Y sin embargo, de cuando en vez, se oye a algún Ministro hablar de la reforma administrativa, como si ella pudiera realizarse sólo mediante el ejercicio verbal estéril.

CAPÍTULO OCTAVO: BUROCRATIZACIÓN E INEFICIENCIA EN LA ADMINISTRACIÓN PÚBLICA

I. INTRODUCCIÓN

Al querer tratar el tema de la burocratización e ineficiencia de la Administración Pública venezolana, por supuesto, no vamos a referirnos a la experiencia venezolana en materia de reforma administrativa, por una parte, porque en nuestro país quedó un poco en la historia, por el abandono que desde 1976 sufrió el programa de Reforma Administrativa por parte del Gobierno Central, y por otra parte, porque ya hay suficiente material escrito sobre la experiencia venezolana, particularmente la desarrollada en los años 1969 a 1974.

Por tanto, si no vamos a hablar de reforma administrativa, lo que nos queda es tratar el tema de la desburocratización; y queremos señalar, desde el inicio, que este término, que fue acuñado a nivel de políticas públicas en Brasil, allí tuvo un origen histórico. En nuestro caso, el término lo que produce es confusión: no sabemos, realmente, qué se quiere significar con esto de la desburocratización, en la cual cabe de todo, Por eso vamos a tratar nosotros también de dar nuestra versión.

Por supuesto cuando uno habla de desburocratización, no se trata de un problema de reducción de funcionarios públicos, que es lo que se nos viene en el acto a la mente, ni de desmantelar un instrumento de dominación, como podría ser en otros sistemas donde existe una burocracia realmente establecida. Ojalá nosotros tuviéramos verdaderamente una burocracia para, así, comenzar a plantearnos el problema de la desburocratización.

En nuestro criterio, este término tenemos que vincularlo a la ineficiencia administrativa. Queremos insistir en ello, y quizás recordar cosas, aún cuando conocidas, no planteadas sistemáticamente, y que siguen teniendo importancia y vigencia. Y el tema que queremos comentar, inclusiva, se podría resumir en una frase: de la burocratización que hemos sufrido, en el sentido de ineficiencia administrativa, a la burocratización que necesitamos y que todavía no hemos realmente logrado, en el sentido de la estructuración de un cuerpo de funcionarios públicos con fines claramente identificados a los fines del Estado, y que puedan asumir el reto que el Estado y la Administración tienen en nuestros países, que es el reto del desarrollo y de la modernización en todos los niveles.

Nuestro sistema administrativo, nuestra Administración Pública, en efecto, ha perdido sus objetivos y fines y, por ello, es ineficiente. Tenemos, sí, fines públicos, pero a veces, inclusive, son fines internos, de gremios, pero no fines del Estado; de allí, insistimos, la ineficiencia e inefectividad de las acciones públicas.

Además, otro de nuestros grandes males, es la poca importancia que concedemos a los aspectos meramente administrativos, es decir, a ese aspecto mecánico y a veces instrumental y que, por mecánico-instrumental, no le damos la importancia política que merece. Por ello, al hablar de desburocratización, queremos hacerlo comentando, tanto el aspecto de la ineficiencia administrativa, como el de la política que debemos formular para despertar interés político en los problemas de nuestra Administración que son, en definitiva, problemas de gerencia pública, en los cuales, quizás, está nuestro freno más importante para el logro de las metas que tenemos planteadas. Esto, por otra parte, está conspirando contra nuestro propio sistema político, pues estamos perdiendo fe en la capacidad de las instituciones políticas y administrativas, no solo en asumir el reto del desarrollo, sino en poder identificar, hacia el futuro, las exigencias de ese reto.

Con estas premisas, queremos enfocar nuestros comentarios bajo dos ángulos relativamente simples y sencillos: por una parte, tratar de identificar algunas causas de la burocratización y, por la otra, tratar de comentar algunas de sus consecuencias.

II. ALGUNAS CAUSAS DE LA BUROCRATIZACIÓN

Dentro de las causas de la burocratización, entendida como ineficiencia administrativa, queremos hacer unos breves comentarios sobre cuatro de ellas: en primer lugar, el intervencionismo exagerado del Estado; en segundo lugar, el crecimiento desmesurado de nuestra Administrador Pública; en tercer lugar, el centralismo excesivo de los niveles nacionales, y en cuarto lugar, la ausencia de una burocracia, en su sentido propio, como cuerpo de funcionarios con fines identificados a los fines del Estado.

1. *El intervencionismo exagerado*

Ha sido una prédica tradicional en América Latina el de la necesaria y creciente intervención del Estado en los procesos económicos y sociales. Nosotros mismos hemos formulado y escrito sobre este proceso. Entre otros factores, se dice, es necesaria e indispensable la intervención del Estado por la poca capacidad del sector privado de asumir nuestras economías subdesarrolladas y, así, hemos visto un Estado interviniendo no solo desde el punto de vista, pasivo, como Estado regulador, sino desde el punto de vista activo, como Estado empresario en todos los órdenes, particularmente el económico.

Este intervencionismo exagerado del Estado, sin embargo, ha tenido una consecuencia administrativa fundamental: todas las actividades de los particulares o individuos han sido progresivamente sometidas al Estado y a la Administración Pública. Esta proliferación de intervenciones ha conducido a que, progresivamente, todas las actividades de los ciudadanos y de las sociedades hayan quedado sometidas a autorizaciones, permisos o licencias de variado tipo. Esta multiplicidad de intervenciones del Estado, ha sobrepasado la capacidad administrativa del mismo, no solo para manejarlas todas, sino para la toma de conocimiento de todo el complejo de actos administrativos que el Estado debe otorgar. De allí, esa tendencia tan nuestra, que es la ciencia de la "permisología", en cuya expansión está, sin duda, una de las trabas fundamentales de la acción eficiente del Estado.

De resultas tenemos un Estado y su Administración que no logra hacer todo lo que se propone, pero que tampoco deja hacer, a los particulares, lo que tienen derecho a hacer y se proponen hacer. Y no hay, realmente, suficientes estímulos a las actividades particulares: hablamos de participación, inclusive desde el punto de vista político, pero nos olvidamos que participación es, precisamente, lograr que se haga, es decir, dejar hacer; no entrabar.

Realmente, vivimos en nuestro país una gran contradicción: hemos venido prometiendo desde hace años el Estado Promotor, pero no logramos promover, sino que lo que hacemos es entrabar, frenar y limitar las iniciativas y actividades de los particulares. En todo caso, por mejores y buenas que sean las intenciones de los que conducen la actividad de gobierno, no se puede promover con un sistema administrativo ineficiente que obstaculiza, precisamente, esa promoción. Así, tenemos una Administración que a fuerza de intervención desordenada ha perdido su objetivo: Si nos preguntamos ¿qué persigue la Administración Pública? nos encontramos un mar de respuestas, pero no logramos, realmente, identificar algunas metas precisas y exactas; y esto, a pesar de nuestra larga tradición planificadora. No hemos logrado que la planificación nos ayude a identificar, con precisión, estas diversas tareas del Estado.

En todo caso, necesitamos desburocratizar, en el sentido de que hay que descongestionar el aparato administrativo del Estado, y confiar un poco más en las capacidades de los grupos y sectores de la sociedad. Además, hay que racionalizar un poco más, el múltiple intervencionismo estatal que es, en nuestro criterio, una de las causas de la burocratización.

2. *El crecimiento desmesurado de la Organización Administrativa*

Lo anterior ha conducido a otra causa de la burocratización, en el sentido de ineficiencia administrativa, que es el crecimiento desmesurado de nuestra Administración Pública. No solo un crecimiento de tareas, multiplicadas por el intervencionismo, sino de proliferación de órganos, donde origen a una Administración que no tiene encomendadas tareas específicas y que ha sido absolutamente desbordada en relación a las tareas que ha venido asumiendo progresivamente.

Pero a la vez, para atender los fines que se le han planteado por el excesivo intervencionismo, ha habido una multiplicación de organismos y entes en la Administración Pública, que han hecho cambiar su faz en pocos años. Recientemente, cuando en 1979 se reinició la discusión, en el Congreso, de la Ley Orgánica de la Administración Descentralizada, advertimos, que en nuestro criterio, sería una insensatez sancionar, hoy, el Proyecto de Ley Orgánica de la Administración Descentralizada, que fue elaborado en el año 1968 y, reelaborado en 1972 y 1976, pues entre otras consideraciones, fue hecho para otra Administración: no olvidemos que del gasto público consolidado en 1972, el 30% se erogaba a través de los entes descentralizados y el 70% a través de la Administración Central. En diez años, se invirtieron totalmente los términos y hoy tenemos que el 75% del gasto público se eroga a través de los entes descentralizados y solo el 25% a través de la Administración Central compuesta, básicamente, por los Ministerios. Hicimos un Proyecto de Ley, hace 10 años, para otra Administración, que, no tiene nada que ver con la Administración Descentralizada de la actualidad.

Ese crecimiento desmesurado de la Administración, ha provocado que los fines de la Administración sean irracionalmente conducidos; y ni siquiera hemos logrado implantar, totalmente, el criterio de la sectorialización, que fue una de las políticas centrales que formulamos en 1970.

Hemos aumentado el gasto público, pero mientras más gastamos parece que más necesitamos gastar, y esto, en el caso de la Administración Descentralizada, ha provocado una eclosión ya incontrolable. Este es otro signo de nuestra burocratización, entendida como ineficiencia en el cumplimiento de las metas que tiene planteado el Estado.

3. *El centralismo administrativo*

Una tercera causa de la burocratización es el centralismo. Nuestro país, como casi todos los países de América Latina, sufre de este mal fundamental de todas las Administraciones contemporáneas: el excesivo centralismo en los niveles nacionales. Para el pequeño país rural, como era Venezuela hace cincuenta años, podría pensarse que una Administración Central podía manejar las políticas públicas del momento. Pero en la actualidad, estimamos que es irracional pensar que podemos manejar nuestro país, en una forma centralizada. Esta pretensión, lo que está provocando, no solo es ineficiencia administrativa, burocratización en el sentido que estamos hablando, sino el aniquilamiento total de las posibilidades políticas y administrativas del interior.

Nuestro país, política y administrativamente hablando, en el interior, no existe; tenemos una gran cáscara administrativa a nivel central, pero un vacío total, político y administrativo, en el interior de la misma. Sin embargo, pensamos en la participación, en democracia participativa, y en la promoción, y no tenemos ni los instrumentos, ni la capacidad en el interior del país, para hacer una u otra cosa. No podemos seguir manejando la salud, la educación y hasta el tránsito y circulación desde Caracas. Tenemos que construir administrativamente el país por dentro, y para eso, tenemos que descentralizar nuestras instituciones, lo cual se configura, por otra parte, como el signo característico de todas las Administraciones contemporáneas. En todo caso, esta irracionalidad del centralismo, es otra de las causas de nuestra burocratización, entendida como ineficiencia administrativa, lo que provoca que nuestra Administración sea incapaz de asumir, por dentro de nuestro país, el proceso de desarrollo.

4. *La ausencia de burocracia*

Pero habría una cuarta causa de nuestra burocratización y es, precisamente, la ausencia de burocracia, es decir, la ausencia de una política deliberada del Estado para estructurar cuerpos de funcionarios capaces; con los mejores niveles de excelencia, que identifiquen sus fines con los fines del Estado.

Nosotros, y lo hemos pensado siempre, tenemos un sistema administrativo de ineficiencia cíclica, caracterizado por un círculo permanente de ineficiencia: a los funcionarios públicos, normalmente, nadie los forma, nadie los informa, y a pesar de los esfuerzos de adiestramiento que se hacen, el funcionario, en general, se forma sólo con la experiencia, y con la ineficiencia.

Su propia ineficiencia hace ineficiente a la Administración. Por eso, nuestra Administración es siempre ineficiente. Además, después que forma al funcionario, éste, precisamente por que no tenemos clara la idea de estructurar una burocracia, abandona la Administración, y comienza el ciclo con nuevos funcionarios, que vuelven a ser ineficientes; y vuelven a hacer ineficiente a la propia Administración Pública. Este círculo permanente de ineficiencia, tenemos que romperlo, porque es una de las causas fundamentales de la burocratización Administrativa.

Nos quejamos de que no tenemos funcionarios suficientemente calificados y capacitados; nos quejamos de que hay un éxodo permanente de los funcionarios calificados de la Administración Pública hacia el Sector Privado; pero no hemos sido capaces de pensar, realmente, en estructurar una burocracia, en el sentido contemporáneo como la necesitamos, como cuerpo de funcionarios, de los mejores niveles de excelencia, con fines claros, vinculados a los del Estado.

En este mismo sentido, pensamos que ya llegó el momento de repensar nuestra Ley de Carrera Administrativa. Alguien se extrañaba, recientemente, de que nosotros tuviéramos el criterio de que había que revisar esa Ley, aún cuando fuimos de los proyectistas de la misma, en 1970, Sin embargo, pensamos que ya tenemos la suficiente madurez administrativa como para revisarla y criticarla. Estimamos que la Ley ya cumplió su fin, y fue dictada en el momento en que podía ser dictada. Ahora, tenemos que pensar en otra cosa; y precisamente, es la experiencia de la aplicación de esa Ley, la que tiene que llevarnos a pensar en otra normativa que regule, en forma distinta, nuestro sistema burocrático-administrativo, es decir, nuestro sistema de funcionarios. En realidad, la Ley, no la hemos terminado de aplicar completamente, y a veces, su misma aplicación, produce problemas: por una parte, hay el temor a la estabilidad de los funcionarios, de parte de los cuerpos directivos de la Administración, y por la otra, a veces, la estabilidad es el escudo de la ineficiencia del funcionario.

Ese círculo vicioso está produciendo una mezcla de aplicación o desaplicación de la ley, que conspira contra la propia eficacia administrativa global.

III. CONSECUENCIAS DE LA BUROCRATIZACIÓN

Ahora bien ¿cuáles son las consecuencias de estos signos de burocratismo que tenemos? Quisiéramos hacer algunos comentarios respecto a cinco consecuencias de la burocratización: en primer lugar, la distorsión de los fines de la Administración; en segundo lugar, el despilfarro administrativo; en tercer lugar, la corrupción administrativa; en cuarto lugar, la irresponsabilidad administrativa, y en quinto lugar, el apoderamiento de la Administración por los gremios.

1. *La distorsión de los fines de la Administración Pública*

Puede decirse que en todos los diagnósticos de la Administración, hay una coincidencia básica: no hemos logrado, realmente, una satisfacción adecuada de las exigencias sociales; y ello ha venido provocando una pérdida progresiva de fe en la Administración Pública por parte del ciudadano derivada, entre otros aspectos, de la crisis de los servicios públicos. Siempre hemos dicho que la Administración se ha olvidado del ciudadano y por eso es que hemos distorsionado sus fines. Hemos querido construir un Estado empresario, productor de toda clase de bienes y servicios, pero nos hemos olvidado de que su misión es prestar, por ejemplo, servicios de atención médica, educativos, de transporte; en definitiva, que debe ocuparse del ciudadano. Insistimos, nos hemos olvidado del ciudadano, y hemos así, distorsionado los fines del Estado a fuerza de intervenciones, multiplicación de organismos y de variación de fines.

En este campo tenemos que hacer una revolución administrativa para volver a identificar los fines del Estado y volver a atender al ciudadano. Formando parte de esa revolución, está la revolución de las taquillas, también por realizarse en nuestra Administración.

Esa distorsión de fines ha hecho ineficiente a la Administración, y a fuerza de ineficiencia, se han generado otros intereses que tienen, precisamente, interés en la ineficiencia. Siempre hemos pensado que toda reforma administrativa genera su contra reforma, y que toda forma de ineficiencia administrativa genera sus interesados en que esa ineficiencia permanezca. Solo mencionemos al conjunto de gestores que han surgido en la periferia de la Administración, precisamente, por la ineficiencia. Pensemos qué ocurriría si alguien se propusiera, realmente, hacer eficiente la relación entre el Estado y los particulares en servicios públicos como los de tránsito. El día que un ciudadano pueda obtener una placa de su vehículo en diez minutos, como debería ser, porque el sistema debería estar automatizado, tendremos la revolución de los gestores, que se opondrán a la eficiencia y seguirán aferrados a la ineficiencia, porque tienen interés en que continúe.

2. *El despilfarro administrativo*

Otra consecuencia de la burocratización entendida como ineficiencia, es el despilfarro administrativo. Hemos llegado a un gasto público, a veces irracional, tanto por la distorsión de fines, como por la multiplicación de organismos. Y un gasto además, en aumento progresivo, que a veces se nos plantea, angustiosamente, como si fuera casi inevitable.

No olvidemos, por ejemplo que, inclusive, frente a una crisis fiscal como la que más o menos hemos tenido, el gasto no ha disminuido, sino que ha aumentado, pues las reducciones fueron para reajustar el presupuesto, pero no para disminuir globalmente el gasto. Sin embargo, a medida que más gastamos, no aumentamos en la misma forma la satisfacción de las necesidades sociales y colectivas. Falta, en nuestro criterio, una determinación y fijación de objetivos precisos para lograr un gasto racional. Es más, puede decirse que tenemos una Administración acostumbrada al gasto; hecha para el gasto corriente. Realmente, no nos hemos detenido a meditar seriamente, el por qué del despilfarro administrativo, del excesivo gasto y como solucionarlo.

3. *La corrupción administrativa*

Otra consecuencia de la burocratización, es la corrupción administrativa. La ineficiencia administrativa, la complicación de la Administración, el despilfarro, la excesiva permisología, van generando progresivamente otras vías de solución a las trabas y complicaciones. El hombre no es una persona irracional, que pueda vivir solo en complicaciones. Si los asuntos son complicados, alguna fórmula inventará para buscarle solución a sus problemas y, lamentablemente, la corrupción es una fórmula que se ha inventado para resolver los problemas que la Administración, por sí misma, no puede resolver, por lo engorroso de sus procedimientos. Y es que corrupción, no solo existe en la apropiación indebida del dinero que maneja un funcionario, no es solo el robo o el hurto simple, sino que es corrupción, el enriquecimiento de particulares o funcionarios por la ineficiencia administrativa; corrupción es, además, el despilfarro administrativo.

No olvidemos que a veces sancionamos más a quien se roba un dinero, que a quien despilfarra, aún cuando no se robe nada. Sin embargo, a veces es mayor el atentado contra el Estado y la Sociedad de quien despilfarra, el dinero público.

Por supuesto, hay corrupción cuando el funcionario, por cumplir sus deberes, se enriquece, y este signo de corrupción es el más común, pero el menos perseguido por la sutileza como se realiza, originado, insistimos, en la ineficiencia.

Debe señalarse además que, sin duda, la primera causa de la corrupción administrativa es, precisamente, la permisología: mientras más requisitos existen, más vías de aligerar los trámites buscará el particular inescrupuloso, y el funcionario débil caerá en el sistema de corrupción para solucionar los problemas de la propia ineficiencia administrativa. Lo peor de todo es que la corrupción administrativa, que no hemos estudiado como fenómeno social, científicamente, se nos presenta a veces, como un sistema que se mantiene a sí mismo, apareciéndosenos como una gran organización para proteger, encubrir y, en definitiva, para que no pase nada.

4. *La irresponsabilidad administrativa*

Una cuarta consecuencia de la burocratización, vinculada a las anteriores, es la irresponsabilidad administrativa. La distorsión de fines, el despilfarro, la complicación de la Administración, en efecto, produce un funcionario que no se siente responsable de las decisiones que toma, porque éstas están excesivamente diluidas en variados niveles administrativos. Ciertamente que la Constitución Nacional, en Venezuela, dispone que los funcionarios públicos son responsables penal, civil y administrativamente por las acciones derivadas del ejercicio de sus funciones; sin embargo, la práctica demuestra, realmente, que tenemos una situación de irresponsabilidad administrativa donde, a veces, hasta se premia el despilfarro. No olvidemos que hasta llegamos a aprobar una Ley, como la Ley Orgánica de Régimen Municipal, en la cual el Legislador incluyó un artículo (art. 51) donde declaraba, solemnemente, la irresponsabilidad de los Concejales por las decisiones que tomaran. Afortunadamente, la Corte Suprema de Justicia declaró la nulidad de esta norma, y restableció la responsabilidad de los funcionarios.

En todo caso, como formando parte de esa situación de irresponsabilidad administrativa, encontramos un funcionario que no conoce, realmente, los fines de la Administración, que no está compenetrado con los mismos, y que, en definitiva, nadie le exige el cumplimiento de sus responsabilidades. Esa responsabilidad civil, penal y administrativa de los funcionarios por tanto, se hace bastante inocua, configurándose como uno de los signos de nuestra burocratización.

5. *El apoderamiento de la Administración por los gremios de funcionarios*

Una quinta consecuencia del burocratismo es el apoderamiento de la Administración Pública por los gremios de funcionarios, pues estos han venido a identificar, en algunos casos, los fines del Estado con sus propios fines y metas. Aún cuando hemos distorsionado los fines del Estado y su Administración, y hemos perdido la meta, los objetivos, y los fines de la estructura estatal en general; los funcionarios, sin embargo, en algunos casos sí han precisado fines, pero que se identifican con sus propias exigencias y reivindicaciones.

Y hemos visto la Administración, progresivamente, convertirse en un empleador más; uno más dentro de toda la estructura social, frente al cual el único objetivo central y que se defiende con vehemencia por gremios de funcionarios, son las reivindicaciones, tal cual como se plantean frente a cualquier empleador. Así, empezamos a ver, progresivamente, a los organismos públicos, más el servicio de sus propios funcionarios y de sus reivindicaciones, que de sus destinatarios natos: los usuarios y los ciudadanos.

Los gremios de funcionarios y empleados así, se han venido apoderando de la Administración, por dentro, orientándola a satisfacer sus requerimientos, y desviándola de sus fines sociales. Esta, quizás, es una de las consecuencias más claras del proceso de burocratización que hemos sufrido, y que va a exigir la más precisa atención hacia el futuro.

IV. CONCLUSIÓN

Hemos querido plantear, someramente, algunas causas y algunas consecuencias de la burocratización de la Administración Pública, entendiendo este término, como ineficiencia administrativa. En este sentido, debemos desburocratizar nuestra Administración para hacerla más eficiente.

Paralelamente, sin embargo, y bajo otro ángulo, tenemos que burocratizar nuestra Administración, en el sentido de que tenemos que estructurar una burocracia, compuesta por cuadros de funcionarios estables, formado y seleccionados con niveles de excelencia y que identifiquen sus fines con los fines del Estado. Bajo este ángulo, tenemos que repensar el esquema de manejo del estatuto y del sistema de administración del personal público, para lo cual, una nueva regulación diferente a la prevista en la Ley de Carrera Administrativa, debe dictarse.

En todo caso, sólo cuando se defina como una política pública de largo plazo el logro de la eficiencia administrativa y la consolidación de una burocracia, es que podremos pasar de la burocratización que hemos tenido a la burocratización que necesitamos.

CAPÍTULO NOVENO: ALGUNOS PROBLEMAS DE LAS RELACIONES ENTRE LOS FUNCIONARIOS PÚBLICOS Y LOS CIUDADANOS

I. INTRODUCCIÓN

Hablar de las relaciones entre los funcionarios públicos y los ciudadanos exige plantearse la pregunta esencial de la ciencia política tradicional, ¿para qué sirve el Estado? Ante todo, y sobre esto no hay necesidad de abundar, podemos señalar que el Estado sirve para "servir" al ciudadano. No olvidemos que, inclusive, la misma palabra Administración, tiene su etimología en el verbo servir; el Ministro es servidor, y administración viene de servir a alguien y para alguien. Por ello, esencialmente, el Estado y la Administración existen para servir a la colectividad, a la sociedad, al ciudadano. Creemos que esta idea elemental es necesario revalorizarla, pues ha sido preterida por circunstancias diversas. En primer lugar, porque el propio Estado se ha olvidado del ciudadano, y ha identificado, muchas veces, su razón política en otras prioridades distintas a la de servir al ciudadano. Por supuesto, esto no sólo le ha sucedido al Estado globalmente considerado, sino al funcionario. Este también se ha olvidado del ciudadano, ya que las prioridades políticas o burocráticas de otro tipo, lo han conducido a ocuparse de otras cosas distintas al servicio público.

El mismo Estado Empresario que caracteriza a nuestra Administración contemporánea es, quizás, el signo más patético de ese olvido: hemos tenido lustros de enormes inversiones en empresas del Estado; hemos querido ser productores de todo tipo de bienes, hemos querido ser hasta constructores de navíos y aeroplanos, pero nos hemos olvidado de servir al ciudadano, en los servicios elementales, de atención médica, de transporte público, de ordenación urbana, de lo cual el Estado ha debido ocuparse.

En este sentido, ha habido una distorsión de los fines del Estado que ha provocado que se produzca este olvido del Administrado. Además, el propio funcionario también, en muchos casos, se ha olvidado del ciudadano, es decir, se ha olvidado de servir a alguien y ha manejado la Administración para servirse a sí mismo.

Este proceso de burocratización ha puesto a la Administración, algunas veces, al servicio de la burocracia. Esto se conserva, inclusive desde el punto de vista jurídico. Es frecuente encontrar leyes que en lugar de ser textos que regulen, sustantivamente, un campo determinado, se han convertido en leyes de protección social de ciertos gremios y de ciertos grupos de funcionarios. Así, uno de los signos de nuestra Administración contemporánea es que los gremios se han venido apoderando del Estado progresivamente y poniéndolo a su servicio y no al servicio del ciudadano.

Algunas empresas del Estado son un vivo ejemplo de esto, así como otras instituciones, particularmente en el campo educativo. La Universidad, por ejemplo, se ha venido convirtiendo progresivamente, en una especie de institución al servicio de los que sirven (empleados administrativos y administradores universitarios) y no de los que deberían ser servidos (estudiantes, investigadores y docentes). Estos son elementos que hay que tener en cuenta cuando se plantea esta idea de que es necesario revalorizar la noción clásica del Estado al servicio del ciudadano y de la sociedad.

Para lograr esto, podrían identificarse algunas estrategias que creemos que la Administración debería asumir. Estrategias, en primer lugar, para que el ciudadano conozca a la gestión pública y conozca al Estado. No olvidemos que nosotros vivimos en un Estado secreto, en cuya Administración todo es reservado, no teniendo, el particular, acceso a la Administración, siéndole muy difícil conocer la propia gestión pública y el funcionamiento de los servicios. Por tanto, pensamos que hay que definir una estrategia para que el particular, el ciudadano, conozca la gestión pública.

Una segunda estrategia que estimamos debería definirse, es la que tienda a lograr que el ciudadano colabore con la gestión pública. Hay una tendencia a considerar que existe una sostenida relación de enemistad y enfrentamiento entre el funcionario y el ciudadano, entre el Estado y el particular. Así, a veces, para el ciudadano hay una especie de Estado enemigo permanente y para el Estado, también una especie de ciudadano enemigo continuo. Por eso, es frecuente que en las oficinas públicas al particular, al contratista, al empresario, al simple administrado se lo considera como un enemigo, que lo que quiere es aprovecharse de la Administración, y no, como debe suceder, como un sujeto, el cual simplemente tiene derecho de petición y actuación.

Por otra parte, habría que definir otra tercera estrategia para que el ciudadano pueda ejercer sus derechos. No es infrecuente que se considere, en nuestra Administración, que cuando un ciudadano ejerce sus derechos está realizando una actividad inconveniente y hasta ilegítima. En algunas oportunidades los funcionarios llegan a considerar, casi como un delito, el que un particular actúe judicialmente, aunque tenga derecho, y demande a la Administración. Lamentablemente, no es infrecuente, en estos casos, que ese particular sea perseguido y obstaculizado, en el futuro, en vía administrativa, pues no se comprende que está ejerciendo sus derechos, que incluyen acudir a la vía judicial. Por ello, el derecho al reclamo, el derecho a poder ejercer sus derechos frente a la Administración, es otro de los que deberían definirse como estrategia, en las relaciones entre la Administración y los particulares.

Una cuarta estrategia debería tender a lograr que el ciudadano sea, efectivamente, beneficiario del servicio público, servicio al cual también tiene derecho. Esa idea también difundida de que el ciudadano lo que recibe del Estado y sus funcionarios son dádivas y favores y no los derechos a los cuales tiene acreencia por ser ciudadano de un Estado, también debe superarse. Es muy frecuente, por ejemplo, que cuando un particular tiene algunas reclamaciones frente a la Administración y se le da la razón en una, el funcionario estime que ya no se le puede dar la razón en las otras reclamaciones, aunque la tenga; y esto derivado de la actitud general de que la Administración no satisface derechos que se ejercen sino, simplemente, concede dádivas o favores al ciudadano.

Ahora bien, frente a este problema general de carácter actitudinal, para superarlo, deberían estructurarse al menos tres sistemas para regularizar las relaciones entre los funcionarios públicos y los ciudadanos. En primer lugar, un sistema de protección al ciudadano; en segundo lugar, un sistema de información al ciudadano, y en tercer lugar, un sistema de acceso a la gestión pública. Queremos hacer unos breves comentarios respecto de algunos de los aspectos de estos sistemas que podrían establecerse y que la Administración debería consolidar.

II. SISTEMAS DE PROTECCIÓN

Hemos señalado en muchas oportunidades que, en general, el ciudadano ha estado desasistido frente a la Administración, y eso provoca que se encuentre, en muchas oportunidades, aplastado y atropellado por la Administración. Tradicionalmente, el ciudadano no ha tenido garantías frente a la Administración, entre otros factores, porque no estaban jurídicamente establecidas. Por ello, uno de los grandes aportes que puede dar la Ley Orgánica de Procedimientos Administrativos que ha entrado en vigencia en enero de 1982 es, precisamente, establecer un sistema de garantías para que el particular pueda tener adecuadas relaciones con la Administración. Este sistema de garantías puede clasificarse en tres aspectos: garantías de procedimiento administrativo; garantías de recursos; y garantías patrimoniales.

1. *Garantías de procedimiento administrativo*

El procedimiento administrativo es el conjunto de formas que deben seguir los órganos de la Administración Pública para formar la voluntad de la Administración, y para entrar en relación con los Administrados. Este procedimiento está regulado, en muchos países, expresamente, en una ley especial, normalmente llamada "Ley de Procedimiento Administrativo", como la que se ha sancionado en nuestro país en 1981 y que entró en vigor en 1982.

Antes de esta Ley, en Venezuela no existía una regulación orgánica del procedimiento administrativo, y sólo había regulaciones aisladas: en cada ley especial se establecían, más o menos, algunos elementos de procedimiento según el tipo de acto, según el tipo de solicitud o de trámites que se debían cumplir ante la Administración.

Ahora bien, esta ausencia de regulación orgánica del procedimiento, había abierto una enorme discrecionalidad a los funcionarios y, por tanto, un amplio campo para la arbitrariedad, ya que si no había un procedimiento legalmente pautado que estableciera las diversas fases de la acción administrativa, el funcionario con mucha frecuencia caía en la arbitrariedad.

Esto motivó, desde hace algunos años, a que se hubiera planteado la necesidad de una Ley de procedimiento administrativo. Se elaboraron proyectos desde 1960, y al sancionar el Congreso, en mayo de 1981 la Ley Orgánica de Procedimiento Administrativo, a medida que entre en aplicación efectiva, se llenará, sin duda, un enorme vacío en la actuación de la Administración, vacío que, insistimos, ha dado origen a que, en ausencia de procedimientos concretos, haya existido un gran margen de discrecionalidad de los funcionarios con la consecuente posibilidad de actuaciones arbitrarias.

Algunas sentencias de la Corte Suprema de Justicia, en todo caso, habían buscado poner orden en la acción administrativa, y habían admitido, inclusive, que en algunos casos, la Administración aplicara supletoriamente, para los procedimientos administrativos, algunas normas del Código de Procedimiento Civil. Pero, por supuesto, esta aplicación supletoria era muy difícil, porque el Código de Procedimiento Civil tiene un objetivo concreto: ordenar la actuación judicial, la cual está sometida a un riguroso formalismo, por lo que no puede aplicarse, en la misma forma, a la actuación de la Administración, que exige una mayor celeridad y actuaciones, desde luego, más dinámicas. Por tanto, aun cuando se podía aplicar en ciertos casos, no podía llegarse nunca a la situación de que la Administración estuviese sometida a tanto formalismo, como el que prevé la legislación procesal civil,

En todo caso, la nueva Ley servirá para consolidar las garantías de procedimiento de los particulares frente a la Administración, hasta ahora no totalmente consagradas.

La primera garantía que debemos destacar, es el derecho a instar el procedimiento. Todo particular tiene, y es un principio constitucional, el derecho llamado de petición. El Artículo 67 de la Constitución establece; "Todos tienen en derecho de representar o de dirigir peticiones ante cualquier entidad o funcionario público sobre los asuntos que sean de competencia de éstos". El derecho a instar o de iniciar cualquier procedimiento administrativo viene a ser una concreción de este derecho constitucional de petición. Sin embargo, este derecho de petición no es un derecho de pedir favores, sino de ejercer los recursos y vías jurídicas que establezca el ordenamiento. Este derecho, hasta ahora, no estaba adecuadamente establecido.

En segundo lugar está el derecho a ser oído. Lamentablemente, es muy frecuente, por ese manto secreto que cubre a la Administración, que al ciudadano no se le oiga cuando, por ejemplo, se le sanciona. En más de una ocasión al ciudadano le llega la notificación de una multa, y no ha sabido ni nadie le ha dicho por qué se le multa o sanciona. Por ello, ese derecho a la audiencia del interesado, que ha estado tan olvidado de nuestro procedimiento administrativo, es otro de los que regula la nueva Ley como garantía.

En virtud de este derecho, si se inicia un procedimiento por la Administración, por ejemplo, para imponer una multa, lo menos que puede hacer es notificarle al particular sobre los hechos que se han constatado. Normalmente eso debe hacerse en el Acta que se levanta, por el funcionario fiscalizador; pero si el particular no está presente, con posterioridad, lo menos que la Administración debe hacer, como garantía al particular, es notificarle para que se defienda de los hechos que se le imputan, de manera que cuando se dicte el acto administrativo de sanción, debe haberse asegurado que el particular haya tenido la oportunidad de ser oído, de descargarse, de defenderse.

Este derecho a ser oído conlleva, a su vez, varios otros principios en el procedimiento. Ante todo, el derecho a ser informado, a ser notificado. Lamentablemente, también es frecuente que el procedimiento se realice a espaldas del ciudadano, y que éste se entere sólo al final de la elaboración del expediente, lo cual debe ser corregido. Ahora, la Ley nueva regula, con detalle, las notificaciones. En segundo lugar, el derecho a la defensa, de manera que el particular no sólo tiene derecho a ser oído, sino también a defenderse y a aportar las pruebas que estime conveniente para poder defenderse. El derecho a la defensa también es un principio constitucional, pues la Constitución la establece como un derecho inviolable en todo estado y grado del proceso. Si bien es una norma directamente dirigida al ámbito judicial, también se aplica en el campo administrativo. Pero el derecho a ser oído, además del derecho a la defensa, implica otros derechos: el derecho a aportar pruebas, y el derecho a tener acceso al expediente administrativo; es decir, a conocer cuáles son las actas, cuáles son los documentos, para poder determinar dónde está el elemento que le imputa.

Este derecho a tener acceso al expediente, está ligado con un tercer derecho, que es el derecho a la publicidad de los documentos oficiales, al menos para el interesado, de manera que sea el particular el que pueda tener acceso al expediente para poder defenderse y aportar pruebas.

Sin embargo, lamentablemente, el principio que rige a la Administración venezolana tradicionalmente, es el principio de la reserva de los archivos oficiales. La Ley Orgánica de la Administración Central, por ejemplo, establece precisamente que los archivos de la Administración son reservados para uso oficial y sólo pueden ser consultados previa autorización. En esta forma, el principio de la reserva riñe con el principio de la publicidad y con las posibilidades de defensa y de tener acceso al expediente. La Ley de Procedimientos Administrativos, no ha clarificado totalmente esta contradicción entre, por una parte, la reserva de los archivos al uso oficial y, por otra parte, el derecho a tener acceso al expediente, pues permite que ciertos documentos queden fuera de éste.

Otra garantía fundamental en el procedimiento que también tiene su origen en la Constitución, es el principio de la igualdad, lo que implica que en un procedimiento administrativo concreto, la Administración está obligada a tratar en forma igual a los particulares que se encuentren en las mismas condiciones de hecho y de derecho. La Administración, por ello, no puede ser discriminatoria respecto a los Administrados.

Otra garantía esencial del procedimiento, vinculada al derecho de petición, es el derecho a obtener oportuna respuesta de la Administración. La Ley Orgánica de Procedimientos Administrativos tiende, así, a concretar la obligación de la Administración de dar respuesta a las solicitudes y peticiones y, por tanto, el derecho de los particulares de obtener oportuna respuesta. Hasta ahora, este era, quizás, el derecho menos garantizado hasta la nueva Ley, la cual, incluso, consagra la responsabilidad personal de los funcionarios por las demoras.

Otra garantía sería el derecho a la revisión de las actuaciones de la Administración por el superior jerárquico, que responde a un principio, también general del derecho, del derecho a la segunda instancia. Así como en materia procesal ordinaria hay el derecho de apelación de una decisión judicial de un tribunal interior ante superior, en materia administrativa puede también distinguirse el derecho a la revisión por el superior. Esto sería el derecho al recurso jerárquico en el campo administrativo.

Este elenco de derechos, sin embargo, no se han cumplido en la Administración venezolana. La Administración venezolana al contrario, muchas veces ha sido el reino de la irresponsabilidad, el reino de la ineficacia, el reino de los gestores, el reino de los intermediarios, el reino de la irracionalidad en el procedimiento; es decir, todo lo contrario a esas garantías por la ausencia de una ley general del procedimiento administrativo. Con la nueva Ley, por tanto, hay posibilidades reales hacia el futuro, de que las mencionadas garantías de procedimiento de los administrados frente a la Administración lleguen a ser una realidad.

2. *Garantías de recursos*

El segundo grupo de garantías se refiere a la posibilidad de reclamar contra la Administración, mediante el ejercicio de recursos.

Era necesario así, establecer las vías jurídicas para que el ciudadano pudiera ejercer su derecho a reclamo, y pudiera disentir de la Administración. Para ello, un sistema de recursos debía ser regularizado y establecido como algo regular y superar el que se considerase ilícito el reclamar contra la Administración. Este sistema de recursos establecido ahora con carácter general en la Ley Orgánica de Procedimientos Administrativos, regulariza los recursos administrativos (recursos de reconsideración, recursos jerárquicos, recursos de revisión) y los recursos judiciales, es decir, la posibilidad de impugnar por la vía contencioso administrativa los actos administrativos por razones de ilegalidad. Debe así superarse la opinión tradicional de que nadie puede ganarle judicialmente al Estado o a la Administración Pública, y de que no vale la pena demandar a la Administración, porque es difícil ganarle en juicio. Esta actitud atávica, proveniente de las dictaduras, sólo puede realmente ser superada, con una justicia democrática, a cargo de jueces independientes y autónomos. Por otra parte, si bien ya se han establecido las vías formales para este tipo de recurso, ahora es necesario también que la actitud del funcionario público cambie la tradicional de considerar que quien ha ido a los tribunales a reclamar contra la Administración, es un enemigo futuro al cual hay que perseguir o al cual hay que ignorar.

3. *Garantías patrimoniales*

Dentro de este sistema de garantías y recursos, por supuesto, debe establecerse la garantía patrimonial. En efecto, la Administración, en su actividad, al incidir en todos los ámbitos de la vida privada, por supuesto, produce daños y perjuicios en muchas oportunidades. Sin embargo, aunque esto sucede, normalmente, nadie repara estos daños. Tradicionalmente tenemos otra gran imagen de nuestra Administración: la del Estado irresponsable, y de la Administración irresponsable. Lamentablemente, en nuestro país nadie, en el sector público, responde de nada por los perjuicios ocasionados por el mal funcionamiento de los servicios públicos.

Para citar sólo ejemplos que están a la vista de todos: las calles están destrozadas y es frecuente que cualquier ciudadano peatón resulte herido o aun muera, por causa de una alcantarilla mal abierta. Nadie responde de esos daños. Por causa de un hueco abierto en el suelo de un autobús de servicio público, un niño cae al pavimento y muere, y nadie responde del hecho. Un automóvil se cae en una zanja abierta en una avenida y resultan varios heridos y aun muertos, y no pasa nada; un ciudadano es herido por un agente de seguridad cerca de la Residencia Presidencial y tampoco nadie responde. Puede decirse que hemos tenido, tradicionalmente, una ausencia de responsabilidad de la Administración lo cual ha originado una ausencia de responsabilidad del funcionario. Y no hay que olvidar que si en algunos de los ejemplos citados, los daños fueron reparados, ello fue más bien por dádivas o condescendencia de algunos funcionarios, y no porque el particular hubiera reclamado su derecho.

Por otra parte, debe destacarse el problema del tiempo: la Administración no tiene noción del tiempo, ni del costo del tiempo. Por eso no tiene normalmente preocupación por k celeridad en la toma de decisiones. Estas se toman, sin necesidad de que haya ningún juzgamiento sobre la premura. Lamentablemente, la actitud general es que no importa lo que cueste el tiempo que debe o pueda pasar el ciudadano en trámites ante la Administración porque, en definitiva, eso no le interesa al funcionario. La garantía patrimonial que debe establecerse a favor del particular, contribuiría también a acelerar los trámites, porque los daños que se causen por la inacción o demora deberían ser resarcidos por la Administración y los funcionarios responsables, como ahora lo establece la Ley Orgánica de Procedimientos Administrativos.

III. EL SISTEMA DE INFORMACIÓN

En cuanto al sistema de información, sobre el cual hemos hablado desde hace doce años, debe ser no sólo de carácter descendente sino también de información ascendente, que implique informar al ciudadano y hacerlo participar en la gestión administrativa, como otra de las formas de acercar al ciudadano al Estado y a su Administración.

Por ejemplo, es necesario establecer todo un sistema de información descendente al público, sobre la Administración y sus servicios. Así, debe destacarse la iniciativa del Instituto Autónomo Nacional de Biblioteca, con la publicación de una serie de guías de información sobre la Administración Pública y sus funcionarios. Esto debería constituir un programa formal de la Administración que abarque, además, información sobre los servicios existentes y los trámites y formularios precisos que se requieren en cada caso. Lamentablemente, es frecuente que el particular no sepa, con precisión, lo que hay que hacer en algún procedimiento administrativo, y esta falta de información, ha dado origen a la intermediación, como norma, en ciertos procedimientos, es decir, a los gestores. Y detrás de los gestores, lamentablemente, la sombra de la corrupción.

Por otra parte, no hay que olvidar que ese secreto de la Administración, hasta cierto punto, le da poder al funcionario, pues él, además de su cómplice, el gestor, es el único que conoce qué hay que hacer. Ese es su ámbito de poder, y psicológicamente, en esa situación él es el que domina el procedimiento, el que sabe a qué taquilla hay que acudir y a cuál no; y a él es a quien debe preguntarse. En definitiva, él es el dueño de la situación. Es muy difícil, a veces, perder posición y que se llegue a la situación de que todo el mundo sepa qué hay que hacer, que nadie tiene que contestar las preguntas, que van a desaparecer los únicos dueños de la verdad del procedimiento. Esta realidad debe tenerse en cuenta cuando se trate, realmente, de superar este problema de las relaciones entre el ciudadano y el funcionario.

En todo caso, es necesario que la Administración se abra, que deje de ser oculta, secreta y del dominio de algunos pocos y que se conozcan todos los procedimientos. Además, en esta necesidad de que se conozcan los trámites, está la posibilidad que se simplifiquen los procedimientos, y se disminuya la discrecionalidad, que conduce a veces, al abuso del poder, e informar a quien se quiere y a no informar debidamente, a quien no se quiere.

Por supuesto, a la apertura de la Administración y a la simplificación de los procedimientos, se opondrán muchos interesados en que continúe el secreto. No hay que olvidar que existen muchos intereses, grupos y gremios que se benefician de ese aspecto oculto y engorroso de la Administración. No olvidemos que el gestor es el producto del procedimiento engorroso y de lo complicado de la relación con la Administración pública. Ahora bien, en vez de simplificar el procedimiento, nuestra Administración ha comenzado a regularizar al gestor, pues ahora, en algún caso, otorga hasta una licencia de gestor, como es el caso del Reglamento dictado recientemente por el Ministerio de Transporte y Comunicaciones. En esta forma, realmente, de hecho se están cerrando las puertas a la relación directa entre el particular y la Administración; ahora, definitivamente, en materia de transporte y comunicaciones, sólo a través de gestores, se podrá actuar y los particulares no podrán, de hecho, acudir directamente ante la Administración a ejercer sus derechos. Entonces, en lugar de simplificar el procedimiento, lo hemos rigidizado, regularizando al intermediario. Ahora, éste, junto con el funcionario, serán los únicos que sabrán qué hay que hacer, lo que conducirá, por supuesto, a factores de corrupción, porque habrá entre el gestor y el funcionario, combinaciones e intereses para que el procedimiento nunca se simplifique. No olvidemos que de lo engorroso y complicado de los procedimientos administrativos se benefician muchos. Por ello, siempre hemos pensado que la mejora de los servicios públicos exige una férrea voluntad de enfrentarse con gremios y grupos de intereses que se benefician de la ineficiencia administrativa y que, por ello, se opondrán a toda mejora en la prestación de aquéllos.

Todo esto, además, plantea el problema del costo y rendimiento de los servicios públicos. Lamentablemente, en Venezuela, no tenemos ninguna noción sobre el costo y rendimiento de los servicios públicos, y he allí, una de las razones del despilfarro y de la mala administración,

Pero el sistema de información no sólo es descendente, sino ascendente para permitir que el particular pueda colaborar con la Administración a través de, por ejemplo, un sistema de quejas y reclamos. Para ello hay que partir del supuesto de que el sistema de información debe ser concebido para la mejora de los servicios públicos.

En todo caso, lo cierto es que muchas de estas ideas que planteábamos a comienzos de la década pasada se han quedado en algunas casetas de información que se ven en algunos Ministerios, que no se usan para nada y que quedaron allí, como monumentos. El sistema debería, al contrario, revitalizarse, y establecerse, realmente, un sistema para que el ciudadano pueda colaborar con la Administración en la información ascendente.

IV. EL SISTEMA DE SEGURIDAD JURÍDICA

Venezuela vive una crisis de seguridad jurídica. El ciudadano está desasistido frente al Estado y se encuentra aplastado por su aparato y actuación. Los mayores poderes que el Estado ha venido adquiriendo en su intervención creciente en la vida económica y social, no se han acompañado de la paralela e indispensable previsión de mayores mecanismos de protección al ciudadano y de control al ejercicio del poder público.

Se hace necesario, para asegurar el Estado Democrático y Social de Derecho, rescatar al ciudadano y dotarlo de adecuadas protecciones frente al Estado. La idea del Estado Democrático y Social de Derecho que tenemos que consolidar en Venezuela se centra en el postulado de que la expansión de actividades e intervenciones del Estado, tan generalizada en el mundo contemporáneo, debe estar acompañada del establecimiento de controles a la acción estatal frente al ciudadano. El Estado Democrático y Social de Derecho, no sólo debe estar regulado por normas estables y racionales, sino que debe garantizar que el ciudadano tenga la mayor protección; en esta forma, puede convertirse en el medio para rescatar y proteger al ciudadano, tan aplastado y desasistido por el aparato gubernamental.

Para asegurar esta posición del ciudadano deben realizarse urgentes reformas en nuestro sistema institucional.

1. *La responsabilidad del Estado y sus funcionarios*

El Estado venezolano, hemos dicho, es un Estado irresponsable. A diario se causan daños y perjuicios a los ciudadanos, por culpa derivada de acciones u omisiones del Estado y sus funcionarios, de los cuales nadie responde. A veces se trata de daños causados por el mal funcionamiento de los servicios públicos, o por el deficiente mantenimiento de los mismos. Sin embargo, ¿quién ha respondido de estos hechos? ¿Es acaso aceptable que se causen daños, inclusive a la vida e integridad física de las personas, por acciones u omisiones del Estado, sus funcionarios y agentes, sin que exista nadie que responda por ello?

El Estado Democrático y Social de Derecho debe ser un Estado responsable de los daños causados con intención o negligencia por sus funcionarios, y para ello debe proponerse al Congreso un proyecto de Ley de Régimen Jurídico de la Administración que consagre claramente la responsabilidad administrativa y garantice los medios jurídicos y jurisdiccionales para exigirla.

2. *La democratización de la justicia*

Un Estado de Derecho que reserve la justicia para unos pocos, es un Estado que no garantiza la seguridad jurídica. El Estado Democrático y Social de Derecho debe promover la democratización de la justicia de manera de garantizarles a todos el acceso a la misma. Es necesario crear conciencia de que todos los ciudadanos pueden acudir a los tribunales y encontrar en ellos la debida protección de sus derechos e intereses. Los procesos deben agilizarse y superarse la desesperante lentitud de la justicia, que hoy se manifiesta, desde la Corte Suprema hasta los juzgados de municipio. La reforma judicial que debe proponerse tiene que tener por mira, hacer de la protección tribunalicia, un eficaz medio de que la justicia y el derecho prevalezcan sobre la arbitrariedad.

Por todo ello, es indispensable establecer la carrera judicial para poner fin a la peligrosa tendencia hacia la politización del poder judicial, que se observa en algunos tribunales. En tal sentido, la Ley de Carrera Judicial, dictada en 1980, debe aplicarse sin demoras.

3. *La garantía efectiva de las libertades públicas*

Los ciudadanos, en materia de libertades públicas, están hoy a la merced del Estado. Los derechos y garantías constitucionales son pisoteados a diario y los ciudadanos no encuentran efectivos medios para controlar las arbitrariedades. El Estado Democrático y Social de Derecho debe velar por que los derechos y garantías constitucionales se respeten y por que puedan ser amparados. Deben proponerse al Congreso la sanción de sendos proyectos de la Ley de Amparo y de babeas corpus, para garantizar en forma expedita la protección contra las arbitrariedades del Estado frente a las garantías constitucionales, en particular, frente a la libertad personal. No hay que olvidar que, inclusive, los ocho días de detención preventiva previstos actualmente, parecen excesivos. En muy pocos días puede acabarse con la integridad física y moral y la dignidad de la persona humana, y ésta, por sobre todo, debe protegerse.

La regulación del procedimiento administrativo y la limitación de la discrecionalidad del funcionario.

Hasta hace poco, el ciudadano estaba a la merced de los caprichos del funcionario. No existía un procedimiento administrativo efectivamente regulado; el funcionario, en general, tenía demasiada discrecionalidad en la toma de decisiones, y casi nunca se obtenía del Estado la "oportuna respuesta" que prevé la Constitución. La excesiva regulación de trámites aislados y de permisos y autorizaciones, ha dado origen a esa nueva ciencia propia de la Administración actual que es la "permisología", que sólo pocos funcionarios conocen y dominan. El ciudadano no había tenido medios para reclamar que se decidieran sus solicitudes, y la lentitud y complicación de los trámites, fomenta la corrupción administrativa. Por ello, aparecen los "gestores", muchas veces en combinación con los funcionarios, para lograr decisiones, que si existiesen procedimientos simplificados, no tuviesen ninguna complicación.

El Estado Democrático y Social de Derecho debe garantizar a los ciudadanos unas relaciones claras, abiertas, simplificadas y reguladas con el Estado, para que haya seguridad jurídica en el procedimiento administrativo, garantizándose a los ciudadanos la obtención de una oportuna respuesta a sus peticiones y solicitudes. A tal efecto la sanción de la Ley Orgánica de Procedimientos Administrativos que, además, responsabiliza a los funcionarios de las demoras innecesarias y de los daños que las arbitrariedades y negligencias, causen a los ciudadanos, había sido una necesidad sentida. Su vigencia a partir de 1982 significará, sin duda, una auténtica revolución en el campo administrativo.

4. *La garantía del conocimiento del orden jurídico*

Un fenómeno preocupante de la desviación jurídica que se observa en el Estado venezolano en los últimos años es que, realmente, no hay un adecuado sistema de publicaciones oficiales de leyes y decretos que garantice un conocimiento preciso del orden jurídico vigente. A la profusión de decretos presidenciales, dictados sin orden ni concierto, particularmente durante el período de 1974-1979, la mayoría para ser incumplidos por el propio Estado, se agrega la absoluta falta de seriedad en el manejo del sistema de publicaciones oficiales. Si se analizan las Gacetas Oficiales de los últimos años, se encontrará que hay Decretos que por su numeración, se presume que se dictaron, pero que no se conoce su contenido y nunca han sido publicados; hay otros anunciados en la Gaceta Oficial, que supuestamente debían publicarse en una Gaceta Extraordinaria, que nunca se llegaron a publicar; hay otros, en fin, que modifican Decretos dictados anteriormente, pero que el mismo Gobierno carece de precisión sobre su vigencia efectiva. Ha existido en los últimos años un proceso de inflación jurídica que hace que el jurista más acucioso, haya perdido la pista del orden jurídico vigente. Muchos Decretos, además, se sabe que no se cumplen, pero no se derogan. El derecho, muchas veces, ha caído en desuso.

Por otra parte, la publicación de las leyes permite muchos dislates. Se ha conocido que en años anteriores, con frecuencia, entre el lapso de sanción de unas leyes por el Congreso y su publicación en la Gaceta, se le introdujeron, irregularmente, reformas. Por otra parte, algunas veces las leyes se publican en una Gaceta Oficial de fecha no coincidente con la fecha de su efectiva circulación. Ello provoca que algunas leyes tengan, formalmente vigencia varios días, sin que su texto se conozca públicamente. Estos procederes contribuyen a agravar la inseguridad jurídica reinante.

El Estado Democrático y Social de Derecho debe velar porque el ciudadano tenga un conocimiento exacto del orden jurídico, única garantía para que pueda actuar, con seguridad, en el mundo moderno. Para ello, se debe proponer la reforma de la Ley de Publicaciones Oficiales y debe hacerse de la Imprenta Nacional una empresa editora del Estado, que centralice y comercialice adecuadamente las ediciones oficiales. La efectiva participación de los ciudadanos en el manejo de los asuntos públicos exige que el Estado informe con precisión sobre la vigencia del orden jurídico, lo cual debe ser tarea prioritaria del gobierno. De allí la reforma del sistema de publicaciones oficiales que debe realizarse.

V. CONCLUSIÓN

Todo esto nos conduce a plantear la necesidad de que en la Administración venezolana se restablezca un programa de reforma administrativa, de gran aliento, que hoy no existe, salvo en materia de la función pública, llevando a cabo la Oficina Central de Personal. Sin embargo, los otros aspectos de la Administración Pública, particularmente los aspectos relativos al funcionamiento de la Administración Pública han sido olvidados, siendo quizás uno de los grandes retos que tiene el Estado venezolano contemporáneo. La recreación de la Comisión de Administración Pública en 1982 sin duda, es un signo positivo en este campo, de la cual debemos esperar buenos resultados en el futuro.

CAPÍTULO DECIMO: ALGUNOS ANÁLISIS SOBRE LA ADMINISTRACIÓN PÚBLICA PARA SU REFORMA

I. INTRODUCCIÓN

El tema que queremos analizar a estas notas es el tema siempre actual, de la Administración Pública Contemporánea en Venezuela y sus problemas; y digo que es un tema siempre actual porque además de ser importante la Administración Pública en cualquier organización política, por supuesto, más importancia tiene en nuestro país, cuando es el instrumento de un Estado tan poderoso como el nuestro, el cual económicamente, puede estar en un nivel similar, comparativamente, teniendo en cuenta la importancia que tiene el sector público en la economía, al de las economías socialistas o estatizadas. El sector público en Venezuela, genera más del 40% del producto territorial bruto y ese solo dato da una idea clara de la importancia de sus instituciones y, por supuesto, de su instrumento: la Administración Pública.

Por otra parte, la Administración Pública ha venido sufriendo en las últimas décadas, de un proceso de expansión considerable, y ha provocado que las instituciones administrativas y la acción del Estado hayan penetrado, materialmente, en todos los ámbitos de la vida económica y de la vida social. Todo lo que se realiza en el país —querámoslo o no— se realiza bajo la sombra del Estado y de su Administración.

Tan importante es la Administración Pública, que es un centro de análisis permanente: normalmente para criticarla y excepcionalmente para plantear sugerencias para su reforma. En todo caso, podría decirse que hay un consenso general respecto al cuadro crítico de la Administración. Así, no es infrecuente oír hablar de ineficiencia como característica de la Administración Pública contemporánea en Venezuela; del excesivo centralismo y burocratismo que produce distorsión del gasto público;

de la requisitología o permisología expandida que hace que todo esté sometido a permisos, licencias, autorizaciones o registros de parte del Estado; de la excesiva discrecionalidad del funcionario que compromete la acción del particular y que la deja muchas veces indefensa; y por último, de irresponsabilidad que también es otro de los signos de nuestra Administración, porque difícilmente se logra que la Administración responda por los daños y perjuicios que causa.

Pensamos que frente a ese cuadro crítico general se debe exigir un gran esfuerzo nacional para enfrentar estos problemas y para lograr poner, realmente, la Administración al servicio de la colectividad y de la ciudadanía.

Señalábamos que es muy común que se critique a Ja Administración, pero no es tan común que se planteen fórmulas de solución a sus problemas. Los esfuerzos por mejorar la Administración Pública, por tanto, deben ser celebrados, y es por eso que quisiéramos, en estas notas, analizar algunos documentos recientes de gran importancia que plantean algunas soluciones —partiendo de algunas críticas por supuesto— de la Administración Pública venezolana: en primer lugar, la Carta de Maracaibo (1980), documento que Fedecámaras ha elaborado sobre la situación del país, en el cual se proponen soluciones para nuestra Administración Pública; en segundo lugar, el Programa de Gobierno del Presidente Luis Herrera, presentado al electorado en 1978 y que es el marco de acción de su gobierno para el actual período constitucional en el cual se plantea también el problema de la Administración Pública y de la Reforma Administrativa; y en tercer lugar, el Manifiesto de Porlamar (1981), documento de la Confederación de Trabajadores de Venezuela en el cual se hacen algunas consideraciones sobre la reforma del Estado, como Estado Democrático Social.

Por supuesto, plantear estos aspectos requiere, siempre, partir de los antecedentes de los estudios de la Administración Pública en Venezuela. En efecto, no hay que olvidar que en el año 1958 se iniciaron estos estudios en forma sistemática en nuestro país, con la creación de la Comisión de Administración Pública de la Presidencia de la República, organismo que no sólo guió los estudios sobre la Reforma Administrativa, sino que fue un centro generador de pensamiento administrativo en Venezuela, como no lo ha sido ningún otro centro gubernamental o privado del país. Esta institución elaboró el Plan de Reforma Administrativa que se presentó al Gobierno Nacional en el año 1972, parcialmente ejecutado en 1976.

En una forma realmente insensata, sin embargo, fue eliminada la Comisión de Administración Pública en el momento en que se aprobaba, en ese año 1976, la Ley Orgánica de la Administración Central, y solo ha sido en 1982 cuando se ha restablecido formalmente.

En todo caso, en aquel documento se analizaba la Administración Pública bajo dos ángulos: por una parte el ángulo estructural y por la otra el ángulo funcional, del funcionamiento de la Administración, el cual realmente, en la actualidad, es el más importante. En efecto, al ciudadano, al particular que entra en relación con la Administración, poco le importa el número de Ministerios o cómo están organizados y cuáles son sus direcciones y sus oficinas, lo que realmente le importa es cómo funciona la Administración, si es eficiente o no, y si por ejemplo, en materia de servicio público, se prestan o no en forma eficiente. Sin embargo, el mayor énfasis que se puso en el Plan de Reforma de 1972, fue sobre los aspectos estructural organizacionales de la Administración, los cuales realmente eran importantes en ese momento, porque una Reforma Administrativa en Venezuela, desde el punto de vista de la estructura de la Administración, no se había realizado nunca con anterioridad.

Las transformaciones ministeriales habían sido el producto de circunstancias, y las creaciones de entes descentralizados, lo mismo. Así, la Administración en el año 1970 tenía la misma estructura de la Administración de los años treinta, y, por supuesto, el país era absolutamente otro y obligaba a replantearse la estructura administrativa.

Ahora bien, si se analizan ahora los dos primeros documentos mencionados, "La Carta de Maracaibo", por una parte y el "Programa de Gobierno" del Presidente Herrera, por la otra, se encuentra que se plantean, con cierto énfasis, ambos aspectos sobre la reforma administrativa: podría decirse que la "Carta de Maracaibo" hace mayor énfasis en la parte estructural en tanto que el Programa de Gobierno del Presidente Herrera hace mayor énfasis en la parte funcional. El "Manifiesto de Porlamar", luego de un diagnóstico de la situación económico-social de Venezuela, plantea algunas propuestas muy generales sobre la reforma de Estado y la Administración Pública. Queremos, en las líneas que siguen analizar estos documentos, ver qué es lo que plantean y qué se ha hecho o se puede hacer.

II. LA ADMINISTRACIÓN PÚBLICA EN LA CARTA DE MARACAIBO (1980)

"La Carta de Maracaibo", básicamente, contiene un análisis de la organización de la Administración y las propuestas que plantea son sobre la reforma estructural de la misma. Sin embargo, en este aspecto, relativo a la Administración Pública estimamos que, realmente, este documento no es afortunado. En efecto, plantea, problemas de organización que ya están bastante superados; ignora un poco qué se ha hecho en Venezuela en materia de Reforma Estructural; es un documento, además, confuso, y que copia esquemas organizacionales que son de difícil aplicación en Venezuela. "La Carta de Maracaibo", en efecto, critica la organización del Poder Ejecutivo y además, formula unas propuestas de reforma.

En las críticas no plantea mayores innovaciones, y se limita a replantear, en términos generales, la ineficiencia administrativa; sobre lo cual hay un consenso en el país. En este aspecto del diagnóstico no habría mayores observaciones que hacer. Siempre hemos pensado que en Venezuela somos grandes diagnosticadores, y conocedores de la realidad, pero no siempre sabemos qué es lo que hay que hacer para mejorarla o transformarla, y mucho menos sabemos cómo hacerlo.

1. *La crítica a la organización del Poder Ejecutivo*

Ahora bien, en cuanto a la crítica a la organización del Poder Ejecutivo, este documento habla de que en la estructura del Poder Ejecutivo hay "responsabilidades cruzadas y paralelas", que hay "contradicciones internas" y esto, dice, "impide una delegación ordenada" del Presidente hacia los Ministros y al contrario dice, compromete al Presidente a decidir sobre ciertos temas que podría delegar y que, por tanto, podría aprovechar ese tiempo en otras actividades.

Sin embargo, este no es un problema estructural, es un problema de funcionamiento; no es un problema de organización del Poder Ejecutivo.

Por otra parte, el documento plantea, como crítica, la "proliferación de Ministerios" e insiste en que hay una "asignación cruzada y paralela de responsabilidades", y como consecuencia, señala que hay una "contradicción en la formulación de política". Señala además, que existe un ineficiente y excesivo proceso de "concertación interministerial".

Ahora bien, realmente este diagnóstico pudo ser muy bueno en el año 1970, pero no es un diagnóstico que se ajusta, desde el punto de vista de la organización y la estructura administrativa, a la realidad de 1980. Pensamos que está partiendo de supuestos falsos, pues ignora todo el proceso de Reforma Administrativa que se diseñó desde 1969 a 1973.

El problema de la Administración Pública, en efecto, no es el número de Ministros ni de Ministerios; el problema de la Administración es más bien, la organización sectorial de los Ministerios. Hasta el año 1976 podría decirse que no había una organización sectorial de esos Despachos y por tanto, que si existía eso que plantea de las responsabilidades cruzadas y paralelas, pues no estaban claramente definidos los "sectores de actividad pública", ni había clara definición de las responsabilidades ministeriales en relación a esos sectores. Sin embargo, después de la Reforma de 1976, insisto, ninguna de estas apreciaciones de diagnóstico, realmente tienen hoy validez y vigencia.

2. *Las propuestas de reforma*

En todo caso, como consecuencia de esas críticas, "La Carta de Maracaibo" plantea unas propuestas de reforma: señala, en efecto, que hay que demarcar "Ministerios Cúpulas", y utiliza la expresión, en el sentido de Ministerios cabeza, por sobre otros Ministerios, que sólo deben administrar el proceso productivo. Con ello se busca distinguir entre un Ministerio generador de políticas multisectoriales y varios Ministerios ejecutores de esas políticas. En base a ello, el documento plantea una reestructuración del Poder Ejecutivo que, en nuestro criterio, realmente es un disparate. Señala que hay que amalgamar responsabilidades dispersas y reducir a siete (7) el número de carteras ministeriales. Lamentablemente, si uno analiza detenidamente el documento, evidencia que en él no se hace otra cosa que una reproducción, mal hecha, de la propuesta de Reforma del Gobierno Federal americano de 1971, que presentó el Presidente Nixon al Congreso y que no fue acogido por éste, publicado en español, en el libro *La Nueva Administración Federal.* El Proyecto de Reforma Nixon, ENAP, Madrid, 1973.

En efecto, entre otras propuestas formula una que consiste en crear un Ministerio para los Recursos Humanos, que abarcaría los Despachos de Educación, Sanidad y Asistencia Social y de la Juventud y del Trabajo. En Venezuela, esto es imposible, administrativamente hablando. Nuestro centralismo, confrontado a la descentralización del Estado en Norteamérica, y la concentración de poderes y facultades en los Despachos Ministeriales, imposibilita la concentración de todas esas actividades, tan diversas, en un solo Ministerio.

Ahora bien, la idea de Ministros Cúpulas, por encima de otros Ministros, está en la Ley Orgánica de la Administración Central de 1976, con los llamados Gabinetes Sectoriales, que fue una propuesta que se elaboró en 1972. En el Informe sobre la Reforma de la Administración Pública Nacional, en efecto, se estableció que para descargar de trabajo de Consejo de Ministros, debían crearse una serie de Gabinetes Sectoriales, de Mini consejos de Ministros, en las áreas de desarrollo económico, desarrollo social, desarrollo físico y defensa y seguridad, lo cual, acogido por la Ley

Orgánica de 1976 dio origen, en mayo de 1979, al establecimiento de cinco Gabinetes Sectoriales para las áreas de defensa, seguridad y política; de gestión económica, de gestión social; de gestión cultural y de desarrollo físico y ordenación del territorio.

En esta forma, la idea que se trata de expresar con los "Ministros Cúpulas" sobre otros Ministerios, se regula, en realidad, en esta reforma del Consejo de Ministros. Sin embargo, desde el punto de vista estructural, el problema de que funcionen o no estos gabinetes sectoriales, ya no es un problema de organización sino un problema de funcionamiento de la Administración; de gobierno pero no de organización.

Lamentablemente, por tanto, un documento que podía haber sido muy importante en materia de Administración Pública, ya que tiene gran importancia en materia económica y política, sin embargo no lo es, porque lo que plantea en materia de Administración Pública no tiene ninguna validez ni aplicabilidad.

III. LA ADMINISTRACIÓN PÚBLICA EN EL PROGRAMA DE GOBIERNO DEL PRESIDENTE LUIS HERRERA

1. *Los enfoques del programa*

Otro documento que queríamos comentar en materia de Administración Pública, es el Programa de Gobierno del Presidente Luis Herrera, 1979-1984, presentado al electorado en 1978. El electo, estimamos que el momento es oportuno para revisar dicho Programa, pues ya vamos hacia el final del período constitucional, y vale la pena recordar un poco, qué decía el Programa de Gobierno en una materia concreta como esta de Administración Pública, y ver si está en aplicación y ejecución, a los efectos de poder provocar, por quienes tengan que hacerlo, el requerimiento de que se aplique.

El Programa de Gobierno del Presidente Herrera dedica dos capítulos al problema de la Administración Pública y en una forma bastante detallada: en uno habla de los cambios que deben introducirse en el Estado para hacer del Estado un Estado promotor, y en otro se plantean los problemas del funcionamiento de la Administración Pública, en particular. Analizaremos separadamente estos planteamientos.

2. *Los cambios político-administrativos para logra" el Estado Promotor*

En primer lugar, en este documento se plantean una serie de cambios a introducir en el Estado para que éste pueda actuar como un Estado Promotor, desde el punto de vista administrativo. Se planteaban así, varios cambios que son, sin duda, requerimientos de la actual Administración venezolana, y que se refieren a la desconcentración del Poder Presidencial, la reordenación de la administración descentralizada, a la desconcentración y descentralización del Poder Nacional hacia las Regiones; a la responsabilidad efectiva del Estado; a la regulación del procedimiento administrativo y al control de la eficacia de la gestión gubernamental. Veamos algunos de estos aspectos.

A. *La desconcentración del Poder Presidencial*

El primero de los aspectos a los cuales se hace mención es "La desconcentración del Poder Presidencial". Después de una Presidencia imperial como la tuvimos en el período pasado de gobierno, se hacía necesario plantear la necesidad de desconcentrar el poder del Presidente, precisamente para que los Ministros pudieran adquirir la jerarquía que habían perdido. Por eso, se dice que la desconcentración del Poder Presidencial busca fortalecer el Gobierno Ministerial. Sin duda, esta es una medida fundamental y no tenemos duda en que esto se ha hecho en lo que va del período de gobierno. Los Ministros han recibido mayor poder, mayor delegación, ha habido un mayor Gobierno Ministerial, como lo dice el Programa de Gobierno; pero creemos que esto ha sucedido acompañado de una gran falla, y es que en vez de un gobierno, hemos creado 17 gobiernos, porque cada Ministro gobierna, pero perdiéndose la coherencia global del Gobierno. Hace falta, paralelamente al fortalecimiento del poder ministerial y a la delegación del poder del Presidente, establecer un mecanismo institucional que le dé coherencia administrativa al gobierno, y eso está previsto en la Ley Orgánica de la Administración Central. Ese mecanismo institucional no es otro que el Ministerio de la Secretaría de la Presidencia. Este Despacho fue creado y es también parte del proyecto de Reforma del año 1972, precisamente para darle integración al Gobierno frente a Ministros que debían recibir mayor poder decisor. Estimamos que estamos corriendo el riesgo de desarticular al gobierno y de ir —insistimos— hacia diecisiete (17) gobiernos, porque el Ministerio de la Secretaría no ha funcionado hasta ahora, como ese Ministro integrador de la acción administrativa del gobierno. Por ello es que a alguien se le ha ocurrido pensar en la figura del Primer Ministro, lo cual no es procedente en nuestro país.

B. *La reordenación de la Administración Descentralizada*

El segundo aspecto que se plantea en el Programa de Gobierno del Presidente Herrera en materia de Administración Pública, es la reordenación de la Administración descentralizada y, sin duda, este es otro de los aspectos centrales de nuestra administración contemporánea. "La Carta de Maracaibo" sólo, de pasada, hace referencia al problema de las empresas del Estado, pero no se plantea en su globalidad, el problema de la Administración descentralizada. Es este el aspecto más importante de la Administración venezolana, pues en la actualidad, más del setenta y cinco por ciento (75%) del gasto público consolidado se eroga a través de los entes descentralizados, de manera que sólo un 25% del gasto público se eroga a través de lo que se llama el gobierno central donde se incluyen, además del Gobierno Nacional, los Gobiernos Estadales y Municipales. Por ello, la administración descentralizada es, en definitiva, porcentualmente, "la Administración". Por eso, una reordenación de la Administración Descentralizada es esencial.

Ahora bien, en gran medida, esta reordenación que planteaba el Programa de Gobierno del Presidente Herrera, no se ha hecho, entre otros factores, porque falta un instrumento legal fundamental, la Ley Orgánica de la Administración Descentralizada, Y no es que las leyes lo solucionen todo, pero las leyes son importantes en esta materia.

Se hace indispensable, en esta forma, que se sancione la Ley Orgánica de la Administración Descentralizada, cuyo proyecto se presentó al Congreso, en el mismo momento en que se presentó el Proyecto de Ley Orgánica de la Administración Central, proyecto que fue elaborado, también, con motivo del Plan de Reforma Administrativo de 1972. Entre otros aspectos, por ejemplo, allí se plantean, y lo dice el Programa de Gobierno, la necesidad de estructurar patrimonios autónomos o servicios autónomos sin personalidad jurídica, para frenar un poco la carrera desenfrenada hacia la descentralización. Estos servicios autónomos no descentralizados, no requieren de personalidad jurídica y todo el aparato burocrático que implica la personalidad jurídica propia, pues para las funciones que deben cumplir, es suficiente la autonomía patrimonial. Esto se puede lograr a través de esa figura, ya incorporada en la Ley Orgánica del Régimen Presupuestario. El Servicio Nacional de Salud, por ejemplo, que se ha venido planificando y programando desde hace algunos años, tiende a ser estructurado como un servicio sin personalidad jurídica, como un patrimonio autónomo, para evitar la proliferación de entes descentralizados en el sector salud. Por tanto, estimamos que todavía está por hacerse la reordenación de la Administración descentralizada.

C. *La descentralización y desconcentración del Poder Nacional hacia las regiones*

El tercer punto que plantea el Programa de Gobierno del Presidente Herrera se refiere a la descentralización y a la desconcentración del Poder Nacional hacia las Regiones, aspecto también esencial en nuestra Administración actual.

En efecto, nuestro Estado y la Administración, sin la menor duda, están configurados como entidades centralizadas. El centralismo está ahogando a este país y si alguien lo puede sentir mejor, son los que viven en la Provincia, Hemos planteado que, institucionalmente, la Provincia no existe siendo los Estados, en general, cascarones institucionales vacíos de competencia, que sólo reciben "mendrugos" del Poder Nacional los cuales, inclusive, ahora, están hasta cuestionados y regateados con ¡a Ley Orgánica de Coordinación del Situado Constitucional con los planes desarrollados por el Poder Nacional.

Es imprescindible acometer la Reforma de los entes locales, Estadales y Municipales, así como el proceso de regionalización. Pero es claro que el Poder Nacional no lo va a hacer solo; es más, solo nunca lo va a hacer. Es muy difícil desprenderse del poder que se tiene, en cualquier nivel especial y, por supuesto, mucho más a nivel central. Ese poder hay que ganárselo y sólo pueden ganárselo las Instituciones Regiones; de allí el esfuerzo que vienen haciendo algunos Estados por reafirmar y reforzar las estructuras estadales como mecanismos para poder exigir, políticamente, al poder central. La reforma constitucional y legal de los Estados Yaracuy y Aragua, son signos de que hay voluntad en algunas entidades, de reafirmarse institucionalmente para poder exigir. De resto, nunca llegará sin más, la acción del poder central.

Lamentablemente, en el Poder Nacional ha habido muy poco interés en las reformas que se vienen realizando en los Estados. En las dos experiencias del Estado Yaracuy y del Estado Aragua, el Poder Nacional no ha tenido ningún interés. Pensamos que sólo en la medida en que los Estados, por sí mismos, comiencen a reafirmarse y a exigir competencias, podría lograrse del Poder Nacional algún interés, al menos para que se preocupen sobre lo que están hacendó, en los Estados, sus Asambleas Legislativas y sus entidades gubernamentales.

El otro aspecto de la descentralización y desconcentración del Poder Nacional toca el ámbito local, al ámbito del Municipio. Hemos tenido ocasión de ver el problema municipal bajo muchos ángulos, y creo que podemos convenir en que la Administración Municipal es el más claro ejemplo de ineficiencia, de politiquería y de arbitrariedad que tiene la Administración venezolana. Podría decirse que es el reino de la arbitrariedad, porque las cosas allí se deciden, en general, no porque sean buenas o malas, sino porque se tienen o no los acuerdos necesarios o porque se lograron esos acuerdos para decidirlas. Lamentablemente, en lugar de corregir esta situación, se dictó una Ley, que es la Ley Orgánica del Régimen Municipal en 1978, que lo que hace es confundir aún más el régimen municipal y hacerlo peor de lo que estaba. Fuimos particularmente críticos de esa Ley, por eso no tenemos problema en volver a hacer el mismo planteamiento. La Ley, lamentablemente, "petareñizó" los Municipios del país, pretendió aplicar a todos los Municipios del país una Ley hecha para un Concejo Municipal con características muy peculiares como lo es el del Distrito Sucre del Estado Miranda. Pero, ¿cómo aplicar esa Ley a las decenas de Municipios que tiene el país, que no tienen ni la sombra de los problemas de Petare? Estimamos que es imposible aplicar esa Ley a cualquier Municipio no urbano de cualquiera de los Estados de la República, pues se trata de una Ley muy complicada y casi policial.

La Ley, por otra parte, llegó al extremo de establecer la irresponsabilidad de los Concejales, es decir, la irresponsabilidad del Administrador Público. ¿Cómo puede haber una administración racional y eficiente si ésta es irresponsable? Afortunadamente, la Corte Suprema de Justicia, en sentencia de 1980, declaró la nulidad del Art. 51 de la Ley de Régimen Municipal que establecía esta irresponsabilidad de los Concejales.

En todo caso, la Reforma Municipal está todavía por hacerse, a pesar de esa Ley Orgánica de Régimen Municipal y allí también hay que hacer un enorme esfuerzo, que no sólo lo tiene que hacer el Poder Nacional a través de sus instrumentos, sino los Estados. He allí un campo del cual las Asambleas Legislativas de los Estados tendrían de qué ocuparse, muy importante. Entre otros aspectos, no hay que olvidar que dentro de los próximos años, obligatoriamente, las Asambleas Legislativas tendrán que dictar una Ley de División Político-Territorial en cada uno de los Estados y una Ley de Régimen Municipal. No hay que olvidar que territorialmente hablando, cambiará la faz de los Municipios: ni todos los Distritos actuales van a ser Municipios ni todos los Municipios actuales seguirán siendo Municipios. Se impone, por tanto, cambiar todo. Sin embargo, ¿cuál Asamblea Legislativa y cuál Gobernación de Estado ha estado ocupándose de la Reforma Municipal? ¿Dónde están los estudios de ordenación territorial para ver cuáles van a ser los Municipios que van a quedar y cuáles van a ser los Distritos que van a adquirir categoría de Municipio o no? Solo esto se ha hecho en 1982 en el Estado Zulia. Se trata, aquí, de la necesidad de un estudio geográfico, físico, económico, poblacional para poder determinar qué es lo que va a pasar y eso lo tienen que hacer las autoridades estadales. Sin embargo, excepción hecha de la Asamblea Legislativa del Estado Zulia no conocemos ninguna otra entidad estadal que se haya ocupado de estos aspectos, ni de ninguna autoridad nacional que se esté ocupando de promover estos estudios a nivel de los Estados, ni siquiera de hacerlos directamente. Parecería que el Ministerio de Relaciones Interiores, organismo competente en relación a la división político territorial, sólo se ocupa de centralizar en lugar de descentralizar. El Programa de Gobierno del Presidente Herrera, en todo caso, en estos aspectos todavía está por ser ejecutado.

D. *La responsabilidad efectiva del Estado*

Otro punto del Programa de Gobierno del Presidente Herrera sobre la Administración Pública, se refiere a la responsabilidad efectiva del Estado y este es un planteamiento de la más grande importancia. En efecto, nosotros hemos tenido tradicionalmente, un Estado irresponsable. La Administración, aquí, no responde, nunca ha respondido de nada: por supuesto, no responde del pago de intereses cuando le adeuda durante meses y años a contratistas, pero si estos adeudan el Impuesto sobre la Renta, si se le cobran intereses; y tampoco responde por los daños y perjuicios que causa a diario a los ciudadanos. Y si no tenemos un Estado responsable puede decirse que no tenemos tampoco un Estado de Derecho. Es más, no hay que olvidar que el Estado de Derecho surge cuando el Estado se hace responsable. Antes, en la monarquía absoluta, el Rey no podía hacer daño y como tal no había responsabilidad del Estado. Cuando el Estado surge como un Estado de Derecho, es porque el Estado se hace responsable. Por ello, mientras no podamos exigirle responsabilidad al Estado, seguiremos en un Estado que es de Derecho, a medias. Por eso siempre hemos pensado que la legalidad no es el único principio del Estado de Derecho; ni la legalidad ni la juridicidad sino más bien la justiciabilidad, es decir, la posibilidad de que los jueces realmente controlen al Estado y le exijan responsabilidad.

E. *La regulación del procedimiento administrativo*

Otro punto de enorme importancia que se plantea en el Programa de Gobierno, es el de la regulación del procedimiento administrativo y la limitación de la discrecionalidad del funcionario público. Sin duda, en el funcionamiento de la Administración este es de los problemas de mayor importancia. Hemos estado invadidas progresivamente, a través de leyes, de la más diversa índole de requisitos administrativos. Por eso hablaba al inicio de la requisitología, como uno de los males administrativos de Venezuela. La cantidad de requisitos que se exigen para cualquier actividad, ha dado origen, sarcásticamente, a esa nueva ciencia que es la "permisología", que debe conocerse y estudiarse para poder entrar en relación con la Administración Pública. En general, todo está sometido a autorizaciones, registros, permisos, licencias y concesiones de parte del Estado, lo que complican, por supuesto, enormemente la relación con el Estado y colocan cada vez en mayor indefensión los derechos del particular.

La discrecionalidad del funcionario además, todavía aplasta aún más al particular. El funcionario decide o no decide, y esto último, muchas veces por miedo a decidir, y el particular no tiene a dónde ir, pues no tiene decisión de la Administración, A pesar de que la Constitución exige que debe haber oportuna respuesta respecto de toda petición (art. 67), es frecuente que la Administración no conteste, colocando los particulares, en general, en situación de indefensión. La Ley Orgánica de Procedimientos Administrativos en vigencia desde 1982, viene a ser así, cumplimiento de otra parte de dicho Programa.

Toda esa complejidad de la requisitología y permisología han hecho de la Administración el reino de los gestores. Tenemos gestores para todo, que ofrecen sus servicios a los ciudadanos para evitarle colas y molestias, y actuar en su representación ante la Administración. La Administración, por tanto, no dudamos en afirmarlo, es el reino de la gestoría. ¿A quién se le habrá ocurrido alguna vez ir a una aduana marítima o aérea, personalmente, a sacar un bulto? Esa es una Área imposible. Este aspecto es importante, mucho más que las cuestiones organizacionales y de estructura, porque aquí está precisamente el gran estímulo para la corrupción, porque si todo depende del funcionario y de su discrecionalidad, del tiempo que se tome, o de su demora. ¿Quién puede negar que muchas veces no existe una gran combinación entre el funcionario y los gestores? La complicación administrativa se convierte, así, en un negocio común: mientras más complicada sea la Administración, habrá más gestores; éstos solucionan los problemas y hace participar al funcionario en sus ganancias.

La proliferación de gestores se reduciría, en todo caso, simplificando trámites y asegurando un claro acceso e información al ciudadano en la relación a la Administración. La aplicación efectiva de la Ley Orgánica de Procedimientos Administrativos de 1982, sin duda, puede contribuir a solucionar este problema. Sin embargo, el Poder Ejecutivo, en lugar de solucionar los problemas, los complica, por ejemplo, regularizando los gestores. En el Ministerio de Transporte y Comunicaciones, así, se dictó un Reglamento de gestores estableciéndose una nueva licencia: la Licencia de Gestor.

Por otra parte, esta discrecionalidad de los funcionarios, plantea problemas de abuso de poder, es decir, de la indefensión frente a la administración derivada, en muchos casos, de esta complicidad y complicación administrativa.

F. *El control de la eficacia de la gestión gubernamental*

Por último, el Programa de Gobierno del Presidente Herrera, hablaba del control de la eficacia de la gestión gubernamental y de la lucha contra la corrupción. Lamentablemente, aún no mejora la eficacia del gobierno y la corrupción en ciertas áreas, llega a niveles realmente alarmantes, sobre todo a niveles muy bajos de la Administración, muchas veces alentada por lo complicado de los procesos administrativos.

Todos estos aspectos los planteaba el Presidente Herrera en el capítulo de su Programa de Gobierno, referido a los cambios que hay que introducir al Estado para hacer del Estado un Estado promotor. Sin duda, esos cambios, en su gran mayoría, están por introducirse y es importante reclamar que se introduzcan.

3. *El funcionamiento de la Administración Pública*

En otro capítulo de su Programa de Gobierno, 1979-1984, el Presidente Herrera plantea directamente el problema del funcionamiento de la Administración Pública, señalando que aprobada en 1976 una Ley Orgánica de la Administración Central que estableció una reforma estructural, era más importante ir hacia la reforma del funcionamiento de la Administración, que volver a replantearse la organización administrativa. Ello no obsta para que, en todo caso, haga algunos planteamientos o en materia de organización para mejorar el funcionamiento de esta.

A. *La organización para mejorar el funcionamiento administrativo*

a. *El reforzamiento de los organismos de apoyo de la Presidencia*

El primer aspecto que señala es el de reforzar los organismos de apoyo del Presidente de la República, es decir, aquellos organismos de apoyo no sectoriales, particularmente, las Oficinas Centrales: Cordiplan, la Oficina Central de Personal, la Oficina Central de Presupuesto y la Oficina Central de Estadísticas e Informática. Progresivamente esto se ha realizado: la Oficina Central de Estadística e Informática ha recibido un enorme apoyo en su estructuración, de manera que pudo asumir el XI Censo Nacional. La Oficina Central de Personal, después del descalabro que había sufrido ésta durante el período de gobierno anterior, ha recibido un apoyo importante para volver a plantear las bases de la Carrera Administrativa, que había sido realmente desmantelada. La Oficina Central de Presupuesto aún no se ha estructurado adecuadamente, pues, todavía sigue dependiendo del Ministerio de Hacienda. Pensamos que uno de los elementos centrales en este campo que está todavía por rehacerse, es reforzar esta Oficina, vincularla más a la planificación y desligarla más del inmediatismo de la gestión financiera del Ministerio de Hacienda.

b. *La formalización de los Gabinetes Sectoriales*

Otro planteamiento que hacía el Presidente Herrera se refería al ya mencionado de la formalización de los Gabinetes Sectoriales. Como señalábamos antes, esta había sido una propuesta formulada en el Informe sobre la Reforma de la Administración Nacional de 1972, que recogió la Ley Orgánica de la Administración Central en 1976 y que, en mayo de 1979, dio origen a la creación de los cinco (5) Gabinetes Sectoriales señalados, que debían tener por misión descargar de trabajo al Consejo de Ministros, para aquellas áreas sectoriales. Se buscaba con esto, que la decisión política respectiva, materialmente, se tomara en estos Gabinetes Sectoriales, que debía presidir el Presidente de la República y que así, los asuntos allí tratados, no tuviesen que ir al Consejo de Ministros. Se buscaba, además, reducir el Consejo de Ministros sólo para aquellos casos que obligatoriamente, por la Constitución o la Ley, tenían que ir al Gabinete completo.

c. *El papel de los Ministros*

El otro aspecto señalado en el Programa de Gobierno en materia de organización, es también el ya mencionado del papel de los Ministros, de manera de lograr que éstos sean la máxima autoridad en su campo. Decía el Programa de Gobierno: "...gozarán de autonomía y delegación y gozarán de mecanismos de control de los entes descentralizados que deben estar bajo la dirección de cada Ministro". Se trataba de revalorizar la figura del Ministro. Insistimos, esto se ha hecho, y pensamos que los Ministros tienen actualmente el más amplio poder de decisión, pero falta el elemento señalado que le dé coherencia e integración necesaria al Gabinete, a través del funcionario adecuado para eso previsto en la Ley Orgánica de la Administración Central, que es el Ministro de la Secretaría, como órgano auxiliar directo del Presidente.

d. *La organización de la adscripción de los entes descentralizados*

Sin duda, una reforma administrativa resultaría incompleta si no abarcara la reforma de la Administración Descentralizada, y su control político por los Ministerios. Con razón, por ello, en el Programa de Gobierno del Presidente Herrera se habla de la adscripción y control por los Ministros sobre los entes descentralizados como el "único medio para garantizar la integración, conducción y racionalización de la gestión administrativa del Estado". Sin embargo, no sólo la ausencia de una

Ley de la Administración Descentralizada ha limitado la posibilidad de este efectivo control, sino que el excesivo poder de algunos entes descentralizados, provoca que hayan escapado del control ministerial.

El Programa de Gobierno plantea, también, siguiendo la orientación del Informe sobre la Reforma Administrativa de 1972, la necesidad de agrupar a las empresas del Estado en empresas holding por sectores, correspondiendo el control de gestión a los Ministros. Sin embargo, nada de esto se ha logrado, y el proyecto elaborado para la constitución del holding eléctrico nacional, se ha visto entorpecido por las incoherencias del gobierno derivadas de la diversa posición de los Ministros.

e. *Los cambios en las funciones de asesoría de alto nivel*

Por otra parte, planteaba el Programa de Gobierno del Presidente Herrera una serie de cambios en las funciones de asesoría de alto nivel del Poder Ejecutivo.

Allí se decía que se pondría en funcionamiento una Oficina Presidencial para la Reforma Administrativa, lo cual no se ha hecho, lamentablemente. El papel de esta Oficina lo cumplió la Comisión de Administración Pública hasta el año 1976, en que fue desmantelada y liquidada totalmente por el gobierno pasado. Se trataría de buscar restablecer un organismo que se ocupe de pensar en los problemas administrativos. ¿Cómo se puede ejecutar toda esta parte del Programa de Gobierno, si no hay ninguna unidad organizativa a nivel nacional, estudiando estos problemas en concreto? Estos son problemas muy complejos, que requieren de una organización especializada de alto nivel, con gran apoyo político, que pueda ocuparse y asumirlos. Esta Oficina Presidencial de la Reforma Administrativa, lamentablemente, no se ha establecido, ni hay, que conozcamos, ningún proyecto para establecerla. En todo caso, difícilmente, sin una unidad de este tipo, podrán ejecutarse estas Reformas Administrativas que se planteaban en el Programa de Gobierno. Ha sido solo en 1982 que se ha restablecido la Comisión de Administración Pública, pero con poderes efectivos menores a los que tuvo hasta 1974.

Por otra parte, se plantea la necesidad de crear —y éstas, materialmente, son las dos únicas propuestas de creación de nuevos organismos que trae el Programa de Gobierno—, una Unidad Central de Control Administrativo. En efecto, decía el documento; "...Una especie de Contraloría Interna de la Administración Pública con funciones distintas a la Contraloría General de la República y que tuviese a su cargo un control integrado de gestión".

Si el problema es un problema de eficiencia, de eficacia del funcionamiento de la Administración Pública, es esencial el problema de control de gestión. Esta unidad debía estar en el Ministerio de Hacienda, pero no se ha creado, ni hay tampoco ningún proyecto concreto, que conozcamos, de creación de una unidad de este tipo en dicho Ministerio.

Por último, en cuanto a estos organismos de asesoría de alto nivel, el Programa de Gobierno planteaba la eliminación de las funciones de coordinación operativa, cuya proliferación había debilitado las tareas de planificación. La reorganización de la Administración Central, en efecto, permite prever que la coordinación debe hacerse en los organismos ministeriales e interministeriales, revalorizando las funciones de planificación a cargo de Cordiplan.

B. *Estrategias para mejorar la gestión de la Administración Pública*

Desde el punto de vista de la gestión administrativa el Programa de Gobierno trae un capítulo especial sobre estrategia para mejorar la gestión de la Administración Pública, partiendo del supuesto de que la Administración Pública y el problema de la Administración no es sólo un problema de reforma de estructuras sino de mayor eficacia en su conducción. Por eso se señala expresamente, respecto de la gestión, que se pondría especial énfasis en el mejor funcionamiento de los servicios públicos.

Como elementos estratégicos para mejorar la gestión administrativa, se formularon cuatro planteamientos: simplificación de la actividad administrativa; desconcentración y descentralización; perfeccionamiento de los funcionarios públicos; y establecimiento de técnicas gerenciales en la gestión. Veamos esto separadamente.

a. *Simplificación de las actividades administrativas*

En cuanto a la simplificación de las actividades administrativas, ésta se plantea en dos direcciones.

Por una parte, la privatización de las actividades que se estiman podría pasarse al sector privado. Nuestro Estado, durante cincuenta años, desde que se creó la primera empresa pública en Venezuela (el Banco Obrero en el año 1928), empezó a desarrollar todo tipo de actividades. Así, además de un gran Estado Industrial fue un Estado de servicios y productor de innumerable cantidad de bienes. Con los procesos de nacionalización de sectores económicos claves, resulta claro que el Estado tiene suficientes problemas que asumir y de las cuales debe ocuparse, para agotar la gestión administrativa en actividades que bien podían ser desarrolladas por el sector privado. Ha habido, en este sentido, algunos anuncios intermitentes en los medios de comunicación, pero aún sin precisión. Parecería, sin embargo, que la privatización se produciría en las empresas filiales de ciertos entes financieros, como la Corporación Venezolana de Fomento.

Pero además, en el aspecto de la simplificación de la actividad administrativa, el Programa de Gobierno, señala como otra de las estrategias, la simplificación de las relaciones de los particulares con el Estado. Dice así, dicho documento, que ello se logrará "a través de la clarificación del intrincado y complejo aparato legal que lo que hace es producir complicaciones y demoras".

Lamentablemente este proceso de relación con la Administración sigue igual de complicado e intrincado e igual de lento. Parecería necesario realizar estudios de carácter administrativo que lleven a cabo la aplicación de criterios propios de las ciencias de la administración para simplificar estos procedimientos.

Sólo con una simplificación efectiva de los procedimientos administrativos es que se podrá asegurar a los ciudadanos un confiado acceso a la Administración, y la reducción del papel de los gestores.

b. *La descentralización y desconcentración de las actividades administrativas*

Otro aspecto de estrategia para mejorar la eficiencia administrativa que plantea el Programa de Gobierno, se refiere a la ya mencionada descentralización y desconcentración de actividades administrativas para agilizar la Administración Pública. No puede ser que todavía, problemas que conciernen exclusivamente a una comunidad, a un Estado o a una Región tengan que resolverse en la capital. Parecería necesario, no sólo la descentralización y desconcentración hacia los Estados y Municipios, sino una efectiva delegación hacia las entidades regionales y estadales del Poder Nacional, de manera que los problemas que conciernen a agencias nacionales en los Estados sean resueltas a nivel de Estado y no que se siga con la necesidad de acudir al centro, para resolver problemas que podrían perfectamente resolverse a nivel local, estadal o regional.

c. *El perfeccionamiento del funcionariado*

Otro aspecto que plantea el Programa de Gobierno en relación a la estrategia de mejoramiento de la gestión, se refiere al perfeccionamiento de los funcionarios públicos. Debe señalarse que en este campo se ha desarrollado una Área muy importante en los últimos años. La Ley de Carrera Administrativa ha cumplido doce años de vigencia. Cuando fue dictada en 1970, planteábamos que serían necesarios 10 ó 15 años de aplicación sucesiva y constante para que esa Ley comenzara a dar fruto. Lamentablemente, no se pudo lograr esa aplicación continua y coherente, ya que desde el año 1974, cuando se dictó el Decreto 211 sobre funcionarios de alto nivel y de confianza, se rompió la continuidad en la aplicación de la Carrera Administrativa y se desmanteló el sistema que venía estableciéndose desde mitad de los años sesenta. Sin embargo, en esta materia, desde hace poco tiempo, la Oficina Central de Personal ha reasumido el control de la administración de personal, y ha tomado la iniciativa de algunas reformas en este campo, como por ejemplo, la que condujo a la aprobación del Reglamento Único de la Ley para sustituir los diversos Reglamentos parciales que existían. En esta materia, de lo que se trata es de recuperar el tiempo perdido y de reparar los daños que se hicieron a la Carrera Administrativa y a la administración de personal durante el período de Gobierno pasado.

d. *La utilización de técnicas modernas de gestión*

Un último aspecto que toca el Programa de Gobierno, se refiere a la utilización de modernas técnicas gerenciales de gestión en la administración pública, para reducir el papeleo, ahorrar espacio, disminuir costos, mejorar los servicios públicos y lograr economías. Todos estos aspectos, de vital importancia, tocan directamente las normas, procedimientos y métodos de trabajo en la Administración. Sin embargo, mientras no exista un organismo nacional que tenga a su cargo la conducción de este proceso de mejora de la gestión, ésta, lamentablemente, tampoco podrá cumplirse. Hay que revitalizar —insistimos— un organismo, como la Comisión de Administración Pública que durante veinte años asesoró a los más diversos niveles en materia de reforma administrativa y de organización y métodos, y en una forma u otra, realizó estas actividades, la cual se ha restablecido en 1982.

IV. LA REFORMA DEL ESTADO EN EL MANIFIESTO DE PORLAMAR (1981)

En el VIII Congreso de la Confederación de Trabajadores de Venezuela, celebrado en Porlamar en octubre de 1980, el organismo sindical prometió elaborar un documento para exponer la orientación que en su criterio debería regir el proceso de cambio sociopolítico de Venezuela en la década de los ochenta. Con tal motivo, en mayo de 1981, se hizo público el "Manifiesto de Porlamar", en el cual se afirma que se formulan planteamientos fundamentales sobre la "Reforma del Estado y cambio en la orientación del proceso económico y social del país". El documento, sin embargo, a pesar de repetir la afirmación de "La reconocida incapacidad de la Administración Pública" y del consenso que existe "respecto de la urgencia de una reforma integral del Estado venezolano, para mejorar sustancialmente su organización y funcionamiento, precisar sus objetivos y los alcances de su acción y en suma para hacerlo eficaz como conductor del proceso de desarrollo y transformación social", en realidad sólo formula algunos pocos planteamientos sobre la Reforma y transformación del Estado y su Administración Pública. Para ello, parte de extensas e interesantes consideraciones sobre el papel y peso del Estado en el sistema económico-social venezolano, del capitalismo de Estado que se ha ido conformando, y del necesario perfeccionamiento de la democracia para hacerla participativa.

Las propuestas de reforma en realidad, poco innovativas e imaginativas, se reducen a los siguientes aspectos: a la necesidad de consolidar los poderes reales del sistema sociopolítico; a la necesidad de racionalizar el funcionamiento de la Administración Pública; a las modificaciones de la representatividad política; y al reforzamiento del poder municipal.

1. *La consolidación de poderes políticos nuevos en la estructura del Estado*

El Manifiesto de Porlamar, en primer lugar, plantea la necesidad de superar el esquema de la organización de la trilogía de poderes clásicos del Estado (Legislativo, Ejecutivo y Judicial), planteando que la dinámica social ha provocado una ampliación real del cuadro de los poderes políticos, que ahora comprenden el poder sindical, el poder empresarial, el poder comunicacional, el poder de los partidos políticos, el poder comunal y el poder municipal.

Al constatar esta realidad plantea simplemente, el documento, que "es indispensable institucionalizar estos diferentes poderes democráticos, dentro de un marco orgánico conceptual del Estado, regular sus actuaciones y relaciones y optimizar sus contribuciones al desarrollo social". Por supuesto no se indica cómo habrán de institucionalizarse ni si la actual preponderancia de esos "poderes" en la vida del país es o no suficiente.

Dentro de esta misma orientación, además de plantear la necesidad de la cogestión o democratización de la actividad económica, el documento señala la "necesidad de crear las estructuras y mecanismos que hagan posible la verdadera participación de los sectores organizados y representativos de la sociedad venezolana en el proceso de toma de decisiones sobre políticas sociales, culturales y económicas, globales o sectoriales, de interés nacional". Como mecanismo concreto para el logro de este objetivo, el documento propone la creación de un "Consejo Nacional de Asuntos Económicos y Sociales", que se constituya "como un organismo asesor y consultivo de alta jerarquía en todo lo relacionado con la formulación de políticas sociales y económicas, así como de su programación y evaluación". En realidad, se propone la revisión de los esquemas de participación existentes, como el del Consejo de Economía Nacional y el de la representación laboral en los directorios de las empresas del Estado, "para modernizarlos, adecuarlos a las necesidades del país, a las nuevas realidades políticas, y para hacerlas realmente efectivas". Por ello, en definitiva, resulta que lo que se propone es la reforma de un organismo que existe en la actualidad, el Consejo de Economía Nacional, creado en la década de los cuarenta, y que en efecto, requiere de una urgente actualización para convertirlo en un canal efectivo de participación.

2. *La búsqueda de una racionalización de la Administración Pública*

Al constatar que la realidad del país ha hecho compleja la Administración, lo que obliga a "su diversificación coordinadora", el Manifiesto de Porlamar propone delimitar tres núcleos de funcionamiento de la Administración.

A. *Núcleo político-administrativo*

El núcleo político-administrativo sería el de conducción superior, responsable de la seguridad y defensa de la soberanía y la estabilidad pública y social, de la planificación global y los servicios genéricos de la Administración. Este núcleo político-administrativo central, según el documento, "debe tener una estructura técnico operativa de personal estable, eficiente y limitado a lo necesario para el cumplimiento de sus funciones, bien remunerado y con alta conciencia de servicio público".

B *Núcleo de Administración autónoma*

El núcleo de Administración autónoma se refiere a la funcionalmente autónoma de serviros públicos o sociales (acueductos, aseo, telecomunicaciones, correos, teléfonos, etc.).

C *Núcleo empresarial*

El núcleo empresarial se refiere a la administración destinada a la producción de bienes y servicios de mercado.

En relación a estos tres núcleos que se proponen, el documento concluye señalando que deben ser coordinados por el primero, y "deben ser claramente delimitados en todos los aspectos, establecidas sus relaciones y fijados los límites de su acción o gestión".

Realmente, esta distinción que se propone como novedad es la que caracteriza la integración de nuestra Administración Pública actual, la Administración Central, equivalente al denominado núcleo político-administrativo; y la Administración Descentralizada de servicios públicos (Núcleo de la Administración autónoma) y de empresas del Estado (Núcleo empresarial).

D. *Las modificaciones a la representatividad política*

El tercer aspecto que sugiere el documento de la C.T.V., aun cuando fuera del orden administrativo, si incide en la estructura del Estado en cuanto a la integración de los cuerpos representativos. El documento, en efecto, parte del supuesto de que "El poder legislativo debe ser reformado en su organización y alcances para que actúe efectivamente como verdadera delegación del pueblo", y que "la función contralora debe tener una jerarquía similar a la legislativa", y concluye señalando que "además de la legítima y proporcional representación de los partidos políticos, debe abrirse la posibilidad de representaciones propias del movimiento sindical de trabajadores y de las comunidades urbanas y rurales". Esta representación directa de los grupos organizados de la sociedad (sindicatos, empresarios, colegios profesionales, universidades, municipios), ya se ha establecido como norma, en las Constituciones de los Estados Yaracuy y Aragua para la integración de sus Asambleas Legislativas, lo cual desconocían, seguramente, los redactores del documento. En todo caso, se trata de una propuesta por la representación corporativa de los grupos organizados de la sociedad, del mayor interés.

E. *El reforzamiento del poder municipal*

Por último, el Manifiesto de Porlamar" plantea que "El poder municipal debe ser fortalecido y tener mayores facultades en cuanto al ordenamiento y la administración de la ciudad y de las zonas circunvecinas" y que "El poder comunal debe ser un valioso cooperador del poder municipal". Más nada señala el documento, en esta materia. Aparte de hacer el planteamiento pensando en el Municipio urbano y olvidando el rural, que es el mayoritario, no indica cómo realizar la reforma del régimen local.

F. *Apreciación general*

El Manifiesto de Porlamar de la C.T.V. (1981) en el campo de la reforma del Estado y de la Administración Pública, en realidad, es un documento simplista, y poco innovativo e imaginativo. Puede decirse que, en realidad, no aporta nada en concreto, en el campo de la reforma administrativa. En el campo político solo debe destacarse la motivación central de las reformas propuestas: el perfeccionamiento de la democracia. La C.T.V. se confiesa, en este documento, abierta partidaria de la democracia participativa que reemplace a la democracia representativa incompleta de la actualidad. Afirma el Manifiesto, en este sentido, lo siguiente: "Cabe diferenciar claramente entre democracia representativa, en que el pueblo delega periódicamente su soberanía, su poder de decisión y de control; y la democracia participativa en que, sin dejar de producir y reproducir sistemáticamente sus órganos y organismos de dirección, administración, control y ejecución, el poder sea ejercido desde la base (en sus mecanismos naturales activos) en sus expresiones múltiples que revelan vivamente no sólo la presencia, sino la acción del pueblo. En cierta medida, la forma actual de democracia en Venezuela sigue siendo representativa, y por lo tanto, representativa incompleta. Los trabajadores proclamamos la necesidad de ir a una democracia participativa, integral, de actividad popular".

VI. CONCLUSIÓN

Nuestra Administración, realmente, ha sido suficientemente diagnosticada. Creemos que ya no deben seguirse haciendo diagnósticos. Sabemos cuáles son los problemas, y un elenco de estos problemas están detallados en el Programa de Gobierno del Presidente Herrera; en la Carta de Maracaibo elaborada por Fedecámaras en 1980, y en el Manifiesto de Porlamar elaborado por la Confederación de Trabajadores de Venezuela en 1981,

No tenemos que seguir buscando nuevos problemas; solucionar los que están planteados es, quizás, lo que necesitamos, para que la Administración Pública deje, precisamente, de ser ese "reino de la arbitrariedad" que, a veces es, "reino de la dificultad"; ese "reino del miedo" que muchas veces tienen los funcionarios en tomar decisiones; ese "reino de los gestores" producido por los trámites complicados; ese "reino de la irresponsabilidad" que con gran frecuencia existe.

Por ejemplo, en materia de corrupción administrativa es muy común pensar que ésta se reduce a los robos de cantidades de dinero directamente del Estado. Sin embargo, realmente, la gran corrupción administrativa está en la mala administración, provocada por las deficiencias de la Administración Pública; y por su irresponsabilidad. Así, en el despilfarro es donde ha estado la corrupción en todos los últimos años.

En todo caso, pensamos que todos estos problemas administrativos requieren de una organización que pueda asumirlos, conducirlos, orientarlos e inducir al Estado a que vaya mejorando su Administración. Si no se establece esta organización, lamentablemente veremos pasar el Programa de Gobierno sin una adecuada aplicación en este aspecto de la Reforma Administrativa. La Comisión de Administración Pública restablecida en 1982, por ello, ya al finalizar el período de gobierno, deberá preparar las reformas que deben realizarse en el próximo período constitucional.

Nuestro interés y objetivo era, como señalamos al inicio, hablar sobre la Administración Pública Contemporánea en Venezuela y sus problemas. Esos problemas, insistimos están diagnosticados y planteados, e inclusive, existen fórmulas para su solución. Lo que se requiere es la decisión política de asumirlos y resolverlos; decisión política que no solo es Nacional sino también Estadal y Municipal porque el problema se plantea con todas sus características propias en todos los niveles de la Administración.

SECCIÓN TERCERA: LA REFORMA DEL ESTADO

CAPÍTULO DECIMO PRIMERO. HACIA EL ESTADO DEMOCRÁTICO Y SOCIAL DE DERECHO

I. INTRODUCCIÓN

El Programa de Gobierno del Presidente Luis Herrera Campíns 1979-1984, presentado al electorado en 1978, contenía un concepto medular que queremos comentar en estas notas: el del Estado Promotor. Se trata de una idea clave en dicho Programa, ciertamente, pero quizás no fue expuesta en forma clara. Inclusive, era frecuente percibir que cuando se hacía referencia al Estado Promotor en los niveles gubernamentales, y aún desde ángulos críticos, se hacía con cierto temor e inseguridad porque, realmente, aún no se había aprehendido el concepto. No se tenía claro qué era lo que se pretendía con esta idea y este principio rector del Programa de Gobierno, el Estado Promotor.

Intentaremos así, comentar lo que es el Estado Promotor, partiendo del supuesto de que, en definitiva, todas las acciones sectoriales que debía desarrollar el actual Gobierno y debe continuar el próximo, en todos sus niveles, deben tender hacia ese objetivo de consolidación de ese Estado Promotor. Por supuesto, esta idea no responde a una concepción transitoria de un período constitucional, sino que responde a un programa general, no ejecutado, de reforma del Estado, y que deberá estar inserto en los Programas de Gobierno que se sometan al debate político en los próximos años, para la consolidación en Venezuela del Estado Democrático y Social de Derecho.

El Programa de Gobierno comienza por hacer una afirmación por lo demás exacta: "la idea del Estado Promotor", dice, "no es un nuevo concepto de Estado". Esta expresión nos parece clave; poco sentido tendría inventar un nuevo concepto de Estado, cuando es nuestros países de América Latina, en el momento actual, y en general, en el mundo occidental, todavía tenemos por delante la necesidad de consolidar las instituciones que hoy tenemos. Por tanto, el Programa es claro en señalar que no se trata de un nuevo concepto del Estado sino que, se trata, más bien, "es una nueva actitud que asumirá el Gobierno, en relación a la función que debe cumplir el Estado". Por tanto, más que un nuevo concepto del Estado, es una nueva actitud de los gobernantes frente a la sociedad, frente a la realidad económica y social, en cuanto a las funciones que el Estado debe cumplir en relación a los ciudadanos y en relación a la sociedad.

Uno de los elementos claves que permite delinear esta nueva actitud gubernamental que se formula como base del Estado Promotor, es que el Estado además de asumir las tareas tradicionales de las organizaciones políticas contemporáneas, es decir, además de ser un Estado democrático de derecho dentro de la concepción que de éste se ha venido delineando en América Latina, debe promover la participación del pueblo en la conducción de los intereses colectivos. Por eso se hace una afirmación tajante: Estado Promotor y participación, son postulados indisolubles y la idea de Estado Promotor puede decirse, es la idea del Estado Participativo o del Estado de promoción de la participación ciudadana.

En efecto, el Estado Promotor, es un Estado de Participación que debe estimular la actividad individual y social de todos, organizando el pueblo en sociedades intermedias para que participen en la orientación del mismo Estado. La idea, por tanto, no es la de un Estado abstencionista-liberal tradicional, ni la de un Estado que sustituye a la Sociedad y a las iniciativas privadas, sino la de un Estado que debe conformar la realidad económica y social, promoviendo la participación de los sectores interesados y organizados en la sociedad, en la conducción de los asuntos públicos. Se trata, por tanto, de un concepto que está íntimamente vinculado al del Estado Democrático y Social de Derecho, que desde hace ya algunos años viene también manejándose, como idea central que guía la concepción del Estado en América Latina.

Para llegar a la formulación de esta nueva actitud que debe tener el Gobierno frente a la sociedad en el manejo del Estado, como Estado Promotor, todos los sectores del sector público debían asumir esta concepción para orientar la formulación de los programas sectoriales que debían dar origen al VI Plan de la Nación. Por tanto, parece evidente que no debía haber un VI Plan de la Nación que se apartase de la concepción central del Programa de Gobierno, de lo contrario, entraríamos en una tremenda contradicción gubernamental que sería absolutamente inaceptable.

Pensamos, por tanto, que para la formulación de todos los programas sectoriales del Plan de la Nación, este documento del Programa de Gobierno debió ser la guía fundamental, no sólo en sus aspectos sectoriales sino en lo que en el propio Programa se denomina principios rectores, y es dentro de estos principios rectores, donde está la idea del Estado Promotor. Así, cada sector debía asumir totalmente esta idea para que se pudiera, realmente, formular un Plan de la Nación acorde con el Programa de Gobierno.

Pero además de calificarlo como un principio rector, el Programa de Gobierno destina a la idea del Estado Promotor, un capítulo especial que se denomina la Renovación del Estado, El origen de este Capítulo fue formular una concepción para la transformación del aparato político-institucional de la República. Allí se habla de la renovación del Estado, y no solamente, de la Reforma Administrativa ni de transformación administrativa; su objetivo, por tanto, es la transformación del funcionamiento del Estado en general.

En los Programas de Reforma Administrativa, delineados y desarrollados a principios de la década de los setenta, quizás fuimos excesivamente administrativistas, en el sentido de que nos concretamos en general, solo a los problemas administrativos. Por supuesto, no podía ser de otra forma pues nuestra Área era la de Reforma Administrativa; pero había toda una concepción política de formulación de la transformación del Estado, que estaba a la base de aquel trabajo administrativo.

Con posterioridad, estas ideas políticas del Estado se fueron delineando en torno a la concepción del Estado Democrático y Social de Derecho, las cuales a su vez, influenciaron la redacción de este Capítulo del Programa de Gobierno del Presidente Herrera. Por tanto, puede decirse que hay una concatenación desde los trabajos de la Comisión de Administración Pública 1969 a 1972 hasta la formulación del Capítulo sobre Renovación del Estado del Programa de Gobierno. En este Capítulo, así, se insiste en que una de las ideas centrales que se propone al país, es la del Estado Promotor, como una nueva actitud que "el gobierno debe imprimir al Estado venezolano en relación a sus funciones".

Gran tarea que tenía el Gobierno, precisamente, en no contradecir esta exigencia, de que hubiera una nueva actitud del Gobierno en relación al Estado, a sus funciones y a sus relaciones con particulares, la cual parece que no se asumió, totalmente. Por eso la gran responsabilidad y el gran reto que tienen los niveles gubernamentales actuales y futuros: precisamente el buscar esta nueva actitud.

Esta nueva actitud del Estado Promotor, el cual por definición es un Estado de Participación, lleva a una precisión negativa: no se trata de un Estado intervencionista a ultranza, que practica un intervencionismo desorientado, sino que se trata de un Estado que si interviene, es para estimular y promover actividades que tanto el propio Estado como los particulares puedan realizar. Así, se define al Estado en la sociedad venezolana, como el agente motor del proceso de desarrollo económico y social, muy lejos del concepto tradicional de Estado vigilante.

El Estado, de acuerdo a esta concepción, es un Estado Democrático y Social de Derecho; como tal, es un Estado conformador de la realidad económica y social, por lo que tiene un papel activo. Es actor del proceso, e interviene en la realidad económica y social, para promoverla y a través de la promoción o de la regulación directa, conformar y orientar esa realidad hacia unos objetivos determinados de desarrollo. Por ello, para formular esta concepción del Estado Promotor, se parte del análisis de la realidad político-social-económica del país y de la posición del Estado en ella.

II. LA POSICIÓN DEL ESTADO ANTE LA REALIDAD POLÍTICO-ECONÓMICO-SOCIAL

Ante todo, se constata la posición del Estado en la economía. Querámoslo o no, haya sido intencional o no, el Estado ha llegado a ocupar en Venezuela, un papel preponderante en la economía. El Estado así, inclusive se dice en el Programa de Gobierno, interviene, controla y regula los procesos económicos de la actividad privada; orienta el proceso económico, en general, a través de la planificación y en fin, condiciona, todas las actividades, pues la Nación a través del Estado es inclusive propietaria de importantes medios de producción. El Estado resulta ser, entonces, como en efecto lo es, el principal inversionista, el principal productor, el principal empleador, el principal otorgador de créditos, el principal financista y el principal factor de todo el proceso económico de nuestro país.

Esta realidad le impone al Estado unas obligaciones que pueden no existir en otros países, no solo en vías de desarrollo sino altamente industrializados. En todo caso, es una realidad que hay que constatar y que hay que tomar en cuenta para tratar de definir cuáles son las características que tiene ese Estado en la actualidad en Venezuela.

En esta forma, desde el punto de vista político, económico y social, el Programa de Gobierno delinea cuales son las tareas centrales del Estado. En el ámbito político, dice dicho documento, el Estado deberá ser un sistema más participativo, impulsando la organización de los ciudadanos para superar la condición de masa, con el fin de que intervengan libre y responsablemente en la toma y control de decisiones. Además, en el ámbito económico, se señala que el Estado debe acelerar el proceso de desarrollo de la economía y contribuir a la distribución del excedente, de acuerdo al principio de la justicia social, para mejorar la participación de los más desposeídos en el disfrute de la riqueza. Por último, en el ámbito social, el Programa señala que el Estado deberá, con el objeto de garantizar el respeto y amparo de la dignidad humana, fomentar la promoción del ciudadano a través del mejoramiento de la legislación social, todo ello para mejorar nuestra democracia social y estimular los mecanismos de participación.

En base a estos grandes lineamientos de acción del Estado en lo político, en lo económico y en lo social que, insisto, contribuyen a definir la figura del Estado Democrático y Social de Derecho en nuestro país, se hace un esfuerzo de racionalización de las diversas tareas del Estado en los diversos campos: social, económico y político y vale la pena tratar de identificar estas funciones del Estado, en estos tres campos, pues son las funciones que van a identificar a ese Estado Promotor.

1. *Tarea del Estado en el campo social*

En el campo social, el Estado debe ser un Estado de promoción social, un Estado de servicios públicos, y un Estado distribuidor de la riqueza.

En primer lugar, debe ser un Estado de Promoción Social. Al Estado le corresponde promover el desarrollo social y, si se quiere, en ese campo, al Estado le corresponde hacer realidad la Democracia Social. En el Programa de Gobierno se habla, inclusive, de la necesidad de democratizar nuestra democracia y sí en algo hay que democratizar la democracia es en el campo social. Por otra parte, como promotor de la participación y como promotor y protector social, se dice, el Estado debe propiciar la colaboración de los medios de comunicación social, como factor esencial para la creación del ambiente participativo y en función social. Es claro que si no se orienta la comunicación pública y privada hacia estos fines del Estado, será muy difícil hacer realidad, realmente, este Estado de promoción.

Entre otros aspectos de la promoción social, es fundamental uno de los principios rectores del Programa de Gobierno, que se repite a todo su largo, relativo a la responsabilidad del Estado de promover la organización social del pueblo. Esta idea central de la organización social del pueblo, como principio rector, debió ser otro de los elementos que debió guiar la elaboración concreta en el VI Plan de la Nación. Estimamos que en todos los sectores y en todas las áreas de trabajo que dieron origen al VI Plan de la Nación, debió estar siempre presente esta idea de la participación, la cual, dice el mismo Programa, no es posible sin un alto grado de organización de la población. Por tanto, la idea de la organización social del pueblo a través de la creación de sociedades y organizaciones intermedias, está a la base de esta nueva actitud del Estado como promotor social y que debía guiar la actuación del Gobierno.

En el campo social, además del Estado de Promoción Social, se define al Estado a través de otra actitud o acción: la de prestador de servicios públicos. Aquí se trata de una idea vieja, propia del Estado moderno. En efecto, si algo ha caracterizado al Estado en el mundo moderno, es precisamente la presentación de servicios públicos. Pero, por supuesto, no se trata de repetir sólo una idea vieja ni de incorporarla a esta idea de la nueva actitud del Estado en el campo social, como Estado Promotor, sino de insistir en que el reto planteado a la sociedad y al Estado venezolano en el momento actual, es el lograr unos servicios públicos eficientes y efectivos, es decir una mejor y más eficiente prestación de servicios, animados, por un espíritu participativo.

En efecto el principal problema que se le plantea al Estado contemporáneo en nuestro país y en muchos de los países de América Latina, es el de haber olvidado al ciudadano. El Estado ha pretendido actuar a favor del ciudadano, a través de grandes inversiones en ciertas áreas que podían dar origen o lugar, en un momento determinado, a una redistribución de la riqueza o a una elevación del nivel de vida de la población; pero haciendo esto, el Estado se ha olvidado del ciudadano concreto, cotidiano, rural o citadino; y al olvidarse del ciudadano, se ha olvidado de los servicios públicos. En nuestro país todavía, enfermarse es una tragedia que muy pocos pueden realmente sufrir. Tener unos adecuados medios de circulación y transporte es algo que parece ilusorio al ciudadano. Este ha sido desasistido, vive en una provisionalidad permanente, esperanzado de mejoras que vienen por las soluciones derivadas de las crisis. El ciudadano ha sido, en Venezuela, excesivamente paciente. Así, podría decirse que Venezuela ha vivido en una especie de campamento, de aquellos campamentos provisionales que se establecían anos atrás, por ejemplo, para construir nuestras primeras grandes carreteras. En ellos se soportaba la vida del campamento, la incomodidad y la suciedad, porque se tenía la seguridad de que tenía un límite, ya que concluida la carretera finalizaba la etapa de las incomodidades. Pues bien, nosotros parecería que vivimos en un gran campamento y todavía seguimos soportando la desidia del Estado en materia de servicios públicos. Parecería todavía que estamos dormidos, como ciudadanos, por esa esperanza de que esto es provisional y que eso se va a resolver, pero realmente no aparecen las soluciones. Lo cierto es que el Estado tiene necesariamente que asumir con una política definida y agresiva la solución al problema de los servicios públicos, pues la paciencia del ciudadano no será eterna. Allí hay una grave crisis político-social que el Estado debe prever.

Es precisamente por eso, que se insiste en el Programa de Gobierno, con claridad, como Área del Estado en el campo social, además de la promoción social, el ser prestador de servicios públicos. Esta idea, insisto, aunque es una vieja características de cualquier Estado, porque lo elemental que pueda hacer cualquier Estado es ocuparse del ciudadano, sin embargo, parece que es necesario recordarla y reformularla. El Estado tiene que atender al ciudadano y tiene que volcar su actividad ciudadana. Inclusive, si observamos la misma actividad empresarial del Estado, pues éste se ha convertido en un gran Estado empresario, ello evidencia que se ha desarrollado olvidándonos de los servicios públicos. Así, el Estado extrae y exporta petróleo y hierro y realiza muchas actividades económicas industriales y comerciales, pero sin embargo, no es capaz de prestar un servicio de transporte elemental, ni de llevar una carta eficientemente de un extremo a otro del país. Y no hay que olvidar que cuando un Estado, por ejemplo, es incapaz de manejar un sistema de transporte de correspondencia o de asegurar camas de hospital a sus ciudadanos mal puede, ese Estado, pretender ser, por ejemplo, un gran productor de acero, o un gran comercializador de productos agropecuarios. Lo cierto es que en ningún país del mundo su Estado, y su sector público han llegado a asumir tareas en el campo industrial y comercial con éxito, si no han sabido antes, asumir los servicios de carácter elemental como son el de transporte público, de correos o de atención médica.

Además de esas dos tareas en el campo social: Estado de Promoción Social y Estado de Servicios públicos, el Estado Promotor en el Programa de Gobierno, exige el papel de gran distribuidor y redistribuidor de la riqueza. En esta forma, se dice que el Estado tiene que mejorar la distribución de la riqueza y asumir, realmente, a través de servicios y prestaciones al ciudadano, su papel de redistribuidor de la riqueza. Si el Estado es, individualmente considerado, el ente que tiene el mayor ingreso, dentro del ingreso nacional, tiene la obligación de distribuir esa riqueza, y su función central, en el campo social, es distribuir esa riqueza, a través de servicios públicos y de actividades en favor de la ciudadanía. Por otra parte, el Estado debe actuar como redistribuidor de la riqueza a través de un sistema tributario que pueda pechar el ingreso para redistribuirlo mediante servicios y prestaciones. Por ello, en el Programa de Gobierno se dice que esa función de redistribución de la riqueza debe hacerse a través de procedimientos fiscales y crediticios; de la justa distribución de la tenencia de la tierra, de la extensión del sistema de la seguridad nacional y de la prestación de los servicios públicos. Es decir, se está también reformulando, en el campo de la redistribución de la riqueza, una idea vieja del Estado moderno, pero que también parece necesario volver a recordar, pues no deja de ser actual e importante en la Área del Estado.

2. *Tareas del Estado en el campo económico*

Pero, además de las tareas del Estado en el campo social, el Estado Promotor tiene tareas específicas en el campo de la economía.

En primer lugar, si algo ha caracterizado la evolución del Estado en el campo económico, en los últimos 50 años ha sido el que se ha venido delineando como un Estado planificador. No sólo el Estado ha regulado la economía; no sólo la ha fomentado y la ha auspiciado a través de mecanismos crediticios y de otra naturaleza; no sólo el Estado ha intervenido activamente, en la economía creando empresas, sino que además, como culminación de su papel en el proceso económico, el Estado se ha convertido en un Estado Planificador del orden económico y social y de la ocupación del territorio, configurándose, este último aspecto, como de importancia por su novedad. En efecto, hemos desarrollado, durante 20 años, un sistema de planificación económica y social, pero básicamente con un parámetro temporal. Se han elaborado nuestros planes de la Nación, quinquenales, para el desarrollo económico y social, pero nos ha faltado este elemento central de la ordenación del territorio, que son fundamentales, pues los programas de desarrollo económico conllevan implícitos, de una forma u otra, algún aspecto de ocupación del territorio. Por otra parte, ha sido la ocupación irracional del territorio lo que ha venido degradando la calidad de la vida de nuestro país. Por ello, la idea de que además de la planificación económica y social, está la planificación físico-espacial o de la ocupación del territorio, para mejorar la calidad de la vida del venezolano, es otro de los planteamientos nuevos en el campo de la planificación, que están en el Programa de Gobierno.

Además de Estado Planificador en el campo económico, este Estado Promotor se caracteriza por ser un Estado de Fomento. Tampoco aquí se trata de una idea nueva, por supuesto. No hay que olvidar que el Ministerio de Fomento se creó en Venezuela en 1864 y este Ministerio, materialmente, ha dado origen a todos los Ministerios actuales, salvo los clásicos de Relaciones Interiores, Relaciones Exteriores, Defensa, Hacienda y Justicia. Salvo esos Ministerios, todos los demás Ministerios se han establecido en una u otra forma, como sucesivos desprendimientos de lo que fue el Ministerio de Fomento. En efecto, a mitades del siglo pasado, el Estado Liberal tradicional establece como su primer correctivo, esta faceta del Estado de Fomento; es decir, un Estado estimulador de la iniciativa privada, que no la sustituía sino que le otorgaba estímulos y privilegios para que pudiera realizarse. Por ejemplo, una de las características del Estado de Fomento del siglo pasado, fue la del Estado constructor. Así, el Estado asumió las grandes obras públicas y de infraestructura. En todo caso, el Estado tiene que seguir siendo un Estado de Fomento, estimulador, como lo califica el Programa de Gobierno, que pueda promover y dar estímulo a la actividad privada a través de incentivos y de mecanismos de promoción.

Además de planificador y de fomento, el Estado debe ser, en el campo económico, un Estado Regulador. En efecto el Estado Promotor es, también, un Estado regulador, siendo esta, también, una de las características tradicionales del Estado en su relación con la economía.

Desde el ángulo del papel del sector público, no sólo existe la necesidad de planificar y fomentar la actividad económica, sino también la de regular la economía, con el objeto de lograr que haya un sistema económico que globalmente considerado, esté acorde con los principios de justicia social. Por otra parte, es a través de la regulación del proceso económico que puede protegerse al débil económico frente a las grandes concentraciones de capital y a los monopolios de hecho que el orden económico del mercado, originan.

Consecuencia de la actividad del Estado Promotor, como Estado regulador, es que también debe ser un Estado contralor, es decir, un Estado de control, a los efectos de poder vigilar que las actividades particulares se sometan y sigan los lineamientos establecidos en las normas y planes, cuando éstos son relativamente imperativos. No debe pasar desapercibido que en nuestro sistema de economía mixta, la fórmula tradicional de que el plan debe ser imperativo para el sector público e indicativo para el sector privado, tiene una enorme relatividad, ya que el Estado dispone de suficientes instrumentos de persuasión o de disuasión para hacer que el plan sea realmente imperativo para el sector privado, si es necesario que así sea, para ordenar la economía. Si el Estado cuenta, por ejemplo, con un instrumento de política industrial, como es el Registro de Proyectos Industriales en el Ministerio de Fomento, el otorgamiento de dicho registro o autorización, sólo procedería para actividades que se ajusten al plan. Este instrumento de política industrial es esencial para que el Estado pueda ejercer el control de la actividad industrial. Con un instrumento de esta naturaleza, que en el derecho administrativo económico se denomina autorización industrial, mediante el cual se permite ampliar o instalar una industria, el Plan que establezca el Estado en el campo industrial y regional, en definitiva, es absolutamente imperativo, porque si el Plan es obligatorio para el funcionario y éste es quien tiene que dar la autorización industrial, no podría otorgarla si la actividad privada no se ajusta al Plan. En definitiva, en esta forma, el Plan es imperativo siempre que el Estado lo quiera y tenga interés real en hacer que el Plan se cumpla. Por ello, si los planes no se cumplen, en general, es porque el Estado no quiere o no aplica adecuadamente los instrumentos con los que cuenta que no son, sólo, los de la naturaleza de esa autorización industrial, sino de otro tipo, como los de carácter crediticio, monetario, de orientación del crédito, administrativos, arancelarios, fiscales, tributarios, etc. Es decir, el Estado cuenta con suficientes instrumentos para persuadir al particular para que canalice su actividad hacia los objetivos del Plan o pata disuadir una actividad particular que no se ajusta al Plan.

Además de esas tareas del Estado en el campo económico, como Estado Promotor, es decir, las del Estado Planificador, de Fomento, Regulador y de Control, otra de las características, quizás la más importante del Estado contemporáneo en nuestro país, es la del Estado empresario. En efecto, en los últimos cuarenta años se ha venido desarrollando una actividad empresarial del Estado de enorme importancia, quizás en desmedro de las otras funciones, entre ellas de la función de servicios públicos, como decíamos anteriormente. Sin embargo, no por ello deja de ser una de las características más importantes del Estado contemporáneo en Venezuela; y ello, no sólo porque el Estado puede reservarse industrias y actividades en forma exclusiva, como ha sucedido en materia de explotación del hierro, del petróleo, del gas natural, de la comercialización de hidrocarburos, de las industrias militares y de la industria nuclear, sino porque el Estado también puede realizar actividades industriales en concurrencia con los particulares, teniendo, inclusive, en ciertos casos, obligación de realizar esas actividades, controlando las que también realicen los particulares, como es el caso de las industrias básicas.

En todo caso, lo cierto es que, en la actualidad, a través de las empresas públicas y, en general, de la administración descentralizada, es decir, de los institutos autónomos y sociedades mercantiles del Estado, se canaliza más del 75% del gasto público consolidado. Si uno analiza el gasto público consolidado, en la actualidad, lo importante resultan ser los institutos autónomos y empresas del Estado, habiendo quedado los Ministerios reducidos a erogar solo el 25% del gasto público consolidado. Por eso, aquella propuesta que se formuló en 1974, de crear un gran Consejo Nacional de Empresas del Estado, era una idea desafortunada, que no prosperó, pues simplemente, equivalía a crear una Administración paralela a la tradicional, más poderosa y más dinámica que erogaba las tres cuartas partes del gasto público consolidado, separada de los Ministerios que quedaban para las acciones tradicionales del Estado.

En todo caso, esta participación de los agentes descentralizados del Estado en el gasto público consolidado, hace que el papel del Estado, como Estado empresario, sea una de las características centrales del Estado contemporáneo en Venezuela en el campo económico, que está exigiendo una reforma y ordenación.

3. *Tareas del Estado en el campo político*

En el campo político, el Estado Promotor es un Estado Democrático. Tiene, por tanto, una tarea central en todos sus niveles y es la del perfeccionamiento de la democracia; es decir, democratizar la democracia, no sólo económica y social, sino política. Además, es un Estado de Derecho de manera que el respeto de la legalidad, y la reordenación de la legalidad por las vías establecidas en el ordenamiento jurídico, son características fundamentales de este Estado. El derecho, quiérase o no, gústele o no le guste a quienes no son juristas, tiene que ser la base esencial de toda sociedad. Sin un conjunto de normas que establezcan las reglas del juego, es imposible que haya sociedad. Lamentablemente, con frecuencia, frente a problemas concretos de desarrollo, algunos reaccionan contra el derecho, pues lo consideran un obstáculo y pretenden aplicar o ejecutar planes poniendo de lado el derecho. Sin embargo, el derecho es la única vía de acción política, y si el derecho no sirve, hay que cambiarlo y promover su transformación. Lo que no puede suceder es que se ignore al derecho, como a veces sucede.

Pero, además de esas tareas, también clásicas, del Estado en el campo político, como las del Estado de Derecho y del Estado Democrático, el Estado, dentro de la concepción de Estado Promotor, tiene que ser un Estado organizador que actualice el postulado de la organización social del pueblo. La participación política, dice el Programa de Gobierno, no es un fenómeno espontáneo y no puede serlo, pues conduciría al desorden y la anarquía. La participación política, por ello, no puede desarrollarse en una forma anárquica y de allí la necesidad que el Estado sea un Estado organizador, siendo ésta otra de las características de ese Estado Promotor.

Como organizador de la sociedad, el Estado tiene que asumir la responsabilidad de crear y hacer funcionar canales para la participación libre de la población, en los procesos de toma de decisiones políticas y administrativas, tanto nacionales como regionales y locales. Por tanto, es el Estado quien tiene que asumir esa tarea de promover, organizar y hacer positiva y real la participación; de lo contrario, podría transformarse este proceso, en un proceso absolutamente anárquico. Por ello, el Estado tiene que organizar la participación.

III. LAS TRANSFORMACIONES AL ESTADO PARA CONSOLIDAR EL ESTADO PROMOTOR

Frente a la nueva actitud del Gobierno que deben configurar el Estado Promotor, con esas tareas que debe asumir en el campo social, económico y político, el Programa de Gobierno plantea una serie de cambios que deben introducirse al Estado venezolano para consolidar al Estado Promotor, que implican transformaciones al sistema político, al sistema administrativo y al sistema jurídico-político.

1. *Las transformaciones en el sistema político*

En el campo político, el Programa de Gobierno plantea, como objetivo central, el establecimiento y formulación de un Gobierno que gobierne. En efecto, la principal debilidad de nuestra democracia reside no sólo en la escasa satisfacción de las exigencias sociales, sino en la desobediencia de las leyes; ello fomenta la indisciplina, por lo que la lucha contra la indisciplina social, la lucha por la revalorización del trabajo, la lucha por la obediencia de las leyes y respeto a la legalidad, son quizás, unas de las tareas fundamentales del Estado y del Gobierno. Sólo logrando estos objetivos es que podremos pensar en que estamos estructurando un Gobierno que gobierne.

Otra de las ideas que deben guiar los cambios que se proponen al sistema político, es la necesidad de fundamentar al Gobierno en la idea de la participación política, que continúa prácticamente limitada a la intervención del ciudadano en los procesos electorales. Así, esa idea que desde el principio se plantea, de la participación, es otra de las ideas claves para el funcionamiento del Gobierno.

Un tercer punto que plantea el Programa de Gobierno para la transformación del sistema político, es del fortalecimiento del Congreso. La institución parlamentaria, en efecto, ha venido cayendo, en nuestro país, en un absoluto descrédito, lo cual debemos reconocer. Pocos creen en el Congreso, y en la labor positiva que pueda cumplir. Pocos creen en la legislación, porque el Congreso, en general, dicta pocas leyes. Si se analiza, por ejemplo, la legislación económica del país en los últimos 40 años, desde 1939 cuando se inicia la guerra mundial y la legislación de carácter económico, hay que concluir que ha sido dictada por decretos-leyes emanados en restricción de la garantía constitucional económica, la cual ha estado restringida desde ese año, o dictada por decretos-leyes habilitados, por las leyes de medidas extraordinarias. Por eso, hemos dicho, que el Congreso no legisla.

Por otra parte, el Congreso no controla, y muy raramente, salvo que existan motivaciones políticas inmediatistas, las investigaciones no concluyen efectivamente. En definitiva, esa realidad, el Congreso no legisla ni controla, siendo que su función esencial es controlar y legislar. Esta situación plantea la necesidad de fortalecer al Congreso para que, en efecto, legisle y controle. Y es que si se plantea la idea de un Gobierno que gobierne, la contrapartida es que ese Gobierno fuerte deba ser controlado por el Congreso el cual es, en definitiva, el depositario de la representación popular.

2. *Las transformaciones en el sistema administrativo*

En el sistema administrativo otras propuestas concretas de transformación están formuladas en el Programa de Gobierno. Ante todo se plantea la necesidad de la desconcentración del poder presidencial, para superar la presidencia imperial que tuvimos, como esquema, durante el período pasado. El Programa de Gobierno reacciona, precisamente, contra esa idea, por que parte del supuesto de que no puede seguirse administrando al Estado con un sistema en el cual el Presidente lo decide todo, lo conoce todo, y lo sabe todo. Este sistema debe superarse, para lo cual se plantea la necesidad de fortalecer el Gobierno ministerial, es decir, lograr que los ministros gobiernen. No sólo el Presidente debe gobernar, sino que los Ministros, como órganos directos del Presidente, deben ser el eje del Gobierno, el cual, sin embargo, no debe perder su coherencia e integridad, lo cual debe lograrse a través de mecanismos coordinadores, como el del Ministerio de la Secretaría de la Presidencia.

Además de la desconcentración del poder presidencial y del fortalecimiento del nivel ministerial, el Programa de Gobierno trae otras ideas en el campo de los cambios en el sistema administrativo, y entre ellas, la reordenación de la administración descentralizada frente a una expansión y una inflación inusitada característica de la administración pública de las últimas décadas. Se impone una reordenación de las administraciones descentralizadas, y entre otras razones, porque como decíamos anteriormente, es el sector más importante y más dinámico de la actividad del sector público. Siendo esto así, las administraciones descentralizadas, los institutos autónomos, y las empresas del Estado tienen que ser objeto de una reforma. Esta reforma se elaboró en 1969 a 1972 y en el Informe sobre la reforma de la Administración Pública Nacional que se presentó al Presidente de la República, en junio de 1972, se incorporó todo un programa de reforma de las administraciones descentralizadas. En base a ese programa, se presentó al Congreso en 1976, el proyecto de Ley de la Administración Descentralizada el cual aún no ha sido sancionado. En todo caso, la necesidad de la reforma en este campo está planteada, y debe tender hacia la regularización de los controles.

En efecto, la autonomía de estos entes implica y exige, necesariamente, la reformulación de controles políticos y administrativos, para lo cual se impone la necesaria reorganización de estos entes a nivel sectorial de manera que, realmente, respondan a las políticas sectoriales y dependan político-administrativamente, de los Ministerios Sectoriales. Si se quiere que cada Ministro gobierne su sector y que el Ministro sea el gobernador del sector, tiene que comenzarse por dotar al Ministro de efectivos poderes de control y dirección de los entes descentralizados del sector. La realidad, sin embargo, nos muestra que la situación ha sido distinta: muchas veces algunos institutos autónomos y empresas del Estado han sido mucho más importantes que los propios Ministerios, y sus directivos que los propios Ministros. La práctica política venezolana nos da algunos ejemplos: en ciertos casos ex ministros, una vez que dejaron de ser ministros y les tocó asumir de nuevo funciones de Gobierno, han vuelto, pero a las empresas del Estado y no a los Ministerios. Tuvieron conciencia, en efecto, que en ciertos sectores era más importante, políticamente y administrativamente hablando, la administración descentralizada que la centralizada. Esta situación debe variar y cada Ministro tiene que tener el control efectivo de los entes descentralizados que integran el sector. De lo contrario, no habrá planificación sectorial ni política sectorial efectiva, pues nada ganaría el Ministro en tener una unidad de planificación, y en elaborar un plan sectorial, si los Institutos Autónomos o las empresas del Estado no participan en el plan sectorial, ni lo siguen y a través de otros recursos y vías se salen del plan sectorial. Es importante, por tanto, dentro de la reformulación de la Administración descentralizada, hacer que estos entes respondan a las políticas sectoriales.

Un tercer aspecto de la reforma en el campo del sistema administrativo, se refiere a la desconcentración y descentralización del poder nacional. Al centralismo presidencial se ha añadido, también, un centralismo nacional y si algo caracteriza a nuestras federaciones de América Latina, y entre ellas, a la venezolana, es que son, aun cuando parezca contradictorio, unas Federaciones Centralizadas o centralistas, lo cual es absolutamente contradictorio. Sin embargo, es la realidad. Hay un absoluto centralismo a nivel del poder nacional, político, administrativo, jurídico y económico, que exige a nuestro país, no sólo romper el círculo vicioso del centralismo, sino correr el riesgo de la descentralización.

Ese riesgo tiene que asumirse y correrse, revitalizándose los niveles federales, formalmente descentralizados. No se trata de despertar el federalismo del siglo pasado, sino de utilizar el sistema federal, como instrumento de descentralización política. Realmente, hemos llegado al convencimiento de que en un país con una larga tradición federal, como el nuestro, es imposible pensar en que se puede tener un desarrollo regional adecuado sin contar con los niveles federales. Por ello, desde 1972, cuando se inició la Reforma Regional, uno de los aspectos centrales que formulamos fue la necesaria participación de los Gobernadores de Estado en el esquema regional, ya que sin el poder estadal a través de los gobernadores, no habría ni región ni regionalización, Esta idea, lamentablemente, después fue abandonada; ahora está planteado de nuevo volver a la regionalización, pero no están claras las vías para ello. En todo caso, parece que el Gobierno sigue su tradición centralista, lo cual conspira contra la regionalización y todo intento de revitalizar el federalismo.

En todo caso, revitalizar el federalismo, para fundamentar la descentralización política del país, exige reformar el ordenamiento constitucional de los Estados. Nos ha tocado en los últimos años intervenir en la reforma de dos Estados: el Estado Aragua y el Estado Yaracuy. En la elaboración de sus nuevas Constituciones hemos tenido que estudiar el problema federal y las Constituciones estadales, y en esa tarea hemos planteado la necesidad de rehacer y revitalizar los Estados, es decir, volverles a dar contenido y sentido a su estructura constitucional. En todo caso, lo que no se puede es seguir en esta posición neutra que ha tenido el Poder Central frente a los Estados desde comienzos de este siglo, ignorándolos, avasallándolos y, progresivamente, centralizando al país.

3. *Las transformaciones en el sistema jurídico-político*

En el Programa de Gobierno, además de cambios en el sistema político, y en el sistema administrativo, se plantearon cambios en lo que se denomina el sistema jurídico-político. En efecto, en primer lugar, se plantea la búsqueda de que el Estado sea, efectivamente, responsable. Si algo ha caracterizado al Estado contemporáneo, ha sido su irresponsabilidad. El sector público ha cometido los más grandes desafueros, pero, a veces, nadie ha respondido y no ha pasado nada. En general, los funcionarios han sido grandes irresponsables cuando toman decisiones, porque normalmente no se ha demandado al Estado ni a funcionario alguno exigiendo responsabilidad administrativa. Todavía, lamentablemente, sigue imperando el criterio pueblerino de que las demandas contra el Estado nunca se ganan y de que demandar al Estado, es sublevar la ira de los funcionarios. En esta forma, en general, el particular se siente absolutamente desasistido frente a la acción del Estado, porque no tiene mecanismos efectivos de defensa.

En todo caso, el Estado promotor que se plantea en el plano jurídico, tiene que garantizar al ciudadano la vigencia de las normas de derecho y de necesaria responsabilidad del Estado, por los daños causados con intención o negligencia por los funcionarios públicos, Por ello, el Programa de Gobierno promete una Ley del Régimen Jurídico de la Administración, donde se establezca y regula esta responsabilidad, la cual aun ni siquiera ha sido elaborada.

Otro de los aspectos centrales en el campo jurídico-público de la transformación del Estado, que se plantean en el Programa de Gobierno, consiste en la democratización de la justicia. No sólo la justicia tiene en nuestro país los graves defectos de lentitud e inoperancia que hacen, a veces, inútil acudir a ella, sino que además, en general, el acceso a la justicia, no es democrático, pues no todos pueden correr con los costos de un procedimiento, que dura, innecesariamente, años. Por eso, uno de los planteamientos del Programa de Gobierno es la de la democratización de la justicia, es decir, tender a que la justicia sea un instrumento de garantía jurisdiccional frente a cualquier acción del Estado, al cual pueda acceder cualquier particular y no unos pocos.

Para garantizar estos niveles del Estado de Derecho y de respeto al orden jurídico se plantean otros mecanismos de cambio que buscan garantizar, efectivamente, las libertades públicas, regular el procedimiento administrativo, limitar la excesiva discrecionalidad del funcionario. En efecto, otra de las características administrativas de nuestro país es el establecimiento de innumerables requisitos y trabas, que han dado origen a la permisología, ciencia oculta, pero muy importante en nuestra Administración. Lo engorroso del procedimiento pone en manos del funcionario un poder total, ya que como el particular no conoce los vericuetos del procedimiento, siendo el funcionario quien todo lo sabe y lo decide, surge esta dependencia total frente al funcionario, quien tiene un poder discrecional que debe ser limitado. Por ello, otra de las reformas fundamentales que se exigen, es la regularización de los procedimientos administrativos y la limitación de los poderes discrecionales de los funcionarios que, a veces, conducen actividades no propiamente lícitas. Siempre hemos planteado y pensado que estas complicaciones del procedimiento administrativo constituyen uno de los elementos que más conspira contra el desarrollo eficiente de los organismos administrativos.

No hay que olvidar, que muchas veces estas complicaciones del procedimiento administrativo se hacen en connivencia con ciertos sectores interesados, externos a la Administración. Así, sin duda, hay grupos interesados en lo complicado del procedimiento, pues eso permite a personas extrañas a la Administración, de servir de gestores para aligerar las decisiones. Esta situación, un procedimiento engorroso y complicado, que lleve a que sea una odisea imposible que una persona racional la cumpla, provoca que nadie, excepto el ciudadano aislado, esté interesado en mejorarlo, constituyendo a la vez fuente de trabajo para otras personas.

No olvidemos que de la ineficiencia de la Administración vive mucha gente y en ella mucha gente tiene intereses. Siempre hemos pensado que en ciertos servicios públicos es hasta una inversión pagar a ciertos medios de comunicación para que ante cualquier incidente se destaque la ineficiencia administrativa y se desprestigie el servicio concreto, pues ante esa realidad, servicios privados paralelos adquirirían, sin duda, más relevancia e importancia. No olvidemos que, lamentablemente, a veces, los particulares protestan por un aumento irrisorio de un impuesto municipal, y sin embargo, pagan grandes sumas por mantener servicios privados de vigilancia. En esa forma es difícil que, en definitiva, pueda haber una eficiente policía municipal.

CAPÍTULO DECIMO SEGUNDO: PROPUESTAS PARA LA REFORMA DEL ESTADO

De acuerdo con la Constitución de 1961, el Estado venezolano debe configurarse como un Estado Democrático y Social de Derecho.

La organización política de la sociedad venezolana, por tanto, debe fundamentarse en tres pilares esenciales: desde el punto de vista político, en un régimen democrático que asegure la representación y la participación; desde el punto de vista social, en un sistema basado en la justicia social, que asegure el bienestar general, la seguridad social y la participación equitativa de todos en el disfrute de la riqueza; y desde el punto de vista económico, en un sistema basado en el desarrollo de la economía, al servicio del hombre, en el cual se proteja y asegure la iniciativa privada pero permitiéndose al Estado participar en el proceso económico como propietario de medios de producción.

Ahora bien, la organización política de la sociedad, que configura al Estado venezolano, no ha sido diseñada de un golpe —no podría haberlo sido— ni responde, adecuadamente, a la fórmula constitucional. Ni se ha logrado que la democracia sea representativa ni participativa; ni la justicia social ha sido realidad (democracia social), existiendo un desnivel en la distribución del ingreso que a veces e intolerable; ni la economía ha estado siempre al servicio del hombre (democracia económica), no siendo el Estado un efectivo medio de distribución o redistribución del ingreso.

Se impone, por tanto, a los 22 años de vigencia de la Constitución, que se propugne una reforma del Estado para hacerlo efectivamente, un Estado Democrático y Social de Derecho.

Ahora bien, definitivamente nada puede lograrse en este campo, a través de medidas aisladas, que toquen algún componente de la estructura y funcionamiento del Estado, sin atender a las relaciones o interrelaciones que tienen con otros aspectos que la componen. Por ello resulta indispensable exponer un cuadro lo más completo posible de la reforma del Estado, de manera que se tome conciencia respecto a que las medidas que se adopten sucesivamente, deben tomar en cuenta sus repercusiones en todas las otras áreas.

Por ello, hemos sistematizado las propuestas de reforma del Estado en los siguientes aspectos:

1. Reformas en el funcionamiento del régimen democrático.
2. Reformas en el régimen federal (forma del Estado).
3. Reformas del Gobierno y Administración Nacional.
4. Reformas en los otros Poderes Públicos (Congreso y Poder Judicial).
5. Reformas en el papel del Estado en la economía, la sociedad y la política.

Unas reformas como las que se proponen, sin duda, constituyen una tarea del país todo. No pueden realmente, constituir un programa de un partido político o de algún grupo de interés. Sólo el acuerdo de toda la sociedad y sus componentes políticos, podría permitir su realización. Lo que resulta evidente, sin embargo, es que esas reformas tienen que realizarse, como garantía para la supervivencia del sistema político regulado en la Constitución de 1961.

I. REFORMAS EN EL FUNCIONAMIENTO DEL RÉGIMEN DEMOCRÁTICO

1. *Aumento de la representatividad: la reforma del sistema electoral*

A. *Propuestas*

a. Separación de las elecciones para los cuerpos representativos de las presidenciales.

b. Reducción de los ámbitos territoriales para la elección de representantes.

  a'. Elecciones parlamentarias nacionales: elección mixta en las circunscripciones electorales estadales: algunos diputados por representación proporcional en toda la circunscripción estadal, otros por cada circunscripción electoral distrital.

  b'. Elecciones parlamentarias estadales: elecciones de los diputados a las Asambleas Legislativas, por cada circunscripciones electorales distritales, con algunos electos por cuociente en toda la circunscripción electoral estadal.

  c'. Elecciones Municipales: establecer el sistema de elección de acuerdo a la reforma del régimen municipal que se realice.

    a". Si los Municipios siguen existiendo territorialmente a nivel de los actuales Distritos (o niveles parecidos) la elección de concejales debe ser uninominal en cada una de las circunscripciones electorales territoriales en que se divida el Municipio.

    b". Si los Municipios se reducen en su ámbito territorial en forma considerable, se puede establecer un sistema distinto para municipios rurales y urbanos. En los Municipios rurales la elección debe ser uninominal en cada una de las circunscripciones electorales territoriales en que se divida el Municipio. Si se trata de Municipios urbanos (en ámbitos territoriales reducidos) puede aplicarse el sistema de representación proporcional para elegir un número máximo de 5 ó 7 concejales.

c. Si se aumenta la representatividad no sería necesaria la renovación, a mitad de período, de los representantes municipales. Esta reforma sólo sería procedente si no se realizan las reformas antes indicadas al sistema electoral y al régimen municipal.

B. *Exigencias de la propuesta*

a. *Reforma de la Ley Orgánica del Sufragio.*

b. Reforma de las circunscripciones electorales en todo el país.

c. Reforma de la Ley Orgánica de Régimen Municipal.

2. *Aumento de la participación*

A. *Propuestas*

a. Lograr la participación política.

a'. Fortalecer las entidades territoriales (Estados, regiones) y municipales, asignándoles competencias que no tienen. No puede haber participación política sin descentralización política,

b'. Acercar el poder político al ciudadano mediante la reforma municipal que reduzca el ámbito territorial de los Municipios,

c'. Incorporar las juntas de vecinos a la gestión municipal.

b. Convertir los grupos de intereses y de presión en instrumentos de cogestión.

a'. La participación no es sólo presión sino responsabilidad en la gestión.

b'. Institucionalizar la participación de los grupos de intereses en los cuerpos representativos.

B. *Exigencias de la propuesta*

a. Transferencia de poderes y competencias del ámbito nacional a los Estados y Municipios (Reforma Federal).

b. Reforma de la Ley Orgánica del Régimen Municipal.

c. Establecer la participación en el campo económico y social. No sólo dictar la ley prevista en el artículo 109 de la Constitución sino enmendar la Constitución para que la participación sea la vía para la cogestión.

II. REFORMAS EN EL RÉGIMEN FEDERAL (LA FORMA DEL ESTADO)

1. *La descentralización política del Estado Venezolano*

A. *Propuestas*

a. Reformar los niveles territoriales de la Federación: darle contenido a la autonomía de los Estados.

b. Transferencia de competencias a los Estados.

c. Establecer nuevos niveles políticos territoriales en las regiones en las cuales sea necesario.

d. Reformar el sistema de gobierno y administración de la Región Capital.

B. *Exigencias de la propuesta*

a. Enmienda constitucional para definir un nuevo federalismo y división político-territorial.

b. Transferir por Ley, conforme al artículo 137 de la Constitución, competencias a los Estados.

c. Sólo cuando los Estados de la Federación tengan efectivas competencias, plantear la elección de los Gobernadores.
d. En el caso de la Región Capital, reformar las Leyes Orgánicas del Distrito Federal y de Régimen Municipal y establecer un sistema de gobierno regional, integrado por un sistema de gobierno municipal a dos niveles múltiples.

2. *La Reforma Municipal*

A. *Propuestas*

a. Hacer del Municipio la unidad política primaria dentro de la organización nacional.
b. Acercar al Municipio a las comunidades para que sean efectivos instrumentos de participación, mediante la reducción de un ámbito territorial.
c. Diferenciar los Municipios rurales de los Municipios urbanos.
d. Establecer sistemas de gobiernos municipales diversos donde se supere la administración colegiada (Concejo Municipal) por la figura del Alcalde según el ámbito territorial.
e. Sincerar la definición de competencias municipales de la Constitución y la Ley, y establecer sistemas de gobiernos municipales a dos niveles: que permita combinar el gobierno municipal de áreas territoriales mayores (urbanas-metropolitanas o rurales) con el gobierno local.

B. *Exigencias de las propuestas*

a. Reforma total de la división político-territorial del país y de las circunscripciones electorales.
b. Reforma total de la Ley Orgánica de Régimen Municipal.

III. REFORMAS EN EL GOBIERNO Y ADMINISTRACIÓN NACIONAL

1. *La Reforma del Gobierno*

A. *Propuesta: La necesaria coordinación e integración del Gobierno*

B. *Exigencia de la propuesta*

a. Reforzar el papel del Ministro de la Secretaría de la Presidencia (Desechar completamente la idea de un Primer Ministro).
b. Reforzar el papel de los Gabinetes Sectoriales y de los Ministros que los deban coordinar.
c. Reformar el funcionamiento del Consejo de Ministros.

2. *La reforma de la Administración Pública Central*

A. *La Reforma Ministerial*

a. Propuestas.

a'. Reformar el papel de los Ministros en la conducción política de los sectores. Los Ministros deben gobernar los sectores.

b'. Los Ministros deben conducir sectorialmente a la administración descentralizada.

c'. Sólo debe haber Ministerios en los sectores políticamente prioritarios.

b. Exigencias de la propuesta

a'. Ejecución de la Ley Orgánica de la Administración Central y eliminación de las interferencias entre los Ministerios (v. g. MARNR, MINDUR, MTC y MAC).

b'. Reforma de la Ley Orgánica de la Administración Central para reforzar la concepción sectorial de los Ministerios.

c'. Sanción de la Ley Orgánica de la Administración Descentralizada.

B. *La reforma funcional*

a. Propuestas.

a'. Reformar el papel de los sistemas funcionales existentes: planificación, presupuesto, personal.

b'. Restablecer el sistema de información (OCI).

c'. Institucionalizar otros sistemas; contabilidad, compras, contrataciones.

b. Exigencias de la propuesta

a'. Redefinir el papel de las Oficinas Centrales de la Presidencia en relación con el gobierno y la Administración Ministerial.

b'. Dictar la Ley del Sistema de Planificación.

c'. Regular legalmente el sistema de compras y contratación de obras.

C. *La Reforma de la Administración Regional*

a. Propuestas.

a'. Desconcentrar regionalmente la Administración Nacional.

b'. Coordinar regionalmente la Administración Nacional.

c'. Institucionalizar una Administración Regional vinculada con las entidades políticas (Estados) de las regiones.

b. Exigencias de la propuesta

a'. Reforma total del Reglamento de Regionalización Administrativa.

b'. Establecimiento por ley de la Administración Nacional en las regiones, para la ordenación del territorio.

3. *La Reforma de la Administración Descentralizada*

A. *Propuestas*

a. Sobre la organización de la administración descentralizada.

a'. Sincerar la organización de la Administración descentralizada de manera que la autonomía que se quiera y deba dar a una actividad estadal, esté acorde con la forma jurídica que se le confiera.

b'. Frenar la tendencia a darle un tratamiento igual a todas las formas jurídicas.

c'. Eliminar, transformar y fusionar las entidades que resulte necesario.

d'. Organizar sectorialmente a las entidades descentralizadas bajo la conducción de un Ministro.

b. Sobre el control y funcionamiento de la administración descentralizada

a'. Asegurar la autonomía de los entes descentralizados en el grado que lo requiera la actividad que realicen cónsona con la forma jurídica adoptada.

b'. Centralizar en el Ministerio sectorial el control de los entes descentralizados, según su forma jurídica: control de tutela sobre los institutos autónomos y control accionario sobre las empresas del Estado.

c'. Sincerar los controles necesarios: en cuanto a las empresas del Estado el control debe ser a priori (directrices y políticas) y a posteriori (control de gestión). Los Ministros no deben pretender controlar la actividad cotidiana de la empresa.

d'. Reforzar un control financiero de los entes descentralizados distinto al control político que debe corresponder al Ministro. No debe el ente de financiamiento (v. g. FIV) ejercer el control político de los entes descentralizados.

B. *Exigencias de la propuesta*

a. Reorganización de la Administración descentralizada:

a'. Desarrollar la figura de los patrimonios autónomos establecidos en la Ley Orgánica de Régimen Presupuestario para transformar muchos institutos autónomos y Fundaciones Públicas en servicios autónomos sin personalidad jurídica y así frenar la tendencia a la descentralización originada por la rigidez tradicional del principio de la unidad del Tesoro.

b'. Limitar la utilización de las figuras de derecho civil (fundaciones o asociaciones civiles) para los casos en los cuales una actividad no mercantil requiera la participación de grupos particulares.

c'. Dar preferencia a la utilización de la figura del Instituto Autónomo para la realización de actividades públicas que requieran autonomía de manejo pero que no sean de naturaleza estrictamente mercantil, y organizar sectorialmente los institutos autónomos adscritos a un ministerio sectorial, para facilitar el control de tutela y de gestión sobre los mismos.

d'. Tender a la organización de las actividades industriales y comerciales del Estado, como empresas del Estado (con forma societaria), con la autonomía necesaria y el control accionarial apropiado; y estructurarlas, si es necesario, en agrupaciones sectoriales (tipo holding, corporaciones sectoriales o casa matriz) para facilitar la conducción política y el control de gestión sobre las mismas.

b. Dictar la Ley Orgánica de la Administración Descentralizada conforme a las orientaciones señaladas sobre organización, formas jurídicas y controles.

4. *La Reforma de la Función Pública*

A. *Propuestas*

a. Diferenciar el régimen de la función pública del régimen laboral que deben tener los empleados de entes descentralizados con forma de derecho privado.

b. Reformar el régimen salarial de los funcionarios públicos.

c. Mejorar la formación, capacitación y perfeccionamiento de los funcionarios públicos.

d. Establecer el sistema de reclutamiento (concursos) y ascensos (méritos) como base de la carrera administrativa.

e. Flexibilizar el sistema de administración de personal público y limitar el crecimiento del gasto de personal.

B. *Exigencias de la propuesta*

a. Reforma del sistema de clasificación y remuneración de funcionarios.

b. Reforma del sistema presupuestario relativo a las partidas de personal.

c. Establecer la Escuela Nacional de Administración Pública y consolidar el sistema nacional de adiestramiento.

d. Reforma de la Ley de Carrera Administrativa.

IV. REFORMAS EN LOS OTROS PODERES PÚBLICOS

1. *La Reforma del Congreso*

A. *Propuestas*

a. Reformar las funciones del Congreso; legislar sobre las materias del Poder Nacional y controlar a la Administración Pública Nacional.

b. Frenar la tendencia a convertir las Cámaras Legislativas en instrumentos de cogobierno o de coadministración.

B. *Exigencias de la propuesta*

a. Establecimiento de un cuerpo de funcionarios públicos permanentes en el Congreso, con funciones de asesoría, con los mejores niveles de excelencia, reclutados por concurso y bien remunerados.

b. Dejar de designar los asesores del Congreso en base al clientelismo partidista.

2. *La Reforma del Poder Judicial*

A. *Propuesta*

a. Establecer un riguroso sistema de elección de los jueces, por concurso, con los mejores niveles de excelencia, mejorando substancialmente su remuneración.

b. Democratizar la justicia para permitir a todos el acceso a los órganos judiciales. Asistencia Judicial gratuita.

B. *Exigencias de la propuesta*

a. Respetar el sistema de concursos previsto en la Ley de Carrera Judicial y eliminar la designación de los jueces por el Consejo de la Judicatura.

b. Reformar la escala de salarios judiciales.

c. Establecer la Escuela de Carrera Judicial.

d. Reformar los Códigos de Procedimientos para agilizarlos, simplificarlos y democratizarlos.

V. REFORMAS EN EL PAPEL DEL ESTADO EN LA ECONOMÍA, LA SOCIEDAD Y LA POLÍTICA

1. *El papel del Estado en la economía*

El sistema económico que se ha desarrollado en Venezuela, con el papel protagónico y preponderante del Estado, es un sistema de economía para el consumo, el gasto y el despilfarro. No se ha desarrollado un sistema productivo para el ahorro y la inversión. Para la reorientación del sistema económico resulta indispensable la participación y concertación del Estado, de los empresarios y de los trabajadores, ciertamente, pero también de las regiones y comunidades y de los partidos políticos.

Sólo con participación y consenso se puede reorientar el sistema económico.

A. *El Estado legislador*

Es necesario el establecimiento de una legislación que regule confiadamente y con seguridad jurídica el proceso económico.

La economía en un 80% está regulada con Decretos-Leyes.

B. *El Estado de control*

El control sobre las actividades económicas debe dejar de configurarse en un "control por el control mismo". El control es para orientar el logro de objetivos o para la ejecución de planes.

El control no puede consistir en frenar, disuadir o entrabar y menos en lograr que no se haga lo que se quiere, precisamente, controlar. Debe por tanto revisarse la permisología en todas las actividades del Estado.

C. *El Estado de Fomento*

El Estado debe promover las iniciativas privadas, no solamente a través de los medios crediticios o proteccionistas clásicos, sino dejando desarrollar las iniciativas, particularmente en el nivel local.

Debemos, en el futuro, descongestionar la economía, delimitando las áreas públicas y dejando a la iniciativa privada las tareas restantes, para lo cual el fomento y la promoción por el Estado, deben jugar un papel fundamental.

Sin embargo el fomento no puede ser centralizado. La descentralización política es base para el fomento y las iniciativas privadas sólo podrán desarrollarse efectivamente con la descentralización económica.

D. *El Estado Empresario*

La tendencia del Estado de reservarse actividades económicas o de asumir toda clase de industrias o actividades comerciales debe frenarse.

Esa política está ligada al paternalismo y al centralismo, que deben superarse. El Estado debe priva tizar actividades o empresas que por su naturaleza puedan ser desarrolladas por particulares, reduciendo sus áreas de acción a campos políticamente prioritarios. Definitivamente, el Estado no puede seguir ocupándose de todo.

E. *El Estado Planificador*

La planificación debe adquirir el carácter serio que nunca ha tenido, para ordenar las actividades del Estado con miras al logro de resultados. El plan debe ser el resultado de un proceso de participación de las comunidades, regiones y grupos de intereses, y debe ser obligante tanto para el Congreso como para los diversos entes públicos. La Enmienda Constitucional N° 2 prevé la aprobación del plan para el Congreso y una Ley del sistema de planificación debe regularlo, estableciendo claramente su vinculación con el sistema de presupuesto.

2. *El papel del Estado en la sociedad*

A. *El Estado redistribuidor*

Es necesario establecer sistemas de redistribución del ingreso por parte del Estado.

En general, hemos desarrollado un sistema público de distribución del ingreso público petrolero, que ha provocado un sistema social de subsidios (sociedad subsidiada). Todo se recibe del Estado. Por ello el conformismo. Debe superarse la sociedad subsidiada por una sociedad que contribuya en todos los niveles según sus capacidades para la redistribución de la riqueza.

B. *El Estado de servicios públicos*

La atención por los servicios públicos debe ser prioritaria. El Estado se olvidó del ciudadano y de sus requerimientos en servicios. Los servicios públicos han sido dádivas normalmente subsidiadas a los cuales no se contribuye efectivamente. Se reclaman servicios públicos eficientes: para ello, el Estado debe invertir, pero también recaudar efectivamente las tasas por su uso, con los cuales deben contribuir los usuarios.

Es imposible seguir con un sistema de servicios públicos gratuitos o subsidiados, con el desarrollo paralelo de servicios caros y privilegiados.

C. *El Estado de promoción social*

El Estado debe asumir, mediante un sistema político descentralizado, la promoción social del país. La participación de todos los componentes de la sociedad, sólo puede lograrse mediante una descentralización política y económica. En este contexto, la promoción de la juventud es la tarea fundamental que se plantea en una sociedad como la venezolana, joven demográficamente pero vieja en su conducción.

3. *El papel del Estado en la política*

A. *El Estado democrático*

La democracia como régimen político debe perfeccionarse para hacerla una forma de vida. Debemos, así, estructurar una democracia más representativa y más participativa, para que ella llegue a los ciudadanos.

La democracia debe dejar de ser monopolio y usufructo de los partidos políticos, y el ciudadano, representado o participando, debe comenzar a asumirla. De allí las propuestas de reforma al régimen democrático.

B. *El Estado organizador*

La participación política, económica y social de la población en las tareas del estado y la sociedad, exige la organización social de la población.

La mejor manera de alentar la participación es mediante la organización de las vías para la participación y la congestión, que debe ser uno de los papeles a asumir por el Estado.

C. *El estado de libertades*

El régimen democrático asegura una serie de derechos y garantías constitucionales, cuyo respeto tiene que seguir siendo una de las justificaciones del Estado. Pero éste no sólo debe garantizar el ejercicio de las libertades, para lo cual deben los Tribunales, efectivamente, ampararlas, sino que debe asegurar su goce y ejercicio. De allí el papel prestacional y de servicios que en algunos casos debe asumir el Estado.

D. *El Estado de Derecho*

La democracia no existe, como régimen político y de vida, sin la sujeción a la ley. El Estado debe no sólo asegurar el cumplimiento y observancia de la Ley por todos, y no sólo por parte de la población, sino que precisamente para ello, debe desarrollar un sistema legislativo y reglamentario adecuado y coherente. La legislación venezolana debe adecuarse a los años futuros, como condición de desarrollo en todas las áreas sociales y económicas. Pero la observancia de la ley requiere de un Poder Judicial confiable, que sea capaz de administrar justicia para todos. De allí los esfuerzos por democratizar la justicia que deben hacerse.

CUARTA PARTE

EL ESTADO INCOMPRENDIDO. REFLEXIONES SOBRE EL SISTEMA POLÍTICO Y SU REFORMA

(1985)

Esta Cuarta parte del Tomo III de la *Colección Tratado de Derecho Constitucional*, recoge el texto del libro *El Estado incomprendido. Reflexiones sobre el sistema político y su reforma*, publicado por la editorial Vadell Hermanos Editores, 1985. El libro estuvo dedicado a quienes todavía creen que esto tiene arreglo."

El libro estuvo precedido de la siguiente Preliminar explicativo:

Desde hace 16 años vengo hablando y escribiendo sobre el Estado, sus problemas y deficiencias y la necesidad de su reforma. Como resultado han quedado varios libros, decenas de artículos en revistas especializadas y de opinión, papeles de trabajo presentados a equipos que elaboraron programas de gobiernos, proyectos de leyes y decretos, y en fin, multitud de declaraciones en los medios de comunicación formuladas tanto en tiempo de campañas electorales como en tiempo de paz comicial.

Quizás por ello, inevitablemente, se asocia mi nombre a todo esfuerzo de análisis del Estado y de la reforma de las instituciones políticas y administrativas del país; incluso de aquellos en los cuales he sido excluido junto con otros compatriotas que han trabajado el tema, como ha sucedido con la "Comisión para la Reforma del Estado", creada por el Presidente Lusinchi a finales de 1984. Aclaro aquí, a quienes amablemente se han preguntado pública y privadamente sobre el porqué no formo parte de dicha Comisión, que en realidad, nunca, ni directa ni indirectamente, ni por interpuestas personas se me preguntó o comentó sobre mi posible participación en los trabajos de la misma, ni siquiera cuando era un proyecto, ni después de constituida; cosa que, por otra parte, nadie estaba obligado a hacer.

No por ello, por supuesto, el tema deja de ser motivo de mi interés, ni dejaré de exponer mis ideas y de colaborar en todo esfuerzo serio al cual se me llame. Por ello, precisamente, este libro sobre el Estado Incomprendido, motivado, en primer lugar, por la incomprensión que noto existe respecto del Estado, tanto cuando se adopta la moda liberal del antiestatismo que comienza a importarse en Venezuela, como cuando se plantea a diestra y siniestra el tema de la reforma del Estado, confundiéndose a veces, las partes de la organización política de la sociedad, con el todo.

Pero en segundo lugar, este libro también está motivado por la preocupación que tengo, como miembro de la generación de 1958, de la necesidad que tenemos de formular un nuevo Proyecto Político después de 27 años de democracia y habiéndose agotado el concebido en 1958, en el Pacto de Punto Fijo, y que tuvo por objeto implantar e imponerle la democracia a los venezolanos.

La crisis institucional que comienza a agudizarse en esta década de los ochenta tiene que provocar, en los partidos políticos, la necesidad de asumir la tarea de perfeccionar la democracia para, precisamente, asegurar su supervivencia, y evitar que la frustración provocada por las deficiencias del sistema político, se convierta en falta de fe en aquella. Nuestra generación, a través de los partidos, al margen de ellos o contra los mismos, tiene que asumir esa tarea, y para ello debe definir un Nuevo Proyecto Político de perfeccionar la democracia mediante un programa de reforma del Estado. Este libro es una reflexión sobre el tema.

Su origen próximo está en el documento intitulado *Democracia, Sociedad y Administración Pública. Reflexiones sobre el caso venezolano*, que presenté al Congreso Iberoamericano sobre "Democracia, Sociedad y Administración Pública", organizado por el Instituto Nacional de Administración Pública de España en Madrid, en junio de 1984. Su origen remoto, sin embargo, está en las reflexiones que formulé en varias conferencias pronunciadas en los últimos años, y entre ellas en la conferencia intitulada *Algunas ideas para un Proyecto de Estado Contemporáneo en Venezuela*, en las "Jornadas sobre la Democracia en Venezuela", organizadas por el Ateneo de Caracas y la Escuela de Estudios Políticos y Administrativos de la Universidad Central de Venezuela, en junio de 1978; en la conferencia intitulada *Condicionamientos políticos de la Administración Pública en los países latinoamericanos*, leída en el "Coloquio Internacional sobre el Futuro de la Administración Pública", organizado por la Escuela Nacional de Administración Pública de Quebec, Canadá, en mayo de 1979; y en la conferencia intitulada *Aspectos de la Reforma del Estado*, pronunciada en el "Seminario sobre la Venezuela Posible", organizado por la Revista *Metas* y Corpozulia, en Maracaibo, en noviembre de 1983.

El tema, por supuesto, a pesar de lo que se ha escrito y dicho, está por ser trabajado, labor que no corresponde a una .sola persona, ni a un grupo de notables reunidos en comisión. Además de requerir de un equipo numeroso de profesionales, técnicos y especialistas para la labor de diagnóstico y análisis, tiene que ser fruto de una labor colectiva de la más grande envergadura en la cual todos debemos colaborar.

Esa etapa, sin embargo, no es la dificultosa; luego vendrá el problema real: ejecutar la reforma del Estado implica redistribuir el poder en un Estado centralizado, del centro a la periferia (Estados y Municipios); y exige que los partidos aflojen el monopolio de la representatividad y participación, y liberen a la Sociedad para permitir su propio desarrollo político democrático. He allí la dificultad y el reto que se plantea a los partidos políticos y a nuestra generación, y que urgentemente debemos asumir, para lo cual debemos convencernos de que el problema planteado es de supervivencia de la propia democracia.

Caracas, marzo de 1985.

A.R.B.C.

INTRODUCCIÓN

La moda del liberalismo parece que comienza a manifestarse en Venezuela, a través de las más variadas críticas al Estado, muchas formuladas con razón, pero algunas partiendo de falsos supuestos por la influencia, quizás, de cierta literatura política europea reciente.

En efecto, los fracasos del Gobierno Socialista en Francia, transcurridos tres años desde que la izquierda alcanzó el poder con una mayoría absoluta y con niveles de popularidad inigualados anteriormente, han provocado la aparición, en el lenguaje político de la oposición, de un liberalismo que los estudiosos de la ciencia política creían que había quedado arrinconado en los estantes ideológicos del siglo pasado. Otro tanto comienza a suceder en el seno de la oposición al Gobierno Socialista en España, donde no es infrecuente encontrar los reflejos de todas las modas políticas francesas.

Este lenguaje liberal contemporáneo que viene adoptando la derecha, y al cual curiosamente, se ha sumado la izquierda, se articula alrededor de la denuncia contra el Estado y convierte en dogma el antiestatismo. El Estado, se dice, se ha convertido en una amenaza contra el individuo, las libertades e incluso el desarrollo de la Sociedad misma. El Estado es "omnipresente", "omnipotente", "megalómano", y es el objeto de todos los calificativos imaginables, lo cual, dicho sea de paso, no es infrecuente en la literatura política, desde que Hobbes, hace varios-siglos, lo asimiló al *Leviathan*, monstruo mitológico devorador e inhumano; Duverger lo ha imaginado como un Catoblépas, otro monstruo tan estúpido que se come sus propios miembros; e incluso, Octavio Paz, recientemente, lo ha calificado como un Ogro filantrópico.

En todo caso, aquella moda liberal, o este "liberalismo a la moda" dijimos, comienza a aparecer también en Venezuela, donde el Estado empieza a ser el culpable de todos los males de la Sociedad y el individuo. Se lo califica igualmente de omnipresente e omnipotente, y todo el mundo plantea la necesidad de su reforma. Incluso se lo considera incapaz de conciliar los intereses diversos de la sociedad y asumir su conducción y decisión, y se ha querido sustituir su autoridad por una especie de corporativismo (régimen en el cual los intereses deciden en lugar de los elegidos por el pueblo) denominado por algunos como "Pacto Social", rescatando la terminología liberal de finales del siglo XVIII.

Hablar mal del Estado, por tanto, está de moda: unos hablan de descongestionar el Estado, otros de desmantelarlo, algunos de la necesidad de desestatizar o privatizar muchas de sus actividades, en fin, no faltan quienes plantean la necesidad de liberar la Sociedad de las garras del Estado, que no dejamos de imaginar como un monstruo. Pero también está de moda plantear la reforma del Estado: todos los líderes políticos lo han hecho sistemáticamente durante la última década, y el actual Presidente de la República ha tocado el tema durante su primer año de gobierno en absolutamente todos sus discursos e intervenciones públicas, habiendo creado, incluso, al final del año 1984, una "Comisión para la Reforma del Estado", por supuesto, sin hacer caso a la famosísima advertencia política de que la mejor manera de no tomar decisión alguna es nombrando una Comisión para prepararla.

Ahora bien, tanto hablar mal del Estado como plantear su reforma, exige de varias precisiones indispensables: el Estado es la organización política de una determinada Sociedad, y su realidad y papel varía, según las condicionantes que el sistema económico, social y político concreto le imponen. Por ello el peligro de importar una literatura elaborada en otros países con condicionantes distintos.

En Venezuela no tenemos un gobierno socialista -a pesar del izquierdismo que algunos líderes del partido de gobierno preconizan verbalmente- ni el gobierno actual ha fracasado, aún, en la ejecución de su programa. Por tanto, el antiestatismo que comienza a convertirse en dogma político, no está originado en una reacción contra el actual gobierno, como ha sucedido en Europa en los países con gobiernos socialistas, confundiéndose impropiamente el gobierno con el Estado. Pareciera en nuestro caso, en base a la misma confusión, que se trata de una reacción contra todos los gobiernos que en la etapa democrática han conducido al Estado, que se identifican én éste, por ser lo permanente. De ello resulta que en definitiva, parecería que se trata de una reacción contra nuestro sistema político-democrático, tal y como ha venido funcionando al amparo de la Constitución de 1961, conducido por un liderazgo ya agotado, y que sin embargo, no abandona las riendas del poder. Por eso, a la crítica al Estado se acompañan apreciaciones respecto de la generación de relevo que deben asumir la conducción de la Sociedad en breve tiempo.

Estas críticas al Estado y a las generaciones políticas, aisladamente, en muchos casos tienen fundamentos incuestionables, pero global o simplistamente planteadas, pueden provocar distorsiones políticas en la apreciación de nuestra realidad, quizás por incomprensión de la misma en sus raíces históricas.

Ante todo debemos señalar que en Venezuela, el Estado es hoy lo que es, por obra y gracia de los redactores de las Ordenanzas de Nueva España que rigieron en la Capitanía General de Venezuela a partir de 1784, así como del Decreto del Libertador dictado en Quito en 1829, -documentos que atribuyeron la propiedad del subsuelo a la Corona Española, y luego, a la República, excluyéndolo de la apropiabilidad por parte del propietario del suelo; coincidiendo este elemento formal con una realidad geológica: en el subsuelo de la antigua Capitanía General había petróleo, y esta fuente de energía, en las últimas décadas, resultó tener el valor e importancia que la sola crisis global del mundo a partir de la década pasada, ha puesto en evidencia.

Por tanto, para entender el Estado en nuestro país -para criticarlo; reformarlo y asumirlo políticamente, por la generación que sea- debe tenerse en cuenta, ante todo, que se trata de un Estado petrolero dueño del subsuelo desde siempre, y desde hace diez años, además, industrial único del petróleo y sus derivados. Esta realidad, simple, ha hecho del Estado, quiérase o no, el generador y titular de la mayor parte del ingreso nacional, por lo que necesariamente, es el principal instrumento de la Sociedad venezolana para su distribución. Y esta realidad, por supuesto, no podrá cambiar, salvo que se desnacionalice la industria petrolera y se transfiera la propiedad del subsuelo a los particulares, lo cual es impensable, o salvo que se agoten las reservas petroleras, lo cual es improbable en el próximo siglo.

Ahora bien, este instrumento fenomenal de la Sociedad venezolana, el Estado y su Administración Pública, ha sido manejado directa o indirectamente, total o parcialmente, en la etapa democrática, por todos los partidos políticos y todos los grupos de interés de la Sociedad, que han participado del poder. No debemos, por tanto, llamarnos a engaño: el Estado en Venezuela no es un extraño, un tercero, diferente a la Sociedad o su opositor. Mal que bien todos hemos sido beneficiados de la acción estatal y en alguna forma, los dirigentes nacionales, han intervenido en su conducción, así sea parcial o lejanamente o por interpuesta persona. Qué nadie tire, por tanto, piedra alguna, mensaje que, inclusive, debe dirigirse a los actores de mi generación que no deja de ser la de relevo. El Estado no es un señor, iconoclasta, lejano, que en cualquier momento nos va a ser presentado. El Estado es la organización de la Sociedad entera, y particularmente, está representado por el conjunto de sus dirigentes, que lo han conducido o usufructuado, para beneficio, con éxito o no de las mayorías nacionales. El Estado, además, incluso bajo la óptica liberal, ha sido el garante de los derechos y libertades, y de la propia democracia, imperfecta y todo. Es a través de la organización política de la sociedad -el Estado-, que los derechos y garantías constitucionales, mal que bien, se han actualizado en las últimas décadas; y es al Estado venezolano en los últimos cuarenta años, al cual, globalmente, podemos atribuir todos los logros y progresos que nuestro país ha tenido en el campo económico y social.

Por tanto, asumir como motivo de acción política para pretender llamar la atención en el país, una posición antiestatista, es absolutamente irreal y confusa, más aún si ello se hace en nombre de la generación de relevo, ¡No! La nueva generación no puede en nuestro país de Estado petrolero, pretender minimizar el Estado, sino que, al contrario, lo que tiene que hacer es asumir su conducción no para descuartizarlo, ni para construir un sistema corporativista donde sólo los grupos de interés comanden la acción política, sino al contrario, para reforzarlo como instrumento al servicio de la Sociedad, para lo cual habrá que reformarlo, tarea que esto sí, sólo la nueva generación podrá asumir, a pesar, incluso, de los partidos políticos.

Para ello, hay que tener en cuenta que en nuestro país, los fines del Estado se deben identificar, globalmente, con los fines de desarrollo económico, social y político de la Sociedad, los cuales no se limitan al sólo crecimiento o expansión económica, sino que se identifican, también con la búsqueda de una más equitativa redistribución del ingreso y de la riqueza para lograr el bienestar a través de la elevación del nivel de vida de la población; con la protección del ambiente para la elevación de la calidad de la vida; con la plena utilización y desarrollo de los recursos humanos; con la mejor utilización de los recursos naturales en beneficio colectivo; y con la sustentación del orden democrático como medio de asegurar los derechos, libertades y la dignidad de los ciudadanos.

Estos objetivos de desarrollo, no exclusivamente económicos, sino políticos, sociales y físicos estoy convencido, sólo pueden ser logrados con la decisiva participación e intervención del Estado. El desarrollo, en nuestro país, no puede ser logrado por las solas manifestaciones espontáneas de las fuerzas del mercado o por los vaivenes de las "leyes naturales" de la economía y de la Sociedad. Tengo la clara conciencia, frente a los tradicionales condicionantes ideológicos del siglo pasado, y a las remozadas olas de liberalismo que nos llegan, que el Estado y su Administración Pública tienen que ser los conductores del proceso de desarrollo, pues en Venezuela, es el sector público el que está en la posición excepcional de poseer los recursos necesarios para ello; de disponer de la capacidad para tener la visión o información necesariamente global de la economía y de la Sociedad, indispensable para la toma de decisiones; y también, sólo el Estado tiene el poder necesario para asignar y ordenar los generalmente escasos recursos con el objeto de acelerar el desarrollo, o para orientar los medios económicos, financieros y monetarios con el objeto de volcarlos al logro del bienestar social.

La Administración Pública, por tanto, como instrumento de la acción política del Estado, constituye la piedra angular del proceso de desarrollo. Por ello la Administración Pública es, precisamente, la que paradójicamente se configura como el mayor obstáculo al desarrollo. Este convencimiento, lamentablemente, aún no lo tienen quienes se han movido en el terreno puro del activismo político. Por ello, teniendo en cuenta que la Administración Pública debe verse como uno de los factores realmente determinantes del proceso de desarrollo, es evidente que sin su profunda transformación, la vía del desarrollo o permanecerá cerrada o será muy dificultosa o dispendiosa. Por ello, es claro, necesitamos de una Administración Pública efectiva, eficiente y eficaz para la realización de los planes de desarrollo. De ahí que también la Administración Pública en nuestro país no sólo debe adaptarse a los cambios políticos, económicos y sociales que se han sucedido en las últimas décadas, sino que también debe ser un agente de los cambios, los cuales en muchos casos, sólo ella puede provocar. Por ello necesitamos desarrollar una Administración capaz de administrar el desarrollo. He allí, .realmente, el gran reto de nuestro país y de nuestra generación.

Pero, ¿cuál es la realidad actual de nuestra Administración Pública? Por tratarse de un instrumento de acción política, la Administración Pública venezolana tiene una serie de características, resultantes del condicionamiento que el ambiente económico, social y político ejerce sobre ella; por ello, nos interesa, en este ensayo, destacar en primer- lugar, estos condicionantes que caracterizan al Estado y a su Administración Pública con los principales problemas que los mismos originan; y en segundo lugar, insistir en las exigencias de transformación que se plantean respecto del Estado y su Administración Pública, y en las necesarias reformas al Estado que debemos emprender en un futuro próximo, para consolidar nuestro Estado Democrático y Social de Derecho. De allí las dos partes en las cuales hemos dividido este estudio.

SECCIÓN PRIMERA: LOS CONDICIONAMIENTOS DEL ESTADO Y DE SU ADMINISTRACIÓN PÚBLICA

El Estado, hemos dicho, es la organización política de la Sociedad. Por tanto, el Estado en nuestro país, en el momento actual, está condicionado por el ambiente económico, social y político en el cual se desenvuelve. Por su parte, la Administración Pública es, por excelencia, el instrumento de la acción política del Estado, pues los organismos que la integran tienen a su cargo la ejecución concreta de los fines de la Sociedad, en nuestro sistema democrático.

Por tanto, para entender al Estado y a su Administración Pública, para criticarlo o para plantear su necesaria reforma, estimamos que debemos comenzar por analizar los diversos elementos condicionantes del mismo, tanto económico-sociales como políticos, y sus efectos lo cual haremos en forma separada en esta Primera Parte, junto con uno de los principales problemas que le plantean: la corrupción administrativa.

I. LOS CONDICIONAMIENTOS ECONÓMICO-SOCIALES DEL ESTADO Y DE SU ADMINISTRACION PÚBLICA

La posición que tiene el Estado en relación al sistema económico y social, no sólo da origen a un nuevo y preeminente papel que debe cumplir, como conformador de dichos sistemas, sino que conlleva unos condicionantes básicos que provocan nuevos y concretos papeles que debe asumir, particularmente a través de su instrumento fundamental: la Administración Pública. A la vez estos condicionamientos económicos y sociales han provocado una serie de distorsiones en el papel del Estado y su Administración Pública que es necesario denunciar y corregir.

A continuación analizaremos, por tanto, en primer lugar la relación entre el Estado, la Economía y la Sociedad; en segundo lugar, el papel del Estado y su Administración como conformadores de la realidad económica y social; y en tercer lugar, las consecuencias distorsionantes de ello en cuanto a los fines del Estado y a la expansión de su Administración Pública.

1. *Estado, Economía y Sociedad*

A. *Estado, Administración Pública y Economía*

Podemos decir que en nuestro país, ha dejado de ser objeto de disquisiciones teóricas el problema de la intervención y participación del Estado en el proceso económico. Se trata, realmente, de un hecho que forma parte de los axiomas de nuestro tiempo y que la política no puede ignorar.

La situación actual de nuestra economía petrolera, en efecto, nos muestra una dimensión inusitada del Estado en cuanto a su participación en la misma. Discutir si el Estado debe ser el guardián nocturno en el proceso económico o si el mismo puede o no ser propietario de medios de producción, no pasa ahora, de ser una discusión bizantina. La realidad ha traspasado las ideologías y en la actualidad, basta para darse cuenta de ello, tener presente los siguientes datos ofrecidos, hace algunos años, por el Consejo de Economía Nacional -insospechable de cualquier desviación ideológica- sobre "La participación del Estado en la Economía Venezolana (febrero de 1978): en 1976, luego de la nacionalización de la industria petrolera, el Sector Público representaba un 42,1 por ciento del Producto Territorial Bruto de nuestro país (p. 21); y en 1974, según cifras calculadas en 1975, el ingreso fiscal representaba un 40.3 por ciento del Ingreso Nacional, por lo que al decir del Consejo, ello revelaba "que el Estado venezolano tiene una elevadísima capacidad financiera para influir en la economía nacional en mayor grado que otros países, incluso respecto a países industrializados" (p. 4). En éstos, señala dicho Informe, "los ingresos fiscales ordinarios representan entre un 15 por ciento y un 40 por ciento del Ingreso Nacional; y en las naciones con un bajo nivel de ingreso por persona, los ingresos fiscales no pasan del 14 por ciento del Ingreso Nacional" (p. 5). Es fácil constatar la acentuada participación del

Estado en la economía nacional, sobre todo si se compara ese porcentaje del 40.3 por ciento en la relación Ingreso Fiscal - Ingreso Nacional con el de otros países: Suecia 34.3 por ciento; Francia 20.7 por ciento; Alemania Occidental 22.8 por ciento; Italia 19.2 por ciento; Suiza 18.2 por ciento; Japón 16 por ciento y España 12 por ciento.

Un Estado cuyo Ingreso Fiscal y cuyo Producto supera el porcentaje del 40 por ciento en relación al Ingreso Nacional y al Producto Territorial Bruto, se nos presenta con una dimensión que representa un condicionamiento importantísimo para la Administración Pública.

La nuestra no es una Administración Pública de un sistema económico liberal basado en un Estado negativo, guardián, gendarme, no interventor sino para sostener y promover, los capitalistas privados. Tampoco la de un Estado que monopoliza la apropiación de la totalidad de los medios de producción. Es decir, la posición del Estado en nuestra economía no autoriza a indicar que su Administración sea, económicamente hablando, ni la de un Estado liberal-burgués ni la de un Estado Socialista.

Estamos, al contrario, en presencia de una Administración de un Estado en un sistema político de economía mixta en el cual aquél interviene, controlando y regulando la economía privada; apropiándose, a veces, monopolísticamente, de ciertos medios de producción sin siquiera apelar al clásico principio liberal de la subsidiaridad; y en fin, ordenando todo el proceso económico, tanto del propio sector público como del sector privado, a través de mecanismos planificadores que no son ya solo indicativos para el sector privado como la ortodoxia planificadora de occidente lo enseña, sino la más de las veces, aun cuando indirectamente, de carácter imperativo.

Un Estado que, si bien no es el único propietario de los medios de producción, sin embargo, es su principal detentador individualmente considerado, y por consiguiente, bajo ese mismo ángulo, el principal inversionista, el primer financista, y el más importante empleador, condiciona, sin duda, notablemente a su instrumento político por excelencia: su Administración Pública.

B. *Estado, Administración Pública y Crisis Económica*

Pero en la actualidad, un nuevo elemento económico condiciona nuestra Administración Pública, y esta es la crisis económica que afecta a todos los países latinoamericanos, y que se manifiesta con particular incidencia en la Administración, dado su papel preponderante en la Economía.

En los últimos años, el crecimiento del Producto Territorial Bruto en el país (en el cual participa el Estado en más de un 40 por ciento, como hemos dicho) descendió, y fue más bien negativo; la deuda externa, tanto pública como privada, ha llegado a niveles sin precedentes y de los más altos de América Latina; la tasa de desempleo ha aumentado considerablemente; por primera vez en muchas décadas el país comienza a sentir los efectos de la inflación; y no se aprecia en un futuro próximo, aumento posible en el precio del petróleo en forma tal que sin esfuerzo, de nuevo, podamos resolver aspectos de la crisis.

Este factor, sin duda, condiciona la Administración Pública actual: por primera vez, realmente, surge como ineludible la necesidad de cambiar el patrón del gasto público. No se trata, solamente, de reducir el gasto, cortando porcentualmente y en general, los créditos presupuestarios a los distintos entes públicos, sino que de lo que se trata es de cambiar una Administración formada durante décadas para el gasto, e incluso para el despilfarro, y comenzar a gerenciar el Estado con criterios de escasez. En esta forma, el criterio de productividad del gasto público, por primera vez tendrá que adoptarse en la Administración Pública, con la característica de que deberá hacerse para la adopción de decisiones en áreas sociales, que involucran muchas veces programas de ámbito masivo o complejos.

La gerencia de la crisis económica, sin duda, tiene que obligar a la Administración a reformarse, para atender la toma de decisiones y la administración de programáis sectoriales, con criterios muy diferentes a los de la abundancia.

C. *Estado, Administración Pública y Sociedad*

El Estado en Venezuela, hemos dicho, es la organización política de la Sociedad, y como tal, el instrumento de la Sociedad para el logro de los objetivos plasmados en el pacto político constitucional: el bien común, la justicia social, el orden democrático y el respeto a la dignidad humana. Tal como el propio Preámbulo de la Constitución lo dice expresamente: "proteger y enaltecer el trabajo, amparar la dignidad humana, promover el bienestar general y la seguridad social; lograr la participación equitativa de todos en el disfrute de la riqueza, según los principios de la justicia social, y fomentar el desarrollo de la economía al servicio del hombre", además de "sustentar el orden democrático como único e irrenunciable medio de asegurar los derechos y la dignidad de los ciudadanos".

Para los estudiosos de la historia de las ideas políticas quedaron, por tanto, los postulados liberales que establecían un dualismo entre la Sociedad y el Estado, concibiéndose como sistemas autónomos, y que pretendían construir el sistema social, frente al Estado, para salvaguardarlo de él. Conforme a esa doctrina, por tanto, el Estado estaba limitado y no tenía responsabilidades sociales: las libertades se establecían frente al Estado, y el bienestar colectivo debía emanar del libre juego de las fuerzas de la Sociedad. De allí la idea decimonónica de Estado de Derecho, como pura forma, construida para limitar el poder estatal, y en la cual jugó tanto papel el principio de la separación de poderes. En la Venezuela actual, al contrario, el Estado se nos presenta como parte e instrumento de la sociedad, a través de cuya Administración deben actualizarse los derechos individuales, económicos y políticos, y con la responsabilidad de ser el actor y gerente principal del proceso de desarrollo económico y social. Este Estado ya no es sólo un Estado de Derecho formal, sino que lo es, pero con un contenido social imprescindible.

Por otra parte, en la misma historia quedaron también los postulados marxistas clásicos que veían en el Estado el mero y dócil instrumento de la clase dominante para la explotación de la clase dominada y que, por tanto, como tal instrumento de opresión, debía ser eliminado. De acuerdo a esta ortodoxia, los cambios que se pretendieran introducir en la superestructura, es decir, en las instituciones, incluyendo las estatales, de nada servirían por sí solos y serían imposibles sin cambios radicales en las estructuras económicas y sociales; o si se quiere, los cambios que pudieran realizarse en la superestructura jurídico- política, sólo se producirían como reflejo de los cambios en la estructura económica y en la correlación de la lucha de clases.

Esta concepción mecanicista y determinista hoy en día es rechazada incluso por los propios marxistas. No sólo es irreal y cuando menos, anárquica, plantear en el mundo contemporáneo la eliminación del Estado, sino que el mismo dogma de la dominación clasista del Estado está superado, sobre todo al tenerse en cuenta el foso histórico que separa las realidades y situaciones de los países europeos del siglo pasado, cuyo análisis dio origen al referido dogma, con las sociedades contemporáneas como la venezolana.

En efecto, al analizarse nuestro sistema estatal surge con evidencia que el mismo goza de una autonomía específica frente a la estructura económica, aun cuando ésta siga teniendo un papel decisivo. El fenómeno de actuación y papel del Estado, en nuestro país, es mucho mas complejo, como lo es en todos los países contemporáneos, para poder explicarlo mediante una simple determinación economicista la cual, quizá, pudo ser más clara en los sistemas políticos-sociales europeos del siglo pasado. En Venezuela, y aún admitiendo, a pesar de la autonomía específica de la instancia política, que el Estado está y ha estado condicionado en su función por una determinada relación de producción capitalista, sin embargo, parece indudable que hoy, dicho Estado no está controlado por una clase económica dominante que supuestamente lo utilizaría como dócil instrumento de explotación.

Al contrario, la realidad nos muestra que la relación entre Estado y Sociedad se configura de distinta manera: el Estado es parte de la Sociedad, procede de ella, es su organización y como tal, es su instrumento político para la consecución de sus fines y, particularmente, del bien común. En tal virtud, el Estado tiene la responsabilidad fundamental de conducir la Sociedad, y los derechos individuales no se conciben como derechos frente al Estado, sino a través del Estado. Este, particularmente a través de su Administración, tiene responsabilidades sociales frente a todos los estratos de la Sociedad bajo el postulado de la justicia social. El Estado conjuga los diversos requerimientos y exigencias de la Sociedad, de sus clases y estratos, y busca satisfacerlos. La Administración Pública del Estado tiende así a convertirse en el instrumento de todas las clases y grupos, y si bien es cierto que algunos grupos económicos han tenido un relativo dominio respecto de las acciones y políticas del Estado, no es menos cierto que éste presenta una autonomía específica que tiende a acentuarse, para ponerlo al servicio de los intereses generales y la justicia social. El Estado y su Administración, en nuestro país, por tanto, está dominado, sí, pero pluralísticamente, por los diversos grupos organizados, por lo que hay intereses concurrentes que se expresan democráticamente y a los cuales debe servir.

2. *La Administración conformadora de la realidad económica y social*

A. *La conformación de la realidad económica y social*

La posición del Estado en la Economía, en la Sociedad y en el sistema político, como partes o subsistemas, todos, interrelacionados, interconectados y entrecruzados de un solo sistema o totalidad, sin la menor duda, le plantean nuevas tareas y responsabilidades que lo apartan de los modelos políticos tradicionales. El Estado se nos ha venido configurando, como se dijo, como un Estado Democrático y Social del Derecho, cuya Administración Pública debe conformar la realidad económica, social y política, con un papel activo y comprometido en esa conformación. Si la idea democrática debe ser consubstancial al Estado Social de Derecho, y por ello hablamos de Estado Democrático y Social de Derecho, ello es en el sentido de que no sólo debe perfeccionarse la democracia política, para que deje de ser un mero ejercicio quinquenal de elección de los gobernantes y se convierta en el medio de participación y organización de la Sociedad, sino de que debe también lograrse la plena realización de la democracia económica y de la democracia social.

Bajo esta idea democrática, por tanto, el Estado, en primer lugar, debe conformar el sistema político, para hacerlo participativo, organizando al pueblo de manera que el hombre en sociedad supere la sola categoría de masa; es decir, debe democratizar la democracia política. En segundo lugar, el Estado debe conformar la Economía, para permitir, por la acción de su Administración, la participación equitativa de todos en el disfrute de la riqueza, según los principios de la justicia social, y para fomentar - el desarrollo de la economía al servicio del hombre, es decir, debe hacer efectiva la democracia económica, Y en tercer lugar, el Estado debe conformar la Sociedad, con el objeto de que su Administración, respetando y amparando la dignidad humana, no sólo satisfaga las necesidades vitales y existenciales de la población, aumentando su nivel de ingreso y asegurando a todos una existencia digna y provechosa para la colectividad, sino que promueva la misma Sociedad, a través de la organización del pueblo; es decir, debe instaurar un sistema de democracia social.

Este nuevo papel del Estado, como Estado Democrático y Social de Derecho y por supuesto, de su Administración Pública, en esta búsqueda y perfeccionamiento de la democracia política, económica y social, le plantea a ésta una serie de tareas, muchas de las cuales ahora realiza, y que deben ser clarificadas, reforzadas o asumidas, según los casos. Esas tareas dan origen a varias facetas en su actuar, tanto en el campo económico y social que analizaremos seguidamente.

B. *Las tareas de la Administración Pública en el campo económico*

La intervención del Estado en la Economía y el papel que éste ha venido ocupando en el sistema económico le han venido imponiendo a su Administración una serie de tareas para conformar la realidad económica, cuyo cumplimiento da origen a varias facetas de su actuación.

En primer lugar, la Administración es una *Administración reguladora*, en el sentido de que a la misma corresponde, conforme al orden legal, establecer las reglas de juego de la economía privada, o velar por su cumplimiento de manera de garantizar a todos el ejercicio de la libertad económica. En esta regulación, por supuesto, la Administración tendría que tener por norte el respeto de la seguridad jurídica, no pudiendo dichas reglas cambiarse al capricho de los gobernantes. La conducción y regulación de la economía, no puede basarse en un simple proceso de prueba o error, según las incompetencias de los Ministros o funcionarios más influyentes, sino que requiere criterios precisos, prospectivos y justos.

Pero además de Administración reguladora, en secundo lugar, es también una *Administración contralora* del ejercicio de la libertad económica para proteger a los débiles económicos, evitando la indebida elevación de los precios y las maniobras abusivas tendientes a obstruir el ejercicio de la libertad económica por aquellos. En su faceta contralora de la economía es que la Administración puede garantizar a todos el derecho a tener acceso a la actividad económica, aún bajo el solo papel de consumidor o usuario. Sin embargo, el control, por el control mismo, puede atentar contra el mismo ejercicio de la libertad económica, como sucede, con frecuencia, de lo que comúnmente se conoce como permisología.

En tercer lugar, la Administración es una *Administración de Fomento*, en el sentido de que, al protegerse, constitucionalmente la iniciativa privada, la Administración del Estado debe promover, estimular, en definitiva, fomentar el desarrollo de actividades económicas por el sector privado. Sin embargo, no se trata del fomento indiscriminado y desordenado que ha caracterizado, en los últimos años, el derroche administrativo de los entes crediticios del Estado, sino de una técnica de promoción y estímulo que adecúe la actividad privada a los planes de desarrollo económico y social del país.

Por otra parte, la Administración de Fomento tiene que seguir realizando las clásicas actividades de creación e infraestructura física y equipamiento del territorio, pero dentro de una política racional de orientación del gasto público, de manera de establecer las bases para el desarrollo de las actividades económicas, tanto del sector público como del sector privado.

En cuarto lugar, y en virtud de los mismos postulados constitucionales que le permiten, directamente, y sin el imperativo de la subsidiariedad, la intervención activa en la Economía como productor de bienes y servicios, la Administración del Estado, es una *Administración empresarial.* Como tal, debe desarrollar una actividad industrial monopolíticamente, en las áreas económicas que el legislador ha reservado al Estado por razones de conveniencia nacional, tal como ha sucedido en las industrias petroleras, de explotación del hierro y del gas, militares y nuclear. Debe, además, desarrollar bajo el control del Estado la industria básica pesada, tal como lo ha venido haciendo en el campo siderúrgico o petroquímico; y debe asumir empresas, aún en concurrencia con los particulares, en las actividades en que ello sea necesario desde el punto de vista de la política económica de desarrollo. Pero en esta faceta, la Administración también debe definir reglas de juego precisas, con el objeto de asegurar al sector privado un mínimo de estabilidad y seguridad jurídica. El Estado, en Venezuela, tiene suficiente de qué ocuparse como empresario, con las industrias nacionalizadas, las industrias básicas y otras grandes empresas y corporaciones, para estar interviniendo, activamente, en empresas de toda índole. El Estado, con lo que tiene a nivel de producción de bienes y servicios, no puede seguir convirtiéndose, además, en hotelero, talabartero, artesano o vidriero.

Por último y en quinto lugar, desde el punto de vista económico, la Administración del Estado es una *Administración Planificadora*, pues a ella corresponde la responsabilidad de definir las políticas de desarrollo, elaborar los planes y programas de acción gubernamental, y ejecutarlos a través de los mecanismos presupuestarios o de programación anual. En este campo, la planificación debe ser reevaluada y redefinida. No se trata de realizar un ejercicio teórico o de mera asesoría económica. Se trata de definir, prospectivamente y a largo plazo, lo que la Sociedad quiere de nuestro país, para luego precisar en un mediano plazo, en un plan quinquenal, el desarrollo de una acción gubernamental concreta. Para ello, no sólo tiene que desarrollarse una planificación concertada y democrática, que permita a los sectores interesados tanto del sector público como del sector privado, intervenir en su concepción y desarrollo, sino que la Administración tiene que hacer participar en las tareas de formulación y adopción de los planes a los órganos legislativos, como recientemente lo regula la Enmienda Constitucional N° 2 de 1983. De nada o de muy poco vale un Plan que adopte la Administración aisladamente, si el órgano político-legislativo no lo hace suyo, y fio lo sigue en las asignaciones presupuestarias que debe autorizar anualmente.

La planificación, no es sólo una operación técnica, es un proceso político, y como tal debe ser desarrollado de manera de garantizar la participación, en el mismo, tanto dé las instituciones políticas y administrativas como de los grupos de intereses de la comunidad.

Por otra parte, la planificación no solo debe ser eco- nómico-social, sino también, físico-espacial, conforme a la Ley Orgánica para la Ordenación del Territorio, de manera que se asegure un proceso racional y equilibrado de ocupación del territorio, guiado por una política definida, también, prospectivamente. En esta política nacional de ordenamiento del territorio tiene que ubicarse la política de desarrollo urbano y de protección del ambiente.

Pero además, derivado de la crisis económica, la Administración debe ser una Administración orientadora de la economía, pero con criterios de productividad del gasto, de manera de volcar el producto económico, efectivamente, en progreso social. Para ello, resulta evidente, la política de concertación democrática debe presidir las acciones de la Administración, sin que ello signifique caer en un corporativismo que disminuya la autoridad del Estado.

C. *Las tareas de la Administración Pública en el campo social*

Pero además de estas tareas de la Administración en el campo económico, que nos la muestran como una Administración reguladora, de control, de fomento, empresarial y planificadora, al corresponderle también la conformación de la Sociedad, tiene, además, una serie de tareas en el campo social, que dan origen a otras facetas.

En primer lugar, la Administración es, ante todo, una *Administración distribuidora y redistribuidora de la riqueza*, tanto de la que logra por su propia actividad económica industrial, por ejemplo, la petrolera, como la que obtiene del sistema tributario. Por ello, no siendo el Estado propietario exclusivo de los medios de producción, y garantizando el orden constitucional la posibilidad de acumulación de la riqueza en manos particulares, corresponde a la Administración del Estado, con el objeto de elevar el nivel de ingresos dé la población y asegurar el desarrollo de la economía bajo los principios de la justicia social, actuar como gran distribuidora y redistribuidora de la riqueza, con el objeto de lograr elevar el nivel de vida de la población. Esta tarea de redistribución de la riqueza, aunada a la distribución de su propio ingreso derivado de su actividad empresarial, requieren una reorientación profunda del gasto público y de la estructura administrativa del Estado, para ponerlos al servicio de esas tareas, ya que en la actualidad tienen una orientación distinta, algunas veces de concentración de la riqueza y despilfarro.

Pero dentro de las tareas de la Administración en el campo social, en segundo lugar, y como parte de la más amplia de servir de agente de redistribución de la riqueza para el logro de la justicia social, tiene una tarea directa de carácter asistencial y prestacional, y que la configura como una *Administración prestadora de Servicios Públicos*, que está en vías de consolidarse en Venezuela.

Ciertamente, la Administración presta servicios de salud, de educación, de proveedor de viviendas, de transporte colectivo, de teléfonos, de correos, de distribución de agua, etc., pero sin embargo, todas esas actividades prestacionales, o son insuficientes o están deficientemente realizadas. Hay escasez de viviendas, y el panorama de las áreas marginales de las grandes y medianas ciudades lo muestra a la vista; enfermarse constituye la mayor tragedia que puede pasarle a una persona; en el correo ya nadie cree; la educación está signada por el fantasma del cupo; el transporte colectivo es de los mayores martirios o peligros que pueden correr los usuarios en los actuales 'momentos; y el agua no llega a todas partes. La tarea prestacional del Estado, vieja en su concepción es, sin embargo, la que quizás, más requiere de revalorización y ejecución. Además, la misma expansión económica, la difusión de niveles de vida superiores a través de los medios de comunicación y los contrastes de la vida citadina, ya han creado una clara conciencia en el pueblo de que, al menos, la acción del Estado debe estar orientada a proveer y prestar servicios al ciudadano. Y ya no se contenta al pueblo con promesas: o se prestan, en el futuro, eficientes servicios o el pueblo los va a exigir, colectiva y violentamente. Ya no soporta la burla del Estado rico que ni siquiera es capaz de proveer los mínimos y elementales servicios públicos.

En tercer lugar, también en el campo de lo social, la Administración tiene la tarea fundamental de ser una *Administración de promoción social*. Aquí es donde el Estado Democrático y Social de Derecho se manifiesta con características específicas. El desarrollo social, tal como también sucede en el campo económico, no puede ser un desarrollo espontáneo. La Administración tiene que ser el instrumento responsable, como conformadora de la Sociedad, de promoverla, para hacer efectivo el respeto a la dignidad humana, es decir, el libre desenvolvimiento de la personalidad del hombre.

Por ello, la tarea de promoción social, sobre todo ante un creciente fenómeno de marginalidad social, es consustancial al Estado Democrático y Social de Derecho: promoción a la familia, de la niñez, de la juventud, del adulto, de la vejez, de manera de lograr, no sólo la participación de todos los estratos de la población en los procesos sociales, sino de lograr el desarrollo de las propias individualidades y capacidades creadoras. La educación y la cultura popular, que no de masas, deberán ser los instrumentos fundamentales de promoción social.

En cuarto lugar, la Administración debe ser una *Administración organizadora* para la participación, como mecanismo para perfeccionar la democracia. En efecto, la democracia participativa requiere de la organización de la población, la cual no puede ser tampoco espontánea, salvo que se corra el riesgo de la anarquía; y al contrario tiene que ser desarrollada, promovida y organizada por el Estado. '

En esta misión de organizar la sociedad, la Administración del Estado debe asumir la responsabilidad de establecer y promover los canales de participación del pueblo en los procesos políticos y administrativos, tanto locales como regionales y nacionales. El pueblo como vecino, como usuario, como consumidor, como trabajador, como artesano, como empresario, como profesional, no sólo debe ser oído y consultado, para conjugar los diversos intereses, sino que debe participar en el proceso de formación y toma de decisiones. La Administración Pública, en tal sentido, debe promover, por ejemplo, la organización de las Juntas o Comités de vecinos, de usuarios, o de consumidores, tal como ha promovido y alentado las organizaciones gremiales, sindicales, profesionales y de industriales y comerciantes.

La participación, en esta forma tiene que ser una política global de conformación de la Sociedad en todos sus niveles y estratos.

Pero además de su faceta como Administración organizadora, desde el punto de vista político-social también es una *Administración de libertades*, noción, que por supuesto, no debe ser entendida desde el punto de vista puramente formal, como fue la noción clásica, que concebía las libertades como un límite a la acción estatal y una protección frente a las intervenciones del Estado. Cuando hablamos de Administración de libertades en el mundo contemporáneo, al contrario, se destaca el contenido material de las libertades económicas y sociales, además de las políticas e individuales, en el sentido de que debe ser la vía para la realización de las libertades y no el ente al cual se le oponen las libertades. Así, la misión de ía Administración, por sobre todo, y en base a los principios de la dignidad humana, es hacer posible y efectivas las libertades públicas.

La noción de participación vuelve a surgir aquí, para que la consagración de derechos y libertades no convierta al pueblo en un mero objeto de asistencia estatal.

Para garantizar esta efectiva Administración de libertades, y la propia participación, la acción de la Administración tiene que tornarse cada vez más transparente: sólo así la Sociedad podrá controlar el rumbo de su acción.

3. *Los fines del Estado y la expansión de la Administración Pública*

Todas estas tareas de conformación de la realidad económica y social han tenido sus repercusiones en la Administración Pública, cuya organización administrativa, sin duda, es la respuesta institucional a los fines del Estado. Por ello, la evolución de la Administración Pública está íntimamente relacionada con la evolución de los fines del Estado y de sus instituciones.

Esta puede caracterizarse por un proceso creciente de intervención en la vida económica y social, y que deriva de las nuevas finalidades y responsabilidades del Estado en materia económica y en materia social, como agente y promotor del desarrollo.

La asunción progresiva de estos nuevos fines ha dado origen a muchos problemas, derivados de la expansión de las intervenciones administrativas en relación a los particulares; de la inflación inusitada de la Administración Pública, particularmente, la descentralizada funcionalmente; y de la distorsión de las políticas estatales; lo que ha provocado la propagación de las técnicas planificadoras para ordenar la acción administrativa.

A. *La expansión de las actividades ' e intervenciones administrativas y la "permisologia"*

Una de las características de nuestra Administración Pública, derivada de la expansión de sus actividades e intervenciones, son los excesivos y desordenados sistemas de control administrativo sobre todo tipo de acciones de los administrados, a través de las figuras de las autorizaciones, licencias y permisos. En general, a medida que han surgido regulaciones administrativas de aspectos de la vida económica y social que afectan a los administrados, se han ido estableciendo requisitos de autorizaciones administrativas previas, que no sólo hacen lenta la marcha' del aparato administrativo, sino que complican innecesariamente los procedimientos administrativos, contribuyendo a que se generen focos de corrupción en la función pública o grupos de intermediarios o de gestores para agilizar las tareas administrativas.

Estos requisitos de permisos, licencias o autorizaciones, en general han sido formalmente establecidos en leyes y reglamentos, a medida que surgían las intervenciones y necesidades administrativas, y su estudio y comprensión ha venido dando origen a la llamada "permiso- logia", es decir, especie de ciencia de los permisos en el procedimiento administrativo, para poder descifrar el actuar de la Administración Pública.

La permisologia, en todo caso, se ha convertido, al configurarse como instrumento de control por el control mismo, en uno de los principales problemas de la Administración, y en uno de los más grandes obstáculos al ejercicio de los derechos particulares.

B. *La inflación de la Administración Pública, en particular la Administración Descentralizada*

Pero la ampliación progresiva de los fines del Estado, hasta dar origen al Estado Democrático y Social de Derecho actual, ha provocado también, una inflación inusitada de la organización administrativa, en especial, de la descentralizada funcionalmente.

En efecto, los últimos cuarenta años, con motivo de los cambios operados en el papel del Estado como agente y actor en el proceso de desarrollo económico y social, han sido testigos de una expansión del sector público centralizado, traducida en la creación de nuevos Ministerios o modificación de los que existían, y en la creación de Oficinas Presidenciales de la más variada naturaleza. Así, la Administración Central ha ampliado su radio de acción e intervención, mediante nuevas instituciones, respondiendo a los nuevos fines y a las nuevas responsabilidades del Estado Social.

Pero si bien este proceso de expansión se produjo en la Administración Central en forma significativa, debe decirse que en la Administración Descentralizada, mediante la creación de institutos autónomos y empresas del Estado, el fenómeno, además de rápido, fue de proporciones incalculables. Basta recordar, que desde el punto de vista del gasto público consolidado, la distribución porcentual del gasto entre la Administración Central y la Administración Descentralizada en Venezuela se invirtió completamente entre 1960 y 1975: en 1960, el gasto público del gobierno central representaba el 70 por ciento del gasto público consolidado, por lo que la Administración Descentralizada representaba el 30 por ciento de dicho gasto; a partir de 1975, dicho porcentaje se invirtió así: el 28 por ciento del gasto público consolidado se erogaba por la Administración Central, y el 72 por ciento a través de la Administración Descentralizada. Este solo dato basta para apreciar la magnitud del crecimiento y expansión de la Administración Descentralizada, en un proceso que parece, sin duda, irreversible.

Esta inflación administrativa ha tenido entre otras, al menos dos repercusiones en nuestra Administración Pública.

En primer lugar, ha provocado un debilitamiento de los órganos de la Administración Central, particularmente la ministerial, frente a la magnitud y poder de algunos institutos autónomos y empresas del Estado, hasta el punto -de que para manejar algunos de ellos, ha sido necesario darle rango de Ministro al Presidente del ente autónomo (tal es el caso del' Fondo de Inversiones de Venezuela, y recientemente, para competir con su poder accionarial, de la Corporación Venezolana de Guayana). Para calibrar la magnitud del problema, en todo caso, basta con pensar en nuestras empresas petroleras nacionalizadas, que giran en torno a Petróleos de Venezuela, S. A., cuyo excesivo poder y autonomía, junto con la de otros entes descentralizados, algunas veces han dificultado la acción de los Ministros como órganos políticamente responsables de un sector de actividad pública.

En segundo lugar, la inflación de la Administración Descentralizada ha dado lugar a un entorpecimiento de la función planificadora de los órganos centrales de planificación y de los Ministros responsables de cada sector, en virtud de la dispersión, variabilidad, debilidad o ausencia de efectivos mecanismos de control en relación a los entes descentralizados que actúan en cada sector. La creación de institutos autónomos y empresas del Estado no obedeció, en nuestra Administración Pública, por supuesto, a una programación preconcebida, sino que fueron estableciéndose, sin orden ni concierto, a medida que las exigencias sociales y económicas se planteaban al Estado. Este proceso ha provocado, una falta de coherencia en la Administración Pública, que a pesar de los esfuerzos teóricos realizados, no hemos logrado corregir.

Sin duda, puede afirmarse que el principal problema organizativo de nuestra Administración Pública, está en esta inflación administrativa de institutos autónomos y empresas del Estado la cual ha dado origen a un crecimiento desmesurado de la Administración Descentralizada, en perjuicio, política y administrativamente hablando, de la Administración Central o Ministerial.

C. *La distorsión de las políticas estatales*

El papel del Estado en nuestro país, como actor, agente y promotor del proceso de desarrollo económico y social, y en consecuencia, las nuevas, responsabilidades y fines económicos y sociales que ha asumido, se ha ampliado considerablemente; su campo de acción abarca ahora, aspectos de desarrollo económico, de desarrollo social y de desarrollo físico y ordenación territorial.

Sin embargo, en años recientes, el desarrollismo, como política económica que pone su acento en el logro de un crecimiento económico acelerado, produjo una distorsión en las políticas estatales, desatendiéndose aquellas del orden social y de protección al ambiente. La Administración Pública, así, muchas veces han dado más importancia a la creación de empresas en el campo industrial, por ejemplo, que a asegurar una prestación eficiente de los servicios públicos tradicionales y elementales, o a la protección del ambiente y de la calidad de la vida. Hemos querido ser, por ejemplo, un gran productor de acero, pero sin saber transportar correspondencia de modo de asegurar que en 24 horas una carta circule de un extremo a otro de nuestro país; hemos querido establecer una industria de construcciones navales o aeronáuticas, pero sin asegurar a la población el derecho efectivo a la recuperación de la salud, mediante un adecuado servicio nacional de atención médica; hemos querido realizar grandes obras de infraestructura y de desarrollo físico, pero ocupando incontroladamente el territorio con consecuencias degradantes para el ambiente y la calidad de la vida. En fin, hemos querido desarrollar al Estado Empresario y su Administración Empresarial, y nos hemos olvidado de la Administración de Servicios Públicos, siendo ésta la que sirve directamente al ciudadano. Así, hemos alejado al Estado del ciudadano y se hace necesario, por tanto, volverlo a poner a su servicio.

Sin dejar de lado, por supuesto, las políticas económicas de desarrollo industrial, nuestra Administración Pública debe hacer el más grande esfuerzo por definir prioridades en la ejecución de las políticas públicas, particularmente en relación a los problemas sociales que son, sin duda; los de mayor importancia y urgencia. Para definir estas prioridades y evitar las distorsiones referidas, nuestro país ha venido tratando de desarrollar técnicas planificadoras para ordenar la acción administrativa, aun cuando si las analizamos globalmente, sin éxito.

D. *La propagación de las técnicas planificadoras para ordenar la acción administrativa*

En efecto, puede indicarse como otra característica de la Administración Pública, el desarrollo, en las últimas dos décadas, de la planificación como técnica para la ordenación de la acción administrativa. La expansión de las actividades del Estado, la inflación de la Administración Descentralizada, la distorsión de las políticas estatales han hecho tomar conciencia a nuestros administradores, aun cuando a veces sin la fuerza suficiente, de la inadecuación de la sola función presupuestaria para la ordenación de las actividades administrativas. De allí el desarrollo que a partir de finales de la década de los años cincuenta, ha tenido la función planificadora y que ha llevado, no sólo al establecimiento de una organización administrativa para la planificación (Cordiplan, 1958), sino al diseño, aunque sin implantación definitiva, de un sistema administrativo de planificación, con aspectos sectoriales y regionales y con formulaciones de largo, mediano y corto plazo, incluso con proyecciones espaciales (Ley Orgánica para la Ordenación del Territorio, 1983) y consagración constitucional en la Enmienda N° 2 a la Constitución de 1983.

Nuestra Administración Pública ha sido, sin duda, campeona en la formulación teórica, e inclusive formal, del sistema de planificación, pero no ha sido capaz de implantarlo realmente. Se ha llegado, así, a elaborar muy buenos planes, pero no hemos sabido ejecutarlos, pues paralelamente a la formulación de los planes de desarrollo económico y social no se han ni formulado ni implementado medidas institucionales, jurídico-administrativas, para su adecuada ejecución. Inclusive, en aquellos casos en los cuales se incorporaron a los Planes de desarrollo económico-social planes de desarrollo administrativo (IV Plan 1969-1974), no se pudieron ejecutar totalmente, por dificultades políticas o de estrategia.

La misma moda reciente de la llamada planificación estratégica, que renuncia a la elaboración de un plan general y opta por la identificación de problemas para su planificación política específica, está también llamada al fracaso, si no se procede a la construcción, a la vez, de una Administración estratégica.

En este sentido, por ejemplo, la existencia de multitud de entes descentralizados en cada sector, sin la debida coordinación e integración institucional intrasectorial, ha sido uno de los obstáculos administrativos de primer orden, al desarrollo del sistema de planificación. Así, la planificación en Venezuela, en general, no ha pasado de ser un ejercicio teórico sin aplicaciones efectivas, pues no se ha tomado conciencia efectiva, de que un sistema de planificación no sólo exige planes bien elaborados, sino un aparato administrativo capaz de asegurar su ejecución.

Por otra parte, desde que se comenzó a desarrollar nuestro sistema de planificación, se trató de vincularlo con el sistema de presupuesto, de manera que el Presupuesto Anual fuese la expresión financiera de corto plazo del Plan de mediano plazo. Largos años de intentos y de reformas se han destinado a tal fin, y más clara no puede ser la intención expuesta en la Ley Orgánica de Régimen Presupuestario de 1976, y sin embargo, no hemos logrado integrar, totalmente, ambos sistemas administrativos, y muchas veces ha sido el propio órgano del sistema presupuestario (Oficina

Central de Presupuesto) el que más ha conspirado contra la efectiva implantación del sistema de planificación.

Además, debe señalarse que las técnicas planificadoras han tenido un relativo desarrollo en los campos económicos y sociales, y sólo recientemente, es que comienzan a aplicarse al desarrollo físico para ordenar la ocupación del territorio. En este aspecto, los esfuerzos por regionalizar económica y administrativamente nuestro país, estableciéndose ámbitos espaciales óptimos distintos a las divisiones político-territoriales tradicionales, para la planificación y ejecución de las políticas nacionales, aún no se han consolidado.

II. LOS CONDICIONAMIENTOS POLÍTICOS DEL ESTADO Y DE SU ADMINISTRACION PÚBLICA

Pero además de estar sometido, el Estado y la Administración Pública, a condicionantes derivados de la realidad económica y social, que dan origen a diversos problemas específicos, también están sometidos, por supuesto, a condicionantes derivados del sistema político.

En efecto, la Administración Pública está condicionada por el sistema político, en virtud de la interrelación estrecha que existe entre Administración y Política. Para que la Administración cumpla su función de ejecución y de instrumento, tiene que apoyarse en el Poder Político; depende de él, aun cuando sin duda, a la vez, el Poder Político es tributario de la influencia de la Administración: la Administración prepara decisiones y el Poder Político las adopta. En consecuencia, hay una interrelación permanente entre los niveles políticos y la Administración; por lo que, por más que se trate de diferenciar los niveles políticos y administrativos, ello se hace muy difícil.

Esta interrelación permanente entre ambos niveles, se manifiesta, - concretamente, por una parte, en el condicionamiento e influencia que el régimen político ejerce sobre la Administración (por ello, no hay una Administración universal, válida para cualquier país, sino que siempre está condicionada por una realidad política); y, por la otra, en la participación dé la Administración en la función gubernamental y en el proceso político. A continuación, sólo nos referiremos a la primera manifestación, para luego analizar los efectos del centralismo político sobre la Administración Pública; las consecuencias del debilitamiento de las instituciones políticas sobre ella, y los problemas de la corrupción administrativa.

1. *El régimen político y la Administración*

El régimen político influencia a la Administración en variados aspectos: por las diversas potestades del Estado; por la organización de sus poderes; por la forma del Estado; por el sistema de partidos que existe; y por la acción y papel de los grupos de presión. Veamos separadamente estos diversos elementos condicionantes de la Administración.

A. *Las potestades del Estado*

Las potestades del Estado, por supuesto, dependen de los objetivos trazados que tenga el grupo político que se encuentre en el poder en un momento determinado. Si el objetivo, por ejemplo, es la transformación rápida de la Sociedad y de sus estructuras económicas y sociales, y hay elementos políticos que pueden permitir a un gobierno determinado lograr estos objetivos, habrá, sin duda, una Administración Pública con grandes poderes y muchas potestades (potestad de expropiar, reglamentaria, etc.); potestades que, en definitiva, llevan a permitir a la Administración imponer la consecución de un interés general, de transformación rápida, frente a los intereses particulares; y por tanto, una Administración que podrá sacrificar intereses particulares en vista a la consecución de un interés general.

Si al contrario, el grupo que esté en el poder, tiene como objetivo una transformación lenta de la Sociedad, dejada a las solas fuerzas del mercado, el sistema político económico dará origen a una Administración Pública con poderes limitados, donde, en muchos casos, prevalecerá el interés particular -que es el que se protege como objetivo de esa estructura estatal- sobre el interés público. Habrá un excesivo apego a la legalidad, pero a una legalidad estructurada para proteger derechos y garantías individuales; por tanto, habrá más dificultades de imponer el interés general frente a los intereses particulares.

En todo caso, debe tenerse en cuenta que la misma relación entre las potestades del Estado y la Administración se plantea, aún desligándonos del objetivo del grupo político que controle el Estado de transformación más o menos rápida de la Sociedad, en el tipo autoritario o democrático del régimen. Si se está en presencia de un régimen político autoritario, la Administración Pública tendrá también poderes aumentados (no necesariamente destinados a lograr una transformación del sistema socioeconómico, aun cuando esto, normalmente exige un régimen autoritario), lo que conducirá, por ejemplo al desarrollo de ciertas actividades administrativas como las policiales y de represión. En un sistema democrático como el nuestro, en cambio, de carácter pluralista, proliferan las administraciones destinadas a satisfacer demandas sociales, así como los mecanismos de control.

En definitiva, la Administración está condicionada tanto por los objetivos del Estado y de acuerdo a esos objetivos, por las potestades que se le asignan, tal como se ha visto anteriormente, al analizar los condicionantes económicos y sociales. Por ello, podemos decir que el sistema político-económico-social venezolano en el período democrático desde 1958, ha estado bajo la conducción política de grupos reformistas (socialdemocracia y democracia cristiana) demócratas, que en general, han propendido a un reforzamiento del Estado como instrumento de transformación social y económica.

B. *La organización de los poderes del Estado*

El papel y la autonomía de la Administración Pública también dependen de las relaciones entre los diversos poderes del Estado. Si se tratase, por ejemplo, de un régimen donde hay confusión de poderes y por tanto, donde no se puede hacer la distinción clásica entre los poderes del Estado (Legislativo, Ejecutivo, Judicial) situados en manos de órganos independientes unos de otros, situación que en el mundo contemporáneo materialmente sólo se da en regímenes de jacto; en estos casos, realmente no habría una autonomía de la Administración. Esto ha sucedido en nuestro país, en efecto, en las épocas de regímenes de hecho, particularmente cuando los Poderes Ejecutivo y Legislativo, han estado confundidos en una Junta de Gobierno. En estos casos, y recientemente, en las épocas de 1945-1946; 1948-1952 y 1958, cuando ha habido confusión de poderes, donde no se podía distinguir, orgánicamente, el Poder Ejecutivo del Poder Legislativo, sino que una Junta de Gobierno asumió tanto el poder de legislar como el Ejecutivo, no se puede sostener que existía algún tipo de autonomía de la Administración. Al contrario, en esas situaciones, la Administración estaba totalmente unida a la acción política.

En cambio, en un régimen como el actual, donde está establecida una neta distribución de poderes, la Administración se ubica en general, en el Poder Ejecutivo; y en este supuesto de separación de poderes, la autonomía de la Administración es mayor y distinta a la de aquellos regímenes que tienen confusión de poderes. Pero ello varía, por supuesto, según que se trate de un sistema de gobierno presidencial como el nuestro, o de un sistema parlamentario.

En el primero hay una neta distribución de funciones entre el Poder Legislativo y el Ejecutivo; y éste tiene como dependiente a la Administración Pública. El Parlamento, en un sistema presidencial como el nuestro, mantiene un contacto directo con la Administración Pública y tiene relaciones directas con la misma, particularmente en el ámbito del control. Sin duda, a la cabeza de la Administración Pública está el Presidente de la República y los Ministros (Ejecutivo Nacional), como instancias políticas; pero las relaciones del Parlamento con el Poder Ejecutivo, no se limitan solamente a nivel del Presidente y los Ministros, sino que también inciden directamente sobre todo el aparato administrativo.

Puede decirse que en nuestro sistema presidencial, la Administración Pública tiene dos amos políticos: el Ejecutivo- Nacional y el Congreso; o sea, que tiene relación directa con dos niveles políticos: los niveles superiores del Poder Ejecutivo y las Cámaras Legislativas, lo que le da una menor autonomía frente a esas propias instancias políticas.

En un sistema parlamentario, en cambio, la autonomía de la Administración Pública es mayor; por una parte, la Administración depende del nivel ejecutivo del Primer Ministro; pero por la otra, hay una dependencia total de los niveles ejecutivos, respecto del Parlamento. En un sistema parlamentario, el gobierno proviene del Parlamento, depende de él, y en definitiva, no puede sobrevivir sin el apoyo y confianza de aquél. Por ello, si el Poder Ejecutivo no tiene la confianza del Parlamento, o éste se disuelve, resultando necesario convocar a elecciones generales, o cae el gobierno, y debe designarse uno nuevo que tenga el respaldo del Parlamento. En cambio, en nuestro sistema presidencial, el Presidente de la República puede tener respaldo minoritario en las Cámaras Legislativas, y sin embargo sigue gobernando; es decir, en un sistema presidencial, el Presidente no depende del Congreso.

Por ello, en los sistemas parlamentarios, la forma de gobierno plantea una relación distinta entre los niveles políticos y los niveles administrativos. Las relaciones entre el Parlamento y la Administración Pública, en general, no son relaciones directas, sino a través de los, niveles superiores del Poder Ejecutivo (Los Ministros), es decir, del gobierno. El Parlamento, sin duda, tiene el control del Poder Ejecutivo y de la Administración Pública, pero ese control se realiza a través del Ministro respectivo, que a la vez, en general, es miembro del Parlamento.

En esta forma, en los sistemas parlamentarios, el Parlamento no puede cuestionar directamente a la Administración Pública, sino que tiene que hacerlo, cuestionando al Gobierno. No puede el Parlamento adoptar sanciones políticas contra los niveles administrativos sin que también aquéllas afecten al Ministro, miembro del Gobierno, de quien depende la organización administrativa. En cambio, en un sistema presidencial como el nuestro, una investigación parlamentaria sobre un ente descentralizado, por ejemplo, en principio no afecta necesariamente al Ministro del sector.

De todo ello se deduce que, en general, en los sistemas parlamentarios hay una mayor autonomía de la Administración frente al Parlamento, precisamente por su dependencia respecto del Gobierno; en cambio, en un sistema presidencial como el nuestro, la autonomía de la Administración es menor y está más sometida a controles de las instancias políticas parlamentarias.

C. *La forma del Estado*

Otro elemento del régimen político que condiciona a la Administración Pública, es la forma del Estado, según se trate de un Estado Unitario o un Estado Federal o Descentralizado.

En un Estado Unitario, en general, existe una sola Administración Pública, aun cuando tenga niveles desconcentrados. En cambio, cuando se trata de un Estado Federal, como el nuestro, no hay una sola Administración Pública, sino que la misma tiene diversos niveles netamente diferenciados. Por ejemplo, en nuestro régimen federal tenemos que distinguir entre una Administración Pública Nacional, una Administración Pública Estatal y una Administración Pública Municipal, cada una con su autonomía sin que exista algún tipo de subordinación jerárquica entre ellas, ni control de tutela alguno. En este sentido, la Administración Municipal no depende ni de la estadal ni de la nacional; cada nivel tiene sus propias competencias, sus propias atribuciones y no puede decirse que hay relación de jerarquía de ningún tipo, por más pequeño que sea un Municipio.

Insistimos, cada uno de esos niveles de Administración, en un sistema federal, constitucionalmente tiene una estructura autónoma con competencias específicas, derivado del esquema de descentralización constitucional que acompaña a ese sistema. En cambio, en una forma unitaria de Estado, no existe constitucionalmente esta situación aun cuando, en general, se reconoce una Administración Pública Local, con autonomía derivada del régimen democrático; y aún en estos casos, hay casi siempre mecanismos de intervención de esa autonomía por el Poder Central (tutela).

Como consecuencia, no hay duda de que la forma del Estado, federal o unitaria, condiciona a la Administración Pública: en principio, en un sistema federal debería haber una Administración Pública más descentralizada en los diversos niveles federales, pues la Federación es un ejemplo clásico de descentralización; en cambio, en un sistema unitario, en principio, habría una mayor centralización de la estructura administrativa, aun cuando con niveles desconcentrados en el territorio. Por ello, en formas unitarias de Estado, con base territorial extensa, se ha planteado la necesidad de instrumentar mecanismos de desconcentración, para poder actuar a nivel regional y local.

En el sistema federal venezolano, como se dijo, se distinguen tres niveles de Gobierno y Administración: el Nacional, el de los Estados y el de los Municipios. Los niveles nacionales y estadales tienen sus propios poderes de organización; en cambio, el nivel municipal depende, en cuanto a su organización, de lo establecido en leyes nacionales y estadales. Por ello, además de la Ley Orgánica del Régimen Municipal (1978), todos los Estados tienen una Constitución que regula el Poder Municipal del Estado, y conforme a ellas, las Asambleas Legislativas han dictado y deben dictar en cada Estado una Ley del Poder Municipal en las cuales se establece la organización básica de los Municipios. Pero sólo hasta allí llega el poder de organización de los mismos por las Asambleas Legislativas. De resto, en el ejercicio de sus competencias, los Municipios son autónomos.

En todo caso, en los sistemas federales, no siempre es uniforme la autonomía de las Administraciones de los Estados federados en relación a la Administración Nacional. Por ejemplo, en los Estados Unidos, el nivel estadal tiene mayor importancia administrativa que la Administración Pública Federal; en cambio, en un sistema como el de la URSS, hay mayor importancia en la Administración Pública Federal.

En Venezuela, debido a la peculiaridad de nuestro sistema federal y al centralismo del Estado, hay una mayor preponderancia de la Administración Nacional frente a las Administraciones Estadales; y tenemos una hipertrofia del Poder Nacional y del Poder Local en relación a la Administración estadal.

Tenemos, en definitiva, una federación centralizada que provoca indudablemente, una serie de consecuencias en nuestra Administración, como se verá más adelante.

D. *La democracia y el sistema de partidos*

Venezuela está regida, políticamente hablando, por un régimen de democracia pluralista, que se materializa en un sistema electoral dominado por el principio de la representación proporcional, y por un sistema de partidos de carácter múltiple. Nuestro régimen político, por tanto, está construido para hacer participar en él, a través de las elecciones y del funcionamiento de los cuerpos deliberantes y representativos, al mayor número de criterios y opiniones de manera que las voluntades políticas se formen pluralísticamente. En este proceso, los partidos políticos tienen, no sólo desde el punto de vista práctico, como resultado del ejercicio democrático de las dos últimas décadas, sino incluso, constitucionalmente, una preeminencia, hasta el punto que no es equivocado el calificativo de gobierno de partidos o partidocracia que, algunas veces, se ha utilizado para calificar nuestra democracia.

Los partidos han sido los árbitros y conductores del proceso; es a través de ellos que las voluntades políticas se han expresado y se forman; es mediante su acción que se ha concretado la representación popular. En definitiva, la voluntad del Estado se ha formado por la acción o combinación de los partidos, los cuales han dominado y penetrado no sólo las instituciones políticas, sino las instituciones y grupos de intereses de la comunidad. De acuerdo a este régimen, en Venezuela puede decirse que los partidos gobiernan; éstos tienen el monopolio del poder, de la representabilidad y de la participación; y son los más importantes voceros políticos de la voluntad popular.

Esto ha provocado, una distorsión y mediatización de la democracia, la cual, en más de una ocasión ha dejado de ser el gobierno por el pueblo y para el pueblo, y se ha convertido en un gobierno, no sólo por los partidos sino para los partidos, con su consiguiente desfiguración. La Administración Pública del Estado democrático, por tanto, frente a los diversos grupos y estratos de la población se nos presenta cómo ineficiente, no porque la democracia, como régimen político, no sirva, sino porque el sistema implementado para operarla y manejarla, no ha asegurado su efectiva realización. Y ante la precariedad y mediatización de la democracia política, se levanta el fantasma de la irrealizada democracia social y económica, cuya consecución efectiva se le impone a la Administración por la posición del Estado en la Economía y la Sociedad.

Por tanto, es evidente que la Administración Pública también está condicionada políticamente por el sistema de partidos. Por ejemplo, en un sistema de partido único la sumisión de la Administración a la instancia del partido sería total, siendo el partido el que comandaría todos los niveles administrativos. Por eso, en todos los sistemas de partido único, es muy común encontrar dos estructuras de poder en la Sociedad: una del partido y otra de la Administración Pública con niveles paralelos a todo lo largo de la jerarquía. En esta forma hay una interrelación y un control permanente entre el partido y la Administración, tal como sucede en México y en la URSS.

En estos casos, puede decirse que no hay separación entre el partido y la Administración Pública; se asciende en el partido, en tanto en cuanto se asciende en la Administración, y se es jerarca en el partido cuando se ha ascendido en la Administración Pública. En general, en esos sistemas, no se puede ser alto funcionario del partido si no se ha sido alto funcionario por la vía burocrática. En otros términos, se tiene poder político en el partido, cuando se tiene poder burocrático. En estos sistemas de partido único también, por supuesto, la pertenencia al partido es indispensable para ingresar a niveles directivos de la Administración.

En un sistema multipartidista como el nuestro, la situación, en cambio, es distinta. En nuestra sociedad democrática donde impera el pluralismo ideológico, ese pluralismo se ha concretado políticamente a través de un sistema de partidos múltiple, y la situación de la Administración ha variado según cómo se ha venido configurando el sistema multipartidista. En las oportunidades en las cuales nuestro sistema se ha aproximado al bipartidismo, sin duda, la Administración ha estado condicionada siempre por la influencia directa del partido que está en el poder. En estos casos ha habido una mayor presión partidista sobre la Administración y para aminorar esta presión es que en algunos países, como en USA, frente al llamado Spoil System (sistema del botín) se ha establecido el servicio civil siguiendo el modelo inglés, cosa que no hemos logrado establecer realmente en Venezuela. En Gran Bretaña, en efecto, se ha establecido una especie de acuerdo tácito entre los dos partidos mayoritarios para establecer la imparcialidad de la Administración Pública y mantenerle fuera de la acción partidista. Esto, sin embargo, se ha logrado debido al sistema parlamentario y a la localización de la influencia política sólo a nivel del gobierno. En nuestro país, aún no escapamos del sistema del botín y de su consecuencia directa en la Administración: la ineficiencia cíclica, con los cambios de gobierno y por la falta de continuidad administrativa.

E. *Los grupos de presión*

La mayor o menor autonomía de la Administración Pública, en relación a las instancias sociales, en todo caso, depende ciertamente de su vulnerabilidad o no, frente a la acción de los grupos de presión. Estos buscan obtener reivindicaciones de la Administración Pública, a través del logro de decisiones en el sentido que pretendan los intereses del grupo. Por supuesto, estos grupos actúan frente a la Administración Pública en forma diversa y dependiendo del tipo de Administración en concreto.

Por ejemplo, en la Administración Pública de la economía hay posibilidad de una presión más importante de los grupos económicos; así como también los sindicatos pueden ejercer presión importante en las Administraciones Públicas de carácter social. Por ello, puede decirse que en las Administraciones Públicas especializadas hay, en general, mayor posibilidad de influencia de los grupos de presión que en las Administraciones Públicas generales.

Por ejemplo, en el Ministerio de Relaciones Interiores, o en una Gobernación, no es tan fácil que penetren los grupos de presión, si se toma en cuenta la forma como pueden penetrar, en el Ministerio de Hacienda, los grupos económicos; en el Ministerio del Trabajo, los grupos sindicales, y en el Ministerio de Educación, los gremios docentes. Ello es así porque las Administraciones Públicas especializadas están generalmente ligadas al medio en el cual van a actuar, y normalmente este es uno de los elementos que contribuye a hacer efectiva la presión. En estos casos, en general, los dirigentes administrativos tienen la misma proveniencia profesional o social de r los que dirigen los grupos de presión particulares, y ello contribuye a facilitar la presión, además del elemento de especialización.

En las Administraciones Públicas generales, una Gobernación de Estado, por ejemplo, éstas no se ocupan sólo de un área específica (salud, educación, obras públicas, etc.), sino de todo lo que tenga que ver con la Administración del Estado, y ello no es campo propicio para la presión de grupos externos. En cambio, en una Administración Pública especializada (el Instituto de los Seguros Sociales, por ejemplo), al ocuparse de una área concreta (seguridad social, atención médica), los gremios de médicos, por ejemplo, tienen más posibilidad de presionar sobre el organismo, debido a la relación directa con la especialidad, tanto del grupo como del Instituto.

Con el objeto de canalizar y racionalizar esta presión de los grupos sobre la Administración Pública, se han desarrollado mecanismos para asociarlos en el proceso de toma de decisiones. Ello ha dado origen a un fenómeno patológico en la Administración Pública, en cuanto a la constitución de las comisiones, comités, consejos y todo tipo de órganos colegiados, donde se ha venido asociando a los grupos de presión.

Debe señalarse además, que si bien inicialmente los grupos presionaban normalmente en las instancias políticas, en la actualidad, éstos influyen de un modo directo sobre la Administración Pública, y actúan directamente sobre el funcionario; y no solamente esto, sino que la Administración Pública se ha organizado de manera de institucionalizar la presión internamente, a través de estas comisiones, donde se les llama a participar. Esto es un reflejo de la llamada Administración consultiva y concertada.

En algunos países, como Estados Unidos, la presión de los grupos de intereses ha encontrado mecanismos de actuación a través de personas dedicadas a influir en las decisiones, es el denominado *lobbismo*. Sin embargo, las relaciones entre los grupos de presión y la Administración Pública no siempre están institucionalizadas o son conocidas, sino que en muchos casos se trata de relaciones ocultas e informales, difíciles de precisar.

En todo caso, los grupos de presión, si bien deben participar en el proceso de formulación de decisiones, no pueden sustituir a la Administración y su autoridad en la toma de decisiones. Ello sería corporativismo, algunos de cuyos efectos lo hemos visto recientemente, con su fracaso, en algunas ejecutorías del llamado "Pacto Social", como la sanción de la Ley que crea la Comisión de Costos, Precios y Salarios (1984), que lo único que produjo fue un debilitamiento del Estado.

2. *El centralismo político y la Administración Pública*

Ahora bien, dentro de los elementos antes mencionados que políticamente condicionan a la Administración Pública, debemos hacer especial referencia al centralismo que caracteriza nuestras instituciones políticas desde comienzos del presente siglo.

En efecto, Venezuela, al lograr su independencia, políticamente era un país disgregado por la influencia del sistema español. El federalismo, que acompañó la formación de nuestro Estado Nacional durante el siglo pasado, respondió a una realidad política: la necesidad de integrar un país disgregado en Cabildos-Estados o en Provincias aisladas, y por tanto, altamente descentralizadas. El caudillismo venezolano del siglo pasado, tuvo su ropaje institucional en el federalismo, y perduró hasta que se produjo la integración política del país, con la dictadura de Gómez a principios de este siglo, cuando se consolida el proceso de centralización política, con la eliminación de los caudillos regionales y locales, y luego, de centralización militar con la creación del Ejecutivo Nacional, y de centralización tributaria, fiscal, administrativa y legislativa. La integración nacional y el desarrollo de los medios de comunicación dieron origen, por tanto a, nuevas formas políticas altamente centralizadas.

Ahora bien, en relación a la Administración Pública, esto produjo cuatro consecuencias que analizaremos a continuación: en primer lugar, la centralización administrativa; en segundo lugar, la concentración administrativa; en tercer lugar, el debilitamiento de la Administración Municipal; y en cuarto lugar, la ausencia de participación de los administrados.

A. *La centralización de la Administración Pública*

Una de las características de nuestra Administración Pública, es la excesiva centralización de la autoridad política y de las decisiones administrativas en los niveles nacionales, a pesar, incluso, de la forma federal del Estado. Por ello, como hemos dicho, somos una "República Federal Centralizada", en la cual el poder político, administrativo y jurídico no es compartido por los entes estadales o locales (Municipalidades).

Esta centralización administrativa ha implicado por ejemplo, que todas las decisiones concernientes a asuntos y problemas estrictamente regionales o estadales, no se resuelvan en la región respectiva, sino a nivel nacional, produciéndose un embotellamiento intolerable. Así, hay una subadministración en las regiones y entidades locales, confrontada con una sobreadministración a nivel nacional.

Esta situación ha provocado diversas consecuencias: una confrontación demasiado evidente, en materia de desarrollo, entre los niveles locales o regionales y el nivel nacional; y .la carencia de recursos humanos suficientes y eficientes a nivel local o regional, para asumir los programas de desarrollo. Esto provoca un círculo vicioso: no se descentraliza la toma de decisiones sobre asuntos estrictamente regionales o locales, porque no hay suficientes recursos humanos dispuestos en ese nivel; pero no habrá nunca un desarrollo adecuado de recursos humanos a nivel local o regional, si no se descentraliza, efectivamente, el poder de decisión.

En esa forma, progresivamente, nuestra Federación como esquema teórico de descentralización político-territorial, ha sido vaciada de contenido, quedando como un ropaje formal de una estructura centralizada de Estado. Los niveles estadales han sido reducidos a la casi inexistencia autonómica, por una pérdida progresiva de competencias, resultando, de todo, una asunción de tareas públicas por los niveles nacionales y, en algunos casos, municipales. La Administración Nacional, así, se ha convertido en una administración paternalista en relación a las entidades estadales y municipales, que progresivamente han pasado a depender de aquélla, incluso, financieramente, constituyendo, además, el nivel municipal, tal como hoy existe, un ámbito inadecuado para la descentralización.

Por ello, uno de los retos planteados a nuestra Administración Pública, es el de la descentralización, con el objeto de hacer participar, en los procesos políticos y administrativos de nuestro país, a los Estados y Municipalidades. Tenemos que correr el riesgo de la descentralización, revitalizando los niveles estadales autónomos o creando regiones autónomas, y solo así podremos rehacer, en el interior, nuestro país.

B. *La concentración de la Administración Pública*

Pero además de la centralización, otra de las características del sistema administrativo venezolano es el de la excesiva concentración administrativa en los niveles superiores del Poder Ejecutivo, particularmente en el Presidente de la República y el Consejo de Ministros.

Desde el punto de vista político, nuestro sistema de gobierno ha sido el- presidencialista; y éste, administrativamente hablando, ha provocado una excesiva concentración de las decisiones político-administrativas en la Presidencia de la República. El Presidente de la República, en nuestro país, tradicionalmente, sea cuando hemos tenido regímenes de *facto* dictatoriales, al asumir todos los poderes públicos, sea en el actual régimen democrático de derecho, al maximizarse el presidencialismo, ha concentrado regímenes *de facto* dictatoriales, al asumir todos los asuntos del Estado. El Presidente, así, no sólo es el Jefe del Estado y del Gobierno, sino que en muchos casos actúa como si fuera, además, a la vez, Gobernador de Estado, Prefecto de los Distritos y Jefe Civil de las poblaciones. El Presidente casi todo lo decide, o cuando menos, el Presidente se lo involucra en todas las decisiones, lo cual es caldo de cultivo para el intolerable culto a la personalidad que ha rodeado a nuestros presidentes democráticos.

Así, paralelo al centralismo a nivel nacional, se ha producido una concentración administrativa en la Presidencia que paraliza y entraba el funcionamiento de la Administración y el proceso de toma de decisiones, relegando, en algunos casos, a los Ministros a posiciones subalternas o secretariales.

En una Administración Pública que cada vez más se torna compleja y omnipresente, es indudable que otros de los retos planteados, es el de la desconcentración administrativa, de manera que los Ministros asuman plenamente el Gobierno de los diversos sectores administrativos, y se traslade, además, el poder de decisión de los asuntos nacionales que conciernen a regiones o ámbitos locales, a las unidades descentralizadas de la Administración Nacional en dichos espacios regionales o locales; organizándose además la relación Presidente-Ministros- Consejo de Ministros, de manera de permitir un gobierno efectivo.

Se impone, por tanto, la realización de un amplio proceso de delegación de atribuciones y de desconcentración administrativa, con el objeto de hacer presente a la Administración Pública en todos los sectores y en todos los niveles territoriales.

C. *La debilidad de la Administración Municipal*

La tercera consecuencia administrativa del centralismo político ha sido el debilitamiento progresivo de las instituciones administrativas municipales. El centralismo administrativo y la concentración del poder en el Ejecutivo Nacional han impedido al Municipio asumir su rol de unidad política primaria y autónoma en la organización de las instituciones del país.

Venezuela fue, ciertamente, independizada por la acción de sus Municipios, y durante buena parte del siglo pasado, tuvo una intensa vida Municipal. Ello, sin embargo, quedó en la historia. No sólo el Municipio perdió autonomía política, sino que progresivamente se le fueron arrebatando competencias en materias antaño propias de la vida local, que se nacionalizaron en virtud del proceso de centralización. Así, nuestras Administraciones Municipales son en la actualidad, los ejemplos más característicos de administraciones inservibles, vaciadas de competencia, de carácter ineficiente, y dominadas por los partidos políticos o grupos con solas apetencias burocráticas.

La reforma institucional en nuestro país, por ello, debe abarcar también, al Municipio, para hacerlo, no sólo una institución administrativamente eficiente, sino el centro de la vida política democrática y de la participación.

D. *La ausencia de participación de la comunidad en la Administración Pública*

Otra de las consecuencias del centralismo político en relación a la Administración Pública, ha sido la ausencia de participación efectiva de los administrados en la formulación y ejecución de las tareas administrativas.

Nuestro país, en este sentido, tradicionalmente se ha caracterizado por una ausencia casi absoluta de participación política, lo cual no sólo ha sido cierto en las épocas de regímenes autocráticos o dictatoriales que hemos tenido, sino en la etapa democrática actual. En ésta no ha existido una auténtica democracia participativa, sino en general, una democracia formal, pues entre otros aspectos, los partidos políticos han monopolizado la participación. La Sociedad no ha sido organizada para la participación, y el abismo entre el ciudadano y el Estado se ha abierto, en forma desmesurada. La prueba de la ausencia de participación política está, en la debilidad del régimen local o municipal.

Pero la ausencia de participación política está acompañada, también, de una ausencia de participación de los administrados en la formulación o ejecución de actividades administrativas. El ciudadano, como usuario, consumidor o simplemente vecino de una comunidad, muy pocas veces es llamado o consultado acerca de la marcha de los servicios públicos, la comercialización de los bienes o la ordenación de los asuntos vecinales. El ciudadano no ha sido organizado para la participación; está ausente de la marcha del aparato administrativo; y no participa efectivamente en su gestión. Sólo participan, realmente, como se ha indicado, los grupos de presión organizados, económicos o sindicales, sin que ello sea provocado por la propia Administración.

3. *La debilidad de las instituciones políticas y el papel de la Administración Pública*

El centralismo político, con sus consecuencias, la centralización y concentración administrativas, el debilitamiento del régimen municipal y la ausencia de participación ha provocado además, un debilitamiento progresivo de las instituciones políticas de Estado, particularmente del Poder Legislativo y del Poder Judicial, lo cual ha tenido una repercusión evidente en la propia Administración Pública. Esta ha asumido, progresivamente, un mayor rol político; se ha convertido en una institución no sometida a efectivos controles, y a la vez, ha sido penetrada por los grupos de presión. Además de su funcionamiento, como se ha dicho, han adquirido una particular preeminencia los partidos políticos.

A. *El rol político de la Administración Pública y el debilitamiento del Parlamento*

Nuestro presidencialismo, en efecto, ha facilitado la asunción, por la Administración Pública, de un rol político evidente, derivado del debilitamiento progresivo del papel de las Cámaras Legislativas.

En efecto, el Congreso como institución política de origen popular, y que tiene a su cargo la orientación política del Estado, en la práctica ha perdido vigencia progresivamente, entre otros factores, porque rio ejerce adecuadamente su papel de legislador y por ello, de conductor político a través de normas jurídicas, de la Sociedad; siendo al contrario, progresivo el proceso de transferencia y de asunción por parte del Poder Ejecutivo, de poderes legislativos. Los Decretos-Leyes y las diversas formas de ejercicio de potestades legislativas por el Presidente de la República constituyen, en la actualidad, la vía normal de regulación de áreas básicas del actuar, tanto en materia social como económica.

Por otra parte, el presidencialismo y el debilitamiento del Poder Legislativo, han acentuado el papel de la Administración Pública, no sólo en la ejecución de los objetivos políticos del Estado, sino en su formulación. La planificación, así, hasta ahora se ha configurado como una técnica política asumida por la Administración, en la cual no ha participado el Congreso. Este, por ahora, se ha limitado a intervenir en los solos asuntos presupuestarios y que aun cuando conllevan decisiones políticas, son elaborados por la propia Administración, y son exclusivamente de corto plazo. La Enmienda Constitucional N° 2 de 1983, ha consagrado, sin embargo, la vía para que el Congreso comience a participar activamente en el proceso de elaboración y ejecución de planes.

B. *La Administración Pública incontrolada*

El centralismo ejecutivo y el debilitamiento de las instituciones políticas ha provocado además, otra consecuencia de orden administrativo: la inexistencia o la debilidad de efectivos mecanismos de control sobre la Administración Pública, tanto de parte del Congreso como de parte de los Tribunales, lo que contrasta, sin duda, con la proliferación formal de mecanismos de control, sobre todo en una Administración Pública Democrática.

En efecto, dentro de las funciones tradicionales del Congreso en nuestro régimen presidencial, además de las de legislar, están las de control de la Administración Pública. Las Cámaras Legislativas, deben ser por definición, los órganos de control político de la actividad de la Administración. Sin embargo, este control, en la mayoría de los casos es muy débil, y a la larga inocuo, por la penetración y control absoluto de los partidos políticos en las Cámaras Legislativas. La experiencia de las últimas décadas en el proceso político venezolano, nos pone en evidencia que el Congreso a pesar del sistema de gobierno presidencialista con sujeción parlamentaria, no ha controlado efectivamente a la Administración Pública.

Esta situación ha acentuado la irresponsabilidad de hecho de los Ministros y funcionarios públicos, pues se tiene la seguridad de que las Memorias y Cuentas anuales de la gestión político-administrativa que deben presentar a las Cámaras Legislativas, no son realmente estudiadas. La experiencia muestra que los mismos Informes de la Contraloría General de la República, tampoco son respaldados plenamente por el Parlamento, además de que por la inflación de la Administración Descentralizada, el ámbito de control de aquélla se ha venido reduciendo paulatinamente.

De hecho, por tanto, políticamente hablando, la Administración. Pública no tiene efectivos controles.

Pero a la debilidad del Congreso, como institución política, también se añade la debilidad del Poder Judicial para ejercer un efectivo control de la Administración Pública, y ello por varias razones. En primer lugar, porque no hemos llegado a estructurar un auténtico y efectivo Poder Judicial autónomo e independiente, en virtud de que la independencia y autonomía de los jueces consagrada en la Constitución, en la práctica, se ha minimizado debido a la intervención, participación y control absoluto de la designación de los jueces por los partidos políticos. Por ello, la politización del Poder Judicial a través, lamentablemente, del Consejo de la Judicatura, es el signo más característico de la ausencia de controles judiciales efectivos en relación al actuar de la Administración Pública.

C. *La penetración de los grupos de presión en la Administración*

La pérdida progresiva de poder político por parte del Congreso, y d rol preponderante asumido por la Administración Pública, la han convertido en el foco de interés de los grupos de presión. Como se dijo, ya éstos no se mueven sólo ante el Parlamento, que como hemos visto es débil, sino que actúan directamente y sin los condicionamientos políticos del régimen deliberante o de Asamblea, ante los diversos niveles de la Administración Pública.

En esta forma, como se ha dicho, se ha producido una penetración progresiva de las estructuras y organizaciones ejecutivas, por los grupos de interés con más poder político, tales como los grupos económicos y las asociaciones o sindicatos de empleados.

Estos grupos y gremios organizados, difícilmente, dejan de obtener las decisiones por las que presionan, estando la Administración, prácticamente inerme frente a su acción. En gran número de casos, además como se señaló, los grupos de presión participan activamente en comisiones de estudio o de formulación de políticas, a través de personas que en muchos casos están mejor preparados e informados que los propios funcionarios públicos, logrando, en esa forma, una presión desde dentro de la estructura administrativa, que provoca decisiones administrativas no siempre acordes con el interés colectivo.

D. *La preeminencia de los partidos políticos en el funcionamiento de ia Administración Pública*

El debilitamiento de las instituciones políticas en nuestro país durante el régimen democrático, se ha desarrollado paralelamente a una preeminencia de los partidos políticos en relación al funcionamiento de las mismas y de la propia Administración Pública. En otras palabras, como se ha dicho, nuestro sistema de partidos ha tenido y tiene una influencia decisiva, tanto en la estructura como en el funcionamiento de la Administración Pública.

Por supuesto, como señalamos anteriormente, no tenemos la situación propia de aquellos sistemas de partidos único o de partidos dominante, donde puede decirse que normalmente se produce una simbiosis entre el partido y la Administración. El poder político allí, está interrelacionado con el poder burocrático, y normalmente hay una politización interna de la Administración. En esa situación, no es que haya un control externo del partido sobre la Administración, sino que el partido actúa, internamente, a través de los funcionarios. Estos, normalmente, deben ser militantes del partido, produciéndose en general, una confusión de roles entre el militante político y el funcionario público. Así, en los diversos períodos de la vida política, indistintamente, el partido puede estar al servicio de la Administración o viceversa. En estos casos, no puede hablarse ni se plantea la neutralidad de la Administración Pública en relación al proceso político.

En los sistemas democráticos multipartidistas, como el nuestro, en cambio, la preeminencia de los partidos políticos en el funcionamiento de la Administración Pública ha conducido, como ya hemos comentado, al denominado "sistema del botín", según el cual, el partido político triunfante en las elecciones, toma posesión de los diversos cargos y posiciones administrativas, desplazando a los funcionarios del partido perdedor. Esto ha provocado un alto grado de ineficiencia administrativa por la inestabilidad de los cuadros.

Por otra parte, en nuestro sistema, en las épocas políticas en las cuales se han producido, las coaliciones de partidos han tenido un especial efecto degradante sobre la Administración Pública, lo que sucedió al inicio del proceso democrático, cuando un partido sólo no logró la mayoría necesaria para gobernar. Estas coaliciones de partidos implicaron, por lo general, un reparto burocrático de las diversas organizaciones administrativas, con graves consecuencias en el funcionamiento de la Administración Pública, por falta de coherencia, y en la estabilidad de los funcionarios.

Para contrarrestar estos efectos degradantes en el funcionamiento y eficacia de la Administración, en Venezuela se han venido haciendo esfuerzos por desarrollar e implantar, un estatuto jurídico de la función y un sistema de administración de personal a los efectos de hacer realidad la estabilidad de los funcionarios a través de un sistema de méritos, y consagrar además su imparciabilidad política. Se dictó, en tal sentido, la Ley de Carrera Administrativa (1970), pero no hemos logrado implantar eficazmente el sistema de méritos, superar la politización de la Administración y establecer el principio de la imparcialidad política de los funcionarios. Al contrario, con cada cambio de gobierno, queda evidenciada la ausencia de permanencia en la función pública y el apoderamiento de cargos públicos por los miembros y simpatizantes del nuevo partido en el poder, sin que valgan para contrarrestar esta tendencia, los clamores por una mayor eficiencia administrativa.

En todo caso, la búsqueda de la imparcialidad política de la Administración Pública, tiene su origen en Inglaterra que fue el primer país que en el siglo pasado creó lo que se denomina el Servicio Civil (1855), como un servicio del Estado, con carácter neutro. El *Civil Service* inglés como se dijo, ha sido establecido y desarrollado sobre una especie de pacto tácito entre los dos partidos fundamentales para lograr mantener a la Administración Pública, fuera de la influencia directa de los partidos. Esta idea, sin duda, es la que ha influenciado, en teoría, la implantación de los servicios civiles en los países occidentales: la búsqueda de esa imparcialidad de la Administración Pública frente a la parcialidad o al partido político, como instrumento de acción dentro de un régimen democrático.

La concreción de estos esfuerzos por asegurar la imparcialidad política de la Administración se ha realizado, en general, mediante el establecimiento de la Carrera Administrativa para los funcionarios, de manera de garantizarles estabilidad frente a la influencia partidista. Ello incluso está previsto en la Constitución (Art. 122): "La Ley establecerá la Carrera Administrativa mediante normas de ingreso, ascenso, traslado, suspensión y retiro de los empleados de la Administración Pública Nacional, y proveerá su incorporación al sistema de seguridad social" agregándose, además, que los funcionarios están al servicio del Estado y no de parcialidad política alguna. En base a ello, como se dijo, se dictó la Ley de Carrera Administrativa (1970).

Sin embargo, esta búsqueda de la imparcialidad de la Administración Pública, que se materializa a través de los esfuerzos por establecer una Carrera Administrativa, sin duda, no ha llegado a todos los niveles. Si analizamos nuestra Administración Pública, podemos en efecto constatar que hay una serie de niveles de la misma donde ni siquiera se plantea el problema de la neutralidad frente al partido, sino que al contrario, se admite abiertamente que debe haber una unión completa entre los niveles partidistas y la Administración. Ello se plantea tanto en la Administración Nacional, como en la Estadal y Local.

Por ejemplo, a nivel central, sin la menor duda, los años cargos de la Administración Pública son, en general, cargos que dependen totalmente de las posiciones políticas, pues son cargos ligados al partido de gobierno: un Ministro, por ejemplo, es un funcionario cuya permanencia en el cargo depende de una decisión política: este funcionario por una parte, es miembro del gobierno, y como tal, condicionado por el nivel político y la decisión partidista; y por otra parte, es jefe de una Administración Pública. Tiene esta doble condición (política y administrativa) y por ello, no se puede plantear frente a un Ministro la necesidad de asegurar su neutralidad política. Pero el problema es que todo lo que rodea al Ministro, normalmente, está también condicionado por la partidización, con diversas formas, por supuesto.

Por ejemplo, en Francia, los Ministros, además de contar con una serie de Directores de Departamentos Ministeriales, disponen de un cuerpo de funcionarios que dependen directamente de ellos, denominados Gabinete, como una especie de Estado Mayor Administrativo. Este Gabinete, es el brazo político del Ministerio: le sirve de secretaría, de asesoría política, y de organismo asesor de carácter técnico. Normalmente la politización de la Administración Ministerial se manifiesta en Francia, en este nivel administrativo. En nuestro país, en cambio, la influencia partidista en la Administración Pública y particularmente en los niveles Ministeriales, a pesar de la Carrera Administrativa, llega a escala más bajas dentro de la jerarquía. En efecto, la Ley de Carrera Administrativa calificó a los funcionarios en dos grandes categorías: funcionarios de carrera, los que tienen el derecho de estabilidad en el cargo y que, por ello, en principio, pueden resistir las presiones partidistas; y los funcionarios de libre nombramiento y remoción, donde llega normalmente la influencia político-partidista.

Los funcionarios de libre nombramiento y remoción, y que, por tanto, no tienen derecho a la estabilidad en el cargo, son los siguientes: 1) Los funcionarios de alta jerarquía, como los Ministros, Jefes de Oficinas Presidenciales, Gobernadores de Estado, Comisionados Presidenciales, Presidentes o Directores de Institutos Autónomos, Directores Generales, Directores, Consultores Jurídicos de Ministerios y demás funcionarios de jerarquía similar; y 2) Los funcionarios "que ocupen cargos de alto nivel y de confianza en la Administración Pública Nacional y que por la índole de sus funciones, el Presidente de la República, mediante Decreto excluya de la Carrera Administrativa previa aprobación por el Consejo de Ministros" (Art. 4, Ord. 3, LCA). Con esta norma se abrió la posibilidad de considerar como de "alto nivel o de confianza" y por tanto, someterlos a la influencia político partidista, una serie de cargos que debían continuar neutros frente a la acción de los partidos. Lamentablemente, mediante el Decreto Nº 211 de 2 de julio de 1974, el Presidente de la República incluyó en esa categoría de cargos de alto nivel o de confianza, una serie de cargos como Asesores, Secretarios Privados, Adjuntos o Asistentes a los Directores, Jefes de Dependencias Regionales de la Administración Nacional, Jefes de división, funcionarios al servicio de los funcionarios de alto nivel, funcionarios que ocupen cargos con funciones de, por ejemplo, inspección, fiscalización, otorgamiento de licencias, control de extranjeros, compras, habilitaduría, relaciones públicas e información, reproducción, archivo, etc.; con lo que materialmente sólo muy pocos cargos escapan a la influencia político-partidista. En esta forma, a solo cuatro años de su promulgación, la Ley de Carrera Administrativa fue truncada en su aplicación lo que le impidió influir efectivamente en el mejoramiento de nuestra Administración Pública.

En el nivel estadal, los Gobernadores de Estado son de libre nombramiento y remoción por el Presidente de la República, y a este nivel, en ausencia de leyes de carrera administrativa en los Estados, la Administración de las Gobernaciones ha estado condicionada, a todos los niveles, por la influencia de los partidos políticos. Sin duda, éstos manejan con mayor intensidad esa influencia en el interior del país.

A nivel municipal, por supuesto, la politización llega a extremos quizás mayores. Puede decirse que es generalizada la idea, en nuestro régimen democrático, de que el control de los niveles municipales es una parte esencial del control del nivel político, de manera que un partido puede decirse que desaparece o no, en tanto en cuanto haya obtenido electoralmente representantes locales. El logro de esta representación municipal, por más pequeña que sea, le suministra a los partidos un elemento de vida (financiamiento indirecto) suficiente como para lograr su permanencia, lo cual se hace, precisamente, a través de los presupuestos municipales de personal.

En todo caso, el control de las asambleas locales por los partidos y por sus representantes implica el control de la Administración Municipal, y a través de ella, la posibilidad de repartir favores y mantener y aumentar la clientela política. La experiencia venezolana en el campo de la Administración Municipal y su completa politización, estimamos que es aleccionadora.

III. EL PROBLEMA DE LA CORRUPCIÓN ADMINISTRATIVA

Hemos planteado anteriormente algunos de los condicionamientos económicos, sociales y políticos de la Administración Pública que la configuran como una Administración centralizada, no participativa, incontrolada, penetrada por los grupos de presión, dominada por los partidos políticos, disgregada y cuyos objetivos políticos aparecen, con frecuencia distorsionados. Esa situación, configurada por todos esos aspectos, contribuye a que además, sea una Administración con alto grado de corrupción.

En efecto, el papel que juega el sector público en nuestra economía, sea como empleador, inversionista o contralor, provoca, por una parte, una dependencia progresiva de los particulares en relación al Estado; y por la otra, una actitud paternalista de este. El empleo público, así, muchas veces es una forma de mitigar el desempleo; los empresarios dependen para sus inversiones, en alto grado, de los créditos suministrados por el Estado; y en general, todas las actividades privadas están sometidas a autorizaciones, permisos y licencias, cuyo otorgamiento, en muchos casos, es discrecional para los funcionarios.

Esta enorme importancia del Estado y la consecuente dependencia de los administrados respecto de decisiones administrativas ha traído como consecuencia, que la Administración Pública sea el blanco común de la Sociedad para la satisfacción de intereses particulares: si todo depende de la Administración, y si ésta lo da casi todo, en general, se busca presionarla para que su decisión se realice en determinado sentido.

La Sociedad ha corrompido, así, a la Administración Pública, y esta labor se ha visto facilitada por los condicionamientos políticos. El sistema político, así, puede decirse que ha- contribuido al desarrollo de la corrupción administrativa, por lo que, con razón, se ha calificado a los sistemas de los países en desarrollo como una "cleptocracia". Esta corrupción se ha desarrollado, en particular, por la conjunción de diversos factores que la caracterizan, no porque se manifiesta en hechos aislados, sino porque se configura como un "sistema", como una gran organización para el incumplimiento de la ley. La corrupción incluso, ha servido de vehículo para el proceso de distribución del ingreso público, y en muchos casos para mantener la propia estabilidad de la democracia, con sus consecuentes efectos degradadores en la sociedad, manifestados en el facilismo y la riqueza súbita. No por ello, sin embargo, debe tenérsela como inevitable.

1. *La deficiencia de los controles y la corrupción administrativa*

El primer factor de corrupción administrativa es la ya señalada ausencia o deficiencia de controles efectivos sobre la actuación de la Administración Pública y de sus funcionarios, lo cual crea las condiciones necesarias para su desarrollo. Esto se manifiesta en varios sentidos: ante todo, en la ausencia o deficiencia hasta hace poco, de regulaciones legales sancionatorias, no sólo de conductas inmorales punibles, sino de conductas irresponsables (despilfarro). No hay que olvidar que la corrupción administrativa no se manifiesta en general, en la apropiación indebida de fondos públicos, sino en el manejo irresponsable de éstos, que conducen al enriquecimiento sin causa de funcionarios, de intermediarios o comisionistas. Esta situación, sin duda, se ha querido comenzar a remediar con la promulgación de la Ley Orgánica de Salvaguarda del Patrimonio Público (1982), la cual sin embargo, por sus regulaciones, ha comenzado a producir un inconveniente efecto abstencionista en los funcionarios, en relación a la toma de decisiones, para lo cual además tienen una excusa: "la Ley de Salvaguarda".

Por otra parte, la ausencia de un efectivo control político por parte de la representación popular, de un Control interno efectivo de la propia Administración, y de un control judicial a cargo de jueces efectivamente autónomos e independientes, ha contribuido a la irresponsabilidad de los funcionarios, quienes no han encontrado realmente sanciones frente al manejo negligente o doloso de los dineros públicos. La corrupción administrativa se ha desarrollado, así, por la incapacidad del sistema jurídico-político de limitarla y sancionarla.

Esto, además, ha tenido un efecto multiplicador: si no se sancionan las conductas irresponsables o inmorales de ciertos funcionarios, no existe el elemento freno para su repetición por otros funcionarios.

De allí la famosa frase, por aberrante, de un alto líder político de que no encontraba razón alguna para que los funcionarios no fueran corruptos.

2. *La discrecionalidad, las reglamentaciones excesivas y la corrupción administrativa*

En segundo lugar, otro factor que fomenta la corrupción, es el excesivo poder discrecional dejado en manos de los funcionarios públicos de todos los niveles, paralelamente al establecimiento de más y más reglamentaciones, permisos, autorizaciones y licencias para la actuación de los particulares. Frente a lo complicado del procedimiento administrativo, a la lentitud de la acción de la Administración y al poder discrecional del funcionario, lamentablemente han hecho su aparición mecanismos tendientes a acelerar la toma de decisiones, a gestionarlas por terceros o a mitigar la discrecionalidad establecida, generalmente, en complicidad entre el administrado y el funcionario. La Sociedad, así, ha corrompido al funcionario, y éste, a su vez a aquélla. La corrupción administrativa, en esta forma, es un círculo vicioso, que solo una toma de conciencia y una decisión política vigorosa puede romper.

3. *El centralismo, la ausencia de participación y la corrupción administrativa*

En tercer lugar, también constituyen factores que facilitan la corrupción, el excesivo centralismo y la ausencia de mecanismos de participación. La concentración del poder para la toma de decisiones en determinados niveles ejecutivos, aunada a la mencionada discrecionalidad, ha dejado en manos de un solo funcionario o de un grupo reducido de ellos, el poder de decidir. La presión de los grupos de intereses, sobre todo de los económicos y sindicales, ha tenido mayor efectividad en estos casos, pues no ha habido la limitación que puede implicar la conjunción de voluntades de un órgano colegiado o deliberante, aun cuando, por supuesto la sola colegialidad no garantiza probidad: allí están los Concejos Municipales como ejemplo.

Por otra parte, agregado al centralismo la ausencia de participación de los administrados y grupos de la sociedad en el proceso de toma de decisiones, ha impedido el surgimiento de mecanismos de control sobre la conducta y acción de los funcionarios por aquéllos, facilitando la corrupción.

4. *La inestabilidad de los funcionarios públicos y la corrupción administrativa*

En cuarto lugar, la inestabilidad del funcionario público también establece condiciones propicias para el desarrollo de la corrupción administrativa. La función pública, en esa forma, por la ausencia, a pesar de los esfuerzos originalmente realizados, de adecuados sistemas de administración de personal, y de un efectivo estatuto jurídico que garantice realmente la carrera administrativa y regule los derechos y deberes de los funcionarios, se ha ejercido, muchas veces, con absoluta conciencia de transitoriedad y medio de subsistencia, sin la mística que el servicio público debe generar. El funcionario, consciente de su inestabilidad, en muchos casos ha utilizado el cargo público como un medio para enriquecerse y protegerse económicamente frente a su salida de la Administración que puede producirse, sea por los cambios políticos, o por la misma deficiencia del sistema de administración del personal público.

5. *Los partidos políticos y la corrupción administrativa*

En nuestro régimen democrático, especial referencia debemos hacer respecto del papel de los partidos políticos en relación a la corrupción administrativa. Estos han sido, muchas veces, agentes directos e indirectos de la corrupción.

En efecto, en muchas ocasiones se ha generalizado la práctica de las "comisiones para el partido" como consecuencia de la gestión de los asuntos públicos, lo cual ha traído como consecuencia el establecimiento de una especie de contribución al partido que controla el gobierno, con ocasión de contratos de obras públicas o de suministros. Aun cuando esta modalidad es tan delictiva como las comisiones pagadas a particulares gestores con perjuicio para la Administración, la práctica política ha tendido a no condenarla por ser un medio de supervivencia económica de los partidos o de financiamiento, por ejemplo, de campañas electorales. Los partidos políticos han actuado así, como agentes directos de la corrupción administrativa, y lamentablemente, en algunos casos, sólo han reaccionado contra la corrupción, cuando ha sido un funcionario, militante o no, quien se ha enriquecido, sin haber hecho participar al partido en sus beneficios ilícitos.

Pero en otras ocasiones, los partidos han actuado como agentes indirectos de la corrupción, al no sancionar o no hacer que se sancionen a los funcionarios deshonestos o que estén incursos en delitos contra la cosa pública. Los partidos, al proteger a los funcionarios irresponsables o deshonestos, han hecho perder credibilidad en el sistema sancionatorio o de control, hasta el punto de que muy pocos creen realmente en los anuncios que se hacen cíclicamente de medidas para combatir la corrupción. Por otra parte, la práctica incontrolada del financiamiento de las campañas políticas de los partidos, mediante la recepción de aportes económicos de empresas y particulares, ha desarrollado un sistema de contraprestación a quienes han contribuido, mediante el otorgamiento de privilegios, favores o contratos públicos particularmente beneficiosos, todo con la anuencia de los partidos. En esta forma, indirectamente, y como contribución al financiamiento de campañas políticas, los funcionarios gubernamentales, a costa de los dineros públicos, han permitido el enriquecimiento de ciertos grupos de particulares. Esta ha sido otra fuente de corrupción.

SECCIÓN SEGUNDA: LA REFORMA DEL ESTADO Y DE SU ADMINISTRACIÓN PÚBLICA

Este Estado petrolero, condicionado, como hemos visto, por nuestro sistema económico, social y político, con todos sus problemas, antes que plantear su eliminación, desmantelamiento o minimización, lo que requiere es de una profunda transformación, tanto en sus instituciones políticas como administrativas, a los efectos de que cumpla adecuadamente sus funciones en beneficio de la Sociedad. La reforma del Estado (comprendida la reforma administrativa, como parte de su proceso), es la gran tarea que los venezolanos tenemos por delante, en los próximos lustros, para preparar el instrumento político que ha de conducir nuestra Sociedad hacia los umbrales del siglo XXI.

No hay que olvidar que hace 27 años, los dirigentes políticos nacionales, asumieron el reto de reformar nuestro sistema político e implantar la democracia en nuestro país. Ese esfuerzo se concretó en un pacto político, el de Punto Fijo (1958), que produjo la Constitución de 1961 y el Estado democrático centralizado contemporáneo, manejado por una partidocracia.

La democracia se impuso a los venezolanos durante los últimos cinco lustros, gracias a aquel pacto. Por tanto, éste ya se agotó, y el sistema político parecería que ahora no tiene rumbo fijo; de allí las olas de liberalismo y corporativismo que nos están llegando.

Debemos redefinir, por tanto, el rumbo a nuestro sistema político, renovándolo, planteándonos como objetivo el perfeccionamiento de la democracia política y la realización de la democracia económica y social. Pero perfeccionar la democracia política, implica reformar el Estado, y por tanto, cambiar los instrumentos políticos que las generaciones que nos han antecedido han manejado libremente, a su antojo y sin apremio. Estas generaciones, condicionadas por su obra, sin duda, resistirán el proceso de cambio, por lo que la tarea de reformar el Estado tendrá que corresponder a nuestra generación, y a las que la siguen. He allí, realmente, nuestro más grande e importante reto político.

Pero, dijimos, hablar de la reforma del Estado también está de moda, por lo que resulta indispensable formular algunas precisiones sobre ello, lo que queremos hacer en esta Segunda Parte de este ensayo, analizando, separadamente, algunas exigencias de transformación que se plantean en el momento actual respecto del Estado y su Administración Pública; y algunos aspectos mínimos que debe cubrir un programa de reforma del Estado.

I. EXIGENCIAS DE TRANSFORMACIÓN DEL ESTADO Y DE SU ADMINISTRACION PÚBLICA

Los problemas antes mencionados que confronta el Estado y su Administración Pública como consecuencia de los condicionamientos económicos, sociales y políticos que tienen en nuestro país, plantean una serie de exigencias de transformación que, sin duda, deben realizarse con carácter urgente, y que inciden, al menos en cuatro de los sistemas básicos de nuestra Sociedad: el sistema político, el sistema de gobierno, el sistema administrativo y el sistema de control. Queremos referirnos, separadamente, a las diversas implicaciones de estas exigencias de transformación.

1. *Las transformaciones del sistema político*

Sin duda, uno de los resultados más preciados del ejercicio político de los últimos veintisiete años, es el de la existencia de un régimen político democrático y de libertades. Sin embargo, estamos conscientes que no podemos seguir con la democracia actual; que se nos muestra como débil, no participativa, mediatizada y con una gran indisciplina social.

A. *La búsqueda de una democracia fuerte*

Hay un sentimiento común en todos los venezolanos: nuestro régimen democrático actual es débil, no satisface las exigencias sociales, es aprovechado por inescrupulosos políticos, permite la desobediencia de las leyes, y fomenta la indisciplina. Por todas partes se oyen gritos a favor de una democracia fuerte, que sea capaz de imponer disciplina social, de lograr y moldear el consenso y canalizar los conflictos políticos; de rescatar al ciudadano; de eliminar la corrupción; de revalorizar el trabajo; y que haga que las leyes se cumplan y no se burlen. Para ello se hace indispensable estructurar una democracia con poder, con la cual se pueda gobernar, y que sea capaz de asumir, conformar y transformar la realidad venezolana. Por supuesto, hablar de democracia fuerte, con poder, es hablar de democracia con autoridad, dentro del marco de la legalidad democrática. Además, ésta debe consistir no sólo en el gobierno del, por y para el pueblo, sino "con el pueblo", es decir, en una democracia realmente participativa, además de representativa.

B. *La búsqueda de una democracia participativa*

En efecto, la crisis de la democracia actual es una crisis de participación. El Estado y el gobierno están lejos de los individuos y pretenden gobernar sin su concurso. El ciudadano es, hoy, una rara especie en vía de desaparición. Su participación política se reduce a actuar en un proceso electoral cada cinco años, como elector, y a ser utilizado en carnavales preelectorales por los partidos políticos, pues no sólo no participa en la formulación de las políticas estatales, sino que tampoco participa, efectivamente, en la distribución de los bienes de la sociedad.

Se impone, por tanto, el rescate del ciudadano, para que asuma el poder, reconquiste al Estado y lo ponga a su servicio. En definitiva, constitucionalmente la soberanía reside en el pueblo y éste debe ejercerla; pero para ello debe dejar de ser masa y convertirse realmente en pueblo. Este es el reto del Estado Democrático y Social de Derecho: organizar al pueblo, y ese es el temor tradicional del populismo, cuyos actores le temen al pueblo organizado, pues a éste no se le engaña; prefieren en cambio,- manipular y engañar a la masa.

En todo caso, la participación política sólo se logra a través de la organización del pueblo, y ésta sólo puede promoverla el Estado, para no caer en la anarquía social. El sentido de la idea del Estado Democrático y Social, es, como hemos dicho, la del Estado organizador de la Sociedad para la participación, lo cual debe realizarse en todos los planos sociales, desde abajo hacia arriba, con el establecimiento de cuerpos intermedios entre el Estado y el ciudadano: en el plano local, a través de la autogestión local por las asociaciones de vecinos; en el plano laboral, a través de la promoción sindical y de los mecanismos de participación en la gestión empresarial; en el plano de la educación y la juventud, a través de la promoción de los movimientos de jóvenes y de las comunidades educativas; en el plano económico, a través de la promoción de las asociaciones de pequeños y medianos empresarios, y productores y su participación en la planificación o formulación de políticas, así como de las juntas de consumidores y usuarios para proteger su libertad económica; en fin, en el plano político, mediante la democratización de los partidos políticos y el rescate del ciudadano, para hacer la democracia más representativa.

C. *La búsqueda de una democracia más representativa*

Y es que la democracia participativa que debe estructurarse no debe dejar de lado el carácter representativo de la misma, el cual, aun cuando es consustancial con ella, en la actualidad está desdibujado.

En efecto, la democracia representativa en Venezuela, por la práctica política de los últimos veintisiete años, ha resultado en ser poco representativa. ¿Quién en Venezuela, en realidad, se siente representado por un Concejal, un Diputado a una Asamblea Legislativa o un Diputado al Congreso? Los representantes, en definitiva, han resultado no representar al pueblo, y sólo a los partidos políticos. Hay por tanto una democracia representativa de los partidos políticos, hay una democracia de partidos, pero no hay una democracia representativa de las comunidades y de los grupos de la población. Para hacer la democracia más representativa y sin desconocer, al contrario, reconocer y admitir el papel esencial de los partidos políticos en el funcionamiento del sistema, se hace indispensable modificar el sistema electoral y el sistema de partidos.

El sistema electoral, en efecto, para ser más representativo, debe acercar más al elegido con el elector, entre otros factores, por la reducción de la amplitud territorial de las circunscripciones electorales: se impone la elección de menos representantes en más reducidos distritos electorales, de manera que el elector pueda exigirle a su elegido la responsabilidad política. Además, para que el Municipio sea la unidad política primaria y autónoma dentro de la organización nacional, y se realice en ese nivel, plenamente, la democracia, debe establecerse la elección uninominal de los Concejales en pequeñas circunscripciones electorales. Sólo así habrá representatividad política de los Concejales respecto de las vecindades y comunidades que los elijan.

Las elecciones locales, por otra parte, deben continuar separadas de las elecciones nacionales, con el objeto de que la democracia local tenga su propia individualidad y no siga siendo aquella añadidura que fue, de la votación nacional por los candidatos presidenciales.

Por otra parte, los procesos electorales deben enseriarse. En un pueblo organizado no debe seguirse manipulando la opinión pública y la masa, a base de canciones, consignas vacías de contenido y aplicabilidad, y dichos populacheros y folklóricos. La elección es un acto serio, donde se manifiesta una opción política, no un carnaval, ni un concurso, donde el disfraz, la figura o la "imagen" que se vende, tiene más valor que las ideas que se proclamen. ¿Qué representatividad puede haber como resultado de unos comicios donde el elector no hace otra cosa que ser manejado por los partidos políticos, para lograr una representación puramente partidista?

Los partidos políticos en este orden de ideas, y sólo como consecuencia de una reforma electoral, es que podrían convertirse, realmente, en un cuerpo intermedio para la participación y el logro de la representatividad política. Hoy, sólo la minoría milita en partidos políticos, pero éstos controlan totalmente el juego político: asumieron el monopolio del poder, y el sistema democrático se ha venido convirtiendo en un mecanismo representativo de los partidos y no del pueblo, produciéndose una excesiva intermediación entre éste y el poder.

Esta excesiva importancia de los partidos políticos ha originado, internamente, y a pesar de ellos, un debilitamiento de la democracia partidista, por el control que ejercen las maquinarias. Estas, no sólo mediatizan las elecciones, al designar los elegidos y controlar las decisiones ulteriores, sino que comienzan a imponerse sobre los propios partidos, desideologizándolos y burocratizándolos. Junto con estos dos fenómenos aparece, en el contexto, la penetración de los grupos económicos, para financiar unas costosísimas campañas publicitarias que condimentan el folklore electoral.

De todo ello resulta un juego democrático, no solo poco participativo, sino no representativo que corre el riesgo de destruirse a sí mismo. Dado el monopolio del poder que los partidos tienen, sin duda, sólo ellos pueden, flexibilizándose, transformar la democracia política. De allí su gran responsabilidad en el momento actual.

D. *La consolidación de una democracia económica y social*

Pero la transformación del sistema político no sólo impone la búsqueda de una democracia participativa" y más representativa, sino también, la consolidación de una democracia económica y social, que le dé real contenido al sistema.

No basta, por tanto, que el sistema político se fundamente en la consagración de una serie de derechos, garantías y libertades, sino que tiene que estar dirigido a su realización plena y concreta. ¿De qué vale la libertad económica si muy pocos tienen acceso al proceso productivo? ¿De qué vale la libertad de tránsito si no existe un eficiente servicio de transporte público? ¿De qué vale el derecho a la educación y a la salud, si no hay cupo en los institutos educativos o no hay camas en los hospitales? ¿Para qué sirve el derecho de propiedad si muy pocos son, formalmente, propietarios? ¿De qué vale la libertad de expresión del pensamiento, si no hay medios donde expresarlo, por el control de los mismos por grupos privados movidos por sus solos intereses particulares o los de los anunciantes? La verdadera esencia del sistema político democrático es que, por sobre todo, debe ser un gobierno para el pueblo, y para ello, debe actualizar y hacer efectivos, además de los derechos políticos, los derechos económicos y sociales.

2. *Las transformaciones del sistema de gobierno*

Pero, sin duda, para consolidar en Venezuela un Estado Democrático y Social de Derecho, no basta con transformar el sistema político, para hacer una democracia fuerte, con autoridad, participativa, representativa y de contenido económico y social, sino que resulta indispensable que encuentre su soporte en un sistema de gobierno que asegure el ejercicio efectivo de la autoridad.

Es necesario, dijimos, un gobierno que gobierne, y para ello, hay que sincerizar, definitivamente, tanto las relaciones entre el Congreso y el Ejecutivo, como sus respectivas competencias.

A. *La búsqueda de un nuevo poder parlamentario*

En efecto, el Congreso en Venezuela, siguiendo la ortodoxia liberal del siglo pasado, fue concebido como un órgano político, de legislación y de control de la Administración Pública, dentro de un balance de poderes que -tendía a debilitar el poder del Estado, a través de mutuos frenos y contrapesos. -Ese esquema quedó en la historia, y en la actualidad no responde a la realidad.

En efecto, en primer lugar, el Congreso no ha participado; efectivamente, en la definición de las grandes opciones políticas de desarrollo económico y social del país. Sólo ha sido a partir de 1984, después de la Enmienda Constitucional Nº 2 de 1983, que los planes de desarrollo se han sometido, en sus lineamientos generales, a su conocimiento y discusión, y se espera que en el futuro, las votaciones en el Congreso con tal finalidad, no se reduzcan como en la mayoría de los casos, a una mera formalidad.

En segundo lugar, nuestro Congreso, no ha efectivamente legislado: la legislación básica del país en los últimos cuarenta y seis años, ha sido dictada por el Poder Ejecutivo, mediante Decretos Leyes, *de facto* o de derecho, pero en definitiva, mediante actos ejecutivos con fuerza y valor de ley. Las pocas leyes que se aprueban en el Congreso, son leyes aprobatorias de convenios internacionales, y excepcionalmente sanciona leyes, que han sido proyectadas por el Ejecutivo, y cuyos cuadros, inclusive, redactan los proyectos de informes de las Comisiones parlamentarias respectivas. Las Cámaras Legislativas, por tanto, en realidad, no han legislado, salvo excepcionalmente.

En tercer lugar, las Cámaras, tampoco han controlado efectivamente a la Administración. Para ejercer auténticas funciones de control, las Cámaras Legislativas tendrían que tener una composición más representativa de la población y la ciudadanía. El control partidista de las mismas, en realidad, traslada el ejercicio del control a los partidos políticos y dentro de ellos, a sus maquinarias. La consecuencia es evidente: se controla solo en la medida en que interesa a las maquinarias partidistas, interés que es cambiante, por supuesto, conforme cambian las correlaciones políticas.

El Congreso, por tanto, no hace lo que debería hacer, o lo hace mal; y esto plantea su reformulación. Ante todo, debe convertírselo en un órgano político, que participe, efectivamente, en la conducción del país. Es dicho órgano, el que en representación del pueblo debe definir la estrategia de desarrollo y las grandes opciones políticas que plantea. Para ello, debe comenzar a realmente discutir y aprobar los lineamientos de los planes quinquenales conforme a la estrategia que también debe definir, como lo prevé la Enmienda Nº 2 de la Constitución de 1983. Por otra parte, deben sincerarse sus funciones legislativas: quizás deba comenzar a sancionar leyes medidas, leyes programas, leyes de orientación, leyes cuadro, de contenido general que orienten y autoricen al Ejecutivo para legislar, conforme a sus prescripciones políticas. Por último, deben reforzarse sus poderes de control sobre el Ejecutivo y la Administración Pública, dotándoselo de mecanismos adecuados para ello, y variándose, mediante las modificaciones señaladas del sistema electoral su composición.

Sólo siendo realmente representativo podrán los miembros del Congreso ejercer sus funciones de control.

La composición del Congreso, sin embargo, debe continuar siendo bicameral, readquiriendo los senadores, su carácter de representantes efectivamente estadales, sólo posible mediante la descentralización del Poder Nacional.

B. *La consolidación de un Ejecutivo fortalecido y responsable*

La crisis parlamentaria, y las transformaciones que deben introducirse en el Congreso conllevan, necesariamente, una transformación del Ejecutivo, el cual, si bien debe ser fortalecido, ello implica y plantea la necesidad de que se exija su responsabilidad y de que sea efectivamente controlado.

Las labores legislativas del Poder Ejecutivo, desarrolladas ya en nuestro país, siguiendo, sin saberlo, la orientación universal que plantea la primacía del Ejecutivo, deben ser consolidadas. En el futuro, los Decretos- Leyes y la delegación legislativa, deben caracterizar la acción política del Ejecutivo, ya que sólo así se puede asegurar la oportunidad de la regulación, pero siempre que se refuerce, como se dijo, la función político-orientadora del Congreso. El fortalecimiento del Ejecutivo, por otra parte, exige, como también se señaló, la ampliación de los mecanismos de control por parte del Congreso. Aquél no puede fortalecerse si no es controlado y no se le exige responsabilidad. Ambos elementos son consustanciales: sin una transformación del Parlamento, el fortalecimiento del Ejecutivo sería una insensatez, y más bien, conduciría a consolidar al Ejecutivo díscolo e irresponsable que hemos padecido durante los últimos años. Pero, por supuesto, para controlar, el Congreso tiene que contar con un personal estable, de altos niveles de excelencia, que asesoren a sus Comisiones, del cual carece en la actualidad.

Pero un sistema de gobierno que redefina las funciones del Parlamento y del Ejecutivo, tampoco es viable, aisladamente, como instrumento de un Estado Democrático y Social de Derecho, si no se racionaliza, políticamente hablando, el sistema administrativo. Este, como hemos señalado, es el principal instrumento de gobierno, y un gobierno será bueno o malo, según el sistema administrativo de que disponga. En el momento actual, está planteada también, la introducción de transformaciones profundas en el mismo, para no seguir gobernando mal, tal y como se ha hecho en la última década.

3. *Las transformaciones del sistema administrativo*

Nuestro sistema político-administrativo actual se caracteriza, como .hemos dicho, por estar excesivamente concentrado en la Presidencia de la República y por estar excesivamente centralizado en el nivel nacional. Se impone por tanto, la búsqueda, tanto de una desconcentración del poder del Presidente como de una descentralización del Poder Nacional.

A. *La búsqueda de una desconcentración del poder presidencial*

En la última década hemos presenciado la consolidación, en nuestro país, de una presidencia mesiánica, mágica, propia de iluminados, que nos presenta al Presidente como un oráculo: el Presidente tiene que saberlo todo o todo lo sabe, y sólo él sabe o debe saber; el Presidente tiene que decidir todo, y por tanto, los Ministros, los directores de entes descentralizados, y los Gobernadores, aparecen como meros amanuenses, quienes sólo hacen lo que el Presidente les dice, y no hacen nada, sin llevar los asuntos, aun los más elementales, al Presidente.

La concentración de todas las decisiones en el Presidente, sin duda obstaculiza el funcionamiento de la Administración por la dilación o ausencia de toma de decisiones; ha provocado además el incumplimiento por los niveles inferiores de la Administración de las decisiones del Presidente, por la falta de medios de controlar el seguimiento en la ejecución, y ha producido también, en muchos gobiernos, la degradación de la jerarquía ministerial. Los Ministros han perdido responsabilidad sobre los sectores que deberían gobernar, pues el Presidente no sólo es quien nombra los directivos de los entes descentralizados, sino quien recibe la mayoría de sus cuentas. Los Ministros, por tanto, en muchos casos no gobiernan, y el Consejo de Ministros en más de una ocasión, ha sido una asamblea de convidados de piedra donde sólo el Presidente o alguno de sus Ministros discurre efectivamente.

Se impone, por tanto, la indispensable y urgente tarea de desconcentrar la Presidencia de la República. Para ello, ante todo, debe revalorizarse la función ministerial: los Ministros tienen que volver a gobernar, y en general, salvo en las grandes decisiones nacionales, sólo ellos deben gobernar su sector. Siendo imposible en nuestro país, en la actualidad, separar constitucionalmente, la jefatura del Estado de la jefatura del gobierno, lo cual además, estimamos inconveniente, el Presidente debe tender a asumir plenamente su papel de Jefe de Estado, y hacer que los Ministros gobiernen sus respectivos sectores. Un Presidente no tiene por qué saber de todo y decidir todo; lo normal es lo contrario, y para gobernar es que están los Ministros. En éstos es que debe desconcentrarse el poder de la Presidencia, "vitalizándose la función ministerial. Sólo un gran poder ministerial podrá poner orden sectorial ante el gran desmembramiento que se ha operado en la Administración Nacional, con la creación de tantos y tantos institutos autónomos y empresas del Estado.

La reforma administrativa, como una pieza de la reforma del Estado, por tanto, debe estar signada por la búsqueda de la desconcentración de la Administración Pública para, por supuesto, ponerla al servicio de los ciudadanos.

Pero para lograr esto, debemos superar el esquema tradicional de la "igualdad" de todos los Ministros, lo que con 17 Ministerios que prevé la Ley Orgánica de la Administración Central de 1976, cuatro Oficinas Centrales de la Presidencia, y los varios Ministros de Estado que se han venido designando en los últimos gobiernos, han convertido la organización de los niveles superiores del Ejecutivo, en un esquema excesivamente horizontal, donde la coordinación resulta una tarea agobiante. Estos niveles deben ser jerarquizados y además de los Ministros, en sentido constitucional debe establecerse la figura de los Ministros-delegados o Secretarios de Estado, para el manejo de sectores que dependen y sean coordinados por Ministros del Despacho, cuyo número así, puede ser más reducido. Además, el papel del Ministro de la Secretarla de la Presidencia debe redefinirse para dejar de pensar en la absurda creación de un cargo de Primer Ministro para cumplir sus funciones, por lo demás extraño a nuestro sistema presidencial de gobierno.

B. *La búsqueda de una descentralización del Poder Nacional*

Pero no sólo está planteada, en nuestro país, urgentemente, la desconcentración del poder presidencial, sino también, como ya se ha dicho, la descentralización del Poder Nacional.

En efecto, a pesar de la forma federal del Estado venezolano, éste se caracteriza, como hemos indicado, contradictoriamente, por una excesiva centralización del poder político, económico, administrativo y jurídico en los niveles nacionales. La provincia, en Venezuela, no existe, sino como objeto de dádivas de parte de los niveles nacionales. En este sentido, los Estados y Municipalidades reciben mendrugos, pero no participan efectivamente en los asuntos y tareas del desarrollo del país, al no tener poder político ni administrativo, salvo en asuntos domésticos y localistas. Son, a lo sumo, centros de control y reparto burocrático en beneficio de las maquinarias partidistas, pero muy poco, efectivamente, hacen en beneficio de las colectividades. En esas estructuras, el pueblo no participa; al contrario las soporta, e inclusive, ha sido frente a ellas, que se han venido formando cuerpos intermedios, realmente participativos, como las asociaciones de vecinos y residentes, cuyo origen próximo está, paradójicamente, en la búsqueda de una protección ejecutiva contra las arbitrariedades de la autoridad municipal.

Se hace imprescindible descentralizar el Estado Venezolano para acercarlo al ciudadano, y cuando, a través de ese proceso, se transfieran competencias a los niveles estadales es que podrá pensarse en la elección por vía de sufragio, de los gobernadores de las entidades político-territoriales.

Por eso, antes de que se siga planteando la eliminación de los Estados y de las Asambleas Legislativas, es necesario, al contrario, crear la conciencia regional, administrativa y políticamente hablando, y hacer de los Estados reales entidades políticas y administrativas descentralizadas, con efectiva participación en el proceso de desarrollo nacional; y además hacer, de sus Asambleas, efectivos instrumentos de conducción política y representatividad regional. Para ello, por supuesto, es necesario una descentralización y desconcentración del Poder Nacional, como resultado de lo cual, los Gobernadores readquieran el papel de agentes del Ejecutivo Nacional, que perdieron hace varias décadas. La revitalización de los Gobernadores además, sólo será posible cuando se los encargue de coordinar, a nivel regional, las tareas del Poder Nacional en las regiones.

Pero el problema del centralismo del Estado no sólo plantea la necesaria reestructuración de los niveles estadales y el reforzamiento del poder de los Gobernadores, incluso, como agentes del Poder Nacional en sus Estados y las regiones, sino la necesaria y urgente reforma del régimen local. El Municipio, hoy lejos de ser la unidad política primaria y autónoma dentro de la organización nacional, en el sentido de que debería ser el centro de la participación política y de realización de la democracia por el ciudadano, es el centro del abuso del poder local, donde los caciques y caudillos regionales detentan la autoridad, sin control efectivo.

Se impone, por tanto, la reforma del régimen local para, hasta cierto punto, crear la vida local. Esta sólo existe, con ese nombre, en la Constitución, pero en la realidad no funciona, al no estar establecidos ni el Municipio ni los mecanismos de participación ciudadana, ya mencionados; -y al no tener virtualidad el ciudadano- vecino, vinculado a su comunidad, y solidario de su destino.

El Municipio, entonces, políticamente debe concebirse como el centro primario de participación política y de ejercicio de la democracia; y administrativamente, como la unidad territorial menor para la prestación de servicios y la atención a la comunidad. Por ello, la reforma del régimen local es política y luego administrativa, y sólo así, podrá dar origen a un gobierno local, participativo, con, por y para la comunidad o vecindad.

4. *Las transformaciones del sistema de control*

Pero las exigencias para la configuración de un Estado Democrático y Social de Derecho en Venezuela, tal y como lo hemos descrito, no sólo implican la transformación del sistema político, del sistema de gobierno y el sistema administrativo, sino también del sistema de control de la actuación de ese Estado.

Un Estado poderoso, fuerte, con el papel de conformador de la realidad política, económica y social del país, no puede ser un Estado incontrolado e irresponsable. Es elemental en la concepción jurídica del Estado, considerar que a mayores poderes y prerrogativas estatales, es indispensable prever también, mayores controles a su actuación. Un gobierno fuerte, al frente de un Estado como el nuestro, por tanto, requiere, ante todo, de una contrapartida de control, en un Poder Judicial realmente autónomo, e independiente, y de la previsión de nuevos controles públicos y populares de la acción del Estado.

A. *La consolidación de un Poder Judicial autónomo e independiente*

El Poder Judicial, en efecto, es la garantía del funcionamiento de un régimen democrático, pero para ello, ese Poder Judicial debe ser independiente del gobierno y autónomo en su decisión, sujeto sólo a la Ley. En nuestro país, lamentablemente, hemos sido testigos, durante los -últimos años, de los más variados atentados a la independencia de los jueces, por intromisiones e interferencias del Poder Ejecutivo; y de una atenuación de la autonomía del mismo, derivado de una penetración político- partidista en la designación de los jueces, los cuales, en algunos casos, resultan dependientes, en sus decisiones, de actuaciones extrañas a la judicatura.

Se impone, en un Estado Democrático y Social de Derecho, el restablecimiento de la autonomía e independencia de los jueces, mediante la implantación de una carrera judicial a la cual se tenga acceso, sólo mediante concurso, y que permita estructurar un cuerpo jurídico elitesco protegido con efectiva mentalidad frente a los partidos políticos, que asegure el ejercicio del control judicial sobre el Gobierno y la Administración, y que se imparta justicia, con una mínima credibilidad ciudadana, en ello.

Pero para que esto resulte efectivo, además de asegurarse la autonomía e independencia judiciales debe democratizarse la justicia; es decir, debe abrírsela y asegurar el acceso a los órganos judiciales de todas las capas y estratos de la población. El recurso a la justicia, entonces, debe entrar en las costumbres del individuo: éste, se convertirá realmente en ciudadano, cuando frente a las arbitrariedades del Gobierno y la Administración, o a los conflictos de intereses puramente privados, tenga la conciencia y la seguridad de que obtendrá protección judicial. Para ello, habrá que generalizar los controles jurisdiccionales de la Administración, descongestionando los órganos judiciales superiores; regular, de una vez por todas, el recurso de amparo, y modificar los vetustos códigos procesales.

B. *La consolidación de nuevos controles públicos*

Pero si bien debe democratizarse y generalizarse la justicia, asegurándose la autonomía e independencia judicial, ello no implica que el único mecanismo de control que es necesario regular en el Estado Democrático y Social de Derecho, sea el control jurisdiccional. Los derechos individuales y libertades públicas, además de poder ser amparadas judicialmente, requieren de una protección vigilante y permanente de parte de contralores públicos autónomos e independientes de los clásicos poderes del Estado. La figura del Contralor Público de las libertades y derechos encuentra consagración formal en Venezuela, en la Fiscalía General de la República, organismo que, además de ejercer el Ministerio Público, debe velar por el respeto de los derechos y garantías constitucionales y la exacta observancia de la Constitución y de las leyes por el Estado y sus instituciones. Estas atribuciones, sin embargo, aún no se han desarrollado completamente, por lo que deben ser asumidas plenamente en el futuro. Sólo pueden contrarrestarse los nuevos y más amplios poderes estatales, también, con nuevos y más amplios poderes de control a cargo de órganos públicos autónomos e independientes. El Fiscal General de la República es uno de ellos, y sus poderes, deben ser reforzados, sin necesidad de que por la moda importadora, caigamos 'también en la "ombudsmanía", creyendo que con crear otra institución, como la nórdica, resolveremos el problema del control.

C. *La búsqueda de un control efectivo contra la corrupción*

Pero el reforzamiento de los controles públicos y jurisdiccionales respecto de la actuación del Estado no deben agotar la necesaria transformación del sistema de control que requiere el Estado Democrático y Social de Derecho. Se impone una búsqueda particular para el establecimiento de un efectivo control contra la corrupción administrativa. Es éste, sin duda, uno de los aspectos que mejor muestra la debilidad del Estado en Venezuela, ó su similitud con los "Estados blandos" de Asia, según la terminología de Myrdal.

Todos los líderes políticos y de la Sociedad hablan contra la corrupción y prometen luchar contra ella, pero la colectividad y esos mismos líderes saben que ella está presente en todos los niveles, producto de un facilismo sin precedente, de la degradación del trabajo y de un encubrimiento cómplice por las maquinarias de los partidos. En Venezuela, hasta hace poco, lamentablemente, ganarse la vida y hacer fortuna trabajando duramente, parecía un signo de cretinismo. Lo que se ha promovido y se nos ha vendido todos los días por los medios de comunicación, es la vida fácil, al enriquecimiento súbito y la desvalorización del trabajo. Allí ha estado el caldo de cultivo de la corrupción, que no sólo se manifiesta a nivel del sector público sino del sector privado. Por eso, a veces cuesta creer que el libertinaje de los medios de comunicación (audiovisuales y escritos) sirva realmente, en nuestro país, para garantizar las libertades. Más bien, su actual degradación parece como el mayor atentado contra ellas.

La lucha contra la corrupción, en efecto, debe comenzar por la revalorización del trabajo, y en esto la responsabilidad fundamental la tiene la Administración y los-medios de comunicación. No se puede seguir desarrollando una política populista que promueva el ausentismo laboral, protegiendo sus consecuencias lógicas; que asegure el pago de prestaciones sociales a los funcionarios destituidos por corrupción administrativa; o que enaltezcan o admitan el enriquecimiento fácil.

Por otra parte, en el seno del sector público, las severas medidas reguladas recientemente en la Ley Orgánica de Salvaguarda del Patrimonio Público (1982), deben ser desarrolladas contra el enriquecimiento ilícito. En tal sentido, por ejemplo, mediante la inversión de la carga de la prueba, en materia de enriquecimiento ilícito puede la Sociedad comenzar a protegerse de estos pillos de cuello blanco, que normalmente no son sólo los altos funcionarios, y que usufructúan de la cosa pública directa o indirectamente, en forma ilícita.

II. LA NECESARIA REFORMA DEL ESTADO Y DE SU ADMINISTRACIÓN PÚBLICA

De lo anteriormente analizado resulta evidente que la Venezuela que necesitamos, como país organizado, para afrontar las situaciones futuras, no la podremos lograr con las estructuras políticas y administrativas contemporáneas, es decir, no podremos lograr la Venezuela que deseamos para él futuro, con el Estado que hoy tenemos. Tendremos, necesariamente, que cambiar las instituciones políticas y administrativas, para lograr una Venezuela distinta.

Por supuesto, este planteamiento nos lleva directamente al tema de la reforma del Estado, en el sentido de que esa reforma es el elemento indispensable para lograr la Venezuela que queremos. Sobre ello, en el momento político actual, podría decirse que hay consenso, al menos de orden verbal.

1. *El tema de la reforma del Estado*

A. *La crisis institucional del país*

En efecto, el Estado venezolano, en su globalidad, no funciona adecuadamente. Todos tenemos una sensación generalizada de insatisfacción frente a la actuación de los organismos públicos y de las instituciones políticas. Es más, existe escepticismo sobre la capacidad que puedan tener estas instituciones políticas y administrativas, en el futuro, para satisfacer las necesidades que tiene planteado nuestro país y, en general, satisfacer las necesidades colectivas.

Pero frente a esa situación general en torno a la cual hay consenso, también tenemos que partir de algunas premisas paja entenderla adecuadamente, y vincularla a la necesaria reforma del Estado. Tal como lo señalamos al inicio, no puede haber desarrollo efectivo, ni se pueden cumplir las políticas públicas, si no se tiene una adecuada instrumentación política y administrativa, es decir, si no se tiene un Estado y una Administración Pública estructurado para cumplir esos fines. De allí, el clamor general para lograr una mayor eficiencia del Estado.

Todos deseamos que la Administración Pública resuelva los problemas, que la ley se cumpla, que el orden se imponga; todos queremos un gobierno fuerte, sin sacrificio de la libertad, sin sacrificio de la democracia, pero un gobierno fuerte, que gobierne efectivamente; todos deseamos, en definitiva, que el Estado, sus instituciones políticas, su Administración Pública, funcionen adecuadamente.

De allí que, inclusive frente a esa premisa, el problema de la reforma del Estado aparece progresivamente como una necesidad colectiva. Es más, si analizamos los programas de todos los partidos políticos, y los planteamientos de todos los líderes nacionales, encontramos esta idea general, a veces explicada en forma clara, a veces simplemente esbozada en aspectos muy particulares, de la necesidad de reforma del Estado. Ello, inclusive, en el momento actual de nuestro país, tiene una motivación adicional: la escasez de recursos originada por la crisis económica y por la crisis fiscal, ha puesto en evidencia lo inadecuado del aparato gerencial político-administrativo. Hasta ahora podía decirse que la abundancia de recursos a la cual hemos estado acostumbrados desde hace cuatro a cinco décadas, tapaba la ineficiencia o, al menos, no la hacía tan evidente. En cambio, las limitaciones económicas actuales y la escasez de recursos, ahora ponen al descubierto esa ineficacia de la Administración Pública, y con ello, esa crisis estructural del Estado.

Es importante insistir sobre esto: esta crisis institucional, es una crisis general del Estado que se suma a las otras crisis que tiene nuestra Sociedad; no es una crisis coyuntural, sino que es de carácter estructural, pues en definitiva, las instituciones políticas que componen al Estado y las instituciones administrativas que hoy tenemos, no fueron concebidas para manejar ni para conducir la Sociedad democrática contemporánea venezolana. Se concibieron para otro país, para otras épocas, para otras realidades.

La Venezuela actual, por eso, requiere de un nuevo Estado que la conduzca en las próximas décadas, hacia niveles eficientes y superiores de desarrollo y de participación política.

Por eso, cuando hablamos de la reforma del Estado, lo que queremos indicar, es que en Venezuela está planteada una revisión total de las estructuras políticas y administrativas que fueron formalmente establecidas en la Constitución de 1961. En definitiva, se trata de revisar el proyecto político que está en la Constitución, que en algunas partes está inacabado; replanteárselo, y reformular las instituciones políticas y administrativas, hacia el futuro. Se trata de poner a funcionar el Estado, y su Administración Pública para atender las exigencias contemporáneas y futuras de nuestra sociedad.

Este tema de la reforma del Estado, por tanto, no sólo es un tema de carácter técnico, como parecía hace quince años cuando se empezó a hablar del mismo, sino que hoy es un tema político de primera importancia, y además de utilización permanente por los propios partidos políticos, hasta el punto, de que es un tema que está de moda, sin que necesariamente ello implique que todos los que hablan del mismo, sepan a qué se están refiriendo.

En todo caso, con motivo de los 27 años del sistema democrático, resulta indispensable que no replantemos el problema de la reforma de las instituciones políticas. Si se analiza la Constitución de 1961 y su antecedente, el Pacto de Punto Fijo, nos podemos dar cuenta que la estructura estatal que allí se previo y que hoy tenemos, se estableció deliberadamente. Cuando hablamos de partidocracia, no en sentido peyorativo sino en sentido preciso, como democracia de partidos, tenemos que concluir, si uno analiza los antecedentes de la Constitución, que eso fue lo que se quiso establecer, en el año 1958, en el Pacto de Punto Fijo y, en el año 1961, en la Constitución. Cuando hablamos de Estado centralista y centralizador, tenemos que concluir que eso no fue producto del azar ni de la praxis política, sino que eso fue lo que se quiso establecer en los años 1958 y 1961.

Esas realidades no sólo son producto del proceso político, sino que esa fue la concepción, que en el año 1958 existía y quizás, con razón, para establecer después de una dictadura un sistema democrático, y lograr el instrumento que permitiera mantenerlo.

Ahora bien, lo que está planteado es que, consolidada la democracia, y ejercida durante 27 años, debemos reformularnos completamente sus elementos de funcionamiento y las mismas bases del Pacto político que las produjo; de allí el tema de la reforma del Estado.

Pero hablar de reforma del Estado, por supuesto, nos plantea un universo excesivamente amplio. En efecto, ¿qué queremos decir con ello? Resulta indispensable, por tanto, tratar de definir el ámbito de esta expresión, porque a veces se confunde el todo con la parte. No olvidemos, si analizamos los planteamientos políticos que se han formulado recientemente, que a veces pensamos que el problema de la reforma del Estado se resuelve con la elección uninominal de concejales, la reagrupación sectorial de institutos autónomos o empresas del Estado, o la elección de gobernadores o cualquier otro elemento aislado. Por eso estimamos que vale la pena tratar de establecer-un cuadro general sobre qué conforma o qué compone el Estado, cuando hablamos de reforma del Estado, lo cual haremos en una primera parte. Luego, en las partes sucesivas de este punto, trataremos de identificar cuáles deberían ser las áreas más importantes de la reforma del Estado, y asimismo, trataremos de identificar cuáles deben ser las áreas más importantes de la reforma del Estado y de sus instituciones, por supuesto, escogidas dentro de ese enorme universo, conforme a los condicionamientos económicos, sociales y políticos de la Administración analizadas, y a las exigencias de transformación a las cuales hemos hecho referencia.

B. *El universo del Estado y su Reforma*

En relación al primer punto, es decir, qué conforma al Estado cuando hablamos de su reforma, tenemos que convenir en que el Estado, en esta expresión, se identifica con todas las instituciones políticas y administrativas en todos los niveles. Por tanto, reforma del Estado es una expresión multivalente, que implica reforma de las instituciones políticas, y de las instituciones administrativas (reforma administrativa), y no sólo a nivel nacional, aunque el espíritu centralista siempre tiende a que sólo identifiquemos allí el problema, sino también a nivel de las instituciones políticas y administrativas de los Estados de la Federación venezolana y de las instituciones administrativas y políticas locales, es decir, del régimen municipal; y todo ello, para lograr una mayor eficiencia política además de económica, social y administrativa, dentro de un sistema democrático.

Dentro de ese esquema general, podríamos señalar que, en primer lugar, forman el Estado las instituciones políticas nacionales. Por tanto, cuando hablamos de reforma del Estado tenemos que pensar en ellas y básicamente, en las que conforman el Ejecutivo, en el Congreso y en el Poder Judicial. Las respectivas competencias de estos órganos que ejercen Poderes' Públicos están en la Constitución, pero sin embargo, hay consenso en afirmar que en su funcionamiento, tanto el Ejecutivo como el Poder Judicial y el Congreso, son ineficientes. De allí que los Gobiernos también hayan sido ineficientes.

Hablar de la reforma del Estado implica, por tanto, hacer eficiente al Gobierno, es decir, lograr que el Gobierno efectivamente gobierne, y en consecuencia, hacer eficientes a los órganos superiores del Poder Ejecutivo; hacer eficiente al Congreso, o sea, hacer que el Congreso efectivamente legisle, y que efectivamente controle, y además hacer eficiente a la Justicia, es decir, que podamos en algún momento lograr en nuestro país una justicia rápida, de fácil acceso y democrática, a la cual todos los ciudadanos tengan posibilidades de acudir, y por supuesto, una justicia confiable, porque una de las principales circunstancias trágicas de las instituciones políticas venezolanas es, precisamente, que en general, los venezolanos no confiamos en la justicia, por lo que sin duda, tenemos realmente una base muy débil de nuestro propio sistema democrático.

Pero también forma parte del Estado, como hemos insistido, además de las instituciones políticas centrales, la Administración Pública. Por ello, hablar de la reforma del Estado comprende también la reforma de la Administración Pública, tanto central como descentralizada, la cual también es ineficiente, sufre y ha sufrido una crisis de gerencia y de recursos, y debe ser también transformada, y en esto hay consenso. Su reforma tiene que incidir tanto en la organización de la misma, para estructurar una Administración para los objetivos de la sociedad contemporánea, como en su funcionamiento, porque no hemos logrado tampoco introducir definitivamente en la Administración venezolana, elementales criterios de gerencia. Por ejemplo, en materia de recursos humanos, nosotros somos un raro caso, pues pretendemos gerenciar una Administración Pública, sin recursos humanos preparados para ello. Hemos dicho en más de una ocasión que la Administración Pública Venezolana se caracteriza por sufrir de un ciclo permanente de ineficiencia, porque como no formamos el funcionario, éste aprende en el servicio, y una vez que se forma, abandona la Administración o es sacado de ella, contra su voluntad, y en su lugar, ingresa un nuevo personal a formarse en ella. Así, la Administración, permanentemente, está en un ciclo de ineficiencia, formando personal pero a través de la experiencia, y siendo, hacia afuera, ineficiente.

Pero también el Estado, como tal, en nuestro país, particularmente por el sistema de distribución del Poder que está consagrado en nuestra Constitución, como se ha dicho, está formado por las instituciones políticas y administrativas de los Estados y de los Municipios que forman nuestra organización territorial. Y aquí también podemos hacer la misma afirmación: los Estados de nuestra Federación y los Municipios son unas muestras perfectas a veces, de ineficiencia. Las Asambleas Legislativas, en general, son inservibles y de allí esa opinión tan generalizada que afirma que deben eliminarse; lo cual no compartimos, a pesar de que en la actualidad estas organizaciones representativas, además de ser poco representativas, no tienen materias básicas sobre las cuales actuar. Sin embargo, en un proceso de descentralización político-territorial, están llamadas a cumplir, quizás, el principal papel.

Por otra parte, los Gobernadores no siempre cumplen sus papeles constitucionales, y a veces, ejercen muy poco su papel de Jefes del Ejecutivo Estadal, porque como tales tienen también, poca materia sobre la cual gobernar. Los Gobernadores, así, son a veces, unos agentes del Ejecutivo Nacional, reducidos a ámbitos policiales, y otras veces unos gestores ante los organismos nacionales de actividades que deben desarrollarse en los Estados. Lo cierto es que el Ejecutivo Nacional no les ha transferido competencias de manera que pudiera llegarse a afirmar, como debería ser, que el Gobernador gobierna efectivamente todo lo que sucede en el Estado. Eso, hasta ahora, no lo hemos logrado.

De allí que la estructura de los Estados requiera de una reforma, en nuestro criterio, la más importante y radical en un programa de reforma del Estado, para desarrollar políticamente al país por dentro, y para poder, desde ese nivel, desarrollar las potencialidades de la Sociedad. El país no se puede desarrollar políticamente con solo reformar las instituciones políticas centrales; el problema del desarrollo político no se resuelve sólo en. Caracas y en el Centro, sino que al país hay que construirlo por dentro, en definitiva, en las regiones, en los Estados, en las provincias. Para ello, necesitamos hacer de los Estados efectivos instrumentos, dc acción gubernamental, de desarrollo económico, de desarrollo social y por supuesto, de desarrollo político del país.

En cuanto a las instituciones que están fuera del ámbito nacional, es decir, las que están en las regiones, en las provincias, en el interior del país, por supuesto, cuando hablamos de reforma del Estado, esto no sólo implica, como hemos señalado, la reforma de la estructura federal y de los Estados de la Federación, sino, por supuesto, la reforma de la institución local, del régimen Municipal. Y aquí también podríamos partir de una afirmación tajante: el Municipio no existe ni ha existido en Venezuela durante este siglo; lo que hemos tenido es el Distrito Autónomo creado durante el Gobierno de Cipriano Castro en el 1904, lo suficientemente alejado del ciudadano y de las vecindades y comunidades como para permitir el desarrollo real de un poder local, y que por fuerza de la transitoriedad institucional, lo hemos consolidado en la Ley Orgánica de Régimen Municipal en 1978, y su reforma de 1984.

En todo caso, ese esquema local del Distrito Autónomo, en nuestro criterio, globalmente considerado, podríamos decir que ha originado una de las instituciones más ineficientes del Estado en Venezuela. De allí que la reforma del régimen local tiene que tender a crear el Municipio dentro del esquema del proyecto político que está en la Constitución de 1961, que no la hemos ejecutado, es decir, como la unidad primaria, política y autónoma dentro de toda la organización nacional y que a la vez, sea un instrumento ideal de participación democrática del ciudadano, y de administración de los intereses locales.

En efecto, venimos hablando en los últimos años de democracia participativa, pero nos hemos olvidado que para que pueda haber efectiva participación política, tenemos que descentralizar el poder; y descentralizar el poder es transferirlo a instituciones políticas situadas cerca del ciudadano. No se puede participar, ni se puede desarrollar una democracia participativa en un Estado centralizado. Al contrario, es necesario descentralizar el Estado para que pueda haber realmente, posibilidades de participación.

Bajo este esquema, el panorama del Estado, por supuesto, se nos plantea como muy amplio desde el punto de vista de las instituciones políticas y administrativas nacionales, estadales, y municipales.

Ahora bien, todo ese esquema, montado sobre la estructura de la Constitución de 1961 y que ha venido aplicándose en estos últimos 27 años, en nuestro criterio, tiene que ser repensado y replanteado para cumplir con las exigencias de la Venezuela que queremos para las próximas décadas. Por ello, resulta inevitable que se proceda, en el futuro próximo, a una reforma del Estado, planteado esto, incluso, como un problema de supervivencia del sistema democrático. Los propios partidos políticos han comenzado a mostrar signos de este convencimiento, no sólo por la autorreforma que algunos ya han planteado como necesidad futura, sino por la necesidad de que a través de ellos se acometan reformas del Estado para mantener el sistema democrático, partiendo del supuesto de que la democracia corre el riesgo de no poderse mantener, si no se hacen estas transformaciones en las instituciones políticas y administrativas del Estado.

En esta óptica, la reforma del Estado constituye el gran proyecto político nacional que tiene que encarar y asumir nuestra generación a partir de esta década de los ochenta, agotado como está ya, el proyecto político de la implantación de la democracia como régimen político, que se formuló en 1958.

Ahora bien, en base al anterior esquema pueden identificarse diversos programas básicos de una reforma del Estado en Venezuela, que se refiere a las áreas fundamentales que, en una forma u otra, deben ser atacadas por las instancias políticas y transformadas para perfeccionar nuestra democracia.

2. *Reformas al régimen democrático*

La primera de ellas se refiere a las reformas políticas en el propio funcionamiento del régimen democrático. En efecto, nuestra democracia, consolidada al amparo de la Constitución de 1961, dentro de un Estado Centralista y con un sistema de partidos centralista, empieza a evidenciar elementos de crisis, tanto de representatividad, como de participación, por lo que el reto planteado, transcurridos 27 años de su implantación en el país, es transformar esta democracia por una más representativa y participativa.

Por una parte, es evidente la crisis de representatividad. Desde el inicio de este período democrático, hemos dicho, los partidos asumieron el monopolio de la representatividad y el país aceptó ese papel. Sin embargo, ese rol de los partidos políticos en haber intermediado en la representatividad, está conduciendo al ciudadano a la búsqueda de nuevas vías de participación. De allí el planteamiento de la elección uninominal a nivel local para lograr una mejor vinculación de los elegidos con los electores, y una escogencia directa de los representantes. Ya el ciudadano no se contenta con que los partidos sean sus únicos representantes, ni por supuesto, con que los partidos sean los únicos mecanismos de participación que haya en el sistema democrático.

En todo caso, esta búsqueda de mayor representatividad y mayor participación, implica, sin duda, transformaciones en algunas de las instituciones tradicionales. Aumentar la representatividad inevitablemente implica modificar el sistema electoral, el cual está montado en el esquema de los años cuarenta. Desde esa época, tenemos las mismas circunscripciones electorales, el mismo sistema de votación por listas bloqueadas y cerradas, y el mismo sistema de escrutinio por representación proporcional puro. Ese esquema fue estructurado en el año 1946, y reestructurado en 1958, y quizás en ese momento, era el adecuado. Sin embargo, en las últimas elecciones de 1983 y 1984, mostró signos de no satisfacer adecuadamente la representatividad.

Por tanto, inevitablemente, si se quiere aumentar la representatividad, hay que acometer la reforma del sistema electoral y hay que variar las circunscripciones electorales. El país es otro distinto respecto del de los años cuarenta, incluso, por fuerza de la propia democracia y del propio desarrollo económico, por lo cual tenemos que re- formular el sistema de las circunscripciones electorales. Para ello, tenemos que reducir el ámbito territorial de esas circunscripciones, si queremos aproximar más los elegidos a las comunidades. No se puede lograr realmente una mayor representatividad, si no se reduce el ámbito de esas circunscripciones electorales que hoy están vinculadas a los Estados. Ese esquema territorial en alguna forma hay que reducirlo, para que pueda haber una mayor comunicación entre el representante y el elector.

Hay también, por supuesto, que variar el sistema de escrutinio, y superar el sistema puro de representación proporcional, montado conforme al llamado sistema d'Hondt que se adoptó a partir de los años cuarenta. En su lugar, hay que plantearse la configuración de un sistema de escrutinio de carácter uninominal, particularmente a nivel local. Hasta ahora, para ello, había una objeción de orden constitucional, pues se argumentaba que, la Constitución impedía la elección uninominal a nivel municipal. Aparte de que ello no era correcto, lo cierto es que el problema ya está resuelto por la Enmienda Constitucional N° 2, que autoriza a acudir a un sistema de escrutinio distinto en el nivel local, al que existe para el nivel nacional, que es el de representación proporcional.

Pero, por supuesto, la sola elección uninominal a nivel local, no resuelve el problema de la representatividad, si continuamos aplicándola al ámbito territorial del Distrito Autónomo contemporáneo. No sólo la administración local continuaría ineficiente, sino que se agravaría. Por ello, al plantearse la reforma electoral a nivel local, no nos podemos quedar en el solo elemento de la elección uninominal de concejales. Es necesario reformar radicalmente la estructura local, y superar el esquema de administración y de gobierno colegiado del ámbito municipal.

Es decir, no se puede seguir admitiendo, como sistema de administración y gobierno local, el que ello se haga sólo a través de Concejos Municipales, como órganos colegiados. Es necesario establecer una diferenciación de funciones y lograr que a nivel local exista una autoridad ejecutiva electa, un Alcalde, y un Concejo Municipal, como órgano deliberante y de control. Solo entonces, ese Concejo Municipal separado del Alcalde y con funciones solo legislativas y de control, puede estar integrado por un sistema de elección uninominal.

Pero a esto hay que agregar otros elementos, algunos de los cuales están ya avanzados, como la separación de las- elecciones locales de las nacionales, a pesar de las críticas formuladas por el hecho de que aparentemente no surtió efectos ni en 1979 ni en 1984. Realmente la elección uninominal, planteada en forma aislada a nivel local, no resuelve nada, como tampoco ha resuelto nada la elección municipal- separada, salvo el poner en evidencia los defectos del sistema mediante la abstención. En todo caso, es necesario acompañar esa reforma inicial de la separación de elecciones, con la elección uninominal además de las otras reformas a nivel local, a las cuales nos referiremos, más adelante.

Habría que agregar otras propuestas de reformas como el acortar el período de gobierno de las instituciones locales, de manera que se produzcan elecciones a mitad del período constitucional nacional. Pero en relación a este aspecto, aquí también debemos plantearnos que si las elecciones son para elegir los miembros de los Concejos de los mismos Distritos Autónomos actuales, en períodos más cortos, ello no resolvería nada sino más bien empeoraría la situación actual. En cambio, si separamos el Alcalde del Concejo Municipal, el Alcalde podría ser electo por 5 años y los Concejos Municipales, electos uninominalmente, sí podrían renovarse a mitad de período constitucional nacional. Con lo anterior lo que queremos significar es que, utilizando el ejemplo del ámbito local, se ha venido confundiendo la parte con el todo y cuando se habla de reforma del Estado, sólo se piensa en la elección uninominal o en la separación de las elecciones, y nos olvidamos que el problema es mucho más complejo, pues tenemos que rehacer, materialmente, la institución local, para que ésta pueda servir como instrumento fundamental para el desarrollo político del país.

Pero dentro del funcionamiento del sistema democrático, aparte de la reforma del sistema electoral, el otro aspecto de la crisis del régimen democrático que también requiere reformas, es el provocado por la crisis de la participación política. Así como hay una crisis de representatividad, porque cada vez nos sentimos menos representados, asimismo hay una crisis de participación política. Por ello, para satisfacer las exigencias de participación, también tenemos que pensar en las necesarias reformas de las instituciones políticas.

De nuevo aquí es necesario mencionar, como elemento central para hacer más participativo nuestro sistema democrático, que tenemos que reformar las instituciones regionales y locales. Insistimos, no podremos realmente establecer una democracia participativa, pensando sólo en las instituciones políticas nacionales. Para que pueda haber democracia participativa, tenemos que hacerla participativa en el único lugar donde ello puede hacerse políticamente: en los Estados y, en el nivel local, en los Municipios, mediante un definido proceso de descentralización política. Para ello, tenemos, que inventar el Municipio con imaginación, partiendo del supuesto de que no existe como tal en Venezuela, ni ha existido, desde principios de siglo. Tenemos además, que reforzar los vínculos políticos vecinales y lograr que las juntas de vecinos, como movimientos .sociales urbanos espontáneos, no sean sólo lo que hasta ahora han sido, grupos de presión, sino que podemos convertirlas en instrumentos de gestión local, pues solo a ese nivel podemos, acercar el poder al ciudadano.

En definitiva, para que pueda haber participación política, tiene que haber descentralización política, pues aquélla resulta imposible en un Estado centralizado. Al contrario, para que haya participación, para que logremos la democracia participativa de la que tanto hablamos en nuestro país, tenemos que descentralizar el Estado y el poder; y tenemos que crear, en definitiva, un nuevo federalismo y un nuevo municipalismo.

Por tanto, el primer aspecto general de la reforma del Estado que debe destacarse, tiene que ser el de las reformas políticas en el funcionamiento de régimen democrático para hacerlo más participativo, y más representativo, lo que nos conduce a la necesaria búsqueda de un nuevo federalismo y un nuevo municipalismo.

3. *Las reformas en la forma del Estado: el nuevo Federalismo*

Así, el segundo gran programa de reforma del Estado en Venezuela que está planteado hacia el futuro, incide sobre la forma del Estado venezolano para lograr que, con las reformas necesarias en nuestro sistema federal, logremos un nuevo federalismo. Venezuela, como' hemos dicho y sucede en casi todos los Estados federales de América Latina, tiene una estructura contradictoria: formalmente, somos una Federación, establecida en la Constitución, por lo que teóricamente deberíamos tener un esquema descentralizado del poder. Sin embargo, realmente lo que existe es un Estado centralizado, con apoyo en una Administración Pública centralizada, y en un sistema de partidos centralizado y centralizante. Desde el punto de vista de la forma del Estado, tenemos una contradicción política, pues nuestra Federación es centralista.

En todo caso, este centralismo político-administrativo del Estado venezolano, ha conducido, por una parte, a la ineficiencia administrativa del aparato global del Estado, y por la otra parte, a la extinción o degradación de la vida política en el interior, deteniendo el desarrollo político del país por dentro. Por eso pensamos que para hacerlo políticamente desarrollado, además de los logros en el campo del desarrollo económico y social, tenemos que descentralizar el poder, transfiriéndolo de los niveles centrales a los Estados y a los nuevos Municipios. En esa forma tenemos que convertir a estas entidades, en verdaderas entidades políticas, como las denomina la Constitución; "entidades federales", a los Estados, y "entidades políticas primarias y autónomas" a los nuevos Municipios que hay que inventar.

En esta forma, el esfuerzo que debe hacerse hacia el futuro, en el campo de la forma de Estado, tiene que significar el idear e inventar, con imaginación, un nuevo federalismo que pueda hacer más eficiente al Estado y que pueda contribuir a disminuir el paternalismo del Estado nacional. Y descentralizar, en definitiva, es confiar más en la capacidad política de las regiones, de las provincias y de las comunidades para gobernarse a sí mismas; es distribuir verticalmente el poder; es crear, efectivamente, un gobierno regional, un gobierno estadal y un gobierno municipal o local; es transferir competencias y recursos a los Estados y Municipios; en fin, descentralizar es estimular el autogobierno local. Pero además, descentralizar es hacer participar, y, ello sólo puede lograrse, efectivamente, en un régimen democrático. No hay ni puede haber descentralización ni, por supuesto, participación en los regímenes autoritarios. La democracia es el sistema donde puede haberla.

Dentro de este esquema de búsqueda de un nuevo federalismo, además, tenemos que revisar desde el punto de vista político, las bases del proceso de desarrollo regional que hemos tenido en el país. Pensamos que llegó el momento, hacia el futuro, de darle al desarrollo regional la base política que no ha tenido.

El desarrollo regional, en general, ha sido un asunto conducido por el Poder Nacional; así, ha sido Cordiplan el que ha creado Oficinas de Planificación en las regiones y ha sido el Poder Nacional el que ha creado Corporaciones de Desarrollo Regional en ellas. Sin embargo, no debemos olvidar que las Corporaciones de Desarrollo Regional son Institutos Autónomos Nacionales, que dependen del poder central. No son instrumentos de los Estados, ni del poder político local incipiente, sino que son instrumentos nacionales. Por tanto, en nuestro criterio, el reto en materia de regionalización está en transformar el esquema de desarrollo regional y lograr que en lugar de ser un mero asunto nacional, comienza a ser un problema realmente regional, que sea conducido por las instancias políticas de las regiones. Así, cuando tengamos un proceso de desarrollo' regional conducido por los Estados de la Federación (sea las regiones con un Estado como el Zulia, o con varios Estados como el resto del país), es decir, cuando comience a ser la regionalización una preocupación de esas nuevas instancias políticas estadales, es que podremos realmente pensar que tendrá futuro político. En cambio, mientras la regionalización sea un asunto nacional y, por tanto, centralista, no tendrá futuro el desarrollo regional.

Por supuesto, para reformular el proceso, hay que buscar una conciliación entre el nuevo federalismo que hay que establecer y las escalas regionales, asignándole la responsabilidad del desarrollo regional a las instituciones políticas y administrativas estadales.

4. *Las reformas políticas en los Municipios: el nuevo Municipalismo*

El tercer programa de reforma de Estado, además de las reformas en el funcionamiento del sistema democrático, y de las reformas de la forma del Estado venezolano para la búsqueda de un nuevo federalismo, al cual le asignamos una particular importancia, se refiere a la reforma a nivel local, a los efectos de lograr un Nuevo Municipalismo. De esta manera, la reforma política de la forma del Estado que plantea la necesidad de la descentralización a nivel estadal y regional, también tiene que ir hacia una profunda reforma del Régimen Municipal.

En este campo, tenemos que crear, realmente, el gobierno local en nuestro país. Para ello debemos sustituir el Distrito Autónomo que hoy tenemos, excesiva y deliberadamente alejado del ciudadano como para que no haya participación ni haya democracia local, y al contrario, acercar la autoridad local a las comunidades y vecindades para que pueda realmente, la estructura local, servir de instrumento de participación política y además, para que pueda servir de efectivo medio de gobierno y de administración de los intereses locales. El Distrito Autónomo hoy no es ni lo uno ni lo otro; ni es un eficiente nivel para gerenciar los intereses locales, ni es un nivel suficientemente bajo, territorialmente hablando, como para permitir la participación política. Por ello, el reto planteado frente al poder local es, además de crearlo, convertirlo en esas dos cosas: en un instrumento de participación a través del cual podamos realmente hablar de una democracia participativa, que sólo' es posible mediante la descentralización; y además, hacerlo un eficiente medio de administración y de gobierno de los intereses locales.

Para eso tenemos que estructurar un nuevo Municipio para lo cual no basta con la elección uninominal, ni con la separación de las elecciones, sino que se requiere una profunda reforma de la Ley Orgánica de Régimen Municipal la cual, en su momento, no pasó de ser una reforma para que nada cambiara y para que todo permaneciera igual, consolidando el esquema de principios de siglo del Municipio ' autocrático.

Ahora bien, frente a ello, la reforma de régimen local, para lograr un Nuevo Municipalismo, tiene que partir de al menos, cinco medidas que es necesario adoptar en el futuro.

A. *Una nueva base para la existencia de los Municipios*

En primer lugar, la superación de la base artificial de la población que prevé la Ley Orgánica para que exista un Municipio, y que es la antítesis de esa idea de unidad política, primaria y autónoma de la cual habla la Constitución. La Ley Orgánica de Régimen Municipal, arbitrariamente, establece que esa unidad política, primaria y autónoma, tiene que tener doce mil habitantes, cifra producto, simplemente, de la inconsciencia y arbitrariedad del Congreso Nacional. No hubo un estudio poblacional ni geográfico previo de todo el país, para poderle dar realmente sustento a esta base de población; base que ni siquiera se ha cumplido, porque durante el período 1979-1984 los Estados, cuyas Asambleas debieron haber dictado sus leyes, de división territorial de acuerdo a las nuevas bases de población, no la cumplieron, con pocas excepciones, pues si, por ejemplo, el Estado Cojedes lo hubiera hecho, hubiéramos llegado al absurdo de que de los 7 Distritos autónomos que tiene, no calificaban ni como Municipios, porque no llegaban a los 12.000 habitantes. En este caso, de haberse aplicado la ley, hubiera quedado al Estado Cojedes con sólo tres autoridades municipales o Municipios, lo que evidencia que es una artificial y absurda base de población. De los 191 Distritos Autónomos que existían en 1982 en el país, la gran mayoría tenía menos de 50.000 habitantes y 24 tenían menos de 12.000 habitantes. Por ello, los que establecieron esa base de población en realidad, tuvieron como punto de referencia sin duda, una de las grandes Municipalidades de la capital, las cuales además, tienen en sí todos los defectos del sistema de los Distritos Autónomos. Por todo ello, lo primero que hay que hacer en materia local, es superar esa base de población artificial del Municipio, y establecer esta unidad, donde quiera que haya unidad primaria de vida local.

B. *La diversidad de regímenes organizativos*

En segundo lugar, debemos superar el uniformismo organizativo de los Municipios, que también es algo que nos viene desde la estructuración de los Distritos Autónomos en 1904 y que consolidó la Ley Orgánica de 1978. En efecto, antes de esta Ley, en las leyes de Régimen Municipal de los Estados, se preveía una organización idéntica para todos los Municipios, con sus Concejos Municipales de 7 concejales uniformemente estructurados, con leyes copiadas unas de otras. Sin embargo, la Constitución de 1961 con buen tino, previo que la Ley podía, establecer regímenes distintos para los Municipios, atendiendo a su desarrollo económico, situación geográfica y población. A pesar de ello el legislador se olvidó de este requerimiento constitucional y estableció un régimen uniforme de gobierno y administración municipal siguiendo la tradición precedente.

Las únicas diferencias que previo fueron realmente sin importancia; el número de concejales que varía de 7 a 17 según la población, y el hecho de que, cuando el Municipio tenga más de 50.000 habitantes, debe haber un Administrador Municipal; en cambio en los que tengan menos de 50.000 habitantes, las funciones del Administrador las asume el Presidente del Concejo Municipal; y en los Municipios con más de 100.000 habitantes, el Administrador Municipal debe tener título de contador o de administrador público.

Esas son las únicas diferencias en el régimen organizativo municipal actual. Sin embargo, se olvidó el legislador de las diferencias que tiene que haber entre el gran municipio urbano, el pequeño centro poblado o pequeño municipio urbano, y el municipio rural; y se olvidó de que mientras tengamos un sistema uniforme de gobierno local y de régimen municipal, no podremos establecer realmente, esa unidad política autónoma y primaria como instrumento de participación, que debe ser el nuevo Municipio.

C. *La nueva figura del Alcalde*

Pero hay un tercer elemento de la reforma local que tiene que acometerse y es la necesaria diferenciación entre las autoridades ejecutivas y las autoridades legislativas, de control y deliberantes locales. Nosotros tenemos el absurdo sistema de pretender gobernar nuestras ciudades con un órgano colegiado, que a la vez es legislador, administrador y contralor, y cuyas decisiones son adoptadas por votación donde la negociación y el acuerdo son la norma. Eso es una aberración administrativa, superada desde la Revolución francesa, cuando el sistema de los colegios y de las cámaras, se sustituyó por la administración napoleónica unipersonal.

No se puede administrar por votos. Así como una compañía anónima no se puede administrar por una Junta Directiva, sin que tenga un gerente, un presidente ejecutivo o un presidente-gerente; asimismo no se puede administrar una gran ciudad por un órgano colegiado, ' por un Concejo Municipal. Es necesario crear la figura ejecutiva, a nivel local; por ello es necesario estructurar la figura del Alcalde electo. No se trata de establecer el Administrador Municipal designado, que no pasa de ser un agente administrativo o un director de administración del Municipio, sino de crear la figura del Alcalde electo por votación popular, con funciones ejecutivas y de Gobierno, separadas de las del Concejo Municipal que debe presidir, como órgano deliberante, de control y normativo, pero no de administración. Esta diferenciación es fundamental a nivel local y sólo cuando se dé, es que podemos plantearnos entonces, no sólo la elección del Alcalde en forma directa sino la elección uninominal de los Concejales, miembros del Consejo. Para eso la uninominalidad es fundamental, pues éste es un órgano deliberante, de control y de creación normativa a nivel local.

D. *Un nuevo sistema electoral Municipal*

Por eso, además de estos tres elementos de reformas del Régimen Local, tenemos que plantearnos la reforma del sistema electoral local, de acuerdo a lo que ya hemos señalado.

Este nuevo sistema electoral municipal estaría basado en las siguientes premisas: elección directa y universal del Alcalde; elección uninominal de los miembros de los Concejos Municipales; separación de las elecciones municipales del resto de las elecciones nacionales y estadales; elección de concejales para períodos más cortos que los de los Alcaldes, y a mitad del período constitucional nacional.

E. *El escalonamiento de las entidades locales*

El quinto elemento de reforma del régimen local, para que se pueda completar el cuadro de la reforma municipal, debe consistir en el establecimiento de un sistema escalonado de gobierno local, donde una sabia y realista distribución de competencias, según los niveles territoriales, se desarrolle. Así, el uniformismo que tenemos de Distritos Autónomos, como única entidad local, tiene que ser superado, y con imaginación tenemos que desarrollar lo que está en la propia Constitución. Incluso, la Constitución no habla del Municipio como la única entidad local; en realidad habla del "Municipio y demás entidades locales". Pero aún no hemos imaginado las otras entidades locales. Para ello, debemos estructurar un sistema de Gobierno escalonado en diversos niveles, que puede tener hasta tres: el nivel distrital municipal (rural) o metropolitano (urbano); el nivel municipal como unidad política, primaria y autónoma; y luego el nivel vecinal o comunal con autoridades también electas, muy cerca de las juntas de vecinos o integradas por éstas, con capacidad de autogobierno a nivel de las materias estrictamente locales.

Conforme a lo que hemos señalado, es evidente que, un programa de reforma municipal para inventar el Municipio, es la exigencia fundamental de la reforma del Estado, porque implica indirecta y directamente, reformular el esquema democrático porque lo podríamos hacer más participativo y descentralizar el poder, para lo cual tendríamos que transferir competencias que hoy están centralizadas a nivel nacional.

5. *Las reformas de los Poderes Nacionales del Estado*

Pero por supuesto, además de las reformas al funcionamiento del sistema democrático, a nuestra forma de Estado y al régimen municipal, la reforma del Estado, como política nacional, debe incidir sobre los Poderes del Estado en su esquema de distribución horizontal: el Poder Legislativo, el Poder Ejecutivo y el Poder Judicial.

A. *Las reformas políticas al funcionamiento del Congreso*

Sin duda, como ya hemos señalado, puede decirse que hay consenso político en la apreciación de que el Congreso, que tiene funciones legislativas y de control, no siempre legisla y cuando lo hace, lo realiza relativamente mal y que además, no siempre controla y cuando lleva a cabo sus funciones de control, también lo hace relativamente mal. El Congreso requiere de una reforma y esto se ha venido planteando. A tal efecto, la Enmienda Constitucional Nº 2 de marzo de 1983 estableció una base para ello, que es la creación de la Comisión Legislativa que puede permitir, se espera, agilizar el proceso de formación de las leyes y el desarrollo de las tareas legislativas por parte de las Cámaras Legislativas.

Pero sin duda, es necesario que haya una reforma en la composición de los cuerpos asesores del Congreso, a los efectos legislativos y de control. Hasta ahora, en realidad, tenemos el raro caso de un Congreso que pretende legislar y controlar a la Administración, sin contar con los cuerpos asesores permanentes de los mayores niveles de excelencia.

No se puede legislar sólo con el trabajo de alguno que otro diputado o senador que dedique algo de su tiempo a redactar artículos de una ley. Lo mismo sucede con las actividades de control. Nos quejamos los ciudadanos de que ninguna investigación parlamentaria concluye en nada, y no nos percatamos de que en general, no puede ser de otra forma, pues son investigaciones mal hechas, porque no hay cuerpos asesores que permitan realmente a las Comisiones del Congreso, desarrollar su labor.

Por tanto, en el Congreso debe estructurarse un cuerpo permanente de funcionarios, seleccionados por concurso, que integren un cuerpo de carrera, y que tengan a su cargo la labor de asesorar a los parlamentarios en las labores legislativas y de control. Para ellos, los partidos políticos tienen que renunciar a financiar a sus dirigentes medios a través de los cargos de asesorías en el Congreso.

B. *La Reforma del Poder Judicial*

La reforma del Estado también tiene que ser un proceso que debe incidir en el Poder Judicial. Sobre esto, como hemos dicho, puede decirse que también existe una conciencia política fundamental en torno a la necesidad de darle un vuelco total al Poder Judicial.

Hemos estructurado en nuestro país un régimen democrático y estamos orgullosos de nuestra democracia, pero nos hemos olvidado que el pilar fundamental de todo sistema democrático es la Justicia, y mientras la Justicia no tenga credibilidad, tendremos una falla en los cimientos del sistema mismo. Y tan es así que no tiene credibilidad la Justicia en nuestro país, que recientemente hemos llegado a la situación absurda, conspirativa casi, de que frente a una decisión de la Corte Suprema de Justicia que en cualquier país del mundo desarrollado políticamente se respetaría, ha sido el propio Congreso el que ha desconocido la decisión, y en dos semanas ha reformado una Ley (Ley del Trabajo, 1983) para conspirar contra una decisión de la Corte Suprema. Es decir, ni siquiera el Congreso respeta la Justicia.

Por tanto, uno de los elementos centrales que tiene que formar parte de un programa de reforma del Estado y perfeccionamiento de la democracia, es la reforma del Poder Judicial y el sistema administrativo que lo conforma.

Por ejemplo, ha sido altamente cuestionado el Consejo de la Judicatura por la politización que ha provocado, en los últimos años, del Poder Judicial y por no haber desarrollado un adecuado sistema de selección de los jueces para protegerlos con la carrera judicial. Al contrario, hemos desarrollado una carrera judicial pero para darle, en muchos casos, estabilidad a la ineficiencia. Los concursos están previstos en la Ley de Carrera Judicial, pero no se están cumpliendo y, recientemente, el cuestionamiento a ese proceder se ha formulado por la propia Corte Suprema de Justicia.

En esta forma, la independencia y autonomía de los jueces, que un organismo como el Consejo de la Judicatura podría garantizar de acuerdo al esquema de la Constitución, está distorsionada, pues, dicho ente, lejos de asegurar esa independencia y la autonomía de los jueces, lo que ha hecho es politizar el Poder Judicial, conduciendo a una progresiva pérdida de credibilidad en la Justicia, hasta por parte de los propios sectores políticos.

Por ejemplo, tan ello es así, que cuando se reformuló la Ley Orgánica de Salvaguarda del Patrimonio Público (1982), frente a la politización del Poder Judicial, la Comisión Bicameral optó por proponer que el nombramiento de los Jueces de Salvaguarda debía quitársele al Consejo de la Judicatura, porque ese organismo no garantizaba dichos nombramientos fuera de las líneas de partido, y el Congreso, deliberadamente, le asignó el nombramiento de tales jueces a la Corte Suprema de Justicia, porque estimó que el Suprema Tribunal salvaguardaba más la designación de dichos jueces ante la politización. Hay por tanto, conciencia general en torno a la politización de la Justicia debido a que el sistema del Consejo de la Judicatura, tal como funciona, ha sido ineficiente y ello tiene que transformarse.

Por supuesto, otras transformaciones son necesarias en el funcionamiento de la Justicia; lograr que la misma sea rápida, efectiva y democrática, mediante una reforma de los procedimientos, cuya normativa todavía es la de principios de siglo y asegurar a todos el acceso a la justicia y el derecho a la defensa, mediante adecuados mecanismos de asistencia jurídica.

C. *Las reformas políticas al Gobierno*

La reforma del Estado debe abarcar al propio Gobierno y su funcionamiento. El desiderátum político futuro es lograr un Gobierno que gobierne y para eso, es necesario reformular su funcionamiento. Puede decirse que, en general, también hay consenso en relación a que el Gobierno no tiene coherencia en nuestro país, por lo que el funcionamiento de los sistemas de planificación, dirección, coordinación y control de los sectores de actividad pública tiene que replantearse. Además, debemos analizar cuidadosamente el papel de Jefe del Ejecutivo Nacional y Jefe del Estado, que el Presidente de la República hoy ejerce conjuntamente. Por supuesto, hay que desechar de plano, por disparatada, toda idea que pueda llevar hacia crear una especie de Primer Ministro, como ' algunas veces se ha planteado en el país. No creemos que de lo que se trata es de descargar al Presidente del Gobierno, sino de permitirle al Presidente que efectivamente gobierne y para que el Gobierno tenga coherencia, establecer mecanismos de formulación y ejecución de políticas. Allí está, por ejemplo, una figura no utilizada realmente, la del Ministro de la Secretaría de la Presidencia, que podría ser un ejecutor fundamental del Gobierno y que no se ha utilizado como tal, sino que ha seguido bajo el esquema del Secretario de la Presidencia, casi como secretario privado, pero no como un instrumento de coordinación y de coherencia del Gobierno. Además, aún no hemos ensayado la jerarquización de los Ministros, designando Ministros-Delegados o Secretarios de Estado, para sectores y subsectores y así descargar las tareas de coordinación en aquellos, y reducir el carácter de Asamblea que tiene el Consejo de Ministros.

6. *Las Reformas a la Administración Pública*

A. *Las reformas administrativas en la Administración Central y en la Administración Descentralizada*

Por supuesto, además de los programas de reforma antes indicados, están los programas de reforma administrativa, tanto en la Administración Central, como en la Administración Descentralizada, sobre el cual ya tanto se ha escrito, programado y hablado. Definitivamente, por ejemplo, en la Administración Central, desde el punto de vista de su organización, hay que reforzar el esquema sectorial y atribuirles a los Ministros la función de gobernar todo lo que concierne a los sectores. Sólo con una conducción sectorial efectiva es que el Estado podrá llevar adelante las políticas sectoriales prioritarias del momento contemporáneo, derivadas de las exigencias sociales y económicas: política agrícola, de vivienda, de servicios públicos, etc.

Sin embargo, gobernar no es centralizar y una reforma de la Administración Central tendría que, además de reforzar el poder sectorial de los Ministros, ir hacia una descentralización y desconcentración de ese poder de manera que, por ejemplo, los asuntos nacionales que conciernan a las regiones, se decidan a nivel regional. No hemos logrado todavía desconcentrar regionalmente al Poder central, ni llevar a los niveles políticos estadales, asuntos que sean de ese nivel y que puedan desarrollarse a ese nivel, descentralizando el Poder Nacional. Por tanto, en esta materia no se trata sólo de reforzar sectorialmente a la Administración, sino descentralizarla y territorialmente y desconcentrarla regionalmente y hacia los Estados, en las tareas que puedan cumplirse a ese nivel, reforzando las estructuras de las Gobernaciones de Estado.

Por ejemplo, son muy pocos los países del mundo en los cuales la educación, no sea un servicio estadal y municipal. Sin embargo, en Venezuela pretendemos gerencia r la educación desde el nivel central y eso ya está llegando a niveles de ineficiencia completa. Sin embargo, algunos esfuerzos se han hecho para desconcentrar y descentralizar, y entre ellos debe destacarse que en la Ley para la Ordenación del Territorio de 1983, por ejemplo, por primera vez se le atribuyen a los Gobernadores funciones directas en materia de control de la aplicación de una ley, en sus jurisdicciones, lo cual, sin embargo, no se ha implementado, aun cuando por ignorancia de esta normativa.

Pero la Administración Central debe también ser objeto de programas de reformas en cuanto a su funcionamiento. Deben continuar los esfuerzos por resguardar a los particulares en sus derechos frente a la Administración y en los procedimientos administrativos; y deben consolidarse los principios igualitarios y democráticos en la Administración, a través de la información y de la apertura de vías de participación democrática en la formulación de políticas e incluso, en ciertos niveles en la gestión de los intereses públicos.

Por otra parte, los sistemas destinados a planificar la acción administrativa, deben imbuirse del criterio participativo-democrático, no sólo en las relaciones Estado-particulares, sino en las relaciones, del Órgano Central de Planificación con el resto de la Administración Pública. Debe tenderse, así, a la elaboración de planes quinquenales "de toda la Administración Pública" y no sólo de Cordiplan, a cuyo efecto debe desconcentrarse sectorial y regionalmente la tarea planificadora. Además, definitivamente, debe comprometerse al órgano de representación popular, el Congreso, en la tarea planificadora, mediante el mecanismo de aprobación legislativa de los lineamientos generales de los Planes quinquenales, previstos en la Enmienda Nº 2 de la Constitución de 1983, y así convertir lo que debe ser un Plan "de toda la Administración Pública", en el Plan de la Nación.

En relación a los sistemas funcionales, especial énfasis debe hacerse en el establecimiento del sistema de contabilidad pública, dentro de la Administración y no sólo como instrumento de control fiscal, a los efectos de que sirva de mecanismo de gerencia pública.

En cuanto a la Administración Descentralizada funcionalmente, también varias reformas tienen que hacerse en el futuro. Como hemos dicho, sin duda, la parte más importante de la Administración venezolana, es la Administración Descentralizada. Por ella se eroga más del 75 por ciento del gasto público consolidado. Por ello, es necesario replantearse el esquema de su organización y establecer un sistema de control de su gestión. En tal sentido, estimamos que es necesario implantar definitivamente el esquema de organización sectorial de esa Administración Descentralizada, y abandonar toda idea de organización multisectorial, como el que a medias existe. En efecto, pensamos que no deben estructurarse organizaciones de entes descentralizados de carácter multisectorial, salvo en el proceso de desarrollo regional y de promoción regional. Por eso, la estructura del Fondo de Inversiones de Venezuela es inconveniente, como fue inconveniente la estructura de la Corporación Venezolana de Fomento; entes, en ambos casos, originalmente de inversiones y de carácter financiero, que luego se convirtieron en multigerentes, que han roto el esquema de gobierno sectorial. Por eso, muchas veces los Ministros no tienen el control de los sectores que deberían gobernar, por la participación en la conducción de los entes descentralizados de cada sector, del Fondo de Inversiones de Venezuela.

Por otra parte, dada la importancia de los entes descentralizados, en el contexto general de la Administración Pública del Estado, y en la propia composición del gasto público, resulta indispensable el establecimiento de un control de gestión destinado a dichos entes.

Pero en este campo el problema no es sólo de reorganización, coordinación y control de los entes descentralizados, sino que paralelamente está planteada la necesaria redefinición de la intervención del Estado en la economía, como Estado empresario, y por tanto, el necesario redimensionamiento de su Administración Pública. Una política de fomento, y la transferencia de muchas empresas al sector privado, deberían acompañar la reorganización de los entes descentralizados.

B. *Las reformas en la Función Pública*

Por último, es evidente que todas las reformas políticas y administrativas enunciadas requieren, por supuesto, de una reforma en la función pública. Definitivamente, la eficiencia del Estado depende de la eficiencia y revalorización del personal que cumple funciones públicas, y en este campo hay un reto fundamental en el futuro. Tenemos que crear una burocracia en Venezuela y lo decimos en términos precisos pues, en verdad, en Venezuela no tenemos ni hemos tenido una auténtica burocracia. Tenemos un personal al servicio del Estado, que desafortunadamente cambia en su composición básica cada cinco años, con los cambios de gobierno, conspirando contra todo elemental principio de eficacia; y ello conduce a que no tengamos una burocracia como instrumento permanente de gestión, de niveles de excelencia, que pueda conducir efectivamente la acción del Estado. Por supuesto, para crear esa burocracia, tenemos que pensar en políticas que hemos sólo desarrollado muy relativamente: la formación, la selección, la estabilidad y la remuneración de ese personal.

Lo que sí es definitivo es que después de 15 años de vigencia de la Ley de Carrera Administrativa tenemos que convenir en que la relativa estabilidad lograda, aquí también, como en los jueces, de la ineficiencia, es el peor atentado a la sociedad. Por eso, la propia Ley de Carrera Administrativa tenemos que repensarla para la Venezuela futura, pues sólo cuando formemos gerentes públicos y cuando responsabilicemos esos gerentes públicos de la gestión de los servicios del Estado, podremos realmente contar con una administración eficiente. Para ello, insistimos, las políticas de formación y capacitación son claves. No podemos volver a caer en las absurdas decisiones de hace años cuando la "gran política" en Administración Pública (1975) fue la eliminación de la Escuela Nacional de Administración Pública y de todos los programas de capacitación en la Administración Pública y hasta la eliminación de la Comisión de Administración Pública que era, en definitiva, la única institución del Estado que tenía posibilidad de imaginar y de investigar en el campo de la Administración Pública.

CONCLUSIÓN: UN NUEVO PROYECTO POLÍTICO PARA NUESTRA GENERACIÓN

Los líderes políticos nacionales y los principales partidos políticos del país, en 1958, formularon el proyecto político contenido en el Pacto de Punto Fijo, tendiente a establecer y mantener el sistema democrático, y a través de la democracia política, propugnar una democracia económica y social. Los postulados básicos de esos objetivos están plasmados en la Constitución de 1961, texto de contenido lo suficientemente flexible, como para haber permitido a los gobiernos que hemos tenido en los últimos 24 años, desarrollar sus postulados programáticos e ideológicos.

Ese proyecto político de 1958, se agotó, pues la democracia política se estableció en el país, con bases firmes, y los esfuerzos gubernamentales, mal que bien, han buscado desarrollar la democracia económica y social, aún no lograda completamente. Es el momento, por tanto, de formular un Nuevo Proyecto Político, que continúe con los esfuerzos planteados en 1958 y plasmados en el texto constitucional de 1961, pero con unos nuevos condicionantes ineludibles y realistas: en primer lugar, ideológicamente, el país entero ha optado en Venezuela por posiciones de centro en el espectro político, representados por la socialdemocracia y la democracia cristiana, cuyos partidos han obtenido en todas las elecciones que hemos tenido, alrededor del 90 por ciento y más de la votación, en un país sin abstención electoral; y en segundo lugar, en correspondencia con esas posiciones de centro, durante las últimas dos décadas, al amparo de la acción de esos gobiernos, se ha consolidado el Estado petrolero venezolano, más aún, después de la nacionalización de la industria petrolera, correspondiente a un sistema político-económico de economía mixta, que concilia la intervención del Estado con la libertad económica.

Por tanto, no es realista formular un Proyecto Político para el futuro en Venezuela, con posibilidades de implantación, en posiciones extremas de izquierda ni de derecha. Por eso, la realidad muestra que, políticamente, la derecha nunca ha existido en el país, y los hombres de derecha, que sí existen, han votado por algunos de los partidos de centro, colocándolos a ambos en los procesos electorales, alternativamente, a la derecha o a la izquierda del otro. En cuanto a la izquierda, la votación del pueblo venezolano muestra un rechazo progresivo a los partidos de izquierda, que ya han casi desaparecido.

Desde el punto de vista político-económico ello se corresponde con el rechazo a todo sistema que implique extinción de la libertad económica y apropiación exclusiva de los medios de producción por el Estado; o en el otro extremo, minimización del Estado y abandono de su posición intervencionista y conformadora por su calidad de Estado petrolero.

Por tanto, el Nuevo Proyecto Político que nuestra generación tiene que formular y asumir, y que los partidos políticos fundamentales del país tendrán que adoptar, realistamente, tiene que estar ubicado en el centro del espectro político y de los sistemas político-económicos, pero no por ello ser menos revolucionario, y tiene que consistir en el perfeccionamiento de la democracia política, y en la búsqueda efectiva, de realización de la democracia económica y social.

Pero hablar del perfeccionamiento de la democracia, en genérico, como tanto se ha hecho en el país, no pasa de ser una frase vacía, por lo que para constituir un Nuevo Proyecto Político, debe tener contenido político preciso: este es, precisamente, en nuestro criterio, el conjunto de programas de reformas del Estado que tenemos v seguiremos teniendo, intervencionista, conformador de la realidad económica y social, que hemos esbozado en este ensayo.

Esta tarea de perfeccionar la democracia a través de la reforma del Estado, aun cuando sea un proyecto político que continúa los esfuerzos del formulado hace 27 años, por una generación que ya cumplió su papel, no puede ser asumido sino por nuestra generación y las que nos releven, y hablo de "nuestra generación", "refiriéndome a la que ya se conoce como la generación de 1958", es decir, la que conoció la vida política a partir de la instauración del régimen democrático, y se ha desarrollado al amparo del mismo en los últimos 27 años. Las generaciones anteriores ya parece que no pueden, ciertamente, asumir esta impresionante tarea de reformar el Estado cuyos líderes construyeron y consolidaron, con estereotipos que les cuesta abandonar. Es más, estoy convencido de que la reforma del Estado, como Nuevo Proyecto Político a desarrollar en Venezuela, encontrará en las generaciones precedentes a la nuestra, la resistencia al cambio más formidable que podamos enfrentar. He allí nuestro reto más importante, como generación: no sólo asumir el poder, sino ejercerlo para transformar las instituciones políticas y administrativas, frente a los líderes tradicionales, con quienes, además, lamentablemente, comienzan a comprometerse algunos que cronológicamente deberían formar parte de nuestra generación.

Pero por supuesto, algo debe estar definitivamente claro cuando hablamos de la reforma del Estado y la planteamos como el Nuevo Proyecto Político a desarrollarse en nuestro país: toda reforma del Estado, y en particular, todos los programas básicos de ella que hemos esbozado, tocan el Poder; implican, siempre, una redistribución o distribución del Poder.

En general, los problemas de las instituciones políticas y administrativas del Estado Democrático centralizado que hemos analizado, derivan de la concentración del Poder a nivel Central y en los partidos políticos. En consecuencia, reformar esas instituciones significa. En primer lugar, redistribuir verticalmente el poder del centro a los niveles periféricos regionales o locales, mediante un proceso de descentralización territorial; y significa, además, en segundo lugar, la distribución del poder por parte de los partidos políticos, que lo han monopolizado concentradamente, para abrir otros canales y vías de participación política y de representatividad.

Así, es imposible por ejemplo, reformular el federalismo, hacer eficientes las Asambleas Legislativas, crear un auténtico régimen municipal sin que se descentralice el Poder del centro a los Estados y entidades locales; y a la vez, es imposible, por ejemplo, hacer el régimen democrático más representativo y participativo, perfeccionar el funcionamiento del Congreso, reformar la Justicia y la Administración Pública, sin que los partidos aflojen las riendas de conducción absoluta de las instituciones políticas y convengan en despartidizarlas. Por ejemplo, sólo existirá un Poder Judicial autónomo, independiente y con cierta dosis de credibilidad, cuando los partidos políticos renuncien a controlar a los jueces y a la judicatura. Tan simple como eso; ¡y a la vez tan difícil!

Por tanto, la reforma del Estado significa pérdida de áreas de poder por parte de los niveles centrales del Estado en beneficio de las regiones, provincias, comunidades y vecindades a los efectos de lograr su desarrollo político propio; y además, significa pérdida de áreas de poder por parte de los partidos políticos en beneficio de las propias instituciones, para que puedan desarrollar sus potencialidades con la participación ciudadana. De allí que desmontar el centralismo, democratizar la democracia, y hacer eficiente el Estado y sus instituciones en nuestro sistema democrático, sólo puede ser obra de los partidos políticos, y no un proyecto político a realizarse en contra de ellos.

He allí la gran dificultad de la actual coyuntura y de nuestra generación: embarcar, efectivamente, a los partidos políticos en esta expedición, y convencerlos de que el problema es de sobrevivencia de la propia democracia.

QUINTA PARTE

PROBLEMAS DEL ESTADO DE PARTIDOS

(1988)

Esta Quinta parte del Tomo III de la *Colección Tratado de Derecho Constitucional,* recoge el texto del libro *Problemas del Estado de Partidos,* publicado por la editorial Jurídica venezolana, Caracas 1988.

El libro estuvo dedicado

"A Manuel García-Pelayo, Profesor y amigo, a quien se debe el impulso y promoción de los estudios políticos contemporáneos en Venezuela

SECCIÓN PRIMERA: EL ESTADO DE PARTIDOS Y EL PROBLEMA DE SU REFORMA

I. NOTAS SOBRE LA DEMOCRACIA Y EL ESTADO DE PARTIDOS

El Estado democrático venezolano contemporáneo, sin duda, es un *Estado de Partidos,* es decir, un Estado en el cual hay una completa interacción y articulación entre el sistema jurídico-político (estatal) y el sistema socio-político (de partidos). Los partidos políticos han llegado así, a ser, a la vez, los únicos canales para el ejercicio de la democracia, y los órganos indispensables para la formación de la voluntad estatal, de manera que en la realidad, es imposible que funcione la organización jurídico-política (el Estado) sin la decisiva cooperación de los partidos políticos.

Esta concepción del *Estado de Partidos,* formulada por los autores alemanes de principios de Siglo (Thoma, Kelsen, Radbruch, Koellreuter, Cari Schmitt, Leibholz, y otros), ha sido recientemente expuesta en forma magistral, como siempre, y aunque referida a los países europeos, por Manuel García Pelayo en su libro *El Estado de Partidos* (Alianza Editorial, Madrid 1986). Su lectura me ha conducido a concluir que no sólo el Estado Venezolano es un auténtico *Estado de Partidos,* sino que hasta cierto punto lo es llevado hasta sus últimos límites de intensidad, particularmente en el período de gobierno constitucional 1988-89, durante el cual se ha producido una casi plena sustitución de las decisiones de los órganos del Estado por las decisiones del máximo órgano ejecutivo del Partido de Gobierno, de manera que el gobierno a veces aparece degradado a ser un mero aparato dependiente del poder de un centro extraño a la organización del Estado, cuyas decisiones, incluso, se legitiman en un Congreso que no decide por sí mismo.

En efecto, en nuestro sistema constitucional, y en una norma que quizás tuvo su inspiración en una similar de la Constitución italiana, se establece el derecho de todos los ciudadanos a asociarse en partidos políticos para participar, por métodos democráticos, en la orientación de la política nacional (Art. 114).

Se trata, aun cuando en forma indirecta, del reconocimiento constitucional de los partidos políticos y de su papel como órganos de mediación entre la masa genérica de la población votante y los órganos que ejercen el Poder Público.

La soberanía, ciertamente, como lo afirma el artículo 4 de la Constitución, reside en el pueblo, quien la ejerce mediante el sufragio, por los órganos del Poder Público; pero el sistema electoral que actualiza el sufragio, está montado sobre el principio de la representación proporcional, también de origen constitucional (Art. 113), lo que conduce, en definitiva, a estructurar *un sistema de representación democrática de los partidos políticos* los cuales, efectivamente, son los conductores de la vida política nacional. De allí el sistema de democracia pluralista de partidos que tenemos como sustrato socio-político del *Estado de Partidos,* basada en relaciones competitivas de multipartidismo y pluralismo ideológico.

En este contexto, sin duda, los partidos políticos han cumplido y cumplen el papel fundamental en nuestro proceso político: suscribieron en 1958, el "Pacto de Punto Fijo" para el establecimiento y mantenimiento del régimen democrático, y de ese Pacto y de la labor consensual de los partidos, salió la propia Constitución de 1961 que configura el Estado democrático y Social de Derecho, como esquema formal neutro, no comprometido, y el cual, por tanto, podía y puede ser moldeado por las diversas ideologías representadas en los partidos políticos, en tanto en cuanto lleguen a ejercer el poder.

Ahora bien, nuestra democracia de partidos, utilizando los conceptos expuestos por García Pelayo, en su mencionado libro, puede decirse que está estructurada sobre las siguientes bases:

En *primer lugar,* en Venezuela, los partidos políticos, evidentemente, han mediatizado completamente la relación entre los representados-electores y los representantes-elegidos, de manera que son las vías de transformación de la voluntad imprecisa del pueblo en una voluntad política concreta, reuniendo a los electores en grupos capaces de acción política.

En esta forma, los partidos políticos han sido y son las únicas organizaciones capaces, realmente, de movilizar las masas para lograr su participación en el proceso democrático. Actúan como canales ascendentes de las orientaciones y actitudes políticas generales de la población, las cuales las transforman en programas concretos de acción política; y como instrumentos descendentes de generación de actividad política y demandas a ser requeridas por el pueblo. En este sentido, sin duda, puede decirse que están al servicio de los ciudadanos: les proporcionan información, programas de acción política y ofertas de listas de candidatos, normalmente escogidos entre los dirigentes de los propios partidos; y ponen a su disposición una capacidad y potencial organizativo para la ejecución de políticas que no proporcionan otras instituciones.

En *segundo lugar,* los partidos políticos monopolizan la representatividad democrática, pues el sistema electoral está diseñado para lograr una representatividad de los partidos políticos, a cuyo efecto la propia Constitución, elaborada por los partidos políticos en los albores de la democracia, erige el principio de la representación proporcional en el sistema básico de escrutinio. Esta representatividad de los partidos políticos, en la práctica, ha tenido múltiples consecuencias: los partidos ejercen el dominio del electorado, el cual no puede influir en la selección de los candidatos, lo que conduce a la percepción de que los votos de los electores, en definitiva, pertenecen a los partidos. Además, la elección o escogencia por los electores, no se ejerce sobre candidatos considerados individualmente, sino sobre las diversas listas presentadas por los partidos.

Así, progresivamente, los cargos de diputados han perdido su carácter representativo popular, convirtiéndose el proceso de selección interna de candidatos en los partidos, con cada vez más frecuencia, en un ejercicio del poder de las oligarquías y maquinarias partidistas, y la elección, en definitiva, en un plebiscito respecto de los partidos más que respecto de las individualidades que integran las listas.

En *tercer lugar,* en cuanto a los electos o representantes, estos, en definitiva, quedan con una sujeción natural a los partidos en cuyas listas fueron presentados. Tienen clara conciencia de que no fueron elegidos por sus méritos individuales, sino por pertenecer a un partido o haber estado en sus listas, por lo que en la elección priva la opinión del partido sobre los criterios personales. La representación popular, por tanto, deriva de la representación del partido, en el sentido de que se representa al pueblo sólo porque se representa al partido. De allí que la lealtad al partido está usualmente por encima a la lealtad al Estado.

En *cuarto lugar,* proviniendo los representantes electos de la voluntad de los partidos, las fracciones parlamentarias han adquirido una relevancia fundamental. Como los partidos son los que en definitiva eligen los representantes, estos, una vez electos, forman parte de una fracción parlamentaria, la cual usualmente sustituye la propia voluntad del representante, produciéndose como consecuencia, un vaciamiento de las funciones del propio Congreso. Las decisiones de las Cámaras Legislativas, así, no son realmente el resultado de la dialéctica parlamentaría ni de discusión alguna que se haga en las Cámaras o en sus Comisiones, sino de lo que dispongan las fracciones parlamentarias, con lo cual, en la casi totalidad de los casos, las decisiones del Congreso carecen de creatividad.

En *quinto lugar,* los partidos políticos venezolanos no han escapado al imperio de la famosa regla de la *naturaleza oligárquica* de su dirigencia, formulada por R. Michels a comienzos de siglo (1914), por lo que en todo el proceso político, son las cúpulas partidistas, sus élites tradicionales, las que controlan la estructura y funcionamiento de los partidos y las fracciones parlamentarias, y a través de ellos, el propio Estado.

En todo caso, si bien los partidos actualizan la democracia de partidos, internamente, invariablemente, son poco democráticos. En ellos, no son las bases las que deciden, son las cúpulas de sus cuerpos directivos los que gobiernan, por lo que no se ha podido implementar, internamente en los partidos, los más elementales principios democráticos. Por tanto, la exigencia constitucional y legal de la organización democrática interna de los partidos, no ha podido tener plena vigencia, rigiendo, al contrario, en general, el principio del centralismo democrático que en definitiva asegura el predominio de las oligarquías partidistas enquistadas en sus cuerpos directivos.

II. CONSECUENCIAS DEL ESTADO DE PARTIDOS

Ahora bien, toda esta situación de la democracia de partidos ha producido sus consecuencias directas en la configuración del *Estado de Partidos,* en el cual, los partidos políticos han ocupado los órganos políticos del Estado, de manera que la voluntad del Estado, en definitiva, es la voluntad del partido de gobierno, sobre todo cuando tiene la mayoría parlamentaria. En esa forma, los órganos políticos del Estado han quedado trastocados en mecanismos de conversión de la voluntad de los partidos políticos en voluntad del Estado, de manera que con frecuencia, incluso, el Congreso no es el lugar donde se producen determinadas decisiones en materia legislativa o de control, sino el lugar donde simplemente se legitima, a través de las fracciones parlamentarias, la decisión adoptada en los cuerpos directivos de los partidos políticos. Así mismo, progresivamente se constata (muestra de ello es la experiencia de gobierno en el período 1984-1989), en relación al gobierno del Estado que éste, en más de una ocasión, se ha convertido en gobierno del partido, adoptándose las decisiones políticas fundamentales respectivas primero, en los organismos directivos del partido de gobierno, antes de ser legitimadas por el Presidente en la reunión del Consejo de Ministros. Así, en más de una ocasión, tanto el Congreso como el Presidente de la República han actuado como meros ejecutores de decisiones tomadas en los organismos directivos del partido de gobierno, situados fuera e independientemente de la estructura del Estado. Un ejemplo, al final del período legislativo en 1988, fue el caso de las leyes de crédito público para la industria estatal del aluminio: el Comité Ejecutivo Nacional del partido de gobierno fue el que "interpeló" al Ministro-Presidente de la Corporación Venezolana de Guayana, y luego de ello, fue el que decidió que el Presidente de la República convocaría a las Cámaras Legislativas a sesiones extraordinarias, y el que decidió que éstas sancionarían las leyes mencionadas. Todo ocurrió, en efecto, como lo resolvió el órgano directivo del partido de gobierno.

En todo caso, y este es un ejemplo, es claro que no hay una dicotomía real y absoluta entre el Estado y los partidos: los cargos políticos del Estado en el Gobierno y en el Congreso, en general, son ocupados por las élites de los propios partidos, por lo que las decisiones son adoptadas en el partido por los mismos que luego las legitiman e implementan en los órganos políticos del Estado.

Esta realidad ha provocado consecuencias inmediatas en la propia estructura y funcionamiento del Estado. Por ejemplo, el principio fundamental de la separación orgánica de poderes, como base de la libertad, resulta en el *Estado de Partidos,* totalmente desdibujado. Así, el bicameralismo que, incluso, en la primera crisis de la democracia a principios de la década de los sesenta jugó un papel importante, en la actualidad no sirve para casi nada. En efecto, aun cuando la estructuración del Senado y Cámara de Diputados como cuerpos colegisladores fue concebida como un mecanismo de freno y contrapeso en la actividad legislativa, en la actualidad, al tener una misma composición político-partidista (mayoría), aquella fórmula no significa nada, pues no puede cumplir con su papel. Así, el que un Proyecto de Ley pase a la otra Cámara una vez aprobado en una, no pasa de ser un mero rito que con frecuencia se soslaya, declarándose la materia de urgencia.

Más importante, en todo caso, es el desdibujamiento del principio de la separación orgánica de poderes, tanto a nivel horizontal como vertical. En un *Estado de Partidos* como el que hemos venido consolidando en el país, y particularmente al extremo del que existe en la actualidad, en el período constitucional 1984-89, la separación entre el Legislativo, el Ejecutivo y el Judicial, materialmente no existe. La independencia entre los órganos que ejercen las tres ramas del Poder Público, por supuesto, está formalmente establecida, pero la realidad es otra, y con frecuencia hemos visto que más allá de la separación e independencia, lo que existe es una dependencia común de los órganos del Estado respecto de un centro de decisión localizado en el cuerpo directivo del partido de gobierno. lo grave es que no se limita ese centro común, que es el cuerpo directivo o ejecutivo respectivo del partido de gobierno, a desdibujar la separación orgánica entre el Gobierno (Presidente de la República y Ministros) y las Cámaras Legislativas, sino que también ha incidido en el ámbito de la Judicatura.

En efecto, a raíz de la reforma de la Ley Orgánica del Poder Judicial de 1970, con la creación del Consejo de la Judicatura, se abrió el camino para el control partidista de dicho cuerpo, y a través de él, para la designación partidaria de jueces o para la sanción a jueces por razones de partido. Así, la justicia se ha partidizado y hasta la designación de los Magistrados de la Corte Suprema de Justicia corresponde directamente a las cúpulas partidistas a través de las fracciones parlamentarias. Incluso, los medios de comunicación social han dado cuenta durante el actual período constitucional, de las decisiones del comité directivo o ejecutivo del partido de gobierno, sobre quien debía y quien no debía ocupar la Presidencia de la Corte Suprema de Justicia.

En esta forma, el partido, así, más de una vez decide qué debe decidir o no un juez, lo que implica que no hay contrapeso o balance entre los poderes. En nuestro *Estado de Partidos,* por tanto, no se ha respetado un tradicional límite al mismo y es el que la dictadura de partido no debe incidir en el ejercicio de las funciones judiciales. Al contrario, el propio partido que controla el Congreso y decide por el Gobierno, también controla a los jueces cuando es necesario, con lo que la separación de poderes se convierte en un eufemismo.

Otro tanto sucede en materia de distribución vertical del poder, de la cual derivan tres niveles autónomos de poder en el territorio: el nacional, el estadal y el municipal. Al menos en los dos primeros, la separación orgánica ha estado totalmente desdibujada: el Presidente de la República ha nombrado a los Gobernadores, también por supuesto y en general, de entre personas vinculadas a la élite partidista (incluso, en el actual período constitucional, fueron designados gobernadores quienes ejercían la Secretaría General del partido de gobierno en cada Estado), y los mismos han sido tradicionalmente más agentes del Ejecutivo Nacional (del Presidente de la República) que Jefes de los Ejecutivos Estadales ya que los Estados, por el centralismo, pocas competencias tienen. Sin embargo, la sanción, en 1988, de la Ley de elección y remoción de los Gobernadores, sin duda, puede verse como un primer correctivo (quizás inadvertido) de los excesos del *Estado de Partidos,* pues permitirá la elección popular de los Gobernadores, pudiendo escapar su designación al control directo de las cúpulas partidistas, y podrá permitir, además, la liberación de las fuerzas políticas regionales y locales del control férreo que actualmente existe por parte de las cúpulas partidistas.

En todo caso, la efectiva implementación de esta reforma, tendría que implicar un gran esfuerzo de asignación de competencias a los Estados (descentralización), para ser gobernados y administrados por los Gobernadores electos. He aquí, sin embargo, un conflicto, en puertas, producto del *Estado de Partidos,* pues Gobernadores electos con competencias propias significará pérdida de áreas de poder de las cúpulas partidistas y del propio Estado centralizado desarrollado por la interacción del centralismo democrático de los partidos y del centralismo político del Estado. Por ello, la efectiva descentralización del poder hacia los Estados, sin duda, será la primera prueba de autolimitación que tendrá que confrontar el *Estado de Partidos.*

Lo mismo ha de decirse respecto de los poderes locales, inconvenientemente manejados hasta ahora por órganos colegiados, los Concejos Municipales, cuyos Presidentes, incluso, siempre han sido designados desde Caracas, por las respectivas cúpulas partidistas. La elección directa del Alcalde, como órgano ejecutivo y de gobierno municipal previsto en la reforma de la Ley Orgánica de Régimen Municipal de 1988, también significará una prueba de fuerza frente al poder de los partidos en el manejo del Estado, y quizás, el comienzo de la admisión del establecimiento de algún límite a su actuación totalitaria.

Por último, el *Estado de Partidos* llega al extremo ilimitado de su configuración, con el apoderamiento de la Administración Pública y sus órganos por el partido de gobierno, en contra del principio esencial del Estado contemporáneo, que tiende a asegurar la neutralidad política de la Administración Pública y de sus funcionarios. Si el Estado Democrático y Social, conforme a la Constitución, es un Estado neutro, no comprometido, la Administración Pública y sus funcionarios deberían seguir la misma suerte. Esa es, además, la intención de la propia Constitución, en la cual se proclama que los funcionarios públicos están al servicio del Estado y no de parcialidad política alguna (Art. 122).

Hasta hace algunos años, ciertamente, este límite todavía no había sido franqueado, y los funcionarios en este campo, aún actuaban con recato. Todo ello, sin embargo, ha sido olvidado y en los últimos años ya no hay límite: abiertamente el funcionario actúa en interés partidista, con frecuencia realiza retaliaciones o discriminaciones incluso contra particulares que no son del partido, y ya la realización de propaganda política y electoral en las oficinas públicas no es considerada como una falta, sino al contrario, como un signo de lealtad. Así, por supuesto, no se ha podido establecer una burocracia neutra e, incluso, la que venía estructurándose a partir de fines de los años sesenta, se ha limitado, al convertirse, materialmente, a todos los cargos públicos en cargos de confianza, y por tanto, de libre nombramiento y remoción del jerarca. El cargo público, así, es un premio a la lealtad al partido, y progresivamente la Administración Pública comienza a identificarse con el partido de gobierno, sin que puedan sentarse las bases para una burocracia profesionalizada que se encargue de conducir, con permanencia, los órganos administrativos del Estado.

Otra área tradicional de inmunidad a la acción directa de los partidos en el Estado contemporáneo, había sido la institución militar, y hasta hace algunos años todavía en nuestro país, en este campo se actuaba con cierto recato. Lo cierto es que recientemente y cada vez con más frecuencia, denuncias sobre injerencias políticas directas en los asuntos militares, comienzan a salir abiertamente de la institución militar, incluso por boca de oficiales que han pedido la baja por tales motivos.

Por último, la simbiosis en extremo de la partidocracia y el Estado, con el desdibujamiento de la separación de poderes —no hay frenos ni contrapesos reales— y la atenuación o casi eliminación de la autonomía de la Administración Pública y de los Tribunales, minimizada además la independencia que estos últimos deberían tener, ha puesto en crisis las bases mismas del Estado de Derecho, que deberían estar montadas sobre la legalidad y el respeto al derecho.

En efecto, el Estado contemporáneo está concebido en la Constitución, básicamente, como un Estado sometido al derecho en todas sus actuaciones, y por tanto, sometido al control de la legalidad por parte de los órganos judiciales. Sin embargo, cuando el mismo centro de poder partidista puede controlar, a la vez, las decisiones del Congreso, del Ejecutivo y de los Tribunales, no hay forma efectiva de someter a control judicial real al Estado, y la dictadura del partido es total, porque lo inconstitucional o ilegal no encuentra remedio y a veces, como por arte de magia —la magia del partido— lo contrario a derecho se convierte en excelsa legalidad.

Estos son los problemas de *Estado de Partidos* en Venezuela —gravísimos por cierto— y que seguramente el Presidente de la República en el período 1984-1989, no tenía en cuenta cuando comenzó su mandato anunciando y volviendo a anunciar y prometer que realizaría la "reforma del Estado".

III. LAS IRREALIZADAS PROMESAS DE LA REFORMA DEL ESTADO

Jaime Lusinchi, así, pasará a la historia político-gubernamental de Venezuela, como el Presidente de la República que más habló y prometió en materia de Reforma del Estado, pero en cuyo período menos se hizo en dicho campo, pues las pocas reformas institucionales aprobadas legislativamente —la reforma municipal y la elección de los Gobernadores— fueron proyectadas, presentadas y promovidas por la oposición durante todo el período constitucional, y sólo fueron aprobadas al final de la legislatura del período —agosto de 1988— cuando el órgano directivo o ejecutivo del partido de gobierno no tuvo más remedio que darles bendición a través de su fracción parlamentaria, en una decisión en la cual sólo puede verse una motivación electoral, dada la sensibilización de la opinión pública en esta materia.

Ahora bien, estando por finalizar el período presidencial del Presidente Jaime Lusinchi y concluido ya el último período de sesiones ordinarias de las Cámaras Legislativas del término constitucional de gobierno —razón por la cual ninguna otra reforma será aprobada—, es el momento de recordar todo lo que Lusinchi dijo y prometió al iniciar su mandato, para que se haga el balance necesario y se concluya, en esta materia, que lo que el Gobierno hizo fue hablar y prometer para que nada cambiara efectivamente.

Nunca en los últimos años, como en el presente período constitucional, el tema de la Reforma del Estado estuvo tan de actualidad. Todas las personas que en una forma u otra tuvieron acceso a los medios de comunicación, aun sin saber de qué se trataba, clamaron por la Reforma del Estado, y esto refleja un estado de ánimo que se capta en el ciudadano común, de insatisfacción y frustración frente a las actuaciones del sector público, de manera que se tiene conciencia de que si no se transforma lo que comúnmente se denomina el Estado (las instituciones políticas y administrativas en todos los niveles nacional, estadal y municipal) no tendremos realmente progreso económico, social y por supuesto, Político.

Pero estas manifestaciones a favor de la Reforma del Estado, y esto es lo que más llamó la atención, nunca como en el inicio del presente período constitucional, habían provenido tan insistentemente del propio gobierno, y en particular, del Presidente de la República. El Presidente Lusinchi ha sido el Jefe de Estado, en toda la etapa democrática, que más ha hablado del tema de la Reforma del Estado en el menor lapso de tiempo. Puede decirse, sin duda, que el tema fue una constante en las intervenciones públicas del Presidente, no sólo a partir de la toma de posesión de su cargo, sino desde la fase final de su campaña electoral. Realmente, no es frecuente encontrar en las intervenciones de los Jefes de Estado de la Venezuela contemporánea, tanta insistencia sobre el tema. En particular en el caso del Presidente Lusinchi, deben destacarse las siguientes manifestaciones públicas:

En primer lugar, su exposición televisada el día 19 de agosto de 1983 (véase *El Universal,* 20-8-83, p. 1-13 y *El Nacional,* 20-8-83, p. D-20), en la cual prometió como candidato presidencial "la reforma a fondo de las instituciones del Estado para sacar al país de la crisis actual". Allí abordó muchos temas, y en particular, los relativos a la reforma administrativa del Estado. El contenido de dicha exposición, en general, no pasó de ser una repetición-resumen de los planteamientos sobre el tema que se venían formulando en el país desde los trabajos de la Comisión de Administración Pública de la Presidencia de la República a comienzos de los años setenta, expuestos en variada forma por muchas personas. El tema, sin embargo, en forma tan extensamente expuesto en boca de un candidato presidencial, adquiría nueva importancia, más aún tratándose del candidato presidencial de un partido cuya fracción parlamentaria se había opuesto en los inicios de los setenta, tenaz y tercamente, a toda idea de reforma administrativa. La charla televisiva del candidato Lusinchi, por tanto, para todos los que nos habíamos ocupado del tema de la reforma administrativa, se configuraba como un acto de contrición, aun cuando lleno de apreciaciones erradas, por extemporáneas.

El Presidente R. Caldera (1969-1974) había dejado, en 1974, un completo programa de reforma administrativa que, inclusive, había servido de modelo en el ámbito latinoamericano. Los errores y horrores que el candidato Lusinchi refirió de la Administración Pública, quiso achacárselos todos al gobierno del Presidente Luis Herrera (1979-1984), pero realmente no se puede olvidar que ellos fueron cometidos en el Gobierno del Presidente Carlos Andrés Pérez (1974-1979), precisamente cuando el candidato Lusinchi era parlamentario del partido de gobierno. No debe olvidarse que fue precisamente el Gobierno del Presidente Pérez el que eliminó, en 1976, la Comisión de Administración Pública, dejando la marcha de la reforma administrativa a la deriva. En ese gobierno del Presidente Pérez fue que el desorden administrativo llegó a su máxima expresión. Era la época de la "Gran Venezuela", donde el desorden se tapaba con exceso de riqueza.

No debe olvidarse que el tema de la reforma del Estado y dentro de él, de la reforma administrativa, es un tema de crisis, particularmente económica. Por ello a partir de 1984 se tornó importante; pero por ello, precisamente, en la época de la abundancia se la arrinconó. Y ciertamente, con el gobierno de Carlos Andrés Pérez se comenzó entre otros aspectos, a desquiciar el sistema sectorial de empresas del Estado, pretendiendo importar esquemas como el de Italia en el famoso, por disparatado, programa del Sistema Nacional de Empresas de Estado de la CRIAP. Por otra parte fue en el gobierno del Presidente Pérez cuando se produjo el mayor porcentaje de ingresos de funcionarios al sector público; y se dictó el Decreto Nº 211 que acabó con toda idea de estabilidad en la función pública. Allí funcionó la populista política de pleno empleo y se abrió la Administración Pública al empleo inútil. Fue en el gobierno del Presidente Pérez cuando se inició y se realizó el mayor gasto inútil de la historia en materia de publicidad, propaganda, viajes y agasajos. La permisología llegó a sus más altos niveles de papeleo y obstaculización y para darse cuenta de ello basta releer los incontables e interminables Decretos y más Decretos que enredaron el ordenamiento jurídico y, por tanto, los trámites administrativos.

En todo caso, la reforma de la Administración descentralizada se planteó por primera vez en el gobierno del Presidente Caldera, en 1972, y no se pudo realizar por la oposición del entonces partido de oposición; se replanteó por el gobierno del Presidente Carlos Andrés Pérez en 1976, en un Proyecto de Ley que el Congreso y el partido de gobierno ignoró y no impulsó; se replanteó de nuevo en el período del Presidente L. Herrera por la fracción parlamentaria del entonces partido de gobierno, y de nuevo el partido de oposición se opuso. Por tanto, lo que exponía el entonces candidato J. Lusinchi, además de extemporáneo en sus críticas y repetitivo, tenía sabor de incredulidad. En todo caso, esos criterios expuestos por el candidato Lusinchi en su mensaje de agosto de 1983, en relación a la reforma administrativa, fueron los siguientes; 1. Reforzamiento del papel sectorial de los Ministros, criterio desarrollado por el Programa de reforma Ministerial de 1972, plasmado en la Ley Orgánica de la Administración Central de 1976; 2. El pago oportuno de las deudas intergubernamentales; 3. Mejoramiento del empleado administrativo, reaplicando la Ley de Carrera Administrativa, la cual fue olvidada y desquiciada en su aplicación por el gobierno del Presidente Pérez, desde 1974; 4. Aplicación efectiva de la Ley Orgánica de Procedimientos Administrativos proyectada en 1972 y promulgada durante el gobierno del Presidente Herrera. 5. Mejoramiento de la eficacia de la Administración descentralizada, privatización de servicios, reforzamiento a los que son de nivel municipal, regularización de los servicios públicos; 6. Reducción de los institutos autónomos y traspaso de muchas de sus funciones a la Administración Central y reforzamiento de las Gobernaciones como eje de la administración regional; 7. El control de las empresas básicas por el Estado, y la privatización de empresas que pudieran ser más eficientes en manos de particulares que en manos de la Administración Pública; y 8. El control de gestión de las empresas del Estado y de costo y rendimiento de los servicios públicos, la eliminación o fusión de unidades administrativas y empresas, cuando fuera necesaria.

Lamentablemente, transcurrido ya el período presidencial del Presidente J. Lusinchi, es fácil constatar que nada de lo prometido electoralmente se hizo ni se ejecutó por su gobierno. Todo sigue igual, de manera que esas mismas ofertas electorales podrían formularse ahora, sin cambiarles ni una coma, pues todo ello está por hacerse.

Pero Lusinchi no sólo prometió electoralmente realizar la reforma del Estado, sino que a lo largo de su primer año de gobierno, insistió sobre el tema.

En efecto, en su discurso con motivo de la toma de posesión de la Presidencia de la República el 2 de febrero de 1984, Jaime Lusinchi dedicó una inusitada y extensa parte de su exposición al tema del Estado y su reforma *(El Universal,* 3-2-84, p. 1-12 y 1-13), como no se encuentra en ningún otro discurso presidencial de toma de posesión en todo el período democrático.

Constató, en efecto, "que para lograr la profundización de la democracia, es preciso democratizar el Estado, reformarlo, someterlo. . .". Luego de constatar el carácter del Estado en Venezuela como "particularmente fuerte" con influencia determinante sobre la sociedad y la economía, indicó: "Tenemos un Estado sin control, un Estado que unas veces asalta y otras es tomado por asalto. Un Estado muy rico, repentinamente comprometido", constatando que

> "El deterioro de la Administración Pública y su condición desordenada y contradictoria, han determinado que el Estado no pueda cumplir adecuadamente las funciones que le son propias y que el ciudadano común, los trabajadores y empresarios consideren a las entidades oficiales como un obstáculo para el desarrollo de sus actividades".

Por todo ello, al iniciar su mandato presidencial, el Presidente Lusinchi formuló como uno de los propósitos de su gestión "la reforma del Estado" y expresó:

> "La reforma del Estado conlleva también su redimensiona- miento, no para disminuirlo sino para restituirle su jerarquía. La ordenación de las empresas y de los servicios del Estado es una tarea ardua y de inmensas proporciones. La existencia de más de 300 entidades públicas descentralizadas indica someramente cómo el Estado ha ido hasta donde nunca ha debido ir y se ha involucrado en asuntos subalternos que no pueden ser de su competencia. Al proponernos su reforma, consolidaremos su capacidad gerencial y garantizaremos su fluidez y su dinamismo".

Transcurridos los cinco años de su mandato, nada de ello ocurrió: el Estado siguió involucrado en asuntos subalternos y aunque fue liquidada la antigua Corporación Venezolana de Fomento y la Corporación de Mercadeo Agrícola, el Estado continuaba involucrado en áreas "hasta donde nunca ha debido ir".

El 24 de febrero de 1984 y apenas veinte días después de asumir la Presidencia de la República, el Presidente Lusinchi anunció al país su estrategia para la recuperación económica y la adopción de una serie de medidas para superar la crisis (*El Nacional,* 25-2-84, p. D-l), entre las cuales estaba la de "reducir el déficit fiscal en favor de la eliminación del gasto innecesario, la ampliación de las fuentes generadoras de recursos del Estado, una mayor efectividad en la recaudación tributaria y la inaplazable racionalización de la Administración Pública". El Presidente Lusinchi, en dicho discurso anunció además que "en el tiempo inmediato formularemos las políticas tendientes a la reforma del Estado y su régimen fiscal", lo cual el país quedó esperando.

En ejecución de lo anunciado en materia administrativa, el Presidente Lusinchi dictó el Decreto N° 55 de 13 de marzo de 1984 sobre "Medidas para la reorganización de la Administración Pública Nacional y la reducción del gasto corriente", y los Decretos N° 60 de 20-3-84 y 71 de 27-3-84 sobre reorganización y reducción del gasto corriente en los entes descentralizados, los cuales, lamentablemente, no tuvieron cumplimiento efectivo en el período constitucional, durante el cual el gasto corriente continuó aumentando voraz e inconteniblemente a pesar del déficit fiscal. Todo lo que había anunciado el Presidente Lusinchi en el Mensaje del 14 de marzo de 1984 explicando los alcances de los mencionados Decretos (*El Universal* 15-3-84, p. 1-12; *El Nacional* 15-3-84, p. D-l) no pasó de eso, y la situación que describía de la Administración Pública, cinco años después, se había agravado durante su gobierno.

El tema de la reforma del Estado, de nuevo, lo planteó el Presidente Lusinchi al presentar al Congreso el Proyecto de Ley Orgánica que lo autorizó para adoptar medidas económicas o financieras requeridas por el interés público, que luego se sancionó por las Cámaras Legislativas. Con fecha 12 de abril de 1984, el Presidente concurrió al Congreso para justificar su solicitud de poderes extraordinarios, y en su discurso, anunció que los esfuerzos que había emprendido su gobierno con "las medidas de austeridad" que había anunciado días antes, "culminará en una reforma y modernización de la Administración Pública y de la normativa del Estado que nos permita asegurar la profundización de la democracia", afirmando que "No podemos darnos por satisfechos por haber diagnosticado los problemas y diseñado sus soluciones". Justificó su solicitud de poderes extraordinarios en esta materia, para "la reestructuración de la administración pública" lo que requería legislar sobre muchas leyes, labor que era preferible —dijo— atribuir al Ejecutivo por ser una "labor puramente administrativa", dejando al Congreso asuntos de mayor trascendencia. Por ello pedía que se otorgaran los poderes extraordinarios (*El Nacional,* 13-4-84, p. D-l), y en efecto, en la Ley Orgánica de 22 de junio de 1984 se autorizó al Presidente entre otros aspectos, para:

> "a) Reorganizar los Ministerios, a los fines de lograr economías en los gastos y una mejor eficiencia en sus respectivas funciones:
>
> b) Modificar, suprimir, fusionar o liquidar los Institutos Autónomos, las Empresas del Estado y las compañías en que la Nación y los Institutos Autónomos posean la mitad o más del capital social, las fundaciones y demás entes de la administración descentralizada, a los fines de lograr la reducción de los gastos, facilitar el control de gestión de los entes descentralizados, y adecuar la adscripción de éstos a la estructura sectorial de la administración central".

Sin embargo, a pesar de esta amplísima habilitación legislativa para reformar materialmente toda la Administración Central y Descentralizada, poco hizo el Presidente de la República en este campo, salvo dictar los Decretos para intervenir y suprimir la Corporación de Mercadeo Agrícola y la Corporación Venezolana de Fomento; suprimir los Consejos Nacionales para el Desarrollo de la Industria Aeronáutica, de la Industria Naval, de la Industria Nuclear y de las Industrias Militares; y reformar las leyes del Instituto Nacional de Puertos y de la Corporación Venezolana de Guayana. De nuevo, todo o casi todo quedó igual a pesar de haber sido el Presidente en todo el período democrático, que ha tenido la más amplia habilitación legislativa para reformar, por Decreto Ejecutivo, a la Administración Pública.

En su discurso del 5 de julio de 1984, en el Salón Elíptico con motivo del 173 Aniversario de la firma del Acta de la Independencia (*El Universal*, 6-7-84, p. 2-1) el Presidente Lusinchi volvió a insistir sobre el tema de la reforma, en particular respecto de la administración descentralizada, pero ya atenuando sus alcances, así:

> "En lo que concierne propiamente al reordenamiento del sector público, se están tomando medidas para poner fin al desorden y la irracionalidad existente en los entes públicos descentralizados, especialmente para sanearlos financiera y administrativamente. A las empresas del Estado, se les ha dedicado especial atención exigiéndoles la instrumentación de medidas conducentes a lograr una

disciplina financiera y administrativa, de forma tal que eviten incrementar sus pasivos más allá de los límites que aconseja una buena administración, honren oportunamente sus obligaciones internas y externas y en general, puedan operar con eficiencia y disponer de excedentes financieros para nuevas inversiones".

En su discurso con motivo de la clausura de la XL Asamblea de Fedecámaras el 17-7-84, *(El Universal,* 18-7-84, p. 1-12), el Presidente Lusinchi señaló:

> "He sido y soy partidario, y así lo he postulado, de reformar el Estado, profundamente hipertrofiado, que asume tareas que van más allá de cualquier rasero conveniente".

Luego en el mensaje televisado que dirigió al país el 9-9-84 (*El Universal* 10-9-84, p. 1-12) señaló que

> "Pareciera que todos los errores del pasado se hubieran cristalizado en la organización de la administración pública. Se necesita, por tanto y hacia ello se encaminan nuestros esfuerzos, de una reforma profunda del Estado que lo haga productivo y eficiente".

Agregó, sin embargo, que

> "Lamentablemente el dispendio no ha sido sólo producto de la desorganización. Junto a él debemos constatar el hecho de la corrupción administrativa, que ha trascendido a diversos sectores, constituyéndose en una grave amenaza para la moral pública".

Un mes después, en la exposición del Presidente Lusinchi en la XXVI Convención Nacional de Gobernadores el 18- 10-84 (*El Universal,* 19-10-88, p. 1-12) hizo especial énfasis en los problemas administrativos regionales, afirmando la necesidad de afianzar los Gobiernos de los Estados, incluso como "coordinadores de las oficinas nacionales que actúan en cada Estado".

Días después, en el mismo mes de octubre, al condecorar a los Magistrados del Consejo de la Judicatura el 24 de octubre de 1984, ratificó su convicción de que "toda la estructura del Estado Venezolano debe ser modificada y actualizada". *(El Nacional,* 25-10-84).

Por último, en su discurso al recibir la participación de las clausura de las sesiones ordinarias del Congreso, el 30 de noviembre de 1984 (*El Universal,* 1-12-84, p. 1-15), expresó lo oportuno de la ocasión "para señalar que está planteada con carácter de urgencia, la gran tarea de emprender la reforma del Estado", de lo cual —decía— "venimos hablando hace mucho tiempo". Para ese fin prometió anunciar a su regreso de los Estados Unidos (diciembre 1984) "la integración de una comisión especial para la reforma del Estado que actuará como matriz de los proyectos necesarios". La Comisión, en efecto, se creó por Decreto N° 404 de 17 de diciembre de 1984 con el nombre de "Comisión Presidencial para la Reforma del Estado", la cual se instaló en enero de 1985 *(El Nacional,* 12-1-85, p. D-3).

A partir de ese momento el Presidente Lusinchi no volvió a tocar el tema de la reforma del Estado en sus discursos públicos, y cuando la Comisión le comenzó a presentar proyectos y propuestas, el apoyo que le había dado cesó. Ello no impidió que la Comisión continuara sus trabajos, pero con entera independencia de las políticas del Presidente.

En todo caso, era evidente que paralelamente a las manifestaciones verbales, en realidad, ni los Ministros, ni los altos funcionarios, ni el partido de gobierno, ni su fracción parlamentaria, ni las Cámaras Legislativas estaban interesadas realmente en reformar nada. Hacer retoques en el aparato administrativo sin duda, era posible, pero siempre que ello no cambiara realmente nada, como sucedió con lo poco que se hizo en este campo, pero por supuesto, ningún cambio podía intentarse respecto de las instituciones políticas. En realidad, nadie estaba realmente interesado en la efectiva transformación del Estado, y de todo este proceso, lo que quedaron fueron los estudios y trabajos de la Comisión Presidencial. Además, como se dijo, quedaron las reformas legislativas del Régimen Municipal, que permitirá la elección directa del Alcalde; y la sanción de Ley sobre elección y remoción de Gobernadores de Estado, y las cuales, aun cuando su iniciativa ni correspondió al gobierno del Presidente Lusinchi, ni a la Comisión Presidencial para la Reforma del Estado, ni al partido de gobierno, si llegaran a implementarse sensatamente a partir de 1989, podrán contribuir a transformar el *Estado de Partidos* que hemos venido configurando en los últimos años, y a buscarle solución a sus problemas [*].

Precisamente, en los capítulos que siguen destacamos algunos de dichos problemas.

---

[*] En los cuatro capítulos siguientes de este libro, hemos querido presentar en particular, cuatro de los problemas del *Estado de Partidos*, de mayor gravedad, y que exigirán en el futuro una mayor atención por parte de los partidos políticos.

El texto de estos cuatro capítulos tiene por base documentos redactados en épocas distintas y con motivaciones diferentes, que habían permanecido inéditos, pero todos dentro de la misma línea de pensamiento.

El capítulo segundo, sobre *El problema de la partidocracia* tiene su origen en el texto de la conferencia sobre el tema de la Reforma del Sistema Electoral que leímos en el Ciclo que organizó la Academia de Ciencias Políticas y Sociales, en abril de 1987, para cuya redacción seguimos lo que habíamos expuesto en el documento preparado para la Cátedra Pío Tamayo de la Universidad Central de Venezuela, con motivo de nuestra participación en el Foro sobre "La crisis: Responsables y Salidas" que tuvo lugar en junio de 1985.

El capítulo tercero, sobre *Problemas de la Federación Centralizada,* fue elaborado en abril de 1988, con ocasión de la discusión del Proyecto de Ley sobre Elección y Remoción de Gobernadores, y constituyó la ponencia que presentamos al IV Congreso Iberoamericano de Derecho Constitucional, celebrado en Madrid, en septiembre de 1988, en el cual se discutió el tema del Federalismo y Descentralización.

El capítulo cuarto, sobre *Problemas de la Administración Pública*, tiene su base en el documento que elaboramos para el Banco Inter- americano de Desarrollo a finales de 1986, con el título "Tendencias de Modernización del Sector Público", y que debió servir como documento para un Seminario, aún no realizado, sobre Modernización del Sector Público. Lo sustancial de dicho documento, sin embargo, lo presentamos en la Conferencia que leímos en el Seminario sobre Reforma Administrativa realizado en Quito, Ecuador, en noviembre de 1987, con ocasión de celebrarse la reunión del Consejo Directivo de la Asociación Latinoamericana de Administración Pública.

Por último, el capítulo quinto, sobre *El Problema del Poder Judicial,* tiene por base el documento que con el mismo título elaboramos para su discusión en la XI Reunión del Grupo Santa Lucía, en octubre de 1987, celebrada en Curazao.

SECCIÓN SEGUNDA: EL PROBLEMA DE LA PARTIDOCRACIA

INTRODUCCIÓN

La manifestación más global de la crisis, y hasta cierto punto, comprensiva de todas sus otras expresiones, es la crisis institucional o la crisis de las instituciones, es decir, la que afecta a las organizaciones fundamentales de nuestra sociedad.

Tenemos todos la rara sensación de que éstas ya no sirven para los fines que motivaron su establecimiento; de que están dando muestras de agotamiento como para servir en el futuro como instrumentos efectivos de avance y progreso, y de que tienen que ser reformadas. Incluso, cualquier encuesta nos evidencia la apreciación generalizada de que las instituciones no funcionan. No funciona el Congreso, la Policía Técnica Judicial, el Correo, los autobuses, el Seguro Social, la Universidad, los Concejos Municipales, los Tribunales, los Sindicatos, los partidos políticos, las Asambleas Legislativas, la carrera administrativa, en fin, todo el conjunto de organizaciones básicas de la Sociedad. Y en general, pensamos que ya no funcionarán adecuadamente en el futuro, a menos que un cambio o transformación se produzca en ellas.

En esta forma, tenemos la sensación de que el conjunto de instituciones que conforman el Estado Democrático y la sociedad contemporánea, y que se han desarrollado y moldeado en los últimos seis lustros, ya llegaron a su punto máximo de agotamiento, a su nivel de incompetencia, y de que no sirven para las tareas y retos futuros. De allí la inevitable asociación entre crisis y reforma: la crisis de las instituciones plantea, inevitable e inconscientemente, la necesidad de un cambio, de una transformación, de una reforma de esas instituciones, lo cual con frecuencia se engloba en la expresión "reforma del Estado".

Y esto nos conduce al círculo vicioso de la crisis institucional: la reforma de las instituciones sólo puede hacerse, en un sistema democrático, con el concurso de las propias instituciones, y sus componentes, pues de lo contrario, toda transformación impuesta desde fuera implicaría eliminación de la democracia y su sustitución por la autocracia.

Por tanto, en un sistema democrático sólo las propias instituciones del sistema pueden autorreformarse. Sin embargo, lo grave ya de la crisis institucional, es que ha conducido a la incapacidad de las propias instituciones, incluso, de auto- evaluarse y transformarse. De allí el sentimiento de frustración, también tan generalizado, sobre la crisis y su solución, que resulta del contraste que se evidencia entre lo que plantea y formula el liderazgo político y lo que sucede en la realidad, y de que a pesar de lo que se dice, se decide, se decreta y se legisla, no pasa nada, y todo sigue igual. Lo lamentable de esta situación es que corre el riesgo de convertirse en una frustración sobre la misma capacidad de la democracia para generar sus propios correctivos.

Estamos, por tanto, en un punto de no retorno, que se ha prolongado sólo por la mitigación de la crisis económica y social hasta ahora producida por el ingreso petrolero. Entre tanto, las instituciones no sirven y no servirán en el futuro; sabemos que necesitamos reformarlas, pero también sentimos que las propias instituciones se muestran incapaces de hacerlo.

Crisis, reforma y frustración, son por tanto, los signos característicos del sistema institucional contemporáneo.

Pero ¿quiénes son los responsables de la crisis institucional y cuáles son las salidas?

I. LOS RESPONSABLES DE LA CRISIS INSTITUCIONAL: LOS PARTIDOS POLÍTICOS

Los responsables de la crisis institucional, sin la menor duda y hay que repetirlo una y otra vez, son los partidos políticos, por no haber comprendido que el sistema institucional cuyos líderes fundamentales establecieron en 1958- 1961, no era ni debía ser un sistema permanente e inmutable, sino que respondía a un Proyecto Político concreto: el desarrollar e imponer un régimen democrático en el país latinoamericano que, en 1958, tenía, históricamente hablando, la menor tradición democrática: Venezuela. No entendieron ni aún han entendido que implantada y desarrollada la democracia, como en efecto ha ocurrido en los últimos 30 años, es necesario liberar las propias fuerzas sociales democráticas de un país, ahora, paradójicamente, con una de las más viejas democracias latinoamericanas, para lograr su propio desarrollo político. Por tanto, a los partidos políticos debemos la implantación de la democracia en nuestro país, y el desarrollo de la misma se lo debemos a ellos; pero no por ello dejan de ser, también, los responsables de la crisis institucional, que es una crisis del propio sistema político configurado como una democracia de partidos y un Estado de Partidos.

Esto nos lleva, por supuesto, a tratar de puntualizar con toda brevedad, los pilares fundamentales del sistema institucional establecido a fines de los años cincuenta, a raíz del denominado Pacto de Punto Fijo, producto de la Revolución Democrática de 1958, y los problemas que hoy presenta.

1. *La Revolución Democrática de 1958 y el Pacto de Punto Fijo*

La Revolución Democrática de 1958 condujo al establecimiento de unas reglas de juego del sistema de partidos, peculiares y distintas de las que antes habían existido.

En efecto, a partir de 1958, los partidos políticos que asumieron el control del sistema político, si bien eran los mismos partidos que habían actuado democráticamente en el trienio 1945-1948, en la nueva etapa asumieron una nueva actitud. La discordia interpartidista al extremo, que caracterizó el proceso político de los años cuarenta, se cambió por un sistema en el cual esa discordia se mantuvo al mínimo, conscientes como estaban sus líderes de que aquella situación, sin duda, había provocado el derrocamiento del Presidente Rómulo Gallegos (1948), por los mismos militares que tres años antes habían llevado a Rómulo Betancourt al poder. Por eso, el mismo Betancourt, al referirse al régimen iniciado en 1958, afirmó que "la discordia interpartidista se mantuvo al mínimo y así revelaron sus conductores que habían aprendido la dura lección que a todos los venezolanos nos dio el despotismo". (Véase R. Betancourt, *La Revolución democrática en Venezuela,* Tomo I, Caracas 1968, pág. 9).

Pero por supuesto, no sólo aprendieron la dura lección del despotismo que se mantuvo durante 10 años, encarnado por la dictadura de Pérez Jiménez, sino que, realmente, quizás lo que más aprendieron fue que la discordia interpartidista al extremo, desarrollada en el trienio 45-48, no podía ser un sistema político sobre el cual podía establecerse una democracia estable y que podía funcionar, porque no estaba fundado en reglas de juego claras que permitieran la participación política. Por tanto, más que la experiencia de la dictadura, lo que motivó a los líderes políticos a instaurar el nuevo régimen, fue la experiencia del fracaso del sistema político establecido a mitades de la década de los cuarenta, que se basó, precisamente, en esa "discordia interpartidista" llevada al máximo, y que no permitió que se estabilizara la democracia. Lo que caracterizó el sistema de partidos de esa época, como lo ha afirmado Juan Carlos Rey "no eran relaciones entre competidores que se respetaban mutuamente, sino entre enemigos jurados que aspiraban a destruirse" (Véase "El sistema de Partidos Venezolanos" en Juan Carlos Rey, *Problemas Socio-Políticos de América Latina,* Caracas 1980, p. 313). Por eso afirmó el mismo Rómulo Betancourt, que en 1958, "los partidos políticos venezolanos, obligados por el despotismo a laborar en la clandestinidad, convinieron en una acción concertada y unida para abrirle a Venezuela caminos hacia el orden democrático" *(op. cit.,* p. 7).

En esta forma, la Revolución Democrática de 1958 tuvo su origen y fundamento en la acción concertada de los partidos fundamentales y sus líderes. De allí que Ramón J. Velásquez, al comentar la reunión que tuvieron los principales líderes políticos del país en Nueva York, en la primera quincena de 1958, haya señalado que "pasaron revista a la situación política venezolana, analizaron los graves errores y los aciertos del pasado y terminaron por aceptar la tesis de que el porvenir sería suyo, en la medida en que entendieran que el poder político es el producto de alianzas y de acuerdos entre los diversos sectores que integran un país". (Véase, Ramón J. Velásquez, "Aspectos de la Evolución Política de Venezuela en el último medio siglo", en Ramón J. Velásquez y otros, *Venezuela Moderna, Medio Siglo de Historia (1926-1976),* Caracas, 1979, p. 219).

En esta forma, el pacto político que enrumbó el proceso democrático a partir de 1958, buscaba eliminar la hegemonía de cualquiera de los partidos políticos y la exclusión de los otros en el proceso político, así como el establecimiento de un sistema de partidos competitivos pero que se respetaran mutuamente, el cual debía estar comprometido, por sobre todo, al mantenimiento del régimen democrático; y la expresión formal de ese pacto político fue el denominado "Pacto de Punto Fijo" suscrito el 31 de octubre de 1958 entre los líderes de los tres partidos políticos democráticos fundamentales del país. La Constitución de 1961, puede decirse, es el producto directo de aquel pacto, desde el punto de vista de la organización del Estado y su régimen político, y su texto se elaboró, precisamente, bajo la influencia de los principios de unidad, de concordia, de evitar las divergencias interpartidistas y de lograr acuerdos entre partidos que caracterizó al Pacto de Punto Fijo, y que condujo al establecimiento de un cuerpo de normas flexibles, no comprometido definitivamente con ninguna orientación y que sentara las bases de la República de acuerdo al espíritu unitario, dentro de un régimen democrático. La Constitución, en definitiva, configuró un Estado Democrático y Social de Derecho de carácter neutro, que podía ser gobernado por cualquier fuerza política conforme a su propia ideología.

En esta forma, ese denominado "espíritu del 23 de enero" provocó diversos efectos en las regulaciones del texto constitucional sobre nuestro sistema político, que han influido en forma decisiva en la conformación de las instituciones del país. No es nuestra intención, por supuesto, analizar todas esas regulaciones, sino referirnos, al hablar de la crisis institucional, a los pilares fundamentales del sistema institucional establecido para lograr la realización del Proyecto Político definido: implantar y mantener la democracia, y que hoy, paradójicamente, están conspirando, precisamente, contra nuestro propio desarrollo institucional futuro. Esos pilares fueron la partidocracia y el centralismo del Estado, cuya interacción ha provocado la consolidación del actual Estado de Partidos.

2. *La partidocracia o democracia de partidos*

El principal instrumento institucional concebido en los años 1958-1961 para lograr implantar y mantener el régimen democrático, fue la configuración de un sistema de partidos políticos que podemos calificar, sin duda, como un sistema de "Democracia de partidos" o partidocracia, y que es el resultado directo de las reglas de juego que se establecieron en el Pacto de Punto Fijo y que inspiraron, además, el texto constitucional.

En efecto, el sistema de partidos políticos venezolanos, tuvo su origen contemporáneo en la década de los cuarenta, período en el cual, como hemos dicho, no era un sistema de relación entre competidores políticos que se respetaban mutuamente, sino que era un sistema de relaciones entre partidos enemigos que aspiraban destruirse unos a otros. No había reglas de juego de cooperación, y la única regla, si se quiere, era la búsqueda de la hegemonía y la destrucción del enemigo. Por eso, se ha dicho que este sistema se configuraba como uno de conflicto entre partidos antagónicos e irreconciliables, que buscaban su mutua eliminación, pues no había aceptación mutua, ni tolerancia. Al contrario, había rechazo y discordia. Por eso, frente a la situación de los años cuarenta, el Pacto de Punto Fijo resulta un acuerdo entre los partidos políticos tendiente a asegurar un mínimo de entendimiento para que el sistema funcionara. Había el convencimiento, a partir de 1958, de que nada se ganaba con volver a establecer un régimen democrático, si no se aseguraba el mantenimiento y el funcionamiento del sistema democrático. Para ello, debía establecerse un sistema conforme al "espíritu del 23 de enero", que asegurara el funcionamiento del mismo y evitara el enfrentamiento y la discordia entre los partidos. Por eso, frente al sistema anterior, de relación entre competidores irreconciliables, se estableció un sistema de cooperación que pudiera unir a los partidos frente al enemigo común, identificado en quienes antagonizaban el sistema democrático y la propia Constitución.

En esta forma, las reglas de juego que están en el Pacto de Punto Fijo, de mutuo respeto y tolerancia, son las que se reflejan en la Constitución cuando establece un sistema de partidos que, vinculado al sistema democrático, podemos calificar como lo hemos hecho, como de *democracia de partidos.* La idea de representatividad política de este sistema, al cual se adapta el sistema electoral, es el de la representatividad de los partidos políticos. En efecto, este sistema se fundamenta en dos elementos previstos en la propia Constitución: por una parte, en que la representatividad democrática es una representatividad por los partidos políticos y a través de ellos; y segundo, en que los partidos políticos acumulan la mayor cuota de participación política.

En efecto, de acuerdo a la Constitución, son los partidos los que básicamente aseguran la representación, entre otros aspectos, por la previsión del principio, luego desarrollado legalmente, de la representación proporcional de las minorías como modo de escrutinio en las elecciones de los cuerpos representativos, pero en grandes circunscripciones electorales mediante listas cerradas y bloqueadas. Este sistema, puede decirse, es el instrumento por excelencia para asegurar el monopolio de la representatividad a través de los partidos, y para la consolidación de este sistema de democracia de partidos.

Ello, sin duda, fue esencial para la implantación de la democracia en los lustros siguientes a 1958; sin embargo, hoy constituye uno de los signos más patentes de la crisis institucional. Desarrollada la democracia, todos queremos modificar y aumentar las bases de la representatividad política, de manera que además de los partidos, los ciudadanos, ahora habituados a la democracia, y con un desarrollo político que los propios partidos contribuyeron a configurar, puedan directamente e incluso, a través de otras sociedades intermedias, obtener representación en los órganos representativos.

Pero además del mecanismo de representatividad por los partidos, nuestra democracia de partidos, como sistema establecido para mantener el régimen democrático, también otorgó a éstos, en el propio texto constitucional, el monopolio de la participación política, al reconocerlos como los instrumentos por excelencia para participar en la vida política, y en la conducción de la vida nacional. Ello también era esencial en un país en el cual *los partidos precedieron a la democracia:* ellos debían asumir el monopolio de la participación, lo que condujo a la preeminencia de los partidos sobre las otras sociedades intermedias: sindicatos, gremios, colegios profesionales, asociaciones vecinales, las cuales, además, se desarrollaron bajo el control de los partidos.

Pero aquí también, desarrollada la democracia, todos queremos modificar y aumentar las bases de la participación política, de manera que además de los partidos políticos, las otras sociedades intermedias, liberadas de su influencia y control total, puedan participar también en la conducción de los intereses nacionales, con autonomía.

En todo caso, el objetivo fundamental del Pacto de Punto Fijo, es decir, el mantenimiento del régimen democrático, a través de un sistema de partidos, o de democracia de partidos, reflejado en los dos aspectos señalados: representatividad a través de los partidos políticos, por el establecimiento del sistema electoral de representación proporcional en grandes circunscripciones mediante listas cerradas y bloqueadas, y participación política a través de los partidos políticos, por su establecimiento expreso en la propia Constitución, ha operado y se ha desarrollado en Venezuela en los últimos 30 años. Así, el control del sistema democrático ha quedado en manos de los partidos políticos, asegurándose el monopolio de la representación democrática y de la participación política. La democracia se le debe, sin duda, a los partidos políticos, pero éstos no sólo son responsables de lo bueno que ha ocurrido en el sistema institucional, sino también de lo malo. Por ello, decimos que los partidos también son responsables de la crisis institucional.

La democracia de partidos fue esencial para el desarrollo del sistema democrático y su mantenimiento a partir de 1958; sin embargo, el sistema ahora ha hecho crisis, por lo que está planteada su revisión, en el sentido de determinar si los partidos políticos deben seguir siendo el único mecanismo de representatividad y de participación o si al contrario, como creemos, la sociedad venezolana ha avanzado lo suficiente, en la vía democrática, como para buscar otros medios de representación y otros mecanismos de participación. En la búsqueda de ello es que está, sin duda, uno de los elementos de la reforma del Estado que debe llevarse a cabo en el futuro. Sin embargo, es claro, que por el monopolio que los partidos tienen del sistema político y del poder, en definitiva, sólo ellos pueden ser los actores de dichas reformas, renunciando al monopolio y transfiriendo poder a otras sociedades intermedias.

3. *El Estado Centralizado*

Pero además de la partidocracia, otro de los pilares institucionales concebidos para lograr el mantenimiento del sistema democrático, como resultado de la decisión política unitaria contenida en el Pacto de Punto Fijo y en la Constitución, y además, como refuerzo de los propios partidos, fue el sistema de centralismo de Estado o de Estado centralizado motivado, entre otros aspectos, por el temor al federalismo.

Por supuesto, además de responder a las exigencias del Proyecto Político concreto de 1958-1961, este sistema institucional de Estado centralizado es el resultado de un largo proceso evolutivo de centralización en el cual, si se quiere, ganaron las fuerzas de integración frente a las de disgregación en la estructuración política de la sociedad venezolana. Ese proceso tiene su origen, por supuesto, en todos los problemas originados en el país por el caudillismo, el localismo y el regionalismo que durante el siglo pasado tuvieron tanta repercusión en la vida política venezolana. Lo cierto, en todo caso, es que todavía en nuestra política contemporánea, cuando se habla de federación, algunos evocan las guerras federales; y cuando se busca otorgarle mayor autonomía a las entidades político-territoriales, a los Estados de la Federación, se piensa en la posibilidad del separatismo. Son reminiscencias del siglo pasado, cuya vida política quedó traumatizada, en nombre del federalismo, por el caudillismo. De allí que la opción centralismo-federación, también aparece en la propia Constitución de 1961.

En todo caso, la estructura real del Estado, en 1958, era la centralista, por lo que para no caer en contradicciones estableciendo un real Estado Federal como un sistema democrático, teóricamente, lo exigía, había que regular una forma de Estado, que sin dejar de ser federal fuera centralista. Para lograr esta contradicción, se reconoció que no había descentralización política en el sistema, y que lo federal era una cuestión de tradición histórica. Por ello, algunos pensaron en eliminar la federación, y sustituirla por otra forma de descentralización. Sin embargo era evidente que si había una forma federal tradicional, como forma ideal de descentralización, lo lógico era aprovechar esa forma y darle contenido y no pensar en eliminarla para estructurar una forma nueva de descentralización política. Por otra parte, también resultaba evidente que mantener la federación sólo por razones históricas, sin contenido descentralizador, tampoco tenía sentido.

Frente a ello, y en base a estas dudas y realidades, la opción del Constituyente de 1961 fue por el establecimiento de una contradicción institucional: una federación en un Estado Centralista. Se siguió, así, una tradición contradictoria: el mantener la forma federal y el espíritu federalista que ha acompañado a toda la historia republicana, por una parte; y por la otra, el reaccionar contra la federación, como forma de disgregación, y consolidar un Estado Centralizado, que comenzó a establecerse desde comienzos de siglo, como reacción frente a lo que fue el localismo, el caudillismo y los problemas que ello produjo con las guerras federales y todos los conflictos internos derivados de autonomía local, hasta principios de este siglo. Por ello se llega a esa solución de compromiso contradictorio que está en el texto fundamental: "Estado Federal en los términos consagrados en la Constitución", es decir, una Federación centralizada.

Pero aparte de que esta haya sido la culminación de un proceso histórico evolutivo, sin duda, pensamos que la opción que los partidos políticos erigidos en Constituyentes en 1961 hicieron por un Estado Federal Centralizado, con tendencia, como desiderátum, hacia la descentralización, fue también una opción provocada por la exigencia política del mantenimiento del sistema democrático, como base del Proyecto Político definido a raíz de la Revolución Democrática de 1958.

En efecto, así como se estableció un sistema de democracia de partidos como opción política para mantener el sistema democrático, así también se optó por una forma de Estado Centralizado, como la mejor garantía para mantener ese sistema democrático. Ciertamente que no hubiera sido fácil mantener este sistema en el momento naciente de la República democrática, si se hubiera dado mucha autonomía y libertad a las diversas comunidades político-territoriales de la República: los Estados y Municipios. Por tanto, la opción por el Estado Centralizado con forma federal, aparte de ser producto de una evolución histórica, fue el producto de una voluntad del liderazgo político como instrumento para mantener el sistema democrático, considerando que la mejor forma de lograr ese objetivo era a través de un sistema de democracia de partidos que operara en un aparato estatal centralizado, controlable desde el centro.

Este Estado centralizado, establecido como reacción contra el federalismo, se ha manifestado básicamente en dos aspectos: en el fortalecimiento del Poder Nacional y el consecuente debilitamiento de los poderes estadales; y en la transitoriedad del régimen municipal.

El primero de dichos aspectos derivados de la reacción contra el federalismo, es decir, el fortalecimiento del Poder Nacional y el debilitamiento de los Poderes de los Estados, por supuesto, también fue el resultado de un proceso evolutivo, que se manifestó básicamente en el sistema de repartición de competencias entre los niveles territoriales nacionales y estadales como consecuencia del sistema de distribución vertical del Poder Público que se adoptó.

En efecto, si se analiza detenidamente la Constitución, se evidencia una ampliación de las competencias nacionales que, materialmente, provoca que el Poder Nacional tenga que ver con todo lo que sucede en el país. Lo que queda en poder de los entes territoriales locales es, realmente, un residuo sin mayor importancia. Por supuesto, este fortalecimiento del Poder Nacional no fue producto del azar, sino que respondió a la búsqueda por consolidar un Estado Centralizado, como condición para implantar e imponer la democracia bajo un sistema de partidocracia, situación luego consolidada en la figura del Estado de Partidos actual producto de la interacción del sistema de partidos (democracia de partidos) y del sistema jurídico político (Estado centralizado). En esta regulación se siguió el mismo esquema conciliatorio adoptado para el establecimiento de otras instituciones en el texto fundamental: permite su desarrollo en la dirección que quiera la conducción política. Así, se estableció un esquema federal con competencias residuales en los Estados, pero con una competencia nacional amplísima y ampliable cuando ello sea así por su índole o naturaleza, que permite centralizar materialmente todo. El esquema centralista que resulta, sin embargo, podría mitigarse al establecerse la posibilidad expresa de que el Poder Nacional pueda descentralizar, lo cual no ha sucedido jamás. Al contrario, la práctica legislativa, administrativa y política de las últimas tres décadas lo que muestra es una progresiva y constante centralización.

En todo caso, la Constitución reguló una forma de Estado Centralizado con membrete federal, precisa y contradictoriamente como reacción frente al federalismo, y que se caracterizó por el fortalecimiento del Poder Nacional al definirse las competencias nacionales; por el debilitamiento de los Poderes estadales por la inocuidad de los poderes residuales, y por la ausencia de recursos financieros de los Estados y su dependencia frente a los recursos fiscales que provienen del Poder Nacional. Por ello, junto con el proceso de nacionalización o centralización de competencias, y el consecuente vaciamiento de competencias de los Estados, paralelamente se desarrolló un proceso de minimización de competencias tributarias de los Estados, eliminándoseles, materialmente, todo Poder tributario, y compensándoles esta situación con el establecimiento de un sistema de retribución o de devolución nacional a los Estados de recursos financieros, que adquirió el nombre de "Situado Constitucional" que, sin embargo, materialmente se maneja desde el nivel central.

En todo caso, es evidente que este sistema centralizado que previo la Constitución, como hemos dicho, tuvo una motivación política concreta, aparte de ser el resultado de un proceso evolutivo: consolidar el régimen democrático de partidos, minimizando el desarrollo de poderes políticos locales que en el naciente Estado pudieran conspirar contra el mantenimiento del sistema democrático. Posiblemente si se establece una forma descentralizada de Estado en 1960, no se hubieran podido controlar las fuerzas centrífugas del proceso político, y hubiera sido más difícil consolidar el sistema democrático.

Sin embargo, implantada la democracia en Venezuela y transcurridos 30 años de democracia consolidada, el propio centralismo está dando muestras de ineficiencia, de ahogamiento del propio proceso de desarrollo en el interior del país, y de evidente crisis institucional, que provoca las cíclicas exigencias de descentralización política contemporáneas que se aprecian en diversas manifestaciones políticas.

Pero vinculado al tema de la descentralización política propuesta en 1958, debe señalarse que otro signo del esquema de Estado Centralizado que previo la Constitución de 1961, sin duda, fue la transitoriedad del antiguo régimen municipal. Si hemos dicho que en el texto constitucional se evidencia una tendencia centralizadora y una reacción contra la descentralización y las autonomías locales, evidentemente que ello era contradictorio con el régimen municipal que se regulaba en el Capítulo IV del Título I del mismo Texto Constitucional (Arts. 25 a 34), donde se establecía un Municipio ideal, con amplia autonomía local, como ejemplo de descentralización política, al cual se le otorgaban amplios poderes, tanto en las materias propias de la vida local como en la gestión de los intereses peculiares de la entidad, con importantes poderes tributarios.

La aplicación inmediata de este régimen municipal, sin duda, hubiera sido completamente contradictorio con el esquema de Estado Centralizado que se buscaba establecer, por lo que el Constituyente dejó en suspenso dicho régimen, a través de la Disposición Transitoria Primera, con la cual continuó en aplicación un régimen municipal consolidado bajo la Constitución autocrática de 1953, hasta tanto no se desarrollasen legalmente las nuevas normas constitucionales. De nuevo, aquí se observa el sistema del constituyente de prever y no prever: instituyó un régimen municipal ideal pero impidió su aplicación, por una norma transitoria, lo que equivalió, ni más ni menos, a decir: he aquí el régimen municipal de una democracia nueva, pero por ahora seguirá vigente el esquema municipal de la dictadura.

En esta forma, la Constitución reguló un Municipio inexistente, pues tal como allí se prevé, ni ha existido ni existe en la actualidad. Ciertamente que con 17 años de retraso se sancionó la Ley Orgánica de Régimen Municipal de 1978, pero en la misma, aparte de desarrollarse principios de organización formal de los Municipios, no se estableció, realmente, el Municipio democrático, como unidad política primaria y autónoma dentro de la organización nacional, sino que mediante normas transitorias, en 1978 y 1984, en la propia ley se reafirmó la transitoriedad del antiguo régimen de Distritos Municipales. De nuevo nos encontramos aquí la contrariedad consensual de la Constitución, de prever una institución que la propia Constitución luego impidió aplicar de inmediato, mediante un régimen transitorio.

En definitiva, por las sucesivas transitoriedades, aún no se ha establecido el Municipio previsto en la Constitución. Ese Municipio del que hablan los artículos 25 y siguientes del texto fundamental, no existe, y a lo sumo, lo que todavía seguimos teniendo es algo igual al Distrito autónomo (a pesar de que ahora tenga el nombre de Municipio), siguiendo el esquema centralizante que se estableció en 1904. Es sólo con las previsiones de la reforma de la Ley Orgánica de Régimen Municipal de 1988, si ellas se ejecutan efectivamente, que podrá crearse el Municipio democrático que la Constitución consagró.

En todo caso, implantada la democracia, otro de los signos evidentes de crisis institucional ha estado en la situación del régimen municipal, configurado lejos de los principios constitucionales, en el cual no ha habido efectiva representatividad ni participación, pues éstas la han monopolizado los partidos; y configurado además, tan alejado del ciudadano y sus organizaciones, que lo hacen materialmente imposible de concretizar.

4. *La responsabilidad de la crisis*

Ahora bien, el régimen político establecido en 1958-1961 y que conforma el conjunto de instituciones de la sociedad venezolana, está montado sobre los dos pilares fundamentales señalados: la partidocracia y el centralismo del Estado, que se consideraron esenciales como instrumentos para el logro del Proyecto Político que se generó en la Revolución Democrática de 1958: implantar y mantener la democracia en Venezuela. Para ello había que concentrar el poder en los partidos políticos y en el centro (nivel nacional) del país: los partidos asumieron el monopolio del poder político, a través de la asunción exclusiva de la representatividad, de la participación y del control del aparato Estatal, el cual se centralizó, concentrándose en el ámbito nacional y minimizándose los poderes locales, dando origen al Estado de partidos de la actualidad.

Aquél sistema institucional, sin embargo, ni podría ser ni era concebido como permanente e inmutable; y si bien era esencial para desarrollar el Proyecto Político de implantar la democracia, debía evolucionar con ella. Sin embargo, los partidos políticos y el liderazgo nacional no entendieron la necesidad de los cambios, y al contrario de lo que debió ocurrir, concentraron y han continuado concentrando mayor poder en los partidos; y han seguido centralizando mayor poder en el nivel nacional. Esta concentración del poder en los partidos y en el centro, y la consolidación consecuencial del *Estado de Partidos,* en su versión extrema es la principal causa de la crisis institucional, siendo por tanto, los responsables de la crisis, los mismos partidos políticos que, sin duda, han perdido el rumbo, por el agotamiento del Proyecto Político de 1958 y la incapacidad de autoevaluar y transformar el sistema.

II. LAS SALIDAS A LA CRISIS INSTITUCIONAL: LA DESPARTIDIZACIÓN Y LA DISTRIBUCIÓN DEL PODER

La crisis institucional evidencia, por tanto, una crisis del poder. Ya el monopolio del poder ejercido por los partidos políticos y la injerencia de éstos en todas las instituciones de la sociedad con pretensiones de control, no sólo no se justifica, sino que está revirtiendo en frustración respecto de la propia democracia. La salida de la crisis, en este aspecto, está en el desarrollo de un proceso de despartidización y, por tanto, de apertura del mismo proceso democrático, para lo cual hay que cambiar las bases de la representatividad y promover la participación del ciudadano mediante el desarrollo de otras sociedades intermedias, libradas del control férreo de los partidos políticos. Los partidos políticos, por tanto, tienen que comprender en que ha llegado el momento de compartir el poder, tanto para acelerar el desarrollo político de la sociedad, como para deslastrarse de tanta intervención en asuntos minúsculos que les está impidiendo, realmente, asumir el poder y gobernar.

Pero paralelamente al proceso de despartidización, y como complemento de él, para salir de la crisis institucional está planteada también la descentralización del poder, mediante su transferencia de los niveles centrales y nacionales del Estado, a los niveles político-territoriales hoy olvidados y relegados: los Estados y los Municipios. Sólo distribuyendo verticalmente el poder del centro a la periferia territorial, es que podremos lograr el desarrollo político del país entero y concluir con el espejismo de que Venezuela es Caracas y la actuación política concluye en los niveles del Poder Nacional.

Ha llegado el momento, por tanto, de que nos replanteemos el modelo extremo de Estado de partidos que hemos consolidado. Venezuela vive una crisis institucional, provocada por el acaparamiento del poder por los partidos y por la centralización del poder a nivel nacional, y ella sólo tiene como salida la despartidización y la descentralización.

1. *La despartidización*

En cuanto a la despartidización, ésta implica, en efecto, el que los partidos políticos aflojen parte del poder que tienen monopolizado en el funcionamiento del régimen democrático, que se manifiesta en el acaparamiento que ejercen de la representatividad y de la participación; y además, implica el cese del control absoluto que ejercen sobre los órganos del Estado.

La salida de la crisis por la despartidización implica, en consecuencia, necesariamente, la realización de reformas tanto en el funcionamiento del régimen democrático, como en el funcionamiento de los órganos del Poder Nacional y de la Administración Pública.

A. *La apertura de los partidos y del régimen democrático y la búsqueda de otras vías de representatividad y participación*

La primera de las salidas a la crisis está en el proceso de apertura de los partidos políticos y en la consecuente democratización de la democracia, para superar la crisis de representatividad y participación.

Desde el inicio del período democrático, hemos dicho, los partidos asumieron el monopolio de la representatividad y participación, y el país aceptó ese papel. Sin embargo, ese rol de los partidos políticos en haber intermediado y mediatizado en la representatividad, está conduciendo a la búsqueda de nuevas vías de representatividad y participación. De allí el planteamiento de la elección uninominal a nivel local para lograr una mayor vinculación de los elegidos con los electores, y una escogencia directa de los representantes. Ya el ciudadano no se contenta con que los partidos sean sus únicos representantes, ni por supuesto, con que los partidos sean los únicos mecanismos de participación que debe haber en el sistema democrático.

En todo caso, esta búsqueda de mayor representatividad y mayor participación, consecuencia de la despartidización, implica sin duda, transformaciones en algunas de las instituciones tradicionales. Aumentar la representatividad inevitablemente implica modificar el sistema electoral, el cual además, está montado en el esquema de los años cuarenta. Desde esa época, tenemos las mismas circunscripciones electorales, el mismo sistema de votación por listas bloqueadas y cerradas en grandes circunscripciones electorales, y el mismo sistema de escrutinio de representación proporcional puro. Ese esquema fue estructurado en el año 1946, y reestructurado en 1958, y quizás en ese momento, era el adecuado. Sin embargo en las últimas elecciones de 1983 y 1984, mostró signos de no satisfacer adecuadamente la representatividad.

Por tanto, inevitablemente, si se quiere variar y aumentar la representatividad, hay que acometer la reforma del sistema electoral y hay que cambiar las circunscripciones electorales. El país es otro distinto respecto del de los años cuarenta, incluso, por fuerza de la propia democracia y del propio desarrollo económico, por lo que tenemos que reformular el sistema de las circunscripciones electorales. Si se quiere la despartidización, tenemos que reducir el ámbito territorial de esas circunscripciones, y así aproximar más los elegidos a las comunidades. No se puede lograr realmente una mayor representatividad, si no se reduce el ámbito de esas circunscripciones electorales que hoy están vinculadas a los Estados.

En efecto, la elección de los diputados al Congreso se hace en bloque, por circunscripciones electorales que coinciden con los Estados. Así, por cada Estado, según su población, se vota por una larga lista de diputados al Congreso, que varía entre 2 a *25* diputados en cada entidad. El mismo sistema se aplica para la elección de los diputados a las Asambleas Legislativas, en el sentido de que por cada Estado, según su población, se vota por una larga lista de diputados a las mismas, en un número que varía entre 11 a 23 diputados en cada circunscripción. En cuanto a la elección de los Concejales, también, en un número que varía entre 5 a 17 Concejales, éstos se eligen en bloque mediante un solo voto, por todo el Municipio en el cual funciona cada Concejo.

Ese esquema territorial, en alguna forma, hay que reducirlo, creando nuevas circunscripciones territoriales menores, para que pueda haber una mayor comunicación entre el representante electo y el elector.

Hay también, por supuesto, que variar el sistema de escrutinio, y superar el sistema puro de representación proporcional, montado conforme al llamado sistema d'Hondt que se adoptó a partir de los años cuarenta, y que conduce, cuando se combina con amplísimas circunscripciones electorales y listas cerradas y bloqueadas, a que los únicos que pueden resultar representados sean los partidos. En lugar de dicho sistema, en cambio, hay que plantearse la configuración de un sistema de elección nominal dentro de un esquema de escrutinio plurinominal en pequeñas circunscripciones, o mejor, un sistema de escrutinio de carácter uninominal, particularmente a nivel local. Hasta 1983, para esto último, había una objeción de orden constitucional, pues se argumentaba que la Constitución impedía la elección uninominal a nivel municipal. Aparte de que ello no era correcto, lo cierto es que el problema ya está resuelto por la Enmienda Constitucional N° 2, que autoriza acudir a un sistema de escrutinio distinto en el nivel local, al que existe para el nivel nacional, que es el de representación proporcional.

Pero por supuesto, la sola elección uninominal a nivel local, no resuelve el problema de la representatividad, si se continúa aplicándola al ámbito territorial del viejo Distrito Autónomo, convertido ahora, en Municipio. No sólo la administración local continuaría ineficiente, sino que se agravaría. Por ello, al plantearse la reforma electoral a nivel local, no basta con el solo elemento de la elección uninominal de concejales. Era necesario reformar radicalmente la estructura local y superar el esquema de administración y de gobierno colegiado del ámbito municipal, lo que se ha hecho con la reforma de la Ley Orgánica de Régimen Municipal de 1988.

Los partidos políticos se convencieron que no podía seguir admitiéndose como sistema de administración y gobierno local, el que ello se hiciera sólo a través de Concejos Municipales, como órganos colegiados. Era necesario establecer una diferenciación de funciones y lograr que a nivel local existiera una autoridad ejecutiva electa, un Alcalde, y un Concejo Municipal, como órgano deliberante y de control. Sólo ahora, ese Concejo Municipal separado del Alcalde y con funciones sólo legislativas y de control, podría estar integrado por un sistema de elección uninominal.

Pero dentro del funcionamiento del sistema democrático, aparte de la reforma del sistema electoral, el otro aspecto de la crisis del régimen democrático provocada por la excesiva partidización, que también requiere reformas, es el provocado por la crisis de la participación política. Así como hay una crisis de representatividad, porque cada vez nos sentimos menos representados por el monopolio de la misma asumido por los partidos, asimismo también hay una crisis de participación política por su acaparamiento por los partidos. Por ello, para satisfacer las exigencias de participación, también tenemos que pensar en las necesarias reformas de las instituciones.

De nuevo aquí es necesario mencionar, como elemento central para hacer más participativo nuestro sistema democrático, que tenemos que reformar las instituciones regionales y locales. No se podrá realmente establecer una democracia participativa, pensando sólo en las instituciones políticas nacionales. Para que pueda haber democracia participativa, tenemos que hacerla participativa en el único lugar donde ello pueda hacerse políticamente: en los Estados y en el nivel local, en los Municipios, mediante un definido proceso de descentralización política. Para ello, ya sancionada la reforma municipal de 1988, tenemos, que inventar el Municipio con imaginación, partiendo del supuesto de que no existe como tal en Venezuela, ni ha existido, desde principios de siglo. Tenemos además, que reforzar los vínculos políticos vecinales y lograr que las asociaciones de vecinos, como movimientos sociales urbanos espontáneos, no sean sólo lo que hasta ahora han sido, grupos de presión, sino que podamos convertirlas en instrumentos de gestión local, pues sólo a ese nivel podemos acercar el poder político al ciudadano. Para ello está prevista la nueva figura de las Parroquias, las cuales, si son implementadas con audacia, podrían ser el centro más importante de gestión local participativa.

En definitiva, para que pueda haber participación política, tiene que haber descentralización política, pues aquélla resulta imposible en un Estado centralizado, pero además, los partidos políticos tienen que aflojar parte del poder monopolizado, y abrir paso al desarrollo político de sociedades intermedias con autonomía frente al control partidista. Debe superarse, así, la tutela otrora necesaria y hasta indispensable, de sindicatos, corporaciones profesionales, universidades, y gremios de funcionarios y liberarse a estas instituciones del control partidista centralizado. Así mismo, la estructura de centralismo democrático de los propios partidos, que está conduciendo a que sea en el nivel central-nacional, incluso, donde se tomen decisiones tales como quiénes deben ser electos presidentes de Concejos Municipales y aun de Comisiones de ciertos Concejos, debe superarse, mediante la reforma interna de los partidos, y permitirse el desarrollo político regional y local de los propios partidos, transfiriéndose el poder de decisión hacia las directivas regionales y locales en el interior del país.

B. *Las reformas de los Poderes Nacionales del Estado y el aflojamiento del control partidista de las instituciones*

Pero la despartidización no sólo está planteada mediante la búsqueda de otras y adicionales vías de representatividad y participación política, no monopolizada por los partidos, y la liberación del control por los partidos de todas las sociedades intermedias y la descentralización del propio poder partidista, sino que también debe conducir al abandono del férreo control partidista sobre los órganos del Estado, en particular del Poder Nacional, que ha originado el actual esquema de Estado de Partidos. Los partidos políticos, en efecto, controlan completamente al Congreso, donde sólo ellos tienen representación; al Poder Judicial, mediante el sometimiento a sus designios y a los de sus representantes, del Consejo de la Judicatura que ha nombrado a los Jueces a dedo; y a la Administración Pública, donde la carrera administrativa es una entelequia que no se aplica. La salida de la crisis institucional, inevitablemente tiene que conducir a la despartidización de estas instituciones, mediante una serie de reformas que, es claro, sólo los partidos políticos pueden acometer en nuestro sistema democrático, y que tienen que incidir en el funcionamiento del Congreso, del Poder Judicial y de la Administración.

Puede decirse que hay consenso político y en la opinión pública en la apreciación de que el Congreso, que tiene funciones legislativas y de control, no siempre legisla y cuando lo hace, lo realiza relativamente mal y que además, no siempre controla y cuando lleva a cabo sus funciones de control, también lo hace relativamente mal. El Congreso requiere de una profunda reforma y esto se ha venido planteando. A tal efecto, la Enmienda Constitucional N° 2 de marzo de 1983 estableció una base para ello que es la creación de la Comisión Legislativa que podría permitir, si funcionara, agilizar el proceso de formación de las leyes y el desarrollo de las tareas legislativas por parte de las Cámaras Legislativas.

Pero sin duda, es necesario que haya una reforma en la composición de los cuerpos asesores del Congreso, a los efectos legislativos y de control. Hasta ahora, en realidad, tenemos el raro caso de un Congreso que pretende legislar y controlar a la Administración, apoyándose sólo en los dictados de sus fracciones parlamentarias y sin contar con los cuerpos asesores permanentes de los mayores niveles de excelencia.

No se puede legislar sólo con el trabajo de alguno que otro diputado o senador que dedique algo de su tiempo a redactar artículos de una ley. Lo mismo sucede con las actividades de control. Nos quejamos los ciudadanos de que ninguna investigación parlamentaria concluye en nada, y no nos percatamos de que en general, no puede ser de otra forma, pues aun cuando no fueran partidistamente orientadas, serían investigaciones mal hechas, porque no hay cuerpos asesores permanentes con niveles de excelencia, que permitan realmente a las Comisiones del Congreso desarrollar su labor. Lo que hay en el Congreso en general, como asesores, son amigos de los partidos o activistas de los mismos, que con extrañas excepciones, conforman un cuerpo burocrático con niveles excelsos de incompetencia.

Por tanto, en el Congreso, debe estructurarse un cuerpo permanente de funcionarios, seleccionados por concurso, que integren un cuerpo de carrera, y que tengan a su cargo la labor de asesorar a los parlamentarios en las labores legislativas y de control. Para ello, los partidos políticos tienen que renunciar a financiar a sus dirigentes medios a través de los cargos de asesorías en el Congreso, o a colocar sus amigos desempleados.

La reforma del Estado motivada por la despartidización también tiene que ser un proceso que debe incidir en el Poder Judicial. Sobre esto, como hemos dicho, puede decirse que también existe una conciencia política fundamental en torno a la necesidad de darle un vuelco total al Poder Judicial.

Hemos estructurado en nuestro país un régimen democrático y estamos orgullosos de nuestra democracia, pero nos hemos olvidado que el pilar fundamental de todo sistema democrático es la Justicia, y mientras la Justicia no tenga credibilidad, tendremos una falla en los cimientos del sistema mismo. Y tan es así que no tiene credibilidad la Justicia en nuestro país, que hace algunos años llegamos a la situación absurda, conspirativa casi, de que frente a una decisión de la Corte Suprema de Justicia que en cualquier país del mundo desarrollado políticamente se respetaría, fue el propio Congreso el que desconoció la decisión, y en dos semanas reformó una Ley (Ley del Trabajo, 1983) para conspirar contra una decisión de la Corte Suprema. Es decir, ni siquiera el Congreso respeta la Justicia.

Por tanto, uno de los elementos centrales que tiene que formar parte de un programa de reforma del Estado y perfeccionamiento de la democracia, es la reforma del Poder Judicial y el sistema administrativo que lo conforma.

Por ejemplo, el Consejo de la Judicatura ha sido altamente cuestionado por la politización del Poder Judicial que en los últimos años ha provocado y por no haber desarrollado un adecuado sistema de selección de los jueces para protegerlos con la carrera judicial. Al contrario, hemos desarrollado una carrera judicial pero para darle, en muchos casos, estabilidad a la ineficiencia. Los concursos están previstos en la Ley de Carrera Judicial, pero no se han cumplido y, recientemente el cuestionamiento a ese proceder, incluso ha sido formulado hasta por la propia Corte Suprema de Justicia.

En esta forma, la independencia y autonomía de los jueces, que un organismo como el Consejo de la Judicatura podría garantizar de acuerdo al esquema de la Constitución, está distorsionada, pues, dicho ente, lejos de asegurar esa independencia y la autonomía de los jueces, lo que ha hecho es politizar el Poder Judicial, conduciendo a una progresiva pérdida de credibilidad en la Justicia, hasta por parte de los propios sectores políticos.

Por ejemplo, tan ello es así, que cuando se reformuló la Ley Orgánica de Salvaguarda del Patrimonio Público (1982), frente a la partidización y consecuencial politización del Poder Judicial, la Comisión Bicameral optó por proponer que el nombramiento de los jueces de Salvaguarda debía quitársele al Consejo de la Judicatura, porque ese organismo no garantizaba dichos nombramientos fuera de las líneas de partido, y el Congreso, deliberadamente, le asignó el nombramiento de tales jueces a la Corte Suprema de Justicia, porque estimó que el Supremo Tribunal salvaguardaba más la designación de dichos jueces ante la politización. Hay por tanto, conciencia general en torno a la politización-partidización de la Justicia debido a que el sistema del Consejo de la Judicatura, tal como ha funcionado, ha sido ineficiente y ello tiene que transformarse.

Por supuesto, otras transformaciones son necesarias en el funcionamiento de la Justicia; lograr que la misma sea rápida, efectiva y democrática, mediante una reforma de los procedimientos, cuya normativa hasta hace poco era la de principios de siglo y asegurar a todos el acceso a la justicia y el derecho a la defensa, mediante adecuados mecanismos de asistencia jurídica.

Por último, es evidente que en el campo de la administración pública, las exigencias de la despartidización conllevan a una reforma en la función pública. Definitivamente, la eficiencia del Estado depende de la eficiencia y revalorización del personal que cumple funciones públicas, y en este campo hay un reto fundamental en el futuro. Tenemos que crear una burocracia en Venezuela y lo decimos en términos precisos pues, en verdad, en Venezuela no tenemos ni hemos tenido una auténtica burocracia. Tenemos un personal al servicio del Estado, que desafortunadamente cambia en su composición básica cada cinco años, con los cambios de gobierno, conspirando contra todo elemental principio de eficacia; y ello conduce a que no tengamos una burocracia como instrumento permanente de gestión, de niveles de excelencia, que pueda conducir efectivamente la acción del Estado. Por supuesto, para crear esa burocracia tenemos que pensar en políticas que hemos sólo desarrollado muy relativamente; la formación, la selección, la estabilidad y la remuneración de ese personal, y los partidos políticos, por sobre todo, deben renunciar al control de la burocracia y a seguir aplicando el sistema del botín.

Por otra parte, después de 18 años de vigencia de la Ley de Carrera Administrativa tenemos que convenir en que la relativa estabilidad lograda, aquí también, como en los jueces, de la ineficiencia, es el peor atentado a la sociedad. Por eso, la propia Ley de Carrera Administrativa tenemos que repensarla para la Venezuela futura, pues sólo cuando formemos gerentes públicos fuera del control férreo de los partidos y cuando responsabilicemos esos gerentes públicos de la gestión de los servicios del Estado, podremos realmente contar con una administración eficiente. Para ello, insistimos, las políticas de formación y capacitación son claves. No podemos volver a caer en las absurdas decisiones de hace años cuando la "gran política" en Administración Pública (1975) fue la eliminación de la estabilidad (Decreto № 211), la extinción de la Escuela Nacional de Administración Pública y de todos los programas de capacitación en la Administración Pública y hasta la eliminación de la Comisión de Administración Pública que era, en definitiva, la única institución del Estado que tenía posibilidad de imaginar y de investigar en el campo de la Administración Pública.

2. *La descentralización*

Pero además de la despartidización como salida a la crisis institucional, también está planteada como parte de esa salida, la necesidad de descentralizar el poder y transferirlo a las entidades político-territoriales que componen al Estado. La forma de este, por tanto, debe ser revisada, y debe establecerse, en sustitución del Estado centralizado de la actualidad, un nuevo Federalismo que permita reforzar los niveles estadales, y un nuevo Municipalismo, que permita superar el esquema transitorio de régimen municipal autocrático que aún tenemos al margen de la Constitución.

Gobernar no es centralizar, por lo que incluso bajo el ángulo del Poder Nacional, la revisión de la forma del Estado, debe acompañarse de un proceso de descentralización y desconcentración del Poder Nacional de manera que, por ejemplo, los asuntos nacionales que conciernen a las regiones, se decidan a nivel regional. No hemos logrado todavía desconcentrar regionalmente al Poder central, ni llevar a los niveles políticos estadales, asuntos que sean de ese nivel y que puedan desarrollarse a ese nivel, descentralizando el Poder Nacional. Por tanto, en materia de reforma administrativa, además de las múltiples reformas que requiere la Administración Pública Nacional, debe procederse a descentralizarla territorialmente y desconcentrarla regionalmente, hacia los Estados, en las tareas que puedan cumplirse a ese nivel, reforzando las estructuras de las Gobernaciones de Estado, ahora que sus titulares van a ser electos conforme a la Ley de elección y remoción de los Gobernadores de los Estados de 1988.

Por ejemplo, son muy pocos los países del mundo en los cuales la educación no sea un servicio estadal y municipal. Al contrario, en Venezuela pretendemos gerenciar la educación desde el nivel central y eso ya está llegando a niveles de ineficiencia completa. Sin embargo, algunos esfuerzos se han hecho para desconcentrar y descentralizar, y entre ellos destacarse que en la Ley para la Ordenación del Territorio de 1983, por ejemplo, por primera vez se les atribuyeron a los Gobernadores funciones directas en materia de control de la aplicación de una ley, en sus jurisdicciones, lo cual, sin embargo, no se ha implementado, básicamente por ignorancia de esta normativa.

En todo caso, para que se pueda desarrollar la democracia participativa de la que tanto hablamos en nuestro país, tenemos que descentralizar el Estado y el poder; y tenemos que crear, en definitiva, un nuevo federalismo y un nuevo municipalismo.

Por tanto, otro aspecto fundamental de la reforma del Estado para la salida de la crisis institucional además de las señaladas reformas políticas en el funcionamiento del régimen democrático para hacerlo más participativo, y más representativo, es el de la necesaria búsqueda de un nuevo federalismo y un nuevo municipalismo.

A. *Las reformas en la forma del Estado: el nuevo Federalismo*

En efecto, uno de los grandes programas de reforma del Estado venezolano tiene que diseñarse para lograr que con las transformaciones necesarias en nuestro sistema federal, logremos un nuevo federalismo. Venezuela, como hemos dicho y sucede en casi todos los Estados Federales de América Latina, tiene una estructura contradictoria: formalmente, somos una Federación, establecida en la Constitución, por lo que teóricamente deberíamos tener un esquema descentralizado del poder. Sin embargo, realmente lo que existe es un Estado centralizado, con apoyo en una Administración Pública centralizada, y en un sistema de partidos centralizados y centralizante. Desde el punto de vista de la forma del Estado, como hemos dicho, tenemos una contradicción política, pues nuestra Federación es centralista.

En todo caso, este centralismo político-administrativo del Estado venezolano, ha conducido, por una parte, a la ineficiencia administrativa del aparato global del Estado, y por la otra, a la extinción o degradación de la vida política en el interior, deteniendo el desarrollo político del país por dentro. Por eso pensamos que para hacerlo políticamente desarrollado, además de los logros en el campo del desarrollo económico y social, tenemos que descentralizar el poder, transfiriéndolo de los niveles centrales a los Estados y a los nuevos Municipios. En esa forma tenemos que convertir a estas entidades en verdaderas entidades políticas, como las denomina la Constitución; "entidades federales", a los Estados, y "entidades políticas primarias y autónomas" a los nuevos Municipios que hay que inventar.

En esta forma, el esfuerzo que debe hacerse hacia el futuro, en el campo de la forma de Estado, tiene que significar el idear e inventar, con imaginación, un nuevo federalismo que pueda hacer más eficiente al Estado y que pueda contribuir a disminuir el paternalismo del Estado nacional. Y descentralizar, en definitiva, es confiar más en la capacidad política de las regiones, de las provincias y de las comunidades para gobernarse a sí mismas; es distribuir verticalmente el poder; es crear, efectivamente, un gobierno regional, un gobierno estadal y un gobierno municipal o local; es transferir competencias y recursos a los Estados y Municipios; en fin, descentralizar es estimular el autogobierno local. Sólo, por ejemplo, cuando establezcamos niveles de gobierno política y administrativamente poderosos en los Estados, mediante una transferencia de competencias nacionales a esos niveles político-territoriales, es que las Asambleas Legislativas comenzarán a tener sentido y a justificarse, y que tendrá sentido y efectividad la elección directa de los Gobernadores del Estado.

Pero además, descentralizar es hacer participar, y, ello sólo puede lograrse, efectivamente, en un régimen democrático. No hay ni puede haber descentralización ni, por supuesto, participación, en los regímenes autoritarios. La democracia es el sistema donde puede haberla.

Dentro de este esquema de búsqueda de un nuevo federalismo, además, tenemos que revisar desde el punto de vista político, las bases del proceso de desarrollo regional que hemos tenido en el país. Pensamos que llegó el momento, hacia el futuro, de darle al desarrollo regional la base política que no ha tenido. El desarrollo regional, en general, ha sido un asunto conducido por el Poder Nacional; así, ha sido Cordiplan el que ha creado Oficinas de Planificación en las regiones y ha sido el Poder Nacional el que ha creado Corporaciones de Desarrollo Regional en ellas. Sin embargo, no debemos olvidar que las Corporaciones de Desarrollo Regional son Institutos Autónomos Nacionales, que dependen del poder central. No son instrumentos de los Estados, ni del poder político local incipiente sino que son instrumentos nacionales. Por tanto, en nuestro criterio, el reto en materia de regionalización está en transformar el esquema de desarrollo regional y lograr que en lugar de ser un mero asunto nacional, comience a ser un problema realmente regional, que debe ser conducido por las instancias políticas de las regiones. Así, cuando tengamos un proceso de desarrollo regional conducido por los Estados de la Federación (sea las regiones con un Estado como el Zulia, o con varios Estados como el resto del país), es decir, cuando comience a ser la regionalización una preocupación de esas nuevas instancias políticas estadales, es que podremos realmente pensar que tendrá futuro político. En cambio, mientras la regionalización sea un asunto nacional y, por tanto, centralista, no tendrá futuro el desarrollo regional.

Por supuesto, para reformular el proceso hay que buscar una conciliación entre el nuevo federalismo que hay que establecer y las escalas regionales, asignándoles la responsabilidad del desarrollo regional a las instituciones políticas y administrativas estadales.

B. *Las reformas políticas en los Municipios: el nuevo Municipalismo*

La descentralización del Estado, además, implica la realización de una reforma a nivel local, a los efectos de lograr un Nuevo Municipalismo. De esta manera, la reforma política de la forma del Estado para salir de la crisis institucional, y que plantea la necesidad de la descentralización a nivel estadal y regional, también tiene que ir hacia una profunda reforma del Régimen Municipal, cuyas bases, aún no imple- mentadas, están en la Reforma de la Ley Orgánica de Régimen Municipal de 1988.

En este campo tenemos que crear, realmente, el gobierno local en nuestro país. Para ello debemos sustituir el esquema territorial del viejo Distrito Autónomo que hoy todavía tenemos, excesiva y deliberadamente alejado del ciudadano como para que no haya participación ni democracia local y al contrario, acercar la autoridad local a las comunidades y vecindades para que la estructura local pueda, realmente, servir de instrumento de participación política y además, para que pueda servir de efectivo medio de gobierno y de administración de los intereses locales.

Los Municipios que resultaron de cambiarle el nombre a los Distritos Autónomos hoy, no son ni lo uno ni lo otro; ni son un eficiente nivel para gerenciar los intereses locales, ni son un nivel suficientemente bajo, territorialmente hablando, como para permitir la participación política. Por ello, el reto planteado frente al poder local es, además de crearlo, convertirlo en esas dos cosas: en un instrumento de participación a través del cual podamos realmente hablar de una democracia participativa, que sólo es posible mediante la descentralización y además, hacerlo un eficiente medio de administración y de gobierno de los intereses locales.

Para eso tenemos que estructurar un nuevo Municipio, para lo cual no basta con la elección uninominal ni con la separación de las elecciones. Se requería una profunda reforma de la Ley Orgánica de Régimen Municipal, la cual, en 1978 y 1984 no había pasado de ser una reforma para que nada cambiara y para que todo permaneciera igual, consolidando el esquema de principios de siglo del Municipio autocrático.

La reforma realizada en 1988, en cambio, si se implementa efectivamente, abre la vía para crear el Nuevo Municipalismo que reclamamos, pues en ella se ha buscado el establecimiento de una nueva base para la existencia de los Municipios; se ha previsto una diversidad de regímenes organizativos de los Municipios en sustitución del uniformismo tradicional; se ha establecido la separación de funciones ejecutivas y legislativas locales, superándose la colegialidad ineficiente y creándose la figura del Alcalde; y se ha buscado el desarrollo de un sistema escalonado de entidades y gobiernos locales, que permita la participación. Faltó, por supuesto, el establecimiento de un nuevo sistema electoral municipal, para sustituir la sola representatividad de los partidos. El Estado de Partidos no lo permitió.

III. LA PARTICULAR REFORMA DEL SISTEMA ELECTORAL

Los sistemas electorales, por supuesto, constituyen una pieza esencial de los regímenes democráticos. Mediante ellos se asegura la elección de los gobernantes, y se actualiza la idea de la representatividad. En esta forma, se trata de mecanismos políticos para asegurar, como lo dice la Constitución Venezolana, que el pueblo ejerza la soberanía mediante el sufragio, por los órganos del Poder Público (Art. 49). Los sistemas electorales, por tanto, constituyen mecanismos políticos para asegurar la representatividad política del gobierno, o como también lo dice la Constitución, que el gobierno de la República sea democrático representativo, además de responsable y alternativo (Art. 3°).

Estando condicionados por la idea de la representatividad, puede afirmarse que los sistemas electorales no son buenos o malos en sí mismos; ni son buenos los sistemas electorales porque se hayan aplicado en determinados países con mayor desarrollo político que el nuestro, o porque estén siendo adoptados en otros países; ni son malos porque hayan fracasado en algunos países. Insistimos, los sistemas electorales no son bueno o malos en sí mismos, ni se los puede juzgar en términos abstractos de valor.

Hemos dicho que se trata de mecanismos políticos para asegurar la representatividad democrática o mejor dicho, la idea de la representatividad que el sistema político de un determinado país ha configurado. Por ello, para juzgar las bondades de un sistema electoral y por tanto, para plantearnos la necesidad o no de su reforma, lo que tenemos que plantearnos es si el sistema electoral cumple o no con la idea de la representatividad que tiene el sistema político de un determinado país.

En esta forma, para hablar de la reforma del sistema electoral en Venezuela, lo que realmente tenemos que plantearnos es la cuestión de saber si el sistema electoral que hemos tenido en el país desde 1958, y que hoy tenemos, satisface o no las exigencias de la idea de representatividad que conforma el sistema político, que derivó de la Revolución Democrática de 1958.

Nuestra conclusión a esta cuestión, como hemos indicado, es que el sistema electoral venezolano actual sirve perfecta y adecuadamente a la idea de representatividad que ha conformado nuestro sistema político: la de la partidocracia y la del Estado de Partidos, por lo que realmente, bajo ese ángulo, nuestro sistema electoral no requeriría de reforma alguna. Sin embargo, hemos propugnado desde hace ya varios lustros, la reforma del sistema electoral; y lo seguimos propugnando. Ello, por supuesto, no deriva de que pensemos en que el sistema electoral no se adopte a la idea de representatividad del actual sistema político de democracia de partidos, sino de la necesidad ineludible que hoy está planteada de cambiar esa idea de representatividad democrática que ha caracterizado nuestro sistema político.

En efecto, replanteando lo dicho anteriormente, puede decirse que el régimen político establecido en 1958-1961 y que conforma el conjunto de instituciones de la sociedad venezolana, está montado sobre los dos pilares fundamentales señalados: la partidocracia y el centralismo del Estado, que se consideraron esenciales como instrumentos para el logro del Proyecto Político que se generó en la Revolución Democrática de 1958: implantar y mantener la democracia en Venezuela. Para ello había que concentrar el poder en los partidos políticos y en el centro (nivel nacional) del país: los partidos asumieron el monopolio del poder político, a través de la asunción exclusiva de la representatividad, de la participación y del control del aparato estatal, el cual se centralizó, concentrándose en el ámbito nacional y minimizándose los poderes locales. De allí el producto: el Estado de Partidos.

Conforme a este sistema, la idea de la representatividad que se concibió fue, entonces, la representatividad democrática a través de los partidos, o lo que es lo mismo, la representatividad de los partidos. Para actualizar esa idea se concibió un sistema electoral que tuviera por objeto actualizarla de la forma más perfecta posible. Por ello, el sistema electoral de representación proporcional por largas listas, cerradas y bloqueadas en grandes circunscripciones electorales.

En efecto, en la Constitución se estableció como principio general que la legislación electoral debía asegurar la representación proporcional, y aquélla la reguló, estableciendo la representación proporcional de los partidos políticos y de manera secundaria, de los grupos de electores los cuales, a mediano o corto plazo, terminan por organizarse como partidos políticos. Pero por supuesto, para asegurar la representatividad exclusiva de los partidos, no bastaba la consagración del principio de la representación proporcional, que se opone al principio de escrutinio mayoritario, sino que resultaba indispensable que la elección de los representantes se hiciera mediante listas cerradas y bloqueadas de manera que el elector no tuviera otra opción que la decidida por los partidos y que la elección se hiciera, además, en grandes circunscripciones electorales, de manera que el control de la selección de los candidatos quedara en las solas manos de los partidos, a través de largas listas de candidatos. Nuestro elector, cuando ha votado para elegir diputados al Congreso, diputados a las Asambleas Legislativas y Concejales a los Concejos Municipales, con un solo voto, ha depositado su preferencia por una larga lista de candidatos, escogidos por los partidos, ubicados en el orden que los partidos han determinado y sin que exista ninguna necesaria vinculación entre los candidatos y las circunscripciones electorales en las cuales fueron postulados.

Este sistema, con esos tres componentes, representación proporcional, mediante largas listas cerradas y bloqueadas, en grandes circunscripciones electorales, así, ha sido el sistema electoral ideal para asegurar el monopolio de la representatividad y participación a los partidos políticos los cuales, incluso, por su configuración centralista democrática, controlan el proceso totalmente desde el centro, en las cúpulas partidistas.

Por tanto, es indudable que el sistema electoral actual satisface a cabalidad la idea de representatividad que se concibió a raíz de la Revolución Democrática de 1958. Es el sistema electoral adecuado para asegurar la representatividad exclusiva de los partidos políticos. Bajo este ángulo, dicho sistema no puede ser juzgado en sí mismo, aisladamente, ni se lo puede criticar abstractamente, sino que lo que debe juzgarse es la propia idea de representatividad que está a la base del sistema de democracia de partidos. Debe aclararse, en todo caso, que esa idea de representatividad exclusiva de los partidos políticos, tampoco puede juzgarse en abstracto. Sin duda, como hemos dicho, era la adecuada para la naciente democracia de 1958 y los años subsiguientes, pero vista ahora retrospectivamente hay que concluir en que no podía ni debería ser concebida como una idea permanente e inmutable; y si bien era esencial para desarrollar el Proyecto Político de implantar la democracia, debía evolucionar con ella. Sin embargo, los partidos políticos y el liderazgo nacional no entendieron la necesidad de los cambios, y al contrario de lo que debió ocurrir, concentraron y han continuado concentrando mayor poder; y han continuado centralizando mayor poder a nivel nacional. Para tal fin, el sistema electoral lo han considerado, consecuencialmente, inmutable.

En esta perspectiva, por tanto, la reforma del sistema electoral sólo puede resultar, como consecuencia, del cambio que debe producirse en la idea de representatividad, como consecuencia de un proceso de descentralización política del poder y de descentralización de la propia democracia y de los partidos, para buscar nuevas formas de representatividad y nuevos canales de participación.

En este sentido, dicha reforma debe incidir en el sistema de elección de los Diputados al Congreso Nacional, de los Diputados a las Asambleas Legislativas y de los Concejales miembros de los Concejos Municipales.

En primer lugar, en cuanto a las elecciones de los diputados al Congreso Nacional, en el Proyecto de Ley Orgánica del Sufragio que elaboramos en el Consejo Supremo Electoral en 1969 y que éste sometió a consideración de las Cámaras Legislativas, propusimos la eliminación de las actuales circunscripciones electorales que abarcan las entidades federales, es decir, propusimos la necesidad de reducir las circunscripciones electorales que hoy coinciden con el territorio de los Estados, y en su lugar, propugnamos el establecimiento de circunscripciones electorales *ad hoc* o distritos electorales, que debían tener un ámbito de población tal, que aplicada la base de población para elegir diputados, permitiera la elección de sólo cuatro o cinco diputados, en cada circunscripción. Esas circunscripciones, conforme a ese límite, podrían estar integradas por los Distritos, Municipios o Parroquias que determinase el Consejo Supremo Electoral. En esta forma, de acuerdo con ese proyecto, por cada circunscripción electoral de las que determinase el Consejo Supremo Electoral, para las elecciones de Diputados, no podrían elegirse más de cuatro o cinco diputados. Decíamos en la Exposición de Motivos del Proyecto, que esa reforma perseguía "la neutralización de los aspectos negativos que el principio de la representación proporcional origina en circunscripciones electorales densamente pobladas, en las cuales, como sucede con la Ley vigente deben elegirse un número considerable de Diputados". (Véase *Memoria y Cuenta 1969,* Consejo Supremo Electoral, Caracas 1969, p. 74). La reducción del ámbito de las circunscripciones electorales eligiendo un número reducido de cuatro o cinco diputados en cada una de ellas, sin duda, contribuiría a acercar el elegido con el elector y aumentar la representatividad.

Por supuesto, a la reducción de las circunscripciones electorales puede agregarse la reforma propuesta en la discusión pública de los últimos años, de listas abiertas, conforme a las cuales el lector puede, además, mostrar su preferencia dentro de las listas postuladas, cambiando su orden o votando por alguno o algunos de sus integrantes, o puede formular su propia lista, de entre los candidatos de las diversas listas postuladas. Pero debemos advertir que esta propuesta no puede operar en la práctica si no se reducen las circunscripciones electorales de manera que el voto preferencial sólo se ejerza en listas de cuatro o cinco candidatos. De allí lo impracticable de la sola propuesta de votación por listas abiertas, pero sin variar el amplio número de los candidatos derivado de la magnitud de las actuales circunscripciones electorales que ha formulado, en 1988, el partido de gobierno, y que fue rechazada, por inviable, por el propio Consejo Supremo Electoral.

En cuanto a la elección de los Diputados a las Asambleas Legislativas, en el mismo Proyecto de Ley Orgánica del Sufragio de 1969, propusimos sustituir la elección de los mismos, en bloque, por listas en el ámbito de cada Estado, y establecer la elección de los diputados, en circunscripciones coincidentes con cada uno de los Distritos que componían el Estado, en un número de 2 por cada Distrito.

En cuanto a la elección de los miembros de los Concejos Municipales, separando el Alcalde del órgano colegiado, en el mismo Proyecto de Ley Orgánica del Sufragio de 1969 propusimos la elección de los mismos en forma uninominal. Así, desde 1969 y durante los últimos 19 años hemos venido propugnando la elección uninominal de los Concejales, en circunscripciones electorales reducidas, "de manera que los candidatos se tengan que vincular, necesariamente, a la comunidad local que los elige para gestionar los asuntos locales" (Véase Allan R. Brewer-Carías, *Cambio Político y Reforma del Estado en Venezuela,* Madrid 1975, p. 448). Ello mismo lo ratificamos en el Proyecto de Ley Orgánica de Régimen Municipal que elaboramos a finales de 1983 y que fue presentado con algunas variaciones a la Cámara de Diputados en enero de 1984, en el cual propusimos la elección directa del Alcalde, y la elección de los miembros de los Concejos Municipales en forma uninominal, dividiendo el territorio municipal en tantos distritos electorales como número de concejales debían elegirse, coincidentes con las entidades locales menores que integrasen el Municipio (Art. 40. Véase en Allan R. Brewer-Carías, *Estudio de Derecho Público* (Labor en el Senado 1983), Ediciones del Congreso de la República, Caracas 1984, p. 308 y 248); propuesta que si bien fue acogida formalmente por el principal partido de oposición, no fue incluida en la reforma municipal de 1988. El Estado de Partidos, conducido en ese momento por el Comité Ejecutivo Nacional del partido de gobierno, cuya fracción parlamentaria era mayoritaria en el Congreso, lo impidió.

En todo caso, debe decirse que para esto último, es decir, para la elección uninominal de Concejales, hasta 1983 había una objeción de orden constitucional, pues se argumentaba que la Constitución impedía la elección uninominal a nivel municipal. Aparte de que ello no era cierto, como se dijo, el problema ya está resuelto por la Enmienda Constitucional N° 2, que autoriza a acudir a un sistema de escrutinio distinto en el nivel local al que existe para el nivel nacional, que es el de representación proporcional. Por supuesto, no hay duda en que éste sería obligante, si la elección se hiciera en bloque de todos los Concejales en una sola circunscripción electoral plurinominal, pero si ello no se realiza así, sino en circunscripciones uninominales, no es obligante aplicar el principio.

CONCLUSIÓN

Como hemos señalado, los líderes políticos nacionales y los principales partidos políticos del país, en 1958, formularon el proyecto político contenido en el Pacto de Punto Fijo, tendiente a establecer y mantener el sistema democrático, y a través de la democracia política, propugnar una democracia económica y social. Los postulados básicos de esos objetivos están plasmados en la Constitución de 1961, texto de contenido lo suficientemente flexible, como para haber permitido a los gobiernos que hemos tenido en los últimos 27 años, desarrollar sus postulados programáticos e ideológicos.

Ese proyecto político de 1958, se agotó, pues la democracia política se estableció en el país con bases firmes y los esfuerzos gubernamentales, mal que bien, han buscado desarrollar la democracia económica y social, aún no lograda completamente.

El sistema político basado en las partidocracia y en el centralismo de Estado, es decir, el modelo de Estado de Partidos que contribuyó a desarrollar dicho Proyecto Político, está en crisis, por lo que es el momento de formular un nuevo Proyecto Político que continúe con los esfuerzos planteados en 1958 y plasmados en el texto constitucional de 1961, pero con unos nuevos condicionantes ineludibles.

Ese nuevo Proyecto Político tiene que consistir en el perfeccionamiento del sistema democrático mediante la reforma institucional o del Estado, y cuyos programas, en una forma u otra, tienen que implicar la despartidización de las instituciones y la descentralización del Estado. Como hemos señalado, la crisis de las instituciones del Estado Democrático centralizado derivan de la concentración del Poder a nivel central y en los partidos políticos. En consecuencia, reformar esas instituciones y salir de la crisis significa, en primer lugar, redistribuir el poder del centro a los niveles periféricos regionales o locales, mediante un proceso de descentralización territorial; y significa, además, en segundo lugar, la distribución del poder por parte de los partidos políticos, que lo han monopolizado concentradamente, para abrir otros canales y vías de participación política y de representatividad.

Así, es imposible por ejemplo, reformular el federalismo, hacer eficientes las Asambleas Legislativas, crear un auténtico régimen municipal sin que se descentralice el Poder del centro a los Estados y entidades locales y a la vez, es imposible, por ejemplo, hacer el régimen democrático más representativo y participativo perfeccionar el funcionamiento del Congreso, reformar la Justicia y la Administración Pública, sin que los partidos aflojen las riendas de conducción absoluta de las instituciones políticas y convengan en despartidizarlas. Por ejemplo, sólo existirá un Poder Judicial autónomo, independiente y con cierta dosis de credibilidad, cuando los partidos políticos renuncian a controlar a los jueces y a la judicatura. Tan simple como eso; ¡y a la vez tan difícil!

Por tanto, la salida de la crisis institucional mediante una reforma del Estado significa pérdida de áreas de poder por parte de los niveles centrales del Estado en beneficio de las regiones o provincias, comunidades y vecindades, a los efectos de lograr su desarrollo político propio; y además, significa pérdida de áreas de poder por parte de los partidos políticos en beneficio de las propias instituciones, para que puedan desarrollar sus potencialidades con la participación ciudadana. De allí que superar la crisis, es decir, desmontar el centralismo, democratizar la democracia, y hacer eficiente el Estado y sus instituciones en nuestro sistema democrático, sólo puede ser obra de los responsables de la crisis, los partidos políticos, y no un proyecto político a realizarse en contra de ellos.

He allí la gran dificultad de la actual coyuntura y de nuestra generación: embarcar, efectivamente, a los partidos políticos en esta expedición, y convencerlos de que el problema es de sobrevivencia de la propia democracia. Se comprende, por tanto, el pedimento que se formuló en el *Mensaje Final* de la "Declaración de la Conferencia Episcopal Venezolana" a los 30 años del 23 de enero de 1958, "a los dirigentes políticos y gobernantes que lleven a la práctica sus afirmaciones verbales de búsqueda de nuevas formas de participación democráticas, haciéndolas realidad *antes de que sea tarde*" (1988).

SECCIÓN TERCERA: LOS PROBLEMAS DE LA FEDERACIÓN CENTRALIZADA

INTRODUCCIÓN

Como en la mayoría de los Estados Federales, el régimen federal en Venezuela ha venido sufriendo un creciente y evolutivo proceso de centralización. Así, aun bajo la forma federal, el Estado se ha centralizado, lo que en sí mismo es contradictorio.

En efecto, la Federación, como forma de Estado, ha estado presente en las instituciones políticas venezolanas desde el mismo nacimiento del Estado independiente en 1811, e invariablemente se ha consagrado en todos los textos constitucionales que se dictaron en los ciento cincuenta años posteriores, desde esa fecha (1811) hasta 1961 cuando se promulga la Constitución vigente.

Sin embargo, lo que fue una necesidad institucional para agrupar las aisladas y autónomas provincias coloniales en los inicios de nuestro proceso republicano, y quizás aun fue un esquema de descentralización política a mitad del siglo pasado, al formalizarse el Estado de los caudillos regionales que tuvimos, y en cuyo nombre se libraron terribles e importantes guerras intestinas que sostuvimos, como las guerras federales (1858-1863), paulatinamente se fue deformando hasta configurarse la Federación centralizada de la actualidad.

A ello, sin duda, contribuyó, primero, la autocracia que consolidó el Estado Nacional (1899-1936), proceso que continuaron los regímenes de transición a la democracia (1936-1958); y segundo, la propia implantación de la democracia, a partir de 1958. Esta, sin duda, quizás no hubiera podido consolidarse en Venezuela a partir de la Revolución Democrática de 1958, si no se hubiera adoptado para imponerla y consolidarla el mismo esquema de Estado Centralizado con membrete federal, manejado políticamente por una partidocracia (democracia de partidos). A esos dos factores, centralismo de Estado y democracia de partidos, sin duda, se debe la implantación de la democracia.

Pero, sin embargo, transcurridos treinta años de vida democrática, ha sido la propia experiencia democrática y sus instituciones desarrolladas en estas últimas tres décadas (1958-1988), las que están exigiendo su propia profundización, clamando por la descentralización política del Estado, como base para el logro de una mayor participación y representatividad. De allí el planteamiento político que ha estado en el debate público venezolano durante los últimos años sobre la necesaria "Reforma del Estado" y que provocó, incluso, la creación en el presente período constitucional (1984-1989) de una "Comisión Presidencial para la Reforma del Estado", encargada de estudiar y proponer las reformas necesarias.

Entre las propuestas formuladas está, por supuesto, la de la necesaria descentralización político-administrativa del Estado, con lo cual la Comisión recogió así los planteamientos que se habían venido formulando en la opinión político- académica en los últimos tres lustros sobre la necesidad de reformular el esquema federal y establecer un Nuevo Federalismo. La discusión política pública del tema, sin embargo, signada a veces por el inmediatismo, ha identificado en una forma simplista la propuesta de descentralización política con la de la elección directa del órgano ejecutivo de los Estados de nuestra Federación (los Gobernadores), buscando superar el esquema que hasta ahora hemos tenido, conforme al cual los Gobernadores de los Estados han sido de la libre designación y remoción por el Presidente de la República, reflejo claro, sin duda, del esquema de Federación centralizada que existe como forma real del Estado.

Es evidente, sin embargo y por supuesto, que el problema de la crisis del Federalismo del Estado Venezolano, no se resuelve con la sola elección directa de los Gobernadores por voto popular, ya decidida con la Ley de elección y remoción de los Gobernadores de Estado de 1988. Esa es, sin duda, una pieza importante que debió haberse adoptado en un progreso general que es el de la descentralización política a través de la redefinición del federalismo; pero reducir el problema a la sola elección directa de los Gobernadores es confundir la parte con el todo, y no percatarse de que con esa reforma realizada en forma aislada, no se soluciona el problema de fondo y global, que es el del centralismo. En efecto, ¿qué se gana con elegir a los Gobernadores de Estado si éstos, actualmente, no tienen materialmente atribuciones estadales que ejercer, ya que básicamente actúan sólo como agentes del Ejecutivo Nacional? Si los Estados de nuestra Federación fueran entidades con competencias autónomas de importancia, la elección de los Gobernadores sería un paso más de avance en el proceso de descentralización política. Pero elegir a los Gobernadores en el esquema actual de Federación centralizada, significará enquistar guerrilleros designados por voto popular, pero desocupados, en la estructura política del país, con grave riesgo para el funcionamiento de Estado. El problema, por tanto, no se resuelve con la sola elección de los Gobernadores: el problema es otro, el del centralismo, y la elección del órgano ejecutivo estadal sólo tiene que verse como una medida más dentro de un esquema de descentralización política estatal, producto de un Nuevo Federalismo.

Es evidente, por tanto, que la elección directa de Gobernadores debió ser el producto de una reformulación de nuestra Federación Centralizada, que entre otros aspectos cambiase el sistema de distribución de competencias entre la República o los órganos que ejercen el Poder Nacional (Federal), y los Estados, cuyos órganos ejercen el Poder Estadal. En definitiva se trataba, y sigue tratándose de replantearse el sistema de distribución vertical del Poder Público, o en otras palabras, los términos en base a los cuales la Constitución regula el Estado Federal (Art. 2).

I. EL FEDERALISMO CENTRALIZADO O LA PRECARIA DISTRIBUCIÓN VERTICAL DEL PODER PÚBLICO

1. *El desbalance en el sistema de distribución de competencias (Poder Nacional-Poder de los Estados)*

Todo sistema federal o de distribución vertical del Poder Público (descentralización política), por supuesto, está montado sobre un sistema de distribución de competencias entre el nivel nacional (federal) y el nivel de los Estados Miembros (estadal). La Federación, como sistema de descentralización política será más completa mientras más competencia tengan los niveles estadales; en cambio, la Federación será contradictoriamente más centralizada, mientras más competencias públicas se concentren en el nivel nacional (federal). Es el caso de Venezuela, donde el Poder Nacional concentra la casi totalidad de las competencias de actuación públicas.

A. *Las competencias nacionales*

En efecto, el proceso de centralización del Estado Venezolano en los últimos cien años resulta claramente evidenciado de las normas de las respectivas Constituciones que han venido asignando competencias a los órganos que ejercen el Poder Nacional. El artículo 136 de la Constitución de 1961 es un claro ejemplo de ello, y reflejo final, sin duda, de esa evolución centralista. En los 25 numerales de dicha norma se reservan al Poder Nacional una serie de competencias sustantivas, casi todas las fundamentales del Estado, y que pueden agruparse en la forma siguiente:

a. *Competencias en cuanto a la legislación general*

a'. La legislación reglamentaria de los derechos y garantías que otorga la Constitución (Ord. 24).

b'. La legislación civil, mercantil, penal, penitenciaria y de procedimientos (Ord. 24).

c'. La legislación de expropiación por causa de utilidad pública o social (Ord. 24).

d'. La legislación de propiedad intelectual, artística e industrial (Ord. 24).

b. *Competencias en relación a la Hacienda Pública Nacional*

a'. *Competencias tributarias*

a''. La legislación (Ord. 24) y la organización, recaudación y control de los impuestos a la renta, al capital y a las sucesiones y donaciones; de las contribuciones que gravan la importación, las de registro y timbre fiscal y las que recaigan sobre la producción y consumo de bienes que total o parcialmente la ley reserva al Poder Nacional, tales como las de alcohol, licores, cigarrillos, fósforos y salinas; las de minas e hidrocarburos y los demás impuestos, tasas y rentas no atribuidos a los Estados y a los Municipios, que con carácter de contribuciones nacionales creare la Ley (Ord. 8).

b". La legislación (Ord. 24), la organización y el régimen de las aduanas (Ord. 9).

b'. *Competencias en materia de bienes del Estado*

a". La legislación (Ord. 24) y el régimen y administración de las minas e hidrocarburos, salinas, tierras baldías y ostrales de perlas; la conservación, fomento y aprovechamiento de los montes, aguas y otras riquezas naturales del país. Además, la Constitución prevé directamente que el Ejecutivo Nacional puede, en conformidad con la ley, vender, arrendar o dar en adjudicación gratuita los terrenos baldíos, aun LOS que pertenecen a los Estados (Ord. 10).

b". La legislación que establezca un sistema de asignaciones económicas especiales en beneficio de los Estados en cuyo territorio se encuentran situados los bienes antes mencionados; sin perjuicio de que también puedan establecerse asignaciones especiales en beneficio de otros Estados, en cuyo caso, dichas asignaciones están sujetas a las normas de coordinación previstas en el artículo 229 de la Constitución (Ord. 10).

c. *Competencias en materia de política general del Estado*

a'. *Política general*

La defensa y suprema vigilancia de los intereses generales de la República, la conservación de la paz pública y la recta aplicación de las leyes en todo el territorio nacional (Ord. 2°) y la legislación correspondiente (Ord. 24).

b'. *Política Exterior*

La actuación internacional de la República (Ord. 129) y la legislación correspondiente (Ord. 24).

c'. *Política Interior*

a". El régimen y legislación concerniente a la bandera, escudo de armas, himno, fiestas, condecoraciones y honores de carácter nacional (Ords. 3° y 24).

b". La naturalización, admisión, extradición y expulsión de extranjeros (Ord 4°) y la legislación correspondiente (Ord. 24).

c". Los servicios de identificación y de policía nacional (Ord. 5°) y la legislación correspondiente (Ord. 24).

d''. La legislación (Ord. 24) y la organización y régimen del Distrito Federal y de los Territorios y Dependencias Federales (Ord. 6°).

e''. La legislación sobre elecciones (Ord. 24).

f''. La legislación sobre inmigración (Ord. 24).

d'. *Defensa*

La legislación (Ord. 24), y la organización y régimen de las Fuerzas Armadas Nacionales (Ord. 11).

e'. *Justicia*

La administración de justicia y la creación, organización y competencia de los Tribunales, el Ministerio Público (Ord. 23) y la legislación correspondiente (Ord. 24).

d. *Competencias en materias económicas*

a'. El sistema monetario y la circulación de la moneda extranjera (Ord. 7° la legislación correspondiente (Ord. 24).

b'. La legislación sobre bancos y demás instituciones de crédito (Ord. 24).

c'. La legislación (Ord. 24) y el régimen de pesas y medidas (Ord. 12).

d'. La conservación y fomento de la producción agrícola, ganadera, pesquera y forestal (Ord. 18) y la legislación correspondiente (Ord. 24).

e'. La legislación agraria y sobre colonización (Ord. 24).

f'. La legislación sobre crédito público (Ord. 24).

g'. La legislación sobre loterías, hipódromos y apuestas en general (Ord. 24).

h'. La legislación en materia de turismo (Ord. 24).

i'. El censo y la estadística nacional (Ord. 13) y la legislación correspondiente (Ord. 24).

e. *Competencias en materias sociales*

a'. Las directivas y bases de la educación nacional (Ord. 16) y la legislación correspondiente (Ord. 24).

b'. La legislación (Ord. 24) y la dirección técnica, el establecimiento de normas administrativas y la coordinación de los servicios destinados a la defensa de la salud pública (Ord. 11).

c'. El fomento de la vivienda popular (Ord. 19) y la legislación correspondiente (Ord. 24).

d'. La legislación del trabajo, previsión y seguridad sociales (Ord. 24).

f. *Competencias en materias de desarrollo físico e infraestructura*

a'. Establecimiento, coordinación y unificación de normas y procedimientos técnicos para obras de ingeniería, de arquitectura y de urbanismo (Ord. 14) y la legislación correspondiente (Ord. 24).

b'. La ejecución de obras públicas de interés nacional (Ord. 15) y la legislación correspondiente (Ord. 24).

c'. El fomento de la vivienda popular (Ord. 19) y la legislación correspondiente (Ord. 24).

d'. Lo relativo al transporte terrestre, a la navegación aérea, marítima, fluvial y lacustre y a los muelles y demás obras portuarias (Ord. 20) y la legislación correspondiente (Ord. 24).

e' La apertura y conservación de las vías de comunicación nacionales; los cables aéreos de tracción y las vías férreas, aunque estén dentro de los límites de un Estado, salvo que se trate de tranvías o cables de tracción urbanos cuya concesión y reglamentación compete a los respectivos Municipios (Ord. 21).

f'. El correo y las telecomunicaciones (Ord. 22).

g'. Por último, el ordinal 25 del artículo 136 de la Constitución, asigna al Poder Nacional, una Competencia residual de orden material: "Toda otra materia que la presente Constitución atribuya al Poder Nacional o que le corresponda por su índole o naturaleza".

En esta forma, en muchos artículos del Texto Fundamental se reserva a la Ley Nacional el establecimiento del régimen de muchos otros aspectos orgánicos del funcionamiento del Estado, quedando en todo caso abierta a la sola inteligencia del legislador nacional la identificación de las otras materias que deba corresponder a los órganos nacionales "por su índole o naturaleza", lo cual particularmente en el ámbito de las competencias concurrentes, abre un campo ilimitado a la centralización.

B. *Las competencias estadales*

a. *La enumeración de las competencias*

Frente a la amplia enumeración del artículo 136 del Texto Fundamental respecto de las competencias atribuidas a los órganos que ejercen el Poder Nacional, el artículo 17 precisa que corresponde a los Estados como entidades políticas autónomas e iguales, solamente las siguientes competencias:

1. La organización de sus poderes públicos, en conformidad con esta Constitución.
2. La organización de sus Municipios y demás entidades locales, y la división político-territorial, en conformidad con esta Constitución y las leyes nacionales.
3. La administración de sus bienes y la inversión del situado constitucional y demás ingresos que le correspondan, con sujeción a lo dispuesto en los artículos 229 y 235.

4. El uso del crédito público, con las limitaciones y requisitos que establezcan las leyes nacionales.
5. La organización de la policía urbana y rural y la determinación de las ramas de este servicio atribuidas a la competencia municipal.
6. Las materias que le sean atribuidas de acuerdo con el artículo 137.
7. Todo lo que no corresponda, de conformidad con esta Constitución, a la competencia nacional o municipal.

Ahora bien, si se analizan detenidamente estas normas, se observa que las mismas expresamente atribuyen a los Estados, sólo competencias formales de orden político y administrativo, y salvo por lo que respecta a la organización de la policía urbana y rural, no les asigna competencias sustantivas o materiales de ningún tipo. Al contrario, la Constitución atribuye a los Municipios competencia en una serie de materias propias de la vida local (Art. 30) y como hemos visto, al Poder Nacional otras materias de orden nacional (Art. 136), y se reduce a señalar que corresponde a los Estados "todo lo que no corresponda, de conformidad con esta Constitución, a la competencia nacional o municipal" (Ord. 7°); competencia residual, en principio, muy estrecha debido a la larga enumeración de competencias nacionales y municipales.

Por otra parte, si se analizan las Constituciones de los propios Estados, se observa, en primer lugar, que salvo contadísimas excepciones (por ejemplo, las de los Estados Yaracuy y Aragua), ellas no contienen ninguna definición ni enumeración de las competencias de los mismos. La mayoría de los textos constitucionales estadales, al contrario, se limitan a asignar atribuciones a sus órganos políticos y administrativos (Asamblea Legislativa, Gobernador, etc.), de las cuales podrían, por deducción, identificarse algunas competencias, pero no han intentado delimitar expresamente competencias propias de los Estados, de carácter sustancial o material, en la misma orientación de los artículos 30 y 136 de la Constitución, y como aplicación y desarrollo del ordinal 7° del artículo 17, del Texto Fundamental.

En segundo lugar, del análisis de las Constituciones estadales se observa que las competencias materiales que en ellas se asignan a los Estados son muy exiguas. En general, y salvo algunas excepciones (Estados Yaracuy, Aragua y Nueva Esparta), las competencias materiales que se les asignan, son sólo las que están relacionadas con la educación y la asistencia social, la apertura de vías de comunicación estadal, y las obras públicas del Estado.

Ahora bien, partiendo de la enumeración del artículo 17 de la Constitución, las competencias asignadas a los Estados pueden agruparse en la siguiente forma:

a'. *La organización de los poderes públicos estadales*

El artículo 17 atribuye en su ordinal 1° como competencia de cada Estado, "la organización de sus poderes públicos, de conformidad con esta Constitución", los cuales son básicamente dos: el Legislativo y el Ejecutivo. El Poder Judicial, es exclusivamente nacional, y conforme al artículo 204, "se ejerce por la Corte Suprema de Justicia y por los demás tribunales que determine la Ley Orgánica".

En todo caso, la organización de sus poderes públicos (Ejecutivo y Legislativo) la deben hacer los Estados, respetando los principios de las disposiciones fundamentales del propio texto constitucional, en particular en cuanto al carácter democrático, representativo, responsable y alternativo del gobierno (Art. 3).

Los Estados deben efectuar esta organización de sus poderes públicos mediante una legislación que debe emanar de sus propias Asambleas Legislativas. En esta materia, debe señalarse que la Constitución de 1961 abandonó una terminología que era tradicional desde las guerras federales y que era el denominar como "Constituciones" a estos actos de organización de los poderes públicos estadales. Así, en todas las Constituciones anteriores a la actual, incluso en la de 1953, se atribuía expresamente competencia a los Estados para dictar "su propia Constitución".

Sin embargo, en el texto de 1961 ello se eliminó y se establece simplemente, que los Estados tienen potestad organizativa respecto de sus poderes públicos, pero sin utilizar la expresión "Constitución del Estado". Esto plantea la duda de considerar si hay o no Constituciones estadales. Sin duda las hay de nombre (todos los Estados tienen sus "Constituciones" dictadas por sus Asambleas Legislativas), pero en el sentido de normas de organización de los órganos que ejercen los poderes públicos estadales que, dentro de la estructura de cada Estado, deben tener un rango superior a las leyes ordinarias del Estado. Por eso, podrían asimilarse a unas leyes orgánicas en el contexto de cada Estado.

En todo caso, esta primera competencia de los Estados implica la organización de sus poderes públicos "en los términos establecidos en la Constitución Nacional", y ésta establece unos principios fundamentales respecto a los órganos que ejercen los poderes Ejecutivo y Legislativo, que se detallan en los artículos 19 y 20 de la Constitución, destinados a regular a la Asamblea Legislativa y al Gobernador, por lo que fuera de estos límites y prescripciones de la Constitución, no podrían haber limitaciones o regulaciones adicionales establecidas en leyes nacionales respecto de los órganos estadales y sus atribuciones.

b'. *La organización municipal y la división político-territorial*

La segunda competencia de los Estados regulada en el ordinal 2° del artículo 17, se refiere a "La organización de sus Municipios y demás entidades locales, y su división político-territorial, en conformidad con esta Constitución y las Leyes Nacionales".

En este caso, deben distinguirse dos competencias distintas: por una parte, la competencia de organización de otro poder que funciona dentro del territorio del Estado, en este caso, de los órganos del nivel municipal; y por la otra, la competencia de los Estados para establecer su propia división político-territorial, y esto de conformidad con la Constitución y las Leyes Nacionales.

En cuanto a la remisión a las Leyes Nacionales, en el caso de la organización de los Municipios y demás entidades locales, ello está previsto, además, en el artículo 26 del Texto fundamental que establece, que la "organización de los Municipios y demás entidades locales se regirá por esta Constitución, por las normas que para desarrollar los principios constitucionales establezcan las leyes orgánicas nacionales, y por las disposiciones legales que en conformidad con aquéllas dicten los Estados". Con esta disposición se ha establecido una graduación de normas que llevan a estimar que no sólo la organización de los Municipios se rige por la Constitución y las leyes nacionales, sino también por las propias leyes que cada Estado dicte en su territorio. En todo caso, hasta ahora, esas "leyes orgánicas nacionales", básicamente es una Ley Orgánica de Régimen Municipal; y aún no se han dictado leyes estadales que desarrollen esos principios en cada entidad. La misma reforma de la Ley Orgánica de 1988 no podrá ser desarrollada efectivamente, si no es implementada en cada Estado por las respectivas Asambleas Legislativas.

c'. *La administración de bienes e ingresos*

El tercer ámbito de competencia de los Estados, establecido en el ordinal 3° del artículo 17, se refiere a "La administración de sus bienes y la inversión del Situado Constitucional y demás ingresos que le correspondan, con sujeción a lo dispuesto en los artículos 229 y 235 de la Constitución". Aquí es la propia Constitución la que establece el límite. Sin embargo, en la remisión a otras normas constitucionales, la Constitución no fue exhaustiva, porque se omitió el artículo 136, ordinal 10, que atribuye al Poder Nacional "el régimen y administración de las de las minas e hidrocarburos, salinas, tierras baldías y ostrales de perlas" aun y cuando sean de los Estados. Esa es la primera de las limitaciones a la competencia del ordinal 3° del artículo 17, concerniente a la administración de los bienes; pues en todo lo que se refiere a las minas, hidrocarburos y tierras baldías, está la competencia nacional del ordinal 10 del artículo 136 que da origen a las Leyes de Minas e Hidrocarburos que atribuyen al Ejecutivo Nacional su administración; y a la Ley de Tierras

Baldías y de Ejidos, que regula la administración nacional de los baldíos de los Estados.

En cuanto al artículo 229 de la Constitución, éste se refiere al Situado Constitucional y a la posibilidad de una ley nacional para coordinar la inversión del situado con planes administrativos desarrollados por el Poder Nacional, agregando que "la Ley puede fijar los límites a los emolumentos que devenguen los funcionarios y empleados de las entidades federales y municipales", en cuyo caso puede ser o una ley nacional o una ley del propio Estado. En todo caso, desde 1974 se ha dictado la Ley de Coordinación de la Inversión del Situado Constitucional con planes administrativos desarrollados por el Poder Nacional, la cual no ha estado exenta de críticas que cuestionan su constitucionalidad, pues más que una normativa de coordinación de la inversión ha sido de imposición nacional de la inversión, a los Estados.

Pero en materia de administración de sus bienes y de inversión de sus ingresos, otra limitación que está en la misma norma del artículo 17, en cuanto a la sujeción de los Estados, se refiere a la posibilidad de que por Ley Nacional puedan extenderse las funciones de la Contraloría a las administraciones estadales, sin menoscabo de la autonomía. Aquí encontramos, de nuevo, que es la Constitución, directamente, la que remite a una ley para la limitación a la autonomía de los Estados en cuanto a las funciones de la Contraloría General de la República, lo cual se ha regulado en la Ley Orgánica de la Contraloría General de la República.

En cuanto a los ingresos extraordinarios, conforme a lo previsto en el ordinal 4° del artículo 17, corresponde a los Estados el uso del crédito público con las limitaciones y requisitos que establezcan las Leyes Nacionales en materia de crédito público y, particularmente, a la Ley Orgánica de Crédito Público.

d'. *La organización de la policía*

El artículo 17, ordinal 5°, establece también como competencia de los Estados "la organización de la policía urbana y rural y la determinación de las ramas de este servicio atribuidas a la competencia municipal". Es importante destacar de esta norma, que la competencia básica en materia de policía general, es estadal; es decir, la organización de la policía urbana y rural, corresponde a los Estados, y son los Estados en sus respectivas jurisdicciones los que deben determinar las ramas de este servicio que se atribuyan a la competencia municipal. Este ordinal no remite a la Ley o a la Constitución para el ejercicio de esa competencia, pero las remisiones están establecidas en otras dos normas: el artículo 134 que dice: "Los Estados y los Municipios sólo podrán organizar sus fuerzas de policía de acuerdo con la Ley", por lo cual sí hay ley nacional prevista expresamente (aún no dictada), para regular las fuerzas de policía, como organización y no como actividad administrativa, pues una cosa es la policía como actividad, y otra es la fuerza o conjunto de sujetos o funcionarios que van a ejercer aquella actividad. Además, el ordinal 5° del artículo 136 establece que: "corresponde al Poder Nacional los servicios de identificación y de policía nacional", con lo cual se establece una competencia concurrente.

e'. *La competencia vacía: el producto de la descentralización nacional*

Otra de las atribuciones de los Estados, conforme al artículo 17, es la del ordinal 6°, que asigna a éstos "las materias que les sean atribuidas de acuerdo con el artículo 137", el cual establece que "el Congreso, por el voto de las dos terceras partes de los miembros de cada Cámara, podrá atribuir a los Estados o a los Municipios, determinadas materias de la competencia nacional, a fin de promover la descentralización administrativa". Esta es una de las normas claves del ordenamiento venezolano para la descentralización, aun cuando nunca ha sido utilizada como política de descentralización, sino que hemos hecho todo lo contrario, hemos centralizado progresivamente el país. Como ejemplo, allí está la Ley Orgánica del Sistema Nacional de Salud de 1987.

b. *La dependencia financiera de los Estados*

a'. *El Situado Constitucional*

Entre las competencias atribuidas a los Estados, como se ha visto, está "la inversión del Situado Constitucional y demás ingresos que les correspondan, con sujeción a lo dispuesto en los artículos 229 y 235" de la Constitución.

El "Situado Constitucional" es el nombre que tiene en la Ley de Presupuesto Nacional, una partida anual de gastos que no puede ser menor al 15% del total de ingresos ordinarios estimados en el respectivo presupuesto, y que se distribuye entre los Estados, el Distrito Federal y los Territorios Federales en la forma siguiente: un 30% de dicho porcentaje, por partes iguales, y el 70% restante, en proporción a la población de cada una de las citadas entidades (Art. 229). Esta figura del Situado Constitucional se estableció al consolidarse al Estado Autocrático Centralizado en 1925, luego de haberse eliminado progresivamente los ingresos que tenían los Estados, particularmente durante el siglo pasado, y atribuirse al Poder Nacional. Primero se había establecido una especie de delegación que los Estados hacían al Poder Federal de ciertas materias rentísticas que conservaban, y luego, perdidas éstas, el "Situado Constitucional" se configuró como una especie de contrapartida a la centralización de los ingresos, dada a los Estados, representando la casi totalidad de los ingresos que en la actualidad tienen.

Ahora bien, la inversión del Situado Constitucional por los Estados no es libre, sino que conforme a la Constitución debe hacerse con sujeción a lo dispuesto en los artículos 229 y 235 del Texto Fundamental.

En cuanto al artículo 229, en dos ocasiones la norma remite a una ley orgánica nacional, mediante la cual podrá regularse y limitarse la autonomía administrativa de los Estados, conforme a la previsión constitucional. Se trata, en primer lugar, de la remisión a una ley orgánica respectiva, para determinar "la participación que corresponda a las entidades municipales en el situado"; y en segundo lugar, de la autorización constitucional para que una ley nacional pueda "dictar normas para coordinar la inversión del situado con planes administrativos desarrollados por el Poder Nacional y fijar límites a los emolumentos que devenguen los funcionarios y empleados de las entidades federales y municipales".

Estas previsiones constitucionales, sin duda, limitan la autonomía administrativa de los Estados, lo que debería ser sólo y exclusivamente en la forma y con los alcances que establece la Constitución. Por ello, la ley nacional que prevé la Constitución no debería ir más allá del estricto marco constitucional que prevé el artículo 229 de la Constitución. Conforme a esta previsión, como se dijo, se han dictado la Ley Orgánica de Coordinación del Situado Constitucional con planes administrativos desarrollados por el Poder Nacional, cuya última reforma es de diciembre de 1980, y la Ley Orgánica de Régimen Municipal de 1978, reformada en 1984 y en 1988.

El otro artículo constitucional al cual remite al artículo 17, ordinal 39 del texto fundamental, es el artículo 235 de la Constitución, el cual, como se dijo, prevé otra limitación a la autonomía de los Estados, al autorizar a la ley nacional extender las funciones de la Contraloría de la República a las administraciones estadales, "sin menoscabo de la autonomía que a éstos garantiza la presente Constitución". Por tanto, y aquí está expresamente señalado, sin menoscabo de la autonomía de los Estados, la Ley Orgánica de la Contraloría General de la República de 1975 ha previsto la posibilidad del órgano contralor de ejercer, sobre las administraciones estadales, las funciones de inspección, fiscalización e investigación (Art. 65); y de prescribir instrucciones para unificar las normas y procedimientos de contabilidad para la Administración Pública (Art. 67).

b'. *Las normas de coordinación de la inversión del Situado con planes nacionales*

Ahora bien, en cuanto a la posibilidad de que la ley nacional establezca normas para coordinar la inversión del Situado Constitucional con planes administrativos desarrollados por el Poder Nacional, ésta no debería consistir en restringir ni en limitar el ejercicio de sus atribuciones por los órganos de los Poderes Públicos de los Estados. La limitación admitida por la Constitución, en sus artículos 17, ordinal 3° y 229, en efecto, consiste en que la Asamblea Legislativa y el Gobernador respectivo, no son libres de disponer con entera autonomía la inversión del Situado Constitucional, sino que deben coordinar dicha inversión con los planes nacionales conforme a la ley. Pero insistimos, la obligación de coordinar no le debería quitar poderes ni a la Asamblea Legislativa ni al Gobernador, dentro de sus respectivas competencias.

Ahora bien, la Ley Orgánica de Coordinación del Situado establece, como tales elementos y mecanismos de coordinación de la inversión del Situado Constitucional con planes administrativos desarrollados por el Poder Nacional, los siguientes más importantes:

En primer lugar, precisa el monto de lo que debe coordinarse, en el 50 por ciento de lo que corresponda a cada Estado (Art. 2°).

En segundo lugar, establece los programas que preferentemente deben ser objeto de coordinación entre el Poder Nacional y los Estados: programas de desarrollo agropecuario; de desarrollo educativo; de salud y asistencia social; de reordenación de áreas urbanas marginales; de promoción y asistencia a la pequeña y mediana industria; para construcción de vías de comunicación; para el mantenimiento de reposición de edificaciones e instalaciones públicas y de protección de recursos naturales (Art. 2°).

En tercer lugar, establece que la selección y aprobación de los programas corresponde a una Comisión integrada por los Ministros, el Jefe de Cordiplan, de la Ocepre, el Gobernador o Gobernadores respectivos y un representante de los organismos regionales de desarrollo (Art. 3°).

En cuarto lugar, prevé que una vez aprobados los diferentes programas se celebren convenios entre el Ejecutivo Nacional y el Gobernador de Estado correspondiente (Art. 4°).

En quinto lugar, prescribe que los Gobernadores deben presentar a las Asambleas Legislativas correspondientes, los programas y convenios, con el fin de que las asignaciones sean incorporadas al Presupuesto correspondiente a cada ejercicio fiscal (Art. 4°); y que en las Leyes de Presupuesto deben registrarse esas asignaciones en forma de partidas con dos subdivisiones (Art. 5°).

En sexto lugar, se establece que a los efectos de la ejecución de los programas coordinados, el 50 por ciento de los ingresos que correspondan a cada Estado por concepto de Situado Constitucional, debe depositarse en el Banco Central en cuentas a nombre de cada entidad político-territorial (Art. 11); y que dichos fondos sólo pueden ser movilizados mediante cheques o cartas-órdenes firmados por los Gobernadores respectivos y los funcionarios nacionales que se designen (Art. 14), para cubrir los gastos destinados a financiar los programas de inversión coordinada (Art. 7°).

Ahora bien, el hecho de que la Ley Orgánica de Coordinación haya establecido estos mecanismos de coordinación, no debe significar que ha cercenado las respectivas competencias de los Estados y de sus órganos constitucionales.

Coordinar, no significa imponer ni eliminar la autonomía y competencias de los órganos estadales. Por ello la obligación de coordinar la inversión del Situado Constitucional, no le puede quitar la competencia a la Asamblea Legislativa para ejercer sus potestades de legislar sobre las materias de competencia estadal, en particular, para aprobar la Ley de Presupuesto del Estado; y de controlar la administración del Estado, sea con carácter previo o posterior; y asimismo, tampoco le puede restar competencia al Gobernador para administrar e invertir ese situado, conforme a lo previsto en la Ley de Presupuesto del Estado.

Sin duda, la actuación de los Gobernadores en la Comisión que tiene a su cargo la selección y aprobación de los programas coordinados (Art. 3° de la Ley Orgánica) es un acto de la Administración Pública Estadal, así como también lo son los convenios que suscriba el Gobernador con la República (Art. 4°). Por tanto, deberían ser actos esencialmente examinables y controlables por las Asambleas, y no solamente cuando éstas discuten el Proyecto de Ley de Presupuesto de los Estados que deben contener las partidas para pagar las actividades referidas en aquellos convenios (Art. 4°).

c'. *La participación de los Municipios en el Situado Constitucional*

En cuanto a la participación de las entidades municipales en el Situado Constitucional, la Ley Orgánica de Coordinación de la Inversión del Situado Constitucional con los planes administrativos desarrollados por el Poder Nacional estableció dos limitaciones a la autonomía de los Estados en la inversión de su Situado Constitucional: en primer lugar, la obligación de los Estados, a partir de la vigencia de dicha Ley Orgánica cuya última reforma es de 1980, de prever el "Situado Municipal" en las leyes de Presupuesto adoptadas por las Asambleas Legislativas; y en segundo lugar, la determinación, por la Ley Nacional, del porcentaje del situado de cada Estado, que debe destinarse al Situado Municipal, no menor del 12,5% ni mayor del 20% de la porción del Situado Constitucional no sujeta a coordinación (50%).

Hasta aquí la Ley Orgánica de Coordinación se ajusta a la autorización constitucional de limitar la libre inversión del situado por los Estados. Sin embargo, fue más allá la ley al prever una regulación y limitación no autorizada por la Constitución, en el sentido de establecer, como obligación, que el 50 por ciento del Situado Municipal se coordine con los Ejecutivos Regionales en la forma general que prevé la ley para la coordinación de los situados de los Estados (Art. 19), lo cual evidentemente es lesivo de la autonomía municipal y de la autonomía estadal. En efecto, es lesivo a la autonomía municipal, pues se establece mediante una ley nacional, una limitación a la libre "inversión de sus ingresos" prevista respecto de los Municipios en el artículo 29, ordinal de la Constitución, no autorizada en la Constitución; y es lesivo a la autonomía de los Estados pues, como se ha visto, la Constitución no autoriza al Poder Nacional a imponer a los Estados la obligación de coordinar la inversión de sus ingresos con los Municipios, sino con los planes nacionales. La última parte del artículo 19 de la Ley Orgánica de Coordinación, es evidentemente inconstitucional.

c. *La limitada competencia tributaria estadal*

Pero dentro de las competencias propias de los Estados, tienen una particular importancia las competencias tributarias.

La ausencia de asignación constitucional expresa de potestad tributaria originaria a los Estados, en contraste con la asignación de potestad tributaria al Poder Nacional (Art. 136, Ord. 8°) y a los Municipios (Art. 31), ha conducido a los Estados, en la práctica, a no tener recursos tributarios propios.

En efecto, si se analiza las Constituciones estadales se evidencia que en materia tributaria, las mismas se limitan a repetir el carácter residual de la competencia estadal aplicado a la materia tributaria, pero sin identificar con precisión el ámbito de la potestad tributaria de los Estados. Por ejemplo, la Constitución del Estado Aragua, antes de 1980, establecía como competencia de la Asamblea Legislativa la de "establecer impuestos de carácter general en cuanto no colidan con la Constitución Nacional y siempre sobre la base de justicia e igualdad tributaria, con el fin de lograr una repartición de impuestos y contribuciones progresivas, proporcional a la capacidad económica del contribuyente, la elevación del nivel de vida y del poder adquisitivo de los consumidores y la protección e incremento de la economía nacional"

(Art. 47, Ord. 23). Sin embargo, a pesar de la amplitud de esta fórmula, el único impuesto establecido en algún Estado era el que pechaba las loterías y rifas (Aragua), repitiéndose esa situación en casi todos los Estados de la República.

Por tanto, los Estados, materialmente no tienen ingresos tributarios, y la casi totalidad de sus ingresos (más del 90%) proviene del Situado Constitucional. Es más, en general en Venezuela, cuando se habla de la potestad tributaria originaria se la sitúa sólo a nivel municipal y a nivel nacional, conforme a normas expresas de la Constitución. En cuanto al nivel nacional, el artículo 136, ordinal 8°, determina una potestad tributaria como de la competencia del Poder Nacional, para determinados tributos; y además, el artículo 31 establece, para los Municipios, competencias tributarias originarias en diversos rubros: patente sobre industria y comercio; impuestos sobre inmuebles urbanos; impuestos sobre espectáculos públicos. En contraste, la Constitución no establece directamente tributo alguno a nivel estadal; es decir, no hay una asignación expresa de competencias tributarias a nivel de los Estados.

En realidad, lo que la Constitución establece es una limitación a esta potestad tributaria (Art. 18) en la siguiente forma: en cuanto a los impuestos al consumo, los Estados sólo podrían gravar el consumo de bienes producidos en su territorio o después que entren en circulación dentro de su territorio; en caso de gravar el consumo de bienes producidos fuera de su territorio, no podrían gravarlos en forma diferente a los producidos en él; y en cuanto a los impuestos a la producción, no podrían gravar el ganado en pie ni sus productos o subproductos.

Dentro de estas limitaciones constitucionales, y sólo dentro de ellas, los Estados podrían ejercer su autonomía tributaria (lo cual no han hecho), y en todo caso, una ley nacional podría incidir sobre ella, limitarla y aun extinguirla, si el Poder Nacional decide, conforme al ordinal 8° del artículo 136 de la Constitución, reservarse esos impuestos a la producción y al consumo de bienes.

2. *Los órganos del Poder Público Estadal*

A. *La separación orgánica de Poderes en el nivel- estadal*

De acuerdo con la Constitución, en los Estados miembros de la Federación Venezolana se ha previsto un principio de distribución horizontal del Poder Público que da origen a una separación orgánica de poderes entre el órgano legislativo estadal (las Asambleas Legislativas), que ejerce el Poder Legislativo, y el órgano ejecutivo estadal (los Gobernadores), que ejerce el Poder Ejecutivo. No existe, por tanto, en el nivel estadal, órgano alguno de carácter judicial, pues en nuestro sistema constitucional, el Poder Judicial es uno y único a nivel nacional, desde 1945, cuando se produjo la "nacionalización" de la justicia.

Por tanto, las competencias estadales se ejercen por las Asamblea Legislativas y los Gobernadores, en cada entidad federal, por lo que el ámbito, importancia y efectividad de estos órganos, depende de las competencias que ejercen.

B. *Las Asambleas Legislativas como órganos legislativos y deliberantes regionales*

Las Asambleas Legislativas han sido, sin duda, los organismos de mayor importancia a nivel de los Estados, pues han sido las depositarías de la voluntad popular, al ser electos sus miembros por sufragio universal, directo y secreto, de acuerdo a lo establecido en la Constitución (Art. 19).

La organización, funcionamiento y competencia de las Asambleas Legislativas en la actualidad, sin embargo, nos la muestra como instituciones que han reducido su acción a un actuar político-partidista nugatorio, y con poca participación en los asuntos políticos del Estado, dada la material inexistencia de competencias estadales, como antes se ha visto.

a. *La composición de las Asambleas Legislativas*

En efecto, en cuanto a su composición, los miembros de las Asambleas Legislativas son los Diputados electos en virtud de lo previsto en la Constitución Nacional y en la Ley Orgánica del Sufragio. La elección de éstos se verifica en un número que varía según la población del Estado, de once (11) Diputados para una población menor de 300.000 habitantes hasta veintitrés (23) Diputados, para una población mayor a un millón trescientos mil habitantes (Art. 4° Ley Orgánica del Sufragio).

La elección de estos Diputados a las Asambleas Legislativas se realiza mediante una postulación por listas cerradas y bloqueadas, por una circunscripción electoral que se corresponde con la total superficie del Estado y mediante la aplicación del principio de la representación proporcional de las minorías (sistema d'Hondt).

Ahora bien, la composición de las Asambleas resulta poco representativa de las comunidades territoriales, por una parte, porque la elección no se realiza por Distritos; y por otra parte, porque en ellas no tienen representación sino los partidos políticos, no teniendo participación en las deliberaciones del órgano regional, los grupos de intereses de la comunidad agrupados en sociedades intermedias.

b. *Las competencias de las Asambleas Legislativas*

Las Constituciones de los Estados tradicionalmente han regulado una larga lista de competencias de las Asambleas Legislativas, que se pueden reducir a las dos tradicionales de estos órganos deliberantes conforme al artículo 20 de la Constitución: legislar sobre las materias de la competencia estadal y controlar la administración del Estado.

En cuanto a la primera, muy pocas leyes han dictado los Estados, pues, al haberse reducido las competencias estadales, materialmente no han tenido materias sobre las cuales legislar. Si se analiza la legislación de los Estados, ésta se reduce en efecto, generalmente, a las siguientes leyes: Ley de Régimen Político, reguladora del Poder Ejecutivo del Estado; Ley del Poder Municipal del Estado, con vigencia hasta 1978 cuando se dictó la Ley Orgánica de Régimen Municipal y que debió implicar una reforma total de las legislaciones estadales; Ley de División Territorial del Estado, en la cual se establecen los límites territoriales y la división político- territorial en Distritos y Municipios; Ley o Código de Policía del Estado, con regulaciones vetustas que requieren de una reforma total; Ley de la Hacienda Pública del Estado; Ley de Contraloría; Ley de Carrera Administrativa que sustituyó en muchos casos a la Ley del Juramento y responsabilidad de empleados y a la Ley de Pensiones y Jubilaciones; Ley de Escudo, Sello e Himno del Estado; Ley de Becas; y Ley de Loterías y Rifas, ahora de dudosa constitucionalidad en virtud de lo atribuido al Poder Nacional (Art. 136, Ord. 24).

En cuanto a las funciones de control debe señalarse que en general, han tenido una amplia regulación en las Constituciones estadales, aun cuando no han incidido sobre lo fundamental. El control ha sido siempre un control político posterior, salvo en relación a algunos contratos, y las Asambleas no han participado, realmente, en la conducción de los asuntos públicos.

En este campo, sólo se prevé la posibilidad de que la Asamblea apruebe o impruebe anualmente la gestión del Gobernador, en la sesión especial que al efecto se convoque (Art. 20, Ord. 2°), y en caso de improbación, ello debe acarrear la "inmediata destitución" del Gobernador en el caso de que ello sea así acordado expresamente y por el voto de las dos terceras partes de los miembros de la Asamblea Legislativa (Art. 24). Si esto se produce antes de que transcurra la mitad del mandato del gobernador (quien deberá ser electo en el futuro) deberá procederse a una nueva elección, conforme a lo previsto en la Ley sobre Elección y Remoción de los Gobernadores de Estado de 1988 (Art. 18).

En cuanto al control administrativo, este se ha reducido a ser un control fiscal, presupuestario e investigativo. Sin embargo, se insiste, las Asambleas Legislativas no han participado en la conducción y orientación del desarrollo económico y social de los Estados, y no han tenido participación, como órganos políticos que son, en la definición de las políticas y planes de desarrollo económico y social del Estado.

Por otra parte, y en virtud de lo establecido en la Ley Orgánica de Coordinación de la Inversión del Situado Constitucional con los planes administrativos desarrollados por el Poder Nacional, según la cual, el 50 por ciento del monto de lo que corresponda a cada Estado por situado debe invertirse coordinadamente con los Planes Nacionales, las Asambleas Legislativas deben aprobar los convenios que a tal efecto el Gobernador celebre con los órganos ejecutivos nacionales.

C. *El gobierno y la administración del Estado*

Tradicionalmente el gobierno y administración de los Estados ha tenido, en su concepción y regulación por las Constituciones Estadales, una enorme carga política. Al reducirse progresivamente las competencias estadales, el Gobernador se ha venido configurando como un funcionario político, cuyas atribuciones son más de gobierno que administrativas. De allí que, en todos los Estados, las leyes reguladoras del Poder Ejecutivo y de su administración se denominen leyes "de Régimen Político".

a *La doble figura del Gobernador del Estado: Jefe del Ejecutivo del Estado y agente del Ejecutivo Nacional*

De acuerdo con la Constitución, "el gobierno y la administración de cada Estado corresponde a un Gobernador quien además de Jefe del Ejecutivo del Estado, es agente del Ejecutivo Nacional en su respectiva circunscripción" (Art. 21).

Entre estos dos papeles, sin duda, por la minimización y reducción progresiva de las competencias estadales, la tarea del Gobernador como Jefe del Ejecutivo del Estado ha ido progresivamente perdiendo importancia y quedando reducida a aspectos puramente formales y protocolares (Art. 23, Ords. 2°, 3° y 4° de la Constitución). En cambio, dada la creciente centralización de competencia, en el nivel nacional, el papel fundamental de los Gobernadores de Estados en la actualidad está en su carácter de "agente del Ejecutivo Nacional".

b. *La designación de los Gobernadores por el Presidente de la República*

Precisamente por ese desbalance y por el papel preponderante de los Gobernadores como agentes del Ejecutivo Nacional es que la Constitución estableció que los Gobernadores eran del libre nombramiento y remoción por el Presidente de la República (Art. 22).

Ello, sin duda, tenía lógica con el sistema de Federación Centralizada: no teniendo los Estados, virtualmente, competencias propias, poco puede hacer y en efecto hace el Gobernador como "Jefe del Ejecutivo del Estado"; en cambio, centralizadas la mayoría de las competencias públicas en el nivel nacional, más relevancia tiene la figura del Gobernador como "agente del Ejecutivo Nacional", razón por la cual había sido lógica su dependencia y sujeción al Presidente de la República.

La elección directa de los Gobernadores, por vía de votación popular, que se ha regulado en 1988, por la promulgación de la Ley sobre elección y remoción de los Gobernadores de Estado, por tanto debe exigir la reversión del desbalance antes indicado. Así, sólo un Gobernador que por las competencias que se asignen a los Estados, sea más Jefe del Ejecutivo del Estado que mero agente del Ejecutivo Nacional, por tener los Estados competencias sustantivas propias, sin duda, es el que debería ser electo popularmente, como reflejo de un proceso de descentralización política y participación. Para ello, la Constitución (Art. 22), previo que "la ley puede establecer la forma de elección y remoción de los Gobernadores" de acuerdo con los principios de gobierno democrático, representativo, responsable y alternativo previstos en el mismo texto fundamental (Art. 3°). En ese caso, el Proyecto de Ley respectivo debía ser admitido a discusión por las Cámaras Legislativas en sesión conjunta, por el voto favorable de las dos terceras partes de sus miembros, como ocurrió en 1988.

Ahora bien, si el desbalance antes mencionado no se modifica, y continúa el sistema de Federación Centralizada donde los Estados no tienen materialmente competencias propias y autónomas, y el Gobernador, en sus funciones, es un dependiente del Presidente de la República, y su agente, la elección directa de los Gobernadores como medida aislada no tiene sentido, salvo para provocar una crisis, pues ello podría significar un descalabro en el funcionamiento del Estado. Por ello hemos sostenido que la elección directa de los Gobernadores no debe resolverse como un hecho aislado, sino que tiene que configurarse como una pieza más de una decisión política global que implique descentralizar el Poder Público.

3. *La crisis del Sistema Federal-Centralizado*

La situación anteriormente descrita del régimen jurídico y político de los Estados y su autonomía, en su carácter de instituciones básicas de la forma federal del Estado, evidencia, sin duda, la crisis del federalismo y del esquema teórico de descentralización que comporta.

En efecto, la Federación, por definición, es una forma del Estado descentralizado, contraria a la del Estado Unitario, que reconoce la existencia de entidades políticas territoriales con potestades políticas autónomas, reflejadas básicamente en la elección de sus autoridades y en la existencia en ellas de potestades públicas diversas: potestades legislativas, tributarias, administrativas y financieras autónomas. Así, un Estado será auténticamente Federal si está descentralizado político- territorialmente, y será unitario si carece de entidades políticas autónomas en su territorio a niveles superiores a los municipales.

Venezuela, como hemos dicho, y así lo declara el artículo 2° de la Constitución es un Estado Federal, pero sin embargo, una de las características fundamentales del mismo, desde el punto de vista institucional, es su excesiva centralización. Ello implica, como hemos visto, que el poder político, administrativo y jurídico está casi totalmente concentrado en el nivel nacional (instituciones políticas "federales"), poder que no es compartido por los entes territoriales políticos y autónomos, los Estados de nuestra Federación, y las Municipalidades.

Por lo cual, Venezuela continúa siendo un Estado Federal y, por tanto, en principio, con instituciones descentralizadas; pero contradictoriamente es un país absolutamente centralizado, donde el federalismo es un mero ribete histórico, pues los Estados de la Federación, con su división político-territorial y sus autoridades electas y designadas, sólo han quedado como legado de nuestra historia política del siglo pasado.

Como hemos señalado, no hay que olvidar que la Federación ha estado íntimamente ligada a nuestra historia como realidad política: se instauró en la primera República de 1811; acompañó el nacimiento del Venezuela separada de la Gran Colombia de 1830 a 1857; en su nombre se libraron las guerras federales y ella guió en 1864, la estructuración de la forma de Estado por los vencedores; sirvió, durante la segunda mitad del siglo pasado, para consolidar el poder de los caudillos, y durante la primera mitad de este siglo para liquidarlos; y cuando se integró el país en todos los órdenes, fue relegada progresivamente.

Por tanto, al producirse la integración política del país bajo la dictadura gomecista (1899-1935) y luego, la integración física y cultural, los Estados dejaron de servir para los fines políticos para los cuales habían sido estructurados —mantener la unión política en un sistema disgregado en unidades regionales caudallistas—, y fueron siendo relegados a entelequias políticas uniformadas por el peso del centralismo. De allí que plantear en Venezuela la necesidad de reformar el Estado y de establecer un nuevo modelo de organización del Estado, necesariamente exige atacar el problema medular de nuestras instituciones, que es el del centralismo político-administrativo; y plantearse este problema, a la vez exige la formulación de esquemas de descentralización política.

Ahora bien, el proceso de centralización del Estado venezolano, y la crisis del federalismo, puede caracterizarse porque ha provocado tanto una centralización política como una centralización administrativa.

A. *La centralización política y el debilitamiento de la autonomía estadal*

En el Estado venezolano, en efecto, el poder político, jurídico, financiero, tributario, normativo y administrativo, se ha centralizado en las instituciones políticas nacionales: el Congreso y el Poder Ejecutivo. El país, fuera de la sede de los poderes nacionales, existe con dificultad. La vida política de nuestras provincias a veces es inocua e inútil: casi no sirve para nada, salvo para la supervivencia de los líderes políticos locales, los cuales, en general, tienen una sola mira: Caracas. El interior, políticamente, no atrae; al contrario, espanta y a veces se constata que sólo hombres con espíritu de conquista o en el otro extremo, de conformismo, se aventuran a vivir la política interiorana.

El constitucionalismo venezolano de las últimas décadas, como hemos visto, ha centralizado al Estado, minimizando a los Estados de nuestra Federación, a los cuales se ha vaciado de contenido al quitárseles sucesivamente sus competencias. ¿De qué sirve, entonces, una Asamblea Legislativa, si no tiene materia sobre la cual legislar, y de qué sirve un Gobernador electo, salvo de ser agente del poder central, si no tiene materia propia, estadal, para administrar y gobernar? El Gobernador, por tanto, en general, gobierna materias prestadas por el poder central, que las Asambleas Legislativas no controlan; y éstas legislan sobre aspectos formales, que no tiene nada que ver con el desarrollo económico, social y físico de los Estados.

Por otra parte, a pesar de la competencia residual de los Estados, como hemos visto, éstos no tienen recursos tributarios propios. Sus recursos financieros son dados por el Poder Nacional, y como el Situado Constitucional aumentó al aumentar los ingresos ordinarios nacionales, el Estado centralista controló aún más la disposición de dichos ingresos estadales, para lo cual dictó una de las leyes más centralizadoras de los últimos años, ya comentada: la Ley de Coordinación de la Inversión del Situado Constitucional con los planes desarrollados por el Poder Nacional, con la cual se ha lesionado la autonomía que la Constitución consagra a favor de los Estados.

De resultas de este panorama, los Estados hasta comienzos de la década de los cuarenta, todavía instrumentos de una descentralización tímida del Estado, en los últimos cincuenta años han pasado a ser demarcaciones sin importancia para el aparato político-nacional, como resultado de la centralización política del Estado.

B. *La centralización administrativa, la ineficiencia de la Administración Nacional y el debilitamiento de la Administración Estadal*

Pero a la centralización política se agrega una agobiante centralización administrativa que está conspirando contra el propio Estado, por la ineficiencia de su actuación y por la inefectividad de sus acciones. La Administración Pública venezolana sufre hoy del peor mal de las instituciones administrativas del mundo contemporáneo: la excesiva centralización de las decisiones administrativas en los niveles nacionales, lo que ha implicado que todas las decisiones concernientes a asuntos y problemas estrictamente locales, no se resuelven en la región respectiva, sino a nivel nacional, produciéndose un embotellamiento intolerable. Así, hay una subadministración en los Estados y entidades locales, confrontada con una sobreadministración a nivel nacional.

Esta situación ha provocado diversas consecuencias: una confrontación demasiado evidente en materia de desarrollo, entre los niveles locales o regionales y el nivel nacional; y la carencia de recursos humanos suficientes y eficientes a nivel local o estadal, para asumir los programas de desarrollo. Esto provoca un círculo vicioso: no se descentraliza la toma de decisiones sobre asuntos estrictamente regionales o locales, porque no hay suficientes recursos humanos, dispuestos en ese nivel; pero no habrá nunca un desarrollo adecuado de recursos humanos a nivel local o estadal, si no se descentraliza, efectivamente, el poder de decisión.

Ahora bien, un pequeño país rural, con sus pretensiones políticas democráticas, como la Venezuela de hace cincuenta años, podía ser administrado en forma centralizada. Sin embargo, la Venezuela contemporánea, con todas sus complicaciones, sencillamente es imposible que sea administrada, toda, desde Caracas. Hemos llegado, administrativamente hablando, al absurdo de centralizar todo en nuestro país: los servicios educativos, los servicios de atención médica, la regulación del tránsito, la planificación urbana, el abastecimiento de poblaciones, para sólo citar algunos ejemplos. Todo se pretende administrar desde Caracas, y ello, a lo que ha conducido es, además de la ineficiencia e inefectividad de la acción nacional, a crear monstruosos aparatos burocráticos que se agotan en sí mismos.

En el campo administrativo, por otra parte, debe insistirse en el efecto centralizador de la mencionada Ley de Coordinación del Situado Constitucional con planes administrativos desarrollados por el Poder Nacional. En la práctica, lejos de ser una ley que haya conducido a la coordinación, lo que ha provocado es la imposición, a los Estados, de una voluntad administrativa nacional. Los Estados, en realidad, no participan en la elaboración de los programas a coordinarse, sino que les son impuestos a los Gobernadores y a las Asambleas Legislativas.

Todo este panorama centralizador, política y administrativamente hablando, el cual se ha desarrollado bajo el marco del Texto Constitucional de 1961, como resultado, ha provocado en estos últimos veinte años la asfixia del interior del país. Insistimos, la administración regional no existe, lo que hay son tentáculos nacionales que penetran con ineficiencia en los Estados, y la política estadal, si bien existe, no tiene materia ni sustancia sobre las cuales actuar y moldear.

La Administración Nacional, así, se ha convertido en una administración paternalista en relación a las entidades estadales y locales que progresivamente han pasado a depender de aquélla, incluso financieramente, constituyendo, además, el nivel municipal, hasta ahora, un ámbito inadecuado para la descentralización, porque ni se ha configurado territorial- mente como la unidad primaria para la participación, ni ha tenido el nivel racional para una correcta administración de políticas de interés más allá de lo estrictamente local.

Por ello, uno de los retos planteados a nuestra Administración Pública contemporánea, es el de la descentralización, con el objeto de hacer participar, en los procesos políticos y administrativos de nuestros países, a las regiones y comunidades.

II. EL NUEVO FEDERALISMO O LA NECESARIA MODIFICACIÓN DEL SISTEMA DE DISTRIBUCIÓN VERTICAL DEL PODER PÚBLICO (LA DESCENTRALIZACIÓN POLÍTICA)

Del esquema antes expuesto de distribución vertical del Poder Público, entre el Poder Nacional y el Poder de los Estados (Poder Estadal), resulta sin duda un desbalance a favor del Poder Nacional (Federal) que como hemos señalado, configura al Estado Venezolano como un Estado Centralizado con forma federal.

La necesaria descentralización política que está planteada en el país, por tanto, tiene que darle un nuevo contenido al federalismo, mediante una modificación del descrito sistema de distribución vertical del Poder Público, para lo cual primero, es necesario identificar, conforme a la propia Constitución, nuevas competencias de los Estados; y segundo, es necesario transferir competencias nacionales hacia los Estados. Sólo con competencias sustantivas importantes, los órganos de los Estados (Asambleas Legislativas y Gobernadores) tendrán materias propias de las cuales ocuparse.

En todo caso, hablar de descentralización política es hablar de un movimiento contemporáneo que ha tocado a casi todo los Estados del globo. El Estado Nacional, con su centralismo político y su Administración napoleónica que se consolidó en todos los Estados Unitarios o Federales durante el siglo pasado y el presente, está en crisis, y está abriendo paso a un nuevo tipo de Estado descentralizado, que comienza a adoptar los más variados nombres (Estado Regional, Estado de Autonomías o Nuevo Federalismo).

Ciertamente, la Federación no es precisamente una fórmula nueva de descentralización, pero lo cierto es que si ella existe, así sea en el papel, como en Venezuela, no tiene sentido buscar otras formas de descentralización política autonómica, que comienzan a evidenciarse como nuevas formas de federalismo o regionalismo. Por ello, estimamos que debe partirse de la fórmula federal para propugnar la descentralización político-administrativa del Estado, para lo cual la Federación debe revitalizarse. En ello consiste el Nuevo Federalismo.

Esta revitalización, por supuesto, puede comenzar dentro de los marcos de la Constitución vigente, aún cuando una efectiva descentralización político administrativa del Estado venezolano, sin duda, requeriría de una modificación constitucional que reformulase el esquema de nuestra forma de Estado y estableciera un verdadero Estado descentralizado, tomando como base la Federación.

Esta modificación constitucional debería hacer de los Estados, sea que éstos conserven en el futuro el actual ámbito territorial que tienen o éste sea modificado, auténticas entidades políticas autónomas, para lo cual una verdadera Enmienda Constitucional tendría que reformular íntegramente el sistema de distribución de las competencias, que los artículos 17, 30 y 136 de la Constitución, actualmente atribuyen a los niveles estadales, municipales y nacionales, respectivamente.

En todo caso, la autonomía política, tributaria, financiera y administrativa de los entes territoriales, en cualquier sistema de descentralización político-territorial, está directamente relacionada con el sistema de distribución de competencias que se establezca. La autonomía será inútil e inocua, como en el caso de Venezuela, si no se tiene materia sobre la cual ejercerla: ¿de qué sirve que los Estados tengan autonomía tributaria, si todas las materias imponibles las ha reservado la Constitución al Poder Nacional o al ámbito local? ¿de qué sirve que los Estados tengan una autonomía financiera y administrativa, si el crédito público y la inversión del situado constitucional, dependen de lo que disponga, centralizada- mente, el Poder Nacional?; en fin, ¿para qué sirve la autonomía política, aún cuando el órgano ejecutivo de los Estados y los Diputados a las Asambleas Legislativas sean electos, si éstos, en su actividad no tienen, realmente, nada útil que hacer, por la ausencia de competencias estatales?.

Frente este panorama desolador, la Constitución debe ser urgentemente modificada, y por supuesto, sólo dos vías están abiertas para enmendar la estructura organizativa del Estado: terminar de centralizar el Estado, política y administrativamente, eliminando los ribetes federales del Estado centralizado, haciendo desaparecer las Asambleas Legislativas y los Estados mismos, y previendo simplemente demarcaciones administrativas al Estado unitario, para su eventual descentralización funcional y desconcentración, lo que propugnan muchos; o, en la otra vía, establecer un auténtico sistema de descentralización político-administrativa territorial del Estado, aprovechando la estructura federal que nos pertenece por tradición, para construir el Estado por dentro, revitalizando la política y la administración regional, y perfeccionando la democracia al acercar el poder político al ciudadano.

Transcurridos veintisiete años de vigencia de la Constitución ya no es posible soslayar la discusión sobre centralismo o descentralización, pues la mezcla constitucional está conduciendo al inmovilismo y a la ineficiencia total en el interior del país. Una Enmienda constitucional debe sin duda ser discutida, y esa, antes que cualquier otra, debería ser la que tienda a descentralizar el Estado, sobre la base de una auténtica representatividad política a nivel de las entidades político-territoriales.

En todo caso, sea que se enmiende la Constitución, sea que se proceda a efectuar un cambio político en el sistema de distribución de competencias entre el nivel nacional (federal) y los Estados, resulta indispensable identificar nuevas competencias estadales, transferir a los Estados algunas ubicadas en el nivel nacional, e identificar las de carácter tributario que los Estados deben tener. Sólo así, tiene sentido la reforma orgánica estadal.

1. *La inversión del desbalance en el sistema de distribución vertical del poder*

A. *El descubrimiento de las competencias estadales residuales y concurrentes*

a. *Las competencias residuales*

Como se ha señalado, el artículo 17 asigna a la competencia de los Estados "todo lo que no corresponda, de conformidad con esta Constitución, a la competencia nacional o municipal". Se trata de la competencia residual de los Estados, que no sólo está por regularse sino incluso por descubrirse.

En efecto, del análisis global del texto constitucional, entre las competencias no asignadas expresamente al Poder Nacional y al ámbito municipal, deben destacarse por ejemplo las siguientes: el régimen de comercio y de la industria manufacturera; la protección, fomento y conservación del ambiente; la ordenación del territorio y la localización industrial; la ejecución de obras de interés estadal; la apertura y conservación de las vías de comunicación estadales; el fomento de la vivienda rural; y la promoción de la participación ciudadana.

En efecto, debe señalarse que en ninguna parte de la Constitución se utiliza la palabra "comercio"; se habla de industria, de iniciativa privada, pero no hay norma alguna que se refiera a la regulación de comercio. Ahora bien, ¿por qué ésta tiene que ser sólo una competencia nacional? ¿Por qué el nivel nacional tiene que montar un aparato denominado Superintendencia de Protección al Consumidor, para que controle los precios de los bienes de consumo en todos los rincones del país? Al contrario, esa tendría que ser una actividad estadal, pues en el nivel estadal y local es más factible desarrollar el control, conforme a una normativa que puede ser nacional. En el nivel nacional, por ejemplo, deben dictarse las normas que por su índole o naturaleza sean nacionales para, por ejemplo, no imponer multas distintas en todos los Estados; pero la administración del sistema de protección al consumidor tendría que funcionar al nivel de los Estados. Ello, por supuesto, exigiría reformar la Ley nacional de Protección al Consumidor que ha entendido que por su naturaleza se trata de una competencia nacional.

En el mismo sentido, la Constitución, en ninguna norma utiliza la palabra "ambiente"; habla sólo de la protección de los recursos naturales renovables (Art. 109), pero no habla de ambiente. Entonces, ¿por qué la protección del medio ambiente tiene que ser sólo una competencia nacional? Esta es una típica competencia residual, que debería provocar que la normativa y regulación sean nacionales, a los efectos de establecer los criterios generales de control de la contaminación, válidos para todo el país, pero la administración del ambiente debe estar en los Estados. Si descentralizamos estas tareas al nivel estadal, se reduciría el aparato estatal considerablemente, y así podría convertirse al Gobernador en efectivo agente del Poder Nacional para aplicar determinadas leyes. Ello exigiría la reforma de la Ley Orgánica del Ambiente que ha entendido también, que por su naturaleza, se trata de una competencia nacional.

En materia de ordenación del territorio también debemos señalar que ningún artículo de la Constitución habla de "ordenación territorial", ni de "localización industrial". ¿Por qué, entonces, tiene que ser el nivel nacional representado por el Ministerio de Fomento el que, por ejemplo, determine todo en materia de localización de industrias en un Estado determinado? Creemos que racionalmente, no puede ordenarse el territorio y su ocupación desde el solo nivel nacional. Esto lo ha captado parcialmente el legislador, y en la Ley Orgánica para la Ordenación del Territorio de 1983, se han atribuido algunas competencias a los Gobernadores en la administración de dicha materia.

En resumen, conforme al texto de la Constitución (no del legislador) las competencias residuales de los Estados serían entre otras, las siguientes:

1. El régimen del comercio y de la industria manufacturera, con sujeción a las regulaciones destinadas a planificar, racionalizar y fomentar la producción y regular la circulación y consumo de la riqueza (Art. 98) y con las limitaciones previstas en el texto constitucional al asignar competencias al Poder Nacional (Art. 136, Ords. 7° y 12).

2. La protección, fomento y conservación del ambiente con sujeción a las regulaciones dictadas en este campo, por ser nacionales por su índole o naturaleza (Art. 136, Ord. 25).

3. La ordenación del territorio del Estado y la localización industrial en el mismo, conforme a las normas establecidas por el Poder Nacional (Art. 98).

4. La ejecución de obras públicas de interés estadal (Art. 136, Ord. 15) conforme a las normas y procedimientos técnicos para obras de ingeniería y urbanismo establecidas por el Poder Nacional (Art. 136, Ord. 14).

5. La apertura y conservación de las vías de comunicación estadales, excepto las vías férreas (art. 136, Ord. 21).

6. El fomento de la vivienda rural con sujeción a los planes nacionales en materia de vivienda popular (Arts. 73 y 136, Ord. 19).

7. La promoción de la participación de los ciudadanos en el proceso de formulación, toma y ejecución de las decisiones estadales.

Una definición de competencias de los Estados como la anteriormente expresada, realizada, por ejemplo, por las Constituciones de los Estados Yaracuy, Aragua y Nueva Esparta en 1980 y 1981, puede decirse que podría ser el comienzo de la reformulación y revitalización de los Estados, tan necesaria en la coyuntura política contemporánea.

b. *Las competencias concurrentes*

Aparte de las competencias de los Estados enumeradas en el artículo 17 de la Constitución y que son todas de carácter formal excepto por lo que se refiere a la policía urbana y rural, y las competencias residuales, en el texto fundamental pueden identificarse otra serie de competencias que corresponden a los Estados, en forma concurrente con las competencias de los otros niveles territoriales (nacional y municipal).

En efecto, la Constitución consagra una serie de competencias que no se reservan a ninguna de las ramas del Poder Público en sentido vertical, sino que se atribuyen en genérico al "Estado", y que por tanto, son competencias concurrentes.

En efecto, la totalidad de los entes que conforman la organización política de la Nación, a los que la Constitución engloba bajo el término "Estado", realizan su actividad en ejercicio también de una sola potestad genérica, "el Poder Público", que se distribuye vertical y horizontalmente. Por ello todas las veces que la Constitución utiliza la palabra "Estado", tiene que entenderse como comprensivo de la totalidad de los entes que conforman la organización política nacional. En cambio, cuando la Constitución ha querido hablar específicamente de la República, de los Estados o de los Municipios, lo ha hecho expresamente (Art. 124).

Por tanto, otro grupo de competencias de los Estados, que están por descubrirse, es el que resulta de las materias que son atribuidas en forma concurrente a la República, a los Estados y a los Municipios. Se insiste; si se analiza en forma concatenada los artículos relativos a los derechos económicos y sociales (Arts. 72 a 109), y los que asignan atribuciones a los Municipios (Art. 30) y al Poder Nacional (Art. 136), resulta que hay una serie de competencias atribuidas al "Estado", como noción que abarca al conjunto de entes orgánico- territoriales de nuestro país (República, Estados y Municipios), y que corresponden en forma concurrente a los diversos niveles territoriales.

Estas competencias atribuidas por la Constitución al "Estado", por tanto, no son atribuidas a la República ni al Poder Nacional exclusivamente, sino que corresponden a todos los entes político-territoriales de nuestra organización federal: a la República, a los Estados Federados y a los Municipios. Cada uno de ellos tiene competencia en esas materias, con las limitaciones que se derivan de las regulaciones de los artículos 30 y 136 de la Constitución, que puedan asignar exclusivamente algunas materias a los niveles municipal y nacional, lo cual excluiría la competencia estadal.

Sin embargo, hemos señalado que el Poder Nacional tiene una competencia genérica, establecida en el ordinal 25 del artículo 136, respecto de las materias que "por su índole o naturaleza" correspondan al nivel nacional. En base a esos criterios, muchas materias que la Constitución atribuye al "Estado" (que comprende la República, los Estados y los Municipios), han sido reguladas por la República (por las

Cámaras Legislativas) y han adquirido esa connotación nacional. Pero si ello no ha ocurrido respecto de otras materias de competencia concurrentes, no se pueden excluir las competencias estadales y municipales que pueda haber. Además, tampoco la regulación nacional que pueda dictarse en esas materias, excluye las competencias estadales y municipales, salvo por lo que se refiere al necesario sometimiento a la jerarquía normativa nacional, por la concurrencia de competencias.

Veamos algunos ejemplos: el artículo 72 de la Constitución dice: "El Estado protegerá las asociaciones, corporaciones, sociedades y comunidades que tengan por objeto el mejor cumplimiento de los fines de la persona humana y de la convivencia social y fomentará la organización de cooperativas y demás instituciones destinadas a mejorar la economía popular". En este artículo 72, que es una de esas normas tan utilizada políticamente y tan poco llevada a la práctica en todo el período democrático, está la esencia de la participación. Es en este artículo donde podría tener su fundamento todo el proceso de organización social del pueblo, como base para un sistema participativo que no sólo se concrete en organizar cooperativas, de las que habla la norma, sino a las instituciones destinadas al mejoramiento de la economía popular, y, en general, todo lo que tiene por objeto el mejor cumplimiento de los fines de la persona humana y la convivencia social.

Ahora bien, cuando la norma dice: "El Estado protegerá las asociaciones, corporaciones, sociedades y comunidades...", no tiene por qué referirse sólo a la República (el Estado Nacional), sino que también asigna una competencia programática a los Estados de nuestro sistema federal, y a los Municipios. Si sólo los Estados asumieran la conducción de un proceso de participación a nivel local y de organización social de la población, podría provocarse una reforma del Estado, sin precedentes en nuestro país.

El artículo siguiente de la Constitución, el 73, también señala: "El Estado protegerá la familia, como célula fundamental de la sociedad y velará por el mejoramiento de su situación moral y económica. . .". Esta tampoco debe ser una tarea exclusiva del Estado Nacional (la República), y que se realiza a través de una entidad descentralizada funcionalmente (Instituto Nacional del Menor) sometida a la tutela del Ministerio de la Familia; al contrario, ésta es una tarea que debe corresponder a todos los entes político-territoriales: la República, los Estados, y los Municipios. Hasta ahora, sin embargo, ni los Estados, ni ningún otro ente local han asumido competencias en esa materia, y sólo la República tiene algunas competencias aisladas y precisas.

Bajo este mismo ángulo, cuando el artículo 73 dice: "La ley protegerá el matrimonio, favorecerá la organización del patrimonio familiar inembargable y proveerá lo conducente a facilitar a cada familia la adquisición de vivienda cómoda e higiénica", por "Ley" debe entenderse aquí el acto legislativo dentro de los respectivos niveles territoriales de competencia, y no sólo la ley nacional. La remisión es a una ley nacional sólo en aquellas áreas que son de la competencia nacional, por ejemplo, en cuanto a la organización del patrimonio familiar inembargable. Esto es una regulación nacional, porque incide sobre las normas de derecho civil y de procedimiento, y de acuerdo al artículo 136, ordinal 24, la legislación civil y de procedimientos es de la reserva nacional. Este es un punto que sí correspondería ser regulado por una ley nacional, pero no tiene por qué corresponder a una ley nacional, el proveer lo conducente para facilitar a cada familia la adquisición de vivienda cómoda e higiénica. El proceso de desarrollo de la vivienda no puede ser sólo una responsabilidad y competencia del nivel nacional, que se ejerce a través de un ente descentralizado (el INAVI), sino que realmente debe ser una competencia de todos los entes territoriales.

Otro principio de competencia concurrente está en el artículo 75 de la Constitución que dispone lo siguiente: "La ley proveerá lo conducente para que todo niño, sea cual fuere su filiación, pueda conocer a sus padres; para que éstos cumplan el deber de asistir, alimentar y educar a sus hijos, y para que la infancia y la juventud estén protegidas contra el abandono, la explotación o el abuso. La filiación adoptiva será amparada por la Ley. El Estado compartirá con los padres, de modo subsidiario y atendiendo a las posibilidades de aquéllos, la responsabilidad que les incumbe en la formación de los hijos. El amparo y la protección de los menores serán objeto de legislación especial y de organismos y tribunales especiales".

En esta norma ¿por qué el "Estado" va a ser sólo la "República"? Indudablemente que compete a esta, por ejemplo, dictar la Legislación especial de protección y la reguladora de los Tribunales de Menores, pues ello es de la competencia nacional. Pero en otros aspectos de la norma, el Estado allí es toda la organización política de la Nación, a todos los niveles y muchas de estas tareas además, deben cumplirse a nivel local. De nuevo se nos plantea el problema del centralismo. ¿Cómo podemos racionalmente imaginarnos que en un país con la magnitud de los problemas de Venezuela, la atención pública de modo subsidiario, en la formación de los hijos, pueda corresponder sólo al nivel nacional que hoy se presta a través de un instituto autónomo, el Instituto Nacional del Menor?

El artículo 76 de la Constitución, también establece: "Todos tienen derecho a la protección de la salud. Las autoridades velarán por el mantenimiento de la salud pública y proveerán los medios de prevención y asistencia a quienes carezcan de ellos. Todos están obligados a someterse a las medidas sanitarias que establezca la ley, dentro de los límites impuestos por el respeto a la persona humana". Las autoridades a las cuales se refiere la norma, son las "autoridades públicas" de todos los niveles territoriales. Ello se confirma en el artículo 136, ordinal 17, que atribuye al Poder Nacional "la dirección técnica y la coordinación de los servicios destinados a la defensa de la salud pública", con lo cual se reconoce que también, en el nivel estadal y municipal existen competencias en materia de salud. De paso debe señalarse que este es el único artículo de la Constitución en el cual se habla de centralización, pero denominándola "nacionalización"; o sea, se reconoce que estos servicios destinados a la salud, pueden estar a nivel estadal y municipal, al establecerse que "por ley", pueden ser "nacionalizados", en el sentido de conversión de una competencia concurrente en una reservada al nivel nacional; es decir, conversión en nacional de lo que es estadal o municipal en materia de salud.

Esta facultad de centralización de servicios públicos destinados a la salud, mediante una ley, se ha ejercido en relación a los servicios de recolección de basura en Caracas, mediante la Ley que creó el Instituto Metropolitano de Aseo Urbano. En todo caso, en forma absurda, la salud se presta en Venezuela centralizadamente, e incluso bajo el marco de la Ley Orgánica del Sistema Nacional de Salud de 1987. Ha sido sólo en 1988, con la reforma de la Ley Orgánica de Régimen Municipal, en todo caso, que se comienza a asignar competencias en esta área a los Municipios.

El artículo 77 de la Constitución también hace referencia al "Estado" para identificar competencias concurrentes.

Dice: "El Estado propenderá a mejorar las condiciones de vida de la población campesina". Por supuesto, esta es una función que no sólo le corresponde a nivel nacional a través de un instituto autónomo, el Instituto Agrario Nacional, sino tiene que corresponder en forma concurrente a los niveles estadal o municipal.

En el artículo 78, al regular el derecho a la educación, la Constitución establece: "El Estado creará y sostendrá escuelas, instituciones y servicios suficientemente dotados para asegurar el acceso a la educación y a la cultura. . .". El Estado, en esta norma no sólo es la República, sino también los niveles estadales y municipales. Puede decirse que en ningún país del mundo la educación es sólo un servicio nacional y en general, es un servicio municipal y del nivel político intermedio. Nacional es, por ejemplo, la competencia en la organización de los curricula, programas, requisitos de exámenes para obtener títulos, reválidas, etc.; pero la prestación del servicio tiene que ser un problema local. Sin embargo, a pesar del sistema constitucional concurrente en esta materia, el centralismo se ha acentuado y para ello se ha partido del supuesto de que hay incapacidad administrativa y humana en el nivel local, pero nos hemos olvidado de que jamás habrá capacidad administrativa y humana en los niveles locales, si no descentralizamos.

Por otra parte, también, cuando el artículo 83 señala que "el Estado fomentará la cultura en sus diversas manifestaciones y velará por la protección y conservación de las obras, objetos y monumentos de valor histórico o artístico que se encuentren en el país, y procurará que ellos sirvan al fomento de la educación", la expresión "Estado" que debe fomentar la cultura, comprende los tres niveles territoriales: la República, los Estados y Municipios. En particular, en los Estados de la Federación es donde realmente deben desarrollarse los centros culturales del país. La cultura no puede ser una competencia única del Consejo Nacional de la Cultura, instituto autónomo nacional, pues la cultura no sólo es un problema nacional.

Por otra parte, cuando la Constitución establece en el artículo 84, que "todos tienen derecho al trabajo", agrega que "el Estado procurará que toda persona apta pueda obtener colocación que le proporcione una subsistencia digna y decorosa". Esta es una responsabilidad de todos los niveles territoriales, inclusive el estadal.

El mismo enfoque se debe hacer en materia de desarrollo económico. Cuando el artículo 95 dice que "el Estado promoverá el desarrollo económico": ¿por qué ha de ser esa una obligación sólo de la República? Al contrario, eso quiere decir que la República, los Estados y los Municipios promoverán el desarrollo económico y la diversificación de la producción, con el fin de crear nuevas fuentes de riqueza, aumentar el nivel de ingresos de la población y fortalecer la soberanía económica del país. Lo mismo debe decirse respecto del artículo 98. Este dispone, que "el Estado protegerá la iniciativa privada, sin perjuicio de la facultad de dictar medidas, para planificar, racionalizar y fomentar la producción y regular la circulación, distribución y consumo de la riqueza a fin de impulsar el desarrollo económico del país". Estas tareas, dentro de sus respectivos niveles de competencia corresponden a los tres niveles territoriales. Por ejemplo, nada autoriza a considerar que el fomento sea una actividad nacional, pues también es una actividad que compete a los Estados y Municipios.

Por su parte, el artículo 106 de la Constitución establece: "el Estado atenderá a la defensa y conservación de los recursos naturales de su territorio, y la explotación de los mismos estará dirigida primordialmente al beneficio colectivo de los venezolanos". Esto corresponde, ciertamente al Poder Nacional, y para ello se ha creado el Ministerio del Ambiente y de los Recursos Naturales Renovables, pero también corresponde a los niveles estadales y municipales.

En esta forma, y en resumen del análisis de las mencionadas normas constitucionales, resulta que deberían ser de la competencia de los Estados de nuestra Federación, por no ser por su índole o naturaleza, de la exclusiva competencia del Poder Nacional, las siguientes:

1. Proteger las asociaciones, corporaciones, sociedades y comunidades que tengan por objeto el mejor cumplimiento de los fines de la persona humana y de la convivencia social, y fomentar la organización de cooperativas y demás instituciones destinadas a mejorar la economía popular (Art. 72).

2. Proteger la familia como célula fundamental de la sociedad y velar por el mejoramiento de su situación moral y económica (Art. 73).

3. Compartir con los padres, de modo subsidiario y atendiendo a la posibilidad de aquéllos, la responsabilidad que les incumbe en la formación de los hijos (Art. 75).

4. Velar por el mantenimiento de la salud pública y proveer los medios de prevención y asistencia a quienes carezcan de ellos (Arts. 76 y 77), con sujeción a la dirección técnica, las normas administrativas y la coordinación de los servicios destinados a la defensa de la salud pública que establezca el Poder Nacional (Art. 136, Ord. 17), y sin perjuicio de las competencias municipales en el campo de la salubridad y asistencia social (Art. 30).

5. Mejorar las condiciones de vida de la población campesina (Art. 77).

6. Crear y sostener escuelas, instituciones y servicios suficientemente dotados para asegurar el acceso de todos, en forma gratuita, a la educación y a la cultura (Art. 78), conforme a las directrices y bases de la educación nacional establecidas por el Poder Nacional (Art. 136, Ord. 16).

7. Estimular y proteger la educación privada que se imparta de acuerdo con los principios contenidos en la Constitución Nacional y en las leyes (Art. 79).

8. Fomentar la cultura en sus diversas manifestaciones y velar por la protección y conservación de las obras, objetos y monumentos de valor histórico o artístico que se encuentren en el Estado, y procurar que ellos sirvan al fomento de la educación (Art. 83).

9. Procurar que toda persona apta pueda obtener colocación que le proporcione una subsistencia digna y provechosa (Art. 84).

10. Promover el desarrollo económico y la diversificación de la producción en el Estado, con el fin de crear nuevas fuentes de riqueza y aumentar el nivel de ingresos de la población (Art. 95).

11. Proteger la iniciativa privada, sin perjuicio de la facultad de dictar en el campo de sus respectivas competencias, medidas para planificar, racionalizar y fomentar la producción en el Estado, a fin de impulsar su desarrollo económico (Art. 96).

12. Atender a la defensa y conservación de los recursos naturales de su territorio, y cuidar que la explotación de los mismos esté dirigida primordialmente al beneficio colectivo de los venezolanos (Art. 106), sin perjuicio de las competencias del Poder Nacional en la conservación, fomento y aprovechamiento de los montes, aguas y otras riquezas naturales (Art. 136, Ord. 1°).

B. *La transferencia de competencias nacionales a los Estados*

Pero además del descubrimiento de nuevas competencias estadales concurrentes y residuales, la revitalización del Federalismo, o el Nuevo Federalismo en Venezuela exige, además, un complejo pero importante proceso de transferencia de competencias nacionales o que ha asumido el Poder Nacional, a los Estados.

Ello está previsto expresamente en la Constitución, cuyo artículo 137 establece lo siguiente:

> Art. 137. El Congreso, por el voto de las dos terceras partes de los miembros de cada Cámara, podrá atribuir a los Estados o a los Municipios determinadas materias de la competencia nacional, a fin de promover la descentralización administrativa.

Esta atribución del Congreso, que debe ejercerse preferiblemente mediante Ley con el quórum especial de aprobación mencionado, jamás se ha utilizado en Venezuela. Al contrario, como se ha visto, lo que se ha hecho en las últimas décadas, es continuar el proceso centralizador, interpretando que por su índole o naturaleza muchas competencias concurrentes son nacionales, regulándoselas en leyes nacionales; y por esa misma vía, restringiendo cada vez más el ámbito del residuo de competencias a favor de los Estados.

Se impone, por tanto, una tarea inversa, la de transferir a los Estados competencias nacionales o nacionalizadas.

C. *La necesaria identificación de competencias tributarias estadales*

Por último, dentro de un proceso de revitalización del Federalismo, los Estados deben ser dotados de ingresos tributarios propios, de manera que se reduzca su dependencia respecto del situado constitucional.

En tal sentido debe señalarse que aún cuando la Constitución sólo regule expresamente la potestad tributaria nacional (Art. 136, Ord. y municipal (Art. 31), y no establezca expresamente competencias tributarias estadales, ello no puede conducir a negar la existencia de una potestad tributaria estadal que, al contrario, debe ser descubierta como base del nuevo Federalismo.

En efecto, estimamos que la Constitución establece, indirectamente, una competencia tributaria estadal que no ha sido utilizada. En concreto, la Constitución dice, en el artículo 136, que competen al Poder Nacional los impuestos "que recaigan sobre la producción y consumo de bienes que total o parcialmente la ley reserva al Poder Nacional, tales como las de alcoholes, licores, cigarrillos, fósforos y salinas" (Ord. 8°). En tal sentido, la Constitución Nacional dice que corresponden al Poder Nacional esos impuestos sobre la producción y consumo de bienes *cuando total o parcialmente se reservan por Ley al Poder Nacional.* Por tanto, si no hay una ley que reserve total o parcialmente al Poder Nacional determinados impuestos a la producción y al consumo de bienes, éstos no son nacionales; o sea, sólo son nacionales los impuestos a la producción y al consumo de bienes que la ley haya reservado total o parcialmente al Poder Nacional, tales como alcoholes, licores, cigarrillos, fósforos y salinas, y precisamente estos casos son los que se han regulado en las leyes nacionales de las llamadas renta de licores, de cigarrillos, de fósforos y de salinas. Pero fuera de estos impuestos a la producción o al consumo, relativos a los alcoholes, licores, cigarrillos, fósforos y salinas, no hay otra ley nacional que haya reservado al Poder Nacional impuestos al consumo o la producción de bienes, por lo que en esta materia se aplica la competencia residual de los Estados.

Así, corresponden a los Estados, en base a la competencia residual, los otros impuestos a la producción y consumo de bienes, hasta tanto una ley nacional los reserve al Poder Nacional. Esto lo confirma el artículo 18, ordinal 2°, al señalar que "los Estados no podrán gravar bienes de consumo antes de que entren en circulación dentro de su territorio"; por lo cual sí pueden gravar bienes de consumo después que entren en circulación en su territorio. También, el ordinal 3° del mismo artículo 18 establece que: "Los Estados no podrán prohibir el consumo de bienes producidos fuera de su territorio, ni gravarlo en forma diferente a los producido en él"; por lo cual sí pueden gravar bienes de consumo en forma igual a los producidos en él. La limitación del ordinal 4° también se aplica en el sentido de que no pueden los Estados "crear impuestos sobre el ganado en pie o sobre sus productos o subproductos", con lo cual si bien se admite la competencia tributaria de los Estados sobre la producción, ella no puede caer sobre la producción agropecuaria.

a. *El ámbito de los impuestos a la producción y consumo de bienes*

En consecuencia, el ámbito propio de la potestad tributaria de los Estados es el de los impuestos a la producción y consumo de bienes, lo que surge de la interpretación del ordinal 8° del artículo 136 y del artículo 18 de la Constitución.

En efecto, del análisis del ordinal 89 del artículo 136 de la Constitución, antes indicado, se deduce lo siguiente:

a) Que no existe una auténtica reserva constitucional al Poder Nacional en materia de impuestos a la producción y al consumo de bienes, sino que la Constitución remite a la ley nacional la determinación de los impuestos de tal naturaleza que se reserven a dicho Poder.

b) En esta forma, sólo los impuestos a la producción y consumo de bienes que la ley nacional haya reservado expresamente al Poder Nacional, le corresponden exclusivamente. Estos son, hasta ahora, los que gravan los cigarrillos, los alcoholes y licores, los fósforos y salinas.

c) Por otra parte, aun en los casos en que la Ley nacional reserve al Poder Nacional un impuesto a la producción y al consumo de bienes como los indicados, esa ley puede contener una reserva parcial, por lo que la misma podría atribuir a los Estados la recaudación de parte de dichos impuestos.

d) Todos los impuestos a la producción y al consumo de bienes, excluidos los que recaigan sobre los alcoholes, licores, cigarrillos, fósforos y salinas, son de la potestad tributaria de los Estados, tal como lo confirma, en cuanto a los impuestos al consumo de bienes, lo expresado en el artículo 18 de la Constitución.

El ejercicio de esa potestad tributaria originaria de los Estados para establecer impuestos a la producción y consumo de bienes, debe sujetarse a las siguientes normas establecidas en el artículo 18 de la Constitución:

1. En cuanto a los impuestos al consumo sólo pueden gravar el consumo de bienes producidos en su territorio o después que entren en circulación dentro de su territorio; y en caso de gravar el consumo de bienes producidos fuera de su territorio, no pueden gravarlos en forma diferente a los producidos en él.

2. En cuanto a los impuestos a la producción, no pueden gravar el ganado en pie ni sus productos o subproductos.

De lo anterior se deduce claramente que los Estados tienen una muy amplia potestad tributaria originaria para gravar la producción y el consumo de bienes, que no ha sido utilizado hasta el presente. Sin embargo esta potestad está sometida a la limitación de que conforme al artículo 136, ordinal 8 de la Constitución, el Poder Nacional la pueda eliminar, al reservarse total o parcialmente los otros impuestos a la producción o al consumo de bienes. En caso de reserva parcial, la ley respectiva podría establecer limitaciones al ejercicio de la potestad tributaria por los Estados.

b. *Los impuestos a las ventas*

Dentro de estos impuestos a la producción y consumo de bienes están todos aquellos impuestos a las ventas, en todas sus modalidades (a las ventas al por mayor, al detal, de los manufactureros o al valor agregado), los cuales son de la competencia de los Estados, hasta tanto una ley nacional no los reserve al Poder Nacional. No hay que olvidar que los impuestos a las ventas en los Estados Federales son, en general, de la competencia estadal y no federal.

En el caso de los impuestos a las ventas, debe considerarse que éstos, con tasas muy bajas, podrían producir ingresos fiscales relativamente cuantiosos al tener una base mucho más amplia (consumo). Sin embargo, estos impuestos a las ventas pueden afectar la capacidad contributiva de las personas de menores recursos y aumentar el costo de la vida. Por ello, en su establecimiento deben tenerse en cuenta los principios contenidos en el artículo 223 de la Constitución, en el sentido de que deben procurar "la justa distribución de las cargas según la capacidad económica del contribuyente, atendiendo al principio de la progresividad, así como la protección de la economía nacional y la elevación del nivel de vida del pueblo". En tal sentido, por ejemplo, un impuesto sobre las ventas al por mayor o sobre las ventas de los manufactureros, que recaería en la producción, podría ser más recomendable.

2. *La reforma orgánica estadal*

Adicionalmente a la inversión del desbalance en la distribución vertical del Poder Público, la revitalización del Federalismo, como consecuencia de las nuevas competencias estadales, tendría que estar acompañada de una reforma orgánica estadal que incida en las Asambleas Legislativas y en la figura del Gobernador.

A. *La revitalización de las Asambleas Legislativas*

Con competencias estadales efectivas y sustantivas, las Asambleas Legislativas pasarían de ser los entes inactivos de la actualidad, a convertirse en el centro de la vida política estadal, como las entidades representativas que deben ser.

Como consecuencia de ello, hay que hacer de estas instituciones centros de participación y representatividad estatal. Para ello, por ejemplo, resulta indispensable la reforma del sistema electoral, conforme a lo previsto en la Enmienda Constitucional N° 2 de 1983, y elegir a los Diputados a las Asambleas, por ejemplo, en circunscripciones pequeñas, dos en cada una, las cuales pueden coincidir con los Distritos, Municipales o Metropolitanos que se creen en el futuro, o con los tradicionales Distritos como división territorial uniforme de los Estados que legalmente perdura.

Por otra parte, y adicionalmente a la reforma de la Ley Orgánica del Sufragio, estimamos que la legislación orgánica de los Estados, dentro de una política de participación que deben orientar en el futuro todos los órganos del Estado, debería prever una representatividad de base corporativa para propiciar la incorporación al órgano deliberante estadal, de sectores que participen en el proceso de desarrollo económico y social del Estado.

En esta forma, la legislación de los Estados, como ya sucedió en las Constituciones de los Estados Yaracuy y Nueva Esparta entre 1980 y 1981, debe prever la integración de la Asamblea Legislativa, además de con los Diputados electos, con representantes de las organizaciones sindicales de trabajadores del Estado, de los sectores económicos privados que actúen en el mismo, de los Colegios Profesionales con sede en el Estado, de las Universidades e institutos de educación superior de la entidad, y de los Municipios del Estado. Estos representantes, al no ser miembros de las Asambleas en los términos del artículo 19° de la Constitución Nacional, no tendrían derecho a voto, pero tendrían derecho a participar en las deliberaciones con voz, aun cuando su presencia, por supuesto, no sería necesaria para el quórum de la Asamblea. En todo caso, estos representantes tendrían que ser remunerados por las propias sociedades intermedias que representa y no por el presupuesto de la Asamblea.

En esta forma, la composición de la Asamblea Legislativa adquiriría una base de representación corporativa y de participación, que podría provocar un cambio de enorme importancia en sus funciones.

B. *La elección directa de los Gobernadores y el régimen de coordinación de los órganos nacionales en los Estados*

En cuanto a la figura del Gobernador de los Estados, como se ha dicho, sólo si se rompe el desbalance actual en el sistema de distribución vertical del Poder Público, de preponderancia de competencias nacionales frente a escasísimas competencias estadales, es que tendrá sentido su elección directa conforme lo prevé el artículo 28 de la Constitución y lo ha regulado la Ley sobre elección y remoción de los Gobernadores de Estado de 1988. Esta es, sin duda, una reforma fundamental pero que no puede quedarse como una medida aislada, sino como una pieza del Nuevo Federalismo, reflejo de un fortalecimiento de competencias de los Estados frente al Poder Nacional.

Por otra parte, otros aspectos deben destacarse en el régimen administrativo de los Estados tal como se regulan en la actualidad, y en relación a los cuales se plantean urgentes reformas, y que se refieren a la regulación del régimen jurídico de la Administración del Estado, y a las actividades del Gobernador como agente del Ejecutivo Nacional.

En efecto, dada la ausencia o carencia de competencias propias de los Estados que puedan ser efectivamente gobernadas y administradas por sus Gobernadores, las Constituciones de los Estados no han previsto en sus normas las regulaciones básicas del régimen jurídico de las Administraciones estadales; se han limitado, en general, a regular la figura del Gobernador y de los otros órganos del Poder Ejecutivo del Estado, pero no han previsto la normativa básica para guiar la acción administrativa conforme al principio de la legalidad.

En tal sentido, si se descentralizan y refuerzan las competencias de los Estados, estimamos que es precisamente en las Constituciones de los Estados en las cuales deben establecerse las regulaciones básicas sobre los principios de organización del Estado. Así, los principios de jerarquía administrativa, de la competencia y de la descentralización funcional deben ser regulados expresamente, como garantía de la legalidad, además de la exigencia del sometimiento de la acción de los órganos administrativos al ordenamiento jurídico y a la jerarquía de las normas. Asimismo, deben preverse las normas básicas que regulen la responsabilidad administrativa del Estado y de sus funcionarios.

En particular, debe establecerse expresamente la posibilidad de la descentralización funcional de la Administración del Estado, mediante la creación de Institutos Autónomos y Empresas del Estado, con la debida participación y control de las Asambleas Legislativas que, en general, pocas Constituciones estadales han contemplado.

Por último, y también en relación a la Administración del Estado, deben adaptarse las normas estadales a algunas regulaciones nacionales que inciden en la Administración estadal, tales como la Ley Orgánica de Régimen Presupuestario y la Ley Orgánica de Crédito Público.

Por otra parte, tal como se ha señalado, la Constitución Nacional establece que los Gobernadores de los Estados tienen el doble carácter de Agente del Ejecutivo Nacional en su respectiva jurisdicción y de Jefe del Poder Ejecutivo del Estado (Art. 21).

En particular, sus atribuciones como Agente del Ejecutivo Nacional deben ser reguladas por Ley Nacional para compatibilizar esa tarea con la nueva legitimidad popular que tendrán por su elección directa, máxime cuando la Constitución establece dentro de sus deberes el "ejecutar y hacer ejecutar las órdenes y resoluciones que reciba del Ejecutivo Nacional" (Art. 23, Ord. 1).

En particular, esa legislación nacional debe precisar las funciones del Gobernador como funcionario coordinador de la actividad de las unidades administrativas nacionales que actúen desconcentradamente en el Estado respectivo, así como sus actividades como agente del proceso de regionalización administrativa de la Administración Nacional. No hay que olvidar que la motivación central de la reforma del Decreto de Regionalización Administrativa de 1972 tuvo por objeto hacer participar a los Gobernadores en el proceso de regionalización y convertirlos en agentes de dicho proceso.

Por último, y también en su carácter de Agente del Ejecutivo Nacional en el Estado, debe preverse la participación del Gobernador en los órganos del sistema nacional de planificación del desarrollo económico y social. La Ley Orgánica para la Ordenación del Territorio de 1983, en este sentido, ha sido un paso de avance.

Por supuesto, los actos administrativos del Gobernador del Estado, cuando actúe como Agente del Ejecutivo Nacional, deberán ser considerados como actos administrativos nacionales, y no estadales, a los efectos de su eventual impugnación.

CONCLUSIÓN

Como consecuencia de todo lo anteriormente expuesto resulta que el problema de la forma del Estado Venezolano y consecuencialmente, de su funcionamiento político, es que a pesar de que la Constitución la define como Federal, el proceso de centralización que durante todo el presente siglo ha caracterizado el proceso político de nuestro país, lo ha convertido en un Estado Centralizado. Un problema actual del Estado, por tanto, es el de constituir una Federación centralizada, con todas sus contradicciones.

Hemos dicho que, sin duda, la centralización fue el elemento clave para la propia configuración del Estado Nacional a principios de siglo, y el elemento fundamental para la implantación de la propia democracia en los últimos treinta años. Sin embargo, integrado definitivamente el Estado y estabilizado el régimen democrático, la centralización antaño beneficiosa, está ahora conspirando contra la eficiencia del propio Estado y el desarrollo político democrático del interior del país. Ya los servicios y acciones públicas resultan imposibles de ser atendidos sólo desde el centro, y la propia madurez democrática de la Nación comienza a reclamar más representatividad y participación, es decir, comienza a exigir su perfeccionamiento. Por ello, el planteamiento ineludible de la descentralización política como una de las reformas fundamentales del Estado, y que tienen por objeto, no sólo cambiar el desbalance actual de preponderancia de competencias nacionales frente a las que tienen los otros niveles político- territoriales, sino que al trasladar poder a dichos niveles, se propugne perfeccionar la democracia y hacerla más participativa y representativa.

El problema de la Federación Centralizada, por tanto, no puede resolverse sino mediante un profundo proceso de descentralización política y administrativa, que revitalice el Federalismo y que resulte en un Nuevo Federalismo. Ello exige, ante todo, asignar efectivas competencias de actuaciones públicas a los Estados Miembros de nuestra Federación, sea descubriendo aquellas de carácter residual y concurrente que les corresponden, sea transfiriendo competencias nacionales a los Estados, asegurándoles además ingresos propios y autonomía financiera, mediante el establecimiento de tributos a la producción y al consumo.

De ello resulta, por tanto, que el tema de la elección directa de Gobernadores, que ha signado el debate político en los últimos tiempos como una propuesta de reforma del Estado, y que ha conducido a la promulgación de la Ley sobre elección y remoción de los Gobernadores de Estado en agosto de 1988, en sí mismo no tiene mayor significación. Como reforma aislada, dicha medida no tiene sentido alguno, pues la elección popular de los Gobernadores es completamente incompatible con la forma centralizada de nuestra Federación, y podría más bien desquiciar el funcionamiento del Estado. Esa reforma, en realidad, tiene que ser concebida como una añadidura anticipada a la reforma sustancial de Estado, la descentralización, que transforme a los Estados de nuestra Federación en instituciones fundamentales del país, y que produzca un Nuevo Federalismo.

SECCIÓN CUARTA: LOS PROBLEMAS DE LA ADMINISTRACIÓN PÚBLICA

INTRODUCCIÓN

En el lenguaje político contemporáneo, la denuncia contra el Estado y la Administración Pública y el dogma del antiestatismo comienzan a entrar dentro de las costumbres. El Estado, se dice, se ha convertido en una amenaza contra el individuo, las libertades e incluso contra el desarrollo de la Sociedad misma. El Estado es "omnipresente", "omnipotente", "megalómano", y es el objeto de todos los calificativos imaginables, lo cual, dicho sea de paso, no es infrecuente en la literatura política desde que Hobbes, hace varios siglos, lo asimiló al *Leviathan,* monstruo mitológico devorador e inhumano; Duverger lo ha imaginado como un *Catoblépas,* otro monstruo tan estúpido que se come sus propios miembros; e incluso, Octavio Paz, recientemente, lo ha calificado como un *Ogro* filantrópico.

Esta moda antiestatista ya comienza a ser habitual, también, en Venezuela, donde el Estado empieza a ser el culpable de todos los males de la Sociedad y del individuo. Se lo califica igualmente de omnipresente y omnipotente, y en general se plantea la necesidad de su reforma para su reducción. Incluso se lo considera incapaz de conciliar los intereses diversos de la Sociedad y asumir su conducción y decisión, y se ha querido sustituir su autoridad por una especie de corporativismo (régimen en el cual los intereses deciden en lugar de los elegidos por el pueblo) denominado por algunos como "Pacto Social", rescatando la terminología liberal de finales del siglo XVIII.

El tema de la reducción del Estado, por tanto, está de moda: se habla de descongestionarlo, de desmantelarlo y de la necesidad de desestatizar o privatizar muchas de sus actividades; en fin, no faltan quienes plantean la necesidad de liberar la Sociedad de las garras del Estado, que no dejamos de imaginar como un monstruo.

Ahora bien, tanto criticar al Estado como plantear su reforma, exige varias precisiones indispensables: el Estado es la organización política de una determinada Sociedad, y su realidad y papel varía según los condicionantes que el sistema económico, social y político concreto le imponen. Por ello el peligro de importar una literatura elaborada en otros países con condicionantes distintos, y además, lo impropio de formular generalizaciones abstractas. No hay por tanto, una solución a los problemas del Estado que pueda ser común a todos los países latinoamericanos, tan distintos desde el punto de vista social, económico y político, aun cuando haya tendencias comunes que pueden identificarse, motivadas por causas diferentes.

Una de estas, sin duda, es la de la expansión o gigantismo del sector público, lo cual no sólo es una realidad en la presente década, sino que se vaticinaba a principios de la misma. Es así como en la Quinta Reunión de Expertos sobre el Programa de las Naciones Unidas en materia de Administración y Finanzas Públicas celebrada en enero de 1980, se afirmaba que "el alcance y la importancia del sector público continuarían aumentando en la mayor parte de los países en desarrollo" de manera que pasaría a ser "un factor principal en la economía". (Véase ONU, *Esferas prioritarias de acción en materia de Administración y Finanzas Públicas en el decenio de*

1980 (S. 81. II. H. 2), Nueva York 1981, p. 1.). De allí el "animado debate en cuanto a si la intervención del Estado no ha ido demasiado lejos", que se está desarrollando actualmente en toda América Latina, del cual da cuenta el Informe *Hacia una Renovación del Crecimiento Económico en América Latina* (B. Balassa, G. M. Bueno, P. P. Kuczinzki y M. H. Simonsen, Institute for International Economics, 1968, p. 141).

Las causas de este rol preponderante del Estado, por supuesto, son diferentes y en muchos casos impuestas por circunstancias históricas y fácticas. Por ejemplo, es de destacar el caso de Venezuela, país cuyo sector público es de los más importantes cuantitativamente, porcentualmente considerado, comparado con cualquier país del mundo occidental. Entre otros factores, históricamente ello fue y es así por obra y gracia de los redactores de las Ordenanzas de Nueva España que rigieron en la Capitanía General de Venezuela a partir de 1784, así como del Decreto del Libertador dictado en Quito en 1829, documentos que atribuyeron la propiedad de subsuelo a la Corona Española, y luego, a la República, excluyéndolo de la apropiabilidad por parte del propietario del suelo; coincidiendo este elemento formal, además de con su mantenimiento invariable durante toda nuestra historia jurídico-política, con una realidad geológica: en el subsuelo de la antigua Capitanía General había petróleo, y esta fuente de energía, en el último medio siglo, resultó tener el valor e importancia que la sola crisis mundial a partir de la década pasada, ha puesto en evidencia. Por tanto, para entender el papel del Estado en un país como Venezuela debe tenerse en cuenta, ante todo, que se trata de un *Estado petrolero,* dueño del subsuelo desde siempre, y desde hace algo más de diez años, además, industrial único del petróleo y sus derivados. Esta realidad, simple, ha hecho del Estado, quiérase o no, el generador y titular de la mayor parte del ingreso nacional, y por tanto, el mayor inversionista, por lo que necesariamente, se ha considerado como el principal instrumento de la Sociedad venezolana para su distribución. Y esta realidad, por supuesto, no podrá cambiar, salvo que se desnacionalice la industria petrolera y se transfiera la propiedad del subsuelo al sector privado, lo cual es impensable, o salvo que se agoten las reservas petroleras, lo cual es improbable en el próximo siglo.

Ello no impide considerar, sin embargo, que aun en esa escala de importancia, muchas veces el papel del Estado ha sido excesivo y aun sofocante en relación al sector privado. Pero aun así, es claro que en un país como Venezuela, los objetivos de desarrollo, no exclusivamente económicos, sino políticos, sociales y físicos no pueden ser logrados por las solas manifestaciones espontáneas de las fuerzas del mercado o por los vaivenes de las "leyes naturales" de la economía y de la Sociedad, sin la decisiva participación e intervención del Estado, quizás más cualitativa que cuantitativamente considerada.

Por razones diversas, en la gran mayoría de los países latinoamericanos la situación es relativamente similar, y la Administración Pública, como instrumento de la acción política del Estado sigue constituyendo la piedra angular del proceso de desarrollo, razón por la cual es también considerada precisamente, la que paradójicamente se configura como uno de los mayores obstáculos al desarrollo. En efecto, si como hemos señalado, el Estado y su Administración constituyen uno de los factores determinantes del proceso de desarrollo, es evidente que su ineficiencia, inefectividad e ineficacia hacen que la vía del desarrollo permanezca cerrada o sea muy dificultosa o dispendiosa. Por ello, es claro que necesitamos desarrollar una Administración capaz de administrar el desarrollo; es decir, una Administración no sólo capaz de adaptarse a ios cambios políticos, económicos y sociales que se han sucedido en las últimas décadas, sino también capaz de ser un agente de los cambios, los cuales en muchos casos, sólo ella puede provocar. He allí, realmente, lo que estimamos continúa siendo el gran reto de Venezuela cuando se plantea la necesidad de modernizar el sector público.

Sin embargo, la Administración Pública presenta muchos problemas que le impiden asumir ese papel, los cuales queremos analizar. Para ello examinaremos, en primer lugar y sucintamente, las características estructurales y de funcionamiento en la Administración Pública con el propósito de definir el grado de adecuación del instrumental del sector público para conducir el desarrollo económico y social del país; y en segundo lugar, algunas medidas y estrategias que se consideran indispensables, para garantizar que el Estado sea un factor efectivo para impulsar el crecimiento.

I. ALGUNAS CARACTERÍSTICAS ESTRUCTURALES Y DE FUNCIONAMIENTO DE LA ADMINISTRACION PÚBLICA

1. *La expansión administrativa*

Hemos señalado que una de las características de la Administración Pública contemporánea en los países de América Latina, es la de la expansión del sector público. En todos nuestros países, por razones diversas, se ha producido una inflación administrativa, a veces incontrolada, y el rol importante que tienen que jugar nuestros Estados en el proceso de desarrollo, antes que una manifestación cualitativa, ha tenido un resultado cuantitativo. El Estado ha extendido considerablemente su área de actuación y hoy se encuentra sobredimensionado. Lo cierto es que ya no puede crecer ni intervenir más, por lo que se plantea la necesidad de redimensionarlo. Este es, precisamente, uno de los problemas de la Administración Pública en Venezuela.

Esta expansión administrativa se ha producido en dos frentes: por una parte, en el crecimiento desproporcionado de las actividades prestacionales, productivas y comerciales del sector público; y por la otra, en la penetración de la intervención reguladora y contralora del Estado, respecto de materialmente todas las actividades privadas. Esto ha producido, como consecuencia, una reducción y ahogamiento de las iniciativas privadas.

A. *La inflación organizacional del sector público*

En cuanto a las actividades prestacionales, productivas y comerciales del sector público, es decir, a la intervención activa del Estado en la actividad económica, no sólo los servicios públicos tradicionales han continuado ampliándose progresivamente, presionándose y demandándose al Estado a su prestación, como ha sucedido por ejemplo en materia de educación, salud y transporte, hasta el punto de que el financia- miento de esos servicios ya resulta imposible de cubrirse por la sola vía del presupuesto del sector público, sino que la intervención activa del Estado en el campo productivo y comercial ha llegado a niveles inimaginables en economías no socialistas. Las empresas públicas constituyen el signo administrativo de nuestro tiempo y tanto su aumento considerable como los problemas de su gestión y control, constituyen la preocupación fundamental de los analistas administrativos contemporáneos. En todo caso, desde el punto de vista orgánico, la estructura del sector público ha crecido en forma tal, que incluso los programas de reformas administrativas elaborados en la década de los setenta, ya resultan obsoletos e inadaptados por la nueva dimensión de la Administración.

Esta expansión orgánica del sector público se ha producido, tanto en la Administración Central como en la descentralizada. En la primera se ha traducido en la creación de nuevos Ministerios o modificación de los que existían, y en la creación de Oficinas Presidenciales de la más variada naturaleza. Así, la Administración Central ha ampliado su radio de acción e intervención, mediante la expansión de sus viejas estructuras o la creación de nuevas instituciones, respondiendo a las nuevas o crecientes responsabilidades asumidas por el Estado.

Pero si bien este proceso de expansión se ha producido en la Administración Central en forma significativa, debe decirse que ha sido en la Administración Descentralizada, mediante la creación de institutos autónomos y empresas del Estado, donde el fenómeno, además de rápido, ha alcanzado proporciones incalculables hace sólo escasos años.

B. *El intervencionismo estatal exagerado*

Pero el papel del Estado en el proceso de desarrollo no sólo ha provocado un Estado interventor en todos los órdenes, desde el punto de vista activo, como Estado empresario y prestacional, sino también desde el punto de vista pasivo, como Estado regulador.

En efecto, el intervencionismo exagerado del Estado y su participación en la economía, han traído como consecuencia administrativa fundamental el que todas las actividades de los particulares hayan sido progresivamente sometidas al Estado y al control de su Administración. De resultas, una de las características de nuestros países, derivada de la expansión de las actividades e intervenciones estatales, son los excesivos y desordenados sistemas de restricciones y control administrativos sobre las actividades y acciones de los individuos, a través de técnicas autorizatorias, de licencias y permisos. Así, a medida que han surgido regulaciones administrativas de aspectos de la vida económica y social que afectan a los administrados, se han ido estableciendo requisitos de autorizaciones administrativas previas, que no sólo estorban el libre desenvolvimiento de iniciativas privadas, sino que hacen lenta la marcha del aparato administrativo, y complican innecesariamente los trámites y procedimientos administrativos, contribuyendo a que se generen focos de corrupción en la función pública o a que surjan grupos de intermediarios o gestores dedicados a agilizar las tareas administrativas.

Ahora bien, esta expansión administrativa tanto orgánica como reguladora del sector público, ha tenido una serie de consecuencias en las estructuras y en el funcionamiento de la Administración, que pasamos a analizar.

2. *La consecuencia estructural: la centralización nacional y la descentralización funcional*

En efecto, la expansión administrativa, tanto la derivada de la participación del Estado en los servicios públicos y en los procesos productivos y comerciales, como la originada por el establecimiento de tantas regulaciones y controles sobre las actividades particulares, ha traído como consecuencia un proceso de centralización político-administrativa en los niveles nacionales del Estado, y en esos mismos niveles nacionales, un proceso de descentralización funcional por la inadecuación o insuficiencia de la Administración Central para la asunción progresiva de nuevas y crecientes tareas. Ello ha originado los dos problemas estructurales fundamentales de nuestra Administración Pública: la excesiva centralización nacional y la excesiva descentralización funcional.

A. *La centralización política y administrativa*

En efecto, puede decirse que el primer problema de nuestra Administración Pública contemporánea, es el de la centralización, no sólo política, sino administrativa, y a pesar, incluso, de la configuración del Estado como Estado federal. En efecto, en el Estado venezolano se evidencia no sólo una excesiva centralización política a nivel nacional, sino que esta centralización también se refleja en materia administrativa, pues se ha concentrado en la Administración Nacional todo el poder político, administrativo y jurídico de la Nación.

La centralización administrativa tiene su origen en la distribución peculiar de competencias que la Constitución establece y que concentra en manos del Poder Nacional casi todas las competencias públicas (Art. 136), salvo algunas de carácter municipal (Art. 30) y que, en todo caso, no son exclusivas del Municipio, pues con frecuencia son concurrentes con el nivel nacional.

Por supuesto, el fenómeno no es reciente, y tiene sus raíces en el siglo pasado. No hay que olvidar que nuestros países latinoamericanos, al lograr su independencia, políticamente eran países disgregados, por la propia influencia del sistema español. El federalismo que acompañó la formación del Estado Nacional durante el siglo pasado, respondió a una realidad política: la necesidad de integrar países disgregados en Cabildos-Estados o en Provincias aisladas, y por tanto, altamente descentralizadas. El caudillismo del siglo pasado tuvo su ropaje institucional en el federalismo, y éste perduró hasta que se produjo la definitiva integración nacional de los países, cuando se consolida el proceso de centralización política, con la eliminación de los caudillos regionales y locales, y luego, de la centralización militar con la creación del Ejército Nacional, así como de la centralización tributaria, fiscal, administrativa y legislativa. La integración nacional y el desarrollo de los medios de comunicación dieron origen, así, a nuevas políticas altamente centralizadas.

En relación a la Administración Pública, este proceso ha producido no sólo un proceso de centralización y concentración administrativas en los niveles nacionales, sino de debilitamiento de la Administración en sus niveles regionales y locales.

a. *La centralización y concentración de la Administración Pública Nacional*

Como hemos señalado, el signo actual de nuestra Administración Pública es la excesiva centralización de la autoridad política y de las decisiones administrativas en los niveles nacionales, a pesar, incluso, como se dijo, de la forma federal de nuestro Estado, el cual realmente se configura como una "República Federal Centralizada", en la cual el poder político, administrativo y jurídico no es efectivamente compartido por los entes estadales o locales (Municipalidades).

En esta forma, todas las decisiones concernientes al sector público se han venido atribuyendo a los niveles nacionales del Estado, donde además se ha concentrado el ingreso público, con el progresivo debilitamiento de los niveles intermedios de gobierno (Estados), que cada vez más han pasado a depender del Gobierno Central.

Pero agregado a la centralización, otra de las características del sistema administrativo de nuestro país es el de la excesiva concentración administrativa en los niveles superiores del Poder Ejecutivo, particularmente en el Presidente de la República y el Consejo de Ministros.

Desde el punto de vista político, nuestro sistema de gobierno ha sido tradicional mente el presidencialista; y éste, administrativamente hablando, ha provocado una excesiva concentración de las decisiones político-administrativas en la Presidencia de la República. El Presidente de la República en nuestro país, sea en los regímenes *de facto* dictatoriales, al asumir todos los poderes públicos, sea en los regímenes democráticos de derecho, al maximizarse el presidencialismo, ha concentrado la conducción de materialmente todos los asuntos del Estado. El Presidente, así, no sólo es el Jefe del Estado y del Gobierno, sino que en muchos casos actúa como si fuera, además y a la vez, Gobernador de Estado, primera autoridad del Distrito, o Jefe Civil de las poblaciones. El Presidente casi todo lo decide, o cuando menos, al Presidente se lo involucra en todas las decisiones, lo cual es caldo de cultivo para el intolerable culto a la personalidad que ha rodeado, incluso, a algunos de nuestros presidentes democráticos, particularmente en los últimos años y en el actual período constitucional (1985-1989).

b. *La debilidad de la Administración regional y local*

Pero a la vez, la consecuencia administrativa fundamental del centralismo político ha sido el debilitamiento progresivo de las instituciones regionales y municipales. En particular, ha sido el centralismo administrativo y la concentración del poder en el Ejecutivo Nacional el que ha impedido al Municipio en nuestro país, efectivamente, asumir su rol de unidad política primaria y autónoma en la vida institucional.

Nuestros países fueron, ciertamente, independizados por la acción de sus Municipios, y durante buena parte del siglo pasado tuvieron una intensa vida municipal. Ello, sin embargo, quedó en la historia. No sólo el Municipio perdió, en muchos casos por la ausencia de democracia, autonomía política, sino que progresivamente se le fueron arrebatando competencias en materias antaño propias de la vida local, que se nacionalizaron en virtud del proceso de centralización. Por ello resulta que en nuestro país, las Administraciones Municipales sean en la actualidad los ejemplos más característicos de administraciones inservibles, vaciadas de competencia, de carácter ineficiente, y dominadas por los partidos o grupos con solas apetencias burocráticas.

Por ello, la reforma del sector público debe abarcar, también, al Municipio, para hacerlo, no sólo una institución administrativamente eficiente, sino el centro de la vida política democrática y de la participación, y el receptáculo de una política de descentralización.

B. *La descentralización funcional*

Pero paralelamente a la centralización nacional, y hasta cierto punto, como resultado de la misma por la excesiva asunción de actividades productivas y comerciales por el Estado, dada la imposibilidad e inadecuación de los órganos de la Administración Central o ministerial clásicos para desarrollarlas, nuestro país ha sufrido un proceso de descentralización funcional de la organización nacional de proporciones inusitadas, mediante la creación de entidades autónomas de la más variada naturaleza, particularmente institutos autónomos y empresas del Estado.

Basta recordar, por ejemplo, que desde el punto de vista del gasto público consolidado, la distribución porcentual del gasto entre la Administración Central y la Administración Descentralizada en Venezuela se invirtió completamente en un período de diez años, entre 1970 y 1980: en 1970, el gasto público del Gobierno Central representaba el 70 por ciento (70%) del gasto público consolidado, por lo que la Administración Descentralizada representaba el 30 por ciento (30%) de dicho gasto; a partir de 1975, dicho porcentaje se invirtió y en 1980, el 20 por ciento (20%) del gasto público consolidado se erogaba por la Administración Central y el 80 por ciento (80%) a través de la Administración Descentralizada. Este solo dato basta para apreciar la magnitud del crecimiento y expansión de la Administración Descentralizada, en un proceso que parece, sin duda, irreversible, y que en términos generales se ha repetido en la mayoría de los países de América Latina.

Este descomunal proceso de descentralización funcional ha significado una especie de eclosión en cuanto a la ejecución de políticas estatales, por la falta de integración sectorial de muchos de dichos entes y la insuficiencia de los tradicionales medios de coordinación para hacerlos marchar en concierto, contribuyendo en muchos casos, al despilfarro de recursos y a la inefectividad de la acción administrativa.

3. *La consecuencia funcional: la ineficiencia e inefectividad de la acción administrativa*

Pero la expansión administrativa, tanto la derivada de la inflación organizacional del sector público como del intervencionismo estatal exagerado, particularmente regulador en relación a las actividades privadas, en efecto, también ha provocado, consecuencialmente, una serie de fallas en el funcionamiento de la Administración Pública, a las cuales se suman las deficiencias en la función pública. La Administración Pública, por su gigantismo, y dejando a salvo por supuesto, en ciertos países, algunas lagunas de excelencia, se ha tornado cada vez más inefectiva e ineficaz, y ello no sólo porque los fines y logros perseguidos no se llegan a alcanzar, sino incluso, por la distorsión que se ha provocado en los mismos, aun en su identificación. Además, dicha ineficiencia resulta del excesivo costo en que incurre en la realización de sus actividades, no siempre realizadas a través de funcionarios públicos idóneos.

Los principales problemas del funcionamiento de nuestra Administración Pública, por tanto, podemos identificarlos analizando los derivados de la inflación administrativa, del centralismo administrativo, de la descentralización funcional y de la inexistencia de una burocracia profesionalizada.

A. *Las fallas funcionales derivadas de la expansión del sector público*

El crecimiento exagerado del sector público, como hemos señalado, se ha producido en dos vertientes: por una parte, en la proliferación de órganos e instituciones derivadas de la intervención activa del Estado en los procesos productivos y comerciales, además de la prestación de servicios públicos; y por la otra, en la creciente intervención reguladora del Estado respecto de las actividades particulares. Esto ha provocado unas fallas de funcionamiento de la Administración, que se han tornado en una distorsión de los fines del sector público y en una complicación inusitada de los procedimientos.

a. *La distorsión de los fines del sector público*

La participación activa del Estado en los procesos productivos y comerciales en forma incontrolada, en efecto, ha provocado una distorsión de los fines del Estado, manifestada en muchos casos, en la pérdida de rumbo, que las técnicas planificadoras no han podido remediar. Es frecuente, incluso, que las mejores plataformas políticas y los planes elaborados en consecuencia, no puedan ejecutarse. Falta la fijación de objetivos a largo plazo y de adecuadas estrategias.

Basta constatar, por ejemplo, que en muchos casos se le ha dado más importancia a la creación de empresas en el campo industrial, que a la de asegurar una prestación eficiente de los servicios públicos tradicionales y elementales, o a la protección del ambiente y de la calidad de la vida. Hemos querido ser, por ejemplo, grandes productores de acero y aluminio, pero sin todavía saber transportar la correspondencia, efectivamente, de un extremo a otro de nuestras grandes ciudades; hemos querido establecer industrias de construcciones navales o aeronáuticas, pero sin asegurar a la población el derecho efectivo a la recuperación de la salud, mediante un adecuado servicio de atención médica; hemos querido realizar grandes obras de infraestructura y de desarrollo físico, pero ocupando incontroladamente el territorio con consecuencias degradantes para el ambiente y la calidad de la vida. En fin, hemos querido desarrollar al Estado Empresario y su Administración Empresarial, pero algunas veces olvidándonos de la administración de los servicios públicos la cual, por lo demás, es la que sirve directamente al ciudadano. Así, hemos alejado al Estado del ciudadano y se nos ha olvidado que debía estar a su servicio.

b. *La complicación de la Administración y la "permisería"*

La intervención reguladora del Estado en relación a las actividades de los particulares, y particularmente, el progresivo establecimiento de requisitos de permisos, licencias o autorizaciones que, en general, han sido formalmente establecidos en leyes y reglamentos a medida que surgían las intervenciones y necesidades administrativas, ha originado una maraña tal, que su estudio y comprensión ha venido dando origen a la llamada "permisología", especie de ciencia de los permisos y de la complicación burocrática para poder descifrar el sentido del actuar de la Administración Pública.

La "permisería", en todo caso, al configurarse como instrumento de control por el control mismo, se ha convertido en uno de los principales problemas de la Administración Pública contemporánea, y además, en uno de los más grandes obstáculos al ejercicio de los derechos de los ciudadanos. Adicionalmente, ha sobrepasado la capacidad administrativa del Estado, no sólo para manejarlas todas, sino incluso para la toma de conocimiento de todo el complejo de actos administrativos que debe adoptar. Por otra parte, es una de las fuentes más aguda de molestias al ciudadano que en lugar de encontrar funcionarios a su servicio, se tiene que encarar con auténticos verdugos. Ya lo describía Hermann Hesse en 1926, en esta visión patética:

> "No hace falta ser condenado para conocer este extraño e infernal mundo de las oficinas, de las documentaciones y de las actas. De todos los infiernos que el hombre ha tenido el capricho de crearse, éste ha sido siempre el más refinado. Pretendes simplemente trasladarte de domicilio, contraer matrimonio o gestionar un pasaporte o un certificado de ciudadanía y ya estás metido en ese infierno, ya tienes que pasar horas y horas amargas en las salas de aire irrespirable de ese mundo papelero, que sufrir interrogatorios de gente molesta o insoportable que aúlla, en la que sólo encuentras incredulidad para tus más sencillas y verídicas declaraciones y que te trata también como a un niño o a un criminal" (*Ensueños,* México 1980, p. 80).

Como consecuencia, hemos desarrollado un Estado y su Administración que no logra hacer todo lo que se propone, pero que tampoco deja hacer a los individuos lo que tienen derecho y se proponen. Por ello, en la práctica, la actividad estatal de fomento a las iniciativas particulares no siempre logra realizarse, pues en lugar de estimular o promover, la complejidad creada en la Administración lo que hace es entrabar, frenar y limitar las iniciativas y actividades de los particulares; y lamentablemente, es la búsqueda de desentrabamiento la que constituye, en muchos casos, la principal fuente de corrupción administrativa.

En todo caso, por mejores y buenas que han sido y sean las intenciones de los que conducen la actividad de Gobierno, es claro que no se puede fomentar y promover con un sistema administrativo desordenado e ineficiente que obstaculiza, precisamente, esa promoción, y que incluso provoca que la Administración pierda su objetivo.

Todo ello plantea la necesidad de descongestionar el aparato administrativo del Estado, y confiar un poco más en las capacidades de los grupos y sectores de la Sociedad, racionalizando el múltiple intervencionismo estatal.

B. *Las fallas de funcionamiento derivadas del centralismo administrativo*

Además de las fallas funcionales originadas por la excesiva expansión del sector público, el funcionamiento de la Administración Pública se ha encontrado entrabado por el excesivo centralismo, lo cual ha producido un intolerable embotellamiento administrativo nacional, la ausencia de participación de los administrados en las tareas públicas, y la debilidad de las instituciones representativas, particularmente en cuanto al control sobre la propia Administración.

a. *El embotellamiento administrativo nacional*

La centralización administrativa nacional, que implica que todos los asuntos concernientes al sector público se decidan a nivel de los órganos nacionales del Estado, como ya lo hemos destacado en el capítulo precedente, al cual nos remitimos, ha implicado que todas las decisiones concernientes a asuntos y problemas estrictamente regionales o locales, no se resuelvan en la región respectiva, sino a nivel nacional, produciéndose un embotellamiento intolerable.

Pero, como se ha señalado, paralelamente al centralismo a nivel nacional, también se ha producido una concentración administrativa en los niveles superiores del Poder Ejecutivo, que paraliza y entraba el funcionamiento de la propia Administración Nacional y el proceso de toma de decisiones, relegándose, incluso, a los Ministros en algunos casos, a posiciones subalternas o secretariales.

b. *La ausencia de participación de los administrados*

Otra de las consecuencias del centralismo político en relación a la Administración Pública, ha sido la ausencia de participación efectiva de los administrados en la formulación y ejecución de las tareas administrativas.

Nuestro país, en este sentido, tradicionalmente se ha caracterizado por una ausencia casi absoluta de participación política, lo cual no sólo ha sido cierto en las épocas de regímenes autocráticos o dictatoriales que hemos tenido, sino en la etapa democrática. En ésta no ha existido una auténtica democracia participativa, sino en general, una democracia de partidos, en la cual los partidos políticos han monopolizado la participación. La Sociedad no ha sido organizada para la participación, y el abismo entre el ciudadano y el Estado se ha abierto en forma desmesurada. Una prueba de la ausencia de participación política está, precisamente, en la debilidad del régimen local o municipal.

Pero la ausencia de participación política está acompañada, también, de una ausencia de participación de los administrados en la formulación o ejecución de actividades administrativas. El ciudadano, como usuario, consumidor o simplemente vecino de una comunidad, muy pocas veces es llamado o consultado acerca de la marcha de los servicios públicos, la comercialización de los bienes o la ordenación de los asuntos vecinales. El ciudadano no ha sido organizado para la participación administrativa, está ausente de la marcha del aparato administrativo, y no participa efectivamente en su gestión, a pesar de la progresiva injerencia del Estado, incluso en ámbitos de su vida privada. Puede decirse que sólo han participado, realmente, los grupos de presión organizados, económicos o sindicales, sin que ello haya sido estimulado por la propia Administración.

c. *La debilidad de las instituciones representativas*

El centralismo político, con sus consecuencias, la centralización y concentración administrativas, el debilitamiento del régimen municipal y la ausencia de participación ha provocado además, un debilitamiento progresivo de las instituciones políticas del Estado, particularmente del Poder Legislativo, lo cual ha tenido una repercusión evidente en la propia Administración Pública. Esta ha asumido progresivamente un mayor rol político; se ha convertido en una institución no sometida a efectivos controles, y a la vez, ha sido penetrada por los grupos de presión. Además, en su funcionamiento han adquirido una particular preeminencia los partidos políticos, consecuencia del esquema adoptado del *Estado de Partidos*.

En esta forma, el Congreso como institución política de origen popular, y que tiene a su cargo la orientación política del Estado, muchas veces ni siquiera ejerce adecuadamente su papel de Legislador, siendo progresivo, al contrario, el proceso de transferencia y de asunción por parte del Poder Ejecutivo, de poderes legislativos. Los Decretos-Leyes y las diversas formas de ejercicio de potestades legislativas por el Presidente de la República constituyen, ha constituido en nuestro país, en la actualidad, la vía normal de regulación de áreas fundamentales del actuar social, como por ejemplo, de la economía.

Por otra parte, el presidencialismo y el debilitamiento del Poder Legislativo, han acentuado el papel de la Administración Pública, no sólo en la ejecución de los objetivos políticos del Estado, sino en su formulación. La planificación, así, hasta ahora se ha configurado como una técnica asumida sólo por la Administración, en la cual, en general, no ha participado realmente el Congreso. Este, en general, se ha limitado a intervenir en los solos procesos presupuestarios, los cuales aun cuando conllevan decisiones políticas, son elaborados por la propia Administración, y son exclusivamente de corto plazo.

d. *La Administración Pública incontrolada*

Por otra parte, el centralismo Ejecutivo y el debilitamiento de las instituciones representativas ha provocado, además, otra consecuencia de orden administrativo: la inexistencia o la debilidad de efectivos mecanismos de control sobre la Administración Pública, lo que contrasta, sin duda, con la proliferación formal de mecanismos de control, particularmente en una Administración Democrática.

En efecto, dentro de la funciones tradicionales del Congreso en nuestro régimen presidencial, además de las de legislar, están las de control de la Administración Pública. Las Cámaras Legislativas así, deben ser, por definición, los órganos de control político de la actividad de la Administración. Sin embargo, este control en la mayoría de los casos es muy débil, y a la larga inocuo, por el control absoluto de los partidos políticos en las Cámaras Legislativas. La experiencia de las últimas décadas en el proceso político venezolano por ejemplo, nos pone en evidencia que el Congreso, a pesar del sistema de gobierno presidencialista con sujeción parlamentaria, no ha controlado efectivamente a la Administración Pública. El partido de gobierno en efecto, a través de su fracción parlamentaria, controla al Congreso y éste, por ello, no logra controlar realmente al Ejecutivo y su administración.

Esta situación ha acentuado la irresponsabilidad de hecho de los Ministros y funcionarios públicos, pues se tiene la seguridad de que las "Memoria y Cuenta" anuales de la gestión político-administrativa que deben presentar a las Cámaras Legislativas, no son realmente estudiadas. La experiencia muestra además, que los mismos Informes de la Contraloría General, de la República, tampoco son respaldados plenamente por el Congreso, además de que por la inflación de la Administración Descentralizada, el ámbito de control de aquélla se ha venido reduciendo paulatinamente.

C. *Las fallas de funcionamiento derivadas de la descentralización funcional*

Hemos señalado que una de las características estructurales de la Administración Pública en Venezuela, además del excesivo centralismo nacional, ha sido el desarrollo inusitado e incontrolado de la Administración Descentralizada, es decir de los institutos autónomos y empresas del Estado para la prestación de servicios públicos y la asunción de procesos productivos industriales y comerciales. Este fenómeno ha tenido entre otras, al menos tres repercusiones en el funcionamiento de nuestra Administración Pública.

En primer lugar, ha provocado un debilitamiento de los órganos de la Administración Central, particularmente la ministerial, frente a la magnitud y poder de algunos institutos autónomos y empresas del Estado, hasta el punto de que para manejar algunos de ellos, ha sido necesario darle rango de Ministro al Presidente del ente autónomo (caso del Fondo de Inversiones de Venezuela o de la Corporación Venezolana de Guayana). Ello ha provocado un debilitamiento de los Ministerios de la economía: hace algunos años del Ministerio de Hacienda, más recientemente del Ministerio de Fomento.

En todo caso, para calibrar la magnitud del problema, basta con pensar en nuestras empresas petroleras nacionalizadas (PDVSA y sus filiales) cuyo excesivo poder y autonomía, junto con la de otros entes descentralizados, algunas veces han dificultado la acción del Ministerio de Energía y Minas como órgano políticamente responsable de un sector de actividad pública.

En segundo lugar, ha provocado la ausencia de integración sectorial de la Administración Nacional. Así, no siempre los entes descentralizados han quedado adscritos o bajo la conducción política del Ministro responsable del sector de actividad pública correspondiente, dificultándose la labor de gobierno. Además, incluso en caso de adecuada adscripción de los entes descentralizados al Ministro sectorial respectivo, no siempre han sido organizados o integrados de manera tal que puedan ser efectivamente gobernados. Por supuesto, algunas lagunas de excelencia deben destacarse en este mar de desorganización, y un ejemplo es la organización de la industria petrolera nacionalizada en Venezuela, a partir de 1975, como holding público.

En tercer lugar, y como consecuencia de los problemas organizativos, la inflación de la Administración Descentralizada ha dado lugar también a un entorpecimiento de la función planificadora de los órganos centrales de planificación y de los Ministros responsables de cada sector, en virtud de la dispersión, variabilidad, debilidad o ausencia de efectivos mecanismos de control en relación a los entes descentralizados que actúan en cada sector.

En todo caso, no hay que olvidar que la creación de institutos autónomos y empresas del Estado no obedeció, en nuestra Administración Pública, por supuesto, a una programación o a políticas preconcebidas, sino que fueron estableciéndose, sin orden ni concierto, a medida que las exigencias sociales y económicas se planteaban al Estado. Este proceso ha provocado en muchos casos, una falta de coherencia en nuestra Administración Pública, que a pesar de los esfuerzos teóricos realizados, no hemos logrado corregir.

D. *Las fallas de funcionamiento derivadas de la ausencia de burocracia profesionalizada*

La Administración Pública venezolana, a pesar de todos los esfuerzos realizados en las décadas anteriores por establecer sistemas de administración de personal público y una carrera administrativa (servicio civil), puede decirse que no ha logrado desarrollar una auténtica burocracia, compuesta por un cuerpo de funcionarios públicos profesionalizados y con los mejores niveles de excelencia, seleccionados por sus méritos, con estabilidad y consustanciados con los objetivos y políticas del Estado.

En general, al contrario, la función pública en nuestro país se ha caracterizado por ser la antítesis de una burocracia profesionalizada. En la práctica, puede decirse que la función pública no tiene un valor muy alto en la comunidad nacional y el pertenecer al servicio público cada vez más ha dejado de ser una distinción social; los sistemas de reclutamiento y selección no se cumplen efectivamente, y el ingreso se produce por razones circunstanciales de presión del desempleo o por influencias partidistas; no existe una verdadera profesión del servicio público, pues no existe real sentido de permanencia, ni estabilidad ni auténticas perspectivas de ascenso; y todo ello, con su gran dosis de ineficiencia, ha impedido que los niveles de remuneración en el sector público sean ni aproximadamente competitivos con los del sector privado.

En muchos casos, esto produce un sistema administrativo caracterizado por un círculo permanente de ineficiencia: a los funcionarios públicos, normalmente, nadie los forma, nadie los informa, y a pesar de los esfuerzos de adiestramiento que se hacen, en general, se forman sólo con la experiencia, y con la ineficiencia. Su propia ineficiencia hace ineficiente a la Administración. Pero una vez formados en la experiencia, en general, los funcionarios abandonan la Administración, recomenzando el ciclo con nuevos funcionarios, que vuelven a ser ineficientes; y vuelven a hacer ineficiente a la propia Administración Pública.

Nos quejamos de que no tenemos funcionarios suficientemente calificados y capacitados; nos quejamos de que hay un éxodo permanente de los funcionarios calificados de la Administración Pública hacia el sector privado; pero no hemos sido capaces de pensar, realmente, en estructurar una burocracia, en el sentido contemporáneo como la necesitamos, como cuerpo de funcionarios profesionalizados, de los mejores niveles de excelencia, con fines claros, vinculados a los del Estado. Debe destacarse, sin embargo, que ello sólo se ha podido corregir en ciertos sectores de la organización del sector público, provocado por circunstancias particularizadas, como han sido los procesos de nacionalización de ciertas actividades industriales. El ejemplo de la industria petrolera nacionalizada en Venezuela, de nuevo debe destacarse como un esfuerzo por consolidar una burocracia profesionalizada en el sentido mencionado. Un ejemplo de ello ha sido también la administración de la empresa del sistema rápido de transporte (Metro) de Caracas.

En todo caso, y salvo casos destacados, esta ausencia de una burocracia profesionalizada es, quizás, una de las causas más importantes de las fallas de funcionamiento de la Administración Pública.

4. *El problema de la corrupción administrativa*

Hemos planteado anteriormente algunos de los problemas estructurales y funcionales de la Administración Pública en Venezuela que la configuran como una Administración sobredimensionada, centralizada, no participativa, incontrolada, dominada por los partidos políticos, disgregada y cuyos objetivos políticos aparecen, con frecuencia, distorsionados. Esa situación, configurada por todos esos aspectos, contribuye a que además, sea una Administración con alto grado de corrupción.

En efecto, el papel que juega el sector público en nuestras economías, sea como empleador, inversionista o contralor, ha provocado, por una parte, una dependencia progresiva de los particulares en relación al Estado; y por la otra, una actitud paternalista de éste. El empleo público, así, muchas veces es una forma de mitigar el desempleo; los empresarios dependen para sus inversiones, en alto grado, de los créditos suministrados por el Estado; y en general, todas las actividades privadas están sometidas a autorizaciones, permisos y licencias, cuyo otorgamiento, en muchos casos, es discrecional para los funcionarios.

Esta enorme importancia del Estado y la consecuente dependencia de los administrados respecto de decisiones administrativas, ha traído como consecuencia que nuestra Administración Pública sea el blanco común de la Sociedad para la satisfacción de intereses particulares: si todo depende de la Administración, y si ésta lo da casi todo, en general, se busca presionarla para que sus decisiones se realicen en determinados sentidos. Esto ha sido caldo de cultivo para la corrupción, la cual incluso, ha servido de vehículo para el proceso de distribución del ingreso público, y en muchos casos, para mantener la propia estabilidad de la democracia, con sus consecuentes efectos degradantes en la Sociedad, manifestados en el facilismo y la riqueza súbita. No por ello, sin embargo, debe tenérsela como inevitable.

La corrupción administrativa, en todo caso, se ha expandido inconvenientemente por diversos factores vinculados a las consecuencias estructurales y funcionales de la expansión del sector público antes mencionadas, y particularmente, por las deficiencias de controles, por el exceso de reglamentaciones, por el centralismo, por la inestabilidad en la función pública y por el papel de los partidos políticos.

A. *La deficiencia de los controles y la corrupción administrativa*

El primer factor de corrupción administrativa es la ya señalada ausencia o deficiencia de controles efectivos sobre la actuación de la Administración Pública y de sus funcionarios, lo cual crea las condiciones necesarias para su desarrollo. Esto se manifiesta en varios sentidos: ante todo, en la ausencia o deficiencia hasta hace poco, de regulaciones legales sancionatorias, no sólo de conductas inmorales punibles, sino de conductas irresponsables (despilfarro). No hay que olvidar que la corrupción administrativa no se manifiesta en general, en la sola apropiación indebida de fondos públicos, sino en el manejo irresponsable de éstos, que conducen al enriquecimiento sin causa de funcionarios, de intermediarios o comisionistas.

Por otra parte, la ausencia de un efectivo control político por parte de la representación popular, de un control interno efectivo dentro de la propia Administración, y de un control judicial a cargo de jueces efectivamente autónomos e independientes, ha contribuido a la irresponsabilidad de los funcionarios, quienes no han sufrido realmente sanciones frente al manejo negligente o doloso de los dineros públicos. La corrupción administrativa se ha desarrollado, así, por la incapacidad del sistema jurídico-político de limitarla y sancionarla. El Estado de partidos, manejado por los partidos, así, con frecuencia protege a sus funcionarios soslayando las sanciones que merecerían, conducta que, además, ha tenido un efecto multiplicador: si no se sancionan las conductas irresponsables o inmorales de ciertos funcionarios, no existe el elemento de freno para su repetición por otros.

B. *La discrecionalidad, las reglamentaciones excesivas y la corrupción administrativa*

En segundo lugar, otro factor que fomenta la corrupción es el excesivo poder discrecional dejado en manos de los funcionarios públicos de todos los niveles, paralelamente al establecimiento de más y más reglamentaciones, permisos, autorizaciones y licencias para la actuación de los particulares. Frente a lo complicado del procedimiento administrativo, a la lentitud de la acción de la Administración y al poder discrecional del funcionario, lamentablemente han hecho su aparición mecanismos tendientes a acelerar las decisiones, a gestionarlas por terceros o a mitigar la discrecionalidad establecida, generalmente, en complicidad entre el administrado y el funcionario. La Sociedad, así, por lo engorroso del procedimiento administrativo ha corrompido al funcionario, y éste, a su vez a aquélla, pasando a formar parte de las costumbres, lamentablemente, el pago de cantidades de dinero para desentrabar la acción administrativa o para evitarla.

C. *El centralismo, la ausencia de participación y la corrupción administrativa*

En tercer lugar, también constituyen factores que facilitan la corrupción, el excesivo centralismo y la ausencia de mecanismos de participación. La concentración del poder para la toma de decisiones en determinados niveles ejecutivos, aunada a la mencionada discrecionalidad, ha dejado en manos de un solo funcionario o de un grupo reducido de ellos, el poder de decidir. La presión de los grupos de intereses, sobre todo de los económicos y sindicales, ha tenido mayor efectividad en estos casos, pues no ha habido la limitación que puede implicar la conjunción de voluntades de un órgano colegiado o deliberante, aun cuando, por supuesto, la sola colegialidad no garantiza probidad.

Por otra parte, agregado al centralismo, la ausencia de participación de los administrados y grupos de la Sociedad en el proceso de toma de decisiones, ha impedido el surgimiento de mecanismos de control sobre la conducta y acción de los funcionarios, por aquellos que podrían mitigar la corrupción.

D. *La inestabilidad de los funcionarios públicos y la corrupción administrativa*

En cuarto lugar, la inestabilidad del funcionario público también origina condiciones propicias para el desarrollo de la corrupción administrativa. La función pública, en esa forma, por la ausencia, a pesar de los esfuerzos realizados, de adecuados sistemas de administración de personal, y de un efectivo estatuto jurídico que garantice realmente la carrera administrativa y regule competitivamente los derechos y deberes de los funcionarios, se ha ejercido muchas veces, con absoluta conciencia de transitoriedad, y como medio de subsistencia, sin la mística que el servicio público debe generar. El funcionario, consciente de su inestabilidad, en muchos casos ha utilizado el cargo público como un medio para enriquecerse y protegerse económicamente frente a su salida de la Administración que puede producirse, sea por los cambios políticos, o por la misma deficiencia del sistema de administración del personal público.

E. *Los partidos políticos y la corrupción administrativa*

En nuestro régimen de democracia de partidos, por supuesto, especial referencia debemos hacer respecto del papel de los partidos políticos en relación a la corrupción administrativa. Estos han sido, muchas veces, agentes directos e indirectos de la corrupción.

En efecto, en muchas ocasiones se ha generalizado la práctica de las "comisiones para el partido" como consecuencia de la gestión de los asuntos públicos, lo cual ha traído como consecuencia el establecimiento de una especie de contribución al partido que controla el gobierno, con ocasión de contratos de obras públicas o de suministros. Aun cuando esta modalidad es tan delictiva como las comisiones pagadas a particulares gestores con perjuicio para la Administración, en algunos casos, la práctica política ha tendido a no condenarla por ser un medio de supervivencia económica de los partidos o de financiamiento, por ejemplo, de campañas electorales. Los partidos políticos han actuado así, en algunos casos, como agentes directos de la corrupción administrativa.

Pero en otras ocasiones, los partidos han actuado como agentes indirectos de la corrupción, al no sancionar o no hacer que se sancione a los funcionarios deshonestos o que estén incursos en delitos contra la cosa pública. Los partidos, al proteger a los funcionarios irresponsables o deshonestos, han hecho perder credibilidad en el sistema sancionatorio o de control, hasta el punto de que muy pocos creen realmente en los anuncios que se hacen cíclicamente de medidas para combatir la corrupción. Por otra parte, la práctica incontrolada del financiamiento de las campañas políticas de los partidos, mediante la recepción de aportes económicos de empresas y particulares, ha desarrollado un sistema de contraprestación a quienes han contribuido, mediante el otorgamiento de privilegios, favores o contratos públicos particularmente beneficiosos, todo con la anuencia de los partidos. En esta forma, indirectamente, y como contribución al financiamiento de campañas políticas, los funcionarios gubernamentales, a costa de los dineros públicos, han permitido el enriquecimiento de ciertos grupos de particulares. Esta ha sido otra fuente de corrupción.

II. ALGUNAS MEDIDAS Y ESTRATEGIAS PARA GARANTIZAR LA MODERNIZACIÓN DEL SECTOR PÚBLICO

La importancia del sector público en la economía de nuestro país y en general de los países de América Latina, y el papel que ha tenido en las últimas décadas en el proceso de desarrollo de nuestros países, así como las características estructurales y funcionales que ha desarrollado, exigen la definición de medidas y estrategias para garantizar su modernización, de manera de asegurar que el papel del Estado continuará siendo un factor efectivo para impulsar el crecimiento.

Estas medidas y estrategias para la modernización, en efecto, se corresponden con cada uno de los problemas que confronta el Estado y que hemos analizado anteriormente al estudiar algunas de sus características estructurales y funcionales. Su ejecución resulta prioritaria, en cada uno de los aspectos que involucran. Ellas deben tender al redimensionamiento del sector público, a la desregulación de la actividad de los particulares, a la descentralización política y administrativa, a la desconcentración de los niveles superiores nacionales, a la redefinición de la Administración descentralizada funcionalmente, a la revalorización de la planificación, a la creación de un burocracia profesionalizada y al aumento de la productividad social del sector público.

1. *El redimensionamiento del sector público*

Una de las reformas más apremiantes en el momento actual, y quizás sobre la cual se ha venido configurando un gran consenso en el continente, tiene que ver con el redimensionamiento del Estado, particularmente en la relación sector público-sector privado.

Hemos señalado que la característica más general del Estado en Venezuela y América Latina, resulta de la expansión del sector público por haber crecido su papel, cuantitativamente, en forma desmesurada, tanto orgánicamente como en el ámbito regulador de la intervención. Ello ha provocado, paralelamente, un debilitamiento progresivo del sector privado o al menos, ha impedido su crecimiento. Ya es tiempo de que esta tendencia sea invertida.

En primer lugar, resulta indispensable redefinir o precisar los fines del Estado y de su Administración Pública, para volverlo a poner al servicio del ciudadano. Ello exige definir, como política, una reducción de la intervención activa del Estado, particularmente en el campo productivo y comercial y, en especial dada la escasez de recursos, reforzar el papel del Estado como prestador de servicios públicos a la población. Ello conlleva la necesidad, también como política, de revitalizar el sector privado.

Sin duda, muchas de las actividades productivas del Estado en el campo de las industrias básicas, deben permanecer en el sector público, donde éste ha dado, incluso en muchos países, muestra de eficiencia; pero a la vez, ya es tiempo de pensar en la necesaria privatización de actividades en otros sectores competitivos, en los cuales el Estado, al contrario, ha dado muestras de ineficiencia.

Por supuesto, una política de modernización que tenga por objeto redimensionar el papel activo del Estado en el campo económico, que implique la reducción cuantitativa de dicha intervención, una reconducción de recursos hacia actividades prestacionales de servicios y una privatización de actividades productivas competitivas, tiene que ser realizada en un mediano y largo plazo. Debe ser resultado de una política que no debe estar sometida a cambios circunstanciales y tiene que ser objeto, además, de una cuidadosa planificación. Además, debe ser ejecutada en áreas seleccionadas cuidadosamente.

Como consecuencia, un redimensionamiento del sector público exige redefinir fines y metas del Estado, y trazar estrategias, para lo cual debe revalorizarse la planificación como tarea propia del Estado. No hay que olvidar que el gran fracaso del sistema de planificación que se ha evidenciado en los últimos años, puede decirse que ha estado más en la falta de implementación adecuada de los planes, por el divorcio que siempre hubo entre planificación y administración. Los planes, en realidad, nunca previeron el aparato organizacional necesario para su implementación.

2. *La desregulación de la actividad de los particulares*

Pero hemos señalado que la expansión administrativa del Estado no sólo se evidenció en la multiplicación cuantitativa de la intervención activa del Estado en los sectores productivos y comerciales, sino en una multiplicación ilimitada de regulaciones y controles sobre las actividades de los particulares, incluso no sólo las de carácter económico.

El resultado de ello ha sido una restricción intolerable de las iniciativas privadas, provocada entre otros aspectos, por una confusión de fines públicos que ha originado que la actividad del sector público, en algunos casos, se haya orientado más a entorpecer actividades lícitas de los individuos, que a asegurar el bienestar general.

Esta tendencia que sigue una inercia multiplicadora, debe detenerse y revertirse, como parte de una política de modernización del sector público.

El Estado debe, realmente, volver a ponerse al servicio del ciudadano y liberar las iniciativas privadas, regulando de manera general y con claras reglas de juego, el marco jurídico que asegure que aquéllas no atentarán contra los fines que el sistema social y económico defina; y eliminando el constante sometimiento a trámites, autorizaciones, permisos y licencias para la realización de cualquier actividad por los particulares.

Una medida de esta naturaleza, de simplificación administrativa, es además esencial para redefinir el papel del sector público. Gran parte de los recursos del Estado se han canalizado a la "administración" de las regulaciones, restricciones y controles, en perjuicio de otras actividades de servicios públicos, lo cual, a la vez, ha provocado la necesidad de crear nuevas instituciones y órganos dedicados a ella. La desregulación de las actividades privadas provocaría la reconducción de los recursos, cada vez más escasos, hacia otras actividades más esenciales. Por supuesto, una simplificación de los procedimientos de la maraña administrativa y de las largas tramitaciones a que se somete a los particulares para realizar las actividades lícitas a que tienen derecho, liberaría también ingentes recursos del sector privado que se "gastan" en descifrar la complicación, y costear el tiempo que se debe dedicar a ello, en perjuicio de las actividades productivas.

La desregulación de la actividad de los particulares exige del Estado abandonar el papel que se le ha atribuido, de ser el solventador y contralor de todos los problemas y actividades sociales y económicas, y en cambio, hacer que la Sociedad asuma un papel más protagónico y de corresponsabilidad en la solución y realización de aquéllos. En definitiva, desregular la actividad de los individuos exige confiar más en las iniciativas privadas y abandonar, tanto el tradicional estilo paternalista del Estado, como el secular espíritu de desconfianza de los servidores públicos, en relación a las iniciativas privadas.

3. *La descentralización política y administrativa*

El gigantismo del Estado venezolano y la tendencia centralizadora de las últimas décadas, exige como otra de las medidas prioritarias para la modernización del sector público, la definición de una política de distribución vertical del poder hacia unidades político-territoriales regionales y locales que es necesario crear o reforzar.

En efecto, a pesar de la forma federal de nuestro Estado, éste se ha caracterizado como hemos indicado, contradictoriamente, por una excesiva centralización del poder político, económico, administrativo y jurídico en los niveles nacionales. La provincia, en muchos casos, no existe políticamente hablando, sino como objeto de dádivas de parte de los niveles nacionales. En este sentido, los entes regionales (Estados miembros de la Federación) y municipales reciben mendrugos, pero no participan efectivamente en los asuntos y tareas del desarrollo del país, al no tener poder político ni administrativo, salvo en asuntos domésticos y localistas. Son, en muchos casos, a lo sumo, centros de control y reparto burocrático en beneficio de las maquinarias partidistas, pero muy poco, efectivamente, hacen en beneficio de las colectividades. En esas estructuras el pueblo no participa; al contrario las soporta, e inclusive, ha sido frente a ellas, particularmente en el ámbito local, que se han venido formando cuerpos intermedios, realmente participativos, como las asociaciones de vecinos y residentes, cuyo origen próximo está, paradójicamente, en la búsqueda de una protección efectiva contra las arbitrariedades de la autoridad municipal.

Por ello, se hace imprescindible descentralizar el Estado para acercarlo al ciudadano y ello implica, por supuesto, transferir competencias nacionales hacia los niveles territoriales regionales y locales.

Una medida de modernización del sector público de esta naturaleza exige crear conciencia regional, administrativa y políticamente hablando. En un Estado con forma federal como el nuestro, ello implica, revitalizar los niveles descentralizados de los Estados miembros.

Pero el problema del centralismo del Estado no sólo plantea la necesaria reestructuración de los niveles territoriales intermedios, sino la necesaria y urgente reforma del régimen local. El Municipio, hoy, lejos de ser la unidad política primaria y autónoma dentro de la organización nacional, en el sentido de que debería ser el centro de la participación política y de realización de la democracia por el ciudadano, es el centro del abuso del poder local, donde los caudillos regionales detentan la autoridad, sin control efectivo.

Se impone, por tanto, la reforma del régimen local para, hasta cierto punto, crear la vida local. Esta, hasta ahora, sólo ha existido con ese nombre en la Constitución, pero en la realidad no ha funcionado ni han existido mecanismos de participación ciudadana, al no tener virtualidad el ciudadano vecino, vinculado a su comunidad y solidario de su destino.

El Municipio, entonces, políticamente debe concebirse como el centro primario de participación política y de ejercicio de la democracia; y administrativamente, como la unidad territorial menor para la prestación de servicios y la atención a la comunidad. Por ello, la reforma del régimen local es política y administrativa, y sólo así, podrá dar origen a un gobierno local, participativo, con, por y para la comunidad o vecindad. La reforma de la Ley Orgánica de Régimen Municipal de 1988, en esta forma, puede comenzar a contribuir a implementar dicha reforma.

Por todo ello, puede decirse que, sin duda, uno de los mayores retos planteados a nuestra Administración Pública es el de la descentralización, con el objeto de hacer participar en los procesos políticos y en las actividades administrativas, a los Estados y a las Municipalidades. En Venezuela tenemos que correr el riesgo de la descentralización, creando o revitalizando los niveles político-territoriales intermedios y fortaleciendo al Municipio, única forma además, no sólo de rehacer, en el interior, nuestro país, sino de prestar eficientemente los servicios públicos.

El tiempo ha llegado en que los servicios públicos esenciales, como los de la educación y los sanitarios, ya no pueden seguirse prestando y administrando centralizadamente, por los niveles nacionales. La dirección de los mismos debe seguir siendo nacional, pero las unidades operativas tienen que ser transferidas a niveles territoriales inferiores, donde sin duda, podrían ser mejor atendidas y quizás con mayor eficacia.

Por otra parte, sólo descentralizando las tareas públicas en una sociedad democrática, es que se podrán implementar mecanismos de participación ciudadana, pues ésta sólo es posible efectivamente, en ámbitos político-territoriales reducidos.

Por supuesto, una política de descentralización del sector público no sólo implica un compromiso de carácter político fundamental, pues su implementación excede los solos ámbitos administrativos, sino que no puede ser implementada de la noche a la mañana, requiriendo, en cambio, de una continuidad y estabilidad política, de manera tal que se pueda desarrollar en el largo plazo. La planificación, de nuevo, es fundamental en un proceso de esta naturaleza, que requiere no sólo la identificación de las actividades estatales que pueden prestarse más adecuadamente por niveles territoriales inferiores, sino la identificación precisa de éstos. Además, requiere por supuesto, y como condición, el fortalecimiento paralelo de la capacidad político-administrativa de esos niveles descentralizados políticamente, para atender las nuevas tareas. Requiere, además, también y por supuesto, del establecimiento de mecanismos de coordinación entre los diversos órganos del Poder Público, quienes deben colaborar entre sí en la realización de los fines del Estado.

4. *La desconcentración de los niveles superiores nacionales*

En nuestro sistema político-estatal, hemos señalado que el presidencialismo como sistema de gobierno, ha venido consolidando una excesiva concentración de actividades en la Presidencia de la República, que obstaculiza el funcionamiento de la Administración por la dilación o ausencia de toma de decisiones; ha provocado además el incumplimiento por los niveles inferiores de la Administración de las decisiones superiores, por la falta de medios de controlar el seguimiento en la ejecución, y ha producido también, en muchos gobiernos, la degradación de la jerarquía ministerial. Los Ministros, en muchos casos, han perdido responsabilidad sobre los sectores que deberían gobernar, pues el Presidente no sólo es quien nombra los directivos de los entes descentralizados, sino quien recibe la mayoría de sus cuentas.

Se impone, por tanto, la indispensable y urgente tarea de desconcentrar la Presidencia de la República o si se quiere, los niveles superiores de la Administración Pública, para lo cual debe revalorizarse la función ministerial. Sólo un gran poder ministerial podrá poner orden sectorial ante el gran desmembramiento que se ha operado en la Administración Nacional, con la creación de tantos institutos autónomos y empresas del Estado.

En una Administración Pública que cada vez más se ha tornado compleja y omnipresente, por tanto, es indudable que otros de los retos planteados es el de la desconcentración administrativa, de manera que los diversos órganos del Gobierno Central asuman plenamente la conducción de los diversos sectores administrativos, y se traslade, además, el poder de decisión de los asuntos nacionales que conciernen a regiones o ámbitos locales, a las unidades de la Administración Nacional en dichos espacios regionales o locales.

Se impone, por tanto, la realización de un amplio proceso de delegación de atribuciones y de desconcentración administrativa, con el objeto de hacer presente, efectivamente, a la Administración Pública en todos los sectores y en todos los niveles territoriales, descongestionándose los niveles centrales nacionales.

En particular, la desconcentración de la Administración Nacional como política de modernización del sector público, exige un esfuerzo de definición sectorial de las tareas administrativas que, en muchos casos, carecen de una integración orgánica. Pero ello, por supuesto, exige de planificación tanto para precisar los sectores de actividad pública que requieren de integración orgánica, como para adaptar las propias estructuras administrativas al esquema sectorial.

5. *La redefinición de la Administración descentralizada funcionalmente*

La multiplicación de entes descentralizados en el nivel nacional de nuestras Administraciones Públicas con las más variadas formas y denominaciones jurídicas (institutos autónomos, establecimientos públicos, servicios autónomos, fondos, empresas del Estado, etc.), y que tienen a su cargo la prestación de servicios públicos o la realización de actividades productivas y comerciales de la más variada naturaleza, aparte de las exigencias de redimensionamiento y reducción del sector público que en la actualidad plantea, ha originado un grave problema de ejecución en las políticas públicas, que requiere solución a través de programas de modernización que persigan redefinir la Administración descentralizada.

En efecto, en la actualidad puede decirse que el principal problema organizativo y funcional de nuestras Administraciones Públicas, está en esta inflación administrativa de institutos autónomos y empresas del Estado, la cual ha dado origen a un crecimiento desmesurado de la Administración Descentralizada, en perjuicio, política y administrativamente hablando, de la Administración Central o Ministerial. Por ello, un proceso de modernización del sector público en este campo es imprescindible, y debe perseguir, entre otros aspectos, los siguientes objetivos:

En primer lugar, definir los niveles de gobierno y ejecución de dichas políticas públicas, de manera que exista una adecuada integración entre el Gobierno Central y los entes descentralizados de ejecución. Estos tienen que estar sometidos a la conducción política del Gobierno Central, particularmente a través del Ministro Sectorial, pudiendo considerarse que han fracasado en nuestro medio los intentos de su adscripción a entidades puramente financieras o a organizaciones multisectoriales de empresas estatales. La sectorialización de la Administración Pública y la desconcentración de los niveles superiores del Poder Ejecutivo en los Ministros, como órganos de gobierno sectorial, tiene que implicar el que éstos asuman realmente la totalidad del gobierno de los sectores, por lo cual deben adscribirse a cada Ministerio Sectorial, los entes descentralizados correspondientes. Sólo en esta forma, y con la participación efectiva de todos esos entes, puede asegurarse el desarrollo de una planificación sectorial.

En segundo lugar, en cada sector resulta indispensable organizar la globalidad de los entes descentralizados, en complejos institucionales, de manera que respondan en conjunto a los estímulos gubernamentales y contribuyan a la racionalización de los recursos. La figura del *holding público* que ha probado su efectividad en la organización de sectores productivos estatales del área de las industrias básicas, como por ejemplo, en Venezuela, la industria petrolera nacionalizada, debería servir de ejemplo en este proceso de modernización. Ello, además de requerir de un proceso planificado, a la vez es la garantía para una adecuada planificación sectorial. Por supuesto, también en este caso, las medidas de modernización de la Administración Descentralizada, requieren de un proceso de planificación, que permita su ejecución en un mediano y largo plazo, para lo cual, de nuevo, es necesario asegurar continuidad administrativa y contar con estabilidad política, definiendo áreas prioritarias para las reformas.

6. *La revalorización de la planificación*

Aparte de la necesidad de reforzar el papel del sistema de planificación para la ejecución de las políticas públicas, tanto en el corto plazo relacionado con el sistema presupuestario, y en el mediano plazo como reflejo de la política de desarrollo económico y social, a pesar de los fracasos de la planificación en los últimos lustros y de su relegamiento en muchos países, una de las medidas indispensables de modernización del sector público tiene que ser las revalorización de la planificación, particularmente para lograr la propia modernización propuesta.

Las características estructurales y funcionales del sector público que pueden identificarse en nuestro país y a las cuales nos hemos referido anteriormente, sin duda, en buena parte, son el resultado de la ausencia de planificación. En esta forma, la expansión administrativa que caracteriza nuestro Estado, en sus dos vertientes de inflación organizacional del sector público e intervencionismo estatal exagerado, no han sido, evidentemente, el resultado de una política planificada. Todo lo contrario, han sido el ejemplo más característico de la ausencia total de planificación.

En el mismo sentido, el proceso de centralización que ha sufrido nuestro Estado, en perjuicio de las autonomías regionales y locales, no ha sido resultado de un proceso planificado; así como tampoco lo ha sido, el fenómeno de descentralización funcional. Al contrario, la proliferación de institutos autónomos, establecimientos públicos y empresas del Estado de toda índole y en todos los sectores, ha sido el ejemplo más característico, por desordenado y por su motivación circunstancial y espasmódica, de la ausencia total de planificación.

Ello ha producido esa percepción de pérdida de rumbo y distorsión de fines en que muchas veces ha caído nuestro Estado, y que entorpece la ejecución de políticas públicas e incluso su propia definición.

Por ello, las fallas de funcionamiento del sector público que hemos identificado, sin duda, exigen revalorizar el sistema de planificación, tan desprestigiado, y convertirlo en el principal instrumento de conducción y ordenación del sector público. Por supuesto, como tiene que estar basado en políticas y estrategias de largo plazo, la planificación no sólo debe o puede ser una técnica desarrollada por el Poder Ejecutivo, sino que en ella tiene que intervenir el Congreso, como órgano de representación popular. Sólo así podría asegurarse la debida continuidad en el mediano y largo plazo.

Por otra parte, para plantearse la sola tarea de modernización del sector público, en los aspectos mencionados de su redimensionamiento, de desregulación de las actividades de los particulares, de descentralización política y administrativa y de redefinición de la Administración descentralizada funcionalmente, es necesario tener clara conciencia de que ello no puede ser un proceso que pueda ser ejecutado en el corto o mediano plazo, sino en el largo plazo, para lo cual la planificación de dicho proceso de modernización es indispensable. De allí también la necesaria revalorización del sistema de planificación.

7. *La creación de una burocracia profesionalizada*

El gran problema de la Administración Pública en nuestro país ha sido el que no hayamos podido crear en ella, una burocracia profesionalizada que asuma la gerencia pública. Muchos factores han contribuido a este mal, y entre ellos, la inestabilidad política y la consecuente falta de continuidad administrativa, y el control del funcionario por los partidos políticos, al punto de que los funcionarios son nombrados más por lealtad al partido que por sus méritos y capacidades. El tiempo ha llegado, sin embargo, para que en nuestro país, se plantee como condición indispensable para asegurar el desarrollo de nuestra sociedad y la eficiencia del sector público, la necesidad de establecer una burocracia profesionalizada, basada en el mérito. En esta materia, un límite tiene que establecerse al *Estado de Partidos.*

En todo caso, debe tenerse en cuenta que las reformas tendientes a establecer un sistema de administración de personal y carrera administrativa, tan expandidas en toda América Latina a partir de los años sesenta, incluyendo Venezuela, definitivamente no han servido para crear un adecuado y moderno cuerpo gerencial público, y básicamente han servido para dar estabilidad y derechos sociales a servidores de bajo nivel en la escala administrativa, no pocas veces ineficientes. Siendo el empleo público, en nuestro país, un medio generalizado de mitigar el desempleo, o de primera experiencia para los jóvenes profesionales, lo cierto es que al éstos adquirir experiencia salen hacia el sector privado, siendo difundido el criterio de que la permanencia prolongada en el sector público es signo de incompetencia profesional.

Un gran esfuerzo institucional debe realizarse para trastocar este bajo valor que la función pública tiene en la comunidad nacional, para lo cual deben diseñarse medidas y estrategias tendientes a modernizar la función pública, mediante su profesionalización, particularmente en los niveles gerenciales, en los cuales debe asegurarse estabilidad, continuidad y promoción en base a méritos. Este, por supuesto, más que un programa de modernización de carácter meramente administrativo, también es de carácter político, pues en sociedades democráticas, dada la importancia y papel de los partidos políticos y la alternabilidad de los gobernantes, la ausencia de profesionalización, la inestabilidad y la promoción basada en favoritismos partidistas ha sido la principal causa de la ausencia de una verdadera burocracia profesionalizada.

Algunas excepciones fundamentales, por supuesto, se pueden identificar y como ejemplo de ellas, está el sector de la industria petrolera venezolana nacionalizada desde 1975, el cual siguió con las mismas bases de política de personal que existían en las empresas concesionarias. Sin duda, siguiendo ese ejemplo, en Venezuela, la Comisión Presidencial para la Reforma del Estado presentó al Gobierno y a la opinión en 1986, unas "Bases Preliminares para establecer un Acuerdo Nacional para la profesionalización de la Gerencia Pública en Áreas fundamentales para el Estado", entre las cuales están las industrias básicas y servicios públicos fundamentales y las áreas estratégicas comunes a toda la Administración. Entre las medidas de profesionalización que se plantearon en dicho documento se destacan, la implantación de "una política de promoción que asegure el desarrollo de los cuadros gerenciales y que premie el esfuerzo, la dedicación y la competencia de trabajo"; la "adopción de escalas de remuneración cónsonas con las condiciones prevalecientes en el país entre los estratos gerenciales del sector privado" para "mejorar la capacidad de competencia del Estado en el mercado de los recursos humanos, asegurándole a sus funcionarios de nivel gerencial, escalas de remuneración acordes con sus calificaciones"; y el "acordar normas que hagan la estabilidad en la carrera gerencial una situación bien definida, con reglas de juego claras y precisas y no como un hecho azaroso, sujeto a los vaivenes político-partidistas" (COPRE, *Proyecto del Acuerdo de Profesionalización de los niveles directivos y supervisorios en el sector público,*

Caracas 1986). El *Estado de Partidos* (gobierno y partido de gobierno) sin embargo, poco caso hizo a la propuesta.

En todo caso, en el momento actual el desarrollo del sector público en Venezuela, donde incluso es necesario adoptar decisiones en áreas prioritarias para su modernización de cumplimiento en el mediano y largo plazo, es indispensable crear esta gerencia pública profesionalizada, como condición *sine qua non* de efectivo progreso.

8. *El aumento de la productividad social en el sector público*

La década de los ochenta, además de haber sido testigo de una expansión inusitada del sector público, ha presenciado la crisis económica generalizada de nuestro país provocada, entre otros aspectos, por el endeudamiento externo. Los recursos e ingresos del sector público no podrán seguir creciendo en el futuro al ritmo precedente, y consecuencialmente, el gasto público tendrá también que detenerse en su crecimiento. De allí la imperiosa necesidad de plantearse como política de modernización, el aumento de la efectividad social del sector público, en el sentido de que sus actuaciones deben ser productivas en términos sociales. La relación entre el costo de las organizaciones y los resultados obtenidos, generalmente inefectivos, debe ser trastocada con el objeto de obtener mejores resultados de los servicios existentes. Por tanto, este aumento de la productividad o efectividad social, impone como tarea el que sin contar con nuevas inversiones, se mejoren los resultados, para lo cual, dentro del actual contexto social, político y económico, debemos idear y diseñar las fórmulas adecuadas.

CONCLUSIONES

De lo anterior resulta, por tanto, no sólo lo esencial que continuará siendo para nuestro futuro desarrollo, la Administración Pública, sino que si el país no asume definitivamente y con seriedad su reforma y transformación, perderemos cada vez mas posibilidades futuras de avance y modernización.

La Administración Pública en un país donde el ingreso fundamental sigue siendo el ingreso petrolero como Venezuela, sin duda, continuará siendo un factor esencial para la distribución y redistribución del ingreso. Sin embargo, ya el tiempo ha llegado en que sepamos deslindar lo que necesariamente debe ser asumido por el Estado y su Administración y lo que debe ser dejado a la iniciativa particular. De allí el gran esfuerzo que debemos realizar en el futuro por deslastrar la maquinaria administrativa y dejar hacer más a los particulares. Ello implica también, sin duda, poner límite al *Estado de Partidos* en su control sobre su propia Administración Pública, cuyas políticas, sin duda, en más de una oportunidad, han tendido a beneficiar a amigos o grupos vinculados al partido de gobierno.

Pero solucionar cualesquiera de los problemas de nuestra Administración Pública, sin duda, exige enfrentar el de la creación de una burocracia profesionalizada, lejos de la garra de las cúpulas partidistas, capaz de conducir coherentemente la marcha administrativa del Estado. De nuevo aquí, los partidos políticos tienen que comprender en que un límite a su actuación, tiene que estar impuesto por el manejo de la Administración Pública del Estado, particularmente en el área de la burocracia o gerencia pública, que debe ser profesionalizada.

SECCIÓN QUINTA: EL PROBLEMA DEL PODER JUDICIAL

INTRODUCCIÓN

"*La justicia, sola, es la que conserva la República*" [2366]

Esta frase del Libertador resume lo que significa el Poder Judicial en cualquier Estado democrático: es el instrumento de control de los Poderes Ejecutivo y Legislativo, principio base del Estado de Derecho; es el garante de los derechos fundamentales de los ciudadanos; y es el instrumento de la sociedad para la resolución de conflictos entre los individuos, de manera que éstos no se hagan justicia por sí mismos.

Por tanto, si el Poder Judicial no es un adecuado instrumento de control del Ejecutivo y del Legislador; si no garantiza adecuadamente los derechos fundamentales, y si no sirve de instrumento de resolución de conflictos, la base del sistema social no existe, ni se puede hablar de Estado de Derecho ni de democracia.

Hace diez años, en este mismo sentido, señalábamos:

> "Sin la menor duda puede decirse que la esencia de la democracia tiene su mayor expresión en la existencia de un Poder Judicial autónomo e independiente. La democracia está consustancialmente unida al ejercicio del control político, administrativo y judicial, y si no hay control judicial ejercido por jueces autónomos e independientes, no hay democracia. Por eso, en las autocracias, lo primero que se silencia, se amedrenta y se condiciona es al Poder Judicial"[2367].

En términos coincidentes el ex-Presidente Rafael Caldera señalaba en 1969, al devolver al Congreso la Ley de Reforma Parcial de la Ley Orgánica del Poder Judicial, en ejercicio del derecho del veto presidencial, que:

> "Siempre he sostenido que la administración de justicia constituye uno de los elementos esenciales del Estado de Derecho, porque una recta administración de justicia garantida tanto la legalidad del sistema como los derechos fundamentales de los ciudadanos"[2368]

2366 Simón Bolívar, Carta al General Salom, 25-9-1825 en Ignacio de Guzmán Noguera, *El Pensamiento del Libertador,* Tomo II, 1977, p. 73. Sobre las ideas de Bolívar en torno a la Administración de Justicia y el Poder Judicial, véase Tomás Polanco, "La Justicia, primera necesidad del Estado. Ensayo de sistematización de las ideas del Libertador Simón Bolívar sobre la importancia de la Administración de Justicia en un Estado Republicano", en su libro, *Yo, Abogado de este domicilio,* Caracas, 1987, pp. 31-71; y Bayardo Ramírez Monagas, "Simón Bolívar y el valor de la Justicia como virtud republicana", en el libro *Primeras Jornadas de los Jueces de Instrucción de Venezuela,* UCAB, 1984, pp. 5-22.

2367 Allan R. Brewer-Carías, declaraciones a Alfredo Peña, *El Nacional,* 1977 en A. Peña (entrevistas), "Democracia y Reforma del Estado", 1978, pp. 508-509.

2368 Comunicación de 11-8-69 dirigida al Presidente del Congreso en *Gaceta del Congreso,* 1969, p. 314.

Por su parte, Pedro Pablo Aguilar, en la Cámara de Diputados afirmaba en 1969:

> ". . . no es concebible el Estado de Derecho si el Poder Judicial no es realmente independiente, si el Poder Judicial no tiene otra sujeción que el orden jurídico, si el Poder Judicial no es libre y autónomo para interpretar y aplicar la ley, sin la intervención de poderes extraños a la ley misma"[2369]

Más recientemente, en 1985, Eduardo Fernández puntualizaba lo siguiente:

> "La historia nos enseña que la verdadera fortaleza de una democracia radica en la existencia de un Poder Judicial que funcione en la práctica y en cuya independencia y eficacia tengan fe los ciudadanos"[2370]

Sin embargo, aun partiendo de estas premisas, si las contrastamos con la realidad actual de la democracia venezolana y de su Poder Judicial, tendríamos que concluir, como lo ha afirmado el Grupo Roraima, que

> "Venezuela no es un Estado de Derecho",

pues

> "La Ley no es el único criterio de decisión y los ciudadanos no esperan que se cumpla estrictamente ni consideran a los tribunales una garantía para que esto ocurra"[2371].

La credibilidad en el Poder Judicial se ha hecho añicos y esta pérdida de la confianza en los jueces, que con razón se ha calificado como el suceso "más desgraciado y lamentable que ha podido ocurrimos"[2372] es, sin duda, la manifestación más directa de las fallas del sistema político que con las características de una "partidocracia" o democracia de partidos, y de un Estado de Partidos, hemos consolidado en Venezuela en los últimos treinta años.

Por ello, José Santiago Núñez Aristimuño, Presidente de la Corte Suprema de Justicia en 1985, afirmaba que "la democracia no se ha ocupado de la justicia" y que "la justicia lamentablemente ha sido abandonada por la democracia", lo que se manifiesta en que "se ha perdido credibilidad en el Poder Judicial"[2373]. Asimismo, decíamos en 1978 que

---

2369 *Gaceta del Congreso*, *cit.*, p. 377.

2370 *El Diario de Caracas*. 26-4-85, p. 20

2371 Grupo Roraima, *Más y Mejor Democracia*, 1987, p. 60.

2372 Eduardo Fernández, *El Diario de Caracas*, 26-4-85, p. 20. R. Caldera, en 1979, consideraba que "este es quizás uno de los hechos que más debe preocupar acerca de nuestra institucionalidad democrática" en el libro colectivo, *Sobre la Democracia*, Ateneo de Caracas, 1979, p. 31. En similares términos al inicio del presente período constitucional, el Partido Copei en comunicación dirigida al Presidente Lusinchi, expresó: "La pérdida de fe en las instituciones alcanza niveles dramáticos en algunos casos como por ejemplo el Poder Judicial y la Administración de Justicia", por lo que proponía un acuerdo nacional para "elevar y dignificar el Poder Judicial" y despartidizarlo y despolitizarlo, *El Nacional*, 23-1-85, p. 1-12. *Cfr.* Gastón Navarro Dona, *El Universal*, 7-10-87, p. 1-4.

2373 *El Universal*, 20-5-85, p. 1-40. Véase las críticas a estos criterios de H. Ramos Allup, *El Diario de Caracas*, 12-5-85.

"El Poder Judicial ha sido una de las instituciones del Estado más olvidadas, relegadas y manipuladas. La situación de deterioro que vive esta rama del Poder Público es derivada de la politización o partidización que han soportado todas las instituciones del país y que han dado origen a la expresión "partidocracia" para calificar nuestro régimen político"[2374].

Toda esta situación de deterioro del Poder Judicial se resumió en un documento titulado "Reformas inaplazables requiere la democracia Venezolana" que al inicio del actual período constitucional (21-1-84) un grupo de personalidades presentaron al Presidente Jaime Lusinchi, con las siguientes expresiones:

"Jueces politizados, ignaros, al servicio de parcialidades políticas y económicas de todo género, sin saber y sin autoridad moral, convierten, frecuentemente, el recurso a la justicia en una irrisión, desfiguran el derecho y sostienen la más escandalosa impunidad de toda laya de delincuentes. No ha sido posible hasta hoy a la democracia organizar un Poder Judicial que en su conjunto sea eficiente, respetable y justo, que diga el derecho con prontitud y tino y que no esté supeditado a intereses políticos o económicos de ningún género. Si la democracia no es capaz de luchar victoriosamente contra la corrupción y la injusticia, minará profundamente las bases mismas de su sustentación en la conciencia popular" [2375].

Dejando aparte la generalización que pueda derivar de este cuadro, lo cierto es que ya casi nadie cree en la justicia, ni en que los jueces puedan ser garantes efectivos frente a las arbitrariedades de los poderes del Estado, ni de los derechos fundamentales. La democracia ha minado la credibilidad en el Poder Judicial, y esto está conspirando contra la propia democracia, pues como lo ha dicho Alberto Quirós Corradi,

"Una sociedad que no confía en su Poder Judicial, es una sociedad peligrosa"[2376].

La situación institucional del país, por ello, es una situación peligrosa. Si como dijo el Libertador, "la justicia, sola, es la que conserva la República", la justicia deteriorada, sola, es la que está acabando con la República, pues el Poder Judicial en Venezuela no goza totalmente de ninguno de los atributos que sirven para que pueda cimentar un régimen democrático y un Estado de Derecho, pues ni es totalmente independiente ni es totalmente autónomo. Al contrario, en muchos aspectos es un Poder dependiente y mediatizado.

I. LA DEPENDENCIA DEL PODER JUDICIAL

Para que un Poder Judicial pueda ser el cimiento del Estado de Derecho y del régimen democrático, resulta indispensable que el mismo no tenga sometimiento alguno respecto de los otros Poderes del Estado, particularmente respecto del Poder

---

2374 Allan R. Brewer-Carías, declaraciones al diario *El Nacional*, 1977, en A. Peña (entrevistas), *Democracia y reforma del Estado*, *cit.*, p. 510.

2375 Publicado en *El Nacional*, 5-2-84, p. B-11; *El Diario de Caracas*, 5-2-84, p. 14. Véase la reacción crítica de la Asociación de Jueces del Distrito Federal, en *El Nacional* 11-3-84, p. D-11.

2376 *El Nacional*, 6-4-85, p. A-4.

Ejecutivo o del Poder Legislativo, ni respecto de los órganos en los cuales éstos, formal o informalmente, tengan control. La independencia del Poder Judicial que exige la Constitución[2377], por tanto, resulta en un no sometimiento, en forma alguna, a los otros Poderes del Estado, de manera que el control de las decisiones de los jueces sólo se realice por las vías de recursos ante los propios jueces superiores, y que el ejercicio de sus atribuciones por los Poderes Ejecutivo y Legislativo no puede afectar ni interrumpir, en forma alguna, las atribuciones del Poder Judicial[2378].

Esta independencia se manifiesta tradicionalmente en dos aspectos: en el nombramiento y remoción de los jueces, que no debe corresponder ni al Ejecutivo Nacional ni a las Cámaras Legislativas; y en el manejo de los recursos presupuestarios asignados a los Tribunales, que no debe quedar en manos del Ejecutivo Nacional. De allí, incluso, que en algunos países sea la Constitución la que garantiza un porcentaje mínimo del presupuesto con destino al Poder Judicial, de manera que ni siquiera el Congreso pueda reducirlo al aprobar la Ley de Presupuesto[2379]

Ahora bien, conforme a la Constitución, "para asegurar la independencia, eficacia, disciplina y decoro de los Tribunales y garantizar a los jueces los beneficios de la carrera judicial"[2380], se previó que la ley debía crear el Consejo de la Judicatura, como órgano de rango constitucional independiente de los órganos que ejercen los tres clásicos Poderes del Estado (Congreso, Ejecutivo Nacional y Corte Suprema de Justicia) pero en el cual debían tener "adecuada representación" dichas ramas del Poder Público. Así, en 1969 se creó el Consejo de la Judicatura compuesto por 9 miembros: 5 designados por la Sala Político-Administrativa de la Corte Suprema de Justicia (cuyos cinco magistrados a la vez son designados por el Congreso); dos designados por el Congreso de la República; y dos designados por el Ejecutivo Nacional[2381] al cual se asignaron las siguientes atribuciones:

a. Designar en cada período constitucional a los Jueces
b. Inspeccionar y vigilar el funcionamiento de los Tribunales
c. Ejercer la potestad disciplinaria sobre los jueces y por tanto, conocer de las denuncias de faltas cometidas por los miembros del Poder Judicial.
d. Preparar el anteproyecto de Presupuesto del Poder Judicial[2382].

Antes de la creación del Consejo de la Judicatura, estas funciones materialmente las ejercían el Ejecutivo Nacional y la Corte Suprema de Justicia[2383], lo que se consideró como una dependencia no admisible. Con la creación del Consejo de la Judicatura, en cambio, se pensó en asegurar la independencia necesaria de los jueces, particularmente al atribuírsele a dicho órgano el nombramiento y remoción de aquéllos.

2377 Art. 205 de la Constitución.

2378 Arts. 160 y 241 de la Constitución.

2379 Es el caso, por ejemplo, de la Constitución de Costa Rica, que establece en el artículo 177, que en el Proyecto de Presupuesto "se le asignará al Poder Judicial una suma no menor al 6% de los ingresos ordinarios calculados para el año económico". En contraste, el Presupuesto asignado al Poder Judicial en Venezuela, en 1988, era equivalente al 0.50% del total de gastos.

2380 Art. 217 de la Constitución.

2381 Art. 34 de la Ley Orgánica.

2382 Art. 120 de la Ley Orgánica.

2383 Arts. 34 y 35 de la Ley anterior.

Sin embargo, como lo destacó *El Nacional* en una "mancheta" premonitoria con motivo de la sanción de la Ley en 1969:

> "No es independencia el cambio de formas de dependencia"[2384]

Puede que haya habido atenuación de la dependencia respecto del Poder Ejecutivo, pero de ello se pasó a la dependencia de las fuerzas políticas[2385] o de la partidocracia[2386], llevándose al extremo el esquema del Estado de Partidos.

Y en efecto, casi 20 años después de la creación del Consejo de la Judicatura, puede afirmarse que la reforma cambió la forma de dependencia, al punto de que la hizo multiforme, con lo cual la independencia de los jueces se hizo más lejana, produciéndose una degradación peor en la Judicatura. Esto se evidencia, con dramatismo, en el nombramiento y remoción de los jueces, al punto que el entonces Decano de la Facultad de Derecho de la UCAB, Luis M. Olaso S. J., hace poco afirmó:

> "Nuestro Poder Judicial en Venezuela, no tiene la independencia necesaria ni la estabilidad requerida para una recta administración de justicia. Otros Poderes del Estado y los partidos políticos intervienen demasiado en el nombramiento, en la permanencia de los miembros del Poder Judicial en sus cargos"[2387].

1. *El nombramiento de los jueces y las nuevas formas de dependencia*

A. *La oposición a la reforma de 1969*

Al inicio del período constitucional 1969-1974, correspondía al Gobierno del Presidente Caldera iniciar el proceso de nombramiento de los jueces para todo el período constitucional, para lo cual el Ministerio de Justicia debía enviar sendas ternas para cada Juzgado para la designación de los jueces de entre las mismas, por la Sala Político-Administrativa de la Corte Suprema de Justicia.

El Presidente Caldera, en su rueda de prensa del 3 de julio de 1969, expresó:

> "En el mes de agosto debe elegirse un nuevo Poder Judicial. Los Jueces de todas las instancias van a ser designados para el próximo período constitucional. El Gobierno no tiene interés, no desea —mejor dicho— darle al Poder Judicial ningún signo unilateral ni partidista. El Ministro de Justicia ha incitado a los presidentes de las distintas Salas de la Corte Suprema de Justicia con el deseo de que la propia Corte señale cuáles son los funcionarios de instancia que han cumplido mejor, y quiénes son aquellos que a su juicio no deberían continuar. . . Ahora, sí quiero manifestar lo siguiente, porque es cierto: el país no de-

---

2384 Véase la referencia en *Gaceta del Congreso,* 1969, p. 419.

2385 Ramón Escovar Salom destacaba hace años la importancia del Poder Judicial "y su independencia frente al acecho ya sea por el Poder Ejecutivo o por las fuerzas políticas", *El Nacional,* 7-8-78, p. A-4.

2386 Rodolfo Plaza Márquez señalaba recientemente que "lo que llama la atención del Ejecutivo en esta manera de tratar el problema, es que se pretenda señalar a los jueces como la causa de estos males, cuando sabemos que es el Ejecutivo y la *partidocracia* quien designa a los jueces, quien estudia su conducta y preparación para estos cargos", para concluir afirmando que "El Ejecutivo no tiene credenciales para hablar de malos o buenos jueces, éstos son elegidos desde la más alta superioridad por la *partidocracia", El Universal,* 28-9-87, p. 1-4.

2387 En el libro *Primeras Jornadas de los Jueces de Instrucción en Venezuela*, UCAB, 1984, p. IX.

searía que el Poder Judicial sea objeto de reparticiones a base de parcialidades políticas... "[2388].

La oposición, que dominaba el Congreso, no creyó al Presidente y ante una posible designación masiva de jueces con injerencia del Ejecutivo Nacional, planteó la reforma de la Ley Orgánica del Poder Judicial, para atribuir el nombramiento de los mismos a un órgano (el Consejo de la Judicatura) que quedara fuera del control del Ejecutivo, pero no así de las fuerzas políticas. El Ejecutivo Nacional se opuso a la reforma, con un planteamiento básico de fondo: el Consejo de la Judicatura debía crearse pero dentro de un sistema de carrera judicial[2389]. Por ello el Presidente de la República al devolver la Ley al Congreso se preguntaba:

> "Si no existe una Ley de Carrera Judicial ¿cómo crear entonces el Consejo de la Judicatura?[2390]

y el Ministro de Justicia, al intervenir en las sesiones de las Cámaras Legislativas que debatían tal devolución, señalaba que

> "Mientras no exista Ley de Carrera Judicial que sirva de base y soporte al Consejo de la Judicatura, no podrá ser realmente garante de la independencia del Poder Judicial"[2391].

Esta posición era la correcta: no tenía sentido trascendente crear un órgano para sólo nombrar los jueces, quitándole injerencia al Ejecutivo en tal tarea, sin que se asegurase la carrera judicial, de manera que el ingreso a ella se iniciase por concurso y se garantizase la estabilidad de los jueces.

El problema, por tanto, era el de la reforma del Poder Judicial, y no sólo el de una reforma circunstancial a una Ley, como lo dijo el Diputado Ramón Escovar Salom,

> "La reforma de la administración de Justicia no puede hacerse sino mediante la creación de la carrera judicial", para lo cual daba dos características de aquélla: el concurso de méritos, de manera "que los jueces asciendan por sus méritos, que la promoción de los jueces se haga por méritos acumulados durante la carrera"; y la inamovilidad, de manera "que el juez no esté amenazado por ninguna circunstancia ni por ningún accidente de carácter político o de cualquier carácter" [2392].

Por ello, la explicación del Ministro de Justicia en las Cámaras Legislativas, sobre la posición del Gobierno:

> "Nosotros concebimos el Consejo de la Judicatura no como el resultado de un acto legislativo de carácter parcial, sino como algo estrictamente vinculado a la carrera judicial ya que, como lo señala el artículo 217 de la Constitución Nacional, una de las finalidades del Consejo de la Judicatura es garantizar a los ma-

---

2388 R. Caldera, *Habla el Presidente*. Diálogo Semanal con el Pueblo Venezolano, Tomo I, 1970, p. 210.

2389 *Idem*, p. 291.

2390 *Gaceta del Congreso, cit.*, p. 320.

2391 *Idem*, p. 370.

2392 *Idem*, p. 380.

gistrados judiciales los beneficios de la carrera judicial, y consideramos que si la Constitución Nacional convierte al Consejo de la Judicatura en garante de la independencia, de la eficacia, de la dignidad y del decoro del Poder Judicial, esa finalidad no se logra sólo con la creación de un organismo al cual se traslada la facultad de nombrar los jueces, si previamente no existe una regulación jurídica que establezca los requisitos, las condiciones, las modalidades, del ingreso a la carrera judicial"[2393].

El argumento, desde el punto de vista lógico e institucional era incuestionable; sin embargo, fue dejado de lado por la razón circunstancial de la necesidad de nombrar los jueces, y de los mutuos temores de que el gobierno o la oposición controlaran tal nombramiento.

El diputado Ramón Escovar Salom lo puntualizó así:

> "La oposición tiene temor a que el Poder Ejecutivo pueda escoger unilateralmente los jueces, y el gobierno tiene también el temor de que la oposición pueda hacer también uso unilateral de sus posibles funciones y alcances legislativos"[2394].

Los personeros del partido de gobierno insistieron en el punto. Hilarión Cardozo se preguntaba:

> ¿Lo que se quiere es impedir el reparto del Poder Judicial, o lo que se quiere es garantizar el reparto del Poder Judicial en diversas manos o lo que se aspira es conservar el Poder Judicial existente?"[2395].

En definitiva, la polémica fue crudamente puntualizada por el diputado Ojeda Olaechea, del Partido Comunista, así:

> "Detrás del velo de la independencia del Poder Judicial lo que está en discusión es quién nombra los jueces. Es el reparto de una cuota de jueces para las fracciones políticas que han intervenido en la aprobación de la ley, o al revés, si el Ministerio de Justicia, nombra los jueces por medio de las listas que presenta el gobierno. Este es el problema. No vengamos aquí a hablar y hablar de la independencia de Poder Judicial. Aquí se ha maltratado al Poder Judicial muchas veces"[2396].

Después de los debates, la Ley resultó aprobada, creándose el Consejo de la Judicatura con la potestad de nombrar los jueces, lo cual se calificó por Pedro Pablo Aguilar, como

---

2393 *Idem,* p. 370.

2394 *Idem,* p. 386.

2395 *Idem,* p. 401.

2396 *Idem,* p. 377. Por eso J. V. Rangel señalaba que "la reforma en nada varía la situación del Poder Judicial en Venezuela" pues "no garantiza la independencia y decoro del Poder Judicial"; "lejos de fortalecer esta institución para la buena marcha de la justicia en Venezuela, lo que consigue es deteriorarla y afectar su crédito", *Idem,* p. 453-454.

> "La ratificación de que por este camino el objetivo que se persigue no es garantizar la independencia del Poder Judicial frente al Ejecutivo, sino que el objetivo que se persigue es crear mecanismos que permitan un reparto burocrático del Poder Judicial sin atención a las características que el Poder Judicial debe llenar y a los fines que le corresponden dentro del Estado democrático";

denunciando que la consecuencia del compromiso de aprobación de la Ley por la oposición, naturalmente será la designación de un Poder Judicial

> "que refleje la estructura del Consejo de la Judicatura o sea, un Poder Judicial designado en razón de los intereses de los partidos políticos que han conformado esta mayoría"[2397].

En definitiva señaló que

> "La Ley Orgánica del Poder Judicial no persigue otra finalidad que buscar un mecanismo a través del cual los partidos políticos puedan repartirse, como un botín burocrático, el Poder Judicial"[2398].

Se había producido, así, en todo caso, el cambio de dependencia o una nueva forma de dependencia, pues los jueces pasaron a estar sometidos (dependencia psicológica como la calificó el Presidente Caldera)[2399] a un órgano que quedaba concebido en forma distinta a la previsión constitucional, por la ausencia de una carrera judicial.

Por supuesto, esto no lo admitió la oposición, y así, Carlos Canache Mata le ripostaba a Pedro Pablo Aguilar:

> "Ya verá el diputado Aguilar que el Consejo de la Judicatura estará integrado, sin consideraciones políticas de ninguna especie, por destacados y prestantes figuras del mundo jurídico venezolano. . . y que cuando el Consejo de la Judicatura nombre los jueces no se va a hacer ningún reparto entre los partidos políticos"[2400].

Y el diputado Faraco señalaba para la historia:

> "Nosotros demostraremos con los hechos que no somos unos vulgares aprovechadores de la mayoría. . . que estamos realizando unas reformas que el país reclama para que el Poder Judicial salga de la tutela del Ejecutivo y pueda ser

---

2397 *Idem*, p. 414. En 1988, Pedro Pablo Aguilar ratificaba la apreciación que había formulado casi 20 años antes: "El Consejo de la Judicatura es el resultado de un reparto partidista", y la extendió a la propia conformación de la Corte Suprema de Justicia", cuyos miembros —dijo— "se eligen con criterio partidista", así: "Nadie puede negar, y mucho menos los líderes políticos, que buena parte de las designaciones que en los últimos años se han hecho de magistrados del Supremo Tribunal tienen motivaciones predominantemente partidistas". La consecuencia, agregó, es "que la Corte Suprema de Justicia cambia su jurisprudencia de acuerdo con los intereses políticos del gobierno". *El Nacional*, 13-3-88, p. D-23.

2398 *Idem*. El Presidente Caldera, a su vez, al criticar la Ley señaló: "No creo que le convenga al futuro de Venezuela el que se diga tantos jueces para ti, tantos para tí y tantos para tí", *Habla el Presidente, cit.* p. 291. El Fiscal General de la República, César Naranjo Ostty, en definitiva, afirmó "El Consejo de la Judicatura será utilizado en el futuro para improvisar políticos en jueces"; véase la referencia en Julio César Acosta, *El Nacional*, 23-7-79, p. C-10.

2399 *Idem.*, p. 317.

2400 *Idem.*, p. 451.

elegido en forma independiente para que cumpla con su misión de administrar justicia"[2401].

Pero la verdad es que, como lo señalábamos en 1977,

> "De esa insensata aprobación surgió el Consejo de la Judicatura con una composición que resultó excesivamente partidizada, la cual ha contribuido a la politización y consiguiente desprestigio del Poder Judicial"[2402].

Y ello se ha agudizado en los últimos años.

Esto ya lo vaticinaba Ramón Escovar Salom al aprobarse la Ley, al señalar:

> "Ahora se va a politizar el Poder Judicial porque el Congreso va a tener una participación mayor de la que ha tenido en el pasado"[2403].

Frente a ello, sin embargo, todavía clamaba a la sensatez del Congreso:

> "es necesario evitar la politización del Poder Judicial. Es muy malo para la justicia, en cualquier país, que la interfieran los gobiernos o los partidos políticos. Todo lo que se haga para evitar la politización del Poder Judicial será beneficioso para las instituciones del país y todo lo que nosotros hagamos para evitar aquí la politización de la justicia redundará, no sólo en beneficio de la democracia, sino en beneficio mismo de los partidos"[2404].

La politización del Poder Judicial y el deterioro progresivo de esta institución, por tanto, fue un acaecimiento anunciado y advertido.

B. *Las consecuencias de la reforma: la politización y deterioro del Poder Judicial*

Y así, contrariamente a lo pregonado por la oposición de entonces, la designación de los jueces por parte del Consejo de la Judicatura, desde su inicio, hace 18 años, fue producto de un reparto o distribución entre las fuerzas políticas, primero con gran influencia de los partidos políticos, luego, producto de intereses grupales y del amiguismo, con la consecuente partidización, politización y grupalismo del Poder Judicial.

Apenas realizada la primera designación de jueces por el Consejo de la Judicatura, en 1969, Luis Piñerúa Ordaz señalaba que:

> "los nombramientos de jueces, realizados por el Consejo de la Judicatura obedecen, en su mayoría, a un interés partidista"[2405].

2401 *Idem.*, p. 441.

2402 Allan R. Brewer-Carías, declaraciones al diario *El Nacional,* 1977, en A. Peña (entrevistas), *Democracia y Reforma del Estado, cit.*, p. 510.

2403 *Gaceta del Congreso, cit.*, p. 390.

2404 *Idem.*, p. 392. Insistía además en que no era "prudente que se lleven las contradicciones y los colorantes políticos del Parlamento al seno de la Judicatura, porque eso debilita la juridicidad del Estado democrático", *Idem.*, p. 386.

2405 8-3-70. Véase la referencia en Julio César Acosta, *El Nacional,* 23-7-79, p. C-10.

Años después, con un Consejo de la Judicatura como el que había salido de la reforma de 1969, la politización del Poder Judicial era completa. En una frase, referida a la judicatura penal, lo resumía Luisa Amelia Carrizales

> "El Poder Judicial Penal se halla totalmente politizado con todas sus consecuencias"[2406].

Precisamente por ello, en la campaña electoral de 1978, el Presidente Carlos Andrés Pérez prometió:

> "reformar la Ley para modificar la integración del Consejo de la Judicatura para así evitar la injerencia de intereses políticos en la designación de los jueces";

y el candidato presidencial Luis Herrera Campíns ofreció

> "la carrera judicial para despolitizar la Judicatura"[2407].

En todo caso, en los inicios del gobierno de Luis Herrera Campíns, la situación del Poder Judicial era dramática, y ya ni siquiera todos los miembros del Consejo de la Judicatura, eran aquellas "prestantes figuras del mundo jurídico venezolano" que Carlos Canache Mata ofrecía en 1969. Los partidos políticos, por tanto, habían asumido el control de los nombramientos de jueces, frente a lo cual Julio César Acosta, en 1979, señalaba:

> "Después de la muerte de Juan Vicente Gómez, gran dictador de este país, el único avance que hemos logrado en esta materia y en estos últimos veinte (20) años de democracia, es haber cambiado al Poder Ejecutivo, como gran elector de jueces, por los Comités Ejecutivos Nacionales (CEN) de los dos grandes partidos democráticos que se turnan el poder en nuestro país" [2408]

Por supuesto, el control por los partidos políticos de la Judicatura no puede considerarse como un hecho aislado. El sistema político-democrático instaurado en Venezuela a partir de 1958, se montó sobre dos pilares fundamentales: un esquema de Estado Centralizado, en el cual los poderes y la democracia regional y local quedaba minimizada; y un monopolio de poder atribuido a los partidos políticos, a su vez conformados con la estructura organizativa del centralismo democrático, que progresivamente asumieron, penetrando y controlando todos los aspectos e instituciones de la vida política nacional. De allí el esquema resultante del Estado de Partidos que tenemos.

Lo cierto, en todo caso, era que en 1983, el propio Presidente de la Asociación de Jueces del Distrito Federal, Cesáreo Espinal, señaló:

> "si se vetara a un juez por pertenecer a un partido político, el 99% de los jueces tendría que ser removido de sus cargos, tendríamos que acabar con todo el Poder Judicial, porque todos, de una manera u otra, están identificados políticamente"[2409].

2406 *El Universal,* 21-2-87, p. 2-18.

2407 Véase las referencias en Julio César Acosta, *El Nacional,* 23-7-79, p. C-10.

2408 *El Nacional,* 23-7-79, p. C-10.

2409 *El Universal,* 2-11-83.

En esta forma, los partidos políticos en la democracia asumieron el rol de los antiguos caudillos de la autocracia. Ramón J. Velásquez describió el fenómeno con exactitud:

> "En la Venezuela democrática, poderosa y moderna, el caudillismo se ha trasladado a los partidos políticos que dominan por entero la vida nacional, en unión de poderosos grupos de presión. . . dominan el Poder Público. Esta dominación afecta profundamente la naturaleza y la estructura de Poder Judicial y lo sigue colocando en la misma situación de minusvalía del pasado"[2410].

En todo caso, el daño ya estaba consumado. Los partidos políticos habían hecho lo que ni les convenía a ellos ni le convenía a la democracia, pues con la injerencia en el Poder Judicial, éste había comenzado a caer en el desprestigio. ¡Habían traspasado otro de los límites que debía tener el *Estado de Partidos!*

Rafael Caldera constataba la situación, recordando sus planteamientos de 1969:

> cuando, durante mi gobierno, la mayoría parlamentaria aprobó la Ley que organizó el Consejo de la Judicatura, hubo el temor de que se convirtiera en un instrumento de repartición los cargos judiciales por los partidos políticos. Esa premonición se acentuó, y los mismos promotores de la Ley han expresado severos juicos acerca de su aplicación" [2411].

Lamentos, en efecto, no se dejaron de expresar. Quizás el significativo de todos fue el de David Morales Bello quien en 1984, señaló:

> "reconozco que cuando los jueces eran designados por la Corte Suprema de Justicia los problemas fueron siempre menores en relación con el comportamiento de alguno de ellos, y no descarto la posibilidad de que entre los factores concurrentes en la creación de las actuales anomalías, figura la forma como vino funcionando el Consejo de la Judicatura en su encargo nombrar los jueces, pues es público y notorio que unas cuantas circunstancias pesaron en el ánimo de los magistrados para hacer las designaciones, pero no fue determinante la rigurosa exigencia de condiciones de aptitud, de honestidad y sentido de responsabilidad, sin cuyo concurso los jueces siempre dejan mucho que desear"[2412].

Y de allí —concluía— lo que todos los que hemos ejercido la profesión de abogado en los Tribunales, sabemos; que anteriormente, los jueces de Primera Instancia:

> eran profesionales que inspiraban respeto por su entidad como tales, pero ahora escasean aquellos de quienes se puede decir lo mismo y este es un factor que no se puede desestimar"[2413]

Pero hay que reconocerlo, el mal introducido por los partidos políticos en la politización del Poder Judicial, degeneró contra ellos mismos, pues pronto comenzaron a manifestarse otros condicionantes en el nombramiento de los jueces: el amiguis-

---

2410 Declaraciones al diario *El Nacional,* 1977, en A. Peña (entrevistas), *Democracia y Reforma del Estado, cit.,* p. 518.

2411 *El Nacional*, 30-3-84, p. D-l.

2412 *El Nacional*, 4-12-84, p. D-8.

2413 *Idem.*

mo, el grupalismo y hasta las relaciones de familia que comenzaron a girar en torno a algunos miembros del Consejo de la Judicatura, independizándose el proceso, hasta cierto punto, de las propias direcciones partidistas.

David Morales Bello, así, señalaba en 1984:

> "Los compadrazgos que sirven de explicación para el nombramiento y mantenimiento de jueces in idóneos (por ignorancia o por deshonestidad) no han tenido raíz político-partidista, sino conjunción de intereses grupales, y han sido patrocinados subrepticiamente buscando aparentar que se trata de parcializaciones de carácter político" [2414].

Sea que persista la repartición burocrática político-partidista, o de los intereses grupales y del amiguismo, lo cierto es que los jueces siguen siendo nombrados, estando de por medio factores subjetivos y sin que prevalezcan totalmente los factores objetivos decantados a través de un concurso de oposición. Este ha sido el resultado directo de la reforma de 1969, que todos los líderes políticos denuncian, sin que suceda nada para remediarlo. Basta recordar lo que señaló en 1985, el entonces Presidente de la Comisión Presidencial para la Reforma del Estado, Ramón T. Velásquez:

> "Debe salir de la órbita del reparto entre los partidos el Poder Judicial; mientras la elección de jueces constituya una descarada negociación de porcentajes, la Ley de Carrera Judicial será inoperante y todas las promesas de pulcritud en este campo esencial de la vida nacional, serán simples engaños"[2415].

Incluso, una Magistrada del Consejo de la Judicatura, al anunciar la aprobación, al fin, de un Reglamento de Concursos de Oposición en 1983, aún no totalmente en aplicación, expresaba que con dicho Reglamento se erradicaría totalmente "la componenda política, la amistad y los intereses"[2416], que jugaban en la designación de los jueces, es decir, se terminaría "con la corruptela en la escogencia de los jueces"[2417]. A confesión de parte, por supuesto, relevo de pruebas!

C. *La Ley Orgánica del Consejo de la Judicatura de 1988*

En 1988, y con motivo de los trabajos realizados por la Corte Suprema de Justicia, se proyectó y sancionó una Ley Orgánica del Consejo de la Judicatura destinada exclusivamente a regular dicho cuerpo, argumentándose que "al carecer de un estatuto jurídico propio, orgánico y sistemático, no había cumplido a satisfacción las altas atribuciones que le están conferidas" en la Constitución[2418]. Sin embargo, en realidad, no era la falta de una Ley la que impidió el adecuado funcionamiento del cuerpo, sino su propia composición y la ausencia efectiva de la carrera judicial.

Entre las reformas efectuadas se destaca la reducción del número de Magistrados del Consejo, a 5 miembros, que se aprobó serán designados así: 3 por la Corte Su-

---

2414 *Idem.*

2415 *El Nacional,* 29-3-85, p. D-18.

2416 Noemi Irausquín de Vargas, *El Universal,* 10-5-83.

2417 Noemi Irausquín de Vargas, *El Nacional,* 21-5-83.

2418 Exposición de Motivos, p. 1.

prema de Justicia, uno por el Congreso y uno por el Ejecutivo Nacional (Art. 7) con lo cual se podrá minimizar, en el futuro, la influencia directa de los partidos a través del Congreso y del Ejecutivo, en las decisiones del Consejo (Art. 7).

Otra reforma importante al régimen anterior, en todo caso, fue la previsión de un medio de control de legalidad contra las decisiones del Consejo en materia disciplinaria respecto de los jueces, por parte de la Sala Político Administrativa de la Corte, con lo que se superó el desaguizado impuesto por la jurisprudencia de la propia Corte, al declarar como no recurribles dichas decisiones. Afortunadamente, sin embargo, el Congreso, no acogió la figura sin precedentes que se había propuesto de una "casación administrativa" en lugar del recurso contencioso-administrativo de anulación, que en definitiva se adoptó[2419].

En todo caso, en 1988, las reacciones contra el Consejo de la Judicatura se habían multiplicado y en un Documento del Comité Nacional del principal partido de oposición, Copei, de fecha 19 de julio de 1988, se afirmó lo siguiente:

> "El Consejo de la Judicatura, que tiene entre sus finalidades la de garantizar la independencia y el decoro de los Tribunales, a causa de la actitud de la mayoría que controla sus decisiones, se ha caracterizado durante este período por los siguientes vicios:
>
> a) Ha dejado indefensos a los jueces contra los cuales ha arremetido el Gobierno por haber decidido en contra suya, con motivo de actos ilegales y arbitrarios (casos RAP, Isa Dobles y Orquesta Sinfónica Venezuela) o por haber decidido en forma distinta a lo preestablecido por la policía (casos Vecchionacce, Achicar, Guevara, Quintana).
>
> b) Ha actuado como instrumento represivo del Gobierno contra los jueces que han tomado decisiones que no le satisfacen (casos Ruiz Becerra, Rossell, Quintero Moreno).
>
> c) Se ha abstenido de sancionar a los jueces que han sido sumisos a las instrucciones del Gobierno (casos Armado, González Blanco, Lamus), a pesar de que sus decisiones contra personas reconocidamente honestas fueron revocadas por tribunales superiores por inexistencia del delito y falta de pruebas.
>
> d) Ha cohonestado las irregularidades y vicios que se han producido en el juicio de divorcio seguido por el Presidente Lusinchi contra su esposa, desestimando en dos ocasiones denuncias formuladas por ésta, sustentadas en pruebas que evidencian la complacencia y parcialidad de los jueces que han conocido el proceso"[2420].

Mayor visión negativa del Consejo de la Judicatura y de su papel en la administración de justicia, no podría haber. Sin embargo, era evidente que la nueva Ley sancionada en agosto de 1988, por sí sola, ningún cambio provocaría.

2419 Informe de fecha 19-7-88

2420 *EL Nacional*, 20-7-88, p. 1-13.

D. *La ausencia de la carrera judicial*

La Ley de Carrera Judicial, que había prometido el Presidente Luis Herrera Campíns, se promulgó en 1980[2421] con la finalidad de "asegurar la idoneidad, estabilidad e independencia de los jueces, y regular las condiciones para su ingreso, permanencia y terminación en el ejercicio de la Judicatura, así como determinar la responsabilidad disciplinaria en que incurran los jueces en el ejercicio de sus funciones"[2422].

El elemento central de la Ley era el establecimiento del sistema de concurso de oposición para el ingreso a la carrera judicial y para el ascenso de los jueces, como presupuesto para su estabilidad. Se pretendía, así, completar aun cuando muy tardíamente y frente a un daño irreparable en el corto plazo ya hecho, el error inicial de 1969, de haber creado el Consejo de la Judicatura, pero sin haber establecido la carrera judicial.

Siempre hemos pensado, en efecto, que

> "El quid de toda verdadera reforma del Poder Judicial radica en cómo se nombra a los magistrados y no en quién lo hace. La forma de elección mediante concurso de oposición de méritos, antecedentes y conocimientos, sin la menor duda, es la que menos se presta para las componendas y es en la que los jueces honestos y competentes pueden confiar. Naturalmente que concebida así la reforma, encontrará fuerte oposición en algunos partidos"[2423].

Y lamentablemente, donde encontró el primer obstáculo en su aplicación fue en el propio Consejo de la Judicatura. En 1983, en efecto, el Magistrado del Consejo, Pedro Elías Rodríguez, tres años después de la entrada en vigencia de la Ley, señalaba:

> "A mí me angustia que no estemos cumpliendo con la Ley de Carrera Judicial, que nos exige abrir el concurso de inmediato para cumplir con los concursos, pero el Consejo de la Judicatura no lo ha hecho"[2424].

A pesar de ello, sin embargo, el Consejo de la Judicatura nombró jueces principales y jueces suplentes sin abrir concurso, lo que provocó el hecho insólito de que la Corte Suprema de Justicia objetara el nombramiento de 40 jueces, enfrentándose al Consejo de la Judicatura en una comunicación hecha pública en 1983, en la cual se señalaba entre otros aspectos que

> "la *ratio juris* de la Ley de la Carrera Judicial, es que toda la judicatura venezolana esté integrada en el futuro por personas (jueces y suplentes) escogidos mediante un proceso de selección (concurso) que garantice lo mejor posible la idoneidad de los jueces y asegure la efectiva independencia del Poder Judicial... Con arreglo a la Ley de Carrera Judicial (1980) todos los cargos de Jueces y Suplentes de los Tribunales deben ser cubiertos mediante sistemas de concur-

---

2421 *Gaceta Oficial* N° 2.711 Extra de 30-12-80.

2422 Art. 1°

2423 Declaraciones al diario *El Nacional,* 1977, en A. Peña (entrevistas), *Democracia y Reforma del Estado, cit.*, p. 511.

2424 *El Nacional,* 1-3-83, p. D-14.

> sos. . . Los cargos de suplentes de los Tribunales también deberán ser suplidos mediante concurso de oposición".

Y concluía exigiendo al Consejo de la Judicatura que debía:

> "proceder a abrir y realizar los concursos"[2425].

Esta situación irregular de la ausencia de un efectivo y objetivo mecanismo de ingreso a la carrera judicial mediante concurso, todavía persiste en 1988.

Así, el Presidente del propio Consejo de la Judicatura, Nehemías Benazar, en octubre de 1987, planteaba la necesidad de los concursos[2426] y una Magistrada del Consejo de la Judicatura, un día después, cuestionaba

> "la práctica de selección de jueces a dedo",

indicando que

> "el único mecanismo de selección utilizado fue el de escoger a los jueces en base al conocimiento personal que cada uno de los magistrados proponentes tiene de sus postulados"[2427].

Por supuesto, nada más contrario al espíritu de la Ley de Carrera Judicial que esta denuncia, que en el mismo mes de octubre de 1987 repetía el Presidente de la Asociación de Jueces del Distrito Federal, al referirse al mismo planteamiento crítico respecto del Consejo de la Judicatura por la

> "designación de los jueces suplentes sin concurso y violándose la Ley de Carrera Judicial"[2428].

Esta situación, respecto de los jueces suplentes la identificó claramente Ramón Escovar Salom en 1987 al denunciar que

> "la práctica nefasta hasta ahora ha sido hacer del nombramiento de los jueces suplentes un reparto político. . . Los jueces suplentes son un reflejo de la correlación de fuerzas existentes en el Consejo de la Judicatura".

Frente a ello exigía

> "que todos los jueces (titulares y suplentes) sean nombrados con base a sus credenciales intelectuales y morales, desechando el clientelismo que ha permitido la formación de algunos grupos dentro del Poder Judicial[2429].

En 1987, 18 años después de creado el Consejo de la Judicatura, por tanto, aún no se aplicaban enteramente las normas de la carrera judicial, y la credibilidad del Poder Judicial estaba por el subsuelo. Ello motivó, en octubre de 1987, que se reunieran los altos personeros de la Corte Suprema de Justicia, del Ministerio de Justi-

---

2425 *El Universal,* 29-10-83, p. 1-2.

2426 *El Universal,* 10-10-87, p. 1-33.

2427 Carmen Elena Crespo, *El Universal,* 11-10-87, p. 1-37.

2428 *El Universal,* 28-10-87, p. 1-39.

2429 *El Nacional,* 27-9-87, p. A-4.

cia, del Consejo de la Judicatura, del Ministerio Público y de la Procuraduría General de la República, para hablar, dijo Gastón Navarro Dona, de

> "la necesidad de extremar el criterio selectivo para la escogencia de los jueces, para limpiar el Poder Judicial de jueces corruptos e incapaces" [2430].

¿A estas alturas?

2. *La remoción de los jueces y la otra forma de dependencia*

Pero no sólo la independencia de los jueces aún no está asegurada, debido a las deficiencias en el sistema de nombramiento de los jueces y las nuevas formas de dependencia que ha originado; sino tampoco está garantizada, debido a los poderes que ha venido asumiendo el Consejo de la Judicatura, en cuanto a la remoción o destitución de los jueces, que origina otra forma de dependencia de los mismos, precisamente respecto de dicho organismo.

En efecto, en dos casos que se han producido en los últimos años, en 1984 y 1987, el Consejo de la Judicatura ha destituido a dos jueces, por decisiones adoptadas, y que han originado un gran despliegue informativo en los medios de comunicación social. Con ello, el principio de la carrera judicial ha sido roto, pues la destitución de los jueces no se ha producido realmente por razones disciplinarias, sino por razones políticas y de opinión.

A. *Primer caso: 1984, Destitución del Juez Francisco Ruiz Becerra, Juez de Primera Instancia en lo Penal, con 21 años en la Judicatura.*

Con motivo de la detención de Vinicio Carrera, ex-Ministro de Transporte y Comunicaciones, por denuncias vinculadas a supuestos delitos contra el patrimonio público, se solicitó del Juez XVI de Primera Instancia en lo Penal, Francisco Ruiz Becerra, un amparo a la libertad personal, *habeas corpus* de dicho ex-funcionario, alegadamente detenido en forma ilegal.

El Juez declaró con lugar el *habeas corpus* y ordenó la libertad de Vinicio Carrera. No hubo discusión ni discrepancia alguna en torno a lo procedente del *habeas corpus.* Sólo se discutió el hecho de que el Juez, además, no prohibiera la salida del país al ex-Ministro, lo cual jurídicamente no era obligatorio.

El Consejo de la Judicatura, el 27-9-84, destituyó al Juez pues consideró que el caso había conmovido la opinión pública, al no tomar la providencia de prohibición de salida del país; aclarando sin embargo, que

> "si el juez hubiera dictado expresamente que no tomaba en el caso ninguna de las precauciones que la ley le permite, por no considerarlo necesario, su decisión hubiera resultado inobjetable" [2431].

El Consejo de la Judicatura razonó su decisión comentando la decisión del juez destituido, así:

2430 *El Universal,* 7-10-87, p. 1-4.

2431 *El Nacional,* 27-9-84, p. D-l.

"Se trata de la decisión de un juez relacionado con un asunto que indudablemente, conmovió a la opinión pública porque las circunstancias políticas imperantes para el momento, la notoriedad de las personas que se comprendían en la relación de los hechos, las esperanzas puestas por muchos en resultados generalmente deseados, lo convirtieron en transcendente al campo de las interpretaciones, exaltadas unas, serenas otras, pero válidas todas para configurar una situación que indudablemente condujo al quebrantamiento de la respetabilidad del Poder Judicial. . .".

". . . a juicio del Consejo de la Judicatura ha quedado cuestionada la respetabilidad del Poder Judicial, porque la decisión del juez ha dado ocasión a que dentro y fuera del ámbito meramente judicial, proliferaran opiniones de diversos signos, la mayor parte de las cuales califican la decisión como injusta, divorciada de todo sentido de la realidad conformada por las circunstancias del asunto que la motivó, o en cualquier caso, incompleta, porque dejó de tomar en cuenta un aspecto que no debió ser ignorado" [2432].

Todo ello lo resumió el Magistrado Saume, del Consejo de la Judicatura, señalando

"es un hombre honesto que cometió un error; no explicar por qué no le prohibió la salida del país"[2433].

El atentado contra la independencia de los jueces derivada de la decisión del Consejo de la Judicatura, lo resumió, en una frase, el Voto Salvado del Magistrado Jesús Petit D'Acosta:

"El Consejo de la Judicatura no tiene facultad para pronunciarse sobre la forma y contenido de las sentencias de los jueces"[2434].

Con motivo de esta decisión, el poder de destitución de jueces por el Consejo de la Judicatura, sin que ello sea resultado de un proceso disciplinario, provocó otra forma de dependencia del Poder Judicial contraria a la Constitución: la dependencia respecto del propio Consejo de la Judicatura.

La situación fue advertida y denunciada de inmediato por diversos abogados en ejercicio.

Ramón Haddad, señaló:

"Particularmente pienso que ha habido exceso por parte del Consejo de la Judicatura en este fallo, al entrar en consideraciones de la sentencia de Ruiz Becerra, de los errores jurídicos que pudiera o no tener su decisión, para concluir en una sanción disciplinaria. Pienso que el Consejo de la Judicatura, lo que debe revisar es el comportamiento disciplinario del juez; si es corrupto o no; si ha re-

---

2432 *Idem.*

2433 *El Diario de Caracas*, 2-10-84, p. 7.

2434 *El Nacional*, 27-10-84, p. D-l. En la justificación de su voto salvado Jesús Petit D'Acosta señaló: "La inmotivación de una sentencia no constituye falta disciplinaria. Es un vicio procesal que se corrige mediaste su declaración de nulidad y reposición... El Juez no estaba obligado a motivar por qué no tomó la medida de prohibición de salida del país", *El Diario de Caracas*, 2-10-84.

cibido dinero, si cumple con sus funciones, pero no meterse con sus decisiones. Eso corresponde a los jueces de alzada"[2435].

Luisa Amelia Carrizales señaló:

"Es una decisión que lesiona gravemente la independencia del Poder Judicial y la seguridad jurídica de la ciudadanía. Es una espada de Damocles que han colocado a cada uno de los jueces. Cada decisión que no sea del agrado de la mayoría de los miembros del Consejo de la Judicatura puede ser objeto de decisiones similares a ésta" [2436].

Neptalí Martínez Natera señaló:

"Los jueces pueden sentirse opacados en sus decisiones toda vez que desde ahora no sólo tienen a un superior jerárquico sino también tienen al Consejo de la Judicatura, que se convierte en organismo de apelación superior"[2437].

De allí, Morris Sierralta concluía con la apreciación de que

"Ningún juez se atreverá a decidir un *habeas corpus*, ante el temor de ser destituido por el Consejo de la Judicatura"[2438]

Y Carlos A. Escala precisaba:

"Ahora los jueces no podrán tomar decisiones que no sean consultadas previamente con el Consejo de la Judicatura"[2439].

B. *Segundo Caso: 1987, Destitución del Juez Carlos Silva Garrido, Juez Superior II Penal Accidental.*

El Juez Silva Garrido decidió reponer una causa que se seguía a 7 personas, por delito de tráfico de drogas, al estado de que se iniciara el procedimiento, con la consecuente libertad de los procesados, pero esta vez sí, prohibiéndoles la salida del país. La decisión se adoptó el 11-9-87 y de ello dio cuenta la prensa, en primera página y a grandes titulares el 15-9-87[2440].

La explicación de su decisión la dio el Juez en la primera noticia que salió del caso, señalando que dejó en libertad a los procesados porque consideró que el procedimiento del allanamiento que dio origen al proceso fue vicioso. Dice la información periodística:

"El juez explicó a los periodistas que el procedimiento se inicia para la policía cuando recibe una llamada telefónica e hizo un allanamiento sin la respectiva orden, y una vez que ya estaba en la casa, teniendo a las personas encerradas, los policías salieron a buscar testigos. Señaló que del expediente se desprende

---

2435 *El Nacional,* 28-9-84, p. D-19.

2436 *Idem.*

2437 *Idem.* Por ello Omar Arenas Cándelo calificó el asunto como "una imperdonable injerencia del Consejo de la Judicatura en la soberanía de los jueces", *Idem.*

2438 *Idem.*

2439 *Idem.*

2440 *El Nacional*, 15-9-87, p. A-l y D-24.

que los policías llegaron armados, encerraron a los presentes en un cuarto, donde un obrero ponía unas cortinas"[2441].

El mismo día 15-9-87 apareció en primera página de otro diario la información de la denuncia que en nombre del Gobierno, el Ministro de Relaciones Interiores formuló ante el Consejo de la Judicatura contra el Juez Silva Garrido, pues "la decisión del Juez podría obedecer a otros intereses" [2442] calificando luego la decisión, como producto de "subterfugios leguleyescos" [2443].

El Ministro del Interior, en comunicación al Fiscal General de la República publicada el 16-9-87, completaba su apreciación sobre la decisión del Juez, así:

> "Este hecho, de por sí, pudiera no revestir gravedad alguna si dicha decisión se fundara en el convencimiento del Magistrado respecto a la inocencia de los indiciados, pero ese no es el caso, sino por el contrario, la misma se sustenta en argumentos deleznables y adjetivos que rayan en el insulto a la inteligencia humana"[2444].

El Juez por su parte, el mismo día 16-9-87, explicaba su decisión:

> "cuando observé el vicio demasiado grande que comenzó en el expediente, estudié la reposición. A mí no me consta que sean narcotraficantes. Como Juez tengo que hacer cumplir la ley".

Y al preguntarle el periodista si sabía del escándalo que acarrearía su decisión, el Juez señaló:

> "Sabía que esto se iba a presentar. Pero ojalá sirva de ejemplo para que los cuerpos policiales, cuando abran este tipo de averiguaciones, se ajusten a la legalidad, porque de lo contrario, están expuestos a que un Juez que sea apegado al ordenamiento jurídico, al ver estos vicios, eche para atrás todo. En este caso, el expediente se inició sin orden de allanamiento y aunque los procesados sean unos vagabundos, el expediente está viciado. Si un funcionario pisotea la ley, como juez tengo que pronunciarme e impedirlo; si no lo hago, me convierto en arbitrario".

Concluyó señalando que

> "No puedo convertirme en juez narcocomplaciente ni en juez gobiernocomplaciente. Actúo conforme a la Ley y punto. No tengo culpa que se hagan expedientes a la carrera en busca de ascensos"[2445].

El Ministro de Justicia, al día siguiente, el 17-9-87, informaba al país que este no era el único caso, y que

---

2441 *El Nacional*, 15-9-87, p. D-24.

2442 *El Universal*, 15-9-87, p. 1-1

2443 *El Universal*, 16-9-87, p. 1-31.

2444 *Idem*.

2445 *El Nacional*, 16-9-87, p. D-l.

> "en apenas seis meses hay por lo menos unas 400 o 500 decisiones, parecidas a la que tomó este Juez"[2446].

En todo caso, dos días después de haber sido denunciado el asunto ante el Consejo de la Judicatura por el Ministro de Relaciones Interiores, el Consejo de la Judicatura resolvió destituir de su cargo al Juez Silva Garrido, pues se estimó que "este abogado no está capacitado para ser Juez Superior"[2447], aun cuando, por supuesto, había sido nombrado por dicho Consejo. Entre la motivación de la decisión, el Presidente del Consejo de la Judicatura informó que el Juez Silva Garrido

> "no analiza las pruebas que existen en el expediente sino que se basa en una supuesta falla en la instrucción del sumario y repone al estado en que se inicie nuevamente el juicio, con lo que quedaron en libertad los 7 sentenciados en el caso" [2448].

La noticia de prensa completa la información señalando que

> "El Magistrado Benazar reconoció que la connotación de la decisión, la conmoción, el escándalo público y las quejas reiteradas llevaron al Consejo a tomar esta decisión, cuya celeridad fue posible por tratarse de un juez suplente" [2449].

El Presidente de la República, el mismo día "admitió que estuvo molesto con la decisión" del juez, pero señaló

> "que afortunadamente el Consejo de la Judicatura procedió a hacer lo que todo el país esperaba" [2450].

¡Ya había sido condenado por la prensa!

El 18-9-87 el ex-juez Carlos Silva Garrido fue hecho preso, en un bochornoso procedimiento en el cual la policía vejó al Poder Judicial, y sólo un *habeas corpus* pudo permitir que el juez quedara en libertad [2451].

De todo este lamentable espectáculo de sujeción de los jueces a los designios del Consejo de la Judicatura, José Vicente Rangel concluyó puntualizando el asunto con precisión:

> "La lucha contra el narcotráfico tiene que ser adelantada sin desnaturalizar el Estado de Derecho. . .
>
> La Constitución y las leyes de la República que rigen las decisiones de un juez, no pueden ser rabulerías, ni recursos abogadiles, ni leguleyerismos como fueron calificados por el Ministro de Relaciones Interiores.
>
> Precisamente constituyen la protección al ciudadano frente a la arbitrariedad, porque en un momento dado, a través de acciones contra el narcotráfico, se

---

2446 *El Nacional*, 17-9-87, p. D-5.

2447 Nehemías Benazar, *El Nacional*, 17-9-87, p. D-l.

2448 *El Universal*, 17-9-87, p. 1-35.

2449 *Idem*.

2450 *El Universal*, 18-9-87, p. 1-12.

2451 *El Nacional*, 3-10-87, p. D-23. Posteriormente, al Juez Silva Garrido se le dictó auto de detención, en un proceso penal de salvaguarda del patrimonio público.

puede estar persiguiendo en verdad al narcotraficante o se puede estar cometiendo una injusticia. Y los únicos que pueden decidirlo son los jueces en base a la aplicación de la ley.

Un Juez tiene que decidir con base en esos expedientes. Si está mal instruido, si tiene vicios, si se han violado derechos fundamentales, su responsabilidad es con la ley, independientemente de las implicaciones del caso[2452].

El problema, en todo caso, se había planteado hacía más de dos años, con motivo de otra decisión que dejó en libertad a procesados por asuntos de drogas. Al referirse a aquella decisión judicial, el Magistrado del Consejo de la Judicatura, Jesús Petit D'Acosta, señaló:

> "el truco de la Policía Técnica Judicial consiste en pasar a los jueces un expediente deliberadamente mal instruido para hacer recaer sobre ellos la responsabilidad de darle libertad a los narcotraficantes"[2453].

El mismo problema lo volvió a plantear en 1987, respecto al caso del Juez Silva Garrido:

> "En materia de drogas los jueces penales están entre dos fuegos. Por una parte los acosa el Gobierno, estimulando una especie de paranoia colectiva, para que convaliden sin revisión las actuaciones de la policía. De lo contrario se exponen a ser escarnecidos con el mote infamante de "narco complacientes" que ya le ha sido puesto a casi todos ellos, puesto que si son 500 según la cuenta oficial, este número duplica a los Tribunales penales existentes, por lo cual habría que concluir que no se salva nadie"[2454].

Lo que resulta de estos dos casos de jueces destituidos por el Consejo de la Judicatura, el Juez Francisco Ruiz Becerra (1984) y el Juez Carlos Silva Garrido (1987), que sólo se configuran como una muestra de otros tantos, es que por la presión de la opinión pública, indudablemente dirigida, el Consejo de la Judicatura destituye a jueces que han actuado conforme a la ley, pero cuyo resultado no es del agrado del Gobierno o de la propia opinión pública, generada, sin duda, también, por legítima preocupación sobre problemas que aquejan a la sociedad venezolana.

José Guillermo Andueza, ex-Decano de la Facultad de Derecho de la Universidad Central de Venezuela y ex-Procurador General de la República resumía la situación del Consejo de la Judicatura en agosto de 1988 así:

> "Se ha utilizado además, en este Gobierno, al Consejo de la Judicatura para amedrentar y atemorizar a los jueces que no se plieguen a los propósitos gubernamentales. Cada vez que un juez decide en contra de los deseos del Gobierno, el Consejo de la Judicatura actúa y suspende o destituye a quien no se plegó a los deseos.

2452 *El Nacional,* 18-9-87, p. D-19. Aquiles Monagas insistía en esta idea: "El juez tiene que aplicar la ley y el que no lo hace se convierte en el peor de los delincuentes, el más execrable de los delincuentes en un Estado de Derecho", *El Nacional,* 29-9-87, p. D-16.

2453 *El Diario de Caracas,* 16-2-85, P. 5.

2454 *El Universal,* 2-10-87, p. 1-31.

El Consejo de la Judicatura es un organismo creado para garantizar la independencia en la actuación y decisiones de los jueces y se ha convertido, en la práctica, en un organismo que niega esa autonomía garantizada en los principios constitucionales[2455].

Lo grave de estas decisiones es que hasta 1988, hacían dependientes a los jueces con un agravante insólito: a éstos se les abría un procedimiento disciplinario, donde precariamente se les garantizaba el derecho a la defensa y un juicio justo, y se los destruía; pero luego, esas decisiones del Consejo de la Judicatura, no eran revisables por ilegalidad o inconstitucionalidad, pues habían sido consideradas por la Sala Político-Administrativa de la Corte Suprema de Justicia como no impugnables ante ella. Con ello se lesionaba el Estado de Derecho y el control judicial que implica, por la doctrina impuesta por el propio Tribunal Supremo, que es la institución judicial llamada a controlar la constitucionalidad y legalidad de todos los actos de los órganos que ejercen el Poder Público [2456].

Esta situación, afortunadamente fue superada con la sanción de la Ley Orgánica del Consejo de la Judicatura de agosto de 1988, en la cual se previó un medio de control de legalidad de dichas decisiones.

II. LA MEDIATIZACIÓN DEL PODER JUDICIAL

Además de la independencia del Poder Judicial, la Constitución establece que en el ejercicio de sus funciones, los jueces son autónomos, en el sentido de que para adoptar sus decisiones, sólo están sujetos a lo establecido en la Constitución y las leyes, lo que implica que no deben tener otros condicionamientos que la legalidad.

Contrasta con este principio fundamental, sin embargo, la mediatización a que se ha sometido al Poder Judicial, pues los jueces se encuentran cada vez más condicionados para la toma de decisiones, por las presiones de toda índole que reciben.

Como lo señaló Aquiles Monagas:

> "En un país donde hasta la policía se da el lujo de criticar a los jueces, la libertad no está protegida judicialmente, sino desprotegida"[2457].

Aquí todo el mundo se da el lujo de cuestionar al Poder Judicial; todo el mundo asume la posición de juez; y normalmente se juzga en la opinión pública, antes que los jueces decidan; y lo grave, como lo señalaba José Vicente Rangel, es que

> "Ya no son sólo ciudadanos comunes y corrientes los que discuten las decisiones judiciales, lo cual es normal, sino otros Poderes Públicos, especialmente el Poder Ejecutivo"[2458].

2455 *El Nacional,* 15-8-88, p. D-2.

2456 Sentencia de 28-3-85 dictada precisamente con motivo de la impugnación del acto de destitución del Juez Francisco Ruiz Becerra, en *Revista de Derecho Público,* N° 22, p. 118 a 143. Véase los comentarios en Allan R. Brewer-Carías, *Estado de Derecho y Control Judicial,* Madrid, 1987, pp. 468-471.

2457 *El Nacional,* 29-9-87, p. D-16. El Colegio de Abogados del Estado Guárico, en remitido publicado en *El Nacional,* 21-10-88, p. D-17, por ejemplo, protestaba públicamente por los ataques del Comisario de la DISIP, Henry López Siseo, contra un Juez de Primera Instancia en lo Penal del Estado.

2458 *El Nacional,* 18-9-87, p. D-19.

Ello llevó incluso, a la Federación de Asociaciones de Jueces de Venezuela y a la Asociación de Jueces del Distrito Federal y Estado Miranda, con motivo de conmemorarse el "Día del Juez" en 1987, a afirmar en un aviso de prensa:

> "Criticar a los jueces parece hoy en día un deporte favorito"[2459].

La mediatización de la justicia deriva, por tanto, de las diversas presiones que se ejercen sobre los jueces, y que lesionan su autonomía; ya no es sólo a la ley a la que deben someterse los jueces en el ejercicio de sus funciones, sino que progresivamente aparecen otros condicionantes derivados de presiones de los otros Poderes Públicos o de intereses diversos, entre ellos, de los medios de comunicación.

Como lo ha destacado José Vicente Rangel:

> "La situación de un Magistrado en este momento, aquí en Venezuela, es delicada porque a la hora de sentenciar, más que pensar en hacer cumplir la Constitución Nacional e interpretar las leyes, debe pensar en la reacción que su decisión provocará en el Gobierno de turno, en los Poderes Ejecutivo y Legislativo, en los grupos económicos y de poder, en los partidos políticos"2460

Como consecuencia, progresivamente se ha creado un clima de temor que rodea a los jueces, que lesiona su autonomía.

Lo expresaba en una frase Aquiles Monagas, en una Asamblea de Abogados en respaldo del Juez Silva Garrido, luego del espectáculo político-publicitario que se armó en torno a su polémica decisión, por la cual se lo vejó y sacó a empujones, esposado, del propio Despacho Judicial:

> "los jueces tienen temor"[2461]

Y con jueces temerosos, no hay autonomía judicial y sin autonomía de los jueces, no hay justicia, y sin justicia no hay República posible.

1. *El Poder Ejecutivo arremete contra los jueces*

La primera mediatización de la justicia deriva de las arremetidas que sufre de parte del Poder Ejecutivo, y de los entes administrativos. En unos casos, aquél critica o alaba sentencias (sistema de premio y castigo); en otros casos, simplemente desacata las decisiones judiciales.

Hace diez años lo decíamos:

> "El desprestigio se refleja en la ciudadanía en una falta de confianza en la independencia y autonomía de dicho Poder. Y, más todavía: la falta de confianza ha sido alimentada por el propio Poder Ejecutivo al felicitar, por ejemplo, a jueces que han dictado decisiones en las que tenía interés el gobierno, o al censurar la actitud de jueces que adoptaron decisiones que no satisfacen a los gobernantes" [2462].

2459 *El Nacional,* 11-12-87, p. D-27.

2460 *El Nacional,* 20-9-87, p. D-23.

2461 *El Universal,* 26-9-87, p. 1-37.

2462 Allan R. Brewer-Carías. Declaraciones al diario *El Nacional,* 1977, en A. Peña (entrevistas), *Democracia y Reforma del Estado, cit.*, p. 510.

Así, el Presidente Carlos Andrés Pérez, por lo menos en dos ocasiones, se refirió públicamente a actuaciones de los Tribunales: en un caso, aprobando la sentencia (reconocimiento), en otro caso, criticando la decisión (señalamiento). Lo reconoció el Primer Vice-Presidente de la Cámara de Diputados en 1977, Carlos Canache Mata y lo justificó por el carácter "excepcional" de la intervención en relación a materias que habían causado alarma y confusión nacional[2463].

Por ejemplo, en 1977, la Presidencia de la República, en "comunicado" relativo al caso de la compra de un avión presidencial, puso en tela de juicio la honestidad y buen nombre del juez que conocía del asunto, al señalar que una decisión suya comprometía la moral pública. En consecuencia, el Juez Ornar Riobueno Tremaría, decidió no continuar conociendo en el caso del avión presidencial[2464].

Anteriormente, Octavio Lepage, Ministro de Relaciones Interiores, en el caso de unos extranjeros (hindú y norteamericano) puestos en libertad por decisión judicial después de ser denunciados por intento de soborno contra funcionarios, señaló que

> "existen obstáculos en el Poder Judicial que a veces entraban algunas averiguaciones" [2465].

Ha sido frecuente, por tanto, la intromisión del Poder Ejecutivo en las actividades judiciales. El ex-Presidente Luis Herrera Campíns, sobre los casos de los jueces F. Ruiz Becerra y Delia Estaba Moreno (caso Banco Industrial de Venezuela), denunciaba al gobierno por la

> "conducta de insinuaciones sobre las decisiones del Poder Judicial que significan una peligrosa intromisión en desmedro de la autonomía [2466].

El ex-Presidente Rafael Caldera, más recientemente, en torno al caso del Juez Silva Garrido señalaba

> "A veces se toman actitudes en el Poder Ejecutivo que le quitan reconocimiento a la majestad y dignidad que debe tener el juez"[2467].

El propio Juez Silva Garrido, al salir en libertad reclamaba el "derecho de réplica y a la objetividad periodística",

> "Ya que por los intereses creados, el Ejecutivo me expuso al escarnio y desprecio públicos, pisoteando mi honor y mi dignidad"[2468],

señalando que en su sentencia,

> "Tenía que decidir de acuerdo a la línea del Gobierno o ajustado a derecho y al mandato de mi conciencia"[2469].

2463 *El Nacional,* 7-5-77, p. C-11.

2464 *El Nacional,* 8-2-77, p. D-12.

2465 *El Nacional,* 17-2-75, p. D-12.

2466 *El Nacional,* 8-10-84, p. D-l.

2467 *El Nacional,* 5-10-87, p. D-8.

2468 *El Universal,* 4-10-87, p. 4-32.

2469 *Idem.*

El problema, en todo caso, se ha agravado y generalizado progresivamente. Algunos casos recientes son la muestra más evidente de ello.

A. *Primer Caso: El amparo respecto al RAP*

La Juez Gisela Parra de Castro, Juez Superior VI de lo Contencioso-Tributario, declaró con lugar un recurso de amparo en relación a los derechos que causa el Registro Automotor Permanente (4-5-87)[2470]. En definitiva, apelada la sentencia, el asunto fue decidido por la Corte Suprema de Justicia (6-8-87) declarando sin lugar el amparo, por no ser la vía adecuada en derecho[2471]. En el ínterin, la Juez había sido atacada públicamente por funcionarios del Ministerio de Transporte y Comunicaciones, e incluso se divulgaron coincidencialmente algunas cuestiones relativas a la vida privada de la Juez.

Como lo destacó Jesús Petit D'Acosta, Magistrado del Consejo de la Judicatura:

> "Al fracasar en su intento de intimidar a la juez, quien se mantuvo firme en su posición, el Gobierno usó el condenable método de valerse de una publicación oficiosa para difundir toda clase de infamias contra aquella honorable magistrada, sacando a relucir intimidades de un conflicto familiar suscitado por el reparto de una herencia. El objeto de esta acción innoble era el de advertir a los jueces con criterio propio e independiente, de que sus sentencias en contra del Gobierno tendrían por réplica el uso de los medios de comunicación para desprestigiarlos y difamarlos. De este modo esperaban sembrar el terror entre los jueces, ante la circunstancia de que no había respeto para su vida familiar e íntima, ni para la dignidad de su persona"[2472].

Ello llevó a la Juez, posteriormente, a quejarse de que

> "hay una campaña orquestada, sistemática, supuestamente orientada por un sector, para desacreditar al Poder Judicial Venezolano, lo cual resulta sumamente peligroso para la democracia porque, salvo casos aislados, el Poder Judicial es honesto, capaz y está cumpliendo sus funciones a cabalidad"[2473].

B. *Segundo Caso: El amparo respecto de la Orquesta Sinfónica de Venezuela*

La Sociedad Civil Orquesta Sinfónica de Venezuela introdujo un recurso de amparo por ante el Juzgado Cuarto de Primera Instancia en lo Civil, del cual conocieron tanto el Juez titular, Alirio Abreu Burelli, como el Juez Suplente, César Augusto Montoya. Las decisiones del Juzgado acordaron que el CONAC debía entregar a la OSV la suma de dinero presupuestada para subsidiarla (17-8-87)[2474]. Luego de varias incidencias y de otra decisión de la Corte Primera de lo Contencioso-

---

2470 *El Universal,* 16-5-87, p. 1-30.

2471 *El Universal,* 8-8-87, p. 1-16. Véase el comentario a la sentencia, del Consultor Jurídico del MTC, *El Nacional,* 22-8-87, p. A-4.

2472 *El Nacional,* 2-9-87, p. D-13.

2473 *El Nacional,* 9-11-87, p. D-23.

2474 Véase las informaciones en *El Nacional.* 26-8-87, p. C-l; *El Universal,* 26-8-87, p. 4-1; *El Nacional,* 4-9-87, p. D-16; *El Universal,* 16-9-87, p. 4-1.

Administrativo en otro amparo solicitado por otra sociedad constituida como OSV, el COÑAC, en aviso publicado en la prensa, señalaba que

> "han quedado en evidencia los atropellos jurídicos del Tribunal 4° de Primera Instancia en lo Civil contra el Patrimonio del Estado"[2475].

En una asamblea de jueces y abogados celebrada el 7-9-87, se denunció a la Ministra de Estado para la Cultura, Paulina Gamus, por "no sólo haber irrespetado al Poder Judicial utilizando un lenguaje desconsiderado" sino por desacatar decisiones judiciales y denunciar personalmente a los jueces que tomaron las decisiones contrarias al CONAC "para amedrentar a los jueces"[2476].

Tanto el Juez Abreu Burelli como el Juez Montoya fueron denunciados ante la jurisdicción de Salvaguarda del Patrimonio Público por sus decisiones en el caso por el CONAC; y la Ministra de Estado para la Cultura señaló ante el Juzgado XXIII de Primera Instancia en lo Penal y de Salvaguarda del Patrimonio Público, que estos jueces habían "actuado a favor de particulares pidiendo que se les haga entrega de un dinero que no les corresponde" [2477], agregando en declaraciones a la prensa sobre el desacato a cumplir la sentencia de amparo:

> "que no tiene por qué acatar lo que es inacatable porque es ilegal y que, de hacerlo, incluso violaría la Ley de Salvaguarda"[2478].

Luego, en más de una ocasión se corrieron rumores de que contra los Jueces Abreu y Montoya se había dictado auto de detención, lo cual afortunadamente no sucedió [2479]

Sobre este hecho, el Magistrado del Consejo de la Judicatura, Jesús Petit D'Acosta, ha señalado:

> "El gobierno interpretó la actitud de estos jueces que no había bastado el escarmiento hecho en la persona de la Juez Parra. Procedió entonces a tomar medidas más enérgicas. Ha pedido que se les abra juicio penal a estos dos jueces. Su delito sería el haber amparado a unos ciudadanos que ocurrieron ante ellos. Pues bien, lo que este Gobierno no ha hecho con los atracadores y asaltantes que andan sueltos por las calles, cometiendo fechorías, pretende hacerlo con jueces honestos y dignos, que gozan del respeto de los abogados y de la comunidad. Quiere meterlos en la cárcel, donde deberían estar únicamente los asesinos y ladrones, para que todos los jueces entiendan que no les está permitido sentenciar en contra del Gobierno, porque el que ose hacerlo va directo a un calabozo"[2480].

2475 *El Universal,* 17-9-87, p. 1-20.

2476 *El Universal,* 8-9-87, p. D-17; *El Universal,* 8-9-87, p. 1-23.

2477 *El Nacional,* 28-8-87.

2478 *El Universal,* 28-8-87.

2479 *El Universal,* 8-10-87, p. 1-31. El Juez Montoya declaró a la prensa al preguntársele sobre los rumores de su inminente detención, "que de ser cierto el rumor, aspiraba a que se le diera chance de entregarse "antes de maniatarme". *Idem.*

2480 *El Nacional,* 2-9-87, p. D-13.

En definitiva, es la técnica del "terrorismo judicial", pero utilizada por el Poder Ejecutivo contra los jueces.

C. *Tercer Caso: El amparo a Isa Dobles contra Radio Suave*

Ante el mismo Juzgado IV en lo Civil del Distrito Federal y Estado Miranda, Isa Dobles solicitó un amparo constitucional respecto de su programa "Botón de Arranque" en Radio Suave[2481], programa particularmente crítico al Gobierno del Presidente Lusinchi. El amparo fue acordado (18-8- 87) pero sólo fue al mes de esta decisión que el programa volvió al aire[2482] con la ayuda de la Policía Metropolitana, y a pesar de la oposición del dueño de la emisora. Los efectos de la decisión judicial, sin embargo, no duraron mucho tiempo más, pues el 21-10-87, el Ministerio de Transporte y Comunicaciones decidió cerrar temporalmente a Radio Suave,

> "por las irregularidades que vienen ocurriendo en la programación ordinaria de esa empresa a través del programa "Botón de Arranque", "hasta tanto exista una razonable certeza de que la programación de la emisora se encuadre dentro de los lineamientos de nuestro ordenamiento legal",

es decir, hasta tanto desapareciera el Programa que salía al aire en virtud de un amparo judicial.

Ello se consideró por René Molina, abogado de la recurrente, como

> "la evidencia de cómo el Ejecutivo, de una manera arbitraria, pretende eludir los efectos de la sentencia emitida a favor de la libertad de expresión dictada por un tribunal" [2483].

De todos estos casos de reacciones del Ejecutivo contra el Poder Judicial, calificados por el Magistrado del Consejo de la Judicatura Jesús Petit D'Acosta, como "el mayor atentado contra el Estado de Derecho que se haya consumado durante el presente período constitucional", este Magistrado concluyó señalando:

> "El gobierno está alzado contra el Poder Judicial, intimida a los jueces que se han atrevido a darle amparo a los ciudadanos que lo han pedido para protegerse de la arbitrariedad y de la prepotencia de altos funcionarios, concretamente Ministros, quienes consideran que están por encima de la Constitución y de las leyes. Ya no se conforma el Gobierno con perseguir y hacer destituir a los jueces que no son de su simpatía; ahora quiere meterlos en la cárcel, por el solo hecho de sentenciar en contra suya, para acabar de una vez por todas con la pretendida independencia de los Tribunales" [2484].

2481 *El Universal*, 3-9-87, p- 1-5; *El Diario de Caracas*, 16-9-87, p. 5.

2482 *El Nacional*, 16-9-87, p. B-22. Un año después, la sentencia definitiva de amparo en este caso, concilio los derechos en juego. Una reseña periodística de julio de 1988 señala que el juez consideró que así como la libertad de expresión es un derecho consagrado en la Constitución, también lo es el derecho a la propiedad, por lo que "el amparo no implica gratitud en los medios de comunicación social", *El Nacional*, 16-7-88, p. D-22. Véase además, la información sobre el tema en *El Nacional*, 17-9-88 p. D-4.

2483 *El Nacional*, 22-10-87, p. B-30 y 23-10-87, p. B-30.

2484 *El Nacional*, 2-9-87, p. D-13.

2. *El desacato de funcionarios contra las decisiones judiciales*

En todo caso, el desacato del Ejecutivo a las decisiones judiciales, no es una situación nueva. Basta recordar lo sucedido en relación a la destitución de un Director del Banco Central de Venezuela en 1978. En efecto, el Presidente de la República, por Decreto Ejecutivo, N° 2.667 destituyó del cargo de Director Principal del Banco Central de Venezuela al Dr. José Miguel Uzcátegui, nombrado por un período de 2 años. Impugnado el Decreto ante la Corte Suprema de Justicia, el Máximo Tribunal declaró la nulidad del Decreto por violación de la Ley de Banco Central de Venezuela en sentencia de 17-10-78. El Ejecutivo desacató la sentencia y se negó a reincorporarlo al cargo[2485], pues ya había dictado un nuevo Decreto, el N° 2.855 el 15-9-87, removiendo de nuevo del cargo a Uzcátegui. Así, declaró el Ministro de la Secretaría de la Presidencia, Carmelo Lauría, "se mantiene la destitución del economista José Miguel Uzcátegui"[2486].

La decisión de la Corte Suprema, en esta forma, había sido irrespetada y no pudo cumplirse.

Pero la actitud de funcionarios públicos de desacato al Poder Judicial nunca se manifestó tan abiertamente durante todo el período democrático, como en 1988, al haber declarado públicamente por la prensa y la televisión, el Presidente del Concejo Municipal del Distrito Sucre del Estado Miranda, Humberto D'Ascoli, frente a una sentencia de amparo contra normas, de un Juez competente de Primera Instancia en lo Civil, que ordenó desaplicar un artículo de un Reglamento Municipal por violar derechos constitucionales, que

> "Nos declaramos en completa rebeldía, puesto que consideramos la sentencia un exabrupto por parte del Juez"[2487].

Así, de un solo golpe, Humberto D'Ascoli, de profesión abogado, quebrantaba la base más esencial del Estado de Derecho que impone la obligación a todos, funcionarios y ciudadanos, de acatar las decisiones judiciales, pues sólo los jueces pueden resolver los conflictos de intereses. Lo contrario es lo que el Estado de Derecho precisamente quiso sustituir, es decir, la "Ley de la Selva", de manera que nadie se haga justicia por sus propias manos.

Pero ¡no! No sólo el funcionario "en un alarde de soberbia que escandaliza y desafía el Estado de Derecho" como lo calificó el Director de la Escuela de Derecho de la Universidad Central de Venezuela[2488], desafiaba a la justicia y caía en una conducta tipificada en el Código Penal como falta[2489] y en la propia Ley de Amparo

2485 *El Nacional,* 12-11-78, p. D-13; y 14-11-78, p. D-24.

2486 *El Universal,* 11-11-78, p. 1-13.

2487 *El Diario de Caracas* 30-9-88, P. 21

2488 Jorge Pabón, *El Nacional,* 17-9-88, p. C-3. Ornar Alberto Corredor V. escribió posteriormente: "Contemplamos con indignación cómo el Presidente del Concejo Municipal del Distrito Sucre, reaccionó *ab lrato* contra la decisión de un juez constitucional, y llamó arbitrariamente al desacato y a la desobediencia a la orden del tribunal. Es el desprecio a los pocos vestigios que aún quedan del Estado de Derecho en el país". *El Universal,* 24-10-88, p. 1-5.

2489 El artículo 485 del Código Penal castiga como falta al que "hubiere desobedecido una orden legalmente expedida por la autoridad o no haya observado alguna medida legalmente dictada por dicha autoridad en interés de la justicia".

como delito[2490], sino que incitaba a delinquir a los funcionarios inferiores. Declaró así a la prensa:

> "Como defensor del interés colectivo (sic), voy a instruir al Ingeniero Municipal para que por ningún motivo cumpla con esa decisión, aunque se me tilde de rebelde, porque la considero un exabrupto jurídico que atenta contra el desarrollo urbano de la ciudad y violenta un reglamento municipal que sólo puede soslayar la Corte Suprema de Justicia"[2491].

Esa sola declaración pública configuraba el supuesto delictivo de la incitación a delinquir prevista en el artículo 284 del Código Penal[2492], pero ningún Fiscal del Ministerio Público se tomó la molestia de partir de la *noticia, criminis* para iniciar el proceso penal. Al contrario, el resto de los concejales en lo que se calificó "un acto histórico y sin precedentes", como en efecto lo fue por absurdo y a jurídico, respaldaron unánimemente la actitud del Presidente del Concejo[2493], y el Ingeniero Municipal que quiso respetar el Estado de Derecho y acatar la decisión judicial se vio obligado a renunciar, seguramente antes de ser destituido[2494]. Lamentablemente, algunos periodistas calificaron la sensata actitud de dicho funcionario, que actuó ajustado a la Ley, como "caricaturesca", quedando los Concejales que lo incitaron a delinquir, como héroes[2495], apoyados, por supuesto, por dirigentes vecinales [2496].

3. *El Poder Legislativo ignora al Poder Judicial*

La falta de respeto por las decisiones judiciales también las ha tenido en alguna oportunidad el propio Congreso de la República. Basta recordar la celeridad de la reforma de la Ley del Trabajo después de una célebre sentencia de la Corte Suprema de Justicia sobre derechos laborales, que había provocado toda suerte de epítetos contra el Alto Tribunal.

En efecto, la Sala de Casación Civil de la Corte Suprema de Justicia, en sentencia de 21-4-83, consideró que la reforma de la Ley del Trabajo adoptada por Decreto Ley N° 124 de 31-5-74, que estableció los derechos de indemnización por antigüedad y cesantía, como derechos adquiridos, no permitía que se interpretase que esos derechos debían liquidarse en base al último salario, sino que como debían abonarse anualmente, estimó que eran derechos adquiridos año a año, y que ingresaban anualmente al patrimonio del trabajador, conforme al salario de cada año.

Dos meses después (21-6-87) "ante la forma escandalosa, llena de infundios contra el más Alto Tribunal", los Magistrados de la Sala de Casación Civil tuvieron que publicar un "Comunicado" (hecho poco común) en el cual rechazaban

---

2490 El artículo 31 de la Ley Orgánica de Amparo castiga con prisión de 6 a 15 meses a "quien incumpliese el mandamiento de amparo constitucional dictado por el Juez".

2491 *El Nacional,* 19-9-88, p. C-7.

2492 Dicha norma castiga con penas de prisión y presidio a "cualquiera que instigare, públicamente, a otro a cometer una infracción determinada, por el solo hecho de la instigación".

2493 *El Diario de Caracas*, 14-9-88, p. 26; *El Diario de Caracas*, 16-9-88, P. 22.

2494 *El Nacional,* 16-9-88, p. C-3; *El Diario de Caracas,* 16-9-88, p. 22.

2495 Graciela García, *El Nacional,* 16-9-88, p. C-3.

2496 *El Diario de Caracas,* 12-9-88, p. 32. Posteriormente, en una absurda sentencia de un Juez Superior, se "amparó" al Concejo Municipal, anulándose la sentencia que dicho órgano se había flegado a acatar.

"los irrespetos al Máximo Tribunal y por ende a sus Magistrados. . . consideramos deber ineludible destacar, como alerta al país nacional, nuestra preocupación por esa conducta, a todas luces condenable, porque revela algo mucho más grave dentro de la actual crisis nacional, o sea, el aprovechamiento de cualquier coyuntura, para desconocer el Estado de Derecho, base de nuestra institucionalidad democrática" [2497].

Al mes siguiente, en todo caso, vino la respuesta del Congreso: la Ley del Trabajo había sido reformada para que no pudiera producirse otra decisión como la que había adoptado la Corte[2498].

Pero la actitud del Congreso de ignorar al Poder Judicial se ha evidenciado en otras ocasiones. Por ejemplo, respecto de la propia labor legislativa del Congreso, los Magistrados de la Corte Suprema de Justicia se han quejado de que el máximo tribunal nunca es oído por las Cámaras en la labor de redacción de textos legales que luego es la Corte la que tiene que aplicarlos. Así, el Presidente de la Sala de Casación Civil, en agosto de 1988 expresaba

"pedimos que se nos tome en cuenta para que no sigamos enterándonos sorpresivamente cuando se concluye un texto legislativo"[2499].

La poca importancia que los miembros de los cuerpos legislativos dan a la propia Corte Suprema de Justicia, en todo caso, quedó evidenciada con la siguiente reseña noticiosa publicada en primera página de la prensa en agosto de 1988:

"El Congreso dejó esperando al Tribunal Supremo. Únicamente el diputado Gehard Cartay asistió al acto en el que el Congreso de la República participaría a la Corte Suprema de Justicia la finalización de las sesiones ordinarias de 1988. Los demás parlamentarios de la comisión designada, cinco senadores y ocho diputados, dejaron esperando a los Magistrados, quienes iniciaron un alto en sus vacaciones para atenderlos en el salón protocolar del máximo tribunal de la República. La sesión comenzó con hora y media de retraso y trece sillas vacías, en lo que fue calificado como un irrespeto"[2500].

4. *Las presiones políticas al Poder Judicial*

La mediatización efectiva del Poder Judicial, en todo caso, resulta de las presiones políticas contra los jueces, las cuales no necesariamente provienen de los órganos del Estado, sino del sistema político en general: la partidocracia. De allí la afirmación rotunda de uno de los candidatos presidenciales en la campaña electoral de 1988:

"el Poder Judicial está parcializado políticamente"[2501].

2497 *El Diario de Caracas*, 21-6-83, p. 8.

2498 Reforma del 11-7-83.

2499 Aníbal Rueda, *El Nacional*, 27-8-88, p. D-12.

2500 *El Nacional*, 27-8-88, p. A-l; *El Universal*, 27-8-88, p. 1-1.

2501 Eduardo Fernández, *El Nacional*, 13-3-88, p. *D*-5.

Este proceso de configuración del Estado de Partidos, que minimiza la autonomía de los jueces y desacredita la Justicia, ha quedado resaltado en algunos casos recientes, que deben destacarse.

A. *Primer Caso: El divorcio del Presidente de la República (1987-1988)*

El Presidente de la República durante el período constitucional 1984-1989, Dr. Jaime Lusinchi, con todo el derecho que le otorga la legislación civil, intentó en 1987 un juicio de divorcio contra su esposa, Gladys Castillo de Lusinchi.

El divorcio es una institución civil que en Venezuela está establecida desde el siglo pasado —muchísimos años antes, por tanto, que las recientes reformas legales de los países latino-europeos—, pero definitivamente nunca, ninguna persona en ejercicio de la Presidencia de la República se le había ocurrido acudir a ella, para separarse legítimamente de su cónyuge.

Este solo hecho, sin duda, hizo de un asunto civil un problema político nacional, por sus diversas implicaciones, las cuales, lamentablemente, apuntaron hacia el Poder Judicial.

La parte demandada, nada menos que la esposa del Presidente de la República, se encargó de resumir su situación frente al Poder, y ante el Poder Judicial, así:

> "Las cosas están pasando como se planearon desde Miraflores. La manipulación de los jueces es obvia"[2502].

Y agregó en otra ocasión, luego de referirse a las "presiones ejercidas por los *hilos invisibles* del Poder" [2503], que

> "Este caso, además de pretender declarar disuelto un vínculo matrimonial por causas que no son las verdaderas, pone en juego, una vez más, el prestigio del Poder Judicial, que ha sido pisoteado con las manipulaciones, tergiversaciones y presiones de un grupo de allegados circunstanciales del Presidente".

Concluía, agregando:

> "Si el Poder Judicial se pliega al Ejecutivo, no hay democracia. No tenemos Estado de Derecho. . . Se están socavando las bases del Poder Judicial; con ello se está liquidando la democracia"[2504].

De esta situación denunciada por la esposa del Presidente, se hizo eco uno de los líderes fundamentales del Partido de Gobierno y miembro de su Comité Ejecutivo Nacional, Luis Piñerúa Ordaz, diciendo:

2502 *El Nacional,* 1-6-88, p. D-12.

2503 *El Diario de Caracas,* 27-5-88, p. 19.

2504 *El Diario de Caracas,* 3-6-88, p. 24. La esposa del Presidente ratificó sus denuncias de manipulación al Poder Judicial y a la propia Corte Suprema de Justicia por parte del "Presidente de la República y sus abogados" en octubre de 1988. Acusó a su esposo de dar la siguiente orden a sus abogados: "Divorcio a como dé lugar, no importan procesos, normas, instancias, criterios jurisprudenciales, doctrinas, lo importante es que salga rápido". *El Diario de Caracas,* 29-10-88, p. 24.

"el divorcio es producto de una grosera manipulación e intimidación de los jueces" [2505].

Por ello, la esposa del Presidente señalaba en forma angustiosa a los medios de comunicación:

"Me siento desamparada frente al Poder en este caso, no ha habido ni igualdad, ni libertad ni sana administración de justicia"[2506].

¡No tenemos que imaginarnos lo que pudiera ocurrirle a un ciudadano común, al pobre mortal, si sólo lo llegase a tocar algún mínimo filamento del Poder!

En todo caso, el problema judicial del divorcio del Presidente de la República fue un problema político nacional. Algunos Magistrados del Consejo de la Judicatura, incluso, reconocieron que "la Primera Dama fue víctima de una maniobra" ejercida por determinado Juez Superior que conoció del caso, y que supuestamente tendría vínculos con el Presidente de la República; razón por la cual había sido recusado y denunciado al Consejo de la Judicatura, órgano que en este caso no actuó con la celeridad con que habría actuado en otros casos[2507]. Todo ello había llevado al principal partido de oposición a afirmar que en este caso:

"El Poder Judicial fue puesto en función del interés del Presidente"[2508]

Y la Iglesia, incluso, terció en el debate a través de voceros calificados. El Arzobispo de Valencia, en efecto, dijo en abril de 1988, en relación a alguna de las múltiples incidencias del proceso:

"Esta sentencia lo que ha puesto de manifiesto es la corrupción que existe en el Poder Judicial de Venezuela, en el cual definitivamente no se puede confiar porque está en manos de un grupo que favorece a los poderosos"[2509].

B. *Segundo Caso: La justicia "electoral" (1988)*

La presión y utilización de la justicia como arma electoral, fue denunciada progresivamente durante el proceso electoral de 1988.

El Secretario General de Copei, principal partido de oposición, Dr. Enrique Pérez Olivares quien fue Decano de la Facultad de Derecho de la Universidad Central de Venezuela y profesor de Derecho Administrativo por muchos años, lo denunció en junio de 1988:

"Pareciera que de la fase del divorcio del Presidente estamos ahora en una situación generalizada de manipulación de la justicia como arma electoral. Esto

---

2505 *El Nacional,* 4-6-88, p. D-l.

2506 *El Universal,* 9-12-87, p. 1-14.

2507 *El Universal,* 7-6-88, p. 13; *El Universal,* 10-6-88, p. 1-27; *El Nacional,* 10-6-88, p. D-14; *El Diario de Caracas,* 10-6-88, p. 2. Véase el reportaje de Roberto Romanelli en el cual establece un símil entre el caso del Juez J. M. Céspedes y el Juez Silva Garrido, *El Universal,* 16-6-88, p. 1-35.

2508 *El Universal,* 27-4-88, p. 1-28.

2509 *El Nacional,* 20-4-88, p. D-15. En similar sentido declaró el Obispo de Maracaibo. *Idem.*

es un hecho grave desde el punto de vista institucional, pues se está tocando la base misma del Estado de derecho"[2510].

Así, se utilizó la vía judicial para demandar a algunos parlamentarios del principal partido de oposición[2511]; y para denunciar penalmente a familiares del candidato presidencial de dicho partido de oposición. En este último caso, sin embargo, cuando el Juez competente dictó una decisión absolutoria, el sub-jefe de la Fracción Parlamentaria del partido de gobierno, calificó la decisión como un "madrugonazo judicial"[2512].

El Partido Copei, principal partido de oposición, ratificó su apreciación en un Documento de su Comité Nacional, del uso de la justicia como arma electoral, destacando que ha sido

> "una tradición la utilización por parte de Acción Democrática de los Tribunales para perseguir a adversarios políticos"[2513].

Todo ello contribuía, por supuesto, al deterioro progresivo de la imagen del Poder Judicial, que se percibía como manipulado políticamente. Así lo expresaba, incluso, un Magistrado del Consejo de la Judicatura, Jesús Petit D'Acosta, al referirse a la "crisis de la justicia penal":

> "A) La política judicial del partido AD se ha centrado en el control de la justicia penal con fines políticos.
>
> En la ejecución de su política judicial, dicho partido ha demostrado eficacia, puesto que ha conseguido el objetivo que se propuso alcanzar. Con razón el diputado Homero Parra ha dicho lo siguiente: "*Soy jefe de jueces*. Soy secretario general de profesionales y técnicos de AD. *De mí depende en buena parte el funcionamiento del Poder Judicial*". (Entrevista por radio con Pedro Romera, publicada en 2001). Sus palabras revelan la mentalidad predominante en el partido gobernante.
>
> B) La hegemonía partidista en los tribunales penales, condición esencial para la manipulación, se ha visto complementada con el control partidista de la distribución de expedientes y con la designación de instructores especiales cada vez que ha sido necesario.
>
> C) La manipulación política de la justicia penal ha tenido, entre otros efectos, los siguientes: a) Ha contribuido a la ineficiencia de la justicia penal, porque los jueces distraen su tiempo en asuntos de exclusivo interés político con desmedro de la atención que deberían dispensarle al enjuiciamiento de los delincuentes comunes. Mientras los jueces están ocupados en el juego político, el hampa agrede impunemente a la población y las cárceles rebosan de presos sin condena; y, b) Ha sido factor determinante del clima de inseguridad jurídica, de la

---

2510 *El Nacional,* 15-6-88, p. D-2.

2511 *El Nacional,* 16-6-88, p. D-29; *El Universal,* 16-6-88, p. 1-35.

2512 *El Universal,* 13-8-87, p. 1-21.

2513 *El Universal* 20-7-88, p. 1-13; *El Nacional,* 20-7-88, p. D-l. Véase además las declaraciones de José Guillermo Andueza, ex-Procurador General de la República, *El Nacional,* 15-8-88, p. D-2.

desconfianza general en los jueces y del deterioro intelectual y ético del Poder Judicial.

D) La manipulación partidista de los jueces penales propicia la corrupción judicial, porque *la manipulación con fines políticos degenera fácilmente en manipulación con fines mercenarios*[2514]

5. *La presión de grupos externos: las campañas de opinión y el vapuleo del Poder Judicial*

Pero quizás, la mediatización más certera contra el Poder Judicial y la lesión más directa contra la autonomía de los jueces, están en la campaña de opinión que los medios de comunicación, cíclicamente, desarrollan contra la justicia, sea por la difusión de los atentados que el Poder Ejecutivo ha realizado contra los jueces, sea por intereses propios de los periodistas o columnistas.

A. *Los periodistas vs. los jueces*

Un caso muy difundido en 1975, es un ejemplo de ello. En efecto, el Juez 5 ° de Instrucción, Ricardo Vera Delgado, dictó auto de detención por difamación e injuria contra la Junta Directiva del Sindicato Nacional de Trabajadores de la Prensa. El Ministro de Estado para la Información, Guido Grooscors, calificó "a título personal y en su condición de periodista" pero no de Ministro del Ejecutivo (?), que era "preocupante que se adopte este tipo de decisiones"[2515]. Los periodistas repudiaron la decisión en comunicados gremiales:

> "si los jueces van a actuar como éste de ahora, estarán poniendo la justicia, la administración de la justicia, al lado de una de las partes" y anunciaron "paro nacional de la prensa"[2516].

Gonzalo Barrios, Presidente del Congreso, señaló que "si él hubiese sido Juez no habría dictado el auto de detención que suscribió el Juez Quinto de Instrucción", lo que provocó la reacción de abogados que consideraron tales declaraciones como "imprudentes, incomprensibles e injustificables" pues los periodistas no pueden gozar de "fueros especiales"[2517].

Jóvito Villalba criticó a Gonzalo Barrios de incurrir en una "barata politiquería hacia los periodistas" al emitir sus declaraciones que consideró debilitaban "la independencia y la dignidad de la Magistratura"[2518].

Frente a todo ello, el Consejo de la Judicatura publicó un comunicado señalando que "los jueces en el ejercicio de sus funciones propias no pueden ni deben estar sometidos a presiones de ninguna naturaleza, por ningún grupo o personas naturales

---

2514 *El Universal,* 27-8-88, p. 14

2515 *El Nacional,* 26-11-75, p. C-10.

2516 *Idem.*

2517 *El Universal,* 3-12-75, p. 2-1.

2518 *Idem.*

o jurídicas", considerando "contrario a la Constitución, a la Ley, la actitud de cualquier persona o grupo que tienda a presionar a los jueces"[2519]

Más recientemente se destaca otro ejemplo de la presión de los periodistas contra los jueces.

Después de un largo proceso civil por daños y perjuicios iniciado por la madre del periodista Carlos Moros Rodríguez, fallecido en el accidente de la planta de Tacoa, de la Electricidad de Caracas, C.A., contra dicha empresa, proceso que en primera instancia había sido declarado con lugar, el Juez Superior Primero en lo Civil, Dr. José Ramón Burgos Villasmil, dictó sentencia revocando la decisión, exonerando de responsabilidad a la empresa demandada.

El Colegio de Periodistas, a través de su Secretario General en el Distrito Federal, al conocer la decisión en julio de 1988, endilgó todo tipo de epítetos tanto a la decisión como al propio Juez. La sentencia fue calificada de "parcializada" e "insólita"[2520] y el Juez fue "denunciado ante el Consejo de la Judicatura" señalándose que estaba "descalificado para ejercer la responsabilidad de administrar justicia", por lo que se pidió su destitución "a fin de mantener la majestad del Poder Judicial"[2521].

Esto ponía en evidencia, una vez más, que los periodistas, por la fuerza que les dan los medios de comunicación, siempre pretenden ser inmunes a la justicia, siendo por tanto "injusta" toda decisión que no se adecúe a sus intereses.

B. *La justicia periodística*

Pero los medios de comunicación, en más de una ocasión, se han convertido en jueces de los procesados y de los propios jueces. Se trata de lo que Mariano Arcaya ha denominado la "justicia periodística" [2522].

Por ejemplo, en 1982, la Juez Delia Bolívar, Juez Superior de Menores, se quejaba por el giro publicitario que se le había dado al caso del cantante D'León, procesado por algún delito de menores, y decía:

> "la condición de intérprete de ritmos populares con una misión de recrear no le da a nadie un fuero especial para tratar o ser tratado. . . no se puede generar situaciones de privilegio porque no se puede ennoblecer una actitud violatoria de la moral y de las buenas costumbres"[2523].

Las páginas de farándula, así, habían absuelto al cantante y los jueces quedaban mediatizados por el giro publicitario. Pero ¿cuántas veces no es la prensa la que condena, de antemano, una situación?

Volvamos al caso del Juez Silva Garrido. La prensa lo condenó; lo condenaron los periodistas; lo condenaron los medios de comunicación, sin duda, instigados por la paranoia colectiva que deriva de la lucha contra el abuso de las drogas. Su detención policial fue insólita, como lo señaló el Magistrado Petit D'Acosta, del Consejo de la Judicatura:

2519 *El Nacional,* 30-11-75, p. C-6.

2520 *El Diario de Caracas,* 8-7-88, p. 18

2521 *El Nacional,* 14-8-88, p. D-27; *El Diario de Caracas,* 22-8-88, p. 31.

2522 *El Nacional,* 30-3-88, p. D-15.

2523 *El Nacional,* 10-11-82, p. D-16.

"No bastó con insultar a los jueces, con presionarlos, hostigarlos y atemorizarlos. Llegóse al extremo de la humillación, haciendo un espectáculo indignante de una medida policial que ha debido practicarse con discreción. Se acabó sin piedad con la majestad de la Magistratura"[2524]

En esa forma, la justicia, movida por las campañas de opinión, se mediatizó. No se puede sentenciar en medio de un estado de perturbación psíquica colectiva, basada en gritos, escándalos e injurias, como la que se ha originado en la lucha contra el tráfico de drogas. Pues de lo contrario pasa, como lo señaló Petit D'Acosta, que:

"Los jueces, descalificados con el mote infamante de narcocomplacientes, fueron suplantados por una legión de espontáneos que tomó a su cargo hacer justicia con prescindencia de los expedientes"[2525].

Todo el mundo, entonces, quiere y pretende ser juez, y se presiona por que los jueces amolden sus sentencias a lo que la opinión pública, que no es espontánea sino creada y dirigida, diga. La situación del juez, por tanto, como lo ha advertido José Vicente Rangel, es delicada, porque "a la hora de sentenciar" se encuentran en la necesidad de pensar en la "reacción que su decisión provocará en el Gobierno de turno..., en los grupos económicos y de poder, en los partidos políticos"[2526].

Por ello, Alberto Quiroz Corradi, como Director del *Diario de Caracas*, con razón señaló:

"Hay que darle al Poder Judicial el poder de decidir. Para eso está. Es muy peligroso convertirse en juez sin derecho ni conocimiento"[2527].

Lamentablemente, como se dijo, han sido los propios medios de comunicación los que presionan a los jueces, mediatizando su autonomía de decisión; y en más de una ocasión, han sido los periodistas los que han asumido el peligroso papel de juzgar[2528]

C. *La justicia vecinal*

Y ¿por qué no? También habría que agregar a las asociaciones de consumidores, de vecinos, de protección ambiental, etc., que tienen buena cabida en la prensa, y que en más de una ocasión condicionan a la opinión pública y por tanto, a los propios jueces en sus decisiones. En estos casos, también, a la hora de sentenciar, los jueces se encuentran en la situación de pensar en la reacción que tendrán dichos grupos de intereses.

2524 *El Universal,* 31-10-87, p. 1-14.

2525 *Idem.*

2526 *El Nacional,* 20-9-87, p. D-23.

2527 *El Diario de Caracas,* 21-4-88, p. 7. Por ello, el Colegio de Abogados del Estado Guárico, en comunicado publicado en la prensa en defensa de un juez, advertía: "... el pueblo se erige como juez del juez, motivado por un sentimiento heterogéneo de justicia, emitiendo, por tanto, opiniones y hasta sentenciando sin conocimiento de causa", *El Nacional,* 21-10-88, p. D-17.

2528 En este sentido, por ejemplo, en el sonado caso del "bebé congelado", la madre de la criatura señalaba: "Una máquina de escribir puede matar más que un revólver; antes de saber nada, sin haber leído el expediente ni el reporte del forense, me juzgaron y me condenaron en la calle". *El Universal,* 13-9-88, p. 1-34.

Y la presión ejercida sobre ellos viene incluso de los propios hacedores de opinión. Por ejemplo, el propio José Vicente Rangel, en un caso muy sonado de una edificación multifamiliar en la Urbanización Los Palos Grandes, que por la arbitrariedad municipal unida a la demagogia vecinal de algunos Concejales, se había ordenando demoler parcialmente, como el asunto estaba por decidirse en los Tribunales (la decisión municipal fue impugnada por ilegal y abusiva), sirvió de vehículo para ejercer presión por la prensa en contra de la Juez que decidió la causa, y que se ha caracterizado, como juez contencioso-administrativo que es, por tomar múltiples decisiones anulando actos ilegales de los Concejos Municipales de Caracas. Así, al hablar de la manipulación de la justicia, ilustró la situación —hay miles de casos—, dijo:

> "el "Monstruo de Los Palos Grandes, edificación con la que se violaron todas las normas legales existentes. Los vecinos han ganado varias batallas: la de la opinión pública, la que se dio en el ámbito municipal. Pero tienen temor ahora. Corren versiones de que la juez que tiene a su cargo decidir en la jurisdicción de lo Contencioso-Administrativo lo hará a favor de los propietarios. Hay muchas presiones. De variado signo. Lo que acrecienta los temores. Algunos me han planteado el problema. Los veo preocupados y se capta en ellos escepticismo. Porque comparten la extendida reacción contra la administración de justicia en general. ¿Efectivamente se producirá, una vez más, en el ámbito judicial, una decisión frustrante para el ciudadano y contraria a la legalidad?[2529].

Como se ve, Rangel ya había decidido. Se convirtió en juez; calificó de ilegal cualquier decisión que anulase los ilegales actos de la Municipalidad, y que pudiera estar en contra de las batallas "ganadas" por los vecinos: la de la opinión pública y la de la demagogia municipal. Pero para dictar su sentencia, Rangel ni había visto el expediente ni conocía la magnitud de la arbitrariedad cometida en nombre de los vecinos. ¡No! quienes representan a los vecinos, parece que siempre tienen razón; constituyen la "opinión pública", por lo que todo lo que digan es bueno, así sea ilegal.

Por su parte, Rangel sometió a la Juez a la duda pública: si ya él había sentenciado a favor de la batalla de opinión pública, por cierto muy bien dirigida en este caso por especialistas en publicidad que suelen pensar por los demás, y calificó de legal lo ilegal y arbitrario, entonces una decisión que pudiera tomar la juez, y que pudiera resultar contraria a la Municipalidad, por más ajustada a derecho y a las pruebas del expediente que fuera, según su apreciación sería producto, no de la aplicación de la Ley, sino de la influencia de los interesados!

Respecto de este caso de Los Palos Grandes, que estuvo en las páginas de los periódicos durante buena parte de los años 1987-1988, el propio Alberto Quiroz Corradi, al despedirse de su cargo de Director de *El Nacional,* en su última "Nota del Director'", señalaba que

> "también toda noticia tiene aspectos subjetivos que requieren comentarios. Lo que no debe mezclarse en lo informativo, son las posiciones personales del periodista. Eso sí es el real peligro. Un caso ilustra el punto: El edificio llamado Monstruo de Los Palos Grandes".

2529 *El Universal* 1-11-87, p. 1-12.

concluyendo su apreciación real de que

> "la inclinación natural de muchos (periodistas) era destacar la posición de los vecinos y disminuir las otras respuestas"[2530].

Y efectivamente, en ese caso, los representantes de los vecinos no sólo tuvieron una cobertura permanente en los medios de comunicación, sino que tuvieron una actitud de franca presión frente a la Juez que debía decidir el caso, cuya competencia es el ejercicio del control de legalidad de las actuaciones municipales.

Así, incluso, antes de que la empresa propietaria ejerciera las acciones de nulidad contra los actos municipales que habían ordenado la demolición de unos pisos de la edificación, el Secretario Nacional de Asuntos Municipales de Copei, Orlando Contreras Pulido, anunciaba que se pediría la recusación de la juez[2531]; luego, la expresidenta de FACUR, Ligia de Gerbasi, habló de "terrorismo judicial contra los vecinos", pues afirmaba, desde ese mismo momento (julio 87), que

> "Los tribunales siempre dictaminarán en contra de los vecinos y no valen las leyes ni que las decisiones adoptadas contra los abusos de los constructores estén ajustadas a derecho"[2532].

Paralelamente, un vocero de la Federación de Comunidades Urbanas (julio 87), declaraba que se pediría en ese caso la inhibición de la juez,

> "por haber demostrado en sus sentencias reiteradamente ser una enemiga del movimiento ciudadano"[2533].

Posteriormente, durante el juicio (septiembre 1987), la Presidenta de la Asociación de Residentes de Los Palos Grandes recusó formalmente a la Juez contencioso-administrativa[2534], decisión que posteriormente fue declarada sin lugar por la Corte Primera de lo Contencioso-Administrativo, razón por la cual, incluso, la recusante fue multada[2535].

En definitiva, la Juez contencioso-administrativa de la Región Capital, a pesar de toda la presión de los medios de comunicación y de los grupos de presión vecinal, en junio de 1988, sentenció en el caso sometido a su consideración, anulando por ilegales los actos municipales que habían ordenado la demolición parcial del inmueble bajo presión de los grupos vecinales[2536].

Ante ello, el Secretario Nacional de Asuntos Municipales del Partido Copei abogó por la existencia de un "derecho vecinal" y criticó la decisión judicial así:

2530 *El Nacional,* 31-12-87, p. A-4.

2531 *El Diario de Caracas.* 4-4-87.

2532 *El Universal,* 9-7-87, p. 1-31.

2533 *El Diario de Caracas,* 10-7-87, p. 4. Elías Santana, Vice Presidente de Facur también declaraba (julio 87) que "la Juez Noelia González, está actuando reconocidamente en contra de los intereses municipales y en segundo lugar, contra los intereses de la comunidad", *El Diario de Caracas,* 11-7-87.

2534 *El Diario de Caracas,* 11-9-87, p. 3; *El Nacional,* 14-9-87, p. D-22.

2535 *El Universal,* 7-10-87, p. 1-29; *El Universal,* 9-10-87, p. 1-33; *El Nacional,* 9-10-87.

2536 A pesar del reclamo permanente de los representantes vecinales porque se dictara sentencia (Ver, por ejemplo, *El Diario de Caracas,* 3-4-88, p. 15; *El Universal,* 6-6-88, p. 1-35), sin embargo, la sentencia fue calificada de "sorpresiva" por algún periodista: *El Diario de Caracas,* 1-7-88, p. 26.

"La administración de la justicia en el área contencioso-administrativa, se caracteriza por una actitud peligrosa de adversar permanentemente los planteamiento vecinales. La decisión de la juez Noelia González, no es la excepción, por el contrario es la regla. Necesitamos jueces con sensibilidad vecina! y no magistrados de laboratorio apegados a la letra de la Ley, pero desconocedores de una realidad que reclama una nueva posición a la hora de sentenciar sobre los intereses de la comunidad"[2537].

Por supuesto, dicha afirmación rompía el orden jurídico. Los jueces, sin duda, no pueden, en sus sentencias, aplicar el derecho en otra forma que no sea "apegados a la letra de la Ley", sobre todo cuando se trata de jueces que controlan la legalidad de los actos de los órganos del Estado. De resto, si se permitiera a los jueces decidir conforme a otros criterios que no sean la letra de la ley, como el inexistente y moldeable "derecho vecinal" al cual hacía referencia Contreras Pulido, se desquiciaría el orden jurídico y se acabaría con el Estado de Derecho[2538].

La Juez, en todo caso, había restablecido la legalidad que había sido lesionada por el Concejo Municipal del Distrito Sucre, y señaló a la prensa

"No puedo dar la razón a los vecinos porque no la tienen. Yo soy parte de una comunidad, pero no puedo actuar como tal... soy sólo una juez, no puedo tomar partido por nadie"[2539].

Los representantes de los vecinos, sin embargo, insistieron en que "no les sorprendía la decisión" pues venía de la misma Juez que en más de una ocasión había fallado contra el Concejo Municipal de Petare[2540], respecto de lo cual algunos hacedores de opinión, sin siquiera conocer ni el expediente ni la sentencia, también se hicieron eco[2541].

En esta situación, y el caso reseñado es una muestra, sólo jueces serios, que no basan sus sentencias en lo que diga la prensa, salvan la Judicatura, particularmente como en el caso de los jueces contencioso-administrativos que tienen que controlar las arbitrariedades y desafueros de las autoridades ejecutivas, incluidas los Municipios. Pero éstos también reaccionan: más de una vez han pretendido denunciar ante el Consejo de la Judicatura a los jueces que controlan las ilegalidades que cometen. Así, los órganos sometidos a control también quieren zafarse de ello, y presionan para quitar y nombrar los jueces contralores de sus actos!

En todo caso, lo cierto, como lo dijo el Magistrado Petit D'Acosta, del Consejo de la Judicatura, es que

---

2537 *El Diario de Caracas,* 4-7-88, p. 5; *El Nacional*, 4-7-88.

2538 Véase las declaraciones de refutación a lo afirmado por Contreras Pulido, de Allan R. Brewer-Carías, *El Nacional,* 5-7-88, p. C-3.

2539 *El Diario de Caracas,* 2-7-88, p. 20. Otro magistrado, el Juez Manuel Magaldi, de Primera Instancia en lo Civil, al comentar su decisión en un juicio de amparo, de desaplicar una norma reglamentaria municipal, señaló: "Yo tengo que sentenciar en base a los expedientes y no en base a que miles de vecinos estén pegando gritos por allá. Incluso yo vivo en el sudeste, pero como juez tengo que apegarme al derecho establecido". *El Diario de Caracas,* 15-9-88, p. 22.

2540 *El Nacional,* 2-7-88.

2541 Por ejemplo, Oswaldo Álvarez Paz, atribuyó a la Juez haber "interpretado caprichosamente" las Ordenanzas, *El Diario de Caracas,* 1-8-88, p. 4.

"La demagogia no cabe en el templo de la ley, ya que los jueces, no pueden sustentar sus fallos en las encuestas de popularidad, sino en las pruebas existentes y aportadas en juicio[2542]

D. *Los abogados vs. los jueces*

Pero la falta de respeto a las decisiones judiciales viene también de los propios abogados, cuyos órganos gremiales no aceptan decisiones judiciales en su contra. Recordemos, así, que la Corte Suprema de Justicia (Sala Político-Administrativa) en sentencia de 13-1-76, anuló el Reglamento de Honorarios Mínimos del Colegio de Abogados del Estado Zulia de 1967. El Consejo Superior de la Federación de Colegios de Abogados de Venezuela, acordó

"dar un voto de censura a los abogados integrantes de la Sala Político-Administrativa de la Corte Suprema de Justicia, por su actitud antigremialista en la sentencia dictada en contra de los legítimos intereses de nuestro gremio"[2543].

Ernesto Silva Tellería, con razón, consideró dicho acuerdo como "irrespeto a la Corte Suprema de Justicia", y como un absurdo el que los organismos gremiales de los abogados se constituyan en censores de la Corte Suprema[2544].

E. *Los estudiantes vs. la justicia*

La ciudad de Mérida, como ciudad universitaria por excelencia, ha sido teatro, por supuesto, de toda suerte de conflictos imaginables en los cuales han sido parte los estudiantes y sus organizaciones. Recientemente, sin embargo, se produjo uno entre los estudiantes universitarios organizados y los jueces de la circunscripción, que se tornó en una escalada de violencia y presión contra los jueces. Se trata del caso de Bernardino Nava Vera y sus secuelas.

En efecto, a mediados de 1987, y con motivo de celebrar el fin de los exámenes universitarios, un exceso de celebración estudiantil terminó con la lamentable muerte de un estudiante, Luis Ramón Carballo, por parte del abogado Bernardino Nava Vera, al frente de su casa. El hecho conmovió la ciudad, y hubo reacciones violentísimas que comenzaron con el incendio y destrucción de la casa y bienes del victimario y que sacudieron por varios días a la ciudad. Nava Vera fue detenido y procesado, pero meses después, en mayo de 1988, el Juez penal del Estado Mérida dictó auto de detención a dos estudiantes por otro delito distinto al homicidio cometido, por el incendio y destrucción de la casa del victimario; estudiantes a quienes se acusaba de ser los presuntos cabecillas de la acción delictiva.

Nava Vera había sido vinculado al partido Copei, y al conocerse la sentencia del Juez Penal sobre la detención de los estudiantes, David Morales Bello dio unas declaraciones en Mérida acusando al Juez de "copeyano". La violencia estudiantil estuvo a punto de estallar de nuevo. El Magistrado Jesús Petit D'Acosta censuró la conducta de Morales Bello, a quien acusó de

2542 *El Universal,* 31-1-87, p. 1-4.

2543 *El Nacional,* 26-2-76, p. D-9.

2544 *El Universal,* 6-3-76 p. 2-5.

> "hacer demagogia a costa del Poder Judicial y sobre todo incitar a las masas estudiantiles a que irrespeten a los jueces y se alcen contra sus decisiones"[2545],

calificando como

> "inaceptable que las decisiones se discutan en base a la militancia o simpatía política de los jueces en lugar de las razones en que se fundan" y como "inadmisible que los jueces deban sujetar sus decisiones al criterio de la conveniencia política"[2546].

En todo caso, el Presidente del Partido Copei en el Estado Mérida rechazó la versión de que el Juez fuera "copeyano"[2547] y de que el mismo abogado victimario lo fuera. Sin embargo, el mal estaba hecho, y en Mérida no era seguro administrar justicia. El Presidente del Consejo de la Judicatura se tuvo que trasladar a dicha ciudad, y ante dicho funcionario, el Vice-Presidente de la Federación de Estudiantes de la Universidad de los Andes, afirmó que "la casa de Bernardino Navas la derribaron todos los estudiantes con sus propias manos" acusando de paso al Juez "de estar vinculado al narcotráfico y haber puesto en libertad a varios traficantes"[2548].

En esa situación era claro que ningún Juez podía decidir, con el mínimo de seguridad, conforme a derecho, lo que llevó a la Magistratura del Estado a pedir protección para impartir justicia. Los Jueces de Mérida, incluso, acordaron el 30 de mayo de 1988,

> "suspender indefinidamente los procesos judiciales porque en el Palacio de Justicia no existen las condiciones mínimas de seguridad para la realización de sus tareas",

y para el 1° de junio se había anunciado una marcha de estudiantes en la cual estos

> "masivamente declararían en Tribunales, que ellos también participaron en los hechos de violencia, del año pasado, cuando la casa del abogado Bernardino Navas fue destruida, al igual que sus bienes muebles" [2549].

En todo caso, los autos de detención a los dos estudiantes fueron revocados posteriormente por el Juez Superior [2550]. Bernardino Navas continuaba siendo procesado por matar injustificadamente a un estudiante; pero los estudiantes que destruyeron su casa y sus bienes, no serían tocados por la justicia.

6. *El terrorismo generado contra los jueces suplentes y el abuso informativo de la llamada "Justicia Vacacional"*

Dentro de toda la mediatización del Poder Judicial que hemos venido desarrollando en los últimos años, en lo cual los medios de comunicación han jugado el primer papel, debe destacarse el terrorismo que éstos han venido creando en relación

---

2545 *El Universal,* 19-5-88, p. 135.

2546 *El Diario de Caracas,* 25-5-88, p. 23.

2547 *El Universal,* 19-5-88, p. 1-17.

2548 *El Nacional,* 20-5-88 p. D-6; *El Universal,* 20-5-88, p. 1-27.

2549 *El Nacional,* 31-5-88, p. 1-1.

2550 *El Universal* 7-6-88, p. 2-20.

a lo que se ha denominado la "justicia vacacional" y que ahora abarca a los jueces suplentes y a los conjueces, con mayor riesgo de paralización y lentitud judicial de la que hay.

Sobre el tema, ante todo hay que puntualizar situaciones diversas, que se mezclan y colocan en un mismo recipiente. Por una parte, todo Juez titular tiene su suplente para llenar las faltas temporales, como lo aconseja un principio elemental de organización. El Juez suplente designado, es tan juez como el titular, y la falla fundamental en este campo está, como se ha comentado anteriormente, en que el Consejo de la Judicatura no los ha nombrado por concurso.

Por otra parte, en los Tribunales colegiados y en los Tribunales Superiores, la Ley permite la designación de conjueces para que puedan colaborar, con el Juez titular, en la decisión y sentencia de determinadas causas. Los Conjueces de la Corte Suprema de Justicia, por ejemplo, son nombrados por la misma Corte. Se trata de abogados destacados, especialistas en determinadas áreas, que ejercen funciones accidentales para decidir casos concretos, y colaborar con el Tribunal a agilizar determinadas causas.

Por último, están los Jueces provisionales, designados en un Tribunal en el cual el Consejo de la Judicatura aún no ha nombrado Juez titular porque el concurso respectivo no se ha realizado o decidido. Mientras este concurso no se realice, y no exista nombrado un Juez titular, el Juzgado tiene que continuar funcionando y para ello se han designado Jueces provisionales. Como se ha señalado, el Consejo de la Judicatura está en mora en la resolución de algunos concursos y hay aún muchos Juzgados sin titular, a cargo de Jueces provisionales.

Lo cierto, en todos estos supuestos, es que la justicia, por sobre todo, no puede esperar. Lo decía Martín Pérez Guevara cuando ejerció la Presidencia de la Corte Suprema de Justicia:

> "Una justicia tardía, no es justicia sino una grotesca e irritante caricatura de ella"[2551].

Por tanto, los Jueces provisionales, mientras se nombra a los titulares; los suplentes, cuando suplen a los titulares, y los conjueces, cuando auxilian a los titulares, tienen que decidir las causas que estén para decisión.

Ciertamente que en los últimos años han transcendido a la prensa algunas decisiones judiciales tomadas por jueces suplentes, durante las vacaciones judiciales, y que provocó el mote de "justicia vacacional" que se generalizó en todos los casos, y que está generando una situación de terrorismo contra jueces provisionales, suplentes y conjueces, que no se atreven a decidir.

Sin embargo, lo cierto es que a partir de 1987, no hay más "vacaciones judiciales". En efecto, de acuerdo a la Ley Orgánica del Poder Judicial y al Código de Procedimiento Civil, hasta 1986 existían sendos lapsos de vacaciones judiciales, entre los meses de agosto y septiembre; y diciembre y enero, en los cuales no había "audiencias", lo que provocaba que durante esos períodos la justicia se paralizaba, pues los jueces suplentes, en general, no decidían las causas; y sólo adoptaban decisiones

2551 *El Nacional,* 8-7-77, p. D-l. Rafael Caldera señaló más recientemente: "La peor lacra de la administración de justicia en Venezuela, es su desesperante lentitud", *El Diario de Caracas,* 2-6-85, p. 25.

judiciales en casos excepcionales. Esta situación de inactividad procesal, que retardaba los procesos, quiso ser corregida por la reforma de 1986, tanto del Código de Procedimiento Civil como de la Ley Orgánica del Poder Judicial, mediante las cuales se eliminaron las vacaciones judiciales, es decir, los lapsos fijos de vacaciones de los Tribunales, sustituyéndose ello sólo por "vacaciones de los jueces" cuando a cada uno le corresponda disfrutarlas.

Precisamente por esa reforma, no es nada anormal que los Jueces suplentes tomen todas las decisiones pertinentes del proceso, y es un error hacer ver que es una anomalía, como lo difunden a cada rato los medios de comunicación social.

No hay que olvidar que el Consejo de la Judicatura mediante Circular N° 7.034 de 11-8-87, informó "a los señores Jueces titulares y suplentes" lo siguiente:

> "Los jueces temporales, que suplan a los jueces activos durante sus vacaciones, deberán tener presente:
>
> a. que las vacaciones de los jueces no suspenden el curso de las causas ni los lapsos procesales; y
>
> b. que, por consiguiente, están autorizados y obligados legalmente para atender todas las fases del proceso (admisión, instrucción, decisión y ejecución).
>
> Los jueces temporales *pueden y deben sentenciar* las causas que estén para decisión".

En esta forma, los jueces temporales están obligados a decidir y ello no necesariamente constituye lo que José Muci Abraham ha calificado como "un irreparable gravamen" [2552] hecho a la justicia.

Pero no han sido sólo los medios de comunicación los que han generado esta confusión. Recientemente ha sido el Presidente de la República en su discurso al inaugurar la nueva sede de la Corte Suprema de Justicia, el 14-10-87, el que ha planteado de nuevo el tema así:

> "Otra circunstancia que ha contribuido grandemente a una especie de zozobra perniciosa y al caldo de cultivo para hechos notorios de corrupción, es la de sorpresivas sentencias dictadas por jueces accidentales, que las más de las veces ni tienen tiempo de estudiar los expedientes ni tienen la responsabilidad de una carrera que cuidar. En este sentido me atrevo a proponer que se adelanten las reformas necesarias para que los llamados jueces accidentales, cuando actúen en razón de faltas temporales del titular, se limiten a sustanciar los expedientes y adelantar los procesos para situarlos en estado de sentencia, las cuales deberán ser dictadas sólo por los jueces titulares"[2553].

En estas palabras, sin duda, no puede haber mayor confusión: fue durante el gobierno del Presidente Lusinchi, y a partir del año 1987, y de ello seguramente estaba enterado su Ministro de Justicia, que se buscó eliminar la limitación a que los jueces suplentes decidieran los asuntos; por lo que al menos era contradictorio, que algunos

---

2552 José Muci Abraham, *El Nacional,* 30-9-87, p. A-4.

2553 *El Nacional,* 15-10-87, p. D-l. Véase en sentido similar, Aníbal Rueda, *El Universal,* 13-1-88, p. 1-20.

meses después de iniciada la aplicación de la reforma, se "descubriera" que habría que hacer otras reformas, para volver atrás.

Lamentablemente el Presidente se hizo eco de lo que comúnmente se había señalado, para desprestigio del Poder Judicial, al referirse a las decisiones de los jueces suplentes, y él mismo cayó en lo que en ese mismo discurso señaló; que

> "a ratos parece que se fomenta por parte de sectores interesados una suerte de campaña de opinión pública en contra del Poder Judicial, sin reparar en el peligro de la generalización" [2554].

Así, lo cierto es que los jueces suplentes ya no se atreven a decidir, en beneficio incluso de las partes, para que no se diga de inmediato que la sentencia es fruto de la justicia "accidental o vacacional", y progresivamente los abogados van rehusándose a aceptar cargos de suplentes, precisamente por la campaña de opinión generada sobre el tema.

Uno de éstos escribía al Consejo de la Judicatura:

> "Ningún abogado que precie su moral y condición de profesional, podrá en las actuales circunstancias contribuir con su esfuerzo a la difícil tarea de impartir justicia" [2555].

Este es el producto de la desinformación y la generalización que ha provocado la campaña de descrédito contra el Poder Judicial, que como lo decía un remitido de la Asociación de Jueces del Distrito Federal, ha sido "desplegada irrestrictamente en los últimos años"[2556] para desgracia del país y sus instituciones.

CONCLUSIÓN

La situación antes descrita, sin duda, exige la ejecución ineludible de una serie de reformas al Poder Judicial. No podemos plantear aquí el elenco de tales reformas que se requiere introducir en el Poder Judicial, de tipo estructural y funcional, para el logro de su independencia y autonomía. Ello ya se ha hecho, y muy bien y sucintamente, al menos en tres documentos recientes: el documento del Partido Copei, *Una Reforma Judicial para fortalecer la democracia,* Caracas, 1985[2557]; el documento de la Comisión Presidencial para la Reforma del Estado, *Reforma inmediata del Poder Judicial,* Folletos para la discusión N° 5, Caracas, 1987; y las propuestas del Grupo Roraima sobre "Desarrollo de un Poder Judicial Autónomo, Eficaz y Eficiente" en *Más y Mejor Democracia,* Caracas, 1987, p. 162-163.

A los planteamientos allí formulados nos remitimos.

Pero adicionalmente a esas reformas, por supuesto, está quizás la más importante, que debe formar parte de un programa de educación política necesaria.

2554 *El Universal,* 15-10-87, p. 1-40. Véase las críticas al discurso del Presidente en cuanto al tema de los jueces suplentes, en J. Petit D'Acosta *El Universal,* 24-10-87, p. 1-4.

2555 Véase la referencia en J. Petit D'Acosta, *El Universal,* 31-10-82.

2556 *El Nacional,* 2-10-87, p. D-5.

2557 Publicado en *El Diario de Caracas,* 24-4-85, pp. 20-21 y 27-4-85, p. 19 (*Cfr. El Nacional,* 25-4-85, p. D-l.

De verdad, la República no se puede conservar sin un Poder Judicial autónomo e independiente, respetado y respetable, efectivo y confiable. Todo lo que se haga por desprestigiarlo y por minar su majestad, constituye una conspiración contra la República y la democracia.

La campaña sistemática que se ha desatado contra el Poder Judicial, de parte de los otros Poderes Públicos, de parte de los medios de comunicación, de los que se sirven de ellos para dar su opinión, y de parte de los ciudadanos en general, aun cuando algunos no estén conscientes de ello, es quizás el movimiento desestabilizador de mayor importancia que se está gestionando contra la democracia. Francamente, es difícil que un régimen democrático perdure mucho tiempo más, si alrededor del 90% de la población expresa desconfianza del Poder Judicial como conjunto y de los jueces en particular[2558]; y si el 54.5% de la población piensa que el Poder Judicial funciona muy mal o más mal que bien[2559]. Así, la República no tiene fuente de conservación.

Por ello, para salvar la República, el rescate de la respetabilidad y majestad del Poder Judicial debe ser la tarea prioritaria.

Para ello, por supuesto, muchos otros aspectos adicionales a los anteriormente indicados, deben ser enfrentados, y entre ellos uno terrible que es el de la corrupción judicial, consecuencia, en general, del deterioro existente, y de la falta de atención, de nuevo, del Consejo de la Judicatura respecto del funcionamiento del Poder Judicial en cuanto a las tasas que deben pagarse por los servicios judiciales. En este sentido, la Ley de Arancel Judicial de 1956, ha quedado en desuso y la inflación ha sido un agudo detonante a la comercialización descarada de los servicios judiciales. Ello ha conducido, en algunos casos, a que algunos secretarios, amanuenses, escribientes y alguaciles de los Tribunales, manipulen a su antojo la marcha de la justicia conforme a las "tasas" que imponen ilegalmente a sus "clientes", los abogados. Como consecuencia, como lo ha señalado Manuel Cardozo, en ese mundillo o mercado tribunalicio habría una clasificación de los abogados en buenos o malos clientes: los buenos, son los malos abogados, deshonestos, generalmente incompetentes, pero cuyos asuntos marchan sin dilación porque pagan bien por ello; los malos clientes, son los buenos abogados, honestos, generalmente competentes, pero cuyos asuntos quizás permanecen desatendidos porque no pagan lo que cualquier mercader requiera[2560].

El mundo de la justicia, así, a veces se ha trastocado, o como lo diría Humberto Eco en boca de Adso de Melk, "marcha patas arriba". Aquí también podemos decir que a veces sucede que "los ciegos guían a otros ciegos y los despeñan en los abismos, los pájaros se arrojan antes de haber echado a volar, los asnos tocan la lira, los bueyes bailan, los perros huyen de las liebres y los ciervos cazan leones"[2561]. La justicia, así, está descarriada y cualquier cosa puede pasar en el foro: con frecuencia vemos como lo justo se convierte en injusto, y a la inversa, la injusticia en justicia;

2558 Según encuesta de la COPRE. Véase J. M. Echeverría, "Justicia y Democracia", *El Universal,* 18-9-88, p. 1-4.

2559 Grupo Roraima, *Más y Mejor Democracia, cit.*, p. 101.

2560 *El Universal,* 1-9-88, p. 1-4.

2561 Humberto Eco, *El nombre de la rosa,* Ed. Lumen, Barcelona 1987, pp. 22 y 98.

el derecho se trastoca en obligación y la obligación en derecho; lo legal en ilegal y las ilegalidades en actuación ajustada a derecho; el denunciante se convierte en delincuente y el delincuente es absuelto[2562].

Por ello, nuestra apreciación, de que la Justicia, sola, está acabando con la República.

SECCIÓN SEXTA: REFLEXIÓN FINAL

I. ¿LA FUTURA REFORMA DEL ESTADO?

Los dos candidatos presidenciales con mayor opción en las elecciones de diciembre de 1988, Eduardo Fernández y Carlos Andrés Pérez, han estado respaldados por los dos partidos políticos más importantes del país, el Partido Socialcristiano Copei y el Partido Acción Democrática. Ambos partidos políticos, en promedio general, han representado en los últimos 30 años al 80% o más de la población y han sido los únicos "partidos de gobierno" que ha habido durante todo el período democrático desde 1959. Así, Copei y Acción Democrática fueron partidos de gobierno de coalición en el período 1959-1964; Copei fue partido de gobierno en los períodos 1969-1974 y 1979-1984; y Acción Democrática en los períodos, 1964-1969; 1974-1979 y 1984-1989. Por tanto, sin la menor duda, ambos partidos han sido los responsables de la configuración del *Estado de Partidos* que tenemos, con todos sus problemas, incluso, el de la no realización de su reforma.

Sin embargo, ambos candidatos presidenciales, han planteado en su campaña electoral y preelectoral, el tema de la reforma del Estado y sus aspectos más importantes.

Eduardo Fernández, como Secretario General del Partido Socialcristiano Copei, formuló ante la COPRE, en octubre de 1985, una exposición sobre "Soluciones para la nueva democracia", la cual puede considerarse, sin duda, como el más completo programa de reforma del Estado formulado por un Secretario General de uno de nuestros partidos fundamentales. Posteriormente, inició su campaña electoral en 1988, con el planteamiento de la exigencia de la reforma del Estado, con el reclamo al partido de gobierno y a su candidato, Carlos Andrés Pérez, por su realización inmediata.

Carlos Andrés Pérez, en su discurso pronunciado en la sesión solemne del Concejo Municipal de Caracas, el 22 de enero de 1988, con motivo de la celebración de los 30 años de la democracia, también formuló un conjunto de propuestas de refor-

2562 Recordemos, sólo, que la denominada "Manzopol" o policía paralela y clandestina que aparentemente funcionaba en el Ministerio de Justicia, nunca existió, porque un Juez así lo dijo *(El Nacional,* 6-9-88, p. D-6); y que los cobros de viáticos por parte de la esposa del Fiscal General de la República, quien no era funcionario público, se convirtieron en legales porque el Fiscal General, mediante Resolución, los había mandado a pagar. El Juez dijo a la prensa: "si no es ilegal la Resolución del Fiscal General que manda a pagar esos viáticos, su cobro no puede ser ilegal". Frente a ello, el periodista Víctor Manuel Reinoso le señaló al Juez: "Pero de acuerdo con esa práctica podríamos concluir que Pérez Jiménez, que había tomado un dinero y echando a una maleta que se le quedó, no cometió delito. El estaba facultado para manejar fondos". .. *(El Nacional,* 6-9-88, p. D-18).

ma del Estado, que marcaron el inicio de su campaña electora], con lo cual incluso, le arrebató la bandera sobre el tema a Eduardo Fernández.

Ambos candidatos presidenciales, por tanto, en 1988, coincidieron completamente en los aspectos básicos de la reforma del sistema político (de los partidos políticos y del Estado centralizado) y de la necesidad de su realización. Ello provocó la ineludible necesidad de que las Cámaras Legislativas, en las cuales dominan holgadamente ambos partidos políticos y en la cual el partido de gobierno, Acción Democrática, tenía mayoría, tuvieran que discutir algunas reformas. Sin embargo, a pesar del compromiso de los candidatos, sólo tres aspectos del tema de la reforma del Estado fueron discutidos en 1988: la reforma municipal para la elección del Alcalde que había sido propuesta por el partido Copei en 1984; la elección popular de gobernadores, que también había sido propuesta por el partido Copei en 1988; y la reforma electoral, de la cual todos los partidos políticos venían hablando desde hacía varios años. De esos proyectos, sólo los dos primeros fueron sancionados, no sólo porque la oferta político- electoral en torno a ellos y el compromiso de los candidatos había sido demasiado claro, sino en realidad, porque su aprobación no afectaba la marcha inmediata del proceso político, pues no tendrían repercusión en las elecciones de 1988, que era lo que estaba en juego. Por ello mismo, en cambio, la reforma electoral no se aprobó, en forma alguna, en 1988, y los dos partidos fundamentales, en cambio, a pesar de las promesas, sólo acordaron posponer su consideración para el futuro. Así, el sistema electoral que asegura el monopolio de la representatividad a los partidos políticos, quedó incólume, por lo que nunca antes la lucha intrapartido para la configuración de las planchas fue tan aguerrida.

En todo caso, el tema de la reforma del Estado continuó tratándose durante la campaña electoral de 1988, e incluso, quedó inscrito como una parte fundamental de los Programas de Gobierno presentados al electorado por ambos candidatos presidenciales.

En el Programa de gobierno de Eduardo Fernández, intitulado *El Poder para el pueblo,* están contenidas las "propuestas para el cambio político", en las cuales se plantean todas las reformas necesarias para la profundización de la democracia política y para la transformación de la Administración Pública. En el Programa de gobierno de Carlos Andrés Pérez, intitulado *Acción de gobierno para una Venezuela moderna,* se dedica el primer capítulo al tema de la "Modernización de la democracia" con propuestas sobre la democratización del sistema político, fortalecimiento del Estado de Derecho y descentralización del poder político y económico.

En ambos documentos puede decirse que hay coincidencia básica en torno a los temas de la descentralización política y transferencia de competencias nacionales a los Estados y Municipios; a la reforma de los partidos políticos; a la reforma del poder judicial; a la reforma del sistema electoral, y a la reforma de la Administración Pública, particularmente en cuanto al sistema de planificación, al sistema de control interno de la gestión pública, la desburocratización y la participación.

Ante esta coincidencia, el país no podría esperar otra cosa que la ejecución de las reformas que requiere el Estado venezolano, para su descentralización y despartidización, asegurándose que, al menos, la función pública y el Poder Judicial estén fuera del alcance de los partidos políticos. Sin embargo, la pregunta, que sólo los partidos políticos podían responder en el futuro, continúa siendo la misma: ¿Están dispuestos los partidos políticos a renunciar voluntariamente al control absoluto del poder político? Al menos, sus candidatos presidenciales lo prometen. . .

A continuación, transcribimos los capítulos correspondientes de los Programas de gobierno de Eduardo Fernández y Carlos Andrés Pérez, sobre el tema de la reforma del Estado. Su conocimiento será indispensable para que, gane quien gane la nominación presidencial, se puedan hacer en el futuro los reclamos necesarios en caso de promesas incumplidas o de negativas al llamado a la concertación que el próximo Presidente de la República tendrá que hacer en torno a estos temas.

II. ANEXO A: EDUARDO FERNÁNDEZ, PROGRAMA DE GOBIERNO, EL PODER PARA EL PUEBLO, 1988, CAPITULO III: MIS PROPUESTAS PARA EL CAMBIO POLÍTICO

1. *Profundización de la Democracia Política: Un Estado Moderno y un Sistema Político eficiente y participativo.*

El cambio que propongo requiere un Estado moderno descentralizado y desconcentrado en sus estructuras y funciones y de un sistema político eficiente y participativo. Voy a promover el consenso necesario para impulsar la reforma del Estado, a través de las reformas del Poder Legislativo y del Poder Judicial, la modernización de la Administración Pública Nacional, una política integral de desarrollo regional y local y la reforma del Sistema electoral y de los partidos políticos, según los siguientes lineamientos estratégicos.

A. *Un Congreso moderno*

Promoveré las reformas correspondientes para modernizar el Congreso de la República a fin de que pueda cumplir eficientemente sus funciones legislativas y contraloras.

B. *Una eficiente Administración de Justicia*

Me propongo hacer realidad la reforma del Poder Judicial para lograr una Administración de Justicia eficiente, confiable, imparcial y no partidizada. Nuestro programa de reformas del Poder Judicial comprende:

* Reformas en el Sistema de escogencia de los jueces, haciendo realidad los concursos.
* Reformas en la manera de elegir los Magistrados de la Corte Suprema de Justicia por el Congreso, con mayoría calificada de dos tercios, en lugar de mayoría simple.
* Reformas en la composición, atribuciones y formas de escoger el Consejo de la Judicatura.
* Dotación de los recursos financieros necesarios al sistema judicial para incrementar el número y tipo de tribunales, para una mejor remuneración de los jueces y demás funcionarios del sistema judicial y para modernizar y equipar adecuadamente los tribunales.
* Creación de la Institución del Defensor del Ciudadano, como órgano del Congreso para controlar la justicia de los actos de la Administración Pública.

C. *La modernización de la Administración Pública Nacional*

En la Democracia Nueva el Estado debe organizarse y funcionar, de acuerdo con los principios y técnicas más modernas de gestión. En tal sentido, gerenciaré desde el más alto nivel del Ejecutivo Nacional, un proceso de reforma que garantice la eficacia y la eficiencia en la Administración Pública Nacional.

Asignaré al Ministerio de la Secretaría de la Presidencia, además de las funciones de apoyo a la Presidencia de la República, la responsabilidad de ejecutar un programa integral de reformas de la Administración Pública que contemplará no sólo los cambios necesarios para modernizar la organización y el funcionamiento de la Administración Pública Central y Descentralizada, sino también todo lo referente al desmontaje de la permisería y al proceso de privatización de aquellas actividades y servicios que pasarán a la responsabilidad del sector privado.

* *Reforma de la Administración Central* reagrupando los sectores institucionales en cinco grandes áreas de gestión, en función de las prioridades gubernamentales: Economía y Finanzas; Desarrollo Social; Ordenamiento del Territorio, Infraestructura y Servicios; Relaciones Interiores; Defensa y Política Exterior. Daré la jerarquía y la delegación de funciones necesarias a los Ministros coordinadores de estos Gabinetes sectoriales, a fin de que dichos Gabinetes operen como verdaderos órganos ejecutivos, para agilizar y racionalizar el proceso de toma de decisiones al máximo nivel gubernamental.
* Se fortalecerá a los Ministerios, ejes Institucionales de cada sector, jerarquizando la figura del Ministro ante los organismos descentralizados que le están adscritos conforme a la Ley y estableciendo inequívocamente el principio administrativo de la unidad de mando.
* Transformaré al Ministerio de Fomento, en el Ministerio de Desarrollo de la Industria y el Comercio, instrumento fundamental para la reactivación económica de este sector. Igualmente, nombraré un Ministro de Estado para la Promoción Económica Internacional, responsable de dirigir, coordinar y promover las actividades tradicionalmente generadoras de divisas, en particular, las exportaciones no tradicionales y el turismo internacional.
* Dentro de un plan de modernización de la Oficina del Presidente institucionalizaré la figura de los asesores especiales del Presidente. En atención al Artículo 109 de la Constitución y a la necesidad de un Gobierno de Concertación, crearé el Consejo Nacional Consultivo de la Presidencia de la República, integrado por personalidades de los sectores empresariales, laborales, colegios y organizaciones profesionales, organizaciones comunales y representantes del mundo de la ciencia y la cultura. Dicho Consejo actuará como órgano de consulta del Presidente sobre los temas fundamentales del país.
* *Reforma de la Administración Descentralizada*, reorganizando las empresas y servicios públicos en función de los programas de Reforma del Estado y de privatización, con el objeto de lograr un servicio público eficiente. Igualmente se establecerán criterios e indicadores específicos de eficiencia para orientar y evaluar la gestión de los entes públicos descentralizados. En la gestión de las empresas del Estado se privilegiará el criterio de auto-financiamiento para el desempeño de sus actividades, es decir, el criterio de eficiencia económica, mientras que en el desarrollo y evaluación de la gestión de los institutos autó-

nomos y otras formas organizativas de Derecho Público, se tomarán en cuenta criterios DE eficiencia social,

* Devolveré a las Corporaciones Regionales de Desarrollo su potencial financiero para que las mismas cumplan su función de promoción y financiamiento de programas de desarrollo regional. Atenderé especialmente las demandas de aquellas regiones o áreas deprimidas o con situaciones especiales, por su naturaleza estratégica (fronteras, áreas ecológicamente vulnerables, etc.), mediante programas especiales implementados a través de las Corporaciones Regionales o mediante la creación de Autoridades de Área con atribuciones y responsabilidades específicas en cada caso.

* *El Sistema Nacional de Planificación será descentralizado, de carácter estratégico y* participativo y propiciará la coherencia en las funciones de programación, presupuestación y control de la gestión pública. Igualmente deberá orientar las funciones de generación, organización, procesamiento y divulgación de la información básica, que debe servir de apoyo al proceso de toma de decisiones y de gerencia moderna que pretendo introducir durante mi mandato.

A tal fin se desatollara un Plan Maestro de Organización de los datos del Estado con el objetivo de identificar el tipo de datos y estadísticas requeridas e integrar y organizar un sistema nacional de estadísticas, con información abierta y disponible para todos, confiable y neutral, fácil de utilizar y mantener, computarizado totalmente, formando parte de una red electrónica nacional.

El Sistema Nacional de Planificación, se apoyará coyunturalmente y mientras se apruebe la Ley correspondiente, en el Comité de Coordinación de las Oficinas Centrales de la Presidencia de la República, previsto en la Ley Orgánica de la Administración Central e inoperante hasta ahora.

El Sistema Nacional de Planificación, se concibe como un instrumento de apoyo para descentralizar y hacer más eficiente la toma de decisiones, para realizar un efectivo control de la eficacia y eficiencia de la gestión pública y en general para contribuir a modernizar la gerencia del sector público, tanto en su actividad normativa como en su operación.

* ***Estableceré un Sistema de Control de Gestión del Sector Público*** para hacer el seguimiento interno de la labor administrativa gubernamental, el cual permitirá a gobernantes y gobernados tener un mejor conocimiento de la ejecución del Programa de Gobierno y aplicar oportunamente los correctivos necesarios.

En una primera etapa la misión del Sistema de Control de Gestión del Sector Público será el seguimiento de los principales programas de la Administración Central, de los institutos autónomos y de las empresas del Estado, con especial énfasis en los compromisos establecidos en el referido Programa de Gobierno.

La dirección y administración del sistema estará a cargo de una Oficina Central de Control de Gestión del Sector Público adscrita a la Presidencia de la República.

Como complemento indispensable del Sistema de Control de Gestión del Sector Público se transformará la Escuela Nacional de Hacienda en Instituto de Administración y Gerencia Pública y se creará el Consejo Superior del Sector Público, encargado de seguir la evolución y actividades del sector integrado por la Administración Central, los institutos y otros entes autónomos o semi-autónomos, y las empresas del Estado y de presentar cada dos años un informe que contenga un análisis de la composición del sector, su financiamiento, los resultados del control de gestión, sus relaciones con el sector privado y la comunidad en general, así como las proposiciones del Consejo para aumentar la eficiencia y eficacia gubernamentales.

Así mismo me comprometo a establecer formas transparentes de información y participación que permitan a las comunidades organizadas en el ámbito nacional, estadal y local, actuar como entes democráticos de control externo de la labor gubernamental para vigilar el cumplimiento de las promesas electorales.

* *Modernizaré el sistema de información y relaciones gubernamentales* con la comunidad, a fin de mantener canales objetivos de comunicación que permitan a la ciudadanía estar enterados del quehacer nacional y de la labor gubernamental.

* *Me propongo mejorar el sistema de administración de personal del sector público* para adaptarlo a los nuevos requerimientos del Estado moderno, institucionalizando el sistema meritocrático y la carrera administrativa y llevando a cabo una política de adiestramiento y formación de personal en todas las áreas de la gestión pública. Se revisarán las condiciones de trabajo del servidor público en función de las nuevas demandas y objetivos del modelo de Estado que estoy proponiendo, y se creará el Fondo de Previsión Social del Funcionario Público para mejorar la asistencia social a los servidores del Estado.

D. *Política integral de desarrollo regional y local*

La elección directa de los Gobernadores de Estado y las elecciones directas y uninominales de los representantes al Congreso de la República, a las Asambleas Legislativas, a los Concejos Municipales y la elección directa de los Alcaldes, que se sucederán durante mi gestión presidencial, constituirán el cambio político más significativo dentro del proceso evolutivo de nuestro sistema democrático.

Estos logros, que han sido nuestra bandera por muchos años, pueden llegar a frustrarse, si no son acompañados con una política integral de Desarrollo Regional y Local, que asegure a los gobiernos constituidos en los diferentes niveles, los recursos económicos y el marco legal e institucional adecuados para lograr su cometido, que no es otro sino *lograr el bienestar y el progreso de la Comunidad, con la Comunidad.*

La política de Desarrollo Regional de mi gobierno estará dirigida a convertir nuestra democracia representativa en una democracia participativa, en la cual el pueblo organizado en sociedades intermedias, como lo son las Asociaciones de Vecinos, los organismos gremiales, los sindicatos, las cámaras de comercio y producción, las universidades, las sociedades culturales, científicas y deportivas, contribuya no sólo en la toma de decisiones que lo afectan sino también en la creación, distribución y disfrute del producto social.

Las principales líneas de acción de esta política serán las siguientes:

* *Las Gobernaciones de Estado serán fortalecidas política, administrativa y financieramente con el fin de convertirlas en modernos agentes del cambio;* contarán con una moderna oficina de Planificación y Presupuesto, a cuyo cargo

estará la formulación y concertación, con la comunidad organizada, de los planes regionales de desarrollo.

El Gobernador será el coordinador de la Administración Pública en la región y para ello utilizará como instrumentos el Presupuesto Regional Consolidado y los Comités de Coordinación por área de gestión, en los cuales participarán no sólo los organismos públicos involucrados, sino también los representantes de la comunidad organizada.

Se dotará a los gobiernos regionales de recursos financieros de acuerdo con la marcha del proceso de descentralización y desconcentración de los servicios públicos, e igualmente se llevará al Congreso de la República la iniciativa de derogar la Ley Orgánica que impone la Coordinación del 50% del Situado Constitucional con el Poder Ejecutivo Nacional, para dar total autonomía a los Gobernadores en el manejo de dicho Situado.

El Gobierno Nacional pondrá al alcance de los gobiernos regionales, por medio de las Corporaciones Regionales de Desarrollo y otros organismos nacionales e internacionales, programas para el mejoramiento de la gerencia pública que coadyuven a convertir a las gobernaciones regionales en modernas agencias para la prestación de servicios y para la promoción del desarrollo económico y social.

* *Impulsaré la descentralización y desconcentración administrativa.*

Durante mi gestión, se iniciará y profundizará un proceso de transferencia de competencias y responsabilidades hacia los gobiernos regionales y locales. Este proceso se realizará de manera progresiva y selectiva, iniciándose con la descentralización de aquellas funciones que se consideren más importantes y susceptibles de ser gerenciables a nivel regional y local.

Con estas medidas se persigue acercar los organismos responsables de los servicios a la comunidad, lograr la mayor eficiencia de los programas y hacer participar a la comunidad en la solución de sus problemas, en una línea de acción que elimine el paternalismo estatal y promueva el auto-financiamiento de los servicios básicos.

Paralelamente se desconcentrarán hacia las regiones aquellas funciones públicas que no admiten su descentralización, de manera de eliminar los trámites burocráticos innecesarios y de agilizar, simplificar y poner al alcance de todos, aquellas gestiones que puedan realizarse regional o localmente.

* *Fortaleceré el Municipio como célula básica de la Democracia Nueva.*

El apoyo y fortalecimiento a los gobiernos regionales es válido en igual medida para los gobiernos a nivel local.

Los lineamientos expuestos en materia de planificación, financiamiento, modernización de la gestión, participación de la comunidad, descentralización y desconcentración son igualmente aplicables para el caso de los Municipios, los cuales serán la célula básica de la Democracia Nueva y actuarán como el ámbito de gobierno primario para hacer efectiva la participación de la comunidad.

E. *La reforma del Sistema Electoral y de los partidos políticos*

Vamos a promover la concertación requerida para lograr la reforma del obsoleto mecanismo electoral que rige nuestro sistema democrático. Auspiciaremos una reforma que consagre la separación de las elecciones dentro de un sistema mixto, donde la mitad de los diputados al Congreso y a las Asambleas Legislativas, sean electos por el sistema de representación proporcional y la otra mitad por la vía nominal, y propondremos el establecimiento de la institución del Referéndum para legitimar democráticamente las decisiones de gran trascendencia nacional.

Impulsaremos la reforma de la Ley de Partidos Políticos que obligue a ampliar el poder de la base, de acuerdo al principio de descentralización que se propone el Estado; que dé mayor transparencia a las finanzas de los partidos, estableciendo la figura del Contralor del Partido, escogido por las propias organizaciones políticas para supervisar el uso y la recaudación de fondos; que se establezcan mecanismos que acorten y abaraten las campañas y se prevea un mecanismo de financiamiento de los partidos, con participación del Estado.

2. *El redimensionamiento del Estado y la agilización de los trámites públicos*

A. *Privatización de empresas y servicios públicos*

Iniciaré este proceso como un programa especial a ser ejecutado como una de las tareas prioritarias del nuevo Gobierno. Estoy absolutamente convencido de la necesidad y conveniencia de transferir a la comunidad, sea a empresarios ya existentes, a grupos nuevos de empresarios, a trabajadores, a profesionales, a inversionistas nacionales o extranjeros, la propiedad o la administración, según sea el caso, de empresas y servicios que no sean esenciales ni estratégicos, para que puedan ser gerenciadas y desarrolladas de manera más eficiente en forma privada, a nivel regional, estadal o local.

El proceso de privatización de empresas y servicios públicos se implementará en forma integral y dentro de una estrategia a corto y mediano plazo, que incluye como objetivos adicionales al de redimensionar el Estado para que sea más eficiente en sus funciones básicas, el de democratizar la propiedad, promoviendo un nuevo sector de propiedad social no estatal con la participación de los trabajadores y de los empleados de las empresas a ser privatizadas, ampliar el mercado de capitales, ampliar el campo de oportunidades para nuevos inversionistas nacionales y extranjeros, incrementar la eficiencia de estas empresas y servicios y orientar su gestión, en función del mercado y la competencia.

Para activar el proceso se aplicarán diversas formas de privatización que incluyen la venta total o parcial de empresas públicas y el otorgamiento de concesiones para la administración de dichas empresas y servicios públicos.

Dentro de este proceso se incluirán los Servicios Portuarios, la administración de los peajes de puentes y autopistas, el INCE; los servicios de recolección de basura; la comercialización del gas por tuberías a nivel doméstico; el desarrollo de empresas regionales privadas con posible participación de la Municipalidad como administradores del recurso agua, la electricidad y los teléfonos; la privatización total o a través de formas mixtas de empresas que se constituyan sobre los procesos secundarios del sector petrolero, de empresas petroquímicas, del aluminio, y del acero; la privatización de hoteles y bancos comerciales actualmente administrados por el Estado; y la privatización de la administración del Instituto Venezolano de los Seguros Sociales en manos de los trabajadores y empresarios cotizantes y en forma de oficinas autónomas regionales.

B. *Desburocratización y desmontaje de la permiseria*

Me propongo impulsar un programa especial de simplificación y agilización de los trámites públicos, reduciendo al mínimo imprescindible las interferencias del Gobierno en la actividad de los ciudadanos. A tal fin, en el primer año del gobierno se eliminarán todos los controles, firmas, licencias y demás trámites burocráticos que no sean realmente indispensables y que no estén sustentados en leyes vigentes. Igualmente promoveré la modificación o derogación de aquellas leyes que establezcan trámites burocráticos innecesarios.

Como oferta concreta y ejemplo del alcance de este compromiso, adelanto que durante mi gobierno, eliminaré las tramitaciones de las agobiantes solvencias y dispondré que los recibos de pago, de cualquier tipo de servicio público que se preste a la colectividad, se acepten una vez cancelados como solvencia indiscutible. Con esto obligaremos al prestatario del servicio a tener sus cuentas al día y será él quien tendrá que indicar si el usuario tiene alguna deuda pendiente o en caso contrario se le considerará "*solvente*" con tan sólo cancelar el último recibo del servicio.

El Programa de desburocratización se iniciará en los órganos y entidades de la Administración Pública, en especial los servicios públicos y otros entes del Estado cuyas funciones interfieran o estén vinculadas con las actividades rutinarias de los ciudadanos. En esta tarea se dará prioridad a la reducción y simplificación de la permisería en actividades tales como la industria de la construcción, industria turística, actividades agropecuarias y de la pequeña y mediana empresa y la actividad exportadora no tradicional.

Dicho programa se extenderá luego hasta las entidades municipales y los órganos del Poder Judicial, con fines de desburocratizar los lentos procedimientos de administración de justicia.

Otro campo de acción prioritaria del Programa será el mejoramiento de los servicios de atención al público, especialmente los relativos a trámites fiscales, recaudación de rentas, expendios de timbres y otras especies fiscales.

III. ANEXO B: CARLOS ANDRÉS PÉREZ, PROGRAMA DE GOBIERNO: ACCIÓN DE GOBIERNO PARA UNA VENEZUELA MODERNA, 1988, CAPITULO 1: LA MODERNIZACIÓN DE LA DEMOCRACIA

La experiencia de los últimos años demuestra que parte importante del entrabamiento al desarrollo económico y social del país se encuentra en el rezago de sus instituciones. El desarrollo de un país es un proceso integral donde no se puede avanzar en la modernización económica y urbana sin que se creen tensiones en el plano político y social.

Después de 30 años de vida democrática los venezolanos reclaman un gobierno capaz de resolver los complejos problemas que enfrentan las sociedades modernas. Una presencia más activa en el seno del Estado de todos los estratos sociales que son afectados por las decisiones del gobierno; una menor concentración del poder político en las instituciones que representan a densos sectores de la población; métodos más transparentes para escoger y legitimar a sus líderes, un verdadero pluralismo político donde domine la tolerancia y se acepte el conflicto y la disidencia como forma de distender y de resolver los problemas que no tienen solución consensual.

Venezuela ha experimentado en los últimos 30 años profundas transformaciones políticas y sociales. La sociedad democrática que conquistamos el 23 de enero de 1958 facilitó el desarrollo de una infraestructura social, cultural y política. Pero ésta demanda hoy un mayor dinamismo y un mayor alcance de su sistema democrático. Venezuela necesita una democracia más profunda y expandida. Una democracia más sentida y compenetrada con todos los sectores de la población, una democracia moderna.

En esa dirección estará orientada nuestra acción de gobierno. Nuestro compromiso es el de asegurar que las reformas que actualmente requiere el Estado venezolano se pongan en práctica y se asegure la plena *democratización del sistema político.*

Nuestros esfuerzos tenderán al *fortalecimiento de la sociedad civil,* consolidando las diversas organizaciones y mecanismos participativos de las comunidades y a controlar la abusiva discrecionalidad del Estado.

En síntesis, nuestra acción estará dirigida al *fortalecimiento del Estado de Derecho,* base fundamental de una sociedad democrática y participativa; y a promover una coherente y sistemática descentralización de la Administración Pública, así como un desarrollo regional más estable y equilibrado.

1. *La democratización del sistema político*

A. *El sistema político electoral*

El apoyo decidido y resuelto de Acción Democrática hizo posible que en este período constitucional el Congreso de la República sancionara gran parte de las reformas legales vinculadas a nuestro sistema político electoral.

Ahora reiteramos nuestro compromiso de aprobar la reforma a la Ley Orgánica del Sufragio en todo lo relacionado con el procedimiento de votación. Estamos comprometidos a no seguir empleando el procedimiento del sufragio por planchas de candidatos, cerradas y bloqueadas. Buscaremos un mecanismo de votación que combine simultáneamente la nominalidad y la representación proporcional de las minorías, principio este último de rango constitucional. Para ello propiciaremos la concertación con las demás fuerzas políticas; y utilizaremos los servicios de la Comisión Presidencial para la Reforma del Estado (COPRE).

B. *La reforma de los partidos políticos*

Entre las reformas más importantes que seguiremos adelantando está la democratización a fondo de las estructuras, relaciones y actividades de los partidos políticos. Propiciaremos una reforma a la Ley de Partidos Políticos que acerque más a los militantes a la toma de decisiones fundamentales de sus colectividades y asegure los procedimientos democráticos en sus elecciones internas. Estamos decididos a modificar nuestros Estatutos a fin de que los próximos candidatos de Acción Democrática sean electos directamente por las bases del partido.

También pondremos especial énfasis en que los partidos mantengan solidez programática, ejerzan su papel de formar cultural y políticamente a los ciudadanos y abandonen aquellos espacios donde interfieren negativamente.

C. *Las reformas al Poder Legislativo*

No podemos concebir un Estado moderno y democrático en el que el Congreso Nacional y los órganos legislativos regionales no cumplan a plenitud con sus funciones de legislar y supervisar la Administración Pública.

Impulsaremos un profundo proceso de modernización administrativa del Congreso Nacional, dotándolo de los elementos técnicos que requiera; desarrollando una organización de asesoría legal, técnica y documental para los congresantes y las comisiones; mejorando la programación del trabajo y creando procedimientos más expeditos orientados a abrir nuevas vías de participación entre la colectividad y el Poder Legislativo.

Al mismo tiempo, fortaleceremos y actualizaremos los entes legislativos regionales, en el contexto de la reforma en curso del sistema político venezolano, dirigida a la descentralización y desconcentración del poder a nivel nacional.

D *Las reformas al Poder Ejecutivo*

La modernización del Estado venezolano exige diferenciar las tareas propias de un Jefe de Estado de la marcha ordinaria de los asuntos de gobierno y del gabinete. Por esta razón, plantearemos la creación de la figura del *Primer Ministro* Ejecutivo, y, con este propósito, se adelantarán los estudios necesarios para determinar sus funciones y adaptarlas a las modalidades propias del sistema político venezolano. Como esto requiere una enmienda constitucional, ésta, y otras modificaciones de fondo de la estructura del Estado, ameritan un vasto consenso político, para lo cual nuestro candidato Carlos Andrés Pérez ha propuesto un Pacto para la Reforma contenido en el discurso pronunciado en la Sesión Solemne del Concejo Municipal de Caracas, el 22 de enero de 1988, con motivo de la celebración de los 30 años de democracia.

De igual modo promoveremos el estudio de una simplificación del trabajo del Consejo de Ministros, con posible limitación del número de éstos que a él asistan con carácter permanente, en tanto que los otros pertenecerían a gabinetes sectoriales y participarían sólo cuando fuere necesario en el Consejo de Ministros.

La planificación económica y social es una obligación constitucional. Es por lo demás, la única forma de conducir la acción de un Estado Moderno y democrático. Es necesario des- burocratizar a Cordiplan, devolverle su posición doctrinal y reconvertirlo en su papel propio de cabeza del sistema de la Administración Pública, y de inductor del proceso armónico entre el sector público y el privado, concertado en el Plan de la Nación.

Además, con el fin de fortalecer la concertación al nivel del Ejecutivo Nacional, se institucionalizará un mecanismo de asesoría permanente al Presidente de la República en la tarea de formulación de políticas y toma de decisiones.

Finalmente, nos comprometemos a institucionalizar la *consulta y la concertación* sobre todos los asuntos de interés nacional, con los sectores económicos privados, consumidores, las organizaciones sindicales y la sociedad civil en general y a tal efecto no sólo promoveremos la adecuada legislación prevista en el Art. 109 de la Constitución Nacional, sino que se constituirán mecanismos *ad hoc* de concertación entre todos los factores de la producción y se potenciará la activa participación de la sociedad civil en la acción y decisión de los organismos del Estado, por conducto de las asociaciones de vecinos y otros mecanismos adecuados.

Se desentrabará la Administración Pública, eliminando la permisología innecesaria y garantizando el derecho constitucional a la respuesta oportuna. Se creará un sistema integral de capacitación de los empleados públicos que abarque, desde el adiestramiento en servicio, como cursos hasta del más alto nivel. Se vincularán los ascensos al cumplimiento de condiciones que incluyan concursos y la aprobación del respectivo curso de perfeccionamiento. Se simplificará el escalafón de carrera administrativa y se aumentará la protección médica y asistencial de los funcionarios. A la par de lograr la progresiva disminución del agigantado aparato burocrático del Estado y la normalización de sueldos a niveles compatibles con los del sector privado.

E. *Las reformas del Régimen Municipal*

La gestión municipal deberá fortalecerse. Entre las medidas a tomar en esta área está la incorporación del nivel municipal al proceso de planificación física, social y económica, regional y nacional, a través de un sistema interconectado de planificación.

También habrá que propiciar un proceso intensivo de transferencia de competencia hacia el Municipio y el fortalecimiento de sus finanzas. Para ello promoveremos una reforma justa y equitativa del régimen municipal en la que, además, se contemple la unificación de la normativa fiscal y las modalidades de complementación de los fondos autogenerados por las comunidades en casos que se justifiquen.

Se fortalecerá la participación en el gobierno Municipal de las Asociaciones de Vecinos y se institucionalizará y reglamentará la obligatoria reunión trimestral de los Cabildos Abiertos y el Referéndum Municipal para determinar las decisiones de los Concejos.

Finalmente, nos comprometemos a replantear las relaciones entre la administración central, la estadal y la municipal, para que a través de asociaciones entre ellas se garantice una mejor prestación de los servicios públicos.

2. *El fortalecimiento del Estado de Derecho*

A. *El Poder Judicial*

No hay democracia efectiva sin el respeto al cumplimiento de las leyes y esto es sólo posible con un sistema judicial confiable y eficaz. Para ello, hay que dotar a la justicia de los recursos humanos y materiales necesarios y protegerla de todo tipo de presiones partidistas, económicas o de poder.

Su independencia será garantizada no sólo por los concursos obligatorios y remunerando adecuadamente a los jueces, sino también liberándolos de la injerencia de intereses particulares en su selección, estabilidad y actividad, y poniendo a su disposición sistemas modernos de organización de las oficinas judiciales.

La legislación habrá de ser reformada, modernizada, para acabar con deficiencias, incongruencias e incluso instituciones caducas y obsoletas que parte de ella contiene.

B. *El sistema penitenciario*

Resulta imprescindible el cambio estructural del régimen penitenciario. En este sentido, se impondrán acciones para mejorar la infraestructura física de los centros carcelarios; mejorar la formación del personal carcelario y su cantidad; implantar mecanismos eficientes de evaluación, diagnóstico y clasificación de la población penal; asegurar la asistencia legal del recluso, su atención médico-psicológica y su rehabilitación por medio de la educación y el trabajo obligatorio.

Se erradicará la denegación de justicia que se constituye con la violación de los lapsos en los juicios penales que mantienen privados de libertad por largos años a ciudadanos sin sentencia.

C. *Los jueces de paz*

Se crearán los jueces de paz o juzgados permanentes para garantizar que todo ciudadano debe ser presentado por los organismos policiales a sus jueces naturales, dentro de las 24 horas de su detención.

D. *Cambios en la legislación*

Reactivaremos la Comisión de Legislación, creada en anterior oportunidad, a objeto de analizar sistemáticamente las reformas legislativas más importantes para impulsar y sustentar las transformaciones políticas, económicas, sociales e institucionales que nos proponemos adelantar.

E. *La lucha contra la corrupción*

El próximo quinquenio será el de la consolidación del control fiscal en Venezuela. A tal respecto, profundizaremos la acción iniciada en el período 1974-1979, cuando propusimos y promulgamos la reforma de la Ley Orgánica que rige las actividades del ente Contralor, lo cual constituyó vigoroso paso de avance en la modernización de la vigencia fiscal del país.

Asumimos el compromiso de poner en práctica las proposiciones formuladas ante el Congreso de la República, para fortalecer la autonomía de la Contraloría y redefinir sus cometidos con arreglo a las actuales tendencias de la gestión fiscalizadora que inspiran el proyecto de la Ley, preparado conjuntamente por la Contraloría General de la República y la Comisión Presidencial para la Reforma del Estado. Estructuraremos un Sistema de Control Interno de la Administración Pública coordinado por la Contraloría, cuyos funcionarios, además de satisfacer los requisitos que determine el ente contralor, sólo podrán ser removidos con el parecer favorable de éste. Se sancionarán y pondrán en vigor los proyectos de leyes redactadas por la Comisión de Estudio y Reforma Fiscal sobre las áreas de la contabilidad pública y de la Tesorería Nacional. Se dictará la Ley Orgánica de Administración Descentralizada propuesta al Congreso desde 1976, de modo de instaurar un régimen homogéneo de coordinación, administración y control de los institutos autónomos, empresas y demás asociaciones estatales.

Se promulgará la Ley de Licitaciones Públicas a objeto de definir el marco jurídico de la contratación con el Estado. Se creará el Registro Obligatorio de los Representantes de Empresas Extranjeras y Nacionales para el control de las comisiones que perciban en razón de los negocios que realicen con el Estado venezolano. Por ello, aprobaremos y aplicaremos la Ley que Regula la Actividad de Intermediación en las Relaciones Contractuales entre la República u otras Personas de Carácter Público y Empresas Nacionales o Extranjeras.

También reformaremos el Código de Comercio para establecer regulaciones legales a la constitución de las sociedades mercantiles, en especial lo atinente a suscripción y pago del capital social, creándose una Superintendencia de Sociedades Mercantiles encargada de asegurar la aplicación de la Ley en el campo de competencia que se le atribuya.

En suma, daremos efectiva respuesta a la demanda de la opinión nacional por un sano manejo de los recursos públicos que preserve los negocios estatales de prácticas ventajistas y de manipulaciones indebidas tendientes a beneficiar a funcionarios inescrupulosos en detrimento del patrimonio de la Nación. La vigencia del sistema democrático así lo exige.

F. *La Seguridad Pública*

Se pondrá término a la dispersión de los servicios policiales. Estos serán supeditados a la coordinación de una jerarquía administrativa que se trazará como objetivo permanente una mayor eficiencia en la acción del Estado destinada a garantizar la seguridad de personas y bienes así como el orden público.

Las ventajas de un sistema coordinado de policías, serán las de agilizar la lucha contra el delito, delimitar la competencia y cooperación de cada cuerpo policial, agilizar la operatividad procedimental y centralizar la información.

G. *El Defensor del Pueblo (Ombudsman)*

Se institucionalizará la figura del Defensor del Pueblo tanto a nivel municipal y estadal como nacional. Será un ciudadano calificado, de prestigio cívico, dotado de presupuesto e infraestructura suficientes para cumplir su elevada misión.

3. *La descentralización del Poder Político y Económico*

A. *El desarrollo regional*

La ocupación del territorio es la expresión física de la interacción de la sociedad y su ambiente, moldeada por fuerzas sociales y económicas que operan a escala nacional.

El desarrollo armónico de todas las regiones será objetivo fundamental del Plan de la Nación, para lo cual la Ley incorporará las Corporaciones Regionales al Sistema Nacional de Planificación.

B. *La transferencia de competencias*

Al país se le presenta un nuevo escenario a partir del año próximo con la elección popular de los gobernadores de Estado y de los alcaldes municipales. Ante estas circunstancias, adquiere una importancia de primer orden la asignación de competencias, su transferencia y distribución entre los distintos niveles de gobierno. Será imprescindible una adecuada coordinación de las decisiones que se tomen en cada nivel y se debe prever que los mandatarios estadales y municipales cuenten con los recursos financieros necesarios que les permitan ejercer efectivamente sus atribuciones. En este sentido, impulsaremos las reformas necesarias.

Una reestructuración de las competencias del Estado en sus diferentes niveles debe abarcar el área de fomento agrícola e industrial, la de ordenamiento urbano, la construcción y mantenimiento de infraestructura, la gestión ambiental, la salud, la educación, la prestación de servicios públicos, el fomento de la investigación científica y tecnológica y el desarrollo de fronteras. Además de la regionalización de los Servicios Públicos, aun cuando estén organizados nacionalmente.

Los Municipios deberán ser los puntales del aparato público en la gestión de protección y desarrollo del ambiente. A ellos corresponderá la labor de concientización de la población, sobre la necesidad de preservar el entorno natural, sin que ello niegue las competencias que en este campo deba ejercer el gobierno central.

Debido a que el país se ha venido desarrollando desigualmente y que todos los Estados y Municipios no están en las mismas condiciones para aceptar al mismo tiempo las funciones y competencias, es imperativo introducir en la ley de descentralización que recoja las transferencias de competencias y la coordinación estadal, una cláusula de suplencia mediante la cual las competencias sean transferidas gradualmente a los Estados y Municipios, a medida que cada Estado y cada Municipio esté en capacidad de asumirlas.

SEXTA PARTE

ALGUNAS REFLEXIONES GLOBALES SOBRE EL PROCESO DE CONSOLIDACIÓN DEL ESTADO DE DERECHO (1958-1998)

Esta Sexta parte del Tomo III de la *Colección Tratado de Derecho Constitucional*, recoge cuatro reflexiones, unas globales y otras específicas, sobre el proceso de consolidación del Estado de derecho en Venezuela durante el período democrático (1958-1998), escritos en tiempos más recientes.

SECCIÓN PRIMERA: LA INSTITUCIONALIDAD DEMOCRÁTICA: 1958-1998 (2010)

Este trabajo fue publicado en el mismo título en el libro de Félix Otamendi Osorio y Tomás Straka (Eds.), *Grupo Jirahara. Venezuela: República democrática*, Barquisimeto 2011, pp. 379-410.

I. INTRODUCCIÓN

El proyecto político que cristalizó en 1959, como consecuencia de la revolución democrática de ese año, tiene sin duda sus raíces en el proyecto democrático que se buscó implantar a raíz de la Revolución de Octubre de 1945, que llevó al partido Acción Democrática al poder, el cual a pesar de su fracaso, definió la actuación de las generaciones que condujeron al país durante la segunda mitad del siglo XX. Fue paradójicamente la alianza militar con un partido populista, en medio de una ruptura del hilo constitucional, la que dio origen al inicio de efectivas prácticas democráticas en el país[2563], después del proceso político de transición hacia la democracia que se había iniciado lentamente a raíz de la muerte de Juan Vicente Gómez, pero mediante la consolidación del sectarismo en el poder,[2564] lo que provocó su derrumbe al poco

2563 Véase. Domingo A. Rangel, *Los andinos en el Poder*, Caracas, 1964, p. 237. Véase, Roberto J. Alexander, *The Venezuela Democratic Revolution. A profile of the Regime of Rómulo Betancourt,* New Jersey, 1964.

2564 *Idem*. p. 317.

tiempo, por la incapacidad de sus dirigentes de establecer alianzas democráticas, desembocando el país en manos de un régimen militar que gobernaría por diez años hasta 1958.

De esa Revolución, en todo caso, quedarían muchos legados como por ejemplo, el texto de la Constitución de 1947, sancionada por una Asamblea Nacional Constituyente, electa previa la instauración del sufragio directo y realmente universal, con la participación por primera vez del voto femenino.[2565] Ese texto, que luego sirvió de modelo al de 1961, tuvo un carácter revolucionario, no sólo en cuanto a técnica y expresión, sino en cuanto al contenido, pues desarrolló ampliamente los derechos sociales, limitó los derechos económicos, y estableció el derecho al sufragio universal, directo y secreto, con lo cual se inició la democracia representativa en Venezuela (arts. 44 y 47). En cuanto a la forma del Estado, el texto de 1947, estableció una correlación y balance entre los Poderes Nacionales (Legislativo, Ejecutivo y Judicial) divididos en forma tradicional (arts. 84 y 137) y conservó, a pesar del centralismo inmanente de su texto, vestigios del régimen federal. Conforme a la nueva Constitución, se realizaron elecciones en 1947, resultando electo Presidente el escritor Rómulo Gallegos, candidato del partido Acción Democrática en el Poder, por una mayoría abrumadora de votos. Sin embargo, y a pesar de las excelencias del texto constitucional de 1947, la práctica política del trienio 1945–1948 lamentablemente impidió el establecimiento de un sistema político con reglas de juego claramente establecidas, debido a la tendencia hegemónica del partido Acción Democrática, gran triunfador en las elecciones de 1946 y 1947, con una mayoría más que abrumadora. Esto provocó conflictos políticos y sociales al gobierno que impidieron a Acción Democrática realizar mayores transformaciones efectivas que no fueran, en materia económica y petrolera, la consolidación de las medidas adoptadas en el gobierno de Medina y el establecimiento de la fórmula del 50/50 en la participación fiscal en los beneficios de la industria petrolera, pues a los pocos meses de la elección de Rómulo Gallegos (1884–1969) como Presidente de la República, los mismos militares que habían dado el golpe en 1945 para llevar a Acción Democrática al poder, desplazaron a dicho partido del mismo el 24 de noviembre de 1948.

Siguieron diez largos años de dictadura militar, durante los cuales se convocó otra Asamblea Constituyente, la cual electa fraudulentamente en 1952, no logró darle legitimidad democrática al régimen, sancionando la Constitución de 1953[2566] con la cual se volvió al modelo del texto constitucional de 1945, con un sistema más centralista del Estado, cambiando incluso el principio del federalismo que habían repetido todas las Constituciones desde 1864, y que colocaba el poder residual en los Estados, el cual en esa Constitución se atribuyó al Poder nacional.

En noviembre de 1957 se convocaron las elecciones previstas en la Constitución para el nuevo período constitucional, pero con la modalidad de un plebiscito a realizarse el 15 de diciembre de 1957. La política represiva fue desafiada por el movi-

---

2565 Véase en general, Ingrid Jiménez Monsalve, "Asamblea Nacional Constituyente 1946–1947. Logros y fracasos de un programa político", en Elena Plaza y Ricardo Combellas (Coordinadores), *Procesos Constituyentes y Reformas Constitucionale en la Historia de Venezuela: 1811–1999*, Universidad Central de Venezuela, Caracas 2005, Tomo II, pp. 587–621.

2566 Véase en general, Elisa Escovar León, "Asamblea Nacional Constituyente de 1953", en Elena Plaza y Ricardo Combellas (Coordinadores), *Procesos Constituyentes y Reformas Constitucionales en la Historia de Venezuela: 1811–1999*, Universidad Central de Venezuela, Caracas 2005, Tomo II, pp. 623–682.

miento estudiantil y la movilización que realizó la Junta Patriótica que habían constituido los representantes de los partidos políticos, la mayoría desde la clandestinidad, llevó al gobierno a realizar un nuevo fraude electoral y con ello, el inicio de la desbandada oficial y la rebelión militar, todo lo cual concluyó con una huelga general el 21 de enero de 1958, y dos días después, el 23 de enero, con la huída del país de Pérez Jiménez. Terminaba así la dictadura militar[2567], como consecuencia de un nuevo golpe de Estado dado por los militares con el objeto de enrumbar al país "hacia un Estado democrático de derecho"[2568] quienes el mismo día incorporarían civiles al gobierno, transformando la inicial Junta Militar de Gobierno en Junta de Gobierno. El 8 de marzo de 1958, dicha Junta, en una "Ratificación de Principios,"[2569] declaró de nuevo como principio esencial de la misma, el "enrumbar el país hacia un Estado democrático de derecho."

A tal efecto, en diciembre del mismo año 1959 se realizaron elecciones para las Cámaras Legislativas, a la cuales correspondió elaborar y sancionar la Constitución de 23 de enero de 1961 conforme al procedimiento que aquel texto de 1953 establecía,[2570] y tomando como modelo el texto de la Constitución de 1947.[2571] En 1958 también sería electo Rómulo Betancourt como Presidente de la República para el período 1959–1964.

La Constitución de 1961 ha sido la que en toda la historia constitucional del país ha tenido mayor vigencia (38 años), al haber sido producto de un excepcional pacto político establecido entre todos los partidos democráticos del país, que aseguró la institucionalidad democrática en las décadas posteriores, conforme a un régimen político democrático representativo, el cual monopolizado por los partidos políticos, permitió la sucesión en la Presidencia de la República por primera vez en la historia política del país, a varios Presidentes electos por la vía del sufragio universal, directo y secreto[2572]. Así, después de la elección de Rómulo Betancourt (1908–1981) antes de la entrada en vigencia de la Constitución, para el período 1959–1964, du-

---

2567 Véase Andrés Stambouli, *Crisis Política Venezuela 1945–1958*, Caracas, 1980; José Rodríguez Iturbe. *Crónica de la Década Militar*, Caracas, 1984.

2568 Así se expresó en el Acta Constitutiva de la Junta Militar de Gobierno de la República de Venezuela publicada en la *Gaceta Oficial* del mismo día. Véase en *Gaceta Oficial* N° 45.567 de 23–01–58

2569 Véase en *Gaceta Oficial*, N° 25.605 de 08–03–58

2570 Véase en general, Manuel Rachadell, "El proceso político en la formación y vigencia de la Constitución de 1961", en Elena Plaza y Ricardo Combellas (Coordinadores), *Procesos Constituyentes y Reformas Constitucionales en la Historia de Venezuela: 1811–1999*, Universidad Central de Venezuela, Caracas 2005, Tomo II, pp.683–732.

2571 En particular, sobre la Constitución de 1961, véase nuestra obra: *Instituciones Políticas y Constitucionales*, Universidad Católica del Táchira, Editorial Jurídica Venezolana, VII Tomos, Caracas–San Cristóbal, 1998. Véase además, *La Constitución de 1961 y la evolución constitucional de Venezuela*, Ediciones del Congreso de la República, Caracas, 1972–1973, 2 tomos (4 volúmenes); *Estudios sobre la Constitución Libro Homenaje a Rafael Caldera,* 4 Tomos, Caracas, 1980 y Allan Brewer–Carías, *La Constitución y sus Enmiendas*, Caracas, 1991.

2572 Ello ha llevado a que desde 1973, se haya estimado a la democracia venezolana como una de las pocas efectivas y competitivas de América Latina. Véase Daniel H. Levine, *op. cit.*, p. 3. *Cfr.* D. H. Blank, *Politics in Venezuela*, 1973, p. 272. Sobre el proceso político democrático en estos años, véase lo expuesto respecto al sistema electoral y al sistema de partidos en Allan R. Brewer–Carías, *Cambio Político y Reforma del Estado en Venezuela*, Ed. Tecnos, Madrid, 1975; *Instituciones Políticas y Constitucionales,* tomo III, Caracas 1996, pp. 403 y ss.

rante su vigencia fueron electos: Raúl Leoni (1905–1972) para el período 1964–1969; Rafael Caldera (1916–2010) para el período 1969–1974; Carlos Andrés Pérez (1922–) para el período 1974–1979; Luis Herrera Campíns (1925–2007) para el período 1979–1984; Jaime Lusinchi (1924–) para el período 1984–1989; de nuevo, Carlos Andrés Pérez para el período 1989–1994, el cual no concluyó, habiendo sido designado por el Congreso, Ramón J. Velázquez (1916–) para el período entre junio de 1993 y febrero de 1994; de nuevo, Rafael Caldera para el período 1994–1999, y en 1998, Hugo Chávez Frías para el período 1999–2004.

La Constitución de 1961, que al sancionarse fue una de la Constituciones más avanzadas del momento, fue ante todo, el fruto de un consenso político entre las diversas fuerzas y actores políticos de comienzos de la década de los sesenta, por lo que puede considerarse que fue un auténtico Pacto Político de la sociedad venezolana, elaborado por el liderazgo de una generación que ya tenía más de dos décadas de acción política; y en un momento histórico en el cual el espíritu de unidad y de concordia derivado del derrocamiento de la dictadura, había quedado materializado el acuerdo interpartidista denominado Pacto de Punto Fijo (1958), que fue el que permitió la elaboración de un texto pluralista que representaba la aspiraciones de todos los venezolanos,[2573] dando origen a una de las democracias más estables de todo el Continente latinoamericano durante la segunda mitad del siglo XX.[2574] Precisamente por esas características, el texto constitucional fue lo suficientemente amplio y flexible como para permitir que todas las corrientes ideológicas lo tuvieran como su instrumento político futuro; y lo suficientemente programático y general, como para permitir su desarrollo de acuerdo a la orientación política de los gobiernos, configurándose como la expresión formal de un auténtico Proyecto Político Nacional.

La Constitución de 1961, así, no se concibió como una camisa de fuerza para el proceso político democrático, sino como un canal lo suficientemente amplio como para que se pudiera navegar libremente; habiendo sido realmente rígida e inflexible en dos aspectos: en el establecimiento de una democracia pluralista, que permitió la participación de todas las fuerzas y corrientes políticas –de allí la consagración constitucional del principio de la representación proporcional–; y en la asignación a los partidos políticos del rol predominante de conducir políticamente al país. Esto, sin duda, en los años de su vigencia, se logró con creces: la democracia se consolidó

2573 Sobre este pacto, los orígenes de la Constitución de 1961 y el sistema de partidos véase, Juan Carlos Rey, "El sistema de partidos venezolano" in J.C. Rey, *Problemas socio políticos de América Latina,* Caracas 1980, pp. 255 a 338; Allan R. Brewer-Carías, *Instituciones Políticas y Constitucionales,* vol. I (*Evolución histórica del Estado)*, Universidad Católica del Táchira, Editorial Jurídica venezolana, San Cristóbal-Caracas, 1996, pp. 394 ss.; Allan R. Brewer-Carías, *Las Constituciones de Venezuela,* Caracas 1997, pp. 201 ss.; and Allan R. Brewer-Carías, *La Constitución y sus Enmiendas,* Editorial Jurídica Venezolana, Caracas 1991, pp. 13 ss. El texto del pacto fue publicado, entre otros, en *El Nacional,* Caracas 27-01-1998, p. D-2; en Haydee Miranda Bastidas et al, *Documentos Fundamentales de la Historia de Venezuela 1777-1993,* Los Libros de El Nacional, Caracas 1999, pp. 174 ss.; y en *Documentos que hicieron Historia,* Presidencia de la República, Tomo II, Caracas 1962, pp. 443 ss.

2574 Véase por ejemplo, Robert J. Alexander, *The Venezuelan Democratic Revolution: A Profile of the Régime of Rómulo Betancourt*, Rutgers University Press, New Brunswick, 1964; Daniel H. Levine, *Conflict and Political Change in Venezuela*, Princeton University Press, Princeton 1973. Véase también las críticas a la "excepcionalidad venezolana" en Steve Ellner and Miguel Tinker Salas (editors), *Venezuelan. Hugo Chávez and the Decline of an "Venezuelan Democracy,"* Rowman & Littlefield, New York 2007, pp. 3 ss.

completamente en Venezuela, signada por un pluralismo ideólogo auténtico, y los partidos políticos controlaron todos los aspectos de la vida nacional.

El período democrático a partir de 1958, como consecuencia, tuvo una situación de estabilidad política prolongada como nunca antes se había conocido en el siglo XX, no habiéndose producido rupturas del sistema político, lo que llevó a los propios partidos a que se acostumbraran al sistema, olvidando sin embargo la necesidad de perfeccionar la democracia como ejercicio político, para lo cual, por lo demás, la propia Constitución daba todas las posibilidades, como se quiso realizar en los intentos fallidos de descentralización política de la Federación de comienzos de los años noventa.

II. LOS CONDICIONANTES POLÍTICOS DE LA INSTITUCIONALIDAD DEMOCRÁTICA: LA REVOLUCIÓN DEMOCRÁTICA DE 1958 Y EL PACTO DE PUNTO FIJO

1. *La Revolución Democrática de 1958 y las reglas de juego del sistema político*

Como se dijo, el origen de la Constitución de 1961 y del período de institucionalidad democrática que se desarrolló bajo su vigencia fue producto del establecimiento de unas reglas de juego tanto del sistema político en general, como del sistema de partidos a partir de 1958. Los partidos políticos que entonces asumieron el control del sistema político, si bien fueron los mismos que habían actuado en el trienio 1945–1948 y que habían nacido a comienzos de esa década, en 1958 sin embargo, asumieron con una nueva actitud. La discordia interpartidista al extremo que había caracterizado el proceso político de los años cuarenta, en efecto, se cambió por un sistema en el cual la discordia se mantuvo al mínimo teniendo en cuenta que precisamente había sido la misma la que había provocado el derrocamiento del Presidente Rómulo Gallegos (1948). Por eso, el mismo Betancourt, al referirse al régimen iniciado en 1958, afirmó que "la discordia interpartidista se mantuvo al mínimo y así revelaron sus conductores que habían aprendido la dura lección que a todos los venezolanos nos dio el despotismo"[2575].

Y efectivamente, no sólo habían aprendido la dura lección del despotismo que se mantuvo durante 10 años encarnado por la dictadura de Pérez Jiménez, sino que realmente, quizás lo que más aprendieron fue que la discordia interpartidista al extremo, no podía ser un sistema político que pudiera funcionar, porque no estaba fundado en reglas de juego claras que permitieran la efectiva participación política. Por tanto, más que la experiencia de la dictadura, lo que motivó a los líderes políticos a instaurar el nuevo régimen, fue la experiencia del fracaso del sistema desarrollado en los años cuarenta, el cual se había basado, precisamente, en esa "discordia interpartidista" llevada al máximo, no permitiendo que se estabilizara el sistema político. Lo que caracterizó el sistema de partidos en esa época, como lo afirmó Juan Carlos Rey, "no eran relacionados entre competidores que se respetan mutuamente, sino entre enemigos jurados que aspiran a destruirse."[2576] Por eso afirmó el mismo Rómulo Betancourt, que en 1958 "los partidos políticos venezolanos, obligados por

2575 Véase R. Betancourt, *La Revolución Democrática en Venezuela,* tomo I, Caracas 1968, p. 9.

2576 Véase "El Sistema de Partidos Venezolanos," en Juan Carlos Rey, *Problemas Socio–Político de América Latina*, Caracas 1980, p. 313.

el despotismo a laborar en la clandestinidad, convinieron en una acción concertada y unida para abrirle a Venezuela caminos hacia el orden democrático"[2577].

La Revolución democrática de 1958, por tanto, tuvo su origen y fundamento en la acción concertada de los partidos fundamentales y sus líderes, de manera que Ramón J. Velázquez, quien al finalizar el período de institucionalidad democrática ocuparía la Presidencia de la República (1993-1994), al comentar la reunión que tuvieron los líderes políticos fundamentales en Nueva York en la primera quincena del año 1958, señaló que "pasaron revista a la situación política venezolana, analizaron los graves errores y los aciertos del pasado y terminaron por aceptar la tesis que el porvenir sería suyo en la medida en que entendieran que el poder político es el producto de alianzas y de acuerdos entre los diversos sectores que integran un país."[2578]

El pacto político que enrumbó el proceso democrático a partir de 1958, buscaba por sobre todo eliminar la hegemonía de cualquiera de los partidos políticos y la exclusión de los otros en el proceso político, así como el establecimiento de un sistema de partidos competitivos que se respetaran mutuamente, el cual debía estar comprometido, por sobre todo al mantenimiento del régimen democrático y a asegurar la institucionalidad democrática; y la expresión formal de ese pacto político fue el denominado "Pacto de Punto Fijo"[2579], suscrito el 31 de octubre de 1958 entre los líderes de los tres partidos políticos democráticos fundamentales del país. La Constitución de 1961, puede decirse, fue el producto directo de aquel pacto, desde el punto de vista de la organización del Estado y su régimen político.

2. *El Pacto de Punto Fijo (1958)*

El Pacto de Punto Fijo, tan criticado, por incomprensión, durante los primeros años del siglo XXI, constituyó un acuerdo entre los tres principales partidos democráticos,[2580] partiendo del supuesto de que ellos tenían "la responsabilidad de orientar la opinión para la consolidación de los principios democráticos...," con el objeto de lograr puntos de unidad y de cooperación entre ellos. En tal sentido, en él

2577 Véase R. Betancourt, *La Revolución Democrática en Venezuela,* tomo I, Caracas 1968., p. 7.

2578 Véase Ramón J. Velásquez, "Aspectos de la Evolución Política en Venezuela en el último medio siglo," en Ramón J. Velásquez y otros, *Venezuela Moderna, Medio Siglo de Historia 1926–1976,* Caracas 1979, p. 219.

2579 Véase el texto en Presidencia de la República, *Documentos que hicieron historia*, tomo II, Caracas 1962, pp. 443 a 49.

2580 Los partidos Acción Democrática, Copei y URD, que fueron los signatarios del Pacto asumiendo el compromiso de mantener el sistema democrático, obtuvieron más del 92% de los votos en las elecciones generales de 1958. El partido Comunista, que no obtuvo más del 5% de los votos, fue dejado fuera del pacto debido a su programa y doctrinas antidemocráticas. En ese momento, ni en ningún otro en la historia política del país, se podía considerar en realidad como "una fuerza considerable en la política venezolana." See Daniel Hellinger, "Political Overview: The Breakdown of *Puntofijismo* and the Rise of Chavismo," in Steve Ellner & Daniel Hellinger, *Venezuelan Politics in the Chávez Era. Class, Polarization & Conflicrs*, Lynne Reiner Publishers, London 2003, p. 29. Véase sobre las elecciones hasta 1975 en Allan R. Brewer-Carías, *Cambio Político y Reforma del Estado en Venezuela*, Editorial Tecnos, Madrid 1975. Cuarenta años después, en las elecciones generales de 1998, el Partido Comunista obtuvo solo el 1.25% de los votos. Véase Richard Gott, *Hugo Chávez and the Bolivarian revolution*, Verso, London 2005, p. 139.

pueden distinguirse tres principios de carácter general que lo motivaron, así como una serie de compromisos políticos concretos.

Ante todo se trató de un acuerdo de convivencia entre los partidos para garantizar el desarrollo de un proceso electoral (1958), que condujera a la formación de un gobierno democrático con participación de los diversos sectores políticos; para lo cual los partidos acordaron establecer unas pautas de convivencia basadas en el mutuo respecto, inteligencia y cooperación entre las diversas fuerzas políticas democráticas, sin perjuicio de la autonomía organizativa de cada una de ellas o de sus orientaciones ideológicas, como garantía para no romper el frente unitario que ellas implicaban, prolongar la tregua política, despersonalizar el debate y erradicar la violencia partidista.

Ese esfuerzo de cooperación entre las fuerzas políticas tenía como fin inmediato lograr, entre todos, que se desarrollase el proceso electoral de diciembre de 1958, y que los poderes públicos que resultaren electos de ese proceso, respondieran a pautas democráticas. Se trataba, por tanto, de un acuerdo para el establecimiento de un sistema democrático, para lo cual los partidos adquirieron el compromiso de establecer un gobierno y unos cuerpos representativos, que debían agrupar equitativamente todos los sectores de la sociedad interesados en la estabilidad de la República como sistema popular del gobierno. Por tanto, aquí, el Pacto fue más allá del acuerdo de respeto mutuo y de cooperación, y se convirtió en un acuerdo de hacer y lograr la participación de todos los sectores interesados en la estabilidad republicana y en la formación del nuevo gobierno, es decir, para asegurar la institucionalidad democrática, lo cual se hizo realidad no sólo en la estructuración del primer gobierno de Rómulo Betancourt, en 1959, con participación ministerial de los tres principales partidos, sino por el establecimiento del principio de la representación proporcional de las minorías, para lograr la "equitatividad" en los cuerpos deliberantes, de manera que todos los sectores de la sociedad interesados en la estabilidad republicana estuviesen representados en ellos, sin que quedasen algunos de aquéllos fuera del juego político. Solo habían quedado fuera del pacto, las fuerzas que habían apoyado la dictadura, las que se alineaban con la conspiración militar y con el Partido Comunista de Venezuela, que en ese momento no estaban interesados en la estabilidad republicana alguna, como quedó demostrado por la lucha subversiva interna que se desarrolló en el país durante más de un lustro, a partir de esa fecha.

Los partidos, además, conforme al Pacto, establecieron varios compromisos formales, entre los cuales se destacó la defensa de la constitucionalidad y del derecho a gobernar conforme el resultado electoral, lo cual, en definitiva, se configuraba como un acuerdo de unidad popular defensivo del sistema constitucional, del sistema democrático y de las elecciones que se iban a realizar. Para lograr este compromiso, como se dijo, la Revolución Democrática de 1958 no condujo a la derogación de la Constitución de 1953 aún cuando había sido producto de la dictadura,[2581] por lo que no se procedió, como había ocurrido en otros casos de ruptura del hilo constitucional, a convocar una Asamblea Constituyente. Ese proceso se consideró que podía contribuir a la ruptura de la propia unidad que se buscaba restablecer, de la propia tregua política y de la despersonalización del debate, razón por la cual se fue direc-

2581 Véase el Art. 3 del Acta Constitutiva de la Junta Militar de Gobierno de la República de Venezuela, en *Gaceta Oficial* N° 25.567 de 23–1–58.

tamente a un proceso electoral de acuerdo a la Ley Electoral que se había dictado en mayo de ese mismo año 1958, a los efectos de elegir al Presidente de la República y a una Asamblea–Congreso que debía elaborar la nueva Constitución[2582].

Este primer compromiso implicó no sólo la voluntad común de respetar las autoridades electas sino la obligación general de defenderlas contra todo intento de golpe de Estado que se pudieran producir, incluso como "oposición legal y democrática al Gobierno", considerándose como un delito contra la patria, la colaboración con la fuerzas y con los hechos subversivos que pudieran provocar la ruptura de la estabilidad constitucional y democrática que resultara de las elecciones.

El otro compromiso esencial fue el de la constitución de un gobierno de unidad nacional como exigencia de la estabilidad del Estado de Derecho, por el tiempo que perdurasen los factores que amenazaban el ensayo republicano, para entre otros aspectos, evitar que la discordia interpartidista y la oposición sistemática debilitaran el movimiento hacia la democracia. A tal efecto, se buscó asegurar que las corrientes políticas nacionales estuvieran representadas en el gobierno de unidad, junto con los sectores independientes, a los efectos de garantizar la participación de todos los actores en el proceso político.

Para todos esos fines, el Pacto dispuso que los partidos debían establecer un programa mínimo común para concurrir al proceso electoral, de manera que ninguno de los partidos debía incluir en sus programas puntos contrarios al programa mínimo común; y en cuanto a la discusión pública de los puntos que no estuvieran en el programa mínimo común, debía mantenerse dentro de "los límites de tolerancia y mutuo respecto", a lo cual los obligaban los intereses superiores de la "unidad popular y de la tregua política" y de la "tolerancia mutua". Los partidos se comprometieron, además, a realizar una campaña positiva, imbuida de un espíritu unitario y que evitara planteamientos y discusiones que pudieran precipitar "la pugna interpartidista, la desviación personalista del debate y divisiones profundas" que luego pudieran comprometer la formación del Gobierno de la Unidad Nacional.

En este excepcional pacto político, por tanto, no sólo había un programa mínimo común, y no sólo se comprometían los partidos a no discutir públicamente puntos disidentes con el mismo, a no incorporar en sus programas puntos contrarios, y a no discutir públicamente los asuntos divergentes en forma que pudiera comprometerse la unidad; sino además, se estableció el compromiso de realizar la campaña electoral en forma tal que no se cayera en lo que se quería evitar: la pugna interpartidista, las desviaciones personalistas, y las divisiones entre los diversos partidos que pudieran comprometer la formación del futuro gobierno. Concluyó el documento con el compromiso de todos de respaldar el nuevo gobierno y de prestarle leal y democrática colaboración.

Sin duda, en 1958 los partidos políticos habían aprendido la dura lección política de la lucha interpartidista extrema basada en la destrucción del adversario y la hegemonía de un partido sobre otros, que había provocado la destrucción del sistema democrático en la década de los cuarenta, y con ello el advenimiento de la dictadura. Como resultado de ello se suscribió este Pacto de Punto Fijo que ha sido calificado

2582 Por Decreto–Ley N° 20 de 3–2–58 se había derogado la Ley de Elecciones de 1957 (*Gaceta Oficial* N° 25.576 de 3–2–58), declarando inexistentes el *plebiscito* y elecciones celebrados en diciembre de 1957.

por Juan Carlos Rey como "uno de los más notables ejemplos que cabe encontrar en sistema político alguno, de formalización e institucionalización de unas comunes reglas de juego, al mismo tiempo que muestran la lucidez de la élite de los partidos políticos venezolanos."[2583]

Mediante este compromiso político, por tanto, se estableció en Venezuela un sistema de partidos, basado en relaciones mixtas de cooperación y conflictos, para asegurar la defensa del sistema frente a los enemigos antagónicos que no estaban incorporados al Pacto, y que en ese momento eran las fuerzas perezjimenistas, por una parte, y las fuerzas de la extrema izquierda, por la otra, que conspiraban contra el régimen democrático.

3. *La consecuencia del Pacto: La Constitución de 1961*

El Pacto de Punto Fijo, puede decirse que tuvo como producto fundamental no sólo la realización de las elecciones presidenciales y legislativas en diciembre de 1958, sino la elaboración de la Constitución de 1961, que fue la primera tarea que se impusieron los Senadores y Diputados electos en diciembre de 1958, instalando a tal efecto, a comienzos de 1959 una Comisión de Reforma de Constitucional, como Comisión Bicameral en el Congreso electo. Dicha Comisión, en su segunda reunión el 23 de febrero de 1959 llegó a tres acuerdos básicos que fueron los que orientaron la elaboración del proyecto constitucional: en primer lugar, se acordó tomar como "proyecto" base de discusión para la elaboración de la Constitución el texto de la Constitución de 1947; en segundo lugar, se acordó que los miembros de la Comisión y los partidos políticos debían precisar los puntos de divergencia con relación al texto de la Constitución de 1947; y en tercer lugar, se acordó también, que debían precisarse los puntos de divergencia entre los partidos políticos respecto al proceso de reforma constitucional.[2584] Ello condujo a un acuerdo tácito de primera importancia política, que fue que la reforma constitucional debía concebirse en el seno de la propia Comisión al elaborarse el Proyecto, evitando que se abriera debate o discusión alguna en la materia en las Cámaras Legislativas[2585], con lo cual se evitó que no se llegaran a acuerdos de consenso. Se buscaba así, que la Constitución fuera un pacto político, como debe ser toda Constitución, de la sociedad venezolana en un momento determinado, de manera que como se afirmó en la propia Exposición de Motivos de la misma, el texto aprobado no representó una opción rígida político–ideológica, dejándose "cierta flexibilidad al legislador ordinario para resolver cuestiones e injertar modificaciones que correspondan a las necesidades y a la experiencia de la República sin tener que apelar a la reforma constitucional." [2586].

Esto se evidenció en dos aspectos fundamentales, primero, en el establecimiento de un régimen político democrático, con previsiones para su mantenimiento, y de un sistema político económico social, lo suficientemente flexible que permitiera su evolución. En cuanto a la superestructura política, la misma se caracterizó por el

2583 Véase "El Sistema de Partidos Venezolanos" en Juan Carlos Rey, *Problemas Socio–Político de América Latina*, Caracas 1980, p. 315.

2584 Véase el texto en *La Constitución de 1961 y la evolución constitucional Venezuela*, tomo I, Vol. 1, Caracas 1971, pp. 5, 6 y 7

2585 *Ídem*, pp. 6 y 7.

2586 Véase el texto en *Revista de la Facultad de Derecho*, Nº 21, Caracas 1961 pp. 205 y ss.

establecimiento de una democracia, con sus instituciones, y el mantenimiento de la misma, como una reacción contra el poder absoluto. Por tanto, el sistema político se construyó teniendo en cuenta la experiencia anterior que había sido la de un poder absoluto, dando origen a unas instituciones políticas determinadas comprometidas con la democracia. En cuanto al régimen del sistema económico y social, se estableció como tácito acuerdo entre las diversas fuerzas políticas, sentando las bases de una democracia económica y democracia social, basada en la procura de la justicia social, con la posibilidad de intervención del Estado, lo que originó un texto que podía ser canalizado o desarrollado por los gobiernos, según su propia orientación ideológica.

II. ELEMENTOS DEL RÉGIMEN POLÍTICO PARA ASEGURAR LA INSTITUCIONALIDAD DEMOCRÁTICA

1. *El sistema democrático*

Si en algo fue inflexible la Constitución de 1961 fue en el establecimiento de una democracia pluralista, la cual se desarrolló durante su período de vigencia, cuyas instituciones constitucionales estuvieron ciertamente condicionadas por "el espíritu del 23 de enero," no sólo en cuanto al establecimiento del régimen sino en cuanto a su mantenimiento.[2587] Es decir, el norte fue siempre el aseguramiento de la institucionalidad democrática.

El primer efecto evidente del Pacto de Punto Fijo fue entonces el establecimiento de un sistema democrático basado en una coexistencia de partidos y de ideologías y en el respeto mutuo de ellos, reconociendo sus diferencias, pero en un sistema de colaboración. Para ello, en la base de la Constitución estaba el pluralismo ideológico, estableciendo un régimen de democracia pluralista que admitía la participación en el proceso político, de todos los sectores interesados en el mantenimiento de la democracia. El establecimiento del sistema democrático, como primer efecto del proceso político unitario plasmado en el Pacto de Punto Fijo, dio origen, al menos, a tres regulaciones institucionales fundamentales en la Constitución: un régimen de gobierno democrático; un sistema de libertades públicas, y un sistema de separación de poderes.

El artículo 3 de la Constitución estableció expresamente que el gobierno de la República "es y será siempre democrático," por lo que no sólo estableció la democracia, sino un claro compromiso a su mantenimiento. Además, este régimen de gobierno democrático, expresamente, debía ser representativo, responsable y alternativo. Debe recordarse, además, que el propio Preámbulo de la Constitución de 1961 también se refirió al sistema democrático, al establecer que se dictó con el propósito de "...sustentar el orden democrático como único e irrenunciable medio de asegurar los derechos y la dignidad de los ciudadanos"; y con el propósito de "favorecer pacíficamente la extensión del orden democrático a todos los pueblos de la tierra".

2587 Véase lo expuesto en Allan R. Brewer–Carías, *Instituciones Políticas y Constitucionales, op. cit.,* Tomo III, Décima Segunda Parte.

Por otra parte, el sistema de gobierno que se estableció fue el propio de una democracia representativa, como lo decía el mismo artículo que debía ejercerse a través de representantes electos. Por ello, el artículo 4 precisó que "la soberanía reside en el pueblo, quien la ejerce, mediante el sufragio, por órgano del Poder Público", es decir, a través de representantes, que debían ser electos. Esto se reafirmó, a nivel local, en el artículo 29 que definió como parte de la autonomía municipal "la elección de sus propias autoridades"; a nivel nacional, en los artículos 111 a 113, 140, 148, 151 y 138; y a nivel estadal en los artículos 19 y 22, en los cuales se reguló el sistema electoral.

Ese sistema democrático, en todo caso, estaba montado en el establecimiento de un extenso electo de derechos y libertades de los ciudadanos que se garantizaba plenamente, incluso con la tutela judicial efectiva, entre otros medios, mediante la acción de amparo constitucional, y en un sistema de separación de poderes que siguió las líneas del constitucionalismo clásico.[2588]

Particularmente en cuanto al sistema de distribución horizontal del Poder Público la Constitución estableció un sistema de separación orgánica de poderes que es, también, una garantía del régimen democrático, donde se estableció una relación de independencia entre los poderes, y un mecanismo de frenos y contrapesos entre ellos. En particular, la Constitución previó la autonomía e independencia del Poder Judicial, como garantía de la propia democracia y pieza fundamental del sistema democrático (artículo 208), a cuyo efecto creó el Consejo de la Judicatura para la administración y gobierno del Poder Judicial.

2. *El sistema de Estado federal centralizado de partidos*

Otras de las instituciones constitucionales orientadas inicialmente al mantenimiento del sistema democrático, como resultado de la decisión política unitaria contenida en la Constitución, fueron las que consolidaron un Estado centralizado, motivado por el temor al federalismo[2589] que con todos sus fantasmas habían quedado de caudillismo, del localismo y del regionalismo del siglo XIX y que tanta repercusión tuvo en la vida política venezolana, incluso hasta la década de los sesenta cuando al mencionarse la "federación," algunos todavía evocaban hasta las guerras federales; fantasma que pervivió incluso en 1989 cuando se buscó otorgarle mayor autonomía a los Estados, a partir de la sanción de la Ley Orgánica de Descentralización, Delimitación y Transferencia de Competencias del Poder Público. Reminiscencias del siglo XIX, cuya vida política quedó traumatizada en nombre del federalismo, por el caudillismo. De allí, que la opción centralismo-federación, como ocurrió en 1830, también apareció en la propia Constitución de 1961.

En efecto, la propia Exposición de Motivos de la Constitución dedicó una parte muy extensa al tratamiento de la forma del Estado venezolano, aún cuando tratando de evitar "la vieja polémica de centralistas y federalistas," precisándose que "los trabajos se dirigieron hacia el encuentro de una fórmula capaz de evitar lo árido de las contradicciones y ofrecer una solución cónsona con nuestros antecedentes y con

---

2588 Véase lo expuesto en Allan R. Brewer–Carías, *Instituciones Políticas y Constitucionales*, *op. cit.*, Tomo II, Sexta Parte.

2589 Sobre el federalismo véase lo expuesto en Allan R. Brewer–Carías, *Instituciones Políticas y Constitucionales*, *op. cit.*, Tomo I, Segunda y Tercera Parte y en la Octava Parte, Tomo II.

la estructura real del Estado."[2590] Con ello, en definitiva, partiendo del proceso político precedente con tendencia centralista, la fórmula que se adopto era cónsona con la estructura real del Estado venezolano, el cual, sin duda, a comienzos de los años sesenta, era un Estado centralizado, con membrete federal. Por ello, en definitiva, se reconoció que no había descentralización política en el sistema, y que lo federal era una cuestión de tradición histórica pero que seguía siendo para el espíritu de la mayoría un desiderátum, hacia el cual debía tender la organización de la República. Para ello, incluso, se estableció la posibilidad de des centralizar competencias nacionales hacia los Estados, y reforzar el federalismo (art. 137), lo que se intentó realizar a partir de 1989.

En todo caso, aparte de que la fórmula para organizar el Estado haya sido la culminación de un proceso histórico, la opción que los Constituyentes de 1961 hicieron por un Estado Federal Centralizado, con tendencia, como desiderátum hacia la descentralización, fue también una acción provocada por la exigencia política del mantenimiento de la institucionalidad democrático. Así como se estableció un sistema de democracia de partidos como opción política para mantener la permanencia del sistema democrático dando origen a un Estado democrático de partidos,[2591] así también se optó por una forma de Estado democrático centralizado de partidos como la mejor garantía para implantar ese sistema democrático, al considerare que un amplio desarrollo de poderes políticos locales en el naciente Estado democrático de inicio de los sesenta hubiera podido conspirar contra la propia institucionalidad democrática. Posiblemente, si se hubiera establecido una forma de Estado descentralizado en 1961, no se hubiera podido controlar las fuerzas centrífugas del proceso político, y hubiera sido más difícil consolidar el sistema democrático. Por tanto, la opción por el Estado Centralizado con forma federal, fue el producto de una voluntad del Constituyente de mantener el sistema democrático, considerando que la mejor forma de lograrlo era a través de un sistema de democracia de partidos que operara en un aparato estatal centralizado, controlable desde el poder central. Porque sin duda, todo efecto descentralizador implica disminución de los poderes centrales de control. Pero luego de transcurridas varias décadas de democracia, y habiéndose consolidado, el perfeccionamiento de la misma se impuso la necesidad de evaluar el esquema de Estado centralizado y plantear las exigencias de descentralización política contemporánea, proceso que se inició, aún cuando tardíamente, en 1989.

Ahora bien, este Estado Centralista, establecido como reacción contra el federalismo, condujo a la división del territorio en 22 Estados (art. 9), un Distrito Federal, donde desde 1863 se había situado la Capital de la República, Caracas; y las Dependencias Federales, formadas por las islas existentes en el mar territorial o en el que cubre la plataforma continental. El territorio de los Estados y del Distrito Federal, se dividió a su vez en Municipios, existiendo para 1999, 338 Municipios en todo el territorio nacional.

Los Estados y Municipios gozaban de autonomía política (arts. 16 y 25), y tenían asignadas una serie de competencias exclusivas que ejercían sin que existiera ningún

2590 Véase la Exposición de Motivos en *Revista de la Facultad de Derecho*, UCV, N° 21, 1961, pp. 371 y ss.

2591 Véase Allan R. Brewer–Carías, "El sistema constitucional venezolano" en la obra colectiva dirigida por Domingo García Belaúnde, Francisco Fernández Segado y Rubén Hernández Valle sobre *Sistemas Constitucionales Iberoamericanos*, Madrid, 1992 pp. 717–815.

tipo de control de tutela entre los diversos niveles territoriales. Sin embargo, dichas competencias eran escasas, pues el centralismo impidió que hubiera una efectiva descentralización de competencias, al reservarse al Poder Nacional una extensa lista de materias que abarcaban materialmente casi todas las actividades de un Estado, además de las que le correspondían "por su índole o naturaleza" (art. 136,25). Por tanto, la competencia residual que conforme a la Constitución quedaba a los Estados, como tal, era casi inexistente, y sólo un esfuerzo imaginativo podía contribuir a identificar las materias concurrentes o residuales que podían corresponderles a los Estados.[2592] Conforme a ello, durante todo el período democrático hasta 1989, el Congreso Nacional continuó legislativamente con el proceso centralizador que se había iniciado a comienzos del siglo XX, en perjuicio de los Poderes de los Estados, particularmente en cuanto a las competencias concurrentes que preveía la Constitución, las cuales fueron progresivamente centralizadas. Además, el desbalance en la distribución vertical de competencias entre los tres niveles del Poder Público, se acentuó por la peculiar distribución del poder tributario que estableció la Constitución, materialmente reservado al nivel nacional. Los Estados y Municipios por tanto sobrevivieron financieramente gracias al esquema del Situado Constitucional que se había establecido desde 1925 para compensar a los Estados del vaciamiento de sus competencias, configurándose como una partida anual en la Ley de Presupuesto Nacional por un monto equivalente al 20% de los ingresos ordinarios que debía distribuirse entre los Estados y el Distrito Federal (Art. 229). Este ha sido tradicionalmente el ingreso fundamental de los Estados (98%), a lo que debe agregarse la previsión constitucional desarrollada legislativamente, para establecer "un sistema de asignaciones económicas especiales en beneficio de los Estados, en cuyo territorio se encuentren situados" minas e hidrocarburos, salinas, tierras baldías, y ostrales de perlas (Art. 136,10);[2593] y el esfuerzo que se hizo en 1993 por hacer participar a los Estados en el nuevo impuesto al valor agregado que se creó, a través de un Fondo Intergubernamental para la Descentralización (FIDES).

Es evidente que el excesivo centralismo, como se dijo, planteó exigencias de reforma política, las cuales en particular se dispararon a partir de la introducción de la elección directa y universal de los Gobernadores de los Estados a partir de 1989;[2594] lo que provocó que se sancionara la muy importante Ley Orgánica de Descentralización, Competencias del Poder Público de 28 de diciembre de 1989,[2595] con la que se pretendió iniciar, aún cuando fallidamente, el *desideratum* por la federación y descentralización política que formularon los redactores de la Constitución en 1961.[2596] La reforma fue directamente motivada por las ya para ese momento evidentes exi-

2592 Véase el esfuerzo realizado en el texto de la Constitución del Estado Yaracuy de 31–12–79, en *Gaceta Oficial* del Estado Yaracuy de 1–1–80.

2593 Véase la Ley de Asignaciones Económicas Especiales para los Estados derivados de Minas e Hidrocarburos, en *G.O.* Nº 36.110 de 18–12–1996.

2594 Véase en *Gaceta Oficial* Extra. N|º 4.086 del 14 de abril de 1989.

2595 Véase en *Gaceta Oficial* Nº 4.153 Ext. de 28–12–89. Véase lo expuesto en Allan R. Brewer–Carías, *Instituciones Políticas y Constitucionales, El Poder Público–Nacional, Estadal, Municipal,* tomo II, Caracas 1996, Octava Parte; Véase en Allan R. Brewer–Carías y otros, *Leyes para la descentralización política de la Federación*, Caracas, 1990.

2596 En relación al proceso de descentralización a partir de 1989 véase *Informe sobre la Descentralización en Venezuela 1993, Memoria del Ministro de Estado para la Descentralización*. Caracas, 1994.

gencias de democratización que la crisis política originaba, habiendo participado en su elaboración organizaciones de la sociedad civil canalizadas a través de la Comisión para la Reforma del Estado, cuyos trabajos para ese entonces apuntaban a cuatro frentes: reforma electoral, reforma de los partidos políticos, reforma de la forma federal del Estado (descentralización política) y reforma municipal. El descontento popular, además, se había manifestado en las elecciones municipales durante la década de los ochenta, donde la alta abstención (en un país donde ésta nunca había sido superior al 7% fue el detonante necesario para que los partidos políticos se dieran cuenta de la gravedad de la crisis y de la necesidad de realizar las reformas, como una cuestión de supervivencia del sistema. Así, a finales de la década de los ochenta, se sentaron las bases para la reforma político estadal, con la aprobación de leyes de descentralización política, de régimen municipal y de reforma electoral.

En todo caso, la discusión política pública del tema, condujo, en una primera fase, como antes se dijo, a la sanción en 1989 de la Ley relativa a la elección directa del órgano ejecutivo de los estados de la Federación, los gobernadores, buscando superar el esquema tradicional conforme al cual los gobernadores de los estados eran de la libre designación y remoción por el Presidente de la República; reflejo claro, sin duda, del esquema de Federación centralizada existente. Esa era, sin duda, una pieza importante que debía adoptarse en un proceso general de descentralización política a través de la redefinición del federalismo; pero reducir el problema a la sola elección directa de los gobernadores era confundir la parte con el todo, y no percatarse de que con una reforma de esa naturaleza, realizada en forma aislada, no se solucionaba el problema de fondo global, que era el del centralismo. Nada se lograba con elegir a los gobernadores de estado si éstos no tenían materialmente atribuciones estadales que ejercer, ya que básicamente actuaban sólo como agentes del Ejecutivo Nacional. Era necesario, por tanto, que se realizara un esfuerzo adicional para comenzar el proceso de convertir a los Estados de la Federación en entidades con competencias autónomas de importancia, a los efectos de que la elección de los gobernadores fuera un paso más de avance en el proceso de descentralización política. Era indispensable, por tanto, iniciar el proceso de reformulación de la Federación centralizada, de manera de cambiar el sistema de distribución de competencias entre la República a los órganos que ejercen el poder nacional (federal) y los estados, cuyos órganos ejercen el poder estadal. En definitiva, se trataba de replantearse el sistema de distribución vertical del poder público, o, en otras palabras, los términos conforme a los cuales la Constitución de 1961 regulaba el Estado federal (art. 2).

Para ello se recurrió a lo que establecía el artículo 137 de la Constitución, en el cual se autorizaba al Congreso para con el voto de las dos terceras partes de los miembros de cada Cámara (Diputados y Senado), para atribuir a los Estados o a los municipios determinadas materias de la competencia nacional, a fin de promover la descentralización administrativa. Como consecuencia de ello se sancionó la mencionada Ley Orgánica de Descentralización, en la cual se establecieron las bases legislativas para la descentralización política de la Federación en Venezuela, mediante el reforzamiento del papel no sólo de los Estados, sino incluso del antiguo Distrito Federal, al cual también debía extenderse la normativa de la ley en la medida que fuera posible (art. 2). Dicha Ley Orgánica, después de una aplicación importante hasta 1993, a pesar de que continuó en vigencia después de entrada en vigencia de la

Constitución de 1999[2597], lamentablemente entró en desuso. En realidad, fue solo a partir de junio de 1993 y hasta febrero de 1994, cuando la descentralización se asumió como una política gubernamental, a cuyo efecto el Presidente Ramón J. Velázquez aprobó quince reglamentos de la Ley, alentando el proceso mediante la suscripción de los primeros convenios de transferencia de servicios en materia de competencias concurrentes, como la salud, entre la República y cinco de los estados de la Federación[2598]. En esa tarea, fue fundamental la designación de un Ministro de Estado para la Descentralización[2599].

En todo caso, al menos hasta los años ochenta, el esquema del Estado centralizado había provocado en el país el desarrollo de un sistema pluralista de democracia de partidos, de carácter multipartidista, de todos los signos ideológicos, en el cual éstos asumieron materialmente el monopolio de la representatividad y de la participación. Los partidos políticos, cuya existencia se reconoció en la Constitución (art. 114), asumieron el papel protagónico en el proceso democrático, controlando todas las instancias políticas y penetrando en todos los niveles de la sociedad civil. Ello provocó que muchas veces el centro efectivo de las decisiones políticas hubiera pasado de los órganos centrales del Estado a los órganos centrales directivos de los partidos políticos, que controlaban los órganos representativos. El Estado fue así un Estado centralizado de partidos, como un sistema conciliatorio que se adoptó para que pudiera sin embargo evolucionar como se preveía respecto de otras instituciones en el texto fundamental, permitiendo su desarrollo en la dirección que determinara la conducción política. Así, en principio, fue un esquema federal con competencias residuales a favor de los Estados, pero con una competencia nacional (art. 136) amplísima, que se podía extender cuando ello fuera necesario por su índole o naturaleza, lo que permitía centralizar materialmente todo, pero previéndose expresamente que todo ello podía ser revertido con la posibilidad de que el Poder Nacional pudiera descentralizar las competencias hacia los Estados.

2. *El régimen electoral y la representación proporcional*

En efecto, además, de la forma federal, la Constitución de 1961 estableció un régimen político de democracia representativa liberal y pluralista, conforme al cual todos los órganos políticos del Estado debían ser electos por votación popular, directa, universal y secreta (arts. 4, 19, 22, 27, 138, 151 y 183). Conforme a ese sistema, y con base en la aplicación del principio constitucional de la representación proporcional, cada cinco años, siendo esa la duración del período constitucional nacional (art. 135), se celebraron elecciones en el país (1958, 1963, 1968, 1973, 1978, 1983, 1988, 1993, 1998) para la escogencia del Presidente de la República, de los Senadores y Diputados al Congreso Nacional, de Diputados a las Asambleas Legislativas y de Concejales, habiéndose producido una regular alternabilidad republicana. A partir de 1989, además, al haberse establecido la duración de los Poderes Públicos de los

2597 La Asamblea Nacional incluso reformó alguno de sus artículos en 2003, adaptando la terminología de su articulado al texto de la Constitución. Véase Ley de reforma de 14 de agosto de 2003, en *Gaceta Oficial* N° 37.753 del 14 de agosto de 2003.

2598 Véase *Informe sobre la Descentralización en Venezuela, 1993. Memoria del Dr. Allan R. Brewer–Carías, Ministro del Estado para la Descentralización*, Caracas, 1994.

2599 Véase decreto N° 3.032 de 7 de junio de 1993 en *Gaceta Oficial* N° 35.229 del 9 de junio de 1993.

Estados y de los Municipios en 3 años (art. 135),[2600] se efectuó regularmente la elección de los Gobernadores y Alcaldes.

Para ello se partió de la declaración constitucional del artículo 3°, de que el gobierno debe ser siempre "democrático, representativo responsable y alternativo", y que residiendo la soberanía en el pueblo éste la ejerce "mediante el sufragio, por los órganos del Poder Público" (art. 4°) A tales efectos, el instrumento por excelencia que se estableció para la concretización del sistema democrático, fue un sistema electoral basado en la consideración del sufragio como "un derecho y una función pública" de carácter obligatorio (art. 110). A tal efecto, se estableció el carácter universal directo y secreto del sufragio (arts. 148, 151 y 183), sin discriminaciones de ningún tipo (art. 61), como un derecho político de los venezolanos, aun cuando se previó la posibilidad del voto de los extranjeros en las elecciones municipales (arts. 45 y 111); previéndose además "el derecho de representación proporcional de las minorías" (art. 113), lo que ratificó la Constitución al regular los cuerpos representativos (arts. 19, 148 y 149). Ello condujo a la adopción, hasta 1989, del sistema basado en postulación y escrutinio por listas cerradas bloqueadas mediante el sistema D'Hondt, y la aplicación de cuocientes electorales.

Como se dijo, en 1988 y 1989 se adoptaron importantes reformas al sistema, que buscaron perfeccionarlo para hacerlo más representativo. En tal sentido, además de haberse establecido la elección directa de Gobernadores de los Estados y de Alcaldes Municipales, lo que ocurrió por primera vez en diciembre 1989, se aprobó la reforma de la Ley Orgánica del Sufragio estableciéndose una variación en el sistema electoral mediante listas al aprobarse un sistema de voto uninominal alternativo al voto por listas, el cual se aplicó por primera vez para la elección de concejales en diciembre de 1989. Este sistema fue reformado nuevamente en materia municipal, en 1992, para la elección unipersonal de Concejales y en 1993 para la elección unipersonal del 50% de los Diputados. La Ley Orgánica se reformó nuevamente en 1995 en la víspera de las elecciones regionales y en 1996 se sancionó en las Cámaras una nueva reforma que afectaría el sistema uninominal.[2601]

La Constitución exigía además, como principio, que los organismos electorales debían estar integrados "de manera que no predomine en ellos ningún partido o agrupación política, y sus componentes gozarán de los privilegios que la Ley establezca para asegurar su independencia en el ejercicio de sus funciones" (art. 113). De allí que la Ley Orgánica del Sufragio hubiese organizado la administración del sistema electoral, atribuyéndole su conducción al Consejo Supremo Electoral, configurado como órgano dotado de autonomía funcional y, por tanto, no dependiente ni del Congreso, ni del Ejecutivo Nacional ni de los órganos del Poder Judicial. Los miembros del Consejo Supremo Electoral eran designados por el Congreso, teniendo derecho a una representación en el mismo los partidos políticos que hubieran obte-

---

2600 Véase la Ley sobre el Período de los Poderes Públicos de los Estados de 1989, en *Gaceta Oficial* N° 34.208 de 28–4–89; y la Ley Orgánica de Régimen Municipal, en *Gaceta Oficial* N° 4.409 Extra, de 15–6–89.

2601 Véase Allan R. Brewer-Carías, "La reforma del sistema electoral," en *Revista Venezolana de Ciencias Políticas*, CEPSAL-Postgrado en Ciencias Políticas, Universidad de Los Andes, N° 1, Mérida, diciembre 1987, pp. 55-75; Allan R. Brewer-Carías, *Ley Orgánica del Sufragio,* Caracas 1993; J.G. Molina y C. Pérez Baralt, "Venezuela ¿un nuevo sistema de partidos? Las elecciones de 1993," en *Cuestiones Políticas,* N° 13, 1994, pp. 63-99.

nido una representación superior a un determinado porcentaje de la votación total en las elecciones precedentes, en virtud del derecho expreso que establece la Constitución de los partidos políticos de ejercer vigilancia sobre el proceso electoral" (art. 113).

3. *El régimen de los partidos políticos*

El primer efecto evidente del espíritu del 23 de Enero y del Pacto de Punto Fijo, fue, como se ha dicho, el establecimiento de un sistema democrático y la previsión de una serie de instituciones para *mantener* el sistema democrático, respondiendo a esa expresión del artículo 3° de la Constitución que señala que el Gobierno de la República de Venezuela no sólo es democrático, sino que "*será siempre democrático...*". Para lograr el mantenimiento del régimen democrático, la Constitución previó un sistema de partidos políticos, de democracia de partidos que puede calificarse, sin duda, como un sistema de "democracia de partidos,"[2602] producto de las reglas de juego que establecieron en el Pacto de Punto Fijo, y que inspiraron el texto constitucional.

En efecto, el sistema de partidos políticos venezolanos del período democrático, puede decirse que tuvo su origen en la década de los cuarenta, con raíces en la de los treinta. Sin embargo, en los años 1945–1948 el sistema no era el de una relación entre competidores políticos que se respetaran mutuamente, sino que era un sistema de relaciones entre partidos enemigos que aspiraban destruirse unos a otros. No había reglas de juego de cooperación, y la única regla, si se quiere, era la búsqueda de la hegemonía y la destrucción del enemigo. Por eso, se ha dicho que el sistema se configuró como uno de conflicto entre partidos antagónicos e irreconciliables, que buscaban su mutua eliminación, pues no había aceptación mutua, ni tolerancia. Al contrario, había rechazo y discordia. Por eso, como se ha dicho, frente a la situación de los cuarenta, el Pacto de Punto Fijo resultó un acuerdo entre los partidos políticos tendiente a asegurar un mínimo de entendimiento para que el sistema funcionara. Había el convencimiento, a partir de 1958, de que nada se ganaba con volver a establecer un régimen democrático, si no se aseguraba el mantenimiento y el funcionamiento del sistema democrático.

Por tanto, debía establecerse un sistema conforme al "espíritu del 23 de Enero", que asegurara el funcionamiento del sistema y evitase el enfrentamiento y la discordia entre los partidos. Por ello, frente al sistema anterior de relación entre competidores irreconciliables se estableció un sistema de cooperación que pudiera unir a los partidos frente al enemigo común identificado en quienes antagonizaban el sistema democrático y la propia Constitución. En esta forma, las reglas de juego que estaban en el Pacto de Punto Fijo, de mutuo respeto y tolerancia son las que, en nuestro criterio, se reflejaron en la Constitución, cuando estableció un sistema de partidos que, vinculado al sistema democrático, puede calificarse como de democracia de partidos.

2602 Véase Allan R. Brewer–Carías, *Problemas del Estado de Partidos*, Caracas, 1989. Además, "La crisis de las instituciones: responsables y salidas *Revista de la Facultad de Ciencias Jurídicas y Políticas*, N° 64, 1985, pp. 129 a 155. Véase lo expuesto en Allan R. Brewer–Carías, *Instituciones Políticas y Constitucionales, op. cit.*, Tomo III, Décima Segunda Parte.

Para ello, la Constitución de 1961 consagró como derecho político, el derecho de todos los venezolanos aptos para el voto, es decir, los mayores de 18 años no sujetos a interdicción civil ni a inhabilitación política, "de asociarse en partidos políticos para participar, por métodos democráticos, en la orientación de la política nacional" (art. 114). Ello implicó que los partidos políticos antidemocráticos, es decir, los que "de manera sistemática propugnen o desarrollen actividades contra el orden constitucional", como lo estableció la Ley de Partidos Políticos, Reuniones Públicas y Manifestaciones de 1964[2603], podían ser disueltos por la Corte Suprema de Justicia, actuando como juez constitucional, a instancia del Presidente de la República (art. 29), como ocurrió efectivamente a comienzos de los sesenta en algún caso aislado.

En todo caso, la aplicación sucesiva de procesos electorales cada cinco años, a partir de 1958, si bien desarrolló en Venezuela el sistema multipartidista y pluralista que perseguía la Constitución y que en algunos procesos, por ejemplo, para elecciones nacionales, había llevado a participar a más de 20 partidos políticos nacionales (1973, 1983, 1988), la práctica política condujo al predominio de dos partidos políticos de centro (social demócrata y demócrata cristiano) que acapararon más del 80% del total de votos (1973, 1978, 1983, 1988) quedando la totalidad de los partidos de izquierda que habían participado en las elecciones siempre, con menos de un 10% de la votación. Sin embargo, el control absoluto que los principales tres partidos ejercieron en el Congreso, pero sin relación directa con las circunscripciones electorales que los eligieron, provocó con el tiempo el rechazo popular de los mismos, así como el rechazo respecto del mismo Congreso, el cual se comenzó a percibir como un órgano exclusivista y partidista, y no como el cuerpo representativo del país. La consecuencia fue que el soporte electoral de los dos más importantes partidos (AD y COPEI) variara desde el 92.83% en 1988; al 45.9% en 1993; al 36.1% en Noviembre de 1998; hasta sólo el 11.3% en Diciembre de 1998.[2604]

Ese sistema de democracia de partidos, en todo caso, se fundamentó en dos elementos derivados de la aplicación de la Constitución: por una parte, en la que la representatividad democrática era una representatividad por los partidos políticos; y segundo, en que los partidos acumularon la mayor cuota de participación política.

En efecto, de acuerdo a la Constitución, los partidos políticos fueron los que básicamente aseguraron la representación, entre otros aspectos por la previsión del principio de la representación proporcional de las minorías como modo de escrutinio (artículo 113) en las elecciones de los cuerpos representativos (artículos 19, 148 y 151). Este sistema fue el instrumento por excelencia para asegurar la representatividad a través de los partidos y para la consolidación de este sistema de democracia de partidos, con lo que se aseguró a los partidos, el monopolio de la representatividad en los cuerpos representativos, siempre que, por supuesto, aceptasen las reglas del juego democrático. De allí la expresión "partidocracia" que se utilizó para calificar la democracia de partidos. La Enmienda Constitucional N° 2 de 1983, estableció las bases para la reforma de este sistema de escrutinio, y su sustitución por otra de nivel estatal y municipal.[2605]

2603 Véase en *Gaceta Oficial* N° 27.725 de 30–4–65.

2604 Véase la referencia en *El Universal,* Caracas, 11-12-1998, p. 1-1.

2605 Véase en general, Julia Alcibíades, "Enmiendas a la Constitución de 1961," en Elena Plaza y Ricardo Combellas (Coordinadores), *Procesos Constituyentes y Reformas Constitucionales en la Historia de*

Pero además del mecanismo de representatividad por los partidos, la democracia de partidos, como sistema establecido para mantener el régimen democrático, también otorgó a éstos, en el propio texto constitucional, el monopolio de la participación política. En efecto, la Constitución marcadamente reguló como instrumentos de participación política, a los partidos políticos, y así resultó básicamente al establecer el derecho de todos "a asociarse en partidos políticos" (artículo 114) agregando que ello era "para participar, por métodos democráticos, en la orientación de la política nacional". Por eso se exigía en el propio texto constitucional, que los partidos tuvieran, a su vez, carácter democrático y se garantizaba además, su igualdad ante la Ley.

La Constitución reconoció, por tanto, a los partidos políticos, como instrumentos para participar en la vida política y para asegurar la representatividad democrática.

Ahora bien, este efecto del Pacto de Punto Fijo, del mantenimiento del régimen democrático, a través de un sistema de partidos, que originó una democracia de partidos, reflejado en estos dos puntos que hemos señalado: representatividad a través de los partidos políticos, por el establecimiento del sistema electoral de representación proporcional y participación política a través de los partidos políticos, por su establecimiento expreso en la propia Constitución, fue el que operó y se desarrolló en Venezuela en las últimas décadas del Siglo XX. Así el control del sistema democrático quedó en manos de los partidos políticos, asegurándose el monopolio de la representación democrática y de la participación política. Se logró establecer, entonces, un sistema de democracia de partidos, de partidocracia que requería que se determinase después de décadas de aplicación, si debía ser el único mecanismo de representatividad y de participación o si, al contrario, como lo propusimos, la sociedad venezolana había avanzado lo suficiente como para buscar otros medios de representación y mecanismos de participación. En la búsqueda de ello se quedaron los propósitos de la fallida reforma del Estado[2606].

4. *Vigencia del régimen constitucional y su inviolabilidad*

La Constitución de 1961 fue por supuesto una constitución rígida, al limitarse las posibilidades de su modificación sólo mediante procedimientos complejos de reforma o enmienda, según los casos, constituyendo la vía de la Enmienda una importantísima innovación del texto de 1961, concebida para facilitar cambios no fundamentales, es decir, modificaciones de "artículos que permite dejar incólume el texto original o fundamental," sin necesidad de someterlas a aprobación popular, habiéndose previsto sólo la aprobación del Proyecto por las Asambleas Legislativas de los Estados (Arts. 245 y 246). Fue conforme a ese mecanismo que durante la vigencia de la Constitución de 1961 se aprobaron dos enmiendas constitucionales: una en 1973, al restringirse las condiciones de elegibilidad; y otra, en 1983, al regularse, de nuevo, sistemas diferentes para las elecciones de representantes: modificarse el funcionamiento de las Cámaras Legislativas y del trámite de formación de las leyes; y establecerse una fecha distinta para la iniciación del período constitucional.

Venezuela: 1811–1999, Universidad Central de Venezuela, Caracas 2005, Tomo II, pp.733–764.

2606 Sobre el tema véase Allan R. Brewer–Carías, *El Estado, Crisis y Reforma,* Caracas 1983.

Un reflejo de la voluntad de los constituyentes para mantener el sistema democrático, fue el rechazo en el propio texto constitucional de cualquier medio conforme al cual la Constitución pudiera haber quedado sin vigencia, disponiéndose el principio de la inviolabilidad, que previó el artículo 250 al establecer que: "Esta Constitución no perderá su vigencia, si dejare de observarse por acto de fuerza o fuere derogada por cualquier otro medio distinto del que ella misma dispone. En tal eventualidad (cuando por acto de fuerza se tratara de quitar su vigencia) todo ciudadano investido o no de autoridad, tendrá deber de colaborar en el restablecimiento de su efectiva vigencia".

En esta forma, la rebelión para restablecer la efectiva vigencia del texto constitucional si se hubiera dejado de observar por acto de fuerza, estaba legitimada, imponiéndose a todo ciudadano el deber de colaborar en el restablecimiento de su efectiva vigencia. La Exposición de Motivos de la Constitución señaló, con razón, que esta era una disposición sin precedentes en el constitucionalismo contemporáneo, citando como antecedente el artículo 136 de la Constitución de México que proclama el principio de que; "...la Constitución no perderá su fuerza y vigor, aun cuando por alguna rebelión se interrumpa su observancia..."; a cuyo efecto, los redactores señalaron que creían "que esa disposición contribuirá eficazmente a la salud y a la estabilidad de nuestro orden institucional, subrayando la responsabilidad en que incurren los ciudadanos que colaboran con los usurpadores y previendo al mismo tiempo un procedimiento fácil para liquidar con justicia y rapidez, el saldo de irregularidades que siempre dejan como herencia los regímenes de fuerza..."[2607].

III. EL COMIENZO DEL RESQUEBRAJAMIENTO DE LA INSTITUCIONALIDAD DEMOCRÁTICA Y LA CRISIS TERMINAL DEL SISTEMA POLÍTICO

Como se ha dicho, el Pacto de Punto Fijo de 1958 que originó la Constitución de 1961, fue producto, por una parte, del fracaso de dicha élite política en haber logrado establecer un régimen democrático a partir de 1945, montado sobre la hegemonía de un partido político dominante, exclusivista y exclusionista, sin tener en cuenta que toda democracia debe construirse sobre el pluralismo partidista, donde el diálogo, la tolerancia, la negociación y la conciliación sean instrumentos de acción; y por la otra, de la consecuencial y dolorosa experiencia del régimen militar que sucedió a dicho fracaso en la década 1948–1958. La lección aprendida condujo a la inmodificable voluntad del liderazgo político, en 1958, de implantar un régimen democrático en Venezuela, país que en ese momento podía considerarse como de los que menos tradición y cultura democrática tenían en toda América Latina.

En esa tarea, como se dijo, los partidos políticos asumieron el papel protagónico, desarrollándose un Estado democrático centralizado de partidos en lo cual tuvieron un extraordinario éxito: la democracia se implantó en Venezuela[2608]; pero, lamentablemente, de un Estado de partidos se pasó a una "partidocracia," pues los partidos se olvidaron que eran instrumentos para la democracia y no su finalidad.

2607 Véase el texto en *Revista de la Facultad de Derecho*, Nº 21, Caracas 1961, p. 146.

2608 Véase Allan R. Brewer–Carías, *Cambio Político y Reforma del Estado en Venezuela,* Madrid, 1975, pp. 178 y ss.

En efecto, conforme a ese sistema político, los partidos políticos asumieron el monopolio de la participación y de la representatividad en todos los niveles del Estado y de las sociedades intermedias, lo que sin duda había sido necesario en el propio inicio del proceso. Pero con el transcurrir de los años se olvidaron de abrir el cerco que tendieron para controlarlo y para garantizar la institucionalidad democrática, y permitir que la democracia corriera más libremente[2609]; y al final del último período constitucional de la década de los ochenta (1984-1989), la crisis del sistema estalló cuando el centro del poder político definitivamente se ubicó fuera del Gobierno y del aparato del Estado, en la cúpula del Partido Acción Democrática que en ese momento dominaba el Ejecutivo Nacional, el Congreso y todos los cuerpos deliberantes representativos; y que había nombrado como Gobernadores de Estado incluso a sus Secretarios Generales regionales, y que designaba hasta los Presidentes de cada uno de los Concejos Municipales del país. El gobierno del Partido Acción Democrática durante el período 1984–1989 hizo todo lo contrario de lo que reclamaban las casi tres décadas de democracia que habían transcurrido hasta entonces, que era la apertura frente a la autocracia partidista que se había desarrollado, y la previsión de nuevos canales de participación y representatividad. Pero paradójicamente, ese fue el Gobierno donde más se habló de reforma del Estado nombrándose incluso la Comisión Presidencial para la Reforma del Estado (COPRE)[2610], pero para precisamente no ejecutar nada en ese campo, sino todo lo contrario, pues en ese período de gobierno fue que apareció la partidocracia con toda su figura autocrática.[2611] De esa época, sin embargo, afortunadamente al menos quedaron los estudios de la Comisión Presidencial para la Reforma del Estado.

El "Caracazo" es decir, la protesta popular generalizada que se produjo en Caracas, la capital de la República, el 27 de febrero de 1989,[2612] a escasos días de la toma de posesión del Presidente electo por segunda vez, Carlos Andrés Pérez, fue el signo trágico del estallido social de la crisis del sistema de Estado de partidos, seguido de dos intentos militaristas de golpe de Estado, del 4 de febrero comandado por el entonces Teniente Coronel Hugo Chávez Frías, y del 27 noviembre de 1992, los cuales, además de atentatorios contra la Constitución, costaron centenares de vidas.[2613]

2609 Véase Allan R. Brewer–Carías, *El Estado. Crisis y Reforma, Caracas,* 1982, pp. 7 a 89; Allan R. Brewer–Carías, *El Estado Incomprendido. Reflexiones sobre el sistema político y su reforma,* Caracas, 1985.

2610 La COPRE fue creada por Decreto N° 404 de 17–12–84, *Gaceta Oficial* N° 33.127 de 17–12–84. El conjunto de estudios y libros publicados por la COPRE y las propuestas de reforma que formuló durante su existencia de tres lustros, constituye un aporte muy significativo a la bibliografía jurídico política venezolana. Véase en particular el Proyecto de Reforma Integral del Estado en COPRE, *La Reforma del Estado (Proyecto de Reforma Integral del Estado),* Vol. I, Caracas 1988.

2611 Véase Allan R. Brewer–Carías, *Problemas del Estado de Partidos,* Caracas 1988, pp. 14 y ss.

2612 Véase sobre esta protesta J. Civit y L.P. España, "Análisis socio–político a partir del estallido del 27 de febrero", en *Cuadernos del Cendes,* N° 10, UCV, Caracas 1989, pp. 35 a 46.

2613 Sin embargo, asombrosamente, el partido Movimiento al Socialismo (MAS) los calificó como una "conducta democrática" de los militares para expresar su descontento (*El Nacional*, Caracas 28–06–98, p. D–3). Véase sobre el intento de golpe militar del 4 de febrero de 1992: H. Sonntag y T. Maingón, *Venezuela: 4–F 1992. Un análisis socio–político,* Caracas 1992; G. Tarre Briceño, *4 de febrero–El espejo roto,* Caracas 1994. Sobre los delitos cometidos en dichos movimientos, en 2000 la Asamblea Nacional dictó la Ley de Amnistía Política General (*G.O.* N° 36.934 del 17–04–2000.

Se trataba, en definitiva, de la crisis terminal del sistema político[2614] que había sido instaurado a partir de los años cuarenta del siglo XX, y que montado sobre un esquema de Estado centralizado de partidos, como dijimos, tuvo como proyecto político la implantación de la democracia en el país de América Latina que para entonces era el que menos tradición democrática tenía, habiendo logrado mantener la institucionalidad democrática por varias décadas. Más de cuarenta años después de la Revolución democrática de 1958 y más de cincuenta años después del fin del primer ensayo democrático en 1948, en Venezuela, en efecto, se había desarrollado lo que ya para ese tiempo podía considerarse como una de las democracias más viejas de América Latina, pero ante el asombro de otros países latinoamericanos que la envidiaban, era de las que menos prestigio tenía incluso en el propio país.

Lamentablemente, la crisis del sistema político de partidos condujo a que se la confundiera a veces deliberadamente con una supuesta crisis de la democracia misma como régimen político, contribuyendo a su desprestigio; cuando en realidad, de lo que se trataba era de perfeccionarla y liberarla del despotismo o autocracia de los partidos. Por ello, insistimos en que no era la democracia la que estaba en crisis, pues el régimen político democrático no es lo mismo que el sistema político de Estado de partidos, que si es el que estaba en crisis[2615].

El proyecto político ideado por el liderazgo que asumió el poder a partir de los años cuarenta, y luego a partir de 1958, indudablemente que se desarrolló, y el país se democratizó, estableciéndose una institucionalidad democrática que se clavó profundamente en el país. El problema es que ese mismo liderazgo y los partidos políticos que contribuyeron a la consolidación y mantenimiento de la democracia, décadas después no llegaron a entender la obra que habían realizado y todavía aún muchos no la entienden.

Los venezolanos se habituaron a la democracia y la gran mayoría de los votantes en las elecciones de 1998 y 1999 nacieron en democracia, y tan habituados estaban a ella que, a pesar de su desprestigio, parecía natural el disfrute de la libertad sin que el riesgo de perderla fuera motivo de particular preocupación. Se pensaba, si, que tenía que cambiar, aun cuando la gran mayoría no sabía cómo; y el liderazgo político de los partidos encargados de orientar, no comprendió que para poder continuar y

2614 Véase Pedro Guevara, *Estado vs. Democracia,* Caracas 1997; Miriam Kornblith, *Venezuela en los 90. Crisis de la Democracia,* Caracas, 1998. Por nuestra parte, véase lo que expusimos en Allan R. Brewer–Carías, *Cinco siglos de Historia y un País en Crisis,* Academia de Ciencias Políticas y Sociales y Comisión Presidencial del V Centenario de Venezuela, Caracas 1998, pp. 95 a 117; Allan R. Brewer–Carías, "La crisis terminal del sistema político" en *Una evaluación a estos cuarenta años de democracia, El Globo,* Caracas, 24–11–97, pp. 12 y 13; Allan R. Brewer–Carías, *La crisis terminal del sistema político venezolano y el reto democrático de la descentralización,* Ponencia al IV Congreso Venezolano de Derecho Constitucional, Caracas, noviembre 1995. Dicho texto está publicado en Allan R. Brewer–Carías, *El Poder Nacional y el Sistema democrático de gobierno, Instituciones Políticas y Constitucionales,* tomo III, Caracas–San Cristóbal, 1996, pp. 655 a 678. Véase además lo expuesto en Allan R. Brewer–Carías, "Presentación" al libro *Los Candidatos Presidenciales ante la Academia,* Academia de Ciencias Políticas y Sociales, Caracas, 1998, pp. 9 a 66. Véase además, Allan R. Brewer–Carías *Asamblea Constituyente y Ordenamiento Constitucional,* Caracas 1999, pp. 15 a 85, cuyo texto seguimos en estas páginas.

2615 Véase Allan R. Brewer–Carías, "La crisis de las instituciones: responsables y salidas" en *Revista de la Facultad de Ciencias Jurídicas y Políticas,* N° 64, Caracas 1985, pp. 130 a 155. Dicho texto está publicado en Allan R. Brewer–Carías, *Evolución Histórica del Estado, Instituciones Políticas y Constitucionales,* tomo I, *op. cit.,* pp. 523 a 541.

sobrevivir, la democracia tenía que perfeccionarse y, al contrario, siguió tratando de conducir al país como si estuviese en la etapa inicial de la democratización de los años cincuenta.

Esta incomprensión fue, precisamente, la que condujo a la crisis política terminal de los últimos años del siglo XX, donde un cambio inevitable comenzó a desarrollarse; tal y como había ocurrido a mitades del siglo XIX en la víspera de la Revolución Federal, cuando finalizó la etapa del Estado independiente semi centralizado; como sucedió a fines del mismo siglo XIX, en la víspera de la Revolución Liberal Restauradora, con el fin del período del Estado federal liberal; y como también había ocurrido hacía más de medio siglo en la víspera de la Revolución de Octubre (1945), con el fin de la era del Estado autocrático centralizado. En cada uno de esos fines de períodos políticos se puede apreciar, históricamente, el mismo signo de agotamiento del proyecto político y del liderazgo que lo desarrolló. La incomprensión de lo hecho y, a pesar de todas las advertencias, de la necesidad de renovar y transformar el sistema, fue lo que contribuyó, en cada caso, a su deterioro final y a su colapso, y eso fue lo que también ocurrió en Venezuela a finales de la década de los noventa.

En esos años, el país estaba en una situación algo similar, con una crisis institucional global, pues la mayoría no sólo no creía ni confiaba en el Parlamento, ni en el Poder Judicial, ni en la Administración Pública, ni en las fuerzas de seguridad ciudadana, sino que tampoco creía ni confiaba en los partidos políticos, ni en las sociedades intermedias que éstos penetraron y controlaron, como los sindicatos, los colegios profesionales y los gremios. Y además, en medio de una de las crisis económicas más agudas del Estado petrolero, en la cual, sin conciencia alguna de lo que significa, los grupos que lo habían controlado habían educado a la población para que pidiera más como si la riqueza petrolera fuera inagotable, y como si no se hubiera comprobado que el modelo de repartir dadivosamente esa riqueza había sido, no sólo una fuente de corrupción, sino una de las causas de la crisis por la que atravesaba el país. Lo lamentable es que todo este desprestigio institucional del aparato del Estado y de las organizaciones políticas y sociales; en definitiva, de la forma de gobernar, arrastró a la propia institucionalidad democrática, a la cual se asociaba la corrupción y la ineficiencia. Y así comenzaron a surgir cantos de sirenas autoritarios que se apoderaron hasta del nombre de Bolívar y de la Patria, opacando las propias virtudes de la democracia.

La mayoría, sin embargo, quería cambios radicales, pero contrariamente a cualquier autoritarismo, en libertad; por ello, esa mayoría que quería en fin que la gobernaran, no llegó a tomar conciencia de que la libertad estaba en riesgo de quedar perdida si la conducción de aquellos cambios totales pasaba o se quedaba en manos de un liderazgo antidemocrático. Por ello, el verdadero dilema que tuvieron los venezolanos en esos tiempos era cómo lograr los cambios inevitables, indispensables y necesarios que se requerían pero en libertad y, por tanto, sin perder la democracia que no era, precisamente, la culpable del deterioro ni estaba en su destrucción el camino para la reconstrucción de la Nación.

En todo caso, a finales de los noventa, en Venezuela se estaba produciendo la terminación de uno de los grandes ciclos de su historia, el período democrático (1945–1998) a cuyo aceleramiento, sin duda, contribuyó el hecho político más importante que se produjo en el siglo XX después de la introducción de la elección universal y directa del Presidente de la República a raíz de la Revolución de Octubre de 1945, y que fue la elección directa de Gobernadores y Alcaldes, a partir de 1989.[2616] Esa fue, realmente, una decisión de sobrevivencia, pues no había otra forma de enfrentarse al proceso electoral de 1989, después de la protesta popular del 27 de febrero de ese año, que no fuera con el sometimiento a un proceso electoral en los Estados, distinto al nacional y para ello, la pieza clave era la elección directa de los Gobernadores. Esa decisión fue un signo del inicio de un esfuerzo de democratización de la democracia, a lo que se agregó la elección directa de Alcaldes, establecida en la reforma de la Ley Orgánica de Régimen Municipal de ese mismo año[2617]; y se entendió que no había otra forma de atender a las expectativas derivadas de la elección, que no fuera transfiriendo poder y competencias nacionales a los Gobernadores, lo que se hizo con la Ley de Descentralización y Transferencia de competencias del poder público[2618]. En consecuencia, la descentralización estuvo en el centro de este proceso de transformación que se había venido produciendo en el país, signado por la búsqueda de una mayor participación, con una repercusión progresiva en la apertura de la propia democracia[2619], y mediante la reforma del sistema electoral.[2620] Todo ello, sin embargo, y el tremendo esfuerzo que se hizo en 1993 por acelerar ese proceso, se detuvo de golpe, porque no se entendió lo que había estado ocurriendo al asumir su segunda Presidencia el Presidente Caldera en 1994, como un candidato anti partido.

No se entendió, en efecto, que Venezuela sólo podía salvar su democracia si efectivamente se descentralizaba el Estado y el sistema político, para acercarlo más al ciudadano, para que pudieran participar en ella; y esto sólo podía lograrse llevando el Poder cerca de las comunidades, organizaciones o regiones; es decir, descentralizando el poder. Sin descentralización efectiva del poder, considerábamos que la democracia, no podría sobrevivir[2621], como por otra parte lo enseñaba la experiencia universal, en el sentido de que la democratización ha llegado a convertirse en condición para su sobrevivencia[2622]. Por ello es que no existen ni han existido autocracias descentralizadas[2623].

2616 Véase *Informe sobre la Descentralización en Venezuela 1993. Memoria del Dr. Allan R. Brewer–Carías, Ministro de Estado para la Descentralización*, Caracas 1994, pp. 13 a 20.

2617 Véase Allan R. Brewer–Carías, "Municipio, democracia y participación. Aspectos de la crisis", *Revista Venezolana de Estudios Municipales,* N° 11, Caracas, 1988, pp. 13 a 30.

2618 Véase el texto de las leyes en Allan R. Brewer–Carías y otros, *Leyes y Reglamentos para la Descentralización de la Federación, cit.,* pp.273 y ss. Allan R. Brewer–Carías y otros, *Ley Orgánica de Régimen Municipal,* Caracas 1990, pp. 269 y ss.

2619 Véase Allan R. Brewer–Carías, "La Reforma Política del Estado: la Descentralización Política" en Allan R. Brewer–Carías, *Estudios de Derecho Público, (Labor en el Senado 1982),* tomo I, Caracas 1983, pp 15 a 39.

2620 Véase Allan R. Brewer–Carías, *Ley Orgánica del Sufragio,* Caracas 1993. Véase sobre el sistema electoral de 1993, J.G. Molina y C. Pérez Baralt, "Venezuela ¿un nuevo sistema de partidos? Las elecciones de 1993, en *Cuestiones Políticas,* N° 13, 1994, pp. 63 a 99.

2621 Veáse Allan R. Brewer–Carías, *Federalismo y Municipalismo en la Constitución de 1999. Una reforma insuficiente y regresiva,* Caracas 2001.

2622 Véase Allan R. Brewer–Carías, "La descentralización territorial: autonomía territorial y regionalización política" en *Revista de Estudios de la vida local,* N° 218, Madrid 1983, pp. 209 a 232.

2623 Véase Allan R. Brewer–Carías, *Reflexiones sobre la Organización Territorial del Estado en Venezuela y en la América Colonial*, Caracas 1997, pp. 108 y ss.

Pero sin duda, a pesar de todas las advertencias, las reformas en tal sentido no sólo, como se ha dicho, se iniciaron demasiado tarde,[2624] sin que el liderazgo hubiera sido capaz de anticiparse a la crisis, y más bien en medio de ella. Con posterioridad, un año después del intento de golpe militar de 1992, en 1993, el Presidente de la República Carlos Andrés Pérez fue enjuiciado y lo sustituyó transitoriamente el Presidente Ramón J. Velázquez hasta terminar el período del primero; lapso durante el cual se le dio un gran impulso institucional al proceso de descentralización[2625].

La elección presidencial de 1993 pudo haber sido efectivamente el punto de inflexión para la apertura de la vía democrática y la realización del cambio político que ya resultaba indispensable para superar el centralismo partidocrático; pero lamentablemente, la opción popular se inclinó por el menos indicado de los candidatos en ese momento para motorizar cambio alguno, el Presidente Rafael Caldera, bajo cuya segunda presidencia el sistema político de Estado centralizado de partidos entró en la etapa definitiva de crisis terminal, sin posibilidad alguna de salvación, pues incluso los valores democráticos fueron puestos de lado, como sucedió con el "perdón" dado a quienes se habían alzado en armas en 1992 contra la propia democracia, quienes debieron ser juzgados, y sólo después de condenados si hubiera sido el caso, quizás indultados.

New York, marzo 2010

SECCIÓN SEGUNDA: DEMOCRACIA Y REFORMA DEL ESTADO (1978)

Esta Sección tercera es el texto del Prólogo escrito para el libro Democracia y reforma del Estado. Entrevistas de Alfredo Peña, Editorial Jurídica Venezolana, Caracas 1978.

I

En 1978 se cumplen veinte años de la instauración de un régimen democrático en Venezuela. Nunca antes nuestro país había vivido tantos años en goce de un régimen de libertad y de alternabilidad republicana, como el que hemos tenido en estas dos últimas décadas.

En 1958, Venezuela era, de todos los países latinoamericanos, quizás, el que menos tradición democrática tenía. Asolado por guerras civiles durante todo el siglo pasado, azotado por los caudillos regionales que nos dominaron políticamente durante casi cien años, disgregado y disperso en una geografía despoblada y paupérrima, el país fue dominado por el dictador J. V. Gómez y una oligarquía económica a su servicio, durante todo el primer tercio del presente siglo.

2624 Véase en general, sobre las propuestas de reforma política y constitucional: COPRE *Constitución y Reforma. Un proyecto de Estado Social y Democrático de Derecho,* Caracas 1991; Ricardo Combellas (coordinador), *Venezuela, Crisis Política y Reforma Constitucional,* Caracas 1993; y COPRE, *Una Constitución para el ciudadano,* Caracas 1994. Más recientemente: Miguel Van der Dijs, *Transformaciones posibles del Estado venezolano,* Caracas 1999.

2625 Véase *Informe sobre la Descentralización en Venezuela 1993. Memoria del Dr. Allan R. Brewer–Carías,* Ministro de Estado para la Descentralización, Caracas, 1993.

En 1936 se inició un proceso de transformación del país, conducido por políticos hábiles, que lo enrumbaron progresivamente hacia niveles democráticos que no habían tenido parangón en las décadas precedentes. El proceso evolutivo de democratización fue abortado, en 1945, mediante un golpe de estado cívico-militar, cuyos conductores instauraron, durante tres años, hasta 1948, un régimen democrático y de libertades públicas, también sin precedentes. Sin embargo, como en muchos nacimientos prematuros y primerizos, los padres de la criatura democrática, lamentablemente, no lograron dominar las secuelas del alumbramiento. Al cabo de tres años, luego de la realización de importantes reformas políticas, económicas y sociales, de aprobado uno de los mejores textos constitucionales que hemos tenido en nuestra historia constitucional, y de elegir, por primera vez por sufragio universal, secreto y directo una Asamblea Nacional Constituyente, y al Presidente de la República, a los pocos meses, los mismos militares que ayudaron al prematuro alumbramiento, mataron la criatura. Con el golpe militar de 1948, se instauró una de las más sangrientas y corruptas dictaduras que ha tenido América Latina v que cesó, diez años después, en 1958, por la acción conjunta, de nuevo, de las fuerzas armadas y de las organizaciones civiles que actuaban en el país.

La democracia consolidada en los últimos veinte años, por tanto, a pesar de que las nuevas generaciones la tomen como propia y usual —como debe ser— ha costado muchos sacrificios, atrasos y estancamientos. El país completo, sin la menor duda, ha tenido una actitud común en este lapso: mantener, por sobre todo, las instituciones democráticas. Para lograrlo, fue necesario sacrificar muchas cosas: doctrinas, ideologías, principios, recursos, oportunidades, instituciones. Los responsables directos e inmediatos de este logro y de esos sacrificios, han sido los partidos políticos. Ellos asumieron el monopolio del juego político, y son ellos quienes han llamado o excluido de la mesa de juego, a los más diversos grupos y estratos de la población. No puede negarse, por tanto, que si en Venezuela hemos tenido un régimen democrático por veinte años, ello ha sido gracias a los partidos políticos. Hay, en el balance de estos cuatro lustros, un "haber" muy grande a favor de nuestros partidos. Pero el balance también muestra un "debe" producto de estos veinte años: oportunidades de desarrollo perdidas, despilfarro de recursos, corrupción e ineficiencia del Estado que, también, corresponde a los partidos políticos. El resultado del balance, sin embargo, es positivo, pero no por ello hemos de olvidar el "debe".

II

Transcurridas estas dos décadas de consolidación del régimen democrático, es ya hora de recomenzar de nuevo la tarea de transformación institucional. Vistos retrospectivamente estos últimos veinte años, desde el punto de vista institucional y de la estructuración del Estado, parecería que lo que se ha logrado en el país ha sido sólo la consolidación del régimen democrático, y que, en la tarea de institucionalización de Venezuela, nos hemos quedado en eso sólo, recreándonos en la democracia conquistada.

Sin embargo, pensamos que, sin lugar a dudas, la organización de un Estado nunca puede decirse que ha concluido. Es una tarea permanente que toda sociedad debe asumir sin descanso, pues cuando parece conchada una reforma o reestructuración, hay que volver a comenzar de nuevo. Por ello, a pesar de la consolidación del régimen democrático, está planteada la necesidad de su reforma. Y es que el Estado, en Venezuela, realmente, está por estructurarse y construirse. Tenemos democracia, contamos con una serie de instituciones políticas aun cuando de corte tradicional, tenemos unos partidos políticos actuando como conductores de la vida nacional, pero el país no está satisfecho del Estado que lo conduce, es decir, no está satisfecho de la organización política que tiene a su cargo la dirección y ordenamiento de la vida económica y social. Parecería que hay consenso, aun a nivel de los propios conductores de los partidos políticos, en torno a la necesidad de reformar el Estado.

En 1974, al producirse el cambio de gobierno, este consenso por reformar el Estado adquirió, inclusive, las características de un compromiso de carácter político, tanto del gobierno como del principal partido de oposición. En efecto, el compromiso político del Presidente C. A. Pérez para realizar una reforma del Estado en Venezuela, fue claramente expuesto en diversas oportunidades durante la campaña electoral de 1973. En particular, en el programa de gobierno que sometió al electorado, dedicó íntegramente, el Capítulo II, al planteamiento de "La transformación del Estado" como uno de los compromisos de su gobierno. (*V.* C. A. Pérez, *Acción de Gobierno*, Caracas pp. 8 a 15). Por otra parte, en el discurso de toma de posesión de la Presidencia de la República, el 12 de marzo de 1974, el Presidente C. A. Pérez señaló expresamente el criterio de que "Venezuela no podrá satisfacer las exigencias mínimas del desafío que tiene por delante sin una Reforma del Estado y de la Administración. Puede decirse, sin exageración, que la estructura del Estado es unas veces incipiente y otras distorsionada o abiertamente anacrónica o inservible. Los niveles de eficiencia en la Administración Pública son francamente inaceptables. El Estado está a mucha distancia del ciudadano, el cual no puede acudir a los servicios públicos o a los funcionarios administrativos a obtener de ellos la respuesta o la satisfacción oportuna de sus demandas. . . La Reforma Orgánica del Estado es parte de una política de modernización con efectos sobre todo el sistema político, económico y social". (*V.* en *El Universal*, Caracas, 13 de marzo de pp. 1-11). Leer estas palabras, en 1978, al finalizar el período de gobierno del Presidente C. A. Pérez, no sólo dan la sensación de leer un discurso de oposición a su gobierno, sino que, al percatarnos, con conciencia, de que, en efecto, son sus propias palabras y compromisos, la sensación que producen es de frustración e indignación. ¿Se pueden seguir prometiendo tantas y tantas cosas que luego no se cumplen?

En su Mensaje del 1º de enero de 1978, al hacer el "balance inventario de los cuatro años en el ejercicio de la jefatura del Estado", señalaba como uno de sus "grandes logros", "la reforma institucional del Estado venezolano" (*V.* en *El Nacional*, Caracas, 2 de enero de 1978, p. D-l), y en su discurso conmemorativo del 23 de enero de 1958, leído en este 23 de enero de 1978, insistió en las "trascendentales reformas institucionales" que se habían logrado en sus cuatro años de gobierno (*V.* en *El Nacional*, Caracas, 24 de enero de 1978, p. D-l). Pero, ¿cuáles reformas? ¿Dónde está la transformación prometida de las instituciones políticas, del sistema electoral, del Poder Legislativo, del Poder Judicial, del Régimen Municipal, de las empresas del Estado?

Realmente, la promesa de reforma del Estado no se cumplió, y está a la vista que la señalada reforma institucional del Estado, no se ha realizado.

Ahora bien, si había una real voluntad de cumplir esas promesas, la pregunta ineludible es ¿qué pasó? No puede decirse que el Congreso no respondió al llamado del Presidente: ni un solo proyecto de Ley de transformación efectiva del Estado fue enviado por el Gobierno al Congreso en estos últimos cuatro años y las leyes aprobadas de reforma de la Administración Central y del Régimen Presupuestario, no sólo fueron meros remozamientos, sino que sus proyectos habían sido concebidos y elaborados en el período gubernamental anterior. El otro proyecto de interés en cuanto a la reforma de las instituciones públicas, el de Régimen Municipal, en cuya sanción ha puesto especial énfasis el partido de gobierno, se ha dicho, y se sabe, más que una reforma, constituye la consolidación de las deficiencias locales actuales.

Por otra parte, como se sabe, el gobierno del Presidente C. A. Pérez ha contado cotí el respaldo de una mayoría absoluta de las Cámaras Legislativas, y a pesar de ello, no ha hecho realidad la reforma del Estado. Es más, otras áreas de reformas legislativas importantes, como las relativas a las leyes del sistema financiero, tuvieron que ser aprobadas por Decretos-Leyes entre 1974 y 1975. ¿Por qué? ¿Era incapaz, el Congreso, de acometer esas reformas, a pesar de la mayoría gubernamental? Si ello era así, ¿qué se hizo por reformar la misma institución parlamentaria?

Pero la conciencia por la reforma del Estado no sólo se deriva del compromiso formulado e incumplido por el Presidente C. A. Pérez, sino también, de las manifestaciones de los líderes del principal partido de oposición. En efecto, el ex Presidente R. Caldera, al finalizar su período de gobierno, expresó su compromiso de llevar a la Cámara del Senado, como Senador Vitalicio, "un criterio que pueda cooperar a la reforma del Estado que es inaplazable, convertir en leyes los grandes postulados de la Constitución y tratar, pues, de modernizar, de acuerdo con la Carta Fundamental, la vida de la República" (*V.* Rueda de Prensa del 13 de diciembre de 1973, en *El Nacional*, Caracas, 14 de diciembre de 1973, p. D-l). En tal sentido, en las intervenciones que el ex Presidente Caldera ha tenido en el Senado, son memorables, entre otros, sus discursos relativos a la reforma del Estado, en particular, los leídos con motivo de la sesión conmemorativa de la vigencia de la Constitución de 1961, en enero de 1976, y de la discusión de la Ley Orgánica del Régimen Municipal, en diciembre de 1977.

Pero el consenso sobre la necesidad y el empeño de realizar la Reforma del Estado no sólo se expresó en 1973 y 1974, tanto por el ex Presidente Caldera como por el Presidente C. A. Pérez, sino que fue motivo de consideración por líderes políticos parlamentarios. Dentro de las más importantes declaraciones a este respecto, se destacan, el llamado formulado por Arturo Uslar Pietri, al retirarse de la Cámara del Senado, sobre los problemas institucionales del desarrollo (*V.* "Un alerta a la democracia", publicado en *El Nacional*, Caracas 31 de agosto de 1973, p. D-l y reproducido en *Control Fiscal y Tecnificación Administrativa*, C.G.R. N° 70, Caracas, 1973, pp. 15 a 31), y el discurso pronunciado por el Presidente de la Cámara de Diputados, en el acto de toma de posesión, el 2 de marzo de 1974, cuyo contenido giró en torno al tema de la Reforma del Estado, de la Administración Pública y del Congreso (V. en *El Universal*, Caracas, 3 de marzo de 1974, pp. 1-11), lo cual ratificó en otras oportunidades (*V.* en *El Universal*, Caracas, 10 de marzo de 1974, pp. 1-11). Por otra parte, el Jefe de la Fracción Parlamentaria del principal partido de oposición, Eduardo Fernández, en el acto de participación, al Presidente de la República, de la instalación de la Cámara de Diputados, también insistió en la labor principal que debía corresponder al nuevo Congreso: "acometer la Reforma del Estado y comenzar a dictar aquellas leyes complementarias de la Constitución Nacional, cuyo atraso ya va para catorce años" (*V.* en *El Universal*, Caracas, 3 de marzo de 1974, p. 2-26).

III

Ahora bien, este consenso político en torno a la necesidad impostergable de la Reforma del Estado en Venezuela, puede decirse que es, hoy, un consenso de carácter nacional. A la indagación de ese consenso dedicó cerca de dos años de labor, uno de esos periodistas verdaderos que aún existen en nuestro país: Alfredo Peña, que, por auténticos, aun cuando parezca paradójico, todavía hacen el periodismo como debe ser, al menos, como lo entendemos y queremos quienes leemos la prensa diaria. Aún en el ámbito periodístico, lo correcto y normal, lamentablemente, se convierte, hoy, en excepcional: el hacer periodismo interpretativo, creando y generando opinión, y no simplemente de repetición, algunas veces tarifado. Dicho con palabras de Ramón J. Velásquez, que suscribo: "Entre los nuevos periodistas se destaca Alfredo Peña. Forma parte del escaso grupo de quienes no han querido renunciar a los atributos de la imaginación y del buen decir en aras de la grabadora, pues piensan que el periodismo sigue siendo tarea de interpretación, de análisis y de prosa clara e inteligible. Lo demás, es simple búsqueda de la noticia, tarea mecánica auxiliada por los progresos mecánicos. La capacidad de indagación y síntesis es lo que distingue al verdadero periodista" (*V.* en pág. 372 de este Libro).

Y, sin duda, Alfredo Peña es un verdadero periodista. De su labor debe sentirse orgulloso El Nacional, casa en la cual trabaja, y que le ha permitido desarrollar la labor que se recoge en este libro, la cual lo hizo, en buena parte, acreedor del Premio "Antonio Arraiz" 1977, que ese diario otorga anualmente a los periodistas más destacados en su actividad diaria.

El problema de la reforma del Estado, sin duda, fue el motivo por el cual conocí a Alfredo Peña. Cuando se planteó, en la opinión pública, la discusión en tomo a la Reforma Administrativa, y fue a entrevistarme al Instituto de Derecho Público de la Universidad Central de Venezuela, debo confesar que me llamó poderosamente la atención el interés que tenía por el tema, y sus diversas implicaciones. Me percaté de que no se trataba de un periodista más, que cumplía su labor diaria, de entrevistar a determinados personajes, mecánicamente, sino de alguien que tenía verdadero interés personal por la misión que cumplía. Su interés por los problemas del funcionamiento del Estado lo llevaron a programar y realizar, con el decidido apoyo del Director de *El Nacional*, Oscar Palacios Herrera, y de quien fuera el jefe de Redacción de ese diario, José Moradell, diez series de encuestas, entrevistando a ochenta y cuatro personajes de la vida nacional, en las cuales ha tocado, materialmente, todos los aspectos de la Reforma del Estado en Venezuela. Seguí de cerca la programación y realización de las diez series de encuestas a la opinión nacional, y como lo hago diariamente con los más variados temas tratados en la prensa, coleccioné las diversas entrevistas: Ellas tocan un tema que ha sido motivo de estudio y meditación de mi parte, durante los últimos diez años, y cuyos resultados parciales quise dejar en mi libro "*Cambio Político y Reforma del Estado en Venezuela*" (Ed. Tecnos, Madrid, 1975, 696 páginas), al cual he considerado como mi contribución al estudio del Estado Democrático y Social de Derecho en Venezuela. Pero dicho libro lo concluí en marzo de 1974. A partir de ese momento, el problema de la Reforma del Estado adquiría nuevas y más interesantes connotaciones y perspectivas. La serie de entrevistas de Alfredo Peña, para mí, ha sido, no sólo una fuente invalorable de conocimiento, sino quizás, un medio más efectivo de generar opinión en torno al problema. A veces, los libros no llegan hasta donde llega un diario.

Pero esas entrevistas y series, como sucede en general con lo publicado en la prensa diaria, sólo tuvieron una repercusión inmediata, y consultarlas posteriormente, en forma integral, hubiera sido una tarea titánica. De allí la idea de editar este libro, pues, sin duda, también los libros llegan hasta donde no llegan los diarios.

IV

La Reforma del Estado, sin duda, y a pesar de la afirmación del Presidente C. A. Pérez en su discurso del 1° de enero de 1978, todavía está por realizarse. Pura y simplemente, la observación que cualquier persona puede hacer de la realidad institucional del Estado venezolano en la actualidad, conduce a que no se pueda tolerar que se diga, en 1978, que en los últimos cuatro años se ha efectuado "la reforma institucional del Estado venezolano". Las opiniones vertidas por los ciento veintitrés entrevistados, contenidas en este libro, son el más categórico mentís a esa falacia.

Al contrario, estimamos que el Estado venezolano contemporáneo aún está por pensarse e imaginarse, y esta tarea, sin lugar a dudas, no es una tarea que pueda corresponder a una persona, a un grupo, o a un solo partido político. Una reforma del Estado, por no ser otra cosa que una decisión política trascendental, y que afecta los mismos cimientos de la estructura constitucional, requiere de consenso político y de la participación de todos los sectores representativos del país. Una reforma del Estado no es más que un pacto político de la sociedad, que requiere, para su realización, de la participación de toda esa sociedad, a través de sus organizaciones representativas.

Pero, ¿qué aspectos debe abarcar la reforma del Estado venezolano? A indagar la respuesta a esta pregunta es que está dirigido el esfuerzo de Alfredo Peña en las 124 entrevistas contenidas en este libro. Estas entrevistas fueron realizadas en diez series, entre 1975 y 1977, y para esta publicación, dichas series han sido sistematizadas adecuadamente en siete partes, que abarcan los aspectos más importantes relativos a la reforma del Estado. Dentro de cada serie y parte de este libro, las entrevistas se publican en el mismo orden en que aparecieron publicadas en El Nacional.

La primera parte corresponde a la serie de entrevistas realizadas sobre un tema general: "Consideraciones generales sobre el país", respecto del cual dieron sus opiniones Eloy Anzola Montauban, Ramón J. Velásquez, Allan R. Brewer-Carías, Rafael Jelambi Terán, Marcel Roche, Gustavo Planchart Manrique, Miguel Layrisse, Oscar Machado Zuloaga, Pedro Obregón, Abdón Vivas Terán y Enrique Tejera París. Estas entrevistas fueron publicadas en el período comprendido entre el 29 de julio y el 17 de agosto de 1976 y abarcaron los más variados tópicos sobre la situación y los problemas de Venezuela, su estado de desarrollo económico y social, su régimen democrático y sus instituciones.

En la segunda parte se publican dos series de entrevistas relativas a la reforma de las instituciones políticas del país, y que versaron sobre la reforma institucional, en general, y la reforma electoral. En la serie relativa a "La reforma institucional", dieron sus opiniones Augusto Mijares, Jóvito Villalba, Ramón J. Velásquez, Tulio Chiossone, Allan R. Brewer-Carías, Rafael Pizani, Eloy Lares Martínez, Gonzalo Barrios, Andrés Aguilar, Manuel Rafael Rivero, Luis B. Prieto Figueroa, Pedro Tinoco, h., J. M. Delgado Ocando, J. G. Sarmiento Núñez y José Ramón Medina. Estas entrevistas fueron publicadas durante el período comprendido entre el 21 de enero y el 16 de febrero de 1976 y en ellas se trataron aspectos generales y diversos relativos a la reforma de las instituciones políticas y administrativas del Estado venezolano.

En la serie referente a "La reforma electoral", publicada también en la segunda parte del libro, dieron sus opiniones Gonzalo Barrios, Carlos Delgado Chapellín, Isaac Pardo, José Guillermo Andueza, Luis A. Pietri, Germán Lairet, Siuberto Martínez, Ramón Tenorio Sifontes, Moisés Moleiro, Guillermo García Ponce, Eduardo Gallegos Mancera, Leonardo Montiel Ortega y Rafael Caldera. Estas entrevistas fueron publicadas durante el período comprendido entre el 28 de agosto y el 2 de septiembre de 1976, y en ellas se plantearon los aspectos más relevantes del sistema electoral venezolano, sus fallas, sus bondades y las exigencias de su reforma. En particular, se consideró el sistema de representación proporcional, la separación de las elecciones para cuerpos deliberantes y para Presidente de la República, y la propuesta de la doble vuelta para la elección presidencial.

La tercera parte del libro comprende tres series de entrevistas relativas a la reforma de la Administración Pública y que versaron sobre "La reforma administrativa", un "Diagnóstico de la Burocracia" y "La Corrupción Administrativa". En la primera serie, relativa a "La Reforma Administrativa", fueron entrevistados Enrique Azpurua Ayala, Hans Neumann, Allan R. Brewer-Carías, Enrique Tejera París, Eloy Lares Martínez, Pedro Tinoco, h., Ricardo Sillery, Pedro Pablo Azpurua, Manuel Vicente Ledezma, Héctor Atilio Pujol, Freddy Arreaza, Nelson Socorro, Amoldo José Gabaldón, Moisés Lichtmajer, Ricardo lrving Jahn, Fernando Paredes Bello, Luis Enrique Oberto, Marcos Vinicio Sánchez y Carlos Celis Noguera. Estas entrevistas fueron publicadas durante el período comprendido entre el 12 de agosto y el 4 de octubre de 1975, y en ellas se plantearon los lineamientos generales que debían orientar la reforma de la Administración Pública, particularmente la reforma de la Administración descentralizada (institutos autónomos y empresas del Estado), y se juzgaron los trabajos realizados por la Comisión de Administración Pública entre 1958 y 1974 y por la Comisión de Reforma Integral de la Administración Pública, creada en 1974.

En la segunda serie de entrevistas publicadas en la Tercera Parte, Alfredo Peña buscó realizar un "Diagnóstico de la Burocracia", mediante la obtención de las opiniones de Pedro Tinoco h., Allan R. Brewer-Carías, Rafael Alfonzo Ravard, Luis Enrique Oberto, Juan José González, Antonio Díaz Martínez, Eloy Lares Martínez, Constantino Quero Morales, Raúl Sosa Rodríguez y Carlos Guillermo Rangel. Estas entrevistas fueron publicadas en el lapso comprendido entre el 5 y el 23 de octubre de 1976, y en ellas se analizó a la Administración Pública y a la burocracia, particularmente en relación a la influencia y penetración que en ella han efectuado los partidos políticos. Un tema particularmente tratado en dichas entrevistas, fue el de la politización y partidización de la Burocracia y sus consecuencias.

La tercera serie publicada en la Tercera Parte del libro, corresponde a las entrevistas hechas sobre "La corrupción administrativa", a Rafael Caldera, Allan R. Brewer-Carías, Ramón J. Velásquez, Luis A. Pietri, Manuel Vicente Ledezma, Carlos Vogeles Rincones, José Ramón Medina, José Vargas, Alberto Monserratte Pérez, Gilberto Morillo y Arturo Uslar Pietri. Estas entrevistas, publicadas durante el lapso comprendido entre el 20 de septiembre y el 2 de octubre de 1977, versaron sobre el tema de la corrupción administrativa, sus causas, sus relaciones con el sistema político y con nuestro estadio de desarrollo, y particularmente, sobre los efectos de la corrupción respecto del régimen democrático.

La Cuarta Parte del libro recoge la serie de entrevistas referentes a "La Reforma Parlamentaria" realizadas a Antonio Moles Caubet, Luis B. Prieto Figueroa, Gustavo Planchart Manrique, Luis Augusto Dubuc, losé Guillermo Andueza, Oswaldo Álvarez Paz, Gonzalo Barrios, Arturo Uslar Pietri, Maruja Delfino de Palacios y Rafael Caldera. Estas entrevistas fueron publicadas entre el 13 y el 29 de marzo de 1977, y versaron sobre la crisis que atraviesa la institución parlamentaria, sus críticas, la forma como se eligen sus componentes, las funciones que cumple y sus relaciones con el Poder Ejecutivo, y en general, la necesidad de su radical transformación.

La Quinta Parte contiene la serie de entrevistas relativas al tema de "La Reforma del Poder Judicial". En la misma dieron sus opiniones José Ramón Medina, José Alberto Zambrano Velazco, Pedro Elías Rodríguez, Tulio Chiossone, Eduardo Ramírez López, Juan Martín Echeverría, Allan R. Brewer-Carías, Andrés Aguilar y Ramón J. Velásquez. Estas entrevistas fueron publicadas durante el lapso comprendido entre el 28 de abril y el 11 de mayo de 1977, y en las mismas se analizó detenidamente el funcionamiento del Poder Judicial en el país, la politización de que ha sido objeto durante los últimos años, y las exigencias de su reforma.

En la Sexta Parte, referente a "La Reforma del Régimen Municipal" se publican las entrevistas realizadas sobre ese tema a Carlos Canache Mata, Gustavo Planchart Manrique, José Guillermo Andueza, Humberto J. La Roche, Luis Torrealba Narváez, Orlando Elbittar, Eduardo Fernández y Allan R. Brewer-Carías. Esta serie de entrevistas fue publicada en el lapso comprendido entre el 4 y el 18 de noviembre de 1976 y en ella se analizaron, detenidamente, las deficiencias del actual sistema de gobierno y administración municipal, la reforma del sistema electoral en las elecciones municipales y la posibilidad de elección uninominal de los Concejales, y las exigencias de la reforma del régimen local. En particular, se enjuició el proyecto de Ley Orgánica de Régimen Municipal, actualmente en discusión en la Cámara del Senado.

La Séptima y última parte de este libro, a manera de conclusión, recoge una serie de entrevistas en las cuales se formulan "Reflexiones sobre la Democracia" y que, en cierta forma, constituyen un enjuiciamiento y un balance de los últimos veinte años del régimen democrático. En esta serie, publicada entre los días 8 y 27 de enero de 1977, dieron sus opiniones Rafael Caldera, Juan Pablo Pérez Alfonzo, Isaac Pardo, Ramón J. Velásquez, Gonzalo Barrios, Augusto Mijares, Arturo Uslar Pietri, Ovidio Pérez Morales, Ignacio Burk, Arturo Hernández Grisanti, Abdón Vivas Terán, Luis Beltrán Prieto Figueroa, Pompeyo Márquez, Simón Antoni Paván, Américo Martín, Radamés Larrazábal y Antonio García Ponce. En estas entrevistas se evidencia la actitud general de los líderes políticos e intelectuales del país: la necesidad, a toda costa, a pesar de sus deficiencias, de preservar la democracia política, y para ello, la necesidad, también, de reformarla y reforzarla y además, de ampliarla para que también sea, efectivamente, una democracia económica y social.

V

Pero además de este común denominador de preservar el régimen democrático, no hay duda de que, de todo el pensamiento expuesto por los entrevistados en este libro, residía otro: la necesidad de reformar el Estado venezolano y con ello, sus instituciones políticas, jurídicas y administrativas. El ámbito de la reforma que se plantea y exige, por tanto, abarca a los Poderes clásicos del Estado (Poder Legislativo, Poder Judicial y Poder Ejecutivo), a las instituciones locales, en particular al Poder Municipal, y al sistema político que le sirve de soporte al Estado venezolano: el sistema electoral y el sistema de partidos políticos, y con todo ello, la reforma también, del régimen democrático, para "democratizar" aún más la democracia.

Muchas de estas reformas pueden realizarse, parcialmente, mediante leyes emanadas del Congreso (la reforma electoral, la reforma administrativa, la reforma del Poder Judicial, la reforma del régimen municipal); otras, sin duda, requieren de una modificación de la Constitución (la reforma del Congreso, y ciertos aspectos de la reforma del régimen municipal y de la reforma electoral). ¿Qué se ha hecho, institucionalmente, en este sentido, que pueda permitir, en 1978, afirmar que se ha realizado en los últimos cuatro años la reforma institucional del Estado?

En cuanto al sistema electoral venezolano, sus bases actuales son las mismas de la Venezuela de la segunda mitad de la década de los cuarenta. Las reformas que a la legislación electoral se han realizado en los últimos veinte años sólo han abarcado aspectos importantes del procedimiento electoral relativos, por ejemplo, al sistema de votación, a la organización electoral, y al registro electoral permanente. Sin embargo, los aspectos esenciales del sistema electoral de 1946, permanecen invariables: representación proporcional "absoluta" de las minorías, elección por grandes circunscripciones electorales en las elecciones para cuerpos deliberantes, y elección por mayoría relativa del Presidente de la República. Ello ha provocado que, en la dinámica de su aplicación, el sistema electoral haya dado origen a una democracia política formal, poco representativa, pues el abismo que existe entre el ciudadano y el Estado se ha agrandado. La participación política, brilla por su ausencia, y se reduce a la votación quinquenal. De todo ello resulta que los cuerpos deliberantes no representan a las comunidades, y sólo a los partidos políticos, cuya preeminencia en el mecanismo electoral tiene características monopólicas. La democracia, en fin, se encuentra mediatizada: el pueblo no participa ni siquiera en la selección de los elegidos, sino que éstos los designan los partidos.

Los cuerpos representativos, como consecuencia, se han convertido en representantes de los partidos políticos, y éstos han asumido el monopolio de la vida política. Ningún otro grupo representativo de la colectividad tiene acceso a la mesa del juego político, salvo que actúe como grupo de presión, y entre ellos, debe destacarse a los sindicatos y a las asociaciones de empresarios.

En todo caso, está por reformarse el sistema electoral, y con él, el sistema de partidos y el propio régimen democrático, para democratizarlos y construir una democracia política más participativa. Proposiciones relativas a la elección uninominal de ciertos representantes, a la reducción del ámbito de las circunscripciones electorales, a la separación de las elecciones presidenciales de las elecciones para cuerpos deliberantes, y a la doble vuelta para la elección presidencial, han sido formuladas en las entrevistas que se publican en este libro, y están por obtener aplicación concreta. Lo reclama el país, sus políticos e intelectuales, y esos reclamos deben ser atendidos por los partidos políticos, responsables, en definitiva, ante el país, de la conducción y orientación de su vida política.

En cuanto a la reforma del Poder judicial, que debe tender a asegurar la autonomía e independencia de los jueces, aún está por realizarse. El sistema de funcionamiento del Poder judicial en Venezuela, realmente, aún permanece con los esquemas de 1950 cuando se creó el Ministerio de Justicia. La gran reforma que se ha realizado en los últimos treinta años ha sido la de 1970 efectuada a pesar de la oposición del Presidente de la República, Rafael Caldera, la cual, en lugar de asegurar una mayor independencia y autonomía del Poder Judicial con la creación del Consejo de la Judicatura, lo que ha provocado ha sido una manifiesta politización y partidización de los órganos judiciales. La pieza esencial para asegurar aquella autonomía e independencia, la carrera judicial y el sistema de formación de la judicatura a través de escuelas especializadas, aún está por establecerse.

Por otra parte, el funcionamiento de los órganos judiciales, al estar regulados los procedimientos por normas de las primeras décadas de este siglo, sigue siendo lento, complicado y de difícil acceso a la gran mayoría de la población. Muy pocos pueden utilizar los órganos de la administración de justicia: la lentitud hace imposible el que se pueda soportar, económicamente, un juicio ordinario. Se impone, por tanto, la necesidad de la democratización de la justicia para que todos puedan tener acceso a ella.

El Poder Judicial, por tal motivo, espera aún su gran reforma, para democratizarlo y hacerlo más autónomo e independiente. Las entrevistas publicadas coinciden en estas exigencias; aquí también, los partidos políticos tienen la palabra.

La reforma administrativa es otra de las exigencias planteadas en la Venezuela contemporánea. Tal como resulta de las entrevistas publicadas en este libro y de todas las opiniones vertidas, ella abarca tres aspectos: el de la organización, el del personal al servicio del Estado, y el del funcionamiento de la Administración Pública.

En todos estos aspectos algunas reformas parciales se han hecho en los últimos años. Sin embargo, lo esencial queda aún por hacerse.

En efecto, en 1977, entró en vigencia la Ley Orgánica de la Administración Central elaborada siguiendo los lineamientos generales contenidos en el Plan de Reforma Administrativa de 1972, que reformuló la estructura ministerial que databa de la década de los cuarenta, y que ordenó las oficinas centrales de la Presidencia. La nueva división ministerial, sin duda, en general, responde a criterios sectoriales más acordes con las exigencias económicas y sociales actuales. Sin embargo, aún queda por reformar la parte más importante de la organización administrativa, la descentralizada, y dentro de ella, a las empresas públicas. Las entrevistas recogidas, en este aspecto, evidencian una polémica de gran interés sobre las concepciones centrales de la integración o desintegración del sector público, que deberán orientar, sin duda, la proyectada reforma de la administración descentralizada que está en discusión en la Cámara de Diputados.

En cuanto a la reforma de la burocracia estatal, puede decirse que la más importante reforma, en este campo, se realizó en 1970 con la sanción de la Ley de Carrera Administrativa, perfeccionada en 1975 en cuanto a las prestaciones sociales de los funcionarios públicos. El aspecto central de dicha reforma, sin embargo, la "carrera administrativa", fue quebrantado en 1974 mediante el famoso Decreto N° 211 dictado por el Presidente de la República, con el cual, materialmente, se lesionó la carrera del servidor público, la cual queda a la merced de los jerarcas de turno.

En cuanto al funcionamiento de la Administración Pública, algunas reformas se han realizado, como la contenida en la Ley Orgánica de Régimen Presupuestario de

1975. Otras quedan por realizarse, como la que plantea la regulación del sistema de planificación del desarrollo económico y social, y el establecimiento de un sistema de administración regional, cuyas bases se sentaron entre 1969 y 1974, pero que fueron abandonadas a partir de esa última fecha. Pero en el funcionamiento de la Administración Pública, tal como resulta claro de las entrevistas que se publican, está por realizarse la gran reforma que permita combatir, controlar y corregir la corrupción administrativa que está corroyendo los cimientos del Estado. Lamentablemente, no sólo no se han formulado las leyes que regulen y sancionen las actividades ilícitas de los funcionarios públicos y de quienes, sin serlo, coadyuvan a su realización, sino que falta por prever sanciones a la irresponsabilidad administrativa. Tan delincuente contra la cosa pública es quien se apropia ilegítimamente de los dineros del Estado, como quien los despilfarra o dilapida irresponsablemente. Por tanto, ambos tendrían que ser sujetos de severas sanciones. Pero, por supuesto, no bastan leyes de defensa del patrimonio del Estado; es necesario que existan organismos independientes y autónomos para su aplicación efectiva, que es necesario reforzar: los órganos judiciales, la Fiscalía General de la República, la Contraloría General de la República, la Comisión investigadora contra el enriquecimiento ilícito, y las Comisiones Parlamentarias de investigación. Entre ellos, la Fiscalía y la Contraloría han sido dotadas en los últimos años de instrumentos legales de gran importancia, pero el mundo político aún no se acostumbra a la acción contralora, y ante cualquier investigación, reacciona, nacional e instintivamente, para protegerse: el acoso y ataque perpetrados contra el Contralor General de la República, José Muci Abraham, en los años 1975-1976, muestran esta falla que los partidos políticos tendrán que corregir. Muci Abraham es el gran ausente en las entrevistas que se publican en este libro —aun cuando no por culpa del entrevistador—, pero su nombre y su actitud, frente a una administración díscola, irresponsable v, a veces, inmoral, son de los más citados por los entrevistados.

La reforma del régimen municipal es otro de los aspectos de la reforma del Estado por la cual está clamando a gritos el país.

Nuestro régimen municipal actual, no debe olvidarse, data, en su base, de la mitad del siglo pasado, con ligeras modificaciones introducidas en la Constitución de 1925. Hay un desfase, entonces, entre lo que la Constitución de 1961 plantea respecto al Municipio como unidad política primaria y autónoma, y el funcionamiento de las Municipalidades actuales.

La vida local, la vida municipal, en efecto, tienen que configurarse en lo que la Constitución sugiere: el núcleo inicial de la democracia y de la participación política. Para ello, es necesario reformular y replantearse, no sólo la actual organización municipal, sino las propias normas constitucionales, redactadas sin tomar en cuenta la realidad local del país, inexistente, políticamente hablando, en 1960. Lamentablemente, el proyecto de Ley Orgánica de Régimen Municipal, que actualmente discute la Cámara del Senado, no responde a las exigencias administrativas ni políticas de una reforma municipal: tiene una orientación excesivamente policial, por una parte; y por la otra, en realidad, consolida los vicios y defectos de la administración y gobierno municipal actual, basado en un órgano colegiado electo, como lo es el Concejo Municipal. Se impone la separación de las funciones deliberantes y legislativas locales, de las de administración municipal, pues la colegialidad, para administrar, está más que abandonada en el mundo contemporáneo. Parece que aún en Venezuela, no queremos pensar, en 1978, en lo que planteaba Sieyés en plena Revolución Francesa: "deliberar es el hecho de muchos; administrar es el hecho de uno solo". Es imposible seguir administrando, colegiadamente, grandes aglomeraciones urbanas; el ejemplo de la Capital está a la vista: o se reforma el régimen local, o éste, con su autonomía, colapsa. Una muestra de esto último es el intento de Enmienda Constitucional planteada en el Congreso Nacional en noviembre de 1977, cuyo artículo pertinente señalaba lo siguiente: "El Congreso de la República, reunidas las Cámaras en sesión conjunta, podrá, en casos graves que determine la Ley, acordar las medidas que ella establezca para garantizar el normal funcionamiento de los Concejos Municipales".

Con este texto, no sólo se eliminaba la autonomía municipal —¿se cree o no en ella?— sino que se pretendía darle rango constitucional a una institución que no la tiene y que es la del "Concejo Municipal". ¿Qué perseguía este proyecto de Enmienda? Lamentablemente, no solucionar los problemas del régimen local, los cuales sí están requiriendo urgentemente de una Enmienda y de una Ley Orgánica, sino como tantas pretendidas reformas, corregir un problema aislado, sin solucionar lo esencial. Y es que el gobierno y administración local requieren de una urgente reforma, con la cual se clarifique el ámbito territorial de acción de los entes locales; que diferencie los regímenes municipales de los centros urbanos del de los núcleos rurales; que permita la elección uninominal de los representantes municipales; que establezca la figura del alcalde, electo por votación popular; y que delimite las competencias propias de la vida local las cuales, constitucionalmente, son competencias en las que concurre el Poder Nacional. Estos, y muchos otros aspectos se destacan en las entrevistas que sobre el tema se publican en este libro, en las cuales se enjuicia el Proyecto de Ley Orgánica del Régimen Municipal, y los cuales, en algunos casos, sí plantean la necesidad de acudir a una Enmienda Constitucional, pero no del tipo policial que caracterizó al Proyecto de Enmienda presentado al Congreso en noviembre de 1977, antes comentado.

Por último, otro aspecto sustancial de la Reforma del Estado planteado en las entrevistas contenidas en este libro, es el de la reforma del Congreso.

La configuración bicameral del Parlamento venezolano, el procedimiento para la formación de las leyes y las funciones que ejercen las Cámaras, no parecen adaptadas a la época presente. Fueron configuradas para otra Venezuela y, definitivamente, no encuadran en la Venezuela contemporánea. A este desfase histórico debe agregarse el agravante que resulta de la forma de elección de los miembros del Congreso, los cuales terminan por ser representantes del partido y no del pueblo o de las comunidades nacionales y que, en consecuencia, actúan, la mayoría de las veces, de espaldas al país y a los intereses colectivos y sólo siguiendo los dictados de las burocracias partidistas de turno, que no siempre coinciden con los intereses nacionales.

La institución parlamentaria, sin duda, tiene que hacerse una autoevaluación y una autocrítica: lo que debería hacer, no lo hace; y hace, lo que no debería hacer. El Congreso debería ejercer un control sobre la Administración Pública; ello, sin embargo, no lo hace: las Memorias y Cuentas de los Ministros no son estudiadas; las pocas Comisiones de investigación que en las Cámaras existen no son apoyadas; y el sometimiento al Poder Ejecutivo, desprestigia progresivamente al Congreso.

Por otra parte, las Cámaras Legislativas deberían ser el centro de producción legislativa del país; sin embargo, ello no sucede así: las pocas leyes aprobadas en los últimos años, en su mayoría, son leyes aprobatorias de acuerdos y tratados internacionales; y las escasísimas leyes que se aprueban referidas al orden interno, sólo se discuten, si el Poder Ejecutivo o el órgano interesado de la Administración redacta los correspondientes borradores de informes de las Comisiones respectivas. Por otra parte, tanto en los veinte años de democracia que ha vivido el país, así como en todo el período posterior a 1939, la legislación de mayor importancia en el campo económico o financiero ha sido dictada por el Presidente de la República, mediante Decretos-Leyes dictados en ejecución de las dos Leyes Orgánicas que lo han autorizado para dictar medidas extraordinarias en materia económica o financiera (1961-1962 y 1974-1975), o dictados en virtud de la suspensión de la garantía de la libertad económica, vigente desde 1939, y posteriormente, desde el mismo día en que se puso en vigencia la Constitución de 1961. Entonces, si el Congreso no legisla o legisla mal, y la legislación básica la dicta el Presidente de la República, ¿para qué sirve? ¿Para controlar a la Administración Pública? Y si esto tampoco lo hace, o lo hace mal, en fin, ¿para qué sirve? La respuesta a estas preguntas está en las reformas de que debe ser objeto, y que se han planteado en las diversas entrevistas publicadas en este libro, algunas de las cuales, inclusive, ameritan una Enmienda Constitucional.

Sin embargo, aquí también debe señalarse que el Proyecto de Enmienda presentado al Congreso en noviembre de 1977, también consagraba un artículo en relación al funcionamiento del Congreso, que pretendía eliminar la exigencia del quórum para que las Cámaras se reunieran. El artículo pertinente de dicho Proyecto, en efecto, señalaba, frente a lo previsto en el artículo 156 de la Constitución sobre el requisito del quórum parlamentario, lo siguiente: "Las Cámaras y las Comisiones podrán sesionar y funcionar con el número de sus miembros que determine el reglamento salvo para el acto de votaciones, durante el cual han de estar presentes un número, en ningún caso inferior a la mayoría absoluta de sus miembros". Es insólito que sólo se haya pensado en enmendar la Constitución para reformar el funcionamiento del Congreso en este único aspecto de la eliminación de la exigencia del quórum. ¿Qué ha hecho, entonces, la Comisión Especial de reforma institucional designada hace algunos años? Por otra parte, si bien es cierto que el requisito constitucional del quórum, debido a la inasistencia sistemática de los diputados y senadores, paraliza el trabajo de discusión de las Cámaras, la eliminación de dicho requisito, lejos de solucionar el problema de la inasistencia de los representantes a su trabajo, la legalizará. Si el objetivo es evitar el recurso de la oposición de romper el quórum parlamentario, y paralizar la aprobación de determinados actos legislativos, ello no se va a lograr con una Enmienda como la propuesta, pues la misma, por supuesto, continúa exigiendo un quórum de la mayoría absoluta para las votaciones.

En definitiva, la reforma del Congreso continúa siendo un clamor del país, y poco o nada se ha hecho para diseñarla e implementarla. Proposiciones concretas se pueden leer en la serie de entrevistas que se publican sobre el tema, entre las cuales están las realizadas al Presidente de la Cámara del Senado y al Presidente de la Cámara de Diputados.

VI

Sin la menor duda, puede afirmarse que este libro recoge las líneas fundamentales del pensamiento político venezolano sobre un tema central y universal de la ciencia política: la democracia, el Estado y su reforma. Ciento veinticuatro entrevistas hechas con la agilidad y oportunidad que caracterizan la labor periodística de Alfredo Peña, a ochenta y cuatro personajes e intelectuales de la vida política nacional, constituyen un material de trabajo y pensamiento político invalorable, que la Editorial Jurídica Venezolana, que me honro en dirigir, no podía dejar perder en las hemerotecas nacionales. De allí que hayamos decidido editar este libro.

Con esta publicación, por otra parte, no sólo iniciamos la Colección Estudios Políticos de la Editorial, sino que iniciamos la edición de un nuevo género de publicación en el país, que ya ha adquirido carta de naturaleza en otras latitudes. Me refiero al género de entrevistas, en este caso temáticas. Es una forma ágil y clara, no sólo de conocer el pensamiento de los entrevistados, sino de plantear los problemas fundamentales que reclama la opinión pública.

En las entrevistas que se publican en este libro, y que giran en torno al tema central de la Democracia y la Reforma del Estado, por supuesto, se han tocado y expuesto infinidad de interesantes ternas que tocan toda la problemática institucional del país. Para el adecuado y más útil manejo de la obra, por tanto, consideré que no era suficiente el índice general de las siete partes temáticas del libro y de las ciento veinticuatro entrevistas y reportajes. De allí que procediéramos a elaborar, con la invalorable ayuda de la abogado Mary Ramos Fernández, el Índice Alfabético de materias y nombres que se publica al final de la obra. El trabajo que significó elaborarlo está recompensado por el valor editorial que le reporta al libro.

Tal como lo señalé al inicio de este prólogo, la aparición de este libro coincide con la celebración de los veinte años de la democracia venezolana; pero, además, coincide con la celebración de los cincuenta años del movimiento estudiantil de 1928 que formaría a los líderes políticos a cuyo cargo estaría la consolidación del régimen democrático, y con los treinta años de la toma de posesión de quien fuera, en toda nuestra historia política, el primer Presidente electo por sufragio universal, directo y secreto: Rómulo Gallegos. La coincidencia de estas celebraciones me hace pensar, sin la menor duda, que si a la generación de 1928, seguida por la del 36 y la del 45, les correspondió instaurar el régimen democrático venezolano, a la generación de 1958, a la que me honro en pertenecer, nos corresponderá acometer la transformación y perfeccionamiento de ese régimen democrático y del Estado venezolano. Ese es el reto político de nuestra generación, para que no quede, pura y simplemente, como la que despertó políticamente al ser derrocado Pérez Jiménez y nada más.

Caurimare, 23 de enero de 1978.

SECCIÓN TERCERA: RAMÓN J. VELÁZQUEZ, EL GOBERNANTE DESCENTRALIZADOR

Esta Sección tercera es el texto del artículo del mismo título publicado en el libro: *Ramón J. Velásquez. Estudios sobre una trayectoria al servicio de Venezuela,* Universidad Metropolitana. Universidad de Los Andes-Táchira, Caracas 2003, pp. 163-186.

Si una política pública caracterizó el gobierno del Presidente Ramón J. Velásquez, (1993-1994), fue la descentralización política del Estado. Al asumir la presidencia de la República le dio al tema la primera prioridad, como política nacional de reforma del Estado. Su conocimiento histórico de la realidad política venezolana y su experiencia como Presidente de la Comisión para la Reforma del Estado (COPRE), sin duda, lo llevaron a considerar el proceso de descentralización política como la pieza esencial que requería la transformación del Estado para el perfeccionamiento de la democracia. Por ello, nunca antes ni después, hasta ahora, un gobierno le ha dado tanto impulso a dicho proceso, de manera que las decisiones que se adoptaron en su corto período de gobernante, a pesar de todos los esfuerzos por revestirlo básicamente por la incomprensión de otros gobernantes, han sido irreversibles.

Como el Presidente Velásquez repetidamente decía y ha dicho, la reforma política más importante que se había adoptado en Venezuela en más de un siglo, había sido la que condujo a la elección de Gobernadores de Estado y a la creación del cargo de Alcalde Municipal y su elección, en 1989. Esa reforma, sin duda impulsada por los trabajos de la COPRE, respondió a la necesidad imperiosa, después del levantamiento popular denominado el Caracazo, (febrero, 1989) y de los trabajos del Consejo Consultivo que como consecuencia del mismo designó el Presidente Carlos Andrés Pérez ese mismo año 1989, de profundizar y perfeccionar la democracia en Venezuela, llevándola a las regiones y comunidades.

A partir de 1989, por tanto, por primera vez en más de un siglo, se comenzaron a elegir por votación popular los Gobernadores de Estado y los Alcaldes en los Municipios, para el período 1989-1992, iniciándose una transformación política en la provincia, en democracia, sin precedentes en la historia del país. Paralelamente, también a propuesta de la COPRE, se dictó la Ley Orgánica de Descentralización, Transferencia de Competencias del Poder Público, (*Gaceta Oficial* N° 4513 Extra de 28-12-89) que era el instrumento indispensable para impulsar el proceso.

Esta Ley Orgánica, luego de enumerar conforme a la Constitución de 1961, las competencias que calificaba como "exclusivas de los Estados", estableció una lista de materias que se denominaron "competencias concurrentes". Ello se configuró como el primer reconocimiento formal por parte de los órganos del Poder Nacional, del proceso de centralización que se había producido en el país, en el sentido de que a pesar del carácter concurrente de las competencias, el Poder Nacional las había asumido casi completamente. Por ello, en virtud de la nueva Ley, se estableció como política estatal, el que dichas materias debían ser "transferidas progresivamente a los Estados".

La Ley Orgánica estableció un procedimiento para la transferencia de los servicios que al momento de promulgarse la Ley estaban siendo prestados por el Poder Nacional ("actualmente prestados" decía el artículo 6) y que correspondían a las materias concurrentes; procedimiento basado en la suscripción de "convenios" entre los órganos nacionales y estadales, por iniciativa de ambos niveles de gobierno.

La Ley Orgánica, además, por primera y única vez durante la vigencia de la Constitución de 1961, dio aplicación a su artículo 137, disponiendo que se transferían a los Estados "la competencia exclusiva" en una serie de materias que eran de la competencia nacional para que fueran asumidas por aquellos. Dicha transferencia, sin embargo, no se operó con la sola promulgación de la Ley Orgánica, la cual estableció que hasta tanto los Estados asumieran estas competencias por ley especial dictadas por las respectivas Asambleas Legislativas, se mantendría vigente el régimen legal existente.

Por tanto, en estas materias, el proceso de transferencia dependía de las Asambleas Legislativas de los Estados, lo que significaba que la transferencia ni se producía a la vez en todos los Estados ni necesariamente se realizaba en forma uniforme. En todo caso, con la promulgación de la Ley puede decirse que se operó una modificación de la Constitución en virtud de la expresa disposición del artículo 137, no pudiendo revertirse el proceso ni centralizarse de nuevo las competencias, salvo mediante una Enmienda Constitucional.

En todo caso, los tres primeros años de la vigencia de la Ley Orgánica no permitieron avanzar mucho en su ejecución, entre otros factores, por las reformas económicas que se habían iniciado y por la crisis política que desembocó en los dos intentos de golpes de Estado de corte militar de febrero y noviembre de 1992. En particular, debe recordarse que para esa fecha no se había transferido a los Estados ni uno solo de los servicios nacionales que se previeron en la antes referida Ley Orgánica de Descentralización. Tan solo un Reglamento Parcial, el N° 1, había sido decretado en 1992, para desagregar su contenido, pero lo cierto es que no funcionaban ninguno de los mecanismos institucionales previstos en la misma. Sin duda, había la necesidad de crear una instancia al más alto nivel que trabajara en el empeño de acelerar, ordenar y profundizar el proceso descentralizador.

En efecto, al inició del gobierno de transición del Presidente Velásquez, el proceso de descentralización carecía de conducción nacional. Los Gobernadores y Alcaldes electos unos meses antes (1992), en todo caso, tenían una indudable legitimación democrática que los colocaba en una posición destacada en el proceso político, incluso con pretensiones protagónicas en la crisis de mayo-junio de 1993.

> El Dr. Velásquez, una vez electo Presidente por el Congreso, por tanto, entre otros objetivos, tenía el de reafirmar la propia legitimidad del gobierno de transición, el cual, sin duda, no provenía de una elección popular, sobre todo frente a los Gobernadores y Alcaldes electos, que gobernaban en los Estados y Municipios y que, por tanto, tenían el protagonismo en materia de descentralización política.

El reto era convertir el proceso de descentralización en una política nacional, que liderizara al gobierno nacional, y que se pudiera superar la etapa en la cual se encontraba, de un proceso sujeto sólo a las demandas de las regiones y de sus conductores, los gobernadores, que incluso habían constituido una Asociación, que corría el riesgo de convertirse en una especie de sindicato reclamando reivindicaciones ante el gobierno nacional.

I. EL IMPULSO GUBERNAMENTAL DEL PROCESO DE DESCENTRALIZACIÓN

Por tanto, entre las primeras decisiones que adoptó el Dr. Velásquez, recién electo Presidente, fue la de designar un Ministro de Estado para la Descentralización (Decreto 3032 de 07-06-93, *Gaceta Oficial* N° 35.229 de 09-06-93). Tenía, por tanto, una idea precisa del instrumento de gobierno que necesitaba para hacer realidad su decisión, y nada mejor que designar un miembro de su gabinete ejecutivo para impulsarla. Era, además, la única forma para hacer de la descentralización una política nacional de su gobierno, involucrando al Consejo de Ministros.

Había la necesidad de agilizar el proceso de descentralización; ello era un reclamo del país. Los Gobernadores de Estado ya habían pasado por un primer período de gobierno de elección popular, estaban muchos a seis meses desde el inicio del segundo período; y aún no se habían logrado desarrollar plenamente las competencias exclusivas de los Estados, ni se había producido la suscripción de convenio alguno para la prestación de los servicios de competencia concurrente de acuerdo con las previsiones de la Ley Orgánica de Descentralización. Había, pues, la necesidad de poner la mayor diligencia en el proceso de descentralización mediante la creación de mecanismos y el desarrollo de iniciativas que removieran los obstáculos y facilitaran la ejecución de las actividades de transferencia de los servicios.

También era necesario profundizar el proceso descentralizador, que en muchos Ministerios y oficinas del Gobierno Central se quedaba en meros planteamientos de carácter "desconcentrador", es decir, en proyectos y en algunos casos, acciones de traspaso de funciones administrativas de unidades nacionales en Caracas a oficinas nacionales situadas a niveles regionales o estadales. En muchos casos, no se había entendido que de lo que se trataba era de un proceso político, que no podía agotarse en lo meramente administrativo, sino de una efectiva transferencia de poder desde las instancias nacionales a los niveles más cercanos al ciudadano. Era necesario hacer entender que la crisis política demandaba acciones concretas para hacer más eficiente la Administración Pública, que este reclamo era básicamente político y que aún cuando se manifestase en determinadas reformas administrativas, implicaban más que este tipo de acciones, efectivas transferencias de poder que pudieran colocar las instancias decisorias más cerca del ciudadano. También era impostergable trabajar en la producción de normas que aseguraran la transferencia de los aspectos sustantivos de cada materia, de manera que se generase una mayor participación de los Estados y Municipios en la definición política y estratégica de los asuntos que les correspondían.

Por otra parte, era igualmente urgente el establecimiento de un marco claro e inequívoco de actuaciones públicas de modo que cada rama actuase dentro de los límites que le establecía la Constitución de la República y las leyes para el cumplimiento de sus respectivas competencias y atribuciones. Ciertas conductas de algunos gobernadores en medio de la crisis política, advertían sobre el riesgo de anarquía en la actuación de los distintos poderes del Estado y, en consecuencia, señalaban la necesidad de establecer un marco de equilibrio entre los órganos que ejercían los Poderes Públicos nacionales y los que actuaban en los Estados y en los Municipios.

También era evidente la ausencia de coordinación de los esfuerzos que se realizaban en los innumerables organismos de la Administración Pública en la generación de ideas, proyectos y programas descentralizadores, lo que consumía recursos y demoraba innecesariamente el proceso.

La designación por el Presidente Velásquez de un Ministro de Estado para la Descentralización, por tanto, tuvo por objeto atender y resolver esa problemática. Sus funciones consistieron específicamente en la elaboración y formalización de los programas para la descentralización; la concertación y coordinación de la ejecución del proceso descentralizador; y la supervisión de la ejecución del mismo. Estas funciones esenciales definieron al Ministro de Estado como el órgano del Presidente Velásquez encargado de asesorar al gobierno en la elaboración de los programas de transferencia y de su formalización ante las instancias que correspondieran conforme a la Ley Orgánica de Descentralización.

El Ministro tuvo, igualmente, la atribución de lograr la concertación de los distintos actores del proceso descentralizador, entre ellos los gobernadores que se habían habituado a una situación de carencia de conducción nacional, lo que implicó un enorme esfuerzo para entender y comprender los intereses de las instituciones públicas y privadas involucradas en el proceso.

La coordinación de la ejecución del proceso descentralizador fue otra función atribuida al nuevo Ministro de Estado. En esta materia la actuación del Gobierno Nacional exigía un trabajo delicado y cuidadoso. Algunos gobernadores quisieron entender que la intención del Gobierno Nacional era la de coartar la creatividad y las iniciativas regionales y complicar el proceso que se quería impulsar. De ahí que la responsabilidad del Ministro se considerase, desde el inicio, como de alta política, lo que implicaba negociación y diálogo con los Ministros, los Gobernadores y los Alcaldes, principales actores en el proceso. No obstante, era necesario establecer normas y mecanismos generales más o menos homogéneos para materias semejantes que establecieran una clara orientación global del proceso y la asunción de propuestas y soluciones análogas. El éxito del proceso descentralizador dependía, en gran medida, del entendimiento entre los órganos e instituciones involucrados, sin que ello implicase el establecimiento de modelos homogéneos.

Por último, se atribuyó al Ministro de Estado para la Descentralización la asesoría al Gobierno Nacional en la supervisión de la ejecución del proceso descentralizador, lo que implicaba tareas de seguimiento y evaluación específicamente en orden al cumplimiento de los pasos establecidos en la Ley, para llevar a feliz término las transferencias de los servicios, de los cronogramas de actividades, del cumplimiento de los programas de transferencia y la firma y cumplimiento de los convenios entre el Gobierno Nacional y el de los Gobiernos de los Estados.

Además de estas funciones de asesoría, correspondió al Ministro de Estado para la Descentralización, la coordinación de las dependencias de la Administración Central y Descentralizada cuyas funciones se encontraban vinculadas al proceso descentralizador; norma que colocó al Ministro de Estado en posición jerárquica de Ministro coordinador de todas aquellas dependencias o unidades administrativas que tuvieran que ver con el proceso descentralizador.

II. EL ESTABLECIMIENTO DE UN RÉGIMEN DE LAS RELACIONES INTERADMINISTRATIVAS PARA LA DESCENTRALIZACIÓN: LA COMISIÓN NACIONAL PARA LA DESCENTRALIZACIÓN

La descentralización política, como proceso de transferencia de competencias y servicios prestados por los órganos de la Administración Pública Nacional Central o Descentralizada a los Estados, afectaba e interesaba, sin lugar a dudas, a todos los organismos de aquélla que ejecutasen o prestasen competencias o servicios transferibles, conforme a la Ley Orgánica de Descentralización.

Por ello, para la conducción del proceso como política nacional, resultaba indispensable tratar no sólo de involucrar en el mismo a todos los Ministerios, sino establecer los adecuados mecanismos de coordinación entre ellos, a efectos de buscar que el proceso tuviera un mínimo de coherencia y organicidad, aun cuando no de uniformidad, dada la variada situación y realidad de los Estados. Para ello resultaba necesario constituir en todos los Ministerios e Institutos Autónomos que les estuvieran adscritos y que ejercieran competencias transferibles de acuerdo a la Ley Orgánica, órganos de programación, ejecución y control del proceso de descentralización; y además facilitar el seguimiento de las decisiones que en materia de descentralización se produjeran en el seno de la Administración Central, requiriéndose la coordinación de dichos procesos en la organización ministerial.

Para ello se dictó el Reglamento Parcial N° 2 de la Ley Orgánica de Descentralización, sobre los Mecanismos Institucionales para la Descentralización de la Administración Pública Nacional contenido en el Decreto N° 3.085 del 22 de junio de 1993 (*Gaceta Oficial* N° 35268 del 5/8/93), que en definitiva regula los mecanismos interadministrativos para la descentralización.

> El Reglamento estableció principios sobre coordinación de la Administración Pública para la descentralización; reguló la Comisión Nacional para la Descentralización, la cual se reunió en varias oportunidades durante el período del gobierno del Presidente Velásquez; estableció las directrices para el funcionamiento de los organismos ministeriales para la descentralización; precisó normas sobre la adecuación de los organismos regionales de planificación y desarrollo para la descentralización y estableció normas sobre la necesaria reforma de la Administración Pública Nacional como consecuencia del proceso de descentralización.

III. EL ESTABLECIMIENTO DE UN RÉGIMEN DE LAS RELACIONES INTERGUBERNAMENTALES PARA LA DESCENTRALIZACIÓN: EL CONSEJO TERRITORIAL DE GOBIERNO

El proceso de descentralización política, como proceso de transferencia de competencias de los órganos que ejercen el Poder Nacional (básicamente de la República y de los Institutos Autónomos) a los Estados y Municipios, esencialmente generaba un conjunto de relaciones intergubernamentales entre los niveles de gobierno nacional y los gobiernos estadales y municipales. Estas relaciones que, sin duda, debían ser de carácter permanente, exigían procesos de concertación y conciliación de intereses y de coordinación de actividades.

A tal efecto, el Presidente Dr. Ramón J. Velásquez dictó un conjunto de instrumentos para regular esas relaciones intergubernamentales. Estos fueron, en primer lugar, el Decreto Nº 3104 de 12 de agosto de 1993 mediante el cual se dictó el Reglamento Parcial Nº 3 de la Ley Orgánica de Descentralización sobre el Consejo Territorial de Gobierno y la organización intergubernamental para la descentralización; en segundo lugar, el Decreto Nº 3169 de 24 de septiembre de 1993 sobre la creación del Consejo Nacional de Alcaldes; en tercer lugar, el Decreto Nº 3133 de 9 de septiembre de 1993 mediante el cual se dictó el Reglamento Parcial Nº 6 de la Ley Orgánica de Descentralización sobre el Consejo de Gobierno del Área Metropolitana de Caracas; y en cuarto lugar, el Decreto Nº 3.265 de 25 de noviembre de 1993 donde se reguló la participación de los Estados y Municipios en el Producto del Impuesto al Valor Agregado y se creó el Fondo Intergubernamental para la Descentralización (FIDES).

1. *El Consejo Territorial de Gobierno y las relaciones intergubernamentales entre el Gobierno Nacional y los Gobiernos Estadales*

A los efectos de facilitar las relaciones intergubernamentales entre los órganos que ejercían el Poder Nacional y las Gobernaciones de Estado, de manera de canalizar y darle coherencia y organicidad al proceso, el Presidente Velásquez, en Consejo de Ministros dictó el Reglamento Parcial Nº 3 de la Ley Orgánica de Descentralización, Delimitación y Transferencia de Competencias del Poder Público contenido en el Decreto Nº 3104 del 12 de Agosto de 1993 (*Gaceta Oficial* Nº 35273 de 12 de agosto de 1993).

La emisión de este Decreto estuvo motivada por el hecho de la consolidación del funcionamiento autónomo de los Estados de la República y de sus Ejecutivos Estadales, tanto en el carácter que entonces tenían de agentes del Ejecutivo Nacional, como en su condición de representantes del Poder Estadal, particularmente como consecuencia de la elección de los Gobernadores de Estados a partir de 1989 y del inicio de la ejecución del proceso de descentralización, conforme a las previsiones de la Ley Orgánica de Descentralización.

Esta nueva realidad imponía la creación de una instancia institucional de diálogo y cooperación intergubernamental de carácter permanente, así como de una organización intermedia que sirviera tanto para estimular y ordenar el proceso de desconcentración y descentralización administrativas, como para promover la coparticipación en el diseño de políticas e instrumentación de decisiones en otros ámbitos de la Administración Pública, que concernían a los diversos niveles de gobierno.

Ello exigía, sin duda, prever mecanismos institucionales que garantizaran, con flexibilidad y agilidad, un adecuado equilibrio en la participación de los distintos agentes del proceso de descentralización en la toma de decisiones. Con base en ello se dictó el Reglamento Nº 3, que creó el Consejo Territorial de Gobierno; reguló su Comité Permanente de Consulta y sus Comités de Trabajo; reguló los mecanismos para las relaciones intergubernamentales de cooperación y colaboración, y estableció los Consejos Regionales de Gobierno.

El Consejo Territorial de Gobierno se concibió como una instancia de colaboración, coordinación y cooperación entre el Ejecutivo Nacional y los Ejecutivos de los Estados. Su fin principal fue el desarrollo del proceso de descentralización y desconcentración, así como el diseño de políticas y armonización de decisiones que concernieran e involucraran a los distintos niveles de gobierno, en áreas tales como la seguridad ciudadana, el desarrollo económico, el transporte, la protección ambiental, la ordenación del territorio y las materias presupuestaria y laboral relativas al sector público.

El Consejo Territorial de Gobierno estuvo integrado, por el propio Presidente de la República, quien lo presidió; los Gobernadores de cada uno de los Estados de la República; los Ministros del Ejecutivo Nacional y el Gobernador del Distrito Federal. Dicho Consejo se reunió varias veces durante el gobierno del Presidente Velásquez, y contribuyó a minimizar los conflictos intergubernamentales que se presentaron.

Entre sus atribuciones más relevantes estaban el debatir y, en su caso, alcanzar los acuerdos sobre las líneas básicas del proceso de descentralización y desconcentración administrativas, y sobre la transferencia de competencias concurrentes para definir sus características, facilitar la programación y promover la especialización de cada nivel de gobierno, incluyendo el Municipal, sin menoscabo de la autoridad que correspondía al Ejecutivo Nacional o de la autonomía que era atinente a los gobiernos estadales y municipales (ord. 2°, art. 3).

En este mismo sentido, también fue atribución del Consejo estudiar, debatir y, en su caso, llegar a acuerdos que permitieran establecer estrategias y tomar decisiones comunes en materias de competencias concurrentes, en especial, aquellas vinculadas a la seguridad ciudadana, el desarrollo económico, el transporte, la protección ambiental, la ordenación del territorio, la materia presupuestaria y la materia laboral en el sector público que concernían a los diversos niveles de gobierno.

El Consejo Territorial de Gobierno tenía un Comité de Consulta Permanente integrado por los Ministros de Relaciones Interiores y de Estado para la Descentralización, así como por el Presidente y Primer Vicepresidente de la Asociación de Gobernadores de Estado de Venezuela.

Hasta cierto punto, la estructuración y funcionamiento del Consejo Territorial de Gobierno, inspiró la previsión, en la Constitución de 1999, del Consejo Federal de Gobierno regulado en el artículo 185.

2. *El Consejo Nacional de Alcaldes y las relaciones intergubernamentales entre el Gobierno Nacional y los Gobiernos Municipales*

Dentro de los objetivos que se trazó el gobierno del Presidente Velásquez estuvo la profundización del proceso de descentralización en el ámbito local, el cual no podía sustraerse del esfuerzo nacional por el establecimiento de un nuevo Estado Descentralizado y Participativo.

La elección popular y directa de los Alcaldes y la elección nominal de los Concejales a partir de 1989, había significado un avance importante en la modernización del sistema político, porque les había dado a éstos una mayor representatividad, así como una vinculación directa con la población sin la necesaria intermediación de las estructuras partidistas. Por otra parte, permitía la consolidación de nuevos centros de poder local y el surgimiento de nuevos actores que era necesario reconocer e involucrar en los procesos de toma de decisiones políticas.

Por otra parte, la población había venido demandando mayor cercanía de los centros decisorios de los servicios públicos, arrebatados por el Estado nacional centralizado, del nivel municipal que históricamente los había prestado.

Estos criterios llevaron al Presidente Velásquez a crear un Consejo Nacional de Alcaldes, que buscaba darle acceso al más alto nivel del Gobierno Nacional a los representantes de las unidades políticas autónomas más inmediatas al ciudadano. Este Consejo Nacional de Alcaldes fue creado mediante el Decreto N° 3169 el 24 de septiembre de 1993 (*Gaceta Oficial* N° 35.320 del 19 de octubre de 1993).

Su objetivo fundamental fue servir de mecanismo para la colaboración, cooperación y coordinación de políticas y acciones entre el Poder Nacional y el Poder Municipal, en el desarrollo del proceso de descentralización administrativa hacia los Municipios.

Integraron el Consejo Nacional de Alcaldes, el Presidente de la República, quien lo presidió; los Ministros Relaciones Interiores de la Secretaría de la Presidencia, de Estado para la Descentralización y de Estado Jefe de la Oficina Central de Coordinación y Planificación; el Presidente de la Fundación para el Desarrollo de la Comunidad y Fomento Municipal; un Alcalde de cada Estado designado por la respectiva Asociación; el Alcalde del Municipio Libertador del Distrito Federal y el Alcalde que presidía la Asociación Venezolana de Cooperación Intermunicipal (AVECI) (art. 2).

Este Consejo Nacional de Alcaldes también se reunió en varias ocasiones bajo la presidencia del Dr. Velásquez.

IV. EL FONDO INTERGUBERNAMENTAL PARA LA DESCENTRALIZACIÓN (FIDES)

El proceso de transferencia de competencias y servicios del Poder Nacional a los Estados y Municipios requería de grandes recursos financieros. En algunos casos, Estados y los Municipios habían sido reacios a recibir servicios transferibles debido a los enormes costos que significaba la recuperación de los activos, el pago de los pasivos laborales, la liquidación del personal excesivo o costoso, la modernización de los procesos administrativos o la ejecución de nuevas inversiones.

> El establecimiento, en 1993, por Decreto-Ley, del Impuesto al Valor Agregado conforme a las previsiones de la Ley que autorizó al Presidente de la República para dictar medidas extraordinarias en materias económicas y financieras, fue una coyuntura propicia a los fines del financiamiento del proceso de descentralización, porque le permitió al gobierno la elaboración de un mecanismo específico de financiamiento. Después de haber sido sometido a un amplísimo proceso de consultas con los representantes de los diversos niveles de Gobierno, y haber sido elaborado de acuerdo al marco regulatorio establecido en la Ley Habilitante, fue aprobado en Consejo de Ministros, por Decreto N° 3265 del 25 de noviembre de 1993, el Decreto-Ley que reguló los mecanismos de participación de los Estados y Municipios en el Impuesto al Valor Agregado y el Fondo Intergubernamental para la Descentralización.
>
> En esta forma, el FIDES se creó a los fines de la asignación y administración, por parte de los Estados y Municipios, de los recursos que les correspondieran provenientes del Impuesto al Valor Agregado, como un Servicio Autónomo sin

personalidad jurídica, con autonomía administrativa, financiera y de gestión de sus recursos físicos, presupuestarios y de personal, adscrito al Ministerio de Relaciones Interiores.

El Fondo se creó con el objeto principal de apoyar administrativa y financieramente el proceso de descentralización, atendiendo a criterios de eficiencia, de compensación interterritorial y de desarrollo regional, a cuyo efecto le correspondía determinar, asignar y administrar, tanto global como individualmente, la participación de Estados y Municipios en lo recaudado por el Impuesto al Valor Agregado, con exclusión de lo que les correspondía por el Situado Constitucional; e identificar, negociar y canalizar hacia Estados y Municipios recursos financieros de otras fuentes destinados a impulsar la descentralización y el desarrollo regional.

A los fines de administrar de manera independiente la participación de los Estados y la de los Municipios en el Fondo, se estableció que sus recursos debían ser distribuidos en dos cuentas separadas, que se denominaban Cuenta de Participación de los Estados y Cuenta de Participación de los Municipios, lo que originó la existencia de dos Consejos Directivos: el Consejo Directivo de la Cuenta de Participación de los Estados y el Consejo Directivo de la Cuenta de Participación de los Municipios, los cuales tenían a su cargo la formulación de las directrices del Fondo, en cuanto al manejo y administración de las Cuentas. En el Consejo Directivo de la Cuenta de Participación de los Estados, además de los Ministros, estaban los Gobernadores de los Estados; y en cuanto al Consejo Directivo de la Cuenta de Participación de los Municipios, el mismo lo conformaba el Consejo Nacional de Alcaldes que había sido creado por Decreto N° 3169 del 24 de septiembre de 1993. A estos Consejos Directivos de las Cuentas de Participación de los Estados y Municipios, les correspondía establecer los lineamientos de política a los que debía ceñirse el Directorio Ejecutivo y el Presidente del Fondo en el manejo de la Cuenta de Participación correspondiente; y aprobar los programas de acción y el presupuesto anual de gastos de la Cuenta de Participación correspondiente.

Lamentablemente, a partir de 1994, en sucesivas reformas se distorsionó el funcionamiento y la organización del FIDES, y dejó de ser un instrumento para apoyar la transferencia de competencias nacionales hacia los Estados y Municipios.

V. EL DESARROLLO REGLAMENTARIO DE LA LEY ORGÁNICA DE DESCENTRALIZACIÓN, DELIMITACIÓN Y TRANSFERENCIA DE COMPETENCIAS DEL PODER PÚBLICO

La decisión adoptada por el Presidente Velásquez en junio de 1993, al tomar posesión de su cargo, de agilizar y profundizar el proceso de descentralización en un marco de equilibrio entre los diferentes niveles y órganos del Poder Público, hacía necesario definir un marco normativo que sin entrabar las iniciativas de los Estados, le imprimiera sentido y orientación al proceso de descentralización, como política nacional.

En ese momento, junio de 1993, había la percepción de cierta anarquía o desorden que retardaba innecesariamente el proceso, y de ciertas desviaciones que lo desnaturalizaban. En realidad, muy poco se había avanzado en la transferencia efectiva de competencias y servicios desde el Nivel Central a los Estados. Había un clima de confusión en el propio Ejecutivo Nacional, donde algunos

Despachos realizaban planes para desconcentrarlos, sin entender que el proceso deseado y delineado por las políticas nacionales, si bien tenía un carácter administrativo, también tenía, y quizás más importante que aquél, un carácter político.

Frente a esta realidad, el gobierno tuvo que actuar con prontitud. Los Gobernadores estaban conscientes de la necesidad de un cierto orden en el proceso; además, que se quejaban de la lentitud del mismo. Por otra parte, había la necesidad de romper con las resistencias en algunas áreas de la Administración Pública Nacional a desprenderse de importantes funciones que debían traspasar a los Estados. También era necesario realizar una intensa labor de convencimiento en todos los ámbitos de la sociedad, especialmente en aquellos sectores que de alguna manera, directa o indirectamente, tuviesen que ver con el proceso, o se vieran afectados por él.

Durante los meses del gobierno del Presidente Velásquez, en consecuencia, el Consejo de Ministros discutió y aprobó todo el marco normativo necesario para ordenar el proceso de descentralización, y para crear los mecanismos institucionales que aseguraran su correcta y oportuna coordinación, asegurando la participación de todas las instituciones interesadas en el mismo, teniendo como marco de referencia las normas de la Ley Orgánica de Descentralización. Hasta el momento de toma de posesión del gobierno del Presidente Velásquez, sólo se había dictado el Reglamento Parcial N° 1 sobre Transferencia de Servicios a los Estados, que era un texto escueto en demasía para regular correctamente un proceso tan complejo como el de la transferencia de los servicios desde el Poder Central a los Estados.

La urgencia en las demandas para agilizar y profundizar el proceso no daba tiempo para dictar un Reglamento General de la Ley, tarea larga y compleja, por lo que se optó por Reglamentos Parciales que resolvieran los asuntos que debían ser regulados con mayor prontitud. También cabía la posibilidad de aprovechar la Ley Habilitante que le otorgó poderes especiales al Presidente de la República para legislar en determinadas materias económicas y financieras, y establecer algunas normas de rango legal, como el mencionado Decreto-Ley que reguló los Mecanismos de Participación de los Estados y Municipios en el Impuesto al Valor Agregado y el Fondo Intergubernamental para la Descentralización.

Incluyendo los Reglamentos que antes se han mencionado, durante el período junio 1993 - enero 1994, se dictaron los siguientes reglamentos:

1. *Reglamento Parcial N° 1 sobre transferencia de servicios a los Estados*

Este Reglamento Parcial N° 1 de la Ley Orgánica de Descentralización fue aprobado por Decreto N° 3250 del 18 de noviembre de 1993, sustituyendo el que se había dictado en 1992, regulando, en forma detallada, el proceso de transferencia de los servicios que eran materia de competencias concurrentes.

Fundamentalmente, se reguló el contenido mínimo de los convenios de transferencia que debían firmarse para ello y se estableció un procedimiento de negociación entre el Gobierno Nacional y los Estados. Se reguló, además, la incidencia de la transferencia de competencias en los asuntos administrativos como la entrega de los bienes; los derechos y obligaciones; las concesiones y contratos administrativos con terceros; y el régimen del personal adscrito a los servicios objeto de la transferencia.

En el Reglamento se reguló, además, la transferencia de competencias nacionales a los Estados mediante Ley Especial de la Asamblea Legislativa respectiva, con la previsión de un procedimiento de negociación de la transferencia en cuanto al personal, los bienes y recursos ajenos a las competencias asumidas, particularmente cuando la Ley Especial aprobada por la Asamblea Legislativa no estableciera un mecanismo específico.

2. *El Reglamento Parcial N° 2 sobre los mecanismos institucionales para la descentralización de la Administración Pública Nacional*

Como se indicó, mediante este instrumento aprobado por Decreto 3085 de 22 de julio de 1993, se creó la Comisión Nacional para la Descentralización como mecanismo de coordinación de las distintas dependencias del Ejecutivo Nacional. También se ordenó la creación de los órganos ministeriales que debían ocuparse de liderizar el proceso en aquellos Despachos que desarrollaban competencias transferibles a los Estados.

3. *El Decreto de creación del Consejo Nacional de Alcaldes*

Como también se señalo, por Decreto N° 3015 de 24 de septiembre de 1993, se creó el Consejo Nacional de Alcaldes, como órgano permanente para la colaboración, cooperación y coordinación de políticas y acciones entre el Poder Nacional y los Municipios, en el desarrollo del proceso de descentralización administrativa hacia los Municipios.

4. *El Reglamento Parcial N° 3 sobre el Consejo Territorial de Gobierno y la organización intergubernamental para la descentralización*

El objeto de este Reglamento, aprobado por Decreto N° 3104 del 12 de agosto de 1993, y al cual ya se ha hecho referencia, fue el establecimiento de mecanismos de coordinación intergubernamental, que se lograron con la creación del Consejo Territorial de Gobierno y su Comité de Consulta Permanente, de los Consejos Regionales de Gobierno, de los Comités de Trabajo de cada uno de ellos. El Reglamento también reguló los convenios de colaboración entre la Administración Pública Nacional y los Estados.

5. *El Reglamento Parcial N° 4 sobre nombramiento de los directores o coordinadores de las dependencias de los Ministerios y de los institutos autónomos nacionales en los Estados*

Este instrumento normativo se dictó por Decreto N° 3109 del 19 de agosto de 1993, buscando resolver uno de los problemas más agudos que tenía la estructura administrativa, consistente en las relaciones que tenían los Gobernadores elegidos popularmente en los Estados, con los funcionarios jefes de las unidades administrativas nacionales designados por el respectivo jerarca ministerial. En este Decreto se reconoció, en primer término, el doble carácter de los Gobernadores, que eran a la vez jefes de los respectivos Ejecutivos Estadales y agentes del Ejecutivo Nacional. En este último carácter, estos debían presidir los Comités de Planificación y Coordinación, y debían actuar como coordinadores de la acción de las diversas dependencias de la Administración Pública Nacional y, en consecuencia, podían dictar órdenes e instrucciones a los funcionarios que dirigían estas dependencias.

El Reglamento estableció que los Ministros debían delegar en los Gobernadores la firma de las Resoluciones de nombramiento de los directores o coordinadores de sus respectivas unidades nacionales en los Estados, de acuerdo con el procedimiento que reguló. Le ordenó igualmente a los Ministros que exhortaran a los directivos de sus organismos de adscripción a proceder en ese mismo sentido, de acuerdo con el procedimiento que en el texto se estableció. En esta forma, se buscó resolver, en gran medida, las diferencias de criterio que existían entre los responsables de la acción del gobierno nacional en los Estados y los Gobernadores, estableciéndose una relación de jerarquía que fue muy conveniente a los fines de una correcta actuación oficial bien coordinada, y otorgándose mayores responsabilidades a los gobernantes regionales. Lamentablemente, este Reglamento fue derogado inmediatamente al tomar posesión de su cargo, el Presidente Rafael Caldera, en febrero de 1994.

6. *El Reglamento N° 5 sobre la desconcentración de atribuciones en materia de transporte, tránsito terrestre y vigilancia de la circulación a las Gobernaciones*

La condición de agentes del Ejecutivo Nacional de los Gobernadores de Estado sirvió de fundamento para el Reglamento Parcial N° 5, dictado mediante Decreto N° 3121 de fecha 2 de septiembre de 1993. El texto tuvo por objeto lograr complementar la transferencia de competencias, con la desconcentración de funciones en materia de transporte, tránsito terrestre y vigilancia de la circulación, que se reconoció como estrechamente relacionada con competencias transferibles, como la construcción, conservación, administración y aprovechamiento de carreteras, puentes y autopistas.

La figura que se utilizó para desconcentrar funciones del Gobierno Nacional en los Gobernadores de Estado, fue la de la "encomienda", tal como lo preveía la Ley Orgánica de Descentralización, en el sentido propio de "encargar a alguien que haga alguna cosa o que cuide de ella". No se trató, por tanto, de un traspaso de poderes, los cuales conservó plenamente el Gobierno Nacional, sino de encargar a los Gobernadores, en su calidad de agentes de aquél, del ejercicio de determinadas competencias y funciones.

El Reglamento facultó, así, al Ministro de Transporte y Comunicaciones, para encomendar mediante Resolución, al Gobernador del Distrito Federal y a los Gobernadores de Estado, el ejercicio de una serie de competencias en materia de tránsito y transporte interurbano, previa la negociación de un convenio de colaboración que debía ser firmado entre el Ministro y el Gobernador respectivo.

7. *El Reglamento N° 6 sobre el Consejo de Gobiernos del Área Metropolitana de Caracas*

La existencia de diversos organismos de gobierno, algunos de ellos con autonomía, que ejercían sus competencias en el ámbito del Área Metropolitana de Caracas, y la franca colisión que existía en cuanto a decisiones y criterios en el manejo de los asuntos públicos atinentes a la capital de la República, obligó a los Alcaldes capitalinos a solicitar la creación de un mecanismo institucional de coordinación, especialmente de las funciones de los Estados y de los Municipios que coparticipan en el gobierno de Caracas. Se dictó, para ello, el Reglamento que creó el Consejo de Gobierno del Área Metropolitana de Caracas, mediante el Decreto N° 3133 de 9 de septiembre de 1993.

Este Reglamento reconoció la carencia en el área de efectivos mecanismos de coordinación, imponiéndolos mediante la creación del Consejo de Gobierno del Área Metropolitana de Caracas; órgano que vino a llenar un vacío institucional, para permitir la cooperación, la conciliación y la coordinación de las actividades de los Gobiernos Nacional, del Estado Miranda, del Distrito Federal, y de los Municipios Libertador, Vargas, Sucre, Baruta, Chacao, El Hatillo, Los Salias y Carrizal, que coincidían en el desarrollo de actividades urbanísticas, de prestación de servicios y de realización de obras en el Área Metropolitana de Caracas. El Consejo tuvo, durante años, un rol importante para el gobierno de la ciudad capital. Hasta cierto punto, contribuyó al establecimiento en la Constitución de 1999, del Distrito Metropolitano de Caracas, con un sistema de gobierno municipal a dos niveles (art. 18).

8. *El Reglamento Parcial N° 7 en materia de vialidad terrestre*

Mediante Decreto N° 3177 de 30 de septiembre de 1993, se dictó el Reglamento Parcial N° 7 de la Ley Orgánica de Descentralización sobre Vialidad Terrestre, con el objeto de regular el régimen de transferencia de competencias nacionales a los Estados en materia de vialidad, tanto de competencias concurrentes como de competencias exclusivas.

A tal efecto, el Reglamento definió y precisó, por primera vez en el ordenamiento jurídico, qué debía entenderse por vías de comunicación *nacionales* y por vías de comunicación *estadales*; reguló el régimen de la construcción de las vías de comunicación, previendo la encomienda a los Estados en cuanto a la construcción de las vías de comunicación nacionales; ordenó el régimen de conservación, administración y aprovechamiento de las vías de comunicación, tanto nacionales como estadales; y reglamentó, en general, a las vías de comunicación, en particular en cuanto concierne a la explotación y uso de las mismas.

9. *El Reglamento Parcial N° 8 sobre encomienda a los Gobernadores de Estado de las atribuciones en materia de administración de las cárceles nacionales*

Una vez más se apeló al carácter de agentes del Ejecutivo Nacional que tienen los Gobernadores de Estado para desconcentrar en ellos algunas atribuciones que eran ejercidas desde el Poder Central, y que resultaba más conveniente y oportuno su ejercicio en el nivel Estadal. En esta forma, el Reglamento N° 8 dictado por Decreto N° 3188 de 7 de octubre de 1993, estableció que por Resolución del Ministro de Justicia, se podía encomendar al Gobernador del Distrito Federal o a los Gobernadores de los Estados, estos últimos en su carácter de agentes del Ejecutivo Nacional, el ejercicio de las competencias que en principio le correspondía a ese Ministerio, en materia de administración de las Cárceles Nacionales.

10. *El Reglamento Parcial N° 9 sobre transferencias a los Estados de los servicios de salud pública*

Por Decreto N° 3324 de 7 de enero de 1994, se dictó el Reglamento Parcial N° 9 sobre la Transferencia a Estados de los Servicios de Salud Pública, el cual recogió, en su articulado, el contenido de los convenios de transferencia de los servicios de salud que se habían suscrito durante el gobierno del Presidente Velásquez entre el Ministro de Relaciones Interiores, el Ministro de Sanidad y Asistencia Social y los Gobernadores de los Estados Aragua, Falcón, Anzoátegui, Bolívar y Carabobo, a los efectos de normativizar lo que en su inicio fueron cláusulas de convenios intergubernamentales.

La experiencia desarrollada en esos convenios suscritos todos durante el gobierno del Presidente Velásquez, permitió, sin duda, la emisión de dicho Reglamento N° 9, que debía servir de base para los futuros convenios que tenían que suscribirse con los restantes Estados de la República para la transferencia de los servicios de salud pública.

11. *El Reglamento sobre coordinación de los servicios de policía y sobre normas de conducta de los miembros de los cuerpos de policía*

En virtud de que conforme a la Constitución de 1961 (arts. 17, ord. 5°, 30 y 136, ord. 5°) la actividad de policía era una competencia concurrente entre los órganos del Poder Nacional, los Estados y los Municipios, y en virtud de la entonces reciente proliferación de policías municipales, por Decreto N° 3179 de 7 de octubre de 1993 se dictó este Reglamento sobre coordinación de los servicios de policía y sobre normas de conducta de los miembros de los cuerpos de policía.

El Reglamento creó la Comisión Nacional de Policía, como parte del Sistema Nacional de Coordinación de los Servicios de Policía que debía dirigir el Ministro de Relaciones Interiores; reguló las Comisiones Regionales de Policía, presididas por los Gobernadores de Estado y estableció normas para la coordinación de los cuerpos de policía de los Estados. Adicionalmente, el Decreto estableció, conforme a los Pactos y Convenciones Internacionales sobre Derechos Humanos, normas de conducta de los miembros de los cuerpos de policía.

12. *El Reglamento Parcial de la Ley Orgánica de Descentralización y de la Ley de Protección al Consumidor sobre encomienda a los Gobernadores y sobre delegación a los gobiernos municipales de las atribuciones de fiscalización y control de alza indebida de precios y de defensa y protección al consumidor*

Con motivo del alza indebida de precios que se evidenció con la creación del Impuesto al Valor Agregado, resultó indispensable establecer mecanismos de fiscalización y control de la defensa y protección al consumidor. Por ello se resolvió no sólo delegar en los Municipios estas tareas, conforme a lo previsto en la Ley de Protección al Consumidor, sino también encomendar a los Gobernadores de Estado esas tareas, utilizando la figura de la encomienda; lo que se hizo mediante el Decreto N° 3184 de 7 de octubre de 1993.

13. *El Decreto que reglamentó el ejercicio de las competencias del Ejecutivo Nacional en materia de relaciones internacionales*

Con motivo del proceso de descentralización y de la consolidación de los poderes regionales, los Gobernadores de Estado habían venido desplegando actividades en el exterior, de promoción de sus respectivas entidades. A los efectos de que esas acciones no colidieran con las competencias del Ejecutivo Nacional en la conducción de las relaciones internacionales, se dictó el Decreto N° 3180 del 7 de octubre de 1993, que aseguró la información y presencia del Ministerio de Relaciones Interiores en todas las actuaciones de los Gobiernos estadales en el exterior.

14. *El Reglamento Parcial de la Ley Orgánica de Descentralización y de la Ley de Turismo sobre encomienda a los Gobernadores de Estado de atribuciones en materia turística*

La actividad pública en materia de turismo, que regulaba la Ley de Turismo, se había concebido como una materia de carácter concurrente entre el Poder Nacional, a través de la Corporación de Turismo de Venezuela, y los Municipios. Los Estados, sin embargo, no tenían, en tal materia, competencia ni de orden constitucional ni legal.

Sin embargo, era evidente que la promoción del turismo y el control de las actividades turísticas, exigía la participación del nivel intermedio de los Estados en la misma, para lo cual se dictó el Decreto N° 3304 de 22 de diciembre de 1993, contentivo de un Reglamento Parcial tanto de la Ley Orgánica de Descentralización como de la Ley de Turismo, que reguló la encomienda a los Gobernadores de Estado, en su carácter de agentes del Ejecutivo Nacional en los Estados, de la materia turística.

15. *El Reglamento Parcial N° 1 del Decreto-Ley N° 3265 del 25 de noviembre de 1993 sobre mecanismos de participación por los Estados y Municipios en el Impuesto al Valor Agregado y el Fondo Intergubernamental para la Descentralización, sobre Transferencia de Servicios en materia de competencias concurrentes de los órganos del poder nacional a los Municipios*

Como ya se indicó, conforme al Decreto-Ley N° 3265 del 25 de noviembre de 1993, se dictó el Decreto N° 3323 de 7 de enero de 1994 sobre Mecanismos de Participación por los Estados y Municipios en el Impuesto al Valor Agregado y el Fondo Intergubernamental para la Descentralización, en el cual se estableció que los recursos provenientes del Impuesto al Valor Agregado a ser asignados a los Municipios, sólo podían ser destinados, exclusivamente, al financiamiento de servicios correspondientes a competencias concurrentes y exclusivas, transferidos o transferidas a los Estados conforme a lo previsto en la Ley Orgánica de Descentralización, y al Distrito Federal conforme a la Ley Orgánica del Distrito Federal.

Se precisó, por tanto, de acuerdo con la Ley Habilitante, que el financiamiento de servicios efectivamente transferidos a los Municipios, en el campo de las competencias concurrentes, también podían ser cubiertos con recursos provenientes del producto del IVA.

Se cubría así, el vacío de la Ley Orgánica de Descentralización que sólo había regulado el procedimiento de transferencia de competencias y servicios del Poder Nacional hacia los Estados, no regulando nada en relación a la transferencia de servicios hacia los Municipios.

De allí que el Decreto-Ley N° 3265 de 25 de noviembre de 1993 haya exhortado expresamente al Presidente de la República para reglamentar el procedimiento de la transferencia de servicios prestados por órganos nacionales y el Distrito Federal, a los Municipios, a los efectos de garantizarle a estos entes, acceso al financiamiento previsto en la Ley Habilitante.

Como puede apreciarse de lo antes expuesto, el gobierno del Presidente Ramón J. Velásquez asumió, como política nacional, el proceso de descentralización, como una pieza esencial de la reforma del Estado. Con ello se quiso establecer mecanismos institucionales efectivos, que permitieran hacer posible la participación política, no sólo acercando el poder al ciudadano, sino consolidando las instancias estadales y municipales del Poder Público, mediante la transferencia a las mismas, de competencias nacionales.

En el corto período del gobierno de transición, en todo caso, se tomaron todas las decisiones antes reseñadas, con el empeño de que se consolidaran institucionalmente, para contribuir a la irreversibilidad del proceso. De allí todo el esfuerzo normativo que se desplegó en el período.

Lamentablemente, en los gobiernos subsiguientes, la dinámica del proceso se detuvo; sin embargo, a pesar de ello, la descentralización como política nacional pudo continuar parcialmente, con el empuje de las autoridades estadales y municipales.

En todo caso, la obra institucional en la materia que dejó el Gobierno del Presidente Velásquez, puede decirse que influyó en la propia redacción del artículo 158 de la Constitución de 1999, que define a la descentralización, como política nacional, tendiente a profundizar la democracia, acercando el poder a la población y creando las mejores condiciones, tanto para el ejercicio de la democracia como para la prestación eficaz y eficiente de los cometidos estatales.

Por todo ello, si algún calificativo puede darse al Presidente Velásquez, además de todos los que tiene merecidos por su actividad política y académica, es la de gobernante descentralizador.

SECCIÓN CUARTA: LOS PODERES PÚBLICOS BAJO CARLOS ANDRÉS PÉREZ Y BAJO HUGO CHÁVEZ (2013)

Trabajo elaborado para la obra colectiva de *Carlos Andrés Pérez a Chávez: ¿Qué perdió Venezuela?*, coordinada por Plinio Apuleyo Mendoza y María Francia Pérez (2013).

Cuando comenzaba a escribir estas notas apareció publicado en *The New York Times*, en Nueva York, del 23 de enero de 2013 un artículo de Alberto Barrera Tyszka y Cristina Marcano, intitulado "The Missing President," en el cual los autores expresaron que:

"Después de 14 años como Presidente, Chávez controla todos los poderes públicos: el Legislativo, el Tribunal Supremo, la Fiscalía General de la República, para no referirnos a la industria petrolera. De todos los que han ejercido la Presidencia desde el fin de la dictadura militar en 1958, ninguno ha concentrado tanto poder como lo ha hecho Chávez."[2626]

Y no les faltaba razón a Barrera y Marcano,[2627] pues efectivamente, si algo caracteriza la presidencia de Hugo Chávez desde el punto de vista político y constitucional desde que fue electo en 1998, ha sido su permanente empeño en controlar desde el Poder Ejecutivo a todos los poderes públicos del Estado, lo que se inició con la intervención de los mismos en 1989 por una Asamblea Constituyente totalmente controlada por él,[2628] y siguió sistemáticamente durante los casi tres lustros subsiguientes, habiendo llegado a la situación actual de control total y absoluto de todos los poderes públicos por el Ejecutivo, a través del control político que ejerce sobre la Asamblea Nacional y sobre el partido de gobierno.

Ello, por ejemplo, es lo único que puede explicar la emisión de la sentencia No. 2 del día 9 de enero de 2013 de la Sala Constitucional del Tribunal Supremo de Justicia, al resolver un recurso de interpretación abstracta sobre el contenido y alcance del artículo 231 de la Constitución,[2629] en la cual dicha Sala aplicando un principio del derecho administrativo de la función pública como es el de la "continuidad administrativa," resolvió poner el gobierno de Venezuela para el inicio del período constitucional 2013-2019, en manos de funcionarios que no habían sido electos popularmente, y que, por tanto, carecían de legitimidad democrática (como son el Vicepresidente y de los Ministros que habían sido nombrados en el período constitucional anterior 2007-2013), hasta cuando el propio Tribunal Supremo fije la oportunidad para que el Presidente Chávez, electo, enfermo y ausente del país para cuando debía tomar posesión de su cargo (10 de enero de 2013), se juramentase ante el mismo, cuando pudiera, sin haber siquiera a tenido a la vista prueba alguna de la situación de salud del Presidente, lo que por lo demás podía requerir de oficio.

2626 "After 14 years as president, Mr. Chávez controls all public Powers: the legislative, body, the Supreme Court, the public prosecutor's office, to say nothing of the oil industry. Of all those who have held office since the end of the military dictatorship in 1958, none has concentrated power quite as Mr. Chávez has." Publicado en *The New York Times*, New York 23-1-2013, p. A21 (OP-ED).

2627 Ambos articulistas son autores de la muy conocida obra: *Hugo Chávez sin uniforme: una historia personal*, Editorial Debate, Caracas 2006; *Hugo Chávez, The Definitive Biography of Venezuela's Controversial President*, Random House 2007

2628 Véase el análisis del proceso de intervención de los poderes públicos por la Asamblea Nacional Constituyente en 1999, en Allan R. Brewer-Carías, *Debate Constituyente (Aportes a la Asamblea Nacional Constituyente)*, Fundación de Derecho Público, Editorial Jurídica venezolana, Tomo I (8 agosto-8 septiembre 1999), Caracas 1999.

2629 Véase el texto de la sentencia en http://www.tsj.gov.ve/decisiones/scon/Enero/02-9113-2013-12-1358.html. Véase sobre la sentencia lo que hemos expuesto en Allan R. Brewer-Carías, "Crónicas Constitucionales sobre el régimen constitucional en Venezuela con motivo de la ausencia del territorio nacional del Presidente (re-electo) de la República, a partir del 9 de diciembre de 2012 (Crónicas I-IX: 29-1-2012/12-1-2013)," en la *Revista digital "Elementos de juicio. Temas Constitucionales,* (http://www.elementosdejuicio.com.co/), Bogotá, 19 de enero de 2013, en http://www.elementosdejuicio.com.co/index.php?option=com_content&view=article&id=1583:cronicas-constitucionales-sobre-el-regimen-constitucional-en-venezuela-con-motivo-de-la-ausencia-del-territorio-nacional-del-presidente-re-electo-de-la-republica-a-partir-del-9-de-diciembre-de-2012&catid=47:columnista-1&Itemid=285

Eso no es otra cosa que una manifestación más, y sin duda extrema, del desmantelamiento total del principio de la separación de poderes que se ha producido en los últimos 14 años,[2630] particularmente con la destrucción total de la independencia y autonomía del Poder Judicial, [2631] y con ello, de la base fundamental de la democracia como sistema político,[2632] lo que ha llevado al sometimiento total de los diversos poderes del Estado a un control férreo, unipersonal, que incluso funcionó en nombre del Presidente enfermo e inhabilitado, como resulta de la sentencia citada de enero de 2013, siendo este uno de sus principales legados luego de catorce años de autoritarismo.

Ante ello, sin embargo, el Sr. José Miguel Insulza, Secretario General de la Organización de Estados Americanos, ante el requerimiento de entidades políticas de Venezuela de que la institución confrontara lo ocurrido en el país con los principios de la Carta Democrática Interamericana, según se informó públicamente se limitó a indicar que la OEA "respeta la decisión de los poderes constitucionales de Venezuela de aplazar indefinidamente la toma de posesión del Presidente Hugo Chávez," precisando simplemente que "El tema ha sido ya resuelto por los tres poderes del Estado de Venezuela: *lo planteó el Ejecutivo, lo consideró el Legislativo, y lo resolvió el Judicial"*, de lo que concluyó afirmando que "Las instancias están agotadas y por lo tanto el proceso que se llevará a cabo en ese país es el que han decidido los tres poderes."[2633] Si, efectivamente fue así, pero por tres poderes totalmente controlados por el Poder Ejecutivo.

2630 Véase Allan R. Brewer-Carías, "El principio de la separación de poderes como elemento esencial de la democracia y de la libertad, y su demolición en Venezuela mediante la sujeción política del Tribunal Supremo de Justicia," en *Revista Iberoamericana de Derecho Administrativo, Homenaje a Luciano Parejo Alfonso*, Año 12, N° 12, Asociación e Instituto Iberoamericano de Derecho Administrativo Prof. Jesús González Pérez, San José, Costa Rica 2012, pp. 31-43.

2631 Véase Allan R. Brewer-Carías, "Sobre la ausencia de independencia y autonomía judicial en Venezuela, a los doce años de vigencia de la constitución de 1999 (O sobre la interminable transitoriedad que en fraude continuado a la voluntad popular y a las normas de la Constitución, ha impedido la vigencia de la garantía de la estabilidad de los jueces y el funcionamiento efectivo de una "jurisdicción disciplinaria judicial"), en *Independencia Judicial*, Colección Estado de Derecho, Tomo I, Academia de Ciencias Políticas y Sociales, Acceso a la Justicia org., Fundación de Estudios de Derecho Administrativo (Funeda), Universidad Metropolitana (Unimet), Caracas 2012, 9-103; "La demolición de las instituciones judiciales y la destrucción de la democracia: La experiencia venezolana,"en *Instituciones Judiciales y Democracia. Reflexiones con ocasión del Bicentenario de la Independencia y del Centenario del Acto Legislativo 3 de 1910*, Consejo de Estado, Sala de Consulta y Servicio Civil, Bogotá 2012, pp. 230-254 "La justicia sometida al poder [La ausencia de independencia y autonomía de los jueces en Venezuela por la interminable emergencia del Poder Judicial (1999-2006)]" en *Cuestiones Internacionales. Anuario Jurídico Villanueva 2007*, Centro Universitario Villanueva, Marcial Pons, Madrid 2007, pp. 25-57, y en *Derecho y democracia. Cuadernos Universitarios*, Órgano de Divulgación Académica, Vicerrectorado Académico, Universidad Metropolitana, Año II, N° 11, Caracas, septiembre 2007, pp. 122-138; "La progresiva y sistemática demolición institucional de la autonomía e independencia del Poder Judicial en Venezuela 1999-2004", en *XXX Jornadas J.M Domínguez Escovar, Estado de derecho, Administración de justicia y derechos humanos*, Instituto de Estudios Jurídicos del Estado Lara, Barquisimeto, 2005, pp. 33-174.

2632 Véase Allan R. Brewer-Carías, *Dismantling Democracy. The Chávez Authoritarian Experiment*, Cambridge University Press, New York, 2010; "La demolición del Estado de derecho y la destrucción de la democracia en Venezuela," en *Revista Trimestral de Direito Público (RTDP)*, N° 54, Instituto Paulista de Direito Administrativo (IDAP), Malheiros Editores, Sao Paulo, 2011, pp.5-34..

2633 J. M. Insulza: "OEA respeta decisión de los poderes constitucionales sobre la toma de posesión del presidente Chávez" 11-1-2013, en http://www.noticierovenevision.net/poli-tica/2013/enero/11/51405=oea-

Y es esa concentración de los poderes públicos controlados desde la presidencia, precisamente, el signo más distintivo del ya prolongado gobierno de Hugo Chávez, que ha sido el presidente con mayor número de años ejerciendo continuamente la primera magistratura en toda la historia de Venezuela desde 1811; y lo que lo distingue contundentemente de los dos gobiernos de Carlos Andrés Pérez en los quinquenios de 1974 a 1979 y de 1989 a 1993, en los cuales con todos los defectos que se quiera, por el desarrollo en esos años de un sistema de Estado de partidos,[2634] por cierto, sin embargo, multipartidista y plural, el Estado en todo caso funcionó regido por el principio de la separación de poderes, en un sistema de balance y contrapeso entre los mismos.

Por eso, durante los gobiernos de Carlos Andrés Pérez funcionó un régimen político en el cual el ejercicio del poder estuvo sometido a controles, ejercidos por los poderes públicos que funcionaron con autonomía e independencia, a pesar del rol de vaso comunicante que jugaron los partidos políticos; y en cambio, el régimen político que ha funcionado durante el gobierno de Chávez, ha sido uno en el cual el ejercicio del poder no ha estado sometido a controles de ninguna naturaleza, por el control político ejercido por el Presidente sobre todos los poderes públicos.

Ello permite afirmar, sin la menor duda, que el régimen político que existió durante los gobiernos del presidente Carlos Andrés Pérez fue el de una democracia, con todas sus imperfecciones, pues no hay democracia perfecta, como incluso que la de haber llegado a configurarse como una especie de autocracia de varios partidos políticos; y en cambio, el régimen político que ha funcionado durante el gobierno de Hugo Chávez ha sido el de una autocracia personalista, con un partido único y hegemónico imbricado en las estructuras del Estado como nunca antes había ocurrido en toda la historia del país, con ropaje popular, que se ha ido conformando progresivamente como consecuencia de un proceso continuo y sistemático de demolición de la democracia como régimen político, utilizando para ello, sin embargo, los propios instrumentos de la democracia.

1. *El tema de la disposición de los poderes públicos para el control del poder como garantía de la democracia y la libertad*

El tema central en este contraste sobre los poderes públicos bajo los gobiernos de Carlos Andrés Pérez y de Hugo Chávez es, por tanto, el de la democracia, lo que resulta de afirmar, como lo hacemos, que una democracia como régimen político sólo existe donde hay un régimen de separación de poderes, que en definitiva es lo que permite al ciudadano controlar el ejercicio del poder y a los propios gobernantes que ha electo; en cambio, no puede considerarse que exista democracia en un régimen político donde no exista un régimen de separación de poderes, y por tanto, donde el ciudadano no puede controlar el ejercicio del poder y a los gobernantes que ha electo.

---

respeta-decision-de-los-poderes-constitucionales-sobre-la-toma-de-posesion-del-presidente-chavez; y en http://globovision.com/articulo/oea-respeta-cabalmente-decision-del-tsj-sobre-toma-de-posesion-de-chavez

2634 Véase Allan R. Brewer-Carías, *Problemas del Estado de partidos*, Editorial Jurídica Venezolana, Caracas 1988.

El principio por lo demás, formulado con el nacimiento del propio constitucionalismo moderno, tuvo su fuente de inspiración en las reflexiones del barón de Montesquieu sobre la Constitución inglesa del siglo XVII, que siempre es bueno recordar cuando se trata de analizar el funcionamiento de los poderes públicos en cualquier Estado, al afirmar que "Es una experiencia eterna que todo hombre que tiene poder, tiende a abusar de él; y lo hace, hasta que encuentra límites", de lo que dedujo su famoso postulado de que "para que no se pueda abusar del poder es necesario que por la disposición de las cosas, el poder limite al poder."[2635] Y fue de esta apreciación física que se derivó, precisamente, el principio de la separación de poderes que establecieron todas las Constituciones que se formularon después de las revoluciones norteamericana y francesa del siglo XVIII, comenzando por la venezolana de 1811 y la española de 1812, convirtiéndose, no sólo en uno de los pilares fundamentales del constitucionalismo moderno, sino además, uno se los principios esenciales de la democracia, y con ella, de la libertad. También, por supuesto, se configuró como un instrumento para la organización formal del Estado, no debiendo sin embargo dicho carácter instrumental, opacar su importancia política.

Por tanto, escribir sobre los poderes públicos bajo Carlos Andrés Pérez y bajo Hugo Chávez, no conduce a otra cosa que no sea escribir sobre el funcionamiento de la separación y control de los poderes públicos en uno u otro gobierno, tema que no se reduce a ser de orden jurídico e instrumental para disponer la organización del Estado o para identificar los actos estatales, sino que es, por sobre todo, un tema de orden político constitucional, considerado en el mundo contemporáneo como uno de los elementos esenciales de la democracia.

La democracia, en efecto, no es sólo elección de gobernantes y contiendas electorales, sino un sistema político de interrelación y alianza global entre los gobernados, que eligen, y los gobernantes electos, con el objeto de garantizar, primero, que los representantes sean elegidos por el pueblo, y que puedan gobernar representándolo; segundo, que el ciudadano, además, pueda tener efectiva participación política no limitada a la sola elección periódica de representantes; tercero, por sobre todo, que el hombre, el ser humano tenga primacía, y con él, su dignidad, sus derechos y sus libertades; cuarto, que el ejercicio del poder esté sometido a control efectivo, de manera que los gobernantes y gestores públicos sean controlados, rindan cuenta de su gestión y pueda hacérselos responsables; y quinto, como condición para todas esas garantías, que la organización del Estado esté realmente estructurada conforme a un sistema de separación de poderes, con la esencial garantía de su independencia y autonomía, particularmente del poder judicial.[2636]

2635 *De l'Espirit des Lois* (ed. G. Tunc), Paris 1949, Vol. I, Libro XI, Cap. IV, pp. 162-163.

2636 Véase sobre todo esto lo que hemos expuesto en Allan R. Brewer-Carías, "Los problemas del control del poder y el autoritarismo en Venezuela", en Peter Häberle y Diego García Belaúnde (Coordinadores), *El control del poder. Homenaje a Diego Valadés,* Instituto de Investigaciones Jurídicas, Universidad Nacional Autónoma de México, Tomo I, México 2011, pp. 159-188; "Sobre los elementos de la democracia como régimen político: representación y control del poder," en *Revista Jurídica Digital IUREced*, Edición 01, Trimestre 1, 2010-2011, en http://www.megaupload.com/?d=ZN9Y2W1R ; "Democracia: sus elementos y componentes esenciales y el control del poder", Grandes temas para un observatorio electoral ciudadano, Tomo I, Democracia: retos y fundamentos, *(Compiladora Nuria González Martín),* Instituto Electoral del Distrito Federal, México 2007, pp. 171-220; "Los problemas de la gobernabilidad democrática en Venezuela: el autoritarismo constitucional y la concentración y centralización del poder" en

La Carta Democrática Interamericana de 2001, que es quizás uno de los instrumentos internacionales más importantes del mundo contemporáneo - aún cuando lamentablemente en desuso -, en este sentido fue absolutamente precisa al enumerar dentro de los *elementos esenciales* de la democracia: primero, el respeto a los derechos humanos y las libertades fundamentales; segundo, el acceso al poder y su ejercicio con sujeción al Estado de derecho; tercero, la celebración de elecciones periódicas, libres, justas y basadas en el sufragio universal y secreto, como expresión de la soberanía del pueblo; cuarto, el régimen plural de partidos y organizaciones políticas, y quinto, la separación e independencia de los poderes públicos (art. 3). Concebida la democracia conforme a estos elementos esenciales, la misma Carta Democrática los complementa con la exigencia de unos *componentes esenciales* de la misma, todos vinculados al control del ejercicio del poder, que son la transparencia de las actividades gubernamentales, la probidad y la responsabilidad de los gobiernos en la gestión pública; el respeto de los derechos sociales y de la libertad de expresión y de prensa; la subordinación constitucional de todas las instituciones del Estado, incluyendo el componente militar, a la autoridad civil legalmente constituida, y el respeto al Estado de derecho por todas las entidades y sectores de la sociedad (Art. 4).

Por todo ello es que el principio de la separación de poderes es tan importante para la democracia, pues en definitiva, del mismo dependen todos los demás elementos y componentes esenciales de la misma. Así, sólo controlando al Poder es que puede haber elecciones libres y justas, así como efectiva representatividad; sólo controlando al poder es que puede haber pluralismo político; sólo controlando al Poder es que podría haber efectiva participación democrática en la gestión de los asuntos públicos; sólo controlando al Poder es que puede haber transparencia administrativa en el ejercicio del gobierno, así como rendición de cuentas por parte de los gobernantes; sólo controlando el Poder es que se puede asegurar un gobierno sometido a la Constitución y las leyes, es decir, un Estado de derecho y la garantía del principio de legalidad; sólo controlando el Poder es que puede haber un efectivo acceso a la justicia de manera que ésta pueda funcionar con efectiva autonomía e independencia; y en fin, sólo controlando al Poder es que puede haber real y efectiva garantía de respeto a los derechos humanos. De lo anterior resulta, por tanto, que sólo cuando existe un sistema de control efectivo del poder es que puede haber democracia, y sólo en esta es que los ciudadanos pueden encontrar asegurados sus derechos debidamente equilibrados con los poderes Públicos.

2. *La separación de poderes y sus dos vertientes: la separación horizontal u orgánica de los poderes públicos y la distribución vertical o territorial de los poderes públicos*

El sistema de organización de los poderes públicos en el Estado constitucional y democrático se manifiesta siempre en dos vertientes de organización del Estado para separar y distribuir los poderes públicos.

En *primer lugar*, en una separación horizontal u orgánica de poderes, entre los clásicos poderes legislativo, ejecutivo y judicial, a los que se han agregado el poder

---

Diego Valadés (Coord.), *Gobernabilidad y constitucionalismo en América Latina*, Universidad Nacional Autónoma de México, México 2005, pp. 73-96.

electoral y los órganos con poderes de control, asegurándose que los órganos que los ejercen tengan efectiva independencia y autonomía entre si.

Ello, como se dijo, es de la esencia de la democracia, de manera que al contrario, como lo enseña la historia de la humanidad, demasiada concentración y centralización del poder como ocurre en cualquier gobierno autoritario, así tenga origen electoral, inevitablemente conduce a la tiranía. El mundo contemporáneo ha tenido demasiadas experiencias que han mostrado toda suerte de tiranos que usaron el voto popular para acceder al poder, y que luego, mediante su ejercicio incontrolado, desarrollaron gobiernos autoritarios, contrarios al pueblo, que acabaron con la propia democracia y con todos sus elementos, comenzando por el respeto a los derechos humanos.

En *segundo lugar*, la organización de los poderes públicos en el Estado constitucional y democrático resulta también en la distribución vertical o territorial de los poderes públicos, la cual necesariamente implica un proceso de descentralización política entre entidades territoriales dotadas de autonomía política. Este principio, por otra parte, es el que puede garantizar la efectiva posibilidad de ejercicio del derecho ciudadano a la participación política democrática en la toma de decisiones y en la gestión de los asuntos públicos. Esta participación sólo es posible cuando el poder está cerca del ciudadano, como consecuencia, precisamente, de la distribución territorial o descentralización del poder basado en la multiplicación de las autoridades locales con gobiernos electos mediante sufragio universal, directo y secreto, con autonomía política,[2637] que es lo que puede servir, además, para que el poder controle al poder.

Al contrario, en un esquema de centralización del poder, no sólo la participación política se torna en una ilusión retórica, sino que el sistema se convierte en un fácil instrumento del autoritarismo.[2638] La participación política, no debe confundirse con la movilización popular ni con los mecanismos de democracia directa, siendo posible su ejercicio a nivel local, en unidades territoriales políticas y autónomas descentralizadas donde se practique el autogobierno mediante representantes electos mediante sufragio directo, universal y secreto. Por eso, tal como lo enseña la historia y la práctica política, nunca ha habido autoritarismos descentralizados, y menos autoritarismos que hayan podido permitir el ejercicio efectivo del derecho a la participación política. La centralización política del poder es de la esencia de los autoritarismos, y es contraria a la democracia, impidiendo a la vez toda posibilidad de participación, siendo en definitiva la base de la exclusión política al concentrar el poder en unos pocos, independientemente de que hayan sido electos. Por ello, los autoritarismos temen y rechazan tanto la real descentralización política como la participación

---

2637 Allan R. Brewer-Carías, "El Municipio, la descentralización política y la democracia" en *XXV Congreso Iberoamericano de Municipios, Guadalajara, Jalisco,* México, 23 al 26 de octubre del 2001, 53-61 (México 2003). Véase las propuestas para el reforzamiento de la descentralización de la federación y el desmantelamiento de su centralización en la Asamblea Constituyente de 1999, en Allan R. Brewer-Carías, *Debate Constituyente (Aportes a la Asamblea Nacional Constituyente),* Fundación de Derecho Público, Editorial Jurídica Venezolana, Caracas 1999, Tomo I, pp. 155 ss.

2638 Allan R. Brewer-Carías, "La opción entre democracia y autoritarismo (julio 2001)", 41-59; "Democratización, descentralización política y reforma del Estado (julio-octubre 2001)" 105-125; y "El Municipio, la descentralización política y la democracia (octubre 2001, 127-141, en Allan R. Brewer, *Reflexiones sobre el constitucionalismo en América*, (Editorial Jurídica Venezolana, Caracas 2001).

democrática, lo que constituye una negación, en definitiva, del derecho a la distribución territorial del poder y del derecho a la democracia.

En cambio, la distribución territorial del poder, es decir, la descentralización política, es la que puede permitir el ejercicio efectivo de una democracia participativa, y la vez, del derecho a la posibilidad de controlar el poder, implicando siempre la creación de entidades autónomas de autogobierno cuyos miembros necesariamente tienen que ser electos por votación universal, directa y secreta del pueblo, y no simplemente designados por asambleas de ciudadanos controladas por el poder central o por un partido de gobierno.[2639] Éstas, en esa forma configuradas, no pasan de ser instituciones de manejo centralizado, dispuestas para hacerle creer al ciudadano que participa, cuando lo que se hace es, si acaso, movilizarlo en forma totalmente controlada por el Poder Central.

No es difícil entender, por tanto, la esencia del contraste en el tema de los poderes públicos bajo Carlos Andrés Pérez y bajo Hugo Chávez: bajo los gobiernos de Carlos Andrés Pérez hubo un sistema de separación y distribución de los poderes públicos, el cual con todos los distorsionados componentes propios del sistema de Estado de partidos, en definitiva funcionó, incluso iniciándose en su segundo gobierno la más importante reforma política en materia de descentralización política de la federación toda nuestra historia republicana; bajo Hugo Chávez, en cambio, no ha habido un sistema de separación de poderes, habiendo funcionado más bien uno sistema de concentración progresiva del poder, que entre otros aspectos ha afectado la autonomía e independencia del poder judicial en su conjunto, y en particular, ha conducido al control político por parte del Ejecutivo nacional del Tribunal Supremo y de su Sala Constitucional, los cuales han sido puestos al servicio del autoritarismo,[2640] afectando su rol de garantes de la Constitución y de los derecho humanos. Y junto a la concentración del poder, en los últimos tres lustros se ha desarrollado una política de centralización del poder y desmantelamiento del federalismo, y por tanto de regresión en materia de descentralización política, y por más paradójico que resulte, todo realizado en nombre de una supuesta "democracia participativa y protagónica" que ha acabado con la posibilidad real de participación política de los ciudadanos en los asuntos públicos.

El contraste entre los gobiernos de Carlos Andrés Pérez y de Hugo Chávez en materia de la separación y distribución de los poderes públicos es patente, tanto en

---

2639 Véase la Ley de los Consejos Comunales en *Gaceta Oficial* N° 5.806 Extraordinaria del 10 de abril de 2006. Véase sobre esa Ley: Allan R. Brewer-Carías, "El inicio de la desmunicipalización en Venezuela: La organización del Poder Popular para eliminar la descentralización, la democracia representativa y la participación a nivel local", en *AIDA, Opera Prima de Derecho Administrativo. Revista de la Asociación Internacional de Derecho Administrativo*, 49-67 (Universidad Nacional Autónoma de México, Facultad de Estudios Superiores de Acatlán, Coordinación de Postgrado, Instituto Internacional de Derecho Administrativo "Agustín Gordillo", Asociación Internacional de Derecho Administrativo, México, 2007).

2640 Véase Allan R. Brewer-Carías, "El rol del Tribunal Supremo de Justicia en Venezuela, en el marco de la ausencia de separación de poderes, producto del régimen autoritario," en *Segundo Congreso Colombiano de Derecho Procesal Constitucional*, Bogotá D.C., 16 de marzo de 2011, Centro Colombiano de Derecho Procesal Constitucional, Universidad Católica de Colombia, Bogotá de Bogotá 2011, pp. 85-111; "El juez constitucional al servicio del autoritarismo y la ilegítima mutación de la Constitución: el caso de la Sala Constitucional del Tribunal Supremo de Justicia de Venezuela (1999-2009)," en *Revista de Administración Pública*, N° 180, Madrid 2009, pp. 383-418, y en *IUSTEL, Revista General de Derecho Administrativo*, N° 21, junio 2009, Madrid, ISSN-1696-9650.

materia de separación orgánica de los poderes públicos contrastando la separación en el primer caso, con la concentración en el segundo; como en materia de distribución territorial de los poderes públicos, contrastando la descentralización en el primer caso, con la centralización o centralismo en el segundo caso.

3. *El contraste de la separación orgánica de poderes públicos y del control entre los mismos bajo Carlos Andrés Pérez y bajo Hugo Chávez*

El contraste en materia de separación orgánica de poderes entre los gobiernos de Carlos Andrés Pérez y de Hugo Chávez, simplemente es patético.

La Constitución de 1961 que rigió durante los gobiernos de Carlos Andrés Pérez, estableció un sistema de separación orgánica de los poderes públicos entre el Poder Legislativo (Congreso Nacional compuesto de dos Cámaras: Diputados y Senadores), el Poder Ejecutivo y el Poder Judicial con la Corte Suprema de Justicia a la cabeza; y, además, con la previsión de varios órganos constitucionales con autonomía funcional, como fueron el Consejo Supremo Electoral, el Consejo de la Judicatura, el Fiscal General de la República y la Contraloría General de la República.

Es cierto que durante el período democrático (1958-1999), por el desarrollo exacerbado del sistema de Estado de partidos, o de la llamada partidocracia, en muchas ocasiones la separación orgánica de poderes se desdibujó por obra del control que ejercieron los partidos políticos respecto de los diversos órganos del Estado;[2641] sin embargo, nunca ello llegó a configurarse como un sistema de concentración total del poder controlado por el Presidente de la República. Al contrario, durante el período democrático, la práctica política entre los partidos en general llevó a que los órganos de control estuviesen conducidos por personas no vinculadas con el partido de gobierno, y ello fue así en los casos de los órganos de control (Consejo Supremo Electoral, el Consejo de la Judicatura, el Fiscal General de la República y la Contraloría General de la República) y en el caso de la Corte Suprema de Justicia, órganos que se configuraron siempre con un cierto equilibrio político, en el marco del pluralismo. Sólo así se explican durante el primer gobierno de Carlos Andrés Pérez, por ejemplo, los enfrentamientos que tuvo el Contralor General José Muci Abraham con el gobierno, los que incluso llevaron a este último a presentar su aireada renuncia al cargo,[2642] al enfrentarse entre otras cosas, al intento de que el Congreso controlara al órgano de control fiscal; y que el propio Congreso Nacional llevara hasta el final una investigación parlamentaria que involucraba la responsabilidad política del jefe del Poder Ejecutivo en el conocido caso denominado del "Sierra Nevada," que era un barco frigorífico para la conservación en puerto de alimentos comprado por el gobierno y que luego donado a Bolivia. Por el solo voto de un diputado, el Presidente de la República no fue condenado política y administrativamente por el Parlamento.[2643]

2641 Véase lo que expusimos en Allan R. Brewer-Carías, *Problemas del Estado de partidos*, Editorial Jurídica Venezolana, Caracas 1988.

2642 Véase Asdrúbal Aguiar (Director), *De la Revolución Restauradora a la Revolución Bolivariana. La historia, los ejes dominantes, los personajes*, Universidad Católica Andrés bello, Diario El Universal, Caracas 2010, p. 210

2643 *Idem*, p. 210

Igualmente, por el funcionamiento del principio de la separación orgánica de los poderes públicos, sólo también se explica, por ejemplo, que durante su segundo gobierno, el Presidente Carlos Andrés Pérez, en buena parte por no contar con el respaldo de su propio partido, el Senado le hubiera negado en 1992 la autorización que había solicitado para viajar a Madrid para asistir a la Cumbre de Presidentes con motivo del quinto centenario del Descubrimiento de América, así como para asistir a la Cumbre de la Tierra en Río de Janeiro;[2644] que el Congreso no hubiese sancionado la Ley del Impuesto al Valor Agregado propuesta por el gobierno tan necesaria frente a la caída de los ingresos petroleros.[2645]

El funcionamiento efectivo del principio de la separación orgánica de los poderes públicos, por otra parte, por ejemplo, sólo también se explica que el Fiscal General de la República, Ramón Escobar Salom, hubiera acusado formalmente al Presidente de la República por un delito de corrupción por el uso de un monto determinado de la partida secreta del presupuesto de la Presidencia, utilizado para apoyar la naciente democracia en Nicaragua luego del triunfo electoral de Violeta Chamorro en contra de Daniel Ortega;[2646] que la Corte Suprema de Justicia, unos meses después, hubiese declarado con lugar el antejuicio de mérito seguido, autorizando el desarrollo del proceso penal contra el Presidente Carlos Andrés Pérez; y que el Senado, con el voto incluso de los senadores de su propio partido, hubiese votado por el enjuiciamiento del Presidente, quien fue separado de su cargo, habiéndose completado los meses que faltaban de su período hasta 1994, por Ramón J. Velásquez designado por el Congreso conforme a la Constitución.[2647]

Fue el principio de la separación de poderes y su funcionamiento bajo el gobierno de Carlos Andrés Pérez, por tanto, precisamente lo que produjo a su propia separación de la Presidencia de la República.

En contraste con ese funcionamiento del principio de la separación orgánica de poderes durante la vigencia de la Constitución de 1961, y los gobiernos de Carlos Andrés Pérez, está en el funcionamiento del mismo principio conforme a la Constitución de 1999, que ha regido durante el gobierno del Presidente Chávez. En ésta Constitución, en efecto, el principio de la separación orgánica de poderes también se consagró pero superándose la clásica división tripartita de los poderes Públicos, al haberse adoptado un novedoso sistema de separación orgánica en cinco poderes, al agregar a los tres tradicionales (Legislativo, Ejecutivo y Judicial), dos nuevos, el Poder Ciudadano (que comprende los órganos con autonomía funcional que existen en forma variada en todos los países, en nuestro caso, el Ministerio Público, el Defensor del Pueblo y la Contraloría General de la República) y el Poder Electoral que comprende los órganos encargados de llevar adelante los procesos electorales (Consejo Nacional Electoral).

Estos cinco conjuntos orgánicos en el texto de la Constitución se encuentran separados, son autónomos e independientes entre sí, y cada uno de ellos tiene sus competencias constitucionales y legales específicas. Sin embargo, si algo caracteriza

---

2644 *Idem*, p. 261.

2645 *Idem*, p. 250.

2646 *Idem*, p. 261.

2647 *Idem*, pp. 262, 263 ss.

la acción de gobierno durante los casi tres lustros del presidencia de Hugo Chávez ha sido precisamente el proceso de desmantelamiento progresivo de este principio de la separación horizontal de poderes públicos, y el consiguiente proceso de concentración del poder en manos del Ejecutivo nacional, asegurado por el control político ejercicio sobre la Asamblea Nacional y el Tribunal Supremo de Justicia.

Ese proceso comenzó precisamente en 1999, cuando se produjo la intervención de todos los poderes públicos por parte de la Asamblea Nacional Constituyente controlada por el Presidente Chávez, con la consiguiente disolución del Congreso Nacional; la disolución de la Corte Suprema de Justicia; y la intervención del Poder Judicial[2648] a cargo de una Comisión de Organización y Funcionamiento del Poder Judicial que actuó en paralelo al Tribunal Supremo de Justicia hasta 2011, luego de haber "depurado" el Poder Judicial, llenándolo en general de jueces temporales y provisorios.[2649]

A partir de 2005, y por la abstención de participar en las elecciones parlamentarias adoptada por los partidos de oposición, se produjo el control total por parte del partido de gobierno que ha presidido el Presidente de la República, de la Asamblea Nacional, al haber estado totalmente conformada por diputados oficialistas, y seguir estos controlándola desde 2010, aún cuando sin la mayoría calificada luego de la pérdida sufrida en el voto popular en las mismas. Tal ha sido el control, que en la víspera de la terminación del período legislativo 2006-2011, la Asamblea nacional procedió en forma irregular a modificar la Ley del Tribunal Supremo de Justicia[2650] para terminar de llenarlo de magistrados miembros del partido de gobierno,[2651] y a

---

2648 Véase sobre ese proceso Allan R. Brewer-Carías, *Golpe de Estado y proceso constituyente en Venezuela*, Universidad nacional Autónoma de México, México 2002.

2649 Véase Allan R. Brewer-Carías, "La Ley del Código de Ética del Juez Venezolano de 2010 y la interminable transitoriedad del régimen disciplinario judicial," en *Revista de Derecho Público*, N° 128 (octubre-diciembre 2011), Editorial Jurídica Venezolana, Caracas 2011, pp. 83-93.

2650 Véanse los comentarios de Víctor Hernández Mendible, "Sobre la nueva reimpresión por 'supuestos errores' materiales de la LOTSJ," en la *Gaceta Oficial* N° 39.522, de 01-10-2010," y Antonio Silva Aranguren, "Tras el rastro del engaño, en la web de la Asamblea Nacional," publicados en el *Addendum* al libro de Allan R. Brewer-Carías y Víctor Hernández Mendible, *Ley Orgánica del Tribunal Supremo de Justicia de 2010*, Editorial Jurídica Venezolana, Caracas 2010. Publicados también en *Revista de Derecho Público*, N°. 124, Editorial Jurídica Venezolana, Caracas 2010, pp. 100-113

2651 Como lo señaló la ex Magistrada de la antigua Corte Suprema de Justicia, Hildegard Rondón de Sansó, al comentar la designación de Magistrados del Tribunal Supremo en 2010: "El mayor de los riesgos que plantea para el Estado la desacertada actuación de la Asamblea Nacional en la reciente designación de los Magistrados del Tribunal Supremo de Justicia, no está solo en la carencia, en la mayoría de los designados de los requisitos constitucionales, sino el haber llevado a la cúspide del Poder Judicial la decisiva influencia de un sector del Poder Legislativo, ya que para diferentes Salas, fueron elegidos cinco parlamentarios." Destacó además la ex Magistrada Sansó que "todo un sector fundamental del poder del Estado, va a estar en manos de un pequeño grupo de sujetos que no son juristas, sino políticos de profesión, y a quienes corresponderá, entre otras funciones el control de los actos normativos;" y concluyó reconociendo entre "los graves errores" que incidieron sobre la elección, el hecho de: "la configuración del Comité de Postulaciones Judiciales, al cual la Constitución creó como un organismo neutro, representante de los "diferentes sectores de la sociedad" (Art. 271), pero la Ley Orgánica del Tribunal Supremo de Justicia, lo convirtió en forma inconstitucional, en un apéndice del Poder Legislativo. La consecuencia de este grave error era inevitable: los electores eligieron a sus propios colegas, considerando que hacerlo era lo más natural de este mundo y, ejemplo de ello fueron los bochornosos aplausos con que se festejara cada nombramiento." Véase en Hildegard Rondón de Sansó, "*Obiter Dicta*. En torno a una elección," en *La Voce d'Italia*, Caracas 14-12-2010.

sancionar las Leyes Orgánicas del Poder Popular para implementar contra todo principio constitucional, la reforma constitucional que la Asamblea había aprobado en 2007 y que ese mismo año había sido rechazada por el pueblo mediante referendo.[2652]

En efecto, después de más de una década de demolición del Estado de derecho mediante el control absoluto de las diferentes ramas del Poder Público, la pérdida de la mayoría del voto popular por parte del Gobierno en dichas elecciones parlamentarias de septiembre de 2010, lo que en cualquier país democrático hubiera conducido a implementar la elemental regla de que para gobernar hay que compartir el ejercicio del poder, en Venezuela condujo al gobierno a anunciar lo contrario, indicando que no habría dialogo alguno con la oposición, amenazando incluso con aprobar durante los dos meses que faltaban hasta que la nueva Asamblea Nacional tomase posesión en enero de 2011, leyes inconstitucionales tendientes a implementar fraudulentamente diversos aspectos de la rechazada reforma constitucional de 2007. Y así ocurrió con las Leyes relativas al Poder Popular y al Estado Comunal,[2653] y además, al haber la ya deslegitimada Asamblea Nacional, sancionado en diciembre de 2010 una Ley habilitante autorizando al Presidente de la República para por vía de legislación delegada, dictar leyes en todas las materias imaginables, incluso de carácter orgánico, vaciando así materialmente de hecho por un período de 18 meses, hasta 2012, a la nueva Asamblea Nacional que se instaló en enero de 2011 de materias sobre las cuales poder legislar.

En todo caso, a partir de 1999, y con pasos significativos derivados de las reformas legales efectuadas en relación con el nombramiento de los magistrados del Tribunal Supremo de Justicia en 2000, 2004 y 2010, el resultado fue que se produjo el progresivo proceso de control político total por parte del Poder Ejecutivo, de los Magistrados del Tribunal Supremo de Justicia, el cual ha quedado al servicio del gobierno, mutando la Constitución tantas veces como el Procurador General de la República lo ha requerido,[2654] o absteniéndose de controlar la inconstitucionalidad

---

2652 Véase Allan R. Brewer-Carías, "La proyectada reforma constitucional de 2007, rechazada por el poder constituyente originario", en *Anuario de Derecho Público 2007,* Año 1, Instituto de Estudios de Derecho Público de la Universidad Monteávila, Caracas 2008, pp. 17-65

2653 Efectivamente, el 21 de diciembre de 2010, la Asamblea Nacional materializó la amenaza que se había anunciado de implementar un llamado "Poder Popular" para ser ejercido por un "Estado Comunal" montado, en paralelo, al Estado Constitucional, sobre la base de unas Comunas y unos Consejos Comunales no previstos en la Constitución y que son controlados desde el Poder Central. Y todo ello, en fraude a la Constitución y a la voluntad popular que en 2007 había rechazado las reformas constitucionales que en tal sentido se habían propuesto, y que en septiembre de 2010 en las elecciones parlamentarias, igualmente el pueblo había se había manifestado rechazando las políticas socialistas propuestas por el Presidente de la República. Sin embargo, a pesar de ello, la deslegitimada Asamblea Nacional precedente procedió a sancionar de un conjunto de Leyes Orgánicas, mediante las cuales se ha terminado de definir, al margen de la Constitución, el marco normativo de un nuevo Estado *paralelo al Estado Constitucional,* que no es otra cosa que un Estado Socialista, Centralizado, Militarista y Policial denominado "Estado Comunal." Dichas Leyes Orgánicas en efecto, fueron las del Poder Popular, de las Comunas, del Sistema Económico Comunal, de Planificación Pública y Comunal y de Contraloría Social (Véase en *Gaceta Oficial* N° 6.011 Extra. de 21-12-2010). Dichas leyes fueron impugnadas por violar la Constitución y el derecho de participación de los ciudadanos en el proceso de su formación, pero frente a ello el Tribunal Supremo de Justicia solo tiene silencio.

2654 Véase por ejemplo, la mutación en materia de distribución de competencias en el Estado federal en Allan R. Brewer-Carías, "La Ilegítima mutación de la Constitución y la Legitimidad de la Jurisdicción Constitucional: La "Reforma" de la forma federal del Estado en Venezuela mediante interpretación constitude leyes dictadas, por ejemplo, para implementar la reforma constitucional rechazada popularmente en 2007.

El mismo proceso de control político por parte del Poder Ejecutivo, dado su control sobre la Asamblea nacional, ha conducido al control sobre los órganos de control: primero, sobre el Contralor General de la República, al punto de que quien ejerció el cargo desde 1999 es como si no hubiese existido, por la ausencia total de actividad contralora, no habiéndose designado sustituto después de su fallecimiento en 2011; y el Fiscal General de la República, cuya acción como ministerio público es lo más parecido al brazo instrumental del gobierno para perseguir la disidencia. En cuanto al Consejo Nacional Electoral, el control político del mismo se consolidó a partir de 2004, cuando sus miembros fueron designados por la Sala Constitucional del Tribunal Supremo de Justicia, controlada a su vez por el Poder Ejecutivo, con personas todas afectas al gobierno.[2655]

Ello es lo que explica que la Presidenta de la Sala Constitucional del Tribunal Supremo de Venezuela, haya afirmado a la prensa en diciembre de 2009, simplemente que "la división de poderes debilita al Estado," y que "hay que reformarla;"[2656] y que el propio Presidente de la República Hugo Chávez, un año antes, en agosto de 2008, al referirse a los decretos leyes que había dictado, implementando también en forma inconstitucional la rechazada reforma constitucional de 2007, hubiese llegado a afirmar simplemente: "*Yo soy la Ley. Yo soy el Estado,*"[2657] repitiendo las mismas frases que ya había dicho en 2001, aún cuando con un pequeño giro - entonces dijo "*La Ley soy yo. El Estado soy yo*"[2658]-, al referirse también en aquella oportunidad a la sanción inconsulta de cerca de 50 decretos leyes violando la Constitución.

Esas frases, como se sabe, se atribuyeron en 1661 a Luis XIV para calificar el gobierno absoluto de la Monarquía cuando a la muerte del cardenal Mazarino, el Rey mismo asumió el gobierno sin nombrar un sustituto como ministro de Estado. Pero la verdad histórica es, lo que hace aún más grotescas las afirmaciones del Presidente Chávez, que ni siquiera Luis XIV llegó realmente a expresar esas frases, siendo sólo una expresión popular para referirse a su decisión de gobernar solo, sin

---

cional," en *Anuario No. 4, Diciembre 2010,* Instituto de Investigación Jurídicas, Facultad de Jurisprudencia y Ciencias Sociales, Universidad Dr. José Matías Delgado de El Salvador, El Salvador 2010, pp. 111-143 (ISSN 2071-2472)

2655 Véase Allan R. Brewer-Carías, *La Sala constitucional versus el Estado Democrático de Derecho. El secuestro del poder electoral y de la Sala Electoral del Tribunal Supremo y la confiscación del derecho a la participación política*, Los Libros de El Nacional, Colección Ares, Caracas 2004.

2656 Véase en Juan Francisco Alonso, "La división de poderes debilita al estado. La presidenta del TSJ [Luisa Estela Morales] afirma que la Constitución hay que reformarla," *El Universal*, Caracas 5 de diciembre de 2009, en http://www.eluniversal.com/2009/12/05/pol_art_morales:-la-divisio_1683109.shtml. Véase la exposición completa de la presidenta del Tribunal Supremo en http://www.tsj.gov.ve/informacion/notasde prensa/notasdeprensa.asp?codigo=7342

2657 Expresión del Presidente Hugo Chávezs Frías, el 28 de agosto de 2008. Vease en Gustavo Coronel, *Las Armas de Coronel*, 15 de octubre de 2008: http://lasarmasdecoronel.blogspot.com/2008/10/yo-soy-laleyyo-soy-el-estado.html

2658 *Véase* en *El Universal,* Caracas 4–12–01, pp. 1,1 y 2,1. Es también lo único que puede explicar, que un Jefe de Estado en 2009 pueda calificar a "la democracia representativa, la división de poderes y el gobierno alternativo" como doctrinas que "envenenan la mente de las masas." Véase la reseña sobre "Hugo Chávez seeks to cach them young," *The Economist*, 22-28 Agosto 2009, p. 33.

el apoyo de un primer ministro.[2659] Por ello, oírlas de boca de Jefe de Estado de nuestros tiempos, es suficiente para entender la trágica situación institucional de Venezuela, precisamente caracterizada por la completa ausencia de separación orgánica de poderes, en particular de ausencia de independencia y autonomía del Poder Judicial y, en consecuencia, de gobierno democrático.[2660]

4. *El contraste en materia de distribución vertical de los poderes públicos y de la descentralización y participación políticas bajo Carlos Andrés Pérez y bajo Hugo Chávez*

En cuanto al contraste entre los gobiernos de Carlos Andrés Pérez y de Hugo Chávez, en la otra vertiente de la separación de los poderes públicos que es la distribución vertical o territorial de los mismos, en este caso, es simplemente trágico para la democracia venezolana.

De acuerdo con la Constitución de 1961, la forma de Estado que se adoptó fue la de un sistema de Estado centralizado con membrete federal, con el territorio dividido en 22 Estados y un Distrito Federal, cuyos territorios a su ves se dividió en Municipios, existiendo para 1999, 338 Municipios en todo el territorio nacional. Los Estados y Municipios gozaban de autonomía política (arts. 16 y 25), y tenían asignadas unas escasas competencias exclusivas, reservándose al Poder Nacional una extensa lista de materias que abarcaban materialmente casi todas las actividades de un Estado, además de las que le correspondían "por su índole o naturaleza" (art. 136,25). Por tanto, la competencia residual que conforme a la Constitución quedaba a los Estados, como tal, era casi inexistente, y las competencias concurrentes que resultaban de las previsiones de la Constitución, fueron progresivamente centralizadas. El desbalance en la distribución vertical de competencias entre los tres niveles territoriales del Poder Público, se acentuó por la peculiar distribución del poder tributario que estableció la Constitución, materialmente reservado al nivel nacional.

La Constitución, sin embargo, plantaba como desiderátum llegar a un sistema de federación descentralizada, de manera que el excesivo centralismo y la práctica democrática de varios lustros plantearon exigencias de reforma política, que se materializaron en las propuestas electorales de 1988. Por ello, fue que, precisamente, la reforma política de la federación comenzó a materializar al inicio del segundo gobierno del Presidente Carlos Andrés Pérez, en 1989, con la sanción de tres importantes leyes: la Ley de Elección de Gobernadores de Estado, mediante sufragio universal, directo y secreto, lo que permitió que los mismos por primera vez en el siglo XX fueran electos popularmente en contraste con su tradicional designación previa por el Presidente de la República como había ocurrido hasta ese momento;[2661] la reforma de la Ley Orgánica de Régimen Municipal estableciendo la figura del Alcalde como autoridad ejecutiva local, también electo mediante sufragio universal, directo y se-

2659 Véase Yves Guchet, *Histoire Constitutionnelle Française (1789–1958)*, Ed. Erasme, Paris 1990, p.8.

2660 Véase el resumen de esta situación en Teodoro Petkoff, "Election and Political Power. Challenges for the Opposition", en *ReVista. Harvard Review of Latin America*, David Rockefeller Center for Latin American Studies, Harvard University, Fall 2008, pp. 12.

2661 Véase en *Gaceta Oficial* Extra. N° 4.086 del 14 de abril de 1989.

creto;[2662] y la sanción de la Ley Orgánica de Descentralización, delimitación y Transferencia de Competencias del Poder Público[2663] con la que buscó iniciar el proceso de descentralización política de la federación.[2664] Esta última Ley fue dictada conforme a lo previsto en el artículo 137 de la Constitución de 1961, que autorizaba al Congreso para con el voto de las dos terceras partes de los miembros de cada Cámara (Diputados y Senado), atribuir a los Estados o a los municipios determinadas materias de la competencia nacional, a fin de promover la descentralización administrativa, dándose así los primeros pasos para la descentralización política de la Federación, mediante el reforzamiento del papel de los Estados.

Esas reformas políticas iniciadas en el gobierno de Carlos Andrés Pérez, sin duda, fueron las reformas más importante que se produjeron en el país durante todo el siglo XX después de la introducción de la elección universal y directa del Presidente de la República a raíz de la Revolución de Octubre de 1945, y con ellas se comenzó a afianzar la democratización del país mediante el esfuerzo descentralizador. Le correspondió a Carlos Andrés Pérez haber sido entonces el impulsor de dichas reformas, y con ellas, el inicio de la transformación de la democracia en el país, surgiendo nuevos liderazgos regionales, y nuevos actores políticos, muchos de ellos, incluso, fuera del marco rígido de los partidos tradicionales. Lamentablemente, sin embargo, la implementación de las reformas que se había acelerado durante el breve gobierno de Ramón J. Velásquez electo por el Congreso ara completar el período de Carlos Andrés Pérez,[2665] primero se detuvo de golpe en 1994, a partir de la asunción e la Presidencia de la República por el Presidente Rafael Caldera, electo en 1993, y luego, comenzó a ser revertida a partir de la asunción a la Presidencia de la República por el Presidente Hugo Chávez, electo en 1998.

En esta materia, así como al Presidente Carlos Andrés Pérez le correspondió comenzar la reforma del Estado mediante su democratización a través de la descentralización política del poder hacia los niveles territoriales estadales y municipales, en contraste, el Presidente Chávez, desde que inició su gobierno, comenzó el proceso progresivo de re-centralización del Estado, ahogando progresivamente los niveles políticos estadales y municipales, y todo ello en nombre de la implantación de un Estado Socialista y de una supuesta "democracia participativa y protagónica" que no ha pasado de ser una movilización popular controlada desde la cúpula del Poder Ejecutivo por un partido hegemónico, canalizada a través de consejos comunales cuyos representantes no son electos mediante sufragio universal directo y secreto.

Fue así que en 2006 se comenzó en Venezuela a institucionalizar dicho Estado Socialista mediante la sanción de la Ley de los Consejos Comunales,[2666] conforme a

---

2662 Véase Allan R. Brewer–Carías, "Municipio, democracia y participación. Aspectos de la crisis," en *Revista Venezolana de Estudios Municipales,* N° 11, Caracas, 1988, pp. 13 a 30.

2663 Véase en *Gaceta Oficial* N° 4.153 Ext. de 28–12–89.

2664 Véase Allan R. Brewer–Carías, "Bases legislativas para la descentralización política de la federación centralizada (1990: El inicio de una reforma," en Allan R. Brewer-Carías (Coordinador y editor), Carlos Ayala Corao, Jorge Sánchez Meleán, Gustavo Linares y Humberto Romero Muci, *Leyes para la Descentralización Política de la Federación,* Colección Textos Legislativos, N° 11, Editorial Jurídica Venezolana, Caracas 1990, pp. 7-53.

2665 Véase *Informe sobre la Descentralización en Venezuela, 1993. Memoria del Dr. Allan R. Brewer–Carías, Ministro del Estado para la Descentralización*, Caracas, 1994.

2666 Véase *Gaceta Oficial* N° 5806 Extra. de 10 de abril de 2006.

la cual se comenzó a eliminar la democracia representativa y a se inició la desmunicipalización del país, pretendiendo sustituir el carácter del Municipio como la unidad política primaria dentro de la organización pública nacional, como lo dice la Constitución, por los Consejos Comunales, a los que por ley se les atribuyó tal carácter, estableciéndolos sin relación alguna con los Municipios, en los que se ubicaron las Asambleas de Ciudadanos. Dichos consejos comunales se integraron conforme a un esquema estatal centralizado, que tenía en su cúspide una Comisión Nacional Presidencial del Poder Popular designada y presidida por el Presidente de la República, exigiéndose además que los consejos comunales se registraran ante la Comisión Presidencial, con lo que se les revestía de personalidad jurídica; inscripción que, por tanto, dejaba en manos del Poder Ejecutivo aceptar o no la existencia misma de dichos consejos, controlándolos políticamente.

Estas reformas centralizadoras que se comenzaron a implementar legalmente en 2006, fueron parte del proyecto de reforma constitucional que en 2007 el Presidente de la República presentó ante la Asamblea Nacional, y con las cuales se buscaba establecer un Estado Socialista, Centralizado, Policial y Militarista[2667] montado sobre el denominado Poder Popular, en el cual jugaban importante papel, precisamente, los consejos comunales; y la cual, luego de ser aprobada por la Asamblea,[2668] fue sometida a referendo en diciembre de 2007, habiendo sido rechazado mayoritariamente por el pueblo. La orientación de la reforma la dio el propio Presidente de la República durante todo el año 2007, y en particular en su "Discurso de Presentación del Anteproyecto de reforma a la Constitución ante la Asamblea Nacional" en agosto de 2007,[2669] en el cual señaló con toda claridad que el objetivo central de la misma era "la construcción de la Venezuela bolivariana y socialista"[2670]; es decir, como lo expresó, se trataba de una propuesta para sembrar "el socialismo en lo político y económico."[2671] El proyecto de reforma sancionado, en definitiva, buscaba establecer una "democracia" que "no nace del sufragio ni de elección alguna, sino que nace de la condición de los grupos humanos organizados como base de la población." Es decir, se buscaba establecer una "democracia" que no era democracia, pues en el mundo moderno no hay ni ha habido democracia sin elección de representantes.

Por otra parte, con la reforma también se buscaba transformar el Estado en un Estado totalmente Centralizado, de poder concentrado bajo la ilusión del Poder Popular, lo que implicaba la eliminación definitiva de la forma federal del Estado,

---

2667 Véase Allan R. Brewer-Carías, *Hacia la consolidación de un Estado Socialista, Centralizado, Policial y Militarista, Comentarios sobre el sentido y alcance de las propuestas de reforma constitucional 2007*, Colección Textos Legislativos, N° 42, Editorial Jurídica Venezolana, Caracas 2007, 157 pp.

2668 Véase Allan R. Brewer-Carías, *La Reforma Constitucional de 2007 (Comentarios al proyecto inconstitucionalmente sancionado por la Asamblea Nacional el 2 de noviembre de 2007)*, Colección Textos Legislativos, N° 43, Editorial Jurídica Venezolana, Caracas 2007, 224 pp.

2669 Véase *Discurso de Orden pronunciado por el ciudadano Comandante Hugo Chávez Frías, Presidente Constitucional de la República Bolivariana de Venezuela en la conmemoración del Ducentésimo Segundo Aniversario del Juramento del Libertador Simón Bolívar en el Monte Sacro y el Tercer Aniversario del Referendo Aprobatorio de su mandato constitucional*, Sesión especial del día Miércoles 15 de agosto de 2007, Asamblea Nacional, División de Servicio y Atención legislativa, Sección de Edición, Caracas 2007.

2670 *Idem*, p. 4.

2671 *Idem*, p. 33.

imposibilitando la participación política y degradando la democracia representativa; todo ello, mediante la supuesta organización de la población para la participación en los Consejos del Poder Popular, como los consejos comunales, que eran y son instituciones sin autonomía política alguna, cuyos miembros se pretendía declarar en la propia Constitución, que no debían ser electos. Además, se buscaba eliminar toda referencia a la descentralización política siguiendo la orientación de la práctica política centralista de los últimos años, y centralizar completamente el Estado, eliminando toda idea de autonomía territorial y de democracia representativa a nivel local, es decir, de la unidad política primaria en el territorio. Con ello, el fin perseguido era la eliminación de los entes territoriales descentralizados políticamente, sin las cuales no puede haber efectivamente democracia participativa, y la creación en su lugar de Consejos del poder popular que no pasan de ser una simple manifestación de movilización controlada desde el Poder Central.

Como se dijo, la propuesta presidencial de reforma constitucional de 2007 fue rechazada por el pueblo en el referendo de diciembre de ese mismo año. En 2009, sin embargo, se reformó la Ley relativa a los Consejos Comunales de 2009, con la cual con un carácter orgánico,[2672] se trató de nuevo de implementar algunos de los postulados esenciales de la rechazada reforma constitucional. El propósito de esa Ley Orgánica se completó en diciembre de 2010, con un conjunto de otras leyes orgánicas, todas sancionadas al margen de la Constitución, con las cuales se organizó un Estado paralelo al Estado Constitucional, denominado "del Poder Popular" o "Estado Comunal," y que tiene a las Comunas y a los Consejos Comunales como sus pilares fundamentales de su funcionamiento.[2673] Dichas leyes orgánicas de diciembre de 2010 fueron las Leyes Orgánicas del Poder Popular, de las Comunas, del Sistema Económico Comunal, de Planificación Pública y Comunal y de Contraloría Social.[2674] Además, en el mismo marco de estructuración del Estado Comunal monta-

2672 Véase en *Gaceta Oficial* N° 39.335 de 28-12-2009. Véase Claudia Nikken, "La Ley Orgánica de los Consejos Comunales y el derecho a la participación ciudadana en los asuntos públicos," en Allan R. Brewer-Carías, Claudia Nikken, Luis A. Herrera Orellana, Jesús María Alvarado Andrade, José Ignacio Hernández y Adriana Vigilanza, *Leyes Orgánicas del Poder Popular*, Editorial Jurídica Venezolana, Caracas 2011, pp. 183 ss.

2673 Véase sobre ese conjunto de leyes, Allan R. Brewer-Carías, Claudia Nikken, Luis A. Herrera Orellana, Jesús María Alvarado Andrade, José Ignacio Hernández y Adriana Vigilanza, *Leyes Orgánicas del Poder Popular*, Editorial Jurídica Venezolana, Caracas 2011.

2674 Véanse en *Gaceta Oficial* N° 6.011 Extra. de 21-12-2010. En particular sobre la Ley Orgánica del Sistema Económico Comunal que se impone en dicha Ley, sin reformarse formalmente la Constitución (Véase Allan R. Brewer-Carías, "Sobre la Ley Orgánica del Sistema Económico Comunal o de cómo se implanta en Venezuela un sistema económico comunista sin reformar la Constitución," en *Revista de Derecho Público*, N° 124, Editorial Jurídica Venezolana, Caracas 2010, pp. 102-109), el mismo no es otro que el sistema comunista basado en un denominado "modelo productivo socialista," que está expresamente definido en la Ley como el "modelo de producción basado en la *propiedad social*, orientado hacia la *eliminación de la división social del trabajo* propio del modelo capitalista, dirigido a la satisfacción de necesidades crecientes de la población, a través de nuevas formas de generación y apropiación así como de la *reinversión social del excedente*" (art. 6.12). Se destacan de esta definición legal, sus tres componentes fundamentales: propiedad social, eliminación de la división social del trabajo y reinversión social del excedente; que no son otra cosa que los componentes esenciales que Carlos Marx y Federico Engels escribieron hace más de 150 años, en 1845 y 1846, para definir la sociedad comunista. Véase en Karl Marx and Frederich Engels, "The German Ideology," en *Collective Works*, Vol. 5, International Publishers, New York 1976, p. 47. Véanse además los textos pertinentes en http://www.educa.madrid.org/cms_tools/files/0a24636f-764c-4e03-9c1d-6722e2ee60d7/Texto%20Marx%20y%20Engels.pdf

do sobre el Poder Popular antes se había sancionado la Ley Orgánica del Consejo Federal de Gobierno,[2675] y luego se reformó de la Ley Orgánica del Poder Público Municipal,[2676] y las Leyes de los Consejos Estadales de Planificación y Coordinación de Políticas Públicas, y de los Consejos Locales de Planificación Pública.[2677] Con estas Leyes Orgánicas, en realidad, y en forma completamente inconstitucional, lo que se pretendió fue implementar las reformas constitucionales sobre el "Poder Popular" que se habían querido introducir con la Reforma Constitucional sancionada de 2007.[2678]

Mediante estas leyes, en efecto, en primer lugar, se ha pretendido desarrollar el derecho a la participación política en forma *directa* que regula la Constitución de 1999, pero concebido, no para que los ciudadanos puedan ejercerlo libremente, sino encasillado en una ideología única compulsiva como el socialismo, de manera que las personas que no crean ideológicamente en esta doctrina o se opongan legítimamente a ella, quedarían excluidos de la posibilidad de participar en aquellos, lo que es contrario a la democracia. Y en segundo lugar, se ha dispuesto el mecanismo institucional para vaciar a los Estados y Municipios de de sus competencias propias establecidas en la Constitución y las leyes, y transferirlas inconstitucionalmente hacia las instancias del Poder Popular que no son gobernadas por representantes electos por sufragio universal directo y secreto, proceso que se ha completado con el Decreto Ley sobre la Ley Orgánica para la Gestión Comunitaria de Competencias, Servicios y Otras Atribuciones,[2679] mediante la cual se han desarrollado los principios, normas, procedimientos y mecanismos de transferencia de la gestión y administración de servicios, actividades, bienes y recursos del Poder Público Nacional y de las entidades político territoriales, "al pueblo organizado," el cual las debe asumir mediante la gestión de Empresas Comunales de Propiedad Social de servicios y socioproductivas, o de las organizaciones de base del Poder Popular y demás formas de organización de las comunidades.[2680]

2675 Véase en *Gaceta Oficial* N° 5.963 Extra. de 22-02-2010

2676 Véase en *Gaceta Oficial* N° 6.015 Extra. de 28-12-2010

2677 Véanse en *Gaceta Oficial* N° 6.017 Extra. de 30-12-2010

2678 Véase Allan R. Brewer-Carías, "La desconstitucionalización del Estado de derecho en Venezuela: del Estado Democrático y Social de derecho al Estado Comunal Socialista, sin reformar la Constitución," *en Libro Homenaje al profesor Alfredo Morles Hernández, Diversas Disciplinas Jurídicas,* (Coordinación y Compilación Astrid Uzcátegui Angulo y Julio Rodríguez Berrizbeitia), Universidad Católica Andrés Bello, Universidad de Los Andes, Universidad Monteávila, Universidad Central de Venezuela, Academia de Ciencias Políticas y Sociales, Vol. V, Caracas 2012, pp. 51-82; y en Carlos Tablante y Mariela Morales Antonorzzi (Coord.), *Descentralización, autonomía e inclusión social. El desafío actual de la democracia,* Anuario 2010-2012, Observatorio Internacional para la democracia y descentralización, En Cambio, Caracas 2011, pp. 37-84.

2679 Véase en *Gaceta Oficial* N° 6.079 Extra, de 15-06-2012, reimpresa por error material en *Gaceta Oficial* N° 39.954 de 28-06-2012.

2680 Véase sobre esta Ley los comentarios de José Luis Villegas Moreno, "Hacia la instauración del Estado Comunal en Venezuela: Comentario al Decreto Ley Orgánica de la Gestión Comunitaria de Competencia, Servicios y otras Atribuciones, en el contexto del Primer Plan Socialista-Proyecto Nacional Simón Bolívar 2007-2013," en *Revista de Derecho Público*, N° 130, Editorial Jurídica Venezolana, Caracas 2012, pp. 129-138; Juan Cristóbal Carmona Borjas, "Decreto con rango, valor y fuerza de Ley Orgánica para la Gestión Comunitaria de Competencias, Servicios y otras Atribuciones," en *Idem*, pp. 139-146; Cecilia Sosa G., carácter orgánico de un Decreto con fuerza de Ley (no habilitado) para la gestión comunitaria que arrasa lentamente con los Poderes estadales y municipales de la Constitución," en *Idem,* pp.

De resultas, lo que ha caracterizado a los poderes públicos bajo Hugo Chávez, es el progresivo proceso de su concentración y centralización, en contraste con el régimen de los poderes públicos bajo Carlos Andrés Pérez, caracterizado por su separación y descentralización.

New York, enero 2013

147-156; José Ignacio Hernández G., "Reflexiones sobre el nuevo régimen para la Gestión Comunitaria de Competencias, Servicios y otras Atribuciones," en *Idem*, pp. 157-164; Alfredo Romero Mendoza, "Comentarios sobre el Decreto con rango, valor y fuerza de Ley Orgánica para la Gestión Comunitaria de Competencias, Servicios y otras Atribuciones," en *Idem*, pp. 165- 176; Enrique J. Sánchez Falcón, "El Decreto con Rango, Valor y Fuerza de Ley Orgánica para la Gestión Comunitaria de Competencias, Servicios y otras Atribuciones o la negación del federalismo cooperativo y descentralizado," en *Idem*, pp. 177-186.

ÍNDICE GENERAL

SEGUNDA PARTE
POLÍTICA. ESTADO Y ADMINISTRACIÓN PÚBLICA

TERCERA PARTE
ESTADO, CRISIS Y REFORMA
(1982) 675

QUINTA PARTE
PROBLEMAS DEL ESTADO DE PARTIDOS

www.ingramcontent.com/pod-product-compliance
Lightning Source LLC
LaVergne TN
LVHW080059011026
849160LV00013B/990